Münchener Vertragshandbuch
Band 3. Wirtschaftsrecht II

Münchener Vertragshandbuch

Band 3. Wirtschaftsrecht II

Herausgegeben von

Dr. Malte Grützmacher, LL.M.
Rechtsanwalt in Hamburg

Dr. Markus S. Rieder
Rechtsanwalt in München

Prof. Dr. Dr. h. c. Rolf A. Schütze
Rechtsanwalt in Stuttgart
Honorarprofessor an der Universität Tübingen

Prof. Dr. Lutz Weipert
Rechtsanwalt, Notar a. D. in Bremen
Honorarprofessor an der Universität Bremen

Bearbeitet von

Dr. Joachim Benclowitz, Rechtsanwalt, Fachanwalt für Arbeitsrecht in Hamburg; *Prof. Dr. Christian Czychowski,* Rechtsanwalt, Fachanwalt für Informationstechnologierecht sowie Urheber- und Medienrecht in Berlin; *Florian Dietrich,* Rechtsanwalt, Fachanwalt für Informationstechnologierecht in Köln; *Dr. Jan Ehrhardt,* Rechtsanwalt und Justitiar in Berlin; *Dr. Malte Grützmacher,* Rechtsanwalt, Fachanwalt für Informationstechnologierecht in Hamburg; *Dr. Hannes Hartung,* Rechtsanwalt in München; *Prof. Dr. Paul W. Hertin,* Rechtsanwalt in Berlin; *Dr. Matthias Jentsch,* Rechtsanwalt in München; *Dr. Lars Kröner,* LL. M., Rechtsanwalt, Fachanwalt für Gewerblichen Rechtsschutz und Urheber- und Medienrecht in Hamburg; *Franz-Josef Möffert,* LL. M., Rechtsanwalt in Hockenheim; *Prof. Dr. Jan Bernd Nordemann,* Rechtsanwalt, Fachanwalt für Urheber- und Medienrecht sowie für Gewerblichen Rechtsschutz in Berlin; *Dr. Anke Nordemann-Schiffel,* Rechtsanwältin, Fachanwältin für Gewerblichen Rechtsschutz sowie für Urheber- und Medienrecht in Berlin; *Dr. Johann Pitz,* Rechtsanwalt in München; *Steven A. Reich,* Rechtsanwalt in Berlin; *Thomas H. Schmitz,* Rechtsanwalt in Düsseldorf; *Dr. Karolina Schöler,* Rechtsanwältin in Hamburg; *Dr. Thure Schubert,* Rechtsanwalt in München; *Dr. Thomas Schulte-Beckhausen,* Rechtsanwalt, Fachanwalt für Gewerblichen Rechtsschutz in Köln; *Arne Björn Segler,* Rechtsanwalt in Mainz; *Dr. Robert Selk,* Rechtsanwalt in München; *Luisa Siesmayer,* LL.M., Rechtsanwältin in Berlin; *Dr. Torsten Spiegelhalder,* Rechtsanwalt, Fachanwalt für Gewerblichen Rechtsschutz in Hamburg; *Dr. Sandra Wagner,* Rechtsanwältin, Fachanwältin für Urheber- und Medienrecht sowie für Gewerblichen Rechtsschutz in Berlin; *Prof. Dr. Lutz Weipert,* Rechtsanwalt, Notar a. D. in Bremen; *Prof. Dr. Friedrich Graf von Westphalen,* Rechtsanwalt in Lohmar; *Dr. Gerhard Widmayer,* Dipl.-Kfm., Steuerberater in München

8., neubearbeitete und erweiterte Auflage 2021

C.H.BECK

Zitiervorschlag: MVHdB III WirtschaftsR II/*Bearbeiter* Form. … Anm. …

www.beck.de

Band 3 der 8. Auflage:
ISBN 978 3 406 70493 2

Gesamtabnahme der Bände 1–6 der 8. Auflage:
ISBN 978 3 406 70490 1

Wilhelmstraße 9, 80801 München
Druck: Beltz Grafische Betriebe GmbH
Am Fliegerhorst 8, 99947 Bad Langensalza

Satz: Reemers Publishing Services GmbH, Krefeld
Umschlaggestaltung: Fotosatz Amann GmbH & Co. KG, Memmingen

CO_2 neutral
chbeck.de/nachhaltig

Gedruckt auf säurefreiem, alterungsbeständigem Papier
(hergestellt aus chlorfrei gebleichtem Zellstoff)

Vorwort zur 8. Auflage

Im Zuge der 8. Auflage wurde die Neugliederung der Bände 2 „Wirtschaftsrecht I" und 3 „Wirtschaftsrecht II" des Münchener Vertragshandbuches, wie sie zur 7. Auflage erfolgt war, beibehalten. Eine wesentliche Neuerung besteht darin, dass mit Malte Grützmacher ein tatkräftiger und als Kenner der Materie ausgewiesener weiterer Mit-Herausgeber hinzugewonnen werden konnte.

Bei den Mustertexten haben sich einige Änderungen ergeben, die die dynamische Entwicklung der davon abgedeckten Praxisbereiche reflektieren. So bietet das Handbuch nunmehr ein Muster zu Cloud-Vereinbarungen im Unternehmensverkehr an (IV.10). Besonders erfreulich ist ferner, dass nunmehr erstmals ein Abschnitt mit Mustern zum Datenschutz und zur Datennutzung aufgenommen werden konnte (XII.1–5). Neu bearbeitet sind ferner die Muster zum Kulturgutschutz (IX.60–62). In allen Abschnitten sind gegenüber der Vorauflage umfangreiche Rechtsänderungen verarbeitet worden. Rechtsprechung und das in teils unübersehbarer Fülle weiter wachsende Schrifttum bis zum April 2020 sind ausgewertet.

Im Autorenkreis haben sich die folgenden Veränderungen ergeben. Neu als Autoren hinzugewonnen werden konnten Matthias Jentsch, Robert Selk, Luisa Siesmayer und Arne Björn Segler. An der Neuauflage nicht mehr beteiligt sind die Autoren Axel Metzger, Stefanie Nabrotzki und Thomas Reimann. Wir danken ihnen für die Kommentierungen in den Vorauflagen.

Autoren und Herausgeber würden sich freuen, getreu dem Anspruch des Münchener Vertragshandbuches auch mit der vorliegenden Neuauflage dem Kautelarpraktiker wieder eine zuverlässige, aktuelle und problemorientierte Gestaltungshilfe zu bieten.

Elise Hartwich danken wir für die Bearbeitung des Sachregisters.

Hamburg/München/Stuttgart/Bremen,
im September 2020

Malte Grützmacher, Markus S. Rieder,
Rolf A. Schütze, Lutz Weipert

Inhaltsübersicht zum Gesamtwerk
(8. Auflage)

Band 1: Gesellschaftsrecht
8. Auflage

Band 2: Wirtschaftsrecht I
8. Auflage

Band 3: Wirtschaftsrecht II
8. Auflage

Band 4: Wirtschaftsrecht III
(Englischsprachige Formulare mit deutschen Anmerkungen)
8. Auflage

Band 5: Bürgerliches Recht I
8. Auflage

Band 6: Bürgerliches Recht II
8. Auflage

Inhaltsverzeichnis

I. Internationales Transportrecht

II. Forschungs- und Entwicklungsverträge

III. Qualitätssicherung

IV. Software- und IT-Verträge

V. Online-Dienste, E-Commerce, Internet, Domains

VI. Patent- und Know-How-Lizenzvertragsrecht

VII. Arbeitnehmererfindungsrecht

VIII. Markenrecht

IX. Urheber- und Verlagsrecht

Kunstrecht

X. Werbe- und Wettbewerbsrecht

XI. Sport-, Kultur- und Sendungssponsoring

XII. Datenschutz und Datennutzung

Bearbeiter der 8. Auflage

Joachim Benclowitz	IX.	Urheber- und Verlagsrecht (Formulare 50–54)
Prof. Dr. Christian Czychowski	IX.	Urheber- und Verlagsrecht (Formulare 12–14, 16–17A, 20, 22)
	XII.	Datenschutz und Datennutzung (Formular 5 zusammen mit Frau Siesmayer)
Florian Dietrich	V.	Online-Dienste, E-Commerce, Internet, Domains
Dr. Jan Ehrhardt	IX.	Urheber- und Verlagsrecht (Formulare 37A–38, 46–49 in der Vorauflage)
Dr. Malte Grützmacher	IV.	Software- und IT-Verträge (Formulare 2–6, 8–14)
	XII.	Datenschutz und Datennutzung (Formular 4)
Dr. Hannes Hartung	IX.	Urheber- und Verlagsrecht (Formulare 55–64)
Prof. Dr. Paul W. Hertin	IX.	Urheber- und Verlagsrecht (Formulare 23–36, Formulare 39–45 zusammen mit Dr. Sandra Wagner)
Dr. Matthias Jentsch	VII.	Arbeitnehmererfindungsrecht (zusammen mit Dr. Johann Pitz und Dr. Thure Schubert)
Dr. Lars Kröner	X.	Werbe- und Wettbewerbsrecht (Formulare 8–12)
Franz-Josef Möffert	II.	Forschungs- und Entwicklungsverträge
Prof. Dr. Jan Bernd Nordemann	IX.	Urheber- und Verlagsrecht (Formulare 1–3, 18, 19, 21)
Dr. Anke Nordemann-Schiffel	IX.	Urheber- und Verlagsrecht (Formulare 4–11, 15)
Dr. Johann Pitz	VII.	Arbeitnehmererfindungsrecht (zusammen mit Dr. Matthias Jentsch und Dr. Thure Schubert)
Steven A. Reich	XI.	Sport- und Sendungssponsoring
Thomas H. Schmitz	VIII.	Markenrecht
Dr. Karolina Schöler	IV.	Software- und IT-Verträge (Formulare 1 und 7)
Dr. Thure Schubert	VII.	Arbeitnehmererfindungsrecht (zusammen mit Dr. Matthias Jentsch und Dr. Johann Pitz)
Dr. Thomas Schulte-Beckhausen	X.	Werbe- und Wettbewerbsrecht (Formulare 1–7)
Arne Björn Segler	IX.	Urheber- und Verlagsrecht (Formulare 37A–38, 46–49)
Dr. Robert Selk	XII.	Datenschutz und Datennutzung (Formulare 1–3)
Luisa Siesmayer	XII.	Datenschutz und Datennutzung (Formular 5 zusammen mit Prof. Dr. Christian Czychowski)
Dr. Torsten Spiegelhalder	VI.	Patent- und Know-How-Lizenzvertragsrecht
Dr. Sandra Wagner	IX.	Urheber- und Verlagsrecht (Formulare 33A–33C, 39–45 zusammen mit Prof. Dr. Paul W. Hertin)
Prof. Dr. Lutz Weipert	I.	Internationales Transportrecht
Prof. Dr. Friedrich Graf von Westphalen	III.	Qualitätssicherung
Dr. Gerhard Widmayer		Mitwirkung bei den steuerlichen Anmerkungen

Abkürzungsverzeichnis

a.	auch
aA	andere Ansicht
aaO	am angegebenen Ort
abgedr.	abgedruckt
abl.	ablehnend
ABl	Amtsblatt der Europäischen Gemeinschaften
Abs.	Absatz
Abschn.	Abschnitt
Abt.	Abteilung
abw.	abweichend
aE	am Ende
Änd.	Änderung
ÄndG	Gesetz zur Änderung
aF	alte Fassung
AfA	Absetzung für Abnutzung
AG	Aktiengesellschaft; Die Aktiengesellschaft (Jahr u. Seite); Amtsgericht
AGB	Allgemeine Geschäftsbedingungen
AGBG	Gesetz zur Regelung des Rechts der Allgemeinen Geschäftsbedingungen; außer Kraft (jetzt §§ 305–310 BGB)
AHB	Allgemeine Haftpflichtbedingungen
AktG	Aktiengesetz
AktGZ	Die Aktiengesellschaft (Jahr u. Seite)
AktO	Aktenordnung
allg.	allgemein
allgM	allgemeine Meinung
aM	anderer Meinung
AnfG	Gesetz betreffend die Anfechtung von Rechtshandlungen eines Schuldners außerhalb des Insolvenzverfahrens
Anh.	Anhang
Anm.	Anmerkung
Ano.	Anordnung
AOAnpG	Gesetz zur Anpassung von Gesetzen an die Abgabenordnung
AO	Abgabenordnung
ArbEG	Gesetz über Arbeitnehmererfindungen
ArbG	Arbeitgeber
ArbGG	Arbeitsgerichtsgesetz
ArbN	Arbeitnehmer
ArbPlSchG	Arbeitsplatzschutzgesetz
ArchPR	Archiv für Presserecht
Art.	Artikel
AS	Amtliche Sammlung
ATV	Allgemeine technische Vorschriften für Bauleistungen
Aufl.	Auflage
AuslInvG	Auslandsinvestitionsgesetz
AVO (RHeimStG)	Ausführungsverordnung zum Reichsheimstättengesetz

AWD	Außenwirtschaftsdienst des Betriebsberaters (Jahr u. Seite)
Az.	Aktenzeichen
AZO	Arbeitszeitordnung
Bad.-Württ.	Baden-Württemberg
BAG	Bundesarbeitsgericht, auch Entscheidungen des Bundesarbeitsgerichts
BAGGS	Bundesarbeitsgericht Großer Senat
BAnstArb	Bundesanstalt für Arbeit
BAnz.	Bundesanzeiger
BAT	Bundesangestelltentarifvertrag
BauGB	Baugesetzbuch
BauNVO	Baunutzungsverordnung
BauO	Bauordnung
baupol.	baupolizeilich
BauR	Baurecht (Jahr u. Seite)
BaWüAGBGB	baden-württembergisches Ausführungsgesetz zum BGB
BayObLG	Bayerisches Oberstes Landesgericht, auch Entscheidungssammlungen in Zivilsachen
BayVBl.	Bayerische Verwaltungsblätter (Jahr u. Seite)
BB	Betriebs-Berater (Jahr u. Seite)
BBG	Bundesbeamtengesetz
BBiG	Berufsbildungsgesetz
Bd.	Band
BDI	Bundesverband der Deutschen Industrie
BDSG	Bundesdatenschutzgesetz
BeamtVG	Beamtenversorgungsgesetz
begl.	beglaubigt
Begr.	Begriff, Begründung
Beil.	Beilage
Beschl.	Beschluß
Bespr.	Besprechung
bestr.	bestritten
BestVerz	Bestandsverzeichnis
Betr.	Der Betrieb (Jahr u. Seite)
betr.	betreff
BeurkG	Beurkundungsgesetz
BewG	Bewertungsgesetz
BFH	Bundesfinanzhof, auch Sammlung der Entscheidungen und Gutachten des Bundesfinanzhofs (Band u. Seite)
BGB	Bürgerliches Gesetzbuch
BGBl.	Bundesgesetzblatt
BGH	Bundesgerichtshof, auch Entscheidungen in Zivilsachen
BGHZ	Entscheidungen des Bundesgerichtshofs in Zivilsachen
BImSchG	Bundesimmissionsschutzgesetz
BKartA	Bundeskartellamt
BKR	Zeitschrift für Bank- und Kapitalmarktrecht
Bl.	Blatt
BlPMZ	Blatt für Patent-, Muster- und Zeichenwesen
BMF	Bundesministerium der Finanzen
BMJ	Bundesminister der Justiz
BMWi	Bundesministerium für Wirtschaft und Technologie
BNotK	Bundesnotarkammer
BNotO	Bundesnotarordnung
BPatG	Bundespatentgericht

BPatGE	Entscheidungen des Bundespatentgerichts
BPflVO	Bundespflegesatzverordnung
BR-Drs.	Bundesrat-Drucksache
BRS	Baurechtssammlung
BremGBl.	Gesetzblatt (Bremen)
BS	Sammlung des Bereinigten Landesrechts
BStBl.	Bundessteuerblatt
BT	Bundestag
BT-Drs.	Bundestag-Drucksache
BuB	Bankrecht und Bankpraxis (Jahr u. Seite)
Buchst.	Buchstabe
BUrlG	Bundesurlaubsgesetz
BVerfG	Bundesverfassungsgericht
BVerfGE	Entscheidungen des Bundesverfassungsgerichts
BVerwG	Bundesverwaltungsgericht
BWNotZ	Mitteilungen aus der Praxis. Zeitschrift für das Notariat in Baden-Württemberg (Jahr u. Seite)
bzgl.	bezüglich
BZRG	Bundeszentralregistergesetz
bzw.	beziehungsweise
ca.	circa
CR	Computer und Recht (Jahr u. Seite)
DBA	Doppelbesteuerungsabkommen
DepG	Gesetz über die Verwahrung und Anschaffung von Wertpapieren (Depotgesetz)
dgl.	dergleichen
ders.	derselbe
DGB	Deutscher Gewerkschaftsbund
dh	das heißt
DIN	Deutsche Industrienorm
dingl.	dinglich
Dipl.-Ing.	Diplom-Ingenieur
DNotZ	Deutsche Notar-Zeitschrift (Jahr u. Seite)
DONot	Dienstordnung für Notare
DÖV	Die öffentliche Verwaltung (Jahr u. Seite)
DPA	Deutsches Patentamt
DR	Deutsches Recht (Jahr u. Seite)
DStPr.	Deutsche Steuerpraxis (Jahr u. Seite)
DStR	Deutsches Steuerrecht (Jahr u. Seite)
DVBl.	Deutsches Verwaltungsblatt (Jahr u. Seite)
DVR	Datenverarbeitung im Recht (Jahr u. Seite)
DWW	Deutsche Wohnungswirtschaft (Jahr u. Seite)
e.	eines
ebd.	ebenda
EBE	Eildienst bundesgerichtlicher Entscheidungen (Jahr u. Seite)
EDV	Elektronische Datenverarbeitung
EFG	Entscheidungen der Finanzgerichte (Jahr u. Seite); Entgeltfortzahlungsgesetz
EG	Einführungsgesetz; Europäische Gemeinschaft; *(inoffiziell auch:)* Vertrag zur Gründung der Europäischen Gemeinschaft, Nizzaer Fassung
EGAO	Einführungsgesetz zur Abgabenordnung
EGBGB	Einführungsgesetz zum Bürgerlichen Gesetzbuch
EGV	Vertrag zur Gründung der Europäischen Gemeinschaft

Einf.	Einführung
Einl.	Einleitung
einschl.	einschließlich
EK	Eigenkapital
entspr.	entsprechend, entspricht
EPÜ	Übereinkommen über die Erteilung europäischer Patente v. 5.10.1973 (BGBl. 1976 II S. 649)
ERA	Einheitliche Richtlinien und Gebräuche für Dokumenten-Akkreditive
ErbbauVO	Verordnung über das Erbbaurecht
ErbStDVO	Erbschaftsteuerdurchführungsverordnung
ErbStG	Erbschaftsteuer- und Schenkungsteuergesetz
EStDV	Einkommensteuerdurchführungsverordnung
EStG	Einkommensteuergesetz
EStR	Einkommensteuerrichtlinien
etc.	et cetera
EU	Europäische Union
EuGH	Europäischer Gerichtshof
EUV	Europäischer Unionsvertrag
eV	eingetragener Verein
EV	Einigungsvorschlag
evtl.	eventuell
EWG	Europäische Wirtschaftsgemeinschaft
EzA	Stahlhacke, Entscheidungen zum Arbeitsrecht
f.	folgend
FamRZ	Ehe und Familie im privaten und öffentlichen Recht. Zeitschrift für das gesamte Familienrecht (Jahr u. Seite)
ff.	folgende
FFA	Filmförderungsanstalt
FFG	Filmförderungsgesetz
FG	Finanzgericht
FGG	Gesetz über die Angelegenheiten der freiwilligen Gerichtsbarkeit
FlNr.	Flurnummer
FlSt.	Flurstück
FlStNr.	Flurstücknummer
Form.	Formular
FR	Finanzrundschau (Jahr u. Seite)
FuR	Funk und Recht (Jahr u. Seite)
Fn.	Fußnote
GA	Gesamtaufwendungen
GB	Grundbuch
GBO	Grundbuchordnung
GbR	Gesellschaft bürgerlichen Rechts
GBVfg.	Allgemeine Verfügung über die Einrichtung und Führung des Grundbuchs
GebrMG	Gebrauchsmustergesetz
gem.	gemäß
G.	Gesetz
GBl.	Gesetzblatt
GewO	Gewerbeordnung
GewStG	Gewerbesteuergesetz
GewStR	Gewerbesteuerrichtlinien
gez.	gezeichnet
GG	Grundgesetz

ggf.	gegebenenfalls
GIA	Gesetz zur Regelung von Ingenieur- und Architekturleistungen
GIK	Gesamtinvestitionskosten
glA	gleicher Ansicht
GmbH	Gesellschaft mit beschränkter Haftung
GmbHG	Gesetz betr. die Gesellschaften mit beschränkter Haftung
GmbHRdsch.	Rundschau für GmbH (Jahr u. Seite)
GO	Geschäftsordnung, Gemeindeordnung
GOA	Gebührenordnung für Architekten
GrdstVG	Grundstücksverkehrsgesetz
GrESt	Grunderwerbsteuer
GrEStDV	Durchführungsverordnung zum Grunderwerbsteuergesetz
GrEStEigWoG	Gesetz über steuerliche Vergünstigungen bei der Herstellung oder Anschaffung bestimmter Wohngebäude
GrEStG	Grunderwerbsteuergesetz
GRUR	Gewerblicher Rechtsschutz und Urheberrecht (Jahr u. Seite)
GRUR Int.	Gewerblicher Rechtsschutz und Urheberrecht, Internationaler Teil (Jahr u. Seite)
GRUR-RR	GRUR-Rechtsprechungs-Report
GrZS	Großer Senat in Zivilsachen
GS	Großer Senat
GüKG	Güterkraftverkehrsgesetz
GVBl., GVOBl.	Gesetz- und Verordnungsblatt
GVL	Gesellschaft zur Verwertung von Leistungsschutzrechten
GVNW	Gesetz- und Verordnungsblatt für das Land Nordrhein-Westfalen
GWB	Gesetz gegen Wettbewerbsbeschränkungen
hA	herrschende Auffassung
Hs.	Halbsatz
HB	Honorarbedingungen
HdB	Handbuch
HGB	Handelsgesetzbuch
hins.	hinsichtlich
hL	herrschende Lehre
hM	herrschende Meinung
HOAI	Verordnung über die Honorare für Leistungen der Architekten und Ingenieure (Honorarordnung für Architekten und Ingenieure)
HöfeO	Höfeordnung
HöfeVfO	Verfahrensordnung für Höfesachen
HReg.	Handelsregister
HRR	Die Rechtsprechung (= Bd.2 der Jur. Rundschau) dann: Höchstrichterliche Rechtsprechung (Bd.4, 1928 – Bd.18, 1942; Jahr u.Nr.der Entscheidung)
HRV	Handelsregisterverordnung v. 12.8.1937 idF. v. 11.12.2001 (BGBl.I S. 3688) zuletzt geändert 10.10.2013 (BGBl. I S. 3786)
HypBG	Hypothekenbankgesetz
IAO	Internationale Arbeitsorganisation
I.B.L.	International Business Lawyer
idÄnd.	in der Änderung

idF	in der Fassung
idR	in der Regel
iE	im Einzelnen
iG	in Gründung
IG	Industrie-Gewerkschaft
IHK	Industrie- und Handelskammer
iL	in Liquidation
Inf.	Die Information über Steuer und Wirtschaft
insbes.	insbesondere
InsO	Insolvenzordnung
iRd	im Rahmen des
iS	im Sinne
iSd	im Sinne des, der
iSv	im Sinne von
ITRB	Der IT-Rechtsberater (Jahr u. Seite)
iÜ	im Übrigen
iVm	in Verbindung mit
iW	in Worten
JBeitrO	Justizbeitreibungsordnung
JbFfStR	Jahrbuch der Fachanwälte für Steuerrecht (Jahr u. Seite)
JFG	Jahrbuch für Entscheidungen in Angelegenheiten der Freiwilligen Gerichtsbarkeit und des Grundbuchrechts
JMBl.	Justizministerialblatt
jur.	juristisch
JurBüro	Das juristische Büro (Jahr u. Seite)
JuS	Juristische Schulung (Jahr u. Seite)
JW	Juristische Wochenschrift (Jahr u. Seite)
JZ	Juristen-Zeitung (Jahr u. Seite)
KAG	Kommunalabgabengesetz
KapErhG	Gesetz über die Kapitalerhöhung aus Gesellschaftsmitteln und über die Verschmelzung von Gesellschaften mit beschränkter Haftung
KapErhStG	Gesetz über steuerrechtliche Maßnahmen bei Erhöhung des Nennkapitals aus Gesellschaftsmitteln und bei Überlassung von eigenen Aktien an Arbeitnehmer
KG	Kammergericht; Kommanditgesellschaft
KGaA	Kommanditgesellschaft auf Aktien
KGJ	Jahrbuch für Entscheidungen des Kammergerichts
KG-OLG Rspr.	s. OLG Rspr.
KHG	Krankenhausfinanzierungsgesetz
KJHG	Kinder- und Jugendhilfegesetz
kläger	klägerisch(es)
Komm	Kommentar
KonsG	Konsulargesetz
KostO	Kostenordnung
KostRspr.	Kostenrechtsprechung Nachschlagewerk
KRspr.	Rechtsprechung zum Kostenrecht, Entscheidungssammlung
KSchG	Kündigungsschutzgesetz
KStG	Körperschaftsteuergesetz
KStR	Körperschaftsteuerrichtlinien
KStZ	Kommunale Steuer-Zeitschrift (Jahr u. Seite)
KTS	Konkurs-Treuhand-Sanierung, Zeitschrift für Insolvenzrecht
KVO	Kraftverkehrsordnung

KVStDV	Kapitalverkehrsteuer-Durchführungsverordnung
KVStG	Kapitalverkehrsteuergesetz
KWG	Gesetz über das Kreditwesen
LAG	Landesarbeitsgericht
LEG	Landesentwicklungsgesellschaft
lfd.	laufend
Lfg.	Lieferung
LG	Landgericht, Leasinggeber
Lgb.	Lagebuchnummer
LHO	Leistungs- und Honorarordnung der Ingenieure
lit.	litera (= Buchstabe)
Lit.	Literatur
LM	Das Nachschlagewerk des Bundesgerichtshofs in Zivilsachen, herausgegeben von Lindenmaier und Möhring (Gesetzesstelle u. Entscheidungsnr.)
LN	Leasingnehmer
LPachtG	Landpachtgesetz
LStDVO	Lohnsteuerdurchführungsverordnung
LStR	Lohnsteuerrichtlinien
LuftfzRG	Gesetz über Rechte an Luftfahrzeugen
LwErbR	Landwirtschaftserbrecht
m.	mit, Meter
MA	Der Markenartikel (Jahr u. Seite)
MaBV	Makler- und Bauträgerverordnung
MarkenG	Gesetz über den Schutz von Marken und sonstigen Kennzeichen (Markengesetz)
MAZ	Magnetaufzeichnungsverfahren
MDR	Monatsschrift für Deutsches Recht (Jahr u. Seite)
ME	Miteigentum
Min.	Ministerium
Mio.	Millionen
MitbestG	Gesetz über die Mitbestimmung der Arbeitnehmer
MittBayNot.	Mitteilungen des Bayerischen Notarvereins, der Notarkasse und der Landesnotarkammer Bayern (Jahr u. Seite)
MittDPatAnw.	Mitteilungen der deutschen Patentanwälte
MittRhNotK	Mitteilungen der Rheinischen Notarkammer
MTV	Manteltarifvertrag
MuW	Markenschutz und Wettbewerb (Jahr u. Seite)
mwN	mit weiteren Nachweisen
MWSt	Mehrwertsteuer
Nachf.	Nachfolger
Nachw.	Nachweise
NÄG	Namensänderungsgesetz
NBildUG	Niedersächsisches Gesetz über den Bildungsurlaub für den Arbeitnehmer
Nds, nds.	Niedersachsen, niedersächsisch
nF	neue Fassung
NJW	Neue Juristische Wochenschrift
NJW-RR	Neue Juristische Wochenschrift – Rechtsprechungs-Report Zivilrecht
nom.	nominal (zum Nennwert)
Nr.	Nummer
NRW	Nordrhein-Westfalen
NWB	Neue Wirtschaftsbriefe

NZG	Neue Zeitschrift für Gesellschaftsrecht
NZI	Neue Zeitschrift für Insolvenzrecht
o.	oben
o.a.	oben angegeben(en)
oä.	oder ähnlich
OFD	Oberfinanzdirektion
OGHbrZ	Oberster Gerichtshof für die britische Zone
OHG	offene Handelsgesellschaft
OLG	Oberlandesgericht
OLGRspr.	Die Rechtsprechung der Oberlandesgerichte (Bd.1–Bd.46)
OLGZ	Entscheidungen der Oberlandesgerichte in Zivilsachen
OVG	Oberverwaltungsgericht
p.a.	pro anno
PatG	Patentgesetz idF v. 16.12.1980 (BGBl. 1981 I S. 1) zuletzt geändert 19.10.2013 (BGBl. I S. 3830)
PCT	Patent Cooperation Treaty (Patentzusammenarbeitsvertrag) v. 19.6.1970 (BGBl. 1976 II S. 649, 664)
PersGes.	Personengesellschaft
phG	persönlich haftender Gesellschafter
pol.	polizeilich
Pos.	Position
ppa	per procura
PStG	Personenstandsgesetz
PVÜ	Pariser Verbandsübereinkunft zum Schutze des gewerblichen Eigentums in der Stockholmer Fassung v. 14.7.1967 (BGBl. 1970 II S. 293)
RA	Runderlaß Außenwirtschaft
RabelsZ	Zeitschrift für ausländisches und internationales Privatrecht, begründet von Rabel
RAL	Reichsausschuß für Lieferbedingungen
RBerG	Rechtsberatungsgesetz
RdA	Recht der Arbeit (Jahr u. Seite)
RdL	Recht der Landwirtschaft (Jahr u. Seite)
RegE	Regierungsentwurf
RegNr.	Regierungsnummer
RFH	Reichsfinanzhof, auch: Sammlung der Entscheidungen und Gutachten des RFH
RG	Reichsgericht
RGBl.	Reichsgesetzblatt
RGSt	Sammlung der Entscheidungen des RG in Strafsachen
RGZ	Entscheidungen des Reichsgerichts in Zivilsachen
RHeimStG	Reichsheimstättengesetz
RIW	Recht der Internationalen Wirtschaft (Jahr u. Seite)
RL	Richtlinie
Rn.	Randnummer
RPA	Reichspatentamt
Rpfleger	Der Deutsche Rechtspfleger (Jahr u. Seite)
RRG	Rentenreformgesetz
Rspr.	Rechtsprechung
RStBl.	Reichssteuerblatt (Jahr u. Seite)
RuStAG	Reichs- und Staatsangehörigkeitsgesetz
S.	Satz, Seite
SchadErsAnspr.	Schadensersatzanspruch
Schäfer/Finnern	Schäfer/Finnern, Rechtsprechung zum privaten Baurecht

SchwBG	Schwerbehindertengesetz
SE	Sondereigentum
SGB (I–XI)	Sozialgesetzbuch (Buch I–XI)
SGV NW	Sammlung des bereinigten Gesetz- und Verordnungsblattes für das Land Nordrhein-Westfalen
Slg.	Sammlung von Entscheidungen
SMBl.	Sammlung des bereinigten Ministerialblattes
SMG	Gesetz zur Modernisierung des Schuldrechts (Schuldrechtsmodernisierungsgesetz)
s.o.	siehe oben
sog.	sogenannt
Sp.	Spalte
spät.	spätestens
städt.	städtisch(e)
StbJB	Steuerberater-Jahrbuch (Jahr u. Seite)
StBp.	Die steuerliche Betriebsprüfung
StEK	Steuererlasse in Karteiform
str.	strittig
StRK	Steuerrechtsprechung in Karteiform
stRspr	ständige Rechtsprechung
StuW	Steuer und Wirtschaft
StVZO	Straßenverkehrs-Zulassungs-Ordnung
s.u.	siehe unten
teilw.	teilweise
TOP	Tagesordnungspunkt
TVG	Tarifvertragsgesetz
Tz.	Textziffer
u.	unten; und
ua	unter anderem
uä.	und ähnliche
UB	Unbedenklichkeitsbescheinigung
Überbl.	Überblick
uE	unseres Erachtens
UmstG	Umstellungsgesetz
Umw.	Umwandlung
UmwG	Umwandlungsgesetz
UmwStG	Umwandlungs-Steuergesetz
unstr.	unstreitig
UrhG	Urhebergesetz
URNr.	Urkundenrollennummer
UStG	Umsatzsteuergesetz
UStR	Umsatzsteuerrundschau (Jahr u. Seite)
usw	und so weiter
uU	unter Umständen
UWG	Gesetz gegen den unlauteren Wettbewerb
v.	von
VERDI	Vereinigte Dienstleistungsgewerkschaften
VerglO	Vergleichsordnung
VermStG	Vermögenssteuergesetz
VersR	Versicherungsrecht (Jahr u. Seite)
VG	Verwaltungsgericht
VGH	Verwaltungsgerichtshof
vgl.	vergleiche
vH	vom Hundert
VO	Verordnung

VOB	Vergabe- und Vertragsordnung für Bauleistungen (Teile A–C)
VOF	Vergabeordnung für freiberufliche Leistungen
VOL	Verdingungsordnung für Leistungen – ausgenommen Bauleistungen
vollst.	vollständig
Vorb.	Vorbemerkung
VR	Vereinsregister
vT	vom Tausend
VVaG	Versicherungsverein auf Gegenseitigkeit
VVG	Gesetz über den Versicherungsvertrag
VW	Versicherungswirtschaft
VwVfG	Verwaltungsverfahrensgesetz
VwVG	Verwaltungsvollstreckungsgesetz
WährG	Währungsgesetz
WE	Wohnungseigentum
WEG	Wohnungseigentumsgesetz
WGG	Gesetz über die Gemeinnützigkeit im Wohnungswesen
WGGDV	Verordnung zur Durchführung des WGG
WissR	Wissenschaftsrecht (Jahr u. Seite)
WiuR	Wirtschaft und Recht (Jahr u. Seite)
WKSchG	Wohnraumkündigungsschutzgesetz
WM	Wohnungswirtschaft und Mietrecht (Jahr u. Seite)
WoBindG	Wohnungsbindungsgesetz
WohnbauG	Wohnungsbaugesetz
WPg	Die Wirtschaftsprüfung (Jahr u. Seite)
WPM	Wertpapier-Mitteilungen (Jahr u. Seite)
WRP	Wettbewerb in Recht und Praxis (Jahr u. Seite)
WuW/E	Wirtschaft und Wettbewerb. Entscheidungssammlung zum Kartellrecht
zB	zum Beispiel
ZbR	Zurückbehaltungsrecht
ZfG	Zeitschrift für das gesamte Genossenschaftswesen (Jahr u. Seite)
ZfBR	Zeitschrift für deutsches und internationales Baurecht (Jahr u. Seite)
ZGR	Zeitschrift für Unternehmens- und Gesellschaftsrecht (Jahr u. Seite)
ZGeschRW	Zeitschrift für geschichtliche Rechtswissenschaft (Jahr u. Seite)
ZHR	Zeitschrift für das gesamte Handels- und Insolvenzrecht (Band, Jahr u. Seite)
Ziff.	Ziffer
ZKredW	Zeitschrift für das gesamte Kreditwesen (Jahr u. Seite)
ZIP	Zeitschrift für Wirtschaftsrecht und Insolvenzpraxis (Jahr u. Seite)
ZMR	Zeitschrift für Miet- und Raumrecht (Jahr u. Seite)
ZPO	Zivilprozeßordnung
ZRP	Zeitschrift für Rechtspolitik (Jahr u. Seite)
zT	zum Teil
zus.	zusammen
zust.	zustimmend
ZVG	Zwangsversteigerungsgesetz
ZZP	Zeitschrift für Zivilprozess
zZt.	zur Zeit

I. Internationales Transportrecht

I. Vertrag über projektbezogene kombinierte Transporte[1]

Zwischen

1. der . . . . . Aktiengesellschaft deutschen Rechts, – nachfolgend „Auftraggeber" genannt –

und

2. der . . . . . Gesellschaft mit beschränkter Haftung deutschen Rechts, – nachfolgend „Transport-Operator" genannt –.

wird folgender Vertrag vereinbart:

Vorbemerkung[2]

Der Auftraggeber hat sich gegenüber der . . . . . zur Errichtung eines Kraftwerks in . . . . ./Saudi-Arabien verpflichtet. Die zur Durchführung dieses Projektes benötigten Materialien, Gerätschaften, Maschinen und Ausrüstungsgegenstände jedweder Art müssen dem Baufortschritt folgend im Wesentlichen aus West-Europa, zum Teil aus den Vereinigten Staaten von Amerika und aus Japan bis zur Baustelle transportiert werden.[3] Der Auftraggeber beauftragt den Transport-Operator[4] mit dem Transport der sämtlichen von ihm zur Durchführung des genannten Projektes benötigten Güter sowie mit den sonstigen in diesem Vertrage bezeichneten Leistungen.[5] Der Transport-Operator nimmt diesen Auftrag an.[6] Dies vorausgeschickt, vereinbaren die Vertragspartner das Folgende:

I. Allgemeine Bestimmungen[7]

§ 1 Gegenstand des Vertrages

Gegenstand des Vertrages sind
a) der Transport von Gütern
b) die Verpackung von Gütern
c) die Besorgung der Lagerung und des Umschlags von Gütern
d) die Besorgung der Zollabfertigung von Gütern und sonstige Maßnahmen zur Bewirkung des grenzüberschreitenden Verkehrs.

§ 2 Allgemeine Begriffsbestimmungen

(1) In diesem Vertrage werden als Gut, Güter oder Ladung solche Sachen oder Sacheinheiten (Kolli, Packungen) bezeichnet, die vom Auftraggeber selbst oder von Dritten für Rechnung und im Namen des Auftraggebers an den Transport-Operator zur Bewirkung der in § 1 bezeichneten Leistungen zu übergeben sind.[8]
(2) In diesem Vertrage wird als Übernahme die erstmalige Inbesitznahme von Gütern durch den Transport-Operator, als Ablieferung[9] die Besitzübertragung desselben Gutes an einen legitimierten Empfänger verstanden.
(3) In diesem Vertrage werden als Transportweg die Beförderungsstrecke eines Gutes vom Ort der Übernahme bis zum Ort der Ablieferung und als Teilstrecke[10] die Strecke der Beförderung eines Gutes mit einem oder nacheinander mit mehreren gleichartigen

Transportmittel(n) von der erstmaligen Verladung auf dieses bzw. ein solches Transportmittel bis zur Entladung daraus verstanden.

§ 3 Haftung des Transport-Operators[11]

(1) Vorbehaltlich vertraglicher oder gesetzlicher[12] Haftungsausschlüsse oder Haftungsbeschränkungen haftet der Transport-Operator auf Ersatz derjenigen Schäden, welche der Auftraggeber infolge eines Verlustes oder einer Beschädigung der Güter während der Zeit zwischen ihrer Übernahme und ihrer Ablieferung oder infolge einer verspäteten Ablieferung derselben erleidet.[13]

(2) Der Transport-Operator haftet nicht nach Absatz 1 dieses Paragraphen, wenn er beweist, dass der Verlust oder die Beschädigung oder die verspätete Ablieferung durch Umstände verursacht wurden, die er bei Anwendung zumutbarer Sorgfalt nicht vermeiden und deren Folgen er nicht abwenden konnte.[14]

(3) Die Haftung des Transport-Operators ist ausgeschlossen, wenn der Schaden verursacht wurde durch

a) eine Handlung oder Unterlassung des Auftraggebers, seiner Erfüllungsgehilfen oder sonst in seinem Interesse oder mit seinem Willen bei der Verrichtung von Maßnahmen im Zusammenhang mit der Durchführung dieses Vertrages tätiger Personen;
b) aus der Ausführung von Weisungen, die dem Transport-Operator von dazu berechtigten Personen gegeben wurden;
c) aus dem Fehlen oder aus Mängeln der Verpackung, wenn die Güter ihrer Natur nach bei fehlender oder mangelhafter Verpackung Verlusten oder Beschädigungen ausgesetzt sind, es sei denn, die Verpackung wäre durch den Transport-Operator zu besorgen gewesen oder besorgt worden;
d) aus der Behandlung, dem Verladen, Verstauen oder Ausladen der Güter durch unter vorstehend a) bezeichnete Personen;
e) aus der Schadhaftigkeit der Güter selbst;
f) daraus, dass die an den Gütern oder ihren Verpackungen angebrachten Kennzeichen oder Nummern unzureichend oder mangelhaft waren, außer sie wären vom Transport-Operator anzubringen gewesen;
g) aus den Folgen von Piraterie oder Streiks, Aussperrungen, Einstellungen oder Behinderungen der Arbeit, die der Transport-Operator auch bei Anwendung gehöriger Sorgfalt nicht vermeiden konnte;
h) aus einem nuklearen Ereignis, wenn der Inhaber einer Kernanlage oder eine ihm gleichgestellte Person für den Schaden nach einem anzuwendenden internationalen Übereinkommen oder nationalen Gesetz für die Haftung auf dem Gebiete der Kernenergie haftet;

der Beweis dafür, dass der Verlust oder die Beschädigung oder die verspätete Ablieferung durch einen oder mehrere der vorstehend bezeichneten Umstände verursacht worden ist, obliegt dem Transport-Operator.[15] Weist dieser nach, dass nach den Umständen des Falles der Verlust oder die Beschädigung aus einem oder mehreren der vorstehend unter Buchstaben c–f bezeichneten Umstände entstehen konnte, so wird vermutet, dass der Schaden daraus entstanden ist. Der Auftraggeber kann jedoch beweisen, dass der Schaden nicht oder nicht ausschließlich aus einem oder mehreren dieser Umstände entstanden ist.[16]

(4) Sofern einer der Vertragspartner nachweist, dass ein Schaden auf einer bestimmten Teilstrecke eintrat, kann er sich in Hinsicht auf die Voraussetzungen, den Ausschluss und den Umfang seiner Haftung auf die für diese Teilstrecke geltende Haftungsordnung (Teilstrecken-Haftungsordnung) berufen.[17] Zum Nachweis für den Schaden ist die Vorlage des Berichtes eines amtlich bestellten Sachverständigen oder Lloyds-Ladungsbesichtigers, aus dem die Beschaffenheit der Güter im Zeitpunkt der Beendigung des Transports hervorgeht, erforderlich.[18] Wurde dem jeweils anderen Vertragspartner Gelegenheit

gegeben, an der Schadenbesichtigung durch die genannten Besichtiger teilzunehmen, so sind die in dem Bericht über den Schaden und seine Verursachung getroffenen Feststellungen für beide Vertragspartner verbindlich.

(5) Als Teilstreckenhaftungsordnung für Landtransporte gelten, soweit dieser Vertrag keine davon abweichenden Bestimmungen enthält, die dem Rechtsverhältnis zwischen dem Transport-Operator und dem jeweils von ihm beauftragten Frachtführer zugrunde liegenden allgemeinen Geschäftsbedingungen, sofern diese Bedingungen dem Auftraggeber vor Übernahme der jeweils in Betracht kommenden Güter bekanntgemacht wurden.[19] Als Teilstrecken-Haftungsordnung für Seetransporte gelten, soweit dieser Vertrag keine davon abweichenden Bestimmungen enthält, die Conline-Bedingungen[20] entsprechend dem diesem Vertrage als Anlage 1 beigefügten Muster, jedoch mit folgenden Änderungen:

a) Klausel 2 (allgemeine Paramount-Klausel) gilt ausschließlich mit folgendem Inhalt:
„Die in der Brüsseler Konvention vom 25.8.1924, ergänzt durch das Brüsseler Protokoll vom 23.2.1968, enthaltenen Haager-Visby-Regeln finden auf diesen Vertrag dergestalt Anwendung, wie sie im Verschiffungslande gesetzlich niedergelegt sind. Gilt im Verschiffungsland keine solche gesetzliche Regelung, so findet die entsprechende Gesetzgebung des Bestimmungslandes Anwendung; jedoch sollen auf solche Verschiffungen, für die keine derartige gesetzliche Regelung zwingend vorgeschrieben ist, die Haager-Visby-Regeln Anwendung finden. Der Verfrachter macht alle danach möglichen Vorbehalte in Bezug auf den Zeitraum vor der Verladung und nach der Entlöschung und während sich die Güter im Gewahrsam eines anderen Verfrachters befinden sowie die Decksverladungen und lebende Tiere geltend.
Verschiffungen nach Haager Regeln
Bei Verschiffungen, auf die die Internationale Brüsseler Konvention vom 25.8.1924 über die Vereinheitlichung von Regeln über Konnossemente – Haager Regeln – zwingend Anwendung finden, bilden die Vorschriften der jeweiligen Gesetzesregelung Bestandteile dieses Vertrages. Der Verfrachter macht auch insoweit alle danach möglichen Vorbehalte in Bezug auf den Zeitraum vor der Verladung und nach der Entlöschung und während sich die Güter im Gewahrsam eines anderen Verfrachters befinden sowie die Decksverladung und lebende Tiere geltend."

b) Das Wort „Verfrachter" in Klausel 3 der Conline-Bedingungen (Gerichtsbarkeit) wird durch das Wort „Transport-Operator" ersetzt.[21]

c) Der Begriff „Haager Regeln" in Klausel 9 (lebende Tiere und Decksladung) und Klausel 19c (Wahl der Stauung, Ladungsverbund)[22] der Conline-Bedingungen wird jeweils durch den Begriff „Haager-Visby-Regeln" ersetzt.

Im Übrigen gelten die gesetzlichen Bestimmungen einschließlich derjenigen, die im Falle der Ausgabe eines wirksamen Konnossements nicht abdingbar sind.[23] Die Regelungen der jeweils in Betracht kommenden Teilstrecken-Haftungsordnung gelten für die Bestimmung der Rechte und Pflichten unter den Vertragspartnern auch insoweit, als dem Transport-Operator danach Rechte oder sonstige Befugnisse gegenüber dem Auftraggeber zustehen.

(6) Für Schäden, die der Auftraggeber infolge verspäteter Ablieferung der Güter erleidet, haftet der Transport-Operator höchstens bis zum Betrage von EUR . . . . . pro Schadenereignis.[24]

§ 4 Versicherung

(1) Es ist Sache des Auftraggebers, die Güter gegen Transportgefahren zu versichern (Transport-Versicherung).[25] Der Transport-Operator verpflichtet sich jedoch, dem Auftraggeber gegen Nachweis solche Transportversicherungsprämienzuschläge zu erstatten, die zusätzlich zu denjenigen Prämiensätzen erhoben werden, welche für Verladungen mit Seeschiffen gelten, die der DTV-Klassifikations- und Altersklausel in der jeweils geltenden

Fassung entsprechen (sog. „Overage-Prämien“).[26] Dies gilt auch für entsprechende Zuschläge, die von Subsidiär-Versicherern erhoben werden.[27]

(2) Der Transport-Operator hat sein durch den Abschluss und die Durchführung dieses Vertrages begründetes Haftpflichtrisiko ausreichend zu versichern (Haftpflichtversicherung).[28] Als ausreichende Versicherung des Haftpflichtrisikos aus Anlass von Seetransporten gilt die Deckung bei einem bekannten P & I-Club im Rahmen einer Charterer's Liability-Versicherung, sofern die Deckung von Güterschäden auf die Haager-Visby-Regeln abgestellt ist, eine Deviation-Cover eingeschlossen[29] und sichergestellt ist, dass der Reeder des jeweils zum Einsatz gelangenden Seeschiffes ebenfalls übliche P & I-Deckung hat.[30] Im Übrigen ist die Haftpflichtversicherung des Transport-Operators ausreichend, wenn sie den Höchsthaftungsbestimmungen jeder in Betracht kommenden Teilstrecken-Haftungsordnungen mindestens aber den Höchstversicherungssummen für die Haftungsversicherung des Spediteurs und die Schadenversicherung des Wareninteressenten bei unbeschränktem räumlichen Geltungsbereich nach den „Mindestbedingungen für die Speditionsversicherung (SpV)“ entspricht.[31]

(3) Der Transport-Operator hat für Rechnung des Auftraggebers eine ausreichende Lagerversicherung für alle nach diesem Vertrage auf Lager genommenen Güter abzuschließen. Mangels abweichender Weisungen des Auftraggebers gilt sie als ausreichend, wenn sie mit einer Versicherungssumme von 1.000.000,– EUR pro Schadenereignis gegen Feuer-, Einbruchdiebstahl-, Leitungswasser- und Sturmschadengefahren genommen wird.[32]

§ 5 Dokumente

(1) Mit Übernahme hat der Transport-Operator für jedes Gut ein Multimodal Transport Bill of Lading („MULTIDOC 95“) nach dem diesem Vertrage als Anlage 2 beigefügten Muster auszustellen. Ein MULTIDOC 95 kann auch für mehrere Güter oder Kolli zusammen ausgestellt werden.[33] In diesem Dokument ist der Transport-Operator namentlich zu bezeichnen. Alle Dokumente haben die Klausel „Non-Negotiable“ zu tragen.[34] Weiterhin ist auf Seite 1 des Dokuments unter der Rubrik „Freight and Charges“ folgende Klausel zu vermerken:

„Instead of clause 22 hereunder the MTO shall have a lien on the goods for any amount due under the Combined Transport Contract between Messrs. . . . . . and Messrs. . . . . . made on . . . . . in accordance with para. 6 of said contract; such lien shall cover also the cost of recovering the goods. The MTO may enforce such lien in any reasonable manner.“[35]

Im Verhältnis zwischen den Vertragspartnern gelten die MULTIDOC 95-Bedingungen nur insoweit, als sie zu den Regelungen dieses Vertrages einschließlich der übrigen darin in Bezug genommenen Bedingungswerke (insbesondere der Conline-Bedingungen) nicht im Widerspruch stehen.

(2) Im Falle der Einlagerung von Gütern kann der Auftraggeber die Aushändigung eines Lagerscheins nur dann verlangen, wenn die Einlagerung nicht nur als zur Beför-derung gehörende Vor-, Zwischen- oder Nachlagerung erfolgt und der Auftraggeber dem Transport-Operator sämtliche die eingelagerten Güter betreffenden MULTIDOC 95-Stücke zurückgibt.[36]

§ 6 Pfandrecht des Transport-Operators

(1) Mit Übernahme der Güter und Ausgabe eines Dokuments entsprechend § 5 Abs. 1 erlangt der Transport-Operator an den übernommenen Gütern ein Pfandrecht, welches zur Sicherung aller ihm nach diesem Vertrage zustehenden Geldforderungen dient, und zwar gleich welchen Rechtsgrundes und einerlei, ob aus laufenden oder abgeschlossenen Transporten.[37]

(2) Nach Ablieferung der Güter besteht das Pfandrecht gem. Absatz 1 nur im Umfange des gesetzlichen Pfandrechts fort.[38]

§ 7 Transport-Schedule

(1) Die Vertragspartner verpflichten sich, eine Transport-Schedule zu vereinbaren, die sodann einen wesentlichen Bestandteil dieses Vertrages bildet.[39] In der Transport-Schedule sind festzulegen,
a) die Art und die Menge der für den Transport vorgesehenen Güter;
b) die genauen Örtlichkeiten, an denen die unter a) bezeichneten Güter angeliefert werden sollen;[40]
c) die Zeitpunkte, zu denen die unter a) bezeichneten Güter an den in b) bezeichneten Örtlichkeiten angeliefert werden sollen;
d) die Orte, an denen die beförderten Güter dem Auftraggeber abgeliefert[41] werden sollen;
e) die Zeitpunkte, zu denen die beförderten Güter dem Auftraggeber an den in d) bezeichneten Orten spätestens zur Ablieferung bereitgehalten werden sollen.

(2) Jeder Vertragspartner ist verpflichtet, alles ihm Zumutbare zu unternehmen, um jeweils vom anderen Vertragspartner gewünschte Festlegungen in der Transport-Schedule zu ermöglichen. Jeder Vertragspartner ist berechtigt, von dem anderen Vertragspartner jederzeit Vereinbarungen über die Änderung der Transport-Schedule zu verlangen; in diesem Falle gilt Satz 1 entsprechend. Für den Fall, dass sich die Vertragspartner über Festlegungen in der Transport-Schedule oder Änderungen derselben nicht einigen können, kann jeder Vertragspartner die zu diesem Vertrage vereinbarte ständige Schiedsstelle anzurufen.[42]

(3) Die Transport-Schedule in ihrer jeweiligen Fassung ist in Hinsicht auf die darin bezeichneten Ablieferungszeitpunkte verbindlich iS einer schriftlichen Erklärung des Auftraggebers gem. Klausel 10e) MULTIDOC 95.[43] Im Übrigen hat die Transport-Schedule für die Bestimmung der Rechte und Pflichten der Vertragspartner ausschließlich die in den nachfolgenden Regelungen dieses Vertrages bezeichneten Wirkungen. Insbesondere kann sich der Transport-Operator nicht zur Begründung von Fautfracht- oder Schadenersatzansprüchen darauf berufen, dass der Auftraggeber Festlegungen in der Transport-Schedule nicht eingehalten habe.[44]

§ 8 Versandfertigmeldungen und Ladungsabrufe

(1) Es obliegt dem Auftraggeber, rechtzeitig unter Beachtung der dafür in diesem Vertrage jeweils bezeichneten Fristen Versandfertigmeldungen gegenüber dem Transport-Operator abzugeben. Die Versandfertigmeldungen können vorläufige (VVM) oder endgültige (EVM) sein und müssen jeweils als solche bezeichnet werden. In ihnen sind die jeweils zur Beförderung vorgesehenen Güter nach Art, Menge, Gewicht, Übernahmeort (§ 7 Abs. 1b)) und Übernahmezeitpunkt (§ 7 Abs. 1c)) anzugeben.

(2) Es obliegt dem Transport-Operator, seine Bereitschaft zur Übernahme der Güter unter Beachtung der dafür in diesem Vertrage jeweils bezeichneten Fristen durch Erteilung von Ladungsabrufen gegenüber dem Auftraggeber anzuzeigen. Ladungsab-rufe können vorläufig oder endgültig sein und sind jeweils als solche zu bezeichnen. In ihnen sind das zur Beförderung der Güter vorgesehene Transportmittel, die Ladestelle und der Zeitpunkt, an dem die Übernahme auf das Transportmittel erfolgen kann, anzugeben.[45]

II. Besondere Bestimmungen[46]

1. Transportleistungen § 9 Gegenstand der Transportpflicht

(1) Der Transport-Operator verpflichtet sich zur Durchführung der folgenden Transporte:
a) Vortransporte von den in der Transport-Schedule gemäß § 7 Abs. 1b) bezeichneten Örtlichkeiten (Übernahmeorten) zum jeweiligen Ladehafen;
b) Seetransporte vom Lade- zum Löschhafen;

c) Nachtransporte vom Löschhafen zur Baustelle (Ablieferungsort);

d) sonstige Transporte, soweit diese zur Erfüllung des Vertragszwecks entsprechend der Vorbemerkung notwendig sind.[47]

(2) Vor- und Nachtransporte haben mangels abweichender Vereinbarungen der Vertragspartner mit Landtransportmitteln zu erfolgen. Die sachgerechte Auswahl aller Transportmittel einschließlich von Seeschiffen obliegt im Übrigen dem Transport-Operator.[48]

(3) Landtransporte beginnen für jedes zu befördernde Gut mit dem Aufsetzen desselben auf das Transportmittel am Übernahmeort; sie enden mit der Ankunft des Gutes auf oder in dem jeweiligen Transportmittel an dem für die Teilstrecke bezeichneten Bestimmungsort.

(4) Seetransporte beginnen für jedes zu verladende Gut (Ladung) mit Übernahme desselben (derselben) durch den mit der Ausführung des Seetransports beauftragten Verfrachter oder dessen Erfüllungsgehilfen. Sie enden mit dem Absetzen der Ladung auf dem Kai oder einer dem gleichen Zwecke entsprechenden Vorrichtung des Löschhafens. Ist ein anschließender Landtransport vorgesehen, so endet die seefrachtrechtliche Teilstrecke erst mit Beginn des Landtransports gem. vorstehend Abs. 3. Erfolgt die Entlöschung der Ladung über Leichter, so gilt der Seetransport erst mit der Entlöschung der Ladung aus dem/den Leichter(n) als beendet; vorstehender Satz 3 findet entsprechende Anwendung. Bei der Abwicklung von Seetransporten unter Einsatz von Ro/Ro-Schiffen gilt im Hinblick auf die Haftung des Transport-Operators die Schiffsladerampe als Teil des Schiffes.[49]

§ 10 Beteiligte des Transports

(1) An den nach diesem Vertrage vereinbarten Landtransporten sind der Auftraggeber als Absender und der Transport-Operator als Frachtführer beteiligt. An den nach diesem Vertrage vereinbarten Seetransporten sind der Auftraggeber als Befrachter und der Transport-Operator als Verfrachter beteiligt.[50]

(2) Dem Auftraggeber ist bekannt, dass der Transport-Operator zur Durchführung der hiernach vereinbarten Transporte Transportmittel (Kraftfahrzeuge, Eisenbahnen, Schiffe) einsetzt, die ihm weder gehören, noch von ihm geführt werden. Die von dem Transport-Operator mit der Durchführung der Transporte beauftragten Unterfrachtführer gelten im Verhältnis zwischen den Vertragspartnern als Erfüllungsgehilfen des Transport-Operators. Sie können sich auf die Haftungsbefreiungen und Haftungsbeschränkungen berufen, die für den Transport-Operator vorgesehen sind.[51] Bei Seetransporten kann sich der Transport-Operator gegenüber dem Auftraggeber insoweit nicht auf die „Identity of Carrier Clause" der Conline-Bedingungen (Klausel 17 derselben) berufen, als dadurch eine ausschließliche Haftung des Reeders bewirkt werden soll; ihm stehen jedoch in Hinsicht auf die Beschränkung seiner Haftung gegenüber dem Auftraggeber die gleichen Rechte und Befugnisse wie dem Reeder zu.[52]

§ 11 Lade- und Löschhäfen

(1) Vorbehaltlich anderweitiger Festlegungen der Vertragspartner sind Ladehäfen alle Häfen der Hamburg-Antwerp-Range. Für jeden Seetransport hat der Transport-Operator einen Ladehafen seiner Wahl zu bezeichnen. Die Bezeichnung des Ladehafens hat zusammen mit dem vorläufigen Ladungsabruf zu erfolgen. Die Angabe eines bestimmten Ladehafens in der Transport-Schedule ist für den Transport-Operator nicht verbindlich.

(2) Vorbehaltlich der Regelung unter Absatz 3 dieses Paragraphen wird Dammam als Löschhafen vereinbart.[53]

(3) Für den Fall, dass eine bestimmte nach diesem Vertrage zu transportierende Ladung wegen ihrer Beschaffenheit aus rechtlichen oder tatsächlichen Gründen nicht in Dammam gelöscht werden kann, oder für den Fall, dass die Ladung wegen ihrer Beschaffenheit,

ihrer Menge oder ihres Gewichts mit Schiffen transportiert wird, die (zB infolge von Tiefgangsbeschränkungen oder Fehlens von Löschvorrichtungen oder Fehlens der Anschlusstransportmöglichkeiten) aus rechtlichen oder tatsächlichen Gründen nicht in Dammam löschen können, und die Vertragspartner sich nach vorheriger Bekanntmachung des Löschhindernisses durch den Transport-Operator nicht auf einen anderen Löschhafen einigen, steht es dem Transport-Operator frei, die Ladung im Ladehafen oder einem anderen geeigneten Hafen zu löschen. Sofern der Transport-Operator das Löschhindernis auch bei gehöriger Sorgfalt durch Einsatz eines geeigneten Seeschiffes nicht vermeiden konnte, gehen die dabei entstehenden Mehrkosten zu Lasten des Auftraggebers, jedoch ist der Transport-Operator verpflichtet, diese Mehrkosten sowie einen etwaigen weitergehenden Schaden des Auftraggebers im Rahmen des Möglichen zu mindern. Für eine hierdurch verursachte Verzögerung des Transports haftet der Transport-Operator nicht.[54]

(4) Sind die im Vorabsatz genannten Löschhindernisse für den Transport-Operator auch bei gehöriger Sorgfalt nicht zu vermeiden, so kann der Transport-Operator die Übernahme der Güter oder die Durchführung der Reise ablehnen. Hätte der Transport-Operator die Löschhindernisse kennen müssen, bevor er die in Betracht kommende Ladung übernahm, so entfallen die Ansprüche des Transport-Operators nach Absatz 3 Satz 2.[55] Absatz 3 Satz 3 gilt allerdings auch in diesem Falle.

§ 12 Transportmittelgestellung

(1) Zum Zwecke der Durchführung von hiernach vereinbarten Transporten ist der Transport-Operator verpflichtet, rechtzeitig geeignete Transportmittel zu stellen. Rechtzeitig erfolgt die Transportmittelgestellung, wenn das zur Durchführung des Transports vorgesehene Transportmittel im Zeitpunkt der Anlieferung der Güter (vgl. § 13 Abs. 1) am Übernahmeort übernahmebereit ist.

(2) Der Transport-Operator ist von der Verpflichtung zur rechtzeitigen Transportmittelgestellung frei, wenn und soweit

a) der Auftraggeber es versäumt, mindestens 6 Wochen vor Versandfertigkeit der Güter eine VVM abzugeben;
b) die VVM von den terminlichen Festlegungen der Transport-Schedule in der jeweils geltenden Fassung um mehr als 14 Tage abweicht;
c) mit den Angaben in der VVM die Festlegungen in der Transport-Schedule in Hinsicht auf Menge und/oder Gewicht der Güter um mehr als 5 % überschritten werden;
d) mit den Angaben in der VVM von den Festlegungen in der Transport-Schedule in Hinsicht auf die Art der Güter abgewichen wird und wegen dieser Änderung die Gestellung eines Transportmittels (von Transportmitteln) mit besonderen Transportvorrichtungen einschließlich besonderer Lade-/Löschvorrichtungen bei Schiffen erforderlich werden würde;
e) nach den Angaben in der VVM entgegen den Festlegungen in der Transport-Schedule gefährliches Gut (§ 410 HGB) zum Transport gelangen soll;
f) der Auftraggeber es versäumt, spätestens eine Woche vor dem in der VVM angegebenen Termin, jedoch höchstens zwei Wochen und mindestens eine Woche vor dem Tage der tatsächlichen Versandfertigkeit eine EVM abzugeben
und/oder
g) die Angaben in der EVM von den Angaben in der VVM in Hinsicht auf Art, Menge und/oder Gewicht der Güter mit der Folge abweichen, dass erhebliche transporttechnische Änderungen, wozu im Falle von Seetransporten insbesondere stautechnische Änderungen gehören, erforderlich werden würden.[56]

(3) Will sich der Transport-Operator auf die Freiheit von der Verpflichtung zur rechtzeitigen Transportmittelgestellung gemäß Absatz 1 berufen, so hat er dies dem Auftraggeber in den Fällen von Absatz 2) a) bis e) spätestens 14 Tage nach Zugang der VVM und in den Fällen von Absatz 2f) und g) spätestens 3 Tage nach Zugang der EVM anzukündigen.[57]

(4) Es gilt als rechtzeitige Erfüllung der Verpflichtung zur Transportmittelgestellung, wenn der Transport-Operator dem Auftraggeber spätestens eine Woche nach Erhalt der EVM einen vorläufigen Ladungsabruf erteilt und das zum Transport der in der EVM bezeichneten Güter vorgesehene Landtransportmittel binnen einer weiteren Woche übernahmebereit ist. Ist die Übernahme von Gütern in einem Ladehafen als Übernahmeort vorgesehen, so genügt es, wenn das zum Transport der in der EVM bezeichneten Güter vorgesehene Seeschiff spätestens binnen weiterer zwei Wochen nach Erteilung des vorläufigen Ladungsabrufs ladebereit ist.[58]

§ 13 Anlieferung der Güter

(1) Der Auftraggeber ist zur rechtzeitigen Anlieferung der Güter verpflichtet. Die Anlieferung erfolgt rechtzeitig, wenn die Güter im Zeitpunkt der Übernahmebereitschaft des für ihren Transport vorgesehenen Transportmittels zur Übernahme durch dasselbe am Übernahmeort zur Verfügung stehen.

(2) Der Auftraggeber ist von der Verpflichtung zur rechtzeitigen Anlieferung frei, wenn und soweit der Transport-Operator es versäumt, dem Auftraggeber mindestens eine Woche vor Übernahmebereitschaft des Transportmittels einen vorläufigen und mindestens 3 Tage vor Übernahmebereitschaft einen endgültigen Ladungsabruf zu erteilen.[59]

§ 14 Rechtsfolgen der Verletzung von Transportmittelgestellungs- oder Anlieferungspflicht[60]

(1) Versäumt es der Transport-Operator, seiner Verpflichtung zur Transportmittelgestellung rechtzeitig zu genügen, so kann ihm der Auftraggeber dafür eine angemessene Nachfrist setzen, verbunden mit der Androhung, die Güter im Falle der Versäumung der Nachfrist auf andere geeignete Weise zu verfrachten und den Transport-Operator für den infolge der Verletzung seiner Verpflichtung zur rechtzeitigen Transportmittelgestellung entstehenden Schaden haftbar zu machen. Die Nachfrist soll eine Woche nicht unterschreiten. Beschränkt sich die Verpflichtung zur Transportmittelgestellung auf die Vorlegung eines Seeschiffes, und unterhält der Transport-Operator von Häfen der Antwerp-Hamburg-Range nach Häfen des Persischen/Arabischen Golfes einen Liniendienst, so ist die Nachfristsetzung entbehrlich; es genügt statt dessen die Aufforderung, die Ladung mit dem nächsten planmäßigen Linienschiff zu befördern.[61]

(2) Versäumt der Transport-Operator die von dem Auftraggeber nach Absatz 1 gesetzte Nachfrist oder die Beförderung mit dem nächsten planmäßigen Linienschiff, so kann der Auftraggeber die für den betreffenden Transport vorgesehenen Güter unter Beachtung der ihm obliegenden Schadenminderungspflicht anderweitig zum Bestimmungsort verbringen und den ihm infolge dessen entstandenen Schaden bis zu der in § 3 Abs. 6 bezeichneten Höchstgrenze vom Transport-Operator ersetzt verlangen.[62]

(3) Wenn und soweit es der Auftraggeber versäumt, seiner Verpflichtung zur Anlieferung entsprechend den Ankündigungen in der EVM[63] rechtzeitig zu genügen, wird der Transport-Operator von der Verpflichtung gemäß § 12 Abs. 1 S. 2 frei. Er kann, wenn die Güter verspätet angeliefert und von ihm übernommen werden, Ersatz des Verzugsschadens verlangen. Wird die vorgesehene Seereise in Bezug auf die in der EVM angegebenen Güter nicht ausgeführt, so steht dem Transport-Operator für jede nicht abgeladene Frachttonne (§ 22 Abs. 4) Fautfracht in Höhe von . . . . . USD zu. Der Fautfracht-

Anspruch ist innerhalb einer Ausschlussfrist von zwei Wochen durch Rechnungstellung gegenüber dem Auftraggeber geltend zu machen. Die Frist beginnt mit dem Tage, bis zu dem die Anlieferung der Güter entsprechend den Ankündigungen in der EVM hätte erfolgen sollen.[64]

(4) Die Anwendung von § 490 Abs. 1–4 HGB kommt nicht in Betracht.[65] Die Rechte und Pflichten, welche jedem der Vertragspartner im Falle von Beförderungs- oder Ablieferungshindernissen iSv §§ 419, 420 und 492 HGB zustehen bzw. obliegen, werden durch diese Bestimmungen nicht berührt.[66]

§ 15 Sammelladungstransporte

Der Transport-Operator darf alle Transporte als Sammelladungstransporte durchführen. Bei Landtransporten kann er sich dem Auftraggeber gegenüber jedoch nicht darauf berufen, dass ein Verlust oder eine Beschädigung der Güter oder eine verspätete Ablieferung derselben auf unvermeidbaren Ereignissen beruhten, sofern die Ursache dafür in der Zusammenverladung mit Gütern anderer Versender lag.[67] Der Transport-Operator hat dem Auftraggeber außerdem dafür einzustehen, dass sich infolge der Zuladung solcher anderen Güter keine Verlängerungen der Transportzeit oder des Transportweges in solchem Umfange ergeben, dass sich der Transportversicherer deswegen berechtigterweise auf den Eintritt gefahrerhöhender Umstände beruft.[68] Für Seetransporte gilt § 16.

§ 16 Stauung, Zuladung und Reiseweg bei Seetransporten

(1) Die Stauplanung bleibt dem Transport-Operator vorbehalten, jedoch darf dieser nur aus zwingenden Gründen, zB bei der Verladung von Gütern in mehreren Ladehäfen, so stauen, dass ein mehrmaliges Anlaufen des Löschhafens erforderlich wird. Decksoption besteht nur für Güter der folgenden Art:[69]

Containerladung, sofern die Verschiffung mit Container-Schiffen erfolgt (§ 486 Abs. 4 S. 2 HGB)

. . . . .

. . . . .

Im Übrigen kann an Deck verladen werden, wenn der Auftraggeber dem nach einer „Eilt"-Anfrage des Transport-Operators nicht binnen längstens 6 Stunden widerspricht; während der üblichen Büroschlusszeiten ist die vorgenannte Frist gehemmt.[70] Widerspricht der Auftraggeber innerhalb der genannten Frist, dann kann der Transport-Operator die Mitnahme der betroffenen Güter verweigern, wenn deren Stauung unter Deck wegen ihrer Beschaffenheit nicht möglich oder unzulässig ist. Aus der Ablehnung dieser Güter kann der Auftraggeber sodann keine Rechte gegenüber dem Transport-Operator geltend machen. Die Haftung des Transport-Operators für Schäden an Gütern, die zulässigerweise als Decksladung befördert wurden, ist ausgeschlossen, und zwar auch dann, wenn das nicht im MULTIDOC 95 vermerkt ist.

(2) Es bleibt dem Transport-Operator vorbehalten, zur Komplettierung des vorgelegten Schiffes beliebige weitere Ladung in beliebigen weiteren Häfen zu nehmen. Der Auftraggeber kann nicht geltend machen, dass durch solche Zuladungen die Reisezeit des Schiffes verlängert worden sei; entsprechendes gilt, wenn das Schiff mit Rücksicht auf solche Zuladungen in anderen als dem in diesem Vertrage vorgesehenen Löschhafen löschen muss.[71]

(3) Absatz 1 gilt nicht, wenn und soweit das eingesetzte Schiff

a) bei Verladung ab Häfen der Antwerp-Hamburg-Range in anderen Häfen als solchen der Antwerp-Hamburg-Range oder an der normalen Reiseroute liegenden Häfen (einschließlich englischer Häfen) lädt oder in anderen als den genannten Häfen einschließlich aller Häfen des Persischen/Arabischen Golfes löscht;

b) bei Verladung ab Häfen der US-Ostküste in anderen Häfen als solchen der US-Ostküste oder an der normalen Reiseroute liegenden Häfen lädt oder in anderen als den genannten Häfen einschließlich aller Häfen des Persischen/Arabischen Golfes löscht;

c) bei Verladung ab Häfen der US-Westküste in anderen Häfen als solchen der US-Westküste oder an der normalen Reiseroute liegenden Häfen lädt oder in anderen als den genannten Häfen einschließlich aller Häfen des Persischen/Arabischen Golfes löscht;

d) bei Verladung ab Fernost-Häfen in anderen als solchen auf der normalen Reiseroute liegenden Häfen lädt oder in anderen als den genannten Häfen einschließlich aller Häfen des Persischen/Arabischen Golfes löscht.

Die infolge einer hiernach unerlaubten Abweichung vom Reiseweg (Deviation) sich ergebende Reiseverzögerung gilt als in grober Weise vom Transport-Operator verschuldet.

§ 17 Entgegennahme der Güter am Ablieferungsort

(1) Im Falle der Beendigung des Transportes an der Baustelle als Ablieferungsort hat der Auftraggeber das beförderte Gut auf seine Kosten und auf sein Risiko unverzüglich von dem Transportmittel zu entladen; im Falle der Beendigung des Transports im Löschhafen als Ablieferungsort hat der Auftraggeber jedes gelöschte Gut unmittelbar nach Ankunft in Empfang zu nehmen und für dessen unverzüglichen Abtransport aus dem Löschhafenbereich Sorge zu tragen.[72]

(2) Für den Fall, dass der Löschhafen Ablieferungsort ist, hat der Transport-Operator dem Auftraggeber den voraussichtlichen Beginn der Entlöschung des Schiffes spätestens 3 Tage zuvor anzuzeigen. Im Falle fehlerhafter Anzeigen oder im Falle eines Unterbleibens der Anzeige haftet der Transport-Operator nur dann für dadurch entstehende Schäden, wenn er den Fehler oder das Unterbleiben der Anzeigen in grober Weise verschuldete.[73] Ist die Baustelle Ablieferungsort, so hat der Transport-Operator dem Auftraggeber die voraussichtliche Ankunft des für den jeweiligen Nachtransport eingesetzten Transportmittels unverzüglich nach Entlöschung der Ladung im Löschhafen anzuzeigen.

(3) Gegen Ablieferung der Güter hat der Auftraggeber ein Übergabezertifikat auszustellen, in dem erkennbare Schäden des beförderten Gutes zu verzeichnen sind. Es wird unwiderlegbar vermutet, dass das beförderte Gut im Zeitpunkt seiner Ablieferung keine anderen erkennbaren Schäden aufwies als diejenigen, welche in dem Übergabezertifikat bezeichnet wurden. Das Übergabezertifikat ist auch von dem Transport-Operator zu unterzeichnen. Für den Fall, dass sich die Vertragspartner nicht über den Inhalt des Übergabezertifikats verständigen, soll die Beschaffenheit der Güter im Zeitpunkt der Beendigung des Transports unter Beteiligung beider Vertragspartner durch einen amtlich bestellten Sachverständigen oder Lloyds Ladungsbesichtiger festgestellt werden. Die Feststellungen des Sachverständigen sind für beide Vertragspartner verbindlich. Im Übrigen gelten die Bestimmungen der §§ 438, 452, 452b HGB, und zwar auch dann, wenn die Ablieferung an der Baustelle erfolgt.[74]

2. Sonstige Leistungen

§ 18 Verpackung

(1) Der Transport-Operator ist zur transportgerechten Verpackung der Güter verpflichtet, sofern und soweit der Auftraggeber dies mit der VVM anfordert.

(2) Mit der Anforderung ist zugleich der Ort zu bezeichnen, an dem die Verpackung ausgeführt werden soll. Der Transport-Operator kann der Bezeichnung des Ver-

packungsortes widersprechen, wenn dieser nicht mit einem in der Transport-Schedule genannten Übernahmeort übereinstimmt oder die Ausführung der Verpackung Vorrichtungen erfordert, welche dem Transport-Operator nur in einem Ladehafen zur Verfügung stehen. Zugleich mit dem Widerspruch gegen die Verpackungsanforderung hat der Transport-Operator anzugeben, in welchem Ladehafen er zur Ausführung der angeforderten Verpackung in der Lage ist. Ein binnen 3 Tagen nach Zugang der Verpackungsanforderung bewirkter Widerspruch befreit den Transport-Operator von der Verpflichtung zur Ausführung der angeforderten Verpackung. Wiederholt der Auftraggeber daraufhin die Verpackungsanforderung binnen weiterer 3 Werktage mit der Maßgabe, dass die Verpackung an dem dafür vom Transport-Operator angegebenen Ort erfolgen soll, so ist die Anforderung verbindlich.

(3) Sobald eine verbindliche Verpackungsanforderung vorliegt, haben beide Vertragspartner den Zeitpunkt für die Ausführung der Verpackung und die Art der Verpackung in der Weise festzulegen, dass die Ausführung der Verpackung den Transport der Güter nicht mehr als nach den Umständen unvermeidbar verzögert.

(4) Mangels abweichender Weisungen des Auftraggebers hat der Transport-Operator die Verpackung so auszuführen, dass die Güter den vorhersehbaren Beeinträchtigungen durch Beförderung mit den vorgesehenen Transportmitteln auf dem Transportwege während der Transportzeit standhalten. Bei korrosionsgefährdeten Gütern gehört hierzu in jedem Falle ein den anerkannten Regeln der Technik entsprechender Korrosionsschutz. Bei einer Inanspruchnahme wegen unsachgemäßer Verpackung kann der Transport-Operator sich nur dann auf die Ausführung von Weisungen des Auftraggebers berufen, wenn er den Auftraggeber zuvor schriftlich auf die der Weisung entgegenstehenden Bedenken hinwies.[75]

§ 19 Umschlag und Lagerei

(1) Vorbehaltlich abweichender Bestimmungen dieses Vertrages oder im Einzelfall ergehender Weisungen des Auftraggebers hat der Transport-Operator für einen dem jeweiligen Transportzweck genügenden Umschlag der Güter zu sorgen (§ 675 BGB).[76]

(2) Sofern dies zum Zwecke ordnungsmäßiger Verwahrung der Güter zwischen dem Abschluss einer und dem Beginn einer anderen Teilstrecke unter Beachtung der Grundsätze einer sorgfältigen Transportabwicklung vom Transport-Operator für erforderlich gehalten werden muss, hat dieser für eine Einlagerung der Güter zu sorgen (§ 675 BGB).[77]

(3) Soweit dieser Vertrag nichts anderes vorsieht, ist der Transport-Operator bevollmächtigt, Maßnahmen zum Zwecke des Umschlags der Güter (Absatz 1) und/oder deren Einlagerung (Absatz 2) im Namen des Auftraggebers zu treffen. Handelt er im eigenen Namen, so erfolgen jedwede Maßnahmen solcher Art für Rechnung und Gefahr des Auftraggebers. Der Umschlagsbetrieb bzw. der Lagerhalter gelten in jedem Fall als vom Auftraggeber beauftragt. Für Verzögerungen der Transportabwicklung, deren Ursache in den durch Erteilung von Umschlagsaufträgen oder der Einlagerung von Gütern begründeten Rechtsverhältnissen liegen, haftet der Transport-Operator nicht. Bei der Auswahl des mit dem Umschlag zu beauftragenden Unternehmers oder des Lagerhalters hat der Transport-Operator jedoch die im Verkehr erforderliche Sorgfalt zu beobachten. Die Beauftragung eines staatlichen oder staatlich beauftragten Umschlagsbetriebes sowie die Einlagerung bei einem Lagerhalter, welcher zur Ausstellung von Orderlagerscheinen ermächtigt ist, gilt in jedem Falle als ordnungsmäßig.

§ 20 Erstellung von Versandpapieren und Zollabfertigung

(1) Sofern und soweit der Transport-Operator die Verpackung von Gütern durchführt, obliegen ihm die den jeweiligen Transportanforderungen entsprechenden Kollikennzeich-

nungen. Unter der gleichen Voraussetzung hat er Kollilisten zu erstellen sowie alle übrigen Versandpapiere insoweit auszufertigen, als die darin aufzunehmenden Angaben sich aus der Art und Beschaffenheit, der Anzahl, den Maßen, der Menge und/oder dem Gewicht der Güter ergeben. Im Übrigen ist es Sache des Auftraggebers, sämtliche zur Durchführung des jeweiligen Transports erforderlichen Güter-Kennzeichnungen rechtzeitig bis zum Zeitpunkt der Versandfertigkeit der Güter vorzunehmen und die Versandpapiere zu erstellen. Etwa fehlende Versandpapiere oder Beschaffenheitsangaben hat der Transport-Operator rechtzeitig anzufordern. Eine Nachprüfung der Richtigkeit aller vom Auftraggeber an den Gütern vorgenommenen Kennzeichnungen und in den Versandpapieren aufgenommenen Angaben obliegt dem Transport-Operator jedoch nicht.[78]

(2) Der Transport-Operator hat die Gestellung der Güter zur Zollabfertigung in dem jeweils in Betracht kommenden grenzüberschreitenden Verkehr vorzunehmen, sowie alle damit im Zusammenhang stehenden Maßnahmen zu treffen und Erklärungen abzugeben. Er ist berechtigt, insoweit als Vertreter des Auftraggebers zu handeln. Sofern und soweit er dabei im eigenen Namen handelt, geschieht dies für Rechnung und Gefahr des Auftraggebers. Der Transport-Operator haftet nicht für Transport-Verzögerungen, welche ihre Ursache im Zollabfertigungsverfahren haben, es sei denn, die Verzögerung wäre auf fehlerhafte oder verspätete Maßnahmen des Transport-Operators im Sinne von Absatz 1 S. 1 und 2 zurückzuführen.[79]

3. Vergütungsansprüche des Transport-Operators

§ 21 Landfrachten

(1) Für die Durchführung von Landtransporten hat der Transport-Operator Anspruch auf Vergütung in Höhe des von ihm mit den jeweiligen Frachtführern vereinbarten Beförderungsentgelts (Fracht).

(2) Zusätzlich gebührt dem Transport-Operator eine Operatorkommission in Höhe von .....% auf die vom Auftraggeber zu entrichtende Fracht im Sinne von Absatz 1.[81]

(3) Die Anwendung von § 420 HGB wird durch die vorstehenden Regelungen nicht ausgeschlossen.[80]

§ 22 Seefrachten

(1) Für Seetransporte gelten die folgenden Frachtraten:

.....

Die Frachtraten verstehen sich „Liner Terms“ ausschließlich der nach jeweils geltenden Tarifen oder Hafenusancen zu berechnenden Fob-Kosten und Verschiffungsnebenkosten, jedoch einschließlich möglicherweise anfallender Leichter-Kosten im Löschhafen.[82] Zusätzlich zu diesen Frachtraten hat der Auftraggeber eine Congestion Surcharge zu zahlen, sofern Schiffe nach erstmaligem Passieren der Lotsenstation des Löschhafens länger als 10 Tage auf den Beginn der Entlöschung warten müssen. Die Höhe der Congestion Surcharge bestimmt sich nach den jeweils geltenden Sätzen des A. C. M. E. L.-East Bound Freight Tariff im Zeitpunkt der Ankunft des Schiffes durch Passieren der Lotsenstation. Zum Beweis für den Zeitpunkt des Passierens der Lotsenstation des Löschhafens und den Beginn der Entlöschung sind die Eintragungen im Logbuch des Schiffes maßgeblich.[83]

(2) Die Frachtraten gelten bis 31.12.20 . . Für Transporte ab 1.1.20 . . bis 31.12.20 . . erhöhen sie sich um jeweils . . . . .%. Für später erfolgende Seetransporte haben die Vertragspartner angemessene Frachtraten zu vereinbaren. Einigen sie sich nicht auf deren Höhe, so kann jeder Vertragspartner die zu diesem Vertrage vereinbarte ständige Schiedsstelle anrufen. Besteht Streit über den für die Höhe der geschuldeten Seefracht maßgeblichen Zeitpunkt, so entscheidet derjenige Zeitpunkt, zu dem der Auftraggeber die Güter

als endgültig versandfertig meldete. Tritt die tatsächliche Versandfertigkeit zu einem späteren Zeitpunkt ein, so gilt dieser.

(3) Für Verschiffungen ab US-Häfen oder Fernost-Häfen gelten die vorstehend vereinbarten Frachtraten unter der Voraussetzung, dass mindestens 10.000 Frt pro Reise und Ladehafen zur Verschiffung gelangen. Für geringere Mengen bedarf es einer Vereinbarung der Vertragspartner über die Höhe der Seefracht. Einigen sich die Vertragspartner nicht, so entscheidet die ständige Schiedsstelle über eine angemessene Seefracht.

(4) Als Freight-Ton (Frt) gilt nach Wahl des Transport-Operators entweder ein Kubikmeter oder eine Tonne Ladung. Bei der Berechnung der Seefracht für Container-Ladung gilt der gestaute Container als solcher als Ladung, nicht hingegen sein Inhalt. Soll die Seefracht nach Rauminhalt berechnet werden, dann ist die entsprechende Ladung „einfach" zu vermessen, dh unter Einbeziehung eines etwaigen Stauverlustes. Bei Decksladung kann der Auftraggeber jedoch „Mehrfach"-Vermessung verlangen, wenn deren Stauung ohne Stauverlust erfolgt. Für die Vermessung der Ladung gelten im übrigen die Regelungen des A. C. M. E. L.-Tarifs in der jeweils geltenden Fassung.[84]

(5) Falls innerhalb eines Monats die veröffentlichten Bunkerlistenpreise von drei führenden Ölgesellschaften in einem Verschiffungsgebiet (Antwerp-Hamburg-Range, US-Ostküste, US-Westküste oder Fernost) den Preis von US-Dollar ..... pro Fuel Oil-Long Ton übersteigen, wird eine Surcharge auf die Seefracht erhoben. Für jeden US-Dollar-Betrag, um den der Durchschnitt der für diesen Vergleich gemäß S. 1 herangezogenen Listenpreise den Bunkerpreis um US-Dollar ..... pro Fuel Oil-Long Ton übersteigt, beträgt die Surcharge US-Dollar ..... pro Frt.[85]

(6) Die Frachtraten basieren auf einer Route via Suez-Kanal. Sollte der Suez-Kanal geschlossen oder die Kanalpassage unzumutbar sein und dadurch eine Reise via Kapstadt erforderlich werden, erhöht sich die Seefracht um US-Dollar ..... pro Frt. Ausgenommen sind Verschiffungen von US-Westküste und Fernost.[86]

(7) Für jedes zum Einsatz gelangende Seeschiff besteht eine übliche Versicherung gegen Schäden jedweder Art infolge von kriegerischen Ereignissen. Sollten die Grundprämien für die Kriegsrisikoversicherung nach Abschluss dieses Vertrages steigen und/oder sollten ausschließlich mit Rücksicht auf die Reise des Schiffes zu dem in diesem Vertrage bestimmten Löschhafen Zuschläge zur Kriegsrisikoversicherungsprämie erhoben werden, so kann der Transport-Operator solche Prämiensteigerungn und/oder solche Prämienzuschläge gegen Nachweis vom Auftraggeber erstattet verlangen. Sofern Prämien und/oder Prämienzuschläge zeitabhängig erhoben werden, kann die Erstattung nur zeitanteilig für die Zeit zwischen dem Zeitpunkt, zu dem die Ladung endgültig abgerufen wurde und der Beendigung der Entlöschung verlangt werden.[87] Löscht das Schiff im Löschhafen oder in anderen Häfen desjenigen Gebiets, für welches Zuschläge erhoben werden, auch andere Ladung, so fallen die Prämienzuschläge dem Auftraggeber nur im Verhältnis seiner Ladung zu der anderen Ladung (jeweils in Frt) zur Last. Für die Berechnung sind die Cargo-Manifeste, deren Vorlage der Auftraggeber verlangen kann, maßgeblich.

(8) Liegt die amtliche Notiz für den mittleren e/US-Dollar-Kurs am Tage der Abfahrt unter ..... e/US-Dollar, so erhöhen sich die vom Auftraggeber in US-Dollar-Währung geschuldeten Leistungen um den zum Ausgleich der vorbezeichneten Kursveränderung erforderlichen Betrag.

§ 23 Sonstige Vergütungen

(1) Für die Verpackung der Güter wird die dem Transport-Operator gebührende Vergütung wie folgt berechnet:

.....

Die genannten Preise gelten bis zum 31.12.20 ...... Für Verpackungen in der Zeit vom 1.1. bis 31.12.20 . . erhöhen sich die Preise um .....%. Für später erfolgende

Verpackungen haben die Vertragspartner ein angemessenes Entgelt festzulegen. Einigen sie sich nicht auf dessen Höhe, so kann jeder Vertragspartner die zu diesem Vertrage vereinbarte ständige Schiedsstelle anrufen. Als für die Berechnung des Verpackungspreises maßgeblicher Zeitpunkt gilt derjenige, an dem das verpackte Gut nach der Vereinbarung der Vertragspartner versandfertig sein sollte. Mangels einer solchen Vereinbarung entscheidet die tatsächliche Versandfertigkeit des verpackten Gutes.

(2) Für alle übrigen von ihm nach diesem Vertrage geschuldeten Dienstleistungen und Geschäftsbesorgungen hat der Transport-Operator gegenüber dem Auftraggeber ausschließlich Anspruch auf Ersatz der von ihm nachzuweisenden Aufwendungen.

(3) Sofern und soweit die nach diesem Vertrage vom Transport-Operator geschuldeten Leistungen mehrwertsteuerpflichtig sein oder werden sollten, kann er zusätzlich zu den vereinbarten Entgelten die nach den jeweiligen gesetzlichen Bestimmungen geltende Mehrwertsteuer verlangen.[88]

§ 24 Zahlungsbedingungen

(1) Die von dem Auftraggeber nach diesem Vertrage geschuldeten Entgelte für alle im Zusammenhang mit einem Transport stehenden Leistungen (Transportleistungen und sonstige Leistungen), und zwar einschließlich der Frachten für den jeweiligen Nachtransport und zuzüglich etwa verfallener Fautfrachten sind längstens innerhalb von 15 Tagen nach Abgang des jeweiligen Seeschiffes aus dem jeweiligen Ladehafen zahlbar. Der Auftraggeber kommt ohne Mahnung seitens des Transport-Operators in Verzug, wenn er die Zahlung nicht innerhalb der genannten Zeit bewirkt, es sei denn, der Transport-Operator hätte dem Auftraggeber bis zum Fälligkeitstage über die ihm gebührenden Entgelte keine Abrechnung erteilt, in welcher zugleich der Fälligkeitstag angegeben ist. Im letztgenannten Falle tritt der Verzug des Auftraggebers ohne Mahnung des Transport-Operators mit Ablauf des dritten Tages nach dem Datum der Abrechnung ein.[89]

Ab Eintritt des Verzugs schuldet der Auftraggeber Verzugszinsen auf den Rechnungsbetrag in gesetzlicher Höhe (§ 288 BGB) zuzüglich etwa darauf entfallender Mehrwertsteuer.

(2) In Hinsicht auf die Aufwendungen, deren Erstattung der Transport-Operator von dem Auftraggeber zu verlangen berechtigt ist (§ 23 Abs. 2), hat der Auftraggeber auf Anforderung des Transport-Operators ausreichende Vorschüsse zur Verfügung zu stellen oder – soweit dies anstelle einer Bezahlung der Aufwendungen zulässig ist – Bürgschaften beizubringen. Für Verzögerungen in der Transportabwicklung, welche auf verspäteter Entrichtung von Vorschüssen oder verspäteter Beibringung von Bürgschaften beruhen, haftet der Transport-Operator nicht.[90]

§ 25 Frachtgarantie

(1) Nach Maßgabe dieses Vertrages soll bis zum 31.12.20 . . Ladung mit einem Seefrachtvolumen von mindestens US-Dollar . . . . . zur Verschiffung gelangen. Insoweit, als das tatsächlich nach diesem Vertrage abgerechnete Seefrachtvolumen einschließlich eventueller Fautfrachten das garantierte Frachtvolumen unterschreitet, schuldet der Auftraggeber Fautfracht in Höhe der Hälfte des Unterschiedsbetrages. Eine Anrechnung anderweitig erzielter Frachteinnahmen kommt nicht in Betracht.

(2) Gegenüber einem Anspruch des Transport-Operators aus dieser Garantie kann der Auftraggeber nicht einwenden, dass in dem Rechtsverhältnis zwischen ihm und seinem/seinen Vertragspartner(n) für das in der Vorbemerkung zu diesem Vertrage bezeichnete Projekt irgendwelche Änderungen der bei Abschluss dieses Vertrages vorliegenden oder angenommenen oder sonst vorausgesetzten Verhältnisse eingetreten seien oder dass er den Vertrag wirksam gekündigt habe.[91]

III. Schlussbestimmungen

§ 26 Kündigung des Vertrages

(1) Jeder Vertragspartner kann den Vertrag aus wichtigem Grund kündigen. Ein wichtiger Grund ist insbesondere gegeben, wenn die weitere Abwicklung/Erfüllung des Vertrages durch

- hoheitliche Akte
- Krieg, Bürgerkrieg oder kriegsähnliche Verhältnisse (Aufruhr)
- Piraterie

nachhaltig behindert wird und wenn das eingetretene Hindernis nicht voraussichtlich von nur unerheblicher Dauer ist. Die voraussetzungslose Kündigung des Vertrages durch den Auftraggeber gemäß § 489 Abs. 1 HGB ist nicht möglich.

(2) Im Falle mehrfach verspäteter Ablieferung, für die der Transport-Operator gemäß § 3 einzustehen hat und infolge derer der Auftraggeber mit Vertragsstrafen belegt wird, kann der Auftraggeber kündigen.

(3) Bei Verzug des Auftraggebers mit der Zahlung von zwei aufeinander folgenden Entgeltrechnungen gemäß § 24 Abs. 1 oder wegen eines während eines Zeitraums von drei Monaten fortbestehenden Zahlungsverzugs kann der Transport-Operator kündigen.

(4) Jede nach den vorstehenden Bestimmungen zulässige Kündigung ist ohne vorangehende Ankündigung/Mahnung zulässig. Kündigt ein Vertragspartner nach Absatz (1) dieses Paragraphen, so kann er von den anderen Vertragspartnern Schadenersatz wegen Nichterfüllung verlangen, sofern der andere Vertragspartner den wichtigen Grund für die Kündigung des Vertrages in grober Weise verschuldete oder wenn die Kündigung auf die Absätze (2) oder (3) gestützt wird. Der Anspruch des Transport-Operators auf Schadenersatz wegen Nichterfüllung beläuft sich auf höchstens dasjenige, was er nach § 25 Absatz (1) dieses Vertrages zu fordern berechtigt wäre. Die Anwendung von § 415 Abs. 1 und 2 HGB ist ausgeschlossen.[92]

§ 27 Vertreter vor Ort

Jeder Vertragspartner kann Personen seines Vertrauens zum „Vertreter vor Ort" bestellen und dem anderen Vertragspartner an beliebiger Stelle beiordnen. Der andere Vertragspartner hat dem „Vertreter vor Ort" die für die Wahrnehmung der ihm übertragenen Aufgaben notwendigen Organisationsmittel (Büroplatz, Telekommunikationseinrichtungen) in zumutbarer Weise zur Verfügung zu halten. Der Vertreter vor Ort ist berechtigt, dem anderen Vertragspartner gegenüber alle auf diesen Vertrag und seine Durchführung bezugnehmenden Erklärungen im Namen desjenigen Vertragspartners abzugeben, von dem er benannt wurde. Dabei sind die Formvorschriften dieses Vertrages zu beachten.

§ 28 Formvorschriften

(1) Alle in diesem Vertrage vorgesehenen wechselseitigen Anzeigen eines Vertragspartners gegenüber dem anderen haben schriftlich zu erfolgen. Zur Wahrung der Schriftform genügt auch die elektronische Übermittlung, sofern der Empfang durch den Adressaten vom Absender nachgewiesen wird. Der jeweils von dem anderen Vertragspartner bestellte Vertreter vor Ort gilt als empfangsberechtigt. Im Übrigen werden als Empfangs-(Notiz-) Adressen vereinbart:

Auftraggeber .....

Transport-Operator .....

(2) Die Aufhebung sowie Änderungen oder Ergänzungen dieses Vertrages einschließlich einer gänzlichen oder teilweisen Aufhebung dieser Schriftformvereinbarung haben schriftlich zu erfolgen, dergestalt, dass die Schriftlichkeit Voraussetzung für die Wirksamkeit

der beabsichtigten Vertragsaufhebung, -änderung oder -ergänzung ist. Zur Wahrung der Schriftform genügt die elektronische Übermittlung inhaltlich übereinstimmender Willenserklärungen, sofern jeweils der Empfang durch den Adressaten vom Absender nachgewiesen wird.[93]

(3) Die Vertragssprache ist deutsch. Gibt jedoch ein Vertragspartner im Zusammenhang mit der Durchführung dieses Vertrages eindeutige Erklärungen in englischer Sprache ab, so kann sich der andere Vertragspartner deswegen nicht auf deren Unmaßgeblichkeit berufen.[94]

§ 29 Örtliche Verhältnisse

Jeder Vertragspartner bekennt, mit den Verhältnissen und denjenigen Örtlichkeiten vertraut zu sein, von denen, über die und nach denen die mit diesem Vertrage vereinbarten Transporte durchgeführt werden sollen. Dies gilt sowohl für die räumlichen und klimatischen als auch für die Verkehrs-, Personal- und rechtlichen Verhältnisse.[95]

§ 30 Teilunwirksamkeit, Verjährung

(1) Sollte eine Bestimmung dieses Vertrages unwirksam sein oder werden, so soll davon die Wirksamkeit der übrigen Bestimmungen nicht berührt sein. Eine unwirksame Bestimmung soll einvernehmlich durch eine solche wirksame Bestimmung ersetzt werden, welche der ursprünglichen Absicht der Parteien wirtschaftlich soweit wie möglich gleichkommt.

(2) Für die Verjährung etwaiger gegen den Transport-Operator gerichteter Ansprüche gelten ausschließlich die Vorschriften im 6. Abschnitt des 5. Buches des HGB.Diese sind demzufolge auch für solche Ansprüche maßgeblich, deren Rechtsgrund nicht in der für Seetransporte geltenden Haftungsordnung liegen. Klausel 4 MULTIDOC 95 (Time Bar) gilt nicht.[96]

§ 31 Anwendbares Recht

(1) Die Rechtsbeziehung der Vertragspartner untereinander unterliegt dem in der Bundesrepublik Deutschland geltenden Recht.

(2) Kein Vertragspartner darf den anderen Vertragspartner vor einem ausländischen Gericht in Anspruch nehmen, wenn dieses ausländische Gericht daran gehindert ist, bei seiner Entscheidung die Vereinbarungen dieses Vertrages einschließlich derjenigen über das anzuwendende Recht zu beachten. Dies gilt nicht für einstweilige Verfügungen und Arreste, sofern und soweit sichergestellt ist, dass die Entscheidung in der Hauptsache ausschließlich dem nach diesem Vertrage vereinbarten Schiedsgericht vorbehalten bleibt und der Arrest geeignet ist, eine Vollstreckung der schiedsrichterlichen Entscheidung zu sichern. Verstößt ein Vertragspartner gegen die hierin vereinbarte Verpflichtung, so ist er dem anderen Vertragspartner zum Ersatze des ihm daraus entstandenen Schadens verpflichtet.[97]

(3) Entscheidungen ausländischer ordentlicher Gerichte oder Schiedsgerichte in Rechtsstreitigkeiten eines Vertragspartners mit einem Dritten sind jedoch auch dann für den anderen Vertragspartner bindend, wenn sie nicht unter Beachtung der für diesen Vertrag vereinbarten Rechtsordnung zustande gekommen sind. Voraussetzung für die Verbindlichkeit solcher ausländischer Gerichtsentscheidungen oder Schiedssprüche ist es jedoch, dass dem anderen Vertragspartner Gelegenheit gegeben wurde, sich an einem solchen ausländischen Verfahren als Nebenintervenient zu beteiligen oder sonst auf dessen Verlauf Einfluss zu nehmen. Der andere Vertragspartner kann sich jedoch auch in diesem Falle nicht darauf berufen, dass er daran gehindert gewesen wäre, mangels unmittelbarer Beteiligung an einem solchen ausländischen Verfahren Rechtsmittel

gegen die Entscheidung des ausländischen Gerichtes oder den ausländischen Schiedsspruch einzulegen.[98]

§ 32 Ständige Schiedsstelle[99]

(1) Bis zur Beendigung dieses Vertrages richten die Vertragspartner eine ständige Schiedsstelle ein, welche auf Ersuchen eines Vertragspartners in denjenigen Fällen Meinungsverschiedenheiten der Parteien zu schlichten oder zu entscheiden hat, für die der Vertrag die Zuständigkeit der ständigen Schiedsstelle bestimmt. Die ständige Schiedsstelle wird durch einen Schiedsgutachter gebildet, als den die Vertragspartner mit dessen Einverständnis den Kaufmann ..... bestellt haben. Die Vergütung des Schiedsgutachters und die Regelung über den Ersatz seiner Aufwendungen bleibt einem besonderen Schiedsgutachtervertrage vorbehalten.
(2) Das Verfahren vor der ständigen Schiedsstelle wird durch schriftliches Ersuchen eines Vertragspartners eingeleitet (§ 28 Abs. 1). In dem Ersuchen ist der Gegenstand der Meinungsverschiedenheit zu bezeichnen. Bestimmter Anträge bedarf es nicht. Der Schiedsgutachter hat dem anderen Vertragspartner von dem Ersuchen unverzüglich auf jede geeignete Weise Kenntnis zu geben und die Vertragspartner oder ihre Vertreter zugleich zu einer Verhandlung vor der ständigen Schiedsstelle zu laden. Jedem der Streitteile steht das Recht zu, zur Verhandlung vor der ständigen Schiedsstelle Sachverständige hinzuzuziehen. Das Verfahren vor der ständigen Schiedsstelle ist im Übrigen formlos. Die Feststellung des Sachverhalts erfolgt nach den Grundsätzen der freien Beweiswürdigung. Das Verfahren vor der ständigen Schiedsstelle ist in einer dem Vertragszwecke entsprechenden Weise zu beschleunigen.
(3) Gelingt es dem Schiedsgutachter nicht, die unter den Vertragspartnern entstandene Meinungsverschiedenheit zu schlichten, so entscheidet er am Schluss der mündlichen Verhandlung. Die Entscheidung der ständigen Schiedsstelle kann durch Anrufung des zu diesem Vertrage vereinbarten Schiedsgerichts angefochten werden, sofern und soweit ein Vertragspartner durch die Entscheidung beschwert ist. Die Anfechtung hat keine aufschiebende Wirkung, dh bis zu ihrer Aufhebung oder Änderung durch das Schiedsgericht ist die angefochtene Entscheidung der ständigen Schiedsstelle für beide Streitteile verbindlich.

§ 33 Schiedsgericht[100]

(1) Über alle Streitigkeiten, welche sich aus diesem Vertrage, insbesondere über dessen Rechtsgültigkeit, Inhalt, Auslegung und Durchführung sowie über diese Schiedsabrede als solche zwischen den Vertragspartnern und/oder deren Rechtsnachfolgern ergeben sollten, entscheidet unter Ausschluss des ordentlichen Rechtsweges ein dreigliedriges Schiedsgericht. Für die Einleitung des schiedsgerichtlichen Verfahrens, die Konstituierung des Schiedsgerichts und das Verfahren vor dem Schiedsgericht ist die Schiedsgerichtsordnung der *German Maritime Arbitration Associati*on in ihrer bei Einleitung des schiedsgerichtlichen Verfahrens gültigen Fassung maßgeblich.
(2) Das Schiedsgericht ist befugt, Lücken des Vertrages – auch solche, die sich aus einer grundlegenden Änderung der tatsächlichen und/oder rechtlichen Verhältnisse ergeben sollten – mit Wirkung für und gegen alle Beteiligten auszufüllen. Dabei soll das Schiedsgericht unter Zugrundelegung des im Übrigen zum Ausdruck gekommenen Willens der Vertragspartner in billiger Weise deren Interessen Rechnung tragen.

Anlage 1*

Verlader

LINIEN-KONNOSSEMENT

Konnossements-Nr.

Bezug Nr.

Empfänger

Melde-Adresse

Vortransport durch* Ort der Annahme durch Vorbeförderer*

Schiff Ladehafen

Löschhafen Ort der Ablieferung durch Anschlußbeförderer*

Merkzeichen und Nummern	Nummer und Art der Verpackung; Beschreibung der Güter	Brutto-Gewicht	Masse

Einzelheiten durch den Kaufmann mitgeteilt

Fracht-Angaben, Unkosten, u.s.w.

Liegegeld, Rate pro Tag (Zusatz-Klausel A)

VERLADEN an Bord in äußerlich gutem Zustand und guter Beschaffenheit, Gewicht, Maß, Merkzeichen, Zahl, Qualität, Inhalt und Wert unbekannt, zur Beförderung zum Löschhafen oder so nahe an diesen Ort heran, als das Schiff sicher gelangen und dort immer flott liegen kann, zur Auslieferung in gleichem Zustand un in gleicher Beschaffenheit im vorgenannten Hafen an den Empfänger oder seine Rechtsnachfolger gegen Zahlung der Fracht wie links angegeben zuzüglich anderer Beträge, die gemäß den Bestimmungen des Konnossements aufgewandt worden sind. Durch Annahme dieses Konnossements nimmt der Kaufmann ausdrücklich alle auf beiden Seiten desselben enthaltenen Bedingungen an und stimmt ihnen zu, gleich ob sie geschrieben, gedruckt, gestempelt oder auf andere Weise eingefügt sind, im gleichen Umfang, als wenn sie alle vom Kaufmann unterzeichnet worden wären.

Ein Original des Konnossements muß ordnungsgemäß gezeichnet gegen Auslieferung der Güter oder eines Ausfolgescheines übergeben werden.

ZUM ZEUGNIS hiervon hat der Kapitän des genannten Schiffes die unten angegebene Zahl von Original-Konnossementen gezeichnet, alle dieses Inhalts und mit diesem Datum. Mit Erfüllung eines derselben sind die übrigen erledigt.

* Gilt nur falls als Durchkonnossement benutzt

Fracht zahlbar in Ort und Datum der Ausstellung

Zahl der Original-Konnossemente Unterschrift

Code Name: "MULTIDOC 95"

Consignor

MT Doc. No.

Reference No.

Negotiable

MULTIMODAL TRANSPORT BILL OF LADING

Issued by The Baltic and International Maritime Council (BIMCO), subject to the UNCTAD/ICC Rules for Multimodal Transport Documents (ICC Publication No. 481).

Issued 1995

Consigned to order of

Notify party/address

Place of receipt

Ocean Vessel	Port of loading
Port of discharge	Place of delivery

Marks and Nos.	Quantity and description of goods	Gross weight, kg, Measurement, m³

Particulars above declared by Consignor

Freight and charges

RECEIVED the goods in apparent good order and condition and, as far as ascertained by reasonable means of checking, as specified above unless otherwise stated.

The MTO, in accordance with and to the extent of the provisions contained in this MT Bill of Lading, and with liberty to sub-contract, undertakes to perform and/or in his own name to procure performance of the multimodal transport and the delivery of the goods, including all services related thereto, from the place and time of taking the goods in charge to the place and time of delivery and accepts responsibility for such transport and such services.

One of the MT Bills of Lading must be surrendered duly endorsed in exchange for the goods or delivery order.

IN WITNESS whereof MT Bill(s) of Lading has/have been signed in the number indicated below, one of which being accomplished the other(s) to be void.

Consignor's declared value of ......

subject to payment of above extra charge.

Freight payable at

Number of original MT Bills of Lading

Place and date of issue

Signed for the Multimodal Transport Operator (MTO)

.... as Carrier

by ....

As agent(s) only to the MTO

Note:
The Merchant's attention is called to the fact that according to Clauses 10 to 12 of this MT Bill of Lading, the liability of the MTO is, in most cases, limited in respect of loss of or damage to the goods.

p.t.o.

* Hinweis zu den Anlagen. Es ist aus technischen Gründen nicht möglich, die zu den abgedruckten Musterdokumenten gehörenden Bedingungswerke in lesbarer Form ebenfalls zu drucken. Es wird deshalb darauf hingewiesen, dass die Musterdokumente einer laufenden Überarbeitung durch diejenigen Institutionen unterzogen werden, die sie herausgeben. Das abgedruckte Linien-Konnossement (Conline Bill, abgedruckt bei *Rabe/Bahnsen* Anh. § 526) entspricht dem Bearbeitungsstand vom 1.1.2016. Das Multimodal Transport Bill of Lading dem Bearbeitungsstand von 1995.

Schrifttum: Basedow, Der Transportvertrag, 1987; *Baumbach/Hopt,* Handelsgesetzbuch mit Nebengesetzen ohne Seerecht, 38. Aufl. 2018; *Staub,* Handelsgesetzbuch Großkommentar, 4. Aufl. (*Canaris,* Bankvertragsrecht 2005; *Helm,* Frachtrecht 2004); *ders.* Anh. VI nach § 452: CMR 2002; *Czerwenka/Heidersdorf/Schönbeck,* Eisenbahnbeförderungsrecht, 4. Aufl. (Losebl.Sammlg. Stand Juni 2001); *Ebenroth/Boujong/Joost/Strohn (E. B. J. S.), 3. Aufl. 2015 Ebenroth/Fischer/Sorek,* Die Haftung im multimodalen Gütertransport bei unbekanntem Schadensort, Betr 1990, 1073; *dieselb.* Haftungsprobleme im internationalen multimodalen Gütertransport, VersR 1988, 757; *Fremuth/Thume,* Kommentar zum Transportrecht, 2000; *Ganten,* Die Rechtsstellung des Unternehmers des kombinierten Verkehrs (CTO), dargestellt am Entwurf eines Übereinkommens über den internationalen kombinierten Güterverkehr (TCM-Übereinkommen) Hamburg 1978; *Hein/Eichhoff/Pukall/Krien,* Güterkraftverkehrsrecht, 4. Aufl. (Losebl.Sammlg. Stand Jan 2008; *Herber u. a.,* Rechtsprobleme des kombinierten Verkehrs, Heft B 39 der Schriftenreihe der Deutschen Verkehrswissenschaftlichen Gesellschaft e. V.; *ders.,* Transportgesetze, 2. Aufl. 2000; *Koller,* Transportrecht, 8. Aufl. 2013; *Norf,* Das Konnossement im gemischten Warenverkehr insbesondere am Beispiel des Containerverkehrs, 1976; *Prölss/Martin,* Versicherungsvertragsgesetz, 30. Aufl. 2018; *Rabe,* Seehandelsrecht, 4. Aufl. 2000; *Richter-Hannes/Richter,* Recht des multimodalen Transports unter Seestreckeneinschluß, Berlin (Ost) 1978; *Schaps/Abraham,* Das Seerecht in der Bundesrepublik Deutschland, 4. Aufl. 1978; *Schmidt,* Verfrachterkonnossement, Reederkonnossement und Identity of Carrier-Klausel, 1980; *Schwarz/Wockenfoth,* Zollrecht, 3. Aufl. (Losebl.Sammlg. Stand Mai 2014); *Volze,* Das Fautfrachtsystem und die Klauseln des Seefrachtvertrages, 1975; *Wilford/Coghlin/Kimball,* Time Charters, 5th ed. 2003; *Wöhrn,* Die Verantwortlichkeit des Beförderers/Operators im internationalen kombinierten Transport für Schäden durch verspätete Auslieferung der Güter, 1980; *Wüstendörfer,* Neuzeitliches Seehandelsrecht mit besonderer Berücksichtigung des angloamerikanischen und des internationalen Rechts, 2. Aufl. 1950.

Anmerkungen

1. Sachverhalt. Der Gestaltung des Formulars liegt ein Rechtsgeschäft zwischen einem inländischen Anlagenbauunternehmen einerseits und einem inländischen Transport-Unternehmen andererseits zu Grunde. Das Geschäft betrifft die Beförderung aller Gegenstände (Sachen), die das Anlagenbau-Unternehmen zur Durchführung eines Vertrages über eine von ihm zu errichtende Anlage in einem überseeischen Staat benötigt. Das Transport-Unternehmen wird dabei als Generalunternehmer tätig. Für seine Leistungen, zu denen außer der Beförderung auch alle damit im Zusammenhang stehenden Vorkehrungen und Dienstleistungen gehören (Verpackung, Lagerung, Zollabfertigung, Versicherung usw), erhält es im Vorhinein vereinbarte Festpreise und nur in Ausnahmefällen Aufwendungsersatz.

Komplexe Beförderungsleistungen dieses Umfangs werden von weltweit tätigen Transport-Unternehmen angeboten. Soweit Transportleistungen in bestimmten Fahrtgebieten in Betracht kommen, werden dabei auch größere Linien-Reedereien tätig.

Bei den in dem Formular geregelten Beförderungsleistungen handelt es sich durchweg um sog. kombinierte Transporte, dh um Transporte, die unter Einsatz von wenigstens zwei im Anschluss aneinander benutzten verschiedenen Transportmitteln durch den Transport-Unternehmer abgewickelt werden. Die Verschiedenartigkeit der Transportmittel ist dabei nicht technisch zu verstehen, sondern im Rechtssinne: es müssen aufeinander folgende Transporte sein, auf die in Abhängigkeit von der Beförderungsart unterschiedliche frachtrechtliche Regelungen, insbesondere zwingende Haftungsordnungen gelten (*Baumbach/Hopt/Merkt* § 452 Rn. 5; *E. B. J. S./Reuschle* § 452 Rn. 15, 18). Für Transporte solcher Art wird die Bezeichnung „multimodaler" Transport als terminus technicus gebraucht (vgl. United Nations Convention on International Multimodal Transport of Goods vom 24.5.1980, CMI-News-Letter, September 1980). Gleichwohl wird im Formular der in Deutschland gebräuchliche Begriff des „kombinierten Transports" weiter verwendet. Zur rechtssystematischen Einordnung des kombinierten Transports vgl. Großkomm. HGB/*Helm* Anh. V § 452 Rn. 5 ff.; *Schaps/Abraham* 2. Teil Anh. I § 656 → Anm. 11; *Ganten,* CTO und Rechtsprobleme des kombinierten Verkehrs, S. 55 ff.; *Richter-Hannes/Richter* S. 17; *Rabe* Anh. § 656 Rn. 20–27 mwN; *Koller* § 452 Rn. 1–18.

2. Wahl des Formulars. In der Praxis des projektbezogenen Transportgeschäfts wird sehr häufig keine ausreichende rechtliche Grundlage für die vom Transport-Unternehmer übernommenen Leistungspflichten vereinbart. Gebräuchlich sind zum Teil nur schriftliche/elektronische Auftragsbestätigungen unter Verweisung auf feststehende allgemeine Bedingungen, wie die ADSp, oder Konnossementsbedingungen. Diese Formen der Vertragsgestaltung sind in jedweder Beziehung unzureichend, weil sie zumeist das wesentliche rechtliche Problem des gewollten Geschäfts gar nicht oder nicht eindeutig regeln.

Die Gestaltung eines Vertrages über projektbezogene kombinierte Transportleistungen hat nicht die Regelung eines einmaligen Vorgangs zu berücksichtigen, sondern eines Dauer-Schuldverhältnisses, dessen Abwicklung durch eine Vielzahl von Mitwirkungspflichten beider Vertragspartner an einer Vielzahl bestimmbarer Beförderungsvorgänge während eines absehbaren Zeitraums gekennzeichnet ist. Das Formular erschöpft sich deshalb nicht in der Bestimmung von Leistungs- und Gewährleistungspflichten in Hinsicht auf jeweils einen einzelnen Transport, sondern es schafft eine funktionsgerechte Regelung des Koordinierungsproblems, welches darin liegt, dass die Güterbeförderung in zeitlicher Abhängigkeit von der Güterbeschaffung vor Beginn der Beförderung einerseits und dem Güterbedarf am Ende der Beförderung andererseits erfolgen muss.

3. Handlungsanweisung. Die Vorbereitung des Vertragsabschlusses, welcher seinerseits keiner besonderen Form bedarf (vgl. Großkomm. HGB/*Helm* § 425 Rn. 113), setzt auf Seiten beider Vertragspartner möglichst genaue Planungen über Art, Menge und Gewicht der zu befördernden Güter, die Anfangs- und Endpunkte der Beförderung, die zeitliche Festlegung der Einzeltransporte und die Sicherstellung der Transport-Kapazität voraus, weil diese Planungen wesentliche Grundlagen für die termingerechte Durchführung der Transporte und die Kalkulation der festen Beförderungsentgelte sind. Soweit die vorgenannten Pläne Voraussetzungen für die termingerechte Durchführung der einzelnen Transporte darstellen, wurden sie als Bestandteile des Formulars berücksichtigt.

4. Transport-Operator. Der Unternehmer des kombinierten Transports heißt Transport-Operator. Häufig wird er auch als „Combined Transport-Operator" (CTO) oder „Multi-modal Transport-Operator" (MTO) bezeichnet. Er haftet für die gesamte Beförderungsstrecke als Frachtführer, hat also als solcher für ein Verschulden der von ihm beauftragten Unterfrachtführer sowie für sein eigenes Verschulden einzustehen. Er braucht keinen Teil des Transports mit eigenen Transportmitteln durchzuführen (*Schaps/Abraham* Anh. I § 656 → Anm. 14; *Ganten* CTO S. 26 ff.; *Richter-Hannes/Richter* S. 17).

5. Dauerschuldverhältnis. Der Vertrag verpflichtet den Transport-Operator nicht nur zur Durchführung nur eines kombinierten Transports, sondern sämtlicher Transporte und damit im Zusammenhang stehender Nebenleistungen, die zur Abwicklung des Anlagen-Projekts erforderlich sind. Deshalb wird mit der Anlieferung von Gütern zur Beförderung im Rahmen einzelner Transporte nicht etwa jeweils ein neuer Frachtvertrag geschlossen; die Anlieferung erfolgt vielmehr in Erfüllung einer bereits bestehenden vertraglichen Verpflichtung, was in gleicher Weise auch für die jeweilige Annahme zur Beförderung gilt. Die Zahl der einzelnen kombinierten Transporte steht zwar nicht fest, sie ist aber bestimmbar. Auch die Beförderungsmittel stehen regelmäßig noch nicht fest. Im erstgenannten Fall (Häufigkeit der Transporte/Art und Anzahl der Kolli – → Anm. 8) hat der Auftraggeber, im zweiten Fall (Bestimmung des Beförderungsmittels) hat im Zweifel der Transport-Operator ein Leistungsbestimmungsrecht gem. § 315 BGB (Großkomm. HGB/*Helm* § 425 Rn. 8; BGH TranspR 1989, 327 (328); 1990, 19 (20)). Gleiches gilt für die Dauer der vertraglichen Bindung. Demzufolge wird mit dem Vertrag ein Dauerschuldverhältnis begründet. Dauerfrachtverträge dieses Inhalts sind zulässig (*Konow* BB 1974, 565; BGH VersR 1974, 587; *E. B. J. S./Reuschle § 407 Rn. 59 mit Abgrenzung zum Rahmenfrachtvertrag*).

Die Einordnung des Vertrages als frachtrechtlicher Rahmenvertrag, welcher Verpflichtungen der Vertragspartner zu den Bedingungen des sog. Rahmenvertrages erst dann entstehen lässt, wenn die Durchführung eines einzelnen Transportes vereinbart wird, kommt nicht in Betracht, weil der Umfang der Beförderungspflichten und der Umfang der Vergütungspflichten von vornherein bestimmbar geregelt wird.

6. **Vertragstyp.** Soweit sich der Transport-Operator zu Beförderungsleistungen verpflichtet, ist der Vertrag mit ihm Frachtvertrag und nicht etwa Speditions- oder sonst auf die Besorgung fremder Beförderungsleistungen gerichteter Vertrag. Der Transport-Operator haftet auf Erfüllung einer eigenen Beförderungspflicht, auch wenn er die Beförderung durch Unterfrachtführer bewirken lässt. Der Frachtvertrag ist Werkvertrag, denn der Transport-Operator hat die Ortsveränderung des Gegenstands der Beförderung herbeizuführen. Gleichzeitig ist der Vertrag auf eine Geschäftsbesorgung gerichtet, denn Gegenstand der Beförderung sind fremde, dem Transport-Operator nicht gehörende Güter, deren Ortsveränderung er im Interesse seines Auftraggebers besorgt. Neben den §§ 631 ff. BGB gilt für den Frachtvertrag deshalb auch § 675 BGB (Großkomm. HGB/*Helm* § 425 Rn. 102 ff.).

Die vom Transport-Operator zusätzlich zur Beförderung geschuldete exportgerechte Verpackung der Güter ist werkvertragliche Nebenleistung im Sinne von § 631 BGB und nicht Werklieferung (§ 651 BGB).

Die Besorgung der Lagerung, des Umschlags, der Zollabfertigung usw ist Geschäftsbesorgung iSv § 675 BGB.

7. **Allgemeine und besondere Bestimmungen.** Die Gliederung des Formulars in allgemeine und besondere Bestimmungen ist zweckmäßig, weil der Vertrag verschiedene rechtlich und tatsächlich voneinander unabhängige Leistungskomplexe regelt (vgl. § 1), hinsichtlich derer teilweise gleichartige Begriffe verwendet werden (vgl. § 2). Die unter den allgemeinen Bestimmungen enthaltenen Haftungs- (§ 3), Versicherungs- (§ 4), Dokumentations- (§ 5), Pfandrechts- (§ 6) und Ablaufplanungs-Regelungen (§§ 7, 8) gelten unabhängig von der Art der vereinbarten Einzelleistungen oder einheitlich für alle Einzelleistungen. Durch ihre Zusammenfassung im „allgemeinen Teil" des Vertrages werden Wiederholungen vermieden.

8. **Bezeichnung der Beförderungs-Objekte.** Die Begriffe Gut, Güter, Ladung, Kolli und/oder Packungen werden für die einzelnen Transportarten, die im Rahmen von kombinierten Transporten anfallen, also zB für Transporte im Güterkraftverkehr, im Eisenbahnverkehr oder im Seeverkehr vom Gesetz oder im handelsüblichen Sprachgebrauch unterschiedlich verwendet. Es ist deshalb zweckmäßig, klarzustellen, dass mit diesen Bezeichnungen stets solche Sachen oder Sacheinheiten gemeint sind, die den sachlichen Gegenstand der vertraglichen Leistungspflichten des Transport-Operators bilden.

9. **Übernahme und Ablieferung.** Die Begriffe Übernahme und Ablieferung werden im Formular als Zeitpunkt für den Beginn oder das Ende von Pflichten oder Mitwirkungspflichten der Vertragspartner verwendet. Die genaue Bestimmung des Inhalts dieser Begriffe ist deshalb notwendig. Die durchgängige Verwendung der Begriffe Übernahme

und Ablieferung erfolgt in diesem Fall ohne Rücksicht auf davon je nach Transportart abweichende aber inhaltsgleiche Gesetzesbegriffe.

10. Transportweg und Teilstrecke. Diese Begriffe haben für den kombinierten Transport eine zentrale Bedeutung. Das Charakteristikum des kombinierten Transports besteht in der Aufteilung des gesamten Transportwegs in mehrere Teilstrecken, über die das Gut mit jeweils verschiedenen Transportmitteln unter verschiedenen Transportrechtsregimes (*E. B. J. S./Reuschle* § 452 Rn. 12) befördert wird. Die genaue Abgrenzung der Teilstrecken voneinander ist deshalb von entscheidender Bedeutung, weil die gesetzliche – und häufig ihr folgend die vertragliche – Regelung über Rechte und Pflichten der am Transport Beteiligten je nach Art des eingesetzten Beförderungsmittels und je nach Beförderungsweg unterschiedlich ist (vgl. zur Teilstrecken-Haftungsordnung iü. § 3 Abs. 4 u. 5) und weil die allgemeinen frachtrechtlichen Regeln der §§ 407 ff. HGB nur dann zur Anwendung kommen, wenn kein Vertragsbeteiligter von der ihm nach § 452a HGB offenstehenden Möglichkeit Gebrauch macht, sich auf eine ihm – gegenüber den allgemeinen Vorschriften – günstigere Teilstrecken-Haftungsordnung zu berufen.

11. Haftungssystem. Der Transport-Operator übernimmt die Beförderung der Güter als eigene Verpflichtung gegenüber dem Auftraggeber. Die je nach Beförderungsart höchst unterschiedlichen Haftungsbestimmungen stellen Untergrenzen der Haftung des Transport-Operators für die jeweilige Teilstrecke dar. Das Problem der unterschiedlichen Haftungsordnungen erschwert die rechtliche Gestaltung des kombinierten Transports erheblich, denn der Auftraggeber sucht im Transport-Operator einen Geschäftspartner, dessen Haftung ebenso einheitlich ausgestaltet sein sollte, wie dessen Leistungspflicht, nämlich die Beförderung mit allem, was dazu gehört, vom Übernahme- bis zum Ablieferungsort unter freier Wahl des Transportmittels.

Dieser Wunsch wird erst befriedigt werden können, wenn die seit vielen Jahren andauernden Bemühungen um die Gestaltung eines internationalen Übereinkommens über den kombinierten Transport je erfolgreich sein sollten und die Regelungen eines solchen Übereinkommens Eingang finden in das nationale Recht. Die Gestaltung des Formulars muss hingegen der gegebenen Rechtslage Rechnung tragen. Es ist deshalb nicht möglich, die vielfach für wünschenswert gehaltene sog. Einheitshaftung des Transport-Operators durch entsprechende Vereinbarung herbeizuführen. Auch die konstruktiven Ansätze in der jüngeren Forschung vereinfachen das Problem entweder in einer mit der Gesetzeslage nicht übereinstimmenden Weise (so etwa *Ebenroth/Fischer/Sorek* VersR 1988, 757 (759) und DB 1990, 1073 ff. mit dem Versuch einer Haftungspauschalierung und -quotelung nach Wegstrecken) oder sie verkomplizieren den rechtlichen Befund unnötig wie *Basedow* (Transportvertrag S. 59 ff.) mit der „Bündelungstheorie" (Übersicht bei Großkomm. HGB/*Helm* Anh. V § 452 Rn. 28 ff.). Das Formular beruht demzufolge auf einem Haftungssystem, welches üblicherweise als „Network-System" bezeichnet wird: Kann der Ort des Schadenereignisses festgestellt werden, dann haftet der Transport-Operator nach der für diejenige Teilstrecke geltenden Haftungsordnung, in die das Schadenereignis fällt (BGHZ 101, 172). Einheitlich sowohl nach dem Gesetz (§§ 452a, 407 ff. HGB idF des Transportrechtsreformgesetzes v. 1998) als auch – mit Vorrang – nach den im Vertrage vorgesehenen Vereinbarungen haftet er hingegen nur, wenn der Ort, an dem sich das Schadenereignis zutrug, unbekannt blieb. Eine ausführliche Darstellung der gesamten Problematik des Haftungssystems bei kombinierten Transporten findet sich bei *Helm,* Rechtsprobleme des kombinierten Verkehrs, S. 15 ff.; *Helm,* Speditionsrecht, §§ 412, 413 Rn. 43 ff.; *Richter-Hannes/Richter* S. 35 ff.; *Herber* TranspR 1990, 8 ff.; *E. B. J. S./Reuschle* § 452 Rn. 1–10.

12. Haftungsausschlüsse/-beschränkungen. Gesetzliche Haftungsausschlüsse einerseits und Grenzen möglicher Haftungsbeschränkungen andererseits finden sich in allen Teilstrecken-Haftungsordnungen. Nur beispielsweise seien erwähnt die Vorschriften in den §§ 429 Abs. 2, 499, 504, 505 und 512 HGB (zur Reichweite der Privatautonomie im Haftungsrecht des Stückgutfrachtvertrages im neuen Seehandelsrecht vgl. *Paschke/Ramming* RdTW 2013, 7). Legt der Auftraggeber das Beförderungsmittel fest, dann bestimmt er auch die für den Transport maßgebliche Haftungs- bzw. Teilstrecken-Haftungsordnung. Der Transport-Operator kann dieser Haftungsordnung nicht dadurch entgehen, dass er ein anderes Beförderungsmittel mit für ihn günstigerer Haftungsordnung einsetzt (LG Bremen/OLG Bremen VersR 1986, 1120 f.).

13. **Haftungszeitraum.** Die gewählte Vertragsgestaltung stimmt mit dem Haftungsprinzip aller Teilstrecken-Haftungsordnungen überein, wonach der Transport-Unternehmer (hier der Transport-Operator) vorbehaltlich der gesetzlichen oder vertraglichen Ausnahmetatbestände für alle Beschädigungen der Güter während der Zeit haftet, in der er sie in seiner Obhut hat, und wonach er außerdem für rechtzeitige Ablieferung der Güter einzustehen hat (vgl. §§ 426 ff. HGB; Art. 17 Ziff. 1 CMR; Art. 27 § 1 CIM; § 606 HGB).

14. **Beweislast.** In zulässiger Modifizierung (vgl. §§ 449 u. 512 HGB) des rigorosen Haftungsprinzips des HGB (dort §§ 425 ff.) folgt das Formular dem früheren haftungsrechtlichen Prinzip (vgl. § 429 Abs. 1 HGB aF), wonach der Transport-Operator sich gegenüber einem Schadenersatzbegehren des Auftraggebers jedenfalls insoweit entlasten kann, als er beweist, dass ihn keine Verantwortlichkeit für den Verlust oder die Beschädigung der Güter trifft, den diese während der Zeit erlitten, in der sie sich in seiner Obhut befanden (sog. Obhutshaftung). Es ist Sache des Auftraggebers, den Schaden als solchen und seine Entstehung während der sog. Obhutszeit zu beweisen. Für Art, Anzahl, Menge und Beschaffenheit der Güter bei Übernahme ist deren Beschreibung im Transport-Dokument maßgeblich. Insoweit besteht eine – widerlegbare – Vermutung. Die für den Konnossementsverkehr durch das Zweite Seerechtsänderungsgesetz vom 25.7.1986 (BGBl. 1986 I S. 1120) geschaffene unwiderlegbare Vermutung – Skripturhaftung gemäß § 517 Abs. 1 HGB – kommt hier nicht in Betracht, weil nur nicht-begebbare Papiere ausgegeben werden. Der Transport-Operator kann sich gegen seine sodann vermutete Verantwortlichkeit für den Schaden nur wehren, wenn er beweist, dass der Schaden und seine Folgen für ihn auf einem unabwendbaren Ereignis beruhen. Der Grund für diese Beweislastgestaltung liegt darin, dass Güterschäden, die während der Obhut des Transportunternehmers entstehen, ausschließlich in dessen Herrschafts- und Einwirkungsbereich fallen und deshalb der Auftraggeber in aller Regel gar nicht in der Lage sein wird, konkrete Ursachen des Schadens oder gar das Verschulden des Transport-Operators darzulegen und zu beweisen. Die Verknüpfung der Beweislast mit dem Verantwortungsbereich eines Vertragspartners (Gefahrkreis-Theorie) entspricht der ständigen Rechtsprechung des BGH (vgl. für den multimodalen Transport BGHZ 101, 172; Großkomm. HGB/*Helm* Anh. V § 452 Rn. 86).

Dieses Beweislast-Prinzip gilt freilich nur bei Schadenereignissen mit unbekanntem Schadenort während der Obhutszeit. Die Teilstreckenhaftungsordnungen enthalten vielfach schärfere Haftungsregelungen zwingenden Rechts, auf die sich der Auftraggeber berufen kann, sofern er seinerseits in der Lage ist, das Schadenereignis zu lokalisieren (vgl. § 3 Abs. 4 u. → Anm. 17).

15. **Gefahrkreisabgrenzung.** Der Katalog der in diesem Absatz geregelten Haftungsausschlüsse folgt der Logik der in § 3 Abs. 2 geregelten Beweislastverteilung: Er befreit den Transport-Operator von der Haftung für Schäden, deren Ursache im Verantwortungsbereich (Gefahrenkreis) des Auftraggebers liegt. Allerdings obliegt dem Transport-Operator der Beweis dafür. Die Regelung entspricht im Übrigen vielfältigen Einzelbestimmungen gleichen oder ähnlichen Inhalts in den gesetzlichen Teilstrecken-Haftungsord-

nungen (vgl. zB Art. 17 Ziff. 4 CMR; Art. 27, § 3 CIM; § 499 HGB). Im Übrigen wurde diese Bestimmung des Formulars ebenso wie die vorangegangenen dem Entwurf des TCM-Übereinkommens nachgebildet.

16. Umkehr der Verursachungsvermutung. § 3 Abs. 3c)–f) behandeln jeweils Haftungsausschlussfälle, bei denen der Schaden auf der Beschaffenheit der Güter selbst oder ihrer Kennzeichnung beruht oder infolge unmittelbarer Einwirkung auf die Güter entstanden ist. Es wäre unbillig, wenn man den Transport-Operator zwingen würde, zu seiner Entlastung noch mehr zu beweisen, als dass der Schaden nach den Umständen des Einzelfalles auf einen dieser Umstände zurückgeführt werden kann. Zur Entkräftung der Vermutung, dass der Schaden auf einer Verletzung der Obhutspflicht des Transport-Operators beruht, genügt also die – bewiesene – Wahrscheinlichkeit, dass der Schaden auf einem der genannten Umstände beruht. In diesem Falle kehrt sich deshalb die Verursachungsvermutung um: Der Auftraggeber muss beweisen, dass eine gleiche Wahrscheinlichkeit für eine andere Schadenursache spricht. Erst dann, wenn ihm dies gelingt, ist die ursprüngliche Beweislastlage wieder hergestellt. Auch diese Gestaltung entspricht dem Vorschlag für ein TCM-Übereinkommen (vgl. Art. 9 Ziff. 4 des Entwurfs). Sie ist dem geltenden Frachtrecht ebenfalls nicht fremd (vgl. Art. 18 Abs. 2 CMR u. die Kommentierung dazu bei *Koller* CMR Art. 18 Rn. 2).

17. Einwendung günstigerer Teilstreckenhaftungsordnung. Die Regelungen in § 3 Abs. 1–3 fassen die wesentlichen Grundsätze des Transport-Unternehmer-Haftungsrechts in einer einheitlichen Regelung zusammen. Sie könnten für sich genommen eine befriedigende Regelung im Sinne der sog. „Einheitshaftung" des Operators beim kombinierten Transport abgeben, wenn dem nicht die Vielfalt der uneinheitlichen aber zwingenden Teilstrecken-Haftungsordnungen entgegenstünde. Das zwingt dazu, den kombinierten Transport rechtlich auf das Network-System abzustellen, was in § 3 Abs. 4 dadurch geschieht, dass es jedem der Vertragspartner erlaubt ist, sich anstelle der bei unbekanntem Schadenort einheitlich geltenden Haftungsregelung auf eine ihm günstigere Teilstrecken-Haftungsordnung zu berufen, sofern sich die Teilstrecke bestimmen lässt, auf der der Schaden eingetreten ist (§ 452a HGB). Auf diese Weise sorgt der natürliche Interessengegensatz der Vertragspartner im Schadenfalle dafür, dass zwingende Teilstrecken-Haftungsordnungen für das Rechtsverhältnis der Vertragspartner untereinander maßgeblich sein können, aber nicht maßgeblich sein müssen. Keiner Partei eines Frachtvertrages ist es verwehrt, für sie günstige zwingende gesetzliche Bestimmungen nicht in Anspruch zu nehmen; sie muss sie nur in Anspruch nehmen dürfen. Zu den Teilstrecken-Haftungsordnungen im Einzelnen vgl. § 3 Abs. 5 und die Anmerkungen dazu.

18. Schadenfeststellung. Jede Teilstrecken-Haftungsordnung enthält Bestimmungen über die Nachweisungen, welche im Schadenfalle über Art und Umfang des Schadens zu führen sind. Die Schadenfeststellung ist regelmäßig Obliegenheit des Empfängers der Güter, bei deren Missachtung er, der Empfänger, seine Ersatzansprüche einbüßen kann (so zB in § 438 HGB für das allgemeine Transportrecht oder in Art. 30 CMR für den grenzüberschreitenden Güterfernverkehr oder in § 510 HGB für den Seeverkehr). Missachtet der Transport-Unternehmer die Verpflichtung zur sorgfältigen Schadenfeststellung, so begibt er sich zwar nicht jeder Möglichkeit, späterhin noch den Beweis für eine bestimmte Schadenursache oder einen bestimmten Schadenumfang zu führen, er riskiert aber erhebliche Erschwernisse bei der Nachweisführung. Wesentlicher ist jedoch, dass der Transport-Unternehmer in diesem Falle nicht mit Annahme der Güter durch den legitimierten Empfänger von der Haftung entbunden wird. In der Praxis des kombinierten Transports wird es ohne Belang sein, ob die Feststellung des Schadens als Obliegenheit des Transport-Unternehmers oder des legitimierten Empfängers der Güter ausgestaltet ist, denn wegen der Haftung nach dem Network-System und wegen der Sicherung seiner eigenen Ersatzansprüche gegenüber den jeweils beauftragten Unterfrachtführern hat der Transport-Operator ein Interesse daran, etwaige Schäden zu lokalisieren, dh nachzuweisen, auf welche Teilstrecke das Schadenereignis fiel. Er wird die Schadenfeststellung deshalb stets als eigene Obliegenheit verstehen. Unabhängig von den Schadenfeststellungsbestimmungen der einzelnen Teilstrecken-Haftungsordnungen legt das Formular nur die formalen Nachweiserfordernisse fest, indem die Berufung auf eine bestimmte Teilstrecken-Haftungsordnung ausgeschlossen wird, sofern der Schadennachweis nicht durch den Bericht eines amtlich bestellten Sachverständigen oder Lloyds Ladungsbesichtigers geführt wird. Wird der Schadennachweis in dieser Weise geführt und wurde dem jeweils anderen Vertragspartner Gelegenheit gegeben, an der Schadenfeststellung mitzuwirken, dann sind die vom Sachverständigen darin getroffenen Feststellungen zugleich verbindlich für beide Vertragspartner. Die so geregelte Schadenfeststellung erlangt auf diese Weise die Qualität eines Schiedsgutachtens. Das ist zweckmäßig, weil anderenfalls bei projektbezogenen kombinierten Transporten das Ausmaß der Auseinandersetzungen, welche lediglich in Hinsicht auf tatsächliche Feststellungen zur Schadenverursachung, Schadenart und Schadenhöhe geführt werden müssten, unübersehbar werden könnte.

19. AGB bei Landtransporten. AGB, die in dem Rechtsverhältnis zwischen dem Transport-Operator und dem von ihm beauftragten Unterfrachtführer maßgeblich sind, gelten mangels ausdrücklicher Vereinbarung nicht für das Rechtsverhältnis zwischen dem Auftraggeber und dem Transport-Operator. Soweit das Rechtsverhältnis zwischen dem Transport-Operator und dem jeweiligen Unterfrachtführer überhaupt durch AGB geregelt werden kann, ist es deshalb notwendig, diese AGB auch in den Vertrag mit dem Auftraggeber einzubeziehen. Als Handelsbrauch (Usance) gelten die in Betracht kommenden Bedingungswerke – zB die ADSp – nicht (*Baumbach/Hopt/Merkt* (18) ADSp Einl. Rn. 2). Die Grenzen für die Vereinbarungsfähigkeit von AGB beschreibt § 449 Abs. 2 HGB.

Das Formular empfiehlt eine jeweils gesonderte Bekanntmachung solcher Bedingungen für einzelne Transporte, weil die generelle Bekanntmachung aller in Betracht kommender Bedingungswerke zu kaum lösbaren Konkurrenzproblemen führen würde.

20. Conline-Bedingungen. Die Conline-Bedingungen, in der dem Formular als Anlage beigefügten Fassung, sind eine international gebräuchliche vertragliche Teilstreckenhaftungsordnung. Sie haben den Vorzug, dass sie alternativ auf die jeweils zwingende gesetzliche Verfrachter-Haftungsordnung verweisen, indem sie auf

a) die Haager Regeln (Brüsseler Konvention vom 25.8.1924 zur Vereinheitlichung von Regeln über Konnossemente; RGBl. 1939 II S. 1049) oder
b) die Haager-Visby-Regeln (Brüsseler Konvention vom 25.8.1924 – Haager Regeln – ergänzt durch das Brüsseler Protokoll vom 23.2.1968)

Bezug nehmen, je nachdem, in welchem Staat das Konnossement ausgestellt wurde (Art. 10 der Haager Regeln und Art. 12a der Haager-Visby-Regeln) oder in welchem Staat der Ladehafen liegt (Art. 5b Haager-Visby-Regeln) oder ob das Konnossement auf das Recht eines Staates verweist, auf Grund dessen die Haager-Visby-Regeln anzuwenden sind (Art. 5c Haager-Visby-Regeln). Der Wortlaut sowohl der Haager als auch der Haager-Visby-Regeln findet sich bei *Rabe/Bahnsen* Anhang I und III § 526. Bis zum 30.7.1986 waren die Haager Regeln Bestandteil des deutschen Rechts. Seit dem 30.7.1986 gilt das Gesetz zur Änderung des Handelsgesetzbuches und anderer Gesetze (Zweites Seerechtsänderungsgesetz) vom 25.7.1986 (BGBl. I S. 1020). Durch dieses Gesetz wurden die für den Fall der Ausstellung von Konnossementen zwingenden haftungsrechtlichen Bestimmungen des Seehandelsrechts (fünftes Buch des HGB) neu gestaltet, und zwar so, dass sie mit den Bestimmungen der Haager-Visby-Regeln identisch sind. Das Brüsseler Protokoll vom 23.2.1968 wurde durch die Bundesrepublik Deutschland (bisher) nicht ratifiziert. Deshalb musste der Anwendungsbereich des Zweiten

Seerechtsänderungsgesetzes durch Gesetz festgelegt werden, was durch Einfügung eines Art. 6 in das Einführungsgesetz zum HGB in der Weise geschah, dass die Neuregelung zwingend dann gilt, wenn ein Konnossement

1. in einem Vertragsstaat der Haager-Visby-Regeln ausgestellt wurde oder
2. vorsieht, dass der Vertrag den Haager-Visby-Regeln oder dem Recht eines Staates unterliegt, auf Grund dessen die Haager-Visby-Regeln anzuwenden sind oder
3. sich auf die Beförderung von Gütern von oder nach einem Hafen im Geltungsbereich des HGB oder eines Vertragsstaats der Haager-Visby-Regeln bezieht.

Die Änderung der allgemeinen Paramount-Klausel der Conline-Bedingungen in § 3 Abs. 5a des Formulars trägt Art. 6 EGHGB Rechnung. Damit die im Interesse des Transport-Operators notwendige Übereinstimmung zwischen seiner Haftung gegenüber dem Auftraggeber (Haftungsverhältnis) mit der Haftung des Unterverfrachters gegenüber dem Transport-Operator (Regressverhältnis) hergestellt wird, muss der Transport-Operator auf folgendes achten:

Ist der Unter-Seefrachtvertrag seinerseits Stückgutvertrag (§§ 481 ff. HGB), dann sollte der Transport-Operator die Ausstellung eines Linien-Konnossements in der Form der Conline-Bedingungen auf der Basis Haager-Visby-Regeln verlangen. Ist der Unterfrachtvertrag jedoch ein Chartervertrag, sei es Reisecharter/Reisefrachtvertrag (§§ 527 ff. HGB oder Zeitcharter (§§ 557 ff. HGB), so muss die Charterpartie eine auf die Haager-Visby-Regeln verweisende Paramount-Klausel enthalten, die klarstellt, dass der Reeder gegenüber dem Charterer (Transport-Operator) in gleicher Weise haften soll, wie letzterer gegenüber dem Auftraggeber (Einzelheiten zu Paramount-Klauseln bei *Rabe/Bahnsen* vor § 481 Rn. 137 ff.).

21. Internationale Zuständigkeit und Rechtsanwendung. Nach den Conline-Bedingungen gilt das Recht des Verfrachter-Landes, dessen Gerichte auch international zuständig sind. Das führt zu Schwierigkeiten, wenn das Regressverhältnis (Transport-Operator/Unterverfrachter) einem anderen Recht unterworfen ist. Zwar schafft die Identität zwischen den haftungsrechtlichen Bestimmungen des nationalen Rechts einerseits mit verbreitetem Übereinkommens-Recht auf der Grundlage der Haager-Visby-Regeln andererseits weitgehend Sicherheit, vollständig löst sie das Problem jedoch nicht. Der Transport-Operator sollte deshalb im Einzelfall die Möglichkeit prüfen, ob er das Regressverhältnis ebenfalls deutschem Recht unterwerfen kann und ob er für den Fall von Streitigkeiten die deutsche internationale Zuständigkeit sicherzustellen vermag. Wegen der Frage, ob gebräuchliche Konnossementsbedingungen der Inhaltskontrolle nach dem AGB-Recht (jetzt §§ 305 ff. BGB) unterliegen, vgl. *Rabe,* AGB-Gesetz und Seefrachtrecht, Heft 54 (1985) der Schriften des Deutschen Vereins für Internationales Seerecht.

22. Haftungsgrenze. Die gemäß Klausel 2 der Conline-Bedingungen anwendbaren Haager-Visby-Regeln sehen die Möglichkeit einer summenmäßigen Begrenzung der Haftung für Transportschäden durch entsprechende Festlegung im Konnossement als unterste Haftungsgrenze vor. Danach sind Anknüpfungspunkt für die Berechnung des Mindesthaftungsbetrages die Begriffe „Stück", „Einheit" oder „Kilogramm des Rohgewichts" der beschädigten oder verlorengegangenen Güter.

§ 504 HGB präzisiert den Anknüpfungspunkt für die Berechnung des Höchsthaftungsbetrages: werden Container, Paletten oder ähnliche den Umschlag erleichternde Geräte abgeladen, so gelten die darin enthaltenen Packstücke nur dann als Grundlage für die Berechnung der Haftungsbeträge, wenn sie nach Zahl und Art als im Container enthalten im Konnossement angegeben sind. Anderenfalls ist der Container bzw. das ihm vergleichbare Gerät Bezugsgröße für die Haftungssumme. Bei unbekanntem Schadensort gilt im kombinierten Verkehr nicht § 504 HGB, sondern § 431 HGB.

23. Gesetzliche Teilstrecken-Haftungsordnung. Hier kommen in Betracht:

a) für Straßentransporte im inländischen Güterverkehr das GüKG;
b) für Straßentransporte im grenzüberschreitenden Verkehr das Übereinkommen über den Beförderungsvertrag im internationalen Straßengüterverkehr-CMR (BGBl. 1961 II S. 1119, abgedruckt bei *Baumbach/Hopt/Merkt* HGB (17) CMR);
c) für inländische Eisenbahntransporte die EVO;
d) für Eisenbahntransporte im grenzüberschreitenden Verkehr das internationale Übereinkommen über den Eisenbahnfrachtverkehr-CIM (abgedruckt bei *Koller* – Teil B, 3. Abschnitt, CIM);
e) für Seetransporte die Bestimmungen des Fünften Buches des HGB, darin insbesondere die §§ 498 ff. HGB;
f) für alle übrigen Landtransporte außerhalb des Geltungsbereichs von GüKG CMR und CIM das für die jeweilige Teilstrecke etwa geltende zwingende fremde nationale Recht und mangels eines solchen die §§ 407 ff. HGB.

Der Hinweis darauf, dass auch diejenigen gesetzlichen Bestimmungen anwendbar sind, welche an die Ausgabe eines wirksamen Konnossements knüpfen (§§ 525, 512 HGB), wird empfohlen, weil höchst streitig ist, ob Dokumente des kombinierten Verkehrs, mag man sie ähnlich wie Konnossemente behandeln oder nicht, diese zwingende Haftung auslösen (dagegen: *Helm,* Speditionsrecht, Anhang IV, § 415 Rn. 14; dafür: OLG Hamburg VersR 1979, 814; *Koller* VersR 1982, 5 – vgl. iÜ hierzu § 5 Abs. 1 u.d. Anm. dazu). Die Bestimmung in § 526 HGB über die Ausstellung von Seefrachtbriefen anstelle von Konnossementen löst dieses Problem nicht.

24. Verzögerungsschäden. Anders als bei Sachschäden kann sich der Auftraggeber gegen Schäden wegen verspäteter Ablieferung der Güter nicht vermittels einer Transportversicherung schützen. Das ist in der Praxis von großer Bedeutung, weil der Transport-Operator für Verzögerungen während des Seetransports seine Haftung wirksam ausschließen kann – Klausel 13 Conline (str.; wie hier *Rabe* § 606 Rn. 69 ff.). Das ist bei projektbezogenen Transportverträgen nicht sachgerecht, weil gerade die Organisation der pünktlichen Transportabwicklung für den Auftraggeber von entscheidender Bedeutung ist. Das Risiko, mit Vertragsstrafeansprüchen überzogen zu werden, wenn die für die Durchführung des Bauprojekts benötigten Güter nicht rechtzeitig an der Baustelle eintreffen, ist beachtlich. Es ist deshalb empfehlenswert, die Haftung des Transport-Operators für Schäden aus verspäteter Ablieferung nicht auszuschließen, aber in Grenzen zu halten, weil sie sonst nicht mehr durch eine Haftpflichtversicherung gedeckt werden können. Dieser Gedanke stimmt überein mit verschiedenen alternativen Vorschlägen im Entwurf des TCM-Übereinkommens (Einzelheiten bei *Wöhrn* S. 96 ff.).

25. Transportversicherung. Die Haftung des Transport-Operators für Transportschäden deckt das Interesse des Auftraggebers an den Gütern nicht vollständig. Das gilt insbesondere im Hinblick auf summenmäßige Haftungsbegrenzungen (zB §§ 431, 433, 504 HGB). Außerdem wird es der Auftraggeber im Schadenfalle lieber einer Versicherung überlassen, etwaige Haftpflichtansprüche gegenüber dem Transport-Operator im Regresswege durchzusetzen. Aus diesem und einer Vielzahl von anderen Gründen hat der Auftraggeber normalerweise ein Interesse daran, das Risiko einer Beschädigung oder eines Verlustes der Güter während des Transportes durch eine geeignete Transportversicherung zu decken. Das Formular empfiehlt die Klarstellung, dass es nicht Aufgabe des Transport-Operators ist, für Rechnung des Auftraggebers Transportversicherung zu nehmen. Diese Klarstellung ist geboten, damit der Auftraggeber sich nicht auf den Standpunkt stellen kann, es gehöre zu den Sorgfaltspflichten des Transport-Operators, eine solche Transportversicherung abzuschließen. Eine gesetzliche Verpflichtung des Transport-Operators, für Rechnung des Auftraggebers eine Transportversicherung abzuschließen, gibt es nicht; es kann sich allenfalls um eine vertragliche Nebenpflicht handeln (vgl. im Einzelnen Großkomm. HGB/*Helm* § 425 Rn. 147, 148), die eine entsprechende Vereinbarung voraussetzt.

26. **Overage-Prämien.** Die Güterversicherung für die Seetransportstrecke erfolgt in Deutschland nach den Allgemeinen Deutschen Seeversicherungsbedingungen, Besondere Bestimmungen für die Güterversicherung (ADS-Cargo 1973 – in der Fassung von 1984). Ziff. 3 ADS-Cargo 1973 bestimmt, dass für Transporte mit Seeschiffen die DTV-Klassifikations- und Altersklausel gilt. Dies hat zur Folge, dass für Transporte mit Seeschiffen, die den technischen Anforderungen der DTV-Klassifikations- und Altersklausel nicht entsprechen, Zuschläge zur Transportversicherungsprämie erhoben werden. Die DTV-Klassifikations- und Altersklausel legt gewissermaßen als Norm die Klasse und die Klassifikationsgesellschaften fest, bei denen die als technisch einwandfrei geltenden Seeschiffe klassifiziert sein müssen (zum Begriff der Klassifikation vgl. *Simpson,* Klassifikationsgesellschaften heute, ihre Funktionen im Interesse der Sicherheit auf See, HANSA 1980, 1726 ff. – Teil I – u. 1805 ff. – Teil II –). Des Weiteren legt die Klausel das Höchstalter der für den Transport eingesetzten Seeschiffe fest. Im Übrigen enthält sie gewisse Ausnahmen für im Linienverkehr gehende Schiffe. Der Inhalt der DTV-Klassifikations- und Altersklausel wird von Zeit zu Zeit verändert. Aus diesem Grund wurde sie selbst nicht als unmittelbarer Bestandteil der ADS-Cargo 1973 aufgenommen. Vielmehr gilt im Zweifel deren jeweils neueste Fassung (vgl. *Enge,* Erläuterungen zu den ADS-Güterversicherungen 1973 u. dazu gehörigen DTV-Klauseln 1973, S. 51).

Der mit den Transportversicherungsprämien belastete Auftraggeber soll nicht für Zuschläge zur Transportversicherung aufzukommen haben, deren Grund ausschließlich darin liegt, dass der Transport-Operator Schiffe einsetzt, deren technische Anforderungen nicht der DTV-Klausel-Norm entsprechen. Nach den Erfahrungen in der Praxis erscheint es zweckmäßig, dabei ausdrücklich auf die DTV-Klassifikations- und Altersklausel in der jeweils geltenden Fassung Bezug zu nehmen und es nicht etwa mit Klauseln wie

„Die Schiffe dürfen nicht älter als 15 Jahre sein und müssen in Klasse 100 A 4 des Germanischen Lloyd oder äquivalent klassifiziert sein"

bewenden zu lassen. Solche häufig vorkommenden Klauseln berücksichtigen weder die Erleichterungen, welche die DTV-Klassifikations- und Altersklausel im Hinblick auf Linienschiffe bieten, noch stellen sie klar, welche Klassifikationsgesellschaft als „äquivalent" gegenüber dem Germanischen Lloyd gilt.

Für den Fall, dass der Auftraggeber beabsichtigen sollte, die Güter-Transportversichrung auf dem englischen Markt zu decken, kommt anstelle der DTV-Klassifikations- und Altersklausel die „Institute of London Underwriters Classification Clause" in Betracht.

Besondere Sorgfalt ist geboten, wenn Zweifel bestehen, ob ein für die Beförderung vorgesehenes Schiff als „Seeschiff" gilt oder nicht. So gelten zB Leichter, die ausschließlich für Transporte auf Außenreede eingesetzt zu werden pflegen, nicht als Seeschiffe. Für den Fall, dass solche Transportmittel vom Transport-Operator nicht „mit der Sorgfalt eines ordentlichen Kaufmanns ausgewählt" werden (vgl. Ziff. 3.2.2 ADS-Cargo 1973), besteht die Gefahr, dass der Transportversicherer gänzlich von der Leistungspflicht frei wird. Es empfiehlt sich, bei absehbaren Leichterungen der Schiffe auf Reede darüber von vornherein eine besondere Vereinbarung mit dem Transportversicherer zu treffen. Ähnliche Probleme können sich stellen, wenn Pontons oder ähnliche Vorrichtungen für das Schleppen schwerer Güter (auch über See) eingesetzt werden.

27. **Subsidiär-Versicherung.** Bei Exportgeschäften jedweder Art in überseeische Länder wird es vielfach zur Bedingung des Exportgeschäfts gemacht, dass der inländische Exporteur das Transportschaden-Risiko bei einem Transportversicherer des Käuferlandes deckt. Das gilt für Exporte nach sog. Entwicklungsländern mittlerweile als Regel. Nach den Erfahrungen deutscher Exporteure ist es bei Eintritt von Transportversicherungsfällen sodann häufig mit großen Schwierigkeiten verbunden, die vereinbarte Entschädi-

gungsleistung von dem ausländischen Transportversicherer zu erlangen. Wegen dieser Schwierigkeiten bieten deutsche Transportversicherer unter der Bezeichnung „Subsidiär-Versicherung“ oder „Cif-Schutz-Versicherung“ einen Versicherungsschutz besonderer Art an: Sie decken das Transportschadenrisiko und leisten Zahlung, sobald ein Transportversicherungsfall eintritt. Die Zahlung der Entschädigungsleistung erfolgt jedoch mit der Maßgabe, dass

a) der Versicherungsnehmer gegenüber dem ausländischen Transportversicherer Stillschweigen in Hinsicht auf die inländische Transportversicherungsdeckung bewahrt;
b) der Versicherungsnehmer den Transportversicherungsfall unverzüglich dem ausländischen Transportversicherer zur Regulierung anmeldet;
c) der Versicherungsnehmer eine etwa von dem ausländischen Transportversicherer gewährte Entschädigungsleistung an den inländischen Versicherer auskehrt.

Versicherungsrechtlich handelt es sich um eine unechte Subsidiär-Versicherung (*Prölss/Martin/Armbrüster* § 78 Rn. 30 ff.). Natürlich werden auch für solche inländischen Subsidiär-Versicherungen „Overage-Prämien“ erhoben, sofern die Voraussetzungen dafür vorliegen (→ Anm. 26). Die vorgeschlagene Gestaltung des Formulars stellt klar, dass der Transport-Operator auch für die vom Subsidiär-Versicherer erhobenen Overage-Prämien haftet. Damit werden Auseinandersetzungen über die schwierige Frage vermieden, ob der Transport-Operator für die vom Subsidiär-Versicherer erhobenen Overage-Prämien unter dem Gesichtspunkt einer positiven Vertragsverletzung haftet oder ob der dem Auftraggeber insoweit entstandene Schaden gar nicht adäquat kausal verursacht wurde. Auf die das Deckungsverhältnis zwischen Versicherungsnehmer und (Subsidiär-) Transportversicherer betreffende Problematik, ob diese Art Versicherung noch eine zulässige Doppel-(Transport-)Versicherung iSv § 59 VVG ist oder etwa, ob diese Versicherung nicht vielmehr eine in den Bereich der Kreditversicherung gehörende Vertrauenschaden-Versicherung darstellt, die ihrerseits der Versicherungsaufsicht unterliegt und nur von Spezial-Instituten betrieben werden darf, sei hier lediglich hingewiesen. Das Bundesaufsichtsamt für das Versicherungswesen (jetzt BAFin) hält die hier geschilderte Form der Subsidiär-Versicherung für zulässig (Einzelheiten bei Großkomm. HGB/*Helm* Anh. I § 429 Rn. 75–85).

28. Haftpflichtversicherung. Mit Rücksicht auf die weitgehende Haftung des Transport-Operators für die unversehrte und rechtzeitige Ankunft der seiner Obhut überlassenen Güter und das Interesse des im Schadenfalle regreßberechtigten Transportversicherers empfiehlt es sich, den Abschluss einer ausreichenden Haftpflichtversicherung durch den Transport-Operator zu verlangen. Allerdings schließt eine solche Haftpflichtversicherung mangels abweichender Vereinbarung keine Deckung gegen Haftpflichtschäden ein, die auf deliktischen Handlungen beruhen (zu den Gestaltungsmöglichkeiten iE vgl. Großkomm. HGB/*Helm* Anh. I § 429 Rn. 36, 37). Die Haftpflichtversicherung des Transport-Operators ist freiwillige Versicherung für den ganzen Transportweg. Der Transport-Operator ist nicht dem § 27 Abs. 1 GüKG unterworfen, welcher dem Frachtführer die Haftpflichtversicherung zur Pflicht macht (vgl. Großkomm. HGB/*Helm* Anh. I § 429 Rn. 55, 38). Die Ausgestaltung der Haftpflichtversicherung des Transport-Operators ist unterschiedlich. In der Regel wird sie für den jeweiligen Einzelfall mit den entsprechenden Assekuradeuren ausgehandelt. Die Haftpflichtversicherung des Transport-Operators steht zur Gütertransportversicherung des Auftraggebers nicht im Verhältnis der Doppelversicherung nach § 59 VVG (vgl. BGH NJW 1967, 499 (500)).

29. Charterers' Liability-Deckung. Im Bereich der Seeversicherung wird die Haftpflichtversicherung des Reeders gegenüber den Ladungsbeteiligten üblicherweise bei Mutual Protection and Indemnity Associations (sog. P & I-Clubs) gedeckt. Das sind Gegenseitigkeitsvereine der Reeder (Einzelheiten dazu bei *Dover,* A Handbook to Marine Insurance, London, 1975, S. 497 ff.). Mit Rücksicht darauf, dass der Transport-Operator häufig nicht Reeder und damit normalerweise nicht Mitglied eines solchen P & I-Clubs sein wird, ist es zweckmäßig, ihm wegen des Vertrages mit dem Auftraggeber eine Haftpflichtversicherung dieser Art aufzuerlegen. Geachtet werden sollte darauf, dass die Deckung ausreicht. Die übliche Deckung der P & I-Clubs unter Einschluss der Charterers' Liability, dh insbesondere der Regresshaftung des Charterers für Ladungsschäden, deretwegen vorrangig der Reeder in Anspruch genommen werden kann, für die jedoch im Innenverhältnis je nach Gestaltung des Unter-(See-)frachtvertrages (zB bei Zeitcharterverträgen, die eine Teilungsklausel entsprechend dem New York Produce Exchange-Interclub-Agreement enthalten) auch der Charterer, also der Transport-Operator, haftet, ist auf die Haager Regeln abgestellt. Eine Erweiterung der Haftpflichtdeckung dahingehend, dass das Deckungssystem auf die Haager-Visby-Regeln abgestellt wird, ist notwendig, weil das am 30.7.1986 in Kraft getretene Zweite Seerechtsänderungsgesetz eine seefrachtrechtliche Haftung, die mit derjenigen nach den Haager-Visby-Regeln identisch ist, zwingend vorschreibt, sofern Konnossemente ausgegeben werden (→ Anm. 20); Einzelheiten: *Post,* Charterers' Liability Insurance, HANSA 1984, 1193. Gleiches gilt für die sog. Deviation-Cover, die notwendig ist, weil das Deckungsverhältnis aus einer P & I-Versicherung regelmäßig englischem Recht unterliegt und dieses mangels abweichender vertraglicher Vereinbarung eine Leistungsfreiheit des Versicherers vorsieht, wenn das Schiff von der erwarteten (direkten) Reiseroute abweicht – sog. „Deviation“ (vgl. Section 46 des Marine Insurance Act 1906). Die sog. Deviation-Cover erlaubt freilich nicht jede Abweichung vom normalen Reiseweg. Deshalb enthält § 16 Abs. 3 des Formulars eine genaue Beschreibung derjenigen Abweichungen vom direkten Reiseweg, welche nicht als Deviation angesehen werden sollen. Die Deviation-Cover sollte auf diese vertragliche Bestimmung ausgerichtet werden (im Einzelnen vgl. *Lambeth,* Templeman on Marine Insurance, its Principles and Practice, 5th Edition, London, 1981, S. 84 ff.).

30. **Versicherung der Reeder-Haftung.** Die Charterer's Liability-Deckung hat normalerweise eine entsprechende Deckung des Reeder-Haftpflichtrisikos zur Voraussetzung. Diese Haftung betrifft das Regressverhältnis zwischen Transport-Operator und dem Eigentümer des für den Seetransport jeweils eingesetzten Schiffes. Deshalb ist auch die Versicherung der Reeder-Haftung, welche üblicherweise ebenfalls bei P & I-Clubs erfolgt, sicherzustellen.

31. **Versicherungshöchstsummen.** Der Transport-Operator soll sich in dem Umfange versichern, in dem er haftet. Der Umfang der Haftung für Beförderungsleistungen ist durch die Teilstrecken-Haftungsordnungen bestimmt, also gelten deren Haftungshöchstgrenzen zugleich als Maßstab für die ausreichende Haftpflichtversicherung. Nur insoweit, als der Transport-Operator Haftungen übernimmt, die ihren Grund nicht in Beförderungsleistungen haben, besteht Veranlassung für eine summenmäßige Begrenzung der Versicherung. Hierfür werden nach Art und Umfang (Versicherungssummen) die Höchstanforderungen der SpV empfohlen, weil die in diesem Zusammenhang zu versichernden Risiken des Transport-Operators mit denjenigen eines Spediteurs vergleichbar sind und die Anwendung der SpV es ihm ermöglicht, auf im Markt erprobte Policen zurückzugreifen.

Die Technik der Haftpflichtversicherung für den Landtransportteil ergibt sich im Übrigen aus den gebräuchlichen Haftpflichtversicherungspolicen für diesen Bereich. Sie ist dann zugleich deckungsgleich mit der Versicherung der Ansprüche des Transport-Operators im Regress-Verhältnis (vgl. iÜ zu den Versicherungsfragen im Bereich des Landtransports: Großkomm. HGB/*Helm* Anh. I nach § 429 u. *Hein/Eichhoff/Pukall/Krien* N § 7a).

32. **Lagerversicherung.** Nach § 19 Abs. 2 des Formulars ist der Transport-Operator verpflichtet und berechtigt, Güter für den Auftraggeber einzulagern. Da er allein über den

Zeitpunkt des Abschlusses, den Ort und die Dauer der Einlagerung entscheidet, empfiehlt es sich, ihm auch die Verpflichtung aufzuerlegen, für eine übliche Lagerversicherung zu sorgen, es jedoch dem Auftraggeber zu überlassen, im Einzelfalle Weisungen über die Höhe der zu vereinbarenden Versicherungssumme zu erteilen. Die übliche Versicherung gegen Sturmgefahren schließt keine Deckung gegen Beschädigung der Güter oder Verlust derselben infolge einer Sturmflut ein.

33. Transport-Dokument. Mit Aushändigung der Güter an den Transport-Operator erlangt der Auftraggeber nur dann einen gesetzlichen Anspruch auf Aushändigung eines Transport-Dokuments, wenn die Güter an Bord eines Seeschiffes übernommen wurden (Konnossement), § 513 Abs. 1 HGB. Im Rahmen des kombinierten Transports beginnt die Beförderung jedoch bereits zu einem früheren Zeitpunkt mit einem Landtransport. Das Landtransportrecht kennt keinen Anspruch des Absenders auf Ausstellung eines Beförderungs-Dokuments (*Baumbach/Hopt/Merkt* § 408 Rn. 1). Gleichwohl erfordert die Praxis Regelungen, wonach dem Auftraggeber des kombinierten Transports ein Anspruch auf Aushändigung eines Dokuments zusteht, auf Grund dessen sich zumindest der Beweis führen lässt, welche Güter in welcher Beschaffenheit zum Zwecke des Transports vom Transport-Operator übernommen wurden und auf welche Güter demzufolge ein Auslieferungsanspruch des Auftraggebers oder seiner Rechtsnachfolger besteht. Das ist wesentlicher Grund für die Regelung unter § 5 Abs. 1 des Formulars.

Mit der Entwicklung des kombinierten Transports entstanden vielfältige und unterschiedliche Transport-Dokumente. Die gebräuchlichsten unter ihnen sind die sog. FIATA-Multimodal Transport Bill of Lading (herausgegeben vom internationalen Spediteurverband FIATA – abgedruckt in TranspR 1993, 402) und das von der BIMCO (The Baltic and International Maritime Conference) auf der Grundlage von Empfehlungen der UNCTAD/ICC-Rules for Multimodal Transport Documents entwickelte Multimodal Transport Bill of Lading mit dem Kurznamen „MULTIDOC 95“. Beide Papiere knüpfen in Hinsicht auf die Regelung der Haftungsverhältnisse an das im TCM-Übereinkommen zum Ausdruck gelangte Network-System. Im Formular wird MULTIDOC 95 verwendet, weil dieses Dokument gegenüber der FIATA-Bill of Lading weiter entwickelt ist und jedenfalls in wesentlichen Teilen Regelungen enthält, die den Conline-Bedingungen vergleichbar sind. Den wesentlichen Zweck eines Dokuments im projektbezogenen kombinierten Transport, nämlich die Vermutung für die Richtigkeit der Güterbeschreibung im Dokument und die Verbriefung des Auslieferungsanspruchs erfüllen beide Papiere (vgl. *Baumbach/Hopt/Merkt* § 452 Rn. 9; *E. B. J. S./Reuschle* § 452 Rn. 35 ff.).

34. Traditionswirkung und Einwendungsausschluss. Ob ein an Order ausgestelltes MULTIDOC 95 als Orderpaper im Sinne von § 363 HGB gilt, ist streitig (vgl. die ausführlichen Darstellungen in Großkomm. HGB/*Canaris* § 363 → Anm. 65 ff. u. *Norf* S. 80 ff.). *Canaris* bejaht das. *Van Buiren* (Rechtsprobleme des kombinierten Verkehrs, S. 50) u. *Helm* (Großkomm. HGB Anh. V § 452 Rn. 64; Speditionsrecht, Anhang IV § 415 Rn. 14) lehnen das zu Recht ab. Der BGH äußerte sich dazu – soweit ersichtlich – bisher nur in Hinsicht auf die Rechtsnatur eines sog. Forwarders' Receipt (NJW 1977, 499 ff.). Er hält den Katalog der Orderpapiere mit Traditionswirkung für abschließend in § 363 HGB geregelt. Darin sind Dokumente des kombinierten Transports nicht erwähnt. Die praktische Begründung des BGH für seine Auffassung leuchtet ein: Es kann nicht richtig sein, dass der für eine Teilstrecke innerhalb des kombinierten Transports, zB den Seetransport, verantwortliche Unterverfrachter von Gesetzes wegen verpflichtet ist, ein Wertpapier mit Traditionswirkung (Konnossement) auszugeben, während zugleich für denselben Transportvorgang ein anderes Traditionspapier umläuft.

Diese rechtliche Problematik ist von erheblichem Gewicht, wenn es um die Beförderung von Handelsgütern im kombinierten Verkehr geht, weil dann die darüber ausgestellten Dokumente zumindest ähnliche Funktionen wie ein Order-Konnossement haben müssen.

Für projektbezogene Gütertransporte ist das in der Regel ohne Belang, denn das Eigentum an den Gütern soll während der Zeit ihrer Beförderung nicht wechseln. Das Formular sieht deshalb vor, das Dokument als „non-negotiable" zu kennzeichnen, wodurch bewirkt wird, dass das Dokument gar nicht gehandelt werden kann und schon deshalb nicht zur Übertragung der Verfügungsbefugnis am beförderten Gut geeignet ist.

35. **Pfandrechtssicherung im Dokument.** Mangels Vorauszahlung der Fracht und abweichender Vereinbarungen im Frachtvertrage schuldet der Empfänger der Güter die vereinbarte Fracht. Dem Transport-Operator steht deswegen ein gesetzliches Pfandrecht zu. Eine gleichartige Regelung enthält Klausel 22 MULTIDOC 95. Das reicht jedoch nicht aus, um den Sicherungszweck des in § 6 des Formulars vorgesehenen Pfandrechts zu erhalten. Die Bezugnahme auf diesen gegenüber dem Gesetz erweiterten Sicherungszweck des vertraglichen Pfandrechts gem. § 6 des Formulars hat, wenn sie dem mit dem Auftraggeber etwa nicht identischen Inhaber des Dokuments entgegengehalten werden soll, nur Wirkung, wenn sie im Transport-Dokument entsprechend vermerkt ist (vgl. hierzu Bahnsen in *Rabe/Bahnsen* § 495 Rn. 15).

36. **Lagerschein.** Nach Übernahme der Güter durch den Transport-Operator kann sich die Notwendigkeit ergeben, die Güter einzulagern. Nach § 19 des Formulars ist der Transport-Operator verpflichtet und berechtigt, die Einlagerung im Namen und für Rechnung des Auftraggebers vorzunehmen. Es kann sich in diesem Falle als notwendig erweisen, von dem Lagerhalter die Ausstellung eines Lagerscheins zu verlangen. In der Regel wird das auch üblich sein. Stellt der Lagerhalter danach erlaubterweise einen Order-Lagerschein aus, so gilt § 475g HGB mit der Folge, dass das Eigentum an dem eingelagerten Gut durch den Order-Lagerschein repräsentiert wird. Andere Lagerscheine gewähren dem Inhaber einen auf dem Lagervertrag beruhenden Auslieferungsanspruch (§ 475e HGB). In diesem Fall konkurrieren der durch das MULTIDOC 95 verbriefte Auslieferungsanspruch gegen den Transport-Operator und der durch den Lagerschein verbriefte Auslieferungsanspruch gegen den Lagerhalter, was zu Problemen führt, sobald beide Dokumente voneinander getrennte Wege gehen. Aus diesem Grunde ist vorgesehen, dass der Auftraggeber die Aushändigung des Lagerscheins nur gegen Rückgabe aller für das eingelagerte Gut in den Verkehr gegebenen Stücke des MULTIDOC 95 verlangen kann. Das soll außerdem nur dann geschehen können, wenn überhaupt ein Bedürfnis dafür in Betracht kommen kann, dass der Auftraggeber einen wertpapierrechtlichen Auslieferungsanspruch gegen den Lagerhalter erlangt, was nicht ersichtlich ist, solange die Einlagerung nur vorübergehend erfolgt und als beförderungsvertragliche Nebenpflicht anzusehen ist (*Baumbach/Hopt/Merkt* § 407 Rn. 19).

37. **Pfandrecht.** Die gesetzlichen Pfandrechte des Transport-Operators sind – allgemein – in § 440 HGB und in § 495 HGB für den Seetransport geregelt. Sie gewähren dem Transport-Operator nur Sicherung für sog. konnexe Frachtforderungen und Fracht-Nebenforderungen sowie für unbestrittene inkonnexe Forderungen aus anderen Fracht-, Speditions- und/oder Lagerverträgen (§ 495 Abs. 1 S. 2 HGB). Wegen der sich daraus ergebenden Rechtsunsicherheit und mit Rücksicht darauf, dass der Vertrag nicht allein Beförderungsleistungen zum Gegenstand hat, regelt das Formular ein vertragliches Pfandrecht zum Zwecke der Sicherung aller nach diesem Vertrage bestehenden Forderungen (zur Sicherung dieses vertraglichen Pfandrechts gegenüber dem jeweiligen Inhaber des MULTIDOC 95 → Anm. 35).

38. **Dauer und Ausübung des Pfandrechts.** § 495 HGB enthält eine der Praxis des Seeverkehrs gerecht werdende Regelung über die Dauer und die Verwertung des gesetzlichen Verfrachter-Pfandrechts. Soweit zulässig, sollte diese Regelung auch auf das unter § 6 Abs. 1 des Formulars vereinbarte vertragliche Pfandrecht übernommen werden. Unzulässig ist das nur in Hinsicht auf das in § 495 Abs. 3 HGB geregelte Folgerecht,

vermöge dessen das Pfandrecht fortdauert, obwohl der Verfrachter keinen Besitz mehr an der Pfandsache hat (vgl. Bahnsen in *Rabe/Bahnsen* § 495 Rn. 24, 25; *Schlegelberger/ Liesecke* § 623 → Anm. 11; *Schaps/Abraham* § 623 → Anm. 13). Das Folgerecht kann also nicht durch Vereinbarung auf vertragliche Pfandrechte ausgedehnt werden, denn im Gegensatz zu der Regelung in § 495 Abs. 3 HGB (entsprechend § 495 Abs. 3 HGB) setzt das vertragliche Pfandrecht an beweglichen Sachen stets den Besitz des Pfandgläubigers voraus (§ 1253 Abs. 1 S. 2 BGB). Das gilt allerdings nur in Hinsicht auf den Umfang des Pfandrechts, also den Kreis der mit ihm gesicherten Forderungen. Soweit das Pfandrecht Forderungen sichert, für die schon von Gesetzes wegen ein Pfandrecht besteht (§ 614 Abs. 1 HGB), greift das Folgerecht ein. Allerdings kann die Rechtslage unterschiedlich sein je nachdem, ob der konossementsmäßig legitimierte Empfänger für diese Ansprüche in gleichem Umfange haftet wie der Befrachter oder nicht. Wenn – wie in unserem Sachverhalt – der Empfänger mit dem Auftraggeber identisch ist. Kommt der Unterschied nicht zum Tragen.

Obwohl das vertragliche Pfandrecht grundsätzlich auch dann fortbestehen kann, wenn der Verpfänder bloß mittelbaren Besitz hat, hilft dem Transport-Operator nicht die Vereinbarung eines Besitzkonstituts mit dem Auftraggeber/Empfänger, um auf diese Weise ein „vertragliches" Folgerecht zu schaffen. Die Verpfändung einer Sache durch Vereinbarung eines Besitzkonstituts ist nicht möglich (Palandt/*Bassenge* § 1205 Rn. 2, 3). Es bleibt also nichts anderes übrig, als die schon wegen § 139 BGB gebotene Klarstellung im Vertrage, dass der Sicherungsumfang des Pfandrechts nach Ablieferung der Güter auf denjenigen des gesetzlichen Pfandrechts schrumpft.

39. Transport-Schedule. Die Transport-Schedule ist das organisatorische Herzstück für die Durchführung des mit dem Formular gestalteten Geschäfts. Sie beschreibt die Ausgangsdaten für die Planung der einzelnen Transporte, die ihrerseits üblicherweise durch einen Netzplan dargestellt wird. Sie gehört in die rechtliche Regelung der Geschäftsbeziehung zwischen den Vertragspartnern, weil sie sachliche Inhalte für die im Rahmen des Dauer-Frachtvertrages von beiden Vertragspartnern zu erbringenden zahlreichen Einzelleistungen, sowie deren Fälligkeiten und Erfüllungsorte festlegt, woran sich im Falle von Leistungsstörungen vielfältige wechselseitige Rechte und Pflichten der Vertragspartner knüpfen. Regelmäßig wird die Transport-Schedule bei Abschluss des Vertrages noch nicht erstellt werden können. Das Formular regelt deshalb eine Verpflichtung beider Vertragspartner, eine Transport-Schedule mit dem festgelegten Mindestinhalt zu vereinbaren. Wird sie vereinbart, dann ist sie Bestandteil des Vertrages.

40. Anlieferung. Siehe § 13.

41. Ablieferung. Siehe § 2 Abs. 2.

42. Festlegungen in der Transport-Schedule. Die Vertragspartner sind verpflichtet, sich auf eine Transport-Schedule zu einigen. Das ist eine unvermeidbar unvollkommene Regelung, schon deshalb, weil die Voraussetzungen für viele in der Transport-Schedule getroffene Festlegungen zwangsläufig dann geändert werden müssen, wenn irgendeine einzelne terminliche, örtliche oder mengenmäßige Festlegung darin nicht eingehalten wird. Die Transport-Schedule muss deshalb laufend geändert werden, wenn verhindert werden soll, dass aus den vertraglichen Erfüllungsansprüchen beider Seiten über kurz oder lang eine unübersehbare Zahl von Schadenersatzansprüchen wird. § 7 Abs. 2 des Formulars begründet deshalb die Verpflichtung beider Vertragspartner, sich bei der Gestaltung und laufenden Umgestaltung der Transport-Schedule jeweils bis zur Zumutbarkeitsgrenze entgegenzukommen. Gelingt das im Einzelfall nicht, dann soll eine Schiedsstelle entscheiden, die namentlich für diesen – rechtsgestaltenden – Vorgang als „ständige Schiedsstelle" einzurichten ist (vgl. hierzu § 31 u. die Anm. dazu).

43. **Lieferfrist.** Die Festlegung von Ablieferungszeitpunkten in der Transport-Schedule ist zugleich Vereinbarung einer Lieferfrist im Sinne von § 423 HGB. Die Bezugnahme auf Klausel 10b) MULTIDOC 95 sichert – zugunsten des Auftraggebers die Beweislast des Transport-Operators für unverschuldete Ablieferungsverzögerungen.

44. **Rechtswirkung der Transport-Schedule.** Die Mißachtung der in der Transport-Schedule getroffenen Festlegungen durch einen Vertragspartner führt in der Regel nicht zu Schadenersatzansprüchen des anderen Vertragspartners, sondern befreit diesen anderen Vertragspartner lediglich von bestimmten Leistungspflichten (§ 12 des Formulars). Die Festlegungen in der Transport-Schedule begründen deshalb – abgesehen von der Bestimmung der Ablieferungszeitpunkte – keine Verbindlichkeiten, sondern Obliegenheiten, bei deren Verletzung der betreffende Vertragspartner einen Rechtsverlust erleidet (vgl. Palandt/*Grüneberg* Einl. v. § 241 Rn. 13 und die systematische Übersicht bei *Karstaedt,* Grundsätzliche Fragen der Drittzurechnung in den Allgemeinen Deutschen Seeversicherungsbedingungen, 1979, S. 2 ff.).

45. **Notizen.** Die Transport-Schedule ist ein Organisationsplan mit Obliegenheitswirkung für die Vertragspartner. Die tatsächliche Abwicklung der Transporte folgt zumeist nicht dem geplanten Ablauf des Geschehens, sondern sie ist abhängig von den tatsächlichen Möglichkeiten, also insbesondere der Versandfertigkeit der Güter und der Bereitstellung von Transportmitteln. Für das eine wie auch für das andere muss in jedem Einzelfall rechtzeitig Vorsorge getroffen werden, weil jeweils die Leistung des einen Vertragspartners sich an diejenige des anderen zeitlich unmittelbar anschließen soll. Dieses Ziel kann nur erreicht werden, wenn die Leistungsbereitschaft eines jeden Vertragspartners gegenüber dem anderen Vertragspartner so rechtzeitig angezeigt wird, dass der andere Vertragspartner sich auf seine Anschlussleistung einstellen kann.

46. → Anm. 7.

47. **„Sonstige Transporte".** Die Planungen in der Transport-Schedule sehen lediglich Transporte über Ladehäfen im Sinne von § 11 des Formulars vor. Der Vertragszweck geht weiter; danach sollen auch Transporte aus den USA und aus Fernost durchgeführt werden, sofern das notwendig ist. Für solche sonstigen Transporte gilt die Transport-Schedule nicht. Sie sollten zweckmäßigerweise den jeweils gegebenen sachlichen Voraussetzungen entsprechend vorbereitet werden.

48. **Transportmittelauswahl.** Der Auftraggeber nimmt die Dienste des Transport-Operators gerade wegen seiner besonderen Sachkenntnis bei der Auswahl der jeweils günstigsten Transportmöglichkeit in Anspruch. Es ist deshalb sachgerecht, dem Transport-Operator die freie – aber sachgerechte – Auswahl der Transportmittel zu überlassen und das nicht in der anderenfalls nach den §§ 675, 665 BGB, § 418 HGB gegebenen (→ Anm. 6), Weisungszuständigkeit des Auftraggebers zu belassen.

49. **Annahme des Gutes.** Im Landtransportrecht beginnt die Haftung des Frachtführers (und mithin des Transport-Operators) mit der Annahme des Gutes (→ Anm. 13). Sie endet mit der Ablieferung des Gutes. Mit der genauen Definition dieser Zeitpunkte werden also Beginn und Ende der Obhutshaftung festgelegt. Die Regelung weist zugleich darauf hin, dass Übergabe an den Transport-Operator, Umschlag der Güter zwischen zwei Teilstrecken und Entgegennahme der Güter am Ablieferungsort für Rechnung und Gefahr des Auftraggebers zu erfolgen haben (vgl. auch § 17 u. § 19 Abs. 3).

Abs. 4 regelt die zwingende Haftungszeit bei Seetransporten (vgl. Bahnsen in *Rabe/Bahnsen* § 498 Rn. 1 ff.; *Schaps/Abraham* § 606 → Anm. 21). Nach klassischer Definition beginnt die Haftungszeit bei Seetransporten „mit dem Anschlagen der Güter an das Ladegeschirr im Ladehafen". Das ist im modernen Seeverkehr nicht mehr sachgerecht. Entscheidend ist vielmehr der Zeitpunkt mit dem die Ladung in den organisatorischen

Dispositionsbereich des Transport-Operators gelangt. Unter ähnlichen Gesichtspunkten ist auch das Ende der Haftungszeit (bei Seetransporten) jedenfalls dann neu zu definieren, wenn der Seetransport im multimodalen Verkehr mit anschließendem Landtransport in der Verantwortlichkeit eines Transport-Operators durchgeführt wird. Dies entspricht der aktuellen Rechtsprechung des BGH (Urt. v. 3.11.2005 – I ZR 325/02, BGHZ 164, 394; Urt. v. 18.10.2007 – I ZR 138/04, TranspR 2007, 472 mAnm v. *Herber*).

50. Absender/Befrachter – Frachtführer/Verfrachter. Anstelle der im Land- und Seetransportrecht unterschiedlich verwendeten gesetzlichen Begriffe für die am Transportvertrag Beteiligten müssen im Formular einheitliche Begriffe verwendet werden (vgl. für das allgemeine Frachtrecht: *Baumbach/Hopt/Merkt* § 407 Rn. 16 u. für das Seefrachtrecht: Bahnsen in *Rabe/Bahnsen* § 481 Rn. 17).

51. Erfüllungsgehilfen. Wenn der Transport-Operator berechtigt sein soll, Unterfrachtverträge abzuschließen, müssen die Unterfrachtführer als seine Erfüllungsgehilfen gelten. Diese Haftung beruht allerdings nicht auf § 278 BGB, sondern auf den entsprechenden – zumeist zwingenden – Normen des Frachtrechts, hier: §§ 428, 436, 437 HGB). In Schadenfällen tritt neben die Erfüllungsgehilfenhaftung des Transport-Operators die unmittelbare gesamtschuldnerische Haftung der Erfüllungsgehilfen gegenüber dem Geschädigten (§ 437 HGB). Die üblichen Bedingungswerke, zB Klausel 15 Combidoc (Defences and Limits for the CTO, Servants, etc) und Klausel 18 Conline (Freistellung und Bevorrechtigung aller Gehilfen und Vertreter des Verfrachters), versuchen mit der sog. „Himalaya-Klausel" sicherzustellen, dass die Erfüllungsgehilfen sich in solchen Fällen wenigstens auf die gleichen Haftungsbefreiungen und Haftungsbegrenzungen berufen dürfen, die auch dem Transport-Operator zur Seite stehen. Diesen Zweck erfüllt nunmehr die gesetzliche Regelung in § 436 HGB nF.

52. Identity of Carrier-Klausel. Die Wirksamkeit von Klausel 17 Conline, wonach nur der Eigentümer des jeweils eingesetzten Seeschiffes als Verfrachter, mithin als derjenige gilt, der die volle Verfrachterhaftung tragen soll (sog. Identity of Carrier Clause), ist nach deutschem Recht umstritten (vgl. *Schmidt* S. 88 ff. nach inzwischen gefestigter Rechtsprechung begründet die Klausel keine Reederhaftung – OLG Hamburg VersR 1990, 290; BGH VersR 1990, 503). Die haftungsüberleitende Wirkung dieser Klausel soll jedenfalls im Verhältnis der Vertragspartner untereinander nicht eintreten. Hingegen kann der Transport-Operator trotz Abbedingung der Identity of Carrier Clause im Rechtsverhältnis zum Auftraggeber seine Haftung in gleicher Weise beschränken, wie dies dem Reeder erlaubt ist. Das ist notwendig, weil der ursprüngliche Sinn der Identity of Carrier Clause gerade darin lag, dem Haupt-Verfrachter die gleichen Möglichkeiten der Haftungsbeschränkung einzuräumen, wie sie von Gesetzes wegen dem Reeder als Unterfrachtführer zustehen (vgl. OLG Bremen VersR 1975, 732). Für denjenigen Haupt-Verfrachter, welcher zugleich Charterer des für den Transport eingesetzten Seeschiffes ist, erübrigte sich diese Funktion der Klausel durch das 1. SeerÄndG im Jahre 1972. Die ausdrückliche Abbedingung dieser Klausel im Frachtvertrag soll nun allerdings nicht die Auslegung ermöglichen, dass dadurch die Haftungsbeschränkungsmöglichkeit (heute Art. 1 des Übereinkommens von 1976 über die Beschränkung der Haftung für Seeforderungen – LondonÜ 1976 –, auf das § 486 Abs. 1 HGB in der Fassung des 2. SeerÄndG von 1986 verweist) ausgeschlossen sein soll. Außerdem wird es häufig vorkommen, dass der Unterfrachtvertrag nicht in der Form einer Chartepartie, auf die allein Art. 1 Abs. 2 LondonÜ 1976 Bezug nimmt, geschlossen wird, sondern als Stückgutvertrag. Auch dann soll dem Transport-Operator die gleiche Haftungsbeschränkungsmöglichkeit gegenüber dem Auftraggeber zustehen, wie sie ihm gegenüber vom Reeder in Anspruch genommen werden kann.

53. Lade-/Löschhäfen. Die Frachtkalkulation beruht auf der Bestimmbarkeit von Transportmengen und Transportwegen. Deshalb wurde im Formular der Transportweg über beliebige Nordseehäfen der Hamburg-Antwerp-Range als Regel festgelegt. Dementsprechend gelten die in § 22 bestimmten Seefrachten nur für Transporte über diese Häfen. Bei Seetransporten über außereuropäische Ladehäfen sind entsprechend § 22 Abs. 3 gesonderte Frachtvereinbarungen zu treffen. Von einer Festlegung auf bestimmte Ladehäfen der Hamburg-Antwerp-Range wurde hingegen abgesehen. Die freie Wahl unter mehreren Ladehäfen einer bestimmten Range gibt dem Transport-Operator eine größere Flexibilität, die insgesamt einer beschleunigten Transportabwicklung zugute kommt.

54. Löschhindernisse. Die Regelung des Formulars korrespondiert mit Klausel 9 MULTIDOC 95 und Klausel 15 Conline. Mit Rücksicht auf das Dauerschuldverhältnis sollte der Transport-Operator aber verpflichtet sein, im Falle von Löschhindernissen rechtzeitig mit dem Auftraggeber nach geeigneten Ersatzlösungen zu suchen. Wiederum sollten Transportverzögerungen, welche auf Löschhindernissen beruhen, in keinem Fall vom Transport-Operator zu vertreten sein; anderenfalls fiele die in der Transport-Schedule festgelegte Beförderungszeit unter die Gewährhaftung des Transport-Operators. Die Haftung des Transport-Operators für die Folgen der Entlöschung von Gütern in einem Ersatzhafen ist nur dann ausgeschlossen, wenn er das Löschhindernis nicht vermeiden konnte.

55. Ablehnung von Seetransporten. Dem Transport-Operator steht bei vorhersehbaren Löschhindernissen ein Leistungsverweigerungsrecht zu, welches im Rahmen des Dauer-Frachtvertrages an die Stelle des bei Einzel-Frachtverträgen geltenden Kündigungsrechts tritt (vgl. Klausel 16e Conline). Macht der Transport-Operator von diesem Leistungsverweigerungsrecht keinen Gebrauch, dann muss er die mit der Entlöschung in einem Ersatzhafen verbundenen Mehrkosten selbst tragen. Allerdings besteht kein Grund, ihn auch noch für die dadurch hervorgerufene Reiseverzögerung haften zu lassen.

56. Obliegenheiten des Auftraggebers. Die rechtzeitige Gestellung von Transportmitteln, welche für die Beförderung der jeweils angelieferten Güter nach deren Art und Menge geeignet sind, gehört zu den schwierigsten Aufgaben des Transport-Operators. Er kann diese Aufgabe nur erfüllen, wenn er ausreichende Zeit hat, um die Transportmittelgestellung vorzubereiten. Gewährt ihm der Auftraggeber diese Vorbereitungszeit nicht, sondern liefert er dem Transport-Operator Güter an, die dieser nach Art, Menge und Gewicht nicht erwarten konnte, so muss der Transport-Operator von der Verpflichtung zur Transportmittelgestellung frei sein. Diese Leistungsfreiheit ist also die Folge von Versäumnissen des Auftraggebers bei der Vorbereitung eines jeden Transports. Rechtlich sind solche Versäumnisse Obliegenheitsverletzungen (→ Anm. 44, 45). Die möglichst präzise Beschreibung der von dem Auftraggeber zu beachtenden Obliegenheiten erleichtert die Feststellung, wann dem Transport-Operator ein Leistungsverweigerungsrecht wegen einer Obliegenheitsverletzung zusteht. Das gilt insbesondere auch für die Bezugnahme auf die Vorschriften über die Beförderung gefährlicher Güter. Die häufig in Beförderungsverträgen anzutreffende Formulierung, dass „gefährliche Güter" von der Ver- pflichtung zum Transport ausgenommen seien, ist unzureichend, weil es keine einheitliche Definition des Begriffs „gefährliches Gut" gibt. Vollständige Fassungen der beim Transport gefährlicher Güter zu beachtenden vielfältigen gesetzlichen Vorschriften finden sich bei *Ridder,* Gefahrguthandbuch, u. *Kühn/Birett,* Gefahrgut-Schlüssel.

57. Ankündigung der Leistungsverweigerung. Auch dann, wenn der Transport-Operator zu Recht die Gestellung eines Transportmittels verweigern kann, soll er auf die Interessen seines Vertragspartners Rücksicht nehmen und diesen nicht unnötig zur Anlieferung der Güter veranlassen. Das ist eine aus dem Gedanken der Schadenminderungspflicht entwickelte Obliegenheit des Transport-Operators, bei deren Verletzung er das Recht verliert, sich auf seine Befugnis zur Leistungsverweigerung zu berufen.

58. **Karenz-Fristen.** § 12 Abs. 1 des Formulars definiert den Begriff der rechtzeitigen Transportmittelgestellung als Rechtspflicht des Transport-Operators. § 12 Abs. 4 macht davon insofern eine Ausnahme, als innerhalb einer gewissen Karenz-Zeit auch das nach Anlieferung der Güter zur Verfügung gestellte Transportmittel noch als rechtzeitig gestellt anzusehen ist. Die Karenz-Fristen dieser Bestimmung des Vertrages begründen deshalb Wartepflichten für den Auftraggeber, die in der Regel aller Fälle nicht mit zusätzlichen Kosten verbunden sein werden, weil die Wartezeit noch vor dem Beginn des Vortransports liegt. Nur dann, wenn der Auftraggeber etwa die Güter nach einem Ladehafen als vereinbartem Übernahmeort schicken sollte, können Standgelder anfallen, für die jedoch der Transport-Operator haftet, sofern die verfrühte Anlieferung der Güter auf einem voreiligen Ladungsabruf beruht.

59. **Obliegenheiten des Transport-Operators.** § 13 Abs. 1 korrespondiert mit § 12 Abs. 1. Er begründet insoweit eine Schuldnerpflicht des Auftraggebers. § 13 Abs. 2 regelt die Obliegenheit des Transport-Operators, dem Auftraggeber rechtzeitig die Übernahmebereitschaft des jeweils vorgesehenen Transportmittels anzuzeigen. Wenn der Ladungsabruf erfolgt, ist also davon auszugehen, dass die Güter versandfertig sind.

60. **Rechtspflicht-Verletzungen.** Die §§ 12 Abs. 2 und 3 und 13 Abs. 2 regeln die Folgen der Obliegenheits-Verletzung durch Begründung von Leistungsverweigerungsrechten des jeweils anderen Vertragspartners. § 14 greift dann ein, wenn ein Vertragspartner sich nicht auf ein Recht zur Leistungsverweigerung entsprechend § 12 Abs. 2 u. 3 oder § 13 Abs. 2 berufen kann und dennoch seiner Verpflichtung zur Transportmittelgestellung einerseits oder zur Güteranlieferung andererseits nicht nachkommt. Die Rechtsfolge ist unterschiedlich: Während die Verletzung der Transportmittelgestellungspflicht zu einem Schadenersatzanspruch des Auftraggebers führt, begründet die Versäumung der Anlieferungspflicht im Grundsatz einen Fautfrachtanspruch des Transport-Operators, der nichts mit Schadenersatz zu tun hat (→ Anm. 64).

61. **Verzug des Transport-Operators.** Das Transportrecht kennt keine besonderen Bestimmungen über die Haftung des Frachtführers für Verzug mit der Gestellung eines Transportmittels. Es gelten für solche Fälle also die allgemeinen Bestimmungen des BGB über die Verzugsfolgen (*Schaps/Abraham* § 606 → Anm. 14). Unklar ist jedoch, ob und wann wegen der Verletzung der Transportmittelgestellungspflicht auf Seiten des Auftraggebers ein Interessenwegfall eintritt, der den Transportoperator zum Schadenersatz verpflichtet, ohne dass ihm zuvor eine Nachfrist gesetzt worden wäre bzw. der den Auftraggeber zum Rücktritt/zur Kündigung berechtigen würde. Die Auffassung von *Schaps/Abraham* § 606 → Anm. 14, wonach dann, wenn die Ladung für ein bestimmtes Schiff gebucht wurde (oder wie hier: für ein bestimmtes Schiff abgerufen wurde) und dieses Schiff sodann nicht gestellt wurde, dem Auftraggeber ein Schadenersatzanspruch nach § 286 Abs. 2 BGB (jetzt §§ 280, 286 BGB) zusteht, ist abzulehnen. Der moderne Seeverkehr, und zwar erst recht im Stückgutverkehr, ermöglicht es dem Verfrachter, ohne unzumutbare Verzögerungen gleichwertige Ersatztonnage zur Verfügung zu stellen. Das zwingt den Auftraggeber zur Nachfristsetzung. Das Formular enthält deshalb eine dieser Rechtslage angepasste Regelung. Das erscheint auch deshalb notwendig, weil Klausel 6 Conline, die sog. Transshipment-Klausel, sowie § 9 Abs. 2 des Formulars es von vornherein dem Transport-Operator gestatten, ein von ihm selbst für sachgerecht gehaltenes Transportmittel auszuwählen. Der Verzicht auf die Nachfristsetzung für den Fall, dass die Ladung im Linienverkehr abgefahren werden kann, entspricht den Usancen des Linienverkehrs (vgl. *Schlegelberger/Liesecke* § 606 → Anm. 20).

62. Folgen der Leistungsablehnung. § 14 Abs. 2 des Formulars enthält eine dem Vertragszweck angepasste Regelung der Verzugsfolgen: der Auftraggeber soll (und will vermutlich auch) nicht berechtigt sein, vom Vertrage zurückzutreten, genauer: ihn zu kündigen. Der Transport-Operator hingegen soll auch weiterhin verpflichtet bleiben, Anschlusstransporte durchzuführen. Die Rechtsfolgen des Verzugs werden deshalb auf Schadenersatzansprüche wegen des nicht durchgeführten Einzeltransports beschränkt. Der Höhe nach kann dieser Schadenersatzanspruch nicht über denjenigen hinausgehen, welchen der Auftraggeber maximal hätte, wenn die Güter verspätet am Ablieferungsort eintreffen würden; deshalb die Bezugnahme auf die Höchstgrenze gem. § 3 Abs. 6 des Formulars.

63. Verzug des Auftraggebers. Der Auftraggeber soll mit der Verpflichtung zur Anlieferung der Güter nur dann in Verzug geraten, wenn er diese Pflicht nach vorangegangener Abgabe einer EVM nicht erfüllt. Das erscheint sinnvoll, weil der Transport Operator dann, wenn der Auftraggeber keine EVM oder eine unrichtige EVM abgibt, von der Verpflichtung zur Transportmittelgestellung frei ist (vgl. § 12) und weil er wegen desjenigen Schadens, der ihm dadurch entsteht, dass der Auftraggeber insgesamt weniger Ladung anliefert als dies bei Abschluss des Vertrages vorausgesetzt war, durch die Frachtgarantie gem. § 25 des Formulars gesichert ist. Einer Mahnung bedarf es nicht, um den Verzug eintreten zu lassen, weil der Auftraggeber sich mit der EVM verpflichtet, die Güter zu einem bestimmten Zeitpunkt versandfertig bereit zu halten (§ 286 Abs. 2 BGB).

64. Fautfracht. Der Frachtvertrag ist Werkvertrag. Anknüpfend an diese rechtliche Typisierung enthält das Seefrachtrecht mit den Bestimmungen in den §§ 489 Abs. 2 bzw. 490 HGB Regelungen, die dem § 649 BGB nachgebildet sind. Dem Verfrachter steht danach der Anspruch auf die Fracht auch dann zu, wenn der Transport gar nicht oder nur mit einem Teil der in der maßgeblichen EVM angekündigten Ladungsmenge durchgeführt wird. Nach dem Gesetz (§ 489 Abs. 2 HGB) ist dieser Frachtanspruch begrenzt auf den Nichterfüllungsschaden des Transport-Operators. Das ist streitanfällig. Deshalb empfiehlt das Formular die Pauschalierung der Ersatzansprüche des Transport-Operators in Form eines bezifferten Fautfracht-Anspruchs. Im Übrigen sind die Interessen des Transport-Operators ausreichend durch die allumfassende Frachtgarantie gemäß § 25 des Formulars gewahrt.

65. Kein Schadenersatz wegen Nichterfüllung. Der im Gesetz vorgesehene Interessenausgleich für den Fall einer Verletzung der Anlieferungspflicht des Auftraggebers weicht von der hier vorgeschlagenen Lösung ab. Deshalb muss er abbedungen werden.

66. Beförderungs- und Ablieferungshindernisse. Systemgerecht sollen die Rechte und Obliegenheiten der Beteiligten im Falle von Beförderungs- und Ablieferungshindernissen (§ 492 HGB) gewahrt bleiben (§ 489 Abs. 3 HGB).

67. Sammelladungen. Der Transport-Operator ist nicht Spediteur. Gleichwohl erfüllt er typischerweise diejenigen wirtschaftlichen Funktionen, welche in §§ 453, 454 HGB beschrieben sind. Dazu gehört vor allem auch die beförderungsgerechte Zusammenstellung der Güter mit den Gütern anderer Versender (Sammelladung iSv § 460 HGB). Wesentlich ist die Regelung unter § 15 S. 2, wonach den Transport-Operator bei Sammelladungs-Transporten nicht bloß die gewöhnliche Obhutshaftung trifft (vgl. § 3 u. die Anm. dazu), sondern eine uneingeschränkte Gefährdungshaftung dafür, dass infolge der Zusammenladung mit anderen Gütern keine Schäden eintreten.

68. Gefahränderung. Als Folge eines Sammelladungs-Transports kann es vorkommen, dass sich der Transport verzögert, sei es, dass wegen eines beabsichtigten Sammelladungs-Transports auf die Anlieferung der Güter anderer Versender gewartet werden muss oder dass wegen der Übernahme oder Ablieferung anderer Güter in die bzw. aus der Sammelladung Umwege gefahren werden müssen. Das soll nur bis zur Grenze einer Änderung der unter der Transportversicherung gedeckten Gefahr zulässig sein. Nach § 23 VVG können sich solche Umwege als gefahrerhöhender Umstand auswirken; es kommt auch vor, dass im Rahmen bestimmter Transportversicherungen, und zwar gerade solcher, die vom Auftraggeber im Empfängerland genommen werden müssen, bestimmte Reiserouten oder Bestimmungen des Inhalts vorgesehen sind, dass die Beförderung ohne Anlaufen von Zwischenhäfen zu erfolgen hat. Nach den in Deutschland üblichen Land-Transportversicherungsbedingungen führt das zwar nicht zur Leistungsfreiheit des Versicherers, aber es können Prämienzuschläge verlangt werden (vgl. § 8 Abs. 2 ADB 1963 [Allgemeine deutsche Binnen-Transportversicherungs-Bedingungen]). Für solche Zuschläge müsste der Transport-Operator haften. Für Seetransporte siehe § 16 Abs. 3 und → Anm. 71.

69. Stauung/Decksladung. Nach allgemeinem Transportrecht gehören Verladen, Entladen und Ladungssicherung in den Pflichtenkreis des Absenders (§ 412 HGB). Anders bei Seetransporten. Dort gehört schon die Stauplanung zu den typischen Aufgaben des Verfrachters, mithin des Transport-Operators. Sie hat mit der gebotenen Sorgfalt zu erfolgen, ohne dass das im Vertrage besonders geregelt werden müsste. Es gilt insoweit § 486 Abs. 2–4 HGB. Eine Gefährdungshaftung entsprechend § 15 S. 2 wird für die Stauung bei Seetransporten nicht empfohlen, weil der Seetransport üblicherweise die Zusammenfassung der Güter mehrerer Ablader voraussetzt und dabei (zB infolge von falschen Gütermarkierungen) durchaus Fälle unvermeidbarer Güterbeschädigung auftreten können. Der Auftraggeber ist durch die Haftungsregelung in den §§ 598 ff. HGB geschützt. Hingegen soll der Transport-Operator bei der Stauplanung auf eine beschleunigte Durchführung des mit dem Auftraggeber vereinbarten Transports Rücksicht nehmen und die Rechte, die ihm nach Klausel 5 Conline (Reiseumfang) zustehen, nicht voll ausnutzen.

Eine besondere Regelung muss der Decksladung gelten. Die Decksverladung ist nur zulässig, wenn ihr der Auftraggeber zustimmt (§ 486 Abs. 4 HGB). Decksverladung ohne solche Zustimmung führt zur verschuldensunabhängigen Haftung (Gefährdungshaftung) des Verfrachters für Güterverlust (§ 500 HGB). Umgekehrt führt allein die Zustimmung des Befrachters/Abladers nicht zur Haftungsbefreiung des Verfrachters bei Verlust der Decksladung.

Solche Zustimmungen können auch außerhalb eines Konnossements vereinbart werden. Es empfiehlt sich deshalb, typische Decksladung bereits im Vertrage festzulegen und im Übrigen zu regeln, wie die jeweilige Zustimmung herbeizuführen ist. Das Verfahren ist überflüssig, wenn die Deckladeklausel bereits in das MULTIDOC 95 aufgenommen wird und der Auftraggeber dieses widerspruchslos entgegennimmt (BGHZ 6, 127).

Nach dem Vertrag ist die Haftung des Transport-Operators für Transportschäden an auf Deck verladenen Gütern ausgeschlossen. Ein solcher Haftungsausschluss ist zulässig. Die bloße Zustimmung zur Decksverladung ersetzt diese Haftungsfreizeichnung freilich nicht (BGHZ 6, 127 (135 ff.)).

Der Verfrachter kann sich gegenüber dem Konnossementsinhaber auf die Haftungsfreizeichnung berufen, wenn der Deckladungsvermerk im Konnossement enthalten ist. Für das Rechtsverhältnis zwischen dem Transport-Operator und dem Auftraggeber wurde deshalb bestimmt, dass die Haftungsfreizeichnung auch dann gilt, wenn der Deckladungsvermerk nicht auf dem MULTIDOC 95 enthalten ist, was zweckmäßig ist, weil die Entscheidung über die Deckverladung häufig erst getroffen wird, nachdem das MULTIDOC 95 ausgegeben ist. Die Regelung korrespondiert mit Klausel 9 Conline (lebende Tiere, Decksladung).

70. Gefahränderung durch Deckverladung. Gem. Klausel 2.3 ADS-Cargo 1973 liegt in der nicht von vornherein vereinbarten Deckverladung eine Änderung der versicherten

Gefahr. Das ist dem Transportversicherer anzuzeigen. Ihm gebührt in diesem Falle vorbehaltlich der in 2.5 ADS-Cargo 1973 geregelten Ausnahmen eine Zuschlagprämie. Wird die Anzeige grob-schuldhaft versäumt, so ist der Transportversicherer sogar von der Verpflichtung zur Leistung frei. Es empfiehlt sich also, im Vertrage Fristen zu bestimmen, die es dem Auftraggeber ermöglichen, seinen Transportversicherer zu verständigen und sodann die Zustimmung zur Deckverladung zu erteilen. Grundsätzlich gilt die Deckverladung auch im Container-Verkehr als Gefahränderung (*Enge,* Erläuterungen zu den ADS Güterversicherung 1973 und dazu gehörigen DTV-Klauseln, 1973, Anm. zu Ziff. 2.3 S. 47).

71. Ladungskomplettierung. § 16 Abs. 2 tritt an die Stelle von Ziff. 5 Conline. Diese Conline-Bestimmung setzt den Seetransport im Rahmen eines Liniendienstes voraus, was bei projektbezogenen Transporten nicht notwendig der Fall sein muss. Es wäre deshalb unangemessen und wegen der versicherungstechnischen Probleme auch nicht sachgerecht, es bei der völligen Deviationsfreiheit gem. Ziff. 5 Conline zu belassen.

Die unerlaubte Deviation ist im deutschen Recht positive Vertragsverletzung. Zu bemerken ist jedoch, dass der unberechtigterweise vom Reiseweg abweichende Verfrachter für Zufälle haftet, infolge derer während der Reiseumwege Schäden entstehen, zB aus Gefahren der See oder durch Feuer. Grenze für die erlaubte Deviation ist die Erhöhung der versicherten Gefahr (Transportgefahr). Diese Grenzen sind in § 16 Abs. 3 räumlich definiert. Das empfiehlt sich, weil danach eine Transportversicherungsdeckung auf der Grundlage kalkulierbarer versicherter Gefahren möglich ist. Der Versicherer findet auf diese Weise ähnliche Kalkulationsgrundlagen vor, wie bei der Versicherung von Transporten innerhalb eines regulären Liniendienstes. Bei nerlaubter Deviation und damit verbundener Erhöhung der versicherten Gefahr kann der Transportversicherer Prämienzuschläge erheben oder uU die Leistung verweigern (Klausel 2.4 ADS-Cargo 1973). Der Transport-Operator wäre schadenersatzpflichtig.

72. Ablieferung. § 17 Abs. 1 regelt zweierlei:

a) Die Gefahrtragung für den Entladevorgang;
b) die Verpflichtung zur unverzüglichen Entgegennahme des Gutes nach vollendetem Transport.

Bei Landtransporten erfolgt die Ablieferung durch Entgegennahme des Gutes auf dem Transportmittel. Darin liegt ein vertraglicher Haftungsausschluss iSv § 3 Abs. 1 des Formulars. Die Einschränkung ist zulässig (Großkomm. HGB/*Helm* § 429 → Anm. 89 ff.; OLG Düsseldorf NJW 1955, 1322). Bei Seetransporten gehört die Entlöschung des Schiffes zu den Pflichten des Transport-Operators. In jedem Falle hat der Transport-Operator ein Interesse daran, dass die Ablieferung iS einer Besitzübertragung an den Empfänger unverzüglich nach Ankunft der Güter vollendet wird, damit die Obhutspflicht und Obhutshaftung des Transport-Operators endet. Das Formular enthält die Regelung einer Abnahmepflicht, weil in der bloßen Zurverfügungstellung der Güter am Ablieferungsort (sei es – wie bei Landtransporten – auf dem Transportmittel oder sei es – wie bei Seetransporten – durch Absetzen der Güter auf dem Kai des Löschhafens) keine Ablieferung an den Empfänger liegt, sofern dieser nicht tatsächlich Besitz ergreift (BGHZ 164, 394; BGH TranspR 2007, 472; OLG Hamburg MDR 1965, 210; OLG Oldenburg VersR 1976, 583 f.; *Schaps/Abraham* § 606 → Anm. 20). Für den Fall, dass die Ablieferung ausnahmsweise im Löschhafen erfolgen soll, enthält das Formular außerdem eine Verpflichtung des Auftraggebers, die Güter unverzüglich aus dem Löschhafenbereich wegzubringen. Das ist mangels ausreichender Zwischenlagerungskapazität in den meisten Häfen des Persischen/Arabischen Golfes zwingende Voraussetzung dafür, dass ein Schiff überhaupt eine Löscherlaubnis erhält. Vielfach wird diese besondere Weitertransportverpflichtung mit der Klausel „direct-delivery" vereinbart. Die bloße Verwendung der Klausel führt jedoch häufig zu Auslegungsstreitigkeiten.

73. **ETB-Meldung.** Wenn die Güter im Löschhafen abgeliefert werden sollen und der Empfänger deshalb Vorkehrungen für ihre Entgegennahme und ihren Weitertransport zu treffen hat, muss der Transport-Operator ihm die voraussichtliche Entlöschung rechtzeitig anzeigen. Diese Voranzeige der Löschbereitschaft wird üblicherweise als ETB-Meldung (expected time of berthing) bezeichnet (Einzelheiten bei Rabe in *Rabe/Bahnsen* § 529 Rn. 43). Namentlich vor den Häfen des Persisch/Arabischen Golfes müssen Schiffe häufig längere Zeit warten, bevor ihnen ein Löschplatz zugewiesen wird. Die Zuweisung eines Löschplatzes verbunden mit der Order, diesen einzunehmen, wird von den Hafenbehörden nicht immer verlässlich und nicht immer so rechtzeitig gegeben, dass der Kapitän des Schiffes seine ETB-Meldung vertragsgerecht abgeben kann. Das Formular enthält deshalb unter § 17 Abs. 2 S. 2 eine Klausel, welche die Haftung des Transport-Operators für fehlerhafte oder nicht rechtzeitig abgegebene ETB-Meldungen einschränkt, was bedeutsam ist, weil die Vorkehrungen, die der Empfänger zur Entgegennahme und zum Abtransport der Ladung treffen muss, häufig mit beachtlichen Aufwendungen verbunden sind, für deren Vergeblichkeit der Transport-Operator nicht ohne eigenes Verschulden haften sollte.

74. **Übergabezertifikat/Schadenbesichtigung.** § 17 Abs. 3 des Formulars enthält eine dem § 510 HGB vergleichbare Regelung. Das ist notwendig, weil die durch § 510 Abs. 1 HGB begründete Obliegenheit des Auftraggebers/Empfängers zur Untersuchung und Anzeige von Ladungsschäden nur bei Auslieferung im Löschhafen gilt, während hier die Ablieferung in der Mehrzahl aller Fälle an der Baustelle erfolgt. Die Regelung soll bewirken, dass die Beschaffenheit der Güter, also insbesondere etwaige Beschädigungen derselben, möglichst rasch für beide Vertragspartner verbindlich festgestellt wird (Schutzverein Deutscher Rheder VaG HANSA 1980, 1812). Sie entspricht damit § 3 Abs. 4 des Formulars. Nur für den Fall, dass die einvernehmliche oder schiedsgutachtliche Schadenfeststellung nicht gelingt, soll § 510 HGB gelten (und zwar in entsprechender Anwendung, wenn die Ablieferung nicht im Löschhafen erfolgt). § 510 Abs. 1 HGB lässt die darin geregelten Obliegenheiten des Empfängers verbunden mit einer dreitägigen Ausschlussfrist bei Ablieferung der Güter entstehen. Sowohl die Untersuchungsobliegenheit als auch die Obliegenheit, etwaige Schäden oder Güterverluste binnen drei Tagen gegenüber dem Transport-Operator anzuzeigen, beginnen also stets erst dann, wenn der Auftraggeber oder der sonst legitimierte Empfänger die Güter tatsächlich in Besitz genommen hat (OLG Hamburg HANSA 1965, 2; OLG Bremen VersR 1972, 248). Erfolgt die Ablieferung der Güter nicht an der Baustelle, sondern im Löschhafen, dann ist § 510 HGB zwingend. Die Regelungen der Sätze 1 u. 2 dieses Absatzes verstoßen dagegen jedoch nicht, denn sie enthalten keine von § 510 HGB zugunsten des Verfrachters abweichende Bestimmung (*Rabe* § 510 Rn. 20). Im Übrigen ersetzt § 17 Abs. 3 in zulässiger Weise die dispositive Regelung des § 438 HGB; die darin geregelte längere Ausschlussfrist gilt mithin nicht.

Es empfiehlt sich, dass der Transport-Operator mit seinem Haftpflichtver-sicherer klärt, in welchem Umfange er berechtigt sein soll, im Übergabezertifikat beschriebene Schäden anzuerkennen oder die Verbindlichkeit der Schadenfeststellungen durch einen amtlich bestellten Sachverständigen oder Lloyds Ladungsbesichtiger zu vereinbaren.

75. **Verpackung.** Ob und wann zum Transport vorgesehene Güter einer gesonderten sog. Exportverpackung bedürfen, kann nicht im Voraus bestimmt werden. ZT wird die Verpackung schon im Herstellerwerk erfolgen. Es kommt auch vor, dass der Transport-Operator bereits gestaute Container übernimmt. Das Formular enthält deshalb eine Regelung, wonach der Transport-Operator auf Anforderung des Auftraggebers verpflichtet sein soll, die Verpackung auszuführen, sofern und soweit die Verpackung am Übernahmeort oder in einem Ladehafen erfolgen kann. (In den Häfen befinden sich regelmäßig für die Ausführung solcher Verpackungen spezialisierte Betriebe.) Die Art der

Verpackung, also die genaue Bestimmung der Leistungspflicht des Transport-Operators sowie die Ausführungszeiten sollen der Vereinbarung beider Vertragspartner vorbehalten werden. § 315 BGB gilt demnach nicht. Es kann vorausgesetzt werden, dass sich die Vertragspartner verständigen, sodass von einer Regelung abgesehen wurde, wonach die ständige Schiedsstelle entscheiden soll, wenn eine Einigung nicht erzielt werden kann. Gegen die Folgen unsachgemäßer Weisungen des Auftraggebers in Hinsicht auf die Ausführung der Verpackung ist der Transport-Operator gesichert; § 3 Abs. 3b des Formulars schließt seine Haftung dafür aus.

76. Güterumschlag. Güterumschlag sind alle Ortsveränderungen der Güter, welche mit ihrer Verladung auf ein Transportmittel oder ihrer Entladung aus einem Transportmittel oder ihrer Verbringung von dem für eine Teilstrecke eingesetzten Transportmittel nach einem für eine anschließende Teilstrecke vorgesehenen Transportmittel zusammenhängen. Dafür soll der Transport-Operator sorgen, und zwar iS einer Geschäftsbesorgung gem. § 675 BGB.

Der Transport-Operator kann in Erfüllung seiner Geschäftsbesorgungspflicht Güterumschlagsbetriebe im Namen des Auftraggebers beauftragen. Jedenfalls geschieht die Beauftragung für Rechnung des Auftraggebers und jedenfalls gilt der Umschlagsbetrieb als „Beauftragter" des Auftraggebers (§ 19 Abs. 3). Je nach Ortsgebrauch ist die unterschiedliche Rechtsstellung des Umschlagbetriebes zu den Beteiligten des Frachtvertrages damit im Verhältnis der Vertragspartner untereinander geklärt.

Die zentrale Bedeutung von § 19 Abs. 3 des Formulars liegt in der haftungsbeschränkenden Wirkung: Der Transport-Operator soll eine Obhutshaftung nur für die Transportzeiten auf den jeweiligen Teilstrecken tragen, schon deshalb, weil das nach dem Network-System aufgebaute Haftungsgefüge des Formulars dazwischen liegende Haftungszeiten nicht in der Weise berücksichtigt, dass eine Kongruenz zwischen der Haftung des Transport-Operators gegenüber dem Auftraggeber einerseits und seiner Regressberechtigung gegenüber dem Unter-Frachtführer andererseits sichergestellt ist. § 19 Abs. 3 des Formulars schließt diese Lücke dadurch, dass die Umschlagsbetriebe als „Beauftragte" des Auftraggebers gelten, was für den Transport-Operator den Ausschluss seiner Haftung gem. § 3 Abs. 3a u. d des Formulars zur Folge hat. In Einzelfällen kann die Abgrenzung zwischen der zwingenden Obhutshaftung des Transport-Operators wegen bereits vollzogener „Annahme" der Güter oder wegen noch nicht vollzogener „Ablieferung" an den beauftragten Umschlagsbetrieb Schwierigkeiten bereiten. Das hängt häufig von der Art der Güter und der jeweils eingesetzten Beförderungsmittel ab (zur gesamten Problematik vgl. Großkomm. HGB/*Helm* § 429 → Anm. 83 ff.).

Umschlagsvorgänge werden sich in der Regel auf Bahnhöfe, Lade- und Löschhäfen beschränken. In all diesen Fällen wird der gesamte Umschlag entweder von Eisenbahnunternehmen oder aber von staatlich beauftragten/genehmigten Hafenumschlagsbetrieben durchgeführt. Das geschieht regelmäßig auf der Grundlage gesetzlicher Bestimmungen oder AGB, wie zB der Betriebsordnung der Bremer Lagerhaus-Gesellschaft oder der Betriebsordnung für die öffentlichen Kaianlagen in Hamburg (Übersicht bei Bahnsen in *Rabe/Bahnsen* Anh. § 486 Rn., 10 ff.). Die Beauftragung solcher Umschlagsbetriebe ist für den Transport-Operator häufig zwingend. Demzufolge soll ihm kein Auswahlverschulden vorgeworfen werden können, wenn er einen derartigen Betrieb beauftragt (§ 19 Abs. 3 S. 3 u. 4).

77. Lagerei. Was für den Umschlag der Güter zwischen der Beförderung auf zwei aufeinander folgenden Teilstrecken gilt, trifft in gleicher Weise für die Unterbrechung des Transports durch Einlagerung der Güter zu. Es kann dahinstehen, ob die Lagerung des Gutes als Vor-, Zwischen- oder Nachlagerung oder aber für längere Zeit erfolgt. In jedem Falle werden die Güter im Auftrage des Auftraggebers eingelagert. Der Lagerhalter nimmt sie in dieser Funktion vom Frachtführer entgegen und beendet damit die Obhutshaftung des Transport-Operators.

Werden die Güter allerdings vor ihrer Entladung aus einem zum Transport auf einer Teilstrecke eingesetzten Beförderungsmittel vorübergehend in demselben „gelagert", so dauert die Frachtführerhaftung des Transport-Operators auch über diesen Zeitraum fort: Der mit dem Transport beauftragte Subunternehmer kann nicht gleichzeitig vom Auftraggeber bestellter Lagerhalter sein (vgl. BGH MDR 1973, 1002 (1003)).

Auch für das Rechtsverhältnis der Beteiligten an Lagerverträgen, die im Zusam- menhang mit grenzüberschreitenden Transporten geschlossen werden, gibt es Rechtsvereinheitlichungsbemühungen auf internationaler Ebene: seit März 1979 liegt der UNIDROIT-Entwurf (Preliminary Draft) für eine „Convention on the Liability of International Terminal Operators" vor (Einzelheiten zu seinen – zukünftigen – Anwendungsmöglichkeiten bei *Helm,* Der UNIDROIT-Entwurf für ein Übereinkommen über den internationalen Lagervertrag, 1981, Heft 44 der Schriften des Deutschen Vereins für Internationales Seerecht).

78. Kolli-Kennzeichnungen, Versandpapiere. Es gibt zahlreiche gesetzliche Bestimmungen über die Kennzeichnung von zum Transport bestimmten Gütern. Dazu gehören vor allem die verschiedenen Regelungen über den Transport gefährlicher Güter (vgl. § 12 Abs. 2; → Anm. 56), die Regelungen des Gesetzes über die Gewichtsbezeichnungen an schweren auf Schiffen beförderten Frachtstücken vom 28.6.1933 (RGBl. I S. 412), die landesrechtlichen Polizeiverordnungen (Hmb. HafensicherheitsVO; Bremische HafenO) sowie die Vorschriften über die Ausstellung der Waren-Begleitpapiere (§ 413 HGB, Art. 11 CMR, Art. 13 § 1 u. 2 CIM). Darüber hinaus kennen die maßgeblichen Unfallverhütungsvorschriften (zu den seit 1.1.1981 geltenden „UVV See" vgl. *Alpers* HANSA 1981, 1228) Regelungen über die Kennzeichnung von zum Transport bestimmten Gütern. Der Rechtscharakter dieser Vorschriften ist unterschiedlich. Zumeist sind sie öffentlich-rechtlicher Natur (Großkomm. HGB/*Helm* § 426 → Anm. 70), zT begründen sie Obliegenheiten des Frachtführers, bei deren Verletzung er Beweislastnachteile erleidet. Jedenfalls sind die Kennzeichnungspflichten im Verhältnis zwischen dem Transport-Operator und dem Auftraggeber nicht zwingender Natur, sodass es zulässig ist, unabhängig von den verschiedenen genannten Bestimmungen die Verantwortlichkeit für die richtige Güterkennzeichnung und richtige Ausstellung der Versandpapiere unter den Vertragspartnern frei zu vereinbaren. Nach § 20 Abs. 1 soll deshalb grundsätzlich derjenige verantwortlich für die Güterkennzeichnung und die Ausstellung der Versandpapiere sein, dem die Verpackung der Güter obliegt. Im Hinblick darauf, dass der Transport-Operator gegenüber dem Auftraggeber neben der Beförderung zugleich diejenigen Aufgaben zu erfüllen hat, die gemeinhin dem Spediteur obliegen (Großkomm. HGB/*Helm* § 425 Rn. 137 ff.) sieht § 20 Abs. 1 eine Verpflichtung des Transport-Operators vor, auch dann, wenn die Güterkennzeichnung und die Erstellung der Versandpapiere Aufgabe des Auftraggebers sind, darauf hinzuwirken, dass diese Aufgabe vollständig erledigt wird. Der Transport-Operator braucht die Angaben des Auftraggebers an den Gütern oder in den Versandpapieren allerdings nicht auf ihre Richtigkeit hin zu überprüfen.

79. Zollabfertigung. Die Zollabfertigung gehört zu den üblichen frachtvertraglichen Nebenpflichten (Großkomm. HGB/*Helm* § 425 → Anm. 144). Sie wird durch Gestellung der Güter zur Zollabfertigung erfüllt. Das ist grundsätzlich eine Aufgabe des Warenführers (regelmäßig also der Beförderer), also desjenigen, der die Waren körperlich bei sich führt (vgl. für das Gemeinschafts-Zollrecht: *Schwarz/Wockenfoht,* Bd. 1/1. Teile A, Zollkodex Art. 40 Rn. 11). Sie kann aber auch anderen Personen übertragen werden. Bewirken diese die ordnungsmäßige Gestellung, so wird der Beförderer von der Gestellungspflicht frei (*Schwarz/Wockenfoht,* Bd. 1/1. Teil A, Zollkodex Art. 40 Rn. 12). Bei der Ausfuhr von Gütern aus dem Zollgebiet der Gemeinschaft besteht keine allgemeine Gestellungspflicht. Die Erledigung der Zollformalitäten wird also im Wesentlichen bei der Einfuhr der Güter nach Entlöschung in Dammam anfallen. Das Formular schlägt deshalb eine Regelung vor, die den Transport-Operator gegenüber dem Auftraggeber verpflichtet, alle mit der Zollabfertigung verbundenen Angelegenheiten zu erledigen, und zwar – sollte das nach den jeweils ausländischen Zollgesetzen notwendig oder möglich sein – auch im Namen des Auftraggebers. Allerdings haftet der Transport-Operator weder für die Folgen fehlerhafter Warenbegleitpapiere (§ 414 Abs. 1 HGB), noch für Verzögerungen bei der Zollabfertigung, gleich worauf sie zurückzuführen sind, es sei denn, sie lägen an Fehlern, die der Transport-Operator selbst bei der Kennzeichnung der Güter oder der Ausfertigung der Versandpapiere machte (§ 414 Abs. 2 HGB).

80. Tarifliche Frachten. Für Transporte im inländischen Güterfernverkehr und im Eisenbahnverkehr wurden bis zum 31.12.1993 Frachten nach gesetzlichen Tarifen erhoben (§§ 20 ff. GüKG; § 6 EVO). Im grenzüberschreitenden Straßengüterverkehr galt innerhalb des Gebietes der EG der einheitliche Margentarif der VO (EWG) Nr. 1174/68 (BGBl. 1969 I S. 1209). Im grenzüberschreitenden Eisenbahnverkehr galten entweder internationale Tarife oder die jeweils nationalen Eisenbahntarife (Art. 6 CIM).

Mit Inkrafttreten des Tarifaufhebungsgesetzes v. 13.8.1993 (BGBl. I S. 1489) und des Eisenbahnneuordnungsgesetzes v. 27.12.1993 (BGBl. I S. 2378) am 31.12.1993 trat dieses bis dahin zwingende Tarifsystem außer Kraft. Zur – genehmigungspflichtigen – Aufstellung von Beförderungstarifen iSv AGB sind nur noch die nationalen Eisenbahnunternehmen verpflichtet (Art. 6 CIM).

§ 21 Abs. 1 des Formulars sieht die Weiterberechnung des für Landtransporte verauslagten/vereinbarten Beförderungsentgelts vom Transport-Operator an den Auftraggeber vor. Weil er beim Abschluss der Unterfrachtverträge frei ist, hat der Transport-Operator dabei wie ein Spediteur die Interessen des Auftraggebers zu wahren, wofür er wie ein Spediteur haftet.

81. Operator-Kommission. Die zusätzlich zu den Frachten vereinbarte Operator-Kommission entspricht der Spediteur-Vergütung (früher „Provision") gem. § 453 Abs. 2 HGB.

82. Lade- und Löschkosten. Die Klausel „Liner Terms" (vielfach auch „Berth Terms") ist für Verschiffungen mit gecharterten Schiffen gebräuchlich und bedeutet, dass die Kosten des Ladens und Entlöschens dem Verfrachter zur Last fallen (*Bes,* Chartering and Shipping Terms, 5th edition, S. 15. Der Begriff Liner Terms kann durch abweichenden Ortsgebrauch aber auch einen anderen Inhalt haben (Einzelheiten bei *Trappe* Hansa 1983, 2091). Er kann vor allem alle Kosten und Gebühren einschließen, die von den Kai-Anstalten nach Inempfangnahme der Güter bis zum Beginn des eigentlichen Ladevorgangs oder – im einkommenden Verkehr – bis zu ihrer Auslieferung an den Empfänger erhoben werden. Dem beugt die Gestaltung des Formulars vor, in dem klargestellt wird, dass diese Kosten (fob-Kosten und Verschiffungsnebenkosten) dem Auftraggeber zur Last fallen. Diese Klarstellung ist außerdem notwendig, weil regelmäßig der Reeder eines im Hafen festmachenden Schiffes gegenüber der jeweiligen Kai-Anstalt Schuldner für die Kaigebühren wird, und zwar unabhängig von der Regelung des Innenverhältnisses zu den Ladungsbeteiligten. Zu den fob-Kosten und Verschiffungsnebenkosten, die dem Auftraggeber zur Last fallen, gehören nicht das sog. Kailiegegeld und alle sonstigen öffentlichen Hafenabgaben. Diese sind typische Kosten der Schifffahrt. Sie fallen stets dem Reeder zur Last.

83. Congestion Surcharge. Die Überfüllung des Löschhafens und die damit verbundene Verzögerung der Schiffsabfertigung stellt für den Transport-Operator ein nicht kalkulierbares Kostenrisiko dar, denn bei langfristigen Frachtverträgen sind derartige Situationen nicht vorherzusehen. Das Formular empfiehlt deshalb eine den sog. Demurrage-Klauseln bei Reisecharter-Verträgen ähnliche und inzwischen auch im regulären Linienverkehr üblich gewordene Regelung, wonach der Befrachter, hier also der Auftraggeber, einen Zuschlag zur Fracht zu entrichten hat, wenn das für den jeweiligen Seetransport eingesetzte Schiff nach Ankunft im Löschhafen über eine gewisse Zeit hinaus auf den Beginn der Entlöschung warten muss. Die Definition des genauen Zeitpunktes, von dem an die Zeitzählung beginnt, bereitet häufig Schwierigkeiten, weil dieser Zeitpunkt zugleich zwei Gefahrenkreise voneinander abgrenzt, nämlich denjenigen des Verfrachters, welcher dafür einzustehen hat, dass das Schiff eine Position erreicht, von der aus es sich selbst als „löschbereit" bezeichnen kann, und denjenigen des Befrachters, welcher dafür einzustehen hat, dass das Schiff nach Eintritt der Löschbereitschaft auch tatsächlich löschen darf (*Rabe* § 567 Anm. B). Die in § 535 Abs. 1 HGB enthaltene gesetzliche Regelung, welche unmittelbar nur für „Verfrachtungen eines Schiffes im ganzen" (Charter-Verträge) eingreift, ist auf die hier vorgeschlagene Surcharge-Klausel entsprechend anwendbar. Die Zeitzählung kann deshalb auch hier nur beginnen, wenn das Schiff bei Passieren der Lotsenstation als „angekommen" gelten kann („arrived ship"). Nach übereinstimmender deutscher, englischer und amerikanischer Rechtsauffassung gilt ein Schiff immer erst dann als „arrived ship", wenn es dem Befrachter derart zur Verfügung steht, dass es durch keinerlei in der Gefahrensphäre des Verfrachters liegende Umstände daran gehindert ist, auf Anordnung des Befrachters sofort einen Löschplatz einzunehmen: „before a ship can be said to have arrived at a port she must, if she cannot proceed immediately to a berth, have reached the position within the port where she is at the immediate and effective disposition of the charterer" (sog. „Reid Test", House of Lords (HL) in The „Johanna Oldendorff", Lloyd's Law Reports (Lloyd's Rep.) [1973] Vol. 2: 285); gleichlautend HL in The „Maratha Envoy", Lloyd's Rep. [1977] Vol. 2: 301; OLG Bremen in MS „Capetan Costis" HANSA 1964, 2374; Hamburger Schiedsspruch in MS „Japan Pine", HANSA 1977, 22; unveröffentlichter Hamburger Schiedsspruch in MS „Norse River" v. 1.3.1976 (dazu *Trappe* ZHR 131, 56 ff.); *Summerskill,* Laytime, 2nd edition, 1973, S. 64 ff.; *Tiberg,* The Law of Demurrage, 3rd edition, 1979, S. 211 mit umfassenden Hinweisen auf die Rspr. nach deutschem Recht). Auch wenn regelmäßig davon auszugehen ist, dass das Schiff nach Passieren der Lotsenstation des Löschhafens dem Auftraggeber in der genannten Weise zur Verfügung steht, also als „angekommen" gelten kann, können im Einzelfall im nautischen Bereich liegende Schwierigkeiten auftreten, welche das Schiff daran hindern, einen ihm zugewiesenen Löschplatz einzunehmen, weil etwa die Ladung umgetrimmt werden muss, damit das Schiff den zulässigen Tiefgang erhält oÄ. In solchen Fällen beginnt die Zeitzählung erst dann, wenn das Schiff tatsächlich in der Lage ist, auf Anforderung zum Löschplatz zu verholen (zu allem vgl. *Trappe,* Zur Zählung der Liegezeit in der Seeschifffahrt nach deutschem und englischem Recht, TranspR 2007, 437).

Der für die Berechnung der Congestion Surcharge zugrunde zu legende jeweilige A. C. M. E. L.-Tarif ist der Frachttarif der für den Verkehr zum Persischen/Arabischen Golf maßgeblichen Linienschiff-Konferenz.

84. Ladungsvermessung. Die Berechnung der Seefracht nach sog. freight tons ist bei Seefrachtverträgen, die den Transport unbestimmter größerer Mengen gemischt zusammengesetzter Ladung betreffen, üblich. Sie erlaubt dem Transport-Operator eine sachgerechte Mischkalkulation. § 22 Abs. 4 S. 3–5 enthält eine möglichst genaue Beschreibung der Vermessungsmethode, die angewendet werden soll, wenn die Fracht nach dem Rauminhalt der Ladung zu berechnen ist, weil es kaum möglich ist, im Streitfall die für einzelne Ladungsarten geltenden Vermessungs-Usancen festzustellen, schon um deswillen nicht, weil diese Usancen unterschiedlich sind, je nachdem, wo das Schiff die Ladung übernimmt.

85. Bunker-Surcharge. Die Bunker-Surcharge-Klausel ist wichtig, weil die Bunkerpreissteigerungen der vergangenen Jahre sich in nicht mehr kalkulierbarer Weise auf die Kostenstruktur der Reedereien auswirkten und nach der geltenden Rspr. mangels abweichender Vereinbarung nur dann eine Erhöhung der als Festpreis gestalteten Seefrachtraten rechtfertigen, wenn und soweit eine Veränderung der Geschäftsgrundlage eingetreten ist (vgl. BGH Betr. 1978, 1267, wonach – allerdings nur als obiter dictum erkennbar geworden – unter bestimmten weiteren Voraussetzungen eine Festpreisabrede umgeändert werden kann, wenn sich die Kostengrundlage der Kalkulation um mehr als 100 % veränderte). Das Formular beschränkt den Index für die Surchargeberechnung auf die Preisentwicklung bei fuel oil. Es kann ratsam sein, stattdessen den Dieseloilpreis als Index zugrundezulegen oder das jeweilige arithmetische Mittel aus beiden Bunker-Preisen.

86. **Suezkanal-Klausel.** Wegen der seit vielen Jahren andauernden politisch-militärischen Risiken, denen die Schifffahrt zum Nahen und Mittleren Osten ausgesetzt ist, sind Klauseln dieser Art üblich geworden. Die besondere Erwähnung des Falles, dass ein Schiff die Route via Kapstadt wählt, weil die Kanalpassage unzumutbar ist, empfiehlt sich, weil der Transport-Operator als Charterer der für den Transport jeweils eingesetzten Seeschiffe gegenüber deren Reeder eine Vertragsverletzung begehen würde, wenn er ein Schiff durch den Suezkanal beordern würde, obwohl es als nicht mehr unvorhersehbar angesehen werden kann, dass der Kanal aus politischen Gründen oder im Zusammenhang mit militärischen Verwicklungen gesperrt wird. Der Charterer übernimmt – jedenfalls nach dem zumeist anwendbaren englischen Recht – gegenüber dem Reeder eine Garantie dafür, das Schiff ausschließlich im Verkehr zwischen sicheren Häfen einzusetzen (*Wilford/Coghlin/Kimball,* pp. 177 ff./187 ff.), worunter auch die Garantie für eine sichere Einfahrt in den Hafen und ein sicheres Verlassen desselben fällt.

87. **Kriegsrisikoprämien-Klausel.** § 22 Abs. 7 beruht auf den Erfahrungen der Schifffahrt zum Persischen/Arabischen Golf in der Zeit seit Beginn des Jahres 1979. Die Klausel berücksichtigt die Struktur der gebräuchlichen Kriegsrisikoversicherungspolicen, die üblichen Kriegsrisikoprämien-Klauseln der Zeitcharterverträge und die Rspr. der Londoner Schiedsgerichte und ordentlichen Gerichte zur Frage der Weiterbelastungsmöglichkeit von Prämienzuschlägen (Queen's Bench Division-Commercial Court – in The „Oinoussian Virtue", Lloyd's Law Rep. [1981] Vol. 1: 533 ff. und in The „Antaios" Lloyd's LawRep. [1981] Vol. 2, 284 ff.). Die Klausel ist gerechtfertigt, weil die Zuschläge zur Kriegsrisikoprämie für die Kasko-Versicherung der Schiffe im Zusammenhang mit den kriegerischen Verwicklungen unter den Anrainerstaaten des Persischen/Arabischen Golfes teilweise höher waren als die vom Charterer zu bezahlenden Tagesmieten des betroffenen Schiffes.

88. **Umsatzsteuer.** Bei grenzüberschreitenden Güterbeförderungen muss unterschieden werden zwischen Güterbeförderungen, die in einem Mitgliedstaat der EU beginnen und in einem anderen Mitgliedstaat der EU enden und Güterbeförderungen, die in einem Drittland beginnen und in einem Mitgliedstaat der EU enden bzw. in einem Mitgliedstaat der EU beginnen und in einem Drittland enden.

Die Lieferung eines Gegenstandes vom Inland in einen anderen Mitgliedstaat der EU ist im Inland steuerbar (Ort nach § 3 Abs. 6 UStG im Inland). Insbesondere für den Fall, dass der Empfänger der Lieferung (Abnehmer) ein Unternehmer ist, der den Gegenstand der Lieferung für sein Unternehmen erworben hat, ist die Lieferung unter den weiteren Voraussetzungen des § 4 Nr. 1 Buchst. b iVm § 6a UStG im Inland steuerbefreit (innergemeinschaftliche Lieferung). Der Unternehmer hat die Voraussetzungen der innergemeinschaftlichen Lieferung nach § 6a Abs. 3 UStG iVm §§ 17a ff. UStDV nachzuweisen. Hierzu gehören zB auch (zutreffende) Angaben zur Person des Abnehmers, wie Name, Anschrift und Umsatzsteuer-Identifikationsnummer. Weitere Voraussetzung der steuerbefreiten innergemeinschaftlichen Lieferung ist, dass der Erwerb des Gegenstands beim Abnehmer den Vorschriften der Umsatzbesteuerung (innergemeinschaftlicher Erwerb) unterliegt (§ 6a Abs. 1 S. 1 Nr. 3 UStG). Für den Fall einer Lieferung aus einem Mitgliedstaat der EU in das Inland ist das gem. § 1 Abs. 1 Nr. 5 iVm § 1a ff. UStG grundsätzlich der Fall (Ort nach § 3d UStG im Inland); Ausnahme: § 4b UStG. Die Steuer für den innergemeinschaftlichen Erwerb kann als Vorsteuerbetrag abgezogen werden (§ 15 Abs. 1 Nr. 3 UStG).

Eine Lieferung aus dem Inland in das Drittland (Ausfuhrlieferung) ist unter den Voraussetzungen des § 4 Nr. 1 Buchst. a iVm § 6 UStG steuerfrei (Ort nach § 3 Abs. 6 S. 1 UStG im Inland). Voraussetzung für die Steuerfreiheit ist jedoch, dass die Ausfuhr nachgewiesen wird (Ausfuhrnachweis gem. §§ 8 ff. UStDV, Abschn. 6.5 ff. UStAE). Hat der Unternehmer den Gegenstand der Lieferung in das Drittlandgebiet befördert oder versendet, braucht der Abnehmer kein ausländischer Abnehmer zu sein (§ 6 Abs. 1 S. 1 Nr. 1 UStG, Abschn. 6.1 Satz 1 UStAE). Die Einfuhr eines Gegenstandes aus dem Drittlandgebiet in das Inland unterliegt der Umsatzsteuer (§ 1 Abs. 1 Nr. 4 UStG), der Ort der Lieferung gilt als im Inland gelegen, wenn der Lieferer oder sein Beauftragter Schuldner der Einfuhrumsatzsteurer sind (§ 3 Abs. 8 UStG). Die Einfuhrumsatzsteuer kann als Vorsteuerbetrag abgezogen werden (§ 15 Abs. 1 Nr. 2 UStG).

89. Zahlungsverzug des Auftraggebers. Die Vereinbarung, wonach Zahlungen innerhalb einer bestimmten Zeit nach Eintritt eines bestimmten Ereignisses zu bewirken sind, gilt nicht als Bestimmung der Leistung nach dem Kalender. Diese Regelung allein würde also die Mahnung als Voraussetzung eines Verzugs nicht entbehrlich machen. Aus diesem Grund sieht § 24, Abs. 1 einen durch Individualvereinbarung zulässigen Verzicht auf die Mahnung vor (vgl. Palandt/*Heinrichs* BGB § 286 Rn. 7).

90. Vorschüsse. Ua wegen seiner Verpflichtung, die Zollabfertigung zu besorgen, braucht der Transport-Operator die zur Entrichtung der Zollschuld notwendigen Zahlungsmittel, es sei denn, dass auch in Saudi Arabien die Zollstundung gegen Beibringung von Zollbürgschaften möglich ist. Die deshalb vereinbarte Vorschusspflicht entspricht dem Gesetz (§ 669 BGB), stellt aber klar, dass diese Beträge nicht erst mit der Abrechnung nach § 24 Abs. 1 verlangt werden können. Zweckmäßigerweise sollten dem Transport-Operator die für die Entrichtung von Zöllen benötigten Mittel auf einem Bankkonto zur Verfügung gestellt werden, über welches er nur gegen Vorlage bestimmter Dokumente und nur zugunsten bestimmter Begünstigter verfügen darf. Das Formular verzichtet auf eine ausführliche Regelung darüber, weil die rechtliche Ausgestaltung dieses Abrechnungsverkehrs am besten im Benehmen mit der kontoführenden Bank nach deren Bedingungen erfolgt.

91. Frachtgarantie. § 25 Abs. 1 ist die rechtliche Konsequenz aus der Regelung unter § 7 Abs. 3 S. 4 des Formulars. Danach kann sich der Transport-Operator zur Begründung von Fautfrachtansprüchen nicht auf die Festlegungen der Transport-Schedule über die Menge der nach dem Vertrage zu befördernden Güter berufen.

Auf der anderen Seite wäre es unangemessen, wenn der Transport-Operator das Risiko einer längerfristigen Tonnagebereitstellung vollkommen selbst tragen müsste. Dem wird die Frachtgarantie unter § 25 Abs. 1 des Formulars gerecht. Allerdings beläuft sich die garantierte Fracht nur auf die Hälfte des Fehlbetrages, welcher sich zwischen dem geplanten Seefrachtvolumen einerseits und dem tatsächlich abgerechneten Seefrachtvolumen andererseits ergibt. Das entspricht der Fautfrachtregelung, wie sie im Falle einer Kündigung von Raumfrachtverträgen (Charter-Verträgen) vor Antritt der Reise gem. § 580 Abs. 1 HGB alter, also vor Inkrafttreten des Seehandelsrechtsreformgesetzes von 2013 maßgeblicher Fassung, galt. Diese Beschränkung ist gerechtfertigt, weil der Transport-Operator in der Lage ist, die nicht benutzte Tonnage anderweitig zu beschäftigen.

§ 25 Abs. 2 schließt die Möglichkeit des Auftraggebers aus, gegenüber dem Anspruch aus der Frachtgarantie die nachträgliche Unmöglichkeit oder die Unzumutbarkeit der Vertragserfüllung einzuwenden.

92. **Kündigung.** Unabhängig davon, ob der Transport-Operator berechtigt ist, einen einzelnen Transport, insbesondere einzelne Seereisen nicht durchzuführen oder ob der Auftraggeber im Einzelfall von der Verpflichtung zur Ladungsanlieferung frei ist (vgl. § 14 Abs. 5), muss jeder Vertragspartner auch das Recht haben, den ganzen Vertrag, also das Dauerfrachtverhältnis als solches, aus wichtigem Grunde oder dann zu kündigen, wenn gesetzliche oder vereinbarte Voraussetzungen dafür vorliegen. § 26 Abs. 1 enthält Vorschläge für die Definition wichtiger Gründe. Dafür genügt nicht allein das Vorliegen der Tatbestandsvoraussetzungen in den §§ 489 Abs. 2 bzw. 490 Abs. 2 HGB, denn diese sind immer nur auf einzelne Reisen abgestellt. Vielmehr muss die Fortsetzung des Schuldverhältnisses im Ganzen außerdem unzumutbar für denjenigen Vertragsteil sein, der kündigen will.

§ 26 Abs. 2 gewährt einen Schadenersatzanspruch des Kündigenden, welcher dem dienstvertraglichen Schadenersatzanspruch gem. § 628 Abs. 2 BGB nachgebildet ist; dieser wurde bis zum Inkrafttreten des SchModG als ein gesetzlich geregelter Fall der positiven Forderungsverletzung angesehen (vgl. jetzt § 280 BGB). Ansprüche des Kündigungsgegners bestehen nach dieser Vorschrift nicht. Die Ansprüche des Transport-Operators gem. § 25 Abs. 1 im Falle einer von ihm nicht verschuldeten Kündigung durch den Auftraggeber werden durch diese Regelung nicht berührt.

93. **Schriftformklausel.** § 28 Abs. 2 stellt klar, dass die Schriftlichkeit von Vertragsänderungen nicht nur beweissichernde Bedeutung hat, sondern Wirksamkeitsvoraussetzung ist (Einzelheiten vgl. MünchKomm/*Einsele* BGB § 125 Rn. 67, 68 u. § 127 Rn. 3, 4). Zu den Wirksamkeitsgrenzen der hier gewählten Schriftformklausel vgl. BGHZ 66, 378 (383); Soergel/*Hefermehl* § 125 Rn. 20.

94. **Vertragssprache.** Bei der Durchführung des Vertrages werden zwangsläufig Erfüllungsgehilfen aufseiten beider Vertragspartner tätig, deren Muttersprache nicht die deutsche ist und von denen auch nicht zu erwarten ist, dass sie sich bei Erklärungen gegenüber dem jeweils anderen Vertragspartner der deutschen Sprache bedienen. Es empfiehlt sich deshalb eine Regelung darüber, dass zwar grundsätzlich nur eine Sprache für alle vertragserheblichen Erklärungen maßgeblich sein soll, dass aber solche Erklärungen nicht unberücksichtigt bleiben dürfen, die in englischer Sprache als der jedenfalls in diesem Geschäftszweig allgemein verbreiteten, abgegeben werden.

95. **Örtliche Verhältnisse.** Für die Durchführung des Vertrages ist die Kenntnis der äußeren Bedingungen, unter denen die vertraglichen Leistungen zu erbringen sind, erforderlich. Keiner der Vertragspartner soll dem anderen vorwerfen dürfen, er habe bestimmte Aufklärungspflichten in Hinsicht auf diese Bedingungen verletzt. Es empfiehlt sich deshalb eine Regelung, die den jeweiligen Vertragspartner zwingt, sich selbst vor Beginn der Vertragsabwicklung genau von den tatsächlichen Voraussetzungen zu unterrichten, unter denen er seine Leistungen wird erbringen müssen. Das schließt die rechtlichen Verhältnisse, dh vor allem die Kenntnis der Usancen und sonstigen Rechtsvorstellungen ein (zB Feiertagsregelungen usw).

96. **Ausschluss-/Verjährungsfristen.** Die verschiedenen Teilstrecken-Haftungsordnungen enthalten unterschiedliche Regelungen über Ausschluss- bzw. Verjährungsfristen. Klausel 4 MULTIDOC 95 bestimmen einheitlich eine Ausschlussfrist von 9 Monaten für Ansprüche des Auftraggebers gegen den Transport-Operator wegen Verlust oder Beschädigung der Güter oder wegen verspäteter Ablieferung derselben. Das Formular enthält deshalb eine einheitliche und vereinfachte Regelung des Inhalts, dass für alle gegen den Transport-Operator gerichteten Ansprüche die Ausschluss- bzw. Verjährungsfristregelungen des Seehandelsrechts gelten. Das heißt,

a) Ansprüche wegen Verlustes oder Beschädigung oder verspäteter Ablieferung der Güter verjähren gem. § 605 HGB innerhalb eines Jahres seit der Ablieferung oder dem Zeitpunkt, zu dem sie hätten abgeliefert werden müssen.
b) Für die Verjährung der gegen den Auftraggeber gerichteten Ansprüche gilt § 195 BGB (Frist drei Jahre).

Für die Hemmung der Verjährung von Ansprüchen gemäß vorstehend a) gilt § 608 HGB. Im Übrigen, also für die Verjährungsfristen, die Verjährungshemmung und den Neubeginn der Verjährung (entsprechend der früheren Verjährungsunterbrechung) gelten die allgemeinen Vorschriften des BGB, also die §§ 194 ff. BGB).

97. **Rechtsanwendungsklausel und zwingendes Auslandsrecht.** Die Vereinbarung, wonach zwischen den Vertragspartnern deutsches Recht gelten soll, wäre unvollkommen, wenn außer acht gelassen wird, dass vertragliche Regelungen, die nach deutschem Recht zulässig sind, im Empfängerlande gegen zwingendes Recht verstoßen und deshalb dort dem durch das MULTIDOC 95 legitimierten Ladungsempfänger nicht entgegengehalten werden können. Das gilt insbesondere für klauselmäßige Bestimmungen über die internationale Zuständigkeit, das anwendbare Recht, die Haftungsbegrenzung und vieles andere mehr (vgl. zum prorogationsfeindlichen Recht der sog. „Golfstaaten“ *Hoffmeyer,* Gerichtswahlklauseln im Konnossement, 1962, S. 93). Es wäre dem durch das Dokument legitimierten Ladungsempfänger also leicht möglich, vor einem saudi-arabischen Gericht erfolgreich gegen den Transport-Operator zu klagen, ohne dass es diesem erlaubt ist, auf solche Vereinbarungen mit dem Kläger zu verweisen, die gegen zwingendes saudi-arabisches Recht verstoßen. Einem Missbrauch dieser sonst nicht vermeidbaren Kollision von Rechtsordnungen soll § 31 Abs. 2 vorbeugen: Jeder Versuch eines Vertragspartners, die geschilderte Rechtsordnungs-Kollision für sich auszunutzen, ist nach deutschem Recht eine positive Vertragsverletzung. Sie berechtigt den dadurch geschädigten Vertragspartner, Ersatz zu verlangen. Einwendungen gegenüber Vollstreckungsversuchen aus saudiarabischen Titeln in Deutschland kommen schon um deswillen nicht in Betracht, weil solche Titel in Deutschland mangels Gegenseitigkeit im Sinne von § 328 ZPO nicht für vollstreckbar erklärt werden können (*Baumbach/Lauterbach/Albers/Hartmann* Anh. § 328 Rn. 18; *Bälz/Shahoud Almousa* in Geimer/Schütze, Internationaler Rechtsverkehr, 1119.6 mwN). Im Bereich des englischen Rechts gilt jede Mißachtung einer Schiedsabrede durch Anrufung eines ausländischen staatlichen Gerichts auch ohne ausdrückliche vertragliche Regelung als Verletzung materiellen Vertragsrechts. In den Fällen „Continental Bank N. A. v. AEAKOS Compania Naviera S. A.“ (Lloyd's Rep. [1994] Vol. 1: 505) und „The Angelic Grace“ (Lloyd's Rep. [1995] Vol. 1: 87) untersagten es die Gerichte auf Antrag mittels einer injunction (einstw. Verfügung), den Rechtsstreit vor ausländischen staatlichen Gerichten anhängig zu machen oder weiter zu betreiben (siehe dazu auch die Anm. von *Briggs* in Lloyd's Maritime and Commercial Law Quarterly [1994], 158 ff. und neuerdings *Schlosser* RIW 2006, 486; *Schmidt* RIW 2006, 492; *Dutta/Heinze* RIW 2007, 411).

98. **Feststellungswirkung ausländischer Urteile in Prozessen mit Dritten.** Was im Verhältnis der Vertragspartner untereinander noch abbedungen werden kann (§ 30 Abs. 2), muss hingenommen werden, wenn ein Vertragspartner nach ausländischem Recht vor einem ausländischen Gericht von einem Dritten in Anspruch genommen wird und die Entscheidung des Gerichts präjudiziell ist für das Rechtsverhältnis der Vertragspartner untereinander. So kann zB die Entscheidung eines saudi-arabischen Gerichtes über einen gegen den Auftraggeber gerichteten Vertragsstrafenanspruch präjudiziell für einen Anspruch des Auftraggebers gegen den Transport-Operator auf Ersatz des infolge verspäteter Ablieferung entstandenen Schadens sein. Auch ist es denkbar, dass die Entscheidung eines saudi-arabischen Gerichtes über die Anwendung von AGB des mit dem Nachtransport beauftragten Frachtführers vorgreiflich ist für die Bestimmung der

Haftung des Transport-Operators gegenüber dem Auftraggeber (vgl. § 3 Abs. 5 S. 1). In solchen Fällen soll der vor dem ausländischen Gericht in Anspruch genommene oder klagende Vertragspartner die Möglichkeit haben, den anderen Vertragspartner an die Feststellungen des ausländischen Gerichts zu binden, so wie das bei Prozessen vor deutschen Gerichten mittels Streitverkündung geschieht. Im Hinblick darauf, dass nicht alle ausländischen Rechtsordnungen das Institut der Streitverkündung in gleicher Form kennen, wie die ZPO, schlägt das Formular eine Regelung vor, welche dem Institut der Streitverkündung möglichst nahekommt: entweder soll die nach dem ausländischen Recht ebenfalls bestehende Möglichkeit einer Beteiligung Dritter am Rechtsstreit ausgenutzt werden oder aber es soll dem nicht am Verfahren beteiligten Vertragspartner zumindest Gelegenheit gegeben werden, auf andere sachgerechte Weise, dh im Zweifel durch laufende Abstimmung mit dem prozessbebeteiligten Vertragspartner, auf den Rechtsstreit Einfluss zu nehmen.

99. Ständige Schiedsstelle. Bei Dauerfrachtverträgen dieser Art ist die Gefahr von Meinungsverschiedenheiten der Vertragspartner während der Vertragsdurchführung wahrscheinlich. Soweit solche Meinungsverschiedenheiten durch die Verletzung von bereits bestehenden Vertragspflichten entstehen, muss darüber das Schiedsgericht (§ 33) entscheiden. Der Vertrag sieht jedoch in verschiedenen Zusammenhängen Verpflichtungen der Vertragspartner vor, sich über den Inhalt bestimmter Leistungspflichten oder sonstiger Vertragsbestandteile erst noch zu verständigen. Das gilt vor allem für die laufend notwendigen Änderungen der Transport-Schedule (§ 7), ferner für die Feststellung angemessener Seefrachten bei Verschiffungen ab außereuropäischen Häfen (§ 22 Abs. 3) und bei Verschiffungen nach Ablauf derjenigen Zeit, für die feste Frachtraten vereinbart wurden (§ 22 Abs. 2). In all diesen Fällen ist die schnelle Entscheidung eines sachkundigen Schiedsgutachters vonnöten; denn ohne diese Entscheidung gerät die Abwicklung des Vertrages insgesamt ins Stocken, weil kein Vertragspartner Leistungen erbringen wird, bevor feststeht, welche Gegenleistung er beanspruchen kann. Solche Entscheidungen betreffen also nicht die Beurteilung irgendwelcher Leistungsstörungen, sondern die vertragsausfüllende Festlegung von Leistungspflichten. Dafür ist die im Formular vorgeschlagene Schiedsstelle eher berufen als das Schiedsgericht. Die Schiedsstelle hat vor allem den Vorteil, durch schnelle sachbezogene Entscheidung der Gefahr wirklicher Vertragsverletzungen und sich daraus ergebender Streitigkeiten vorzubeugen (vgl. *Singleton,* A proposal for „Instant“ Resolution of Disputes between Contractor/Engineer/Employer of Construction Contracts, International Business Lawyer 1980, 55 ff.).

100. Schiedsgericht. Die Schiedsgerichtsordnung der German Maritime Arbitration Association (GMAA-Schiedsgerichtsordnung) ist grundsätzlich auf ein zweigliedriges Schiedsgericht angelegt, lässt jedoch – selbstverständlich – die Vereinbarung eines dreigliedrigen Schiedsgerichts bestehend aus zwei von den Parteien bestellten Schiedsrichtern und einem von diesen Schiedsrichtern auszuwählenden Obmann zu. Ein zweigliedriges Schiedsgericht führt nur dann zur Streitbeendigung, wenn es entweder durch einen Vergleich oder durch einvernehmliche Entscheidung beider Schiedsrichter beendet wird. Letzteres erscheint beim Streit aus einem so komplexen Rechtsverhältnis wie diesem Dauer-Frachtvertrag eher unwahrscheinlich. Die Mitwirkungsrechte und -möglichkeiten der GMAA bei der Auswahl/Bestimmung von Mitgliedern des Schiedsgerichts können im Hinblick auf deren Qualifikation von Nutzen sein. Die GMAA-Schiedsgerichtsordnung steht im Sekretariat der GMAA, Kölner Straße 34, D-28327 Bremen, zur Verfügung und kann über E-Mail: GMAA.GERMANY@t-online.de abgerufen werden.

II. Forschungs- und Entwicklungsverträge

1. Forschungsvertrag

Forschungsvertrag
zwischen

Firma (Rechtsform) . . . . .
Sitz . . . . .
vertreten durch . . . . . (Stellung)
– nachfolgend „Auftraggeber“ genannt –

und

Firma (Rechtsform) . . . . .
Sitz . . . . .
vertreten durch . . . . . (Stellung)
– nachfolgend „Auftragnehmer“ genannt –

Präambel

. . . . .

Dies vorausgeschickt, schließen Auftraggeber und Auftragnehmer (nachfolgend gemeinsam „Vertragspartner“ genannt) folgenden Forschungsvertrag:

§ 1 Vertragsgegenstand

(1) Der Auftragnehmer stellt dem Auftraggeber seine Dienste zur Verfügung zur Durchführung von Forschungsarbeiten über

. . . . .

(2) Die geplanten Arbeitsprogrammschritte ergeben sich im Einzelnen aus den als Anlage 1 beigefügten Unterlagen.

§ 2 Durchführung der Forschungsarbeiten

(1) Der Auftragnehmer nimmt die Forschungsarbeiten unverzüglich nach Inkrafttreten dieses Vertrages auf.

(2) Spätestens zum Ende eines jeden Kalenderquartals, erstmals jedoch zum . . . . . wird der Auftragnehmer dem Auftraggeber einen Zwischenbericht in . . . . . facher Ausfertigung übergeben, aus dem sich die wesentlichen erzielten Ergebnisse und Erkenntnisse aus den bisher geleisteten Arbeitsprogrammschritten gemäß Anlage 1 ergeben. Darüber hinaus ist der Auftragnehmer verpflichtet, zum Ende eines jeden Kalenderquartales/-halbjahres, erstmals jedoch zum . . . . . dem Auftraggeber die bisher erzielten Ergebnisse und Erkenntnisse zu präsentieren und ggf. zu erläutern. Über die Durchführung der Präsentation im Rahmen einer Web- oder Videokonferenz sowie im Falle einer persönlichen Präsentation über den Ort der Präsentation werden sich die Vertragspartner rechtzeitig verständigen. Alle vom Auftragnehmer zu erstellenden Berichte sind sowohl in elektronischer Form als auch in Papierversion an den Auftraggeber zu übergeben; die Papierversionen sind vom Auftragnehmer rechtsverbindlich zu unterzeichnen.

(3) Sollten aufgrund gewonnener Erkenntnisse während der Durchführung der Forschungsarbeiten wesentliche Änderungen einzelner Arbeitsprogrammschritte gemäß

Anlage 1 erforderlich oder zu empfehlen sein, wird der Auftragnehmer den Auftraggeber hierüber unverzüglich schriftlich oder in Textform informieren und ihm die inhaltlichen, kostenmäßigen und zeitlichen Auswirkungen mitteilen. Auftragnehmer und Auftraggeber stimmen sich einvernehmlich über notwendige Modifizierungen der Arbeitsprogrammschritte ab. Sofern eine Abstimmung – aus Gründen, die der Auftragnehmer nicht zu vertreten hat – binnen . . . . . Werktagen nach Inkenntnissetzung gemäß Satz 1 nicht erfolgt, ist der Auftragnehmer berechtigt und verpflichtet, die Forschungsarbeiten auf der Basis seines Änderungsvorschlages fortzusetzen. Über diese Konsequenzen wird der Auftragnehmer den Auftraggeber in seiner Mitteilung nochmals ausdrücklich hinweisen.

(4) Der Auftraggeber hat das Recht, nach vorheriger rechtzeitiger Ankündigung und Abstimmung mit dem Auftragnehmer sowie während der üblichen Geschäftszeiten, in den Forschungs- und Entwicklungsstätten des Auftragnehmers den Fortgang der Forschungsarbeiten zu beobachten und sich über den Stand der Arbeiten zu informieren. Der Auftragnehmer kann die Einsichtnahme in Geschäfts- und Betriebsgeheimnisse außerhalb des Vertragsgegenstandes verweigern.

Auf Wunsch des Auftraggebers können sich die Vertragspartner einvernehmlich verständigen, dass das Recht gemäß Satz 1 von einem sachverständigen Dritten wahrgenommen wird. Der Auftragnehmer kann der Verständigung auf einen vom Auftraggeber vorgeschlagenen Dritten nur dann entgegentreten, falls ein wichtiger Grund vorliegt.

(5) Die Vertragspartner teilen dem jeweils anderen Vertragspartner innerhalb 10 Werktagen nach Unterzeichnung des Vertrages einen Ansprechpartner sowie dessen Stellvertreter schriftlich mit. Für den Auftragnehmer ist der Projektleiter als Ansprechpartner zu benennen. Sollte ein Wechsel der Ansprechpartner erforderlich werden, hat der jeweilige Vertragspartner den anderen Vertragspartner hierüber unverzüglich schriftlich oder in Textform zu informieren.

(6) Die Vergabe von Unteraufträgen durch den Auftragnehmer an Dritte zur Durchführung von Arbeiten aus diesem Vertrag ist nur nach vorheriger schriftlicher (Textform ausreichend) Zustimmung des Auftraggebers gestattet.

(7) Die Rechte aus diesem Vertrag dürfen von keinem Vertragspartner ohne vorherige schriftliche Zustimmung des anderen Vertragspartners ganz oder teilweise an einen Dritten übertragen werden.

(8) Stellt der Auftraggeber dem Auftragnehmer zur Durchführung der Forschungsarbeiten irgendwelche Unterlagen oder Gegenstände zur Verfügung, so werden diese lediglich leihweise überlassen. Diese Unterlagen oder Gegenstände dürfen vom Auftragnehmer ausschließlich nur für die Durchführung des vorliegenden Forschungsvorhabens benutzt werden und sind spätestens nach Beendigung des Vertrages unaufgefordert an den Auftraggeber zurückzugeben. Der Auftragnehmer kann an diesen Unterlagen oder Gegenständen kein Zurückbehaltungsrecht geltend machen.

§ 3 Vergütung

(1) Der Auftraggeber übernimmt die bei der Durchführung der Forschungsarbeiten anfallenden Kosten des Auftragnehmers. Die Gesamtkosten dürfen EURO . . . . ., – (in Worten EURO . . . . .) zuzüglich gesetzlicher Mehrwertsteuer (derzeit . . . . .%) ohne vorherige schriftliche Zustimmung des Auftraggebers nicht überschritten werden. Die Zusammensetzung der Gesamtkosten ergibt sich im Einzelnen aus der unter Anlage 1 beigefügten Projektkalkulation.

Falls bei Erreichen der Gesamtkosten gemäß Satz 2 noch kein befriedigendes Forschungsergebnis erzielt sein sollte, ist eine Entscheidung des Auftraggebers herbeizuführen, ob und ggf. wie die Arbeiten fortgeführt werden sollen.

Ist jedoch das angestrebte Forschungsergebnis bereits vor Erreichung der Gesamtkosten gemäß Satz 2 erzielt, so trägt der Auftraggeber nur die angefallenen Kosten des Auftragnehmers.

(2) Der Auftragnehmer ist verpflichtet, über die projektbezogenen Kosten nachvollziehbare Aufzeichnungen anzufertigen und diese sowie verursachungsgerechte Fremdbelege ordnungsgemäß aufzubewahren.

Der Auftraggeber hat das Recht, diese den Abrechnungen zu Grunde liegenden Unterlagen und Aufzeichnungen jederzeit nach rechtzeitiger Ankündigung zu den üblichen Geschäftszeiten beim Auftragnehmer einzusehen und zu prüfen. Der Auftraggeber ist berechtigt, diese Prüfung durch einen unabhängigen und beruflich zur Verschwiegenheit verpflichteten Dritten (zB Steuerberater oder Wirtschaftsprüfer) durchführen zu lassen. Der Auftragnehmer kann diesen Dritten nur aus begründetem und wichtigen Grund ablehnen.

(3) Da der Auftragnehmer bereits vor Vertragsunterzeichnung Forschungsarbeiten zu dem Thema gemäß Anlage 1 aus Eigenmitteln finanziert getätigt hat, leistet der Auftraggeber unbeschadet der Vergütung gemäß § 3 Abs. 1 eine Einmalzahlung in Höhe von EUR . . . . ., – (in Worten: EURO . . . . .) zuzüglich gesetzlicher Mehrwertsteuer (derzeit . . . . .%).

Durch die Entrichtung dieser Einmalzahlung werden die Rechte des Auftragnehmers an Erfindungen sowie an angemeldeten und erteilten Schutzrechten gemäß § 6, welche vom Auftragnehmer bis zum Inkrafttreten dieses Vertrages getätigt wurden, nicht berührt; gleiches gilt für gewonnenes Know-how.

§ 4 Zahlungsbedingungen

(1) Die Vergütung gemäß § 3 ist vom Auftraggeber auch dann zu zahlen, falls das angestrebte Ergebnis der Forschungsarbeiten während der Dauer dieses Vertrages nicht erzielt wird.

(2) Über die angefallenen Kosten wird der Auftragnehmer dem Auftraggeber für jeden Kalendermonat/jedes Kalendervierteljahr eine Rechnung ausstellen, die binnen 14 Tagen ohne Abzug zur Zahlung fällig ist.

(3) Die Einmalzahlung gemäß § 3 Abs. 3 ist nach Unterzeichnung dieses Vertrages gegen Rechnung innerhalb 14 Tagen ohne Abzug zur Zahlung an den Auftragnehmer fällig. Diese Einmalzahlung ist in keinem Falle – auch nicht bei vorzeitiger Beendigung gemäß § 14 – an den Auftraggeber rückzahlbar.

(4) Unbeschadet der gesetzlichen Regelung kann der Auftragnehmer vom Auftraggeber bei nicht rechtzeitiger Zahlung Verzugszinsen in Höhe von . . . . . Prozentpunkten über dem jeweiligen Basiszinssatz berechnen, ohne dass es einer Mahnung bedarf. Höhere Zinsen können bei Nachweis berechnet werden.

§ 5 Haftung

(1) Die Vertragspartner kennen die mit der Durchführung der Forschungsarbeiten gemäß § 1 verbundenen Erfolgsrisiken.

(2) Der Auftragnehmer wird auf die Arbeiten alle Sorgfalt verwenden, die für eine sinnvolle Durchführung notwendig ist und wird sich um die Erreichung des angestrebten Ergebnisses bemühen.

Eine weitergehende Haftung sowie die Gewähr für die Erzielung des angestrebten Ergebnisses kann der Auftragnehmer jedoch nicht übernehmen. Die Haftungsbeschränkung gilt nicht, so weit die Schadensursache auf Vorsatz oder grobe Fahrlässigkeit des Auftragnehmers zurückzuführen ist oder falls ein Anspruch nach dem Produkthaftungsgesetz gegeben sein sollte.

Der Auftragnehmer gewährleistet nicht, dass das angestrebte Forschungsergebnis industriell und kaufmännisch verwertet werden kann. Der Auftraggeber stellt den Auftragnehmer von Ansprüchen Dritter frei, es sei denn, die Schadensursache ist auf Vorsatz oder grobe Fahrlässigkeit des Auftragnehmers zurückzuführen.

(3) Ansprüche des Auftraggebers – gleich aus welchem Rechtsgrund – verjähren in zwölf Monaten ab Abschluss der Forschungsarbeiten. Dies gilt nicht in den Fällen des Vorsatzes oder der groben Fahrlässigkeit oder falls der Auftragnehmer nach dem Produkthaftungsgesetz für Personen- oder Sachschäden an privat genutzten Gegenständen haftet oder falls zwingend andere gesetzlich längere Verjährungsfristen Anwendung finden – in diesen Fällen gelten die gesetzlichen Fristen.

(4) Die Fälle des Haftungsausschlusses und der Haftungsbeschränkungen gemäß vorstehendem Abs. 2 gelten auch im Falle der persönlichen Haftung der Arbeitnehmer, Mitarbeiter und Erfüllungsgehilfen des Auftragnehmers.

§ 6 Schutzrechtsbestand

Der Auftragnehmer hat bereits vor Unterzeichnung dieses Vertrages die in Anlage 2 aufgeführten Schutzrechte zum Thema der Forschungsarbeiten gemäß Anlage 1 angemeldet („Altschutzrechte"). Unbeschadet der Benutzung dieser Schutzrechte zur Durchführung der Forschungsarbeiten, berührt dieser Vertrag nicht die rechtliche Situation dieser Schutzrechte, insbesondere verbleiben diese Altschutzrechte im ausschließlichen Eigentum des Auftragnehmers.

§ 7 Entstehende Schutzrechte

(1) Erfindungen, die Arbeitnehmer des Auftragnehmers während der Dauer dieses Vertrages auf dem Gebiet der Forschungsarbeiten gemäß § 1 tätigen („Neuschutzrechte"), werden vom Auftragnehmer unbeschränkt in Anspruch genommen und im Namen des Auftragnehmers zum Schutzrecht angemeldet sowie dem Auftraggeber unverzüglich zur Kenntnis gebracht. Diese Schutzrechte stehen ausschließlich dem Auftragnehmer zu. Beabsichtigt der Auftragnehmer, eine Erfindung nicht zum Schutzrecht anzumelden, findet § 8 Abs. 1 entsprechende Anwendung.

(2) Erfindungen, die gemeinsam von Arbeitnehmern des Auftragnehmers und Arbeitnehmern des Auftraggebers während der Dauer dieses Vertrages auf dem Gebiet der Forschungsarbeiten gemäß § 1 getätigt werden („Gemeinschaftserfindungen"), sind von den Vertragspartnern gegenüber ihren Arbeitnehmern unbeschränkt in Anspruch zu nehmen und gemeinsam im Namen des Auftragnehmers und des Auftraggebers zum Schutzrecht anzumelden. Die Vertragspartner werden sich hierüber gegenseitig unverzüglich schriftlich oder in Textform informieren und sich einvernehmlich über die jeweiligen Erfinderanteile verständigen und das Ergebnis dieser Abstimmung schriftlich als Ergänzung zu diesem Vertrag gemäß § 18 Abs. 2 S. 2 festlegen. Solche Schutzrechte stehen den Vertragspartnern gemeinschaftlich zu. Vorbereitung und Durchführung dieser Schutzrechtsanmeldungen erfolgen durch den Auftragnehmer, sofern die Vertragspartner schriftlich nichts Abweichendes vereinbaren. Die Vertragspartner werden sich spätestens drei Monate vor Ablauf der Prioritätsfrist abstimmen und verständigen, in welchen Ländern korrespondierende Auslandsschutzrechte anzumelden sind.

(3) Der Auftragnehmer übermittelt dem Auftraggeber unverzüglich Kopien des amtlichen Schriftwechsels mit den Patentämtern über die Gemeinschaftsschutzrechte gemäß § 7 Abs. 2. Über die gemäß § 7 Abs. 1 entstehenden Schutzrechte hat der Auftragnehmer dem Auftraggeber ausschließlich eine Kopie der jeweiligen Schutzrechtsanmeldung beim jeweiligen Patentamt zur Information zu übermitteln.

(4) Die gemäß § 7 Abs. 1 entstehenden Kosten trägt der Auftragnehmer. Die aus § 7 Abs. 2 anfallenden Kosten werden von den Vertragspartnern entsprechend ihrer Erfinderanteile getragen, diejenigen gemäß § 7 Abs. 2 S. 5 gehen jedoch zu Lasten desjenigen Vertragspartners, der das alleinige Interesse an einem korrespondierenden Auslandsschutzrecht hat.

§ 8 Aufgabe von Schutzrechten

(1) Beabsichtigt der Auftragnehmer, ein gemäß § 7 Abs. 1 angemeldetes Schutzrecht nicht fortzuführen oder aufrechtzuerhalten, ist er verpflichtet, den Auftraggeber über diese Absicht rechtzeitig schriftlich zu informieren und ihm das Schutzrecht zur kostenlosen Übernahme anzubieten. Erklärt der Auftraggeber die schriftliche Annahme dieses Übernahmeangebotes binnen 4 Wochen nach Zugang, hat er die Kosten der Übertragung sowie Fortführung und Aufrechterhaltung dieses Schutzrechtes zu tragen; anderenfalls ist der Auftragnehmer ohne weitere Nachricht berechtigt, die beabsichtigte Schutzrechtsaufgabe durchzuführen.

Im Falle der einvernehmlichen Übernahme eines solchen Schutzrechtes werden die Vertragspartner alle zur Übertragung erforderlichen und zumutbaren Handlungen vornehmen und Erklärungen abgeben.

(2) Sollte ein Vertragspartner die Anmeldung eines Schutzrechtes gemäß § 7 Abs. 2 S. 5 in einem Land wünschen, für das der andere Vertragspartner keine Rechte zu übernehmen beabsichtigt, so gehen hierfür sämtliche Rechte an der Erfindung für dieses korrespondierende Auslandsschutzrecht kostenlos auf den Vertragspartner über. Im Übrigen gilt § 8 Abs. 1.

(3) Beabsichtigt ein Vertragspartner, eine Erfindung gemäß § 7 Abs. 2 nicht zum Schutzrecht anzumelden oder eine solche Schutzrechtsanmeldung fortzuführen, gilt § 8 Abs. 1 entsprechend.

(4) Falls ein Vertragspartner eine Erfindung nicht zum Schutzrecht anmelden oder eine Schutzrechtsanmeldung nicht gemäß den §§ 8 Abs. 1–3, 7 Abs. 1 S. 3 fortführen will, so tritt der die Erfindung oder Schutzrechtsanmeldung übernehmende Vertragspartner anstelle des anderen Vertragspartners in die Rechte und Pflichten des Arbeitgebers des Erfinders aufgrund der Vorschriften des Gesetzes über Arbeitnehmererfindungen ein, sofern der jeweilige Arbeitnehmer dem zustimmt; falls der Arbeitnehmer nicht zustimmt, stellt der übernehmende Vertragspartner den anderen Vertragspartner von allen Rechten und Pflichten insoweit frei.

§ 9 Benutzung der Schutzrechte

(1) Der Auftragnehmer räumt dem Auftraggeber eine exklusive Option ein auf Abschluss eines Lizenzvertrages über die Nutzung der Schutzrechte gemäß §§ 6 Abs. 1, 7 Abs. 1 und Abs. 2 zu angemessenen und branchenüblichen Bedingungen. Im Übrigen sind in dem Lizenzvertrag die als Anlage 3 beigefügten Eckdaten zu berücksichtigen.

Im Streitfall entscheidet über die Angemessenheit und Branchenüblichkeit der Sachverständige ..... als Dritter iSd § 317 BGB.

(2) Die Laufzeit der Option ist befristet auf ..... Monate ab Abschluss der Forschungsarbeiten. Der Auftraggeber hat das Recht, die Optionsfrist um drei Monate zu verlängern, falls er dies dem Auftragnehmer spätestens 2 Wochen vor Ablauf der Optionsfrist gemäß Satz 1 schriftlich per eingeschriebenem Brief mitteilt. In diesem Fall hat er an den Auftragnehmer einen Optionspreis in Höhe von EUR .....,– (in Worten: EURO .....) zuzüglich gesetzlicher Mehrwertsteuer (derzeit ..... %) pro Monat der Verlängerung zu zahlen.

(3) Für die Einräumung der Optionsfrist bezahlt der Auftraggeber einmalig einen Optionspreis in Höhe von EUR .....,– (in Worten: EURO .....) zuzüglich gesetzlicher Mehrwertsteuer (derzeit .....%). Der Optionspreis ist zur Zahlung fällig innerhalb 2 Wochen ab Abschluss der Forschungsarbeiten sowie nach Erhalt einer entsprechenden Rechnung des Auftragnehmers.

(4) Die Option ist durch den Auftraggeber schriftlich per eingeschriebenem Brief gegenüber dem Auftragnehmer auszuüben.

(5) Im Falle der Nichtausübung der Option durch den Auftraggeber verbleibt der gezahlte Optionspreis beim Auftragnehmer. Bei Abschluss des Lizenzvertrages gemäß § 9 Abs. 1 ist der Optionspreis auf die vom Auftraggeber/Lizenznehmer zu zahlenden Lizenzgebühren anzurechnen.

(6) Falls der Auftraggeber die Option auf Abschluss eines Lizenzvertrages gemäß § 9 Abs. 1 nicht ausübt, erhält der Auftragnehmer das ausschließliche Recht auf Verwertung der gemeinschaftlichen Schutzrechte aus § 7 Abs. 2. Im Falle einer Lizenzierung oder Veräußerung an Dritte erhält der Auftraggeber .....% (in Worten: ..... Prozent) der von dem Dritten an den Auftragnehmer gezahlten Lizenzgebühren bzw. des Kaufpreises.

§ 10 Geheimhaltung

(1) Der Auftragnehmer verpflichtet sich, die während der Durchführung der Forschungsarbeiten gemäß § 1 gewonnenen bzw. erzielten Ergebnisse und Erkenntnisse auf dem vertragsgegenständlichen Gebiet dem Auftraggeber zur Verfügung zu stellen und dem Auftraggeber übermittelte Berichte und Korrespondenz weder zu veröffentlichen noch Dritten bekannt zu geben, es sei denn der Auftraggeber hat hierzu seine ausdrückliche schriftliche Zustimmung erteilt.

Weiterhin ist der Auftragnehmer verpflichtet, die vom Auftraggeber offenbarten Geschäfts- und Betriebsgeheimnisse, insbesondere auch das zum Zwecke der Durchführung der Forschungsarbeiten mitgeteilte Know-how weder im Rahmen eigener Arbeiten zu gebrauchen oder zu verwerten noch Dritten in irgendeiner Form zur Kenntnis zu bringen. Diese Verpflichtung gilt jedoch nicht für solche Geschäfts- und Betriebsgeheimnisse, die der Auftragnehmer bereits rechtmäßig in seinem Besitz hatte oder unabhängig vom vorliegenden Forschungsvertrag entwickelt hat oder bereits der Öffentlichkeit bekannt waren oder ohne Verschulden des Auftragnehmers für die Öffentlichkeit verfügbar wurden. Unter Dritte im Sinne dieser Regelung fallen nicht diejenigen Unterauftragnehmer und freien Mitarbeiter, so weit die Zustimmung des Auftraggebers gemäß § 2 Abs. 6 vorliegt.

(2) Die Vertragspartner sind verpflichtet, über entstandene Erfindungen und Schutzrechtsanmeldungen bis zum Tag der Offenlegung strengstes Stillschweigen zu bewahren.

(3) Der Auftragnehmer ist verpflichtet, in das Forschungsprojekt eingebundene Dritte, insbesondere Unterauftragnehmer und freie Mitarbeiter im Sinne der vorgenannten Bestimmungen zur Geheimhaltung schriftlich zu verpflichten.

(4) Die Vertragspartner verpflichten sich, Einzelheiten aus den Forschungsarbeiten, in denen die Firma des jeweils anderen Vertragspartners direkt oder indirekt benannt wird, nur mit vorheriger schriftlicher Zustimmung des Vertragspartners zu veröffentlichen. Die Zustimmung kann nur aus begründetem wichtigen Grund verweigert werden.

(5) Soweit arbeitsrechtlich noch nicht geschehen, wird der Auftragnehmer seine, die das vorliegende Forschungsprojekt bearbeitenden Arbeitnehmer zur Geheimhaltung im Sinne dieses § 10 schriftlich verpflichten und darauf hinweisen, dass diese projektbezogene Geheimhaltungsverpflichtung auch nach der Beendigung des Arbeitsverhältnisses im Rahmen des arbeitsrechtlich Zulässigen über einen Zeitraum von ...... Jahren weiter besteht. Auf Anforderung wird der Auftragnehmer dem Auftraggeber Kopien dieser projektspezifisch auferlegten schriftlichen Geheimhaltungsverpflichtung übergeben.

(6) Die Geheimhaltungsverpflichtungen gemäß diesem § 10 werden nicht durch eine Beendigung dieses Vertrages berührt und bleiben noch über einen Zeitraum von ..... Jahren ab Beendigung des Vertrages in Kraft; diese Befristung gilt jedoch nicht für nachfolgenden Absatz (7).

(7) Der Auftragnehmer hat seine bei dem Projekt eingesetzten Mitarbeiter schriftlich auf das Datengeheimnis zu verpflichten. Außerdem hat der Auftragnehmer die gesetzlich erforderlichen technischen und organisatorischen Maßnahmen zu treffen, damit die datenschutzrechtlichen Anforderungen gewährleistet werden.

§ 11 Schutzrechte Dritter

(1) Der Auftragnehmer versichert, sich zu bemühen, dass die erzielten Forschungsergebnisse nicht gegen Schutzrechte Dritter verstoßen, eine Gewähr kann dafür jedoch nicht übernommen werden. Im Rahmen dieser Bemühung wird der Auftragnehmer mit der eigenüblichen Sorgfalt nach potentiell entgegenstehenden deutschen Schutzrechten recherchieren bzw. einen Patentrechercheur mit der entsprechenden Nachforschung beauftragen. Über das Ergebnis dieser Recherche wird er den Auftraggeber in Kenntnis setzen.

(2) Die durch die Nachforschung entstehenden Kosten gehen zu Lasten der Vergütung gemäß § 3 Abs. 1.

(3) Eine über die Verpflichtung gemäß § 11 Abs. 1 hinausgehende Haftung kann der Auftragnehmer nicht übernehmen.

(4) § 11 Abs. 1 und Abs. 2 findet auch auf Schutzrechte im Sinne der §§ 6 und 7 Anwendung.

§ 12 Inkrafttreten des Vertrages

Der Vertrag tritt in Kraft mit Unterzeichnung durch beide Vertragspartner sowie nach Leistung der Einmalzahlung durch den Auftraggeber gemäß § 3 Abs. 3 an den Auftragnehmer.

§ 13 Laufzeit des Vertrages

(1) Die Laufzeit des Vertrages beginnt mit dessen Inkrafttreten gemäß § 12.

(2) Die geplante Laufzeit beträgt ..... Monate.

§ 14 Kündigung

(1) Der Auftraggeber kann diesen Vertrag mit einer Frist von einem Monat zum Ende eines Kalendervierteljahres kündigen, erstmals jedoch zum ..... (Tag/Monat/Jahr).

(2) Der Auftraggeber trägt die bis zum Zeitpunkt des Wirksamwerdens der Kündigung beim Auftragnehmer angefallenen und nicht mehr abwendbaren durch diesen Vertrag bedingten Kosten. Alle Zahlungen einschließlich dieser Restabgeltung dürfen die Vergütung gemäß § 3 Abs. 1 im Falle des ungekündigten Vertrages nicht übersteigen.

(3) Der Auftragnehmer ist verpflichtet, mit seinen Unterauftragnehmern bzw. sonstige von ihm in das Projekt zulässigerweise eingebundene Dritte Vereinbarungen entsprechend den §§ 14 Abs. 1 und Abs. 2 herbeizuführen, so weit im Einzelfall die Vergütungssumme netto EUR .....,– (in Worten: EURO .....) übersteigt. Im Falle der Kündigung dieses Vertrages gemäß § 14 Abs. 1 durch den Auftraggeber hat der Auftragnehmer die zur Durchführung dieses Vertrages abgeschlossenen Unteraufträge unverzüglich zum nächstmöglichen Kündigungstermin zu beenden.

(4) Der Vertrag kann von den Vertragspartnern ohne Einhaltung einer Kündigungsfrist aus wichtigem Grund gekündigt werden. Ein wichtiger Grund zur außerordentlichen Kündigung ist dann gegeben, wenn dem kündigenden Vertragspartner unter Berück-

sichtigung aller Umstände des Einzelfalls und unter Abwägung der beiderseitigen Interessen die Fortsetzung des Vertrags bis zur vereinbarten Beendigung nicht zugemutet werden kann. Besteht der wichtige Grund in der Verletzung einer Pflicht aus dem Vertrag, ist die Kündigung erst nach erfolglosem Ablauf einer zur Abhilfe bestimmten Frist oder nach erfolgloser Abmahnung zulässig. § 323 Abs. 2 BGB findet entsprechende Anwendung.

(5) Jede Kündigung hat schriftlich per eingeschriebenen Brief zu erfolgen.

§ 15 Abschluss der Forschungsarbeiten

(1) Mit Beendigung dieses Vertrages hat der Auftragnehmer dem Auftraggeber einen detaillierten Abschlussbericht über die erzielten Ergebnisse und Erkenntnisse aus der Durchführung der Forschungsarbeiten anhand der Arbeitsprogrammschritte gemäß Anlage 1 einschließlich vorgenommener Änderungen darzustellen und in den Formen gemäß § 2 (2) Abs. 4 zu übergeben. Darüber hinaus ist der Auftragnehmer verpflichtet, dem Auftraggeber alle entwickelten bzw. hergestellten Modelle, Muster oder sonstigen Gegenstände zu übergeben; gleiches gilt für vom Auftragnehmer von Dritten für das Projekt erworbene Komponenten bzw. Gegenstände, so weit diese aus der Vergütung gemäß § 3 Abs. 1 finanziert wurden.

(2) Der Vertrag gilt auch dann als ordnungsgemäß vom Auftragnehmer im Sinne von § 15 Abs. 1 abgeschlossen, wenn das angestrebte Ergebnis während der Dauer des Vertrages nicht erzielt wurde und der Auftraggeber keine Fortsetzung der Arbeiten gemäß § 3 Abs. 1 S. 4 wünscht.

§ 16 Rechtswahl und Schiedsgericht

(1) Es gilt ausschließlich das Recht der Bundesrepublik Deutschland unter Aussschluss des UN-Kaufrechts.

(2) Alle Streitigkeiten, die sich aus oder im Zusammenhang mit diesem Forschungsvertrag oder über dessen Gültigkeit ergeben, werden nach der Schiedsgerichtsordnung der Deutschen Institution für Schiedsgerichtsbarkeit eV (DIS) unter Ausschluss des ordentlichen Rechtsweges endgültig entschieden. Das Schiedsgericht besteht aus drei Schiedsrichtern. Der Schiedsort ist ..... Die Verfahrenssprache ist .....

(3) Auftraggeber und Auftragnehmer sind verpflichtet, vor der Einleitung eines Schiedsgerichtsverfahrens gemäß vorstehendem Abs. 2 im Falle von eventuellen Streitigkeiten aus oder im Zusammenhang mit dem vorliegenden Foschungsvertrag ein Mediationsverfahren gemäß der Mediationsordnung der Deutschen Institution für Schiedsgerichtsbarkeit eV (DIS) durchzuführen. Während dieses Verfahrens ist die Einleitung des Schiedsgerichtsverfahrens nicht zulässig. Die Vertragspartner sind zur persönlichen Teilnahme an den Verhandlungen verpflichtet und sichern sich außerdem gegenseitige Vertraulichkeit zu. Die Kosten dieses Mediationsverfahrens sind von den Vertragspartnern hälftig zu tragen. Das Mediationsverfahren wird in ..... durchgeführt. Die Sprache des Mediationsverfahrens ist .....

§ 17 Teilnichtigkeit

Sind einzelne Paragraphen dieses Forschungsauftrages ganz oder teilweise nichtig, so bleibt der Vertrag im Übrigen wirksam. Die unwirksame Regelung wird ersetzt durch die gesetzliche Vorschrift oder wenn eine solche Vorschrift nicht vorhanden ist, durch eine solche Regelung, die die Vertragspartner nach Treu und Glauben zulässigerweise getroffen hätten, wenn sie von der Nichtigkeit Kenntnis gehabt hätten.

§ 18 Sonstiges

(1) Diesem Vertrag sind als wesentliche Bestandteile folgende Anlagen beigefügt:
- **Anlage 1: Arbeitsprogramm, Zeitplan, Vorkalkulation**
- **Anlage 2: Schutzrechtsbestand**
- **Anlage 3: Eckdaten eines Lizenzvertrages**

(2) Der vorliegende Vertrag wurde in . . . . . Exemplaren ausgefertigt. Es wurden keine Nebenabreden getroffen. Änderungen des Vertrages bedürfen der Schriftform; dies gilt auch für Änderungen dieser Schriftformabrede.

(3) Ergänzend zu den Bestimmungen dieses Forschungsvertrages, soweit nichts Abweichendes vorgesehen ist sowie zur Auslegung der hier vorhandenen Regelungsinhalte, gelten die Vorschriften der §§ 611 ff. BGB.

Schrifttum: Bahr/Loest, Die Beurteilung von Vereinbarungen über Forschung und Entwicklung, EWS 2002, 263; *Koch,* Die Haftungsfreizeichnung in Forschungs- und Entwicklungsverträgen, Baden-Baden 2009; *Liebscher/Petsche,* Forschung und Entwicklung (Verordnung Nr. 2659/2000), in: Liebscher/Flohr/Petsche, Handbuch der EU-Gruppenfreistellungsvereinbarungen, 2003, § 11; S. 369; *Möffert,* Forschungs- und Entwicklungsvertrag, 4. Aufl. 2019; *Nicklisch,* Forschungs- und Entwicklungsverträge in Wissenschaft und Technik, 2004; *ORGALIME (VDMA),* Leitfaden für die Erstellung eines internationalen Entwicklungsvertrages, 2. Aufl. 2000; *Over,* Zivilrechtliche Haftung für Fehlleistungen in der Forschung, 1991; *Pagenberg/Geissler,* Lizenzverträge/Licence Agreements, 5. Aufl. 2003; *Pfaff/Osterrieth,* Lizenzverträge (Formularkommentar), 4. Aufl. 2018; *Schorb,* Verhaltensorientiertes FuE-Controlling, 1994; *Groß,* Der Lizenzvertrag, 11. Aufl. 2015; *Ullrich,* Auslegung und Ergänzung der Schutzrechtsregeln gemeinsamer Forschung und Entwicklung, GRUR 1993, 338; *Ulmer-Eilfort/Schmoll,* Technologietransfer, 2. Aufl. 2016; *Winzer,* Forschungs- und Entwicklungsverträge, 2. Aufl. 2011; *Bartenbach,* Patentlizenz- und Know-how-Vertrag, 7. Aufl. 2013.

Anmerkungen

1. Wahl des Formulars. Die vorliegenden Muster eines Forschungsvertrages und eines Entwicklungsvertrages dienen als Leitfaden für die Vergabe eines Forschungs- oder eines Entwicklungsauftrages durch einen privaten oder industriellen Auftraggeber. Soweit entsprechende Forschungs- und/oder Entwicklungsaufträge seitens öffentlicher Auftraggeber erteilt werden, finden in der Regel besondere Vertragsbedingungen Anwendung, die in den vorliegenden Mustertexten nicht berücksichtigt wurden. Beispielhaft ist auf die Vertragsbestimmungen des Bundesministeriums für Bildung und Forschung (BMBF) – www.bmbf.de – sowie Bundesministeriums der Verteidigung (BMVg) zu verweisen. Aber auch in diesen Fällen eines öffentlichen Auftrages sind die vorliegenden Vertragsmuster mit ihren Erläuterungen als Checkliste hilfreich und leisten für die staatlichen und halbstaatlichen F+E-Einrichtungen bzw. für deren gewerbliche oder industrielle Auftragnehmer ihren Beitrag zur Beurteilung einzelner Regelungsinhalte. Dem öffentlichen Auftraggeber bringt es die Problematik der Forschungs- und Entwicklungsrisiken sowie die Denkweise um die potentiellen Verwertungs-Möglichkeiten von Geistigem Eigentum („intellectual property") aus der Sicht eines privatwirtschaftlichen Forschungs- und/oder Entwicklungsunternehmens nahe.

2. Europäisches Wettbewerbs- und Kartellrecht. Die vorliegenden Muster eines Forschungsvertrages und eines Entwicklungsvertrages sind von Zusammenarbeitsverträgen zwischen Wettbewerbern auf dem Gebiet von Forschung und Entwicklung zu unterscheiden.

Bei der Erteilung von Auftragsforschungs- und Auftragsentwicklungsverträgen handelt es sich bei den Vertragspartnern regelmäßig zwar nicht um Wettbewerbsunternehmen. Trotzdem ist dringend zu empfehlen, jeden einem Forschungs- oder Entwicklungsvertrag zugrundeliegenden Sachverhalt einer kartellrechtlichen Prüfung zu unterziehen. Spätestens wenn die Vertragspartner Regelungen über die Verwertung der Forschungs- und Entwicklungsergebnisse sowie damit verbundener Schutzrechte treffen, kann eine wettbewerbsrechtlich relevante Wettbewerbssituation entstehen.

3. Vertragstyp. Bedauerlicherweise werden Forschungs- bzw. Entwicklungsverträge in der Literatur relativ stiefmütterlich behandelt (s. das *Schrifttum* oben). Rechtsprechung findet sich ebenfalls wenig; hervorzuheben ist lediglich die Entscheidung des BGH vom 16.7.2002 (BGH NJW 2002, 3323 ff.), die sich detailliert damit auseinander setzt, dass Forschungs-Entwicklungsleistungen Gegenstand eines Dienstvertrages wie auch eines Werkvertrages sein können. Selbst entsprechende Anfragen im Internet liefern wenig gehaltvolle Informationen. Obwohl sich „Forschung- und Entwicklung" im Sprachgebrauch als einheitlicher (Standard-) Begriff herausgebildet hat (*Schorb,* Verhaltensorientiertes FuE-Controlling, 1994, S. 10 f.), ist wenigstens rechtlich zwischen dem Vertragstypus des Forschungsvertrages einerseits und des Entwicklungsvertrages andererseits zu differenzieren. Schließlich spiegeln auch beide Vertragstypen unterschiedliche Stadien eines Innovationsprozesses wider. Überschneidungen bzw. gemeinsame Schnittmengen sind jedoch nicht selten anzutreffen.

Erwähnenswert ist die Konditionenempfehlung der Arbeitsgemeinschaft Zulieferindustrie (ArGeZ; veröffentlicht BAnz. 2004 Nr. 75, S. 8562 ff.). Die Besonderheit dieser Konditionenempfehlung besteht darin, dass sie sämtliche maßgeblichen Vertragstypen behandelt, dh neben einem allgemeinen Vertragsteil beinhaltet sie einerseits spezielle Regelungen für Serienlieferungen, Langfrist- und Abrufverträge und für den Handel andererseits und schließlich auch über zwanzig empfohlene Klauseln und Leitsätze für „Entwicklungsverträge".

4. AGB-Recht. Die vorliegenden Muster gehen davon aus, dass die einzelnen darin enthaltenen Regelungen zwischen den Vertragspartnern ausgehandelt werden. Generell ist daran zu erinnern, dass das Recht der Allgemeinen Geschäftsbedingungen (§§ 305–310 BGB) insbesondere dann keine Anwendung findet, wenn die Vertragsbedingungen zwischen den Vertragspartnern im Einzelnen ausgehandelt sind (§ 305 Abs. 1 S. 3 BGB). Hier ist größte Vorsicht geboten, denn nach der Rechtsprechung des Bundesgerichtshofs bedeutet „Aushandeln" mehr als „Verhandeln" (BGH NJW 1991, 1679). Das Aushandeln erfordert die reale Möglichkeit der Kommunikation zwischen den Vertragspartnern mit der selbstverantwortlichen Prüfung, Abwägung und möglichen Einflussnahme durch beide Vertragsparteien. Werden vorformulierte Vertragsbedingungen verwendet, sind an den Begriff des Aushandelns hohe Anforderungen zu stellen. Voraussetzung ist zunächst, dass die Vertragsparteien vom Inhalt der einzelnen Klauseln sowie deren Bedeutung Kenntnis haben. Für die bloße Kenntnisnahme spricht das Verhandeln über einzelne Klauseln. Dies reicht aber für die Annahme des Aushandelns noch nicht aus (BGH NJW 1992, 1107). Ebenso wenig ausreichend ist das Besprechen der Vertragsklauseln bzw. wenn der Verwender den Inhalt einer Klausel lediglich erläutert und erörtert und dies den Vorstellungen des Vertragspartners entspricht (BGH NJW 1992, 2759 (2760)). Auch eine Aushandelnsbestätigung des Vertragspartners ist unzureichend und führt nicht zu dem angestrebten Ergebnis (BGH NJW 2005, 2543 (2544)). Ein Aushandeln ist auch dann zu verneinen, wenn die Möglichkeit zur Auswahl zwischen verschiedenen vorformulierten Klauseln besteht (BGH NJW 2000, 1110). Zur Überwindung des Erfordernisses eines solchen Aushandelns ist es aber nach BGH NJW 2016, 1230 (1232) auch nicht ausreichend, wenn der eine Vertragspatner dem anderen Vertragspartner die vorformulierten Vertragsbedingungen – zum Beispiel in Form eines Vertragsentwurfes –

mit der Bitte übersendet, sich den Text durchzusehen und eventuelle Anmerkungen oder Änderungsvorschläge mitzuteilen. Die Hürden zur Überwindung dieser AGB-rechtlichen Anforderungen sind auch im unternehmerischen Geschäftsverkehr als sehr hoch zu bewerten (Graf von Westphalen NJW 2018, 1520).

Zumindest kann nicht auf die ernsthafte und reale Möglichkeit der Einflussnahme verzichtet werden (BGH NJW 1992, 2759). Der Verwender muss den in seinen Allgemeinen Geschäftsbedingungen enthaltenen „gesetzesfremden" Kerngehalt, die den wesentlichen Inhalt der gesetzlichen Regelung ändernden oder ergänzenden Bestimmungen inhaltlich ernsthaft zur Disposition stellen und dem Verhandlungspartner Gestaltungsfreiheit zur Wahrung eigener Interessen einräumen.

Davon wird es abhängen, ob im Einzelfall eine Inhaltskontrolle des FuE-Vertrages nach Maßgabe der §§ 305 ff. BGB stattfindet.

5. Präambel. Es empfiehlt sich, in der Präambel den Zweck und die Ziele des Vertrages sowie die Qualifikationen bzw. Geschäftsfelder der Vertragspartner kurz zu skizzieren, um bei einer späteren Auslegung des einen oder anderen Regelungspunktes des Vertrages Hilfestellungen geben zu können. Insbesondere sollten die bisherigen Erfahrungen sowie eventuell im Vorstadium gewonnene Erkenntnisse und Ergebnisse der Vertragspartner kurz beschrieben werden.

Auf eine solche Kurzbeschreibung kann insbesondere bei langfristigen Forschungsvorhaben dann zurückgegriffen werden, wenn sich am Ende des Projektes herausstellen sollte, dass die erhofften und angestrebten Forschungsziele trotz erheblichem finanziellem Engagement des Auftraggebers nicht erreicht wurden. In einer solchen Situation wird gerne übersehen, dass im Zeitpunkt der Vertragsverhandlungen und bei Auftragserteilung beide Seiten sich der Projektrisiken bewusst waren.

In derartigen Situationen ist es erfahrungsgemäß von großem Nutzen, wenn der zunächst vermeintlich benachteiligte Vertragspartner sich auf die gemeinsam schriftlich niedergelegten Ziele und Absichten des Vertrages berufen und damit seine Position behaupten kann. Dem wirtschaftlich überlegenen Vertragspartner kann unmissverständlich der ursprüngliche Sinn und Zweck des Vertrages vorgeführt werden und der andere kann an seine geschäftspolitische Fairness appellieren.

6. Innovationsprozess. Sieht man über die oftmals fließenden Übergänge und Überschneidungen von Forschungs- und Entwicklungsleistungen hinweg, kann der Prozess einer Innovation folgendermaßen dargestellt werden: in der ersten Phase liefert die Forschung bzw. Invention neue Erkenntnisse und trägt damit zur Schaffung des Wissens über die Eigenschaften einer Technik bei; sie ist das Spiegelbild von wissenschaftlichem Fortschritt. Dieser wird in der zweiten Phase (Entwicklung bzw. Innovation) in den technologischen Fortschritt umgesetzt, wenn ein technischer oder ein anwendungsreifer Prototyp entsteht (Phase der Produktentwicklung). Schließlich erfolgt in der Verbreitungs- oder Diffusionsphase die Anwendung des technologischen Fortschritts: die Technik gelangt zum Einsatz durch Hersteller oder Verbraucher (Phase der Markteinführung). Diesem Ablauf eines Innovationsprozesses entsprechend ist es keine Seltenheit, sondern eher die Regel, dass ein Auftraggeber einem Auftragnehmer in der ersten Stufe einen Forschungsauftrag und – falls die angestrebten Ergebnisse erzielt werden – in der zweiten Stufe einen Entwicklungsauftrag mit dem Ziel der Herstellung eines Prototypen erteilt.

7. Werk- oder Dienstvertrag. Der Forschungsvertrag selbst ist direkt gesetzlich nicht geregelt.

Da die Arbeiten auf technischem Neuland durchzuführen sind, resultieren die entscheidenden Risikofaktoren vor allem aus der Ungewissheit hinsichtlich der Erreichung des angestrebten Ergebnisses und der damit verbundenen relativen Unkalkulierbarkeit der erforderlichen Kosten sowie der zugrundezulegenden Vertragslaufzeit. Diese Komponenten sprechen regelmäßig gegen die Anwendung der Werkvertragsvorschriften (§§ 631 ff. BGB), bei denen der Auftragnehmer sich zur Herbeiführung eines bestimmten Arbeitsergebnisses bzw. Erfolges verpflichtet. Aus dieser ausgeprägten Erfolgsbezogenheit der Auftragnehmerleistung bei einem Werkvertrag folgt auch die Verpflichtung, für den Eintritt unbedingt einstehen zu müssen. Der Auftragnehmer trägt das Unternehmerrisiko für das Gelingen des versprochenen Arbeitsergebnisses und damit des Erfolges. Spiegelbild des versprochenen Erfolges ist somit auch die Regelung der Mängelhaftung gemäß §§ 633 Abs. 2, 634 (besonders Nr. 1: Nacherfüllung), 635 BGB. Gerade dieses Erfolgsversprechen kann der Auftragnehmer eines Forschungsvertrages aufgrund der Unvorhersehbarkeit des angestrebten bzw. erhofften Ergebnisses, nicht abgeben und ein fairer Auftraggeber dürfte ein solches nicht verlangen wollen. Grundsätzlich dürften hier die Dienstvertragsvorschriften (§§ 611 ff. BGB) anzuwenden sein, nach denen der Dienstverpflichtete bzw. Auftragnehmer zwar zur qualifizierten bzw. sorgfältigen Erbringung seiner Leistung verpflichtet ist, jedoch keinen Erfolg für einen angestrebten Zweck schuldet. Das entscheidende und in der Regel auch praktische Abgrenzungskriterium liegt darin, dass beim Dienstvertrag das bloße Wirken, die Arbeitsleistung als solche (zum Beispiel das Forschen), beim Werkvertrag jedoch die Herbeiführung eines vereinbarten, gegenständlich fassbaren Arbeitsergebnisses geschuldet wird (Palandt/*Sprau* BGB Einf. v. § 631 Rn. 8). Obwohl auch von einem Dienstvertrag „Erfolg" erwartet wird, liegt die entscheidende Trennungslinie zwischen einem Dienst- und einem Werkvertrag in der Voraussehbarkeit des gewünschten Erfolges: Dienstverträge sind zwar final erfolgsbezogen, nicht aber kausal erfolgsversprechend (*Over,* Zivilrechtliche Haftung für Fehlleistungen in der Forschung, 1991, S. 83).

Deshalb kann die Hauptaufgabe des Auftragnehmers nur in der Zurverfügungstellung „seiner Dienste zur Durchführung der Arbeiten" (durch Bereitstellung der erforderlichen Forschungskapazität und Einbringung von vorhandenem Know-how) bestehen, jedoch verbunden mit der Verpflichtung, sich nach besten Kräften um die Erreichung des angestrebten Zieles zu bemühen (→ Anm. 20). Gleichermaßen ist es für den Auftragnehmer nur möglich, das geplante Arbeitsprogramm für den vorgesehenen Projektablauf vorzugeben, wobei dieses nicht mit einer detaillierten Spezifikation zu vergleichen ist, weil während der Durchführung immer mit mehr oder weniger Abweichungen des Arbeitsprogramms aufgrund neuer wissenschaftlicher Fragestellungen oder wegen unerwarteter technischer Probleme gerechnet werden kann. Gerade bei Forschungsarbeiten betreten die Vertragsparteien in der Regel wissenschaftliches und technisches Neuland, auf dem es noch keine gesicherten Aussagen und Erkenntnisse gibt, so dass auch Fehlschläge bekanntermaßen zur Natur der Forschungsarbeiten gehören.

Von dem Forschungsvertrag zu unterscheiden ist der Entwicklungsvertrag, auf den grundsätzlich die Vorschriften des Werkvertrages (§§ 631 ff. BGB) Anwendung finden (→ Form. II.2). Gegenstand des Forschungsvertrages ist die angewandte Forschung, gelegentlich auch Grundlagenforschung. Demgegenüber ist der Inhalt eines Entwicklungsvertrages in der Regel eine Produkt- oder Verfahrensentwicklung mit dem Ziel der Herstellung eines ersten Prototyps auf der Basis einer relativ detaillierten Leistungsbeschreibung aufgrund des Standes von Wissenschaft und Technik.

Die Entscheidung darüber, welcher Vertragstyp mit welchem Vertragscharakter letztendlich vorliegt, kann bei der unendlichen Fülle nicht nur von Forschungs-, sondern auch von Entwicklungsleistungen, immer nur am individuellen Sachverhalt anhand der konkreten Umstände des Einzelfalles entschieden werden. Besondere Bedeutung für die Wertung kommen hierbei der Sammlung von Indizien zu, die auf einen Dienstleistungs- oder Werkvertragscharakter schließen lassen (Palandt/*Sprau* BGB Einf.v. § 631 Rn. 8). Das BAG ging bei einem Entwicklungsvertrag, in dem sich ein Ingenieur verpflichtete, eine Maschine zu entwickeln und verkaufsreif zu machen, von einem Dienstvertrag nach §§ 611 ff. BGB aus, wenn der Ingenieur weisungsgebunden tätig wird (BAG Mitt.

PatAnw. 1963, 94 (95)). Die Vergütungsregelung gemäß § 3 Abs. 1 entspricht spiegelbildlich der dienstvertraglichen Rechtsnatur eines Forschungsvertrages, da dieser Preistyp eine rein tätigkeitsbezogene Vergütungsvereinbarung darstellt. Demgegenüber wird beim Werkvertrag typischerweise der herbeizuführende Erfolg bzw. das Werkergebnis vom Auftraggeber entlohnt. Aus diesem Grunde würde bespielsweise eine Festpreisvereinbarung mit folgendem Wortlaut zunächst indiziell für den Werkvertragscharakter eines abgeschlossenen Vertrages sprechen: „Die Vergütung beläuft sich fest auf EUR . . . . ., – (in Worten: EURO . . . . .) zuzüglich gesetzlicher Mehrwertsteuer (derzeit . . . . .%)". Als weiteres Abgrenzungskriterium kann die Festlegung über den Umfang der Tätigkeit bzw. die Festlegung des Personaleinsatzes herangezogen werden. Vereinbaren die Vertragspartner die personelle Einbindung bestimmter Mitarbeiter mit genau definierten Qualifikationen zur Bearbeitung und Durchführung des Forschungsvorhabens, hat dies ebenfalls Indizwirkung auf die Ausübung der Tätigkeit. Falls entsprechende personenbedingte Voraussetzungen nicht vereinbart werden, kann hingegen davon ausgegangen werden, dass es dem Auftraggeber weniger auf die Art und Durchführung der Tätigkeit, sondern wohl eher ausschließlich auf das Ergebnis der Arbeiten ankommt und er dort seinen Schwerpunkt legt. Ihm ist es somit gleichgültig, wer die Arbeiten durchführt; gleichgültig ist ihm dann auch die Anzahl der vom Auftragnehmer einzusetzenden wissenschaftlichen und technischen Mitarbeiter.

In seinem Urteil vom 16.7.2002 hat der BGH zur Abgrenzung von Dienst- und Werkvertrag bei Forschungs- und Entwicklungsleistungen primär darauf abgehoben, dass der im Vertrag zum Ausdruck kommende Wille der Parteien maßgebend sei (BGH NJW 2002, 3323 ff.). Weiter führt er aus, dass sowohl Forschungs- als auch Entwicklungsleistungen Gegenstand eines Dienstvertrages wie auch eines Werkvertrages sein können. Beim Dienstvertrag schuldet der Auftragnehmer ein den Regeln der Wissenschaft und Technik entsprechendes Vorgehen, beim Werkvertrag jedoch konkret die Herbeiführung eines Erfolges (zum Beispiel ein bestimmtes Arbeitsergebnis oder die Anfertigung eines Berichtes). Was im Einzelfall tatsächlich geschuldet sein soll, unterliegt der Vereinbarung der Parteien. Sollte im Einzelfall der Vertrag keine ausdrückliche Regelung enthalten, müssen für seine Auslegung alle Umstände dieses Einzelfalls herangezogen und berücksichtigt werden (zum Beispiel: mit welcher Wahrscheinlichkeit haben die Parteien mit dem Eintritt des Erfolges gerechnet, beinhaltet die Vergütung eine „Risikoprämie", wird die Vergütung zeitaufwandsabhängig geleistet, usw).

Grundsätzlich sollte jedoch die Problematik um die Abgrenzung zwischen Dienstvertrag und Werkvertrag anhand der Prüfung der im Einzelfall vorhandenen Indizien möglichst vermieden werden. Die jeweiligen Rechtsfolgen in die eine oder andere Richtung sind für einen der beteiligten Vertragspartner stets mit erheblichen rechtlichen und damit regelmäßig auch wirtschaftlichen Nachteilen verbunden. Neben der Aussage unter § 5 Abs. 1, wonach die Vertragspartner die „Erfolgsrisiken" kennen und der Auftragnehmer sich unter § 5 Abs. 2 um die Erreichung des angestrebten Ergebnisses „bemühen" wird und damit auch keine Gewähr übernimmt, sieht schließlich § 18 Abs. 3 des Mustervertrages die klare Entscheidung für die Anwendbarkeit der Dienstleistungsvorschriften vor.

8. Vertragliches Arbeitsprogramm. Die den Forschungsarbeiten zu Grunde liegenden Arbeitsprogrammschritte müssen weitestgehend beschrieben und als Vertragsbestandteil deklariert werden (vgl. § 1 Abs. 1).

In aller Regel wird aber ein vom Auftragnehmer ausgearbeitetes rechtsverbindliches Angebot über die durchzuführenden Forschungsarbeiten als wesentlicher Bestandteil dem Vertrag beigefügt und wegen der Einzelheiten des Vertragsgegenstandes hierauf verwiesen. Die wichtigsten Inhalte eines solchen Angebotes auf Abschluss eines Forschungsvertrages sind insbesondere die Darstellung des geplanten Arbeitsprogramms unter Benennung der wesentlichen Meilensteine oder Arbeitsschritte, der vorgesehene Zeitplan, die Kalkulation (Personalkosten, direkte Einzelkosten, Gemeinkostenzuschläge), das Projektmanagement, Qualitätssicherungsmaßnahmen, ggf. Einbindung von Unterauftragnehmern bzw. freien Mitarbeitern für Teilleistungen.

9. **Arbeitsaufnahme.** Immer dann, wenn die Aufnahme der Arbeiten an den Eintritt gewisser Bedingungen geknüpft ist, empfiehlt es sich, eine Klausel iSd § 2 Abs. 1 in den Vertrag aufzunehmen, damit für die Vertragspartner ein bestehendes Junktim über die Inkrafttretensklausel auch bewusst wird und keine Unklarheiten entstehen. Im vorliegenden Form. ist für den Auftraggeber unzweifelhaft erkennbar, dass der Arbeitsbeginn erst dann eintritt, wenn er seine Einmalzahlung gemäß § 3 Abs. 3 geleistet hat. Insoweit ist insbesondere über § 12 eine eindeutige Verknüpfung der Bedingungen zu § 2 Abs. 1 hergestellt. Andere denkbare Voraussetzungen für das Inkrafttreten des Vertrages können beispielsweise für die Arbeitsaufnahme unerlässliche Vorleistungen, Beistellungen oder Informationen durch den Auftraggeber darstellen (→ Anm. 10). Gleichermaßen wichtig für den Auftraggeber ist die vertragliche Festlegung des Arbeitsbeginns. Unter Umständen würde es eine fahrlässige Verschleuderung des Projektbudgets darstellen, wenn der Auftragnehmer mit den Arbeiten beginnt, obwohl der Eintritt gewisser Voraussetzungen oder Bedingungen, die in die Sphäre des Auftraggebers fallen, zu diesem Zeitpunkt immer noch ungewiss ist. Sollte gleichwohl eine Arbeitsaufnahme vor dem vertraglichen Inkrafttreten des Vertrages beispielsweise aus Termingründen angezeigt sein oder weil bedingungsunabhängige Teilarbeitsschritte in ihrer Bearbeitung vorgezogen werden können, empfiehlt sich auf jeden Fall eine vorherige Abstimmung mit dem Auftraggeber, um nicht von vornherein die Vertrauensbasis einer unnötigen Belastungsprobe auszusetzen oder gar dem Vorwurf einer ungenehmigten Vertragsänderung ausgesetzt zu werden.

10. **Informationsaustausch.** Gerade bei Forschungsverträgen mit längeren Laufzeiten ist ein regelmäßiger Informations- und Erfahrungsaustausch zwischen den Vertragspartnern unerlässlich. Einerseits soll vermieden werden, dass der Auftraggeber am Ende des Projektes mit einem negativen Ergebnis überrascht wird, andererseits benötigt der Auftragnehmer eventuell projektspezifische Informationen oder eine gezielte Resonanz vom Auftraggeber, weil dieser nach Vertragsende die erzielten Forschungsergebnisse in die industrielle Anwendung umzusetzen wünscht. Dies ist aber regelmäßig nur dann in der praktischen Anwendung realisierbar, wenn dem Auftragnehmer auch die tatsächlichen Gegebenheiten in den Produktionsstätten des Auftraggebers bekannt sind und die Machbarkeit der industriellen Umsetzung immer während der Durchführung der Forschungsarbeiten berücksichtigt wird.

Die Ausgestaltung der Kommunikation unterliegt den einzelfallbezogenen Erfordernissen und Bedürfnissen der Vertragspartner: die Lieferung von Zwischenberichten, regelmäßige Präsentationen mit Diskussionen sowie persönliche Inaugenscheinnahmen vor Ort durch den Auftraggeber über den Fortgang der Arbeiten, ggf. auch die Entsendung von qualifiziertem Fachpersonal des Auftraggebers als Gesprächspartner der Projektverantwortlichen beim Auftragnehmer, sind die wichtigsten Instrumente zur Ausgestaltung einer sinnvollen und qualifizierten Kommunikation während der Bearbeitung eines Forschungsvorhabens. Letztlich kommt es auf die Umstände und Besonderheiten des jeweils individuellen Forschungsvorhabens an, für welche qualitativen und quantitativen Maßnahmen sich die Vertragspartner zur Durchführung einer sinnvollen Projektkommunikation entscheiden, wobei nicht unbedingt die fachlichen oder wissenschaftlichen Argumente ausschlaggebend sind, sondern finanzielle Möglichkeiten Art und Umfang wesentlich beeinflussen.

§ 2 Abs. 2 sieht zwei wichtige Kommunikationsinstrumente vor: zum einen eine periodenmäßige Dokumentation durch die Vorlage entsprechender Zwischenberichte über die erzielten Ergebnisse und Erkenntnisse aus den bisher geleisteten Arbeitsprogrammschritten, zum anderen persönliche Präsentationen (auch im Rahmen von Web-

bzw. Videokonferenzen) bzw. Erläuterungen. Sowohl Umfang, Häufigkeit und Art der Berichterstattung orientieren sich anhand des jeweiligen Forschungsprojektes, insbesondere an dessen Laufzeit und wie viel finanzielle Mittel für die Kommunikation vorgesehen sind und nicht zuletzt natürlich an der Bedeutung der Forschungsinhalte. Die Vertragspartner werden sich in aller Regel im Rahmen des elektronischen Datenaustausches auf entsprechende Anwendungssysteme innerhalb der EDV verständigen; hier spielen auch Verschlüsselungen und Authentifizierung zur Sicherstellung der Verhinderung von unbeabsichtigten Offenlegungen sowie von nicht kontrollierbaren Verfälschungen der über den E-Mail-Verkehr ausgetauschten Daten und Informationen eine wichtige Rolle. Die Vertragspartner können die einzelnen Maßnahmen der Sicherstellung des Datenverkehrs vorzugsweise detailliert in einer gesonderten Anlage zum Vertrag regeln, um den Vertragstext selbst nicht durch derartige „ablauftechnische" Maßnahmen zu belasten.

11. Leistungsänderungen. Abweichungen von den unter § 1 Abs. 2 Anlage 1 benannten Arbeitsschritten sind aufgrund des Charakters der durchzuführenden Forschungsarbeiten nicht die Ausnahme, sondern eher die Regel. Derartige Abweichungen entstehen durch neu hinzugewonnene Erkenntnisse oder wegen der Konfrontation mit neuen nicht voraussehbaren technischwissenschaftlichen Problemen, die ggf. nur mit sehr hohem Kosten- und/oder Zeitaufwand einer befriedigenden Lösung zugeführt werden können. Deshalb ist es oftmals unumgänglich, beispielsweise einen bislang vorgesehenen Arbeitsprogrammschritt zu ändern oder durch einen anderen zu ersetzen. Vor der Änderungsplanung, spätestens jedoch vor deren Umsetzung, ist der Auftraggeber vollinhaltlich über die neue Sachlage zu informieren und ihm nicht nur die inhaltlichen, sondern insbesondere auch die kostenmäßigen und zeitlichen Auswirkungen mitzuteilen („Request for Change"). Diese Mitteilung ist aus Gründen einer ordnungsgemäßen Dokumentation auch unter Qualitätssicherungsgesichtspunkten sowie wegen der späteren Nachweisbarkeit der Einhaltung der Mitteilungspflicht auf jeden Fall schriftlich (oder auch in Textform) vorzunehmen (§ 18 Abs. 2 S. 2). Die Vertragspartner haben sich dann einvernehmlich über die weitere Vorgehensweise zu verständigen. Um die Einhaltung des vertraglichen Zeitplanes nicht zu gefährden, kann eine Spätestfrist für die erforderliche Abstimmung zwischen Auftraggeber und Auftragnehmer iSd § 2 Abs. 3 S. 3 vorgesehen werden. Bei kostenmäßigen und zeitlichen Auswirkungen sind im Rahmen von Nachtragsvereinbarungen zum Forschungsvertrag die Regelungen zur Vergütung (§ 3) und zur Laufzeit (§ 13) entsprechend anzupassen.

12. Kontrolle durch den Auftraggeber. Mit der Regelung des § 2 Abs. 4 wird dem Auftraggeber das Recht eingeräumt, sich während der üblichen Geschäftszeiten beim Auftragnehmer persönlich vom Fortgang der Forschungsarbeiten zu überzeugen und sich über den Stand der Arbeiten zu informieren. Da Forschungsarbeiten regelmäßig von permanenter Unsicherheit und Ungewissheit im Hinblick auf Erfolg, Kosten und Zeit getragen werden, gilt es um so mehr, nicht nur eine sinnvolle und offene Kommunikation zwischen den Vertragspartnern aufzubauen und zu pflegen. Dem Auftraggeber ist nicht allein das Gefühl, sondern auch die konkrete Möglichkeit einer Kontrolle zu vermitteln, um von vornherein denkbaren Missbrauchsbefürchtungen den Wind aus den Segeln zu nehmen. Inwieweit die Ausübung dieser Kontrollbefugnis erst nach „vorheriger rechtzeitiger Ankündigung und Abstimmung mit dem Auftraggeber" möglich ist, obliegt dem individuellen Anspruch und Selbstverständnis der jeweiligen Projektverantwortlichen. Gleichwohl dürfte der sicherlich ungewöhnliche Fall eines unangekündigten „Kontrollbesuches" durch den Auftraggeber wenig Sinn machen, weil stets zu befürchten ist, dass der jeweilige Projektverantwortliche oder maßgeblich am Vorhaben beteiligte Mitarbeiter sich gerade zu diesem Zeitpunkt nicht im Hause des Auftragnehmers aufhalten; zudem ist ein unangekündigter Kontrollbesuch nicht gerade für einen konstruktiven und wissenschaftlichen Gedanken- und Informationsaustausch förderlich.

Falls der Auftraggeber aufgrund mangelnder Sachkompetenz die Qualität der Arbeitsdurchführung nicht selbst beurteilen kann oder ihm solche regelmäßigen Inaugenscheinnahmen aus räumlichen oder kapazitätsmäßigen Gründen nicht möglich sind, können die Vertragspartner alternativ auch einen sachverständigen Dritten bestimmen, der im Auftrag des Auftraggebers entsprechende Inspektionen in den Forschungs- und Entwicklungsstätten des Auftragnehmers durchführt. In diesem Fall könnte § 2 Abs. 4 um die Regelung der Sätze 2 und 3 ergänzt werden. Ein wichtiger Grund zur Ablehnung eines vom Auftraggeber vorgeschlagenen Dritten könnte darin zu sehen sein, dass dieser Dritte ein (direkter oder indirekter) Wettbewerber des Auftragnehmers ist, der sich mit dem gleichen Forschungsthema beschäftigt und deshalb zu befürchten ist, dass vertrauliche Forschungsinformationen nicht nur zur Beurteilung des jeweiligen Projektstandes als Informationen für den Auftraggeber dienen, sondern mittelbar oder unmittelbar den Kreis der Berechtigten verlassen.

13. Erteilung von Unteraufträgen. Regelmäßig erwartet der Auftraggeber von Forschungsleistungen die persönliche Leistungserbringung durch den Auftragnehmer, weil es ihm gerade auf dessen wissenschaftliche und technische Qualifikation und Reputation bei der Auftragserteilung ankam. Schließlich kann der Auftraggeber auch diese persönliche Dienstleistungsverpflichtung im Rahmen seiner Beauftragung von Forschungsarbeiten beanspruchen, soweit zwischen den Vertragspartnern nichts anderes vereinbart wird. Aufgrund des Dienstleistungscharakters (§§ 611 ff. BGB) der Forschungsarbeiten kann sich der Auftraggeber hierbei grundsätzlich auf § 613 S. 1 BGB stützen, wonach der zur Dienstleistung Verpflichtete die Dienste im Zweifel in Person zu leisten hat. Trotzdem kann es erforderlich sein oder werden, Forschungsarbeiten oder sonstige in diesem Zusammenhang anfallende Arbeitspakete teilweise durch einen Dritten im Wege der Untervergabe durchführen zu lassen. Entgegen einer ordnungsgemäßen Arbeitsablaufplanung können unerwartete personelle oder ausstattungsmäßige Engpässe auftreten; ggf. verfügt ein Dritter über spezifisches Know-how für gewisse Teilaufgaben, welches beim Auftragnehmer nicht oder während der Projektbearbeitung (zB ein Wissenschaftler kündigt sein Arbeitsverhältnis) plötzlich nicht mehr vorhanden ist. Schließlich ist auch § 613 S. 1 BGB abdingbar, da es sich hierbei um eine bloße Auslegungsregel handelt (Palandt/*Weidenkaff* BGB § 613 Rn. 1). Allerdings muss die Zulässigkeit einer solchen Unterbeauftragung vereinbart sein oder sich zumindest aus den Umständen ergeben. Ohne besondere Vereinbarung dürfte eine Einbindung von externen Hilfskräften gestattet sein.

Um den Auftragnehmer nicht zu sehr in seiner Entscheidungsbefugnis einzuschränken, könnte § 2 Abs. 6 um folgenden Satz ergänzt werden: „Der Auftraggeber wird seine Zustimmung nur aus wichtigem Grund verweigern."

Als Kompromissformel könnte § 2 Abs. 6 auch wie folgt geregelt werden: „. . . . . . ist nur nach vorheriger schriftlicher Zustimmung des Auftraggebers gestattet, falls der Unterauftrag im Einzelfall einen Vergütungsbetrag von netto EUR . . . . .,– übersteigt.". Die Erteilung von Unteraufträgen mit Auftragsvolumen in Höhe der festgelegten Vergütungssumme pro Einzelfall könnte danach ohne jeweilige Zustimmung des Auftraggebers und damit ohne zusätzlichen administrativen Aufwand sowie ohne Zeitverlust durch den Auftragnehmer erfolgen. Diese Vorgehensweise bietet sich insbesondere bei langfristigen Forschungsvorhaben mit größeren Auftragsvolumen an. Auch hier ist der oftmals geäußerten Befürchtung einer zu breiten und unübersichtlich werdenden Streuung geheimer Forschungsinhalte zumindest die Regelung des § 10 Abs. 3 entgegenzuhalten, wonach dem Auftragnehmer die Verpflichtung obliegt, die in das Projekt eingebundenen Unterauftragnehmer schriftlich zur Geheimhaltung zu verpflichten.

Es ist auf jeden Fall ratsam, bereits vor Unterzeichnung des Forschungsvertrages eine beabsichtigte Untervergabe von Teilleistungen mit dem Auftraggeber abzustimmen und die Unterauftragnehmer namentlich unter Angabe der durchzuführenden Arbeiten in den Unterlagen gemäß § 1 Anlage 1 zu benennen.

14. Festpreis oder Erstattungspreis. Ein Festpreis wird weder der Rechtsnatur noch dem Charakter eines Forschungsvorhabens gerecht. Die Ungewissheit der Erzielung des angestrebten Ergebnisses sowie die Unsicherheit des Zeitbedarfes erlauben dem Auftragnehmer regelmäßig keine solide Kalkulation des tatsächlich erforderlichen Finanzbedarfes. Deshalb sollte nur ausnahmsweise in Abweichung von § 3 Abs. 1 ein Festpreis analog folgendem Formulierungsvorschlag vereinbart werden: „Die Vergütung beläuft sich fest auf EUR . . . . .,– (in Worten: EURO . . . . .) zuzüglich gesetzlicher Mehrwertsteuer (derzeit . . . . .%).“.

Die scheinbaren Vorteile einer Festpreisvereinbarung sind offensichtlich: erzielt der Auftragnehmer vor Ausschöpfung der Pauschalsumme das angestrebte Ergebnis, kommt ihm der Differenzbetrag als außerordentlicher Projekterlös zugute. Auch die meisten Auftraggeber bevorzugen Festpreisverträge, um eine klare Abschätzung des Finanzbedarfes zu erhalten. Obwohl erfahrungsgemäß die kalkulierten Festpreise auch entsprechende Zuschläge für unvorhersehbare Ereignisse enthalten, sollte diese Vergütungsvariante die Ausnahme darstellen und nur bei relativ überschaubaren Forschungsvorhaben vereinbart werden, da aus einem erhofften Projektgewinn sehr rasch ein hoher Projektverlust entstehen kann. Zudem ist zu beachten, dass eine Festpreisvergütung grundsätzlich einen werkvertraglichen Charakter eines Projektes indiziert, eine Erstattungspreisvariante hingegen spiegelbildlich der dienstvertraglichen Rechtsnatur eines Forschungsprojektes entspricht. Erfahrungsgemäß ist es nicht einfach, festzustellen, ob ein Projekt nach Werk- oder Dienstvertragsvorschriften zu beurteilen ist, so dass regelmäßig nicht nur auf den Charakter der durchzuführenden Arbeiten abgestellt wird, sondern auch im jeweiligen Vertrag enthaltene Regelungen als Indizien für die Beurteilung des Vertragstyps herangezogen werden. Um ein solches Kriterium handelt es sich auch bei dem vereinbarten Preistyp (ähnlich auch BGH NJW 2002, 3323 (3324), wonach eine zeitaufwandsabhängige Zahlungsform ein Indiz dafür sein kann, dass eine werkvertragliche Risikoübernahme nicht gewollt ist).

Auf jeden Fall ist dem Auftragnehmer zu raten, in einem Festpreisvertrag festzuschreiben, welche Tätigkeiten bzw. Kosten gerade nicht vom vereinbarten Festpreis abgedeckt sind und somit bei Anfall gesondert vom Auftraggeber vergütet werden müssen.

Als akzeptable Alternative ist die Vereinbarung einer Kostenerstattung mit limitierter Obergrenze gemäß § 3 Abs. 1 der vorgenannten Festpreisalternative vorzuziehen. Für alle am Projekt beteiligten Wissenschaftler, Ingenieure, Hilfskräfte usw kann ein Verrechnungssatz einschließlich Gemeinkostenzuschläge und Gewinn pro Arbeitsstunde oder -tag, ggf. differenziert nach Tätigkeitsmerkmalen, der Projektkalkulation zugrunde gelegt und gegenüber dem Auftraggeber abgerechnet werden. Hinzu kommen die Kosten von projektbezogenen Fremdlieferungen und -leistungen (eventuell zuzüglich Gemeinkostenzuschlag), wie beispielsweise die Vergütung von Unterauftragnehmern und freien Mitarbeitern sowie Kaufpreiszahlungen für Zulieferungen, Reisekosten und -spesen, Gerätebenutzungskosten, Kommunikationskosten (Telefon, Internet, etc). Diese für das Projekt relevanten Kostenelemente sind zu definieren und im Vertrag als wesentlicher Bestandteil zu fixieren. In aller Regel erstellt der Auftragnehmer im Rahmen eines rechtsverbindlichen Angebotes eine Projektkalkulation unter Einschluss all dieser Kostenelemente, welche dann ebenfalls als Anlage 1 gemäß § 1 Abs. 2 Bestandteil des Forschungsvertrages wird.

Es sollte stets ausdrücklich im Vertrag geregelt werden, dass sich der Vergütungsbetrag zuzüglich gesetzlicher Mehrwertsteuer versteht. Falls die Vergütungsregelung keinen entsprechenden Zusatz enthält, besteht das erhebliche Risiko, dass sich der Vergütungsbetrag „einschließlich“ Mehrwertsteuer versteht, was dramatische finanzielle oder kalkulatorische Folgen für den Auftragnehmer haben kann. Auch die Rechtsprechung geht davon aus, dass die Mehrwertsteuer in einem angegebenen Preis bereits enthalten ist, soweit den Umständen des Einzelfalles nichts anderes entnommen werden kann (BGH NJW 2002, 2312). Dies gilt im Zweifel auch dann, wenn entsprechende Preisangebote an vorsteuerabzugsberechtigte Unternehmen unterbreitet werden (BGH NJW 2002, 2312; 2001, 2464); ein entsprechender Handelsbrauch hat sich im Übrigen nicht entwickelt, wonach entsprechende Preisvereinbarungen als „Netto" zu verstehen sein sollen (Palandt/*Ellenberger* BGB § 157 Rn. 13).

15. **Überprüfung der angefallenen Kosten.** Über den projektbezogenen Kostenanfall sind vom Auftragnehmer nachvollziehbare Aufzeichnungen zu erstellen, zB in Form von Stundennachweisungen oder Zeitabrechnungsbelegen oder -aufzeichnungen, so dass er dann auch berechtigt ist, entsprechend den Zahlungsmodalitäten gemäß § 4 Abs. 2 unter Benennung der in der jeweiligen Abrechnungsperiode angefallenen Kosten gegenüber dem Auftraggeber verursachungsgerechte Rechnungen zu erstellen (in diesem Sinne auch relevant für die unter → Anm. 18 alternativ aufgezeigte Abrechnungsvariante der Kombination von Festpreiszahlung unter Berücksichtigung des tatsächlichen Kostenanfalls). Dadurch ist sichergestellt, dass alle dem Projekt zurechenbaren Kosten und Zuschläge von der vereinbarten Vergütung abgedeckt werden. Demgegenüber ist es sachgerecht, dem Auftraggeber das Recht einzuräumen, die der jeweiligen Rechnung zugrunde gelegten Aufzeichnungen selbst oder durch einen unabhängigen und zur Verschwiegenheit verpflichteten Steuerberater oder Wirtschaftsprüfer prüfen zu lassen, wie es § 3 Abs. 2 S. 2 und 3 vorsieht. Obwohl eine derartige Prüfungspraxis fast regelmäßig bei öffentlichen Auftraggebern unter Einbindung der Preisüberwachungsbehörden durchgeführt wird und in diesem Kundenkreis vorherrschend ist, gewinnt dieses Kontrollinstrument gleichfalls bei privaten bzw. industriellen Auftraggebern zunehmend Beachtung und somit auch an Bedeutung.

16. **Vergütungsregelung für eigenfinanziertes Know-how.** Hat der Auftragnehmer bereits in der Vergangenheit auf dem vertragsgegenständlichen Gebiet eigenfinanzierte Arbeiten getätigt und hierbei umfassendes Know-how erworben und ggf. Erfindungen getätigt, welche zum Schutzrecht angemeldet worden sind, kann es durchaus sachgerecht sein, diese investierten Eigenmittel ganz oder teilweise vom Auftraggeber vergütet zu bekommen, so weit sichergestellt ist, dass dieser Know-how-Vorsprung wesentlich zur Verkürzung der Dauer und/oder der Kosten der Forschungsarbeiten beitragen kann. In diesem Sinne handelt es sich um auf eigenes Risiko durchgeführte „vorweggenommene" Forschungsarbeiten, die nunmehr in das beauftragte Forschungsvorhaben eingebracht werden und somit dem Auftraggeber zugute kommen. Deshalb sieht § 3 Abs. 3 S. 1 die einmalige Zahlung einer Pauschalsumme für diese in das Forschungsprojekt einzubringenden bereits vorhandenen Forschungsergebnisse vor, wobei lediglich zur Klarstellung nochmals darauf hingewiesen wird, dass diese Einmalzahlung unbeschadet der Vergütung gemäß § 3 Abs. 1 erfolgt. Welcher Betrag schließlich als Einmalzahlung vom Auftraggeber an den Auftragnehmer zu entrichten ist obliegt dem jeweiligen Verhandlungsgeschick beider Vertragspartner. Sinnvolle Orientierungsgrößen für den Auftragnehmer als Verhandlungseinstieg stellen hierbei sicherlich zunächst die tatsächlichen Finanzmittel bzw. Investitionen dar, die für die bisher erzielten Forschungsergebnisse notwendigerweise aufgewandt werden mussten. Anhand dieser Zahlen kann der Auftragnehmer eine (Nach-)Kalkulation unter Einbeziehung aller Kostenelemente erstellen, die üblicherweise die Grundlage für ein rechtsverbindliches Angebot gegenüber einem potentiellen Auftraggeber für entsprechende Forschungsarbeiten darstellt. Ein hierbei vorhandenes natürliches Spannungsverhältnis zwischen den Interessen des Auftraggebers und derjenigen des Auftragnehmers im Hinblick auf die finanzielle Abgeltung solcher Vorarbeiten, gilt es einer ausgewogenen Lösung zuzuführen. Je bedeutsamer das Forschungsvorhaben für den Auftraggeber ist und je wichtiger ihm der gewonnene Technologievorsprung im Verhältnis zu Wettbewerbern unter kurz- und mittelfristiger Betrachtungsweise ist, desto höher ist seine Bereitschaft, nicht nur grundsätzlich eine Einmalvergütung für vorweggenommene Forschungsarbeiten zu bezahlen, sondern auch

in der vom Auftragnehmer verlangten Höhe, so weit der geforderte Betrag sich in einem nachvollziehbaren und angemessenen Rahmen bewegt. Vorsichtige Auftragnehmer sehen jedoch auch davon ab, überhöhte Forderungen zu stellen, weil ihnen an einer langfristigen und vertrauensvollen Kooperation mit einem Auftraggeber mehr gelegen ist, als an einem nur kurzfristigen und einmaligen Erfolg. Außerdem besteht die Gefahr, dass im Falle einer im Vergleich zur eigentlichen Projektsumme gemäß § 3 Abs. 1 immensen Forderung nach Zahlung einer Einmalvergütung nach § 3 Abs. 3 sich das finanzielle Projektrisiko des Auftraggebers zwangsläufig entsprechend erhöht und der Auftraggeber sich deshalb nicht zur Auftragserteilung durchringen kann, sondern sich uU anders orientiert. Der Auftraggeber wird zudem nicht nur erneut mit der Regelung des § 4 Abs. 1 konfrontiert, wonach die Vergütung gemäß § 3 auch dann zu zahlen ist, falls das angestrebte Ergebnis der Forschungsarbeiten nicht erzielt wird, sondern gleichermaßen auch mit § 4 Abs. 3, der unmissverständlich festlegt, dass diese Einmalzahlung in keinem Falle, auch nicht bei vorzeitiger Beendigung des Forschungsvertrages, rückzahlbar ist.

Im Zusammenhang mit § 3 Abs. 3 sind auch die Regelungen über Altschutzrechte (§ 6) und Neuschutzrechte (§ 7) sowie die Klärung der Inhaberschaft der Schutzrechte und deren Benutzung bzw. Verwertung (§ 9) zu sehen. Wichtig ist auch der klarstellende Hinweis mit der Regelung unter § 3 Abs. 3 S. 2, wonach mit der Entrichtung der Einmalzahlung die Rechte des Auftragnehmers an Erfindungen und an angemeldeten bzw. bereits erteilten Schutzrechten, welche vom Auftragnehmer bis zum Inkrafttreten dieses Vertrages getätigt wurden sowie an dem gewonnenen Know-how, nicht berührt werden.

17. Vergütungsanspruch. Mit der Regelung unter § 4 Abs. 1 wird klarstellend nochmals zum Ausdruck gebracht, dass mit der Durchführung des Vertrages nicht ein Forschungserfolg, sondern die tatsächlichen Forschungsarbeiten vom Auftragnehmer geschuldet werden. Auch für den Fall des Nichterreichens des angestrebten und erwünschten Forschungsergebnisses hat der Auftraggeber dem Auftragnehmer die unter § 3 vereinbarte Vergütung zu bezahlen. Für die unter § 3 Abs. 3 vorgesehene Einmalzahlung für bereits vorhandene und in das Forschungsvorhaben einzubringende Ergebnisse wird unter § 4 Abs. 3 S. 2 ergänzend hervorgehoben, dass auch bei vorzeitiger Beendigung des Vertrages die geleistete Einmalzahlung nicht an den Auftraggeber zurückgezahlt werden muss. Diese Regelungen stehen im Einklang mit den §§ 1 Abs. 1 S. 1, 5 Abs. 1 und Abs. 2, so dass auch hiermit der dienstvertragliche Charakter des Vorhabens nochmals unterstrichen wird.

18. Zahlungsbedingungen. Die Zahlungsbedingungen sind projektspezifisch auszugestalten. § 4 Abs. 2 orientiert sich am tatsächlichen Kostenanfall in der jeweiligen Abrechnungsperiode und ist das Spiegelbild der Kostenerstattungsvariante gemäß § 3 Abs. 1. Folgende Variante könnte bei einer Festpreisvereinbarung ohne Kostennachweisung zugrunde gelegt werden und würde somit der unter → Anm. 14 skizzierten Formulierungsalternative entsprechen:

„Der Auftraggeber leistet die Zahlungen gegen jeweilige Rechnung des Auftragnehmers wie folgt:
EUR . . . . .,– nach Inkrafttreten des Vertrages
EUR . . . . .,– . . . . . Monate nach Inkrafttreten des Vertrages
EUR . . . . .,– . . . . . Monate nach Inkrafttreten des Vertrages
EUR . . . . .,– . . . . . Monate nach Inkrafttreten des Vertrages
EUR . . . . .,– nach Abschluss der Arbeiten.
Die Rechnungen sind binnen 14 Tagen ohne Abzug zur Zahlung fällig.“

Im Einzelfall kann es aus rein administrativen Gründen nahe liegend sein, gleichwohl bei Erstattungspreisvereinbarungen die Zahlung von festgelegten Abschlagszahlungen entsprechend dieser Variante vorzusehen, wenn die vorgesehenen Zahlungsraten dem erwarteten Kostenanfall entsprechen; in diesem Fall ist dann aber eine ergänzende Kostennachweisungs- und Verrechnungsregelung im Sinne der nachfolgenden Formulierung anzufügen:

„Innerhalb 30 Tagen nach Abschluss der Forschungsarbeiten wird der Auftragnehmer eine vollständige Abrechnung über die während der Laufzeit des Vertrages tatsächlich entstandenen Kosten erstellen und dem Auftraggeber übermitteln. Sollte durch die bisherigen Abschlagszahlungen im Vergleich zum tatsächlichen Kostenanfall eine Überzahlung festzustellen sein, wird der Differenzbetrag von dem Betrag der Abschlussrechnung in Abzug gebracht; übersteigen Überzahlungen den Betrag der Abschlussrechnung, hat der Auftragnehmer den übersteigenden Betrag an den Auftraggeber zurückzuzahlen."

19. Zahlungsverzug und Verzugszinsen. Gemäß § 286 Abs. 3 S. 1 (Hs. 1) BGB kommt der Schuldner bei einer Geldforderung spätestens 30 Tage nach Fälligkeit und Zugang einer Rechnung oder einer gleichwertigen Zahlungsaufforderung in Verzug. Der Verzug tritt mit Zeitablauf automatisch ein, ohne dass es einer weiteren Handlung seitens des Gläubigers bedarf. Dies bedeutet jedoch ebenfalls, dass der Gläubiger vor Ablauf der 30-Tage-Frist die Verzugsfolgen durch eine Mahnung oder Vereinbarung eines Zahlungstermins herbeiführen kann. Dies soll durch die vorgeschlagene Regelung unter § 4 Abs. 4 vermieden werden.

Eine Geldschuld ist gemäß § 288 Abs. 1 S. 1, Abs. 2 BGB während des Verzuges mit 9 %-Punkten über dem Basiszinssatz (§ 247 BGB) zu verzinsen (www.basiszinssatz.info), wenn der Schuldner kein Verbraucher ist. Ein höherer Zinssatz kann aber vertraglich vereinbart werden (§ 288 Abs. 3 BGB).

20. Die „Bemühensklausel". Sowohl das Risiko, die angestrebten Ergebnisse zu erzielen, als auch das Risiko der anwendungsbezogenen industriellen Herstellbarkeit sowie der kaufmännischen Verwertung des erreichten Ergebnisses können nicht zu Lasten des Auftragnehmers gehen. Gleichermaßen erübrigen sich grundsätzlich Ausführungen zur Mängelhaftung, da eine solche dem Recht des Dienstvertrages gemäß §§ 611 ff. BGB fremd ist (→ Anm. 7). Der Auftragnehmer schuldet sein zielgerichtetes „Bemühen" zur Erreichung des Forschungszieles, das deshalb klarstellend in § 5 Abs. 2 S. 1 festgeschrieben ist.

21. Sorgfaltspflichtverletzung durch den Auftragnehmer. Das „Bemühen" um die Erreichung des Forschungszieles ist vom Auftragnehmer absolut Ernst zu nehmen.

Insbesondere hat der Auftragnehmer durch den Einsatz von qualifiziertem Fachpersonal sowie der erforderlichen Ausrüstungsgegenstände bzw. Versuchseinrichtungen die vorgesehenen Arbeitsprogrammschritte ordnungsgemäß und zielorientiert durchzuführen. In das Projekt einzubindende Unterauftragnehmer und freie Mitarbeiter hat er sorgfältig und gewissenhaft auszusuchen. Die dem Auftragnehmer gezahlte Vergütung ist einer projektbezogenen und zweckgerichteten Mittelverwendung zuzuführen. Der Auftragnehmer hat dem Auftraggeber unverzüglich mitzuteilen, wenn Ereignisse im Verlauf der Forschungsarbeiten auftreten, die die Höhe der kalkulierten Kosten und/oder den zugrunde gelegten Zeitrahmen oder sogar das angestrebte Forschungsergebnis gefährden würden. Spiegelbild des geschuldeten Bemühens ist die häufig sogar vertraglich festgeschriebene Verpflichtung des Auftragnehmers zur Implementierung eines geordneten Projektmanagements mit einer für Dritte nachvollziehbaren Projektablaufplanung.

Die zu vertretende Verletzung solcher Pflichten durch den Auftragnehmer (gleichviel, ob sie als Leistungs-, Nebenleistungs- oder Verhaltenspflichten anzusehen sind, Palandt/*Grüneberg* BGB § 280 Rn. 12 ff.) kann unter anderem Ansprüche des Auftraggebers nach § 280 Abs. 1 S. 1 BGB auslösen.

Gemäß § 5 Abs. 2 S. 1 verpflichtet sich der Auftragnehmer dazu, alle Sorgfalt auf die Arbeiten zu verwenden, die für eine sinnvolle Durchführung notwendig ist; eine weitergehende Haftung wird jedoch nicht übernommen, es sei denn, die Schadensursache ist auf Vorsatz oder grobe Fahrlässigkeit des Auftragnehmers zurückzuführen (§ 5 Abs. 2 S. 3). Gemäß § 276 Abs. 1 S. 1 BGB hat der Schuldner im Zweifel Vorsatz und grobe Fahrlässigkeit zu vertreten. Die Haftung wegen Vorsatzes kann dem Schuldner jedoch im Voraus nicht erlassen werden (§ 276 Abs. 3 BGB). Somit ist die Haftung für Vorsatz zwingend und kann nicht wirksam in eine Haftungsbeschränkung eingebunden werden; eine Haftung für Vorsatz kann auch nicht der Höhe nach begrenzt werden.

Nach § 276 Abs. 2 BGB handelt derjenige fahrlässig, der die im Verkehr erforderliche Sorgfalt außer Acht lässt. Zur Bestimmung des Maßes der im Verkehr erforderlichen Sorgfalt können beispielsweise Rechtsvorschriften, Unfallverhütungsvorschriften, DIN-Normen und sonstige Fach- und Standesregeln herangezogen werden. Zumindest wird ein Sorgfaltspflichtverstoß in aller Regel anzunehmen sein, wenn Unfallverhütungsvorschriften, technische Regeln, DIN-Normen (so auch die DIN ISO 9000 ff.-Reihe), VDE-Richtlinien, usw ohne hinreichenden Grund nicht eingehalten werden (*Kassebohm/Malorny* BB 1994, 1361 (1369)). Inwieweit dem Auftragnehmer leichte oder grobe Fahrlässigkeit vorgeworfen werden kann, obliegt der Entscheidung über die individuellen Gegebenheiten des jeweiligen Einzelfalles. Unterlässt jedoch beispielsweise der Auftragnehmer die Erstellung einer ordnungsgemäßen und lückenlosen Dokumentation während der Durchführung der Forschungsarbeiten, kann ihm mit an Sicherheit grenzender Wahrscheinlichkeit grobe Fahrlässigkeit zum Vorwurf gemacht werden. Forschungsarbeiten gewinnen an Substanz, sobald die wissenschaftlichen Arbeitsschritte für Fachkreise nachvollziehbar schriftlich fixiert bzw. auf sonstige Art und Weise dokumentiert werden. Dies ist insbesondere für die häufige Suche nach neuen Lösungsansätzen von grundlegender Bedeutung.

Gemäß § 5 Abs. 2 S. 5 hat der Auftraggeber den Auftragnehmer von Ansprüchen Dritter freizustellen, es sei denn, die Schadensursache ist auf Vorsatz oder grobe Fahrlässigkeit des Auftragnehmers zurückzuführen. Bei diesem Freistellungsanspruch ist in erster Linie an diejenigen Fälle zu denken, in denen die Forschungsarbeiten beendet wurden und das Forschungsergebnis in der Verkörperung eines Funktionsmusters oder Prototyps oder Rezeptur dem Auftraggeber übergeben wurde. Da es sich hierbei regelmäßig um kein serienreifes Endprodukt handelt, ist dieses verkörperte Forschungsergebnis grundsätzlich auch nicht dazu geeignet, unter realen Bedingungen zum Einsatz zu gelangen; dies wäre uU erst die Aufgabenstellung einer sich anschließenden Entwicklungsphase. Werden nun nach Übergabe des Forschungsergebnisses an den Auftraggeber aufgrund eines Fehlers oder einer Fehlfunktion Dritte verletzt oder Sachen Dritter beschädigt, könnte bei Vorliegen der Voraussetzungen der Geschädigte unmittelbar gegenüber dem Auftragnehmer entsprechende Schadenersatzansprüche geltend machen. Dies wäre sicherlich nicht sachgerecht, da es zum Pflichtenkreis des Auftraggebers gehören muss, dafür Sorge zu tragen, dass Dritte nicht verletzt und Sachen Dritter nicht beschädigt werden.

22. Qualitätssicherung. Die Arbeiten sind immer häufiger nach den Anforderungen eines Qualitätssicherungssystems durchzuführen, verbunden mit einer sorgfältigen und gewissenhaften Dokumentation aller Arbeitsschritte und Arbeitsabläufe nach definierten Kriterien (→ Form. III.1 Qualitätssicherung). Unter Qualitätssicherung ist jede geplante und systematische Tätigkeit zu verstehen, die innerhalb des QM-Systems verwirklicht wird und die dargelegt wird, um Vertrauen dahingehend zu schaffen, dass eine Einheit die Qualitätsforderung erfüllen wird (DIN EN ISO 8402, Ziffer 3.5). Zusätzliche bzw. nicht erwartete neu aufgetretene Problemstellungen oder gar Fehler innerhalb eines Arbeitsschrittes/Arbeitsprogrammpaketes sind in sehr vielen Fällen auf Tätigkeiten oder Fehler innerhalb eines früheren Arbeitsschrittes/Arbeitsprogrammpaketes zurückzuführen. Um somit die Ursache des neu aufgetretenen Problemes ohne Zeitverzug erkennen bzw. in einem neuen Anlauf lösen oder eventuell umgehen zu können, ist ein lückenloses Nachvollziehen der bisher durchgeführten Leistungen unerlässlich. Ein nachträgliches Recherchieren oder das Reproduzieren eines Vorganges, um die Ursache des neu aufgetretenen

Problems bzw. Fehlers ausfindig zu machen, erfordert in den meisten Fällen sehr viele kosten- und zeitintensive Anstrengungen und kann im schlimmsten Fall die Durchführung des gesamten Vorhabens in Frage stellen. Deshalb gilt es, von Anfang an Maßnahmen zur Fehlerverhütung zu ergreifen bzw. ein rasches Reagieren auf Unerwartetes zu ermöglichen. Der Einsatz eines Qualitätssicherungssystemes als eines der wichtigsten Maßnahmeninstrumente ist hierbei unerlässlich.

Die Mindeststandards bzw. Minimalanforderungen, die an ein Qualitätsmanagementsystem zu stellen sind, sind in der branchenneutral gehaltenen Normenreihe DIN ISO 9000 bis 9004 beschrieben. Eine Zertifizierung durch anerkannte Zertifizierer (www.dakks.de) erfolgt nur noch nach der DIN EN ISO 9001 Norm. Inhalte und Ziele dieser Normenreihe lassen sich wie folgt darstellen:

- **DIN EN ISO 9000:2005**
  Hier werden insbesondere die Grundlagen für Qualitätssicherungssysteme erläutert.
- **DIN EN ISO 9001:2015**
  Hervorgehoben werden Grundsätze des Qualitätssicherungsystems wie zB Kundenorientierung, Verantwortlichkeit der Führung, Einbeziehung der beteiligten Personen, prozessorientierter Ansatz, Systemorientierter Managementansatz, kontinuierliche Verbesserung, Lieferantenbeziehungen, etc.
- **DIN EN ISO 9004**
  Beschreibung eines Grundstocks von Elementen der Qualitätssicherung und Bereitstellen eines Leitfadens zur Entwicklung und Einführung von QS-Systemen.

Neben der Berücksichtigung derartiger allgemeiner und branchenunabhängiger Standards für das Qualitätsmanagement gibt es auch eine Vielzahl von branchenspezifischen Besonderheiten der Qualitätssicherung, wie zum Beispiel in der Automobilbranche die ISO/TS 16949, bei Medizinprodukten die DIN EN ISO 13485 oder im Maschinenbau die DIN EN ISO 12100.

Das Stiefkind in der Literatur über Qualitätssicherung sind aber weiterhin die Projekte der angewandten Forschung. Trotzdem verhalten sich erfahrungsgemäß Auftragsforschungsunternehmen qualitätsorientiert, indem aufgrund der forschungsspezifischen Anforderungen sehr individuelle betriebsinterne QS-Systeme entwickelt, implementiert und gepflegt werden. Forschungsvorhaben sind keinesfalls mit einem Herstellungsverfahren vergleichbar, da jederzeit unerwartete Problemstellungen auftreten können, die zu einer neuen Vorhabensstrukturierung zwingen können. Flexibles Reagieren muss hier jederzeit möglich sein. Darüber hinaus ist besonders zu berücksichtigen, dass von den jeweiligen wissenschaftlichen Mitarbeitern bzw. Forschern ein relativ hohes Maß an Kreativität abverlangt wird, wohingegen der typische Fertigungsingenieur das Entwicklungs- bzw. Herstellungsziel genau kennt, weil es einschränkungslos in einer Leistungsbeschreibung bzw. Spezifikation dokumentiert ist. Bei den QS-Systemen in den Forschungsbereichen kann es somit sinnvoll sein, nicht nur Festlegungen über allgemeine, sondern auch über projektindividuelle QS-Maßnahmen zu treffen (dazu bereits vor vielen Jahren: *Schimmel/Schramm* QZ 1987, 557 ff.). Allgemeine QS-Maßnahmen sind einschränkungslos bei allen Forschungsvorhaben anzuwenden (zB Kalibrierung von Mess- und Prüfgeräten, Lieferantenprüfungen, Wareneingangsprüfungen, usw). Projektspezifische Qualitätssicherungsmaßnahmen werden anhand der Vorhabensanforderungen individuell definiert.

23. **Altschutzrechte als Akquisitionsinstrumentarium.** Bereits vorhandene Altschutzrechte des Auftragnehmers vereinfachen nicht nur seine Akquisitionsanstrengungen, sondern erleichtern auch die Verhandlungen zur Frage der Inhaberschaft von Neuschutzrechten (§ 7) und zur Regelung der späteren Verwertung (§ 9). Das Vorliegen von Erfindungen, Patentanmeldungen und ggf. auch bereits erteilten Patenten zum jeweils forschungsgegenständlichen Technologiegebiet vor Abschluss eines Forschungsvertrages bzw. insbesondere vor Aufnahme von Vertragsverhandlungen lassen ein Auftragsfor-

schungsunternehmen als kompetenten Gesprächspartner und somit potentiellen Auftragnehmer erscheinen. Wurden auf dem interessierten Technologiegebiet von Arbeitnehmern des künftigen Auftragnehmers bereits Erfindungen getätigt und auch gemäß § 5 ArbNErfG dem Arbeitgeber gemeldet, ist diesem tunlichst anzuraten, diese Erfindungen bei entsprechender Bedeutung nicht nur in Anspruch zu nehmen (§ 6 ArbNErfG), sondern auch unverzüglich zum Schutzrecht anzumelden. Mit der Inanspruchnahme gehen alle vermögenswerten Rechte an der Diensterfindung auf den Arbeitgeber über. Kommt es aufgrund irgendwelcher Verzögerungen erst während der Laufzeit des Forschungsvorhabens zur Anmeldung beim Patentamt, ist ein unnötiger Konfliktherd geboren, der ggf. die weitere Zusammenarbeit der Vertragspartner in nicht unerheblichem Maße belasten kann: die der Schutzrechtsanmeldung innewohnende Erfindung kann ggf. dem Schicksal der so genannten Neuschutzrechte unterliegen; falls sogar Mitarbeiter des Auftraggebers sich aktiv an den Forschungsarbeiten beteiligen, entsteht erfahrungsgemäß der regelmäßige Streit um das Vorliegen einer möglichen Miterfindereigenschaft (Gemeinschaftserfindungen) sowie der Höhe deren Anteils. Wichtig ist, dass die Auftragsforschungsunternehmen auf den einzelnen Technologiegebieten ihren jeweiligen Schutzrechtsbestand und deren Bedeutung für den Markt kennen, um sich nicht nur als qualifiziertes Technologieunternehmen anbieten zu müssen, sondern sich insbesondere durch ein auftragsbezogenes Alleinstellungsmerkmal von den Wettbewerbern abheben zu können. Werden die Vertriebs- und Marketingabteilungen des F+E-Anbieters mit den notwendigen Informationen um die jeweiligen Schutzrechtsbestände qualifiziert versorgt, ist es zwar nicht unbedingt ein Leichtes, auf dem jeweiligen Gebiet aufgrund bereits vorhandener Schutzrechte entsprechende Forschungsaufträge zur Weiterforschung bzw. -entwicklung zu erhalten. Allerdings gewinnt der Schutzrechtsinhaber eher Gehör bei künftigen Vertragspartnern, zumal wenn diesen bewusst ist, dass eine Umgehung dieser Schutzrechte nicht möglich ist und bei Verfolgung ihrer eigenen Interessen eine Vertragsbeziehung (zB Lizenzierung) mit dem Eigentümer des Geistigen Eigentums unumgänglich erscheint. Unabhängig davon ist das Vorhandensein von Altschutzrechten der beste Beweis für den behaupteten Know-how-Vorsprung und unterstreicht die Qualifikation des potentiellen Bewerbers: sie sind seine Referenzen für seine Bemühungen um den Erhalt eines Forschungsauftrages (neben den sich aus diesen Schutzrechten ergebenden Verbietungsrechten).

24. Altschutzrechte als Kommerzialisierungspotential. Erfahrungsgemäß beanspruchen Auftraggeber von Forschungsverträgen nicht nur die aus dem Vorhaben entstandenen Forschungsergebnisse, sondern auch die alleinige Inhaberschaft von während der Laufzeit des Projektes getätigter Erfindungen und daraus resultierender Schutzrechte. Dieses meistens für den Auftragnehmer unerwünschte Ergebnis kann eventuell dann abgewendet werden, wenn der Auftragnehmer bereits im Vorfeld erhebliche Forschungs- und Entwicklungsanstrengungen zum gleichen Thema unternommen und entsprechende Erfindungen zum Schutzrecht angemeldet hatte, um dadurch in eine stärkere Verhandlungsposition zu rücken.

An diesem Know-how-Vorsprung war der Auftraggeber weder finanziell noch fachlich beteiligt, er kommt ihm aber indirekt über die Verkürzung der Projektlaufzeit und einer reduzierten Vergütungssumme zugute, indem der Auftragnehmer das gewonnene Know-how in das Forschungsprojekt einbringt. Die Regelung gemäß § 3 Abs. 3 zur Zahlung einer Einmalzahlung als ganze oder teilweise Abgeltung der Finanzierung der Vorarbeiten ist deshalb anzustreben. Mit dieser Einmalzahlung wird allerdings nur die getätigte Forschungsarbeit vergütet; eine Übertragung der Rechtsposition des Auftragnehmers an im Vorfeld getätigter Erfindungen oder entsprechender gewerblicher Schutzrechte ist damit nicht verbunden. Die künftige Handhabung dieser Rechtsposition oder Inhaberschaft an vorhandenem Geistigem Eigentum bedarf einer weiteren Regelung unter den Vertragspartnern.

In diesem Sinne ist gleichermaßen die Erzielung eines wirtschaftlichen Vorteiles oder auch eines Erlöses für den Auftragnehmer wegen solcher vorhandener Altschutzrechte angezeigt, wobei primär an eine indirekte Partizipierung an der kommerziellen Verwertung über den Weg der Lizenzierung der Neuschutzrechte gemäß § 9 zu denken ist. Eine detaillierte Auflistung bereits vorhandener Altschutzrechte (Schutzrechtsthema, Anmeldetag, amtliche Nummer, Anmeldeländer) ist somit unerlässlich.

25. **Die Inhaberschaft an Neuschutzrechten.** Während die so genannten Altschutzrechte gemäß § 6 den Bestand an angemeldeten und erteilten Patenten auf dem forschungsgegenständlichen Gebiet vor dem Zeitpunkt des Abschlusses des Forschungsvertrages beinhalten (→ Anm. 23), umfassen die so genannten Neuschutzrechte alle während der Laufzeit des jeweiligen Forschungsvorhabens getätigten Erfindungen und Schutzrechtsanmeldungen. Ist noch die Eigentümerstellung des Auftragnehmers bei den Altschutzrechten unstreitig, gibt es zur Frage der Inhaberschaft von während der Laufzeit eines Forschungsvorhabens entstandener Erfindungen bzw. Schutzrechte regelmäßig unsachliche und somit unnötige Diskussionen, wenn ein Forschungsvertrag eine ausdrückliche Regelung nicht beinhaltet. Grundsätzlich ist zwischen der reinen Vertragsleistung, nämlich den bloßen Forschungsarbeiten einerseits und den Rechten der Urheber bzw. Erfinder andererseits zu unterscheiden. Entstandene Erfindungen und daraus resultierende Schutzrechte wurden regelmäßig weder mit der Erteilung eines Forschungsauftrages beauftragt, noch waren oder sind sie von dem vereinbarten Vergütungsbetrag abgedeckt und damit abgegolten. Vertragsgegenstand ist ein bestimmtes Arbeitsergebnis, nicht jedoch eine schutzfähige Erfindung (*Kroitzsch* GRUR 1974, 177 (178 f.)). Leistung und Gegenleistung eines Forschungsauftrages bewegen sich grundsätzlich um die vergüteten Forschungsergebnisse bzw. durchgeführten Forschungsarbeiten. Schutzrechte als „selbstständige Nebenprodukte" eines solchen Vertrages sind der Rechtsposition des Auftragnehmers zuzurechnen. Das Recht auf das Patent hat der Erfinder oder sein Rechtsnachfolger (§ 6 S. 1 PatG). Grundsätzlich ist zunächst davon auszugehen, dass allein die Erfüllung eines erteilten Forschungs- und Entwicklungsauftrages einerseits und die Entgegennahme der vertraglich vereinbarten Vergütung andererseits noch nicht dazu führen kann, dass entstandene Erfindungen bzw. Erfinderrechte auf den Auftraggeber zu übertragen sind. Mit Rücksicht auf die regelmäßig auf dem Spiel stehenden persönlichkeits- und vermögensrechtlichen Interessen eines (freien) Erfinders bzw. eines externen Auftragsforschungs- und Entwicklungsunternehmens kann nur dann eine (automatische) Übertragung der Erfinderrechte in Betracht kommen, falls dies ausdrücklich oder wenigstens in einer klar erkennbaren stillschweigenden Abrede zwischen Auftraggeber und Auftragnehmer abgesprochen wurde (BGH GRUR 1979, 540 (542) – Biedermeiermanschetten). Ausnahmsweise kann jedoch eine sich aus Treu und Glauben (§ 242 BGB) ergebende Übertragungspflicht bestehen, insbesondere dann, wenn Organmitglieder, zum Beispiel Geschäftsführer, innerhalb eines Unternehmens erfinderisch tätig sind und die Anwendbarkeit des ArbNErfG auf die Rechtsbeziehung zwischen Unternehmen und Organ nicht vereinbart wurde. Schließlich ist noch zu beachten, dass im Rahmen eines Forschungs- und Entwicklungsauftrages selbst bei fehlender Absprache ggf. die stillschweigende Verpflichtung gesehen werden kann, dem Auftraggeber wenigstens ein (einfaches) Benutzungsrecht an einer auf den Auftragsgegenstand bezogenen Erfindung einzuräumen. Der im Rahmen eines Werkvertrages tätig gewordene Hersteller kann beispielsweise auch verpflichtet sein, eine im Zusammenhang mit der Vertragserfüllung gemachte Erfindung auf den Hersteller zu übertragen; bei Fehlen einer ausdrücklichen Abrede sind für die Frage, ob eine stillschweigend übernommene Verpflichtung vorliegt, insbesondere der Aufgaben- und Pflichtenkreis des Herstellers sowie die diesem zugesagte Vergütung heranzuziehen. Diese differenzierte Betrachtungsweise führt nicht selten zu einem nicht unerheblichen Spannungsverhältnis unter den Vertragspartnern, insbesondere wenn der Auftraggeber – auf den ersten Blick vielleicht verständlich – argumentiert, er habe ein umfassendes Anrecht nicht nur auf die Forschungsergebnisse, sondern auch

auf die Eigentümerstellung an entstandenen Schutzrechten allein aufgrund der von ihm geleisteten hundertprozentigen Projektfinanzierung. Den Vertragspartnern ist dringend anzuraten, die Frage der Inhaberschaft und Handhabung der Neuschutzrechte unmissverständlich und offen zu diskutieren und das Ergebnis der Verhandlung im Vertrag zur Niederschrift zu bringen. In diesem Sinne ist die Regelung unter § 7 zu verstehen, die die Inhaberschaft des Auftragnehmers vorsieht. Alternativ dazu kann auch geregelt werden, dass eventuelle während des Projektes entstandene Erfindungen bzw. Schutzrechtsanmeldungen vom Auftragnehmer dem Auftraggeber zur eigentumsrechtlichen Übernahme angeboten werden: ein entsprechender Formulierungsvorschlag findet sich unter nachfolgender → Anm. 27.

Die vorliegende Fallgestaltung setzt voraus, dass der Auftragnehmer nicht Arbeitnehmer iSd § 1 ArbNErfG ist; zur Behandlung von Arbeitnehmererfindungen s. *Pitz/Schubert/Jentsch,* Arbeitnehmererfindungsrecht, in: Münchener Vertragshandbuch Bd. 3 Wirtschaftsrecht II, → Form. VII.1 → Form. VII.19.

26. Schutzrechte verbleiben beim Auftragnehmer. § 7 Abs. 1 auferlegt dem Auftragnehmer zunächst die Verpflichtung zur unbeschränkten Inanspruchnahme der Erfindung sowie deren Anmeldung zum Schutzrecht im eigenen Namen. Diese Verpflichtung ist insbesondere wegen der dem Auftraggeber eingeräumten exklusiven Option auf Abschluss eines Lizenzvertrages über die Nutzung der Neuschutzrechte von wesentlicher Bedeutung. Mit dieser Optionsberechtigung korrespondiert die unmissverständliche Aussage unter § 7 Abs. 1 S. 2, wonach diese Neuschutzrechte ausschließlich dem Auftragnehmer zustehen, er somit als Anmelder auch der alleinige Inhaber dieser Schutzrechte ist. Damit kommt ihm die Wirkung des Patentes mit dessen Erteilung zugute, wonach der Auftragnehmer allein befugt ist, die patentierte Erfindung zu benutzen (§ 9 Abs. 1 S. 1 PatG). Dieses positive Benutzungsrecht gilt es nach Abschluss des Forschungsvertrages dem Auftraggeber bzw. künftigen Lizenznehmer einzuräumen, falls dieser sein Optionsrecht gemäß § 9 ausübt und die Vertragspartner einen Lizenzvertrag abschließen.

Falls durch den Auftraggeber im Rahmen des Forschungsvertrages teilweise eine Personalgestellung (→ Anm. 10) vorgesehen ist, empfiehlt es sich zur Vermeidung eventueller Auslegungsprobleme nicht nur die Rechte und Pflichten der Neuschutzrechte des Auftragnehmers zu regeln, sondern auch entsprechende Vereinbarungen bei der Entstehung von gemeinschaftlichen Neuschutzrechten herbeizuführen (§ 7 Abs. 2–4). Falls die Frage der Gemeinschaftserfindung nicht ausdrücklich im Vertrag geregelt ist, sind die Vorschriften der bürgerlich-rechtlichen Gesellschaft (§§ 705 ff. BGB) oder der Bruchteilsgemeinschaft (§§ 741 ff. BGB) heranzuziehen. Vgl. dazu Palandt/*Sprau* BGB § 741 Rn. 2, 3 und BGH NJW-RR 2005, 1200 (1201).

27. Schutzrechte erhält der Auftraggeber. Falls zu einem Forschungsprojekt seitens des Auftragnehmers weder Altschutzrechte vorhanden sind noch Vorleistungen erbracht wurden, ist die Ausgangssituation zur Beantwortung der Frage nach der Inhaberschaft neu entstehender Schutzrechte sowie deren Verwertung unbeschadet der tatsächlichen Rechtsposition des Auftragnehmers grundsätzlich eine andere. In diesem Fall kann es sachgerecht sein, die Schutzrechte und deren Benutzungsmöglichkeit uneingeschränkt auf den Auftraggeber zu übertragen. § 6 würde entfallen, § 8 wäre entsprechend anzupassen und § 7 könnte alternativ wie folgt geregelt werden:

„(1) Erfindungen, die Arbeitnehmer des Auftraggebers während der Dauer dieses Vertrages auf dem Gebiet des Vertragsgegenstandes gemäß § 1 tätigen („Neuschutzrechte"), werden dem Auftraggeber unverzüglich nach Meldung durch den Arbeitnehmer schriftlich zur Kenntnis gebracht und zur Übernahme angeboten. Der Auftraggeber wird dem Auftragnehmer bis spätestens 4 Wochen vor Ablauf der gesetzlichen Inanspruchnahmefrist schriftlich mitteilen, ob er die Rechte an der Erfindung zu übernehmen wünscht. Der Auftraggeber wird die Erfindung und alle ihm darüber mitgeteilten Einzelheiten so lange geheim halten, wie es für die reibungslose Durchführung einer Schutzrechtsanmeldung erforderlich ist.

(2) Vorbereitung und Durchführung von Schutzrechtsanmeldungen übernimmt der Auftraggeber. Wenn der Auftraggeber es wünscht, veranlasst der Auftragnehmer diese für ihn; hierüber ist sodann eine gesonderte Vereinbarung herbeizuführen. Die Kosten der Schutzrechtsanmeldungen fallen nicht unter die Vergütung gemäß § 3 Abs. 1.

(3) Falls der Auftraggeber schriftlich mitteilt, kein Interesse an der Übernahme der Rechte an der Erfindung zu haben, ist der Auftragnehmer berechtigt, diese beschränkt oder unbeschränkt in Anspruch zu nehmen und auf eigene Kosten zum Schutzrecht anzumelden. Das Schutzrecht steht dann dem Auftragnehmer uneingeschränkt zur Benutzung zu.

Alternativ zu Abs. 3 Satz 2:

Die Rechte an dem Schutzrecht verbleiben beim Auftragnehmer; dieser hat jedoch dem Auftraggeber ein kostenloses, unwiderrufliches, nicht übertragbares und einfaches Benutzungsrecht einzuräumen.

(4) Die vorstehenden Regelungen gelten auch für gemeinschaftliche von Arbeitnehmern des Auftragnehmers und des Auftraggebers getätigte Erfindungen mit der Maßgabe, dass sich die Vertragspartner einvernehmlich über die jeweiligen Erfinderanteile verständigen und das Ergebnis dieser Abstimmung schriftlich als Ergänzung zu diesem Vertrag gemäß § 18 Abs. 2 Satz 2 festlegen.

(5) Der die Erfindung oder die Schutzrechtsanmeldung übernehmende Auftraggeber tritt anstelle des Auftragnehmers in die Rechte und Pflichten des Arbeitgebers des Erfinders aufgrund der Vorschriften des Gesetzes über Arbeitnehmererfindungen ein, sofern der jeweilige Arbeitnehmer dem zustimmt; falls der Arbeitnehmer nicht zustimmt, stellt der Auftraggeber den Auftragnehmer von allen Rechten und Pflichten insoweit frei."

Bei einer solchen Ausgangssituation ist es erfahrungsgemäß für den potentiellen Auftragnehmer denkbar schwierig, mit dem künftigen Auftraggeber eine Vereinbarung entsprechend der Regelung gemäß § 7 herbeizuführen. Hier gilt es eher, eine Auftragserteilung nicht an der Frage der Inhaberschaft von Schutzrechten sowie deren Verwertungsmöglichkeiten scheitern zu lassen. Schließlich steht der Anbieter meistens in der Reihe einer Vielzahl von Wettbewerbern ohne ein besonderes Alleinstellungsmerkmal, welches ihn von den Konkurrenten wesentlich abhebt.

Die vorstehende Variante zu § 7 Abs. 1 sieht zunächst vor, dass der Auftraggeber dem Auftragnehmer spätestens 4 Wochen vor Ablauf der Inanspruchnahmefrist, somit spätestens binnen 3 Monaten nach Eingang der ordnungsgemäßen Erfindungsmeldung mitteilt, ob er an der Erfindung überhaupt interessiert ist. Falls er die Übernahme wünscht, ist zu klären, welcher der Vertragspartner die Vorbereitung und Durchführung der Schutzrechtsanmeldung unternimmt (vorstehende Variante § 7 Abs. 2). Mit dieser Vorgehensweise verbleibt für den Auftraggeber immer noch die Möglichkeit, die Erfindung in Anspruch zu nehmen, falls der Auftraggeber schriftlich mitteilt, kein Interesse an einer Übernahme zu haben (vorstehende Variante § 7 Abs. 3). In diesem Falle hätte der Auftragnehmer die Möglichkeit der uneingeschränkten Benutzung des Schutzrechtes. Für den Fall, dass sich der Auftraggeber mit einer entsprechend uneingeschränkten Nutzungsmöglichkeit seitens des Auftragnehmers während der Vertragsverhandlungen auf Abschluss des Forschungsvertrages nicht einverstanden erklärt, verbliebe noch die weitere Alternative, im Falle der vorstehenden Variante zu § 7 Abs. 3 auch dem Auftraggeber ein kostenloses, unwiderrufliches, nicht übertragbares und einfaches Benutzungsrecht an dem Neuschutzrecht einzuräumen.

28. Schutzrechtsaufgabe. Der unter § 8 Abs. 1 vorgesehene Fall der Aufgabe eines Schutzrechtes setzt voraus, dass eine Erfindung bereits zum Schutzrecht angemeldet oder schon erteilt wurde. Der unter § 7 Abs. 1 geregelte Sachverhalt bezieht sich demgegenüber auf den Zeitraum ab Erfindungsmeldung, jedoch noch vor der Anmeldung der Erfindung zum Schutzrecht. Im Falle eines Desinteresses des Auftragnehmers an dem jeweiligen Geistigen Eigentum sind alle diese Konstellationen nach § 8 Abs. 1 zu behandeln. Danach muss der nicht interessierte Auftragnehmer vor der endgültigen Aufgabe des Schutzrechtes bzw. Abstandnahme von der Inanspruchnahme der gemeldeten Erfindung, dem Auftraggeber die Übernahme ermöglichen. Die Übergabe hat kostenlos zu erfolgen, der Auftraggeber hätte lediglich die Kosten der Übertragung sowie Fortführung und Aufrechterhaltung des Schutzrechtes (amtliche Aufrechterhaltungsgebühren) zu tragen.

29. Abschluss von Forschungs- und Lizenzvertrag. Da im Zeitpunkt des Abschluss des Forschungsvertrages für die Vertragspartner nicht erkennbar ist, welche Ergebnisse mit welchen kommerziellen Nutzungsmöglichkeiten erzielt werden, ist grundsätzlich von einer gleichzeitigen rechtsverbindlichen Unterzeichnung eines Lizenzvertrages Abstand zu nehmen.

Außerdem sind viele für Lizenzvertragsverhandlungen bedeutsame Gesichtspunkte zu einem solch frühen Zeitpunkt regelmäßig nur wage bekannt oder es liegen nur betriebsinterne Prognosen vor. Insbesondere die für die Berechnung der Lizenzgebühren maßgeblichen Faktoren können dann noch nicht nach den tatsächlichen Gegebenheiten kalkuliert werden. Im Wesentlichen handelt es sich hierbei um solche wichtige Angaben wie konkrete Fertigungsmöglichkeiten, Analysen über die Wettbewerbssituation, Beurteilung der Absatz- und Ertragschancen, Abschätzung des künftigen Marktanteils, politische Einflüsse und steuerliche Gestaltungsmöglichkeiten. Gleichermaßen verhält es sich mit anderen wesentlichen Lizenzvertragsbedingungen, wie beispielsweise das sachliche und räumliche Vertragsgebiet, die Entscheidung über die Art der Lizenz (einfache oder exklusive Lizenz), die Einräumung der Möglichkeit einer Vergabe von Unterlizenzen oder das Recht des Lizenznehmers auf technische Hilfe. Alle diese notwendigen Regelungspunkte können mit gutem Gewissen im Zeitpunkt des Abschlusses des Forschungsvertrages noch nicht sinnvollerweise einer abschließenden Vereinbarung zugeführt werden. Dies insbesondere dann nicht, wenn dem Forschungsvertrag eine mittel- oder langfristige Laufzeit zugrunde liegt.

Dennoch erwarten die meisten Auftraggeber bereits bei Abschluss des Forschungsvertrages die abschließende vertragliche Fixierung der Lizenzvertragsbedingungen, um der regelmäßig unangebrachten Befürchtung überzogener Lizenzbedingungen durch den Auftragnehmer entgehen zu können. Außerdem erhoffen sich viele Auftraggeber zu diesem Zeitpunkt eine bessere Verhandlungsposition, indem die Erteilung des Forschungsauftrages in Aussicht gestellt wird für den Fall der Einräumung sehr moderater Lizenzbedingungen durch den Auftragnehmer.

In Abhängigkeit des dem jeweiligen Forschungsvorhaben zu Grunde liegenden Sachverhaltes ist im Interesse beider künftiger Lizenzvertragspartner dem Auftraggeber eine exklusive Option auf Abschluss eines Lizenzvertrages einzuräumen. Können die Bedingungen des künftigen Lizenzvertrages ausnahmsweise tatsächlich bereits endgültig fest geschrieben werden, ist der ausgehandelte Lizenzvertragstext als wesentlicher Bestandteil dem Forschungsvertrag beizufügen. In diesem Fall wird der Auftragnehmer dem Auftraggeber eine exklusive Option auf Abschluss eines Lizenzvertrages einräumen, dessen Vertragsbedingungen bereits verhandelt wurden und der als wesentlicher Bestandteil dem Forschungsvertrag beigefügt wird. In diesem Fall könnte der Formulierungsvorschlag zu § 9 Abs. 1 alternativ wie folgt lauten:

„(1) Der Auftragnehmer räumt dem Auftraggeber eine exklusive Option auf Abschluss der bereits festgelegten Bedingungen des als Anlage 3 beigefügten Lizenzvertrages über die Nutzung der Schutzrechte gemäß §§ 6 Abs. 1, 7 Abs. 1 und Abs. 2 ein."

Falls die Lizenzvertragsbedingungen objektiv noch nicht festgelegt werden können, können sich die Vertragspartner als Kompromiss zumindest auf diejenigen Eckdaten oder Grundsätze eines später noch zu verhandelnden Lizenzvertrages einigen, die auch ohne weiteres für die Vertragspartner in einem solchen frühen Stadium erkennbar und wichtig sind. Hierbei kann es sich zum Beispiel um die Festlegung des räumlichen und sachlichen Vertragsgebietes, die Bestimmung der Anwendungsfelder der Lizenz, die Art der Lizenz, usw handeln. Soweit noch über einzelne Regelungsinhalte Unklarheit herrscht, können sich die Vertragspartner deren „Branchenüblichkeit" und „Angemessenheit" zusichern (§ 9 Abs. 1).

Falls zu befürchten ist, dass sich die Vertragspartner künftig nicht über die Angemessenheit und die Branchenüblichkeit der noch zu verhandelnden Lizenzvertragsbedingungen ganz oder teilweise verständigen können, kann eine Schiedsgutachterklausel (§ 9 Abs. 1 S. 3) vorgesehen werden.

Bei dem Schiedsgutachter sollte es sich um einen sachverständigen Dritten handeln, der das Vertrauen beider Vertragspartner genießt und mit den juristischen, kaufmännischen und technischen Belangen eines Lizenzvertrages vertraut ist.

30. Die Optionsbedingungen. Die Optionsbedingungen (zur Abgrenzung vom Vorvertrag Palandt/*Ellenberger* BGB Einf. v. § 145 Rn. 19 ff., 23) unterliegen der jeweiligen Einzelfallbetrachtung, wobei auf jeden Fall die Optionsfrist festzulegen ist (§ 9 Abs. 2). Wegen der Exklusivität der eingeräumten Option, ist es dem Auftragnehmer während der Optionsperiode nicht gestattet, mit Dritten Lizenz- oder andere Verwertungsverträge abzuschließen. Regelmäßig wird dem Auftraggeber auch das Wahlrecht auf Verlängerung der Optionsfrist eingeräumt (§ 9 Abs. 2 S. 2).

Um spätere Streitigkeiten über die tatsächliche Ausübung der Option zu vermeiden, sollten sich die Vertragspartner über eine nachweisbare Form der Optionsausübung verständigen, wie es unter § 9 Abs. 4 vorgesehen ist.

Die Option kann dem Auftraggeber kostenlos oder gegen Zahlung eines einmaligen oder monatlich/vierteljährlich usw zu entrichtenden Optionspreises eingeräumt werden (§ 9 Abs. 3). Die Berechtigung des optionsverpflichteten Auftragnehmers auf Erhalt eines Optionspreises ergibt sich aus der rechtlichen und tatsächlichen Blockierung, während der Laufzeit der Option potentielle Verwertungschancen mit interessierten Dritten zu nutzen. Dieser geldwerte Vorteil des Know-how-Vorsprungs verringert sich mit dem Zeitablauf, so dass der Optionspreis ein entsprechendes Äquivalent darstellt. Zur Klarstellung ist festzulegen, dass im Falle der Nichtausübung der Option der Optionspreis beim Auftragnehmer verbleibt und nicht rückzahlbar ist (§ 9 Abs. 5 S. 1). Darüber hinaus empfiehlt sich eine Verständigung, ob im Falle des Abschluss eines Lizenzvertrages der gezahlte Optionspreis mit der vom Auftraggeber bzw. Lizenznehmer später zu zahlenden Lizenzgebühr zu verrechnen ist oder ob keine Anrechnung stattfinden soll (für den erstgenannten Fall: § 9 Abs. 5 S. 2).

Sofern der Auftraggeber nach Abschluss des Forschungsvertrages die eingeräumte Option auf Abschluss eines Lizenzvertrages nicht ausübt, ist eine Klärung der Benutzungsrechte an den gemeinschaftlichen Schutzrechten gemäß § 7 Abs. 2 notwendig, um eine potentielle kommerzielle Verwertung nicht zu blockieren. Gerade weil der Auftraggeber durch die Nichtausübung der Option zum Ausdruck brachte, dass offensichtlich eine Verwertung von geringem Erfolg sein wird, dürfte seine Motivation, diese Schutzrechte im Markt zu veräußern oder zu lizenzieren relativ gering sein. Darüberhinaus wäre gegebenenfalls zu befürchten, dass er solche Verhandlungen mit potentiellen Wettbewerbern führen müsste. Deshalb erscheint es sachgerecht, dem Auftragnehmer die Federführung in der weiteren Verwertung dieser Schutzrechte zu überlassen. Hinzu kommt, dass erfahrungsgemäß die Auftragnehmer von Forschungsaufträgen den Lizenzmarkt kennen und sich aktiv um den Erhalt eines zusätzlichen Vermarktungserlöses bemühen. Als weiteren Anreiz für den Auftraggeber, die Regelung unter § 9 Abs. 6 S. 1 zu akzeptieren, ist zudem unter Satz 2 eine Erlösbeteiligung für den Fall einer Verwertungshandlung zugunsten des Auftraggebers vorgesehen.

31. Geheimhaltung von Ergebnissen und Erkenntnissen. Innovative Forschungsergebnisse sind für die Vertragspartner nur dann von wirtschaftlichem Nutzen, wenn durch sie nicht nur ein technischer, sondern insbesondere auch ein zeitlicher Innovationsvorsprung im Verhältnis zu den potentiellen Wettbewerbern gewährleistet werden kann.

Die Verpflichtung des Auftragnehmers zur Geheimhaltung projektspezifischer Ergebnisse und Erkenntnisse gewinnt mithin grundsätzliche Bedeutung. Aus diesem Grunde ist dringend anzuraten, im abzuschließenden Vertrag ausdrücklich festzulegen, dass alle während der Durchführung der Forschungsarbeiten gewonnenen bzw. erzielten Ergebnisse und Erkenntnisse exklusiv dem Auftraggeber zur Verfügung zu stellen sind. Eine Weitergabe an Dritte ist grundsätzlich auszuschließen, es sei denn, der Auftraggeber erteilt hierzu seine Zustimmung (§ 10 Abs. 1 S. 1). Bei der Zustimmungserteilung ist zudem das gewillkürte Schriftformerfordernis (§ 127 BGB) zu empfehlen.

Obgleich die unzulässige Weitergabe von vertraulichen Projektinformationen an Wettbewerber die Ausnahme ist, sind erfahrungsgemäß eher die Fälle der mittelbaren Wissensübermittlung aufgrund der eigenen Mentalität der Wissenschaftler vorstellbar und daher besonders zu beachten und zu berücksichtigen. Wissenschaftler pflegen den fachlichen Informationsaustausch auf nationaler und internationaler Ebene. Neben vielen Diskussionen mit Fachkollegen außerhalb der eigenen Organisation ist nicht nur die passive, sondern auch die aktive Teilnahme an Fachtagungen, Kongressen, Seminarveranstaltungen, nebenberufliche Lehrtätigkeiten, usw keine Seltenheit, sondern die Regel. Im Rahmen des hierbei stattfindenden fachlichen Gedankenaustausches kann es ohne weiteres gelegentlich geschehen, dass die Grenze zur Verschwiegenheit nicht mehr gegenwärtig ist oder ins Abseits gerät, weil die wissenschaftliche Fachdiskussion in den Mittelpunkt rückt und vertragliche und/oder gesetzliche Verpflichtungen an Bedeutung verlieren. Gleiches gilt für die Wissensvermittlung durch fachliche Publikationen.

32. Geheimhaltung von Geschäfts- und Betriebsgeheimnissen. Nicht nur projektspezifische Erkenntnisse unterliegen der Geheimhaltungsverpflichtung durch den Auftragnehmer, sondern auch Geschäfts- und Betriebsgeheimnisse des Auftraggebers, die dieser dem Auftragnehmer gegenüber offenbart. Ein Geschäfts- oder Betriebsgeheimnis liegt vor, wenn Tatsachen im Zusammenhang mit einem Geschäftsbetrieb, die nur einem eng begrenzten Personenkreis bekannt und nicht offenkundig sind, nach dem Willen des Unternehmens aufgrund eines berechtigten wirtschaftlichen Interesses geheim gehalten werden (BAG NJW 1983, 134). Geschäftsgeheimnisse beziehen sich regelmäßig auf den kaufmännischen Geschäftsverkehr, die Betriebsgeheimnisse hingegen grundsätzlich auf den technischen Betriebsablauf (Köhler/Bornkamm/*Köhler* UWG § 17 Rn. 4 ff.). Um Geschäftsgeheimnisse handelt es sich beispielsweise bei Kundenanschriften (BGH GRUR 2003, 356 (358)), Kundendatenprogramm (BGH GRUR 2006, 1044 Rn. 19), Kalkulations- und Angebotsunterlagen (BGH NJW 1995, 737 (738)) und bei Preiskalkulationen (OLG Stuttgart GRUR 1982, 315 (316)). Betriebsgeheimnisse liegen beispielsweise in folgenden Fällen vor: Entwicklungsunterlagen für einen Prozessrechner (BGH GRUR 1977, 539 (540)), Konstruktionsunterlagen (BGH GRUR 1983, 179 (180)), Rezeptur eines Medikaments (BGH GRUR 1980, 750 (751)), Modellskizzen (BGH GRUR 1980, 296), auch Computerprogramme können Betriebsgeheimnisse darstellen (OLG Celle CR 1989, 1002; LG Stuttgart NJW 1991, 441).

Die Kenntnis des Auftragnehmers über derartige Geschäfts- und Betriebsgeheimnisse des Auftraggebers können projektspezifisch für die konkrete Durchführung der Forschungsarbeiten von erheblicher Wichtigkeit sein, weil eben die angestrebten Innovationen auf die Geschäftstätigkeit des Auftraggebers zugeschnitten sein sollen und deshalb zielorientiert unter Berücksichtigung individueller Anforderungen und Gegebenheiten des beauftragenden Unternehmens geforscht werden muss. Ein entsprechender Informationsaustausch über Geschäfts- und Betriebsgeheimnisse ist deshalb oftmals zwangsläufig und kann sich ggf. sogar zu einer vertraglichen Mitwirkungspflicht des Auftraggebers konkretisieren.

33. **Geheimhaltung von Erfindungen/Schutzrechtsanmeldungen.** Gemäß § 10 Abs. 2 des Vertragsentwurfes sind die Vertragspartner (beide!) verpflichtet, über Schutzrechtsanmeldungen bis zum Tag der Offenlegung strengstes Stillschweigen zu bewahren. Nach § 31 Abs. 2 Nr. 2 PatG kann die Offenlegung (§ 32 PatG, Veröffentlichungen des Patentamtes) erst erfolgen, wenn seit dem Tag der Einreichung der Anmeldung oder, sofern für die Patentanmeldung ein früherer Zeitpunkt als maßgebend in Anspruch genommen wird, seit diesem Zeitpunkt 18 Monate verstrichen sind. Ab diesem Zeitpunkt steht gemäß § 31 Abs. 2 PatG jedermann die Einsicht in die Akten der Patentanmeldung frei und bleiben künftig auch frei einsehbar.

Der Gegenstand einer noch nicht offen gelegten Patentanmeldung genießt noch keinen Schutz gegen unbefugte Benutzung, so dass im Vertrag selbst eine eigenständige gegenseitige Geheimhaltungsverpflichtung bezogen auf Schutzrechtsanmeldungen notwendig ist.

§ 10 Abs. 2 bezieht sich aber nicht nur auf Schutzrechtsanmeldungen, sondern auch auf „entstandene Erfindungen", die ggf. erst noch zum Schutzrecht anzumelden sind. Schutzrechte werden nur für Erfindungen erteilt, die „neu" sind (§§ 1 Abs. 1, 3 Abs. 1 PatG; §§ 1 Abs. 1, 3 Abs. 1 GebrMG). Wegen der Vermeidung der einer Schutzrechtserteilung entgegenstehenden Neuheitsschädlichkeit der Erfindung sind in die Geheimhaltungsverpflichtung entsprechend § 10 Abs. 2 auch „entstandene Erfindungen" mit einzubeziehen. Mitteilungen – mündlich, schriftlich oder in sonstiger Weise – und Benutzungshandlungen des Erfinders bedeuten keine neuheitsschädliche Preisgabe des Erfindungsgedankens, wenn der Mitteilungsempfänger einer Geheimhaltungspflicht unterworfen ist (*Benkard* PatG § 3 Rn. 67).

34. **Geheimhaltungsverpflichtung Dritter.** Zur Vermeidung von Unsicherheiten empfiehlt es sich außerdem, die Geheimhaltungsvereinbarung entsprechend § 10 Abs. 1 und Abs. 2 vollinhaltlich an die in das Forschungsvorhaben eingebundenen Unterauftragnehmer und freie Mitarbeiter durchzureichen.

In besonders gelagerten Fällen kann es erforderlich sein, dass der jeweils andere Vertragspartner ausdrücklich verpflichtet wird, die Verpflichtung zur Geheimhaltung projektspezifisch auf dessen Arbeitnehmer weiterzugeben und auch schriftlich zu dokumentieren, obgleich sich bereits eine entsprechende Verpflichtung zur Verschwiegenheit aus dem zu Grunde liegenden Arbeitsverhältnis ergibt.

Gelegentlich kommt es vor, dass Auftragsforschungsunternehmen besonderen Wert darauf legen, weder direkt noch indirekt im Rahmen von Veröffentlichungen oder Bekanntmachungen durch den Auftraggeber benannt zu werden. Die Gründe sind meistens geschäftspolitischer Natur, da zu Lasten derartiger Marketingaktionen die Unabhängigkeit und Neutralität der eigenen Organisation auf lange Sicht höher bewertet wird. In diesem Sinne ist der Regelungsvorschlag unter § 10 Abs. 4 zu verstehen.

35. **Gesetzliche und arbeitsvertragliche Geheimhaltungspflichten.** Zum Schutz von Geschäfts- und Betriebsgeheimnissen stehen sowohl strafrechtliche als auch zivilrechtliche gesetzliche Instrumentarien zur Verfügung. Außerdem ist zu differenzieren zwischen der arbeitsrechtlichen Verschwiegenheitsverpflichtung und der sonstigen vertraglichen Geheimhaltungsverletzung bzw. Ausspähung von Betriebsgeheimnissen.

Die wichtigsten strafrechtlichen Schutzvorschriften sind in § 23 GeschGehG geregelt. Ergänzend ist auf § 204 StGB sowie (für Amtsträger) auf § 353b StGB hinzuweisen.

Der zivilrechtliche Geheimnisschutz basiert auf mehreren Anspruchsgrundlagen (*Kraßer* GRUR 1977, 177 ff.). Wichtigste Vorschriften sind diejenigen zur Geltendmachung von Schadenersatzansprüchen gegenüber dem Täter. Die Strafvorschriften des § 23 GeschGehG sind Schutzgesetze iSd § 823 Abs. 2 BGB (OLG München NJW-RR 1996,

1134). Daneben kann bei der Geltendmachung von Schadenersatzansprüchen meistens auch auf § 823 Abs. 1 BGB zurückgegriffen werden, insbesondere in Fällen des Diebstahls oder der Unterschlagung von Unterlagen, Konstruktionszeichnungen, Berechnungen, Disketten, Funktionsmuster, Prototypen etc. Im Falle einer vorsätzlichen sittenwidrigen Schädigung des Betriebsinhabers durch den Täter kann auch § 826 BGB als Anspruchsgrundlage greifen (BGH NJW 1977, 1062 f.).

Handelt es sich bei dem Täter um einen beim betroffenen Betriebsinhaber Beschäftigten, sind die arbeitsvertraglichen Verschwiegenheitspflichten zu beachten. Diese erstrecken sich auf alle Geschäfts- und Betriebsgeheimnisse (BAG NJW 1988, 1686 f.). Ein Arbeitnehmer ist auch nach Beendigung des Arbeitsverhältnisses verpflichtet, Verschwiegenheit über Geschäfts- und Betriebsgeheimnisse seines Arbeitgebers zu bewahren (BAG NJW 1988, 1686 f.). Teilweise finden sich auch in tarifvertraglichen Vorschriften nachvertragliche Verschwiegenheitspflichten (zB in § 9 Abs. 4 BAT). Im Falle der Verletzung der Verschwiegenheitspflicht macht sich der Arbeitnehmer gegenüber dem Arbeitgeber schadensersatzpflichtig. Außerdem kann der Arbeitnehmer auf Unterlassung in Anspruch genommen werden. Schließlich kann dem Arbeitnehmer im Falle der Verletzung seiner Verschwiegenheitsverpflichtung grundsätzlich ordentlich gekündigt werden, beim Vorliegen einer erheblichen Schwere des Fehlverhaltens ist auch eine fristlose Kündigung des Arbeitnehmers gerechtfertigt (LAG Rheinland-Pfalz Urt. v. 16.9.2011 – 6 SA 278/11, ZD 2012, 133 f.).

36. **Schutzrechte Dritter.** Bereits den Warenhersteller trifft die Verpflichtung zur regelmäßigen Überwachung von Schutzrechtsanmeldungen und -erteilungen Dritter bezogen auf seine Produktpalette (BGH GRUR 1977, 598 (601)). Eine gesteigerte Sorgfaltspflicht wird von einem Forschungs- und Entwicklungsunternehmen aufgrund der besonderen Sachkunde und Nähe zum Vertragsgegenstand erwartet (OLG Düsseldorf GRUR 1963, 84 (86)). Erfahrungsgemäß werden entsprechende Schutzrechtsrecherchen unter Inanspruchnahme der von Patentinformationszentren (Adressen unter **www.PIZnet.de**) angebotenen Dienste selbst durchgeführt. In Deutschland gibt es über 20 Patentinformationszentren (PIZ), die Recherchen im Auftrag durchführen oder auch individuell unterstützen. Oftmals empfiehlt es sich aber, derartige Nachprüfungen nicht selbst, sondern durch einen externen professionellen Patentrechercheur durchführen zu lassen, ggf. unter Einbeziehung eines Patentanwaltes oder eines auf dem Gebiet der Schutzrechte erfahrenen Rechtsanwaltes. Dadurch kann das Kriterium der fahrlässigen Pflichtverletzung nachweislich am ehesten überwunden werden. Aus Gründen der Überschaubarkeit und finanziellen Kalkulierbarkeit sollte die Verpflichtung zur Nachforschung nach evtl. entgegenstehenden Schutzrechten räumlich begrenzt werden. Falls sich der Markt des Auftraggebers nur im Inland befindet, und er beabsichtigt, aufgrund der Forschungsergebnisse hergestellte Gegenstände oder Verfahren nur in diesem Gebiet zu vertreiben, reicht die Eingrenzung der Recherche auf Schutzrechte in der Bundesrepublik Deutschland regelmäßig aus.

Sinnvollerweise ist die Verpflichtung des Auftragnehmers zur Durchführung entsprechender Überwachungsmaßnahmen im Sinne von § 11 Abs. 1 vertraglich zu regeln, um mögliche spätere Streitigkeiten über den Umfang der Nachprüfungspflicht zu vermeiden. Auch die Kostentragung hinsichtlich anfallender Recherchekosten sollte geregelt werden; diese können entweder von der vertraglichen Gesamtvergütungssumme abgedeckt sein (§ 11 Abs. 2), falls die Kosten überschaubar und damit kalkulierbar sind – anderenfalls könnte eine gesonderte Kostenerstattungsregelung vorgesehen werden:

„(2) Die durch die Nachforschung entstehenden Kosten sind durch die Vergütung gemäß § 3 Abs. 1 nicht abgedeckt und werden dem Auftraggeber gesondert in Rechnung gestellt."

37. **Wirksamwerden.** Das Inkrafttreten des Vertrages kann an weitere Voraussetzungen oder Erfordernisse geknüpft werden. Beispielsweise kann es mit einer gemeinsamen

Projekteröffnungsbesprechung (Kick-Off-Meeting) zwischen den Vertragspartnern verbunden werden, in dem die ersten Arbeitsschritte diskutiert und festgelegt werden. Gegebenenfalls sind vor Beginn der Forschungsarbeiten projektspezifische Genehmigungen von staatlichen Ämtern einzuholen oder es fehlt vielleicht noch eine Genehmigung eines Gesellschafters oder eines Aufsichtsrates oder eines sonstigen internen Entscheidungs-Gremiums auf Seiten eines der Vertragspartner. Das Inkrafttreten des Vertrages kann auch an Finanzierungszusagen Dritter oder auch an eine besondere Investition seitens des Auftragnehmers gekoppelt werden, zu der er sich vertraglich verpflichtet hat und die erst vor der Arbeitsaufnahme durchgeführt und abgeschlossen werden muss. Auch das positive Ergebnis einer Machbarkeitsstudie über den Vertragsgegenstand könnte ein Kriterium einer Inkrafttretungs-Regelung darstellen.

38. **Laufzeit.** Da aufgrund des Charakters der durchzuführenden Arbeiten die Laufzeit des Vertrages ebenso wenig wie deren Erfolgswahrscheinlichkeit sowie die erforderlichen Kosten sicher ermittelt werden kann, sollten sich die Vertragspartner auf eine Schätz- oder Planungsangabe beschränken. Ein kalendermäßig vereinbartes Laufzeitende ist nur dann angezeigt, falls die Vergütung gemäß § 3 Abs. 1 nach Kostenerstattungsgesichtspunkten erfolgt, um sicherzustellen, dass auch nur diejenigen Kosten vom Auftragnehmer in Rechnung gestellt werden, die innerhalb der vertraglichen Laufzeit (Kostenerstattungsperiode: von . . . . . . bis . . . . . .) nachweislich entstanden oder zumindest nicht mehr abwendbar veranlasst worden sind.

39. **Ordentliche Kündigung.** Zumindest bei mittel- und langfristigen Forschungsvorhaben können sachliche Gründe es rechtfertigen, dem Auftraggeber ein ordentliches Kündigungsrecht einzuräumen: in seine Risikosphäre fällt letztendlich das Risiko, ob die angestrebten Ergebnisse im Rahmen der Vergütung und der vereinbarten Laufzeit erreicht werden, sowie im Erfolgsfall die Unsicherheit deren anwendungsbezogener industrieller Umsetzung im wirtschaftlich vertretbaren Umfang. Dieser Wunsch nach einer vorzeitigen Vertragsbeendigung steht im natürlichen Spannungsverhältnis zur projektspezifischen Kapazitätsplanung des Auftragnehmers. Falls schwerpunktmäßig zu Beginn eines Projektes personelle oder ausstattungsmäßige Kapazitäten beim Auftragnehmer gebunden werden, könnte ein kalendermäßiger Frühesttermin vorgesehen werden (§ 14 Abs. 1), so dass der Auftragnehmer über diesen Mindestzeitraum eine Planungssicherheit erhält.

Auch wenn im Falle des § 14 Abs. 1 nach Verstreichung des Frühesttermins mit der Beendigung des Vertrages eine für den Auftragnehmer erträgliche Flexibilität in der Planung seiner Kapazitäten während der verbleibenden Laufzeit erwartet werden kann, ist eine Restabgeltungsregelung im Sinne von § 14 Abs. 2 zu empfehlen. Anderweitig nicht mehr einsetzbare Arbeitnehmer sind ggf. unter Beachtung der Kündigungsfristen zu entlassen, bereits bestellte Fremdlieferungen und/oder -leistungen können nicht mehr storniert werden.

Trotzdem hat der Auftragnehmer im Rahmen seiner allgemeinen Schadensminderungspflicht alle erforderlichen und zumutbaren Maßnahmen zu ergreifen, um den über den Zeitpunkt des Wirksamwerdens der Kündigung entstehenden Betrag der Restabgeltung so gering als möglich zu halten).

Bei größeren Forschungsvorhaben kann seitens des Auftraggebers das finanzielle Risiko der Abgeltung nicht mehr abwendbarer Kosten von Unterauftragnehmern für den Fall der ordentlichen Kündigung dadurch minimiert werden, dass dem Auftragnehmer auferlegt wird, entsprechende Kündigungsvereinbarungen mit den Unterauftragnehmern herbeizuführen (§ 14 Abs. 3). Diese Auflage kann im Einzelfall uU aus wirtschaftlichen oder administrativen Gründen nur dann sachgerecht sein, falls das Unterauftragsvolumen im Einzelfall einen festgelegten Betrag übersteigt und ein Abbruch der Arbeiten aus technischen Überlegungen auch möglich erscheint.

40. Außerordentliche Kündigung. Neben der ordentlichen Kündigung durch den Auftraggeber (§ 14 Abs. 1) ist auch eine außerordentliche Kündigung durch beide Vertragspartner auch ohne besondere Vereinbarung zulässig, falls dem Kündigenden ein Festhalten an dem Vertrag nicht mehr zugemutet werden kann. Eine Vertragsfortführung kann zumindest dann nicht mehr zumutbar sein, wenn ein wichtiger Grund vorliegt. Vor Erklärung einer außerordentlichen Kündigung sollte der kündigende Vertragspartner den anderen Vertragspartner jedoch abmahnen (§ 314 Abs. 2 BGB). Im Vertrag könnten auch, zwar nicht abschließend, aber doch beispielhaft die wichtigsten Gründe genannt werden, die den hiervon benachteiligten Vertragspartner zur außerordentlichen Kündigung berechtigen (§ 14 Abs. 4).

Als solche außerordentliche Kündigungsgründe kommen insbesondere in Betracht: Verletzung von Geheimhaltungspflichten (§ 10), Verstoß des Auftragnehmers gegen die Bemühensverpflichtung, das angestrebte Ergebnis zu erreichen zB durch den Einsatz von nicht qualifiziertem Personal oder bewusstem Verschweigen von Zwischenergebnissen, die einen vorzeitigen Abbruch der Arbeiten rechtfertigen würden, unberechtigte Nichtzahlung von Rechnungen des Auftragnehmers seitens des Auftraggebers.

Ansonsten lässt die Verletzung von vertraglichen Haupt- und Nebenpflichten eine außerordentliche Kündigung zumindest dann rechtfertigen, wenn unter Berücksichtigung aller Umstände des Einzelfalles und unter Abwägung der Interessen beider Vertragspartner einem Vertragspartner die Fortsetzung des Vertragsverhältnisses bis zum Ablauf der ordentlichen Kündigungsfrist nicht zugemutet werden kann (§ 314 Abs. 1 S. 2 BGB).

Besteht der wichtige Grund in der Verletzung einer vertraglichen Verpflichtung, so sieht § 14 Abs. 4 – in entsprechender Anlehnung an § 314 Abs. 2 BGB – eine außerordentliche Kündigung erst nach erfolglosem Ablauf einer zur Abhilfe bestimmten Frist oder nach erfolgloser Abmahnung vor.

Bei jeder Kündigung handelt es sich um eine empfangsbedürftige Willenserklärung, die mit Zugang beim Empfänger wirksam wird. Da der die Kündigung aussprechende Vertragspartner im Falle des Bestreitens den Zugang und den Zeitpunkt des Zuganges beweisen muss, sieht § 14 Abs. 5 sowohl bei der ordentlichen als auch bei der außerordentlichen Kündigung die Erteilung per eingeschriebenem Brief mit Rückschein vor.

41. Abschluss der Forschungsarbeiten. Mit Beendigung des Vertrages hat der Auftragnehmer in der Regel die erzielten Forschungsergebnisse in Form eines Abschlussberichtes zu dokumentieren und eventuell entwickelte Hardware (Modelle, Muster, usw) zu übergeben. Zur Klarstellung empfiehlt es sich, hier nochmals zum Ausdruck zu bringen, dass der Vertrag auch dann als ordnungsgemäß abgeschlossen gilt, wenn das angestrebte Ergebnis nicht erzielt wurde.

42. Gerichtsstandsvereinbarung. Das Gericht, bei dem eine Person ihren allgemeinen Gerichtsstand hat, ist für alle gegen sie zu erhebenden Klagen zuständig, sofern nicht für eine Klage ein ausschließlicher Gerichtsstand begründet ist (§ 12 ZPO). Der allgemeine Gerichtsstand einer (natürlichen) Person wird durch den Wohnsitz bestimmt (§ 13 ZPO). Der allgemeine Gerichtsstand der Gemeinden, der Korporationen sowie derjenigen Gesellschaften, Genossenschaften oder anderen Vereine und derjenigen Stiftungen, Anstalten und Vermögensmassen, die als solche verklagt werden können, wird durch ihren Sitz bestimmt (§ 17 Abs. 1 S. 1 ZPO); daneben kann auch durch eine Satzung, ein Statut oder eine behördliche Genehmigung ein weiterer Gerichtsstand begründet werden (§ 17 Abs. 3 ZPO). Praktisch bedeutsam ist vorliegend die Feststellung der grundsätzlichen Bestimmung des allgemeinen Gerichtsstandes gemäß § 17 ZPO für die AG (BGH NJW 1998, 1322), die GmbH (BGH NJW 1978, 321), die KG und die OHG. Abweichend von dem Grundsatz des allgemeinen Gerichtsstandes kann ein an sich unzuständiges Gericht des ersten Rechtszuges durch Vereinbarung der Parteien werden, wenn die Vertragsparteien Kaufleute, juristische Personen des öffentlichen Rechts oder öffentlich-rechtliche Sondervermögen sind (§ 39 Abs. 1 ZPO).

43. Patentstreitigkeiten. Eine Gerichtsstandsvereinbarung nach § 38 ZPO ist jedoch dann unzulässig, wenn für die Klage ein ausschließlicher Gerichtsstand begründet ist (§ 40 Abs. 2 S. 1 Nr. 2 ZPO); für „Patentsachen" gibt es einen solchen ausschließlichen Gerichtsstand. Die Zuständigkeit eines vereinbarten Gerichts wird auch nicht durch rügeloses Verhandeln zur Hauptsache begründet (§ 40 Abs. 2 S. 2 ZPO); die Unzulässigkeit einer Vereinbarung ist vom Gericht von Amts wegen zu prüfen.

Unter Patentstreitsachen im Sinne von § 143 Abs. 1 PatG fallen alle Sachen, bei denen es sich nach dem Klagvorbringen um eine bei Eintritt der Rechtshängigkeit im Inland patentfähige Erfindung oder Ansprüche aus einer solchen oder deren Überlassung handelt oder die sonst wie mit einer Erfindung eng verknüpft sind, mag das Patent erteilt sein oder nicht (BLAH-*Hartmann,* ZPO, GVG Anh. nach § 78b Rn. 1).

Soweit eine Patentstreitigkeit iSd § 143 Abs. 1 PatG aus oder im Zusammenhang mit dem Forschungsvertrag Gegenstand der Auseinandersetzung zwischen den Vertragspartnern ist, muss die ausschließliche Zuständigkeit der Zivilkammern der Landgerichte ohne Rücksicht auf den Streitwert beachtet werden.

Eine solche Patentstreitsache unter besonderer Berücksichtigung der ausschließlichen Zuständigkeit der Landgerichte gemäß § 143 Abs. 1 und Abs. 2 PatG kann insbesondere dann vorliegen, wenn sich die Vertragspartner um Rechtspositionen streiten, soweit diese ihren Rechtsgrund in den Regelungen der §§ 6–9 des Form. haben (vgl. BGH GRUR 1968, 218; 1968, 3078).

Darüber hinaus haben verschiedene Landesregierungen von ihrer Ermächtigung (§ 143 Abs. 2 PatG) Gebrauch gemacht, die Patentstreitsachen für die Bezirke mehrerer Landgerichte einem von ihnen zuzuweisen. Auch bei dieser Zuweisung gemäß § 143 PatG handelt es sich um eine ausschließliche Zuständigkeit, so dass eine Vereinbarung der Vertragspartner über die Zuständigkeit iSd § 38 ZPO nur dann zulässig ist, wenn sie sich auf die Anrufung eines der nach § 143 Abs. 1 oder Abs. 2 PatG für Patentstreitsachen zuständigen Landgerichte bezieht, nicht jedoch, wenn die Vertragspartner ein anderes Landgericht als für den Rechtsstreit zuständig vereinbart haben (*Benkard* PatG § 143 Rn. 13).

Derzeit sind gemäß § 143 PatG folgende Landgerichte als Gerichte für Patentstreitsachen bestimmt:

Baden-Württemberg: LG Mannheim
Bayern: OLG-Bezirk München: LG München I
Bayern: OLG-Bezirke Nürnberg und Bamberg: LG Nürnberg-Fürth
Berlin, Brandenburg: LG Berlin
Bremen, Hamburg, Mecklenburg-Vorpommern, Schleswig-Holstein: LG Hamburg
Hessen, Rheinland-Pfalz: LG Frankfurt a. M.
Niedersachsen: LG Braunschweig
Nordrhein-Westfalen: LG Düsseldorf
Saarland: LG Saarbrücken
Sachsen: LG Leipzig
Sachsen-Anhalt: LG Magdeburg
Thüringen: LG Erfurt

44. Schiedsgericht. Alternativ zur staatlichen Gerichtsbarkeit kommt auch die Übertragung der Entscheidung einer Streitigkeit aus oder im Zusammenhang mit dem Vertrag auf ein Schiedsgericht (dazu *Schütze,* Münchener Vertragshandbuch Bd. 4 WirtschaftsR III, 8. Aufl. 2018, Form. II.1; *Schütze,* Schiedsgericht und Schiedsverfahren, 6. Aufl. 2016) in Betracht. Auch der Vereinbarung, dass die Entscheidung einer Patentstreitsache einem Schiedsgericht übertragen wird, steht § 143 Abs. 1 und Abs. 2 PatG nicht entgegen (*Benkard* PatG § 143 Rn. 13).

Eine Schiedsvereinbarung kann in Form einer selbstständigen Vereinbarung (Schiedsabrede) oder in Form einer Klausel in einem Vertrag (Schiedsklausel) geschlossen werden (§ 1029 Abs. 2 ZPO). Die Vertragspartner können sich alternativ auch auf ein Schiedsgericht nach Maßgabe der §§ 1025 ff. ZPO verständigen. Vorliegend ist ein Schiedsverfahren nach der Schiesgerichtsordnung der Deutschen Institution für Schiedsgerichtsbarkeit eV (DIS) sowie eine entsprechende DIS-Mediationsvereinbarung vorgesehen.

Die Vertragspartner können sich auch auf andere Schiedsgerichtsordnungen verständigen, zum Beispiel auf die ICC-Schiedsgerichtsordnung (*Schütze,* MVH Bd. 4 WirtschaftsR III, 8. Aufl. 2018, → Form. II.2).

45. Salvatorische Klausel. Die Aufnahme einer salvatorischen Klausel in den Vertrag ist deshalb geboten, um die Gesamtnichtigkeit des Vertrages zu vermeiden, falls sich die Unwirksamkeit einzelner Klauseln oder Vertragsteile herausstellen sollte.

Handelt es sich bei dem Forschungsvertrag um einen vorformulierten Vertrag im Sinne des AGB-Rechts (§ 305 Abs. 1 BGB), gilt die eindeutige Regelung des § 306 Abs. 2 BGB, wonach bei Unwirksamkeit der Bestimmungen sich der Vertrag nach den gesetzlichen Vorschriften richtet. Falls entsprechende gesetzliche Vorschriften nicht vorhanden sind, ist die Vertragslücke im Wege der ergänzenden Vertragsauslegung zu schließen. Soweit die Ersetzungsklausel dahingehend lautet, dass die unwirksame Regelung durch eine solche ersetzt werden soll, deren wirtschaftlicher Zweck dem der nichtigen Vertragsregelung am ehesten entsprechen soll, ist diese Ersetzungsklausel unwirksam (Palandt/*Grüneberg* BGB § 306 Rn. 11). Eine dahingehende Ersetzungsklausel kann nur durch Individualvereinbarung wirksam etabliert werden.

46. Anlagen. Aus Gründen der Rechtssicherheit und zur Vermeidung späterer Diskussionen sollten die Anlagen, auf die im Vertrag Bezug genommen wird, nochmals aufgeführt und als wesentliche Vertragsbestandteile qualifiziert werden.

Anlage 1
zu § 1 Abs. 2 des Forschungsvertrages

1. Angebotsschreiben vom (Tag/Monat/Jahr)
2. Arbeitsprogramm
   Arbeitspaket A
   Arbeitspaket B
   Arbeitspaket C
   Arbeitspaket .....
3. Zeitplan
   Vorgesehener Beginn der Forschungsarbeiten
   Meilenstein A
   Zwischenbericht A
   Meilenstein B
   Zwischenbericht B
   Meilenstein C
   Zwischenbericht C
   Meilenstein .....
   Vorgesehenes Ende der Forschungsarbeiten
   Abschlußpräsentation
4. Projektkalkulation
5. Sonstiges
   Darstellung des Projektmanagements
   Kurzdarstellung der Qualitätssicherungssysteme
   Benennung der projektbezognen Qualifikationen (Referenzen, Einsatzgebiete und Erfahrungen der Projektbearbeiter/Wissenschaftler, Benennung der vorgesehenen Unterauftragnehmer bzw. freien Mitarbeiter).
6. Qualitätssicherungshandbuch.

Anlage 2
zu § 6 des Forschungsvertrages

Schutzrechtsbestand des Auftragnehmers im Zeitpunkt des Abschlusses des Forschungsvertrages

Lfd. Nr.	Amtl. Nr.	Schutzrechts-thema	Tag der Anmeldung	Tag der Erteilung

Anlage 3
zu § 9 Abs. 1 des Forschungsvertrages

Eckdaten eines Lizenzvertrages

Vereinbarung von Eckdaten eines Lizenzvertrages

zwischen

Firma (Rechtsform) . . . . .
Sitz . . . . .
vertreten durch . . . . .(Stellung).

– nachfolgend „Lizenzgeber" genannt –

und

Firma (Rechtsform) . . . . .
Sitz . . . . .
vertreten durch . . . . .(Stellung).

– nachfolgend „Lizenznehmer" genannt –

Der Lizenznehmer erteilte als Auftraggeber dem Lizenzgeber als Auftragnehmer am . . . . .(Tag/Monat/Jahr) . . . . . einen Forschungsauftrag zur Durchführung von Forschungsarbeiten über . . . . . (Forschungsthema wie unter § 1 Abs. 1 des Forschungsvertrages) . . . . . Gemäß § 9 Abs. 1 dieses Forschungsvertrages räumte der Auftragnehmer/Lizenzgeber dem Auftraggeber/Lizenznehmer eine exklusive Option ein auf Abschluss eines Lizenzvertrages über die Nutzung der Altschutzrechte nach § 6 Abs. 1 sowie der Neuschutzrechte nach § 7 Abs. 1 und Abs. 2 des Forschungsvertrages zu angemessenen und branchenüblichen Bedingungen. Im Falle der Ausübung der Option durch den Auftraggeber/Lizenznehmer sind nachfolgende von den Vertragspartnern bereits festgelegte Eckdaten gemäß § 9 Abs. 1 S. 2 des Forschungsvertrages in dem abzuschließenden Lizenzvertrag zu berücksichtigen:

1. Der Lizenzgeber gewährt dem Lizenznehmer eine ausschließliche Lizenz für das räumliche Vertragsgebiet für die Herstellung, den Gebrauch und den Vertrieb. Dem Lizenzgeber verbleibt jedoch weiterhin das Recht zum Gebrauch für interne Forschungszwecke.
2. Die Lizenz gemäß Ziffer 1 umfasst alle technischen Anwendungsfelder der Erfindungen gemäß den Beschreibungen der lizenzierten Schutzrechte. Davon ausgenommen ist aber das Anwendungsgebiet . . . . . (abgrenzende Beschreibung des ausgenommenen Anwendungsfeldes) . . . . ., welches ausschließlich dem Lizenzgeber zur uneingeschränkten Benutzung zusteht, weil dieses Anwendungsfeld weder heute noch künftig die Geschäftsbereiche des Lizenznehmers tangiert.
3. Das räumliche Vertragsgebiet erstreckt sich auf die Bundesrepublik Deutschland. Im Falle von korrespondierenden Auslandsanmeldungen zu den Schutzrechten gemäß §§ 6 Abs. 1, 7 Abs. 1 und Abs. 2 des Forschungsvertrages räumt der Lizenzgeber dem Lizenznehmer eine auf sechs Monate befristete kostenlose Option ein, beginnend mit Unterzeichnung des Lizenzvertrages. Innerhalb dieser Optionsfrist kann der Lizenznehmer für die jeweils korrespondierenden Schutzrechtsländer eine nichtausschließliche Lizenz für den Vertrieb zu branchenüblichen und angemessenen Bedingungen erwerben.
4. Bei dem abzuschließenden Lizenzvertrag wird es sich um einen gemischten Patent- und Know-how-Lizenzvertrag handeln. Der Lizenzgeber wird deshalb das bis zum Abschluss des vorgenannten Forschungsvertrages auf dem vertragsgegenständlichen Gebiet vorhandene technische Know-how schriftlich niederlegen und dem Lizenznehmer bei Abschluss des Lizenzvertrages übergeben.
5. Der Lizenzgeber gestattet dem Lizenznehmer die Vergabe von Unterlizenzen. Der Lizenznehmer ist verpflichtet, unverzüglich nach Abschluss eines Unterlizenzvertrages den Lizenzgeber hierüber schriftlich zu informieren. Der Lizenznehmer haftet für die Erfüllung der lizenzvertraglichen Pflichten des Unterlizenznehmers.

6. Der Lizenznehmer bezahlt für sich und jeden seiner Unterlizenznehmer auf alle verkauften Lizenzgegenstände eine Lizenzgebühr in Höhe von 1 (in Worten: ein) bis 3 (in Worten: drei) Prozent des seinen Abnehmern jeweils in Rechnung gestellten Netto-Verkaufspreises. Diese Rahmen-Lizenzgebühr ist nach Vorliegen aller für die Lizenzgebühr maßgeblichen Kalkulationsgrundlagen endgültig einvernehmlich auf einen Lizenzgebührensatz festzulegen, spätestens jedoch bei Abschluss des Lizenzvertrages. Gleichzeitig ist der in dieser Lizenzgebühr enthaltene Anteil für das lizenzierte Know-how zu vereinbaren. Zur Bestimmung des Netto-Verkaufspreises ist der Lizenznehmer verpflichtet, dem Lizenzgeber eine Vorkalkulation mit allen für den Verkauf von Lizenzgegenständen maßgeblichen Kalkulationsfaktoren zur Prüfung zu übermitteln.
7. Der Lizenznehmer hat an den Lizenzgeber ab dem zweiten Jahr der Laufzeit des Lizenzvertrages eine Mindestlizenzgebühr zu entrichten. Die Höhe dieser Mindestlizenzgebühr wird jedoch nicht 50 Prozent des jährlich erwarteten Lizenzgebührenerlöses übersteigen.
8. Der Lizenznehmer hat die amtlichen Jahresgebühren für die im räumlichen Vertragsgebiet lizenzierten Schutzrechte zu tragen.
9. Die Lizenzvertragspartner sind sich einig, für sämtliche Streitigkeiten aus oder im Zusammenhang mit dem Lizenzvertrag eine Schiedsgerichtsvereinbarung abzuschließen.
10. Die Lizenzvertragspartner sind sich einig, dass neben den Festlegungen der vorstehenden Ziffern 1–9 nachfolgende Regelungspunkte noch auszuhandeln sind und Bestandteil des abzuschließenden Lizenzvertrages werden: Meistbegünstigungsklausel, Gewährung einer technischen Unterstützung durch den Lizenzgeber, Haftungsklausel, Ausübungspflicht, Zahlungs- und Abrechnungsmodalitäten, Buchführungspflicht des Lizenznehmers und ein entsprechendes Prüfungsrecht durch den Lizenzgeber, Vereinbarung einer Regelung über Verbesserungserfindungen, Regelung der Frage zur Verteidigung der Vertragsschutzrechte, Regelung im Falle von Ansprüchen Dritter, Kündigungsvorschrift, Dauer des Lizenzvertrages sowie sonstige Schlussvorschriften. Die Vertragspartner sind sich einig, dass alle diese noch zu regelnden Klauseln angemessen sein müssen und der Branchenüblichkeit zu entsprechen haben. Sie erklären ausdrücklich, einen fairen und für beide Vertragspartner ausgewogenen Lizenzvertrag auszuhandeln und abzuschließen.

. . . . ., den	. . . . ., den . . . . .
. . . . .	. . . . .
Auftraggeber/Lizenznehmer	Auftragnehmer/Lizenzgeber

2. Entwicklungsvertrag

Entwicklungsvertrag
zwischen

Firma (Rechtsform) . . . . .
Sitz . . . . .
vertreten durch . . . . . (Stellung)
– nachfolgend „Auftraggeber“ genannt –

und

Firma (Rechtsform) . . . . .
Sitz . . . . .
vertreten durch . . . . . (Stellung)
– nachfolgend „Auftragnehmer“ genannt –
Präambel
. . . . .

Dies vorausgeschickt, schließen Auftraggeber und Auftragnehmer (nachfolgend gemeinsam „Vertragspartner“ genannt) folgenden Entwicklungsvertrag:

§ 1 Vertragsgegenstand

(1) Gegenstand des Vertrages ist die technische Entwicklung von .....
(Kurztitel bzw. Kurzbeschreibung) ..... Die maßgeblichen Lieferungen/Leistungen (Eckpunkte/Meilensteine) bestehen insbesondere aus:

- .....
- .....
- ..... (Kurze stichwortartige Bezeichnungen).

Die Einzelheiten des Vertragsgegenstandes ergeben sich aus dem als Anlage 1 beigefügten Angebotes (Angebots-Nr ......) des Auftragnehmers vom .....

(2) Der Auftragnehmer hat seine Entwicklungsarbeiten in ..... zu erbringen. Der Auftraggeber stellt dort die im Angebot des Auftragnehmers gemäß Anlage 1 beschriebenen Räumlichkeiten sowie die notwendige Infrastruktur zur Verfügung. Der Auftraggeber stellt sicher, dass Arbeitnehmer des Auftragnehmers sowie eventuelle Lieferanten und Unterauftragnehmer uneingeschränkten Zutritt zu diesen Räumlichkeiten erhalten. Die Hausordnung ist zu beachten.

§ 2 Durchführung der Entwicklungsarbeiten

(1) Der Auftragnehmer nimmt die Entwicklungsarbeiten unverzüglich nach Inkrafttreten dieses Vertrages auf.

(2) Spätestens zum Ende eines jeden Kalenderquartals, erstmals jedoch zum ..... wird der Auftragnehmer dem Auftraggeber einen Zwischenbericht in ..... facher Ausfertigung übergeben, aus dem sich die wesentlichen erzielten Ergebnisse aus den bisher geleisteten Entwicklungsarbeiten ergeben. Darüber hinaus ist der Auftragnehmer verpflichtet, zum Ende eines jeden Kalenderquartals/-halbjahres, erstmals jedoch zum ..... dem Auftraggeber die bisher erzielten Entwicklungsergebnisse zu präsentieren und ggf. zu erläutern. Über die Durchführung der Präsentation im Rahmen einer Web- oder Videokonferenz sowie im Falle einer persönlichen Präsentation über den Ort der Präsentation werden sich die Vertragspartner rechtzeitig verständigen. Alle vom Auftragnehmer zu erstellenden Berichte sind sowohl in elektronischer Form als auch in Papierversion an den Auftraggeber zu übergeben; die Papierversionen sind vom Auftragnehmer rechtsverbindlich zu unterzeichnen.

(3) Unbeschadet der Berichtspflicht gemäß vorstehendem Abs. 2 hat der Auftragnehmer die Entwicklungsarbeiten in ständiger Abstimmung mit dem Auftraggeber durchzuführen. Erkennt der Auftragnehmer, dass er die gemäß § 5 vereinbarten Zwischentermine bzw. den Abnahmetermin nicht einhalten kann, hat er darüber unter gleichzeitiger Angabe der Gründe unverzüglich schriftlich oder in Textform den Auftraggeber in Kenntnis zu setzen. Aus dieser Mitteilungsverpflichtung kann der Auftragnehmer keine Anpassung der maßgeblichen Termine beanspruchen.

(4) Der Auftraggeber ist berechtigt, vom Auftragnehmer jederzeit Änderungen der Entwicklungsergebnisse bzw. Entwicklungsziele zu verlangen, sofern diese Änderungswünsche für den Auftragnehmer technisch realisierbar und auch zumutbar sind. In diesem Fall hat der Auftragnehmer den Auftraggeber auf schriftliche Anforderung spätestens innerhalb von ..... Werktagen schriftlich oder in Textform über die technisch-inhaltlichen, kostenmäßigen und zeitlichen Auswirkungen zu informieren. Die Vertragspartner werden sich einvernehmlich über eine entsprechende schriftliche Nachtragsvereinbarung verständigen. Erst ab Abschluss der Nachtragsvereinbarung ist der Auftragnehmer verpflichtet und berechtigt, die verlangten Änderungen durchzuführen.

(5) Der Auftraggeber hat das Recht, nach vorheriger rechtzeitiger Ankündigung und Abstimmung mit dem Auftragnehmer sowie während der üblichen Geschäftszeiten, in den Entwicklungsstätten des Auftragnehmers ohne Beeinträchtigung des Betriebs den Fortgang der Entwicklungsarbeiten zu beobachten und sich über den Stand der Arbeiten informieren. Auf Wunsch des Auftraggebers können sich die Vertragspartner einvernehmlich verständigen, dass das Recht gemäß Satz 1 von einem sachverständigen Dritten wahrgenommen wird. Der Auftragnehmer kann der Verständigung auf einen vom Auftraggeber vorgeschlagenen Dritten nur dann entgegentreten, falls ein wichtiger Grund vorliegt.

(6) Dem Auftragnehmer ist bekannt, dass die vom Auftraggeber gestellten Qualitätsmindestanforderungen sich an DIN EN ISO 9000 ff. orientieren. Der Auftragnehmer erklärt, dass er eine entsprechende Zertifizierung besitzt. Weiterhin erklärt der Auftragnehmer, dass er seine Entwicklungsarbeiten unter Zugrundelegung der als Anlage 2 beigefügten Qualitätssicherungsrichtlinien des Auftraggebers durchführen wird. Der Auftraggeber ist jederzeit berechtigt, die Einhaltung dieser Qualitätssicherungsrichtlinien in den Entwicklungsstätten des Auftragnehmers zu überprüfen bzw. durch einen neutralen externen Qualitätssicherungsfachmann überprüfen zu lassen. Auch aufgrund derartiger Audits verbleibt es stets bei der vertraglichen Gesamtverantwortung des Auftragnehmers für die Einhaltung der von ihm gemäß den Bestimmungen des vorliegenden Entwicklungsvertrages übernommenen Verpflichtungen.

(7) Die Vertragspartner teilen dem jeweils anderen Vertragspartner innerhalb von 10 Tagen nach Unterzeichnung des Vertrages einen Ansprechpartner sowie dessen Stellvertreter schriftlich mit. Für den Auftragnehmer ist der Projektleiter als Ansprechpartner zu benennen. Sollte ein Wechsel der Ansprechpartner erforderlich werden, hat der jeweilige Vertragspartner den anderen Vertragspartner hierüber unverzüglich schriftlich oder in Textform zu informieren.

(8) Die Vergabe von Unteraufträgen durch den Auftragnehmer an Dritte zur Durchführung von Arbeiten aus diesem Vertrag ist nur nach vorheriger schriftlicher (Textform ausreichend) Zustimmung des Auftraggebers gestattet, falls der Unterauftrag im Einzelfall einen Vergütungsbetrag von netto EUR . . . . .,– (in Worten: EURO . . . . .) übersteigt.

(9) Die Rechte aus diesem Vertrag dürfen von keinem Vertragspartner ohne vorherige schriftliche Zustimmung des anderen Vertragspartners ganz oder teilweise an einen Dritten übertragen werden.

(10) Der Auftragnehmer ist verpflichtet, alle kaufmännischen und technischen Unterlagen, die im Rahmen des Vertragsgegenstandes generiert oder benutzt werden, über einen Zeitraum von 15 Jahren ab Beendigung des Vertrages aufzubewahren. Unerheblich ist, auf welchem Datenträgen sich diese Unterlagen befinden. Auf schriftliche Anforderung des Auftraggebers hat der Auftragnehmer die angeforderten Unterlagen in Kopie an den Auftraggeber unentgeltlich herauszugeben.

(11) Stellt der Auftraggeber dem Auftragnehmer zur Durchführung der Entwicklungsarbeiten irgendwelche Unterlagen oder Gegenstände zur Verfügung, so werden diese lediglich leihweise überlassen. Diese Unterlagen und Gegenstände dürfen ausschließlich nur für die Durchführung des vorliegenden Entwicklungsprojektes benutzt werden und sind nach Beendigung des Vertrages unaufgefordert an den Auftraggeber zurückzugeben. Ein Zurückbehaltungsrecht ist ausgeschlossen.

§ 3 Vergütung

Die Gesamtvergütung für die vom Auftragnehmer zu erbringenden vertragsgegenständlichen Lieferungen und Leistungen gemäß § 1 Abs. 1 dieses Vertrages, beträgt EUR . . . . . (in Worten: EURO . . . . .) zuzüglich gesetzlicher Mehrwertsteuer (derzeit . . . . .%).

§ 4 Zahlungsbedingungen

(1) Der Auftraggeber leistet die Zahlungen gegen jeweilige Rechnung des Auftragnehmers wie folgt:

EUR . . . . .,– nach Inkrafttreten des Vertrages

EUR . . . . .,– . . . . . Monate nach Inkrafttreten des Vertrages

EUR . . . . .,– . . . . . Monate nach Inkrafttreten des Vertrages

EUR . . . . .,– . . . . . Monate nach Inkrafttreten des Vertrages

EUR . . . . .,– nach Abnahme gemäß § 6

EUR . . . . .,– nach Ablauf der Verjährungsfrist gemäß § 12.

(2) Alle Rechnungen des Auftragnehmers sind binnen 30 (dreißig) Tagen ohne Abzug zur Zahlung fällig.

(3) Der Auftragnehmer hat das Recht, den vom Auftraggeber vorgenommenen Einbehalt über die Verjährungsfrist für Mängelansprüche zur Überweisung herauszuverlangen gegen Übergabe einer entsprechenden unbefristeten Gewährleistungsbürgschaft in gleicher Höhe. Eventuelle Avalprovisionen gehen zu Lasten des Auftragnehmers. Die Originalurkunde der Gewährleistungsbürgschaft hat der Auftraggeber unverzüglich, jedoch spätestens innerhalb von 14 Tagen nach Ablauf der Verjährungsfrist nach § 12 an den Auftragnehmer herauszugeben.

(4) Unbeschadet der gesetzlichen Regelung kann der Auftragnehmer bei nicht rechtzeitiger Zahlung ab Fälligkeit Verzugszinsen in Höhe von . . . . . Prozentpunkten über dem jeweiligen Basiszinssatz berechnen, ohne dass es einer Mahnung bedarf. Höhere Zinsen können bei Nachweis berechnet werden.

§ 5 Laufzeit

(1) Der Auftragnehmer ist verpflichtet, das vertragsgegenständliche Entwicklungsergebnis dem Auftraggeber am . . . . . (Tag/Monat/Jahr) . . . . . im Rahmen einer förmlichen Abnahme gemäß § 6 dieses Vertrages zu übergeben.

(2) Ein zwischen den Vertragspartnern abgestimmter Terminplan ist als Anlage 3 beigefügt.

§ 6 Abnahme

(1) Der Auftragnehmer hat dem Auftraggeber . . . . . Werktage vor dem vertraglichen Abnahmezeitpunkt schriftlich oder in Textform die Abnahmebereitschaft des Entwicklungsergebnisses anzukündigen.

Die Vertragspartner werden eine förmliche Abnahme durchführen. Maßgeblich für die förmliche Abnahme sind die unter Anlage 4 beschriebenen und zwischen den Vertragspartnern vereinbarten Abnahmekriterien. Der Auftragnehmer ist berechtigt, in das Entwicklungsprojekt eingebundene Unterauftragnehmer und/oder Lieferanten die Teilnahme an der Abnahme zu gestatten. Ein gemeinsames Protokoll über die förmliche Abnahme ist zu erstellen und von den Vertragspartnern zu unterzeichnen.

(2) Im Falle wesentlicher Mängel kann die Abnahme durch den Auftraggeber bis zur Mängelbeseitigung verweigert werden; der Auftragnehmer ist zur Mängelbeseitigung binnen angemessener Frist berechtigt und verpflichtet. Im Übrigen hat der Auftraggeber die förmliche Abnahme zu erklären, ggf. unter Auflistung eventueller Mängel, welche vom Auftragnehmer binnen einer angemessenen Frist zu beseitigen sind.

Sollte sich die Abnahme verzögern, aus Gründen, die der Auftragnehmer nicht zu vertreten hat, gilt die Abnahme nach Ablauf von . . . . . Werktagen ab dem Tag der gemäß Terminplan vorgesehenen förmlichen Abnahme als erfolgt. Im Falle einer vor der förmlichen Abnahme erfolgten Aufnahme der Benutzung des Vertragsgegenstandes durch den Auftraggeber, gilt die Abnahme gleichfalls als erfolgt.

§ 7 Vertragsstrafe

(1) Befindet sich der Auftragnehmer mit dem vertraglich vereinbarten Abnahmetermin in Verzug, ist er zur Zahlung einer Vertragsstrafe an den Auftraggeber in Höhe von 0,5 % pro vollendeter Woche des Verzuges, höchstens jedoch 5 % des Netto-Gesamtvergütungsbetrages verpflichtet.

(2) Die Geltendmachung weitergehender Schadenersatzansprüche bleibt von der Zahlung der Vertragsstrafe unberührt. Im Falle der Geltendmachung weiterer Schadenersatzansprüche ist die Vertragsstrafe anzurechnen.

(3) Die Vertragsstrafe kann vom Auftraggeber auch ohne Vorbehaltserklärung bis zum Zeitpunkt der Schlusszahlung geltend gemacht werden.

§ 8 Gewerbliche Schutzrechte

(1) Der Auftragnehmer hat bereits vor Unterzeichnung dieses Vertrages die in Anlage 5 aufgeführten Erfindungen auf dem vertragsgegenständlichen Gebiet zum Schutzrecht angemeldet („Altschutzrechte"). Unbeschadet der Benutzung dieser Schutzrechte zur Durchführung der Entwicklungsarbeiten, berührt dieser Vertrag nicht die rechtliche Situation dieser Schutzrechte, insbesondere verbleiben diese Schutzrechte im ausschließlichen Eigentum des Auftragnehmers.

(2) Erfindungen, die Arbeitnehmer des Auftragnehmers während der Dauer dieses Vertrages auf dem vertragsgegenständlichen Gebiet der Entwicklungsarbeiten gemäß § 1 dieses Vertrages tätigen („Neuschutzrechte"), werden vom Auftragnehmer unbeschränkt in Anspruch genommen und im Namen des Auftragnehmers zum Schutzrecht angemeldet sowie dem Auftraggeber unverzüglich zur Kenntnis gebracht. Diese Schutzrechte stehen eigentumsrechtlich ausschließlich dem Auftragnehmer zu. Beabsichtigt der Auftragnehmer, eine Erfindung nicht zum Schutzrecht anzumelden, findet § 9 Abs. 1 entsprechende Anwendung.

(3) Erfindungen, die gemeinsam von Arbeitnehmern des Auftragnehmers und Arbeitnehmern des Auftraggebers während der Dauer dieses Vertrages auf dem vertragsgegenständlichen Gebiet der Entwicklungsarbeiten gemäß § 1 dieses Vertrages getätigt werden („Gemeinschaftserfindungen"), sind von den Vertragspartnern gegenüber ihren Arbeitnehmern unbeschränkt in Anspruch zu nehmen und gemeinsam im Namen des Auftragnehmers und des Auftraggebers zum Schutzrecht anzumelden. Die Vertragspartner werden sich hierüber gegenseitig unverzüglich informieren und sich einvernehmlich über die jeweiligen Erfinderanteile verständigen und das Ergebnis dieser Abstimmung schriftlich als Ergänzung zu diesem Vertrag gemäß § 16 Abs. 2 festlegen. Solche Schutzrechte stehen den Vertragspartnern gemeinschaftlich zu. Vorbereitung und Durchführung dieser Schutzrechtsanmeldungen erfolgen durch den Auftragnehmer. Die Vertragspartner werden sich spätestens drei Monate vor Ablauf der Prioritätsfrist abstimmen und verständigen, in welchen Ländern korrespondierende Auslandsschutzrechte anzumelden sind.

(4) Der Auftragnehmer übermittelt dem Auftraggeber unverzüglich Kopien des amtlichen Schriftwechsels mit den Patentämtern über die Gemeinschaftsschutzrechte gemäß § 8 Abs. 3 dieses Vertrages. Über die gemäß § 8 Abs. 2 dieses Vertrages entstehenden Schutzrechte hat der Auftragnehmer dem Auftraggeber ausschließlich eine Kopie der jeweiligen Schutzrechtsanmeldung beim jeweiligen Patentamt zur Information zu übermitteln.

(5) Die gemäß § 8 Abs. 2 entstehenden Kosten trägt der Auftragnehmer. Die aus § 8 Abs. 3 dieses Vertrages anfallenden Kosten werden von den Vertragspartnern entsprechend ihrer Erfinderanteile getragen, diejenigen gemäß § 8 Abs. 3 S. 5 dieses Vertrages

gehen jedoch zu Lasten desjenigen Vertragspartners, der das alleinige Interesse an einem korrespondierenden Auslandsschutzrecht hat.

§ 9 Aufgabe von gewerblichen Schutzrechten

(1) Beabsichtigt der Auftragnehmer, ein gemäß § 8 Abs. 2 angemeldetes Schutzrecht nicht fortzuführen oder aufrechtzuerhalten, ist er verpflichtet, den Auftraggeber über diese Absicht rechtzeitig schriftlich zu informieren und ihm das Schutzrecht zur kostenlosen Übernahme anzubieten. Erklärt der Auftraggeber die schriftliche Annahme dieses Übernahmeangebotes binnen 4 Wochen nach Zugang, hat er die Kosten der Übertragung sowie Fortführung und Aufrechterhaltung dieses Schutzrechtes zu tragen; anderenfalls ist der Auftragnehmer ohne weitere Nachricht berechtigt, die beabsichtigte Schutzrechtsaufgabe durchzuführen.

Im Falle der einvernehmlichen Übernahme eines solchen Schutzrechtes werden die Vertragspartner alle zur Übertragung erforderlichen und zumutbaren Handlungen vornehmen und Erklärungen abgeben.

(2) Sollte ein Vertragspartner die Anmeldung eines Schutzrechtes gemäß § 8 Abs. 3 S. 5 dieses Vertrages in einem Land wünschen, für das der andere Vertragspartner keine Rechte zu übernehmen beabsichtigt, so gehen hierfür sämtliche Rechte an der Erfindung für dieses korrespondierende Auslandsschutzrecht kostenlos auf den Vertragspartner über. Im Übrigen gilt § 9 Abs. 1 dieses Vertrages.

(3) Beabsichtigt ein Vertragspartner, eine Erfindung gemäß § 8 Abs. 3 dieses Vertrages nicht zum Schutzrecht anzumelden oder eine solche Schutzrechtsanmeldung fortzuführen, gilt § 9 Abs. 1 dieses Vertrages entsprechend.

(4) Falls ein Vertragspartner eine Erfindung nicht zum Schutzrecht anmelden oder eine Schutzrechtsanmeldung nicht gemäß den §§ 9 Abs. 1–3, 8 Abs. 2 S. 3 dieses Vertrages fortführen will, so tritt der die Erfindung oder Schutzrechtsanmeldung übernehmende Vertragspartner anstelle des anderen Vertragspartners in die Rechte und Pflichten des Arbeitgebers des Erfinders aufgrund der Vorschriften des Gesetzes über Arbeitnehmererfindungen ein, sofern der jeweilige Arbeitnehmer dem zustimmt; falls der Arbeitnehmer nicht zustimmt, stellt der übernehmende Vertragspartner den anderen Vertragspartner von allen Rechten und Pflichten insoweit frei.

§ 10 Benutzung der gewerblichen Schutzrechten

(1) Der Auftragnehmer räumt dem Auftraggeber ein nicht ausschließliches, nicht übertragbares Benutzungsrecht an den unter § 8 Abs. 1 dieses Vertrages genannten Altschutzrechten ein, soweit die jeweils zugrundeliegenden Erfindungen das Entwicklungsergebnis tangieren.

Die Vertragspartner werden sich rechtzeitig vor Benutzung dieser Altschutzrechte über den Abschluss eines Lizenzvertrages zu angemessenen und branchenüblichen Bedingungen verständigen. Im Streitfall entscheidet über die Angemessenheit und Branchenüblichkeit ein von den Vertragspartnern gemeinsam zu benennender Sachverständiger als Dritter iSd § 317 BGB. Falls sich die Vertragspartner binnen 4 Wochen auf keinen gemeinsamen Sachverständigen einigen können, hat der Präsident der Industrie- und Handelskammer in . . . . . auf Antrag eines Vertragspartners einen neutralen Sachverständigen zu bestimmen.

(2) Die Vertragspartner räumen sich hinsichtlich eventueller Gemeinschaftserfindungen gemäß § 8 Abs. 3 bzw. an hierauf getätigten gewerblichen Schutzrechtsanmeldungen gegenseitig nicht ausschließliche, nicht übertragbare kostenlose Benutzungsrechte ein.

(3) Der Auftragnehmer räumt dem Auftraggeber an Neuschutzrechten gemäß § 8 Abs. 2 ein ausschließliches, nicht übertragbares, kostenloses Benutzungsrecht ein. Die Einräu-

mung dieses Benutzungsrechtes ist durch die Gesamtvergütung gemäß § 3 dieses Vertrages abgegolten. Die eingeräumte Ausschließlichkeit wandelt sich nach Ablauf von drei Jahren ab Beendigung dieses Vertrages automatisch in ein nicht ausschließliches Benutzungsrecht zu unveränderten Bedingungen um.

§ 11 Gewerbliche Schutzrechte Dritter

(1) Der Auftragnehmer versichert, sich zu bemühen, dass die erzielten Entwicklungsergebnisse nicht gegen Schutzrechte Dritter verstoßen, eine Gewähr kann dafür jedoch nicht übernommen werden. Im Rahmen dieser Bemühung wird der Auftragnehmer mit der eigenüblichen Sorgfalt nach potentiell entgegenstehenden deutschen Schutzrechten recherchieren. Über das Ergebnis dieser Recherche wird er den Auftraggeber in Kenntnis setzen.
(2) Die durch die Nachforschung entstehenden Kosten gehen zu Lasten der Vergütung gemäß § 3 Abs. 1 dieses Vertrages.
(3) Eine über die Verpflichtung gemäß § 11 hinausgehende Haftung kann der Auftragnehmer nicht übernehmen.
(4) Vorstehender § 11 Abs. 1 und Abs. 2 findet auch auf Schutzrechte iSd § 8 dieses Vertrages Anwendung.

§ 12 Mängelhaftung

(1) Der Auftragnehmer gewährleistet die Durchführung der Projektarbeiten nach dem Stand von Wissenschaft und Technik. Außerdem gewährleistet der Auftragnehmer, die Entwicklungsleistungen so zu erbringen bzw. den Entwicklungsgegenstand so herzustellen, dass sie frei von Mängeln sind und nicht mit Fehlern behaftet sind, die den Wert oder die Tauglichkeit zu dem gewöhnlichen oder dem nach dem Vertrage vorausgesetzten Gebrauch aufheben oder mindern. Die Verjährungsfrist beträgt 12 Monate ab dem Zeitpunkt der förmlichen Abnahme.
(2) Im Falle mangelbehafteter Lieferungen/Leistungen wird der Auftragnehmer binnen angemessener Frist nacherfüllen, dh entweder nachbessern oder die mangelhaften Lieferungen bzw. Teile durch neue ersetzen. Dieses Recht auf Nacherfüllung steht dem Auftragnehmer für jeden Mängelhaftungsfall zwei Mal zu. Nach dem erfolglosen Ablauf der zweiten Beseitigungsfrist kann der Auftraggeber vom Vertrag zurücktreten oder Herabsetzung der Vergütung verlangen. Die Selbstvornahme durch den Besteller ist ausgeschlossen, es sei denn, dass der Auftragnehmer ihr schriftlich oder in Textform zustimmt.
(3) Der Auftragnehmer haftet nicht für weitergehende bzw. Folgeschäden bzw. für solche Schäden, die nicht am Entwicklungsgegenstand auftreten (zB Produktionsunterbrechung, Stillstandskosten, Ausfallschäden, entgangener Gewinn, etc), es sei denn, dem Auftragnehmer ist vorsätzliches oder grob fahrlässiges Handeln oder Unterlassen vorzuwerfen. Von der Mängelhaftung ausgeschlossen ist der normale Verschleiß bei gesondert aufgelisteten Verschleißteilen. Im Übrigen findet § 13 dieses Vertrages entsprechende Anwendung.

§ 13 Sonstige Haftung

(1) Der Auftragnehmer haftet nur im Falle von Vorsatz und grober Fahrlässigkeit. Im Übrigen ist jegliche Haftung, insbesondere für Produktionsunterbrechung, Stillstandskosten, Ausfallschäden, entgangener Gewinn sowie sonstige indirekte und/oder Folgeschäden, ausgeschlossen. Der Haftungsausschluss gilt nicht, falls der Auftragnehmer nach Produkthaftungsgesetz für Personen- oder Sachschäden an privat genutzten Gegenständen haften würde.
(2) Soweit der Auftragnehmer, seine Mitarbeiter oder Erfüllungsgehilfen von Dritten delikts- bzw. produkthaftungsrechtlich von Dritten in Anspruch genommen wird – gleich

aus welchen Sach- und Rechtsgründen – hat der Auftraggeber den Auftragnehmer auf erstes Anfordern von solchen Schadenersatzansprüchen freizustellen bzw. zu entschädigen.

(3) Die vorstehenden Haftungsausschlüsse und Freistellungsansprüche gelten nicht im Falle von Vorsatz und grober Fahrlässigkeit sowie im Falle von Personenschäden; sie gelten ebenfalls nicht, falls der Auftragnehmer nach Produkthaftungsgesetz haftet.

§ 14 Geheimhaltung

(1) Der Auftragnehmer verpflichtet sich, die während der Durchführung der Entwicklungsarbeiten gemäß § 1 erzielten Entwicklungsergebnisse dem Auftraggeber auf dem vertragsgegenständlichen Gebiet zur Verfügung zu stellen und dem Auftraggeber übermittelte Berichte und Korrespondenz weder zu veröffentlichen noch Dritten bekannt zu geben, es sei denn, der Auftraggeber hat hierzu seine ausdrückliche schriftliche Zustimmung erteilt.

Weiterhin ist der Auftragnehmer verpflichtet, die vom Auftraggeber offenbarten Geschäfts- und Betriebsgeheimnisse, insbesondere auch das zum Zwecke der Durchführung der Entwicklungsarbeiten mitgeteilte Know-how weder im Rahmen eigener Arbeiten zu gebrauchen oder zu verwerten noch Dritten in irgendeiner Form zur Kenntnis zu bringen. Unter Dritte im Sinne dieser Regelung fallen nicht diejenigen Unterauftragnehmer und freien Mitarbeiter, soweit die Zustimmung des Auftraggebers gemäß § 2 Abs. 8 dieses Vertrages vorliegt.

(2) Die Vertragspartner sind verpflichtet, über entstandene Erfindungen und Schutzrechtsanmeldungen bis zum Tag der Offenlegung strengstes Stillschweigen zu bewahren.

(3) Der Auftragnehmer ist verpflichtet, Unterauftragnehmer und freie Mitarbeiter im Sinne der vorgenannten Bestimmungen zur Geheimhaltung schriftlich zu verpflichten.

(4) Soweit arbeitsrechtlich noch nicht geschehen, wird der Auftragnehmer seine, die das vorliegende Entwicklungsprojekt bearbeitenden Arbeitnehmer zur Geheimhaltung im Sinne dieses § 14 schriftlich verpflichten und darauf hinweisen, dass diese projektbezogene Geheimhaltungsverpflichtung auch nach der Beendigung des Arbeitsverhältnisses im Rahmen des arbeitsrechtlich Zulässigen über einen Zeitraum von . . . . . . Jahren weiter besteht. Auf Anforderung wird der Auftragnehmer dem Auftraggeber Kopien dieser projektspezifisch auferlegten schriftlichen Geheimhaltungsverpflichtung übergeben.

(5) Unter die Geheimhaltungsverpflichtung fallen nicht folgende Informationen, die

- sich bereits im Besitz des Auftragnehmers befinden;
- der Auftragnehmer berechtigterweise von einem Dritten erhalten hat;
- ohne Verstoß gegen die vorliegende Vereinbarung öffentlich bekannt werden;
- vom Auftragnehmer nachweislich eigenständig entwickelt wurden.

(6) Die Geheimhaltungsverpflichtungen gemäß diesem § 14 werden nicht durch eine Beendigung dieses Vertrages berührt und bleiben noch über einen Zeitraum von . . . . . Jahren ab Beendigung des Vertrages in Kraft.

(7) Der Auftragnehmer ist berechtigt, die Tatsache der Zusammenarbeit mit dem Auftraggeber zu publizieren und das vorliegende Projekt als Referenzprojekt zu bezeichnen.

§ 15 Kündigung

(1) Der Auftraggeber kann diesen Vertrag ordentlich mit einer Frist von einem Monat zum Ende eines Kalendermonats/Kalendervierteljahres/Kalenderhalbjahres kündigen, erstmals jedoch zum . . . . . (Tag/Monat/Jahr) . . . . .

(2) Der Auftraggeber trägt die bis zum Zeitpunkt des Wirksamwerdens der Kündigung beim Auftragnehmer angefallenen und nicht mehr abwendbaren durch diesen Vertrag bedingten Kosten. Alle Zahlungen einschließlich dieser Restabgeltung dürfen die Vergütung gemäß § 3 im Falle eines ungekündigten Vertrages nicht übersteigen.

(3) Der Auftragnehmer ist verpflichtet, mit seinen Unterauftragnehmern Vereinbarungen entsprechend den vorstehenden Regelungen gemäß § 15 Abs. 1 und Abs. 2 dieses Vertrages herbeizuführen, soweit im Einzelfall die Vergütungssumme netto EUR . . . . .,– übersteigt. Im Falle der Kündigung dieses Vertrages gemäß § 15 Abs. 1 durch den Auftraggeber hat der Auftragnehmer die zur Durchführung dieses Vertrages abgeschlossenen Unteraufträge unverzüglich zum nächstmöglichen Kündigungstermin zu beenden.
(4) Unbeschadet der vorstehenden Regelungen kann dieser Vertrag von den Vertragspartnern ohne Einhaltung einer Kündigungsfrist aus wichtigem Grund gekündigt werden. Ein wichtiger Grund zur außerordentlichen Kündigung ist dann gegeben, wenn dem kündigenden Vertragspartner unter Berücksichtigung aller Umstände des Einzelfalls und unter Abwägung der beiderseitigen Interessen die Fortsetzung des Vertrags bis zur vereinbarten Beendigung nicht zugemutet werden kann. Besteht der wichtige Grund in der Verletzung einer Pflicht aus dem Vertrag, ist die Kündigung erst nach erfolglosem Ablauf einer zur Abhilfe bestimmten Frist oder nach erfolgloser Abmahnung zulässig. § 323 Abs. 2 BGB findet entsprechende Anwendung.
(5) Jede Kündigung hat schriftlich per eingeschriebenem Brief zu erfolgen.

§ 16 Schlussvorschriften

(1) Dieser Vertrag tritt mit rechtsverbindlicher Unterzeichnung durch beide Vertragspartner in Kraft.
(2) Nebenabreden zu diesem Vertrag bestehen nicht. Änderungen und Ergänzungen des Vertrages bedürfen der Schriftform und sind nur wirksam nach rechtsverbindlicher Unterzeichnung durch den Auftraggeber und den Auftragnehmer. Auf dieses Formerfordernis kann nur durch eine schriftliche Vereinbarung verzichtet werden.
(3) Ergänzend zu den Bestimmungen dieses Entwicklungsvertrages, soweit nichts Abweichendes vorgesehen ist sowie zur Auslegung der hier vorhandenen Regelungsinhalte, gelten die Vorschriften der §§ 631 ff. BGB.
(4) Sind einzelne der vorstehenden Paragrafen oder Teile dieser Paragrafen nichtig, so bleibt der Vertrag im Übrigen wirksam, und an die Stelle der unwirksamen Regelung tritt entweder die gesetzliche Vorschrift oder (bei Fehlen einer solchen Vorschrift) eine solche Regelung, die die Vertragspartner nach Treu und Glauben zulässigerweise getroffen hätten, wenn ihnen die Nichtigkeit bekannt gewesen wäre.
(5) Es gilt ausschließlich das Recht der Bundesrepublik Deutschland unter Ausschluss des UN-Kaufrechts. Für alle Streitigkeiten aus oder im Zusammenhang mit diesem Vertrag wird die Zuständigkeit des für den Sitz des Auftragnehmers (Alternativ: Auftraggebers) zuständigen Gerichts vereinbart.
(5) Nachfolgend genannte Anlagen sind diesem Vertrag beigefügt und gelten als wesentliche Bestandteile dieses Vertrages:
Anlage 1 . . . . . (Arbeit des Auftragnehmers vom . . . . .) . . . . .
Anlage 2 . . . . . (Qualitätssicherungsrichtlinien) . . . . .
Anlage 3 . . . . . (Terminplan) . . . . .
Anlage 4 . . . . . (Abnahmekriterien) . . . . .
Anlage 5 . . . . . (Schutzrechtsbestand) . . . . .
Anlage 6 . . . . . (Geheimhaltungsvereinbarung vom . . . . .) . . . . .

Ort, Datum	Ort, Datum
. . . . .	. . . . .
Auftraggeber	Auftragnehmer

Schrifttum: → Form. IV.1.

Anmerkungen

1. Entwicklungsvertrag als Werkvertrag. Der Auftragnehmer hat sich gemäß § 631 Abs. 1 BGB zur Herstellung des versprochenen Werkes verpflichtet. Aus dieser ausgeprägten Erfolgsbezogenheit der Auftragnehmerleistung folgt auch die Verpflichtung, für den Eintritt unbedingt einstehen zu müssen, wobei diese Einstandverpflichtung mit einer Garantie vergleichbar ist. Deshalb ist es unabdingbar, genau zu beschreiben, was der Auftragnehmer zu „versprechen" in der Lage ist. Denn am Ende des Entwicklungsprojektes kommt die Stunde der Wahrheit. Der Auftraggeber prüft im Rahmen einer Abnahme, ob der Auftragnehmer die „versprochene" Leistung tatsächlich erbracht hat. Falls dies nicht der Fall sein sollte, kann der Auftraggeber im Rahmen der Ersatzvornahme beispielsweise einen Dritten (ggf. sogar einen Wettbewerber!) auf Kosten des Auftragnehmers mit der Erbringung der geschuldeten Leistung beauftragen. Weiterhin macht sich der Auftragnehmer gegenüber dem Auftraggeber ggf. schadensersatzpflichtig. Wenn der Auftragnehmer nicht in der Lage ist, die „versprochene", dh die vertraglich geschuldete Leistung zu erbringen, gerät er regelmäßig auch noch gegenüber dem Auftraggeber in Verzug, so dass er zudem auch noch wegen eines eventuellen Verzugsschadens und/oder wegen einer verwirkten Vertragsstrafe in Anspruch genommen werden kann. Schließlich entsteht bei Nichterreichung des versprochenen Werkes und damit bei Nichtabnahme der Entwicklungsleistung auch finanziell das Entwicklungsrisiko; grundsätzlich entsteht in diesem Fall überhaupt kein Vergütungsanspruch. Sind jedoch zwischenzeitlich Vergütungsbeträge bezahlt worden, weil beispielsweise Abschlagszahlungen vertraglich vereinbart wurden, entfällt nach §§ 634, 323, 346 BGB beim Scheitern des Vertrags der Anspruch auf die Gegenleistung und die Vergütung ist vom Auftragnehmer (ganz oder teilweise) zurückzuzahlen. Diesbezüglich verhält es sich jedoch beim Dienstvertrag anders: hat der Entwickler ordnungsgemäße Leistungen erbracht und nicht schuldhaft Fehler gemacht, steht ihm grundsätzlich ein Vergütungsanspruch für die geleisteten Dienste zur Verfügung; das Entwicklungsrisiko trägt in diesesm Fall in der Regel der Auftraggeber.

Umso wichtiger ist schließlich die genaue und nachvollziehbare Beschreibung dessen, was der Auftragnehmer an vertraglicher Leistung dem Auftraggeber gegenüber schuldet. Im Vertragstext selbst kann meistens keine ausführliche und exakte Beschreibung erfolgen, so dass als gesonderte Anlage eine ins Einzelne gehende Ausformulierung als Vertragsbestandteil beigefügt werden sollte. Der Einfachheit halber kann hierbei auf das rechtsverbindliche Angebot des Auftragnehmers zur Erbringung der Entwicklungsleistungen zurückgegriffen werden. Eine genaue Spezifizierung nach Angebotsdatum sowie Angebotsnummer sollte aus Gründen der unzweifelhaften Nachvollziehbarkeit erfolgen (→ Form. II.1 Anm. 8). Im Übrigen wird insbesondere wegen der weiteren Einzelheiten zum rechtlichen Charakter eines Entwicklungsvertrages (insbesondere auch in Abgrenzung zum Forschungsvertrag) auf → Form. II.1 Anm. 7 verwiesen.

2. Ort der Durchführung der Entwicklungsarbeiten. Gegebenenfalls kann es sich bei dem Ort der Projektdurchführung um einen vom Sitz des Auftragnehmers abweichenden Ort handelt. Beispielsweise dann, falls die Entwicklungsleistungen ihrer Natur nach an einem vom Auftraggeber zur Verfügung zu stellenden Ort oder Raum zu erbringen sind. Hierbei handelt es sich um eine wesentliche vom Auftraggeber zu erbringende Mitwirkungsverpflichtung im Rahmen einer Beistellung und damit um eine vom Auftraggeber geschuldete Verpflichtung einer entsprechenden Zurverfügungstellung. In diesem Fall sollte eine genaue Lokalisierung im Vertrag vorgesehen werden. Gegebenenfalls sind weitere Spezifizierungen über eine eventuell notwendige vom Auftraggeber zur Verfügung zu stellender Infrastruktur angezeigt: Energie- und Versorgungseinrichtungen (Strom, Wasser, Gas, Telefon, Internet, etc), Sozialräume, abschließbare Lagerräume, usw.

Befindet sich der Ort der Durchführung der Entwicklungsarbeiten direkt beim Auftragnehmer, ist ein entsprechender Hinweis im Sinne von § 1 Abs. 2 nicht erforderlich.

3. Arbeitsaufnahme. Eine Regelung über die Arbeitsaufnahme wie unter § 2 Abs. 1 kann dann angebracht sein, wenn die Aufnahme der Arbeiten von dem Eintritt gewisser Bedingungen abhängig ist und diese Bedingungen beispielsweise mit der Inkrafttretungsklausel verknüpft sind. Diesbezüglich wird auf die Erläuterungen zu § 2 Nr. 1 des Forschungsvertrages verwiesen. Sehr häufig verbinden die Vertragspartner die offizielle Arbeitsaufnahme eines Entwicklungsprojektes mit einem gemeinsamen „Kick-Off"-Meeting und stimmen hierbei noch organisatorische, personelle und sonstiges Ablaufmaßnahmen ab.

4. Informationsaustausch. Die Klauseln unter § 2 Abs. 2, Abs. 3, Abs. 4 befassen sich mit einigen grundsätzlichen Regelungen der Kommunikation zwischen den Vertragspartnern. Diesbezüglich wird vorab auf → Form. II.1 Anm. 10 verwiesen.

Wegen der grundsätzlichen Bedeutung einer konstruktiven Kommunikation zwischen Vertragspartnern eines Entwicklungsauftrages wird zur Verdeutlichung noch folgendes ausgeführt: Beauftragte Entwicklungsarbeiten sind meistens seitens des Auftragnehmers im stetigen Informations- und Gedankenaustausch mit dem Auftraggeber durchzuführen. Neue Entwicklungen haben sich am Markt zu orientieren. Die maßgeblichen Märkte sind regelmäßig schnelllebig und erfordern potentiell die Möglichkeit einer kurzfristigen Entwicklungsanpassung. Insoweit ist nicht nur die Kommunikation auf technischer Fachebene in den Forschungs- und Entwicklungs- sowie Herstellungsbereichen notwendig, sondern zudem auch die ständige Kommunikation zwischen auftraggeberseitigem Vertrieb und auftragnehmerseitiger Entwicklung zur Schaffung einer schlanken Produktion.

Unerlässlich ist, mit Total Quality Management (TQM) Marktnähe schaffen. Nur wer die hohen und sich einem stetigen Wandel unterliegenden Kundenerwartungen erfüllen kann, wird sich am Markt durchsetzen und behaupten können. TQM versteht sich insoweit als eine bereichsübergreifende und vernetzte Prozessaufgabe. Zur Realisierung von TQM ist einerseits Marktforschung, andererseits jedoch auch folgendes erforderlich: eindeutige und verbindliche Absprachen mit externen Entwicklern und Lieferanten, Bereitschaft zur Zusammenarbeit über die Abteilungs- und Bereichsgrenzen hinweg, Bildung von Task-Forces, Förderung von Teamarbeit, usw.

Eine weitere Maßnahme einer schlanken Produktion, die eine absolut offene Kommunikation erfordert, ist Target-Costing („Zielkostenrechnung"). Hierbei handelt es sich um ein System zur marktorientierten Kalkulation und Kostenanpassung unter gleichzeitigem Aufspürung von Rationalisierungspotentialen im Entwicklungs-, Herstellungs- und Vertriebsbereich. Die zugrunde liegende Frage lautet hier nicht „Was kostet ein Produkt?", sondern „Was darf ein Produkt kosten?" Ausgangspunkt ist hier stets der im Markt später durchsetzungsfähige Preis, anhand dessen sodann rückwärts gerechnet bzw. retrograd kalkuliert wird. In diesem Prozess spielt die Entwicklungsphase eine bedeutende Rolle.

Schließlich ist noch die simultane Produktentwicklung (SPE) bzw. „Simultaneous Engineering" zu benennen. SPE hat neben der zeitlichen Verkürzung von Entwicklungsprojekten als ein weiteres maßgebliches Ziel das Gleichschalten, Parallelarbeiten, bzw. das vernetzte Entwickeln aller Funktionsbereiche. Gerade bei der Entwicklung von Neuprodukten ist diese Methode der parallelen Aufgabenbearbeitungen unter gleichzeitiger Einbindung externer Lieferanten und Auftragnehmer eine bevorzugte Methode. Dadurch werden nicht nur die Erhöhung der Qualität des jeweiligen Entwicklungsprozesses, sondern durch erheblich verkürzte Entwicklungszeiten ein schnellerer Markteintritt angestrebt und in der Regel auch erzielt.

All diese nur beispielhaft benannten qualitätsorientierten Maßnahmen erfordern einen durchgängigen ergebnisorientierten Dialog, Informations- und Gedankenaustausch, der weder im eigenen Haus noch im eigenen Bereich bzw. der eigenen Abteilung auf seine Grenzen stoßen darf, sondern auch zwischen den Vertragspartnern eines Entwicklungsauftrages intensiv stattfinden muss.

5. **Leistungsänderungen.** Die Möglichkeit zur Änderung von Entwicklungsergebnissen bzw. Entwicklungszielen sollte dem Auftraggeber nicht verwehrt werden. Schließlich soll jede Entwicklung marktorientiert sein, die entsprechende Schnelllebigkeit erfordert ein kurzfristiges und flexibles Reagieren auf neue Anforderungen. Ein derartiges Projektänderungsverfahren („Request for Change" oder „Change-Request-Verfahren" oder kurz „CR") sollte in Entwicklungsprojekten und damit in Entwicklungsverträgen stets vorgesehen werden, damit auch rechtssicher und strukturiert auf Änderungswünsche oder auf Notwendigkeiten von Änderungen durch beide Vertragspartner so reagiert werden kann, dass nach Möglichkeit für keinen der Vertragspartner rechtliche oder finanzielle Nachteile entstehen.

Gleichwohl bedeutet jede Leistungsänderung eine Änderung bzw. einen Eingriff in einen rechtsverbindlich geschlossenen Vertrag. Aus diesem Grunde hat der Auftragnehmer nicht nur die technischinhaltlichen, sondern auch die kosten- und zeitmäßigen Auswirkungen zu ermitteln und dem Auftraggeber mitzuteilen. Aus Gründen einer ordnungsgemäßen Dokumentation und Nachvollziehbarkeit sollten diese gegenseitigen Mitteilungen stets schriftlich erfolgen.

Wichtig ist auch, dass der Auftragnehmer nicht nur das Recht auf Ausführung der Leistungsänderungen hat, sondern auch die vertragliche Verpflichtung, soweit über die ermittelten Auswirkungen eine Nachtragsvereinbarung geschlossen wurde. Die Nachtragsvereinbarung ist gem. §§ 2 Abs. 4, 13 Abs. 2 S. 2 schriftlich abzuschließen und von den Vertragspartnern verbindlich zu unterzeichnen.

Im Übrigen wird auf → Form. II.1 Anm. 11 verwiesen.

6. **Kontrolle durch den Auftraggeber.** Zur Sicherstellung bzw. Überprüfung der vertraglich verankerten Informations- und Kommunikationspflichten des Auftragnehmers beansprucht der Auftraggeber andererseits ein entsprechendes Kontrollinstrumentarium wie unter § 2 Nr. 5 vorgesehen (Einzelheiten: → Form. II.1 Anm. 12).

7. **Qualitätssicherungsvereinbarung.** Nicht nur im reinen Zulieferbereich, sondern insbesondere auch im Entwicklungsbereich haben sich die Auftragnehmer bzw. Auftragsentwicklungsunternehmen regelmäßig spezifischen Qualitätssicherungsanforderungen der Auftraggeber zu unterwerfen. Hierbei steht primär die Optimierung der Produktqualität im Vordergrund. Schlechte oder fehlerhafte Produkte kann sich kein Unternehmen im Markt leisten. Die Folgen sind ggf. immens, wenn nicht unerhebliche Nachbesserungen erforderlich werden, eventuell verbunden mit Rückrufaktionen. Die Regelungsinhalte entsprechender Qualitätssicherungsvereinbarungen unterliegen produkt- und unternehmensspezifischen Anforderungen und sind von individuell völlig unterschiedlichen Inhalten geprägt. Die Bestimmungen können bestehen aus detaillierten Festlegungen technischer Spezifikationen, Regelung von Dokumentationspflichten, Forderung nach Implementierung spezieller Qualitätssicherungsmaßnahmen, Vorschriften über spezielle beim Auftragnehmer durchzuführender Audits, Fixierung von Qualitätskontrollen beim Auftagnehmer, Verlagerung der auftraggeberseitigen Wareneingangskontrollen in den Verantwortungsbereich des Auftragnehmers (Abbedingung der Eingangskontrolle gemäß § 377 HGB), Verteilungsregelungen über potentielle Haftungsrisiken, Definition von Verantwortlichkeiten, Reduzierung von Folgekosten, Freistellungsvereinbarungen und vieles mehr (dazu *von Westphalen,* Qualitätssicherung, in: MVH, Bd. 3 Wirtschaftsrecht II, 8. Aufl. 2020, → Form. V.1; *Ensthaler,* Haftungsrechtliche Bedeutung von

Qualitätssicherungsvereinbarungen, NJW 1994, 817 ff.; *Schmidt,* Qualitätssicherungsvereinbarungen und ihr rechtlicher Rahmen, NJW 1991, 144 ff.; *Zirkel,* Das Verhältnis zwischen Zulieferer und Assembler – eine Vertragsart sui generis?, NJW 1990, 345 ff.; *Gass/Lange,* Rahmenverträge für moderne Produktionsformen, 1. A., 1999, S. 107–111; *Wellenhofer-Klein,* Zulieferverträge im Privat- und Wirtschaftsrecht, 1999, S. 271–280). Neben dieser Vielschichtigkeit der möglichen Regelungsinhalte ist ergänzend noch anzumerken, dass verschiedene Wirtschaftsverbände unverbindliche Konditionenempfehlungen erteilt haben:

- Qualitätssicherungsvereinbarung für Erzeugnisse und Leistungen der Elektroindustrie (ZVEI; aktuelle Version Juli 2014 unter www.zvei.org/presse-medien/Publikationen;
- Qualitätssicherungsvereinbarung GKV/TecPart, Version 2010 (Gesamtverband Kunststoffverarbeitende Industrie eV), www.tecpart.de.

Die Regelung im Form. unter § 2 Abs. 6 beinhaltet zunächst als entscheidende Grundvoraussetzung für die Auftragserteilung das Vorhandensein einer Zertifizierung nach DIN EN ISO 9001: 2008 als Qualitätsmindestanforderung (vgl. auch die Erläuterungen Nr. 3 zu § 3 des Forschungsvertrages). Darüber hinaus verlangen potentielle Auftraggeber im zunehmenden Umfang die Unterwerfung des Auftragnehmers unter eigene betriebsinterne Qualitätssicherungsrichtlinien des Auftraggebers. Der Abschluss von eigenständigen Qualitätssicherungsvereinbarungen ist mittlerweile die Regel; hierbei handelt es sich um ein eigenes Vertragswerk, welches durch ihre Vorformulierung (§ 305 Abs. 1 BGB) grundsätzlich auch als Allgemeine Geschäftsbedingungen qualifiziert werden und somit auch der strengen Kontrolle der §§ 307 ff. BGB unterliegen.

8. Erteilung von Unteraufträgen. Im Gegensatz zu Forschungsarbeiten mit einer persönlichen Dienstleistungsverpflichtung gemäß § 613 S. 1 BGB kennt das Werkvertragsrecht in der Regel keine persönliche Leistungsverpflichtung des Auftragnehmers. Im Rahmen eines Entwicklungsvertrages steht es somit dem Auftragnehmer grundsätzlich frei, einzelne Teilgewerke bzw. Arbeitspakete an einen Sub- oder Unterauftragnehmer zu vergeben, soweit der abgeschlossene Entwicklungsvertrag keine anderslautende Regelung beinhaltet. Dies ist jedoch bei der Erteilung von Entwicklungsaufträgen nicht die Praxis, weil der Auftraggeber gerade aufgrund des erhofften Know-how-Vorsprungs eine Streuung entsprechender Informationen verhindern will.

Zu beachten wäre allerdings auch noch, inwieweit der Auftragnehmer einer Geheimhaltungsverpflichtung unterliegt; in aller Regel ist es ihm vertraglich ausdrücklich verboten, nicht nur geheimhaltungsbedürftige projektspezifische Informationen und Kenntnisse an Dritte weiterzuleiten, sondern auch die bloße Information über die Tatsache der Erteilung eines entsprechenden Entwicklungsauftrages. Als Dritter in diesem Sinne wäre auch jeder potentielle Unterauftragnehmer einschließlich eventueller freier Mitarbeiter anzusehen, so dass rein tatsächlich über eine Geheimhaltungsregelung ein faktischer Ausschluss der Erteilung von Unteraufträgen vorliegen würde.

Der Sub- bzw. Nachunternehmer ist nach der Zurechnungsnorm des § 278 BGB Erfüllungsgehilfe des Auftragnehmers (Palandt/*Grüneberg* BGB § 278 Rn. 14), so dass der Auftragnehmer gegenüber dem Auftraggeber weiterhin auch für Handlungen bzw. Unterlassungen des Nachunternehmers haftbar bzw. verantwortlich bleibt.

In der Praxis sehen die meisten von Auftraggebern vorgeschlagenen Entwicklungsverträge oder Entwicklungsbedingungen eine vorherige schriftliche Zustimmungspflicht bei der Vergabe entsprechender Aufträge an potentielle Unterauftragnehmer vor, so dass nicht jeder Dritte quasi durch die Hintertür sich Eintritt und damit Einblick in ein Entwicklungsprojekt verschaffen kann. Potentielle Auftraggeber fürchten um eine Beeinträchtigung ihrer Qualitätsanforderungen und/oder ein unkontrollierter Abfluss von Know-how bzw. geheimhaltungsbedürftigen Informationen.

Weitere Einzelheiten: → Form. II.1 Anm. 13.

9. Der Vergütungsanspruch des Auftragnehmers. Durch den Werkvertrag wird der Auftragnehmer zur Herstellung des versprochenen Werkes, der Auftraggeber zur Entrichtung der vereinbarten Vergütung verpflichtet (§ 631 Abs. 1 BGB). Bei der Zahlung der Vergütung handelt es sich um eine vom Auftraggeber gegenüber dem Auftragnehmer zu erbringende Hauptpflicht. Ist weder positiv noch negativ eine Vergütungsregelung zwischen den Vertragspartnern getroffen, greift § 632 Abs. 1 BGB, wonach eine Vergütung als stillschweigend vereinbart gilt, wenn die Herstellung des Werkes den Umständen nach nur gegen eine Vergütung zu erwarten ist. Falls die Höhe der Vergütung zwischen den Vertragspartnern nicht vereinbart sein sollte, stellt § 632 Abs. 2 BGB eine Auslegungsregel zur Verfügung, wonach bei dem Bestehen einer Taxe die taxmäßige Vergütung, in Ermangelung einer Taxe die übliche Vergütung als vereinbart anzusehen ist.

Weitere Einzelheiten: → Form. II.1 Anm. 16 f.

10. Überprüfung der angefallenen Kosten. Im Gegensatz zu Kostenerstattungsvereinbarungen beim Forschungsvertrag und den damit verbundenen grundsätzlich vom Auftraggeber vorbehaltenen Kostenüberprüfungsrechten vereinbaren die Vertragspartner beim Entwicklungsvertrag regelmäßig eine Vergütungssumme als Festpreis, nicht für die vertragsgegenständlich durchzuführenden Entwicklungsarbeiten, sondern als Äquivalent für den geschuldeten Erfolg bzw. für das abzuliefernde Entwicklungsergebnis.

Prüfungsrechte über den vermeintlichen oder tatsächlichen Kostenanfall sind hier dem Auftraggeber nicht einzuräumen. Allerdings verlangen viele Auftraggeber vertraglich auch die Offenlegung der Kalkulation des Auftragnehmers; in der Regel reduziert sich dies auf eine geschäftspolitische Entscheidung, in wie weit sich der Auftragnehmer zahlenmäßig „in die Karten schauen" lässt. Weiteres: → Form. II.1 Anm. 15.

11. Die Zahlungsbedingungen. Falls nichts Abweichendes zwischen den Vertragspartnern vereinbart wird, ist gemäß § 641 Abs. 1 S. 1 BGB die Vergütung bei der Abnahme des Werkes zu entrichten. Nach der gesetzlichen Regelung würde somit auch beim Entwicklungsvertrag die Vergütungsgefahr erst mit erfolgter Abnahme des Werkes auf den Auftraggeber übergehen. Dies bedeutet außerdem, dass der Auftragnehmer das vollständige Vorfinanzierungsrisiko des Entwicklungsprojektes zu tragen hätte. Gleiches gilt im Übrigen auch gemäß § 641 Abs. 1 S. 2 BGB für Teilabnahmen, dh hier wäre die Vergütung für jeden Teil bei dessen Abnahme zu entrichten.

Dieses gesetzliche Leitbild der vollständigen Projektvorfinanzierung deckt sich nicht mit der Realität beim Abschluss potentieller Entwicklungsaufträge, insbesondere nicht bei mittel- und langfristigen Entwicklungsverträgen. In der Praxis werden – gerade bei langfristigen Projekten und/oder bei Projekten mit einem erheblichen Vorfinanzierungsbedarf hinsichtlich externer Lieferungen bzw. Leistungen – meistens Teilzahlungen vereinbart, die in gewissen Zeitintervallen bzw. nach gewissen Ereignissen (Meilensteinen – „milestones") vom Auftraggeber an den Auftragnehmer zu zahlen sind, regelmäßig auch in Verbindung einer angemessenen Anzahlung, die beispielsweise im Zeitpunkt des Inkrafttretens des Vertrages zur Zahlung fällig ist. Wenn möglich, sollte sich ein solcher Zahlungsplan größenordnungsmäßig an dem voraussichtlichen Kostenanfall beim Auftragnehmer orientieren, um das latente Finanzierungsrisiko gegen Null reduzieren zu können.

Der Auftragnehmer kann von dem Auftraggeber für in sich abgeschlossene Teile des Werkes Abschlagszahlungen für die erbrachten vertragsmäßigen Leistungen verlangen (§ 632a Abs. 1 BGB). Dies gilt jedoch nur dann, wenn die vom Auftragnehmer erbrachten Leistungen auch „vertragsgemäß" erbracht wurden, anderenfalls kann der Auftraggeber die Zahlung eines angemessenen Teils des Abschlags verweigern. Die

Beweislast für die vertragsgemäße Leistung verbleibt bis zur Abnahme beim Auftragnehmer (§ 632a Abs. 1 S. 3 BGB).

12. Zahlungseinbehalt. Die meisten Auftraggeber legen Wert darauf, dass ein Restbetrag von durchschnittlich 5–10 % der Gesamtauftragssumme als Einbehalt bei ihnen verbleibt, um weiterhin über ein Druckmittel zu verfügen, falls während der Verjährungsfrist für Mängelansprüche Mängelhaftungsfälle auftreten, zu deren Beseitigung der Auftragnehmer vertraglich und/oder gesetzlich verpflichtet ist.

Hier sollten die Auftragnehmer darauf achten, dass sie diesen Einbehalt in gleicher Höhe gegen die Übergabe einer Gewährleistungsbürgschaft einer Bank oder Sparkasse austauschen können, da sie ansonsten über die Laufzeit der Verjährungsfrist für Mängelansprüche das Bonitätsrisiko tragen müssten. Außerdem würde den Auftragnehmern während dieser Zeit die entsprechende Liquidität entzogen und der hierauf entfallende Zinsverlust könnte bei dem Gewährleistungseinbehalt um ein Vielfaches höher sein, als die an die Bank zu vergütende Avalprovision.

13. Zahlungsverzug und Verzugszinsen. → Form. II.1 Anm. 19.

14. Laufzeit. Die zu Beginn eines Projektes gestellte Frage, ob der Auftragnehmer das vertraglich versprochene Entwicklungsergebnis rechtzeitig innerhalb des verbindlichen Terminplanes bzw. zum Zeitpunkt der förmlichen Abnahme dem Auftraggeber übergeben kann, ist oftmals nur bedingt zu beantworten. Der Termindruck ist nicht selten immens, zumal wenn der Auftraggeber mit einem entwickelten Produkt so rasch als möglich in die Serienproduktion bzw. in den Markt gehen möchte. Zeit kostet Geld und ein Know-how- bzw. Entwicklungsvorsprung um nur einige Wochen kann für den Erfolg im relevanten Markt von entscheidender Bedeutung sein. Dieser vom Markt und von dem Wettbewerb generierte Zeitdruck wird auf den Auftragnehmer übertragen.

Kann hingegen der Auftragnehmer die vertraglich vereinbarten Terminpläne nicht einhalten, können dadurch dem Auftraggeber nicht unerhebliche Schäden entstehen. Der Auftraggeber kann vom Auftragnehmer Schadenersatz verlangen und/oder auch vom Vertrag zurücktreten. Schließlich steht dem Auftraggeber ein weiteres Druckmittel in Form der unter § 7 vereinbarten Vertragsstrafe zu, falls sich der Auftragnehmer mit der Erbringung seiner vertraglichen Leistungen in Verzug befindet.

Auch dieser zeitliche Erfolgsdruck unterscheidet den (werkvertraglichen) Entwicklungsvertrag vom (dienstvertraglichen) Forschungsvertrag (→ Form. II.1 Anm. 7).

15. Die Abnahme. Bei dem Entwicklungsvertrag handelt es sich regelmäßig um einen Werkvertrag gemäß den Vorschriften der §§ 631 ff. BGB. Der Auftragnehmer hat sich zur Herbeiführung eines bestimmten Arbeitsergebnisses bzw. Erfolges verpflichtet. Er steht dafür ein, dass diese vertraglich versprochenen Erfolge auch generiert werden. Dieses Einstehenwollen und Einstehenmüssen ist grundsätzlich vom Verschulden losgelöst und mit einem Garantieversprechen vergleichbar (→ Form. II.1 Anm. 7).

Gemäß § 640 Abs. 1 S. 1 BGB ist der Auftraggeber verpflichtet, „das vertragsmäßig hergestellte Werk abzunehmen". Bei der Abnahme handelt es sich nicht nur um eine bloße Nebenpflicht, sondern um eine vertragliche Hauptpflicht des Auftraggebers (Palandt/*Sprau* BGB § 640 Rn. 8). Im Zeitpunkt der Abnahme muss das Werk bzw. das vertraglich versprochene Arbeitsergebnis mangelfrei vorhanden sein („Abnahmereife"). Soweit nichts anderes vereinbart wurde, ist die entscheidende Messlatte für diese Mangelfreiheit das gesetzliche Anforderungsprofil gemäß § 633 BGB. Gemäß § 640 Abs. 1 S. 2 BGB kann die Abnahme wegen unwesentlicher Mängel nicht verweigert werden. Für die Unwesentlichkeit eines Mangels trägt der Auftragnehmer die Beweislast. Die Frage der Wesentlichkeit des Mangels ist bislang vorwiegend im Zusammenhang mit dem vergleichbaren § 12 Nr. 3 VOB/B entschieden worden; danach ist ua der Maßstab der

Zumutbarkeit anzulegen (Palandt/*Sprau* BGB § 640 Rn. 9) und eine Abwägung nach den Umständen des Einzelfalls vorzunehmen (BGH NJW 1992, 2481). Zu den Anwendungsproblemen des Wesentlichkeitsbegriffs mit Recht kritisch: *Kiesel* NJW 2000, 1673 (1676).

Nach § 640 Abs. 2 S. 1 BGB steht es der Abnahme gleich, wenn der Auftragnehmer dem Auftraggeber nach Fertigstellung des Werks eine angemessene Frist zur Abnahme gesetzt hat und der Auftraggeber die Abnahme nicht innerhalb dieser Frist unter Angabe von Mängeln verweigert hat. Mit dieser Abnahmefiktion soll dem unberechtigten Untätigbleiben eines Auftraggebers begegnet werden. Jedoch wird sich ein potentieller Streit auch hier um die Frage der Berechtigung oder Nichtberechtigung des Untätigwerdens drehen. Glaubt sich der Auftraggeber mit seinem Untätigwerden im Recht, weil er entgegen den Behauptungen des Auftragnehmers beispielsweise von einem wesentlichen Mangel ausgeht und er die Abnahme unter Angabe der Mängel oder wenigstens eines Mangels verweigert hat, wird ein Streit unvermeidbar sein – die Abnahmefiktion hilft rein tatsächlich hier nicht weiter.

Die Abnahmefiktion des im Übrigen abänderbaren § 640 BGB greift schon dann nicht ein, wenn die Vertragspartner die Durchführung einer förmlichen Abnahme vereinbart haben – wie im vorliegenden Muster vorgesehen.

Schließlich besteht auch ohne Weiteres die Möglichkeit, das Abnahmeprozedere vertraglich den projektspezifischen Gegebenheiten anzupassen: über Teilkomplexe (zB Hardware-Leistungen) können beim Auftragnehmer werksseitige Werksabnahmen oder Vorabnahmen oder auch Teilabnahmen durchgeführt werden. Die sich hieraus ergebenden bzw. gewünschten Rechtsfolgen (zB Gefahrenübergang, Beginn der Verjährungsfrist, Zahlungsauslösung, Freigabe zur vorgezogenen Nutzung durch den Auftraggeber, etc) können zwischen den Vertragspartnern vereinbart werden.

16. Die Rechtsfolgen der Abnahme. Die Abnahme des Entwicklungsergebnisses ist einer der wesentlichen Meilensteine während der Laufzeit eines Entwicklungsprojektes. Dies ergibt sich insbesondere aus folgenden Rechtsfolgen, die durch die Abnahme ausgelöst werden (vgl. *Kupczyk* NJW 2012, 3353 ff.):

- Mit der Abnahme des Werkes erlischt der Erfüllungsanspruch des § 631 Abs. 1 BGB, da der Auftragnehmer die Verpflichtung auf Herstellung des versprochenen Werkes erfüllt hat. Es verbleibt dem Auftraggeber lediglich noch ein Mängelbeseitigungsanspruch bezogen auf das abgenommene Werk.
- Gemäß § 641 Abs. 1 S. 1 BGB ist die Vergütung bei der Abnahme des Werkes zu entrichten. Die Vergütung wird somit grundsätzlich mit der Abnahme fällig. Dies gilt gemäß § 641 Abs. 1 S. 2 BGB auch im Falle der Durchführung von Teilabnahmen. Das gesetzliche Leitbild geht somit von einer Vorleistungsverpflichtung des Auftragnehmers aus. Dies entspricht jedoch nicht der Realität bei Entwicklungsaufträgen. Regelmäßig werden Abschlagszahlungen oder dergleichen vereinbart mit der Maßgabe, dass eine verbleibende Restzahlung erst mit erfolgreicher Abnahme zur Zahlung fällig wird (→ Anm. 15).
- Bis zur Abnahme des Werkes trägt der Auftragnehmer die Vergütungsgefahr (§ 644 Abs. 1 S. 1 BGB). Bei zufälligem Untergang oder zufälliger Verschlechterung der Arbeitsergebnisse vor dem Zeitpunkt der Abnahme verliert der Auftragnehmer seinen Vergütungsanspruch für die bislang erbrachten Leistungen. Erst mit der Abnahme des Werkes geht die Gefahr auf den Auftraggeber über.
- Mit der Abnahme tritt eine Umkehr der Beweislast ein, wonach der Auftraggeber ab dem Zeitpunkt der erfolgreichen Abnahme das Vorhandensein eventueller Mängel zu beweisen hat, die auch in den Verantwortungsbereich des Auftragnehmers fallen.
- Die Verjährung der Mängelansprüche beginnt idR mit der realen oder nach § 640 Abs. 1 S. 3 BGB fingierten Abnahme des Werkes (§ 634a Abs. 2 BGB).

- Der Auftraggeber kann grundsätzlich eine verwirkte Vertragsstrafe nur dann geltend machen, wenn er bei der Abnahme einen entsprechenden Vorbehalt gegenüber dem Auftragnehmer erklärt hat (§ 341 Abs. 3 BGB), oder sich das Recht zur Geltendmachung der Vertragsstrafe auch noch bis zum Zeitpunkt der Legung der Schlußrechnung ohne Vorbehaltserklärung vertraglich vorgesehen hat.
- Nimmt der Auftraggeber ein mangelbehaftetes Werk in Kenntnis der Mängel ab, verliert er seine Mängelansprüche, falls er es versäumt, sich seine Rechte wegen dieser Mängel bei der Abnahme gegenüber dem Auftragnehmer vorzubehalten (§ 640 Abs. 3 BGB).

17. „Bonus-Malus-Regelung". Im Rahmen von Entwicklungsvorhaben sind Projekte denkbar, bei denen die Vertragspartner zwar von der Erzielung genau fixierter Entwicklungsergebnisse ausgehen und die Lieferung dieser Ergebnisse auch als vertragliche Verpflichtung des Auftragnehmers festschreiben. Gleichwohl wissen die Vertragspartner auch in dem einen oder anderen Fall, dass die Erzielung der fixierten Entwicklungsergebnisse zwar grundsätzlich realisierbar sind, jedoch ggf. einen höheren Zeitaufwand erfordern, als ursprünglich vorgesehen und einkalkuliert. Erzielt nun der Auftragnehmer ein positives Entwicklungsergebnis, welches jedoch noch nicht mit dem vertraglich versprochenen Ergebnis übereinstimmt, besteht der Erfüllungsanspruch des Auftraggebers gegenüber dem Auftragnehmer weiter. Allerdings könnte dieses zwar nicht vertragskonforme, jedoch positive Entwicklungsergebnis den Auftraggeber veranlassen, dieses (Teil-) Ergebnis als Vertragserfüllung zu akzeptieren, damit er mit diesem positiven Ergebnis rechtzeitig im Markt antreten kann. Eine solche Situation könnte insbesondere bei solchen Entwicklungsleistungen relevant sein, bei denen es um die konkrete Erzielung von Leistungs- oder Verbrauchswerten geht (Beispiel: der Wert 100 ist vertraglich versprochen, der Wettbewerb arbeitet mit dem Wert 70, so dass grundsätzlich alle Werte zwischen 71 und 100 für den Auftraggeber von Interesse sind). Im Falle der Akzeptanz dieses zwar positiven, allerdings (noch) nicht vertragskonformen Entwicklungsergebnisses müsste der Auftraggeber zwar eventuell die vertraglich vorgesehene Gesamtvergütungssumme an den Auftragnehmer bezahlen, würde jedoch als Gegenleistung hierfür „weniger" an Entwicklungsleistung erhalten. Zur Lösung dieses Spannungsverhältnisses unter gleichzeitiger Berücksichtigung der angemessenen Interessen beider Vertragspartner können die Vertragspartner sich auf eine sog. „Malus-Regelung" verständigen:

„Sollte auch nach Ablauf einer angemessenen Nachfrist der Auftragnehmer die Entwicklungsziele ganz oder teilweise nicht vollständig erreichen, jedoch wenigstens die in der Anlage . . . . . aufgeführten angestrebten Mindestwerte erzielen, so ist der Auftraggeber zur Abnahme verpflichtet, allerdings mit der Folge, dass sich der Gesamtvergütungsanspruch des Auftragnehmers gemäß den unter Anlage . . . . . aufgeführten Staffelbeträgen reduziert."

Analog zu dieser „Malus-Regelung" ist auch eine „Bonus-Regelung" darstellbar:

„Sollte sich während der Abnahme ergeben, dass der Auftragnehmer die vertraglichen Entwicklungsziele ganz oder teilweise im Rahmen der Festlegungen gemäß Anlage . . . . . überschritten hat, ist der Auftraggeber verpflichtet, den Gesamtvergütungsanspruch des Auftragnehmers gemäß den unter Anlage . . . . . aufgeführten Staffelbeträgen zu erhöhen."

Die Vorteile insbesondere der „Malus-Regelung" liegen auf der Hand. Der Auftraggeber verliert trotz Nichterzielung der Vertragswerte durch den Auftragnehmer seinen primären Erfüllungsanspruch. Dem gegenüber reduziert der Auftragnehmer sein werkvertraglich geschuldetes Erfolgsrisiko. Der angemessene Ausgleich erfolgt über eine reduzierte Vergütung. In der Praxis ist es natürlich schwierig, solche Malus-Regelungen zu verhandeln, da fälschlicherweise beim Auftraggeber der Eindruck erweckt werden könnte, dass der Auftragnehmer selbst nicht an der Erreichung seiner eigenen Entwicklungsleistungen glaubt.

18. Die Vertragsstrafe. Die Vertragsstrafe, genannt auch Konventionalstrafe oder Pönale, ist geregelt in den §§ 339–343 BGB. § 339 BGB regelt die sog. „Verwirkung" der Vertragsstrafe, dh hier ist festgeschrieben, unter welchen Voraussetzungen der Vertragsstrafen-Anspruch entsteht: verspricht der Schuldner dem Gläubiger für den Fall, dass er seine Verbindlichkeit nicht oder nicht in gehöriger Weise erfüllt, die Zahlung einer Geldsumme als Strafe, so ist die Strafe verwirkt, wenn er in Verzug kommt. Besteht die geschuldete Leistung in einem Unterlassen, so tritt die Verwirkung mit der Zuwiderhandlung ein.

In Entwicklungs- und Lieferverträgen werden im zunehmenden Maße Vertragsstrafenregelungen von den potentiellen Auftraggebern zur Sicherstellung der Termintreue beansprucht. Sobald sich der Auftragnehmer mit dem für die Vertragsstrafe relevanten Vertragstermin in Verzug befindet, ist der Vertragsstrafenanspruch entstanden. Verzug setzt aber Vertretenmüssen (§ 286 Abs. 4 BGB) voraus, dh die Zahlung der Vertragsstrafe ist dann ausgeschlossen, falls der Auftragnehmer beweisen kann, dass er die ihm vorgeworfene Pflichtverletzung nicht zu vertreten hat. Hier ist jedoch auch Vorsicht geboten, denn der Auftragnehmer hat nicht nur für sein eigenen Verschulden, sondern auch für das seiner Erfüllungsgehilfen einzustehen (§ 278 BGB), zB für schuldhafte Pflichtverletzungen eines in den Entwicklungsvertrag eingebundenen Unterauftragnehmers.

Dieses dem Verzug anhaftende Erfordernis des Vertretenmüssens kann jedoch in Vertragsstrafenregelungen vertragsindividuell mit der Folge ausgeschlossen werden, dass die Vertragsstrafe auch dann bezahlt werden muss, falls eine Verzögerung bzw. eine Pflichtverletzung zwar vorliegt, jedoch vom Auftragnehmer nicht zu vertreten ist. Solche Regelungen sollten vom Auftragnehmer nicht akzeptiert werden, weil dadurch ein vom Auftragnehmer nicht beherrschbares Risiko übernommen werden würde: beispielsweise könnte der Auftragnehmer in einem solchen Fall auch dann auf Zahlung der Vertragsstrafe in Anspruch genommen werden, falls eine terminliche Verzögerung aufgrund eines Falles von Höherer Gewalt eintreten würde.

Das die Vertragsstrafe kennzeichnende und bestimmende Merkmal besteht darin, dass für die Beanspruchung der Vertragsstrafe ein beim Auftraggeber eingetretener Schaden nicht erforderlich ist. Die Vertragsstrafe soll zunächst ein Druckmittel des Auftraggebers darstellen, um den Auftragnehmer zur rechtzeitigen und gehörigen Leistung anzuhalten. In diesem Sinne dient die Vertragsstrafe zur Schadenskompensation, ohne dass der Auftraggeber zuvor aufwendige Schadensnachweise führen muss. Aus diesem Grunde sehen beispielsweise auch Geheimhaltungsvereinbarungen relativ häufig feste Vertragsstrafenbeträge vor, die der zur Geheimhaltung Verpflichtete im Falle einer Verletzung der Verschwiegenheitspflicht zu zahlen hat (→ Form. II.3 Absatz 5 der Geheimhaltungsvereinbarung).

Der Auftraggeber kann zudem die Vertragsstrafe neben dem weiteren Anspruch auf Erfüllung der geschuldeten Leistung vom Auftragnehmer verlangen (§ 341 Abs. 1 BGB). Wird die Erfüllung schließlich durch den Auftraggeber angenommen, zum Beispiel in Form einer erfolgreichen förmlichen Abnahme der geschuldeten Leistung, hat der Auftraggeber gleichzeitig die Vertragsstrafe vorzubehalten, wenn er diese weiterhin geltend zu machen beabsichtigt (§ 341 Abs. 3 BGB). Dieser Vorbehalt ist gemäß § 341 Abs. 3 BGB „bei" der Annahme der Erfüllung zu erklären. Ein früherer oder späterer Vorbehalt ist nicht ausreichend und würde für sich allein betrachtet zu einem Ausschluss der Vertragsstrafe führen. Bei einer förmlichen Abnahme ist der Vorbehalt beispielsweise in das gemeinsame Abnahmeprotokoll aufzunehmen. Der Vorbehalt der Vertragsstrafe kann auch in eine formularmäßig vorbereitete Abnahmeniederschrift aufgenommen und mit deren Unterzeichnung erklärt werden.

Schließlich ist zu beachten, dass die Regelung des § 341 Abs. 3 BGB dispositiv ist (BGH NJW-RR 2000, 1468) und die Praxis hiervon auch regen Gebrauch macht.

Hinzuweisen ist noch auf § 343 BGB, wonach im Falle einer unverhältnismäßig hohen verwirkten Strafe im Rahmen einer vom Gericht durchzuführenden Billigkeitskontrolle der Vertragsstrafenbetrag auf einen angemessenen Betrag herabsetzen kann. § 343 BGB ist zwingendes Recht. Nach der Entrichtung der Vertragsstrafe ist die Herabsetzung jedoch ausgeschlossen (§ 343 Abs. 1 S. 3 BGB). Wichtig ist die Kenntnis des § 348 HGB, wonach § 343 BGB dann nicht gilt, falls eine Vertragsstrafe von einem Kaufmann im Betriebe seines Handelsgewerbes versprochen ist, so dass die nach § 343 BGB vorgesehene Überprüfungsmöglichkeit bei Entwicklungsverträgen in der Regel faktisch ausgeschlossen ist. Gleichwohl kann auch eine von einem Kaufmann versprochene und verwirkte Vertragsstrafe unter dem Gesichtspunkt von Treu und Glauben (§ 242 BGB) reduziert werden. Vertragsstrafenabreden stehen in besonderem Maße unter dem Gebot von Treu und Glauben. Danach kann ein Auftraggeber zum Beispiel gehalten sein, die Vertragsstrafe trotz ihrer Verwirkung nicht bzw. nicht völlig einzufordern, wenn der Schuldner beispielsweise nachträglich die Leistung erbringt (sog. Verfallbereinigung). Der Auftraggeber muss uU auch geringfügige Fristüberschreitungen hinnehmen. Missbräuchlich kann es auch sein, die Vertragsstrafe nach geringfügigen Zuwiderhandlungen zu fordern (LG Berlin NJW 1996, 1142 ff.).

19. Die pauschalierte Verzugsentschädigung. In Abgrenzung zur Vertragsstrafe können auch pauschalierte Verzugsentschädigungsregelungen zwischen den Vertragspartnern vereinbart werden. Eine solche Schadenspauschale soll allein den Schadensbeweis ersparen; demgegenüber dient die Vertragsstrafe in erster Linie der Sicherung der Erfüllung der vertraglich geschuldeten Leistung, indem auf den Auftragnehmer ein möglichst wirkungsvoller Druck ausgeübt werden soll, die übernommenen Pflichten einzuhalten (BGH NJW 1983, 1542).

Auch die Verzugsentschädigungsregelungen benennen regelmäßig einen Prozentsatz pro verzögertem Verzugsintervall (zB Woche, Kalendertag, Arbeitstag, Werktag) und beziffern eine Haftungsobergrenze.

In der Regel sind auftragnehmerseitig Verzugsentschädigungsregelungen den Vertragsstrafenklauseln vorzuziehen, da diese grundsätzlich eine Schadensersatz-Obergrenze beinhalten und dadurch das potentielle Risiko des Auftragnehmers aus der gesetzlich unbegrenzten Verzugshaftung limitieren und damit kalkulierbar machen (vgl. dazu auch BGH NJW 2001, 292).

20. Gewerbliche Schutzrechte. Wegen der Einzelheiten → Form. II.1 Anm. 23–28, 33, 36.

21. Aufgabe von gewerblichen Schutzrechten. → Form. II.1 Anm. 28.

22. Benutzung der gewerblichen Schutzrechte. → Form. II.1 Anm. 27.

23. Gewerbliche Schutzrechte Dritter. → Form. II.1 Anm. 36.

24. Die Mängelhaftung. Die gewährleistungsrechtlichen Vorschriften der §§ 633 ff. BGB finden grundsätzlich auf Entwicklungsaufträge Anwendung. Im Falle eines Mangels kann der Auftraggeber gemäß § 634 BGB zwischen Nacherfüllung (§ 635 BGB), Selbstvornahme (§ 637 BGB), Rücktritt (§§ 636, 323, 326 Abs. 5 BGB) und Minderung (§ 638 BGB) wählen und Schadensersatz nach §§ 636, 280, 281, 283, 311a BGB bzw. Ersatz vergeblicher Aufwendungen (§ 284 BGB) verlangen. Das Formular schränkt diese Rechte (was grundsätzlich zulässig ist, Palandt/*Sprau* BGB § 634 Rn. 22) zugunsten des Auftragnehmers ein. Im Mustertext ist daher unter Abs. 2 das zweimalige Recht auf Nacherfüllung zugunsten des Auftragnehmers vorgesehen, bevor der Auftraggeber den Rücktritt vom Vertrag oder die Herabsetzung der Vergütung (Minderung) geltend machen kann; eventuell könnten hier auch noch mehr Nacherfüllungsversuche vereinbarungsgemäß vorgesehen werden. Die Verjährungsfrist für Mängelansprüche wurde unter Abs. 1 Satz 3 des Musters – unter Abweichung der vom Gesetz vorgesehenen zweijährigen Frist – mit 12 Monaten angegeben. Der Ausschluss von weitergehenden bzw. Folgeschäden kann für den Auftragnehmer von wesentlicher Bedeutung sein. Dieser Ausschluss erfolgte unter Abs. 3 des Musters wenigstens für den Bereich der leichten Fahrlässigkeit. Im Falle von grober Fahrlässigkeit sowie des Vorsatzes und auch im Falle von Ansprüchen nach dem Produkthaftungsgesetz gilt dieser Haftungsausschluss nicht.

Wegen der Abgrenzung zur Haftung bei Forschungsverträgen → Form. II.1 Anm. 7, 21.

25. **Verfügbarkeitsgarantien.** Bei der Beauftragung der Entwicklung einer Maschine oder eines sonstigen technischen Gerätes findet sich zunehmend die auftraggeberseitige Forderung nach Abgabe einer Leistungszusage durch den Auftragnehmer. Der Auftragnehmer soll die Verfügbarkeit der entwickelten Maschine bzw. des Gerätes über eine definierte Einsatzlaufzeit garantieren. Da sich jedoch diese Garantie nicht ohne weiteres auf eine hundertprozentige Verfügbarkeit stützen kann, werden dem Auftragnehmer minimale Ausfallzeiten quasi rückwirkungsfrei zugestanden. Dem Auftragnehmer verbleibt regelmäßig „nur" die Verpflichtung, binnen kürzester Zeit zu reagieren und den Mangel zu beseitigen. Potentielle Schadenersatzansprüche können hingegen dann auf den Auftragnehmer zukommen, falls die Ausfallzeiten in den Bereich der garantierten Verfügbarkeitszeiten eingreifen. Bei den Verfügbarkeitsgarantien handelt es sich in der Regel um Beschaffenheitsgarantien gemäß § 443 Abs. 1 BGB. Bei der Ausformulierung solcher Verfügbarkeitsgarantien ist nicht nur die Angemessenheit des Verfügbarkeitswertes selbst (zum Beispiel ein Wert von 95 %) exakt zu hinterfragen, sondern auch der Basiswert der 100 %-Marke unter Festlegung eventueller Prämissen muss genau festgelegt sein; schließlich sind noch der maßgebliche Zeitraum für diese Garantie sowie die möglichen Rechtsfolgen bei Nichteinhaltung zu fixieren.

26. **Haftung.** Der Auftraggeber kann statt des Rücktritts vom Vertrag oder der Minderung Schadensersatz wegen Nichterfüllung verlangen (§§ 634 Nr. 4, 636, 280, 281, 283, 311a BGB). Auch hier gilt es, zugunsten des Auftragnehmers eine Haftungsbegrenzung im Sinne des Vorschlages gemäß Abs. 1 des Musters vorzusehen.

Für den Fall der Inanspruchnahme des Auftragnehmers durch einen Dritten aufgrund der Vorschriften über die unerlaubte Handlung (§§ 823 ff. BGB) bzw. unter dem Gesichtspunkt des § 1 Abs. 1 Produkthaftungsgesetz kann analog dem Vorschlag gemäß Abs. 2 des Musters versucht werden, eine Freistellungs- oder Entschädigungsregelung mit dem Auftraggeber herbeizuführen, zumal es in der Regel der Auftraggeber ist, der im relevanten Markt auftritt und schließlich über die Serienproduktion Umsätze tätigen kann. Dies soll jedoch auch dann nicht gelten, falls dem Auftragnehmer Vorsatz oder grobe Fahrlässigkeit vorgeworfen werden kann.

27. **Geheimhaltung.** → Form. II.3 sowie → Form. II.1 Anm. 31–35.

28. Die ordentliche und außerordentliche Kündigung. → Form. II.1 Anm. 39, 40.

29. **Vorzeitige Beendigung.** Soweit der werkvertragliche Charakter eines Entwicklungsvertrages bejaht wird, kann der Auftraggeber den Vertrag bis zur Vollendung des Werkes jederzeit kündigen (§ 648 S. 1 BGB). Kündigt der Auftraggeber, ist der Auftragnehmer berechtigt, die vereinbarte Vergütung zu verlangen, wobei er sich jedoch dasjenige anrechnen lassen muss, was er infolge der Aufhebung des Vertrages an Aufwendungen erspart oder durch anderweitige Verwendung seiner Arbeitskraft erwirbt oder zu erwerben böswillig unterlässt (§ 648 S. 2 BGB). Dieses Kündigungsrecht besteht jederzeit ab Vertragsabschluss und kann ohne Fristsetzung sowie ohne Angabe eines Grundes vom Auftraggeber ausgeübt werden (Palandt/*Sprau* BGB § 649 Rn. 1). Dieses Kündigungsrecht gemäß § 648 BGB kann vertraglich ausgeschlossen oder eingeschränkt werden; schließlich ist es auch

zulässig, lediglich die Rechtsfolgen einer vorzeitigen Kündigung individuell abweichend von § 648 BGB zu gestalten (MünchKommBGB-*Soergel* § 649 Rn. 5).

In der Praxis sind die potentiellen Auftraggeber grundsätzlich nicht zu weiteren Zugeständnissen bereit, als in § 15 Abs. 2 des Musters formuliert. Der gesetzlich vorgesehene Differenzanspruch zwischen vereinbarter Vergütung einerseits, ersparten Aufwendungen und anderweitiger Erwerb (sog. „Füllaufträge") andererseits, wird meistens nicht zugestanden. Einerseits ist eine solche Differenzberechnung stets vom Einzelfall abhängig, eine schematische – und dadurch vorkalkulatorische Bestimmung – ist nicht möglich (BGH NJW 2000, 653 ff.; 1999, 1254 ff.). Dieses Risiko will regelmäßig kein Auftraggeber übernehmen und wird oftmals unberechtigterweise voll auf den Auftragnehmer abgewälzt. Damit der Auftragnehmer nicht alle Nachteile einer vorzeitigen Beendigung in Verbindung mit einem vertraglich ausgeschlossenen Differenzanspruch tragen muss, können die Vertragspartner die Möglichkeit der vorzeitigen Beendigung wie unter § 15 Abs. 1 formuliert, durch die Fixierung eines Zeitpunktes der Frühestbeendigung über die vertragliche Zeitachse nach hinten verschieben und dadurch das Risiko des Auftragnehmers einer potentiell zu verlierenden Auslastung reduzieren. Eine andere Möglichkeit der alternativen Verständigung zwischen den Vertragspartnern besteht darin, eine gewisse Restabgeltungssumme prozentual vom noch verbleibenden vertraglichen Restvergütungsanspruch festzulegen, der dann noch vom Auftraggeber an den Auftragnehmer im Falle einer vorzeitigen Beendigung zu zahlen wäre: „Der Auftraggeber trägt die bis zum Zeitpunkt des Wirksamwerdens der Kündigung beim Auftragnehmer angefallenen und nicht mehr abwendbaren durch diesen Vertrag bedingten Kosten. Im Falle einer verbleibenden Differenz zwischen den bereits erhaltenen und noch an den Auftragnehmer zu zahlenden Beträge einerseits und der vertraglichen Gesamtvergütungssumme gemäß § 3 in der Fassung eventueller Nachtragsvereinbarungen, hat der Auftraggeber noch an den Auftragnehmer . . . . . .% dieses Differenzbetrages zu zahlen. Alle Zahlungen einschließlich dieser Restabgeltung dürfen jedoch die Vergütung gemäß § 3 im Falle eines ungekündigten Vertrages nicht übersteigen."

30. Schlussvorschriften. → Form. II.1 Anm. 37 (Wirksamwerden), → Anm. 42 f. (Gerichtsstand) und → Anm. 35 (Teilnichtigkeit).

3. Geheimhaltungsvereinbarung

Geheimhaltungsvereinbarung
zwischen

Firma (Rechtsform) . . . . .
Sitz . . . . .
vertreten durch . . . . . (Stellung)
– nachfolgend „Auftraggeber" genannt –

und

Firma (Rechtsform) . . . . .
Sitz . . . . .
vertreten durch . . . . . (Stellung)
– nachfolgend „Auftragnehmer" genannt –

Präambel . . . . .

Der Auftraggeber prüft die Möglichkeit, den Auftragnehmer mit der Durchführung von Entwicklungsarbeiten zu dem Thema „. . . . ." zu beauftragen. Im Vorfeld sind jedoch noch mehrere fachliche Gespräche zwischen Auftraggeber und Auftragnehmer (nach-

folgend einzeln oder gemeinsam „Partei" oder „Parteien" genannt) erforderlich. Während dieser Gespräche ist es unerlässlich, dass die Parteien gegenseitig Geschäfts- und Betriebsgeheimnisse bzw. sonstige vertraulich zu haltende Informationen austauschen müssen. Um diesen gegenseitigen Informationsaustausch ungehindert durchführen zu können, schließen die Parteien folgende Geheimhaltungsvereinbarung:

1. Der Geheimhaltungsverpflichtung unterliegen die jeweils von einer Partei der anderen Partei mitgeteilten bzw. zur Kenntnis gelangten Geschäfts- und Betriebsgeheimnisse sowie sonstige als vertraulich bezeichnete Informationen, gleich in welchem Zustand bzw. auf welchem Datenträger sich diese befinden (nachfolgend „Informationen" genannt). Unter die Geheimhaltungsverpflichtung fallende und der anderen Partei übergebene Dokumente sind mit einem Vertraulichkeitsvermerk zu kennzeichnen. Erfolgt die Offenlegung mündlich, so hat die mitteilende Partei innerhalb von 30 Tagen nach Offenlegung diese Information schriftlich zusammen zu fassen, diesse Zusammenfassung mit einem Vertraulichkeitsvermerk zu versehen und der empfangenden Partei zu übergeben. Gegen diese schriftliche Zusammenfassung kann die empfangende Partei gleichfalls innerhalb von 30 Tagen begründet schriftlich widersprechen.
2. Die Parteien verpflichten sich, die jeweils von der anderen Partei erhaltenen Informationen streng geheim zu halten und keinem Dritten zugänglich zu machen. Unter die Dritten fallen jedoch nicht die mit den Parteien gemäß §§ 15 ff. AktG verbundenen Unternehmen, sofern diese ebenfalls mindestens im Umfang gemäß den Bestimmungen der vorliegenden Geheimhaltungsvereinbarung schriftlich zur Verschwiegenheit verpfilchtet sind. Zur Erfüllung dieser Geheimhaltungsverpflichtung hat jede Partei alle notwendigen und zumutbaren Maßnahmen zu ergreifen.
3. Die Informationen sind im Übrigen von der jeweiligen Partei nur denjenigen eigenen Mitarbeitern oder den Mitarbeitern ihrer verbundenen Unternehmen zugänglich zu machen, die diese Informationen im Hinblick auf die mögliche Zusammenarbeit zu prüfen haben („need-to-know-Basis"). Auch diese Mitarbeiter sind von der jeweiligen Partei zur Geheimhaltung im Umfang gemäß den Regelungen dieser Geheimhaltungsvereinbarung schriftlich zu verpflichten, es sei denn, dass diese bereits arbeitsrechtlich entsprechend zur Vertraulichkeit verpflichtet sind. Auf Anforderung einer Partei hat die andere Partei unverzüglich Auskunft über die mit diesen Mitarbeitern getroffenen bzw. bestehenden Geheimhaltungsregelungen zu erteilen.
4. Die Geheimhaltungsverpflichtung entfällt, soweit die Informationen der anderen Partei bereits bekannt waren, oder der Öffentlichkeit bereits bekannt oder allgemein zugänglich waren oder im Nachhinein ohne Verschulden der anderen Partei ihr oder der Öffentlichkeit bekannt oder zugänglich gemacht wurden. Die Geheimhaltungspflicht entfällt außerdem, wenn die Informationen bereits von der anderen Partei unabhägnig von der Mitteilung entwickelt wurden. Sie entfällt gleichermaßen, falls die andere Partei die Informationen aufgrund einer Anordnung eines staatlichen Gerichts oder einer Behörde herauszugeben verpflichtet ist, wobei in diesem Fall diese andere Partei dazu verpfichtet ist, die offenlegende Partei hierüber unverzüglich schriftlich oder in Textform zu informieren; nachweispflichtig ist stets die andere Partei.
5. Für jeden Fall eines Verstoßes gegen die Geheimhaltungsverpflichtung hat die pflichtverletzende Partei der offenlegenden Partei eine Vertragsstrafe in Höhe von EUR ..... zu bezahlen. Die Geltendmachung weitergehender Schadensersatzansprüche bleibt unberührt.
6. Den Parteien ist bekannt, dass ein Verstoß gegen die Geheimhaltungsvereinbarung auch ein strafrechtlich relevantes Verhalten gemäß § 23 GeschGehG darstellen kann.
7. Diese Geheimhaltungsvereinbarung tritt mit Unterzeichnung durch die Parteien in Kraft und hat eine Laufzeit bis zum ..... Die Verpflichtung zur Geheimhaltung

dauert noch weitere drei Jahre ab dem Zeitpunkt der Beendigung dieser Geheimhaltungsvereinbarung.

8. Jede Partei hat der anderen Partei die erhaltenen schriftlichen Informationen unverzüglich herauszugeben oder auf Wunsch der anderen Partei zu vernichten und eine schriftliche Vernichtungserklärung zu erteilen. Hiervon ausgenommen sind Kopien oder sonstige Duplikate, die die Partei zu Nachweiszwecken verwahrt sowie routinemäßig angefertigte Back-up-Sicherungskopien des elektronischen Datenverkehrs, wobei hinsichtlich solcher Kopien bzw. Duplikate weiterhin uneingeschränkt und unbefristet die Bestimmungen der vorliegenden Geheimhaltungsvereinbarung Anwendung finden. Zurückbehaltungsrechte können keine geltend gemacht werden.
9. Die Übergabe von Informationen an die jeweils andere Partei stellt in keiner Art und Weise irgendeine Rechtseinräumung zugunsten der anderen Partei dar. Die Informationen dienen dem ausschließlichen Zweck der Prüfung einer Zusammenarbeit im Rahmen eines Entwicklungsauftrages. Jede Partei behält an den der jeweils anderen Partei offen gelegten Informationen alle Eigentumsrechte und alle Urheber- und sonstige Schutzrechte. Weder die Übergabe noch die Benutzung der Informationen an die jeweils andere Partei begründet für diese keinerlei Vorbenutzungsrechte.
10. Keine Partei ist berechtigt an den von der anderen Partei offen gelegten Informationen ein Reverse Engineering durchzuführen oder eventuell erhaltene Software zu disassemblieren oder zu dekompilieren oder eventuell erhaltene Muster oder Materialen oder dergleichen zu zerlegen oder zu öffnen.
11. Keine Partei übernimmt hinsichtlich der offen gelegten Informationen irgendeine Mängel- oder sonstige Haftung oder jegliche Verantwortung insbesondere im Hinblick auf Richtigkeit, Vollständigkeit und Verwertbarkeit.
12. Jede Partei hat seine bei dem Projekt eingesetzten Mitarbeiter schriftlich auf das Datengeheimnis zu verpfichten. Außerdem hat jede Partei die gesetzlich erforderlichen technischen und organisatorischen Maßnahmen zu treffen, damit die datenschutzrechtlichen Anforderungen gewährleistet werden. Personenbezogene Daten sind von der jeweils empfangenden Partei bei Beendigung des Vertrages zu löschen und dies der anderen Partei schriftlich oder in Textform anzuzeigen.
13. Nebenabreden zu dieser Geheimhaltungsvereinbarung bestehen nicht. Änderungen und Ergänzungen dieser Vereinbarung bedürfen der Schriftform und sind nur wirksam nach rechtsverbindlicher Unterzeichnung der Parteien. Auf dieses Formerfordernis kann nur durch eine schriftliche Vereinbarung verzichtet werden.
14. Es gilt ausschließlich das Recht der Bundesrepublik Deutschland. Für alle Streitigkeiten aus oder im Zusammenhang mit dieser Geheimhaltungsvereinbarung wird die Zuständigkeit des für den Sitz des Auftragnehmers (Alternativ: Auftraggebers) zuständigen Gerichts vereinbart.
15. Sind einzelne der vorstehenden Ziffern oder Teile dieser Ziffern nichtig, so bleibt die Vereinbarung im Übrigen wirksam, und an die Stelle der unwirksamen Regelung tritt entweder die gesetzliche Vorschrift oder (bei Fehlen einer solchen Vorschrift) eine solche Regelung, die die Parteien nach Treu und Glauben zulässigerweise getroffen hätten, wenn ihnen die Nichtigkeit bekannt gewesen wäre.
16. Besteht neben der vorliegenden deutschen Version auch eine übersetzte englische Version, hat im Falle von eventuellen Widersprüchen oder Unklarheiten die deutsche Version stets Vorrang.

Ort, Datum	Ort, Datum
. . . . .	. . . . .
Auftraggeber	Auftragnehmer

Schrifttum: Kurz, Vertraulichkeitsvereinbarungen, 3. Aufl. Köln 2013; *Scheja/Mantz,* Vertraulichkeit von Verträgen vs. Offenlegungsanforderungen, CR 2009, 413 ff.; *Söbbing,* Sind Non Disclosure Agreements wirklich notwendig? Beck-online-GWR 2010, 303648; Europäische Kommission, Vorschlag für eine Richtlinie des Europäischen Parlaments und des Rates über den Schutz vertraulichen Know-hows und vertraulicher Geschäftsinformationen (Geschäftsgeheimnisse) vor rechtswidrigem Erwerb sowie rechtswidriger Nutzung und Offenlegung, COM (2013) 813 final 2013/0402 (COD).

Anmerkungen

1. Bedeutung von Geheimhaltungsvereinbarungen. Nicht nur in den Forschungsverträgen (vgl. § 10 des Forschungsvertragsmusters) sowie in Entwicklungsverträgen (vgl. § 14 des Entwicklungsvertragsmusters) sondern auch in sonstigen Verträgen im unternehmerischen Geschäftsverkehr, wie zum Beispiel in Serienlieferverträge, Qualitätssicherungsvereinbarungen, Werkzeugverträge, Beratungsverträge, Instandhaltungsverträge, usw, finden sich stets Regelungen über die Vertraulichkeit im Hinblick auf übermittelte oder zur Kenntnis gelangte betriebsinterne Informationen.

Geheimhaltungsvereinbarungen werden jedoch in der Regel bereits vor dem Beginn der Verhandlungen bzw. vor dem Abschluss entsprechender Hauptverträge abgeschlossen. Die künftigen möglichen Vertragspartner möchten sich in den Vorgesprächen und Verhandlungen offen und vertrauensvoll austauschen und beabsichtigen hier grundsätzlich auch, entsprechende interne vertrauliche Informationen dem jeweils anderen Gesprächspartner mündlich oder auf einem Datenträger zur Verfügung zu stellen. Für den Fall, dass jedoch ein entsprechend angestrebter Hauptvertrag aus irgendwelchen Gründen nicht zustande kommt, besteht das grundlegende Problem hinsichtlich der ausgetauschten vertraulichen Informationen darin, dass diese nicht geschützt sind und der jeweilige Informationsempfänger frei über die erhaltenen Informationen verfügen könnte. Freiwillig einem Dritten übermittelte Informationen sind grundsätzlich frei, entsprechende Schutzmöglichkeiten gegen einen Missbrauch sind sehr begrenzt, zum Beispiel durch den Schutz über gewerbliche Schutzrechte, wie Patente, Gebrauchsmuster, Designschutz, etc. Solche zwischen künftigen Vertragspartnern auszutauschenden Informationen genießen jedoch in der Regel keinen solchen gewerblichen Schutz.

Geheimhaltungsvereinbarungen verfolgen primär folgende Hauptzwecke: der Empfänger der vertraulichen Informationen darf diese Informationen nicht an Dritte weitergeben (Weitergabeverbot) und auch nur zu dem vertraglich vorgesehenen Zweck benutzen (Zweckbestimmung). Schließlich besteht noch ein patentrechtlicher Aspekt hinsichtlich der Vermeidung der so genannten Neuheitsschädlichkeit: gemäß § 3 Abs. 1 PatG gilt eine Erfindung als „neu“ (im patentrechtlichen Sinne), wenn sie nicht zum Stand der Technik gehört.

Eine grundlegende Weichenstellung vor dem Abschluss einer Geheimhaltungsvereinbarung ist auch die Entscheidung, ob eine „Geheimhaltungsvereinbarung auf Einseitigkeit“ oder eine „Geheimhaltungsvereinbarung auf Gegenseitigkeit“ zum Tragen kommen soll. Die auftraggeberseitigen Einkaufsabteilungen sind in aller Regel darum bemüht, zunächst mit einer Geheimhaltungsvereinbarung auf Einseitigkeit anzutreten: damit ist lediglich eine einseitige Verschwiegenheitsverpflichtung durch den künftigen Auftragnehmer vorgesehen, die Gesprächspartner auf Seiten des künftigen Auftraggeber sind hingegen keinen entsprechenden Vertraulichkeitsverpflichtungen unterworfen. Hier sollte der künftige Auftragnehmer kritisch betrachten, ob bzw. in welchem Umfang auch er gegenüber dem künftigen Auftraggeber vertrauliche Informationen zu übermitteln beabsichtigt und ggf. den Abschluss einer Geheimhaltungsvereinbarung auf Gegenseitigkeit verlangen, so dass beide Vertragspartner inhaltlich den gleichen Verpflichtungen zur Verschwiegenheit unterliegen.

2. Informationen und Weitergabeverbot. Unter Ziffer 1 des Vertragsmusters wird zunächst festgelegt, welche Informationen der Geheimhaltungsverpflichtung unterliegen sollen. Aus Gründen der Klarheit und Bestimmtheit vermeidet das Vertragsmuster generell alle körperlich und mündlich mitgeteilten Informationen unter den Geheimnisschutz zu subsumieren. Es sollen nur solche Informationen tangiert sein, bei denen es sich um so genannte Geschäfts- und Betriebsgeheimnisse handelt sowie um sonstige vertrauliche Informationen. Stets ist jedoch im Muster Voraussetzung, dass die jeweilige Information mit einem Vertraulichkeitsvermerk gekennzeichnet ist (zum Beispiel „vertraulich" oder „geheim" oder „geschützt").

Nach Ziffer 2 Satz 1 des Vertragsmusters ist es dem Informationsempfänger verboten, die vertragsgegenständlichen Informationen „Dritten" zugänglich zu machen. Als solcher Dritter ist jeder zu betrachten, der sich außerhalb der Rechtsform des Informationsempfängers befindet, somit also auch beispielsweise potentielle Vorlieferanten, Subunternehmer, freie Mitarbeiter des Informationsempfängers und auch sonstige Unternehmen, die ggf. sich im Konzernverbund mit dem Informationsempfänger befinden. Für den Fall, dass die Weitergabe an solche mit dem Informationsempfänger verbundene Unternehmen gestattet werden soll, sieht Ziffer 2 Satz 2 eine entsprechende Befreiungsregelung unter Bezugnahme auf verbundene Unternehmen im Sinne von §§ 15 ff. AktG vor. Voraussetzung ist dann lediglich, dass sich diese verbundenen Unternehmen gleichfalls zu einer entsprechenden Geheimhaltungsvereinbarung zu verpflichten haben.

Um auch in dem Unternehmen des jeweiligen Informationsempfängers eine zu breite und nicht mehr kontrollierbare Streuung der mitgeteilten vertraulichen Informationen zu vermeiden, sieht Ziffer 3 Satz 1 vor, dass diese Informationen nur denjenigen Mitarbeitern zugänglich gemacht werden dürfen, die diese Informationen auch im Hinblick auf den vertragsgegenständlichen Zweck benötigen („need-to-know"-Basis).

Der unter Ziffer 6. des Vertragsmusters vorgesehene Hinweis auf die Strafbarkeit gemäß § 23 GeschGehG hat lediglich hinweisgebenden Charakter.

3. Ausnahmen von der Geheimhaltungsverpflichtung. Unter Ziffer 4. des Vertragsmusters werden die Fälle der Nichtanwendung der Geheimhaltungsverpflichtung aufgelistet. Die Aufnahme dieser Ausnahmefälle in die Geheimhaltungsvereinbarung ist wichtig, weil ansonsten das potentielle Risiko besteht, dass die uneingeschränkte und undifferenziert betrachtete Geheimhaltungsverpflichtung eine unangemessene Benachteiligung der zur Verschwiegenheit Verpflichteten darstellt und deshalb unwirksam sein kann.

4. Vertragsstrafe. Unter Ziffer 5. des Vertragsmusters ist für den Fall des Verstoßes gegen die Geheimhaltungsverpflichtung die Zahlung einer Vertragsstrafe vorgesehen. Zwar steht dem Berechtigten bzw. dem Verletzten im Fall des Verstoßes gegen die Geheimhaltungsverpflichtung die Geltendmachung eines Schadensersatzanspruches zu (§ 280 BGB). Das grundlegende Problem besteht jedoch in aller Regel darin, dass der Anspruchsteller bei der Geltendmachung eines Schadensersatzanspruchs keinen finanziell spezifizierbaren Schaden darlegen und beweisen kann, der ursächlich auf die Pflichtenverletzung zurückzuführen ist. Damit dürfte der Anspruchsteller meistens nicht erfolgreich einen Schadensersatzanspruch zu verfolgen in der Lage sein. Aus diesem Grunde sehen Geheimhaltungsvereinbarungen häufig die Zahlung entsprechender Vertragsstrafen vor, falls gegen die darin enthaltene Verschwiegenheitsverpflichtung verstoßen werden sollte. Für die Geltendmachung der Vertragsstrafe ist es ausreichend, dass der Anspruchsteller darlegen und beweisen kann, dass der Anspruchsgegner gegen die vertragliche

Verpflichtung verstoßen hat; ein Schadensnachweis ist hingegen nicht erforderlich, weil Vertragsstrafen grundsätzlich schadensunabhängige Rechtsmittel darstellen.

5. **Sonstige Regelungspunkte.** Unter Ziffer 7. des Vertragsmusters ist das Inkrafttreten sowie die Laufzeit der Geheimhaltungsvereinbarung geregelt. Es sollte möglichst vermieden werden, Geheimhaltungsvereinbarungen auf eine unbestimmte Laufzeit abzuschließen. Bei Geheimhaltungsvereinbarungen handelt es sich um so genannte Dauerschuldverhältnisse, die in aller Regel ordentlich gekündigt werden können, so dass der ursprünglich vorgesehene Schutz der Vertraulichkeit vorzeitig wegbrechen könnte.

Hinsichtlich der Verpflichtung zur Zurückgabe erhaltener Informationen ist seitens des Informationsempfängers stets zu berücksichtigen, dass ggf. aus Beweissicherungszwecken entsprechende Duplikate zurückgehalten werden sollten. Gleiches gilt auch für routinemäßig angefertigte elektronische Sicherungs-Back-up-Kopien. Entsprechende Möglichkeiten sieht Ziffer 8. des Vertragsmusters vor.

Im jeweiligen Einzelfall ist ebenfalls zu berücksichtigen, ob ggf. auch personenbezogene Daten tangiert sein können. Für diesen Fall sieht Ziffer 12. des Vertragsmusters unter anderem die Verpflichtung auf das Datengeheimnis vor.

Unter Ziffer 14. des Vertragsmusters ist im Falle einer streitigen Auseinandersetzung eine Gerichtsstandsvereinbarung vor einem staatlichen Gericht vorgesehen. Alternativ kann hier natürlich auch eine Schiedsgerichtsvereinbarung zugrunde gelegt werden: diese hätte grundsätzlich auch den Vorteil, dass ein Rechtsstreit hinter verschlossenen Türen stattfindet und dem Zugriff vor der Öffentlichkeit verborgen bleibt. Dies kann sich als wichtiger Gesichtspunkt im Hinblick auf geheimhaltungspflichtige Sachverhalte herausstellen.

III. Qualitätssicherung

Qualitätssicherungsvertrag[1, 2, 3, 4]

zwischen

der XY-GmbH
(nachfolgend „Käufer" genannt)

und

der Z-AG
(nachfolgend „Lieferant" genannt)

In Anbetracht der Tatsache, dass der Lieferant weitreichende Erfahrungen und hohe technische Reputation in der Entwicklung, Herstellung und Lieferung bestimmter Produkte in der Vergangenheit unter Beweis (nachfolgend „Produkte") gestellt hat;

weiter in Anbetracht der Tatsache, dass der Käufer bereit ist, bestimmte Produkte, die der Lieferant entwickelt und herstellt, zu erwerben und als eigene Produkte weiterzuverarbeiten und in den Verkehr zu bringen;

weiter in Anbetracht der Tatsache, dass beide Parteien eine technisch hochwertige und verlässliche Qualität ihrer Produkte sicherstellen wollen, um auf diese Weise ihre Wettbewerbsfähigkeit auf dem Markt zu erhöhen;

weiter in Anbetracht der Tatsache, dass beide Parteien die Absicht verfolgen, im Rahmen eines langfristigen Vertrages ein Qualitätssicherungssystem zu installieren und auf dem neuesten technischen Stand aufrechtzuerhalten, welches alle einschlägigen technischen Fragen der Qualitätssicherung und der Qualitätskontrolle umfasst, die sich auf die Entwicklung, Herstellung, Lieferung und Vermakrktung der Produkte beziehen;

schließlich in Anbetracht der Tatsache, dass beide Parteien die Absicht verfolgen, durch die Installation eines Qualitätssicherungssystems die Kosten zu senken und Gewährleistungsansprüche, insbesondere auch Ansprüche aus der Produkthaftung zu minimieren, wobei gleichzeitig auch die Effizienz ihrer Kooperation verstärkt werden soll,

vereinbaren beide Parteien hiermit folgendes:

§ 1 Vertragsgegenstand

(1) Die Produkte, die der Lieferant an den Käufer liefert, sind in Annex 1 im einzelnen aufgeführt.[5–12]

(2) Die technische Beschreibung der Produkte ist nicht als Zusicherung oder als Garantie zu bewerten, sofern dies nicht ausdrücklich schriftlich so vereinbart wird.

(3) Vor der ersten Serienlieferung der Produkte ist der Lieferant verpflichtet, ein Muster der Produkte an den Käufer auszuliefern. Der Käufer wird dieses Muster unverzüglich umfassend prüfen und das Ergebnis dem Lieferanten schriftlich mitteilen. Anschließend werden die Parteien alle technischen Einzelheiten/Spezifikationen dieses Musters festlegen und bestimmen, dass alle im Rahmen der Serie hergestellten und gelieferten Produkte diese Eigenschaften/Spezifikationen aufweisen müssen.

(4) Stellt der Lieferant während der Durchführung dieses Vertrages fest, dass eine der Eigenschaften/Spezifikationen der Produkte unvollständig oder in sonstiger Weise unzureichend ist, dann wird er hiervon den Käufer umgehend schriftlich unterrichten. Er ist dann verpflichtet, dem Käufer einen Vorschlag für die erforderliche Änderung des

Produkts zu unterbreiten. Sofern der Käufer schriftlich dieser Änderung zustimmt, ist der Lieferant verpflichtet, das Produkt mit diesen geänderten Eigenschaften/Spezifikationen herzustellen und zu liefern.

§ 2 Beschreibung des Qualitätssicherungssystems[13–17]

(1) Das Qualitätssicherungssystem für die Produkte ist in Anlage 2 im Einzelnen aufgeführt. Dabei sind, soweit anwendbar, die Vorgaben des Produktsicherheitsgesetzes zu beachten.
(2) Der Lieferant verpflichtet sich, die Produkte so zu entwickeln, herzustellen und zu testen, damit sie in Übereinstimmung mit den Eigenschaften/Spezifikationen geliefert werden, die dem vereinbarten Muster entsprechen und in Anlage 3 niedergelegt sind.
(3) Stellt sich heraus, dass das Qualitätssicherungssystem unvollständig oder ineffizient ist, so dass Qualität und Wettbewerbsfähigkeit der Produkte beeinträchtig wird, dann verpflichtet sich der Lieferant nach entsprechender Mitteilung an den Käufer, das System in Abstimmung mit dem Käufer zu ändern.
(4) Beide Parteien sind sich darüber einig, dass ausschließlich der Lieferant dafür verantwortlich ist, dass das Qualitätssicherungssystem adäquat, effizient und verlässlich ist.
(5) Der Lieferant ist verpflichtet, die an den Käufer ausgelieferten Produkte mit einer entsprechenden Kennzeichnung zu versehen. Diese dient dem Zweck, den Käufer in den Stand zu setzen, unmittelbar herauszufinden, ob ein vom Lieferanten geliefertes Produkt fehlerhaft ist.
(6) Insbesondere ist auf diese Weise sicherzustellen, dass jedes Produkt – auch nach seinem Inverkehrbringen – so eindeutig markiert ist, dass es rückverfolgt werden kann. Es macht insoweit keinen Unterschied, ob es sich um eine Einzelfertigung oder um ein Serienprodukt handelt. Daher ist auch der Lieferant nicht berechtigt, ohne vorherige Zustimmung des Käufers die Kennzeichnung seiner Produkte zu ändern. Stets ist die Rückverfolgbarkeit des gelieferten Produkts sicherzustellen.

§ 3 Qualitäts-Audit[18]

(1) Der Lieferant ist verpflichtet, Aufzeichnungen über die Einzelheiten des Qualitätssicherungssystems zu führen. Er ist weiter verpflichtet, über alle Tests entsprechende Aufzeichnungen zu führen, die im Rahmen dieser Qualitätssicherungsvereinbarung durchgeführt worden sind. Die Unterlagen sind 10 Jahre aufzubewahren. Die Einzelheiten ergeben sich aus Anlage 3.
(2) Der Lieferant ist damit einverstanden, dass der Käufer Einsicht in diese Aufzeichnungen nimmt.
(3) Während der gewöhnlichen Geschäfts- und Betriebszeiten ist der Käufer berechtigt, Qualitäts-Audits beim Lieferanten durchzuführen. Diese dienen dem Zweck, Effizienz und Genauigkeit des Qualitätssicherungssystems nachzuweisen. Die Durchführung solcher Audits hat nicht zur Folge, dass die alleinige Verantwortlichkeit des Lieferanten im Hinblick auf die Qualität der hergestellten Und gelieferten Produkte in irgendeiner Weise beeinträchtigt wird.
(4) Der Lieferant ist gehalten, ein entsprechendes Qualitätssicherungssystem auch mit seinen Zulieferanten zu vereinbaren.

§ 4 Informationen

(1) Der Lieferant ist verpflichtet, den Käufer unverzüglich über alle irgendwie relevanten Änderungen seiner Produkte schriftlich zu unterrichten.
(2) Der Lieferant ist in gleicher Weise verpflichtet, Änderungen des Qualitätssicherungssystems dem Käufer schriftlich mitzuteilen. Derartige Informationen beziehen sich insbesondere auf den Einsatz von Materialien, Spezifikationen, Daten etc. Der Käufer ist

verpflichtet, den Lieferanten unverzüglich davon in Kenntnis zu setzen, wenn eines der gelieferten Produkte nicht die Qualitätsanforderungen gemäß Anlage 1 erfüllt. Soweit möglich, ist der Käufer auch verpflichtet, den Lieferanten darüber schriftlich zu unterrichtet, ob und welche Änderungen er im Hinblick auf die Konstruktion, die Herstellung oder die Testmethoden für die Produkte vorschlägt.

(3) Um den gleichen Qualitätsstandard aufrechtzuerhalten, wie er in Anlage 2 niedergelegt ist, ist der Käufer berechtigt, vom Lieferanten zu verlangen, dass er, soweit erforderlich, die entsprechenden Qualitätsanforderungen erhöht, sei es durch eine Steigerung der Zahl der durchzuführenden Tests oder durch eine Änderung der Testmethoden.

§ 5 Keine Eingangskontrolle[19]

(1) Beide Parteien sind sich darüber einig, dass eine Eingangskontrolle der gelieferten Produkte beim Käufer nicht stattfindet. Der Lieferant ist damit einverstanden, dass er auf seine Rechte gemäß § 377 HGB verzichtet. Der Lieferant ist ferner damit einverstanden, dass die von ihm durchzuführende Ausgangskontrolle dem gleichen Zweck dient wie die nach § 377 HGB vom Käufer eigentlich geforderte Eingangskontrolle.

(2) Der Lieferant wird dafür Sorge tragen, dass seine Haftpflichtversicherung die vorstehende Abänderung der gesetzlichen Haftungsregelung anerkennt ohne dass dadurch der bestehende Deckungsschutz seiner Haftpflichtversicherung beeinträchtigt wird.

§ 6 Produkthaftungsansprüche[20]

(1) Der Lieferant anerkennt hiermit seine uneingeschränkte und alleinige Verantwortlichkeit für alle Mängelansprüche sowie für etwaige Ansprüche aus der Produkthaftung, sofern ein hinreichender Nachweis besteht, dass die Ursache für solche Ansprüche von Produkten herrührt, die er hergestellt und geliefert hat.

(2) Deshalb ist der Lieferant für alle Ansprüche verantwortlich, die Dritte wegen Personen- oder Sachschäden geltend machen, welche auf ein angeblich von ihm geliefertes fehlerhaftes Produkt zurückzuführen sind.

(3) Stellt sich heraus, dass der Käufer eine Rückrufaktion gegenüber Dritten durchführen muss, dann übernimmt der Lieferant insoweit jegliche Verantwortlichkeit, einschließlich des Kostenrisikos. Soweit anwendbar, beachtet der Käufer dabei die Vorgaben zu § 6 Abs. 2 Produktsicherheitsgesetz.

(4) Der Lieferant verpflichtet sich, den Käufer von allen Ansprüchen Dritter freizuhalten, die mit der Begründung geltend gemacht werden, dass die von ihm hergestellten und gelieferten Produkte fehlerhaft sind.

(5) Der Lieferant ist verpflichtet, eine ausreichende Produkthaftpflichtversicherung auf eigene Kosten zu unterhalten. Eine solche Versicherung gilt dann als angemessen, wenn sie Personen- und Sachschäden, einschließlich der Kosten eines Rückrufs pro Schadensfall mit einer Mindestdeckung von 10 Mio. EUR/Schadensfall absichert. Diese Versicherung stellt keine Haftungsbegrenzung zugunsten des Lieferanten dar. Beide Parteien sind sich darüber einig, dass die Kosten für eine solche Versicherung in angemessener Weise zwischen den Parteien aufgeteilt werden sollen, sofern feststeht, dass die vom Lieferanten zu übernehmende Prämie für eine solche Deckung höher liegt als die Versicherungsdeckung, die der Lieferant für gewöhnlich unterhält.

§ 7 Vertreter beider Parteien

(1) Beide Parteien sind verpflichtet, einen Vertreter und einen Ersatzmann zu benennen, um auf diese Weise die Kommunikation zwischen beiden Parteien zu kanalisieren.

(2) Die Vertreter beider Parteien sollen sich regelmäßig treffen, mindestens jedoch jeden zweiten Monat, um zu beraten, inwieweit es möglich ist, sowohl das Produkt als auch das Qualitätssicherungssystem zu verbessern.

§ 8 Geheimhaltung[21]

(1) Beide Parteien sind verpflichtet, alle Informationen, die sie von der anderen Partei während der Laufzeit dieses Vertrages erhalten haben, unbedingt geheim zu halten. Sie dürfen nur im Rahmen des Vertragszwecks genutzt werden.
(2) Diese Geheimhaltungsverpflichtung gilt nicht, soweit sie sich auf solche Informationen bezieht, die bereits allgemein zugänglich waren, als die andere Partei sie erhielt oder die während der Dauer dieses Vertrages allgemein zugänglich werden, ohne dass dies auf eine Vertragsverletzung der anderen Partei zurückzuführen ist. Dasselbe gilt insoweit, als die Partei, welche die geheimhaltungsbedürftigen Informationen erhält, den Nachweis führt, dass diese Informationen ihr bereits vorab bekannt waren.
(3) Die Geheimhaltungsverpflichtung gilt für die Dauer von fünf Jahren, gerechnet ab Beendigung dieses Vertrages.
(4) Verletzt eine der Parteien schuldhaft die sie verpflichtende Geheimhaltung, dann ist die hiervon betroffene Vertragspartei berechtigt, eine Vertragsstrafe in Höhe von EUR. . . . . . für jeden Fall der Zuwiderhandlung, höchstens jedoch EUR. . . . . .zu verlangen; ein weitergehender Schadensersatzanspruch bleibt unberührt.

§ 9 Lieferungen

(1) Die Auslieferung der Produkte erfolgt unter Beachtung der beigefügten Allgemeinen Verkaufsbedingungen; diese sind in Anlage 3 niedergelegt.
(2) Der Lieferant ist verpflichtet, jede Bestellung innerhalb von zwei Arbeitstagen zu bestätigen; diese Bestätigung muss das Formular gemäß Anlage 4 verwenden. Falls der Lieferant nicht in der Lage ist, die entsprechende Bestätigung rechtzeitig zu erstellen, dann ist er verpflichtet, den Käufer unverzüglich schriftlich zu unterrichten und die Gründe für seine Nichtannahme der Bestellung darzulegen.

§ 10 Dauer des Vertrages

(1) Dieser Vertrag tritt nach Unterzeichnung durch beide Parteien in Kraft.
(2) Dieser Vertrag hat eine Laufzeit von zwei Jahren. Er verlängert sich stillschweigend, wenn er nicht zuvor von einer der beiden Parteien mit einer Frist von drei Monaten zum Ende des Kalenderjahres schriftlich gekündigt wird.
(3) Das Recht der fristlosen Kündigung bleibt vorbehalten; es gilt insbesondere dann als begründet, wenn eine Partei schwerwiegend gegen die Geheimhaltungspflicht des § 8 verstoßen hat.

§ 11 Schiedsgericht

(1) Alle Streitigkeiten, die sich aus oder im Zusammenhang mit diesem Vertrag ergeben, sollen endgültig durch ein Schiedsgericht entschieden werden; dieses besteht aus drei Schiedsrichtern; die jeweils geltenden Regeln der Deutschen Institution für Schiedsgerichtsbarkeit eV, Köln, geben Maß.
(2) Dieser Vertrag unterliegt deutschem Recht.

§ 12 Sonstiges

(1) Dieser Vertrag enthält alle Vereinbarungen der Parteien; mündliche Nebenabreden sind nicht getroffen.
(2) Falls eine Bestimmung dieses Vertrages unwirksam ist oder unwirksam wird, dann wird die Wirksamkeit der übrigen Bestimmungen dieses Vertrages hiervon nicht beeinträchtigt

Köln, den . . . . . .   Unterschrifteleisten

Schrifttum: Bauer/Graf von Westphalen, Das Recht der Qualität, Heidelberg, Berlin 1996; *Buchberger/Hartmann,* Aktueller Überblick über das Produkthaftungfsrecht, DAR 2013, 504 ff.; *Determann,* Kein Eigentum an Daten, MMR 2018, 277 ff.; *Deutlmoser,* Produktsicherheits- und Marktüberwachungspaket, NVwZ 2013, 1058 ff.; *Dietborn/Müller,* Beschränkung der deliktischen Herstellerpflichten: Kein Produktrücklruf oder kostenloser Austausch, BB 2007, 2358 ff.; *Drexl,* Neue Regeln für die Europäische Datenwirtschaft? NZKart 2017, 339 ff.; *Drexl,* Neue Regeln für die Europäische Datenwirtschaft? NZKart 2017, 415 ff.; *Ensthaler,* Haftungsrechtliche Bedeutung von Qualitätssicherungsvereinbarungen, NJW 1994, 817 ff; *Fezer,* Dateneigentum, MMR 2017, 3 ff.; *Fischer/Schucht,* Organpflichten und Organhaftung im Produktsicherheits- und Produkthaftungsrecht, BB 2018, 67 ff.; *Foerste,* in Foerste/Graf von Westphalen, Produkthaftungshandbuch, 3. Aufl., München 2012; *Gauger/Hartmannsberger,* Rechtliche Anforderungen an Verbraucherprodukte – Pflichten, Risiken, Praxisprobleme, NJW 2014, 1137 ff.; *Handorn/Klindt,* Haftung eines Herstellers für Konstruktions- und Instruktionsfehler, NJW 2010, 1105 ff.; *Hoeren,* Datenbesitz statt Dateneigentum, MMR 2019, 5 ff.; *Hoeren,* Dateneigentum – Versuch einer Anwendung von § 303 StGB im Zivilrecht, MMR 2013, 486 ff.; *Kapoor/Klindt,* ProdSG, 2. Aufl., München 2015; *Klindt,* Produktrecht in der neuen Rechtsprechung, NJW 2018, 3757 ff.; *ders.,*, Das neue deutsche Produktsicherheitsgesetz (ProdSG), NVwZ 2012, 719 ff.; *ders.,* Rückruf-Management als Bestandteil unternehmerischer Compliance. Zehn Empfehlungen für die industrielle Praxis, CCZ 2008, 81 ff.; *Koch,* Qualitätssischerungsvereinbarungen und Versicherungsschutz, IWRZ 2017, 119 ff.; *Kreifels,* Qualitätssicherungsvereinbarungen – Einfluß und Auswirkungen auf die Gewährleistung und Produkthaftung von Hersteller und Zulieferer, ZIP 1992, 489 ff.; *Kreifels/Weide,* in Foerste/Graf von Westphalen, Produkthaftungshandbuch, 3. Aufl., München 2012, §§ 57–63; *Kullmann/Pfister,* Produzentenhaftung, Berlin 2008; *Laschet,* Haftungsverteilung zwischen Zuliferer und Hersteller, InTer 2015, 36 ff.; *Lehmann,* Die Untersuchungs- und Rügepflicht des Käufers in BGB und HGB, WM 1980, 1162 ff.; *ders.,* Just-in-Time: Handels- und AGB-rechtliche Probleme, BB 1990, 1849 ff.; *Lemppenau,* Die Haftung des Zulieferunternehmens nach den Grundsätzen der Produzentenhaftung, DB 1980, 1679 ff.; Lohsse/Schulze/Staudenmayer, Trading Data in the Digital Economy: Legal Concepts and Tools, Baden-Baden 2017; *Lüftenegger,* Die deliktische Pflicht zum Rückruf von Fahrzeugen, NJW 2018, 2087 ff.; *Martinek,* Zulieferverträge und Qualitätssicherung, Köln 1991; *Merz,* Qualitätssicherungsvereinbarungen im rechtlichen Gefüge moderner industrieller Lieferbeziehungen, Köln 1992; *Migge,* Praktische Überlegungen bei der Vorbereitung von Qualitätssicherungsvereinbarungen, PHI 1991, 186 ff.; *ders.,* Qualitätssicherungsverträge, Versuch einer Zwischenbilanz aus der betrieblichen Praxis, VersR 1992, 665 ff.; *Molitoris,* „Kehrtwende" des BGH bei Produktrückrufen? – Eine generelle Verpflichtung zur kostenfreien Nachrüstung/Reparatur von mit sicherheitsrelevanten Fehlern behafteten Produkten, NJW 2009, 1409 ff.; *Molitoris/Klindt,* Aktuelle Entwicklungen im Produktsicherheits- und Produzkthaftungsrecht, NJW 2017, 1582 ff.; *dies.,* Aktuelle Entwicklungen im Produktsicherheits- und Produzkthaftungsrecht, NJW 2016, 2464 ff.; *dies.,* Entwicklungen im Produktsicherheits- und Produzkthaftungsrecht 2014, NJW 2015, 1568 ff.; *dies.,* Die Entwicklungen im Produkthaftungs- und Produktsicherheitsrecht, NJW 2014, 1567 ff.; Die Entwicklung im Produkthaftungs- und Produktsicherheitsrecht, NJW 2012, 1489 ff.; *dies.,* Produkthaftung und Produktsicherheit – Ein aktueller Rechtsprechungsüberblick für 2008/2009, NJW 2010, 1569 ff.; *dies.,* Produkthaftung und Produktsicherheit – Ein aktueller Rechtsprechungsüberblick, NJW 2008, 1203 ff.; *Müller-Hengstenberg/Kirn,* Kausalität und Verantwortung für Schäden, die durch autonome smarte Systeme verursacht werden, CR 2018, 682 ff.; *Nagel,* Der Lieferant On Line – Unternehmensrechtliche Probleme der Just-in-Time Produktion am Beispiel der Automobilindustrie, DB 1988, 2291 ff.; *ders.,* Schuldrechtliche Probleme bei Just-in-Time

Lieferbeziehungen, DB 1991, 319 ff.; *Nagel/Riess/Theis,* Der faktische Just-in-Time-Konzern – unternehmensübergreifende Rationalisierungskonzepte und Konzernrecht am Beispiel der Automobilindustrie, ÜB 1989, 1505 ff.; *Nickel/Nickel-Fiedler,* Technische Verträge – Deckunsgschädlich in der Betriebshaftpflichtversicherung, r + s 2011, 459 ff.; *Popp,* Qualitätssicherungsvereinbarungen, München 1992; *Quittnat,* Qualitätssicherungsvereinbarungen und Produzentenhaftung, BB 1989, 571 ff.; *Reusch*, Pflichtenkreis von Unternehmen im Umgang mit unsicheren Produkten – Thesen zum Produktrückruf, BB 2017, 2248 ff.; *Reusch/Piltz*, Internet der Dinge: Datenschutzrechtliche Anforderungen bei der Produktbeobachtung, BB 2017, 841 ff.; *Schmidt,* Qualitätssicherungsvereinbarungen und ihr rechtlicher Rahmen, NJW 1991, 144 ff.; *Schmidt-Salzer,* Die Bedeutung der Entsorgungs- und Schwimmschalter-Entscheidung des Bundesgerichtshofs für das Produkthaftungsrecht, BB 1979, 1 ff.; *ders.*, Konkretisierungen der strafrechtlichen Produkt- und Umweltverantwortung, NJW 1996, 1 ff.; *Schmon*, Product Liability of Emerging Digital Technologies, IWRZ 2018, 254 ff.; *Schucht,* Das Recht der Verbraucherprodukte im neuen Produksicherheitsgesetz, VuR 2013, 86 ff.; *Schulze/Staudenmayer*, Digital Revolution: Challenges for Contract law in Practice, Baden-Baden 2016; *Schrader*, Haftung für fehlerhaft zugelieferte Dienste in Fahrzeugen, NZV 2018, 489 ff.; *Schünemann*, Vertragsgestaltung im Supply Chain Management, InTer 2013, 181 ff.; *Schwintowski*, Wird Recht durch Robotik und künstliche Intelligenz überflüssig? NJOZ 2018, 1601 ff.; *Steffen,* Die Bedeutung der „Stoffgleichheit" mit dem „Mangelunwert" für die Herstellerhaftung aus Weiterfresserschäden, VersR 1988, 977 ff.; *Steindorff,* Repräsentanten- und Gehilfenversagen und Qualitätsregeln in der Industrie, AcP 170 (1970) S. 93 ff.; *Steinmann,* Qualitätssicherungsvereinbarungen zwischen Endproduktherstellern und Zulieferern, Heidelberg 1993; *Steinrötter*, Vermeintliche Ausschließlichkeitsrechte an binären Codes, MMR 2017, 731 ff.; *Stender-Vorwachs/Steege*, Wem gehören unsere Daten? NJOZ 2ß18, 1361 ff.; *Taschner,* Produkthaftung- Noch einmal: Verschuldenshaftung oder vom Verschulden losgelöste Haftung, ZEuP 2102, 560 ff.; *Teichler,* Qualitätssicherung und Qualitätssicherungsvereinbarungen, BB 1991, 428 ff.; *Wagner,* Produktvigilanz und Haftung, VersR 2014, 905 ff.; *Graf von Westphalen,* Rechtsprobleme der „Just-in-Time-Delivery", CR 1990, 567 ff.; Graf von Westphalen, Datenvertragsrecht – disruptive Technik – disruptives Recht, IWRZ 2018, 9 ff.; *Graf von Westphalen,* in Foerste/Graf von Westphalen, Produkthaftungshandbuch, 3. Aufl., München 2012; *Graf von Westphalen/Bauer,* Just-in-Time-Lieferungen und Qualitätssicherungsvereinbarungen, Köln 1993; *Wildemann,* Das Just-in-Time-Konzept, Produktion und Lieferung auf Abruf, Frankfurt 1988; *Zech*, „Industrie 4.0" Rechtrahmnen für eine Datenwirtschaft im digitalen Binnenmarkt, GRUR 2015, 1151 ff.; *Zech*, Daten als Wirtschaftsgut – Überlegungen zu einem „Recht der Datenerzeuger", CR 2015, 137 ff.; *Zirkel,* Das Verhältnis zwischen Zulieferer und Assembler – Eine Vertragsart sui generis?, NJW 1990, 345 ff.

Anmerkungen

1. Wesen und Funktion. (1) Seit Ende der 70er Jahre zeichnet sich in der Industrie zunehmend die Tendenz ab Qualitätssicherungsvereinbarungen abzuschließen (vgl. *Migge* VersR 1992, 665 (666)). Sie werden mittlerweile in nahezu allen Industriezweigen verwendet; im Vordergrund stehen neben der Pharmaindustrie vor allem die Automobil- und Elektroindustrie, die Kunststoffverarbeitung sowie der Maschinenbau und die chemische Industrie (*Steinmann,* Qualitätssicherungsvereinbarung zwischen Endproduktherstellern und Zulieferern, S. 3). Das wesentliche Ziel solcher Vereinbarungen besteht jedoch nicht nur in ihrer Präventivfunktion (*Kreifels/Weide* in Foerste/Graf von Westphalen, Produkthaftungshandbuch, § 57 Rn. 4). Vielmehr ist auch ihre Rationalsiierungsfunktion zu unterstreichen, weil eben die herzustellende und auch zu liefernde Qualität – Mangelfreiheit der Produkte als anzustrebendes Ergebnis – auf Grund einer umfassenden Vereinbarung gewährleistet werden soll (*Kreifels/Weide* in Foerste/Graf von Westphalen, Produkthaftungshandbuch, § 57 Rn. 6). Es macht eben doch einen entsscheidenden Unterschied, ob die Anforderungen an die Qualität eines Produkts nur in einem Leistunsgaustauschvertrag punktuell festgelegt werden oder ob sie Gegenstand eines umfassenden, detailliert ausgehandelten Vertrages werden, der auch alle wesentlichen Aspekte der Produktsicherheit im Auge hat. Gleichzeitig ist damit gesagt, dass eine Qualitätssischerungsvereinbarung eine wichtige Funktion im Blick auf etwaige Haftungsfälle im Rahmen der Produkthaftung entfaltet. Denn die in ihr niedergelegten Leistungsparameter bestimmen gleichzeitig, dass sie – im Fall ihrer Verletzung – dazu führen, die haftungsbegründenden Voraussetzungen eines Schadensersatzanspruchs zu bejahen (vgl. auch *Kreifels/Weide* in Foerste/Graf von Westphalen, Produkthaftungshandbuch, § 57 Rn. 5). Doch ist im gleichen Atemzug anzufügen, dass es sich immer nur um die Antwort auf Fragen der internen Haftungsverteilung zwischen den Parteien handeln kann. Denn die aus dem System der Verkehrssicherungspflichten nach § 823 Abs. 1 BGB oder auch Abs. 2 abgeleiteten Pflichten zielen immer auf den Schutz eines Dritten – des Verkehrsteilnehmers – so dass sie durch vertragliche Abreden gegenüber diesem nicht modifiziert werden können und auch nicht dürfen.

(a) Sie werden jedoch, was stets im Rahmen einer Qualitätssischeurngsvereinbarung zu beachten ist, durch die **Sonderregeln des ProdSG** (hierzu allgemein *Tremml/Luber* NJW 2013, 262 ff.; *Kapoor/Klindt* NVwZ 2012, 719 ff.) als öffentlich-rechtliche Normen überlagert. Zu den einzelnen Organpflichten vgl. *Fischer/Schucht* BB 2018, 67 ff. Dabei ist zu unterstreichen, dass als „Produkt" im Sinn der Definition des § 2 Nr. 22 ProdSG „Waren, Stoffe und Zubereitungen" anzusehen sind, „die durch einen Fertigungsprozess hergestellt worden sind" (im Einzelnen *Klindt/Schucht* in Klindt, Produktsicherheitsgesetz, § 2 Rn. 150 ff.). Sonderbestimmungen sind vor allem § 3 ProdSG sowie § 6 und § 8 ProdSG (hierzu *Kapoor* in Klindt, Produktsicherheitsgestz, 2. Aufl., § 6 Rn. 5 ff.; zu den diversen Rechtsverordnungen *Wende,* in *Klindt*, Produktsicherheitsgesetz, § 8 Rn. 16 ff.). Dabei ist auch die Regel von § 6 Abs. 2 ProdSG zu beachten. Danach besteht nämlich die – **öffentlichrechtliche** – Pflicht, ein System bereit gestellt werden, welches geeignet ist, die von **Verbraucherprodukten** ausgehenden Risiken zu vermeiden, was nur durch ein Qualitätssicherungssystem erreicht wird (*Kreifels/Weide* in Foerste/Graf von Westphalen, Produkthaftungshandbuch, § 59 Rn. 36; *Kapoor,* in *Klindt*, Produktsicherheitsgesetz, § 6 Rn. 47 ff.).

(b) Solche **„Verbraucherprodukte"** sind nach der Definition von § 2 Nr. 26 ProdSG „neue, gebrauchte oder wiederaufgearbeitete Produkte, die für Verbraucher bestimmt sind oder unter Bedingungen, die nach vernünftigem Ermessen vorhersehbar sind, von Verbrauchern benutzt werden könnten, selbst wenn sie nicht für diese bestimmt sind; als Verbraucherprodukte gelten auch Produkte, die dem Verbraucher im Rahmen einer Dienstleistung zur Verfügung gestellt werden" (hierzu *Klindt/Schucht* in Klindt, Produktsicherheitsgesetz, § 2 Rn. 183 ff.). Für solche „Verbraucherprodukte" muss ein Qualitätssicherungssystem„den Produkteigenschaften angemessen sein" und wirksame Maßnahmen für **Warnungen** und insbesondere auch für einen **Rückruf** vorsehen. Dazu gehört auch ein entsprechendes – geschultes – Rückrufmanagement, verstanden als Handlungsmatrix zur Bewältigung künftiger Krisensituationen (*Kapoor* in Klindt, Produktsicher heitsgesetz, § 6 Rn. 51). Zu bedenken ist schließlich, dass § 6 ProdSG darüber hinaus in Abs. 1 auch **Informationspflichten** über nicht unmittebar erkennbare Risiken des Produkts vorsieht (*Kapoor* in Klindt, Produktsicherheitsgesetz, § 6 Rn. 7 ff.; *Ossenbühl* NVwZ 2011, 1357 ff.), womit in erster Linie die Risiken angesprochen sind, welche sich nach § 2 Nr. 28 ProdSG auf solche Risiken beziehen, die sich aus der vorhersehbaren Verwendung des Produkts ergeben. Damit ist nach der Definition von § 2 Nr. 28 ProdSG ein solcher Gebrauch des Produkts erfasst, der zwar nicht vorhergesehen war, aber nach „vernünftigem Ermessen vorhersehbar" ist. Des Weiteren ist die in § 6 Abs. 1 S. 1 Nr. 2

und 3 ProdSG angesprochene **Kennzeichnungspflicht** zu erwähnen. Neben der Herstellerkennzeichnung wird hier die so genannte **Identifikationskennzeichnung** angesprochen. Es handelt sich hier um eine für jede Qualitätssischeurngsvereinbarung essentielle Pflicht, weil sie gewährleisten soll, dass das zu beanstandende Produkt auf Grund der gewählten Kennzeichnung im Markt später identifiziert werden kann (*Kapoor* in Klindt, Produktsicherheitsgesetz, § 6 Rn. 30).

(c) Zu beachten ist dabei stets, dass es **branchensezifische Regelungen** gibt, die etwa in der Automobil- oder Lebensmittelbranche zu beachten sind (*Kreifels/Weide* in Foerste/Graf von Westphalen, Produkthaftungshandbuch, § 63 Rn. 1 ff.). Sie können hier nicht dargestellt werden. Das **Form.** ist daher nur ein Muster, das **in jedem Fall der Adaption** an die besonderen Umstände der Branche bedarf.

(d) Je mehr die Tendenz dahin geht, die Fertigungstiefe eines Unternehmens zu verringern, desto mehr steigt der Bedarf nach Qualitätssicherungsvereinbarungen. Ursächlich ist dies darauf zurückzuführen, dass – haftungsrechtlich – sowohl Zulieferer als auch Abnehmer – dieser: in seiner Funktion als Gesamthersteller/Assembler – auf einer **Herstellerstufe** stehen, also gleichrangige Verantwortlichkeiten dafür haben, dass das herzustellende Teil- und Endprodukt den jeweiligen **Qualitätsanforderungen** entspricht. Dabei zeichnet sich inzwischen auch in immer stärkerem Maß die Tendenz ab, dass nicht nur zwischen dem Gesamthersteller/Assembler und seinen Zulieferanten Qualitätssicherungsvereinbarungen abgeschlossen werden, sondern dass der Zulieferer seinerseits mit seinen Vorlieferanten ähnliche Vereinbarungen kontraktiert, weil er dann im Fall eines Produktschadens oder auch nur eines Mangels in der Lage ist, Regress zu nehmen.

(e) Qualitätssicherungsvereinbarungen haben neben **Einkaufs- und Verkaufsbedingungen** eine gleichrangige Funktion. Es handelt sich bei hierbei um einen klassischen **technischen Vertrag** (hierzu im Einzelnen *Nickel/Nickel-Fiedler* r+s 2011, 459 ff.). Denn sie regeln im Interesse beider Parteien technische Abläufe, wobei keineswegs immer nur Regeln eingesetzt werden, die den gesetzlichen Bestimmungen entsprechen und nicht nach § 307 BGB als AGB-Klauseln zu beanstanden sind. Sie begründen aber auch oft vertragliche Risiken, welche im Blick auf die jeweilige Haftpflichtversicheurng des Lieferanten Probleme nach Ziff. 7.3 AHB schaffen. Denn danach sind vertragliche begründete Risiken immer dann nicht versichert, wenn sie über den Rahmen der gesetzlichen Haftung hinausreichen. Mit anderen Worten: Privatautonom geschaffene Risiken genießen nicht den Schutz einer Haftpflichtversicheurng, die ja darauf angelegt ist, nur heteronom, dh durch den Gesetzgeber geschaffene Risiken als versichert anzusehen (vgl. *Nickel/Nickel-Fiedler* r+s 2011, 459 (460)).

Zweckmäßig ist es allerdings, Qualitätssicherungsvereinbarungen außerhalb der jeweiligen Einkaufs- und Verkaufsbedingungen zu formulieren, weil der Regelungstatbestand je unterschiedlich ist: Bei Einkaufsbedingungen steht das Generelle und vor allem auch das Kommerzielle im Vordergrund, bei Qualitätssicherungsvereinbarungen die speziellen Qualitätsanforderungen in Form hoher und oft höchster Anforderungen an die Technik. Hinzu kommt, dass Qualitätssicherungsvereinbarungen immer wieder an sich ändernde technische Gegebenheiten und an neue Erkenntnisse einer stets zu verbesserenden Qualitätssicherung anzupassen sind.

(2) In Qualitätssicherungsvereinbarungen legen daher die Parteien in erster Linie technische und organisatorische, also: qualitätssichernde Maßnahmen – freilich unter strenger Beachtung der Vorgaben des ProdSG sowie, soweit anwendbar, der nach § 8 Abs. 1 ProdSG in Betracht zu ziehen einzelnen Verordnungen – fest: Eine dauerhafte, zuverlässige und möglichst fehlerfreie **Vertragserfüllung** soll gewährleistet sein (*Steinmann,* Qualitätssicherungsvereinbarungen zwischen Endproduktherstellern und Zulieferern, S. 5). Das entspricht auf der Ebene der Mängelhaftung dem Begriffsraster des § 434 Abs. 1 S. 1 BGB. Doch müssen auch die Anforderungen von § 3 ProdSG beachtet werden, dh die Sicherheit oder Gesundheit von Personen darf durch ein Produkt nicht gefährdet werden. Dabei ist

der **harmonisierte Bereich** nach § 3 Abs. 1 ProdSG für die Kriterien eines sicheren Produkts zu beachten (*Klindt* in Klindt, Produktsicherheitsgesetz, § 3 Rn. 2 ff.). Doch auch der nach § 3 Abs. 2 ProdSG angesprochene Bereich der nicht harmonisierten Produkte – es gibt hier keine einschlägigen Verordnungen – ist in den Blick zu nehmen, um die sicherheitstechnischen Anforderungen, die an das Bereitstellen des Produkts auf dem Markt – zu erfüllen sind (*Klindt* in Klindt, Produktsicherheitsgesetz, § 3 Rn. 16 ff.).

(a) Zudem ist darauf zu achten, dass Merkmale, welche die Produktsicherheit ausmachen – und das ist ein ständiges Ärgernis in solchen Vereinbarungen – oft auf die Rangstufe einer **Zusicherung bzw. einer Garantie** gehoben werden (BGH NJW 2007, 1346 (1348)). Denn unter einer Garantie im Sinn einer Zusicherung wird ein vom Verschulden losgelöstes Einstandsversprechen – gerichtet auf unbedingten Schadensersatz – verstanden, was in AGB gegen § 307 Abs. 2 Nr. 1 BGB verstößt (BGH NJW 2006, 47). Nach deutschem Recht gibt es keine verschuldensunabhängige Haftung auf Schadensersatz, weil dies nach § 307 Abs. 2 Nr. 1 BGB untersagt wird (BGH NJW 2018, 281 – Mehrkostenaufwand)

(b) Soweit jedoch **Zusicherungen oder Garantien** – etwa in Form einer Beschaffenheitsgarantie (hierzu auch *Nickel/Nickel/Fiedler* r+s 2011, 459 (461)) – vereinbart werden, kommt es entscheidend darauf an, dass der **individualvertragliche Rahmen** solcher Abreden nach § 305b BGB eingehalten worden ist (vgl. BGH NJW 2013, 2745 – Wirtschaftsklausel in AGB scheitert an § 305b BGB). Trifft dies nicht zu, dann ist die betreffende Klausel auch nach § 307 Abs. 2 Nr. 1 BGB zu beanstanden (BGH NJW 2006, 47). Zu prüfen ist auch stets, ob denn die betreffenden Abreden in der Tat als Zusicherungen/Garantien (BGH NJW 2007, 1346 (1348)) zu qualifizieren sind, weil dann jedenfalls **keine Deckungsschädlichkeit** anzunehmen ist, wenn der Lieferant, was üblicherweise der Fall ist, eine Produkthaftpflicht-Versicherung abgeschlossen hat, welche das erweiterte HUK-Modell berücksichtigt.

(c) Das Ineinandergreifen von Formularklausel und ihrer Kontrolle nach § 307 BGB im Blick auf die zugrunde liegende Haftpflichtversicherung kundig zu bewältigen ist eine beträchtliche Herausforderung (im Einzelnen *Koch* IWRZ 2017, 119 ff.)

(d) Ohne eine gesonderte Abrede bleibt es in Bezug auf die vom Hersteller/Besteller durchzuführenden Kontrollen der angelieferten Produkte bei der generellen Norm des **§ 377 HGB**, welche eine rechtzeitige Eingangskontrolle und unverzügliche Rügeobliegenheit vorsieht. Darauf verzichten Qualitätssischerungsabreden grundsätzlich (*Kreifels/Weide* in Foerste/Graf von Westphalen, Produkthaftungshandbuch, § 62 Rn. 56 ff.). Zu beachten ist ferner, dass Einkaufsbedingungen und Qualitätssicherungsvereinbarungen exakt aufeinander abgestimmt sind, weil beide dem **Regelungszweck** dienen, dass – aus welchen Gründen immer – die Vertragserfüllung fehlschlägt. Dabei kommt den jeweiligen **Gewährleistungsregeln** im Rahmen der §§ 434 ff. BGB ebenso entscheidende Bedeutung zu wie den Bestimmungen über die **Produkthaftung gemäß § 823 Abs. 1 BGB,** einschließlich der Verpflichtung, ggf. eine **Rückrufaktion** durchzuführen (→ Anm. 8), um keine weiteren Schäden – Sach- oder gar Personenschäden zu verursachen (vgl. § 6 Abs. 2 ProsSiG).

(e) **Wesentliches Merkmal** von Qualitätssicherungsvereinbarungen – das trifft auf die Mehrzahl von Verträgen mit kooperativen Elementen zu – ist es überdies, auf diese Weise bei den Vertretern beider Parteien ein Qualitätsbewußtsein zu schaffen und kostensenkende Maßnahmen durchzuführen. Dies deckt sich zu einen mit dem Bestreben der Hersteller, die eigene Fertigungstiefe zu verringern, so dass mehr und mehr ganze Systemeinheiten „ausgegliedert" („outsourcing") und haftungsrechtlich das Risiko auf den Zulieferer zu überwälzen. Hand in Hand geht dies mit einer immer tiefer gegliederten Arbeitsteilung, welche eine fortschreitende Verlagerung der Erzeugung von Teilprodukten auf vorgelagerte Zulieferer mit sich bringt („umbrella"-Lösungen auch im Rahmen eines einheitlichen Deckungsschutzes). Dabei handelt es sich nicht um ein nationales, sondern um ein internationales Phänomen (vgl. auch *Koch* IWRZ 2017, 119 (121)), was mit dem Stichwort **„Global Sourcing“** umschrieben wird.

(f) Nicht unerwähnt soll bleiben, dass auch Fragen der **„Corporate Social Responsibility“** (CSR) im Rahmen der gesamten „supply chain“ in diese Kategorie fallen (im Einzelnen *Spießhofer*, Unternehmerische Verantwortung, Baden-Baden 2017, S. 85 ff. und passim). Rechtstechnisch ist zu bedenken, dass zahlreiche Klauseln, die üblicherweise im Rahmen der CSR verwendet werden, als AGB-Klauseln nach § 305 Abs. 1 BGB zu qualifizieren sind, so dass sie auch im unternehmerischen Verkehr – das AGB-Recht ist insoweit nationales Sonderrecht, das sich eng an das Verbraucherrecht anlehnt (BGH NJW 2017, 2986 – Bearbeitungsgebühr – unternehmerisches Darlehen; BGH BKR 2018, 421 – Bearbeitungsgebühr – Avalkredit) – als unwirksam nach § 307 BGB zu bewerten sind (*Spießhofer/Graf von Westphalen* BB 2015, 75 ff.).

(g) Qualitätssicherungsvereinbarungen sind stets **langfristige Verträge.** Hersteller und Zulieferer arbeiten regelmäßig schon bei der Konzeption eines neuen Teils/Systems zusammen, um diese Zusammenarbeit sodann im Rahmen langfristiger Lieferbeziehungen fortzusetzen; wertvolles Know-how wird in diesem Kontext regelmäßig transferiert; oft wird auch „gemeinsames“ Know-how – Daten – entwickelt. Nach der jeweiligen **Musterfreigabe** eines neuen Teils/Systems durch den Besteller übernimmt der Zulieferer regelmäßig die alleinige Verantwortung für die vertraglich geschuldete Qualität, also: für die ordnungsgemäße und möglichst fehlerfreie Vertragserfüllung. Auf diese Weise entsteht eine weitreichende Verzahnung zwischen Hersteller/Assembler und Zulieferer, was auch kartellrechtliche Fragestellungen auslösen kann, die aber bislang in der Praxis ohne große Resonanz geblieben sind.

(3) Die **besondere Schwierigkeit** bei der Abfassung von Qualitätssicherungsvereinbarungen besteht darüber hinaus darin, dass technisch komplexe Sachverhalte einer Regelung bedürfen. Dabei sind zunächst zwingend immer und in jedem Einzelfall die **öffentlich-rechtlichen Vorgaben** des jeweils geltenden **Produktsicherheitsrechts,** insbesondere auch die Vorschriften des ProdSG (*Kreifels/Weide* in Foerste/Graf von Westphalen, Produkthaftungshandbuch, § 59 Rn. 1 ff.). Naturgemäß überlagert das öffentliche Recht das private Recht, welche seinerseits eine Qualitätssicherungsabrede beherrscht. Daher ist es **unerlässlich,** eine jede Vereinbarung zunächst danach auszurichten, welche Anforderungen im Einzelnen durch die Bestimmungen des Produktsicherheitsrechts, insbesondere aber auch durch die Regel des ProdSG zu erfüllen sind. Diese Aufgabe kann **nicht im Rahmen eines Musters** erreicht werden. Im Blick auf **branchenspezifische Besonderheiten** sei auf die Literatur verwiesen (*Kreifels/Weide* in Foerste/Graf von Westphalen, Produkthaftungshandbuch, § 63 Rn. 1 ff.).

(a) Der haftungsrechtlich stets wichtige Begriff des **„Inverkehrbringens“** ist in § 2 Nr. 15 ProdSG als erstmaliges Bereitstellen des – neuen – Produkts auf dem Markt definiert (*Klindt/Schucht* in *Klindt*, Produktsicherheitsgesetz, § 2 Rn. 127 ff.). Gleich gestellt ist die Einfuhr eines Produkts in die EU.

(aa) Soweit es sich um ein **„Verbraucherprodukt“** handelt (hierzu auch *Gauger/Hartmannsberger* NJW 2014, 1137 ff.), ist nach § 3 Abs. 1 ProdSG entscheidend, dass es so hergestellt und in den Verkehr gebracht wird, dass es bei bestimmungsgemäßer oder vorhersehbarer Verwendung die Sicherheit und Gesundheit von Personen nicht gefährdet. Die gleiche Definition gilt für das **„Produkt“** und seine gebotene Sicherheit. Beides gilt wegen des Gleichlaufs von § 3 Abs. 1 und Abs. 2 ProdSG auch für solche Produkte, die nicht nach näherer Maßgabe von europarechtlichen und deutsch-rechtlichen Rechtsverordnungen (§ 8 ProdSG) hergestellt und in den Verkehr gerbracht werden (vgl. auch *Wagner* VersR 2014, 905 ff.).

(bb) Besondere Informationspflichten gegenüber den **Marktüberwachungsbehörden** bestehen nach § 6 Abs. 4 ProdSG immer dann (hierzu *Kapoor* in Klindt, Produktsicherheitsgesetz, § 6 Rn. 68 ff.), wenn ein **Verbraucherprodukt** auf Grund der vorliegenden

Kenntnisse und Informationen des Herstellers/Händlers ein Risiko für die Sicherheit und Gesundheit von dritten Personen darstellt. Dann ist auch die zuständige Behörde darüber in Kenntnis zu setzen, welche Maßnahmen denn im Einzelfall zur Vermeidung des betreffenden Risikos getroffen worden sind. Das bezieht sich in erster Linie auf **Warnungen** sowie auch auf die Fälle, in denen ein Risiko derart ist, dass ein **Rückruf** erforderlich ist *(Kreifels/ Weide* in Foerste/Graf von Westphalen, Produkthaftungshandbuch, § 59 Rn. 33).

cc) Dabei hat in der Praxis die Entscheidung der Kommission vom 16.12.2009 über den raschen Informationsaustausch **„RAPEX"** wesentliche praktische Bedeutung. Dies gilt vor allem auch für die im Anhang der Richtlinie 2010/15 veröffentlichten Leitlinien (*Schucht* NVwZ 2017, 434 ff.; *Schucht* BB 2017, 455 ff.; *Schucht* BB 2013, 905 ff.).

(dd) Darüber hinaus folgt aus §§ 7, 20, 22 ProdSG, dass eine Kennzeichnungspflicht für die Produkte besteht. Aus § 7 ProdSG ergibt sich die **CE-Kennzeichnungspflicht.** Voraussetzung ist, dass eine Rechtsverordnung nach § 8 Abs. 1 ProdSG diese Kennzeichnung ausdrücklich vorschreibt (*Kreifels/Weide* in Foerste/Graf von Westphalen, Produkthaftungshandbuch, § 59 Rn. 36 ff.). Die Bestimmungen der §§ 20, 22 ProdSG beziehen sich auf das **GS-Zeichen** (im Einzelnen *Kapoor/Klindt* NVwZ 2012, 719 (722 f.)).

(ee) Von großer praktischer Bedeutung ist, dass die nach § 26 ProdSG zuständigen **Marktüberwachungsbehörden** berechtigt sind, anhand von „angemessenen Stichproben" jeweils zu prüfen (*Schucht* in Klindt Produktsicherheitsgesetz § 26 Rn. 5 ff.), ob denn der Hersteller eines Produkts auch alle die Verpflichtungen erfüllt, welche nach den §§ 3 ff. ProdSG jeweils zu beachten sind. Dies schließt auch die Überprüfung eines adäquaten Systems der Qualitätssicherung ein, wie sich aus § 6 Abs. 2 ProdSG – bezogen auf Verbraucherprodukte – ablesen lässt (*Kreifels/Weide* in Foerste/Graf von Westphalen, Produkthaftungshandbuch, § 59 Rn. 40 ff.; vgl. auch *Gauger/Hartmannsberger* NJW 2014, 1137 (1139 f.)).

(b) Neben diesen öffentlich-rechtlichen Normen des ProdSG, die hier nur gestreift werden können, haben natürlich auch die AGB-rechtlichen Vorschriften der **Inhaltskontrolle nach § 307 BGB** bei der Abfassung einer Qualitätssicherungsvereinbarung praktische Bedeutung. Auf sie wird, soweit erforderlich, gesondert eingegangen.

(c) Da es sich – präventiv betrachtet – bei Qualitätssicherungsvereinbarungen vor allem darum handelt, Risiken aus der Produkthafrtung abzuwehren, spielt, wie bereits angedeutet, – bezogen auf den eingetretenen Schadensfall – die Frage einer **Haftpflicht-Versicherung** eine zentrale Rolle (Deckungssumme/Maximierung/Selbstbehalt etc). Es gilt der allgemeine Satz: Die Risiken, welche nicht technisch verhindert werden können, sollen – soweit es geht – vertraglich ausgeschlossen (was nach § 307 BGB weithin illusorisch ist) und – drittens – durch Abschluss einer adäquaten Versicherung gedeckt werden, und das alles – viertens – zu einem marktgängigen Preis (hierzu *Nickel/Nickel-Fiedler* r+s 2011, 459 ff.).

(d) Ohne Anspruch auf Vollständigkeit sind folgende Einzelheiten regelungsbedürftig:

(aa) Vollständige, eindeutige und für die zu fertigenden Teile oder Funktionselemente sachgerecht auswertbare technische Unterlagen sind von beiden Parteien zu erstellen; sie sind auch auf dem jeweils **neuesten Stand von Wissenschaft und Technik** zu halten, so dass Fehler und Unzulänglichkeiten schnellstens abgestellt werden können. Alle produktspezifischen und anwendungsbezogenen relevanten Regeln von Wissenschaft und Technik müssen im Blick auf die anzustrebende Produktsicherheit ausgewertet und ständig unter Kontrolle gehalten werden; wie stets gilt hier ein **internationaler** Maßstab.

(bb) Alle Zeichnungen und Spezifikationen müssen auf inhaltliche Vollständigkeit und Angemessenheit geprüft und ständig auf dem laufenden gehalten werden. Es müssen eindeutige Regelungen über die Herstell- und Fertigungsverantwortung getroffen werden, einschließlich der produktspezifischen und anwendungsbezogenen Qualifikation von Merkmalen und Eigenschaften, unterteilt nach Haupt- und Nebenmerkmalen (*Graf von Westphalen/Bauer,* Just-in-Time-Lieferungen und Qualitätssicherungsvereinbarungen, S. 58 f.).

(cc) Prüf- und Überwachungsverfahren müssen – bezogen auf die damit verbundenen **Dokumentationspflichten** – in allen Einzelheiten festgelegt und auf dem laufenden gehalten werden. Es müssen Aussagen zu Inhalt, Form und Auswertung der erforderlichen Unterlagen getroffen werden. Insbesondere müssen die Prüfverfahren so ausgewählt werden, dass sie **produktspezifisch** und **anwendungsbezogen** gestaltet sind. Es ist selbstverständlich, dass dabei die spezifischen Herstell- und Betriebsdaten berücksichtigt werden müssen, einschließlich der Aussagefähigkeit von Zertifikaten/Prüfbescheinigungen/TÜV-Abnahmen etc.

(dd) Im Zentrum dieser Regelungssachverhalte steht die Herausforderung an beide Parteien, die **Schnittstellen** der jeweiligen Verantwortungsbereiche exakt zu umschreiben. Es handelt sich hierbei um Schnittstellen, welche die Informationsverantwortung (hierzu im einzelnen *Spindler/Klöhn* VersR 2003, 312 ff.) sowie die Prüfverantwortung festlegen, einschließlich der Verantwortlichkeit für etwaige **Defizite** (*Spindler,* Unternehmensorganisationspflichten, Berlin 2001, S. 701 ff.). Dabei ist eines nicht zu unterschätzen: Es kommt keineswegs nur darauf an, diese Schnittstellen-Verantwortlichkeit im Rahmen einer Qualitätssicherungsvereinbarung exakt zu umschreiben. Mindestens ebenso wichtig ist es, die **personell-organisatorische Mitarbeiterverantwortlichkeit** des jeweils anderen Partners in den Blick, aber auch vertraglich in die Pflicht zu nehmen. Es handelt sich darum, einen **ständigen Kommunikationsprozeß** zwischen Hersteller und Zulieferer aufzubauen und durchzuhalten, um auf diese Weise das spezielle Wissen des Herstellers und des Zulieferers auf Dauer optimal zu integrieren. Daher sind auch fortlaufende Anpassungen vorzunehmen. Wie stets, so empfiehlt es sich auch bei diesen Vereinbarungen, die Änderungen und Anpassungen fortlaufend zu nummerieren und jeweils anzugeben, welcher Teil der bisherigen Regelung außer Kraft gesetzt ist.

(4) Im Rahmen von Qualitätssicherungsvereinbarungen sind also umfassende, vollständige und auf dem neuesten Stand von Wissenschaft und Technik angesiedelte Herstellungsverfahren und Prozeßüberwachungssysteme zu entwickeln und ständig auf den neustem Stand zu unterhalten. Bereits während der Planung, der Entwicklung und der daran anschließenden Fertigung soll die „Qualität" des herzustellenden Teilprodukts/Systems gewährleistet werden. Das bedeutet: Die Ausfallrate – Fehlerquote – ist möglichst niedrig anzusetzen. Mithin haben Qualitätssicherungsvereinbarungen vor allem die Aufgabe **präventiver Qualitätssicherung.** In der Praxis hat es sich nämlich gezeigt, dass die überwältigende Mehrzahl aller **Produktfehler** auf Ursachen beruhen, die in den ganz frühen Phasen der Produktentstehung, also: in der Planungs- und Entwicklungsphase ihren Grund haben (*Steinmann,* Qualitätssicherungsvereinbarungen zwischen Endproduktherstellern und Zulieferern, S. 18). In der Praxis ist von Zahlen zwischen 75 % bis 90 % die Rede; notwendigerweise hat dies zur Konsequenz, dass dann Qualitätsdefizite den Charakter eines **Serienschadens** einnehmen. Dabei ist des Weiteren klar, dass die Kosten der Fehlerbeseitigung um so größer sind, je früher in der Planungs- und Entwicklungsphase die Ursache für den aufgetretenen Fehler und je später die Maßnahme zur Fehlerbeseitigung gesetzt wird.

a) Nach der Umschreibung der DIN ISO 9000 zielt Qualitätssicherung auf die Gesamtheit aller „geplanten und systematischen Tätigkeiten, die notwendig sind, um ein angemessenes Vertrauen zu schaffen, dass ein Produkt die gegebenen Qualitätsanforderungen erfüllen wird". Das System der Qualitätssicherung ist danach „die festgelegte Ablauforganisation zur Durchführung der Qualitätssicherung sowie die dazu erforderlichen Mittel". Ziel ist es, die Kooperation zwischen Hersteller und Zulieferer so zu organisieren, dass die technischen, administrativen und menschlichen Faktoren, welche die Qualität des Produkts – sowie die der erforderlichen Dienstleistungen – beeinflussen, beherrscht werden: Unzulängliche Qualität soll verhindert werden.

b) Regelmäßig werden daher in einem **Qualitäts-Handbuch** die erforderlichen Einzelheiten festgelegt (vgl. Anlage 1). Über die hier anzusetzenden Maßnahmen sagt das Form.

naturgemäß nichts aus, weil hier die technischen Details des Einzelfalls eindeutig im Vordergrund stehen und sich jeder generellen Normierung entziehen. Sie betreffen deshalb den gesamten Inhalt des Qualitätssicherungssystems, also: eine Beschreibung der einzelnen Verfahrensschritte, beginnend mit der Planungs- und Entwicklungsphase; Maschinenfähigkeits- und Prozessfähigkeitsuntersuchungen sind zu integrieren. Von entscheidender Bedeutung ist es, die innerbetrieblichen Zuständigkeiten und die Verantwortungsbereiche der einzelnen Fachabteilungen zu definieren, einschließlich der **personellen Verantwortungen** (vgl. DIN ISO 9004 Ziff. 5.3.2).

c) Dabei ist der weitere Grundsatz zu beachten, dass die erforderliche Qualität nicht in das jeweils herzustellende Produkt „hineinkontrolliert" werden kann. Qualitätssicherung ist vielmehr integrierter Teil des gesamten Herstellprozesses, beginnend mit der Planungs- und Entwicklungsphase, einschließlich der späteren nach § 823 Abs. 1 BGB geschuldeten **Produktbeobachtung** (→ Anm. 8). Dahinter steht eine neue „Qualitätsphilosophie", welche als „gemeinsame Philosophie" von Herstellern und Zuliefererern entwickelt und **praktiziert** werden muss. Qualität ist folglich ein notwendiger Bestandteil der je eigenen Unternehmensphilosophie. Denn durch den Abschluß von Qualitätssicherungsvereinbarungen wird eine weitreichende **Integration** der Oualitätssicherungsmaßnahmen zwischen Hersteller und Zulieferer verwirklicht.

d) Aufgrund des allgemeinen Wunsches, die Qualitätssicherungssysteme zu vereinheitlichen, wurden die Vorschriften der DIN 9000–9004 geschaffen (DIN-Handbuch 226, Qualitätssicherung und angewandte Statistik, Verfahren 3 – Qualitätssicherungssysteme, 1982). Dabei enthält die DIN 9004 wichtige Elemente eines Qualitätssicherungssystems in Form von Empfehlungen; sie werden nicht als technisch notwendig und zwingend eingestuft, wie dies sonst bei den technischen Regelwerken der Fall ist (*Steinmann*, Qualitätssicherungsvereinbarungen zwischen Endproduktherstellern und Zulieferern, S. 23; *Migge* VersR 1992, 665 (670)).

e) Die mit Qualitätssicherungsvereinbarungen oft Hand in Hand gehende **„Zertifizierung"** hat keine eigene rechtliche Qualität; sie belegt nämlich nur, dass das betreffende – zertifizierte – Unternehmen „qualitätsfähig" ist, also den selbst gesetzten und gewählten technischen Standard auch tatsächlich einhalten will, weil es die entsprechenden technisch-organisatorischen Voraussetzungen geschaffen hat.

2. Vertragstypische Einordnung. (1) Wie bei allen modernen Vertragstypen gilt hier die gleiche Ausgangserwägung: Qualitätssicherungsvereinbarungen unterscheiden sich ganz beträchtlich von dem bekannten Muster von Kauf-, Werk-, Dienstleistungs- und Beratungsverträgen, einschließlich der damit gekoppelten Standardbedingungen. Man mag darin einen Vertrag sui generis sehen (*Zirkel* NJW 1990, 345 ff.). Man mag die Qualitätssicherung aber auch als einen Netzwerkvertrag begreifen, der durch eine multilaterale Verknüpfung Hersteller und Zulieferer verbindet (*Merz,* Qualitätssicherungsvereinbarungen, 1992, S. 80 ff.) oder auch als Dauerschuldverhältnis ansehen (*Kreifels/Weide* in Foerste/Graf von Westphalen, Produkthaftungshandbuch, § 58 Rn. 8). Da es sich auch bei Qualitätssicherungsvereinbarungen regelmäßig um **vorformulierte Vertragsbestimmungen** im Sinn von § 305 Abs. 1 S. 1 und S. 2 BGB handelt, ist die rechtliche Qualifikation wichtig. Sie lässt sich kaum allgemein bestimmen, weil sie maßgeblich von den vertraglichen Regelungen im Einzelfall abhängt. Jedenfalls wird man gut daran tun, die einzelnen Elemente des BGB-Typenkatalogs – Kaufrecht, Werkvertragsrecht, Dienstvertrag, Geschäftsbesorgungsvertrag – immer zu Rate zu ziehen. Diese Kategorisierung hat dann auch Auswirkungen auf die richterliche Inhaltskontrolle dieser Klauseln. Sie ist nämlich dann an § 307 Abs. 2 Nr. 2 BGB zu messen, nicht aber „nur" an der Generalklausel des § 307 Abs. 1 S. 1 BGB zu orientieren.

(2) Gerade deshalb ist es angezeigt, auch bei der typologischen Einordnung von Qualitätssicherungsvereinbarungen zunächst den Versuch zu unternehmen, die geregelten Vertrags-

beziehungen zwischen Hersteller-Zulieferer am Typenkatalog des BGB zu messen (*Martinek,* Moderne Vertragstypen, Bd. III, S. 296 ff.). Dabei steht freilich der Langzeitcharakter, der alle Qualitätssicherungsvereinbarungen kennzeichnet, im Vordergrund (*Merz,* Qualitätssicherungsvereinbarungen, S. 33 ff.). Im Rahmen der Definition von *Nicklisch* (*Nicklisch* JZ 1984, 757 ff.) handelt es sich um einen komplexen Langzeitvertrag, dem starke kooperative und integrative Elemente innewohnen, welche Hersteller und Zulieferant auf das engste miteinander verzahnen, angefangen von der Planungs- und Entwicklungsphase bis zur Ersatzteilbelieferung und der Produktbeobachtung (*Graf von Westphalen/Bauer,* Das Recht der Qualität, S. 4 f.). Dabei gilt es, zusätzlich im Auge zu behalten, dass Qualitätssicherungsvereinbarungen stets auf „Qualität" – mit anderen Worten: auf die Fehlerfreiheit des herzustellenden Produkts – zielen, dh sie sind erfolgsorientiert: Die zwischen Hersteller und Zulieferer vereinbarten Organisations-, Überwachungs- und Prüfungspflichten dienen alle dem einen Zweck, die Qualität zu sichern (*Merz,* Qualitätssicherungsvereinbarungen, S. 242 ff.). Im Rahmen des Typenkatalogs des BGB handelt es sich also um **werkvertragliche Elemente.** Diese verdrängen allerdings nicht die zugrundeliegenden Kaufverträge, welche die Lieferbeziehungen ausfüllen. So gesehen ist die Qualitätssicherungsvereinbarung ein klassischer **Rahmenvertrag.** Soweit in diesem Zusammenhang keine erfolgsorientierten Liefer- oder Leistungspflichten zu erfüllen sind, ist Raum für die Berücksichtigung dienstvertraglicher Elemente gemäß §§ 611 ff. BGB (*Merz,* Qualitätssicherungsvereinbarungen, S. 246 ff.; *Steinmann,* Qualitätssicherungsvereinbarungen zwischen Endproduktherstellern und Zulieferern, S. 26). Dies gilt in erster Linie im Hinblick auf den Informationsaustausch sowie für die umfangreichen Dokumentationspflichten, einschließlich etwaiger Beratungspflichten, wie sie sich im Kontrollverfahren des „audit" abschließend niederschlagen. Soweit in der Literatur geltend gemacht wird, der Zulieferer würde auch zugunsten des Herstellers eine Geschäftsbesorgung gemäß §§ 675, 611 ff. BGB durchführen (*Merz,* Qualitätssicherungsvereinbarungen, S. 253 ff.), entspricht dies nicht dem tatsächlichen Befund, weil kein Zweifel besteht: Der Zulieferer ist unmittelbar und selbständig dafür verantwortlich, dass die von ihm hergestellten und gelieferten Teile/Systeme fehlerfrei sind (so mit Recht *Steinmann,* Qualitätssicherungsvereinbarungen zwischen Endproduktherstellern und Zulieferern, S. 26 f.). Im Ergebnis wird man also eine Qualitätssicherungsvereinbarung als gemischttypischen Vertrag ansehen (vgl. *Kreifels/Weide* in Foerste/Graf von Westphalen, Produkthaftungshandbuch, § 59 Rn. 14), der freilich nur im Zusammenhang mit konkreten Leistungsaustauschverträgen wirtschaftlichen Sinn macht.

a) Für die durchzuführende **richterliche Inhaltskontrolle** von Qualitätssicherungsvereinbarungen als AGB-Klauseln im Sinn von § 305 Abs. 1 S. 1 BGB folgt daraus (im Einzelnen *Kreifels/Weide* in Foerste/Graf von Westphalen, Produkthaftungshandbuch, § 61 Rn. 1 ff.): In erster Linie sind alle in Qualitätssicherungsvereinbarungen niedergelegten **vorformulierten** Klauseln im Sinn von § 307 Abs. 2 Nr. 1 BGB auf ihre kauf- und werkvertragliche Konkordanz zu prüfen, wobei der **besondere Zweck** von Qualitätssicherungsvereinbarungen – als Integration von Hersteller und Zulieferer im Blick auf eine Optimierung der Produktqualität – und der daraus resultierenden Teil- bzw. Gesamtverantwortlichkeit im Auge behalten werden muss. Stets ist also zu fragen, welchen Rang- und **Stellenwert** die jeweilige Klausel im Gesamtgefüge der Qualitätssicherungsvereinbarung besitzt (*Kreifels* ZIP 1990, 489 ff.; *Lehmann* BB 1990, 1849 ff.; *Migge* PHI 1991, 186 ff. (198 ff.)) und dass eine Parallelität zwischen Risikobereitschaft und Haftung bestehen muss. Mit anderen Worten: Eine Qualitätssicherungsvereinbarung ist als **Rahmenvertrag** zu qualifizieren (BGH NJW-RR 1972, 977; Palandt/*Ellenberger* Vor § 145 Rn. 19), in welchem kauf- oder werkvertragliche Elemente aufgrund der jeweiligen Einzelverträge im Vordergrund stehen (*Martinek,* Moderne Vertragstypen, Bd. III, S. 299 ff.; *Graf von Westphalen/Bauer,* Das Recht der Qualität, S. 5 f.).

b) In der Literatur (*Nagel/Riess/Theis* DB 1989, 1505 ff.) ist die Auffassung vertreten worden, Qualitätssicherungsvereinbarungen – unter besonderer Berücksichtigung des

„Just-in-Time-“ Konzepts (*Steckler,* Der Just-in-time-Zuliefervertrag, 1996) – seien jedenfalls in der Automobilindustrie als „faktischer Konzern“ einzuordnen (*Nagel/Riess/Theis* DB 1989, 1505 (1511)). Ob dem zu folgen ist, erscheint sehr fraglich. Einzuräumen ist allerdings, dass aufgrund des hohen kooperativen Einschlags, der Qualitätssicherungsvereinbarungen charakterisiert, Strukturen einer zwischenbetrieblichen Zusammenarbeit zwischen Hersteller-Zulieferer entwickelt werden, die letzten Endes innerbetrieblichen Charakter erhalten (*Migge* PHI 1991, 198 (200)). Dies gilt vor allem, wenn man bedenkt, dass der Datenaustausch (→ Anm. 20) in diesen Verträgen eine enorm hohe Bedeutung besitzt und dass – rechtlich gewertet – völlig unklar ist, ob denn eine sachenrechtliche Zuordnung von **Daten** im Rahmen einer Eigentumsordnung überhaupt in Betracht kommt (eingehend *Paal/Hennemann* NJW 2017, 1697 ff.; *Grützmacher* CR 2016, 485 ff.; *Zech* CR 2015, 137 ff.). Daher kommt es nur auf die vertraglichen Abreden und auf die Vereinbarung entsprechender Nutzungsrechte an, welche im Wesentlichen durch die Machtverhältnisse auf dem jeweiligen Markt bestimmt sind (*Graf von Westphalen* in Lohsse/Schulz/Staudenmayer, Trading Data in the Digital Economy; Legal Concepts and Tools, 2017, S. 245 ff.). Vertragsbeziehungen aufgrund von Qualitätssicherungsvereinbarungen können also durchaus – gerade wegen des rechtlich weithin nicht regulierten Datenaustausches und der entsprechenden (ausschließlichen) Nutzungsrechte – einen Grad der Intensität erreichen, wie er gesellschaftsrechtlichen Verbindungen im Rahmen von § 705 BGB eignet (vgl. auch *Steinmann,* Qualitätssicherungsvereinbarungen zwischen Endproduktherstellern und Zulieferern, S. 27 f.).

c) Selbstverständlich sind auch alle **öffentlich-rechtlichen Rahmenbedingungen** des **ProdSG** zu beachten (umfassend *Klindt,* Produktsicherheitsgesetz, 2015, passim; *Kreifels/Weide* in Foerste/Graf von Westphalen, Produkthaftungshandbuch, § 59 Rn. 1 ff.; vgl. *Klindt* NJW 2018, 3757 ff. – neueste Entwicklungen; *Fischer/Schucht* BB 2018, 67 ff. – Organpflichten; *Reusch* BB 2017, 2248 ff. – Thesen zum Rückruf; *Molitoris/Klindt* NJW 2017, 1582 ff. – Übersicht über Rechtsentwicklung; auch *Gauger/Hartmannsberger* NJW 2014, 1137 – Verbraucherprodukte; *Schucht* VuR 2013, 86 ff. – dito; *Kapoor/Klindt* NVzW 2012, 719 ff. – generell).

3. AGB-Vertrag. (1) Qualitätssicherungsvereinbarungen setzen regelmäßig voraus, dass zwischen dem Endhersteller/Assembler einerseits und dem jeweiligen Zulieferer andererseits gleichförmige Verträge abgeschlossen werden (*Martinek,* Moderne Vertragstypen, Bd. III, S. 308; *Kreifels/Weide* in Foerste/Graf von Westphalen, Produkthaftungshandbuch, § 61 Rn. 1 ff.). Darauf beruht die Essenz des Rahmenvertrages. Es liegt daher auf der Hand, dass es sich daher in Bezug auf das Merkmal der „Vielzahl“ um AGB-Klauseln handelt (hierzu Palandt/*Grüneberg* § 305 Rn. 9; *Ensthaler* NJW 1984, 817 (818)). Hinzukommt, dass der Inhalt der jeweiligen Qualitätssicherungsvereinbarungen regelmäßig vom Endhersteller/Assembler vorformuliert (BGH NJW 2018, 281 – Mehraufwand bei Nacherfüllung) und von diesem im Sinn von § 305 Abs. 1 S. 1 BGB auch „gestellt“ dh von ihm in die Vertragsverhandlungen eingeführt worden ist (BGH NJW 2010, 1131 (1133)).

(a) Nach der Rechtsprechung des BGH ist dies immer dann zu bejahen, wenn der Endhersteller/Assembler als AGB-Verwender die jeweilige Klausel in mindestens drei Anwendungsfällen benutzt hat (Palandt/*Grüneberg* § 305 Rn. 9; bereits BGH WM 1984, 1610). Freilich reicht es auch aus, dass der Endhersteller/Assembler als AGB-Verwender von vornherein die Absicht hatte, die von ihm entworfene Qualitätssicherungsvereinbarung auch tatsächlich in einer „Vielzahl“ von Fällen zur Anwendung zu berufen, ohne dass konkret der Nachweis erbracht worden ist, er habe die jeweilige Qualitätssicherungsvereinbarungen auch tatsächlich in einer „Vielzahl“ von Anwendungsfällen bereits eingesetzt.

(b) Schließlich reicht es auch aus, wenn sich aus der Typizität des Vertrages der Anschein ergibt, dass die betreffende Vereinbarung nicht für den Einzelfall, sondern wegen ihres allgemeinen Charakters für eine Mehrzahl von Anwendungsfällen vorformuliert worden ist (BGH NJW 2004, 502). Das wird man bei einer Qualiätssicherungsvereinbarung grundsätzlich für gegeben ansehen müssen, weil solche Verträge ein ganzes „System" abbilden müssen, also von vornherein auf eine beträchtliche Gleichförmigkeit ausgelegt sind. Es besteht daher ein Beweis des ersten Anscheins (BGH NJW 2014, 1725 (1727)), dass es sich um AGB handelt, der allerdings vom Verwender zu widerlegen ist (Palandt/*Grüneberg* § 305 Rn. 23).

(2) Eine richterliche Inhaltskontrolle von AGB-Klauseln setzt jedoch voraus, dass die jeweilige Klausel nicht im Sinn von § 305 Abs. 1 S. 3 BGB **„ausgehandelt"** worden ist (BGH NJW 2013, 856 (858) – bring as you pay I; NZBau 2016, 213 – bring as ypu pay II; NJW 2014, 1725 (1727); ZIP 2000, 314 (316 f.)). Das bedingt, dass der Verwender seine Abänderungsbereitschaft im Blick auf jede einzelne Klausel signalisiert und dem anderen Teil auf diese Weise die „reale Möglichkeit" verschafft, seine je eigenen Interessen selbst wahrzunehmen, was regelmäßig dann auch zu einer Abänderung des vorformulierten Textes der AGB führt (BGH NJW 2013, 856 (858); *Ulmer/Habersack* in Ulmer/Brandner/Hensen, AGB-Recht, 12. Aufl., § 305 Rn. 47 ff.). Trifft dies zu, so liegt keine AGB-Klausel vor – eine richterliche Inhaltskontrolle gemäß §§ 307 ff. BGB scheidet aus. Für deren Wirksamkeitskontrolle kommt dann lediglich die allgemeine Schranke der Vertragsgestaltungsfreiheit zum Zuge, wie etwa die Gesetzeswidrigkeit gemäß § 134 BGB oder die Sittenwidrigkeit nach § 138 BGB. Des Weiteren setzt die Anwendbarkeit von §§ 307 ff. BGB voraus, dass es sich nicht um solche Klauseln handelt, welche nach § 307 Abs. 3 BGB der richterlichen Inhaltskontrolle entzogen sind, weil sie rein deklaratorischen Charakter besitzen oder die beiderseitigen Leistungspflichten – Hauptleistungen – regeln (Palandt/*Grüneberg* § 307 Rn. 44). Letzteres ist im Blick auf Qualitätssicherungsvereinbarungen immer dann zu bejahen, wenn es sich um Regelungen handelt, welche die **beiderseitigen Leistungspflichten** spezifizieren, also den im Wesentlichen technischen Inhalt des Vertrages festlegen. Die Testfrage ist in diesem Kontext immer die: Würde dispositives Recht zur Verfügung stehen, wenn man zu dem Ergebnis gelangen würde, dass eine bestimmte Klausel unwirksam wäre, oder ist es nicht vielmehr so, dass nur die Vereinbarung der Parteien darüber befindet und auch befinden soll, was im einzelnen Fall zur Geltung berufen ist. Trifft dies zu, dann greift § 307 Abs. 3 BGB ein; die richterliche Inhaltskontrolle findet nicht statt (Palandt/*Grüneberg* § 307 Rn. 44). In diesen Fällen liegt auch kein Abweichen von den Normen des dispositiven Rechts vor, weil und soweit die Festlegung des Hauptleistungsversprechens beider Parteien in Rede steht (AGB-Klauselwerke/*Thüsing* – Leistungsbeschreibung Rn. 1 ff.).

Von einem **Aushandeln** im Sinn von § 305 Abs. 1 S. 3 AGBG ist regelmäßig dann zu sprechen (grundlegend BGH NJW 2013, 856 (858); NZBau 2016, 213 (215)), wenn der Teilehersteller/Zulieferer als Vertragspartner des Verwenders tatsächlich in der Lage war, aufgrund seiner eigenen Interessen eine konkrete Abänderung des vom Gesamthersteller/AGB-Verwender vorformulierten Textes zu erreichen, weil der Verwender ernsthaft dien „gesetzesfremden" kerngehalt der einzelnen Klausel zur Disposition gestellt hat (BGH NZBau 2016, 213 (215); NJW 2014, 1725 (1727); 2013, 1431 (1432 f.); 2013, 856 (858)). Von Wichtigkeit ist die Antwort auf diese Frage bei allen AGB-Regelungen, die das Risiko der Produktion sowie die **Haftungsfolgen** betreffen. Hier spricht alles dafür, dass der Verwender verpflichtet ist, nicht nur einen Teil der Klausel – etwa die Höhe einer Haftungsbegrenzung – zur Disposition zu stellen, sondern den gesamten „gesetzesfremden" Kerngehalt (BGH NJW 2013, 1431 (1432 f.)). Das bedeutet konkret: Ausgangsgrundlage für ein Aushandlen muss die Klausel sein, wie sie nach dispositivem Recht geprägt ist (grundlegend BGH NJW 2017, 2986, Rn. 40 ff.). Daraus folgt: War der Teilehersteller/Zulieferer als der regelmäßig schwächere Vertragspartner des AGB-Verwenders nicht in der Lage, tatsächlich eine Abänderung von Einzelklauseln der Qualitätssicherungsvereinbarung entsprechend seinen eigenen Interessen zu erreichen und entsprechenden Einfluß auf eine seinen Belangen gemäße Vertragsgestaltung zu nehmen (BGH ZIP 1994, 1540 (1542 f.)), so liegt – zunächst einmal – der erste Anschein dafür vor, dass es sich um eine AGB-Klausel im Sinn von § 305 Abs. 1 S. 1 BGB handelt. Für den **kaufmännischen Verkehr** hat jedoch der BGH (BGH NJW 1992, 2283 (2285)) durchblicken lassen (BGH ZIP 2000, 314 (316 f.)), ein „Aushandeln" gemäß dieser Norm liege auch in den Fällen vor, in denen die einzelne Klausel tatsächlich nicht abgeändert, der AGB-Verwender diese aber als „unabdingbar" bezeichnet hat, weil er an dieser Klausel ein berechtigtes, vitales Interesse habe (vgl. Palandt/*Grüneberg* § 305 Rn. 22). Doch müssen dann „besondere Umstände" vorliegen, die eine Individualabrede bejahen, obwohl keine Abänderung der Klausel vorgenommen würde (BGH NJW 2014, 1725 (1727); 2013, 856 (858); ZIP 2000, 314 (316)). Soweit der Endhersteller/Assembler als AGB-Verwender eine Klausel in dieser Weise als „unabdingbar" bezeichnet hat (kritisch *Graf von Westphalen* NJW 2020, 280 (281 f.)), obwohl sie eine beträchtliche Haftungsverlagerung zum Nachteil „des Teileherstellers/Zulieferers bewirkt, wird man demzufolge eine Individualabrede gemäß § 305 Abs. 1 S. 3 BGB nur dann bejahen dürfen, wenn der Teilehersteller/Zulieferer den Inhalt dieser Klausel zutreffend verstanden, mithin ihn in seine rechtsgeschäftliche Selbstbestimmung und Selbstverantwortung aufgenommen, nicht aber bloß den Wünschen des Endherstellers/Assemblers nachgegeben hat (so auch *Ulmer/Habersack* in Ulmer/Brandner/Hensen, AGB-Recht, § 305 Rn. 51). Das wird in der Praxis nur äußerst selten zu bejahen sein, weil in diesem Verhalten beider Parteien keine „besonderen Umstände" im Sinn der BGH-Judikatur liegen (BGH ZIP 2000, 314 (316)). Bislang gibt es auch **keine BGH-Entscheidung**, in der diese Voraussetzungen als gegeben angenommen worden sind (vgl. auch BGH NZBau 2016, 213 (215)). Festzuhalten ist allerdings auch, dass es dem Verwender nicht freisteht, mit seinem Vertragspartner formularmäßig zu vereinbaren, dass der betreffende Vertrag im Einzelnen als ausgehandelter Individualvertrag zu qualifizieren und auch so zu behandeln ist (BGH NJW 2014, 1725). Denn die Voraussetzungen des § 305 Abs. 1 S. 3 BGB müssen stets konkret erfüllt werden. In der Regel trifft die Beweislast den Verwender (Staudinger/*Schlosser* § 305 Rn. 52 ff.).

4. Grundsätze der deliktsrechtlichen Produzentenhaftung. (1) Die ganz entscheidende Frage, die stets bei der richterlichen Inhaltskontrolle von Qualitätssicherungsvereinbarungen zu beantworten ist, bezieht sich darauf, ob der Endhersteller/Assembler Organisations-, Prüf- und Überwachungspflichten dem Zulieferer aufbürdet, welche weiterreichen als die sich aus § 823 BGB ergebenden Risiken der Produzentenhaftung oder als die Risiken, die sich aus den Bestimmungen des **ProdHaftG** sowie des **ProdSG** ergeben (*Kreifels/Weide* in Foerste/Graf von Westphalen, Produkthaftungshandbuch, § 62 Rn. 1 ff.). Denn es ist ein tragendes Prinzip einer jeden Qualitätssicherungsvereinbarung, dass Risikoherrschaft und Haftung kongruent zwischen den Parteien aufgeteilt werden müssen. Notwendigerweise schließt die Antwort auf diese Frage ein, dass zunächst die allgemeinen Kriterien der Produzentenhaftung – sowohl im Rahmen von § 823 Abs. 1 BGB als auch gemäß § 1 ProdHaftG und den Bestimmungen des ProdSG – ins Auge gefaßt werden müssen. Erst wenn die damit vorgegebene – gesetzliche – Risikoverteilung feststeht, lässt sich beurteilen, ob eine Klausel in einer Qualitätssicherungsvereinbarung hiervon zum Nachteil des Zulieferers abweicht, so dass sie gemäß § 307 Abs. 2 Nr. 1 BGB oder gemäß § 307 Abs. 1 S. 1 BGB **unwirksam** ist.

(2) Schon das RG hat aus § 823 Abs. 1 BGB den **allgemeinen Grundsatz** entwickelt: Derjenige, der eine Gefahrenquelle schafft, hat die nach Lage der Verhältnisse erforderlichen und ihm zumutbaren Sicherungsmaßnahmen zum Schutz der Rechtsgüter Dritter zu treffen (RGZ 53, 373; 54, 53). In konsequenter Fortentwicklung stützte deshalb das RG die deliktische Haftung des Produzenten auf die Verletzungen von sog. **Verkehrssicherungspflichten,** welche der Norm des § 823 Abs. 1 BGB entnommen wurden (RGZ 163, 120; RG DR 1940, 1293; *Spindler,* Unternehmensorganisationspflichten 2001, S. 701 ff.). Dies besagt in der Sache: Es werden diejenigen Sorgfaltspflichten geschuldet, welche jedermann zur Vermeidung von Gefahren für fremde Rechtsgüter – nämlich: den „Verkehr" – zu beachten hat.

a) Anders gewendet: Alle Personen, die mit der Herstellung sowie mit dem Vertrieb von Waren befaßt sind, sind verpflichtet, diejenigen Maßnahmen zu treffen, die erforderlich und ihnen zumutbar sind, um Gefahren abzuwenden, die aus einer möglichen Schadhaftigkeit der hergestellten bzw. vertriebenen Produkte im Hinblick auf die gemäß § 823 Abs. 1 BGB geschützten Rechtsgüter Dritter resultieren können, nämlich: Schutz von Leib, Leben, Gesundheit und Eigentum Dritter. Welche Maßnahmen von dem verkehrssicherungspflichtigen Hersteller zu erwarten sind, hängt zunächst von der Gefährlichkeit seines Verhaltens ab (BGH NJW 1966, 40 (41)). Dabei ist entscheidend, ob die Gefahr und die Möglichkeit ihrer Vermeidung objektiv erkennbar waren. Ob dies der Fall ist, richtet sich nach dem allgemein verfügbaren Stand von Wissenschaft und Technik (BGH NJW 1995, 2162 – Mineralwasserflasche II – grundlegend), der im Zeitpunkt der letztmöglichen Einflußnahme auf die Gefahr erreicht werden konnte (*Foerste* in Foerste/Graf von Westphalen, Produkthaftungshandbuch, § 24 Rn. 3 ff.). Bezugspunkt ist immer der Erwartungshorizont des Verkehrsteilnehmers; dieser geht aber – wie selbstverständlich – davon aus, nicht durch ein fehlerhaftes Produkt in seinen Rechtsgütern – Leib, Leben, Gesundheit, Eigentum – mehr als nach den konkreten Umständen unvermeidbar verletzt zu werden (BGH NJW 1990, 906 – Pferdebox).

b) Daraus ergibt sich des Weiteren: Je größer die Gefahr ist, desto größer muss der Sicherheitsaufwand sein. Der Grundsatz der **Verhältnismäßigkeit** konkretisiert sich in der Weise, dass der verkehrssicherungspflichtige Hersteller gehalten ist, einen tendenziell hohen Sicherheitsaufwand zu betreiben, wenn sein Produkt Leib, Leben und Gesundheit Dritter gefährdet; sind hingegen lediglich Sachschäden zu besorgen, so kann der Sicherheitsaufwand tendenziell geringer sein. den der verkehrssicherungspflichtige Hersteller schuldet: Art und Umfang des Sicherheitsaufwands stehen also in einem unmittelbaren proportionalen Verhältnis zu Art und Umfang der Gefahr (BGH VersR 1969, 42 (43)). Sie richten sich nach dem Maß der Erforderlichkeit und dem der Zumutbarkeit (*Foerste* in Foerste/Graf von Westphalen, Produkthaftungshandbuch, § 23 Rn. 10 ff.). Da Vermögensschäden nicht in den Schutzbereich von § 823 Abs. 1 BGB fallen, bleibt diese Kategorie insoweit außer Betracht. Etwas anderes gilt freilich dann, wenn es sich um die Verletzung eines Schutzgesetzes im Sinn von § 823 Abs. 2 BGB handelt, sofern dieses auch den Schutz von reinen Vermögensinteressen bezweckt.

(3) Genauso wie § 3 ProdHaftG auf die **Sicherheitserwartung** des Produktbenutzers abstellt, zielen die in § 823 Abs. 1 BGB geregelten Verkehrssicherungspflichten auf die **Sicherheitserwartung des durchschnittlichen Produktbenutzers** (*Foerste* in Foerste/Graf von Westphalen, Produkthaftungshandbuch, § 24 Rn. 3 ff.). Nur in diesem Rahmen und nur insoweit, als der verkehrssicherungspflichtige Hersteller damit rechnen muss, dass seine Produkte in die Hände von Personen gelangen, die mit den speziellen Produktgefahren **nicht vertraut sind** (BGH VersR 1986, 653 – Überrollbügel; BGH VersR 1987, 102 (103) – Verzinkungsspray; BGH ZIP 1992, 934 (937) – Silokipper), ist der Hersteller sicherungspflichtig, dh er ist verpflichtet, das jeweilige Produkt so sicher herzustellen, dass keine Personen- oder Sachschäden beim bestimmungsgemäßen Gebrauch des Produkts eintreten. Dabei kommt es selbstverständlich auf eine Reihe von **Einzelheiten** entscheidend an, die nachfolgend anzureißen sind:

a) Auf die Erwartungen des durchschnittlichen Produktbenutzers kann sich der verkehrssicherungspflichtige Hersteller verlassen, wenn praktisch **allgemein bekannt** ist, dass die betreffende Ware **gefährliche Wirkungen** haben kann, wie etwa beim Genuß von Alkoholika, Drogen, Tabak oder Medikamenten. Es gilt ionsoweit auch der Grundsatz der Eigenverantwortlichkeit des Produktbenutzers (LG Mönchengladbach NJW-RR 2002, 896 – ständiger Genuss von Mars, Snickers, Coca – Diabetes). Dabei gilt: Je höher der Nutzen des fraglichen Produkts – etwa: Medikamente – ist, um so eher ist der Verbraucher geneigt, Nebenwirkungen und Restrisiken in Kauf zu nehmen. Allerdings kommt es maßgebend darauf an, dass es sich hierbei um solche Nebenwirkungen oder

Risiken handelt, die bekannt sind. Bei Jugendlichen oder gar **Kindern** ist die Rechtsprechung jedoch aus guten Gründen sehr streng (BGH NJW 1999, 2815 – Papierreißwolf; *Kullmann* NJW 2000, 1912 (1913)).

b) Als normativer Fixpunkt – sozusagen als **Obergrenze** – der vom Hersteller zu erfüllenden Verkehrssicherungspflichten dient die Formel des „**neuesten** Standes von Wissenschaft und Technik" (*Foerste* in Foerste/Graf von Westphalen, Produkthaftungshandbuch, § 24 Rn. 20; *Graf von Westphalen* BB 1971, 152 (156)). Dies bestätigt auch die Rechtsprechung des BGH (BGH NJW 1995, 2162 (2163) – Mineralwasserflasche II). Darunter werden alle diejenigen Kenntnisse und Erkenntnisse verstanden und zusammengefaßt, die nach dem letzten, gesicherten Forschungsstand in der Technik dazu dienen, Produktgefahren zu erkennen und zu vermeiden (*Foerste* in Foerste/Graf von Westphalen, Produkthaftungshandbuch, § 24 Rn. 24 ff.). In diesem Zusammenhang hat auch das Bundesverfassungsgericht in seinem Kalkar-Beschluß unterstrichen (BVerfGE 49, 89 (135 f.)): Der „Stand von Wissenschaft und Technik" ist nicht identisch mit dem „allgemein anerkannten Stand der wissenschaftlichen Erkenntnisse und der Technik", weil der Nachteil einer solchen Lösung darin besteht, dass die Rechtsordnung mit einem solchen Maßstab stets hinter einer weiterstrebenden technischen Entwicklung herhinkt (BVerfGE 49, 89 (135 f.). Die „allgemein anerkannten Regeln der Technik" bedeuten nämlich lediglich, dass das Maß an Verkehrssicherungspflichten zu erfüllen ist, was in den Kreisen der betreffenden Techniker allgemein bekannt und als richtig angesehen wird (*Foerste* in Foerste/Graf von Westphalen, Produkthaftungshandbuch, § 24 Rn. 16). Sie bezeichnen die Untergrenze der Sicherheitsanforderungen. Die Obergrenze ist der allgemeine – national wie international verfügbare – Stand der Wissenschaft und Technik (BGH BB 1970, 1414 – Bremsen; vgl. auch *Graf von Westphalen* BB 1971, 152).

c) Es handelt sich bei der Erfüllung dieser **normativen Anforderungen** um eine Organisationspflicht des jeweiligen Herstellers: Es geht nicht nur um Informations- und Wissensvermittlung, sondern auch darum, die in dem jeweils „neuesten Stand von Wissenschaft und Technik" niedergelegten Kenntnisse und Erkenntnisse praktisch umzusetzen. Hierbei handelt es sich nicht um einen nationalen, sondern um einen **internationalen Standard** (BGH NJW 1981, 1606 (1608) – Benomyl), sofern das jeweilige Produkt nicht nur im Inland vertrieben wird. Nicht entscheidend kommt es darauf an, ob der betreffende Hersteller in der Lage ist, dem jeweils „neuesten Stand von Wissenschaft und Technik" zu entsprechen, weil es sich um eine objektive Größe handelt, nämlich: den „Inbegriff der Sachkunde" als Summe an Wissen und Technik. Der Hersteller ist daher im Rahmen von § 823 Abs. 1 BGB verpflichtet, sich ständig über die Fortentwicklung der Technik sowie der Wissenschaft auf dem laufenden zu halten (BGH NJW 1981, 1606 (1608) – Benomyl). Dies gilt für alle vom Hersteller entwickelten, hergestellten und in den Verkehr gebrachten Produkte.

d) Es ist selbstverständlich, dass diese **Erkundigungspflicht** des Herstellers sich nur auf den jeweils „neuesten Stand von Wissenschaft und Technik" bezieht, der **allgemein zugänglich** ist. Soweit gewerbliche Schutzrechte bestehen, welche zugunsten eines Dritten ein Wissensmonopol darstellen, ist diese – zunächst am Merkmal der Erforderlichkeit ausgerichtete – Pflicht durch das Merkmal der Zumutbarkeit eingeschränkt. Doch darf dieser Gesichtspunkt nicht zu einer Begrenzung des gebotenen Sicherheitsstandards führen; notfalls ist die Herstellung eines nicht ausreichend sicheren Produkts einzustellen (BGH ZIP 1994, 213 – Gewindeschneidemittel I). Die Größe des Unternehmens spielt hierbei grundsätzlich keine Rolle, weil es auf die Beachtung der jeweiligen **Sicherheitserwartung des Produktbenutzers** entscheidend ankommt. Diese aber ist unabhängig davon, ob ein – gefährliches – Produkt von einem kleinen Unternehmen oder von einem Weltkonzern hergestellt und in den Verkehr gebracht wird; in beiden Fällen erwartet der Produktbenutzer die gleiche Produktsicherheit. Also auch mittelständische oder kleinere Betriebe sind verpflichtet, dem jeweils neuesten Stand von Wissenschaft und Technik bei der Herstellung von Produkten zu entsprechen; ihre fehlende Größe und ihre nicht hinreichend vorhandenen Ressourcen sind kein Entschuldigungs- oder Enthaftungsgrund.

e) Dies bedeutet indessen nicht, dass der Hersteller berechtigt ist, sich mit dem zum Zeitpunkt der Entwicklung/Herstellung des Produkts erreichten „neuesten Stand von Wissenschaft und Technik" auf Sicht und auf Dauer zufrieden zu geben. Vielmehr ist er verpflichtet, auch nach **Auslieferung des Produkts** die Fortentwicklung des Standes von Wissenschaft und Technik ständig zu beobachten (BGH ZIP 1994, 213 (216) – Gewindeschneidemittel I). Erweist es sich nämlich aufgrund des **Fortschritts** von Wissenschaft und Technik, dass das bereits in den Verkehr gebrachte Produkt **fehlerhaft** ist, so ist der Hersteller verpflichtet, die insoweit erforderlichen und ihm zumutbaren Maßnahmen zu treffen, um Risiken für die Rechtsgüter Dritter auszuschalten, sei es durch Warnungen, sei es durch Änderungen des Produkts, sei es durch einen Rückruf (BGH BB 1970, 1414 – Bremsen). Es ist selbstverständlich, dass der Hersteller in diesem Zusammenhang auch verpflichtet ist, den **Wettbewerb** zu beobachten (BGH ZIP 1990, 516 (518) – Pferdebox). In diesem Zusammenhang konkretisiert sich die Verkehrssicherungspflicht des Herstellers als **Produktbeobachtungspflicht** (→ Anm. 8).

f) Es ist allgemein im Rahmen der Verkehrssicherungspflichten des § 823 Abs. 1 BGB anerkannt, dass ein Unterschreiten der Sicherheitsstandards, wie er in den technischen Normen (DIN, VDE, DVGW etc), insbesondere auch in den einzelnen **CE-Richtlinien des europäischen Technikrechts (vgl. § 7 ProdSG)** niedergelegt ist (*Wende* in Klindt, Produktsicherheitsgesetz, § 7 Rn. 5 ff.), als Indiz dafür zu werten ist, dass der Hersteller eine ihm obliegende Verkehrssicherungspflicht objektiv verletzt hat (BGH VersR 1984, 270 – Flachmeißel). Dies besagt freilich auch nicht, dass der Hersteller berechtigt ist, sich darauf zu verlassen, dass die technischen Regelwerke die von ihm zu erfüllenden Verkehrssicherungspflichten **erschöpfend** regeln: Sind nämlich Gefahren für Leib, Leben, Gesundheit und Eigentum Dritter im Sinn von § 823 Abs. 1 BGB bei Beachtung der anerkannten Regeln der Technik nicht abzuwenden, so ist der Hersteller verpflichtet, einen **höheren technischen Sicherheitsstandard** zu wählen (BGH NJW 1987, 372 (373) – Verzinkungsspray). So gesehen kommt es ausschließlich darauf an, was der durchschnittliche Produktbenutzer **objektiv** an Sicherheit bei der Verwendung eines Produkts erwartet bzw. erwarten kann (BGH NJW 1987, 372/373). Anders gewendet: Es kommt maßgebend darauf an, welche Maßnahmen der Hersteller – aus der Sicht des durchschnittlichen Produktbenutzers – schuldet, um die erforderliche Produktsicherheit zu erreichen (BGH ZIP 1990, 516 (517) – Pferdebox). So ist zB der Hersteller von Boxentrennwänden für Pferdeställe verpflichtet, in den Grenzen des technisch Möglichen und ihm wirtschaftlich Zumutbaren dafür Sorge zu tragen, dass die in den Boxen gehaltenen Pferde bei ihrem typischen Tierverhalten – hier: Aufstellen auf der Hinterhand – keine Verletzungen dadurch erleiden, dass sie mit den Vorderhufen in den Stahl-Profilen der Trennwände hängen bleiben und sich dabei verletzen (BGH ZIP 1990, 516 (518) – Pferdebox). Dabei spielt selbstverständlich auch der Preis des jeweiligen Produkts eine wichtige Rolle, weil der durchschnittliche Produktbenutzer von einem teureren Produkt derselben Produktart im allgemeinen mehr Sicherheit als von einer vergleichsweise billigeren Ausrührung erwartet: Erhöhte Sicherheit hat eben ihren Preis (BGH ZIP 1990, 516 (517) – Pferdebox). Doch bedeutet ein höherer Preis keineswegs zwangsläufig, dass der Hersteller – allein aus diesem Grund – nicht verpflichtet ist, für eine höhere Produktsicherheit Sorge zu tragen (BGH ZIP 1990, 516 (517)), zumal der Preis der Produktion nichts über die fehlende Zumutbarkeit eines objektiven Fehlverhaltens im Sinn von § 276 BGB aussagt. Mit Recht ist daher die Judikatur **äußerst zurückhaltend** aufgrund angeblicher betriebswirtschaftlicher Zwänge anzuerkennen, dass eine an sich geforderte (höhere) Produktsicherheit zu vernachlässigen ist (BGH NJW 1988, 2611 (2612) – Limonadenflasche II). Fälle, in denen dieses Manko als Enthaftungsgrund angenommen worden ist, sind nicht berichtet. In jedem Fall zielt die Verbrauchererwartung auf eine **Mindestsicherheit** des jeweiligen Produkts (BGH ZIP 1994, 1560 – Atmungsüberwachungsgerät). Diese fehlt zB, wenn ein Hocker im Fall einer horizontalen Bewegung zusammenklappt (OLG Celle VersR 1978, 258 (259) – Hocker) oder einem Eiszubereitungsgerät, dessen Gerätestecker beim Überlaufen der Eismasse stromführend wird (OLG Köln in: Schmidt-Salzer, Entscheidungssammlung 11.230, S. 322 ff. – Speiseeisbereiter).

g) An dieser grundsätzlichen Feststellung über die den Verkehrsschutz bezweckenden Organisationspflichten des Herstellers ändert sich auch nichts dadurch, dass dieser nach den ISO 9000 ff. „zertifiziert“ ist. Denn der Kern einer solchen „Zertifizierung“ besteht ohnedies nur darin, dass das betreffende Unternehmen als „qualitätsfähig“ angesehen wird. Nichts aber ist darüber gesagt, ob im **Einzelfall** auch die nach § 823 Abs. 1 BGB bzw. nach § 1 ProdHaftG erforderliche **Produktsicherheit** tatsächlich erreicht ist. Dies eilt auch ungekürzt bei Bestehen eines Qualitätssicherungssystems. Folglich ist der Vorteil eines solchen Systems vor allem darin zu sehen, dass hinreichende organisatorische Vorkehrungen getroffen sind, um Haftungsfällen. Insbesondere im Rahmen gebotener Rückrufaktionen zu begegnen.

5. **Konstruktionsverantwortung.** (1) Es hat sich weitgehend eingebürgert, die verschiedenen Pflichtenkreise des § 823 Abs. 1 BGB – nichts anderes gilt für § 1 ProdHaftG (*Graf von Westphalen* in Foerste/Graf von Westphalen, Produkthaftungshandbuch, § 46 Rn. 64 ff.) – danach aufzuteilen, ob es sich um Entwicklungsrisiken, Konstruktionsfehler, Fabrikationsfehler, Instruktionsfehler sowie Fehler der Produktbeobachtung handelt (*Foerste* in Foerste/Graf von Westphalen, Produkthaftungshandbuch, § 24 Rn. 70; *Graf von Westphalen* Jura 1983, 57 (58 ff.); kritisch *Steindorff AcP 170* (1970), 93 (98); *Graf von Westphalen* WiR 1972, 67 (71)).

(2) Ein **Entwicklungsrisiko** oder Entwicklungsschaden ist – definitorisch bedingt – dadurch charakterisiert, dass der jeweilige Hersteller im Zeitpunkt der Herstellung des Produkts alles Erforderliche und ihm Zumutbare getan hat, um eine Schädigung Dritter an ihren gemäß § 823 Abs. 1 BGB geschützten Rechtsgütern (Leib, Leben, Gesundheit und Eigentum) zu vermeiden (BGH NJW 2007, 762 (763) – Limonadenflasche; BGH ZIP 1995, 1094 (1096 f.) – Mineralwasserflasche II). Hat also der Hersteller die ihm obliegenden Verkehrssicherungspflichten – orientiert an dem jeweils neuesten Stand von Wissenschaft und Technik – tatsächlich erfüllt, so ist er für einen gleichwohl eintretenden Produktschaden nicht verantwortlich. Diese Fälle sind äußerst selten (vgl. LG Aachen JZ 1971, 507 ff. – Einstellungsbeschluß in Sachen Contergan). Von entscheidender Bedeutung ist in diesem Zusammenhang ein Doppeltes: Zum einen kommt es maßgebend darauf an, den normativen Gehalt der von § 823 Abs. 1 BGB erfaßten Verkehrssicherungspflichten inhaltlich zu bestimmen. Diese sind – wie dargelegt – an dem jeweils „neuesten Stand von Wissenschaft und Technik“ orientiert (→ Anm. 4 (3)). Zum anderen ist in diesem Zusammenhang nachdrücklich die vom Hersteller zu erfüllende **Produktbeobachtungspflicht** eingefordert (→ Anm. 8). Diese zielt nämlich darauf ab sicherzustellen, dass die Produktbenutzer von Körper- oder Sachschäden im Sinn von § 823 Abs. 1 BGB dadurch geschützt werden, dass der Hersteller die erforderlichen und ihm zumutbaren Gefahrenabwendungsmaßnahmen unverzüglich durchführt (hierzu auch *Rothe* NJW 2007, 740 (741); → Anm. 8).

(3) Während Entwicklungsschäden – definitorisch bedingt – aufgrund des jeweils „neuesten Standes von Wissenschaft und Technik“ unvermeidbar sind (BGH ZIP 1995, 1094 (1096) – Mineralwasserflasche II), ist der **Konstruktionsfehler** – wiederum: definitorisch bedingt – dadurch charakterisiert, dass die Herstellung des jeweiligen Produkts nicht dem „neuesten Stand von Wissenschaft und Technik“ entsprach, also – bezogen auf eben diesen Standard – **fehlerhaft** war. Mithin liegt ein Konstruktionsfehler vor, wenn das Produkt schon von seiner Konzeption/Rezeptur her nicht die gebotene Sicherheit einhält (*Foerste* in Foerste/Graf von Westphalen, Produkthaftungshandbuch, § 24 Rn. 103 ff.). Dabei spielt es keine Rolle, auf welcher Ursache der Konstruktionsfehler beruht, ob es sich um eine fehlerhafte Vermische Berechnung, um fehlerhafte Materialauswahl, falsche Dimensionierung, fehlerhafte Bauweise etc handelt. Typisch für den Konstruktionsfehler ist indes der

Befund: Er haftet der **gesamten Serie** an. Im Rahmen der **Produktbeobachtungspflicht** (→ Anm. 8) führen also Konstruktionsfehler zu höchst aufwendigen Gefahrenabwendungsmaßnahmen, etwa Warnungen, Reparaturmaßnahmen oder Rückrufaktionen.

a) Ob ein Konstruktionsfehler vorliegt, richtet sich im allgemeinen danach, ob er beim **bestimmungsgemäßen Gebrauch** des Produkts auftritt. Bei sachgemäßem und typischem Gebrauch darf das jeweilige Produkt nicht zu einer Gefahrenquelle für die Rechtsgüter der Produktbenutzer (Leib, Leben, Gesundheit und Eigentum) werden. In erster Linie wird der Verwendungszweck des Produkts durch die ihm anhaftenden **Produkteigenschaften** festgelegt, welche nach der Überzeugung des Durchschnittsverbrauchers gegeben sind und gegeben sein sollten (BGH NJW 1988, 2611 (2612) – Limonadenflasche; BGH NJW 1989, 707 (708) – Fischfutter; *Kullmann* VersR 1988, 655 (656)). So gesehen kommt es also auf den „vernünftigen" Verbraucher an (*Kullmann* VersR 1988, 655 (656)). Soweit Produkte von **verschiedenartigen Verbraucherkreisen** verwendet werden, kann ihr bestimmungsgemäßer Gebrauch durchaus differieren – mit der Konsequenz, dass es auf die jeweilige Verbrauchererwartung des typischen **Abnehmerkreises** ankommt, etwa bei der gleichzeitigen Verwendung eines Produkts gegenüber Fachleuten und im do it yourself. Eine Konstruktion, welche für den **Fachmann** als sicher angesehen werden kann (BGH ZIP 1992, 934 – Silokipper), braucht für den Nicht-Fachmann keineswegs sicher zu sein, sondern kann – ganz im Gegenteil – als **fehlerhaft** eingeordnet werden (BGH VersR 1984, 270 – Flachmeißel). Kann in diesen Fällen der Hersteller erwarten, dass der Erwerber seines Produkts **unkundig** oder **unerfahren** ist (grundlegend BGH ZIP 1992, 38 (39) – Milupa I; BGH ZIP 1994, 374 – Alete; BGH NJW 1995, 1286 – Milupa II), so kann und darf er sich nicht auf die Sach- und Fachkunde der übrigen Abnehmerkreise verlassen. Vielmehr ist er verpflichtet, die Sicherheitsanforderungen an der gefährdetsten **Benutzergruppe** zu orientieren (*Foerste* in Foerste/Graf von Westphalen, Produkthaftungshandbuch, § 24 Rn. 120 ff.). Gegenüber Kindern ist die Rechtsprechung ausgesprochen streng (BGH NJW 1999, 2815 – Papierreißwolf; BGH NJW 1999, 2773 – Kindertee; kritisch *Littbarski* NJW 2000, 1161 ff.).

b) Entscheidend kommt es in diesem Zusammenhang darauf an, ob die Produktbenutzung im Rahmen der **allgemeinen Zweckbestimmung des Produkts** liegt (BGH NJW 1975, 824 (825) – Haartonicum; BGH NJW 1987, 1009 (1012) – Honda; BGH ZIP 1992, 38 (39) – Milupa I). Dies schließt das Risiko des **bestimmungswidrigen Gebrauchs** des Produkts ein (BGH ZIP 1992, 824 (825) – Milpupa I; BGH ZIP 1994, 374 (376) – Alete). Soweit ein naheliegender Fehlgebrauch des Produkts in Rede steht, kommt es auf die Umstände des Einzelfalls an, ob das Produkt – bezogen auf eben diesen **Fehlgebrauch** – als „sicher" oder als „fehlerhaft" einzuordnen ist. Maßgebende Kriterien hierfür sind zum einen die Verwendungshinweise des Herstellers, weil durch sie erreicht werden kann, dass die Vorstellungen des Produktbenutzers über die Eignung des Produkts eingeschränkt werden können (BGH ZIP 1992, 38 (39 f.) – Milupa: Overpromotion: Ungefährlichkeit des „Dauernuckelns"). Doch bleibt der Hersteller gleichwohl verpflichtet, allen Produktschäden nachzugehen, die aufgrund eines Fehlgebrauchs des Produkts eintreten; diese Pflicht ist wesentlicher Bestandteil der **Produktbeobachtungspflicht** (BGH ZIP 1992, 38 (39)). So gesehen kommt als weiteres Indiz hinzu, ob der Produktfehlgebrauch überhaupt nichts mit der allgemeinen Zweckbestimmung des Produkts zu tun hat (BGH NJW 1981, 2514 (2515) – Sniffing), oder ob es sich um einen häufigeren und damit naheliegenden Fehlgebrauch des Produkts handelt (BGH NJW 1972, 2217 (2221) – Estil). Die Konstruktionsverantwortung des Herstellers endet dort, wo der **vorsätzliche Mißbrauch** des Produkts zum Schadenseintritt führt, wo also ein Schaden in Rede steht, der mit dem die Herstellung bestimmenden Produktzweck überhaupt nichts mehr zu tun hat (BGH NJW 1981, 2514 (2515) – Sniffing). Daher ist der Hersteller eines Kälteschutzmittels nicht dafür verantwortlich, dass der Sohn eines Handwerkers im Keller lagernde Behälter von Kälteschutzmitteln öffnet, um diese zum „Sniffing" einzusetzen, und zwar auch dann, wenn der Sohn daran stirbt. Einen solchen – fernliegenden – Produktfehlgebrauch hat der Hersteller im Rahmen seiner Konstruktionsverantwortung grundsätzlich nicht ins Kalkül zu ziehen. Die hier angedeuteten Pflichten hängen im wesentlichen auch mit dem **Instruktionsfehler** zusammen (→ Anm. 7).

c) Es ist anerkannt, dass der Hersteller nicht dadurch von seiner Konstruktionsverantwortlichkeit entbunden wird, dass etwa der **TÜV** die Konstruktion genehmigt und keine sicherheitsrelevanten Mängel feststellt (BGH VersR 1987, 102 – Verzinkungsspray). Das gleiche gilt, wenn der TÜV eine Typenprüfung vornimmt (BGH BB 1987, 707 – Honda) oder ein „GS"-Zeichen vergibt (BGH ZIP 1990, 514 – Expander). Denn die Pflichten des Herstellers werden im Sinn des § 823 Abs. 1 BGB dem geschulten Dritten gegenüber geschuldet; sie liegen in individuellem Interesse, nicht im Interesse der Allgemeinheit. Die hiermit zusammenhängenden Fragen haben durch die Entscheidungsabfolgen in Sachen TÜV-Kontrollen und **fehlerhafte Brustimplantate** erhebliche praktische Bedeutung erlangt (EuGH NJW 2017, 1161 – Schmitt; BGH NJW 2015, 2737 – Vorlagebeschluss; BGH NJW 2017, 2617; hierzu auch *Brüggemeier* MedR 2017, 527 ff.; *Finn* NJW 2017, 2590 ff.). Doch wiard man daran festhalten müssen, dass der TÜV nur dann haftungsrechtlich belangt werden kann, wenn er in der Tat auf Grund der besonderen Umstände des Falles Anlass hatte zu vermuten, dass die zu begutachtende Produktion Sicherheitsmängel aufweist oder in sonstiger Weise lückenhaft organisiert ist (im Einzelnen auch *Finn* NJW 2017 (2590/2591 ff.).

d) Den **Händler** trifft in der Regel nur eine wesentlich geringere Verantwortlichkeit im Rahmen des § 823 Abs. 1 BGB (BGH NJW 2007, 762 – Limonadenflasche; *Rothe* NJW 2007, 740 ff.).

6. Fabrikationsverantwortung. (1) Von einem Fabrikationsfehler (hierzu *Foerste* in Foerste/Graf von Westphalen, Produkthaftungshandbuch, § 24 Rn. 177 ff.) ist dann zu sprechen, wenn ein Produkt entsprechend dem jeweils „neuesten Stand von Wissenschaft und Technik" hergestellt wurde, aber – infolge eines personellen oder maschinellen Versagens – gleichwohl einen Fehler aufweist. Es handelt sich hierbei um das Problem des „Ausreißers". Anders gewendet: Fabrikationsfehler beruhen darauf, dass das Produkt infolge eines Mangels im Herstellungsprozeß nicht den Sicherheitsstandard aufweist, welcher bei ordnungsgemäßer Umsetzung der – fehlerfreien – Konstruktion erreicht worden wäre.

a) Eine der maßgeblichen Unterschiede zwischen der verschuldensabhängigen Produzentenhaftung gemäß § 823 Abs. 1 BGB und der **verschuldensunabhängigen Produkthaftung gemäß § 1 ProdHaftG** besteht darin, dass auch ein **„Ausreißer"** haftungsbegründend ist (*Graf von Westphalen* in Foerste/Graf von Westphalen, Produkthaftungshandbuch, § 48 Rn. 22 ff.), obwohl der Hersteller alle ihm obliegenden Verkehrssicherungspflichten im Sinn von § 823 Abs. 1 BGB erfüllt hat. Dieser Haftungsunterschied wird jedoch im Rahmen von § 1 ProdHaftG nur dann praktisch, wenn es sich um einen **Personenschaden** handelt, weil die Haftung für Sachschäden gemäß § 1 Abs. 1 S. 2 ProdHaftG auf **privat genutzte und privat gebrauchte Sachen** beschränkt ist. Folglich ist der gesamte Bereich des gewerblichen Sachschadens aus dem Anwendungsbereich von § 1 Abs. 1 S. 2 ProdHaftG ausgeklammert (→ Anm. 9 (2) f.).

b) Die **Privilegierung** eines „Ausreißers" im Rahmen von § 823 Abs. 1 BGB beruht auf dem Grundgedanken der verschuldensabhängigen Verkehrssicherungspflicht, wonach auch die Fabrikationsphase nicht darauf abzielen kann, absolute Sicherheit zu gewährleisten, sondern lediglich darauf gerichtet ist, die nach § 823 Abs. 1 BGB geschuldeten Verkehrssicherungspflichten einzuhalten (*Foerste* in Foerste/Graf von Westphalen, Produkthaftungshandbuch, § 24 Rn. 178 f.). Darüber hinaus beruht die Privilegierung des „Ausreißers" auf der Möglichkeit gemäß § 831 Abs. 1 S. 2 BGB den **Entlastungsbeweis** zu rühren (→ Anm. 11).

(2) Wesentliche Aufgaben des Herstellers im Rahmen der Fabrikationsverantwortlichkeit ist es, die beschafften Rohstoffe, Halbfabrikate und Zwischenprodukte darauf zu überprüfen, ob sie die Qualität aufweisen, welche unter Berücksichtigung der konstruktiven

Merkmale erforderlich sind. In diesem Zusammenhang kommt der Wareneingangskontrolle gemäß § 377 HGB erhebliche praktische Bedeutung zu (→ Anm. 19). Darüber hinaus muss sich die Kontrolle aber auch auf die gesamte Lagerhaltung erstrecken.

a) Auch die Sicherheit der Fabrikationsanlagen spielt im Rahmen der Fabrikationsverantwortlichkeit gemäß § 823 Abs. 1 BGB eine überragende Rolle. Zum einen gilt auch hier der Grundsatz, dass der Hersteller verpflichtet ist, seine Fabrikationsanlagen nach dem jeweils „neuesten Stand von Wissenschaft und Technik" einzurichten, um in verläßlicher Weise Produktfehler zu vermeiden. Zum anderen besteht keine – deliktsrechtliche – Pflicht, das Ausmaß der Automation ständig zu maximieren. Es bleibt gleichwohl dem Hersteller unbenommen, in welcher Weise er – unter Berücksichtigung betriebswirtschaftlicher Kategorien – seinen Fabrikationsprozeß gestaltet. Freilich ist zu berücksichtigen: Das größte Produktrisiko ist der Mensch.

b) Auch gilt es im Auge zu behalten, dass das Risiko von Produktschäden in dem Maße anwächst, als die Fabrikationsanlagen technisch veralten (vgl. *Steindorff* AcP 170 (1970), 93 (110)). Es ist deshalb die Ansicht vertreten worden (*Steindorff*, AcP 170/1970), dass unter den Bedingungen der heutigen industriellen Fertigung praktisch jeder Fabrikationsfehler kontrollierbar und daher auch im vorhinein kalkulierbar ist, weil es dem Hersteller möglich sei (*Foerste* in Foerste/Graf von Westphalen, Produkthaftungshandbuch, § 24 Rn. 177 ff.), aufgrund einer Ist-Analyse den erforderlichen organisatorischen und personellen Aufwand zu ermitteln um sicherzustellen, dass **„Ausreißer"** – sowohl aufgrund maschinellen als auch aufgrund personellen Fehlverhaltens – vermieden werden. Weiß indessen der Hersteller, dass ein gewisser Prozentsatz an „Ausreißern" etwa deshalb vorkommt, weil der Kenntnisstand des Personals unzureichend oder die Fabrikationsanlagen veraltet sind, so liegt darin keineswegs ein „Ausreißer", sondern eine elementare Verletzung der dem Hersteller gemäß § 823 Abs. 1 BGB obliegenden Verkehrssicherungspflichten (*Graf von Westphalen* Jura 1983, 57 (61)). Zwangsläufig scheidet auch dann die Möglichkeit aus, wegen eines solchen „Ausreißers" erfolgreich den Entlastungsbeweis gemäß § 831 Abs. 1 S. 2 BGB zu führen (→ Anm. 11).

7. **Instruktionsverantwortung.** (1) Die Instruktionspflicht des Herstellers ist – juristisch gewertet – eine **selbständige Pflicht;** sie besteht neben der Konstruktions- und der Fabrikationsverantwortung, hat aber im Rahmen von Qualitätssicherungsvereinbarungen nur eine geringe praktische Bedeutung. Die Instruktionsverantwortlichkeit des Herstellers kommt allerdings gerade dann zum Zuge, wenn und soweit die Konstruktion des Produkts nicht zu beanstanden ist, gleichwohl aber Gefahren bei der Produktbenutzung – bezogen auf den bestimmungsgemäßen sowie den vorhersehbaren bestimmungswidrigen Gebrauch – nicht völlig ausgeschlossen werden können (*Kullmann* FS Brandner, 1996, 313 ff. – Kinderteefälle).

(2) Jeder Hersteller ist grundsätzlich verpflichtet, vor den mit der Verwendung seines Produkts verbundenen Gefahren zu warnen und den Produktbenutzer darauf hinzuweisen, wie er solche Gefahren vermeiden kann (BGH ZIP 1992, 934 (937) – Silokipper). Auch hier gibt – genauso wie bei der Konstruktionsverantwortung – die **Verbrauchererwartung** Maß (*Foerste* in Foerste/Graf von Westphalen, Produkthaftungshandbuch, § 24 Rn. 3 ff.): Nur in- soweit, als der Hersteller damit rechnen muss, dass seine Produkte in die Hand von Personen gelangen, die mit den Produktgefahren nicht vertraut sind, besteht eine Instruktionsverantwortlichkeit (BGH ZIP 1992, 934 (937) – Silokipper).

a) Die Überzeugung des Durchschnittsverbrauchers bestimmt auch Inhalt und Umfang des **bestimmungsgemäßen Gebrauchs** des Produkts (BGH NJW 1981, 2514 (2515) – Sniffing; BGH NJW 1987, 1009 (1012) – Honda). Ist zB ein Klebemittel als „feuergefährlich" bezeichnet, so verbindet weder ein beliebiger Käufer noch ein Schreiner damit die Vorstellung, es könnten sich bei der Auftragung auch entzündliche Dämpfe bilden. Auch eine Hausfrau wird daher bedenkenlos dieses Mittel auf ihrem Fußboden einsetzen, obwohl sie gleichzeitig einen Propangasofen benutzt (BGH VersR 1960, 342 – Fußbodenklebemittel). In ähnlicher Weise wird von einem Kleber erwartet, dass er sich – jedenfalls bei flüchtiger Handhabung – wieder von den Fingern lösen läßt; folglich rechnet der durchschnittliche Produktbenutzer nicht mit der Gefahr, dass dies – wie bei einem Spezialkleber – nicht ohne Hautverletzungen möglich ist. In gleicher Weise rechnen Friseure nicht ohne weiteres mit gravierenden Nebenwirkungen eines Haartonicums (BGH NJW 1975, 824 (825) – Haartonicum/Allergie). Auch erwartet keineswegs jeder Motorradfahrer, dass eine Lenkerverkleidung geeignet ist, die Stabilität des Motorrads bei hoher Geschwindigkeit so zu beeinträchtigen, dass auch tödliche Unfälle unvermeidbar sind (BGH NJW 1987, 1009 (1012) – Honda). So ist der Hersteller eines Airbags verpflichtet, auf die Gefahren hinzuweisen, die sich aus einer fehlerhaften Auslösung ergeben können (BGH NJW 2009, 2952 – Airbag).

b) Wie bereits bei der Konstruktionsverantwortlichkeit dargelegt (→ Anm. 5), wird der jeweilige **Verwendungszweck** des Produkts auch durch die Gebrauchsanweisung, Verwendungshinweise und Warnungen des Herstellers bestimmt. Durch sie kann zum einen der bestimmungsgemäße Gebrauch eingeschränkt, zum anderen aber auch **erweitert** werden, wenn zB ein gesüßter Kindertee als unproblematischer „Gute-Nacht-Trunk" angepriesen wird, obwohl ganz erhebliche Kariesschäden durch das „Dauernuckeln" auftreten (BGH ZIP 1992, 38 – Milupa; BGH ZIP 1994, 374 – Alete). Wie bei der Konstruktionsverantwortung (→ Anm. 5), gilt auch hier: Die Instruktionsverantwortlichkeit des Herstellers ist auf den **jeweiligen** Produktbenutzer auszurichten (BGH NJW 1995, 1286 – Milupa II); soweit erforderlich ist zwischen einem Fachmann und einem Laien zu differenzieren (BGH ZIP 1992, 934 (937) – Silokipper). Der Hersteller eines Mountainbikes ist verpflichtet, auf die Risiken hinzuweisen, die sich etwa aus dem üblichen Treppenfahren (Rahmenbruch) ergeben (OLG Naumburg NJW-RR 2014, 1304). Gegenüber **Kindern** ist die Rechtsprechung, gerade in diesem Punkt oft besonders streng (BGH NJW 1999, 2815 – Papierreißwolf; kritisch *Littbarski* NJW 2000, 1161), da Kinder aufgrund ihrer fehlenden Erfahrung und Vorsicht besonders gefährdet sind.

c) **Bestimmungswidrig** ist der Gebrauch eines Produkts (BGH NJW 2009, 2952 (2954) – Airbag; BGH NJW 1999, 2815 (2816) – Papierreißwolf; BGH NJW 1994, 3349 (3351) – Atemüberwachungsgerät), der sich nicht mehr im Rahmen der allgemeinen Zweckbestimmung bewegt (BGH ZIP 1992, 38 (39) – Milupa). Im Hinblick auf die Instruktionsverantwortung des Herstellers kommt es maßgeblich darauf an, ob es sich um einen naheliegenden Fehlgebrauch oder um einen Missbrauch des Produkts handelt (BGHZ 106, 273 (283) – Asthma-Spray) oder ob der Fehlgebrauch des Produkts – dies läuft in der Sache auf das gleiche hinaus – für den Hersteller vorhersehbar war (BGH NJW 1972, 2217 (2221) – Estil). Bestimmungswidrig handelt zB ein Produktbenutzer, der die Standsäule eines Fensterkrans trotz der erheblichen Zugkräfte ohne stabilisierende Vorrichtungen nur zwischen Fensterbank und Fenstersturz einklemmt (BGH VersR 1959, 523 – Seilhexe). In gleicher Weise wird ein Bausatz für einen Überrollbügel einer Zugmaschine bestimmungswidrig verwendet, wenn eindeutige Montagebestimmungen missachtet werden und dies für einen Monteur mit normalem technischem Fachwissen erkennbar fehlerhaft ist (BGH NJW 1986, 1863 (1864) – Überrollbügel). Bestimmungswidrig ist es auch, wenn ein Verzinkungsspray verwendet wird, welches laut Warnung nicht „auf glühende Körper" aufgetragen werden darf, welches aber – zum Zweck der Trocknung – bis zur Grauglut erhitzt wird (BGH NJW 1987, 372 (374) – Verzinkungsspray). Schließlich handelt der Verbraucher – allerdings haftungsbegründend im Rahmen des Vorhersehbaren – bestimmungswidrig, der einen gesüßten Kindertee als „Einschlafhilfe" – also: zum „Dauernuckeln" – seinem Kind gibt, weil dadurch ganz erhebliche Kariesschäden verursacht werden (BGH ZIP 1992, 38 – Milupa I; BGH ZIP 1994, 374 – Alete; BGH NJW 1995, 1286 – Milupa II).

d) Der Hersteller muss vor **jeder Gefahr** warnen, die bei einem bestimmungsgemäßem Gebrauch droht (BGH NJW 1972, 2217 (2220) – Estil; BGH NJW 1981, 2514 (2515) –

Sniffing), sofern diese nicht schon zu dem **allgemeinen Erfahrungswissen** der jeweiligen Abnehmer- und Benutzerkreise gehört (BGH ZIP 1992, 934 (937) – Silokipper; BGH NJW 1987, 372 (374) – Verzinkungsspray; BGH NJW 1975, 1827 (1829) – Spannkupplung). Der Hersteller wird nicht dadurch dispensiert, dass etwaige Warnungen in einschlägigen technischen Regelwerken, wie etwa in den DIN-Bestimmungen enthalten sind, sofern – unter Berücksichtigung der jeweiligen Gefahrenlage – eine darüber hinausgehende Warnung erforderlich war (BGH NJW 1987, 372 (373) – Verzinkungsspray). Doch ist die Notwendigkeit einer Warnung jeweils auf den prospektiven Nutzerkreis auszurichten (OLG Celle VersR 2002, 905 – Pflanzenschutzmittel- gewerblicher Anwender – herabgesetzt; BGH NJW 1999, 2815 (2816) – Papierreißwolf: Kind).

(aa) Keineswegs ist jedoch der Hersteller verpflichtet, vor jeder Produktgefahr zu warnen, weil dies durch das Konzept der Verkehrssicherungspflichten des § 823 Abs. 1 BGB nicht bedungen wird. Auch hier gilt der Grundsatz der **Verhältnismäßigkeit:** Soweit bei der – bestimmungsgemäßen oder bestimmungswidrigen – Benutzung eines Produkts **erhebliche** Gefahren drohen, sind an Form und Inhalt eines ausreichenden Warnhinweises **strenge Anforderungen** zu stellen (BGH ZIP 1992, 38 (40) – Milupa I). Diese müssen grundsätzlich so gestaltet sein, dass sie dem Nutzer des Produkts eine **eigenverantwortliche Entscheidung** ermöglichen, ob er sich angesichts der Vorteile und der Gefahren, die mit der Nutzung des betreffenden Produkts verbunden sind, bereit ist sich diesen auch auszusetzen (BGH NJW 2009, 2952 (2954) – Airbag). Soweit wie möglich muss die Warnung daher auch so sein, dass der Nutzer angesichts der ihm mitgeteilten Instruktion in der Lage ist, der so bezeichneten Gefahr entgegenzuwirken (BGH NJW 1975, 824 (825) – Haartonicum; BGH NJW 2009, 2952 (2954) – Airbag). Warnhinweise betreffend die Nutzung eines Produkts werden im Blick auf ihren **Inhalt** und ihren **Umfang** wesentlich durch die Größe der (abzuwendenden) Gefahr und das betroffene Rechtsgut bestimmt (BGH NJW 2009, 1080 (1081) – Pflegebetten; BGH NJW 2009, 2952 (2955) – Airbag; BGH NJW 1989, 1542 – Asthma-Spray – keine Warnung vor exzessivem Gebrauch, da allgemein bekannt). Eine strenge Warnpflicht gilt daher vor allem dann, sofern die Verwendung des Produkts mit erheblichen Gefahren für die **Gesundheit** von Menschen verbunden ist (BGH NJW 1999, 2815 (2816) – Papierreißwolf – Kind; BGH ZIP 1992, 38 (40) – Milupa I). Insoweit reicht bereits der **Verdacht** eines Körperschadens aus, der durch die Nutzung des Produkts verursacht ist (BGH NJW 2009, 2952 (2955) – Airbag; BGH NJW 1981, 1603 (1604) – Derosal – Sachschaden). Daraus folgt, dass die Anforderungen an einen Warnhinweis herabgesetzt sind, sofern das Risiko lediglich in einem geringeren Sachschaden besteht (BGH NJW 1981, 1603 (1604)). Auch wenn die Gefahr sich „verdichtet" hat, aber noch offen ist, wann sie tatsächlich „akut" wird, kann der Hersteller mit einer entsprechenden Warnung noch zuwarten, bis etwa weitere Untersuchungen vorliegen, welche den Zusammenhang zwischen Produktgefahr und Schaden schlüssig belegen (BGH NJW 1981, 1603 (1604) – Derosal). Warnhinweise müssen im Übrigen in jedem Fall grundsätzlich klar, deutlich und allgemein verständlich formuliert sein (BGH NJW 1987, 1009 (1012) – Honda). Inhaltlich müssen die Hinweise so abgefaßt sein, dass darin die bestehenden Gefahren für das Verständnis des gewöhnlichen Produktbenutzers plausibel werden (BGH ZIP 1992, 38 (40) – Milupa I; BGH NJW 1995, 1286 – Milupa II; *Kullmann* FS Brandner, 1996, 313 ff.). Der Nutzer muss sich gegen die ihm im Rahmen der Instruktion mitgeteilten Gefahr eigenverantwortlich schützen können.

(bb) Dabei unterscheidet die Rechtsprechung des BGH zwischen einer **Anwendungs-** und einer **Folgenwarnung** (grundlegend BGH NJW 1972, 2217 – Estil; BGH ZIP 1992, 38 – Milupa I; BGH ZIP 1994, 374 – Alete). Während sich die Anwendungswarnung darauf bezieht, die konkreten Produktgefahren exakt zu beschreiben, bezieht sich die Folgenwarnung darauf, den Funktionszusammenhang klar zu machen, so dass für den durchschnittlichen Verbraucher erkennbar wird, warum das Produkt gefährlich ist (BGH ZIP 1992, 38 (40) – Milupa I). Dies bedeutet also konkret, dass es – auch für einen Arzt – nicht ausreichend ist, wenn der Hersteller eines Kurznarkosemittels lediglich darauf hinweist, dass das Präparat nur intravenös injiziert werden darf, ohne gleichzeitig – im Rahmen einer **Folgewarnung** – darauf hinzuweisen, dass die Vertauschung von Vene und Arterie in der Ellenbogenbeuge zwangsläufig zum Verlust des Gliedmaßes führt (BGH NJW 1972, 2217 – Estil). Daher müssen auch Hersteller von zuckerhaltigem Kindertee auf die mit dem „Dauernuckeln" verbundenen erheblichen Kariesgefahren hinweisen, weil diese – darin liegt die Folgenwarnung – in dem Umspülen der Rückseite der Oberkieferschneidezähne und dem gleichzeitigen Abspülen des Speichelschutzes besteht, was allgemein in Verbraucherkreisen unbekannt ist (BGH ZIP 1994, 374 – Alete).

e) Da die Verkehrssicherungspflichten des Herstellers nicht in dem Zeitpunkten enden, in welchem er das Produkt in den Verkehr bringt (zur nachträglichen Instrukltionspflicht auch *Foerste* in Foerste/Graf von Westphalen, Produkthaftungshandbuch, § 24 Rn. 309 ff.), liegt es auf der Hand: Auch Instruktions- und Warnpflichten können aufgrund der dem Hersteller obliegenden **Produktbeobachtungspflicht** (→ Anm. 8) nachträglich entstehen (*Graf von Westphalen* Jura 1983, 57 (72 f.)). Dies ist etwa dann zu bejahen, wenn die Fortentwicklung des Standes von Wissenschaft und Technik dazu führt, dass eine dem Produkt von Anfang an eigene Gefahr erst nachträglich erstmals erkennbar wird (BGH NJW 1981, 1603 (1605) – Derosal; BGH NJW 1981, 1606 (1608) – Benomyl). Gleiches gilt dann, wenn bei einem bestimmungswidrigen Gebrauch Gefahren entstehen, mit denen der Hersteller ursprünglich nicht gerechnet hat (BGH ZIP 1992, 38 – Milupa). Die Einzelheiten werden nachfolgend dargestellt.

8. Produktbeobachtungsverantwortung. (1) Es ist allgemein anerkannt, dass die Verkehrssicherungspflichten des Herstellers gemäß § 823 Abs. 1 BGB nicht mit der Freigabe des Produkts zum Vertrieb an Dritte enden (hierzu im Einzelnen *Foerste* in Foerste/Graf von Westphalen, Produkthaftungshandbuch, § 24 Rn. 372 ff.).

(a) Auch ist der Ablauf der kauf- oder werkvertraglichen Gewährleistungsfrist irrelevant. Vielmehr hat bereits das RG entschieden, dass ein Hersteller verpflichtet ist, alles Erforderliche und ihm Zumutbare zu tun, wenn er nach dem Inverkehrbringen seines Produkts in Erfahrung bringt, dass dieses Gefahren erzeugen kann, wie zB das Versagen von Autobremsen (RG DR 1940, 1293). Aus diesem Grund ist die aus § 823 Abs. 1 BGB abzuleitende Produktbeobachtungspflicht auch keine kauf- oder werkvertragliche Nebenpflicht (vgl. *Graf von Westphalen* Jura 1983, 57 (63)), sondern eine eigenständige Verkehrssicherungspflicht (grundlegend BGH NJW 2009, 1080 – Pflegebetten; hierzu auch *Handorn* MPR 2009, 37 ff.; *Rothe* MPR 2007, 117 ff.; *Molitoris* NJW 2009, 1049 ff.).

(b) Diese Problematik hat durch die Rechtsprechung des **EuGH** (und des vorlegenden) BGH zur Frage, ob denn potentiell, nicht aktuell defekte **Herzschrittmacher** einen Schaden im Sinn von Art. 6 Abs. 1 der Richtlinie 85/374/EWG darstellen, eine praktisch bedeutsame Dimension erfahren (BGH VersR 2013, 1450 – Herzschrittmacher; EuGH EuZW 2015, 318 – Boston Scientific Medizintechnik; BGH NJW 2015, 3090). Wegen der Besonderheiten dieser Produkte und ihrer hohen Gefährlichkeit für den Patienten hat der BGH entschieden, dass die ganze Serie als fehlerhaft anzusehen ist, wenn für die betreffende Serie ein erhöhtes Ausfallrisiko festgestellt werden kann. Die Schadensersatzhaftung geht dann auf Ersatz der Operationskosten, wenn nur so das Sicherheitsniveau wiederhergestellt werden kann, welches der Patient zu erwarten berechtigt ist (BGH VersR 2013, 1450 (1451); hierzu auch *Backmann/Wagner* MPR 2008, 29 – Sicherheitserwartungen nach § 3 ProdHaftG; auch *Molitoris/Klindt* NJW 2016, 2464 ff.; *Klindt* NJW 2018, 3757 (3758 f.)). Man wird indessen die tendenzielle Erstreckung des Schadensbegriffs (Art. 6 der Richtlinie) auf die „Serie" nur mit einiger Zurückhaltung auf andere Produkte ausdehnen können, um auf diese Weise auch Fälle der Produktbeobachtung in den Anwendungsbereich der Richtlinie zu bringen.

(2) Der Hersteller ist im Rahmen seiner zu beachtenden Verkehrssicherungspflichten nach § 823 Abs. 1 BGB zur **passiven Produktbeobachtung** verpflichtet (BGH ZIP 1994,

213 – Gewindeschneidemittel I; BGH NJW-RR 1995, 342 – Gewindeschneidemittel II). Die geschuldete Produktbeobachtung auf **alle Produkte** zu erstrecken, die er in den Verkehr gebracht hat (vgl. auch OLG Zweibrücken MPR 2014, 62 – Brustimplantate – TÜV; abschließend inzwischen BGH NJW 2017, 2617 – Beobachtungspflicht betreffend den TÜV – nur anlassbezogen; *Klindt* NJW 2018, 3757 (3758 f.)). Dabei macht es keinen Unterschied, ob es sich um neu konstruierte Produkte (BGH BB 1970, 1414 – Bremsen) oder um bereits eingerührte Produkte handelt. Demzufolge bezieht sich die Produktbeobachtungspflicht auf sämtliche Fehlerquellen, die sich aus der bestimmungsgemäßen oder der bestimmungswidrigen Produktbenutzung ergeben.

(a) Ziel der – **passiven** – Produktbeobachtungspflicht ist es, alle Informationen zu erfassen und auszuwerten, die sich auf irgendwelche Beanstandungen des Produkts beziehen und dem Hersteller zugeleitet werden (BGH ZIP 1994, 213 (216) – Gewindeschneidemittel I). Es geht also darum. Unfallnachrichten, Kundenbeschwerden, Testberichte etc systematisch auszuwerten. Ein Rückrufmanagement ist nach § 6 Abs. 2 ProdSG zu etablieren, welches alle Vertriebs- und Absatzkanäle des Herstellers umfasst (*Kapoor* in Klindt Produktsicherheitsgesetz, § 6 Rn. 47 ff. – Verbrauerprodukte). Es gilt hier im Grunde genommen das gleiche, was zuvor für die **Organisationspflicht** des Herstellers gesagt wurde, sich über den Fortschritt von Wissenschaft und Technik ständig unterrichtet zu halten (→ Anm. 4 (3)). Also sind auch im Rahmen der passiven Produktbeobachtungspflicht Fachzeitschriften auszuwerten, Kongresse und Seminare sind zu besuchen; insbesondere aber ist auch der Wettbewerb zu beobachten (BGH NJW 1990, 806 – Pferdebox). Alle auf diese Weise dem Hersteller zugeleiteten Informationen sind nach einem statistisch ausgereiften System auszuwerten. Soweit es sich im Sinn von § 2 Nr. 22 ProdSG um ein „Produkt“ handelt, welches als ein **„Verbraucherprodukt“** einzuordnen ist, ergibt sich aus **§ 6 Abs. 2 ProdSG,** dass eine Pflicht des Herstellers besteht, ein adäquates, angemessenes System der Qualitätssicherung zu installieren, welches auch im Fall eines Rückrufs funktionstüchtig ist.

(b) Nichts ist so schwierig wie festzustellen, ob es sich um typische Gewährleistungsmängel handelt, die möglicherweise gehäuft auftreten, oder ob ein konstruktionsbedingter **Serienschaden** vorliegt, weil im ersteren Fall keine Reaktion, im zweiten Fall jedoch möglicherweise eine Rückrufaktion angezeigt sein könnte. Hier ist die Entscheidung von „Fehlerverdacht“ gegenüber einer „Fehlergewissheit“ von hohem praktischen Nutzen (*Foerste* NJW 1994, 909 (910)). Sie hat sich bewährt und ist in der Praxis dringend zu befolgen. Im Übrigen ist gerade hier die Auswertung und Beachtung der **RAPEX-Leitlinien** der Richtlinie 2001/95/EU betreffend die Produktsicherheit dringend geboten, was das Bestehen eines Gefahrenmanagementsystems einschließt (hierzu auch *Gauger/Hartmannsberger* NJW 2014, 1137 (1140 f.)).

(3) Die **aktive Produktbeobachtungspflicht** beginnt in dem Augenblick, in dem sich Meldungen über Schadensfälle häufen (BGH NJW-RR 1995, 342 (343) – Gewindeschneidemittel II; *Kullmann* NJW 1996, 18 (22 ff.)), also **„Fehlergewissheit“** entsteht (*Foerste* NJW 1994, 909 (910); vgl. aber auch EuGH BeckRS 2015, 80339 – Herzschrittmacher). Sobald dies zutrifft, ist der Hersteller verpflichtet, von sich aus die Produktbeobachtung zu intensivieren um möglichst rasch herauszufinden, welche konkreten abzuwehren.

(4) Sofern gebotene Maßnahmen im Rahmen Maßnahmen durchzurühren sind, um etwaige Produktgefahren von vornherein der Produktbeobachtung nicht oder nicht rechtzeitig durchgerührt werden, stellen sich **drei Fragen,** die voneinander unabhängig sind.

a) Unbestritten ist, dass der Hersteller – konkret: die für den Hersteller jeweils zur Handlung berufenen Vertreter – **strafrechtlich verantwortlich** sind, wenn sie die gebotenen Maßnahmen – Warnungen, Rückruf etc – nicht oder nicht rechtzeitig vornehmen (LG Aachen JZ 1971, 507 – Einstellungsbeschluss in Sachen Contergan; BGHSt 37, 106 – Lederspray; BGH NJW 1995, 2933 – Weinverschnitt; BGH NJW 1995, 2930 – Holzschutzmittel; *Schmidt-Salzer* NJW 1996, 1 ff.; hierzu auch *Winkelbauer* in Foerste/Graf von Westphalen, Produkthaftungshandbuch, § 80 Rn. 10 ff.). Diese Verantwortlichkeit basiert auf einer individualisierten Verantwortlichkeit, welche aus der **„Garantenstellung“** resultiert, welche gegenüber der Allgemeinheit und als Folge des Herstellens und des Inverkehrbringens eines fehlerhaften Produkts der jeweilige Geschäftsführer oder Vorstand innehat (BGHSt 37, 106 – Lederspray). Auch die Frage, ob denn der Geschäftsleiter seine Aufsichts- und Kontrollpflicht im Sinn von **§ 130 OWiG** schuldhaft verletzt hat, spielt in diese Konstellation mit hinein (vgl. BGH NJW 1995, 2930 – Holzschutzmittel).

b) Auf der anderen Seite ist heftig **umstritten,** ob der einzelne potentiell geschädigte Produktbenutzer im Rahmen des § 823 Abs. 1 BGB berechtigt ist, gegenüber dem Hersteller des fehlerhaften Produkts **präventive Maßnahmen** zur Schadensverhütung/Schadensbeseitigung zu verlangen (OLG Düsseldorf NJW-RR 1997, 1344 – Tempostat; OLG Karlsruhe NJW-RR 1995, 594 – Dunstabzugshaube; LG Hamburg VersR 1994, 299 – Rettungsinsel; BGH VersR 1986, 1125 (1127) – Milchkühlanlage; OLG Karlsruhe VersR 1986, 1125 (1126) – dito; *Schwenzer* JZ 1987, 1059 (1062); *Mayer* DB 1985, 319 (325); im Einzelnen aber ablehnend *Foerste* in Foerste/Graf von Westphalen, Produkthaftungshandbuch, § 39 Rn. 1 ff. mwN). Gleichgültig, wie man zu diesem Anspruch im Ergebnis steht, man kann nicht an der Tatsache vorbeisehen, dass sich die drohende strafrechtliche Sanktion genauso in der Praxis auswirkt wie ein genuiner Rückrufanspruch des potentiell geschädigten Produktbenutzers. Freilich ist nicht zu übersehen, dass das Urteil des BGH die Verpflichtung eines Herstellers zum Rückruf von potentiell sich entzündenden **Pflegebetten** (BGH NJW 2009, 1080) sehr stark reduziert hat (*Molitoris* NJW 2009, 1049 ff.). Entscheidend ist nämlich, dass solche Maßnahmen, wie sie in einer **kostenlosen Nachrüstung** von fehlerhaften Pflegebetten liegen würden, nur dann nach § 823 Abs. 1 BGB erforderlich wären, wenn diese zur Gefahrenabwendung im Verkehrsinteresse der potentiell gefährdeten Dritten geboten wären. Hier aber reichte – so der BGH – eine **Information** der Benutzer aus, um die akute Gefahrenlage zu beseitigen (BGH NJW 2009, 1080 (1081)). Die Literatur stimmt diesem argumentativen Ansatz zu (MünchKomm/*Wagner,* BGB, 7. Aufl. § 823 Rn. 848 f.; *Wagner* BB 2009, 2050 ff.; BeckOK BGB/*Foerste*, § 823 Rn. 62 f. – die Dominanz des Gewährleistungsrechts betonend). Instanzgerichtliche Urteile verstärken den Trend (OLG Hamm BB 2007, 2367 – Pflegebetten; LG Frankfurt a.M. BB 2007, 2368 – Röntgengerät; hierzu auch *Dietborn/Müller* BB 2007, 2358 ff.; OLG Düsseldorf NJW-RR 2008, 411 – Rizinusschrot; *Klindt* NJW 2008, 1203 (1205)). Denn wenn eine **Warnung** wegen der weiteren Verwendung von fehlerhaften Pflegebetten ausreicht, um die Rechtsgüter Dritter als Produktbenutzer (wirksam) zu schützen, dann besteht kein Anlaß, eine weitere Aktion – insbesondere einen Rückruf oder einen kostenlosen Austausch fehlerhafter Produktteile – vorzunehmen. Letztlich stellt sich unter dem Gesichtswinkel der Verhältnismäßigkeit die Frage nach der Reichweite des deliktrechtlichen Schutzes: Wenn in der Tat Warnungen und das Angebot eines kostenpflichtigen Austausches des fehlerhaften Teils ausreichen, das Integritätsinteresse Dritter zu schützen, dann kann damit der Hersteller seine Produktbeobachtungspflicht als erfüllt ansehen (BGH NJW 2009, 1080 – Pflegebetten).

c) Zu bedenken ist stets, dass die **öffentlich-rechtliche Verantwortlichkeit** des nicht tätig werdenden Herstellers/Händlers nach § 6 ProdSG in Betracht kommen kann (*Kapoor* in Klindt Produktsicherheitsgesetz, § 6 Rn. 47 ff. – Verbraucherprodukte), soweit in der Tat ein Rückruf geboten ist (zum früheren GPSG, welches die gleiche Thematik aufwies *Klindt* NJW 2004, 465 ff. – Überblick; *Eidam* NJW 2005, 1021 ff. – betreffend die Straf- und Bußgeldbestimmungen; *Tremml/Luber* NJW 2005, 1745 ff. – Amthaftungsansprüche wegen fehlerhafter Produktinformationen), sofern ein fehlerhaftes Produkt Leib, Leben oder Gesundheit eines Verbrauchers bedroht (zu den Sanktionen nach § 6 ProdSG vgl. *Kapoor* in Klindt Produktsicherheitsgesetz, § 6 Rn. 111 ff.). Dabei steht mittlerweile in der Praxis die behördliche Kompetenz der Marktüberwachungsbehörden im Zusammenhang mit **Verbraucherprodukten** deutlich im Vordergrund; sie **überlagert das Zivil-**

recht. Das ist auch konsequent, weil ja die Bestimmungen des ProdSG Schutzgesetze im Sinn des § 823 Abs. 2 BGB sind (OLG Bremen VersR 2004, 1032 – Faltschachtelverpackungsanlage – für das GPSG).

(4) Die Pflicht zur Produktbeobachtung trifft nicht nur den Hersteller und den jeweiligen Teilehersteller/Zulieferanten. Auch der **Vertragshändler** kann insoweit verantwortlich sein (BGH ZIP 1994, 213 – Gewindeschneidemittel I). Gleiches gilt inzwischen auch für den Vertriebshändler, zwar nicht im Blick auf die Konstruktions-, wohl aber in Bezug auf die Instruktionspflichten (BGH NJW 1995, 1286 – Milupa II). Noch weitergehende Pflichten treffen den Vertriebshändler freilich dann, wenn er den Alleinvertrieb unterhält (BGH NJW 1995, 1286 – Milupa; *Kullmann* NJW 1996, 18 (23)).

(5) Man wird in diesem Kontext auch die Verantwortlichkeit des **Quasi-Herstellers** durchaus für wesentlich ansehen dürfen (BGH NJW 2005, 2695 – Grillanzünder), aber auch die des Lieferanten wird man nicht ganz von der Hand weisen können, soweit er nach § 4 Abs. 3 ProdHaftG verantwortlich ist (EuGH NJW 2006, 1409). Auch ist die entsprechende Verantwortlichkeit der Vertriebs- und Tochtergesellschaften des Herstellers in den Blick zu nehmen (EuGH NJW 2006, 825), weil diese auch nach § 1 Abs. 1 ProdHaftG verantwortlich sind, wenn das fehlerhafte Produkt in den Verkehr gebracht worden ist. Dass auch der **Importeur** in diese Verantwortungsschiene gelangen kann, ist nahe liegend, wenn und soweit Anlaß zu einer entsprechenden Überprüfung der ihm zugelieferten Produkte auf Fehlerhaftigkeit bestand (OLG Celle NJW-RR 2006, 526 – Import aus China).

9. Geschützte Rechtsgüter. (1) Das menschliche Leben genießt im Rahmen von § 823 BGB – das gleiche gilt für § 1 ProdHaftG – ungekürzten Schutz. Körperverletzung ist hier jeder äußere Eingriff in die körperliche Unversehrtheit (BGH NJW 1980, 1452 (1453)). Gesundheit ist das ungestörte Zusammenspiel der Körperfunktionen im somatischen und im psychischen Bereich (*Foerste* in Foerste/Graf von Westphalen, Produkthaftungshandbuch, § 21 Rn. 5).

(2) Der Kernbereich der Produkthaftung spielt sich in der Praxis im Bereich der von § 823 BGB geschützten Eigentumsverletzung ab (Sachschden). Körperschäden als drohende Verletzung eines nach § 823 Abs. 1 BGB geschützten Rechtsguts beherrschen allerdings regelmäßig die insoweit erforderlichen Warn- und Rückrufaktionen (→ Anm. 8). Dabei sind folgende Konstellationen zu unterscheiden, was jedoch im Einzelfall jeweils sorgfältigster Prüfung bedarf.

a) Klar sind die Fälle, in denen die Substanz der jeweiligen Sache – außerhalb des fehlerhaften Produkts selbst – verletzt oder beeinträchtigt worden ist (*Foerste* in Foerste/Graf von Westphalen, Produkthaftungshandbuch, § 21 Rn. 12 ff. mwN). Es handelt sich dann regelmäßig um **Folgeschäden.**

b) Auch dann, wenn die Gebrauchseignung des jeweiligen Produkts – außerhalb des fehlerhaften Produkts selbst – beeinträchtigt worden ist, reicht dies aus, um einen Anspruch aus § 823 Abs. 1 BGB zu gewähren (BGH NJW 1990, 908 (909) – Weinkorken; BGH VersR 1993, 1367 – Primelerde; BGH ZIP 1994, 213 (215) – Gewindeschneidemittel I). Voraussetzung ist allerdings, dass die Beeinträchtigung nicht ganz unwesentlich ist, (BGH NJW 1988, 1942 (1943) – Transistor).

c) Besonders problematisch sind jedoch die in der Praxis immer wieder vorkommenden Konstellationen, in denen der Schaden am Produkt selbst entweder mit dem Mangel des Produkts identisch ist oder über diesen hinausgeht, also einen **„weiterfressenden" Schaden** darstellt (hierzu umfassend *Foerste* in Foerste/Graf von Westphalen, Produkthaftungshandbuch, § 21 Rn. 25 ff. mwN; *Foerste* FS Graf von Westphalen, 2010, 161 ff.; MünchKomm/*Wagner*, BGB, 7. Aufl., § 823 Rn. 248 ff.; BeckOK/BGB/*Förster* § 823 Rn. 134).

aa) Die Rechtsprechung begann mit der berühmten **Schwimmschalter-Entscheidung** (BGH BB 1967, 162; NJW 1978, 2241 – Hinterradfelge; BGH NJW 1983, 810 – Gaszug). Entscheidend kommt es darauf an, ob zwischen dem anfänglichen Mangel des

Produkts und dem später eingetretenen Schaden – Eigentumsverletzung – „Stoffgleichheit" besteht (BGH NJW 1985, 2420 (2421) – Kompressor; *Steffen* VersR 1988, 977 (978 ff.)). Deckt sich also der anfängliche Mangelunwert mit dem später eingetretenen Schaden am Produkt selbst, dann können nach Ansicht des BGH nur Gewährleistungsansprüche geltend gemacht werden, nicht aber Ansprüche aus § 823 BGB, weil diese auf den Schutz des Integritätsinteresses zielen (BGH NJW 1996, 2224 – Schmieröl; BGH NJW 1996, 2507 – Chefbüro; BGH NJW 1998, 1942 – Transitor). Diese Judikatur hat sich bis in die jüngere Zeit fortgesetzt (BGH NJW 2011, 594 (596) – Einspritzpumpe; BGH VersR 2002, 402 – Müll). Doch ist die Tendenz inzwischen etwas zurückhaltender (OLG Stuttgart NJW-RR 2002, 25 – Digital-Schaltuhr; BGH NJW 2005, 1423 – Geschossdecke; BGH NJW 2009, 1080 – Pflegebetten, hierzu auch BeckOGK/*Spindler* (1.2.2020) BGB § 823 Rn. 147 ff.).

bb) Als **„stoffgleich"** werden auch solche Fälle behandelt, bei denen eine Beseitigung des – wenn auch nur einem Teil der Sache anhaftenden – Fehlers technisch nicht möglich ist (BGH ZIP 1992, 704 (705) – Nockenwelle), oder wenn der Mangel nicht in wirtschaftlich vertretbarer Weise behoben werden kann (BGH ZIP 1992, 704 (705) – Nockenwelle). Soweit allein die Kosten der Mangelbeseitigung im Rahmen eines deliktischen Anspruchs verlangt werden, ist es regelmäßig sehr problematisch, diesen Anspruch aus § 823 Abs. 1 BGB zu begründen, weil sich in diesen Fällen der Mangelunwert mit dem Schaden am Eigentum des Käufers/Bestellers deckt (BGH NJW 2011, 594 (596) – Einspritzpumpe; BGH NJW-RR 2003, 878 – Fußbodenarbeiten; BGH NJW 2005, 1423 (1425) – Geschossdecke). Auch liegt beim Verkauf/Herstellkung ungeeigneter Mauersteine keine Eigentumsverletzung vor, weil „Stoffgleichheit" zu bejahen ist (OLG Brandenburg NJW-RR 2013, 858). Denn es geht in solchen Fällen um den Ersatz des vertraglichen **Äquivalenzverhältnisses** (BGH NJW 2011, 594 (596) – Einspritzpumpe). Umgekehrt hat die Rechtsprechung das Element der „Stoffgleichheit" deswegen verneint und eine Eigentumsverletzung im Sinn von § 823 Abs. 1 BGB wegen eines „weiterfressenden" Schadens bejaht, wenn Schäden an Kraftfahrzeugen, Maschinen oder sonstigen Geräten dadurch eintraten, dass ein später eingebautes Ersatzteil oder eine Zusatzanlage mit Fehlern behaftet war und infolgedessen Schäden an anderen, bereits vorhandenen fehlerfreien Teilen des Gerätes/der Gesamtsache entstanden sind (BGHZ 55, 392 (394 f.) – Achsaggregat; BGH NJW 1979, 2148 – Kartonmaschine; BGH ZIP 1992, 485 (489) – Kondensator), was auch bei der Anfertigung einer neuen Sache gilt, falls einwandfreie Teile mit mangelhaften Teilen eines Zulieferers verbunden und daher unbrauchbar werden (BGH NJW 1988, 1842 – Transistor; kritisch *Foerste* NJW 1988, 2822). Denn es geht hier um den Ersatz des **Integritätsinteresses.** Nichts anderes gilt, wenn in einem Bauwerk – zB in einem nur teilweise, aber mangelfrei errichteten Rohbau – mangelhafte Teile eingefügt werden (BGH NJW 1981, 2250 (2251) – Asbestzementplatte; BGH ZIP 1992, 485 (489) – Kondensator), auch bei der Anfertigung einer neuen Sache gilt, falls einwandfreie Teile mit mangelhaften Teilen eines Zulieferers verbunden und daher unbrauchbar werden (BGHG NJW 1998, 1942 – Transistor; kritisch *Foerste* NJW 1998, 2877). Entscheidend ist also, ob der Mangel zunächst auf einen Teil des Produkts beschränkt ist und daher als behebbar angesehen werden kann, so dass erst später eine Zerstörung des Produkts oder eine Beschädigung anderer Teile desselben eintritt, weil dann der von dem Fehler zunächst nicht erfaßte Teil der Sache einen eigenen Wert im Sinn von § 823 Abs. 1 BGB darstellt, der sich nicht mit dem „Mangelunwert" des fehlerhaften Produkts deckt (BGH ZIP 1992, 704 (705) – Nockenwelle). Für denjenigen, in dessen Eigentum die bisher einzelnen unversehrten Teile standen, liegt dann eine Eigentumsverletzung im Sinn von § 823 Abs. 1 BGB vor (BGH ZIP 1992, 485 (489) – Kondensator; vgl. aber auch BGH NJW 2005, 1423 – Geschossdecke).

cc) Eine **Eigentumsverletzung** gemäß § 823 Abs. 1 BGB ist auch dann zu bejahen, wenn der Käufer einer mangelhaften Sache durch deren Verbindung mit mangelfreien Sachen eine **neue Sache herstellt** (BGH NJW 1998, 1942 – Transistor: unbrauchbares Teil das vorher mangelfrei war), bei welcher die mangelhaften Teile ohne Beschädigung der mangelfreien Teile von diesen nicht getrennt werden können – mit der Konsequenz, dass jedenfalls im Zeitpunkt der Trennung eine Eigentumsverletzung an den bisher unversehrten Teilen der neuen Sache zu bejahen ist (BGH ZIP 1992, 485 – Kondensator). Dabei ist es auch unerheblich, ob der Produktbenutzer in der Lage war, den Fehler vor dem Schadenseintritt bei normalem Lauf der Dinge zu entdecken, weil die subjektive Erkennbarkeit für § 823 Abs. 1 BGB irrelevant ist (BGH ZIP 1992, 704 (705) – Nockenwelle). Die Rechtsprechung ist in diesem Punkt inzwischen nur noch schwer zu übersehen; der Einzelfall regiert (BGH NJW 1998, 1942 – Transistor; BGH NJW 1996, 2507 – Chefbüro; BGH NJW 1996, 2224 – Schmieröl), so dass stets eine genaue Analyse der Rechtsprechung unvermeidbar ist (BGH ZIP 1999, 366 – Torfsubstrat; BGH VersR 2002, 401 – Müll; BGH NJW 2005, 1423 – Geschossdecke; BGH NJW 2011, 594 (596) – Einspritzpumpe; BGH NJW 2009, 1080 – Pflegebetten; Übersichten über die umfangreiche Entwicklung der Rechtsprechung bei *Kullmann* NJW 1997, 1746 ff.; *Kullmann*, NJW 1999, 96 ff.; *Kullmann*, NJW 2002, 20 ff.; *Molitor/Klindt*, NJW 2005, 1709 (1710); *Molitoris/Klindt* NJW 2008, 1203 ff.; *Molitor/Klindt*, NJW 2010, 1569 ff.; *Kullmann,* NJW 2012, 1489 ff.; *Molitor/Klindt*, NJW 2014, 1567 ff.; *Mylich* JuS 2014, 298 (300)), die inzwischen weitgehend als stabil anzusehen ist, so dass praktisch keine neuen Konstellationen auftauchen, welche vom BGH bewältigt werden müssen (BeckOK BGB/*Förster* § 823 Rn. 134 ff.).

d) Es ist praktisch von hoher Bedeutung, dass in all den Fällen, in denen – wie vorstehend dargelegt – ein „weiterfressender" Schaden im Sinn von § 823 Abs. 1 BGB besteht, deliktsrechtliche Schadensersatzansprüche mit kauf- oder werkvertraglichen Gewährleistungsansprüchen konkurrieren (BGH BB 1977, 162 – Schwimmschalter; BGH NJW 2005, 1423 – Geschossdecke; BGH NJW 2009, 1080 (1083) – Pflegebetten; hierzu *Molitoris* NJW 2009, 1049 ff.). Dies bedeutet: Für die jeweils geltend gemachten Ansprüche gelten die **jeweils eigenen Anspruchsvoraussetzungen**; dies gilt insbesondere auch für die unterschiedlichen Verjährungsregeln: Kauf- und werkvertragliche Ansprüche verjähren gemäß §§ 438, 634a BGB regelmäßig in einer Frist von zwei bzw., von fünf Jahren (gerechnet ab Annahme/Abnahme), während die deliktsrechtlichen Schadensersatzansprüche gemäß §§ 195, 199 BGB erst in drei Jahren, gerechnet ab Schadenseintritt und Kenntnis von der Person des Schädigers verjähren. Dies gilt jedoch nicht uneingeschränkt (BGH VersR 1993, 1368 – Primelerde; aber auch BGH ZIP 1999, 366 – Torfsubstrat).

e) An dieser Rechtsprechung ist auch unter dem Regime der **Schuldrechtsreform** festzuhalten, obwohl hier die Verjährungsfristen auf zwei Jahre gemäß §§ 438 Abs. 1 Nr. 3 und § 634a Abs. 1 Nr. 1 BGB verlängert worden sind (hierzu Palandt/*Sprau* § 823 Rn. 178; MünchKomm/*Wagner* § 823 Rn. 251; BeckOK BGB/*Förster* § 823 Rn. 139 f.; BeckOGK/*Spindler* BGB (1.2.2020) § 823 Rn. 151 f. – jeweils mit Ausweis der kritischen Stimmen). Doch der Tatbestand der **Anspruchskonkurrenz** bleibt bestehen, und es ist nicht einzusehen, warum die Verletzung des Integritätsinteresses des Käufers im Rahmen der kauf- oder werkvertraglichen Verjährung prämiert werden sollte, so dass danach entstehende Ansprüche nicht mehr zugelassen werden, obwohl die Verjährung nach den §§ 195, 199 BGB für deliktsrechtliche Ansprüche die allgemeine Verjährungsregel bereit hält.

f) Es ist auch im Rahmen von **§ 1 Abs. 1 S. 2 ProdHaftG** umstritten, unter welchen Voraussetzungen ein fehlerhaftes Produkt eine „andere Sache" beschädigt, weil dieses Tatbestandselement voraussetzt, dass zwischen einem Endprodukt und einem (fehlerhaften) Teilprodukt differenziert werden kann, womit eindeutig das Problem des „weiterfressenden" Schadens (→ Anm. 9 (2) d) angesprochen ist (Palandt/*Sprau* ProdHaftG § 1 Rn. 6; *Taschner/Frietsch*, Produkthaftungsgesetz und EG-Produkthaftungsrichtlinie, 2. Aufl., ProdHaftG § 1 Rn. 38 ff.; *Büchner* DB 1988, 32 (36); *Sack* VersR 1988, 439). Verlässliche Rechtsprechung fehlt; die Literaturauffassungen sind kontrovers (vgl. im Einzelnen *Graf von Westphalen* in Foerste/Graf von Westphalen, Produkthaftungshandbuch, § 46 Rn. 1 ff.). Dabei ist auch zu berücksichtigen, dass gemäß § 4 Abs. 1 S. 1 ProdHaftG auch der Teilehersteller unmittelbar verantwortlich ist, nicht also lediglich der jeweilige Endhersteller. Je nachdem, ob der Endhersteller oder der Teilehersteller wegen eines von ihnen zu vertretenen Produktfehlers in Anspruch genommen werden, ist die in § 1 Abs. 1 S. 2 ProdHaftG zu gebende Antwort unterschiedlich. Denn aus der Perspektive des Teileherstellers ist das von ihm gelieferte Teilprodukt fehlerhaft, so dass das Endprodukt die „andere" Sache ist; aus der Perspektive des Endherstellers des Gesamtprodukts ist dies indessen nicht der Fall. Der Intention der EG-Richtlinie entspricht es offenbar, die sehr schwierige Haftungsfigur des „weiterfressenden" Schadens aus § 1 Abs. 1 S. 2 ProdHaftG **auszuklammern** (*Taschner/Frietsch* Produkthaftungsgesetz und EG-Produkthaftungsrichtlinie (ProdHaftG), § 1 Rn. 38 ff.). Es bleibt also bei der deutsch-rechtlichen Sonderregel, weil diese über den europa-einheitlichen Mindeststandard hinausreicht, so dass ein Verstoß gegen die Richtlinie nicht gegeben ist.

g) Von praktisch großer Bedeutung ist dies allerdings nicht. Denn zum einen ist die BGH-Judikatur zum „weiterfressenden" Schaden im Sinn von § 823 Abs. 1 BGB wenigstens in ihrer Grundtendenz klar (→ Anm. 9c). Zum anderen ist darauf hinzuweisen, dass § 1 Abs. 1 S. 2 ProdHaftG nur dann Ersatz eines Sachschadens gewährt, wenn diese „andere" Sache „ihrer An nach gewöhnlich für den privaten Ge- oder Verbrauch bestimmt und hierzu von dem Geschädigten hauptsächlich verwendet worden ist" (Palandt/*Sprau* ProdHaftG § 1 Rn. 7). Im Rahmen von Qualitätssicherungsvereinbarungen kommt es aber regelmäßig auf den Schutz gewerblich genutzter Sachen im Sinn von § 823 Abs. 1 BGB, nicht aber auf die tatsächlich privat genutzte Sache an, zumal gemäß § 11 ProdHaftG ein Selbstbehalt in Höhe von 500,– EUR eingreift, der ohnehin nur nach § 823 Abs. 1 BGB reklamiert werden kann. So gesehen kommt die Vorrangregel von § 15 Abs. 2 ProdHaftG zur Anwendung, wonach die Bestimmungen des ProdHaftG eine Haftung gemäß § 823 Abs. 1 BGB unberührt lassen.

10. Verschulden – Beweislast. (1) § 823 Abs. 1 BGB enthält eine an § 276 BGB orientierte **verschuldensabhängige** Haftung: Der Hersteller haftet also nur dann für einen Produktschaden, wenn er vorsätzlich oder fahrlässig gehandelt hat. Demgegenüber normiert § 1 Abs. 1 ProdHaftG eine **verschuldensunabhängige** Haftung (*Graf von Westphalen* in Foerste/Graf von Westphalen, Produkthaftungshandbuch, § 45 Rn. 2 ff.; *Taschner/Frietsch*, Produkthaftungsgesetz und EG-Produkthaftungsrichtlinie, 2. Aufl., ProdHaftG § 1 Rn. 17). Es handelt sich hierbei nicht um eine Gefährdungshaftung (*Schmidt-Salzer/Hollmann,* Kommentar zur EG-Richtlinie – Produkthaftung, Art. 1 Rn. 8 ff.). Entscheidend ist nämlich, dass die Schadensersatzsanktion von § 1 ProdHaftG daran anknüpft, dass der Hersteller eine ihm zurechenbare (objektive) Pflicht missachtet hat (vgl. auch Palandt/*Sprau* ProdHaftG § 1 Rn. 1 – dogmatischer Unterschied gegenüber Gefährdungshaftung sei bedeutungslos; *Graf von Westphalen* NJW 1990, 83). Da auch die Produkthaftung gemäß § 1 Abs. 2 Nr. 5 ProdHaftG an dem jeweils neuesten Stand von Wissenschaft und Technik ausgerichtet ist (BGH ZIP 1995, 1094 (1096) – Mineralwasserflasche II), ist der Unterschied zur verschuldensabhängigen Produzentenhaftung gemäß § 823 Abs. 1 BGB in der Tat vernachlässigenswert. Praktisch gesehen ist daher auch die Relevanz der verschuldensunabhängigen Haftung gemäß § 1 Abs. 1 ProdHaftG nicht nennenswert, obwohl die EG-Richtlinie bereits 20 Jahre besteht. Maßgebend ist hierbei vor allem, dass die Rechtsprechung des BGH die Produzentenhaftung gemäß § 823 Abs. 1 BGB teilweise an die Vorgaben der EG-Richtlinie bzw. an die Bestimmungen des ProdHaftG angeglichen hat und sich lange Zeit haftungsverschärfend fortentwickelt hat (BGH ZIP 1992, 38 – Milupa I; BGH ZIP 1994, 374 – Alete; vor allem BGH NJW 1998, 1942 – Transistor); sie ist aber mittlerweile ein wenig zum Stillstand gelangt, weil sie im Kern etabliert ist, so dass nunmehr die Entscheidungen der OLGs im Vordergrund stehen (vgl. *Kullmann* NJW 2005, 1709 ff.; *Klindt* NJW 2008, 1203 ff.).

(2) Die deliktische Haftung des Herstellers gemäß § 823 Abs. 1 BGB hat – bezogen auf die **Beweislast** – zur Voraussetzung, dass der **Geschädigte den Produktfehler,** dessen **Ursächlichkeit** für den geltend gemachten **Schaden** sowie die Zurechnung des Produktfehlers zum Verantwortungsbereich des Herstellers nachweist (BGH NJW 2005, 2695 – Grillanzünder; BGH ZIP 1999, 366 – Torfsubstrat; BGH NJW 1996, 2507 – Chefbüro). Dieser grundsätzliche Zusammenhang ist – gerade wegen vielfältiger Mißverständnisse – immer wieder zu betonen. Es ist und bleibt Sache des Geschädigten, den Produktfehler im Rahmen und aufgrund einer objektiven Pflichtverletzung des Beklagten zu beweisen (*Foerste* in Foerste/Graf von Westphalen, Produkthaftungshandbuch, § 30 Rn. 21 ff.; *Graf von Westphalen* Jura 1983, 281). Dies schließt grundsätzlich auch ein, dass der Geschädigte den Nachweis dafür erbringt, dass der Produktmangel im Organisations- und Gefahrenbereich des (beklagten) Herstellers entstand (BGH NJW 1969, 269 (274) – Hühnerpest). Dass die Rechtsprechung im Rahmen der Produzentenhaftung eine **Beweislastumkehr** herausgearbeitet hat (→ Anm. 10 (5)), um zwischen Hersteller und Geschädigtem eine Art „Waffengleichheit" zu erreichen, ändert an diesem beweisrechtlichen Grundtatbestand nichts (BGH ZIP 1999, 366 – Torfsubstrat). Der Geschädigte schuldet also den Nachweis, dass gerade der beklagte Hersteller das mangelhafte Produkt hergestellt hat (BGH NJW 2005, 2695 – Grillanzünder). Dabei macht es grundsätzlich keinen Unterschied, ob der Hersteller eines End- oder eines Teilprodukts verklagt wird; der behauptete – und nachzuweisende – Produktfehler muss jeweils dem betreffenden End- oder Teilehersteller zuzurechnen sein. In der Sache geht es also darum, dass der Geschädigte den Nachweis einer dem Beklagten zuzurechnenden Verletzung der ihm obliegenden **Verkehrssicherungspflicht** im Sinn von § 823 Abs. 1 BGB erbringt. Mithin muss er konkret nachweisen, ob es sich um einen Hersteller oder einen Instruktionsfehler handelt, der **kausal** den eingetretenen Schaden (Personen- oder Sachschaden) herbeigeführt hat. Das gilt auch bei der behaupteten Verletzung der Pflicht zum Rückruf (BGH NJW 1991, 1603 – Derosal; einschränkend zum Rückruf BGH NJW 2009, 1080 – Pflegebetten).

(3) Erfahrungsgemäß ist es von entscheidender Bedeutung, dass es dem Geschädigten zur Überzeugung des Gerichts (§ 286 ZPO) gelingt, einen konkreten Produktfehler nachzuweisen. Regelmäßig empfiehlt es sich hier, auf **Sachverständigengutachten** zurückzugreifen; auch ist es oft sinnvoll, ein Beweisverfahren gemäß §§ 485 ff. ZPO durchzuführen. Doch kommt es immer wieder vor, dass der Produktfehler deswegen sehr schwer oder nur mit äußerster Mühe nachweisbar ist, weil das Produkt – als Folge des Fehlers – explodiert, verbrannt oder in sonstiger Weise zerstört worden ist. Unter diesen Voraussetzungen ist der Geschädigte auf **Beweiserleichterung** angewiesen (BGH DB 1970, 1414 – Bremsen), und war teils im Rahmen eines Anscheinsbeweises (BGH VersR 1994, 100 – Trinkmilch; BGH NJW 2006, 2262 – Hackfleischröllchen – abgelehnt), teils auch im Rahmen eines Indizienbeweises (BGH DB 1970, 1414 – Bremsen; hierzu auch *Foerste* in Foerste/Graf von Westphalen, Produkthaftungshandbuch, § 30 Rn. 24 ff.). Doch bestehen auch Restriktionen, so etwa dann, wenn ein Verbraucher behauptet, durch den ständigen Genuß von Schokolade an Diabetes erkrankt zu sein (OLG Düsseldorf VersR 2003, 912 – Marsriegel), weil nach der allgemeinen Lebenserfahrung der Schluss streitig ist, ob der übermäßige Genuß von Schokolade in der Tat das Risiko einer Diabetes-Erkrankung nach sich zieht (vgl. auch *Kullmann* NJW 2005, 1907 (1911)).

(4) Es folgt unmittelbar aus dem zuvor Gesagten, dass der Geschädigte auch den Nachweis dafür erbringen muss, dass eines seiner gemäß § 823 Abs. 1 BGB geschützten **Rechtsgüter gerade durch den Produktfehler** bei bestimmungsgemäßer Verwendung des betreffenden Produkts verletzt worden ist (BGH ZIP 1999, 366 (387) – Torfsubstrat; BGH NJW 1969, 269 (274) – Hühnerpest; BGH BB 1970, 1414 – Bremsen). Dieser Zusammenhang ist insbesondere deswegen im Auge zu behalten, weil sich der (beklagte)

Hersteller regelmäßig damit **verteidigt,** dass der eingetretene Produktschaden nicht auf einen Produktfehler, sondern auf einen **Fehlgebrauch** bzw. auf einen **Mißbrauch** des fraglichen Produkts zurückzuführen ist (*Foerste* in Foerste/Graf von Westphalen, Produkthaftungshandbuch, § 30 Rn. 62 ff.). Rechtlich gewertet geht es hierbei um den Nachweis der **haftungsbegründenden** Kausalität (*Foerste* in Foerste/Graf von Westphalen, Produkthaftungshandbuch, § 30 Rn. 112 ff.).

(5) Ist dieser Beweis gerührt, dann ist es stets Sache des Herstellers sich zu entlasten und dabei den Fehler einer objektiven Pflichtverletzung oder eines Verschuldens darzulegen (BGH ZIP 1999, 366 (367) – Torfsubstrat; BHG NJW 1969, 269 (274) – Hühnerpest).

a) In der Sache geht es – bezogen auf die Konsequenzen der Beweislastumkehr – darum, dass der Hersteller gehalten ist, den Nachweis zu führen, dass er kein Verschulden daran trägt, dass ein Produktfehler innerhalb seines Herrschafts- und Organisationsbereichs entstanden ist. In der Hühnerpest-Entscheidung hat der BGH (BGH NJW 1969, 269 – Hühnerpest) diese Beweislastumkehr für den Bereich des Fabrikationsfehlers entwickelt. Sie gilt aber auch für **Konstruktionsfehler** (BGH BB 1970, 1414 – Bremsen; BGH BB 1977, 162 – Schwimmschalter) sowie für **Instruktionsfehler** (BGH ZIP 1992, 38 – Milupa I). Freilich setzt dieser Grundsatz bei Vorliegen eines Instruktionsfehlers voraus, dass dieser schon zu einem Zeitpunkt vorlag, als der Hersteller das Produkt in den Verkehr brachte. Es muss also insoweit eine vergleichbare Konstellation mit einem Konstruktions- und Fabrikationsfehler vorliegen (BGH ZIP 1992, 38 (41 f.) – Milupa I).

b) Etwas **anderes** gilt jedoch dann, wenn es sich um einen Fehler der **Produktbeobachtung** handelt (hierzu im Einzelnen *Foerste* in Foerste/Graf von Westphalen, Produkthaftungshandbuch, § 30 Rn. 107 ff.). Auch hier kommt es entscheidend darauf an, ob – bezogen auf die Verletzung der Produktbeobachtungspflicht – eine Konstellation vorliegt, die einem Konstruktions- und Fabrikationsfehler vergleichbar ist (BGH NJW 1981, 1603 – Derosal). Dies ist nur dann zu bejahen, wenn der Hersteller die Produktbeobachtungspflicht bereits zu dem Zeitpunkt vernachlässig hat, als er das fragliche Produkt in den Verkehr brachte. Dann handelt es sich um einen Vorgang, der der Organisations- und Herrschaftssphäre des Herstellers zuzuordnen, also dem Geschädigten praktisch versperrt ist. Liegen die Tatsachen jedoch so, dass der Hersteller deswegen seine Produktbeobachtungspflicht verletzt hat, weil sich – nach dem Inverkehrbringen des Produkts – der Stand von Wissenschaft und Technik **geändert** hat, so dass nunmehr Produktrisiken/ Produktgefahren auftreten, die zuvor dem Hersteller – objektiv gewertet – nicht erkennbar waren, dann muss der **Geschädigte** dem Hersteller nachweisen, dass er insoweit die ihm obliegende Produktbeobachtungspflicht verletzt hat (BGH NJW 1981, 1603 (1605 f.) – Derosal; BGH NJW 1981, 1606 (1608) – Benomyl; vgl. auch BGH NJW-RR 1995, 342 – Gewindeschneidemittel II).

c) In der Hühnerpest-Entscheidung hat der BGH (BGH NJW 1969, 269 – Hühnerpest) die Grundsätze der Beweislastumkehr auf einen industriellen **Großbetrieb** fixiert, aber inzwischen auch auf den Inhaber eines **Kleinbetriebes,** nämlich: einer Gaststätte ausgedehnt (hierzu auch *Foerste* in Foerste/Graf von Westphalen, Produkthaftungshandbuch, § 30 Rn. 88). Gleiches gilt für **Angestellte,** soweit die Inhaber der Organisationsgewalt des ihnen unterstehenden Bereichs sind, in dem der Produktfehler seine Ursache gehabt hat (BGH ZIP 1992, 410 (413 f.) – Hochzeitsessen; weitergehend noch in der Begründung des BGH BB 1975, 1031 – Spannkupplung). Gleichgültig ist in diesem Zusammenhang, ob es sich um den Hersteller eines End- oder eines Teilprodukts handelt.

11. Entlastungsbeweis gemäß § 831 Abs. 1 S. 2 BGB. § 831 Abs. 1 BGB bestimmt, dass der Geschäftsherr zum Ersatz des Schadens verpflichtet ist, den ein **Verrichtungsgehilfe** „in Ausführung der Verrichtung einem Dritten widerrechtlich zufügt" (vgl. Palandt/*Sprau* § 831 Rn. 10 ff.). Indessen tritt gemäß § 831 Abs. 1 S. 2 BGB die Ersatzpflicht dann nicht ein, „wenn der Geschäftsherr bei der Auswahl der bestellten Person und, sofern er

Vorrichtungen oder Gerätschaften zu beschaffen oder die Ausführungen der Verrichtung zu leisten hat, bei der Beschaffung oder der Leitung die im Verkehr erforderliche Sorgfalt beobachtet oder wenn der Schaden auch bei Anwendung dieser Sorgfalt entstanden sein würde". Die hiermit zusammenhängenden Fragen haben praktisch im Rahmen der Produkthaftung ohnehin geringe Bedeutung (*Foerste* in Foerste/Graf von Westphalen, Produkthaftungshandbuch, § 38 Rn. 1 ff.), bei der Behandlung von Qualitätssicherungsvereinbarungen sind sie überflüssig, da der Zweck der Abreden gerade darauf nicht, die Haftung des Herstellers zu vermeiden.

12. Verletzung eines Schutzgesetzes gemäß § 823 Abs. 2 BGB. (1) § 823 Abs. 2 BGB bestimmt ganz generell, dass die Schadensersatzhaftung des § 823 Abs. 1 BGB auch denjenigen trifft, „welcher gegen ein den Schutz eines anderen bezweckendes Gesetz verstößt". § 823 Abs. 2 BGB gilt daher dem **Individualschutz,** weil es entscheidend darauf ankommt: Nur solche Gesetze sind Schutzgesetze im Sinn dieser Bestimmung, die den Schutz **„eines anderen"** bezwecken. Dies ist dann zu bejahen, wenn das jeweilige Gesetz neben dem Schutz der **Allgemeinheit** gerade auch dazu dient, den einzelnen oder einzelne Personenkreise gegen die Verletzung eines Rechtsguts zu schützen (Palandt/*Sprau* § 823 Rn. 57). Dabei kommt es nicht auf die Wirkung, sondern auf den **Inhalt** und Zweck des Gesetzes sowie darauf an, ob der Gesetzgeber bei Erlaß des Gesetzes gerade einen Rechtsschutz, wie er wegen der behaupteten Verletzung in Anspruch genommen wird, zugunsten von **Einzelpersonen** oder bestimmten Personenkreisen gewollt oder doch mitgewollt hat (BGH ZIP 1991, 1597 (1598) – zu § 264a StGB). Weitere Voraussetzungen im Sinn von § 823 Abs. 2 BGB ist die Feststellung, dass der eingetretene Schaden innerhalb des Schutzzwecks des Schutzgesetzes, also: innerhalb des Schutzzwecks der Norm liegt (BGH NJW 1977, 1223 (1225); 1976, 1740).

(2) Im Rahmen der Produzentenhaftung bieten sich zahlreiche Gesetze an, die als Schutzgesetze gemäß § 823 Abs. 2 BGB in Betracht kommen (Übersicht *Foerste* in Foerste/Graf von Westphalen, Produkthaftungshandbuch, § 32 Rn. 12 ff.). Zu nennen ist in erster Linie das Arzneimittelgesetz (AMG), für Qualitätssicherungsvereinbarungen vor allem: das Produktsicherheitsgesetz (ProdSG – BGH NJW 2006, 1589 – zum früheren Recht; eingehend auch *Wagner* VersR 2014, 905 ff.). Die Rechtsentwicklung in diesem Punkt schreitet ständig fort; zurückzuführen ist dies auch maßgeblich auf die Rechtsangleichung innerhalb der EU. Daher ist es **unerläßlich,** im Einzelfall sorgfältig zu prüfen, ob – bezogen auf den Zeitpunkt der aktuellen Handlung/Unterlassung – ein bestimmtes Schutzgesetz in Kraft war, welchen Schutz es bezweckte und ob der geltend gemachte Schaden in den Schutzzweck der Norm fällt: Generelle Antworten verbieten sich; es entscheiden die Umstände des Einzelfalls.

(3) In der Rechtsprechung des BGH ist – bezogen auf die Verteilung der **Beweislast** – anerkannt, dass im Falle der objektiven Verletzung eines Schutzgesetzes der Schädiger verpflichtet ist, neben der Verletzung des Schutzgesetzes auch den Tatbestand des Verschuldens und den der Kausalität zu beweisen (vgl. Palandt/*Sprau* § 823 Rn. 80). Doch kommen in der Praxis in der Regel Beweiserleichterungen bis zur Umkehr der Beweislast in Betracht, wenn die objektive Verletzung eines Schutzgesetzes feststeht, so dass es dann Sache des Schädigers ist, Umstände darlegen und beweisen muss, die geeignet sind, die Annahme der Kausalität und eines Verschuldens **auszuräumen** (BGHZ 51, 91 (103 f.) – Hühnerpest; BGH VersR 1985, 452 (453); ZIP 1992, 410 (414) – Hochzeitsessen). Dies aber gilt nur dann, wenn das Schutzgesetz das geforderte **Verhalten** bereits so konkret umschreibt, dass mit der Verwirklichung des objektiven Tatbestandes der Schluss auf einen subjektiven Schuldvorwurf naheliegt (BGH ZIP 1992, 410 (414) – Hochzeitsessen). Beschränkt sich hingegen das Schutzgesetz darauf, einen bestimmten Verletzungserfolg zu verbieten, so löst die bloße Verwirklichung einer solchen Verbotsnorm noch keine Indizwirkung in bezug auf das Verschulden aus (BGH ZIP 1992, 410 (414) – Hochzeitsessen).

Folglich ist exakt danach zu differenzieren, ob das Schutzgesetz eine **Verletzungshandlung** oder einen **Verletzungserfolg** sanktioniert. So ist zB im Rahmen von § 8 Lebensmittelgesetz (LMBG) anerkannt, dass diese Vorschrift lediglich verbietet, gesundheitsschädliche Lebensmittel herzustellen und in den Verkehr zu bringen, ohne konkrete Verhaltensanweisungen zu begründen (BGH ZIP 1992, 410 (14) – Hochzeitsessen). Dies bedeutet – bezogen auf Schutzgesetze, welche an den **Verletzungserfolg** anknüpfen –, dass der Geschädigte den vollen Beweis für ein vorsätzliches oder fahrlässiges Außerachtlassen der im Verkehr erforderlichen Sorgfalt erbringen muss (BGH ZIP 1992, 410 (14) – Hochzeitsessen).

13. Haftungsrechtliche Bedeutung eines Qualitätssicherungssystems. (1) Soweit in Qualitätsentscheidungsvereinbarungen die jeweils zu beobachtenden Pflichten zwischen Hersteller/Assembler und Zulieferer aufgeteilt und spezifiziert werden, sind die Festlegungen dieser vertraglichen Rechte und Pflichten nicht geeignet, den durch § 823 BGB oder durch § 1 ProdukthaftG geschuldeten Verkehrssicherungsschutz dem Dritten gegenüber zu begrenzen oder zu beschränken. Anders gewendet: Das Deliktrecht, nicht das Vertragsrecht bestimmt Inhalt und Umfang der dem Dritten, dem Verkehr gegenüber geschuldeten Pflichtprogramm. Daher besteht der wesentliche Vorteil solcher Qualitätssicherungsvereinbarungen darin, den geschuldeten Sicherheitsstandard für die herzustellenden und zu vertreibenden Produkte verbindlich – entsprechend dem Stand von Wissenschaft und Technik – festzulegen. Die konkrete Burteilung der Rechte und Pflichten zwischen Hersteller/Assembler und Zulieferer hat daher primäre Auswirkungen auf Haftungsverteilung und Haftungserteilung (§ 254 BGB) im **Innenverhältnis.**

(2) Darüber hinaus entfalten Qualitätssicherungsvereinbarungen ihre praktische Bedeutung im Zusammenhang mit der **Verteidigung** gegen schadensersatzrechtliche Ansprüche: Der Hersteller trägt – wie dargestellt – dafür die Beweislast, dass er für einen seinem Herrschafts- und Organisationsbereich entstammenden **Produktfehler** nicht einzustehen hat (BGH BB 1970, 1414 – Bremsen). Die Beweislast ist in persönlicher wie in sachlicher Hinsicht umfassend (hierzu im Einzelnen *Foerste* in Foerste/Graf von Westphalen, Produkthaftungshandbuch, § 30 Rn. 30 ff.). In der Praxis bedeutet dies, dass der beklagte Hersteller gehalten ist, jeder einzelnen Behauptung des Klägers, das Produkt sei fehlerhaft, beweiskräftig entgegenzutreten. Gleichzeitig aber muss er alle den Herstellungsprozess betreffenden – erforderlichen und zumutbaren – Sicherheitsvorkehrungen – bezogen auf das jeweilige – Produkt – lückenlos darlegen und regelmäßig **dokumentarisch** unter Beweis stellen.

a) Aus **praktischer Sicht** steht freilich, bereits Gesagtes stabilisierend, fest: Soweit der Geschädigte den Nachweis erbracht hat, dass ein Produktfehler vorliegt, der dem Herrschafts- und Organisationsbereich des Herstellers zuzurechnen ist, hilft dem beklagten Hersteller der Nachweis nichts, dass er alle ihm obliegenden Organisations- und Verkehrssicherungspflichten im Sinn von § 823 Abs. 1 BGB ordnungsgemäß erfüllt hat. Denn unter dieser Voraussetzung reduziert sich die Umkehr der Beweislast auf das (subjektive) Verschulden im Sinn von § 276 BGB. Soweit nämlich eine objektive Pflicht- verletzung – also: ein Produktfehler – tatsächlich vorliegt, ist gleichzeitig der Nachweis dafür erbracht worden, dass der Hersteller die „äußere" Sorgfalt, nämlich: die der Verkehrssicherungspflicht im Sinn von § 823 Abs. 1 BGB verletzt hat. Damit aber ist unmittelbar indiziert, dass der Hersteller auch schuldhaft im Sinn von § 276 BGB gehandelt, dh gegen die „innere" Sorgfalt verstoßen hat (BGH NJW 1981, 1603 (1605) – Derosal). Anders gewendet: Es ist praktisch kaum vorstellbar, dass dem beklagten Hersteller der Nachweis **fehlenden Verschuldens** gelingt, sofern der Geschädigte seinerseits nachgewiesen hat, dass sein Schaden auf einem Produktfehler beruht, der dem Herrschafts- und Organisationsbereich des beklagten Herstellers zuzurechnen ist. Es gibt deshalb auch praktisch keine Entscheidung, die diesen Zusammenhang – zugunsten des beklagten Herstellers – durchbricht.

b) Ob dieser Befund im Ergebnis dadurch abgemildert wird, dass der Hersteller den Nachweis erbringt, über ein anerkanntes **Qualitätssicherungssystem** zu verfügen, erscheint fraglich. Dies gilt jedenfalls nicht für Konstruktions- und Instruktionsfehler sowie für Fehler der Produktbeobachtung: Liegen nämlich diese Fehler vor, so ist damit allemal eine Verletzung der Verkehrssicherungspflicht im Sinn von § 823 Abs. 1 BGB indiziert. Daran ändert ein Qualitätssicherungssystem nichts, zumal es lediglich belegt, dass das betreffende Unternehmen – ganz allgemein gewertet – „qualitätsfähig" ist. Ob man hier im Rahmen von § 6 Abs. 2 ProdSG eine weitere Ausnahme zulassen darf, falls der Hersteller eines Verbraucherprodukts im Rahmen seiner Geschäftstätigkeit „geeignete Maßnahmen zur Vermeidung von Risiken getroffen hat", ist zweifelhaft, weil es hier im Kern um die Frage geht, ob denn ein geeignetes **Rückrufmanagement** besteht (*Klindt* ProdSG § 6 Rn. 47 ff.). Liegt hingegen ein **Fabrikationsfehler** in Form eines (unverschuldeten) „Ausreißers" vor, so hängt die Entlastungsmöglichkeit entscheidend davon ab, ob der Hersteller die ihm obliegenden **Organisationspflichten** aktuell erfüllt und den Nachweis erbringen kann, dass er diejenigen Arbeitnehmer/Angestellten, die den Produktfehler tatsächlich verursacht haben, im Sinn von § 831 Abs. 1 S. 2 BGB ordnungsgemäß ausgewählt und ordnungsgemäß überwacht hat (→ Anm. 11). Macht aber der Geschädigte Schadensersatzansprüche aus der **verschuldensunabhängigen** Produkthaftung gemäß § 1 ProdHaftG geltend, so ist das Bestehen eines Qualitätssicherungssystems ohnehin keine zureichende Verteidigung, sofern der Geschädigte nachweist, dass tatsächlich ein Produktfehler im Sinn von § 3 ProdHaftG vorliegt (im Einzelnen *Graf von Westphalen* in Foerste/Graf von Westphalen, Produkthaftungshandbuch, § 55 Rn. 1 ff.).

(3) Schließlich besteht die praktische Bedeutung von Qualitätssicherungsvereinbarungen auch dann zu gewährleisten, dass eine am § 307 Abs. 2 Nr. 1 BGB zu messende Übereinstimmung zwischen **Haftung und Risikobeherrschung** besteht. Daher ist in Bezug auf entsprechende Abreden immer auf die Kontrollnorm des § 307 Abs. 2 Nr. 1 BGB oder auch auf § 307 Abs. 1 S. 1 BGB zurückzugreifen, wenn der Hersteller/Assembler dem Zulieferer Haftungen auferlegt, die ihn deswegen unangemessen benachteiligen, weil er nicht in der Lage ist, das jeweilige Schadensrisiko zu beherrschen oder ausreichenden Versicherungsschutz bereitzustellen. Dass die Verkehrssicherungspflichten des Herstellers/Teileherstellers gemäß § 823 BGB delegiert werden können und dass damit der Hersteller/Assembler – als Folge einer solchen Delegation – von den entsprechenden Pflichten (im Haftungsfall) entlastet wird und unter diesen Voraussetzungen nicht unbedingt für Schäden haftet, die ein Dritter erleidet, steht nur im Ausgangspunkt fest. Dabei bleibt auch AGB-rechtlich strikt im Auge zu behalten, ob denn die jeweilige Bestimmung – wenn sie denn eine AGB-Klausel nach § 305 Abs. 1 S. 1 BGB tatsächlich ist – nicht an der Barriere der Inhaltskontrolle nach § 307 Abs. 3 BGB scheitert. Denn die Festlegung der jeweiligen **Hauptpflichten** – und dazu zählen wie selbstverständlich auch die jeweiligen vom einzelnen Hersteller zu erfüllenden Verkehrssicherungspflichten – obliegt der Dispositionsfreiheit der Parteien. Das indiziert in der Sache, dass eine Inhaltskontrolle nicht ohne weiteres (§ 307 Abs. 3 S. 1 BGB) in Erwägung zu ziehen sein dürfte (hierzu Palandt/*Grüneberg* BGB § 307 Rn. 57 ff.). Anknüpfungspunkt kann aber dann – abhängig von den spezifischen Umständen des Einzelfalls – im Ergebnis sein, dass sich der Hersteller/Assembler in unangemessener Weise aus seiner deliktsrechtlichen Haftung „entläßt" und den Zulieferer nicht nur mit der Pflicht zur Erbringung der geschuldeten, freilich auch bezahlten Leistung verpflichtet, sondern auch von ihm zur Absicherung der zusätzlich (vertraglich) begründeten Risiken den Abschluß einer entsprechend kostspieligen Versicherung (mit hohen Deckungssummen) als erforderlich und daher geschuldet bezeichnet. So gesehen macht es dann auf dieser Ebene freilich keinen entscheidenden Unterschied, ob es sich um eine freiwillig (auf Grund eigenständiger Einschätzung seines Risikos) vom Zulieferer begründete Versicherungspflicht handelt oder um eine weitergehende Verpflichtung, die ihm der Hersteller/Assembler im Rahmen vorformulierter

Bedingungen auferlegt. Denn die Prämienlast ist in beiden Fällen der Ansatzpunkt für die Kontrolle nach § 307 Abs. 1 S. 1 BGB.

(4) Es ergeben sich nachfolgende Gesichtspunkte, die den „Hintergrund" im Rahmen der Grundsätze der haftungsrechtlich begründeten Arbeitsteiligkeit für Qualitätssicherungsvereinbarungen und ihre Kontrolle nach § 307 Abs. 1 S. 1 BGB im Verhältnis zwischen Hersteller und Lieferant abgeben können.

14. Grundsätze der Arbeitsteiligkeit der Produzentenhaftung. (1) Im Rahmen von **Qualitätssicherungsvereinbarungen** kommt es entscheidend darauf an, die Grenzlinie zu betrachten, welche dadurch charakterisiert ist, dass eine **Delegation der Verkehrssicherungspflichten** im Sinn von § 823 Abs. 1 BGB mit der Konsequenz in Betracht kommt, dass der Endhersteller keineswegs stets für etwaige Pflichtverletzungen des Zulieferers haftet (im Einzelnen *Foerste,* in Foerste/Graf von Westphalen, Produkthaftungshandbuch, § 25 Rn. 38 ff.; *Schmidt-Salzer* BB 1979, 1 ff.). Vor allem in der Entsorgungs-Entscheidung des BGH sind diese Zusammenhänge beleuchtet worden (BGH NJW 1976, 46 – Entsorgung; allgemein BGH NJW 2008, 1440 (1441) – Streupflicht).

(2) Der Hersteller bzw. die Organe der mit der Produktion befassten juristischen Person trifft die Pflicht, persönlich für die Grundlagen einer Organisation zu sorgen, welche das Risiko von Produktfehlern – soweit möglich und zumutbar – minimiert (im Einzelnen *Spindler,* Unternehmensorganisationspflichten, 2001, S. 701 ff.; *Graf von Westphalen* WiR 1972, 67 ff.; *Steindorff* AcP 170 (1970), 93 ff. (113 ff.)). Dieser Zusammenhang wird auch von der Rechtsprechung unterstrichen (BGH NJW 1968, 247 (248 f.) – Schubstrebe; BGH NJW 1973, 1602 (1603) – Feuerwerkskörper). So ist es eben dem Hersteller als originäre Pflichtverletzung zuzurechnen, wenn er ein Sicherheitsteil von einem Arbeitnehmer magnetisch fluten läßt, der nicht ausreichend ausgebildet ist (BGH NJW 1968, 247 – Schubstrebe). In gleicher Weise ist es dem Hersteller – unter Berücksichtigung der ihm obliegenden Beweislast (→ Anm. 10) – zuzurechnen, wenn er nicht in der Lage ist, den Nachweis zu erbringen, welcher Mitarbeiter einen konkreten Produktfehler an einem Feuerwerkskörper verursacht hat, obwohl der Produktionsprozeß automatisiert war (BGH NJW 1973, 1602 – Feuerwerkskörper).

a) In der **Rechtsprechung** wird teilweise verlangt, dass eine juristische Person für Bereiche ihres Betriebs oder ihrer Verwaltung, welche das berufene Organ nicht vollständig überschauen kann, einen **verfassungsmäßig berufenen Vertreter** bestellt (BGHZ 24, 200 (213); BGH NJW 1963, 902 f.). Folgt man dieser These, so bedeutet sie: Etwaige Pflichtverletzungen einzelner Gruppenleiter/Abteilungsleiter etc sind dann dem Betriebsinhaber unmittelbar gemäß § 31 BGB zuzurechnen; eine Entlastungsmöglichkeit besteht nicht. Sinn und Zweck einer solchen Argumentationskette ist es, dem Geschädigten einen finanzkräftigen Schuldner zu sichern (RGZ 89, 136 (138)). Ob man in der Tat soweit gehen kann, erscheint zweifelhaft, weil die Verkehrssicherungspflicht des § 823 Abs. 1 BGB lediglich zum Ziel hat, den Hersteller zu verpflichten, fehlerfreie Produkte in den Verkehr zu bringen. Sie verpflichtet ihn aber nicht notwendigerweise, die Herstellung in einer betrieblichen Einheit zu verselbständigen und diese einem satzungsmäßig berufenen Leiter mit der Haftungskonsequenz des § 31 BGB – zu unterstellen (zum Streitstand *Spindler,* Unternehmensorganisationspflichten, 2001, S. 601 ff.; 760 ff.). Doch ist im Zweifel der Rechtsprechung zu folgen.

b) Entscheidend ist nämlich die Erkenntnis: Da der Hersteller gemäß § 823 Abs. 1 BGB verpflichtet ist, **fehlerfreie und auch sichere** Produkte – soweit möglich und zumutbar – in den Verkehr zu bringen, um Schädigungen der Rechtsgüter Dritter an Leib, Leben, Gesundheit und Eigentum zu verhindern, kommt alles entscheidend darauf an, ob der Hersteller diese Verpflichtung erfüllt und insoweit alle organisatorischen Voraussetzungen schafft. Dies kann auch die Verpflichtung einschließen, bestimmte risikoanfällige oder sicherheitsrelevante Produkte in abgetrennten Einheiten/Abteilungen herzustellen und diese dann auch der Aufsicht eines verfassungsmäßig berufenen Vertreters im Sinn von § 31 BGB unterzuordnen. Ob und inwieweit eine solche Verpflichtung deliktsrechtlich geschuldet wird, entscheidet sich also letzten Endes aufgrund der **Sicherheitserwartung** des Verbrauchers.

c) Die im Rahmen von § 831 Abs. 1 S. 2 BGB geschuldete Verpflichtung des Herstellers, die von ihm eingeschalteten Verrichtungsgehilfen ordnungsgemäß **auszuwählen** und ordnungsgemäß zu **überwachen,** zählt **nicht** zu den originären Organisationspflichten im Sinn von § 823 Abs. 1 BGB (vgl. *Graf von Westphalen* WiR 1972, 67 (81 ff.)). Systematisch erklärt sich dies durch den simplen Befund, dass die Auswahl- und Überwachungspflicht Teil des Entlastungsbeweises des § 831 Abs. 1 S. 2 BGB, nicht aber Teil der – vorgeschalteten – originären Organisationspflicht des Herstellers gemäß § 823 Abs. 1 BGB ist. Tatsächlich ist die originäre Organisationsverantwortlichkeit des Herstellers nur bedingt in den einzelnen Verkehrssicherungspflichten im Sinn von § 823 Abs. 1 BGB abzugrenzen, welche – wie dargelegt – durch die Konstruktion, Fabrikation, Instruktion, Produktbeobachtung und die Vorsorge für den Katastrophenfall, nämlich den Rückruf eines fehlerhaften Produkts ohnehin bestehen (*Spindler,* Unternehmensorganisationspflichten, 2001, S. 701 ff.; 794 ff.). Diese sind in ihrer Struktur abhängig von der **Gefährlichkeit** des jeweils herzustellenden Produkts. Will man insoweit eine **Differenzierung** vornehmen, so läßt sich sagen: Die originäre Organisationspflicht des Herstellers ist das **Fundament,** auf dem alle weiteren Verkehrssicherungspflichten aufbauen.

d) So gesehen sind **Qualitätssicherungsvereinbarungen** allemal Teil der originären Organisationspflicht des Herstellers, einschließlich des „Risk Management" sowie des „Quality-Management" und des „Quality-Control" (vgl. bereits *Friese/von Werder/Klinkenberg* DB 1988, 2369 ff.). Für die Erfüllung dieser originären Organisationspflichten gibt es freilich **kein Einheitskonzept.** Unter diesem Gesichtswinkel ist daher auch das **Form.** zu lesen und in der Praxis umzusetzen.

(aa) Hinzuweisen ist vor allem mit Nachdruck darauf, dass es auf die Festlegung der jeweiligen technischen und organisatorischen Einzelheiten entscheidend ankommt. Maßgebend sind dabei auch die sich aus den Regeln von **§§ 3 ff. ProdSG** ableitenden Pflichten, die – wie gezeigt – öffentlich-rechtlicher Natur sind und die privatrechtlichen Pflichten, wie sie ein Vertrag geschaffen hat, überlagern. Handelt es sich um Verbraucherprodukte, dann ist auch **§ 6 Abs. 2 ProdSG** zu beachten, weil danach ein angemessenes Qualitätssicherungssystem – Rückrufmanagement – gefordert wird (*Kapoor* in Klindt, Produktsicherheitsgesetz, § 6 Rn. 57 ff. – öffentlich-rechtliche Produktbeobachtungspflicht).

(bb) Ohne ein weitreichendes Zusammenwirken von **Technikern und Kaufleuten sowie Juristen und Versicherungsexperten** wird sich eine sinnvolle und auch praktisch durchsetzbare – und deshalb auch: nützliche – Qualitätssicherungsvereinbarung kaum erreichen lassen. Sie ist überdies ständig zu überprüfen und ggf. zu verbessern, sobald sich irgendwo im System Schwachstellen zeigen. Es ist sind Verträge, die zwar abgeschlossen, nicht aber „weggeschlossen" werden dürfen.

(3) Der Hersteller schuldet innerhalb seines Betriebes die **allgemeine Oberaufsicht** (BGH NJW 1968, 247 (248) – Schubstrebe; BGH VersR 1978, 722 (723) – Kfz-Reparatur). Diese Verpflichtung bezieht sich zum einen auf den Einsatz des Personals, zum anderen auf den Einsatz von Maschinen und Anlagen. Dabei steht der Rechtsgüterschutz Dritter im Zentrum der zu erfüllenden Pflicht. Es geht darum, soweit möglich und zumutbar fehlerfreie Produkte in den Verkehr zu bringen, um Personen- oder Sachschäden Dritter zu vermeiden.

(a) Dies wirft erneut die Frage auf, ob der Hersteller berechtigt ist, unter Berücksichtigung betriebswirtschaftlicher Erwägungen, insbesondere des insoweit erforderlichen Aufwands Maßnahmen zu unterlassen, die – unter Berücksichtigung der dargestellten Grundsätze der Organisationspflicht – geboten sind. Dies ist grundsätzlich zu verneinen: Unter Berücksichtigung betriebswirtschaftlicher Kategorien gibt es kein Privileg, die durch § 823 Abs. 1 BGB geschützten Rechtsgüter Dritter dadurch zu verletzen, dass fehlerhafte Produkte in den Verkehr gebracht werden. Unter Berücksichtigung der verschuldensunabhängigen Produkthaftung des § 1 ProdHaftG ist dies ohnehin eine blanke Selbstverständlichkeit.

(b) Natürlich führt diese Sicht zu einer tendenziellen Bevorzugung von Großbetrieben: Sie sind leichter in der Lage, die erforderlichen personellen und finanziellen Ressourcen zur Verfügung zu stellen, um die nach § 823 Abs. 1 BGB geschuldeten Organisationspflichten ordnungsgemäß zu erfüllen. Doch wenn ein kleineres oder ein mittelständisches Unternehmen das gleiche Produkt in den Verkehr bringt, so differenziert die Sicherheitserwartung des Verbrauchers nicht danach, ob das Produkt von einem größeren oder einem kleineren Unternehmen hergestellt worden ist; entscheidend ist allein, dass die Sicherheitserwartung dahin geht, nicht in den Rechtsgütern Leib, Leben, Gesundheit oder Eigentum durch ein fehlerhaftes Produkt verletzt zu werden (BGH ZIP 1990, 516 (517) – Pferdebox). Notfalls ist daher der Vertrieb eines fehlerhaften Produkts einzustellen (BGH ZIP 1994, 213 (217) – Gewindeschneidemittel I). Im Extremfall kann dies auch bedeuten, dass die Produktion eines Produkts insgesamt einzustellen ist, wenn eine Fehlerfreiheit nicht gewährleistet werden kann, obwohl diese nach dem neuesten Stand von Wissenschaft und Technik möglich ist.

(4) Die organisatorische Verantwortlichkeit nach § 823 Abs. 1 BGB, insbesondere die Erfüllung der danach geschuldeten Verkehrssicherungspflichten obliegt nicht nur dem Endhersteller, sondern auch dem **Teilehersteller** (BGH NJW 1968, 247 – Schubstrebe) und dem **Zulieferer** (OLG Karlsruhe NJW-RR 1995, 594 – Dunstabzugshaube; *Foerste* in Foerste/Graf von Westphalen, Produkthaftungshandbuch, § 25 Rn. 38 ff.). Aus § 4 Abs. 1 ProdHaftG folgt die gleiche Erkenntnis: Neben dem Hersteller des Gesamtprodukts ist auch der Teilehersteller gegenüber dem Geschädigten verantwortlich, sofern das von ihm hergestellte Teil fehlerhaft im Sinn von § 3 ProdHaftG war. Doch ergibt sich insoweit eine wesentliche Einschränkung: Während das Endprodukt allemal für den Produktbenutzer/Endverbraucher bestimmt ist, so dass von der dort herrschenden Sicherheitserwartung auszugehen ist, gilt dies nicht für die Konstruktions- und Fabrikationspflichten des Zulieferanten. Diese werden durch die Sicherheitserwartungen des spezifischen Abnehmerkreises bestimmt. Das gleiche gilt erst recht für den Bereich der Instruktionshaftung, weil es hier entscheidend darauf ankommt, ob der Zulieferant Kenntnis von dem spezifischen Verwendungszweck des Teilprodukts als integrierte Einheit des Endprodukts hatte und ob er wußte, welche weiteren Risiken daraus ggf. resultieren können (OLG Karlsruhe NJW-RR 1995, 594 – Dunstabzugshaube – grundlegend). Auch wird man nicht umhin können, den Zulieferer nach § 823 Abs. 1 BGB zu verpflichten, etwaige Warn- oder Rückrufaktionen durchzuführen (BGH NJW 2009, 1080 – Pflegebeten), sofern ein ihm zuzurechnender produktfehler hierfür Veranlassung gegeben hat (OLG Karlsruhe NJW-RR 1995, 594 – Dunstabzugshaube; *Kullmann/Pfister,* Produzentenhaftung, Kza. 3250 S. 4 f.; *Link* BB 1985, 1424 (1426 f.)).

(5) Unter **„Quasi-Hersteller"** wird der Hersteller verstanden, der das jeweilige Produkt selbst nicht herstellt, sich aber nach außen – sei es durch Anbringen des Logo, des Warenzeichens oder eines sonstigen Erkennungszeichens – mit dem Produkt identifiziert, so dass der Produktbenutzer davon ausgeht, der „Quasi-Hersteller" sei in Wirklichkeit der Hersteller des Produkts (BGH NJW 2005, 2695 – Grillanzünder; vgl. auch *Wagener/Wahle* NJW 2005, 3179 ff.). Nach der Rechtsprechung des BGH haftet der „Quasi-Hersteller" nicht wie der Hersteller gemäß § 823 Abs. 1 BGB (BGH VerR 1977, 839 – Autokran; BGH NJW 1980, 1219 – Klapprad). Allein der Umstand, dass der „Quasi-Hersteller" an einem fremdhergestellten Produkt sein Erkennungszeichen anbringt, ist nicht gleichbedeutend mit der Feststellung, dass ihn die herstellerspezifischen Verkehrssicherungspflichten im Sinn des § 823 Abs. 1 BGB treffen (*Foerste* in Foerste/Graf von Westphalen, Produkthaftungshandbuch, § 25 Rn. 135 ff.). Ist nämlich dieses Produkt nicht ausreichend sicher, insbesondere

ist es **fehlerhaft** (BGH ZIP 1994, 213 – Gewindeschneidemittel I – Vertragshändler), so besteht dieser Umstand unabhängig davon, ob der „Quasi-Hersteller“ sein Erkennungszeichen dem Produkt beigibt oder nicht. Etwas **anderes** gilt jedoch im Rahmen von § 4 Abs. 1 ProdHaftG: Danach haftet der „Quasi-Hersteller“ wie ein Hersteller, und zwar allein deswegen, weil er sich – für den Produktbenutzer nach außen erkennbar – mit dem von ihm vertriebenen Produkt **identifiziert.**

(6) Es liegt auf der Hand, dass ein **Händler,** der lediglich ein fremdes Produkt vertreibt, keine uneingeschränkten Verkehrssicherungspflichten im Sinn von § 823 Abs. 1 BGB erfüllen muss: Für irgendwelche Fehler des Produkts, die ihre Ursache in der Herrschafts- und Organisationssphäre des Herstellers haben, haftet daher der Händler nicht. Etwas anderes kann sich jedoch aus den besonderen Umständen des Einzelfalls ergeben, soweit die **Produktbeobachtungspflicht** in Rede steht (BGH ZIP 1994, 213 – Gewindeschneidemittel I). Ist zB der Händler – gleiches gilt auch für den „Quasi-Hersteller“ – mit dem **Alleinvertrieb** eines Produkts betraut, so kann es durchaus sein, dass er dann – im Verhältnis zum Hersteller – „näher daran“ ist, die Pflichten zu erfüllen (BGH NJW 1995, 1286 – Milupa II), die als „passive“ Produktbeobachtungspflichten in der Rechtsprechung normiert worden sind (→ Anm. 8 (2)). Dies ist jedenfalls dann auch im Hinblick auf die Pflichten der aktiven Produktbeobachtung zu bejahen (→ Anm. 8 (3)), wenn sich der Hersteller – gleichgültig, aus welchen Gründen – weigert, die nach § 823 Abs. 1 BGB geschuldeten Produktbeobachtungspflichten zu erfüllen (BGH ZIP 1994, 213 – Gewindeschneidemittel I; BGH NJW-RR 1995, 342 (343) – Gewindeschneidemittel II).

Gemäß **§ 4 Abs. 2 ProdHaftG** haftet der Händler als Verkäufer dann wie der Hersteller, sofern er nicht in der Lage ist, dem geschädigten Kunden innerhalb eines Monats bekanntzugeben, von wem er das schädigende Produkt bezogen hat (LG Lübeck VersR 1993, 1282 – Adventskranz; vgl. auch OLG Koblenz NJW-RR 1999, 1624 – Mineralwasserflasche). Dabei ist er lediglich verpflichtet, seine Recherchen nach den Informationen zu gestalten, die ihm beim Produkterwerb zur Verfügung gestellt worden waren (BGH NJW 2005, 2695 (2697) – Grillanzünder; vgl. auch *Graf von Westphalen* in Foerste/Graf von Westphalen, Produkthaftungshandbuch, § 49 Rn. 74 ff.).

(7) Nach der Rechtsprechung des BGH ist der Endhersteller, der Teilehersteller sowie der **handelnde Mitarbeiter persönlich** für die von ihm zu erfüllenden Verkehrssicherungspflichten im Sinn von § 823 Abs. 1 BGB verantwortlich (→ Anm. 14/2a/b). Selbstverständlich schließt dies ein, dass der jeweilige, vom Geschädigten in Anspruch genommene Mitarbeiter die **Organisationsverantwortung** dafür hat, dass ein Produktfehler entstanden ist (BGH ZIP 1992, 410 – Hochzeitsessen). Konkret bedeutet dies: Die von der Rechtsprechung des BGH entwickelten Grundsätze der Beweiserleichterung (→ Anm. 10) sind folglich auch auf die persönliche Haftung des jeweiligen Mitarbeiters anwendbar; insbesondere gilt die Umkehr der Beweislast im Rahmen des Verschuldens. Von dieser Haftungsfigur, welche im Rahmen des ProdHaftG keine Entsprechung findet, werden insbesondere Betriebsleiter, Qualitätssicherungsleiter, Leiter der Entwicklungsabteilung, aber auch solche Mitarbeiter minderer Verantwortung erfaßt, sofern sie jedenfalls für ihren Bereich die organisatorische Verantwortung haben (BGH BB 1975, 1031 – Spannkupplung). Diese Rechtsprechung ist inzwischen vom BGH auf der Ebene des **Verjährungsrechts** erheblich verschärft worden, weil etwaige Ansprüche gegen die einzelnen Mitarbeiter, vor allem auch gegenüber Vorständen und Geschäftsführern einer eigenständigen Verjährung nach den §§ 195, 199 BGB unterworfen sind (BGH NJW 2001, 381; NJW-RR 2001, 1168; hierzu auch *Kullmann* NJW 2002, 30 (35 f.)). Immer dann, wenn mehrere Personen als Schädiger in Betracht kommen, ist nach Ansicht des BGH der Beginn der Verjährung nach den §§ 195, 199 BGB – bezogen auf das subjektive Merkmal der Kenntnis – für jede einzelne Person gesondert zu ermitteln. Daher ist der Geschädigte verpflichtet, sich die insoweit erforderliche Kenntnis von Name und Anschrift des betreffenden Mitarbeiters/Vorstandes/Geschäftsführers zu verschaffen; der Beginn der

Verjährung setzt nämlich immer dann schon ein, wenn der Geschädigte ohne nennenswerte Mühe und ohne besondere Kosten in der Lage ist, sich die betreffende Kenntnis von Name und Anschrift der jeweiligen Person, welche als Schädiger in Betracht kommt, zu besorgen (hierzu auch BGH NJW 2000, 953). Kritisch zu dieser Rechtsprechung *Spindler,* Unternehmensorganisationspflichten, 2001, S. 844 ff., wobei diese Kritik vor allem auf den Bereich des Gesellschaftsrechts bezogen ist (vgl. auch Großkommentar/*Hopt,* Aktiengesetz, § 93 Rn. 504 mwN).

15. Grundsätze der vertikalen Arbeitsteilung. (1) Nach der von *Steffen* (RGRK-*BGB/Steffen* § 823 Rn. 271) entwickelten Terminologie liegt eine „vertikale" Arbeitsteilung immer dann vor, wenn bei der Herstellung eines Endprodukts Werkstoffe als Halbfertigwaren oder als Einzelteile bzw. komplette Bauteile von einem Lieferanten bezogen und von dem Hersteller des Endprodukts verwendet werden (*Kullmann/Pfister,* Produzentenhaftung, Kza. 3250 S. 3 ff.). Auch bei einer „vertikalen" Arbeitsteilung bleibt es bei dem Grundsatz, dass sowohl der Teilehersteller als auch der Endhersteller für das jeweilige Teil- bzw. Endprodukt im Rahmen der Verkehrssicherungspflicht gemäß § 823 Abs. 1 BGB verantwortlich sind (*Foerste* in Foerste/Graf von Westphalen, Produkthaftungshandbuch, § 25 Rn. 41 ff.). Folglich ist der Teilehersteller in konstruktiver und fertigungstechnischer Hinsicht verpflichtet, das von ihm zugelieferte Produkt so zu gestalten, dass derjenige Sicherheitsgrad erreicht wird, der in dem Verwendungsbereich dieses Teilprodukts allgemein für erforderlich angesehen wird (BGH VersR 1972, 559 – Förderkorb).

(2) Bei der „vertikalen" Arbeitsteilung steht fest, dass der Endhersteller/Assembler schon **im Rahmen der Konstruktion** dafür zu sorgen hat, dass das von ihm selbst nicht hergestellte Teilprodukt so ausgelegt und konstruiert ist, dass es alle Funktionen erfüllen kann, welche letzten Endes auch vom Endprodukt erfüllt werden müssen (*Steinmann,* Qualitätssicherungsvereinbarungen zwischen Endprodukthersteller und Zulieferant, S. 68 f.). Folglich hat der Endhersteller/Assembler für die **richtige Spezifikation** des Teilprodukts Sorge zu tragen: Er muss das vom Teilehersteller herzustellende Produkt so exakt beschreiben und die **sicherheitsrelevanten Zielvorgaben** spezifizieren, dass der Teilehersteller ohne weiteres in der Lage ist, ein sicheres Teilprodukt herzustellen (OLG Frankfurt a. M. VersR 1990, 981 – Industriefilter). Demzufolge ist der Endhersteller/Assembler verpflichtet, ein **detailliertes Pflichtenheft** zu erstellen (*Steinmann* Qualitätssicherungsvereinbarungen S. 69). Umgekehrt ist der Endhersteller/Assembler verpflichtet, alle **Produktinformationen** des Teileherstellers exakt zu beachten. Dies gilt insbesondere für etwaige Warn- und Verwendungshinweise (*Kullmann/Pfister,* Produzentenhaftung, Kza. 3250 S. 8).

(3) Soweit der **Teilehersteller** die fabrikationstechnische Verantwortung übernimmt – er handelt dann praktisch als „verlängerte Werkbank des Endherstellers" – ist der Endhersteller verpflichtet, sich durch ausreichende Produktkontrollen davon zu überzeugen (OLG Karlsruhe NJW-RR 1995, 594 – Dunstabzugshaube), dass die einzelnen Lieferungen der fremdproduzierten Teile auch die Eigenschaften aufweisen, die den der Auftragserteilung zugrunde gelegten Spezifikationen entsprechen. Der Umfang der danach geschuldeten Prüfungen hängt von dem Grad der Gefährlichkeit des Produkt ab. In welcher Weise der Endhersteller/Assembler die erforderlichen Kontrollen durchführt, bleibt seiner Entscheidung überlassen. Fest steht jedenfalls, dass er diese Kontrollen mit der gleichen Gründlichkeit durchführen muss, die geboten wäre, wenn er selbst als Endhersteller das Teilprodukt herstellen und in den Verkehr bringen würde (*Foerste* in Foerste/Graf von Westphalen, Produkthaftungshandbuch, § 25 Rn. 41 ff.).

a) Ob in diesem Zusammenhang eine **Wareneingangskontrolle** gemäß § 377 HGB ausreicht, läßt sich nicht generell sagen. Zunächst ist freilich darauf aufmerksam zu machen, dass § 378 HGB aF in Fortfall geraten ist, weil die Reform des Schuldrechts auch die Zuviel- und die Zuweniglieferung, vor allem aber auch die Falschlieferung nach § 434 Abs. 3 BGB in den Bereich der gewöhnlichen Mängelhaftung eingestellt hat (hierzu

Kreifels/Weide in Foerste/Graf von Westphalen, Produkthaftungshandbuch, § § 62 Rn. 56 ff.). Dies hängt im Übrigen mit einer doppelten – weiteren – Erkenntnis zusammen: Die vom Endhersteller geschuldeten Pflichten im Rahmen der Wareneingangskontrolle gemäß § 377 HGB dienen dem Schutz des Teileherstellers/Lieferanten, weil dieser durch die unverzügliche Mängelrüge davon in Kenntnis gesetzt werden soll, ob er mir Gewährleistungsansprüchen oder sonstigen Beanstandungen rechnen hat (*Baumbach/Hopt* § 377 Rn. 26). Demgegenüber dienen die Verkehrssicherungspflichten des § 823 Abs. 1 BGB dem Schutz der Rechtsgüter Dritter. Soweit also der Endhersteller/Assembler im Rahmen der „vertikalen" Arbeitsteilung die Erfüllung von Verkehrssicherungspflichten an den Teilehersteller delegiert, muss im praktischen Endergebnis gewährleistet sein, dass das Endprodukt genauso sicher hergestellt wird, wie wenn es der Endhersteller/Assembler selbst herstellen würde; irgendwelche Sicherheitsdefizite dürfen also aufgrund der Delegation der Verkehrssicherungspflichten nicht entstehen. Doch wird in der Praxis – wie in **Form.** auch vorgeschlagen – die Kontrolle gemäß § 377 HGB **abbedungen.**

b) Gleichwohl gilt im Rahmen von § 823 BGB: Der Endhersteller darf keine Teile verwenden, von deren mangelfreier Beschaffenheit er selbst nicht überzeugt ist (vgl. BGH VersR 1960, 855 (856) – Kondenstopf). Wichtig ist in diesem Zusammenhang, dass das OLG Köln (OLG Köln NJW-RR 1990, 414) die Auffassung vertreten hat, ein Endhersteller/Assembler, der zugelieferte Teile verwendet, genüge grundsätzlich seinen Verkehrssicherungspflichten im Sinn von § 823 Abs. 1 BGB, wenn er entweder die Güte des Materials oder die Verläßlichkeit des Teileherstellers prüft, was insbesondere dann gelte, wenn zwischen beiden Parteien eine langjährige Geschäftsverbindung bestand. Ob dieser Aussage in dieser Allgemeinheit zu folgen ist, ist nach Auffassung von *Kullmann* zweifelhaft (*Kullmann* NJW 1991, 675 (679)). In dem entschiedenen Fall war der Endhersteller/Assembler – so die Interpretation von *Kullmann* – nur deswegen nach Ansicht des BGH, der die Revision nicht angenommen hatte, von der Überprüfung der zugelieferten Teile befreit, weil es ihm nicht möglich und nicht zumutbar war, sie einer ordnungsgemäßen Prüfung zu unterziehen, und weil der Endhersteller/Assembler die Produkte von einem als zuverlässig bekannten Teilehersteller bezogen hatte, dessen Verläßlichkeit er – während der Dauer der Geschäftsverbindung – geprüft hatte.

(4) Für eine **Delegation der Verkehrssicherungspflichten** des Endherstellers/Assemblers an den Teilehersteller gilt schließlich – und daran sind Qualitätssicherungsvereinbarungen stets zu messen – den Endhersteller/vertraglich einbinden überwachen, das Produkt ordnungsgemäß kontrollieren und die „Liquiditätsgarantie" zugunsten des Geschädigten sicherstellen.

a) Dies setzt zunächst voraus, dass bei der **Auswahl** des Zulieferers dieser über das erforderliche sicherheitsrelevante Know-how verfügt und ordnungsgemäß – sowohl in personeller als auch in sachlicher Hinsicht – organisiert ist (*Foerste* in Foerste/Graf von Westphalen, Produkthaftungshandbuch, § 25 Rn. 55). Dabei kommt es stets entscheidend darauf an, ob der Teilehersteller für das dem Endhersteller/Assembler gewünschte Teilprodukt die erforderliche fachliche/persönliche Eignung besitzt. Soweit die Entscheidung für einen bestimmten Teilehersteller lediglich deswegen gefallen ist, weil er das Teilprodukt besonders preisgünstig anbietet, können schon aus diesem Grund berechtigte Zweifel bestehen, ob der Endhersteller/Assembler die insoweit erforderliche Verkehrssicherungspflicht gemäß § 823 Abs. 1 BGB ordnungsgemäß erfüllt hat. Für die Praxis ist es also notwendig, dass der Endhersteller/Assembler detaillierte Lieferantenbewertungen erstellt und diese im Rahmen der Qualitätssicherungsvereinbarungen ständig auf dem laufenden hält.

b) Es wurde bereits betont, dass der Endhersteller/Assembler im Rahmen des § 823 Abs. 1 BGB verpflichtet ist, dem Teilehersteller alle erforderlichen Informationen zu geben und ihn genau und spezifikationsgerecht vertraglich einzubinden, damit dieser das Teilprodukt in der erforderlichen Sicherheit herstellen und damit die Funktion des

Endprodukts gewährleisten kann. Der Teilehersteller muss also möglichst umfassend über die Konzeption des Endprodukts unterrichtet sein, und häufig wird es sich nicht vermeiden lassen, dass Betriebsgeheimnisse (Daten) und geheimhaltungsbedürftiges Know-how des Endherstellers/Assemblers dem Teilehersteller überlassen wird. Auch muss der Endhersteller/Assembler sicherstellen, dass der Teilehersteller ausreichende Kontrollen durchführt (*Foerste* in Foerste/Graf von Westphalen, Produkthaftungshandbuch, § 25 Rn. 67 f.).

c) Der Endhersteller darf Teilprodukte, welcher er von einem Teilehersteller bezogen hat, nur dann im Endprodukt verwenden, wenn er sich in umfassender Weise von der Sicherheit des Teilprodukts überzeugt hat. Deliktsrechtlich hat der Endhersteller/Assembler diese Kontrolle in gleicher Weise und mit der gleichen Gründlichkeit durchzuführen, die geboten wäre, wenn der Endhersteller/Assembler das Teilprodukt selbst hergestellt hätte. Anders gewendet: Die Summe der Herstell- und Kontrollpflichten ist stets gleich; sie besteht unabhängig davon, ob der Endhersteller/Assembler die fabrikationstechnische Verantwortlichkeit auf den Teilehersteller verlagert. Ob es gemäß § 307 Abs. 1 S. 1 BGB wirksam ist dass der Endhersteller/Assembler die gemäß § 377 HGB geschuldete Wareneingangskontrolle und die Eigenkontrolle des Teilprodukts insgesamt auf den Teilehersteller als umfassende **Ausgangskontrolle** verlagert, soll gesondert untersucht werden (→ Anm. 19).

d) Wenn deliktsrechtlich die Delegation der Verkehrssicherungspflichten auf den Teilehersteller unbedenklich ist und keine Verletzung der Auswahl-, der vertraglichen Einbindungspflicht sowie der Kontrollpflichten vorliegen, so bedingt dies, dass der Geschädigte lediglich einen Schadensersatzanspruch gegenüber dem Teilehersteller, nicht aber gegenüber dem Endhersteller/Assembler hat. Denn der Endhersteller/Assembler hat die ihm deliktrechtlich obliegenden Pflichten ordnungsgemäß auf den Teilehersteller delegiert. Daraus folgt, dass der Endhersteller/Assembler verpflichtet ist, durch eine vertragliche Vereinbarung mit dem Teilehersteller dafür zu sorgen, dass dieser über einen ausreichenden **Deckungsschutz** im Rahmen seiner Haftpflicht- bzw. Produkthaftpflichtversicherung verfügt. Dies wird als **„Liquiditätsgarantie“** bezeichnet (*Foerste* in Foerste/Graf von Westphalen, Produkthaftungshandbuch, § 25 Rz. 58 f.; vgl. auch *Fuchs* JZ 1994, 533 (536)). Dadurch soll erreicht werden, dass dem Geschädigten ausreichende Geldmittel zur Verfügung stehen, sofern er Schadensersatzansprüche nicht gegenüber dem Endhersteller/Assembler, sondern lediglich gegenüber dem Teilehersteller geltend machen kann. Der Endhersteller/Assembler darf also nur solche Teilehersteller einschalten, die diese Gewähr bieten. Zwar hat die Rechtsprechung diese Figur der „Liquiditätsgarantie“ noch nicht übernommen. Da jedoch *Kullmann* als führender BGH-Richter diese Forderung vertreten hat, sollte sich die Praxis danach ausrichten sollte (*Foerste* in Foerste/Graf von Westphalen, Produkthaftungshandbuch, § 25 Rn. 58). Konkret bedeutet dies, dass der Endhersteller/Assembler durch vertragliche Vereinbarung dafür Sorge tragen muss, dass der Teilehersteller **mindestens** eine **Deckungssumme von 5 Mio. EUR Schadensfall** kontrahiert und während der Dauer Vertragsbeziehungen aufrechterhält. Soweit der Teilehersteller davon Kenntnis hat, dass das Endprodukt in die USA, Kanada oder Australien geliefert wird, erscheint es sogar sachgerecht, von einer noch wesentlich höheren Deckungssumme auszugehen. Dies setzt freilich voraus, dass der Endhersteller/Assembler den Teilehersteller – zumindest – von derartigen Exporten im voraus in Kenntnis setzt. Ob die Überwälzung dieser Versicherungspflicht mit § 307 Abs. 1 BGB im Einklang steht, soll später dargestellt werden (→ Anm. 19).

16. Grundsätze der horizontalen Arbeitsteilung. (1) Von einer „horizontalen“ Arbeitsteilung ist dann zu sprechen, wenn der Endhersteller, der ein Produkt in den Verkehr bringen will, Arbeitsgänge auf einer oder mehreren Produktionsstufen an ein anderes Unternehmen vergibt (*Foerste* in Foerste/Graf von Westphalen, Produkthaftungshandbuch, § 25 Rn. 114 ff.; *RGRK-BGB/Steffen* § 823 Rn. 271). Dabei ist freilich zu berücksichtigen, dass es zwischen der „vertikalen" und der „horizontalen" Arbeitsteilung in der Praxis mannigfache Verschleifungen gibt. Die verwendeten Begriffe dienen also nur einer ersten Orientierung (*Steinmann* Qualitätssicherungsvereinbarungen S. 79). Deshalb ist stets im einzelnen – bezogen auf die jeweilige Qualitätssicherungsvereinbarung – zu ermitteln, welche spezifischen Aufgaben der Endhersteller/Assembler und der Teilehersteller – sowie andere in die Herstellkette eingeschaltete Unternehmen – bezogen auf das fehlerhafte Produkt übernommen haben.

(2) Der **Teilehersteller**, welcher die **Konstruktionsverantwortung** übernommen hat, ist grundsätzlich verpflichtet, als **Hersteller** dafür einzustehen, dass seine Tätigkeit spezifikationsgemäß erfolgt und keine nach dem neuesten Stand von Wissenschaft und Technik vermeidbare Produktgefahr auftritt (*Foerste* in Foerste/Graf von Westphalen, Produkthaftungshandbuch, § 25 Rn. 118 ff.). Wie bereits bei der „vertikalen" Arbeitsteilung angedeutet (→ Anm. 15), kann der Endhersteller/Assembler seine Haftung für etwaige Produktfehler des Teileherstellers in der Weise beschränken, dass er diesen sorgfältig auswählt und sorgfältig überwacht, wobei er auch eine fachlichtechnische vertragliche Einbindung absichert und Kontrollen des Teilproduktes gewährleisten muss. Etwaige Kontrollen sind insbesondere dann gefordert, wenn der Endhersteller/Assembler hierzu Anlaß hat, wobei es auch auf die eigene Sachkunde des Endherstellers/Assemblers maßgebend ankommt.

(3) Grundsätzlich hat in diesen Fällen der Endhersteller/Assembler die Bestimmungsgewalt über die Konstruktion, einschließlich der Materialauswahl; der **Teilehersteller** übernimmt dann in erster Linie die **Fabrikationsverantwortung** (BGH ZIP 1990, 514 (515) – Expander). Aber auch der Teilehersteller bleibt in bestimmten Grenzen für die dem Endhersteller/Assembler obliegende Konstruktionsverantwortung **mitverantwortlich:** Verkehrssicherungspflichten im Sinn von § 823 Abs. 1 BGB treffen ihn nämlich immer dann, wenn der Teilehersteller bei der Ausführung der ihm übertragenen Tätigkeit die **Gefährlichkeit** der Konstruktion erkennen kann (BGH ZIP 1990, 514 (515) – Expander). Deshalb kommt es entscheidend darauf an, ob der Endhersteller/Assembler in der Lage war, bestimmte konstruktive **„Schwachstellen"** zu erkennen; entscheidend ist also, ob er hierzu das erforderliche **Sachwissen** hat. Dies dürfte jedenfalls dann zu bejahen sein, wenn der Teilehersteller die gleichen Produkte selbst konstruiert und herstellt wie er sie vom Endhersteller/Assembler in Auftrag erhalten hat. Im Übrigen gelten auch in diesem Fall die gleichen Gesichtspunkte, die zuvor bei der „vertikalen" Arbeitsteilung im einzelnen dargelegt worden sind (→ Anm. 15): Es geht also darum, dass der Endhersteller/Assembler den Teilehersteller sorgfältig auswählt und sorgfältig überwacht, ihn technisch-fachlich vertraglich einbindet und eine ausreichende Kontrolle des zugelieferten Produkts gewährleistet und eine „Liquiditätsgarantie" durch Versicherungsschutz zugunsten des Teileherstellers sicherstellt.

17. „Vertikale" und „horizontale" Arbeitsteilung auf der Grundlage des Produkthaftungsgesetzes. (1) Die nach § 1 ProdHaftG normierte **verschuldensunabhängige** Einstandspflicht für etwaige Produktfehler bedeutet, dass alle Mitglieder der Herstellerkette sogleich auch verantwortlich sind für Fehler, die von vorangegangenen Gliedern dieser Kette verursacht worden sind. Denn die in einem späteren Stadium der Warenherstellung eingeschalteten Unternehmen werden nach dem ProdHaftG so behandelt, als hätten sie das gesamte Produkt selbst hergestellt und den tatsächlich von einem vorgeschalteten Teilehersteller verursachten Fehler selbst zu verantworten. Dies ist die zwingende Konsequenz der Rechtsregel des § 4 Abs. 1 iVm § 1 ProdHaftG. Konkret bedeutet dies also: Der **Endhersteller** ist vollverantwortlich für die Fehlerhaftigkeit eines von ihm in den Verkehr gebrachten Endprodukts, und zwar auch insoweit, als der Fehler originär einem von ihm nicht hergestellten Teilprodukt zuzuweisen ist. Dies gilt für den Konstruktions- und Fabrikationsbereich ebenso wie für die Instruktionshaftung. Für die **Produktbeob-**

achtungspflicht gilt indessen etwas anderes, weil diese Pflicht, soweit sie nach dem Inverkehrbringen des Produkts – auch als Folge der Weiterentwicklung des Standes von Wissenschaft und Technik – entsteht, lediglich von der Verkehrssicherungs-Pflicht des § 823 Abs. 1 BGB erfasst wird (→ Anm. 8).

(2) Der Teilehersteller haftet gemäß § 4 Abs. 1 in Verbindung mit § 1 ProdHaftG für alle Fehler des Teilprodukts, welche in dem Zeitpunkt bestanden, in welchem der Teilehersteller dieses Produkt in den Verkehr brachte. Zu beachten ist jedoch der **Ausschlusstatbestand** von § 1 Abs. 3 ProdHaftG: Die Einstandspflicht des Teileherstellers ist dann beschränkt, wenn der Fehler nicht im Teilprodukt selbst liegt, sondern in der Art und Weise der konstruktiven Verwendung des Teilprodukts innerhalb des Folgeprodukts. In diesen Fällen muss der Fehler „durch die **Konstruktion des Produkts, in welches das Teilprodukt eingearbeitet wurde**" bedingt sein (im Einzelnen *Graf von Westphalen* in Foerste/Graf von Westphalen, Produkthaftungshandbuch, § 46 Rn. 78 ff.). Gleiches gilt gemäß § 1 Abs. 3 ProdHaftG auch in den Fällen, in denen die Fehlerhaftigkeit des Teilprodukts auf „Anleitung" des Herstellers des Endprodukts beruht. Beide Varianten setzen voraus, dass die Konstruktion des Teil- und des Endprodukts nicht arbeitsteilig erfolgt, so dass eine klare Abgrenzung der Aufgabenbereiche tatsächlich vorgenommen werden kann. Aber auch unter dieser Voraussetzung kann der Teilehersteller nur dann auf die Richtigkeit und Vollständigkeit der konstruktiven Vorgaben des Endherstellers vertrauen, wenn ihm die Fehlerhaftigkeit oder Unvollständigkeit im Rahmen seiner Tätigkeit – unter Berücksichtigung seines Fachwissens – nicht erkennbar war (*Schmidt-Salzer/Hollmann,* EG-Richtlinie, Art. 7 Rn. 194).

(3) Da also nach §§ 4, 1 ProdHaftG zwischen Endhersteller und Teilehersteller ein **Gesamtschuldverhältnis** insoweit vorliegt, als der Fehler des Teilprodukts für den Schaden ursächlich war, bestimmt § 5 ProdHaftG im Außenverhältnis, dass Endhersteller und Teilehersteller dem Geschädigten als Gesamtschuldner haften. Im Innenverhältnis richtet sich die Haftung des Teileherstellers und die des Endherstellers nach den Regeln der §§ 421 ff. BGB, wobei der jeweilige Mitverursachungsanteil gemäß § 254 BGB berücksichtigt wird. Deswegen haben die Bestimmungen einer Qualitätssicherungsvereinbarung insoweit hohe Bedeutung: Sie legen nicht nur die Pflichten des Teileherstellers und die des Endherstellers fest, sondern bestimmen damit gleichzeitig, in welchem Umfang der Fehler des Teilprodukts von dem Teilehersteller oder dem Endhersteller verursacht worden ist, weil der eine oder andere die ihm obliegenden Pflichten verletzt hat.

18. Dokumentationspflichten. (1) Gegen Regelungen betreffend die Dokumentationspflicht bestehen unter dem Blickwinkel von § 307 Abs. 1 S. 1 BGB keine durchgreifenden Bedenken: Sie liegt nämlich im originären Eigeninteresse des Teileherstellers/Zulieferers, weil sie ihm – wenn denn überhaupt – die Möglichkeit eröffnet, im Rahmen einer Haftung gemäß § 823 Abs. 1 BGB den Nachweis zu erbringen, dass der Produktfehler von ihm nicht verschuldet wurde. Auch gegen die **Aufbewahrungspflicht** von zehn Jahren bestehen keine Bedenken. Die Frist rechtfertigt sich unter Berücksichtigung von § 13 ProdHaftG, danach erlöschen Schadensersatzansprüche gemäß § 1 ProdHaftG nach Ablauf von zehn Jahren, gerechnet von dem Zeitpunkt, in welchem der Hersteller das Produkt, welches den Schaden verursacht hat, in den Verkehr gebracht hat.

(2) Der Endhersteller/Assembler hat ein vitales Interesse daran, einen **Qualitäts-Audit** beim Teilehersteller/Zulieferer durchzurühren, weil er nur so in der Lage ist, seine delikts- und haftungsrechtliche Verantwortlichkeit ordnungsgemäß zu erfüllen, sofern das vom Teilehersteller/Zulieferer gefertigte Teilprodukt einen Schaden verursacht. Deshalb bestehen gegen derartige Klauseln keine Bedenken gemäß § 307 Abs. 2 Nr. 1 BGB.

a) Es liegt auf der Hand, dass gerade in diesem Bereich die Kontrollrechte des Endherstellers/Assemblers mit den **Geheimhaltungsinteressen** des Teileherstellers/Zulieferers konkurrieren (*Schmidt* NJW 1991, 144 (151)). Dieser **Zielkonflikt** kann nur im Einzelfall gelöst werden: Der Endhersteller/Assembler hat ein vitales Interesse daran, dass die an den Teilehersteller/Zulieferer delegierten Kontrollpflichten ordnungsgemäß erfüllt werden; diesem Zweck dient das jeweilige Qualitäts-Audit. Lässt sich nachweislich dieses Kontrollrecht nur in der Weise ordnungsgemäß erfüllen, dass der Endhersteller/Assembler das Qualitäts-Audit auch auf Betriebs- und Geschäftsgeheimnisse des Teileherstellers/Zulieferers erstreckt, so haben die Kontrollrechte jedenfalls den Vorrang, wenn gleichzeitig eine Geheimhaltungsvereinbarung die Interessen des Teileherstellers/Zulieferers absichert. Jedenfalls gilt dies dann uneingeschränkt, wenn die Geheimhaltungsvereinbarung. Was jedenfalls in diesen Fällen zu empfehlen ist, mit einer fühlbaren Vertragsstrafe für den Fall ihrer Verletzung sanktioniert ist (*Steinmann* Qualitätssicherungsvereinbarungen S. 139 f.).

b) Können jedoch die Kontrollrechte des Endherstellers/Assemblers auch in der Weise ordnungsgemäß erfüllt werden, dass das geheimhaltungsbedürftige Know-how des Teileherstellers/Zulieferers ausgespart wird, so ist dieser Alternative der Vorzug zu geben; notfalls empfiehlt sich eine entsprechende vertragliche Vereinbarung.

19. Verzicht auf die Untersuchungs- und Rügeobliegenheit gemäß § 377 HGB. (1) Es gehört zum eisernen Bestandteil von Qualitätssicherungsvereinbarungen – besonders dann, wenn zusätzlich ein „Just-in-Time"-Konzept (*Steckler,* Der Just-in-Time-Liefervertrag, 1996) realisiert wird –, dass der Endhersteller/Assembler festlegt, dass der Teilehersteller/Zulieferer zu einer Endkontrolle verpflichtet ist, während der Endhersteller/Assembler von Wareneingangskontrolle gemäß § 377 HGB dispensiert wird (*Kreifels/Weide* in Foerste/Graf von Westphalen, Produkthaftungshandbuch, § 62 Rn. 56 ff.). Es heißt dann zB:

„Der Zulieferer ist verpflichtet. Qualitätssicherungsmaßnahmen und -kontrollen durchzurühren, so dass eine Wareneingangskontrolle beim Hersteller des Folgeprodukts entfallen kann."

Oder es wird formuliert:

„Der Zulieferant nimmt die Endkontrolle vor; er verzichtet gleichzeitig auf den Einwand der verspäteten Mängelrüge gemäß § 377 HGB."

(2) Ob diese Form der **Haftungsbegrenzung** auf den Zulieferer als Teilehersteller mit § 307 Abs. 1 BGB im Einklang steht, ist die mit Abstand schwierigste und umstrittenste Frage, die bei Qualitätssicherungsvereinbarungen zu bewältigen ist (*Grunewald* NJW 1995, 1777 ff.). Urteile liegen jedoch leider nicht vor. Doch ist die Frage nachhaltig im Auge zu behalten, ob und inwieweit nicht der Deckungsschutz der Haftpflichtversicheurng auf diese Weise gefährdet wird (im Einzelnen *Koch* IWRZ 2017, 219 ff.)

a) § 377 Abs. 1 HGB bestimmt, dass bei einem **beiderseitigen** Handelskauf von Waren dem Käufer dic Obliegenheit auferlegt ist, die angelieferte Ware unverzüglich – nach den Gepflogenheiten des ordnungsgemäßen Geschäftsverkehrs, soweit dies tunlich ist – zu untersuchen und gefundene Mängel unverzüglich dem Verkäufer anzuzeigen. Mängel, die sich erst später zeigen und auch bei einer ordnungsgemäßen Wareneingangskontrolle nicht hätten entdeckt werden können, sind „versteckte" oder „verdeckte" Mängel; sie sind unverzüglich nach ihrer Entdeckung gemäß § 377 Abs. 3 HGB zu rügen. Von entscheidender Bedeutung ist in diesem Zusammenhang, dass § 377 Abs. 2 HGB ein „Alles-Oder-Nichts-Prinzip" vorsieht: Mangels rechtzeitiger Rüge gilt die Ware in Ansehung des Fehlers als „genehmigt". Diese **Genehmigungsfiktion** – als Folge der rügelosen Annahme der mangelhaften Ware – bezieht sich auf alle Gewährleistungsansprüche im weiteren Sinne, dh auch Ansprüche wegen positiver Vertragsverletzung sind umfaßt (BGH BB 1987, 2326 (2327)). Gleichzeitig ist damit gesagt, dass sich § 377 Abs. 2 HGB nicht auf deliktsrechtliche Ansprüche bezieht, welche dem Käufer gegenüber dem Lieferanten zustehen (BGH NJW 1988, 52; MünchKomm/Grunewald HGB, 4. Aufl. § 377 Rn. 114). Dies hängt damit zusammen, dass die Haftung aus § 823 Abs. 1 BGB darauf beruht, dass der Lieferant seine Verkehrssicherungspflicht gegenüber dem Besteller schuldhaft verletzt und demzufolge ihm einen Personen- oder Sachschaden zugefügt hat.

b) Die Untersuchung muss in solchem **Umfang** und in solcher **Art** vorgenommen werden, wie es **erforderlich** ist, um das Vorhandensein von Mängeln festzustellen (RG JW 1924, 814). Zeitpunkt, Methode und Umfang der gebotenen Untersuchung richten sich danach, was „nach ordnungsgemäßem Geschäftsgang" tunlich ist. Aufgrund seiner Vereinbarung kommt es hierbei regelmäßig darauf an, ob in der betreffenden Branche ein eindeutiger Handelsbrauch Maß gibt (LG Aachen BB 1952, 213 – Prüfung von Stoffballen; BGH NJW 1976, 625 – Prüfung der Farbechtheit von Stoffen). Es kommt also nicht auf die Üblichkeit der Untersuchung, sondern auf deren Ordnungsgemäßheit an (BGH NJW 1976, 625 – Prüfung der Farbechtheit von Stoffen; vgl. auch *Graf von Westphalen* in Foerste/Graf von Westphalen, Produkthaftungshandbuch, § 4 Rn. 26 ff.). Der Käufer ist daher verpflichtet, die Untersuchung mit fachmännischer Sorgfalt durchzuführen (BGH NJW 1977, 2011 (2012) – Wellstegträger). Besitzt er nicht die erforderliche Sachkenntnis, so ist er gehalten, einen Sachverständigen hinzuzuziehen. Dies gilt insbesondere dann, wenn lediglich ein Sachverständiger in der Lage ist, die Vertragsgemäßheit oder Mangelhaftigkeit der Sache festzustellen (OLG Hamburg BB 1953, 98). Notwendigerweise schuldet der Käufer **repräsentative Stichproben,** um seiner Wareneingangskontrollpflicht gemäß § 377 Abs. 1 HGB zu genügen. Dies schließt auch eine zerstörende Prüfung oder einen probeweisen Verbrauch der Sache ein (*Müller* in Ebenroth/Boujong/Joost/Strohn, HGB, 2. Aufl., § 377 Rn. 55 ff.). Bei der Lieferung von Spanplatten ist es zB erforderlich, diese probeweise in einem geschlossenen Raum aufzustellen, wenn es um die Feststellung geht, ob Formaldehyd-Gase als Folge der Lackierung austreten (BGH WM 1974, 1204 (1205)). Der sofortige Einbau von gelieferten Bierfilterplatten in eine Filteranlage oder die Simulation der Produktion ist jedoch nicht erforderlich, sofern die sofortige, sachkundige Untersuchung durch Augenschein ausreicht, um festzustellen, ob die Platte nach ihrer äußeren Beschaffenheit mängelfrei sind (BGH NJW 1977, 1150 (1151)). Dabei ist stets der Kosten- und Zeitaufwand der Prüfung im Auge zu behalten. Drohen besonders hohe Mangelfolgeschäden, so kann eine sachgemäße Abwägung der Interessen auch insoweit eine Prüfung bedingen (BGH LM HGB § 377 Nr. 13 – Neocarminprobe von Textilfasern; BGH NJW 1959, 1081 (1082) – Perlonstrümpfe – Nylongarn).

c) Die rechtzeitige Mängeluntersuchung und die daran anknüpfende **Rügeobliegenheit** beruhen auf dem Zweck, den Lieferanten davor zu bewahren, sich noch längere Zeit nach Ablieferung der Kaufsache etwaigen, dann nur noch schwer feststellbaren Gewährleistungsansprüchen ausgesetzt zu sehen (BGH WM 1991, 1634 (1635); BB 1987, 2326; s. aber BGH NJW 1996, 1537 (1538)). Folglich soll der Zulieferer aufgrund der unverzüglich durchzuführenden Rüge des Bestellers in die Lage versetzt werden, seinerzeit entsprechende Feststellungen und notwendige Dispositionen zu treffen. Insbesondere soll er die Möglichkeit erhalten, einen weiteren Schaden zu verhindern (BGH NJW 1984, 1964 (1966)).

(4) Zahlreiche Qualitätssicherungsvereinbarungen sehen vor, dass im Fall einer berechtigten Mängelrüge der Hersteller/Besteller berechtigt ist, eine **„Bearbeitungsgebühr"** in Höhe einer Pauschale zu erheben, zB 100,00 EUR (vgl. *Nickel/Nickel-Fiedler* r+s 2011, 459 (462)). Mitunter werden diese Pauschalen auch als Ersatz für etwaige **Aus- und Einbaukosten** vorgesehen (BGH NJW 2014, 2183); das setzt natürlich voraus, dass es sich im Sinn von § 377 Abs. 2 HGB um einen versteckten Mangel, also um einen solchen Mangel handelt, der bei einer ordnungsgemäßen Untersuchung nicht entdeckt werden konnte (zur Abgrenzung vgl. *Baumbach/Hopt* HGB § 377 Rn. 38). Eine insoweit vom Verschulden losgelöste Haftung des Herstellers eines fehlerhaften Teils für Aus- und Einbaukosten (und sonstigen Aufwand) ist mit § 307 Abs. 2 Nr. 1 BGB nicht vereinbar (BGH NJW 2018, 281).

(a) Ob solche Abreden als Formularklauseln im Sinn von § 305 Abs. 1 S. 1 BGB wirksam sind, bedarf sorgfältiger Analyse. Eine einfache „Bearbeitungsgebühr", die dazu dient, den Aufwand des Herstellers wegen eines Mangels – etwa Sortierkosten – abzudecken, folgt zivilrechtlich dem Schema eines Folgeschadens im Sinn der §§ 437 Nr. 3, 280 Abs. 1 BGB. Damit ist sogleich der Rahmen von § 309 Nr. 5a BGB in Stellung gebracht. Danach ist eine Schadenspauschale nur dann wirksam, wenn sie in ihrer Höhe dem ty- pischen, durchschnittlich eintretenden Schaden entspricht (BGH NJW 1981, 331; vgl. Palandt/*Grüneberg* § 309 Rn. 26). Das aber ist selbst bei einem vergleichswiese niedrigen Betrag von 100,00 EUR zweifelhaft, weil nach § 309 Nr. 5a BGB auch das schadensersatzrechtliche **Differenzierungsgebot** beachtet werden muss (BGH NJW 1994, 1060 (1063)). Das besagt, dass die Pauschale so ausgestaltet sein muss, dass sie bei der gebotenen generell-abstrakten Bewertung in jedem Fall – also auch bei einem ganz geringfügigen Verstoß – schadensadäquat ist.

(b) Hinzu tritt die Erwägung, dass es – bezogen auf **Aus- und Einbaukosten** – inzwischen eine feststehende Judikatur gibt. Im unternehmerischen Bereich (BGH NJW 2014, 2183; 2013, 220) sind nämlich diese **Schadenspositionen** nur dann ersetzbar (BGH NJW 2018, 281), wenn es sich um eine schuldhafte Pflichtverletzung des Lieferanten handelt (BGH NJW 2008, 2837 (2839) – Parkettstäbe). Das aber ist deswegen immer sehr zweifelhaft, weil der **Vorlieferant** des Lieferanten nicht als dessen **Erfüllungsghilfe** zu behandeln ist, so dass eine Einstandspflicht nach § 278 BGB nicht in Betracht kommt (BGHZ 48, 118 – TREVIRA). Mithin haftet der Lieferant auch nicht für Fehler, die der Vorlieferant als Hersteller der betreffenden Sache zu verantworten hat. Folglich kann es nur um den Tatbestand einer eigenen – schuldhaften – Pflichtverletzung des Lieferanten gegenüber dem Hersteller gehen. Liegt aber diese im Einzelfall vor, dann muss der Liefereant auch – abgesichert durch die Klauselgestaltung – das Recht haben, den Nachweis fehlenden Verschuldnes nach § 280 Abs. 1 S. 2 BGB zu erbringen. Eine Klausel, die diesen Nachweis nicht ausdrücklich ge- stattet, ist nach § 307 Abs. 2 Nr. 1 BGB als unwirksam zu beanstanden.

(c) Ob dem Lieferanten im Übrigen auch nach dem **Vorbild von § 309 Nr. 5b BGB** auch der Nachweis offen bleiben muss, dass im Einzelfall gar kein Schaden oder doch einw esentoich geringerer Schaden als Folge einer mangelhaften Lieferung entstanden ist, ist im Rahmen von § 307 Abs. 2 Nr. 1 BGB durch die Rechtsprechung geklärt. Unwirksam ist es danach, wenn der Lieferant auf Grund des Wortlauts der Klausel den Eindruck hat, ihm sei ein entsprechender Nachweis abgeschnitten (BGH NJW 1994, 1060 (1068)). Dies wird man bei einer Klauselgestaltung allemal bejahen müssen, welche einen Pauschalbetrag – unbedingt und in jedem Fall – als verwirkt ansieht (vgl. Palandt/*Grüneberg* § 309 Rn. 32).

(d) In der **Literatur** wird darüber hinaus die Auffassung vertreten (*Nickel/Nickel-Fiedler* r+s 2011, 459 (462)), dass die Vereinbarung einer solchen Pauschale auch **deckungsschädlich** nach Ziff. 7.3 AHB ist, weil solche Schadenspositionen grundsätzlich von dem Anspruchssteller nachzuweisen sind. Ob dem zu folgen ist, erscheint zweifelhaft (im Einzelnen auch *Koch* IWRZ 2017, 219 ff.). Denn wenn es sich um eine unwirksame Pauschale handelt, dann greift ohnedies die Sanktion des § 306 Abs. 2 BGB. Danach gelten dann die Bestimmungen des dispositiven Rechts im Sinn der §§ 437 Nr. 3, 280 Abs. 1 BGB. Wenn aber die Pauschale wirksam nach § 309 Nr. 5a und b BGB – bezogen auf die Grundwertung der §§ 307, 310 BGB – vereinbart ist, dann ist nicht zu erkennen, dass es sich um eine deckungsschädliche Klausel handelt. Denn dann deckt sich die Klausel mit dem aktuellen – durchschnittlich-typischen – Schaden, den der Hersteller erleidet, wenn der Lieferant mangelhaft liefert. Unter diesen Voraussetzungen dient ein pauschal vereinbarter Schaden nur dem erleichterten Nachweis eines tatsächlich entstandenen Schadens.

(e) Wegen dieser AGB-rechtlichen Besonderheiten ist im **Form.** davon Abstand genommen worden, einen Klauselvorschlag zu unterbreiten.

(5) Verschiedentlich ist es auch so, dass anstelle einer Schadenspauschale (BGH NJW-RR 2015, 690 – Chipband) im Fall einer mangelhaften Lieferung eine **Vertragsstrafe** vereinbart wird (*Nickel/Nickel-Fiedler* r+s 2011, 459 (462)). Hier liegen die Dinge ähnlich wie bei einer pauschalen Schadensregelung. Denn die Vertragsstrafe ist **bifuntional,** dh sie muss auch in ihrer Höhe schadensadäquat sein (BGH NZBau 2003, 321 (324); AGB-Klauselwerke/*Thüsing* – Vertragsstrafeklausel Rn. 16 ff.). Auch darf sie grundsätzlich nicht von dem Erfordernis eines **Verschuldens** losgelöst werden (BGH NJW-RR 2008, 615). Für das **Form.** folgt daraus, dass es nicht angezeigt ist, eine Vertragsstrafeklausel für die Fälle vorzuschlagen, dass dem Hersteller auf Grund einer mangelhaften Lieferung Aufwendungen entstehen. Dies gilt vor allem, wenn man bedenkt, dass nach § 307 Abs. 2 Nr. 1 BGB auch das **Kumulierungsverbot** zu beachten ist. Das heißt: Die Vertragsstrafe muss immer sicherstellen, dass sie der Mindestbetrag des geltend gemachten Schadens – etwa für Aus- und Einbaukosten (BGH NJW 2008, 2837 (2839) – Parkettstäbe) – ist (BGH NJW-RR 2009, 1404).

(6) Es ist inzwischen in der **Judikatur des BGH geklärt,** dass es gegen § 307 Abs. 2 Nr. 1 BGB verstößt, wenn der Besteller in seinen Einkaufs-AGB die Bestimmungen des § 377 HGB uneingeschränkt abbedingt (BGH WPM 1991, 1634). Der völlige Ausschluss der zentralen Obliegenheit des Bestellers zur Untersuchung und Rüge ist mit den Grundgedanken der gesetzlichen Regelung unvereinbar. Daher steht auch die Literatur auf dem Standpunkt, dass die Abbedingung des § 377 HGB gemäß § 307 Abs. 2 Nr. 1 BGB unwirksam ist (AGB-Klauselwerke/*Graf von Westphalen* – Einkaufsbedingungen Rn. 21; *Lehmann* BB 1990, 1849 (1851); *Schmidt* NJW 1991, 144 (149 f.); *Thamm/Hesse* BB 1979, 1583 (1586)).

(7) Es ist im Einzelnen **umstritten,** ob die Abbedingung des § 377 HGB (hierzu BGH NJW 1991, 2633; Oetker/Koch § 377 Rn. 150) im Rahmen von Qualitätssicherungsvereinbarungen gegen § 307 Abs. 2 Nr. 1 BGB oder gegen § 307 Abs. 1 S. 1 BGB verstößt (*Graf von Westphalen* CR 1990, 567 ff.; *Lehmann* BB 1990, 1849 (1851 ff.); *Schmidt* NJW 1991, 144 (148 ff.); *Steinmann* BB 1993, 873 ff.; *Steinmann,* Qualitätssicherungsvereinbarungen S. 45 ff.; *Merz,* Qualitätssicherungsvereinbarungen, S. 291 ff.). Gerichtliche Entscheidungen, die hier eine Leitlinie bilden könnten, fehlen. Überwiegend wird wohl die Auffassung vertreten, dass die Abbedingung § 377 HGB nicht zu einer unangemessenen Benachteiligung des Teileherstellers/Zulieferers im Sinn von § 307 Abs. 2 Nr. 1 BGB führt (*Hollmann* PHI 1989, 146 (153); *Hollmann* CR 1992, 13 (14 f.); *Lehmann* BB 1990, 1849 (1851 ff.); *Nagel* DB 1991, 319 (323); *Migge* VersR 1992, 665 (673 f.); *Martinek,* Zulieferverträge und Qualitätssicherung, S. 45 ff.; vgl. auch *Kreifels* ZIP 1990, 489 (492 f.)). Die zutreffende Lösung muss folgende Gesichtspunkte im Auge behalten:

a) Es bestehen **grundsätzlich keine Bedenken,** dass der Endhersteller/Assembler seine Verkehrssicherungspflichten im Sinn von § 823 Abs. 1 BGB entweder im Rahmen der „vertikalen" oder der „horizontalen" Arbeitsteilung auf den Teilehersteller/Zulieferer delegiert. Verzichtet nunmehr der Endhersteller/Assembler auf die Wareneingangskontrolle gemäß § 377 HGB, so führt dieser Verzicht zunächst dazu, dass der Zulieferer/Teilehersteller im Sinn von § 307 Abs. 2 Nr. 1 BGB – allerdings nur im Rahmen des Kaufvertrages – unangemessen benachteiligt wird. Indessen steht dieser Gesichtspunkt nicht isoliert. Zu ergänzen ist allemal, dass die dem Endhersteller/Assembler obliegende Kontrollpflicht – deliktsrechtlich gewertet – dazu dient, die **Rechtsgüter Dritter** im Sinn von § 823 Abs. 1 BGB zu schützen. Folglich hat die Abbedingung des § 377 HGB sowohl eine gewährleistungsrechtliche, den Teilehersteller/Zulieferer betreffende, als auch eine deliktsrechtliche, den Rechtsgüterschutz Dritter umfassende Funktion.

b) **Haftungsrechtlich** kommt es mithin entscheidend darauf an, ob der Endhersteller/Assembler schlechthin auf die Wareneingangskontrolle gemäß § 377 HGB verzichtet, oder ob er – im Rahmen des Qualitätssicherungssystems – dafür Sorge trägt, dass die ihm deliktsrechtlich obliegenden Kontrollpflichten auf den Teilehersteller/Zulieferer abgewälzt und von diesem tatsächlich auch erfüllt werden, damit die **Effizienz** des Rechtsgüterschutzes Dritter im Sinn von § 823 Abs. 1 BGB uneingeschränkt gewährleistet bleibt. Folglich ist der Endhersteller/Assembler verpflichtet, durch geeignete Kontrollmaßnahmen – vor allem durch **„audits"** – sicherzustellen, dass der Teilehersteller/Zulieferer die auf ihn überwälzten Kontrollpflichten ordnungsgemäß erfüllt. Denn nur so ist sichergestellt, dass der Endhersteller/Assembler die ihm obliegenden Verkehrssicherungspflichten im Sinn von § 823 Abs. 1 BGB ordnungsgemäß erfüllt – mit der Konsequenz, dass die Delegation der Kontrollpflichten auf den Teilehersteller/Zulieferer deliktsrechtlich nicht zu beanstanden ist.

c) Gleichwohl wird der Zulieferer/Teilehersteller durch die auf ihn delegierten Kontrollpflichten **erheblich belastet,** so dass **Bedenken** verbleiben, ob die Abbedingung der Wareneingangskontrolle gemäß § 377 HGB mit § 307 Abs. 2 Nr. 1 BGB tatsächlich vereinbar ist (umfassend *Kreifels/Weide* in Foerste/Graf von Westphalen, Produkthaftungshandbuch, § 62 Rn. 55 ff.; *Grunewald* NJW 1995, 1777 (1782); aM *Steinmann* Qualitätssicherungsvereinbarungen zwischen Endproduktherstellern und Zulieferern, S. 44 ff.; *Merz,* Qualitätssicherungsvereinbarungen, S. 291 ff.). Wesentlich hierfür ist jedoch im praktischen Ergebnis nicht eine Einzelbetrachtung der Klausel, welche die Rügeobliegenheit gemäß § 377 HGB abbedingt. Im Vordergrund muss vielmehr eine **Gesamtbetrachtung** stehen, die nach § 307 Abs. 2 Nr. 1 BGB auch deswegen geboten ist, weil insoweit die beiderseitigen Interessen zu bilanzieren und zu balancieren sind, bevor dann eine unangemessene Benachteiligung des Teileherstellers/Zulieferers festgestellt werden kann.

aa) Ist die Qualitätssicherungsvereinbarung **unzureichend** oder **fehlerhaft,** so folgt daraus, dass der Endhersteller/Assembler zwar formal die ihm gemäß § 823 Abs. 1 BGB obliegenden Verkehrssicherungspflichten auf den Teilehersteller/Zulieferer delegiert hat, dass aber – materiell-rechtlich gewertet – diese Pflichtendelegation nicht dazu führt, dass der geschädigte Dritte nur einen Schadensersatzanspruch gegenüber dem Teilehersteller/Zulieferer hat, sofern es sich erweist, dass der geltend gemachte Schaden in dessen Produkt seine Ursache hatte. Vielmehr bleibt dann ebenfalls der Endhersteller/Assembler dem geschädigten Dritten gegenüber gemäß § 823 Abs. 1 BGB verantwortlich. Ein unzureichendes oder mangelhaftes Qualitätssicherungssystem führt also dazu, dass zwischen Endhersteller/Assembler und Teilehersteller/Zulieferer ein **Gesamtschuldverhältnis** im Sinn der §§ 830, 840 BGB entsteht (hierzu auch *Kreifels/Weide* in Foerste/Graf von Westphalen, Produkthaftungshandbuch, § 62 Rn. 66 ff.): Beide verletzen nämlich die ihnen obliegenden Verkehrssicherungspflichten im Sinn des § 823 Abs. 1 BGB, ohne gemeinsam den rechtswidrigen Erfolg – nämlich: den Produktschaden – herbeizuführen. Folglich besteht eine **deliktsrechtliche Nebentäterschaft:** Endhersteller und Teilehersteller verletzten jeweils – unabhängig voneinander – die ihnen obliegenden Verkehrssicherungspflichten, so dass sie dem geschädigten Dritten gegenüber **gesamtschuldnerisch** gemäß § 830 BGB haften. Im Innenverhältnis richtet sich der Haftungsausgleich nach den §§ 421 ff. BGB; es entscheidet also der jeweilige Mitverursachungs- und Mitverschuldensteil.

bb) Erweist sich also das Qualitätssicherungssystem als unzureichend oder mangelhaft, so liegt darin jedenfalls auch dann eine unangemessene Benachteiligung des Teileherstellers/Zulieferers, wenn diesem die insoweit bestehenden Verteidigungsmöglichkeiten abgeschnitten werden. Dies ist immer dann zu bejahen, wenn formularmäßig dem Teilehersteller/Zulieferer die **Alleinverantwortung** für einen Produktschaden überbürdet wird obwohl auch der Endhersteller/Assembler in die Konstruktions- und Kontrollverantwortlichkeit eingeschaltet war, diese Verpflichtungen aber nur unzureichend erfüllt hat. Es entsteht dann eine nach § 307 Abs. 1 S. 1 BGB nicht hinnehmbare Diskrepanz zwischen Risikobeschränkung und Haftungssanktionen zulasten des Teileherstellers/Zulieferers. Hier kommt freilich alles auf die Umstände des Einzelfalls an: Besteht tatsächlich eine **Mitverantwortlichkeit** des Endherstellers/Assemblers, so liegt im Sinn von § 242 BGB eine unzulässige Rechtsausübung vor, wenn sich dieser gleichwohl darauf beruft, dass der

Teilehersteller/Zulieferer aufgrund der Qualitätssicherungsvereinbarungen die alleinige, ausschließliche Verantwortlichkeit trägt.

cc) Weiter oben wurde bereits aufgeführt (→ Anm. 15 (4) d)), dass der Endhersteller/Assembler verpflichtet ist, im Rahmen einer **„Liquiditätsgarantie"** dafür Sorge zu tragen, dass der Teilehersteller/Zulieferer im Schadensfall über einen ausreichenden Deckungsschutz im Rahmen seiner Haftpflicht- bzw. Produkthaftpflichtversicherung verfügt (*Foerste* in Foerste/Graf von Westphalen, Produkthaftungshandbuch, § 25 Rn. 58; zur Versicherungspflicht umfassend *Kreifels/Weide* in Foerste/Graf von Westphalen, Produkthaftungshandbach, § 62 Rn. 98 ff.). Damit soll erreicht werden, dass der geschädigte Dritte einen realisierbaren Schadensersatzanspruch gegenüber dem Teilehersteller/Zulieferer hat, sofern sich herausstellt, dass der Schadensersatzanspruch in einem Fehler des Teilprodukts seine Ursache hatte. Überwälzt allerdings der Endhersteller/Assembler seine Obliegenheit zur Wareneingangskontrolle gemäß § 377 HGB in vollem Umfang auf den Teilehersteller/Zulieferer, so übernimmt dieser ein weitergehenderes Leistungsrisiko als nach den § 377 HGB vorgesehen. Zur Konsequenz hat dies, dass der Teilehersteller/Zulieferer seinen **Deckungsschutz** im Rahmen seiner Haftpflicht- bzw. Produkthaftpflichtversicherung gemäß § 7.3 AHB verliert (*Migge* PHI 1991, 204 (207); *Hollmann* PHI 1989, 146 (156)).

Daher ist der Endhersteller/Assembler verpflichtet, den Teilehersteller/Zulieferer auf dieses besondere Risiko **ausdrücklich** hinzuweisen. Die aus § 823 Abs. 1 BGB abgeleitete „Liquiditätsgarantie" verlangt also, dass der Teilehersteller/Zulieferer die Deckung im Rahmen seiner Haftpflicht- bzw. Produkthaftpflicht-Versicherung entsprechend anpasst, so dass der Verzicht des Endherstellers/Assemblers auf die Wareneingangskontrolle gemäß § 377 HGB **unschädlich** wird (hierzu VP 1992, 93 f. – Möglichkeiten des Versicherungsschutzes). Verletzt der Endhersteller/Assembler diese Informationspflicht, so liegt darin eine zum Schadensersatz verpflichtende Handlung. Soweit der Endhersteller/Assembler sich insoweit freizeichnet, liegt darin eine unangemessene Benachteiligung des Teileherstellers/Zulieferers im Sinn von § 307 Abs. 1 S. 1 BGB – mit der Konsequenz, dass die Abbedingung des § 377 HGB gemäß § 306 Abs. 2 BGB keine Wirkung entfaltet. Der Endhersteller/Assembler muss sich also so behandeln lassen, wie dies nach § 377 HGB geboten ist.

dd) Geht man davon aus, dass der Endhersteller/Assembler berechtigt ist, die Verkehrssicherungspflichten des § 823 Abs. 1 BGB auf den Teilehersteller/Zulieferer abzuwälzen, so spricht einiges dafür, dass dann auch der Teilehersteller/Zulieferer verpflichtet ist, auf eigene Kosten und eigene Verantwortung die Produktbeobachtungspflicht zu erfüllen. Dies setzt jedoch praktisch voraus, dass der Endhersteller/Assembler seinerseits die erforderlichen Maßnahmen – bezogen auf das von ihm in den Verkehr gebrachte Endprodukt – erfüllt, welche aufgrund der „passiven" sowie der „aktiven" Produktbeobachtung (→ Anm. 8) erforderlich sind. Denn nur dann, wenn der Endhersteller/Assembler die ihm obliegende Produktbeobachtungspflicht ordnungsgemäß erfüllt, ist der Teilehersteller/Zulieferer in der Lage, seinerseits der ihm obliegenden Produktbeobachtungspflicht zu genügen. Er ist also insoweit auf die Informationen des Endherstellers/Assemblers vital angewiesen, weil ja das Distributionsrisiko des Endprodukts Sache des Endherstellers/Assemblers ist.

ee) Als integralen Teil der „Liquiditätsgarantie" (→ Anm. 15 (4) d)) wird man deshalb vom Endhersteller/Assembler verlangen müssen, dass dieser – soweit möglich – den Teilehersteller/Zulieferer davon in Kenntnis setzt, in welche Länder das Endprodukt vertrieben wird. Denn nur unter dieser Voraussetzung ist der Teilehersteller/Zulieferer in der Lage, den **Deckungsausschluss** von Ziff. 7.9 AHB zu beseitigen, weil ja die Deckung von **Auslandsschäden** nicht originärer Teil der Haftpflicht- bzw. Produkthaftpflicht-Versicherung ist.

ff) Diese Überlegung führt unmittelbar zum nächsten Schritt: Um das aus der Produktbeobachtung resultierende **Rückrufrisiko** abzudecken, kommt es entscheidend darauf an, dass der Endhersteller/Assembler den Teilehersteller/Zulieferer darauf hinweist, er müsse zur Abdeckung dieses Risikos eine **Rückrufkosten-Versicherung** abschließen. Allerdings ist darauf hinzuweisen, dass eine solche Versicherung vorwiegend in der Kfz-Industrie und für die Lebensmittelbranche angeboten wird. Soweit aber der Teilehersteller/Zulieferer nicht in der Lage ist, das aufgrund der Qualitätssicherungsvereinbarung gesteigerte Produkthaftungsrisiko – insbesondere das von Rückrufaktionen – angemessen auf dem Versicherungsmarkt einzudecken, so spricht schon aus diesem Grunde einiges dafür, dass die Bilanzierung und Balancierung der beiderseitigen Interessen im Sinn von § 307 Abs. 1 BGB zu dem Ergebnis führt, der Teilehersteller/Zulieferer wird unangemessen benachteiligt (AGB-Klauselwerke/*Graf von Westphalen* – Qualitätssicherungsvereinbarungen Rn. 21).

gg) Zu berücksichtigen bleibt schließlich, ob der Endhersteller/Assembler das Endprodukt in Länder exportiert, in denen ein extrem hohes Produkthaftungsrisiko besteht, wie etwa in die **USA, Kanada oder Australien** (OLG Stuttgart NJW 2006, 1302 – internationale Zuständigkeit für Klagen gegen us-amerikanischen Zulieferer wegen einer Rückrufaktion). Unter dieser Voraussetzung geht es nicht nur darum, dass der Teilehersteller/Zulieferer das Risiko angemessen versichert, dass er dem Geschädigten gegenüber nach ausländischem Recht zu hohen Schadensersatzsummen verpflichtet ist. Vielmehr ist auch das Risiko von Rückrufaktionen mit oft horrenden Schadensersatzsummen zu bedenken. Dies ist freilich dann bedenklich, wenn der Teilehersteller/Zulieferer nicht ausdrücklich zustimmt, dass der Export in diese Länder gehen soll. Nur darin liegt eine unangemessene Haftungs- und Risikoübernahme.

hh) Im Rahmen der **Bilanzierung und Balancierung** der beiderseitigen Interessen gemäß § 307 Abs. 1 S. 1 BGB geht es also letzten Endes darum, ob der Endhersteller/Assembler dem Teilehersteller/Zulieferer ein angemessenes Entgelt verspricht, welches auch die **Mehraufwendungen** angemessen berücksichtigt, welche dadurch verursacht werden, dass der Endhersteller/Assembler auf die Wareneingangskontrolle gemäß § 377 HGB verzichtet, um – statt dessen – die Kontrollpflichten in vollem Umfang auf den Teilehersteller/Zulieferer zu überwälzen. Hierbei wird man also berücksichtigen müssen, in welchem Umfang der Teilehersteller/Zulieferer verpflichtet ist, im Rahmen der zu übernehmenden „Liquiditätsgarantie" (→ Anm. 15 (4) d)) höhere Aufwendungen zur versicherungsmäßigen Abdeckung des Produktrisikos zu übernehmen. Denn die von ihm zu erfüllenden Mehrleistungen erhöhen sein Haftungsrisiko, weil er sich nicht mehr darauf verlassen kann, dass der Endhersteller/Assembler eigenständige Kontrollen – sowohl im Rahmen des § 377 HGB als auch im Rahmen von § 823 Abs. 1 BGB – durchführen wird, um die Sicherheit des Teilprodukts und die des Endprodukts zu gewährleisten. Dies deckt sich in der Sache mit einem Beschluss des BDI, wonach sich Qualitätssicherungsvereinbarungen jeder Regelung enthalten sollten, welche den Haftpflichtversicherungsschutz des Teileherstellers/Zulieferers nachteilig beeinflussen, zB auch dadurch, dass die Wareneingangskontrolle abbedungen wird (hierzu *Graf von Westphalen/Bauer,* Just-in-Time-Lieferungen und Qualitätssicherungsvereinbarungen, S. 107).

20. Haftungsklauseln. (1) Bei allen Haftungsklauseln ist darauf zu achten (*Kreifels/Weide* in Foerste/Graf von Westphalen, Produkthaftungshandbuch, § 62 Rn. 67 ff. – betreffend Rückruf; hierzu auch BGH NJW 2009, 1080 – Pflegebetten), dass der Teilehersteller/Zulieferer deliktsrechtlich gemäß § 823 Abs. 1 BGB für einen Produktschaden in vollem Umfang verantwortlich ist. Allerdings steht dem Teilehersteller/Zulieferer – wie jedem anderen Hersteller auch – der Beweis **fehlenden Verschuldens** offen soweit der Geschädigte seinen Anspruch auf § 823 Abs. 1 BGB stützt (BGH ZIP 1999, 366 (367) – Torfsubstrat). Macht er allerdings Schadensersatzansprüche gemäß § 1 ProdHaftG geltend, so handelt es sich um eine verschuldensunabhängige Einstandspflicht. Aus diesem Grund könnte es sich empfehlen, klauselmäßig zwischen einer Schadensersatzhaftung gemäß § 823 Abs. 1 BGB und einer Produkthaftung gemäß § 1

ProdHaftG zu differenzieren (vgl. zum Erfordernis einer verschuldensabhängigen Haftung BGH NJW 2006, 47 – Einkaufs-AGB). Dies würde bedeuten, dass die Klausel gegen § 307 Abs. 2 Nr. 1 BGB verstößt, weil sie – ihrer äußeren Formulierung nach – den Eindruck erweckt, als sei dem Teilehersteller/Zulieferer der Nachweis abgeschnitten, dass er wegen fehlenden Verschuldens keinen Schadensersatz gemäß § 823 Abs. 1 BGB zu leisten verpflichtet ist.

(2) Haftungsklauseln sind im Übrigen in Qualitätssicherungsvereinbarungen nur dann mit § 307 Abs. 2 Nr. 1 BGB vereinbar, wenn sie die **Rechtslage** deklaratorisch widerspiegeln (vgl. BGH NJW 2009, 1080 (1082) – Pflegebetten). Dies geschieht zweckmäßigerweise mit der Formulierung:

„Der Zulieferer wird den Besteller von allen Produkthaftungsansprüchen insoweit freistellen, als er im Außenverhältnis selbst haftet".

Damit ist gleichzeitig gesagt, dass derartige Haftungsklauseln, soweit sie mit § 307 Abs. 2 Nr. 1 BGB im Einklang stehen, rechtstechnisch nur deklaratorisch wirken dürfen, aber zum besseren Verständnis, die Qualitätsvereinbarungen wohl nicht **überflüssig** sind (vgl. auch *Kreifels/Weide* in Foerste/Graf von Westphalen, Produkthaftungshandbuch, § 62 Rn. 128 ff.). Indessen ist gerade in diesem Punkt äußerste Vorsicht geboten: Zahlreiche Haftungsklauseln in Qualitätssicherungsvereinbarungen, aber auch in **Einkaufsbedingungen** weichen von diesem Muster ab und verschieben das Schadensersatzrisiko zu Lasten des Teileherstellers/Zulieferers, so dass sie nach § 307 Abs. 2 Nr. 1 BGB unwirksam sind (hierzu umfassend zu verschiedenen Konstellationen in Einkaufs-AGB BGH NJW 2006, 47).

(3) Gelangt man zu dem Resultat, dass auch der Teilehersteller/Zulieferer deliktsrechtlich verpflichtet ist, eine **Rückrufaktion** durchzuführen (hierzu BGH NJW 2009, 1080 – Pflegebetten; *Molitoris* NJW 2009, 1049 ff.; OLG Hamm BB 2007, 2367 – Pflegebetten; LG Frankfurt a.M. BB 2007, 2368 – Röntgengerät; hierzu auch *Dietborn/Müller* BB 2007, 2358 ff.), so bestehen gegen die weiter oben erwähnten Klauseln keine Bedenken gemäß § 307 Abs. 2 Nr. 1 BGB. Freilich bleibt darauf hinzuweisen, dass nach der hier vertretenen Auffassung der Endhersteller/Assembler verpflichtet ist, den Teilehersteller/Zulieferer auf besondere Haftungssituationen, etwa durch Lieferung in die USA, Kanada und Australien aufmerksam zu machen. Gleichzeitig ist der Endhersteller/Assembler verpflichtet, den Teilehersteller/Zulieferer auf die Notwendigkeit eines zusätzlichen Versicherungsschutzes hinzuweisen, der das Rückrufkosten-Risiko erfasst (hierzu *Kreifels/Weide* in Foerste/Graf von Westphalen, Produkthaftungshandbuch, § 62 Rn. 104 ff.). Soweit dies geschieht, bestehen gegen die Wirksamkeit dieser Rückrufkostenklausel keine durchgreifenden Bedenken gemäß § 307 Abs. 2 Nr. 1 BGB (abweichend noch *Graf von Westphalen* CR 1990, 567 (574)), sofern die vorzusehende **Deckungssumme adäquat** ist (*Kreifels/Weide* in Foerste/Graf von Westphalen, Produkthaftungshandbuch, § 62 Rn. 117). Dies gilt auch insoweit, als die Klausel dem Endhersteller/Assembler das Recht vorbehält, eine Rückrufaktion auf Kosten des Teileherstellers/Zulieferers durchzuführen.

21. Erforderlicher Schutz des Know-how des Teileherstellers/Zulieferers. (1) Soweit der Endhersteller/Assembler dafür Sorge trägt, dass eine umfassende **Geheimhaltungsverpflichtung** zugunsten des Teileherstellers/Zulieferers vereinbart wird – in der Praxis handelt es sich hierbei regelmäßig um wechselseitige Verpflichtungen (vgl. im Einzelnen *Kreifels/Weide* in Foerste/Graf von Westphalen, Produkthaftungshandbuch, § 62 Rn. 126 ff.) –, bestehen gemäß § 307 Abs. 2 Nr. 1 BGB keine Bedenken. Denn durch eine den berechtigten Bedürfnissen des Gläubigers entsprechende Geheimhaltungsvereinbarung werden die Interessen des Teileherstellers/Zulieferers ausreichend gewahrt; ein Abfluss von Betriebsgeheimnissen oder von Know-how ist dann genausowenig zu besorgen wie in sonstigen Fällen, in denen Vereinbarungen getroffen werden. Selbstverständlich können diese – darin liegt aber keine unangemessene Benachteiligung des Teileherstellers/Zulieferers im Sinn von § 307 Abs. 2 Nr. 1 BGB – missachtet und verletzt werden. Mit diesem Risiko muss jedoch der Teilehersteller/Zulieferer „leben".

(2) Dabei ist zu berücksichtigen, dass §§ 2 und 4 GeschGehG für **Betriebs- und Geschäftsgeheimnisse** lediglich einen begrenzten Schutz sicherstellen. Deshalb empfiehlt es sich allemal, die Geheimhaltungsvereinbarungen – um den Schutz des Know-how des Teileherstellers/Zulieferers zu verbessern – auch auf die persönliche Geheimhaltungspflicht derjenigen Mitarbeiter des Endherstellers/Assemblers zu erstrecken, welche mit dem Know-how des Teileherstellers Zulieferers in Berührung gelangen.

(3) Soweit die Betriebs- und Geschäftsgeheimnisse des Teileherstellers/Zulieferers **offenkundig** oder im Sinne von § 2 Abs. 1 GeschGehG allgemein bekannt werden, besteht **kein Schutzbedürfnis** mehr. Folglich ist es gemäß § 307 Abs. 1 S. 1 BGB auch nicht zu beanstanden, wenn eine Geheimhaltungsvereinbarung diesem Umstand Rechnung trägt.

(4) Die hier apostrophierte Thematik hat inzwischen überragende Bedeutung, weil der mit solchen Vereinbarungen immer verbundene **Datenaustausch** und das Recht zur Verwertung/Verarbeitung der Daten hier in Rede steht. Dabei fällt erschwerend ins Gewicht, dass weder nach nationalem noch nach europäischem Recht bislang Rechtsregeln entwickelt worden sind, welche die Grundfragen des Datenvertragsrechts ausmachen (instruktiv *Lohsse/Schulze/Staudenmayer*, Trading Data in the Digital Economy: Legal Concepts and Tools, 2017) und vor allem auch Fragen des Eigentumsrechts an Daten zum Gegenstand haben (hierzu auch *Zimmer* in Lohsse/Schulze/Staundenmayer Trading Data in The Digital Economy: Legal Concepts and Tools, S. 101 ff.; *Fezer* MMR 2017, 3 ff.). Wenn es aber keinen Rechtsbegriff gibt, der das Dateneigentum dingfest macht, dann steht der „Besitz" im Vordergrund (*Hoeren* MMR 2019, 5 ff.). Dieser aber ist im Zweifel immer das Ergebnis einer funktionstüchtigen (und strafbewehrten) Geheimhaltungsklausel, ohne dass freilich die sich daraus ergebenden Nutzungsrechte jeweils anders begründet werden können als durch einen Vertrag, für den es aber im Sinn des § 307 Abs. 2 Nr. 1 BGB kein hinreichendes „Leitbild" gibt (hierzu im Einzelnen *Graf von Westphalen* in Lohsse/Schulze/Staudenmayer S. 245 ff.; zum Ganzen auch *Graf von Westphalen* IWRZ 2018, 9 ff.).

(5) Wegen der fehlenden rechtlichen Grundlagen ist es daher zwingend, umfassende Regelungen im Vertrag zu treffen, welche **Datenaustausch und auch Datennutzung** erfassen. Die hier in Betracht zu ziehenden vertraglichen Absprachen sind stets dem Einzelfall und den entsprechenden Interessen der Beteiligten zuzuordnen. Daher wird auch hier von einem entsprechenden Vorschlag Abstand genommen.

IV. Software- und IT-Verträge

1. Softwareerstellungsvertrag

zwischen[1, 2]

Firma ..... (im Folgenden „Auftragnehmer" genannt)

und

Firma ..... (im Folgenden „Auftraggeber" genannt)

Präambel

Gegenstand dieses Vertrags sind die Planung, Erstellung und Lieferung von Software als Quellcode und als Objektcode nebst Entwicklungs- und Anwendungsdokumentation für die aus diesem Vertrag ersichtlichen Anwendungsgebiete sowie die Installation der vertragsgegenständlichen Software beim Auftraggeber.

Die Vertragspartner arbeiten bei der Durchführung dieses Projekts eng zusammen. Jede Seite benennt in dem diesem Vertrag als *Anlage 1* beigefügten, nach Ende der Planungsphase zu aktualisierenden „Aktivitäten- und Fristenplan"[3] einen Projektmanager, der berechtigt ist, verbindliche Erklärungen gegenüber dem anderen Vertragspartner abzugeben sowie dessen Erklärungen entgegenzunehmen.

Die Planung und Erstellung der Software erfolgt in zwei voneinander trennbaren Hauptabschnitten. In dem ersten dieser Abschnitte, der Beratungs- und Planungsphase, analysieren und definieren die Vertragspartner gemeinsam die technischen, wirtschaftlichen und organisatorischen Anforderungen des Auftraggebers an die zu erstellende Software. In dieser Phase sammelt der Auftragnehmer insbesondere Erkenntnisse über die vom Auftraggeber beabsichtigte Nutzung und den Anwendungszweck der Software.

Aufgrund der gewonnenen Erkenntnisse erstellt der Auftragnehmer in der Planungsphase den Entwurf eines Pflichtenheftes, das die im zweiten Abschnitt zu erbringenden Leistungen so detailliert und umfassend beschreibt, wie es in diesem Stadium möglich erscheint.

Nach Verabschiedung des Pflichtenhefts durch den Auftraggeber gehen die Vertragspartner zum zweiten Abschnitt, der Softwareerstellungsphase, über, soweit nicht einer der Vertragspartner die Zusammenarbeit zu diesem Zeitpunkt beendet.

Im Einzelnen vereinbaren die Vertragspartner Folgendes:

§ 1 Planungsphase[4]

(1) Der Auftraggeber nimmt in der Planungsphase die Beratungsleistungen des Auftragnehmers in Anspruch, um den Anwendungsbereich und die Anforderungen an die zu erstellende Software zu konkretisieren und zu definieren und die erforderlichen Vorbereitungen für den späteren Einsatz der Software zu treffen. Der Auftraggeber hat dem Auftragnehmer ein Lastenheft zu übergeben, das diesem Vertrag als *Anlage 2* beigefügt ist. Das Lastenheft enthält Angaben zur Problemstellung und zum Anforderungsprofil und soll aufgrund der in der Planungsphase gewonnenen zusätzlichen Erkenntnisse zu

einem Pflichtenheft weiterentwickelt werden, das die Grundlage der eigentlichen Softwareerstellung bildet.

(2) Der Auftraggeber vermittelt dem Auftragnehmer in der Planungsphase die notwendigen Informationen über die Anforderungen an die zu erstellende Software in den vorgesehenen Anwendungsgebieten, über unternehmerische und verfahrenstechnische Ziele und Prioritäten und über alle sonstigen in seiner Sphäre liegenden Vorgaben für die Erarbeitung des Pflichtenhefts. Der Auftragnehmer berät und unterstützt den Auftraggeber kontinuierlich hinsichtlich der Ermittlung der für den Sollzustand der Software wesentlichen Informationen. Kommt der Auftraggeber seinen Mitwirkungspflichten trotz Aufforderung des Auftragnehmers nicht, nicht rechtzeitig oder nicht vollständig nach, so verschieben sich die von der Verzögerung betroffenen, im Aktivitäten- und Fristenplan vereinbarten Ausführungsfristen entsprechend, wenn und soweit diese wegen der Verzögerung nicht eingehalten werden können.

(3) Der Auftragnehmer analysiert, bewertet und dokumentiert den Bedarf des Auftraggebers und entwirft im Rahmen des im „Aktivitäten- und Fristenplan" genannten voraussichtlichen Zeitplans in Zusammenarbeit mit dem Auftraggeber ein detailliertes Pflichtenheft, das die später – in der Softwareerstellungsphase (unten §§ 2 ff.) – zu erbringenden Leistungen ausführlich beschreibt. Das Pflichtenheft umfasst unter anderem eine Festlegung des geplanten Einsatzes der Software, eine detaillierte Beschreibung der einzelnen Softwarefunktionen, eine Festlegung der speziellen Anforderungen an die Entwicklungsumgebung und an die technische Produktumgebung (Software, Hardware und Schnittstellen) sowie Informationen zu etwaigen sonstigen Eigenschaften der Software. Im Rahmen des Pflichtenhefts erfolgt auch eine detaillierte Terminplanung unter Auflistung der einzelnen Schritte der Softwareerstellung bis zur abnahmefähigen Fertigstellung und zur anschließenden Installation der vertragsgegenständlichen Software. Dieser Zeitplan wird Bestandteil des Aktivitäten- und Fristenplans.

(4) Der Auftraggeber prüft den vom Auftragnehmer übergebenen Entwurf des Pflichtenhefts innerhalb von drei Wochen und teilt dem Auftragnehmer etwaige Änderungs- oder Ergänzungswünsche schriftlich mit. Nach Überarbeitung des Entwurfs durch den Auftragnehmer legt dieser dem Auftraggeber den aus seiner Sicht endgültigen Entwurf zur abschließenden Überprüfung und Verabschiedung vor. Der Auftraggeber verabschiedet den Inhalt des Pflichtenhefts durch schriftliche Anzeige an den Auftragnehmer. Geschieht dies nicht innerhalb von drei Wochen nach Vorlage der überarbeiteten Fassung des Entwurfs und macht der Auftraggeber innerhalb dieser Frist auch keine Beanstandungen geltend, so gilt das Pflichtenheft als verabschiedet. In dieser Fassung bildet es unter Ersetzung aller vorangegangenen Lastenheft- und Zwischenstufen die verbindliche Grundlage für die Erstellung der Software. Als Teil des Pflichtenhefts oder unverzüglich im Anschluss an dessen Verabschiedung wird der Aktivitäten- und Fristenplan (Anlage 1) für die sich anschließende Softwareerstellungsphase aktualisiert und ergänzt. Das Pflichtenheft wird diesem Vertrag nachträglich als *Anlage 3* beigefügt.[5] Als Vereinbarung über die vertraglich geschuldete Beschaffenheit des Programms ist der Inhalt des Pflichtenhefts nur insoweit zu verstehen, als dies in der abschließenden schriftlichen Fassung ausdrücklich bestimmt wird.[6]

(5) Erkennt der Auftragnehmer während der Planungsphase, dass die zu erstellende Software im Hinblick auf die mittlerweile herausgearbeiteten Tatsachen, Anforderungen oder Programmeigenschaften modifiziert werden muss, wird er den Auftraggeber hierauf unverzüglich hinweisen und ihm entsprechende Vorschläge unterbreiten. Die gleiche Hinweispflicht besteht, wenn der Auftragnehmer erkennt, dass Angaben oder Anforderungen des Auftraggebers fehlerhaft, unvollständig, nicht eindeutig oder objektiv zur Ausführung nicht geeignet sind. Der Auftraggeber wird über eventuelle Änderungen, die sich aufgrund solcher Hinweise für die Erarbeitung und den Inhalt des Pflichtenhefts

ergeben, unverzüglich entscheiden. Der Auftraggeber wird seinerseits den Auftragnehmer unverzüglich unterrichten, wenn sich für ihn Abweichungen gegenüber dem Lastenheft (Abs. 1), der Bedarfsdokumentation im Pflichtenheft (Abs. 3 und 4) oder sonstigen zwischen den Vertragsparteien abgestimmten Planungsunterlagen abzeichnen. Erkennt der Auftragnehmer, dass die Datensicherungsmaßnahmen des Auftraggebers nicht dem erforderlichen Standard entsprechen, teilt er auch dies dem Auftraggeber unverzüglich schriftlich mit.[7]

(6) Beginn und voraussichtliche Dauer der Planungsphase sowie Anzahl und Qualifikation der vom Auftragnehmer kontinuierlich primär für dieses Projekt einzusetzenden Mitarbeiter ergeben sich aus dem Aktivitäten- und Fristenplan. Der Auftraggeber stellt qualifiziertes Personal zur Kooperation mit dem Auftragnehmer zur Verfügung.

(7) Während der Planungsphase und bis zu einem Zeitpunkt, der drei Wochen nach Verabschiedung des Pflichtenhefts liegt, kann dieser Vertrag von jeder Seite unter Einhaltung einer Frist von zwei Wochen schriftlich gekündigt werden;[8] der Auftragnehmer erhält die in § 10 Abs. 1 geregelte Vergütung seines Arbeitsaufwands dann bis zum Ablauf der Kündigungsfrist, es sei denn, die nach Zugang der Kündigung noch erbrachten Leistungen sind für den Auftraggeber nicht mehr von Interesse.

§ 2 Softwareerstellung

(1) Sofern der Vertrag nicht gemäß § 1 Abs. (7) gekündigt wird, erstellt der Auftragnehmer auf der Basis des Pflichtenhefts eine dem Stand der Wissenschaft und Technik entsprechende funktionsfähige Software für die vorgesehenen Anwendungsgebiete und führt die erforderlichen Funktions- und Anwendungstests und die Installation der Software durch.

(2) In Abständen von vier Wochen unterrichtet der Auftragnehmer den Auftraggeber über den Stand der Programmierungsarbeiten und die Einhaltung der Anforderungen an die Software. Sich abzeichnende Verzögerungen und Änderungserfordernisse werden dem Auftraggeber unverzüglich mitgeteilt. § 1 Abs. (5) findet entsprechende Anwendung.

(3) Auch während der Softwareerstellungsphase erteilt der Auftraggeber dem Auftragnehmer unverzüglich alle Informationen und stellt ihm alle Arbeitsmittel und Testdaten zur Verfügung, die dieser zur vertragsgemäßen Leistungserbringung benötigt, und ermöglicht die Herbeiführung der Funktionsfähigkeit der Software für den erforderlichen Zeitraum. Einzelheiten werden im „Aktivitäten- und Fristenplan" geregelt. Die Mitwirkung erfolgt unentgeltlich, soweit nicht im Einzelfall schriftlich eine andere Regelung getroffen wird.

§ 3 Personal des Auftragnehmers, Subunternehmer

(1) Der Auftragnehmer setzt für die Erfüllung seiner vertraglichen Pflichten ausschließlich Mitarbeiter ein, die für die Erbringung der vereinbarten Leistung qualifiziert sind.

(2) Der Auftragnehmer ist zum Einsatz von Subunternehmern nur nach ausdrücklicher Zustimmung des Auftraggebers berechtigt. Der Auftraggeber wird seine Zustimmung nicht ohne vernünftige Gründe verweigern.

§ 4 Änderungsverlangen[9]

(1) Solange der Auftragnehmer nicht die Software geliefert und mit der Herbeiführung der Funktionsfähigkeit begonnen hat, kann der Auftraggeber nach Maßgabe der nachfolgenden Bestimmungen jederzeit schriftlich Änderungen gegenüber dem Pflichtenheft, der Programmbeschreibung oder den auf die Programmbeschreibung folgenden Entwicklungsstufen verlangen. Der Auftragnehmer wird dem Änderungsverlangen nach besten

Kräften Rechnung tragen, soweit ihm dies im Rahmen seiner betrieblichen Leistungsfähigkeit und Kapazitätsplanung zumutbar ist.

(2) Der Auftragnehmer hat das Änderungsverlangen des Auftraggebers zu prüfen und wird dem Auftraggeber in angemessener Frist unter Berücksichtigung der Art und des Umfangs des Änderungsverlangens mitteilen, ob es zumutbar oder aus welchen Gründen es ihm nicht zumutbar ist. Ist das Änderungsverlangen dem Auftragnehmer zumutbar und hat es keinen wesentlichen Einfluss auf die vereinbarte Vergütung oder Termine, hat der Auftragnehmer unverzüglich mit der Umsetzung des Änderungsverlangens zu beginnen und dies dem Auftraggeber mitzuteilen.

Falls der Auftragnehmer innerhalb von zwei Wochen ab Zugang des Änderungsverlangens weder schriftlich darlegt, dass und aus welchen Gründen es ihm unzumutbar ist die Änderung durchzuführen, noch eine aus seiner Sicht erforderliche Anpassung der vertraglichen Regelungen geltend macht, hat er innerhalb einer angemessenen Frist mit der Umsetzung des Änderungsverlangens zu beginnen.

(2) Wenn die Prüfung der Änderungsmöglichkeiten oder die tatsächliche Durchführung der Änderung nicht nur unerhebliche Auswirkungen auf das vertragliche Leistungsgefüge (zB Vergütung; Fristen; Abnahmemodalitäten) haben, wird der Auftragnehmer dem Auftraggeber ein Angebot zur Anpassung der vertraglichen Regelungen insbesondere in Bezug auf vereinbarte Termine und Auswirkungen auf die vereinbarte Vergütung unterbreiten. Der Auftraggeber wird das Angebot des Auftragnehmers in angemessener Frist annehmen oder ablehnen.

Übersteigt die Erstellung des Angebots für den Auftragnehmer den Umfang von zwei Arbeitstagen, kann der Auftragnehmer dieses von der Zahlung einer angemessenen Vergütung abhängig machen. In diesem Fall unterrichtet er den Auftraggeber unverzüglich und teilt ihm die Höhe des Aufwands der Erstellung des Angebots und die entsprechende Vergütung mit. Der Auftraggeber wird dieses Vorangebot des Auftragnehmers in angemessener Frist annehmen oder ablehnen.

(3) Kommt eine einvernehmliche Anpassung der vertraglichen Regelungen nicht innerhalb eines Monats zustande, nachdem der Auftragnehmer die Erforderlichkeit einer Anpassung geltend gemacht hat, so werden die Arbeiten ohne Berücksichtigung des Änderungsverlangens weitergeführt, falls der Auftraggeber den Vertrag nicht kündigt. Im Falle der Kündigung gilt § 648 BGB mit der Maßgabe, dass der Auftragnehmer neben der Kostenerstattung nach § 10 Abs. (4) den in § 10 Abs. (2) S. 1 genannten Mindestbetrag oder – wenn sich hieraus eine höhere Summe ergibt – die Vergütung seines Arbeitsaufwands bis zum Kündigungszeitpunkt verlangen kann; der Anspruch auf den Mindestbetrag entfällt, falls der Auftragnehmer die Berücksichtigung des Änderungsverlangens oder die Anpassung der vertraglichen Regelungen ohne sachlich gerechtfertigten Grund verweigert hat. Ist das Änderungsverlangen dem Auftragnehmer zumutbar, können sich die Vertragspartner jedoch nicht über die Anpassung der Vergütung einigen, so kann der Auftraggeber die Durchführung der Änderung gleichwohl verlangen; die Vergütung wird in diesem Fall angemessen erhöht.

(4) Ist das Änderungsverlangen dem Auftragnehmer zumutbar, können die Vertragspartner sich jedoch nicht über die Anpassung des Aktivitäten- und Fristenplans einigen, so kann der Auftraggeber die Durchführung der Änderung gleichwohl verlangen; in diesem Fall verlängern sich die Ausführungsfristen um die Zahl der Tage, an denen infolge des Änderungsverlangens die Arbeiten unterbrochen waren, und verschieben sich im Übrigen angemessen. Der Auftragnehmer kann für die Dauer der Unterbrechung eine angemessene zusätzliche Vergütung in Anlehnung an die in § 10 Abs. 2 genannten Stundensätze verlangen, wenn und soweit die von der Unterbrechung betroffenen Mitarbeiter nicht anderweitig eingesetzt werden konnten und dem Auftraggeber dies schriftlich mitgeteilt wurde.

§ 5 Abnahme[10]

(1) Hat der Auftragnehmer die vertraglich vereinbarten Leistungen vollständig erbracht, stellt er die Software dem Auftraggeber zu dem im Aktivitäten- und Fristenplan vereinbarten Termin zur Überprüfung und Abnahme zur Verfügung. Die Abnahme der Software setzt eine erfolgreiche Funktionsprüfung voraus, die spätestens innerhalb von drei Arbeitstagen beginnt, nachdem der Auftragnehmer dem Auftraggeber die Software zur Verfügung gestellt und die Funktionsfähigkeit mitgeteilt hat. Die Funktionsprüfung wird nach den im Aktivitäten- und Fristenplan genannten Modalitäten durchgeführt. Auf Verlangen des Auftraggebers oder des Auftragnehmers wird, wenn notwendig, die Funktionsprüfung gegenüber dem ursprünglich vorgesehenen Zeitraum angemessen verlängert.

(2) Nach erfolgreich durchgeführter Funktionsprüfung hat der Auftraggeber unverzüglich schriftlich die Abnahme zu erklären oder dem Auftragnehmer festgestellte Mängel schriftlich mitzuteilen. Die Funktionsprüfung gilt als erfolgreich durchgeführt, wenn die Software in allen wesentlichen Punkten die vertraglich vorgesehenen Anforderungen erfüllt.

(3) Der Auftraggeber ist verpflichtet, dem Auftragnehmer unverzüglich schriftlich Mitteilung zu machen, wenn ihm während der Funktionsprüfung Abweichungen gegenüber den vertraglich festgelegten Anforderungen bekannt werden. Stellt der Auftraggeber wesentliche Mängel der Software fest, ist er berechtigt, die Funktionsprüfung abzubrechen. In diesem Fall setzt er dem Auftragnehmer eine angemessene Frist, die Mängel zu beseitigen. Nach deren Beseitigung stellt der Auftragnehmer die Software dem Auftraggeber erneut zur Überprüfung und Abnahme zur Verfügung. Der für die Funktionsprüfung im Aktivitäten- und Fristenplan vereinbarte Zeitplan beginnt erneut. Während der Funktionsprüfung festgestellte nicht wesentliche Abweichungen der Software von den vertraglich festgelegten Anforderungen berechtigen den Auftraggeber nicht zur Verweigerung der Abnahme. Diese nicht wesentlichen Abweichungen werden in der schriftlichen Abnahmeerklärung als Mängel festgehalten und sind vom Auftragnehmer anschließend unverzüglich zu beseitigen. Als nicht wesentliche Abweichungen gelten insbesondere Fehler, die keinen oder nur einen unerheblichen Einfluss auf die Funktionalität oder Verfügbarkeit des Systems haben.

(4) Teilabnahmen finden nur statt, wenn sie ausdrücklich vereinbart sind; in diesem Fall beschränkt sich die Erklärung der Funktionsbereitschaft auf die vereinbarten Teilprogramme oder Module. Die Erklärung der Gesamtabnahme der Software, in der das vertragsgemäße Zusammenwirken der Einzelteile festgestellt wird, bleibt jedoch erforderlich. Die vollständige Erfüllung des Softwareerstellungsvertrags richtet sich ausschließlich nach der Gesamtabnahme.

(5) Wenn der Auftraggeber nicht unverzüglich die Abnahme erklärt, kann ihm der Auftragnehmer schriftlich eine Frist von vier Wochen zur Abgabe dieser Erklärung setzen. Die Abnahme gilt als erfolgt, wenn der Auftraggeber innerhalb dieser Frist die Gründe für die Verweigerung der Abnahme nicht schriftlich spezifiziert.

§ 6 Verzug[11]

(1) Übergibt der Auftragnehmer dem Auftraggeber zu dem im Aktivitäten- und Fristenplan vereinbarten Termin keine abnahmefähige Software, kommt er mit der Erfüllung des Softwareerstellungsvertrags in Verzug, es sei denn, dass er die Verzögerung nicht zu vertreten hat. Bei Verzögerungen, die der Auftragnehmer nicht zu vertreten hat, verschieben sich die vereinbarten Ausführungsfristen entsprechend.

(2) Ist der Auftragnehmer mit der Erfüllung des Softwareerstellungsvertrags in Verzug, kann der Auftraggeber Ersatz des Verzögerungsschadens verlangen. Setzt der Auftraggeber dem Auftragnehmer nach Eintritt des Verzugs eine angemessene Frist, so kann er nach erfolglosem Ablauf dieser Frist vom Softwareerstellungsvertrag zurücktreten und

Schadensersatz statt der Leistung oder Ersatz vergeblicher Aufwendungen gemäß § 284 BGB verlangen. § 281 Abs. 2 und § 323 Abs. 2 BGB bleiben unberührt.

§ 7 Übergabe der Software und Dokumentation[12]

Mit Mitteilung der Funktionsfähigkeit der Software stellt der Auftragnehmer dem Auftraggeber diese als Quellcode und als Objektcode zur Verfügung. Er liefert ferner eine ausführliche, für den Einsatz der Software (einschließlich deren Pflege und Weiterentwicklung) geeignete Dokumentation in deutscher Sprache. Bis zum Ende der Gewährleistungsfrist nimmt der Auftragnehmer die erforderlichen Anpassungen der Dokumentation an eventuell noch erfolgten Programmänderungen vor; soweit die Programmänderungen zur Fehlerbeseitigung erfolgt sind, geschieht dies kostenlos. Der Auftraggeber erhält an allen Fassungen des Quellcodes und der Quellcode-Dokumentation ein Nutzungsrecht gemäß § 11 Abs. 1.

§ 8 Mängelhaftung

(1) Der Auftragnehmer steht dafür ein, dass die zu liefernde Software und Dokumentation die vereinbarte Beschaffenheit haben und nicht mit Mängeln[13] behaftet sind, die die Eignung für die nach dem Vertrag vorausgesetzte Verwendung beeinträchtigen. Dem Auftraggeber ist bekannt, dass es nach dem Stand der Technik nicht möglich ist, ein von Fehlern vollkommen freies Programm zu erstellen.

(2) Die Verjährungsfrist für Mängelrechte beträgt zwei Jahre. Sie beginnt mit der Abnahme gemäß § 5 dieses Vertrags. Sie verlängert sich um die Zahl der Tage, an denen die Software infolge von Mängeln mehr als zwölf Stunden nicht vereinbarungsgemäß genutzt werden konnte, soweit der Auftragnehmer dem Auftraggeber solche Unterbrechungszeiträume jeweils unverzüglich schriftlich angezeigt hat.

(3) Mängel, die nicht schon in der Abnahmeerklärung aufgeführt wurden, hat der Auftraggeber dem Auftragnehmer unverzüglich nach Entdeckung zu melden; diese Meldung ist mit einer konkreten schriftlichen Mängelbeschreibung zu verbinden. Der Auftraggeber stellt dem Auftragnehmer auf Anforderung in zumutbarem Umfang Unterlagen und Informationen zur Verfügung, die dieser zur Beurteilung und Beseitigung benötigt.

(4) Der Auftragnehmer hat mit den Arbeiten zur Mängelbeseitigung unverzüglich zu beginnen, spätestens innerhalb von 36 Stunden nach Eingang der Mängelanzeige. Diese Frist verkürzt sich auf zwölf Stunden, falls der Auftraggeber in der Mängelanzeige mitteilt, dass wesentliche Programme oder Programmfunktionen nicht vereinbarungsgemäß genutzt werden können. Mängel, die vor Ablauf der Gewährleistungsfrist ordnungsgemäß gemeldet werden, beseitigt der Auftragnehmer auf eigene Kosten. Ergibt eine Überprüfung, dass ein Mangel nicht vorliegt, so kann der Auftragnehmer eine Aufwandserstattung nach seinen dann allgemein berechneten Stundensätzen (zuzüglich notwendiger Auslagen) verlangen.

(5) Soweit dies möglich und im Hinblick auf die Auswirkungen des Mangels angemessen ist, wird der Auftragnehmer bis zur endgültigen Behebung eine Zwischenlösung zur Umgehung des Mangels bereitstellen.

(6) Soweit der Auftraggeber ohne Zustimmung des Auftragnehmers Änderungen an der Software durchführt oder durch Dritte durchführen lässt, ohne dass dies wegen des Verzugs des Auftragnehmers und des ergebnislosen Ablaufs einer vom Auftraggeber gesetzten Nachfrist oder aus anderen Gründen erforderlich ist, um eine vertragsgemäße Programmnutzung zu ermöglichen, bleibt der Auftragnehmer zur Beseitigung der von diesen Änderungen nicht betroffenen Mängel verpflichtet. Mehraufwand, der durch die vom Auftraggeber gemäß Satz 1 einseitig vorgenommenen Änderungen (mit)verursacht worden ist, hat der Auftraggeber zu tragen.[15]

(7) Werden erhebliche Mängel vom Auftragnehmer nicht innerhalb einer vom Auftraggeber gesetzten angemessenen Frist behoben oder durch eine angemessene Zwischenlösung aufgefangen, so kann der Auftraggeber nach fruchtlosem Fristablauf die Vergütung angemessen herabsetzen oder vom Softwareerstellungsvertrag zurücktreten; die auf die Planungsphase (§ 1) entfallende Vergütung bleibt unberührt.[16]

§ 9 Einweisung, Schulung

(1) Spätestens bis zum Beginn der Funktionsprüfung gemäß § 5 Abs. (1) weist der Auftragnehmer das vom Auftraggeber für die Nutzung der Software vorgesehene Personal in die Anwendung der Programme und in die Handhabung der dazugehörigen Arbeitsmittel ein. Die Einweisung erfolgt primär im Hause des Auftraggebers; sie wird im Hause des Auftragnehmers oder an anderer zwischen den Parteien abzustimmender Stelle vorgenommen, soweit dies dort sachgerechter geschehen kann.

(2) Bis zu der im Aktivitäten- und Fristenplan festgelegten Gesamtdauer wird die Einweisung für die dort genannte Anzahl von Mitarbeitern des Auftragnehmers ohne Erhöhung der in § 10 Abs. (2) genannten Obergrenze durchgeführt; wünscht der Auftraggeber zusätzliche Einweisungs- oder Schulungsmaßnahmen, so erhöht sich diese Obergrenze dem Zeitaufwand entsprechend nach einem Stundensatz von EUR [. . . . .]. Eventuelle Reisekosten seiner eigenen Mitarbeiter trägt der Auftraggeber selbst.

(3) Auch nach der Einführungsphase und unabhängig von der Mängelbeseitigung wird der Auftragnehmer den Auftraggeber durch qualifiziertes Personal auf Anforderung beim Einsatz und einer eventuellen Weiterentwicklung der Programme unterstützen, falls der Auftraggeber dem Auftragnehmer einen entsprechenden Wunsch spätestens vier Monate vor Ablauf der Gewährleistungsfrist schriftlich mitteilt. Über die Einzelheiten wird ein gesonderter Softwarepflegevertrag abgeschlossen.

§ 10 Vergütung[17]

(1) Zur vollständigen Abgeltung seiner in der Planungsphase zu erbringenden Leistungen erhält der Auftragnehmer für seinen Arbeitsaufwand (einschließlich notwendiger Fahrtzeiten)[16] eine Vergütung nach den gemäß Qualifikation der eingesetzten Mitarbeiter gestaffelten und im Aktivitäten- und Fristenplan festgelegten Stundensätzen. Der Auftragnehmer rechnet über die von ihm geleisteten Arbeitsstunden und die gemäß Abs. 4 zu erstattenden Reisekosten jeweils innerhalb einer Woche nach Ende eines Kalendermonats ab. Die in Rechnung gestellten Beträge werden zwei Wochen nach Erhalt der Monatsrechnung fällig.

(2) Wird der Vertrag über das Ende der Planungsphase hinaus fortgesetzt, so erhält der Auftragnehmer für seinen nach Ablauf der in § 1 Abs. (4) genannten Dreiwochenfrist anfallenden Arbeitsaufwand (einschließlich notwendiger Fahrzeiten)[16] eine Vergütung entsprechend den im Aktivitäten- und Fristenplan genannten Stundensätzen; gleichzeitig wird dort ein Mindest- und ein Höchstbetrag festgelegt. Die monatliche Abrechnung erfolgt entsprechend der Regelung in Abs. (1). Vier Wochen nach Verabschiedung des Pflichtenhefts gemäß § 1 Abs. 4 werden jedoch 40 % des in Satz 1 genannten Mindestbetrages berechnet und fällig. Weitere 20 % des Mindestbetrages werden mit Lieferung der Software als Objektcode und Quellcode einschließlich der Dokumentation gemäß § 7, die letzten 40 % bei Abnahme der Software gemäß § 5 fällig. Diese festen Zahlungen bestimmter Teile des vereinbarten Mindestbetrages werden auf die nach Satz 1 und Satz 2 zu leistenden laufenden, dem monatlichen Aufwand des Auftragnehmers entsprechenden Beträge angerechnet; auf diesen monatlichen Aufwand bezogene Zahlungen nach Satz 1 und Satz 2 erfolgen also nur insoweit, als sie kumuliert die bis zum betreffenden Zeitpunkt gezahlten Teile des Mindestbetrages übersteigen.

(3) Erweitert der Auftraggeber später die Nutzung der Software auf eine zum Zeitpunkt des Vertragsschlusses unbekannte Nutzungsart gemäß § 31a Abs. 1 UrhG, so hat der Auftragnehmer gegen den Auftraggeber einen Anspruch auf eine angemessene gesonderte Vergütung. Macht der Auftragnehmer den Anspruch auf gesonderte Vergütung geltend, entfällt sein Widerrufsrecht gemäß § 11 Abs. 1 des Vertrages in Verbindung mit § 31a Abs. 1 UrhG.

(4) Die Kosten notwendiger Reisen des Auftragnehmers und seiner Mitarbeiter werden im Rahmen der steuerlich zulässigen Sätze erstattet. Zum Selbstkostenpreis separat berechnet werden die zur Lieferung und Einführung der Software erforderlichen Datenträger. Alle sonstigen Nebenleistungen und -kosten sind durch die in Abs. (1) und (2) genannte Vergütung abgegolten.

(5) Kündigt der Auftraggeber gemäß § 648 BGB, so gilt als vereinbarte Vergütung der Mittelwert zwischen dem in Abs. (2) genannten Mindest- und Höchstbetrag oder – soweit dieser Mittelwert durch den tatsächlichen Arbeitsaufwand des Auftragnehmers bereits überschritten ist – der dort genannte Höchstbetrag.

§ 11 Nutzungsrechte[18]

(1) Der Auftraggeber erwirbt mit der Abnahme das ausschließliche,[19, 20] zeitlich und räumlich unbeschränkte, sich auf alle bekannten und unbekannten Nutzungsarten erstreckende Nutzungsrecht an der Software, insbesondere das Recht, die Software zu speichern und zu laden, sie ablaufen zu lassen, zu vervielfältigen, zu verbreiten, vorzuführen, öffentlich zugänglich zu machen und wiederzugeben, zu bearbeiten, umzugestalten und zu verwerten. § 13 Abs. 1 bleibt unberührt. Sofern es sich bei der Nutzung der Software um die Ausübung einer zum Zeitpunkt des Vertragsschlusses unbekannten Nutzungsart gemäß § 31a Abs. 1 UrhG handelt, wird der Auftraggeber dem Auftragnehmer die beabsichtigte Aufnahme dieser Nutzung an die ihm zuletzt bekannte Adresse des Auftragnehmers mitteilen; der Auftragnehmer kann innerhalb einer Frist von drei Monaten nach Absendung der Mitteilung die Einräumung der für die Ausübung dieser Nutzungsart erforderlichen Nutzungsrechte widerrufen. Im Übrigen ist die Einräumung des Nutzungsrechts unwiderruflich. Das Nutzungsrecht bezieht sich auf die Software einschließlich der dazugehörigen Daten und Datenschutzstrukturen in allen Entwicklungs-, Zwischen- und Endstufen sowie auf die zugehörigen Dokumentationen und auf sonstige für die Ausübung des Nutzungsrechts notwendige Materialien wie beispielsweise Analysen, Lasten- bzw. Pflichtenhefte, Konzepte und Beschreibungen.

(2) Der Auftraggeber ist frei, ohne Zustimmung des Auftragnehmers hinsichtlich einzelner oder sämtlicher ihm eingeräumter Rechte einfache oder ausschließliche Lizenzen an Dritte zu vergeben oder die erworbenen Rechte ganz oder teilweise auf Dritte zu übertragen.

(3) Der Auftragnehmer stellt sicher, dass eventuelle Rechte nach §§ 12, 13 S. 2 und 25 UrhG nicht geltend gemacht werden.

(4) Nach erfolgter Abnahme kann der Auftraggeber vom Auftragnehmer jederzeit verlangen, dass dieser sämtliche Originale und Kopien der Programme (einschließlich Quellcodes), der Dokumentation und der sonstigen während der Programmerstellung entstandenen Unterlagen herausgibt und die vollständige Erfüllung dieser Verpflichtung schriftlich versichert; soweit die Kopien auf maschinenlesbaren Datenträgern des Auftragnehmers aufgezeichnet sind, tritt an die Stelle der Herausgabe das Löschen der Aufzeichnungen. Der Auftraggeber kann dieses Verlangen auch mit der Einschränkung aussprechen, dass der Auftragnehmer berechtigt bleibt, je eine an einem sicheren Ort zu verwahrende und ausschließlich zu Beweiszwecken und zur Erfüllung der Gewährleistungspflichten dienende Kopie zurückzubehalten. Macht der Auftraggeber von seinen Rechten gemäß Satz 1 ohne die Einschränkung des Satzes 2 Gebrauch, so erlöschen sämtliche weitere Gewährleistungsansprüche.

(5) Der Auftragnehmer ist nicht gehindert, unter Verwendung von Konzepten, Methoden und Erkenntnissen, die er bei Ausführung dieses Vertrages angewandt, weiterentwickelt oder gewonnen hat, Programme ähnlicher Aufgabenstellung auch für Dritte zu entwickeln. § 13 bleibt unberührt.

§ 12 Freiheit von Rechten Dritter

(1) Der Auftragnehmer steht dafür ein, dass die im Rahmen dieses Vertrags erbrachten Leistungsergebnisse frei von Schutzrechten Dritter sind und dass nach seiner Kenntnis auch keine sonstigen Rechte bestehen, die eine Nutzung entsprechend § 11 einschränken oder ausschließen.[21]

(2) Der Auftragnehmer stellt insbesondere durch entsprechende Vereinbarungen mit seinen Arbeitnehmern oder Beauftragten sicher, dass der in § 11 vorgesehene Nutzungsumfang nicht durch eventuelle Miturheber- oder sonstige Rechte beeinträchtigt wird. Auf Verlangen des Auftraggebers wird er diesem den Abschluss entsprechender Vereinbarungen mit den an der Softwareerstellung beteiligten Personen nachweisen.[22]

(3) Der Auftragnehmer stellt den Auftraggeber von allen Ansprüchen frei, die von Dritten gegen den Auftraggeber wegen der Verletzung von Schutzrechten durch die Benutzung der Software geltend gemacht werden. Der Auftraggeber benachrichtigt den Auftragnehmer unverzüglich schriftlich, wenn derartige Ansprüche Dritter wegen der Verletzung von Schutzrechten gegen ihn geltend gemacht werden.

(4) Wird die vertragsgemäße Nutzung durch Schutzrechte Dritter beeinträchtigt, so hat der Auftragnehmer in einem für den Auftraggeber zumutbaren Umfang das Recht, nach seiner Wahl entweder die vertraglichen Leistungen so abzuändern, dass sie aus dem Schutzbereich herausfallen, gleichwohl aber den vertraglichen Bestimmungen entsprechen, oder die Befugnis zu erwirken, dass sie uneingeschränkt und ohne zusätzliche Kosten für den Auftraggeber vertragsgemäß genutzt werden können.

(5) Wenn es dem Auftragnehmer nicht gelingt, gemäß Abs. (4) Beeinträchtigungen durch Rechte Dritter auszuräumen, ist der Auftraggeber berechtigt, von dem Vertrag für die Softwareerstellungsphase ganz oder teilweise zurückzutreten oder eine Herabsetzung der Vergütung zu verlangen; die auf die Planungsphase (§ 1) entfallende Vergütung bleibt unberührt.

§ 13 Geheimhaltung[23]

(1) Der Auftragnehmer verpflichtet sich, sämtliche ihm im Zusammenhang mit diesem Vertrag zugänglich werdende Informationen, die als vertraulich bezeichnet werden oder nach sonstigen Umständen als Geschäfts- oder Betriebsgeheimnisse des Auftraggebers erkennbar sind, unbefristet geheim zu halten und sie – soweit nicht zur Erreichung des Vertragszwecks geboten – weder aufzuzeichnen noch weiterzugeben oder zu verwerten. Er wird durch geeignete vertragliche Abreden mit den für ihn tätigen Arbeitnehmern und Beauftragten sicherstellen, dass auch diese unbefristet jede eigene Verwertung, Weitergabe oder unbefugte Aufzeichnung solcher Geschäfts- und Betriebsgeheimnisse unterlassen.[24] Entsprechende Verpflichtungen treffen den Auftraggeber in Bezug auf Geschäfts- und Betriebsgeheimnisse des Auftragnehmers, soweit diese nicht in den vertragsgemäß erstellten Programmen nebst Dokumentation und/oder sonstigen in § 11 Abs. 4 erwähnten Unterlagen erschöpfend ihren Ausdruck finden. Der Auftraggeber verpflichtet sich, den Quellcode wie eigene vertrauliche Informationen zu behandeln und diesen Dritten nur im Rahmen der bestimmungsgemäßen Nutzung und nur unter der Voraussetzung zugänglich zu machen, dass auch diese den Quellcode vertraulich behandeln.

(2) Der Auftragnehmer gibt die Software und die Dokumentation nicht ganz oder teilweise in einer nicht oder nur unwesentlich veränderten Form weiter und behandelt alle Kennt-

nisse darüber, in welcher Weise die Programme durch den Auftraggeber genutzt werden, vertraulich. Die Verpflichtung zur Geheimhaltung gilt nicht für Informationen, die dem Auftragnehmer bereits bekannt waren oder außerhalb dieses Vertrages ohne Verstoß gegen eine Geheimhaltungsverpflichtung bekannt geworden sind. Entsprechende Verpflichtungen erlegt er seinen Angestellten und Beauftragten auch für die Zeit nach dem Ende ihrer Dienstverhältnisse auf. Mit einer Aufnahme in eine Referenzliste des Auftragnehmers ist der Auftraggeber grundsätzlich einverstanden; Näheres wird im Einzelfall abgestimmt.

§ 14 Haftungsbeschränkungen[25]

(1) Eine Haftung des Auftragnehmers – gleich aus welchem Rechtsgrund – tritt nur ein, soweit der eingetretene Schaden

a) durch schuldhafte Verletzung einer vertragswesentlichen Pflicht verursacht worden oder

b) auf grobe Fahrlässigkeit oder Vorsatz auf Seiten des Auftragnehmers zurückzuführen ist.

Wesentlich ist eine Vertragspflicht, deren Erfüllung die ordnungsgemäße Durchführung des Vertrags erst ermöglicht und auf deren Einhaltung der Auftraggeber regelmäßig vertrauen darf.

(2) Haftet der Auftragnehmer gemäß Abs. (1) (a) für die Verletzung einer vertragswesentlichen Pflicht, ohne dass grobe Fahrlässigkeit oder Vorsatz vorliegen, so ist die Haftung auf denjenigen Schaden begrenzt, mit dessen Entstehen der Auftragnehmer bei Vertragsschluss aufgrund der ihm zu diesem Zeitpunkt bekannten Umstände typischerweise rechnen musste.

(3) Für den Verlust von Daten und Programmen und deren Wiederherstellung haftet der Auftragnehmer ebenfalls nur in dem aus Abs. (1) bis (2) ersichtlichen Rahmen und nur insoweit, als dieser Verlust auf Vorsatz oder grobe Fahrlässigkeit des Auftragnehmers beruht oder insoweit er auf einfacher Fahrlässigkeit des Auftragnehmers beruht und nicht durch angemessene Vorsorgemaßnahmen des Auftraggebers, insbesondere die tägliche Anfertigung von Sicherungskopien aller Daten und Programme, vermeidbar gewesen wäre.

(4) Die Haftungsbeschränkungen gemäß Abs. (1) bis (3) gelten sinngemäß auch zugunsten der Mitarbeiter und Beauftragten des Auftragnehmers.

(5) Eine eventuelle Haftung des Verkäufers aus der Übernahme einer Garantie, aufgrund des Produkthaftungsgesetzes, für Verletzungen von Körper, Leben oder Gesundheit, oder nach § 12 dieser Vereinbarung bleibt unberührt.[26]

§ 15 Gerichtsstand[27]

Gerichtsstand für alle Streitigkeiten aus oder in Verbindung mit diesem Vertrag ist [. . . . .]. Jeder Vertragspartner kann jedoch auch an seinem allgemeinen Gerichtsstand in Anspruch genommen werden.

§ 16 Sonstiges

(1) Dieser Vertrag enthält sämtliche Vereinbarungen zwischen den Vertragspartnern; Nebenabreden bestehen nicht.

(2) Alle Änderungen, Ergänzungen und Kündigungen dieses Vertrags bedürfen der Schriftform.

(3) Sollten einzelne Bestimmungen dieses Vertrags unwirksam sein oder werden, so wird die Wirksamkeit der übrigen Bestimmungen hierdurch nicht berührt. An die Stelle der unwirksamen Bestimmung tritt eine Ersatzregelung, die dem mit der unwirksamen Bestimmung angestrebten Zweck möglichst nahe kommt.

(Ort, Datum, Unterschriften)

Anlage 1: Aktivitäten- und Fristenplan[3]

Anwendungsgebiete . . . . .

. . . . .

System-Konfiguration: . . . . .

. . . . .

Projektmanager des Auftragnehmers: . . . . .

. . . . .

Projektmanager des Auftraggebers: . . . . .

. . . . .

Planungsphase

a) Beginn: . . . . .
b) Voraussichtliche Dauer: . . . . .
c) Anzahl und Qualifikation der vom Auftragnehmer einzusetzenden Arbeitskräfte:
   . . . . .
   . . . . .
   . . . . .
   . . . . .

Softwareerstellung

a) Anzahl und Qualifikation der vom Auftragnehmer einzusetzenden Arbeitskräfte:
   . . . . .
   . . . . .
   . . . . .
   . . . . .
b) Voraussichtliche Dauer: . . . . .
   [Zeiträume oder angestrebte Endtermine für einzelne Schritte bis zur Abnahme und Installation der Software festlegen]
c) Testdaten und Arbeitsmittel, die vom Auftraggeber zu stellen sind: . . . . .
   . . . . .
   . . . . .
   . . . . .

Modalitäten der Funktionsprüfung:
(ua Dauer, Ort, Umfang, Testdaten, Testverfahren, Testkriterien, mitwirkendes Personal).

Einweisung, Schulung:
a) Gesamtdauer: . . . . .
   . . . . .
b) Anzahl und Funktion der einzuweisenden Mitarbeiter: . . . . .
   . . . . .
   . . . . .
   . . . . .
c) Stundensatz für zusätzliche Einweisungs- und Schulungsmaßnahmen: . . . . .

Vergütung:
a) Stundensätze gemäß § 10 Abs. (1): . . . . .
b) Stundensätze gemäß § 10 Abs. (2): . . . . .
c) Mindest- und Höchstbetrag gemäß § 10 Abs. (2): . . . . .

Schrifttum: Beckmann, EDV-Anwenderdokumentationen, CR 1998, 519; *Brandi-Dohrn,* Das Risiko im Entwicklungsvertrag, CR 1998, 645; *Brandt,* Bewertungskriterien für Anwenderhandbücher, CR 1998, 571; *Braun,* Überlassung von Computerprogrammen an den Anwender als Werkvertrag, BB 1992, 154 ff.; *Diedrich,* Typisierung von Softwareverträgen nach der Schuldrechtsreform, CR 2002, 473; *Dreier/Schulze,* Urheberrechtsgesetz, 6. Aufl., München 2018; *Erben/Günther/Kubert/Zahrnt,* IT-Verträge, Wirksame und unwirksame Allgemeine Geschäftsbedingungen, 4. Aufl. 2007; *Frank,* Bewegliche Vertragsgestaltung für agiles Programmieren – Ein Vorschlag zur rechtlichen Abschichtung zwischen Planung und Realisierung, CR 2011, 138; *Fritzemeyer,* die rechtliche Einordnung von IT-Verträgen und deren Folgen, NJW 2011, 2918; *Fromm/Nordemann,* Urheberrecht, 12. Aufl., Berlin 2018; *Fuchs/Meierhöfer/Morsbach/Pahlow,* Agile Prorammierung – Neue Herausforderungen für das Softwarevertragsrecht? Unterschiede zu den „klassischen" Softwareentwicklungsprojekten, MMR 2012, 427; *Graf von Westphalen,* Der Software-Entwicklungsvertrag – Vertragstyp – Risikobegrenzung, CR 2000, 73; *Habel,* Software-Projektverträge: Werk- oder Dienstverträge?, in: Taeger, Internet der Dinge, 2015, 567 ff.; *Heussen,* Unvermeidbare Softwarefehler, CR 2004, 1 ff.; *Hoeren,* IT-Vertragsrecht, 2. Auflage, Köln 2012, Kap. 4; *ders.,* Skript zum IT Recht, Stand Oktober 2018; *ders.,* Die Kündigung von Softwareerstellungsverträgen und deren urheberrechtliche Auswirkungen, CR 2005, 773; *ders.,* Zur Zulässigkeit von Audit-Klauseln in IT-Verträgen, CR 2008, 409; *ders.* in: Dauner-Lieb/Konzen/Schmidt, Das neue Schuldrecht in der Praxis, 2003, 515; *Ihde,* Das Pflichtenheft beim Softwareerstellungsvertrag, CR 1999, 409; *Hoeren/Försterling,* Onlinevertrieb „gebrauchter" Software – Hintergründe und Konsequenzen der EuGH-Entscheidung „UsedSoft", MMR 2012, 642; *Hoeren/Sieber/Holznagel,* Handbuch Multimedia-Recht, 46. Auflage, München, Losebl. Stand 2018; *Intveen/Lohmann,* Das IT-Pflichtenheft, CR 2003, 640; *Junker,* Die Entwicklung des Computerrechts in den Jahren 2001/2002, NJW 2003, 2792; *Karger,* Rechtseinräumung bei Software-Erstellung, CR 2001, 357; *Kilian/Heussen,* Computerrechts-Handbuch, München, Losebl. Stand Mai 2018; *Knorr,* Zertifizierung von Softwareprodukten nach DIN ISO/IEC 12 119, CR 1997, 180; *F. A. Koch,* Erstellung und Lieferung von Software nach Werkvertragsrecht – Ein Beitrag zum Umgang mit § 651 BGB, ITRB 2008, 233; *ders.,* Computer-Vertragsrecht, 7. Aufl., Freiburg 2009; *Lehmann,* Rechtsschutz und Verwertung von Computerprogrammen, 2. Aufl., Köln 1993; *Leistner,* Segelanweisungen und Beweislastklippen: eine problemorientierte Stellungnahme zum BGH-Urteil Used Soft II, WRP 2014, 995; *Lesshaft,* Anforderungen an Spezifikation und Dokumentation, CR 1989, 146 und 246; *Loewenheim,* Handbuch des Urheberrechts, 2. Auflage, München 2010; *Malevanny,* Die Used-Soft-Kontroverse: Auslegung und Auswirkungen des EuGH-Urteils, CR 2013, 422; *Marly,* Softwareüberlassungsverträge, 4. Aufl., München 2004; *ders.,* Praxishandbuch Softwarerecht, 7. Auflage, München 2018; *ders.,* Der Handel mit so genannter „Gebrauchtsoftware", EuZW 2012, 654; *ders.,* Urheberrecht für Computersoftware in der Europäischen Union, München 1995; *Möhring/Nicolini,* Urheberrechtsgesetz, 4. Aufl., München 2018; *Moritz/Tybusseck,* Computersoftware – Rechtsschutz und Vertragsgestaltung, 2. Aufl., München 1992; *Müller-Hengstenberg,* BVB/EVB-IT-Computersoftware, 6. Auflage 2003; *ders.,* Risikomanagement in DV-Projekten, CR 1999, 789; *ders.,* BVB-Planung, CR 1988, 633; *ders.,* Ist das Kaufrecht auf alle IT-Projektverträge anwendbar?, NJW 2010, 1181; *Müller-Hengstenberg/Kirn,* Die technologischen und rechtlichen Zusammenhänge der Test- und Abnahmeverfahren bei IT Projekten, CR 2008, 755; *Naus,* Softwareerstellung als Projekt, Hamburg 2006; *Osterloh,* Inhaltliche Beschränkungen des Nutzungsrechts an Software, GRUR 2009, 311; *Raubenheimer,* Softwareschutz nach dem neueren Urheberrecht, CR 1994, 69 ff.; *Raue,* Haftung für unsichere Software, NJW 2017, 1841 ff.; *Redeker,* Handbuch der IT-Verträge, Köln Losebl. Stand 2018; *ders.,* IT-Recht, 6. Aufl., München 2017; *Schaub,* Das Pflichtenheft im Spiegel der Rechtsprechung, CR 1993, 329 ff.; *Harry Schmidt,* Beratungsleistungen und Mitwirkungspflichten, CR 1992, 709; *Schneider,* IT-Vertragsrecht, CR 2005, 695; *Schneider,* Softwareerstellung und Softwareanpassung – Wo bleibt der Dienstvertrag?, CR 2003,

317; *Schneider,* Handbuch des EDV-Rechts, 4. Aufl., Köln 2009; *Schneider/v. Westphalen* (Hrsg.), Software-Erstellungsverträge, 2. Aufl., Köln 2014; *Schneider/Spindler,* Der Kampf um die gebrauchte Software – Revolution im Urheberrecht?, CR 2012, 489; *Schricker,* Urheberrecht, 4. Aufl., München 2010 *Schuster,* Mitwirkungspflichten bei IT-Verträgen, CR 2016, 627; *Schuster/Hunzinger,* Vor- und nachvertragliche Pflichten beim IT-Vertrag – Teil I: vorvertragliche Beratungspflichten, CR 2015, 209; *Schreiber-Ehle,* Dokumentation in Softwarerstellungsverträgen, CR 2015, 469; *Taeger,* Die Entwicklung des IT-Rechts 2013, NJW 2013, 3698; *Thewalt,* Softwareerstellung als Kaufvertrag mit werkvertraglichem Einschlag, CR 2002, 1; *Voss,* Rechtsmängelhaftung bei der Überlassung von Software, CR 1994, 449 ff.; *Wandtke/Bullinger,* Praxiskommentar zum Urheberrecht, 4. Aufl., München 2014; *Zahrnt,* IT-Projektverträge: Rechtliche Grundlagen, 2008; *Zirkel,* Gestaltung von Software-Verträgen nach der „Silobauteile"-Entscheidung des BGH, GRUR-Prax 2010, 237.

Anmerkungen

1. Sachverhalt. Der Auftraggeber benötigt eine Software, die auf die speziellen Bedürfnisse seiner Branche und seines Unternehmens zugeschnitten ist. Er beabsichtigt, die Software primär im eigenen Betrieb zu nutzen, wünscht sich jedoch gleichzeitig in möglichst weitgehendem Umfang alle Nutzungsrechte am Ergebnis der Entwicklungsarbeit zu sichern, sei es, um die (im Laufe der Zeit kontinuierlich weiterentwickelte) Software im Lizenzwege auch Dritten gegen Entgelt überlassen zu können, sei es, um den Wettbewerbsvorsprung abzusichern, den er durch seine in zeitlicher, finanzieller und personeller Hinsicht beträchtlichen Investitionen zu erzielen hofft. Der Auftraggeber verfügt in der Regel noch nicht über genügend eigene Erfahrung und Kapazitäten, um an der eigentlichen Softwareerstellung mitzuwirken oder auch nur ein hinreichend umfassendes, den Leistungsumfang klar umschreibendes Pflichtenheft vorzulegen (zu den Begriffen „Pflichtenheft und Lastenheft" siehe *Schneider* in Schneider/v.Westphalen, Softwareerstellungsverträge, Köln 2014, Kap. C; *Marly,* Praxishandbuch Softwarerecht, München 2018, Rn. 1377 sowie *Intveen/Lohmann* CR 2003, 640 (646); zur zentralen Funktion des Pflichtenhefts s. OLG Düsseldorf CR 2015, 158 Rn. 63; vgl. auch OLG Hamburg CR 2013, 697 (698); OLG Schleswig CR 2017, 83 (85); zur Verantwortung für die Erstellung eines Pflichtenhefts s. BGH CR 1992, 543 f.; OLG Schleswig CR 2017, 83 (85); OLG Köln CR 1998, 459; 1992, 470 ff.; *Ihde* CR 1999, 409; *Schaub* CR 1993, 329 ff.; zum Umfang des geschuldeten Pflichtenhefts OLG Düsseldorf CR 1993, 361 ff.;); er ist von Anfang an auf umfassende Aufklärung und Beratung durch den Auftragnehmer angewiesen. Er plant jedoch, am Ende des Entwicklungsprozesses und nach entsprechender Schulung seiner Mitarbeiter durch den Auftragnehmer die Software im Wesentlichen ohne fremde Hilfe einzusetzen sowie sie (eventuell mit fortlaufender Unterstützung seitens des Auftragnehmers oder eines anderen Softwarehauses) zu pflegen und auszubauen.

Auftragnehmer ist ein Softwareunternehmen oder so genanntes Tech-Unternehmen, welches auf den vorgesehenen Anwendungsgebieten zwar über Erfahrungen verfügt, aber unter Umständen keine den besonderen Bedürfnissen des Auftraggebers entsprechenden Detailkenntnisse besitzt. Der Auftragnehmer ist deshalb seinerseits auf tatkräftige Mitwirkung und umfassende Informationserteilung von Seiten des Auftraggebers angewiesen (zu den Mitwirkungspflichten des Auftraggebers bei IT-Verträgen siehe *Schuster* CR 2016, 627). Der vorgesehene Leistungsumfang zeichnet sich bei Vertragsabschluss erst in groben Umrissen ab und muss während der Planungsphase in einem Prozess kontinuierlichen Austauschs zwischen den Vertragsparteien herausgearbeitet und verfestigt werden. Die eigentliche Programmerstellung kann erst beginnen, wenn die Kooperation der Vertragsparteien in ein Pflichtenheft gemündet ist, welches von beiden Seiten als verbindliche

Grundlage für die Softwareerstellung akzeptiert wird (sehr eingehend werden die Anforderungen an die vom Auftragnehmer zu erstellende Dokumentation in § 3 Abs. (2) der BVB-Planung beschrieben; zu den Anforderungen an Spezifikation und Dokumentation ausführlich *Schreiber-Ehle* CR 2015, 469; *Lesshaft* CR 1989, 146 (246)).

Es kann in diesem Zusammenhang im Einzelfall sinnvoll sein, in einer ausführlichen Präambel (über die in diesem Muster formulierte Präamble hinaus) die Vertragsparteien und ihre Tätigkeitsbereiche zu beschreiben, um dadurch eine greifbare vertragliche Grundlage für die Beurteilung der jeweiligen Kenntnisse der Gegenseite und die korrespondierenden wechselseitigen Aufklärungs- und Informationspflichten während der Vertragsverhandlung und -abwicklung zu schaffen (vgl. hierzu das Form. bei *Witte* in Redeker (Hrsg.), Handbuch der IT-Verträge, Kap. 1.4 Rn. 18). Hierbei sollte im Interesse des Auftragnehmers darauf geachtet werden, dass besondere IT-Kenntnisse des Auftraggebers auch vertraglich angesprochen werden, um der Gefahr einer Einschätzung des Auftraggebers als „IT-Laie" und den damit einhergehenden weitreichenden Aufklärungs- und Beratungspflichten vorzubeugen (vgl. hierzu BGH NJW 1984, 2938; OLG Schleswig CR 2017, 83 ff.; OLG Frankfurt a. M. CR 2012, 739; OLG Köln CR 1998, 459; 1994, 212; OLG Celle CR 1996, 538; *Ihde* CR 1999, 409 (411)). Naturgemäß gibt es auch andere typische Konstellationen, jeweils mit zahlreichen Zwischenformen – abhängig etwa davon, in welchem Umfang der Auftraggeber dank eigenen Know-hows in der Lage ist, die Leistungsvorgaben zu definieren, den Auftragnehmer zu kontrollieren oder auch an der eigentlichen Programmerstellung mitzuwirken; beeinflusst ferner durch Art und Umfang der vom Auftraggeber ins Auge gefassten Nutzungen. Beispielsweise entfällt die gemeinsame Planungsphase (zur Planungsphase → Anm. 2 und 4), wenn der Auftraggeber über Erfahrungen im Bereich der Softwareerstellung verfügt und ein detailliertes, selbst oder mit anderen externen Beratern ausgearbeitetes Pflichtenheft zur Grundlage von Vertragsverhandlungen und -abschluss machen kann.

2. Vertragsbezeichnung. Da die Entwicklung der Software den Kern des unter → Anm. 1 geschilderten Sachverhalts bildet, wurde für das Formular die Bezeichnung „Softwareerstellungsvertrag" gewählt – ungeachtet der Tatsache, dass hier eine gemeinsame Planungsphase vorgeschaltet wird und dass auch für die Zeit nach der eigentlichen Softwareerstellung wesentliche Aspekte zu regeln sind (etwa Schulung, Einführung, langfristige Überlassung zur Nutzung). Die Ergänzenden Vertragsbedingungen für die Beschaffung von IT-Leistungen, die EVB-IT Erstellungs-AGB und der EVB-IT Erstellungsvertrag v. 8.7.2013 beschränken sich im Rahmen eines strengen Phasenkonzepts (dem in modifizierter Form auch hier gefolgt wird) auf den Abschnitt der eigentlichen Softwareerstellung und setzen die Existenz eines Pflichtenhefts oder eines fachlichen Feinkonzepts bereits voraus. Die BVB-Planung v. 7.2.2006 (zukünftig EVB-IT Planung) enthalten detaillierte Regeln über die Kooperation bis zur Erarbeitung des Pflichtenhefts. Die „EVB-IT Erstellungs-AGB" und der „EVB-IT Erstellungsvertrag" sowie die „BVB-Planung" sind abrufbar unter www.cio.bund.de und werden ergänzt durch den „EVB-IT Systemvertrag" v. 9.1.2013 und die „EVB-IT System-AGB" v. 19.9.2012, beides abrufbar unter www.cio.bund.de. Bei den Ergänzenden Vertragsbedingungen für die Beschaffung von IT-Leistungen (EVB-IT), welche die Besonderen Vertragsbedingungen für die Beschaffung von DV-Leistungen (BVB) ablösen, handelt es sich um besondere Vertragsbedingungen der öffentlichen Hand (vgl. hierzu im Einzelnen *Müller-Hengstenberg,* BVB/EVB-IT-Computersoftware, S. 177 ff. und 330 ff.). Sie wurden in eingehenden Verhandlungen zwischen Behördenfachleuten und Industrievertretern formuliert und sind grundsätzlich – von einigen Spezialregelungen abgesehen – auch im rein privaten Geschäftsverkehr einsetzbar.

Im Rahmen des auf die EVB-IT Erstellungs-AGB abgestimmten Phasenmodells werden die wesentlichen Projektabschnitte als Verfahrensidee, Ist-Analyse, Forderungen, Grobkonzept (Lastenheft) und Fachliches Feinkonzept (Pflichtenheft) beschrieben. Eine genauere Betrachtung der einzelnen Kriterien dieses Konzepts (Anhang 2 der BVB-Planung) zeigt, dass zwischen rein anwendungsbezogenen Sachkriterien und IT-technischen Kriterien nicht getrennt worden ist. Schon im Rahmen der Phasen „Forderungen“ und „Grobkonzept“, also im Stadium der Verfahrensplanung, sind starke IT-technische Entscheidungen eingeschlossen. Diese Einbindung von IT-technischen Kriterien in das frühe Planungsstadium, in dem naturgemäß der Auftraggeber noch nachdenkt und seine Grundforderungen erst entwickelt, kommt aus der praktischen Erfahrung mit Projekten (*Müller-Hengstenberg* CR 1988, 633 f.).

Transparenz, Kontrollmöglichkeiten und Abgrenzung der Verantwortlichkeiten werden aus dem Blickwinkel des Auftraggebers tendenziell verbessert, wenn eine Trennung zwischen Planungs- und Softwareerstellungsphase aufrechterhalten bleibt und eventuell sogar eine – in der Praxis nicht selten anzutreffende – separate Vergabe oder eine zusätzliche Kontrolle und Beratung durch einen unabhängigen Experten erfolgt, um eine möglichst eindeutige Grundlage für die in die Erstellungsphase fallenden Leistungen des Auftragnehmers zu schaffen. Wo von der Sache her möglich, ist eine Aufspaltung in (selbst durchgeführte oder vertraglich von anderen Auftragnehmern geleistete) Planung einerseits und Softwareerstellung andererseits in mancher Hinsicht vorteilhaft. Das Zustandekommen des Entwicklungsvertrags kann auch von der aufschiebenden Bedingung abhängig gemacht werden, dass vom Auftragnehmer ein entsprechendes Pflichtenheft erstellt wird, welches der Zustimmung des Auftraggebers bedarf (vgl. hierzu OLG Köln CR 2000, 212).

Das vorliegende Formular bezieht die Planungsphase mit ein; der Auftragnehmer berät also zunächst hinsichtlich der Erfassung des Bedarfs und der Entwicklung eines Pflichtenhefts und übernimmt anschließend – dann nach dem Modell eines Werkvertrages – auch die Erstellung der Software auf der Basis des vorher erarbeiteten und vom Auftraggeber verabschiedeten Pflichtenhefts. Wenn der Auftraggeber dagegen den Leistungsumfang von vornherein selbst (oder mit Hilfe Dritter) beurteilen und beschreiben kann, bereitet eine Reduktion des Formulars keine Schwierigkeiten; § 1 des Formulars kann ohne allzu weitgehende Anpassungen der folgenden Bestimmungen weggelassen werden. Umgekehrt kann sich die Vereinbarung auch auf die Planung beschränken. Das Formular gibt sich der Erfassung der Planungsphase nicht mit der gleichen Ausführlichkeit wie die BVB-Planung hin. Es verfolgt für diesen ersten Abschnitt der Zusammenarbeit ein dienstvertragliches (Beratungs-)Modell (→ Anm. 4 sowie *Müller-Hengstenberg,* BVB/EVB-IT-Computersoftware, S. 375, 377) – beides nicht zuletzt aufgrund des Umstands, dass zu Beginn der Zusammenarbeit das Planungsziel meist noch offen und unscharf ist und die Anforderungen an die Planungsleistungen sowie der entstehende Aufwand erst „unterwegs“ allmählich Konturen gewinnen.

Der auf die Programmerstellung im eigentlichen Sinn bezogene Vertragsteil folgt einem werkvertraglichen Konzept (zur Relevant der vertragstypologischen Zuordnung siehe *Marly*, Praxishandbuch Softwarerecht, München 2018, Rn. 681). Dies entspricht der ständigen Rechtsprechung des Bundesgerichtshof zur vertragstypologischen Einordnung entsprechender Verträge nach der bisherigen Rechtslage (vgl. BGH CR 2002, 93 (zur Portierung vom Kunden beigestellter Software); siehe auch BGH CR 2001, 367). Auf die Herstellung von *Individualsoftware* findet § 650 BGB (= § 651 BGB aF) nach ganz überwiegender Auffassung keine Anwendung (vgl. *Bräutigam/Rücker* CR 2006, 361; *Redeker* CR 2004, 88; *Müller-Hengstenberg* CR 2004, 161; aA *Schweinoch/Roas* CR 2004, 326; *Mankowski* MDR 2003, 854, siehe eingehend zum Meinungsstand auch *Marly*, Praxishandbuch Softwarerecht, München 2018, Rn. 677 ff.). Der BGH hat in der Entscheidung „Internet-Systemvertrag“ erklärt, dass ein Vertrag über die Erstellung einer individuell auf den Auftraggeber angepassten Software regelmäßig als Werkvertrag anzusehen ist, „unter Umständen“ jedoch auch eine Einordnung als Werklieferungsvertrag in Betracht kommt (BGH CR 2010, 327), das OLG Düsseldorf hat auf einen Internet-System-Vertrag zuletzt Werkvertragsrecht angewendet (OLG Düsseldorf Urt. v. 12.4.2016 – I-12 U

149/14, BeckRS 2016, 19015; zur Einordnung eines Vertrags über eine Softwareerstellung in einem agilen Verfahren als Werkvertrag siehe LG Wiesbaden MMR 2017, 561; iE offen gelassen: OLG Frankfurt a.M. Urt. v. 17.8.2017 – 5 U 152/16, BeckRS 2017, 128017). Dagegen ist eine auf einem Datenträger verkörperte *Standardsoftware* nach ständiger Rechtsprechung des BGH als bewegliche Sache anzusehen (BGH NJW 2007, 2394; 2000, 1415; zustimmend: Palandt-*Ellenberger,* BGB, 76. Aufl. 2017, § 90 Rn. 2; siehe hierzu auch *Marly,* Praxishandbuch Softwarerecht, München 2018, Rn. 712 ff.). Die Herstellung von Standardsoftware wird sich daher nach Kaufrecht beurteilen und § 650 BGB (= § 651 S. 1 BGB aF) Anwendung finden (BGH NJW 2007, 2394; *Zirkel* GRUR-Prax 2010, 237; eine ausführliche Darstellung des Meinungsstands findet sich bei *Marly,* Praxishandbuch Softwarerecht, München 2018, Rn. 690 ff. sowie bei *Schneider* in Schneider/v. Westphalen (Hrsg.), Softwareerstellungsverträge, Köln 2014, Kap. B). Die Ablehnung der Anwendbarkeit des § 650 BGB auf die Herstellung von *Individualsoftware* ist zu begrüßen, da das Werkvertragsrecht für eine interessengerechte Abwicklung von langfristen Softwareprojekten besser geeignet ist als das Kaufvertragsrecht (so auch *Bartsch* CR 2001, 649 (655); *Junker* NJW 2003, 2792 (2797); Palandt-*Sprau,* BGB, 76. Aufl. 2017, Einf. v. § 631 Rn. 22). Da jedoch nach wie vor nicht endgültig geklärt ist, ob und unter welchen Voraussetzungen § 650 BGB doch – etwa bei der Herstellung von Standardsoftware oder der Anpassung von vom Auftragnehmer beigestellter Software – Anwendung findet, empfiehlt es sich dringend, die zwischen kauf- und werkvertraglichen Bestimmungen bestehenden Unterschiede durch entsprechende individualvertragliche Regelungen, insbesondere in Bezug auf Mitwirkungspflichten, Abschlagszahlungen, Kündigungsrechte und Abnahme der Software zu „neutralisieren" (*Fritzemeyer* NJW 2011, 2918 (2921); vgl. auch BGH CR 2010, 327, wonach es für die rechtliche Einordnung des Vertrags maßgeblich auf den von den Parteien vereinbarten Vertragszeck und den an die Leistungsbeschreibung anknüpfenden Parteiwillen ankomme).

3. Individuelle Angaben, Aktivitäten- und Fristenplan. Es hat sich bei Hardware- und Software-Verträgen eingebürgert, zahlreiche den konkreten Vertragsinhalt betreffende Angaben (beispielsweise Anwendungsgebiete, Fristen, Qualifikation und Anzahl des Personals, Einzelheiten der Vergütung, Testmodalitäten) aus dem fortlaufenden Vertragstext herauszunehmen und in ergänzende Formulare (Anlagen oder „Scheine") zu verlagern (vgl. statt aller den „EVB-IT Erstellungsvertrag" und die dort vorgesehenen zahlreichen Anlagen sowie die „BVB-Planung" und den dort vorgesehenen äußerst detaillierten „Planungsschein", abrufbar unter www.cio.bund.de). Am Vertragsinhalt ändert sich durch diese Formalität nichts Wesentliches. Wo es sich um Massenverträge handelt, deren sonstiger Inhalt kaum dem Einzelfall angepasst werden muss, kann die Verwendung solcher Scheine zweckmäßig sein. Es eröffnet sich die praktisch bisweilen sinnvolle Möglichkeit, den ausführlichen Vertragstext als Rahmenvereinbarung für eine Reihe von Einzelprodukten zu verwenden, deren Besonderheiten (nur) in den jeweiligen „Scheinen" festgelegt werden. Bei der Softwareerstellung hat diese Verfahrensweise allerdings eher geringere Bedeutung als beispielsweise bei der Softwareüberlassung. Angesichts der bei der Softwareerstellung denkbaren Vielfalt von Konstellationen (→ Anm. 1) sind die vertraglichen Bestimmungen mit besonderer Sorgfalt den individuellen Gegebenheiten anzupassen, so dass es angebracht sein kann, von der Aufspaltung in Standardklauseln und „Scheine" abzusehen.

Im vorliegenden Formular wird dem Konzept des „Aktivitäten- und Fristenplans" nur mit Zurückhaltung gefolgt. Wesentliche Festlegungen für die Erstellungsphase werden bei dem hier unterstellten Sachverhalt oft erst nach Abschluss der Planungsphase sinnvoll sein. Insofern werden nach Verabschiedung des Pflichtenhefts oder als Teil desselben Anpassungen und Ergänzungen der ursprünglichen Version erforderlich werden (vgl. § 1 Abs. 4 S. 6 des Form.).

4. Planungsphase. Während der auf die Softwareerstellung im engeren Sinne beschränkte Vertrag als Werkvertrag einzuordnen ist (→ Anm. 2 sowie BGH CR 2001, 367; NJW 1998, 2132; 1990, 3008, stRspr; kritisch *Brandi-Dohrn* CR 1998, 645 ff.; → Anm. 2), wird für die Planungsphase in § 1 des Formulars einer dienstvertraglichen Regelung der Vorzug gegeben, wie insbesondere die Abs. (1) und (7) verdeutlichen (hierzu auch LG München I CR 1995, 33 ff.; siehe zum – ggf. auch konkludenten – Abschluss eines selbständigen Beratungsvertrags *Marly,* Praxishandbuch Softwarerecht, München 2018, Rn. 1224). Der Grund liegt darin, dass sich laut → Anm. 1 Bedarfsanalyse und Zielvorstellungen noch in einem sehr frühen Stadium befinden und es mithin im ersten Arbeitsabschnitt gerade darum geht, den anzustrebenden (werkvertraglichen) Erfolg erst zu definieren. Die Vertragspartner müssen den Leistungsumfang für die Programmerstellung in ständigem Austausch noch herausarbeiten und hierbei gleichzeitig Erfahrungen in der Kooperation miteinander sammeln. Es lässt sich bei dieser Konstellation nicht ohne weiteres sagen, dass das für das Ende dieser Etappe angesteuerte Ziel (das Pflichtenheft oder – nach dem Konzept der BVB-Planung – das fachliche Feinkonzept) primär ein vom Auftragnehmer zu erstellendes Werk wäre; der Auftraggeber muss in vollem Umfang Einfluss und Flexibilität behalten; für den Auftragnehmer ist es verfrüht, sich zur Herbeiführung eines bestimmten Ergebnisses zu verpflichten (zu den mit einer eher werkvertraglich orientierten Regelung verbundenen Problemen, etwa der Beschreibung des Leistungsergebnisses/Werkes, der Abnahmebestimmungen und der Definition des Mangels s. *Müller-Hengstenberg* CR 1988, 633 sowie *ders.,* BVB/EVB-IT-Computersoftware, S. 377 ff.); letzten Endes wird es meist zu vertraglichen Mischformen kommen, deren konkrete Gewichtung von den Einzelfallumständen abhängt, etwa von der Sachkunde der Vertragspartner, dem Maß der Vorarbeiten und der Definierbarkeit des Ziels). Insoweit ist es auch naheliegend, dass beide Seiten während und unmittelbar nach dem Ende der Planungsphase frei bleiben, aus beliebigen Gründen (und ohne dass wie im Werksvertragsrecht grundsätzlich gleich die gesamte Vergütung ausgelöst würde) die Zusammenarbeit abzubrechen. Alternativ kann erwogen werden, die ordentliche Kündigungsmöglichkeit (nur) für den Auftragnehmer zu beschränken; erhält der Auftraggeber in diesem Falle ein weitergehendes Kündigungsrecht, so können dessen negative Folgen für den Auftragnehmer ggf. durch Vereinbarung einer den tatsächlichen Arbeitsaufwand des Auftragnehmers übersteigenden Mindestvergütung ausgeglichen werden.

5. Phasenkonzept. Ein allgemein gültiges Phasenmodell gibt es in der Fachwelt nach wie vor nicht. Sehr detailliert und instruktiv ist die Übersicht in den BVB-Planung sowie bei *Müller-Hengstenberg,* BVB/EVB-IT-Computersoftware, S. 365 ff. Der Programmerstellungsaufwand verlagert sich zunehmend auf die konzeptionellen Vorarbeiten, während der Anteil der eigentlichen Programmierung zurückgeht.

6. Vereinbarte Beschaffenheit. Für die Feststellung der Mangelfreiheit der Software ist maßgeblich, ob diese die vereinbarte Beschaffenheit aufweist, wobei es eine Frage der Auslegung ist, welche Beschaffenheit zwischen den Parteien – ausdrücklich, konkludent oder stillschweigend (vgl. hierzu BGH Urt. v. 26.4.2017 – VIII ZR 80/16, BeckRS 2017, 111034 Rn. 13) – vereinbart wurde. Von einer vereinbarten Beschaffenheit ist auszugehen, wenn die Parteien eine verbindliche Beschreibung des Zustands der Software vorgenommen haben und diese Vertragsbestandteil geworden ist. In Anbetracht dessen, dass der Inhalt des Pflichtenhefts ein Ergebnis enger Kooperation zwischen beiden Vertragspartnern ist, hat der Auftraggeber dem Auftragnehmer Klarheit darüber zu verschaffen, in welchen Punkten der Inhalt des Pflichtenhefts als bloße Beschreibung des Leistungsumfangs wirken und wo – ausnahmsweise – einzelne Eigenschaften als vereinbarte Beschaffenheit iSd § 633 Abs. 2 S. 1 BGB gelten sollen (siehe zur Bedeutung des Pflichtenhefts in diesem Zusammenhang auch *Marly,* Praxishandbuch Softwarerecht, München 2018, Rn. 1446). Damit ist die früher unter dem Gesichtspunkt der „Zusicherung von Eigenschaften" behandelte Frage der Einstandspflicht des Auftragnehmers für die Beschreibung des Programms im Pflichtenheft angesprochen. Im Zuge der Schuldrechtsreform wurde – um Friktionen mit dem Fehlerbegriff im Kaufvertragsrecht zu vermeiden – die Unterscheidung zwischen Mängeln des Werks und zugesicherten Eigenschaften aufgegeben. Was bislang als zugesicherte Eigenschaft iSd § 633 aF angesehen wurde, ist nunmehr als Mangel im Sinne des subjektiven Fehlerbegriffs einzuordnen. Dadurch haben sich keine Änderungen bei den Einstandspflichten des Auftragnehmers ergeben, da bereits nach der bisherigen Rechtslage die Differenzierung zwischen Fehler und zugesicherter Eigenschaft keine Unterschiede in den Rechtsfolgen nach sich gezogen hatte (vgl. nur Palandt-*Sprau,* BGB, 76. Aufl. 2017, § 633 Rn. 1.). Die im Form. vorgeschlagene Klausel soll die Vertragspartner dazu anhalten, im Pflichtenheft klar zu definieren, welche Spezifikation als verbindliche Beschreibung der „Soll-Beschaffenheit" der Software zu verstehen ist. Die Vertragspartner sollten versuchen, sich bereits im Pflichtenheft auf eine einheitliche Zwecksetzung der herzustellenden Software zu verständigen (siehe hierzu auch *Witzel* in Schneider/v.Westphalen, Softwareerstellungsverträge, Köln 2014, Kap. G Rn. 369). Auch der Auftragnehmer kann bei Abschluss des Pflichtenhefts seine Bereitschaft und Fähigkeit, auf solcher Grundlage in die Softwareerstellungsphase überzugehen, noch einmal überdenken und notfalls von der ordentlichen Kündigungsmöglichkeit gemäß § 1 Abs. (7) S. 1 Gebrauch machen.

7. Aufklärungspflichten. Zwischen Auftraggeber und Auftragnehmer besteht meist – so auch nach dem unter → Anm. 1 unterstellten Sachverhalt – ein großes IT-technisches Wissensgefälle. Infolge dieser Unterlegenheit des Auftraggebers ist in der Rechtsprechung eine Tendenz zu verzeichnen, zum Schutz des Hard- und Software-Nutzers besondere Hinweis-, Beratungs- und Aufklärungspflichten anzunehmen, sei es im vorvertraglichen Bereich, sei es im Sinne vertraglicher Nebenpflichten (vgl. BGH NJW 1990, 3008; 1984, 2938; OLG Schleswig Urt. v. 3.6.2016 – 17 U 49/15, BeckRS 2016, 114862; OLG Frankfurt a. M. CR 2012, 15747; OLG Hamm CR 2008, 77; OLG Köln CR 1998, 459; OLG Köln CR 1998, 600; OLG Köln CR 1994, 212; OLG Celle CR 1996, 538; *Schuster/Hunzinger* CR 2015, 209 ff.; *Zahrnt* NJW 1995, 1785 ff.; *Harry Schmidt* CR 1992, 709 ff.). Der Umfang dieser Pflichten hängt von den Umständen ab, insbesondere von der Informationsbedürftigkeit des Auftraggebers und der Sachkunde des Auftragnehmers (vgl. OLG Frankfurt a. M. CR 2012, 739 (740) zur Aufklärungspflicht über etwaige problematische Eigenschaften des Programms; siehe auch OLG Köln CR 1996, 20 ff.; OLG Frankfurt a. M. CR 1990, 127 (130); *Schuster/Hunzinger* CR 2015, 209 ff.; *Schaub* CR 1993, 329 (332 f.) und *Ihde* CR 1999, 409 (411) zur Bedeutung des Fachwissens der Vertragspartner für die Verteilung der Verantwortlichkeiten bei der Erstellung des Pflichtenhefts; sehr instruktiv mit weiteren Beispielen aus der Rechtsprechung: *Marly,* Praxishandbuch Softwarerecht, München 2018, Rn. 1231 ff.). Die Regelung in § 1 Abs. (5) stellt danach weitgehend nur Selbstverständliches fest; sie lehnt sich an § 3 Abs. 1 S. 2 der BVB-Erstellung und Ziffer 6 der EVB-IT System-AGB an. Auf der anderen Seite kann auch der IT-technisch weit überlegene Auftragnehmer nicht die technischen und unternehmensinternen Besonderheiten im Betrieb des Auftraggebers kennen und beurteilen; die Pflicht zur vollständigen Informationserteilung seitens des Auftraggebers wird in § 1 Abs. (2) ausdrücklich betont, um von vornherein zu verhindern, dass – wie in der Praxis häufig anzutreffen – der Auftraggeber in Versuchung kommt, spätere Unvollkommenheiten der Programme allzu schnell in die Leistungssphäre des Auftragnehmers verschieben zu wollen. Ein in der IT-Technik und -Anwendung noch relativ unerfahrener Auftraggeber wird allerdings selbst insoweit die Unterstützung des Auftragnehmers benötigen, als es um die Frage geht, welche konkreten Tatsachen für die Erstellung des Pflichtenhefts durch den Auftragnehmer überhaupt von Bedeutung sein können (in diesem Sinne auch OLG Köln NJW-RR 1999, 51); dieser Situation trägt § 1 Abs. (2) S. 2 des Form. Rechnung. Der Auftragnehmer wird bestrebt sein, diesen Satz wegzulassen und den Auftraggeber besonders eindeutig auf eine erschöpfende (und ggf. nachgewiesene) Informationserteilung festzulegen. Dies wird umso eher gelingen, je erfahrener der Auftraggeber ist. Im Falle eines besonders unerfahrenen Auftraggebers wird ein Versuch des Auftragnehmers, dank besserer Verhandlungsposition die Beratungs- und Aufklärungspflichten auszuräumen oder zu minimieren, kaum Aussicht haben, vor Gericht Anerkennung zu finden (vgl. OLG Schleswig Urt. v. 3.6.2016 – 17 U 49/15, BeckRS 2016, 114862)). Überdies wird er im Einzelfall auch dann, wenn laut Vertrag der Auftraggeber zur umfassenden Informationserteilung verpflichtet ist, im Rahmen seines uU weitergehenden Fachwissens laufend prüfen müssen, ob die ihm mitgeteilten Tatsachen sachgerecht und vollständig sind (vgl. OLG Köln NJW-RR 1999, 51; NJW 1996, 1067 f. = CR 1996, 20 ff.). In der Planungsphase kommt der ständigen gegenseitigen Unterrichtung und Aufklärung deshalb besonders hohe Bedeutung zu, weil nur hierdurch der beiderseitige „Lern- und Erkenntnisprozess" (*Müller-Hengstenberg* CR 1988, 633 (635)) in Gang gebracht und aufrechterhalten werden kann, ohne den die schrittweise Konkretisierung des Projekts nicht realisierbar ist. In § 1 Abs. (5) des Formulars werden diese Pflichten ausdrücklich hervorgehoben.

Beiden Vertragsparteien ist zu raten, in größtmöglichem Umfang die vom Auftraggeber erteilten Informationen und die vom Auftragnehmer gegebenen Hinweise kontinuierlich schriftlich zu dokumentieren (sehr detaillierte Vorschriften über die Anforderungen an die vom Auftragnehmer vorzulegende Dokumentation finden sich in § 3 Abs. (2) der BVB-Planung). Da hinsichtlich der praktischen Durchführung unrealistisch, wäre es allerdings wenig sinnvoll, entsprechende Pflichten zur ausschließlich schriftlichen Informationserteilung, Beratung etc in das Formular mit dem Ziel aufzunehmen, hierdurch die gesamte Berufung auf den Inhalt lediglich mündlicher Kommunikation abzuschneiden. Die Regelung in § 1 Abs. (4) des Formulars soll beide Vertragsparteien dazu anhalten, den nunmehr erreichten Zwischenstand sorgfältig daraufhin zu überprüfen, ob ihren Anforderungen und Möglichkeiten erschöpfend Rechnung getragen ist; sie soll gleichzeitig die spätere Berufung auf (angebliche) Versäumnisse der anderen Vertragspartei in der Planungsphase erschweren, ohne sie schlechthin auszuschließen.

8. Kündigung während der Planungsphase. Bei der in → Anm. 1, 4 angesprochenen Sachlage ist es konsequent, während der Planungsphase beiden Vertragspartnern die kurzfristige Beendigung der Zusammenarbeit zu eröffnen. Es kann sich sehr bald zeigen, dass sich die anfangs noch vagen Vorstellungen des Auftraggebers nicht – oder jedenfalls nicht von diesem Auftragnehmer – realisieren lassen oder dass die unerlässliche enge und vertrauensvolle Kooperation nicht reibungslos genug funktioniert. Abweichende Kündigungsregelungen sind erforderlich, wo schon zu Beginn ein so konkretes Konzept vorliegt, dass auch die Planungsphase werkvertraglich erfasst werden kann, und/oder wo die Vergütung nicht wie in § 10 Abs. (1) des Form. allein vom tatsächlichen Arbeitsaufwand des Auftragnehmers abhängig gemacht wird.

Wenn die Planungsphase abgeschlossen ist und sich der Leistungsumfang für die eigentliche Softwareerstellung hinreichend durch Prüfung und Verabschiedung des Pflichtenhefts konkretisiert hat, erscheint es sachgerecht, grundsätzlich die allgemeinen werkvertraglichen Kündigungsregeln zur Anwendung kommen zu lassen (vgl. § 4 Abs. (3) und § 10 Abs. (5)). Ein Kündigungsrecht für den Auftragnehmer kann dabei nach § 643 BGB bestehen, wenn der Auftraggeber erforderliche Mitwirkungshandlungen nicht vornimmt (Hoeren CR 2005, 773; siehe hierzu auch Schuster CR 2016, 627, der klarstellt, dass Mitwirkungspflichten des Bestellers nicht nur Obliegenheiten, sondern Vertragspflichten sind). Neben den werkvertraglichen Kündigungsvorschriften der §§ 643, 648 BGB ist bei langfristig angelegten Softwareerstellungsverträgen ggf. auch die Möglichkeit der Kündigung aus wichtigem Grund gem. § 314 BGB zu berücksichtigen (vgl. OLG Frankfurt a. M. CR 2001, 503 sowie *Brandi-Dohrn* CR 1998, 645 (647)). Dies gilt allerdings nur in den Fällen, in denen sich die Vertragsbeziehung nicht auf die schlicht einseitige Erstellung des Programms beschränkt, sondern durch ein „längerfristiges Wechselspiel gegenseitiger Information und Unterstützung“ geprägt ist (so das OLG Frankfurt aaO). Bei der Prüfung der Voraussetzungen eines solchen Kündigungsrechts wird insbesondere auch die Vertragsdauer zu beachten sein; bei einem kürzeren Entwicklungsprozess ist die Unzumutbarkeit der weiteren Zusammenarbeit erst bei einer besonders erheblichen Zerrüttung des Verhältnisses der Vertragsparteien gegeben. Hat der Auftragnehmer den wichtigen Grund für die Kündigung zu vertreten, kann er eine Vergütung für noch nicht erbrachte Leistungen nicht verlangen, § 648 S. 2 BGB (§ 649 S. 2 BGB aF) findet keine Anwendung (stRspr, vgl. Palandt-*Sprau*, BGB, 78. Aufl. 2019, § 649 Rn. 15.). Für die vor dem Zeitpunkt der Kündigung erbrachten Leistungen bleibt der Werklohnanspruch des Auftragnehmers unberührt (BGH NJW 2011, 1872 Rn. 20).

Die BVB-Planung sehen in § 14 vor, dass nur der Auftraggeber den Vertrag jederzeit ohne Einhaltung einer Kündigungsfrist ganz oder teilweise schriftlich kündigen kann und sich die Kündigungsfolgen nach § 648 BGB richten; dem Auftragnehmer steht dann grundsätzlich die vereinbarte Vergütung zu. Eine etwas detailliertere Regelung findet sich in Ziffer 16.2 der EVB-IT System-AGB sowie in Ziffer 15.3 der EVB-IT Erstellungs-AGB. Nach Auffassung des LG Essen ist der AGB-mäßige Ausschluss des freien Kündigungsrechts nach § 648 S. 1 BGB (=649 S. 1 BGB aF) in einem Softwarevertrag unwirksam (LG Essen MMR 2017, 196; siehe auch BGH NJW 1999, 3261 (3262), allerdings noch zu § 9 Abs. 2 Nr. 1 AGBGB). Soweit dem Werkvertrag ein Kostenanschlag zugrundegelegt wurde, ist § 649 BGB (= § 650 BGB aF)zu beachten.

9. Leistungsänderungen. Wenn – wie im Sachverhalt gemäß → Anm. 1 vorgesehen – Individualprogramme für die speziellen Zwecke des Auftraggebers erstellt werden sollen, so muss dieser grundsätzlich auch nach Vorliegen des Pflichtenhefts und der Programmbeschreibung die Möglichkeit haben, Änderungswünsche („Change Requests“), wie sie erfahrungsgemäß bei solchen Projekten sehr häufig auftreten, berücksichtigt zu sehen (vgl. hierzu auch *J. Schneider* CR 2000, 27 (31)). Unrealistisch wäre auf der anderen Seite die Erwartung, sämtliche Eventualitäten und Auswirkungen nachträglicher Änderungswünsche auf das vertragliche Leistungsgefüge im Voraus festschreiben zu können. Eine ausgewogene Regelung enthält das in den EVB-IT Erstellungs-AGB in § 16 geregelte Change-Request-Verfahren. Auch mit § 4 dieses Form. wird versucht, einen von der Sache her angemessenen Interessenausgleich ohne zu strenge Formalitäten zu finden. Eine besonders straffe Alternativregelung würde es unternehmen, genau zu bestimmen, wie sich ein mit nachträglichen Änderungsverlangen verbundener Mehr- (oder Minder-) Aufwand auf die in § 10 Abs. (2) S. 1 erwähnten Mindest- und Höchstbeträge auswirkt und unter welchen Bedingungen bzw. bis zu welcher konkreten Grenze der Auftragnehmer zur Ausführung der Änderungswünsche fest verpflichtet sein soll. Ein ungerechtfertigtes Verlangen des Auftraggebers, der Auftragnehmer möge bestimmte Änderungen/ Ergänzungen ohne zusätzliche Vergütung durchführen, kann dem Auftragnehmer uU Anlass geben, die noch ausstehenden Arbeiten einzustellen, wenn deren vertragsgerechte Bezahlung in Anbetracht der unzumutbaren Zusatzforderungen gefährdet ist (vgl. BGH NJW 1990, 3008). Nach einer Entscheidung des KG (CR 1990, 768) muss ein erfahrener Auftragnehmer von vornherein mit gewissen Änderungen und Ergänzungen im Laufe der Programmierarbeiten rechnen, wenn keine Betriebsanalyse und kein Pflichtenheft erstellt wurden; vom Auftraggeber noch vorgebrachte Erweiterungswünsche sollen dann uU keine Abweichung vom ursprünglichen Vertragsinhalt darstellen.

10. Abnahme. Mit der Abnahme konkretisiert sich die Leistungspflicht des Auftragnehmers auf das hergestellte Programm, so dass sich die Rechte des Auftraggebers wegen einer dem Vertrag nicht entsprechenden Beschaffenheit des Programms nach den §§ 633 ff. richten (wobei lt. BGHZ 96, 111 der Nachbesserungsanspruch ausnahmsweise auch auf Neuerstellung nach Abnahme eines Werks gehen kann; siehe zu den Wirkungen der Abnahme auch Palandt-*Sprau*, BGB, 78. Aufl. 2019, Vorb. § 633 Rn. 8 sowie § 640 Rn. 11). Die Abnahme bewirkt den Ausschluss von Gewährleistungsrechten wegen Mängeln, die der Auftraggeber zu diesem Zeitpunkt gekannt hat, ohne sich seine diesbezüglichen Rechte vorzubehalten (§ 640 Abs. 2 BGB); sie setzt bezüglich der Gewährleistungsrechte im Übrigen den Lauf der Verjährungsfrist in Gang (§ 634a Abs. 2 BGB und § 6 Abs. 2 des Form.); im gesetzlichen Regelfall wird erst mit der Abnahme die Vergütung fällig (§ 641 BGB). Die Abnahme besteht nach hM aus zwei Elementen, nämlich der körperlichen Hinnahme und der ausdrücklichen oder stillschweigenden Erklärung, dass die Leistung als in der Hauptsache vertragsgemäße Leistung anerkannt werde (vgl. ua BGHZ 48, 257 (262); *Jakobs* AcP 183 (1983), 145 ff.; ausführlich zur Abnahme von Werkleistungen im IT-Bereich *Witte* in Redeker (Hrsg.), Handbuch der IT-Verträge, Kap. 1.4 Rn. 101 ff.; siehe auch *Marly,* Praxishandbuch Softwarerecht, München 2018, Rn. 1420 ff.). Eine Abnahme von Software als im Wesentlichen vertragsgemäße Erfüllung wird normalerweise nur dann vorliegen, wenn die Programme bei einer ausführlichen Erprobung zufriedenstellend gelaufen sind und die vorgesehenen Leistungen erbracht haben; absolute Fehlerfreiheit (die nach dem Stand der IT-Technik auch nicht erzielbar ist) wird nicht vorausgesetzt, normale anfängliche Einstellungsschwierigkeiten stehen der Abnahme nicht entgegen (vgl. OLG München NJW 1991, 2158 ff.; OLG Hamburg CR 1986, 83 ff. mAnm von *Unger;* OLG Düsseldorf WM 1989, 459: „störungsfreier Lauf während eines gewissen Zeitraums"). Die Anerkennung der Leistung als im Wesentlichen vertragsgemäß kann nach den Umständen des Einzelfalls ua in der Unterschrift unter ein Abnahmeprotokoll, der vorbehaltlosen Zahlung des Werklohns (vgl. OLG Celle CR 1997, 150 (151); OLG Düsseldorf CR 1999, 689 (Ls.); LG München CR 1992, 474 (475); zur Hingabe eines Schecks unter dem Vorbehalt einer abschließenden Prüfung vgl. LG Köln NJW-RR 1994, 1487 (1488)), der anschließenden Vergabe weiterer Programmierarbeiten und – wie schon erwähnt – der Ingebrauchnahme über einen gewissen Zeitraum liegen (vgl. etwa OLG Köln NJW-RR 1992, 1328 (1329)). Nach BGH CR 1993, 352 ff. ist die stillschweigende Abnahme einer speziellen IT-Systemlösung auch dann möglich, wenn die Parteien einen förmlich zu protokollierenden Abnahmetest mit anschließender dreimonatiger fehlerfreier Erprobung des Werks vereinbart haben. Zur Annahme einer stillschweigenden Werkabnahme müssen jedoch Tatsachen festgestellt sein, aus denen sich unzweideutig ergibt, dass die Parteien auf die förmliche Werkabnahme schlüssig verzichtet haben. Voraussetzung ist, dass nach den Umständen des Einzelfalls das Verhalten des Auftraggebers Anlass zu der Annahme gibt, er billige das Werk als im Wesentlichen vertragsgemäß (vgl. BGH MMR 2014, 591 Rn. 22; NJW-RR 2010, 748 Rn. 21). Eine stillschweigende Abnahme setzt voraus, dass das Werk bei natürlicher Betrachtung als Erfüllung der geschuldeten Leistung anzusehen ist; im Falle einer individuellen Systemlösung ist das Werk ohne die Aushändigung des Benutzerhandbuchs noch nicht vollendet (zur Abnahme durch den Einsatz von Software trotz vorhandener Mängel über einen nicht unerheblichen Zeitraum s. auch OLG München NJW 1991, 2158 ff.). Hingegen steht einer Abnahme nicht entgegen, dass noch kleinere „Restarbeiten" ausgeführt werden müssen, sofern diese für die Gebrauchsfähigkeit der Software nicht bedeutend sind. Die bloße Installation der Software und erste Anwendungsversuche stellen keine Abnahme dar (OLG Karlsruhe CR 2003, 95). Nach Ansicht des OLG Hamm (CR 1989, 385) ist eine AGB-Klausel, nach der die Software bei Einsatz durch den Kunden schlechthin (dh auch bei nicht ausreichender Erprobungsmöglichkeit) als abgenommen gilt, nach § 307 BGB unwirksam. Bei nach dem 1.1.2018 abgeschlossenen Verträgen ist § 640 Abs. 2 S. 1 BGB zu beachten, wonach ein Werk auch dann als abgenommen gilt, wenn der Unternehmer (Auftragnehmer) dem Besteller (Auftraggeber) nach Fertigstellung eine angemessene Frist zur Abnahme gesetzt hat und der Besteller die Abnahme nicht innerhalb dieser Frist unter Angabe mindestens eines Mangels verweigert hat. Dem trägt die in § 5 Abs. 5 vorgeschlagene Abnahmefiktion Rechnung. Dabei sollte auch im Unternehmensverkehr in AGB im Hinblick auf den Rechtsgedanken des § 308 Nr. 5 BGB darauf geachtet werden, dass eine angemessene Frist für die Abnahmeerklärung gesetzt wird (zur Anwendbarkeit des § 308 Nr. 5 BGB auf die werkvertragliche Abnahme vgl. nur BGH NJW 1984, 725 (726)). Bei der Bemessung der Frist werden insbes. der Umfang der für eine Abnahme erforderlichen Prüfung der Software sowie das Vertragsvolumen zu berücksichtigen sein. Eine Abnahmefrist unter vier Wochen dürfte kaum als angemessen bewertet werden (vgl. hierzu MüKo-*Wurmnest,* BGB, 8. Aufl. 2019, § 308 Rn. 13). Handelt es sich bei dem Auftraggeber um einen Verbaucher, ist zudem § 640 Abs. 2 S. 2 BGB zu beachten, wonach der Auftraggeber auf die Folgen einer nicht erklärten Abnahme in Textform hingewiesen werden muss. Handelt es sich bei der herzustellenden Individualsoftware um ein komplexes Pogramm, das sich aus mehreren Teilen zusammensetzt, ist der Auftraggeber erst dann zur Abnahme verpflichtet, wenn das Programm als Ganzes im Wesentlichen fehlerfrei funktioniert (OLG Düsseldorf CR 2002, 324).

11. Verzug. Kommt der Auftragnehmer mit der Herstellung der Software in Verzug, erstellt es also nicht in der vereinbarten angemesssenen Frist, kann der Auftraggeber grundsätzlich zunächst Ersatz des Verzögerungsschadens nach §§ 280 Abs. 2, 286 BGB verlangen. In der Praxis wird für den Fall des Verzugs des Auftragnehmers nicht selten – bei entsprechend starker Verhandlungsposition des Auftraggebers – eine Vertragsstrafe vereinbart, wonach der Auftraggeber im Fall der Überschreitung des vereinbarten Liefertermins, etwa um mehr als sieben Kalendertage, berechtigt sein soll, für jeden Kalendertag, an dem sich der Auftragnehmer in Verzug befindet, eine Vertragsstrafe in Höhe von beispielsweise zwischen 0,2 % und 0,5 % des Auftragsvolumens zu verlangen. Üblicherweise wird die Höchstsumme der zu zahlenden Vertragsstrafe dabei auf 5 % bis 15 % des Auftragsvolumens begrenzt. Eine entsprechende Regelung findet sich etwa in Ziffer 9.3 der EVB-IT Erstellungs-AGB v. 8.7.2013, abrufbar unter www.cio.bund.de. Soweit allerdings der Auftraggeber die Verzögerung zu vertreten hat, etwa weil er erforderliche Mitwirkungsleistungen nicht erbracht hat, kommt der Auftragnehmer mit der Softwareerstellung nicht in Verzug (BGH NJW 1996, 1745).

12. Dokumentation. Ohne das Begleitmaterial (die Anwendungsdokumentation), also insbesondere Benutzer- und Bedienerhandbuch, ist die Software in der Regel nicht nutzbar. Die Lieferung dieser Materialien ist Hauptpflicht des Auftragnehmers (stRspr vgl. BGH CR 2001, 367; NJW 1998, 2132 (2133); CR 1990, 189; OLG Hamm CR 1990, 715). Zu Mängeln der Software durch eine unzureichende Programmdokumentation siehe *Marly,* Praxishandbuch Softwarerecht, München 2018, Rn. 1533 ff. Will – wie hier gemäß → Anm. 1 unterstellt – der Auftraggeber die Software auch selbst oder durch Dritte warten, abändern oder weiterentwickeln können, so bedarf er hierzu auch der Dokumentation über die Softwareentwicklung. Zur unterbliebenen Lieferung einer Dateibeschreibung vgl. OLG Hamm CR 1986, 269 f.: Sofern ein Programm wegen Nichtlieferung der Dateibeschreibung vertraglich vorausgesetzte wesentliche Programmanpassungen und Arbeitsabläufe nicht ermöglicht, ist es für den Erwerber insgesamt wertlos; dieser kann nach § 323 BGB vorgehen (vgl. auch BGH NJW 1998, 2132 (2133); zur Abgrenzung zwischen Nichterfüllung und Mängelgewährleistungsrecht in diesen Fällen siehe LG Stuttgart CR 2001, 585). Die Dokumentation wird grundsätzlich erst mit Abschluss der Arbeiten an der Software fällig; falls der Auftraggeber vor der abschließenden Fertigstellung der Software eine dem jeweiligen Entwicklungsstand entsprechende Zwischen-Dokumentation wünscht, so muss dies in einer ausdrücklichen Vereinbarung festgehalten werden (BGH CR 2001, 367). Zu den Anforderungen an die Dokumentation s. *Marly,* Praxishandbuch Softwarerecht, München 2018, Rn. 1535 ff. mit weiteren Beispielen aus der Rechtsprechung; *Beckmann* CR 1998, 519; *Brandt* CR 1998, 571; *Lesshaft* CR 1989 (146 und 246), ferner OLG Hamm CR 1990, 715 (für den Nicht-fachmann zu schwer verständliches Bedienerhandbuch als Mangel der IT-Anlage insgesamt); OLG Düsseldorf CR 1987, 173 (kein Mangel, wenn Handbuch in englischer Sprache verfasst ist, sofern Auftraggeber ein Fachmann ist); LG Stuttgart CR 2001, 585 (in Programm integriertes Online-Handbuch bei komplexen Programmen nicht ausreichend) und OLG Köln VR 1989, 391 (lückenhafte Bedienungsanleitung).

Im Hinblick auf die gemäß → Anm. 1 und § 11 des Form. vorgesehenen weitgehenden Nutzungsmöglichkeiten für den Auftraggeber wird in § 7 des Form. auch die Lieferung der Quellenprogramme (Source Codes) vorgeschrieben. Eine ausdrückliche vertragliche Klarstellung ist angesichts der uneinheitlichen Rechtsprechung zur Verpflichtung des Auftragnehmers zur Lieferung des Quellcodes empfehlenswert (vgl. BGH NJW 1987, 1259, wonach jeweils im Einzelfall anhand des jeweiligen Vertragszwecks durch Auslegung zu ermitteln sei, ob eine Herasugabepflicht besteht einerseits, sowie OLG Karlsruhe CR 1999, 11 andererseits; grundsätzlich gegen eine Verpflichtung zur Herausgabe des Quellcodes: *Marly,* Praxishandbuch Softwarerecht, München 2018, Rn. 688, 1781). Besteht eine Herausgabepflicht, hat der Auftragnehmer bei Abnahme und später bei jeder Übergabe einer neuen Version der Software den jeweils aktuellen Stand des Quellcodes der Software an den Auftraggeber zu übergeben. Zum Quellcode gehören dabei auch dessen fachgerechte Kommentierung und Beschreibung sowie sämtliche sonstige Informationen, die der Auftraggeber benötigt, um den Quellcode zu bearbeiten und die Software weiter zu entwickeln. Nach LG Köln CR 2000, 505 ist von der Verpflichtung zur Herausgabe des Quellcodes auch die vom Softwareunternehmen mitgelieferte DLL (Dynamic Linking Library) erfasst. Setzt sich der Auftragnehmer entgegen der hier vorgeschlagenen Lösung damit durch, den Quellcode nicht mitzuliefern, so ist eine Hinterlegungs-Vereinbarung im Sinne des → Form. VI.8 unbedingt erforderlich (→ Form. VI.7 Anm. 1). Die Verpflichtung zur Herausgabe des Quellcodes kann vertraglich auch in AGB ausgeschlossen werden (LG Köln CR 2003, 484).

13. Mängel. Was als „Mangel" einer Software anzusehen ist, gehört zu den meistdiskutierten Fragen des IT-Rechts (vgl. ua BGH CR 1988, 124; OLG Köln NJW 1996, 1683; NJW-RR 1998, 1592; OLG Hamm CR 1990, 715; OLG München CR 1991, 19; OLG Saarbrücken CR 1990, 713; KG CR 1990, 768). Die Entscheidung ist naturgemäß dann noch schwieriger, wenn – wie bei der Planung und Erstellung neuer Software – das angestrebte Leistungsergebnis bei Vertragsschluss noch wenig spezifiziert ist (vgl. ua *Müller-Hengstenberg* CR 1988, 633; s. auch OLG Hamm CR 1994, 357 ff. zur Haftung des Programmentwicklers). Die Neuregelung des Fehlerbegriffs in § 633 BGB hatte für die Frage der Mangelhaftigkeit von individuell erstellter Software im Ergebnis keine Änderungen ergeben (vgl. auch *Bartsch* CR 2001, 649 (655)). Entscheidend ist nach wie vor primär die Frage, ob und in welchem Umfang die Soll-Beschaffenheit der Software nach Pflichtenheft oder den sonstigen Vertragsunterlagen von der Ist-Beschaffenheit abweicht (vgl. statt vieler BGH NJW 2017, 1093 Rn. 29). Findet sich keine vertragliche Regelung, so ist gem. § 633 Abs. 2 S. 2 BGB zu fragen, ob sich die Software „für die nach dem Vertrag vorausgesetzte, sonst für die gewöhnliche Verwendung eignet". Die Frage nach der „Eignung" eines Computerprogramms für die nach dem Vertrag vorausgesetzte bzw. gewöhnliche Verwendung ist naturgemäß davon abhängig, was nach dem aktuellen Stand der Technik und im Hinblick auf das vertragliche Leistungsgefüge (Fristen, Vergütung etc) bei Beachtung der verkehrsüblichen Sorgfalt, insbesondere Einhaltung anerkannter Test- und Qualitätssicherungsverfahren „machbar" ist. Die Bemühungen, allgemeine Standards für die Qualitätsanforderungen an Software zu entwickeln, sind noch im Fluss und werden weiter im Fluss bleiben. Anhaltspunkte lassen sich der ISO/IEC 25051:2014 (Software engineering – Systems and software Quality Requirements and Evaluation (SQuaRE) – Requirements for quality of ready to Use Software Product (RUSP) and instructions for testing) entnehmen.

Nach dem Stand der Technik ist es nicht möglich, ein in jeder Hinsicht technisch fehlerfreies Programm zu erstellen (BGH NJW 1988, 406 (408); Bundesamt für Sicherheit in der Informationstechnik (BSI), Sicherheitsbericht 2015, 10; *Raue* NJW 2017, 1841). Es besteht jedoch kein Anlass, in juristischer Hinsicht vor dieser einhelligen Aussage der Informatiker zu resignieren; die Unvermeidbarkeit technischer Fehler stellt keinen Freibrief für sogenannte *„quick and dirty"*-Programme dar (zutreffend *Redeker* CR 2005, 700 (701 f.); *Kilian* CR 1986, 187 (190)). Nach OLG Düsseldorf CR 1992, 724 ff., muss der Kunde dem Lieferanten komplexer Systeme zwar tendenziell mehr Spielraum für Nachbesserungen einräumen, da mit einer gewissen Anfälligkeit für Anlaufschwierigkeiten zu rechnen ist; andererseits kann grundsätzlich auch der Besteller von Individualsoftware mit fehlerfreier Arbeitsweise rechnen, so dass laut OLG Düsseldorf CR 1995, 269 ff., jedenfalls kein stillschweigender Haftungsausschluss anzunehmen ist. Während also nicht jede technische Unvollkommenheit im Sinne des Gewährleistungsrechts als „Mangel" anzusehen ist, sind etwa die folgenden Fehler bei der Softwareerstellung „juristisch als Kardinalfehler" anzusehen: Entwurfs- und Konzeptionsmängel; Mängel des Algorithmus (das Programm erfüllt Funktionen gar nicht oder nur lückenhaft, falsch oder schlecht, vgl. BGH NJW 2007, 2761 Rn. 3); Nichtbeachtung von vertraglich festgeschriebenen Leistungsanforderungen; lückenhafte oder unzureichende Dokumentation; mangelnde Kompatibilität des Programms, Nichtdurchführung von Standardtests; Einsatz falscher Mittel zur Zweckerreichung; unzureichende Datensicherung; Materialfehler; ferner beispielsweise Verletzung von Schutzrechten oder unzutreffende Zusicherungen und Werbeaussagen hinsichtlich der für den Vertragsschluss bestimmenden Leistungsfähigkeit (vgl. BGH NJW 1982, 696 f.); sowie schwerwiegende Benutzungsmängel.

Nach Auffassung des OLG Koblenz liegt ein Mangel vor, wenn das betreffende Computerprogramm während einer Datensicherung eine Fehlermeldung abgibt (OLG Koblenz CR 2008, 148); das LG Bonn geht auch dann von einem Mangel aus, wenn das Programm häufig abstürzt (LG Bonn CR 2008, 767). Mangelhaft ist nach Auffassung des LG Regensburg auch ein infiziertes Computerprogramm (LG Regensburg NJW-RR 1998, 1353). Siehe zu diesen und weiteren Einzelbeispielen aus der Rechtsprechung *Marly*, Praxishandbuch Softwarerecht, München 2018, Rn. 1475 ff.

Eine Klassifizierung von Mängeln findet sich in Ziffer 3 der EVB-IT System-AGB v. 19.9.2012, und in Ziffer 3 der EVB-IT Systemlieferungs-AGB v. 1.2.2010, abrufbar unter www.cio.bund.de. Danach ist nach folgenden drei Mängelklassen zu unterscheiden: Ein *betriebsverhindernder* Mangel liegt vor, wenn die Nutzung des Systems unmöglich oder schwerwiegend eingeschränkt ist; ein *betriebsbehindernder* Mangel liegt vor, wenn die Nutzung des Systems erheblich eingeschränkt ist; ein *leichter* Mangel liegt vor, wenn die Nutzung des Systems mit leichten Einschränkungen möglich ist. Eine beispielhafte Auflistung von Softwaremängeln findet sich auch bei *Redeker* in Schneider/v. Westphalen (Hrsg.), Softwareerstellungsverträge, Köln 2014, Kap. D Rn. 260 ff.; einen instruktiven Versuch, Softwaremängel zu kategorisieren, unternimmt *Marly*, Praxishandbuch Softwarerecht, München 2018, Rn. 1473 ff. Die Formulierung in § 8 Abs. (1) des Formulars basiert auf der Auffassung, dass sich die allgemeinen gesetzlichen Gewährleistungsregeln des Kauf- und Werkvertragsrechts bei genauerem Hinsehen als durchaus geeignet erweisen, auch in diesem Bereich sachgerechte Ergebnisse zu liefern. Eine starre begriffliche Festschreibung dessen, welche konkreten Unvollkommenheiten im Rechtssinne als „Mängel" anzusehen sind, verbietet sich schon angesichts der rapiden IT-Entwicklung.

Die Beweislast für Softwaremängel richtet sich nach allgemeinen Grundsätzen (BGH NJW 2007, 2394 (2395)) und liegt nach Ablieferung an und Abnahme durch den Besteller bei diesem (BGH NJW 2011, 1664 Rn. 11).

14. Gewährleistungsfrist. Im Formular wird die zweijährige Verjährungsfrist des § 634a Abs. 1 Nr. 1 BGB vorgesehen. Ob bei der Erstellung von Software die zweijährige

Verjährungsfrist des § 634a Abs. 1 Nr. 1 (so OLG Hamm NJW-RR 2014, 878 (879); LG Oldenburg MMR 2016, 479 (480); LG Saarbrücken BeckRS 2014, 00500) oder die dreijährige Verjährungsfrist der §§ 634a Abs. 1 Nr. 3, 195 BGB Anwendung findet, ist umstritten (vgl. hierzu *Koch* CR 2001, 569 (574); Palandt-*Sprau,* BGB, 78. Auflage 2019, § 634a Rn. 12; sowie, sehr instruktiv, *Marly,* Praxishandbuch Softwarerecht, München 2018, Rn. 1408 ff., der sich im Ergebnis für eine Anwendbarkeit von § 634a Abs. 1 Nr. 1 BGB ausspricht).

15. Programmänderungen durch den Auftraggeber. Die Klärung der Frage, ob der Auftragnehmer seine Pflichten erfüllt hat oder ob (angebliche oder wirkliche) Mängel auf anderen Ursachen beruhen, wird erheblich erschwert, falls nicht nur der Auftragnehmer, sondern auch der Auftraggeber oder dessen Beauftragte Programmänderungen vornehmen, bevor die Gewährleistungsfrist abgelaufen ist. § 8 Abs. (6) des Form. sieht für den Fall, dass der Auftraggeber ohne rechtfertigenden Grund Änderungen an der Software vornimmt, die Pflicht des Auftragnehmers vor, weiterhin die nicht durch diese Eingriffe verursachten Mängel zu beseitigen. Der Auftraggeber hat jedoch den Mehraufwand zu tragen, der durch die von ihm herbei geführten Änderungen verursacht worden ist. In AGB soll die in der Praxis häufig und auch in einer früheren Auflage noch verwendete Regelung, wonach die Gewährleistung des Auftragnehmers nach solchen Eingriffen generell entfällt, sofern der Auftraggeber nicht den Beweis für die fehlende Kausalität seines Programmeingriffs für die in Rede stehenden Mängel erbringt, gemäß §§ 307 Abs. 2 Nr. 1 und 2, 309 Nr. 8b) aa) BGB dann unzulässig sein, wenn sie im Ergebnis einen völligen Ausschluss der Gewährleistungsrechte des Auftraggebers zur Folge hat (vgl. auch BGH GRUR 2000, 866; OLG Hamm NJW-RR 2000, 1224).

Schon wegen § 69d UrhG darf die grundsätzlich sachgerechte Beschränkung der Gewährleistungsrechte zudem nicht so weit gehen, dass der Auftraggeber auch in schwerwiegenden Fällen (etwa bei nachhaltigem Verzug des Auftragnehmers mit der Beseitigung gravierender Mängel) an Programmänderungen gehindert ist, die für eine vertragsgemäße Nutzung unerlässlich sind. Für den Auftrag*geber* günstiger ist eine Bestimmung, nach der die Gewährleistungspflicht des Auftragnehmers entfällt, soweit Mängel darauf beruhen, dass der Auftraggeber oder von ihm beauftragte Dritte ohne Zustimmung des Auftragnehmers Änderungen vorgenommen haben (hier würde also den Auftragnehmer die Beweislast dafür treffen, dass die Eingriffe des Auftraggebers für die Mängel kausal waren).

16. Nacherfüllung bei Mängeln. Sofern auf den Softwareerstellungsvertrag Werkvertragsrecht Anwendung findet, steht dem Auftraggeber im Falle der Mangelhaftigkeit der erstellten Software das Recht zu, gemäß §§ 634 Nr. 1, 635 BGB Nacherfüllung zu verlangen. Anders als im Kaufvertragsrecht steht das Wahlrecht zwischen Neulieferung oder Nachbesserung im Werkvertragsrecht gemäß § 635 Abs. 1 BGB dem Auftragnehmer zu (siehe hierzu auch *Marly,* Praxishandbuch Softwarerecht, München 2018, Rn. 1392 ; zum Nacherfüllungsanspruch im Kaufrecht siehe BGH NJW 2007, 504; *Lorenz* NJW 2006, 1175; siehe auch EuGH NJW 2008, 1433 zum Nutzungsersatz bei Neulieferung). Nach Ablauf einer angemessenen Frist zur Nacherfüllung kann der Auftraggeber gemäß §§ 634 Nr. 2, 637 BGB den Mangel selbst beseitigen und Ersatz der erforderlichen Aufwendungen verlangen. Nach fruchtlosem Fristablauf ist der Auftraggeber nach §§ 634 Nr. 3, 636, 323, 326 Abs. 5 BGB auch zum Rücktritt berechtigt oder kann nach §§ 634 Nr. 4, 636, 280, 281, 283 und 311a BGB Schadensersatz verlangen, soweit der Auftragnehmer den Mangel verschuldet hat (zu den Rechtsfolgen eines unberechtigten Mangelbeseitigungsverlangens des Käufers siehe BGH NJW 2008, 1147).

17. Vergütung. Wenn die Aufgabenstellung erst noch herausgearbeitet werden muss, ist es kaum zweckmäßig, von vornherein feste Pauschalbeträge für die Planungs- oder die

Softwareerstellungsphase oder gar für das Gesamtpaket zu vereinbaren. Für jede Vertragspartei wären hierin erhebliche Risiken begründet; angesichts des erforderlichen hohen Maßes an Kooperation wäre es für die Erreichung des Vertragszwecks wenig förderlich, wenn eine Seite wegen eines sich als nicht mehr angemessen herausstellenden Pauschalpreises frustriert würde oder ständiger Streit darüber bestünde, ob bestimmte vom Auftraggeber noch gewünschte Einzelleistungen vom ursprünglich vorgesehenen Auftragsrahmen noch erfasst werden oder nicht (→ Anm. 9). Im Form. orientiert sich deshalb die Vergütung grundsätzlich am tatsächlichen Aufwand des Auftragnehmers, wobei für die Phase der eigentlichen Programmerstellung eine Unter- und eine Obergrenze festgelegt werden (über deren spätere Anpassung sich die Parteien einigen müssen, falls der Leistungsumfang „auf der Strecke" geändert werden soll).

Wenn anders als in § 1 Abs. (7) des Form. die ordentliche Kündigung durch den Auftragnehmer während der Planungsphase ausgeschlossen oder stark eingeschränkt wird, kann auch in Erwägung gezogen werden, dem Auftragnehmer bei kurzfristiger ordentlicher Kündigung durch den Auftraggeber eine den tatsächlichen Aufwand übersteigende Mindestvergütung zuzusprechen.

Nach Abschluss der Planungsphase mag es sich als möglich erweisen, für die sich anschließenden Leistungen des Auftraggebers einen Pauschalpreis festzulegen; all dies ist von den Umständen des Einzelfalls abhängig. Nicht selten wird eine Vorauszahlung vereinbart; für die Rückzahlung bei Scheitern des Projekts sollte der Auftragnehmer dann eine Bankbürgschaft oder eine andere angemessene Sicherheit stellen. Die Vergütungsregeln werden sich zugunsten des Auftraggebers verschieben, wenn die Gewährleistungspflichten abgemildert werden oder sich der Auftraggeber auf Nutzungsmöglichkeiten im eigenen Betrieb beschränkt, ohne die Programme unter Ausschluss des Auftragnehmers weitervertreiben zu wollen (zum Junktim zwischen der Höhe der Vergütung und dem Umfang der Nutzungsrechte → Anm. 19).

Nach der durch das Urhebervertragsgesetz von 2002 geschaffenen Bestimmung des § 32a UrhG hat der Urheber unter bestimmten Voraussetzungen einen Anspruch auf Einwilligung in eine Vertragsänderung, durch die ihm ein Anspruch auf eine weitere angemessene Beteiligung gewährt wird. Voraussetzung des Anspruchs ist ein nachträglich eingetretenes auffälliges Missverhältnis der Gegenleistung zu den Erträgen und Vorteilen der Nutzung des Werks. § 32a UrhG ist nicht vertraglich abdingbar. Darüber hinaus steht dem Auftragnehmer ein Anspruch auf eine zusätzliche, „besondere angemessene Vergütung" gemäß § 32c Abs. 1 UrhG zu, wenn der Arbeitgeber die Software für zum Zeitpunkt des Vertragsschlusses noch nicht bekannte Nutzungsarten verwertet. Auch dieser Anspruch ist unverzichtbar; eine entsprechende Regelung wurde in § 10 Abs. 3 des Form. aufgenommen. Der Vergütungsanspruch des Auftragnehmers wird, sofern keine abweichende vertragliche Regelung getroffen ist, gemäß § 641 Abs. 1 S. 1 BGB mit der Abnahme fällig (vgl. OLG Frankfurt a. M. CR 2017, 646).

18. Urheberrecht/Patentrecht. Das Formular geht davon aus, dass die vom Auftragnehmer erstellten Programme urheberrechtlichen Schutz genießen. Spätestens seit Inkrafttreten der auf der EG-Richtlinie über den Rechtsschutz von Computerprogrammen vom 14.5.1991 (GRUR Int. 1991, 545 ff.) beruhenden §§ 69a ff. UrhG im Abschnitt 8 des UrhG („Besondere Bestimmungen für Computerprogramme", eingefügt durch das Zweite Gesetz zur Änderung des Urheberrechtsgesetztes vom 9.6.1993, BGBl. 1993 S. 910 f.) steht fest, dass die vom BGH ursprünglich aufgestellten hohen Schutzvoraussetzungen (vgl. BGH GRUR 1985, 1041 – Inkasso-Programm; BGH GRUR 1991, 449 – Betriebssystem) nicht mehr gelten, sondern sich der Urheberrechtsschutz bis in den Bereich der „kleinen Münze" hinein erstreckt (vgl. ua BGH GRUR 1994, 39 ff. – Buchhaltungsprogramm; OLG Düsseldorf CR 1997 – Dongle-Umgehung; *Erdmann/Bornkamm* GRUR 1991, 877 f.). Computerprogramme sind danach als literarische Werke

(Sprachwerke) geschützt, wenn sie individuelle Werke in dem Sinne darstellen, dass sie das Ergebnis einer geistigen Schöpfung des Urhebers sind; es gelten die gleichen Anforderungen wie an die urheberrechtliche Schutzfähigkeit sonstiger Werke der Literatur gestellt werden (sehr ausführlich zum Schutzgegenstand und zu den Schutzvoraussetzungen im Urheberrecht: *Marly,* Praxishandbuch Softwarerecht, München 2018, Rn. 73 ff.). Die ursprünglich sowohl vom BGH als auch vom Europäischen Patentamt vertretene Auffassung, dass Computerprogramme in der Regel als nicht technisch nicht patentfähig seien, die ihren Niederschlag in Art. 52 EPÜ gefunden hatte, kann heute weitgehend als überholt angesehen werden. Zwar wurde der Vorschlag für eine Richtlinie über die Patentierbarkeit von computerimplementierten Erfindungen durch das Europäische Parlament am 7.7.2005 abgelehnt, gleichzeitig aber ist die Reichweite des Ausschlusses nicht technischer Computerprogramme nach Art. 52 EPÜ bzw. § 1 PatG immer weiter eingeschränkt worden. Die Patentierbarkeit von Computerprogrammen wird heute vom Deutschen Patent- und Markenamt und vom Europäischen Patentamt ebenso wie vom BGH in einer Vielzahl von Einzelfällen regelmäßig bejaht (einen sehr ausführlichen Überblick über die grundlegenden Entscheidungen des BGH, des BPatG und des EPA zur Patentfähigkeit von Computerprogrammen findet sich bei *Marly,* Praxishandbuch Softwarerecht, München 2018, Rn. 461 ff.).

19. Umfang der Nutzungsrechte. Bei urheberrechtlich geschützten Computerprogrammen wird nach der Zweckübertragungstheorie das Nutzungsrecht im Zweifel nur soweit eingeräumt, als dies der Zweck des Vertrages erfordert (BGH GRUR 1981, 196 – Honorarvereinbarung). In Softwareerstellungsverträgen sollten die einzuräumenden Rechte in jedem Falle so genau wie möglich beschrieben werden, sei es auch in Kombination mit einer „Generalklausel" (etwa: „Der Auftraggeber soll in denkbar umfassender Weise in die Lage versetzt werden, die im Rahmen dieses Vertrages erstellte Software in unveränderter oder veränderter Form unter Ausschluss des Auftragnehmers zu nutzen und zu verwerten, sei es im eigenen Betrieb oder durch Weitergabe oder Lizenzierung an Dritte. Insbesondere ist der Auftragnehmer berechtigt, ..."). Die Höhe der Investitionen, das Interesse an der Erhaltung eines hierdurch herbeigeführten Wettbewerbsvorsprungs („lead time"), eventuell auch das Einfließen eigener Geschäfts- und Betriebsgeheimnisse sind (entsprechend der in → Anm. 1 geschilderten Ausgangssituation) entscheidende Gesichtspunkte dafür, die Verwertung der erstellten Programme in möglichst weitem Umfang dem Auftraggeber zu sichern, und zwar gerade auch unter Ausschluss des Auftragnehmers (vgl. hierzu *Karger* CR 2001, 357). Es besteht ferner ein Zusammenhang zwischen der Höhe der Vergütung und dem Umfang der Nutzungsrechte.

Die wichtigsten Nutzungsarten betreffen das Recht, die Software zu speichern, zu vervielfältigen, zu verbreiten, öffentlich wiederzugeben sowie sie zu benutzen und zu verwerten. Das Recht der „öffentlichen Zugänglichmachung" iSd Art. 3 der Richtlinie 2001/29/EG zur Harmonisierung bestimmter Aspekte des Urheberrechts und der verwandten Schutzrechte in der Informationsgesellschaft (so genannte „InfoSoc-Richtlinie", abgedr. in GRUR Int. 2001, 745) sollte bei der Rechtseinräumung ausdrückliche Erwähnung finden. Wenn der Auftragnehmer die Möglichkeit erhält, das Programm ganz oder teilweise auch anderweitig anzubieten, kann ggf. ein Teil des Erstellungsaufwands durch Zahlungen Dritter amortisiert werden.

Um bei Einräumung exklusiver Nutzungsrechte an den Auftraggeber die künftigen Betätigungsmöglichkeiten des Auftragnehmers nicht zu stark einzuengen, stellt § 11 Abs. (5) des Form. klar, dass der Auftragnehmer in der Entwicklung von Programmen ähnlicher Aufgabenstellung auch dann frei bleibt, wenn er hierbei Methoden und Erkenntnisse aus dem gegenwärtigen Projekt verwertet (vorausgesetzt es handelt sich nicht um Geschäftsgeheimnisse des Auftraggebers).

Nach der Neufassung des Urheberrechtsgesetzes durch das Zweite Gesetz zur Regelung des Urheberrechts in der Informationsgesellschaft vom 26.10.2007 (BGBl. I S. 2513) darf sich die Rechtseinräumung auch auf zum Zeitpunkt des Vertragsschlusses noch unbekannte Nutzungsarten erstrecken (§ 31a Abs. 1 UrhG). Nach dieser Neuregelung hat der Rechtsempfänger die beabsichtigte Aufnahme der bei Vertragsschluss unbekannten Nutzung dem Urheber mitzuteilen, der innerhalb von drei Monaten berechtigt ist, die Einräumung der für die Ausübung dieser Nutzungsart erforderlichen Nutzungsrechte zu widerrufen. Eine entsprechende Formulierung findet sich in § 11 Abs. 1 des Form. Das Widerrufsrecht des Auftragnehmers erlischt gemäß § 31a Abs. 2 UrhG mit dem Tod des Urhebers und entfällt, wenn die Parteien sich nach Bekanntwerden der neuen Nutzungsart auf eine angemessene Vergütung gemäß § 32c UrhG geeinigt haben.

21. Eingeschränkte Nutzungsrechte. Wenn sich der Auftragnehmer – anders als im Sachverhalt gemäß → Anm. 1 – die Möglichkeit zur anderweitigen Verwertung vorbehalten will, kann § 11 alternativ so formuliert werden, dass der Auftraggeber zwar das zeitlich und räumlich unbeschränkte Recht erhält, die Software in seinem Betrieb in unveränderter und beliebig veränderter Form einzusetzen, der Auftragnehmer jedoch frei bleibt, unter Beachtung seiner Geheimhaltungspflichten (§ 13) die von ihm erstellte Software und die Dokumentation in veränderter oder unveränderter Form seinerseits anderweitig zu verwerten. Dies kann allerdings für den Auftraggeber insbesondere dann gefährlich sein, wenn in die Software in erheblichem Umfang sein eigenes betriebliches Know-how eingeflossen ist, welches dem Auftragnehmer zuvor nicht zugänglich war und nun möglicherweise durch dessen künftige Zusammenarbeit mit Konkurrenten des Auftraggebers diesen indirekt zugute kommt. Der Auftraggeber kann hierdurch seines Wettbewerbsvorsprungs verlustig gehen; ob der Auftragnehmer in diesem Zusammenhang die ihm bekannt gewordenen Geschäfts- und Betriebsgeheimnisse des Auftraggebers wirklich vollständig wahrt, ist praktisch schwer zu kontrollieren.

Eine Zwischenlösung im Hinblick auf die eben angesprochenen Gefahren könnte darin liegen, dass es dem Auftragnehmer für die Dauer von drei Jahren untersagt wird, die Programme und Dokumentationen direkt oder indirekt Wettbewerbern des Auftraggebers anzubieten oder zugänglich zu machen, es sei denn, die Software und Dokumentationen würden vom Auftragnehmer wesentlich verändert und enthielten keinerlei direkte oder indirekte Verwertung von Kenntnissen oder betrieblichen Besonderheiten des Auftraggebers. Je nach den Umständen des Einzelfalls kann eine ausgewogene Lösung etwa auch in der Zusatzregelung liegen, dass sowohl der Auftragnehmer als auch der Auftraggeber Dritten einfache Lizenzen an den unveränderten oder veränderten Programmen einräumen können, soweit die andere Vertragspartei hiervon im Voraus schriftlich unterrichtet wird. Die andere Vertragspartei wird dann zu einem bestimmten Prozentsatz an den hierbei erzielten Lizenzeinnahmen beteiligt und kann die ordnungsgemäße Abrechnung und Zahlung dieser Anteile unter Einschaltung eines beruflich zur Verschwiegenheit verpflichteten Beauftragten überprüfen lassen.

Alle wesentlichen Veränderungen des Umfangs der übertragenen Nutzungsrechte werden sich regelmäßig auch auf die Höhe der Vergütung auswirken (→ Anm. 9, 17).

Zu der unter bestimmten Bedingungen eintretenden Unzulässigkeit der Beschränkung der Rechte des Anwenders seine Softwarelizenzen weiterzuverkaufen nach der *UsedSoft*-Entscheidung des EuGH (CR 2012, 498) siehe *Hoeren/Foersterlin* MMR 2012, 642; *Leistner* WRP 2014, 995; *Marly* EuZW 2012, 654; *Malevanny* CR 2013, 422; *Schneider/Spindler* CR 2012, 489; siehe auch EuGH EuZW 2016, 866 mit Anm. *Marly* und *Prinz*; BGH NJW-RR 2014, 360 mit Anm. *Bäcker* ZUM 2014, 333; OLG München ZUM 2015, 818; LG Hamburg MMR 2018, 250; OLG Hamburg Beschl. v. 30.4.2013 – 5 W 35/13, BeckRS 2013, 15400; LG Hamburg Urt. v. 25.10.2013 – 315 O 449/12, BeckRS 2013, 21251 mit Anm. *Apel* ZUM 2014, 74 sowie OLG Frankfurt a.M. GRUR 2013,

279 mit Anm. *Marly* sowie ausführlich zum aktuellen Stand *Marly,* Praxishandbuch Softwarerecht, München 2018, Rn. 209 ff.

22. Rechte von Arbeitnehmern und Beauftragten. Zu den Rechten der auf Seiten des Auftragnehmers eingeschalteten Arbeitnehmer → Form. IV.2. Nach § 69b UrhG ist der angestellte Programmierer grundsätzlich von der Verwertung des von ihm (mit) hergestellten Programms ausgeschlossen, sofern nichts Abweichendes vereinbart wurde. Die Ausübung der vermögensrechtlichen Befugnisse ist danach allein dem Arbeitgeber vorbehalten. Falls der Auftragnehmer außerdem externe Programmierer hinzu zieht, sollte er mit diesen unbedingt auch die Übertragung ausschließlicher Nutzungsrechte schriftlich vereinbaren, um von vornherein Meinungsverschiedenheiten über Bestehen und Reichweite einer konkludenten Nutzungsrechtseinräumung zu vermeiden (s. hierzu auch BGH GRUR 1985, 1041 – Inkasso-Programm sowie Vorinstanzen OLG Karlsruhe GRUR 1983, 300 (307) und LG Mannheim BB 1985, 142 f.; *Marly,* Praxishandbuch Softwarerecht, München 2018, Rn. 129 f.).

23. Geheimhaltung. Der Auftragnehmer erhält bei der Erstellung der auf den Betrieb des Auftraggebers zugeschnittenen Software zwangsläufig in erheblichem Umfang Zugang zu dessen Geschäfts- und Betriebsgeheimnissen; theoretisch droht aus der Sicht des Auftraggebers die Gefahr, dass der Auftragnehmer oder dessen Mitarbeiter oder Beauftragte solche Kenntnisse direkt oder indirekt zB im Zusammenhang mit der Erstellung ähnlicher Software für Wettbewerber des Auftraggebers verwerten. Umgekehrt ist aus der Sicht des Auftragnehmers sicherzustellen, dass der Auftraggeber Kenntnisse beispielsweise über Programmiermethoden, Kalkulationsgrundlagen etc des Auftragnehmers nicht weitergibt, die er im Laufe der Zusammenarbeit gewonnen hat. Diese Gefahr ist insofern praktisch nicht völlig fernliegend, als der Auftraggeber nach Erfüllung des Vertrags im Rahmen der Softwarepflege und -weiterentwicklung evtl. mit anderen Softwarehäusern in Kontakt kommt; ein uneingeschränktes Verfügungsrecht erhält der Auftraggeber in Bezug auf Geschäfts- und Betriebsgeheimnisse des Auftragnehmers nur insoweit, als diese Geheimnisse in den dem Auftraggeber zur unbeschränkten Nutzung erstellten und überlassenen Programmen aufgehen, vgl. § 13 Abs. (1) S. 3 des Form.

Geschäfts- und Betriebsgeheimnisse werden bei Unterstellung des in → Anm. 1 erwähnten Sachverhalts auch die Software als solche sowie die Kenntnisse darüber, in welcher Weise und mit welchen Ergebnissen sie im Betrieb des Auftraggebers eingesetzt werden. Die Geheimnisschutzvorschrift des § 23 GeschGehG hat für den Softwareschutz erhebliche rechtliche und praktische Bedeutung (vgl. noch zu §§ 17–20 UWG a.F. ausführlich *Harte-Bavendamm/Schöler* in Gloy/Loschelder/Erdmann, Handbuch des Wettbewerbsrechts, 4. Aufl. 2010, § 64 Rn. 23 ff.). Nach der Neuordnung des Geheimnisschutzes durch die Richtlinie (EU) 2016/934 über den Schutz vertraulichen Know-hows und vertraulicher Geschäftsinformationen (Geschäftsgeheimnisse) vor rechtswidrigem Erwerb sowie rechtswidriger Nutzung und Offenlegung („Geschäftsgeheimnis-RL"), welche in Deutschland durch das Gesetz zur Umsetzung der Richtlinie (EU) 2016/934 zum Schutz von Geschäftsgeheimnissen vor rechtswidrigem Erwerb sowie rechtswidriger Nutzung und Offenlegung (GeschGehG) umgesetzt worden ist und welche vorher, bereits seit Juni 2018 aber unmittelbar anwendbar war, sind geschützt nur noch Informationen, hinsichtlich derer der Geheimnisinhaber Geheimhaltungsmaßnahmen getroffen hat, die nach den Umständen als angemessen gelten können. Diese Voraussetzung muss der Geheimnisinhaber künftig aktiv darlegen, wenn er eine mutmaßliche Geheimnisverletzung verfolgen will. Sowohl für Auftraggeber als auch für Auftragnehmer wird es daher unabkömmlich sein, geeignete Maßnahmen zum Schutz ihres Know-hows und ihrer Betriebsgeheimnisse zu etablieren. Dazu zählt insbesondere die Festlegung klarer interner Zuständigkeiten sowie die Festlegung konkreter Schutzmaßnahmen (Zugangssprerren, Einhaltung des „need to know"-Prinzips etc) und die routinemäßige Überwachung der Einhaltung derselben (siehe hierzu *Kalbfus,*

Angemessene Geheimhaltungsmaßnahmen nach der GeschGeh-RL, GRUR-Prax 2017, 391; *Klein/Wegener*, Wem gehören Geschäftsgeheimnisse?, ArbRAktuell 2017, 531; *McGuire*, Geheimnisschutz: In vier Schritten zur angemessenen Maßnahme, IPRB 2018, 202; Schöwerling, Die Geheimhaltungsvereinbarung – (K)ein Auslaufmodell, GRUR-Prax 2015, 52).

24. Geheimnisschutzvereinbarungen mit Arbeitnehmern und Beauftragten. Da nach § 23 GeschGehG und nach Arbeitsrecht Arbeitnehmer nach Beendigung ihres Dienstverhältnisses grundsätzlich befugt sind, redlich erworbene Geschäfts- und Betriebsgeheimnisse ihres früheren Arbeitgebers frei zu verwerten (zu den Ausnahmen und Grenzen noch unter § 17 UWG a.F. s. *Harte-Bavendamm* in Harte/Henning, UWG, 4. Aufl. 2016, UWG § 17 Rn. 12, 27, 32 ff.), ist es zu empfehlen, die Arbeitnehmer vertraglich zur Geheimhaltung auch nach dem Ende des Dienstverhältnisses zu verpflichten. Im Vertrag kann – über den Vorschlag in § 13 des Form. hinaus – ergänzend vorgesehen werden, dass der Auftragnehmer verpflichtet ist, dem Auftraggeber auf dessen Verlangen den schriftlichen Abschluss auch nach Ende der Dienstverhältnisse geltender Geheimhaltungsvereinbarungen mit den betreffenden Angestellten und Beauftragten nachzuweisen.

25. Haftungsbeschränkungen. Es entspricht der allgemeinen Praxis auf Seiten der Softwarehäuser, in Softwareerstellungsverträgen Schadensersatzansprüche so weit wie möglich auszuschließen. Zumindest dort, wo die Vorschriften der §§ 307 ff. BGB Anwendung finden, sind der Haftungsbeschränkung jedoch wesentliche Grenzen gesetzt. Regelmäßig unzulässig sind Haftungsbegrenzungen bei Vorsatz. Haftungsausschlüsse oder Haftungsbegrenzungen in AGB für Fälle grober Fahrlässigkeit sind gemäß § 307 Abs. 2 iVm § 307 Abs. 1 BGB und § 307 iVm § 309 Nr. 7b) BGB ebenfalls insgesamt unwirksam, und zwar auch im kaufmännischen Verkehr unter Unternehmern. Unwirksam nach § 309 Nr. 7b) BGB sind danach auch Klauseln, die jegliche Haftung ausschließen (LG Berlin CR 2015, 74 (78)). Auch die AGB-mäßige, summenmäßige Haftungsbegrenzung ist unzulässig, wenn sie vertragstypische, vorhersehbare Schäden, die aus der Verletzung vertragswesentlicher Pflichten entstehen, nicht ausnimmt (BGH NJW 2001, 292 (295, 302); Palandt-*Grüneberg*, 78. Auflage 2019, § 309 Rn. 45). Die Haftung für die Verletzung wesentlicher Vertragspflichten kann in AGB auch bei leichter Fahrlässigkeit nicht wirksam ausgeschlossen werden (BGH NJW-RR 1993, 561; LG Berlin CR 2015, 74 (78)); insbesondere darf die Haftungsbeschränkung nicht dazu führen, dass der Klauselverwender von Verpflichtungen befreit wird, deren Erfüllung die ordnungsgemäße Durchführung des Vertrags überhaupt erst ermöglicht und auf deren Einhaltung der Vertragspartner regelmäßig vertraut und vertrauen darf (BGH NJW 2013, 2502 Rn. 22; NJW-RR 2005, 1496 (1505) sowie BGH NJW 2001, 292 (302)). Der Auftragnehmer als AGB-Verwender muss also sicherstellen, dass ein in AGB vereinbarter Haftungsausschluss keine Fälle der schuldhaften Verletzung wesentlicher Vertragspflichten erfasst (siehe auch OLG Köln NJW-RR 1998, 1274 (1275), wonach auch die Pflicht des Softwareherstellers, seine Leistung zu einer vereinbarten Zeit zu erbringen, zu den Kardinalpflichten des Vertrags gehören soll; kritisch hierzu *Marly*, Praxishandbuch Softwarerecht, München 2018, Rn. 1853).

Darüber hinaus widerspricht die Verwendung des Begriffs „Kardinalpflicht" in Haftungsklauseln nach der Rechtsprechung dem Transparenzgebot, da dem Laien nicht klar sei, was damit gemeint ist (BGH NJW-RR 2005, 1496 sowie BGH NJW 2013, 291 (296); kritisch hierzu *v. Westphalen* in Schneider/v.Westphalen, Softwareerstellungsverträge, Köln 2014, Kap. K Rn. 42; allgemein zur AGB-Problematik bei Software-Erstellungsverträgen siehe ausführlich *v. Westphalen* in Schneider/v.Westphalen, Softwareerstellungsverträge, Köln 2014, Kap. K Rn. 27 ff.).

Darüber hinaus ist eine eine formularmäßige Haftungsbegrenzung im Falle einfacher Fahrlässigkeit unangemessen, „wenn der Verwender durch einseitige Vertragsgestaltung missbräuchlich eigene Interessen auf Kosten seines Vertragspartners durchzusetzen versucht, ohne von vornherein auch dessen Belange hinreichend zu berücksichtigen und ihm einen angemessenen Ausgleich zuzugestehen" (BGH NJW 2013, 2502 (2503)). Nicht zu beanstanden ist dagegen eine Klausel, welche die Haftung für leichte Fahrlässigkeit nicht ausschließt, sonden angemessen begrenzt und die zu erwartenden Schäden abdeckt. Die Haftungsbegrenzung kann dabei auch so gestaltet sein, dass die Haftung unter Herausnahme atypischer Schäden auf den vertragstypisch zu erwartenden Schaden beschränkt wird (BGH NJW 2013, 291 Rn. 40).

Es erscheint vor diesem Hintergrund dringend empfehlenswert, Haftungsbegrenzungen und Haftungsausschlüsse zwischen den Parteien individuell auszuhandeln. Auch außerhalb des Anwendungsbereichs der AGB-Vorschriften ist allerdings davor zu warnen, sich auf allzu weitgehende Haftungsbeschränkungen zu verlassen. Gerade dort, wo – wie gemäß Sachverhalt in → Anm. 1 – der Auftragnehmer in hohem Maße das Vertrauen des Auftraggebers in Anspruch nimmt, diesen beraten muss und entscheidenden Einfluss schon auf die Planung des Werkes hat, kann die Berufung auf Haftungsausschlussklauseln gegen Treu und Glauben verstoßen (vgl. BGH BB 1985, 884 f.).

Während der Auftragnehmer je nach Verhandlungsposition und Einzelfallumständen versuchen wird, seine Schadensersatzpflichten im Wesentlichen auf Fälle des Vorsatzes, grober Fahrlässigkeit oder auf Garantiefälle – und dort, wo die §§ 307 ff. BGB eindeutig nicht anwendbar sind, noch weitergehend – zu begrenzen, kann der Auftraggeber durchzusetzen versuchen, dass die Pflicht des Auftragnehmers zur unverzüglichen Fehlerbeseitigung (vgl. § 8 Abs. 4) durch Vertragsstraferegelungen gesichert wird. Zur Unwirksamkeit bestimmter Klauseln über pauschalierte Schadensersatzzahlungen in den BVB s. BGH CR 1991, 273 ff. mAnm *Schmidt* und *Müller-Hengstenberg*. Im Übrigen muss im Anwendungsbereich der §§ 307 ff. BGB dem Auftragnehmer stets die Möglichkeit offengehalten werden, die Zahlung pauschalierten Schadensersatzes auszuräumen, indem er nachweist, dass dem Auftraggeber tatsächlich kein oder nur ein wesentlich geringerer Schaden entstanden ist (BGH NJW-RR 2002, 1027 (1029); 2003, 1056 (1059); zum Verbot des Abschneidens des Gegenbeweises im Anwendungsbereich des § 309 Nr. 5b BGB: BGH NJW 2013, 291 Rn. 37; siehe auch Palandt-*Grüneberg*, BGB, 76. Aufl. 2017, § 276 Rn. 26). Zur Unzulässigkeit der formularmäßigen Vereinbarung einer verschuldensunabhängigen Haftung des Auftragnehmers durch den Auftraggeber siehe *v. Westphalen* in Schneider/v. Westphalen, Softwareerstellungsverträge, Köln 2014, Kap. K Rn. 19 ff. Zur Hafung des Auftragnehmers für Datenverlust und die Möglichkeiten der Haftungsbegrenzung siehe auch *Marly*, Praxishandbuch Softwarerecht, München 2018, Rn. 1857).

26. Haftung nach dem Produkthaftungsgesetz. Nach § 14 ProdHaftG kann die Haftung des Herstellers für die nach diesem Gesetz zu ersetzenden Personen- und privaten Sachschäden nicht im Voraus beschränkt werden. Nach herrschender Auffassung in der Literatur ist individuell erstellte Software als Produkt iSd § 2 ProdHaftG zu qualifizieren (vgl. *Wagner* in Münchener Kommentar zum BGB, 7. Auflage 2017, ProdhaftG § 2 Rn. 17 ff.; *Marly*, Praxishandbuch Softwarerecht, München 2018, Rn. 1822; *Lehmann* NJW 1992, 1721 (1724); *Spindler* NJW 1999, 3737 (3742); jeweils mwN; aA Müller-Hengstenberg NJW 1994, 3128). Dies liegt angesichts des Umstandes, dass § 2 ProdHaftG neben Sachen beispielsweise auch Elektrizität als Produkt im Sinne des Gesetzes festschreibt, auch nahe.

27. Gerichtsstandsvereinbarung. Soweit eine Gerichtsstandsvereinbarung wirksam abgeschlossen werden kann (§§ 38, 40 ZPO), ist es sinnvoll, neben dem allgemeinen Gerichtsstand auch ein Gericht zu wählen, welches bereits überdurchschnittliche Erfahrung auf diesem Sachgebiet besitzt. Vereinzelt sind bei den Gerichten Kammern und Senate für IT-Sachen eingerichtet worden (zB beim Landgericht Stuttgart und – seit Anfang 2019 – auch beim Landgericht Hamburg).

2. Nutzungsrechtsvereinbarung zum Arbeitsvertrag für Softwareentwickler

In Ergänzung zum Arbeitsvertrag wird zwischen[1, 2]

der Firma ..... (im Folgenden Arbeitgeber genannt)

und

Frau/Herrn ..... (im Folgenden Arbeitnehmer genannt)

nachstehend folgende Vereinbarung getroffen:

§ 1 Rechte an Arbeitsergebnissen[3]

(1) Zu den Arbeitsergebnissen gehören die durch die Tätigkeit des Arbeitnehmers in Planung, Entwicklung, Forschung, Systemberatung, Wartung und Verwaltung geschaffenen Computerprogramme, unabhängig von ihrer Ausdrucksform, Teile, Änderungen und Weiterentwicklungen solcher Programme, Datenbanken und sonstige Datensammlungen, die in Computerprogrammen oder unabhängig davon verwendet werden, Benutzeroberflächen und sonstige grafische und audiovisuelle Darstellungen und Elemente, Entwurfsmaterial für Computerprogramme und Datensammlungen, bei ihrer Entwicklung entstandene Ideen, Erfindungen, Algorithmen, Verfahren, Spezifikationen und Berichte sowie Dokumentations- und Schulungsmaterial über die Anwendung und Wartung (Pflege) von Computerprogrammen und Datensammlungen.

(2) Der Arbeitgeber hat das alleinige Recht, alle Arbeitsergebnisse, die aus der Tätigkeit des Arbeitnehmers für den Arbeitgeber entstehen oder durch nicht allgemein bekannte Informationen des Arbeitgebers angeregt wurden oder maßgeblich auf Erfahrungen, Arbeiten oder Unterlagen des Arbeitgebers beruhen, ohne sachliche, zeitliche oder räumliche Beschränkung und ohne Ausübungsverpflichtung zu verwerten oder verwerten zu lassen.

(3) Schutzfähige Erfindungen[4] und technische Verbesserungsvorschläge unterliegen den Bestimmungen des Gesetzes über Arbeitnehmererfindungen (ArbEG). Diensterfindungen im Sinne des ArbEG sind dem Arbeitgeber unverzüglich gesondert schriftlich zu melden (siehe §§ 4 und 5 ArbEG).

(4) Soweit die Arbeitsergebnisse vom Arbeitnehmer in Wahrnehmung seiner Aufgaben oder nach Anweisungen des Arbeitgebers geschaffene Computerprogramme oder Entwurfsmaterial für Computerprogramme sind, ist bereits nach § 69b UrhG ausschließlich der Arbeitgeber zur Ausübung aller vermögensrechtlichen Befugnisse berechtigt.

(5) Handelt es sich bei den Arbeitsergebnissen gemäß Ziffer (1) und (2) um urheberrechtlich geschützte Werke, die nicht § 69b UrhG unterliegen, räumt der Arbeitnehmer dem Arbeitgeber hieran ausschließliche, zeitlich und räumlich unbeschränkte Nutzungsrechte für alle bekannten und unbekannten Nutzungsarten ein. Dazu gehört insbesondere das Recht, Abänderungen, Übersetzungen, Bearbeitungen oder andere Umgestaltungen vorzunehmen, die Arbeitsergebnisse im Original oder in abgeänderter, übersetzter, bearbeiteter oder umgestalteter Form auf einem beliebigen Medium, einschließlich CD-ROM, DVD sowie sonstiger heute bereits bekannter oder künftig genutzter Speichermedien, digital zu speichern oder in anderer Weise zu vervielfältigen, zu veröffentlichen, zu verbreiten sowie

zur öffentlichen Wiedergabe über Datennetze Mitgliedern der Öffentlichkeit von Orten und zu Zeiten ihrer Wahl zugänglich zu machen und zum Betrieb von Computern und anderen informationsverarbeitenden Geräten zu benutzen. Sofern es sich bei der beabsichtigten Nutzung der Arbeitsergebnisse um die Ausübung einer zum Zeitpunkt des Vertragsschlusses unbekannten Nutzungsart gemäß § 31a Abs. (1) UrhG handelt, wird der Arbeitgeber dem Arbeitnehmer eine Mitteilung über die beabsichtigte Aufnahme dieser Nutzung unter der ihm zuletzt bekannten Anschrift senden; der Arbeitnehmer kann innerhalb einer Frist von 3 Monaten nach Absendung der Mitteilung die Einräumung der für die Ausübung dieser Nutzungsart erforderlichen Nutzungsrechte widerrufen.[5]

(6) Zur vollständigen oder teilweisen Ausübung der Rechte gemäß Abs. (2) bis (5) bedarf es keiner weiteren Zustimmung von Seiten des Arbeitnehmers.[6]

(7) Der Arbeitgeber ist berechtigt, die Rechte gemäß Abs. (2) bis (6) ohne Einholung weiterer Zustimmung von Seiten des Arbeitnehmers zusammen mit anderen in Gemeinschaftsunternehmen auszuüben oder diese Rechte ganz oder teilweise auf andere zu übertragen oder anderen entsprechende Nutzungsrechte einzuräumen.[6]

(8) Der Arbeitnehmer erklärt sich damit einverstanden, dass die Ausübung des Rechts auf Namensnennung als Autor in Übereinstimmung mit der jeweiligen Branchenübung erfolgt.[6]

(9) Die Rechtseinräumung bleibt von der Beendigung des Arbeitsverhältnisses unberührt. Eine Verpflichtung des Arbeitgebers, dem aus dem Unternehmen ausgeschiedenen Arbeitnehmer die von ihm während der Dauer des Arbeitsverhältnisses geschaffenen Arbeitsergebnisse zugänglich zu machen, besteht nicht.[6]

§ 2 Abgeltung[7]

(1) Die in § 1 genannten Rechte an Arbeitsergebnissen sind durch die laufenden Bezüge des Arbeitnehmers abgegolten, und zwar auch für die Zeit nach Beendigung des Arbeitsverhältnisses.

(2) Ansprüche des Arbeitnehmers auf gesetzliche Vergütungen von Diensterfindungen und technischen Verbesserungsvorschlägen nach dem Arbeitnehmererfindungsgesetz sowie gemäß der §§ 32a und 32c UrhG bleiben unberührt.

§ 3 Eigene Software und Erfindungen des Arbeitnehmers[8]

(1) In einer Anlage zu diesem Vertrag gibt der Arbeitnehmer dem Arbeitgeber in Form einer Titelliste Kenntnis von allen Erfindungen, Computerprogrammen und zugehörigen Dokumentationen, die von ihm selbst vor Beginn des Arbeitsverhältnisses gemacht bzw. entwickelt wurden und über die er vollständig oder teilweise verfügungsberechtigt ist.

(2) Sofern der Arbeitnehmer beabsichtigt, die in der Titelliste gemäß Abs. (1) genannten Erfindungen, Computerprogramme und zugehörigen Dokumentationen in das Unternehmen des Arbeitgebers einzubringen, bedarf es dazu der schriftlichen Zustimmung des Arbeitgebers. Sollte der Arbeitgeber einer Nutzung dieses Materials zustimmen, wird über Nutzungsberechtigung und Vergütung eine gesonderte Vereinbarung getroffen.

§ 4 Nebenberufliche Softwareverwertung[9]

(1) Jede direkte oder indirekte Verwertung von Arbeitsergebnissen gemäß § 1 ist dem Arbeitnehmer untersagt.

(2) Die gewerbliche Verwertung von sonstiger, vom Arbeitnehmer neben seiner Tätigkeit für den Arbeitgeber geschaffener Software, die nicht Arbeitsergebnis gemäß § 1 ist, sowie von eigener Software gemäß § 3 bedarf der schriftlichen Einwilligung des Arbeitgebers.

§ 5 Informationen, Unterlagen und Software Dritter[10]

(1) Der Arbeitnehmer verpflichtet sich, dem Arbeitgeber keine vertraulichen Informationen oder Unterlagen, die anderen gehören, zukommen zu lassen. Der Arbeitnehmer wird auch nicht veranlassen, dass solche vertraulichen Informationen oder Unterlagen ohne Kenntnis des Arbeitgebers in dessen Unternehmen benutzt werden.

(2) Der Arbeitnehmer verpflichtet sich, keine Computerprogramme und zugehörigen Dokumentationen, die er von Dritten erworben, lizenziert oder auf andere Weise erhalten hat, dem Arbeitgeber zukommen zu lassen. Der Arbeitnehmer wird auch nicht veranlassen, dass solches Material ohne Kenntnis des Arbeitgebers in dessen Unternehmen benutzt wird.

(3) Der Arbeitnehmer wird für von ihm geschaffene Arbeitsergebnisse im Sinne von § 1 auf Verlangen des Arbeitgebers wahrheitsgemäß erklären, ob die Arbeitsergebnisse von ihm im Original geschaffen und/oder welche Teile aus firmenexternen Quellen direkt oder in abgeänderter oder bearbeiteter Form übernommen wurden.

§ 6 Geschäfts- und Betriebsgeheimnisse[11]

(1) Der Arbeitnehmer ist verpflichtet, alle Geschäfts- oder Betriebsgeheimnisse des Arbeitgebers geheim zu halten. Hierzu gehören insbesondere alle als vertraulich oder unternehmensintern gekennzeichneten oder als solche erkennbaren Unterlagen der in § 1 angegebenen Art.

(2) Die Verpflichtung gemäß Abs. (1) bleibt auch nach Beendigung des Arbeitsverhältnisses bestehen.

(3) Der Verrat von Geschäfts- oder Betriebsgeheimnissen des Arbeitgebers unterliegt auch den strafrechtlichen Bestimmungen des Gesetzes zum Schutz von Geschäftsgeheimnissen. Ein Auszug aus diesem Gesetz ist dieser Vereinbarung als Anlage beigefügt.[10]

§ 7 Wissenschaftliche Veröffentlichungen und Vorträge[12]

(1) Manuskripte für wissenschaftliche Veröffentlichungen und Vorträge des Arbeitnehmers, die mit dem Tätigkeitsbereich des Arbeitgebers in Verbindung stehen, sind dem Arbeitgeber zur Freigabe vorzulegen. Eine Freigabe erfolgt, sofern berechtigte betriebliche Interessen einer Publikation nicht entgegenstehen.

(2) Für wissenschaftliche Veröffentlichungen oder Vorträge gemäß Abs. (1) erhält der Arbeitnehmer in dem zum Zwecke der Veröffentlichung und/oder des Vortrags gebotenen Umfang eine Freistellung von § 1 Abs. (2) und (4), die einen Verzicht des Arbeitgebers auf jegliche Honoraransprüche einschließt.

Schrifttum: Siehe die Hinweise zu → Form. VI. 1 sowie: *Auer-Reinsdorff,* IT-Arbeitsverhältnisse, Regelungsbedarf in Arbeitsverträgen mit Programmierern und Urhebern, ITRB 2004, 116; *Bayreuther,* Zum Verhältnis zwischen Arbeits-, Urheber- und Arbeitnehmererfindungsrecht, GRUR 2003, 570; *ders.,* in: *Richardi/Wlotzke/Wißmann/Oetker,* Münchener Handbuch zum Arbeitsrecht, Bd. 1, 3. Auflage, München 2009, § 91; *Benecke,* Entwicklung von Computerprogrammen durch Arbeitnehmer, NZA 2002, 883; *A. Brandi-Dorn,* Arbeitnehmererfindungsschutz bei Softwareerstellung, CR 2001, 285; *Brandner,* Zur Rechtsstellung eines angestellten Urhebers, GRUR 2001, 883; *Buchner,* Schutz von Computerprogrammen und Know-how im Arbeitsverhältnis, in: Lehmann, Rechtsschutz und Verwertung von Computerprogrammen, 2. Auflage, Köln 1993, 421; *Czychowski,* Die angemessene Vergütung zwischen Urhebervertrags- und Arbeitnehmererfindungsrecht, FS. Nordemann, München 2004, 157; *Dreier/Schulze,* Urheberrechtsgesetz, 6. Aufl., 2018; *Gennen,* in: *Moll,* Münchener Anwaltshandbuch Arbeitsrecht, 4. Aufl., 2018, § 16; *Henkel,* Beteiligung eines Arbeitnehmers an der wirtschaftlichen Verwertung der von ihm entwickelten Software, BB 1987, 833; *van der Hoff,* Die Vergütung angestellter Software-

Entwickler, Baden-Baden 2009; *Holländer,* Nutzungsrechte an freiwillig erstellter Software im Arbeitsverhältnis, CR 1991, 614; *Kindermann,* Das Nutzungsrecht am Computerprogramm, NZA 1984, 209; *Kather,* Mitarbeiter- und Beraterverträge, in: Redeker, Handbuch der IT-Verträge, Köln Losebl. Stand 2008; *Koch/Schnupp,* Expertensysteme als Gegenstand von Entwicklungsverträgen und Schutzrechten (III), CR 1989, 975; *Kolle,* Der angestellte Programmierer, GRUR 1985, 1016; *Kraßer,* Urheberrecht in Arbeits-, Dienst- und Auftragsverhältnissen, in: Beier/Götting/Lehmann/Moufang, Urhebervertragsrecht, Festschrift Schricker, München 1995, 77; *Kreile,* Neue Nutzungsarten – Neue Organisation der Rechteverwaltung?, ZUM 2007, 682; *Metzger,* Rechtsgeschäfte über das Urheberpersönlichkeitsrecht nach dem neuen Urhebervertragsrecht, GRUR Int. 2003, 9; *von Olenhusen,* Der Arbeitnehmer-Urheber im Spannungsfeld zwischen Urheber-, Vertrags- und Arbeitsrecht, ZUM 2010, 474; *Sack,* Computerprogramme mit Arbeitnehmerurheberrecht unter Berücksichtigung der Computerprogramm-Richtlinie der EG vom 14.5.1991, BB 1991, 2105; *Schack,* Urheber- und Urhebervertragsrecht, 8. Aufl., Tübingen 2017; *Wimmers/Rode,* Der angestellte Softwareprogrammierer und die neuen urheberrechtlichen Vergütungsansprüche, CR 2003, 399; *Zahrnt,* Computervertragsrecht in Rechtsprechung und Praxis, Köln 1999.

Anmerkungen

1. Sachverhalt. Computerprogramme und ihr Entwurfsmaterial, in ihnen enthaltene Datensammlungen sowie Dokumentationen zu ihrer Benutzung und Wartung, wie zB in den Programmen enthaltene oder auf CD-ROM oder in Form von Handbüchern vorliegende Bedienungsanleitungen, einschließlich der darin enthaltenen *grafischen* Darstellungen (zusammenfassend Software genannt), sind das Ergebnis einer anspruchsvollen geistigen Tätigkeit ihrer Urheber, von denen die Mehrzahl als Arbeitnehmer oder Beamte in einem festen Arbeits- oder Dienstverhältnis stehen. Die Entwicklung von Computerprogrammen guter Qualität erfordert in der Regel einen erheblichen Aufwand an Zeit und Kosten. Diese Programme repräsentieren bedeutende Vermögenswerte des Unternehmens oder der Behörde. Der Arbeitgeber bzw. Dienstherr hat daher ein elementares Interesse, die Ergebnisse der teuren Entwicklung zur Aufwandsdeckung und Gewinnerwirtschaftung sowie zur Investition in neue Softwareprodukte ungehindert verwerten zu können, sei es durch Nutzung im eigenen Unternehmen, sei es durch Direktvertrieb oder durch Vergabe von Vertriebsrechten an Dritte. Er benötigt dazu umfassende Verwertungsrechte an den Arbeitsergebnissen der Softwareentwickler.

Gemäß der Richtlinie 2009/24/EG des Europäischen Parlaments und des Rates vom 23.4.2009 über den Rechtsschutz von Computerprogrammen (ABl. EU L 116, S. 16) (ehemals Richtlinie 91/250/EWG) schützen die Staaten der Europäischen Union Computerprogramme als literarische Werke im Sinne der Berner Übereinkunft zum Schutz von Werken der Literatur und Kunst, wenn sie das Ergebnis einer eigenen geistigen Schöpfung ihrer Urheber sind. Zur Bestimmung der Schutzfähigkeit sind keine anderen Kriterien, insbesondere keine qualitativen oder ästhetischen Kriterien anzuwenden, wie sich aus Art. 1 (3) der Richtlinie bzw. § 69a Abs. 3 S. 2 UrhG ergibt. Damit wurde sichergestellt, dass innerhalb der Europäischen Union Computerprogramme in jeder Gestalt, einschließlich ihres Entwurfsmaterials, einheitlich durch das Urheberrecht der Mitgliedstaaten geschützt werden. Eine über dem Durchschnitt liegende persönliche geistige Schöpfung, wie sie zuvor durch das BGH-Urteil „Inkassoprogramm" (GRUR 1985, 1401) gefordert worden war, ist nicht mehr Voraussetzung für die Schutzentstehung (BGH CR 1993, 752 – Buchhaltungsprogramm). Die Bestimmungen der Richtlinie gelten nach Art. 1 (4) der Richtlinie auch für Programme, die vor Inkrafttreten der Richtlinie geschaffen wurden. Urheberrechtsschutz kann in jeder Phase der Softwareentwicklung entstehen und sich auf jede Softwarekomponente erstrecken. Auch wenn ein urheberrechtlich geschützter Beitrag nur in der Anfangsphase der Programmentwicklung erbracht wird, erfasst der Schutz das fertige, betriebsbereite Programm (BGH GRUR 1985, 1041 (1048) – Inkassoprogramm).

Die Richtlinie regelt mit Art. 2 (3) auch die Rechte des Arbeitgebers an von Arbeitnehmern geschaffenen Computerprogrammen. Die Regelung sieht vor, dass ausschließlich der Arbeitgeber zur Ausübung aller wirtschaftlichen Rechte an Computerprogrammen berechtigt ist, die von einem Arbeitnehmer in Wahrung seiner Aufgaben oder auf Anweisung seines Arbeitgebers geschaffen werden. Dies gilt, solange nichts anderes zwischen Arbeitgeber und Arbeitnehmer durch Vertrag vereinbart ist. Von der Regelung nicht erfasst sind die Urheberpersönlichkeitsrechte, wie zB das Recht, als Urheber genannt zu werden.

Die Richtlinie 91/250/EWG (nunmehr RL 2009/24/EG) wurde durch das Zweite Gesetz zur Änderung des Urheberrechtsgesetzes vom 9.6.1993 in deutsches Recht umgesetzt (BGBl. I S. 910) und unter weitgehender Beibehaltung ihres Wortlauts in die §§ 69a–g UrhG eingefügt. Damit wurde auch die Regelung gemäß Art. 2 (3) der Richtlinie in das deutsche Urheberrecht übernommen; ihr entspricht nun § 69b UrhG, der den Arbeitgeber zur Ausübung aller vermögensrechtlichen Befugnisse an den vom Arbeitnehmer geschaffenen Computerprogrammen berechtigt, sofern nichts anderes vereinbart wird. Auch diese Vorschrift enthält keine Regelung der Urheberpersönlichkeitsrechte. Mit der Einfügung von § 137d UrhG wurde festgelegt, dass die Computerprogramme betreffenden Vorschriften auch auf solche Computerprogramme anzuwenden sind, die vor dem 24.6.1994 geschaffen worden sind.

Die Gesetzesänderung gemäß § 69b UrhG ist auf Computerprogramme und ihr Entwurfsmaterial beschränkt. Nicht erfasst sind andere urheberrechtlich geschützte Arbeitsergebnisse des angestellten Softwareentwicklers, wie zB Benutzer-, Programmier- und Wartungshandbücher sowie andere Programmdokumentationen, die nicht Entwurfsmaterial für Computerprogramme sind (Wandtke/Bullinger-*Grützmacher,* Praxiskommentar zum Urheberrecht, 5. Aufl., § 69a Rn. 13). Solche Arbeitsergebnisse sind nach allgemeinen Regeln urheberrechtlich geschützt, wenn sie eine eigenschöpferische individuelle Gestaltung aufweisen (BGH GRUR 1991, 529 – Explosionszeichnungen; BGH GRUR 1993, 34 – Bedienungsanleitung). Gleiches gilt für schutzfähige grafische Gestaltungen, insbes. Benutzeroberflächen (hM: EuGH GRUR 2011, 220 Rn. 28 ff. – BSA/Kulturministerium; OLG Hamm MMR 2005, 106; OLG Hamburg ZUM 2001, 519 (521); OLG Düsseldorf CR 2000, 184; Dreier/Schulze-*Dreier,* Urheberrechtsgesetz, 6. Aufl., § 69a Rn. 16; Wandtke/Bullinger-*Grützmacher,* Praxiskommentar zum Urheberrecht, 5. Aufl., § 69a Rn. 14 jeweils mwN; anders OLG Karlsruhe GRUR 1994, 726 (729)) sowie für audiovisuelle Darstellungen, bspw. in Videospielen (EuGH GRUR 2014, 255 (256) – Nintendo/PC Box; *Dreier,* Urheberrechtsgesetz, 6. Aufl., § 69a Rn. 17; Wandtke/Bullinger-*Grützmacher,* Praxiskommentar zum Urheberrecht, 5. Aufl., § 69a Rn. 21). Vom Computerprogramm zu trennen sind auch mit diesem verbundene Datenbanken. Die Richtlinie 96/9/EG des Europäischen Parlaments und des Rates vom 11.3.1996 über den rechtlichen Schutz von Datenbanken (ABl. EU L 77, S. 20) hat das Urheberrecht an Datenbanken geregelt und ein ergänzendes Sui-Generis-Recht für den Schutz solcher Datenbanken eingeführt, für deren Erstellung eine wesentliche Investition erforderlich ist. Dieses Schutzrecht wurde in die §§ 87a–e UrhG aufgenommen. Die Datenbankrichtlinie enthält weder im urheberrechtlichen Teil noch für das Sui-generis-Recht Regelungen über die Rechte an Datenbanken, die von Arbeitnehmern im Rahmen eines Arbeitsverhältnisses geschaffen werden. Gleiches gilt für §§ 87a–e UrhG. Mit Blick auf das Sui-generis-Recht an Datenbanken ist nach den Kriterien des § 87a UrhG der Arbeitgeber in aller Regel Hersteller und damit auch Rechteinhaber (etwas BeckOK Urheberrecht, Ahlberg/Götting-*Vohwinkel*, 24. Edition; Stand: 20.4.2018, § 87a Rn. 61). Für Datenbankwerke und alle sonstigen, nicht dem Computerprogramm zuzurechnenden Arbeitsergebnisse, die urheberrechtlich schutzfähig sind, bleibt es somit bei der Anwendung der allgemeinen Regeln des Urheberrechts zu Werken von Arbeitnehmern. Insoweit gelten die folgenden Grundsätze:

Das Urheberrecht entsteht nach § 7 UrhG in der Person des Urhebers und ist nach § 29 Abs. 1 UrhG unter lebenden Personen nicht übertragbar. Es bedarf daher einer Nutzungsrechtseinräumung, wenn ein urheberrechtlich geschütztes Werk von einem anderen als dem Urheber selbst verwertet wird. Diese Nutzungsrechtseinräumung kann ausdrücklich oder stillschweigend durch Vertrag erfolgen. Ein solcher Vertrag kann die Nutzungsrechtseinräumung allgemein nach dem mit der Einräumung verfolgten Zweck regeln oder ganz detailliert auf den räumlichen, zeitlichen und sachlichen Nutzungsumfang zugeschnitten sein. Letzteres kommt im vorliegenden Formular zur Anwendung. Gemäß § 43 UrhG sind die gesetzlichen Vorschriften über die Nutzungsrechtseinräumung auch anzuwenden, wenn der Urheber das Werk in Erfüllung seiner Verpflichtungen aus einem Arbeits- oder Dienstverhältnis geschaffen hat, soweit sich aus dem Inhalt oder dem Wesen des Arbeits- oder Dienstverhältnisses nichts anderes ergibt. Nach arbeitsrechtlichen Grundsätzen steht das Arbeitsergebnis eines Arbeitnehmers oder Beamten uneingeschränkt dem Arbeitgeber bzw. Dienstherrn zu, auch wenn hierüber keine ausdrücklichen arbeits- oder dienstvertraglichen Vereinbarungen getroffen wurden (vgl. Dreier/Schulze-*Dreier,* Urheberrechtsgesetz, 6. Aufl. 2018, § 43 Rn. 18 f.). Hierunter fallen auch die Nutzungsrechte an urheberrechtlich geschützten Werken. Nach ständiger Rechtsprechung des Reichsgerichts und des Bundesgerichtshofs ist eine stillschweigende Übertragung der Nutzungsrechte an solchen Werken auf den Arbeitgeber bzw. Dienstherrn anzunehmen (RGZ 153, 1 – Schallplatten-Rundfunksendungen; BGH GRUR 1952, 257 – Krankenhaus-Kartei; BGH GRUR 1960, 609 (612) – Wägen und Wagen; BGH GRUR 1974, 480 (482) = NJW 1974, 904 (905) – Hummelrechte; BGH GRUR 2011, 59 (60) – Lärmschutzwand). Der Grundsatz gilt für alle Werkarten. Es ist darüber hinaus sogar denkbar, dass die Rechte an sog. freien Werken stillschweigen einräumt werden (BAG GRUR 1984, 429 (431 f.); Wandte/Bullinger-*Grützmacher,* Praxiskommentar zum Urheberrecht, 5. Aufl., § 69b Rn. 30).

Trotz dieser weitgehend klaren Rechtslage empfiehlt sich eine ausdrückliche arbeits- bzw. dienstvertragliche Vereinbarung zwischen Arbeitgeber und Arbeitnehmer bzw. zwischen Beamten und Dienstherrn. Dies gilt vor allem mit Blick auf § 43 UrhG, möglicherweise aber auch im Hinblick auf die mitunter recht restriktive Interpretation des § 69b UrhG durch die Gerichte (vgl. insbes. OLG München CR 2000, 429 (430) sowie die Entscheidung der Vorinstanz LG München CR 1997, 351). Ggf. hilft eine arbeitsvertragliche Vereinbarung, das Risiko nachträglicher Streitigkeiten über den Umfang der eingeräumten Nutzungsrechte und über unberechtigte Vergütungsansprüche gering zu halten und die Handlungsfreiheit des Arbeitgebers zu sichern. Die geschaffenen Werke können vom Arbeitgeber bzw. von der Behörde ganz unterschiedlich genutzt werden. Es kann zB zunächst eine betriebsinterne Nutzung stattfinden und später eine erweiterte Nutzung durch Überlassung der Software an Dritte. Die Form der Nutzung hängt vom Tätigkeitsbereich des Unternehmens ab, der sich im Laufe der Zeit – gegebenenfalls sogar unter dem Einfluss der entwickelten Software – ändern kann. Hieraus resultiert mit Blick auf § 69b UrhG wohl noch kein gravierendes Risiko; bezogen auf § 43 UrhG kann sich die Situation aber anders darstellen. Zum anderen erfolgt eine Softwareentwicklung nicht immer im Rahmen einer konkret vorgegebenen Aufgabenstellung, sondern oft auch ohne eine solche, aber unter Verwendung aller verfügbaren betrieblichen Erfahrungen, Vorarbeiten und Unterlagen und sonstiger betrieblicher Ressourcen. Die Rechtseinräumung sollte deshalb so weitreichend und flexibel ausgestaltet sein, dass sie diese verschiedenen Konstellationen umfasst. Allerdings ist dabei nicht zu verkennen, dass gerade der Einräumung von Rechten an Freizeitwerken bzw. freien Werken AGB-rechtliche Grenzen gesetzt sind (Wandtke/Bullinger-*Grützmacher,* Praxiskommentar zum Urheberrecht, 5. Aufl., § 69b Rn. 29).

2. Wahl des Formulars. Das Formular ist als Ergänzung zum Arbeits- oder Dienstvertrag aller Personen geeignet, die an der Planung, Entwicklung und Wartung (Pflege) von Computersoftware direkt oder indirekt beteiligt sind. Zum Begriff der Computersoftware gehören insbesondere Computerprogramme (auch Datenverarbeitungsprogramme oder kurz „Programme") im Bereich der Systemsteuerung und der Mikroprogrammierung ebenso wie Anwendungsprogramme für den betriebsinternen Bereich oder für firmenexterne Verwertung sowie das während der Entwicklung der Programme geschaffene Vorstufenmaterial (Entwicklungsdokumentation), das zu ihrem Einsatz notwendige Begleitmaterial (Anwendungsdokumentation), das zu ihrer Wartung (Pflege) und Weiterentwicklung erforderliche Material (Wartungsdokumentation) sowie Lehrgangsunterlagen zur Schulung der Anwender und der mit der Programmpflege befassten Fachleute. Es gehören dazu ferner Datensammlungen, die als Teil von Computerprogrammen oder als selbstständige Softwareprodukte vertrieben oder betriebsintern genutzt werden. Der Personenkreis der Softwareentwickler setzt sich im engeren Sinn aus Informatikern, Systemanalytikern, Programmdesign-Entwicklern, Programmierern und technischen Autoren zusammen sowie mitunter auch aus Web- und Oberflächen-Designern oder Datenbankdesignern. Im weiteren Sinn können hierunter etwa auch Betriebswirtschaftler, Mathematiker, Ingenieure, Physiker, Chemiker Bio-Chemiker und auch Biologen fallen, wenn diese entsprechend eingesetzt werden.

3. Rechte an den Arbeitsergebnissen. Arbeitsergebnisse iSv § 1 des Formulars entstehen aus der Tätigkeit des Arbeitnehmers für den Arbeitgeber. Die dieser Tätigkeit zugrunde liegende Aufgabenstellung ist jedoch nicht immer konkret und ändert sich in Abhängigkeit von der Situation, in der sich das Unternehmen befindet. Von fähigen und kreativen Mitarbeitern, wie sie zur Entwicklung von leistungsfähiger Software notwendig sind, wird Eigeninitiative, das Erkennen von Problemen und deren Lösung unter rationeller Ausschöpfung der zur Verfügung stehenden betrieblichen Ressourcen erwartet. Arbeitsergebnisse iSd Formulars sind daher auch solche, die insoweit mit der Tätigkeit des Arbeitnehmers im Unternehmen in Verbindung stehen, als sie durch nicht allgemein zugängliche Informationen des Arbeitgebers angeregt wurden oder maßgeblich auf Erfahrungen, Arbeiten oder Unterlagen des Arbeitgebers beruhen. Ausgehend vom arbeitsrechtlichen Grundsatz, dass die Ergebnisse arbeitsvertraglicher Tätigkeit dem Arbeitgeber zustehen, befasst sich das Formular mit Arbeitsergebnissen, die Gegenstand eines Sonderschutzes aus einem gewerblichen Schutzrecht oder dem Urheberrecht oder dem Schutzrecht sui generis für Datenbanken sind, und mit solchen, die keinen Sonderschutz genießen. Ziel ist die Sicherung der Handlungsfreiheit des Arbeitgebers durch klarstellende Vereinbarung ausschließlicher Verwertungsrechte.

Einen Sonderfall bilden patent- und gebrauchsmusterfähige Erfindungen, für die das Gesetz über Arbeitnehmererfindungen gilt. Der Gebrauchsmusterschutz hat für Computerprogramme bisher kaum Bedeutung erlangt, wohl aber der Patentschutz. Obwohl Datenverarbeitungsprogramme als solche gemäß § 1 Abs. 2 und 3 PatG und Artikel 52 Abs. 2 und 3 EPÜ vom Patentschutz ausgeschlossen sind, können bei der Softwareentwicklung patentfähige Erfindungen entstehen, wenn die erfindungsgemäße Lösung auf technischem Gebiet liegt oder technische Überlegungen erfordert. Die in der öffentlichen Diskussion vielfach geäußerte Meinung, dass der Patentschutz für Computersoftware nicht oder nur in Ausnahmefällen zur Verfügung steht, ist mit Vorsicht zu genießen. Das Deutsche Patent- und Markenamt und das Europäische Patentamt haben bereits eine Vielzahl von Patenten auf softwarebezogene Erfindungen erteilt. Dies gilt insbesondere für den Bereich der Prozesssteuerung, der Mess- und Bildsignalverarbeitung, der Spracherkennung, der Nachrichtenübertragungstechnik, der Systemsteuerung und anderer technischer DV-Anwendungen (BGH GRUR 1980, 849 – Antiblockiersystem; BGH CR 1991, 658 – Seitenpuffer; BGH GRUR 1992, 430 – Tauchcomputer; BGH GRUR 2000, 498 – Logikverifikation;

BGH GRUR 2000, 1007 – Sprachanalyseeinrichtung; BGH GRUR 2002, 143 – Suche fehlerhafter Zeichenketten; BGH GRUR 2009, 479 – Steuerungseinrichtung für Untersuchungsmodalitäten; BGH CR 2010, 493 – Dynamische Dokumentengenerierung; BGH GRUR 2011, 125 – Wiedergabe topografischer Informationen; BGH GRUR 2015, 660– Bildstrom; EPA Technische Beschwerdekammer 3.5.1 CR 1986, 537 – VICOM; EPA Juristische Beschwerdekammer CR 1987, 671 – Röntgeneinrichtung; EPA Technische Beschwerdekammer 3.5.1 GRUR Int. 1990, 463 – Computerbezogene Erfindung/IBM; EPA Technische Beschwerdekammer 3.5.1 GRUR Int. 1990, 468 – Datenprozessornetz/IBM; EPA Technische Beschwerdekammer 3.5.1 GRUR Int. 2003, 852 – Zwei Kennungen/COMVIK; EPA ABl. EPA 2004, 575 – Auktionsverfahren/Hitachi; EPA Mitt. 2008, 116 – Schaltkreissimulation I/Infineon Technologies; Große Beschwerdekammer EPA GRUR Int. 2010, 608; weitere Nachweise bei Wandtke/Bullinger-*Grützmacher,* Praxiskommentar zum Urheberrecht, 5. Aufl., § 69g Rn. 9 ff.). Geschäftliche Tätigkeiten bleiben mangels technischen Charakters außerhalb einer Patentierung (BGH GRUR 2005, 141 – Anbieten interaktiver Hilfe; BGH GRUR 2005, 143 – Rentabilitätsermittlung; EPA Technische Beschwerdekammer 3.5.1 GRUR Int. 2002, 87 – Steuerung eines Pensionierungssystems/PBS Partnership). Der Vorschlag für eine Richtlinie über die Patentierbarkeit von computerimplementierten Erfindungen vom 20.2.2002, KOM(2002) 92 endg., wurde vom Europäischen Parlament am 7.7.2005 letztlich abgelehnt. Es bleibt insoweit also bei der bisherigen Rechtslage. In Europa bleibt der patentrechtliche Rechtsschutz damit nach wie vor hinter den Patentierungsmöglichkeiten in den USA zurück, wo für geschäftliche Tätigkeiten unter den auch für andere Erfindungen geltenden Patentierungsvoraussetzungen Patentschutz erlangt werden kann (US Court of Appeals for the Federal Circuit: GRUR Int. 1999, 633 – State Street; GRUR Int. 2000, 174 – AT & T v. Excel). Mitunter liegt es im Interesse eines international tätigen Unternehmens, den weiteren Patentierungsrahmen in den USA sowie anderen patentfreundlichen Ländern auszuschöpfen und dort entsprechende Patente anzumelden. Auch hierfür ist ein zweifelsfreier Rechtserwerb durch den inländischen Arbeitgeber erforderlich.

Für urheberrechtlich geschützte Werke kommt entweder die Regelung des § 69b UrhG zum Tragen, oder es greift die vertragliche Rechtseinräumung des Formulars. Für Computerprogramme, die von einem Arbeitnehmer in Wahrnehmung seiner Aufgaben oder nach Anweisung des Arbeitgebers geschaffen werden, liegen die vermögensrechtlichen Befugnisse bereits nach der gesetzlichen Regelung beim Arbeitgeber. Dies gilt auch für solche Programme, die vom Arbeitnehmer außerhalb der regulären Arbeitszeit geschrieben werden, sofern der Arbeitnehmer von der betrieblichen Anwesenheitspflicht freigestellt ist und verabredungsgemäß zu Hause („Home Office") an einem Programm arbeitet (Wandtke/Bullinger-*Grützmacher,* Praxiskommentar zum Urheberrecht, 5. Aufl., § 69b Rn. 8; Schricker/Loewenheim-*Rojahn*, Urheberrecht, 5. Aufl., Rn. 23.

OLG Köln GRUR-RR 2005, 302 – TKD-Programm). Gehört die Programmentwicklung nicht zu den Aufgaben des Arbeitnehmers und fehlt es an einer entsprechenden Anweisung des Arbeitgebers, so greift § 69b UrhG auch dann nicht ein, wenn die Programmentwicklung unter Rückgriff auf Erfahrungen aus dem Betrieb des Arbeitgebers erfolgt (OLG München CR 2000, 429 (430) sowie die Entscheidung der Vorinstanz LG München CR 1997, 351; zur genauen Grenze des vertraglich Geschuldeten Wandtke/Bullinger-*Grützmacher,* Praxiskommentar zum Urheberrecht, 5. Aufl., § 69b Rn. 10 f.). Greift § 69b UrhG ein, so erhält der Arbeitgeber nicht nur die ausschließlichen Nutzungsrechte für alle bekannten Nutzungsarten, sondern es sind auch die sonst zu beachtenden Schutzbestimmungen des Urhebervertragsrechts im Grundsatz ausgeschlossen, insbes. die Zweckübertragungslehre gemäß § 31 Abs. 5 UrhG, die Vorschriften über unbekannte Nutzungsarten gemäß §§ 31a, 32c UrhG sowie die §§ 34, 35 UrhG (→ Anm. 7).

Liegen die Voraussetzungen des § 69b UrhG dagegen nicht vor, findet die Klausel in § 1 (5) des Formulars Anwendung. Insoweit gelten die allgemeinen Vorschriften des

Urheberrechtsgesetzes über die Einräumung von Nutzungsrechten (§ 31 UrhG), soweit sich aus dem Inhalt oder dem Wesen des Arbeits- oder Dienstverhältnisses nichts anderes ergibt (§ 43 UrhG). Es kommt somit besonders auf die arbeits- bzw. dienstvertraglichen Vereinbarungen an, will man sich nicht auf eine stillschweigende Nutzungsrechtseinräumung verlassen (→ Anm. 1). Sonderbestimmungen nach Art des Gesetzes über Arbeitnehmererfindungen mit einem durch gesetzliche Vorschriften geregelten Rechtsübergang existieren im Urheberrecht, jenseits von § 69b UrhG, nicht. Das ArbEG ist weder direkt noch analog auf urheberrechtlich geschützte Software anwendbar, die weder eine patent- oder gebrauchsmusterfähige Erfindung noch einen qualifizierten technischen Verbesserungsvorschlag enthält (BGH GRUR 2001, 155 – Wetterführungspläne; BGH GRUR 2002, 149 – Wetterführungspläne II; *Ullmann* CR 1986, 564 (566 ff.); *Ullmann* GRUR 1987, 6; Wandtke/Bullinger-*Grützmacher*, Praxiskommentar zum Urheberrecht, 5. Aufl., § 69b Rn. 33; aA etwa *Henkel* BB 1987, 833 (836)). Das Urheberrecht an Software ist nach § 29 (1) UrhG zu Lebzeiten des Urhebers nicht übertragbar und verbleibt daher für die gesamte Dauer des Arbeitsverhältnisses und auch danach beim Autor. Die Verwertung des Werks durch den Arbeitnehmer bzw. Dienstherrn erfolgt, soweit § 69b UrhG nicht eingreift, auf der Basis einer zweckbestimmten allgemeinen Rechtseinräumung oder einer expliziten Nutzungsrechtseinräumung iSv §§ 29 Abs. 2 und 31 Abs. 1 UrhG für die software-relevanten Verwertungsrechte gemäß § 69c UrhG.

4. Erfindungen. Für Computersoftware, die patent- oder gebrauchsmusterfähige Erfindungen oder die Realisierung von qualifizierten technischen Verbesserungsvorschlägen enthält (dazu Wandtke/Bullinger-*Grützmacher*, Praxiskommentar zum Urheberrecht, 5. Aufl., § 69g Rn. 9 ff.), gelten die Bestimmungen des Gesetzes über Arbeitnehmererfindungen vom 25.7.1957. Soweit es sich um Diensterfindungen handelt, § 4 Abs. 2 ArbEG, besteht Meldepflicht des Arbeitnehmers (§ 5 ArbEG). In der Folge bestand bis zum 1.10.2009 eine termingebundene Inanspruchnahmemöglichkeit durch den Arbeitgeber; demgegenüber gilt heute die Inanspruchnahme als erklärt, wenn der Arbeitgeber die Diensterfindung nicht bis zum Ablauf von vier Monaten nach Eingang der ordnungsgemäßen Meldung (§ 5 Abs. 2 S. 1 und 3 ArbEG) gegenüber dem Arbeitnehmer durch Erklärung in Textform freigibt (§ 6 Abs. 2 ArbEG). Hieraus ergibt sich sodann regelmäßig eine Pflicht des Arbeitgebers, basierend auf der Erfindung entsprechende technische Schutzrechte, vorrangig Patente, anzumelden (vgl. § 13 ff. ArbEG), sowie die Verpflichtung zur Zahlung einer nutzungsabhängigen Vergütung gemäß § 9 ff. ArbEG (zur Regelung der Arbeitnehmererfindervergütung siehe Formular VII.11).

5. Nutzungsrechtseinräumung für urheberrechtlich geschützte Arbeitsergebnisse. Nach der Zweckübertragungstheorie wird im Zweifel – dh beim Fehlen weitergehender detaillierter Angaben – das Nutzungsrecht nur in dem Umfang eingeräumt, in dem der Zweck des Vertrags dies erfordert (BGH GRUR 1959, 200 (203) – Der Heiligenhof; BGH GRUR 1974, 786 – Kassettenfilm; BGH GRUR 1981, 196 – Honorarvereinbarung; BGH GRUR 1996, 121 – Pauschale Rechtseinräumung). Darüber hinaus gilt nur, was ausdrücklich vereinbart ist (BGHZ 28, 234 – Verkehrs-Kinderlied). Für urheberrechtlich geschützte Arbeitsergebnisse, die nicht der Regelung gemäß § 69b UrhG unterliegen, empfiehlt sich daher eine detaillierte Aufzählung der einzuräumenden Rechte, wie in § 1 (4) bis (6) des Formulars vorgesehen. Die Nutzungsrechtsvereinbarung ist ausschließlich und unbefristet.

Die hauptsächlichen Nutzungsarten sind das Vervielfältigen, einschließlich Einspeicherung in Datenspeicher und Übertragung zwischen Datenspeichern, und das Verbreiten in beliebiger Form, insbesondere Überlassung im Rahmen von Lizenzverträgen, die den Kunden ihrerseits das Recht zur Vervielfältigung und bestimmungsgemäßen Nutzung der Werke einräumen. Zur Nutzung gehört auch die öffentliche Wiedergabe der Arbeitsergebnisse einschließlich der Zugänglichmachung über Datennetze sowie der Benutzung von Computerprogrammen über Datennetze durch entfernte Nutzer. Wegen der Notwendigkeit, die Werke an geänderte Erfordernisse anzupassen, in andere Sprachen zu übersetzen, zu erweitern oder mit anderen Werken zu verbinden, ist weiterhin das Recht zur Vornahme von Änderungen, Bearbeitungen oder anderen Umgestaltungen gemäß § 69c Nr. 2 UrhG von erheblicher Bedeutung. Die eingeräumten Nutzungsrechte sind daher auf die geänderten, bearbeiteten oder umgestalteten Fassungen zu erstrecken und zwar auch hinsichtlich der Einräumung entsprechender Rechte an Dritte, wie zB Kunden.

Die Rechtseinräumung darf sich nach der Neufassung des Urheberrechtsgesetzes durch das Zweite Gesetz zur Regelung des Urheberrechts in der Informationsgesellschaft vom 26.10.2007 (BGBl. I S. 2513) auch auf zum Zeitpunkt des Vertragsschlusses noch unbekannte Nutzungsarten erstrecken, vgl. § 31a (1) UrhG. Zum Begriff der unbekannten Nutzungsart vgl. Dreier/Schulze-*Schulze,* Urheberrechtsgesetz, 5. Aufl., § 31a Rn. 26 ff.; Schricker/Loewenheim-*Spindler,* Urheberrecht, 5. Aufl., § 31a Rn. 26 ff. Für die Einräumung von Nutzungsrechten an unbekannten Nutzungsarten ist die Einhaltung der Schriftform erforderlich (§ 31a Abs. 1 UrhG). Die Rechtseinräumung ist zudem widerruflich; der Arbeitnehmer kann nach der gesetzlichen Konzeption die diesbezügliche Rechtseinräumung jederzeit widerrufen, insbesondere auch vor ihrem Bekanntwerden (*Schack,* Urheber- und Urhebervertragsrecht, 8. Aufl., Rn. 621). Das Widerrufsrecht erlischt jedoch nach einer Frist von 3 Monaten, welche mit der Absendung der Mitteilung über die beabsichtigte Aufnahme der Nutzung durch den Arbeitgeber zu laufen beginnt. Insoweit trifft den Arbeitnehmer die Obliegenheit, dem Arbeitgeber stets die aktuelle Postanschrift für entsprechende Mitteilungen zu überlassen. Versendet der Arbeitgeber die Mitteilung an eine nicht mehr aktuelle Postanschrift, so ändert dies nichts am Lauf der Frist. Das Widerrufsrecht erlischt gemäß § 31a Abs. 2 S. 3 UrhG mit dem Tod des Urhebers. Es entfällt zudem, wenn sich die Parteien nach Bekanntwerden der neuen Nutzungsart auf eine angemessene Vergütung für die betreffende Nutzung gemäß § 32c UrhG geeignet haben oder wenn sie die Vergütung nach einer gemeinsamen Vergütungsregel im Sinne von § 36 UrhG bestimmt haben, § 31a Abs. 2 S. 1 u. 2 UrhG. Entsprechende Vergütungsregeln liegen bislang für den Bereich der Softwareprogrammierung jedoch nicht vor. → Form. VI.1 Anm. 17; zum Anspruch auf zusätzliche Vergütung für später bekannte Nutzungsarten → Anm. 7.

6. Urheberpersönlichkeitsrechte. Der Autor von urheberrechtlich geschützten Werken hat Persönlichkeitsrechte, die seine geistigen und persönlichen Beziehungen zum Werk schützen und die auch für angestellte Urheber gelten. Zu diesen Urheberpersönlichkeitsrechten gehört in erster Linie das Recht auf Namensnennung gemäß § 13 UrhG und der Schutz gegen Werkentstellungen gemäß § 14 UrhG. Des Weiteren gehören dazu das Recht zu bestimmen, ob und wie das Werk zu veröffentlichen ist (§ 12 UrhG), das Recht der Einwilligung zu Bearbeitungen und Umgestaltungen des Werks (§ 23 UrhG) und das Recht auf Zugang zum Werk (§ 25 UrhG). Auch der Urheber eines Computerprogramms kann sich gemäß § 69a (4) UrhG grundsätzlich auf die Bestimmungen zum Urheberpersönlichkeitsrecht berufen (Amtl. Begr., BT-Drs. 12/4022, 9). In der Praxis sind nur wenige Fälle einer erfolgreichen gerichtlichen Durchsetzung bekannt (siehe etwa OLG Hamm GRUR-RR 2008, 154, wobei das Gericht in diesem Fall zu Unrecht einem Unternehmen das Recht aus § 13 UrhG zuerkannt hat). Zudem gilt es zu beachten, dass bei Programmen Beeinträchtigungen der persönlichen und geistigen Interessen der Urheber eher seltener anzutreffen sein dürften als bei Werken der Musik, Literatur und Kunst. Gleichwohl sollten Arbeitgeber auch insoweit auf vertragliche Absprachen achten, damit die Ausübung der Urheberpersönlichkeitsrechte nicht zu Einschränkungen bei der Verwertung der im Arbeitsverhältnis geschaffenen Software führt. Im Einzelnen dazu Moll-*Gennen,* Münchener Anwaltshandbuch Arbeitsrecht, 4. Aufl., § 16 Rn. 233 ff.; Richardi/Wlotzke/Wißmann/Oetker-*Bayreuther,* Münchener Handbuch zum Arbeitsrecht, Bd. 1,

4. Aufl., § 91 Rn. 14 ff.; Wandtke/Bullinger-*Grützmacher*, Praxiskommentar zum Urheberrecht, 5. Aufl., § 69b Rn. 38 ff.; Schricker/Loewenheim-*Dietz/Peukert,* Urheberrecht, 5. Aufl., vor §§ 12 ff. Rn. 29 ff.; Dreier/Schulze-*Dreier,* Urheberrechtsgesetz, 6. Aufl., § 43 Rn. 34 ff.; *Metzger* GRUR Int. 2003, 9 ff. Vertragliche Einschränkungen der Urheberpersönlichkeitsrechte sind insbesondere notwendig hinsichtlich der Änderungsbefugnis, der Art und Weise der Werkveröffentlichung sowie der Namensnennung. Computerprogramme werden laufend weiterentwickelt, verbessert, an betriebliche Belange angepasst und im Rahmen der Programmpflege geändert. Der Zeitpunkt ihrer öffentlichen Ankündigung und Verfügbarmachung hängt von vielen Faktoren ab wie zB Wettbewerbssituation, Qualitätssicherung, Marketingvorbereitungen, Messetermine. § 39 (2) UrhG trägt dem Bedürfnis des Arbeitgebers auf Änderungen des Programms Rechnung. Danach sind Änderungen, zu denen der Urheber seine Einwilligung nach Treu und Glauben nicht verweigern kann, zulässig. Im Hinblick auf das Namensnennungsrecht verweist das Formular auf die verbreitete Branchenübung, nach welcher die Urheber im Programmcode nicht namentlich genannt werden. Eine entsprechende Einschränkung des Namensnennungsrechts hat der Bundesgerichtshof für den Bereich der Architektur für zulässig erachtet (BGHZ 126, 245 – Namensnennungsrecht des Architekten). Freilich trägt der Arbeitgeber insoweit die Beweislast für eine entsprechende Branchenübung. Hierbei können sich Unterschiede für verschiedene Entwicklungs- und Vertriebsmodelle ergeben. Falls eine große Zahl von Programmierern aus verschiedenen Staaten über viele Jahre an der Entwicklung eines Programms mitgewirkt haben, kann es für den Arbeitgeber unzumutbar sein, im Quelltext alle Urheber und ihre jeweiligen Beiträge zu dem Programm jeweils auf dem aktuellen Stand aufzuführen. Für entsprechende Programme dürfte es vielfach der Branchenübung entsprechen, dass die Namensnennung der einzelnen Autoren nicht erfolgt (s. Wandtke/Bullinger-*Grützmacher,* Praxiskommentar zum Urheberrecht, 5. Aufl., § 69b Rn. 41; aA Dreier/Schulze-*Dreier,* UrhG, 6. Aufl., § 43 Rn. 36 und § 69b Rn. 3). Wenn ein Programm dagegen von einem einzelnen Urheber oder einer kleinen Zahl von Arbeitnehmern entwickelt wird, kann es für ein Unternehmen zweckmäßig und zumutbar sein, zumindest in bestimmten Darstellungsformen seiner Softwareprodukte den oder die Entwickler zu nennen, beispielsweise um Kundenvertrauen zu erwerben und zu wahren. Ähnliches gilt zB für den Bereich der Open-Source-Software (→ Form. VI.10), wo abweichend von der herkömmlichen Verwertung Computerprogramme zur Nutzung durch jedermann freigegeben und weitgehende Nutzungsrechte unentgeltlich eingeräumt werden. Die Entwickler solcher freier Software legen oft besonderen Wert auf die Nennung als Urheber, da sie ihre Motivierung zur Teilnahme an der Entwicklungsarbeit nicht zuletzt aus dem Interesse, als gute Programmierer bekannt zu werden, beziehen. In diesen Bereichen kann nicht ohne Weiteres von einer Branchenübung ausgegangen werden, nach welcher auf die Namensnennung verzichtet werden darf. Mit § 1 (8) des Formulars wird versucht, diesen unterschiedlichen Interessen und Notwendigkeiten dadurch gerecht zu werden, dass die Ausübung des Rechts auf Nennung des Arbeitnehmers als Autor in Übereinstimmung mit der jeweiligen Branchenübung erfolgt. Alternativ zu dieser Regelung kann in einem Umfeld, in dem sich eine abweichende Praxis entwickelt hat, gegebenenfalls eine andere Regelung getroffen werden.

Das Formular sieht mit § 1 (9) vor, dass der Arbeitgeber keine Verpflichtung hat, dem Arbeitnehmer nach Beendigung des Arbeitsverhältnisses die von ihm während dessen Dauer geschaffenen Arbeitsergebnisse zugänglich zu machen. Letzteres berührt das Zugangsrecht gemäß § 25 UrhG, wonach der Urheber vom Besitzer des Originals oder eines Vervielfältigungsstückes verlangen kann, dass dieser ihm das Original oder das Vervielfältigungsstück zugänglich macht, soweit dies zur Herstellung von weiteren Vervielfältigungsstücken oder Bearbeitungen des Werkes erforderlich ist und dem nicht berechtigte Interessen des Besitzers entgegenstehen. Der Urheber hat während der Dauer des Arbeitsverhältnisses dem Arbeitgeber ausschließliche, zeitlich und räumlich unbeschränkte Nutzungsrechte an urheberrechtlich geschützter Software eingeräumt, die auch das Bearbeitungsrecht umfassen. Er hat daher nach Ausscheiden aus dem Unternehmen des Arbeitgebers keine Berechtigung mehr, Vervielfältigungsstücke der von ihm geschaffenen Software oder Softwarekomponenten herzustellen oder Bearbeitungen derselben zu verwerten. Einem solchen Vorhaben stehen in der Regel berechtigte Interessen des früheren Arbeitgebers entgegen, die in einer Geheimhaltung von Geschäfts- und Betriebsgeheimnissen sowie darin bestehen können, der Gefahr einer nichtautorisierten Verwertung der Software und der von ihr hergestellten Bearbeitungen vorzubeugen (s. Wandtke/Bullinger-*Wandtke,* Praxiskommentar zum Urheberrecht, 5. Aufl., § 43 Rn. 113; Richardi/Wlotzke/Wißmann/Oetker-*Bayreuther,* Münchener Handbuch zum Arbeitsrecht, Bd. 1, 4. Aufl., § 91 Rn. 13 f.).

7. **Abgeltung.** Das Formular geht von einer fairen und leistungsgerechten Entlohnung aus, die der anspruchsvollen und kreativen Tätigkeit des Softwareentwicklers gerecht wird und diese motiviert. Ein solches Entlohnungssystem liegt gleichermaßen im Interesse des Arbeitgebers wie des Arbeitnehmers. Mit Ausnahme von patent- und gebrauchsmusterfähigen Erfindungen und qualifizierten technischen Verbesserungsvorschlägen sind die Verwertungsrechte gemäß § 1 des Formulars reguläre Arbeitsergebnisse im Sinne des Arbeitsrechts, die durch die Bezüge des Arbeitnehmers bzw. Beamten abgegolten werden (s. Schricker/Loewenheim-*Rojahn,* Urheberrecht, 5. Aufl., § 43 Rn. 64 ff.; Dreier/Schulze-*Dreier,* Urheberrechtsgesetz, 6. Aufl., § 43 Rn. 30; *von Vogel* NJW-Spezial 2007, 177 (178); *Wimmers/Rode* CR 2003, 399 (403)). Dies trifft gleichermaßen auf Arbeitsergebnisse gemäß § 1 (4) zu, die § 69b UrhG unterliegen, wie auch auf andere urheberrechtlich geschützte Arbeitsergebnisse gemäß § 1 (5) und die dafür eingeräumten Nutzungsrechte. An dieser Rechtslage hat auch das Gesetz vom 22.3.2002 zur Stärkung der vertraglichen Stellung von Urhebern und ausübenden Künstlern nichts geändert. Laut diesbezüglicher Beschlussempfehlung des Rechtsauschusses bleiben die von Rechtsprechung und Lehre entwickelten Grundsätze zu den Vergütungsansprüchen der Urheber in Arbeits- und Dienstverhältnissen unberührt. Eine gesetzliche Sondervergütung entsprechend der Vergütung für technische Erfindungen und qualifizierte Verbesserungsvorschläge nach dem Gesetz über Arbeitnehmererfindungen ist im Urheberrecht nicht vorgesehen. Dies gilt insbesondere auch für Arbeitsergebnisse iSv § 69b UrhG (BGH GRUR 2001, 155 – Wetterführungspläne; BGH GRUR 2002, 249 – Wetterführungspläne II) und ebenso für Arbeitsergebnisse, die unter den Schutz des Datenbankherstellers gemäß §§ 87a–e UrhG fallen. Das Patentrecht fordert absolute Neuheit und Erfindungshöhe als Schutzvoraussetzungen, die vom Patentamt geprüft werden, und gewährt einen breiten Schutz auf das der Erfindung zugrunde liegende Prinzip, der auch gegen Parallelerfindungen Dritter wirkt, die ohne Kenntnis der angemeldeten Erfindung entstanden sind. Demgegenüber entsteht das Urheberrecht ohne Formalitäten als Ergebnis einer eigenen geistigen Schöpfung durch individuelle Gestaltung des Stoffes, ohne dass Neuheit oder Erfindungshöhe gefordert sind. Der gewährte Schutz beschränkt sich im Wesentlichen auf die individuelle Darstellung des Stoffes und lässt die ihm zugrunde liegende Idee, Erkenntnis oder Lehre, das Prinzip oder Verfahren zur Datenverarbeitung frei und schützt auch nur gegen Nachahmungen, dh Vervielfältigung, Bearbeitung oder sonstige Umgestaltung, aber nicht gegen unabhängige Entwicklung. Diese Unterschiede zeigen, dass der Urheberrechtsschutz dem Berechtigten keine monopolartige Wettbewerbsposition verleiht, wie sie etwa der Patentinhaber besitzt. Aus diesen Gründen ist auch hinsichtlich der Vergütung von urheberrechtlich geschützten Programmen eine analoge Anwendung des ArbEG nicht gerechtfertigt (*Ullmann* CR 1986, 564 (567); *Ullmann* GRUR 1987, 6). Eine Sondervergütung auf der Grundlage des ArbEG ist aber stets dann zu leisten, wenn in einem vom Arbeitgeber verwerteten Programm patent- oder gebrauchsmusterfähige Erfindungen, wie zB technische Steuerungsverfahren, zur Anwendung gelangen oder wenn das Programm zugleich Gegenstand eines technischen Verbesserungsvorschlages

iSv § 20 ArbEG ist. Erfindungen und technische Verbesserungsvorschläge sind hier ebenso zu behandeln wie auf anderen Gebieten.

Aufmerksamkeit ist geboten bei Software, die außerhalb des Kernbereichs der Softwareentwicklung, dh ohne Aufgabenstellung in Eigeninitiative des Arbeitnehmers entwickelt wird. Wenn auf diese Weise zusätzlich zur arbeitsvertraglichen Tätigkeit ein wertvolles Computerprogramm geschaffen wird, das vom Arbeitgeber gewinnbringend genutzt wird, kann die Voraussetzung für eine echte Sonderleistung vorliegen, die auch ohne besondere Vereinbarung nach Treu und Glauben zusätzlich zu vergüten ist (BAG GRUR 1966, 88 – Abdampfverwertung; Schricker/Loewenheim-*Rojahn,* Urheberrecht, 5. Aufl., § 43 Rn. 67 ff.). Auf der Grundlage von § 612 BGB entsteht eine Sondervergütungspflicht des Arbeitgebers insbesondere dann, wenn der betreffende Arbeitnehmer nicht zur Ausführung schöpferischer Arbeiten eingestellt und bezahlt worden ist (BGH GRUR 1978, 244 – Ratgeber für Tierheilkunde).

Inwieweit der Arbeitnehmer nachträglich eine Sondervergütung fordern kann, wenn sich herausstellt, dass zwischen seinen Bezügen und den Erträgen aus der Nutzung eines überaus erfolgreichen Computerprogramms durch den Arbeitgeber ein auffälliges Missverhältnis besteht (§ 32a UrhG), ist von der Gesamtheit der Beziehungen zwischen Arbeitnehmer und Arbeitgeber abhängig (BGH ZUM 1998, 497 – Comic-Übersetzungen; BGH GRUR 1991, 901 – Horoskop-Kalender). Diese Beziehungen beruhen auf der festen Anstellung, zu deren Sicherung die gewinnbringende Software einen Beitrag leistet, die aber auch verlustbringende Software zu tragen hat. Neben den regulären Bezügen sind der Gegenleistung des Arbeitgebers nicht nur Sondervergütungen, Gewinnbeteiligungen, Prämien und dergleichen zuzurechnen, sondern auch gewährte und in Aussicht gestellte Sozialleistungen, wie Altersrente, Sonderurlaub usw. Unter diesen Umständen wird der berechtigte Anspruch auf eine Sondervergütung für ein Programm zum Ausgleich eines groben Missverhältnisses zwischen dem vom Arbeitgeber erwirtschafteten Ertrag und den Bezügen des Arbeitgebers die Ausnahme sein. Der BGH hat in der Entscheidung *Wetterführungspläne II* (GRUR 2002, 249) Ansprüche gemäß dem „Bestsellerparagrafen" § 32a UrhG auch für den Fall für anwendbar erklärt, in dem die vermögensrechtlichen Befugnisse an dem Programm gemäß § 69b UrhG dem Arbeitgeber zustehen. Ansprüche gemäß § 32a UrhG können sich deshalb sowohl auf die vertraglich eingeräumten als auch auf die gemäß § 69b UrhG auf den Arbeitgeber übergegangenen Nutzungsrechte beziehen. Hierauf sollte der Arbeitgeber bei der Beratung hingewiesen werden. Das Formular trägt der Unverzichtbarkeit des Anspruchs gemäß § 32a (3) UrhG Rechnung.

Dem Arbeitnehmer steht zudem ein Anspruch auf eine zusätzliche, „gesonderte angemessene Vergütung" gemäß § 32c (1) UrhG für den Fall zu, dass der Arbeitgeber Nutzungsrechte für zum Zeitpunkt des Vertragsschlusses noch nicht bekannte Nutzungsarten verwertet. Für die Bemessung der „angemessenen Vergütung" enthält das Gesetz keine weiteren Vorgaben. Ausgangspunkt sollte insoweit der wirtschaftliche Erfolg der neuen Nutzungsart sein. Generiert der Arbeitgeber keinerlei Erträge, wird man dennoch nicht von einer Reduzierung des Anspruchs auf Null ausgehen können, weil das Gesetz eindeutig von der Zuerkennung einer zusätzlichen Vergütung ausgeht (vgl. *Kreile* ZUM 2007, 682 (684 f.)). Entsprechende Vergütungsansprüche sollten allerdings nur für Arbeitsergebnisse in Frage kommen, die nicht § 69b UrhG unterfallen. Eine Zuerkennung zusätzlicher Vergütungsansprüche neben § 69b UrhG, wie sie der BGH in der Entscheidung *Wetterführungspläne II* für den Bestsellerparagrafen § 32a UrhG angenommen hat (s. o.), ist in Anbetracht der eindeutigen Regelung in Art. 2 (3) der Richtlinie 2009/24/EG des Europäischen Parlaments und des Rates vom 23.4.2009 über den Rechtsschutz von Computerprogrammen (ABl. EU L 111, S. 16) abzulehnen. Bislang fehlt es allerdings an einer Klärung der Frage durch die Gerichte. § 2 (2) des Formulars ist deshalb offen formuliert und beschränkt den Anspruch bewusst nicht auf diejenigen Arbeitsergebnisse, die nicht § 69b UrhG unterfallen. Die Aufnahme eines ausdrücklichen Hinweises ist in Anbetracht der Unverzichtbarkeit des Anspruchs gemäß § 32c (3) UrhG empfohlen.

8. Eigene Software und Erfindungen des Arbeitnehmers. Es besteht die Möglichkeit, dass der Arbeitnehmer aus der Zeit vor Beginn des Arbeitsverhältnisses Software besitzt, an der er verfügungsberechtigt ist und die er nun in seiner arbeitsvertraglichen Tätigkeit verwenden möchte. Ein solcher Fall lag dem BAG-Urteil vom 13.9.1983 zugrunde (GRUR 1984, 429 – Statikprogramme; insbes. auch BGH GRUR 1985, 129 – Elektrodenfabrik). Des Weiteren ist es möglich, dass der Arbeitnehmer privat Software entwickelt, die nicht unter § 1 des Formulars fällt und für die die gleiche Verwendungsabsicht besteht. Durch das Formular soll sichergestellt werden, dass solche *private* Software nicht unkontrolliert in das Unternehmen des Arbeitgebers eingebracht und dort verwertet wird mit der Folge von möglichen nachträglichen Streitigkeiten über den Umfang der damit stillschweigend eingeräumten Nutzungsrechte und über die Berechtigung von Vergütungsansprüchen (LAG München CR 1987, 509 (512)). Das Gleiche trifft zu für vor Dienstantritt geschaffene Erfindungen. Neben einer Mitteilungspflicht des Arbeitnehmers wird ein Zustimmungsrecht des Arbeitgebers sowohl für die Verwertung im Unternehmen als auch für eine unternehmensexterne gewerbliche Verwertung durch den Mitarbeiter vereinbart. Sollte eine Verwertung im Unternehmen in Frage kommen, ist hierfür eine gesonderte Vereinbarung notwendig, um nachträgliche Streitigkeiten über eingeräumte Nutzungsrechte und deren Weitergeltung nach dem Ausscheiden des Arbeitnehmers aus dem Unternehmen des Arbeitgebers zu vermeiden (BAG CR 1997, 88).

9. Nebenberufliche Softwareverwertung. Die gewerbliche Verwertung von Software, die vom Arbeitnehmer neben seiner Tätigkeit für den Arbeitgeber geschaffen wurde und die nicht Arbeitsergebnis iSv § 1 oder eigene Software iSv § 3 ist, kann den Arbeitnehmer in einen Konflikt mit seiner arbeitsvertraglichen Tätigkeit bringen. Dies kann zB dadurch geschehen, dass ein Wettbewerbsverhältnis zum Arbeitgeber begründet oder die arbeitsvertragliche Tätigkeit beeinträchtigt wird. Das Formular sieht deshalb in § 4 vor, dass eine solche nebenberufliche Softwareverwertung der Einwilligung durch den Arbeitgeber bedarf. Dies steht im Einklang mit dem gesetzlichen Wettbewerbsverbot gemäß §§ 60, 61 HGB, das während der Dauer des Arbeitsverhältnisses gilt.

10. Fremde Software. Bei der Entwicklung von Software ist es wesentlich, dass das Ergebnis nicht mit fremden Rechten belastet ist. Dies gilt insbesondere für die Rechte Dritter an urheberrechtlich geschützten Werken, Geschäfts- und Betriebsgeheimnissen und patentierten Erfindungen. Die Pflicht der Offenlegung gegenüber dem Arbeitgeber betrifft auch den Einsatz von Open-Source-Software bei der Entwicklung von Programmen. Auch insoweit liegt das Entscheidungsrecht beim Arbeitgeber. § 5 des vorliegenden Formulars trägt diesem Umstand Rechnung. Soweit das Urheberrecht betroffen ist, genügt der Nachweis, dass die Software unabhängig entwickelt, dh weder von fremder Software kopiert wurde (§ 69c Abs. 1 UrhG) noch eine Bearbeitung fremder Software darstellt (§ 69c Abs. 2 UrhG). Dieser Nachweis kann durch schriftliche Erklärung des zuständigen Abteilungsleiters oder durch Ausfüllen eines Fragebogens durch den verantwortlichen Projektleiter dokumentiert werden. § 5 regelt auch den Fall, dass der Mitarbeiter Software in das Unternehmen einbringen möchte, die von Dritten lizenziert oder erworben wurde.

11. Geschäfts- und Betriebsgeheimnisse des Arbeitgebers. Sofern nicht an anderer Stelle durch Arbeits- oder Dienstvertrag ohnehin geregelt, empfiehlt es sich, im Rahmen des Formulars auch die Verpflichtung zur Wahrung von Geschäfts- und Betriebsgeheimnissen des Arbeitgebers bzw. Dienstherrn klarzustellen. Zu diesem Zweck wird für den Arbeitsvertrag auf die den Verrat von Geschäfts- und Betriebsgeheimnissen betreffenden strafrechtlichen Bestimmungen im Gesetz zum Schutz von Geschäftsgeheimnissen hingewiesen

(§§ 2, 4, 23 GeschGehG). Ein Auszug aus dem GeschGehG, der die genannten Bestimmungen wiedergibt, kann dem Formular als Anlage beigefügt werden. Die Verpflichtung des Arbeitnehmers ist nicht auf die Dauer des Arbeitsverhältnisses beschränkt, darf andererseits aber nicht die weitere berufliche Tätigkeit des Arbeitnehmers behindern (BAG NJW 1983, 134 – Unlautere Verwertung eines Betriebsgeheimnisses; BAG NJW 1988, 1686 – Kundenschutzabrede und nachvertragliche Verschwiegenheitspflicht). Eine solche nachvertragliche Geheimhaltungsverpflichtung kann sich auf alle Arbeitsergebnisse gemäß § 1 des Formulars erstrecken, die vom Arbeitgeber für den Arbeitnehmer erkennbar als Geschäfts- oder Betriebsgeheimnisse eingestuft werden, also auch auf diejenigen Softwareelemente, die dem Urheberrechtsschutz oder dem Patentschutz nicht zugänglich sind (*Koch/Schnupp* CR 1989, 975 (978)). Es empfiehlt sich jedoch, alle Unterlagen, in denen Geschäfts- oder Betriebsgeheimnisse dokumentiert sind, als vertrauliche Unterlagen zu kennzeichnen, um nachvertraglichen Streitigkeiten über den vertraulichen Charakter bestimmter Informationen vorzubeugen (BGH GRUR 2002, 104). Des Weiteren ist zu beachten, dass bereits das Ausspähen von Betriebs- und Geschäftsgeheimnissen des Arbeitgebers strafbar ist, auch wenn eine Verwertung nicht erfolgt (BGH CR 1993, 236). Für den Dienstvertrag zwischen Beamten und Dienstherrn gilt Entsprechendes.

12. Publikationen und Vorträge des Arbeitnehmers. Durch die umfassende Nutzungsrechtseinräumung dürfen wissenschaftliche Publikationen und Vorträge des Arbeitnehmers nicht behindert werden. Natürlich sind die berechtigten Interessen des Unternehmens zu wahren, wie zB Geschäfts- und Betriebsgeheimnisse. § 7 des Formulars sieht deshalb eine Freistellung von der Rechtseinräumung gemäß § 1 vor in dem zum Zwecke der Veröffentlichung und/oder des Vortrags gebotenen Umfang.

3. Lizenzvertrag zur Überlassung von Standardsoftware im Unternehmensverkehr auf Zeit

Zwischen[1, 2]

der Firma ..... (nachfolgend „Lizenzgeber" genannt)

und

der Firma ..... (nachfolgend „Lizenznehmer" genannt)

wird folgender Vertrag geschlossen:

§ 1 Vertragsgegenstand[3]

(1) Der Lizenzgeber erteilt dem Lizenznehmer eine Lizenz zur Nutzung der in der Anlage „Programmschein"[4] genannten Computerprogramme, Daten und sonstigen Software (nachfolgend „Vertragssoftware" genannt). Die Vertragssoftware wird zeitlich befristet überlassen, nicht veräußert.[7] Die Lizenz umfasst das nicht ausschließliche und nicht übertragbare Recht, die Vertragssoftware zu den nachstehenden Bedingungen zu nutzen.
(2) Die Vertragssoftware wird dem Lizenznehmer wie im Programmschein näher beschrieben im Objektcode zur Verfügung gestellt. Zur Vertragssoftware gehören eine Anwendungsdokumentation, die der Lizenznehmer in gedruckter Form oder ebenfalls in digitaler Form erhält, sowie alle sonstigen auf dem Datenträger gespeicherten oder zusammen mit dem Programm online übermittelten Daten (insbesondere Dateien und Datenbanken).[5] Programme, Daten und Dokumentation werden nachfolgend zusammen-

fassend als „Lizenzmaterial“ bezeichnet. Die näheren Bedingungen der Überlassung sind im „Programmschein“ gekennzeichnet.
(3) Zum Lizenzmaterial gehören sämtliche Versionen der Vertragssoftware und des sonstigen Lizenzmaterials, die der Lizenzgeber dem Lizenznehmer während der Dauer des Vertrags überlässt, einschließlich Updates und Upgrades. Bei Upgrades im Sinne dieses Vertrags handelt es sich um eine fortentwickelte Version der Vertragssoftware, die im Vergleich zur Vorversion wesentliche, neue Funktionen enthält.

§ 2 Nutzungsumfang[6]

(1) Der Lizenznehmer ist berechtigt, die überlassenen Programme zum eigenen Gebrauch im Rahmen seines Geschäftsbetriebs zu nutzen. Das Nutzungsrecht ist vorbehaltlich Abs. (5) auf die zeitgleiche Nutzung an einem Arbeitsplatz oder, falls im Programmschein mehrere Arbeitsplätze angegeben sind, auf die zeitgleiche Nutzung an der im Programmschein angegebenen Zahl von Arbeitsplätzen beschränkt.
(2) „Nutzen“ im Sinne dieses Vertrags ist jedes dauerhafte oder vorübergehende ganze oder teilweise Vervielfältigen (Kopieren) durch Laden, Anzeigen, Ablaufen, Übertragen in den Arbeitsspeicher oder Speichern der Vertragssoftware zum Zwecke ihrer Ausführung. Zur Nutzung gehört auch die Ausführung der genannten Handlungen zum Zwecke der Beobachtung, Untersuchung oder zum Test der überlassenen Programme. Wird gemäß Programmschein die Anwendungsdokumentation ebenfalls auf einem Datenträger oder in sonstiger digitaler Form überlassen, gilt Abs. (2) auch für diese.
(3) Ist im Programmschein die Nutzung der Vertragssoftware in einem lokalen Netzwerk angegeben, so erstreckt sich die Berechtigung gemäß Abs. (1) bis (2) auf die Anzahl von Arbeitsplätzen des lokalen Netzwerks, für die der Lizenznehmer gemäß Programmschein Lizenzen erworben hat. Ist für den Netzwerkbetrieb die Installation eines Client-Programms auf den einzelnen Arbeitsplätzen erforderlich, so erstreckt sich die Berechtigung gemäß Abs. (1) bis (2) auf die Herstellung der Anzahl von Vervielfältigungen des Client-Programms, für die der Lizenznehmer gemäß Programmschein Lizenzen erworben hat.
(4) Ist im Programmschein die Nutzung auf nur einem bestimmten, genau bezeichneten Arbeitsplatz, eine Anzahl von Rechnern, einem CPU-Typus, eine Anzahl von CPU-Kernen (Cores) und/oder sonstigen technischen Kenngrößen angegeben, so erstreckt sich die Berechtigung gemäß Abs. (1) bis (3) ausschließlich auf diese. Ist der in der Anlage „Programmschein“ bezeichnete Rechner vorübergehend nicht einsatzfähig, hat der Lizenznehmer das Recht, die Vertragssoftware während dieser Zeit auf einem anderen Arbeitsplatz zu nutzen. In allen anderen Fällen erfordert die Nutzung der Vertragssoftware auf einem anderen Arbeitsplatz die ausdrückliche Zustimmung des Lizenzgebers.
(5) In gedruckter Form überlassenes Lizenzmaterial darf nur mit schriftlicher Zustimmung des Lizenzgebers vervielfältigt werden. Zusätzliche Exemplare des gedruckten Lizenzmaterials können vom Lizenzgeber unter diesem Vertrag gebührenpflichtig bezogen werden.
(6) Zur vertragsgemäßen Nutzung gehört die Herstellung von Sicherungskopien der überlassenen Vertragssoftware, sofern dies für die künftige Benutzung des Programms, der Daten oder des Gesamtsystems erforderlich ist. Ist die Vertragssoftware mit einem technischen Kopierschutz ausgestattet, erhält der Lizenznehmer im Falle einer Beschädigung eines gelieferten Datenträgers oder der übermittelten Dateien auf Anforderung kurzfristig eine Ersatzkopie.
(7) Der Lizenznehmer ist berechtigt, die mit der Vertragssoftware überlassenen Programme mit anderen Computerprogrammen zu verbinden. Die Anwendungsdokumentation enthält eine Beschreibung der hierfür vorgesehenen Schnittstellen.
(8) Änderungen der Programme sowie Fehlerkorrekturen sind nur in dem Umfang zulässig, als sie zur bestimmungsgemäßen Benutzung der Programme notwendig sind. Eine Rückübersetzung (Dekompilierung) des Programmcodes in eine andere Darstel-

lungsform ist untersagt. Ausgenommen hiervon ist eine teilweise Übersetzung zum Zwecke der Herstellung der Interoperabilität eines unabhängig geschaffenen Computerprogramms mit einem überlassenen Computerprogramm oder mit anderen Computerprogrammen unter den in § 69e UrhG angegebenen Beschränkungen.

(9) Der Lizenznehmer ist nicht berechtigt, die in Abs. (1) bis (8) genannten Rechte auf Dritte zu übertragen oder Dritten entsprechende Nutzungsrechte einzuräumen.

§ 3 Schutz des Lizenzmaterials[7]

(1) Unbeschadet der gemäß §§ 1 und 2 eingeräumten Nutzungsrechte behält der Lizenzgeber alle Rechte am Lizenzmaterial einschließlich aller vom Lizenznehmer hergestellten Kopien oder Teilkopien desselben.

(2) Der Lizenznehmer verpflichtet sich, die im Lizenzmaterial enthaltenen Schutzvermerke, wie Copyright-Vermerke und andere Rechtsvorbehalte unverändert beizubehalten sowie in allen vom Lizenznehmer hergestellten vollständigen oder teilweisen Kopien des Lizenzmaterials in unveränderter Form zu übernehmen.

(3) Der Lizenznehmer wird über die von ihm vertragsgemäß hergestellten Kopien oder Teilkopien des Lizenzmaterials Buch führen sowie auf Anfrage hierüber Auskunft erteilen.

(4) Der Lizenznehmer verpflichtet sich, das Lizenzmaterial ohne ausdrückliche schriftliche Zustimmung des Lizenzgebers weder im Original noch in Form von vollständigen oder teilweisen Kopien Dritten zugänglich zu machen. Dies gilt auch für den Fall einer vollständigen oder teilweisen Veräußerung oder Auflösung des Unternehmens des Lizenznehmers. Als Dritte gelten nicht Arbeitnehmer des Lizenznehmers oder andere Personen, solange sie sich zur vertragsgemäßen Nutzung des Lizenzmaterials für den Lizenznehmer bei diesem aufhalten. Jede Nutzung der Vertragssoftware im Auftrag und zu Zwecken des Lizenznehmers, die außerhalb der Geschäftsräume des Lizenznehmers durch Dritte vorgenommen wird (Outsourcing), bedarf der vorherigen schriftlichen Genehmigung des Lizenzgebers.

(5) Der Lizenznehmer wird vor der Vernichtung, dem Verkauf oder der sonstigen Weitergabe von Datenträgern, Datenspeichern oder sonstiger Hardware darauf gespeichertes Lizenzmaterial vollständig löschen.

(6) Der Lizenznehmer hat das Recht, ein ihm überlassenes Upgrade des Lizenzmaterials vertragsgemäß zu nutzen oder auf eine solche Nutzung zu verzichten. Entschließt er sich zu einer Nutzung, ist er verpflichtet, drei Monate nach Beginn der produktiven Nutzung der Neuauflage die bisher benutzte Fassung des Lizenzmaterials und alle Kopien und Teilkopien derselben an den Lizenzgeber zurückzugeben und, soweit diese auf Datenträgern, Datenspeichern oder sonstiger Hardware des Lizenznehmers gespeichert sind, vollständig zu löschen. Die Zurückbehaltung einer Archivkopie bedarf der schriftlichen Vereinbarung.

§ 4 Lieferung[8]

(1) Der Lizenznehmer erhält jeweils eine Lieferkopie der Vertragssoftware auf einem im „Programmschein" bezeichneten Datenträger oder per Download sowie ein Exemplar der Anwendungsdokumentation. Sofern der Programmschein ausweist, dass Letztere ebenfalls in digitaler Form geliefert wird, kann dies der gleiche Datenträger sein, auf dem die Lieferkopie aufgezeichnet ist. Der Lizenznehmer ist für die Installation der Vertragssoftware selber verantwortlich.

(2) Die Lieferzeit ergibt sich aus dem Programmschein.

(3) Updates und Upgrades des Lizenzmaterials werden dem Lizenznehmer in einem angemessenen Zeitraum nach ihrer Verfügbarkeit angeboten. Macht er von dem Angebot Gebrauch, erfolgt die Lieferung in der in Abs. (1) angegebenen Weise. Abs. (2) gilt entsprechend.

§ 5 Testzeitraum[9]

(1) Während eines im Programmschein angegebenen Zeitraums steht dem Lizenznehmer das Lizenzmaterial kostenlos zur Erprobung zur Verfügung. Der Testzeitraum beginnt eine Woche nach Versand oder sonstiger Überlassung des Lizenzmaterials durch den Lizenzgeber und endet nach Ablauf des im Programmschein angegebenen Zeitraums oder vorzeitig mit Beginn der produktiven Nutzung des Programms. Der Lizenznehmer ist verpflichtet, den Beginn der produktiven Nutzung dem Lizenzgeber schriftlich mitzuteilen.

(2) Während des Testzeitraums prüft der Lizenznehmer, ob das Lizenzmaterial seinen Anforderungen genügt. Ist dies nicht der Fall, kann er die Lizenz für das getestete Lizenzmaterial fristlos kündigen. Erfolgt bis zur Beendigung des Testzeitraums keine Kündigung, gehen beide Vertragsparteien davon aus, dass das Programm für die Zwecke des Lizenznehmers grundsätzlich brauchbar ist.

(3) Der Testzeitraum wird für jede im Programmschein eingetragene Vertragssoftware nur einmal gewährt.

§ 6 Gebühren[10]

(1) Die Lizenzgebühren sind im Programmschein festgelegt und sind monatlich oder vierteljährlich zahlbar. Für Updates und Upgrades des Lizenzprogramms wird eine im Programmschein festgelegte Zusatzgebühr als Einmalgebühr und/oder in Form laufender Gebühren berechnet.

(2) Die Gebühren werden zu Beginn der jeweiligen Berechnungsperiode fällig. Für Teilperioden wird die Gebühr anteilig auf der Basis eines 30-Tage-Monats in Rechnung gestellt. Alle Gebühren sind innerhalb von zehn Tagen ohne Abzug zahlbar. Die Umsatzsteuer wird gesondert berechnet.

(3) Frühestens nach Ablauf von 24 Monaten kann der Lizenzgeber eine Änderung der Lizenzgebühren und der Berechnungsperioden nach billigem Ermessen vornehmen. Der Lizenznehmer wird hierüber vier Monate im Voraus schriftlich benachrichtigt.

(4) Für die Nutzung auf einem Rechner mit größerer Kapazität oder leistungsfähigeren Komponenten ist eine Anpassung des „Programmscheins" vorzunehmen, welche die Parteien im Vorwege nach Meldung der Änderung durch den Lizenznehmer vereinbaren werden. Dazu sind gegebenenfalls die jeweils aktuellen Listenpreise des Lizenzgebers anzuwenden. Für eine Berechnungsperiode bereits gezahlte Lizenzgebühren werden für die Restlaufzeit der Berechnungsperiode in voller Höhe zu Gunsten des Kunden angerechnet.

§ 7 Gewährleistung[11]

(1) Der Lizenzgeber macht für die jeweils von ihm überlassene Vertragssoftware eine auf dem jeweils neuesten Stand gehaltene Leistungsbeschreibung verfügbar, die die bestimmungsgemäße Benutzung und die Einsatzbedingungen der Vertragssoftware angibt.

(2) Der Lizenzgeber ist verpflichtet, das Lizenzmaterial frei von Mängeln, die ihre Tauglichkeit zum vertragsgemäßen Gebrauch nicht nur unerheblich aufheben oder mindern, zu überlassen. Insofern gewährleistet der Lizenzgeber für das Lizenzmaterial in der dem Lizenznehmer überlassenen Fassung die Eignung für den vertragsgemäßen Gebrauch in Übereinstimmung mit der dem Lizenznehmer vor Vertragsabschluss zur Verfügung stehenden Leistungsbeschreibung.

(3) Im Falle von erheblichen Abweichungen von der Leistungsbeschreibung ist der Lizenzgeber zur Nachbesserung berechtigt und, soweit diese nicht mit unangemessenem Aufwand verbunden ist, auch verpflichtet. Gelingt es dem Lizenzgeber innerhalb einer angemessenen Frist nicht, durch Nachbesserung die Abweichungen von der Leistungsbeschreibung zu beseitigen oder so zu umgehen, dass dem Lizenznehmer der vertragsgemäße Gebrauch des

Programms ermöglicht wird, kann der Lizenznehmer eine Herabsetzung der Lizenzgebühren verlangen oder die Lizenz für das Programm fristlos kündigen.

(4) Der Lizenznehmer ist verpflichtet, dem Lizenzgeber nachprüfbare Unterlagen über Art und Auftreten von Abweichungen von der Leistungsbeschreibung zur Verfügung zu stellen und bei der Eingrenzung von Fehlern mitzuwirken.

(5) Die Gewährleistung erstreckt sich nicht auf Mängel, die durch Abweichen von den für die Vertragssoftware vorgesehenen und in der Leistungsbeschreibung angegebenen Einsatzbedingungen verursacht werden.

§ 8 Support[12]

(1) Nach Maßgabe der im Programmschein enthaltenen Angaben leistet der Lizenzgeber zur Fehlerbeseitigung kostenlos einen Hotline-Service, über den der Auftraggeber Beratung zur Beseitigung von ihm selbst behebbaren Störungen telefonisch oder durch E-Mail abrufen kann, und, sofern dies nicht zum Erfolg führt, Support vor Ort. Voraussetzung dafür ist der Einsatz einer gültigen Fassung des Lizenzmaterials sowie die Bereitstellung von Fehlerunterlagen durch den Lizenznehmer. Gültig ist eine Fassung nur, soweit der Support für diese Fassung der Vertragssoftware nicht in Ansehung einer neueren, dem Lizenznehmer zur Verfügung gestellten Fassung der Vertragssoftware durch ein entsprechende allgemeine, mindestens 3-monatige Vorankündigung des Lizenzgebers offiziell beendet wurde. Im Übrigen gelten die Bestimmungen des § 9 („Einsatzbedingungen").

(2) Bei Feststellung, Eingrenzung und Meldung von Fehlern oder sonstigen Mängeln hat der Lizenznehmer die zur Vertragssoftware gehörige Anwendungsdokumentation und eventuelle Hinweise des Lizenzgebers zu beachten. Der Lizenznehmer trifft im Rahmen des Zumutbaren die erforderlichen Maßnahmen zur Feststellung, Eingrenzung und Dokumentation der Fehler oder der sonstigen Mängel.

(3) Nach Eingang der Fehlermeldung beim Hotline-Service des Lizenzgebers erfolgen Maßnahmen der Fehlerbeseitigung zunächst telefonisch oder durch Übersendung von Informationen oder Überlassung von Unterlagen (z. B. Angaben zur Fehlerbeseitigung oder -umgehung) oder berichtigte Programmteile. Die Reaktionszeiten für die Fehlerbehebung sind im „Pflegeschein" geregelt.

(4) Der Support vor Ort wird durch sachkundiges Personal des Lizenzgebers beim Lizenznehmer ausgeführt und umfasst eine Überprüfung der Einsatzbedingungen des Programms und der vom Lizenznehmer zur Verfügung gestellten Fehlerunterlagen sowie deren Ergänzung im Bedarfsfall. Der Support vor Ort macht die ergänzten Fehlerunterlagen dem zentralen Support des Lizenzgebers verfügbar und unternimmt in Zusammenarbeit mit diesem angemessene Anstrengungen, das Fehlerproblem unter Verwendung der vom zentralen Support zur Verfügung gestellten Informationen und Unterlagen an Ort und Stelle durch Korrektur oder Umgehung zu lösen.

(5) Für bestimmte Vertragssoftware leistet der Lizenzgeber nach Maßgabe der im Programmschein enthaltenen Angaben eine Softwarepflege gegen eine Pauschalgebühr unter einem separaten Pflegevertrag oder gegen Aufwandsentschädigung zu den gültigen Stundensätzen für Supportleistungen des Lizenzgebers.

(6) Die dem Lizenznehmer im Rahmen des Supports überlassenen Unterlagen werden Bestandteil des Lizenzmaterials im Sinne von § 1 und unterliegen als solches den Bestimmungen dieses Vertrags.

(7) Andere Leistungen, wie die Ausbildung von Mitarbeitern des Lizenznehmers, Anpassungen der Vertragssoftware an die besonderen Bedingungen des Lizenznehmers oder andere Programmierleistungen, erfordern den Abschluss eines dafür vorgesehenen besonderen Vertrags.

§ 9 Einsatzbedingungen[13]

(1) Das dem Lizenznehmer überlassene Lizenzmaterial wurde für den Einsatz auf bestimmter Hardware und für das Zusammenwirken mit bestimmten anderen Programmen entwickelt. Diese Einsatzbedingungen sind in der Leistungsbeschreibung angegeben.

(2) Bei einer Benutzung des Lizenzmaterials ohne Einhaltung der Einsatzbedingungen gemäß Abs. (1) entfällt die Verpflichtung zur Gewährleistung nach § 7. Der Lizenzgeber wird sich in einem solchen Fall in einem angemessenen Umfang bemühen, den Support gemäß § 8 zu leisten. Der Support wird sich hierbei jedoch nur solcher Fehler annehmen, die bei Nutzung des Lizenzmaterials unter den in der Leistungsbeschreibung angegebenen Einsatzbedingungen feststellbar sind.

§ 10 Haftungsbeschränkungen[14]

(1) Jede Vertragspartei haftet im Fall einfacher Fahrlässigkeit unabhängig vom Rechtsgrund nur für Schäden, soweit diese durch eine schuldhafte Verletzung einer vertragswesentlichen Pflicht, nämlich einer Pflicht, deren Verletzung die Erreichung des Vertragszwecks gefährdet und/oder deren Erfüllung die ordnungsgemäße Durchführung des Vertrags überhaupt erst ermöglicht und auf deren Erfüllung der Vertragspartner regelmäßig vertrauen darf, verursacht wurden. Die Haftung gemäß dieses Abs. (1) für einfache Fahrlässigkeit ist zudem auf den vorhersehbaren und vertragstypischen Schaden begrenzt, mit dessen Entstehen jede Vertragspartei bei Vertragsschluss aufgrund der ihr zu diesem Zeitpunkt bekannten Umstände rechnen musste. Die Haftung ist insofern der Höhe nach begrenzt auf EUR ......

(2) Jede Vertragspartei haftet für Schäden, die auf grobe Fahrlässigkeit oder Vorsatz zurückzuführen sind, unbeschränkt. Die Haftungsbeschränkung gemäß Abs. (1) gilt davon abweichend in gleicher Weise für Schäden, die aufgrund von grober Fahrlässigkeit von Mitarbeitern oder Beauftragten der jeweiligen Vertragspartei verursacht wurden, welche nicht zu dessen Geschäftsführern oder leitenden Angestellten gehören.

(3) Die verschuldensunabhängige Haftung des Lizenzgebers nach § 536a Abs. 1 Alt. 1 BGB für bereits zum Zeitpunkt des Vertragsschlusses vorhandene Mängel wird ausgeschlossen. Der Lizenzgeber haftet nicht für mangelnden wirtschaftlichen Erfolg des Lizenznehmers.

(4) Für den Verlust von Daten und deren Wiederherstellung haftet die jeweilige Vertragspartei nach Maßgabe von Abs. (1) bis (3) nur, soweit ein solcher Verlust durch angemessene Datensicherungsmaßnahmen seitens der anderen Vertragspartei nicht vermeidbar gewesen wäre.

(5) Die Haftungsbeschränkungen gemäß Abs. (1) bis (4) gelten sinngemäß auch zugunsten der Mitarbeiter und Beauftragten des Lizenzgebers.

(6) Die Haftung der Vertragsparteien für Schäden, die durch vorsätzliche Handlungen verursacht worden sind, sowie für Ansprüche aufgrund des Produkthaftungsgesetzes wegen des Fehlens zugesicherter und/oder garantierter Eigenschaften, wegen Beschaffenheits- und/oder Haltbarkeitsgarantien und/oder Schäden aus der Verletzung des Lebens, des Körpers oder der Gesundheit bleibt unberührt.

§ 11 Schutzrechte Dritter[15]

(1) Der Lizenzgeber wird den Lizenznehmer gegen alle Ansprüche verteidigen, die aus einer Verletzung eines gewerblichen Schutzrechts oder Urheberrechts und/oder sonstiger Schutzrechte durch das vertragsgemäß genutzte Lizenzmaterial hergeleitet werden. Der Lizenzgeber übernimmt dem Lizenznehmer gerichtlich auferlegte Kosten und Schadensersatzbeträge, sofern der Lizenznehmer den Lizenzgeber von solchen Ansprüchen unver-

züglich schriftlich benachrichtigt hat und dem Lizenzgeber alle Abwehrmaßnahmen und Vergleichsverhandlungen vorbehalten bleiben.

(2) Sind gegen den Lizenznehmer Ansprüche gemäß Abs. (1) geltend gemacht worden oder zu erwarten, kann der Lizenzgeber auf seine Kosten das Lizenzmaterial in einem für den Lizenznehmer zumutbaren Umfang ändern oder austauschen. Ist dies oder die Erwirkung eines Nutzungsrechts mit angemessenem Aufwand nicht möglich, kann jeder Vertragspartner die Lizenz für das betreffende Programm fristlos kündigen, sofern das Lizenzmaterial die Schutzrechte Dritter verletzt. In diesem Fall haftet der Lizenzgeber dem Lizenznehmer für den ihm durch die Kündigung entstehenden Schaden nach Maßgabe von § 10.

(3) Der Lizenzgeber hat keine Verpflichtungen, falls die Ansprüche gemäß Abs. (1) auf vom Lizenznehmer bereitgestellten Programmen oder Daten darauf beruhen, dass das Programm und darin enthaltene Datenbestände nicht in einer vom Lizenzgeber gelieferten gültigen, unveränderten Originalfassung oder unter anderen als in der Leistungsbeschreibung angegebenen Einsatzbedingungen benutzt wurden.

§ 12 Kündigung, Rückgabe und Löschung von Lizenzmaterial[16]

(1) Der Lizenznehmer kann die Lizenz für einzelne Programme oder diesen Vertrag insgesamt mit einmonatiger Frist jedoch frühestens zum Ende der laufenden Berechnungsperiode in gesetzlicher Schriftform kündigen. Während des Testzeitraums kann der Lizenznehmer die Lizenz für das getestete Programm jederzeit fristlos kündigen.

(2) Der Lizenzgeber kann diesen Vertrag frühestens nach zwölf Monaten mit einer Frist von drei Monaten zur allgemeinen Neuregelung von Vertragsbedingungen in gesetzlicher Schriftform kündigen.

(3) Der Vertrag kann von beiden Seiten aus wichtigem Grund fristlos gekündigt werden. Dies gilt insbesondere bei einer nachhaltigen Verletzung der Bestimmungen nach § 2 „Nutzungsumfang“ und § 3 „Schutz des Lizenzmaterials“.

(4) Die Kündigung bedarf der gesetzlichen Schriftform.

(5) Mit Wirksamwerden einer Kündigung, unabhängig von deren Zeitpunkt und Grund, ist der Lizenznehmer verpflichtet, das Original sowie alle Kopien und Teilkopien des Lizenzmaterials an den Lizenzgeber zurückzugeben. Dies gilt auch für gemäß § 2 Abs. (8) S. 3 geänderte oder korrigierte Fassungen des lizenzierten Programms. Bei Lizenzmaterial, das auf Datenträgern oder Hardware des Lizenznehmers aufgezeichnet ist, tritt an Stelle der Rückgabe die Vernichtung oder vollständige Löschung der Aufzeichnung; diese Vernichtung oder Löschung sind gegebenenfalls vom Lizenznehmer dem Lizenzgeber schriftlich zu bestätigen.

(6) Ersetzt der Lizenznehmer ein gekündigtes Programm durch ein vom Lizenzgeber angebotenes Upgrade, so ist er berechtigt, das gekündigte Programm bis zu drei Monaten als Ausweichreserve zurückzubehalten. Die Zurückbehaltung einer Archivkopie bedarf der schriftlichen Vereinbarung.

§ 13 Verjährung, Nebenabreden

(1) Ansprüche aufgrund einer Verletzung von Bestimmungen nach § 2 „Nutzungsumfang“ und § 3 „Sicherung der Schutzrechte und des Lizenzmaterials“ verjähren sechs Jahre nach ihrer Entstehung, alle anderen Ansprüche aus diesem Vertrag drei Jahre nach ihrer Entstehung, sofern nicht kürzere gesetzliche Verjährungsfirsten gelten.

(2) Dieser Vertrag und seine Anlagen enthalten sämtliche Vereinbarungen zwischen den Vertragsparteien. Nebenabreden bestehen nicht. Änderungen oder Ergänzungen dieses Vertrags bedürfen der Schriftform. Dies gilt auch für einen Verzicht auf dieses Schriftformerfordernis.

(3) Sollten einzelne Bestimmungen des Vertrags unwirksam sein, so wird hierdurch die Wirksamkeit der übrigen Bestimmungen des Vertrags nicht berührt. Die Vertragsparteien verpflichten sich, die unwirksamen Bestimmungen durch eine Ersatzregelung zu ersetzen, die dem mit der unwirksamen Bestimmung beabsichtigten Zweck unter Berücksichtigung der beiderseitigen Interessen möglichst nahekommt.

PROGRAMMSCHEIN

ANLAGE ZUM VERTRAG „BEFRISTETE ÜBERLASSUNG VON STANDARDSOFTWARE IM UNTERNEHMENSVERKEHR"

Name und Anschrift des Lizenznehmers: . . . . .

Lizenz-Vertrag-Nr . . . . ., Lizenznehmer -Nr . . . . . ., Programmschein-Nr . . . . . .

Bestimmter Arbeitsplatz (CPU): ja/nein (falls ja: Typ/Modell, Maschinen-Nr. angeben)

Typ/Modell . . . . . Maschinen-Nr . . . . . .

Netzwerknutzung: ja/nein (falls ja: unten Anzahl der Arbeitsplätze angeben)

Der Lizenznehmer bestellt folgende Computerprogramme zu den Bedingungen des oben angegebenen Lizenzvertrags.

Lfd.-Nr.	Programmkatalog-Nr. Programmname	Lieferzeit	Zahlungsperiode	Testzeitraum	Anzahl Arbeitsplätze	digitale Dokumentation (ja/nein)
Lfd.-Nr.	**Zusatzgebühr für Update/ Upgrade**	**Reaktionszeiten Hotline-Service**	**Reaktionszeiten lokaler Support**	**Softwarepflege**	**Art des Aufzeichnungs-Trägers**	**Dokumentation auf Aufzeichnungs-Träger**

	Lizenznehmer	Lizenzgeber
Ort/Datum:	. . . .	. . . .
Firmenstempel und Unterschriften:	. . . .	. . . .

Schrifttum: Siehe die Hinweise zu → Form. VI.1 sowie: *Bartsch,* Das neue Schuldrecht – Auswirkungen auf das EDV-Vertragsrecht, CR 2001, 649; *ders.,* Weitergabeverbote in AGB-Verträgen zur Überlassung von Standardsoftware, CR 1987, 8; *ders.,* Softwareüberlassung – was ist das?, CR 1992, 393; *Beckmann,* EDV-Anwenderdokumentationen – Aktuelle Rechtsfragen, CR 1998, 519; *Berger,* Zur Anwendbarkeit der neuen Technologietransfer-Gruppenfreistellungsverordnung auf Softwareverträge, K&R 2005, 15; *Bergman/Pötter/Streitz,* Handbücher für Softwareanwender, CR 2000, 555; *Brandi-Dohrn/Lejeune/Stögmüller/Heydn/Moritz/Scherenberg/Schneider,* Das Schicksal der Software-Lizenz bei nachträglicher Insolvenz des Lizenzgebers, CR 2012, 216; *Brandt,* Bewertungskriterien für Anwenderhandbücher, CR 1998, 571; *Conrad/Grützmacher* (Hrsg.), Recht der Daten und Datenbanken im Unternehmen, Köln 2014; *Diedrich,* Typisierung von Softwareverträgen nach der Schuldrechtsreform, CR 2002, 473; *ders.,* Nutzungsrechte für Systemsicherungen nach § 69d UrhG, CR 2012, 69; *Fehl,* Computerrechtsrelevante höchstrichterliche AGB-Rechtsprechung (III), CR 1990, 508; *Feil/Leitzen,* EVB-IT, Köln 2003, *dies.,* Die EVB-IT nach der Schuldrechtsreform, CR 2002, 407; *Flore,* Änderung des Umsatzsteuer-Satzes für Computerprogramme, DB 1994, 303; *Grützmacher,* Softwarelizenzverträge und CPU-Klauseln, Möglichkeiten der Vertragsgestaltung nach Maßgabe der Entscheidung des BGH v. 24.10.2002 – I ZR 3/00, ITRB 2003, 279; Gebrauchtsoftware und Übertragbarkeit von Lizenzen, CR 2007, 549; *ders.,* Lizenzgestaltung für neue Nutzungsformen im Lichte von § 69d UrhG, CR 2011, 485 (Teil 1) sowie 697 (Teil 2); *Habel/Keune,* Ermäßigter Umsatzsteuersatz für Anwendersoftware?, CR 1994, 198; *Heydn,* Identitätskrise eines Wirtschaftsguts: Software im Spannungsfeld zwischen Schuldrecht und Urheberrecht, CR 2010, 765, 769; *Heymann,* Outsourcing in Deutschland – eine Bestandsaufnahme der Vertragsgestaltung, CR 2005, 706; *Hilty,* Der Softwarevertrag – ein Blick in die Zukunft – Konsequenzen der trägerlosen Nutzung und des patentrechtlichen Schutzes von Software, MMR 2003, 4; *Hoeren,* Softwareüberlassung als Sachkauf, München 1989; *ders.,* IT-Vertragsrecht, 2. Aufl., Köln 2012; *Hoeren/Schuhmacher,* Verwendungsbeschränkungen im Softwarevertrag, CR 2000, 137; *Hoppen,* Die technische Seite der Softwarelizenzierung, CR 2007, 129; *Immenga/Mestmäcker* (Hrsg.), Wettbewerbsrecht, Band 2, GWB, 5. Aufl., München 2014; *Intveen/Karger,* Erfolgreiche Durchführung von Software-Audits, CR 2014, 39; *Kilian/Heussen,* Computerrechts-Handbuch, München, 34. EL., Stand 2018 (Loseblatt); *Koch,* Schuldrechtsmodernisierung – Auswirkung auf das Gewährleistungsrecht bei IT-Verträgen, CR 2001, 569; *ders.,* Urheberrechtliche Zulässigkeit technischer Beschränkungen und Kontrolle der Software-Nutzung, CR 2002, 629; *Kort,* Produkteigenschaft medizinischer Software, CR 1990, 171; *Lehmann,* Portierung und Migration von Anwendersoftware, CR 1990, 625; *ders.,* Das Urhebervertragsrecht der Softwareüberlassung, in: Beier/Götting/Lehmann/Moufang, Urhebervertragsrecht, Festschrift Schricker, München 1995, 543; *ders.,* Rechtsschutz und Verwertung von Computerprogrammen, 2. Aufl. 1993; *Lejeune,* Die neue Gruppenfreistellungsverordnung für Technologietransfer-Vereinbarungen, CR 2004, 467; *Marly,* Praxishandbuch Softwarerecht, 7. Aufl., München 2018; *ders.,* Der Schutzgegenstand des urheberrechtlichen Softwareschutzes, GRUR 2012, 773; *Metzger,* Zur Zulässigkeit von CPU-Klauseln in Softwareverträgen, NJW 2003, 1994; *ders.,* Erschöpfung des urheberrechtlichen Verbreitungsrechts bei vertikaler Preisbindung, GRUR 2001, 210; *Moritz,* Softwarelizenzverträge (I), (II), (III), CR 1993, 275, 341, 414; *ders.,* Überlassung von Programmkopien – Sachkauf oder Realakt in Vertrag sui generis?, CR 1994, 257; *ders.,* Vervielfältigungsstück eines Programms und seine berechtigte Verwendung, MMR 2001, 94; *Müller-Hengstenberg,* Vertragsbedingungen für Softwareverträge der öffentlichen Hand, 7. Aufl., Berlin 2008; *Nordemann,* CPU-Klauseln in Software-Überlassungsverträgen, CR 1996, 5; *Orthwein/Bernhard,* Mangelhaftigkeit von Software aufgrund Gesetzesänderung?, CR 2009, 354; *Polley,* Verwendungsbeschränkungen in Softwareüberlassungsverträgen, CR 1999, 345;

dies., Softwareverträge und ihre kartellrechtliche Wirksamkeit, CR 2004, 641; *Pres*, Gestaltungsformen urheberrechtlicher Softwareverträge, CR 1994, 520; *Redeker* (Hrsg.), Handbuch der IT-Verträge (Loseblatt, Stand 2013); *ders.*, IT-Recht, 6. Aufl., 2017; *ders.*, Von Dauerbrennern und neuen Entwicklungen im Recht der Leistungsstörungen, CR 2005, 700; *Schneider*, Handbuch des EDV-Rechts, 5. Aufl., Köln 2017; *Schneider/v. Westphalen*, Software-Erstellungsverträge, 2. Aufl. 2014; *Scholz/Haines*, Hardwarebezogene Verwendungsbeschränkungen in Standardverträgen zur Überlassung von Software, CR 2003, 393; *Schöttler/Diekmann*, Typische Haftungsklauseln in IT-AGB, ITRB 2012, 85; *Schricker/Loewenheim/Dietz*, Urheberrecht: Kommentar, 5. Aufl., München 2017; *Schuhmacher*, Wirksamkeit von typischen Klauseln in Softwareüberlassungsverträgen, CR 2000, 641; *Schultze/Pautke/Wagener*, Gruppenfreistellungsverordnung für Technologietransfervereinbarungen, Frankfurt a. M. 2005; *Seege*, Die Insolvenzfestigkeit von Lizenzen und Lizenzverträgen, CR 2013, 205; *Seffer/Horter*, Nebenleistungspflichten des Erstellers von Individualsoftware, ITRB 2005, 169; *Söbbing*, In-Memory-Technologien, ITRB 2014, 92; *Spindler*, Grenzen des Softwareschutzes, CR 2012, 417; *Sucker*, Lizenzierung von Computersoftware (II), CR 1989, 468; *Taeger*, Produkt- und Produzentenhaftung bei Schäden durch fehlerhafte Computerprogramme, CR 1996, 257; *Ullrich/Lejeune/Ritter*, Der internationale Softwarevertrag nach deutschem und ausländischem Recht, 2. Aufl., Heidelberg 2006; *Ulmer, D.*, Elektronischer Ersatz für Handbücher, ITRB 2001, 64; *Ulmer*, Der Bundesgerichtshof und der moderne Vertragstyp „Softwareüberlassung", CR 2000, 493; *Ulmer/Brandner/Hensen*, AGB-Recht, 12. Aufl., Köln 2016; *Valentin*, Der Steuersatz bei der Überlassung von Computerprogrammen, UStB 2001, 17; *Wandtke/Bullinger* (Hrsg), Praxiskommentar zum Urheberrecht, 5. Aufl., München 2019; *Werner*, Sind Sicherheitskopien von CDs notwendig?, CR 2000, 807; *Witte*, Urheberrechtliche Gestaltung des Vertriebs von Standardsoftware, CR 1999, 65; *Zahrnt*, Überlassung von Softwareprodukten nach neuem Urheberrecht, CR 1994, 455.

Anmerkungen

1. Sachverhalt. Der Anbieter von Software, also der Lizenzgeber möchte seinen Kunden diese zur Nutzung überlassen. Es handelt sich um Standardsoftware der oberen Preisklasse, die zum Einsatz bei einer Vielzahl von Lizenznehmern vorzugsweise aus dem Unternehmensbereich geeignet sind. Der Anbieter ist ein Softwarehaus, ein Hardware- und Softwarehersteller oder eine andere Firma, die Vertriebs- und Unterlizenzierungsrechte an der Software von seinen Arbeitnehmern (→ Form. IV.2) oder durch einen oder mehrere Programmerstellungsverträge (→ Form. IV.1) oder auf Basis sonstiger Lizenzverträge erworben hat. Die Nutzung ist vorliegend im Wesentlichen gleichzusetzen mit der Vervielfältigung der Programme und sonstigen Software zum Zwecke ihres bestimmungsgemäßen Gebrauchs; Abänderungen oder Bearbeitungen der Programme durch den Lizenznehmer sind nur in dem Umfang vorgesehen, als es zu ihrer bestimmungsgemäßen Benutzung notwendig ist (siehe dazu auch § 69d Abs. 1 UrhG sowie vertiefend zu dieser Softwareüberlassungsverträge prägenden Norm *Grützmacher* CR 2011, 485 und 697).

Computerprogramme und sonstige Software haben einen erheblichen Wert. Ihre Entwicklung ist kostenintensiv und zeitaufwendig. Andererseits ist Software mit Hilfe des Computers leicht reproduzierbar. Rein technisch gesehen ist jede einzelne Kopie unverminderter Qualität geeignet, als Basiskopie (Masterkopie) für die Herstellung weiterer Kopien verwendet zu werden. Ebenso schnell und leicht wie die Software von dem an den Lizenznehmer gelieferten Datenträger oder per Datenfernübertragung in den Speicher des Computers kopiert werden kann, kann sie aus diesem auf einen anderen Datenträger kopiert oder über ein lokales Datennetz oder gar das Internet übertragen werden. Diese beiden grundsätzlichen Eigenschaften von Computerprogrammen und sonstiger Software – ihr hoher Wert und ihre leichte Reproduzierbarkeit – machen es notwendig, das auf dem Softwaremarkt angebotene und vertriebene Qualitätsprodukt „Computerprogramm" gegen Missbrauch und unerlaubte Nutzungen zu schützen.

Der Softwarelizenzvertrag gemäß vorliegendem Formular erfüllt einen wesentlichen Teil dieser Schutzfunktion. Er regelt die Nutzungsrechte des Vertragspartners und verpflichtet diesen zu Maßnahmen, die dem Schutz des Programms dienen. Der Lizenzvertrag hat damit neben der Verfügbarmachung von Software und der Legitimierung zu ihrer Nutzung eine Schutzfunktion für die überlassene Software, die zusätzlich zu den gesetzlichen Schutzinstrumenten, wie Patent- und Urheberrecht, wirksam ist. Der Lizenzvertrag bestimmt insofern nicht bloß den Umfang des urheber- und ggf. patentrechtlich Erlaubten, sondern schafft ggf. zusätzliche Grenzen der Nutzung. Diese Schutzfunktion basiert vor allem auch darauf, dass die Software im vorliegenden Muster nicht veräußert, sondern zeitlich befristet zur Nutzung überlassen wird (zur Abgrenzung zwischen der kaufweisen und der miet- bzw. pachtweisen Überlassung: OLG Hamm Urt. v. 28.11.2012 – I-12 U 115/12, juris Rn. 40; OLG Stuttgart CR 2012, 299 (300) unter Verweis auf BGH CR 1988, 124). Damit finden im Grundsatz die mietrechtlichen Vorschriften Anwendung; dies wegen § 581 Abs. 2 BGB unabhängig davon, ob man auf zeitlich befristete Softwareüberlassungsverträge die Regeln des Miet- oder die des Pachtrechts anwendet (für die Anwendung des Pachtrechts tendenziell *Heydn* CR 2010, 765 (773) mwN auch zur Rspr.; *Hoeren,* IT-Vertragsrecht, 2. Aufl., S. 251; LG Köln CR 1996, 154). Der Lizenzgeber behält weiter alle Rechte am überlassenen Lizenzmaterial und der Vertragspartner erwirbt nicht das Programm, sondern lediglich eine Lizenz zu dessen Nutzung. Das hat im Wesentlichen die folgenden Effekte: Es tritt anders als beim Verkauf von Software (→ Anm. 3, 7) keine Erschöpfung des Verbreitungsrechts ein (vgl. § 69c Nr. 3 S. 2 UrhG; näher → Anm. 3, 7). Zudem bestehen so seitens des Lizenzgebers über die strikt urheberrechtlichen Rechtspositionen hinaus zusätzliche vertragliche Kontrollmöglichkeiten, eben weil die Software lediglich vermietet wird (BGH CR 2003, 323 (325); dazu näher *Grützmacher* CR 2011, 485 ff.; *Marly,* Praxishandbuch Softwarerecht, 7. Aufl., Rn. 747; vgl. auch *Intveen/Karger* ITRB 2014, 39 (41)). Negativ ins Gewicht fallen aus Sicht des Softwareanbieters die dauerhafte Gewährleistung und die über die Laufzeit erfolgende Vergütung sowie aus Sicht des Lizenznehmers die potentiell mangelnde Insolvenzfestigkeit der Nutzungsrechte (*Dohrn/Lejeune/Stögmüller/Heydn/Moritz/Scherenberg/Schneider* CR 2012, 216; *Seege* CR 2013, 205) bei Vertragsende sowie (mitunter) die mangelnde Bilanzierbarkeit.

Das Formular ist für urheberrechtlich geschützte Computerprogramme bestimmt (zum Urheberrechtsschutz von Programmen → Form. VI.2 Anm. 1 und → Form. VI.1 Anm. 18). In Übereinstimmung mit der international üblichen Terminologie wird das Formular als Lizenzvertrag bezeichnet. Wegen des für Software in aller Regel bestehenden absoluten Rechtsschutzes stellt sich der Lizenzvertrag als „Basisvertragstypus" dar (*Ullrich/Lejeune/Ritter,* Der internationale Softwarevertrag nach deutschem und ausländischem Recht, S. 184 ff., unter einer Vielzahl von Ländern zB USA: S. 1286). Die von Teilen der Literatur geäußerte Kritik an der Verwendung des Begriffs „Lizenz" für die Überlassung von Software (s. ua *Redeker,* IT-Recht, 6. Aufl., Rn. 525, 597) kann daher nicht überzeugen und ist letztlich akademisch bzw. praxisfern. Auch der BGH spricht bei der räumlich oder zeitlich beschränkten Einräumung von Nutzungsrechten an Software von Lizenz, Lizenznehmer und Lizenzvertrag (BGH CR 2000, 651 (653); 2003, 323; 2012, 572).

2. Wahl des Formulars. Das Formular ist insbesondere für Standardprogramme der oberen und mittleren Preisklasse geeignet, die auf Großrechnern, Workstation-Computern oder Client-Server-Computern zum Einsatz kommen. Unter einem Standardprogramm bzw. Standardsoftware wird ein existierendes, lauffähiges, ausgetestetes Programm verstanden, das zur Lösung von vorgegebenen Aufgaben unter vorgegebenen Einsatzbedingungen bei einer Vielzahl von Lizenznehmern einsetzbar ist, ohne dass hierzu bei den einzelnen Lizenznehmern wesentliche Änderungen oder Anpassungen im Programm notwendig sind. Es kann sich um Anwendungsprogramme jeder Art, um Systemsoftware oder um betriebssystemnahe Software, um Datenbankprogramme sowie andere Dienstprogramme handeln. Das Formular erfasst auch Datenbestände, die in der Software enthalten sind, wie zB ein Wörterbuch in einem Textverarbeitungsprogramm. Es eignet sich im Prinzip aber auch für Datenbestände, die selbstständig wie ein Computerprogramm dem Lizenznehmer zur Nutzung überlassen werden sollen, wie zB statistische Wirtschaftsdaten, digitalisierte Konstruktionsdaten für Maschinen und Anlagen oder eine Datenbank von typographischen Schriftzeichen in digitaler Form, die in einem System zur computerunterstützten Druckaufbereitung zum Einsatz kommt. Solche Datenbestände sind in gleichem Maße missbrauchsgefährdet wie die als Standardsoftware angebotenen Computerprogramme und erfordern daher den gleichen starken Vertragsschutz. Ggf. ist die Terminologie anzupassen und uU noch auf die Besonderheiten von §§ 55a, 87c UrhG Rücksicht zu nehmen (s. dazu *Koch* in Conrad/Grützmacher (Hrsg.), Recht der Daten und Datenbanken im Unternehmen, S. 649 ff.).

Das Formular ist im Übrigen so ausgestaltet, dass es möglichst viele Varianten des Softwarevertriebs erfasst, also etwa sowohl den physischen Vertrieb auf Datenträgern als auch den Online-Vertrieb wie auch Mischformen aus diesen. Auch können Nutzungsbeschränkungen flexibel über den Programmschein vereinbart werden. Bezogen auf die konkrete Software bietet es sich mitunter – soweit überflüssig – an, die im Text durch alternative Formulierungen ermöglichten Varianten im Einzelfall zu streichen.

3. Vertragsgegenstand. In der Informatik unterscheidet man zwischen dem vom Softwareentwickler in einer Programmiersprache geschriebenen Quellcode und dem aus dem Quellcode durch maschinelle Übersetzung erhaltenen ausführbaren Programm im Objektcode. Letzteres besteht aus einer maschinengerechten, binärcodierten Darstellung des Programms, das in dieser Form auf einem maschinenlesbaren Träger (Harddisk, CD-ROM, DVD, USB-Massenspeicher etc) aufgezeichnet ist, von dem es beim Lizenznehmer zum Zwecke der Installation und (späteren) Ausführung in einen Computer geladen wird. Vertragsgegenstand ist die Einräumung eines einfachen und nicht übertragbaren Nutzungsrechts (Lizenz) an Computerprogrammen, die dem Lizenznehmer samt Daten als Objektprogramme im ausführbaren Zustand für die Laufzeit des Vertrags zur Nutzung überlassen werden (§§ 69c, 69d Abs. 1, 15 ff., 55a, 87b, c und e UrhG). Zu diesem Zweck erhält der Lizenznehmer jeweils eine Kopie der Programme, und zwar auf einem Datenträger (Lieferkopie) oder auch per Online-Übertragung (zumeist Download aus dem Internet). Die überlassene Software stellt ein selbstständiges Produkt dar. Gegenstand des Vertrags ist weiter die für die Nutzung der Software elementare Anwendungsdokumentation (→ Anm. 5).

Softwareüberlassung war historisch nicht als Sachkauf konzipiert. Man sprach vielmehr per se vom Lizenzvertrag. Im Laufe der Zeit hat der Begriff der Softwareüberlassung eine erweiterte Auslegung erfahren und wird inzwischen generell auf den Vertrieb von Standardprogrammen angewandt, ohne Rücksicht auf die Ausgestaltung der diesbezüglichen Verträge (s. zB *Marly,* Praxishandbuch Softwarerecht, 7. Aufl., Rn. 663). So hat der BGH zunächst (BGH NJW 1988, 406 = CR 1988, 124) im Falle der Mangelhaftigkeit von zusammen mit Hardware gelieferten Kopien vorgefertigter Standardsoftware, die gegen einmaliges Entgelt auf Dauer zu freier Verfügung überlassen wurde, die Vorschriften der §§ 459 ff. BGB (aF) für entsprechend anwendbar erklärt, später auch darüber hinaus. Das liegt nach heutigen Maßstäben auf der Linie des § 453 BGB bzw. der Rechtsprechung des EuGH (EuGH GRUR 2012, 904 (906) – UsedSoft). Folge einer solchen Gestaltung wäre nach der Rechtsprechung, dass die Software unter bestimmten Umständen an Dritte auf Basis der sog. Erschöpfungslehre weiterveräußerbar wäre (EuGH GRUR 2012, 904 – UsedSoft; BGH GRUR 2014, 264 – UsedSoft II; OLG Frankfurt a.M. CR 2013, 148; OLG Hamm GRUR 2014, 853; LG Hamburg CR 2014, 15; siehe schon BGH CR 2000, 651 (653) – OEM-Version; *Grützmacher* CR 2007, 549 ff.; anders die frühere untergerichtliche Rechtsprechung zum „Online-Erwerb", etwas LG München ZUM 2006, 251 und OLG München MMR 2006, 748 – Handel mit „gebrauchten" Softwarelizenzen). Wie die CPU-Entscheidung des BGH (CR 2003, 323 = GRUR 2003, 416 – CPU-Klausel) zeigt, geht der BGH aber bei einer zeitlichen Befristung von der Zulässigkeit lizenzvertraglich ausgestalteter Verträge aus (vgl. hierzu auch *Metzger* NJW 2003, 1994 f.; *Hilty* MMR 2003, 4; *Moritz* MMR 2001, 94; Beier/Götting/Lehmann/Moufang/*Lehmann,* Urhebervertragsrecht, 1995, 544 ff.; *Lehmann* CR 1994, 257; OLG Nürnberg CR 1990, 11; siehe aber auch *Schneider,* Handbuch des EDV-Rechts, 5. Aufl., Kap. M Rn. 125 ff.), bei denen dann nicht nur schuldrechtlich (→ Anm. 1), sondern auch nach dem Urheberrecht mietrechtliche Regelungen greifen können. Zu einer Erschöpfung des Verbreitungsrechts kommt es dann nicht (§ 69c Nr. 3 S. 2 UrhG).

Im vorliegenden Formular ist die Softwareüberlassung als (zeitlich beschränkte) Einräumung von Nutzungsrechten (Lizenzierung) an Programmen auf der Grundlage des Urheberrechts ausgestaltet. Softwareüberlassung in diesem Sinne ist kein Sachkauf. Die eingeräumten Nutzungsrechte sind dementsprechend nach § 1 Abs. (1) auch nicht übertragbar und jegliche Unterlizenzierung ist ausgeschlossen. Dies gilt, wie sich mittelbar auch aus § 3 Abs. (4) ergibt, insbesondere auch dann, wenn das Unternehmen des Lizenznehmers veräußert oder aufgelöst wird. Auch die zustimmungsfreie Weiterübertragung eines eingeräumten Nutzungsrechts im Rahmen der Gesamtveräußerung eines Unternehmens gemäß § 34 Abs. 3 UrhG ist gemäß § 34 Abs. 5 UrhG abdingbar (Schricker/Loewenheim/Dietz/*Schricker/Loewenheim,* Urheberrecht, 5. Aufl. 2018, § 34 Rn. 52). Man kann zwar grundsätzlich darüber streiten, ob ein Abweichen von §§ 34 Abs. 1 und Abs. 3 UrhG in AGB möglich ist. Entschieden worden ist diese Frage, soweit ersichtlich, nicht. Allerdings ist dies anders als bei Kaufverträgen bei der mietweisen Überlassung von Software im Zweifel eher möglich. Denn hier stehen einem Übertragungsverbot weder die Vorschriften des Mietrechts noch der bei der Miete nicht eingreifende Erschöpfungsgrundsatz entgegen.

4. Programmschein. Das Formular trägt diesem Umstand Rechnung, indem es der nach wie vor bei hochwertiger Software weithin verbreiteten Praxis folgt, zur vertragstechnischen Vereinfachung einen Rahmenvertrag für mehrere Programme zu verwenden, der in einer als „Programmschein" bezeichneten Anlage zum Vertrag angegeben wird (s. zB EVB-IT Überlassungsvertrag Typ B, Ziffer 3; *Feil/Leitzen,* EVB-IT, S. 438 sowie Rn. 121 ff.).

Im Programmschein sind unterschiedliche Gebühren-, Liefer-, Service- und Gewährleistungskonditionen für die einzelne Software sowie die jeweilige Zahl der lizenzierten Arbeitsplätze angegeben. Es ist somit möglich, während der Laufdauer des Rahmenvertrags zu verschiedenen Zeitpunkten Lizenzen an unterschiedlicher Software zu erwerben oder zu beenden, ohne dass es hierzu eines neuen Rahmenvertrags bedürfte. Zusehends werden Programmscheine durch elektronische Datenbestände über den Lizenzumfang abgelöst. Für den Lizenznehmer haben Programmscheine aber den unschätzbaren Vorteil, im Streitfall eine Urkunde zu Beweiszwecken vorlegen zu können.

5. Anwendungsdokumentation. Zusammen mit der jeweiligen Software wird dem Lizenznehmer eine Anwendungsdokumentation überlassen – auch Begleitmaterial, Benutzerhandbuch oder Bedienungsanweisung genannt –, die dem Lizenznehmer die zur bestimmungsgemäßen Nutzung des Programms notwendigen Informationen vermittelt.

Die Anwendungsdokumentation richtet sich an den Benutzer des Programms und enthält detaillierte Anweisungen über die Anwendung des Programms. Die Anwendungsdokumentation ist unerlässlicher Bestandteil des dem Lizenznehmer zu überlassenden Materials, da ohne sie die Benutzung des Programms nicht möglich oder zumindest sehr erschwert ist. Sie wird deshalb zu Recht als wesentlicher Teil der geschuldeten Leistung angesehen (BGH CR 1990, 189; 1993, 203; 1993, 352 (354); OLG Karlsruhe CR 2003, 95; OLG Köln CR 2000, 585; OLG München CR 1999, 221; LG Stuttgart CR 2001, 585 (586); s. ua auch *Beckmann* CR 1998, 519; *Bergmann/Pötter/Streitz* CR 2000, 555; *Redeker* CR 2005, 700 (703); *Schneider/v. Westphalen,* Software-Erstellungsverträge, Rn. 427). Zur Anwendungsdokumentation gehört uU auch eine Dateibeschreibung; sie kann deshalb ebenfalls Teil der geschuldeten Leistung sein (OLG Hamm CR 1986, 268). Andererseits ist die Qualität der Anwendungsdokumentation oft entscheidend für den wirtschaftlichen Erfolg einer Software. Sie ist deshalb gleichermaßen missbrauchsgefährdet wie das Programm selbst. Der Lizenzgeber hat daher ein elementares Interesse, für die Anwendungsdokumentation einen ebenso starken vertraglichen Schutz gegen missbräuchliche Verwertung zu vereinbaren wie für das lizenzierte Programm selbst. Sie ist nach hM nicht nach § 69a UrhG, uU aber urheberrechtlich gemäß § 2 UrhG geschützt (dazu *Marly* GRUR 2012, 773 (775); Wandtke/Bullinger-*Grützmacher,* Praxiskommentar zum Urheberrecht, 5. Aufl., § 69a Rn. 13 mwN). Die Anwendungsdokumentation wird daher auch zum Lizenzmaterial gezählt.

Die Anwendungsdokumentation wird dem Lizenznehmer als druckschriftliches Material überlassen, zB in Form eines Handbuchs, oder wie das zugehörige Programm auf einem Datenträger oder sonst elektronisch (dazu LG Heilbronn CR 1994, 281 (282); *Ulmer* ITRB 2001, 64; *Seffer/Horter* ITRB 2005, 169 (170): idR reicht ausdruckbares PDF; aA LG Stuttgart CR 2001, 585 (586) bei einer im Ausdruck 1.500 Seiten umfassenden und Bildschirmmasken nicht wiedergebenden Online-Hilfe für ein komplexes Programm; differenzierend: *Beckmann* CR 1998, 519 (521), der zudem darauf hinweist, dass reine Online-Hilfen nicht reichen), etwa per Download. Welche Form der Überlassung Anwendung findet, regelt entsprechend § 2 Abs. (2) der Programmschein. Programm und Anwendungsdokumentation bilden zusammen das Lizenzmaterial, zu dem auch Neuauflagen des Programms und/oder der Dokumentation gehören.

Weitere Bestandteile der vertragsgegenständlichen Software sind Daten in Form von Dateien oder gar Datenbanken (vgl. §§ 4, 87a ff. UrhG).

6. Nutzungsumfang. Wie in der Folge dargestellt wird, erfordert das Einspeichern und Ausführen der Programme Vervielfältigungen im Sinne von § 69c Nr. 1 UrhG,. Beim *Speichern* des Programms erfolgt eine körperliche Festlegung desselben, die geeignet ist, das Programm den menschlichen Sinnen auf irgendeine Weise unmittelbar oder mittelbar (zB über einen Bildschirm) wahrnehmbar zu machen (BGH CR 1991, 80 (86) – Betriebssystem; BGH CR 1994, 275 – Holzhandelsprogramm; *Bartsch* Anm. zu LG Mannheim CR 1999, 360 (362); Lehmann/*Haberstumpf,* Rechtsschutz und Verwertung von Computerprogrammen, II, Rn. 115 ff.; Kilian/Heussen-*Czychowski/Siesmayer,* Computerrechts-Handbuch, 20.4, Rn. 91 ff.; *Marly,* Praxishandbuch Softwarerecht, 7. Aufl., Rn. 157 ff., 1099; *Moritz* MMR 2001, 94). Dieses war schon immer ganz hM. Demgegenüber war die Frage, ob auch der *Ablauf eines Computerprogramms* eine urheberrechtlich geschützte Verwertungsart darstellt, lange Zeit umstritten. Der BGH hatte dies in seinen Entscheidungen ausdrücklich offengelassen (BGH CR 1991, 80 (86); NJW 1994, 1216 (1217)). Nunmehr ist jedoch durch die höchstrichterliche Rechtsprechung geklärt, dass der reine Programmlauf keine urheberrechtliche Vervielfältigungshandlung darstellt (EuGH GRUR 2012, 156 (163); 2009, 1041 (1043); BGH GRUR 2011, 418 (419); LG Frankfurt a. M. CR 2013, 768 (771); Wandtke/Bullinger-*Grützmacher,* Praxiskommentar zum Urheberrecht, 5. Aufl., § 69c Rn. 7; Lehmann/*Haberstumpf,* Rechtsschutz und Verwertung von Computerprogrammen

II, Rn. 114; *Hoeren/Schumacher* CR 2000, 137; *Marly,* Praxishandbuch Softwarerecht, 7. Aufl., Rn. 158, 164 f., 1099; aA; *Moritz* MMR 2001, 94; wohl offen lassend Kilian/Heussen-*Czychowski-Siesmayer,* Computerrechts-Handbuch, 20.4, Rn. 92). Im Ergebnis ist damit aber sehr wohl die Nutzung des Programms idR mit einer Vervielfältigung im urheberrechtlichen Sinne verbunden, so liegt zB beim wiederholten Laden des Programms oder von selbstständig schutzfähigen Teilen desselben von einem Speicher (insbes. Festplatte) in den Arbeitsspeicher des Computers (BGH GRUR 2011, 418 (419); LG Frankfurt a.M. CR 2011, 428 (430)), eine Verwertungshandlung vor, für die es der Nutzungsrechtseinräumung bedarf.

Vor diesem Hintergrund geben § 2 Abs. (1), (2), (5) und (7) des Formulars sowie die §§ 69d Abs. 1, 55a, 87e UrhG dem Lizenznehmer das Recht zur Vervielfältigung zum Zwecke der Programmausführung und zur Verarbeitung der darin enthaltenen Datenbestände in Form eines einfachen Nutzungsrechts. Dieses berechtigt ihn, die Programme in dem zur vertragsgemäßen Nutzung erforderlichen Umfang zu vervielfältigen, dh, eine Kopie zur Aufnahme und Installation der Programme (samt Bibliotheken) im permanenten Speicher des Rechners (zB einer Festplatte) zu erstellen und die bei jedem Programmlauf dazu benötigten Arbeitskopien herzustellen sowie Sicherungskopien für etwaige Störungsfälle anzufertigen.

Das Formular stützt sich auf die Zulässigkeit der räumlichen und inhaltlichen Beschränkung von Nutzungsrechten gemäß §§ 69d Abs. 1, 31 Abs. 1 UrhG. Das Recht wird für ein Standardprogramm eingeräumt, das einer Vielzahl von Lizenznehmern überlassen werden soll. Hieraus folgt, dass sich der Vertrag auf die Einräumung eines einfachen, nicht ausschließlichen Nutzungsrechts im Sinne von § 31 Abs. 2 UrhG beschränken darf bzw. aus der Sicht der Lizenzgeber muss. Der Lizenzgeber kann gleiche Verträge mit einer Vielzahl von Lizenznehmern abschließen. Die Nutzungsbedingungen müssen den hohen Investitionskosten und der leichten Kopierbarkeit von Programmen Rechnung tragen. Der Lizenznehmer erhält nach § 2 Abs. (1) insofern in der Grundkonstellation (nur) das Recht, das Programm auf einem nicht näher bestimmten Arbeitsplatz zum eigenen Gebrauch im Rahmen seines Geschäftsbetriebs zu nutzen. Bei diesem Arbeitsplatz kann es sich um einen PC (Client), einen Server oder um eine andere Hardware handeln. Für den Lizenzgeber verbietet es sich in vielen Fällen, einem Unternehmen mit einer Vielzahl von Arbeitsplätzen jeweils eine einzelne Lizenz zur unbeschränkten Nutzung im Unternehmen zu denselben Konditionen anzubieten. Das Großunternehmen, das dann Kopien der Software herstellen und auf allen Rechnern im Unternehmen gleichzeitig betreiben könnte, hätte damit zum gleichen Preis einen ungleich größeren Nutzen als das Unternehmen mit nur einem oder sehr wenigen Arbeitsplätzen. Das Formular sieht deshalb die in der Praxis weithin übliche Gestaltung vor, nach welcher der Lizenznehmer für die Nutzung von Software an mehreren Arbeitsplätzen auch eine entsprechende Zahl von Einzelplatzlizenzen erwerben muss; eine zweite Möglichkeit der Steuerung bietet die beschränkte Erlaubnis zur Nutzung an einem bestimmten Arbeitsplatz bzw. einer bestimmten Art von Rechner, welcher im Programmschein (→ Anm. 4) näher bezeichnet wird.

„Nutzen" ist nach Abs. (2) jedes dauerhafte oder vorübergehende ganze oder teilweise Vervielfältigen (Kopieren) durch Laden, Anzeigen, Ablaufen, Übertragen oder Speichern der Programme zum Zwecke ihrer Ausführung und zur Verarbeitung der darin enthaltenen Daten (vgl. auch (§ 69d Abs. 1 UrhG). Soll die Nutzung des Programms auf mehr als einem Arbeitsplatz erfolgen, ist für jede dieser Einheiten eine separate Lizenz notwendig. In diesem Fall ist, wie dargelegt, im Programmschein die Anzahl der erforderlichen Lizenzen zu vermerken.

Sofern das Programm technisch hierfür geeignet ist, kann gemäß § 2 Abs. (3) auch eine Netzwerklizenz (dazu Wandtke/Bullinger-*Grützmacher,* Praxiskommentar zum Urheberrecht, 5. Aufl., § 69d Rn. 10, 36) vereinbart werden, die den Lizenznehmer berechtigt, die

Software gleichzeitig auf mehreren an das Netzwerk angeschlossenen Arbeitsplätzen zu nutzen. Auch in diesem Fall entspricht es der Lizenzpraxis, dass sich die Gebühren des Lizenznehmers anhand der Arbeitsplätze berechnen (zu solchen Floating-Lizenzen für concurrent user Wandtke/Bullinger-*Grützmacher,* Praxiskommentar zum Urheberrecht, 5. Aufl., § 69d Rn. 36, 44). Dementsprechend geht das Formular auch für die Netzwerklizenz davon aus, dass im Programmschein die Zahl der Arbeitsplätze zu beziffern ist. Erfordert die Netzwerknutzung die Installation eines Client-Programms am jeweiligen Arbeitsplatz (Client-Server-Modell), so ist die Herstellung einer entsprechenden Anzahl von Vervielfältigungen des Client-Programms gestattet (zu den verschiedenen Lizenzmodellen der Vertragspraxis vgl. *Hoppen* CR 2007, 129 ff.).

Das Formular sieht als weitere Alternative die Beschränkung der Nutzung auf einen genau bestimmten Rechner vor und enthält in § 2 Abs. (4) Ausweichregelungen für deren zeitweisen Ausfall. Wird diese Alternative gewählt, so sind nähere Angaben zu dem Rechner im Programmschein erforderlich, uU sogar die Angabe der Maschinennummer. Die Bindung der Benutzung von Standardsoftware an eine bestimmte Datenverarbeitungseinheit ist umstritten. Einerseits wurde ihre Wirksamkeit in der älteren Rechtsprechung tendenziell als unbedenklich angesehen (BGH NJW 1990, 3011 (3012); OLG Frankfurt a. M. BB 1990, Beilage 24, 8; CR 2000, 146 (151)) und andererseits wird unter der Voraussetzung zumindest bei der kaufweisen Überlassung eine solche Bindung zu Recht als unzulässige Einschränkung einer sich aus dem Eigentum an der Software ergebenden beliebigen Nutzung derselben gesehen (OLG Frankfurt a. M. CR 1991, 345; 1993, 398; OLG Nürnberg CR 1990, 118; 1993, 539; Ulmer/Brandner/Hensen/*Ernst,* 12. Aufl., AGB-Recht, Teil 2 (44), Softwareverträge Rn. 55 f.). Insoweit ist auf die im Urheberrecht angelegte Wahlmöglichkeit des Rechtsinhabers zwischen kauf- und lizenzvertraglichen Gestaltungen der Softwareüberlassung zu verweisen. Gemäß §§ 69c Nr. 1 und 3 und 69d Abs. 1 UrhG hat der Rechtsinhaber das Recht der Entscheidung, ob er ein Computerprogramm auf dem Wege der Veräußerung (Verkauf) oder durch Gebrauchsüberlassung (Lizenz, Miete/Pacht) verbreiten will (BGH CR 2000, 651 (653) – OEM-Version; BGH CR 2007, 75 f.). Entscheidet er sich für eine auch für den Lizenznehmer als solche deutlich erkennbare Gestaltung als Lizenzvertrag in Form einer Überlassung auf eine bestimmte Zeit (und nicht auf Dauer), so ist für eine nachträgliche Umdeutung im Rahmen einer gerichtlichen Auseinandersetzung in einen Verkauf kein Raum (zur rechtlichen Bewertung s. ua *Nordemann* CR 1996, 5; *Hilty* MMR 2003, 3 (14) mit zahlreichen weiteren Nachweisen). Einen wesentlichen Beitrag zur Klärung der umstrittenen Rechtslage hat der BGH mit der Entscheidung vom 24.10.2002 (CR 2003, 323 mit Anmerkung *Wiebe* = GRUR 2003, 416 – CPU-Klausel) geleistet. Nach dieser Entscheidung sind Vertragsklauseln in einem als Lizenzvertrag verfassten Softwareüberlassungsvertrag, die die Verwendung lizenzierter Software an einen bestimmten Rechner binden, die Verwendung eines anderen Rechners aber nicht ausschließen, sondern im Falle des Einsatzes eines anderen Rechners die Mitwirkung des Lizenzgebers erforderlich machen, nicht unangemessen (zustimmend: *Metzger* NJW 2003, 1994 f.; *Scholz/Haines* CR 2003, 393; *Grützmacher* ITRB 2003, 279). Ähnlich wären wohl die Festschreibung einer bestimmten Anzahl von Cores (dazu LG Frankfurt a. M. CR 2013, 768 (771); Wandtke/Bullinger-*Grützmacher,* Praxiskommentar zum Urheberrecht, 5. Aufl., § 69d Rn. 7 sowie § 69d Rn. 39) sowie im Zweifel auch Nutzungsbeschränkungen bezogen auf In-Memory-Technologien zu bewerten (vgl. *Söbbing* ITBR 2014, 92 (94 f.)). Ergänzend muss dann aber jedenfalls die Möglichkeit bestehen, wie unter § 6 Abs. (4) vorgesehen, auf eine leistungsfähigere Hardware zu wechseln (BGH CR 2003, 323 = GRUR 2003, 416 – CPU-Klausel).

Zur Nutzung von Programmen im Sinne des Vertrags gehören auch Beobachtungen, Untersuchungen und Tests beim Ablauf des Programms, um Aufschluss über die dem Programm zugrunde liegenden Ideen und Prinzipien zu erhalten. Diese in § 2 (2) des

Formulars enthaltene Regelung entspricht § 69d Abs. 3 UrhG. Nach § 2 Abs. (7) des Formulars hat der Lizenznehmer auch das Recht, Sicherungskopien der lizenzierten Programme und der darin enthaltenen Datenbestände in dem für einen ordnungsgemäßen und gesicherten IT-Betrieb gebotenen Umfang herzustellen. Diese Regelung geht über § 69d Abs. 2 UrhG hinaus, wonach der zur Benutzung des Programms Berechtigte nur eine Sicherungskopie erstellen darf, wenn sie für die Sicherung künftiger Benutzung erforderlich ist. Die Klausel gestattet insbesondere auch die im Unternehmenseinsatz erforderliche regelmäßige Komplettsicherung von Programm und Daten. Ob diese gemäß § 69d Abs. 2 UrhG zulässig ist, wird unterschiedlich beurteilt (ausführlich: *Diedrich* CR 2012, 69 (70 ff.), dafür: Wandtke/Bullinger-*Grützmacher,* Praxiskommentar zum Urheberrecht, 5. Aufl., § 69d Rn. 56; Schricker/Loewenheim-*Loewenheim,* Urheberrecht, 5. Aufl., § 69d Rn. 16 f. jeweils mwN; enger: *Marly,* Praxishandbuch Softwarerecht, 7. Aufl., Rn. 1583 f.). Insofern empfiehlt sich eine klare vertragliche Regelung. Für den Fall, dass das Programm mit einem technischen Kopierschutz ausgestattet ist, muss der Lizenzgeber dafür sorgen, dass der Lizenznehmer im Falle einer Beschädigung des gelieferten Datenträgers kurzfristig eine Ersatzkopie erhalten kann. Sagt er dies nicht zu steht im Raume, dass der Kopierschutz in Anbetracht von § 69d Abs. 1 und 2 UrhG entfernt werden darf, auch wenn im Grundsatz eine Änderung des Programms zur Beseitigung einer technischen Kopiersperre (Dongle) nicht zulässig ist (BGH CR 1996, 79; OLG Karlsruhe CR 1996, 341; OLG Düsseldorf CR 1997, 337; str., dazu ausführlich Wandtke/Bullinger-*Grützmacher,* Praxiskommentar zum Urheberrecht, 5. Aufl., § 69d Rn. 18 mwN).

Das Formular sieht auch insofern vor, dass die lizenzierten Programme grundsätzlich in der überlassenen Form benutzt werden und eben grundsätzlich nicht geändert werden dürfen. In Übereinstimmung mit § 69d Abs. 1 UrhG sind nach § 2 Abs. (8) Änderungen und Bearbeitungen nur in dem Umfang insoweit zugelassen, als diese für den bestimmungsgemäßen Gebrauch notwendig sind. Hierzu gehören zB Verbindungen mit anderen Programmen, Kompressionen, Sicherungsverschlüsselungen, Aktualisierungen von im Programm enthaltenen Datenbeständen, im Programm vorgesehene Anpassungen, wie die Vervollständigung von Arbeitsrahmen (Frameworks) oder eine Sprachenauswahl für den Bildschirmdialog. Auch Fehlerberichtigungen sind in dem Maße zulässig, wie es der überlassene Objektcode gestattet. Diese Änderungen, Bearbeitungen und Fehlerkorrekturen dürfen auch von Dritten für den Lizenznehmer ausgeführt werden, solange sich diese bei dem Lizenznehmer aufhalten. Darüber hinausgehende Änderungen und Bearbeitungen sind unzulässig. Insbesondere ist eine vollständige Rückübersetzung (Dekompilierung, Disassembling) der Programme in eine Quellcode-Form oder in andere Vorstufen-Darstellungsformen ausgeschlossen. Dies steht im Einklang mit §§ 69c Nr. 2, 69d Abs. 1 und 69e UrhG (vgl. LG Frankfurt a. M. CR 2006, 729 (733)). § 69e UrhG erlaubt unter bestimmten einschränkenden Bedingungen eine Rückübersetzung von Programmteilen, soweit dies zur Herstellung der Interoperabilität eines unabhängig geschaffenen Computerprogramms mit anderen Programmen notwendig ist. Diese Vorschrift ist ebenso wie § 69d Abs. 2 und 3 UrhG vertraglich nicht abdingbar (§ 69g Abs. 2 UrhG). Sie gilt für den Fall, dass das überlassene Programm dazu dienen soll, die Entwicklung interoperabler Programme für den Lizenznehmer zu unterstützen, und sie gilt nur insoweit, als der Lizenzgeber Informationen über die Schnittstellen des überlassenen Programms zu anderen Programmen nicht im gebotenen Umfang verfügbar macht. Um eine Dekompilierung möglichst zu unterbinden, sieht das Formular in § 2 Abs. (7) vor, dass die gemäß § 1 Abs. (2) zu liefernde Anwendungsdokumentation eine vollständige Beschreibung aller Schnittstellen enthält, die der Hersteller zur Verbindung der überlassenen Programme mit anderen Programmen vorgesehen hat. Sollte die Beschreibung für die Zwecke des Lizenznehmers nicht ausreichen, ist dieser gehalten, sich mit dem Lizenzgeber in Verbindung zu setzen.

7. Schutz des Lizenzmaterials. Das eingangs erläuterte Verhältnis zwischen hohen Entwicklungs- und niedrigen Reproduktionskosten von Computerprogrammen lässt es sinnvoll erscheinen, auch sonst detaillierte Maßnahmen zur Sicherung der überlassenen Computerprogramme zu vereinbaren. Die wichtigste Schutzmaßnahme besteht darin, dass das Programm nicht veräußert, sondern lediglich überlassen wird. Dies bedeutet, dass kein Verkauf der Programme stattfindet.

Eine Maßnahme zum Schutze des Lizenzmaterials ist nach § 3 Abs. (2) die Anbringung und Beibehaltung von Schutzvermerken im Lizenzmaterial. Hierzu gehören der Copyright-Vermerk in der vom Welturheberrechtsabkommen vorgeschriebenen Form und andere Vermerke, die einen dem Vertrag entsprechenden Vorbehalt der Rechte am Lizenzmaterial zum Ausdruck bringen. Der Copyright-Vermerk ist Hinweis dafür, dass für das Lizenzmaterial Urheberrechtsschutz in Anspruch genommen wird. Er dient außerdem in Verbindung mit Art. III Welturheberrechtsabkommen zur Schutzrechtssicherung in jenen Ländern, die Formalitäten zur Erlangung des Urheberrechtsschutzes fordern. Nach dem Beitritt der USA zur Revidierten Berner Übereinkunft dient der Vermerk heute vor allem dazu, die im US Copyright Act vorgesehenen Beweiserleichterungen bei Schadensersatzansprüchen wahrnehmen zu können. Daneben ist der psychologische Effekt entsprechender Klauseln zu berücksichtigen. Der Copyright-Vermerk kann durch einen allgemeinen Rechtsvorbehalt und durch den Hinweis ergänzt werden, dass es sich beim vorliegenden Programm um Lizenzmaterial im Sinne des Überlassungsvertrags handelt. Das Formular sieht vor, dass alle Copyright-Vermerke des Lizenzgebers unverändert im überlassenen Lizenzmaterial beizubehalten und in alle vertragsgemäß hergestellten Kopien oder Teilkopien zu übernehmen sind. „Unverändert" bedeutet, dass die Schutzvermerke weder in ihrer Form, noch in Art, Zahl und Ort ihrer Anbringung verändert werden dürfen.

Vertragsgemäß hergestellte Kopien müssen nach § 3 Abs. (3) inventarmäßig erfasst werden, der Lizenzgeber hat hierüber ein Auskunftsrecht. Dieses geht nicht ganz so weit, wie die oft in Lizenzverträgen zu findenden, aus Sicht des Softwareanbieters auch sinnvollen Auditklauseln, bei denen allerdings in Hinblick auf deren Abweichen von §§ 101a UrhG sowie 809 BGB große Zweifel bestünden, ob diese AGB-rechtkonform wären (vgl. *Intveen/Karger* ITRB 2014, 39 (41 f.); Wandtke/Bullinger-*Grützmacher*, Praxiskommentar zum Urheberrecht, 5. Aufl., Vor §§ 69a ff. Rn. 31 mwN).

Mit Blick auf den Schutz der Software besteht eine wesentliche Sicherungsmaßnahme auch darin, dass nach § 3 Abs. (4) weder das überlassene Lizenzmaterial noch davon hergestellte Kopien oder Teilkopien ohne schriftliche Zustimmung des Lizenzgebers Dritten zugänglich gemacht werden dürfen. Dies ist letztlich auch die Konsequenz der zeitlich begrenzten Softwareüberlassung, bei der keine Erschöpfung des Verbreitungsrechts erfolgt, sowie der korrespondierenden Einräumung nicht übertragbarer Nutzungsrechte (→ Anm. 3). Die Art der Verbreitung von Computerprogrammen unterliegt der Disposition des Rechtsinhabers (KG CR 1996, 531). Entscheidet er, dass Kopien seiner Computerprogramme nicht auf dem Wege der Veräußerung, sondern durch nicht dauerhafte Überlassung und Lizenzierung der Öffentlichkeit zugänglich gemacht werden sollen, so kommt eine Erschöpfung des Verbreitungsrechts gemäß § 69c Nr. 3 S. 2 UrhG nicht in Betracht (→ Anm. 3.). Eine Erschöpfung des Verbreitungsrechts tritt nur im Falle des Verkaufs von Programmkopien ein, nicht aber im Fall der zeitweiligen Überlassung von Software (vgl. § 69c Nr. 3: „im Wege der Veräußerung"). Dementsprechend spricht einiges dafür, dass in einer solchen Situation selbst pauschale Weitergabeverbote zulässig sind (vgl. LG Köln CR 2010, 576 (577)). Die Weitergabe an Dritte kann vorliegend also – Zweifel bestehen mit Blick auf Unternehmenstransaktionen (→ Anm. 3.) – pauschal untersagt werden. Mitarbeiter des Lizenznehmers oder Personen, die sich zur vertragsgemäßen Nutzung des Lizenzmaterials in seinen Räumen aufhalten, gelten dabei für die Dauer dieses Aufenthalts nicht als „Dritte" (vgl. auch Wandtke/Bullinger-*Grützmacher*,

Praxiskommentar zum Urheberrecht, 5. Aufl., § 69d Rn. 28). Können Fehlerkorrekturen gemäß § 2 Abs. (8) aus gewichtigen Gründen nicht in den Räumen des Lizenznehmers durchgeführt werden, muss der Lizenznehmer zunächst versuchen, den Lizenzgeber für die Ausführung der Fehlerkorrekturen zu gewinnen, bevor er einen Dritten einschalten darf (vgl. BGH CR 2000, 656). Das Formular geht in § 3 Abs. (4) des Weiteren davon aus, dass die Wahrnehmung von IT-Outsourcing-Dienstleistungen, welche auf eine Nutzung der Software im Interesse des Lizenznehmers, aber durch Fremdanbieter und außerhalb der Geschäftsräume des Lizenznehmers abzielt, der vorherigen schriftlichen Genehmigung durch den Lizenzgeber bedarf (vgl. hierzu *Heymann* CR 2005, 706 ff.; *Redeker,* IT-Recht, 6. Aufl., Rn. 801e ff. mwN sowie das → Form. VI.11.). Hierzu ist anzumerken, dass die Erbringung von Outsourcingleistungen (allein) für den Lizenznehmer nach § 69d Abs. 1 UrhG im Zweifel zulässig ist (str., vgl. Wandtke/Bullinger-*Grützmacher,* Praxiskommentar zum Urheberrecht, 5. Aufl., § 69d Rn. 13 mwN). Ob ein Ausschluss in AGB möglich ist, kann daher nicht verlässlich prognostiziert werden. Bei der Lizenzierung von Software sind die Chancen insofern höher als beim Verkauf von Software.

Dem Schutz des Lizenzmaterials dient des Weiteren die Vereinbarung, dass nach Beendigung der Lizenz das Material zurückzugeben ist (§ 12 Abs. (5) des Formulars). Dies gilt gemäß § 3 Abs. (6) auch bei Umstellung auf eine neue Version des Programms. Gerade im letztgenannten Falle, der rechtlich als Anschlusslizenz zu sehen ist, besteht die Gefahr, dass die bisher benutzten Fassungen des Lizenzmaterials als scheinbar überholt und wertlos angesehen und nicht länger mit der gebotenen Sorgfalt gegen nichtautorisierte Verwertung geschützt werden. Die Rückgabeverpflichtung entspricht dem Charakter der Vereinbarung, die kein Verkauf der Programme, sondern Lizenzierung ist, bei der der Lizenznehmer lediglich Besitzer und Nutzer der Programme wird (zur Vereinbarung einer pauschalierten Schadensersatzzahlung bei Verletzung der Rückgabevereinbarung siehe *Fehl* CR 1990, 512 mwN).

8. Lieferung. Die Programme werden auf einem Datenträger geliefert, der vom Lizenzgeber zur Verfügung gestellt wird. Alternativ können die Programme auch aus dem Internet per Download geladen werden. Neben dem maschinenlesbaren Material erhält der Lizenznehmer ein Exemplar der gedruckten Anwendungsdokumentation. Abweichend hiervon kann die Dokumentation auch digital geliefert werden. Wenn dies der Fall ist, wird es im Programmschein angegeben.

9. Testzeitraum. Es ist für den Benutzer von Standardprogrammen notwendig festzustellen, ob das ausgewählte Programm seinen Anforderungen genügt. Um dem Lizenznehmer diese Feststellung zu ermöglichen, erhält er durch § 5 einen gebührenfreien Testzeitraum eingeräumt. Innerhalb dieses Zeitraumes kann er die Brauchbarkeit des Programms prüfen, bei fehlender Brauchbarkeit fristlos kündigen und bei Auftreten von Fehlern den Support des Lizenzgebers in Anspruch nehmen; im Übrigen ist er jedoch an die Bestimmungen des Vertrags gebunden. Erfolgt innerhalb des Testzeitraums keine Kündigung, gehen beide Vertragsparteien davon aus, dass das Programm für die Zwecke des Lizenznehmers grundsätzlich brauchbar ist. Dies bedeutet, dass das Programm die vom Lizenznehmer nach Kenntnisnahme der Leistungsbeschreibung akzeptierten Funktionen aufweist und korrekt ausführt und dass die Anwendungsdokumentation in diesem Umfang zweckentsprechend gestaltet ist. Der Testzeitraum ist programmspezifisch; seine Dauer, die im Programmschein angegeben wird, ist ua abhängig von der Komplexität des Programms. Er beträgt idR zwischen 1 und 3 Monaten. Der Lizenznehmer kann für ein bestimmtes Programm den Testzeitraum nur einmal in Anspruch nehmen.

10. Gebühren. Standardprogramme werden unterschiedlich gegen eine einmalige Gebührenzahlung oder gegen periodische Gebührenzahlung angeboten. Das Formular ist auf die periodische Zahlung von Gebühren zugeschnitten. Die Höhe der Gebühr kann von der Leistungsfähigkeit des im Programmschein bezeichneten bestimmten Arbeitsplatzes (CPU) oder sonstigen Leistungskriterien des Rechners abhängig gemacht werden, sofern die Lizenz insoweit beschränkt erteilt wird. Sie kann ferner davon abhängig gemacht werden, in welchem Umfang das Programm genutzt wird, wie zB täglich oder nur gelegentlich. Hierbei handelt es sich um vertragliche Bestimmungen iSv § 69d Abs. (1) UrhG. Die Zahlungsweise wird jeweils im Programmschein festgelegt. Die Umsatzsteuer wird dabei separat in Rechnung gestellt.

Der Lizenzgeber behält sich das Recht vor, eine Änderung der Lizenzgebühren und der Berechnungsperioden vorzunehmen. Dies kann frühestens 24 Monate nach Beginn der Lizenz geschehen. Andererseits ist der Lizenznehmer frei, die Lizenz mit einmonatiger Frist zu kündigen (§ 12). Die Klausel genügt den Anforderungen der Rechtsprechung nach Maßgabe des AGB-Rechts an Preiserhöhungsklauseln (→ Form. IV.8 Anm. 14) nicht; sie ist vielmehr zum Aufzeigen eines Regelungsbedarfes aufgenommen. Letztlich ist es nahezu unmöglich, eine AGB-feste Preiserhöhungsklausel zu gestalten; in der Praxis wiederum setzen viele Softwarehersteller die Preiserhöhung auf Basis AGB-rechtswidriger Klauseln mit Hilfe ihrer „Verhandlungsmacht" einfach durch.

Nach der Entscheidung BGH CR 2003, 323 = GRUR 2003, 416 – CPU-Klausel muss für den Lizenznehmer bei der Veränderung technischer Gegebenheiten die Möglichkeit bestehen, eine Aufrüstung der Hardware durchzuführen. Diesem dient § 6 Abs. (4).

11. Gewährleistung. Neben der Festlegung des Nutzungsumfangs und der rechtlichen Absicherung der überlassenen Software ist die Regelung der Gewährleistung ein weiterer Hauptteil des Formulars. Mangels anderweitiger Spezialvorschriften ist für Lizenzverträge, bei denen das Lizenzmaterial nicht beim Lizenznehmer verbleibt, die Gewährleistung des Mietrechts gemäß §§ 535 ff. BGB entsprechend anwendbar (s. zuletzt BGH CR 2007, 75 f.; ebenso *Hoeren,* IT-Vertragsrecht, 2. Aufl., S. 251 ff.; *Marly,* Praxishandbuch Softwarerecht, 7. Aufl. 2018, Rn. 1203; Redeker-*Karger,* Handbuch der IT-Verträge I, Kap. 1.9 Rn. 206 ff.; *Redeker,* IT-Recht, 6. Aufl. 2017, Rn. 596 ff.; *Schneider,* Handbuch des EDV-Rechts, 5. Aufl., Kap. R Rn. 589 ff. Hierbei ist jedoch zu berücksichtigen, dass § 536d BGB eine vertragliche Reduzierung der mietrechtlichen Gewährleistung im Grundsatz gestattet, sofern den Vermieter nicht der Vorwurf der Arglist trifft. In AGB zulässig ist es insofern, die verschuldensunabhängige Haftung des § 536a Abs. 1 Alt. 1 abzubedingen (vgl. § 10 Abs. (3) des Formulars).

Der Lizenzgeber gewährleistet die vereinbarte Beschaffenheit des Programms und damit seine Tauglichkeit zum vertragsgemäßen Gebrauch (§ 535 BGB). Grundlage dafür ist die Leistungsbeschreibung (in der Praxis auch „Programmspezifikation", „Programmbeschreibung" oder „Produktinformation" genannt), die der Lizenzgeber für jedes von ihm angebotene Programm dem potentiellen Lizenznehmer vor Vertragsabschluss verfügbar macht und die die vereinbarte Beschaffenheit der Programme definiert. Die Leistungsbeschreibung gibt Aufgabe, Funktion, Eigenschaften, zumindest aber Zweck und Einsatzbedingungen des Programms an. Dies kann in mehr oder weniger detaillierter Form geschehen. Auf die Leistungsbeschreibung wird in § 7 zur Festlegung dessen zurückgegriffen, was den „vertragsgemäßen Gebrauch" ausmacht. Will der Lizenznehmer weitergehende, auf seine Spezialforderungen zugeschnittene Merkmale zum Vertragsgegenstand erheben, so bedarf dies ausdrücklicher ergänzender Regelungen. Hierbei ist jedoch zu beachten, dass sich das Angebot des Lizenzgebers auf Standardprogramme erstreckt, die herstellerseitig für die vorgegebene Aufgabe und die vorgegebenen Funktionen, Eigenschaften und Einsatzbedingungen ausgetestet sind. Schwierigkeiten bereitet insofern die Behandlung künftiger, möglicherweise absehbarer Gesetzesänderungen (dazu *Orthwein/Bernhard* CR 2009, 354 ff.).

Der Lizenzgeber gewährleistet die Übereinstimmung mit der zum Zeitpunkt der Überlassung gültigen Fassung der Leistungsbeschreibung. Die darin zugesicherten Eigenschaften müssen erfüllt sein (§ 536 Abs. 2 BGB). Das Formular sieht vor, dass der Lizenzgeber das Recht und die Pflicht zur Beseitigung von *erheblichen* Abweichungen von der Leistungsbeschreibung hat. Wegen der praktischen Unmöglichkeit, vollständig fehler- bzw. mangelfreie Computerprogramme zu entwickeln, wird es sich zumeist um solche Mängel handeln, die bereits zum Zeitpunkt der Lieferung im Programm enthalten waren, aber unerkannt geblieben sind. – In diesem Kontext ist aber auch anzumerken, dass, obwohl immer wieder zu Recht darauf hingewiesen wird, zumindest komplexe Software nie ganz fehlerfrei sein wird (*Heydn* CR 2010, 765 (769)), so dass der Mehrwert einer darauf hinweisenden Klausel zumindest aus rechtlicher Sicht nicht vorhanden ist. Daher wird vorliegend, auch wenn eine entsprechende Klausel oft zu finden ist (s. etwa auch die Vorauflage), auf eine solche verzichtet. – Eine erhebliche Abweichung von der Leistungsbeschreibung kann zB vorliegen, wenn in einem Compiler-Programm für die Anwendung des Lizenznehmers wichtige Funktionen fehlen (BGH CR 1988, 124), wenn das Bedienerhandbuch fehlt (BGH CR 1990, 189; BGH CR 1993, 203) oder schwer verständlich ist (OLG Hamm CR 1990) oder trotz vereinbarter Zweisprachigkeit die Bildschirmmasken nicht zweisprachig sind (BGH CR 2000, 585), wenn das Programm bei geringfügigen Bedienungsfehlern abstürzt (OLG Köln CR 1990, 509), wenn entgegen der Aufgabenstellung bestimmte Funktionen fehlen oder nicht ausführbar sind (BGH CR 1993, 682), wenn zugesicherte Kompatibilität zu bestimmter Fremdsoftware fehlt (OLG Saarbrücken CR 1990, 715, 713), wenn Daten entgegen der Leistungsbeschreibung nur unter Einschränkungen änderbar sind (LG Düsseldorf CR 1987, 292) oder wenn eine Datei-Überlaufanzeige fehlt (LG Duisburg CR 1989, 494).

Der Lizenznehmer ist zur Mitwirkung bei der Feststellung von Art und Form des Auftretens der Abweichungen von der Leistungsbeschreibung verpflichtet, wozu auch die Beschreibung und Eingrenzung von Fehlern gehört (zu Fehlerarten, -diagnose und -protokollierung s. *Marly,* Praxishandbuch Softwarerecht, 7. Aufl., Rn. 1473 ff.; zu Fehlertypen allgemein *Schneider,* Handbuch des EDV-Rechts, 5. Aufl., Kap. M Rn. 1465 ff.). Die festgestellten Abweichungen von der Leistungsbeschreibung hat der Lizenzgeber in einem angemessenen Zeitraum zu beseitigen. Gelingt dies dem Lizenzgeber mit angemessenem Aufwand nicht, so ist der Lizenznehmer berechtigt, die Lizenz fristlos zu kündigen oder eine Herabsetzung der Lizenzgebühren zu verlangen (§§ 536, 543 Abs. 2 Nr. 1 BGB). Macht der Lizenzgeber für bestimmte Software nur eine allgemeine Leistungsbeschreibung verfügbar, gewinnt der Testzeitraum an Bedeutung. Insbesondere in solchen Fällen ist es Sache des Lizenznehmers, innerhalb des gebührenfreien Testzeitraums die Brauchbarkeit des Programms für seine Zwecke zu prüfen. Stellt sich nachträglich fehlende Brauchbarkeit für die Zwecke des Lizenznehmers heraus, ohne dass dieser von seinem Recht zur fristlosen Kündigung gemäß § 5 Abs. (2) Gebrauch gemacht hat, reduziert sich die Gewährleistungspflicht des Lizenzgebers darauf, dass das Programm grundsätzlich brauchbar ist. Die Gewährleistungsarbeiten werden durch den Support gemäß § 8 erbracht, der im Übrigen nicht auf Gewährleistungsfälle beschränkt ist.

12. Support. Das Formular sieht einen zentralen Support vor, der telefonisch oder durch Übersendung von Informationen oder Überlassung von Unterlagen erfolgt, sowie einen örtlichen Support, der von sachkundigem Personal des Lizenzgebers beim Lizenznehmer ausgeführt wird. Welche Form für ein bestimmtes Programm zur Anwendung kommt, bestimmt der Programmschein. In jedem Fall kommt es darauf an, dass es sich bei der Software, für die eine entsprechende Unterstützung geleistet wird, um Software in einer gültigen Fassung handelt. „Gültig" heißt, dass die Programmversion vom Lizenzgeber nicht inzwischen zurückgezogen und durch eine andere, dem Lizenznehmer zur Verfügung gestellte Fassung ersetzt wurde. Eine weitere Voraussetzung für den

Support ist eine Dokumentation des Fehlers, die vom Lizenznehmer, gegebenenfalls auch mit Hilfe des Lizenzgebers zu erstellen ist. § 8 Abs. (3) geht davon aus, dass die Anwendungsdokumentation Angaben enthält, wie eine Fehlerdokumentation zu erfolgen hat. Es wird auch auf → Form. IV.8 Anm. 13 hingewiesen. Material, das im Rahmen des Support dem Lizenznehmer überlassen wird, wie zB verbesserter Programmcode, wird zum Bestandteil des Lizenzmaterials im Sinne des Vertrags. § 8 sieht des Weiteren für bestimmte Programme Programmpflege unter einem separaten Vertrag oder gegen separate Gebühren vor.

Je nach Umfang des Zugriffs auf personenbezogene Daten, der vorliegend aber nicht zwingend erscheint, kann es nach Art. 28 DSGVO erforderlich sein, dass zur Datenverarbeitung eine schriftliche Auftragsverarbeitung entsprechend der in § 8 und der zugehörigen Anlage des → Form. IV.8 vereinbart wird (dort → Form. IV.8 Anm. 16).

13. Einsatzbedingungen. Jedes Programm wird für bestimmte Einsatzbedingungen entwickelt. Hierzu gehört, dass es auf einer bestimmten Hardware lauffähig ist und mit anderen Programmen, insbesondere Betriebssystemen, zusammenwirken kann und daher mit diesen kompatibel ist. Eine Gewährleistung kann nur übernommen werden, wenn das Programm unter den in der Leistungsbeschreibung angegebenen Einsatzbedingungen genutzt wird. Ist dies nicht der Fall, beschränkt sich die Gewährleistung auf die Behandlung solcher Fehlerfälle, die unter den in der Leistungsbeschreibung angegebenen Einsatzbedingungen feststellbar sind.

14. Haftungsbeschränkungen. Beide Vertragsparteien haften nach § 10 Abs. (1) unabhängig vom Rechtsgrund nur für vertragstypische Schäden, die durch leicht fahrlässige Verletzung einer wesentlichen Vertragspflicht verursacht worden sind, in einem Umfang, der aufgrund der ihnen bei Vertragsabschluss bekannten Umstände vernünftigerweise vorhersehbar war (BGH NJW 1993, 335; BGHZ 149, 89; BGH NJW-RR 2005, 1496 (1505 f.); NJW 2013, 291 (295 ff.)). Hierbei ist zu berücksichtigen, dass das Formular für Programme der oberen Preisklasse bestimmt ist, deren Vertrieb dem kaufmännischen Verkehr unterliegt. Die Haftung erfolgt auch dann, wenn die Schäden durch Mitarbeiter oder Beauftragte der Vertragsparteien verursacht worden sind. Ein vom Lizenzgeber zu vertretender vertragstypischer und vorhersehbarer Schaden ist zB die Lieferung einer fehlerhaften oder schwer verständlichen Anwendungsdokumentation, wodurch sich Verzögerungen oder Erschwernisse bei der Installation oder beim Betrieb des Programms ergeben. Ein vom Lizenznehmer zu vertretender vertragstypischer und vorhersehbarer Schaden ist hingegen zB die vertragswidrige Benutzung des Programms auf zusätzlichen Datenverarbeitungseinheiten, die nicht im Lizenzschein angegeben sind und wofür keine Lizenzgebühr gezahlt wurde. Die Haftung ist auf einen Höchstbetrag beschränkt, der während der Vertragsverhandlung als ausreichend angesehen wird, den vertragstypischen, vorhersehbaren Schaden abzudecken. Pauschale Festsetzungen bestimmter Summen in AGB laufen auch im Unternehmensverkehr im Hinblick auf § 309 Nr. 7 BGB Gefahr, unwirksam zu sein (s. Münchener Kommentar-*Kieninger,* BGB, 8. Aufl., § 309 Rn. 38 f.). Die Haftungshöchstsumme sollte dementsprechend als Individualvereinbarung getroffen werden. Hierfür reicht das Ausfüllen der Lücke im Vertrag jedoch nicht aus.

Die Verantwortung für die Auswahl der lizenzierten Programme und die zu ihrer Ausführung verwendeten Datenverarbeitungsanlagen sowie für die Verbindung mit anderen gleichzeitig zur Anwendung kommenden Programmen liegt ausschließlich beim Lizenznehmer, der auch für den wirtschaftlichen Erfolg des Einsatzes der Programme und die erzielten Resultate allein verantwortlich ist. Der Lizenzgeber übernimmt insoweit keine Haftung.

Die Haftungsbeschränkung für den Verlust gespeicherter Daten stützt sich auf das Erfordernis von angemessenen Datensicherungsmaßnahmen durch den Lizenznehmer. Bei sorgfältiger Datensicherung, wie zB häufige Herstellung von Sicherungskopien, kann die Gefahr maschinell bedingter Verluste von Datenbeständen gering gehalten werden.

Die Nichtbeachtung solcher einer ordnungsgemäßen Datenverarbeitung entsprechenden Datensicherungsmaßnahmen kann dagegen überaus kosten- und zeitaufwendige Maßnahmen zur Wiederbeschaffung der Daten erforderlich machen. § 10 Abs. (4) begrenzt daher die Haftung auf die Reproduktion der Daten aus Datenbeständen, die insbesondere für Sicherungszwecke in maschinenlesbarer Form verfügbar gehalten werden. Eine mangelnde Datensicherung durch den Lizenznehmer kann schon nach § 254 Abs. 1 BGB zu einem überdeckenden Mitverschulden führen (OLG Hamm CR 2004, 654).

Die Vorbehalte gemäß § 10 Abs. (6) tragen § 309 Nr. 7 BGB Rechnung (zu den Haftungsbeschränkungen aus AGB-rechtlicher Sicht ausführlich Ulmer/Brandner/Hensen/*Christensen,* AGB-Recht, BGB § 309 Rn. 23 ff. Es wird auch auf die Erläuterungen zu den Haftungsbeschränkungen in den → Form. VI.1 Anm. 24 hingewiesen). Die Haftungsbeschränkungen gelten nicht für Schäden, die auf Vorsatz oder grober Fahrlässigkeit beruhen, sofern diese Schäden von Mitgliedern der Geschäftsführung oder leitenden Angestellten der Vertragsparteien zu verantworten sind. Bei sonstigen Angestellten wird gemäß Abs. (2) differenziert.

Mit Blick auf das Produkthaftungsgesetz und die Produzentenhaftung gemäß § 823 BGB wird überwiegend die Meinung vertreten, dass zumindest Standardsoftware als Produkt iSv § 2 ProdHaftG zu betrachten ist (ua *Kort* CR 1990, 171; *Lehmann,* Rechtsschutz und Verwertung von Computerprogrammen, XXI, 999; *Taeger* CR 1996, 257, m. zahlr. w. Hinw.). Das Formular berücksichtigt eventuelle Ansprüche aufgrund des Produkthaftungsgesetzes bei den Ausnahmen von den Haftungsbeschränkungen.

15. Schutzrechte Dritter. Die Nutzung eines Computerprogramms kann in fremde Schutzrechte eingreifen. Dies sind im Wesentlichen Patente und Urheberrechte (→ Form. VI.2 § 5 und → Anm. 3). § 11 sieht eine Verteidigungspflicht des Lizenzgebers gegen Verletzungen von Schutzrechten Dritter vor. Zur Abwehr von Unterlassungs- und Schadensersatzansprüchen kann der Lizenzgeber wahlweise das Programm ändern oder austauschen.

Nur wenn weder diese beiden Maßnahmen noch der Erwerb einer Lizenz vom Inhaber des verletzten Schutzrechts mit angemessenem Aufwand möglich sind, können die Parteien den Vertrag nach § 11 Abs. (2) für das betreffende Programm aus wichtigem Grund kündigen. Der Lizenzgeber haftet in diesem Fall für den dem Lizenznehmer dadurch unmittelbar entstandenen Schaden. Ob diese Kündigungsrechte auch zu Gunsten des Lizenzgebers so AGB-fest vereinbart werden können, ist jedoch noch nicht entschieden worden.

Es bestehen weder Verteidigungs- noch sonstige Verpflichtungen, wenn für die Verletzung nicht die letzte vom Lizenzgeber zur Verfügung gestellte Programmversion ursächlich ist oder wenn die Verletzung auf Nichteinhaltung der Einsatzbedingungen oder auf lizenznehmerseitig bereitgestellte Daten oder Computerprogramme zurückgeht.

16. Kündigung. Der Lizenzgeber hat das Recht, den Vertrag frühestens nach zwölf Monaten fristgemäß zu kündigen zum Zwecke einer allgemeinen Neuregelung der Vertragsbedingungen, wobei aber gemäß § 6 Abs. (3) Gebührenänderungen erst nach 24 Monaten zulässig sind. Im Übrigen hat der Lizenzgeber kein Kündigungsrecht. Der Lizenznehmer kann dagegen den Vertrag für ein einzelnes Programm oder insgesamt jederzeit mit einmonatiger Frist, jedoch frühestens zum Ende der jeweiligen Berechnungsperiode kündigen. Der Lizenzgeber hat laut § 12 Abs. (3) das Recht zur fristlosen Kündigung bei Vorliegen eines wichtigen Grundes, insbesondere bei einem Verstoß gegen §§ 2 und 3 sowie nach erfolglosen Bemühungen, eine Verletzung fremder Schutzrechte zu beseitigen.

Mit der Beendigung des Lizenzvertrages fällt im Regelfall mangels anderweitiger Abrede das dem Lizenznehmer eingeräumte urheberrechtliche Nutzungsrecht ipso iure an den Lizenzgeber zurück (BGH CR 2012, 572, Ls.).

Zum Schutz des Lizenzmaterials gegen vertragswidrige Verwertung ist der Lizenznehmer in jedem Kündigungsfall zur Rückgabe des Lizenzmaterials sowie aller davon hergestellten Kopien und Teilkopien an den Lizenzgeber verpflichtet. Lizenzmaterial, das auf Datenträgern oder Hardware des Lizenznehmers aufgezeichnet ist, muss gelöscht werden. Gleiches gilt für Änderungen oder Bearbeitungen im Sinne von § 2 Abs. (8). Hierbei ist eine vollständige Löschung vorzunehmen; die bloße Namenslöschung im Programmverzeichnis der Programmbibliothek des Lizenznehmers genügt nicht. Möchte der Lizenznehmer vom gekündigten Programm eine Archivkopie zurückbehalten, ist hierüber eine separate Vereinbarung mit dem Lizenzgeber abzuschließen. Lediglich bei Ersatz des gekündigten Programms durch ein vom Lizenzgeber angebotenes Upgrade besteht ein dreimonatiges Rückbehaltungsrecht, das durch Vereinbarung mit dem Lizenzgeber verlängert werden kann.

17. Kartellrecht. Weder das EU-Kartellrecht der Art. 101, 102 AEUV noch das deutsche Kartellrecht des GWB stehen der Zulässigkeit der Erteilung einfacher Lizenzen für gewerbliche Schutzrechte und Urheberrechte grundsätzlich entgegen. Maßgebend für die kartellrechtliche Beurteilung ist, ob die vertraglichen Verwertungsbedingungen über den Gegenstand des jeweiligen Schutzrechts hinausgehen und ob eine Nutzungsrechtseinräumung zu einer Marktaufteilung oder zu einem Ausschluss des Wettbewerbs benutzt wird. Danach ist die Einräumung eines einfachen Nutzungsrechts, das naturgemäß keinen anderen vom Markt ausschließen kann, kartellrechtlich im Grundsatz unbedenklich. Dies gilt auch dann, wenn es im Sinne von § 32 UrhG räumliche, zeitliche oder inhaltliche Beschränkungen enthält. Eine zur wirtschaftlichen Verwertung sachgemäße sowie durch Gegenstand und Inhalt des Schutzrechts gedeckte Aufspaltung der Verwertungsrechte ist kartellrechtlich nicht zu beanstanden. Die inhaltliche Beschränkung der eingeräumten Rechte auf das Vervielfältigen bei Einspeicherung und Nutzung von Programmen ist kartellrechtlich ebenso zulässig wie die räumliche Bindung an einen genau bestimmten Arbeitsplatz. Insbesondere sind auch Beschränkungen des Nutzungsberechtigten gegen eine Weiterübertagung des Nutzungsrechts (§ 34 UrhG) zulässig (*Moritz* CR 1993, 341 (414); *Sucker* CR 1989, 468; aA *Lehmann* CR 1990, 700). Zeitliche Beschränkungen sind an die Dauer des Schutzrechts gebunden, was bei der langen Laufdauer des Urheberrechts ebenfalls kein Problem darstellt. Kartellrechtliche Bedenken ergeben sich nach der Gruppenfreistellungsverordnung für Technologietransfervereinbarungen aus dem Jahr 2014 (ABl. 2014 L 93, S. 17), wenn der Lizenznehmer in seiner wirtschaftlichen Betätigungsfreiheit eingeschränkt wird, etwa wenn er zur exklusiven Rücklizenzierung eigener Technologien oder zum Nichtangriff eingetragener Rechte, bspw. Patente des Lizenzgebers, verpflichtet wird (vgl. Art. 5 Abs. 1 GVO-TT 2014). Die Verordnung ist allerdings nur auf solche Lizenzverträge für Software anwendbar, wenn mit ihrer Hilfe bestimmte Waren oder Dienstleistungen erzeugt werden („Vertragsprodukte“, vgl. Art. 2 Abs. 3 GVO-TT 2014; zu den Anwendungsvoraussetzungen der Verordnung siehe die Leitlinien der Kommission zur Anwendung von Art. 101 des Vertrags über die Arbeitsweise der Europäischen Union auf Technologietransfervereinbarungen aus dem Jahr 2014, ABl. EU 2014 Nr. L 93/17, 3. 2. 4, Rn. 58 ff.; vgl. auch *Berger* K&R 2005, 15; *Polley* CR 2004, 641 (645 f.); *Schultze/Pautke/Wagener*, Gruppenfreistellungsverordnung für Technologietransfervereinbarungen, Rn. 277 ff.; enger *Lejeune* CR 2004, 467 f.). Die genannten Kriterien können jedoch auch jenseits der engen Anwendungsvoraussetzungen der Verordnung bei der Beurteilung von Softwarelizenzen gemäß Art. 101 AEUV herangezogen werden (siehe die Leitlinien der Kommission, aaO, Rn. 2). Die gleichen Grundsätze dürften auch im deutschen Kartellrecht den Ausgangspunkt bilden (vgl. Immenga/Mestmäcker/*Fuchs*, Wettbewerbsrecht, Band 2, GWB, 5. Aufl. 2014, § 2 Rn. 38).

18. Steuern. Die Überlassung von urheberrechtlich geschützten Computerprogrammen an Lizenznehmer zur Nutzung auf einer bei diesen installierten Datenverarbeitungsanlage ist mit der Einräumung eines Nutzungsrechts nach § 69c Abs. (1) und (2) UrhG (→ Anm. 6) verbunden. Dies hätte zur Folge, dass die vom Lizenznehmer zu entrichtende Gebühr dem ermäßigten Umsatzsteuersatz (7 %) unterliegt, der gemäß § 12 Abs. (2) Nr. 7c) UStG unter anderem für die Einräumung, Übertragung und Wahrnehmung von Rechten gilt, die sich aus dem Urheberrechtsgesetz ergeben. Der Bundesminister der Finanzen hatte jedoch bereits mit Schreiben vom 27.12.1982 (IV A 1 S 7240-25/82, BStBl. I 1983 S. 18) verfügt, dass für die Überlassung von Computerprogrammen an Anwender der allgemeine (volle) Steuersatz iHv derzeit 19 % gemäß § 12 Abs. 1 UStG gilt. Soweit im Zusammenhang mit der Überlassung von Programmen zum Betrieb von IT-Systemen eine urheberrechtliche Nutzung (zB Vervielfältigung und Verbreitung des Programms oder einzelner Programmteile) vereinbart wird, soll sie Bestandteil einer einheitlichen Gesamtleistung sein, die nicht in der Übertragung urheberrechtlicher Nutzungsrechte, sondern in der Überlassung von Know-how besteht. Eine solche Begründung vermag aus den in → Anm. 1–3, 6, 7 angegebenen Gründen kaum zu überzeugen (so auch *Flore* DB 1994, 303). Diese Verfügung wurde durch ein weiteres Schreiben des BMF vom 22.12.1993 (IV C 3 – S 7240-21/93, BStBl. I 1994 S. 45) im Hinblick auf das Zweite Gesetz zur Änderung des Urheberrechtsgesetzes vom 9.6.1993 bestätigt. In diesem neuerlichen Schreiben wird die Überlassung von Software zur Benutzung als Hauptbestandteil der wirtschaftlichen Gesamtleistung angesehen, zu der sich die Einräumung von urheberrechtlichen Befugnissen nur als eine Nebenleistung darstellt (s. auch Kilian/Heussen-*Trapp*, Computerrechts-Handbuch, Kapitel 91, Rn. 227 ff.; *Habel/Keune* CR 1994, 198; *Valentin* UStB 2001, 17 (18 ff.)). Diese Rechtsauffassung wurde durch eine Entscheidung des BFH vom 13.3.1997 (BB 1997, 472) für ein Programm, das als Paket an einen Lizenznehmer verkauft wurde (CR 1997, 462) und durch weitere Entscheidungen des BFH vom 27.9.2001 (CR 2002, 411) und vom 25.11.2004 (CR 2006, 12 (13)) sowie des FG Baden-Württemberg vom 5.9.2013 (12 K 1800/12, juris Rn. 33) auch für Software-Überlassung bestätigt. Es ist daher davon auszugehen, dass für den Vertrieb von Programmen der Regelsteuersatz iHv derzeit 19 % gilt (siehe aber auch BFH CR 2006, 12 (13) mwN: Überlassung nach § 12 Abs. 2 Nr. 7 Buchst. c UStG 1993/1999 begünstigt, wenn der Urheber oder Nutzungsberechtigte dem Leistungsempfänger die in § 69c S. 1 Nr. 1–3 UrhG bezeichneten Rechte auf Vervielfältigung und Verbreitung nicht nur als Nebenfolge einräumt).

Zu den einzelnen Fallkonstellationen vgl. auch OFD Niedersachsen, Vfg. vom 30.10.2015, DB 2016, 2846.

4. Allgemeine Geschäfts- und Lizenzbedingungen für die dauerhafte Überlassung von Software

der Firma[1, 2] ..... **(nachfolgend Lizenzgeber genannt)**

für die Software
Bezeichnung: .....
(nachfolgend Softwarekopie genannt).

§ 1 Vertragsgegenstand[3]

(1) Der Lizenzgeber überlässt dem Lizenznehmer eine Softwarekopie der oben bezeichneten Software

(a) im Wege der öffentlichen Zugänglichmachung über ein digitales Kommunikationsnetz wie das Internet, damit der Lizenznehmer die Softwarekopie vom Server des Lizenzgebers über das Internet in den Computer des Lizenznehmers übertragen kann (Download). Mit der Softwarekopie sind Installations- und Bedienungsanleitungen verbunden, die zusammen mit der Softwarekopie übertragen werden.
oder

(b) als Softwarepaket, bestehend aus der Softwarekopie auf einem versiegelten Datenträger und dem Benutzerhandbuch. Erwirbt der Lizenznehmer zugleich einen Computer, in dem die oben bezeichnete Software vorinstalliert ist, gelten die Nutzungsbedingungen für die vorinstallierte Kopie der Software entsprechend.

(2) Die Software sowie das Benutzerhandbuch und die Anleitungen sind urheberrechtlich geschützt.

(3) Der Lizenzgeber stellt Softwareinformationen sowie diese allgemeinen Geschäfts- und Lizenzbedingungen zum Abruf bereit. Die Softwareinformationen enthalten eine Beschreibung, in der der bestimmungsgemäße Gebrauch und die Einsatzbedingungen der Software angegeben werden. Der Lizenzgeber trifft Vorkehrungen, die ein Ausdrucken dieser Dokumente und/oder ein Herunterladen auf den Computer des Lizenznehmers vor dem Vertragsschluss gestatten.

§ 2 Vertragsschluss[4]

Der Lizenzvertrag kommt nach Maßgabe der folgenden Schritte zu Stande: Der Lizenznehmer bestellt über das auf der Webseite des Lizenzgebers angezeigte Bestellformular eine Kopie der gewünschten Software. Der Lizenznehmer füllt die Felder des Bestellformulars aus und sendet es online an den Lizenzgeber (Angebot). Der Lizenzgeber bestätigt durch Online-Antwort den Erhalt der Bestellung und führt eine Prüfung der Identifikationsdaten des Lizenznehmers auf Vollständigkeit und Authentizität durch. Durch eine weitere Online-Kommunikation teilt der Lizenzgeber dem Lizenznehmer die erfolgreiche Prüfung und die Annahme des Angebots mit. Anschließend schaltet der Lizenzgeber das Lizenzmaterial frei. Im Falle der Überlassung gemäß § 1(1)(a) lädt der Lizenznehmer das Lizenzmaterial vom Server des Lizenzgebers herunter. Im Falle des § 1 (1)(b) sendet der Lizenzgeber dem Lizenznehmer das Softwarepaket zu.

§ 3 Widerrufsrecht für Verbraucher[5, 6]

Als Verbraucher hat der Lizenznehmer das folgende Widerrufsrecht:

WIDERRUFSBELEHRUNG

Widerrufsrecht:

Sie haben das Recht, binnen vierzehn Tagen ohne Angabe von Gründen diesen Vertrag zu widerrufen.

Die Widerrufsfrist beträgt im Falle des Downloads der Softwarekopie vierzehn Tage ab dem Tag des Vertragsabschlusses bzw. im Falle der Lieferung des Softwarepakets auf einem körperlichen Datenträger vierzehn Tage ab dem Tag, an dem Sie oder ein von Ihnen benannter Dritter, der nicht der Beförderer ist, die Ware in Besitz genommen haben bzw. hat.

Um Ihr Widerrufsrecht auszuüben, müssen Sie uns [*Name, Anschrift und, soweit verfügbar, Telefonnummer, Telefaxnummer und E-Mail-Adresse des Herstellers einfügen*] mittels einer eindeutigen Erklärung (zB ein mir der Post versandter Brief, Telefax oder E-Mail) über Ihren Entschluss, diesen Vertrag zu widerrufen, informieren. Sie können dafür das beigefügte Muster-Widerrufsformular verwenden, das jedoch nicht vorgeschrieben ist.

Zur Wahrung der Widerrufsfrist reicht es aus, dass Sie die Mitteilung über die Ausübung des Widerrufsrechts vor Ablauf der Widerrufsfrist absenden.

Folgen des Widerrufs:

Wenn Sie diesen Vertrag widerrufen, haben wir Ihnen alle Zahlungen, die wir von Ihnen erhalten haben, einschließlich der Lieferkosten (mit Ausnahme der zusätzlichen Kosten, die sich daraus ergeben, dass Sie eine andere Art der Lieferung als die von uns angebotene, günstigste Standardlieferung gewählt haben), unverzüglich und spätestens binnen vierzehn Tagen ab dem Tag zurückzuzahlen, an dem die Mitteilung über Ihren Widerruf bei uns eingegangen ist. Für diese Rückzahlung verwenden wir dasselbe Zahlungsmittel, das Sie bei der ursprünglichen Transaktion eingesetzt haben, es sei denn, mit Ihnen wurde ausdrücklich etwas anderes vereinbart; in keinem Falle werden Ihnen wegen dieser Rückzahlung Entgelte berechnet.

Im Falle der Lieferung des Softwarepakets gemäß § 1(1)(a) auf einem körperlichen Datenträger gilt zudem Folgendes:

- Wir können die Rückzahlung verweigern, bis wir die Waren wieder zurückerhalten haben oder bis Sie den Nachweis erbracht haben, dass Sie die Waren zurückgesandt haben, je nachdem, welches der frühere Zeitpunkt ist.
- Sie haben die Waren unverzüglich und in jedem Fall spätestens binnen vierzehn Tagen ab dem Tag, an dem Sie uns über den Widerruf dieses Vertrags unterrichten, an uns oder an ...... [*hier sind gegebenenfalls der Name und die Anschrift der von Ihnen zur Entgegennahme der Waren ermächtigten Person einzufügen*] zurückzusenden oder zu übergeben. Die Frist ist gewahrt, wenn Sie die Waren vor Ablauf der Frist von vierzehn Tagen absenden.
- Sie tragen die unmittelbaren Kosten der Rücksendung der Waren in Höhe von ...... [*Betrag einfügen*] EUR.
- Sie müssen für einen etwaigen Wertverlust der Waren nur aufkommen, wenn dieser Wertverlust auf einen zur Prüfung der Beschaffenheit, Eigenschaften und Funktionsweise der Waren nicht notwendigen Umgang mit ihnen zurückzuführen ist.

ENDE DER WIDERRUFSBELEHRUNG

MUSTER-WIDERRUFSFORMULAR

(Wenn Sie den Vertrag widerrufen wollen, dann füllen Sie bitte dieses Formular aus und senden Sie es zurück.)

- An [Name, Anschrift des Herstellers]
- Hiermit widerrufe(n) ich/wir(*) den von mir/uns(*) abgeschlossenen Vertrag über den Kauf der folgenden Waren(*)/die Erbringung der folgenden Dienstleistung(*)
- Bestellt am(*)/erhalten am(*)

Name des/der Verbraucher(s)

- Anschrift des/der Verbraucher(s)

Unterschrift des/der Verbraucher(s) (nur bei Mitteilung auf Papier)

- Datum

* Unzutreffendes bitte streichen.

Zusätzliche Hinweise:

(1) Das Widerrufsrecht erlischt vorzeitig,

(a) im Falle der Bereitstellung der Softwarekopie durch Download gemäß § 1(1)(a), wenn der Lizenznehmer ausdrücklich zugestimmt hat, dass der Lizenzgeber mit der Ausführung des Vertrags (Freischaltung des Lizenzmaterials) vor Ablauf der Widerrufsfrist beginnt, und wenn der Lizenznehmer seine Kenntnis davon bestätigt hat, dass er durch die Zustimmung mit Beginn der Ausführung des Vertrags sein Widerrufsrecht verliert.

(b) im Falle der Überlassung der Softwarekopie in einem versiegelten Datenträger gemäß § 1 (1) (b), sobald die Versiegelung nach Erhalt des Softwarepakets entfernt wurde.

(2) Der Lizenznehmer erklärt, von Abs. (1) Kenntnis zu haben und vor Ablauf der Widerrufsfrist die Programmkopie per Download erhalten zu wollen. Mit vollständigem Download der Programmkopie erlischt das Widerrufsrecht des Lizenznehmers.

(3) Ein Widerrufsrecht besteht nicht für Kunden, die keine Verbraucher iSd § 13 BGB sind.

§ 4 Nutzungsumfang[7]

(1) Mit Abschluss des Lizenzvertrags erhält der Lizenznehmer ein einfaches, übertragbares und zeitlich unbegrenztes Recht zur gleichzeitigen Nutzung der Software auf nur einem Computer. „Nutzung" ist jedes dauerhafte oder vorübergehende Vervielfältigen (Kopieren) der Software durch Speichern, Laden, Ablaufen oder Anzeigen zum Zwecke der Ausführung der Software und der Verarbeitung von in der Software enthaltenen Daten durch den Computer. Der Lizenznehmer ist auch berechtigt, die genannten Handlungen zum Zwecke der Beobachtung und Untersuchung sowie zum Test der Software auszuführen.

(2) Die Softwarekopie darf geändert oder bearbeitet werden, soweit dies zur bestimmungsgemäßen Benutzung, zur Verbindung mit anderer Software und zur Fehlerkorrektur geboten ist. Weitergehende Änderungen oder Bearbeitungen sind ausgeschlossen. Insbesondere dürfen in der Software enthaltene Firmennamen, Marken, Copyright-Vermerke und sonstige Vermerke über Rechtsvorbehalte nicht geändert oder gelöscht werden und sind in die gemäß Satz 1 geänderten oder bearbeitete Fassungen der Software zu übernehmen.

(3) Eine Rückübersetzung des Softwarecodes (Dekompilierung) ist nur unter den gesetzlichen Beschränkungen gemäß § 69e UrhG zulässig und erst dann, wenn der Lizenzgeber dem Lizenznehmer trotz vorheriger Aufforderung die für die Herstellung der Interoperabilität erforderlichen Informationen nicht zur Verfügung stellt. Weitergehende Rückübersetzungen sind ausgeschlossen.

(4) Der Lizenznehmer ist berechtigt, von der Softwarekopie eine Sicherungskopie herzustellen. Sofern die Softwarekopie mit einem technischen Kopierschutz ausgestattet ist, erhält der Lizenznehmer im Falle einer Beschädigung der heruntergeladenen Softwarekopie das Recht, gegen Vorlage eines Fehlerberichts erneut eine Softwarekopie vom Server des Lizenzgebers herunterzuladen.

§ 5 Lizenzgebühr[8]

(1) Für die Überlassung der Softwarekopie und die Erteilung des einfachen, übertragbaren und zeitlich unbegrenzten Nutzungsrechts zahlt der Lizenznehmer an den Lizenzgeber eine einmalige Lizenzgebühr. Sie ist unabhängig vom Umfang der tatsächlichen Nutzung der Softwarekopie durch den Lizenznehmer.

(2) Die Lizenzgebühr ist fällig mit Abschluss des Lizenzvertrags. Die Zahlungsmodalitäten sind dem Bestellformular zu entnehmen. Mit Download der Softwarekopie bzw. Überlassung des Softwarepakets erhält der Lizenznehmer eine Rechnung, die die zu zahlende Lizenzgebühr mit MwSt. ausweist.

(3) Die Kosten für die Nutzung des digitalen Kommunikationsnetzes zur Bestellung und zum Herunterladen des Lizenzmaterials trägt der Lizenznehmer.

§ 6 Aktivierung und Registrierung[9]

(1) Um die Software verwenden zu können, ist eine Aktivierung der Softwarekopie erforderlich.

(2) Zusätzlich kann der Lizenznehmer die Softwarekopie registrieren.

(3) Die regelmäßige Registrierung im Abstand von sechs Monaten ist erforderlich, um Wartung, Updates und Upgrades in Anspruch nehmen zu können.

§ 7 Weitergabe der Softwarekopie[10]

(1) Der Lizenznehmer ist berechtigt, die Softwarekopie im Originalzustand und als Ganzes zusammen mit einer Kopie dieses Vertrags an einen nachfolgenden Nutzer

weiterzugeben. Die Weitergabe von Softwarekopie und Vertrag stellen zugleich ein Angebot des Lizenzgebers an den Zweiterwerber auf Abschluss eines gleichlautenden Vertrags dar. Der Zweiterwerber erklärt die Annahme durch Vornahme einer Registrierung der Softwarekopie.

(2) Mit der Weitergabe der Softwarekopie geht die Berechtigung zur Nutzung gemäß § 1 auf den nachfolgenden Nutzer über, der damit im Sinne dieses Vertrags an die Stelle des Lizenznehmers tritt. Zugleich erlischt die Berechtigung des ursprünglichen Lizenznehmers zur Nutzung gemäß § 1.

(3) Mit der Weitergabe hat der Lizenznehmer alle bei ihm noch vorhandenen Vervielfältigungsstücke und Teilvervielfältigungsstücke der Softwarekopie sowie geänderte oder bearbeitete Fassungen und davon hergestellte Kopien und Teilkopien umgehend und vollständig zu löschen oder auf andere Weise zu vernichten. Dies gilt auch für alle Sicherungskopien.

(4) Abs. (1) bis (3) gelten auch, wenn die Weitergabe in einer zeitweisen unentgeltlichen Überlassung besteht.

§ 8 Andere Rechte, Datenschutz[11]

(1) Alle weitergehenden Rechte zur Nutzung und Verwertung der Softwarekopie bleiben vorbehalten. Insbesondere ist der Lizenznehmer nicht berechtigt, die Softwarekopie und/oder abgeänderte oder bearbeitete Fassungen derselben zur gleichen Zeit auf mehr als einem Computer zu nutzen. Unberührt bleiben die Verwertungsrechte des Lizenznehmers an eigener Software, die unter der bestimmungsgemäßen Benutzung der oben bezeichneten Software entwickelt oder betrieben werden, sowie an allen anderen Arbeitsergebnissen, die durch die Benutzung der Software erhalten werden.

(2) Die Vermietung der Softwarekopie oder von Teilen derselben ist ausdrücklich untersagt.

(3) Nach Verfügbarkeit einer neuen Version der Software hat der Lizenznehmer das Recht, die Softwarekopie in der neuen Version gegen Bezahlung eines vom Lizenzgeber listenmäßig angegebenen Upgrade-Preises vom Server des Lizenzgebers herunterzuladen. Mit Ausübung dieses Rechts tritt die Softwarekopie der neuen Version an die Stelle der bisher benutzten Softwarekopie. Der Lizenzvertrag wird auf die neue Softwarekopie umgeschrieben, inhaltlich aber beibehalten. Nach einer Umstellungsfrist von drei Monaten erlischt die Lizenz für die bisher benutzte Softwarekopie.

(4) Der Lizenznehmer nimmt die Speicherung seiner Identifikationsdaten durch den Lizenzgeber und die Aufnahme dieser Daten in die Kundendatei des Lizenzgebers zur Kenntnis. Einzelheiten über die Speicherung und Verwendung dieser Daten sind der separaten Datenschutzinformation zu entnehmen. Der Lizenznehmer erklärt, vom Inhalt der Datenschutzinformation Kenntnis genommen zu haben.

§ 9 Gewährleistung[12]

(1) Es wird darauf hingewiesen, dass es nicht möglich ist, Software so zu entwickeln, dass sie für alle Anwendungsbedingungen fehlerfrei ist. Der Lizenzgeber leistet Gewähr, dass die Softwarekopie zur Verwendung im Sinne der von ihm herausgegebenen und zum Zeitpunkt der Überlassung an den Lizenznehmer gültigen Programmbeschreibung geeignet ist.

(2) Erweist sich die Softwarekopie innerhalb einer zweijährigen Gewährleistungsfrist, die mit dem Herunterladen der Softwarekopie durch den Lizenznehmer beginnt, zur Verwendung im Sinne von Abs. (1) als nicht geeignet, so hat der Lizenznehmer das Recht, eine Softwarekopie erneut vom Server des Lizenzgebers herunterzuladen bzw. das Softwarepaket erneut anzufordern. Erweist sich auch diese zur Verwendung im Sinne von

Abs. (1) als nicht geeignet und gelingt es dem Lizenzgeber nicht, die Verwendbarkeit mit angemessenem Aufwand und innerhalb eines angemessenen Zeitraums herzustellen, hat der Lizenznehmer nach seiner Wahl das Recht auf Minderung der Lizenzgebühr oder Rückgabe der Softwarekopie und Rückerstattung der Lizenzgebühr. Etwaige darüber hinaus bestehende Kopien auf Datenträgern des Lizenznehmers sind unverzüglich zu löschen bzw. zu vernichten. Dies gilt auch für Sicherungskopien.

(3) Eine weitergehende Gewährleistungspflicht besteht nicht. Insbesondere besteht keine Gewährleistung dafür, dass die Software den speziellen Anforderungen des Lizenznehmers genügt. Der Lizenznehmer trägt die alleinige Verantwortung für Auswahl, Installation und Nutzung sowie für die damit beabsichtigten Ergebnisse. Es besteht ferner keinerlei Gewährleistung für gemäß § 1 Abs. (2) geänderte oder bearbeitete Fassungen der Softwarekopie, soweit nicht nachgewiesen wird, dass vorhandene Mängel in keinerlei Zusammenhang mit den Änderungen oder Bearbeitungen stehen.

§ 10 Haftung[13]

(1) Jeder Vertragspartner haftet unabhängig vom Rechtsgrund nur für Schäden, die durch schuldhafte Verletzung einer vertragswesentlichen Pflicht, nämlich einer Pflicht, deren Verletzung die Erreichung des Vertragszwecks gefährdet und/oder deren Erfüllung die ordnungsgemäße Durchführung des Vertrags überhaupt erst ermöglicht und auf deren Erfüllung der Vertragspartner regelmäßig vertrauen darf (Kardinalpflicht), verursacht wurden. Die Haftung ist auf den vertragstypischen Schaden begrenzt, mit dessen Entstehen jeder Vertragspartner bei Vertragsschluss aufgrund der ihm zu diesem Zeitpunkt bekannten Umstände rechnen musste).

(2) Für den Verlust von Daten und deren Wiederherstellung haftet der Lizenzgeber nur dann, wenn der Verlust durch angemessene Datensicherungsmaßnahmen auf Seiten des Lizenznehmers nicht vermeidbar gewesen wäre.

(3) Die in Abs. (1) und (2) genannten Haftungsbeschränkungen gelten nicht für Schäden, die auf Vorsatz oder grober Fahrlässigkeit beruhen, für Schäden aus der Verletzung des Lebens, des Körpers oder der Gesundheit und für eventuelle Ansprüche aufgrund des Produkthaftungsgesetzes.

§ 11 Supportvertrag[14]

(1) Besteht neben dem Lizenzvertrag ein Vertrag für die Wartung und Aktualisierung der Software (Supportvertrag), gewährt der Lizenzgeber den Support für die Laufzeit der Gewährleistungsfrist kostenlos.

(2) Nach Ablauf der Gewährleistungsfrist entstehen für den Lizenznehmer Gebühren für die im Supportvertrag festgehaltenen Leistungen.

§ 12 Sonstiges

(1) Änderungen oder Ergänzungen dieser allgemeinen Geschäfts- und Lizenzbedingungen bedürfen der Schriftform. Sollten einzelne Bestimmungen des Vertrags unwirksam sein, so wird hierdurch die Wirksamkeit der übrigen Bestimmungen des Vertrags nicht berührt.

(2) Für den Vertrag gilt das Recht der Bundesrepublik Deutschland unter Ausschluss des UN-Kaufrechts (CISG).

Schrifttum: Bartsch, Softwarepflege nach neuem Schuldrecht, NJW 2002, 1526; *Bork*, in: Staudinger, BGB, Neubearbeitung, Berlin 2010, § 145; *Dreier/Schulze*, Urheberrechtsgesetz, 6. Aufl., München 2018; *Goldmann/Redecke*, Gewährleistung bei Softwarelizenzverträgen nach dem Schuldrechtsmodernisierungsgesetz, MMR 2002, 3; *Grützmacher*, Die juristische Beurteilung von DRM-Maßnahmen und Sperren im Rahmen verschiedener Lizenzmodelle – Teil 2, Zulässigkeit der Absicherung von Nutzungs- und Weitergabebeschränkungen, ITRB 2015, 141 ff.; *Koch,* Computer-Vertragsrecht, 7. Aufl., Freiburg 2009; *Kühling/Buchner,* Datenschutz-Grundverordnung, Bundesdatenschutzgesetz: DS-GVO/BDSG, 2. Aufl. München 2018; *Marly,* Praxishandbuch Softwarerecht, 7. Aufl., München 2018; *ders.*, Der Handel mit Gebrauchtsoftware, CR 2014, 145; *Meents,* in: Walz, Beck'sches Formularbuch Zivil-, Wirtschafts- und Unternehmensrecht, 4. Aufl., München 2018; *Müller-Broich,* Telemediengesetz, 2012; *Redeker,* Das Konzept der digitalen Erschöpfung – Urheberrecht für die digitale Welt, CR 2014, 73; *Schirmbacher/Schmidt,* Verbraucherrecht 2014 – Handlungsbedarf für den E-Commerce, CR 2014, 107; *Schneider,* Handbuch des EDV-Rechts, 5. Aufl., Köln 2017; *ders./Spindler,* Der Erschöpfungsgrundsatz bei „gebrauchter" Software im Praxistext, CR 2014, 213; *Schricker/Loewenheim,* Urheberrecht, 5. Aufl., München 2017; *Spindler/Schuster,* Recht der elektronischen Medien, 3. Aufl., München 2015; *Stiemerling/Lachenmann,* Erhebung personenbezogener Daten beim Aufruf von Webseiten – Notwendige Informationen in Datenschutzerklärungen, ZD 2014, 133; *Stögmüller,* in: Redeker, Handbuch der IT-Verträge, 25. EL, Köln 2013, 1.16; *Wurmnest,* in: Münchener Kommentar zum Bürgerlichen Gesetzbuch, 8. Aufl., 2018, § 309.

Anmerkungen

1. Sachverhalt: Die Überlassung von Standardsoftware an Endkunden ist heute ein Massengeschäft. Software wird sowohl an Unternehmen als auch an Verbraucher für den privaten Internet- und Medienkonsum oder sonstige Nutzungen von PCs, Laptops, Tablets etc überlassen. Für das Massengeschäft überwiegt nach wie vor die dauerhafte Überlassung von Software an den Kunden gegen Zahlung eines einmaligen Entgelts. Dabei kann der Kunde die Software entweder aus dem Internet oder einem anderen Datennetz herunterladen oder es wird ihm ein Datenträger übergeben, auf dem sich die Software befindet. Auch bei der dauerhaften Softwareüberlassung gegen Einmalentgelt schließen die Parteien üblicherweise einen Lizenzvertrag ab, welcher dem Kunden die Nutzung der Software erlaubt. Die Zulässigkeit dieses lizenzvertraglichen Modells ist auch durch die Entscheidung *Usedsoft/Oracle* des Europäischen Gerichtshofs (Entsch. v. 3.7.2012 – C-128/11, GRUR 2012, 904) nicht in Frage gestellt worden. Zwar hat der Gerichtshof die dauerhafte Softwareüberlassung in *Usedsoft/Oracle* als Kaufvertrag bezeichnet. Diese Einordnung ist aber auf die streitgegenständliche Fragestellung der Erschöpfung des Verbreitungsrechts beschränkt geblieben. Es ist keineswegs so, dass der Gerichtshof die rechtliche Einordnung von dauerhaften Softwareüberlassungsverträgen insgesamt als kaufvertraglich behandelt sehen wollte. Das Formular basiert deswegen weitgehend auf dem lizenzvertraglichen Modell und stellt die Einräumung von einfachen Nutzungsrechten an den Kunden in den Vordergrund. Es regelt aber zugleich die Überlassung der Software vom Rechtsinhaber an den Kunden und richtet sich insoweit an den Vorgaben des Kaufvertragsrechts aus. Das Formular geht dabei von einem Zweipersonenverhältnis aus, bei dem der Endkunde die Nutzungsrechte und die Softwarekopie direkt vom Rechtsinhaber erhält. Ein solcher Direktvertrieb durch den Hersteller findet sich im Onlinebereich häufig. Schaltet der Rechtsinhaber Zwischenhändler beim Vertrieb ein, so kommt es in der Praxis zu einer Aufspaltung der Softwareüberlassung und des Lizenzvertrags: der Endkunde erwirbt dann die Software als solche vom Zwischenhändler, die Nutzungsrechte aber weiterhin auf Basis eines Endnutzerlizenzvertrags vom Hersteller. Entsprechende Dreipersonenverhältnisse werfen zusätzliche Rechtsprobleme auf, die in diesem Formular nicht behandelt werden. In abgewandelter Form können die Regelungen des Formulars jedoch auch als Grundlage für die Gestaltung entsprechender Endnutzerlizenzverträge verwendet werden.

2. Wahl des Formulars: Das Formular ist in erster Linie für die Überlassung von Standardsoftware an Verbraucher gestaltet. Angesichts der beabsichtigten Verwendung im Massengeschäft trägt das Formular die Überschrift „allgemeine Geschäfts- und Lizenzbedingungen". Es setzt die Vorgaben des Gesetzes zur Umsetzung der Verbraucherrechterichtlinie und Änderung des Gesetzes zur Regelung der Wohnungsvermittlung vom 20.9.2013 (BGBl. I S. 3642) um. Es kann auch für den Vertrieb von Standardsoftware an gewerbliche Endkunden verwendet werden. In diesem Fall sind die spezifisch auf den Verbrauchervertrag zugeschnittenen Regelungen zu streichen. Das Formular ist sowohl für die Überlassung der Software auf einem Datenträger als auch für die Überlassung per Download verwendbar. Der Vertrag beinhaltet alternativ anwendbare Klauseln, soweit dies erforderlich ist, siehe bspw. § 1 Abs. 1 lit. a und lit. b. Für die Überlassung von Software in Embedded-Systemen ist das Formular zu verwenden. Für die Überlassung von Standardsoftware im Unternehmensbereich mit periodisch zu zahlenden Lizenzgebühren ist das Formular geeignet.

3. Vertragsgegenstand: Vertragsgegenstand ist gem. § 1 eine Softwarekopie der oben bezeichneten Software. Mit der Softwarekopie werden Installations- und Bedienungsanleitungen geliefert, die entweder zusammen mit der Softwarekopie übertragen werden oder dem (körperlichen) Softwarepaket in gedruckter oder elektronischer Form beigefügt sind. Der Lizenzgeber stellt darüber hinaus die Programminformationen sowie diese allgemeinen Geschäfts- und Lizenzbedingungen zum Abruf bereit. Die Programminformationen enthalten eine Beschreibung, in der der bestimmungsgemäße Gebrauch und die Einsatzbedingungen des Programms angegeben werden. Der Lizenzgeber trifft Vorkehrungen, die ein Ausdrucken dieser Dokumente und/oder ein Herunterladen auf den Computer des Lizenznehmers vor dem Vertragsschluss gestatten. Die Klausel stellt klar, dass der Lizenznehmer nicht nur die Software als solche erhält, sondern weitere Informationen und Materialien, die für die Nutzung der Software erforderlich sind. Abs. 2 stellt klar, dass die zusätzlichen Materialien ebenfalls urheberrechtlich geschützt sind (zur grundsätzlichen Schutzfähigkeit von Handbüchern und Bedienungsanleitungen siehe Schricker/Loewenheim-*Loewenheim,* UrhR, 5. Aufl. 2017, § 2 Rn. 71; Dreier/Schulze-*Dreier,* UrhG, 6. Aufl. 2018, § 69a Rn. 15; BGH GRUR 1985, 1041 (1047) – Inkassoprogramm; LG Köln 31 O 344/91, CR 1994, 226 (227)).

4. Vertragsschluss: Das Formular geht davon aus, dass der Vertrag zwischen Lizenzgeber und Lizenznehmer auf der Basis eines Internetangebots des Lizenzgebers zustande kommt. Dieses wird als bloße *invitatio ad offerendum* qualifiziert, so dass das eigentliche Vertragsangebot im Ausfüllen und Absenden des Bestellformulars durch den Kunden zu sehen ist. Eine solche Konstruktion entspricht den üblichen Gepflogenheiten im E-Commerce (siehe BGH NJW 2005, 976 f.; OLG Nürnberg MMR 2010, 31; Staudinger-*Bork,* 2010, § 145 Rn. 9). Der Lizenzgeber bestätigt den Erhalt des Angebots und führt anschließend eine Prüfung der Identifikationsdaten des Lizenznehmers auf Vollständigkeit und Authentizität durch. Hierbei kann auch eine Bonitätsprüfung des Kunden vorgenommen werden. Dass eine solche Prüfung bereits vor Vertragsschluss durchgeführt wird, entspricht den Gepflogenheiten beim Abschluss von Verträgen im Internet. Es handelt sich insoweit auch nicht um eine missbräuchliche Klausel, vielmehr ist eine Überprüfung des späteren Vertragspartners vor Abschluss legitim (vgl. hierzu die anders gelagerte Fallgestaltung des OLG Frankfurt a. M. 29.8.2012 – 6 W 84/12, MMR 2012, 809, in welchem eine Klausel für unwirksam erklärt wurde, die den Vertragsabschluss von der vorherigen Zahlung des Kaufpreises abhängig macht). Nach Abschluss der Prüfung teilt der Lizenzgeber dem Lizenznehmer die Annahme des Angebots mit. Erst anschließend schaltet der Lizenzgeber das Lizenzmaterial frei. Vom Vertragsschluss zu trennen sind die Aktivierung und Registrierung gem. § 6 des Formulars. Die Hinweise zum Vertragsschluss tragen zudem den Mitteilungspflichten im E-Commerce Rechnung (siehe § 312i Abs. 1 Nr. 2 BGB iVm Art. 246c Nr. 1 EGBGB).

5. **Widerruf:** Das Formular ist auf das Massengeschäft mit Verbrauchern zugeschnitten und berücksichtigt die durch die Richtlinie 2011/83/EU des Europäischen Parlaments und des Rates vom 25.10.2011 über die Rechte der Verbraucher (Verbraucherrechterichtlinie) notwendig gewordenen Änderungen zum Verbraucherschutz im BGB und EGBGB. Die bisher vertretene Auffassung, dass ein Widerrufsrecht bei der Überlassung digitaler Inhalte nicht bestehe (so etwa Spindler/Schuster-*Schirmbacher,* Recht der elektronischen Medien, 3. Aufl. 2015, BGB § 312g Rn. 37 ff.), kann angesichts der eindeutigen neuen Vorschriften nicht aufrechterhalten werden (vgl. *Schirmbacher/Schmidt* CR 2014, 107 (114)). Vielmehr ergibt sich aus § 356 Abs. 5 BGB, dass das Widerrufsrecht auch bei nicht auf einem körperlichen Datenträger befindlichen digitalen Inhalten grundsätzlich besteht, jedoch vorzeitig erlöschen kann. Das Formular macht hinsichtlich des *Bestehens* des Widerrufsrechts daher keinen Unterschied zwischen dem Erwerb der Softwarekopie auf einem körperlichen Datenträger und per Download. Der Unternehmer hat den Verbraucher gem. § 312d Abs. 1 S. 1 BGB vor Vertragsschluss über die in Art. 246a EGBGB genannten Informationen zu unterrichten. Dazu gehört insbesondere auch die Belehrung über das Widerrufsrecht gem. § 312g Abs. 1 BGB (siehe Art. 246a § 1 Abs. 2 S. 1 EGBGB). Die Pflicht zur Belehrung kann durch Verwendung der Musterwiderrufsbelehrung (Anlage 1 zu Art. 246a § 1 Abs. 2 S. 2 EGBGB) gesetzeskonform erfüllt werden. Die im Formular vorgeschlagene Widerrufsbelehrung orientiert sich weitgehend an den Vorgaben der Musterwiderrufsbelehrung. Da das Formular zwei unterschiedliche Distributionswege für die Übermittlung der Softwarekopie vorsieht, ist der Beginn der Widerrufsfrist allerdings in entsprechenden Alternativen formuliert worden (vgl. hierzu § 355 Abs. 2 BGB bzw. § 356 Abs. 2 Nr. 1 lit. a BGB). Alternativ kann eine Belehrung über das Widerrufsrecht als separates Formular auf der Webseite des Unternehmers angeboten werden. Der Verbraucher kann dann mittels Anklickens einer „checkbox" bestätigen, von der Belehrung Kenntnis genommen zu haben. Neu ist das Muster-Widerrufsformular, über das der Unternehmer ebenfalls informieren muss (Anlage 2 zu Art. 246a § 1 Abs. 2 Nr. 1 EGBGB; vgl. auch *Schirmbacher/Schmidt* CR 2014, 107 (117)). Eine vollständige Belehrung über die Bedingungen, Fristen und das Verfahren sowie über das Muster-Widerrufsformular ist notwendig, um den Beginn der Widerrufsfrist in Gang zu setzen (§ 356 Abs. 3 S. 1 BGB iVm Art. 246a § 1 Abs. 2 Nr. 1 EGBGB). Fehlt die Belehrung oder ist sie fehlerhaft, erlischt das Widerrufsrecht anders als nach früherem Recht nunmehr in jedem Fall zwölf Monate und 14 Tage nach Vertragsschluss bzw. Lieferung des Softwarepakets (vgl. § 356 Abs. 3 S. 2 BGB). Zusätzlich ist der Verbraucher darüber zu informieren, dass sein Widerrufsrecht vorzeitig erlöschen kann (Art. 246a § 1 Abs. 3 Nr. 2 EGBGB). Das Formular berücksichtigt dieses Erfordernis unter dem Punkt „zusätzliche Hinweise". Entscheidet der Verbraucher sich für die Lieferung der Softwarekopie auf einem körperlichen Datenträger, erlischt sein Widerrufsrecht, sobald er die Versiegelung des Softwarepakets entfernt hat (vgl. § 312g Abs. 2 S. 1 Nr. 6 BGB). Wählt der Verbraucher die Übermittlung der Softwarekopie per Download vom Server des Lizenzgebers, erlischt sein Widerrufsrecht, wenn der Lizenzgeber nach ausdrücklicher Zustimmung durch den Verbraucher mit der Ausführung des Vertrags (Freischaltung des Lizenzmaterials) beginnt und der Verbraucher zuvor bestätigt hat, dass er nach Zustimmung mit Beginn der Ausführung des Vertrags ein Widerruf nicht mehr möglich ist (§ 356 Abs. 5 BGB). In technischer Hinsicht ist daher zudem dafür zu sorgen, dass diese Zustimmung des Verbrauchers zur Vertragsausführung unmittelbar vor Freischaltung des Lizenzmaterials durch Anklicken eines Häkchens erklärt und dabei auch dessen Kenntnis von den Folgen dokumentiert wird.

6. **Weitere Informationspflichten:** Neben den allgemeinen Informationspflichten im E-Commerce, die bei Vertriebsmodellen über das Internet zusätzlich zu berücksichtigen sind

und auf die das Formular im Einzelnen nicht weiter eingeht (§§ 312i, 312j BGB), hat der Lizenzgeber den Verbraucher bereits vor Vertragsschluss ua über die Funktionsweise der Software und etwaige vorhandene technische Schutzmaßnahmen zu informieren. Das Gleiche gilt für etwaige Beschränkungen der Interoperabilität oder Kompatibilität der Software, soweit dies für den Verbraucher wesentlich ist (vgl. hierzu § 312d Abs. 1 BGB iVm Art. 246a § 1 EGBGB; *Schirmbacher/Schmidt* CR 2014, 107 (109)). Da es in der Praxis in diesem Punkt unterschiedliche Gestaltungen für Software gibt, sieht das Formular von einer alle denkbare Programmformen umfassenden Vorschrift ab. Im Rahmen der rechtlichen Beratung bedarf es hier gegebenenfalls der Aufnahme näherer Hinweise in den allgemeinen Geschäfts- und Lizenzbedingungen.

7. **Nutzungsumfang:** Das Formular berechtigt den Lizenznehmer, die Software zur gleichen Zeit auf einem Computer zu benutzen. Auf welchem Computer die Benutzung erfolgt, ist dem Lizenznehmer freigestellt und ebenso auch der Wechsel von einem Computer auf einen anderen. Dagegen ist eine Mehrplatzbenutzung ausgeschlossen. Die Benutzung schließt alle zur wiederholten Ausführung der Software notwendigen dauerhaften oder vorübergehenden Vervielfältigungen ein. Dazu gehören auch Vervielfältigungen, die hergestellt werden, um die Software zu testen oder um das Funktionieren der Software zu beobachten und zu untersuchen (§ 69d Abs. 3 UrhG). Es darf ferner eine Sicherungskopie der heruntergeladenen Software hergestellt werden. Wenn die Software technische Schutzmaßnahmen enthält, ermöglicht der Lizenzgeber bei Beschädigung oder Verlust ders. Software gegen Vorlage eines Fehlerberichts ein erneutes Herunterladen der Software. Änderungen und Bearbeitungen der Software sind nur in dem Umfang zulässig, als sie zur bestimmungsgemäßen Benutzung der Software notwendig sind (§ 69d Abs. 1 UrhG). Hierzu gehört zB die Dekomprimierung oder Entschlüsselung des Lizenzmaterials, wenn dieses in komprimierter oder verschlüsselter Form in den Computer des Lizenznehmers heruntergeladen wurde. Die Dekomprimierung oder Entschlüsselung erfolgt entsprechend den Anweisungen über die Installation und Benutzung der Software, die der Lizenznehmer zusammen mit dem Lizenzmaterial erhalten hat. Zu den zulässigen Änderungen und Bearbeitungen gehören des Weiteren Fehlerkorrekturen, soweit dies der heruntergeladene Objektcode gestattet. Rückübersetzungen durch Dekompilieren sind nur in dem durch § 69e UrhG vorgegebenen Umfang erlaubt. Weitergehende Änderungen und Bearbeitungen sind unzulässig. Insbesondere ist eine Beseitigung von technischen Maßnahmen zur Sicherung gegen unerlaubtes Kopieren und Weitersenden verboten und ebenso die Beseitigung von im Lizenzmaterial enthaltenen Vermerken über Warenzeichen und Schutzvorbehalte wie zB Copyrightvermerke. Weitergehende Rechte werden durch den Lizenzvertrag nicht eingeräumt, siehe § 8.

Die dem Lizenznehmer eingeräumten Nutzungsrechte sind als übertragbar ausgestaltet. Das Formular sucht auf diese Weise, die praktischen Probleme zu lösen, die sich beim Softwarevertrieb nach der EuGH-Entscheidung *UsedSoft/Oracle* (Entsch. v. 3.7.2012 – C-128/11, GRUR 2012, 904) ergeben. Nach dieser Entscheidung ist es dem Lizenznehmer beim Erwerb von Standardsoftware grundsätzlich erlaubt, rechtmäßig erworbene Softwarekopie weiterzuveräußern, und zwar unabhängig davon, ob er die Softwarekopie als körperliches Vervielfältigungsstück oder durch Herunterladen erworben hat. Dies gilt auch dann, wenn der Lizenzgeber eine Weiterveräußerung vertraglich untersagt. Entsprechende Vertragsklauseln sind unwirksam (EuGH, aaO, Rn. 77). Auch darf die Weiterverbreitung nicht durch technische Schutzmaßnahmen unterbunden werden (str.; der EuGH hat in Rn. 79 des Usedsoft-Urteils die Verwendung technischer Maßnahmen nur zugelassen, soweit es um die Überprüfung der Löschung der Softwarekopie beim Ersterwerber geht). Darf der Lizenznehmer aber die Softwarekopie weiterverkaufen, so muss dem Lizenzgeber daran gelegen sein, die vertraglichen Bindungen aus dem Lizenzvertrag auch gegenüber dem Zweiterwerber durchsetzen zu können. Das Formular versucht dieses Ziel zu erreichen, indem die Nutzungsrechte ausdrücklich als übertragbar ausgestaltet sind. Die Einzelheiten der Weitergabe sind in § 7 geregelt.

8. **Lizenzgebühr:** Die Lizenzgebühr ist eine Einmalgebühr, die vom Umfang der tatsächlichen Nutzung der Software durch den Lizenznehmer unabhängig ist und mit Abschluss des Lizenzvertrags fällig wird. Die Zahlungsmodalitäten sind dem Bestellformular zu entnehmen. Üblich ist heute die Zahlung per Kreditkarte. Dabei übermittelt der Kunde seine Kreditkarteninformationen bereits mit dem Bestellformular. Sobald der Lizenzgeber die Annahme des Vertrags bestätigt hat, darf er bei der Bank des Kunden die Lizenzgebühr einfordern. Mit Download der Softwarekopie bzw. Überlassung des Softwarepakets erhält der Lizenznehmer dann eine Rechnung, die die gezahlte Lizenzgebühr mit MwSt. ausweist. Möchte der Lizenzgeber weitere Zahlungsmittel zulassen (Zahlung per Nachnahme, Vorkasse, Rechnung, Lastschrift, PayPal etc), so ist dies im Bestellformular oder auf der Internetseite anzugeben.

9. **Aktivierung und Registrierung:** Das Formular geht davon aus, dass die Software vor der Nutzung auf der Internetseite des Herstellers aktiviert werden muss. Dadurch kann sich der Lizenzgeber gegen die Verwendung urheberrechtswidrig hergestellter oder verwendeter Softwarekopien absichern. Die Einzelheiten der Softwareaktivierung hängen von der technischen Ausgestaltung durch den Lizenzgeber ab. Eine solche Aktivierung wird als technische Schutzmaßnahme sowohl nach dem UrhG als auch auf der Grundlage der neuen Verbraucherschutzvorschriften als zulässig angesehen (zu Softwareschutzmechanismen siehe Schricker/Loewenheim-*Loewenheim,* UrhR, 5. Aufl. 2017, § 69f Rn. 10 f.; Dreier/Schulze-*Dreier,* UrhG, 6. Aufl. 2018, § 69f Rn. 11; kritisch zu Recht *Marly,* Praxishandbuch Softwarerecht, 7. Aufl. 2018, Rn. 1745 ff.; *Grützmacher* ITRB 2015, 141 ff.). Letztere sehen ausdrücklich die Möglichkeit der Verwendung technischer Schutzmaßnahmen vor. Der Verbraucher muss darüber aufgeklärt werden (→ Anm. 6). Bei umfassender Aufklärung greift dann in der Tat das Gewährleistungsrecht nicht mehr ein, wobei unklar bzw. streitig ist, ob hierfür nicht nur über die technische Schutzmaßnahme selbst, sondern ob auch über deren Folgen aufgeklärt werden muss (*Grützmacher* ITRB 2015, 141 (143) mwN). Die zusätzliche Registrierung, bei der der Lizenznehmer in regelmäßigen Abständen zur erneuten Eingabe einiger Daten aufgefordert wird, gestattet die erneute Überprüfung der Authentizität der Softwarekopie. Auf diese Weise kann sich der Lizenzgeber zusätzlich gegen die Verwendung urheberrechtswidrig hergestellter oder verwendeter Softwarekopien absichern. Die (regelmäßig wiederholbare) Registrierung ist freiwillig. Ohne Registrierung erhält der Lizenznehmer allerdings keine Updates, Upgrades oder Wartung. Entsprechende Klauseln stehen nicht in Widerspruch zu § 307 BGB. Um die Zulässigkeit zu gewährleisten, sollte die regelmäßige Registrierung nicht als Pflicht des Lizenznehmers ausgestaltet werden. Bei einer entsprechenden Gestaltung kann es auch nicht als unangemessene Benachteiligung des Lizenznehmers gesehen werden, wenn sich der Lizenzgeber vorbehält, weitere geschützte Softwarebestandteile nur unter der Voraussetzung zu liefern, dass er die Authentizität der Softwarekopie überprüfen kann.

10. **Weitergabe der Softwarekopie:** Das Formular geht von der Prämisse aus, dass es dem Erwerber einer rechtmäßig in Verkehr gebrachten Softwarekopie nicht untersagt werden kann, diese Softwarekopie weiterzuveräußern. Die Nutzungsrechte sind deshalb gem. § 4 als übertragbar ausgestaltet. Die Einzelheiten der Weitergabe sind in § 7 geregelt. Aus der Sicht des Rechtsinhabers ist im Fall der Weiterveräußerung der Softwarekopie wünschenswert, dass der Zweiterwerber an die Bestimmungen des Lizenzvertrags gebunden wird. Dies setzt rechtstechnisch eine Vertragsübernahme oder den Abschluss eines neuen Lizenzvertrags voraus. Beides hängt von der Zustimmung des Zweiterwerbers ab. Diese Zustimmung kann durch den Lizenzvertrag mit dem Ersterwerber nicht vertraglich vereinbart oder fingiert werden. Der Ersterwerber kann aber immerhin dazu verpflichtet

werden, eine Kopie des Lizenzvertrags an den Zweiterwerber weiterzugeben. Der Zweiterwerber kann dann entscheiden, ob er einen entsprechenden Vertrag abschließen möchte. Daran kann ein Interesse bestehen, wenn eine erneute Registrierung der Softwarekopie erforderlich wird, um auch weiterhin Wartung, Updates und Upgrades in Anspruch nehmen zu können. Das Formular stellt hierzu klar, dass die Registrierung der Softwarekopie durch den Zweiterwerber als Annahme zu sehen ist. Die Berechtigung zur Weitergabe bezieht sich nur auf die Originalsoftwarekopie, nicht auf sonstige Kopien der Software, die der Ersterwerber hergestellt hat, etwa Sicherungskopien. Nach der Used-Soft-Entscheidung (aaO, Rn. 26) kann die Weitergabe auch in der Weise vonstatten gehen, dass der Zweiterwerber eine Softwarekopie vom Server des Anbieters herunterlädt. Dies setzt allerdings voraus, dass der Zweiterwerber hierzu berechtigt und in der Lage ist, etwa weil er bereits Lizenznehmer ist und deswegen Zugriff auf die Software auf dem Server des Lizenzgebers hat oder weil der Lizenzgeber auf andere Weise ein Herunterladen gestattet, etwa bei Eingabe von Registrierungsnummern oÄ. Für das Endkundengeschäft mit Einzelplatzlizenzen ist eine solche Praxis aber nicht üblich. Auch kann der Entscheidung nicht entnommen werden, dass Lizenzgeber hierzu verpflichtet wären. Mit der Weitergabe der Softwarekopie erlischt die Berechtigung des ursprünglichen Lizenznehmers zur Nutzung der Software. § 7 Abs. 3 verpflichtet den ursprünglichen Lizenznehmer zur Löschung aller noch vorhandenen Softwarekopien. Die gleichen Pflichten treffen den Lizenznehmer bei einer zeitweisen unentgeltlichen Überlassung an Dritte, § 7 Abs. 4. Der Klausel liegt die pragmatische Vorstellung zugrunde, dass ein Verbot einer solchen unentgeltlichen Überlassung faktisch kaum durchzusetzen ist. Es entspricht deswegen dem Interesse des Lizenzgebers, zumindest die Bedingungen für die Überlassung zu bestimmen und die Einhaltung der vertraglichen Pflichten sicherzustellen.

11. Andere Rechte, Datenschutz: § 8 spezifiziert den Umfang der eingeräumten Nutzungsrechte und stellt klar, dass dem Lizenznehmer die Softwarenutzung auf nur einem Rechner zur gleichen Zeit gestattet ist. Eine Vermietung der Software durch den Lizenznehmer ist nicht gestattet, siehe § 69c Nr. 3 S. 1 UrhG. Die Rechte des Lizenznehmers an den Arbeitsergebnissen, die er mit der Software erarbeitet hat, bleiben von dem Vertrag unberührt. Sofern der Lizenzgeber neue Softwareversionen anbietet, besteht für den Lizenznehmer die Möglichkeit, diese gegen Bezahlung vom Server des Lizenzgebers herunterzuladen („Upgrade"). Der Lizenzvertrag bezieht sich dann auch auf die neue Softwareversion, sofern der Lizenzgeber den Download der neuen Version nicht an den Abschluss eines neuen Vertrags knüpft. § 8 Abs. 4 regelt den Schutz der Daten des Lizenznehmers. Beim Ausfüllen des Bestellformulars, der Aktivierung und der Registrierung übermittelt der Lizenznehmer personenbezogene Daten. Die Einzelheiten der Übermittlung an und Verwendung durch den Lizenzgeber sind in der textlich getrennten Datenschutzinformation zu regeln. So oder so bietet es sich an, diese Erklärung im Rahmen des Bestellvorgangs derart zu berücksichtigen, dass der Lizenznehmer vor Absenden seines Angebots einen Link mit der Datenschutzinformation anklicken und die Kenntnisnahme davon mit einem Häkchen versehen oder eben gar einwilligen muss. Art. 13 DSGVO erfordert wie schon der nun im Anwendungsbereich der DSGVO obsolete § 13 Abs. 1 TMG (zur alten Rechtslage *Stiemerling/Lachenmann* ZD 2014, 133; Spindler/Schuster-*Spindler/Nink,* Recht der elektronischen Medien, 3. Aufl. 2015, TMG § 13 Rn. 1 ff.; *Müller-Broich,* Telemediengesetz, 2012, § 13 Rn. 1 ff.) die Information des Nutzers einer Webseite über die Verwendung personenbezogener Daten bereits zu Beginn des Nutzungsvorgangs, nämlich bei Erhebung der Daten (näher zu Art. 13 DSGVO Kühling/Buchner-*Bäcker*, DSGVO/BDSG, 2. Aufl., Art. 13 Rn. 11 ff. [zu den Vorgaben] sowie 101 [zur Verdrängung des TMG]).

12. Gewährleistung: Im Gegensatz zu → Form. IV.3 findet nach dem vorliegenden Formular nicht eine zeitlich befristete Überlassung von Software statt, sondern eine

Veräußerung des Lizenzmaterials an den Käufer, der damit auch das Recht zur Weitergabe des Softwarepakets erhält. In diesem Fall ist bei einer Mangelhaftigkeit des Softwarepakets eine entsprechende Anwendung der §§ 434 ff. BGB gerechtfertigt und geboten (BGH CR 1988, 124; 1990, 24; s. ua *Marly,* Praxishandbuch Softwarerecht, 7. Aufl. 2018, Rn. 704 ff. und 1301 ff.). Das Formular berücksichtigt auch den engeren Rahmen für vertragliche Absprachen, der durch die Regelungen zum Verbrauchsgüterkauf gemäß §§ 475 ff. BGB festgelegt ist (s. Koch CR 2001, 569 (573)). Hierzu gehört die zweijährige Verjährungsfrist für Gewährleistungsansprüche gemäß §§ 438 Abs. 1 Nr. 3 und 475 Abs. 2 BGB. Die Gewährleistung erstreckt sich darauf, dass das Softwarepaket zur Verwendung im Sinne der zum Zeitpunkt des Kaufs gültigen und dem Käufer zur Kenntnisnahme zur Verfügung stehenden Softwarebeschreibung geeignet ist (Bartsch CR 2001, 649 (657)). Des Weiteren leistet der Verkäufer Gewähr für die Möglichkeiten eines fehlerfreien Downloads bzw. für eine ordnungsgemäße Aufzeichnung der Software auf einem Datenträger. Erweist sich die Software als nicht brauchbar oder erweisen sich der Datenträger oder die Aufzeichnung der Software als fehlerhaft, hat der Käufer das Recht auf Umtausch gegen ein neues Softwarepaket gleichen Titels. Eine Nachbesserung der überlassenen Softwarekopie durch den Verkäufer oder den Lizenzgeber ist regelmäßig unzumutbar gemäß § 439 Abs. 3 S. 1 BGB, da das Formular auf das Massengeschäft mit Standardsoftware zugeschnitten ist. Die Klausel weicht deswegen nicht nachteilig von der gesetzlichen Regelung des § 439 BGB ab und entspricht den strengen Anforderungen des Verbrauchsgüterkaufs gemäß § 475 Abs. 1 BGB (ebenso Redeker-*Stögmüller,* Handbuch der IT-Verträge, Stand 2013, 1.16, Rn. 115). Erst wenn auch das neu gelieferte Softwarepaket nicht brauchbar oder iSv § 9 Abs. 2 fehlerhaft ist, kann der Käufer nach seiner Wahl Minderung des Kaufpreises verlangen oder vom Kauf zurücktreten. Diese Regelung trägt § 437 BGB Rechnung.

13. Haftung: Unter Berücksichtigung der Rechtsprechung des BGH zu Haftungsbeschränkungen in allgemeinen Geschäftsbedingungen (s. zB BGH NJW 1993, 335; BGHZ 149, 89; BGH NJW-RR 2005, 1496 (1505 f.)) begrenzt das Formular die Haftung des Verkäufers und des Rechtsinhabers auf die jeweils von ihnen zu vertretenden vertragstypischen Schäden, soweit sie durch schuldhafte Verletzung einer wesentlichen Vertragspflicht verursacht worden sind. Eine Begrenzung der Haftung auf eine bezifferte Höchstsumme ist im Formular nicht vorgesehen, weil die Wirksamkeit entsprechender Klauseln als zu unsicher erscheint, um sie für die Praxis zu empfehlen (vgl. hierzu Münchener Kommentar zum Bürgerlichen Gesetzbuch-*Wurmnest,* 8. Aufl. 2019, § 309 Rn. 39). Die Haftung für den Verlust von Daten wird unter § 10 Abs. 1 subsumiert. Eine Haftung erfolgt demnach nur, wenn für den Datenverlust ein Fehler in der gelieferten Originalsoftware ursächlich ist und der Käufer die übliche Datensicherung vernachlässigt hat. Die Vorbehalte gemäß § 10 Abs. 2 tragen § 309 Nr. 7 BGB Rechnung. Es wird auf → Form. IV.3 Anm. 14 Bezug genommen.

14. Supportvertrag: Es ist in der Vertragspraxis häufig zu beobachten, dass für die Wartung von Software bezahlt wird, obwohl die gesetzliche oder vertragliche Gewährleistungsfrist noch läuft. Eine solche Vertragspraxis ist problematisch (*Schneider,* Handbuch des EDV-Rechts, 5. Aufl. 2017, M, Rn. 371 ff.; *Marly,* Praxishandbuch Softwarerecht, 7. Aufl. 2018, Rn. 1050 ff.; Walz-*Meents,* Beck'sches Fb Zivil-, Wirtschafts- und Unternehmensrecht, D-E, 4. Aufl. 2018, Formular Q.2 (→ Anm. 2) *Goldmann/Redecke* MMR 2002, 3 (6); *Bartsch* NJW 2002, 1526 (1528)). Die Fehlerbeseitigung im Rahmen der Mängelgewährleistung muss ohne zusätzliches Entgelt durchgeführt werden. Nur wenn Leistungen erbracht werden, die über die Mängelbeseitigung hinaus gehen, darf ein zusätzliches Entgelt verlangt werden. Ob dies der Fall ist, hängt vom Leistungsspektrum des Supportvertrags ab. Das Formular geht davon aus, dass die Supportleistungen nicht über die Pflichten des Verkäufers gem. § 439 BGB hinausgehen. Bietet der Hersteller im

Rahmen des Supportvertrags weitergehende Leistungen an (bspw. Reaktionszeiten, Lauffähigkeitsgarantien, Fernwartung etc), so kommt eine Reduzierung der Vergütung während der Gewährleistungsfrist in Frage.

5. Vertrag über die Überlassung von Software zum Einsatz in Embedded Systems

Zwischen[1, 2]

dem Softwareanbieter . . . . . (nachfolgend „Lizenzgeber" genannt)

und

. . . . . (nachfolgend „Lizenznehmer" genannt)

wird folgender Vertrag geschlossen:

§ 1 Vertragsgegenstand[3]

(1) Der Lizenzgeber erteilt dem Lizenznehmer eine Lizenz zur Nutzung der in der Anlage 1 beschriebenen Software (nachfolgend als „Vertragssoftware" bezeichnet). Die Vertragssoftware wird für die Vertragsdauer überlassen, nicht veräußert.
(2) Die Lizenz umfasst das nicht übertragbare Recht, die Vertragssoftware zu den nachstehenden Bedingungen zu nutzen, zu bearbeiten und zu verwerten, wobei sie auf das in § 3 näher spezifizierte Vertriebs- und Anwendungsgebiet sowie den Vertrieb als Teil der vom Lizenznehmer hergestellten, in § 3 und Anlage 2 näher spezifizierten Systeme („Embedded Software") begrenzt ist.
(3) Die Vertragssoftware wird zur Nutzung und Vermarktung mit den in der Anlage 2 ausgewiesenen Systemen des Lizenznehmers (nachfolgend „Vertragsprodukte") angepasst. Die Vermarktung der Systeme im Anwendungsgebiet erfolgt allein durch den Lizenznehmer.

§ 2 Softwareanpassung[4] und Abnahme

(1) Der Lizenzgeber wird die Vertragssoftware entsprechend der Leistungsbeschreibung in der Anlage 1 anpassen. Die Anpassung erfolgt bis zum . . . . . . Der Lizenznehmer wird den Lizenzgeber hierbei unterstützen. Der Lizenznehmer verpflichtet sich insbesondere, die in der Anlage 1 aufgeführten Mitwirkungsleistungen zu erbringen.
(2) Sobald die angepasste Vertragssoftware abnahmebereit ist, erhält der Lizenznehmer eine Masterkopie der angepassten Vertragssoftware im Objektcode auf Datenträgern. Weiter erhält der Lizenznehmer zu diesem Zeitpunkt die in der Anlage 1 näher spezifizierten Teile der Vertragssoftware (einschließlich der Teile der Vertragssoftware, die erforderlich sind, um den Datenaustausch mittels der in der Anlage 1 näher spezifizierten Schnittstelle zu realisieren) im Quellcode.[5]
(3) Der Lizenzgeber liefert zu der angepassten Vertragssoftware eine ausführliche Anwenderdokumentation und für die im Quellcode ausgelieferten Teile zusätzlich eine Entwicklungsdokumentation.[6] Sofern diese Dokumentation ebenfalls auf einem Datenträger geliefert wird, können dies dieselben Träger sein wie für die Masterkopie der Vertragssoftware.

(4) Die Abnahme der Vertragssoftware setzt eine erfolgreiche Funktionsprüfung voraus, die spätestens innerhalb von drei Arbeitstagen beginnt, nachdem der Lizenzgeber dem Lizenznehmer die Funktionsfähigkeit mitgeteilt hat. Die Funktionsprüfung erfolgt anhand der Leistungsbeschreibung in Anlage 1 und wird nach den in der Anlage 1 genannten Modalitäten durchgeführt.[7]

(5) Nach erfolgreich durchgeführter Funktionsprüfung hat der Lizenznehmer unverzüglich schriftlich die Abnahme zu erklären. Die Funktionsprüfung gilt als erfolgreich durchgeführt, wenn die Vertragssoftware in allen wesentlichen Punkten die vertraglich vorgesehenen Anforderungen erfüllt und/oder keinen sonstigen wesentlichen Fehler aufweist.

(6) Der Lizenznehmer ist verpflichtet, dem Lizenzgeber unverzüglich schriftlich Mitteilung zu machen, wenn ihm während der Funktionsprüfung Abweichungen gegenüber den vertraglich festgelegten Anforderungen bekannt werden. Während der Funktionsprüfung festgestellte unwesentliche Abweichungen der Vertragssoftware von den vertraglich festgelegten Anforderungen berechtigen den Lizenznehmer nicht zur Verweigerung der Abnahme. Diese unwesentlichen Abweichungen werden in der schriftlichen Abnahmeerklärung als Mängel festgehalten.

(7) Wenn der Lizenznehmer nicht unverzüglich die Abnahme erklärt, kann ihm der Lizenzgeber schriftlich eine angemessene Frist zur Abgabe dieser Erklärung setzen. Die Abnahme gilt als erfolgt, wenn der Lizenznehmer innerhalb dieser Frist die Gründe für die Verweigerung der Abnahme nicht schriftlich spezifiziert.

§ 3 Umfang der Nutzungsrechtseinräumung[8]

(1) Gegenstand der nach Maßgabe der nachfolgenden Regelungen erfolgenden Nutzungsrechtseinräumung sind die überlassene Vertragssoftware einschließlich zugehöriger Datenbestände (Daten, Dateien und/oder Datenbankmaterial) und die Dokumentationsunterlagen (nachfolgend zusammenfassend als „Lizenzmaterial“ bezeichnet). Zum Lizenzmaterial gehören auch Neuauflagen oder Ergänzungen des Lizenzmaterials, die der Lizenzgeber dem Lizenznehmer während der Dauer des Vertrags überlässt.

(2) Der Lizenznehmer hat das auf die Laufzeit dieses Vertrags und das in der Anlage 2 ausgewiesene Vertrags- und Anwendungsgebiet („Field of Use“)[9] begrenzte Recht,

a) das überlassene Lizenzmaterial zu Test- und Entwicklungszwecken zu nutzen,
b) die Vertragssoftware, soweit sie gemäß § 2 Abs. (2) im Quellcode ausgeliefert wurde, und die Dokumentationsunterlagen zu bearbeiten sowie
c) die Vertragssoftware und deren Bearbeitungen als Teil der von ihm vertriebenen Vertragsprodukte („Embedded Software“)[10] im Objektcode samt Anwenderdokumentation und dessen Bearbeitungen zu verwerten.

Im Übrigen dürfen die Vertragssoftware und das Lizenzmaterial nicht verändert, manipuliert oder ganz oder teilweise umgangen werden. Hiervon unberührt bleiben die zwingenden Rechte nach Maßgabe der Art. 5 Abs. 1 und 6 der EU-Richtlinie vom 23.4.2009 über den Rechtsschutz von Computerprogrammen.

(3) „Nutzen“ des Lizenzmaterials im Sinne dieses Vertrags ist jedes dauerhafte oder vorübergehende ganze oder teilweise Vervielfältigen (Kopieren), insbesondere auch durch Laden, Anzeigen, Ablaufen, Übertragen oder Speichern der Vertragssoftware zum Zwecke ihrer Ausführung auf im Besitz des Lizenznehmers befindlicher Hardware. Zur vertragsgemäßen Nutzung gehören auch die Ausführung der genannten Handlungen zum Zwecke der Beobachtung, Untersuchung oder zum Test der überlassenen Vertragssoftware sowie die Herstellung von Sicherungskopien der überlassenen Vertragssoftware.

(4) „Bearbeiten“ des Lizenzmaterials im Sinne dieses Vertrags ist jede Bearbeitung oder sonstige Umarbeitung, insbesondere die Ergänzung des Quellcodes der Vertragssoftware und dessen Umwandlung in ablauffähigen Objektcode, sei es zur Fehlerbeseitigung, zur

Anpassung an individuelle Anforderungen oder zur Portierung auf eine bestimmte Hardware und zur Verbreitung neuer Releases, Updates, Upgrades oder Patches sowie die Änderung der überlassenen Dokumentationsunterlagen oder das Erstellen von Dokumentationsunterlagen für die bearbeitete Vertragssoftware auf der Grundlage der überlassenen Dokumentation (auch in druckschriftlicher Form) und die Verbindung mit den anderen im Objektcode überlassenen Teilen der Vertragssoftware sowie mit anderer Software.

(5) „Verwerten" des Lizenzmaterials im Sinne dieses Vertrags umfasst die Vervielfältigung der Vertragssoftware im Objektcode zur Herstellung der Vertragsprodukte, und zwar auch durch Dritte (Herstellungslizenz), das Verbreiten der in die Vertragsprodukte integrierten Vertragssoftware (Vertriebslizenz) sowie die Einräumung von Rechten gegenüber Dritten zur Nutzung der in die Vertragsprodukte integrierten Vertragssoftware in Form jedes dauerhaften oder vorübergehenden ganzen oder teilweisen Vervielfältigens (Kopierens) durch Laden, Anzeigen, Ablaufen, Übertragen oder Speichern der Vertragssoftware zum Zwecke ihrer Ausführung und der Verarbeitung der darin enthaltenen Datenbestände (Unterlizenzierung).

(6) Der Lizenznehmer ist über die vorstehenden Regelungen hinaus nicht berechtigt, die ihm eingeräumten Nutzungsrechte vollständig oder teilweise auf Dritte zu übertragen oder Dritten entsprechende Nutzungsrechte einzuräumen.

(7) Die Rechte zur Verwertung werden für das in der Anlage 2 ausgewiesene Vertragsbiet und das dort ausgewiesene Anwendungsgebiet („Field of Use") exklusiv gewährt. Eine Nutzung und Verwertung in anderen Bereichen als dem vertraglich vereinbarten Vertrags- und Anwendungsgebiet („Field of Use") ist unzulässig. Der Lizenzgeber bleibt berechtigt, Dritten außerhalb des exklusiv lizenzierten Bereiches Nutzungsrechte einzuräumen. Der Lizenzgeber wird Dritten den Quellcode der Vertragssoftware, sofern diese im Anwendungsgebiet („Field of Use") tätig sind, nur zur Verfügung stellen, soweit der Lizenznehmer zustimmt. Der Lizenznehmer wird seine Zustimmung nicht treuwidrig verweigern. Im Übrigen wird der Lizenzgeber Dritte, denen er den Quellcode zur Verfügung stellt, zur Geheimhaltung verpflichten.[11]

(8) Der Lizenznehmer gewährt dem Lizenzgeber an sämtlichen von ihm durchgeführten Verbesserungen der Vertragssoftware eine einfache Rücklizenz. Er räumt dem Lizenzgeber dazu das weltweite, zeitlich und inhaltlich unbeschränkte Recht ein, die Verbesserungen zu nutzen, zu bearbeiten und zu verwerten, und zwar im Rahmen sämtlicher bekannter und unbekannter Nutzungsarten. Zu den bekannten Nutzungsarten in diesem Sinne gehören insbesondere . . . . . Weiter wird der Lizenznehmer dem Lizenzgeber auf dessen Verlangen den den Verbesserungen zugrunde liegenden Quellcode samt Entwicklungsdokumentation auf einem Datenträger zur Verfügung stellen.[12]

§ 4 Schutz der Vertragssoftware und des Lizenzmaterials[13]

(1) Vorbehaltlich der gemäß §§ 1 und 3 eingeräumten Nutzungsrechte behält der Lizenzgeber alle Rechte an der Vertragssoftware und am Lizenzmaterial sowie an allen vom Lizenznehmer hergestellten Kopien oder Teilkopien der Vertragssoftware und des Lizenzmaterials in der überlassenen, abgeänderten oder bearbeiteten Fassung, unbeschadet des Eigentums des Lizenznehmers am jeweiligen Datenträger.

(2) Der Lizenznehmer verpflichtet sich, die im Lizenzmaterial enthaltenen Schutzvermerke, wie Copyright-Vermerke und andere Rechtsvorbehalte, in den überlassenen Fassungen des Lizenzmaterials unverändert beizubehalten sowie in unveränderter Form an den entsprechenden Stellen in die abgeänderten oder bearbeiteten Fassungen des Lizenzmaterials einzufügen und in alle vom Lizenznehmer vertragsgemäß hergestellten Kopien oder Teilkopien des überlassenen, abgeänderten oder bearbeiteten Lizenzmaterials zu übernehmen.

(3) Der Lizenznehmer verpflichtet sich, die im Quellcode überlassenen Teile des Lizenzmaterials ohne ausdrückliche schriftliche Zustimmung des Lizenzgebers weder im Original noch in Form von vollständigen oder teilweisen Kopien Dritten zugänglich zu machen. Dies gilt auch für den Fall einer vollständigen oder teilweisen Veräußerung oder Auflösung des Unternehmens des Lizenznehmers. Als Dritte gelten nicht Arbeitnehmer des Lizenznehmers oder andere Personen, solange sie sich zur vertragsgemäßen Nutzung des Lizenzmaterials für den Lizenznehmer bei diesem aufhalten.

(4) Der Lizenznehmer wird über die von ihm vertragsgemäß hergestellten Kopien oder Teilkopien der überlassenen, abgeänderten oder bearbeiteten Vertragssoftware und/oder des Lizenzmaterials Buch führen. Der Lizenzgeber wird sie an einem sicheren Ort aufbewahren. Er wird auf Anfrage über die Buchführung und die Aufbewahrung Auskunft erteilen.

§ 5 Einsatzbedingungen und weitere Produktentwicklung[14]

(1) Die dem Lizenznehmer überlassene Vertragssoftware wurde für den Einsatz in einer bestimmten Systemumgebung und für das Zusammenwirken mit bestimmter anderer Software entwickelt. Diese Einsatzbedingungen sind in der Leistungsbeschreibung der Anlage 1 angegeben.

(2) Für eine Benutzung des Lizenzmaterials außerhalb der Einsatzbedingungen entfallen die Mängelrechte nach § 6. Der Lizenzgeber wird sich in einem solchen Fall in einem angemessenen Umfang und gegen ein zusätzliches angemessenes Entgelt bemühen, die Pflegeleistungen gemäß § 8 zu erbringen.

(3) Der Lizenznehmer ist bei der Produktentwicklung im Rahmen der Regelungen unter § 3 und § 4 frei. Er ist berechtigt, die Vertragssoftware im Anwendungsgebiet als Teil der Vertragsprodukte zu veräußern und zu vermarkten („Embedded Software"). Der Lizenznehmer trägt die für die Produktentwicklung erforderlichen Kosten.

(4) Der Lizenznehmer trägt dafür Sorge, dass die Vertragsbestimmungen zur Vermarktung des Vertragsprodukts nicht mit diesen Vertragsbestimmungen im Widerspruch stehen.

§ 6 Mängelhaftung und -rechte[15]

(1) Der Lizenzgeber verpflichtet sich, dafür Sorge zu tragen, dass die Vertragssoftware in der gelieferten Fassung für den vertragsgemäßen Gebrauch in Übereinstimmung mit der bei Vertragsschluss gültigen und dem Lizenznehmer vor Vertragsschluss überlassenen Leistungsbeschreibung, die die bestimmungsgemäße Benutzung und die Einsatzbedingungen der Vertragssoftware angibt, geeignet ist.

(2) Im Falle von erheblichen Abweichungen von der Leistungsbeschreibung wird der Lizenzgeber die Mängel nach seiner Wahl durch Nachbesserung und/oder Nachlieferung beseitigen (Nacherfüllung). Gelingt es dem Lizenzgeber innerhalb einer angemessenen Frist nicht, durch Nacherfüllung die Abweichungen von der Leistungsbeschreibung und/oder sonstige Mängel zu beseitigen oder so zu umgehen, dass dem Lizenznehmer der vertragsgemäße Gebrauch der Vertragssoftware ermöglicht wird, kann der Lizenznehmer eine Herabsetzung der Vergütung verlangen oder den Rücktritt vom Vertrag mit Blick auf die betroffenen Vervielfältigungstücke erklären und/oder Schadens- oder Aufwendungsersatz verlangen. Die Mängelrechte verjähren innerhalb von 18 Monaten; dies gilt nicht in Fällen des Vorsatzes und für Schadensersatzansprüche. Die Frist beginnt mit der Abnahme. Das Recht zur fristlosen Kündigung dieses Vertrags gemäß § 11 Abs. (2) bleibt von den vorstehenden Regelungen unberührt.

(3) Der Lizenznehmer ist verpflichtet, dem Lizenzgeber nachprüfbare Unterlagen über Art und Auftreten von Abweichungen von der Leistungsbeschreibung zur Verfügung zu stellen und bei der Eingrenzung von Fehlern mitzuwirken.
(4) Mängel liegen nicht bei Fehlern vor, die durch ein Abweichen des Lizenznehmers von den für die Vertragssoftware vorgesehenen Einsatzbedingungen verursacht werden sowie auf Fehler in abgeänderten oder bearbeiteten Fassungen des Lizenzmaterials, soweit nicht nachgewiesen wird, dass vorhandene Fehler in keinem Zusammenhang mit den Änderungen oder Bearbeitungen stehen.

§ 7 Schutzrechte Dritter[16]

(1) Der Lizenzgeber wird den Lizenznehmer gegen alle Ansprüche verteidigen, die aus einer Verletzung eines gewerblichen Schutzrechts, Urheberrechts und/oder sonstiger Schutzrechte durch das vertragsgemäß genutzte Lizenzmaterial hergeleitet werden, und dem Lizenznehmer gerichtlich auferlegte Kosten und Schadenersatzbeträge übernehmen, sofern der Lizenznehmer den Lizenzgeber von solchen Ansprüchen unverzüglich schriftlich benachrichtigt hat und dem Lizenzgeber alle Abwehrmaßnahmen und Vergleichsverhandlungen vorbehalten bleiben. Die vorstehende Verpflichtung des Lizenzgebers besteht jedoch nicht, wenn er die Rechtsverletzung nicht verschuldet hat.
(2) Sind gegen den Lizenznehmer Ansprüche wegen Schutzrechtsverletzungen geltend gemacht worden oder ist dies zu erwarten, kann der Lizenzgeber auf seine Kosten das Lizenzmaterial austauschen oder in einem für den Lizenznehmer zumutbaren Umfang ändern. Ist dies oder die Einholung eines Nutzungsrechts dem Lizenzgeber nicht möglich, kann der Lizenznehmer den Vertrag fristlos kündigen, sofern das Lizenzmaterial die Schutzrechte Dritter verletzt. In diesem Fall haftet der Lizenzgeber dem Lizenznehmer für den ihm durch die Kündigung entstehenden Schaden nach Maßgabe von § 10.
(3) Den Lizenzgeber treffen die Verpflichtungen gemäß Abs. (1) und (2) nicht, soweit die Ansprüche gemäß § 2 Abs. (5) auf vom Lizenznehmer bereitgestellter Vertragssoftware oder darauf beruhen, dass die Vertragssoftware unter anderen als den in der Leistungsbeschreibung angegebenen Einsatzbedingungen und/oder außerhalb des vereinbarten Vertrags- und Anwendungsgebietes genutzt und/oder verwertet wurde.
(4) Der Lizenzgeber verpflichte sich dafür zu sorgen, dass die Vertragssoftware nur die in der Anlage 1 aufgezählte Open Source Software enthält.

§ 8 Softwarepflege und Support[17]

(1) Der Lizenzgeber wird die von ihm überlassene Vertragssoftware und das von ihm überlassene Lizenzmaterial ständig pflegen. Dies umfasst:
a) die Überlassung sämtlicher Verbesserungen und Erweiterungen der Vertragssoftware (Updates und Patches), die nicht mit wesentlichen neuen Funktionen einhergehen (samt Dokumentation);
b) die unverzügliche, kostenfreie Fehlerbeseitigung und/oder vorübergehende Bereitstellung von Umgehungslösungen;
c) die Anpassung der Vertragssoftware an die allgemeine, technische Fortentwicklung der Hardware und des Betriebssystems der Vertragsprodukte;
d) die Anpassung an vom Lizenznehmer geforderte, technisch umsetzbare Änderungen der Anforderungen der Vertragsprodukte und/oder vom Lizenznehmer geforderte Produktverbesserungen bis zu einem Aufwand von ..... Personentagen pro Vertragsjahr;
e) die Dokumentation entsprechender Pflegemaßnahmen und die Archivierung sämtlicher Codestände und -veränderungen (einschließlich der Dokumentation und Archivierung der Entwicklungsumgebung).

Nicht umfasst sind Pflegemaßnahmen mit Blick auf vom Lizenznehmer durchgeführte Änderungen der im Quellcode überlassenen Teile der Vertragssoftware.

(2) Der Lizenzgeber wird von Mitarbeitern des Lizenznehmers per E-Mail oder Telefon übermittelte technische Supportanfragen zur Funktionsweise und/oder, soweit gemäß § 2 Abs. (5) Quellccode ausgeliefert wurde, zur Programmierung der Vertragssoftware montags bis freitags (ausgenommen gesetzliche Feiertage am Sitz des Lizenzgebers) in der Zeit zwischen 9:00 und 17:00 h beantworten.

(3) Der Lizenzgeber wird auf Supportanfragen und Fehlermeldungen des Lizenznehmers innerhalb der nachfolgenden Zeiten reagieren:

a) Der Lizenzgeber wird innerhalb von 24 Stunden reagieren, soweit ein Fehler vorliegt, aufgrund dessen die Vertragssoftware entweder gar nicht oder aber in wesentlichen Funktionen nicht genutzt werden kann.

b) In allen sonstigen Fällen wird der Lizenzgeber innerhalb von 72 Stunden reagieren.

Soweit erforderlich wird der Lizenzgeber den Lizenznehmer gegen gesonderte Vergütung für Besprechungen und/oder für Tätigkeiten vor Ort aufsuchen.

(4) Mit der Beendigung dieses Vertrags wird der Lizenzgeber auf Verlangen des Lizenznehmers die Pflege- und Supportleistungen gemäß § 8 Abs. (1) und (2) noch für eine Übergangszeit von maximal ..... Monaten zu den Bedingungen dieses Vertrages erbringen. Dies gilt auch im Fall der außerordentlichen Kündigung durch den Lizenznehmer.

(5) Der Lizenznehmer wird den Lizenzgeber über sämtliche Veränderungen und Bearbeitungen der Vertragssoftware informieren, die er ohne Zutun des Lizenzgebers vorgenommen hat. Der Lizenzgeber verpflichtet sich gegen eine gesonderte Vergütung, auf Verlangen des Lizenznehmers die Veränderungen und Bearbeitungen der Vertragssoftware auf ihre Fehlerfreiheit zu prüfen oder den Lizenznehmer bei der Fehlerbehebung zu unterstützen.

(6) Sonstige Leistungen wie die Schulung von Arbeitnehmern des Lizenznehmers, sonstige Anpassungen der Vertragssoftware an die besonderen Bedingungen des Lizenznehmers, Pflege- und Wartungsleistungen für durch den Lizenznehmer abgeänderte oder bearbeitete Fassungen des Lizenzmaterial sind grundsätzlich nicht geschuldet.

§ 9 Vergütung[18]

(1) Der Lizenzgeber erhält mit Abnahme einen Einmalbetrag in Höhe von ..... EURO für die Erstanpassung der Vertragssoftware gemäß § 2. Sonstige Spesen und Kosten des Lizenzgebers (etwa Reise- oder Übernachtungskosten) sind für diese Tätigkeit nicht gesondert zu vergüten.

(2) Der Lizenzgeber erhält eine Lizenzgebühr in Höhe von ..... EURO pro durch den Lizenznehmer veräußertem und mit der Vertragssoftware oder Teilen derselben ausgeliefertem Vertragsprodukt. Es wird eine Mindestlizenzgebühr von ..... EURO pro Jahr vereinbart, wobei die entsprechenden Jahresperioden ab dem ersten Monat nach der Abnahme der Vertragssoftware zu berechnen sind.

(3) Der Lizenzgeber erhält eine monatliche Pflegegebühr in Höhe von pauschal ..... EURO pro lizenziertem Vervielfältigungsstück ab Abnahme der Vertragssoftware. Es wird eine Mindestpflegegebühr von ..... EURO vereinbart.

(4) Supportanfragen werden mit einer Supportgebühr in Höhe von ..... EURO pro Stunde vergütet, es sei denn, dass diese Mängel der Vertragssoftware betreffen.

(5) Die vorstehenden Preise und Gebühren verstehen sich zuzüglich der jeweils gültigen gesetzlichen Umsatzsteuer. Soweit gemäß dem einschlägigen Umsatzsteuerrecht die Steuerschuldnerschaft auf den Lizenznehmer übergeht, ist der Lizenznehmer zur dementsprechenden Anmeldung und Abführung der Umsatzsteuer und der Lizenzgeber zur Ausstellung einer den jeweiligen gesetzlichen Erfordernissen entsprechenden Rechnung verpflichtet.

(6) Der Lizenznehmer ist verpflichtet, über die Herstellung und Veräußerung von Vertragsprodukten Buch zu führen und die entsprechenden Stückzahlen für den Vormonat jeweils bis zum 5. eines Monats zu melden. Der Lizenzgeber ist berechtigt, alle für die Gebührenberechnung erforderlichen Buchführungsunterlagen einmal im Jahr durch einen vereidigten Buch- oder Wirtschaftsprüfer überprüfen zu lassen. Der Lizenzgeber trägt die Kosten der Prüfung, es sei denn, dass sich über das Vertragsjahr berechnete Abweichungen der gemeldeten Stückzahlen von mehr als . . . . . % ergeben. Abweichungen werden vom Lizenzgeber bei nächster Gelegenheit in Rechnung gestellt.

(7) Der Lizenzgeber wird die Gebühren nach Maßgabe der Abs. (2)–(3) jeweils am 10. des Monats am Quartalsbeginn für das vorherige Quartal in Rechnung stellen. Die Gebühren sind innerhalb von zehn Tagen ohne Abzug zahlbar.

(8) Der Lizenzgeber hat das Recht, die Pflegegebühr gemäß Abs. (3) und (4) durch schriftliche Ankündigung unter Einhaltung einer Frist von 3 Monaten zum Monatsende entsprechend der allgemeinen Preisentwicklung zu ändern. Eine solche Änderung ist jedoch frühestens 36 Monate nach Abnahme der angepassten Vertragssoftware zulässig und darf die Gebühren des vorausgehenden Zwölfmonatszeitraums um nicht mehr als 10 % überschreiten. Soweit eine Erhöhung der Gebühren um mehr als 5 % des vorausgehenden Zwölfmonatszeitraums erfolgt, kann der Kunde den Vertrag oder die Pflegeleistungen ohne Rücksicht auf die Laufzeit gemäß § 11 schriftlich mit einer Frist von 3 Wochen zum Erhöhungszeitpunkt kündigen.[19]

§ 10 Haftungsbeschränkungen[20]

(1) Jede Vertragspartei haftet im Fall einfacher Fahrlässigkeit unabhängig vom Rechtsgrund nur für Schäden, soweit diese durch eine schuldhafte Verletzung einer vertragswesentlichen Pflicht, nämlich einer Pflicht, deren Verletzung die Erreichung des Vertragszwecks gefährdet und/oder deren Erfüllung die ordnungsgemäße Durchführung des Vertrags überhaupt erst ermöglicht und auf deren Erfüllung der Vertragspartner regelmäßig vertrauen darf, verursacht wurden. Die Haftung gemäß dieses Abs. (1) für einfache Fahrlässigkeit ist zudem auf den vorhersehbaren und vertragstypischen Schaden begrenzt, mit dessen Entstehen jede Vertragspartei bei Vertragsschluss aufgrund der ihr zu diesem Zeitpunkt bekannten Umstände rechnen musste. Die Haftung ist insofern der Höhe nach begrenzt auf EUR . . . . .

(2) Jede Vertragspartei haftet für Schäden, die auf grobe Fahrlässigkeit oder Vorsatz zurückzuführen sind, unbeschränkt. Die Haftungsbeschränkung gemäß Abs. (1) gilt davon abweichend in gleicher Weise für Schäden, die aufgrund von grober Fahrlässigkeit von Mitarbeitern oder Beauftragten der jeweiligen Vertragspartei verursacht wurden, welche nicht zu dessen Geschäftsführern oder leitenden Angestellten gehören.

(3) Eine verschuldensunabhängige Haftung des Lizenzgebers wird vorbehaltlich des Abs. (6) ausgeschlossen. Der Lizenzgeber haftet nicht für mangelnden wirtschaftlichen Erfolg des Lizenznehmers.

(4) Für den Verlust von Daten und deren Wiederherstellung haftet die jeweilige Vertragspartei nach Maßgabe von Abs. (1) bis (3) nur, soweit ein solcher Verlust durch angemessene Datensicherungsmaßnahmen seitens der anderen Vertragspartei nicht vermeidbar gewesen wäre.

(5) Die Haftungsbeschränkungen gemäß Abs. (1) bis (4) gelten sinngemäß auch zugunsten der Mitarbeiter und Beauftragten der Vertragsparteien.

(6) Die Haftung der Vertragsparteien für Schäden, die durch vorsätzliche Handlungen verursacht worden sind, sowie für Ansprüche aufgrund des Produkthaftungsgesetzes wegen des Fehlens zugesicherter und/oder garantierter Eigenschaften, wegen Beschaffenheits- und/oder Haltbarkeitsgarantien und/oder Schäden aus der Verletzung des Lebens, des Körpers oder der Gesundheit bleibt unberührt.

§ 11 Laufzeit und Vertragsbeendigung[21]

(1) Der Lizenznehmer kann diesen Vertrag jeweils zum Vertragsjahresende mit einer Frist von drei Monaten in gesetzlicher Schriftform kündigen, wobei als Vertragsjahr die entsprechenden Jahresperioden ab dem ersten Monat nach der Abnahme gelten. Der Lizenzgeber kann diesen Vertrag frühestens drei Jahre nach Abnahme der Vertragssoftware mit einer Frist von drei Monaten zum Vertragsjahresende in gesetzlicher Schriftform kündigen.

(2) Der Vertrag kann von beiden Seiten aus wichtigem Grund fristlos gekündigt werden. Dies gilt insbesondere bei Verletzung der Bestimmungen nach § 3 „Umfang der Nutzungsrechtseinräumung", § 4 „Schutz der Vertragssoftware und des Lizenzmaterials" und § 12 „Geheimhaltung".

(3) Mit Wirksamwerden einer Kündigung ist der Lizenznehmer verpflichtet, das Lizenzmaterial einschließlich aller abgeänderten und bearbeiteten Fassungen desselben sowie alle Kopien und Teilkopien dieses Materials an den Lizenzgeber zurückzugeben. Bei Lizenzmaterial, das auf Datenträgern oder Hardware des Lizenznehmers aufgezeichnet ist, tritt an Stelle der Rückgabe die Vernichtung oder vollständige Löschung der Aufzeichnung; diese sind gegebenenfalls vom Lizenznehmer dem Lizenzgeber schriftlich zu bestätigen.

§ 12 Geheimhaltung[22]

(1) Die Vertragsparteien verpflichten sich, sämtliche ihnen im Zusammenhang mit diesem Vertrag zugänglich werdenden Informationen, die als vertraulich bezeichnet werden oder nach sonstigen Umständen als Geschäfts- oder Betriebsgeheimnisse der jeweils anderen Vertragspartei erkennbar sind, unbefristet geheim zu halten und sie – soweit nicht zur Erreichung des Vertragszwecks geboten – weder aufzuzeichnen noch weiterzugeben oder zu verwerten. Dies gilt insbesondere für den überlassenen Quellcode und/oder die Entwicklungsdokumentation. Die Vertragsparteien werden durch geeignete vertragliche Abreden mit den für sie tätigen Arbeitnehmern und Beauftragten sicherstellen, dass auch diese unbefristet jede eigene Verwertung, Weitergabe oder unbefugte Aufzeichnung solcher Geschäfts- und Betriebsgeheimnisse unterlassen und dieser nur soweit erforderlich Zugang zu den Geheimnissen verschaffen.

(2) Die Geheimhaltungspflicht gemäß Abs. (1) gilt nicht, soweit die Erlaubnisse und Ausnahmen der §§ 3 bzw. 5 GeschGehG eingreifen, sowie gegenüber solchen Personen, die gesetzlich oder aufgrund Gestattung der jeweils anderen Vertragspartei zur Kenntnisnahme befugt und zur Verschwiegenheit verpflichtet sind, sowie für Veröffentlichungen, die aufgrund gesetzlicher Bestimmungen und/oder behördlicher Anordnungen von einer der Vertragsparteien verlangt werden können. Der Geheimhaltungspflicht unterliegen nicht bzw. nicht mehr solche vertraulichen Informationen, die allgemein bekannt sind oder allgemein bekannt werden, ohne dass dieses von der offenbarenden Vertragspartei zu vertreten ist. Das Vorliegen einer der vorstehenden Ausnahmen hat die sich hierauf berufende Vertragspartei zu beweisen.

(3) Der Lizenznehmer wird sein Personal entsprechend unterweisen und zur Einhaltung der Vereinbarung gemäß Abs. (1) schriftlich verpflichten.

(4) Der Lizenznehmer verpflichtet sich, für jeden Fall der schuldhaften Zuwiderhandlung gegen seine Geheimhaltungspflichten gemäß § 12 Abs. (1) und (2), sei es durch seine Organe, durch einen seiner Mitarbeiter oder von ihm beauftragte Dritte, an den Lizenzgeber eine angemessene Vertragsstrafe zu zahlen. Diese Vertragsstrafe wird vom Lizenzgeber nach billigem Ermessen festgesetzt und ist im Streitfall gerichtlich zu überprüfen. Bei der Bemessung der Vertragsstrafe sind die konkrete Vertragsverletzung, ihre Schwere und der Grad des Verschuldens des Interessenten zu berücksichtigen. Die Vertragsstrafe beträgt für alle Zuwiderhandlungen unter diesem Vertrag insgesamt maximal 250.000 (zweihundertfünfzigtausend) EURO. Eine für den Fall einer Zuwiderhandlung geleistete

Vertragsstrafe wird auf einen aus demselben Verstoß resultierenden Schadenersatzanspruch des Lizenznehmers angerechnet. Dem Lizenzgeber bleibt die Geltendmachung eines darüber hinausgehenden Schadensersatzanspruchs vorbehalten.

§ 13 Schlussbestimmungen[23]

(1) Der Lizenznehmer trägt Sorge dafür, dass der Export seiner Systeme in Übereinstimmung mit den einschlägigen Bestimmungen des Außenwirtschaftsrechts sowie sonstigen Exportkontrollen erfolgt.

(2) Der Lizenznehmer kann seine Rechte aus diesem Vertrag nur mit schriftlicher Einwilligung des Lizenzgebers abtreten.

(3) Eine Aufrechnung gegenüber der Vergütung ist dem Lizenznehmer nur mit anerkannten oder rechtskräftig festgestellten Gegenforderungen möglich.

(4) Dieser Vertrag und seine Anlagen enthalten sämtliche Vereinbarungen zwischen den Vertragsparteien. Nebenabreden bestehen nicht. Änderungen oder Ergänzungen dieses Vertrags bedürfen der Schriftform. Dies gilt auch für einen Verzicht auf dieses Schriftformerfordernis.

(5) Gerichtsstand für alle Streitigkeiten aus oder in Verbindung mit diesem Vertrag ist der Firmensitz des Lizenzgebers.

(6) Auf diesen Vertrag und die sich aus ihm ergebenden Streitigkeiten findet deutsches Recht unter Ausschluss des UN-Kaufrechts Anwendung.

(7) Sollten einzelne Bestimmungen des Vertrags unwirksam sein, so wird hierdurch die Wirksamkeit der übrigen Bestimmungen des Vertrags nicht berührt. Die Vertragsparteien verpflichten sich, die unwirksamen Bestimmungen durch eine Ersatzregelung zu ersetzen, die dem mit der unwirksamen Bestimmung beabsichtigten Zweck unter Berücksichtigung der beiderseitigen Interessen möglichst nahekommt.

Die folgenden Anlagen sind integraler Vertragsbestandteil:

– Anlage 1 – Leistungsbeschreibung;

– Anlage 2 – Beschreibung des Vertrags- und des Anwendungsgebietes.[24]

(Ort, Datum, Unterschriften)

Anlagen

Schrifttum: Bachofer, Der OEM-Vertrag, CR 1988, 1; *Backu,* Exportkontrolle bei Kryptographiesoftware, ITRB 2003, 15; *Bartsch,* Themenfelder einer umfassenden Regelung der Abnahme – Ein Überblick zu den möglichen Regelungsgegenständen einer Abnahme, CR 2006, 7; *Bartenbach,* Patentlizenz- und Know-how-Vertrag, 7. Aufl. Köln 2013; *Berger, K.,* Zur Anwendbarkeit der neuen Gruppenfreistellungsverordnung auf Softwareverträge, K&R 2005, 15; *Brinker,* Eine neue GVO (und eine neue Leitlinie), NZKart 2014, 121; *Conrad/Lejeune/Stögmüller/Brandi-Dohrn,* Stellungnahme der DGRI v. 17.5.2013 zum (zweiten) europäischen Entwurf einer Technologietransfer-GVO, CR 2013, 412; *Funk/Zeifang,* US-Exportkontrollrecht und dessen Erstreckung auf deutsche Softwareverträge, CR 2004, 11; *Groß,* Der Lizenzvertrag, 11. Aufl. Frankfurt a.M. 2015; *Grützmacher,* Software-Verträge und die 7. GWB-Novelle, ITRB 2005, 205; *ders.,* Rechtliche Aspekte der Herstellung und Nutzung von Embedded Systems, in: Büchner/Dreier, Von der Lochkarte zum globalen Netzwerk – 30 Jahre DGRI, Köln 2007, 87; *ders.,* Open Source Software und Embedded Systems, ITRB 2009, 184; *Koch,* Handbuch Software- und Datenbankrecht, Berlin u.a. 2003; *Kreutzer,* Firmware, Urheberrecht und GPL, CR 2012, 146; *Lehmann,* Die kartellrechtlichen Grenzen der Lizenzierung von Computerprogrammen, in: Lehmann (Hrsg.), Rechtsschutz und Verwertung von Computerprogrammen, 2. Aufl., Köln 1993, 775; *ders.,* Verträge über Computerprogramme, in: Loewenheim (Hrsg.), Handbuch des Urheberrechts, 2. Aufl. München

2010; *Leistner/Königs,* Der Kommissionsentwurf neuer Regelungen für Technologietransfer-Vereinbarungen – eine kritische Analyse, WRP 2014, 268; *Meyer/Harland,* Haftung für softwarebezogene Fehlfunktionen technischer Geräte am Beispiel von Fahrerassistenzsystemen, CR 2007, 689; *Orthwein/Obst,* Embedded Systems – Updatepflichten für Hersteller hardwarenaher Software, CR 2009, 1; *Polley,* Softwareverträge und ihre kartellrechtliche Wirksamkeit, CR 2004, 641; *Redeker,* IT-Recht, 6. Aufl., München 2017; *Schneider,* Handbuch des EDV-Rechts, 5. Aufl. Köln 2017; *Schultze/Pautke/Wagener,* Die Gruppenfreistellungsverordnung für Technologietransfer-Vereinbarungen – Praxiskommentar, Frankfurt a.M. 2005; *Schumacher/Schmid,* Die neue Gruppenfreistellungsverordnung für Technologietransfer-Vereinbarungen GRUR 2006, 1; *Schuppert,* EDV-Vertriebsverträge OEM, VAR, in: Lehmann/Meents (Hrsg.), Handbuch des Fachanwalts Informationstechnologierecht, S. 251, 2. Aufl., Luchterhand 2011; *Söbbing,* Rechtliche Grenzen der Veräußerung und Vermietung von Systemen mit eingebetteter Software, ITBR 2013, 162; *Sucker,* Lizenzierung von Computersoftware (I), Kartellrechtliche Grenzen nach dem EWG-Vertrag, CR 1989, 353; *ders.,* Lizenzierung von Computersoftware (II), Kartellrechtliche Grenzen nach dem EWG-Vertrag, CR 1989, 468; *Timm,* Kartellrecht der Softwareverträge, Frankfurt 2005; *Ullrich/Lejeune* (Hrsg.), Der internationale Softwarevertrag, 2. Aufl., Heidelberg 2006 (zit. *Bearbeiter* in: Ullrich/Lejeune); *Ulmer, D.,* Elektronischer Ersatz für Handbücher, ITRB 2001, 64; *Wandtke/Bullinger* (Hrsg.), Praxiskommentar zum Urheberrecht, 5. Aufl., München 2019; *Weiden,* Aktuelle Berichte – Juni 2014, GRUR 2014, 539.

Anmerkungen

1. Sachverhalt. Der Anbieter von Software (Lizenzgeber) möchte einem Hersteller von Geräten (Lizenznehmer) zur Nutzung und Verwertung im Rahmen eines bestimmten IT-Systems seine Software überlassen, und zwar als sog. Embedded Software. Vorgesehen ist, dass die Lizenzierung zudem noch beschränkt auf einen bestimmten Anwendungsbereich („Field of Use") erfolgt (näher → Anm. 9). Dies könnten zB bestimmte Bereiche der Medizintechnik sein. Anders als noch vor einigen Jahren werden dafür in Embedded Systems heute oft mehr oder minder vollwertige Betriebssysteme eingesetzt, regelmäßig spezielle Embedded Betriebssysteme (vgl. dazu *Grützmacher* ITRB 2009, 184). Anstatt der hier vorgesehenen Integration in ein Gerät lässt sich das Formular auch mit wenig Aufwand so umgestalten, dass es für die Integration von Software in eine andere Software geeignet ist.

Der Anbieter wird in der Regel ein Softwarehersteller oder – für die vorliegende Art von Verträgen eher der Ausnahmefall – ein Unternehmen sein, das exklusive Vertriebs- und Unterlizenzierungsrechte an Computersoftware erworben hat. Die Vertragssoftware muss an die Software oder die Hardware (und uU sonstige IT-Systeme) des Lizenznehmers angepasst werden. Ohne das technische Know-how des Lizenzgebers ist dies kaum möglich. Für künftige durch die Veränderungen der Systeme oder Software auf Seiten des Lizenznehmers bedingte Anpassungen erscheint es sinnvoll, diesem in einem gewissen Umfang (etwa für die Schnittstellen) den Quellcode zugänglich zu machen. Anderseits hat der Lizenzgeber im Übrigen ein Interesse daran, das Know-how und den Quellcode seiner Software geheim zu halten (siehe § 12 und → Anm. 22). Die Überlassung des Quellcodes und der dazugehörigen Dokumentation ist wichtig, damit entsprechende Änderungen oder Bearbeitungen der Software vorgenommen werden können, und zwar auch über die initiale Anpassung hinaus, uU auch, um Fehler abstellen zu können. Notwendig können etwa Anpassungen an Eigenheiten der IT-Systeme und Software des Lizenznehmers, an andere Eingabe- oder Ausgabeformate sowie an eine andere Hardware als die, für die die Originalfassung des überlassenen Programms bestimmt ist (Portierung), sein bzw. werden. Um derartige Änderungen oder Bearbeitungen durchzuführen, benötigt der Lizenznehmer auch korrespondierende Unterlagen. IdR ist dies die Entwicklungsdokumentation, dh eine Programmbeschreibung, die in hinreichendem Maße Auskunft über Programmstruktur und -logik gibt, um die Anpassungen zuzulassen. Die Überlassung dieser Unterlagen erhöht die mit der Überlassung ohnehin schon gegebene Missbrauchsgefahr und damit das Risiko des Lizenzgebers, dass sein Know-how Dritten zugänglich wird. Der Schutz des überlassenen Lizenzmaterials ist daher beim vorliegenden Formular von zentraler Bedeutung.

Der Lizenznehmer hingegen benötigt bestimmte urheberrechtliche Nutzungsrechte (Lizenz), welche ihm der Lizenzgeber einräumen muss, und zwar insbesondere für die Entwicklung und den Vertrieb, namentlich neben dem Vervielfältigungsrecht gemäß § 69c Nr. 1 auch das Bearbeitungs- und Verbreitungsrecht gemäß § 69c Nr. 2 und 3 UrhG (→ Anm. 8 sowie *Grützmacher* in Büchner/Dreier S. 87, 90 ff.; zum Urheberschutz von Software allgemein → Form. IV.2 Anm. 1 und → Form. IV.3 Anm. 6; für Embedded Software gelten die allgemeinen Anforderungen, dies klarstellend KG ZUM-RD 2011, 544 (547)). Für die Nutzungsrechtseinräumung sind dabei neben §§ 31 und 69c UrhG die Beschränkungen gemäß §§ 69d und 69e UrhG zu beachten.

2. Wahl des Formulars. Weil Verträge der vorliegenden Art erfahrungsgemäß noch weitergehend den tatsächlichen Umständen angepasst werden müssen und dabei in aller Regel individuell verhandelt werden, nimmt das Formular nicht für sich in Anspruch, in jeder Regel AGB-fest zu sein. Gleichwohl wird in den nachfolgenden Anmerkungen wiederholt auf AGB-rechtliche Aspekte hingewiesen.

Das Formular ist für jede Art von Software geeignet, mithin gleichermaßen für systemwie für anwendungsnahe Programme. Da das Formular dem Lizenznehmer nicht nur das Recht zur Nutzung des überlassenen Programms, sondern auch das unbeschränkte Änderungs- und Bearbeitungsrecht einräumt, können bei der Ausübung dieser Rechte auf Seiten des Lizenznehmers eigene Rechte entstehen, deren Ausübung von den Rechten des Lizenzgebers abhängig ist. Das Formular entlässt den Lizenznehmer gleichwohl nicht aus dieser Abhängigkeit. Dies bedeutet, dass der Lizenznehmer ggf. für die abgeänderten oder bearbeiteten Fassungen des überlassenen Materials keine von den Rechten des Lizenzgebers unabhängigen Verwertungsrechte erwirbt.

3. Vertragsgegenstand. Gegenstand des Vertrags sind neben der Erteilung einer Lizenz die dieser Nutzungsrechtseinräumung zunächst vorausgehenden Anpassungsarbeiten und in der Folge gewisse Pflegemaßnahmen. Es handelt sich also nicht etwa um einen klassischen Kaufvertrag. Vielmehr überwiegen je nach Anpassungsaufwand die werkvertraglichen Leistungen (→ Anm. 4, 15). Neben den Anpassungsleistungen und der Rechtseinräumung sind Gegenstand der Vereinbarung im Weiteren das mit dem Quellcode (→ Anm. 5) und dessen Dokumentation (→ Anm. 6) überlassene Know-how (siehe zu dessen Schutz § 12 und → Anm. 22).

4. Softwareanpassung. Soll Software als Embedded Software in ein bestimmtes System eingebettet werden, ist es regelmäßig nötig, sie auf dieses anzupassen. Auch in diesem Kontext stellt sich die Frage, ob für die Anpassung die Regeln des Werkvertragsrechts (§§ 631 ff. BGB) oder aufgrund von § 651 BGB die des Kaufrechts (§§ 433 ff. BGB) anzuwenden sind. Dieses ist streitig, wobei vieles für die Anwendung des Werkvertragsrechts spricht (siehe BGH CR 2010, 327 (328 f.) – Internetsystemvertrag; → Form. VI.1 Anm. 2). Schwierigkeiten bereitet vorliegend zudem, dass der Lizenzvertrag auf Dauer geschlossen ist und in seinem Schwerpunkt daher entweder als Rahmenvereinbarung zu Einzelkaufverträgen oder als miet- bzw. pachtähnlicher Vertrag zu qualifizieren sein könnte. Richtig erscheint es gleichwohl, in Ansehung der vorliegenden Gestaltung für die Einordnung der Pflicht zur Softwareanpassung allein auf diese spezifische Leistung (vgl. Palandt/*Grüneberg* BGB Überbl. v. § 311 Rn. 25 f.) und den für diese typischen Charakter abzustellen, also nach dem vorstehend Gesagten auf Werkvertragsrecht. Es wird insofern auf → Form. IV.1 Anm. 2 verwiesen.

5. **Quellcode.** Soweit die Software nach § 2 Abs. (2) im Quellcode, also in einer Programmiersprache vorliegt, ist sie einerseits für den mit der Änderung und Bearbeitung beauftragten Fachmann lesbar und verständlich, so dass ggf. eine Wartung (Pflege) und Weiterentwicklung insoweit auch durch den Lizenznehmer möglich ist. Andererseits ist, wie bereits angedeutet wurde, das Know-how des Lizenzgebers offengelegt. Der Lizenzgeber sollte sich daher sehr genau überlegen, welche Teile des Quellcodes er dem Lizenznehmer überlässt. Eine explizite Bestimmung ist schon deshalb sinnvoll, weil es sonst im Einzelfall unter bestimmten Voraussetzungen sein kann, dass auch ohne ausdrückliche Absprache die Auslieferung des Quellcodes zur geschuldeten Leistung gehört (BGH CR 2004, 490 (491)). Abzuwägen sind die Konsequenzen für das Unternehmen des Lizenzgebers für den Fall, dass der Quellcode doch Dritten zugänglich wird, und das Interesse des Lizenznehmers (und mitunter auch des Lizenzgebers), mit Hilfe bestimmter Teile des Codes bis zu einem gewissen Grad unabhängig arbeiten zu können.

Der Quellcode enthält für den Fachmann in verständlicher Form im Wesentlichen vier Arten von Informationen:

a) Informationen über die zu verarbeitenden Daten und deren Anordnung, wie Datensatz, Datenfelder, Dateien (Files), Datenformate, Datenstrukturen, Reihenfolge der Speicherung, Verteilung und Zugreifbarkeit in den Speichern,
b) Informationen über die Verarbeitungsabläufe, wie Verfahren, Methoden, Algorithmen, Datenverknüpfungen, logische Entscheidungsprozesse, Programmaufrufe, Datenzugriffe, Datenzwischenspeicherungen, Programmstrukturen, Unterteilung in Module, Reihenfolge und Verknüpfung der Module,
c) Dialoginformationen zur Darstellung der Benutzerschnittstelle, wie Fenster, Menüs, Masken und andere Bildschirminformationen (Text, Graphik), Bildschirmgestaltung (Layout), Bildschirmfolge und -hierarchie, Hilfeinformationen, Menüs, Fehlermeldungen, Fehlerbeseitigungshinweise, Ein- und Ausgabeformulare, sowie
d) Informationen über die Unterrichtung von Personen, deren Aufgabe die Fehlerbeseitigung, Änderung und Bearbeitung des Programms ist, wie zB Überschriften und Prologe zu den verschiedenen Programm-Modulen, und Zeilenkommentare über Bedeutung der einzelnen Anweisungen.

6. **Dokumentation.** Der Lizenznehmer erhält neben der in maschinenlesbarer Form aufgezeichneten Software eine zugehörige Anwenderdokumentation. Die Anwenderdokumentation muss nach der DIN ISO/IEC 12119:1994 vollständig, richtig, widerspruchsfrei, verständlich und übersichtlich sein (dazu näher *Koch,* Handbuch Software- und Datenbankrecht, S. 35 f.). Sie wird regelmäßig zumindest aus einem Anwenderhandbuch (→ Form. IV.1 Anm. 12 sowie → Form. IV.3 Anm. 5) bestehen, wobei im Zweifel eine elektronische Dokumentation ausreichend ist (dazu *Ulmer* ITRB 2001, 64 ff.; ausführlich → Form. IV.3 Anm. 5). Oftmals werden noch weitere Unterlagen (etwa ein Installationshandbuch) hinzukommen. Weiter sieht der Vertrag vor, dass der Lizenznehmer eine Entwicklungsdokumentation erhält, soweit ihm der Quellcode zugänglich gemacht wurde. In diesem sollte dessen Struktur und Aufbau in sprachlicher und graphischer Form so detailliert erläutert werden, dass sie dem Fachmann als Anweisung zur Wartung bzw. Pflege sowie zur Weiterentwicklung dienen kann (zu den genauen Anforderungen siehe *Koch,* Handbuch Software- und Datenbankrecht, S. 30 ff.). Hierzu gehört eine vollständige und detaillierte Beschreibung der Daten-, Datei-, Eingabe- und Ausgabe-Formate, der Hardware- und Software-Schnittstellen, der Struktur des Programms, der Programmfunktionen sowie der zur Anwendung kommenden Verfahren, Algorithmen und technischen Prozesse, soweit die Software solche steuert. Weitere Details lassen sich der DIN

66 230 entnehmen (s. dazu *Koch*, Handbuch Software- und Datenbankrecht, S. 39 f.). Bei Anpassungen ist das Dokumentationsmaterial jeweils nachzupflegen (zu den Rechten am abgeänderten oder bearbeiteten Dokumentationsmaterial → Anm. 8).

7. Leistungsbeschreibung und Abnahme. Das Formular sieht vor, dass die Software angepasst wird. Aus Sicht des Lizenznehmers ist es wichtig, dass insofern präzise und detaillierte Vorgaben gemacht werden. Andernfalls stehen Zeitplan und Vergütung in Frage, denn der Lizenzgeber wird nach Vertragsschluss geneigt sein, dem Lizenznehmer hier weitere Zugeständnisse abzuverlangen. Ist der Lizenznehmer in Fragen der Softwareentwicklung unerfahren, empfiehlt es sich dringend, ein IT-Beratungsunternehmen zur Erstellung der Leistungsbeschreibung hinzuzuziehen. Schließlich handelt es sich nach der Rechtsprechung bei der Erstellung der Leistungsbeschreibung um eine originäre Aufgabe des Auftraggebers, hier des Lizenznehmers (vgl. BGH CR 1989, 102; 1992, 543; 1995, 265; 2001, 367 (368 f.)). Auch die aus Sicht des Lizenzgebers vom Lizenznehmer erwarteten Mitwirkungsleistungen sollten in der Leistungsbeschreibung niedergelegt werden. Fragen der Abnahme sind nach dem Formular im Rahmen der als Anlage beigefügten Leistungsbeschreibung zu regeln. Eine schematische Übersicht zu den diversen regelungsbedürftigen Aspekten der Abnahme findet sich bei *Bartsch* CR 2006, 7 ff.

8. Nutzungsrechtseinräumung. Dem Lizenznehmer wird das Recht eingeräumt, die Software integriert in seiner Hardware im lizenzierten Vertrags- und Anwendungsgebiet zu verwerten. Dazu wird in § 3 Abs. (1) zunächst bestimmt, was genau von der Vertragssoftware umfasst ist. Angesichts von §§ 4, 87a UrhG, aber auch der Möglichkeit, dass Daten sonstige Werke iSv § 2 UrhG darstellen könnten, ist es wichtig, dass klargestellt wird, dass über das Computerprogramm iSv § 69a UrhG hinaus auch Daten, Dateien und eben das Datenbankmaterial erfasst werden. Denn es gibt heute kaum noch Software, bei der nicht auch der Schutz als Datenbank iSv §§ 4, 87a UrhG in Betracht kommt. Wichtig ist für den Lizenznehmer, dass er auch Neuauflagen und Ergänzungen des Lizenzmaterials erhält.

Im Grundsatz sind für den Lizenznehmer bei Embedded Systems das Vervielfältigungs-, das Bearbeitungs- und das Verbreitungsrecht relevant – Letzteres im Einzelfall je nach Produkt auch einschließlich des Vermietrechts (siehe zu den erforderlichen Rechten näher *Grützmacher* ITRB 2009, 184 (185)). § 3 Abs. (2) des Vertrages sieht zunächst vor, dass der Lizenznehmer das überlassene Lizenzmaterial zu Test- und Entwicklungszwecken nutzen kann. Dh, dass er es auf eigenen Systemen installieren und im Rahmen der Software- und Geräteentwicklung zu diesen Zwecken kopieren und ablaufen lassen kann. Denn beim Programmlauf sowie beim Laden, Speichern und Übertragen handelt es sich schon um urheberrechtlich relevante Vorgänge (Wandtke/Bullinger-*Grützmacher*, Praxiskommentar zum Urheberrecht, 5. Aufl., § 69c Rn. 5 ff. mwN). Die Erlaubnis, die Software zu beobachten, untersuchen und testen, ergibt sich letztlich auch aus §§ 69d Abs. 3, 69g Abs. 2 UrhG. Ebenso ist schon nach § 69d Abs. 1 und 2 die Herstellung von Sicherungskopien erlaubt. Insofern sind die Vertragsbestimmungen also deklaratorisch.

Nur hinsichtlich des überlassenen Quellcodes und der Dokumentationsunterlagen wird dem Lizenznehmer erlaubt, auch Bearbeitungen im Sinne der §§ 69c Nr. 2, 23 und 39 UrhG vorzunehmen. Zwar ist hinsichtlich der Software eine Bearbeitung im Zweifel ohnehin faktisch nur im Quellcode möglich. Aber zumindest theoretisch – der Aufwand wäre in der Praxis oft zu hoch – wäre es andernfalls denkbar, auch den Objektcode zu dekompilieren, dh zumindest in Assembler „rückzuübersetzen", und dann zu bearbeiten. Das dieses mit Ausnahme der zwingenden Rechte nach Maßgabe der Art. 5 und 6 der EU-Richtlinie vom 23.4.2009 über den Rechtsschutz von Computerprogrammen nicht erlaubt wird, wird in der Folge durch § 3 Abs. (2) S. 2 und 3 klargestellt. Das Recht zu Fehlerberichtigungen gemäß § 69d Abs. 1 UrhG könnte insofern für den allein im Objektcode ausgelieferten Teil der Vertragssoftware greifen. Für Rückübersetzungen

(Dekompilieren bzw. Disassemblieren) gemäß § 69e UrhG besteht insofern letztlich aber im Zweifel kein Bedarf, da der Quellcode und die Entwicklungsdokumentation gerade der Schnittstellen zum Lizenzmaterial gehören. Die Bearbeitung umfasst schließlich die Umwandlung des Quellcodes, soweit dieser überlassen wurde, in Objektcode.

Die Möglichkeiten der Bearbeitung sind insbesondere für die weitere, durch den Lizenznehmer erfolgenden Entwicklungen erforderlich. Aber auch das Dokumentationsmaterial muss nachgehalten werden, Anweisungen sind dem Benutzer mitunter in veränderter Form zugänglich zu machen. Ohne die Bearbeitung der Anwenderdokumentation ließe sich die Software je nach konkretem Einsatzzweck – das gilt etwa nicht für Motormanagementsoftware, sehr wohl aber für die des Bordcomputers – uU gar nicht mit den entsprechenden Geräten, Maschinen oder Fahrzeugen vermarkten. In welchem Umfang Bearbeitungen des überlassenen Quellcodes vorgenommen werden, kann der Lizenznehmer frei entscheiden. Allerdings werden allein diese und nicht vollkommen eigenständige Softwareentwicklungen vom Vertrag erfasst. Eine „Bearbeitung" im Sinne des Urheberrechts liegt vor, wenn eine persönliche geistige Schöpfung auf einem bestehenden Werk basiert, das als Vorbild (noch) erkennbar bleibt. Entscheidend kommt es also auf den Abstand des bearbeiteten Werks zu dessen Vorlage an (BGH GRUR 1980, 853 – Architektenwechsel; BGH GRUR 1981, 267 – Dirlada; BGH GRUR 1991, 533 – Brown Girl II; BGH GRUR 1994, 191 – Asterix-Persiflagen; BGH GRUR 1991, 206 – Alcolix; vgl. auch Wandtke/Bullinger-*Grützmacher*, Praxiskommentar zum Urheberrecht, 5. Aufl., § 69c Rn. 9 ff., 20 f.). Nur wenn die Wesenszüge und Eigenheiten des Originalwerks erhalten bleiben und lediglich ein eigenschöpferischer Beitrag hinzugegeben wird, liegt noch eine Bearbeitung vor.

Schließlich wird dem Lizenznehmer erlaubt, die Vertragssoftware und deren Bearbeitungen als Teil der von ihm vertriebenen Vertragsprodukte („Embedded Software") im Objektcode samt Anwenderdokumentation und dessen Bearbeitungen zu verwerten. Wichtig ist, dass das Recht auf den Objektcode, also den ausführbaren Code, beschränkt ist. Denn aus diesem lässt sich für Dritte das in der Software verkörperte Know-how nicht erkennen. Nur diesen Code benötigt der Nutzer der Embedded Systems aber, wobei er das Programm je nach Gerät in aller Regel kaum wahrnehmen wird. Umfasst sind insofern auch eine Herstellungslizenz, also das Recht zur Vervielfältigung gemäß §§ 16, 69c Nr. 1 UrhG, das Verbreitungsrecht gemäß §§ 17, 69c Nr. 3 UrhG für den Erstvertrieb (dazu *Grützmacher* in Büchner/Dreier S. 87, 91 f.) und das Recht, Unterlizenzen insbesondere an Nutzer zu erteilen. Letzteres ist insbesondere erforderlich, wenn die Vertragssoftware in den Vertragsprodukten in Ländern zum Einsatz kommt, welche eine § 69d Abs. 1 UrhG entsprechende gesetzliche Befugnis nicht kennen. Im Einzelfall ist jeweils zu erwägen, die Herstellungslizenz nicht wie vorliegend vorgesehen auf das Vertragsgebiet begrenzt, sondern örtlich unbegrenzt einzuräumen. Dies wäre etwa für eine Produktion der Geräte in Fernost erforderlich. Auch könnte für den Fall, dass Updates zum Produkt über das Internet ausgeliefert werden sollen, die zusätzliche Einräumung des Rechts zur öffentlichen Wiedergabe und Zugänglichmachung gemäß §§ 19a, 69c Nr. 4 UrhG erforderlich sein. Bei der Nutzung in Embedded Systems dürfte dieses heute aber noch der Ausnahmefall sein, weshalb das Formular hierauf verzichtet. Eher schon fragt sich, ob explizit auch das Vermietrecht iSv §§ 17 Abs. 2, 69c Nr. 3 UrhG aufzunehmen ist – etwa für den Fall, dass die Vertragsprodukte auch im Wege der Miete oder des Leasings vermarktet werden (dazu *Grützmacher* in Büchner/Dreier S. 87, 92 f.).

9. Anwendungsgebiet („Field of Use"). Das Formular begrenzt die erteilte Lizenz auf ein bestimmtes Anwendungsgebiet („Field of Use"). Derartige Field-of-Use-Klauseln können insbesondere unter Wettbewerbern einen wettbewerbsbeschränkenden Effekt iSv Art. 101 AEUV bzw. § 1 GWB haben. Gleichzeitig spricht aber alles dafür, dass auf den vorliegenden Vertrag die Gruppenfreistellungsverordnung für Technologietransfer-

Vereinbarungen (GVO-TT; abgedruckt ABl. 2014 L 93, S. 17) Anwendung findet (vgl. Art. 101 Abs. 3 AEUV, § 2 GWB), sofern denn die in Art. 3 GVO-TT ausgewiesenen Marktanteilsschwellen greifen. Denn diese greift auch bei reinen Softwareüberlassungsverträgen (Art. 1 Abs. 1 lit. c iVm Abs. 1 lit. b (vii) GVO-TT), soweit – wie vorliegend – entsprechend Art. 2 GVO-TT eine Technologietransfer-Vereinbarung zwischen zwei Unternehmen vorliegt, welche die Produktion von Vertragsprodukten ermöglichen. Voraussetzung ist nach der Definition in Art. 1 Abs. 1 lit. c, dass ein Vertrag vorliegt, der eine Lizenzierung (Art. 1 Abs. 1 lit. c (i) GVO-TT) oder eine Übertragung (Art. 1 Abs. 1 lit. c (ii) GVO-TT) von Technologierechten, insbesondere auch von „Software-Urheberrechte[n]" (lit. b (vii)) mit dem Ziel der Produktion von Vertragsprodukten zum Inhalt hat und letzteren Falls das mit der Verwertung der Technologie verbundene Risiko zumindest zum Teil beim Veräußerer verbleibt. Erfasst werden damit Verträge über die Lizenzierung von Software zur Herstellung von Waren, insbesondere Geräten, oder der Erbringung von Dienstleistungen (Tz. 44, 62 ff. Leitlinien GVO-TT 2014, abgedruckt ABl. 2014 C 89, S. 3; *Berger* K&R 2005, 15 (18) unter Hinweis auf Tz. 41 Leitlinien GVO-TT 2004; *Schumacher/Schmid* GRUR 2006, 1 (4)). Erlaubt sind im Rahmen des Anwendungsbereichs der GVO, namentlich der Marktanteilsschwellen, und sofern diese nicht lediglich die Kundenaufteilung bezwecken, nach Art. 4 Abs. 1 lit. c und Abs. 2 lit. b GVO-TT auch Field-of-Use-Klauseln, also Beschränkungen mit Blick auf den technischen Anwendungsbereich (vgl. Tz. 113, 208 ff. Leitlinien GVO-TT 2014; zu Art. 4 Abs. 1 lit. c (i) GVO-TT 2004 *Grützmacher* ITRB 2005, 205 (207); *Konrad/Timm-Goltzsch/Ullrich* in Ullrich/Lejeune Teil I Rn. 845 ff.; s. auch *Sucker* CR 1989, 468 (469, 475)). So heißt es in Tz. 113 Leitlinien GVO-TT 2014 zusammenfassend: „Beschränkungen in Vereinbarungen auch zwischen Wettbewerbern, die die Lizenz auf einen oder mehrere Produktmärkte oder technische Anwendungsbereiche begrenzen, sind keine Kernbeschränkungen. Solche Beschränkungen sind unabhängig davon, ob es sich um eine wechselseitige Vereinbarung handelt oder nicht, bis in Höhe der Marktanteilsschwelle von 20 % freigestellt. Bei solchen Beschränkungen wird nicht davon ausgegangen, dass sie eine Aufteilung von Märkten oder Kunden bezwecken. Die Gruppenfreistellung greift allerdings nur dann, wenn die Nutzungsbeschränkung nicht über den Einsatzbereich der lizenzierten Technologien hinausgeht. Werden die Lizenznehmer beispielsweise auch hinsichtlich der Einsatzgebiete der Nutzung ihrer eigenen Technologie eingeschränkt, so läuft die Vereinbarung auf eine Marktaufteilung hinaus." An diesen Grundsätzen ist die Beschreibung und Aufteilung in Anlage 2 auszurichten. Die Schwierigkeit liegt darin, das Anwendungsgebiet trennscharf zu bestimmen (s. auch *Schultze/Pautke/Wagener* GVO-TT Art. 2 Rn. 432, die offenbar sogar eine so kleinteilige Aufteilung wie die Beschränkung der Lizenzierung einer Prozesssteuerungssoftware auf eine bestimmte Fahrzeugserie für zulässig halten – sicherer dürfte hingegen die Ausrichtung nach Produktmärkten und vor allem auch nach relevanten technischen Merkmalen sein; siehe zu Letzterem als Vorgabe Tz. 209 Leitlinien GVO-TT 2014). Unter Nicht-Wettbewerbern werden Field-of-Use-Klauseln demgegenüber als wettbewerbsfördernd angesehen (so zur GVO-TT 2004 *Schultze/Pautke/Wagener* GVO-TT Art. 2 Rn. 432; vgl. Tz. 214 Leitlinien GVO-TT 2014), wie auch Art. 4 Abs. 2 GVO-T zeigt.

10. Integration im Vertragsprodukt („Embedded Software"). Der Vertrag gibt vor, dass die Software nur im Rahmen bestimmter Systeme genutzt werden darf. Diese Form der Vermarktung durch Integration in vom Auftraggeber vermarktete Maschinen, elektronische Geräte, Fahrzeuge oder Anlagen ist bei einer entsprechenden Beschreibung wirtschaftlich und technisch abgrenzbar von anderen Formen der Verwertung, so dass von einer im Vergleich zu Vertriebs- oder Run-Time-Lizenzen eigenständigen Nutzungsart auszugehen ist (vgl. Loewenheim/*Lehmann,* Handbuch des Urheberrechts, § 76 Rn. 16, 28; *Grützmacher* in Büchner/Dreier S. 87, 94; *Grützmacher* ITRB 2009,

184 (185); Wandtke/Bullinger-*Grützmacher*, Praxiskommentar zum Urheberrecht, 5. Aufl., Rn. 60, 63, 68; vgl. *Schneider*, Handbuch des EDV-Rechts, 5. Aufl., Kap. R Rn. 103 f.). Entscheidend ist die integrierte, in der Regel nicht mehr wahrzunehmende Verwendung der Software innerhalb eines anderen Programms oder Systems. Bei den Embedded-Lizenzen räumt der Hersteller einem anderen nur das Recht ein, das Programm in der eigenen Software (oder Firmware) zu integrieren und mit dieser zu vermarkten (*Schneider*, Handbuch des EDV-Rechts, Vorauflage [= 4. Aufl.], Kap. H Rn. 24, 90 sowie Kap. J Rn. 53; dazu ausführlich *Grützmacher* in *Büchner/Dreier* S. 87, 89 ff.). Nutzt der Auftraggeber die Software hingegen auch anderweitig, liegt nicht bloß eine Vertrags-, sondern zugleich eine Urheberrechtsverletzung vor.

11. Exklusivität. § 3 Abs. (7) stellt klar, dass die Lizenz für das Vertrags- und das Anwendungsgebiet exklusiv gewährt wird. Dies erhöht den Anreiz für den Lizenznehmer, in die Vermarktung des Vertragsprodukts zu investieren, schränkt aber zugleich den Wettbewerb ein, weshalb sich die Klausel wiederum an Art. 101 AEUV bzw. § 1 GWB und der GVO-TT messen lassen muss (→ Anm. 9.). Hier gilt es unter Wettbewerbern mit Blick auf Verkaufsbeschränkungen Art. 4 Abs. 1 lit. c (i) und (ii) GVO-TT zu beachten, sonst Art. 4 Abs. 2 lit. b (i) GVO-TT (zur GVO-TT 2004 im Detail *Schultze/Pautke/Wagener* GVO-TT Art. 4 Rn. 572 ff., 745 ff.):

- Kritisch sind danach Exklusivitäten unter Wettbewerbern in wechselseitigen Vereinbarungen (Art. 4 Abs. 1 lit. c (i) und (ii) GVO-TT). Auch der passive Verkauf in Gebiete, die der Lizenzgeber einem anderen Lizenznehmer vorbehalten hat, kann unter Wettbewerbern nicht verboten werden (Art. 4 Abs. 1 lit. c (ii) GVO-TT).
- Handelt es sich bei dem Lizenznehmer und dem Lizenzgeber hingegen nicht um Wettbewerber, ist eine exklusive Lizenz grundsätzlich weniger problematisch. Auch ist ein Verbot des passiven Verkaufs durch den Lizenznehmer in ein Exklusivgebiet oder an eine Exklusivkundengruppe zulässig, die dem Lizenzgeber vorbehalten ist (Art. 4 Abs. 2 lit. b (i) GVO-TT); anderes gilt für solche, die anderen Lizenznehmern exklusiv zugewiesen sind (s. auch die insofern abweichende Regelung in Art. 4 Abs. 2 lit. c (ii) GVO-TT 2004).

Soweit danach der passive Verkauf nicht verboten werden kann, was das Formular auch nicht vorsieht, hat dies Auswirkungen auf die territoriale Verbreitung des Produkts, nicht aber auf die Beschränkung des Anwendungsgebietes. Denn gemäß Art. 4 Abs. 1 GVO-TT ist es selbst unter Wettbewerbern erlaubt, dem Lizenznehmer vorzuschreiben, die Technologie nur in einem oder mehreren Anwendungsbereichen oder in einem oder mehreren Produktmärkten zu nutzen (Tz. 113 Leitlinien GVO-TT 2014); weiter sind insofern unter bestimmten Umständen selbst unter Wettbewerbern Alleinlizenzen oder gar exklusive Lizenzen zulässig (vgl. Tz. 113, 192 f., 211 Leitlinien GVO-TT 2014; siehe zu Art. 4 Abs. 1 lit. c (iii) GVO-TT 2004 *Schultze/Pautke/Wagener* GVO-TT Art. 4 Rn. 592 unter Hinweis auf die Tz. 181 S. 2 und 5 der Leitlinien zur GVO-TT 2004). Exklusivlizenzen sind laut den Leitlinien jedenfalls dann zulässig, wenn der gemeinsame Marktanteil unter 20 % liegt und dass keine wechselseitige Vereinbarung besteht (Tz. 113, 193., 211 Leitlinien GVO-TT 2014). Können insofern aber die Nutzungsrechte exklusiv vergeben werden, stellt sich die Frage, inwieweit auch der passive Verkauf verboten werden kann, hinsichtlich des Anwendungsgebietes oft schon faktisch nicht mehr. Die Software, die etwa exklusiv für Handys lizenziert wurde, wird ja mit diesem bzw. sogar in dieses integriert verkauft; sie kann dann nicht mehr etwa als Teil eines MP-3-Players verkauft werden. Anders verhält es sich aber hinsichtlich des Vertragsgebietes. Wird die Softwarelizenz etwa für Frankreich und Deutschland an unterschiedliche Lizenznehmer erteilt, kann es Fälle geben, in denen ein deutscher Endabnehmer das französische Vertragsprodukt grenzüberschreitend und auf eigene Initiative (passiver Verkauf) kaufen will.

12. Rücklizenz. In der Softwarebranche häufig zu finden sind so genannte Rücklizenzen, mit denen sich der Lizenzgeber die Rechte auch an Weiterentwicklungen seiner Technologie sichern will. Ausgangspunkt sind dabei seine Schutzrechte. Ggf. nach Art. 5 Abs. 1 lit. a GVO-TT (zur Anwendung → Anm. 9) nicht freistellungsfähig sind aber unausgewogene Rücklizenzierungspflichten. Diese liegen insbesondere bei einer Pflicht zur ausschließlichen Rechteeinräumung oder (vollständigen) Übertragung der Schutzrechte vor (s. auch *Lehmann* in Lehmann Kap. XVI Rn. 33; *Sucker* CR 1989, 468 (476); *Grützmacher* ITRB 2005, 205 (208); *Konrad/Timm-Goltzsch/Ullrich* in Ullrich/Lejeune Teil I Rn. 852 ff.). Während dieses nach Art. 5 Abs. 1 lit. a und b GVO-TT aF früher nicht für nicht abtrennbare Verbesserungen galt (*Schultze/Pautke/Wagener* GVO-TT Art. 5 Rn. 829), ist heute nach Art. 5 Abs. 1 lit. a nur noch die Verpflichtung des Lizenznehmers zur nichtexklusiven Lizenzierung von Verbesserungen zulässig (vgl. zu dieser Verschärfung *Weiden* GRUR 2014, 539 (540)). Das Formular sieht schon deshalb keine Exklusivität der Rücklizenz vor; die Klausel ist damit allenfalls noch unter AGB-rechtlichen Aspekten angreifbar. Nach der hier vertretenen Auffassung ist sie aber schon wegen ihrer Branchenüblichkeit nicht überraschend (§ 305c BGB) und als Regelung der Gegenleistung auch ein nicht kontrollfähiger Teil der Leistungsbeschreibung (§ 307 Abs. 3 BGB). Teil der Rücklizenzierung ist hier die Einräumung der Rechte für sämtliche bekannten wie für die unbekannten Nutzungsarten. Während letztere nach § 31a UrhG möglich ist, wobei die dort geregelten Aspekte zu beachten sind, ist es nach § 31 Abs. 5 UrhG im Zweifel eigentlich erforderlich, die bekannten Nutzungsarten weiter zu spezifizieren. Insofern wurde ein Platzhalter eingefügt, um diese je nach Anwendungsfall aufzunehmen.

13. Schutz der Vertragssoftware und des Lizenzmaterials. Die auf den Schutz der Vertragssoftware und des Lizenzmaterials gerichteten Vereinbarungen sind besonders wichtig. Abgeänderte oder bearbeitete Fassungen des Lizenzmaterials unterliegen in erhöhtem Maße der Gefahr nichtautorisierter Verwertung, weil durch Einbringung der Erfahrungen des Lizenznehmers das überlassene Softwareprodukt so verbessert wird, dass es für andere Lizenznehmer von Interesse ist, und weil für eine veränderte oder bearbeitete Software eine Rechtsverletzung schwerer feststellbar ist als im Falle einer direkten Kopie. Zu den vertraglichen Schutzmaßnahmen gehört der Vorbehalt aller über den vereinbarten Nutzungsumfang hinausgehenden Rechte an der überlassenen Originalfassung des Lizenzmaterials sowie an allen abgeänderten oder bearbeiteten Fassungen, ganz gleich in welcher Form und an welchem Ort diese gespeichert oder aufgezeichnet werden. Eine weitere Schutzmaßnahme ist die Beibehaltung der Copyright- und Rechtsvorbehaltsvermerke im überlassenen Lizenzmaterial (vgl. dazu Wandtke/Bullinger-*Grützmacher*, Praxiskommentar zum Urheberrecht, 5. Aufl., § 69a Rn. 47, 50) sowie die Übernahme dieser Vermerke in alle davon hergestellten Kopien und Teilkopien sowie in alle abgeänderten und bearbeiteten Fassungen des Lizenzmaterials und in die davon hergestellten Kopien und Teilkopien. Diese Regelungen sind insbesondere im Hinblick auf bearbeitete Fassungen des Lizenzmaterials sinnvoll, da sich auf Seiten des Lizenznehmers der Eindruck einstellen kann, dass er aufgrund seines Beitrags an solchen Fassungen selbstständige Verwertungsrechte erwirbt, die nicht dem Vertrag unterliegen. § 4 Abs. (2) des Formulars stellt klar, dass dies nicht der Fall ist und regelt durch § 3 Abs. (1) und (7), dass auch der Lizenzgeber kein Recht zur Nutzung oder anderweitigen Verwertung des vom Lizenznehmer oder in dessen Auftrag beim Lizenznehmer bearbeiteten Lizenzmaterials besitzt. – Im Sinne eines echten OEM-Vertrags, bei dem typischerweise die Marke des Ursprungsherstellers gerade nicht verwendet wird (*Bachofer* CR 1988, 1 (4)), also nicht im Sinne der in der Software-Branche üblichen Bezeichnung für die Auslieferung von Markensoftware auf PCs, kann es aber angezeigt sein, auf diese Hinweise zu verzichten, wenn der Lizenzgeber gerade nicht als „Hersteller“ in Erscheinung treten will.

Dies gilt zumindest für Copyright-Hinweise auf der Verpackung bzw. während des Programmablaufs, nicht aber für solche im Quellcode oder in versteckten Dateien. – Die zusätzliche Anbringung von entsprechenden Vermerken des Lizenznehmers in bearbeiteten Fassungen des Lizenzmaterials bleibt unberührt. Der Lizenznehmer kann solche zusätzlichen Vermerke anbringen, solange die entsprechenden Vermerke des Lizenzgebers davon nicht beeinträchtigt werden. Die Kennzeichnungen von abgeänderten oder bearbeiteten Fassungen mit dem Copyright-Vermerk und mit Rechtsvorbehaltsvermerken des Lizenzgebers stellen sicher, dass dieses Material als Lizenzmaterial des Lizenzgebers erkennbar ist unabhängig von der Form der Speicherung oder vom Abänderungs- bzw. Bearbeitungszustand. Es wird damit einer auf Unachtsamkeit oder Irrtum beruhenden, vom Vertrag nicht abgedeckten Verwertung solchen Materials entgegengewirkt.

Eine weitere wesentliche Schutzmaßnahme ist die Vereinbarung, dass im Quellcode überlassene Teile des Lizenzmaterials sowie davon hergestellte Kopien oder Teilkopien Dritten nicht zugänglich gemacht werden dürfen, es sei denn, der Lizenzgeber erteilt hierzu schriftlich seine Einwilligung. Es handelt sich dabei um eine zulässige Beschränkung des Verbreitungsrechts gemäß § 69c Nr. 3 UrhG für Computerprogramme, die nicht im Wege der Veräußerung verbreitet werden. Ebenso ist ein Ausschluss des Weiterverbreitungsrechts für anderes urheberrechtlich geschütztes Lizenzmaterial zulässig, das nicht im Wege der Veräußerung in den Verkehr gebracht worden ist (§§ 17 Abs. 2 und 3 UrhG) (ausführlich → Form. IV.3 Anm. 7). Auch eine Übermittlung des Lizenzmaterials im Quellcode zur Fehlerbeseitigung durch Dritte an diese bedarf der schriftlichen Zustimmung des Lizenzgebers, weil sich der Lizenzgeber grundsätzlich zur Fehlerbeseitigung verpflichtet hat (vgl. BGH CR 2000, 656). Die dem Lizenznehmer eingeräumte Handlungsfreiheit, Abänderungen oder Bearbeitungen nicht notwendigerweise selbst ausführen zu müssen, sondern von vertraglich mit dem Lizenzgeber nicht verbundenen Dritten ausführen zu lassen, erhöht das Gefährdungspotential für das Lizenzmaterial gegen widerrechtliche Verwertung und die Notwendigkeit umfassender vertraglicher Schutzmaßnahmen. Insofern ist auf die Geheimhaltungspflichten nach § 12, insbesondere Abs. (1) Satz 2 und Abs. (3) hinzuweisen, durch die Teile des Lizenzmaterials zu geheimem Know-how gemacht werden.

Ergänzt werden diese Schutzmaßnahmen durch eine Buchführungs- und Aufsichtspflicht über die vertragsgemäß hergestellten Kopien oder Teilkopien von den überlassenen, abgeänderten oder bearbeiteten Fassungen des Lizenzmaterials. Denkbar, aber bei Embedded Systems nicht immer praktikabel, ist es schließlich, das Lizenzmaterial durch Digital-Rights-Management-Systeme (DRM-Systeme) zu schützen (vgl. §§ 69a Abs. 5, 69 f., 95a ff. UrhG).

14. Einsatzbedingungen und weitere Produktentwicklung. Die vom Lizenzgeber in der Leistungsbeschreibung spezifizierten Einsatzbedingungen gelten für die überlassene Fassung des Lizenzmaterials. Es ist im Voraus nicht bekannt, wie sich Abänderungen und Bearbeitungen des Lizenznehmers auf die Einsatzbedingungen der überlassenen Software auswirken. So können Abänderungen und Bearbeitungen sehr leicht von den vorgegebenen Einsatzbedingungen wegführen, indem zB die abgeänderte oder bearbeitete Software nicht mehr auf der in der Spezifikation der Einsatzbedingungen vorgesehenen Hardware läuft oder nicht mehr mit dort angegebener anderer Software kompatibel ist.

15. Mängelhaftung und -rechte. § 6 geht zunächst einmal in seinem Abs. (1) davon aus, dass die Leistungsbeschreibung maßgeblich die Sollbeschaffenheit bestimmt. Im Übrigen geht das Muster von einer werkvertraglichen Mängelhaftung aus. Insofern ist auf die Anmerkung unter 4. zu verweisen sowie das → Form. IV.1 Anm. 13. Aufgrund der Tatsache, dass der Vertrag als Dauerschuldverhältnis gestaltet ist, wurde das Rücktrittsrecht auf die jeweils einzeln abgerufenen Vervielfältigungsstücke beschränkt. Ob diese Gestaltung AGB-fest ist, wurde soweit ersichtlich höchstrichterlich bisher nicht geklärt. Ohnehin ist allgemein zu attestieren, dass im Bereich der Lizenzverträge größte Rechtsunsicherheit besteht, welches „Gewährleistungsregime" als Leitbild heranzuziehen ist. So gibt es Stimmen, die grundsätzlich das Gewährleistungsrecht des Miet- bzw. Pachtrechts zur Anwendung bringen wollen; andere wollen das Kauf- bzw. – im Fall umfassender Entwicklungs- bzw. Anpassungsleistungen durch den Lizenzgeber – Werkvertragsrecht anwenden (s. die Nachweise bei *Bartenbach,* Patentlizenz- und Know-how-Vertrag, 7. Aufl., Rn. 1530; *Groß,* 11. Aufl., Der Lizenzvertrag, S. 166 ff., 201 f.). Demgegenüber betont etwa *Bartenbach,* der wie andere lediglich auf das allgemeine Schuldrecht zurückgreifen will, „dass auch nach der Schuldrechtsreform eine schematische Einordnung der Lizenz in das Gewährleistungsrecht der klassischen Vertragstypen zum Scheitern verurteilt ist" (*Bartenbach*, Patentlizenz- und Know-how-Vertrag, 7. Aufl., Rn. 1530). Vieles spricht dafür, die Mängelhaftung je nach Haftungsfall zu differenzieren und eine Kombination verschiedener Vertragstypen zur Anwendung zu bringen. Folgt man diesem Ansatz, ist aber auch eine großzügigere Beurteilung bei AGB angezeigt. Wer hier ganz sicher gehen will, müsste demgegenüber Mängel- bzw. Gewährleistungsregelungen für jeden Vertragstyp vorsehen (etwa: „Soweit Leistungen nach Kaufrecht zu beurteilen sind, gilt für Mängel ......"). Das jedoch würde mitunter nicht nur den Vertragsumfang erheblich erweitern, sondern als neues Risiko das der Intransparenz (§ 305c BGB) mit sich bringen.

16. Schutzrechte Dritter. Was für die Sachmängelhaftung gilt (→ Anm. 15), gilt grundsätzlich auch für die Rechtsmängelhaftung. Auch bei dieser kann man über Vertragstypus und Haftungsregime zunächst streiten. Hiervon unabhängig ist zu § 7 anzumerken, dass die Klausel nur als Anregung zur Vertragsgestaltung im Einzelfall verstanden werden soll. Klassische Freistellungsklauseln wegen der Verletzung von Schutzrechten Dritter erfolgten in der Vergangenheit immer verschuldensunabhängig. Hintergrund war, dass der Lizenzgeber nach altem Schuldrecht auch regelmäßig verschuldensunabhängig haftete (vgl. etwa §§ 440 BGB aF). Seit der Schuldrechtsreform ist aber auch die Rechtsmängelhaftung verschuldensabhängig (vgl. §§ 433 Abs. 1 S. 2, 435 S. 1, 633 Abs. 1 iVm 280 BGB). Daraus folgt zweierlei: Der Lizenzgeber wird sich gut überlegen, ob allein der Anreiz zur Übertragung des Prozesses auf ihn eine Vertragsgestaltung rechtfertigt, nach der er auf freiwilliger Basis verschuldensunabhängig für Rechtsmängel haftet. Der Lizenznehmer wird dies fordern. Er kann es jedoch in von ihm vorgegebenen Formularbedingungen nicht durchsetzen, weil hierin ein Verstoß gegen § 307 BGB läge (so im Rahmen der Inhaltskontrolle von Einkaufsbedingungen BGH CR 2006, 221 (224 f.)). Dementsprechend ist § 7 Abs. (1) so gestaltet, dass sich der Lizenzgeber exkulpieren kann. Man wird weiter fragen können, ob die vorgesehenen Bedingungen der Haftungsübernahme (schriftliche Benachrichtigung, Übernahme der Abwehrmaßnahmen und Vergleichsverhandlungen) nicht die Rechte des Lizenznehmers AGB-rechtswidrig verkürzen. Nichts in der Klausel besagt jedoch, dass ein sonstiger Schadensersatz ausgeschlossen ist. Vielmehr erweitert die Klausel unter diesen Bedingungen die Haftung des Lizenzgebers, was sie vielmehr dann, wenn der Lizenznehmer sie formularmäßig einfordert, AGB-rechtswidrig machen könnte.

§ 7 Abs. (2) sieht sodann angelehnt an die werkvertraglichen Mängelrechte vor, dass der Lizenzgeber zunächst die Nacherfüllung versucht (§ 635 BGB). Das Kündigungsrecht ergibt sich aus § 314 BGB (vgl. *Bartenbach,* Patentlizenz- und Know-how-Vertrag, 7. Aufl., Rn. 1537). Es ist einseitig ausgestaltet; im Rahmen individueller Verhandlungen mag der Lizenzgeber versuchen, ein beidseitiges Recht durchzusetzen.

Wie auch bei → Form. IV.3 (s. § 11 Abs. (3) und → Anm. 15) treffen den Lizenzgeber keine Verpflichtungen, wenn die Verletzung von gewerblichen Schutzrechten oder Urheberrechten auf einer abgeänderten oder bearbeiteten Fassung des Lizenzmaterials oder auf einer durch eine Neuauflage des Lizenzmaterials überholten Fassung beruht. Für Ersteres ist allein der Lizenznehmer verantwortlich. Letzteres ermöglicht es dem Lizenzgeber, bei Auftreten von Schutzrechtsverletzungen gemäß § 7 Abs. (2) eine abgeänderte Fassung des Lizenzmaterials verfügbar zu machen, die eine Verletzung der fremden Schutzrechte vermeidet.

Ein hohes Risiko resultiert daraus, dass auch in Embedded Systems zusehends Open Source Software eingesetzt wird (dazu *Grützmacher* in Büchner/Dreier S. 87 ff.; *Grützmacher* ITRB 2009, 184; *Kreutzer,* Firmware, Urheberrecht und GPL, CR 2012, 146; siehe vor allem die zur GPL ergangenen Urteile: München GRUR-RR 2004, 350; LG Frankfurt a. M. CR 2006, 729; LG München CR 2008, 57). Insofern sieht das Muster vor, dass eine spezifische Verpflichtung eingegangen wird. Eventuell ist, insbesondere bei AGB, dort wegen § 305c BGB, näher zu definieren der Begriff der Open Source Software.

17. Softwarepflege und Support. Das Formular sieht weiter vor, dass der Lizenzgeber zu bestimmen Maßnahmen der Softwarepflege und des Supports verpflichtet ist. Eine solche Verpflichtung ist hier vorgesehen, obwohl die Auslieferung neuer Versionen an Endnutzer im Vergleich zu normaler Software je nach System oft nur im beschränkten Umfang (insbesondere bei Mängeln) erfolgt (s. dazu *Orthwein/Obst* CR 2009, 1 (3 f.)). Ggf. können die Verpflichtungen im „Zulieferverhältnis" also weiter beschränkt werden. Wichtig sind die Pflege und der Support ggf. vor allem für die (nur) im Objektcode überlassenen Teile der Vertragssoftware. Aber auch für die im Quellcode überlassenen Teile können Pflegemaßnahmen und Support durch den Lizenzgeber gerade in der Anfangszeit erforderlich sein. Mit Blick auf die Überlassung von Updates etwa sind diese selbst dann noch hilfreich, wenn nicht gar notwendig, wenn der Lizenznehmer gewisse Änderungen an den im Quellcode überlassenen Teilen der Vertragssoftware vorgenommen hat. Allerdings gilt insofern, dass der Lizenzgeber mit Blick auf solche Änderungen keine auf diese bezogene Pflege und keinen Support schuldet. Schließlich ist zu erwähnen, dass Abs. (3) eine nachlaufende Pflege- und Supportverpflichtung vorsieht, und zwar selbst für den Fall der außerordentlichen Kündigung. Inwieweit Letzteres einer AGB-Prüfung standhalten würde, wenn das Formular durch den Lizenzgeber genutzt wird, erscheint zweifelhaft. Anderseits ist es interessengerecht, Nutzer der Embedded Systems, denen die Pflege- und Supportleistungen ja zugutekommen, nicht einfach ungeschützt zu lassen. Im Übrigen wird auf die Ausführungen zum → Form. 9 verwiesen.

18. Vergütung. Die Vergütungsregelung unterscheidet in ihren ersten vier Absätzen zwischen der Vergütung der Anpassungsarbeiten, der Lizenz, der Pflege und des Supports. Die Regelung des Abs. (1) sieht vor, dass die Vergütung für die Erstanpassung mit der Abnahme fällig wird (§ 641 BGB). Sind diese Arbeiten sehr umfangreich, wird der Lizenzgeber Teilzahlungen schon vor diesem Zeitpunkt wünschen. Gleichzeitig kann eine entsprechende Anpassung des Formulars angesichts von § 632a BGB bei Verwendung durch den Lizenznehmer auch geboten sein. Individuell verhandelt werden kann auch, dass entweder ein Teil der Lizenzgebühren bereits mit der Abnahme zu zahlen ist (so genanntes Up-Front-Payment), oder auch, dass die Anpassungsarbeiten ganz oder zu einem Gutteil über die laufenden Lizenzgebühren abzugelten sind. Ggf. sollte dieses klargestellt werden. Denn die Formulierung kann Auswirkung auf die Rechtsfolgen bei Leistungsstörungen haben.

Das Formular geht in Abs. (2) und (3) von einer Stücklizenz bzw. einer auf die Vervielfältigungsstücke bezogenen Pflegegebühr aus. Mit ihr korrespondiert die in Abs. (6) vorgesehene Buchführungs- und Prüfungsregelung. Denkbar ist natürlich auch, anstelle einer stückzahlbezogenen Vergütung Pauschalen zu vereinbaren. Abs. (6) könnte dann entfallen.

19. Preisanpassungen. Hier wird auf das → Form. IV.7 Anm. 12 verwiesen. Allerdings ist die Klausel hier unter AGB-Gesichtspunkten ungleich problematischer, weil die Interessen des Lizenznehmers auch eine gewisse Kalkulationssicherheit für seine Produkte beinhalten müssen. Das Formular versucht dies dadurch auszugleichen, dass zunächst ein 36-monatiger Zeitraum ab Abnahme zur Sicherheit vor Preiserhöhungen vereinbart wird (Lösungsrechte alleine sind noch keine Allheilmittel, vgl. BGH NJW 2008, 360; 2010, 993). Nach diesem Zeitraum kann der Vertrag nach § 11 Abs. (1) ohnehin gekündigt werden. De facto ist es aber nach den strikten Maßstäben der Rechtsprechung (BGH NJW 1980, 2518 (2519); 1985, 853; 1985, 2270; 1986, 3134; 2003, 507; 2007, 1054 (1056); 2008, 360; 2009, 2662; 2010, 993) nahezu unmöglich, eine AGB-feste Gestaltung hinzubekommen. Zu erwägen ist insofern auch noch, anstatt auf die allgemeine Preisentwicklung auf einen IT-spezifischen Index abzustellen (vgl. aber auch BGH NJW 2008, 2172).

20. Haftungsbeschränkungen. Beide Vertragsparteien haften unabhängig vom Rechtsgrund nur für vertragstypische Schäden, die durch die leicht fahrlässige Verletzung einer wesentlichen Vertragspflicht verursacht worden sind. Für die sonstigen Details wird auf das → Form. VI.3 Anm. 14 verwiesen.

21. Laufzeit und Vertragsbeendigung. Der Lizenznehmer kann den Lizenzvertrag mit einer Frist von drei Monaten zum Vertragsjahresende ordentlich kündigen, der Lizenzgeber erstmalig drei Jahre nach Abnahme der angepassten Vertragssoftware. Beide Seiten können den Vertrag aus wichtigem Grund fristlos kündigen. Hierzu gehört insbesondere eine Verletzung der Bestimmungen über den Umfang der Nutzungsrechte gemäß § 3, über den Schutz des Lizenzmaterials gemäß § 4 und die Geheimhaltung gemäß § 12.

Das Formular sieht vor, dass im Falle einer Kündigung, ganz gleich aus welchem Grund, das gesamte Lizenzmaterial unter der Kontrolle des Lizenzgebers bleibt. Dies ist eine wichtige Vereinbarung zum Schutz des Lizenzmaterials gegen Missbrauch, da nach Beendigung einer Lizenz der Verbleib des Lizenzmaterials einen besonderen Risikobereich darstellt. Dementsprechend sind bei jeder Kündigung das überlassene Lizenzmaterial an den Lizenzgeber zurückzugeben und abgeänderte oder bearbeitete Fassungen des Lizenzmaterials einschließlich aller Kopien oder Teilkopien von diesen Fassungen und von der überlassenen Fassung wahlweise an den Lizenzgeber herauszugeben oder zu vernichten. Bei Lizenzmaterial, das sich auf Lizenznehmern eigenen Aufzeichnungsträgern befindet, tritt anstelle einer Herausgabe stets die vollständige Löschung. Das Formular sieht vor, dass der Lizenznehmer über die Vernichtung oder Löschung dem Lizenzgeber schriftlich Mitteilung zu machen hat. Für den Lizenznehmer ist das hinnehmbar, wenn er durch die nachlaufende Pflegeverpflichtung gemäß § 8 Abs. (3) ausreichend abgesichert ist. Anders kann sich dies darstellen, wenn er selber in größerem Umfang Anpassungen vorgenommen hat. Dann ist die Verpflichtung zur Rückgabe bzw. Löschung zu streichen oder zu modifizieren. Gleiches gilt für den Fall, dass das Lizenzmaterial noch zur Erfüllung gesetzlicher Bestimmungen benötigt wird (zB aus Gründen des Produktsicherheits- oder des Medizinprodukterechts).

22. Geheimhaltung. Hier gelten die allgemeinen Grundsätze (insofern wird auf das → Form. IV.1 Anm. 23, 24 verwiesen). Eine Besonderheit besteht allerdings insoweit, als mit dem Quellcode von Teilen der Vertragssoftware besonders sensibles und wertvolles Know-how geschützt werden muss. § 12 Abs. (4) sieht daher zum Geheimnisschutz eine Vertragsstraferegelung nach so genanntem Hamburger Brauch vor. Bei dieser gehen Stimmen in der Literatur davon aus, dass sie AGB-fest ist (→ Form. IV.7 Anm. 18). Demgegenüber sind sonstige, der Höhe nach konkret bestimmte Klauseln kaum AGB-rechtskonform zu gestalten. Denn was eine noch als angemessen angesehene Strafe iSv § 307 BGB darstellt, lässt sich kaum prognostizieren. Wird die Strafe aber zu niedrig angesetzt, verfehlt sie ihren Zweck.

23. Schlussbestimmungen. Es wird auf das → Form. IV.1 verwiesen. Der Technologieexport muss insbesondere dem Außenwirtschaftsrecht genügen. Da anders als beim Vertrieb über ein eigenes Händlernetz mit regionaler Zuständigkeit nach der Lizenzierung – gewissermaßen zum „integrierten" Export – die Kontrolle über den Export nicht mehr dem Lizenzgeber obliegt, empfiehlt es sich, wie in § 13 Abs. (1) vorgesehen, den Lizenznehmer zur Einhaltung der einschlägigen Normen zu verpflichten. Denn dieses ermöglicht dem Lizenzgeber, dann bei eigenen Schwierigkeiten uU den Vertrag außerordentlich zu kündigen. Zudem kann er selber kaum mehr tun, als eine derartige Klausel aufzunehmen. Erfahrungsgemäß kann in der Softwarebranche insbesondere nicht ausgeschlossen werden, dass insbesondere auch US-Exportkontrollrecht zu beachten ist (dazu und zu den Schwierigkeiten, die entsprechenden Auflagen in AGB umzusetzen, ausführlich *Funk/Zeifang* CR 2004, 11; s. auch *Backu* ITRB 2003, 15).

24. Anlagen. In der Anlage 1 aufzunehmen sind laut dem Formular eine Beschreibung der Software in ihrer Ursprungsfassung, eine Leistungsbeschreibung mit Blick auf die Anpassungsarbeiten, eine Beschreibung der Mitwirkungsleistungen, eine Spezifikation, welche Teile der Vertragssoftware (einschließlich der Teile der Vertragssoftware, die erforderlich sind, um den Datenaustausch erforderlichen spezifizierten Schnittstelle) im Quellcode zu überlassen sind, Details zur Funktionsprüfung (→ Anm. 7) einschließlich Testkriterien sowie schließlich die Einsatzbedingungen für die Vertragssoftware. Gegenstand der Anlage 2 sind das Vertrags- und das Anwendungsgebiet.

6. Vertrag zum selektiven Vertrieb von Software (Software-Vertragshändlervertrag)

Zwischen[1, 2]

dem Softwarehaus . . . . . **(nachfolgend „Softwareanbieter" genannt)**
und . . . . . **(nachfolgend „Vertriebspartner" genannt)**

§ 1 Vertragsgegenstand und Rechtsstellung des Vertriebspartners[3]

(1) Der Softwareanbieter räumt dem Vertriebspartner nach Maßgabe dieses Vertrags das Recht zum Vertrieb der in Anlage 1 beschriebenen Softwareprodukte ein.
(2) Da es sich bei diesen Produkten um komplexe technische Produkte handelt, die eines Vertriebs durch qualifiziertes Personal bedürfen, vertreibt der Softwareanbieter die Produkte nur über ein Netz qualifizierter und autorisierter Händler, die entsprechend den in der Anlage 2 ausgewiesenen Selektionskriterien qualifiziert bzw. ausgewählt sind (selektiver Vertrieb).
(3) Der Vertriebspartner kauft und vertreibt die Vertragssoftware und erbringt die erforderlichen, ergänzenden Leistungen ausschließlich im eigenen Namen und auf eigene Rechnung.
(4) Der Vertriebspartner ist nicht berechtigt, für den Softwareanbieter zu handeln oder diesen zu vertreten. Er darf vorbehaltlich der ausdrücklichen Vereinbarungen im Rahmen dieses Vertrags auch keine Verpflichtungen in dessen Namen erfüllen.

§ 2 Vertragssoftware, Lizenzmaterial, Vertriebsgebiet und Vertriebsbindungen[4]

(1) Der Vertriebspartner ist zum Vertrieb der Vertragssoftware im Vertriebsgebiet verpflichtet. „Vertragssoftware" im Sinne dieses Vertrags sind neben den vom Software-

anbieter hergestellten und/oder vertriebenen Softwareprodukten, die in der Anlage 1 benannt sind, die zu dieser Software vom Softwareanbieter allgemein auf dem Markt angebotenen Updates. „Lizenzmaterial“ im Sinne dieses Vertrags sind die überlassene Vertragssoftware einschließlich zugehöriger Datenbestände (Daten, Dateien und/oder Datenbankmaterial) und die Dokumentationsunterlagen.

(2) Soweit der Softwareanbieter Nachfolgeprodukte der Vertragssoftware auf den Markt bringt, ist der Vertriebspartner auf Verlangen des Softwareanbieters zum Vertrieb dieser Softwareprodukte verpflichtet. Anlage 1 ist gegebenenfalls entsprechend zu ergänzen. Es steht dem Softwareanbieter frei, das Angebot einzelner Softwareprodukte der Vertragssoftware für die Zukunft unter Wahrung einer angemessenen Ankündigungsfrist einzustellen, wenn das Vertragsprodukt nicht mehr hergestellt und/oder allgemein nicht mehr vertrieben wird. Die entsprechende Software ist dann aus der Anlage 1 zu streichen.

(3) Vertriebsgebiet ist der Europäische Wirtschaftsraum (EWR). Der Vertrieb ist jedoch nur von den in der Anlage 2 benannten Niederlassungen aus zulässig. Der Softwareanbieter ist jederzeit berechtigt, die Anzahl der Händler im Vertriebsgebiet zu erhöhen, soweit diese die Selektionskriterien der Anlage 2 erfüllen.

(4) Der Softwareanbieter behält sich grundsätzlich vor, Endkunden direkt zu beliefern. Der Softwareanbieter wird jedoch Direktlieferungen gegenüber Endkunden nur vornehmen, wenn seine Vertriebspartner in einer bestimmten Region des Vertriebsgebietes ihren Vertriebspflichten nicht hinreichend nachkommen.

(5) Der Vertrieb durch den Vertriebspartner außerhalb des Europäischen Wirtschaftsraums (EWR) ist nur nach schriftlicher Genehmigung gestattet. Dem Vertriebspartner ist es insbesondere untersagt, die Vertragssoftware außerhalb des Europäischen Wirtschaftsraums (EWR) zu vermarkten, dort für die Vertragssoftware zu werben und/oder zum Zwecke des Vertriebs der Vertragssoftware Niederlassungen zu errichten und/oder zu nutzen.

(6) Der Verkauf der Vertragssoftware darf nur an Endkunden und/oder an durch entsprechende Vertriebsverträge mit dem Softwareanbieter autorisierte Vertragshändler des Softwareanbieters erfolgen.

§ 3 Vertriebs- und Nutzungsrechte[5]

(1) Der Vertriebspartner ist im Rahmen der Befugnisse nach § 2 zur Verbreitung der an ihn gelieferten Datenträger oder von Kopien von ihm zur Verfügung gestellten Masterdateien mit der Vertragssoftware im Vertriebsgebiet berechtigt. Der Vertriebspartner ist weiterhin berechtigt, die ihm nach § 4 Abs. (1) überlassene oder sonst zur Verfügung gestellte Vertragssoftware zu Demozwecken zu vervielfältigen, insbesondere zu installieren und ablaufen zu lassen.

(2) Der Vertriebspartner erhält das Recht, Endkunden die in der Anlage 3 bestimmten Nutzungsrechte einzuräumen.

(3) Unbeschadet der gemäß Abs. (1) und (2) eingeräumten Nutzungsrechte behält der Vertriebspartner im Übrigen alle Rechte an der Vertragssoftware und am sonstigen Lizenzmaterial. Das Eigentum des Vertriebspartners an Datenträgern, Datenspeichern und Datenverarbeitungsgeräten wird hiervon nicht berührt.

(4) Der Vertriebspartner verpflichtet sich, die in der Vertragssoftware und im sonstigen Lizenzmaterial enthaltenen Kennzeichen und Schutzvermerke (Copyright-Vermerke und andere Rechtsvorbehalte) unverändert beizubehalten.

(5) Der Vertriebspartner verpflichtet sich, die Vertragssoftware und das sonstige Lizenzmaterial ohne ausdrückliche schriftliche Zustimmung des Lizenzgebers weder im Original noch in Form von vollständigen oder teilweisen Kopien Dritten zugänglich zu machen.

§ 4 Pflichten des Softwareanbieters[6]

(1) Für Präsentations- und Schulungszwecke erhält der Vertriebspartner ein Demopaket der Vertragssoftware. Dieses Demopaket enthält die in der Anlage 1 spezifizierten Komponenten und Leistungen.

(2) Der Softwareanbieter wird dem Vertragspartner vorhandene Informationsmaterialien zu den Produkten in angemessenem Umfang bereitstellen. Zu Marketingzwecken erhält der Vertriebspartner außerdem elektronisches Marketingmaterial kostenfrei. Gedruckte Marketingmaterialien können zum Selbstkostenpreis beim Softwareanbieter bestellt werden.

(3) Der Softwareanbieter verpflichtet sich, die Mitarbeiter des Vertriebspartners im Rahmen einer . . . . . -tägigen Schulung in die Produkte einzuweisen und auf diese zu schulen.

(4) Der Softwareanbieter verpflichtet sich zur Übernahme des Telefonsupports bei Fragen des Vertriebspartners an den Softwareanbieter.

(5) Der Softwareanbieter verpflichtet sich zur Erbringung unterstützender Marketingmaßnahmen im Vertriebsgebiet (etwa durch Teilnahme an Fachmessen, Werbe- und PR-Kampagnen).

(6) Der Softwareanbieter wird vom Vertriebspartner vermittelten Endkunden Verträge über die Softwarepflege und Supportleistungen anbieten.[7]

§ 5 Pflichten des Vertriebspartners[8]

(1) Der Vertriebspartner verpflichtet sich, den Markt für die Vertragssoftware und die weiteren Leistungen nach besten Kräften zu erschließen und sich nach besten Kräften für den Absatz im Vertragsgebiet einzusetzen.[9] Der Vertriebspartner wird insbesondere vom Softwareanbieter an ihn vermittelte Interessenten betreuen.

(2) Der Vertriebspartner verpflichtet sich, die Vertragssoftware und die weiteren Leistungen in angemessenem Umfang zu bewerben. Dazu gehören insbesondere Anzeigenwerbung, Mailings, Präsentationen und die Teilnahme an Fachmessen. Der Vertriebspartner wird die Vertragssoftware und die weiteren Leistungen durch seine Mitarbeiter werbewirksam und in angemessener Form beim Endkunden präsentieren.

(3) Um einen geschlossenen Marktauftritt zu gewährleisten und von allen Marketingaktionen etc zu profitieren, tritt der Vertriebspartner nach außen gegenüber Endkunden als „Autorisierter . . . . . Vertragshändler" auf und verwendet für die Vertragssoftware nur Informationsmaterialien, die ihm der Softwareanbieter zur Verfügung stellt oder die durch den Softwareanbieter schriftlich freigegeben worden sind. Soweit ihm die Verwendung von Logos und Kennzeichen gestattet wird, wird er diese für die Wiedergabe nicht verändern.

(4) Der Vertriebspartner wird seinen Endkunden alle für die Benutzung der Vertragssoftware erforderlichen Informationen und Unterlagen zur Verfügung stellen. Er wird die Endkunden über Verbesserungen und Weiterentwicklung der Vertragssoftware umfassend informieren. Bei der Vorstellung der Vertragssoftware ist der Vertriebspartner verpflichtet, jeweils die neueste Version der Vertragssoftware vorzuführen.

(5) Der Vertriebspartner verpflichtet sich zum Einsatz von speziell für die Vertragssoftware geschulten Personals und zur umfassenden Beratung der Endkunden im Vorfeld des Vertragsschlusses.

(6) Der Vertriebspartner verpflichtet sich, dem Endkunden über den reinen Verkauf der Vertragssoftware hinaus, die Installation der Vertragssoftware, die Ersteinweisung in die Benutzung der Vertragssoftware sowie die Durchführung von Anwenderschulungen für Mitarbeiter des Endkunden anzubieten. Einweisungen und Schulungen erfolgen nach Maßgabe der Schulungsleitfäden des Softwareanbieters.

(7) Der Vertriebspartner verpflichtet sich zur Übernahme des First-Level-Supports für die Endkunden. Dieser umfasst das Angebot einer Telefonhotline nach Maßgabe der zugesagten Zeiten der jeweils gültigen Pflegeverträge des Softwareanbieters.[10] Der Vertriebspartner wird in diesen Fällen als Erfüllungsgehilfe des Softwareanbieters tätig. Er wird für diese Aufgabe angemessen geschultes Servicepersonal vorhalten.

(8) Der Vertriebspartner ist verpflichtet, seine Mitarbeiter zu Schulungen und Weiterbildungsmaßnahmen durch Softwareanbieter zu entsenden. Der Vertriebspartner wird dafür sorgen, dass immer mindestens ..... seiner Mitarbeiter geschult sind.

§ 6 Einzelbestellungen, Auftragsabwicklung und allgemeine Geschäftsbedingungen[11]

(1) Angebote des Softwareanbieters sind – insbesondere hinsichtlich der Preise, Menge und Lieferfrist, Liefermöglichkeit und Nebenleistungen – freibleibend und unverbindlich, dh als Aufforderung zur Abgabe einer Bestellung zu verstehen. Bindendes Angebot ist die Bestellung des Vertriebspartners beim Softwareanbieter.

(2) Der Vertriebspartner wird zur Bestellung die vom Softwareanbieter zur Verfügung gestellten Bestellformulare nutzen. Der Softwareanbieter bestätigt die Bestellung nach Eingang der Bestellformulare.

(3) Der Softwareanbieter übersendet jeweils (a) Datenträger mit der bestellten Vertragssoftware zusammen mit der zugehörigen Anwendungsdokumentation oder (b) im Falle der Zur-Verfügung-Stellung der Vertragssoftware und Anwendungsdokumentation mittels einer Masterdatei einzelne Lizenzschlüssel (samt Lizenznachweisen). Der Vertriebspartner erhält weiter einen „Programmschein", welcher die Vertragssoftware näher bezeichnet. Sofern der „Programmschein" ausweist, dass die Anwendungsdokumentation ebenfalls auf einem maschinenlesbaren Datenträger geliefert wird, kann dies der gleiche Datenträger sein wie der für die Kopie der Vertragssoftware.

(4) Der Softwareanbieter ist berechtigt, Verbesserungen und/oder Weiterentwickelungen der Vertragssoftware, insbesondere neue Versionen, anstelle der bestellten Vertragssoftware zu liefern, es sei denn, eine solche Lieferung ist für den Vertriebspartner und/oder seinen Endkunden unzumutbar.

(5) Für Bestellungen der Vertragssoftware gelten die jeweils aktuellen, allgemeinen Geschäftsbedingungen des Softwareanbieters. Die aktuelle Version liegt diesem Vertrag als Anlage 4 bei. Der Softwareanbieter wird auf neue Versionen der allgemeinen Geschäftsbedingungen hinweisen und diese dem Vertriebspartner auf Verlangen übersenden.

(6) Soweit mit der Bestellung der Vertragssoftware durch den Endkunden auch ein Pflegevertrag mit dem Softwareanbieter abgeschlossen wurde, erfolgt die Lieferung der jeweils aktuellsten Version bzw. von Updates der Vertragssoftware durch den Softwareanbieter direkt an den Endkunden; die Vergütung erfolgt durch den Endkunden direkt.

§ 7 Vergütung, Preise und Rabatte[12]

(1) Die Preise und sonstigen Konditionen für vom Vertriebspartner beim Softwareanbieter bestellte Vertragssoftware und sonstige Leistungen richten sich nach der jeweils gültigen Preisliste, die dem Vertrag in ihrer aktuellen Fassung als Anlage 5 beigefügt ist.

(2) Vom Softwareanbieter an dessen Sitz angebotene Schulungen und Weiterbildungsmaßnahmen sind für den Vertriebspartner bis auf dessen eigene Reise- und Übernachtungskosten kostenfrei. Vom Vertriebspartner sonst beauftragte Schulungen sind kostenpflichtig. Die Vergütung richtet sich nach der jeweils aktuellen Preisliste des Softwareanbieters. Reise- und Übernachtungskosten werden vom Vertriebspartner getragen.

(3) Der Softwareanbieter ist berechtigt, die Preise für bereits bestellte Vertragssoftware und/oder sonstige Leistungen unter Wahrung einer Ankündigungsfrist von vier Monaten im Rahmen der allgemeinen Marktentwicklung und/oder aufgrund von Preiserhöhungen

von Zulieferern und/oder Lizenzgebern und/oder aufgrund der Gehaltsentwicklung in der Branche zu ändern. Entsprechendes gilt bei Preiserhöhungen wegen der Auslieferung neuer anstelle der bestellten Versionen nach § 6 Abs. (4).

(4) Soweit nicht anderweitig vereinbart, verstehen sich sämtliche Preise zuzüglich gesetzlicher Umsatzsteuer nach dem jeweils anwendbaren Recht. Soweit gemäß dem einschlägigen Umsatzsteuerrecht die Steuerschuldnerschaft auf den Vertriebspartner übergeht, ist der Vertriebspartner zur dementsprechenden Anmeldung und Abführung der Umsatzsteuer und der Softwareanbieter zur Ausstellung einer den jeweiligen gesetzlichen Erfordernissen entsprechenden Rechnung verpflichtet.

(5) Der Vertriebspartner erhält während der Laufzeit dieses Vertrages für seine Leistungen zur Sicherstellung des First-Level-Supports gegenüber Endkunden einen Anteil von der Vergütung, die der Softwareanbieter während der Laufzeit der mit dem Endkunden abzuschließenden Softwarepflege- bzw. Supportvereinbarung von den vom Vertriebspartner vermittelten Endkunden erhält. Die Höhe des Anteils bestimmt sich nach Maßgabe des in der Anlage 5 ausgewiesenen Prozentsatzes und versteht sich exklusive der gesetzlichen Umsatzsteuer. Diese Vergütung ist 10 Tage nach dem Zugang einer ordentlichen von Vertriebspartner zu erstellenden Rechnung fällig. Jede Rechnung hat eine detaillierte Aufstellung der betroffenen Endkunden zu enthalten und muss die sich für diese ergebenden Beträge einzeln ausweisen.

§ 8 Vertragsdauer und Vertragsende[13]

(1) Der Vertrag tritt mit seiner Unterzeichnung in Kraft und läuft zunächst bis zum 31.12. des Folgejahres.[14] Der Vertrag verlängert sich sodann um jeweils 12 Kalendermonate, wenn er nicht schriftlich durch einen Vertragspartner spätestens mit einer Frist von drei Monaten zum Vertragsende gekündigt wird. Der Vertrag endet jedoch spätestens 5 Jahre nach seiner Unterzeichnung.

(2) Das Recht zur fristlosen Kündigung aus wichtigem Grund bleibt hiervon unberührt. Ein wichtiger Grund liegt insbesondere in folgenden Fällen vor:

- Eine der Vertragsparteien hat die Verletzung einer wesentlichen Vertragspflicht trotz Abmahnung nicht spätestens innerhalb von 30 Tagen abgestellt. Dies gilt insbesondere auch dann, wenn der Vertriebspartner sich nicht aktiv um den Vertrieb bemüht.
- Der Vertriebspartner hat die urheberrechtlichen Nutzungsrechte des Softwareanbieters verletzt oder die Vertragssoftware manipuliert.
- Der Vertriebspartner hat das Wettbewerbsverbot gemäß § 10 und/oder die Geheimhaltungsverpflichtung gemäß § 11 verletzt.

(3) Die Kündigung muss in gesetzlicher Schriftform erfolgen.

(4) Mit der Beendigung des Vertrages wird der Vertriebspartner alle Vertriebsaktivitäten für die Vertragssoftware einstellen und alle Versionen der Produkte sowie alle vertraulichen und anderen Informationen, die im Eigentum des Softwareanbieters stehen, unverzüglich an den Softwareanbieter zurückgeben. Dabei sind Produkt- und Vertriebsunterlagen innerhalb von . . . . . Tagen an den Softwareanbieter zurückzuschicken. Im Zeitpunkt des Wirksamwerdens der Kündigung vorliegende Bestellungen von Endkunden bleiben unberührt und werden nach den Bestimmungen dieses Vertrages abgewickelt.[15]

§ 9 Haftungsbeschränkungen[16]

(1) Der Softwareanbieter haftet im Fall einfacher Fahrlässigkeit unabhängig vom Rechtsgrund nur für Schäden, soweit diese durch eine schuldhafte Verletzung einer vertragswesentlichen Pflicht, nämlich einer Pflicht, deren Verletzung die Erreichung des Vertragszwecks gefährdet und/oder deren Erfüllung die ordnungsgemäße Durchführung des

Vertrags überhaupt erst ermöglicht und auf deren Erfüllung der Vertragspartner regelmäßig vertrauen darf, verursacht wurden. Die Haftung gemäß dieses Abs. (1) für einfache Fahrlässigkeit ist zudem auf den vorhersehbaren und vertragstypischen Schaden begrenzt, mit dessen Entstehen jede Vertragspartei bei Vertragsschluss aufgrund der ihr zu diesem Zeitpunkt bekannten Umstände rechnen musste. Die Haftung ist insofern der Höhe nach begrenzt auf EUR .....

(2) Der Softwareanbieter haftet für Schäden, die auf grobe Fahrlässigkeit oder Vorsatz zurückzuführen sind, unbeschränkt. Die Haftungsbeschränkung gemäß Abs. (1) gilt davon abweichend in gleicher Weise für Schäden, die aufgrund von grober Fahrlässigkeit von Mitarbeitern oder Beauftragten des Der Softwareanbieters verursacht wurden, welche nicht zu dessen Geschäftsführern oder leitenden Angestellten gehören.

(3) Eine verschuldensunabhängige Haftung des Softwareanbieters wird vorbehaltlich des Abs. (6) ausgeschlossen.

(4) Für den Verlust von Daten und deren Wiederherstellung haftet die jeweilige Vertragspartei nach Maßgabe von Abs. (1) bis (3) nur, soweit ein solcher Verlust durch angemessene Datensicherungsmaßnahmen seitens des Vertriebspartners nicht vermeidbar gewesen wäre.

(5) Die Haftungsbeschränkungen gemäß Abs. (1) bis (4) gelten sinngemäß auch zugunsten der Mitarbeiter und Beauftragten des Softwareanbieters.

(6) Die Haftung der Vertragsparteien für Schäden, die durch vorsätzliche Handlungen verursacht worden sind, sowie für Ansprüche aufgrund des Produkthaftungsgesetzes wegen des Fehlens zugesicherter und/oder garantierter Eigenschaften, wegen Beschaffenheits- und/oder Haltbarkeitsgarantien und/oder Schäden aus der Verletzung des Lebens, des Körpers oder der Gesundheit bleibt unberührt.

§ 10 Wettbewerbsverbot[17]

Der Vertriebspartner verpflichtet sich, während der Vertragsdauer keine anderen Produkte mittel- oder unmittelbar herzustellen und/oder zu vertreiben, die im Wettbewerb zu der Vertragssoftware stehen.

§ 11 Geheimhaltung[18]

(1) Die Parteien verpflichten sich, über die vertraulichen Informationen, insbesondere Beschreibungen der Vertragssoftware und/oder der im Rahmen von Projekten erbrachten vertraglichen Leistungen, Weiterentwicklungen und/oder Neuentwicklungen und/oder Beschreibungen von deren Grundlagen, Arbeitsweisen, Konzeptionen und/oder Herstellungsprozessen, welche die Parteien im Rahmen ihrer Tätigkeit erhalten und/oder einsehen (nachfolgend kurz „vertrauliche Informationen" genannt), gegenüber Dritten strengstes Stillschweigen zu bewahren und/oder diese Dritten nicht preis zu geben. Die Parteien werden alle erhaltenen vertraulichen Informationen so aufbewahren, dass Unbefugte keine Einsicht nehmen können und eigenen Mitarbeitern nur im Rahmen des Erforderlichen zugänglich machen.

(2) Die Geheimhaltungspflicht gemäß Abs. (1) gilt zeitlich unbefristet. Die Geheimhaltungspflicht gemäß Abs. (1) gilt nicht, soweit die Erlaubnisse und Ausnahmen der §§ 3 bzw. 5 GeschGehG eingreifen, sowie gegenüber solchen Personen, die gesetzlich oder aufgrund Gestattung der jeweils anderen Partei zur Kenntnisnahme befugt und zur Verschwiegenheit verpflichtet sind, sowie für Veröffentlichungen, die aufgrund gesetzlicher Bestimmungen und/oder behördlicher Anordnungen von einer der Parteien verlangt werden. Der Geheimhaltungspflicht unterliegen nicht bzw. nicht mehr solche vertraulichen Informationen, die allgemein bekannt sind oder allgemein bekannt werden, ohne dass dieses von der offenbarenden Partei zu vertreten ist. Das Vorliegen einer der vorstehenden Ausnahmen hat die sich hierauf berufende Partei zu beweisen.

(3) Die Parteien werden ihren Mitarbeitern, Erfüllungsgehilfen und/oder sonstigen Dritten eine entsprechende Geheimhaltungspflicht auferlegen.

(4) Nach Beendigung dieses Vertrages sind die Parteien auf Anforderung der jeweils anderen Partei verpflichtet, unverzüglich von der anderen Partei erhaltene Unterlagen zurückzugeben und/oder diese nachweislich zu vernichten.

(5) Der Vertriebspartner verpflichtet sich, für jeden Fall der schuldhaften Zuwiderhandlung gegen seine Pflichten gemäß § 11 Abs. (1) und (2), sei es durch seine Organe oder durch einen seiner Mitarbeiter, an den Softwareanbieter eine angemessene Vertragsstrafe zu zahlen. Diese Vertragsstrafe wird vom Softwareanbieter nach billigem Ermessen festgesetzt und ist im Streitfall gerichtlich zu überprüfen. Bei der Bemessung der Vertragsstrafe sind die konkrete Vertragsverletzung, ihre Schwere und der Grad des Verschuldens des Interessenten zu berücksichtigen. Die Vertragsstrafe beträgt für alle Zuwiderhandlungen unter diesem Vertrag insgesamt maximal 250.000 (zweihundertfünfzigtausend) EURO. Eine für den Fall einer Zuwiderhandlung geleistete Vertragsstrafe wird auf einen aus demselben Verstoß resultierenden Schadenersatzanspruch des Softwareanbieters angerechnet. Dem Softwareanbieter bleibt die Geltendmachung eines darüber hinausgehenden Schadensersatzanspruches vorbehalten.

§ 12 Schlussbestimmungen[19]

(1) Dieser Vertrag enthält sämtliche Vereinbarungen zwischen den Parteien; Nebenabreden bestehen nicht.

(2) Alle Änderungen, Ergänzungen und Kündigungen dieses Vertrags bedürfen der Schriftform.

(3) Gerichtsstand für alle Streitigkeiten aus oder in Verbindung mit diesem Vertrag ist der Sitz des Softwareanbieters. Jede Vertragspartei kann jedoch auch an ihrem allgemeinen Gerichtsstand in Anspruch genommen werden.

(4) Auf diesen Vertrag und die sich aus ihm ergebenden Streitigkeiten findet deutsches Recht unter Ausschluss des UN-Kaufrechts Anwendung.

(5) Sollten einzelne Bestimmungen dieses Vertrags unwirksam sein oder werden, so wird die Wirksamkeit der übrigen Bestimmungen hierdurch nicht berührt. Die Parteien sind in einem solchen Falle verpflichtet, an der Schaffung von Bestimmungen mitzuwirken, durch die ein der unwirksamen Bestimmung unter Berücksichtigung der beiderseitigen Interessen wirtschaftlich möglichst nahekommendes Ergebnis rechtswirksam erzielt wird. Das Gleiche gilt, soweit der Vertrag regelungsbedürftige Lücken enthält.

Die folgenden Anlagen sind integraler Vertragsbestandteil:

Anlage 1 – Vertragssoftware und Präsentations- und Schulungspaket

Anlage 2 – Selektionskriterien

Anlage 3 – Nutzungsbestimmungen für Endanwender (EULA)

Anlage 4 – Aktuelle allgemeine Geschäftsbedingungen des Softwareanbieters

Anlage 5 – Aktuelle Preisliste des Softwareanbieters

(Ort, Datum, Unterschriften)

Schrifttum: Andreewitsch, EDV-Vertriebsverträge nach österreichischem Recht, CR 1997, 53; *Bachofer,* Der VAR-Vertrag, CR 1988, 809; *Backu,* Exportkontrolle bei Kryptographiesoftware, ITRB 2003, 15; *Baus,* Umgehung der Erschöpfungswirkung durch Zurückhaltung von Nutzungsrechten?, MMR 2002, 14; *Bauer/de Bronett,* Die EU-Gruppenfreistellungsverordnung für vertikale Wettbewerbsbeschränkungen, Köln 2001; *Bechtold,* GWB (Kartellgesetz), 9. Aufl. München 2018; *Bott/Kusulis,* Reihe Kartellrecht: Verbot des Internet-Verkaufs von Markenartikeln im selektiven Vertriebssystem – zulässig oder nicht?, IPRB 2014, 107; *Chrocziel,* Computer und Software, in:

Martinek/Semler/Habermeier, Handbuch des Vertriebsrechts, 4. Aufl. München 2016; *Emde,* Vertriebsverträge – Wirksame und unwirksame AGB-Klauseln, MDR 2007, 1003; *Funk/Zeifang,* US-Exportkontrollrecht und dessen Erstreckung auf deutsche Softwareverträge, CR 2004, 11; *Genzow,* Vertragshändlervertrag, Köln 1996; *Grützmacher,* Das Recht des Softwarevertriebs, ITRB 2003, 199; *ders.,* Software-Verträge und die 7. GWB-Novelle, ITRB 2005, 205; *Harte-Bavendamm/Kreutzer,* Neue Entwicklungen in der Beurteilung selektiver Vertriebssysteme, WRP 2003, 682; *Kilian/Heussen,* Computerrechts-Handbuch, München, 34. EL., Stand 2018 (Loseblatt); *Koch,* Handbuch Software- und Datenbankrecht, Berlin u.a. 2003; *Kunzmann,* Zur Gruppenfreistellungsverordnung 330/2010 für vertikale Vereinbarungen, MittdtschPatAnw 2011, 458; *Lehmann,* Rechtsschutz und Verwertung von Computerprogrammen, 2. Aufl., Köln 1993; *Malec/v. Bodungen,* Die neue Vertikal-GVO und ihre Auswirkungen auf die Gestaltung von Liefer- und Vertriebsverträgen, BB 2010, 2383; *Marly,* Praxishandbuch Softwarerecht, 7. Aufl., München 2018; *Metzger,* Erschöpfung des urheberrechtlichen Verbreitungsrechts bei vertikalen Vertriebsbedingungen, GRUR 2001, 210; *Moritz,* Vervielfältigungsstück eines Programms und seine berechtigte Verwendung – § 69d und die neueste BGH-Rechtsprechung, MMR 2001, 94; *Niebling,* Vertriebsrecht als AGB-Recht, ZVertriebsR 2012, 79; *Nordmeyer,* Kartellrecht der Softwareverträge, Tübingen 2018; *Polley,* Softwareverträge und ihre kartellrechtliche Wirksamkeit, CR 2004, 641; *Pres,* Gestaltungsformen urheberrechtlicher Softwarelizenzverträge, Köln 1994; *Redeker,* Handbuch der IT-Verträge, Köln (Loseblatt); *Redeker,* IT-Recht, 6. Aufl. München 2017; *Sahin/Haines,* Einräumung von Nutzungsrechten im gestuften Vertrieb von Standardsoftware, CR 2005, 241; *Schneider,* Handbuch des EDV-Rechts, 5. Aufl. Köln 2017; *Schultze/Pautke/Wagener,* Die Gruppenfreistellungsverordnung für Technologietransfervereinbarungen (TT-GVO), Praxiskommentar, Frankfurt a.M. 2005; *Schultze/Wauschkuhn/Spenner/Dau,* Der Vertragshändlervertrag, 5. Aufl. Frankfurt a.M. 2015; *Schuppert,* EDV-Vertriebsverträge – OEM, VAR, in: Lehmann/Meents (Hrsg.), Handbuch des Fachanwalts Informationstechnologierecht, 2. Aufl., Luchterhand 2011; *Seffer/Beninca,* OEM-Klauseln unter dem Gesichtspunkt des europäischen Kartellrechts, ITRB 2004, 210; *Sickinger,* Vertrieb von Standardsoftware, Köln 1993; *Thoma,* Vertrieb von Standard-Software über Drittländer, UStB 2002, 225; *Timm,* Kartellrecht der Softwareverträge, Frankfurt 2005; *Ulmer/Brandner/Hensen,* AGB Recht, 12. Aufl., Köln 2016; *Ulmer,* Werkgebrauch und Urheberrecht, ITRB 2001, 214; *Wandtke/Bullinger* (Hrsg.), Praxiskommentar zum Urheberrecht, 5. Aufl., München 2019; *Wauschkuhn,* Der Vertragshändlervertrag, 5. Aufl. München 2015; *v. Westphalen,* Das Dispositionsrecht des Prinzipals im Vertragshändlervertrag, NJW 1982, 2465; *Witzel,* Vertragsgestaltung bei Standardsoftware im Vertrieb, ITRB 2004, 180; Wolf/Lindacher/Pfeiffer/*Dammann* AGB-Recht, 6. Aufl. München 2013.

Anmerkungen

1. Sachverhalt. Vertriebsverträge sollen es ermöglichen, dass der Softwareanbieter sich auf seine Kernkompetenz, nämlich die Entwicklung der Software, konzentrieren kann. Er lagert hierzu große Teile des Vertriebs auf eigenständige Dritte aus. Um die Arbeitsteilung zu erreichen, müssen diese Dritten selbständig agieren. Auf der anderen Seite ist aber auch eine gewisse Kontrolle der Vertriebspartner weiterhin erforderlich, denn jegliche Probleme, die aufgrund mangelhafter Leistungen des Vertriebspartners entstehen, fallen letztendlich in den Augen des Endkunden (auch) auf den Softwareanbieter und dessen Produkt zurück und können auch dessen Reputation beeinträchtigen. Das gilt auch, wenn Software über Systemhäuser vertrieben wird, welche die Software zunächst noch im Wege des Customizings an die Bedürfnisse des Endkunden anpassen (sog. Systemintegratoren). Der Softwareanbieter kann beim Drittvertrieb fremde Kundenkontakte und – besonders wichtig für ausländische Softwareanbieter – für das Vertriebsgebiet kostensparend die fremde Vertriebsorganisation seiner Partner nutzen. Im Softwarebereich üblich ist dabei der Vertrieb über Vertrags- oder Eigenhändler, denn so steht der Anbieter nicht direkt in der Haftung. Der Softwareanbieter verkauft die Software an den Händler, dieser wiederum – ggf. über Zwischenhändler – an den Kunden. Demgegenüber seltener findet sich eine Vermarktung von Software mittels Handelsvertretern (siehe dazu das Muster von *Grützmacher* in *Redeker*, Handbuch der IT-Verträge, 2.1) oder Kommissionären, bei denen der Anbieter direkt haftet. Der Vertrags- bzw. Eigenhändler haftet demgegenüber als Vertragspartner seinen Abnehmern direkt für Mängel und sonstige vertragliche Pflichtverletzungen. Anders als der Handelsvertreter verkauft oder vermietet er die Software im eigenen Namen und auf eigene Rechnung. Der Vertrags- bzw. Eigenhändler ist auch, wenn er in die Verkaufsorganisation des Herstellers eingegliedert ist (BGH NJW 1971, 29 (30)) im Prinzip – allenfalls können ihm Höchstpreise vorgegeben werden – frei in der Preisgestaltung und erarbeitet sich einen eigenen Kundenstamm (zur Produktabhängigkeit dieser Kunden → Anm. 15). Er trägt mithin weitgehend das Risiko des Vertriebs und der eingegangenen Vertragsbeziehungen.

2. Wahl des Formulars. Das Formular bezieht sich auf den sog. selektiven Vertrieb (zum Begriff näher → Anm. 3) von Software über ein Netz autorisierter Händler, nicht auf die Überlassung oder die Erstellung von Software (→ Form. IV.1 und → Form. IV.3); es regelt auch nicht den Online-Direktvertrieb (→ Form. IV.4). Schließlich richtet es sich auch nicht auf die Pflege der Software (→ Form. IV.8). Das Formular begründet ein Dauerschuldverhältnis, da beide Parteien ständige Leistungen schulden (vgl. auch *Marly*, Praxishandbuch Softwarerecht, 7. Aufl., Rn. 1070 mwN, der sich insofern mit Blick auf die Anwendung von Kaufrecht zurückhaltend äußert, → Anm. 11). Gleichzeitig stellt es mit Blick auf die einzelnen Vertriebshandlungen (bzw. die Einzelbestellungen der Vervielfältigungstücke) einen Rahmenvertrag dar. Das Formular ist für den Vertrieb von unterschiedlicher Software geeignet, im Ergebnis aber auf den Vertrieb von technisch hochwertiger Spezialsoftware bzw. den Vertrieb im Unternehmensumfeld ausgerichtet. Es kann sich dabei um Standardsoftware handeln, die nicht groß angepasst, sondern lediglich installiert werden muss, aber auch um noch im Wege des Customizings beim Kunden anzupassende Software. Das Formular ist im Grundsatz eher anbieterfreundlich. Es ist auf einen europaweiten Vertrieb ausgerichtet – genauer ist Vertriebsgebiet der Europäische Wirtschaftsraum (EWR). Das Formular geht in Ansehung der entsprechenden EWR-weiten Kartellrechtsvorgaben (→ Anm. 3) davon aus, dass der Anbieter einen Marktanteil von maximal 30 % hat.

3. Vertragsgegenstand und Rechtsstellung des Vertriebspartners. Den eingangs unter → Anm. 1 angesprochenen Spagat zwischen der notwendigen Selbständigkeit des Händlers und dessen qualitätswahrender Kontrolle sucht der vorliegende Vertriebsvertrag dadurch zu erreichen, dass er einerseits unter § 1 Abs. (3) regelt, dass der Vertragshändler selbständig und im eigenen Namen auftritt. Der Vertriebspartner hat also keinerlei Vertretungsmacht, für den Softwareanbieter zu agieren. Der Softwareanbieter ist damit von den Aufgaben des Vertragscontrollings und der Vertragsanbahnung befreit. Andererseits werden dem Vertriebspartner in § 5 zahlreiche Pflichten auferlegt; vor allem sieht § 1 Abs. (2) vor, dass nur qualifizierte und autorisierte Händler, welche bestimmten Qualitätsmaßstäben genügen, im Vertriebsnetz des Anbieters eingesetzt werden. Es wird mithin ein gewisses Qualitätsniveau vorausgesetzt, damit sich Dritte für eine Händlerschaft qualifizieren. Dieser sog. selektive Vertrieb ist ein Mittel, gerade bei technisch komplexen Produkten, ein gewisses Qualitätsniveau und damit ein negatives Abfärben auf die Marke des Softwareanbieters zu verhindern. Ergänzt wird die Regelung des § 1 Abs. (2) durch die Vertriebsbindung des § 2 Abs. (6), welcher vorsieht, dass nur an Endkunden bzw.

entsprechend autorisierte Vertriebspartner des Softwareanbieters verkauft werden darf. Dies gewährleistet, dass nicht irgendwelche Dritten, die nicht ausreichend qualifiziert sind, mit der Software handeln und diese möglicherweise mangelhaft beim Kunden installieren. § 1 Abs. (2) und § 2 Abs. (6) des Vertrags entsprechen insoweit der „gesetzlichen" Definition selektiver Vertriebssysteme. Selektive Vertriebssysteme sind gemäß Art. 1 lit. e der europäischen Gruppenfreistellungsverordnung für vertikale Vereinbarungen (= GVO-VV; abgedruckt ABl. 2010 L 102, S. 1) Vertriebssysteme, „in denen sich der Anbieter verpflichtet, die Vertragswaren oder -dienstleistungen unmittelbar oder mittelbar nur an Händler zu verkaufen, die anhand festgelegter Merkmale ausgewählt [sog. Selektionskriterien] werden," (lieferantenseitig geschlossenes System) „und in denen sich diese Händler verpflichten, die betreffenden Waren oder Dienstleistungen nicht an Händler zu verkaufen, die innerhalb des vom Anbieter für den Betrieb dieses Systems festgelegten Gebiets nicht zum Vertrieb zugelassen sind" (händlerseitig geschlossenes System). – Für einfache Software kann auf dieses System des selektiven Vertriebs verzichtet werden. Dann ist ggf. neben § 1 Abs. (2) zwingend auch § 2 Abs. (6) zu streichen, denn eine solche Vertriebsbindung ist nach Artikel 4 lit. b (iii) GVO-VV nur im Rahmen selektiver Vertriebssysteme zulässig.

Trotz ihrer abschottenden Wirkung sind selektive Vertriebssysteme kartellrechtskonform. Nach der Rechtsprechung des EuGH (EuGH Slg. 1977, 1875 (1907 ff.) – Metro I; EuGH Slg. 1983, 3151 – AEG-Telefunken; EuGH Slg. 1986, 2021 (3074 ff.) – Metro II; EuGH Slg. 1994, I-15 – Metro/Cartier; EuG Slg. 1996, II (1851–1961) – Leclerc; EuGH WRP 2011, 1577 (1581) – Pierre Fabre Dermo-Cosmétique; siehe auch Kommission ABl. 1984 C 118, S. 24 – IBM) stellen selektive Vertriebssysteme schon keine Wettbewerbsbeschränkung im Sinne von Art. 101 AEUV dar, wenn (i) das vertriebene Produkt aus Image-Gründen oder zur Qualitätssicherung (insbesondere zur Sicherstellung des korrekten Produktgebrauchs) eine Selektion unter den Vertriebspartnern erfordert – bei hochwertiger Software, insbesondere solcher, die des Customizings bedarf, ist das die Regel –, (ii) die Selektionskriterien objektiver und qualitativer Art sind (etwa nicht bei Umsatzkriterien, vgl. Leitlinien der Kommission für vertikale Beschränkungen, ABl. 2010 C 130, S. 1 [= Leitlinien GVO-VV], Rn. 175) und (iii) das System nicht diskriminierend gehandhabt wird (*Bechtold,* GWB, 9. Aufl., § 19 Rn. 25). Nahezu die gleiche Praxis existiert zu § 20 Abs. 1 GWB bzw. genauer dessen Vorgängernormen (dazu *Harte-Bavendamm/Kreutzmann* WRP 2003, 682 (686) mwN). Das bedeutet jedoch nicht, dass die laut § 1 Abs. (2) in Anlage 2 zu spezifizierenden Selektionskriterien nicht auch rein quantitativer Natur sein dürfen (s. auch OLG Nürnberg WRP 2011, 117 (125), nach dem sachgerechte und angemessene quantitative Auswahlkriterien unter Berücksichtigung der Zielsetzung des GWB auch ausreichend sein können). Denn durch die GVO-VV werden weiter auch solche selektiven Vertriebssysteme freigestellt, die nach quantitativen Kriterien selektieren (s. Leitlinien GVO-VV, Rn. 58: auch quantitative Kriterien erlaubt; s. auch *Bott/Kusulis* IPRB 2014, 107 (108); zum Verhältnis von § 20 GWB zum europäischen Kartellrecht OLG München BB 2009, 518 (519 f.); umfassend *Harte-Bavendamm/Kreutzmann* WRP 2003, 682 (686 ff.); *Bechtold,* 9. Aufl., GWB § 19 Rn. 25). Im Anwendungsbereich der GVO-VV, mithin unterhalb eines Marktanteils von 30 %, können also anstelle der wettbewerbsneutralen qualitativen Selektionskriterien auch quantitative Kriterien zur Auswahl des Vertragspartners eingesetzt werden. Dieser Vorteil kann aber nach Art. 6 GVO-VV theoretisch entzogen werden. Praktisch ist dies sehr unwahrscheinlich.

Hat nach alledem ein Händler gemäß § 1 Abs. (2) gewisse Selektionskriterien zu erfüllen, so geht dies damit einher, dass der Softwareanbieter mit Blick auf aufgenommene Händler das Vertriebssystem in einer nicht diskriminierenden Weise handhaben muss. Inwieweit durch das Diskriminierungsverbot auch die Vertragsgestaltungsfreiheit beschränkt wird, ist weitgehend ungeklärt (vgl. aber BGH NJW 1989, 3010 (3011)). Zumindest oberhalb eines Markanteils von 30 % muss der Anbieter im Zweifel jedem

Händler den Abschluss eines Vertrags anbieten, also die Aufnahme in das Vertriebssystem gewähren, der die Selektionskriterien erfüllt (EuGH Slg. 1983, 3151 – AEG-Telefunken; EuGH Slg. 1985, 2725 – Ford [zu Art. 85 EGV aF = Art. 81 EGV = 101 AEUV]; siehe auch OLG München CR 2002, 367 und nachfolgend BGH CR 2004, 295 (296) [zu § 20 Abs. 2 GWB aF]; OLG München BB 2009, 518 (519 f.); *Bechtold,* GWB, 9. Aufl., § 19 Rn. 25).

4. Vertragssoftware, Vertriebsgebiet und Vertriebsbindungen. Gemäß § 2 Abs. (1) wird der Vertriebspartner verpflichtet, die Vertragssoftware zu vertreiben. Erst durch diese Vertriebsverpflichtung wird der Vertrag zum echten Vertriebsvertrag (zur Frage der Zulässigkeit einer Mindestumsatzverpflichtung → Anm. 9). Die Regelungen des § 2 Abs. (1) und (2) spezifizieren die Software, welche der Vertriebspartner vertreiben bzw. der Softwareanbieter diesem vorher verkaufen muss. Gerade der ständige Wechsel in der Produktpalette des Anbieters führt dazu, dass eine rein statische Regelung ihren Regelungszweck verfehlen würde. Andererseits ist es schwierig abzugrenzen, welche Software der Softwareanbieter dem Vertriebspartner noch anbieten bzw. welche Letzterer seinerseits vertreiben muss. Nach § 2 Abs. (1) umfasst die Vertragssoftware auch Updates zu dieser. Demgegenüber sieht das Formular in § 2 Abs. (2) vor, dass Nachfolgeprodukte der Software nicht automatisch, sondern nur auf Verlangen des Anbieters zum Vertragsgegenstand werden. Anlage 1 ist entsprechend zu ergänzen. Andersherum steht es dem Softwareanbieter frei, nicht mehr hergestellte bzw. grundsätzlich nicht mehr vertriebene Vertragsprodukte aus der Anlage zu streichen. Schwierigkeiten bereiten bei diesen Regelungen, dass zu weitgehende Änderungsvorbehalte des Softwareanbieters hinsichtlich der vertriebenen Software AGB-rechtlich bedenklich sein können (vgl. Wolf/Lindacher/Pfeiffer/*Dammann,* AGB-Recht, Klauseln V 335 f., 359; Ulmer/Brandner/Hensen/*Ulmer/Schäfer,* 12. Aufl., AGB-Recht, Teil 2 (36), Rn. 16 ff., 22, 25). Hinsichtlich der „Abkündigung" von Produkten ist der BGH aber grundsätzlich auch bei AGB großzügig (BGH NJW 1985, 623 (627 f.); Ulmer/Brander/Hensen/*Ulmer/Schäfer,* AGB-Recht, 12. Aufl., Teil 2 (36), Rn. 22, 25). Hinreichend muss es zudem sein, wenn eine angemessene Vorankündigung erfolgt, so dass der Vertriebspartner auch seinen Kunden gegenüber „voreilig" noch die Vorgängerversion anpreist, und die Änderung nur auf künftige Bestellungen des Vertriebspartners bezogen ist. Ob das Recht, einseitig über den Vertrieb von Nachfolgeprodukten zu disponieren, einer AGB-rechtlichen Kontrolle standhält, ist soweit ersichtlich noch nicht höchstrichterlich entschieden worden (s. dazu ausführlich *Spenner* in Schultze/Wauschkuhn/Spenner/Dau, Der Vertragshändlervertrag, 5. Aufl., S. 47 ff.; s. aber auch *Wauschkuhn,* Der Vertragshändlervertrag, 3. Aufl., S. 57, 59, der seinen Klauselvorschlag für eine automatische Erweiterung um Nachfolgeprodukte mit den beiderseitigen Interessen rechtfertigt, in diesem Zusammenhang aber auch auf die mit dem vorliegenden Formular vermiedenen Abgrenzungsschwierigkeiten zu gänzlich neuen Produkten hinweist).

§ 2 Abs. (3) weist als Vertriebsgebiet den Europäischen Wirtschaftsraum (EWR) aus. Eine weitergehende Einschränkung ist auch nicht statthaft. Denn bei selektiven Vertriebssystemen untersagt sind „Beschränkungen des aktiven oder passiven Verkaufs an Endverbraucher, soweit diese Beschränkungen Mitgliedern [. . . . . .] auferlegt werden, welche auf der Einzelhandelsstufe tätig sind" – ein Verbot der Sprunglieferung (Großhändler an Endkunden) wäre gemäß Art. 4 lit. b (ii) GVO-VV erlaubt – sowie „die Beschränkung von Querlieferungen zwischen Händlern innerhalb eines selektiven Vertriebssystems" (Art. 4 lit. d GVO-VV). Davon unabhängig besteht allerdings die Möglichkeit, Mitgliedern des Systems zu verbieten, „Geschäfte von nicht zugelassenen Niederlassungen aus zu betreiben" (Art. 4 lit. c GVO-VV). § 2 Abs. (4) sieht vor, dass der Softwareanbieter auch im Vertriebsgebiet Kunden notfalls direkt beliefern kann. Zwar kann ein Direktbelieferungsrecht des Softwareanbieters, insbesondere bei einer (hier nicht vorliegenden) Alleinvertriebsvereinbarung oder Verpflichtung des Händlers zu großen Investitionen, AGB-rechtwidrig sein (vgl. Wolf/Lindacher/Pfeiffer/*Dammann*, AGB-Recht, 6. Aufl., Klauseln V 329). Vorliegend ist das Direktbelieferungsrecht jedoch auf die Situation einer Unterversorgung beschränkt. Das spricht gegen eine unangemessene Benachteiligung des Händlers iSv § 307 BGB. Der Vorbehalt, selbst zu liefern bzw. weitere Vertriebspartner einzusetzen, wäre zudem je nach den individuellen Verhältnissen selbst ohne die vorgesehenen Selbstbeschränkungen zulässig (vgl. Wolf/Lindacher/Pfeiffer/*Dammann*, AGB-Recht, 6. Aufl., Klauseln V 328 f., 331). Untersagt wird dem Vertriebspartner in § 2 Abs. (5) die Lieferung und der Vertrieb über die Grenzen des Vertriebsgebiets EWR hinaus.

Wesentlicher Vorteil des selektiven Vertriebs ist es, dass es bei diesem ausnahmsweise erlaubt ist, die Veräußerung der Software an dritte, nicht dem Vertriebssystem angehörige Händler (sog. Außenseiter) zu untersagen. Eine dementsprechende Regelung findet sich in § 2 Abs. (6). Geschützt wird so die Geschlossenheit des Vertriebssystems und damit letztlich das Qualitätsniveau des Vertriebs bzw. der Händler; denn nach deutschem Recht kann gegen Außenseiter nach §§ 3, 4 Nr. 10 UWG unter dem Aspekt der Verleitung zum Vertragsbruch vorgegangen werden, während das bloße Ausnutzen eines Vertragsbruchs nicht also solches, sondern nur mittels Kontrollnummersystemen unterbunden werden kann (siehe dazu BGH GRUR 1999, 1113 – Außenseiteranspruch I; BGH GRUR 2000, 724 – Außenseiteranspruch II; vgl. BGH GRUR 2001, 448 – Kontrollnummernbeseitigung II; vgl. auch BGH GRUR 2007, 800 f. – Außendienstmitarbeiter; BGH GRUR 2014, 785 (788) – Flugvermittlung im Internet). Dies ermöglicht es dann, die Software kontrolliert zu verbreiten, insbesondere wenn das selektive Vertriebssystem wie vorliegend derart gestaltet ist, dass der Softwareanbieter auch mit allen Mitgliedern des Systems vertraglich verbunden ist.

5. **Vertriebs- und Nutzungsrechte.** Software ist urheberrechtlich geschützt. Dem Vertriebspartner wird dementsprechend für seine Tätigkeit in § 3 Abs. (1) das Verbreitungsrecht (§ 69c Nr. 3 S. 1 UrhG) eingeräumt. Diese Rechtseinräumung ist allerdings beim Verkauf der Software an den Vertriebspartner auf Datenträgern mehr oder minder deklaratorisch, weil dabei das Verbreitungsrecht des Softwareanbieters ohnehin in aller Regel erschöpft sein wird (§ 69c Nr. 3 S. 2, (§ 69d Abs. 1 UrhG). Nach der höchstrichterlichen Rechtsprechung gilt das für den konkreten Download auch beim Online-Vertrieb (EuGH GRUR 2012, 904 – UsedSoft; BGH GRUR 2011, 418 – UsedSoft; BGH GRUR 2014, 264 – UsedSoft II). Gleichzeitig ist die Erschöpfung der Rechte der Grund dafür, dass die Gruppenfreistellungsverordnung über vertikale Verträge (GVO-VV) problemlos zur Anwendung gebracht werden kann, denn diese setzt voraus, dass nicht die Lizenzierung sondern der reine Verkauf Schwerpunkt des Vertrages ist, die Software also wie Ware vertrieben wird (vgl. Leitlinien GVO-VV, Rn. 32, 40 f.; weitere Nachweise bei Wandtke/Bullinger-*Grützmacher*, Praxiskommentar zum Urheberrecht, 5. Aufl., § 69c Rn. 67). Soweit hingegen die Software auf einem Master-Datenträger geliefert, vermietet oder bearbeitet werden soll, greift die GVO-VV nicht mehr ohne weiteres (vgl. Leitlinien GVO-VV Rn. 32, 40 f.; weitere Nachweise bei Wandtke/Bullinger-*Grützmacher*, Praxiskommentar zum Urheberrecht, 5. Aufl., UrhR, 5. Aufl., § 69c Rn. 101; vgl. auch *Polley/Graf* in Schneider, Handbuch des EDV-Rechts, 5. Aufl., Kap. L Rn. 73 ff.). Denn hier ist entgegen Art. 2 Abs. 3 GVO-VV die Einräumung eines (zusätzlichen) Nutzungsrechts erforderlich. Orientierung könnte hier zwar die Gruppenfreistellungsverordnung für Technologie-Transfer-Vereinbarungen (GVO-TT; abgedruckt ABl. 2014 L 93, S. 17; → Form. 5 Anm. 9). Sie ist aber laut der EU-Kommission weder für die Lieferung auf Basis eines Master-Datenträgers noch auf den „Vertrieb von Software durch Herunterladen aus dem Internet“ direkt anzuwenden (vgl. Tz. 62 Leitlinien GVO-TT, abgedruckt ABl. 2014 C 89, S. 3). Mithin ist auch hier eher die GVO-VV entsprechend heran-

zuziehen (Wandtke/Bullinger-*Grützmacher*, Praxiskommentar zum Urheberrecht, 5. Aufl., § 69c Rn. 101; *Nordmeyer* S. 267).

Um sicher im Anwendungsbereich der GVO-VV zu bleiben, sollten auch die dem Vertrag gemäß § 3 Abs. (2) beizufügenden Nutzungsrechtsbestimmungen ieS für den Endkunden letztlich lediglich deklaratorisch sein. Hierfür spricht, dass der Umfang der Nutzungsrechte sich ohnehin schon weitgehend aus den nach § 69d UrhG bestehenden Nutzungsrechtsbefugnissen ergibt (vgl. EuGH GRUR 2012, 904 (907 f.) – UsedSoft; BGH GRUR 2011, 418 (420) – UsedSoft; BGH GRUR 2014, 264, Ls. 1, 266 – UsedSoft II; so auch schon die Rechtsprechung des BFH, welcher daher den ganz normalen Umsatzsteuersatz ansetzen will und nicht den ermäßigten für Lizenzverträge: BFH CR 1997, 461 (462); 2002, 411 f.; 2006, 12 (13 f.)). Zwar gibt es Stimmen in der Literatur, nach denen es auch nach § 69d UrhG erforderlich sein soll, dem Vertriebspartner die Befugnisse zur Einräumung oder Übertragung von Nutzungsrechten an den Endnutzer zu erteilen (bzw. begleitend einen parallelen Lizenzvertrag zwischen Softwareanbieter und Endnutzer zu schließen) (so etwa *Pres* S. 120 ff.; *Haberstumpf* in Lehmann Kap. II Rn. 159; *Marly,* Praxishandbuch Softwarerecht, 7. Aufl., Rn. 246. Um die Rechtskette dennoch sicherzustellen, wird von diesen Stimmen teilweise die Anwendung von § 69d Abs. 1 UrhG auch auf das Verhältnis der Händler zum Softwareanbieter befürwortet (so *Marly,* Praxishandbuch Softwarerecht, 7. Aufl., Rn. 246; dafür auch *Sahin/Haines* CR 2005, 241 (246 f.), die allerdings § 69d Abs. 1 UrhG grds. anders interpretieren). Nach hM hingegen wird dem Endnutzer selber schon von Gesetzes wegen als Berechtigtem iSv § 69d Abs. 1 UrhG ein Recht zum Normalgebrauch eingeräumt, und zwar entgegen einer Mindermeinung (*Moritz* MMR 2001, 94 (95 f.)) auch das zum Gebrauch (Ablaufenlassen der Software) erforderliche Vervielfältigungsrecht (EuGH GRUR 2012, 904 (907 f.) – UsedSoft; BGH GRUR 2011, 418 (420) – UsedSoft; BGH GRUR 2014, 264, Ls. 1, 266 – UsedSoft II; LG Hamburg CR 2006, 812 (815); BFH CR 1997, 461 (462); 2002, 411 f.; 2006, 12 (13 f.); Wandtke/Bullinger-*Grützmacher*, Praxiskommentar zum Urheberrecht, 5. Aufl., § 69d Rn. 24 ff. mwN; so auch schon *Baus* MMR 2002, 14 ff.; *Ulmer* ITRB 2001, 214 (217 f.): mittelbare Gewährung durch Erschöpfung). Darüber hinaus stehen dem berechtigten Nutzer zwingend die Rechte aus § 69d Abs. 1 und 2 UrhG zu. Folgt man dieser Auffassung, besitzt der Endanwender gemäß § 69d Abs. 1 UrhG, nachdem er durch Erwerb der Software zum berechtigten Nutzer wird, alle Rechte, um die Software im bestimmungsgemäßen Gebrauch zu vervielfältigen (und zu bearbeiten); hierunter fällt naturgemäß insbesondere die Installation auf seinen Rechnern sowie das Ablaufenlassen der Software auf diesen und das Anfertigen von Sicherungskopien. Die GVO-VV bleibt mithin zwanglos anwendbar. Das vorliegende Muster geht insofern davon aus, dass der Vertrieb über Vertragshändler möglich ist, ohne dass ein weitergehendes Bearbeitungs- oder Vermietrecht eingeräumt werden muss. Diese Rechte gemäß § 69c Nr. 2 und § 69c Nr. 3 S. 2 UrhG wären aber erforderlich, wenn der Händler den Code der Software eigenständig im Rahmen von Einführungsprojekten anpassen (Systemintegration, Value Added Resale) oder später pflegen bzw. weiterentwickeln (Quellcode-/weitergehende Entwicklungslizenz) oder wenn der Händler die Software auch vermieten können soll (*Witzel* ITRB 2004, 180 (182)). Weitergehende Nutzungen erfordern zudem über § 69d Abs. 1 UrhG hinaus zusätzliche vertragliche Nutzungsrechte (so etwa auch bei der Unternehmenslizenz). Verschafft werden könnten diese durch eine Ermächtigung des Händlers entsprechend § 185 BGB zur Unterlizenzierung, die Bevollmächtigung zum Abschluss eines begleitenden Lizenzvertrags direkt mit dem Softwareanbieter gemäß § 166 BGB, die Übertragung von dem Händler eingeräumten Nutzungsrechten durch diesen oder die einseitige Nutzungserlaubnis durch den Softwareanbieter.

Im Weiteren ließe sich überlegen, ob die Anwendbarkeit der GVO-VV dadurch gesichert werden könnte, dass der Softwareanbieter für die Lizenzierung und den Vertrieb sog. Shrink-Wrap- oder Enter-Agreements einsetzt. Hiervon scheint auch die Kommission auszugehen (Leitlinien GVO-VV, Rn. 41). Shrink-Wrap- oder Enter-Agreements werden aber schon deshalb nicht wirksam vereinbart, weil der Endnutzer sie im Zweifel erst nach Abschluss des Kaufvertrags zur Kenntnis nehmen kann (ganz hM: etwa *Marly*, Praxishandbuch Softwarerecht, 7. Aufl., Rn. 986 ff.; Kilian/Heussen-*Czychowski/Siesmayer*, 20.4, Rn. 121, 137; *Chrocziel* in Martinek/Semler/Habermeier, Handbuch des Vertriebsrechts, 4. Aufl., § 48 Rn. 25). Zu bedenken ist auch, dass der Endnutzer nach dem Softwareüberlassungsvertrag einen Rechtsanspruch auf Einräumung der vertragsgemäßen Nutzungsrechte hat. Nach §§ 133, 157 BGB wird im Zweifel die Einräumung oder Übertragung direkt durch den Händler vereinbart. Würden die Rechte erst vom Softwareanbieter eingeräumt, geriete der Händler in die Rechtsmängelhaftung, wenn der Endnutzer den Vertrag mit dem Softwareanbieter nicht akzeptieren würde. Die vertragsgemäßen Nutzungsrechte sind dem Endnutzer also vom Händler einzuräumen. Im Ergebnis folgt daraus nach der hier vertretenen Auffassung, dass zumindest für den Normalgebrauch überhaupt keine zusätzliche Nutzungsrechtseinräumung durch den Softwareanbieter notwendig ist und dass auch weitergehende Lizenzen im Übrigen in aller Regel nur über den Händler erworben werden können.

Für Vorgaben zu Lizenzbedingungen des Endnutzers (sog. „End User License Agreements" – kurz EULA), die nicht die Lizenzbestimmungen ieS anbelangen, sondern etwa Gewährleistungs- und Haftungsfragen, bestand früher die Problematik eines Verbots der Konditionenbindung (es griffen für Vorgaben über die Lizenzbestimmungen ieS hinaus Art. 101 AEUV bzw. § 14 GWB aF ein; siehe etwa *Chrocziel* in Martinek/Semler/Habermeier, Handbuch des Vertriebsrechts, 4. Aufl., § 48 Rn. 19). Seit der GVO-VV und 7. GWB-Novelle kann im Anwendungsbereich der GVO-VV, welche Konditionenbindungen anders als Preisbindungen nicht verbietet, davon ausgegangen werden, dass das verbliebene Problem die AGB-Rechtswidrigkeit einer solchen einseitigen Klauselvorgabe für Drittverträge wäre (§ 307 BGB). Zu bedenken ist für EULA wie gesagt, dass zusätzliche Lizenzbestimmungen ieS zum Verlust der Freistellung durch die GVO führen können. Aber selbst wenn man die Regelungen und Anmerkungen zur GVO-VV sehr strikt auslegt und zusätzliche Lizenzregelungen in einer separat beigefügten Anlage zu den Endnutzerbestimmungen (EULA) als Nutzungsrechtseinräumung wertet, dürfte dies die Wirksamkeit des vorliegenden Vertrags kaum in Frage stellen, denn entweder würde dann die ähnlich strukturierte Gruppenfreistellungsverordnung über Technologietransfer zu Anwendung kommen (GVO-TT) oder aber Art. 101 Abs. 3 AEUV, bei dessen Auslegung man sich wiederum an der besagten Gruppenfreistellungsverordnung orientieren kann.

Nicht vorgesehen wurden Klauseln zum sog. OEM-Vertrieb, bei denen der selektive Vertrieb aber signifikante Vorteile hat. Beim OEM-Vertrieb von Software verbietet der Softwareanbieter auch für den Verkehr erkennbar, die Software von der mit ihr gelieferten Hardware zu trennen (etwa: „Nutzung/Vertrieb nur in Verbindung mit einem neuen Computer/PC"). Inwieweit darin eine eigenständige Nutzungsart liegt, hat der BGH in seiner OEM-Entscheidung offengelassen (BGH CR 2000, 651 – OEM), sondern vielmehr entschieden, dass jedenfalls die urheberrechtliche Wirkung der Beschränkung aufgrund der den Verkehr – sprich die weiteren Erwerber – schützenden Erschöpfung des Verbreitungsrechts gemäß § 69c Nr. 3 S. 2 UrhG entfällt (zur Kritik Wandtke/Bullinger-*Grützmacher*, Praxiskommentar zum Urheberrecht, 5. Aufl., § 69c Rn. 91). Was das Urheberrecht in der Absatzkette damit nicht gewährleisten kann, könnte aber uU über schuldrechtliche Bindungen in selektiven Vertriebssystemen durchgesetzt werden, denn hier steht der Softwareanbieter je nach Gestaltung mit allen Händlern in vertraglichen Beziehungen, weil diese ja nur an Endkunden oder andere autorisierte Händler verkaufen dürfen (→ Anm. 4).

Die Regelungen des § 3 Abs. (3)–(5) schließlich sichern die Rechtsposition des Softwareanbieters weiter ab. Sie haben aber eher klarstellende Funktion. Gleichwohl erscheint insbesondere der Hinweis darauf, dass Copyright-Vermerke beizubehalten sind in der Praxis wichtig (s. *Witzel* ITRB 2004, 180 (182); für einen Fall des exklusiven Vertriebs die im Übrigen aber zweifelhafte Entscheidung des OLG Hamm CR 2008, 280; → Form. IV.5 Anm. 13).

6. **Pflichten des Softwareanbieters.** Der Softwareanbieter schuldet über die Lieferung der Vertragssoftware hinaus nach § 4 des Formulars im Wesentlichen Leistungen im Bereich des Marketings und der Schulung sowie des Supports. Das entspricht in etwa den Pflichten des Prinzipals nach § 86a HGB beim Handelsvertretervertrag. Der Vertriebspartner erhält dazu gemäß § 4 Abs. (1) Demosoftware, gemäß Abs. (2) Informationsmaterials und Marketingmaterial, gemäß Abs. (3) Schulungen sowie gemäß Abs. (4) technischen Support. Nach § 4 Abs. (5) ist der Softwareanbieter zu weiteren unterstützenden Marketingmaßnahmen verpflichtet. Gemeinsam ist diesen Leistungen, dass ihr Gegenstand für den Vertrieb erforderlich ist, von dem Vertriebspartner selber aber nicht oder nicht effizient erbracht werden kann; ergänzen könnte man eine Regelung zur Übernahme gewisser Kosten durch den Vertriebspartner (zur Zulässigkeit der Vereinbarung von Werbekostenzuschüssen siehe BGH ZIP 1994, 461 (473)). Hinzutreten können ungeschriebene Treuepflichten (OLG Düsseldorf GRUR-RR 2009, 109; ZVertriebsR 2013, 224).

7. **Pflege und -Supportverträge.** Pflegeleistungen lassen sich mit Ausnahme der vom Softwareanbieter herausgegebenen Updates nicht durch physische Weitergabe weitervertreiben. Der Händler selbst kann Pflegeleistungen, anders als reine Supportleistungen aber nicht unabhängig vom Softwareanbieter erbringen. Dieses hat im Markt zu unterschiedlichen Varianten des Vertriebs von Pflegeleistungen geführt, nämlich im Wesentlichen zu den folgenden drei: (i) Der Softwareanbieter schließt den Pflegevertrag auf Vermittlung des Vertriebspartners direkt mit dem Kunden ab (Vertreterlösung). (ii) Der Vertriebspartner verpflichtet sich selbst zur Pflege einschließlich der Fehlerbeseitigung, wobei er einen Vertrag mit dem Softwareanbieter im Hintergrund schließt, uU sogar als Vertrag zu Gunsten Dritter iSd § 328 BGB. Dieser agiert dann als Erfüllungsgehilfe (§ 278 BGB), sei es unterstützend oder direkt gegenüber dem Kunden. Dabei kann die Kontaktaufnahme beim Support wieder über den Händler oder aber direkt erfolgen. (iii) Der Vertriebspartner beschränkt seine Pflegeverpflichtung auf den Anwender-Support und die Überlassung von anbieterseitig herausgegebenen Patches und Updates. Eine Fehlerbeseitigung wird nicht geschuldet.

Vorliegend wurde in § 4 Abs. (6) (nicht zuletzt, um das Formular nicht zu überfrachten) die Variante gewählt, dass der Pflegevertrag (ein Muster findet sich unter → Form. 8) vermittelt durch den Vertriebspartner direkt mit dem Softwareanbieter geschlossen wird. Diese Regelungsvariante hat jedoch den Nachteil, dass der Vertriebspartner möglicherweise mit Blick auf die Softwarepflegeverträge als Handelsvertreter qualifiziert würde. Mischt man aber Elemente verschiedener Vertriebsformen unbedacht, kann dies zum Verstoß gegen die zwingenden Regelungen des Handelsvertreterrechts oder schlimmer noch gegen kartellrechtliche Vorgaben führen, und zwar insbesondere, wenn dadurch ein sog. unechter Handelsvertreter vorliegt, nämlich ein solcher, der eigene wirtschaftliche Risiken übernimmt (vgl. *Bauer/de Bronett* GVO VV Rn. 48 ff.). Vorteil der Gestaltung ist aus Sicht des Vertriebspartners, dass er sich nicht den Haftungsrisiken ausgesetzt sieht, die mit einer Verpflichtung zur Fehlerbeseitigung einhergehen, wie sie regelmäßig Gegenstand von Pflegeverträgen ist. § 4 Abs. (6) und § 5 sehen aus gutem Grund nicht vor, dass der Vertriebspartner Pflege- bzw. Supportverträge vermitteln müsste. Denn dann läge es auf der Hand, dass der Vertriebspartner insofern als Handelsvertreter zu qualifizieren wäre. Folge wären ua komplizierte Provisionsabrechnungen und zwingende Kündigungsregelungen einschließlich eines Ausgleichsanspruch (§§ 89, 89a HGB). In § 5 Abs. (6) wird dem Vertriebspartner nur eine Verpflichtung auferlegt, den

First-Level-Support zu übernehmen. Schließlich ist der Vertriebspartner ohnehin Ansprechpartner seiner Kunden. Trotz dieser Gestaltung ist allerdings nicht völlig auszuschließen, dass Gerichte die Vermittlung von Pflege- und Supportverträgen dem Handelsvertreterregime unterwerfen.

8. Pflichten des Vertriebspartners. Vorliegend werden dem Vertriebspartner weitergehende Pflichten zum Marketing (Pre Sales), zur Kundenbetreuung (während der Vertragsanbahnung) sowie zur nachlaufenden Vertragsabwicklung (After Sales) auferlegt. Im Einzelnen kann man darüber streiten, ob derartige weite Verpflichtungen AGB-fest sind. So werden ausgedehnte Werbe- und Schulungspflichten des Händlers teilweise für AGB-rechtswidrig gehalten; es handelt sich aber wohl eher um Ausnahmefälle (vgl. Wolf/Lindacher/Pfeiffer/*Dammann,* AGB-Recht, Klauseln V 314, 324; Ulmer/Brandner/Hensen/*Ulmer/Schäfer,* AGB-Recht, 12. Aufl., Teil 2 (57), Rn. 30). Anderseits ist der selektive Vertrieb gerade dadurch gekennzeichnet, dass der Softwareanbieter ein gewisses Qualitätsniveau absichern muss. Unabhängig davon ist aber das Risiko zu beachten, dass Gerichte aufgrund der engen Integration des Vertriebspartners in die Absatzstrukturen des Softwareanbieters, die Ausgleichsregelungen des § 89b HGB analog eher zur Anwendung bringen könnten (siehe vor allem BGH CR 2009, 83 (84 f.); vgl. BGH NJW 1985, 623, 620; NJW-RR 1993, 67; 1994, 998; → Anm. 15.).

9. Absatzverpflichtung und Mindestumsatz. Vorgeschrieben wird in § 5 Abs. (1), dass der Vertriebspartner sich nach besten Kräften um den Vertrieb im Vertriebsgebiet bemühen soll. Dieses entspricht der für den Vertragshändler nicht unmittelbar geltenden gesetzlichen Verpflichtung des Handelsvertreters nach § 86 Abs. 1 HGB (zur analogen Anwendung auf den Vertragshändler s. BGH NJW 1984, 2101 (2102)). Weiter wäre es im Interesse des Softwareanbieters, auch noch eine Verpflichtung zu Mindestumsätzen festzuschreiben. Allerdings ist eine solche in Formularverträgen allenfalls in Verträgen mit exklusiven Vertriebsgebieten ohne größere Probleme möglich (vgl. OLG Frankfurt a. M. CR 1994, 156 f.; Wolf/Lindacher/Pfeiffer/*Dammann,* AGB-Recht, 6. Aufl., Klauseln V 338; *Marly,* Praxishandbuch Softwarerecht, 7. Aufl., Rn. 1081 großzügiger, aber aufgrund der Entscheidung BGH NJW 2005, 1660, 1162, aus Kartellrechtsgründen trotzdem nur eine Bemühenspflicht empfehlend Ulmer/Brandner/Hensen/*Ulmer/Schäfer,* AGB-Recht, 12. Aufl., Teil 2 (36), Rn. 26; ebenso BGH GRUR 2005, 62 (65 f.); strikter mit Blick auf Mindestumsätze als Kündigungsgrund OLG Koblenz IHR 2010, 255 (256 f.)). Zwar ist es grundsätzlich zulässig, exklusive Vertriebsgebiete innerhalb des EWR auszuweisen, wenn auch nur bezogen auf den aktiven und nicht auf den passiven Vertrieb, dh die Veräußerung auf Anfrage (s. dazu Art. 4 lit. b (i) GVO-VV), in der Softwarebranche ist diese Form des Vertriebs aber nicht populär. Denn kaum ein Vertriebspartner könnte alle potentiellen Abnehmer erreichen. Insoweit bleibt für den Softwareanbieter bei Verträgen ohne Exklusivgebiet nur die Möglichkeit, über Rabattvereinbarungen (Rabattstaffeln) gewisse Anreize zu setzen, um bestimmte Umsatzschwellen zu überschreiten; vereinbart werden könnten diese über die in § 7 Abs. (1) in Bezug genommene Anlage 5 (→ Anm. 12).

10. Übernahme des First-Level-Supports. Dass der Vertriebspartner den First-Level-Support übernimmt, bietet sich, wie bereits oben unter → Anm. 7 ausgeführt wurde, an, weil er ohnehin schon mit den Kunden in Kontakt steht. Der Vertriebshändler handelt insofern gemäß § 4 Abs. (6) als Erfüllungsgehilfe des Softwareanbieters iSv § 278 BGB. Macht er Fehler, haftet der Softwareanbieter hierfür. Aus Sicht des Vertriebspartners ist daher, was das anbieterfreundliche Formular unter § 9 nicht vorsieht, zu erwägen, auch dessen Haftung zu beschränken.

11. Einzelbestellungen, Auftragsabwicklung und allgemeine Geschäftsbedingungen. Unter § 6 sieht der Vertriebsvertrag vor, dass die Software vom Vertriebspartner im

Rahmen einzelner Bestellungen bezogen wird. Betont wird dadurch der Charakter als Rahmenvertrag (vgl. auch EuZW 2014, 181 (182)). Die einzelnen Bestellungen sind dann hingegen kaufrechtlicher Natur, so dass die üblichen kaufvertragsrechtlichen Regelungen zur Anwendung kommen (*Redeker,* IT-Recht, 6. Aufl. 2017, Rn. 819; vgl. auch *Marly,* Praxishandbuch Softwarerecht, 7. Aufl., Rn. 1070 mwN, der sich insofern zurückhaltender äußert). Dies gilt auch für die Mängelansprüche und -rechte. Diese zu begrenzen überlässt das vorliegende Muster den als Anlage beizufügenden Allgemeinen Geschäftsbedingungen des Anbieters. Vorzusehen sind dort insbesondere auch Regelungen zur Beschränkung der Haftung für Verzugsschäden und der Mängelrechte (insbes. §§ 478, 479 BGB). Alternativ ist zu erwägen, in den Vertrag einen weiteren Paragraphen über die Mängelhaftung aufzunehmen. Verwiesen werden kann insofern auf → Form. IV.3 Anm. 11 oder → Form. 4 Anm. 12. Vorteil der vorliegenden Gestaltung ist, dass die Verweisung dynamisch ist, Nachteil jedoch, dass über ihre Wirksamkeit gestritten wird (vgl. Ulmer/Brandner/Hensen/*Ulmer/Habersack,* AGB-Recht, 12. Aufl., § 305 Rn. 166 mwN).

12. Vergütung, Preise und Rabatte. Die Vergütung des Softwareanbieters basiert laut § 7 Abs. (1) auf seiner Preisliste. Der Vertriebspartner verdient an der Preisspanne zwischen dem vom Softwareanbieter festgelegten Einkaufs- und dem von Vertriebspartner festgelegten Verkaufspreis. Denkbar ist es, die Einkaufspreise für den Vertriebspartner in der Anlage in absoluten Zahlen auszuweisen. Häufig findet sich in der Praxis hingegen die Vereinbarung von Rabatten, welche auf die offizielle Preisliste des Softwareanbieters gewährt werden. Bei einer solchen Berechnung lassen sich auch leichter Rabattstaffeln zur Incentivierung höherer Umsätze (→ Anm. 9) vorsehen (s. aber auch *Marly,* Praxishandbuch Softwarerecht, 7. Aufl., Rn. 1071 unter Hinweis auf BGH NJW 1994, 1060 (1064): Minderungen von Rabatten bei Unterschreitung bestimmter Absatzzahlen nach § 307 BGB unzulässig). Demgegenüber dürfen den Vertrags- oder Eigenhändlern aus Gründen des Kartellrechts im Grundsatz keine bzw. nur eingeschränkt Preisvorgaben gemacht werden. Erlaubt ist in engen Grenzen die Vorgabe von Höchstpreisen (Art. 4 lit. a GVO-VV). Der Einfluss des Softwareanbieters auf den Endnutzerpreis ist anders als beim Vertrieb mittels Handelsvertretern also beschränkt.

Gemäß § 7 Abs. (3) kann der Softwareanbieter seine Preise nur im begrenzten Rahmen verändern. Denn das Recht des Softwareanbieters zu Preisänderungen/-anpassungen unterliegt einer strikten AGB-Kontrolle, welche willkürliche Veränderungen verbietet (vgl. BGH BB 2007, 2644 (2645 f.) mwN) und solche ohne eine viermonatige Vorankündigung (vgl. Wolf/Lindacher/Pfeiffer/*Dammann,* AGB-Recht, 6. Aufl., Klauseln V 344: alternativ Anspruch auf Ersatz der Differenz zwischen altem und neuem Bezugspreis).

Die Provisionsverpflichtung unter § 7 Abs. (5) korrespondiert mit den Regelungen unter §§ 4 Abs. (6), 5 Abs. (6) und 6 Abs. (6). Aus Sicht des Vertriebspartners ist zu erwägen, das Formular um eine Buchprüfungsklausel zu ergänzen (→ Form. 6 § 9 Abs. (16)).

13. Vertragsdauer und Vertragsende. Schwer zu beurteilen ist, ob es schon aus Rechtsgründen angezeigt erscheint, eine bestimmte, über das in § 8 Abs. (1) vorgesehene Maß hinausgehende Mindestlaufzeit vorzugeben (zur AGB-Rechtswidrigkeit nicht investitionsdeckender Mindestlaufzeiten Wolf/Lindacher/Pfeiffer/*Dammann,* AGB-Recht, 6. Aufl., Klauseln V 361). Hier wird es letztlich im Einzelfall darauf ankommen, welcher Aufwand auf die Vertriebspartner mit Vertragsschluss zukommt. Hiervon unabhängig stellt sich naturgemäß die Frage, ob es nicht auch aus wirtschaftlichen Gründen Sinn macht, dem Vertriebspartner eine gewisse Mindestlaufzeit zu gewähren. Denn dieser wird nur dann motiviert, in den Vertrieb speziell der Vertragssoftware zu investieren. Andererseits geht damit das Risiko einher, nicht performende Vertragshändler zunächst nicht kündigen zu können. – Die Vertragslaufzeit ist angesichts des Wettbewerbsverbotes in § 11 aus kartellrechtlichen Gründen auf 5 Jahre zu begrenzen (Ulmer/Brandner/Hensen/*Ulmer/Schäfer*, AGB-Recht, Teil 2 (37), 12. Aufl., Rn. 23). Denn nach Art. 5 Abs. 1 lit. a GVO-VV sind Laufzeitzeitbestimmung von über 5 Jahren oder Verlängerungsklausel mit gleicher Wirkung in Ansehung von direkten und indirekten Wettbewerbsverboten unwirksam.

Gründe zur fristlosen Kündigung aus wichtigem Grund (§ 8 Abs. (2)) dürfen gegenüber einem Vertragshändler nur in beschränktem Umfang vereinbart werden; das OLG Braunschweig MDR 2009, 1266 (1338) hat insofern zur AGB-Festigkeit von außerordentlichen Kündigungsgründen entschieden, dass aufgrund der dem Unternehmer obliegenden gesteigerten Treue- und Rücksichtnahmepflichten sowie des wirtschaftlichen Ungleichgewichts nur außerordentlich schwerwiegende Kündigungsgründe § 307 BGB standhalten. Insofern ist auf eine wesentliche Vertragspflicht abzustellen, deren anhaltende Verletzung die Kündigung nach vorausgehender Abmahnung rechtfertigt (1. Spiegelstrich). Als Kündigungsgrund kommt insofern auch die Verletzung von Nutzungsrechten in Betracht (2. Spiegelstrich). Allerdings wird man hier nur auf der sicheren Seite sein, wenn vorher eine Abmahnung erfolgt ist, was dann wiederum den gerade erwähnten Kündigungsgrund erfüllt. Ähnliches dürfte mit Blick auf den Verstoß gegen das Wettbewerbsverbot (3. Spiegelstrich) gelten. Zu diesem wird in der Literatur vertreten, dass, soweit er vertraglich als wichtiger Grund vereinbart ist, dieses nicht einer Auslegung der Art entgegensteht, dass geringfügige Umstände unberücksichtigt bleiben oder zumindest eine Abmahnung zu erfolgen hat (*Niebling* ZVertriebsR 2012, 79 (88)). Die Kündigungsfrist im Falle der außerordentlichen Kündigung lässt sich nur schwer pauschal festlegen und ist daher bewusst nicht geregelt (zu Fristbestimmung BGH MDR 2011, 988; NJW 1994, 722).

14. Synchronisierung der Kündigungsmöglichkeit. Wichtig ist es aus Sicht des Softwareanbieters, dass er die Kündigungsmöglichkeit der Verträge mit seinen Vertriebspartnern synchronisiert. Andernfalls würde die künftige Umstellung der Verträge des Vertriebssystems unnötig erschwert. Denn sinnvoll (und aufgrund des Diskriminierungsverbots mitunter auch geboten, → Anm. 3) ist es, die Verträge mit sämtlichen Vertriebspartnern zur gleichen Zeit umzustellen. Das Formular sieht daher unter § 8 Abs. (1) vor, dass die Verträge jeweils zum Kalenderjahresende gekündigt werden können.

15. Folgen der Vertragsbeendigung. § 8 Abs. (4) regelt die Folgen der Vertragsbeendigung. Vorgesehen ist, dass vorliegende Bestellungen noch abgewickelt werden. Andersherum sehen Vertriebsverpflichtungen teilweise auch eine Rücknahmeverpflichtung des Softwareanbieters für Restware vor. Notwendig erscheint dies aber nur bei einer gleichzeitigen Pflicht des Händlers zur Lagerhaltung (vgl. Wolf/Lindacher/Pfeiffer/*Dammann*, AGB-Recht, 6. Aufl., Klauseln V 373 ff.). Diese besteht nach dem Formular nicht.

Typischerweise erarbeiten sich Vertragshändler ihren eigenen Kundenstamm. Insofern liegt es aus Sicht des Softwareanbieters nahe, vorzusehen, dass der Softwareanbieter nach Beendigung der Zusammenarbeit die Betreuung der Endkunden übernimmt und der Vertriebspartner dem Softwareanbieter dazu die Kontaktdaten seiner Endkunden überlassen muss. Allerdings würde dies das ohnehin schon bestehende Risiko eines Ausgleichsanspruchs analog § 89b HGB (für Software BGH CR 2009, 83 (84 f.); allgemein BGH NJW 1996, 747; 1997, 655; BB 2007, 1586; OLG München ZVertriebsR 2014, 35; vgl. BGH NJW 2011, 3361) deutlich erhöhen, während vertreten wird, dass sich dieser zumindest in Formularverträgen durch den Softwareanbieter nicht ausschließen lässt (vgl. Ulmer/Brandner/Hensen/*Ulmer/Schäfer*, 12. Aufl., AGB-Recht, Teil 2 (37), Rn. 34; *Marly*, 7. Aufl., Praxishandbuch Softwarerecht, Rn. 1085; Wolf/Lindacher/Pfeiffer/*Dammann*, 6. Aufl., AGB-Recht, Klauseln V 371 unter Hinweis auf BGH NJW 1985, 623, 620).

16. Haftungsbeschränkungen. Zu den Haftungsbeschränkungen wird auf → Anm. 11 sowie das → Form. VI.3 Anm. 14 verwiesen.

17. Wettbewerbsverbot. Aus Sicht des Softwareanbieters ist es sinnvoll, wie in § 11 vorgesehen, ein Wettbewerbsverbot aufzunehmen (zu einem solchen Verbot allgemein OLG Düsseldorf WuW/E DE-R 3979). Je weiter dieses gestaltet wird, desto größer ist allerdings die Gefahr, dass es als unwirksam erachtet wird; das gilt insbesondere für das Verbot branchenfremder Produkte Dritter (vgl. Ulmer/Brandner/Hensen/*Ulmer/Schäfer,* AGB-Recht, 12. Aufl., Teil 2 (37), Rn. 23 aE; ausführlich *Genzow,* Vertragshändlervertrag, S. 26 ff.). Laut Art. 5 Abs. 1 lit. c bzw. b GVO-VV nicht freigestellt sind Wettbewerbsverbote, die nur bestimmte konkurrierende Marken erfassen. Zu erwägen ist, auch für Verstöße gegen das Wettbewerbsverbot eine Vertragsstrafe (→ Anm. 18) vorzusehen.

18. Geheimhaltung und Vertragsstrafe. Zu beachten ist, dass exzessive Geheimhaltungspflichten AGB-rechtwidrig sein können. Gleichzeitig kann aus Sicht des Softwareanbieters auf diese keinesfalls verzichtet werden. Schließlich gibt er neben technischer Interna im Rahmen der Vertriebsbeziehungen gegenüber seinen Vertriebspartnern mitunter auch Details der Vertriebs- und Produktstrategie preis. Dies spricht, wie unter § 11 Abs. (5) vorgesehen, für eine Vertragsstraferegelung. Allerdings bestehen in Formularverträgen Probleme bei der rechtskonformen Gestaltung einer angemessenen, auf die Geheimhaltungsklausel bezogenen Vertragsstrafe (vgl. BGH BB 2014, 1169; 1997, 1380; Ulmer/Brandner/Hensen/*Ulmer/Schäfer,* 12. Aufl., AGB-Recht, Teil 2 (37), Rn. 40), denn ein in Ansehung des § 307 BGB angemessener Betrag ist schwer zu bestimmen. Daher arbeitet § 11 Abs. (5) mit dem sog. „Hamburger Brauch". Soweit ersichtlich, wird dieser zumindest in der Literatur tendenziell für AGB-fest gehalten (etwa *Emde* MDR 2007, 1003 mwN; s. auch BGH BB 2014, 1169 (1170) mAnm *Graf v. Westphalen*), wenngleich darauf hingewiesen wird, dass ein gewisses Risiko mit Blick auf die mangelnde Transparenz (Vorhersehbarkeit der Höhe der Strafe) besteht. Hier sollte die weitere Rechtsprechung genau verfolgt werden. Letztlich gibt es wie angedeutet zu der Gestaltung oftmals ohnehin keine echte Alternative, da jede konkrete Bezifferung dem Risiko ausgesetzt ist, als unangemessen angesehen zu werden, was von der Rechtsprechung idR schon bei einer Strafbewehrung von über 5.000,00 EUR unterstellt wird. Hinterfragen kann man, ob die einseitige Ausgestaltung der Vertragsstraferegelung zulässig ist (mit Blick auf die eigentliche Geheimhaltungspflicht, die vorliegend aber wechselseitig ausgestaltet ist, Wolf/Lindacher/Pfeiffer/*Dammann,* AGB-Recht, Klauseln E 120–130; ablehnend wohl Ulmer/Brandner/Hensen/*Christensen,* 12. Aufl., AGB-Recht, Teil 2 (17), Rn. 9 aE). Vorliegend erscheint aber immerhin auch das Risikopotenzial nicht beiderseits gleich hoch.

19. Schlussbestimmungen. Zu beachten ist, dass – wie vorgesehen – im Rahmen der Schlussbestimmungen die Anwendung des UN-Kaufrechts (zur Anwendung des Kaufrechts auf den Vertrag → Anm. 11.) ausgeschlossen wird, sofern dieses nicht zur Anwendung gebracht werden soll. Dafür spricht schon, dass es keine umfassende Spruchpraxis in Softwaresachen gibt.

7. Vereinbarung über die Hinterlegung von Source Codes

zwischen[1]

der Firma . . . . . **(nachfolgend „Anbieter" genannt),**
der Firma . . . . . **(nachfolgend „Anwender" genannt)**
und
. . . . . **(nachfolgend „Verwahrer" genannt)**

Vorbemerkung[2]

Der Anbieter und der Anwender haben am ..... einen Vertrag über die Entwicklung, Installation, Nutzung und Pflege bestimmter Computersoftware geschlossen (nachfolgend als „Softwarevertrag" bezeichnet). Dieser bezieht sich zum einen auf Standardsoftware des Anbieters, zum anderen auf Individualsoftware, die vom Anbieter zu erstellen und anschließend zusammen mit der Standardsoftware beim Anwender zum Zwecke dauerhafter betrieblicher Nutzung zu installieren ist.

Der Softwarevertrag sieht vor, dass der Anwender die Source Codes (Quellenprogramme), die Entwicklungsdokumentation und die Programmbeschreibung für die Individualsoftware direkt zur Verfügung gestellt bekommt und diesbezüglich exklusive Nutzungsrechte erhält. Demgegenüber räumt der Anbieter dem Anwender bezüglich der Standardsoftware nur einfache (nicht ausschließliche) Nutzungsrechte ein. Die Standardsoftware wird dem Anwender lediglich in Form der Object Codes (Maschinenprogramme) überlassen. Gemäß Softwarevertrag hat der Anbieter nicht nur die Beseitigung eventueller Mängel, sondern auch die langfristige Pflege sowohl der Standard- als auch der Individualsoftware übernommen.

Im Hinblick darauf, dass der Anwender zur Fortführung seines Betriebes zwingend auf eine laufende Mängelbeseitigung und Programmpflege angewiesen ist, diese aber nur unter Zugriff auf die jeweiligen Source Codes nebst Entwicklungsdokumentation sachgerecht durchgeführt werden kann, sind der Anbieter und der Anwender ferner überein gekommen, dass der Anwender unter bestimmten Voraussetzungen und für begrenzte Zwecke Zugang zu den Source Codes und der Entwicklungsdokumentation auch in Bezug auf die Standardsoftware erhält.

Um einerseits dem Geheimhaltungsinteresse des Anbieters, andererseits dem Sicherungsbedürfnis des Anwenders Rechnung zu tragen, sollen die Source Codes der vom Softwarevertrag erfassten Standardsoftware nebst Entwicklungsdokumentation (einschließlich späterer Updates) an neutraler Stelle hinterlegt werden. Der Anbieter und der Anwender beauftragen deshalb den Verwahrer, die Source Codes und die Entwicklungsdokumentation für die im Softwarevertrag genannte Standardsoftware nach den in dieser Vereinbarung festgelegten Regeln zu verwahren und bei Erfüllung der jeweiligen Voraussetzungen an die gemäß folgenden Bestimmungen berechtigte Vertragspartei herauszugeben.

§ 1 Übergabe der Source Codes[3]

(1) Mit Unterzeichnung dieser Vereinbarung übergibt der Anbieter dem Verwahrer ein verschlossenes Paket mit der Aufschrift „Source Codes und Entwicklungsdokumentation gemäß Ziffer ..... des Softwarevertrages zwischen ..... (Anbieter) und ..... (Anwender) vom .....". Er versichert hiermit ausdrücklich, dass dieses Paket die bezeichneten Source Codes und Entwicklungsdokumentationen sowohl in Schriftform als auch auf Datenträgern vollständig und den Bestimmungen des Softwarevertrages entsprechend enthält, und dass das bezeichnete Material ausreichend und geeignet ist, die Instandhaltung, Änderung, Anpassung und/oder Korrektur der Software durch den Anwender oder durch Dritte zu Kontinuitätszwecken zu ermöglichen.

(2) Der Anbieter versichert, Inhaber sämtlicher Rechte an den im Rahmen dieses Vertrags übergebenen Source Codes und Entwicklungsdokumentationen zu sein und steht dafür ein, dass die übergebenen Source Codes und Entwicklungsdokumentationen frei von Schutzrechten Dritter sind. Der Anbieter versichert, dass er zur Übertragung der Nutzungsrechte an den Source Codes und den Entwicklungsdokumentationen in dem in diesem Vertrag festgelegten Umfang berechtigt ist.

(3) In gleicher Weise wird der Anbieter dem Verwahrer in Zukunft unaufgefordert jeweils ein verschlossenes Paket mit entsprechender Aufschrift, ergänzt durch die mit einer laufenden Nummer versehene Bezeichnung „Update . . . . ." übergeben, sobald an einem oder mehreren der Source Codes Änderungen gleich welcher Art vorgenommen worden sind. Die weitere Verwahrung der zuvor übergebenen Versionen der Source Codes bleibt hiervon unberührt, soweit nicht sowohl der Anbieter als auch der Anwender dem Verwahrer schriftlich eine gegenteilige Weisung erteilen. Auch hinsichtlich solcher künftigen Pakete sichert der Anbieter bereits jetzt unwiderruflich zu, dass diese die aus der jeweiligen Aufschrift ersichtlichen Materialien in dem in Absatz (1) genannten Sinne tatsächlich enthalten.
(4) Der Verwahrer vergewissert sich, dass die ihm übergebenen Pakete entsprechend den Bestimmungen in Absätzen (1) und (3) beschriftet sind. Er erteilt dem Anbieter von ihm datierte und unterzeichnete Quittungen und übermittelt dem Anwender unverzüglich Kopien dieser Quittungen sowie der jeweiligen Paketaufschriften. Den Inhalt der vom Anbieter übergebenen Pakete überprüft der Verwahrer nicht.

§ 2 Geheimhaltung

(1) Die Source Codes und Entwicklungsdokumentationen sind geistiges Eigentum des Anbieters und von den Parteien streng vertraulich zu behandeln.
(2) Der Verwahrer verpflichtet sich gegenüber Anbieter und Anwender, die ihm übergebenen Source Codes und Entwicklungsdokumentationen während der gesamten Laufzeit dieser Vereinbarung vor jedem Einblick Unbefugter zu schützen. Sollte er, obwohl die Pakete geschlossen übergeben und verwahrt werden, aufgrund irgendeines Zufalls Kenntnis vom Inhalt der Source Codes oder der Dokumentation erlangen, so wird er die betreffenden Informationen unbefristet und umfassend geheim halten.
(3) Die Vertragsparteien verpflichten sich darüber hinaus, alle im Zusammenhang mit diesem Vertrag stehenden Informationen geheim zu halten.
(4) Die Vertragsparteien stellen durch geeignete vertragliche Abreden mit den für sie tätigen Arbeitnehmern und Beauftragten sicher, dass auch diese die Verpflichtungen nach den Abs. (1) bis (3) erfüllen und unbefristet jede eigene Verwertung, Weitergabe oder unbefugte Aufzeichnung vertraulicher Informationen unterlassen.

§ 3 Verwahrung[4]

(1) Der Verwahrer verpflichtet sich, die Source Codes unter sachgerechter Kontrolle der Raumtemperatur und Luftfeuchtigkeit zu lagern und gegen Beschädigung und Diebstahl zu schützen.
(2) Der Verwahrer wird die Source Codes und Entwicklungsdokumentationen insgesamt oder einzeln ausschließlich nach den in § 4 des Vertrags niedergelegten Bestimmungen herausgeben.

§ 4 Herausgabe[1]

Der Anbieter und der Anwender weisen den Verwahrer hiermit unwiderruflich an, die Source Codes und Entwicklungsdokumentationen unter folgenden Voraussetzungen herauszugeben:
(1) An den Anbieter erfolgt die Herausgabe in folgenden Fällen:
(a) Der Anwender stimmt schriftlich einer vom Anbieter beantragten Herausgabe zu.
(b) Diese Vereinbarung endet nach den Bestimmungen des § 10 und die in § 10 Abs. (4) geregelte Frist ist abgelaufen.

(2) An den Anwender erfolgt die Herausgabe in folgenden Fällen:

(a) Der Anbieter stimmt schriftlich einer vom Anwender beantragten Herausgabe zu.

(b) Der Anwender legt ein mit Rechtskraftvermerk versehenes Urteil vor, das die Zustimmung des Anbieters ersetzt.

(c) Der Anwender legt eine einstweilige Verfügung vor, die den Anbieter verpflichtet, dem Anwender die einstweilige Nutzung der Source Codes in den Schranken des § 8 zu gestatten. In diesem Falle hat der Anwender weiter nachzuweisen, dass die einstweilige Verfügung mindestens einen Monat zuvor ordnungsgemäß zugestellt worden ist, und an Eides Statt zu versichern, dass der Anbieter bis dato gegen die einstweilige Verfügung keinen Widerspruch eingelegt hat. Ist Widerspruch eingelegt worden, so hat der Anwender entweder die Rücknahme des Widerspruchs nachzuweisen oder ein Urteil vorzulegen, mit dem das Gericht die einstweilige Verfügung nach Widerspruchsverhandlung bestätigt hat. Im letztgenannten Falle hat der Anwender weiter nachzuweisen, dass dieses Urteil entweder im Rahmen des Verfügungsverfahrens rechtskräftig geworden oder vom Berufungsgericht bestätigt worden ist. Den bestätigenden Urteilen steht jeweils ein Anerkenntnisurteil gleich.
Der Anwender hat die Source Codes in diesen Fällen vollständig und ohne Zurückbehaltung irgendwelcher Kopien oder Aufzeichnungen an den Verwahrer zurückzugeben und sich jeder weiteren Nutzung zu enthalten, falls das zur Herausgabe führende Urteil im Hauptverfahren rechtskräftig als unrichtig erklärt und aufgehoben oder in zweiter Instanz aufgehoben wird.

(d) Der Anwender weist nach, dass über das Vermögen des Anbieters oder eines Nachfolgeunternehmens, das den Vertrag mit dem Anwender übernommen hat, das Insolvenzverfahren eröffnet oder ein entsprechender Antrag mangels Masse abgelehnt worden ist.[6]

(e) Der Anwender weist nach, dass hinsichtlich des Unternehmens des Anbieters oder eines Nachfolgeunternehmens, das den Vertrag mit dem Anwender übernommen hat, die Löschung oder ein Liquidationsbeschluss eingetragen worden ist.

(f) Der Nachweis nach Abs. 2 (d) und (e) ist geführt, wenn dem Verwahrer Original oder öffentlich-beglaubigte Kopie (i) des Antrags auf Eröffnung des Insolvenzverfahrens (ii) des Insolvenzeröffnungsbeschlusses, oder (iii) des Beschlusses darüber, dass die Eröffnung eines solchen Verfahrens mangels Masse abgelehnt wird, vorliegt.

(g) Der Anwender versichert an Eides Statt, dass der Anbieter mit der Erfüllung seiner Mangelbeseitigungs- oder Pflegeverpflichtungen aus dem Softwarevertrag in Verzug geraten ist, diesen nicht innerhalb einer Frist von einem Monat nach Zugang einer schriftlichen Nachfristsetzung ausgeräumt hat und hierdurch die Fortführung der Geschäftstätigkeit des Anwenders nachhaltig gefährdet ist. Weitere Voraussetzung ist, dass der Anwender dem Verwahrer zur Weitergabe an den Anbieter eine unwiderrufliche, unbefristete selbstschuldnerische Bürgschaft einer deutschen Bank oder Sparkasse über EUR ..... überreicht, durch die eventuelle Schadensersatzansprüche des Anbieters für den Fall gesichert werden, dass sich das in diesem Unterabsatz geregelte Herausgabeverlangen später aufgrund eines rechtskräftigen Urteils als ungerechtfertigt erweist.

(h) Der Anwender versichert an Eides statt, dass der Anbieter seine Geschäftstätigkeit eingestellt hat, ohne seine Verpflichtungen aus dem Softwarevertrag – insbesondere seine Instandhaltungsverpflichtungen – und/oder seine Verpflichtungen aus diesem Vertrag gegenüber dem Anwender erfüllt oder rechtsgültig auf einen Dritten übertragen zu haben und dass hierdurch die vertraglich vereinbarte Nutzung der Software durch den Anwender gefährdet ist.

§ 5 Unterrichtung[7]

(1) Der Verwahrer wird den Anbieter und den Anwender über die von ihm getroffenen Maßnahmen und über die bei ihm eingehenden Anträge oder Erklärungen einer Vertragspartei sowie über alle sonstigen relevanten Vorgänge in Bezug auf die Source Codes und seine Tätigkeit als Verwahrer jeweils unverzüglich schriftlich unterrichten.
(2) In den Fällen des § 4 Abs. 1 (b) und § 4 Abs. 2 (b) bis (h) ist der Verwahrer berechtigt, aber nicht verpflichtet, der anderen Vertragspartei eine einwöchige Frist zur schriftlichen Stellungnahme einzuräumen, bevor er dem Herausgabeverlangen einer Vertragspartei nachkommt. Räumt der Verwahrer der anderen Vertragspartei eine Stellungnahmefrist nach Satz 1 ein, entscheidet er unter Berücksichtigung der fristgerecht eingegangenen Stellungnahme nach eigenem Ermessen über die Berechtigung des Herausgabeverlangens.

§ 6 Vergütung[8]

(1) Innerhalb von zwei Wochen ab Unterzeichnung dieser Vereinbarung zahlt sowohl der Anbieter als auch der Anwender an den Verwahrer einen Pauschalbetrag in Höhe von EUR . . . . . für die bis zum Ende des laufenden Kalenderjahres zu erbringenden Leistungen des Verwahrers.
(2) Anschließend wird für jedes angefangene halbe Kalenderjahr, in dem diese Vereinbarung in Kraft bleibt, sowohl der Anbieter als auch der Anwender an den Verwahrer einen Pauschalbetrag von jeweils EUR . . . . . zahlen, der jeweils zum 31.1. und zum 31.7. des betreffenden Kalenderjahres fällig wird. Bei Beendigung des Vertrags ist der Verwahrer nicht zur Rückerstattung der zu diesem Zeitpunkt bereits entrichteten Vergütung verpflichtet.
(3) Gegenüber dem Verwahrer haften der Anbieter und der Anwender für die jeweils von der anderen Vertragspartei zu leistende Hälfte der Verwahrungsgebühren selbstschuldnerisch.

§ 7 Haftung des Verwahrers[9]

Die Haftung des Verwahrers ist, soweit ihm oder seinen Erfüllungsgehilfen nur leichte Fahrlässigkeit zur Last fällt, auf EUR . . . . . beschränkt. Der Verwahrer haftet nicht für die Richtigkeit und die Vollständigkeit des von ihm verwahrten Materials.

§ 8 Nutzung der Source Codes[10]

(1) Der Anwender wird die an ihn gemäß § 4 herausgegebenen Source Codes und Entwicklungsdokumentationen ausschließlich zur bestimmungsgemäßen Ausübung der ihm durch den Softwarevertrag eingeräumten Nutzungsrechte und/oder zur Wahrnehmung seiner gesetzlichen Rechte gemäß § 69d UrhG verwenden, insbesondere zur Mängelbeseitigung und zur Weiterentwicklung und sonstigen Pflege der Standardsoftware, wie sie nach den auf die Programmpflege bezogenen Bestimmungen des Softwarevertrags vorgesehen ist.
(2) Der Anwender verpflichtet sich, die an ihn herausgegebenen Source Codes und Entwicklungsdokumentationen strikt geheim zu halten und gegen jeden Zugriff Unbefugter zuverlässig zu schützen. Die Einsichtnahme in die Source Codes und in die Entwicklungsdokumentationen und die weitere Bearbeitung derselben in dem in Abs. (1) genannten Rahmen wird der Anwender nur solchen Angestellten und Beauftragten gestatten, die sich ihm gegenüber schriftlich verpflichtet haben, die in den Source Codes verkörperten Betriebsgeheimnisse des Anbieters weder weiterzugeben noch für andere als die in Abs. (1) erwähnten Zwecke zu speichern oder zu verwerten. Der Anbieter kann den Anwender nach Herausgabe der Source Codes jederzeit auffordern, schriftlich Auskunft über die in diesem Sinne autorisierten Angestellten und Beauftragten zu erteilen und die mit diesen abgeschlossenen Geheimhaltungsvereinbarungen vorzulegen.

§ 9 Vertragsstrafen[11]

(1) Der Anbieter zahlt an den Anwender für jeden Fall der fahrlässigen oder vorsätzlichen Verletzung seiner Pflichten aus § 1 Abs. (1) oder Abs. (3) eine Vertragsstrafe.

(2) Der Anwender zahlt an den Anbieter eine Vertragsstrafe für jeden Fall, in dem er gegen seine Verpflichtung verstößt, nur unter den in § 4 genannten Voraussetzungen Herausgabe des hinterlegten Materials zu verlangen oder in dem er fahrlässig oder vorsätzlich im Rahmen eines Herausgabeverlangens nach § 4 Abs. (2) unzutreffende Angaben macht oder unrichtige Urkunden vorlegt oder gegen seine Pflichten aus § 8 verstößt.

(3) Die Vertragsstrafe beträgt für jeden Einzelfall mindestens EUR ..... und höchstens EUR ..... Innerhalb dieses Rahmens wird sie vom jeweiligen Gläubiger nach billigem Ermessen festgesetzt. Im Streitfall wird diese Ermessensentscheidung von dem im Softwarevertrag vereinbarten Gericht überprüft.

(4) Der Erhalt einer Vertragsstrafe schränkt nicht das Recht des Gläubigers ein, wegen der zugrundeliegenden Vertragsverletzung Ersatz eines über den Betrag der Vertragsstrafe hinausgehenden Schadens zu verlangen.

§ 10 Laufzeit, Kündigung[12]

(1) Diese Vereinbarung hat eine feste Laufzeit bis zum Ende des fünften auf ihren Abschluss folgenden Kalenderjahres. Danach verlängert sie sich um weitere Vertragsperioden von jeweils zwei Kalenderjahren, soweit sie nicht zuvor von einer der Vertragsparteien unter Einhaltung einer Frist von sechs Monaten gekündigt wird.

(2) Das Recht zur Kündigung aus wichtigem Grund bleibt unberührt. Will eine Vertragspartei von ihrem Recht zur Kündigung aus wichtigem Grund Gebrauch machen, so hat sie dies – soweit ihr dies unter den gegebenen Umständen nicht unzumutbar ist – den beiden anderen Vertragsparteien schriftlich unter Darlegung des nach ihrer Auffassung bestehenden wichtigen Grundes mitzuteilen und ihnen eine Frist von drei Wochen einzuräumen, um zum geltend gemachten Kündigungsgrund Stellung zu nehmen und/ oder diesen auszuräumen.

(3) Falls der Verwahrer aus wichtigem Grund kündigt oder eine Kündigung aus wichtigem Grund von einer der beiden anderen Vertragsparteien wegen eines in die Sphäre des Verwahrers fallenden wichtigen Grundes ausgesprochen wird, so verpflichten sich Anbieter und Anwender wechselseitig, sich unverzüglich auf einen neuen Verwahrer zu einigen und mit diesem einen Hinterlegungsvertrag abzuschließen, der dem Inhalt dieser Vereinbarung soweit wie möglich entspricht. Soweit nicht innerhalb von zwei Monaten ab Wirksamwerden der Kündigung aus wichtigem Grund ein neuer Hinterlegungsvertrag zustande gekommen ist, werden der Anbieter und der Anwender den Präsidenten der Notarkammer in ..... ersuchen, einen langfristig oder vorübergehend als Verwahrer in Betracht kommenden Notar zu benennen.

(4) Der Verwahrer verpflichtet sich, während der eben genannten Übergangszeit bis zur Einsetzung eines Nachfolgers alles ihm Zumutbare zu unternehmen, um den status quo zu sichern und den anderen Vertragsparteien angemessene Gelegenheit zur Einsetzung eines Nachfolgers zu geben. Falls der Verwahrer nach Ablauf von drei Monaten seit Wirksamwerden einer Kündigung gemäß Abs. (3) keine gemeinsame Weisung des Anbieters und des Anwenders erhalten hat, die von ihm verwahrten Source Codes einem bestimmten Nachfolger auszuhändigen, so ist er berechtigt, sämtliche bei ihm nach dieser Vereinbarung hinterlegten Source Codes und Entwicklungsdokumentationen an den Anbieter zurückzugeben.

§ 11 Schlussbestimmungen

(1) Diese Vereinbarung enthält sämtliche Abreden zwischen den Vertragsparteien. Jede Änderung, Ergänzung oder Kündigung dieser Vereinbarung bedarf der Schriftform. Dies gilt auch für einen Verzicht auf dieses Schriftformerfordernis.

(2) Der Anbieter und der Anwender haben ihre aus dieser Vereinbarung resultierenden Pflichten auch ihren jeweiligen Rechtsnachfolgern aufzuerlegen. Der Anbieter verpflichtet sich, diesen Vertrag zum Bestandteil jeder Übertragung der Rechte an dem nach diesem Vertrag hinterlegten Material auf einen Dritten werden zu lassen. In diesem Fall wird der Anbieter sowohl dem Anwender als auch dem Verwahrer eine entsprechende schriftliche Mitteilung über die Übertragung machen.[13]

(3) Sollten einzelne Bestimmungen dieser Vereinbarung unwirksam sein oder werden, so wird die Wirksamkeit der übrigen Bestimmungen hierdurch nicht berührt. An die Stelle der unwirksamen Bestimmung tritt eine Ersatzregelung, die dem mit der unwirksamen Bestimmung angestrebten Zweck möglichst nahe kommt.

(4) Gerichtsstand für eventuelle Streitigkeiten im Zusammenhang mit dieser Vereinbarung ist .....

Schrifttum: siehe die Hinweise zu → Form. VI.1; sowie: *Berger,* Lizenzen in der Insolvenz des Lizenzgebers, GRUR 2013, 321; *Bömer,* Hinterlegung von Software, NJW 1998, 3321; *Bullinger/Hermes,* Insolvenzfestigkeit von Lizenzen im zweiten Anlauf einer Insolvenzrechtsreform, NZI 2012, 492; *Dahl/Schmitz,* Der Lizenzvertrag in der Insolvenz des Lizenzgebers und die geplante Einführung des § 108a InsO, NZI 2007, 626; *Dahl/Schmitz,* Die Insolvenzfestigkeit von Lizenzen in der Insolvenz des Lizenzgebers – Anmerkung zu OLG München, Urt. v. 25.7.2013 – 6 U 541/12, NZI 2013, 899; *Dieselhorst*, Zur Dinglichkeit und Insolvenzfestigkeit einfacher Lizenzen, CR 2010, 69; *Ernst,* Die Verfügbarkeit des Source Codes – Rechtlicher Know-how-Schutz bei Software und Webdesign, MMR 2001, 208; *Frentz/Masch,* Lizenzverträge in der Insolvenz des Lizenzgebers nach den Entscheidungen Reifen Progressiv, Vorschaubilder, M2Trade und Take Five des Bundesgerichtshofs – insolvenzfester Fortbestand der Lizenzen, ZUM 2012, 886; *Grützmacher,* Insolvenzfeste Softwarelizenz- und Softwarehinterlegungsverträge – Land in Sicht?, CR 2006, 289; *Haedicke,* Dingliche Wirkungen und Insolvenzfestigkeit von Patentlizenzen in der Lizenzkette, ZGE/IPJ Band 3, 377 ff (2011).; *Heim,* Lizenzverträge in der Insolvenz – Anmerkungen zu § 108a InsO-E, NZI 2008, 338; *Hoeren,* Die Pflicht zur Überlassung des Quellcodes. Eine liberale Lösung des BGH und ihre Folgen, CR 2004, 721; *ders.*, Skript zum IT-Recht, Stand: Februar 2019; *Kast/Meyer/Wray,* Software Escrow, CR 2002, 379; *Koch,* Computervertragsrecht, 7. Aufl., Freiburg 2009; *Kochinke/Fraune,* Hinterlegung von Quellcodes im US-amerikanischen Recht, CR 1992, 7; *Krüger,* Software Escrow – Risikomanagement für Anwender und Hersteller, MMR 2005, XX; *McGuire,* Nutzungsrechte an Computerprogrammen in der Insolvenz. Zugleich eine Stellungnahme zum Gesetzentwurf zur Regelung der Insolvenzfestigkeit von Lizenzen, GRUR 2009, 13; *dies.*, Lizenzen in der Insolvenz: ein neuer Anlauf zu einer überfälligen Reform, GRUR 2012, 657; *Meyer,* Die Hinterlegung von Quellcodes und Prioritätsverhandlungen in der notariellen Praxis, RNotZ 2011, 385; *Meyer-van Raay,* Der Fortbestand von Unterlizenzen bei Erlöschen der Hauptlizenz, NJW 2012, 3691; *Milzer,* Software Escrow-Agreements als notarielle Hinterlegungsvereinbarung, ZNotP 2004, 348; *Nordemann/Schumacher,* Escrow-Agreement: Software-Hinterlegung in der Praxis, K & R 1999, 363; *Paulus,* Insolvenzverfahren, Sanierungsplan: Risiken und Vermeidungsstrategien, CR 2003, 237; *Rath,* Risiken und Nebenwirkungen beim Software Escrow – Vorschläge für eine insolvenzfeste Gestaltung der Softwarehinterlegung; CR 2013, 78; *Rössel,* Escrow-Agreements: Hinterlegung des Quellprogramms, ITRB 2001, 223; *Sheffield/Leeven,* Software-Quellcodehinterlegung,

CR 1995, 306; *Siegel,* Software Escrow – Die konkreten Anforderungen an eine Quellcodehinterlegung in der Praxis, CR 2003, 941; *Slopek,* Lizenzen in der Insolvenz des Lizenzgebers: Der neue § 108a InsO-E, GRUR 2009, 128; *Verweyen,* Update – Lizenzen in der Insolvenz des Lizenzgebers, K&R 2012, 563.

Anmerkungen

1. Sachverhalt. Unter den verschiedenen Konstellationen, in denen den Vertragsparteien anzuraten ist, im Zusammenhang mit einem Vertrag über die langfristige Nutzung bestimmter Computersoftware an eine „Hinterlegung" der Source Codes (Quellenprogramme) zu denken, knüpft das Formular an diejenige an, in der zwischen dem Softwareanbieter und dem Anwender ein umfassender Vertrag abgeschlossen ist, der die Lieferung, Nutzung und Pflege sowohl der Standardsoftware des Anbieters als auch der vom Anbieter für die besonderen Zwecke des Anwenders entwickelten Individualsoftware betrifft. Wesentliche Grundzüge des Sachverhalts sind in der Vorbemerkung des Formulars niedergelegt, um auch später Dritten (insbesondere Richtern oder Schiedsrichtern) den „Einstieg" in Hintergrund und Zweck dieser Vereinbarung zu erleichtern. Dies gilt umso mehr, als das Formular auf ein „Dreiecksverhältnis" zwischen dem Anbieter und dem Anwender als den Parteien des Softwareerstellungs- oder überlassungsvertrags und dem von diesen einvernehmlich eingesetzten neutralen Verwahrer ausgerichtet ist. Alternativ kann die Hinterlegungsvereinbarung auch als sogenanntes „Two Parties Agreement" zwischen Anbieter und Hinterlegungsstelle abgeschlossen werden; dies bietet sich insbesondere in Fällen an, in denen der Hinterlegungsgegenstand bereits vorab hinterlegt wird und erst nachträglich ein oder mehrere Anwender als Anspruchsberechtigte für den Herausgabefall aufgeführt werden (vgl. *Bömer* NJW 1998, 3321).

Das Formular ist so gestaltet, dass der Verwahrer den eigentlichen Softwarevertrag nicht kennt oder jedenfalls nicht kennen muss, um seine eigenen Pflichten aus der Hinterlegungsvereinbarung zu erfüllen.

Für den Anwender ist es im Ergebnis nachrangig, ob später eventuell auftretende Anwendungsprobleme auf diejenigen Teile des Programmpakets zurückzuführen sind, die der Anbieter als Standardsoftware generell auf dem Markt anbietet, oder ob Funktionsstörungen darauf beruhen, dass die mehr oder weniger umfangreichen individuellen Anpassungen in sich oder im Zusammenwirken mit den Standardprogrammen nicht ordnungsgemäß arbeiten. Ihm muss es wirtschaftlich und rechtlich darum gehen, dass die Gesamtheit der vom Anbieter entwickelten, installierten und langfristig zu pflegenden Software seinen betrieblichen Zwecken genügt. Das Formular geht davon aus, dass die vom Anbieter stammende Software und deren einwandfreie Funktion von wesentlicher Bedeutung für den Geschäftsbetrieb des Anwenders sind. Der Anwender ist also in erheblichem Maße davon abhängig, dass der Anbieter seine Pflichten aus dem Softwarevertrag langfristig erfüllt, insbesondere was die Beseitigung anfänglicher Mängel und die laufende Weiterentwicklung und Pflege der einzelnen Programme betrifft. Dies bringt der dritte Absatz der Vorbemerkung zum Ausdruck. Es wird sich bei der hier zugrunde gelegten Konstellation in der Regel um eine Individualvereinbarung, nicht um allgemeine Geschäftsbedingungen handeln.

Das Formular geht weiter davon aus, dass der Anwender aufgrund des Softwareerstellungsvertrags an den für ihn und unter Nutzung seines speziellen betrieblichen Know-hows entwickelten individuellen Programmen ohnehin exklusive Rechte und deshalb auch die Source Codes mit den Schnittstelleninformationen zur Standardsoftware erhält (vgl. hierzu auch die Regelungen im Formular eines Softwareerstellungsvertrags, → Form. VI.1 § 7). Hinsichtlich der Quellenprogramme und der Entwicklungsdokumentation für die Standardsoftware ist die objektive Interessenlage demgegenüber deutlich anders: Die hierin verkörperten Betriebsgeheimnisse des Anbieters will dieser soweit wie möglich auch dem Anwender gegenüber abschirmen, damit er im technisch, wirtschaftlich und rechtlich möglichen Umfang in der Lage bleibt, diese Kenntnisse und Leistungen auf dem Markt ungestört zu verwerten. Der Anwender wiederum hat solange kein dringendes und objektiv anzuerkennendes Interesse an einem Zugang zu diesen Betriebsgeheimnissen, wie der Anbieter oder ein mit diesem zusammenarbeitendes Softwarehaus dafür sorgt, dass auch dieser Teil der vom Anbieter stammenden Software im Betrieb des Anwenders vertragsgemäß funktioniert. Für den Notfall muss der Anwender jedoch darauf bedacht sein, auf die Source Codes und Entwicklungsdokumentation der Standardsoftware in dem Umfang zugreifen zu können, der ihm die Aufrechterhaltung seines Geschäftsbetriebs in dem im Softwarevertrag vorgezeichneten Rahmen soweit wie möglich sichert. Hierbei geht es nicht nur um eine erhoffte „Insolvenzfestigkeit", die in der rechtlichen Behandlung solcher Hinterlegungs- oder Verwahrungsverträge tendenziell eine gewichtige Rolle spielt (→ Anm. 6), sondern um ein breites Spektrum denkbarer Gründe, aus denen der Anbieter nicht mehr in der Lage oder nicht mehr Willens ist, die vom Anwender genutzte Software vertragsgemäß lauffähig zu halten (vgl. die in § 4 des Form. behandelten Vorgänge und Situationen).

Bei der Bewertung der nach diesem Sachverhalt gegebenen objektiven Interessenlage des Anwenders ist von vornherein zu beachten, dass § 69d Abs. 1 UrhG bereits darauf abzielt, dass jeder zur Verwendung eines Vervielfältigungsstückes eines Computerprogramms Berechtigte Nutzungshandlungen, die nach § 69c UrhG an sich dem Rechtsinhaber vorbehalten sind, selbst vornehmen darf, soweit „sie für eine bestimmungsgemäße Benutzung des Computerprogramms (. . . . . .) notwendig sind" (hierzu *Dreier/Schulze,* UrhG, 6. Aufl. 2018, § 69d Rn. 5 ff.). Dies ist auch im Falle der Insolvenz des Anbieters stärker zu beachten, als dies in der Literatur bisweilen geschieht (→ Anm. 6). Das Formular zielt deshalb im Wesentlichen darauf ab, in einer vertraglich praktikablen und die Interessen beider Seiten ausgewogen berücksichtigenden Weise den aus § 69d UrhG ersichtlichen urheberrechtlichen Grundgedanken vertraglich aufzugreifen und umzusetzen (zu den technischen Schwierigkeiten, allein durch Ausübung der Rechte nach §§ 69d und 69e UrhG schnell genug zu verwertbaren Ergebnissen zu kommen, s. *Rössel* ITRB 2001, 223).

Die Vereinbarung spricht in ihrer Kopfzeile von der „Hinterlegung" der Source Codes, weil sich dieser Begriff im deutschsprachigen Bereich am ehesten durchgesetzt hat, auch wenn daneben nicht selten der aus dem angelsächsischen Rechtskreis stammende Begriff des „Escrow Agreements" verwendet wird. Die hier geregelte „Hinterlegung" hat allerdings nichts mit der gesetzlich geregelten Hinterlegung von Geld, Wertpapieren etc bei öffentlichen Stellen gemäß §§ 372 ff. BGB und gemäß Hinterlegungsordnung zu tun (vgl. *Bömer* NJW 1998, 3321). Um die in diesem Formular gewählte Konstruktion deutlich von einer „Hinterlegung" im eben genannten gesetzlichen Sinne abzugrenzen und die Rolle des von den Parteien des Softwarevertrages eingeschalteten neutralen Dritten möglichst nüchtern zu beschreiben, wird im weiteren Text des Formulars statt von der „Hinterlegung" von der „Verwahrung" gesprochen und die neutrale Person oder Institution als „Verwahrer" bezeichnet.

2. Wahl des Formulars. Nach dem in → Anm. 1 umrissenen Sachverhalt bilden die im Formular geregelten Rechte und Pflichten im Verhältnis zwischen Anbieter und Anwender einen Ausschnitt aus einem umfassenden Vertragswerk. Es wäre durchaus möglich, diese Rechte und Pflichten weitgehend in den eigentlichen Softwarevertrag zu verlagern und die Hinterlegungsvereinbarung entsprechend „auszudünnen". Das Formular wählt demgegenüber eine Lösung, die die gesamte mit der Hinterlegung/Verwahrung verbundene Problematik im Zusammenhang erfasst, während im Softwarevertrag – den der Verwahrer, wie in → Anm. 1 erwähnt, nicht kennt – lediglich eine Verweisung erfolgt (→ Form. VI.1 Anm. 12).

Das Formular lässt offen, ob es sich bei dem Verwahrer um einen Notar (vgl. hierzu *Bömer* NJW 1998, 3321 (3322) und *Paulus* CR 1994, 84; ein Vertragsmuster zur Aufbewahrung der Programme durch einen Notar findet sich auch bei *Berger* in Redeker (Hrsg.), Handbuch der IT-Verträge, Kap. 1.7., Vertragsmuster 1.), einen Rechtsanwalt (vgl. etwa *Zahrnt* Computer Zeitung Nr. 23 vom 25.6.1997, 28; *Kochinke/Fraune* CR 1992, 11 Fn. 49) eine sonstige (natürliche) Vertrauensperson oder beispielsweise eine ua auf die Hinterlegung von Software spezialisierte Einrichtung handelt. Verwahrungsdienste einschlägiger Art bieten beispielsweise die TÜV Süd AG, Westendstraße 199, 80686 München (www.tuev-sued.de/escrow) oder die HanseEscrow Management GmbH, Stresemannallee 118, 22529 Hamburg (www.hanse-escrow.de) an (die Anbieter von Dienst- und Beratungsleistungen im Zusammenhang mit der Hinterlegung von Software haben sich in der Organisation pro Software Escrow eV (OSE) zusammengeschlossen, Kontaktdaten abrufbar unter www.ose-international.org). Im vorliegenden Fall wäre die Wahl einer spezialisierten Institution allenfalls wegen deren besonderer Sachkunde hinsichtlich der sicheren Lagerung der Datenträger (Raumtemperatur, Luftfeuchtigkeit etc) in Erwägung zu ziehen, nicht jedoch wegen besonderer IT-Kenntnisse der jeweiligen Institution, denn das Formular sieht *nicht* vor, dass der Verwahrer den Inhalt der hinterlegten Pakete überprüft oder aus sonstigen Gründen über besondere Sachkunde hinsichtlich der Struktur und des Inhalts der Source Codes verfügen muss (vgl. § 1 Abs. 4 und → Anm. 3).

Eine professionelle Hinterlegungsstelle bietet sich an, wenn es nicht – wie hier – um eine Verwahrung im Zusammenhang mit einem weitgehend individuellen, komplexen Softwarevertrag geht, sondern um ein Routineangebot des Anbieters von Standardsoftware gegenüber einer Vielzahl gegenwärtiger und künftiger Kunden. Insbesondere ist die Einschaltung einer Person oder Institution mit speziellem IT-Sachverstand unerlässlich, wenn diese im Auftrag des Anbieters und des Anwenders eine eigene Überprüfung der hinterlegten Source Codes vornehmen und die Parteien entsprechend unterrichten soll. Eine Eingangsprüfung des Quellcodes auf Vollständigkeit, Übereinstimmung der Bezeichnungen mit der Hinterlegungsvereinbarung, Lesbarkeit etc bietet etwa die TÜV Süd AG im Rahmen ihres Leistungsspektrums an (www.tüv-süd.de/escrow).

3. Übergabe der Source Codes, keine inhaltliche Prüfung. Nach dem hier gewählten Modell prüft der Verwahrer lediglich die äußere Übereinstimmung der an ihn in verschlossener Form übergebenen Pakete und Aufschriften. Er ist weder berechtigt, noch verpflichtet, Einblick in den Inhalt zu nehmen. Mangels inhaltlicher Überprüfung durch die Hinterlegungsstelle läuft der Anwender somit Gefahr, dass der Anbieter von vornherein den Vertrag verletzt, indem er keine, andere oder stark fehlerhafte Source Codes nebst Entwicklungsdokumentation an den Verwahrer übergibt. Will der Anwender diesbezüglich ein höheres Maß an Sicherheit erlangen, so wird er einen Verwahrer mit einschlägigem Sachverstand und mit entsprechenden Prüfungspflichten vorschlagen müssen. In Betracht kommt hier insbesondere die Einschaltung technisch erfahrener Hinterlegungsstellen, so genannter Escrow Agents, wie etwa der Hanse Escrow Management GmbH oder der TÜV Süd AG (→ Anm. 2).

Diese Alternative wird allerdings mit sehr erheblichem Aufwand verbunden sein und uU einen weitreichenden Einstieg des Verwahrers in die nach dem Softwarevertrag geschuldeten Leistungsmerkmale der Source Codes erfordern. Eine Variante läge darin, dass Anbieter und Anwender zumindest ein konkretes Prüfungsschema vereinbaren, anhand dessen die sachkundige Hinterlegungsstelle die erwünschte Prüfung vornehmen kann. Ob dieser Weg dem Anwender im Ernstfall wirklich zuverlässig weiter hilft bzw. das erhöhte Maß an Verlässlichkeit hinsichtlich der Brauchbarkeit der hinterlegten Source Codes nicht durch einen zu hohen Sonderaufwand erkauft wird, mag bisweilen fraglich sein; so ist es denkbar, dass die Source Codes zwar die anhand einer Checkliste vorgenommene Prüfung durch die Hinterlegungsstelle passieren, dennoch aber im „Falle des Falles" nicht alle für den Anwender wirklich entscheidenden Qualitätsanforderungen erfüllen. Die mit dem Formular gewählte Lösung geht demgegenüber davon aus, dass der Anwender seinen Vertragspartner sorgfältig ausgewählt hat und es nach aller Lebenserfahrung fern liegt, dass der Anbieter rundheraus falsche Angaben über den Inhalt der von ihm hinterlegten verschlossenen Pakete macht. Sie baut im Übrigen auf die gravierenden zivilrechtlichen Sanktionen (Vertragsstrafe gemäß § 9 des Formulars, ergänzt durch eventuell über den Vertragsstrafenbetrag hinausgehende Schadenersatzansprüche) und die uU ebenfalls eingreifenden strafrechtlichen Risiken für den Anbieter, sollte dieser wissentlich falsche Erklärungen über den Paketinhalt abgeben. Über die Möglichkeit hinaus, dass dann der Tatbestand des Betruges erfüllt sein kann, mag daran gedacht werden, vom Anbieter zum Zeitpunkt jeder neuen Hinterlegung eine eidesstattliche Versicherung darüber zu verlangen, dass die hinterlegten Pakete die aus der Aufschrift ersichtlichen Source Codes und Entwicklungsdokumentationen enthalten (laut *Bömer* aaO fordern als Verwahrer eingeschaltete Notare bisweilen von sich aus solche eidesstattlichen Versicherungen; das Formular verzichtet allerdings auf diese Verschärfung).

Zu Bedenken ist allerdings, dass der mit Vertragsstrafen sanktionierte Vertragsbruch regelmäßig erst mit Aushändigung des Quellcodes im Insolvenzverfahren zu Tage treten wird. Ob der Anwender in dieser Situation etwaige Vertragsstrafen- oder Schadensersatzansprüche erfolgreich durchsetzen wird können, erscheint fraglich. Jedenfalls eine Überprüfung, ob aus dem Quellcode überhaupt ein ablauffähiger Objektcode erstellt werden kann, erscheint daher empfehlenswert (vgl. *Rath* CR 2013, 78 (80); *Marly,* Praxishandbuch Softwarerecht, München 2018, Rn. 1783).

Als Zwischenlösung kann auch in Betracht gezogen werden, dass der Verwahrer zwar keine Prüfung vornimmt, der Anwender aber das Recht hat, auf seine Kosten ggf. einen Sachverständigen einzuschalten, der mit bestimmten Prüfungsmaßnahmen betraut wird.

Eine Vertragsklausel für die Überprüfung der übergebenen Source Codes durch einen professionellen „Treuhänder" enthält das Vertragsmuster bei *Berger* in Redeker (Hrsg.), Handbuch der IT-Verträge, Kap. 1.7, Vertragsmuster 2, Rn. 98 ff. Erhebliche Bedeutung kommt in diesem Zusammenhang auch der genauen Umschreibung des Hinterlegungsgegenstandes zu. Voraussetzung einer jeden Prüfung des hinterlegten Materials ist insbesondere eine hinreichende Dokumentation des Quellcodes, die wiederum von Fachleuten durchgeführt werden muss und zeitaufwändig und mühsam ist (*Rath* CR 2013, 78 (80); *Siegel* CR 2003, 941 (944); *Marly,* Praxishandbuch Softwarerecht, München 2018, Rn. 1782).

Nach § 1 Abs. 3 des Formulars soll der Hinterlegungsmechanismus auch für spätere Versionen der Source Codes der vom Anwender genutzten Standardprogramme gelten. Hierbei kann es sich entweder um fehlerbereinigte oder um (auch) aus anderen Gründen veränderte Programmversionen handeln, wie sie der Anbieter an den Anwender aufgrund der Gewährleistungs- und Pflegebestimmungen des Softwarevertrags von Zeit zu Zeit zu liefern hat. Der Anwender, der die neuen Programmversionen in Form der Object Codes erhält, kann sich insofern zu gegebener Zeit beim Verwahrer erkundigen, ob der Anbieter die neuen Programmpakete ebenfalls hinterlegt hat. Um den Verwahrer zu entlasten, kann in der Hinterlegungsvereinbarung vorgesehen werden, dass sofort oder innerhalb einer bestimmten Frist nach Hinterlegung der neuen Versionen die früheren Softwarepakete an den Anbieter zurückgegeben werden. Im Interesse des Anwenders liegt es demgegenüber, vorsorglich sämtliche Programmversionen der verschiedenen Entwicklungsstufen zur Verfügung zu haben, wenn er sich aus den hinter § 4 des Formulars stehenden Gründen selbst helfen muss, um die in seinem Betrieb eingesetzten Programme des Anbieters weiter laufen lassen zu können. Der Anwender wird bei den Vertragsverhandlungen also eher zu verhindern suchen, dass es bei Einreichung neuer Versionen mehr oder weniger automatisch zur Rückgabe der vorangegangenen Versionen kommt.

4. Verwahrung. Mangels inhaltlicher Prüfungspflichten des Verwahrers braucht § 3 des Formulars nur dessen weitgehend selbstverständliche Pflichten festzuhalten, nämlich die technisch sachgerechte Lagerung, den Schutz gegen Beschädigung und Diebstahl und insbesondere die Pflicht, die hinterlegten Source Codes ausschließlich unter denjenigen Voraussetzungen herauszugeben, die im „Dreiecksverhältnis" der Vertragsparteien ausdrücklich definiert sind. § 3 Abs. 2 des Formulars stellt somit die Verknüpfung der Verwahrerpflichten mit den in § 4 des Formulars bestimmten Herausgabevoraussetzungen her. Die Verpflichtung des Verwahrers zur Geheimhaltung ist in § 2 Abs. 2 des Form. ausdrücklich geregelt.

5. Voraussetzungen der Herausgabe. § 4 regelt abschließend die Voraussetzungen für die Herausgabe der Source Codes durch den Verwahrer. In Abs. 1 geht es um die beiden Fälle, in denen die Herausgabe (Rückgabe) an den Anbieter erfolgen soll; dies ist nur dann der Fall, wenn der Anwender schriftlich zustimmt oder die Vereinbarung durch ordentliche oder außerordentliche Kündigung nach § 10 endet.

Wesentlich wichtiger ist eine genaue Definition derjenigen Fälle, in denen der Anwender die Herausgabe verlangen kann und sich damit der eigentliche Sinn der Vereinbarung verwirklicht, den Anwender für bestimmte Notfälle hinsichtlich der laufenden Weiterbenutzung der Programme zu sichern. Wegen der in → Anm. 1 angesprochenen widerstreitenden Interessen zwischen Anbieter und Anwender kommt für diese Herausgabefälle ein weites Spektrum in Frage. Das Formular enthält einen Lösungsvorschlag, der den Interessen des Anwenders relativ weit entgegen kommt, insbesondere in § 4 Abs. 2 Buchstaben (c) (einstweilige Verfügung) und (g) (schwere Vertragsverletzung, die nicht durch gerichtlichen Titel verifiziert ist). Ob der Anwender im Einzelfall die Aufnahme einer Regelung durchsetzen kann, wie sie § 4 Abs. 2 Buchstabe (g) enthält, hängt vor allem von seiner Verhandlungsposition ab. Zumindest an einer Regelung in der Art des § 4 Abs. 2 Buchstabe (c) (einstweilige Verfügung) müsste er interessiert sein, denn bis ein im Routinefall gemäß § 4 Abs. 2 Buchstabe (b) vorgesehenes rechtskräftiges Urteil vorliegt, wird in aller Regel so viel Zeit vergehen, dass der wesentliche Sinn der Hinterlegungsvereinbarung unterlaufen wird.

Die beiden ersten in § 4 Abs. 2 angesprochenen Fälle (Zustimmung des Anbieters, rechtskräftiges Urteil) bedürfen ebenso wenig wie der Fall des Buchstaben (e) (Löschung oder Liquidationsbeschluss hinsichtlich des Unternehmens des Anbieters) einer weiteren Erläuterung. Der in § 4 Abs. 2 Buchstabe (d) geregelte Insolvenzfall wird in → Anm. 6 separat behandelt.

§ 4 Abs. 2 Buchstabe (c) betrifft wie erwähnt eine Herausgabe aufgrund einer vom Anwender erwirkten einstweiligen Verfügung. Auch hier sind je nach Interessenlage und Verhandlungsposition die verschiedensten Abstufungen denkbar. Für den Anwender am günstigsten wäre die Vereinbarung einer Herausgabepflicht des Verwahrers schon für den Fall, dass er eine einstweilige Verfügung erwirkt, mit der der Anbieter verpflichtet wird, dem Anwender die einstweilige Nutzung der Source Codes in dem in § 8 genannten Umfang zu gestatten. Dies könnte den Anwender in die Lage versetzen, uU schon wenige Tage nach Eintritt eines „Notfalls" Zugriff auf die Source Codes zu erlangen. Auf der anderen Seite muss berücksichtigt werden, dass eine einstweilige Verfügung schon aufgrund einseitigen Sachvortrags (also ohne mündliche Verhandlung) und der begrenzten Glaubhaftmachungsmittel des Verfügungsverfahrens erlassen werden kann. Das Formular versucht deshalb einen Zwischenweg zu gehen, indem der Anwender zusätzlich an Eides Statt versichern muss, dass der Anbieter innerhalb eines Monats ab Zustellung keinen Widerspruch eingelegt hat. Der Anbieter hat somit zumindest die Möglichkeit, seinen eigenen Standpunkt mit den zur Verfügung stehenden Glaubhaftmachungsmitteln zu Gehör zu bringen. Das Formular sieht vor, dass dann, wenn der Anbieter gegen die einstweilige Verfügung Widerspruch eingelegt hat, zunächst das erstinstanzliche Urteil aufgrund der Widerspruchsverhandlung abgewartet werden muss (soweit der Anbieter nicht den Widerspruch noch zurücknimmt). Das Formular verlangt weiter, dass das die einstweilige Verfügung bestätigende erstinstanzliche Urteil entweder rechtskräftig geworden oder vom Berufungsgericht bestätigt sein muss (was in der Regel mehrere Monate dauert). Am Ende dieser Bestimmungen wird die Pflicht des Anwenders hervorgehoben, die Source Codes vollständig und ohne Zurückbehaltung von Kopien oder Aufzeichnungen zurückzugeben, falls das Urteil, welches im Verfügungsverfahren zur Herausgabe an ihn geführt hat, im Hauptverfahren aufgehoben wird. Im letztgenannten Punkt sind wiederum verschiedene Abstufungen denkbar; so könnte man entgegen dem im Form. umgesetzten Vorschlag auch daran denken, die Rückgabe- und Unterlassungspflicht des Anwenders schon daran zu knüpfen, dass die einstweilige Verfügung in erster Instanz (aber noch nicht unbedingt durch rechtskräftiges Urteil) aufgehoben wird.

Eine Möglichkeit, die Herausgabe auch ohne gerichtlichen Titel zu erwirken, bietet Buchstabe (f). Hierdurch können die Interessen des Anbieters recht nachhaltig berührt werden. Auf der anderen Seite hat ein Anwender, dessen Betrieb unbedingt von der ordnungsgemäßen Funktion der Programme abhängt, ein dringendes objektives Interesse daran, im „Ernstfall" sehr schnell Zugang zu den Programmen zu erhalten. Will man im Einzelfall dem Vorschlag im Form. folgen, so wird man – wie in § 4 Abs. 2 Buchstabe (g) geschehen – zusätzliche Sicherheiten zugunsten des Anbieters vorsehen, die über die Vertragsstrafenregelung in § 9 hinausgehen. Das Formular schlägt insofern vor, nicht nur Verzug des Anbieters mit der Erfüllung seiner Mangelbeseitigungs- oder Pflegeverpflichtungen zu verlangen, sondern auch die Setzung einer Nachfrist von einem Monat, ferner eine eidesstattliche Versicherung des Anwenders über eben diesen Ablauf sowie darüber, dass die Fortführung seiner Geschäftstätigkeit aus diesen Gründen nachhaltig gefährdet ist. Eine weitere – in das Formular aufgenommene – Variante betrifft darüber hinaus die Vorlage einer unwiderruflichen, unbefristeten selbstschuldnerischen Bankbürgschaft, die der Anwender dem Verwahrer zur Weitergabe an den Anbieter aushändigen muss.

In allen in § 4 – insbesondere in dessen Abs. 2 – geregelten Fällen ist außerdem zu erwägen, ob Vorschriften darüber aufgenommen werden, in welcher konkreten Art die jeweiligen Nachweise erfolgen müssen (Beispiel: Ausfertigungen oder beglaubigte Abschriften, soweit es um gerichtliche Titel oder um Handelsregistereintragungen geht). Das Formular hat dies in Abs. 2 (f) für die in (d) und (e) geregelten Fälle vorgesehen. Alternativ können die Anforderungen an den zu erbringenden Nachweis im Einzelfall auch der Sachkunde des Verwahrers überlassen werden. Es ist jedoch denkbar, dass gerade auch der Verwahrer in diesem Punkt eine detaillierte Regelung der an ihn gerichteten Handlungsanweisungen verlangt.

6. Insolvenz. Die Möglichkeiten einer „insolvenzfesten Hinterlegung" von Source Codes waren und sind Gegenstand vielfältiger Überlegungen und kontroverser Diskussionen in der Literatur (vgl. ua *Bömer* NJW 1998, 3321; *Rössel* ITRB 2001, 223; *Siegel* CR 2003, 941; *Milzer* ZNotP 2004, 348; *Hoeren* CR 2004, 721; *Grützmacher* CR 2006, 289; *Meyer* RNotZ 2011, 385; *Rath* CR 2013, 78; *Berger* in Redeker (Hrsg.), Handbuch der IT-Verträge, Kap. 1.7 Rn. 16 ff.; *Marly,* Praxishandbuch Softwarerecht, München 2018, Rn. 1788 ff.; *Schneider* in Schneider/v. Westphalen, Softwareerstellungsverträge, Köln 2014, Kap. L Rn. 39 ff.).

Die Frage, wie die Hinterlegungsvereinbarung ausgestattet sein muss, damit der Herausgabeanspruch des Anwenders durch die Insolvenz des Anbieters nicht gefährdet wird, ist bis heute nicht eindeutig gelöst. Die Bedeutung dieser Frage erschließt sich unmittelbar, wenn man sich vor Augen führt, dass die Insolvenz des Anbieters gerade eines der Hauptrisiken ist, dem durch die Hinterlegung des Source Codes begegnet werden soll (vgl. *Milzer* ZNotP 2004, 348). Bei keiner der verschiedenen in Erwägung gezogenen „Konstruktionen" wird sich jedoch mit Sicherheit sagen lassen, dass jedes Risiko einer aus der Sicht des Anwenders unerwünschten Intervention des Insolvenzverwalters ausgeschlossen ist (vgl. *Rössel* ITRB 2001, 223 (224) und siehe dazu näher unten).

§ 103 InsO gibt dem Insolvenzverwalter ein Wahlrecht in Bezug auf die Erfüllung oder Nichterfüllung von noch nicht vollständig erfüllten gegenseitigen Verträgen (zur Frage der Einordnung bestimmter Software(lizenz)verträge als nicht vollständig erfüllte Dauernutzungsverträge siehe BGH NJW 2006, 915 (916)). Gemäß § 103 InsO ist der Insolvenzverwalter berechtigt, die Erfüllung jeder bei Eröffnung des Insolvenzverfahrens beiderseits nicht oder noch nicht vollständig erfüllten vertraglichen Verpflichtungen abzulehnen und den Gläubiger auf seine Insolvenzforderung zu verweisen. Wird die Herausgabe des Quellcodes an den Anwender von der Vorlage des Eröffnungsbeschlusses abhängig gemacht, ist die Hinterlegungsvereinbarung als solche bei Insolvenzeröffnung noch nicht erfüllt; der Insolvenzverwalter ist also berechtigt, die Erfüllung der Verpflichtungen aus der Hinterlegungsvereinbarung abzulehnen. Die Tatsache, dass eine Kopie des Quellcodes einem Treuhänder übereignet und dem Anwender unter der aufschiebenden Bedingung der Insolvenzeröffnung Nutzungsrechte an diesem Quellcode eingeräumt worden sind, steht der Erfüllungsverweigerung des Insolvenzverwalters nicht entgegen; dieser kann daher die Kopien des Quellcodes vom Treuhänder zurückverlangen (vgl. *Bömer* NJW 1998, 2234; *Milzer* ZNotP 2004, 348). Dieser Gefahr kann durch eine entsprechende Formulierung der Hinterlegungsvereinbarung begegnet werden. Nach der Rechtsprechung des BGH steht es den Beteiligten frei zu vereinbaren, dass die Hinterlegung beim Notar als vollständige Erfüllung der Verpflichtungen aus der Hinterlegungsvereinbarung anzusehen ist (BGH NJW 1994, 1403 ff.; *Milzer* ZNotP 2004, 348). Voraussetzung einer derartigen Erfüllungswirkung der Hinterlegung ist, dass in der Hinterlegungsvereinbarung ausdrücklich bestimmt wird, dass der Anbieter seine Verpflichtung, den Source Code zur Verfügung zu stellen, schon durch die Ablieferung und unbedingte Übereignung der Quellcodekopie an den Verwahrer vollständig erfüllt hat und auf die Rückforderung des den Quellcode enthaltenen Datenträgers verzichtet. Die Erfüllungswirkung kann sich dabei stets nur auf die bereits hinterlegten Versionen des Quellcodes erstrecken. Hinsichtlich etwaiger noch nicht hinterlegter Updates handelt es sich um noch nicht erfüllte Teilleistungen, die dem Wahlrecht des Insolvenzverwalters gemäß § 103 InsO unterliegen. Lehnt der Insolvenzverwalter die Erfüllung ab, so bleibt dem betroffenen Vertragspartner nur eine Insolvenzforderung.

Eine für den Anwender günstigere Rechtsfolge ergibt sich bei dem in → Anm. 1 geschilderten Sachverhalt auch nicht aus der derzeitigen Fassung des § 108 Abs. 1 S. 2 InsO. Handelt es sich bei der Hinterlegungsvereinbarung – wie in diesem Form. vorgesehen – um einen selbstständigen Vertrag, ist also die Regelung der Hinterlegung des Source Codes nicht Bestandteil eines Dauerschuldverhältnisses iSd § 108 Abs. 1 InsO, gilt die Fortbestandsfiktion des § 108 Abs. 1 InsO nicht.

Die geplante Neuregelung durch § 108a InsO-E ist zwischenzeitlich wieder vom Tisch. Den ersten Anlauf zu einer Reform des § 108a InsO hatte der Gesetzgeber schon im Jahr 2007 mit dem Regierungsentwurf vom 22.8.2007 gestartet (BT-Drs. 16/7416). Nach § 108a InsO-E sollte auch ein vom Schuldner als Lizenzgeber abgeschlossener Lizenzvertrag über ein Recht am geistigen Eigentum im Sinne einer so genannten Fortbestandslösung mit Wirkung für die Insolvenzmasse fortbestehen. Das Wahlrecht des Verwalters sollte also ausgeschlossen werden. Dies sollte für vertragliche Nebenpflichten jedoch nur insoweit gelten, als deren Erfüllung zwingend geboten war, um dem Lizenznehmer eine Nutzung des geschützten Rechts zu ermöglichen. Bei einem selbständigen Hinterlegungsvertrag, der – wie in diesem Form. vorgesehen – zusätzlich zum Überlassungsvertrag abgeschlossen wird, hätte also auch § 108a InsO-E keine Anwendung gefunden.

Dieser Regierungsentwurf wurde sehr kontrovers diskutiert (siehe etwa *Slopek* GRUR 2009, 128; *McGuire* GRUR 2009, 13 sowie auch *Heim* NZI 2008, 338 (343, 344) und *Dahl/Schmitz* NZI 2007, 626) und fiel infolge der Bundestagswahl im Jahr 2009 schließlich dem Diskontinuitätsgrundsatz zum Opfer (siehe auch *Haedicke* ZGE 2011, 377).

Am 23.1.2012 wurde ein neuer Referentenentwurf zu § 108a InsO-E vorgestellt (Entwurf eines Gesetzes zur Verkürzung des Restschuldbefreiungsverfahrens, zur Stärkung der Gläubigerrechte und zur Insolvenzfestigkeit von Lizenzen), welcher das Wahlrecht des Insolvenzverwalters bei Lizenzverträgen im Gegensatz zum Vorentwurf grundsätzlich unberührt ließ. Der Lizenznehmer sollte aber im Falle der Wahl der Nichterfüllung nach § 108a Abs. 1 S. 1 InsO-E binnen eines Monats nach Zugang der Ablehnung den Abschluss eines neuen Lizenzvertrags zu angemessenen Bedingungen verlangen können.

Im Nachgang zur Sitzung des Bundeskabinetts am 18.7.2012 wurde die Neuregelung des § 108a InsO-E jedoch aus dem Entwurf gestrichen (siehe den RegE eines Gesetzes zur Verkürzung des Restschuldbefreiungsverfahrens und zur Stärkung der Gläubigerrechte vom 10.8.2012, BR-Drs. 467/12).

Der Komplex der Insolvenzfestigkeit von Lizenzen bleibt damit bis auf weiteres ungeregelt. Allerdings hat die Rechtsprechung in der Zwischenzeit durch die Entscheidungen „Reifen-Progressiv" (BGH GRUR 2009, 946), „Take Five" (BGH GRUR 2012, 914) und „M2Trade" (BGH GRUR 2012, 916) viele der unter dem Schlagwort „Lizenzen in der Insolvenz" diskutierten Fragen praktisch beantwortet (siehe auch LG München GRUR-RR 2012, 142).

Eine Möglichkeit zur Stärkung der Insolvenzfestigkeit der Hinterlegungsvereinbarung hat der BGH in seiner Entscheidung „Softwarenutzungsrecht" vom 17.11.2005 (BGH CR 2006, 151) aufgezeigt. In Anlehnung an diese Entscheidung wäre *in den zugrundliegenden Softwarevertrag* eine Regelung aufzunehmen, die eine *aufschiebend bedingte Übertragung* der Nutzungs- und Bearbeitungsrechte bereits vor Insolvenzeröffnung vorsieht, wobei die aufschiebende Bedingung nicht, jedenfalls nicht ausschließlich, an den Insolvenzfall, sondern an eine Kündigung des zugrundeliegenden Softwarevertrags aus wichtigem Grund geknüpft werden sollte (siehe hierzu *Schneider* in Schneider/v. Westphalen, Softwareerstellungsverträge, Köln 2014, Kap. L Rn. 149 ff. sowie *Rath* CR 2013, 78). Dabei wird davon ausgegangen, dass der zugrundliegende Softwarevertrag – etwa aufgrund der enthaltenen Pflege- und Wartungselemente – als Dauerschuld(-ähnliches) Rechtsverhältnis fortbesteht. Eine entsprechende Klausel für den Softwarevertrag könnte etwa wie folgt lauten: „*Bei Kündigung dieses Vertrags durch den Anwender aus wichtigem Grund gehen die Vervielfältigungsstücke der Source Codes und Entwicklungsdokumentationen in der zum Zeitpunkt der Kündigung aktuellen Version einschließlich der Nutzungs- und Bearbeitungsrechte an diesen Vervielfältigungsstücken auf den Anwender über. Für den Übergang des hinterlegten Materials zahlt der Anwender dem Anbieter eine einmalige Vergütung in Höhe von EUR (. . . . . .).*" Die vereinbarte Vergütung kann dabei gegebenenfalls als bereits beglichen angesehen bzw. vereinbart werden (*Schneider* in Schneider/v. Westphalen, Softwareerstellungsverträge, Köln 2014, Kap. L Rn. 157).

Wird eine solche Klausel in den Softwarevertrag aufgenommen, wäre in der Hinterlegungsvereinbarung unter § 4 Abs. 2 (i) ein weiterer Herausgabefall an den Anwender zu regeln, der etwa wie folgt lauten könnte: „*Der Anwender weist nach, dass er den zugrundeliegenden Softwarevertrag mit dem Anbieter aus wichtigem Grund gekündigt hat, weil ihm die Fortsetzung des Vertragsverhältnisses unter Berücksichtigung aller Umstände des Einzelfalles und unter Abwägung der Interessen der Vertragsparteien nicht mehr zugemutet werden kann*".

Allerdings ist zu bedenken, dass sich Softwarehersteller sicher nicht ohne weiteres auf eine derartige Klausel im Softwarevertrag und in der Hinterlegungsvereinbarung einlassen werden (kritisch daher *Grützmacher* CR 2006, 289 (294)).

Eine andere Möglichkeit, die Hinterlegungsvereinbarung „insolvenzfester" zu gestalten, liegt darin, in einem weiteren Absatz in § 1 des Form. zusätzlich vorzusehen, dass die nach § 1 Abs. 1 und Abs. 2 hinterlegten Vervielfältigungsstücke der Source Codes und Entwicklungsdokumentationen dem Anwender *übereignet* werden (vgl. etwa *Berger* in Redeker (Hrsg.), Handbuch der IT-Verträge, Kap. 1.7, Vertragsmuster 1, § 1 Abs. 3 S. 2; zum Meinungsstand siehe *Grützmacher* CR 2006, 289 (295)). Dies dürfte sich in der Weise bewerkstelligen lassen, dass mit der jeweiligen Übergabe an den Verwahrer eine Übereignung nach § 931 BGB (Abtretung des Herausgabeanspruchs) vereinbart wird. Diese Abtretung kann für die nach § 1 Abs. 2 künftig zu übergebenden Versionen auch im Voraus vereinbart werden (vgl. Palandt-*Bassenge,* 76. Auflage, München 2017, § 931 Rn. 4, 5). Der Anwender würde sich gegenüber dem Anbieter in diesem Zuge verpflichten, den abgetretenen Herausgabeanspruch, der ihm nunmehr gegenüber dem Verwahrer zusteht, nur in den Fällen des § 4 Abs. (2) des Formulars geltend zu machen. Für die in § 4 Abs. (1) geregelten Fälle der Herausgabe an den Anbieter würde der Anwender dann – ebenfalls im Voraus – eine Übereignung an den Anbieter vornehmen.

Sieht die Hinterlegungsvereinbarung eine Übereignung der Vervielfältigungsstücke an den Anwender vor, sollte klargestellt werden, dass mit der Übereignung keine weiteren Rechtsübertragungen verbunden sind, insbesondere der Anwender keine gewerblichen Schutzrechte an dem Material erwirbt.

Als weitere Alternative zur Stärkung der Insolvenzfestigkeit der Hinterlegungsvereinbarung kommt in Betracht, dem *Verwahrer* Eigentum an dem hinterlegten Material einzuräumen (kritisch hierzu *Grützmacher* CR 2006, 289 (295)). In allen Fällen ist darauf zu achten den Vertrag so auszugestalten, dass das hinterlegte Material endgültig aus dem Vermögen des Anbieters ausscheidet (vgl. BGH GRUR 2006, 435; NJW 1962, 1200). Hierzu ist es insbesondere erforderlich, jede Verpflichtung zur Rückgabe des hinterlegten Materials an den Anbieter auszuschließen und – etwa für den Fall einer Kündigung der Hinterlegungsvereinbarung – durch eine Vernichtungsvereinbarung zu ersetzen (*Hoeren,* Skript zum IT-Recht, Stand Februar 2019, S. 363, der grundsätzlich davon ausgeht, dass Hinterlegungsvereinbarungen nicht insolvenzfest sind). Hinsichtlich anderer Varianten der Gestaltung der Hinterlegungsvereinbarung im Hinblick auf deren Insolvenzfestigkeit wird auf die zu Beginn dieser Anmerkung erwähnte Literatur verwiesen.

Soweit die „Insolvenzfestigkeit" unter dem Gesichtspunkt der Gläubigerbenachteiligung (vgl. § 133 InsO) erörtert wird, wird häufig nicht hinreichend zwischen dem Eigentum an den einzelnen Vervielfältigungsexemplaren (Datenträger mit elektronischer Speicherung der Source Codes; Kopie der Entwicklungsdokumentation) und den geistigen Schutzrechten (§§ 2 Abs. 1 Nr. 1 und/oder 69a UrhG) an der zugrunde liegenden Software unterschieden. Bei Hinterlegungsvereinbarungen der hier vorgeschlagenen Art kann es nie darum gehen, dem Anbieter (und damit im Insolvenzfall dessen Gläubigern) das (geistige) „Eigentum" an den Source Codes zu entziehen. Gegenstand der Transaktion ist allein die (uU mit einer Übereignung verbundene) *Hinterlegung einzelner Vervielfältigungsstücke,* verbunden mit der Einräumung spezieller Nutzungsbefugnisse, wie sie in § 8 des Formulars umschrieben werden. Ausschließlicher Regelungsgegenstand ist es sicherzustellen, dass der Anwender im Ergebnis tatsächlich in den Genuss der im Softwarevertrag geregelten und von ihm vergüteten Leistungen des Anbieters kommt. Es ist deshalb schwer vorstellbar, dass in einer solchen Konstellation von einer Gläubigerbenachteiligung gesprochen werden kann (ähnlich *Rössel* aaO). Im praktischen Ergebnis wird der Anwender vom Verwahrer nach § 4 Abs. (2) Buchstabe (d) des Formulars die Source Codes erhalten, wenn er den Eintritt des Insolvenzfalls nachweist. In sehr pragmatischer Weise stellt *Bömer* (aaO S. 324) die Frage, welche Auswirkungen es dann noch habe, wenn sich der Insolvenzverwalter später zur Geltendmachung seines Herausgabeanspruchs entschließe. Dieser Herausgabeanspruch kann in der Tat dann allenfalls die einzelnen Vervielfältigungsexemplare betreffen, die der Anwender vom Verwahrer erhalten hat. Bis der Insolvenzverwalter nicht nur einen solchen Herausgabeanspruch, sondern auch einen – hier einmal unterstellten – Anspruch auf Unterlassung weiterer Nutzung der aus dem Source Code abgeleiteten Kenntnisse zur Mangelbeseitigung und Softwarepflege durchgesetzt hat, hat er einen langen Weg zu beschreiten. Es wird in der Regel mehr als zweifelhaft sein, ob der Insolvenzverwalter bzw. die Gläubiger ein rechtliches und wirtschaftliches Interesse daran haben, solche Fragen gerichtlich auszufechten, werden sie doch – wie erwähnt – in keiner Weise darin beschränkt, die betreffenden Programme anderweitig zu verwerten (immer vorausgesetzt, der Anwender hält sich bei der Nutzung innerhalb des in § 8 gesteckten Rahmens).

7. **Unterrichtung.** Der Verwahrer hat sein Amt im Interesse aller Beteiligten neutral und so transparent wie möglich auszuüben. Die in § 5 Abs. 1 des Formulars geregelte laufende Unterrichtung aller Beteiligten sollte insofern selbstverständlich sein. Demgegenüber sind in Bezug auf § 5 Abs. 2 wiederum verschiedene Varianten denkbar. Statt der im Formular gewählten Zwischenlösung, die dem Verwahrer Ermessen darüber einräumt, ob er der anderen Vertragspartei Gelegenheit zur schriftlichen Stellungnahme gibt, bevor er einem – sei es nach seiner Auffassung auch ohne weiteres gerechtfertigten – Herausgabeverlangen nachkommt, ist vor allem die Alternative denkbar, dass er *stets* eine – sei es uU auch sehr kurze – Stellungnahmefrist gewähren muss. Erhebt die andere Vertragspartei innerhalb dieser Frist Einwände gegen die Herausgabe, sind wiederum verschiedene Folgen denkbar. Als Alternative zu der in § 5 Abs. 2 des Form. vorgesehenen Ermessensentscheidung des Verwahrers ist auch denkbar, dass die Parteien in diesem Fall die Frage, ob das Herausgabeverlangen zu Recht erfolgt, einem einvernehmlich von Anbieter und Anwender oder vom Verwahrer zu bestimmenden Schiedsrichter zur Entscheidung vorlegen.

8. **Vergütung.** § 6 schlägt die Zahlung eines Pauschalbetrags an den Verwalter bei oder kurz nach Abschluss der Vereinbarung vor, danach halbjährliche weitere Pauschalbeträge, die von den beiden anderen Vertragspartnern je zur Hälfte geschuldet werden. Ebenso denkbar ist die Variante, dass die Gebühren des Verwahrers allein vom Anwender getragen werden. Wenn man – wie im Form. – sowohl den Anbieter als auch den Anwender zahlungspflichtig macht, so sollte man in jedem Falle – wie in § 6 Abs. 3 – die selbstschuldnerische Haftung des Anbieters und des Anwenders für den von der jeweils anderen Vertragspartei zu entrichtenden Gebührenanteil vorsehen.

9. **Haftung des Verwahrers.** Das Formular sieht (nur) für den Fall leichter Fahrlässigkeit eine summenmäßig begrenzte Haftung des Verwahrers vor. Eine Haftungsbeschränkung liegt insofern nahe, als die für den Verwahrer schwer übersehbaren Folgen einer Schadensverursachung außer Verhältnis zu der in § 6 geregelten Vergütung geraten können. Auch für den Fall grober Fahrlässigkeit die Haftung zu begrenzen liegt zumindest aus der Sicht des Anbieters und des Anwenders nicht besonders nahe, denn es geht hier um eine professionelle, angemessen vergütete Übertragung von Aufgaben, für die in §§ 1–4 ein klar begrenzter Handlungsrahmen definiert ist. Soweit das Formular nicht als Anregung für eine Individualvereinbarung verwendet wird, sondern AGB-Recht Anwendung findet, sind die Grenzen zu beachten, die auch der Haftungsbeschränkung im Falle leichter Fahrlässigkeit gesetzt sind (→ Form. VI.1 § 14 nebst dortiger → Anm. 25). Ist der Verwahrer Notar, so ergeben sich Haftungsbeschränkungen schon aus § 19 BNotO; sie reichen allerdings wegen der in § 19 Abs. 1 S. 2 BNotO erwähnten Ausnahme in Bezug auf Amtsgeschäfte im Sinne des hier anwendbaren § 23 BNotO nicht so weit wie im Kernbereich der notariellen Tätigkeit.

10. **Nutzung der Source Codes.** § 8 Abs. 1 des Formulars stellt klar, dass die Herausgabe der Source Codes an den Anwender allein dazu dient, dass dieser seine im Softwarevertrag geregelten Nutzungsbefugnisse und seine aus § 69d UrhG resultieren-

den Rechte wahrnehmen und die Software bestimmungsgemäß nutzen kann. Jede darüber hinausgehende Verwertung oder Nutzung der Source Codes wäre sowohl vertrags- als auch urheberrechtswidrig. Soweit sich der Anwender in diesem vertraglichen und gesetzlichen Rahmen bewegt, geht dem Anbieter (oder dessen Gläubigern, → Anm. 6) nichts Wesentliches verloren: er behält in jeder sonstigen Hinsicht die ausschließlichen Vervielfältigungs-, Verbreitungs- und sonstigen urheberrechtlich relevanten Nutzungsrechte.

Die in den Source Codes verkörperten Kenntnisse stellen Betriebsgeheimnisse des Anbieters dar. § 8 Abs. 2 des Formulars verpflichtet deshalb den Anwender, der sein vertragliches Herausgaberecht durchsetzt, zu äußerst sorgfältigem Umgang mit diesem wertvollen Know-how. Ihm ist nicht nur gemäß § 8 Abs. 1 jede den Herausgabezweck überschreitende Verwertung untersagt, sondern er muss seinerseits faktische und rechtliche Schutzvorkehrungen treffen, um einen Missbrauch des Informationszugangs sowohl im eigenen Hause als auch auf Seiten eventuell eingeschalteter Auftragnehmer so zuverlässig wie möglich zu verhindern. Das Formular geht in § 8 Abs. 2 so weit, dass der Anwender von denjenigen Personen, denen er zur Mangelbeseitigung und/oder Programmpflege Einblick in die Source Codes gewährt, ausdrückliche, gerade diese Vorgänge und Kenntnisse betreffende Geheimhaltungsvereinbarungen beibringen muss, obwohl sich aus den Anstellungs- oder Auftragsverhältnissen in der Regel bereits allgemeine – ausdrückliche oder implizierte – Geheimhaltungspflichten ergeben und die unbefugte Sicherung, Verwertung oder Weitergabe fremder Geschäfts- und Betriebsgeheimnisse bereits nach § 23 GeschGehG einen Straftatbestand darstellt und gemäß § 10 GeschGehG und iVm §§ 823 Abs. 2 eine Verpflichtung zum Schadensersatz auslöst (vgl. noch zu § 17 UWG a.F. *Harte-Bavendamm* in Gloy/Loschelder/Erdmann, Handbuch des Wettbewerbsrechts, 4. Auflage, München 2010, § 77 Rn. 5). Die Anforderung separater, auf diesen Spezialfall gerichteter schriftlicher Geheimhaltungserklärungen hat insofern primär die Bedeutung eines besonderen Warnhinweises.

11. Vertragsstrafen. Im Hinblick auf die gravierenden Beeinträchtigungen, die sowohl der Anbieter als auch der Anwender befürchten muss, wenn die jeweils andere Partei des Softwarevertrags die in dieser Hinterlegungsvereinbarung vorgesehenen Pflichten verletzt, sieht das Formular in § 9 zusätzliche Sanktionen in Form von uU sehr spürbaren Vertragsstrafen vor. Was den Anbieter betrifft, so geht es vor allem darum, diesen zu einer gewissenhaften Erfüllung seiner Pflichten aus § 1 Abs. (1) und Abs. (3) anzuhalten, zumal der Verwahrer gemäß § 1 Abs. (4) S. 3 den Inhalt der ihm übergebenen Pakete nicht überprüfen kann. Umgekehrt muss der Anbieter besonders daran interessiert sein, dass dem Anwender möglichst jeder Anreiz genommen wird, durch unrichtige Angaben eine Herausgabe nach § 4 Abs. (2) zu erwirken oder die Source Codes auch jenseits der in § 8 bestimmten Schranken kommerziell einzusetzen. Nach dem Vorschlag in § 9 des Form. ist also die Verwirkung von Vertragsstrafen auf Pflichten beschränkt, deren Verletzung für den jeweiligen Gläubiger potenziell besonders bedrohlich ist. Die Vertragsstrafenbestimmung beschränkt sich ferner auf das Verhältnis zwischen Anbieter und Anwender, lässt also die Position des Verwahrers unberührt.

In § 9 Abs. (3) wird für die in jedem Einzelfall fällig werdende Vertragsstrafe ein bestimmter, durch einen festen Mindest- und Höchstbetrag definierter Rahmen genannt. In Abhängigkeit von der Schwere des in Rede stehenden Verstoßes setzt der jeweilige Gläubiger die konkrete Höhe der Vertragsstrafe nach billigem Ermessen (§ 315 BGB) fest. Diese Entscheidung ist im Streitfall vom zuständigen Gericht dahingehend zu überprüfen, ob sie der Billigkeit entspricht. Das Gericht ist befugt, falls es zu der Überzeugung gelangt, dass die Ermessensgrenze der Billigkeit überschritten ist, die Leistungsbestimmung selbst vorzunehmen. Dagegen darf es die Bestimmung nicht bereits dann ersetzen, wenn es eine andere Bestimmung für richtig(er) hält (vgl. *Würdinger* in Münchener Kommentar zum BGB, 8. Aufl. 2019, § 315 Rn. 52). Eine der Alternativen liegt darin, dass innerhalb des vorgezeichneten Rahmens die Festsetzung der Vertragsstrafe nicht durch den Gläubiger, sondern durch einen Dritten (allerdings nicht unmittelbar durch das Gericht) erfolgt. Ob es demgegenüber sinnvoller ist, weder eine Entscheidung nach billigem Ermessen, noch verbindliche Mindest- und Höchstbeträge vorzusehen, hängt vom Einzelfall ab. Generell sollte es sich im Ergebnis jedenfalls um eine spürbare Sanktion mit deutlichem Abschreckungseffekt handeln. Tendenziell ergibt sich bei Vereinbarung eines festen Vertragsstrafenbetrags die Gefahr, dass dieser für die besonders einschneidenden Vertragsstrafenverletzungen einerseits nicht hoch genug ist, auf der anderen Seite aber zu hoch erscheinen kann, wenn er schon bei einer in Bezug auf Folgen und Verschuldensgrad relativ leichten Vertragsverletzung verwirkt sein soll.

12. Laufzeit, Kündigung. Je nachdem, um welche Art von Software mit welchem voraussichtlichen Lebenszyklus es sich handelt, wird der Anwender auf eine erhebliche Mindestlaufzeit der Vereinbarung Wert legen. Das Formular geht in § 10 Abs. 1 von einer Kombination aus einer festen Vertragslaufzeit von fünf Jahren und anschließenden Vertragsverlängerungen aus, soweit nicht vor Ablauf der jeweiligen Periode mit einer Frist von sechs Monaten gekündigt wird. Es erscheint durchaus denkbar, auch für einen fünf Jahre überschreitenden Zeitraum vorzusehen, dass eine Beendigung der Vereinbarung nur aus wichtigem Grund möglich sein soll.

Was die – bei Dauerschuldverhältnissen nicht auszuschließende – außerordentliche Kündigung betrifft, so versucht das Formular, deren Voraussetzungen und Folgen unter zwei Aspekten zu konkretisieren: zum einen wird durch § 10 Abs. 2 angestrebt, das von der *ultima ratio* der außerordentlichen Kündigung in aller Regel erst dann Gebrauch gemacht werden kann, wenn die beiden anderen Vertragsparteien zuvor Gelegenheit zur Prüfung und eventuellen Ausräumung des angeführten Kündigungsgrundes hatten. Zum anderen zielen Abs. 3 und Abs. 4 darauf ab, Besonderheiten zu erfassen, die sich aus der Dreiseitigkeit der Vereinbarung ergeben: Betrifft die außerordentliche Kündigung (aktiv oder passiv) den Verwahrer, so soll dem Anbieter und dem Anwender angemessene Gelegenheit gegeben werden, einen Nachfolger auszuwählen oder bestimmen zu lassen. Dem Verwahrer, der aus wichtigem Grund wirksam gekündigt hat, ist wohl kein wesentlich längerer Übergangszeitraum als die in § 10 Abs. 4 erwähnte Periode von drei Monaten zuzumuten. Die in Abs. 3 und Abs. 4 erwähnten Fristen geben den Vertragsparteien uU auch Gelegenheit, durch einstweilige gerichtliche Maßnahmen unvertretbare Ergebnisse zu verhindern. Insgesamt wird aber die Schwelle für eine Kündigung aus wichtigem Grund bei der hier vorhandenen Konstellation besonders hoch anzusetzen sein. Insbesondere der Anwender wird im Übrigen im Einzelfall sehr genau prüfen müssen, ob eine außerordentliche Kündigung der sinnvollste Weg ist, seinem Anliegen zur Durchsetzung zu verhelfen.

13. Rechtsnachfolge. Gerade in Anbetracht der nach dem Sachverhalt (→ Anm. 1; → Anm. 12) unterstellten Langfristigkeit der Beziehungen ist ohne weiteres denkbar, dass es auf Seiten irgendeiner Vertragspartei zu einer Rechtsnachfolge kommt, beispielsweise indem der Anbieter sämtliche Rechte an seinen Standardprogrammen auf ein anderes Unternehmen überträgt, möglicherweise auch generell sämtliche Rechte und Pflichten aus dem Softwarevertrag (soweit dieser dies zulässt). Das Formular verbietet die Abtretung von Rechten aus dieser Vereinbarung nicht. § 11 Abs. 2 sieht jedoch vor, dass der Anbieter und der Anwender verpflichtet sind, im Falle der Rechtsnachfolge auch ihre aus dieser Vereinbarung resultierenden Pflichten mit zu übertragen. Dagegen ist der Verwahrer nach diesem Formular nicht berechtigt, eine andere natürliche oder juristische Person an seine Stelle treten zu lassen.

8. Vertrag über die Pflege von Software

Zwischen[1, 2]

der Firma ..... (nachfolgend „Auftragnehmer" genannt)
und
der Firma ..... (nachfolgend „Kunde" genannt)

wird folgender Vertrag geschlossen:

§ 1 Vertragsgegenstand[3]

(1) Der Auftragnehmer übernimmt die Pflege der in der Anlage 1 (nachfolgend „Pflegeschein")[4] bezeichneten Software (nachfolgend „Vertragssoftware" genannt) nach den Bestimmungen dieses Vertrags:
a) Die Pflege umfasst Wartungsleistungen gemäß § 2 zur Aufrechterhaltung der Betriebsbereitschaft der Vertragssoftware beim Kunden und zur Beseitigung von auftretenden Mängeln und im Rahmen des Zumutbaren von sonstigen Fehlern, ohne dass jedoch jegliche Unterbrechung der Betriebsbereitschaft ausgeschlossen werden kann. Ein „Mangel" im Sinne dieses Vertrags liegt vor, wenn die Vertragssoftware die in ihrer Leistungsbeschreibung angegebenen Funktionen nicht erfüllt, falsche Ergebnisse liefert, ihren Lauf unkontrolliert abbricht oder sich in anderer Weise nicht funktionsgerecht verhält, so dass die Nutzung der Vertragssoftware verhindert oder beeinträchtigt wird. „Sonstige Fehler" im Sinne dieses Vertrags sind Unvollkommenheiten der Vertragssoftware, die deren Funktion beeinträchtigen.
b) Die Pflege umfasst wahlweise gemäß § 3 auch die Erbringung von Änderungsleistungen zur Anpassung der Vertragssoftware und deren Programme an die Belange des Kunden.
(2) Die Pflege erstreckt sich auch auf die zu der Vertragssoftware gehörenden Dokumentationen sowie auf Datenbestände (Dateien, Datenbankmaterial), die Teile der im „Pflegeschein" bezeichneten Software oder dort an deren Stelle genannt sind.
(3) Die Pflege ist auf die Vertragssoftware, dh die Software beschränkt, die im „Pflegeschein" bezeichnet ist und auf den im „Pflegeschein" angegebenen IT-Systemen (nachfolgend „IT-Systemen") installiert ist. Die Änderung der Installation und des Installationsorts des IT-Systems ist dem Auftragnehmer schriftlich mitzuteilen und im „Pflegeschein" zu vermerken. Eine Fortsetzung der Pflege am neuen Installationsort kann der Auftragnehmer nur aus wichtigem Grunde verweigern. Zusätzliche Kosten, die durch Änderung des Installationsorts bei der Ausführung der Pflege entstehen, gehen zu Lasten des Kunden.
(4) Nicht Gegenstand dieses Vertrags sind die Wartung von IT-Systemen und mit Ausnahme der unter §§ 2 und 3 ausdrücklich beschriebenen Leistungen die Erstellung oder Überlassung von Software.

§ 2 Wartungsleistungen[5]

(1) Der Auftragnehmer erbringt für die Vertragssoftware vorbeugende Wartungsleistungen zur Behebung von Mängeln oder sonstigen Fehlern, die dem Auftragnehmer in der im „Pflegeschein" bezeichneten Vertragssoftware unabhängig von deren Nutzung durch den Kunden bekannt werden, durch die Auslieferung von Patches und/oder Updates. „Patches" im Sinne dieses Vertrags sind Softwarelieferungen, die allein der Beseitigung von aufgetretenen Fehlern dienen. „Updates" im Sinne dieses Vertrags sind Softwarelieferungen, durch welche die Fehler der Vertragssoftware beseitigt und die Funktionalität

derselben verbessert werden, ohne dass die Vertragssoftware damit neue Funktionen erhält. Die Behebung von sonstigen Fehlern durch die vorbeugenden Wartungsleistungen in Form der Einspielung von Patches und/oder Updates erfordert die Einwilligung des Kunden.

(2) Die Wartungsleistungen umfassen auf Verlangen des Kunden auch die Lieferung und Installation von über Patches und Updates hinausgehenden neuen Versionen der Vertragssoftware[6] und die Sicherstellung von deren Betriebsbereitschaft. Hierzu gehört auch die einmalige Unterrichtung des Personals des Kunden über Umfang und Art der Abweichungen von der vorausgehenden Vertragssoftwareversion.

(3) Der Auftragnehmer stellt einen Hotline-Service zur Verfügung, über den der Kunde Beratung zur Beseitigung von ihm selbst behebbarer Störungen telefonisch oder mittels E-Mail anfordern kann.

(4) Der Auftragnehmer erbringt zudem auf Abruf Wartungsleistungen[7] zur Behebung von Mängeln der Vertragssoftware und im Rahmen des Zumutbaren von sonstigen Fehlern, die während der Nutzung der Vertragssoftware auftreten und/oder in der zugehörigen Anwendungsdokumentation offenkundig werden.

a) Zur Fehlerbehebung gehören die Eingrenzung der Fehlerursache, die Fehlerdiagnose sowie die Behebung des Fehlers oder, soweit dies mit vertretbarem Aufwand nicht möglich ist, die Herstellung der Betriebsbereitschaft der Vertragssoftware durch eine Umgehung des Fehlers. Die Behebung eines Mangels in der Vertragssoftware umfasst auch die Berichtigung der zugehörigen Anwendungsdokumentation.

b) Sonstige Fehler werden im Rahmen der Wartungsleistungen behoben, wenn dies mit vertretbarem Aufwand möglich ist. Letzteres ist nicht der Fall, wenn der Fehler nur durch Neuprogrammierung wesentlicher Teile des betreffenden Programms der Vertragssoftware behoben werden kann.

c) Zu den Wartungsleistungen im Rahmen der Behebung von Mängeln und sonstigen Fehlern gehört die einmalige Unterrichtung des Personals des Kunden über Umfang und Art der durchgeführten Arbeiten.

(5) Sobald der Auftragnehmer eine Wartungsanforderung des Kunden für die Vertragssoftware gemäß Abs. (3) und (4) erhalten hat, führt er eine telekommunikationsgestützte Beratung und Fernwartung durch. Die Beratung und Fernwartung erfolgt telefonisch, per Daten-Transfer oder per E-Mail. Soweit erforderlich werden dazu auch Daten per E-Mail oder sonst per Daten-Transfer über das Internet an den Kunden übermittelt. Mit Einverständnis des Kunden kann die Fernwartung auch durch einen direkten Fernzugriff auf die IT-Systeme, auf denen die Vertragssoftware installiert ist, erfolgen. Voraussetzung hierfür ist, dass beim Kunden die dafür notwendigen technischen Einrichtungen bestehen und diese sowie die Telekommunikationssysteme des Kunden funktionsbereit sind. Soweit die Fernwartung nicht zum Erfolg führt, werden die Wartungsleistungen durch Mitarbeiter des Auftragnehmers am Installationsort durchgeführt.

(6) Die Reaktionszeiten für die Fehlerbehebung sind im „Pflegeschein" geregelt. Mit Wartungsleistungen im Rahmen der Mängel- und Fehlerbehebung gemäß Abs. (4) wird durch den Auftragnehmer innerhalb eines angemessenen Zeitraums, nachdem der Fehler dem Auftragnehmer bekannt geworden ist, begonnen. Schwerwiegende, die Nutzung der Vertragssoftware gefährdende Fehler werden innerhalb der für die betreffende Vertragssoftware im „Pflegeschein" vereinbarten Fehlerbehebungszeit beseitigt oder durch vorübergehende Umgehungslösungen abgestellt.

(7) Der Auftragnehmer setzt für die Wartungsarbeiten qualifiziertes Personal ein, das mit der im „Pflegeschein" bezeichneten Vertragssoftware vertraut ist, und stellt zur effizienten Ausführung der Pflegearbeiten geeignete, dem Stand der Technik entsprechende Werkzeuge wie Testprogramme, Testdaten-Generatorprogramme, Fehlersuchprogramme und andere Diagnosehilfen zur Verfügung.[8]

(8) Die Wartungsleistungen erfolgen an Werktagen von Montag bis Freitag jeweils zwischen 7^{00} und 18^{00} Uhr. Sofern im „Pflegeschein" angegeben, wird der Zeitraum an den genannten Tagen bis jeweils 24^{00} Uhr verlängert und/oder auf Sonnabend von 7^{00} bis 18^{00} Uhr erweitert. Eine darüber hinausgehende Wartungsbereitschaft bedarf der besonderen Vereinbarung.[9]

§ 3 Änderungsleistungen

(1) Der Auftragnehmer führt an der im „Pflegeschein" bezeichneten Vertragssoftware Änderungen durch,[10] soweit dies im „Pflegeschein" angegeben ist. Die Änderungsleistungen umfassen die Anpassung der Programme, der Datenstrukturen und -bestände sowie der zugehörigen Anwendungsdokumentation an die Belange des Kunden. Hierzu gehören die Anpassung an geänderte oder neue IT-Systeme und/oder Software und/oder geänderte Nutzungserfordernisse des Kunden. Art, Umfang, Einsatzbedingungen, und Stundensätze für Änderungen, sind in einem Anhang zum „Pflegeschein" festgelegt.
(2) Über die genaue Leistungsbeschreibung (einschließlich eines verbindlichen Leistungszeitraums) für die jeweiligen Änderungen werden sich die Parteien gesondert verständigen. Der Auftragnehmer wird vom Kunden geforderte Änderungen nicht wider Treu und Glauben ablehnen.
(3) Die Änderungen erfolgen nach Wahl des Auftragnehmers zentral oder dezentral am Installationsort und werden sodann durch den Auftragnehmer am Installationsort installiert. Die Änderungsleistungen umfassen auch die einmalige Unterrichtung des Personals des Kunden über Umfang und Art der Änderungen und über die Nutzung der geänderten Vertragssoftware.
(4) Vorgenommene und überlassene Änderungen bedürfen der Abnahme durch den Kunden innerhalb angemessener Zeit.

§ 4 Nicht umfasste Leistungen

(1) Können im Rahmen der Pflege Mängel oder sonstige Fehler der Vertragssoftware durch Übergang auf eine verfügbare neue Version dieser Vertragssoftware behoben werden, ist der Auftragnehmer zur Ausführung der Wartungsleistungen gemäß § 2 nur verpflichtet, wenn der Kunde triftige Gründe hat, nicht auf die neue Version der Vertragssoftware überzugehen. Das Gleiche gilt mit Blick auf Änderungsleistungen gemäß § 3, soweit die Anpassung an Kundenbelange durch einen solchen Übergang erreicht werden kann. Von Satz 1 nicht betroffen ist die kurzfristige Behebung oder Umgehung von einzelnen Fehlern, soweit sie zur Aufrechterhaltung der Nutzung der Vertragssoftware bis zur Installation der neuen Version der Vertragssoftware notwendig ist.[11]
(2) Nicht in den Pflegeleistungen enthalten sind[11]
a) Wartungsleistungen außerhalb der in § 2 geregelten Perioden der Wartungsbereitschaft;
b) Wartungsleistungen für Vertragssoftware, die nicht unter den vom Hersteller vorgegebenen Einsatzbedingungen genutzt werden;
c) Wartungsleistungen für die Teile der oder das Zusammenspiel mit den Teilen der Vertragssoftware, die durch kundenseitige Programmierarbeiten verändert wurden;
d) Wartungsleistungen für Teile der Vertragssoftware, deren Funktion von anderen Programmen und/oder anderer Software abhängt, es sei denn, zwischen dem Kunden und dem Auftragnehmer besteht ein entsprechender Pflegevertrag auch für diese anderen Programme und/oder andere Software;
e) Änderungsleistungen für Anpassungen, zu deren Realisierung eine Neuprogrammierung von selbstständig einsetzbaren Programmmodulen programmiertechnisch notwendig oder zweckmäßig ist;

f) die Unterrichtung des Personals des Kunden über den in § 2 Abs. (3) und (6) sowie § 3 Abs. (2) angegebenen Rahmen hinaus;
g) die Erstellung oder Überlassung von Software oder eine Beratungstätigkeit hierüber oder über den Einsatz von IT-Systemen.

(3) Zusätzliche Leistungen[12] gemäß Abs. (2) Ziffern a) bis g) wird der Auftragnehmer auf Anforderung des Kunden gegen separate Berechnung erbringen, wenn ihm zum Zeitpunkt der Anforderung genügend Pflegepersonal zur Verfügung steht.
a) Mit der Anforderung ist eine Leistungsbeschreibung zu vereinbaren. Im Falle von Ziffer c) und d) hat der Kunde außerdem eine ausführliche Dokumentation der Softwareänderungen oder der nicht zur Originalfassung gehörenden Programmteile zur Verfügung zu stellen.
b) Die Berechnung erfolgt nach Zeitaufwand auf der Basis der zum Zeitpunkt der Anforderung allgemein gültigen Stundensätze des Auftragnehmers. Soweit die Arbeiten am Installationsort auszuführen sind, werden Reise- und Unterbringungskosten dem Kunden separat in Rechnung gestellt.
c) Im Übrigen gelten § 2 Abs. (2) bis (8) sinngemäß.

§ 5 Mitwirkungspflicht des Kunden[13]

(1) Bei Feststellung, Eingrenzung und Meldung von Fehlern oder sonstigen Mängeln hat der Kunde die zur Vertragssoftware gehörige Anwendungsdokumentation und eventuelle Hinweise des Auftragnehmers zu beachten. Der Kunde trifft im Rahmen des Zumutbaren die erforderlichen Maßnahmen zur Feststellung, Eingrenzung und Dokumentation der Fehler oder der sonstigen Mängel. Hierzu gehören die Anfertigung eines Mängelberichts, von Systemprotokollen und Speicherauszügen, die Bereitstellung der betroffenen Eingabe- und Ausgabedaten, von Zwischen- und Testergebnissen und andere zur Veranschaulichung der Fehler oder der sonstigen Mängel geeignete Unterlagen.

(2) Der Kunde gestattet dem Pflegepersonal des Auftragnehmers nach dessen Wahl vor Ort oder per direktem Fernzugriff den Zugang zu den im „Pflegeschein" angegebenen IT-Systemen, auf denen die dort bezeichnete Vertragssoftware installiert ist. Er hält auch die für die Durchführung örtlicher Pflegearbeiten notwendigen technischen Einrichtungen (wie Stromversorgung, Telekommunikationsverbindungen und Datenanbindungen) funktionsbereit und stellt diese in angemessenem Umfang kostenlos zur Verfügung.

(3) Der Kunde benennt einen seiner am Installationsort tätigen Mitarbeiter als Ansprechpartner des Pflegepersonals des Auftragnehmers.

(4) Der Auftragnehmer ist von seinen Verpflichtungen gemäß § 2 und § 3 befreit, soweit der Kunde seinen Mitwirkungspflichten nicht nachkommt.

§ 6 Vergütung[14]

(1) Der Kunde entrichtet für die Wartungsleistungen die im „Pflegeschein" angegebenen Gebühren jeweils am Beginn des dort genannten Berechnungszeitraums, und zwar einschließlich der Zuschläge für die im „Pflegeschein" angegebenen Sonderleistungen. Die anteiligen Gebühren für einen Wartungszeitraum, der vor Beginn des ersten vollen Berechnungszeitraums liegt, wird dem Kunden zusammen mit der Gebühr für den ersten vollen Berechnungszeitraum in Rechnung gestellt.

(2) Die Reise- und Unterbringungskosten für die Wartungsleistungen vor Ort gemäß § 2 trägt der Auftragnehmer, es sei denn, dass sich herausstellt, dass die im Rahmen der Fernwartung übermittelten Arbeitsergebnisse geeignet waren, den Fehler oder die sonstigen Mängel zu beheben. Im letzteren Falle werden die Reise- und Unterbringungskosten des Pflegepersonals vom Kunden getragen.

(3) In den Gebühren und Zuschlägen gemäß Abs. (1) nicht enthalten ist die Vergütung von Pflege- und/oder Unterstützungsleistungen, die notwendig werden, weil der Kunde in der Anwendungsdokumentation der Vertragssoftware enthaltene Anweisungen nicht befolgt, die Vertragssoftware falsch bedient oder die Vertragssoftware und/oder zugehörige Daten sonst schuldhaft beschädigt oder modifiziert hat. Solche Pflege- und/oder Unterstützungsleistungen werden nach Zeitaufwand auf der Basis der zum Zeitpunkt der Auftragserteilung allgemein gültigen Stundensätze des Auftragnehmers berechnet.

(4) Die Änderungsleistungen gemäß § 3 werden nach Zeitaufwand auf der Basis der zum Zeitpunkt der Auftragserteilung allgemein gültigen Stundensätze des Auftragnehmers berechnet. Der Gesamtbetrag wird dabei einen ggf. in der Leistungsbeschreibung gemäß § 3 Abs. (1) festgelegten Höchstbetrag nicht übersteigen. Reise- und Unterbringungskosten werden separat in Rechnung gestellt.

(5) Der Kunde vergütet ferner etwaige Zusatzleistungen gemäß § 4 nach der dort angegebenen Berechnungsform.

(6) Gebühren, Zuschläge und Stundensätze verstehen sich zuzüglich der jeweils anwendbaren gesetzlichen Mehrwertsteuer.

(7) Rechnungen des Auftragnehmers werden innerhalb von 2 Wochen nach Rechnungsdatum ohne Abzug fällig.

(8) Der Auftragnehmer hat das Recht, die Gebühren und Zuschläge gemäß Abs. (1) bis (3) sowie Stundensätze durch schriftliche Ankündigung unter Einhaltung einer Frist von 6 Wochen zum Quartalsende entsprechend der allgemeinen Preisentwicklung zu ändern. Eine solche Änderung ist jedoch frühestens 36 Monate nach Abschluss des Pflegevertrags für eine bestimmte Vertragssoftware zulässig und darf die Gebühren des vorausgehenden Zwölfmonatszeitraums um nicht mehr als 10 % überschreiten. Soweit eine Erhöhung der Gebühren oder Zuschläge um mehr als 5 % des vorausgehenden Zwölfmonatszeitraums erfolgt, kann der Kunde den Vertrag ohne Rücksicht auf § 13 schriftlich mit einer Frist von 3 Wochen zum Erhöhungszeitpunkt kündigen.

§ 7 Geheimhaltung[15]

(1) Der Auftragnehmer wird ihm während der Pflegeleistungen zur Kenntnis gelangende Informationen, Daten oder Unterlagen des Kunden, die als Geschäfts- oder Betriebsgeheimnis gekennzeichnet oder aufgrund sonstiger Umstände eindeutig als solche erkennbar sind, während der Dauer des Vertrags und nach dessen Beendigung geheim halten. Er wird solche Informationen, Unterlagen oder Daten weder aufzeichnen noch speichern, vervielfältigen oder in irgendeiner Form nutzen oder verwerten.

(2) Die Geheimhaltungspflicht gemäß Abs. (1) gilt nicht, soweit die Erlaubnisse und Ausnahmen der §§ 3 bzw. 5 GeschGehG eingreifen, sowie gegenüber solchen Personen, die gesetzlich oder aufgrund Gestattung der jeweils anderen Partei zur Kenntnisnahme befugt und zur Verschwiegenheit verpflichtet sind, sowie für Veröffentlichungen, die aufgrund gesetzlicher Bestimmungen und/oder behördlicher Anordnungen von einer der Parteien verlangt werden können. Der Geheimhaltungspflicht unterliegen nicht bzw. nicht mehr solche vertraulichen Informationen, die allgemein bekannt sind oder allgemein bekannt werden, ohne dass dies von der offenbarenden Partei zu vertreten ist. Das Vorliegen einer der vorstehenden Ausnahmen hat die sich hierauf berufende Partei zu beweisen.

(3) Der Auftragnehmer wird sein Personal entsprechend unterweisen und zur Einhaltung der Vereinbarung gemäß Abs. (1) schriftlich verpflichten. Er wird seinem Personal die Geheimnisse nur soweit erforderlich zugänglich machen.

§ 8 Datenschutz[16]

(1) Der Auftragnehmer wird während der Vertragslaufzeit im Rahmen der Pflegeleistungen personenbezogene Daten nur für deren Erbringung und nach Maßgabe und den

Weisungen des Kunden erheben, verarbeiten oder nutzen. Der Auftragnehmer agiert insofern als Auftragsverarbeiter im Sinne von Art. 28 EU-Datenschutzgrundverordnug (DSGVO). Der Kunde bleibt Herr der Daten. Der Auftragnehmer wird insbesondere Weisungen folgen, solche Daten zu berichtigen, zu löschen oder zu sperren. Ist er der Ansicht, dass eine Weisung des Auftraggebers gegen die EU-Datenschutzgrundverordnug (DSGVO), das Bundesdatenschutzgesetz (BDSG) und/oder andere Vorschriften über den Datenschutz verstößt, hat er den Auftraggeber unverzüglich darauf hinzuweisen.

(2) Die weiteren Detail der Auftragsverarbeitung sind in der Anlage 2 geregelt.

§ 9 Rechte an der Vertragssoftware und an Arbeitsergebnissen[17]

(1) Der Auftragnehmer räumt dem Kunden das Recht ein, die unter diesem Vertrag überlassene Software und Arbeitsergebnisse der vertragsgemäßen Pflegearbeiten nach Maßgabe des Überlassungsvertrags als Teil dieser Vertragssoftware unter dessen Bedingungen zu nutzen. Eine weitergehende Nutzung und Verwertung durch den Kunden ist ausgeschlossen. Der Auftragnehmer behält alle übrigen Verwertungsrechte, so auch das Recht, gleiche Arbeitsergebnisse Dritten zur Verfügung zu stellen.

(2) Die Arbeitsergebnisse der Pflege an dem Kunden exklusiv zustehender Vertragssoftware gehören dem Kunden. Ihm stehen insoweit die übertragbaren, exklusiven, zeitlich, inhaltlich und örtlich unbeschränkten Rechte zur Nutzung, Bearbeitung und Verwertung im Rahmen sämtlicher bekannter und unbekannter Nutzungsarten zu, und zwar einschließlich des Rechts zur Unterlizenzierung. Bestehende Rechte Dritter bleiben unberührt. Zu den bekannten Nutzungsarten in diesem Sinne gehören insbesondere ...... Der Auftragnehmer ist frei, ähnliche Arbeitsergebnisse für Dritte zu schaffen.

(3) Über Ideen, Verfahren, Konzeptionen und sonstige Techniken, die in Ausführung der vertragsgemäßen Pflege entstehen und in die Arbeitsergebnisse gemäß Abs. (1) und (2) eingehen, können beide Vertragspartner frei verfügen. Gleiches gilt für Know-how und Erfahrungen, die während der Ausführung der vertragsgemäßen Pflegearbeiten und der Nutzung ihrer Ergebnisse gewonnen werden. Unberührt davon bleibt der Schutz betriebsspezifischen Know-hows und spezifischer Betriebsgeheimnisse gemäß § 7.

§ 10 Fremde Rechte[18]

(1) Der Auftragnehmer verpflichtet sich, dafür zu sorgen, dass er das Recht besitzt, an dieser Vertragssoftware Bearbeitungen und Änderungen vorzunehmen oder vornehmen zu lassen und die bearbeitete oder geänderte Vertragssoftware zu benutzen sowie anderen die Benutzung zu gestatten.

(2) Für kundeneigene Software und für Software, an der der Kunde das Recht besitzt, diese bearbeiten oder ändern zu lassen und die bearbeitete oder geänderten Software zu benutzen, räumt der Kunde dem Auftragnehmer das Recht ein, eine solche Bearbeitung oder Änderung für den Kunden im Rahmen von § 2 oder § 3 durchzuführen.

§ 11 Mängelhaftung und Mängelrechte[19]

(1) Der Auftragnehmer verpflichtet sich, dafür zu sorgen, dass die Ergebnisse der Änderungsleistungen gemäß § 3 Abs. (1) mit der dort genannten Leistungsbeschreibung übereinstimmen. Die fehlende Übereinstimmung der Ergebnisse der Änderungsleistungen ist von Seiten des Kunden in einer konkreten Mängelbeschreibung zu dokumentieren.

(2) Gelingt es dem Auftragnehmer innerhalb einer angemessenen Frist nicht, durch Nacherfüllung vom Kunden angezeigte Mängel abzustellen, kann der Kunde die Herabsetzung der Vergütung verlangen, von der Vereinbarung über die Änderungsleistungen zurücktreten oder den Vertrag fristlos kündigen und/oder Schadens- bzw. Aufwendungs-

ersatz fordern. Für Schadensersatzansprüche gilt § 12. Dieser Absatz findet auch Anwendung auf Änderungsleistungen, die als zusätzliche Leistung gemäß § 4 erbracht werden.

(3) Die Mängelhaftung und Mängelrechte verjähren im Fall von Werkleistungen innerhalb von 18 Monaten. Die Verjährungsfrist beginnt mit der Abnahme der Arbeitsergebnisse. Alternativ beginnt sie mangels formeller Abnahme mit der Inbetriebnahme der betreffenden Vertragssoftware. Die Mängelhaftung endet im Fall von kaufvertraglichen Leistungen 12 Monate nach Lieferung der betreffenden Vertragssoftware. Ausgenommen von einer Verjährungsverkürzung nach Maßgabe dieses § 11 Abs. (3) bleiben Ansprüche wegen vorsätzlicher Handlungen und/oder Schadensersatzansprüche.

(4) Tritt nach einer Änderung einer Vertragssoftware innerhalb der Mängelhaftungsfrist ein auf dieser Änderung beruhender oder bisher verborgen gebliebener Fehler auf, ist dieser nach Wahl des Auftragnehmers durch Nacherfüllung in Form der Nachbesserung oder Neuerstellung zu beheben.

(5) Ist eine Nacherfüllung innerhalb angemessener Frist nicht möglich, kann der Kunde den Vertrag ganz oder in Teilen fristlos kündigen. Macht er hiervon keinen Gebrauch, entfällt für die betreffende Vertragssoftware die Gebührenpflicht. Der Auftragnehmer kann daraufhin seinerseits den Vertrag mit einer Frist von einem Monat kündigen.

§ 12 Haftungspauschalen und Haftungsbeschränkungen[20]

(1) Überschreitet der Auftragnehmer bei Wartungsleistungen aus von ihm zu vertretenden Gründen die vereinbarten Reaktionszeiten um mehr als 50 %, haftet der Auftragnehmer dem Kunden für jeden Verzugstag mit $^{3}/_{10}$ der für die betreffende Vertragssoftware zum Verzugszeitpunkt geltenden monatlichen Pflegegebühr. Dieser Betrag ist nicht zu zahlen, wenn der Auftragnehmer nachweist, dass kein oder nur ein vernachlässigbarer Fehler vorlag, der die Funktionstüchtigkeit der Vertragssoftware nicht oder nur in geringem Maße beeinträchtigt, oder dass dem Kunden kein oder nur ein geringer Schaden entstanden ist.

(2) Überschreitet der Auftragnehmer bei Änderungsleistungen die in der Leistungsbeschreibung vereinbarten Fertigstellungstermine um mehr als 30 Tage, haftet er dem Kunden für jeden weiteren Verzugstag mit einem Tagessatz der gemäß § 6 Abs. (4) zu entrichtenden Gebühr, es sei denn er hat den Verzug nicht oder nicht in diesem Umfang zu vertreten. Dieser Betrag ist weiter nicht zu zahlen, wenn der Auftragnehmer nachweist, dass dem Kunden durch den Verzug kein oder nur ein geringer Schaden entstanden ist.

(3) Im Übrigen haftet der Auftragnehmer im Fall einfacher Fahrlässigkeit unabhängig vom Rechtsgrund nur für Schäden, soweit diese durch eine schuldhafte Verletzung einer vertragswesentlichen Pflicht, nämlich einer Pflicht, deren Verletzung die Erreichung des Vertragszwecks gefährdet und/oder deren Erfüllung die ordnungsgemäße Durchführung des Vertrags überhaupt erst ermöglicht und auf deren Erfüllung der Vertragspartner regelmäßig vertrauen darf, verursacht wurden. Die Haftung gemäß dieses Abs. (1) für einfache Fahrlässigkeit ist zudem auf den vorhersehbaren und vertragstypischen Schaden begrenzt, mit dessen Entstehen jede Vertragspartei bei Vertragsschluss aufgrund der ihr zu diesem Zeitpunkt bekannten Umstände rechnen musste. Die Haftung gemäß dieses Abs. (3) ist insofern für Wartungsleistungen gemäß § 2 begrenzt auf das . . . . .-fache der Gebühren und Zuschläge, die während eines Vertragsjahres für die vom Schaden betroffene oder diesen verursachende Vertragssoftware zu den bei Entstehung des Anspruchs geltenden Gebühren- und Zuschlagssätzen zu leisten waren. Die Haftung gemäß Abs. (3) ist für Änderungsleistungen gemäß § 3 oder für zusätzliche Leistungen gemäß § 4 auf das . . . . .-fache der nach § 6 Abs. (4) und/oder Abs. (5) geschuldeten Vergütung begrenzt.

(4) Der Auftragnehmer haftet für Schäden, die auf grobe Fahrlässigkeit oder Vorsatz zurückzuführen sind, unbeschränkt. Die Haftungsbeschränkung gemäß Abs. (3) gilt davon abweichend in gleicher Weise für Schäden, die aufgrund von grober Fahrlässigkeit

von Mitarbeitern oder Beauftragten des Auftragnehmers verursacht wurden, welche nicht zu dessen Geschäftsführern oder leitenden Angestellten gehören.
(5) Eine verschuldensunabhängige Haftung des Auftragnehmers wird vorbehaltlich des Abs. (6) ausgeschlossen.
(6) Für den Verlust von Daten und deren Wiederherstellung haftet die jeweilige Vertragspartei nach Maßgabe von Abs. (3) bis (5) nur, soweit ein solcher Verlust durch angemessene Datensicherungsmaßnahmen seitens des Vertriebspartners nicht vermeidbar gewesen wäre.
(7) Die Haftungsbeschränkungen gemäß Abs. (3) bis (6) gelten sinngemäß auch zugunsten der Mitarbeiter und Beauftragten des Auftragnehmers.
(8) Die Haftung der Vertragsparteien für Schäden, die durch vorsätzliche Handlungen verursacht worden sind, sowie für Ansprüche aufgrund des Produkthaftungsgesetzes wegen des Fehlens zugesicherter und/oder garantierter Eigenschaften, wegen Beschaffenheits- und/oder Haltbarkeitsgarantien und/oder Schäden aus der Verletzung des Lebens, des Körpers oder der Gesundheit bleibt unberührt.

§ 13 Vertragsdauer[21]

(1) Der Vertrag hat eine Mindestlaufzeit, die im „Pflegeschein" festgelegt ist. Im Übrigen wird der Vertrag auf unbestimmte Zeit abgeschlossen. Der Vertrag kann ganz oder entsprechend den Zeilen des „Pflegescheins" in Teilen nur für bestimmte Vertragssoftware gekündigt werden, und zwar erstmals zum Ablauf der Mindestlaufzeit bei Beachtung einer Kündigungsfrist von drei Monaten zum Ende des nächsten, im „Pflegeschein" angegeben Berechnungszeitraums.
(2) Eine Kündigung aus wichtigem Grund bleibt vorbehalten.
(3) Die Kündigung bedarf der gesetzlichen Schriftform.

§ 14 Schlussbestimmungen

(1) Dieser Vertrag und seine Anlagen enthalten sämtliche Vereinbarungen zwischen den Vertragsparteien. Nebenabreden bestehen nicht. Änderungen oder Ergänzungen dieses Vertrags bedürfen der Schriftform. Dies gilt auch für einen Verzicht auf dieses Schriftformerfordernis.
(2) Gerichtsstand für alle Streitigkeiten aus oder in Verbindung mit diesem Vertrag ist der Firmensitz des Auftragnehmers. Jede Vertragspartei kann jedoch auch an ihrem allgemeinen Gerichtsstand in Anspruch genommen werden.
(3) Sollten einzelne Bestimmungen des Vertrags unwirksam sein, so wird hierdurch die Wirksamkeit der übrigen Bestimmungen des Vertrags nicht berührt. Die Parteien verpflichten sich, die unwirksamen Bestimmungen durch eine Ersatzregelung zu ersetzen, die dem mit der unwirksamen Bestimmung beabsichtigten Zweck unter Berücksichtigung der beiderseitigen Interessen möglichst nahekommt.
Die folgenden Anlagen sind integraler Vertragsbestandteil:
– Anlage 1 – Pflegeschein
– Anlage 2 – Auftragsverarbeitung nach Art. 28 DSGVO
(Ort, Datum, Unterschriften)
Anlagen

PFLEGESCHEIN

ANLAGE 1 ZUM „VERTRAG ÜBER DIE SOFTWAREPFLEGE"

Name und Anschrift des Kunden: . . . . .
. . . . .

Pflegevertrag-Nr . . . . . Kunden-Nr . . . . . . Pflegeschein-Nr . . . . .

Der Kunde bestellt Wartungsleistungen für folgende Software (Vertragssoftware) zu den Bedingungen des oben angegebenen Vertrags und nachfolgenden Vereinbarungen. Wahlweise bestellt der Kunde für bestimmte Software auch Änderungsleistungen zu den Bedingungen des genannten Vertrags.

Lfd. Nr.	Softwarename (ggf. Programm-Nr.)	Installiert auf IT-System			Vergütung	
		Typ	Modell	Installationsort	Höhe der Pauschalvergütung pro Berechnungszeitraum	Berechnungszeitraum

Lfd. Nr.	Verlängerung und/oder Erweiterung der Pflegebereitschaft gemäß § 2 Abs. (8) a) Wochentagszuschlag bis 24.00 Uhr b) Sonnabend von 7.00 bis 18.00 Uhr	Reaktionszeiten gemäß § 2 Abs. (5)			Fehlerbehebungszeiten gemäß § 2 Abs. (5)	Änderungsleistungen gemäß Anhang	Bemerkungen
		Fernwartung A	Vorort B	Zuschläge (in EUR) für Verkürzungen der Reakionszeiten A und B (a), b) oder c)) a) 0,75 × A, B % b) 0,50 × A, B % c) 0,25 × A, B %		ja/nein	

Fehlermeldungen und/oder die Mitteilung sonstiger Mängel sind zu richten an:

a) Während der normalen Pflegebereitschaft:
Telefon-Nr.: ..... Telefax-Nr.: ..... E-Mail-Adresse: .....
Anschrift: .....

b) Während der Verlängerung/Erweiterung der Pflegebereitschaft:
Telefon-Nr.: ..... Telefax-Nr.: ..... E-Mail-Adresse: .....
Anschrift: .....

Frühester Kündigungszeitpunkt gemäß § 13: .....

	Kunde	Auftragnehmer
Ort/Datum:	.....	.....
Unterschriften:	.....	.....

AUFTRAGSVERARBEITUNG NACH ART. 28 DSGVO

ANLAGE 2 ZUM „VERTRAG ÜBER DIE SOFTWAREPFLEGE"

.....

Schrifttum: Apitzsch, Wartungsverfahren eines Großanbieters, CR 1988, 432; *Bartsch,* Softwarepflege nach neuem Schuldrecht, NJW 2002, 1526; *ders.*, Softwarerechte bei Projekt- und Pflegeverträgen, CR 2012, 141; *von Baum,* Gestaltung von Software-Maintenance Verträgen in der internationalen Praxis, CR 2002, 705; *Bischof/Witzel,* Softwarepflegeverträge – Inhalte und Problemstellungen, ITRB 2003, 31; *Brandi-Dohrn,* Gewährleistung bei Hard- und Softwaremängeln, 2. Aufl., München 1994; *Ebel,* Kartellrechtlicher Anspruch auf Abschluß eines EDV-Wartungsvertrages?, CR 1987, 273; *Feil/Leitzen,* EVB-IT, Köln 2003, *dies.*, EVB-IT Pflege S, CR 2003, 161; *Fritzemeyer,* Die rechtliche Einordnung von IT-Verträgen und deren Folgen, NJW 2011, 2918; *Fritzemeyer/Splittgerber,* Verpflichtung zum Abschluss von Softwarepflege- und Hardwarewartungsverträgen, CR 2007, 209; *Grapentin/Ströbl,* Third Party Maintenance: Abschlusszwang und Kopplungsverlangen, CR 2009, 137; *Grützmacher,* Teilkündigungen bei Softwarepflege- und Softwarelizenzverträgen, Eine Analyse unter besonderer Berücksichtigung der AGB- und kartellrechtlichen Aspekte, ITRB 2011, 133; *Grützmacher/Freund,* Auftragsverarbeitung, in: Intveen/Gennen/Karger (Hrsg.), Handbuch des Softwarerechts, Softwareverträge aus Anbieter- und Anwendersicht, Bonn 2018; *Hardt,* Vertragstypen und Haftungsrisiken bei Softwarepflegeverträgen, CR 1991, 200; *Hartmann/Thier,* Typologie der Softwareverträge, CR 1998, 581; *Hering,* Erfolgsorientierte Softwarewartung: Gewährleistung und Haftung, CR 1991, 398; *Kremer,* ITRB 2013, 143; *Klugmann/Leenen/Salz,* Der Dienstleistervertrag nach § 43 e Abs. 3 BRAO – samt Mustervorschlag, Outsourcing und Nutzung von Clouddiensten durch Rechtsanwälte; AnwBl 2018, 283; *Jaeger,* Grenzen der Kündigung von Softwarepflegeverträgen über langlebige Industrie-Software, CR 1999, 209; *Heymann,* Gesetzliches Leitbild des Wartungsvertrags, CR 1991, 525; *Intveen,* Software-Pflegeverträge im Lichte der AGB-rechtlichen Inhaltskontrolle nach § 307 BGB, ITRB 2004, 138; *ders.,* Gerichtliche Überprüfung von Preis- und Leistungsbestimmungen bei formularmäßigen Software-Pflegeverträgen, ITRB 2005, 117; *ders.,* Vereinbarungen zur Überlassung und Pflege von Standard-Software, ITRB 2006, 115; *ders.*, Vertragsrechtliche Details zu Softwarepflegeverträgen, ITBR 2010, 90, *ders.,* Verträge über die Vermietung und Pflege von Software, ITBR 2012, 93, *Kaufmann,* Kündigung langfristiger Softwarepflegeverträge oder Abschlusszwang?, CR 2005, 841; *Koch,* Computer-Vertragsrecht, 7. Aufl., Freiburg 2009; *ders.,* Softwarepflege und anwaltliche Schweigepflicht, CR 1987, 284; *Koreng/Lachenmann,* Formularhandbuch Datenschutzrecht, 2. Aufl. 2018; *Kühling/Buchner,* Datenschutz-Grundverordnung, Bundesdatenschutzgesetz: DS-GVO/BDSG, 2. Aufl. München 2018; *Lehmann,* Rechtsschutz und Verwertung von Computerprogrammen, 2. Aufl., Köln 1993; *Lehner,* Nutzung und Wartung von Software, München 1989; *Leitzen,* EVB-IT-Pflege – Neue Einkaufsbedingungen der öffentlichen Hand für die Beschaffung von Pflegeleistungen an Standardsoftware, ITRB 2003, 78; *Lejeune,* IT-Besonderheiten der Schuldrechtsreform: Ein Praxisüberblick, K&R 2002, 441; *Marly,* Praxishandbuch Softwarerecht, 7. Aufl., München 2018; *Moritz,* Der Softwarepflegevertrag – Abschlußzwang und Schutz vor Kündigung zur Unzeit, CR 1999, 541; *Müglich,* Vertragstypologie der Leistungen in den neuen EVB-IT Pflege S, CR 2003, 633; *Müller-Hengstenberg,* Vertragsbedingungen für Softwareverträge der öffentlichen Hand, 7. Aufl. Berlin 2008; *Müthlein,* ADV 5.0 – Neugestaltung der Auftragsdatenverarbeitung in Deutschland, RDV 2016, 74; *Redeker,* IT-Recht, 6. Aufl., München 2017; *ders.,* Die Ausübung des Zurückbehaltungsrechts von Wartungs- und Pflegeverträgen, CR 1995, 385; *Runte,* Vergütung für Softwarepflege bei laufender Gewährleistung, ITRB 2003,

253; *Schmidt/Freund*, Perspektiven der Auftragsverarbeitung – Wegfall der Privilegierung mit der DS-GVO, ZD 2017, 14; *Schneider*, Handbuch des EDV-Rechts, 5. Aufl., Köln 2017; *ders.*, Schuldrechtsmodernisierung und Vergütung bei Pflegeverträgen, ITRB 2001, 242; *ders.*, Risikobereiche des Pflege-Vertrages, CR 2004, 241; *ders.*, Synchronisierung von Pflege- und Beschaffungsvertrag, ITRB 2005, 191; *ders.*, Pflege im Einsatz gegen Erschöpfung, CR 2011, 626; *Schneider/v. Westphalen*, Software-Erstellungsverträge, 2. Aufl., Köln 2014, *Schreibauer/Taraschka*, Service Level Agreements für Softwarepflegeverträge, CR 2003, 557; *Ulmer/Brandner/Hensen*, AGB Gesetz, 12. Aufl., Köln 2016; *Volle*, Rechtliche Einordnung der EDV-Systemverträge, CR 1996, 139; 408; *Wandtke/Bullinger* (Hrsg.), Praxiskommentar zum Urheberrecht, 5. Aufl., München 2019; *Welker/Schmidt*, Kündigung von Softwarepflegeverträgen durch sog. End-of-Life-Schreiben; CR 2002, 873; *Witzel/Stern*, Weiterentwicklungspflicht für Softwarehersteller? – Rechtsgrundlagen und Vertragsgestaltung im Hinblick auf die Pflicht des Herstellers zur Weiterentwicklung gelieferter Software, ITRB 2007, 215; *Zahrnt*, Computervertragsrecht in Rechtsprechung und Praxis, Köln 1999; *ders.*, Abschlußzwang und Laufzeit beim Softwarepflegevertrag, CR 2000, 205; *ders.*, Vollpflege von Standardsoftware, CR 2004.

Anmerkungen

1. Sachverhalt. Der Kunde – in der Regel ein Unternehmen, ein freiberuflich Tätiger oder eine Behörde – ist Nutzer von Computersoftware. Er kann jedoch weder in der Software gelegentlich auftretende Mängel selbst beheben noch Anpassungen der entsprechenden Programme an die Belange seines Betriebes selbst durchführen, sondern nimmt hierzu freiwillig Pflegeleistungen des Anbieters (Auftragnehmers) in Anspruch, die ihm helfen sollen, nach Auslaufen der Mängelhaftung und -rechte (Ablauf der „Gewährleistungsfristen") die Betriebsbereitschaft der Programme sicherzustellen. Die Pflegeleistungen sollen laufend zur Verfügung stehen und auftretende Mängel oder sonstige Fehler kurzfristig beheben. Sie sollen des Weiteren im Bedarfsfall auch Anpassungen an die Belange des Kunden umfassen. Der Kunde ist in nicht unerheblichem Maße abhängig von den Leistungen des Auftragnehmers.

Die Software wird auf bestimmten zentralen IT-Systemen genutzt. Der Beginn und das Ende dieser Nutzung sind variabel und differieren je nach Software. Diesen Verhältnissen trägt das Formular als Rahmenvertrag Rechnung; dem Rahmenvertrag werden „Pflegescheine" zugeordnet, in denen Pflegebedingungen für jede einzelne Software festgelegt sind.

Der Begriff „Pflege" wurde in Anlehnung an die für die öffentliche Hand geschaffenen „Besonderen Vertragsbedingungen für die Pflege von Programmen" vom 30.11.1979 und die „Ergänzenden Vertragsbedingungen für die Pflege von Standardsoftware – EVB-IT-Pflege S" vom 1.3.2003 (BVB-Pflege und EVB-IT-Pflege S, *Müller-Hengstenberg*, Vertragsbedingungen für Softwareverträge der öffentlichen Hand, 7. Aufl., S. 287 ff., 547 ff.; *Feil/Leitzen*, EVB-IT, S. 457; *Müglich* CR 2003, 633; *Intveen* ITBR 2010, 90; s. zum Begriff der Softwarepflege auch Ziff. 4.5 der DIN/ISO 9126:1991; weiter *Peter* in Schneider/v. Westphalen, Software-Erstellungsverträge, 2. Aufl., I Rn. 30: weder gesetzlich definiert noch explizite DIN-/VDI- oder VDE-Normung vorhanden) gewählt. Er wird jedoch nicht als softwarespezifisch in dem Sinn verstanden, dass eine „Wartung" nur bei Hardware möglich wäre (s. 3. Aufl., Form. XI.3). Die Zuordnung „Hardware/Wartung" und „Software/Pflege" wird als eine unnötige und nicht gerechtfertigte sprachliche Einschränkung angesehen (s. auch *Marly*, Praxishandbuch Softwarerecht, 7. Aufl., Rn. 1036). In Übereinstimmung hiermit wird beim vorliegenden Formular der Begriff „Pflege" als Dachbegriff benutzt für die Wartung von Programmen und sonstiger Software zur Aufrechterhaltung ihrer Betriebsbereitschaft und die Anpassung von existierender Software an die Belange des Kunden. – Im englischen Sprachgebrauch wird auch für die Pflege von Software durchweg der Begriff „maintenance“ verwendet. Man spricht von „corrective maintenance“, „adaptive maintenance“ und „perfective maintenance“ (s. zB IEEE Standard Glossary of Software Engineering Terminology, ANS I/IEEE Publication Std 729–1983, New York 1983).

2. Wahl des Formulars. Das Formular bezieht sich auf die Pflege von Software, nicht auf die Überlassung oder die Erstellung von Software (→ Form. VI.1 und → Form. VI.3). Es richtet sich auch nicht auf die Wartung von Hardware, dh von Anlagen und Einrichtungen zur Datenverarbeitung (s. dazu 3. Aufl., Form. XIII.3) oder auf eine allgemeine Beratung über den effektiven Einsatz der elektronischen Datenverarbeitung im Betrieb des Kunden. Das Formular ist als selbstständiger Vertrag konzipiert, der auch bei parallelen Verträgen nach Art der in diesem Abschnitt enthaltenen Formulare zwischen den gleichen Vertragspartnern rechtlich unabhängig bleibt (vgl. OLG Köln CR 2001, 224 (Ls.)), auch wenn diese Selbständigkeit von der Rechtsprechung teils in besonderen Situationen in Frage gestellt wird (s. LG Bonn CR 2004, 414 (416 f.); dazu und auch zum Umfang von Schadenersatzansprüchen mit Blick auf den Überlassungsvertrag *Zahrnt* CR 2004, 428 (429)) bzw. ein gewisser Einheitlichkeitswillen bestehen kann (*Marly,* Praxishandbuch Softwarerecht, 7. Aufl., Rn. 1033 unter Hinweis auf LG Köln MarlyRC 1991 Nr. 48 und LG Berlin CR 2001, 743). Das Formular geht von der sog. „Vollpflege“ aus (näher → Anm. 5, 6; Übersichten über typische Wartungs- und Pflegeleistungen geben ua *Koch,* Computer-Vertragsrecht, 7. Aufl., S. 520 ff.; *Schneider,* Handbuch des EDV-Rechts, 5. Aufl., Kap. K Rn. 53 ff.). Die Vielfalt an Leistungspflichten führt zu einem typengemischten Vertrag mit Schwerpunkt auf dem Werkvertrag im Bereich der Fehlerbeseitigung und mit eher nachrangigen dienstvertraglichen Elementen im Bereich von Beratung und Hotline-Service sowie mit kauf- (oder pacht- bzw. miet-) vertraglichen Elementen, soweit vorhandener Programmcode, insbesondere Patches für die Fehlerbehebung oder -umgehung und vor allem soweit Updates überlassen werden (BGH CR 2010, 327 (329) – Internetsystemvertrag; OLG Karlsruhe CR 1987, 232; OLG München CR 1992, 401 (402); OLG Düsseldorf NJW-RR 1988, 441; OLG München CR 1989, 283; LG Köln iur 1986, 170; *Lejeune* K&R 2002, 441 (445 f.); *Fritzemeyer* NJW 2011, 2918 (2920); *Hardt* CR 1991, 200; *Hartmann/Thier* CR 1998, 581; *Hering* CR 1991, 398; *Heymann/Lensdorff* in *Redeker,* Handbuch der IT-Verträge, Kap. 1.12 Rn. 8 ff.; *Schneider,* Handbuch des EDV-Rechts, 5. Aufl., Kap. D Rn. 85 und 98 ff.; *Schneider* ITRB 2001, 242; *Volle* CR 1996, 139; differenzierend *Marly,* Praxishandbuch Softwarerecht, 7. Aufl., Rn. 1042 mwN vgl. auch LG Hagen CR 1989, 814 (815); *Intveen* ITBR 2010, 90 (91)). Das gilt laut dem BGH zumindest, soweit Verträge über die „Wartung“ oder „Pflege“ von Software auf die Aufrechterhaltung der Funktionsfähigkeit und die Beseitigung von Störungen (und somit: auf einen Tätigkeitserfolg) gerichtet sind, während eine Qualifizierung als Dienstvertrag nahe liegt, wenn es an einer solchen Erfolgsausrichtung fehlte und die laufende Serviceleistung (Tätigkeit) als solche geschuldet ist (BGH CR 2010, 327 (329) – Internetsystemvertrag). Das Formular begründet ein Dauerschuldverhältnis, da der Auftragnehmer eine ständige Leistungsbereitschaft schuldet. Das Formular ist (trotz seiner Abgrenzung unter § 4) eher weit und damit kundenfreundlich gestaltet. Es regelt ein weites Leistungsspektrum von unterschiedlichen Leistungspflichten des Auftragnehmers. Weitgehend sind insbesondere die Verpflichtungen unter § 3. Nicht unüblich ist es auch, dass der Anbieter nur Hotline- und Update-Services schuldet, nicht aber die Fehlerbeseitigung. Alternativ ist zu Letzterem anzumerken, dass es – nunmehr bestätigt durch den BGH (CR 2010, 327 (329) – Internetsystemvertrag) – aus Sicht des Anbieters empfehlenswert sein kann, lediglich eine Unterstützung bei der Mängelbeseitigung vorzusehen, um so dem erfolgsbezogenen Werkvertragsrecht zu entkommen und auch insofern nur Dienstvertragsrecht zur Anwendung zu bringen (vgl. *Lejeune* K&R 2002, 441 (446); *Marly,* Praxishandbuch Softwarerecht, 7. Aufl., Rn. 1042; *Redeker,* IT-Recht, 6. Aufl., Rn. 648: auch kein Verstoß gegen § 307 BGB).

Das Formular ist für die Pflege von unterschiedlicher Software geeignet. Es kann sich dabei um Standardsoftware handeln, die dem Kunden im Rahmen eines Überlassungsvertrags zur Verfügung gestellt wird (→ Form. IV.3 und → Form. IV.4). Es kann sich aber auch um „kundeneigene" Software handeln, die zB für den Kunden im Rahmen eines Softwareerstellungsvertrags entwickelt wurde (→ Form. VI.6). Ferner kann es sich um eine Kombination aus beidem handeln, wie zB um eine Software, die der Kunde im Rahmen eines Überlassungsvertrags erhalten hat und die im Rahmen eines Softwareerstellungsvertrags ergänzt wurde. Das Formular ist in erster Linie vorgesehen für Software, die der die Pflegeleistungen ausführende Auftragnehmer dem Kunden in der oben angegebenen Form überlassen oder für ihn entwickelt hat. Dies gilt jedenfalls im Falle der Überlassung des Programms im Objektcode (→ Form. 3. und → Form. 4) und auch bei komplexen Programmen, für die der Auftragnehmer allein die erforderliche Kompetenz zur Ausführung der Pflegearbeiten hat. In solchen Fällen, aber auch dann, wenn sich der Hersteller gegenüber dem Kunden in einer marktbeherrschenden Stellung befindet, kann für den Hersteller eine Verpflichtung zur Übernahme der Pflegeleistungen bestehen (*Jaeger* CR 1999, 209; *Zahrnt,* Computervertragsrecht in Rechtsprechung und Praxis, Kap. 14.2; *Zahrnt* CR 2000, 205; einschränkend *Moritz* CR 1999, 541; *Fritzemeyer/Splittberger* CR 2007, 209 (212 ff.); *Grapentin/Ströbl* CR 2009, 137 (138 ff.); s. auch zur verwandten Frage der Wirksamkeit einer ordentlichen Kündigung von Softwarepflegeverträgen LG Köln CR 1999, 218 und OLG Koblenz CR 1993, 626 (628)). Bei Überlassung als Objektcode kann eine Weigerung, dieser Verpflichtung nachzukommen, zum Anspruch auf Herausgabe des Quellcodes führen (LG München CR 1989, 990; LG Köln CR 2000, 504; vgl. auch BGH CR 2004, 490). Im Übrigen kann das Formular mit geringfügigen Anpassungen auch für die Pflege eines im Quellcode überlassenen Programms durch ein unabhängiges Software-Service-Unternehmen eingesetzt werden.

Die Pflege umfasst die Beseitigung von Mängeln und sonstigen Fehlern der Software sowie eine Reihe weiterer Leistungen. Es kann sich dabei um Software handeln, deren Mängelhaftung und -rechte ausgelaufen bzw. deren Gewährleistungsfrist abgelaufen ist oder für die keine kostenlosen Leistungen mehr erbracht werden. Dies ist jedoch nicht der einzige Anwendungsbereich. So kann zB bei einer auf pacht- bzw. mietrechtlicher Basis überlassenen Software, für welche die Aufrechterhaltung der Tauglichkeit zur vertragsgemäßen Nutzung gemäß § 536 BGB zu gewährleisten ist, das Formular für die Inanspruchnahme von Leistungen eingesetzt werden, die über die bloße Gewährleistung hinausgehen (s. *Marly,* Praxishandbuch Softwarerecht, 7. Aufl., Rn. 1050 f.; *Schneider,* Handbuch des EDV Rechts, 5. Aufl., Kap. M Rn. 271 ff. sowie Kap. R Rn. 589 ff.). Zu diesen Leistungen gehören insbesondere vorbeugende Wartungsleistungen, kurze und festgeschriebene Reaktionszeiten, Pflegebereitschaft rund um die Uhr, ein Hotline-Service, Änderungsleistungen mit Installationshilfe und Unterrichtung von Mitarbeitern sowie zusätzliche Leistungen. Allerdings spricht einiges dafür, den Vertrag dann gleich in den miet- bzw. pachtähnlich ausgestalteten Überlassungsvertrag zu integrieren (*Redeker,* IT-Recht, 5. Aufl., Rn. 647; → Form. IV.3).

Die Überlappung von Gewährleistung und Pflegeleistungen kann bzw. sollte (ausführlich → Anm. 14) auch bei der Bemessung der Vergütung Berücksichtigung finden.

3. Vertragsgegenstand. Der Vertrag hat die Pflege der im Pflegeschein bezeichneten Software sowie der zugehörigen Dokumentation zum Gegenstand. Die Software kann neben Programmen auch Datenbestände umfassen oder auch im Wesentlichen aus Datenbeständen bestehen. Im letzteren Fall ist der den Gegenstand der Pflege bildende

Datenbestand, wie zB die Wörterbuchdaten eines Sprachübersetzungsprogramms, im Pflegeschein zu bezeichnen. Die nachfolgenden Erläuterungen schließen insofern stets den Fall ein, dass anstelle eines Programms ein Datenbestand Gegenstand der Pflege ist, ohne dass dies jeweils im Einzelnen vermerkt wird. Die Software ist auf bestimmten IT-Systemen installiert, die ebenfalls im Pflegeschein angegeben werden. Eine nachträgliche Änderung des Installationsortes kann der Auftragnehmer nur aus wichtigem Grund verweigern, jedoch hat der Kunde die durch die Installationsänderung entstehenden zusätzlichen Kosten zu tragen. Die Regelungen über eine Änderung des Installationsortes können besonders dann von Bedeutung sein, wenn das Servicenetz des Auftragnehmers nicht bundesweit organisiert ist oder nur für bestimmte Software zur Verfügung steht. Liegen solche Beschränkungen nicht vor, können sich Ausnahmeregelungen hinsichtlich des Aufstellungsortes des IT-Systems, auf dem die zu pflegende Software installiert ist, erübrigen. Die Pflege umfasst in jedem Fall Wartungsleistungen mit dem Zweck, die Betriebsbereitschaft der Programme und sonstigen Software aufrechtzuerhalten und sonstige Fehler und Mängel zu beseitigen (vgl. auch OLG Hamm CR 1998, 202 f.). Hierbei wird die Funktionsfähigkeit der IT-Systeme, auf denen die Software installiert ist, vorausgesetzt. Die Wartungsleistungen werden auf Anforderung per Fernwartung telefonisch oder über eine Telekommunikationsverbindung geleistet und, wenn dieses nicht zum Erfolg führt, durch den Einsatz von Mitarbeitern vor Ort.

Weitergehende Änderungsleistungen zur Anpassung der Software an die Belange des Kunden sind nur Gegenstand des Vertrags, wenn durch einen entsprechenden Eintrag im Pflegeschein eine diesbezügliche Wahl getroffen wird. Die Vertragsbedingungen für die Wartungs- und die Änderungsleistungen weichen voneinander ab.

Zum Gegenstand des Vertrags gehört auch ein Hotline-Service, der dem Kunden während der Vertragsdauer zur Verfügung steht, um telefonische Beratung für die Beseitigung von vom Auftragnehmer kurzfristig selbst behebbaren Störungen in Anspruch zu nehmen, wie zB Hilfe bei der Wiederherstellung des Systemzustands nach einem Bedienungsfehler.

4. Pflegeschein. Der Pflegeschein trägt dem Umstand Rechnung, dass der Auftragnehmer die Pflege einer Mehrzahl von Softwarepaketen durchführt, deren Pflegekonditionen unterschiedlich sein können. Welche Software dies ist, kann sich ebenso ändern wie Beginn und Ende der Pflege. Der Pflegevertrag dient wie andere Formulare dieses Abschnitts als Rahmenvertrag für die verschiedenen Pflegescheine, von denen wenigstens jeweils ein Pflegeschein einer Software zugeordnet ist. Die Pflegescheine sind Teil des Pflegevertrags. Die in ihnen enthaltenen Einträge ergänzen die Bestimmungen des Vertrags oder treffen eine Auswahl unter alternativ geltenden Bestimmungen. Letzteres gilt zB für die Änderungsleistungen, die Verlängerung bzw. Erweiterung der Pflegebereitschaft und die Dauer der Reaktionszeiten. Die in einem Pflegeschein angeführte Software hat einen gemeinsamen Pflegebeginn und eine gemeinsame Mindestlaufzeit. Software, für die unterschiedliche Laufzeiten gelten, wird in separaten Pflegescheinen zusammengefasst. Alternativ kann der Pflegeschein so ausgestaltet sein, dass jeder darin aufgeführten Software eine eigene Laufzeit zugeordnet ist. Das Konzept der Verwendung von Pflegescheinen findet auch bei BVB- bzw. EVB-IT-Pflege Anwendung (s. *Müller-Hengstenberg,* Vertragsbedingungen für Softwareverträge der öffentlichen Hand, 7. Aufl., S. 287, 343, 547, 587; *Feil/Leitzen,* EVB-IT, Kapitel 7, S. 535). Dort werden die Pflegescheine auch als Leistungsbeschreibung bezeichnet und sind dementsprechend konzipiert. Der im Formular enthaltene Pflegeschein ist beispielhaft zu verstehen und kann je nach Bedarf abgeändert oder erweitert werden. So kann zB im Pflegeschein die Herabsetzung der Pflegevergütung für den Zeitraum der Überlappung von Gewährleistung und Pflege angegeben werden (→ Anm. 14).

5. Leistungsumfang. Mangels eines gesetzlichen Leitbilds (vgl. *Kremer* ITRB 2013, 143 (146)) ist der Leistungsumfang genau zu definieren. Die vertragsgemäße Pflege umfasst nicht die Garantie, dass keine Störungen der Software auftreten und jegliche Unterbrechung seiner Betriebsbereitschaft ausgeschlossen ist, vorliegend aber die Verpflichtung, die Software im betriebsfähigen Zustand zu halten, dh, alles zu tun, um einerseits Störungen zu verhüten und andererseits eingetretene Störungen zu beseitigen (OLG München CR 1989, 283). Der Leistungsumfang gemäß § 2 enthält dementsprechend vorbeugende und aktuelle Wartungsleistungen. Denn soweit der Auftragnehmer zur Erhaltung der Betriebsfähigkeit der Software verpflichtet ist, liegt es nahe, dass damit auch die Verpflichtung zur Anpassung der Software an eine geänderte Rechtslage sowie an sonstige dem vertragsgemäßen Gebrauch entgegenstehende (technische) Umstände einhergeht (vgl. *Kremer* ITRB 2013, 143 (146)). Daneben stehen gemäß § 3 Änderungsleistungen als Wahlleistung zur Verfügung. Des Weiteren werden im Rahmen der vertragsgemäßen Pflege zusätzliche Leistungen erbracht, die über die Wartungs- und Änderungsleistungen hinausgehen und deren Erbringung davon abhängig ist, dass dem Auftragnehmer zum Zeitpunkt der Anforderung solcher Leistungen genügend Pflegepersonal zur Verfügung steht. Es wird auf die folgenden → Anm. 6–11 Bezug genommen.

6. Neue Softwareversionen. Inhalt der Wartungsleistungen ist es auch, neue Softwareversionen beim Kunden zu installieren, für deren Betriebsbereitschaft zu sorgen und das Personal des Kunden entsprechend zu unterrichten. Nach → Form. IV.3 ist der Kunde frei, auf Neuauflagen der lizenzierten Software (neue Softwareversionen) überzugehen oder davon Abstand zu nehmen (s. dort § 4 Abs. (3)). Das vorliegende Formular trägt diesem Umstand Rechnung, indem die Pflege für die jeweils installierte Softwareversion geleistet wird. Nur dann, wenn es sich erweist, dass die vom Kunden festgestellten Mängel oder sonstigen Fehler in der inzwischen vom Auftragnehmer angebotenen Neuauflage der gleichen Software nicht mehr enthalten sind, muss der Kunde gemäß § 4 Abs. (1) triftige Gründe haben, bei der Nutzung der bisherigen Softwareversion zu bleiben. Andernfalls entfällt die Verpflichtung zu den Wartungsleistungen. Ein triftiger Grund iSv § 4 Abs. (1) des Formulars kann zB darin bestehen, dass die neue Softwareversion zugleich die Übernahme eines neuen Betriebssystems erfordert oder eine hohe Mängelhäufigkeit während der Erprobungszeit aufweist. Abweichend von dieser Regelung sehen die Vertragsbedingungen für die Pflege von Standardsoftware nach EVB-IT Pflege S eine uneingeschränkte Wahlfreiheit für die Installation von neuen Softwareversionen vor (*Feil/Leitzen,* EVB-IT, Kapitel 7, S. 534 und Rn. 123). Andererseits finden sich in der Praxis oft auch weniger großzügige Regelungen, nach denen jeweils die letzte oder vorletzte Version der Software – ggf. nach einer gewissen Übergangsfrist – zu Einsatz gebracht werden muss. Eine solche Klauselgestaltung berücksichtigt zwar die Interessen des Herstellers, sein Personal nur auf wenige Versionsstände zu trainieren bzw. nur wenige Versionsstände zu pflegen (vorliegend wurde dem durch eine kurzfristige Kündigungsmöglichkeit Rechnung getragen, → Anm. 21). Allerdings wäre dann der Kunde immer gezwungen nachzurüsten, und zwar nicht nur die gepflegte Software, sondern etwa auch Hardware, Betriebssystem und etwa zugrundeliegende Datenbanksoftware. Rechtlich kann eine solche Klauselgestaltung mitunter als einseitiges Leistungsbestimmungsrecht AGB-rechtswidrig sein (*Schneider* CR 2004, 241 (244, 246); vgl. auch *Redeker,* IT-Recht, 6. Aufl., Rn. 639). Auch eine Verpflichtung, Hard- und Software „mitzuziehen", ist nicht unproblematisch und muss zumindest auf ihre Zumutbarkeit geprüft werden (*Schneider* CR 2004, 241 (246) unter Hinweis auf OLG Köln CR 2003, 329).

7. Wartungsleistungen. Der Auftragnehmer leistet in der Regel Pflege für die gleiche Software bei einer Vielzahl von Kunden. Aufgrund unterschiedlicher Nutzungsintensität und -bedingungen dieser Kunden erlangt der Auftragnehmer häufig bereits Kenntnis von

Softwaremängeln, noch bevor diese bei anderen Kunden aufgetreten sind. Entsprechendes gilt für sonstige Fehler. Gemäß § 2 Abs. (1) und (2) des Formulars gehört zur Pflege eine vorbeugende Wartung, die dem Auftragnehmer in der angegebenen Form bekannt werdende Fehler der im Pflegeschein bezeichneten Software beseitigt. Insbesondere wird dieses bei notwendigen Anpassungen aufgrund der Fortentwicklung der Betriebssystemumgebung wie auch bei gesetzlichen Änderungen notwendig (vgl. dazu auch OLG Köln CR 2003, 329; LG Düsseldorf CR 2002, 326). Regelmäßig wird der Softwareanbieter daher Patches und Updates ausliefern. Nicht umfasst ist demgegenüber ein Betriebssystemwechsel (vgl. zu einer entsprechenden Abrede aber LG Düsseldorf CR 2002, 326).

Dies gilt nicht ohne Weiteres für dem Auftragnehmer auf die gleiche Weise bekannt werdende sonstige Mängel der Software. Der Kunde kann solche Mängel als bedeutungslos ansehen und ihre Behebung für einen unnötigen Eingriff in seine zufriedenstellend funktionierende Softwareinstallation halten. Deshalb sieht das Formular vor, dass sonstige Fehler im Rahmen der vorbeugenden Wartungsleistungen nur mit Einwilligung des Kunden behoben werden.

Die Wartungsleistungen gemäß § 2 Abs. (3) und (4) betreffen Mängel und sonstige Fehler, die bei der Benutzung der Software durch den Kunden auftreten. Der dem Formular zugrundeliegende Mangelbegriff ist derselbe, wie er bei der Sachmängelhaftung für Software gilt (s. zB BGH NJW 1982, 696 – Krankenscheinaufkleber; BGH CR 1988, 994 – Vertragseinheit und Softwaremängel; BGH CR 1990, 707 – Gesamtrücktritt beim EDV-Lieferungsvertrag; BGH CR 1993, 681 – Gewährleistung bei Software; BGH CR 1996, 663 – Ersatzansprüche bei Versagen der Datensicherung; *Brandi-Dohrn,* Gewährleistung bei Hardware- und Softwaremängeln, III, S. 37–48, und VI, S. 90 ff.; *Schneider,* Handbuch des EDV-Rechts, 5. Aufl., Kap. M 1300, Rn. 522 ff.; *Zahrnt,* Computervertragsrecht in Rechtsprechung und Praxis, 14.3.1, S. 57; → Form. 3 Anm. 11).

Hiernach ist ein Mangel insbesondere die mangelnde Übereinstimmung der Software mit der vom Hersteller herausgegebenen Leistungsbeschreibung. Grundlegende Entwurfsfehler und Programmierfehler werden in der Regel bereits durch den Softwarehersteller im Rahmen der Mängelgewährleistung beseitigt werden (→ Anm. 2). Ein grundlegender Fehler kann aber auch erst sehr spät auftreten, zB wenn bestimmte Funktionen des Programms erst nach Auslaufen der Mängelrechte (Ablauf der „Gewährleistungsfrist") in Benutzung genommen werden. Zu bedenken ist, dass sich die ursprünglich ausgelieferten Funktionalitäten im Rahmen der Pflege nicht zuletzt aufgrund der Auslieferung von Updates ändern (*Zahrnt* CR 2004, 408 (410)). Die Wartungsleistungen gemäß § 2 Abs. (4) erstrecken sich auch auf die Beseitigung solcher grundlegenden Fehler. Abgesehen hiervon sind im Rahmen der Wartungsleistungen zu behebende Fehler typischerweise falsche oder unvollständige Funktionen des Programms, Instabilitäten oder Unterbrechungen beim Lauf des Programms, falsche Resultate, fehlerhafte Datenübertragungen, falsches Dialogverhalten, lückenhafte oder unklare Anwendungsdokumentation und dergleichen. Fehler dieser Art können die Nutzung der Software unmöglich machen oder zumindest erheblich beeinträchtigen. Nicht zwingend Mängel oder Fehler in diesem Sinne sind aber eine mangelnde Zukunftssicherheit (vgl. OLG Nürnberg ITRB 2004, 77 zur Jahrtausend- und Eurofähigkeit; *Schneider* CR 2004, 241 (243)). Von den Fehlern der oben genannten Art unterscheiden sich die sonstigen Fehler, die keinen oder nur einen unerheblichen Einfluss auf die Nutzung der Software haben. Es handelt sich dabei um vernachlässigbare Fehler (Schönheitsfehler) im Sinne von Unvollkommenheiten, deren Vorhandensein zwar mehr oder weniger störend in Erscheinung tritt, aber keine Funktionsstörung beinhaltet. Hierzu zählen zB Schreibfehler im Dialogtext einer Bildschirmmaske oder Druckfehler in der Anwendungsdokumentation, die aufgrund vorhandener Redundanzen leicht erkennbar sind und deshalb keinen Einfluss auf den Dialog oder das Verständnis haben. Solche sonstigen Fehler sollen nur dann behoben werden müssen, wenn dies mit vertretbarem Aufwand möglich ist.

Inhalt der Wartungsleistungen ist es, die Fehlerursache einzugrenzen, eine Fehlerdiagnose durchzuführen und den Fehler zu beheben. Soweit dies mit vertretbarem Aufwand nicht möglich ist, hat der Auftragnehmer die Betriebsbereitschaft der Software durch eine Fehlerumgehung herzustellen. Eingeschlossen in diese Arbeiten ist auch eine entsprechende Berichtigung der zugehörigen Softwaredokumentation (vgl. *Hoeren* in v. Westphalen, Vertragsrecht und AGB-Klauselwerke, Klauselwerke, IT-Verträge, Rn. 186 unter Verweis auf LG Bonn CR 2004, 414). Entsprechendes gilt für die Behebung sonstiger Mängel. Die Wartungsleistungen werden vom Auftragnehmer auf Anforderung zunächst zentral durchgeführt. Dies geschieht in der Regel durch telefonische Beratung oder durch Übermittlung von Informationen und Unterlagen über eine Telekommunikationsverbindung wie zB per E-Mail. Wenn der Kunde über die dafür notwendigen technischen Einrichtungen verfügt, können die Leistungen durch den Auftragnehmer auch zentral durch Ferndiagnose und Fernwartung erfolgen, wozu auch die Online-Übertragung von Programmcode zur Fehlerbeseitigung oder -umgehung gehört. Voraussetzung dafür ist das Einverständnis des Kunden, das von Fall zu Fall in der Wartungsanforderung oder generell zum Ausdruck gebracht werden kann. Führt die zentrale Bearbeitung des Vorgangs nicht zum Erfolg, wird der Auftragnehmer am Installationsort der Software tätig. Wartung auf Abruf ist im Hinblick auf §§ 305c und 307 BGB zulässig, und zwar auch in Verbindung mit Vorkasse (OLG Hamm CR 1989, 815 (816)).

Aus der Sicht des Kunden, der auf einen reibungslosen Ablauf der elektronischen Datenverarbeitung in seinem Betrieb angewiesen ist, hat die Festlegung der Zeitspanne, innerhalb der ihm der Auftragnehmer zur Fehlerbehebung zur Verfügung steht, eine entscheidende Bedeutung. Der Auftragnehmer ist bemüht, dieser Erwartung Rechnung zu tragen. Er unterliegt jedoch dem Zwang, im Bedarfsfall kurzfristig Pflegeleistungen für eine Vielzahl von Kunden erbringen zu müssen. Deshalb sieht das Formular vor, dass im Pflegeschein maximale Reaktionszeiten für die zentralen und dezentralen Leistungen angegeben werden, die durch Vereinbarung von Zuschlagszahlungen verkürzt werden können. So kann etwa die maximale Reaktionszeit der zentralen Wartung 2 Stunden betragen und durch Zahlung von Zuschlägen auf die Hälfte oder ein Viertel reduziert werden. Dementsprechend kann zB eine Reaktionszeit für die dezentrale Wartung von 24 Stunden auf 18, 12 oder 6 Stunden reduziert werden (siehe Pflegeschein „0,75x" etc). In Ergänzung zu den im Pflegeschein vorgesehenen Regelungen kann bei Software, deren Betriebsbereitschaft für den Betrieb des Kunden besonders kritisch ist, zusätzlich eine Vorrangregelung getroffen werden. Die vereinbarte Reaktionszeit erstreckt sich auch auf vorbeugende Wartungsleistungen gemäß § 2 Abs. (1), sofern dem Auftragnehmer schwerwiegende Fehler zur Kenntnis gelangen, welche die Nutzung der betroffenen Software gefährden. Im Übrigen sind die vorbeugenden Wartungsleistungen innerhalb eines angemessenen Zeitraums nach Bekanntwerden eines Mangels oder sonstigen Fehlers zu erbringen.

8. Pflegepersonal und Werkzeuge. Computerprogramme sind komplexe Produkte, deren Komponenten sowohl untereinander als auch mit anderer Software in vielfacher Wechselwirkung stehen. Eine singuläre Änderung in einem Teil des Programms kann erheblichen Einfluss auf die Funktion anderer Softwareteile haben. Die Behebung eines Fehlers kann damit zur Verursachung von anderen Fehlern in der Software führen, die unter Umständen erst später in Erscheinung treten. Dieser hohe Grad an Interaktion macht die Verfügbarkeit von hochqualifiziertem Pflegepersonal zu einer unerlässlichen Voraussetzung für den Erfolg der vertragsgemäßen Arbeiten. Dies gilt sowohl für die Wartungs- als auch für die Änderungsleistungen. Um Komplexität und Wechselwirkungen zu bewältigen, benötigt das Pflegepersonal je nach vertragsgegenständlicher Software mitunter auch leistungsfähige, dem Stand der Technik entsprechende Werkzeuge zur Wartung von Software. Dies sind Computerprogramme, deren Anwendungszweck es ist, die zu pflegende Software im Dialog mit dem Pflegepersonal zu testen und darin enthaltene Fehler einzugrenzen und zu diagnostizieren. Mit Hilfe solcher Software werden auch Testdaten erzeugt, die – wenn sie von der zu pflegenden Software verarbeitet werden – die Aufdeckung von Fehlern und Fehlerabhängigkeiten erleichtern oder überhaupt erst ermöglichen. Durch Anwendung dieser Werkzeuge können die auftretenden Mängel und sonstigen Fehler uU systematisch eingegrenzt, aufgespürt, identifiziert und unter Berücksichtigung von bestehenden Wechselwirkungen beseitigt werden. Die Qualität dieser Werkzeuge kann entscheidend für die Effizienz und Wirksamkeit der Pflegearbeiten und damit auch für die Einsatzbereitschaft der zu pflegenden Software beim Kunden, für die schnelle Verfügbarkeit der Wartungs- bzw. Änderungsleistungen und nicht zuletzt für die Kosten der Softwarepflege sein. Eine vertragliche Vereinbarung über die Bereitstellung von qualifiziertem Pflegepersonal und von dem Stand der Technik entsprechenden Pflegewerkzeugen durch den Auftragnehmer ist daher vorliegend ein wesentlicher Vertragsbestandteil. Im Einzelfall mag man aber selbst aus Sicht des Kunden auf eine so weitgehende Verpflichtung verzichten können.

9. **Pflegebereitschaft.** Die Wartungsleistungen gemäß § 2 Abs. (3) und (4) erfolgen auf Abruf während der regulären Geschäftszeiten. Nach § 2 des Vertrags handelt es sich dabei um den Zeitraum von 7.00 bis 18.00 Uhr an Werktagen von Montag bis Freitag. Die Pflegebereitschaft kann an den genannten Werktagen bis 24.00 Uhr verlängert und/oder auf Sonnabend von 7.00 bis 18.00 Uhr erweitert werden. Diese Verlängerung/Erweiterung ist zuschlagspflichtig und im Pflegeschein anzugeben. Eine darüber hinausgehende Pflegebereitschaft bedarf der besonderen Vereinbarung zwischen Auftragnehmer und Kunden. Die Abrufbereitschaft und die damit verbundene Bereitstellung von Pflegepersonal ist Teil der vergütungspflichtigen Wartungsleistung (OLG Karlsruhe CR 1987, 232).

10. **Änderungsleistungen.** Die vertragsgemäße Pflege umfasst als Wahlleistung die Änderungsleistungen gemäß § 3 (s. zu dieser Thematik auch *Witzel/Stern* ITRB 2007, 215). Die Inanspruchnahme der Änderungsleistungen für eine bestimmte Software ist im Pflegeschein anzugeben. Die Änderungsleistungen gehen über die Wartungsleistungen hinaus. Sie dienen der Sicherstellung von Anpassungen der Software an die besonderen Belange des Kunden. Es kann sich dabei zB um die Anpassung an eine besondere Hardwarekonfiguration, an Änderungen der IT-Systeme (s. dazu auch LG Düsseldorf CR 2002, 326), auf der die Software installiert ist, oder an andere Software handeln, mit denen die zu pflegende Software zusammenwirkt. Die Art der Änderungen ist in einer besonderen Leistungsbeschreibung zu spezifizieren, die als Anlage zum Programmschein Teil des Pflegevertrags wird. Diese Leistungsbeschreibung muss Art und Umfang der Änderungen, die Einsatzbedingungen der geänderten Software und den Zeitrahmen durch Angaben über Beginn und Dauer der Änderungsarbeiten bzw. Fertigstellung der Änderung enthalten. Da die Änderungsleistungen nach Kosten und Aufwand berechnet werden, empfiehlt es sich, im Einzelfall in die Leistungsbeschreibung auch eine Angabe über Höchstbeträge aufzunehmen. Die Leistungsbeschreibung dient als Grundlage für die Abnahme und die Mängelhaftung gemäß § 11 und ist deshalb mit der entsprechenden Sorgfalt abzufassen. Im Rahmen der Einzelbeauftragung von Änderungsleistungen sollte sich der Kunde, soweit möglich, deren Releasefestigkeit oder zumindest deren Releasefähigkeit zusagen lassen, um sicher zu gehen, dass diese mit zukünftigen Releaseständen der Software „kompatibel" sind (*Schneider* CR 2004, 241 (245)). § 11 Abs. (3) sieht explizit auch die Abnahme der Leistungen vor (vgl. dazu auch *Intveen* ITBR 2010, 90 (91), der ein solches ausdrückliches Abnahmeerfordernis offenbar auch noch für weitere Leistungen wie die Lieferungen von Updates und Upgrades empfiehlt).

11. **Leistungsausschlüsse.** § 4 Abs. (2) legt fest, welche Leistungen nicht unter die vertragsgemäße Pflege fallen. Dies sind die Wartungsleistungen außerhalb der in § 2

geregelten Perioden der Pflegebereitschaft, für Software, die nicht unter den vom Hersteller vorgegebenen Einsatzbedingungen genutzt wird oder durch kundenseitige Programmierarbeiten verändert wurde, für Programmteile, die nicht zur Originalfassung der im Pflegeschein bezeichneten Programme bzw. Software gehören oder deren Funktion von anderen Programmen abhängt, für die kein Pflegevertrag existiert. Alle diese Leistungen betreffen Programmteile, die entweder außerhalb der zu pflegenden Software liegen oder von anderen Programmteilen in einem Maße abhängig sind, dass ohne gleichzeitige Pflege dieser anderen Programmteile eine sinnvolle Wartung nicht möglich ist. Es ist deshalb dem Kunden zumutbar, dass der Auftragnehmer seine Pflegeleistungen im genannten Umfang einschränkt. Die Ausnahme bestimmter Störungsarten von der Wartung ist zulässig, wozu die vorgenannten gehören. Sie unterliegt entsprechend einer Entscheidung des OLG München auch nicht der Inhaltskontrolle nach § 307 Abs. 1 und 2 BGB, weil es sich um die Beschreibung der Hauptleistung selbst im Sinne von § 307 Abs. 3 BGB handelt (OLG München CR 1989, 283). Jedoch ist im Störungsfalle zunächst eine Feststellung der Störungsursache durch den Auftragnehmer erforderlich, um sicher auszuschließen, dass der Fehler nicht im vertragsgemäß zu wartenden Produkt liegt (OLG Hamm CR 1988, 297). Auch eine Ablehnung des Abschlusses eines Wartungsvertrags durch den Hersteller bei kundenseitig durchgeführten Änderungen des zu wartenden Produkts ist gerechtfertigt und zwar selbst dann, wenn der Hersteller des betreffenden Produkts eine Monopolstellung innehat (BGH NJW 1974, 2236; s. dazu *Ebel* CR 1987, 273 (277); *Moritz* CR 1999, 541).

Von der Pflege ausgenommen sind ferner Änderungsleistungen für Programmanpassungen, zu deren Realisierung eine Neuprogrammierung von selbstständig einsetzbaren Programmmodulen programmiertechnisch notwendig oder zweckmäßig ist. Dies ist eine Abgrenzung der Änderungsleistungen gegenüber einer Erstellung neuer Programme oder Teilprogramme, die gemäß Vertragsgegenstand von der Pflege ausgeschlossen ist. Der Ausschluss richtet sich auch auf die Überlassung von Computersoftware. Mit Ausnahme von Programmcode-Elementen, die der Fehlerbeseitigung oder -umgehung dienen, gehört es nicht zu den vertragsgemäßen Leistungspflichten des Auftragnehmers, dem Kunden Computerprogramme oder Programmteile im Quellcode und zugehörige Dokumentationen zu überlassen. Dies soll allein im Rahmen des für die betreffende Software zwischen Auftragnehmer und Kunden abgeschlossenen Programmüberlassungsvertrags erfolgen. Nur ein solcher Vertrag enthält die zum Schutz dieser Unterlagen unerlässlichen Vereinbarungen (zB → Form. 6 § 4 und § 12 und → Anm. 13, 22). Aus den Pflegeleistungen ausgeschlossen ist schließlich auch eine allgemeine Unterrichtung des Pflegepersonals, die über eine Unterrichtung über die Arbeitsergebnisse im Rahmen der Wartungs- und Änderungsleistungen hinausgeht, sowie eine allgemeine Beratung des Kunden in Fragen der Datenverarbeitung. Außerhalb des Leistungsumfanges liegt damit auch die Beratung des Kunden hinsichtlich einer Umrüstung der IT-Systeme auf andere leistungsfähigere Anlagen. Eine diesbezügliche Beratung bedarf einer besonderen Vereinbarung. Eine andere Regelung lag einer Entscheidung des OLG Koblenz (CR 1987, 107) zugrunde. Dort gingen beide Vertragsparteien davon aus, dass eine solche Beratung im Rahmen des zwischen ihnen abgeschlossenen Software-Wartungsvertrags zu erbringen war.

12. Zusätzliche Leistungen. Gemäß § 4 Abs. (3) des Formulars kann der Auftragnehmer einen Teil der gemäß § 4 Abs. (2) ausgeschlossenen Leistungen übernehmen, sofern ihm zum Zeitpunkt der Anforderung genügend Pflegepersonal zur Verfügung steht. Hierzu gehört jedoch nicht die Erstellung oder Überlassung von Computersoftware. Wartungsleistungen für kundenseitig (zB im Rahmen der Bestimmungen von § 69d Abs. 1 UrhG) veränderte Programme können (nur) geleistet werden, wenn der Kunde eine ausführliche Dokumentation der Veränderungen zur Verfügung stellt. Entsprechendes gilt für kundeneigene Programmteile, die nicht zur Originalfassung der im Pflegeschein genannten Software gehören.

Auch bei Software, für die der Kunde im Rahmen eines Lizenzvertrags den Quellcode mit dem Recht zur Änderung und Bearbeitung erhalten hat, kann die Pflege auf die kundenseitig geänderten und bearbeiteten Softwareversionen ausgedehnt werden, sofern der Kunde eine ausführliche Dokumentation der vorgenommenen Änderungen und Bearbeitungen bereitstellen kann. Die zusätzlichen Leistungen werden gegen separate Berechnung nach Zeitaufwand erbracht. Es werden die zum Zeitpunkt der Anforderung allgemein gültigen Stundensätze des Auftragnehmers für Leistungen dieser Art zugrunde gelegt. Ein Teil der auszuführenden Arbeiten wird notwendigerweise am Installationsort beim Kunden auszuführen sein. Die hierfür entstehenden Reise- und Unterbringungskosten werden dem Kunden separat in Rechnung gestellt. Abweichend von der im Formular vorgesehenen Regelung können wenigstens einzelne der in § 4 Abs. (2) genannten Zusatzleistungen ohne weitere Vorbehalte des Auftragnehmers in den Leistungsumfang einbezogen werden, sofern dessen Personalausstattung es zulässt.

13. Mitwirkungspflicht des Kunden. Für eine schnelle Fehlerbehebung ist die Mitwirkung des Kunden unerlässlich. Je besser die Dokumentation eines aufgetretenen Fehlers ist, um so eher kann er diagnostiziert und behoben werden. § 5 Abs. (1) verpflichtet den Kunden zur Beachtung der die Fehlerfeststellung, Eingrenzung und Meldung betreffenden Anweisungen in der Anwendungsdokumentation und des Weiteren zur Dokumentation der aufgetretenen Fehler oder sonstigen Mängel im Rahmen des Zumutbaren. Zumutbar ist zB die Anfertigung eines entsprechenden Mängelberichts, der begleitet ist von Systemprotokollen, ggf. sogar von Speicherauszügen sowie der Übermittlung von Eingabe- und Ausgabedaten, in denen der Fehler erscheint. Die Wirksamkeit einer Verpflichtung zur Nutzung eines bestimmten Formulars wird in der Literatur in Frage gestellt (*Redeker,* IT-Recht, 6. Aufl., Rn. 640, 656). Der Kunde ist ferner verpflichtet, dem Pflegepersonal des Auftragnehmers Zugang zu den IT-Systemen zu gestatten, auf denen die zu pflegende Software läuft, sowie die erforderlichen technischen Einrichtungen, wie Stromversorgung, Telefon- und Telefaxverbindungen und Internetzugang funktionsbereit zur Verfügung zu stellen. Zu den Mitwirkungspflichten des Kunden gehört auch die Benennung eines eigenen Mitarbeiters als Ansprechpartner. Verweigerung der Mitwirkung kann zur Leistungseinstellung berechtigen, ohne zugleich ein Recht auf Zahlungsverweigerung zu begründen (BGH CR 1991, 86).

14. Vergütung. Die Vergütung der Pflegeleistungen ist für die Wartungs- und die Änderungsleistungen unterschiedlich geregelt. Die Wartungsleistungen werden gegen eine periodische Gebühr erbracht, die jeweils am Beginn des Berechnungszeitraumes zu zahlen ist. Die Gebühr ist eine Pauschalgebühr, die unabhängig vom Anfall der Pflegearbeiten ist (zur Zulässigkeit einer solchen Gebührenregelung auch gemäß § 307 BGB OLG Hamm CR 1989, 815 (816); LG Hagen CR 1989, 814; LG München I CR 1990, 205). Der Berechnungszeitraum kann zB einen Monat betragen. Die Vereinbarung einer ganzjährigen Vorauszahlung wäre zumindestens im nicht-kaufmännischen Verkehr im Hinblick auf § 307 Abs. 1 S. 1 BGB unzulässig (vgl. OLG München CR 1992, 401; *Schneider* CR 2004, 241 (245, 247); *Redeker,* IT-Recht, Abs. 6 Rn. 668 f.). Der Berechnungszeitraum ist im Pflegeschein angegeben. Zur periodischen Zahlung kommen die Zuschläge für die in Anspruch genommenen Sonderleistungen, wie zB eine Verkürzung der Reaktionszeiten, hinzu. Ausgenommen von dieser Pauschalvergütung sind Pflegearbeiten, die vom Kunden zu verantworten sind (s. § 6 Abs. (3)). Hier kommt ein Schadensersatzanspruch analog der Rechtsprechung zu unberechtigten Mangelbeseitigungsverlangen des Käufers nach § 439 Abs. 1 BGB in Betracht. Nach dieser liegt eine zum Schadensersatz verpflichtende schuldhafte Vertragsverletzung vor, wenn der Käufer erkannt oder fahrlässig nicht erkannt hat, dass ein Mangel nicht vorliegt, sondern die Ursache für das Symptom, hinter dem er einen Mangel vermutet, in seinem eigenen Verantwortungsbereich liegt (BGH NJW 2008, 1147 f.). Diese Pflegearbeiten werden nach Zeitaufwand berechnet. Die gleiche Berechnungsart findet statt für Änderungsleistungen gemäß § 3 und für etwaige zusätzliche Leistungen gemäß § 4 Abs. (3).

Für Zeiträume, in denen sich die Pflegeleistungen mit Gewährleistungsfristen der zu pflegenden Software überlappen, ist zu erwägen, eine auf beispielsweise 50 % bis 70 % herabgesetzte Pauschalgebühr zu vereinbaren. So wird in der Literatur diskutiert, eine nicht reduzierte Vergütung sei in Ansehung der kaufrechtlichen Pflicht zur kostenlosen Fehlerbeseitigung (§ 439 Abs. 2 BGB) bzw. Gewährleistung nach § 536 BGB bei mietähnlichen Verträgen AGB-rechtswidrig (so etwa *Schneider* CR 2004, 241 (245); *Schneider* CR 2011, 626 (627) unter Hinweis auf BGH CR 2009, 210; *Marly,* Praxishandbuch Softwarerecht, 7. Aufl., Rn. 1050 f.; mit Klauselvorschlägen *Runte* ITRB 2003, 253 ff.). Allerdings fällt es entsprechenden Literaturstimmen schwer, den genauen Abschlag zu beziffern. Ob schon der vertragliche Hinweis reicht, dass die Mängelbeseitigung nach dem Überlassungsvertrag nicht Gegenstand des Pflegevertrags ist (so *Runte* ITRB 2003, 253, 356), ist zweifelhaft (skeptisch wohl auch *Redeker,* IT-Recht, 6. Aufl., Rn. 645). Auch fragt sich, ob die Regelung der Pflegegebühren, die primär die Preisgestaltung betrifft, überhaupt der Inhaltskontrolle unterliegt (ablehnend *Zahrnt* CR 2004, 408 (410)).

Die Gebührenregelung gibt dem Auftragnehmer im Rahmen der allgemeinen Preisentwicklung das Recht zur allgemeinen Gebührenänderung, die frühestens 36 Monate nach Vertragsschluss erfolgen und bezogen auf den Vorjahreszeitraum die Gebühren um nicht mehr als 10 % erhöhen darf. Dem Kunden steht ein Kündigungsrecht zu, wenn die Erhöhung um mehr als 5 % gegenüber der Gebühr der letzten 12 Monate beträgt. Denn auch wenn einseitige Preisänderungsregelungen in Formularverträgen nicht per se unwirksam sind (s. § 309 Nr. 1 BGB), fordern die Rechtsprechung und Literatur im Rahmen der Prüfung gem. § 307 BGB einen gewissen Interessenausgleich, zu dem auch das Kündigungsrecht beitragen kann (BGH NJW 1985, 853 f.; NJW-RR 1988, 819 (821); *Marly,* Praxishandbuch Softwarerecht, 7. Aufl., Rn. 1066). Um die AGB-Festigkeit der Klausel weiter abzusichern, sollten die Gründe für die Preiserhöhung wenn möglich noch konkreter umschrieben werden. Häufig finden sich hier auch Klauseln, die insoweit Bezug auf bestimmte Indizes nehmen; solche Preisindex-Regelungen verstoßen aber gegen das Gesetz über das Verbot der Verwendung von Preisklauseln bei der Bestimmung von Geldschulden (Preisklauselgesetz) (dazu *Intveen* ITRB 2010, 90 (91 f.)). Insofern ist auch die in der Praxis vorzufindende Anknüpfung an den durch das statistische Bundesamt ermittelten Indexwert „Lohnkostenindex im Bereich Erbringung von Dienstleistungen derInformationstechnologie (IT-Index J62)“ problematisch.

Grundsätzlich ist es in AGB nahezu unmöglich, (nur) die Lieferung bestimmter Softwareversionen von der Zahlung einer zusätzlichen Gebühr abhängig zu machen (dazu *Intveen* ITRB 2004, 138 (140)). Eine Vergütungspflicht besteht nicht, wenn die im Vertrag vereinbarte kostenlose Lieferung von Updates der Software später nur gegen Bezahlung erfolgen soll (OLG Köln CR 1995, 148). Sowohl für die Pauschalvergütung als auch für die Vergütung von Sonderleistungen gilt die regelmäßige Verjährungsfrist von drei Jahren gemäß § 195 BGB.

15. Geheimhaltung. Zur Ausführung der Pflegearbeiten erhält das Personal des Auftragnehmers Zugang zu den Geschäftsräumen des Kunden. Es wird hierbei oft unvermeidbar sein, dass ihm Geschäfts- und Betriebsgeheimnisse des Kunden zur Kenntnis kommen. Dabei kann es sich zB um Daten oder Organisationsformen des Betriebs des Kunden oder um nicht allgemein zugängliche Software handeln. Für eine vertrauensvolle Zusammenarbeit zwischen Kunden und Auftragnehmer ist es unerlässlich, dass diese Geschäfts- und Betriebsgeheimnisse gewahrt bleiben, und zwar auch nach Beendigung des Vertragsverhältnisses. § 7 Abs. (1) des Formulars verpflichtet daher den Auftragnehmer, eine Aufzeichnung, Speicherung oder Vervielfältigung von Informationen, Unterlagen oder Daten, die ein Geschäfts- oder Betriebsgeheimnis darstellen, ebenso zu unterlassen wie eine Nutzung oder Verwertung in irgendeiner Form. Es ist allerdings Voraussetzung, dass diese Informationen, Unterlagen oder Daten als Geschäfts- oder Betriebsgeheimnisse gekennzeichnet oder aufgrund der vorliegenden Umstände eindeutig als solche erkennbar sind. Zu den Verpflichtungen des Auftragnehmers gehört es, sein Personal dementsprechend zu unterrichten und zur Einhaltung dieser wichtigen Vereinbarung schriftlich zu verpflichten.

16. Datenschutz. Bei der Wartung hat der Auftragnehmer auch regelmäßig Zugriff auf personenbezogene Daten, wie zB Daten einer Personaldatenbank bei einer HR-Software. Mitunter ist die Wartung ohne Nutzung der personenbezogenden Daten gar nicht möglich. Das gilt insbesondere im Rahmen von Named-User-Lizenzmodellen. Solche Daten fallen unter die Bestimmungen der EU-Datenschutzgrundverordnung (DSGVO) bzw. als Arbeitnehmerdaten unter die des Bundesdatenschutzgesetzes (BDSG). Anders also noch § 11 Abs. 5 BDSG aF bestimmen aber Art. 28, 29 DSGVO nicht mehr explizit, dass für die Wartung von IT-Systemen und Software die Regelungen der Auftragsverarbeitung entsprechend anzuwenden sind. Auch wenn gelegentlich vertreten wird, dass Art. 28 DSGVO insofern nicht anzuwenden sei und ein NDA reiche (*Schwiering/Lachenmann* in Koreng/Lachenmann, DatenschutzR-FormHdB, G. I. 1., beck-online), spricht die hM sich gleichwohl zu Recht dafür aus, auch ohne eine solche explizite Regelung Art. 28, 29 DSGVO entsprechend zur Anwendung zu bringen (für eine direkte Anwendung *Schmidt/Freund* ZD 2017, 14 (17); für eine entsprechende Anwendung *Müthlein* RDV 2016, 74 (83); im Ergebnis auch Kühling/Buchner-*Hartung*, DSGVO/BDSG, 2. Aufl. 2018, Rn. 53 f.). Denn letztlich kann bei der Wartung im Einzelfall eine Verarbeitung personenbezogener Daten erforderlich sein. Sie ist mithin zumindest nicht auszuschließen; gleichzeitig ist die Aufgabenstellung des Auftragnehmers und damit auch der Umang mit den personenbezogenden Daten klar festgelegt. Dementsprechend wird in § 8 des Formulars davon ausgegangen, dass eine Auftragsvereinbarung schriftlich vereinbart wird. Schon weil je nach betroffener Software der Umfang, die Art und der Zweck der vorgesehenen Erhebung, Verarbeitung oder Nutzung von Daten, die Art der Daten und der Kreis der Betroffenen variieren und die gemäß Art. 32 DSGVO zu vereinbarenden technisch-organisatorischen Maßnahmen abhängig von technischen Vorrichtungen beim Auftragnehmer sind, ist vorgesehen, diese Auftragsvereinbarung separat und mit Blick auf die soeben angesprochenen Regelungsaspekte individuell im Rahmen einer Anlage zu regeln. Muss das Pflegepersonal bei der Ausführung der vertragsgemäßen Arbeiten personenbezogene Daten zur Kenntnis nehmen, so ist es für dieses Personal unerlässlich, den Schutz solcher Daten zu wahren und sicherzustellen. Für die Anlage 2 wird auf das Formular verwiesen (zu Gestaltungsvarianten *Grützmacher/Freund* in Intveen/Gennen/Karger, Handbuch des Softwarerechts, 2018). Besonders kritisch ist dies wegen § 203 StGB bei Software für den Einsatz im medizinischen Bereich, bei Kranken-, Unfall- und Lebensversicherungen, durch Anwälte, Notare und Steuerberater sowie durch die öffentliche Hand. *Koch* hatte deshalb schon vor langer Zeit die Aufnahme von Software-Service-Unternehmen in den Katalog des § 203 Abs. 1 StGB gefordert (CR 1987, 284). Dieses ist nunmehr mit der seit einiger Zeit im Gesetz zu findenden Regelung des Abs. 3 S. 2 des § 203 StGB sowie ergänzenden berufsrechtlichen Reglungen (etwa § 43e Abs. 3 BRAO) geschehen (zu den Regelungen und einer ergänzenden Muster-Klausel für Anwälte etwa *Klugmann/Leenen/Salz* AnwBl 2018, 283 ff.).

17. Rechte an Arbeitsergebnissen. § 9 des Formulars unterscheidet zwischen der Pflege von Software, die der Auftragnehmer im Rahmen eines Überlassungsvertrags dem Kunden zur Verfügung gestellt hat, und kundeneigener Software. Im ersteren Fall ist der Auftragnehmer daran interessiert, die Arbeitsergebnisse an die Nutzung der überlassenen Software zu binden und auch anderen Kunden verfügbar zu machen. Dem Kunden hingegen wird das Recht eingeräumt, die Software nach Maßgabe des zugrunde liegenden Softwareüberlassungsvertrags zu nutzen; liegt dort eine kaufweise Überlassung vor, werden die Rechte dauerhaft eingeräumt. Die Klarstellung, dass dann ggf. die gleichen Nutzungsrechte eingeräumt werden, ist aus Kundensicht schon deshalb sinnvoll, weil in der Literatur – wenn auch wenig überzeugend – teilweise vertreten wird, im Rahmen der Softwarepflege würden Updates etc im Zweifel nur vermietet werden (so Bartsch CR 2012, 141 (145)).

Für kundeneigene Software liegen die Dinge prinzipell anders. Hier benötigt der Auftragnehmer lediglich die Freiheit, ähnliche Arbeitsergebnisse für andere Kunden zu schaffen. Andererseits liegt es im Interesse beider Vertragspartner, über das bei der Ausführung der Pflegearbeiten und bei der Anwendung der Arbeitsergebnisse gewonnene Wissen frei verfügen zu können. § 9 des Formulars trägt dieser Interessenlage Rechnung.

18. Fremde Rechte. Die Pflegearbeiten können mehr oder weniger weitgehende Änderungen oder Bearbeitungen der Software zum Gegenstand haben. Hierbei wird ua von Rechten aus § 69c Nr. 2 UrhG Gebrauch gemacht. Nach dieser Vorschrift hat der Rechtsinhaber eines Computerprogramms das ausschließliche Recht, Übersetzungen, Bearbeitungen und andere Änderungen des Programms und die Vervielfältigung der erzielten Ergebnisse vorzunehmen oder zu gestatten. Die Rechte derjenigen, die das Programm bearbeiten, bleiben unberührt. Es ist davon auszugehen, dass die zu wartende Software Urheberrechtsschutz genießt (→ Form. IV.1 Anm. 18, und → Form. IV.3 Anm. 1). Der Auftragnehmer verpflichtet sich in § 10 des Formulars, dass er für die Software, die er dem Kunden im Rahmen eines Überlassungsvertrags zur Verfügung gestellt hat, diese Rechte besitzt. Mehr als diese nach dem Gesetz ohnehin schon bestehende Verpflichtung, lässt sich in vom Kunden verwendeten Formularverträgen nicht wirksam vereinbaren (s. für Einkaufsbedingungen BGH CR 2006, 221 (224 f.)). Eine Freistellung wäre individuell zu verhandeln. Andererseits räumt der Kunde dem Auftragnehmer das Bearbeitungs- und Änderungsrecht an kundeneigener Software für die in § 2 und § 3 genannten Leistungen ein. Hierbei kann es sich zB um Software handeln, an der der Kunde im Rahmen eines Softwareerstellungvertrags vom Auftragnehmer oder einem Dritten ausschließliche Nutzungsrechte erworben hat. Entsprechendes gilt für Software, die dem Kunden von einem Dritten zur Nutzung überlassen wurde. Hier kommt es darauf an, dass der Kunde an solcher Software das Recht besitzt, nicht nur Bearbeitungen oder Änderungen vorzunehmen (→ Form. IV.5 und → Anm. 8, 13), sondern auch solche von Dritten durchführen zu lassen. Zwar kann sich der Kunde zumindest für die Fehlerbeseitigung auch auf § 69d Abs. 1 UrhG stützen, der den rechtmäßigen Benutzer eines Programms und mitunter sogar von diesem eingeschaltete Dritte (BGH GRUR 2000, 866 (868) – Programmfehlerbeseitigung; Wandtke/Bullinger-*Grützmacher*, Praxiskommentar zum Urheberrecht, 5. Aufl., § 69d Rn. 28) zur Fehlerberichtigung autorisiert. Jedoch wird dies idR mangels einer Verfügbarkeit von Quellcode und Wartungsdokumentation nicht ausreichen.

19. Mängelhaftung und Mängelrechte. Die Regelungen zur Mängelhaftung und den Mängelrechten gemäß § 11 gelten insbesondere für die Änderungsleistungen gemäß § 3 und § 4, die im Zweifel nach werkvertraglichen Gesichtspunkten zu beurteilen sind. Sie entsprechen weitgehend der Mängelhaftung und den Mängelrechten bei der Erstellung von Programmen (siehe zum Meinungsstreit um die vertragsrechtliche Einordnung → Form. VI.1 Anm. 2). Der Auftragnehmer gewährleistet, dass die Arbeitsergebnisse mit der Leistungsbeschreibung übereinstimmen. Fehlende Übereinstimmung hat der Kunde durch eine konkrete Mängelbeschreibung zu dokumentieren. Bei einem Unvermögen des Auftragnehmers, die Mängel innerhalb einer angemessenen Frist zu beseitigen bzw. für eine Neulieferung zu sorgen, kann der Kunde nach seiner Wahl die Herabsetzung der Vergütung verlangen oder den Vertrag zumindest für die mängelbehafteten

Leistungen kündigen. Die Gewährleistung endet 12 Monate nach Abnahme der Ergebnisse der Änderungsleistungen oder nach Inbetriebnahme der geänderten Software. Dies ist eine Verkürzung der zweijährigen Verjährungsfrist nach § 634a Abs. 1 Nr. 1 und Abs. 2 BGB, die gemäß § 309 Nr. 8b) ff. BGB für gewerbliche, freiberufliche und behördliche Kunden zulässig ist. Wendete man hingegen § 634a Abs. 1 Nr. 3 BGB an, so wäre fraglich, ob eine Verkürzung auf weniger als 18 Monate (Hälfte der regulären Verjährung nach § 195 BGB) und der Fristanlauf ab Abnahme (vgl. § 634a Abs. 1 Nr. 3 und Abs. 2 sowie § 199 BGB) zulässig wäre.

Da unter dem Vertrag auch Updates ausgeliefert werden sollen, wurde vorsorglich eine Regelung zur Beschränkung der Gewährleistung auch insofern vorgesehen. Auf diese sind nach Stimmen in der Literatur die kaufrechtlichen Bestimmungen anzuwenden (*Heymann/Lensdorff* in Redeker, Handbuch der IT-Verträge, Kap. 1.12 Rn. 8 ff.; *Marly,* Praxishandbuch Softwarerecht, 7. Aufl., Rn. 1043; skeptisch *Schreibauer/Taraschka* CR 2003, 557 (561); *Redeker,* IT-Recht, 6. Aufl., Rn. 659: Abonnementvertrag mit dem Mängel- bzw. Gewährleistungsrechten nach Maßgabe des zugrunde liegenden Überlassungsvertrags). Nach der AGB-Rechts-Rechtsprechung des BGH (NJW 2007, 674; 2009, 1486; 2013, 2584) und gemäß § 202 BGB sind von der Verkürzung der Verjährung außerdem Schadensersatzansprüche und die Haftung für Vorsatz auszunehmen.

Die in § 2 geregelten Wartungsleistungen betreffen hingegen alle Mängel und Fehler, die in der Software auftreten, auch solche aufgrund von Änderungsleistungen. Mit Blick auf die Gewährleistung ist an dieser Stelle anzumerken, dass die Rechtsprechung und Literatur mit guten Gründen teilweise davon ausgehen, dass das Gewährleistungsrecht bei Pflegeverträgen nicht eingreife, weil diese sich immer im Erfüllungsstadium befänden, welches nach dem allgemeinen Schuldrecht zu beurteilen sei (so LG Bonn CR 2004, 414 (417)). So ist in der Praxis die Gewährleistung für Arbeitsergebnisse der Wartungsleistungen nur für einen Zeitraum nach Vertragsende von Interesse, da während der Vertragsdauer im Rahmen der Wartungsleistungen verursachte, übriggebliebene, nicht behobene oder nicht vollständig behobene Fehler ohnedies im Rahmen derselben unter den geltenden Vertragsbedingungen aufgegriffen werden. Dieser Zeitraum wird durch die oben genannte, zwölfmonatige Frist begrenzt. Auch hier lässt sich wieder darüber streiten, ob die Regelungen des § 634a Abs. 1 Nr. 1 BGB oder die der §§ 634a, 195, 199 BGB anzuwenden sind (so auch *Lejeune* K&R 2002, 441 (446); *Redeker,* IT-Recht, 6. Aufl., Rn. 679, die jeweils für die Anwendung des § 634a Abs. 1 Nr. 1 BGB plädieren).

Der Vertrag ist im Übrigen so gestaltet, dass die Fehlerbeseitigung nur auf Abruf geschuldet ist. Das verhindert eine nachlaufende, generelle Pflicht zur Mängelbeseitigung (vgl. *Schneider* CR 2004, 241 (247 f.); *Redeker,* IT-Recht, 6. Aufl., Rn. 679; ähnlich auch *Zahrnt* CR 2004, 408 (411): Anwender erwarten Fehlerbeseitigung dann nicht mehr). Mit Blick auf ausgelieferte Updates hingegen ist der Auftragnehmer damit auch noch nach Vertragsende eine Zeitlang zur Fehlerbeseitigung verpflichtet (s. aber auch *Zahrnt* CR 2004, 408 (411)).

Die Kündigungsregelung gemäß § 11 Abs. (5) für den Fall, dass es dem Auftragnehmer im Rahmen der Wartungsleistungen nicht möglich ist, einen Fehler innerhalb einer angemessenen Frist abzustellen, entspricht EVB-IT Pflege S, Ziffer 7.1, (s. *Feil/Leitzen,* EVB-IT, Kapitel 7, S. 462 und Rn. 46 ff.). Diese Regelung gibt beiden Seiten die Möglichkeit bei „nichtabstellbaren" Fehlern das Vertragsverhältnis für die betreffende Software zu lösen. Will der Kunde von einer Kündigung absehen, zB weil die Software trotz des Fehlers noch nutzbar ist, kann er eine zumindest zeitweise Minderung der Pauschalvergütung gemäß § 638 BGB vornehmen (s. *Hartmann/Thier* CR 1998, 581 (586)). Teilweise wird von den Gerichten vertreten, dass (stattdessen) das allgemeine Schuldrecht, namentlich das Rücktrittsrecht greife (LG Bonn CR 2004, 414 (417) m. zust. Anm. *Zahrnt;* s. auch *Schneider* CR 2004, 241 (242, 245)). Folgte man dieser Linie, bestünden Zweifel, ob die Klausel in § 11 Abs. (2) und (5) wirksam ist. Andererseits wird eine uneingeschränkte Rücktrittsmöglichkeit auch teilweise skeptisch bewertet (vgl. *Schneider* CR 2004, 241 (245)). Das Muster wählt einen Mittelweg und gesteht eine Rücktrittsmöglichkeit nur hinsichtlich der konkreten Änderungsleistungen zu (s. auch *Redeker,* IT-Recht, 6. Aufl., Rn. 654: Rücktritts- und Minderungsrecht nur für die konkreten Wartungs- bzw. Pflegeleistungen).

20. Haftung. Das Formular folgt der Praxis, nach der Haftungsbeschränkungen für schuldhafte Verletzungen vertragswesentlicher Pflichten in Softwareverträgen üblich sind (s. zB EVB-IT Pflege S, Ziffer 7, s. *Feil/Leitzen,* EVB-IT, Kapitel 7, S. 462 und Rn. 49 ff.; für Softwareüberlassungsverträge *Schmidt* in Lehmann, Rechtsschutz und Verwertung von Computerprogrammen, XV, S. 757). Bei der Verwendung von Haftungsbeschränkungen in Softwarepflegeverträgen ist zu berücksichtigen, dass diese Verträge idR im kaufmännischen Verkehr zur Anwendung kommen und dass die zu wartende Software oft hochkomplex ist und ihre Wartung typischerweise erhebliche Fehlerrisiken enthält.

Zunächst haftet der Auftragnehmer nach Abs. (1) für Verzugsschäden, wenn die vereinbarten Reaktionszeiten erheblich überschritten werden. Dies gilt jedoch nicht, wenn dem Auftragnehmer der Nachweis gelingt, dass kein oder nur ein vernachlässigbarer Fehler vorlag, der die Funktionstüchtigkeit der Software entweder überhaupt nicht oder doch nur in geringem Maße beeinträchtigt hat. Die Haftung ist für jeden Verzugstag auf $^{3}/_{10}$ (bei EVB-IT Pflege S $^{5}/_{30}$) der monatlichen Pflegegebühr beschränkt. Eine Haftung wegen Verzugs findet nach Abs. (2) auch statt, wenn der Auftragnehmer bei Änderungsleistungen die in der Leistungsbeschreibung vereinbarten Fertigstellungstermine um mehr als 30 Tage überzieht. Der Auftragnehmer haftet dann für jeden weiteren Verzugstag mit einem Tagessatz der Pflegegebühr. In beiden Fällen entfällt jegliche Schadensersatzzahlung, wenn der Auftragnehmer nachweist, dass dem Kunden durch den Verzug kein oder nur ein geringer Schaden entstanden ist.

Für andere Schäden haftet der Auftragnehmer nur dann, wenn sie durch schuldhafte Verletzung einer wesentlichen Vertragspflicht verursacht worden sind. Eine betragsmäßige Begrenzung der Haftung, wie sie in Abs. (3) vorgesehen ist, erscheint vor dem Hintergrund, dass Software oft hochkomplex und schadensträchtig ist, gerechtfertigt und auch unter AGB-rechtlichen Gesichtspunkten zulässig, soweit (auf diesem Wege) der vertragstypische und vorhersehbare Maximalschaden beschrieben wird (vgl. Ulmer/Brandner/Hensen/*Fuchs,* AGB-Recht, 12. Aufl., § 307 Rn. 302). Da das schwer zu prognostizieren ist, sind zumindest die Beträge individuell zu verhandeln. Im Formular sind als Höchstbeträge dementsprechend festzulegende Vielfache der Wartungsgebühren und der Zahlungen für die Änderungsleistungen vorgesehen (eine Anknüpfung an die Vergütung hält demgegenüber *Intveen* ITRB 2004, 138 (141) für ungeeignet). Alternativ können auch Absolutbeträge als Minimal- und Maximalbeträge festgesetzt werden, wie dies zB bei EVB-IT Pflege S, Ziffer 7 s. aaO der Fall ist. Auch in diesem Fall ist es aber schwierig, eine wirklich angemessene Begrenzung festzulegen. Im Übrigen wird auf → Form. IV.5 § 10 und → Anm. 14 Bezug genommen.

Weiter scheidet eine Inanspruchnahme des Auftragnehmers auf Schadensersatz aus, wenn in einem Wartungs- und Pflegevertrag für Software die Zuweisung der Pflicht zur Datensicherung an den Kunden geregelt ist (LG Stuttgart CR 2002, 487; vgl. OLG Hamm CR 2004, 654; aA aber tendenziell OLG Köln NJW-RR 1997, 558; *Marly,* Praxishandbuch Softwarerecht, 7. Aufl., Rn. 1040, der daher eine vertragliche Regelung empfiehlt). Die Haftung ist auf den vertragstypischen Schaden begrenzt, soweit er aufgrund der dem Auftragnehmer bei Vertragsschluss bekannten Umstände vernünftigerweise vorhersehbar war (BGH NJW 2014, 291 (295 ff.)). Ein vertragstypischer und vorhersehbarer Schaden ist zB eine fehlerhafte Datenverarbeitung beim Kunden als Folge eines Programmfehlers, der bei der Durchführung von vertragsgemäßen Wartungsarbeiten aus Versehen in das Programm gebracht wurde. Die Haftung ist auf einen Höchstbetrag beschränkt, der so zu bemessen ist, dass er die vertragstypischen, vorhersehbaren Schäden abdecken kann (BGH NJW 1993, 335 (336)). Hierzu sind die Art der zu wartenden Software und ihre Einsatzbedingungen in Betracht zu ziehen wie Einsatzgebiet, Art und Umfang der auszuführenden Arbeiten und der von der Software zu verarbeitenden Daten – Letzteres insbes. im Hinblick auf Geheimhaltungserfordernisse und den Datenschutz.

21. Vertragsdauer. Die Mindestdauer dieses Vertrages wird gemäß § 13 des Formulars im Pflegeschein für sämtliche dort genannte Software festgelegt. Alternativ kann diese Festlegung für jede Software einzeln erfolgen. Die Regelung gibt beiden Vertragsparteien die notwendige Basis zur Disposition über Personal und Betriebsmittel. Darüber hinaus hat der Kunde in der Regel ein Interesse an einer langfristigen Vereinbarung, da bei vom Auftragnehmer erstellter oder überlassener Software nur schwer ein Ersatz für den Auftragnehmer zur Ausführung der Pflegearbeiten gefunden werden kann. Dies ist insbesondere dann der Fall, wenn es sich um komplexe Software handelt. Zu Recht kann der Kunde an einer langen Laufzeit, wie zB über einen Lebenszyklus von sieben Jahren für Individualsoftware, interessiert sein (vgl. OLG Koblenz CR 1993, 626 (628 f.); OLG Köln CR 1998, 720 f.; LG Köln CR 1999, 218 (219); LG Bonn CR 2004, 414 (416); *Jaeger* CR 1999, 209 mwN). Eine Mindestfrist ist daher zu rechtfertigen, aber nicht zwingend (OLG Koblenz CR 2005, 482 f.: kein Verstoß gegen § 307 BGB, sofern der Vertrag jederzeit mit einer dreimonatigen Frist kündbar ist; aA LG Köln CR 1999, 218 (219 f.) unter Hinweis auf § 242 BGB und OLG Koblenz NJW 1993, 3144 f. [= CR 1993, 626]: Mindestlaufzeit für Lebenszyklus). Der Auftragnehmer seinerseits wird nicht unangemessen belastet, weil er nach § 4 Abs. (1) idR nur für die Fehlerbeseitigung im letzten Versionsstand der Software zu sorgen hat (vgl. *Zahrnt* CR 2004, 408 (411)). Auch eine dem mutmaßlichen Lebenszyklus entsprechende Dauer kann durch die Mindestlaufzeit gemäß § 13 Abs. (1) S. 1 abgedeckt werden. Andererseits wird aber der Auftragnehmer daran interessiert sein, sich nicht endlos an die Durchführung der Pflegearbeiten zu binden, da die Wartung von inzwischen durch Neuauflagen überholter Software einen erhöhten Aufwand bedeutet und mitunter das für diese veraltete Software sachkundige Pflegepersonal dann nicht mehr zur Verfügung steht. Diesem beiderseitigen Interesse trägt bedingt die Kündigungsfrist von 3 Monaten Rechnung. Wünscht der Anbieter hingegen eine lange Mindestfrist, so spricht einiges dafür, dass Mindestlaufzeiten von bis zu 5 Jahren auch in Formularverträgen zulässig sind (*Redeker,* IT-Recht, 6. Aufl., Rn. 663; bis zu 10 Jahre hält *Marly,* Praxishandbuch Softwarerecht, 7. Aufl., Rn. 1055 für zulässig).

Weiter kann, weil der Vertrag für verschiedene Softwareprodukte des Pflegescheins gilt, der Kunde ein Interesse daran haben, nur eine produkt- oder lizenzbezogene Teilkündigung des Vertrag auszusprechen. Auch diese ist in § 13 Abs. (1) angelegt. Aus Sicht des Auftraggebers fragt sich demgegenüber, ob diese und in Ansehung der BGH-Entscheidung „Internetsystemvertrag" (CR 2010, 327, 239) nicht auch die Kündigungsmöglichkeit nach § 648 BGB auszuschließen ist, aber eben auch, ob dieses in Anbieter-AGB eigentlich möglich ist (zur Teilkündigung und den AGB-rechtlichen sowie sonstigen Aspekten vertiefend *Grützmacher* ITRB 2011, 133 ff.).

Sofern der Kunde an einer Weiterführung der Pflege über die Laufzeit des Vertrags hinaus interessiert ist, kommt die Möglichkeit in Betracht, dass im beiderseitigen Einvernehmen eine Übertragung der Pflegearbeiten auf eine andere Firma erfolgt bei gleichzeitiger Herausgabe des Quellcodes durch den Auftragnehmer (*Moritz* CR 1999, 541 (545)). Die Kündigung eines Software-Wartungsvertrags kann implizit durch Kündigung des Vertrags über die Ratenzahlungen als Vergütung für die zu wartende Software erfolgen (BGH CR 1990, 24). Eine Kündigung aus wichtigem Grund kann vorliegen bei offensichtlicher Falschberatung zur Frage der Umrüstung auf ein größeres System (OLG Koblenz CR 1987, 107). Teilweise geht die Rechtsprechung sogar davon aus, an die Stelle der außerordentlichen Kündigung könne der Rücktritt treten (so LG Bonn CR 2004, 414 (416 f.); → Anm. 18). Der Auftragnehmer wird den Vertrag insbesondere im Falle eines nachhaltigen Zahlungsverzugs außerordentlich kündigen können, aber auch bei einem gravierenden Verstoß des Kunden gegen den Lizenzvertrag, sofern der Verstoß über einen längeren Zeitraum anhält (LG Köln CR 2012, 77). Eine Kündigung des Pflegevertrags durch den Auftragnehmer, um den Kunden zur Zahlung einer Upgrade-Gebühr zu veranlassen, auf die er mangels einer vertraglichen Vereinbarung keinen Anspruch hat, ist rechtsmissbräuchlich und damit unzulässig (OLG Koblenz CR 1993, 626). Ebenso bringt ein Austausch der Software den Pflegevertrag nicht zum Erlöschen und rechtfertigt auch nicht eine fristlose Kündigung (OLG Oldenburg CR 1992, 722).

9. Lizenzbestimmungen für Freie Software („Open Source“)

Präambel[1–3]

Diese Lizenzbestimmungen verfolgen den Zweck, ein Computerprogramm als Open Source Software zur Nutzung durch jedermann freizugeben. Dies bedeutet, dass den Lizenznehmern umfassende Nutzungsrechte an dem Programm eingeräumt werden, die über die Rechtseinräumung herkömmlicher Lizenzvereinbarungen in beträchtlichem Maße hinausgehen. Jeder Lizenznehmer erhält nach diesen Lizenzbestimmungen das Recht, das Programm zu verändern. Eingeräumt wird des Weiteren das Recht, das Programm in veränderter oder unveränderter Form zu vervielfältigen, zu verbreiten und öffentlich zugänglich zu machen. Diese Rechte werden unentgeltlich gewährt. Dabei findet kein Verzicht der Lizenzgeber auf Urheber- und Patentrechte statt, vielmehr werden einfache Nutzungsrechte eingeräumt.

Die Lizenzbestimmungen sehen zugleich Verpflichtungen für die Lizenznehmer vor. Diese Verpflichtungen dienen dem Zweck, das freie Zirkulieren des Programms und aller veröffentlichten Fortentwicklungen zu sichern. Die Lizenznehmer sind insbesondere dazu verpflichtet, bei jeder Verwertung des Programms dafür Sorge zu tragen, dass neue Nutzer eine Kopie dieser Lizenzbestimmungen erhalten und Zugriff auf das Quellenprogramm haben. Eine weitere Verpflichtung der Lizenznehmer betrifft Fortentwicklungen des Programms. Änderungen am Programm, die ein Lizenznehmer veröffentlicht oder verwertet, müssen nach diesen Lizenzbestimmungen freigegeben werden. Diese Verpflichtung gewährleistet eine Weiterentwicklung des Programms im Interesse aller Nutzer.

Die Lizenzbestimmungen verstehen sich als Angebot an jedermann auf Abschluss eines Lizenzvertrags. Das Angebot bezieht sich auf alle Programme, die durch einen deutlichen Hinweis diesen Lizenzbestimmungen unterstellt worden sind. Für eine bestimmungsgemäße Benutzung des Programms einschließlich der Erstellung einer Sicherungskopie sowie der Dekompilierung des Programms zur Herstellung der Interoperabilität mit anderen Programmen bedarf es keiner Annahme dieser Lizenzbestimmungen. Für Veränderung, Vervielfältigung und Verbreitung sowie für die öffentliche Zugänglichmachung bedarf es dagegen der Annahme dieser Lizenzbestimmungen durch den Lizenznehmer. Die Annahme erfolgt durch die Vornahme entsprechender Nutzungshandlungen.

§ 1 Einräumung von Nutzungsrechten

(1) Der Lizenzgeber gewährt dem Lizenznehmer das Recht, das unter diese Lizenzbestimmungen gestellte Computerprogramm einschließlich des Quellenprogramms und der

notwendigen Skripte (im Folgenden „das Programm") in unveränderter Form zu vervielfältigen, zu verbreiten oder öffentlich zugänglich zu machen. Der Lizenznehmer erhält diese Rechte unentgeltlich.[4] Die Rechtseinräumung umfasst sowohl die Urheberrechte an dem Programm als auch Patente des Lizenzgebers. Die Patentlizenz wird jedoch nur in dem Umfang gewährt, der erforderlich ist, um die durch diese Lizenzbestimmungen gewährten Rechte an der vom Lizenzgeber veröffentlichten Version des Programms uneingeschränkt und ohne zusätzliche Verpflichtungen oder Kosten ausüben zu können.[5]

(2) Der Lizenznehmer ist verpflichtet, jedem Vervielfältigungsstück eine Kopie dieser Lizenzbestimmungen beizulegen. Macht der Lizenznehmer das Programm öffentlich zugänglich, so muss er dem Nutzer die Möglichkeit geben, diese Lizenzbestimmungen gebührenfrei herunterzuladen. Der Lizenznehmer hat bei der Verbreitung sowie bei der öffentlichen Zugänglichmachung durch einen ausdrücklichen Vermerk auf die Geltung dieser Lizenzbestimmungen hinzuweisen.[6]

§ 2 Änderungen des Programms

(1) Der Lizenzgeber gewährt dem Lizenznehmer das Recht, Vervielfältigungsstücke des Programms zu bearbeiten oder auf andere Weise zu verändern und entsprechend bearbeitete oder veränderte Programme unter den Bedingungen des § 1 Abs. (2) der Lizenzbestimmungen zu vervielfältigen, zu verbreiten und öffentlich zugänglich zu machen. Das Urheberpersönlichkeitsrecht der Urheber darf bei einer Veränderung der Programme nicht verletzt werden.[7]

(2) Es ist dem Lizenznehmer ausdrücklich gestattet, das Programm oder Teile des Programms mit anderen Programmen oder Teilen anderer Programme, welche nicht unter diesen Lizenzbestimmungen stehen, innerhalb eines einheitlichen Gesamtprogramms zu kombinieren, soweit er im Übrigen die Bedingungen dieser Lizenzbestimmungen erfüllt.[8]

(3) Wenn der Lizenznehmer durch eine Bearbeitung oder sonstige Veränderung des Programms Urheberrechte erwirbt, so muss er sie diesen Lizenzbestimmungen unterstellen, sofern er das bearbeitete oder veränderte Programm veröffentlicht oder verwertet.[9] Diese Verpflichtung bezieht sich nicht auf eigenständige Programme, die zwar Teile eines Gesamtprogramms, aber nicht von dem Programm abgeleitet sind. Als eigenständig im Sinne dieser Vorschrift gelten solche Programme, die in sinnvoller Weise selbstständig wirtschaftlich genutzt werden können und die nach der Verkehrsanschauung als eigenständige Programme angesehen werden.[10]

(4) Wenn der Lizenznehmer das Programm oder Teile des Programms mit einem anderen Programm oder mit Teilen eines anderen Programms, welches unter der GNU General Public License steht, innerhalb eines einheitlichen Gesamtprogramms kombiniert, so muss er in Abweichung von § 1 Abs. (2), § 2 Abs. (3) S. 1, § 2 Abs. (5), § 3 und § 5 der Lizenzbestimmungen dieses Gesamtprogramms den Bestimmungen der GNU General Public License unterstellen, sofern er das Gesamtprogramm vervielfältigt, verbreitet oder öffentlich zugänglich macht. § 2 Abs. (3) S. 2 und 3 sind entsprechend anzuwenden.[11]

(5) Wenn bei der Installation oder beim Start des veränderten Programms Lizenz- oder Vertragsbedingungen oder Hinweise auf die Rechtsinhaber angezeigt werden, dann müssen ein Hinweis auf diese Lizenz sowie ein Hinweis auf den oder die Rechtsinhaber an den ersten unter dieser Lizenz nutzbaren Programmbestandteilen ebenfalls angezeigt werden.[12]

(6) Wenn der Lizenznehmer an der veränderten Version des Programms ein Patent erwirbt oder wenn die Nutzung der Software in vorbestehende Patente des Lizenznehmers eingreift, so muss er die Nutzung dieser Patente zugunsten aller anderen gegenwärtigen und künftigen Lizenznehmer in dem Umfang gestatten, der erforderlich ist, um die durch diese Lizenzbestimmungen gewährten Rechte an der von ihm veröffentlichten

Version des Programms weiterhin uneingeschränkt und ohne zusätzliche Verpflichtungen oder Kosten ausüben zu können.[5]

§ 3 Urheberbezeichnung, Vermerke[13]

(1) Die von dem Urheber des ursprünglichen Programms und dem Urheber der Änderungen angebrachten Urheberbezeichnungen und die diesbezüglichen Datumsangaben sowie alle Vermerke, die auf die Geltung dieser Lizenzbestimmungen hinweisen, dürfen vom Lizenznehmer nicht verändert werden.

(2) Änderungen nach § 2 müssen mit einem auffälligen Vermerk im Quellenprogramm versehen werden, der auf die vorgenommenen Änderungen und das Datum der Änderung hinweist. Der Vermerk kann eine Urheberbezeichnung enthalten.

§ 4 Beendigung der Rechte bei Zuwiderhandlung[14]

(1) Jede Nutzung des Programms entgegen den Bedingungen dieser Lizenzbestimmungen beendet unmittelbar die Nutzungsrechte des Zuwiderhandelnden.

(2) Die Nutzungsrechte Dritter, die sich von diesen Lizenzbestimmungen ableiten, bestehen weiter, solange die Bedingungen dieser Lizenzbestimmungen eingehalten werden.

§ 5 Verbreitung, öffentliche Zugänglichmachung in Objektprogramm-Form[15]

(1) Der Lizenznehmer darf das Programm in Form des Objektprogramms oder in Form eines ausführbaren Programms unter den Bedingungen der §§ 1, 2 und 3 vervielfältigen, verbreiten und öffentlich zugänglich machen. Voraussetzung hierfür ist die wahlweise Erfüllung einer der folgenden Bedingungen:

(a) Der Lizenznehmer liefert das Programm zusammen mit dem vollständigen zugehörigen maschinenlesbaren Quellenprogramm auf einem für den Datenaustausch üblichen Datenträger aus. Die Verbreitung des Quellenprogramms erfolgt unter Beachtung der Lizenzbestimmungen der §§ 1, 2 und 3.

(b) Der Lizenznehmer liefert das Programm zusammen mit einem mindestens fünf Jahre gültigen schriftlichen Angebot aus, jedem Dritten eine vollständige maschinenlesbare Kopie des Quellenprogramms zur Verfügung zu stellen, wobei das Quellenprogramm nach den Bestimmungen der §§ 1, 2 und 3 auf einem für den Datenaustausch üblichen Datenträger weitergegeben wird. Für die Lieferung des Quellenprogramms dürfen keine über die Kosten des Datenträgers und seines Versandes hinausgehenden Gebühren verlangt werden.

(c) Der Lizenznehmer macht das vollständige Quellenprogramm unter Beachtung der Lizenzbestimmungen der §§ 1, 2 und 3 im Internet öffentlich zugänglich und weist bei der Verbreitung des Objektprogramms deutlich auf die vollständige Internetadresse hin, unter der das Quellenprogramm abgerufen werden kann.

(2) Für ein ausführbares Programm umfasst das vollständige Quellenprogramm die Quellenprogramme aller im Programm enthaltenen Module, die Definitionsdateien aller zugehörigen Modulschnittstellen sowie die zur Kompilierung und Installation verwandten Skripte.

§ 6 Vertragsschluss[16]

(1) Diese Lizenzbestimmungen verstehen sich als Angebot an jedermann auf Abschluss einer Nutzungsvereinbarung dieses Inhalts.

(2) Eine bestimmungsgemäße Benutzung des Programms ist auch ohne die Annahme der Lizenzbestimmungen gestattet. Dieses Recht umfasst die folgenden Befugnisse: das Programm laufen zu lassen sowie die Erstellung von hierfür erforderlichen Vervielfältigungen

im Haupt- und Arbeitsspeicher, das Erstellen einer Sicherungskopie, die Fehlerberichtigung sowie die Dekompilierung des Programms zur Herstellung der Interoperabilität mit anderen Programmen.

(3) Durch eine Verbreitung, Veränderung oder öffentliche Zugänglichmachung, sowie durch eine über die bestimmungsgemäße Benutzung hinausgehende Vervielfältigung erklärt der Lizenznehmer die Annahme dieser Nutzungsvereinbarung, so dass die Lizenzbestimmungen ab diesem Zeitpunkt als rechtlich verbindlicher Vertrag zwischen den Parteien gelten. Eines Zugangs der Annahmeerklärung bedarf es nicht.

(4) Jeder einzelne Lizenznehmer erhält die Befugnisse aus diesen Lizenzbestimmungen direkt vom Lizenzgeber.

§ 7 Sondervereinbarungen[17]

Sollte der Lizenznehmer eine Nutzung des Programms unter Bedingungen wünschen, die von diesen Lizenzbestimmungen abweichen, bedarf es hierzu einer besonderen Vereinbarung zwischen dem Lizenzgeber und dem Lizenznehmer.

§ 8 Entgegenstehende Rechte Dritter, staatliche Verbote[18]

Sofern es dem Lizenznehmer aufgrund entgegenstehender Patente Dritter oder staatlicher Verbote nicht möglich ist, alle Bedingungen dieser Lizenzbestimmungen zu erfüllen, darf er das Programm nicht weiter vervielfältigen, verbreiten oder öffentlich zugänglich machen.

§ 9 Freiheit von Rechten Dritter[19]

Der Lizenzgeber steht im Hinblick auf bestehende Schutzrechte Dritter an dem Programm lediglich für Vorsatz und grobe Fahrlässigkeit ein.

§ 10 Haftung und Gewährleistung[20]

(1) Die Haftung und Gewährleistung des Lizenzgebers sind auf Vorsatz und grobe Fahrlässigkeit beschränkt.

(2) Bei einer Verbreitung des Programms oder bei einer öffentlichen Zugänglichmachung kann der Lizenznehmer eine von Abs. (1) abweichende Regelung seiner Haftung und Gewährleistung vornehmen, soweit er die jeweils anwendbaren gesetzlichen Bestimmungen beachtet.

§ 11 Lizenztext[21]

(1) Der Lizenznehmer darf diesen Lizenztext in unveränderter Form vervielfältigen, verbreiten und öffentlich zugänglich machen. § 10 Abs. (2) der Lizenzbestimmungen bleibt hiervon unberührt.

(2) Der Inhaber der ausschließlichen Nutzungsrechte an diesen Lizenzbestimmungen kann mit verbindlicher Wirkung neue Versionen der Lizenz in Kraft setzen, soweit die Änderung in Anbetracht technischer Neuerungen oder rechtlicher Änderungen dringend erforderlich und unter Berücksichtigung der Interessen des Lizenznehmers zumutbar ist. Neue Versionen der Lizenz werden auf der Internetseite <http://www. . . . .> mit einer eindeutigen Versionsnummer veröffentlicht. Die neue Version der Lizenz erlangt für den Lizenznehmer verbindliche Wirkung, sobald er von der Veröffentlichung Kenntnis genommen hat. Gesetzliche Rechtsbehelfe gegen die Änderung der Lizenz werden durch die vorstehenden Bestimmungen nicht beschränkt.

Schrifttum: Siehe die Hinweise zu → Form. VI.1 sowie: *Backu,* Open Source Software und Interoperabilität, ITRB 2003, 180; *Deike,* Open Source Software: IPR-Fragen und Einordnung ins deutsche Rechtssystem, CR 2003, 9; *Dreier,* Verletzung urheberrechtlich geschützter Software nach Umsetzung der EG-Richtlinie, GRUR 1993, 781; *Hoeren,* Open Source und das Schenkungsrecht – eine durchdachte Liaison?, in: FS. Kollhosser, Bd. 2, Karlsruhe 2004, 229; *Institut für Rechtsfragen der Freien und Open Source Software (ifrOSS),* Die GPL kommentiert und erklärt, Köln 2005; *Jaeger/Metzger,* Open Source Software, 4. Aufl., München 2016; *dies.,* Die neue Version 3 der GNU General Public License, GRUR 2008, 130; *Koch,* Urheber- und kartellrechtliche Aspekte der Nutzung von Open Source Software, CR 2000, 273 und 333; *Koglin,* Opensourcerecht, Frankfurt a.M. 2007; *Lejeune,* Rechtsprobleme bei der Lizenzierung von Open Source Software nach der GNU GPL, ITRB 2003, 10; *Metzger,* Rechtsgeschäfte über das Droit moral, München 2002; *Metzger/Jaeger,* Open Source Software und deutsches Urheberrecht, GRUR Int. 1999, 839; *Omsels,* Open Source und das deutsche Urheber- und Vertragsrecht, Festschrift Hertin, München 2000, 151; *Schäfer,* Der virale Effekt: Entwicklungsrisiken im Umfeld von Open Source Software, Karlsruhe 2007; *Schiffner,* Open Source Software, München 2003; *C. Schulz,* Dezentrale Softwareentwicklungs- und Softwarevermarktungskonzepte, Köln 2005; *Sester,* Open-Source-Software: Vertragsrecht, Haftungsrisiken und IPR-Fragen, CR 2000, 797; *Spindler,* Rechtsfragen bei Open Source Software, Köln 2004; *Teupen,* „Copyleft" im deutschen Urheberrecht, Berlin 2007; *Wuermeling/Deike,* Open Source Software: eine juristische Risikoanalyse, CR 2003, 87.

Anmerkungen

1. Sachverhalt. Das Formular behandelt die als Freie Software, synonym auch als Open Source Software, bezeichnete Entwicklungs- und Vertriebsform von Computerprogrammen („Freies Programm", vgl. hierzu *Jaeger/Metzger,* Open Source Software, 5. Aufl. 2020, Rn. 1 ff.). Freie Programme werden heute in allen Bereichen des Wirtschaftslebens eingesetzt. GNU/Linux, Android, Apache, Firefox, Perl, Samba, Libre Office sind nur einige der bekannten Beispiele.

Die Entwicklung Freier Software unterscheidet sich oft erheblich von der Erstellung herkömmlicher Software. Während herkömmliche Programme typischerweise von Programmierern entwickelt werden, die von einem gemeinsamen Auftrags- oder Arbeitgeber eingesetzt werden, ist das Betriebssystem GNU/Linux von einer Vielzahl von Programmierern geschrieben worden, die teils in ihrer Freizeit, teils freiberuflich, teils aber auch als Angestellte in Unternehmen gearbeitet haben und aus ganz unterschiedlichen Motiven an einer Weiterentwicklung des Programms interessiert waren. Apache und Perl werden ebenfalls als freie Projekte von heterogenen Gemeinschaften entwickelt. Star Office hingegen war als funktionsfähiges Office-Paket bereits fertig gestellt, bevor sich das Software-Unternehmen Sun zur Freigabe einer freien Version des Programmpakets entschloss („Open Office" bzw. „Libre Office").

Die genannten freien Programme unterscheiden sich in der Vermarktung und Nutzung von herkömmlicher Software vor allem durch die Lizenzbestimmungen, die den jeweiligen Projekten zugrunde liegen. Diese Lizenzbestimmungen sind dadurch gekennzeichnet, dass die Rechtsinhaber jedermann ein einfaches Nutzungsrecht an dem Programm gewähren, auf dessen Grundlage das Vervielfältigen, Verbreiten, Verändern und öffentliche Zugänglichmachen gestattet ist, ohne dass hierfür Lizenzgebühren verlangt werden. Die Nutzung des Programms wird jedoch stets an die Einhaltung von Bedingungen geknüpft.

Typischerweise steht am Anfang eines freien Projekts die Freigabe des ersten Teils eines Programms unter einer von den Initiatoren herausgegebenen und nach dem Projekt benannten Lizenzregelung. Fortentwicklungen und neu geschriebene weitere Teile des Programms werden später hinzugefügt und wiederum diesen Lizenzbestimmungen unterstellt. Am Ende einer solchen Entwicklung steht ein fertiges Programm, zu dem unterschiedliche Programmierer Teile beigetragen haben, die sie jeweils den Lizenzbestimmungen des Projekts unterstellen. Im Idealfall steht dieses Programm unter einheitlichen Lizenzbestimmungen, in der Praxis kommen bei komplexeren Programmpaketen jedoch unterschiedliche freie Lizenzbestimmungen zum Tragen, da Teile aus anderen freien Programmen übernommen und eingefügt werden, die unter anderen Lizenzbestimmungen vertrieben werden. Bei Entwicklung und Verbreitung Freier Software handelt es sich um „Tauschzirkel" im untechnischen Sinne, in denen Quellenprogramme oder Teile hiervon sowie geistige Eigentumsrechte weitergegeben werden.

Als besonders erfolgreich haben sich die Entwicklungsprojekte erwiesen, deren Lizenzbestimmungen sog. „Copyleft"-Klauseln enthalten. „Copyleft" bedeutet, dass die Befugnis der Nutzer, das Programm zu verändern, an die Erfüllung der Verpflichtung geknüpft ist, bei der Veränderung des Programms entstehende Bearbeiterurheberrechte wiederum den Lizenzbestimmungen zu unterstellen. Bei Anwendung des deutschen Rechts handelt es sich rechtstechnisch um eine auflösende Bedingung gemäß § 158 Abs. (2) BGB (hM: *Metzger/Jaeger* GRUR Int. 1999, 839 (843); *Spindler,* Rechtsfragen bei Open Source, 2004, 50; *C. Schulz,* Dezentrale Softwareentwicklungs- und Softwarevermarktungskonzepte, 2005, 189 ff.; Wandtke/Bullinger-*Grützmacher,* Praxiskommentar zum Urheberrecht, 5. Aufl. 2009, § 69c Rn. 116; *Teupen,* „Copyleft" im deutschen Urheberrecht, 2006, 209 ff.; so auch LG München CR 2004, 774 (775); LG Frankfurt a. M. CR 2006, 729 (732); aA: *Koch* CR 2000, 333 (334 f.); *Hoeren* CR 2004, 776 (777); *Koglin,* Opensourcerecht, 2007, 108 ff.). Der Grundtypus aller „Copyleft"-Klauseln findet sich in der GNU General Public License (GPL) Version 2 http://www.gnu.org/licenses/old-licenses/gpl-2.0.html (abgedr. bei *Jaeger/Metzger,* Open Source Software, 5. Aufl. 2020, 317 ff.), die als lizenzrechtliche Grundlage des Betriebsystems GNU/Linux und zahlreicher weiterer Programme als bedeutsamste freie Lizenzbestimmung bezeichnet werden kann. Nicht zuletzt die „Copyleft"-Klauseln in Ziff. 2b der GNU General Public License Version 2 hat bei der Entwicklungsgeschichte des Betriebssystems GNU/Linux dazu geführt, dass eine weltweit verstreute Gemeinschaft von Programmierern Quellenprogramme beigesteuert hat. Das GNU-Projekt existiert seit 1984 und hat sich zum Ziel gesetzt, ein Betriebssystem zu programmieren, welches mit Unix-Programmen kompatibel ist, sich aber nicht von Unix ableitet. Dies erklärt die Abkürzung GNU: „GNU's Not Unix". Der Kernel des Betriebssystems wurde 1991 vom Programmierer Linus Torvalds entwickelt, das Betriebssystem GNU/Linux ist seit 1992 lauffähig (zur Entwicklungsgeschichte des GNU-Projekts vgl. http://www.gnu.org/gnu/the-gnu-project.html). Seit 2007 liegt Version 3 der GNU GPL vor (http://www.fsf.org/licensing/licenses/gpl.html). Die neue Lizenzversion setzt sich aber erst nach und nach in den verschiedenen Entwicklungsprojekten durch. Für die Kernbestandteile von GNU/Linux ist nach wie vor Version 2 maßgeblich.

Die Lizenzbestimmungen anderer Projekte sehen weniger strenge Nutzungsbedingungen vor, so etwa die lizenzrechtliche Grundlage der Server-Software Apache (http://www.apache.org/licenses/LICENSE-2.0.html). Diese Lizenzbestimmungen begnügen sich mit der Verpflichtung der Nutzer, bei einer Verbreitung des Programms eine Kopie der Lizenzbestimmungen beizufügen sowie alle Urhebervermerke und Hinweise auf die Geltung der Lizenzbestimmungen unverändert zu lassen. Lizenzbestimmungen dieses Typs sind weit verbreitet, sie enthalten keine „Copyleft"-Klausel. Schließlich existieren auch Lizenzbestimmungen, die einen Mittelweg zwischen diesen beiden Grundtypen beschreiten, so etwa die Mozilla Public License 2.0 (vgl. http://www.mozilla.org/MPL/

2.0/). Zu den verschiedenen Lizenztypen vgl. im Einzelnen *Jaeger/Metzger,* Open Source Software, 5. Aufl. 2020, Rn. 29 ff.; *Spindler,* aaO, 9 ff.

Das vorliegende Formular wendet sich an Unternehmen, Einzelentwickler oder Entwicklungsteams, die ein Programm oder Teile eines Programms freigeben möchten („Lizenzgeber“) und hierzu die Erstellung von neuen, ihren Bedürfnissen angepassten Lizenzbestimmungen wünschen.

2. Wahl des Formulars, Sprache. Bei der Wahl der „richtigen“ Lizenzbestimmungen sollte sorgsam abgewogen werden, ob die Erstellung von neuen Lizenzbestimmungen auf der Grundlage dieses Formulars anzuraten ist oder ob die Verwendung von bereits bestehenden Lizenzbestimmungen den Interessen der Rechtsinhaber besser dient. Letzteres kann insbesondere dann der Fall sein, wenn sich die Rechtsinhaber eine starke Mitarbeit bisher nicht beteiligter Entwickler wünschen. Jede Entwicklergemeinschaft bevorzugt „ihre“ Lizenzbestimmungen. Wünscht man sich die Mitarbeit bestimmter Kreise, so ist die Verwendung der in diesen Entwicklerkreisen bevorzugten Lizenzbestimmungen mitunter Voraussetzung dafür, dass eine Beteiligung in nennenswertem Umfang stattfindet. Die Wahl der Lizenzbestimmungen ist deshalb entscheidend für die Dynamik freier Entwicklungsprojekte. Für die Verwendung bereits existierender Lizenzbestimmungen kann auch die erleichterte Kombinierbarkeit des Programms mit anderen, unter derselben Lizenz verbreiteten Programmen sprechen. Die Verwendung einheitlicher Lizenzbestimmungen verhindert Widersprüche zwischen den jeweils maßgeblichen Lizenzregelungen. Die Kombination von Programmen, die diesem Formular unterstellt werden, mit Programmen, die unter der GNU GPL stehen, ist aufgrund § 2 (4) des Formulars unproblematisch. Zu Kombinationen mit Programmen, die unter anderen Lizenzen stehen, → Anm. 12. Ist ein Programm bereits weitgehend fertiggestellt, so können die besseren Argumente für die Erstellung von neuen Lizenzbestimmungen entsprechend den Vorstellungen der Rechtsinhaber auf der Grundlage dieses Formulars sprechen. Die Verwendung eines eigenen Lizenztexts eröffnet dem Lizenzgeber zusätzliche Gestaltungsspielräume und erhält seine Unabhängigkeit von der Lizenzierungspolitik anderer Organisationen, auf die er in aller Regel keinen Einfluss nehmen kann.

Durch die internationale Zusammenarbeit in den meisten freien Entwicklungsprojekten kann die Anfertigung einer Übersetzung ins Englische erforderlich sein. Diese Übersetzung sollte als rechtsverbindlicher Vertragsbestandteil vorgesehen werden, um ausländischen Verbraucherschutzvorschriften so weit wie möglich entgegenzukommen. Eine Verwendung von mehreren Sprachen steht der zumutbaren Möglichkeit der Kenntnisnahme gemäß § 305 Abs. 2 BGB im Grundsatz nicht entgegen (zur Einordnung freier Lizenzbestimmungen als Allgemeine Geschäftsbedingungen s. *Jaeger/Metzger,* Open Source Software, 5. Aufl. 2020, Rn. 252 mwN). Dies gilt umso mehr, je weniger Differenzen sich zwischen den Versionen ergeben. Eine der beiden Sprachfassungen sollte als in Zweifelsfällen vorrangig bestimmt werden.

Im Hinblick auf die internationale Dimension der meisten freien Projekte sollte auf das Zitieren deutscher Rechtsvorschriften in den Lizenzbestimmungen verzichtet werden. Freie Entwicklungsprojekte haben ein vitales Interesse daran, dass ihre Lizenzbestimmungen in möglichst vielen Rechtsordnungen als wirksam anerkannt werden. Eine ausschließlich vor dem Hintergrund des deutschen Rechts verständliche Vertragssprache ist diesem Ziel abträglich.

Von einem ausschließlich in englischer Sprache abgefassten Lizenztext ist für den Anwendungsbereich des deutschen Rechts und insbesondere im Hinblick auf die Bestimmungen über Allgemeine Geschäftsbedingungen gemäß §§ 305 ff. BGB abzuraten, weil die Frage der wirksamen Einbeziehung englischsprachiger Open Source-Lizenzbestimmungen nach § 305 Abs. 2 BGB unterschiedlich beurteilt wird (gegen die Einbeziehung: *Omsels* FS *Hertin*, 2001, 151; *Spindler,* aaO, 67 f.; dafür: *Jaeger/*

Metzger, Open Source Software, 5. Aufl. 2020, Rn. 254; *Koglin,* Opensourcerecht, 2007, 167 f.; *C. Schulz,* Dezentrale Softwareentwicklungs- und Softwarevermarktungskonzepte, 2005, 207 f.).

3. **Präambel.** Freie Lizenzbestimmungen auf der Grundlage dieses Formulars sollten mit einer Präambel versehen werden, die in die Prinzipien Freier Software einführt und die wesentlichen Elemente der rechtlichen Gestaltung des Projekts erläutert. Dies erleichtert zum einen die Verständlichkeit der Lizenzbestimmungen für den Nutzer des Programms. Eine Präambel kann zum anderen auch dazu dienen, die Grundsätze und den „Geist" des jeweiligen Entwicklungsprojekts in kurzen Worten darzustellen, um so für eine Teilnahme an der Weiterentwicklung des Programms zu werben. Eine ähnliche Präambel enthält die GNU GPL.

4. **Nutzungsrechtseinräumung.** Der Lizenznehmer erhält das einfache, unbeschränkte Nutzungsrecht, das Programm zu vervielfältigen, zu verbreiten und öffentlich zugänglich zu machen. Das Recht, ein Programm öffentlich zugänglich zu machen, ist in vielen freien Lizenzbestimmungen nicht ausdrücklich erwähnt, sollte aber im Hinblick auf § 19a UrhG künftig ausdrückliche Erwähnung finden, da die Online-Verbreitung die typische Form der Distribution Freier Software darstellt.

Freie Software ist nicht gleichbedeutend mit nicht-kommerzieller Software. Vielmehr existiert ein Markt für die kommerzielle Verbreitung Freier Software, bei der die Hersteller für den Datenträger als solchen, das mitgelieferte Handbuch, den Support und zT auch für übernommene Garantien im Hinblick auf die Software entsprechende Gebühren verlangen. In den wichtigsten freien Lizenzbestimmungen ist gleichwohl der Grundsatz verankert, dass Lizenzgeber und Nutzer beim Vertrieb des Programms keine Lizenzgebühren verlangen dürfen, so etwa in Ziff. 2b) der GNU GPL Version 2.

5. **Patentlizenz.** Die Lizenzbestimmungen zielen auf eine Lizenzierung aller für das Computerprogramm bestehenden Schutzrechte. Dies entspricht der gängigen Rechtseinräumung in freien Lizenzen. Die älteren Open Source Lizenzen und insbesondere auch die GNU GPL Version 2 hatten die lizenzierten Schutzrechte nicht im Einzelnen benannt, was zu Zweifeln im Hinblick auf die Lizenzierung etwaiger Patentrechte des Lizenzgebers führte (vgl. *Jaeger/Metzger,* Open Source Software, 5. Aufl. 2020, Rn. 357 ff.; ifrOSS-*Koglin,* Die GPL kommentiert und erklärt, 2005, Ziff. 1 GPL, Rn. 48). Lizenzen jüngeren Datums sehen dagegen ausdrückliche Bestimmungen für bestehende Patentrechte vor, so etwa Ziff. 2.1 (b) der Mozilla Public License 2.0 und Ziff. 11 Abs. (3) der GNU GPL Version 3. Diesem Modell folgt die im Formular vorgeschlagene Klausel. Die Einbeziehung von Patenten des Lizenzgebers ist deswegen erforderlich, weil die Lizenznehmer andernfalls eine spätere Untersagung der Nutzung des Programms auf der Basis von Patenten des Lizenzgebers fürchten müssten. Die Rechtseinräumung wird allerdings insoweit beschränkt, als nur diejenigen Patente einbezogen werden, die durch die Nutzung der vom Lizenzgeber selbst verbreiteten Programmversion verletzt werden. Diese Einschränkung erscheint als notwendig, da andernfalls auch Patente aus dem Portfolio des Lizenzgebers umfasst sein könnten, in die allein durch die Nutzung späterer Programmversionen, die auf Änderungen Dritter beruhen, eingegriffen wird. Ohne die einschränkende Klausel wäre für den Lizenzgeber bei Vertragsschluss nicht zu übersehen, welche Patente von der Open Source-Lizenz umfasst sind. Die GNU GPL Version 3 enthält weitere sehr detaillierte Regelungen zu Patenten, deren Praxistauglichkeit sich allerdings erst noch erweisen muss (vgl. hierzu *Jaeger/Metzger* GRUR 2008, 130 (133 f.)).

Eine entsprechende Erteilung von Patentlizenzen wird auch von Lizenzgebern verlangt, die aufgrund der „Copyleft"-Klausel in § 2 Abs. (3) des Formulars zur Lizenzierung von Bearbeitungen verpflichtet sind. § 2 (6) des Formulars hat insoweit lediglich klarstellende Funktion. Zur „Copyleft"-Klausel → Anm. 9.

6. Kopie der Lizenzbestimmungen. Die Verpflichtung des Lizenznehmers, stets eine Kopie der Lizenzbestimmungen beizulegen, soweit er Vervielfältigungsstücke verbreitet, ist von fundamentaler Bedeutung für die rechtliche Sicherung freier Softwareprojekte. Nur wenn jeder Lizenznehmer zugleich mit dem Erwerb eines Vervielfältigungsstücks eine Kopie der Lizenzbestimmungen erhält, ist von einer zumutbaren Möglichkeit der Kenntnisnahme gemäß § 305 Abs. (2) BGB auszugehen. Dementsprechend enthalten alle freien Lizenzbestimmungen eine diesbezügliche Klausel. Für den Bereich der Online-Verbreitung sollte entsprechend dem Vorschlag im Formular eine ausdrückliche Verpflichtung des Lizenznehmers aufgenommen werden, auch die Lizenzbestimmungen öffentlich zugänglich zu machen.

Die Verpflichtung, einen geeigneten Hinweis auf die Geltung der Lizenzbestimmungen aufzunehmen, ist vor dem Hintergrund des § 305 Abs. (2) Nr. 1 BGB zu sehen. Wegen der mannigfaltigen Möglichkeiten der Verwertung von Freier Software ist eine genauere Spezifizierung der Hinweispflicht des Lizenznehmers nicht möglich.

7. Veränderungsfreiheit. Die Freiheit des Lizenznehmers, das Programm nicht nur nach seinen eigenen Bedürfnissen zu verändern, sondern entsprechend veränderte Programme auch zu vervielfältigen und zu verbreiten, gehört zu den Grundsätzen Freier Software. Die bisher bekannten Lizenzbestimmungen sehen eine unbegrenzte Freiheit des Lizenznehmers vor, das Programm zu verändern. Dies ist nach deutschem Urheberrecht in Anbetracht des auch im Bereich der Computerprogramme geltenden Urheberpersönlichkeitsrechts (s. *Dreier* GRUR 1993, 781 (783); Schricker-*Loewenheim/Spindler,* Urheberrecht, 5. Aufl. 2017, § 69a Rn. 23) nicht möglich. Formularmäßige Vereinbarungen, die dem Lizenznehmer in pauschaler Weise die Befugnis einräumen, ein urheberrechtlich geschütztes Werk zu verändern und zu beeinträchtigen, können im deutschen Recht keine Bindungswirkung entfalten (vgl. *Metzger,* Rechtsgeschäfte über das Droit moral, S. 44 ff.; 228 ff.). Es sollte deswegen die im Formular vorgeschlagene Beschränkung in die Lizenzbestimmungen aufgenommen werden, nach der die Verbotsrechte des Urhebers bei einer Beeinträchtigung persönlichkeitsrechtlicher Befugnisse durch eine Werkveränderung trotz der Veränderungsbefugnis des Lizenznehmers uneingeschränkt fortbestehen.

8. Verbindung zu einem Gesamtprogramm. Eine Regelung der Frage, ob das Programm mit einem anderen Programm, das unter anderen Lizenzbestimmungen steht, innerhalb eines Gesamtprogramms kombiniert werden kann, stellt einen typischen Bestandteil freier Lizenzbestimmungen dar.

Die wichtigsten freien Lizenzbestimmungen, die GNU GPL Version 2 und Version 3 differieren in dieser Frage von der im Formular vorgeschlagenen Bestimmung. Die GNU GPL beinhaltet einen sog. „viralen" Effekt. Nach Ziff. 2 Abs. (2) der GNU GPL Version 2 bzw. Ziff. 5 Abs. (2) der Version 3 ist die Bildung von Gesamtprogrammen unter unterschiedlichen Lizenzbestimmungen ausgeschlossen. Wer Programme oder Teile von Programmen, die unter der GNU GPL stehen, mit anderen Programmen oder Programmteilen so kombiniert, dass ein einheitliches Gesamtprogramm entsteht, der muss dieses Gesamtprogramm insgesamt den Bestimmungen der GNU GPL unterstellen (zu den Abgrenzungsschwierigkeiten bei Anwendung der GNU GPL s. *Jaeger/Metzger,* Open Source Software, 5. Aufl. 2020, Rn. 49 ff., insbes. 54).

Dieser Effekt wird durch die hier vorgeschlagene Formulierung vermieden. Eine ähnliche Klausel sieht die weitverbreitete Mozilla Public License 2.0 in Ziff. 3.3 und 1.7 vor (vgl. hierzu *Jaeger/Metzger,* Open Source Software, 5. Aufl. 2020, Rn. 100).

9. „Copyleft"-Klauseln. Die Verpflichtung des Lizenznehmers, Fortentwicklungen wiederum den Lizenzbestimmungen unterstellen zu müssen, ist von besonderer Bedeutung. Sie stellt sicher, dass Fortentwicklungen eines Programms auch denjenigen zugute kommen, die das vorbestehende Programm geschrieben haben. Die wichtigsten freien

Lizenzbestimmungen sehen eine entsprechende Verpflichtung vor, dies gilt insbesondere für die GNU GPL Version 2 (Ziff. 2b) und Version 3 (Ziff. 5c). Andere Lizenzbestimmungen enthalten keine solche Verpflichtung, vgl. etwa die Apache Software License 2.0. Die Verpflichtung des Lizenznehmers zur „Freigabe" von Bearbeiterurheberrechten stellt eine auflösende Bedingung iSd § 158 Abs. (2) BGB dar. Die Vorschrift ist insoweit im Zusammenhang mit § 4 des Formulars zu lesen, der eine automatische Beendigung der Befugnisse des Lizenznehmers bei Verstößen gegen die Lizenzbestimmungen vorsieht.

Die Verpflichtung zur „Freigabe" von Fortentwicklungen sollte entsprechend der hier vorgeschlagenen Formulierung erst im Zeitpunkt der Veröffentlichung oder Verwertung der Fortentwicklung eingreifen. Es entspricht der üblichen Gestaltung von „Copyleft"-Lizenzbestimmungen, den Lizenznehmer nicht bereits dann zur Weitergabe seiner Fortentwicklung zu zwingen, wenn er diese nur intern nutzt. Durch die vorgeschlagene Formulierung wird – unter Abbedingung des § 69c Nr. 2 UrhG – eine Rechtslage iSd § 23 UrhG bewirkt, nach der ein Verbotsrecht des Urhebers des vorbestehenden Werks im Hinblick auf Bearbeitungen erst bei deren Verwertung oder Veröffentlichung einsetzt.

Es hat in der Vergangenheit nicht an Versuchen gemangelt, mittels entsprechender Lizenzgestaltungen auch eine „Freigabe" nicht veröffentlichter Fortentwicklungen zu erreichen. Abgesehen von den berechtigten Zweifeln an der Wirksamkeit solcher Klauseln im Hinblick auf das negative Veröffentlichungsrecht der Urheber gemäß § 12 Abs. (1) UrhG haben sich diese Versuche als wenig erfolgreich erwiesen. Mangels Beteiligung an dem zugrunde liegenden Projekt wurden die wichtigsten Lizenzbestimmungen mit einer entsprechenden Klausel, der Apple Public Source License (http://www.opensource.apple.com/apsl), zwischenzeitlich umgestellt.

10. Zusammenstellung. Satz 2 und 3 der Klausel präzisieren die grundsätzliche Erlaubnis zur Bildung von Gesamtprogrammen unter unterschiedlichen Lizenzen für den Fall einer Fortentwicklung bzw. Änderung des vorbestehenden Programms. Die Präzisierungen der „Copyleft"-Klausel sind also in der Zusammenschau mit § 2 Abs. (2) des Formulars zu lesen.

Den in Satz 2 und 3 der Klausel vorgeschlagenen Formulierungen liegt die folgende Problemstellung zugrunde. Das einfache Zusammenstellen von vorbestehendem Programm und anderem Code zu einem Gesamtprogramm ist nach der Regelung des § 2 Abs. (2) des Formulars grundsätzlich gestattet, ohne dass das Gesamtprogramm unter diese Lizenzbestimmungen gestellt werden müsste. Stellt sich dagegen das Gesamtprogramm insgesamt als Bearbeitung des vorbestehenden Programms dar, so führt die „Copyleft"-Klausel des § 2 Abs. (3) ihrem Wortlaut nach zu dem gegenteiligen Ergebnis, nämlich der Verpflichtung, das Gesamtprogramm insgesamt den Lizenzbestimmungen zu unterstellen.

Satz 2 und 3 der Klausel schlagen für diese nicht ganz leichte Abgrenzungsfrage ein Abstellen auf wirtschaftliche und funktionale Kriterien vor. Wenn Teile eines Gesamtprogramms, die selbst keinen Code des vorbestehenden Programms enthalten, sich nach ihrer Funktionalität und wirtschaftlichen Verwertbarkeit für die Verkehrsanschauung als eigenständige Programme darstellen, so werden diese Teile des Gesamtprogramms nicht von der „Copyleft"-Klausel des § 2 Abs. (3) S. 1 erfasst. Die Abgrenzung zwischen beiden Formen der Zusammenstellung von Codes ist deswegen anhand wirtschaftlicher und funktionaler Kriterien vorzunehmen, weil es aus technischer Sicht zumeist beliebig ist, auf welche Weise vorbestehender und hinzugefügter Code kombiniert werden (vgl. hierzu *Jaeger/Metzger,* Open Source Software, 4. Aufl., Rn. 52).

11. Zusammenstellung mit GPL-Code. Die Formulierung trägt dem „viralen Effekt" der GNU GPL Rechnung (→ Anm. 8).

Anders als die hier vorgeschlagene Regelung in § 2 Abs. (2) geht die GNU GPL davon aus, dass Gesamtprogramme stets der GNU GPL unterstellt werden müssen, wenn in dem

Gesamtprogramm Quelltext enthalten ist, der unter den Bedingungen der GNU GPL verwertet wird (GPL-Code). Die Bestimmungen der GNU GPL sind in dieser Frage also strenger als die hier vorgeschlagenen Regelungen.

Eine Zusammenstellung von Programmbestandteilen zu einem Gesamtprogramm muss sich deshalb nach den Bestimmungen der GNU GPL richten, soweit in dem entstehenden Gesamtprogramm GPL-Code enthalten ist. Eine entsprechende Öffnungsklausel sollte in Lizenzbestimmungen für Freie Software aufgenommen werden, um die Bildung von Gesamtprogrammen mit Quelltext, der unter der praktisch bedeutsamsten freien Lizenz steht, nicht von vorneherein auszuschließen.

Bei der Bildung von Gesamtprogrammen mit Programmbestandteilen, die unter anderen Open Source Lizenzen stehen, sollte es in der Regel nicht zu entsprechenden Problemen kommen, da diese zumeist keinen der GNU GPL vergleichbaren „viralen Effekt“ aufweisen, sondern die Kombination mit abweichend lizenzierten Programmkomponenten grundsätzlich gestatten. Dies gilt bspw. für die Mozilla Public License 2.0 oder die Apache License 2.0.

12. Hinweise beim Programmstart. Bei der Installation und beim Start von Computerprogrammen werden vielfach Hinweise auf die Rechtsinhaber und auf die anwendbaren Lizenzbestimmungen angezeigt. Das Formular verpflichtet die Lizenznehmer nicht, derartige Hinweise vorzusehen. Sofern sich der Lizenznehmer aber seinerseits dazu entschließt, entsprechende Informationen anzuzeigen, erscheint es als billig, vom Lizenznehmer die Aufnahme eines Hinweises auf die Open Source-Lizenzbestimmungen bzw. die Inhaber an den ersten Programmbestandteilen zu verlangen.

13. Urheberbezeichnungen, Vermerke. Diese Bestimmung vereint unterschiedliche Verpflichtungen der Lizenznehmer im Hinblick auf Vermerke im Programm.

Sie trägt zum einen dem Umstand Rechnung, dass die Entwickler Freier Software oftmals besonderen Wert auf die Anbringung einer Urheberbezeichnung legen. Der Erwerb eines guten Rufs als Programmierer ist einer der typischen Motivationsgründe für die Teilnahme an freien Projekten. Abs. 1 wiederholt die gesetzliche Regelung des § 39 Abs. (1) UrhG, wonach die Veränderung von Urheberbezeichnungen dem Inhaber eines Nutzungsrechts nicht gestattet ist, und weitet das Verbot auf die diesbezüglichen Datumsangaben aus.

Zusätzlich enthält die Klausel die Verpflichtung, alle Vermerke unverändert beizubehalten, die sich auf die Geltung dieser Lizenzbestimmungen beziehen. Diese Verpflichtung der Lizenznehmer ist von entscheidender Bedeutung für die rechtliche Funktionsfähigkeit eines freien Entwicklungsprojekts auf der Grundlage dieses Formulars. Dass ein Programm nach diesen Lizenzbestimmungen genutzt werden kann, ergibt sich aus den Vermerken in und an dem Programm. Üblich ist, dass der Urheber der ersten Programmzeilen durch einen Vermerk im Quellenprogramm die Geltung der betreffenden Lizenzbestimmungen für das Programm festlegt. Durch diesen Vermerk ist der Gegenstand der Lizenzvereinbarung hinreichend deutlich gekennzeichnet. Damit dies bei einer Weitergabe des Programms auch so bleibt, sind die Lizenznehmer zu verpflichten, alle Vermerke, die auf die Geltung der Lizenzbestimmungen hinweisen, unverändert beizubehalten.

Von einer Bezugnahme der Lizenzbestimmungen selbst auf das lizenzierte Programm nach Art eines Programmscheins (→ Form. V.6) wird in dem vorgeschlagenen Formular aus Praktikabilitätserwägungen verzichtet. Die hier gewählte Regelung bringt für freie Projekte den Vorteil mit sich, dass bei einer Hinzufügung von weiteren Teilen nicht der jeweilige Vertragsgegenstand in den Lizenzbestimmungen geändert werden muss. Die meisten freien Lizenzbestimmungen mit Ausnahme der Mozilla Public License 1.1 („Exhibit A“) verfahren nach dem hier vorgeschlagenen Prinzip.

Abs. (2) enthält zum einen die in zahlreichen freien Lizenzbestimmungen enthaltene Verpflichtung zur Angabe des Änderungsdatums. Dadurch wird die Entwicklungsgeschichte des Programms nachvollziehbar. Zum anderen ist der Hinweis enthalten, dass es dem Urheber in Entsprechung zu § 12 Abs. (1) UrhG frei steht, die von ihm angefügten Programmbestandteile mit einer Urheberbezeichnung zu versehen.

14. Beendigung der Rechte bei Zuwiderhandlung. Das Formular geht davon aus, dass die Gewährung der Rechte an den Lizenznehmer auflösend bedingt ist durch die Einhaltung der Verpflichtungen aus den Lizenzbestimmungen. Abs. 1 bringt diese Konstruktion deutlich zum Ausdruck.

Abs. (2) ist im Zusammenhang mit § 6 Abs. (1) und (3) des Formulars zu lesen und hat gegenüber diesen Vorschriften lediglich klarstellende Bedeutung. Das Formular geht von der für freie Lizenzbestimmungen üblichen Konstruktion aus, nach der jeder einzelne Nutzer von den Rechtsinhabern direkt die Befugnisse aus den Lizenzbestimmungen eingeräumt bekommt (→ Anm. 16). Sind die Rechte eines Lizenznehmers wegen Zuwiderhandlung beendigt, so hat dies keinen Einfluss auf die Rechte derjenigen Nutzer, die das Vervielfältigungsstück von diesem Lizenznehmer erhalten haben.

15. Verbreitung in Objektprogramm-Form. Funktionstaugliche Software wird herkömmlicherweise nicht in Form des Quellenprogramms, sondern lediglich in Form des maschinenlesbaren Objektprogramms vertrieben. Dies betrifft zum einen normale Anwendungssoftware für Desktop-Computer, zum anderen aber auch die sog. Embedded-Nutzung von Software, bei der Programme in Prozessoren zur Steuerung von Maschinen, Robotern, Messgeräten etc eingesetzt werden, ohne dass eine „klassische" Bedienung des Programms mittels Monitor, Tastatur und Ähnlichem vorgesehen ist.

Das Formular schlägt für diese Form der Softwareverbreitung besondere Verpflichtungen des Lizenznehmers vor, die den Zugriff des Nutzers auf das Quellenprogramm gewährleisten, ohne den Lizenznehmer unverhältnismäßig zu belasten. Der Erwerber eines Küchengerätes, welches mit einem Mikroprozessor gesteuert wird, hat in der Regel kein Interesse an einem Datenträger, auf dem sich das Quellenprogramm der Steuerungssoftware befindet. Deshalb erscheinen das Angebot des Lizenznehmers, dieses auf Wunsch zu liefern bzw. das Bereithalten im Internet ebenfalls als ausreichend.

Abs. (2) sollte entsprechend den technischen Spezifikationen des unter die Lizenzbestimmungen gestellten Programms gegebenenfalls erweitert werden.

16. Vertragsschluss. Programme, die auf der Basis freier Lizenzbestimmungen vertrieben werden, zeichnen sich gegenüber der sog. Public Domain Software dadurch aus, dass seitens der Urheber nicht auf Rechte verzichtet wird. Es findet vielmehr eine Einräumung von Nutzungsrechten an jeden statt, der das Programm entsprechend den Lizenzbestimmungen nutzen möchte. Vertragsrechtlich sind dabei zwei Punkte zu beachten.

Zum einen entspricht es der üblichen Gestaltung freier Lizenzbestimmungen, dass die Nutzungsrechtseinräumung stets von den Rechtsinhabern direkt für alle Lizenznehmer vorgenommen wird.

Zum anderen sollte der Moment des Vertragsschlusses nicht bereits an den normalen Benutzungshandlungen ansetzen, sondern erst an einer darüber hinausgehenden Vervielfältigung, Verbreitung bzw. öffentlichen Zugänglichmachung. Für die Benutzungshandlungen, die für ein Laufenlassen des Programms notwendig sind, genügen die gesetzlichen Befugnisse der §§ 69d und 69e UrhG. Es erscheint deswegen als interessengerecht, von einer Lizenzvereinbarung nur im Verhältnis zu denjenigen Nutzern auszugehen, die weitergehende Handlungen vornehmen. Eines Zugangs der Annahmeerklärung bedarf es gemäß § 151 BGB nicht (LG Frankfurt/ M. CR 2006, 729 (731)).

17. Sondervereinbarungen. Da durch freie Lizenzbestimmungen den Nutzern nur einfache Nutzungsrechte eingeräumt werden, bleibt es den Rechtsinhabern unbenommen, parallel an Interessierte auch ein Recht zur Nutzung nach anderen Lizenzbestimmungen zu vergeben. Dies kann insbesondere in den Fällen von Interesse sein, in denen ein Lizenznehmer Fortentwicklungen nicht den freien Lizenzbestimmungen unterstellen möchte. In diesen Fällen steht es dem Rechtsinhaber offen, anderslautende Lizenzbestimmungen zu vereinbaren, soweit ihm dies opportun erscheint. Das Phänomen des „Dual Licensing" ist bei Freier Software durchaus häufig anzutreffen (vgl. hierzu *Jaeger/Metzger,* Open Source Software, 5. Aufl., Rn. 144 ff.). Voraussetzung hierfür ist, dass sich alle Lizenzgeber des Programms oder der fraglichen Programmteile mit einer entsprechenden Sondervereinbarung einverstanden erklären.

Es kann sinnvoll sein, die vorgeschlagene Formulierung durch weitere Hinweise zu ergänzen, die Aufschluss darüber geben, unter welchen Umständen sich die Rechtsinhaber zum Abschluss einer Sondervereinbarung bereit finden.

18. Entgegenstehende Rechte Dritter, staatliche Verbote. Diese Klausel hat lediglich klarstellende Bedeutung, sollte jedoch in die Lizenzbestimmungen aufgenommen werden, um für die Lizenznehmer eindeutig festzuhalten, dass entgegenstehende Patentrechte und staatliche Verbote (etwa Exportverbote für Kryptographieprogramme) nicht zu einer Entbindung von den Verpflichtungen aus den Lizenzbestimmungen führen. Teilweise sehen freie Lizenzbestimmungen hier auch andere Vertragsklauseln vor. So sieht bspw. die Mozilla Public License 2.0 in Ziff. 4 für den Fall staatlicher Verbote vor, dass eine Erfüllung der Lizenzbestimmungen „to the maximum extent possible" ausreicht. Wegen der damit einhergehenden Unsicherheit ist von solchen Klauseln abzuraten.

19. Freiheit von Rechten Dritter. Die meisten freien Lizenzbestimmungen sehen einen Ausschluss der Rechtsmängelhaftung des Lizenzgebers vor. Im Hinblick auf § 309 Nr. 7b BGB sind der Haftungsbeschränkung jedoch feste Grenzen gesetzt (vgl. Münchener Kommentar zum BGB-*Wurmnest,* 8. Aufl. 2019, § 309 Rn. 23 ff.). Von einer über die hier vorgeschlagene Freizeichnung hinausgehenden Formulierung ist deswegen abzuraten. Der Rechtseinräumung auf der Grundlage von Open Source Lizenzbestimmungen liegt auf schuldrechtlicher Ebene eine Schenkung zugrunde (s. *Jaeger/Metzger,* Open Source Software, 5. Aufl., Rn. 284 ff.; *Spindler,* aaO, 152 ff.; aA *Sester* CR 2000, 797 (799 ff.)), so dass sich trotz der vorgeschlagenen Freizeichnung keine wesentliche Abweichung von der gesetzlichen Rechtsmängelhaftung des § 523 BGB ergibt.

20. Haftung und Gewährleistung. Das Formular stellt in seiner Grundkonzeption eine Vereinbarung über die Einräumung der Nutzungsrechte an einem Programm dar. Im Hinblick auf den Erwerb des Programms sowie des Datenträgers sind unterschiedliche Konstellationen möglich. Wird etwa ein das Programm enthaltender Datenträger zusammen mit einem Bedienungshandbuch als kostenpflichtiges Gesamtpaket angeboten, so ist auf diesen Vertrag insgesamt Kaufrecht anzuwenden (vgl. *Jaeger/Metzger,* Open Source Software, 5. Aufl., Rn. 312 ff., 336; insoweit zustimmend *Spindler,* aaO, 173). Wird das Programm dagegen von einem Lizenznehmer kostenlos zum Download angeboten, so ist im Hinblick auf den Erwerb des Programms Schenkungsrecht anzuwenden. Die Freizeichnung von Haftung und Gewährleistung ist deswegen nicht in allen Fällen in gleichem Umfang möglich, sondern muss entsprechend der im Einzelfall gewählten Form der Verwertung der Software angepasst werden. Der in Abs. (1) vorgeschlagene Haftungsausschluss befasst sich mit dem kostenlosen Bereithalten zum Download durch den Lizenzgeber selbst. Ein über die vorgeschlagene Formulierung hinausgehender Haftungsausschluss ist wegen §§ 276 Abs. (3), 309 Nr. 7b BGB nicht möglich. Für die Gewährleistung sieht das Formular ebenfalls im Hinblick auf §§ 276 Abs. (3), 309 Nr. 7b BGB den vertragsrechtlich weitestmöglichen Ausschluss vor (zur Anwendbarkeit des

§ 309 Nr. 7b BGB auf Gewährleistungspflichten vgl. Münchener Kommentar zum BGB-*Wurmnest,* 8. Aufl. 2019, § 309 Rn. 1). Findet ein Download direkt vom Server des Lizenzgebers statt, so ist nach zutreffender Auffassung für die Haftung und Gewährleistung Schenkungsrecht anzuwenden (so im Ergebnis *Jaeger/Metzger,* Open Source Software, 5. Aufl., Rn. 330 ff.; *Deike* CR 2003, 9 (14 f.); *Schiffner,* Open Source Software, 2003, 225 ff.; *Schulz,* Dezentrale Softwareentwicklungs- und Softwarevermarktungskonzepte, 2005, S. 235 ff.; *Spindler,* aaO, 152 ff.; aA *Hoeren* FS Kollhosser, 2004, 229 ff.; *Sester* CR 2000, 797 (799 ff.)). Die vorgeschlagene vertragliche Lösung unterscheidet sich deswegen im Ergebnis kaum von der gesetzlichen Regelung der §§ 521, 524 BGB. Ansprüche nach dem Produkthaftungsgesetz bleiben von einer entsprechenden Freizeichnung unberührt, eines ausdrücklichen Hinweises hierauf bedarf es in den Lizenzbestimmungen nicht.

Das Formular geht in § 10 Abs. (2) davon aus, dass der Lizenznehmer bei einer Verwertung des Programms selbst entscheiden kann, in welchem Umfang er Haftung und Gewährleistung ausschließen möchte. Dem Lizenznehmer ist es unbenommen, gegen eine entsprechende Vergütung erhöhte Gewährleistungs- und Haftungsverpflichtungen zuzusichern.

21. Lizenztext. Auch der Lizenztext selbst genießt urheberrechtlichen Schutz. Es ist deswegen erforderlich, den Lizenznehmern eine Vervielfältigung und Verbreitung des Lizenztextes zu gestatten, damit diese der Verpflichtung aus § 1 Abs. (2) des Formulars nachkommen können, mit jedem Vervielfältigungsstück des Programms eine Kopie der Lizenzbestimmungen mitzuliefern. Zugleich sollte die Veränderung der Lizenzbestimmungen selbst nicht gestattet werden, um eine Zersplitterung des Projekts zu vermeiden.

Die Regelung in Abs. (2) lehnt sich an Vorbilder in anderen Open Source Lizenzen an, insbes. an Ziff. 9 GPL Version 2, Ziff. 14 GPL Version 3 und Ziff. 10 der Mozilla Public License 2.0. Das Recht, die Lizenz an technische und rechtliche Neuerungen anzupassen, ist erforderlich, weil es sich bei Open Source Lizenzverträgen, die auf der Grundlage des Formulars abgeschlossen werden, um dauerhafte Vertragsverhältnisse handelt. Ein Festhalten des Lizenzgebers über viele Jahre an unveränderten Lizenzbedingungen würde in Anbetracht der raschen technischen Entwicklung sowie den sich ständig wandelnden rechtlichen Rahmenbedingungen zu einer unangemessenen Bindung der Rechtsinhaber an veraltete Klauseln führen. Hierbei ist allerdings zu beachten, dass die Person des Lizenzgebers und desjenigen, der als Lizenzgeber Programmbestandteile nach den Bestimmungen des Formulars zur Verfügung stellt, nicht identisch sein müssen. Dies gilt bereits im Hinblick auf die „Copyleft"-Klausel in § 2 Abs. (3) des Formulars, welche andere Rechtsinhaber als den ursprünglichen Lizenzgeber zur Verwendung der Lizenzbestimmungen verpflichtet. Die Berechtigung zur Lizenzänderung sollte deswegen nicht pauschal dem Lizenzgeber eingeräumt werden, sondern dem Inhaber der ausschließlichen Rechte am Lizenztext. Dieser wird vielfach zugleich Initiator des Open Source Projekts und Lizenzgeber bezüglich der ersten freigegebenen Programmbestandteile sein. Es bietet sich dabei an, die Formulierung „Inhaber der ausschließlichen Nutzungsrechte an diesen Lizenzbestimmungen" durch den Namen des Unternehmens oder Einzelentwicklers zu ersetzen, der diese Rechte innehat.

Die Wirksamkeit eines formularmäßig vorbehaltenen einseitigen Änderungsrechts ist an § 308 Nr. 4 BGB bzw. § 307 BGB im Unternehmensverkehr zu messen, soweit der Inhaber der Rechte an der Lizenz zugleich Lizenzgeber ist. Die Klausel gibt insoweit das gesetzliche Zumutbarkeitskriterium wieder. Die oben genannten Klauseln in bereits bekannten Open Source Lizenzen erfüllen das Kriterium der Zumutbarkeit dadurch, dass sie dem Lizenznehmer die Wahlfreiheit einräumen, das Programm unter den bisherigen oder unter den neuen Bedingungen zu nutzen (s. hierzu *Jaeger/Metzger,* Open Source Software, 5. Aufl., Rn. 263 f.). Sofern man keine entsprechende Wahlfreiheit zulassen möchte, etwa um klare Verhältnisse bei der Programmnutzung zu erhalten, sollten Änderungen der Lizenz nur bei Vorliegen eines triftigen Grundes und unter Berücksichtigung der Interessen der Lizenznehmer gestattet werden.

Ist der Inhaber der ausschließlichen Rechte an der Lizenz nicht zugleich Lizenzgeber, so handelt es sich bei einer nachträglichen Änderung der Lizenz um eine Leistungsbestimmung durch Dritte gemäß § 317 BGB. Der formularmäßige Vorbehalt ist dann am Maßstab des § 307 BGB zu beurteilen. Nach der Rechtsprechung des BGH ist für die Zulässigkeit entsprechender Klauseln die Einsetzung eines neutralen Dritten erforderlich (BGHZ 81, 229 (236)). Zudem darf nicht der Eindruck erweckt werden, die gerichtliche Überprüfung gemäß § 319 BGB sei ausgeschlossen (BGHZ 101, 307 (319)). Die Klausel nimmt die letztgenannte Vorgabe ausdrücklich auf.

Cloud- und Outsourcingverträge

10. Cloud-Vereinbarung (im Unternehmensverkehr)

zwischen der Firma[1, 2]. . . . . (nachfolgend „Cloud-Anbieter" genannt)
und der Firma . . . . . (nachfolgend „Kunde" genannt)

Präambel

(1) Der Kunde ist ein Unternehmen im Bereich . . . . . Unternehmenszweck des Auftraggebers ist es, ... Zur Unternehmensgruppe des Auftraggebers gehören . . . . .
(2) Der Cloud-Anbieter ist ein führender, global agierender Software- und Cloud-Anbieter. . . . . . Er hat eine Software entwickelt, mit der . . . . ..
(3) Der Kunde ist auf der Suche nach einer solchen Software. Er plant daher die Software des Cloud-Anbieters als Cloud-Lösung einzusetzen.
(4) Vor diesem Hintergrund schließen die Vertragsparteien den nachfolgenden Vertrag.

§ 1 Vertragsgegenstand[3]

(1) Gegenstand dieses Vertrages ist die Bereitstellung der Cloud-Lösung durch den Cloud-Anbieter, namentlich der vertragsgegenständlichen Software, wie sie in der Anlage 1 Software- und Servicebeschreibung (nachfolgend „Software- und Servicebeschreibung") beschrieben ist, samt Unterhaltung der hierfür serverseitig erforderlichen Hardware-Infrastruktur durch den Cloud-Anbieter (nachfolgend „Cloud-Lösung").
(2) Die Funktionalitäten und Leistungsmerkmale der Cloud-Lösung, die sonst vom Cloud-Anbieter geschuldeten Leistungen sowie die vom Kunden clientseitig zu beachtenden Einsatzbedingungen (§ 8) ergeben sich aus der Software- und Servicebeschreibung.
(3) Der Cloud-Anbieter sorgt nach näherer Maßgabe dieses Vertrages dafür, dass der Kunde die Cloud-Lösung nutzen kann. Er wird dazu während der Vertragslaufzeit die Cloud-Lösung registrierten, fest angestellten und/oder freien Mitarbeitern[4] des Kunden (nachfolgend „berechtigte Nutzer") zugänglich machen.

§ 2 Bereitstellung der Cloud-Lösung[5]

(1) Der Cloud-Anbieter wird die Cloud-Lösung passwortgeschützt unter einer dem Kunden mitgeteilten Internetadresse verfügbar machen und für diese die nachfolgend beschriebenen Leistungen für den Vertragszeitraum erbringen.

(2) Die Software der Cloud-Lösung verbleibt – von vorübergehend (also run-time) clientseitig ablaufenden Komponenten (etwa Applets oder Skripten) sowie, soweit diese zusätzlich angeboten und überlassen wird, der App auf den Mobile Devices der berechtigten Nutzer abgesehen – auf den Rechnern (Servern) des Cloud-Anbieters und/oder eines vom Cloud-Anbieter eingeschalteten Providers.

(3) Die Datenverbindung zwischen den Rechnern und Systemen des Kunden und den beim bzw. für den Cloud-Anbieter betriebenen Systemen, namentlich dem Router, an dem durch die Internetadresse der Cloud-Lösung konnektierten Übergabepunkt, wird vom Cloud-Anbieter nicht geschuldet.

(4) Der Cloud-Anbieter ist berechtigt, kurzfristig und ohne Vorankündigung Änderungen an der Cloud-Lösung vorzunehmen, sofern diese der Erhaltung und/oder Verbesserung der Cloud-Lösung dienen.

(5) Der Cloud-Anbieter wird die Cloud-Lösung im Übrigen nach eigenem Ermessen aktualisieren und weiterentwickeln. Der Cloud-Anbieter ist insofern berechtigt, die Cloud-Lösung im Rahmen des Zumutbaren zu modifizieren. Der Cloud-Anbieter wird den Kunden dazu auf wesentliche Änderungen der Cloud-Lösung mindestens vier Wochen vor dem Änderungszeitpunkt hinweisen.

(6) Der Cloud-Anbieter wird die Cloud-Lösung und begleitende Leistungen nach Maßgabe der als Anlage 2 beigefügten Beschreibung der Leistungszeiträume und -parameter (nachfolgend „SLA") zur Verfügung stellen bzw. erbringen. Außerhalb der in dem SLA zugesagten Zeiträume ist der Cloud-Anbieter nicht verpflichtet, die Cloud-Lösung verfügbar zu machen.

§ 3 Registrierung und Verwaltung von berechtigten Nutzern[6]

(1) Der Cloud-Anbieter wird die in der Software- und Servicebeschreibung bestimmte Zahl von berechtigten Nutzern für den Kunden anlegen. Der Cloud-Anbieter sorgt dafür, dass die berechtigten Nutzer sich für die anschließende passwortbasierte Nutzung der Cloud-Lösung registrieren können, sofern diese dazu den im Rahmen der Cloud-Lösung wiedergegebenen Nutzungsbedingungen zustimmen.[7]

(2) Dem Kunden obliegt es, die berechtigten Nutzer zu verwalten. Er hat insbesondere darauf zu achten, dass berechtigte Nutzer gelöscht werden, wenn die entsprechenden Personen nicht mehr für den Kunden tätig sind. Der Kunde ist weiter für die Zuweisung der Rollen und Rechte der berechtigten Nutzer verantwortlich.[8]

§ 4 Nutzungsrechtseinräumung[9]

(1) Der Kunde ist berechtigt, die Cloud-Lösung zum eigenen Gebrauch im Rahmen seines Geschäftsbetriebs innerhalb der EU/des EWR (nachfolgend „Vertragsgebiet") zu nutzen.

(2) Der Kunde ist dazu berechtigt, auf die Cloud-Lösung per Internetbrowser zuzugreifen oder, soweit zusätzlich eine App angeboten und überlassen wird, diese Client-Komponente der Cloud-Lösung den berechtigten Nutzern zur Nutzung zur Verfügung zu stellen. Die Nutzungsrechte sind auf die berechtigten Nutzer begrenzt (Named-User-Konzept). Die berechtigten Nutzer dürfen die Cloud-Lösung durch Aufruf der Cloud-Lösung ablaufen lassen und durch Zugriff über die dafür vorgesehenen Nutzer- oder Applikations-Schnittstellen nutzen, im Übrigen aber nicht vervielfältigen. Die Nutzung der Cloud-Lösung außerhalb des Vertragsgebiets ist untersagt.

(3) „Nutzen" im Sinne dieses Vertrags ist jedes dauerhafte oder vorübergehende ganze oder teilweise Vervielfältigen (Kopieren) durch Laden, Anzeigen, Ablaufen, Übertragen in den Arbeitsspeicher oder Speichern der Cloud-Lösung zum Zwecke ihrer Ausführung auf dem Server des Cloud-Anbieters und/oder für die dem Kunden überlassene Software auf dessen Hardware. Zur Nutzung gehört auch die Ausführung der genannten Handlungen

zum Zwecke der Beobachtung, Untersuchung oder zum Test der überlassenen Programme. Wird gemäß der Software- und Servicebeschreibung die Anwendungsdokumentation ebenfalls in sonstiger digitaler Form überlassen, gilt Abs. (3) auch für diese.

(4) Soweit dem Kunden Programme im Rahmen der Cloud-Lösung zugänglich gemacht werden, sind Änderungen der Programme sowie Fehlerkorrekturen in dem Umfang zulässig, wie sie zur bestimmungsgemäßen Benutzung der Programme notwendig sind. Eine Rückübersetzung (Dekompilierung) des Programmcodes in eine andere Darstellungsform ist untersagt. Ausgenommen hiervon ist eine teilweise Übersetzung zum Zwecke der Herstellung der Interoperabilität eines unabhängig geschaffenen Computerprogramms mit einem überlassenen Computerprogramm oder mit anderen Computerprogrammen unter den in § 69e UrhG angegebenen Beschränkungen.

(5) Der Kunde ist nicht berechtigt, die in Abs. (1) bis (4) eingeräumten Rechte auf Dritte zu übertragen oder Dritten entsprechende Nutzungsrechte einzuräumen. Der Kunde verpflichtet sich, die Cloud-Lösung ohne ausdrückliche schriftliche Zustimmung des Cloud-Anbieters Dritten nicht zugänglich zu machen, zu vermieten oder diesen die Nutzung für deren eigene Zwecke sonst zu gestatten oder gar selbst als Service Provider gegenüber Dritten aufzutreten. Dies gilt auch für den Fall einer vollständigen oder teilweisen Veräußerung oder Auflösung des Unternehmens des Kunden. Als Dritte gelten nicht Arbeitnehmer des Kunden oder andere Personen, solange sie sich zur vertragsgemäßen Nutzung der Cloud-Lösung für Zwecke des Kunden bei diesem aufhalten.

(6) Unbeschadet der gemäß § 4 eingeräumten Nutzungsrechte behält der Cloud-Anbieter alle Rechte an der Software der Cloud-Lösung.

§ 5 Datenspeicherung[10]

Der Cloud-Anbieter verpflichtet sich vorbehaltlich der Begrenzung nach Maßgabe des Abs. (2), dem Kunden für die Vertragsdauer zu ermöglichen, dass dieser auf den vom bzw. für den Cloud-Anbieter betriebenen Servern die für die Nutzung der Cloud-Lösung erforderlichen oder im Rahmen der Nutzung anfallenden Daten (zB . . . . . .), soweit dieses von der Cloud-Lösung vorgesehen ist, zwischenspeichern bzw. ablegen kann. Insoweit gilt:

(a) Der Cloud-Anbieter wird dafür sorgen, dass der Kunde während der Vertragslaufzeit auf diese Daten zugreifen kann.

(b) Der Cloud-Anbieter schuldet dabei lediglich die Vorhaltung von Speicherplatz zur Speicherung und Nutzung der Daten durch den Kunden. Den Cloud-Anbieter treffen hinsichtlich der vom Kunden übermittelten und verarbeiteten Daten keine Verwahrungs- und/oder Obhutspflichten.[11]

(2) Der dem Kunden zur Verfügung gestellte Speicherplatz ist nach Maßgabe der Software- und Servicebeschreibung begrenzt. Der Kunde ist gehalten, Daten bei Erreichen der vereinbarten Speichergrenze zu löschen.

§ 6 Datenschutz und Datensicherheit[12]

(1) Die Parteien verpflichten sich, die geltenden datenschutzrechtlichen Bestimmungen einzuhalten. Der Kunde wird insbesondere darauf achten, ob er für die Übermittlung von Daten die Einwilligung bei den betroffenen Personen einholen muss, und sie erforderlichenfalls einholen.

(2) Der Cloud-Anbieter verarbeitet die personenbezogenen Daten, insbesondere Daten der berechtigten Nutzer sowie der im Rahmen der Auftragsplanung und Entsorgungsdurchführung verarbeiteten Daten als Auftragsverarbeiter iSd Art. 28 DSGVO. Hierzu schließen die Parteien die in der Anlage 3 wiedergegebene Auftragsverarbeitungs-Vereinbarung.

(3) Der Cloud-Anbieter wird eine tägliche Sicherung der Daten des Kunden vornehmen. Die Datensicherung erfolgt so, dass die für einen Wochentag gesicherten Daten bei der für den nachfolgenden gleichen Wochentag folgenden Datensicherung überschrieben werden. Nach dem gleichen Prinzip erfolgt eine wöchentliche Datensicherung, bei der die Daten ebenfalls nach Ablauf von vier Wochen überschrieben werden. Die regelmäßigen Zeiten der Datensicherung werden mit dem Kunden abgestimmt.

(4) Die längerfristige Datensicherung obliegt dem Kunden, der die Daten vorbehaltlich der Beschränkungen gemäß Abs. (1) mit Hilfe der Cloud-Lösung exportieren kann. Ein Wiedereinspielen der Daten eines vorherigen Stands ist nur im Falle des durch den Cloud-Anbieter verursachten Datenverlustes geschuldet. Ein sonstiger „Roll-Back" von Datenständen etwa aufgrund von Löschungen durch den Kunden ist nicht geschuldet.

§ 7 Supportleistungen, Fehlerbeseitigung und Schulungen[13]

(1) Der Cloud-Anbieter leistet nach Maßgabe des SLA ohne zusätzliche Vergütung einen Hotline-Service, über den der Kunde eine Beratung zur Behebung von Problemen per E-Mail abrufen kann. Der Cloud-Anbieter wird diesen Support für bis zu ...... namentlich benannte und ausreichend geschulte Nutzer zu den im SLA angegebenen Zeiten und in deutscher Sprache erbringen.

(2) Der Cloud-Anbieter wird Supportanfragen, die auf Mängeln oder Fehlfunktionen der Software beruhen, dokumentieren und gemäß der in dem SLA vereinbarten Reaktionszeiten[14] einer Fehlerlösung zuführen. Die im Rahmen des SLA vereinbarten Zeiten stellen keine Zusicherungen im Rechtssinne dar.

(3) Bei der Feststellung, Eingrenzung und Meldung von Fehlern oder sonstigen Mängeln hat der Kunde die zur Cloud-Lösung gehörige Anwendungsdokumentation und eventuelle Hinweise des Cloud-Anbieters zu beachten. Der Kunde trifft im Rahmen des Zumutbaren die erforderlichen Maßnahmen zur Feststellung, Eingrenzung und Dokumentation der Fehler oder der sonstigen Mängel.

(4) Nach Eingang der Fehlermeldung beim Hotline-Service des Cloud-Anbieters erfolgen Maßnahmen der Fehlerbeseitigung zunächst telefonisch oder durch Übersendung von Informationen per E-Mail.

(5) Der Cloud-Anbieter führt auf Anfrage des Kunden und gegen gesonderte Vergütung Schulungen in deutscher oder englischer Sprache für die Nutzung der Cloud-Lösung durch die berechtigten Nutzer durch. Es gilt die jeweils aktuelle Preisliste des Cloud-Anbieters. Andere Leistungen, wie die Anpassungen der Cloud-Lösung an die besonderen Bedingungen des Kunden oder andere Programmierleistungen, erfordern den Abschluss eines dafür vorgesehenen besonderen Vertrags.

§ 8 Einsatzbedingungen[15]

(1) Die dem Kunden bereitgestellte bzw. ggf. überlassene Software der Cloud-Lösung wurde für den Einsatz auf bestimmter Hardware und für das Zusammenwirken mit bestimmten anderen Programmen entwickelt. Diese Einsatzbedingungen sind in der Software- und Servicebeschreibung angegeben.

(2) Der Kunde wird dafür sorgen, dass die von ihm eingesetzte, anzubindende Software und im Falle der Überlassung von Apps auch Hardware zum Vertragsbeginn dem in der Software- und Servicebeschreibung spezifizierten Stand und mangels abweichender weitergehender Vereinbarung in der Folge dem aktuellen Stand der Technik entsprechen. Näheres ergibt sich aus den laufend auf der Website veröffentlichten Produktspezifikationen. Der Kunde wird entsprechend den technischen Vorgaben insbesondere dafür sorgen, dass die Internetbrowser-Software so eingestellt und konfiguriert ist, dass sie die clientseitig ablaufenden Softwarekomponenten der Cloud-Lösung verarbeiten kann.

(3) Der Cloud-Anbieter verpflichtet sich, entsprechend dem anerkannten Stand der Technik Updates der Cloud-Lösung ohne zusätzliche Vergütung zur Verfügung zu stellen. Im Falle der Überlassung von Apps wird der Kunde diese Updates ggf. auch clientseitig einspielen. Updates im Sinne dieses Vertrags sind gekennzeichnet durch Fehlerkorrekturen oder kleinere sonstige Verbesserungen ohne wesentliche neue Funktionalitäten. Von der Updateverpflichtung nicht umfasst ist die Auslieferung oder Zur-Verfügung-Stellung zusätzlich angebotener, neuer Funktionalitäten bzw. von Zusatzkomponenten.

(4) Bei einer Benutzung der Cloud-Lösung ohne Einhaltung der Einsatzbedingungen gemäß Abs. (1)–(3) entfällt die Verpflichtung zur Gewährleistung nach § 11. Der Cloud-Anbieter wird sich in einem solchen Fall in einem angemessenen Umfang bemühen, den Support gemäß § 7 zu leisten. Der Support wird sich hierbei jedoch nur solcher Fehler annehmen, die bei Nutzung der Cloud-Lösung unter den in der Software- und Servicebeschreibung angegebenen Einsatzbedingungen feststellbar sind.

§ 9 Pflichten des Kunden[16]

(1) Der Erfolg oder Misserfolg der Leistungserbringung unter diesem Vertrag hängt entscheidend davon ab, ob und in welchem Umfang der Kunde im Rahmen seiner Leistungsfähigkeit an der Leistungserbringung mitwirkt. Die Mitwirkung ist insofern im Rahmen von Mitwirkungspflichten vom Kunden geschuldet. Der Kunde ist insbesondere zu folgenden Leistungen verpflichtet:

(a) Der Kunde sorgt für die clientseitig erforderlichen Einsatzbedingungen iSv § 8 sowie für die Datenanbindung iSv § 2 Abs. (3).

(b) Im Falle der Überlassung von Apps, obliegt es dem Kunden, die vom Cloud-Anbieter bereitgestellte App in der jeweils neusten Version zu installieren.

(c) Der Kunde wird kompetentes Personal als Ansprechpartner für die Fehlerbeseitigung und den Support zur Verfügung stellen.

Soweit der Cloud-Anbieter durch die nicht vertragsgemäße Erbringung der Pflichten des Kunden an der Erbringung seiner vertraglichen Leistungen gehindert ist, ist der Cloud-Anbieter für sich daraus ergebende Leistungsstörungen nicht verantwortlich.

(2) Der Kunde wird selbstständig für die Erfüllung bzw. Einhaltung der ihn und berechtigte Nutzer betreffenden gesetzlichen Vorschriften und behördliche Auflagen sowie die Erteilung behördlicher Erlaubnisse Sorge tragen.

(3) Der Kunde verpflichtet sich, den Grundsätzen der Datensicherheit Rechnung zu tragen, insbesondere Passworte geheim zu halten bzw. unverzüglich zu ändern oder Änderungen zu veranlassen, falls die Vermutung besteht, dass nicht berechtigte Dritte davon Kenntnis erlangt haben. Er wird diese Verpflichtung auch den berechtigten Nutzern auferlegen.

§ 10 Vergütung und Konditionen[17]

(1) Die monatliche Vergütung (Mietzins) ist in der Software- und Servicebeschreibung festgelegt. Für Upgrades der Cloud-Lösung, also Erweiterungen der Software um wesentliche neue Funktionen, wird eine Zusatzgebühr berechnet. Dazu sind gegebenenfalls die jeweils aktuellen Listenpreise des Cloud-Anbieters anzuwenden.

(2) Die monatliche Vergütung wird zu Beginn der jeweiligen Berechnungsperiode zum dritten Werktag des jeweiligen Kalendermonats fällig. Für Teilperioden wird die Gebühr anteilig auf der Basis eines 30-Tage-Monats in Rechnung gestellt. Die Vergütung ist innerhalb von zehn Tagen ohne Abzug zahlbar.

(3) Frühestens nach Ablauf von 24 Monaten kann der Cloud-Anbieter eine Änderung der Vergütung der Berechnungsperioden nach billigem Ermessen vornehmen. Eine solche Änderung darf die Gebühren des vorausgehenden Zwölfmonatszeitraums um nicht mehr

als 10 % überschreiten. Der Kunde wird hierüber drei Monate im Voraus schriftlich benachrichtigt. Im Falle einer Preiserhöhung hat der Kunde das Recht, den Vertrag binnen einer Überlegungsfrist von vier Wochen nach Mitteilung der Preiserhöhung zu dem Zeitpunkt zu kündigen, zu dem die Preiserhöhung in Kraft treten würde.

(4) Die technische Beratung, technische Hilfeleistung und/oder Nachfragen zu Funktionalitäten der Cloud-Lösung, soweit es sich nicht um Gewährleistungsfälle handelt, (Support) sowie ggf. beauftragte Schulungen werden gesondert nach Stundenaufwand in Höhe der in der Software- und Servicebeschreibung ausgewiesenen Vergütungssätze abgerechnet.

(5) Soweit nicht anders spezifiziert, sind sämtliche Beträge Euro-Beträge und verstehen sich jeweils zuzüglich der gesetzlichen Umsatzsteuer. Die Umsatzsteuer wird gesondert berechnet.

§ 11 Gewährleistung[18]

(1) Der Cloud-Anbieter macht für die jeweils von ihm überlassene Cloud-Lösung eine auf dem jeweils neuesten Stand gehaltene Leistungsbeschreibung verfügbar, die die bestimmungsgemäße Benutzung und die Einsatzbedingungen der Cloud-Lösung angibt.

(2) Der Cloud-Anbieter ist verpflichtet, die Cloud-Lösung frei von Mängeln, die ihre Tauglichkeit zum vertragsgemäßen Gebrauch nicht nur unerheblich aufheben oder mindern, verfügbar zu machen bzw. zu überlassen.

(3) Im Falle von erheblichen Abweichungen von der Leistungsbeschreibung ist der Cloud-Anbieter zur Nachbesserung berechtigt und, soweit diese nicht mit unangemessenem Aufwand verbunden ist, auch verpflichtet. Gelingt es dem Cloud-Anbieter innerhalb einer angemessenen Frist nicht, durch Nachbesserung die Abweichungen von der Leistungsbeschreibung zu beseitigen oder so zu umgehen, dass dem Kunden der vertragsgemäße Gebrauch der Cloud-Lösung ermöglicht wird, kann der Kunde eine Herabsetzung der Vergütung verlangen oder fristlos kündigen.

(4) Der Kunde ist verpflichtet, dem Cloud-Anbieter nachprüfbare Unterlagen über Art und Auftreten von Abweichungen von der Leistungsbeschreibung zur Verfügung zu stellen und bei der Eingrenzung von Fehlern mitzuwirken.

(5) Die Gewährleistung erstreckt sich nicht auf Mängel, die durch Abweichen von den für die Cloud-Lösung vorgesehenen und in der Leistungsbeschreibung angegebenen Einsatzbedingungen verursacht werden.

§ 12 Haftungsbeschränkungen[19]

(1) Der Cloud-Anbieter haftet im Fall einfacher Fahrlässigkeit unabhängig vom Rechtsgrund nur für Schäden, soweit diese durch eine schuldhafte Verletzung einer vertragswesentlichen Pflicht, nämlich einer Pflicht, deren Verletzung die Erreichung des Vertragszwecks gefährdet und/oder deren Erfüllung die ordnungsgemäße Durchführung des Vertrags überhaupt erst ermöglicht und auf deren Erfüllung der Vertragspartner regelmäßig vertrauen darf, verursacht wurden. Die Haftung gemäß dieses Abs. (1) für einfache Fahrlässigkeit ist zudem auf den vorhersehbaren und vertragstypischen Schaden begrenzt, mit dessen Entstehen jede Vertragspartei bei Vertragsschluss aufgrund der ihr zu diesem Zeitpunkt bekannten Umstände rechnen musste. Die Haftung ist insofern der Höhe nach begrenzt auf EUR ......

(2) Jede Vertragspartei haftet für Schäden, die auf grobe Fahrlässigkeit oder Vorsatz zurückzuführen sind, unbeschränkt. Die Haftungsbeschränkung gemäß Abs. (1) gilt davon abweichend in gleicher Weise für Schäden, die aufgrund von grober Fahrlässigkeit von Mitarbeitern oder Beauftragten der jeweiligen Vertragspartei verursacht wurden, welche nicht zu dessen Geschäftsführern oder leitenden Angestellten gehören.

(3) Die verschuldensunabhängige Haftung des Cloud-Anbieters nach § 536a Abs. 1 Alt. 1 BGB für bereits zum Zeitpunkt des Vertragsschlusses vorhandene Mängel wird ausgeschlossen. Der Cloud-Anbieter haftet nicht für mangelnden wirtschaftlichen Erfolg des Kunden.

(4) Für den Verlust von Daten und deren Wiederherstellung haftet die jeweilige Vertragspartei nach Maßgabe von Abs. (1) bis (3) nur, soweit ein solcher Verlust durch angemessene Datensicherungsmaßnahmen seitens der anderen Vertragspartei nicht vermeidbar gewesen wäre.

(5) Die Haftungsbeschränkungen gemäß Abs. (1) bis (4) gelten sinngemäß auch zugunsten der Mitarbeiter und Beauftragten des Cloud-Anbieters.

(6) Die Haftung der Vertragsparteien für Schäden, die durch vorsätzliche Handlungen verursacht worden sind, sowie für Ansprüche aufgrund des Produkthaftungsgesetzes wegen des Fehlens zugesicherter und/oder garantierter Eigenschaften, wegen Beschaffenheits- und/oder Haltbarkeitsgarantien und/oder Schäden aus der Verletzung des Lebens, des Körpers oder der Gesundheit bleibt unberührt.

§ 13 Schutzrechte Dritter[20]

(1) Der Cloud-Anbieter wird den Kunden gegen alle Ansprüche verteidigen, die aus einer Verletzung eines gewerblichen Schutzrechts oder Urheberrechts und/oder sonstiger Schutzrechte durch die vertragsgemäß genutzte Cloud-Lösung hergeleitet werden. Der Cloud-Anbieter übernimmt dem Kunden gerichtlich auferlegte Kosten und Schadensersatzbeträge, sofern der Kunde den Cloud-Anbieter von solchen Ansprüchen unverzüglich schriftlich benachrichtigt hat und dem Cloud-Anbieter alle Abwehrmaßnahmen und Vergleichsverhandlungen vorbehalten bleiben.

(2) Sind gegen den Kunden Ansprüche gemäß Abs. (1) geltend gemacht worden oder zu erwarten, kann der Cloud-Anbieter auf seine Kosten die Software der Cloud-Lösung in einem für den Kunden zumutbaren Umfang ändern oder austauschen. Ist dies oder die Erwirkung eines Nutzungsrechts mit angemessenem Aufwand nicht möglich, kann jeder Vertragspartner den Vertrag fristlos kündigen, sofern die Cloud-Lösung die Schutzrechte Dritter verletzt. In diesem Fall haftet der Cloud-Anbieter gegenüber dem Kunden für den ihm durch die Kündigung entstehenden Schaden nach Maßgabe von § 12.

(3) Der Cloud-Anbieter hat keine Verpflichtungen, falls die Ansprüche gemäß Abs. (1) auf vom Kunden bereitgestellter Software oder Daten darauf beruhen, dass die Software und darin enthaltene Datenbestände nicht in einer vom Cloud-Anbieter gelieferten gültigen, unveränderten Originalfassung oder unter anderen als in der Leistungsbeschreibung angegebenen Einsatzbedingungen benutzt wurden.

§ 14 Vertragslaufzeit und Kündigung[21]

(1) Dieser Vertrag wird zunächst bis zum 31.12. . . . . . befristet abgeschlossen (Festlaufzeit). Der Vertrag verlängert sich automatisch jeweils um ein Jahr, sofern er nicht vom Cloud-Anbieter oder dem Kunden mit einer Frist von sechs Wochen zum Ende der Festlaufzeit oder zum Ende eines späteren Kalenderjahres gekündigt wird.

(2) Der Vertrag kann von beiden Seiten aus wichtigem Grund fristlos gekündigt werden. Das Recht zur Kündigung aus wichtigem Grund bleibt von Abs. 1 unberührt. Ein wichtiger Grund liegt für den Cloud-Anbieter insbesondere in folgenden Fällen vor:

(a) Der Kunde ist für mehr als zwei Monate mit der Entrichtung der Vergütung nach § 10 oder eines nicht unerheblichen Teils dieser Vergütung in Verzug.

(b) Der Kunde überschreitet die in § 3 festgelegten Nutzungsrechte. Das gilt insbesondere, wenn er die Cloud-Lösung unbefugt einem Dritten überlässt und/oder diesem gegenüber als Provider agiert.

(c) Änderungen der Cloud-Lösung führen zu erheblichen Nachteilen für den Kunden.

(d) Der Kunde verstößt gegen die in § 16 aufgeführte Geheimhaltungspflicht.

Ein Kündigungsrecht nach (b) – (d) steht dem Cloud-Anbieter ohne Abmahnung unter Setzung einer angemessenen Frist zur Abgabe einer Unterlassungserklärung nur zu, wenn das Verhalten zu einem nachhaltigen Vertrauensverlust in die Vertragstreue des Kunden geführt hat.

(3) Die Regelung des § 545 BGB (stillschweigende Verlängerung des Mietverhältnisses) findet keine Anwendung.

(4) Die Kündigung bedarf der gesetzlichen Schriftform.

§ 15 Kündigungsfolgen[22]

(1) Mit Vertragsende erlöschen die Nutzungsrechte des Kunden an der Software der Cloud-Lösung. Im Falle der Überlassung von Apps ist der Kunde mit Wirksamwerden einer Kündigung verpflichtet, das Original sowie alle Kopien und Teilkopien der Client-Software der Cloud-Lösung zu löschen; diese Löschung ist gegebenenfalls vom Kunden dem Cloud-Anbieter schriftlich zu bestätigen.

(2) Der Cloud-Anbieter wird die vom Kunden im System gespeicherten Daten bei Vertragsende löschen. Der Kunde ist aufgefordert, vor Vertragsende die Daten mit Hilfe der Cloud-Lösung zu exportieren.

(3) Die Pflichten des Kunden gemäß den §§ 15 und 16 dieses Vertrages bleiben von der Beendigung des Vertrages unberührt.

§ 16 Geheimhaltung[23]

(1) Die Vertragsparteien verpflichten sich, sämtliche ihnen im Zusammenhang mit diesem Vertrag zugänglich werdenden Informationen, die als vertraulich bezeichnet werden oder nach sonstigen Umständen als Geschäfts- oder Betriebsgeheimnisse der jeweils anderen Vertragspartei erkennbar sind, unbefristet geheim zu halten und sie – soweit nicht zur Erreichung des Vertragszwecks geboten – weder aufzuzeichnen noch weiterzugeben oder zu verwerten. Die Vertragsparteien werden durch geeignete vertragliche Abreden mit den für sie tätigen Arbeitnehmern und Beauftragten sicherstellen, dass auch diese unbefristet jede eigene Verwertung, Weitergabe oder unbefugte Aufzeichnung solcher Geschäfts- und Betriebsgeheimnisse unterlassen und diesen nur soweit erforderlich Zugang zu den Geheimnissen verschaffen.

(2) Die Geheimhaltungspflicht gemäß Abs. (1) gilt nicht, soweit die Erlaubnisse und Ausnahmen der §§ 3 bzw. 5 GeschGehG eingreifen, sowie gegenüber solchen Personen, die gesetzlich oder aufgrund Gestattung der jeweils anderen Vertragspartei zur Kenntnisnahme befugt und zur Verschwiegenheit verpflichtet sind, sowie für Veröffentlichungen, die aufgrund gesetzlicher Bestimmungen und/oder behördlicher Anordnungen von einer der Vertragsparteien verlangt werden können. Der Geheimhaltungspflicht unterliegen nicht bzw. nicht mehr solche vertraulichen Informationen, die allgemein bekannt sind oder allgemein bekannt werden, ohne dass dieses von der offenbarenden Vertragspartei zu vertreten ist. Das Vorliegen einer der vorstehenden Ausnahmen hat die sich hierauf berufende Vertragspartei zu beweisen.

§ 17 Verjährung, Nebenabreden[24]

(1) Ansprüche aufgrund einer Verletzung von Bestimmungen nach § 4 „Nutzungsrechtseinräumung" verjähren sechs Jahre nach ihrer Entstehung, alle anderen Ansprüche aus diesem Vertrag drei Jahre nach ihrer Entstehung, sofern nicht kürzere gesetzliche Verjährungsfristen gelten.

(2) Der Kunde verpflichtet sich, die Regelungen des Exportkontrollrechts zu beachten.

(3) Dieser Vertrag und seine Anlagen enthalten sämtliche Vereinbarungen zwischen den Vertragsparteien. Nebenabreden bestehen nicht. Änderungen oder Ergänzungen dieses

Vertrags bedürfen der Schriftform. Dies gilt auch für einen Verzicht auf dieses Schriftformerfordernis.

(4) Sollten einzelne Bestimmungen des Vertrags unwirksam sein, so wird hierdurch die Wirksamkeit der übrigen Bestimmungen des Vertrags nicht berührt. Die Vertragsparteien verpflichten sich, die unwirksamen Bestimmungen durch eine Ersatzregelung zu ersetzen, die dem mit der unwirksamen Bestimmung beabsichtigten Zweck unter Berücksichtigung der beiderseitigen Interessen möglichst nahekommt.

Folgende Anlagen werden Bestandteil dieses Vertrags:

Anlage 1: Software- und Servicebeschreibung

Anlage 2: Service Level Agreement (SLA)

Anlage 3: Auftragsverarbeitungsvereinbarung

Schrifttum: Adelmeyer/Walterbusch/Lang/Teuteberg, Datenschutz und Datensicherheit im Cloud Computing, WPg 2017, 35; *Andréewitch/Arbesser-Rastburg*, Internationale Zuständigkeit und anwendbares Recht bei Cloud-Computing-Verträgen, Medien und Recht 2014, 268; *Backu*, Steuerliche Aspekte von Cloud Computing und anderen Webservices, ITRB 2011, 184; *Bettinger/Scheffelt,* Application Service Providing – Vertragsgestaltung und Konflikt-Management, CR 2001, 729; *Beyer,* ASP – Zweckmäßige Gestaltung von Service Level Agreements aus Sicht des Anwenders, ITRB 2005, 287; *Bierekoven*, Lizenzierung in der Cloud, ITRB 2010, 42; *Bisges*, Urheberrechtliche Aspekte des Cloud Computing, MMR 2012, 574; *Böse,* Florian Rockenbach, Cloud Computing, MDR 2018, 70; *Borges/Meents*, Cloud Computing, Rechtshandbuch, München 2016; *Bräutigam* (Hrsg.), IT-Outsourcing und Cloud-Computing, 4. Aufl., Berlin 2019; *Bräutigam,* SLA: In der Praxis alles klar?, CR 2004, 248; *Cording/Götzinger*, Der CLOUD Act aus europäischer Sicht, CR 2018, 636; *Determann/Nebel*, U.S. CLOUD Act – Wolken über der Datenschutz-Grundverordnung?, CR 2018, 408; *Deubert/Lewe*, Bilanzierung von Software beim Anwender nach HGB – Besonderheiten bei Cloud-Lösungen, BB 2019, 811; *Gausling*, Offenlegung von Daten auf Basis des CLOUD Act, MMR 2018, 578; *Grützmacher,* Application Service Providing – Urhebervertragsrechtliche Aspekte, ITRB 2001, 59; *ders.*, Vertragliche Ansprüche auf Herausgabe von Daten gegenüber dem Outsourcing-Anbieter, ITRB 2004, 260; *ders.*, Außervertragliche Ansprüche auf Herausgabe von Daten gegenüber dem Outsourcing-Anbieter, ITRB 2004, 282; *ders.*, Lizenzgestaltung für neue Nutzungsformen im Lichte von § 69d UrhG (Teil 2), CR 2011, 697-705; *ders.*, „Software aus der Datendose" – Outsourcing, Cloud, SaaS & Co., CR 2015, 779; *Grützmacher/Freund*, „Auftragsverarbeitung", in: Intveen/Gennen/Karger, Handbuch des Softwarerechts, 1. Aufl. Bonn 2018, S. 691; *Haellmigk*, (Cloud-) Datentransfer und Exportkontrolle – Neue Compliance-Herausforderungen für Unternehmen, CCZ 2016, 28; *Hartung/Stiemerling,* Effektive Service-Level-Kriterien, CR 2011, 617; *Hörl/Häuser,* Service Level Agreements in IT-Outsourcingverträgen, CR 2003, 713; *Hilber*, Handbuch Cloud Computing, Köln 2014, *Intveen*, SaaS-Verträge aus Auftraggebersicht, ITRB 2017, 243; *Intveen/Lohmann,* Die Haftung des Providers bei ASP-Verträgen, ITRB 2002, 210; *Jotzo*, Der Schutz personenbezogener Daten in der Cloud, in: Bräutigam/Hoppen (Hrsg.), DGRI Jahrbuch 2013, 2014; *Jülicher*, Daten in der Cloud im Insolvenzfall – Ein internationaler Überblick, K&R 2015, 448; *Kirn/Müller-Hengstenberg*, Überfordert die digitale Welt der Industrie 4.0 die Vertragstypen des BGB?, NJW 2017, 433; *Kramer*, Cloud Computing unter der DSGVO – erleichtert oder erschwert?, DSB 2018, 54; *Kraus*, Neuregelung von § 203 StGB, PinG 2018, 16; *Kroschwald*, Verschlüsseltes Cloud Computing, ZD 2014, 75; *Lehmann/Giedke*, Cloud Computing – technische Hintergründe für die territorial gebundene rechtliche Analyse, CR 2013, 608; *Lehmann/Giedke*, Urheberrechtliche Fragen des Cloud Computings, CR 2013, 681; *Lehmann*, Digitalisierung, Cloud Computing und Urheberrecht, GRUR Int 2015, 677;

Lensdorf, Eine Orientierungshilfe für Unternehmen bei Auslagerungen an Cloud-Anbieter, CR 2019, 8; *Liesegang*, Technische Aspekte der Fernnutzung von Software im Kontext urheberrechtlicher Fragen, CR 2015, 776; *Menzel*, Auftragsdatenverarbeitung im Sozial- und Gesundheitswesen, RDV 2013, 59; *Rath*, Hinweise zur Ausgestaltung von Service Level Agreements (SLA), K&R 2007, 362; *Redeker*, Rechtsprobleme des Softwarewechsels, ITRB 2012, 165; *Redeker*, in: Hoeren/Sieber/Holznagel (Hrsg.), Multimedia-Recht, Teil 12, Vertragsrecht für Internetdienste, 48. EL München Februar 2019; *Reitsam/Seonbuchner*, Aufbewahrung und Archivierung von Daten, in: Conrad/Grützmacher (Hrsg.), Recht der Daten und Datenbanken im Unternehmen, Köln 2014; *Schumacher*, Service Level Agreements: Schwerpunkt bei IT- und Telekommunikationsverträgen, MMR 2006, 12; *Schneidereit*, Haftung für Datenverlust im Cloud Computing, Baden-Baden 2017; *Schuster/Hunzinger*, Pflichten zur Datenschutzeignung von Software – Wie die Pflichten zur Verwendung datenschutzkonformer IT-Lösungen auf die vertragliche Sollbeschaffenheit von Software durchschlägt CR 2017, 141; *Schuster/Reichl*, Cloud Computing & SaaS: Was sind die wirklich neuen Fragen?, CR 2010, 38; *Splittgerber*, Sebastian Rockstroh, Sicher durch die Cloud navigieren – Vertragsgestaltung beim Cloud Computing, BB 2011, 2179; *Suchomski*, Der Copyleft-Effekt bei Cloud Computing, ITRB 2016, 90; *Völkel*, Die Auftragsdatenverarbeitung im Sozialdatenschutz bei Gesetzlichen Krankenversicherungen mit besonderen Herausforderungen bei Wartung und Cloud-Computing, PinG 2018, 189; *Wagner*, Henning Blaufuß, Datenexport als juristische Herausforderung: Cloud Computing, BB 2012, 1751; *Wicker*, Haftet der Cloud-Anbieter für Schäden beim Cloud-Nutzer, MMR 2014, 715; *Wicker*, Haftungsbegrenzung des Cloud-Anbieters trotz AGB-Recht?, MMR 2014, 787; *Witzel*, Open Source Software in der Cloud, ITRB 2017, 217.

Anmerkungen

1. Sachverhalt. Das Formular geht davon aus, dass Kunden Unternehmen oder auch Freiberufler oder Behörde sind, die die vom Anbieter entwickelte Computersoftware nutzen wollen. Diese Software wird vom Cloud-Anbieter zentral vorgehalten. Denn während nach dem Zeitalter der Mainframe-Computer in den 80er, 90er und Anfang der 2000er Jahre ein Trend zur dezentralen Datenverarbeitung auf PCs und später auch Notebooks vorherrschte, ist heute dank gesteigerter Telekommunikations- und Rechenkapazitäten und des Einsatzes von Virtualisierungstechniken das zentrale Bereitstellen von Software über das Internet gang und gäbe. Dieses entlastet den Kunden davon, sich um Themen wie Hardware und Infrastruktur sowie deren Wartung kümmern zu müssen. Gleichzeitig diszipliniert diese Form der Softwarebereitstellung einschließlich Infrastruktur-Dienstleistungen die Kunden. Alle müssen letztlich den gleichen Takt, nämlich dem des Anbieters folgen. Dies gilt sowohl für die Aktualisierung und Fortentwicklung der Software wie auch für die Erbringung einzelner Leistungen, etwa der Verfügbarmachung der Hardware und Software (außerhalb der Wartungsfenster) oder auch der Leistungen im Bereich des Supports und der Fehlerbehebung. Erst diese für alle Kunden gleichförmige Leistungserbringung und der hohe Grad an Standardisierung (*Meents* in *Borges/Meents*, Cloud Computing, Rechtshandbuch, § 4 Rn. 118) hebt weitere Synergien und ermöglicht insofern eine kosteneffizientere Softwarebereitstellung. Anders als im Outsourcing wird dabei zwar auch Infrastruktur bereitgestellt, dieses aber nicht kundenspezifisch. Gleiches gilt für die begleitenden Leistungen im Bereich der Pflege und des Supports. Insofern wird das Cloud-Computing auch teils als kleines Outsourcing bezeichnet. Diese Formulierung ist allerdings insoweit irreführend, als das Cloud-Computing zusehends das Outsourcing umfänglich ablöst. Dieses gilt insbesondere für Cloud-Computing auf der Ebene der Plattformen (sog. PaaS = Platform as a Service) sowie der Infrastruktur (sog. IaaS= Infrastructure as a Service) (zu den einzelnen Formen *Schneide-*

reit, Haftung für Datenverlust im Cloud Computing, S. 80 ff.). Der vorliegende Vertrag hingegen geht davon aus, dass dem Kunden auch die Applikation als solche noch vollumfänglich zur Verfügung gestellt wird. Man spricht dann von sog. Software as a Service (SaaS). Das Muster unterstellt bzw. sieht zumindest vor, dass dem Kunden die Cloud-Lösung nicht bloß, wie dieses in aller Regel der Fall ist, per Internetbrowser, sondern für Mobile Devices zusehends auch noch über eine spezifische App zugänglich gemacht wird.

2. Wahl des Formulars. Das Formular geht von einer zeitlich beschränkten Softwarebereitstellung aus. Anders als bei der Softwaremiete wird die Software aber nicht bzw. nicht umfassend physisch bzw. per Dateitransfer überlassen. Das Formular geht weiter – wie beim Cloud-Computing üblich – nicht davon aus, dass ein zusätzlicher Pflegevertrag geschlossen wird. Denn beim Cloud-Computing werden derartige Pflegeleistungen synchron für sämtliche Kunden erbracht. Dieses erlaubt insofern keinen Spielraum für individuelle Abreden in entsprechenden Pflegeverträgen. Vielmehr gibt der Cloud-Anbieter insoweit den Takt für die Fortentwicklung der Software und der zugrundeliegenden IT-Infrastruktur vor.

Die Leistungen unter dem Vertrag sind insofern mannigfaltig, im Kern aber mit denen des sog. Application Service Providing vergleichbar. Für diese Leistungen hat der BGH anerkannt, dass die Regelungen des Mietvertragsrechts (§ 535 ff. BGB) zur Anwendung kommen (BGH CR 2007, 75 (76) – ASP). Dementsprechend wird auch für das Cloud-Computing und SaaS-Angebote von der Literatur angenommen, dass diese dem Mietvertragsrecht unterfallen (*Splittgerber/Rockstroh* BB 2011, 2179; *Meents* in *Borges/Meents*, Cloud Computing, Rechtshandbuch, § 4 Rn. 46 ff.; *Pohle/Ammann* CR 2009, 273 (274 f.): mietvertraglicher Schwerpunkt trotz eventueller eigenständiger Dienst- und Werkleistungen aufgrund von vertraglichen Pflichten zu technischen Verbesserungen, Anpassungsleistungen, Datensicherungs- bzw. Backup-Lösungen sowie Supportdiensten; vgl. aber auch *Intveen* ITRB 2017, 243 f.: Vertragstyp unsicher).

3. Vertragsgegenstand. Im Mittelpunkt des Vertrages steht das Angebot der sog. Cloud-Lösung. Hierunter ist sowohl die Vertragssoftware, die letztlich nicht im eigentlichen Sinne überlassen, sondern vielmehr zugänglich gemacht wird, als auch die Hardwareinfrastruktur gemeint.

So geht das Muster schon in Abs. 1 davon aus, dass zum einen die vertragsgegenständliche Software auf einem entsprechenden Server bereitgestellt und zugänglich gemacht wird, aber eben auch, dass die für die Unterhaltung der Software erforderliche serverseitige Hardwareinfrastruktur vom Cloud-Anbieter vor- bzw. zu unterhalten ist. Dieses unterscheidet den Vertrag namentlich von der klassischen Softwaremiete, bei der die Software entweder auf einem Datenträger oder per Download an den Kunden überlassen wird, welcher dann seine eigene Hardware nutzt, um die Software ablaufen zu lassen.

Den genauen Inhalt bzw. die Leistungsmerkmale der Softwarelösung können im Vertrag nicht umfassend dargelegt werden. Da anders als bei der physischen Softwareüberlassung bzw. der Softwareüberlassung im Rahmen des Downloads der Kunde die Software allenfalls teilweise auf seine Rechner (die sog. Clients) übertragen bekommt, ist es für ihn wie auch für den Anbieter umso wichtiger, dass die vertragsgegenständliche Cloud-Lösung im Rahmen einer Software- und Servicebeschreibung näher spezifiziert wird. Diesem Zweck dient die in Abs. 1 und 2 referenzierte Software- und Servicebeschreibung. Klargestellt wird vorliegend, dass es sich um eine Cloud-Lösung handelt, bei der sowohl der Server beim Anbieter eine maßgebliche Rolle spielt als auch, wenn auch vielleicht untergeordnet, dass die Software bestimmten Anforderungen entsprechen muss, wie in Abs. 2 angedeutet und in § 8 weiter ausgeführt wird. Grundsätzlich ist es insofern denkbar, dass Cloud-Angebote lediglich mit einem clientseitig installierten Internetbrowser ausgeführt werden können. Dann wird in der Regel entweder eine weitestgehend serverseitige Datenverarbeitung vorgehalten oder aber lediglich browserfähiger Code (etwa Java Script oder HTML5) im Rahmen der Nutzung in den Internetbrowser des Nutzers geladen und dort zur Ausführung gebracht. Das vorliegende Muster geht hingegen davon aus, dass noch weitergehend eine App oder ein vergleichbares Programm aus dem Internet heruntergeladen werden kann, was dazu führt, dass auch der Kunde auf bestimmte Hardware-Eigenschaften und die Wartung seiner Hardware, nämlich der Mobile Devices, achten muss.

Da im Rahmen des Cloud-Computings die einzelnen Nutzer nicht diejenigen sind, die mehr oder minder physisch vor den Rechnern sitzen, die zur Nutzung der Software gebraucht werden, sondern weil diese sich über das Internet einwählen und auf die Software zugreifen können, ist es sinnvoll, wie in Abs. 3 vorgesehen im Rahmen des Cloud-Computings mit sog. Named Usern zu agieren, die namentlich zu registrieren sind. Aber auch andere Modelle –etwa gerätebasierte – sind denkbar.

4. Angestellte und/oder freie Mitarbeiter. Für den Cloud-Anbieter ist oftmals nicht ersichtlich, ob fest angestellte oder freie Mitarbeiter eine Lösung nutzen. Gleichwohl ist dieses von erheblicher urheberrechtlicher Bedeutung. Denn die Nutzer einer Software sind jedenfalls dann berechtigte Nutzer iSd § 69d Abs. 1, wenn diese beim entsprechenden Anbieter fest angestellt sind (vgl. Wandtke/Bullinger-*Grützmacher,* Praxiskommentar zum Urheberrecht, 5. Aufl., § 69d Rn. 34). Ob darüber hinaus auch freie Mitarbeiter die Software nutzen können sollen, ist zunächst einmal eine Business-Entscheidung des Cloud-Anbieters. Dieser hat sich darüber hinaus aber Gedanken zu machen, ob er mit Blick auf die einfließenden Lizenzen überhaupt in der Lage ist, die Software auch sonstigen Dritten zur Verfügung zu stellen (zum urheberrechtlichen Background → Anm. 10).

5. Bereitstellung der Cloud-Lösung. Das Muster geht davon aus, dass keine Anpassungen der Software an die Bedürfnisse des Kunden vorgenommen werden müssen. Die Softwarebereitstellung erfolgt dementsprechend im Rahmen des vorliegenden Musters im ersten Schritt dadurch, dass eine Software unter einer Internetadresse passwortgeschützt bereitgestellt wird. Dieses ist die Software, die per Internetbrowser genutzt oder sogar auf den Clients der entsprechenden Nutzer im Browser, also beim Kunden, abläuft. Denkbar ist es hier, auch die App zum Download anzubieten, oder alternativ auch, dass eine derartige Client-Software der Softwarelösung öffentlich in sog. App-Stores vorgehalten wird. Dies ist insbesondere im Fall von Mobilfunk-Devices verbreitet. In diesem Fall ist der Wortlaut des Abs. 1 entsprechend anzupassen.

So oder so läuft die Software im Wesentlichen serverseitig ab, wie auch in Abs. 2 beschrieben wird. Lediglich kleinere Komponenten (etwa bestimmte Applets oder Scripte, oftmals in Java programmiert) oder für Mobile Devices eben auch einmal die Apps werden auch auf dem Rechner des entsprechenden Nutzers zur Ausführung gebracht. Diese technischen Details sind zugleich auch von Relevanz für die urheberrechtliche Bewertung (→ Anm. 10).

Da Cloud-Computing im Wesentlichen mit Hilfe des Internets realisiert wird, muss der Kunde sich zugleich mit den Systemen des Cloud-Anbieters über dieses verbinden. Da Letzterer auf das Internet und dessen Verfügbarkeit keinen Einfluss hat, wird in Abs. 3 klargestellt, dass die Anbindung an das Internet Aufgabe des Kunden ist bzw. andersherum der Cloud-Anbieter für die Internetverbindung als solche nicht verantwortlich ist (vgl. Meents in *Borges/Meents*, Cloud Computing, Rechtshandbuch, § 4 Rn. 75). Regelmäßig beginnt seine Leistungssphäre erst am sog. Leistungsübergabepunkt, dh dem Ausgangs- bzw. Eingangsrouter des Rechenzentrums, in welchem das entsprechende Cloud-Angebot gehostet ist. Mitunter – wenn vereinbart – kann auch noch der auf einer höheren Schicht liegende VPN-Tunnel mit geschuldet sein.

Die Abs. 4 und 5 erlauben gewisse Änderungen der Software. Besondere Schwierigkeiten bereitet dabei die Tatsache, dass die Cloud-Lösung fortwährend weiterentwickelt werden muss, um sie auf dem aktuellen Stand zu halten. Dieses ist zwar einerseits bis zu einem gewissen Grad gesetzlich aufgrund § 535 Abs. 1 S. 2 BGB geschuldet (in Hoeren/Sieber/Holznagel-*Redeker*, Multimedia-Recht, Teil 12 Rn. 408; deutlich zurückhaltender *Meents* in *Borges/Meents*, Cloud Computing, Rechtshandbuch, § 4 Rn. 76, 235: ohne andere Abrede nur Erhaltung des Stands der Technik zum Vertragsschluss und keine Modernisierungs- oder Aktualisierungsmaßnahmen) und für den Kunden dann unproblematisch, wenn die Weiterentwicklungen letztlich in einer Erhaltung und Verbesserung der Cloud-Lösung liegen und insofern keinerlei negativer Einfluss für den Kunden besteht. Andererseits werden aber nicht sämtliche Änderungen der Cloud-Lösung geschuldet sein und mit Blick auf die Anforderungen des und an den Kunden spurlos bleiben. So ist es immer denkbar, dass bestimmte Funktionen sich in einer Weise ändern, dass sie sich für Kunden als unerwünscht darstellen oder mit negativen technischen Folgen verbunden sind. Hier fragt sich, in welchem Umfang der Cloud-Anbieter die Lösung über die Zeit verändern darf. Abs. 5 sieht insofern vor, dass der Cloud-Anbieter berechtigt ist, dieses zu tun, soweit es im Rahmen des Zumutbaren bleibt. Hintergrund dieser Regelung ist, dass ein einseitiges Leistungsbestimmungsrecht in AGB regelmäßig unwirksam ist (BGH NJW 1994, 1060, 1063 mwN). Auf der anderen Seite würde dieses im Ergebnis bedeuten, dass ein Cloud-Computing im Grundsatz mit deutschem AGB-Recht nicht zu vereinbaren wäre. Denn es muss dem Anbieter möglich sein, auch gewisse Änderungen vorzunehmen, die einen wie auch immer gearteten negativen Einfluss auf die Leistungen aus Sicht des Kunden haben. Das Muster sieht insofern vor, dass dem Kunden Änderungen dieser Art mindestens vier Wochen vor dem Änderungszeitpunkt bekannt gegeben werden müssen. Der Kunde hat sodann die Möglichkeit, wie sich aus § 14 ergibt, sich vom Vertrag zu lösen (so hält auch *Meents* in *Borges/Meents*, Cloud Computing, Rechtshandbuch, § 4 Rn. 238, die Pflicht zur Übernahme von Updates dann für AGB-rechtlich zulässig, wenn im Gegenzug ein Sonderkündigungsrecht eingeräumt wird).

Weiter ist in Abs. 6 geregelt, dass ein sog. Service Level Agreement vereinbart wird. Nach diesem sind bestimmte Leistungszeiten sowie Leistungszeiträume und Parameter festzulegen, dies entsprechend der späteren Referenzierung des Dokuments im Vertrag. Während bestimmter Zeiten schuldet der Cloud-Anbieter deren Zur-Verfügung-Stellung nicht. Diese Zeiten werden regelmäßig zu Pflege- und Wartungszwecken genutzt.

6. Registrierung und Verwaltung von berechtigten Nutzern. Da die Software im Rahmen eines Cloud-Angebots über das Internet genutzt wird, müssen sich entsprechende Nutzer registrieren. Die Nutzung der entsprechenden Lösung muss entweder passwort- oder alternativ auch token-basiert erfolgen. Anderenfalls verliert der Cloud-Anbieter seine Kontrolle darüber, welche Nutzer seine Lösung über das Internet nutzen. Nur so kann er davon ausgehen, dass sämtliche Nutzer auch berechtigte Nutzer sind. Insofern bietet sich im Rahmen des Cloud-Computing ein Named-User-Konzept an. Würden nämlich sog. Concurrent-User zugelassen, wäre es für den Cloud-Anbieter kaum noch nachzuvollziehen, ob nicht auch Nutzer dritter Unternehmen die Software ohne sein Wissen und ohne zusätzliche Vergütung nutzen.

Andersherum hat aber auch das nutzende Unternehmen ein Interesse daran, dass wirklich nur Mitarbeiter auf seine Daten zugreifen, die mit den entsprechenden Vorgängen befasst sind und die auch noch im Unternehmen sind (vgl. *Meents* in *Borges/Meents*, Cloud Computing, Rechtshandbuch, § 4 Rn. 212: Gefahr des vergessenen Zugangs). Aus Sicht des Cloud-Anbieters ist es insofern aus faktischen wie aus rechtlichen Gründen sinnvoll, die Nutzer-Verwaltung dem Kunden aufzuerlegen. Will man diesen Vorgang automatisieren, ist vertraglich noch ein automatisiertes Indentitätsmanagement per Single-Sign-On festzulegen (*Meents* in *Borges/Meents*, Cloud Computing, Rechtshandbuch, § 4 Rn. 212).

7. Nutzungsbedingungen für die einzelnen berechtigten Nutzer. Es ist denkbar und auch nicht unüblich, dass im Rahmen von Cloud-Lösungen zusätzliche Nutzungsbedingungen für die einzelnen berechtigten Nutzer geschaffen werden und diese diesen im Rahmen der Registrierung zustimmen müssen (siehe auch zu Acceptable Use Policies Meents in *Borges/Meents*, Cloud Computing, Rechtshandbuch, § 4 Rn. 240). Ob dies im Einzelfall erforderlich ist, ist näher zu prüfen. Auch bestehen gewisse Bedenken, dass die entsprechenden zusätzlichen Bedingungen der AGB-rechtlichen Inhaltskontrolle nicht Stand halten. Insofern bietet es sich an, im Rahmen der Nutzungsbedingungen im Kern ein Destillat der Nutzungseinschränkungen des Hauptvertrags vorzuhalten.

8. Rollen- und Rechtekonzept. Im Rahmen eines Rollen- und Rechtekonzeptes, welches zumindest komplexere Softwareprodukte aufweisen mag, ist es nur gewissen Nutzern gestattet, bestimmte Funktionen zu nutzen. Es gibt hier also unterschiedlich ausgeprägte und in aller Regel auch unterschiedlich vergütete Nutzertypen. Gleichzeitig ist es auf diesem Wege auch möglich, besonders sensible Daten oder Funktionen der Software nur bestimmten Nutzern zugänglich zu machen.

9. Nutzungsrechtseinräumung. Die Nutzungsrechtseinräumung im Rahmen des Cloud-Computings (dazu allgemein *Grützmacher* CR 2015, 779 (783 ff.); *Meents* in *Borges/Meents*, Cloud Computing, Rechtshandbuch, § 4 Rn. 189 ff.; siehe auch *Bierekoven* ITRB 2010, 42 ff.; zum Problemaufriss mit Blick auf das IPR *Lehmann/Giedke* CR 2013, 681 ff.) hat eine weitaus geringere Bedeutung als die Lizenzierung im Rahmen normaler Softwareüberlassungsverträge. Dies liegt schon daran, dass der Kunde allenfalls eine Kleinkomponente der Software erhält, so dass der Cloud-Computing-Anbieter rein faktisch den Nutzungsumfang der Software über seine serverseitige Komponente steuern kann. Er ist insofern nicht oder zumindest nicht nur auf das Urheberrecht angewiesen, will er die Nutzungsmöglichkeiten des Kunden beschränken bzw. kontrollieren. Dementsprechend finden sich im Vergleich zum → Form. IV.3. abgespeckte Formulierungen mit Blick auf die Nutzungsrechte.

Abs. 1 stellt insofern allerdings klar, dass die Cloud-Lösung nur in einem bestimmten Vertragsgebiet genutzt werden darf. Denn auch wenn eine gewisse Kontrolle der Nutzung mit Blick auf die lokale Verortung des Nutzers möglich ist, nämlich durch eine IP Geo-Lokalisierung, so ist doch im Grundsatz eine Kontrolle zwar der Softwarenutzung nicht aber des Ortes der entsprechenden Nutzer möglich. So gibt es die Möglichkeit, etwa über VPN und virtuelle Verbindungen die Herkunft und den IP-Bereich des Nutzers zu tarnen. Dementsprechend sind entsprechende Nutzungsbeschränkungen, wie sie hier urheberrechtlich ausgeprägt werden, von nicht unerheblicher Bedeutung zur Kontrolle des Vertragsgebietes. Gleichzeitig ist aber anzumerken, dass eine entsprechende Beschränkung wiederum auch aus verschiedenen Gründen notwendig oder zumindest sinnvoll sein kann. Zum einen ist denkbar, dass die für die Cloud-Lösung genutzte Software nur für ein bestimmtes Lizenzgebiet lizenziert wurde. Das bedeutet also, dass die Nutzung der Software über ein solches Gebiet hinaus in eine Urheberrechts- oder andere Schutzrechtsverletzung münden würde, die letztlich – jedenfalls mangels Schutzmaßnahmen und lizenzrechtlicher Einschränkungen – auch dem Cloud-Anbieter zugerechnet würde. Zum anderen ist es denkbar, dass die Nutzung der Software in bestimmten Regionen und Staaten dieser Welt zusätzliche haftungsrechtliche Risiken mit sich bringt oder auch gegen dort spezifische Schutzrechte (etwa Patente etc) verstoßen können. Insofern sollte sich der Cloud-Anbieter sehr gut überlegen, ob er sein Angebot weltweit unterbreitet oder auf ein bestimmtes Vertragsgebiet beschränkt.

Abs. 2 stellt noch einmal klar, dass es sich um ein Named-User-Konzept handelt. Dieses bedeutet, dass nur die namentlich benannten Nutzer die Software nutzen dürfen, was im Vergleich zu sog. Concurrent-User-Modellen zu einer höheren Anzahl von Usern führt. Für den Fall, dass eine App angeboten wird, wird auch hier die Lizenzierung klargestellt.

Mit Blick auf Abs. 3 wird auf die Kommentierung in → Form. 3 Anm. 6 und 4 Anm. 7 verwiesen. Allerdings wird hier die einschränkende Ergänzung vorgenommen, dass die Rechte zum Zwecke ihrer Ausführung auf dem Server des Cloud-Anbieters und/oder für die dem Kunden überlassene Software auf dessen Hardware eingeräumt werden. Ob aus Sicht des Anbieters zudem auch für die serverseitige Software noch das Recht der öffentlichen Zugänglichmachung (dafür etwa *Niemann/Paul* K&R 209, 444 (448); tendenziell *Bisges* MMR 2012, 574 (576 ff.)) oder gar das Vermietrecht (*Lehmann* GRUR Int. 2015, 677 (679)) tangiert ist, was abzulehnen ist (eine öffentliche Zugänglichmachung erfolgt allenfalls mit Blick auf clientseitige Programme, aber serverseitig ist das Cloud-Computing als eigenständige Nutzungsart zu lizenzieren, dazu *Grützmacher* CR 2015, 779 (783 ff.)), kann aus Sicht der Vertragsgestaltung dahinstehen. Denn dem Nutzer müssen diese Rechte jedenfalls nicht eingeräumt werden; allenfalls muss sich der Anbieter um entsprechende einfließende Lizenzen für seine Tätigkeit kümmern, ggf. sogar nachlizenzieren (vgl. *Meents* in *Borges/Meents*, Cloud Computing, Rechtshandbuch, § 4 Rn. 192). Besonders diffizil sind dabei auch die Lizenzfragen rund um die Nutzung von Open Source Software im Rahmen des Cloud-Computing (dazu im Detail *Grützmacher* CR 2015, 779 (785 f.); *Witzel* ITRB 2017, 217 ff.; zur Affero Public License *Suchomski* ITRB 2016, 90 ff.).

Auch zu Abs. 4 ist auf die Kommentierung zu den → Form. 3 Anm. 6 und 4 Anm. 7 zu verweisen. Allerdings ist der Dekompilierung im Rahmen von Cloud-Angeboten ohnehin regelmäßig eine faktische Grenze gesetzt. Denn letztlich kann der User nur die Software dekompilieren, die ihm auch wirklich physisch überlassen wurde. Dieses ist bei Cloud-Angeboten allenfalls eine App oder ein vergleichbares Programm, nicht aber die oftmals viel wichtigere im Hintergrund ablaufende Back-end-Software.

Laut Abs. 5 wird dem Kunden nicht gestattet, die Software seinerseits weiter zu vermarkten. Er darf also nicht etwa als Service-Provider gegenüber Dritten auftreten. Hiervon ausgenommen werden lediglich die berechtigten Nutzer.

Abs. 6 stellt nur klar, dass die Rechte an der Cloud-Lösung beim Anbieter verbleiben. Sind Weiterentwicklungen zusammen mit dem Kunden zu erwarten, ist die Klausel noch um eine Rechtseinräumung an den Anbieter zu ergänzen (vgl. *Meents* in *Borges/Meents*, Cloud Computing, Rechtshandbuch, § 4 Rn. 191)

10. Datenspeicherung. Je nach Form des Cloud-Angebots ist es denkbar, dass auch Kundendaten gespeichert und auf den Infrastruktursystemen des Cloud-Anbieters vorgehalten werden. Bereits an dieser Stelle wird klargestellt, dass die anfallenden Daten nur für die Laufzeit des Vertrages vorgehalten werden. Auch dieses Vorhalten von Speicherkapazitäten ist mietvertraglicher Natur (BGH CR 2007, 75 (76) – ASP; *Splittgerber/Rockstroh* BB 2011, 2179).

Zudem hat der Kunde nach Abs. 2 darauf zu achten, dass er sich im Rahmen des vereinbarten Speichervolumens hält.

11. Verwahrungs- und Aufbewahrungspflichten. Je nach Softwarelösung ist zu untersuchen, ob die handels- und steuerrechtlichen Aufbewahrungspflichten nach HGB und AO für die Cloud-Lösung zur Anwendung kommen und ob die Lösung GDPdU-fähig sein muss (dazu *Reitsam/Seonbuchner* in Conrad/Grützmacher, Recht der Daten und Datenbanken im Unternehmen, S. 977 ff.; siehe auch *Böse/Rockenbach* MDR 2018, 70 (74)). Dieses wird insbes. bei Finanzbuchhaltungssystemen der Fall sein. Das Muster geht demgegenüber davon aus, dass derartige Komponenten vorliegend nicht angeboten werden.

12. Datenschutz und Datensicherheit. Es ist heutzutage fast auszuschließen, dass Cloud-Angebote nicht auch personenbezogene Daten enthalten. Darüber hinaus werden aber auch in aller Regel die vom Kunden im System gespeicherten sonstigen Daten

(Content) personenbezogene Daten enthalten. Dieses gilt zumindest dann, wenn es um die Daten der berechtigten Nutzer geht. Anders mag der Fall beispielsweise bei einer Cloud-Lösung für maschinelle Daten im Bereich der Industrie 4.0 liegen. Aber auch dabei werden mitunter User-Daten auf dem Server der Systeme gespeichert.

Insofern ist es wichtig, dass der Kunde die Daten im Grundsatz auf Basis einer datenschutzrechtlichen Erlaubnisnorm verarbeitet. Notfalls ist dieses, wie in Abs. 1 vorgesehen, die Einwilligung der betroffenen Personen (Art. 7 ff. DSGVO).

Abs. 2 sieht darüber hinaus vor, dass die Parteien eine Auftragsverarbeitungsvereinbarung gem. Art. 28 DSGVO abschließen. Zwar kann man im Detail darüber streiten, inwieweit Cloud-Angebote in jedem Fall als Auftragsverarbeitung iSd Art. 28 DSGVO anzusehen sind. Da Art. 28 DSGVO im Vergleich zum früheren § 11 Abs. 1 BDSG (aF) dem Anbieter allerdings ein höheres Ermessen mit Blick auf gewisse eigene Entscheidungen bei der Durchführung der Datenverarbeitung an die Hand gibt, stellt sich allenfalls noch die Frage, inwieweit der oftmals doch mangelnde Einfluss des Kunden auf die technische Ausgestaltung des Cloud-Angebots sowie die begrenzten Kontrollmöglichkeiten der Qualifikation als Auftragsdatenverarbeitung entgegensteht (*Grützmacher/Freund* in Intveen/Gennen/Karger, Handbuch des Softwarerechts, S. 691, 694, Rn. 6). Hierzu haben die Behörden aber keine grundlegenden Bedenken geäußert (Datenschutzkonferenz, Kurzpapier Nr. 13, Auftragsverarbeitung, Art. 28 DSGVO, S. 4 – abrufbar Stand September 2019 unter: https://www.lda.bayern.de/media/dsk_kpnr_13_auftragsverarbeitung.pdf; noch zur Datenschutzrichtlinie: *Artikel 29 – Datenschutzgruppe*, Dokument 01037/12/DE, WP 196 „Stellungnahme 05/2012 zum Cloud Computing“ vom 1.7.2012 S. 9 : „Im aktuellen Cloud Computing-Szenario haben die Anwender von Cloud Computing-Diensten vielleicht nicht die Möglichkeit, die Vertragsbedingungen für die Nutzung der Cloud-Dienste auszuhandeln, da diese häufig Gegenstand standardisierter Angebote sind. Dennoch ist es letztendlich der Anwender, der für bestimmte Zwecke über die Zuweisung eines Teils oder aller Verarbeitungsschritte an Cloud-Dienste entscheidet“– abrufbar Stand September 2019 unter: https://www.lda.bayern.de/media/wp196_de.pdf; zur Kontrolle der Cloud-Anbieter noch nach § 11 Abs. 2 S. 4 BDSG aF: „Orientierungshilfe – Cloud Computing“ der *Arbeitskreise Technik und Medien der Konferenz der Datenschutzbeauftragten des Bundes und der Länder sowie der Arbeitsgruppe Internationaler Datenverkehr des Düsseldorfer Kreises*, Version 2.0, Stand 9.10.2014, S. 10 ff. – abrufbar Stand September 2019 unter: https://www.datenschutzbayern.de/print/technik/orient/oh_cloud.pdf). Auch in der Literatur wird ganz überwiegend davon ausgegangen, dass die Voraussetzungen des Art. 28 DSGVO auch beim Cloud Computing erfüllt werden können (etwa Kühling/Buchner-*Hartung*, 2. Aufl. 2018, DSGVO Art. 28 Rn. 52; *Böse/Rockenbach* MDR 2018, 70 (72 f.); ohne nähere Begründung *Kramer* DSB 2018, 54, f.). Besondere Schwierigkeiten können auch datenschutzrechtlich auftreten, wenn die Cloud-Anbieter möglicherweise konfligierenden Regelungen, wie etwa dem US-amerikanischen Cloud Act (dazu *Cording/Götzinger* CR 2018, 636), unterliegen. Zu fragen ist hier, ob der Cloud-Nutzer davon ausgehen muss, dass der Anbieter sich im Konflikt-Fall entscheiden wird, europäisches Datenschutzrecht zu brechen.

Im Rahmen des Cloud-Computing ist die Datensicherung auch ungeschrieben eine Nebenpflicht aus § 241 Abs. 2 BGB (ausführlich *Schneidereit*, Haftung für Datenverlust im Cloud Computing, S. 124 ff.; vgl. *Meents* in *Borges/Meents*, Cloud Computing, Rechtshandbuch, § 4 Rn. 206; aA wohl *Wicker* MMR 2014, 715 (718): „. . . . . . kann vereinbart werden . . . . . .“). Mit Blick auf die Datensicherung (zu dieser *Meents* in *Borges/Meents*, Cloud Computing, Rechtshandbuch, § 4 Rn. 204 ff.) wird in Abs. 3 ein konkretes technisches Konzept vorgeschlagen, wie es allgemein üblich ist. Der Umfang und die Frequenz der Sicherung sollten aber auf den Einzelfall abgestimmt werden (vgl. *Schneidereit*, Haftung für Datenverlust im Cloud Computing, S. 139 f.). Da jedoch die

Datensicherung von Fall zu Fall und System zu System unterschiedlich funktioniert, ist zu prüfen, wie der Anbieter im konkreten Fall agiert. Auch kann man sich Gedanken machen, ob man festlegen will, welche Daten gesichert werden sollen.

Neben den allgemeinen Anforderungen an den Datenschutz und die Datensicherung sind mitunter aufgrund branchenspezifischer Regulatorik weitere Anforderungen an den Umgang mit und die Verarbeitung von Daten und deren Kontrolle zu beachten und dann auch vertraglich umzusetzen (siehe etwa zum Sozialdatenschutz *Völkel* PinG 2018, 189 (195 ff.) sowie zur „Orientierungshilfe zu Auslagerungen an Cloud-Anbieter" der BaFin vom 8.1.2018 für Finanzdienstleistungsunternehmen *Lensdorf* CR 2019, 8 ff.).

13. Supportleistungen, Fehlerbeseitigung und Schulungen. Der Cloud-Anbieter hat den Kunden bei Problemen nach Abs. 1 zu beraten. Da es sich hierbei aber auch um Probleme handeln kann, die keine Gewährleistungsfälle darstellen, die also nicht vom Cloud-Anbieter zu verantworten sind, sorgt die Begrenzung auf bestimmte, namentlich benannte und fachlich qualifizierte Nutzer dafür, dass der Aufwand sich im Rahmen hält.

Abs. 2–4 regeln hingegen klassische Gewährleistungsfälle und unterwerfen diese dem SLA-Regime. Klargestellt wird, dass keine Zeiten zugesichert, also garantiert werden.

Nach Abs. 3 ist der Kunde aufgefordert bei der Fehlerbeseitigung mitzuwirken. Dieses ist insbesondere dann wichtig, wenn die Fehler aus kundenspezifischen Umständen, seien sie technischer oder fachlich-organisatorischer Art, resultieren.

Abs. 5 sieht zudem noch ein Schulungsangebot vor, während für Anpassungsleistungen nach diesem Vertrag eine gesonderte Vereinbarung zu treffen ist.

14. Reaktionszeiten. Das Muster geht anbieterfreundlich davon aus, dass lediglich eine, im Zweifel leicht zu erfüllende Reaktionszeit vereinbart wird. Sie gibt dem Cloud-Anbieter insofern einen gewissen Komfort als die Fehlerbehebung im Rahmen der Gewährleistung im Zweifel jedenfalls nicht schneller, sondern eben erst in der Folge zu erfolgen hat, nämlich innerhalb einer angemessenen Frist. Insofern bietet das SLA uU trotz partiell anwendbarem AGB-Recht die einzige Chance, die Haftungsrisiken des Cloud-Anbieters zumindest ein wenig zu reduzieren (vgl. auch *Wicker* MMR 2014, 787 (788 f.)). Aus Kundensicht macht es insofern zumindest für die kritischen Fehlerklassen Sinn, zusätzlich eine Lösungszeit für die Fehlerbeseitigung zu vereinbaren.

15. Einsatzbedingungen. Auch wenn die Anforderungen an die clientseitig ablaufende Software in der Regel sehr gering sein mögen, so sind sie doch nicht zu negieren. Abs. 1 fordert daher vom Kunden, dass dieser die entsprechenden Anforderungen einhält. Es kann sein, dass mit der Cloud-Lösung überhaupt keine Computerprogramme für den clientseitigen Ablauf überlassen werden. Dann ist die Formulierung ggf. anzupassen. Den Einsatzbedingungen entsprechen muss zumindest der Internetbrowser.

Daher fordert Abs. 2 explizit, dass dieser auf dem laufenden Stand gehalten wird. Es ist aber heute nicht selten der Fall, dass Programme nicht nur durch den Internetbrowser des Kunden zum Ablauf gebracht werden, sondern gar eine App zur Nutzung durch den Kunden überlassen wird. Da zumindest bei einer Cloud-Lösung mit einer App oder auch gewissen clientseitigen, browserbasierten Softwarekomponenten Software auf dem Rechner des Kunden abläuft, muss dieser wie in Abs. 2 gefordert wird, dafür sorgen, dass auch die von ihm genutzte Hardware bzw. auch die mit dieser verbundenen Systemsoftware jeweils auf dem neuesten Stand ist (dieses auch aus Sicherheitsgründen, vgl. *Meents* in *Borges/Meents*, Cloud Computing, Rechtshandbuch, § 4 Rn. 69). Alternativ wird man hier darauf verweisen, dass die Produktspezifikation des Cloud-Anbieters auf der Website zu befolgen sind. Allerdings kann dieses zu gewissen Friktionen führen, nämlich wenn sonstige vom Nutzer genutzte oder gar installierte Anwendungen andere Anforderungen haben. Dann ist es dem Kunden schlechterdings nicht möglich, unterschiedliche Stände der Hard- bzw. Softwareumgebung einzusetzen. Andersherum wird der Cloud-Anbieter in aller Regel seine Software nicht immer sofort auf die nächste Generation der Betriebssystems- und sonstigen Systemsoftware umstellen können. Wie AGB-rechtssicher der Abs. 2 insofern ist, ist offen.

Weiter ist es essentiell, dass der Kunde im Fall der Überlassung einer App auch ständig die Updates für diese auf die Mobile Devices einspielt. Ob es dann, wie teils vertreten wird, im Gegenzug eines Sonderkündigungsrechts bedarf, damit die Klausel AGB-rechtlich hält (*Meents* in *Borges/Meents*, Cloud Computing, Rechtshandbuch, § 4 Rn. 238), ist zu bezweifeln. Schließlich sollten Updates regelmäßig Verbesserungen und Fehlerbehebungen enthalten. Dementsprechend wird er durch Abs. 3 auch hierzu verpflichtet. Wenn es eine solche App nicht gibt, kann der Absatz gestrichen werden.

Hält der Kunde die Einsatzbedingungen nicht ein, so läuft er nach Abs. 4 Gefahr, seine Leistungs- und Gewährleistungsansprüche zu verlieren. Dies ist auch unangemessen. Die Begrenzung ist vielmehr sinnvoll (→ Anm. 1). Denn es ist zu attestieren, dass das Cloud-Computing und die mit ihm verbundenen Synergien nur dann gehoben werden können, wenn alle Kunden sich gleichförmig verhalten und sich insofern auch an die Nutzungsbedingungen des Cloud-Providers und die entsprechenden Vorgaben mit Blick auf den Einsatz bestimmter Soft- und Hardware halten. Dies bedeutet allerdings nach Abs. 4 S. 2 nicht, dass nicht etwa der Cloud-Provider in einem gewissen Umfang bemüht ist, gleichwohl Supportleistungen anzubieten. Gleichwohl bleibt auch hier abzuwarten, ob die Rechtsprechung eine solche Verpflichtung für AGB-rechtskonform erachten wird. Das gilt insbesondere für die Verpflichtung, die Internet-Software und die anzubindenden Systeme auf dem aktuellen Stand der Technik zu halten.

16. Pflichten des Kunden. Auch wenn das Mietvertragsrecht im Grundsatz keinerlei Mitwirkungspflichten des Kunden vorsieht, so sind diese doch vorliegend im Rahmen des Cloud-Computings angezeigt. Auch hier gilt, dass die Software nur dann einsatzfähig ist, wenn der Kunde seinen Leistungspflichten diesbezüglich nachkommt, und die Leistungen nur dann sicher vom Anbieter erbracht werden können, wenn entsprechende Updates eingespielt wurden sowie wenn schließlich der Kunde kompetentes Personal als Ansprechpartner für die Durchführung des Vertrages abstellt. Ist dieses nicht der Fall, so erscheint es nur folgerichtig, wenn der Cloud-Anbieter aus der Haftung entlassen wird. Aus Kundensicht mag man hieran noch qualifizierte Hinweispflichten knüpfen.

Nach Abs. 2 ist vorgesehen, dass der Kunde sich zudem um die Einhaltung entsprechender gesetzlicher Vorschriften und behördlicher Auflagen kümmert. Allerdings wird man hier im Einzelfall Abgrenzungsschwierigkeiten haben, so dass nicht auszuschließen ist, dass auch den Cloud-Anbieter bestimmte Pflichten treffen (vgl. etwa zum Datenschutz *Schuster/Hunzinger* CR 2017, 141 ff.).

Abs. 3 stellt noch einmal klar, dass Passworte und Nutzernamen geheim zu halten sind. Dieses verhindert, dass Unbefugte die Software nutzen.

17. Vergütung und Konditionen. Da es sich letztlich beim Cloud-Computing um eine Miete handelt, ist ein Mietzins zu zahlen. Zu entscheiden ist, ob dieser wie im Muster in Abs. 1 und 2 vorgesehen monatlich oder aber zB vierteljährlich im Voraus zu zahlen ist. Dieses ist im Mietrecht ohne Weiteres zulässig, und zwar auch in AGB (vgl. OLG München CR 1992, 401, s. aber auch OLG Frankfurt ZMR 2012, 943 (945)).

Weil nach den mietvertraglichen Regelungen lediglich die Pflege der einst überlassenen Software geschuldet ist und dies auch nur begrenzt, ist vorgesehen, dass echte Funktionserweiterungen im Sinne von Softwareupgrades im Preis nicht enthalten sind. Nach Abs. 1 ist insofern eine gesonderte Vergütung zu zahlen, wenn Upgrades der Software genutzt werden. Allerdings ist hier im Einzelfall zu analysieren, inwieweit verschiedene Versionen technisch vom Cloud-Anbieter überhaupt parallel vorgehalten werden können. Ist dieses nicht der Fall, ist nach einer anderen vertraglichen Regelung zu suchen.

Abs. 3 sieht vor, dass der Mietzins bzw. die Vergütung nach Ablauf von 24 Monaten angepasst werden kann. Wie allgemein im AGB-Recht stellt sich die Problematik, dass eine transparente Preiserhöhungsklausel letztlich kaum geschaffen werden kann (→ Form. IV.6. Anm. 12; *Meents* in *Borges/Meents*, Cloud Computing, Rechtshandbuch, § 4 Rn. 186 ff.). Zumindest lehrt die bisherige AGB-Rechts-Rechtsprechung, dass es fast unmöglich ist, wirksame Klauseln abzufassen (BGH NJW 1980, 2518 (2519); 1985, 853; 1985, 2270; 1986, 3134; 2003, 507; 2007, 1054 (1056); 2008, 360; 2008, 2172; 2009, 2662; 2010, 993).

18. Gewährleistung. Es wird auf das → Form. IV.3 Anm. 11 verwiesen

19. Haftungsbeschränkungen. Es wird auf das → Form. IV.3 Anm. 14 verwiesen. Im Bereich des Cloud-Computing, das in aller Regel auf AGB fußt, ist es dem Anbieter nach deutschem Recht praktisch unmöglich, eine echte Haftungsbeschränkung zu erreichen (in diesem Sinne mit ausführlicher Darstellung auch *Wicker* MMR 2014, 787 ff.; sa *Schneidereit*, Haftung für Datenverlust im Cloud Computing, S. 161 ff.). Das Muster sieht in Abs. (1), letzter Satz vor, dass eine Haftungshöchstgrenze vereinbart wird; die einfache Festlegung durch Einsetzen eines Betrags hilft aber AGB-rechtlich nicht. Daher ist entscheidend, die Klausel zur Disposition zu stellen und hierüber zu verhandeln. Nicht bei jedem Cloud-Angebot – so etwa nicht bei Massengeschäften – wird das möglich sein; ggf. ist daher zu erwägen, den letzten Satz zu streichen.

Andererseits wird teils in Frage gestellt, in welchem Umfang der Cloud-Anbieter überhaupt im Rahmen von § 278 BGB für seine Zulieferer haftet (*Kirn/Müller-Hengstenberg* NJW 2017, 433 (436)), was eher den Kunden veranlassen sollte, nach einer Haftungserweiterung zu fragen. Allerdings sprechen die besseren Argumente dafür, zumindest eingeschaltete Subunternehmer als Erfüllungsgehilfen im Sinne von § 278 BGB anzusehen (so auch *Schneidereit*, Haftung für Datenverlust im Cloud Computing, S. 105 f.); denn insbesondere die zeitlich (befristete) Zur-Verfügung-Stellung von IT-Infrastruktur-Komponenten oder auch Software im Sinne eines Operating, etwa das Anbieten einer zugrunde liegenden IaaS-Leistung, spiegelt die Leistungspflichten des Cloud-Anbieters (vgl. *Schneidereit*, Haftung für Datenverlust im Cloud Computing, S. 105)

20. Schutzrechte Dritter. Es wird auf das → Form. IV.3 Anm. 15 verwiesen.

21. Vertragslaufzeit und Kündigung. Das Muster sieht anders als der mietweise Softwareüberlassungsvertrag (→ Form. IV.3 Anm. 16) vor, dass der Vertrag zunächst einmal jeweils bis zum 31.12. geschlossen und sodann in der Folge synchron um jeweils 1 Jahr verlängert wird. Dieses hat den Vorteil, dass bei der Aufgabe oder Änderung des konkreten Angebots alle Kunden gleichzeitig umgestellt werden können, was für das Cloud-Computing mit Blick auf die besagte Anforderung an die technische Synchronisierung noch einmal wesentlich elementarer ist als bei der Softwareüberlassung im klassischen Sinne.

22. Kündigungsfolgen. Mit der Kündigung wird der Kunde verpflichtet, die Client-Software zu löschen. Diese Pflicht gemäß Abs. 1 ist zu streichen, wenn dem Kunden keine App überlassen wird.

Zudem erlöschen nach Abs. 2 mit dem Vertrag diese Nutzungsrechte zur Nutzung der Cloud-Lösung. Soweit der Cloud-Anbieter verpflichtet ist, die vom Kunden im System gespeicherten Daten zu löschen, ist diese Pflicht datenschutzrechtlich auch schon nach Art. 28 Abs. 3 S. 1 lit. a DSGVO geboten. Spiegelbildlich ist der Kunde laut Abs. 2 aufgefordert, vor Vertragsende die Daten mit Hilfe der Cloud-Lösung zu exportieren. Ob diese Exportmöglichkeit ausreichend ist, ist eine Frage des Einzelfalls. Sowohl aus rechtlichen Gründen (Art. 20 DSGVO) als auch aus Sicht des Kunden mag es angezeigt sein, zudem auch eine Pflicht des Anbieters zum Datenexport vorzusehen. Aus Kundensicht mag sogar eine weitergehende Exitunterstützung angezeigt sein.

Schließlich stellt Abs. 3 klar, welche Rechte und Pflichten vom Vertragsende unberührt bleiben.

23. Geheimhaltung. Hier gelten die allgemeinen Grundsätze (insofern wird auf das → Form. IV.1 Anm. 23, 24 und → Form. IV.5 Anm. 22 verwiesen). Neben der allgemeinen, allein im Unternehmensinteresse bestehenden Geheimhaltungspflicht gibt es auch die Situation, dass diese insbesondere für Berufsgeheimnisträger regulatorisch gefordert und vertraglich umgesetzt werden muss (dazu näher *Kraus* Ping 2018, 16 ff.; *Böse/Rockenbach* MDR 2018, 70 (74)).

24. Schlussbestimmungen. Es wird auf das → Form. IV.5. Anm. 23 verwiesen. Abs. (2) wird nicht für alle Lösungen und Daten sinnvoll sein. Dass das Exportkontrollrecht aber beim Cloud Computing für einige SaaS-Anwendungen einschlägig ist, kann nicht ausgeschlossen werden. Auch wenn beim SaaS im Zweifel der Kunde für die Verstöße verantwortlich ist (*Haellmigk* CCZ 2016, 28 (32 f.)) und entsprechend sanktioniert werden kann, erscheint es sinnvoll, die Pflicht auch vertraglich zu verankern, um ggf. vertragliche Regressansprüche zu ermöglichen.

11. Outsourcing-Rahmenvertrag

zwischen der Firma[1, 2] . . . . . **(nachfolgend „Auftragnehmer" genannt)**
und der Firma . . . . . **(nachfolgend „Auftraggeber" genannt)**

Präambel

(1) Der Auftraggeber ist ein international agierendes Unternehmen im Bereich . . . . . Unternehmenszweck des Auftraggebers ist es, ... Zur Unternehmensgruppe des Auftraggebers gehören . . . . .
(2) Der Auftragnehmer ist ein führender, global agierender IT-Dienstleister, der insbesondere auf dem Gebiet des IT-Outsourcings erfahren ist . . . . . .
(3) Zur Erhaltung der Wettbewerbsfähigkeit und der IT-Sicherheit plant der Auftraggeber, wesentliche Teile seiner IT-Landschaft (einschließlich seines ERP-Systems) auszulagern. Um finanzielle und personelle Ressourcen zu schonen und sich auf seine Kernkompetenzen konzentrieren zu können, hat sich der Auftraggeber entschlossen, den Betrieb der IT-Landschaft auf den Auftragnehmer zu transferieren (Outsourcing).
(4) Vor diesem Hintergrund schließen die Vertragsparteien den nachfolgenden Rahmenvertrag.

§ 1 Vertragsgegenstand und Vertragsbestandteile[3]

(1) Der Auftragnehmer erbringt dem Auftraggeber gegenüber auf der Grundlage der Bestimmungen dieses Vertrags Leistungen des Betriebs, der Gebrauchsgewährung, der Unterhaltung und der Instandhaltung der auf den Auftragnehmer ausgelagerten und von diesem weiter zu entwickelnden IT-Landschaft.
(2) Gegenstand der Leistungspflicht des Auftragnehmers unter den einzelnen Leistungsscheinen sind insbesondere folgende Leistungen:

a) (a) der Betrieb der IT-Landschaft des Auftraggebers sowie die Erbringung sämtlicher dazu erforderlicher betriebsbegleitender Leistungen (etwa Sicherheitsmaßnahmen sowie Wartung und Support der Hardware und Software);
b) (b) die vorausgehende Migration, Transition und Transformation der IT-Landschaft des Auftraggebers auf den Auftragnehmer.

(3) Der Auftragnehmer übernimmt im Rahmen der Auslagerung Hardware, Software und Personal des Auftragnehmers sowie Verträge, welche dieser mit Blick auf die vertragsgegenständliche IT-Landschaft geschlossen hat. Die Vertragsparteien schließen dazu die beigefügte „Kauf- und Übertragungsvereinbarung" sowie die beigefügte „Vereinbarung zum Personalübergang" (Anlagen 1 und 2).

(4) Vertragsbestandteil sind die diesem Rahmenvertrag beigefügten Leistungsscheine, Einzelverträge sowie sämtliche sonstigen Anlagen des Vertrags (nachfolgend zusammenfassend auch „Anlagen" genannt). Zum Zeitpunkt des Vertragsschlusses sind folgende Leistungsscheine und Anlagen vereinbart:

- Leistungsschein „Server",
- Leistungsschein „Mainframe",
- Leistungsschein „Transition und Transformation",
- Leistungsschein „IT-Security",
- .....

§ 2 Allgemeine Leistungspflichten des Auftragnehmers[4]

(1) Die genauen Details der geschuldeten Leistungen werden durch die Leistungsscheine samt Anlagen näher spezifiziert. Soweit nichts anderes bestimmt ist, schuldet der Auftragnehmer im Zweifel ohne gesondertes Entgelt alle für die vertragsgegenständlichen Leistungen erforderlichen Vorleistungen. Hierzu zählen insbesondere die Beschaffung von Hardware, Software und Verbrauchsmaterialien sowie der Abschluss entsprechender Wartungs- und Pflegeverträge. Zu den vom Auftragnehmer geschuldeten Leistungen gehören insbesondere auch betriebsbegleitende Leistungen.

(2) Der Auftragnehmer wird die für die vertragsgegenständlichen Leistungen einschlägigen rechtlichen Bestimmungen und behördlichen Anweisungen sowie Vorgaben beachten und umsetzen. Er wird den Auftraggeber über insofern erforderliche Veränderungen unverzüglich informieren.

(3) Der Auftragnehmer wird die Grundsätze der ordnungsgemäßen Buchführung (GoB), die Grundsätze ordnungsgemäßer DV-gestützter Buchführungssysteme (GoBS), die Grundsätze zum Datenzugriff und zur Prüfbarkeit digitaler Unterlagen (GDPdU), die Grundsätze ordnungsgemäßer Buchführung bei Einsatz von IT (IDW RS FAIT 1) sowie den Prüfungsstandard PS 330 für die Abschlussprüfung bei Einsatz von IT (IDW PS 330) einhalten.

(4) Der Auftragnehmer wird vorbehaltlich abweichender Beschreibungen in diesem Vertrag, seinen Leistungsscheinen und/oder seinen sonstigen Anlagen bei seinen Leistungen die folgenden Qualitätsvorgaben und Standards einhalten: DIN/ISO 9001:2008, DIN/ISO 27 001:2014, ISO/IEC 27002:2013, DIN-SPEC 1041, Information Technology Infrastructure Library (ITIL), Control Objectives IT (COBIT) und IT-Grundschutz nach BSI.

(5) Der Auftragnehmer wird innerhalb von ..... Monaten nach dem Übernahmestichtag im Sinne von § 4 Abs. (1) ein Betriebshandbuch auf Grundlage der in Anlage „Muster Betriebshandbuch" (Anlage 3) vorgegebenen Gliederung erstellen. Er wird dieses pflegen und bei Änderungen laufend aktualisieren. Der Auftragnehmer verpflichtet sich, in dem Betriebshandbuch sämtliche Informationen zu erfassen, die für den fehlerfreien und vertragsgemäßen Betrieb erforderlich sind, insbesondere auch die technische Beschrei-

bung der einzelnen Leistungen sowie der Schnittstellen. Der Inhalt, die Systematik und die Darstellungstiefe des Betriebshandbuchs müssen es einem fachkundigen Dritten erlauben, den von dem Auftragnehmer durchgeführten Betrieb vollständig zu verstehen, zu bewerten und zu übernehmen.

(6) Der Auftragnehmer wird die Leistungen zumindest in der Qualität und in dem Umfang erbringen, wie dieses vor der Auslagerung beim Auftraggeber durch dessen interne IT-Organisation geschehen ist. Zeigt sich, dass die in den Leistungsscheinen beschriebenen Leistungen in qualitativer und/oder quantitativer Hinsicht nicht dem Niveau der Leistungen vor der Auslagerung entsprechen, so kann der Auftraggeber eine Änderung und/oder Anpassung der Leistungsscheine verlangen. Der Auftragnehmer ist in einem solchen Fall nur dann berechtigt, eine zusätzliche Vergütung zu verlangen, wenn ihm vom Auftraggeber nicht die erforderlichen Kenntnisse vermittelt wurden, um dieses Defizit der Leistungsbeschreibung erkennen und/oder zumindest entsprechende Fragen stellen zu können.

(7) Der Auftragnehmer wird vorbehaltlich anderer Regelungen in den Leistungsscheinen die Leistungen an den in den Leistungsscheinen beschriebenen Standorten erbringen. Die Veränderung des Ortes der Leistungserbringung durch den Auftragnehmer bedarf der Zustimmung durch den Auftraggeber. Der Auftraggeber wird seine Zustimmung nur aus berechtigtem Grund verweigern. Ein solcher berechtigter Grund liegt vor, wenn die Leistungserbringung von einem Ort außerhalb Deutschlands erbracht werden soll und/oder wenn mit dem Ortswechsel negative Auswirkungen auf die Leistungserbringung, insbesondere deren Qualität zu erwarten sind.

(8) Der Auftragnehmer entscheidet nach eigenem Ermessen, welche Mitarbeiter er einsetzt. Dem Auftragnehmer steht es frei, Mitarbeiter jederzeit auszutauschen. Ausgenommen für dringende Weisungen aus datenschutzrechtlichen Gründen gemäß § 22 Abs. (1) und (2) ist allein der Auftragnehmer gegenüber seinen Mitarbeitern weisungsbefugt.

(9) Der Auftragnehmer wird für die Erbringung von Leistungen nach diesem Vertrag und seinen Anlagen über die in der Anlage „Subunternehmer" (Anlage 4) bezeichneten Subunternehmer hinaus solche nur mit schriftlicher Zustimmung des Auftraggebers einschalten.

(10) Der Auftragnehmer wird Hardware, Software und sonstige Leistungen nach Maßgabe der Regelungen unter § 7 und § 8 ersetzen und/oder erneuern.

§ 3 Übertragung einzelner Vermögensgegenstände und Personalübergang[5, 6]

(1) Der Auftragnehmer übernimmt die in der „Assetliste" zur Kauf- und Übertragungsvereinbarung (Anlage 1) aufgeführte Hardware und Software zum Buchwert. Sonstige Hardware und Software verbleibt im Eigentum des Auftraggebers. Die Details regelt die zwischen den Parteien geschlossene Kauf- und Übertragungsvereinbarung (Anlage 1).

(2) Die Vertragsparteien sind sich darüber einig, dass der Auftragnehmer mit Wirkung zum Übernahmestichtag in die Rechte und Pflichten aus den Arbeitsverhältnissen mit den in der „Personalliste" zur Vereinbarung zum Personalübergang (Anlage 2) genannten Arbeitnehmern eintritt. Die Details des Personalübergangs regelt die zwischen den Vertragsparteien geschlossene Vereinbarung zum Personalübergang.

§ 4 Übernahmestichtag, Transition und Transformation[7]

(1) Der Auftragnehmer übernimmt zum Stichtag . . . . . („Übernahmestichtag" im Sinne dieses Vertrags) die IT-Landschaft des Auftraggebers. Er wird, soweit in den Leistungsscheinen nichts anderes vereinbart ist, die Leistung nach dem Übernahmestichtag in dem Umfang und in der Qualität erbringen, wie diese zuvor beim Auftraggeber erbracht wurde.

(2) Der Auftragnehmer schuldet die in dem Leistungsschein „Transition und Transformation“ spezifizierten Leistungen der Übernahme, Migration und Überführung in den Soll-Betrieb. Der Auftragnehmer verpflichtet sich insbesondere zur Planung und Einrichtung der neuen Netz-, Server- und Rechenzentrumsarchitektur, von Lösungen zur Sicherstellung der Datensicherheit, eines System-Monitorings, eines Backup- und Restore-Konzeptes, eines Asset- und Change-Managements sowie eines Incident- und Problem-Managements (samt Help-Desk-Lösung).

(3) Der Auftragnehmer verpflichtet sich, die vorstehenden und im Rahmen des Leistungsscheins „Transition und Transformation“ näher beschriebenen Leistungen im Rahmen eines Feinkonzeptes zu spezifizieren und anschließend in der Transitionsphase umzusetzen.

§ 5 Betrieb und sonstige betriebsbegleitende Leistungen[8]

(1) Der Auftragnehmer schuldet die Beschaffung und den Betrieb der Hard- und Software sowie der sonstigen Systeme der IT-Landschaft nach Maßgabe der einzelnen Leistungsscheine. Der Auftragnehmer schuldet die Einräumung bzw. Verschaffung (Lizenzierung) der Nutzungsrechte an Software nur, soweit dieses in den Leistungsscheinen und/oder der Softwareliste nicht anders ausgewiesen ist. Der Auftragnehmer verpflichtet sich, die übernommene IT-Landschaft zu betreiben, instand zu halten und durch Installation neuer Hard- und Software auf dem Stand der Technik zu halten.

(2) Zu den betriebsbegleitenden Leistungen des Auftraggebers gehören insbesondere
a) Leistungen des Service Delivery, nämlich insbesondere das Service Level-Management, das IT-Continuity-Management (einschließlich K-Fall-Absicherung), das Availability-Management sowie Audits, Performance-Monitoring und Reporting und das Capacity-Management,
b) Leistungen des Service Support, nämlich insbesondere das Incident- und Problem-Management einschließlich Einrichtung und Unterhaltung eines Help-Desks, Configuration Management, das Change-Management, das Release-Management,
c) sonstige Leistungen, nämlich insbesondere das System-Management, die Optimierung der Betriebsprozesse, Datensicherungsmaßnahmen sowie das Security-Management (einschließlich Leistungen für die IT-Security, Intrusion-Detection und den Virenschutz).

§ 6 Leistungsparameter (Service Level), Messungen und Berichte (Reporting)[9]

(1) Die Parteien vereinbaren in der Anlage „SLA“ (Anlage 5) für Leistungen des Betriebs sowie für sonstige Leistungen Leistungsparameter, welche die Art, den Umfang, die Quantität und/oder die Qualität der zu erbringenden Leistungen für Auftraggeber für die jeweiligen Leistungen messbar beschreiben (Service Level). Diese Leistungsparameter (Service Level) dienen als Mess- und Bewertungsgrößen der Leistungserbringung durch den Auftragnehmer sowie gegebenenfalls der Bestimmung der an sie geknüpften Rechtsfolgen.

(2) Zu wesentlichen Leistungsparametern (Service Level) sind in der Anlage „SLA“ (Anlage 5) Rechtsfolgen für den Fall der Nichterreichung dieser Leistungsparameter festgelegt. Wird ein Sollwert für einen derartigen Leistungsparameter zu Lasten des Auftraggebers verfehlt, ist die Vergütung automatisch nach Maßgabe der Regelungen in der Anlage „SLA“ herabzusetzen. Das gilt nicht, wenn zusätzlich Toleranzgrenzen vereinbart und diese nicht überschritten sind. In diesem Fall führen Abweichungen von den in den Leistungsparametern (Service Leveln) festgelegten Sollwerten innerhalb der festgelegten Toleranzgrenzen allenfalls zu einem Recht, die Vergütung zu mindern. Wird ein in der Anlage „SLA“ festgelegter Minimal- oder Maximalwert zu Lasten des Auftrag-

gebers unter- oder überschritten, kann der Auftraggeber die sonstigen in der Anlage „SLA" und in § 17 Abs. (3) festgelegten Rechte geltend machen.

(3) Die Messung der Werte der Leistungsparameter erfolgt nach Maßgabe der in der Anlage „SLA" (Anlage 5) spezifizierten Messzyklen, -größen und -verfahren an den dort sowie in den Leistungsscheinen ausgewiesenen Messpunkten. Ist kein besonderer Messpunkt ausgewiesen, gilt im Zweifel der in der Anlage „SLA" oder dem Leistungsschein spezifizierte Leistungsübergabepunkt als Messpunkt. Für die Messungen sind die dort ausgewiesenen Tools und Softwarelösungen zu nutzen.

(4) Der Auftragnehmer wird dem Auftraggeber im regelmäßigen Turnus ausführliche Berichte über die Messungen und ihre Ergebnisse sowie sonst erfasste Informationen über die Leistungsparameter (Service Level) in einem vom Auftraggeber vorgegebenen Format zur Verfügung stellen (Reporting). Der Auftragnehmer verpflichtet sich, den Auftraggeber im Rahmen dieser Berichte in übersichtlicher Form über die Erreichung und/oder Nichterreichung der Leistungsparameter (Service Level) zu informieren. Sofern in der Anlage „SLA" (Anlage 5) nichts anderes vereinbart wird, werden die Berichte jeweils einmal monatlich im Nachhinein bis zum 5. Werktag des Folgemonats zusammengestellt und an den Auftragnehmer übermittelt. Der Auftragnehmer wird die gemessenen Daten mindestens für einen Zeitraum von . . . . . Monaten ab dem Zeitpunkt der Übermittlung vorhalten. Soweit dies in der Anlage „SLA" vereinbart ist, hat der Auftraggeber das Recht über eine Online-Schnittstelle direkt auf die Messdaten zuzugreifen.

(5) Der Auftragnehmer ist verpflichtet, die Nichterreichung eines Leistungsparameters (Service Level) im Detail zu analysieren und über die Ergebnisse seiner Analyse zu berichten. Der Auftragnehmer wird die notwendigen Maßnahmen ergreifen, um die analysierten Defizite in der Leistungserbringung zu beseitigen oder auch naheliegende Ursachen für diese zu bekämpfen.

(6) Der Auftraggeber hat das Recht, die für die Erstellung der Berichte (Reporting) und für die Messung der Leistungsparameter (Service Level) eingesetzten Tools, Softwarelösungen und Messzyklen, -größen und -verfahren zu überprüfen und/oder durch einen Sachverständigen überprüfen zu lassen. Jede Vertragspartei kann unter Angabe sachlich gerechtfertigter Gründe Verhandlungen über den Einsatz anderer Tools und Softwarelösungen für die Messungen nach Maßgabe des § 8 verlangen.

§ 7 Entwicklungsklausel und Technologie-Refresh[10]

(1) Der Auftragnehmer wird die Leistungen vorbehaltlich der Regelungen in § 7 Abs. (2)–(5) nach den Grundsätzen ordnungsgemäßer Berufsausübung auf der Grundlage des jeweils aktuellen Stands der Technik erbringen. Er wird seine Leistungen im Übrigen den jeweils aktuellen Marktstandards anpassen.

(2) Der Auftragnehmer wird für eine regelmäßige Erneuerung der eingesetzten IT-Systeme (Software, Hardware, sonstigen Systeme und/oder Leitungen) sorgen. Die Details bestimmt die Anlage „Change Management" (Anlage 6).

(3) Der Auftragnehmer ist verpflichtet, die in den Leistungsscheinen beschriebenen Abläufe und dic diese unterstützenden Systeme regelmäßig zu analysieren, einem ständigen Optimierungsprozess zu unterziehen und den Auftraggeber gegebenenfalls über Verbesserungsmöglichkeiten zu informieren. Er wird den Auftraggeber insbesondere über technische Neuerungen und Kosteneinsparpotentiale unterrichten.

(4) Die Vertragsparteien gehen einvernehmlich davon aus, dass der Inhalt der Leistungsscheine als Folge der technischen Entwicklung und organisatorischen Veränderungen auf Seiten beider Vertragsparteien kontinuierlichen Verbesserungen und Veränderungen unterworfen sein wird. Dabei besteht Einvernehmen, dass der Auftragnehmer verpflichtet ist, bei der Erbringung und Gestaltung der Leistungen im Rahmen des Zumutbaren auf

die besonderen Wünsche, Anforderungen und strategischen Entscheidungen des Auftraggebers Rücksicht zu nehmen.

(5) Beide Vertragsparteien verpflichten sich, nach dieser Maßgabe an Änderungen sowohl auf technischer als auch auf vertraglicher Ebene konstruktiv mitzuwirken. Änderungen oder Ergänzungen der Leistungsscheine erfolgen im Wege des Verfahrens nach § 8 und werden Bestandteil dieses Vertrags.

§ 8 Änderungsverlangen (Change Requests)[11]

(1) Der Auftraggeber kann Änderungen des Leistungsumfangs verlangen, es sei denn, die geforderte Leistungserbringung ist dem Auftragnehmer unmöglich oder für den Auftragnehmer unzumutbar. Soweit nicht im Einzelfall anders vereinbart, sind Änderungsverlangen mit Hilfe des der Anlage „Change Management" (Anlage 6) beigefügten Musters zu beantragen.

(2) Das Änderungsverlangen muss mindestens folgende Angaben enthalten:

- Spezifizierung von Inhalt, Art und Umfang der Änderung und/oder Ergänzung,
- Dringlichkeit der Änderung und/oder Ergänzung,
- Erläuterung sowie Begründung in IT-technischer und fachlicher Hinsicht.

(3) Der Auftragnehmer wird das Änderungsverlangen des Auftraggebers prüfen. Er wird dem Auftraggeber innerhalb einer Frist von . . . . . Arbeitstagen ab Zugang des Änderungsverlangens mitteilen, ob das Änderungsverlangen für ihn durchführbar und zumutbar ist oder nicht. Der Auftragnehmer wird dazu die zu erwartenden Auswirkungen in zeitlicher, wirtschaftlicher und organisatorischer Hinsicht skizzieren.

(4) Soweit das Änderungsverlangen zwar durchführbar und zumutbar erscheint, mit Blick auf die zu erwartende Auswirkungen in zeitlicher, wirtschaftlicher und organisatorischer Hinsicht aber eine detaillierte, innerhalb der Frist gemäß § 8 Abs. (3) nicht durchführbare Prüfung erforderlich ist, wird der Auftragnehmer dieses mitteilen. Insofern gilt:

a) Erfordert die Prüfung des Änderungsverlangens einen Aufwand von mehr als . . . . . Personentagen, wird der Auftragnehmer den erforderlichen Prüfungsumfang darlegen und dem Auftraggeber ein für . . . . . Tage bindendes Angebot zur Prüfung unterbreiten.
b) Andernfalls wird der Auftragnehmer die Prüfung des Änderungsverlangens auf eigenen Kosten innerhalb von . . . . . Arbeitstagen durchführen.

(5) Nach der umfassenden Prüfung des Änderungsverlangens wird der Auftragnehmer ein detailliertes, bepreistes Angebot unterbreiten, welches die Auswirkungen des Änderungsverlangens in zeitlicher, wirtschaftlicher und organisatorischer, insbesondere auch mit Blick auf Leistungsparameter (Service Level) und Notfallpläne, spezifiziert und welches für einen angemessenen Zeitraum, mindestens jedoch für . . . . . Tage bindend ist.

(6) Der Auftraggeber wird das Angebot des Auftragnehmers innerhalb der Angebotsbindefrist annehmen oder ablehnen. Die vereinbarten Leistungsänderungen sind schriftlich zu dokumentieren.

(7) Im Übrigen gilt die Anlage „Change Management" (Anlage 6).

§ 9 Mitwirkungsleistungen und Beistellungen des Auftraggebers[12]

(1) Der Auftraggeber wird den Auftragnehmer bei der Erbringung der vertraglichen Leistungen in angemessenem Umfang unterstützen. Der Auftraggeber wird insbesondere folgende Mitwirkungsleistungen erbringen:

a) Der Auftraggeber wird Mängel und/oder Störungen unverzüglich melden. Er wird dazu soweit möglich die ihm bekannten Ursachen und sonstige für die Mängel- und/oder Störungsbeseitigung nützliche Informationen mitteilen. Soweit nicht in den

Leistungsscheinen etwas anderes vereinbart ist, wird der Auftraggeber das Ticketsystem und/oder das Formular der Anlage „Störungsmeldung" (Anlage 7) nutzen. Alternativ wird der Auftraggeber den Mangel und/oder die Störung anderweitig melden, wenn dieses aus Gründen der Dringlichkeit angebracht erscheint; er wird die Meldung dann im Nachgang in der gemäß dem Ticketsystem und/oder Formular der Anlage „Störungsmeldung" (Anlage 7) vorgegebenen Format dokumentieren und dem Auftragnehmer übermitteln.

b) Der Auftraggeber wird Mitarbeitern und/oder Subunternehmern des Auftragnehmers einen umfassenden, sicheren Zugang während der üblichen Geschäftszeiten, in Notfällen nach entsprechender Abstimmung auch darüber hinaus, nach Maßgabe dieses Vertrags, seiner Leistungsscheine und Anlagen bei dem Auftraggeber aufgestellter und/oder installierter Hardware verschaffen. Der Zugang wird im Rahmen des datenschutzrechtlich Zulässigen vom Auftraggeber zeitlich unbeschränkt gewährt, soweit dieses in den entsprechenden Leistungsscheinen so vereinbart ist.

c) Der Auftraggeber wird, soweit dieses für die Leistungserbringung durch den Auftragnehmer erforderlich ist, Räumlichkeiten, Strom, Licht und sonstige Arbeitsmittel zur Verfügung stellen.

d) Der Auftraggeber wird die in den Leistungsscheinen ausgewiesenen Daten oder sonstigen Informationen in den vereinbarten, andernfalls in üblichen Formaten zur Verfügung stellen.

e) Der Auftraggeber wird neben den in § 10 beschriebenen Mitarbeitern qualifizierte Mitarbeiter als Ansprechpartner benennen und zur Verfügung stellen, soweit dieses für die Leistungserbringung durch den Auftragnehmer erforderlich ist.

f) Der Auftraggeber wird rechtzeitig über geplante Umstrukturierungen des Unternehmens des Auftraggebers sowie über sonstige Vorhaben und Aktionen informieren, jeweils allerdings nur, soweit diese wesentliche Auswirkungen auf die Leistungserbringung einschließlich deren Planung durch den Auftragnehmer haben.

g) Die weiteren Mitwirkungsleistungen ergeben sich aus den Leistungsscheinen.

(2) Der Auftraggeber übernimmt die folgenden Beistellungen:

a) Der Auftraggeber wird die von ihm nach den Leistungsscheinen und der Anlage „Hardwarebeistellungen" (Anlage 8) beizustellende Hardware und/oder die dort genannten sonstigen Systeme überlassen.

b) Der Auftraggeber wird die von ihm nach den Leistungsscheinen und der Anlage „Softwarebeistellungen" (Anlage 9) beizustellende Software lizenzieren und/oder für eine entsprechende Lizenzierung sorgen. Der Auftragnehmer wird prüfen, ob die für sein Tätigwerden und seine Leistungserbringung notwendigen Nutzungsrechte vorliegen.

c) Der Auftraggeber wird die von ihm nach den Leistungsscheinen beizustellenden Räumlichkeiten zur Verfügung stellen.

d) Die weiteren Beistellungen ergeben sich aus den Leistungsscheinen.

(3) Der Auftragnehmer ist zur Nutzung, Installation, Anwendung und/oder Wartung von Hardware, sonstigen Systemen und/oder Software, die der Auftraggeber beistellt, nur dann verpflichtet, wenn der Auftragnehmer sich in den Leistungsscheinen ausdrücklich hierzu verpflichtet hat und zuvor die Gelegenheit hatte, die Hardware, sonstigen Systeme und/oder Software auf ihre Tauglichkeit zu prüfen, und die Prüfung positiv verlaufen ist.

(4) Darüber hinausgehende Mitwirkungspflichten und Beistellungen bedürfen der gesonderten Vereinbarung. Ansprechpartner der Vertragsparteien sind ausschließlich die im Vertrag benannten verantwortlichen Personen. Soweit der Auftraggeber Mitwirkungsleistungen und/oder Beistellungen zu erbringen hat, wird der Auftragnehmer diese Leistungen schriftlich anfordern und in dem Fall, dass bei nicht rechtzeitiger Erbringung

der Mitwirkungsleistung eine Verzögerung, Behinderung oder sonstige Störung der geschuldeten Leistung zu besorgen ist, hierauf ausdrücklich hinweisen.

(5) Werden Mitwirkungsleistungen und/oder Beistellungen trotz Aufforderung durch den Auftraggeber nicht erbracht, ist der Auftragnehmer von der Erbringung seiner Leistungspflicht befreit, soweit er hierfür zwingend auf die Mitwirkungsleistungen und/oder Beistellungen durch den Auftraggeber angewiesen ist. Die Anwendung der §§ 642, 643 BGB ist ausgeschlossen.

§ 10 Vertragsmanagement, Governance und Eskalation[13]

(1) Zum Zwecke der vertragsgemäßen Koordination der in den Leistungsscheinen definierten Aufgaben benennt jede Vertragspartei einen Vertragsmanager nebst Stellvertreter. Vertragsmanager und deren Stellvertreter sind Ansprechpartner für die jeweils andere Vertragspartei bezüglich aller Leistungen und Leistungsparameter (Service Level), die gemäß diesem Vertrag und dem jeweiligen Leistungsschein geschuldet sind. Die Vertragsmanager und deren Stellvertreter pflegen und koordinieren die Beziehungen zwischen den Vertragsparteien. Ihre Aufgabe ist es, soweit nicht in den Anlagen und/ oder Leistungsscheinen etwas anderes geregelt ist, alle zur Durchführung dieses Vertrags und der Leistungsscheine erforderlichen Informationen der jeweils anderen Vertragspartei zur Verfügung zu stellen und entgegen zu nehmen sowie alle seitens der eigenen Vertragspartei erforderlichen Maßnahmen zu veranlassen, zu koordinieren und zu überwachen.

(2) Der Qualitätssicherungsausschuss besteht aus je . . . . . vom Auftraggeber und vom Auftragnehmer bestellten Vertretern. Der Auftraggeber stellt und benennt den Ausschussvorsitzenden. Die Vertragsparteien haben jederzeit das Recht, ihre Mitglieder auszutauschen. Der Qualitätssicherungsausschuss kontrolliert und berät den Auftragnehmer bei der operativen Vertragsabwicklung und Leistungserbringung. Der Qualitätssicherungsausschuss übernimmt in Bezug auf die Erfüllung der jeweiligen Leistungsscheine bzw. der sonst nach diesem Vertrag geschuldeten Leistungen insbesondere die folgenden Aufgaben:

a) die Prüfung der Planung, Funktionalität und Wirtschaftlichkeit bestehender und künftiger Leistungen;
b) gegebenenfalls die Unterbreitung von Vorschlägen zur Optimierung der Abläufe für die nach Maßgabe der Leistungsscheine und/oder sonstigen Anlagen auf den Auftragnehmer übertragenen Leistungen;
c) die ergänzende Dokumentation von erbrachten Leistungen und der erzielten Ergebnisse;
sowie
d) die Überwachung der in den Leistungsscheinen und/oder sonstigen Anlagen vereinbarten Leistungsparameter (Service Level);
e) die sonstige Überwachung der Leistungserbringung.

Unberührt dieser Aufgaben des Qualitätssicherungsausschusses ist der Auftragnehmer insofern nicht von den in Teilen inhaltsgleichen, ihm auferlegten Leistungspflichten und der Verantwortlichkeit für diese befreit. Der Qualitätssicherungsausschuss tagt alle . . . . . Monate. Beide Vertragsparteien können verlangen, dass Sondersitzungen einberufen werden, wenn ein besonderer Grund vorliegt. Die Sitzungen des Qualitätssicherungsausschusses werden vom Vorsitzenden geleitet. Ihre Ergebnisse werden vom Auftraggeber im Rahmen eines Protokolls dokumentiert. Das Protokoll wird dem Auftragnehmer unverzüglich nach der Sitzung übermittelt. Die Teilnahme von Mitgliedern des Auftragnehmers an Sitzungen des Qualitätssicherungsausschusses wird nicht gesondert vergütet.

(3) Der Lenkungsausschuss setzt sich aus je . . . . . vom Auftraggeber und vom Auftragnehmer bestellten Vertretern zusammen. Der Auftraggeber stellt und benennt den Ausschussvorsitzenden. Der Lenkungsausschuss ist verantwortlich für die Überwachung der Vertragsmanager und des Qualitätssicherungsausschusses. Er sorgt für die eventuell erforderliche Beilegung von Meinungsverschiedenheiten. Der Lenkungsausschuss tritt bei Bedarf zusammen. Der Lenkungsausschuss ist berechtigt, die vertraglichen Änderungen und die Veränderung von Leistungen, Preisen und Leistungsparametern (Service Leveln) zu vereinbaren. Der Lenkungsausschuss ist nur bei Anwesenheit von mindestens jeweils . . . . . Mitgliedern der Vertragsparteien beschlussfähig. Vereinbarungen und Entscheidungen können nur einvernehmlich getroffen werden. Die Sitzungen des Lenkungsausschusses werden vom Vorsitzenden geleitet. Ihre Ergebnisse werden vom Auftraggeber im Rahmen eines von den Vertragsparteien in gesetzlicher Schriftform zu bestätigenden Protokolls dokumentiert. Die Teilnahme von Mitgliedern des Auftragnehmers an Sitzungen des Lenkungsausschusses wird nicht gesondert vergütet.

(4) Bei Meinungsverschiedenheiten, welche sich auch auf der Ebene des Lenkungsausschusses nicht beilegen lassen, werden die Vertragsparteien zunächst versuchen, eine gütliche Einigung nach Maßgabe des nachfolgend beschriebenen Eskalation herbeizuführen:

Eskalationsstufen	Besetzung Auftraggeber	Besetzung Auftragnehmer	Eskalationsfrist in Tagen
Stufe 1			
Stufe 2			
Stufe 3			

Dabei spezifiziert die Eskalationsfrist die Frist zur Eskalation auf die nächste Stufe. Sie beginnt mit dem Eingang einer schriftlichen Darstellung des Meinungsstands zu laufen. Kann auch auf der letzten Eskalationsstufe die Meinungsverschiedenheit nicht beigelegt werden, kann jede der Parteien das Schlichtungsverfahren gemäß § 23 Abs. (6) anstoßen.

§ 11 Abnahme[14]

(1) Soweit der Auftragnehmer nach Maßgabe dieses Vertrags und/oder seiner Leistungsscheine und/oder sonstigen Anlagen individuelle, nicht vertretbare Leistungen (insbesondere Projektleistungen) zu erbringen hat, bedürfen diese, unabhängig von ihrer vertragsrechtlichen Qualifikation, der Abnahme durch den Auftraggeber.

(2) Soweit in den Leistungsscheinen und/oder sonstigen Anlagen nichts Abweichendes geregelt wurde, erfolgt die Abnahme nach Maßgabe der nachfolgenden Bestimmungen:

a) Der Auftragnehmer wird dem Auftraggeber eine schriftliche Mitteilung machen, sobald die jeweilige Leistung oder, sofern im jeweiligen Leistungsschein oder sonst vereinbart, eine Teilleistung abnahmebereit ist.

b) Der Auftragnehmer und der Auftraggeber werden unverzüglich, spätestens innerhalb eines Zeitraums von 10 Werktagen ab Zugang der Mitteilung mit der Abnahmeprüfung beginnen. Die Vertragsparteien werden vor der Beauftragung der Leistungen, zumindest aber rechtzeitig vor der Abnahmeprüfung einen Abnahme- und Testplan für die jeweils abzunehmenden Leistungen sowie bei der Abnahme von Software Testfälle vereinbaren. Soweit von den Vertragsparteien nicht anders vereinbart wird, hat die Abnahmeprüfung innerhalb von längstens . . . . . Wochen ab schriftlicher Mitteilung der Abnahmebereitschaft zu erfolgen.

c) Die Vertragsparteien schaffen die zur Durchführung der Abnahmeprüfung erforderlichen, im Abnahme- und Testplan beschriebenen Voraussetzungen. Bei der Abnahmeprüfung von Software sind insbesondere entsprechende Test- oder Echtdaten und eine Testumgebung bereit zu stellen.

d) Die Vertragsparteien erstellen über die Abnahmeprüfung ein schriftliches Abnahmeprotokoll, in dem die durchgeführten Tests sowie die Fehler und sonstigen Abweichungen der abzunehmenden Leistungen oder Teilleistungen von der Sollbeschaffenheit festgehalten werden. Im Rahmen der Abnahmeprüfung festgestellte Fehler sind unterteilt nach Fehlerklassen zu beschreiben, und zwar wie folgt:
- Fehlerklasse 1: Ein Fehler der Fehlerklasse 1 liegt vor, sofern die abzunehmenden Leistungen oder wesentliche Teilleistungen nicht genutzt werden können.
- Fehlerklasse 2: Ein Fehler der Fehlerklasse 2 liegt vor, sofern der Fehler bei den abzunehmenden Leistungen oder wesentlichen Teilleistungen erhebliche Nutzungseinschränkungen wesentlicher Funktionen hervorruft, die nicht für eine angemessene, dem Auftraggeber zuzumutende Zeitdauer durch geeignete Maßnahmen umgangen werden können.
- Fehlerklasse 3: Ein Fehler der Fehlerklasse 3 liegt bei allen sonstigen Fehlern vor.

e) Der Auftraggeber ist berechtigt, die Abnahmeprüfung wegen Fehlern der Fehlerklasse 1 oder beim Vorliegen von mehr als . . . . . Fehlern der Fehlerklasse 2 abzubrechen. Der Auftraggeber ist im Übrigen nur wegen Fehlern der Fehlerklasse 1 und 2 berechtigt, die Abnahme zu verweigern. Fehler der Fehlerklassen 3 begründen kein Recht, die Abnahme der Leistung oder Teilleistung zu verweigern, sondern sind im Rahmen der Mängelhaftung bzw. Gewährleistung zu beheben. Die Gründe für eine etwaige Abnahmeverweigerung sind im Abnahmeprotokoll zu beschreiben.

f) Das Abnahmeprotokoll ist von den Vertragsparteien, vertreten durch die mit der Abnahme beauftragten Mitarbeiter, zu unterzeichnen.

§ 12 Leistungsstörungen[15]

(1) Der Auftragnehmer wird die Leistungen sach- und fachgerecht und im Einklang mit diesem Vertrag und seinen Leistungsscheinen, insbesondere den dort vereinbarten Leistungsparametern (Service Leveln) erbringen.

(2) Garantien für die Beschaffenheit der Leistungen übernimmt der Auftragnehmer nur, soweit dies ausdrücklich vereinbart ist.

(3) Soweit vom Auftragnehmer kaufvertragliche Leistungen erbracht werden und die gelieferten Sachen mangelhaft sind, wird der Auftragnehmer die Mängel innerhalb angemessener Zeit beseitigen oder mangelfreie Sachen nachliefern (Nacherfüllung). Schlägt die Nacherfüllung fehl, stehen dem Auftraggeber vorbehaltlich der Haftungsbegrenzung unter § 14 die gesetzlichen Rechte zu. Das Recht zum Rücktritt ist dabei jedoch auf die gelieferte Sache begrenzt.

(4) Soweit vom Auftragnehmer werkvertragliche Leistungen erbracht werden, bedürfen diese der Abnahme. Sind werkvertragliche Leistungen mangelhaft, so wird der Auftragnehmer die Mängel innerhalb angemessener Zeit beseitigen oder ein neues Werk erstellen (Nacherfüllung). Schlägt die Nacherfüllung fehl, stehen dem Auftraggeber vorbehaltlich der Haftungsbegrenzung unter § 14 die gesetzlichen Rechte zu. Das Recht zum Rücktritt ist dabei jedoch auf die jeweiligen Einzelleistungen begrenzt.

(5) Soweit vom Auftragnehmer mietvertragliche Leistungen erbracht werden, ist eine verschuldensunabhängige Haftung für bereits bei Vertragsschluss vorhandene Fehler der vermieteten Gegenstände ausgeschlossen.

(6) Soweit vom Auftragnehmer dienstvertragliche Leistungen erbracht werden, schuldet der Auftragnehmer keinen bestimmten Erfolg. Er wird jedoch solche Leistungen mit größter Sorgfalt durchführen und sich im Rahmen des ihm Möglichen bemühen, die angestrebten Ziele zu erreichen. Der Auftragnehmer gewährleistet dabei die sach- und

fachgerechte Leistungserbringung, bei Beratungs- und Schulungsleistungen insbesondere den Einsatz kompetenter Mitarbeiter.

(7) Zusätzlich zu den in § 12 Abs. (3)–(6) benannten Rechten steht dem Auftraggeber gegebenenfalls das Recht zur außerordentlichen Kündigung nach Maßgabe des § 17 zu.

(8) Im Übrigen gelten die gemäß § 6 und in der Anlage „SLA“ (Anlage 5) für die Über- und/oder Unterschreitung von Leistungsparametern (Service Leveln) vorgesehenen Rechtsfolgen.

§ 13 Notfallplanung und Höhere Gewalt[16]

(1) Der Auftragnehmer verpflichtet sich, eine der jeweiligen Betriebssituation angemessene, auf dem Stand der Technik aufbauende Notfallplanung nach Maßgabe des Leistungsscheins „Notfallplanung“ zu erstellen sowie diese laufend zu aktualisieren und zu pflegen. Die Erstfassung sowie alle Aktualisierungen der Notfallplanung sind dem Auftraggeber zur Abnahme vorzulegen. Unbeschadet der Abnahme bleibt der Auftragnehmer zur laufenden Überprüfung, Aktualisierung und Pflege der Planung verpflichtet und für diese inhaltlich verantwortlich.

(2) Soweit und solange ein Fall höherer Gewalt vorliegt, ist der Auftragnehmer zur Leistungserbringung nicht oder nur beschränkt verpflichtet. Als höhere Gewalt gelten auch innerbetriebliche rechtmäßige Streiks und/oder, soweit dieser objektiv nicht zeitnah durch einen Dritten ersetzt werden kann, der plötzliche Tod oder die plötzliche schwere Krankheit eines Mitarbeiters des Auftragnehmers.

(3) Fälle höherer Gewalt entlasten den Auftragnehmer nicht von der Verantwortung für eine mangelnde Notfallplanung nach Maßgabe des § 13 Abs. (1).

§ 14 Haftung[17]

(1) Die Vertragsparteien haften einander für von ihnen zu vertretende Schäden nach Maßgabe der folgenden Bestimmungen:

a) Die Haftung für Sachschäden ist auf einen Betrag von bis zu . . . . . Euro je Schadensereignis, insgesamt jedoch auf höchstens bis zu . . . . . Euro pro Vertragsjahr begrenzt.

b) Die Haftung für Vermögensschäden ist auf einen Betrag von bis zu . . . . . Euro je Schadensereignis, insgesamt jedoch auf höchstens bis zu . . . . . Euro pro Vertragsjahr begrenzt.

(2) Als Schadensereignis im Sinne des Abs. (1) gilt ein Vorgang, der die Schadensersatzpflicht dem Grunde nach hervorgerufen hat.

(3) Die Haftung für Vorsatz, grobe Fahrlässigkeit, die Verletzung des Lebens, des Körpers, der Gesundheit oder aufgrund der zwingenden Regelungen des Produkthaftungsgesetzes bleibt von den vorstehenden Regelungen unberührt.

§ 15 Vergütung[18]

(1) Der Auftragnehmer erhält die in den Leistungsscheinen spezifizierte Vergütung. Eine Herabsetzung der an Auftragnehmer zu leistenden Vergütung wegen der Nichterreichung von Leistungsparametern (Service Leveln) nach Maßgabe der Anlage „SLA“ (Anlage 5) wird jeweils automatisch bei der Abrechnung der Leistungen des Folgemonats berücksichtigt, gegebenenfalls durch Verrechnung.

(2) Schulungs- und Beratungsleistungen werden im Zweifel nach Tagessätzen für die jeweils eingesetzten Mitarbeiter, sonstige Leistungen der Auftragnehmer dagegen, soweit nichts anderes ausdrücklich bestimmt ist, auf der Grundlage festgelegter Pauschalen vergütet.

(3) Alle in den Leistungsscheinen und/oder sonstigen Anlagen angegebenen Beträge sind Nettobeträge in EURO und verstehen sich zzgl. der jeweils gültigen Umsatzsteuer.

(4) Monatlich pauschal zu vergütende Leistungen sind im Voraus zum ersten eines jeden Monats fällig. Im Übrigen ist die Vergütung 14 Tage nach Zugang der Rechnung fällig und zahlbar.

§ 16 Benchmarking[19]

(1) Der Auftragnehmer kann im eigenen Ermessen ab dem Ende des zweiten Vertragsjahres verlangen, dass die Leistungen des Auftragnehmers und/oder der Preis der Leistungen unter diesem Vertrag durch ein Benchmarking-Unternehmen beurteilt werden. Ziel eines solchen Benchmarkings ist es zu überprüfen, ob die Leistungen und/oder der Preis für diese marktüblich und/oder wettbewerbsfähig im Vergleich zu Leistungen anderer IT-Dienstleister sind.

(2) Es steht dem Auftraggeber frei, alle Leistungen dieses Vertrags und seiner Leistungsscheine oder nur einen bestimmten, durch die Leistungsscheine und die Preisstruktur näher eingegrenzten und bepreisten Teil der Leistungen überprüfen zu lassen.

(3) Der Auftraggeber kann das Benchmarking-Unternehmen frei unter den folgenden Unternehmen auswählen: . . . . . Stehen die vorgesehenen Benchmarking-Unternehmen für das Benchmarking nicht zur Verfügung oder macht eine der Vertragsparteien berechtigte Gründe geltend, warum das bzw. die Benchmarking-Unternehmen das Benchmarking nicht durchführen sollen, werden die Vertragsparteien sich auf ein anderes Benchmarking-Unternehmen verständigen, wobei der Auftragnehmer seine Einwilligung zu einem vom Auftraggeber benannten Unternehmen nicht treuwidrig verweigern wird.

(4) Der Auftraggeber wird einen Vertrag (einschließlich angemessener Geheimhaltungsverpflichtung) mit dem entsprechenden Unternehmen schließen und dessen Vergütung tragen. Der Auftragnehmer wird dem Auftraggeber jedoch die Zahlung der Vergütung erstatten, soweit sich aus dem Benchmarking ergibt, dass die Leistungen und/oder Preise zu Gunsten des Auftraggebers nach Maßgabe der nachfolgenden Regelungen unter § 16 Abs. (6) und/oder (7) anzupassen sind.

(5) Die Vertragsparteien werden zur Durchführung des Benchmarkings mit dem Benchmarking-Unternehmen kooperieren und diesem alle hierzu erforderlichen Informationen und Unterlagen zur Verfügung stellen. Der Auftragnehmer wird jedoch dem Benchmarking-Unternehmen weder seine Kosten und Kostenstrukturen noch Geschäfts- und Betriebsgeheimnisse des Auftraggebers mitteilen.

(6) Ergibt sich aus dem Benchmarking, dass eine der im Wege des Benchmarkings überprüften Leistungen des Auftragnehmers im Vergleich zu entsprechenden Leistungen hinter dem Leistungsniveau im oberen Marktdrittel zurück ist, werden die Vertragsparteien den Benchmarking-Report gemeinsam durchsehen und eine Änderung nach Maßgabe des § 8 verhandeln, um dieses Defizit abzustellen. Der Auftragnehmer soll dazu, soweit erforderlich, innerhalb von . . . . . Tagen einen entsprechenden Projektplan zur Umsetzung von entsprechenden Maßnahmen vorlegen.

(7) Ergibt sich aus dem Benchmarking, dass eine der im Wege des Benchmarkings überprüften Leistungen des Auftragnehmers im Vergleich zu vergleichbaren Leistungen im Markt zu teuer ist, werden die Vertragsparteien den Benchmarking-Report gemeinsam durchsehen und eine entsprechende Reduzierung der Vergütung verhandeln.

(8) Die gemäß den § 16 Abs. (6) und (7) vereinbarten Vertragsänderungen werden rückwirkend zum Zeitpunkt des Beginns des Benchmarkings vereinbart; insoweit ist der Auftraggeber zur Aufrechnung bereits erfolgter, danach überschüssiger Zahlungen gegen künftige Zahlungsansprüche des Auftraggebers verpflichtet.

(9) Die Ergebnisse des Benchmarkings sind von den Vertragsparteien geheim zu halten.

§ 17 Laufzeit, Vertragsbeendigung, Kündigung[20]

(1) Dieser Vertrag tritt am ..... in Kraft. Er kann von den Vertragsparteien mit einer Frist von 3 Monaten schriftlich zum Ende eines Vertragsjahres gekündigt werden, frühestens jedoch nach einer Laufzeit von ..... Jahren. Dieser Vertrag gilt trotz Kündigung für alle Leistungsscheine weiter, deren Laufzeit die des Vertrags überschreitet.

(2) Der Auftraggeber kann abweichend von § 17 Abs. (1) den Vertrag jederzeit vor dem Ender der Grundlaufzeit von ..... Jahren mit einer Frist von 6 Monaten kündigen. Der Auftraggeber wird hierfür die folgende pauschale Abfindungszahlung leisten:

a) Kündigung mit Wirkung innerhalb des 1. Vertragsjahres: ..... EUR;

b) Kündigung mit Wirkung innerhalb des 2. Vertragsjahres: ..... EUR;

c) Kündigung mit Wirkung innerhalb des ..... Vertragsjahres: ..... EUR.

§ 648 BGB findet keine Anwendung.

(3) Das Recht zur außerordentlichen Kündigung aus wichtigem Grund bleibt unberührt. Ein solcher wichtiger Grund liegt insbesondere vor,

- wenn die Verfehlung eines Leistungsparameters (Service Level) nach Maßgabe der Anlage „SLA" (Anlage 5) als Grund zur außerordentlichen Kündigung ausgewiesen ist; und/oder
- wenn die andere Vertragspartei eine wesentliche Vertragsverletzung begeht, die trotz schriftliche Mahnung nicht innerhalb von ..... Tagen behoben wird.

(4) Die Kündigung bedarf der gesetzlichen Schriftform. Einfache E-Mails erfüllen die Schriftform in diesem Sinne nicht.

§ 18 Auswirkung einer Vertragsbeendigung[21]

(1) Im Falle der teilweisen oder vollständigen Vertragsbeendigung und der damit einhergehenden Beendigung der Leistungsbeziehung soll weder der Auftraggeber noch ein von ihm benannter Dritter wegen der etwaigen Fortführung der bis dahin vom Auftragnehmer wahrgenommenen Aufgaben und Funktionen damit belastet sein, Vertragsverhältnisse von Personal des Auftragnehmers übernehmen oder dessen Personal auf anderer rechtlicher Grundlage beschäftigen zu müssen. Der Auftragnehmer verpflichtet sich zu diesem Zweck, rechtzeitig das zur Erreichung dieses Ziels Notwendige zu veranlassen und sicherzustellen. Er wird dementsprechend insbesondere den Betrieb der IT-Landschaft sowie die betriebsbegleitenden Leistungen so organisieren, dass das Personal möglichst nicht dediziert für den Auftraggeber arbeitet, und ggf. für die einvernehmliche Auflösung der Arbeitsverträge oder der Einsatz des Personals für andere Aufgaben sorgen. Soweit aus der teilweisen oder vollständigen Vertragsbeendigung dennoch ein Teil-/Betriebsübergang auf den Auftraggeber und/oder einen für ihn tätigen Dritten resultiert und der Auftraggeber und/oder der Dritte das entsprechende Personal des Auftragnehmers weiter beschäftigen muss, verpflichtet sich der Auftragnehmer, den Auftraggeber und/oder den Dritten von den hiermit verbundenen, insbesondere von den seitens der Auftraggeber und/oder des Dritten für die Beendigung der Arbeitsverhältnisse erforderlichen Aufwendungen freizustellen; zudem wird der Auftragnehmer ggf. Rückstellungen für Ansprüche des Arbeitnehmers (insbesondere mit Blick auf Altersruhegelder, Direktversicherungen, Pensionen sowie die Vergütung von Überstunden und Urlaubszeiten) gegen den Auftragnehmer auf den Auftraggeber und/oder den Dritten übertragen bzw. diesen gegenüber durch entsprechende Ausgleichszahlungen kompensieren.

(2) Der Auftragnehmer ist verpflichtet, auf Verlangen des Auftraggebers zum Zeitpunkt der Beendigung des Vertrags sämtliche im Auftrag des Auftraggebers verarbeiteten Daten und Dateien sowie sonstige individuell für den Auftraggeber erstellte Software (im Quellcode mit Dokumentation) an den Auftraggeber herauszugeben. Auf Verlangen des Auftraggebers wird der Auftragnehmer diese Daten zusätzlich in regelmäßigen Abständen

in den letzten ..... Monaten vor Vertragsende übermitteln. Der Auftraggeber hat insofern das Recht, im Rahmen seines Ermessens, objektiv angemessene Vorgaben für das Format, in dem die Daten zu übermitteln sind, zu machen.

(3) Der Auftragnehmer ist verpflichtet, die Übergabe der IT-Landschaft und die Überleitung des Betriebs an bzw. auf einen Dienstleister nach Wahl des Auftraggebers bzw. den Auftraggeber nach besten Kräften zu unterstützen. Die Abwicklungsphase endet spätestens ..... Monate bzw. bei einer vorzeitigen Beendigung des Vertrags spätestens ..... Monate ab dem Wirksamwerden der Kündigung (Abwicklungsfrist). Der Auftragnehmer wird dazu gemeinsam mit dem Auftraggeber innerhalb von längstens ..... Monaten die Überleitungsmaßnahmen spezifizieren und im Detail so ausarbeiten, dass die tatsächliche Übergabe am Ende der Abwicklungsfrist sichergestellt ist. Der Auftragnehmer wird dem Auftraggeber sämtliche Dokumente und Informationen zu Verfügung stellen, die zur Überleitung erforderlich sind. Dies gilt auch für Dokumente und Informationen von Subunternehmern. Soweit die Offenbarung von Informationen Dritten gegenüber zur Überleitung erforderlich ist, findet § 21 keine Anwendung. Der Auftragnehmer wird weiter sämtliche tatsächlichen Handlungen vornehmen, welche für die Überleitung erforderlich sind. Während der Abwicklungsphase werden vom Auftragnehmer zu erbringende Leistungen nach Maßgabe der vor Vertragsbeendigung geltenden Bestimmungen vergütet. Soweit der Auftragnehmer im Zusammenhang mit der Abwicklung weder nach dem vorliegenden Vertrag noch nach den Leistungsscheinen und/oder sonstigen Anlagen ausdrücklich geschuldete Leistungen auf Anforderung des Auftraggebers erbringt, werden diese zusätzlich angemessen vergütet. Die Abwicklungsphase endet erst mit der erfolgreichen Überleitung.

(4) Der Auftragnehmer verpflichtet sich, dem Auftraggeber mit Vertragsende ein Angebot zum Kauf der im Rahmen dieses Vertrags durch bzw. für den Auftraggeber genutzten Software, Hardware und/oder sonstigen Systeme zu unterbreiten, und zwar zum Buchwert der Geräte. Die Regelungen unter § 3 Abs. (1) und der Kauf- und Übertragungsvereinbarung finden mit der Maßgabe entsprechende Anwendung, dass die Rollen des Auftraggebers und des Auftragnehmers umgekehrt sind.

(5) Der Auftragnehmer verpflichtet sich, mit Übergabe der Daten nach Vertragsende, spätestens aber mit dem Ende Abwicklungsphase sämtliche für den Auftraggeber auf seinen Systemen gespeicherten personenbezogenen Daten zu löschen bzw., wo dieses nicht möglich ist, entsprechende Datenträger zurückzugeben oder nach Aufforderung durch den Auftraggeber zu vernichten; dieses gilt nicht, soweit der Auftragnehmer gesetzlich zur Aufbewahrung und Archivierung der Daten verpflichtet ist.

§ 19 Schutz- und Nutzungsrechte[22]

(1) Soweit aufgrund der unter diesem Vertrag, seinen Leistungsscheinen und/oder sonstigen Anlagen speziell für den Auftraggeber erbrachten Leistungen an erstellter Software, Datenbanken, Datenstrukturen und -formaten, sonstigen Daten oder sonstigen Arbeitsergebnissen Urheberrechte und/oder sonstige Schutzrechte entstehen, räumt der Auftragnehmer dem Auftraggeber hieran für sämtliche bekannten (insbesondere Einzel- und Mehrplatzbetrieb, Online-Dienst, Nutzung per Fernzugriff, Nutzung im Rahmen des Outsourcing- oder ASP-Betriebs) sowie unbekannten Nutzungsarten die ganz oder in Teilen übertragbaren, unwiderruflichen, örtlich, zeitlich und inhaltlich unbeschränkten, exklusive Nutzungsrechte ein. Diese Nutzungsrechte umfassen insbesondere das Recht zur Vervielfältigung, Verbreitung, Sendung, Übersetzung, Bearbeitung, Digitalisierung, Online-Bereithaltung, Online-Wiedergabe, Vorführung, öffentlichen Wiedergabe und Zugänglichmachung sowie das Recht zur Unterlizenzierung, sei es ganz oder in Teilen. Soweit aufgrund der unter diesem Vertrag erbrachten Leistungen ein Datenbankrecht iSv

§ 87a UrhG entsteht, gehen dieses sowie entsprechende Rechte nach dem Recht anderer Staaten auf den Auftraggeber über.

(2) Der Auftragnehmer wird die Arbeitsergebnisse, insbesondere Software ordnungsgemäß dokumentieren und dem Auftraggeber die Dokumentation auf Verlangen zugänglich machen.

(3) Soweit aufgrund der unter diesem Vertrag, seinen Leistungsscheinen und/oder sonstigen Anlagen speziell für den Auftraggeber erbrachten Leistungen Arbeitsergebnisse entstehen, die einem Schutz durch gewerbliche Schutzrechte zugänglich sind, ist der Auftraggeber berechtigt, diese Rechte auf eigene Kosten anzumelden. Der Auftragnehmer wird die hierzu erforderlichen Rechte übertragen, Dokumentationen überlassen und Erklärungen abgeben.

(4) Der Auftragnehmer sichert im Übrigen die Einräumung sämtlicher, für die Erbringung der Leistungen (insbesondere die Nutzung sonstiger Software durch den Auftragnehmer und/oder den Auftraggeber) erforderlicher Nutzungsrechte zu.

(5) Soweit dies zur Erfüllung von Verpflichtungen aus diesem Vertrag und/oder der jeweiligen Leistungsscheine erforderlich ist, gewährt der Auftraggeber dem Auftragnehmer einfache, kostenfreie und auf die Dauer der jeweiligen Leistungsscheine beschränkte Nutzungsrechte an der von ihm erstellten Software bzw. Software, an der er die exklusiven Nutzungsrechte hat, und sorgt dafür, dass der Auftragnehmer die vom Auftraggeber beizustellende Software nutzen darf.

§ 20 Schutzrechtsverletzungen[23]

(1) Wird eine Vertragspartei wegen der Nutzung von Software, Hardware und/oder eines sonstigen Systems, die bzw. das die andere Vertragspartei ihr lizenziert und/oder zur Nutzung zur Verfügung gestellt hat, von einem Dritten wegen der Verletzung von Urheber-, Patent- oder sonstigen Schutzrechten in Anspruch genommen, so ist sie von der anderen Vertragspartei von den Ansprüchen des Dritten und hierdurch verursachten Kosten der Rechtsverteidigung (in Form notwendiger Gerichts- und Anwaltskosten) unter den nachfolgenden Voraussetzungen freizuhalten:

a) Die in Anspruch genommene Vertragspartei hat die freihaltende Vertragspartei rechtzeitig über die Inanspruchnahme durch den Dritten informiert.
b) Die in Anspruch genommene Vertragspartei hat die behauptete Schutzrechtsverletzung nicht anerkannt und sämtliche wesentliche Schritte der außergerichtlichen und gerichtlichen Auseinandersetzung der freihaltenden Vertragspartei auf Basis entsprechender Vollmachten überlassen bzw. nur in Abstimmung mit der freihaltenden Vertragspartei geführt.

(2) Die in Anspruch genommene Vertragspartei ist verpflichtet, die freihaltende Vertragspartei angemessen zu unterstützen und ihr alle notwendigen und angeforderten Informationen zu übermitteln.

(3) Die freihaltende Vertragspartei kann zur Vermeidung weitergehender Ansprüche des Dritten im eigenen Ermessen

a) die für die Nutzung durch die in Anspruch genommene Vertragspartei erforderlichen Nutzungsrechte erwerben oder
b) die Software, die Hardware und/oder das System durch eine andere bzw. ein anderes mit gleicher Leistungsfähigkeit so ersetzen und/oder in einer Art und Weise ändern, dass die Rechte des Dritten nicht mehr verletzt werden.

§ 21 Geheimhaltungsverpflichtung[24]

(1) Die Vertragsparteien verpflichten sich, alle nicht offenbarten oder öffentlich bekannten Informationen, die ihnen im Rahmen des vorliegenden Vertrags und der unter Bezugnahme auf diesen Vertrag geschlossenen Verträge bekannt werden, streng vertrau-

lich zu behandeln und nur für die Zwecke der Vertragsabwicklung zu verwenden. Dies gilt auch nach Beendigung dieses Vertrags und/oder der Leistungsscheine zu diesem.

(2) Der Geheimhaltungspflicht gemäß § 21 Abs. (1) unterliegen nicht bzw. nicht mehr solche Informationen bzw. Unterlagen, die allgemein bekannt sind oder allgemein bekannt werden, ohne dass die jeweils andere Vertragspartei dies zu vertreten hat. Die §§ 3 und 5 GeschGehG bleiben unberührt.

(3) Die Vertragsparteien werden ihre Mitarbeiter und Erfüllungsgehilfen, die mit diesem Vertrag befasst sind, entsprechend § 21 Abs. (1) und (2) verpflichten, und diesen nur soweit erforderlich Zugang zu den Informationen bzw. Unterlagen verschaffen.

§ 22 Datenschutz, Datensicherheit und Sicherheitsmanagement[25]

(1) Die Vertragsparteien werden im Rahmen der bestehenden Gesetze und Verordnungen für den Schutz personenbezogener Daten sorgen. Die Vertragsparteien vereinbaren eine Auftragsverarbeitung im Sinne von Art. 28 DSGVO, in deren Rahmen der Auftragnehmer personenbezogene Daten entsprechend den Weisungen des Auftraggebers verarbeitete. Der Auftraggeber bleibt insofern Herr der Daten.

(2) Der Auftragnehmer verpflichtet sich gegenüber dem Auftraggeber, die einschlägigen datenschutzrechtlichen Bestimmungen, vor allem der Datenschutzgrundverordnung (DSGVO) und des Bundesdatenschutzgesetzes (BDSG), zu beachten. Mit Blick auf die Auftragsverarbeitung gilt insbesondere Folgendes:

a) Der Auftragnehmer verpflichtet sich, personenbezogene Daten des Auftraggebers nur entsprechend den schriftlichen oder anderweitig iSv Art. 28 Abs. 3 S. 2 lit. a DSGVO dokumentierten Weisungen des Auftraggebers zu verarbeiten. Das gilt auch in Bezug auf die Übermittlung personenbezogener Daten an ein Drittland oder eine internationale Organisation. Der Auftraggeber wird mündliche Weisungen unverzüglich schriftlich oder anderweitig dokumentiert nachreichen. Der Auftragnehmer wird auf Weisung des Auftraggebers insbesondere Daten berichtigen, löschen oder sperren. Ist der Auftragnehmer der Ansicht, dass eine Weisung des Auftraggebers gegen die DSGVO, das BDSG oder andere Vorschriften über den Datenschutz verstößt, hat er den Auftraggeber unverzüglich darauf hinzuweisen. Eine Verarbeitung ohne Weisung ist abweichen nur erlaubt, sofern er durch das Recht der EU oder eines Mitgliedstaats, dem der Auftragsverarbeiter unterliegt, zur Verarbeitung verpflichtet ist; in einem solchen Fall teilt der Auftragsverarbeiter dem Auftraggeber diese rechtlichen Anforderungen vor der Verarbeitung mit, es sei denn, dass das betreffende Recht eine solche Mitteilung nicht wegen eines wichtigen öffentlichen Interesses verbietet.
b) Der Auftragnehmer wird sämtliche Daten, die er vom Auftraggeber erhält oder in dessen Auftrag ermittelt, nur zur Erfüllung von Pflichten aus diesem Vertrag und/oder auf Weisung des Auftraggebers verarbeiten und/oder nutzen, wobei der Auftragnehmer keinerlei Rechte an diesen Daten durch die Übernahme, Verarbeitung und Nutzung erlangt.
c) Der Gegenstand und die Dauer der Auftragsverarbeitung ergeben sich aus dem vorliegenden Vertrag und seinen Anlagen. Der Umfang, die Art und der Zweck der vorgesehenen Verarbeitung von Daten, die Art der personenbezogenen Daten und die Kategorien der betroffener Personen werden durch die Anlage „Daten und technisch-organisatorische Maßnahmen" (Anlage 10) beschrieben.
d) Der Auftragnehmer wird nur zuverlässige und fachkundige Mitarbeiter und/oder Subunternehmer bei der Verarbeitung von Daten einsetzen und diese vor Aufnahme der Tätigkeit zur Vertraulichkeit verpflichten, es denn dass diese ohnehin schon einer angemessenen gesetzlichen Verschwiegenheitspflicht unterliegen.
e) Der Auftragnehmer wird alle gemäß Artikel 32 DSGVO erforderlichen Maßnahmen ergreifen. Er wird insbesondere durch technische und organisatorische Maßnahmen

die Sicherung der für den Auftraggeber verarbeiteten Daten gegen unbefugte Verarbeitung oder Nutzung sowie gegen Verlust und Verfälschung gewährleisten. Der Auftragnehmer verpflichtet sich, zum Schutz der Daten insbesondere nach alle gemäß Artikel 32 DSGVO erforderlichen technischen und organisatorischen Maßnahmen zu ergreifen und die Grundsätze ordnungsgemäßer Datenverarbeitung zu beachten; er wird insbesondere die Sicherheitsbestimmungen und -empfehlungen des Bundesamtes für Sicherheit in der Informationstechnik (BSI), insbesondere die „Information Technology Security Evaluation Criteria" (ITSEC), beachten. Der Auftragnehmer wird mindestens die technischen und organisatorischen Maßnahmen gemäß der Anlage „Daten und technisch-organisatorische Maßnahmen" (Anlage 10) treffen.

f) Der Auftragnehmer wird mit Wirkung zu Gunsten des Auftraggebers (§ 328 Abs. 1 BGB) Subunternehmer schriftlich auf die Einhaltung diesem § 22 entsprechenden Regelungen verpflichten, und zwar insbesondere auch hinsichtlich der Kontroll- und Weisungsrechte. Im Übrigen bedarf die Einschaltung von Subunternehmern gemäß § 2 Abs. (9) der Zustimmung des Auftraggebers. Der Auftraggeber wird die in den Art. 28 Abs. 2 und 4 DSGVO genannten Bedingungen für die Inanspruchnahme der Dienste eines weiteren Auftragsverarbeiters einhalten.

g) Der Auftragnehmer wird angesichts der Art der Verarbeitung den Auftragnehmer nach Möglichkeit mit geeigneten technischen und organisatorischen Maßnahmen dabei unterstützen, seiner Pflicht zur Beantwortung von Anträgen auf Wahrnehmung der in Kapitel III der DSGVO genannten Rechte der betroffenen Person nachzukommen.

h) Der Auftragnehmer wird unter Berücksichtigung der Art der Verarbeitung und der ihm zur Verfügung stehenden Informationen den Auftragnehmer bei der Einhaltung der in den Art. 32–36 DSGVO genannten Pflichten unterstützten.

i) Der Auftragnehmer wird nach Wahl des Auftraggebers und vorbehaltlich gesetzlicher Aufbewahrungs- und Archivierungspflichten des Auftraggebers (nach dem Recht der EU oder eines ihrer Mitgliedstaaten) überlassene Datenträger zurückgeben bzw. Daten übermitteln und/oder beim Auftragnehmer gespeicherte personenbezogen Daten nach Beendigung des Auftrags löschen. Insofern gilt § 18 Abs. (5).

j) Der Auftraggeber ist jederzeit, insbesondere vor Beginn der Datenverarbeitung und sodann regelmäßig, zur Überprüfung und Kontrolle der ordnungsgemäßen Datenverarbeitung und der Einhaltung der Pflichten nach Art. 28 DSGVO und der beim Auftragnehmer getroffenen technischen und organisatorischen Maßnahmen berechtigt. Der Auftragnehmer wird entsprechende Überprüfungen und Kontrollen dulden und für diese erforderliche Mitwirkungsleistungen erbringen. Das gilt insbesondere auch für die Ermöglichung der festgelegten Auftragskontrolle. Der Auftragnehmer wird dem Auftraggeber hierfür ermöglichen, dass der Auftraggeber während der Betriebszeiten die Geschäftsräume des Auftragnehmers sowie die für die Datenverarbeitung genutzten betrieblichen Einrichtungen betritt und dort Prüfungen und Besichtigungen vornehmen kann, soweit dieses insbesondere in Hinblick auf sonstige Kunden des Auftragnehmers in Einklang mit den einschlägigen Regelungen über den Datenschutz und die Datensicherheit steht. Der Auftragnehmer räumt dem betrieblichen Datenschutzbeauftragten des Auftraggebers das Recht ein, die ordnungsgemäße Anwendung der Datenverarbeitungsprogramme, mit deren Hilfe im Rahmen des Auftrags personenbezogene Daten verarbeitet werden sollen, zu überwachen. Zu diesem Zweck ist er über Vorhaben der automatisierten Verarbeitung personenbezogener Daten rechtzeitig zu unterrichten. Der Auftraggeber wird dem Auftragnehmer alle erforderlichen Informationen zum Nachweis der Einhaltung der in Art. 28 DSGVO niedergelegten Pflichten zur Verfügung stellen und Überprüfungen – einschließlich Inspektionen –, die vom Auftraggeber oder einem anderen von diesem beauftragten Prüfer durchgeführt werden, ermöglichen und unterstützen. Der Auftragnehmer wird dem Auftraggeber auf dessen Verlangen die Angaben zur Erstellung des Verarbeitungsverzeichnisses gemäß Art. 30 DSGVO zur Verfügung stellen.

k) Der Auftragnehmer wird gem. Art. 37, 38 DSGVO während der gesamten Vertragslaufzeit einen Datenschutzbeauftragten bestellt haben und diesen mit den Tätigkeiten gemäß Art. 39 DSGVO betrauen sowie dem Auftraggeber dessen Kontaktdaten mitteilen.

l) Der Auftragnehmer wird den Auftraggeber über Verstöße des Auftragnehmers oder der bei ihm beschäftigten Personen gegen Datenschutzvorschriften oder gegen die insoweit bestehenden vertraglichen Festlegungen sowie über Störungen der Verarbeitung, Sicherheitsverletzungen oder -mängel unverzüglich informieren. Er wird den Auftraggeber insbesondere über Verstöße iSv Art. 33 DSGVO und/oder Beanstandungen und/oder Empfehlungen der Datenschutz-Aufsichtsbehörde unverzüglich durch schriftliche Mitteilung in Kenntnis setzen. Der Auftragnehmer hat schließlich den Auftraggeber bei Verdacht auf Unregelmäßigkeiten bzw. im Falle der Feststellung von Unregelmäßigkeiten bei der Verarbeitung der Nutzerdaten unverzüglich zu informieren.

m) Der Auftragnehmer wird den Auftraggeber unverzüglich über Kontrollen und Maßnahmen der Aufsichtsbehörde sowie, soweit ihm dieses erlaubt ist, auch über Ermittlungen gem. §§ 41 ff. BDSG beim Auftragnehmer unterrichten. Der Auftragnehmer wird Ermittlungen der Aufsichtsbehörden dulden. Der Auftragnehmer wird den Auftraggeber über Beanstandungen und/oder Empfehlungen der Datenschutz-Aufsichtsbehörde unverzüglich durch schriftliche Mitteilung in Kenntnis setzen.

(3) Der Auftragnehmer wird den Auftraggeber von allen Ansprüchen freihalten, die wegen einer Verletzung der vorgenannten Regelungen gegen diesen geltend gemacht werden. Soweit für die datenschutzkonforme Gestaltung der von dem Auftragnehmer erbrachten Leistung weitere Arbeiten erforderlich sind und/oder Kosten entstehen, hat der Auftragnehmer hierfür aufzukommen.

§ 23 Schlussbestimmungen[26]

(1) Der Auftragnehmer ist berechtigt, mit der Genehmigung des Auftraggebers für die Erfüllung seiner Verpflichtungen aus diesem Vertrag Subunternehmer einzusetzen. Er wird die Subunternehmer hierfür dem Auftraggeber gegenüber schriftlich benennen. Der Auftraggeber wird über den Einsatz der Subunternehmer unverzüglich eine Entscheidung treffen und ihre Genehmigung nicht wider Treu und Glauben verweigern. Die Genehmigung hat in gesetzlicher Schriftform zu erfolgen. Der Auftragnehmer haftet für solche Subunternehmer entsprechend § 278 BGB.

(2) Änderungen oder Ergänzungen dieses Vertrags bedürfen der Schriftform. Der Schriftform in diesem Sinne genügen auch Telefaxe, nicht aber einfache E-Mails. Dies gilt auch für diese Schriftformklausel.

(3) Begrifflichkeiten bestimmen sich im Zweifel nach den Begriffsdefinitionen der Anlage „Glossar" (Anlage 11). Subsidiär vereinbaren die Vertragsparteien, dass die Definitionen laut ITIL heranzuziehen sind.

(4) Bei Widersprüchen zwischen den Regelungen dieses Vertrags und der jeweiligen Leistungsscheine haben die Regelungen der Leistungsscheine grundsätzlich Vorrang gegenüber den Regelungen dieses Vertrags. Bei Widersprüchen zwischen den einzelnen Leistungsscheinen haben die Regelungen der in der Folge zuerst aufgeführten Leistungsscheine mangels ausdrücklich abweichender Regelungen jeweils Vorrang vor den nachfolgenden:

.....

(5) Für alle Ansprüche aus oder im Zusammenhang mit diesem Vertrag und seinen Leistungsscheinen gilt ausschließlich deutsches materielles Recht unter Ausschluss des UN-Kaufrechts (CISG).

(6) Die Vertragsparteien vereinbaren, bei allen Meinungsverschiedenheiten aus oder im Zusammenhang mit diesem Vertrag, Vertragserweiterungen oder -ergänzungen, die sie nicht untereinander bereinigen können, die Schlichtungsstelle der Deutschen Gesellschaft für Recht und Informatik eV anzurufen, um den Streit nach deren Schlichtungsordnung in der zum Zeitpunkt der Einleitung eines Schlichtungsverfahrens gültigen Fassung (zu finden auf der Homepage unter http://www.dgri.de/) ganz oder teilweise, vorläufig oder endgültig zu bereinigen. Die Verjährung für alle Ansprüche aus dem schlichtungsgegenständlichen Lebenssachverhalt ist ab dem Schlichtungsantrag bis zum Ende des Schlichtungsverfahrens gehemmt. § 203 BGB gilt entsprechend. Hiervon unberührt bleiben die Vertragsparteien berechtigt, in Fällen besonderer Dringlichkeit für Maßnahmen des einstweiligen Rechtsschutzes staatliche Gerichte anzurufen.

(7) Als ausschließlicher Gerichtsstand für Streitigkeiten aus diesem Vertrag und/oder im Zusammenhang mit diesem Vertrag ist . . . . . vereinbart.

(8) Sollten eine oder sollten mehrere Klauseln dieses Vertrags unwirksam sein oder werden, so berührt dies die Wirksamkeit des Vertrags im Übrigen nicht. Die Vertragsparteien verpflichten sich, in einem solchen Fall eine wirksame Klausel zu vereinbaren, die dem wirtschaftlichen Zweck des ursprünglich Gewollten möglichst nahekommt. Entsprechendes gilt für die Regelungen der jeweiligen Leistungsscheine und/oder sonstigen Anlagen. Diese Regelung gilt entsprechend im Fall einer unbeabsichtigten Regelungslücke.

Folgende Anlagen werden Bestandteil dieses Vertrags:

Anlage 11: Kauf- und Übertragungsvereinbarung

Anlage 12: Vereinbarung zum Personalübergang

Anlage 13: Muster Betriebshandbuch

Anlage 14: Subunternehmer

Anlage 15: Service Level Agreement (SLA)

Anlage 16: Change Management

Anlage 17: Formular Störungsmeldung

Anlage 18: Hardwarebeistellungen

Anlage 19: Softwarebeistellungen

Anlage 10: Daten und technisch-organisatorische Maßnahmen

Anlage 11: Glossar

Anlage 12: Leistungsschein „. . . . ."

Anlage . . . . .: . . . . .

(Ort, Datum, Unterschriften)

Anlagen

Schrifttum: a) **Allgemeine Literatur:** *Barton,* Benchmarking and Technology Refresh in Outsourcing Agreements, CRi 2007, 8; *Bettinger/Scheffelt,* Application Service Providing – Vertragsgestaltung und Konflikt-Management, CR 2001, 729; *Blöse/Pechardscheck,* Die rechtliche Absicherung von IT-Outsourcing-Projekten, CR 2002, 785; *Brandi-Dohrn,* Die Besonderheiten von Haftungsklauseln in IT-Verträgen, CR 2014, 417, 422; *Bräutigam* (Hrsg.), IT-Outsourcing und Cloud-Computing, 4. Aufl., Berlin 2019; *Bucher,* Die Archivierung von Geschäftsunterlagen, ZInsO 2007, 1031; *Bükow,* Outsourcing von Informationstechnologie, sj 2004, Nr 12, 32; *Grützmacher,* Application Service Providing – Urhebervertragsrechtliche Aspekte, ITRB 2001, 59; *ders.,* Vertragliche Ansprüche auf Herausgabe von Daten gegenüber dem Outsourcing-Anbieter, ITRB 2004, 260;

ders., Außervertragliche Ansprüche auf Herausgabe von Daten gegenüber dem Outsourcing-Anbieter, ITRB 2004, 282; *Hartmann,* DGRI-Workshop „Outsourcing", CR 1994, 651; *Heymann,* Outsourcing – Neuralgische Punkte der Vertragsgestaltung, CI 1999, 173; *ders.*, Outsourcing als Form der Kooperation, CR 2000, 23; *ders.*, Outsourcing in Deutschland – eine Bestandsaufnahme zur Vertragsgestaltung, CR 2005, 706; *Hirte,* Gesellschaftsrechtliche Fragen des „Outsourcing" – Grenzen und Folgen der Auslagerung der Datenverarbeitung, CR 1992, 193; *ders.*, Kundendaten und die Transition bei Outsourcing-Verträgen, in: Conrad/Grützmacher (Hrsg.), Recht der Daten und Datenbanken im Unternehmen, Köln 2014, *Hoppen/Victor,* ITIL® – Die IT Infrastructure Library – Möglichkeiten, Nutzen und Anwendungsfälle in IT-Verträgen, CR 2008, 199; *Intveen/Lohmann,* Die Haftung des Providers bei ASP-Verträgen, ITRB 2002, 210; *Klett/Hilberg,* Die neue DIN-Spezifikation für das Outsourcing – Inhalt und praktische Anwendung, CR 2010, 417; *Kotthoff/Gabel,* Outsourcing, München 2008; *Kremer/Kamm,* Absicherung der (Re-)Migration beim IT-Outsourcing, ITRB 2013, 264; *Lehmann/Meents* (Hrsg.), Handbuch des Fachanwalts Informationstechnologierecht, 2. Aufl., Köln 2011; *Lensdorf,* Die Vergabe von öffentlichen IT- und Outsourcing-Projekten, CR 2006, 138; *ders.*, Second Generation Outsourcing, CR 2006, R128; *Lütcke/Bähr,* Outsourcing-Verträge und Service Level Agreements in der IT-Branche – Gestaltungsvarianten für die Praxis, K&R 2001, 82; *Mann,* Vertragsgestaltung beim IT-Outsourcing – Besonderheiten und Fallstricke, MMR 2012, 499, 500; *Niebling,* Outsourcing. Rechtsfragen und Vertragsgestaltung, 4. Aufl. Stuttgart 2013; *Nicklisch* (Hrsg.), Outsourcing – Der (Irr)Weg, Frechen 2006; *Nolte,* Benchmarking in IT-Outsourcing-Verträgen, CR 2004, 81; *Pohle,* IT-Outsourcing in der Insolvenz: Optionen für Anbieter und Anwender, K&R 2013, 297; *Reitsam/Seonbuchner,* Aufbewahrung und Archivierung von Daten, in: Conrad/Grützmacher (Hrsg.), Recht der Daten und Datenbanken im Unternehmen, Köln 2014; *Röttgen,* Klauseln zur Vervollständigung der Leistungsbeschreibung in IT-Verträgen (Vollständigkeitsklauseln), CR 2013, 628; *Scheja/Schmitt,* Vorvertragliche Pflichten bei der privaten Ausschreibung von Outsourcing-Vorhaben, CR 2005, 321; *Schneider,* Outsourcing von Buchführungsleistungen in das EU-Ausland, CR 2005, 309; *Schrey,* Persönliche Verantwortung und Haftungsrisiken von IT-Verantwortlichen – Ein Überblick, RDV 2004, 247; *Seffer/Moser,* Outsourcing im Konzern, ITBR 2011, 63; *Schultze-Melling,* Effizientes Information Security Management im Rahmen von IT-Outsourcing-Verträgen, ITRB 2005, 42; *Schmitz,* Vertraulichkeitsklauseln und Outsourcing, CR 2012, 557; *Söbbing,* Das IT-Outsourcing- und Business Process Outsourcing-Vertragswerk, ITRB 2004, 44; *ders.*, IT-Leistungsbeschreibungen: Struktur und vertragstypologische Zuordnung, ITRB 2004, 91; *ders.*, Handbuch IT-Outsourcing, 4. Aufl. Heidelberg 2015; *ders.*, Transition und Transformation im IT-Outsourcingprojekt, ITRB 2013, 93; *Steger,* Rechtliche Verpflichtungen zur Notfallplanung im IT-Bereich, CR 2007, 137; *Waller,* Außervertragliche Gewährleistungsrechte beim IT-Outsourcing, ITRB 2005, 162; *Wedde/Klöver,* Outsourcing – Das Ende der Mitbestimmung?, CR 1993, 93; *Wedde,* Restrukturierung, Rationalisierung und Internationalisierung, AiB 2008, 13; *Wandtke/Bullinger* (Hrsg.) Praxiskommentar zum Urheberrecht, 5. Aufl., München 2019; *Zeile,* Outsourcing im internationalen Konzern, IStR 2000, Heft 24, III.

b) **Literatur speziell zu Service-Level-Agreements (SLA):** *Beyer,* ASP – Zweckmäßige Gestaltung von Service Level Agreements aus Sicht des Anwenders, ITRB 2005, 287; *Bräutigam,* SLA: In der Praxis alles klar?, CR 2004, 248; *Hartung/Stiemerling,* Effektive Service-Level-Kriterien, CR 2011, 617; *Hörl/Häuser,* Service Level Agreements in IT-Outsourcingverträgen, CR 2003, 713; *Rath,* Hinweise zur Ausgestaltung von Service Level Agreements (SLA), K&R 2007, 362; *Schumacher,* Service Level Agreements: Schwerpunkt bei IT- und Telekommunikationsverträgen, MMR 2006, 12.

c) **Literatur speziell zum Datenschutz:** *Eckhardt,* DS-GVO: Anforderungen an die Auftragsverarbeitung als Instrument zur Einbindung Externer, CCZ 2017, 111; *Grütz-*

macher, Datenschutz und Outsourcing, ITRB 2007, 183; *Härting*, Auftragsverarbeitung nach der DSGVO, ITRB 2016, 137; *Grützmacher/Freund*, „Auftragsverarbeitung", in: Intveen/Gennen/Karger, Handbuch des Softwarerechts, 1. Aufl. Bonn 2018, S. 691; *Hörl*, Der Servicedesk der Zukunft, ITRB 2018, 260; *Kort*, Rechte und Pflichten des internen Datenschutzbeauftragten beim IT-Outsourcing mit einem Auftragnehmer in einem „sicheren" Drittstaat in Hinblick auf § 4d Abs. 5 und 6 BDSG, RDV 2011, 79; *ders.* Strafbarkeitsrisiken des Datenschutzbeauftragten nach § 203 StGB beim IT-Outsourcing, insbesondere in datenschutzrechtlich „sicherer" Drittstaaten, NStZ 2011, 617; *Krohm/Müller-Peltzer*, (Fehlende) Privilegierung der Auftragsverarbeitung unter der Datenschutz-Grundverordnung?, RDV 2016, 307; *Müthlein/Heck*, Outsourcing und Datenschutz, 4. Aufl. Frechen 2015; *Potthoff*, Das neue Datenschutzrecht (DSGVO) und die Finanzbuchhaltung, StuB 2018, 397; *Räther*, Datenschutz und Outsourcing, DuD 2005, 461; *Redeker*, Geheimhaltungsverpflichtungen in Auftragsverarbeitungsvereinbarungen, ITRB 2018, 215; *Schmidt/Freund*, Perspektiven der Auftragsverarbeitung, ZD 2017, 14; *Seiter*, Auftragsverarbeitung nach der Datenschutz-Grundverordnung, DuD 2019, 127; *Sutschet*, Auftragsdatenverarbeitung und Funktionsübertragung, RDV 2004, 97.

d) **Literatur speziell zum berufsbedingten Geheimnisschutz und zu besonderen branchen- und bereichsspezifische Anforderungen:** *Bohnstedt*, Fernwartung – Die rechtlichen Grenzen des IT-Outsourcing durch Banken, Baden-Baden 2005; *Braun*, Rechtsfragen beim Outsourcing im Bankbereich, Der Syndikus 31 (2003), 14; *Büllesbach/Rieß*, Outsourcing in der öffentlichen Verwaltung, NVwZ 1995, 444; *Conrad/Fechtner*, IT-Outsourcing durch Anwaltskanzleien nach der Inkasso-Entscheidung des EuGH und dem BGH, Urteil vom 7.2.2013, CR 2013, 137; *Conrad/Witzel*, Auslagerung von IT-Leistungen und § 203 StGB, in: Conrad/Grützmacher (Hrsg.), Recht der Daten und Datenbanken im Unternehmen, Köln 2014; *Dochow*, Unterscheidung und Verhältnis von Gesundheitsdatenschutz und ärztlicher Schweigepflicht (Teil 1), MedR 2019, 279; *Dochow*, Unterscheidung und Verhältnis von Gesundheitsdatenschutz und ärztlicher Schweigepflicht (Teil 2), MedR 2019, 363; *Evers/Kiene*, Ist die Auslagerung von Betriebsteilen im Versicherungsvertrieb rechtlich möglich?, ZfV 2006, 397; *Faiß/Strüwe*, Outsourcing im Datenschutz – interne versus externe Besetzung des Betriebsbeauftragten, KH 2006, 884; *Gennen/Schreiner*, Neue Anforderungen für das Outsourcing im Finanzdienstleistungssektor, CR 2007, 757; *Grosskopf/Momsen*, Outsourcing bei Berufsgeheimnisträgern- strafrechtliche Verpflichtung zur Compliance?, CCZ 2018, 98; *Gruhn/Ringel/Rosenbaum*, Business Alignment – Versicherungsfachwissen als Kernkompetenz der IT, ZVersWiss 2006, 457; *Hartmann*, Outsourcing in der Sozialverwaltung und Sozialdatenschutz, Baden-Baden 2002; *Hartung/Steinweg*, Vereinbarungen mit Dienstleistern nach dem neuen § 203 StGB und der DSGVO, PinG 2018, 21; *Hennrichs*, Funktionsauslagerung (Outsourcing) bei Kreditinstituten, WM 2000, 1561; *Hermeler*, Rechtliche Rahmenbedingungen der Telemedizin, München 2000; *Heymann*, Vertragsgestaltung für Outsourcing im Bankgeschäft, Kreditwesen 1994, 596; *Hoeren*, Banken und Outsourcing, DuD 2002, 736; *Hörl*, Auswirkungen der InvMaRisk auf IT-Outsourcingverträge, ITRB 2010, 217; *ders.*, Klauselgestaltung bei IT-Outsourcingverträgen nach der InvMaRisk, ITRB 2010, 264; *Jandt/Roßnagel/Wilke*, Outsourcing der Verarbeitung von Patientendaten, NZS 2011, 641; *Hunzinger/Sassenberg*, Notwendigkeit einer Vereinbarung zur Auftragsverarbeitung bei Telekommunikationsdiensten?, CR 2019, 188; *Jürgens*, Outsourcing – Die große Freiheit für die Steuerverwaltung?, DSB 2002 Nr. 6, 12; *Klugmann/Leenen/Salz*, Der Dienstleistungsvertrag nach § 43 e Abs. 3 BRAO – samt Mustervorschlag Outsourcing und Nutzung von Clouddiensten durch Rechtsanwälte, AnwBl 2018, 219; *Kraus*, Neuregelung von § 203 StGB, PinG 2018, 16; *Mahlein*, Outsourcing im öffentlichen Krankenhaus, KH 2004, 104; *Menzel*, Auftragsdatenverarbeitung im Sozial- und Gesundheitswesen, RDV 2013, 59; *Paul/Gendelev*, Outsourcing von Krankenhausinformationssystemen, ZD 2012, 315; *Pohle/Ghaffari*, Die Neufassung des § 203 StGB – der Befreiungsschlag für IT-Outsourcing am Beispiel der Befreiungsschlag für IT-Outsourcing am Beispiel der Versicherungswirtschaft?! (§ 203 StGB), CR 2017, 489; *Seiler*, Überblick zur Datenverarbeitung im medizinischen Bereich unter der DSGVO, PinG 2018, 43; *Söbbing/Weinbrenner,* Die Zulässigkeit der Auslagerung von IT-Dienstleistungen durch Institute in sog. Offshore-Regionen, WM 2006, 165; *Steding/Meyer,* Outsourcing von Bankdienstleistungen: Bank- und datenschutzrechtliche Probleme der Aufgabenverlagerung von Kreditinstituten auf Tochtergesellschaften und sonstige Dritte, BB 2001, 1693; *Ulmer,* IT-Outsourcing und Datenschutz bei der Erfüllung öffentlicher Aufgaben, CR 2003, 701; *ders.,* Datenverarbeitung und Datenschutz im Gesundheitswesen – technische Möglichkeiten und rechtliche Grundlagen, RDG 2012, 272; *von Westphalen,* Ausgewählte arbeits- und datenschutzrechtliche Fragen beim Outsourcing im Rahmen von § 25a Abs 2 KWG, WM 1999, 1810; *Witzel,* Organisatorische Pflichten beim Outsourcing im Bankenbereich, ITRB 2006, 286; *Zerwas/Hanten/Bühr,* Outsourcing bei Instituten in Deutschland, ZBB 2002, 17; *Zilkens,* Datenschutz im öffentlichen Gesundheitsdienst, RDV 2008, 103.

Anmerkungen

1. Sachverhalt. Das Formular geht davon aus, dass der Auftraggeber die Verantwortung und den Betrieb für größere Teile seiner IT-Landschaft auf einen Outsourcing-Anbieter übertragen will. Ein solches Outsourcing kann durch das Streben nach der Reduzierung der IT-Kosten infolge der Hebung von Synergien und dem Ausnutzen von Skaleneffekten sowie nach Verbesserung der Leistungsqualität und Flexibilität der IT und der Konzentration auf die eigenen Geschäftsfelder und -kompetenzen motiviert sein. Mitunter ist es auch mit dem Wunsch nach einem Technologiewechsel verbunden. Nicht selten geht es bei Outsourcing auch um eine Rationalisierung und Straffung der IT durch den Abbau von Systemen und (damit verbundenen) Mitarbeitern, welche sich im Unternehmen des Auftraggebers nicht so leicht wie in dem des Providers durchsetzen lässt. Regelmäßig wird einem solchen Auslagerungsvorgang ein Ausschreibungsverfahren vorausgehen, welches nach einem Request for Information und einem Request for Proposal in Vertragsverhandlungen mit einem oder mehreren Kandidaten mündet (dazu ausführlich *Bräutigam* in Bräutigam, IT-Outsourcing und Cloud-Computing, 4. Aufl., S. 941 f., Rn. 52 f.). Nicht selten wird zumindest in der finalen Verhandlungsphase begleitend auch ein sog. „Letter of Intent“ oder „Memorandum of Understanding“ geschlossen, mit dem eine gewisse Exklusivität der Verhandlungen zugesagt wird (zur vorvertraglichen Haftung *Scheja/Schmitt* CR 2005, 321 (324 ff.); *Bräutigam* in Bräutigam, IT-Outsourcing und Cloud-Computing, 4. Aufl., S. 942 ff., Rn. 54).

Zu unterscheiden sind verschiedene Formen des Outsourcings. Teilweise stehen die Systeme und die auf diesen betriebenen Softwareprodukte im Vordergrund (so beim klassischen Mainframe-Outsourcing, beim heute verbreiteten Client-Server-Outsourcing oder auch beim Application-Outsourcing), teilweise die Geschäftsprozesse (so beim Business Process Outsourcing). Gekennzeichnet ist Letzteres durch eine größere Freiheit, die Lösung der gestellten Aufgaben nach eigenem Ermessen zu erbringen (*Heymann* CR 2000, 23 (24)).

2. Wahl des Vertragsmusters. Das Vertragsmuster ist eher auftraggeberfreundlich. Es hat ein Outsourcing mittleren Umfangs vor Augen, kann aber auch für größere Auslagerungsvorhaben ausgebaut werden. Da Outsourcingverträge in aller Regel individuell verhandelt werden (so auch *Bräutigam* in Bräutigam, IT-Outsourcing und Cloud-Computing, 4. Aufl., S. 977 f., Rn. 13 f.), ist das Formular nicht AGB-fest gestaltet. Je nach den wirtschaftlichen und technischen Rahmenbedingungen wird es im Zweifel erforderlich sein, im Einzelfall die Regelungen zu Gunsten des Auftragnehmers oder Auftraggebers zu ver- oder entschärfen bzw. zu ergänzen. Insofern ist eine genaue Sachverhaltsanalyse noch über das bei allen IT-Verträgen erforderliche Maß hinaus unerlässlich.

Das Muster verzichtet auf eine ausführliche Präambel, dies aber nur deshalb, weil sich diese nicht abstrakt festlegen lässt. Anders als bei vielen Austauschverträgen hat die Präambel bei Outsourcingverträgen durchaus eine auch rechtlich nicht zu unterschätzende Funktion. Dies gilt insbesondere dann, wenn vertragliche Lücken gefüllt werden müssen (*Bräutigam* in Bräutigam, IT-Outsourcing und Cloud-Computing, 4. Aufl., S. 980 f., Rn. 18; *Heymann* CR 2005, 707 (709)), welche sich im Rahmen komplexer Outsourcingverträge kaum vermeiden lassen. Mitunter kann der in der Präambel zum Ausdruck gebrachte Vertragszweck auch Geschäftsgrundlage iSv § 313 BGB sein (*Bräutigam* in Bräutigam, IT-Outsourcing und Cloud-Computing, 4. Aufl., S. 980 f., Rn. 18 f.).

3. Vertragsgegenstand. Da es sich um einen Rahmenvertrag handelt, werden die Leistungen des Vertragsverhältnisses im Wesentlichen durch die einzelnen Leistungsscheine bestimmt. In diesen ist im Detail zu regeln, welche Aufgaben vom Auftragnehmer geschuldet sind und inwieweit der Auftraggeber den Auftragnehmer hierbei durch Mitwirkungsleistungen und ggf. Beistellung unterstützen muss. Die Darstellung in den Leistungsscheinen kann gar nicht sorgfältig genug ausgearbeitet werden. – In der Praxis ist oft leider anderes zu beobachten (so auch *Blöse/Pechardscheck* CR 2002, 785 (789); *Heymann* CR 2005, 706 (709)). In diesen Fällen helfen auch As-Is-Klauseln (dazu § 2 Abs. (6) und → Anm. 4) nur noch begrenzt. – Aus Sicht des Anbieters ist eine ausführliche Due Diligence erforderlich. Im Rahmenvertrag sind diese Aspekte zum besseren Verständnis zu adressieren. Gegebenenfalls können hier auch gewisse Punkte festgeschrieben werden, wobei es eine Frage der Vorrangregelung ist, ob speziellere Regelungen der Leistungsscheine sich durchsetzen oder nicht (vgl. dazu § 23 Abs. (4)). Die entsprechenden Leistungsscheine (→ Form. VI.13) legen den eigentlichen Leistungsgegenstand fest. Diesen ist zu entnehmen, ob der Mainframe, Server, TK-Umgebung und Desktops insgesamt oder nur Teilbereiche ausgelagert werden sollen und ob es sich um IT-Infrastruktur-Outsourcing, bei dem nur der Basis-Betrieb der Infrastruktur, nicht aber die Applikationen, ein Full-Outsourcing, bei dem auch die Applikationen ausgelagert werden, oder gar ein Business Process Outsourcing (BPO), bei dem der Provider sogar Geschäftsprozesse außerhalb der IT übernimmt (zur Unterscheidung auch *Küchler* in Bräutigam, IT-Outsourcing und Cloud-Computing, 4. Aufl., S. 118, Rn. 52 f.; zum BPO *Heymann* CR 2005, 706 (707 f.)), handelt. Bei aller Ermahnung zu einer gründlichen, Lücken der Beschreibung vermeidenden Ausarbeitung der Leistungsscheine ist genausten abzuwägen, ob im Einzelfall eine zu detailreiche Beschreibung nicht das Risiko birgt, kostenträchtige Changes zu provozieren und das Synergiepotential beim Outsourcing-Anbieter zu zerstören (vgl. *Blöse/Pechardscheck* CR 2002, 785 (788); *Heymann* CR 2005, 706 (709)). Insofern ist immer zu prüfen, ob die Leistungen nicht auch von ihren wirtschaftlichen bzw. technischen Zielen aus definiert werden können, anstatt durch technische Vorgaben.

Dabei handelt es sich bei den nach dem Vertragswerk geschuldeten Leistungen um solche, die unterschiedlichen gesetzlichen Regelungen unterfallen:

- So werden das reine Zur-Verfügung-Stellen von Rechenzentrumsleistungen bzw. die Fernnutzung von Großrechnern dem Mietrecht unterstellt (BGH NJW-RR 1993, 178; vgl. BGH NJW 2005, 2076; *Heymann* CR 2000, 23 (24); zum ASP BGH NJW 2007, 2394; *Bräutigam*, IT-Outsourcing und Cloud-Computing, 4. Aufl., S. 1059, Rn. 178: auch das reine Hosting). Demgegenüber läge kein Mietverhältnis mehr vor, wenn nur das Operating eines fremden Rechenzentrums übernommen würde (*Heymann* CR 2000, 23 (24)). Ebenfalls dem Mietrecht unterfällt die Überlassung von Clients sowie die Zur-Verfügung-Stellung von Servern beim Client-Server-Outsourcing (vgl.

Heymann CR 2000, 23 (25); auch BGH NJW 2007, 2394 zum ASP: physische Überlassung, dh Besitz durch den Kunden nicht erforderlich).

- Weiter sollen die Verschaffung eines Internetzugangs ebenso wie sonstige TK-Netzwerkverträge dem Dienstvertragsrecht unterliegen (BGH NJW 2005, 2076 mwN).
- Ebenfalls nicht im Bereich des Mietrechts, eher schon im Dienstvertrags- oder gar im Werkvertragsrecht anzusiedeln sind Leistungen im Rahmen des Business Prozess Outsourcing (*Heymann* CR 2000, 23 (25 f.)), bei dem wie gesagt die Lösung der Aufgabe und die Abarbeitung des Geschäftsprozesses im Vordergrund steht.
- Einzelne soft- oder hardwarebezogene Projektleistungen dürften (*Bräutigam* in Bräutigam, IT-Outsourcing und Cloud-Computing, 4. Aufl., S. 1037, Rn. 134 sowie S. 1046, Rn. 153 ff.; zum Meinungsstreit mit Blick auf § 651 BGB → Form. VI.1 Anm. 2) wiederum ebenso wie die Pflichten, Störungen und Fehler zu beseitigen, dem Werkvertragsrecht zu unterstellen sein, ebenso das Starten von Batchläufen (*Heymann* CR 2000, 23 (25)). Allerdings sind die Grenze zum Dienstvertragsrecht in der Praxis oft fließend.
- Die Transitionsleistungen – auch Migrationsleistungen genannt – und Transformationsleistungen können werkvertraglich oder ausnahmsweise auch dienstvertraglich ausgestaltet sein, nämlich bei der Formulierung als (reine) Unterstützungsleistungen (*Heymann* CR 2005, 706 (707); vgl. auch *Bräutigam* in Bräutigam, IT-Outsourcing und Cloud-Computing, 4. Aufl., S. 1046, Rn. 153; *Söbbing* ITRB 2013, 93 ff.).
- Denkbar ist, dass Hardware oder Software (teils) auch verkauft wird (vgl. *Bräutigam* in Bräutigam, IT-Outsourcing und Cloud-Computing, 4. Aufl., S. 1039, Rn. 137).
- Reine Unterstützungsleistungen des Auftragnehmers – etwa bei Projekten des Auftragnehmers mit Bezug zum Outsourcing – unterfallen dem Dienstvertragsrecht (*Bräutigam* in Bräutigam, IT-Outsourcing und Cloud-Computing, 4. Aufl., S. 1056, Rn. 170).

Outsourcingverträge sind insofern Typenkombinationsverträge, bei denen es sachgerecht erscheint, die einzelnen Leistungen im Sinne der Kombinationstheorie (zu dieser und der gegenteiligen Absorbtionstheorie Palandt/*Grüneberg*, BGB, Überbl. v. § 311 Rn. 24) dem jeweils für sie geltenden Sachmängel- bzw. Gewährleistungsrecht zu unterwerfen (*Bräutigam* in Bräutigam, IT-Outsourcing und Cloud-Computing, 4. Aufl., S. 1037, Rn. 134; → Anm. 15.). Gerade die Vielzahl von unterschiedlichen Vertragselementen und die Unschärfen lassen zudem die Vereinbarung spezifischer Service Level (SLA) sinnvoll erscheinen (→ Anm. 9. sowie → Form. IV.13). Und auch sonstige Regelungsbereiche sind mangels klaren gesetzlichen Leitbilds möglichst umfassend zu regeln (so auch *Mann* MMR 2012, 499 (500), der zu Unrecht davon ausgeht, dass insgesamt Dienstvertragsrecht zur Anwendung kommen könnte).

4. Allgemeine Leistungspflichten. § 2 Abs. (1) sichert zu Gunsten des Auftraggebers ab, dass Lücken in der Leistungsbeschreibung, wie sie sich in der Praxis letztlich kaum vermeiden lassen, nicht zu finanziellen Nachforderungen des Auftragnehmers führen (s. zu sog. Vollständigkeitsklauseln auch *Röttgen* CR 2013, 628 ff. samt Ausführungen zu deren AGB-Rechtswidrigkeit; s. auch § 2 Abs. (6)). In der Praxis gibt es über derartige Klauseln immer Diskussionen, weil der Outsourcing-Anbieter aus Gründen der Kalkulationssicherheit Klarheit über den Leistungsumfang wünscht. Wird nicht klargestellt, dass kein gesondertes Entgelt zu entrichten ist, besteht das Risiko, dass eine Zusatzvergütung nach §§ 315, 316 BGB zu entrichten ist (*Heymann* CR 2005, 706 (709)).

Dass der Auftragnehmer seine Leistungen als Outsourcing-Provider – wie in § 2 Abs. (2) vorgesehen – entsprechend den gesetzlichen und behördlichen Vorgaben erbringen muss, ist eigentlich eine Selbstverständlichkeit. Gleichwohl ist auch hier eine Materie tangiert, die je nach Branche kostentreibend sein kann. Und damit stellt sich die Frage, wer zusätzliche Kosten zu tragen hat. Ein besonderes Thema erwächst hieraus bei Unternehmen die besonderen aufsichtsrechtlichen Bestimmungen und Vorgaben unterliegen, insbesondere also Banken, Börsen und Versicherungen, sowie bei der öffentlich-rechtlichen Verwaltungstätigkeit (s. zu diesen Bereichen die speziellen Literaturnachweise oben unter d); eine kurze Übersicht findet sich bei *Steger* CR 2007, 137 (139 f.)). In derartigen Fällen wäre die Regelung zudem auch deutlich auszubauen, etwa um die Verweise auf die MaRisk (Mindestanforderungen an das Risikomanagement – BaFin-Rundschreiben 9/ 2017) sowie die neuen, am 25.2.2019 mit Wirkung zum 30.9.2019 von der Europäische Bankenaufsicht (European Banking Authority – EBA) verabschiedeten EBA-Outsourcing-Guidelines. Regelmäßig sind Outsourcing-Anbieter hier nicht bereit, ein für sie nur schwer zu kalkulierendes finanzielles Risiko zu übernehmen. Als Kompromiss zwischen einer unbeschränkten Zahlungsverpflichtung des Kunden für jegliche Anpassungen einerseits und der Verpflichtung des Anbieters andererseits, diese ohne Vergütung zu erbringen, ist die Vereinbarung von Beschränkungen – sog. „Caps" – üblich (vgl. *Heymann* CR 2005, 706 (707 f.)).

Demgegenüber sind die unter § 2 Abs. (3) angesprochenen Grundsätze ordnungsmäßiger Buchführung (GoB) und die Grundsätze ordnungsmäßiger DV-gestützter Buchführungssysteme (GoBS) sowie die Grundsätze zum Datenzugriff und zur Prüfbarkeit digitaler Unterlagen (GDPdU) von jedem Unternehmen zu beachten (dazu *Steger* CR 2007, 137 (139); *Reitsam/Seonbuchner* in Conrad/Grützmacher, Recht der Daten und Datenbanken im Unternehmen, S. 977, 987 ff.). Weil die GoB kein bestimmtes Buchführungsverfahren vorschreiben, sondern jedes Verfahren zulassen, das die Anforderungen der GoB erfüllt (§ 239 Abs. 4 HGB), sind die Anforderungen im Fachausschuss für Informationstechnologie (FAIT) beim Institut der Wirtschaftsprüfer in Deutschland eV (IDW) durch die IDW-Stellungnahme zur Rechnungslegung „Grundsätze ordnungsmäßiger Buchführung bei Einsatz von Informationstechnologie" (IDW RS FAIT 1) für IT-gestützte Buchführungssysteme weiter erläutert bzw. auf diese sinngemäß übertragen worden, und zwar unter konkretisierender Berücksichtigung der aus §§ 238, 239 und 257 HGB resultierenden Anforderungen an die Führung der Handelsbücher mittels IT-gestützter Systeme (abgedruckt WPg 2002, 1157). Zudem sind ggf. ergänzend die für Buchführung geltenden Regelungen beim Einsatz von Electronic Commerce (IDW RS FAIT 2) und beim Einsatz elektronischer Archivierungsverfahren (IDW RS FAIT 3) heranzuziehen. Weiterhin ist zu empfehlen, die Jahresabschlussprüfung zu unterstützen, und zwar durch den Audit Support nach IDW PS 330. Denn im Rahmen von Jahresabschlussprüfungen sind Abschlussprüfer (Wirtschaftsprüfer) gem. §§ 316–324 HGB grundsätzlich dazu verpflichtet, sich mit den (rechnungslegungsbezogenen) IT-Systemen des zu prüfenden Unternehmens zu beschäftigen. Auch der Prüfungsstandard IDW PS wurde vom Institut der Wirtschaftsprüfer in Deutschland eV (IDW) entwi- ckelt.

Unabhängig von diesen Fragen der Buchführung sollte bereits im Rahmenvertrag ein gewisses Leistungsniveau festlegt werden. Dieses kann ua durch den Verweis auf allgemein anerkannte Standards (etwa der DIN/ISO 9001:2008 „Qualitätsmanagementsysteme – Anforderungen, DIN/ISO 27 001:2014 „IT-Sicherheitsverfahren – Informationssicherheits-Managementsysteme – Anforderungen", ISO/IEC 27002:2013 „IT-Sicherheitsverfahren – Leitfaden für das Informationssicherheits-Management" oder ITIL, s. zu ITIL *Hoppen/Victor* CR 2008, 199; *Söbbing*, Handbuch IT-Outsourcing, 4. Aufl., S. 259 ff., 353 ff.) erfolgen, wie unter § 2 Abs. (4) geschehen. Für Outsourcingverträge von besonderen Interesse ist die DIN-SPEC 1041, die der DIN eV zusammen mit der Universität Hamburg und Industrievertretern für das Outsourcing technologieorientierter Dienstleistungen (DIN SPEC) erarbeitet und im April 2010 veröffentlicht hat; diese DIN-Norm ist zwar primär ein Leitfaden für KMUs zur selbständigen Anbahnung und Durchführung von Outsourcing-Projekten, die Norm beschreibt aber in Teilen auch die Service-Migration sowie den Regelbetrieb und verweist in Anhang C auf einschlägige Rechtsvorschriften sowie in Anhang D auf weitere einschlägige Standards und Regelwerke (*Klett/Hilberg* CR 2010, 417 ff. mit ausführlicher Darstellung).

Diese bilden im Zweifel ohnehin die allgemeinen Standards, deren Befolgung ein pflichtgemäßes Handeln indiziert (vgl. *Steger* CR 2007, 137 (138, 142)). Die „Information Technology Infrastructure Library" (ITIL) ist dabei eher prozessorientiert, der Standard „Control Objectives IT" (COBIT) hingegen kontrollorientiert (→ Anm. 16 zur Notfallplanung).

Nach § 2 Abs. (5) ist ein Betriebshandbuch zu pflegen. Gesichert wird dadurch eine ständige Dokumentation insbesondere auch für den Fall der Vertragsbeendigung und der dann erforderlichen Übernahme der Leistungen durch den Auftraggeber oder einen anderen Provider (vgl. *Bräutigam* in Bräutigam, IT-Outsourcing und Cloud-Computing, 4. Aufl., S. 990, Rn. 36).

§ 2 Abs. (6) sichert ab, dass die Leistungsqualität auch bei Lücken in der Beschreibung der Leistungsscheine nicht unter das bisherige Niveau abfällt. Diese sog. As-Is-Klausel (oder auch: „Service-as-before"-Klausel) kann eine umfassende Leistungsbeschreibung nicht ersetzen, sehr wohl aber bei kleineren Lücken oder Auslegungsschwierigkeiten helfen (vgl. *Heymann* CR 2005, 706 (709)).

Veränderungen der Standorte, an denen die vertragsgemäßen Leistungen erbracht werden, können großen Einfluss auf die Qualität der Leistungen und die Risiken mit Blick auf den Leistungseinfluss haben. Zudem können gesetzliche Anforderungen insbesondere des Datenschutz- und Aufsichtsrechts gegen eine Verlagerung sprechen. Deshalb sieht § 2 Abs. (7) vor, dass eine Veränderung des Ortes der Leistungserbringung nicht ohne Weiteres möglich ist.

Nach § 2 Abs. (9) ist eine Liste mit zugelassenen Subunternehmern zu führen. Die Regelung ist nicht nur gesetzlich motiviert (vgl. etwa Art. 28 Abs. 2 DSGVO), sondern auch aus Gründen der Qualitätskontrolle vorzusehen (vgl. *Bräutigam* in Bräutigam IT-Outsourcing und Cloud-Computing, 4. Aufl., S. 984 f., Rn. 26, der zu Recht darauf hinweist, dass ein Totalverbot dem Interesse an wettbewerbsfähigen Preisen zu wider liefe).

5. **Hard- und Softwareübergang.** Der Vertrag geht davon aus, dass Hardware und Software im Rahmen der Einzelrechtsübertragung der entsprechenden Vermögensgegenstände auf den Auftragnehmer übergehen. Letztlich handelt es sich hier wie im → Form. VI.12 dargestellt um einen Asset Deal. Im Rahmen größerer Outsourcingverträge kommt es aber mitunter auch vor, dass eine den Service bisher ohnehin erbringende IT-Tochter eines Konzerns im Rahmen eines Sharedeals an den Auftragnehmer verkauft wird. In welchem Umfang die Vermögensgegenstände übergehen, ist eine Frage des Einzelfalles. Schwierigkeiten bereitet insbesondere der Übergang von Software-Lizenzen sowie der zugehörigen Pflegeverträge. Bei diesen ist ebenso wie bei Wartungsverträgen für Hardware und Telekommunikationsverträgen regelmäßig angezeigt, – schon rein vorsorglich – die Zustimmung des Vertragspartners zum Übergang entsprechender Verträge einzuholen. Mit dem Vermögensübergang stellen sich Fragen der Bilanzierung und Bewertung der entsprechenden Gegenstände. Im Detail wird auf das → Form. IV.11 verwiesen.

6. **Personalübergang.** Neben dem Übergang von materiellen und immateriellen Gütern spielt beim Outsourcing regelmäßig der Übergang von Personal eine große Rolle. Insbesondere soweit es sich um die Ausgliederung der gesamten IT oder aber der Ausgliederung eines bestimmten Bereichs der IT-Abteilung handelt, kann bzw. wird ein Teilbetriebsübergang im Sinne von § 613a BGB vorliegen. Für die Details ist auf die entsprechende Vereinbarung zum Personalübergang zu verweisen (→ Form. IV.12).

7. **Transition und Transformation.** Bevor der Betrieb der IT-Umgebung übernommen werden kann, müssen vorbereitende Maßnahmen getroffen werden. Der entsprechende Übergang von Daten, Applikationen und Diensten vom Kunden (oder vom Altprovider)

auf den übernehmen Provider wird als Transition bezeichnet, während die Transformation die Überführung des Ist- in den Soll-Betrieb betrifft (vgl. *Söbbing* ITRB 2013, 93; s. auch *Heymann* in Conrad/Grützmacher, Recht der Daten und Datenbanken im Unternehmen, S. 845, 847 f.; anders die Definition bei *Meents* in Lehmann/Meents, Handbuch des Fachanwalts Informationstechnologierecht, Kap. 7 Rn. 137).

Der Umfang der Transitions- und Transformationsmaßnahmen hängt davon ab, ob etwa bestehende Rechenzentren des Auftraggebers beibehalten werden – sprich an den Auftraggeber vermietet werden – und inwieweit bereits durch die Leistungsscheine eine Veränderung der IT-Landschaft gefordert ist. Dies ist etwa dann der Fall, wenn alte Hardware durch neue ersetzt werden soll. Aber auch ein Outsourcing in der Form, dass nur ein Teil der IT-Landschaft des Auftraggebers an den Auftragnehmer übergeben wird, wird in aller Regel dazu führen, dass vorbereitende Leistungen nötig sind. Schließlich müssen für das Outsourcing oftmals spezifische Software-Lösungen eingeführt werden, etwa zur Abgrenzung von Netzwerken oder auch zum Monitoring der entsprechenden Leistung.

Alle diese Maßnahmen im Vorfeld der Übernahme des Betriebs und auch die Tatsache, dass möglicherweise zu Beginn des Betriebes von dem Auftragnehmer Mitarbeiter eingesetzt werden, welche mit dem IT-Betrieb des Auftraggebers noch nicht vertraut sind (zum Personalübergang → Anm. 6 sowie → Form. IV.12), führen dazu, dass in einer Anfangsphase, die regelmäßig als Transition (oder auch als Migration) bezeichnet wird, die Leistungen kaum das später geschuldete Niveau erreichen können. Insofern wird regelmäßig in einem besonderen Leistungsschein über die Transition vereinbart, welche vorbereitenden Maßnahmen zu treffen sind (zu impliziten Pflichten und Haftungsfragen *Söbbing* ITRB 2013, 93 (94); zur vertraglichen Einordnung → Anm. 3) und in welchem Umfang die für den späteren Betrieb geschuldeten Leistungen reduziert sind (*Blöse/Pechardscheck* CR 2002, 785 (788); dazu *Bräutigam* in Bräutigam, IT-Outsourcing und Cloud-Computing, 4. Aufl., S. 972, Rn. 4 und S. 1151, Rn. 372). Auch insofern sind im Rahmenvertrag lediglich Eckpunkte festzuhalten. Diskutiert wird teils, die SLA erst nach drei bis sechs Monaten (voll) anlaufen zu lassen (*Hörl/Häuser* CR 2003, 713 (716)).

Soll der IT-Betrieb für den sog. Future Mode of Operation (FMO) zudem noch stark verändert werden, etwa eine grundlegend neue Technologie eingeführt werden, ist auch diese Transformation im Rahmen eines Leistungsscheins (samt Projektplan) genauer zu beschreiben (vgl. dazu *Söbbing* ITRB 2013, 93 (94 f.), der als Beispiel die Erneuerung der Hardware durch den Austausch sog. Fat Clients gegen effektivere Thin Clients oder das Ersetzen einer heterogenen Drucker- und Kopiererlandschaft (wartungsintensive Arbeitsplatzdrucker) durch ein Multifunktionsdrucker-Konzept nennt). Vorliegend ist dafür ein gemeinsamer Leistungsschein für diese wie für die Transition vorgesehen. Bei umfangreicheren Maßnahmen oder je nach zeitlicher Planung kann es aber auch Sinn machen, zwei Leistungsscheine vorzusehen.

Zu regeln sind (jeweils) auch die Mitwirkungsleistungen des Auftraggebers (vgl. *Söbbing* ITRB 2013, 93 (94 f.)).

8. Betrieb und betriebsbegleitenden Leistungen. Der Vertrag sieht vor, dass schon im Rahmenvertrag der Betrieb bzw. betriebsbegleitende Leistungen in Ansätzen skizziert werden. Die Aufzählung orientiert sich in Teilen an ITIL. Im Einzelfall ist zu entscheiden, ob noch weitere Leistungen im Rahmenvertrag oder ob diese (allein) in den Leistungsscheinen zu beschreiben sind.

9. Service Level. Weil IT-Leistungen nach erfolgtem Outsourcing nicht mehr im eigenen Unternehmen erbracht werden, ist es dann ggf. nicht mehr möglich, etwa auf Basis des arbeitsrechtlich bestehenden Direktionsrechts oder aber auch durch Weisungen im Konzern für ein ausreichendes Leistungsniveau zu sorgen. Dementsprechend müssen die geschuldeten Leistungen möglichst präzise, gleichzeitig aber auch zukunftsoffen beschrieben werden, ohne dabei zu starke Vorgaben hinsichtlich der genauen Technologie zu machen. Denn diese wird sich im Laufe des Vertrags ändern. Und aus der Möglichkeit, sich technologisch anders aufzustellen, rühren ggf. auch gewisse Möglichkeiten des Auftragnehmers, Synergien zu heben und damit Kosten zu minimieren. Um diesen Zielkonflikten gerecht zu werden, ist es erforderlich, zudem Vereinbarungen über die geschuldete Qualität der Leistung im Rahmen sog. Service Level zu treffen. Typischerweise werden hier neben den System- und Leistungszeiten Kenngrößen wie die Verfügbarkeit der Systeme, maximale Ausfallzeiten, Reparaturzeiten, Reaktionszeiten, Übertragungskapazitäten, etc als Leistungsparameter vereinbart (vgl. etwas *Blöse/Pechardscheck* CR 2002, 785 (787); *Beyer* ITRB 2005, 287 ff.; *Hörl/Häuser* CR 2003, 713 (715 f.); *Rath* K&R 2007, 362 (363, 365 f.); *Mann* MMR 2012, 499 ff., der hierfür auch plädiert, weil er das Risiko sieht, dass insgesamt nur Dienstvertragsrecht zur Anwendung kommen könnte; → Anm. 3.). Diese Kenngrößen sind zu messen und in Berichten für den Auftraggeber aufzubereiten. Schwierigkeit bereiten leistungsgerechte Kennzahlen beim BPO (*Hörl/Häuser* CR 2003, 713 (716)).

§ 6 Abs. (1) und (2) bestimmen zunächst einmal, dass Leistungsparameter (Service Level) überhaupt vereinbart werden. Sie verweisen dazu auf die Anlage „SLA". Bei umfangreichen und komplexen Outsourcingvorhaben wird dazu heutzutage regelmäßig eine eigenständige Anlage zu den Leistungsparametern (Service Leveln), also ein Service Level Agreement (SLA) abgeschlossen. Dieses hat auch den Vorteil, dass sämtliche signifikanten Leistungsparameter auf einen Blick nachzuvollziehen sind.

Beispiele für die Service Level sind:

- Die Verfügbarkeit der Systeme, die sich aus dem Verhältnis der Ist-Betriebsdauer zur Soll-Betriebsdauer über einen bestimmten Zeitraum (idR einen Monat) bezieht. Bei dieser Kenngröße ist zu beachten, dass der Messzeitraum nicht zu lang sein sollte und dass klar definiert sein muss, welches die Soll-Betriebsdauer (etwa System- oder Kernzeit mit oder ohne geplante oder gar ungeplante Wartungen) ist. Denn je nach Zuschnitt ist etwa eine Verfügbarkeit von 99,5 % viel oder wenig. Zu beachten ist auch, ob die Verfügbarkeit über die gesamte Leistungskette gemessen wird (sog. End-to-End-SLA), was idR den Kundeninteressen entspricht (*Beyer* ITRB 2005, 287 (288); *Rath* K&R 2007, 362 (364)), oder nur einzelne Leistungselemente betrifft. – Anzumerken ist insofern, dass der BGH teilweise davon ausgeht, dass ohne eine Festlegung eine 100 %ige Verfügbarkeit geschuldet ist (so zu Internet-Providern BGH CR 2001, 181 (182 f.)). – Wichtig ist auch festzulegen, was die Parteien technisch unter Verfügbarkeit verstehen (*Beyer* ITRB 2005, 287 (288)). Wird nur gemessen, ob ein System ansprechbar ist, ist das naturgemäß etwas anderes als die Funktionsfähigkeit bestimmter Anwendungen auf dem System. Bezogen aber kann die Verfügbarkeit auf ganz unterschiedliche Systeme sein (Host/Mainframe, Server, WAN, LAN, etc), und sie wird dann auch ganz unterschiedliche Werte ausweisen (*Schumacher* MMR 2006, 12 (13)). Regelmäßig präjudiziert die Verfügbarkeit auch einen bestimmten technischen Aufbau (zB redundante, gespiegelter Aufbau von Servern).
- Hinsichtlich der Ausfallzeiten können als Leistungsparameter die Mindestabstände zwischen den Fehlern (Mean-Time-between-Failure), die durchschnittliche oder maximal zulässige Dauer von Ausfällen (Mean-Time-to-Repair/maximal Downtime) oder die maximal zulässige Anzahl von Systemausfällen (*Beyer* ITRB 2005, 287 (288); vgl. *Schumacher* MMR 2006, 12 (14)) gemessen und vertraglich abgesichert werden.
- Festgelegt werden weiter regelmäßig Antwortzeiten, welche die Zeitspanne zwischen der Eingabe eines Befehls oder von Daten durch den Nutzer und der Rückmeldung durch das System ausweisen und von großer Bedeutung für effiziente Arbeitsabläufe sein können (*Hörl/Häuser* CR 2003, 713 (715); *Beyer* ITRB 2005, 287 (289)).
- Aus dem Bereich der Wartungs- und Pflegeverträge bekannt sind die im Rahmen von Outsourcingverträgen nicht minder relevanten Service Level zu Reaktions- und/oder Problemlösungszeiten. Bei diesen Service Leveln ist insbesondere festzulegen, wann

diese zu laufen beginnen, ob die Störungsmeldungen also einer bestimmten Form oder eines bestimmten Inhalts bedürfen.
- Schließlich werden teils auch subjektive Komponenten wie die Anwenderzufriedenheit abgefragt (dazu *Hörl/Häuser* CR 2003, 713 (716)).

Ohne die Vereinbarung entsprechender Leistungsparameter wäre eine Leistung mittlerer Art und Güte (§ 243 BGB) geschuldet (*Schumacher* MMR 2006, 12; *Rath* K&R 2007, 362 (363)). Zu detaillierte SLA können dann problematisch sein, wenn dadurch sonstige vertragliche oder gesetzliche Rechte verwässert werden (*Rath* K&R 2007, 362 (364)). Wichtig ist es auch aus Sicht des Auftraggebers genau zu überlegen, wie kritisch einzelne Systeme sind, und dementsprechend vor allem kritische Systeme mit SLA zu belegen (vgl. *Schumacher* MMR 2006, 12 (14)). Teilweise werden auch sog. Key Performance Indicator (KPI) ausgewiesen.

Gem. § 6 Abs. (2) ist die Vergütung vom Auftragnehmer (zumindest außerhalb des durch einen Toleranzwert bestimmten Bereichs) automatisch anzupassen (vgl. dazu *Rath* K&R 2007, 362 (364)). Der Vertrag ist insofern flexibel gestaltet. Ein Toleranzbereich kann in der Anlage SLA vorgesehen werden; zwingend ist dies aber nicht.

Unter § 6 Abs. (3) sieht der Rahmenvertrag vor, dass bestimmte Messverfahren genutzt werden. Auch müssen entsprechende Berichte gefertigt werden, denn nur so kann der Auftraggeber die Qualität der Leistungen wirklich im Detail kontrollieren und die Sanktionen bzw. die Abstellung von Missständen einfordern (vgl. § 6 Abs. (4) und (5)). Ohne genaue Angaben und eine präzise Beschreibung der Messverfahren und des Berichtswesen besteht daher die Gefahr, dass die Service-Level-Sanktionen in der Praxis leerlaufen (vgl. *Beyer* ITRB 2005, 287 (290); *Heymann* CR 2005, 706 (709)). Festzulegen sind etwa Messmethoden, -größen und -zyklen (vgl. *Hörl/Häuser* CR 2003, 713 (716); *Schumacher* MMR 2006, 12 (16 f.)). Wie Monitoring und Reporting technisch erfolgen, ist im Detail in der Anlage SLA festzulegen. Gerade die technisch präzise Beschreibung würde den Rahmenvertrag überfrachten, zumal zu erwarten ist, dass entsprechende Service Level im Laufe der Zusammenarbeit geändert werden müssen. Dies gilt etwa, wenn neue Systeme eingeführt und alte abgeschaltet werden oder aber wenn sich die Schwerpunkte und Risiken der IT-Landschaft des Auftraggebers verändern. Ungenaue SLAs hingegen sind einer der häufigsten Gründe der Unzufriedenheit mit Outsourcingverträgen (vgl. *Blöse/Pechardscheck* CR 2002, 785 unter Hinweis auf Studien von Gartner und der Meta Group). Die Übermittlung von Messdaten wird oft noch ergänzt durch die Möglichkeit des Kunden, unmittelbar („online"/„real-time") auf die Daten zugreifen zu können (vgl. *Hörl/Häuser* CR 2003, 713 (716); *Beyer* ITRB 2005, 287 (290)). Unter Umständen ist dem Vertrag ein Musterreporting beizufügen (*Schumacher* MMR 2006, 12 (17)). Ihre Wirkung erzielen entsprechende Service-Level-Vereinbarungen nur, wenn die Nichteinhaltung der entsprechenden Kennzahlen sanktioniert ist (vgl. § 6 Abs. (2)). Hier kommen grundsätzlich verschiedene Sanktionen in Betracht (*Beyer* ITRB 2005, 287 (290 ff.); *Rath* K&R 2007, 362 (365); *Schumacher* MMR 2006, 12 (14 ff.); *Mann* MMR 2012, 499 (501)):
- Denkbar sind zunächst Vertragsstrafen im eigentlichen Sinne. Dieses wird insbesondere bei unternehmenskritischen Systemen vereinbart werden.
- Darüber hinaus finden sich in der Praxis Vereinbarungen von pauschalisierten Schadensersatzansprüchen bzw. Minderungspauschalen. Ggf. kann dies je nach Gestaltung auch zu einer Haftungseinschränkung führen (vgl. dazu LG Karlsruhe CR 2007, 396, welches die Vorgabe einer 99 % Verfügbarkeit daher für AGB-rechtwidrig hielt).
- Schließlich kann bei besonders gravierenden Service-Level-Verstößen vereinbart werden, dass ein Recht zur außerordentlichen Kündigung besteht (vgl. *Hörl/Häuser* CR 2003, 713 (717); *Beyer* ITRB 2005, 287 (291): insbesondere bei Mängeln, die den Geschäftsbetrieb massiv und existenzgefährdend beeinträchtigen). Siehe dazu auch § 17 Abs. (3) des Formulars.

Die Ausgestaltung im Detail ist komplex, aber von besonderer Bedeutung für ein ausreichendes Controlling des Auftragnehmers. Schwierigkeiten ergeben sich auch mit Blick auf die Abgrenzung zur normalen Gewährleistung und Haftung (siehe dazu aus AGB-rechtlicher Sicht *Rath* K&R 2007, 362 (365)). Insofern ist auch zu klären, ob das normale Gewährleistungsregime substituiert wird (zumindest für SLA-belegte Leistungen), additiv gilt oder etwa Pönalen auf Schadensersatzansprüche angerechnet werden (verfehlt *Schumacher* MMR 2006, 12 (13), der meint, dass die SLA samt Sanktionsregeln das allgemeine Gewährleistungsrecht immer ersetzen sollen). Vorliegend kann etwa gemäß § 6 Abs. (2) vorgesehen werden, dass im Rahmen gewisser Korridore (bis zum Toleranzwert) zunächst nur die gesetzliche Minderung greift und erst dann festgelegte Pönalen einsetzen. Im Interesse des Kunden wird hingegen in der Regel ein sofortiges Einsetzen der Pönalen sein.

Der Auftragnehmer hat nach § 6 Abs. (5) Defizite näher zu untersuchen und abzustellen. Die Bedeutung dieser Klausel für den Auftragnehmer liegt darin, die Verbesserung der Leistungsqualität dauerhaft zu steigern. Es ist zudem zu erwägen, noch über die Regelungen des § 6 Abs. (5) und (6) hinaus, dem Auftraggeber Möglichkeiten zum Monitoring und Tracking einzuräumen (vgl. *Mann* MMR 2012, 499 (501)).

10. Entwicklungsklausel. Weil sich die an den Auftragnehmer ausgelagerte IT ständig weiterentwickelt, ist es erforderlich, diese auf technisch neuestem Stand zu halten. Dies gilt sowohl für die zu erbringenden Services als auch für die eingesetzten Systeme (zum Technology Refresh *Barton* CRi 2007, 8 (11 f.)). Diesem dient § 7. Gefordert werden sowohl die Erbringung nach den jeweils aktuellen Marktstandards (Abs. (1)) als auch die regelmäßige Erneuerung der Systeme (Abs. (2)). Ohne diese Verpflichtungen würde die kostensparenden Effekte des Outsourcings bald verpuffen, weil die vom Auftraggeber zu erbringenden Leistungen bzw. die zur Verfügung zu stellende IT-Landschaft schnell veralten würden. Damit aber würde das Preis-Leistungs-Verhältnis sich zu Lasten des Auftraggebers verändern. Insofern sieht der Vertrag in § 7 Abs. (1) vor, dass die IT-Landschaft und die geschuldeten Leistungen im Laufe der vertraglichen Zusammenarbeit stets den neuen technischen Entwicklungen anzupassen sind. In der Literatur werden solche Klauseln wegen der zahlreichen nicht überschaubaren Auswirkungen – ua auf die Preisgestaltung – teils skeptisch beurteilt (so *Bräutigam,* IT-Outsourcing und Cloud-Computing, 4. Aufl., S. 983 f., Rn. 24). Primär belasten die Klauseln aber den Anbieter, und zwar mit einem Kalkulationsrisiko.

Um nicht, was auch den Interessen des Auftraggebers zuwider läuft, zu kostentreibend zu wirken, fordert § 7 Abs. (2) nur eine regelmäßige Erneuerung, nicht aber, dass die Systeme immer State of the Art in dem Sinne sind, dass nur neuwertige Geräte eingesetzt werden. Das würde die Kosten des Outsourcings in der Tat unnötig in die Höhe treiben. Aus ähnlichen Gründen ist es regelmäßig auch verfehlt, gleich zu Vertragsbeginn einen kompletten Austausch der Hardware zu fordern (so auch *Heymann* CR 2005, 706 (707)). Die genauen Zyklen und sonstige Details der Erneuerung sollten in einem der Leistungsscheine geregelt werden. Versteht man den Austausch als Change, der formell zu dokumentieren ist, bietet es sich an, die Vorgaben im Leistungsschein „Änderungsverfahren“ zu regeln. Ob dafür das Change-Verfahren durchlaufen werden soll, hängt davon ab, ob die Hardware bzw. Software besonders sicherheitskritisch ist. Genauso gut können die Vorgaben aber auch in entsprechenden technischen Leistungsscheinen aufgenommen werden.

Weiter besteht die Gefahr, dass der Auftraggeber mit Blick auf seine IT-Landschaft nach einiger Zeit nicht mehr wettbewerbsfähig wäre, wenn diese mit Blick auf die eingesetzten Systeme und die Geschäftsprozesse nicht ständig optimiert würde. Dementsprechend sehen § 7 Abs. (3) und (4) vor, dass der Auftragnehmer hierzu entsprechende Vorschläge machen bzw. auf Wünsche, Anforderungen und strategische Entscheidungen des Auftraggebers eingehen soll. Vertragstechnisch werden diese nach § 7 Abs. (5) dann im Rahmen des sog. Änderungsverlangens (Change Requests) umgesetzt. Schwierigkeiten bereitet es, im Vorhinein festzulegen, wer die Kosten für neue Entwicklungen zu tragen hat (dazu *Barton* CRi 2007, 8 (12)).

11. Änderungsverlangen (Change Request). Nicht nur die technischen Entwicklungen, auch Entwicklungen im Unternehmen bzw. im Konzern selbst (Entlassung von Arbeitnehmern, Zukauf von Unternehmen, Umstrukturierung im Unternehmen, Ausweitung von Geschäftsfeldern, etc) erfordern es ständig, die ausgelagerte IT-Landschaft den neuen Bedürfnissen anzupassen. Dementsprechend sieht der Rahmenvertrag unter § 8 Abs. (1) vor, dass der Auftragnehmer auf Änderungsverlangen des Auftraggebers hin im Rahmen des Zumutbaren entsprechenden Änderungsverlangen zustimmen muss. Gleichwohl ist die Zahl der Änderungsverlangen möglichst gering zu halten (*Heymann* CR 2005, 706 (710)). Um dieses administrativ im Bereich des Handelbaren zu halten, wird durch den Rahmenvertrag unter § 8 Abs. (2)–(6) vorgegeben, ein bestimmtes Verfahren einzuhalten bzw. dazu sogar ein bestimmtes Formular zu nutzen. Danach müssen Inhalt, Art und Umfang der Änderungen und Ergänzungen spezifiziert werden. Diese müssen IT-technisch und fachlich begründet werden, und es müssen zu erwartende Auswirkungen auf wirtschaftliche und organisatorische Fragen geklärt werden. Der Auftragnehmer hat daraufhin zu prüfen und mitzuteilen, ob er das Änderungsverlangen durchführen wird, wobei er seine Zustimmung nur ausnahmsweise verweigern kann. Gerade Letzteres ist aus Sicht des Auftraggebers wichtig, denn hat er einmal die IT ausgelagert, ist der Auftraggeber vom Auftragnehmer extrem abhängig. Könnte sich Letzterer weigern oder astronomisch hohe Preise für geänderte Leistungen verlangen, würde sich das Outsourcing für den Auftraggeber mittelfristig nicht lohnen – in diesem Sinne ist auch, wo möglich, vorzusehen, bestimmte Änderungen, insbesondere soweit diese nur rein quantitativ sind, bereits im Voraus zu beschreiben und zu bepreisen (so auch *Bräutigam* in Bräutigam, IT-Outsourcing und Cloud-Computing, 4. Aufl., S. 1035, Rn. 130; *Heymann* CR 2005, 706 (710)). Im Rahmen entsprechender Vergütungsmodelle kann hier etwa mit sog. Warenkörben oder festgelegten „Artikeln" gearbeitet werden. Geschieht dieses, bietet es sich an, entsprechende Prozesse zum Change Request-Verfahren in einer Anlage – vorliegend als Anlage Change Management bezeichnet – genauer zu regeln.

12. Mitwirkung. Auch im Rahmen des Outsourcings ist, wie in § 9 des Rahmenvertrags vorgesehen, wie bei großen Projektverträgen eine Mitwirkung des Auftraggebers erforderlich (→ Form. IV.1 Anm. 1). Ohne diesen kann der Auftragnehmer seine Leistungen oftmals nicht erbringen (vgl. auch *Heymann* CR 2000, 23 (26), der auf die selbst beim RZ- oder Client-Server-Outsourcing oft zahlreichen Beistellungserfordernisse verweist). Dies rührt zunächst einmal daher, dass zu bestimmten Leistungen schlichtweg Entscheidungen auf Seiten des Auftraggebers getroffen werden müssen. Zum anderen aber wird es immer wieder Schnittstellen zu der noch beim Auftraggeber verbleibenden IT-Systeme (denkbar etwa bei der Auslagerung einer Mainframe-Umgebung bei Zurückbleiben der Server und Desktop-Umgebung) oder aber auch zu den Geschäftsprozessen des Auftraggebers geben. Hier ist das Ineinandergreifen der Leistungssphären des Auftraggebers und des Auftragnehmers zu bedenken. Eine besonders intensive und in der Literatur daher als Hauptpflicht qualifizierte Mitwirkung ist im Zweifel im Rahmen der Transition (Migration) erforderlich (*Heymann* CR 2000, 23 (26 f.)).

Im Rahmenvertrag können bestehende Zweifel zumindest im Ansatz aufgelöst und insofern festgelegt werden, ob entsprechende Mitwirkungshandlungen als Hauptleistung oder Nebenleistung (s. dazu auch die Rechtsprechung zu Softwareprojekten, etwa BGH NJW-RR 1988, 1369; NJW 1996, 1745; 1998, 2132) oder gar nur schlicht als Obliegenheit des Auftraggebers anzusehen sind. Darüber hinaus bietet es sich an, wie dies in § 9 Abs. (1) vorgesehen ist, Mitwirkungsleistungen, abgesehen von solchen, die sich verallgemeinern lassen, in erster Linie in den entsprechenden Leistungsscheinen zu regeln (*Bräutigam* in Bräutigam, IT-Outsourcing und Cloud-Computing, 4. Aufl., S. 1013, Rn. 91 f., S. 1239, Rn. 557 f. empfiehlt sogar, die einzelnen Mitwirkungsleistungen nur dort zu regeln). Weiter sind in § 9 Abs. (2) Beistellungen geregelt, also solche Leistungen, welche im Außenverhältnis weiter der Auftraggeber ordert, obwohl diese letztlich Teile der ausgelagerten Leistungen betreffen (→ Form. IV.11 Anm. 8).

§ 9 Abs. (4) und (5) bestimmt, wann und welche Rechtsfolgen sich bei der mangelnden Mitwirkung ergeben. Aus Sicht des Auftragnehmers ist es wichtig, dass er eine Warnung zu ausstehenden oder unzureichenden Mitwirkungsleistungen erhält. Die Verletzung von Mitwirkungsleistungen führt zunächst einmal dazu, dass der Auftragnehmer mangels Vertretenmüssens nicht mehr im Verzug gemäß § 286 Abs. 4 BGB ist, kann aber – insbesondere im Rahmen der Transition – bei werkvertraglichen Leistungen auch zu Entschädigungsansprüchen oder gar Kündigungsrechten des Auftragnehmers führen (§§ 642, 643 BGB; dazu *Bräutigam* in Bräutigam, IT-Outsourcing und Cloud-Computing, 4. Aufl., S. 1017, Rn. 99 ff.). Auch diesem wirkt das Formular entgegen.

13. Vertragsmanagement und Eskalationsstruktur. Zumal die Leistungsbeziehung beim Outsourcing auf Dauer angelegt ist, wird es immer wieder Situationen geben, in denen grundlegende Entscheidungen zu treffen, Probleme zu lösen und Unstimmigkeiten zwischen den Vertragspartnern abzustellen sind. Insofern ist ein ständiger Austausch auf verschiedenen Ebenen sowie eine entsprechende Eskalationsstruktur eine der grundlegenden Voraussetzungen für ein reibungsfreies Zusammenarbeiten. Diesem dient die Regelung unter § 10 des Rahmenvertrags. Hier wird festgelegt, wer Ansprechpartner für die vertraglichen Leistungen ist, wie die Arbeit koordiniert wird und wie die Qualität der Leistungen gesichert wird. Schließlich wird mit dem Lenkungsausschuss ein Gremium beschrieben, welches als oberste Instanz Entscheidungen treffen kann. Die Regelungen zur Eskalationsstruktur können weiter ausdifferenziert und ergänzt werden (s. etwa die Anregungen bei *Mann* MMR 2012, 499 (502)).

14. Abnahme. Weil im Laufe des Outsourcings – nicht zuletzt bei der Betriebsübernahme nach der Transition – immer wieder geprüft werden muss, ob die für den Betrieb vorbereitete IT-Landschaft aus Sicht des Auftragnehmers so ordnungsgemäß ist, sieht der Vertrag unter § 11 eine Abnahmeregelung vor (siehe dazu auch *Bräutigam* in Bräutigam, IT-Outsourcing und Cloud-Computing, 4. Aufl., S. 985 f., Rn. 27 f.). So ist es etwa für das SAP-Outsourcing typisch, dass zusätzlich zur Produktivumgebung auch eine Entwicklungs- und Testumgebung vorgehalten wird. Das heißt vom Auftragnehmer vorgenommene Änderungen bzw. Vorbereitungshandlungen zur Neueinführung von Software- oder sonstigen Lösungen sind zunächst zu testen und vom Auftraggeber abzunehmen, bevor sie in den Produktivbetrieb gehen. Zudem ist bei einer längeren Laufzeit zu erwarten, dass sich die Gesamtlandschaft etwa im Rahmen von Konsolidierungsmaßnahmen oder durch Erweiterungen des Outsourcings signifikant verändert. Auch in diesen Fällen kann die Abnahmeregelung zum Tragen kommen. Zu regeln ist insbesondere das Abnahmeprozedere bestehend aus Anzeige der Abnahmefähigkeit, Beginn der Abnahmetests, Protokollierung von Fehlern und ggf. der Abnahme sowie des Umgangs mit Fehlern verschiedener Klassen. Die vorliegende Klausel kann zu Gunsten des Anbieters dadurch verschärft werden, dass Teilabnahmen grundsätzlich zugelassen werden. Weiter ist zu überlegen, die Anwendung der Rügeobliegenheiten gem. § 377 HGB explizit auszuschließen.

15. Leistungsstörungen. Wie bereits eingangs unter → Anm. 3. aufgezeigt, unterliegen die im Rahmen des Outsourcings geschuldeten Leistungen je nach Ausprägung einem unterschiedlichen Gewährleistungsregime. In Betracht kommt die Anwendung der kauf-, miet-, dienst- und werkvertragliche Regelungen. Abbedungen wird durch § 12 Abs. (3) das Recht des Käufers einseitig zu bestimmen, ob ein Mangel beseitigt oder eine neue

Sache geliefert wird (vgl. § 439 Abs. 1 BGB). Sowohl in § 12 Abs. (3) als auch (4) wird klargestellt, dass der Rücktritt sich nur auf die betroffene Einzelleistung, nicht etwa auf den gesamten Outsourcingvertrag bezieht. Im Zweifel würde sich dies auch aus § 323 Abs. 5 S. 1 BGB ergeben.

Mit Blick auf § 536a Abs. 1 Alt. 1 BGB erscheint es sachgerecht, die verschuldensunabhängige Haftung des Auftraggebers auszuschließen, weil dieser ja in der Regel die vermietete Hardware und Software nicht herstellt. Eine andere Frage ist es, ob die Haftung für einzelne Service-Level-Verstöße verschuldensunabhängig ausgestaltet wird (→ Anm. 9).

Schwierigkeiten bereitet im Rahmen komplexer Outsourcingverträge die genaue Leistungsabgrenzung zu Dritten. Dieses können sonstige Provider des Auftragnehmers, aber auch Software- oder Hardwarelieferanten sowie Subunternehmer des Outsourcing-Anbieters sein. Unter Umständen bedarf es insofern der Regelung der Darlegungs- und Beweislast für die Verursachung von Leistungsstörungen durch Dritte (*Heymann* CR 2005, 706 (707)). Zu bedenken ist weiter, dass nicht sämtliche Zulieferer und Leistungsbringer in der Sphäre des Outsourcing-Providers Erfüllungsgehilfen iSv § 278 BGB sind. Schon aus diesem Grund erscheinen ggf. verschuldensunabhängige Service-Level-Vereinbarungen aus Kundensicht sinnvoll (vgl. dazu § 6 und → Anm. 9). Hinzu kommt, dass sich die (gesetzliche) Minderung in aller Regel kaum berechnen lässt (*Blöse/Pechardscheck* CR 2002, 785 (790)).

16. Notfallplanung und Höhere Gewalt. In engem Zusammenhang stehen die in § 13 adressierten Themen Notfallplanung und höhere Gewalt (siehe dazu auch *Steger* CR 2007, 137 (141)). Wird keine ausreichende Notfallplanung durchgeführt, kann dieses vielfältige Folgen haben. Eine wesentliche ist, dass die Auswirkungen in Fällen höherer Gewalt verstärkt werden. Andersherum reduziert eine umfassende Notfallplanung die Anwendungsfelder einer Klausel über die höhere Gewalt (*Steger* CR 2007, 137 (141)).

Eine Notfallplanung, wie sie in § 13 Abs. (1) vom Auftragnehmer eingefordert wird, ist nicht nur aus rein praktischen Beweggründen durchzuführen. Welche praktische Bedeutung diese Planung vielmehr hat, zeigen auch die rechtlichen Konsequenzen einer mangelnden Notfallplanung. So kann dieses im Sinne von § 254 BGB im Rahmen des Mitverschuldens bei Schäden zu berücksichtigen sein, zur Haftung der Unternehmensführung nach § 93 AktG, § 43 GmbHG (vgl. auch § 317 Abs. 4 HGB) sowie zu Maßnahmen der Aufsichtsbehörden (etwa gem. Art. 58 Abs. 2 lit. d DSGVO oder gem. §§ 35, 36 sowie 56 KWG) führen (*Steger* CR 2007, 137 (140 f.)). Inhaltliche Anforderungen für eine ordnungsgemäße Planung lassen sich etwa den Standards IDW PS 330 und COBIT entnehmen. Fester Bestandteil einer Notfallplanung, welche die Risikoerfassung und -analyse, die Planung der Risikobeherrschung, -vermeidung oder zumindest -reduzierung sowie Überlagerung von Risiken umfasst, ist etwa eine Datensicherung, welche die mehr oder minder unverzügliche Rücksicherung sämtlicher Datenbestände (einschließlich Software) ermöglicht (*Steger* CR 2007, 137 (141 f.)). Im Detail zu regeln ist, inwieweit die Notfallplanung des Auftragnehmers einen Teil eines umfassenderen Plans des Auftraggebers darstellt.

Allgemein werden unter höherer Gewalt von außen kommende, keinen betrieblichen Zusammenhang aufweisende, nicht voraussehbare, auch durch äußerste, vernünftigerweise zu erwartende Sorgfalt nicht abwendbare Ereignisse (BGHZ 100, 185), wie Kriege, innere Unruhen und Naturkatastrophen, verstanden. § 13 Abs. (2) definiert die Fälle höherer Gewalt nicht im Einzelnen. Klargestellt wird, dass hierzu auch rechtmäßige Streiks des eigenen Personals (anders bei rechtswidrigen Streiks, BGH NJW 1977, 1875) und unvorhersehbare Krankheitsfälle (Palandt/*Ellenberger* BGB § 206 Rn. 5) gehören.

17. Haftungsbeschränkungen. Die Auslagerung der IT ist aus Sicht des Auftragnehmers wie des Auftraggebers ein riskantes Geschäft. Hier gilt es, im Rahmen einer Haftungsbeschränkung zu regeln, welche Risiken vom Auftragnehmer zu tragen sind. Gerade bei besonders IT-lastigen Unternehmen drohen hohe Schäden. Andererseits wird der Auftragnehmer aus gutem Grunde nicht bereit sein, für solche Schäden vollends zu haften. Dementsprechend sind hier im Einzelfall entsprechende Haftungsbegrenzungen zu verhandeln, welche insbesondere auch bestimmte Haftungssituationen und die Umstände des Einzelfalls im Auge haben. § 14 kann allenfalls die Ausgangsbasis für entsprechende Vertragsverhandlungen darstellen. Oft wird die Haftungsgrenze an der Vergütung orientiert, sei es durch starre oder durch sich (automatisch) anpassende Haftungsbegrenzungen (vgl. *Mann* MMR 2012, 499 (501 f.)). Regelmäßig wird der Auftragnehmer fordern, dass die Haftung für mittelbare Schäden und entgangenen Gewinn ausgeschlossen ist. Zu beachten ist dabei zunächst, dass das Gesetz den Begriff des mittelbaren Schadens nicht kennt und dieser daher unscharf ist (vgl. auch *Brandi-Dohrn* CR 2014, 417 (422) unter Hinweis auf BGH NJW 1994, 2228 (2229)). Weiter handelt es sich hierbei um die Schäden, die für den Auftraggeber besonders gravierend sind. Wieweit der Auftraggeber insofern haften soll, ist daher individuellen Verhandlungen zu überlassen. Aus Sicht des Auftragnehmers sollte dieser sich insbesondere auch nicht darauf verlassen, dass bestimmte Haftungsgrenzen AGB-fest sind, denn es ist quasi nicht zu prognostizieren, welche Haftungsgrenzen hier von der Rechtsprechung im Sinne von § 307 BGB noch als angemessen akzeptiert würden. Andersherum ist eine niedrige Haftungsgrenze aus Sicht des Auftraggebers dann eher hinzunehmen, wenn den Auftraggeber besonders harte Sanktionen im Bereich der Service-Level-Verstöße treffen. Hier kommt es also mithin darauf an, was für Pönalen und Sanktionen festgeschrieben werden.

18. Vergütung. Auch die Vergütung kann im Rahmenvertrag nicht pauschal festgelegt werden. Vielmehr ist es zu empfehlen, diese zumindest auf die entsprechenden Leistungsscheine, wenn nicht gar auf einzelne IT-Komponenten bzw. standardisierte Leistungspakete („Artikel“) zu beziehen (vgl. *Blöse/Pechardscheck* CR 2002, 785 (787); siehe auch *Bräutigam* in Bräutigam, IT-Outsourcing und Cloud-Computing, 4. Aufl., S. 995 f., Rn. 48 ff.). Der Rahmenvertrag kann hier lediglich die allgemeinen Regelungen für die Preisregelungen im Rahmen der Leistungsscheine bzw. spezieller Preisvereinbarungen schaffen. Aus Sicht des Auftraggebers ist es wichtig, ein besonders flexibles Preismodell zu erhalten. Gelingt ihm dieses nicht, wird er sich ständigen Nachforderungen des Auftragnehmers ausgesetzt sehen.

19. Benchmarking. Darüber hinaus ist gemäß § 16 des Rahmenvertrags ein sog. Benchmarking vorgesehen. Alternativ wird dieses auch oft in gesonderten Anlagen oder Leistungsscheinen vereinbart. Das Benchmarking wird mit Hilfe spezieller Dienstleister (IT-Beratungsunternehmen) durchgeführt. In § 16 Abs. (1) ist festgelegt, dass das Benchmarking bereits am Ende des zweiten Vertragsjahres das erste Mal durchgeführt werden kann. Denkbar ist aber abhängig von der Art des Outsourcings auch ein früherer oder noch späterer Zeitpunkt. Das Benchmarking-Unternehmen wird im Einvernehmen mit dem Auftragnehmer beauftragt, die Leistungen, die Preisstrukturen und die Wirtschaftlichkeit des gesamten Outsourcing-Vertragswerkes zu beleuchten.

Probleme bereitet es, den genauen Umfang des Benchmarkings im Vorhinein festzulegen. § 16 Abs. (2) erlaubt hier flexibel zu sein. Denn Vergleichsdaten sind nicht leicht zu erhalten, und die Vergleichbarkeit verschiedener Outsourcing-Vorhaben ist teils nur schwer zu gewährleisten (*Nolte* CR 2004, 81 (84)).

§ 16 Abs. (3) sieht vor, dass eine Vorauswahl hinsichtlich der Benchmarking-Unternehmen getroffen wird – dies schon deshalb, damit es später nicht zu unnötigen Verzögerungen kommt. Der Auftraggeber wird zu Recht darauf bestehen, dass seine Wettbewerber als Benchmarking-Unternehmen nicht in Betracht kommen. Vorgesehen ist in Abs. (4), dass ein zweiseitiger Vertrag zwischen Benchmarking-Unternehmen und Auftraggeber geschlossen wird. In der Praxis finden sich teilweise auch dreiseitige Verträge oder solche zwischen Anbieter und Outsourcing-Anbieter (*Nolte* CR 2004, 81 (83)).

Stellen sich im Vergleich zum Marktdurchschnitt bzw. zum Markt gravierende Abweichungen heraus, kann dieses je nach Vereinbarung im Einzelfall zu Sonderkündigungsrechten oder automatischen Preisanpassungen führen oder aber, wie in § 16 Abs. (5)–(8) vorgesehen, zu Anpassungen im Verhandlungswege (zu den verschiedenen Gestaltungsmöglichkeiten *Barton* CRi 2007, 8 ff.; *Bräutigam* in Bräutigam, IT-Outsourcing und Cloud-Computing, 4. Aufl., S. 1005 f., Rn. 72 ff.; *Nolte* CR 2004, 81 (85 f.)).

20. Laufzeit. Outsourcingverträge haben regelmäßig eine Laufzeit zwischen drei und fünf Jahren; in Einzelfällen auch wesentlich länger. Aus Sicht des Auftragnehmers ist es hierbei wichtig, dass die Leistungen nach den einzelnen Leistungsscheinen nicht unterschiedlich lange Laufzeiten haben. Andernfalls findet sich nie ein Zeitpunkt, zu dem sich der Auftraggeber in einem wirtschaftlich vernünftigen Rahmen von seinem Auftraggeber trennen könnte. Denn laufen einzelne Leistungsscheine länger, so muss er diese noch weiter vergüten, auch wenn er diese und sonstige Leistungen unter Umständen von einem neuen Dienstleister bezieht. Insofern ist darauf zu achten, dass die Leistungsscheine in aller Regel auf die Laufzeit des Rahmenvertrags abstellen. Besteht die Gefahr, dass hierauf im Laufe der Zusammenarbeit durch die involvierten Personen nicht mehr ausreichend geachtet wird, ist zu erwägen, § 17 Abs. (1) S. 2 zu ändern.

In modernen Outsourcingverträgen ist es Usus, dem Auftraggeber ein Lösungsrecht gegen Zahlung einer Abfindung zu gewähren (*Bräutigam* in Bräutigam, IT-Outsourcing und Cloud-Computing, 4. Aufl., S. 1125, Rn. 309 ff.; *Heymann* CR 2005, 706 (710)). Dem entspricht § 17 Abs. (2). Teils finden sich auch Regelungen, nach welchen die sog. Remanenzkosten zu zahlen sind. Diese sind dann entsprechend den Prinzipien von § 648 BGB aufwendig zu definieren. Derartige Definitionen sind häufig Gegenstand langwieriger Verhandlungen und für beide Seiten nicht ohne Tücken.

Nach den Gegebenheiten des Einzelfalles weiter zu ergänzen ist § 17 Abs. (3). Vorliegend ist nur ein Verweis auf schwerwiegende SLA-Verstöße aufgenommen. Tatsächlich ist aber eine Vielzahl von Gründen zur außerordentlichen Kündigung denkbar (*Bräutigam* in Bräutigam, IT-Outsourcing und Cloud-Computing, 4. Aufl., S. 1113 ff., Rn. 281 ff., nennt etwa noch den Zahlungsverzug, die Insolvenz des Anbieters sowie den Fall des Change-of-Control; vgl. auch *Mann* MMR 2012, 499 (501)).

21. Vertragsbeendigung. Sobald der Vertrag beendet und die Leistungen wieder durch den Auftraggeber bzw. einen neuen Provider übernommen werden, stellt sich die Frage des erneuten Betriebsübergangs nach § 613a BGB. § 18 Abs. (1) legt dem Auftragnehmer daher die Verpflichtung auf, dieses Risiko zu minimieren bzw. den Auftraggeber insofern freizustellen (vgl. auch *Kremer/Kamm* ITRB 2013, 264 (265)). Gerade beim sog. 2nd-Generation-Outsourcing kann dieses erheblichen Einfluss auf den Business-Case eines neuen Anbieters haben. Unter Umständen sollten abhängig von der konkreten Betriebssituation auch noch Einzelmaßnahmen festgelegt werden (*Kremer/Kamm* ITRB 2013, 264 (265)). Weiter ist zu regeln, in welchem Umfang bzw. dass der Auftragnehmer bereits durch Rückstellungen abgesicherte in der Vergangenheit begründete, aber erst in der Zukunft fällige Ansprüche der Arbeitnehmer (zB aus Pensionsverpflichtungen oder Direktversicherungen) kompensiert, die sich im Rahmen von § 613a BGB nach Vertragsende ggf. gegen den Auftraggeber bzw. den neuen Drittprovider richten würden.

Mit der Vertragsbeendigung stellt sich weiter die Frage, wie die an den Auftraggeber ausgelagerten IT-Systeme samt dem damit verbundenen Know-how zurück auf den Auftraggeber bzw. auf einen neuen Provider übertragen werden können (sog. Remigration bzw. -transition). Problematisch ist insofern, dass der Auftraggeber, insbesondere wenn auch mit der IT betrautes Personal auf den Auftragnehmer übergegangen ist, in vielen Fragen nicht mehr in der Lage ist, die Umstände der Überleitung selbstständig zu beurteilen und diese selbstständig durchzuführen. Vielmehr benötigt er das nunmehr auf den Auftragnehmer übergegangene Know-how, um die Systeme auch in Zukunft betreiben bzw. um eine Neuausschreibung des Outsourcings gegenüber einem Dritten vernünftig vorbereiten zu können (vgl. *Blöse/Pechardscheck* CR 2002, 785 (790 f.); *Kremer/Kamm* ITRB 2013, 264 (265)). Vor diesem Hintergrund sieht § 18 in den Abs. (2) und (3) vor, dass die speziell für den Auftraggeber entwickelten Lösungen sowie dessen Daten zu übergeben sind und der (bisherige) Auftragnehmer zu gewissen Unterstützungsleistungen verpflichtet ist. Im Details sollte der Auftragnehmer etwa alle migrationsfähigen Daten sowie sonst erforderliche Informationen und Dokumente liefern, uU Mitarbeiter schulen oder eigene zur Unterstützung bereit halten, bis der Betrieb stabil auf den neuen Anbieter übergegangen ist (vgl. *Blöse/Pechardscheck* CR 2002, 785 (790 f.); *Bräutigam* in Bräutigam, IT-Outsourcing und Cloud-Computing, 4. Aufl., S. 1127, Rn. 316 f.; *Kremer/Kamm* ITRB 2013, 264 (265)). Dieses sollte auch im Fall der außerordentlichen Kündigung gelten (s. auch die Rechtsprechung des OLG Köln K&R 2003, 573 (576) zu Wartungsverträgen, die wegen der Schwierigkeiten, eine Ersatzlösung zu finden, eine besonders lange Kündigungsfrist zugesteht). Entgegen *Kremer/Kamm* ITRB 2013, 264 (265), die dieses zumindest bei der außerordentlichen Kündigung durch den Auftragnehmer in Frage stellen, kann es aber sehr wohl auch im Interesse des Auftragnehmers sein, wenn es eine Abwicklungsphase selbst dann gibt; denn nicht jede außerordentliche Kündigung ist zweifelsfrei wirksam, und eine unwirksame Kündigung wäre deshalb ohne Abwicklungsphase ungleich schadensträchtigter und mithin unter dem Aspekt einer Schadensersatzpflicht riskanter.

Mit Blick auf die Herausgabe der Daten ist insofern zu bedenken, dass die dem Auftraggeber zustehenden gesetzlichen Rechte beschränkt sind (*Grützmacher* ITRB 2004, 260 sowie ITRB 2004, 282; *Heymann* in Conrad/Grützmacher, Recht der Daten und Datenbanken im Unternehmen, S. 845, 861 ff.) und es deshalb einer entsprechenden vertraglichen Regelung bedarf. Angepasst auf den Einzelfall ist daher zu erwägen, die Regelungen unter § 18 Abs. (3) noch um weitere technische Details zu ergänzen.

Daneben stellt sich aber auch die Frage, ob, in welchem Umfang und zu welchem Preis sonstige Hard- und Software zurückverlangt werden kann (siehe dazu *Bräutigam* in Bräutigam, IT-Outsourcing und Cloud-Computing, 4. Aufl., S. 1129, Rn. 320 f.). Hierzu sieht § 18 Abs. (4) vor, dass der Auftragnehmer ein entsprechendes Angebot zur Übertragung der Hard- und Software zu unterbreiten hat. Für die Frage der Übertragbarkeit stellen sich die gleichen Fragen wie bei der ursprünglichen Übertragung der Assets an den Provider (siehe dazu § 3 und → Anm. 5 sowie die → Anm. 6 sowie die Kauf- und Übertragungsvereinbarung in → Form. 11).

Aus Gründen des Datenschutzes (Art. 28 Abs. 3 S. 2 lit. g DSGVO) sind die Daten am Vertragsende zu löschen bzw. entsprechende Datenträger zu übergeben. Beim Outsourcing läuft dieses, wie es in § 18 Abs. (5) angelegt ist, in der Regel auf eine Löschung der Daten hinaus. Entgegensendende Aufbewahrungs- und Archivierungspflichten bilden eine legitime Ausnahme (vgl. zu diesen *Reitsam/Seonbuchner* in Conrad/Grützmacher, Recht der Daten und Datenbanken im Unternehmen, S. 977 ff.).

22. Schutz- und Nutzungsrechte. Regelmäßig entsteht beim Outsourcing im Rahmen der Weiterentwicklung zumindest in einem geringen Umfang neue Software. Dieses mögen etwa Skripten, Datenbanken oder sogar kleinere Programme sein. Um die Rechte an dieser Software auch für die Zeit nach dem Vertragsende zu Gunsten des Auftraggebers abzusichern, sieht § 20 Abs. (1) auch für die Zeit nach dem Vertragsende eine umfassende Nutzungsrechtseinräumung vor. Diskussionspunkt in Verhandlungen ist regelmäßig die Frage, ob an speziell für den Kunden erbrachten Leistungen zu dessen Gunsten exklusive Rechte bestehen sollen. Nach Abs. (2) sind die entsprechenden Arbeitsergebnisse ordnungsgemäß zu dokumentieren. Das ist gerade bei Software wichtig. § 20 Abs. (3) regelt den Umgang mit Arbeitsergebnissen, die als gewerbliches Schutzrecht angemeldet werden, also etwa Patentschutz erlangen können (dazu ausführliche Wandtke/Bullinger-*Grützmacher*, Praxiskommentar zum Urheberrecht, 5. Aufl., § 69g Rn. 9 ff.). Weiter sieht § 20 Abs. (4) in nicht AGB-fester Weise vor, dass der Auftraggeber verschuldensunabhängig für die Einräumung von durch ihn gestellter Software einstehen muss. Insgesamt sind die Regelungen der Abs. (1)–(4) im Zweifel entsprechend den Umständen des Einzelfalles weiter auszubauen.

Andersherum erlaubt § 20 Abs. (5) dem Auftragnehmer für die Vertragslaufzeit die Nutzung von durch den Auftragnehmer erstellter Software, soweit diese nicht ohnehin schon Gegenstand der Kauf- und Übertragungsvereinbarung ist.

23. Schutzrechtsverletzungen. Für Schutzrechtsverletzungen gelten im Rahmen des Outsourcings keine Besonderheiten. Insofern wird auf → Form. IV.5 Anm. 16 verwiesen. Die hier vorgesehene verschuldensunabhängige Freistellung ist so nicht AGB-fest.

24. Geheimhaltungsverpflichtung. Kaum einem Unternehmen und seinen Mitarbeiter ist ein so tiefgehender Einblick in die Betriebs- und Geschäftsgeheimnisse des Auftraggebers möglich, wie dem Outsourcing-Anbieter. Dementsprechend wird der Auftragnehmer gemäß § 22 zur Geheimhaltung verpflichtet. Zu erwägen ist, zusätzlich – und sei es nur unter präventiven Aspekten – noch eine Vertragsstraferegelung aufzunehmen (→ Form. IV.6 § 11 und → Anm. 18).

25. Datenschutz, Datensicherheit und Sicherheitsmanagement. Einen zentralen Aspekt der Vertragsgestaltung stellt beim IT-Outsourcing der Datenschutz dar (dazu *Eckhardt* CCZ 2017, 111; *Grützmacher/Freund* in Intveen/Gennen/Karger, Handbuch des Softwarerechts, S. 691, 695 ff., 698 ff.; *Härting* ITRB 2016, 137; *Hörl* RDV 2016, 307; *Schmidt/Freund* ZD 2017, 14; *Seiter* DuD 2019, 127; im Detail noch zum BDSG aF: *Kramer/Herrmann* CR 2003, 938; *Räther* DuD 2005, 461; *Grützmacher* ITRB 2007, 183). Nach der DSGVO ist jede Form der Verarbeitung personenbezogener Daten erlaubnispflichtig. Da aber eine Einwilligung aller betroffenen Personen iSv Art. 6 Abs. 1 S. 1 lit. a DSGVO in aller Regel nicht eingeholt werden können wird, ist die Datenverarbeitung durch den Outsourcing-Anbieter nur dann zulässig, wenn sie sich entweder nach Art. 6 Abs. 1 S. 1. lit. f DSGVO rechtfertigen lässt, oder aber, wenn eine Auftragsdatenverarbeitung iSv Art. 28 DSGVO vorliegt, die dann nicht als Verarbeitung durch einen Dritten gilt (dazu *Grützmacher/Freund* in Intveen/Gennen/Karger, Handbuch des Softwarerechts, S. 691, 694 ff., Rn. 11 ff.). Entscheidend ist dabei, welche Entscheidungsspielräume für den Auftragnehmer hinsichtlich der Datenverarbeitung bestehen, wobei die DSGVO hier mehr zulässt als das BDSG aF (dazu *Grützmacher/Freund* in Intveen/Gennen/Karger, Handbuch des Softwarerechts, S. 691, 697 f., Rn. 17). Sind diese wie etwa in Teilbereichen des BPO groß, liegt eine echte Funktionsübertragung vor, die allenfalls im Rahmen des Art. 6 Abs. 1 S. 1. lit. f DSGVO zu rechtfertigen ist. Sind die Spielräume gering, ist es entscheidend, wie in § 22 Abs. (1)–(2) vorgesehen, die Anforderungen des Art. 28 DSGVO zu erfüllen. Dazu ist zunächst erforderlich, dass die Auftragsdatenverarbeitung schriftlich vereinbart wird und der Auftragnehmer die Verarbeitung weisungsgebunden durchführt, also sozusagen als verlängerte Werkbank. Der Auftraggeber bleibt dabei „Herr der Daten". § 22 Abs. (2) setzt Art. 28 Abs. 3 DSGVO um, nach dem diverse Aspekte vertraglich geregelt werden müssen.

Charakteristisch für die Auftragsdatenverarbeitung ist, dass sie weisungsgebunden ist (Art. 28 Abs. 3 S. 2 lit. a sowie S. 3 DSGVO).

Weiter müssen nach Art. 28 Abs. 1 S. 2 DSGVO Angaben zum Gegenstand und zur Dauer der Verarbeitung, zur Art und zum Zweck der Verarbeitung, zur Art der personenbezogenen Daten und zu den Kategorien der betroffenen Personen festgehalten werden. Hierzu ist die unter § 22 Abs. (2) b) in Bezug genommene Anlage „Daten und technisch-organisatorische Maßnahmen" zu schaffen.

Verarbeitet werden dürfen die Daten nur durch auf zur Verschwiegenheit verpflichtete Mitarbeiter des Auftragnehmers (Art. 28 Abs. 3 S. 2 lit. b DSGVO), und zwar nur im Rahmen der vorgegebenen Auftragsdatenverarbeitung und deren Verarbeitungszwecke und soweit durch technische und organisatorische Maßnahmen die Sicherung der Daten gegen unbefugte Verarbeitung oder Nutzung sowie gegen Verlust und Verfälschung gewährleistet ist.

In Anlage „Daten und technisch-organisatorische Maßnahmen sollten auch die sog. technisch-organisatorischen Maßnahmen (TOMs) bzw. Sicherheitsmaßnahmen dokumentiert werden. Soweit hier Art. 32 DSGVO eingreift, ist anzumerken, dass die aus Art. 32 DSGVO folgende Pflicht, ein umfassendes Datenschutzkonzept zu erstellen, in der Regel Analysen und Festlegung erfordert, die erst im Rahmen der Transition oder gar später vorgenommen werden. So werden Outsourcingleistungen gerade in der Übergangsphase nicht immer in Übereinstimmung mit den Buchstaben des Gesetzes erbracht. Spätestens zum Stichtag der Produktivnahme, eigentlich aber schon vorher, sollten die Anforderungen des Art. 32 DSGVO aber abgearbeitet sein; vorher ist notfalls mit anonymisierten Testdaten zu arbeiten. Ggf. ist die Anlage „Daten und technisch-organisatorische Maßnahmen" dann später noch einmal nachzuschärfen.

Subunternehmer darf der Auftragnehmer nach diesem Vertragsformular nur einschalten, wenn der Auftraggeber zustimmt und der Subunternehmer Abs. 2 und 4 des Art. 28 DSGVO einhält (Art. 28 Abs. 3 S. 2 lit. d DSGVO). So ist der Auftraggeber auf der sicheren Seite. In der Praxis wird es aber auftraggeberseitig oftmals die Forderung geben, eine generelle Zustimmung mit Widerspruchsmöglichkeit zu vereinbaren (zu den Problemen rund um Art. 28 Abs. 2 S. 2 lit. d DSGVO *Grützmacher/Freund* in Intveen/Gennen/Karger, Handbuch des Softwarerechts, S. 691, 705, Rn. 48 ff.).

Weiter fordert das neue Recht in Art. 28 Abs. 3 S. 2 lit. e und f DSGVO die Unterstützung des Auftraggebers bei den Betroffenenrechten und der Sicherstellung der Sicherheit der Verarbeitung, der Meldung von Verletzungen des Schutzes personenbezogener Daten an die Aufsichtsbehörde sowie Benachrichtigung der Betroffenen und schließlich der Datenschutz-Folgenabschätzung.

Nach Beendigung des Outsourcings hat der Anbieter die personenbezogen Daten nach Wahl des Auftraggebers zu löschen oder herauszugeben und zu löschen (Art. 28 Abs. 3 S. 2 lit. g DSGVO).

Er muss weiter dem Datenschutzbeauftragten des Auftraggebers bzw. diesem selber die Kontrolle, Prüfung und Überwachung der ordnungsgemäßen, gesetzeskonformen Datenverarbeitung ermöglichen bzw. diese nachweisen (Art. 28 Abs. 3 S. 2 lit. h DSGVO). Der Auftragnehmer hat dem Auftraggeber die Kontrolle der Durchführung der Datenverarbeitung und -nutzung zu ermöglichen, dieser seinerseits ist hierzu gesetzlich verpflichtet. Datenschutzverstöße hat er zu melden.

Dass ein Outsourcing-Anbieter einen Datenschutzbeauftragten haben muss, liegt auf der Hand und ergibt sich aus Art. 37 DSGVO.

Da der Imageschaden für den Auftragnehmer enorm sein kann, dieser den tatsächlichen Sachverhalt im Zweifel aber gar nicht mehr überblickt, sichert § 22 Abs. (3) den Auftragnehmer noch zusätzlich ab.

Besondere Schwierigkeiten bereitet das Outsourcing in einigen Spezialbereichen, in denen selbst die Vereinbarung einer Auftragsdatenverarbeitung iSv Art. 28 DSGVO die Erbringung der IT-Leistungen durch einen Dritten, nämlich durch den Auftragnehmer, datenschutzrechtlich oder mit Blick auf spezielle Geheimnispflichten (so insbesondere bei durch § 203 StGB geschützt Informationen, zur seit 2017 neuen und liberalisierten Rechtslage etwa *Hartung/Steinweg* PinG 2018, 21; *Klugmann/Leenen/Salz* AnwBl 2018, 219; *Kraus* PinG 2018, 16 *Pohle/Ghaffari* CR 2017, 489; siehe dazu sowie zu anderen gesetzlichen Hemmnissen die oben unter d) angegeben Literatur) nicht ausreichend absichert.

26. Schlussbestimmungen. Ergänzend zu § 2 Abs. (10) enthält § 23 Abs. (4) eine Regelung, durch die die Haftung für Subunternehmer erweitert wird. Die Genehmigung sollte aus Gründen der Dokumentation und angesichts ihrer weiterreichenden Folgen in gesetzlicher Schriftform erfolgen. Dies ist teilweise schon aus Gründen des Datenschutzrechts geboten (vgl. Art. 28 Abs. 2 DSGVO).

Inwieweit man für Vertragsänderungen E-Mails entgegen § 127 Abs. 2 BGB für nicht ausreichend erklärt, ist eine Frage des Einzelfalls. Insofern mögen gute Gründe dafür sprechen, für das gesamte Vertragswerk von der Regelung des § 23 Abs. (2) Abstand zu nehmen. Zumindest für einzelne Aspekte ist das angezeigt.

Aufgrund der Vielschichtigkeit der beim Outsourcing relevanten Begriffe ist ein Glossar dringend zu empfehlen (vgl. § 23 Abs. (3). Dieses ermöglicht es, mehrdeutige oder nicht klar definierte Begriffe eindeutig festzulegen.

Nach § 23 Abs. (4) haben die Regelungen der Leistungsscheine Vorrang vor denen des Rahmenvertrags. Aufgrund der Komplexität der Regelungen spricht im Rahmen größerer Outsourcingvorhaben einiges dafür, dieses Verhältnis umzukehren. Zu regeln ist auch das Verhältnis der Leistungsscheine untereinander. Der Leistungsschein „IT-Security" etwa dürfte in der Regel Vorrang vor anderen technischen Leistungsscheinen haben.

§ 23 Abs. (6) regelt, dass ein Schlichtungsverfahren beschritten wird, um Konflikte zwischen den Parteien beizulegen. Teils wird dieses als überflüssiger Schritt vor einer gerichtlichen Auseinandersetzung angesehen. Allerdings darf nicht verkannt werden, dass die Vertragsparteien sich im Zweifel noch in einer laufenden Geschäftsbeziehung befinden, die auch nicht leicht aufzulösen ist, und dass für beide viel auf dem Spiel steht. Das spricht dafür, die Schlichtung vorzusehen.

12. Kauf- und Übertragungsvereinbarung

zwischen der Firma[1, 2] . . . . . (nachfolgend „Auftragnehmer" genannt)
und der Firma . . . . . (nachfolgend „Auftraggeber" genannt)

§ 1 Vertragsgegenstand[3]

(1) Die Vertragsparteien haben mit gleichem Datum einen Outsourcing-Rahmenvertrag samt Leistungsscheinen und sonstigen Anlagen geschlossen.
(2) Zum Zweck der Übernahme der IT-Landschaft des Auftraggebers und zu deren Betrieb vereinbaren die Vertragsparteien die Übertragung der zu dieser IT-Landschaft gehörenden Vermögensgegenstände und Verträge mit Dritten nach Maßgabe dieses Vertrags. Dieses betrifft ausschließlich die in den Anlagen zu diesem Vertrag genannte Software, Hardware und sonstigen Vermögensgegenstände sowie die dort spezifizierten Verträge.
(3) Der Eigentumserwerb und/oder die Übertragung der Nutzungsrechte an der in den Anlagen aufgeführten Hardware und Software durch den Auftragnehmer stehen unter der aufschiebenden Bedingung der Zahlung des gesamten für die zu übertragenden Gegenstände in § 7 festgelegten Kaufpreises, soweit dieser nicht erst nach § 7 Abs. (4) S. 2 später fällig wird (Eigentumsvorbehalt).

§ 2 Übertragungsverpflichtung[4]

(1) Der Auftraggeber verpflichtet sich unwiderruflich, zum Stichtag . . . . . (nachfolgend kurz „Übertragungsstichtag"):

a) die in der Liste der Vermögensgegenstände (nachfolgend kurz „Assetliste") (Anlage 1) aufgeführte Hardware und Software sowie aufgeführten sonstigen körperlichen Vermögensgegenstände und
b) die in der „Liste der Verträge" (Anlage 2) aufgeführten Verträge

auf den Auftragnehmer zu übertragen. Die Vertragsparteien werden die Listen einvernehmlich um solche Hardware, Software, sonstigen Vermögensgegenstände oder Verträge ergänzen oder reduzieren, welche bis zum Übertragungsstichtag als Ersatz oder Ergänzung hinzugekommen sind oder deren Übertragung überflüssig geworden ist; der Auftragnehmer wird seine Zustimmung zu solchen Änderungen nicht treuwidrig verweigern. § 7 findet ggf. entsprechende Anwendung.

(2) Die Verpflichtung nach Maßgabe des § 2 Abs. (1) besteht nur in dem gemäß §§ 3–6 näher spezifizierten Umfang.

(3) Sonstige Hardware und Software verbleiben im Eigentum des Auftraggebers, es sei denn, dass sie essentieller Teil der zu übertragenden IT-Landschaft und/oder Teil der Hardware und/oder Software der „Assetliste" (Anlage 1) sind.

§ 3 Übergang der Hardware[5]

(1) Der Auftraggeber überträgt aufschiebend bedingt auf die vollständige Kaufpreiszahlung gemäß § 7 mit Wirkung zum Übertragungsstichtag die in der „Assetliste" (Anlage 1) aufgeführte Hardware. Zum Übertragungsstichtag gehen das Eigentum, Miteigentum, Anwartschaftsrechte und alle sonstigen Rechte und Berechtigungen an der in der „Assetliste" (Anlage 1) benannten Hardware und den sonstigen dort benannten körperlichen Vermögensgegenständen auf den Auftragnehmer über. Der Auftragnehmer nimmt diese Übertragung an.

(2) Am Übertragungsstichtag verschafft der Auftraggeber dem Auftragnehmer den Besitz durch Übergabe der Hardware und der sonstigen körperlichen Vermögensgegenstände. Soweit die Vermögensgegenstände am Übertragungsstichtag im unmittelbaren Besitz des Auftraggebers sind und in dessen Besitz verbleiben sollen, vereinbaren die Vertragsparteien schon jetzt, dass die Übergabe durch die vorliegende, den mittelbaren Besitz des Auftragnehmers begründende Vereinbarung ersetzt wird, wonach der Auftraggeber vom Übertragungsstichtag an die Vermögensgegenstände für den Auftragnehmer und auf dessen Rechnung besitzt, der Auftragnehmer die Vermögensgegenstände aber jederzeit heraus verlangen kann. Soweit Dritte am Übertragungsstichtag im Besitz der Vermögensgegenstände sind, tritt der Auftraggeber schon mit der vorliegenden Vereinbarung und Wirkung zum Übertragungsstichtag alle ihm zustehenden Herausgabeansprüche gegen diese Dritten an den Auftragnehmer ab; der Auftragnehmer nimmt die Abtretung hiermit an.

(3) Die Hardware geht mit der auf ihr installierten, zur Hardware gehörenden Software über. Insofern gelten die Regelungen unter § 4 entsprechend.

(4) Für gemietete oder geleaste Hardware und/oder sonstige gemietete oder geleaste Vermögensgegenstände gilt abweichend § 5.

§ 4 Übergang der Software[6]

(1) Der Auftraggeber überträgt vorbehaltlich der Regelung unter § 4 Abs. (4) aufschiebend bedingt auf die vollständige Kaufpreiszahlung gemäß § 7 mit Wirkung zum Übertragungsstichtag die in der „Assetliste" (Anlage 1) aufgeführte Software. Die Übertragung der Software umfasst die Übertragung der entsprechenden Nutzungsrechte und Berechtigungen sowie das Eigentum an Datenträgern, Lizenzurkunden und Dokumentationen an sämtlicher in der „Assetliste" (Anlage 1) aufgeführter Software. Der Auftragnehmer nimmt diese Übertragung an.

(2) Für die Übertragung des Eigentums an den in Abs. (1) bezeichneten Sachen gilt § 3 Abs. (2) entsprechend.

(3) Der Auftragnehmer verpflichtet sich, die Lizenzbedingungen der übertragenen Software zu befolgen und diesen, wenn dieses nach den Lizenzbedingungen Voraussetzung für die Übertragung ist, zuzustimmen.

(4) Die Übertragung erfolgt unter dem Vorbehalt der Übertragbarkeit der Software und/oder der ihr zugrunde liegenden Nutzungsrechte. Soweit die Software bzw. die ihr zugrunde liegenden Nutzungsrechte nicht ohne Zustimmung Dritter übertragbar sind, gilt § 6.

§ 5 Übergang von Verträgen[7]

(1) Der Auftraggeber überträgt vorbehaltlich der Regelung unter § 5 Abs. (3) mit Wirkung zum Übertragungsstichtag alle in der „Liste der Verträge" (Anlage 2) aufgeführten Pflege- und Wartungs-, Miet- und Leasing-, Telekommunikations- und sonstigen Verträge. Der Auftragnehmer nimmt diese Übertragung an.

(2) Mit der Übertragung und vorbehaltlich der Regelung unter § 5 Abs. (3) tritt der Auftragnehmer mit befreiender Wirkung für den Auftraggeber für die Zukunft in die Pflichten und alle mit dem jeweiligen Vertrag im Zusammenhang stehenden zum Übertragungsstichtag bestehenden oder zukünftigen Rechte des Auftraggebers ein. Der Auftragnehmer übernimmt Verbindlichkeiten und/oder sonstige Verpflichtungen des Auftraggebers aus den gemäß § 5 Abs. (1) übernommenen Vertragsbeziehungen nicht, soweit sie sich auf den Zeitraum bis zum Übertragungsstichtag beziehen. Bei einer anteiligen Übernahme bestimmt sich der Anteil nach dem Zeitanteil der Nutzung in Bezug auf den Zahlungszeitraum oder im Falle der Einmalzahlung einer fünfjährigen AfA.

(3) Die Übertragung der Verträge erfolgt unter dem Vorbehalt der Übertragbarkeit der Verträge. Soweit die Verträge nicht ohne Zustimmung Dritter übertragbar sind, gilt § 6.

(4) Soweit der Auftraggeber vor dem Übertragungsstichtag bereits Zahlungen, insbesondere An- und Teilzahlungen, im Rahmen des zu übertragenden Vertrags geleistet hat und die Gegenleistung nach dem Übertragungsstichtag dem Auftragnehmer zugute kommt, ist der Auftraggeber verpflichtet, dem Auftragnehmer die geleisteten Zahlungen innerhalb von . . . . . Arbeitstagen anteilig zu erstatten. Dabei bestimmt sich der Anteil nach dem Zeitanteil der Nutzung in Bezug auf den Zahlungszeitraum oder im Falle der Einmalzahlung einer fünfjährigen AfA.

§ 6 Zustimmung Dritter[8]

(1) Die Vertragsparteien werden sich unverzüglich nach Vertragsschluss gemeinsam nach besten Kräften bemühen, die für die vereinbarten Übertragungen nach den §§ 4 und 5 gegebenenfalls erforderlichen Zustimmungen Dritter schnellstmöglich einzuholen.

(2) Der Auftraggeber wird sämtliche in diesem Rahmen von ihm abzugebenden Erklärungen und/oder Auskünfte gegenüber Dritten zuvor mit dem Auftragnehmer abstimmen und den Auftragnehmer im Übrigen auf dessen Verlangen bei der Übertragung der Vertragsbeziehungen und der Einholung sonstiger Zustimmungen ohne gesondertes Entgelt unterstützen.

(4) Soweit ein Dritter seine für die Übertragung nach den §§ 4 und 5 erforderliche Zustimmung endgültig verweigert und die Vertragsparteien infolgedessen einvernehmlich entscheiden, auf die Einholung seiner Zustimmung zu verzichten, bleibt der Auftraggeber Eigentümer und/oder Inhaber der sonstigen Rechte und die Rechte und Pflichten aus den betroffenen Vertragsverhältnissen gehen nicht auf den Auftragnehmer über. Die Vertragsparteien vereinbaren für diesen Fall Folgendes:

a) Der Auftraggeber bleibt im Außenverhältnis Rechtsinhaber der betreffenden Rechte bzw. Partei und damit Gläubiger und Schuldner im Rahmen der betreffenden Vertragsbeziehung.
b) Der Auftraggeber wird im Innenverhältnis für Rechnung und Risiko des Auftragnehmers im Rahmen des rechtlich Zulässigen die betreffenden Rechte halten und/oder inne haben und die Vertragsbeziehungen beibehalten und dem Auftragnehmer die entsprechende Software bzw. Leistungen beistellen.
c) Ist eine Beistellung der betreffenden Rechte und/oder Leistungen aus den Vertragsbeziehungen entsprechend vorstehender Regelung unter Abs. (4)(b) rechtlich nicht zulässig, wird sich der Auftragnehmer nach besten Kräften bemühen, die Vermögensgegenstände, Rechte und/oder Leistungen aus den Vertragsbeziehungen anderweitig zu beziehen; die sich hieraus ergebenden Kosten trägt der Auftragnehmer.

§ 7 Kaufpreis und Kaufpreisbewertung[9]

(1) Der Auftragnehmer übernimmt die Hardware, sonstigen körperlichen Vermögensgegenstände und Software gemäß § 3 und § 4 zum Buchwert. Der Buchwert ist innerhalb von . . . . . Wochen nach Vertragsschluss nach den handelsrechtlichen Vorschriften zu ermitteln, und zwar unter Beachtung der Grundsätze der ordnungsgemäßen Buchführung und Bilanzierung (GoB). Die bis zum Zeitpunkt der Ermittlung auf die Vermögensgegenstände angewendeten Bilanzierungs- und Bewertungsmethoden sind für die Buchwertermittlung weiter anzuwenden, soweit dieses handelsrechtlich zulässig ist (materielle Bilanzkontinuität). Alle im Rahmen der Buchwertermittlung erkennbaren Risiken, Wertminderungen und Verluste sind durch ausreichende Abschreibungen und/oder Wertberichtigungen zu berücksichtigen.

(2) Nach der Ermittlung wird der Auftraggeber dem Auftragnehmer eine Aufstellung der Buchwerte der Hardware, sonstigen körperlichen Vermögensgegenstände und Software gemäß § 3 und § 4 übermitteln. Der Auftragnehmer hat sodann Gelegenheit, diese zu prüfen und innerhalb einer Frist von . . . . . Wochen ab Mitteilung der Buchwerte schriftlich gegenüber dem Auftraggeber den mitgeteilten Buchwerten zu widersprechen. Der Auftraggeber wird dem Auftragnehmer umfassenden Zugang zu allen Büchern und Geschäftsunterlagen verschaffen, soweit dies für die Kaufpreisermittlung erforderlich ist. Widerspricht der Auftragnehmer dem mitgeteilten Buchwert nicht innerhalb der vorgegebenen Frist, gilt dieser als vereinbarter Kaufpreis für die nach § 3 und § 4 übertragene Hardware und Software.

(3) Widerspricht der Auftragnehmer fristgerecht und können sich die Vertragsparteien über das Ergebnis der Buchwertermittlung binnen einer Frist von 4 Wochen nicht einigen, wird die Ermittlung der Buchwerte durch einen einvernehmlich zu bestimmenden Wirtschaftsprüfer als Schiedsgutachter vorgenommen. Die Kosten des Wirtschaftsprüfers sind von den Vertragsparteien je hälftig zu tragen. Können sich die Vertragsparteien auch auf einen Wirtschaftsprüfer nicht einigen, bestimmt der Präsident der IHK am Sitz des Auftraggebers auf Antrag einer der Vertragsparteien den Wirtschaftsprüfer.

(4) Der Anspruch der Auftraggeber auf Zahlung des Kaufpreises für die gemäß § 3 und § 4 übertragene bzw. übertragenen Hardware, sonstigen körperlichen Vermögensgegenstände und Software ist mit dem Übertragungsstichtag bzw. im Falle der Überprüfung durch Dritte nach Überprüfung fällig. Davon abweichend wird der Kaufpreis mit Blick auf solche Gegenstände, zu deren Übertragung es der Zustimmung Dritter nach § 6 bedarf, ggf. erst später mit der Zustimmung fällig. Im Fall des § 6 Abs. (4) erlischt der Kaufpreisanspruch in der entsprechenden Höhe.

§ 8 Sach- und Rechtsmängelhaftung und Haftungsbeschränkung[10]

(1) Der Auftraggeber übernimmt keine Gewährleistung und/oder Mängelhaftung für die gemäß § 3 und § 4 übertragene bzw. übertragenen Hardware, sonstigen körperlichen Vermögensgegenstände und Software. Die Mängelhaftung und/oder sonstige Mängelrechte sind mit Ausnahme der Haftung für Vorsatz, der Haftung im Fall der arglistigen Täuschung und/oder der zwingenden Haftung nach dem Produkthaftungsgesetz ausgeschlossen.
(2) Der Auftraggeber haftet auch im Übrigen mit Ausnahme der Haftung für Vorsatz und die zwingende Haftung nach dem Produkthaftungsgesetz nicht.

§ 9 Mitwirkung des Auftraggebers[11]

Der Auftraggeber wird auf Verlangen des Auftragnehmers zu jeder Zeit alle Zustimmungen oder sonstigen Erklärungen abgeben und/oder Urkunden oder sonstige Unterlagen fertigen bzw. übergeben und/oder alle sonstigen Handlungen vornehmen, die zur Durchführung der in diesem Vertrag vereinbarten Übertragungen der Vermögensgegenstände, Rechte und/oder Vertragsbeziehungen erforderlich sind.

§ 10 Schlussbestimmungen

(1) Änderungen dieser Vereinbarung bedürfen der Schriftform. Nebenabreden bestehen nicht.
(2) Im Übrigen gelten die Regelungen des zwischen den Vertragsparteien geschlossenen Outsourcing-Rahmenvertrags.
(3) Sollten zwischen den Regelungen dieser Vereinbarung und des Outsourcing-Rahmenvertrags Widersprüche bestehen, so gelten vorrangig die Regelungen dieser Vereinbarung.
Folgende Anlagen werden Bestandteil dieses Vertrags:
Anlage 1: Assetliste
Anlage 2: Liste der Verträge
(Ort, Datum, Unterschriften)
Anlagen

Schrifttum: Fritzemeyer/Schoch, Übernahme von Softwareüberlassungsverträgen beim IT-Outsourcing, CR 2003, 793; *Fritzemeyer/Splittberger,* Verpflichtung zum Abschluss von Softwarepflege- und Hardwarewartungsverträgen, CR 2007, 209; *Grützmacher,* Gebrauchtsoftware und Übertragbarkeit von Lizenzen, CR 2007, 549; *ders.*, DGRI Jahrbuch 2009, Die Übertragung von Software-Nutzungsrechten: Gebrauchtsoftware und Outsourcing – Länderbericht Deutschland, Köln 2009, S. 127 ff.; *ders.*, Gebrauchtsoftwarehandel mit erzwungener Zustimmung – eine gangbare Alternative?, CR 2010, 141; *Heymann,* Software im Outsourcing-Fall, CR 1995, 62; *ders.*, Outsourcing als Form der Kooperation, CR 2000, 23; *Huppertz,* Urheberrechtliche Grundlagen und sonstige gewerbliche Schutzrechte, in: Bräutigam (Hrsg.), IT-Outsourcing und Cloud-Computing, 4. Aufl., Berlin 2019; *Lehmann/Meents,* Handbuch des Fachanwalts Informationstechnologierecht, 2. Aufl., Köln 2011; *Lensdorf,* Second Generation Outsourcing, CR 2006, R128; *Moos/Gallenkemper/Volpers,* Rechtliche Aspekte der Abgabe von gebrauchter Hardware, CR 2008, 477; *Plath,* Hardware, Software und IT-Verträge in der M&A-Transaktion, CR 2007, 345; *Wächter,* Die „komplementäre" Nutzung von Standardsoftware bei Inanspruchnahme von Rechenzentrumsbetriebsleistungen, NJW-CoR 1999, 292; *Wandtke/Bullinger,* Praxiskommentar zum Urheberrecht, 5. Aufl., München 2019; *Wimmers,* Urheberrechtliche Probleme beim IT-Outsourcing, in: Büchner/Dreier, Von der Lochkarte zum globalen Netzwerk – 30 Jahre DGRI, Köln 2007, 169; siehe weiter die allgemeinen Literaturhinweise unter → Form. VI.11.

Anmerkungen

1. Sachverhalt. Die Vereinbarung geht davon aus, dass im Rahmen eines Outsourcings die zu übernehmende, für den Betrieb durch den Auftragnehmer (Outsourcing-Anbieter) erforderliche Hard- und Software dem Auftraggeber gehört. Sie muss, insbesondere soweit dieser hierfür auch noch verantwortlich sein soll, auf den Auftragnehmer übertragen werden, damit dieser den Betrieb der ausgelagerten IT-Landschaft übernehmen kann. Naturgemäß werden dabei die Hard- und Software durch entsprechende Wartungs- und Pflegeverträge ergänzt, um die Systeme auf dem Stand der Technik zu halten. Auch diese müssen im Rahmen des Möglichen ebenso wie etwa Telekommunikationsverträge auf den Auftragnehmer übertragen werden.

2. Wahl des Vertragsmusters. Das vorliegende Muster geht von der Notwendigkeit der Übertragung von einzelnen Vermögensgegenständen und Verträgen aus. – Es ist insofern nicht geeignet, Sachverhalte des sog. Second-Generation-Outsourcings (vgl. hierzu *Lensdorf* CR 2006, R128) zu regeln. Bei diesem wird nach erfolgter Erstauslagerung der Provider ausgetauscht. Hier müssen also die Vermögensgegenstände und Verträge ggf. vom Alt- auf den Neuprovider übertragen werden. – Im Übrigen geht das Muster davon aus, dass die Auslagerung im Wege eines Asset-Deals, dh der Übertragung einzelner Vermögensgegenstände und Verträge im Wege der Einzelrechtsnachfolge, erfolgt. In der Praxis findet sich teils aber auch die Situation, dass sämtliche für das IT-Outsourcing relevanten Vermögensgegenstände, Verträge und Mitarbeiter (zu Letzteren → Form. VI.13) in einer IT-Tochter des auslagernden Konzerns konzentriert sind; dann ist es denkbar und in der Regel vorzugswürdig, einen Share-Deal, dh die Übernahme der Anteile bzw. zumindest der Mehrheit der Anteile vorzunehmen und so den Zugriff auf Hardware, Software, vertraglich geschuldete Leistungen sowie die Mitarbeiter im Wege der Gesamtrechtsnachfolge zu erlangen (zur sog. „Austöchterung“ sowie zu verschiedenen weiteren Spielarten der Übernahme entsprechender Betriebsmittel und des Personals etwa über die Gründung von Joint-Venture *Langheld* in Bräutigam (Hrsg.), IT-Outsourcing und Cloud-Computing, 4. Aufl., S. 268 ff., Rn. 35 ff. sowie *Langheld,* aaO, S. 621 ff., Rn. 88 ff.).

3. Vertragsgegenstand. Soweit unter § 1 Abs. (2) klargestellt wird, dass die Übernahme der Vermögensgegenstände für den Betrieb erforderlich ist, liegt hierin keine Bedingung für das gesamte Outsourcing. Dass Hardware oder Software nicht auch anderweitig bezogen werden können, dürfte nur ausnahmsweise der Fall sein. Insofern ist es anders als im Rahmen von Asset-Deals im Bereich von Unternehmenstransaktionen in Outsourcingverträgen unüblich, echte Bedingungen (closing conditions) vorzusehen.

Gemäß § 1 Abs. (3) wird grundsätzlich ein Eigentumsvorbehalt vereinbart. Der Vertrag sieht unter § 7 vor, dass der Outsourcing-Anbieter dem Auftragnehmer und Auftraggeber eine Vergütung für die zu übertragende Hardware und Software schuldet. Zur dinglichen Absicherung dieser Kaufpreiszahlung ist die Vereinbarung eines Eigentumsvorbehalts angebracht.

4. Übertragungsverpflichtung. § 2 konstituiert die grundsätzliche Verpflichtung zur Übertragung der diversen Vermögensgegenstände, namentlich der betroffenen Hardware und Software sowie der Verträge. Verwiesen wird hierzu auf entsprechende Anlagen, welche die betroffenen Assets und Verträge so präzise wie möglich spezifizieren sollten. Jedenfalls ist es erforderlich, dem sachenrechtlichen Bestimmtheitsgebot zu genügen (dazu Palandt/*Bassenge* BGB § 930 Rn. 2 ff.). § 2 Abs. (3) sichert bis zu einem gewissen Grad ab, dass einzelne Vermögensgestände, die eindeutig Teil der zu übertragenden IT-Landschaft sind, nicht vergessen werden. Denkbar ist es zu Gunsten des Auftragnehmers eine noch weitergehende Auffangklausel zu formulieren. Anderseits ginge dies für den Auftraggeber mit dem Risiko einher das Eigentum an Teilen seiner IT zu verlieren, die gar nicht ausgelagert werden soll oder die er aus anderen Gründen behalten möchte (Beispiel: Nutzung einer Datenbanksoftware für unterschiedliche Anwendungen oder Bereiche).

5. **Übergang der Hardware.** § 3 regelt den Übergang der Hardware. In aller Regel dürfte dieser Übergang unproblematisch sein, so dass § 3 Abs. (1) hier auch keinerlei Vorbehalte vorsieht. Die Assetliste ist schon wegen des sachenrechtlichen Bestimmtheitserfordernisses erforderlich (vgl. auch *Meents* in Lehmann/Meents, Handbuch des Fachanwalts Informationstechnologierecht, Kap. 7 Rn. 120, der die Angabe Typ, Alter, Gerätenummer und Standort empfiehlt).

Gemäß § 3 Abs. (2) wird die Übereignung der Hardware entweder durch die Übergabe im Sinne von § 929 S. 1 BGB vollzogen oder aber durch vorsorglich schon vereinbarte Besitzkonstitute im Sinne von § 930 bzw. die Abtretung der Herausgabeansprüche nach § 931 BGB. Nicht selten wird die Hardware beim Auftraggeber verbleiben. Dies gilt insbesondere beim Desktop-Outsourcing, bei dem in der Praxis die einzelnen Arbeitsplatz-PCs ja an den Arbeitsplätzen der Mitarbeiter des Auftraggebers stehen bleiben (vgl. *Heymann* CR 2000, 23 (25)) und dann in aller Regel vom Outsourcing-Anbietern nur inventarisiert werden. Denkbar ist aber auch, dass sich die bisher dem Auftraggeber gehörende Hardware bei Dritten befindet, etwa bei Konzernunternehmen oder aber auch sonstigen Drittdienstleistern. Hier greift § 931 BGB. Entsprechende Herausgabeansprüche gegen die Dritten werden abgetreten.

Abweichend von diesen sachenrechtlichen Übertragungsvorgängen ist die Übertragung von Software bzw. hinsichtlich der an der Software eingeräumten Nutzungsrechte zu regeln. Insofern verweist § 3 Abs. (3) auf § 4 (vgl. *Moos/Gallenkemper/Volpers* CR 2008, 477). In aller Regel sollte es kein Problem darstellen, die Hardware samt Software weiter zu veräußern; etwas anderes kann jedoch gelten, wenn die Hardware nicht samt darauf aufgespielter Software ausgeliefert wurde, sondern diese erst nachträglich, etwa von einem Masterdatenträger oder online auf die Hardware übertragen wurde (siehe dazu Nachweise → Anm. 6).

Allein der Klarstellung dient § 3 Abs. (4). Gemietete und geleaste Hardware ist tunlichst nicht in der Anlage 1 (Asset-Liste) aufzunehmen. Vielmehr geht es hier rein um die Übertragung entsprechender Verträge.

6. **Übergang der Software.** § 4 regelt die Übertragung der Software. Auch hier ist die zu übertragende Software mit Hilfe der Assetliste genau zu bestimmen (vgl. zu Möglichkeiten der Identifikation auch *Meents* in Lehmann/Meents, Handbuch des Fachanwalts Informationstechnologierecht, Kap. 7 Rn. 124). Soweit die Datenträger selbst sowie zugehörige Lizenzurkunden und Dokumentationen betroffen sind, gilt das soeben Gesagte entsprechend, so dass in § 4 Abs. (2) einfach auf § 3 Abs. (2) verwiesen wird. Hingegen ist die Frage, inwieweit Softwarelizenzen übertragen werden können, im Übrigen nur nach einer sorgfältigen Einzelfallanalyse möglich. Insofern wird die Übertragung gemäß § 4 Abs. (1) unter dem Vorbehalt der Übertragbarkeit der Software bzw. der Zustimmung durch Dritte gestellt. Hier ist sodann zu differenzieren: Einzelplatzlizenzen, welche auf Datenträger oder der ebenfalls zu übertragenden Hardware ausgeliefert wurden, lassen sich, zumindest sofern deutsches Recht Anwendung findet, in aller Regel problemlos weiter veräußern bzw. übertragen (siehe dazu BGH CR 2000, 651 – OEM). Schwierigkeiten bereitete in der Praxis die Beurteilung von Software, welche unter Volumenlizenzverträgen bzw. auf Masterdatenträgern ausgeliefert wurde oder welche für ihre Installation online übertragen wurde. Hier war instanzgerichtlich lange strittig, inwieweit die sog. Erschöpfungslehre gemäß § 69c Nr. 3 UrhG analog heranzuziehen ist, obwohl kein bzw. nur ein originärer Datenträger vom Hersteller ausgeliefert wurde (ablehnend etwa OLG München CR 2008, 551; 2006, 655; LG München CR 2006,

159 (160); 2007, 356 (358 f.) m. zust. Anm. *Dieselhorst;* aA LG Hamburg CR 2006, 812 (814); für Masterdatenträger LG München CR 2008, 417 f.). Nunmehr scheint geklärt, dass Software unter bestimmten Umständen an Dritte auf Basis der sog. Erschöpfungslehre weiterveräußerbar ist (EuGH GRUR 2012, 904 – UsedSoft; BGH GRUR 2014, 264 – UsedSoft II; OLG Frankfurt a. M. CR 2013, 148; OLG Hamm GRUR 2014, 853; dazu eingehend Wandtke/Bullinger-*Grützmacher,* Praxiskommentar zum Urheberrecht, 5. Aufl., § 69c Rn. 31 ff.; vgl. auch *Plath* CR 2007, 345; *Grützmacher* CR 2007, 549 ff.; *Grützmacher* DGRI Jahrbuch 2009, 127 ff.; großzügig im Outsourcing-Kontext *Fritzemeyer/Schoch* CR 2003, 793 (797 f.)). Unklar ist die Situation aber immer noch mit Blick auf Volumenlizenzverträge, insbesondere wenn diese nur teilweise ins Outsourcing gehen sollen (dazu eingehend Wandtke/Bullinger-*Grützmacher,* Praxiskommentar zum Urheberrecht, 5. Aufl., § 69c Rn. 37 mwN). Alternativ stellt sich dort die Frage, inwieweit der Hersteller gemäß Lizenzvertrag, § 34 Abs. 1 S. 2 UrhG oder gar nach dem Kartellrecht zur Zustimmung verpflichtet ist (dazu ausführlich *Grützmacher* CR 2007, 549 (553 ff.); *Grützmacher* CR 2010, 141). Wieder anders mag sich die Situation auch darstellen, wenn die Lizenzverträge ausländischem Recht unterliegen und zumindest Vertragsverstöße im Raume stehen.

Auch steht die Frage im Raum, inwieweit der Outsourcing-Betrieb eine eigene und damit per se zustimmungsbedürftige Nutzungsart darstellt (bejahend *Wimmers* in Büchner/Dreier S. 169, 194 ff.; wohl ablehnend *Fritzemeyer/Schoch* CR 2003, 793 (797 f.); Dreyer/Kotthoff/Meckel/*Kotthoff,* Urheberrecht, § 69c Rn. 32; differenzierend Wandtke/Bullinger-*Grützmacher,* Praxiskommentar zum Urheberrecht, 5. Aufl., § 69d Rn. 13). Schließlich ist bei Verträgen im Mainframe-/Host-Umfeld zu prüfen, ob diese nicht kapazitätsbeschränkende Klauseln, insbesondere MIPS-/MSU-Klausel vorsehen (siehe zu solchen Klauseln Wandtke/Bullinger-*Grützmacher,* Praxiskommentar zum Urheberrecht, 5. Aufl., § 69d Rn. 43). Nicht im Sinne eines Assets zu übertragen, sondern lediglich Gegenstand einer Vertragsübertragung ist gemietete Software.

Regelmäßig sehen Softwarebedingungen, welche die Übertragung der Software explizit erlauben, vor, dass die Übertragung von der Zustimmung des Auftragnehmers zu den Lizenzbestimmungen abhängig ist. Diesem trägt § 4 Abs. (3) Rechnung.

§ 4 Abs. (4) sieht vor, dass die Übertragung der Software unter dem Vorbehalt erfolge, dass eine Zustimmung Dritter nicht erforderlich ist. Ist dies der Fall, gilt § 6. In der Praxis erscheint es nach dem Vorgesagten immer angebracht, vorsorglich die Zustimmung der entsprechenden Cloud-Anbieter bzw. Cloud-Anbieter einzuholen und nur dann, wenn sich diese mit der Übertragung nicht einverstanden erklären, mit der Frage zu beschäftigen, ob die Softwarelizenzen auch so ohne Weiteres übertragbar sind. Denn in aller Regel benötigt der Outsourcing-Anbieter ohnehin die Zustimmung des Cloud-Anbieters bzw. -Cloud-Anbieters zur Übertragung entsprechender Softwarewartungs- bzw. Pflegeverträge. Diese sind aber, wie in der Folge ausgeführt wird, nur mit Zustimmung des Vertragspartners übertragbar. Insofern bietet es sich an, die Zustimmung für die Übertragung der Lizenzen mit der für die Übertragung sonstiger Verträge zu verknüpfen. Im Einzelfall sollten die Parteien besprechen, ob sie den Vertragspartner gemeinsam oder wer von den beiden diesen im Namen auch des anderen anschreiben sollte.

7. Übergang von Verträgen. Nicht ohne Zustimmung übertragbar sind regelmäßig Verträge. Beim IT-Outsourcing sind insofern Pflege- und Wartungs-, Miet- und Leasing- sowie Telekommunikationsverträge relevant (zum Streitstand einer Verpflichtung zur Zustimmung zum Vertragsübergang bei Pflege- und Wartungsverträgen siehe *Fritzemeyer/Splittberger* CR 2007, 209 mwN). Diese Verträge sind nicht kaufpreisrelevant im Sinne von § 7 der Vereinbarung. Denn es handelt sich in aller Regel um Dauerschuldverhältnisse, deren verbleibende Raten auch nach Übergang der Verträge bzw. nach Übergang des Betriebes auf den Auftragnehmer noch zu zahlen sind. Gemäß

§ 5 Abs. (2) erfolgt die Übertragung der Verträge mit befreiender Wirkung für den Auftraggeber (siehe zur Vertragsübernahme allgemein BGH NJW-RR 2005, 958; Palandt/*Grüneberg* BGB § 398 Rn. 41 ff.). Soweit der Auftragnehmer keine Verbindlichkeiten oder Verpflichtungen übernimmt, die sich auf die Zeit vor dem Übertragungsstichtag „beziehen", ist in Ansehung der konkreten Vertragskonstellationen zu prüfen, ob dieses weiter zu definieren ist. Dies gilt etwa mit Blick auf die Frage des Entstehens dem Grunde nach und die Fälligkeit. In der Vergangenheit bereits erbrachte Zahlungen für künftige Leistungen des Vertragspartners hingegen sind proratarisch abzugelten. Dieses regelt § 5 Abs. (4).

8. Zustimmung Dritter. Gemäß § 6 sind die Parteien verpflichtet, nach besten Kräften dafür zu sorgen, dass die Dritten, soweit nach den §§ 3–5 erforderlich, eine Zustimmung zur Übertragung der Assets und Verträge geben. Naturgemäß bedarf es dazu des Zusammenwirkens der Parteien, so dass § 6 Abs. (2) vorsieht, dass sie Erklärungen und Auskünfte gegenüber Dritten abzustimmen haben.

Kann eine solche Zustimmung jedoch nicht erreicht werden, stellt sich die Frage, wie mit dieser Situation umzugehen ist. Gemäß § 6 Abs. (3) ist in diesem Fall vorgesehen, dass die Parteien sich so stellen, als ob die Übertragung erfolgt wäre (vgl. § 6 Abs. (3) (a) und (b)). Allerdings ist es nicht auszuschließen, dass eine solche Beistellung rechtlich nicht zulässig ist. Zur Frage, inwieweit dieses mit Blick auf Nutzungsrechte erlaubt ist, gibt es keine einschlägige Rechtsprechung (siehe aber OLG Düsseldorf CR 2002, 95 (96 f.) – Mitarbeiterschulung; *Wächter* NJW-CoR 1999, 292 (295 f.); kritisch *Meents* in Lehmann/Meents, Handbuch des Fachanwalts Informationstechnologierecht, Kap. 7 Rn. 209; davon zu unterscheiden ist die „Beistellung" durch den Outsourcing-Provider, siehe dazu *Fritzemeyer/Schoch* CR 2003, 793 (796 f.)). Dann bleibt den Parteien letztlich nichts anderes übrig, als für Ersatz zu sorgen. § 6 Abs. (3) (c) sieht insofern vor, dass der Auftragnehmer die Kosten zu zahlen hat. Diese Regelung ist insoweit konsequent, als diese in der Folge auch nicht mit einer entsprechenden Kaufpreisforderung belastet wird (vgl. § 7) bzw. nicht die vertragliche Vergütung für den dann weiterhin dem Auftraggeber gegenüber laufenden Vertrag zahlen muss. Andererseits ist auch nicht zu verkennen, dass es sich hier um ein Risiko aus der Sphäre des Auftraggebers handelt, so dass in der Praxis über diese Fragestellung im Zweifel kontrovers verhandelt werden wird.

9. Kaufpreis und Kaufpreisbewertung. § 7 sieht vor, dass für die übertragene Hardware und Software durch den Auftragnehmer an den Auftraggeber eine Kaufpreiszahlung zu leisten ist. Veranschlagt wird der Restbuchwert, welcher nach den üblichen bilanziellen Grundsätzen zu bestimmen und ggf. gemäß Abs. (2) und Abs. (3) überprüft werden kann. Alternativ zu diesem Modell der Kaufpreisbestimmung ist es denkbar, einen festen Kaufpreis anzusetzen, wobei sich dann die Schwierigkeit ergibt, dass beiden Parteien im Zweifel bewusst ist, dass nicht sämtliche Vermögensgegenstände ohne Weiteres übertragbar sind, was eine nachträgliche Anpassung des Kaufpreises erfordert und einen dementsprechenden Mechanismus im Vertrag erforderlich macht.

10. Sach- und Rechtsmängelhaftung. Gemäß § 8 ist die Sach- und Rechtsmängelhaftung sowie die sonstige Haftung des Auftraggebers weitestgehend ausgeschlossen. Naturgemäß ist diese Regelung nicht AGB-fest, aber angesichts der Tatsache, dass es sich um gebrauchte Vermögensgegenstände handelt, auch nicht wirklich unausgewogen. Vielmehr ist dem Outsourcing-Anbieter ggf. zuzumuten, die Software und Hardware zu inspizieren und auf ihre Gebrauchstauglichkeit hin zu überprüfen. Schließlich kann er sich in der Regel durch entsprechende Pflege- und Wartungsverträge absichern. Auch dieser Punkt wird in der Praxis aber im Zweifel eine Verhandlungssache sein. Zudem könnte noch ergänzt werden, dass noch bestehende Gewährleistungsansprüche gegen Dritte abgetreten werden, und es ist zu diskutieren, ob der Auftraggeber für Rechtsmängel einzustehen hat (vgl. *Meents* in Lehmann/Meents, Handbuch des Fachanwalts Informationstechnologierecht, Kap. 7 Rn. 122, 127).

11. Mitwirkung. Über die im Rahmen der Vereinbarung ohnehin schon geregelten Pflichten hinaus, ist der Auftraggeber gemäß § 9 zur Mitwirkung verpflichtet. Wie bereits oben unter → Anm. 6. angedeutet, ist der gesamte Übertragungsvorgang ein Prozess, welcher sich in der Praxis nur dadurch bewerkstelligen lässt, dass Auftraggeber und Auftragnehmer zusammenwirken.

13. Vereinbarung zum Personalübergang

zwischen der Firma[1, 2]. . . . . (nachfolgend „Auftragnehmer" genannt)
und der Firma . . . . . (nachfolgend „Auftraggeber" genannt)

§ 1 Vertragsgegenstand

(1) Die Vertragsparteien haben mit gleichem Datum einen Outsourcing-Rahmenvertrag samt Leistungsscheinen und sonstigen Anlagen geschlossen. Diese Vereinbarung regelt die arbeitsrechtlichen und sonstigen Details des Personalübergangs. Insbesondere ergänzt und konkretisiert sie die Regelungen des § 613a BGB.
(2) Die mit dem Auftraggeber bestehenden Arbeitsverhältnisse der in der Anlage 1 wiedergegebenen Liste der im IT-Bereich des Auftraggebers beschäftigten Arbeitnehmer (nachfolgend kurz „Personalliste") gehen zum . . . . . („Übertragungsstichtag") gemäß § 613a BGB auf den Auftragnehmer über. Die Vertragsparteien sind sich darüber einig, dass mit Wirkung zum Übertragungsstichtag der Auftragnehmer in die Rechte und Pflichten aus den Arbeitsverhältnissen mit den in der „Personalliste" (Anlage 1) genannten Arbeitnehmern eintritt, sofern diese einem Übergang nicht widersprechen. Die Rechte und Pflichten hieraus ergeben sich aus den Arbeitsverträgen der jeweiligen Arbeitnehmer. Die Vertragsparteien gehen zum Zeitpunkt des Vertragsschlusses davon aus, dass weitere Arbeitsverhältnisse nicht auf den Auftragnehmer übergehen werden.[3]
(3) Es werden keine neuen Arbeitsverträge mit den Arbeitnehmern geschlossen. Vielmehr werden die Arbeitnehmer von dem Übergang nach Maßgabe des § 2 informiert.
(4) Der Auftragnehmer ist im Rahmen des § 613a BGB für ein Jahr ab dem Zeitpunkt des Betriebsübergangs zur individualrechtlichen Weiterführung der in der Anlage „Betriebsvereinbarungen und Tarifverträge" (Anlage 2) genannten Betriebsvereinbarungen und Tarifverträge verpflichtet.[4]

§ 2 Vereinbarung zur Durchführung des Personalübergangs

(1) Auftragnehmer und Auftraggeber werden die zu übernehmenden Arbeitnehmer des Auftraggebers gem. § 613a Abs. 5 BGB über den Betriebsübergang und die Personalübernahme durch eine entsprechende Übergangsanzeige unterrichten. Diese wird insbesondere folgende Informationen enthalten:
a) den (geplanten) Zeitpunkt des Überganges,
b) den Grund für den Übergang,
c) die rechtlichen, wirtschaftlichen und sozialen Folgen des Überganges für die Arbeitnehmer und
d) die hinsichtlich der Arbeitnehmer in Aussicht genommenen Maßnahmen.

Der Auftraggeber und der Auftragnehmer werden den genauen Zeitpunkt und Inhalt der Unterrichtung abstimmen. Der Auftragnehmer wird die Unterrichtung im Entwurf vorbereiten. Die Unterrichtung erfolgt spätestens ..... Tage vor dem (geplanten) Betriebsübergang (Übertragungsstichtag) und zumindest in Textform und in einer Art und Weise, dass der Zugang der Unterrichtung im Streitfall nachgewiesen werden kann.[5]

(2) Die Vertragsparteien werden sich gegenseitig nach besten Kräften darum bemühen, die in der „Personalliste" (Anlage 1) genannten Arbeitnehmer dazu zu bewegen, dass sie auf den Auftragnehmer übergehen. Sollte ein Arbeitnehmer dem Übergang widersprechen und dieses einer der Vertragsparteien anzeigen, wird diese Vertragspartei dies unverzüglich der anderen Vertragspartei mitteilen. Soweit Arbeitnehmer dem Übergang ihres Arbeitsverhältnisses auf den Auftragnehmer fristgemäß widersprechen, berührt dieses die Wirksamkeit dieses Vertrags sowie des Outsourcings-Rahmenvertrags einschließlich seiner Anlagen nicht, und weder der Auftragnehmer noch der Auftraggeber können Rechte aus Widersprüchen der Arbeitnehmer herleiten.

(3) Die „Personalliste" (Anlage 1) enthält die Angaben zu den betroffenen Arbeitnehmern, nämlich über Vor- und Nachnamen sowie Abteilung des Arbeitnehmers. Die Angaben werden vom Auftraggeber unverzüglich nach Vertragsunterzeichnung um solche Angaben zu den Inhalten der Arbeitsverhältnisse ergänzt, nämlich durch solche zu Geburtsdatum, Eintrittsdatum ins Unternehmen des Auftraggebers, Vertrag, Altersversorgung und aktuelles jährliches Einkommen.

(4) Der Auftraggeber ist verpflichtet, zum Betriebsübergang alle für die Gehaltsabrechnung relevanten Personaldaten und die Personalakten der Arbeitnehmer an den Auftragnehmer zu übergeben. Bis zum Betriebsübergang erhält der Auftragnehmer Einsicht in die Personalakten nur bei schriftlicher Zustimmung der betroffenen Arbeitnehmer.[6]

(5) Der Auftraggeber wird ab Unterzeichnung dieses Vertrags Änderungen der Anstellungsverträge nur nach vorheriger schriftlicher Zustimmung durch den Auftragnehmer vornehmen. Der Auftraggeber verpflichtet sich, in der „Personalliste" (Anlage 1) benannte Arbeitnehmer vor dem Betriebsübergang nicht betriebsbedingt zu kündigen. Der Auftragnehmer verpflichtet sich, bis zum ..... keine betriebsbedingten Kündigungen den übernommenen Arbeitnehmern gegenüber auszusprechen.[7]

§ 3 Vereinbarungen zu den Folgen des Personalübergangs und Ausgleichzahlungen[8]

(1) Der Auftraggeber wird zwei Monate nach der Übergangsanzeige gemäß § 2 Abs. (1) bezogen auf den Zeitpunkt des Betriebsübergangs (Übergabestichtag) für die übergehenden Arbeitnehmer

a) die bestehenden Resturlaubstage aus dem laufenden sowie den letzten Jahren,
b) die nicht ausgeglichenen Über- und Mehrarbeitsstunden,
c) den für zukünftige Treugeld- und Jubiläumszahlungen zurückzustellenden Betrag,
d) den für die Pensionsverpflichtungen in Form von Direktzusagen zurückzustellenden Betrag

ermitteln, nach den Grundsätzen ordnungsgemäßer Buchhaltung finanziell bewerten und dem Auftragnehmer mitteilen. Die finanzielle Bewertung der zum Betriebsübergang (Übergabestichtag) zurückzustellenden Beträge gemäß lit. c und d erfolgt durch ein vom Auftraggeber beigebrachtes versicherungsmathematisches Gutachten, welches mangels schriftlichen Widerspruchs durch den Auftragnehmer innerhalb einer Frist von ..... Tagen als verbindliche Bewertungsgrundlage zwischen den Vertragsparteien gilt. Widerspricht der Auftragnehmer wird das Gutachten durch einen einvernehmlich festzulegenden, andernfalls nach 4 Wochen durch den Präsidenten der IHK am Sitz des Auftraggebers auf Antrag einer der Vertragsparteien zu bestimmenden, Schiedsgutachter verbindlich überprüft.

(2) Der Auftraggeber stellt den Auftragnehmer von allen auf Zahlung gerichteten Verbindlichkeiten aus den übernommenen Arbeitsverhältnissen gegenüber den übergehenden Arbeitnehmern frei, soweit sie bis zum Betriebsübergang verdient wurden.

(3) Abweichend von Abs. (2) hat der Auftraggeber im Fall von anderen als Zahlungsansprüchen, die sich auf die Zeit bis zum Betriebsübergang beziehen, sowie mit Blick auf die Treuegeld- und Jubiläumszahlungen und die Pensionsverpflichtungen den wertmäßigen, ggf. zeitanteiligen Betrag gegenüber dem Arbeitnehmer durch Zahlung an den Auftragnehmer auszugleichen.

§ 4 Schlussbestimmungen

(1) Änderungen dieser Vereinbarung bedürfen der Schriftform. Nebenabreden bestehen nicht.

(2) Im Übrigen gelten die Regelungen des zwischen den Vertragsparteien geschlossenen Outsourcing-Rahmenvertrags.

(3) Sollten zwischen den Regelungen dieser Vereinbarung und des Outsourcing-Rahmenvertrags Widersprüche bestehen, so gelten vorrangig die Regelungen dieser Vereinbarung.[7]

Folgende Anlagen werden Bestandteil dieses Vertrags:

Anlage 1: Personalliste

Anlage 2: Betriebsvereinbarungen und Tarifverträge

(Ort, Datum, Unterschriften)

Anlagen

Schrifttum: Bertschek/Spitz, Informationstechnologien, organisatorische Veränderungen und Entlohnung, MittAB 2003, 599; *Braun/Wybitul,* Übermittlung von Arbeitnehmerdaten bei Due Diligence – Rechtliche Anforderungen und Gestaltungsmöglichkeiten, BB 2008, 782; *Bräutigam (Hrsg.),* IT-Outsourcing und Cloud-Computing, 4. Aufl., Berlin 2019; *Crisolli/Ebeling,* Neues zum Betriebsübergang bei IT-Outsourcing, CR 2007, 277; *Crisolli,* IT-Outsourcing und Betriebsübergang, CR 2002, 386; *Däubler,* Betriebsübergang, Personaldaten und Mandat des betrieblichen Datenschutzbeauftragten, RDV 2004, 55; *Diller/Deutsch,* Arbeitnehmer-Datenschutz contra Due Diligence, K&R 1998, 16; *Gaul,* Arbeitsrechtliche Aspekte einer Beschäftigung im IT-Bereich, in: Haesemann u. a. (Hrsg.) Festschrift für Kurt Bartenbach zum 65. Geburtstag am 9. Dezember 2004, Köln 2005, S. 505; *Gennen,* Outsourcing und § 613a BGB, ITRB 2002, 291; *Heymann,* Outsourcing als Form der Kooperation, CR 2000, 23; *Lehmann/Meents,* Handbuch des Fachanwalts Informationstechnologierecht, 2. Aufl., Luchterhand 2011; *Wisskirchen/Goebel,* Arbeitsrechtliche Aspekte der Verlagerung von Arbeitsplätzen ins Ausland (Off-Shoring), DB 2004, 1937; siehe weiter die allgemeinen Literaturhinweise unter → Form. VI.11.

Anmerkungen

1. Sachverhalt. Das vorliegende Formular geht wie die Kauf- und Übertragungsvereinbarung (→ Form. VI.12) davon aus, dass die zu übernehmende und zu betreibende IT-Landschaft im Wege eines Asset-Deals übernommen wird. Damit wird in der Regel ein Betriebsteil übernommen. Denn übernehmen wird der Outsourcing-Anbieter im Zweifel eine in sich geschlossene wirtschaftlich-organisatorische Einheit. Das betrifft Systeme in Form von Hardware und Software sowie das Personal, nämlich die Personen, die sich mit den Systemen auskennen und deren Arbeitsabläufe auf diese Systeme abgestimmt sind. So wird entweder mehr oder minder die gesamte IT-Abteilung eines Unternehmens übernommen oder aber etwa der Teil oder die Teile dieser Abteilung der oder die beispielsweise für den Betrieb bestimmter Server, des Mainframes oder der Desktops zuständig sind.

2. Wahl des Vertragsmusters. Das Formular unterstellt vor diesem Hintergrund einen Betriebsübergang iSv § 613a BGB. Beim IT-Outsourcing geht es dabei regelmäßig um einen Betriebsteil, also um eine Teilorganisation eines Betriebs, mit der der neue Inhaber bestimmte Teilzwecke verfolgen kann (BAG NJW 1995, 73), und zwar im Sinne einer organisatorischen Untergliederung des Gesamtbetriebes (BAG NJW 1998, 2994 ff.). Nach der BAG-Rechtsprechung ist für die Frage des Betriebsübergangs entscheidend, ob ein Rechtsträger eine bestehende wirtschaftliche Einheit unter Wahrung ihrer Identität fortführt und es um eine auf Dauer angelegte Einheit geht, deren Tätigkeit nicht auf die Ausführung eines bestimmten Vorhabens beschränkt ist (so BAG NJW 2014, 2604 (2605)).

Um eine solche Einheit soll es sich bei jeder hinreichend strukturierten und selbständigen Gesamtheit von Personen und/oder Sachen zur Ausübung einer wirtschaftlichen Tätigkeit mit eigenem Zweck handeln; solchen für das Vorliegen eines Übergangs maßgebenden Kriterien kommt je nach der ausgeübten Tätigkeit und je nach den Produktions- oder Betriebsmethoden unterschiedliches Gewicht zu (so BAG NJW 2014, 2604 (2605) unter Hinweis insbesondere auf EuGH NZA 2014, 423 – Amatori). Mithin fragt, sich auch bezogen auf das IT-Outsourcing, ob es eigentlich für dieses allgemein bzw. im Einzelfall entscheidend auf die Übernahme von Betriebsmitteln ankommt oder nicht, ob also eine Dienstleistung mit Hilfe (= Betriebsmittel) oder an Gegenständen, vorliegend den IT-Systemen, erfolgt:

- Bei einer „betriebsmittelgeprägten" Unternehmenstätigkeit liegt nämlich ggf. nach der Rechtsprechung des BAG ein Betriebsübergang nur vor, wenn die entsprechenden Betriebsmittel und Immaterialgüter (Assets) sowie ein wesentlicher Teil der Know-how-Träger auf den Erwerber bzw. Auftragsnehmer übertragen werden und die betroffenen Tätigkeiten, Arbeiten oder Geschäftsprozesse danach in ähnlicher Form von diesem erbracht werden (vgl. *Crisolli/Ebeling* CR 2007, 277 f. unter Hinweis auf BAG NJW 2000, 3226; MDR 2005, 220; NJW 1998, 2549; DB 1998, 1137; NJW 1986, 454; 1998, 2306 und BAG NZA 1998, 1233; BGH NZA-RR 2017, 123; siehe auch EuGH GWR 2018, 439). So hat das BAG in den dem IT-Outsourcing vergleichbaren Fällen der Auftragsnachfolge in Druckservicedienstleistungen und bei der Übernahme der Flugkontrolle im Wesentlichen auf den unverzichtbaren Übergang spezifischer Betriebsmittel abgestellt (BAG NJW 2006, 2138; 2007, 106). Ohne Bedeutung ist dabei nach der Rechtsprechung, ob insofern im Rechtssinne auch das Eigentum an den eingesetzten Betriebsmitteln übertragen wird (so BAG NJW 2014, 2604 (2606) unter Hinweis insbesondere auf EuGH NZA 2014, 423 – Amatori). Die Einräumung der Verfügungsmacht bzw. des Besitzes reicht. Beim IT-Outsourcing würde man auf dieser Basis von einem Betriebsübergang nur ausgehen müssen, wenn nicht bloß die Dienstleistungen als solche, sondern auch noch ein Teil oder die Gesamtheit der vorhandenen Technik sowie die Tätigkeit des zugehörigen Personals durch den Outsourcing-Anbieter übernommen und verantwortet werden (vgl. *Heymann* CR 2000, 23), und erst recht, wenn der Provider auch noch die schon vor dem Outsourcing hierfür genutzten RZ-Flächen und sonstigen Räumlichkeiten übernimmt; denn nach der Rechtsprechung des BAG käme es dann entscheidend darauf an, ob die übernommenen Betriebsmittel den Kern der Wertschöpfung der Tätigkeit ausmachen (vgl. *Crisolli/Ebeling* CR 2007, 277 (282 f.)). Abschließend geklärt wurde die Frage, wann heruntergebrochen auf diese Tätigkeit § 613a BGB beim IT-Outsourcing greift, allerdings durch die Rechtsprechung noch nicht.

– So ist es nicht völlig auszuschließen, dass es auf die Betriebsmittel, sprich die IT-Systeme, für den Betriebsübergang nicht entscheidend ankommt, dass in diesen nach der Rechtsprechung also nicht der Kern der Wertschöpfung bzw. der wirtschaftlichen Einheit liegt. So hat das BAG vor einiger Zeit entschieden, dass bei der Übernahme von Mitarbeitern eines insolventen IT-Serviceunternehmens ein Fall von § 613a BGB schon bei der Übernahme eines nach Zahl und Sachkunde wesentlichen Teils des Personals vorliegt, weil zumindest im konkreten Fall Räumlichkeiten, Telekommunikationssysteme und PC mit Blick auf die erbrachten Service-, Wartungs- und vor allem Beratungsleistungen nur Betriebsmittel von für die Wertschöpfung untergeordneter, nicht identitätsprägender Bedeutung waren und es vielmehr auf das Fachwissen der Mitarbeiter ankam (vgl. BAG BB 2012, 3144 ff. mAnm *Heuchemer*; BAG EWiR 2020, 539; EuGH NZA 2018, 1053).

Immerhin sprechen aber für eine Vielzahl von Outsourcingvorhaben die besseren Argumente dafür, dass dort die Betriebsmittel (Software und Systeme) doch prägend sind, womit es bei den oben im ersten Spiegelstrich dargelegten Voraussetzungen für den (Teil-)Betriebsübergang bliebe. In solchen Fällen des Outsourcings geht es ggf. wohl nur um eine § 613a BGB nicht unterfallende „wirtschaftliche Tätigkeit" (Funktionsnachfolge) (vgl. *Willemsen* NZA 2014, 1010 (1011 f.); s. auch *Gennen* ITRB 2002, 291 (293 f.); *Meents* in Lehmann/Meents, Handbuch des Fachanwalts Informationstechnologierecht, Kap. 7 Rn. 220 ff.).

Weiter ist, wie bereits angedeutet, die Wahrung der Einheit erforderlich (*Heymann* CR 2000, 23 mwN). Beim Übergang eines Betriebsteils ist es nach der Rechtsprechung insofern gleichgültig, ob die übergegangene wirtschaftliche Einheit ihre Selbständigkeit innerhalb der Struktur des Erwerbers bewahrt oder nicht; es soll vielmehr genügen, wenn die funktionelle Verknüpfung zwischen den übertragenen Produktionsfaktoren beibehalten und es dem Erwerber derart ermöglicht wird, diese Faktoren zu nutzen, um derselben oder einer gleichartigen wirtschaftlichen Tätigkeit nachzugehen (so das BAG NJW 2014, 2604 unter Hinweis auf EuGH NJW 2009, 2029 – Klarenberg).

Liegt ein Fall des § 613a BGB vor (zur Anwendung im Rahmen von Offshoring-Sachverhalten *Wisskirchen/Goebel* DB 2004, 1937 ff.), tritt der Outsourcing-Anbieter umfassend in die Rechte und Pflichten gegenüber den betroffenen Arbeitnehmern ein. Die Rechtsfolgen sind zwingend. Den Parteien des Outsourcingvertrags ist es insofern wie im vorliegenden Formular vorgesehen nur möglich, Klarheit über die betroffenen Personen zu schaffen und sich vertraglich über organisatorische Fragen und die finanziellen Folgewirkungen zu verständigen. – Über das Formular hinaus wäre es denkbar, in dem Formular Regelungen aufzunehmen, nach denen der Auftragnehmer den Arbeitnehmern des Auftraggebers Verträge mit vergleichbaren Konditionen anbietet, wenn wider Erwarten doch kein Fall des § 613a BGB vorliegt.

3. Umfang der Arbeitnehmerübernahme. Gemäß § 613a BGB haben es die Parteien nicht in der Hand zu bestimmen, wie viele Arbeitnehmer übergehen (zur Bestimmung der übergehenden Arbeitsverhältnisse eines Teilbetriebsübergangs allgemein LAG Düsseldorf LAGE BGB 2002 § 613a Nr. 4). Vielmehr ist dieses zunächst einmal davon abhängig, inwieweit einzelne Arbeitnehmer gemäß § 613a Abs. 6 BGB widersprechen. Auch können entsprechend § 613a Abs. 4 BGB weder der Auftraggeber noch der Auftragnehmer (Outsourcing-Anbieter) die Anzahl der übergehenden Arbeitnehmer etwa durch Kündigungen wegen des Betriebsübergangs beeinflussen. Das Formular sieht unter § 1 Abs. (2) gleichwohl vor, dass nur die in der Personalliste benannten Arbeitnehmer übergehen sollen. Diese Vereinbarung ist nicht als Vereinbarung zu Lasten der Arbeitnehmer zu verstehen, sondern vielmehr als Klarstellung, welche allerdings zumindest aus Sicht des Auftragnehmers den Charakter einer Geschäftsgrundlage iSv § 313 BGB haben könnte. Verschärfen ließe sich dies aus Sicht des Anbieters noch durch eine Freistellungsklausel.

4. Betriebsvereinbarungen und Tarifverträge. Soweit, was allerdings beim IT-Outsourcing der Ausnahmefall sein dürfte, der Auftragnehmer nicht ohnehin schon kollektivrechtlich die für die übergehenden Arbeitnehmer geltenden Betriebsvereinbarungen oder Tarifverträge weiter zu beachten hat, greift § 613a Abs. 1 S. 2 BGB, nach dem diese zumindest für ein Jahr ab Übergang individualrechtlich als Bestandteil des Arbeitsverhältnisses grundsätzlich weiter gelten. Allerdings finden insofern nur die sog. Inhaltsnormen von Betriebsvereinbarungen und Tarifverträgen Anwendung, also die Regelungen über Inhalt und Beendigung des Arbeitsverhältnisses (Inhaltsfortsetzung). Der gleiche Effekt tritt für Tarifverträge bei die Gewerkschaftsmitgliedschaft substituierenden Gleichstellungsabreden ein (zur Interpretation von Bezugnahmeklauseln BAG BB 2006, 1504).

Abweichend von diesen Grundsätzen sind nach dem Betriebsübergang andere Betriebsvereinbarungen bzw. Tarifverträge anzuwenden, soweit sie nicht zum Nachteil abweichen (§ 613a Abs. 1 S. 2 BGB aE) oder wenn sich aus diesen die (gleichen) Rechte und Pflichten ergeben (§ 613a Abs. 1 S. 3 BGB) oder wenn diese nicht mehr gelten oder bei fehlender beiderseitiger Tarifgebundenheit im Geltungsbereich eines anderen Tarifvertrags, dessen Anwendung zwischen dem Arbeitnehmer und dem Auftragnehmer vereinbart wird (§ 613a Abs. 1 S. 4 BGB).

5. Unterrichtung der Arbeitnehmer. Die Regelung des § 2 Abs. (1) ist weitestgehend deklaratorisch. Nach dem Gesetz kann die Unterrichtung aber sowohl durch den bisherigen wie durch den neuen Arbeitgeber oder durch beide gemeinsam erfolgen. Die Verpflichtung zur Unterrichtung trifft sie als Gesamtschuldner. Für ihre Durchführung sind in der Praxis psychologische, praktische (etwa Know-how in diesem Bereich) wie rechtliche Aspekte (Rechte und Pflichten bei unzureichender Information) zu beachten. Insofern spricht einiges für eine gemeinsame Information. Das vorliegende Formular sieht zudem vor, dass die Parteien den Inhalt abstimmen (zu den Anforderungen im Einzelnen s. ua BAG BB 2007, 1340) und im Einzelfall dafür sorgen sollen, dass der Zugang der Unterrichtung sich beweisen lässt. Insofern soll Vorsorge getroffen werden, dass es hierüber angesichts der einmonatigen Widerspruchsfrist des § 613a Abs. 6 BGB mit dem Arbeitnehmer nicht zu Streitigkeiten kommt. Ob insofern die Unterrichtung etwa per E-Mail, per Empfangsbestätigung oder gar per Einschreiben-Rückschein der beste Weg ist, ist eine Frage des Einzelfalls. Alternativ zur vorgeschlagenen Gestaltung ist aus Sicht des Auftraggebers eine Gestaltung sinnvoll, bei der die Unterrichtung dem Auftragnehmer überlassen, dieser dann aber zu Freistellung für die Konsequenzen einer fehlerhaften Unterrichtung verpflichtet wird (*Gennen* ITRB 2002, 291 (292)).

6. Personaldatenschutz. Bis zum endgültigen Betriebsübergang unterliegen die Personaldaten der zu übernehmenden Arbeitnehmer dem allgemeinen Datenschutz. So wird kontrovers diskutiert, inwieweit Personaldaten im Vorfeld etwa im Rahmen einer Due Diligence zugänglich gemacht werden dürfen (dazu *Braun/Wybitul* BB 2008, 782; *Däubler* RDV 2004, 55; *Diller/Deutsch* K&R 1998, 16). Mit dem Übergang hingegen ist der Auftragnehmer als neuer Arbeitgeber nach § 26 BDSG vollumfänglich berechtigt, die Daten zu erhalten und in diese (insbesondere die Personalakte) Einsicht zu nehmen. § 2 Abs. (3) und (4) sehen insofern auch vor dem Hintergrund der Interessenabwägung des Art. 6 Abs. 1 S. 2 lit. f DSGVO eine sukzessive Offenlegung der Daten vor.

7. Kündigungsschutz. Wie bereits oben unter → Anm. 3. erwähnt, sind Kündigungen wegen des Betriebsübergangs weder dem Auftraggeber noch dem Auftragnehmer erlaubt. Dieses ergibt sich aus § 613a Abs. 4 S. 1 BGB. Nach § 613a Abs. 4 S. 2 BGB bleibt die Kündigung aus anderen Gründen aber möglich. Eine verhaltens-, personen- oder sonst betriebsbedingte Kündigung kann der Auftraggeber also bis zum Betriebsübergang aussprechen. Schwierige Abgrenzungsfragen können sich bei (mitunter vorgezogenen) Rationalisierungs- bzw. Sanierungsmaßnahmen ergeben.

Das Formular sieht in § 2 Abs. (5) vor, dass die nach § 613a Abs. 4 S. 2 BGB zulässigen Kündigungen nur nach Abstimmung mit dem Auftragnehmer erfolgen bzw. betriebsbedingte Kündigungen gar nicht mehr stattfinden. Hintergrund ist das potenzielle Interesse des Auftragnehmers am Erhalt des Personals, insbesondere der Know-how-Träger, mit Blick auf den künftigen IT-Betrieb durch ihn. Weiter regelt § 2 Abs. (5), dass die Mitarbeiter für eine festzulegende Übergangzeit nach dem Betriebsübergang nicht gekündigt werden dürfen. Diese nachlaufende Fürsorge des Auftraggebers ist alles andere als zwingend, zumal sie uU zu erhöhten Kosten führen wird, mitunter aber ein Gebot der Unternehmenskultur oder auch eine Voraussetzung dafür ist, die Arbeitnehmer zum Betriebsübergang zu motivieren. Unabhängig davon folgt aus § 613a Abs. 4 und 5 BGB, dass Kündigungen nach Betriebsübergang aufgrund von Umstrukturierungen des Betriebskonzeptes zwar möglich sind, aber ggf., soweit voraussehbar bzw. gar schon geplant, vor Betriebsübergang im Rahmen des § 613a Abs. 5 BGB mitgeteilt werden müssen (vgl. *Meents* in Lehmann/Meents, Handbuch des Fachanwalts Informationstechnologierecht, Kap. 7 Rn. 236).

8. Folgen des Personalübergangs und Ausgleichzahlungen. Nach § 613a Abs. 1 BGB bestehen aufgrund des Betriebsübergangs Urlaubsansprüche und Ansprüche auf betriebliche Altersversorgung usw gegenüber dem Auftragnehmer als neuem Arbeitgeber. Da diese Ansprüche teils aus der Vergangenheit gründen, sieht § 3 des Formulars vor, dass der Auftragnehmer hierfür Ausgleichszahlungen erhält. Das Muster ist insofern noch eher rudimentär und berücksichtigt etwa nicht die betriebliche Altersvorsorge über Direktversicherungen, Pensionsfonds oder spezielle Kassen (dazu sowie sonstigen Abgrenzungsposten *Mahr* in Bräutigam, IT-Outsourcing und Cloud-Computing, 4. Aufl., S. 538 ff., Rn. 28 ff.). Insofern sind im konkreten Fall Ergänzungen vorzunehmen. Alternativ kann man auf § 3 verzichten, wenn dem Auftragnehmer sämtliche Informationen im Vorwege bekannt gegeben werden. Dieser kann die Ansprüche gegenüber den Arbeitnehmern dann einpreisen. Problematisch ist ein solches Vorgehen aus Sicht des Auftraggebers allerdings dann, wenn ein größerer Teil der Arbeitnehmer von seinem Widerspruchsrecht nach § 613a Abs. 6 BGB Gebrauch macht. Denn dann zahlt der Auftraggeber ohne Not, und zwar uU sogar doppelt.

14. Leistungsschein Server

zwischen der Firma[1, 2]. . . . . **(nachfolgend „Auftragnehmer" genannt)**
und der Firma . . . . . **(nachfolgend „Auftraggeber" genannt)**

§ 1 Gegenstand des Leistungsscheins

(1) Die Vertragsparteien haben mit gleichem Datum einen Outsourcing-Rahmenvertrag (samt Leistungsscheinen und sonstigen Anlagen) geschlossen, der auch auf diesen Leistungsschein Anwendung findet.
(2) Gegenstand dieses Leistungsscheins ist die Beschreibung der Leistungspflichten des Auftraggebers, der Mitwirkungspflichten des Auftragnehmers sowie die genaue Spezifizierung und Zuweisung der im Rahmen ihrer Verantwortlichkeiten von den Vertragsparteien für den Betrieb von Servern zu erbringenden Leistungen.
(3) Gegenstand des Leistungsscheins sind der Betrieb von Unix- und Intel-Servern und die Beschreibung der zugehörigen technischen Leistungen.

§ 2 Allgemeine Leistungspflichten[3]

(1) Der Serverbetrieb umfasst insbesondere Serversysteme, Speichersysteme, Systeme zur Datensicherung, Datenbanksysteme und Datenbanken sowie die damit verbundenen Leistungen. Die Leistungen des Auftragnehmers umfassen insbesondere die Beschaffung der notwendigen Hard- und Software, ihre Installation in der aktiven Umgebung sowie deren Betrieb, Wartung, Überwachung und Optimierung.
(2) Der Auftragnehmer verpflichtet sich im Rahmen seiner Leistungen zum Serverbetrieb insbesondere

- der Aufrechterhaltung des Server-Betriebs,
- zur Benutzer-Rechteverwaltung und zur Pflege eines Berechtigungskonzeptes,
- zu Tests und zum Einspielen von Patches und Bugfixes, neuer Releasestände sowie neuer Software im Bereich der betriebssystemnahen Software,
- zur Beratung bei der Implementation neuer Softwareanwendungen und zur Unterstützung beim Einspielen von Anwendungssoftware,
- zu kleineren Softwareentwicklungen (bis zu einem Gesamtentwicklungsaufwand von ..... Personentagen je Einzelfall) einschließlich deren Pflege und Wartung,
- zur Unterstützung der Tests von Applikationen unter neuen Releaseständen sowie
- zum Update der Daten in der Produktions- und Testumgebung

§ 3 Allgemeine Mitwirkungsleistungen und Beistellungen des Auftraggebers

Der Auftraggeber erbringt die nachfolgend aufgeführten allgemeinen Mitwirkungsleistungen und Beistellungen:

- .....

§ 4 Verantwortlichkeitsmatrix[4]

Die nachfolgende Tabelle kennzeichnet durch die entsprechend gesetzten Kreuze, ob eine Leistung im Rahmen dieses Leistungsscheins eine Leistungspflicht des Auftragnehmers oder eine Mitwirkungspflicht des Auftraggebers darstellt.

Ziffer	Leistung/Tätigkeit	Auftragnehmer	Auftraggeber
1.			
1.1			
1.2			
1.3			
......	.		

§ 5 Besonderheiten

(1) Es gelten die Regelungen der folgenden internen Anweisungen des Auftraggebers:

- .....

(2) Mit Blick auf die Notfallplanung ist Folgendes vereinbart:

- .....

§ 6 Service Level[5]

Für die Festlegung der einzuhaltenden Verfügbarkeit werden die eingesetzten Anwendungen den Verfügbarkeitsklassen I–IV zugeordnet:

Server		Kriterium der Verfügbarkeit	Verfügbarkeit pro Monat
			t
I			
II			
III			
IV			

Die Leistungsübergabepunkte zur Messung der Verfügbarkeit sowie die genaue Beschreibung der Server erfolgt in den Anlagen zu diesem Leistungsschein. Im Übrigen gilt der Leistungsschein „SLA".

§ 7 Anlagen

Folgende Anlagen werden Bestandteil dieses Leistungsscheins:
Anlage 1: Beschreibung der Leistungsübergabepunkte
Anlage 2: Beschreibung der einzelnen Server
(Ort, Datum, Unterschriften)
Anlagen

Schrifttum: → Form. VI.11.

Anmerkungen

1. Sachverhalt. Der Leistungsschein ist als Ergänzung des oben unter → Form. IV.10 abgedruckten Outsourcings-Rahmenvertrags zu nutzen. Exemplarisch wird unterstellt, dass der Auftraggeber ua den Betrieb von Servern ausgelagert hat, was einer der häufigsten, wenn nicht der häufigste Fall der Auslagerung sein dürfte. Andere technische Leistungsscheine sind wahrscheinlich (so zB für Desktop-PCs, Mainframe-Rechner, WAN-Leitungen oder Applikationen).

2. Wahl des Formulars. Das Formular soll eine Idee davon vermitteln, wie technische Leistungsscheine aufgebaut werden können. Das Formular erhebt keinen Anspruch darauf, auch nur ansatzweise vollständig oder die einzige Art der Leistungsbeschreibung im Rahmen von Outsourcingvorhaben zu sein. Leistungsscheine sind zunächst einmal technische Vertragsdokumente. Die Ausarbeitung von Leistungsscheinen erfordert eine detaillierte Analyse der vorhandenen IT, IT-Prozesse sowie uU der unternehmensinternen Geschäftsprozesse. Gleichwohl sind Leistungsscheine mit juristischer Unterstützung zu erarbeiten, weil sonst oftmals keine ausreichende Anbindung an den Rahmenvertrag und dessen sonstige Leistungsscheine erreicht wird.

3. Allgemeine Leistungspflichten. In den einzelnen Leistungsscheinen bietet es sich an, die Leistungen zunächst überblicksartig zu schildern. Die vorliegend in § 2 vorgesehenen Regelungen erheben keinen Anspruch auf Zweckmäßigkeit und Vollständigkeit.

4. Verantwortlichkeitsmatrix. Eine der größten Schwierigkeiten in der Praxis ist es, zu bestimmen, wer im Rahmen des Outsourcings und der damit verbundenen Leistungen welche Aufgaben zu erledigen bzw. Leistungen zu erbringen hat. Insofern bietet es sich zur detailscharfen Regelung der Leistungspflichten des Outsourcing-Anbieters – hier des Auftragnehmers – und den Mitwirkungspflichten des Auftraggebers wie in § 3 vorgegeben an, diese im Rahmen einer Verantwortlichkeitsmatrix im Detail zu spezifizieren (*Bräutigam* in Bräutigam, IT-Outsourcing und Cloud-Computing, 4. Aufl., S. 1239 f., Rn. 559 f.).

5. Service Level. Der vorliegende Leistungsschein sieht vor, gewisse Angaben über die Verfügbarkeit einzelner Server in diesem festzulegen. § 6 sieht dazu insbesondere vor, Angaben dazu festzuschreiben, ab wann ein Server als verfügbar gilt und ab wann nicht. Was unter Verfügbarkeit genau zu verstehen ist, ist im Rahmen des Glossars des Rahmenvertrags, vorzugsweise in einem separaten Service Level Agreement (SLA) vorzusehen (→ Form. IV.10 Anm. 9). Ob man Angaben zu Service Leveln überhaupt im Leistungsschein oder besser nur im Service Level Agreement aufnimmt, ist im Einzelfall zu entscheiden.

V. Online-Dienste, E-Commerce, Internet, Domains

1. Anbieterpflichtangaben und Nutzungsregelungen für einen Telemediendienst

I. Anbieterkennzeichnung/Impressum[2, 3, 4]

Nennung des Unternehmensnamens und des Rechtsformzusatzes [. . . . .]
Nennung des Vor- und Zunamens des Inhabers bzw. min. eines Vertretungsberechtigten [. . . . .]
Nennung des Geschäftsführers [. . . . .]
Weiterführende Angaben zum Komplementär bei einer GmbH & Co KG
Bei AG: Nennung des Namens des Vorstandes und des Aufsichtsratsvorsitzenden
Weiterführende Angaben bei der Rechtsform Limited (LTD) [. . . . .]
Anschrift:[5] [. . . . .]
Internetadresse: [. . . . .]
E-Mail:[6] [. . . . .]
Telefon (nicht obligatorisch):[7] [. . . . .]
Handelsregister und Handelsregisternummer (sofern vorhanden) [. . . . .]
Gewerberegister und Gewerberegisternummer (sofern vorhanden) [. . . . .]
Zusatzangaben über Aufsichtsbehörde oder Kammer [. . . . .]
Umsatzsteueridentifikationsnummer nach § 27a des Umsatzsteuergesetzes: [. . . . .][8]
Ggf. Angaben eines Auslandsvertreters mit Ladungsfähiger Anschrift [. . . . .]
Abwicklung oder Liquidation von Kapitalgesellschaften [. . . . .]

II. Nutzung der Internetseite

§ 1 Haftung für Inhalte, Hyperlinks

Für die eigenen Inhalte unserer Seiten sind wir nach den allgemeinen Gesetzen verantwortlich.
Wir haben die in diesem Internet-Angebot enthaltenen Informationen sorgfältig erstellt und sind um laufende Überprüfung bemüht. Dennoch können wir für die Richtigkeit, Aktualität, Vollständigkeit und laufende Verfügbarkeit keine Gewähr übernehmen. Verbindliche Auskünfte, Beratungen, Empfehlungen oder Erklärungen erteilen wir ausschließlich im Rahmen individueller Kommunikation.[9]
Wir behalten uns vor, unser Internet-Angebot jederzeit zu ändern, zu ergänzen, zu kürzen oder auch ganz einzustellen. Wir stehen auch nicht dafür ein, dass Inhalte unseres Internet-Angebots für den Nutzer und seine Zwecke geeignet sind.
Unser Angebot enthält auch Links zu Webseiten Dritter, auf deren Inhalte wir keinen Einfluss haben. Für die Inhalte der verlinkten Seiten ist ausschließlich der jeweilige Anbieter der Seiten verantwortlich.[10]

§ 2 Abrufgebiet

Unser Internet-Angebot ist für das Gebiet der Bundesrepublik Deutschland bestimmt und auf der Grundlage der deutschen Rechtsordnung erstellt. Ein Abruf unseres Angebotes

von Gebieten außerhalb Deutschlands ist von uns nicht beabsichtigt. Wir übernehmen keine Haftung dafür, dass unser Internet-Angebot für Nutzer aus anderen Staaten geeignet, verwendbar und dort rechtlich zulässig ist.[11]

§ 3 Urheberrecht[12]

Der Inhalt, die Gestaltung und der Aufbau unseres Internet-Angebotes sind urheberrechtlich geschützt und wir behalten uns sämtliche Schutzrechte ausdrücklich vor13. Insbesondere bedürfen die Vervielfältigung, Bearbeitung, Verbreitung und jede Art der Verwertung unserer schriftlichen Zustimmung, sofern die Maßnahme nicht nach gesetzlichen Vorschriften zustimmungsfrei erlaubt ist. Downloads und Kopien dieser Seiten sind nur für den privaten, nicht kommerziellen Gebrauch gestattet.

III. Informationen zum Datenschutz[14]

Schrifttum: Bornkamm/Seichter, Das Internet im Spiegel des UWG, CR 2005, 747; *Brunst,* Umsetzungsprobleme der Impressumspflicht bei Webangeboten, MMR 2004, 8; *Ernst,* Social Plugins: Der „Like-Button" als datenschutzrechtliches Problem, NJOZ 2010, 1917; *Gramespracher,* WRP 2013, 113; *Hendel,* Die urheberrechtliche Relevanz von Hyperlinks, ZUM 2014, 102; Hoeren/Sieber/Holznagel (Hrsg.), Handbuch Multimedia Recht, München, 46. Ergänzungslieferung, Stand: Januar 2018; *Hoeren,* Das Telemediengesetz, NJW 2007, 801; Köhler/Bornkamm/Feddersen (Hrsg.), Gesetz gegen den unlauteren Wettbewerb, München, 37. Auflage 2019; Lehmann/Meents, Informationstechnologie Recht, Köln, 2. Auflage 2011; *Lorenz,* die Anbieterkennzeichnung nach dem TMG und RStV, K&R 2008, 340; *Löffler,* Werbung im Cyberspace – Eine kollisionsrechtliche Betrachtung, WRP 2001, 379; *Ott,* Impressumspflicht für Webseiten – Die Neuregelung nach § 5 TMG, § 55 RStV, MMR 2007, 354; *Rockstroh,* Impressumspflicht auf Facebook-Seiten. Wann werden Telemedien „in der Regel gegen Entgelt" angeboten, MMR 2013, 627; *Ott,* Haftung für verlinkte urheberrechtswidrige Inhalte in Deutschland, Österreich und den USA, GRUR Int 2007, 14; *Roßnagel,* Das Telemediengesetz – Neuordnung für Informations- und Kommunikationsdienste, NVwZ 2007, 743; *Sack,* Das internationale Wettbewerbs- und Immaterialgüterrecht nach der EGBGB-Novelle, WRP 2000, 269; *Schlömer/Dittrich,* eBay & Recht – Bilanz der Rechtsprechung, BB 2007, 2129; *Schmitz,* Vertragliche Haftung bei unentgeltlichem Informationserwerb via Internet, MMR 2000, 396; *Schöttler,* Das neue Telemediengesetz (Teil 2) – Die Informationspflichten der Diensteanbieter, jurisPR-ITR 5/2007 → Anm. 6; *Sosnitza,* Das Internet im Gravitationsfeld des Rechts: Zur rechtlichen Beurteilung so genannter Deep Links, CR 2001, 693; *Spindler,* Das Gesetz zum elektronischen Geschäftsverkehr, NJW 2002, 921; Spindler/Schmitz (Hrsg.), Telemediengesetz, München, 2. Auflage 2018; Spindler/Schuster (Hrsg.), Recht der elektronischen Medien, München, 3. Auflage 2015; Schricker/Loewenheim, (Hrsg.) Urheberrecht, 5. Auflage München 2017; *Wallenberg,* B2B-Onlineshop – betriebswirtschaftliche und rechtliche Fragen, MMR 2005, 661, Wandtke/Bullinger (Hrsg.), Praxiskommentar zum Urheberrecht, München, 4. Auflage 2014; *Voigt/Alich,* Facebook-Like-Button und Co. – Datenschutzrechtliche Verantwortlichkeit der Webseitenbetreiber, NJW 2011, 3541.

Anmerkungen

Sachverhalt: Ein in Deutschland niedergelassenes Unternehmen hält ein Informationsangebot im Internet bereit, das neben einer Selbstpräsentation des Unternehmens sowie einer Darstellung des eigenen Leistungsangebots auch Hyperlinks auf Webseiten Dritter beinhaltet. Ferner wird ein kleiner Online-Bestelldienst angeboten. Das Unternehmen ist außerdem mit eigenen Profilen in den gängigen sozialen Netzwerken vertreten. Der Nutzer kann sich in einen E-Mail-Verteiler eintragen lassen, um den regelmäßigen E-Mail-Newsletter mit Informationsangeboten des Anbieters zu erhalten. Der Anbieter kann über die Internetseite auch individuelle Anfragen an den Anbieter richten.

1. Rechtliche Rahmenbedingungen. Seit dem 1.3.2007 ist das Telemediengesetz (TMG) vom 26.2.2007 (BGBl. I S. 179 (251)) in Kraft. Der Gesetzgeber hat mit Einführung dieses Gesetzes die bis dahin geltende Unterscheidung zwischen Telediensten und Mediendiensten fallen gelassen und den Begriff der „Telemedien" eingeführt, deren Rahmenbedingungen nunmehr weitgehend im TMG geregelt sind.

Anbieter von Telemediendiensten unterliegen nach dem TMG bestimmten Informationspflichten, insbesondere der Pflicht zur Anbieterkennzeichnung (§ 5 TMG) und datenschutzrechtlichen Unterrichtungspflichten (§ 13 TMG). Das Muster berücksichtigt diese Informationspflichten des TMG und enthält zusätzlich einige weitere Nutzungs- und Haftungshinweise. Neben diesen Informationspflichten nach dem TMG können sich, je nach Art des Internetangebots, daneben aus anderen Rechtsvorschriften weitere Informationspflichten ergeben, die unberührt bleiben (§ 5 Abs. 2 TMG), zB § 5a UWG. Insbesondere treffen den Anbieter von Internetseiten, über die der Abschluss von Verträgen über Waren oder Dienstleistungen möglich ist, weitreichende weitere Informationspflichten insbes. nach § 312d BGB iVm Art. 246a EGBGB. Diese sind ausführlich in einem gesonderten Muster behandelt, insoweit → Form. V.2 Anm. 3 für Warenvertriebsverträge.

2. Telemedien. Das Telemediengesetz gilt für alle „Telemedien". Nach der Legaldefinition in § 1 Abs. 1 S. 1 TMG sind Telemedien alle „elektronischen Informations- und Kommunikationsdienste (IuK-Dienste), soweit sie nicht Telekommunikationsdienste nach § 3 Nr. 24 des Telekommunikationsgesetzes (TKG), die ganz in der Übertragung von Signalen über Telekommunikationsnetze bestehen, telekommunikationsgestützte Dienste nach § 3 Nr. 25 des Telekommunikationsgesetzes oder Rundfunk nach § 2 des Rundfunkstaatsvertrages (RStV) sind".

Der Anwendungsbereich des Telemediengesetzes wird somit rein negativ zur Telekommunikation und zum Rundfunk abgegrenzt. Der Begriff des elektronischen Informations- und Kommunikationsdienstes (IuK-Dienst) wird weder im TMG noch im RStV positiv definiert und fungiert als Oberbegriff für Rundfunk, Telemedien und Telekommunikation, unabhängig von Art, Inhalt und Form der elektronischen Übermittlung (zur Legaldefinition: Spindler/Schuster/*Ricke* TMG § 1 Rn. 2–3).

Telekommunikationsdienste sind solche, die ausschließlich in der Übertragung von Signalen über Telekommunikationsnetze bestehen. Nach der hM zählen zu diesen „reinen" Telekommunikationsdiensten all jene Dienste, die Daten ohne eine Aufbereitung von Inhalten übertragen und bei denen sich die Leistung auf den einfachen Signaltransport beschränkt. Zu diesen Diensten zählen die „klassischen" Telekommunikationsdienste, wie zB die Bereitstellung von Teilnehmeranschlüssen und die Sprach- und Datenübertragung (vgl. Spindler/Schuster/*Ricke* TMG § 1 Rn. 6).

Telekommunikationsdienste, die nicht „ausschließlich", sondern nur „überwiegend" in der Übertragung von Signalen über Telekommunikationsnetze bestehen, wie zum Beispiel die Vermittlung eines Internetzugangs und E-Mail-Übertragung (Access-Providing), sind nach der Gesetzesbegründung doppelfunktional zu qualifizieren und unterfallen sowohl dem Anwendungsbereich des TKG als auch dem TMG (näher *Hoeren* NJW 2007, 801 (802); *Roßnagel* NVwZ 2007, 743 (745)). Der Ausnahmetatbestand der „telekommunikationsgestützten Dienste" liegt zum Beispiel bei Mehrwertdiensten (0900er-Rufnummern) vor. Unter den Begriff des „Rundfunks" fallen nach der Gesetzesbegründung (BT-Drs. 16/3078, 13) der herkömmliche Rundfunk, das Live-Streaming (zusätzliche parallele Übertragung herkömmlicher Rundfunkprogramme über das Internet) und das Webcasting (ausschließliche Übertragung herkömmlicher Rundfunkprogramme über das Internet).

Beispiele für Telemediendienste, die dem Anwendungsbereich des TMG unterfallen, sind nach der Gesetzesbegründung Angebote im elektronischen Geschäftsverkehr mit unmittelbarer Bestellmöglichkeit für Waren oder Dienstleistungen (Angebote von Verkehrs-, Wetter-, Umwelt- oder Börsendaten, Newsgroups, elektronischen Presse, Chatrooms, Fernseh- und Radiotext und Teleshopping), Online Dienste, die Instrumente zur Datensuche, zum Zugang zu Daten oder zur Datenabfrage bereitstellen (zB Internetsuchmaschinen), sowie die kommerzielle Verbreitung von Informationen über Waren-/Dienstleistungsangebote mittels elektronischer Post (z.B Werbe-E-Mails). Ferner sind zu nennen das Telebanking, Informations- oder Kommunikationsangebote und Telespiele. Zu den Telemedien werden ebenso die „neuen" Dienste wie gewerblich genutzte Profile in den sozialen Netzwerken oder EPG-Dienste in Smart-TV Geräten gezählt (Hoeren/Sieber/Holznagel/*Solmecke* Teil 21.1 Rn. 2).

3. **Allgemeine Informationspflichten nach § 5 TMG.** Gemäß § 5 Abs. 1 TMG treffen einen „Diensteanbieter für geschäftsmäßige, in der Regel gegen Entgelt angebotene Telemedien" allgemeine Informationspflichten. Diensteanbieter ist jede Person, die eigene oder fremde Telemedien zur Nutzung bereithält oder den Zugang zur Nutzung vermittelt (§ 2 Abs. 1 Nr. 1 TMG). Die Informationspflicht nach § 5 TMG entsteht dann, wenn das Telemedium „geschäftsmäßig" angeboten wird. Das Merkmal der Geschäftsmäßigkeit ist im TMG nicht weiter definiert. Die Geschäftsmäßigkeit soll aber dann vorliegen, wenn ein auf Dauer angelegtes Telemedium regelmäßig gegen Entgelt angeboten wird. Ziel des Gesetzgebers war, wie er in der Gesetzesbegründung ausdrücklich betonte (BT-Drs. 16/3078, 14), Homepages, die rein privaten Zwecken dienen und die keine Dienste bereitstellen, die sonst nur gegen Entgelt verfügbar sind, und Informationsangebote von Idealvereinen aus dem Anwendungsbereich der Informationspflichten auszunehmen (*Ott* MMR 2007, 354 (355)).

Das Merkmal der Entgeltlichkeit wurde nach Einführung des TMG in der Literatur weiter konkretisiert. So wird teilweise eine kommerzielle Motivation für das Angebot auf der Webseite verlangt (*Lorenz* K&R 2008, 340 (341)). Andere sehen eine Entgeltlichkeit des Angebots bereits dann gegeben, wenn die Webseite als Einstiegsmedium dient, um entgeltliche Leistungen anbieten zu können (Spindler/Schuster/*Micklitz/Schirmbacher* TMG § 5 Rn. 11). Hierbei ist auf die konkret angebotenen Leistungen und auf die Ausrichtung, bzw. den Adressatenkreis des Telemediums abzustellen. Dieser Ansicht folgte auch das LG Regensburg (LG Regensburg Urt. v. 31.1.2013 – 1 HK O 1884/12, MMR 2013, 246). Das Merkmal der regelmäßigen Entgeltlichkeit wurde vom Gesetzgeber aufgenommen, um die Vorgaben der E-Commerce-RL umzusetzen. Nach mehrfacher Konkretisierung durch den EuGH erfordert die regelmäßige Entgeltlichkeit, dass die Leistungen einen wirtschaftlichen Charakter im weitesten Sinne aufweisen und das Angebot einen Teil des Wirtschaftslebens ausmachen muss. Auch Umwegrentabilitäten und Drittfinanzierung begründen eine Entgeltlichkeit. So werden auch werbefinanzierte Dienste als entgeltlich betrachtet. Ebenso sind Internetseiten, die zwar kostenlos sind jedoch der Absatzförderung von Waren und Dienstleistungen dienen, als entgeltlich qualifiziert worden (*Rockstroh* MMR 2013, 627). Wer Waren oder Dienstleistungen über den eBay-Marktplatz anbietet, unterliegt nach der Rechtsprechung der Informationspflicht des § 5 TMG (vgl.: KG Beschl. v. 11.5.2007 – 5 W 116/07, MMR 2007, 791; kritisch: *Schlömer/Dittrich* BB 2007, 2129). Auch für Social Media Profile besteht nach der Rechtsprechung eine Impressumspflicht. So muss eine zu Marketingzwecken genutzte Facebook-Seite ein vollständiges Impressum bereithalten (OLG Düsseldorf MMR 2008, 682; LG Aschaffenburg Urt. v. 19.8.2011 – 2 HK O 54/11, MMR 2012, 38; Spindler/Schuster/*Micklitz/Schirmbacher* TMG § 5 Rn. 17 ff.).

Vorsorglich ist jedem Anbieter von Internetseiten, insbesondere auch von Selbstpräsentationen und Informationsangeboten, zur Aufnahme eines Impressums zu raten. Dies gilt insbesondere deshalb, weil der Verstoß gegen die Informationspflichten nach § 5 TMG empfindliche Folgen haben kann.

Der schuldhafte Verstoß ist eine Ordnungswidrigkeit gemäß § 16 Abs. 2 TMG, die nach Abs. 3 mit einer Geldbuße von bis zu fünfzigtausend Euro geahndet werden kann. Von großer praktischer Relevanz ist die Gefahr, nach dem UKlaG und dem UWG auf Unterlassung in Anspruch genommen zu werden. Verstöße gegen § 5 TMG können von klagebefugten Verbänden nach dem UKlaG geltend gemacht werden. Aufgrund des Charakters von § 5 TMG als Marktverhaltensnorm iSd § 3a UWG steht Mitbewerbern aufgrund eines Verstoßes gegen die Pflichten aus § 5 TMG ein Anspruch auf Unterlassung aus dem Wettbewerbsrecht zu.

Für Telemedien, die nicht ausschließlich persönlichen oder familiären Zwecken dienen, sieht § 55 Abs. 1 RStV eine eigene Informationspflicht vor, die allerdings weitaus weniger Angaben erfasst als § 5 TMG (*Ott* MMR 2007, 354 (355)). Ein eigener Anwendungsbereich kann der Vorschrift nur insoweit zukommen, als es um nicht ausschließlich private, aber auch nicht um geschäftsmäßige, in der Regel gegen Entgelt angebotene Telemedien handelt. Eigene praktische Bedeutung hat sie damit kaum.

4. Erkennbarkeit, Erreichbarkeit und Verfügbarkeit der Informationen. Zur Art und Weise der Informationserteilung bestimmt § 5 Abs. 1 TMG, dass der Diensteanbieter die Informationen leicht erkennbar, unmittelbar erreichbar und ständig verfügbar halten muss. Zu dem Erfordernis der leichten Erkennbarkeit zählt unter anderem, dass die Informationen verständlich und in der Größe lesbar sein müssen. Nicht eindeutig geklärt ist, in welcher Sprache die Anbieterangaben vorzuhalten sind (vgl. dazu Spindler/Schuster/*Micklitz/Schirmbacher* TMG § 5 Rn. 31 f.). Die Angaben sind in Anlehnung an das Herkunftslandprinzip jedenfalls in deutscher Sprache abzufassen. Zudem sollten sie in allen weiteren Sprachen, in denen die Internetseite verfügbar ist, vorgehalten werden. Ausreichend ist, wenn die Informationen auf einer gesonderten Seite zu finden sind, die der Nutzer mittels Anklicken eines Links aufrufen kann. Voraussetzung ist aber, dass die Bezeichnung des Links hinreichend klar zum Ausdruck bringt, dass über ihn Pflichtangaben des TMG aufgerufen werden können (*Ott* MMR 2007, 354 (357); *Schöttler* jurisPR-ITR 5/2007 → Anm. 6). Der Begriff „Backstage“ wurde insoweit als nicht ausreichend angesehen (OLG Hamburg Beschl. v. 20.11.2002 – 5 W 80/02, MMR 2003, 105; zu weiteren Beispielen vgl. Spindler/Schuster/*Micklitz/Schirmbacher* TMG § 5 Rn. 28 f.). Die Platzierung der Informationen unter dem Link „Kontakt“ als auch unter dem Link „Impressum“ hat der Bundesgerichtshof nunmehr ausdrücklich gebilligt, da sich diese Bezeichnungen im Internetverkehr durchgesetzt hätten (BGH Urt. v. 20.7.2006 – I ZR 228/03, NJW 2006, 3633, so auch schon OLG München Urt. v. 11.9.2003 – 29 U 2681/03, MMR 2004, 36; OLG Hamburg Beschl. v. 20.11.2002 – 5 W 80/02, MMR 2003, 105; aA noch OLG Karlsruhe Urt. v. 27.3.2002 – 6 U 200/01, CR 2002, 682 (683)). In den sozialen Netzwerken darf das Impressum nicht unter dem „Info-Reiter“ zB auf der Facebook-Unternehmensseite (Fanpage) bereitgehalten werden. Nach dem OLG Düsseldorf bleibt der erwartete Informationsgehalt des Nutzers bei einem „Info-Reiter“ hinter dem eines „Kontakt“ oder „Impressum“ Reiters zurück (OLG Düsseldorf Urt. v. 13.8.2013 – I-20 U 75/13, MMR-Aktuell 2013, 352876).

Nicht höchstrichterlich geklärt ist, ob es ausreicht, wenn die Anbieterinformationen auf einer „Mich-Seite“ insbesondere bei „eBay“ aufgeführt sind (bejahend: KG Beschl. v. 11.5.2007 – 5 W 116/07, K & R 2007, 406; ebenso OLG Hamm Urt. v. 4.8.2009 – 4 U 11/09, MMR 2010, 29).

Eng verbunden mit dem Erfordernis der leichten Erkennbarkeit ist das der **unmittelbaren Erreichbarkeit.** Auch unter dem Gesichtspunkt der unmittelbaren Erreichbarkeit ist es ausreichend, wenn die Informationen nicht direkt auf der Startseite einsehbar, sondern erst über einen Hyperlink zu erreichen sind. Zu der Frage, wie viele „Klicks" den Informationen vorgeschaltet sein dürfen, hat sich der Bundesgerichtshof im Jahr 2006 der bis dahin schon vorherrschenden Auffassung angeschlossen, dass es ausreichend ist, wenn der Nutzer nicht in einem, sondern in zwei Schritten („Two-Click-Prinzip") zu den Informationen gelangt (BGH Urt. v. 20.7.2006 – ZR 228/03, NJW 2006, 3633; so auch schon OLG München Urt. v. 11.9.2003 – U 2681/03, MMR 2004, 36 unter Bezugnahme auf die Verhaltensregeln für den lauteren elektronischen Handel der Internationalen Liga für Wettbewerbsrecht vom 30.9.2000).

Auch für die sozialen Netzwerke ist eine Linksetzung zu dem Impressum zulässig. Jedoch soll diese Verlinkung nur dann ausreichen, wenn deutlich wird, dass dieses Impressum auch für das Social Media Profil gelten soll (LG Aschaffenburg MMR 2012, 38; LG Frankfurt a.M. Beschl. v. 19.10.2011 – 3–08 O 136/11, BeckRS 2012, 2540).

Die Anbieterinformationen dürfen nicht so platziert sein, dass sie bei normaler Bildschirmauflösung erst durch ein langwieriges Scrollen erkennbar oder zugänglich sind (OLG Brandenburg Urt. v. 13.6.2006 – 6 U 121/05, MDR 2007, 4; OLG Hamburg Beschl. v. 20.11.2002 – 5 W 80/02, MMR 2003, 105).

Schließlich müssen die Informationen **ständig verfügbar** sein, das heißt, dass der Nutzer jederzeit auf sie zugreifen können muss. Streitig ist, ob die ständige Verfügbarkeit die Ausdruckbarkeit der Informationen erfordert (ablehnend: Spindler/Schuster/*Micklitz/Schirmbacher* TMG § 5 Rn. 41, *Hoeren* WM 2004, 2464, bejahend: *Brunst* MMR 2004, 8 (12); *von Wallenberg* MMR 2005, 661 (663)).

5. **Identität des Anbieters.** Nach § 5 Abs. 1 Nr. 1 TMG sind Name (Firma) und Niederlassungsanschrift des Diensteanbieters anzugeben, bei juristischen Personen zusätzlich die Rechtsform und der Vertretungsberechtigte. Werden Angaben über das Kapital der Gesellschaft gemacht, gelten weitergehende Pflichten.

Es ist der vollständige Name der juristischen Person, bei natürlichen Personen der Familienname mit mindestens einem Vornamen aufzuführen (Spindler/Schuster/*Micklitz/Schirmbacher* TMG § 5 Rn. 44). Die Anschrift muss ladungsfähig sein (Begr. RegE BT-Drs. 14/6098, 21). Anzugeben sind daher Straße, Hausnummer, Postleitzahl und Ort, gegebenenfalls auch das Land. Eine Postfachadresse genügt nicht (OLG Koblenz v. 9.1.2006 – 12 U 740/04, NJW 2006, 919 mwN; Spindler/Schuster/*Micklitz/Schirmbacher* TMG § 5 Rn. 46 mwN). Besitzt der Anbieter mehrere Niederlassungen, ist die Niederlassung anzugeben, von der das Angebot der Telemedien zentral wahrgenommen wird, ansonsten die Hauptniederlassung.

6. **Möglichkeit der elektronischen Kontaktaufnahme.** § 5 Abs. 1 Nr. 2 TMG fordert Angaben, die eine schnelle elektronische Kontaktaufnahme und unmittelbare Kommunikation mit dem Diensteanbieter ermöglichen, einschließlich der Adresse der elektronischen Post, also der E-Mail-Adresse. Da § 5 Abs. 1 Nr. 2 TMG von „Angaben" „einschließlich" der E-Mail-Adresse spricht, ist mindestens eine weitere Kommunikationsmöglichkeit anzugeben.

7. **Erforderlichkeit der Angabe einer Telefonnummer.** Ob § 5 Abs. 1 Nr. 2 TMG zwingend die Angabe einer Telefonnummer erfordert, war bereits unter der insoweit gleichlautenden Vorschrift des § 6 Abs. 1 Nr. 2 TDG umstritten. Das OLG Köln (Urt. v. 13.2.2004 – 6 U 109/03, MMR 2004, 412) und das OLG Oldenburg (Beschl. v. 12.5.2006 – 1 W 29/06, GRUR-RR 2007, 54) halten die Angabe einer Telefonnummer für geboten, während das OLG Hamm sich auf den Standpunkt gestellt hat, der Vorschrift lasse sich nicht das Erfordernis telefonischer Erreichbarkeit entnehmen (OLG Hamm Urt. v. 17.3.2004 – 20 U 222/03, CR 2005, 64; zustimmend Spindler/Schuster/*Micklitz/Schirmbacher* TMG § 5 Rn. 53 f.). Der Bundesgerichtshof hat die Rechtsfrage

mit Beschluss vom 26.4.2007 (I ZR 190/04, BB 2007, 1358) dem Europäischen Gerichtshof zur Entscheidung vorgelegt. Dieser hat die Auffassung des OLG Hamm im Wesentlichen geteilt. Nach dem Europäischen Gerichtshof ist weder § 5 TMG noch Art. 5 Abs. 1 lit. c der E-Commerce-RL, welcher durch § 5 TMG in nationales Recht umgesetzt wurde, zu entnehmen, dass die Angabe der Telefonnummer erforderlich ist. Das Ziel der Angabe der Kontaktinformationen sei es, eine unmittelbare und effiziente Kommunikation zu gewährleisten. Eine solche Kommunikation kann aber nach Ansicht des Europäischen Gerichtshofs nicht nur telefonisch gewährleistet werden. Gleich unmittelbar und effizient ist zB die Kommunikation über eine zur Verfügung gestellte Anfragemaske, sofern der Seitenbetreiber auf die Anfragen innerhalb einer Stunde reagiert.

8. Weitergehende Informationspflichten. Abhängig von dem Anbieter und seiner Tätigkeit, in deren Rahmen das Telemedium angeboten wird, sind weitergehende Informationspflichten zu erfüllen. Erfolgt der Dienst im Rahmen einer Tätigkeit, die der behördlichen Zulassung bedarf, ist nach § 5 Abs. 1 Nr. 3 TMG die zuständige Aufsichtsbehörde anzugeben. Erfolgt der Dienst in Ausübung bestimmter reglementierter Berufe, sind nach § 5 Abs. 1 Nr. 5 TMG ferner Angaben über die zuständige berufsrechtliche Kammer, die gesetzliche Berufsbezeichnung und den Staat des Erwerbs der Berufsbezeichnung sowie Angaben über die berufsrechtlichen Regelungen vorgeschrieben (zB Ärzte, Rechtsanwälte). Besitzt der Diensteanbieter eine Umsatzsteueridentifikationsnummer nach § 27a des Umsatzsteuergesetzes oder eine Wirtschafts-Identifikationsnummer nach § 139c der Abgabenordnung, muss diese angegeben werden (§ 5 Abs. 1 Nr. 6 TMG).

Falls sich eine Gesellschaft in Abwicklung oder Liquidation befindet, darf diese Information im Impressum nicht fehlen (§ 5 Abs. 1 Nr. 7 TMG).

Gemäß § 5 Abs. 2 TMG bleiben etwaige weitergehende Informationspflichten nach anderen Vorschriften unberührt. Insbesondere kommen, wenn, wie hier, ein Online-Shop mit unmittelbarer Bestellmöglichkeit angeboten wird, Informationspflichten nach den Vorschriften über Fernabsatzverträge (§§ 312c ff. BGB) und Verträge im elektronischen Rechtsverkehr (§§ 312i, 312j BGB) und nach der Preisangabenverordnung in Betracht (→ Form. V.2 Anm. 2).

Zu nennen sind außerdem die erhöhten Anforderungen an ein Impressum gemäß § 55 Abs. 2 RStV für journalistisch-redaktionell gestaltete Angebote. Dies sind insbesondere Angebote, in denen vollständig oder teilweise Inhalte periodischer Druckerzeugnisse in Text oder Bild wiedergegeben werden. Diese enge Definition journalistisch-redaktionell gestalteter Angebote ist unter Berücksichtigung neuer Publikationsformen und vielfältiger Angebote im Internet heute so nicht mehr haltbar (hierzu *Schierbaum,* Sorgfaltspflichten von professionellen Journalisten und Laienjournalisten im Internet, 2016, S. 367 ff. und speziell zu § 55 RStV S. 445 ff.).

9. Haftung für Inhalte. Für eigene Inhalte haftet der Diensteanbieter gemäß § 7 Abs. 1 TMG nach den allgemeinen Vorschriften. Wer Diensteanbieter ist, wird in § 2 S. 1 Nr. 1 TMG legal definiert. Diensteanbieter ist jede natürliche oder juristische Person, die eigene oder fremde Telemedien zur Nutzung bereithält oder den Zugang vermittelt. Eine eigene Anspruchsgrundlage stellt § 7 TMG nicht dar. Der Sinn dieses Hinweises besteht nicht in einer vertraglichen Haftungsbeschränkungsvereinbarung, sondern in der Klarstellung, dass der Anbieter gegenüber dem Nutzer keinen Rechtsbindungswillen im Sinne eines Auskunfts- oder Beratungsvertrages hat und ihn deshalb auch keine vertragliche Haftung treffen soll (vgl. OLG München Urt. v. 26.10.2000 – 24 U 368/99, ZIP 2000, 2295 (2298); ferner *Schmitz* MMR 2000, 396). Das öffentliche Bereithalten von Informationen ist zwar ohne weiteres weder Willenserklärung noch Rechtsgeschäft (vgl. § 675 Abs. 2 BGB), jedoch empfiehlt es sich, in dieser Hinsicht keine Zweifel aufkommen zu lassen. Des Weiteren soll der Hinweis einem etwaigen Vertrauen des Nutzers in die Verlässlichkeit der Inhalte entgegenwirken.

Hinsichtlich der Haftung für Inhalte ist zwischen eigenen, fremden und zu Eigen gemachten Inhalten zu differenzieren. Für eigene Inhalte haftet der Diensteanbieter nach § 7 TMG in vollem Umfang. Vom Vorliegen eines eigenen Inhalts ist auch dann auszugehen, wenn der Diensteanbieter ein Dokument online stellt, welches originär von einem Dritten stammt. Befindet sich in diesem Dokument eine Rechtsverletzung, so haftet der Diensteanbieter wie für eine selbst verursachte Rechtsverletzung (BGH Urt. v. 4.7.2013 – I ZR 39/12, GRUR 2014, 180). Für fremde, durch einen Dritten auf der Seite des Unternehmers veröffentlichte, Inhalte kommt nur eine Störerhaftung in Betracht. Als Störer haftet derjenige, der in irgendeiner Weise – sei es auch ohne Verschulden – willentlich und adäquat kausal zur Verletzung des geschützten Guts beiträgt (BGH Urt. v. 28.7.2015 – VI ZR 340/14, NJW 2016, 56; BGH Urt. v. 16.5.2013 – I ZR 216/11, GRUR 2013, 1229 – Kinderhochstühle im Internet II; BGH Urt. v. 22.7.2010 – I ZR 139/08, GRUR 2011, 152 – Kinderhochstühle im Internet I; BGH Urt. v. 30.4.2008 – I ZR 73/05, ZUM 2008, 685 – Internet-Versteigerung III; BGH Urt. v. 19.4.2007 – I ZR 35/04, NJW 2007, 2636 – Internet-Versteigerung II; BGH Urt. v. 11.3.2004 – I ZR 304/01, NJW 2004, 3102 – Internet-Versteigerung I; BGH Urt. v. 1.4.2004 – I ZR 317/01, NJW 2004, 2158 – Schöner-Wetten; BGH Urt. v. 17.5.2001 – I ZR 251/99, NJW 2001, 3265 – ambiente.de jeweils mwN; OLG München Urt. v. 28.7.2005 – 29 U 2887/05, CR 2005, 821; LG München I Urt. v. 11.10.2006 – 21 O 2004/06, CR 2007, 607; LG Berlin Urt. v. 1.6.2006 – 27 O 146/06, ZUM-RD 2006, 519; LG Hamburg v. 16.9.2004 – 315 O 755/03, CR 2005, 534). Die höchstrichterliche Rechtsprechung verlangt allerdings als haftungsbegrenzendes Element auf Tatbestandsebene zusätzlich die Verletzung zumutbarer Prüfungspflichten (BGH Urt. v. 30.4.2008 – I ZR 73/05, ZUM 2008, 685 – Internet-Versteigerung III; BGH Urt. v. 19.4.2007 – I ZR 35/04, NJW 2007, 2636 – Internet-Versteigerung II; BGH Urt. v. 11.3.2004 – I ZR 304/01, NJW 2004, 3102 – Internet-Versteigerung I; BGH Urt. v. 1.4.2004 – I ZR 317/01, NJW 2004, 2158 – Schöner-Wetten; BGH Urt. v. 17.5.2001 – I ZR 251/99, NJW 2001, 3265 – ambiente.de jeweils mwN; OLG München Urt. v. 28.7.2005 – 29 U 2887/05, CR 2005, 821 LG Köln Urt. v. 12.9.2007 – 28 O 339/07, ZUM 2007, 873; LG Berlin Urt. v. 1.6.2006 – 27 O 146/06, ZUM-RD 2006, 519; LG Hamburg v. 16.9.2004 – 315 O 755/03, CR 2005, 534). Der Umfang der Prüfungspflichten bemisst sich nach den Umständen des Einzelfalls. Die Prüfungspflicht tritt jedenfalls dann ein, wenn der Diensteanbieter Kenntnis von der Rechtsverletzung des infrage stehenden Inhalts erlangt hat. Eine grundsätzliche Kontrollpflicht aller fremden Inhalte auf der Webseite besteht aber nicht, vgl. § 7 Abs. 2 S. 1 TMG. Wird der Diensteanbieter von einem Betroffenen auf eine Rechtsverletzung durch einen bestimmten Inhalt aufmerksam gemacht, kann er verpflichtet sein, zukünftig derartige Verletzungen zu verhindern (BGH Urt. v. 27.3.2012 – VI ZR 144/11, GRUR 2012, 751).

Eine sofortige Haftung für fremde Inhalte tritt dann ein, wenn sich der Diensteanbieter diese zu Eigen gemacht hat. Nach Ansicht des BGH ist für ein Zu-eigen-machen erforderlich, dass sich der Diensteanbieter mit dem fremden Beitrag derart identifiziert, dass dieser als sein eigener erscheint (BGH Urt. v. 30.6.2009 – VI ZR 210/08, GRUR 2009, 1093). So kann die Einbindung eines fremden RSS-Feeds auf der eigenen Internetseite zu einer täterschaftlichen Haftung für urheberrechtsverletzende Inhalte führen (AG Hamburg Urt. v. 27.9.2010 – 36 A C 375/09, GRUR-RR 2011, 162; sa BGH Urt. v. 27.3.2012 – VI ZR 144/11, GRUR 2012, 752 – RSS-Feed). Ein Zu-eigen-machen liegt auch dann vor, wenn der Diensteanbieter die Beiträge vor der Veröffentlichung auf seiner Seite auf Vollständigkeit und Richtigkeit überprüft, oder wenn er sich umfassende Nutzungsrechte an den fremden Inhalten einräumen lässt und Dritten anbietet, diese Inhalte kommerziell zu nutzen (BGH Urt. v. 12.11.2009 – I ZR 166/07, GRUR 2010, 616 – Marions-Kochbuch.de).

Eine ausdrückliche Distanzierung des Diensteanbieters von dem Inhalt kann die täterschaftliche Haftung entfallen lassen, wenn der Diensteanbieter den Inhalt vor der Veröffentlichung nicht weiterbearbeitet hat (Spindler/Schuster/*Hoffmann* TMG § 7 Rn. 20).

10. Haftung für Hyperlinks. Die Haftungsprivilegien der §§ 7–10 TMG finden auf Hyperlinks keine Anwendung (so auch Hoeren/Sieber/Holznagel/*Sieber/Höfinger* Teil 18.1. Rn. 95 f.; *Schöttler* jurisPR-ITR 6/2007 → Anm. 7). Die gefestigte Rechtsprechung zum TDG, nach der die Haftungsprivilegien des TDG für Hyperlinks nicht gelten, ist auf das TMG übertragbar (zum TDG: BGH Urt. v. 1.4.2004 – I ZR 317/01, NJW 2004, 2158 – Schöner-Wetten mwN, *Bornkamm/Seichter* CR 2005, 747 (751); OLG Stuttgart Urt. v. 24.4.2006 – 1 Ss 449/05, CR 2006, 542; LG Hamburg v. 16.9.2004 – 315 O 755/03, CR 2005, 534; vgl. auch Stellungnahme der Bundesregierung zum Elektronischen-Geschäftsverkehr-Gesetz (EGG), BT-Drs. 14/6098, 22 f., 34; *Bornkamm/Seichter* CR 2005, 747 (750 f.); *Härting,* Internetrecht, Rn. 2501, weiterführend auch Rn. 2662 ff.; *Köster/Jürgens* MMR 2002, 420 (422); *Spindler* NJW 2002, 921 (924); *Spindler* MMR 2002, 495 (496); *Stenzel* S. 189; kritisch *Ott* GRUR Int. 2007, 15).

Für manuell gesetzte Hyperlinks kommt eine Haftung nach allgemeinen Haftungsgrundsätzen in Betracht. Dabei kann es sich zB um eine Haftung nach Äußerungsrecht, Urheberrecht oder Wettbewerbsrecht handeln (Hoeren/Sieber/Holznagel/*Sieber/Höfinger* Teil 18.1. Rn. 106). Sowohl die zivilrechtliche Haftung als auch die strafrechtliche Verantwortung für vom Anbieter gesetzte Hyperlinks (vgl. dazu OLG Stuttgart Urt. v. 24.4.2006 – 1 Ss 449/05, CR 2006, 542) sind somit nach den allgemeinen Grundsätzen zu beurteilen.

Das Setzen eines Hyperlinks auf einen urheberrechtlich geschützten Inhalt ohne die Einwilligung des jeweiligen Rechteinhabers stellt aber nur dann eine Urheberrechtsverletzung dar, wenn der Urheberrechtsinhaber technische Maßnahmen zur Verhinderung der Linksetzung einrichtet und der Linksetzende diese überwindet (BGH Urt. v. 17.7.2003 – I ZR 259/00, GRUR 2003, 958 – Paperboy).

Anders zu beurteilen ist die Haftung für den Inhalt der verlinkten Seite. Der Linksetzende ist jedenfalls dann für einen rechtsverletzenden Inhalt auf der verlinkten Seite wie für einen eigenen Inhalt verantwortlich, wenn er sich diesen fremden Inhalt zu Eigen macht (zur Erläuterung des „Zu-eigen-machen" s. o.). Auch eine Störerhaftung für einen rechtsverletzenden Inhalt auf der verlinkten Seite kommt in Betracht. Dabei ist darauf abzustellen, inwieweit dem als Störer in Anspruch genommenen eine Prüfung zumutbar ist (Hoeren/Sieber/Holznagel/*Solmecke* Teil 21.1 Rn. 94) und er seine zumutbaren Prüfpflichten verletzt. Eine Haftung des Linksetzenden als Störer ist jedenfalls dann evident, wenn der Rechtsverstoß offensichtlich ist (*Ott* GRUR Int. 2007, 14 (15)) oder der Linksetzende Kenntnis von der Rechtswidrigkeit hat. Der Bundesgerichtshof hat hier zuletzt klargestellt, dass eine Haftung erst dann in Betracht kommt, wenn derjenige, der den Link zu einem nicht eindeutig als rechtsverletzend erkennbaren Inhalt setzt, von der Rechtswidrigkeit der Inhalte selbst oder durch Dritte Kenntnis hat, sofern er sich den Inhalt nicht zu eigen gemacht hat (BGH Urt. v. 18.6.2015 – I ZR 74/14, GRUR 2016, 209 – Haftung für Hyperlink). Danach ist der Linksetzende bei einem Hinweis auf Rechtsverletzungen auf der verlinkten Internetseite zur Prüfung verpflichtet, ohne dass es darauf ankommt, ob es sich um eine klare Rechtsverletzung handelt (BGH Urt. v. 18.6.2015 – I ZR 74/14, GRUR 2016, 209 – Haftung für Hyperlink).

Demgegenüber wird von einem weitergehenden Haftungsausschluss, einem sogenannten „Disclaimer" abgesehen. Derartige „Disclaimer", mit denen die Haftung des Anbieters für Inhalte fremder Internetseiten, auf die der Anbieter durch Hyperlink verweist, eingeschränkt werden soll, finden sich nach wie vor auf vielen Internetseiten. Das ist umso überraschender, als der Anlass hierzu nun mehr als 20 Jahre zurückliegt: eine Entscheidung des Landgerichts Hamburg vom 12.5.1998 (312 O 85/98, NJW 1998, 3650). Darin hatte das Gericht geurteilt, dass der Anbieter von Internetseiten durch die Einbindung eines programmierten Weiterverweises (Link) für die Inhalte der verlinkten Seiten mit verantwortlich sei, es sei denn, er distanziere sich ausdrücklich vom Inhalt der betreffenden Seite, wobei allerdings ein Hinweis auf die eigene Verantwortung des jeweiligen Autors nicht ausreiche. Im Anschluss an dieses Urteil wurden auf einer Vielzahl von Webseiten sogenannte Link-Disclaimer vorgehalten, die den folgenden oder einen ähnlichen Wortlaut hatten: *„Mit Urteil vom 12. Mai 1998 hat das Landgericht Hamburg entschieden, dass man durch die Ausbringung eines Links die Inhalte der gelinkten Seiten gegebenenfalls mit zu verantworten hat. Dies kann nur dadurch verhindert werden, dass man sich ausdrücklich von diesem Inhalt distanziert. Für alle Links auf dieser Homepage gilt: Ich distanziere mich hiermit ausdrücklich von allen Inhalten aller gelinkten Seiten auf meiner Homepage und mache mir diese Inhalte nicht zu eigen.“*

Ein derartig pauschaler Haftungsausschluss wird allerdings ganz überwiegend zu Recht als haftungsrechtlich irrelevant angesehen. Wenn sich aus dem Kontext und der Gestaltung des Links der Eindruck ergibt, der Betreiber mache sich die verlinkten Inhalte zu Eigen, ist eine verbale Distanzierung in einem Disclaimer widersprüchlich und unbeachtlich. Insbesondere angesichts der Klarstellung durch die neuere Rechtsprechung, dass der Anbieter nur bei Verletzung zumutbarer Prüfungspflichten haftet, gibt es für einen weitergehenden Haftungsausschluss auch kein schutzwürdiges Bedürfnis.

11. Abrufgebiet. Nach § 3 TMG gilt für Telemediendienste das Herkunftslandprinzip. Dies bedeutet, dass in der Bundesrepublik Deutschland niedergelassene Anbieter den Anforderungen des deutschen Rechts auch dann unterliegen, wenn die Telemedien in einem anderen Mitgliedsstaat der Europäischen Union angeboten oder abgerufen werden.

Mit deutschem Recht ist dabei das deutsche Kollisionsrecht, nicht das deutsche Sachrecht gemeint (Spindler/Schuster/*Nordmeier* TMG § 3 Rn. 7 ff.). Für einen Diensteanbieter, der seinen Sitz in einem Nicht-EU-Staat hat, gilt § 5 TMG auch dann nicht, wenn sich sein Angebot an deutsche Nutzer richtet. Weil der Vertragsschluss eines Verbrauchers mit dem Diensteanbieter dem Recht des Drittstaates unterfällt, soll für die Informationspflichten nichts anderes gelten (LG Siegen Urt. v. 9.7.2013 – 2 O 36/13, MMR 2013, 722). Da Internet-Angebote weltweit abrufbar sind, in der Regel aber nicht den Rechtsordnungen aller Staaten der Erde entsprechen können, empfiehlt sich weiterhin eine Klarstellung des vom Anbieter angesprochenen Nutzerkreises. Eine solche Definition findet nach deutschem Recht Beachtung (vgl. OLG Frankfurt a. M. Beschl. v. 3.12.1998 – 6 W 122/98, CR 1999, 450; LG Frankfurt a. M. Urt. v. 5.9.2001 – 3/12 O 107/01, 3–12 O 107/01, CR 2002, 222 (223); *Mankowski* GRUR int. 1999, 919 und 995; *Löffler* WRP 2001, 379 (381); *Sack* WRP 2000, 269 (277)). Absolute Sicherheit vor Beanstandung durch dritte Staaten ist damit selbstverständlich nicht zu erreichen. Die Definition des Nutzerkreises macht darüber hinaus unter dem Gesichtspunkt Sinn, dass in der Literatur teilweise vertreten wird, dass die Pflichtangaben des § 5 TMG in der Sprache zu erteilen seien, in denen der Dienst abrufbar sein soll (vgl. Spindler/Schuster/*Micklitz/Schirmbacher* TMG § 5 Rn. 32 mwN). Zu beachten ist in diesem Zusammenhang, dass jedoch Umstände wie das Angebot der Lieferung ins Ausland bereits dazu führen können, dass sich die Internetseite nicht ausschließlich an den deutschen Markt richtet.

Gleichzeitig wollen einige Online-Händler nicht ins Ausland liefern müssen. Über die IP-Adresse können sie Internetnutzer lokalisieren und sodann aufgrund ihres Wohnsitzes unterschiedlich behandeln und etwa von bestimmten Angeboten ausschließen. Diesem sog. Geoblocking begegnet die Verordnung (EU) 2018/302 gegen ungerechtfertigtes Geoblocking im Binnenmarkt (Geoblocking-Verordnung). Sie gilt seit dem 3.12.2018 und dient der Stärkung des freien Handels und dem Binnenmarkt innerhalb der Europäischen Union sowie dem diskriminierungsfreien Zugang zu Waren und Dienstleistungen in der gesamten Union (hierzu insg. *Gerecke/Crasemann* GRUR-Prax 2018, 418 ff.).

Art. 3 Abs. 1 Geoblocking-Verordnung regelt das Verbot der Sperrung oder Beschränkung des Zugangs zu Webseiten, Apps oder Plattformen. Nach Art. 3 Abs. 2 Geoblocking-Verordnung ist außerdem das sog. *Autoforwarding*, also das ungefragte Verweisen auf eine nationale Webseite ohne Zustimmung des Kunden, verboten, sofern die Weiterleitung aus herkunftsbezogenen Gründen erfolgt.

12. Urheberrechtlicher Schutz. Auch die Internetseite in ihrer Gesamtheit kann nach einer Entscheidung des LG München grundsätzlich urheberrechtlichen Schutz erlangen. Voraussetzung dafür ist, dass die Leistung des Webdesigners bei der Gestaltung der Webseite die Leistung eines durchschnittlichen Designers überragt (LG München I Urt. v. 11.11.2004 – 7 O 1888/04, CR 2005, 187). Die – im Wesentlichen – klarstellenden Hinweise zum Urheberrechtsschutz sind nicht erforderlich, können aber dazu dienen, typischen Schutzbehauptungen bei Urheberrechtsverstößen entgegenzuwirken.

13. Framing. Framing ist die Einbettung eines Videos von einer Drittseite auf der eigenen Internetseite. Über eventuell daraus resultierende Rechtsverletzungen hatte das höchste deutsche Zivilgericht im Mai 2013 zu entscheiden.

Dabei hat der Bundesgerichtshof zunächst das Urteil des Berufungsgerichts dahingehend bestätigt, dass der Webseitenbetreiber durch das Framing nicht das Recht des Urhebers zur öffentlichen Zugänglichmachung aus § 19a UrhG verletzt. Das OLG München hatte treffend festgestellt, dass das Video durch Einbetten auf der eigenen Homepage keinem neuen Verkehrskreis zugänglich gemacht wird, sondern lediglich ein Verweis zu dem Video angeboten wird. Dadurch entstehe rechtlich keine andere Situation als bei der Setzung eines Deeplinks (OLG München Urt. v. 16.2.2012 – 6 U 1092/11, ZUM-RD 2013, 398). Die Richtigkeit dieser Auffassung wird deutlich, wenn man bedenkt, dass der Link ins Leere ginge, sofern der tatsächliche Rechteinhaber das Video vollständig aus dem Netz entfernen würde.

In Frage stellte der Bundesgerichtshof aber, ob gegebenenfalls ein unbenanntes Verwertungsrecht als Unterfall der öffentlichen Wiedergabe verletzt sein könnte. Raum für die Anerkennung eines solchen Rechtes bietet § 15 Abs. 2 UrhG. Dieser benennt keine abschließende, sondern nur eine beispielhafte („insbesondere") Aufzählung der dem Urheber vorbehaltenen Verwertungsrechte. Da es sich bei dem Recht der öffentlichen Wiedergabe iSd § 15 Abs. 2 UrhG um harmonisiertes Recht handelt, ist § 15 Abs. 2 UrhG richtlinienkonform auszulegen. Aus diesem Grund hat der Bundesgerichtshof dem Europäischen Gerichtshof die Frage zur Vorabentscheidung vorgelegt, ob das Framing eine öffentliche Wiedergabe iSd Art. 3 Abs. 1 der RL 2001/29/EG darstellt. Nach dessen Auffassung (Beschl. v. 21.10.2014 – C-348/13, GRUR 2014, 1196) verletzt ein derartiges „Framing" das Recht der öffentlichen Wiedergabe nicht, sofern die Wiedergabehandlung unter Verwendung des **gleichen technischen Verfahrens** und **ohne Erschließung eines neuen Publikums** (ein Publikum, an das die Inhaber des Urheberrechts nicht gedacht hatten) erfolge (GRUR Int. 2014, 1160; CR 2014, 732 (733); MMR-Aktuell 2014, 363215). Zudem entschied der Europäische Gerichtshof, dass Art. 3 Abs. 1 dieser Richtlinie so auszulegen sei, dass keine Handlung der öffentlichen Wiedergabe im Sinne dieser Bestimmung vorliegt, wenn auf einer Internetseite anklickbare Links zu Werken bereitgestellt werden, die auf einer anderen Internetseite frei zugänglich sind (EuGH Urt. v. 13.2.2014 – C-466/12, GRUR 2014, 360 ff. – Svensson). Demnach ist das „Framing" grundsätzlich zulässig, solange dafür nicht vom Urheber getroffene technische Schutzvorrichtungen umgangen werden und das urheberrechtlich geschützte Werk nicht schon rechtswidrig hochgeladen wurde (*Hendel* ZUM 2014, 102 (110)).

Ältere Rechtsprechung zum Framing: LG München I Urt. v. 10.1.2007 – 21 O 20 028/05, CR 2007, 810 und Urt. v. 14.11.2002 – 7 O 4002/02, CR 2003, 526; LG Köln Urt.

v. 11.4.2001 – 28 O 141/01, ITRB 2002, 154; OLG Hamburg Urt. v. 22.2.2001 – 3 U 247/00, CR 2001, 704; *Sosnitza* CR 2001, 693.

14. Datenschutz bei Telemedien. Seit dem 25.5.2018, dem Stichtag der Geltung der Europäischen Datenschutzgrundverordnung („DSGVO"), ist die Anwendung der datenschutzrechtlichen Bestimmungen der §§ 11 ff. TMG nicht mehr eindeutig zu bejahen. Entsprechende spezifisch für Telemediendienste geltende Datenschutzvorschriften sollten in der e-Privacy-Verordnung, deren Inkrafttreten ursprünglich gemeinsam mit der DSGVO geplant war, geregelt werden. Aufgrund der derzeit jedoch noch nicht abgeschlossenen Verhandlungen ist nicht klar, welches Datenschutzrecht für Telemedien Anwendung finden soll. Für die Übergangszeit bis zum Inkrafttreten der e-Privacy-Verordnung ist das Verhältnis zwischen der DSGVO, des Bundesdatenschutzgesetzes neuer Fassung (BDSG) und des TMG nicht abschließend geklärt und birgt große Rechtsunsicherheiten. Zwar regelt die DSGVO in Art. 95 ausdrücklich das Verhältnis zur e-Privacy-Richtlinie (2002/58/EG), doch ist in Deutschland umstritten, ob die maßbeglichen Regelungen in §§ 11 ff. TMG eine Umsetzung der e-Privacy-Richtlinie darstellen und daher neben der DSGVO weiterhin gelten oder ob die DSGVO diese verdrängt. Die Datenschutzkonferenz, das Gremium der unabhängigen deutschen Datenschutzaufsichtsbehörden des Bundes und der Länder, hat in ihrer „Orientierungshilfe für Anbieter von Telemedien" vom 5.4.2019 auf den Standpunkt gestellt, dass die §§ 11 ff. TMG keine Anwendung mehr finden. In der Praxis große Relevanz hat dies insbesondere mit Blick auf die Frage der Rechtmäßigkeit von Website-Tracking und der Zulässigkeit des bloßen Vorhaltens einer Widerspruchsmöglichkeit gem. § 15 Abs. 3 TMG (sog. Opt-out Regelung). Hinsichtlich Tracking-Mechanismen, insbesondere zu Werbezwecken, vertreten die deutschen Datenschutzbehörden derzeit die Auffassung, dass diese stets einer Einwilligung im Sinne von Art. 6 Abs. 1 lit. a, Art. 7 DSGVO der Betroffenen bedürfen.

Zur Verpflichtung des Betreibers des Telemediums und zugleich datenschutzrechtlich Verantwortlichen, den betroffenen Nutzer über die Verarbeitung seiner personenbezogenen Daten im Fall der Nutzung des Telemediums gem. Art. 12 ff. DSGVO zu informieren, siehe das Formular und die entsprechenden Hinweise in *Selk*, Kapitel XII.1 und 2.

15. Newsletter. Soll für das Unternehmen die elektronische Post zur Werbung genutzt werden, müssen die von der Rechtsprechung aufgestellten Einwilligungsvoraussetzungen beachtet werden. Grundsätzlich herrscht Einigkeit darüber, dass eine Einwilligung in den Empfang eines Newsletters ausdrücklich erfolgen muss. Eine Ausnahme zur ausdrücklichen Einwilligung soll lediglich in den Fällen des § 7 Abs. 3 UWG (sog. „Soft Opt-In") vorliegen. (Hoeren/Sieber/Holznagel/*Boemke* Teil 11 Rn. 96; BGH Urt. v. 11.3.2004 – I ZR 81/01, GRUR 2004, 517; OLG München 25.2.2018 – 29 U 2799/17, K&R 2018, 409). Der Ausdrücklichkeit genügt es nicht, wenn die Einwilligungsanfrage bezüglich der Zusendung des Newsletters bereits positiv voreingestellt ist (OLG Jena Urt. v. 21.4.2010 – 2 U 88/10, MMR 2011, 101). Die Einwilligung sollte dabei im sog. Double-Opt-In-Verfahren eingeholt werden. Bei diesem Verfahren wird dem Nutzer auf dessen Verlangen eine E-Mail zugesendet, in der sich ein Link befindet, welcher zur Bestätigung der Bestellung des Newsletters angeklickt werden muss. Der Bundesgerichtshof hat sich mit dem Double-Opt-In-Verfahren bisher ausdrücklich nur im Zusammenhang mit Telefonwerbung befasst, dabei jedoch geäußert, dass dieses Verfahren durchaus geeignet ist, Darlegung und Nachweis einer Einwilligung in den Empfang von Werbemails zu erleichtern (BGH Urt. v. 10.2.2011 – I ZR 164/09, GRUR 2011, 936). Zu beachten ist, dass die erste E-Mail zur Abfrage der Bestätigung der Newsletter-Bestellung (zu Unrecht) teilweise bereits als Spam angesehen wird, wenn der Empfänger tatsächlich keine Newsletter-Bestellung vorgenommen hat, zB wenn ein Dritter seine E-Mail-Adresse hierzu missbraucht hat (OLG München Urt. v. 27.9.2012 – 29 U 1682/12, MMR 2013, 38). Begründet wurde diese Entscheidung damit, dass auch eine Bestätigungsmail unter den

Begriff der Werbung zu subsumieren sei und somit eine unzumutbare Belästigung und iSv § 7 Abs. 2 Nr. 3 UWG darstelle. Der Düsseldorfer Kreis hält eine Verwendung des Double-Opt-In-Verfahrens zur Verifizierung der Willenserklärung des Betroffen für geboten (Anwendungshinweise der Datenschutzaufsichtsbehörden zur Erhebung, Verarbeitung und Nutzung von personenbezogenen Daten für werbliche Zwecke, Düsseldorfer Kreis, Dezember 2013). Dies entspricht der hM in Lit. und Rspr., die in der Versendung einer neutralen Bestätigungsmail keine Werbung sieht (Köhler/Bornkamm/Feddersen/*Köhler* § 7 Rn. 189; *Leible/Günther* GRUR 2011, 936 f.; *Gramespacher* WRP 2013, 113 f.; OLG Düsseldorf 17.3.2016 – 15 U 64/15, MMR 2016, 754; LG Berlin 23.1.2007 – 15 O 346/06, K&R 2007, 430; LG Essen 20.4.2009 – 4 O 368/08, MMR 2009, 504).

Der Empfänger ungewollter E-Mail-Werbung hat Abwehransprüche gegen den Werbenden aus den §§ 1004, 823 BGB und bei Vorliegen eines Wettbewerbsverhältnisses bestehen Ansprüche nach §§ 8, 7 Abs. 2 UWG. Für weitere Hinweise zur Einwilligung in Werbehandlungen – *Selk*, Kapitel XII.1 und 2.

2. Vertragsbedingungen für einen Online-Warenvertriebsvertrag mit Verbrauchern (B2C-Geschäft)[2]

[1]Allgemeine Geschäftsbedingungen[3] für Verbraucher bei Online-Bestellungen

§ 1 Geltungsbereich[4]

Die nachstehenden Geschäftsbedingungen gelten für alle Verträge, die wir mit Verbrauchern über unseren Online-Shop abschließen. Verbraucher ist jede natürliche Person, die ein Rechtsgeschäft zu Zwecken abschließt, die überwiegend weder ihrer gewerblichen noch ihrer selbständigen beruflichen Tätigkeit zugerechnet werden können.

§ 2 Vertragsschluss[5]

(1) Die in unserem Online-Shop präsentierten Warenangebote sind freibleibend und keine Angebote im Rechtssinne.[6] Durch Anklicken des Buttons „In den Warenkorb" kann der Kunde die jeweilige Ware in den virtuellen Warenkorb legen. Dieser Vorgang ist unverbindlich und stellt kein Vertragsangebot dar. Vor Abgabe einer Bestellung wird der Inhalt der Bestellung einschließlich der Kundendaten auf einer Übersichtsseite zusammengefasst. Der Kunde kann dort sämtliche Bestelldaten über die vorgesehenen Änderungsfelder korrigieren.[7] Mit dem Anklicken des Buttons „zahlungspflichtig bestellen" gibt der Kunde ein verbindliches Angebot an uns zum Abschluss eines Kaufvertrages ab. Nach der Bestellung erhält der Kunde von uns eine automatisch generierte E-Mail, die den Eingang der Bestellung bei uns bestätigt und deren Einzelheiten wiedergibt (Zugangsbestätigung).[8] Diese Zugangsbestätigung stellt keine Vertragsannahme dar. Ein Vertrag kommt erst durch Zusendung einer Auftragsbestätigung oder durch Auslieferung der Ware innerhalb von zwei Tagen zustande.[9] Der Kunde kann diese Allgemeinen Geschäftsbedingungen jederzeit durch die Betätigung des „Speichern"- oder des „Drucken"-Buttons am Fuß dieser Seite abspeichern bzw. ausdrucken. Der Vertragstext bleibt nach Vertragsschluss gespeichert und ist für den Kunden zugänglich.[10] Ebenso kann der Kunde den Inhalt seiner Bestellung unmittelbar nach Abgabe seiner Bestellung abspeichern und/oder ausdrucken und auch später jederzeit über die Funktion „Mein Konto" einsehen. Ferner werden wir dem Kunden die Vertragsbestimmungen einschließlich dieser Allgemeinen

Geschäftsbedingungen nach Abgabe seiner Bestellung spätestens mit Lieferung der Ware in Textform zur Verfügung stellen.
(2) Der Kunde versichert, dass alle von ihm bei der Bestellung bzw. Registrierung im Online-Shop getätigten Angaben (zB Name, Adresse, E-Mail-Adresse, Bankverbindung etc) wahrheitsgemäß sind. Änderungen sind uns unverzüglich mitzuteilen.
(3) Vertragssprache ist ausschließlich Deutsch.[11]
(4) Wir liefern unsere Waren nur an Kunden innerhalb der Bundesrepublik Deutschland.[12]

§ 3 Preise, Versandkosten

(1) Die auf unseren Internetseiten genannten Preise verstehen sich als Gesamtpreise und enthalten die gesetzliche Umsatzsteuer.[13]
(2) Der Versand erfolgt auf Kosten des Kunden. Eine Übersicht über die Versandmöglichkeiten und die dadurch verursachten Versandkosten findet sich unter dem Link „Versandkosten". Die Versandkosten werden dem Kunden auch vor Abgabe der Bestellung auf der Übersichtsseite angezeigt und müssen bestätigt werden.[14]

§ 4 Zahlung[15]

(1) Die Zahlung erfolgt grundsätzlich nach Wahl des Kunden per Vorkasse, per Nachnahme oder im Lastschriftverfahren. Wir behalten uns jedoch vor, die Lieferung nur gegen Nachnahme (Sofortzahlung bei Lieferung) durchzuführen. Wird uns nach Vertragsschluss bekannt, dass die Zahlung des Kaufpreises infolge mangelnder Leistungsfähigkeit des Kunden gefährdet ist, so sind wir berechtigt, Vorkasse zu verlangen oder, wenn wir erfolglos eine Frist zur Zahlung des Kaufpreises gesetzt haben, vom Vertrag zurückzutreten. Dem Kunden steht jedoch das Recht zu, diese Folgen durch Sicherheitsleistung abzuwenden.
(2) Während eines Zahlungsverzugs des Kunden sind wir berechtigt, Verzugszinsen in Höhe von 5 Prozentpunkten über dem Basiszinssatz (§ 247 BGB) per annum zu verlangen. Den Nachweis eines höheren Schadens behalten wir uns vor.[16]
(3) Bei Zahlungsverzug oder sonst offenbar werdender Kreditunwürdigkeit werden alle weiteren Forderungen gegen den Kunden sofort fällig.
(4) Aufrechnungsrechte stehen dem Kunden nur mit von uns unbestrittenen oder rechtskräftig gegen uns festgestellten Forderungen zu. Zur Ausübung eines Zurückbehaltungsrechts ist der Kunde nur insoweit befugt, als sein Gegenanspruch auf dem gleichen Vertragsverhältnis beruht.

§ 5 Lieferung[17]

(1) Wir sind in zumutbarem Umfang zu Teillieferungen berechtigt.[18]
(2) Im Falle einer nicht von uns zu vertretenden Nichtverfügbarkeit der bestellten Ware infolge der nicht rechtzeitigen oder nicht richtigen Lieferung (inkl. der Lieferung von Mindermengen) durch unseren (Vor-)Lieferanten trotz eines von uns mit dem (Vor-) Lieferanten geschlossenen Liefervertrags über die bestellte Ware behalten wir uns vor, nicht zu liefern. In diesem Fall verpflichten wir uns dazu, Sie unverzüglich über die Nichtverfügbarkeit der bestellten Ware zu informieren und bereits von Ihnen erhaltene Gegenleistungen (Zahlungen) unverzüglich zurückzuerstatten.[19]
(3) Die Lieferung erfolgt innerhalb der für das jeweilige Produkt angegebenen Lieferfrist.[20]

§ 6 Widerrufsrecht[21]

Widerrufsbelehrung[22]

Widerrufsrecht

Sie haben das Recht, binnen vierzehn Tagen[23] ohne Angabe von Gründen diesen Vertrag zu widerrufen.

Die Widerrufsfrist beträgt vierzehn Tage ab dem Tag, an dem Sie oder ein von Ihnen benannter Dritter, der nicht der Beförderer ist, die Waren in Besitz genommen haben bzw. hat.[24]

Um Ihr Widerrufsrecht auszuüben, müssen Sie uns (. . . . . . Fügen Sie Ihren Namen, Ihre (ladungsfähige) Anschrift und, soweit verfügbar, Ihre Telefonnummer, Telefaxnummer und E-Mail-Adresse ein . . . . . .)[25] mittels einer eindeutigen Erklärung (zB ein mit der Post versandter Brief, Telefax oder E-Mail) über ihren Entschluss, diesen Vertrag zu widerrufen, informieren. Sie können dafür das beigefügte Muster-Widerrufsformular verwenden, das jedoch nicht vorgeschrieben ist.[26]

Zur Wahrung der Widerrufsfrist reicht es aus, dass Sie die Mitteilung über die Ausübung des Widerrufsrechts vor Ablauf der Widerrufsfrist absenden.

Folgen des Widerrufs[27]

Wenn Sie diesen Vertrag widerrufen, haben wir Ihnen alle Zahlungen, die wir von Ihnen erhalten haben, einschließlich der Lieferkosten (mit Ausnahme der zusätzlichen Kosten, die sich daraus ergeben, dass Sie eine andere Art der Lieferung als die von uns angebotene, günstigste Standardlieferung gewählt haben), unverzüglich und spätestens binnen vierzehn Tagen ab dem Tag zurückzuzahlen, an dem die Mitteilung über Ihren Widerruf dieses Vertrages bei uns eingegangen ist. Für diese Rückzahlung verwenden wir dasselbe Zahlungsmittel, das Sie bei der ursprünglichen Transaktion eingesetzt haben, es sei denn, mit Ihnen wurde ausdrücklich etwas anderes vereinbart; in keinem Fall werden Ihnen wegen dieser Rückzahlung Entgelte berechnet. Wir können die Rückzahlung verweigern, bis wir die Waren wieder zurückerhalten haben oder bis Sie den Nachweis erbracht haben, dass Sie die Waren zurückgesandt haben, je nachdem, welches der frühere Zeitpunkt ist.

Sie haben die Waren unverzüglich und in jedem Fall spätestens binnen vierzehn Tagen ab dem Tag, an dem Sie uns über den Widerruf dieses Vertrags unterrichten, an uns oder an [hier sind gegebenenfalls der Name und die Anschrift der von Ihnen zur Entgegennahme der Waren ermächtigten Person einzufügen] zurückzusenden oder zu übergeben. Die Frist ist gewahrt, wenn Sie die Waren vor Ablauf der Frist von vierzehn Tagen absenden.[28] Sie tragen die unmittelbaren Kosten der Rücksendung der Waren.[29]

Sie müssen für einen etwaigen Wertverlust der Waren nur aufkommen, wenn dieser Wertverlust auf einen zur Prüfung der Beschaffenheit, Eigenschaften und Funktionsweise der Waren nicht notwendigen Umgang mit ihnen zurückzuführen ist.[30]

. . . . . .[31]

§ 7 Eigentumsvorbehalt

(1) Die gelieferte Ware bleibt bis zur ihrer vollständigen Bezahlung unser Eigentum.

(2) Zugriffe Dritter auf die Vorbehaltsware hat uns der Kunde unverzüglich nach Bekanntwerden mitzuteilen. Der Kunde haftet für alle Kosten, die für die Aufhebung solcher Zugriffe anfallen, insbesondere durch Erhebung einer Drittwiderspruchsklage, soweit die Erstattung der Kosten nicht von dem betreffenden Dritten zu erlangen ist.

§ 8 Mängelrechte[32]

(1) Bei einem Sachmangel der Kaufsache gelten grundsätzlich die gesetzlichen Vorschriften.[33] Dies bedeutet, dass der Kunde in erster Linie Nacherfüllung, dh nach seiner Wahl Nachlieferung oder Mangelbeseitigung, verlangen kann. Bei Vorliegen der weiteren gesetzlichen Voraussetzungen ist der Kunde berechtigt, den Kaufpreis zu mindern oder von dem Vertrag zurückzutreten.[34] Für Schadensersatzansprüche wegen eines Mangels der Ware gelten – zusätzlich zu den gesetzlichen Voraussetzungen – die in § 9 genannten Voraussetzungen.[35]

(2) Sämtliche Mängelansprüche verjähren in zwei Jahren ab Übergabe.[36]

§ 9 Schadensersatzhaftung[37]

Für eine Haftung von uns auf Schadensersatz gelten unbeschadet der sonstigen gesetzlichen Anspruchsvoraussetzungen die folgenden Haftungsausschlüsse und -begrenzungen.

(1) Wir haften, sofern uns Vorsatz oder grobe Fahrlässigkeit zur Last fällt.[38] Für einfache Fahrlässigkeit haften wir nur bei Verletzung einer Pflicht, deren Erfüllung die ordnungsgemäße Durchführung des Vertrags überhaupt erst ermöglicht und auf deren Einhaltung der Vertragspartner regelmäßig vertrauen darf (sogenannte Kardinalpflicht).[39] Im Übrigen ist eine Schadensersatzhaftung für Schäden aller Art, gleich aufgrund welcher Anspruchsgrundlage, einschließlich der Haftung für Verschulden bei Vertragsschluss, ausgeschlossen.

(2) Sofern wir gemäß Absatz 1 für einfache Fahrlässigkeit haften, ist unsere Haftung auf den Schaden begrenzt, mit dessen Entstehen wir nach den bei Vertragsschluss bekannten Umständen typischerweise rechnen mussten.[40]

(3) Vorstehende Haftungsausschlüsse und -beschränkungen gelten weder, wenn wir eine Garantie für die Beschaffenheit der Ware übernommen haben, noch für Schäden, die nach dem Produkthaftungsgesetz zu ersetzen sind, noch für Schäden an Leben, Körper oder Gesundheit[41] noch für gesetzliche Ansprüche.

(4) Vorstehende Haftungsausschlüsse und -begrenzungen gelten auch zugunsten unserer Mitarbeiter, Erfüllungsgehilfen und sonstiger Dritter, deren wir uns zur Vertragserfüllung bedienen.

§ 10 Datenschutz

Wir erheben und verarbeiten die für die Geschäftsabwicklung notwendigen Daten des Kunden. Bei der Verarbeitung der personenbezogenen Daten des Kunden beachten wir die gesetzlichen Bestimmungen. Nähere Einzelheiten ergeben sich aus der in unserem Online-Angebot abrufbaren *Datenschutzinformation.*

§ 11 Anwendbares Recht

Für diese Geschäftsbedingungen und die gesamten Rechtsbeziehungen zwischen uns und unseren Vertragspartnern gilt das Recht der Bundesrepublik Deutschland unter Ausschluss des UN-Kaufrechts (CISG).[42] Soweit zwingende gesetzliche Verbraucherschutzvorschriften im Wohnsitzland des Kunden für diesen vorteilhaftere Regelungen enthalten, gelten diese Regelungen unabhängig von der Wahl deutschen Rechts.

§ 12 Schlussbestimmungen, Streitbeilegung

(1) Dieser Vertrag enthält alle zwischen den Parteien über den Vertragsgegenstand getroffenen Vereinbarungen. Mündliche Nebenabreden bestehen nicht.[43]

(2) Sollten einzelne Bestimmungen dieses Vertrags ganz oder teilweise nichtig oder unwirksam sein oder werden, so wird dadurch die Wirksamkeit der übrigen Bestimmungen nicht berührt. An die Stelle von nicht einbezogenen oder unwirksamen Bestimmungen

dieses Vertrags tritt das Gesetzesrecht (§ 306 Abs. 2 BGB). Sofern solches Gesetzesrecht im jeweiligen Fall nicht zur Verfügung steht (Regelungslücke) oder zu einem untragbaren Ergebnis führen würde, werden die Parteien in Verhandlungen darüber eintreten, anstelle der nicht einbezogenen oder unwirksamen Bestimmung eine wirksame Regelung zu treffen, die ihr wirtschaftlich möglichst nahe kommt.
(3) Die Europäische Kommission stellt eine Plattform zur Online-Streitbeilegung (OS) bereit, die Sie hier finden https://ec.europa.eu/consumers/odr/.
Zur Teilnahme an einem Streitbeilegungsverfahren vor einer Verbraucherschlichtungsstelle sind wir nicht verpflichtet und nicht bereit.

§ 13 Anbieterkennzeichnung, ladungsfähige Anschrift[44]

Unsere Anschrift für Beanstandungen und sonstige Willenserklärungen sowie unsere ladungsfähige Anschrift lautet: . . . . . .

Anlage:

Muster für das Widerrufsformular

(Das Muster folgt dem Entwurf des deutschen Bundestages als Anlage 1 zu Artikel 246a § 1 Abs. 2 S. 1 Nr. 1 EGBGB in BT-Drs. 17/13951)
(Wenn Sie den Vertrag widerrufen wollen, dann füllen Sie bitte dieses Formular aus und senden Sie es zurück.)

- An [hier ist der Name, die Anschrift und gegebenenfalls die Faxnummer und E-Mail-Adresse des Unternehmers durch den Unternehmer einzufügen]:
- Hiermit widerrufe(n) ich/wir(*) den von mir/uns(*) abgeschlossenen Vertrag über den Kauf der folgenden Waren(*)/die Erbringung der folgenden Dienstleistung(*)
- Bestellt am(*)/erhalten am(*)
- Name des/der Verbraucher(s)
- Anschrift des/der Verbraucher(s)
- Unterschrift des/der Verbraucher(s) (nur bei Mitteilung auf Papier)
- Datum

(*) Unzutreffendes streichen.

Schrifttum: Bierekoven/Crone, Umsetzung der Verbraucherrechterichtlinie, MMR 2013, 687; *Bonke/Gellmann,* Die Widerrufsfrist bei eBay-Auktionen, NJW 2006, 3169; *Buchmann,* Das neue Fernabsatzrecht, K&R 2014, 221, 222; *Buchmann,* Die Widerrufsbelehrung im Spannungsfeld zwischen Gesetzgebung und Rechtsprechung – Vorschlag für ein Muster für Fernabsatzverträge mit Waren im Internet, MMR 2007, 347; *Föhlisch/ Dyakova,* Das Widerrufsrecht im Onlinehandel, MMR 2013, 71; *Härting,* Internetrecht, Köln, 6. Auflage 2017; Heckmann (Hrsg.), jurisPKInternetrecht, 5. Auflage 2017; *Hoeren/Föhlisch,* Ausgewählte Praxisprobleme des Gesetzes zur Umsetzung der Verbraucherrechterichtlinie, CR 2014, 242, 245; Hoeren/Sieber/Holznagel (Hrsg.), Multimedia-Recht, München, 46. Ergänzungslieferung, Stand: Januar 2018; *Hoffmann,* Anmerkung zu OLG Hamburg: Dauer der Widerrufsfrist bei eBay-Auktionen, MMR 2006, 676; *Hofmann,* juris PR-ITR 3/2013 → Anm. 2; Köhler/Bornkamm/Feddersen (Hrsg.), Gesetz gegen den unlauteren Wettbewerb, München, 37. Auflage 2019; *Ott,* Impressumspflicht für Webseiten, MMR 2007, 354; Säcker/Rixecker (Hrsg.), Münchener Kommentar zum Bürgerlichen Gesetzbuch, Band 2, Schuldrecht Allgemeiner Teil, München, 7. Auflage 2016; Palandt, Bürgerliches Gesetzbuch, München, 78. Auflage 2019; *Schirmbacher/Creutz,* Neues Verbraucherrecht: Änderungen beim Widerrufsrecht und erweiterte Informationspflichten für digitale Inhalte, ITRB 2014, 44; *Schirmbacher/Schmidt,* Verbraucherrecht 2014 – Handlungsbedarf für den E-Commerce, CR 2014, 107; *Schlömer/Dittrich,* eBay & Recht – Bilanz der Rechtsprechung, BB 2007, 2129; *Schöttler,* Das neue Telemediengesetz (Teil 2) – Die Informationspflichten der Diensteanbieter, jurisPR-ITR 5/2007 → Anm. 6; Spindler/Schuster (Hrsg.), Recht der elektronischen Medien, München, 3. Auflage 2015 Staudinger, Kommentar zum Bürgerlichen Gesetzbuch, Buch 2 Recht der Schuldverhältnisse, §§ 305-310, Berlin, Neubearbeitung 2013; *Tiedke/Burgmann,* Gewährleistungs- und Haftungsausschluss beim Verkauf gebrauchter Sachen an und zwischen Verbrauchern, NJW 2005, 1153; *Unger,* Die Richtlinie über die Rechte der Verbraucher – Eine systematische Einführung, ZEuP 2012, 270; *Weiss,* Die Untiefen der Button-Lösung, JuS 2013, 590; *Wendehorst,* Das neue Gesetz zur Umsetzung der Verbraucherrechterichtlinie, NJW 2014 577; *Witt,* Widerrufsbelehrung inklusive Informationen über Verbraucherrechte – Nichts Neues zur Musterbelehrung, NJW 2007, 3759; *Woitkewitsch/Pfitzer,* Einmonatiges Widerrufsrecht bei Versandgeschäften im Internet, MDR 2007, 61.

Anmerkungen

Sachverhalt. Der Anbieter vertreibt Waren im Wege des E-Commerce über einen Online-Shop an Verbraucher.

1. Rahmenbedingungen. Der Online-Warenhandel über das Internet stellt mittlerweile einen erheblichen Wirtschaftsfaktor in Deutschland dar. Nach Angaben des Bundesverbands E-Commerce und Versandhandel (bevh) hat der Online-Handel im Jahr 2017 allein in Deutschland über 58 Milliarden Euro umgesetzt. Zählt man den interaktiven Handel, der über den Online-Handel hinaus auch Katalogbestellungen umfasst, dazu, liegt der Umsatz 2017 sogar bei knapp 78 Milliarden Euro.

Die gesetzlichen Vorgaben, die beim Onlinehandel zu beachten sein können, sind allerdings vielfältig, teilweise schwer verständlich und unübersichtlich, da sie auf eine Vielzahl von gesetzlichen Vorschriften verstreut sind. Auf die genaue Einhaltung der Vorschriften sollte jedoch große Sorgfalt verwandt werden, da bei Verstößen kostenpflichtige Abmahnungen drohen. Gerade gegen Diensteanbieter im Internet ist es in den vergangenen Jahren zu diversen, regelrechten Abmahnwellen gekommen, da im Internet Verstöße in Sekundenschnelle ermittelt werden können. Beispielsweise wurden Anbieter von Internetseiten wegen fehlerhaften Impressums (Verstoß gegen § 5 TMG) und Betreiber von Online-Shops insbes. gewerbliche eBay-Händler wegen fehlerhafter Widerrufsbelehrung massenweise abgemahnt.

Unabhängig von einer konkreten Geschäftsanbahnung hat ein Anbieter von Telemediendiensten auf seiner Homepage die Pflichtangaben zur **Anbieterkennzeichnung gemäß § 5 TMG** bereitzuhalten, → Form. V.1 Anm. 1 ff. (weitere Ausführungen zu den Informationspflichten: Spindler/Schuster/*Micklitz/Schirmbacher* TMG § 5 Rn. 23 ff.; *Schöttler* jurisPR-ITR 5/2007 → Anm. 6; *Ott* MMR 2007, 354 ff.).

Spezielle **Verbraucherschutzvorschriften** für den Waren- und Dienstleistungsverkehr, der im Wege des Fernabsatzes erfolgt, enthalten die **Fernabsatzvorschriften der §§ 312c ff. BGB.** Fernabsatzverträge sind nach der Legaldefinition in § 312c Abs. 1 BGB Verträge, bei denen der Unternehmer oder eine in seinem Namen oder Auftrag handelnde Person und der Verbraucher für die Vertragsverhandlungen und den Vertragsschluss ausschließlich Fernkommunikationsmittel verwenden, es sei denn, dass der Vertragsschluss nicht im Rahmen eines für den Fernabsatz organisierten Vertriebs- oder Dienstleistungssystems erfolgt.

Es handelt sich also um reine Verbraucherschutzvorschriften, die bei Verträgen zwischen Unternehmern (B2B) nicht gelten, vgl. § 312 Abs. 1 BGB. Fernkommunikationsmittel sind solche, die ohne gleichzeitige körperliche Anwesenheit der Vertragspartner eingesetzt werden können, also Briefe, Telefaxe, Telefongespräche, E-Mails, Internetseiten und SMS-Nachrichten, wobei die Fernabsatzvorschriften nur Anwendung finden, wenn der Vertragsschluss im Wege eines für den Fernabsatz organisierten Vertriebskanals erfolgt, das heißt, wenn der Unternehmer regelmäßig Waren im Wege des Fernabsatzes vertreibt und hierfür einen eigenen Vertriebskanal vorhält. Entscheidend ist, dass die Vertragshandlungen und der Vertragsabschluss unter Verwendung von Fernkommunikationsmitteln erfolgen (*Unger* ZEuP 2012, 270 (277)). Typische Fernabsatzgeschäfte sind neben dem Warenvertrieb über das Internet insbesondere der klassische Katalog- und Versandhandel. Die Regelungen über das Fernabsatzrecht finden keine Anwendung auf unentgeltliche Verträge, vgl. § 312 Abs. 1 BGB (dazu auch *Schirmbacher/Schmidt* CR 2014, 107 (108)).

Zusätzlich sind beim Warenverkehr, der über das Internet erfolgt, die Sonderregelungen hinsichtlich der allgemeinen Pflichten im elektronischen Geschäftsverkehr nach **§ 312i BGB** und die besonderen Pflichten im elektronischen Geschäftsverkehr nach **§ 312j BGB** einzuhalten. Ein Vertrag im elektronischen Geschäftsverkehr liegt nach der Legaldefinition in § 312i Abs. 1 BGB vor, wenn sich ein Unternehmer zum Zwecke des Abschlusses eines Vertrags über die Lieferung von Waren oder über die Erbringung von Dienstleistungen eines Telemediums bedient. Der Anwendungsbereich der §§ 312i und 312j BGB ist somit enger als der von § 312c BGB, da nicht jedes Fernkommunikationsmittel wie Brief oder Telefon genügt, sondern nur Telemedien erfasst sind. Über einen Online-Shop im Internet geschlossene Warenkaufverträge sind typische Verträge im elektronischen Geschäftsverkehr. § 312i BGB ist keine reine Verbraucherschutzvorschrift. Die darin genannten Pflichten gelten auch **im Rechtsverkehr zwischen Unternehmern.** Gemäß § 312i Abs. 2 S. 2 BGB können die Bedingungen nach § 312i Abs. 1 S. 1 Nr. 1–3, S. 2 BGB bei einem Individualvertrag zwischen Unternehmern abbedungen werden. Nur die in § 312i Abs. 1 Nr. 4 BGB geregelte Pflicht, dem Kunden die Möglichkeit zu verschaffen, die Vertragsbestimmungen einschließlich der Allgemeinen Geschäftsbedingungen bei Vertragsschluss abzurufen und in wiedergabefähiger Form zu speichern, ist auch im unternehmerischen Geschäftsverkehr zwingend (Palandt/*Grüneberg* BGB § 312i Rn. 8). Besondere Pflichten für den elektronischen Geschäftsverkehr zwischen Unternehmern und Verbrauchern werden in § 312j BGB normiert. Dieser ergänzt die Unternehmerpflichten aus § 312i BGB.

Zu beachten sind ferner die Regelungen der **Preisangabenverordnung.** Abhängig vom jeweiligen Vertragsinhalt können darüber hinaus weitere Unterrichtungspflichten aufgrund von Spezialgesetzen bestehen (vgl. dazu Palandt/*Grüneberg* BGB § 312i Rn. 12).

2. Überblick über gesetzliche Informationspflichten und Gestaltungsvorgaben. Für **Fernabsatzverträge** gelten umfangreiche Informationspflichten gemäß der §§ 312d ff. BGB nach Maßgabe des Art. 246a EGBGB. § 312d Abs. 1 BGB gilt für Fernabsatzverträge, während § 312d Abs. 2 BGB die Verträge über Finanzdienstleistungen regelt. Der Inhalt der Informationspflichten bei Fernabsatzverträgen ergibt sich aus Art. 246a EGBGB. Die aufgrund der Informationspflichten gemachten Angaben werden Vertragsinhalt und können nur durch ausdrückliche Vereinbarungen der Parteien geändert werden. Von den Angaben kann sich der Unternehmer auch nicht durch seine AGB distanzieren. Weichen die AGB von den Angaben nach Art. 246a EGBGB ab, und wird diese Abweichung nicht ausdrücklich zwischen den Parteien vereinbart, kann sich der Unternehmer nicht auf seine AGB berufen (Palandt/*Grüneberg* BGB § 312d Rn. 2). Das Gesetz unterscheidet zwischen Informationspflichten, die rechtzeitig **vor** Abgabe der Vertragserklärung des Verbrauchers zu erteilen sind, für die das Gesetz aber keine besondere Formvorgabe enthält (§ 312d Abs. 1, § 312i und § 312j BGB), und Informationspflichten, die im Gegenzug nicht unbedingt vor Vertragsschluss erfüllt werden müssen, sondern denen der Anbieter auch noch „alsbald" nach Vertragsschluss, spätestens bis zur vollständigen Vertragserfüllung (bei Waren spätestens bis zur Lieferung an den Verbraucher) nachkommen kann (§ 312f Abs. 2 BGB). Die nachvertraglichen Informationen müssen dabei die Textform des § 126b BGB wahren. Dafür ist es ausreichend, wenn dem Verbraucher die Informationen in Form einer „lesbaren Erklärung" übermittelt werden (vgl. § 126b BGB). Eine Erklärung ist aber nicht nur dann lesbar, wenn sie unmittelbar lesbar ist, dem Verbraucher also zB auf Papier zugeht. Lesbar sind auch Erklärungen in einem elektronischen Dokument, das mit Hilfe von Software gelesen werden kann (BT-Drs. 17/12637, 44). So kann eine Erklärung auch auf einem dauerhaften Datenträger oder per E-Mail zugehen (*Schirmbacher/Schmidt* CR 2014, 107 (109); Palandt/*Grüneberg* BGB § 312f Rn. 2). Die Pflicht zur Erteilung der nachvertraglichen Informationen besteht nur dann, wenn der Unternehmer diese Informationspflicht nicht bereits freiwillig erfüllt hat, vgl. § 312f Abs. 2 S. 2 BGB.

Bei den Informationen, die dem Verbraucher **rechtzeitig vor Abgabe** seiner Willenserklärung zu erteilen sind (vgl. Art. 246, § 4 Abs. 1 EGBGB), handelt es sich gemäß § 312d Abs. 1 S. 1 BGB iVm Art. 246a EGBGB um:

- die wesentlichen Eigenschaften der Waren oder Dienstleistungen in einem für das jeweilige Kommunikationsmittel angemessenem Umfang (Nr. 1),
- die Identität (zB der Handelsname) und eine ladungsfähige Anschrift des Unternehmers sowie seine Telefon- und ggf. Faxnummer und eine E-Mail-Adresse. Sofern zutreffend, ist der Name des Unternehmers anzugeben, in dessen Auftrag er handelt (Nr. 2),
- zusätzlich der Angaben in Nr. 2 wird die Geschäftsanschrift gefordert (Nr. 3),
- den Gesamtpreis der Waren oder Dienstleistungen inklusive aller Steuern und Abgaben bzw. die Art der Preisberechnung, wenn der Preis nicht im Voraus bestimmt werden kann (Nr. 4),
- im Falle eines unbefristeten Vertrages oder eines Abonnements sind die für den Abrechnungszeitraum anfallenden Gesamtkosten, sowie die jeweiligen Monatskosten anzugeben. Sofern die Kosten nicht im Voraus berechnet werden können, ist die die Art der Preisberechnung mitzuteilen (Nr. 5),
- die Kosten für das zum Vertragsschluss genutzte Kommunikationsmittel, sofern Kosten anfallen, die über die bloßen Nutzungskosten hinausgehen (Nr. 6),
- Zahlungs-, Liefer- und Leistungsbedingungen sowie der Termin, bis zu dem der Unternehmer die Ware liefern, bzw. die Dienstleistung erbringen muss (Nr. 7),
- das Bestehen eines gesetzlichen Mängelhaftungsrechts für die Waren (Nr. 8) sowie ggf. das Bestehen und die Bedingungen von Garantien und Kundendienst (Nr. 9),
- ggf. bestehende Verhaltenskodizes, denen sich der Unternehmer unterworfen hat (Nr. 10),
- die Vertragslaufzeit oder die Kündigungsbedingungen bei unbefristeten oder sich automatisch verlängernden Verträgen (Nr. 11), sowie ggf. die Mindestdauer der Verpflichtung die der Verbraucher eingeht (Nr. 12),
- die Informationen über eine Kaution oder anderer finanzieller Sicherheiten, die der Unternehmer vom Verbraucher fordert (Nr. 13),
- ggf. die Funktionsweise digitaler Inhalte, einschließlich technischer Schutzmaßnahmen für solche Inhalte (Nr. 14),

- ggf., soweit wesentlich, Beschränkungen der Interoperabilität oder der Kompatibilität digitaler Inhalte mit Soft- oder Hardware, soweit dies dem Unternehmer bekannt ist oder bekannt sein müsste (Nr. 15),
- ggf. Informationen über ein außergerichtliches Beschwerde- oder Rechtsbehelfsverfahren (Nr. 16).

Weitere Informationspflichten nach Art. 246a § 1 Abs. 2 EGBGB treffen den Unternehmer, wenn dem Verbraucher ein Widerrufsrecht nach § 312g BGB zusteht.

Bei Online-Vertragsschlüssen sind mehrfache Belehrungen unabdingbar. Die gemäß § 312d Abs. 1 BGB vor Abgabe der Bestellung zu erteilenden Informationen müssen bereits während des Bestellvorgangs erteilt werden, was regelmäßig durch eine Darstellung auf der Internetseite erfolgt. Diese Art der Informationserteilung muss lediglich in klarer, verständlicher und mediengerechter Form erfolgen (vgl. Art. 246a § 4 Abs. 1 EGBGB). Eine Darstellung auf der Internetseite (die für die vorvertraglichen Informationspflichten genügt) erfüllt aber nach ganz überwiegender Ansicht nicht die Anforderungen an die Textform (§ 126b BGB), welche für die nachvertraglichen Informationen gemäß § 312f Abs. 2 BGB erforderlich ist, da es an der Eignung zur dauerhaften Wiedergabe fehlt. Die bloße Möglichkeit des Herunterladens genügt insoweit nicht (OLG Stuttgart Beschl. v. 4.2.2008 – 2 U 71/07, MMR 2008, 616; OLG Köln Urt. v. 3.8.2007 – 6 U 60/07, MMR 2007, 713; OLG Jena Urt. v. 9.6.2007 – 2 W 124/07, WRP 2007, 1008; KG Beschl. v. 18.7.2006 – 5 W 156/06, NJW 2006, 3215; OLG Hamburg Urt. v. 24.8.2006 – 3 U 103/06, MMR 2006, 675; LG Kleve Urt. v. 2.3.2007 – 8 O 128/06, MMR 2007, 332; LG Heilbronn Urt. v. 23.4.2007 – 8 O 90/07, MMR 2007, 536; *Schirmbacher* CR 2006, 673 (675); *Bonke/Gellmann* NJW 2006, 3169 (3170); *Witkewitsch/Pfitzer* MDR 2007, 61 (62); *Buchmann* MMR 2007, 347 (349); Spindler/Schuster/*Schirmbacher* BGB § 312f Rn. 30 f. mwN; aA LG Flensburg Urt. v. 23.8.2006 – 6 O 107/06, MMR 2006, 686; LG Paderborn Urt. v. 28.11.2006 – 6 O 70/06, MMR 2007, 191). Zur Erfüllung der Belehrungspflicht nach § 312 f. Abs. 2 BGB ist eine Mitteilung in Textform (zB per E-Mail) erforderlich, etwa im Rahmen der Auftragsbestätigung oder spätestens bei der Lieferung der Ware. Grundsätzlich reicht es, die Übersendung der Information mit der Warenlieferung zu verbinden. In Fällen längerer Lieferzeiten oder Lieferverzögerungen ist eine vorherige Information, zB per E-Mail, zu empfehlen (vgl. Spindler/Schuster/*Schirmbacher* BGB § 312f Rn. 20).

Hinsichtlich der Art und Weise der Erteilung der vorvertraglichen Informationen enthält Art. 246a § 4 Abs. 3 EGBGB die Vorgabe, dass die Informationen „in einer dem eingesetzten Fernkommunikationsmittel entsprechenden Weise klar und verständlich" zur Verfügung gestellt werden müssen. Die Angaben müssen weder auf der Startseite bereitgehalten werden noch im Laufe eines Bestellvorgangs zwangsläufig aufgerufen werden (BGH Urt. v. 20.7.2006 – I ZR 228/03, NJW 2006, 3633; Spindler/Schuster/*Schirmbacher* EGBGB Art. 246a Rn. 235; aA OLG Frankfurt a.M. Beschl. v. 17.4.2001 – 6 W 37/01, CR 2001, 782; offengelassen nunmehr von OLG Frankfurt a.M. Urt. v. 14.12.2006 – 6 U 129/06, CR. 2007, 387; aber für den Hinweis auf die Geltung der Allgemeinen Geschäftsbedingungen → Anm. 3). Es genügt, wenn sie auf einfache Art für den Nutzer, beispielsweise über einen Link, erreichbar sind. Eine Zurverfügungstellung der Informationen etwa auf einem Datenträger ist nach Art. 246a § 4 Abs. 3 EGBGB nicht erforderlich (Palandt/*Grüneberg* BGB § 312f Rn. 3).

Sind die Informationen (nur) über einen Link erreichbar, ist allerdings die korrekte Kennzeichnung und Beschreibung der Links Voraussetzung (zu einem Link auf die Widerrufsbelehrung → Anm. 22). Der Link muss während des Bestellvorgangs jederzeit erreichbar sein (Spindler/Schuster/*Schirmbacher* EGBGB Art. 246a Rn. 240). Nach überwiegender Auffassung ist es ausreichend, dass die fraglichen Informationen nicht direkt auf der verlinkten Seite vorgehalten werden, sondern erst über einen weiteren Link erreicht werden können (BGH Urt. v. 20.7.2006 – I ZR 228/03, NJW 2006, 3633; kritisch: Spindler/Schuster/*Schirmbacher* EGBGB Art. 246a Rn. 241).

Zusätzlich sind für **Verträge im elektronischen Geschäftsverkehr** die Vorgaben der §§ 312i und 312j BGB zu erfüllen. In § 312i BGB finden sich die allgemeinen Pflichten, in § 312j BGB die besonderen Pflichten im elektronischen Geschäftsverkehr. Die in § 312i BGB normierten Pflichten fordern zunächst, dass der Unternehmer dem Kunden angemessene, wirksame und zugängliche technische Mittel zur Verfügung stellt, mit deren Hilfe Eingabefehler vor Abgabe der Bestellung erkannt und berichtigt werden können (§ 312i Abs. 1 S. 1 Nr. 1 BGB). Die Internetseite muss daher so gestaltet sein, dass der Kunde, sobald die Möglichkeit zur Abgabe der Bestellung besteht, eine Übersicht über den Inhalt seiner Bestellung (Warenkorb, Kundenangaben etc) erhält und an dieser Stelle noch Änderungen vornehmen kann (Spindler/Schuster/*Schirmbacher* BGB § 312i Rn. 27 ff.).

Außerdem enthält § 312i Abs. 1 S. 1 Nr. 2 BGB einen Verweis auf die Informationspflichten in Art. 246c EGBGB. Danach muss der Unternehmer den Kunden über die technischen Schritte informieren, die zu einem Vertragsschluss führen (Nr. 1).

Ferner muss der Unternehmer darüber informieren, ob der Vertragstext nach dem Vertragsschluss von dem Unternehmer gespeichert wird und ob er dem Kunden zugänglich ist (Nr. 2), darüber, wie der Kunde Eingabefehler vor Abgabe der Bestellung erkennen und berichtigen kann (Nr. 3), über die für den Vertragsschluss zur Verfügung stehenden Sprachen (Nr. 4) und über sämtliche Verhaltenskodizes, denen sich der Unternehmer unterwirft, sowie die Möglichkeit eines elektronischen Zugangs zu diesen Regelwerken (Nr. 5).

Des Weiteren sieht § 312i Abs. 1 S. 1 Nr. 3 BGB vor, dass der Zugang der Bestellung unverzüglich auf elektronischem Weg bestätigt werden muss.

Schließlich bestimmt § 312i Abs. 1 S. 1 Nr. 4 BGB, dass die Vertragsbestimmungen einschließlich der Allgemeinen Geschäftsbedingungen bei Vertragsschluss abgerufen und in wiedergabefähiger Form gespeichert werden können müssen.

Die Informationen nach § 312i Abs. 1 Nr. 2 BGB müssen nicht zwangsläufig in einer gesonderten Belehrung erfolgen. Ausreichend ist, wenn die Informationen im Laufe des Bestellvorgangs erteilt werden. So muss der Kunde nicht vorab über alle Schritte, die zu einem Vertragsschluss führen, belehrt werden. Es genügt, wenn der Bestellvorgang transparent und verständlich ist und der Kunde eindeutig darüber belehrt wird, in welchem Moment er eine bindende Vertragserklärung abgibt.

Die besonderen Pflichten für den elektronischen Geschäftsverkehr nach § 312j BGB bestehen dann, wenn es sich um ein „B2C-Geschäft" handelt. So hat der Unternehmer nach § 312j Abs. 1 BGB spätestens bei Beginn des Bestellvorgangs klar und deutlich anzugeben, ob Lieferbeschränkungen bestehen und welche Zahlungsmittel akzeptiert werden. Nicht gesetzlich definiert ist das Tatbestandsmerkmal „zu Beginn". Bei der Nutzung eines Online-Shops kommen grundsätzlich mehrere Handlungen für den Beginn des Bestellvorgangs in Betracht. So könnte etwa auf den Artikelaufruf oder auch auf das „zur Kasse gehen" abgestellt werden. Angesichts dieser Unklarheit ist es empfehlenswert, dem Verbraucher bereits nach dem Aufruf des Online-Shops die erforderlichen Informationen zur Verfügung zu stellen. Dies kann beispielsweise durch einen Link „Informationen zur Zahlung" erfolgen (*Bierekoven/Crone* MMR 2013, 687 (689)).

§ 312j Abs. 2 BGB hat eine besondere Relevanz für Online-Shops. Danach sind die Informationen nach Art. 246a § 1 Abs. 1 S. 1 Nummern 1, 4, 5, 11 und 12 EGBGB bei entgeltlichen Verbraucherverträgen unmittelbar bevor der Verbraucher seine Bestellung abgibt, klar und verständlich in hervorgehobener Weise zur Verfügung zu stellen. Des Weiteren hat der Unternehmer die Bestellsituation bei einem entgeltlichen Vertrag iSv § 312j Abs. 2 BGB so zu gestalten, dass der Verbraucher mit seiner Bestellung ausdrücklich bestätigt, dass er sich zu einer Zahlung verpflichtet. Wenn die Bestellbestätigung über eine Schaltfläche erfolgt (sog. **Button-Lösung**) ist es erforderlich, dass dieser Button eine entsprechende Bezeichnung aufweist (§ 312j BGB: „Zahlungspflichtig bestellen"), sodass dem Verbraucher die Verbindlichkeit und Entgeltlichkeit seiner Bestellung deutlich wird. Bei einer pflichtwidrigen Gestaltung des Bestell-Buttons kommt gemäß § 312j Abs. 4 BGB kein Vertrag zwischen dem Verbraucher und dem Unternehmer zustande. Durch einen solchen schuldhaft herbeigeführten Dissens kann sich für den Verbraucher ein Schadensersatzanspruch gegen den Unternehmer aus cic (§ 280 Abs. 1 BGB iVm § 311 Abs. 2 BGB) ergeben (*Weiss* JuS 2013, 590 (593)). Die Pflicht, einen Bestell-Button mit „zahlungspflichtig" zu kennzeichnen, besteht auch dann, wenn durch das Anklicken zB ein zunächst kostenfreies Probeabo bestellt wird, das dann jedoch nach Ablauf der Testphase automatisch kostenpflichtig wird. Die Bezeichnung „kostenlos testen" ist nicht ausreichend (LG München Beschl. v. 11.6.2013 – 33 O 12678/13, K&R 2013. 753; vgl. zur richtigen Bezeichnung und Platzierung des Buttons: LG Berlin Urt. v. 17.7.2013 – 97 O 5/13, K&R 2013, 816).

§ 312j Abs. 2 und 4 BGB gelten gemäß § 312j Abs. 5 S. 1 BGB nicht, wenn der Vertrag ausschließlich durch individuelle Kommunikation geschlossen wird.

Wird ein Fernabsatzvertrag unter Zuhilfenahme von Fernkommunikationsmitteln geschlossen, gelten die §§ 312 ff. BGB und §§ 312i und 312j BGB nebeneinander. Wird der Fernabsatzvertrag hingegen mit einem anderen Unternehmer geschlossen, gilt allein § 312i BGB (Palandt/*Grüneberg* BGB § 312i Rn. 4).

Erfüllt der Unternehmer die rechtlichen Vorgaben, insbesondere die Informationspflichten, nicht ordnungsgemäß, drohen insbesondere Abmahnungen und Unterlassungsklagen nach Maßgabe des UKlaG und dem UWG. Individualrechtlich sind Verstöße des Unternehmers gegen die Pflicht zur Belehrung in Textform und die Vorgaben im elektronischen Rechtsverkehr in erster Linie mit dem Nichtbeginn bzw. der Verlängerung der Widerrufsfrist sanktioniert (→ Anm. 22). Daneben kommen Schadensersatzansprüche in Betracht (vgl. zum Ganzen Spindler/Schuster /*Schirmbacher* BGB § 312d Rn. 34 ff.; § 312i Rn. 57f f.).

3. Einbeziehung Allgemeiner Geschäftsbedingungen. Die Verwendung Allgemeiner Geschäftsbedingungen im Online-Warenverkehr ist allgemein üblich. Die Einbeziehung richtet sich nach § 305 Abs. 2 BGB. Erforderlich ist nach § 305 Abs. 2 Nr. 1 BGB ein ausdrücklicher Hinweis, dass Allgemeine Geschäftsbedingungen Vertragsbestandteil werden. Dieser muss sich auf einer Seite befinden, die der Kunde vor Abgabe seiner Bestellung notwendig passieren muss, und muss so angeordnet sein, dass er auch bei flüchtiger Betrachtung nicht übersehen werden kann (LG Essen Urt. v. 13.2.2003 – 16 O 416/02, NJW-RR 2003, 1207; Palandt/*Grüneberg* BGB § 305 Rn. 36). Für die Möglichkeit der Kenntnisverschaffung (§ 305 Abs. 2 Nr. 2 BGB) ist ausreichend, wenn die Geschäftsbedingungen über einen gut sichtbaren Link aufgerufen und ausgedruckt werden können (BGH Urt. v. 14.6.2006 – I ZR 75/03, NJW 2006, 2976). Da der Bundesgerichtshof bei der Kenntnisnahmemöglichkeit auch auf die Ausdruckbarkeit der AGB abstellt, sollte eine Druckversion über einen Druckbutton vorgehalten werden, der einen vollständigen Ausdruck der Geschäftsbedingungen ermöglicht (BGH Urt. v. 14.6.2006 – I ZR 75/03, NJW 2006, 2976). Daneben sollten der Download und die Speicherung auf dem Rechner des Kunden möglich sein (Jauernig/*Stadler* BGB § 305 Rn. 14).

Erforderlich ist ferner das Einverständnis des Kunden mit der Geltung der AGB. Es bietet sich an, vor Abgabe der Bestellung ein Anklickfeld vorzusehen, mit dem der Kunde seine Zustimmung erklärt. Dieses sollte so ausgestaltet sein, dass ohne ein Anklicken des Feldes eine Bestellung nicht möglich ist. Zwingend erforderlich ist dies für eine Einbeziehung jedoch nicht.

Nach den alten Regelungen des Widerrufsrechtes war es jedenfalls teilweise möglich, dass in den Allgemeinen Geschäftsbedingungen auch die nach § 312d Abs. 1 BGB und § 312i Abs. 1 Nr. 2 BGB (vormals § 312c Abs. 1 und § 312e Abs. 1 Nr. 2 BGB aF) erforderlichen Informationen erteilt werden (so in der Vorauflage Spindler/Schuster/

Micklitz/Schirmbacher BGB § 312c Rn. 39 mwN), wie es auch das Muster vorsieht. Die Informationen müssen aber klar erkennbar und optisch hervorgehoben sein und dürfen nicht in den Allgemeinen Geschäftsbedingungen untergehen. Es ist daher zu empfehlen, auf der Internetseite Hinweise auf die erforderlichen Informationen vorzusehen und jedenfalls bei zentral wichtigen Informationen wie der Belehrung über das Bestehen eines Widerrufsrechts einen Link auf die jeweilige Passage der Allgemeinen Geschäftsbedingungen vorzuhalten.

Nicht alle der nach § 312d BGB iVm Art. 246a § 1 EGBGB erforderlichen Informationen können in den Allgemeinen Geschäftsbedingungen erteilt werden. Dies gilt namentlich für die wesentlichen Leistungsmerkmale (Spindler/Schuster/*Schirmbacher* EGBGB Art. 246a Rn. 7) und die einzelnen Preisangaben (Art. 246a § 1 Abs. 1 S. 1 Nr. 4 EGBGB).

Auch hinsichtlich der Belehrungspflichten im elektronischen Geschäftsverkehr nach § 312i Abs. 1 Nr. 2 BGB iVm Art. 246c EGBGB bietet sich eine Aufnahme der erforderlichen Informationen in die Allgemeinen Geschäftsbedingungen nur partiell an.

4. Geltungsbereich. Der Geltungsbereich dieser Geschäftsbedingungen ist ausdrücklich auf den Rechtsverkehr mit Verbrauchern beschränkt, da im Rechtsverkehr mit Unternehmern die zwingenden Fernabsatzvorschriften nicht gelten. Insbesondere sieht das Gesetz kein Widerrufsrecht für Unternehmer vor, und die Informationspflichten des § 312d BGB finden im unternehmerischen Rechtsverkehr keine Anwendung. Aufgrund der erheblichen Unterschiede in den rechtlichen Rahmenbedingungen ist von gemeinsamen Geschäftsbedingungen für Verbraucher und Unternehmer mit jeweils differenzierenden Regelungen aus Gründen der Verständlichkeit und Übersichtlichkeit abzuraten. Durch die Rechtsprechung wurde bereits ein Widerrufsrecht für ein Unternehmen angenommen, weil die dem Unternehmen übermittelten AGB eine Widerrufsbelehrung enthielten. Eine vertragliche Einräumung des Widerrufsrechts kann aufgrund der Privatautonomie auch gegenüber einem Unternehmen erfolgen (AG Cloppenburg Urt. v. 2.10.2012 – 21 C 193/12, BeckRS 2013, 2922). Höchstrichterliche Rechtsprechung, die die Auffassung des AG Cloppenburg bestätigt, existiert zwar nicht. Es ist jedoch zu empfehlen, für den Rechtsverkehr unter Unternehmern gesonderte Geschäftsbedingungen vorzuhalten. Ein Muster Allgemeiner Geschäftsbedingungen für den Online-Warenverkehr unter Unternehmern (B2B-Rechtsverkehr) wird nicht eigens vorgelegt, da bei B2B-Geschäften im Online-Warenverkehr im Wesentlichen dieselben Grundsätze wie im klassischen Warenverkehr gelten. Zusätzlich zu beachten sind allerdings die Vorgaben für Verträge im elektronischen Geschäftsverkehr (§ 312i BGB), → Anm. 2.

5. Informationen über den Vertragsschluss. Der Verbraucher ist darüber zu informieren, wie der Vertrag zustande kommt (§ 312i Abs. 1 S. 1 Nr. 2 BGB iVm Art. 246c Nr. 1 EGBGB). Das Gesetz enthält an dieser Stelle eine Pflicht zur Rechtsbelehrung, zum Beispiel darüber, ob das Warenangebot, aufgrund dessen der Verbraucher seine Bestellung abgibt, lediglich als invitatio ad offerendum oder als bindendes Angebot zu verstehen ist, und ob die Abgabe einer Bestellung für den Verbraucher bindend ist (Spindler/Schuster/*Schirmbacher* EGBGB Art. 246c Rn. 3). Ferner muss der Anbieter den Kunden über die technischen Schritte informieren, die zu einem Vertragsschluss führen. Gemeint sind hier nicht die juristischen, sondern die technischen Abläufe, die zum Vertragsschluss führen, also zum Beispiel die Bedeutung der üblicherweise verwendeten Begriffe „Warenkorb", „zur Kasse gehen", und „zahlungspflichtig bestellen". Diese Informationen können am besten auf der Internetseite erteilt werden. Beispielsweise bieten sich eine Hilfefunktion und/oder ein Zeitstrahl auf der Internetseite an. Auch eine Information über einen Hyperlink genügt (Spindler/Schuster/Schirmbacher BGB § 312i Rn. 46). Das Vertragsmuster erläutert das Prozedere des Vertragsschlusses und enthält Erklärungen der Begriffe, die während des Bestellvorgangs verwandt werden. Daneben sollten entsprechende Erläuterungen auf der Internetseite erfolgen.

6. Angebot. Die Präsentation von Waren im Internet ist mit Schaufensterauslagen und Zeitungsannoncen vergleichbar und stellt grundsätzlich nur eine invitatio ad offerendum dar (OLG Hamm Urt. v. 12.1.2004 – 13 U 165/03, NJW 2004, 2601; OLG Frankfurt a.M. Urt. v. 20.11.2002 – 9 U 94/02, CR 2003, 450; LG Essen Urt. v. 13.2.2004 – 16 O 416/02, NJW-RR 2003, 1207; LG Berlin Urt. v. 24.5.2007 – 16 O 149/07, MMR 2007, 734; OLG Nürnberg Hinweisbeschl. v. 10.6.2009 – 14 U 622/09, MMR 2010, 31; OLG Hamm Urt. v. 14.2.2013 – I-4 U 182/12, MMR 2013, 375). Anderes gilt bei Verkäufen über eBay oder ähnlich gestaltete Internetauktionen: Nach § 6 Ziff. 2 der eBay-AGB stellt das Einstellen eines Artikels im Angebotsformat „Auktion" ein verbindliches Angebot zum Abschluss eines Vertrags über diesen Artikel dar. Mit Ende der Auktion kommt der Vertrag automatisch mit dem Bieter zustande, der das Höchstgebot über die Bieten-Funktion abgegeben hat (BGH Urt. v. 7.11.2001 – VIII ZR 13/01, NJW 2002, 363; Urt. v. 3.11.2004 – VIII ZR 375/03, NJW 2005, 53; OLG Stuttgart Beschl. v. 4.2.2008 – 2 U 71/07, MMR 2008, 616; OLG Oldenburg Urt. v. 28.7.2005 – 8 U 93/05, NJW 2005, 2556; OLG Köln Urt. v. 3.8.2007 – 6 U 60/07, MMR 2007, 713 mwN; *Schlömer/Dittrich* BB 2007, 2129). Unter der Option „Sofort-Kaufen" kommt der Vertrag mit Anklicken des „Sofort-Kauf-Buttons" zustande (vgl. § 6 Nr. 4 der eBay-AGB; OLG Stuttgart Beschl. v. 4.2.2008 – 2 U 71/07, MMR 2008, 616; OLG Hamburg Beschl. v. 12.9.2007 – 5 W 129/07, K & R 2007, 655; LG Saarbrücken Urt. v. 7.1.2004 – 2 O 255/03, MMR 2004, 556; AG Moers Urt. v. 11.2.2004 – 532 C 109/03, NJW 2004, 1330; *Schlömer/Dittrich* BB 2007, 2129 (2132)). Die Belehrung muss daher bei Verkäufen über derartige Plattformen angepasst werden. Der Verkäufer kann sein bei eBay eingestelltes Angebot widerrufen, ohne dass er mit dem zum Zeitpunkt des Widerrufs Höchstbietenden einen Kaufvertrag abschließt. Voraussetzung dafür ist, dass der Angebotswiderruf nach den eBay-Bedingungen zulässig ist (OLG Hamm Urt. v. 4.11.2013 – 2 U 94/13, MMR-Aktuell 2013, 353296).

7. Korrekturmöglichkeiten. § 312i Abs. 1 S. 1 Nr. 1 BGB fordert angemessene, wirksame und zugängliche technische Mittel, mittels derer der Nutzer Eingabefehler vor Abgabe der Bestellung erkennen und korrigieren kann. Flankiert wird diese Vorgabe durch eine entsprechende Belehrungspflicht (§ 312i Abs. 1 Nr. 2 iVm Art. 246c EGBGB).

Dieser Vorgabe wird insbesondere durch eine Übersichtsseite vor Abgabe der Bestellung genügt, auf der die im Warenkorb befindliche Ware und alle Kundenangaben aufgeführt sind und jeweils ein deutlich sichtbarer Änderungsbutton vorgehalten wird. Ergänzend sieht das Muster eine ausdrückliche Belehrung über die Korrekturmöglichkeit vor.

8. Zugangsbestätigung. Der Zugang einer Bestellung muss nach § 312i Abs. 1 S. 1 Nr. 3 BGB unverzüglich auf elektronischem Wege bestätigt werden. Auch wenn die Zugangsbestätigung unterbleibt, ist der Zugang gem. § 130 BGB wirksam, wenn die per E-Mail versandte Willenserklärung mit dem Eingang in der Mailbox des Empfängers oder seines Providers abrufbar gespeichert wird. Wenn die E-Mail in den Machtbereich des Empfängers gelangt, ist der Zugang für den Zeitpunkt anzunehmen zu dem mit einer Kenntnisnahme üblicherweise gerechnet werden kann (LG Hamburg Urt. v. 7.7.2009 – 312 O 142/09, MMR 2010, 654). Der Anbieter muss deshalb sicherstellen, dass der Kunde eine Bestellung nicht ohne Angabe seiner E-Mail-Adresse abgeben kann. Die Zugangsbestätigung muss unverzüglich, das heißt ohne schuldhaftes Zögern (§ 121 Abs. 1 S. 1 BGB), erfolgen. Eine Bestätigung durch eine „auto-reply-Funktion", mit der jede eingehende Mail unmittelbar nach Eingang automatisch beantwortet wird, ist zulässig, auch wenn der Zugang der Bestellung streng genommen sogar erst später als die Bestätigungsmail erfolgt, da der Zugang nach § 312i Abs. 1 S. 2 BGB erst eintritt, wenn der Empfänger die E-Mail unter gewöhnlichen Umständen abrufen kann. Die Zugangsfiktion nach § 312i Abs. 1 S. 2 BGB hat nur geringe Bedeutung, weil die E-Mail in der Regel zugegangen ist, wenn die Fiktionsvoraussetzungen erfüllt sind, sodass es keiner Fiktion mehr bedarf (Palandt/*Grüneberg* BGB § 312i Rn. 7).

Um dem Risiko einer verspäteten Zugangsbestätigung aus dem Weg zu gehen, ist zu einer Zugangsbestätigung mittels der „auto-reply-Funktion“ zu raten. Die vom Unternehmer abgegebene Zugangsbestätigung ist keine Vertragsannahme, sondern eine Wissenserklärung. Diese kann jedoch mit einer Vertragsannahme verbunden werden (BGH Urt. v. 16.10.2012 – X ZR 37/12, NJW 2013, 598). Der Unternehmer sollte daher auf eine richtige Formulierung der Zugangsbestätigung achten.

Die Verpflichtung der Übermittlung bzw. der Bestätigung des Vertrags ergibt sich für Fernabsatzverträge neben § 312i BGB auch aus § 312f Abs. 2 BGB. Die Übermittlung hat innerhalb einer angemessenen Frist, spätestens aber bei der Lieferung in Textform (§ 126b BGB) zu erfolgen (*Schirmbacher/Schmidt* CR 2014, 107 (111); Palandt/*Grüneberg* BGB § 312f Rn. 3).

9. Zeitpunkt des Vertragsschlusses. Das Muster stellt klar, dass die Annahme des Vertrags noch nicht mit der automatisch generierten Zugangsbestätigung, sondern erst mit einer gesonderten Auftragsbestätigung oder mit Lieferung der Ware zustande kommt. Dass es sich bei der Zugangsbestätigung nicht um die Vertragsannahme handelt, darf allerdings nicht nur in den Verkaufsbedingungen, sondern muss auch in der Formulierung der Zugangsbestätigung klar zum Ausdruck kommen. Maßgeblich für die Einordnung der Bestätigung ist der objektive Empfängerhorizont. Nach Ansicht des LG Köln stellt eine automatische Bestätigung mit dem Text „Wir werden Ihre Bestellung unverzüglich bearbeiten“ eine verbindliche Annahmeerklärung dar (LG Köln Urt. v. 16.4.2003 – 9 S 289/02, MMR 2003, 481; so auch: OLG Frankfurt a.M. MMR 2003, 405). Das OLG Nürnberg vertritt die wohl richtige Auffassung, dass in einer Bestätigungs-E-Mail keine Vertragsannahme zu sehen ist und verweist auf den Schutzzweck des Bestätigungsvorgangs. Durch eine Bestätigung soll der Besteller darüber informiert werden, dass er eine Bestellung aufgegeben hat und welchen Inhalt diese hat. Dadurch soll neben der Rechtssicherheit für den Anbieter auch ein Schutz für den Kunden gewährleistet werden. Durch diesen Schutzzweck kommt der Bestellbestätigung ein eigener Erklärungsgehalt zu, der keine Willenserklärung, sondern lediglich eine Wissenserklärung darstellt. Grundsätzlich ist es zwar nicht ausgeschlossen, dass mit einer Bestellbestätigung auch eine Annahmeerklärung übermittelt wird. Dies setzt aber einen über die Bestellbestätigung hinausgehenden Erklärungsinhalt voraus (OLG Nürnberg Hinweisbeschl. v. 10.6.2009 – 14 U 622/09, NJOZ 2010, 1733). Die Aufforderung zur Zahlung innerhalb einer Bestellbestätigung unter Angabe der Kontodetails wird als eine Annahmeerklärung zu verstehen sein (Hoeren/Sieber/Holznagel/*Föhlisch* Teil 13.4 Rn. 242; *Buchmann* K&R 2011, 551 (553)). Grundsätzlich kann der Verkäufer die Zahlung erst verlangen, wenn der Vertrag zustande gekommen ist. Wenn beispielsweise bei Zahlung per Kreditkarte die Transaktion eingeleitet oder der Kunde bei Zahlung per *PayPal* dem Zahlungsdiensteanbieter die Zahlungsanweisung erteilt, ist der Verkäufer zu diesem Zeitpunkt bereits vertraglich gebunden. Wenn er die Bestellung des Kunden nicht bereits auf diese Weise annimmt, kann er die Annahme in einer gesonderten Auftragsbestätigung oder konkludent durch Versand der Ware erklären. Mit welcher Handlung die Annahme erfolgt, hängt damit von den angebotenen Zahlungsarten sowie von der vom Kunden im Bestellprozess tatsächlich gewählten Zahlungsart ab, auf die die AGB ggf. im Einzelfall angepasst werden müssen. Die Bestellung im Fall der Vorkasse, wenn also der Besteller den Zeitpunkt, zu dem er den Kaufpreis überweist, selbst bestimmen kann, wird der Antrag des Bestellers durch eine nachträgliche ausdrückliche Erklärung angenommen (hierzu auch *Föhlisch/Stariradeff* NJW 2016, 355). Bei der Ausgestaltung der AGB ist darauf zu achten, dass eine entsprechende Klausel nicht so formuliert wird, dass die Annahme des Vertragsangebots des Kunden „zu dem Zeitpunkt, in dem der Kunde Vorkasse leistet“ erklärt wird. Eine solche Klausel ist unwirksam (OLG Frankfurt a.M. Beschl. v. 29.8.2012 – 6 W 84/12, NJW-RR 2012, 1446).

10. Abruf- und Speichermöglichkeit der AGB. Der Unternehmer muss dem Kunden die Möglichkeit einräumen, Vertragstext und Allgemeine Geschäftsbedingungen bei Vertragsschluss abzurufen und in wiedergabefähiger Form zu speichern (§ 312i Abs. 1 S. 1 Nr. 4 BGB). Nach erfolgtem Vertragsschluss ist der Unternehmer nicht mehr zur Speicherung verpflichtet (Spindler/Schuster/*Anton* BGB § 312i Rn. 54). Er muss den Kunden aber darüber informieren, ob der Vertragstext auch nach Vertragsschluss gespeichert bleibt und ob dieser für ihn zugänglich ist (§ 312i Abs. 1 S. 1 Nr. 2 BGB iVm Art. 246c Nr. 2 EGBGB).

Das Muster sieht darüber hinaus vorsorglich die Möglichkeit vor, die AGB über einen Druckbutton auszudrucken (zu der vergleichbaren Frage, ob die Anbieterpflichtangaben nach § 5 TMG ausdruckbar sein müssen, → Form. V.1 Anm. 4).

11. Information über die für den Vertragsschluss zur Verfügung stehenden Sprachen. Nach § 312i Abs. 2 BGB iVm Art. 246c EGBGB muss der Unternehmer den Kunden über die für den Vertragsschluss zur Verfügung stehenden Sprachen informieren. Eine konkludente Information durch die Sprache der Homepage genügt. Werden mehrere Sprachen angeboten, war es bis zur Reform des Widerrufsrechts bzgl. der Pflichten im elektronischen Geschäftsverkehr ausreichend, dass auf der Homepage über die entsprechende Landesfahne eine Sprachwahl erfolgen konnte (MüKo-*Wendehorst* § 312i Rn. 76; aA OLG Hamm Urt. v. 26.5.2011 – I-4 U 35/11, MMR 2011, 586). Stehen auf einer Internetseite mehre Sprachen zur Auswahl, müssen alle Informationen über den Vertragsschluss, sowie der Vertrag selbst in diesen Sprachen zur Verfügung stehen (Palandt/*Grüneberg* EGBGB Art. 246c Rn. 5). In jedem Fall erscheint eine ausdrückliche Klarstellung empfehlenswert.

12. Sprache der Pflichtinformationen. Mit der Informationspflicht über die zur Verfügung stehenden Sprachen verbunden, aber rechtlich von ihr zu trennen, ist die Frage, in welcher Sprache die nach § 312d und § 312i BGB erforderlichen Informationen erteilt werden müssen, um dem Transparenzerfordernis einer „klaren und verständlichen Information" zu genügen. Hinsichtlich der Sprache macht weder Art. 246a § 1 Art. 246c EGBGB noch § 312i Abs. 1 BGB Vorgaben. Anerkannt ist jedoch, dass die Informationen in Deutsch zu erteilen sind, sofern Verhandlungssprache Deutsch ist und auch der Vertrag dem deutschen Recht unterfallen soll (*Heckmann,* jurisPK-Internetrecht, Kap. 4.2 Rn. 133). Der Unternehmer hat aber grundsätzlich die Wahl, in welchen Sprachen seine Internetpräsenz gehalten ist (Palandt/*Grüneberg* EGBGB Art. 246c Rn. 5). Werden mehrere Sprachen angeboten, müssen auch die Informationen in eben diesen Sprachen angeboten werden. Vorsorglich enthält das Muster den Hinweis, dass nur an Kunden in der Bundesrepublik Deutschland (bzw. erweiterbar auf den deutschsprachigen Raum) geliefert wird. Wird auch an Kunden im nichtdeutschsprachigen Raum geliefert, sollten die Informationen in der jeweiligen Landessprache oder zumindest in Englisch vorgesehen werden, da sich Englisch weitgehend als „lingua franca" im Internet durchgesetzt hat (Palandt/*Grüneberg* EGBGB Art. 246a § 4 Rn. 2).

13. Informationen über den Kaufpreis. Nach § 312d Abs. 1 S. 1 BGB iVm Art. 246a § 1 Abs. 1 Nr. 4 EGBGB ist der Gesamtpreis der Ware bzw. der Dienstleistung einschließlich aller damit verbundenen Preisbestandteile sowie aller Steuern und Abgaben anzugeben. Der Gesamtpreis ist die Summe der gesamten für den Kunden entstehenden Kosten, die sich aus dem Vertragsschluss ergeben (Spindler/Schuster/*Schirmbacher* EGBGB Art. 246a Rn. 26 f.). Neben den Informationspflichten nach den §§ 312d, 312i BGB sind gemäß § 312i Abs. 3 BGB die Informationspflichten der Preisangabeverordnung zu erfüllen (Palandt/*Grüneberg* BGB § 312i Rn. 12). Die PAngV konkretisiert die fernabsatzrechtlichen Preisangabepflichten. Nach § 1 Abs. 1 S. 1 PAngV hat derjenige, der Waren oder Leistungen gegenüber Letztverbrauchern anbietet oder unter Angabe von Preisen wirbt, die Preise einschließlich der Umsatzsteuer und sonstiger Preisbestandteile (Endpreise) anzugeben. Sonstige Preisbestandteile sind alle weiteren Kosten, die in ihrer Summe den Gesamtpreis ergeben. Dazu gehören auch Entgelte für Leistungen Dritter, die zwangsläufig in Anspruch genommen werden müssen, nicht aber Entgelte, die aufgrund einer getrennten Vereinbarung an Dritte zu zahlen sind (Köhler/Bornkamm/Feddersen/*Köhler* PAngV § 1 Rn. 17). Für Angebote im Fernabsatz sind die in § 1 Abs. 2 S. 1 PAngV genannten weiteren Angaben erforderlich. So hat der Unternehmer neben der Umsatzsteuer und den sonstigen Preisbestandteilen (Nr. 1) auch zusätzliche Liefer- oder Versandkosten (Nr. 2) anzugeben. Bei den anzugebenden Preisen muss es sich um die Bruttopreise handeln. Die Angabe des Nettopreises mit dem Vermerk „zzgl. Mehrwertsteuer" ist nicht zulässig (Köhler/Bornkamm/Feddersen/*Köhler* PAngV § 1 Rn. 16). Die Pflicht nach § 1 Abs. 2 S. 1 Nr. 1 PAngV gilt, anders als die Preisangabepflicht aus dem elektronischen Fernabsatzrecht, auch für Preisangaben in der Werbung (BGH Urt. v. 3.7.2003 – I ZR 211/01, GRUR 2003, 971; Köhler/Bornkamm/Feddersen/*Köhler* PAngV § 1 Rn. 25).

In einem Online-Shop darf grundsätzlich auch mit einer unverbindlichen Preisempfehlung des Herstellers und einer diesen kennzeichnende Abkürzung (UVP) geworben werden (BGH Urt. v. 7.12.2006 – I ZR 271/03 – UVP, GRUR 2007, 603). Eine wettbewerbsrechtliche Irreführung wird jedoch dann angenommen, wenn der vermeintlich empfohlene Preis nicht einer tatsächlichen Herstellerempfehlung entspricht (BGH Urt. v. 24.5.2000 – I ZR 222/97, GRUR 2001, 78).

Die Information, dass in den Preisen die Umsatzsteuer enthalten ist, muss nicht zwingend auf derselben Seite wie die Abbildung oder Beschreibung der Ware bzw. die Angabe der Preise vorgehalten werden (BGH Urt. v. 4.10.2007 – I ZR 143/04, DB 2007, 2705; aA OLG Hamburg Urt. v. 15.2.2007 – 3 U 253/06, MMR 2007, 438; Beschl. v. 12.9.2007 – W 129/07, K & R 2007, 655). Erforderlich ist aber, dass die Informationen vor Einleitung des Bestellvorgangs erfolgen, was nach der Rechtsprechung bedeutet, dass die Information vor Ablage der Ware in den virtuellen Warenkorb erteilt wird. Nicht ausreichend ist eine Information in den Allgemeinen Geschäftsbedingungen, wenn nicht zusätzlich vor Einleitung des Bestellvorgangs darauf hingewiesen wird, dass dort entsprechende Angaben zu finden seien (BGH Urt. v. 4.10.2007 – I ZR 143/04, DB 2007, 2705). Zweckmäßigerweise sollte deshalb entweder bei jeder Warenangabe oder auf jeder Seite des Online-Shops der Hinweis vorgehalten werden, dass Preisangaben inklusive der gesetzlichen Umsatzsteuer zu verstehen sind. Ein solcher Hinweis ist nicht als Werbung mit Selbstverständlichkeiten unlauter iSd §§ 3, 5 UWG (*Heckmann*, jurisPK-Internetrecht, Kap. 4.2 Rn. 384).

Diese Angabe soll dem Verbraucher die Möglichkeit verschaffen, den Gesamtpreis anhand objektiver Kriterien bestimmen zu können (*Heckmann*, jurisPK-Internetrecht, Kap. 4.2 Rn. 374).

Wird ein unbefristeter Vertrag oder ein Abonnement-Vertrag abgeschlossen, hat der Unternehmer ebenfalls die Pflicht, dem Verbraucher den sich ergebenden Gesamtpreis mitzuteilen (vgl. Art. 246a § 1 Abs. 1 S. 1 Nr. 5). Der Gesamtpreis umfasst die über den gesamten Abrechnungszeitraum anfallenden Gesamtkosten. Sofern für einen solchen Vertrag Festbeträge in Rechnung gestellt werden, sind ebenfalls die monatlichen Gesamtkosten anzugeben. Können die Gesamtkosten nicht im Voraus berechnet werden, so ist auch hier die Art der Preisberechnung anzugeben.

Wettbewerbswidrig ist es, wenn der Endpreis für alle Leistungen oder der Gesamtpreis, etwa bei einer Online Ticket-Buchung für mehrere Personen, bei der ersten Nennung nicht sämtliche anfallende Kosten angibt (LG Hamburg Urt. v. 6.8.2013 – 416 HKO 55/13, BeckRS 2013, 15623).

14. Liefer- und Versandkosten. Der Unternehmer kann die Liefer- oder Versandkosten gem. § 312e BGB nur verlangen, wenn er den Verbraucher vor Vertragsschluss entsprechend den Anforderungen aus § 312d Abs. 1 S. 1 BGB iVm Art. 246a Abs. 1 S. 1

Nr. 4 EGBGB informiert hat. Darüber hinaus wird aus § 312a Abs. 3 BGB gefolgert, dass auch die Standard-Versandkosten nicht automatisch voreingestellt sein dürfen, sondern beispielsweise über eine nicht vorangekreuzte Checkbox vom Verbraucher gewählt werden müssen, so dass eine ausdrückliche Vereinbarung iSv § 312a Abs. 3 BGB vorliegt (so Palandt/*Grüneberg* BGB § 312e Rn. 2). Dies kann mit sehr guten Gründen anders gesehen werden, wenn man den Standard-Versand im Rahmen eines Fernabsatzgeschäfts als Teil der Hauptleistungspflicht des Unternehmers qualifiziert (so zutreffend *Hoeren/Föhlisch* CR 2014, 242 (248)). Bis zu einer höchstrichterlichen Klärung ist jedoch nur eine Variante mit ausdrücklicher Vereinbarung sicher, da Rechtsfolge eines Verstoßes gegen § 312a Abs. 3 BGB ua die Unwirksamkeit der Vereinbarung ist, so dass Verbraucher die Hinsendekosten vom Unternehmer zurückverlangen könnten.

Nach § 312d Abs. 1 S. 1 BGB iVm Art. 246a § 1 Abs. 1 S. 1 Nr. 4 EGBGB sind zusätzlich anfallende Liefer- und Versandkosten anzugeben. Können die Liefer- oder Versandkosten nicht im Voraus bestimmt werden, genügt ein Hinweis darauf, dass solche Kosten anfallen werden (vgl. § 246a § 1 Abs. 1 Nr. 4 EGBGB). Grundsätzlich gilt, dass die Versandkosten in unmittelbarer Nähe zum Warenpreis angegeben werden müssen. Dieser Anforderung ist genügt, wenn ein deutlich gekennzeichneter und hinreichend aussagekräftiger Link zu den Liefer- und Versandkosten führt (BGH Urt. v. 26.2.2009 – I ZR 163/06, GRUR 2009, 982). Wird im Internet unter Angabe von Preisen geworben (zB in Preissuchmaschinen), ist eine Angabe der Liefer- und Versandkosten erforderlich. Es genügt nicht, wenn sich diese Kosten erst durch das Aufrufen der Internetseite des anbietenden Unternehmers ergeben (BGH Urt. v. 16.7.2009 – I ZR 140/07, GRUR 2010, 251). Ausreichend ist aber die Angabe „zzgl. Versandkosten", wenn sich bei Anklicken oder Ansteuern dieses Hinweises ein Bildschirmfenster mit einer übersichtlichen und verständlichen Erläuterung der allgemeinen Berechnungsmodalitäten für die Versandkosten öffnet und außerdem die tatsächliche Höhe der für den Einkauf anfallenden Versandkosten ausgewiesen wird (BGH Urt. v. 16.7.2009 – I ZR 50/07, MMR 2010, 237). Erforderlich ist aber auch insoweit, dass die Informationen alsbald leicht erkennbar auf einer Seite gegeben werden, die vor Ablegen der Ware in den virtuellen Warenkorb notwendig aufgerufen werden muss (BGH Urt. v. 4.10.2007 – I ZR 143/04, GRUR 2008, 84; Urt. v. 16.7.2009 – I ZR 50/07, GRUR 2010, 248). Es genügt nicht, wenn die jeweiligen Versandkosten erst nach Ablegen der gewünschten Ware in den virtuellen Warenkorb und Auswahl der Versandart errechnet und dem Verbraucher angezeigt werden. Eine nochmalige Nennung der Versandkosten auf der Übersichtsseite vor Abgabe der Bestellung ist zwar nicht erforderlich (BGH Urt. v. 5.10.2006 – VIII ZR 382/04, NJW 2006, 211), aber empfehlenswert.

Die Kosten der Hinsendung verbleiben im Falle des Widerrufs bei dem Unternehmer. Wählt der Verbraucher jedoch eine teurere Versandform als den vom Online-Händler angebotenen günstigsten Standardversand, muss er im Widerrufsfall die dadurch verursachten Mehrkosten tragen, vgl. § 357 Abs. 2 S. 2 BGB. Die Hinsendekosten kann der Unternehmer vom Verbraucher nur dann verlangen, wenn er diesen vor Vertragsschluss entsprechend gemäß § 312d Abs. 1 S. 1 BGB iVm Art. 246a § 1 Abs. 1 S. 1 Nr. 4 EGBGB darüber informiert hat.

Für die Rücksendekosten gilt § 357 Abs. 6 BGB. Nach § 357 Abs. 6 S. 1 BGB. iVm Art. 246a § 1 Abs. 2 S. 2 Nr. 2 EGBGB hat der Verbraucher die unmittelbaren Kosten der Rücksendung unabhängig vom Warenwert zu tragen, wenn ihn der Unternehmer über die Kostentragungspflicht hinsichtlich der Fracht-, Liefer- und Versandkosten bzw. sonstigen Kosten in der Widerrufsbelehrung unterrichtet hat. Auch der Rückversand nicht paketversandfähiger Ware kann dem Kunden auferlegt werden. Dann muss sich dieser selbst um den Rücktransport durch eine Spedition bemühen. Ihm müssen jedoch bereits im Vorfeld (in der Widerrufsbelehrung) die Kosten für den Rücktransport mitgeteilt werden. Diese Pflicht besteht für den Verbraucher nur dann nicht, wenn der Unternehmer dem Verbraucher die Abholung der Ware angeboten hat, vgl. § 357 Abs. 5 BGB.

15. Zahlungsbedingungen. Gemäß § 312d Abs. 1 BGB iVm Art. 246a § 1 Abs. 1 Nr. 7 EGBGB muss der Unternehmer den Verbraucher über Einzelheiten hinsichtlich der Zahlung informieren. Erforderlich ist dabei die Information, wann und wie die Zahlung erfolgen soll (Palandt/*Grüneberg* EGBGB Art. 246a § 1 Rn. 4).

16. Verzugszinsen. Die Regelung entspricht § 288 Abs. 1 BGB, hat also nur Informationsgehalt. Die Vereinbarung eines höheren Verzugszinssatzes in AGB wäre an § 309 Nr. 5 BGB zu messen und angesichts des bereits hohen gesetzlichen Verzugszinssatzes bedenklich.

17. Lieferung. Nach § 312d Abs. 1 BGB iVm 246a § 1 Abs. 1 Nr. 7 EGBGB hat der Unternehmer den Verbraucher auch über Einzelheiten hinsichtlich der Lieferung, insbes. über das Wann und Wie der Lieferung, zu informieren.

18. Teilleistung. Teilleistungsklauseln sind nur bei Einschränkung durch ein Zumutbarkeitskriterium wirksam (Palandt/*Grüneberg* BGB § 266 Rn. 5; KG Beschl. v. 25.1.2008 – 5 W 344/07, BB 2008, 341; OLG Stuttgart Urt. v. 6.5.1994 – 2 U 275/93, NJW-RR 1995, 116).

19. Vorbehalt der Nichtverfügbarkeit. Behält sich der Unternehmer vor, die Leistung im Falle ihrer Nichtverfügbarkeit nicht zu erbringen, muss er den Verbraucher über diesen Vorbehalt informieren. Diese Pflicht ergibt sich aus § 312d Abs. 1 S. 1 BGB iVm Art. 246a § 1 Abs. 1 S. 1 Nr. 7 EGBGB. Die Wirksamkeit derartiger Vorbehalte ist an § 308 Nr. 3 BGB zu messen. Selbstbelieferungsklauseln müssen im nichtkaufmännischen Verkehr ausdrücklich auf den Fall beschränkt werden, dass der Verwender ein konkretes Deckungsgeschäft geschlossen hat und ohne sein Verschulden von dem Lieferanten trotz dessen vertraglicher Verpflichtung nicht beliefert wird (BGH Urt. v. 14.11.1984 – VIII ZR 283/83, BB 1985, 146; Urt. v. 26.1.1983 – VIII ZR 342/81, NJW 1983, 1321; Urt. v. 6.12.1984 – VII ZR 227/83, NJW 1985, 857; OLG Stuttgart Urt. v. 22.12.2005 – 2 U 110/05, BeckRS 2007, 8372). Soll dem Verbraucher eine andere als die bestellte Ware zum Ersatz geliefert werden, ist es für die Erfüllungswirkung der Lieferung erforderlich, dass der Verbraucher der Ersatzlieferung ausdrücklich zustimmt. Auf die Zusendung einer nicht vom Verbraucher bestellten, in Qualität und Preis mit der bestellten Ware aber vergleichbaren Ersatzware, findet § 241a Abs. 1 BGB Anwendung. Danach ist die vom Verbraucher nicht genehmigte Ersatzlieferung eine unbestellte Leistung. Diese Leistung hat nur dann Erfüllungswirkung, wenn der Verbraucher ihr vor der Leistungserbringung zugestimmt hat (Palandt/*Grüneberg* BGB § 241a Rn. 5). Fehlt diese Zustimmung, so liegt in der Zusendung der Ersatzware ein neues Vertragsangebot, zu dessen Annahme eine ausdrückliche Erklärung des Verbrauchers erforderlich ist. Eine stillschweigende oder konkludente Annahme durch Zueignungs- und Gebrauchshandlungen kommt nicht in Betracht (Palandt/*Grüneberg* BGB § 241a Rn. 6). Die Verpflichtung, das Vertragsangebot anzunehmen oder abzulehnen besteht nicht. Der Verbraucher darf mit der Ersatzlieferung verfahren wie er mag, ohne dass Ansprüche gegen ihn begründet werden (*Schirmbacher/Schmidt* CR 2014, 107 (119)).

20. Lieferfristen. Die im Online-Angebot vorgesehenen Lieferfristen müssen stets aktuell und zutreffend sein. Auf abweichende Lieferfristen muss der Händler klar und eindeutig hinweisen, ansonsten liegt eine unlautere Handlung iSd § 3 Abs. 3 iVm Anh. Nr. 5 UWG vor (OLG Hamm Urt. v. 22.4.2010 – I-4 U 205/09, MMR 2010, 697). Der Online-Händler muss damit über ein funktionierendes Warenwirtschaftssystem verfügen. Das Versprechen des sofortigen Versands unter der Bedingung, dass die Ware vorrätig ist, wird in aller Regel widersprüchlich und somit wettbewerbswidrig nach § 5 UWG sein, wenn der Unternehmer im Weiteren eine gewöhnliche Lieferung innerhalb einiger Wochen angibt (LG Bochum Urt. v. 3.7.2013 – I-13 O 55/13, MMR-Aktuell 2013, 353766). Klauseln, nach denen Lieferzeiten unverbindlich sind (OLG Frankfurt a.M. Urt. v. 10.11.2005 – 1 U 127/05, CR 2006, 195) oder „in der Regel" gelten (OLG Bremen Urt. v. 5.10.2012 – 2 U 49/12 OLG, MMR 2013, 36; OLG Frankfurt a.M. Beschl. v. 27.7.2011 – 6 W 55/11, MMR 2011, 800; OLG Bremen Beschl. v. 8.9.2009 – 2 W 55/09, MMR 2010, 26; KG Beschl. v. 3.4.2007 – 5 W 73/07, NJW 2007, 2266) oder sich der Verwender um Einhaltung der Lieferzeit bemühen will (OLG Oldenburg Urt. v. 12.3.1992 – 1 U 197/91, NJW-RR 1992, 1528), sind unwirksam. „Ca.-Fristen" sind dagegen wohl zulässig (Palandt/*Grüneberg* BGB § 308 Rn. 8; aA bzgl. der Anforderungen aus § 246a § 1 Abs. 1 S. 1 Nr. 7 EGBGB OLG München I 17.10.2017 – 33 O 20 488/16, K&R 2018, 67 und zweifelnd auch KG Beschl. v. 3.4.2007 – 5 W 73/07, NJW 2007, 2266), wobei nicht mittels einer Klausel, sondern im Zusammenhang mit dem Warenangebot hervorgehoben werden sollte, dass Angaben zur Lieferzeit „ca.-Angaben" sind (zB „Versand in ca. 2–3 Werktagen").

21. **Widerrufsrecht.** Ein Kernpunkt der verbraucherschützenden Fernabsatzregelungen ist das Bestehen eines gesetzlichen Widerrufsrechts. Gemäß § 312g Abs. 1 BGB iVm § 355 BGB steht dem Verbraucher bei einem Fernabsatzvertrag grundsätzlich ein Widerrufsrecht zu, sofern nicht einer der in § 312g Abs. 2 S. 1 BGB geregelten Ausnahmefälle vorliegt.

Widerruft der Verbraucher seine Willenserklärung fristgerecht, so ist er an diese nicht mehr gebunden, vgl. § 355 Abs. 1 S. 1 BGB. Das Widerrufsrecht ist ein einseitiges Gestaltungsrecht und erfordert eine Erklärung gegenüber dem Unternehmer. Das bloße Zurücksenden der Ware, wie es bis Juni 2014 möglich war, genügt nun ohne gleichzeitige eindeutige Erklärung nicht mehr, um sich von dem Vertrag zu lösen (Palandt/*Grüneberg* BGB § 355 Rn. 5). Eine bestimmte Form ist für den Widerruf nicht vorgeschrieben. Er kann also grundsätzlich per E-Mail, Fax oder postalisch erfolgen. Auch der Widerruf via Telefon ist durch die Formfreiheit nunmehr zulässig (*Schirmbacher/Schmidt* CR 2014, 107 (116)). Es ist daher empfehlenswert, bei der Widerrufsbelehrung eine Telefonnummer anzugeben, unter welcher die Willenserklärung widerrufen werden kann. Aus Beweisgründen für die Rechtzeitigkeit des Widerrufs, ist dem Verbraucher jedoch dazu geraten, den Widerruf in Textform auszuführen.

§ 312g Abs. 2 S. 1 BGB normiert die Ausnahmen, in denen kein Widerrufsrecht besteht. Ausgeschlossen ist ein Widerrufsrecht nach § 312g Abs. 2 S. 1 Nr. 1 BGB bei der Lieferung von Waren, die nach Kundenspezifikationen zugeschnitten sind oder nicht zur Rücksendung geeignet sind (zB für den Kunden angefertigte Computerprogramme, oder individuell gefertigte Möbelstücke). Diese Ausnahme greift regelmäßig dann, wenn der individuelle Zuschnitt der Ware nur schwer rückgängig gemacht werden kann und ein Weiterverkauf nicht problemlos möglich ist (*Schirmbacher/Schmidt* CR 2014, 107 (112); vgl. auch BGH Urt. v. 19.3.2003 – VIII ZR 295/01, CR 2003, 480 ff.). Außerdem besteht kein Widerrufsrecht, wenn die Ware schnell verderblich ist (Nr. 2). Bei Gesundheits- oder Hygieneartikeln (Nr. 3), die versiegelt sind, besteht das Widerrufsrecht nur, wenn der Verbraucher die Versiegelung nach der Lieferung nicht entfernt hat. Der Unternehmer hat den Verbraucher auf das Erlöschen des Widerrufsrechts durch die Entsiegelung gem. Art. 246a § 1 Abs. 3 Nr. 2 EGBGB hinzuweisen. Bei Abstellen auf die Schutzrichtung des § 312g Abs. 2 Nr. 3 BGB sind wohl solche Produkte vom Widerrufsrecht ausgeschlossen, die unmittelbar mit dem Körper in Berührung kommen und dadurch eine Übertragung von Krankheitserregern ermöglichen (*Hoeren/Föhlisch* CR 2014, 242 (246)). Davon erfasst sind Produkte wie zB Zahnbürsten, Kosmetika und In-Ear-Kopfhörer (*Schirmbacher/Schmidt* CR 2014, 107 (112)). Trotz intensiven Körperkontakts ist Kleidung von dieser Ausnahme ausgeschlossen (*Föhlisch/Dyakova* MMR 2013, 71 (72)). Waren, die nach der Lieferung aufgrund ihrer Beschaffenheit untrennbar mit anderen Gütern verbunden werden, sind ebenso vom Widerrufsrecht ausgeschlossen

(Nr. 4). Eine untrennbare Verbindung liegt nicht bei zusammengebauten Möbelstücken vor, wohl aber bei der Lieferung von Heizöl (*Härting,* Internetrecht, Rn. 1298). Verträge über die Lieferung von alkoholischen Getränken können ebenso vom Widerruf ausgeschlossen sein (Nr. 5). Das Widerrufsrecht erlischt ebenfalls, wenn eine Ton- oder Videoaufnahme oder Computersoftware geliefert wird und die physische Versiegelung entfernt wurde (Nr. 6). Neben einem Etikett dient auch eine Cellophanfolie als Versiegelung (*Hoeren/Föhlisch* CR 2014, 242 (245); *Schirmbacher/Creutz* ITRB 2014, 44 (45); LG Frankfurt a.M. Urt. v. 18.12.2002 – 2/1 S 20/02, CR 2003, 412 (413); aA OLG Hamm Urt. v. 30.3.2010 – 4 U 212/09, MMR 2010, 684). Bei der Lieferung von Zeitungen, Zeitschriften oder Illustrierten besteht ein Widerrufsrecht nur, wenn ein Abonnement-Vertrag geschlossen wurde (Nr. 7). Die Widerrufsfrist beginnt mit der Lieferung der ersten Ausgabe (*Schirmbacher/Schmidt* CR 2014, 107 (113)). Waren und Dienstleistungen, deren Preis Schwankungen unterliegt, auf welche der Unternehmer keinen Einfluss hat, sind ebenfalls vom Widerrufsrecht ausgeschlossen (Nr. 8). Verträge über die Erbringung von Dienstleistungen in den Bereichen Beherbergung, Beförderung, Mietwagen, Lieferung von Speisen und Freizeitgestaltung können widerrufen werden, sofern kein bestimmter Termin oder Zeitraum vereinbart wird (Nr. 9). Verträge, die bei öffentlich zugänglichen Versteigerungen zustande gekommen sind, sind nicht widerrufbar (Nr. 10). § 312g Abs. 2 S. 1 Nr. 10 BGB stellt dabei auf die Möglichkeit der persönlichen Anwesenheit ab. Internetversteigerungen unterfallen somit nicht dem Ausschluss (*Härting,* Internetrecht, Rn. 1322). Bei ausschließlich über Fernkommunikationsmittel zustande gekommenen Verträgen über Reparatur- oder Instandhaltungsarbeiten besteht kein Widerrufsrecht (Nr. 11). Kein Widerrufsrecht ist ferner für Verträge zur Erbringung von Wett- oder Lotteriedienstleistungen vorgesehen (Nr. 12). Außerdem sind notariell beurkundete Verträge nicht widerrufbar (Nr. 13). Der Verbraucher ist durch die Warnfunktion der notariellen Beurkundung ausreichend vor einer Überforderung geschützt (Palandt/*Grüneberg* BGB § 312g Rn. 16).

Eine Regelung für den Widerruf von Kaufverträgen über digitale Inhalte findet sich in § 356 Abs. 5 BGB. Digitale Inhalte sind Daten in digitaler Form wie zB ein Musik-Download. Das Widerrufsrecht erlischt, wenn der Unternehmer mit der Ausführung des Vertrags begonnen, der Verbraucher dem Beginn ausdrücklich zugestimmt und Kenntnis über das Erlöschen des Widerrufsrechts bei Beginn der Vertragsausführung hat. Die Ausführung des Vertrags beginnt mit dem Start eines Downloads (Software für Desktop-PC's oder Smartphones, E-Books oder Musik) oder dem Beginn eines Streams (Palandt/*Grüneberg* BGB § 356 Rn. 11). Bevor der Unternehmer mit der Ausführung beginnt, muss diesbezüglich eine ausdrückliche Zustimmung des Verbrauchers eingeholt werden. Diese könnte etwa durch die Aktivierung einer Checkbox durch den Käufer während des Kaufprozesses erfolgen, wodurch der Käufer der Ausführung vor Ablauf der Widerrufsfrist zustimmt und bestätigt, dass er Kenntnis davon hat, dass er sein Widerrufsrecht durch den Beginn der Vertragsausführung verliert (*Schirmbacher/Schmidt* CR 2014, 107 (114)).

22. Information über das Bestehen eines Widerrufsrechts. Sofern dem Verbraucher ein Widerrufsrecht nach § 312g Abs. 1 BGB zusteht, ergibt sich für den Unternehmer diesbezüglich eine Informationspflicht aus § 312d Abs. 1 S. 1 BGB iVm 246a § 1 Abs. 2 EGBGB. Danach muss der Verbraucher über die Bedingungen, die Fristen und das Verfahren für die Ausübung des Widerrufsrechts nach § 355 ff. BGB unterrichtet werden. Die Informationspflichten des Unternehmers sind sog. echte Rechtspflichten. Dies hat zur Folge, dass der Verbraucher einen Anspruch auf dessen Erfüllung hat (Palandt/*Grüneberg* EGBGB Art. 246a § 1 Rn. 7). Die vorvertraglichen Informationspflichten sind in Art. 246a § 4 Abs. 1 u. 3 EGBGB geregelt. Eine Belehrung muss dem Verbraucher in klarer und verständlicher Form erteilt werden und an das jeweils genutzte

Fernkommunikationsmittel angepasst sein (*Buchmann* K&R 2014, 221 (222)). Neben den vorvertraglichen Informationspflichten hat der Unternehmer den Verbraucher auch nachvertraglich zu unterrichten, vgl. § 312f Abs. 2 BGB. Dabei muss er den mit dem Verbraucher geschlossenen Vertrag bestätigen und ihm den Vertragsinhalt in Textform übermitteln (*Buchmann* K&R 2014, 222 (223)). Den Voraussetzungen der Textform genügt eine Übermittlung via E-Mail oder Fax (BT-Drs. 17/12637, 44). Das Bereithalten des Vertragsinhalts auf der Internetseite zum Download oder ein Zugänglichmachen über einen Hyperlink genügen dagegen nicht (EuGH (3. Kammer), Urt. v. 5.7–2012 – C-49/11, NJW 2012, 2637; *Hofmann* jurisPR-ITR 3/2014 → Anm. 2 BGH Urt. v. 29.4.2010 – I ZR 66/08, NJW 2010, 3566).

Die Belehrung muss dem Verbraucher deutlich machen, dass das Widerrufsrecht an keine Bedingungen geknüpft ist und keinen weiteren Voraussetzungen unterfällt (OLG Jena GRUR-RR 2006, 283; *Schirmbacher/Schmidt* CR 2014, 107 (116)). Dem Verbraucher sind der Name und eine Anschrift des Widerrufsempfängers zu nennen. Überdies ist dem Verbraucher mitzuteilen, innerhalb welcher Frist er seine Willenserklärung widerrufen kann, wann diese Frist zu laufen beginnt und dass die Frist durch die rechtzeitige Absendung des Widerrufs gewahrt wird. Die Belehrung sollte ebenfalls die Rechtsfolgen des Widerrufs darstellen.

Um dem Unternehmer die Formulierung der erforderlichen Belehrungen zu erleichtern, sieht das Verbraucherrechte-Richtlinie-Umsetzungsgesetz als Anlage zu Art. 246a § 1 Abs. 2 S. 2 EGBGB ein Muster für eine Widerrufsbelehrung vor. Dieses Muster ist nicht verbindlich. Nutzt der Unternehmer die Musterbelehrung jedoch, genügt seine Belehrung den gesetzlichen Anforderungen. **Eine daran angepasste Vorlage für einen Standardfall der Warenlieferung findet sich auch in diesem Kapitel; selbstverständlich muss die Belehrung immer an die konkreten Umstände für den konkreten Online-Shop unter Berücksichtigung der Gestaltungshinweise in der Musterbelehrung angepasst werden, zumal es verschiedene Fallkonstellationen gibt.** Die Belehrung muss dem Verbraucher in Textform zugehen, vgl. Art. 246a § 1 Abs. 2 S. 2 EGBGB.

Der Widerruf selbst ist hingegen nicht an ein bestimmtes Formerfordernis geknüpft, sodass er sowohl in Textform, als auch mündlich, etwa per Telefon, erfolgen kann. Erforderlich ist jedoch eine ausdrückliche Erklärung des Verbrauchers (vgl. Erwägungsgrund 44 der RL 2011/83/EU). Widerruft der Verbraucher mittels eines vom Unternehmer bereitgestellten Online-Formulars, hat der Unternehmer den Zugang des Widerrufs unverzüglich (ohne schuldhaftes Zögern, vgl. § 121 BGB) auf einem dauerhaften Datenträger zu bestätigen, vgl. § 356 Abs. 1 S. 2 BGB. In diesem Fall ist der entsprechende Text in der im Formular vorgeschlagenen Widerrufsbelehrung gemäß dem Gestaltungshinweis 3 des gesetzlichen Musters anzupassen.

Sofern für den Verbraucher kein Widerrufsrecht besteht, trifft den Unternehmer auch diesbezüglich eine Informationspflicht, vgl. § 312d Abs. 1 S. 1 iVm Art. 246a § 1 Abs. 3 EGBGB. Ein Widerrufsrecht besteht nicht in den Fällen des § 312g Abs. 2 Nr. 1–12 BGB und § 356 Abs. 4 und 5 BGB.

23. Dauer der Widerrufsfrist. Gemäß § 312g Abs. 1 iVm § 355 Abs. 2 BGB beträgt die Frist für die Ausübung des Widerrufsrechts grundsätzlich 14 Tage. Diese Widerrufsfrist gilt im gesamten Gebiet der europäischen Union einheitlich (*Buchmann* K&R 2014, 222 (225)). Es ist erforderlich, dass die Frist in Tagen angegeben wird. Die 14-tägige Frist gilt auch dann, wenn der Verbraucher erst nach Vertragsschluss hinsichtlich seines Widerrufsrechts belehrt wird (*Schirmbacher/Schmidt* CR 2014, 107 (114)). Aufgrund des halbzwingenden Charakters des Widerrufsrechts darf die Frist nur verlängert, nicht aber verkürzt werden (vgl. § 361 Abs. 2 S. 1 BGB). Das Widerrufsrecht erlischt jedenfalls bei Warenlieferungs- und Dienstleistungsverträgen unabhängig davon, ob ordnungsgemäß belehrt wurde, spätestens 12 Monate und 14 Tage nach dem Vertragsschluss (Palandt/*Grüneberg* § 356 Rn. 8).

§ 355 Abs. 3 S. 1 BGB bestimmt über die Frist für die Ausübung des Widerrufsrechts hinaus auch die Verpflichtung, im Falle des Widerrufs die empfangenen Leistungen unverzüglich zurückzugewähren.

24. Beginn der Widerrufsfrist. Die Widerrufsfrist beginnt gemäß § 355 Abs. 2 S. 2 BGB mit dem Vertragsschluss. Dieser Grundsatz gilt aber nur dann, wenn nichts anderes bestimmt ist. Für Fernabsatzverträge wird der Fristbeginn abweichend in § 356 Abs. 2 u. Abs. 3 S. 1 BGB geregelt. § 356 Abs. 2 BGB regelt in Nr. 1 den Fristbeginn für Fernabsatzverträge über Verbrauchsgüter (zum Begriff „Verbrauchsgüterkauf" vgl. § 474 Abs. 1 S. 1 BGB), während Nr. 2 den Fristbeginn von Verträgen zum Gegenstand hat, die nicht nur in einem begrenzten Volumen oder in einer begrenzten Menge geliefert werden, sowie Verträge über digitale Inhalte, die nicht auf einem Datenträger verkörpert sind (Download). § 356 Abs. 2 Nr. 1 BGB stellt in seinen Varianten a)–d) für den Fristbeginn grundsätzlich auf den Erhalt der Ware ab. Als Ware werden alle körperlichen Gegenstände verstanden, die nicht auf Grund von Zwangsvollstreckungsmaßnahmen oder anderen gerichtlichen Maßnahmen verkauft werden, vgl. § 241a Abs. 1 BGB.

Nach § 356 Abs. 2 Nr. 1a) BGB gilt die Ware als erhalten, wenn sie dem Empfänger überlassen wurde. Entscheidend ist, dass die Ware beim Verbraucher selbst oder bei einem von ihm bestimmten Dritten eingeht (*Buchmann* K&R 2014, 222 (226); *Föhlisch/Dyakova* MMR 2013, 71 (72)). Die Beförderung durch einen vom Verbraucher beauftragten Frachtführer iSd HGB oder einem anderen gewerblich handelnden Dritten hat keine Auswirkungen auf den Fristbeginn.

Nr. 1b) regelt den Fall, in dem der Verbraucher mehrere Waren in einem Bestellvorgang erwirbt und diese Waren getrennt geliefert werden. Für den Fristbeginn ist dann der Erhalt der letzten bestellten Ware maßgebend (Erwägungsgrund 40 RL 2011/83/EU). Zwischen den einzelnen Waren muss dabei kein funktioneller oder sonst gegebener Zusammenhang bestehen (*Schirmbacher/Schmidt* CR 2014, 107 (115); kritisch dazu: *Buchmann* K&R 2014, 222 (227)).

Auch bei der Versendung mehrerer zusammengehörender Teile setzt die Widerspruchsfrist erst mit Empfang des letzten Teils ein, Nr. 1c).

Bei regelmäßig wiederkehrenden Warenlieferungen über einen bestimmten Zeitraum ist der Erhalt der ersten Lieferung für den Fristbeginn entscheidend. Gibt es hingegen keinen erkennbaren Zusammenhang zwischen den bestellten Waren, liegen also mehrere Kaufverträge vor, so ist für jede Ware eine eigene Widerrufsfrist zu ermitteln, Nr. 1d) (*Schirmbacher/Schmidt* CR 2014, 107 (115)). Bei einem Vertrag, der die Lieferung eines nicht auf einem körperlichen Datenträger gespeicherten digitalen Inhalt zum Gegenstand hat, beginnt die Frist mit Vertragsschluss, vgl. § 356 Abs. 1 Nr. 2 iVm § 355 Abs. 2 S. 2 BGB. Aus der Verbraucherrechte-Richtlinie ergibt sich, dass es sich bei den nicht auf einem Datenträger verkörperten digitalen Inhalten um Computerprogramme, Apps, Musik, Videos oÄ handeln soll, wobei es keine Rolle spielt, ob diese von dem Verbraucher heruntergeladen werden müssen, um diese dann zu nutzen oder die Nutzung bereits in Echtzeit zum Download erfolgt, sog. Streaming (vgl. Erwägungsgrund 19 RL 2011/83/EU).

Gemäß § 356 Abs. 3 S. 1 BGB beginnt die Widerrufsfrist nicht, wenn der Verbraucher nicht ordnungsgemäß entsprechend den Anforderungen der Art. 246a § 1 Abs. 2 S. 1 Nr. 1 EGBGB informiert wurde. Eine ordnungsgemäße Information setzt eine Belehrung über die Bedingungen, die Fristen und das Verfahren für die Ausübung des Widerrufsrechts voraus, vgl. Art. 246a § 1 Abs. 2 S. 1 Nr. 1 EGBGB. Im Unterschied zur Rechtslage bis Juni 2014 muss die Belehrung nicht in Textform erfolgen, um den Lauf der Frist in Gang zu setzen. Der Fristlauf beginnt schon dann, wenn der Unternehmer den Verbraucher vor Vertragsschluss klar und verständlich über das Widerrufsrecht unterrichtet hat

(*Schimbacher/Schmidt* CR 2014, 107 (114)). Unterbleibt eine entsprechende Belehrung, so erlischt das Widerrufsrecht gem. § 356 Abs. 3 S. 2 BGB spätestens nach 12 Monaten und 14 Tagen.

In der Widerrufsbelehrung ist der Verbraucher darauf hinzuweisen, welcher Umstand (§ 356 Abs. 2 Nr. 1a)–d) BGB) für den Fristbeginn in seinem konkreten Fall maßgebend ist. Das Formular beschränkt sich auf die Variante 1a), für andere Varianten sind die Gestaltungshinweise des Musters umzusetzen und ggf. zu kombinieren, wobei ungeklärt ist, ob die Kombination verschiedener Varianten in einer einheitlichen Belehrung vor dem Hintergrund der bestehenden Transparenzanforderungen als zulässig angesehen wird.

25. Name und ladungsfähige Anschrift des Widerrufsadressaten. Die Widerrufsbelehrung muss Name und Anschrift des Widerrufsempfängers enthalten. Der BGH hat die Angabe eines Postfachs unter dem alten Recht ausreichen lassen (BGH Urt. v. 11.4.2002 – I ZR 306/99, NJW 2002, 2391; Urt. v. 25.1.2012 – VIII ZR 95/11, NJW 2012, 1065). In der Literatur wird hingegen vertreten, dass eine ladungsfähige Anschrift erforderlich ist (Palandt/*Grüneberg* EGBGB Art. 246a § 1 Rn. 3). Die Ladungsfähigkeit ergibt sich zwar weder aus der Musterwiderrufsbelehrung noch aus Art. 246a § 1 Abs. 2 EGBGB. Art. 246a § 1 Abs. 1 S. 1 Nr. 2 EGBGB sieht jedoch schon für die vorvertraglichen Informationen die Angabe einer ladungsfähigen Adresse vor, sodass deren Angabe erst recht bei der formbedürftigen Widerrufsbelehrung erforderlich sein sollte. Auch systematisch kann davon ausgegangen werden, dass die Vorgaben aus Art. 246a § 1 Abs. 1 EGBGB entsprechend auf Art. 246a § 1 Abs. 2 EGBGB bzw. die Widerrufsbelehrung anwendbar sind. Zuletzt ist es im Interesse einer vertrauensvollen Geschäftsgrundlage zu den Kunden ratsam, nicht bloß eine Postfach-Adresse anzugeben. Zusätzlich zu Name und Anschrift des Widerrufsadressaten können weitere Angaben gemacht werden: Telefonnummer, Telefaxnummer, E-Mail-Adresse und eine Internet-Adresse.

26. Muster-Widerrufsformular. Alternativ kann der Unternehmer dem Verbraucher auch die Möglichkeit bieten, den Widerruf über ein Web-Formular zu erklären. In diesem Fall soll gemäß Gestaltungshinweis 3 zum gesetzlichen Muster Folgendes eingefügt werden: „Sie können das Muster-Widerrufsformular oder eine andere eindeutige Erklärung auch auf unserer Webseite [Internet- Adresse einfügen] elektronisch ausfüllen und übermitteln. Machen Sie von dieser Möglichkeit Gebrauch, so werden wir Ihnen unverzüglich (z. B. per E-Mail) eine Bestätigung über den Eingang eines solchen Widerrufs übermitteln."

27. Information über die Rechtsfolgen des Widerrufs und der Rückgabe. Dass der Unternehmer den Verbraucher auch über die Rechtsfolgen der Ausübung des Widerrufsrechts zu unterrichten hat, ist nicht ausdrücklich geregelt. Zum Teil wird aber vertreten, dass sich diese Informationspflicht daraus ergebe, dass der Unternehmer über die „Bedingungen" zur Ausübung des Widerrufsrechts zu informieren hat (*Hoeren/Föhlisch* CR 2014, 242 (247)). Es ist ratsam, die Rechtsfolgen des Widerrufs mit in die Verbraucherinformationen einzubeziehen.

28. Frist zur Erstattung von Zahlungen. Die Leistungen sind gemäß § 355 Abs. 3 S. 1 BGB unverzüglich zurückzugewähren. Nach § 357 Abs. 1 BGB muss die Rückgewähr spätestens nach 14 Tagen erfolgen. Für die Fristberechnung ist § 355 Abs. 3 S. 2 BGB maßgeblich. Der Verbraucher muss zur Fristwahrung die betreffende Ware absenden, vgl. § 355 Abs. 3 S. 3 BGB. Der Unternehmer ist verpflichtet, für die Rückzahlung das Zahlungsmittel zu wählen, das auch der Verbraucher bei der Zahlung verwendet hat, sofern nicht etwas anderes vereinbart wurde, vgl., § 357 Abs. 3 BGB. Ist die Zahlung per Lastschrift erfolgt, kann der Unternehmer auf eine andere Zahlungsart ausweichen (Schirmbacher/Schmidt CR 2014, 107 (117)). Der Unternehmer kann die Rückzahlung solange verweigern, bis er die rückzusendende Ware erhalten hat oder der Verbraucher ihm eine Versandbestätigung zukommen lässt (BT-Drs. 17/12637, 63; *Schirmbacher/ Schmidt* CR 2014, 107 (117)).

29. Kosten und Gefahr der Rücksendung. Nach der gesetzlichen Grundregel in § 355 Abs. 3 S. 4 BGB trägt der Unternehmer die Gefahr der Rücksendung. Für die Rücksendekosten gilt § 357 Abs. 6 BGB. Nach § 357 Abs. 6 S. 1 BGB. iVm Art. 246a § 1 Abs. 2 S. 2 Nr. 2 EGBGB hat der Verbraucher die unmittelbaren Kosten der Rücksendung unabhängig vom Warenwert zu tragen, wenn ihn der Unternehmer über die Kostentragungspflicht hinsichtlich der Fracht-, Liefer- und Versandkosten bzw. sonstigen Kosten in der Widerrufsbelehrung unterrichtet hat. Der Verbraucher kann zB durch den Hinweis: „Sie tragen die Kosten der Rücksendung der Waren" ausreichend unterrichtet werden. So sieht es das Formular vor; alternativ kann der Unternehmer natürlich auch weiterhin die Kosten der Rücksendung übernehmen und sollte dies dann in die Widerrufsbelehrung gemäß dem Gestaltungshinweis zum gesetzlichen Muster aufnehmen. Auch der Rückversand nicht paketversandfähiger Ware kann dem Kunden auferlegt werden. Dann muss sich dieser selbst um den Rücktransport durch eine Spedition bemühen. Ihm müssen jedoch bereits im Vorfeld (in der Widerrufsbelehrung) die Kosten für den Rücktransport mitgeteilt werden (vgl. den entsprechenden Gestaltungshinweis zum gesetzlichen Muster). Kann der Unternehmer die Transportkosten nicht konkret benennen, sind diese ggf. zu schätzen (*Schirmbacher/Schmidt* CR 2014, 107 (118)). Die Rücktransportpflicht besteht für den Verbraucher dann nicht, wenn der Unternehmer die Abholung der Ware angeboten hat, vgl. § 357 Abs. 5 BGB. Auch diesbezüglich wäre ein Hinweis erforderlich: „Wir tragen die Kosten für die Rücksendung der Waren". Unterlässt der Unternehmer die Belehrung über die Kostentragung, so trifft ihn die Kostentragungspflicht. Die Beweislast für eine ordnungsgemäße Belehrung trägt der Unternehmer (Palandt/*Grüneberg* BGB § 357 Rn. 7). Klauseln, die den Eindruck erwecken könnten, der Verbraucher müsse im Falle des Widerrufs weitergehenden Anweisungen Folge leisten, sind zu vermeiden. Derartige Klauseln, die das Widerrufsrecht erschweren, werden von der Rechtsprechung sehr weitgehend als unwirksam angesehen.

Unzulässig ist auch die Verpflichtung des Kunden, die Waren in der Originalverpackung zurückzuschicken (OLG Hamm Urt. v. 10.12.2004 – 11 U 102/04, NJW-RR 2005, 1582; OLG Jena Urt. v. 8.3.2006 – 2 U 990/04, GRUR-RR 2006, 283). Die unverbindlich ausgedrückte Bitte, die Ware bei Ausübung des Widerrufsrechts in der Originalverpackung zurückzusenden ist vom LG Hamburg jedoch als zulässig erachtet worden (LG Hamburg Urt. v. 6.1.2011 – 327 O 779/10, MMR 2012, 96). Als kritisch anzusehen sind auch die Vorgaben, Retourenaufkleber zu verwenden (sei sie auch als Bitte formuliert), einen bestimmten Transporteur auszuwählen (LG Berlin Urt. v. 24.5.2007 – 103 O 107/07, zit. n. Schlömer, K&R 2007, 436; LG Berlin v. 13.3.2007 – 97 O 57/07, zit. n. Schlömer, K&R 2007, 436) oder die Pflicht, zuvor telefonisch eine Retourennummer einzuholen (LG Bochum Urt. v. 1.9.2009 – I-12 O 163/09, 12 O 163/09, MMR-Aktuell, 2010, 298833; OLG Jena Urt. v. 8.3.2006 – 2 U 990/04, GRUR-RR 2006, 283; LG Düsseldorf Urt. v. 3.4.2002 – 12 O 317/01, VuR 2002, 452). Nutzt der Verbraucher einen unnötig teuren Versandweg, ist allerdings denkbar, dass dem Unternehmer ein Schadensersatzanspruch gegen den Verbraucher zusteht. Die Versandkosten für die Hinsendung trägt der Unternehmer auch im Widerrufsfall, sofern der Verbraucher nicht eine übermäßig teure Versandart gewünscht hat (*Wendehorst* NJW 2014, 577 (582)).

Beim Widerruf eines Vertrags über die Lieferung eines nicht auf einem körperlichen Datenträger gespeicherten Inhalts (Download) entsteht keine Wertersatzpflicht, vgl. § 357 Abs. 9 BGB.

30. Wertersatzpflicht. Die Wertersatzpflicht nach § 357 Abs. 7 BGB tritt unter zwei Voraussetzungen ein: Zum einen muss der Wertverlust auf einen Umgang mit der Ware zurückzuführen sein, der über die notwendige Prüfung hinsichtlich der Beschaffenheit, der Eigenschaften und er Funktionsweise der Sache hinausging (vgl. § 357 Abs. 7 Nr. 1 BGB). Als Maßstab für eine zulässige Prüfung gilt die Prüfungs- und Testmöglichkeit, die dem Verbraucher auch in einem Ladengeschäft möglich wäre. Ist eine Warenverschlechterung alleine auf eine zulässige Prüfung zurückzuführen, begründet sie keine Wertersatzpflicht (Palandt/*Grüneberg* BGB § 357 Rn. 9). Auch ein vollständiger Wertverlust begründet keinen Wertersatz, wenn dieser die Folge einer zulässigen Prüfung ist (BGH Urt. v. 3.11.2010 – VIII ZR 337/09, NJW 2011, 56). Zum anderen muss der Verbraucher ordnungsgemäß über sein Widerrufsrecht belehrt worden sein (§ 357 Abs. 7 Nr. 2 BGB). Die Belehrungspflicht erfordert eine unmissverständliche und deutliche Information darüber, dass im Falle des Widerrufs eine Verschlechterung der Ware durch eine über die Prüfung der Ware hinausgehende Nutzung zu ersetzen ist (Palandt/*Grüneberg* BGB § 357 Rn. 10).

Wurde der Verbraucher ordnungsgemäß belehrt, haftet er somit unabhängig vom Verschulden für jede Verschlechterung der Ware. Dies gilt auch für eine Verschlechterung aufgrund bestimmungsgemäßer Ingebrauchnahme der Ware, solange sie nicht ausschließlich auf die Prüfung der Ware zurückzuführen ist.

31. Besondere Hinweise. An dieser Stelle sind gegebenenfalls besondere Hinweise gemäß dem entsprechenden Gestaltungshinweis des gesetzlichen Musters aufzunehmen, die aber für Warenlieferungsverträge nicht einschlägig sind.

32. Belehrung über Mängelrechte. Gemäß Art. 246a § 1 Abs. 1 S. 1 Nr. 8 EGBGB hat der Versandhändler den Verbraucher über das Bestehen eines gesetzlichen Mängelhaftungsrechts zu informieren. Neben den Mängelhaftungsrechten sind auch die etwaigen freiwilligen Garantiebedingungen zu erwähnen, vgl. Art. 246a § 1 Abs. 1 S. 1 Nr. 9 EGBGB. Es genügt dabei wohl der bloße Hinweis auf das Bestehen der Mängelrechte. Eine weitergehende inhaltliche Erläuterung ist nicht erforderlich. Sofern der Vertrag von den gesetzlichen Vorschriften abweicht, ist der Unternehmer jedoch zu detaillierten Angaben über das Gewährleistungsrecht verpflichtet (Palandt/*Grüneberg* EGBGB Art. 246a § 1 Rn. 4). Die Möglichkeit der Abweichungen zum Nachteil des Verbrauchers ist bei Verbraucherverträgen jedoch aufgrund der Regelung in § 475 Abs. 1 BGB grundsätzlich nicht gestattet.

Unterhält der Unternehmer keinen Kundendienst und bestehen keine Garantien, sind diesbezügliche Angaben entbehrlich. Bestehen Händler- oder Herstellergarantien, muss der Inhalt spezifiziert werden (Palandt/*Grüneberg* EGBGB Art. 246 Rn. 9).

33. Zwingende gesetzliche Mängelrechte des Verbrauchers. Gemäß § 475 Abs. 1 BGB sind die dem Verbraucher bei Mängeln der Sache zustehenden Rechte weitestgehend (§§ 433–435, 437, 439–443, 474–479 BGB) zugunsten des Verbrauchers zwingend, also auch durch Individualvereinbarung (vor Mitteilung des Mangels an den Unternehmer) nicht zu seinem Nachteil abdingbar. Ausgenommen ist jedoch nach § 475 Abs. 3 BGB der Anspruch auf Schadensersatz. Bei Beschränkungen des Schadensersatzanspruchs durch Allgemeine Geschäftsbedingungen gelten allerdings die allgemeinen Schranken der §§ 307–309 BGB.

34. Inhalt der Mängelrechte des Verbrauchers beim Verbrauchsgüterkauf. Die Rechte des Käufers bei Mängeln der Kaufsache sind in § 437 BGB aufgelistet. Danach kann der Verbraucher in erster Linie nach § 439 BGB Nacherfüllung, das heißt nach seiner Wahl Nachbesserung oder Nachlieferung, verlangen. Die weitergehenden Rechte auf Rücktritt vom Vertrag (§§ 440, 323, 326 Abs. 5 BGB), Minderung des Kaufpreises (§ 441 BGB) sowie das Recht, Schadensersatz statt der Leistung (§§ 440, 280, 281, 283, 311a BGB) oder Ersatz vergeblicher Aufwendungen (§ 284 BGB) zu verlangen, setzen grundsätzlich den erfolglosen Ablauf einer angemessenen Frist zur Nacherfüllung voraus, sofern eine

Fristsetzung nicht ausnahmsweise entbehrlich ist. Ansprüche auf Schadensersatz oder Ersatz vergeblicher Aufwendungen bestehen allerdings nicht, wenn der Schuldner die Pflichtverletzung nicht zu vertreten hat (§ 280 Abs. 1 S. 2 BGB).

35. Schadensersatzansprüche wegen Mängeln der Sache. Die Wirksamkeit der im Vertragsmuster vorgesehenen Verweisung auf die allgemeine Schadensersatzklausel ist nicht zweifelsfrei. Inwieweit Schadensersatzansprüche wegen Mängeln der Kaufsache durch Allgemeine Geschäftsbedingungen beschränkt werden können, ist nach wie vor nicht geklärt. Teilweise wird jede Beschränkung für unwirksam gehalten, da die Pflicht zur mangelfreien Leistung nach § 433 Abs. 1 S. 2 BGB eine vertragswesentliche Pflicht des Verkäufers darstelle und ein den Vertragszweck gefährdender Haftungsausschluss in Allgemeinen Geschäftsbedingungen für die Verletzung vertragswesentlicher Pflichten unwirksam ist (→ Anm. 39) (sowohl Graf von Westphalen, BB 2002, 209). Diese Auffassung wird von der absolut h.M. als zu weitgehend erachtet, da in den §§ 308, 309, 476 Abs. 3 BGB zum Ausdruck komme, dass eine Beschränkung von Schadensersatzansprüchen auch bei Mängeln der Sache möglich sei (vgl. *Tiedke/Burgmann* NJW 2005, 1153 ff.).

36. Verjährungsfrist. Die Verjährungsfrist bei neuen Sachen kann beim Verbrauchsgüterkauf vor Mitteilung des Mangels nicht auf weniger als zwei Jahre verkürzt werden. Bei gebrauchten Sachen darf die Verjährungsfrist ein Jahr nicht unterschreiten, vgl. § 475 Abs. 2 BGB). Die Verjährungsfrist entspricht der gesetzlichen Verjährungsfrist des § 438 Abs. 1 Nr. 3 BGB. Bei gebrauchten Sache kann die Verjährungsfrist wirksam auf ein Jahr beschränkt werden (§ 475 Abs. 2 BGB).

37. Schadensersatzhaftung. Da Schadensersatzansprüche auch wegen Mängeln der Kaufsache in Betracht kommen (§ 437 Nr. 3 BGB), fällt die Klausel als Information über geltende Gewährleistungsbedingungen unter Art. 246a § 1 Abs. 1 Nr. 8 EGBGB. Die Klausel sollte daher ebenfalls drucktechnisch hervorgehoben sein, um den Anforderungen nach Art. 246a § 1 Abs. 1 Nr. 8 EGBGB zu genügen. Alternativ kann die Schadensersatzhaftung wegen Mängeln vollständig im Zusammenhang mit der Klausel „Mängelrechte" geregelt werden.

38. Freizeichnungs- und Haftungsbegrenzungsverbot für grobe Fahrlässigkeit und Vorsatz. Vgl. § 309 Nr. 7b) BGB.

39. Freizeichnungsverbot für Verletzung wesentlicher Vertragspflichten. Nach der ständigen Rechtsprechung des Bundesgerichtshofs (BGH Urt. v. 20.7.2005 – VIII ZR 121/04, NJW-RR 2005, 1496; BGHZ 149, 89 (95 f.); 145, 203 (244); BGH Urt. v. 11.11.1992 – VIII ZR 238/91, NJW 1993, 335, unter II 2a)) darf eine formularmäßige Freizeichnung von der Haftung für einfache Fahrlässigkeit nicht zur Aushöhlung von vertragswesentlichen Rechtspositionen des Vertragspartners führen, etwa weil sie ihm solche Rechte wegnimmt oder einschränkt, die ihm der Vertrag nach seinem Inhalt und Zweck gerade zu gewähren hat (§ 307 Abs. 2 Nr. 2 BGB). Ein Haftungsausschluss für leichte Fahrlässigkeit muss daher vertragswesentliche Pflichten ausnehmen. Anderenfalls ist die Klausel wegen Verstoßes gegen § 307 BGB unwirksam. Eine Umschreibung des Begriffs der vertragswesentlichen Pflicht ausschließlich mit dem Schlagwort „Kardinalpflicht" hat der Bundesgerichtshof für intransparent gehalten. Zwar ist die Benennung der vertragswesentlichen Pflichten nicht im Einzelfall erforderlich. Jedoch muss zumindest abstrakt klargestellt werden, was unter Kardinalpflichten zu verstehen ist. Abstrakt definiert versteht man unter der Kardinalpflicht eine Pflicht, deren Erfüllung die ordnungsgemäße Durchführung des Vertrags überhaupt erst ermöglicht und auf deren Einhaltung der Vertragspartner regelmäßig vertraut und vertrauen darf (BGH 20.7.2005 – VIII ZR 121/04, NJW-RR 2005, 1496).

40. Beschränkung auf vertragstypische Schäden. Bei den sich „nur" aus § 307 BGB ergebenden Freizeichnungsverboten sind Haftungsbegrenzungen zulässig, die vertragsuntypische, nicht vorhersehbare Schäden von der Haftung ausnehmen (MüKo-*Wurmnest* § 309 Rn. 30; BGH Urt. v. 11.11.1992 – VIII ZR 238/91, NJW 1993, 335; Urt. v. 27.9.2000 – VIII ZR 155/99, NJW 2001, 292).

41. Sonstige Freizeichnungs- und Haftungsbegrenzungsverbote. § 309 Nr. 7a BGB.

42. Rechtswahl. Eine Rechtswahl ist grundsätzlich auch in AGB zulässig. Für Verträge, die seit dem 18.2.2009 geschlossen wurden, gilt hinsichtlich der Rechtswahl die Rom I-VO. Nach Art. 3 Abs. 5 und Art. 10 Abs. 1 Rom I-VO ist bereits das gewählte Recht entscheidend für die Frage, ob die Rechtswahl selbst wirksam ist (Staudinger/*Coester* § 307 Rn. 561a). Wird die Rechtswahl in den AGB getroffen, ist es also erforderlich, dass die AGB wirksam sind. Falls deutsches Recht gewählt wird, der Vertrag jedoch dem UN-Kaufrecht unterliegt, beurteilt sich die Einbeziehung der AGB nach den Vorschriften des CISG, Art. 14, 18 CISG (MüKo-*Wurmnest* § 307 Rn. 241). Wegen Art. 6 Abs. 2 S. 2 Rom I-VO ist es erforderlich, den Verbraucher in der Klausel darüber aufzuklären, dass zwingendes Verbraucherrecht an seinem Wohnsitz dem gewählten Recht vorgeht, wenn es im Einzelfall günstiger für den Verbraucher ist.

Von einer Gerichtsstandsvereinbarung sieht das Muster ab, da diese in Allgemeinen Geschäftsbedingungen im Rechtsverkehr mit Verbrauchern zumeist an den Schranken des § 38 ZPO bzw. der Art. 19, 25 EUGVVO scheitert.

43. Schriftformklausel/Vollständigkeitsklausel. Weit verbreitet sind Schriftformklauseln, etwa in folgender Fassung: „*Änderungen und Ergänzungen dieses Vertrags einschließlich dieser Bestimmung bedürfen der Schriftform.*" Soweit es sich, wie hier, um Allgemeine Geschäftsbedingungen handelt, verstoßen derartige Schriftformklauseln aber gegen den in § 305b BGB geregelten Vorrang der Individualabrede und gegen § 307 BGB und sind daher unwirksam (vgl. nur BGH Urt. v. 21.9.2005 – XII ZR 312/02, NJW 2006, 138 mwN; aA Staudinger/*Schlosser* § 305b Rn. 39). Die hier verwandte Vollständigkeitsklausel ist hingegen wirksam (BGH Urt. v. 19.6.1985 – VIII ZR 238/84, NJW 1985, 2329). Sie ist zwar nur von begrenztem Nutzen, da sie dem Verbraucher nicht den Beweis des Gegenteils abschneidet. Damit gibt sie im Wesentlichen die ohnehin bestehende Vermutung der Vollständigkeit der Urkunde wieder. Sie ist aber dennoch zu empfehlen, weil ihr bei der Beweisführung indizieller Charakter dafür zukommen kann, dass keine Nebenabreden getroffen wurden.

44. Identität und ladungsfähige Anschrift. § 312d Abs. 1 S. 1 BGB iVm Art. 246a § 1 Abs. 1 Nr. 2 EGBGB verpflichten den Anbieter zur Offenlegung bestimmter Informationen, insbesondere hinsichtlich seiner Identität, Vertretungsberechtigten und ladungsfähigen Anschrift. Die zu erteilenden Informationen decken sich weitgehend mit den Pflichtangaben nach § 5 TMG (→ Form. V.1 Anm. 3). Mit Erfüllung der Pflicht zur Anbieterkennzeichnung nach § 5 TMG erfüllt der Anbieter nicht automatisch seine Pflichten aus § 312d BGB. Zur Angabe der ladungsfähigen Anschrift sind Straße, Hausnummer, Postleitzahl und Ort, gegebenenfalls auch das Land, anzugeben. Eine Postfachadresse genügt nicht (OLG Koblenz Urt. v. 9.1.2006 – 12 U 740/04, NJW 2006, 919 mwN; Spindler/Schuster /*Schirmbacher* EGBGB Art. 246a Rn. 14). Die Angabe einer Telefonnummer ist nicht zwingend erforderlich. der Unternehmer muss die Möglichkeit einer schnellen Kontaktaufnahme und einer unmittelbaren sowie effizienten Kommunikation schaffen. Dies kann anstatt über das Telefon auch via Fax oder einer Anfragenmaske auf seiner Internetseite gewährleistet werden (EuGH Urt. v. 16.10.2008 – C-298/07, NJW 2008, 3553; Palandt/*Grüneberg* EGBGB Art. 246a § 1 Rn. 3).

3. Internet-Zugangsvertrag (Access-Provider-Vertrag) und Domain-Service-Vertrag

zwischen

der Firma ..... (Name, Anschrift – Anbieter)

und

..... (Name, Anschrift – Kunde)

§ 1 Vertragsgegenstand

Der Anbieter ermöglicht dem Kunden den Zugang zum Internet sowie die Nutzung im Zusammenhang damit stehender weiterer Leistungen (Access-Providing)[1] nach Maßgabe dieses Vertrags und den gesetzlichen Bestimmungen.[2] Ferner beinhaltet der Vertrag die Registrierung einer vom Kunden gewünschten Second-Level-Domain (Domain) und die Domainverwaltung (Domain-Service).[3]

§ 2 Leistungsumfang

(1) Der Umfang der Leistungen des Anbieters bestimmt sich nach den folgenden Regelungen sowie dem vom Kunden gewählten Tarif nebst der diesem Tarif zugeordneten Leistungsbeschreibung.[4]
(2) Der Anbieter ermöglicht dem Kunden die Einwahl in den Netzzugangsknoten des Anbieters und damit den Zugang zu den Internet-Backbones. Soweit vereinbart oder zur Leistungserbringung erforderlich, erhält der Kunde eine feste, sonst eine dynamische IP-Adresse (Rechner-Adresse). Ferner ermöglicht der Anbieter dem Kunden die Einrichtung eines E-Mail-Accounts mit Zwischenspeicherkapazität nach Maßgabe der Leistungsbeschreibung sowie die Teilnahme an News-Groups. Schließlich leistet der Anbieter Support (Telefon-Hotline).
(3) Der Anbieter verpflichtet sich zur Bereithaltung des Anschlusses und zum sachgerechten Bemühen um die Herstellung der Verbindung ins Internet. Der Anbieter weist darauf hin, dass aufgrund begrenzter Leitungskapazitäten und Übertragungsgeschwindigkeiten kein störungsfreier Zugang zum Internet gewährleistet werden kann. Der Anbieter übernimmt daher keine Verpflichtung für das jederzeitige Zustandekommen einer Verbindung in das Internet oder das jederzeitige Bestehen einer bestimmten Datenübertragungsgeschwindigkeit.[5] Ferner ist der Anbieter berechtigt, an Dienstagen zwischen 6.00 Uhr und 8.00 Uhr allgemeine Wartungsarbeiten durchzuführen (Wartungsfenster). Dieser Zeitraum, während dessen es zu Beeinträchtigungen des Zugangs kommen kann, ist von der Leistungspflicht des Anbieters ausgenommen.
(4) Der Anbieter bemüht sich um Registrierung der von dem Kunden gewünschten Second-Level-Domain. Auf Wunsch des Kunden prüft er mittels der Verfügbarkeitsabfrage bei der Vergabestelle,[6] ob die Domain verfügbar ist. Die Auskunft ist für den Kunden unentgeltlich und unverbindlich. Der Anbieter weist darauf hin, dass es sich dabei um fremde Informationen handelt, die außerhalb des Einflussbereichs des Anbieters liegen. Eine Pflicht zur Kontrolle auf Richtigkeit oder Gewähr für die Richtigkeit übernimmt der Anbieter nicht. Ist die Domain verfügbar, meldet der Anbieter die gewünschte Domain bei der für die jeweilige Top-Level-Domain zuständigen Vergabestelle an. Die zuständige Vergabestelle für .de-Domains ist die DENIC Domain Verwaltungs- und Betriebsgesellschaft eG, Kaiserstraße 75–77, 60 329 Frankfurt am Main

(DENIC). Der Anbieter ist berechtigt, Dritte (Zwischenprovider) mit der Registrierung zu beauftragen, sofern dies nach den Registrierungsbedingungen der jeweiligen Vergabestelle erforderlich ist.[7] Nach erfolgreicher Registrierung der Domain übernimmt der Anbieter die Verwaltung der Domain und wird alle üblichen Maßnahmen ergreifen, um die Registrierung aufrecht zu erhalten.

(5) Die Registrierung und Verwaltung der Domain durch den Anbieter erfolgt als Stellvertreter des Kunden. Das Vertragsverhältnis mit der Vergabestelle kommt mit dem Kunden zustande.[8] Als Domaininhaber wird der Kunde eingetragen, als administrativer Ansprechpartner („Admin-C" bei der DENIC bzw. entsprechender Funktionsträger bei anderen Vergabestellen) die vom Kunden benannte natürliche Person.

(6) Der Kunde ist im Verhältnis zum Anbieter dafür verantwortlich, dass die gewählte Zeichenfolge keine Rechte Dritter, insbesondere keine Marken-, Namens- oder sonstigen Schutzrechte verletzt. Der Anbieter nimmt keine eigene Prüfung vor.

§ 3 Vertragsänderungen[9]

(1) Der Anbieter ist berechtigt, den Inhalt der Leistung, insbesondere in technischer Hinsicht, einseitig zu ändern, soweit die Änderung nicht die vertraglichen Vereinbarungen zum Nachteil des Kunden verändert, zum Beispiel, wenn die Funktionalitäten (zB Übertragungsgeschwindigkeiten) beibehalten oder verbessert werden. Der Anbieter ist frei in der Wahl der technischen Mittel zur Erbringung der vereinbarten Leistungen, insbesondere der eingesetzten Technologie und Infrastruktur. Der Anbieter ist berechtigt, die technischen Mittel sowie den Netzbetreiber zu wechseln, soweit keine berechtigten Belange des Kunden entgegenstehen. Der Anbieter ist auch berechtigt, IP-Nummern zu ändern.

(2) Der Anbieter ist ferner berechtigt, weniger gewichtige Bestimmungen dieses Vertrags jederzeit und ohne Nennung von Gründen zu ändern, sofern diese Änderung nicht zu einer Umgestaltung des Vertragsgefüges insgesamt führt. Zu den gewichtigen Bestimmungen gehören insbesondere Regelungen, die die Art und den Umfang der vertraglich vereinbarten Leistungen, die Laufzeit und die Kündigung des Vertrages betreffen. Ferner ist der Anbieter berechtigt, die Bestimmungen dieses Vertrags anzupassen oder zu ergänzen, soweit dies zur Beseitigung von Schwierigkeiten bei der Durchführung des Vertrages mit dem Kunden aufgrund von nach Vertragsschluss entstandenen Regelungslücken erforderlich ist. Dies ist dann der Fall, wenn die Rechtsprechung eine oder mehrere Bestimmungen dieses Vertrags für unwirksam erklärt oder eine Gesetzesänderung zur Unwirksamkeit einer oder mehrerer Bestimmungen dieses Vertrags führt. Die geänderten Vertragsbedingungen werden dem Kunden mindestens zwei Monate vor ihrem Inkrafttreten schriftlich oder per E-Mail zugesandt. Die Änderungen gelten als genehmigt, wenn der Kunde ihnen nicht in Textform widerspricht. Der Widerspruch muss innerhalb zwei Monaten nach Zugang der Mitteilung eingegangen sein. Der Anbieter wird auf die Widerspruchsmöglichkeit und die Bedeutung der Zwei-Monats-Frist im Mitteilungsschreiben besonders hinweisen. Übt der Kunde sein Widerspruchsrecht aus, gilt der Änderungswunsch des Anbieters als abgelehnt. Der Vertrag wird dann ohne die vorgeschlagenen Änderungen fortgesetzt. Das Recht der Vertragspartner zur Kündigung des Vertrages bleibt hiervon unberührt.[10]

§ 4 Leistungshindernisse

(1) Der Anbieter verpflichtet sich, seine der Leistungserbringung dienenden Einrichtungen funktionsfähig zu halten, sie dem technischen Fortschritt sowie den allgemeinen Marktverhältnissen anzupassen und ihre Kapazitäten an dem Nutzungsverhalten seiner Kunden auszurichten.

(2) Leistungsunterbrechungen oder -verzögerungen aufgrund höherer Gewalt oder aufgrund sonstiger Ereignisse, die dem Anbieter seine Leistung zeitweise oder auf Dauer unmöglich machen oder unzumutbar erschweren, ohne dass den Anbieter ein Verschulden trifft, und die mit der Sorgfalt eines ordentlichen Kaufmanns nicht hätten vermieden werden können, unterbrechen für die Zeit ihrer Dauer und in dem Umfang ihrer Wirkung unsere Leistungsverpflichtung. Dies gilt auch, wenn der Anbieter sich bereits im Lieferverzug befindet. Ereignisse in dem vorbezeichneten Sinne sind etwa Streik und Aussperrung, technische Ausfälle bei anderen Betreibern von Telekommunikationsanlagen, -übertragungswegen oder -netzen, Ausfälle bei der Stromversorgung, Feuer, Naturkatastrophen, Gewaltakte Dritter, die missbräuchliche, insbesondere übermäßige Inanspruchnahme der Dienste des Anbieters, das Auftreten von Computerviren sowie behördliche Eingriffe. Soweit der Anbieter sich zur Erbringung eigener Leistungen Dritter bedient, steht die Leistungspflicht des Anbieters unter dem Vorbehalt, dass der vertraglich verpflichtete Dritte richtig und rechtzeitig leistet; ist dies nicht der Fall, wird der Anbieter den Kunden unverzüglich informieren sowie etwaige für die ausbleibende Leistung bereits geleistete Zahlungen erstatten.

(3) Führen Ereignisse im Sinne des vorstehenden Absatzes zur dauernden Unmöglichkeit oder zu einer dauerhaften erheblichen Beeinträchtigung der Leistung, so werden beide Parteien ab dem Eintritt des Ereignisses von der Verpflichtung zur weiteren Vertragserfüllung endgültig frei. Wird die Leistung nur zeitweise unmöglich, so ist der Kunde berechtigt, die vertraglichen Entgelte entsprechend der Dauer der Unterbrechung und der Schwere der Beeinträchtigung angemessen zu mindern.

(4) Ist einer Partei aufgrund der Dauer des Leistungshindernisses ein weiteres Festhalten am Vertrag nicht zumutbar, ist die Partei zum Rücktritt vom Vertrag berechtigt.

§ 5 Pflichten und Obliegenheiten des Kunden

(1) Für die bei dem Kunden vorhandene technische Ausstattung (Hard- und Software) und deren Kompatibilität mit den Leistungen des Anbieters ist der Kunde selbst verantwortlich.

(2) Der Kunde ist verpflichtet, die Dienste ausschließlich zweckentsprechend und unter Beachtung der sich aus dem gewählten Tarif ergebenden Beschränkungen zu nutzen. E-Mail-Accounts sind unter Beachtung der beschränkten Zwischenspeicherkapazität regelmäßig, mindestens alle vier Wochen, abzufragen.

(3) Der Kunde hat sich bei der Nutzung der Dienste jedes Verstoßes gegen Rechtsvorschriften sowie jedes Missbrauchs zu enthalten.[11] Insbesondere ist er verpflichtet,

a) sämtliche für die Nutzung des Internet allgemein geltenden Regeln zu wahren, zB das Verbot, „Spam“ (elektronische Massen-Postwurfsendungen)[12] oder „Mail-Bomben“ (Mails über . . . . . MB oder massenhafte gleichadressierte Mails) zu versenden oder in fremde Netze unter Umgehung von Sicherheitsvorkehrungen einzudringen oder deren Betrieb zu manipulieren,

b) keine gesetzlich verbotenen, unaufgeforderten Informationen, Sachen und sonstigen Leistungen zu übersenden, wie zB unerwünschte und unverlangte Werbung,

c) anderen nicht unter Verwendung von Telekommunikationsmitteln unbefugt nachzustellen (§ 238 Strafgesetzbuch),[13]

d) keine Daten zu versenden oder in das Internet einzustellen oder auf Informationen zu verweisen, die gegen Gesetze oder Rechte Dritter verstoßen oder sittenwidrig sind. Hierzu zählen insbesondere Informationen, die strafbare oder sexuell anstößige Inhalte oder jugendgefährdende Inhalte aufweisen, ohne hinreichend gegen die Kenntnisnahme von Jugendlichen unter 18 Jahren gesichert zu sein, oder die sonst verboten sind, insbesondere Daten kinderpornographischen oder politisch radikalen oder propagandistischen Inhalts; die Bestimmungen des Jugendmedienstaatsvertrages und des Jugendschutzgesetzes sind zu beachten,

e) den anerkannten Grundsätzen der Datensicherheit Rechnung zu tragen, zB Passworte geheim zu halten, nicht an Dritte weiterzugeben und vor dem Zugriff durch Dritte zu schützen und, sofern erforderlich, für deren Änderung Sorge zu tragen, sowie dem Missbrauch eigener Anlagen durch Dritte vorzubeugen,
f) sämtliche für Internetseiten geltende gesetzliche Vorgaben einzuhalten, insbesondere ggf. eine ordnungsgemäße Anbieterkennzeichnung bzw. ein Impressum abrufbar zu halten (§ 5 TMG),
g) die nationalen und internationalen Urheber- und Kennzeichenrechte sowie sonstige gewerbliche Schutzrechte und Persönlichkeitsrechte Dritter zu beachten.

(4) Außerdem ist der Kunde verpflichtet,
a) dem Anbieter jede Änderung seiner Verhältnisse, insbesondere seiner Anschrift, oder Nutzungsabsichten anzuzeigen, die für die Tarifeinordnung, die Abrechnung der Dienste oder für die Erbringung der Leistungen des Anbieters erkennbar von Bedeutung sein kann und
b) bei Beendigung des Vertrages über den Internet-Zugang ihm zugeteilte IP-Adressen freizugeben, dh die Rechnerkonfigurationen entsprechend zu ändern oder sonst die Nutzung der IP-Adressen als Rechneradressen einzustellen.

(5) Ferner obliegt es dem Kunden,
a) dem Anbieter die Installation technischer Einrichtungen zu ermöglichen, soweit dies zur Durchführung des Vertrages erforderlich ist;
b) regelmäßig die Mitteilungsseiten in dem Internet-Angebot des Anbieters auf wichtige Mitteilungen hin durchzusehen sowie die dem Anbieter zur Zustellung von Mitteilungen benannte E-Mail-Adresse bzw. Mailbox regelmäßig auf den Eingang von Mitteilungen zu überprüfen;
c) aufgetretene Störungen, die ihre Ursache in dem Verantwortungsbereich des Anbieters haben können, unverzüglich anzuzeigen und den Anbieter bei der Feststellung der Ursachen sowie bei deren Beseitigung in zumutbarem Umfang zu unterstützen sowie alle zumutbaren Maßnahmen zur Verhütung und Minderung von Schäden zu treffen;
d) vor der Installation der Zugangssoftware sowie der Ausführung von Installations- oder Wartungsarbeiten durch den Anbieter seine Datenbestände vor dem Verlust zu sichern sowie den Anbieter auf ungesicherte Datenbestände hinzuweisen;
e) dem Anbieter im Falle technischer Schwierigkeiten auf Verlangen Auskunft über die von ihm zur Nutzung der Dienste des Anbieters eingesetzten technischen Ausstattungen zu erteilen und zumutbaren Empfehlungen des Anbieters in dieser Hinsicht Folge zu leisten;
f) alle sonstigen erforderlichen Mitwirkungshandlungen zu erbringen, zB die für die Registrierung der Domain nach den Registrierungsbedingungen der Vergabestelle erforderlichen Daten bekanntzugeben.

§ 6 Haftung und Freistellungsverpflichtung des Kunden, Sperrung des Zugangs und Kündigung wegen Vertragsverstößen des Kunden

(1) Der Kunde verpflichtet sich, den Anbieter von sämtlichen Ansprüchen Dritter freizuhalten, die von Dritten wegen möglicher Verstöße gegen ihre Rechte oder gesetzliche Vorschriften durch die Nutzung der Dienste des Anbieters durch den Kunden erhoben werden sowie alle mit einer solchen Inanspruchnahme durch Dritte verbundenen Schäden und Aufwendungen zu ersetzen. Die Freistellungsverpflichtung umfasst insbesondere auch die Verpflichtung, den Anbieter von notwendigen Rechtsverteidigungskosten freizustellen.[14] Der Kunde ist zur unverzüglichen Information des Anbieters verpflichtet, wenn er eine Rechtsverletzung Dritter erkennt oder ihm diesbezügliche Anhaltspunkte vorliegen.

(2) Der Anbieter ist bei berechtigt, die Anbindung an das Internet vorläufig zu unterbrechen, wenn dem Kunden schwerwiegende und schuldhafte Vertragsverstöße, insbesondere gegen die in § 4 Abs. 3 aufgeführten Pflichten, zur Last fallen oder ein hinreichender Verdacht gegeben ist. Ein hinreichender Verdacht der Rechtswidrigkeit ist beispielsweise gegeben, wenn der Anbieter eine Abmahnung des vermeintlich Verletzten erhalten oder ansonsten wegen Rechtswidrigkeit der eingestellten Inhalte (insbesondere auf Unterlassung) in Anspruch genommen wird und die Abmahnung bzw. das Unterlassungsbegehren nicht offensichtlich unbegründet ist. Soweit möglich, ist der Kunde zuvor anzuhören, sonst unverzüglich zu benachrichtigen. Die Sperrung hat sich auf die möglicherweise rechtswidrigen Inhalte zu beschränken, soweit dies technisch möglich und zumutbar ist. Setzt der Kunde den Verstoß trotz Abmahnung fort oder ist der Verstoß derart gravierend, dass dem Anbieter eine Fortsetzung der Vertragsbeziehung nicht zuzumuten ist, ist der Anbieter zur außerordentlichen Kündigung des Vertrags ohne Einhaltung einer Frist berechtigt.[15]

§ 7 Nutzung durch Dritte

(1) Soweit der Kunde einen Pauschaltarif gewählt hat (volumenunabhängige Vergütung), steht die Nutzung der Leistungen des Anbieters ausschließlich dem Kunden sowie den mit ihm in häuslicher Gemeinschaft lebenden Personen (Privatkunden) bzw. dem von ihm beschäftigten Personal (Geschäftskunden) zu. Eine Nutzung durch sonstige Dritte, insbesondere die Weitervermarktung der Leistungen des Anbieters, bedarf dessen schriftlicher Zustimmung.

(2) Der Kunde ist verpflichtet, alle Personen, die über seinen Anschluss die Dienste des Anbieters nutzen, einzuweisen und ihnen die Einhaltung aller vertraglichen Vereinbarungen sowie sämtlicher Rechtsvorschriften aufzuerlegen. Für ein Verschulden solcher Personen hat der Kunde im Verhältnis zum Anbieter einzustehen.

(3) Zeit- oder volumenabhängige Gebühren hat der Kunde auch dann zu zahlen, wenn sie auf einer unbefugten Nutzung seines Zugangs oder auf technischen Defekten seiner Anlagen oder der Anlagen seiner Kommunikationspartner beruhen. Weist der Kunde jedoch nach, dass ihm die Inanspruchnahme der Leistungen des Anbieters nicht zuzurechnen ist, steht dem Anbieter insoweit kein Anspruch auf Entgeltzahlung zu.[16]

§ 8 Abrechnung, Beanstandungen und Zahlung

(1) Gleichbleibende monatliche Entgelte sind am ersten Werktag des folgenden Kalendermonats fällig. Das Entgelt für die Verwaltung von Domains ist ab Bereitstellung der Domain jeweils für ein Jahr im Voraus fällig. Im Übrigen sind die Forderungen des Anbieters sofort nach Rechnungszugang fällig. Der Anbieter kann Rechnungen als E-Mail-Anhang versenden oder in seinen Internetseiten zum Abruf bereithalten.

(2) Über volumen- oder aufkommensbezogen abzurechnende Dienste erhält der Kunde monatlich eine Abrechnung. Daten über die Verbindungen, für die der Kunde entgeltpflichtig ist, enthält die Abrechnung nur, soweit der Kunde nach Maßgabe des § 99 TKG vor dem maßgeblichen Abrechnungszeitraum in Textform einen Einzelverbindungsnachweis verlangt hat oder er Einwendungen gegen die Höhe der Verbindungsentgelte erhoben hat.[17]

(3) Beanstandungen gegen – auch per E-Mail erteilte oder durch Abrufmöglichkeit zur Verfügung gestellte – Abrechnungen muss der Kunde innerhalb von acht Wochen nach Zugang der jeweiligen Abrechnung schriftlich[18] gegenüber dem Anbieter erheben. Das Unterlassen rechtzeitiger Beanstandungen gilt als Genehmigung der Abrechnung. Auf diese Rechtsfolge weist der Anbieter in den Abrechnungen hin.[19]

(4) Wird die Zahlungspflicht des Kunden durch Zugang einer Rechnung fällig, gerät der Kunde in Verzug, wenn er den Rechnungsbetrag nicht innerhalb von 14 Tagen nach Zugang der Rechnung zahlt.

(5) Auch wenn der Anbieter vorleistungspflichtig ist, kann er Vorkasse oder Sicherheitsleistung verlangen, wenn ihm nach Vertragsschluss eine wesentliche Verschlechterung der Vermögensverhältnisse des Kunden erkennbar wird. Dies gilt auch im Falle von Auffälligkeiten im Zahlungsverkehr. Kommt der Kunde seiner Pflicht zur Zahlung bzw. zur Sicherheitsleistung nicht nach, so ist der Anbieter berechtigt, unbeschadet seiner vertraglichen Ansprüche den Netz-Zugang zu sperren, bzw. seine sonstige Leistung zurückzuhalten.

(6) Gerät der Kunde mit einem nicht unerheblichen Teil des Entgelts in Verzug, ist der Anbieter berechtigt, die Anbindung vorläufig zu sperren.[20] Der Kunde bleibt zur Zahlung der monatlichen Entgelte verpflichtet.

(7) Kommt der Kunde

a) für zwei aufeinanderfolgende Termine mit der Bezahlung des Entgelts oder eines nicht unerheblichen Teil des Entgelts oder

b) in einem Zeitraum, der sich über mehr als zwei Zahlungstermine erstreckt, mit der Bezahlung der Entgelte in Höhe eines Betrages, der den monatlichen Grundpreis für zwei Monate erreicht,

in Verzug, ist der Anbieter berechtigt, den Vertrag außerordentlich ohne Einhaltung einer Frist zu kündigen.[21]

§ 9 Datenschutz

Der Kunde wird darauf hingewiesen,[22] dass der Anbieter nach näherer Maßgabe der jeweils geltenden rechtlichen Bestimmungen, insbesondere §§ 91 ff. TKG, personenbezogene Daten des Kunden sowie gegebenenfalls seiner bei der Leistungserbringung beteiligten Mitarbeiter erhebt, verarbeitet, nutzt und Dritten übermittelt, soweit dies gesetzlich zulässig ist. Insbesondere werden Daten erhoben oder verwendet, soweit dies für das Vertragsverhältnis, für die ordnungsgemäße Erbringung der Leistungen sowie die Abrechnung erforderlich oder sonst nach Rechtsvorschriften zulässig oder geboten ist.[23] Die Einzelheiten kann der Kunde der Datenschutzinformation des Anbieters entnehmen, die über die Internetseiten des Anbieters jederzeit abrufbar ist.

§ 10 Ausfallzeiten, unberechtigte Störungsanzeigen

(1) Wegen Ausfallzeiten, die der Anbieter trotz sachgerechten Bemühens nicht verhindern kann, ist eine Reduzierung des geschuldeten gleichbleibenden Entgelts nicht zulässig.[24]

(2) Leistet der Anbieter aufgrund der Störungsanzeige einen Entstörungsdienst und zeigt sich, dass entweder keine Störung vorlag oder die Störung ihre Ursache ausschließlich im Verantwortungsbereich des Kunden hatte (zB Bedienungsfehler, Konfigurationsfehler, Mängel der vom Kunden eingesetzten Hardware oder Leitungsverbindung), ist der Anbieter berechtigt, dem Kunden alle Aufwendungen und Materialkosten sowie den entstandenen Zeitaufwand zu angemessenen Stundensätzen in Rechnung zu stellen.

§ 11 Haftung des Anbieters

(1) Soweit der Anbieter Telekommunikationsdienste für die Öffentlichkeit erbringt, gelten die Haftungsbeschränkungen gemäß § 44a TKG.[25]

(2) Außerhalb des Anwendungsbereichs des § 44a TKG gelten für eine Haftung des Anbieters auf Schadensersatz – unbeschadet der sonstigen gesetzlichen Anspruchsvoraussetzungen – die folgenden Haftungsausschlüsse und -begrenzungen.[26]

a) Der Anbieter haftet, sofern ihm Vorsatz oder grobe Fahrlässigkeit zur Last fällt. Für einfache Fahrlässigkeit haftet der Anbieter nur bei Verletzung einer Pflicht, deren

Erfüllung die ordnungsgemäße Durchführung des Vertrags überhaupt erst ermöglicht und auf deren Einhaltung der Vertragspartner regelmäßig vertrauen darf (sogenannte Kardinalpflicht).[27] Im Übrigen ist eine Schadensersatzhaftung für Schäden aller Art, gleich aufgrund welcher Anspruchsgrundlage, einschließlich der Haftung für Verschulden bei Vertragsschluss, ausgeschlossen.

b) Sofern der Anbieter wegen einfacher Fahrlässigkeit haftet, ist die Haftung auf den Schaden begrenzt, mit dessen Entstehen nach den bei Vertragsschluss bekannten Umständen typischerweise gerechnet werden musste. Ist der Kunde Unternehmer, gilt vorstehende Haftungsbeschränkung auch, sofern die Pflichtverletzung des Anbieters auf grober Fahrlässigkeit beruht.[28]

c) Vorstehende Haftungsausschlüsse und -beschränkungen gelten weder, wenn der Anbieter eine Garantie für die Beschaffenheit der Ware übernommen hat, noch für Schäden, die nach dem Produkthaftungsgesetz zu ersetzen sind, noch für Schäden an Leben, Körper oder Gesundheit noch für gesetzliche Ansprüche.

d) Vorstehende Haftungsausschlüsse und -begrenzungen gelten auch zugunsten der Mitarbeiter des Anbieters, Erfüllungsgehilfen und sonstiger Dritter, deren sich der Anbieter zur Vertragserfüllung bedient.

§ 12 Vertragslaufzeit und Kündigung

(1) Der Vertrag ist für den Zeitraum eines Jahres, gerechnet ab dem Monatsersten nach Bereitstellung, fest geschlossen.[29]

(2) Das Vertragsverhältnis kann nur mit einer Kündigungsfrist von einem Monat vor dem Ende der Vertragslaufzeit gekündigt werden. Sollte eine wirksame Kündigung nicht erfolgen, so verlängert sich das Vertragsverhältnis jeweils um ein Jahr.[30]

(3) Das Recht, aus wichtigem Grund zu kündigen, bleibt für beide Vertragsparteien unberührt. Insbesondere ist der Anbieter berechtigt, den Vertrag bei schwerwiegenden Vertragsverstößen des Kunden nach Maßgabe des § 6 Abs. 2 S. 5 sowie wegen Zahlungsverzugs des Kunden nach Maßgabe des § 8 Abs. 7 außerordentlich ohne Einhaltung einer Kündigungsfrist nach vorheriger Abmahnung, die in den Fällen des § 323 Abs. 2 BGB entbehrlich ist, zu kündigen.

(4) Die Kündigung bedarf der Schriftform.

(5) Wird das Vertragsverhältnis außerordentlich aus Gründen beendet, die der Kunde zu vertreten hat, ist der Kunde verpflichtet, pauschalen Schadensersatz in Höhe eines Viertels des bis zum Ablauf der vereinbarten Vertragslaufzeit zu zahlenden restlichen Entgelts zu entrichten. Der Schadensersatz ist in einer Summe fällig. Der Kunde ist berechtigt, nachzuweisen, dass kein oder ein wesentlich geringerer Schaden entstanden ist. Die Möglichkeit des Nachweises eines höheren Schadens bleibt unberührt.[31]

(6) Unterhält der Anbieter für den Kunden eine Second-Level-Domain, obliegt es dem Kunden, spätestens mit Wirksamwerden der Kündigung für eine Übernahme der Domain durch einen anderen Provider zu sorgen, falls er die Nutzung der Domain aufrechterhalten will. Unterbleibt die Übernahme, ist der Anbieter berechtigt, die Domain mit dem Ende des laufenden Vorauszahlungszeitraums löschen zu lassen.[32] Der Anbieter ist nach Beendigung des Vertrags und Erfüllung sämtlicher Zahlungsverpflichtungen[33] durch den Kunden verpflichtet, alle zur Freigabe der Domain erforderlichen Handlungen und Erklärungen vorzunehmen, insbesondere die Zustimmung zu einem Providerwechsel zu erklären.[34]

§ 13 Anwendbares Recht/Gerichtsstand

Für diesen Vertrag und die gesamten Rechtsbeziehungen zwischen uns und unseren Vertragspartnern gilt das Recht der Bundesrepublik Deutschland.[35] Soweit der Kunde

Verbraucher ist und zwingende gesetzliche Verbraucherschutzvorschriften im Wohnsitzland des Kunden für diesen vorteilhaftere Regelungen enthalten, gelten diese Regelungen unabhängig von der Wahl deutschen Rechts. Ist der Kunde Kaufmann, juristische Person des öffentlichen Rechts oder öffentlich-rechtliches Sondervermögen, ist ausschließlicher Gerichtsstand der Sitz des Anbieters.[36]

§ 14 Schlussbestimmungen

(1) Dieser Vertrag enthält alle zwischen den Parteien über den Vertragsgegenstand getroffenen Vereinbarungen. Mündliche Nebenabreden bestehen nicht.[37]

(2) Sollten einzelne Bestimmungen dieses Vertrags ganz oder teilweise nichtig oder unwirksam sein oder werden, so wird dadurch die Wirksamkeit der übrigen Bestimmungen nicht berührt. An die Stelle von nicht einbezogenen oder unwirksamen Bestimmungen dieses Vertrags tritt das Gesetzesrecht (§ 306 Abs. 2 BGB). Sofern solches Gesetzesrecht im jeweiligen Fall nicht zur Verfügung steht (Regelungslücke) oder zu einem untragbaren Ergebnis führen würde, werden die Parteien in Verhandlungen darüber eintreten, anstelle der nicht einbezogenen oder unwirksamen Bestimmung eine wirksame Regelung zu treffen, die ihr wirtschaftlich möglichst nahekommt.

Schrifttum: Köhler/Bornkamm/Feddersen (Hrsg.), Gesetz gegen den unlauteren Wettbewerb, München, 37. Auflage 2019; *Baumgärtel,* Keine Inanspruchnahme von Accessprovidern auf Sperrung des Zugangs zu rechtswidrigen Inhalten, jurisPR-ITR 15/2007 → Anm. 2; *Cichon,* Internetverträge, Köln, 2. Auflage 2005; *Eckhardt,* Die Neuregelung der Telekommunikationsüberwachung und anderer verdeckter Ermittlungsmaßnahmen im TKG, CR 2007, 405; *Ernst,* Verträge rund um die Domain, MMR 2002, 714; *Ernst,* Vertragsgestaltung im Internet, München, 2003; Geppert/Schütz (Hrsg.), Beck'scher TKG-Kommentar, München, 4. Auflage 2013; *Gey,* Zivilrechtliche Haftung von Access-Providern bei Zugangsstörungen, K&R 2005, 120; *Härting,* Die Gewährleistungspflichten von Internet-Dienstleistern, CR 2001, 37; *ders.* Internetrecht, Köln, 6. Auflage 2017; *Hoeren,* Das Telemediengesetz, NJW 2007, 801; Hoeren/Sieber/Holznagel (Hrsg.), Multimedia-Recht, München, 46. Ergänzungslieferung, Stand: Januar 2018; *Koch,* Internet-Recht, München, 2. Auflage 2005; *Kloos/Wagner,* Vom Eigentum zur Verfügbarkeit, CR 2002, 865; *Klett/Pohle,* Verträge über Internet-Dienstleistungen, DRiZ 2007, 198; *Ott,* Haftung für verlinkte urheberrechtswidrige Inhalte in Deutschland, Österreich und den USA, GRUR Int. 2007, 14 ff.; Palandt, Bürgerliches Gesetzbuch, 78. Auflage, München 2019; *Petri/Göckel,* Vertragsstruktur der Internet-Backbone-Betreiber: Backbone-Access, CR 2002, 329; Redeker (Hrsg.), Handbuch der IT-Verträge, Köln, 36. Ergänzungslieferung, Stand: Oktober 2018; *Redeker,* Provider-Verträge – ihre Einordnung in die Vertragstypen des BGB, ITRB 2003, 82; *Riemer/Hessler,* Rahmenbedingungen und Ausgestaltung von Provider-Verträgen, CR 2000, 170; *Schöttler,* Das neue Telemediengesetz (Teil 2) – Die Informationspflichten der Diensteanbieter, jurisPR-ITR 5/2007 → Anm. 6; *Schöttler,* Das neue Telemediengesetz (Teil 4) – Datenschutz, jurisPR-ITR 7/2007 → Anm. 4; *Schuster,* Grundsatzfragen des TK-Vertragsrechts, CR 2005, 730; *ders.,* Der Telekommunikationsvertrag, CR 2006, 444; Spindler (Hrsg.), Vertragsrecht der Internet-Provider, Köln, 2. Auflage 2004; *ders.* (Hrsg.), Vertragsrecht der Telekommunikationsanbieter, Köln, 2000; *ders.,* Störerhaftung für Access-Provider reloaded, GRUR 2018, 1012; *ders.,* Neues im Vertragsrecht der Internet-Provider, CR 2004, 203; Spindler/Schuster (Hrsg.), Recht der elektronischen Medien, München, 3. Auflage 2015; *Ubber,* Markenrecht im Internet, Heidelberg 2002; Ulmer/Brandner/Hensen, AGB-Recht, Köln, 12. Auflage 2016; *Wischmann,* Rechtsnatur des Access-Providing, MMR 2000, 461.

Anmerkungen

Sachverhalt: Es stehen sich gegenüber ein Internet-Accessprovider (Anbieter) sowie sein Kunde, der den Zugang zum Internet unter Einschluss der klassischen Nebenleistungen (e-mail, ftp und newsgroups) anstrebt. Der Anbieter übernimmt auch die Registrierung und Verwaltung einer von dem Kunden gewünschten Domain (Domain-Service). Der Kunde ist Verbraucher oder Unternehmer.

1. Rechtsnatur des Access-Provider-Vertrags. Hinsichtlich der vertragstypologischen Einordnung des Access-Provider-Vertrages scheint sich in der Rechtsprechung eine Klärung abzuzeichnen. Der Bundesgerichtshof hat – zwar in einem obiter dictum, aber mit sorgfältiger Begründung – dargelegt, dass er dazu tendiere, den Internetzugangsvertrag in Übereinstimmung mit der jedenfalls für Flatrate-Angebote überwiegenden Ansicht in Rechtsprechung und Literatur schwerpunktmäßig als Dienstvertrag zu qualifizieren (BGH Urt. v. 7.3.2013 – III ZR 231/12, MMR 2013, 398; Beschl. v. 23.3.2005 – III ZR 338/04, MMR 2005, 373 mit zahlreichen Nachweisen zum Meinungsstand; so auch AG Ulm Urt. v. 29.10.1999 – 2 C 1038/99, MMR 2000, 224; *Gey* K&R 2005, 120 (124); *Klett/Pohle* DriZ 2007, 198 (199); Spindler/*Schuppert,* Vertragsrecht der Internet-Provider, Teil II Rn. 5, 15 ff., Teil IV Rn. 81 ff.; *Spindler* CR 2004, 203 (207 f.); *Ernst,* Vertragsgestaltung im Internet, Rn. 547; *Redeker* ITRB 2003, 82 (83); *Petri/Göckel* CR 2002, 329 (331); *Härting* CR 2001, 37 (38); *Wischmann* MMR 2000, 461 (465); dagegen: *Koch,* Internet-Recht, S. 51). Vor dieser Entscheidung des Bundesgerichtshofs war die Einordnung hochumstritten. Vertreten wurde auch, den Vertrag als Werkvertrag (*Koch,* Internet-Recht, S. 51) oder Mietvertrag (*Cichon* S. 20 ff.) oder als typengemischten Vertrag mit dienst- werk- und mietvertraglichen Komponenten (*Kloos/Wagner* CR 2002, 865 (868 ff.)) oder als Vertrag sui generis anzusehen (*Schuster* CR 2006, 444 (450); *ders.* CR 2005, 730 (733 f.); *Riemer/Hessler* CR 2000, 170 (171); *Wischmann* MMR 2000, 461). Der Bundesgerichtshof begründet die Ablehnung einer mietvertraglichen Einordnung damit, dass der Schwerpunkt der Leistung nicht auf der Nutzung des Rechners des Access-Providers liege, sondern auf der Übermittlung von Daten aus dem oder in das Internet. Gegen eine werkvertragliche Einordnung spreche, dass der Provider aufgrund begrenzter Leistungskapazitäten und schwankender Übertragungsgeschwindigkeiten keinen Erfolg versprechen könne und der Kunde dies nicht erwarten dürfe. Vielmehr schulde der Provider nach der Interessenlage der Parteien nur die Bereithaltung des Anschlusses und das sachgerechte Bemühen um die Herstellung der Verbindung ins Internet. Zudem spreche für die Einordnung als Dienstvertrag auch die Parallele zu Telefonfestnetz- und Mobilfunkverträgen, die ebenfalls als Dienstverträge qualifiziert würden.

2. Rechtliche Rahmenbedingungen des Access-Providing. Auf das Access-Providing finden die Vorschriften des TKG Anwendung. Nach § 3 Nr. 24 TKG sind Telekommunikationsdienste in der Regel gegen Entgelt erbrachte Dienste, die ganz oder überwiegend in der Übertragung von Signalen über **Telekommunikationsnetze** bestehen, einschließlich Übertragungsdienste in Rundfunknetze. Dies trifft auf Access-Provider-Verträge zu (vgl. BT-Drs. 16/3078, 15; *Koch*, Internet-Recht, S. 546; *Schöttler* jurisPR-ITR 5/2007). Auch für die Vergabe von IP-Adressen durch Internet-Access-Provider hat sich die Anwendbarkeit des TKG durchgesetzt (Spindler/Schuster/*Eckhardt* TKG § 91 Rn. 7 mwN).

Internet-Zugangsverträge mit Verbrauchern werden häufig unter Einbeziehung von Fernkommunikationsmitteln geschlossen, mit der Rechtsfolge, dass die Vorschriften über Fernabsatzverträge, §§ 312c ff. BGB, zu beachten sind (vgl. ausführlich Spindler/*Fuchs,* Vertragsrecht der Internetprovider, Rn. 313 ff.). Ist dies der Fall, hat der Anbieter die Informationspflichten gemäß § 312d BGB zu erfüllen, die in Art. 246a EGBGB konkretisiert sind (LG Hamburg Urt. 21.12.2000 – 310 O 425/00, CR 2001, 475). Dazu zählt auch die Belehrung über das Bestehen eines Widerrufsrechts (→ Form. V.2 Anm. 22).

Möglich ist darüber hinaus, dass der Vertragsschluss unmittelbar über Telemedien erfolgt (Vertrag im elektronischen Geschäftsverkehr). In diesem Fall muss der Anbieter auch den Pflichten nach §§ 312g ff. BGB nachkommen (Zu Einzelheiten → Form. II.2 Anm. 2, 3).

Umstritten ist, ob auf Access-Provider-Verträge neben den Vorschriften des Telekommunikationsgesetzes auch die Vorschriften des Telemediengesetzes (TMG) Anwendung finden. Nach der Gesetzesbegründung zum TMG ist das der Fall (BT-Drs. 16/3078, 13). Es handele sich bei dem Internetzugangsvertrag um einen Telekommunikationsdienst, der zwar überwiegend, aber nicht ausschließlich in der Übertragung von Signalen über Telekommunikationsnetze (vgl. § 3 Nr. 24 TKG) bestehe. Die Negativabgrenzung des § 1 Abs. 1 S. 1 TMG, nach der die Anwendbarkeit des TMG für **reine** Telekommunikationsdienste ausgeschlossen ist, greife somit nicht ein, so dass auf den Internetzugangsvertrag neben den telekommunikationsrechtlichen Vorschriften auch das TMG anzuwenden sei. In der Literatur wird dies zum Teil bestritten und für Internetzugangsverträge, bei denen der Anbieter keine eigenen Inhalte anbietet (zB eigene Portalseiten), aufbereitet oder aussucht, eine Anwendung des TMG abgelehnt (Spindler/Schuster/*Ricke* TMG § 1 Rn. 7; *Hoeren* NJW 2007, 801 (802)). Die praktische Relevanz der Frage beschränkt sich allerdings im Wesentlichen darauf, ob die in § 5 TMG enthaltenen Informationspflichten Anwendung finden (*Schöttler* jurisPR-ITR 5/2007 → Anm. 6). Diese sollten vorsorglich eingehalten werden (zum Inhalt → Form. V.1 Anm. 3 ff.). Im Übrigen gilt: Auch wenn man das TMG für anwendbar hält, sind die datenschutzrechtlichen Vorschriften des TMG weitgehend ausgeschlossen, da nach § 11 Abs. 3 TMG bei Telemedien, die überwiegend Telekommunikationsdienste sind, nur § 15 Abs. 8 und § 16 Abs. 2 Nr. 4 TMG (Möglichkeit der Datenverarbeitung zur Bekämpfung von missbräuchlichen Nutzungen und hierauf bezogene Bußgeldvorschriften) gelten (*Schöttler* jurisPR-ITR 7/2007 → Anm. 4). Gleichfalls unstreitig ist, dass die Haftungsregelungen des TMG (§§ 8 ff. TMG) auf den Internet-Access-Vertrag Anwendung finden. Soweit vertreten wird, dass der reine Internetzugangsvertrag nicht dem TMG unterfalle, werden dennoch die Haftungsregelungen des TMG im Rahmen einer richtlinienkonformen Auslegung für anwendbar gehalten, da dies von der ECRL-Richtlinie (Richtlinie 2000/31/EG des Europäischen Parlaments und des Rates vom 8.6.2000 über bestimmte rechtliche Aspekte der Dienste der Informationsgesellschaft, insbesondere des elektronischen Geschäftsverkehrs, im Binnenmarkt, sog. „Richtlinie über den elektronischen Geschäftsverkehr" – „e-commerce Richtlinie"), vorgegeben sei (Spindler/Schuster/*Schmitz* TMG § 8 Rn. 13 unter Verweis auf Art. 12 ECRL).

3. Domain-Service. Verträge über den Zugang zum Internet beinhalten zumeist auch die Registrierung und Verwaltung einer von dem Kunden gewünschten Domain (Domain-Service). Der Domainbeschaffungsvertrag wird üblicherweise als Geschäftsbesorgungsvertrag eingestuft (OLG München Urt. v. 5.12.2002 – 6 U 5770/01, MMR 2003, 795; Redeker/*Reinholz,* IT-Verträge, 3.5 Rn. 41 ff.; Spindler/*Schuppert,* Vertragsrecht der Internet-Provider, Teil VI Rn. 11), wobei uneinheitlich beurteilt wird, ob der Geschäftsbesorgungsvertrag auf eine dienst- oder werkvertragliche Leistung gerichtet ist (für Dienstvertrag: *Härting* CR 2001, 37 (41); für Werkvertrag: *Ernst* MMR 2002, 714 (717); *Koch,* Internet-Recht, S. 56, S. 65, S. 773; Spindler/*Schuppert,* Vertragsrecht der Internet-Provider, Teil VI Rn. 11; differenzierend je nach Art der Vertragsgestaltung Redeker/*Reinholz,* IT-Verträge, 3.5 Rn. 45). Es ist daher ratsam, die von dem Anbieter zu erbringenden Leistungen zu definieren.

4. Leistungsbeschreibung. Eine sorgfältige, detaillierte und verständliche Leistungsbeschreibung ist anzuraten, da es keine Industriestandards und kein gesetzliches Leitbild eines Access-Provider-Vertrages gibt (vgl. *Riemer/Hessler* CR 2000, 170 (171 f.); *Klett/ Pohle* DriZ 2007, 198). In der Leistungsbeschreibung sollten insbesondere die technischen Spezifikationen der Anbindung (einschließlich der Verbindung zwischen dem Zugangsknoten des Providers und dem Kunden) und des eigentlichen Zugangs definiert werden.

5. **Geschuldete Verfügbarkeit der Leistung.** Auch nach gegenwärtigem Stand der Technik kann der Anbieter mit vertretbarem wirtschaftlichem und technischem Aufwand einen störungsfreien und unterbrechungslosen Zugang zum Internet nicht zuverlässig gewährleisten. Aus diesem Grund wird nach gängiger Praxis die Verfügbarkeit der Internetanbindung vertraglich beschränkt und die Leistungspflicht des Anbieters, der eine Pflicht zur Bereitstellung einer Verbindung in das Internet übernimmt, auf einen bestimmten Prozentsatz im Jahres- oder Monatsmittel reduziert (vgl. Redeker/*Schuppert,* IT-Verträge, 3.3 Rn. 61; *Schuppert* CR 2000, 227 (230); Spindler/*Schuppert,* Vertragsrecht der Internetprovider, Teil IV Rn. 96). Durch diese Vertragsgestaltung soll der Pflichtenkreis des Anbieters bereits auf der Ebene der Definition der Leistungspflichten auf den zeitlich festgelegten Rahmen beschränkt werden und damit die Klausel als Leistungsbeschreibung einer AGB-Inhaltskontrolle entzogen werden (dazu, dass leistungsbeschreibende Klauseln keiner AGB-Kontrolle unterfallen, vgl. BGH Urt. v. 12.12.2000 – XI ZR 138/00, MMR 2001, 225; Hoeren/Sieber/Holznagel/*Redeker* Teil 12 Rn. 24; Spindler/*Schuppert,* Vertragsrecht der Internet-Provider, Teil IV Rn. 95). Es ist allerdings sehr fraglich, ob mit einer solchen Klausel das Ziel des Anbieters, nicht für jedwede Zugangsstörung zu haften, erreicht werden kann. Die Wirksamkeit derartiger Klauseln ist nämlich zweifelhaft. Anlass der Vertragspraxis für die Definition prozentualer Verfügbarkeiten auf Primärebene war eine Entscheidung des Bundesgerichtshofs zum Online-Banking, in der dieser eine Klausel für unwirksam befunden hat, nach der zeitweilige Zugangsstörungen zum Online-Banking zulässig seien sollten. Nach Auffassung des Gerichts stellte diese Klausel einen formularmäßigen Haftungsausschluss im Widerspruch zu § 11 Nr. 7 AGBGB (jetzt § 309 Nr. 7b BGB) dar, da der Anbieter eine unterbrechungslose Verfügbarkeit des Servers übernommen habe (BGH Urt. v. 12.12.2000 – XI ZR 138/00, NJW 2001, 225). Bereits auf Grundlage der genannten Entscheidung ist allerdings sehr fraglich, ob durch die Definition einer prozentualen Verfügbarkeit eine Inhaltskontrolle vermieden werden kann. Auch wenn die Verfügbarkeitsklausel als Leistungsbeschreibung formuliert wird, geht es sachlich doch um eine Einschränkung des Hauptleistungsversprechens auf dauerhaften Zugang. Bei der Definition prozentualer Verfügbarkeiten wird nämlich die Leistungspflicht des Anbieters nicht für einen von vornherein konkret bestimmten Zeitraum (zB Internetzugang nur werktags) ausgeschlossen, sondern im Grundsatz die Dauerverfügbarkeit der Anbindung in das Internet angestrebt. Der Bundesgerichtshof hat in der bereits genannten Entscheidung ausdrücklich klargestellt, dass Klauseln, die die Leistung nicht definieren, sondern das Hauptleistungsversprechen einschränken, der Inhaltskontrolle unterliegen. Entsprechend vorstehender Argumentation hat das Landgericht Karlsruhe in einer – allerdings vereinzelt gebliebenen und kritisierten – Entscheidung aus dem Jahr 2007 in Bezug auf einen Webhosting-Vertrag die Beschränkung der Leistungspflicht auf 99 % im Jahresmittel als „verhüllten Haftungsausschluss" für unwirksam erklärt (LG Karlsruhe Urt. v. 12.1.2007 – 13 O 180/04 KfH I, CR 2007, 396; zum verhüllten Haftungsausschluss auch bereits: BGH Urt. v. 20.1.1983 – VII ZR 105/81, NJW 1983, 1322). Die Verpflichtung des Web-Hosters, den Speicherplatz bereit zu stellen und den Zugang zu ihm über das Internet zu gewährleisten, stelle eine Kardinalpflicht dar, für die die Haftung nicht – auch nicht zeitweise – ausgeschlossen werden könne.

Diese Entscheidung ist inhaltlich auf den Access-Provider-Vertrag übertragbar, so dass die Gefahr besteht, dass derartige Verfügbarkeitsklauseln einer Inhaltskontrolle unterworfen und als kardinalpflichtbeschränkende Klausel für unwirksam erklärt werden (so wohl auch *Spindler,* Vertragsrecht der Internet-Provider, Teil IV, Rn. 78; aA Redeker/*Schuppert* 3.3 Rn. 64 f.).

Zudem dürfte auch kein Bedürfnis für eine derartige Vertragsklausel (mehr) bestehen. Nach den Ausführungen des Bundesgerichtshofs zur Rechtsnatur des Internetzugangsvertrags beschränkt sich die vertragliche Verpflichtung des Access-Providers ohnehin auf das sachgerechte Bemühen um eine Verbindungsherstellung (→ Anm. 1). Damit dürfte das Interesse des Anbieters, nicht für jede Zugangsbeeinträchtigung zu haften, hinreichend gewahrt sein. Die Vereinbarung prozentualer Verfügbarkeiten birgt sogar die Gefahr, dass diese Klausel in dem festgelegten Umfang als Übernahme einer werkvertraglichen Erfolgshaftung ausgelegt wird (so wohl auch *Klett/Pohle* DriZ 2007, 198 (200)). Das Muster verzichtet daher auf die Definition prozentualer Verfügbarkeiten.

Der Hinweis auf die Berechtigung von Wartungsarbeiten während eines definierten Wartungsfensters erscheint demgegenüber sinnvoll, da hierdurch die geschuldete dienstvertragliche Pflicht konkretisiert wird. Hinsichtlich des Wartungszeitraums sollte jedoch darauf geachtet werden, dass dieser tatsächlich dem üblicherweise für Wartungsarbeiten zu veranschlagenden Zeitraum entspricht, da er sonst als verhüllte Haftungsbeschränkung für unwirksam erklärt werden könnte. Bislang werden Wartungsklauseln für zulässig gehalten (Spindler/*Schuppert,* Vertragsrecht der Internet-Provider, Teil IV Rn. 106).

6. Verfügbarkeit der Domain. Im Domainrecht gilt grundsätzlich das Prinzip „first-come-first-serve". Die Vergabestellen bieten auf ihren Internetseiten regelmäßig Abfragemöglichkeiten über die Verfügbarkeit der Domain an (zB Whois-Abfrage der DENIC).

7. Domainregistrierung/Zwischenprovider. Die Registrierung bei der DENIC ist nur durch angeschlossene Mitglieder oder direkt durch den Domaininhaber möglich (DENIC-direct). Letzteres Verfahren ist teuer und unüblich. Ist der von dem Kunden beauftragte Provider nicht selbst Mitglied der DENIC, muss der Provider ein DENIC-Mitglied als Zwischenprovider in die Registrierung einschalten.

8. Domaininhaber. In der Anfangsphase der Domainverwaltung kam es häufig vor, dass die Provider die Domain im eigenen Namen registrierten und dem Kunden lediglich die Nutzung der Domain überlassen wurde (vgl. Redeker/*Reinholz* 3.5 Rn. 71). Von dieser, heute auch nicht mehr verbreiteten, Verfahrensweise ist aus mehreren Gründen dringend abzuraten. Aus Sicht des Providers, weil er als Inhaber der Domain einem weitaus größeren Haftungsrisiko ausgesetzt ist. Insbesondere Schutzrechte richten sich unabhängig von der Verletzung von Prüfungspflichten (→ Anm. 14) gegen den Anbieter als Domaininhaber (vgl. *Ernst* MMR 2002, 714 (721)). Aus Sicht des Kunden, weil Domains einen eigenen Vermögenswert darstellen und es dem Kunden regelmäßig auf die dauerhafte Nutzungs- und Verwertungsbefugnis ankommen wird, zumal an der Domain häufig Namens-, Marken- oder Firmenbestandteile des Kunden bestehen werden. Nach der früheren Praxis tauchte daher das Problem auf, ob und unter welchen Voraussetzungen der Anbieter im Falle der Beendigung eines Domainverwaltungsvertrags verpflichtet ist, die Domain auf den Kunden zu übertragen (vgl. hierzu OLG München Urt. v. 5.12.2002 – 6 U 5770/01, MMR 2003, 795).

9. Einseitige Vertragsanpassungen. Der Anbieter hat an einem Änderungsvorbehalt ein berechtigtes Interesse, weil er seine Leistung im Rahmen eines Dauerschuldverhältnisses gegenüber einer Vielzahl von Kunden erbringt und seine Leistung in der Regel nur einheitlich organisieren kann. Bei Dauerschuldverhältnissen sind einseitige Leistungs- oder Preisanpassungsklauseln zwar grundsätzlich auch in Allgemeinen Geschäftsbedingungen anerkannt (BGH Urt. v. 11.10.2007 – III ZR 63/07, WM 2007, 2202). Sie nehmen dem Verwender das langfristige Kalkulationsrisiko ab und erfolgen letztlich auch im Interesse der anderen Vertragspartei, weil der Verwender ansonsten gezwungen wäre, das Risiko späterer Kostensteigerungen durch vorsorgliche Risikozuschläge im Preis aufzufangen. Ein Recht zur einseitigen Vertragsanpassung setzt allerdings voraus, dass durch unvorhersehbare Änderungen, die der Verwender nicht veranlasst und auf die er auch keinen Einfluss hat, das bei Vertragsschluss bestehende Äquivalenzverhältnis in nicht unbedeutendem Maße gestört wurde. Die Voraussetzungen für das einseitige Leistungsbestimmungsrecht des Anbieters müssen in der Klausel konkret genannt werden. Eine Beschränkung auf „zumutbare Änderungen" erachtet die Rechtsprechung insoweit nicht als ausreichend. Im Falle von Preisanpassungsklauseln muss ausdrücklich geregelt sein, dass diese nur im Fall von Kostenerhöhungen erfolgen und nicht zu einer Erhöhung des Gewinns führen dürfen. Lediglich die Kostensteigerung darf durchgereicht werden (BGH Urt. v. 11.10.2007 – III ZR 63/07, WM 2007, 2202) und der Verwender muss sich auch zur Preissenkung bei Kostensenkungen verpflichten (OLG Frankfurt a. M. Urt. v. 26.2.2010 – 2 U 178/09, BKR 2011, 154). Einzelne Kostenfaktoren müssen in der Klausel für die Preisfindung gewichtet werden, betriebsinterne Faktoren dürfen keine Rolle spielen (BGH Urt. v. 21.9.2005 – VIII ZR 38/05, NJW-RR 2005, 1717). Auch die Klausel, wonach sich ein Pay-TV-Anbieter die Erhöhung der Preise um bis zu 5 % ohne Kündigungsrecht des Kunden vorbehalten hat, „wenn sich die Kosten für die Bereitstellung des Programms erhöhen", ist unwirksam; ein Kündigungsrecht für den Kunden ändert hieran nichts (BGH Urt. v. 15.11.2007 – III ZR 247/06, NJW 2008, 360 – Inhaltskontrolle von AGB im Pay-TV-Abonnement). Zusammenfassend kann man festhalten, dass die aktuelle Rechtsprechung die Voraussetzungen an eine transparente und wirksame Preisanpassungsklausel unrealistisch hochgesteckt hat.

10. Vertragsänderungen. Verbreitet sind Klauseln, die dem Anbieter zwar kein einseitiges Vertragsanpassungsrecht einräumen, sondern dem Kunden ein (befristetes) Recht zum Widerspruch zugestehen, für den Fall des fehlenden Widerspruchs aber eine Zustimmungsfiktion vorsehen. Auch derartige Vertragsänderungsklauseln sind nach der Rechtsprechung des Bundesgerichtshofs (Urt. v. 11.10.2007 – III ZR 63/07, WM 2007, 2202) problematisch. Eine derartige Zustimmungsfiktion ist demnach unzulässig, wenn es um gewichtige Anpassungen geht, die das Äquivalenzverhältnis erheblich verschieben, da sich erfahrungsgemäß ein großer Teil der Verbraucher nicht mit Vertragsanpassungen auseinandersetze, die ihnen in dieser Weise angetragen werden. Nur für weniger gewichtige Änderungen darf demnach eine Widerspruchslösung vorgesehen werden. Das Formular versucht, den Anforderungen der Rechtsprechung durch entsprechende Formulierungen Rechnung zu tragen, ohne dass feststeht, dass dies von der Rechtsprechung akzeptiert wird. Bei der Widerspruchsfrist orientiert sich das Formular an § 675g BGB, der die Lösung über eine Zustimmungsfiktion mit Widerspruchsmöglichkeit unter Einhaltung dieser Frist für Zahlungsdiensterahmenverträge ausdrücklich für zulässig erklärt.

11. Haftung nach § 8 TMG. Die Haftung des Access-Providers für fremde Informationen bestimmt sich nach § 8 TMG. Danach ist der Anbieter für fremde Informationen, zu denen er den Zugang vermittelt, grundsätzlich nicht verantwortlich, sofern er die Übermittlung nicht veranlasst, den Adressaten der übermittelten Information nicht ausgewählt und die übermittelten Informationen nicht ausgewählt oder verändert hat, es sei denn, dass er mit dem Nutzer zusammenarbeitet, um rechtswidrige Handlungen zu begehen. § 8 TMG enthält keine Anspruchsgrundlage, sondern regelt nur eine Haftungsprivilegierung. Auch wenn eine Schadensersatzhaftung des Access-Providers für fremde Inhalte nach der gesetzlichen Regelung grundsätzlich nicht besteht, empfiehlt sich, im Verhältnis zum Kunden ausdrücklich auf das Verbot hinzuweisen, den Internetzugang zu rechtswidrigen Zwecken zu nutzen. Dies schon deshalb, weil ungeachtet der Haftungsbegrenzung in § 8 TMG jedenfalls eine Inanspruchnahme des Anbieters nach den allgemeinen Grundsätzen der Störerhaftung auf Entfernung oder Sperrung der Nutzung fremder Informationen in Betracht kommt (→ Anm. 14).

12. Spamming-Verbot. Die massenweise Versendung unerwünschter elektronischer Werbung ist gemäß § 7 Abs. 2 Nr. 3 UWG wettbewerbswidrig und verstößt gegen das Eigentums- und Persönlichkeitsrecht des Empfängers (BGH Urt. v. 11.3.2009, MMR 2004, 386; OLG Naumburg Urt. v. 22.12.2006 – 10 U 60/06, DB 2007, 911; OLG Bamberg Urt. v. 27.9.2006 – 3 U 363/05, GRUR 2007, 167; OLG Naumburg Urt. v. 22.12.2006 – 10 U 60/06, DB 2007, 911; AG Krefeld Urt. v. 2.11.2006 – 2 C 187/06, BeckRS 2007, 5591; AG Ludwigshafen Urt. v. 17.2.2006 – 2b C 509/05, MMR 2006, 421; Palandt/*Herrler* § 1004 Rn. 10; *Köhler*/Bornkamm/Feddersen UWG § 7 Rn. 199 mwN).

13. Verbot des „Stalking". Der mit Gesetz vom 22.3.2007 (BGBl. I S. 354) eingefügte umgangssprachlich als „Stalking-Paragraph" bezeichnete § 238 StGB führt den beharrlichen Versuch, unter Verwendung von Telekommunikationsmitteln den Kontakt zu einem anderen herzustellen, in Nr. 2 als einen Fall des unbefugten Nachstellens auf. Da das Verbot den Kontaktversuch und nicht den Inhalt der Informationen betrifft, empfiehlt sich die gesonderte Auflistung des Verbots.

14. Störerhaftung. Die Regelung trägt der Tatsache Rechnung, dass trotz der Regelungen der §§ 7–10 TMG eine Inanspruchnahme des Anbieters durch Dritte nicht ausgeschlossen ist. Zwar ist nach §§ 8 ff. TMG die Haftung von Providern für fremde Informationen beschränkt (→ Anm. 11).

Diese Haftungsprivilegierung gilt aber nicht für alle gegen den Anbieter in Betracht kommenden Ansprüche, da die Haftungsbegrenzungen der §§ 8–10 TMG auf Unterlassungsansprüche keine Anwendung finden (BGH Urt. v. 30.4.2008 – I ZR 73/05, ZUM 2008, 685 – Internet-Versteigerung III; BGH Urt. v. 19.4.2007 – I ZR 35/04, CR 2007, 523; Urt. v. 11.3.2004 – I ZR 304/01, MMR 2004, 668; OLG Brandenburg Urt. v. 19.2.2007 – 1 U 13/06, NJW 2007, 465; OLG Düsseldorf Urt. v. 7.6.2006 – I-15 U 21/06, 15 U 21/06, MMR 2006, 657; OLG München Urt. v. 21.9.2006 – 29 U 2119/06, MMR 2006, 739; LG Köln Urt. v. 21.3.2007 – 28 O 19/07, ZUM 2007, 568; siehe zur aktuellen Entwicklung *Spindler* GRUR 2018, 1012). Der Anbieter kann somit nach den allgemeinen Grundsätzen der Störerhaftung verschuldensunabhängig auf Entfernung oder Sperrung der Nutzung fremder Informationen in Anspruch genommen werden (EuGH (Vierte Kammer) Urt. v. 27.3.2014 – C-314/12, GRUR 2014, 468; LG Köln Urt. v. 12.9.2007 – 28 O 339/07, ZUM 2007, 873).

Als Störer haftet derjenige auf Unterlassung, der in irgendeiner Weise willentlich und adäquat kausal zur Verletzung des geschützten Guts beiträgt (BGH Urt. v. 28.7.2015 – VI ZR 340/14, NJW 2016, 56; Urt. v. 16.5.2013 – I ZR 216/11, GRUR 2013, 1229 – Kinderhochstühle im Internet II; BGH Urt. v. 22.7.2010 – I ZR 139/08, GRUR 2011, 152 – Kinderhochstühle im Internet I; BGH Urt. v. 30.4.2008 – I ZR 73/05, ZUM 2008, 685 – Internet-Versteigerung III; BGH Urt. v. 19.4.2007 – I ZR 35/04, NJW 2007, 2636; Urt. v. 11.3.2004 – I ZR 304/01, NJW 2004, 3102; Urt. v. 18.10.2001 – I ZR 22/99, GRUR 2002, 618; LG Köln Urt. v. 16.5.2001 – 28 O 144/01, MMR 2001, 559; OLG Hamburg Urt. v. 4.11.1999 – 3 U 274/98, MMR 2000, 92; LG Bremen Urt. v. 13.1.2000 – 12 O 453/99, MMR 2000, 375; Hoeren/Sieber/Holznagel/*Viefhus* Teil 18.2 Rn. 18), wobei es mittlerweile gefestigter höchstrichterlicher Rechtsprechung entspricht, dass die Haftung als Störer die Verletzung von Prüfungspflichten voraussetzt (BGH Urt. v. 28.7.2015 – VI ZR 340/14, NJW 2016, 56; Urt. v. 16.5.2013 – I ZR 216/11, GRUR 2013, 1229 – Kinderhochstühle im Internet II; BGH Urt. v. 22.7.2010 – I ZR 139/08, GRUR 2011, 152 – Kinderhochstühle im Internet I; BGH Urt. v. 30.4.2008 – I ZR 73/05, ZUM 2008, 685 – Internet-Versteigerung III; BGH Urt. v. 19.4.2007 – I ZR 35/04, NJW 2007, 2636; Urt. v. 11.3.2004 – I ZR 304/01, NJW 2004, 3102; Urt. v. 1.4.2004 – I ZR

317/01, NJW 2004, 2158; Urt. v. 17.5.2001 – I ZR 251/99, NJW 2001, 3265; LG Köln Urt. v. 12.9.2007 – 28 O 339/07, ZUM 2007, 873; OLG Köln Urt. v. 27.11.2001 – 15 U 108/01, 15 U 109/01, CR 2002, 533). Jedenfalls bei Vorliegen konkreter Hinweise oder nach Erhalt einer Abmahnung wird im Falle einer weiteren Untätigkeit eine Störerhaftung bejaht (LG Köln Urt. v. 12.9.2007 – 28 O 339/07, ZUM 2007, 873; vgl. auch die parallele Fragestellung der Haftung des Setzers eines Hyperlinks für die verlinkten Inhalte, → Form. V.1 Anm. 10).

Diese Grundsätze sind auch für den Anspruch auf Unterlassung der Bereithaltung einer durch den Provider registrierten und gerouteten Domain anzuwenden (LG Bremen Urt. v. 13.1.2000 – 12 O 453/99, CR 2000, 543). Die Pflicht zur Prüfung von Rechtsverletzungen durch Domains ist auf grobe, unschwer zu erkennende Verstöße beschränkt (*Spindler*/Schuster/Spindler/Volkmann § 1004 Rn. 21; für Prüfungspflichten der DENIC: BGH Urt. v. 17.5.2001 – I ZR 251/99, NJW 2001, 3265 – ambiente.de mwN).

Ungeachtet der Haftungsbeschränkungen verbleibt somit ein Haftungsrisiko des Providers, der somit ein legitimes Interesse an einer vertraglichen Regelung hat, nach der Schäden und Aufwendungen, die durch die Inanspruchnahme verursacht wurden, zB entstandene Rechtsverfolgungskosten, von dem Kunden zu ersetzen sind.

15. Sperrung wegen Rechtswidrigkeit der Nutzung. Der Anbieter sollte sich im eigenen Interesse ausdrücklich das Recht zur vorläufigen Sperrung der Anbindung ausbedingen. Derartige Klauseln, mit denen sich der Anbieter das Recht vorbehält, insbesondere rechtswidrige Inhalte zu sperren, sind zulässig (*Koch,* Internet-Recht, S. 88). Unabhängig von der Frage der Haftungsprivilegierung nach § 8 TMG ist ein Tätigwerden des Anbieters schon deshalb erforderlich, weil ihm eine Inanspruchnahme als Störer droht, wenn er trotz Vorliegens konkreter Hinweise auf die Rechtswidrigkeit der Inhalte, zum Beispiel durch eine Abmahnung, untätig bleibt (→ Anm. 14). Da ein Recht zur außerordentlichen Kündigung grundsätzlich eine Abmahnung des Kunden voraussetzt, sollte der Anbieter die Internetseite zunächst vorläufig sperren, wenn er Kenntnis oder Hinweise auf die Rechtswidrigkeit der Inhalte erlangt. Das Recht zur Sperrung folgt aus § 320 BGB.

16. Nutzung durch Dritte. Die Regelung entspricht der Risikosphärenverteilung des § 45i TKG. Nach § 45i Abs. 4 S. 1 TKG hat der Anbieter keinen Anspruch auf Entgelt gegen den Teilnehmer, wenn dieser nachweist, dass ihm die Inanspruchnahme von Leistungen des Anbieters nicht zugerechnet werden kann. Der Teilnehmer trägt für seinen Lebensbereich grundsätzlich die Verantwortung und muss alle ihm zumutbaren Vorkehrungen treffen, um eine von ihm nicht gebilligte Nutzung zu unterbinden. (Zur Haftung für ungewollte Interneteinwahlen durch sogenannte Dialer siehe auch Spindler/Schuster/*Sodtalbers* TKG § 45i Rn. 34.)

17. Einzelverbindungsnachweis. Die Abrechnung enthält grundsätzlich keinen Einzelverbindungsnachweis. Nach Maßgabe des § 45e TKG hat der Kunde allerdings grundsätzlich Anspruch auf Erteilung eines Einzelverbindungsnachweises für die Zukunft. Die Vorschrift korrespondiert mit der datenschutzrechtlichen Norm des § 99 TKG. Danach sind dem Kunden die Daten über diejenigen Verbindungen, für die er entgeltpflichtig ist, nur mitzuteilen, wenn er vor dem Abrechnungszeitraum in Textform einen Einzelverbindungsnachweis verlangt hat. Bei Anschlüssen im Haushalt muss der Teilnehmer in Textform erklären, dass er alle zum Haushalt gehörenden Mitbenutzer des Anschlusses darüber informiert hat und künftige Mitbenutzer unverzüglich darüber informieren wird, dass ihm die Verkehrsdaten zur Erteilung des Nachweises bekannt gegeben werden (§ 99 Abs. 1 S. 3 TKG). Für Unternehmen und Behörden ist ebenso eine Erklärung in Textform notwendig, die die Erklärung beinhaltet, dass alle Mitarbeiter informiert worden sind und künftige Mitarbeiter informiert werden und dass der Betriebsrat oder die Personalvertretung entsprechend den gesetzlichen Vorschriften beteiligt worden ist oder eine solche Beteiligung nicht erforderlich ist (§ 99 Abs. 1 S. 4 TKG). Darüber hinaus dürfen Verbindungsdaten nach § 99 Abs. 1 S. 6 TKG nur mitgeteilt werden, wenn der Kunde Beanstandungen gegen die Höhe des Entgelts erhoben hat.

18. Form der Beanstandung. Nach § 45i Abs. 1 TKG sind auch mündliche Beanstandungen ausreichend. Die Aufstellung eines Schriftformerfordernisses in AGB ist zulässig (Spindler/Schuster/*Sodtalbers* TKG § 45i Rn. 7).

19. Nachträgliche Pflicht zur Aufschlüsselung. Auch wenn kein Einzelverbindungsnachweis vereinbart worden ist, ist der Anbieter im Falle der fristgemäßen Beanstandung verpflichtet, den Entgeltnachweis unter Wahrung der datenschutzrechtlichen Belange etwaiger weiterer Nutzer nach den einzelnen Verbindungsdaten aufzuschlüsseln und eine technische Prüfung durchzuführen (§ 45i Abs. 1 S. 2 TKG). Die Pflicht zur Aufschlüsselung entfällt, wenn die Beanstandung nachweislich nicht auf einen technischen Mangel zurückzuführen ist. Die Vorschrift soll die Interessen des Kunden dahingehend schützen, dass ihm der Nachweis einer unrichtigen Rechnungsstellung ermöglicht wird (vgl. Spindler/Schuster/*Sodtalbers* TKG § 45i Rn. 26). Ohne Mitwirkung des Telekommunikationsanbieters wäre es dem Kunden aufgrund der fehlenden technischen Voraussetzungen unmöglich, den Nachweis eines Mangels zu erbringen. Diese Lücke schließt § 45i TKG, indem er dem Kunden innerhalb einer mindestens acht Wochen dauernden Beanstandungsfrist die Möglichkeit einräumt, den Anbieter zu einer technischen Prüfung zu veranlassen und damit die fehlerherbeiführenden Umstände aufzudecken. Nicht abschließend geklärt ist, ob der Ausschluss von Beanstandungen nach Ablauf der achtwöchigen Frist generell gilt, auch wenn Teilnehmer und Anbieter eine Ausschlussfrist nicht vereinbart haben oder ob die Norm dem Anbieter nur das Recht einräumt, mit dem Kunden durch AGB eine Beanstandungsausschlussklausel zu vereinbaren (so Spindler/Schuster/*Sodtalbers* TKG § 45i Rn. 8 mit Hinweis auf die Intention des Gesetzgebers; siehe auch BT-Drs. 16/2581, 26). Aufgrund dieser Unklarheit ist dem Anbieter zu raten, den Ausschluss von Beanstandungen nach Ablauf der Frist ausdrücklich zu regeln.

Auf die Rechtfolgen muss entsprechend § 308 Nr. 5b BGB bei Beginn der Frist, dh in der Rechnung hingewiesen werden (Spindler/Schuster/*Sodtalbers* TKG § 45i Rn. 9; vgl. auch OLG Schleswig Urt. v. 15.5.1997 – 2 U 37/96, NJW-RR 1998, 54).

20. Sperrung wegen Zahlungsverzugs. Die Regelung entspricht § 320 BGB. Danach besteht kein Zurückbehaltungsrecht in Fällen, in denen aufgrund der Geringfügigkeit des Leistungsverzuges eine Verweigerung des Gläubigers gegen das Gebot von Treu und Glauben verstoßen würde (§ 320 Abs. 2 BGB). Eine formularmäßige Sperrvereinbarung für jede Höhe des Zahlungsverzuges würde dem gesetzlichen Leitbild widersprechen und damit einer Inhaltskontrolle nach § 307 Abs. 2 S. 1 BGB nicht Stand halten. Für die Erheblichkeit dürfte auf die Erheblichkeitsschwelle von 75 Euro des § 45k Abs. 2 TKG abgestellt werden können, der eine entsprechende Regelung für die Festnetztelefonie trifft. Teilweise enthalten Internetzugangsverträge Klauseln, nach denen der Kunde im Falle der Sperrung ein pauschales Sperrentgelt zu tragen hat. Eine solche Klausel ist im Rechtsverkehr mit Verbrauchern jedenfalls dann nach § 309 Nr. 5b) BGB unzulässig, wenn dem Kunden der Gegenbeweis eines geringeren Schadens abgeschnitten wird (vgl. AG Frankfurt a.M. Urt. v. 29.9.1999 – 30 C 776/99-25, MMR 2000, 120). Die Pauschale darf ferner den nach dem gewöhnlichen Lauf der Dinge zu erwartenden Schaden nicht übersteigen (§ 309 Nr. 5a) BGB). Der Anbieter muss ein pauschaliertes Sperrentgelt daher an dem Betrag orientieren, der für eine Sperrung üblicherweise in der Branche anfällt. Dieser dürfte derart gering sein, dass hier auf die Normierung eines Sperrentgelts verzichtet wird.

21. Außerordentliche Kündigung. Die Regelung des Rechts zur außerordentlichen Kündigung wegen Zahlungsverzugs orientiert sich an § 543 Abs. 2 Nr. 3 BGB.

22. Informationspflicht des Diensteanbieters. Die Teilnehmer und Nutzer müssen nach Maßgabe des § 93 Abs. 1 TKG über Zweck und Verwendung der Datenerhebung, -verarbeitung und -nutzung unterrichtet werden. Es muss über die grundlegenden Verarbeitungstatbestände informiert werden. Eine nur pauschale Information über Art, Umfang, Ort und Zweck der Erhebung und Verwendung der personenbezogenen Daten genügt nicht (Spindler/Schuster/*Eckhardt* TKG § 93 Rn. 5; Beck'scher TKG Kommentar/ *Büttgen* § 93 Rn. 25). Da die Datenschutzinformation im Wesentlichen auch den Vorgaben der DSGVO entsprechen und sich außerdem an den konkreten betrieblichen Gegebenheiten und Abläufen des Anbieters ausrichten muss, wird hier von einem detaillierten Formulierungsvorschlag abgesehen. Hinzu kommt, dass für die Verarbeitung personenbezogener Daten im Rahmen von nicht öffentlichen Telekommunikationsnetzen uneingeschränkt die DSGVO gilt. Ein Gesetzentwurf zur Anpassung ua des TKG an die DSGVO ist in Vorbereitung.

23. Erhebung und Verwendung von Daten. Das Vertragsverhältnis kann die Erhebung und Verwendung zahlreicher Daten erfordern. Neben den stets notwendigen Vertragsdaten müssen bei der Einrichtung des Dienstes zum Beispiel User-Namen und E-Mail-Konten erfasst werden, ferner die Ansprechpartner für die Domainverwaltung. Neben den Bestandsdaten fallen Verkehrsdaten an, deren Speicherung zu Abrechnungszwecken erforderlich sein kann.

Zu beachten ist zunächst, dass für die Verarbeitung personenbezogener Daten im Rahmen von nicht öffentlichen Telekommunikationsnetzen uneingeschränkt die DSGVO gilt. Ein Gesetzentwurf zur Anpassung ua des TKG an die DSGVO ist in Vorbereitung.

Die gesetzlichen Erlaubnistatbestände sind bisher in §§ 95 ff. TKG geregelt. Nach § 95 Abs. 1 S. 1 TKG dürfen **Bestandsdaten** erhoben und verwendet werden, soweit dies für die Begründung, inhaltliche Ausgestaltung, Änderung oder Beendigung eines Vertragsverhältnisses erforderlich ist. Das Merkmal der Erforderlichkeit ist dabei weit auszulegen. Name, Geburtsdatum und Kontoverbindung zählen regelmäßig zu den Daten, deren Erhebung und Verwendung zulässig ist (Spindler/Schuster/*Eckhardt* TKG § 95 Rn. 3). § 95 Abs. 2 TKG regelt die Verwendung zum Zwecke der Werbung und Marktforschung.

Die Zulässigkeit der Erhebung und Verwendung von **Verkehrsdaten** bemisst sich nach § 96 TKG. Verkehrsdaten sind Daten, die bei der Erbringung eines Telekommunikationsdienstes erhoben, verarbeitet oder genutzt werden (§ 3 Nr. 30 TKG).

§ 96 Abs. 1 TKG listet verschiedene Verkehrsdaten auf und bestimmt, dass diese zu den in §§ 97–107 TKG genannten Zwecken genutzt werden dürfen. Nach § 96 Abs. 2 TKG dürfen Verkehrsdaten über das Ende der Verbindung hinaus nur verwendet werden, soweit sie zum Aufbau weiterer Verbindungen oder für die in den § 97 TKG (Entgeltermittlung und Abrechnung), § 99 TKG (Einzelverbindungsnachweis), § 100 TKG (Bekämpfung von Störungen und Missbrauch) und § 101 TKG (Mitteilen ankommender Verbindungen) genannten oder für die durch andere gesetzliche Vorschriften begründeten Zwecke erforderlich sind; im Übrigen sind sie unverzüglich zu löschen.

Nach bisheriger Rechtslage wurde hieraus beispielsweise gefolgert, dass bei sogenannten Flatrate-Angeboten die Erhebung und erst recht die Speicherung von Daten über das bei der Internetnutzung übertragene Datenvolumen unzulässig ist, da hiervon das Entgelt nicht abhängt (LG Darmstadt Urt. v. 25.1.2006 – 25 S 118/05, CR 2006, 173).

Die mit dem Gesetz zur Neuregelung der Telekommunikationsüberwachung und anderer verdeckter Ermittlungsmaßnahmen sowie zur Umsetzung der Richtlinie 2006/ 24/EG (BGBl. 2007 I S. 3198) eingeführte sog. „Vorratsdatenspeicherung" (§ 113a TKG) ist mittlerweile obsolet, weil §§ 113a, 113b vom Bundesverfassungsgericht wegen Verstoßes gegen Art. 10 GG für nichtig erklärt wurden (BVerfG Urt. v. 2.3.2010 – 1 BvR 256/08 ua, NJW 2010, 833). Mittlerweile hat auch der Europäische Gerichtshof mit Urt. v. 8.4.2014 (verb. Rs. C-293/12 und C-594/12, BeckRS 2014, 80686) sowie Urt. v.

21.12.2016 (C-203/15, ZUM 2017, 414 ff.) entschieden, dass die Richtlinie über die Vorratsdatenspeicherung einen Eingriff von großem Ausmaß und besonderer Schwere in die Grundrechte auf Achtung des Privatlebens und auf den Schutz personenbezogener Daten, der sich nicht auf das absolut Notwendige beschränkt, beinhaltet und die Richtlinie für ungültig erklärt.

Über die gesetzlichen Erlaubnistatbestände hinaus ist eine Datenerhebung und -verwendung nur mit Einwilligung des Betroffenen zulässig. Eine elektronische Erklärung ist nach § 94 TKG ausreichend, wenn der Diensteanbieter sicherstellt, dass der Teilnehmer oder Nutzer seine Einwilligung bewusst und eindeutig erteilt hat, die Einwilligung protokolliert wird, der Teilnehmer oder Nutzer den Inhalt der Einwilligung jederzeit abrufen kann und der Teilnehmer oder Nutzer die Einwilligung jederzeit mit Wirkung für die Zukunft widerrufen kann. Insoweit sind die Bedingungen für eine wirksame Einwilligung gem. Art. 7 DSGVO zu beachten.

24. Ausfallzeiten. Ordnet man den Access-Provider-Vertrag mit der Tendenz der neuen Rechtsprechung als Dienstvertrag ein (→ Anm. 1) gibt es keine speziellen gesetzlichen Regelungen über Mängelrechte. Es gelten die allgemeinen Regeln des Leistungsstörungsrechts (*Gey* K&R 2005, 120 (124)). Geht man davon aus, dass das Zustandekommen der Internetverbindung zum Pflichtenkreis des Anbieters gehört, läge bei Ausfällen ein Fall der Unmöglichkeit vor, da sich die Leistung nicht nachholen lässt (Spindler/*Schuppert*, Vertragsrecht der Internet-Provider, Teil IV Rn. 112). Rechtsfolge wäre auch bei fehlendem Verschulden, dass der Anspruch auf die Gegenleistung gemäß § 326 BGB entfällt (so *Gey* K&R 2005, 120 (124)). Nimmt man die Ausführungen des Bundesgerichtshofs (→ Anm. 1; BGH Beschl. v. 23.3.2005 – III ZR 338/04, MMR 2005, 373) zur Rechtsnatur des Access-Providing-Vertrags ernst, besteht die Pflicht des Anbieters aber nicht darin, für den Erfolg der Internetverbindung zu sorgen, sondern schuldet der Anbieter nur das sachgerechte Bemühen um den Zugang. Das Formular enthält insoweit nur einen deklaratorischen Hinweis, dass die volle Leistungspflicht des Kunden – mit Ausnahme der aufkommensbezogenen Vergütung – bestehen bleibt, soweit der Anbieter seiner Pflicht zum sachgerechten Bemühen um das Herstellen einer Internetverbindung nachgekommen ist.

25. Haftungsbeschränkung nach TKG. Soweit der Anbieter Telekommunikationsdienstleistungen erbringt (Access-Providing, Vergabe von IP-Adressen), haftet er nach § 44a TKG beschränkt. Das Muster gibt den Inhalt der Haftungsbeschränkung nach § 44a TKG wieder.

Im Verhältnis zu Unternehmern als Endkunden bestimmt § 44a S. 5 TKG, dass der Anbieter hinsichtlich der Höhe der Haftung eine abweichende einzelvertragliche Regelung treffen kann. Da es bei den Vertragswerken der Access-Provider regelmäßig um AGB handeln wird, kommt diesem Ausnahmetatbestand nur geringe Bedeutung zu.

26. Haftungsbeschränkung außerhalb des Anwendungsbereichs des § 44a TKG. Im Anwendungsbereich des § 44a TKG ist die Haftungsbegrenzungsvorschrift abschließend. Sie gilt für sämtliche Anspruchsgrundlagen. Für eine Haftungsbeschränkungsklausel ist im Übrigen daher nur Raum, soweit der Anwendungsbereich des § 44a TKG nicht eröffnet ist, etwa weil es sich insoweit nicht um Telekommunikationsdienste handelt, sondern um weitere Leistungen des Providers, zB Domain-Service, Verkauf erforderlicher Hardware etc handelt.

Derartige Haftungsbeschränkungsklauseln in Allgemeinen Geschäftsbedingungen müssen § 309 Nr. 7 BGB, dessen Wertung grundsätzlich auch auf den unternehmerischen Rechtsverkehr angewandt wird, und den Vorgaben der Rechtsprechung Rechnung tragen.

27. Wesentliche Vertragspflichten. Die Definition der wesentlichen Vertragspflichten ist in den AGB aufzuführen. Der BGH hat eine Klausel, in der stattdessen nur das

Schlagwort „Kardinalpflicht“ verwandt wurde, als intransparent verworfen (BGH Urt. v. 20.7.2005 – VIII ZR 121/04, ZIP 2005, 1785).

28. **Beschränkung auf vorhersehbare vertragstypische Schäden.** Nach der Rechtsprechung des Bundesgerichtshofs (Urt. v. 11.11.1992 – VIII ZR 238/91, NJW 1993, 335; Urt. v. 19.9.2005 – I ZR 58/03, NJW-RR 2006, 267; Palandt/*Grüneberg* BGB § 309 Rn. 51) ist eine Haftungsbegrenzung für fahrlässig verursachte Schäden (nur) unzulässig, soweit sie den vertragstypischen, vorhersehbaren Schaden von der Haftung ausnimmt. Im Rechtsverkehr mit Verbrauchern ist zudem die Haftungsschranke des § 309 Nr. 7b) BGB zu beachten, die jede Haftungsbegrenzung für Schäden, die auf grober Fahrlässigkeit beruhen, verbietet. Die Wertung des § 309 Nr. 7b BGB ist zwar grundsätzlich auch auf den unternehmerischen Geschäftsverkehr übertragbar, allerdings mit der Maßgabe, dass Haftungsbegrenzungen auf den typischerweise bei Geschäften der fraglichen Art entstehenden Schaden als zulässig angesehen werden (Palandt/*Grüneberg* BGB § 309 Rn. 56), so dass im unternehmerischen Verkehr eine derartige Haftungsbegrenzung auch für grob fahrlässige Pflichtverletzungen wirksam sein dürfte.

Von der Regelung eines summenmäßig festgelegten Haftungshöchstbetrags sieht das Muster ab. Eine Haftungsbegrenzung auf eine konkret festgelegte Schadenspauschale wird nur als wirksam erachtet, sofern der Betrag den bei derartigen Geschäften typischerweise zu erwartenden Schaden abdeckt (vgl. nur BGH Urt. v. 11.11.1992 – VIII ZR 238/91, NJW 1993, 335; *Langer* WM 2006, 1233 (1234)). Haftungsbegrenzungen auf Schadenspauschalen bergen daher das Risiko, dass der vertragstypische, vorhersehbare Schaden zu gering bemessen wird, mit der Folge, dass die Haftungsbegrenzungsklausel wegen des Verbots der geltungserhaltenden Reduktion insgesamt als nichtig verworfen wird. Das Muster beschränkt sich daher auf die abstrakte Haftungsbegrenzung auf den vertragstypischen vorhersehbaren Schaden.

29. **Vertragslaufzeit.** Die Regelung folgt den verbreiteten Mindestlaufzeiten, die von den Registrierungsstellen zugrunde gelegt werden. Kurze Laufzeiten sind in der Regel für keine der beiden Seiten interessengerecht. Innerhalb der Grenzen der §§ 307 ff. BGB steht es den Parteien frei, feste Vertragslaufzeiten zu vereinbaren. Die absolute Obergrenze beträgt nach § 309 Nr. 9a BGB zwei Jahre.

30. **Kündigungsfrist.** Eine Vertragsverlängerung um ein Jahr dürfte für den Kunden zumutbar sein und trägt dem Dispositionsinteresse des Anbieters Rechnung. Selbstverständlich können die Parteien auch kürzere Kündigungsfristen, etwa von einem Monat zum Monatsende, vereinbaren.

31. **Pauschalierter Schadensersatz.** Um dem Provider im Falle von vorzeitigen Vertragsbeendigungen, die auf einem Verschulden des Kunden beruhen, den Nachweis des konkret entstandenen Schadens zu ersparen, sieht das Formular eine Schadenspauschale vor. Die Schadenspauschale muss den Voraussetzungen des § 309 Nr. 5 BGB genügen. Insbesondere darf die Pauschale nach § 309 Nr. 5a BGB nicht höher sein als der nach dem gewöhnlichen Lauf der Dinge zu erwartende Schaden. Das Formular geht davon aus, dass eine Gewinnmarge von einem Viertel des Entgelts realistisch ist. Außerdem muss – jedenfalls im Rechtsverkehr mit Verbrauchern – nach § 309 Nr. 5b BGB dem Vertragspartner ausdrücklich die Möglichkeit des Gegenbeweises eingeräumt werden.

32. **Löschung von Domains.** Der Anbieter bleibt aus seinem Verhältnis zur Registrierungsstelle zahlungspflichtig und muss sich deshalb von der Domain lösen können, falls der Kunde nicht für anderweitiges Routing sorgt. Dabei sind allerdings nachwirkende Treupflichten zu beachten, insbesondere wenn die Domain Namens- oder Firmenbestandteile des Kunden enthält oder sonst für den Kunden von besonderem Wert sein kann (Spindler/*Schuppert*, Vertragsrecht der Internet-Provider, Teil IV Rn. 119). Daraus

kann sich zum Beispiel die Pflicht ergeben, den Kunden über die drohenden Rechtsfolgen zu informieren und ihm für die Vornahme der Handlungen, mit der er die Löschung verhindern kann, eine angemessene Frist zu setzen.

33. Zurückbehaltungsrecht. Dem Anbieter steht ein Zurückbehaltungsrecht nach § 320 BGB zu (LG Hamburg Beschl. v. 17.9.1996 – 404 O 135/96, CR 1997, 157; *Ernst* MMR 2002, 714 (720); *Koch,* Internet-Recht, S. 774; Spindler/*Schuppert,* Vertragsrecht der Internetprovider, Teil VI Rn. 34).

34. Providerwechsel. Einzelheiten zum DENIC-Providerwechselverfahren sind auf der Website der DENIC in den FAQs für Domaininhaber (http://www.denic.de/faqs-fuer-domaininhaber.html) abrufbar.

35. Rechtswahl. Eine Rechtswahl ist grundsätzlich auch in AGB zulässig (Ulmer/Brandner/Hensen/*H. Schmidt* Rechtswahlklauseln Rn. 9), vgl. aber insbes. die gesetzlichen Schranken in Art. 6 Abs. 2 Rom-I-VO für Verbraucherverträge.

36. Gerichtsstand. Im Rechtsverkehr mit Verbrauchern scheitern Gerichtsstandsvereinbarungen vor Entstehen der Streitigkeit regelmäßig an den Schranken des § 38 ZPO bzw. der Art. 19, 25 EUGVVO. Das Muster sieht eine Gerichtsstandsklausel daher nur für den Fall vor, dass der Kunde Kaufmann ist (nicht: Unternehmer, da § 38 ZPO auf den engeren handelsrechtlichen Kaufmannsbegriff abstellt).

37. Schriftformklausel/Vollständigkeitsklausel. Weit verbreitet sind Schriftformklauseln, etwa in folgender Fassung: *„Änderungen und Ergänzungen dieses Vertrags einschließlich dieser Bestimmung bedürfen der Schriftform."* Soweit es sich, wie zumeist, um AGB handelt, verstoßen derartige Schriftformklauseln aber gegen den in § 305b BGB geregelten Vorrang der Individualabrede und gegen § 307 BGB und sind daher unwirksam (vgl. nur BGH Urt. v. 21.9.2005 – XII ZR 312/02, NJW 2006, 138 mwN). Die hier verwandte Vollständigkeitsklausel ist hingegen wirksam (vgl. BGH Urt. v. 19.6.1985 – VIII ZR 238/84, NJW 1985, 2329). Sie ist zwar nur von begrenztem Nutzen, da sie dem Verbraucher nicht den Beweis des Gegenteils abschneidet und gibt somit im Wesentlichen die ohnehin bestehende Vermutung der Vollständigkeit der Urkunde wieder. Sie ist aber dennoch zu empfehlen, weil ihr bei der Beweisführung indizieller Charakter zukommen kann, dass keine Nebenabreden getroffen wurden.

4. Domainkauf- und Übertragungsvertrag

Zwischen

(1) [Verkäufer], [Adresse]
(2) [Käufer], [Adresse]

wird folgende Vereinbarung geschlossen:

§ 1 Gegenstand der Vereinbarung

Gegenstand dieses Vertrages sind sämtliche Rechte[1] des Verkäufers (Domaininhaber[2]) an der gegenwärtig für ihn bei der DENIC Domain Verwaltungs- und Betriebsgesellschaft eG[3] (nachfolgend „DENIC" genannt) als Domaininhaber eingetragenen Secondlevel-Domain[4] (die Domain).

Soweit sich aus den nachfolgenden Regelungen nichts anderes ergibt, sind kennzeichenrechtliche Rechtspositionen hinsichtlich der die Domain bildenden Zeichenfolge nicht Gegenstand dieses Vertrages.

§ 2 Verkauf

(1) Der Verkäufer verkauft dem Erwerber sämtliche Rechte an der Domain. Der Käufer ist verpflichtet,[5] die Domin abzunehmen und alle für die Übertragung der Domain erforderlichen Mitwirkungshandlungen zu erbringen.

(2) Der Kaufpreis beträgt [. . . . . .] EUR.

(3) Er ist zur Zahlung auf das Konto des Verkäufers Nr. [IBAN] bei der [Name des Bankinstituts und BIC] fällig,[6] sobald

(a) der Käufer in der WHOIS-Datenbank bei der DENIC als Inhaber der Domain eingetragen ist[7] oder nach Maßgabe der jeweiligen Registrierungsbedingungen eine vergleichbare Rechtsposition erworben hat und

(b) der Verkäufer dem Käufer eine unwiderrufliche, auf ein Jahr ab Unterzeichnung dieses Vertrags befristete, selbstschuldnerische Bürgschaft einer deutschen Großbank oder Sparkasse über [. . . . . .] EUR überreicht, durch die eventuelle Forderungen Dritter, gleich welcher Art, für den Fall abgesichert werden, dass der Verkäufer entgegen der in § 5 (1) dieses Vertrages enthaltenen Garantien
- nicht eingetragener Domaininhaber ist;
- die Domain Gegenstand von Rechten Dritter ist; oder
- der Verkäufer über diese Rechtsposition vorbehaltlich der Zustimmung der Registrierungsstelle nicht frei verfügen kann.

(4) Soweit dem Verkäufer eigene absolut geschützte Rechte bezüglich des Zeichens zustehen, aus dem die Domain gebildet ist, räumt er dem Käufer ein kostenloses, unwiderrufliches, ausschließliches, örtlich, inhaltlich und zeitlich unbeschränktes Nutzungsrecht an solchen Rechten ein.[8]

§ 3 Übertragung

Der Verkäufer tritt dem Erwerber alle ihm gegenüber der Vergabestelle zustehenden Rechte bezüglich der Domain ab.[9] Der Käufer nimmt die Abtretung an.

§ 4 Abwicklung der Übertragung

(1) Der Verkäufer erklärt mit Unterzeichnung dieses Vertrags die Freigabe der Domain.

(2) Der Verkäufer verpflichtet sich, selbst oder durch den mit der Unterhaltung sowie dem Routing der Domain beauftragten Internet-Accessprovider unverzüglich nach Unterzeichnung dieses Vertrages diejenigen Erklärungen abzugeben und Handlungen vorzunehmen, die zur Eintragung des Käufers als Domaininhaber bei der Registrierungsstelle erforderlich sind.[10]

(3) Die Domain gilt als übertragen, sobald der Käufer in der WHOIS-Datenbank der DENIC als Inhaber der Domain eingetragen ist oder nach Maßgabe der jeweiligen Registrierungsbedingungen eine vergleichbare Rechtsposition erworben hat.

(4) Jede Vertragspartei trägt bei dem jeweiligen Provider die durch die Übertragung entstehenden Nebenkosten selbst.

§ 5 Gewährleistung des Veräußerers

(1) Der Verkäufer gewährleistet, dass er eingetragener Domaininhaber ist, dass keine vertraglichen Rechte an der Nutzung der Domain eingeräumt sind (zB Domain-Sharing, Pacht)[11] und dass er über diese Rechtsposition vorbehaltlich der Zustimmung der Registrierungsstelle frei verfügen kann.[12, 13]

(2) Der Verkäufer übernimmt hingegen keine Gewähr dafür, dass die Zeichenfolge, aus der die Domain gebildet ist, frei von jeglichen Rechten Dritter, insbesondere Namens-, Marken- oder sonstigen Kennzeichenrechten Dritter ist. Dem Käufer obliegt es selbst, die registrierte Zeichenfolge auf die Vereinbarkeit mit Rechten Dritter und den allgemeinen Gesetzen zu prüfen.[14] Der Verkäufer erklärt, dass er keine Kenntnis davon hat, dass Dritte Ansprüche auf Herausgabe der Domain, auf Unterlassung ihrer Nutzung, auf Teilhabe an der Nutzung oder sonstige Ansprüche erheben, die einer uneingeschränkten Nutzung durch den Käufer entgegenstehen.[15]
Sollten bis zur vollständigen Übertragung Ansprüche Dritter geltend gemacht werden, hat der Verkäufer den Käufer unverzüglich zu unterrichten.[16]
(3) Mängelansprüche verjähren in einem Jahr ab Ablieferung.[17] Abweichend gelten die gesetzlichen Verjährungsfristen für Schadensersatzansprüche wegen eines Schadens aus einer Verletzung des Lebens, des Körpers oder der Gesundheit. Die gesetzlichen Verjährungsfristen gelten auch für Ansprüche wegen sonstiger Schäden, die auf einer vorsätzlichen oder grob fahrlässigen Pflichtverletzung durch den Verkäufer oder seiner Erfüllungsgehilfen beruhen.[18]

§ 6 Schadensersatzhaftung[19]

§ 7 Anwendbares Recht, Gerichtsstand

Es gilt das Recht der Bundesrepublik Deutschland. Ausschließlicher Gerichtsstand für alle Streitigkeiten aus diesem Vertrag ist [. . . . . .].[20]

§ 8 Schlussbestimmungen

(1) Die Vertragsparteien verpflichten sich, den Inhalt dieses Vertrages Dritten gegenüber vertraulich zu behandeln. Die Offenlegung dieses Vertrages gegenüber Dritten (mit Ausnahme gegenüber Gerichten oder in gesetzlich zulässigen Fällen) ist nicht gestattet.
(2) Sollten einzelne Bestimmungen dieses Vertrags ganz oder teilweise nichtig oder unwirksam sein oder werden, so wird dadurch die Wirksamkeit der übrigen Bestimmungen nicht berührt. An die Stelle von nicht einbezogenen oder unwirksamen Bestimmungen dieses Vertrags tritt das Gesetzesrecht (§ 306 Abs. 2 BGB). Sofern solches Gesetzesrecht im jeweiligen Fall nicht zur Verfügung steht (Regelungslücke) oder zu einem untragbaren Ergebnis führen würde, werden die Parteien in Verhandlungen darüber eintreten, anstelle der nicht einbezogenen oder unwirksamen Bestimmung eine wirksame Regelung zu treffen, die ihr wirtschaftlich möglichst nahekommt.
(3) Jede Änderung dieses Vertrages bedarf der Schriftform. Dies gilt auch für die Abänderung dieses Schriftformerfordernisses.[21] Dieser Vertrag enthält alle zwischen den Parteien über den Vertragsgegenstand getroffenen Vereinbarungen. Mündliche Nebenabreden bestehen nicht.[22]

Schrifttum: Ernst, Verträge rund um die Domain, MMR 2002, 714 ff.; Graf von Westphalen/Thüsing (Hrsg.), Vertragsrecht und AGB-Klauselwerke, München, 41. Ergänzungslieferung, Stand: April 2018; *Gravenreuth,* Zur Diskussion: Rechtsprobleme zur Domainpfändung, PC-Jur, 2006/66, Abs. 1 ff.; *Hanloser,* Die „Domain-Pfändung“ in der aktuellen Diskussion, CR 2001, 456 ff.; *Hartig,* Die Rechtsnatur der Domain – Anmerkung zur BGH-Entscheidung „Domain-Pfändung“, GRUR 2006, 299 ff.; *Hartmann/ Kloos,* Anmerkung zu LG Düsseldorf, Beschluss vom 16. März 2001, CR 2001, 469; Hasselblatt (Hrsg.), Münchener Anwaltshandbuch, München, 5. Auflage 2017; *Härting,* Internetrecht, Köln, 6. Auflage 2017; Herberger/Martinek/Rüßmann/Weth/Würdinger (Hrsg.), juris PraxisKommentar BGB, Schuldrecht Band 2, Saarbrücken, 8. Auflage 2017; Hoeren/Sieber/Holznagel (Hrsg.),„ Handbuch Multimedia Recht, München, 46. Ergänzungslieferung, Stand: Januar 2018; *Hombrecher,* Domains als Vermögenswerte, MMR

2005, 647; Kilian/Heussen/*Koch* Computerrechtshandbuch, München, 34. Ergänzungslieferung, Stand: Mai 2018; *Kleespies,* Die Domain als selbstständiger Vermögensgegenstand in der Einzelzwangsvollstreckung, GRUR 2002, 764 ff.; *Koos,* Die Domain als Vermögensgegenstand zwischen Sache und Immaterialgut, MMR 2004, 359; Lehmann/Meents (Hrsg.), Informationstechnologie, Köln, 2. Auflage 2011; Moritz/Dreier (Hrsg.), Rechts-Handbuch zum E-Commerce, Köln, 2. Auflage 2005; Palandt, Bürgerliches Gesetzbuch, München, 78. Auflage 2019; *Redeker* IT-Recht, München, 6. Auflage 2017; Redeker (Hrsg.), Handbuch der IT-Verträge, Köln, 36. Ergänzungslieferung, Stand: Oktober 2018; Säcker/Rixecker (Hrsg.), Münchener Kommentar zum Bürgerlichen Gesetzbuch, Schuldrecht Besonderer Teil I, München, 7. Auflage 2016 Schlechtriem/Schwenzer (Hrsg.), Kommentar zum einheitlichen UN-Kaufrecht, München, 6. Auflage 2013; Spindler/Schuster (Hrsg), Recht der elektronischen Medien, München, 3. Auflage 2015; Spindler (Hrsg.), Vertragsrecht der Internet-Provider, Köln, 2. Auflage 2004; *Welzel,* Zwangsvollstreckung in Internet-Domains, MMR 2001, 131 ff.

Anmerkungen

Sachverhalt: Der Inhaber einer „Internetdomain" (Verkäufer) möchte die „Domain" veräußern, der Käufer sie erwerben. Gegenstand eines solchen Veräußerungsvorganges werden in der überwiegenden Anzahl der Fälle Secondlevel-Domains sein.

1. Begriff und Rechtsnatur der Domain. Eine Domain identifiziert einen Computer im Internet (Host). Rechner untereinander identifizieren sich mittels rein numerischer IP-Adressen. Zur Erleichterung für den menschlichen Nutzer wurde eine zusätzliche Adressierungsmethode entwickelt, das sog. Domain-Name-System (DNS), das es erlaubt, Namen und Begriffe statt Ziffern zu verwenden. Jeder Host ist damit sowohl über dienumerische IP-Adresse als auch durch Eingabe der Domain erreichbar. Jeder Domain-Name besteht aus mehreren Namensbestandteilen, die hierarchisch aufgebaut und durch Punkte voneinander getrennt sind. Die hierarchisch höchste Position ist die Top Level Domain (TLD). Diese bildet den letzten Namensteil der Domain, dh sie findet sich ganz rechts im Domainnamen, und bezeichnet entweder das Land, in dem die Domain registriert wurde (zB „.de" für Deutschland), einen Staatenverbund (zB „.eu" für die Europäische Union) oder einen Lebensbereich (zB „.com" für commercial, heute frei zugänglich; „.biz": urspr. nur für Unternehmen, heute frei zugänglich; „.net" ursprünglich für Netzverwaltungseinrichtungen, heute frei zugänglich; „.gov": nur für Regierungsorgane der USA). Seit einiger Zeit existieren auch sog. Städte-Domains wie „.koeln". Die Second Level Domain (SLD) findet sich links neben der Top Level Domain und ist grundsätzlich frei wählbar. Der Domain-Name lässt sich beliebig um weitere Unterebenen, um sog. Subdomains (Third Level Domains etc) erweitern, um unter einer Second Level Domain verschiedene Zielseiten aufrufen zu können. Traditionell wird für Webserver die Third Level Domain www. verwendet, die jedoch keine Bedeutung hat.

Eine Domain stellt kein absolutes Recht iSd § 823 BGB dar (BGH Urt. v. 18.1.2012 – I ZR 1–7/10, ZUM 2013, 138; BVerfG Beschl. v. 24.11.2004 – 1 BvR 1306/02, NJW 2005, 589; BGH Beschl. v. 5.7.2005 – VII ZB 5/05, NJW 2005, 3353; OLG Hamm Urt. v. 18.1.2005 – 4 U 166/04, MMR 2005, 381; LG Hanau Urt. v. 10.8.2006 – 5 O 72/06, MMR 2006, 761; *Härting,* Internetrecht, Rn. 2226 f.; Hoeren/Sieber/Holznagel/*Viefhues* Teil 6 Rn. 8 ff.; *Redeker,* IT-Recht, Rn. 1236; *Ernst* MMR 2002, 714 f.; Redeker/*Reinholz* 3.4 Rn. 27; aA LG Essen Beschl. v. 22.9.1999 – 11/370/99, CR 2000, 247; *Koos* MMR 2004, 359; *Hartmann/Kloos* CR 2001, 469). Die aus technischen Gründen ausschließliche Zuordnung der Domain zu einem Nutzer oder einer Nutzergruppe begründet als faktische Ausschließlichkeit kein absolutes Recht. Die Inhaberschaft an einer „Internet-Domain" stellt vielmehr ein Vermögensrecht dar, das in der Gesamtheit der schuldrechtlichen Ansprüche besteht, die dem Inhaber der Domain gegenüber der Vergabestelle aus dem Registrierungsvertrag zustehen (BGH Urt. v. 18.1.2012 – I ZR 187/10, GRUR 2012, 417; Beschl. v. 5.7.2005 – VII ZB 5/05, NJW 2005, 3353; vgl. zB § 2 Abs. 1 Denic-Domainbedingungen: Anspruch auf Aufnahme der Domain und ihrer technischen Daten in die Nameserver für die Top Level Domain „.de" (Konnektierung); Redeker/*Reinholz* Teil 3.4 Rn. 29). Auch wenn eine Domain kein absolutes Recht ist, ist sie doch als Gesamtheit der schuldrechtlichen Beziehungen zwischen dem Domaininhaber und der Vergabestelle rechtlich an ein eigenständiges Recht angenähert (Hoeren/Sieber/Holznagel/*Viefhues* Teil 6 Rn. 8 ff.). So hat das Bundesverfassungsgericht (Beschl. v. 24.11.2004 – 1 BvR 1306/02, MMR 2004, 165 f.) dem Nutzungsrecht an einer Domain den Eigentumsschutz des Artikels 14 Grundgesetz zuerkannt. Die Rechtsbeziehungen des Domaininhabers zur Registratur sind übertragbar und gemäß § 857 Abs. 1 ZPO als sonstiges Recht pfändbar (BGH Beschl. v. 5.7.2005 – VII ZB 5/05, NJW 2005, 3353; OLG München Urt. v. 8.7.2004 – 19 U 1980/04, K & R 2004, 496; LG Mönchengladbach Beschl. v. 22.9.2004 – 5 T 445/04, MMR 2005, 197 f.; LG Essen Beschl. v. 22.9.1999 – 11/370/99, CR 2000, 247; *Hombrecher* MMR 2005, 647 (652); *Welzel* MMR 2001, 131 (139); Übersicht bei *Gravenreuth,* PC-Jur, 2006/66, Abs. 1 ff.; aA noch LG München I Beschl. v. 12.2.2001 – 20 T 19 368/00, MMR 2001, 319). Bei namensmäßiger Benutzung im WWW und hinreichender Kennzeichnungskraft wird die Domain außerdem namensrechtlich geschützt (OLG Hamm Urt. v. 18.1.2005 – 4 U 166/04, MMR 2005, 381; *Kleespies* GRUR 2002, 765; Spindler/Schuster/*Müller* BGB § 12 Rn. 48 ff.; *Härting,* Internetrecht, Rn. 1236; Palandt/*Ellenberger* BGB § 12 Rn. 14).

2. Domaininhaber. Domaininhaber und damit der materiell Berechtigte ist der Vertragspartner der Vergabestelle (vgl. Ziff. VI. der DENIC-Domainrichtlinien). Hingegen ist der administrative Ansprechpartner (admin-c) die vom Domaininhaber benannte natürliche Person, die als sein Bevollmächtigter berechtigt und verpflichtet ist, sämtliche die Domain betreffenden Angelegenheiten verbindlich zu entscheiden. Diese Person stellt zwar den Ansprechpartner der DENIC dar, ist aber nicht Vertragspartei des Registrierungsvertrags.

3. Vergabestelle. Das Vertragsmuster orientiert sich an der Übertragung von .de – Domains, die bei der DENIC registriert sind. Die vertraglichen Verpflichtungen können zwar im Grundsatz auch für die Übertragung von Domains, die bei anderen Vergabestellen registriert sind, übernommen werden. Für die technische Abwicklung der Domainübertragung gelten aber möglicherweise abweichende Regeln, so dass sich die Parteien vor Vertragsschluss über die Registrierungsbedingungen der jeweiligen Vergabestellen, zB VeriSign Inc., die als Nachfolger von Network Solutions ua die „.com" und „.net"-Domains verwalten.

4. Secondlevel-Domain. Gegenstand eines Domainkaufvertrages werden zumeist Secondlevel-Domains sein, die sich dadurch auszeichnen, dass sie aufgrund der strukturellen Aufspaltung der Domainnamen von rechts nach links, links neben der Top Level Domain („.de"; „.fr"; „.org"; „.com") auf der zweiten Ebene des Domain Name Systems stehen und erst als solche gegenüber der Top Level Domain einen Unterscheidungscharakter besitzen (vgl. Moritz/Dreier/*Dieselhorst/Plast* B Rn. 839).

5. Abnahmeverpflichtung. Da die Unterhaltung einer Domain kostenpflichtig ist und der Kaufpreis nach der hier gewählten Fälligkeitsvereinbarung erst nach Eintragung des Käufers oder mit Verzug der erforderlichen Mitwirkungshandlungen des Käufers zu zahlen ist, empfiehlt es sich, die vertragliche Abnahmeverpflichtung des Käufers zu betonen.

6. Fälligkeit. Die Fälligkeit des Kaufpreises kann zwischen den Parteien frei vereinbart werden. Das Muster sieht eine käuferfreundliche Regelung vor, nach der der Kaufpreis erst nach Eintragung oder Einräumung einer vergleichbaren Rechtsposition zur Zahlung fällig ist. Alternativ kann beispielsweise auch ein Zahlungsplan vorgesehen werden, nach dem eine erste Rate sofort und die Restzahlung mit Umschreibung der Domain zu erbringen ist.

7. Zu verschaffende Rechtsposition. Die Regelung trägt der Tatsache Rechnung, dass es mittlerweile eine Vielzahl von Top Level Domains gibt. Allein die Anzahl an Länderkürzel Top Level Domains liegt bei weit über 200. Diese werden weitgehend von unterschiedlichen, nach jeweils eigenen Bedingungen operierenden Registraturen verwaltet werden. Insbesondere bei ausländischen nationalen Domains sollte vorab geprüft werden, ob und in welcher Weise die Domain übertragbar ist und ob der Erwerber als Inhaber zugelassen ist.

8. Einräumung von Nutzungsrechten an der Zeichenfolge der Domain. Der veräußernde Domaininhaber hat in der Regel Kennzeichenrechte an der Zeichenfolge, aus der die Domain gebildet ist. Dies kann schon deshalb der Fall sein, weil die Domain nach einer Firma, dem Namen oder einer Marke oder geschäftlichen Bezeichnung des Inhabers gebildet ist. Zumindest kann ein Namensrecht entstehen, wenn der Inhaber die Domain im WWW namensmäßig in Gebrauch genommen hat (BGH Urt. v. 23.10.2008 – I ZR 11/06, GRUR 2009, 608; Urt. v. 22.7.2004 – 1 ZR 135/01, NJW 2005, 1198; Hasselblatt/*Jaeger-Lenz/Lieckfeld* § 31 Rn. 126). Der Erwerber muss sicherstellen, dass er jedenfalls nicht aufgrund der älteren vorrangigen Rechte des Verkäufers (oder ihrer Rechtsnachfolger) angegriffen wird. Zumindest bei Absehbarkeit von Konflikten empfiehlt sich eine kennzeichenrechtliche Abgrenzungsvereinbarung.

9. Übertragung der Domain. Da die Domain kein absolutes Recht darstellt (→ Anm. 1) kann der Veräußerer nicht diese selbst, sondern lediglich seine schuldrechtlichen Rechtsbeziehungen mit der Registratur auf den Erwerber übertragen (*Hanloser* CR 2001, 456 (458); *Koch,* Internet-Recht, S. 777; *Hartmann/Kloos* CR 2001, 469; Hoeren/Sieber/Holznagel/*Viefhues* Teil 6.1 Rn. 394). Dies geschieht, da nicht nur einzelne Ansprüche, sondern ein ganzes Rechtsverhältnis übertragen wird, im Wege der Vertragsübernahme (Redeker/*Reinholz* 3.4 Rn. 31 f.; *Hombrecher* MMR 2005, 647; vgl. *Hartig* GRUR 2006, 300). Da es sich rechtlich um eine Vertragsübernahme handelt, ist die Zustimmung der Vergabestelle erforderlich. Eine Einbeziehung der Vergabestelle in den Kaufvertrag ist dennoch regelmäßig nicht erforderlich, da die Zustimmung üblicherweise in den Registrierungsbedingungen antizipiert erteilt wird. So sieht § 6 Abs. 2 der DENIC-Domainbedingungen vor, dass der Registrierungsauftrag eines von dem Domaininhaber benannten Dritten von der DENIC nur abgelehnt werden darf, wenn ein Dispute-Eintrag vorliegt (Redeker/*Reinholz* 3.4 Rn. 33).

Die Verfügungshandlung ist von der kaufrechtlichen Verpflichtung zu trennen und erfolgt durch Abtretung (Lehmann/Meents/*Beier* Kap. 19 Rn. 153). In dem Vertragsmuster ist diese dingliche Abtretungserklärung, mit der der Verkäufer in Erfüllung seiner kaufrechtlichen Verpflichtung die Rechte aus dem Registrierungsvertrag mit der Vergabestelle auf den Käufer überträgt, mit Abs. 1 im Vertrag enthalten. Rechtlich möglich ist auch, die Abtretungserklärung gesondert vorzunehmen. Die Eintragung des Domaininhabers in der Datenbank der Vergabestelle, bei der DENIC der whois-Datenbank, hat keine konstitutive Wirkung (BGH Urt. v. 18.1.2012 – I ZR 187/10, GRUR 2012, 417; *Kleespieß* GRUR 2002, 764, *Hombrecher* MMR 2005, 647 (648); aA wohl LG Hanau Urt. v. 10.8.2006 – 5 O 72/06, MMR 2006, 761).

10. Übertragungsmodalitäten. Domains sind bei der DENIC üblicherweise über einen Provider registriert, der DENIC-Mitglied ist. Die direkte Registrierung über den Service

DENICdirekt ist möglich, aber wegen der Preisgestaltung der DENIC nur ausnahmsweise sinnvoll. Die Vergabestellen verlangen für die Domainübertragung regelmäßig die Einhaltung bestimmter Formalitäten. Bei der DENIC vollzieht sich die Eintragung eines neuen Domaininhabers, sofern der neue Inhaber die Domain nicht vom selben DENIC-Mitglied verwalten lässt durch eine Aktualisierung der Inhaberdaten und einen Providerwechsel. Seit 2010 hat für Providerwechsel bei der DENIC ausschließlich das passwortgestützte „AuthInfo"-Verfahren Gültigkeit. Gegenüber dem alten asynchronen Verfahren stellt es einen schnelleren, sichereren und effizienteren Umzug einer Domain sicher. Ein Domaininhaber, der zu einem neuen Provider wechseln möchte, lässt zunächst über seinen bestehenden Provider eine AuthInfo für seine Domain setzen bzw. oft wird diese ihm bereits mit der Kündigungsbestätigung seines Providervertrags mitgeteilt. Nach dem Setzen ist die AuthInfo maximal 30 Tage gültig. Der Noch-Domaininhaber kann diese AuthInfo dann dem neuen Domaininhaber übermitteln, so dass dieser seinem Provider die AuthInfo mitteilen kann, und der neue Provider stellt mit Angabe der AuthInfo über das DENIC-Registrierungssystem einen Providerwechselauftrag. Stimmt die AuthInfo überein, zieht die Domain sofort zum neuen Provider um. Nach Abschluss des Providerwechsels sorgt der nunmehr die Domain verwaltende neue Provider dafür, dass in der DENIC-Datenbank der neue Domaininhaber anstelle des bisherigen Inhabers registriert wird.

§ 4 Abs. 2 des Vertragsmusters stellt klar, dass der Verkäufer zur Abgabe sämtlicher Erklärungen verpflichtet ist, die nach den Bedingungen der jeweiligen Vergabestellen für den Inhaberwechsel erforderlich sind.

11. Vertragliche Nutzungsrechte. Nutzungsrechte Dritter an der Domain können aus vertraglichen Absprachen mit dem Verkäufer bestehen, wenn dieser die Domain beispielsweise vermietet oder verpachtet hat oder eine Absprache über eine gemeinsame Nutzung (Domain-Sharing) besteht.

12. Verfügbarkeit. Hindernisse, über die Domain zu verfügen, ergeben sich insbesondere, wenn der Verkäufer nicht Domaininhaber ist oder die Domain mit einem Dispute-Eintrag belegt ist.

13. Mängelrechte. Aus dem Vertrag ist der Verkäufer nach der gesetzlichen Regelung gemäß § 453 Abs. 1 BGB iVm § 433 Abs. 1 BGB verpflichtet, dem Erwerber die Domain frei von Mängeln zu verschaffen, wobei die Domain nach überwiegender Ansicht als sonstiger Gegenstand im Sinne von § 453 Abs. 1 BGB angesehen wird (Palandt/*Weidenkaff* BGB § 453 Rn. 9; MüKo-*Westermann* § 453 Rn. 6). Für die Gewährleistung gelten daher §§ 434 ff. BGB entsprechend, wobei lediglich eine Haftung für Rechtsmängel nach § 435 BGB in Betracht kommt. Frei von Rechtsmängeln ist die verkaufte Sache, wenn keine Rechte Dritter bestehen, die das Eigentum, den Besitz oder den unbeschränkten Gebrauch der Kaufsache beeinträchtigen (Redeker/*Reinholz* 3.4 Rn. 140; Palandt/*Weidenkaff* BGB § 435 Rn. 5, 6). Der Verkäufer haftet jedenfalls für eine fehlende Inhaberschaft (Redeker/*Reinholz* 3.4 Rn. 147; *Ernst* MMR 2002, 714 (720)) oder für die Unübertragbarkeit der Domain aufgrund des Bestehens eines Dispute-Eintrags. In beiden Fällen beurteilen sich die Rechtsfolgen aufgrund Unmöglichkeit der Übertragung nach allgemeinem Leistungsstörungsrecht, nicht nach Gewährleistungsrecht (Palandt/*Weidenkaff* BGB § 453 Rn. 19 ff.; Redeker/*Reinholz* 3.4 Rn. 140). Ein Rechtsmangel ist auch bei belastenden Drittrechten gegeben.

14. Rechte Dritter. Die Frage, ob einem Dritten aufgrund vertraglicher Absprachen ein Nutzungsrecht an der Domain zusteht (→ Anm. 11), ist von der Frage zu unterscheiden, ob die registrierte Zeichenfolge fremde Rechte verletzt. Insbesondere können Kennzeichen- oder Namensrechte Dritter bestehen. Das Formular sieht insoweit eine „verkäuferfreundliche" Regelung vor, nach der der Käufer das Risiko der Vereinbarkeit der Zeichenfolge mit Rechten Dritten und den allgemeinen Gesetzen trägt.

Inwieweit der Verkäufer fremde Namens- oder Kennzeichenrechte einzubeziehen hat ist weitgehend ungeklärt. Umstritten ist schon, ob bestehende Namens- oder Kennzeichenrechte Dritter überhaupt einen Rechtsmangel des Kaufgegenstandes darstellen (bejahend: Redeker/*Reinholz* 3.4 Rn. 142; *Hombrecher* MMR 2005, 647 (648); verneinend *Ernst* MMR 2002, 714 (720)), ob also den Verkäufer ohne eine entsprechende vertragliche Regelung eine Haftung für das Bestehen derartiger Rechte Dritter trifft. Kaufgegenstand ist die Vertragsbeziehung mit der Vergabestelle und nicht die Zeichenfolge, aus der die Domain gebildet ist. Da die Rechte Dritter im Falle von Namens- oder Kennzeichenrechten an dieser Zeichenfolge bestehen, könnte dies dafür sprechen, einen Rechtsmangel im Falle von Kennzeichenrechten Dritter zu verneinen. Andererseits droht dem Käufer im Falle des Bestehens derartiger Rechte, auf Unterlassung der Registrierung und Nutzung der Domain in Anspruch genommen zu werden. Daraus ergibt sich ein rechtliches Hindernis, das Recht zu nutzen, so dass richtigerweise ein Rechtsmangel zu bejahen ist.

Nimmt man – wie hier – grundsätzlich eine Haftung des Verkäufers an, stellt sich die Frage, ob sich der Verkäufer entsprechend der im Vertragsmuster vorgesehenen Klausel von der Haftung freizeichnen kann. Dies ist nicht zweifelsfrei, dürfte aber zu bejahen sein.

§ 476 Abs. 1 BGB steht auch bei Kaufverträgen zwischen Unternehmern und Verbrauchern der Einschränkung der Gewährleistung nicht entgegen, da die §§ 474 ff. BGB nur für Kaufverträge über Sachen, nicht jedoch über sonstige Gegenstände iSd § 453 BGB gelten (vgl. Palandt/*Weidenkaff* BGB § 453 Rn. 31c; aA wohl Redeker/*Reinholz* 3.4 Rn. 145, 149). Gewährleistungsbeschränkungen sind daher in Individualvereinbarungen unbeschränkt zulässig, in Allgemeinen Geschäftsbedingungen sind sie an §§ 307 ff. BGB zu messen. Teilweise wird unter Hinweis auf die wesentlichen Grundgedanken des Gewährleistungsrechts (§ 307 Abs. 2 Nr. 1, Abs. 1 S. 1 BGB) vertreten, dass eine derartige Klausel in Allgemeinen Geschäftsbedingungen der Inhaltskontrolle nach §§ 307 ff. BGB nicht standhält (Redeker/*Reinholz* 3.4 Rn. 143). Jedenfalls für den Rechtsverkehr mit Unternehmern dürfte dem aber nicht zuzustimmen sein.

Wie bereits ausgeführt, ist Gegenstand des Kaufs lediglich die Domain, nicht dagegen ein Kennzeichenrecht. Deshalb wäre es nicht interessengerecht, wenn der Veräußerer dem Erwerber neben der Domain auch Sicherheit vor der Inanspruchnahme durch Dritte zu verschaffen hätte. Grundsätzlich ist es für beide Parteien gleichermaßen möglich, zu prüfen, ob die Zeichenfolge Rechte Dritter verletzt. Auch wenn die Domain frei gewesen wäre, hätte der Käufer die Domain selbst auf entgegenstehende Rechte Dritter prüfen müssen. Zudem kann der Verkäufer nicht abschließend überblicken, ob durch die spätere Art und Weise der Nutzung der Domain durch den Käufer Rechte Dritter verletzt werden. Im Regelfall erscheint es daher angemessen, dass der Erwerber selbst klären muss, ob er infolge der Nutzung der Domain durch Dritte angegriffen werden und die Domain in zulässiger Weise nutzen kann, und sich gegebenenfalls die erforderlichen Befugnisse verschaffen muss.

Anders kann die Zulässigkeit zu beurteilen sein, wenn der Verkäufer über einen erkennbaren Vorsprung an Know-how verfügt, weil er gewerblicher Domain-Händler und der Kunde Verbraucher ist. Eine andere vertragliche Gestaltung, nach der der Verkäufer das Risiko von Kennzeichenrechten Dritter zu tragen hat, ist auch angezeigt, wenn es gerade Sinn des Vertrags ist, dem Käufer eine „saubere" Domain zu verschaffen.

Aufgrund der Unsicherheit, wer nach der gesetzlichen Wertung das Risiko für das Bestehen fremder Kennzeichenrechte an der Zeichenfolge trägt, empfiehlt sich, die Frage vertraglich zu regeln.

15. Bekannte oder geltend gemachte Rechte Dritter. Auch wenn der Verkäufer nicht verpflichtet ist, bestehende Rechte Dritter zu prüfen, darf er jedenfalls keine ihm bekannten Rechte Dritter verschweigen und muss offenlegen, wenn bereits Ansprüche geltend gemacht sind. Ein Verschweigen des Mangels wäre arglistig und ein diesbezüglicher Haftungsausschluss ohnehin nach § 444 BGB unwirksam.

16. Nachträgliche Informationspflicht. Die Regelung trägt dem Umstand Rechnung, dass zwischen Vertragsschluss und Übertragung der Domain eine gewisse Zeitspanne liegen kann. Auch wenn der Verkäufer für nach Vertragsschluss entstehende Rechte Dritter nicht haftet, ist es interessengerecht, anzunehmen, dass der Verkäufer den zukünftigen Domaininhaber über bekannt gewordene Rechte Dritter unverzüglich zu informieren hat.

17. Verjährungsfrist. Eine Abkürzung der gesetzlichen Verjährungsfrist für Mängelansprüche auf ein Jahr ist auch im Rechtsverkehr mit Verbrauchern zulässig. Die zwingenden Vorschriften des Verbrauchsgüterkaufs nach §§ 474 ff. BGB finden lediglich auf bewegliche Sachen Anwendung. Die Domain ist als Immaterialgut hingegen ein sonstiger Gegenstand im Sinne von § 453 Abs. 1 Alt. 2 BGB (Palandt/*Weidenkaff* BGB § 453 Rn. 9) und fällt somit nicht in den Anwendungsbereich des Verbrauchsgüterkaufs (→ Anm. 14). § 476 Abs. 2 BGB steht einer Verkürzung der Gewährleistungsfrist daher nicht entgegen (Palandt/*Weidenkaff* BGB § 453 Rn. 31c). Individualvertraglich kann die Gewährleistung daher auch vollständig ausgeschlossen werden. In Allgemeinen Geschäftsbedingungen sind die §§ 307 ff. BGB zu beachten, wobei § 309 Nr. 8b) ff.) BGB, der eine Verjährungsfrist von mindestens einem Jahr ab dem gesetzlichen Verjährungsbeginn vorgibt, nicht direkt einschlägig ist, da diese Regelung lediglich auf neu herzustellende Sachen oder Werkleistungen Anwendung findet. Ein vollständiger Gewährleistungsausschluss dürfte aber mit den wesentlichen Grundgedanken des Gesetzes unvereinbar sein. Es sollte daher in Allgemeinen Geschäftsbedingungen eine Verjährungsfrist von mindestens einem Jahr vorgesehen werden.

18. Verjährung von Schadensersatzansprüchen wegen Mängeln. Der Bundesgerichtshof hat für den Rechtsverkehr mit Verbrauchern eine verjährungsbeschränkende Klausel schon deshalb für unwirksam erklärt, weil sie die in § 309 Nr. 7a) und b) BGB geregelten Schadensersatzansprüche nicht ausdrücklich von der Verjährungsklausel ausnehme und damit auf eine unzulässige Haftungsbeschränkung hinauslaufe (BGH NJW 2007, 674). Auch im unternehmerischen Rechtsverkehr ist eine solche Klausel unwirksam (BGH Urt. v. 19.6.2013 – VIII ZR 183/12, NJW-Spezial 2013, 553). Derartige Ansprüche sollten von der Verjährungsverkürzung ausgenommen werden.

19. Schadensersatzhaftung des Verkäufers. → Form. V 2. § 9 und → Anm. 37–41 für den Rechtsverkehr mit Verbrauchern; und für den Rechtsverkehr mit Unternehmern ergänzend. Im unternehmerischen Verkehr werden Haftungsbegrenzungen auf den typischerweise entstehenden Schaden wohl auch für grob fahrlässige Pflichtverletzungen als zulässig angesehen (Palandt/*Grüneberg* BGB § 309 Rn. 55 f.).

20. Rechtswahl, Gerichtsstand. Ein Ausschluss des CISG erübrigt sich, da „Rechte" keine Waren im Sinne von Art. 1 CISG sind (MüKo-*Westermann* CISG Art. 1 Rn. 16). Für Gerichtsstandsvereinbarungen sind die Schranken der § 38 ZPO bzw. Art. 19, 25 EUGVVO zu beachten. Da nicht jeder Unternehmer Kaufmann ist, worauf § 38 ZPO (anders als Art. 19 EUGVVO) für die Zulässigkeit einer Gerichtsstandsvereinbarung abstellt, wird die Gerichtsstandsvereinbarung ausdrücklich auf Kaufleute beschränkt.

21. Schriftformklausel. Eine Schriftformklausel ist nur wirksam, sofern es sich um eine Individualvereinbarung handelt. Ist die Schriftformklausel hingegen als Allgemeine Geschäftsbedingung zu qualifizieren, verstößt sie gegen den in § 305b BGB geregelten Vorrang der Individualabrede, sowie gegen § 307 BGB und ist daher unwirksam (OLG Rostock Beschl. v. 19.5.2009 – 3 U 16/09, NJW 2009, 3376; BGH Urt. v. 21.9.2005 –

XII ZR 312/02, NJW 2006, 138 mwN). Eine Abbedingung der Schriftformklausel durch eine mündliche Vereinbarung ist dann nicht möglich, wenn zuvor vereinbart wurde, dass die Schriftformklausel nur schriftlich abbedungen werden kann, sog. „qualifizierte Schriftformklausel". Eine solche Schriftformklausel ist aber ebenfalls nur als Individualvereinbarung wirksam (OLG Düsseldorf Hinweisbeschl. v. 12.4–2011 – 24 U 195/10, NJOZ 2012, 533).

22. **Vollständigkeitsklausel.** Die hier verwandte Vollständigkeitsklausel ist hingegen auch in Allgemeinen Geschäftsbedingungen wirksam (BGH Urt. v. 19.6.1985 – VIII ZR 238/84, NJW 1985, 2329). Sie ist zwar nur von begrenztem Nutzen, da sie dem Verbraucher nicht den Beweis einer abweichenden Vereinbarung abschneidet. Damit gibt sie im Wesentlichen die ohnehin bestehende Vermutung der Vollständigkeit der Urkunde wieder. Sie ist aber dennoch zu empfehlen, weil ihr bei der Beweisführung indizieller Charakter zukommen kann, dass keine Nebenabreden getroffen wurden.

5. Domain-Sharing-Vertrag

Zwischen

(1) [Domaininhaber], [Adresse]

– nachfolgend „X" –

(2) [Mitbenutzer], [Adresse]

– nachfolgend „Y" –

Zwischen den Parteien, nachfolgend auch gemeinsam als die „Parteien" und einzeln als eine „Partei" bezeichnet, wird folgender Domain-Sharing-Vertrag geschlossen:

§ 1 Gegenstand

Gegenstand dieser Vereinbarung ist die gemeinsame Nutzung der Domain [Domain], (nachfolgend auch „Domain" genannt) durch die Parteien gemäß den nachfolgenden Bestimmungen und unbeschadet zum jetzigen Zeitpunkt bestehender kennzeichenrechtlicher Rechtspositionen.[1]

§ 2 Inhaberschaft und Aufrechterhaltung der Domain

(1) X ist/wird Inhaber der Domain xy. de. Die Übertragung der Domain durch X an Dritte bedarf der Zustimmung von Y.[2]

(2) X verpflichtet sich, den zwischen ihm und der Registratur bzw. dem zuständigen Internet-Serviceprovider bestehenden Domain-Registrierungsvertrag aufrechtzuerhalten und die anfallenden Gebühren zu entrichten. Die Hälfte der Gebühren ist von Y gegen Nachweis zu erstatten; X kann insoweit von Y Freihaltung verlangen.

(3) X haftet nicht dafür, dass die Domain sowie die Zeichenfolge „xy" frei von Rechten Dritter sind.[3] Sollte eine der Parteien wegen der Registrierung oder Nutzung der Domain von einem Dritten in Anspruch genommen werden, werden beide Parteien alle zumutbaren Maßnahmen ergreifen, um ihre Rechte an der Domain zu verteidigen. Beide Parteien ermächtigen sich insoweit gegenseitig dazu, ihre jeweiligen kennzeichenrechtlichen Positionen geltend zu machen.[4] Die Kosten der Rechtsverteidigung werden, soweit sie nicht von dem Dritten erlangt werden können, hälftig geteilt. § 4 Abs. 2 S. 1 bleibt unberührt.[5]

§ 3 Lizenzgebühr

Y zahlt an X für die Nutzung der Domain eine monatliche Lizenzgebühr in Höhe von EUR .....[6] Der Betrag ist [kalendermonatlich/quartalsweise/halbjährlich/jährlich] im Voraus fällig.

§ 4 Nutzung der Domain

(1) Die Parteien werden eine gemeinsame, übersichtliche Startseite erarbeiten, die deutlich erkennen lässt, dass es sich um eine gemeinsame Domain unterschiedlicher Unternehmen handelt. Von der Startseite aus führen zwei Links auf zwei eigenständige Internetangebote. Die Startseite soll so gestaltet werden, dass beide Parteien gleich stark in der Gestaltung berücksichtigt werden.

(2) Unterhalb der Startseite sind beide Parteien in der Gestaltung ihres jeweiligen Internetangebots frei und ausschließlich selbst verantwortlich. Sie werden ihre Webpräsenzen ausschließlich rechtmäßig und jeweils zur Förderung ihrer gegenwärtigen geschäftlichen Aktivitäten nutzen. Sie werden keine rechtswidrigen oder die Interessen der anderen Partei beeinträchtigenden Inhalte einstellen. Von etwaigen Ansprüchen Dritter, die auf Inhalten des jeweils eigenen Angebotes unter Einschluss eigener Inhalte auf der Startseite sowie verlinkter Inhalte beruhen, halten sie sich wechselseitig frei.[7]

(3) Die Einstellung von Text- oder Display-Werbung auf der Startseite bedarf beiderseitiger Zustimmung. Erlöse aus solcher Werbung werden hälftig geteilt.

(4) Die Aufnahme weiterer Nutzer werden die Parteien nur einvernehmlich ermöglichen.

§ 5 Kennzeichenrechte

(1) Im Verhältnis der beiden Parteien zueinander bleiben die bei Abschluss dieses Vertrages bestehenden jeweiligen kennzeichenrechtlichen Rechtspositionen unverändert.[8] Die Parteien verpflichten sich, einander bei Beendigung dieses Vertrages schuldrechtlich so zu stellen, wie sie bei Vertragsabschluss stehen.

(2) Während der Laufzeit dieses Vertrages gestatten die Parteien einander neben der gemeinsamen Nutzung der Domain die angemessene öffentliche Bekanntgabe ihrer Internetadresse.

§ 6 Vertragsdauer und Kündigung

(1) Dieser Vertrag tritt am [.....] in Kraft und wird auf unbestimmte Zeit geschlossen.

(2) Der Vertrag ist für beide Seiten mit einer Frist von drei Monaten zum Ende eines Kalenderquartals schriftlich ordentlich kündbar, frühestens jedoch zum [.....]. Das Recht zur außerordentlichen Kündigung aus wichtigem Grund bleibt unberührt. Ein wichtiger Grund liegt insbesondere vor, wenn die andere Partei rechtswidrige oder solche Inhalte einstellt, die geeignet sind, die Interessen des jeweils anderen Vertragspartners wesentlich zu beeinträchtigen.[9]

(3) Dieser Vertrag endet ohne Kündigung, wenn X rechtskräftig zur Übertragung der Domain an einen Dritten verurteilt wird. Er endet ferner, wenn einer der Parteien das Innehaben der Domain oder deren Nutzung rechtskräftig untersagt wird oder eine Partei die Benutzung des Kennzeichens oder das Bereithalten eines Internet-Angebotes unter der Domain seit mindestens zwölf Kalendermonaten eingestellt hat; handelt es sich bei dieser Partei um X, ist diese zur Übertragung der Domain an Y verpflichtet.

§ 7 Schlussbestimmungen

Rechtswahl, Gerichtsstand, Schriftform, salvatorische Klausel.[10]

Schrifttum: Bettinger/Freytag, Privatrechtliche Verantwortlichkeit für Links, CR 1998, 545; *Bornkamm/Seichter,* Das Internet im Spiegel des UWG, CR 2005, 747; *Buchner,* Generische Domains, GRUR 2006, 984; *Engels,* Haftung für Anzeigen in Online-Angeboten, Kommunikation und Recht 2001, 338; *Ernst,* Verträge rund um die Domain, MMR 2002, 714; *Härting,* Internetrecht, Köln, 6. Auflage 2017; Hoeren/Sieber/Holznagel (Hrsg.), Handbuch Multimedia-Recht, München, 46. Ergänzungslieferung, Stand: Januar 2018; *Kiethe,* Werbung im Internet, WRP 2000, 616; Kilian/Heussen (Hrsg.), Computerrecht, , München, 34. Ergänzungslieferung, Stand: Mai 2018; *Köster/Jürgens,* Haftung professioneller Informationsvermittler im Internet, MMR 2002, 420; *Linke,* Das Recht der Namensgleichen bei Domains, CR 2002, 271; Säcker/Rixecker (Hrsg.), Münchener Kommentar zum Bürgerlichen Gesetzbuch, München, 8. Auflage 2018; *Ott,* Haftung für verlinkte urheberrechtswidrige Inhalte in Deutschland, Österreich und den USA, GRUR Int. 2007, 14 ff.; *Pahlow,* Das Recht der Gleichnamigen im Internet, WRP 2002, 1228; *Schöttler,* Das neue Telemediengesetz (Teil 3) – Verantwortlichkeit der Diensteanbieter, jurisPR-ITR 6/2007 → Anm. 7; *Spindler,* Das Gesetz zum elektronischen Geschäftsverkehr – Verantwortlichkeit der Diensteanbieter und Herkunftslandprinzip, NJW 2002, 921; *ders.,* Verantwortlichkeit und Haftung für Hyperlinks im neuen Recht, MMR 2002, 495; Spindler/Schuster (Hrsg.), Recht der elektronischen Medien, München, 3. Auflage 2015; *Viefhues,* Domain-Name-Sharing, MMR 2000, 334.

Anmerkungen

Sachverhalt. Zwei Inhaltsanbieter möchten ihr Internet-Angebot unter der gleichen Domain präsentieren.

1. Gemeinsame Nutzung. Zu dieser Ausgangssituation kann es insbesondere dann kommen, wenn beide Seiten die Domain für sich beanspruchen und die Rechtslage zweifelhaft bleibt (*Buchner* GRUR 2006, 984 (989); *Ernst* MMR 2002, 714 (721); *Viefhues* MMR 2000, 334 (337 ff.)). Aber auch bei bestehenden engen Beziehungen, zB im Konzern, ist eine gemeinsame Nutzung häufig sinnvoll. Das gleiche gilt für branchenbeschreibende Domains. Die Registrierung beschreibender Domains, um unter ihnen Werbeplattformen im Wege des Domain-Sharings anzubieten, ist nicht sittenwidrig (KG Urt. v. 5.2.2002 – 5 U 178/01, CR 2004, 135; LG Düsseldorf Urt. v. 9.11.2001 – 38 O 81/01, MMR 2002, 324). Grundsätzlich kommt auch in Betracht, dass eine Teilhabe an der Domain gerichtlich durchgesetzt werden kann (Hoeren/Sieber/Holznagel/*Viefhues* Teil 6.1 Rn. 383, 390; *Linke* CR 2002, 271 (279); *Viefhues* MMR 2000, 334 (337 ff.), vgl. auch LG Frankfurt a.M. MMR 2001, 542; wohl eher ablehnend: BGH Urt. v. 17.5.2001 – I ZR 216/99, GRUR 2001, 1061 (1064) – Mitwohnzentrale.de). Aufgrund der begrenzten Anzahl an attraktiven Domains kann das Domain-Sharing als ein wichtiges Vehikel eingesetzt werden, um eine kennzeichenrechtliche Koexistenz auf das Internet zu übertragen (so auch: *Pahlow* WRP 2002, 1228 (1236)). In rechtlicher Hinsicht gibt es im Wesentlichen zwei unterschiedliche Typen des Domainsharings. Zum einen ist eine gemeinsame Inhaberschaft an der Domain denkbar. Dabei schließen sich die Parteien zu einer Gesellschaft bürgerlichen Rechts zusammen. Zum anderen kann die Partei, die zum Zeitpunkt des Vertragsschlusses Inhaberin ist, der anderen lediglich die Mitbenutzung der Domain einräumen. Dabei sind von dem bloßen Setzen eines Hyperlinks auf einer im Übrigen durch den Domaininhaber frei gestalteten Startseite bis zu einer Gestaltung, in der der Domain-Inhaber als Nutzer vollkommen zurücktritt und dem Vertragspartner die Gestaltung überlässt, alle Gestaltungen denkbar (s. Hoeren/Sieber/Holznagel/*Viefhues* Teil 6.1 Rn. 380 ff.). Das Vertragsmuster soll die Basis für eine gemeinsame und gleichberechtigte Nutzung der Domain sein.

2. Übertragungsverbot. Der Partner des Domain-Inhabers muss sich nicht mit dem bloßen Übertragungsverbot begnügen. Als temporäres Sicherungsmittel kommt ein Dispute-Eintrag bei der Domain-Registratur in Betracht (vgl. § 2 Abs. 3 Denic-Domainbedingungen), der zur Folge hat, dass eine Übertragung auf einen Dritten nicht möglich ist. Zu beachten ist jedoch, dass der Eintrag lediglich ein Jahr wirkt. Zu einer längerfristigen Fortwirkung bedarf es einer alljährlichen Antragsstellung bei der DENIC. Häufig bietet sich die Errichtung einer gemeinsamen Gesellschaft bürgerlichen Rechts zwischen den Parteien an. Das Recht zur Nutzung der Domain kann verpfändet (BGH Beschl. v. 5.7.2005 – VII ZB 5/05, NJW 2005, 3353) oder zum Gegenstand eines Nießbrauchrechts gemacht werden.

3. Haftung des Domaininhabers. Bei der hier zugrunde gelegten Fallkonstellation ist eine Haftung des Domain-Inhabers für die Freiheit der Domain von Drittrechten nicht sinnvoll, weil die kennzeichenrechtliche Situation sogar zwischen den Parteien des Rechtsgeschäfts ungeklärt bleibt und ein Entzug der Domain durch Dritte beide Seiten gleichermaßen trifft. In anderen Fällen, insbesondere bei vermietungsähnlichen Gestaltungen, kann dies anders zu beurteilen sein.

4. Gemeinsame Rechtsverteidigung. Da kennzeichenrechtliche Rechteeinräumungen in der Regel nicht gewollt sind und auch nicht erforderlich erscheinen, begnügt die Regelung sich mit einer Ermächtigung, die die Ausübung des dem anderen zustehenden Rechts und prozessual eine gewillkürte Prozessstandschaft ermöglichen soll.

5. Haftung für Inhalte. Der Hinweis soll klarstellen, dass die gemeinsame Rechteverteidigung sich nur auf die Domain als solche bezieht, nicht dagegen auf die von jeder Partei in eigener Verantwortung angebotenen Inhalte.

6. Entgelt. Ob und in welcher Höhe ein Entgelt für den Inhaber der Domain vereinbart wird, hängt von der Interessenlage ab. Hat der Vertrag den Charakter eines Vergleichs vor dem Hintergrund eines Streits um die Domain, wird in der Regel kein Entgelt gezahlt.

7. Haftungsfreistellung. Eine gegenseitige Haftungsfreistellung ist zu empfehlen, da die Vertragspartner durch Hyperlinks auf die Internetpräsenz des anderen Vertragspartners verweisen und eine Inanspruchnahme des Linksetzers durch Dritte wegen der Inhalte der verlinkten Seite nicht ausgeschlossen ist (zur Haftung für Hyperlinks im Einzelnen → Form. V.1 Anm. 10).

8. Kennzeichenrechte. Die Benutzung einer Domain führt regelmäßig zumindest zum Erwerb einer namensrechtlichen Position (vgl. OLG Düsseldorf Urt. 17.11.1998 – 20 U 162/97, NJW-RR 1999, 626 – ufa.de; vgl. auch: MüKo-*Heine* § 12 Rn. 241; Spindler/Schuster/*Müller* § 12 Rn. 49), was bei Verwendung einer gemeinsamen Domain durch zwei Nutzer nicht anders zu beurteilen sein wird. Regelmäßig wird von den Parteien jedoch nicht beabsichtigt sein, sich jeweils schon durch die Tatsache gemeinsamer Nutzung der Domain kennzeichenrechtlich im weiteren Umfang zu präjudizieren, als dies unvermeidlich ist, zB bezüglich der prozessualen Möglichkeit wettbewerbsrechtlicher Eilmaßnahmen.

9. Vertragsbeendigung. Die Beendigungsregelungen sind vor allem dann besonders sensibel, wenn das Vertragsverhältnis vor dem Hintergrund eines Streites um die Domain eingegangen worden ist. Anstelle der hier vorgeschlagenen Beendigungsmöglichkeit nach einer Mindestlaufzeit können je nach Interessenlage viele andere Möglichkeiten in Betracht kommen. Im Interesse einer Verfestigung des gemeinsamen Nutzungsverhältnisses kann etwa vorgesehen werden, dass der Kündigende aus der gemeinsamen Nutzung der Domain ausscheidet und, falls es sich um den Domaininhaber handelt, die Domain an die andere Seite übertragen muss. Sinnvoll kann auch sein, beiden Seiten

Optionsrechte mit der Maßgabe zu gewähren, dass zu einem von einer Seite vorgeschlagenen Preis die andere Seite die Domain nach eigener Wahl entweder verkaufen muss oder kaufen kann („Cross-Option"), so dass die Entscheidung über den Verbleib der Domain auf der Grundlage der Wertschätzung beider Parteien fällt. Aufgrund der Haftungsproblematik sollten die Parteien ferner für den Fall einer wesentlichen Interessenbeeinträchtigung durch rechtswidrige Inhalte einer Partei ein außerordentliches Kündigungsrecht vereinbaren. Eine solche Regelung dient dazu, beide Parteien dazu anzuhalten, die von ihnen eingestellten Inhalte hinreichend zu überprüfen.

10. **Schlussbestimmungen.** → Form. V.4 (Domainkauf) §§ 7, 8 und → Anm. 20 und 21.

6. Webhosting-Vertrag

[1]Zwischen

(1) [Anbieter], [Adresse]

– nachfolgend „X" –

(2) [Kunde], [Adresse]

– nachfolgend „Y" –

§ 1 Gegenstand

Gegenstand dieser Vereinbarung ist die Überlassung von Serverspeicherplatz in den Serveranlagen des Anbieters an den Kunden zum Zweck des Betriebs einer Internetseite.

§ 2 Leistungen

(1) Der Anbieter stellt dem Kunden [. . . . .] GB web-konnektierten Speicherplatz in seinen Serveranlagen (virtueller Server) zur Verfügung. Der Kunde ist berechtigt, diesen Speicherplatz im Rahmen des Vertragszwecks sowie nach Maßgabe der nachfolgenden Vorschriften frei zu nutzen. Für das Aufspielen von Daten ist der Kunde, soweit nichts anderes vereinbart ist,[2] selbst verantwortlich.
(2) Der Anbieter verpflichtet sich zur Bereithaltung des Anschlusses und zur Herstellung der Verbindung ins Internet, damit der virtuelle Server für eingehende Anfragen ansprechbar und die Daten des Kunden abrufbar (Datendownstream), sowie bei Bestehen entsprechender Funktionen der Internetseite Kundendaten speicherbar sind (Datenupstream). Der Anbieter wird durch eine dem Stand der Technik entsprechende Verbindungsbandbreite gewährleisten, dass eine möglichst hohe Datenübertragungsgeschwindigkeit für die Nutzer erreicht wird. Jedoch wird darauf hingewiesen, dass kein störungsfreier Zugang zum Internet außerhalb des Verantwortungsbereichs des Anbieters geleistet werden kann.[3] Zugangsbeeinträchtigungen im üblichen Rahmen stellen keine Verletzung der Leistungspflicht des Anbieters dar. Ferner ist der Anbieter berechtigt, an [. . . . .] (Wochentag) zwischen [. . . . .] und [. . . . .] Uhr Wartungsarbeiten durchzuführen.

§ 3 Serverkonfiguration, Anbindung, Verfügbarkeit

(1) Der Anbieter überlässt dem Kunden Speicherplatz auf einem beliebigen Speichermedium des Anbieters zur Nutzung im Rahmen der nachfolgenden Bestimmungen. Der Anbieter ist berechtigt, den physikalischen Server auch anderen Kunden zur Verfügung zu stellen. Der dem Kunden im Rahmen dieses Vertrags überlassene Speicherplatz wird

jedoch separiert und erhält eine eigene IP-Adresse, so dass er für Dritte als selbständiger Server erscheint (virtueller Server). Der virtuelle Server[4] wird wie folgt konfiguriert und ausgestattet:

- Betriebssystem [. . . . .]
- Webserver-Software [. . . . .]
- Mailprogramm [. . . . .]
- Datenbanksystem [. . . . .]
- Applicationserver[5] [. . . . .]

Der Server wird ferner mit einem aktuellen Antivirenprogramm sowie einer marktüblichen Firewall ausgestattet. Die auf dem Server gespeicherten Inhalte werden täglich auf einem als Backup dienenden Rechner gespeichert.

(2) Der Kunde erhält unbeschränkten Zugriff auf seine gespeicherten Daten. Die gespeicherten Daten können jederzeit im persönlichen Bereich eingesehen, geändert oder gelöscht werden. Der Auftragnehmer stellt zudem sicher, dass der Kunde jederzeit Zugriff auf die auf den Servern abgelegten Logdateien hat, dh diese einsehen und herunterladen kann. Hierzu vergibt der Anbieter einen Benutzernamen und ein Passwort.

(3) Der physikalische Server wird feuersicher und klimatisiert aufgestellt. Die Anlage ist mit einer unterbrechungsfreien Stromversorgung sowie einem Filter gegen Stromschwankungen ausgestattet. Der Anbieter schützt das auf dem Server abgelegte Produkt sowie alle weiteren Daten gegen den Zutritt, Zugang und Zugriff von hierzu nicht berechtigten Dritten gemäß dem aktuellen Stand der Technik. Die Daten des Kunden werden weder verkauft noch aus anderen wirtschaftlichen Gründen an Dritte weitergegeben.

(4) Der Anbieter wird die Verbindung zwischen dem Hosting-Server und dem Internet herstellen und durchgehend aufrechterhalten, insbesondere die Schnittstellen zu Netzen Dritter in einen solchen Zustand bringen und erhalten, dass das auf dem Hosting-Server abgelegte Produkt (inkl. der dazugehörigen Daten) auf Anfrage mit einer Verfügbarkeit von 99,5 % im Kalendermonatsmittel (wobei eine einzelne Störung des Datenabrufs oder der Datenübertragung 1 Stunde nicht überschreiten darf) störungsfrei zugänglich ist. Der Anbieter verpflichtet sich, die Anbindung bedarfsgerecht so zu steuern, dass unter normalen Umständen marktübliche Ladezeiten erreicht werden. Der Serverpark des Anbieters ist mit einer Bandbreite von [. . . . .] Mbit/s an das Internet angebunden. Zur Realisierung der Anbindung des Servers an das Internet bedient der Anbieter sich als zuverlässig bekannter Carrier. Er ist aber nur für die ordnungsgemäße Funktion seines eigenen Netzwerks sowie der von ihm selbst unterhaltenen Verbindungen und Übertragungswege und die Anbindung bis zur Internet-Schnittstelle verantwortlich.[6]

§ 4 Vergütung

(1) Zur Abgeltung der von Anbieter erbrachten Leistungen nach Ziff. 1 erhält er eine monatliche Vergütung. Die monatliche Vergütung beträgt [. . . . .] EUR zuzüglich Umsatzsteuer in gesetzlicher Höhe. Die Vergütung wird jeweils für den Vormonat innerhalb von 20 Tagen nach Erhalt einer ordnungsgemäßen Rechnung durch den Kunden zur Zahlung fällig. (Alternativ: Sie ist jeweils im Voraus zum Ende eines Kalendermonats für den folgenden Monat zur Zahlung fällig.)

(2) Zusätzliche Leistungen des Anbieters werden dem Kunden zeitbezogen auf der Grundlage eines Stundensatzes von [. . . . .] EUR zuzüglich Umsatzsteuer in gesetzlicher Höhe in Rechnung gestellt.

§ 5 Nutzungsbestimmungen, Pflichten und Obliegenheiten des Kunden

(1) Der Kunde räumt dem Anbieter an seinen Daten diejenigen urheberrechtlichen Vervielfältigungsrechte und sonstigen Befugnisse ein, die zur Durchführung dieses Vertrages erforderlich sind.[7]

(2) Der Kunde ist verpflichtet, die Dienste ausschließlich zweckentsprechend zu nutzen. Er hat sich bei der Nutzung der Dienste jedes Verstoßes gegen Rechtsvorschriften sowie jedes Missbrauchs zu enthalten.[8] Insbesondere ist er verpflichtet, keine Daten auf dem virtuellen Server zu speichern und in das Internet einzustellen, die gegen Gesetze oder Rechte Dritter verstoßen oder sittenwidrig sind, oder auf derartige Informationen zu verweisen. Hierzu zählen beispielsweise Informationen, die strafbare oder sexuell anstößige Inhalte oder jugendgefährdende Inhalte aufweisen, ohne hinreichend gegen die Kenntnisnahme von Jugendlichen unter 18 Jahren gesichert zu sein, oder die sonst verboten sind, insbesondere Daten kinderpornographischen oder politisch radikal propagandistischen Inhalts. Die Bestimmungen des Jugendmedienstaatsvertrages und des Jugendschutzgesetzes sowie die nationalen und internationalen Urheber- und Kennzeichenrechte sowie sonstige gewerbliche Schutzrechte und Persönlichkeitsrechte Dritter sind zu beachten. Wendet der Kunde sich mit seinem Angebot (auch) an Nutzer in anderen Staaten als der Bundesrepublik Deutschland, gilt dies auch für die anwendbaren Vorschriften solcher anderen Staaten. Der Kunde wird in angemessenen Zeitabständen auch aus dem Internet heraufgeladene Daten auf ihre Rechtmäßigkeit überprüfen, soweit diese für Dritte zugänglich sind; sofern der Kunde derartige Daten nicht löscht oder sperrt, hat er die Inhalte im Verhältnis zum Anbieter wie eigene zu vertreten.

(3) Es obliegt dem Kunden, ausreichende Sicherungskopien seiner Internetseiten und seiner sonstigen Daten anzufertigen. Sofern die Internetseite dem Kunden Daten der Nutzer seines Internet-Angebotes überspielt oder er sonst auf diese Daten Zugriff hat, obliegt dem Kunden die regelmäßige Sicherung dieser Daten.

(4) Der Kunde ist verpflichtet, den üblichen Grundsätzen der Datensicherheit Rechnung zu tragen, zB Passwörter und Zugangsdaten geheim zu halten, nicht an Dritte weiterzugeben und vor dem unberechtigten Zugriff durch Dritte zu schützen und, sofern erforderlich, für deren Änderung Sorge zu tragen, sowie dem Missbrauch eigener Anlagen durch Dritte vorzubeugen. Er wird den Anbieter unverzüglich informieren, sofern ihm Anhaltspunkte dafür vorliegen, dass unbefugten Dritten die Zugangsdaten/Passwörter bekannt sind.

(5) Ferner ist der Kunde verpflichtet, die Bestimmungen zur Anbieterkennzeichnung gemäß § 5 TMG,[9] sowie alle weiteren anwendbaren Bestimmungen in der jeweils geltenden Fassung einzuhalten.

(6) Die Weitervermietung des Speicherplatzes an Dritte (Sub-Hosting) bedarf der ausdrücklichen schriftlichen Zustimmung des Anbieters. Im Falle des Einverständnisses sind dem Untermieter die in dieser Bestimmung enthaltenen Nutzungsbestimmungen aufzuerlegen.[10]

§ 6 Haftung und Freistellungsverpflichtung des Kunden, Sperrung des Zugangs durch den Anbieter

(1) Der Kunde verpflichtet sich, den Anbieter von sämtlichen Ansprüchen freizustellen, die im Zusammenhang mit der Nutzung der Dienste des Anbieters durch den Kunden gegen den Anbieter erhoben werden, insbesondere wegen möglicher Verstöße gegen die Rechte Dritter oder gegen gesetzliche Vorschriften. Ferner ist der Kunde verpflichtet, für alle sonstigen Schäden und Aufwendungen aufzukommen, die dem Anbieter im Zusammenhang mit einer schuldhaft vertrags- oder gesetzeswidrigen Nutzung seiner Dienste durch den Kunden entstehen, insbesondere durch die Geltendmachung von Ansprüchen wegen möglicher Verstöße durch Dritte.[11] Die Freistellungsverpflichtung umfasst insbesondere auch die Verpflichtung, den Anbieter von notwendigen Rechtsverteidigungskosten freizustellen.[12] Der Kunde ist zur unverzüglichen Information des Anbieters verpflichtet, wenn er eine Rechtsverletzung Dritter erkennt oder ihm diesbezügliche Anhaltspunkte vorliegen.

(2) Der Anbieter ist berechtigt, die Anbindung des Servers an das Internet vorläufig zu unterbrechen (Sperrung der Internetseite), wenn er Kenntnis davon erlangt, dass eingestellte Inhalte rechtswidrig sind oder ein hinreichender Verdacht der Rechtswidrigkeit gegeben ist. Ein hinreichender Verdacht der Rechtswidrigkeit ist insbesondere gegeben, wenn der Anbieter eine Abmahnung des vermeintlich Verletzten erhalten oder ansonsten wegen Rechtswidrigkeit der eingestellten Inhalte auf Unterlassung in Anspruch genommen wird und die Abmahnung bzw. das Unterlassungsbegehren nicht offensichtlich unbegründet sind. Soweit möglich, ist der Kunde zuvor anzuhören, sonst unverzüglich zu benachrichtigen.[13] Die Sperrung hat sich auf die möglicherweise rechtswidrigen Inhalte zu beschränken, soweit dies technisch möglich und zumutbar ist.

§ 7 Mängelrechte

(1) Der Anbieter leistet Gewähr für die Funktion des Servers im Rahmen der vorstehenden Spezifikationen. Soweit der Anbieter dem Kunden Speicherplatz in seinen Serveranlagen zur Verfügung stellt, ist eine verschuldensunabhängige Haftung für anfängliche Mängel ausgeschlossen.[14] Ansonsten erfolgt die Gewährleistung durch Mängelbeseitigung. Gesetzliche Minderungsrechte bleiben unberührt.[15] Eine Haftung auf Schadensersatz besteht – unbeschadet der gesetzlichen Voraussetzungen – nur unter den in § 8 genannten Voraussetzungen.
(2) Der Anbieter ist nicht verantwortlich für die Daten des Kunden, insbesondere die einwandfreie Funktion der Internetseite innerhalb der Server- und Systemumgebung des Anbieters. Soweit die Internetseite über die vertraglich vereinbarten Serverkonfigurationen hinaus Anforderungen an den Server oder die vorinstallierte Software stellt, ist es Sache des Kunden, für die Realisierung dieser Anforderungen zu sorgen. Der Anbieter behält sich vor, die Umsetzung derartiger Anforderungen zu verweigern oder von weiteren, auch für den Kunden kostenpflichtigen, technischen Änderungen abhängig zu machen.
(3) Dem Kunden obliegt es, aufgetretene Störungen, die ihre Ursache in dem Verantwortungsbereich des Anbieters haben können, unverzüglich anzuzeigen und den Anbieter bei der Feststellung der Ursachen sowie bei deren Beseitigung in zumutbarem Umfang zu unterstützen sowie alle zumutbaren Maßnahmen zur Verhütung und Minderung von Schäden zu treffen.

§ 8 Haftung

(1) Soweit aufgrund dieses Vertrages Telekommunikationsdienstleistungen für die Öffentlichkeit erbracht werden (§ 3 Nr. 24 TKG), haftet der Anbieter beschränkt gemäß § 44a TKG.[16]
(2) Außerhalb des Anwendungsbereichs des § 44a TKG gelten für eine Haftung des Anbieters auf Schadensersatz – unbeschadet der sonstigen gesetzlichen Anspruchsvoraussetzungen – die folgenden Haftungsausschlüsse und -begrenzungen:
(a) Der Anbieter haftet, sofern ihm Vorsatz oder grobe Fahrlässigkeit zur Last fällt.[17] Für einfache Fahrlässigkeit haftet der Anbieter nur bei Verletzung einer Pflicht, deren Erfüllung die ordnungsgemäße Durchführung des Vertrags überhaupt erst ermöglicht und auf deren Einhaltung der Vertragspartner regelmäßig vertrauen darf (sogenannte Kardinalpflicht).[18] Im Übrigen ist eine Schadensersatzhaftung für Schäden aller Art, gleich aufgrund welcher Anspruchsgrundlage, einschließlich der Haftung für Verschulden bei Vertragsschluss, ausgeschlossen.
(b) Sofern der Anbieter wegen einfacher Fahrlässigkeit haftet, ist die Haftung auf den Schaden begrenzt, mit dessen Entstehen nach den bei Vertragsschluss bekannten Umständen typischerweise gerechnet werden musste. Ist der Kunde Unternehmer, gilt vorstehende Haftungsbeschränkung auch, sofern die Pflichtverletzung des Anbieters auf grober Fahrlässigkeit beruht.[19]

(c) Vorstehende Haftungsausschlüsse und -beschränkungen gelten weder, wenn der Anbieter eine Garantie für die Beschaffenheit der Ware übernommen hat, noch für Schäden, die nach dem Produkthaftungsgesetz zu ersetzen sind, noch für Schäden an Leben, Körper oder Gesundheit[20] noch für gesetzliche Ansprüche.

(d) Vorstehende Haftungsausschlüsse und -begrenzungen gelten auch zugunsten der Mitarbeiter des Anbieters, Erfüllungsgehilfen und sonstiger Dritter, deren sich der Anbieter zur Vertragserfüllung bedient.

§ 9 Kündigung

(1) Der Vertrag ist für die Dauer von einem Jahr fest geschlossen (Mindestvertragslaufzeit). Er verlängert sich jeweils um ein Jahr, wenn er nicht zum Ende der Mindestvertragslaufzeit bzw. zum Ende des jeweiligen Verlängerungszeitraums von einem Jahr gekündigt wird. Die Kündigungsfrist beträgt für beide Parteien drei Monate.[21] (Alternativ: Der Vertrag wird auf unbestimmte Zeit geschlossen und kann von beiden Parteien mit einer Frist von 3 Monaten ohne Angabe von Gründen zum Monatsende gekündigt werden.)

(2) Das Recht zur außerordentlichen Kündigung bleibt unberührt. Ein wichtiger Grund liegt für den Anbieter insbesondere vor, wenn

(a) der Kunde für zwei aufeinander folgende Termine mit der Entrichtung des Entgelts oder eines nicht unerheblichen Teils des Entgelts in Verzug ist oder in einem Zeitraum, der sich über mehr als zwei Termine erstreckt, mit der Entrichtung des Entgelts in Höhe eines Betrages in Verzug ist, der das Entgelt für zwei Monate erreicht,[22] oder

(b) der Kunde sich einer wesentlichen, trotz Abmahnung fortgesetzten Vertragsverletzung schuldig macht oder

(c) besondere Umstände vorliegen, aufgrund derer unter Abwägung der beiderseitigen Interessen dem Anbieter eine Fortsetzung des Vertragsverhältnisses nicht zuzumuten ist.[23]

(3) Die Kündigung bedarf der Schriftform.

(4) Bei Wirksamwerden der Kündigung ist der Kunde berechtigt, seinen auf dem Server gespeicherten Datenbestand zu übernehmen oder an Dritte zu übermitteln. Soweit der Anbieter dabei auf Verlangen des Kunden mitwirkt, kann er eine aufwandbezogene Vergütung verlangen. Der Anbieter verpflichtet sich, auf dem Server verbliebene Daten des Kunden vollständig zu löschen.

§ 10 Vertraulichkeit

Der Anbieter wird jegliche Information, die er von dem Kunden vor und im Rahmen dieses Vertrages erhält, vertraulich behandeln. Er wird sie intern nur denjenigen Mitarbeitern zugänglich machen, die sie zur Erfüllung ihrer Verpflichtungen benötigen.

§ 11 Datenschutz

Sofern der Kunde personenbezogene Daten auf dem Server speichern will, ist der Abschluss einer Auftragsverarbeitungsvereinbarung gem. Art. 28 DSGVO erforderlich. Der Anbieter stellt dem Kunden eine solche Vereinbarung auf Anforderung zur Verfügung.[24]

§ 12 Schlussbestimmungen

Gerichtsstand, Schriftform, salvatorische Klausel[25]

Schrifttum: Härting, Internetrecht, Köln, 6. Auflage 2017; Hoeren/Sieber/Holznagel (Hrsg.), Handbuch Multimedia-Recht, München, 46. Ergänzungslieferung, Stand: Januar 2018; Kilian/Heussen (Hrsg.), Computerrecht, München, 34. Ergänzungslieferung,

Stand: Mai 2018; *Klett/Pohle,* Verträge über Internet-Dienstleistungen, DriZ 2007, 198; *Koch* Internet-Recht, 2. Auflage, München 2005; *Münster,* Anmerkung zu AG Charlottenburg, Urteil vom 11. Januar 2002, MMR 2002, 260; Palandt, Bürgerliches Gesetzbuch, München, 78. Auflage 2019; Redeker (Hrsg.), Handbuch der IT-Verträge, Köln, 36. Ergänzungslieferung, Stand: Oktober 2018; *Redeker*, IT-Recht, München, 6. Auflage 2017; Säcker/Rixecker (Hrsg.) Münchener Kommentar zum Bürgerlichen Gesetzbuch, München, 7. Auflage 2016; Spindler/Schuster (Hrsg.), Recht der elektronischen Medien, München, 3. Auflage 2015; Spindler (Hrsg.), Vertragsrecht der Internet-Provider, Köln, 2. Auflage 2004; *Schuppert,* Web-Hosting-Verträge, CR 2000, 227; Staudinger, Kommentar zum Bürgerlichen Gesetzbuch, Berlin,2011; *Wulf,* Serververträge und Haftung für Serverausfälle – Eine Analyse der vertragstypologischen Einordnung und des Haftungsumfangs, CR 2004, 43.

Anmerkungen

Sachverhalt. Der Anbieter („Presence-Provider“) befasst sich mit dem Betrieb von Internet-Servern und stellt Betreibern von Internet-Inhaltsangeboten („Content-Providern“) Speicherkapazität zur Verfügung. Beim sog. „Web-Hosting“ wird dem Kunden auf dem physikalischen Server des Anbieters, der auch von anderen Kunden genutzt wird, durch die Separierung von Speicherplatz mit eigener IP-Adresse ein „virtueller Server“ eingerichtet. Demgegenüber wird von „Web-Housing“ gesprochen, wenn der Speicherplatz auf dem physikalischen Server des Anbieters dem Kunden vollständig überlassen wird. Verfügt der Content-Provider selbst über einen Server und stellt der Anbieter nur den Stellplatz sowie das erforderliche technische Umfeld zur Verfügung, handelt es sich um „Server-Housing“. Hier wird von der häufigsten Konstellation des „Webhostings“ ausgegangen. Der Kunde ist Unternehmer.

1. Vertragstypologische Einordnung. Die vertragstypologische Einordnung des Webhosting-Vertrages ist umstritten. Der Anbieter schuldet zum einen die Überlassung von Speicherplatz auf einem seiner Server (*Münster* MMR 2002, 260 (261); Redeker/*Schuppert* 3.3 Rn. 10), zum anderen hat der Anbieter für die Anbindung des Servers an das Internet zu sorgen, damit die auf dem Server vorhandenen Daten im Internet für Dritte zur Verfügung stehen (*Münster* MMR 2002, 260; Redeker/*Schuppert* 3.3 Rn. 18; *Klett/Pohle* DriZ 2007, 198 (202); *Wulf* CR 2004, 43 (44)). Soweit es um die Bereitstellung von Speicherplatz geht, besteht weitgehende Einigkeit, dass es sich um einen Mietvertrag handelt (AG Charlottenburg Urt. v. 11.1.2002 – 208 C 192/01, CR 2002, 297; *Redeker,* IT-Recht, Rn. 1105; *Klett/Pohle* DriZ 2007, 198 (202); Redeker/*Schuppert* 3.3 Rn. 8b; *Härting,* Internetrecht, Rn. 992; *Wulf* CR 2004, 43 (44); Hoeren/Sieber/*Redeker*, IT-Recht, Teil 12 Rn. 239: a.A. Werkvertrag: OLG Düsseldorf Urt. v. 26.2.2003 – 18 U 192/02, MMR 2003, 474). Schwieriger ist die Einordnung der Verpflichtung des Anbieters, für eine Verbindung des Servers zum Internet zu sorgen. Diese Pflicht wird teilweise als mietvertragliche (AG Charlottenburg Urt. v. 11.1.2002 – 208 C 192/01, CR 2002, 297; *Münster* MMR 2002, 260; *Wulf* CR 2004, 43 (45)), teilweise als werkvertragliche (OLG Düsseldorf Urt. v. 26.2.2003 – 18 U 192/02, MMR 2003, 474; *Koch* § 1 S. 55) oder als dienstvertragliche (AG Düsseldorf Urt. v. 17.3.2005 – 28 C 16622/04, BeckRS 2007, 10567; *Klett/Pohle* DriZ 2007, 198 (202); Redeker/*Schuppert* 3.3 Rn. 18, 21) Pflicht eingestuft. Auch der Bundesgerichtshof hat das regelmäßige Vorliegen der drei genannten Vertragstypen bejaht. Dabei gelangte er zu der Schlussfolgerung, dass der Vertragszweck „seinen Schwerpunkt in der Gewährleistung der Abrufbarkeit der Website des Kunden im Internet“ habe und daher insgesamt als Werkvertrag nach § 631 BGB zu behandeln sei (BGH Urt. v. 4.3.2010 – III ZR 79/09, CR 2010, 327 ff.; nochmals bestätigt in BGH Urt. v. 24.9.2013 – KZR 62/11, MMR 2013, 783; Diese Auffassung wird in der Literatur geteilt (*Redeker*, IT-Recht, Rn. 1105; *Härting*, Internetrecht, Rn. 994). Dem Kunden des Webhosters wird es gerade darauf ankommen, dass sein Internetauftritt stets abrufbar ist und der Host-Provider die dafür vorausgesetzte, in seiner Sphäre liegende Anbindung an das Internet herstellt. Aufgrund des überwiegenden Interesses an dem Erfolg der Verbindungsherstellung ist die Auffassung des Bundesgerichtshofs hinsichtlich der Einordnung als Werkvertrag plausibel.

2. Installation. Die Installation der Internetseite wird in der Regel nicht durch den Kunden selbst vorgenommen, sondern entweder durch den Hersteller der Internetseite oder durch den Webhosting-Anbieter selbst (beides kann auch zusammenfallen). In jedem Fall empfiehlt es sich, die Verantwortlichkeiten klarzustellen.

3. Geschuldete Verfügbarkeit der Leistung. Aufgrund der Einordnung als Werkvertrag ist eine reine Bemühensklausel (wie in einem Access-Provider-Vertrag) kritisch, so dass in dem Muster eine „echte" Verpflichtung aufgenommen wurde. Um dem Risiko entgegen zu wirken, dass eine 100 %ige Verfügbarkeit als geschuldet angesehen wird, wurde in dem Muster die geschuldete Verfügbarkeit auf einen bestimmten Prozentsatz im Jahres- oder Monatsmittel reduziert. Dies ist mittlerweile üblich, auch wenn AGB-rechtliche Risiken bestehen, sofern man dies als „verhüllten Haftungsausschluss" ansieht (im Detail → Form. V.3 Anm. 5). Zu beachten ist, dass die Verfügbarkeit nicht zu gering angesetzt werden darf und sich der Betrachtungszeitraum jedenfalls auf ein Quartal oder besser auf einen Kalendermonat beziehen sollte.

Für den Hinweis auf die Berechtigung von Wartungsarbeiten während eines definierten Wartungsfensters gelten die Ausführungen entsprechend. Hinsichtlich des Wartungszeitraums sollte darauf geachtet werden, dass dieser tatsächlich dem üblicherweise für Wartungsarbeiten zu veranschlagenden Zeitraum entspricht, da auch dieser sonst als verhüllte Haftungsbeschränkung für unwirksam erklärt werden könnte.

4. Serverkonfiguration. Die Konfiguration des virtuellen Servers erfolgt technisch durch die Konfiguration des physikalischen Servers.

5. Application Software. Eine Software, die Befehle der Internetseite, zB in Bezug auf das Auslesen von Daten aus einer Datenbank, ausführt.

6. Anbindung. Der Anbieter schaltet bei der Erbringung seiner Leistung regelmäßig Dritte ein, da er die Leitungswege im Internet grundsätzlich von Drittanbietern anmietet. Die Bestimmung soll bereits auf der Ebene der Definition der Primärleistungspflichten klarstellen, dass der Anbieter keine Leistungspflicht für die Datenübertragungswege dritter Betreiber übernimmt (vgl. Spindler/*Schuppert*, Vertragsrecht der Internet-Provider, Teil V Rn. 36 ff. zum Leistungsumfang Hoeren/Sieber/Holznagel/*Redeker* Teil 12 Rn. 224), sich seine Leistung also darauf beschränkt, neben den eigenen Einrichtungen die Anbindung der Serveranlagen bis zur Internet-Schnittstelle sicherzustellen. Die Definition der Leistungspflicht ist für den Web-Hoster von besonderer Bedeutung, da er entsprechend § 278 BGB im Rahmen der Leistungspflicht grundsätzlich auch für das Verschulden seiner Erfüllungsgehilfen einzustehen hat. Soweit der Pflichtenkreis reicht, haftet der Anbieter daher auch für Störungen der Verbindung, für die Dritte verantwortlich sind (*Wulf* CR 2004, 43 (47)). Die Aufnahme von Klauseln zur prozentualen Verfügbarkeit ist mittlerweile üblich, jedoch mit einem gewissen AGB-rechtlichen Risiko behaftet (im Detail → Form. V.3 Anm. 5 und → Anm. 3).

7. Rechteeinräumung. Die von dem Kunden auf dem Server des Anbieters gespeicherten Daten, insbesondere die Inhalte der Internetseiten werden häufig urheberrechtlich und/oder kennzeichenrechtlich geschützt sein. Die Pflichten des Anbieters beinhalten in gewissem Umfang eine Nutzung der geschützten Daten. Dem Anbieter obliegt beispielsweise die Pflicht zur Sicherung der auf dem Server befindlichen Daten. Das Muster stellt klar, dass dem Anbieter die zur Erbringung erforderlichen Rechte eingeräumt werden, auch wenn tatsächlich wohl der Kunde die Verwertungshandlung selbst vornehmen dürfte.

8. Haftung des Anbieters. Der Anbieter sollte den Kunden ausdrücklich vertraglich verpflichten, die Dienste des Anbieters nur zweckentsprechend zu nutzen und insbesondere keine rechtswidrigen Inhalte auf den gehosteten Internetseiten abzuspeichern. Unter bestimmten Umständen haftet nämlich auch der Anbieter für die rechtswidrigen Inhalte der von ihm gespeicherten Informationen. Die Haftung von Diensteanbietern von Telemediendiensten ist in §§ 7 ff. TMG geregelt. Während der Anbieter von Telemediendiensten für eigene Informationen (also zB der Content-Provider für die Inhalte der eigenen Internetseite) nach Maßgabe der Allgemeinen Gesetze verantwortlich ist (§ 7 Abs. 1 TMG), beschränken die §§ 8 ff. TMG – differenziert nach der Art der angebotenen Telemediendienstleistung – die Haftung des Anbieters für fremde Informationen, die nur übermittelt oder gespeichert werden. § 7 Abs. 2 TMG bestimmt, dass Anbieter dieser Dienste nicht verpflichtet sind, die von ihnen übermittelten oder gespeicherten Informationen zu überwachen oder nach Umständen zu forschen, die auf eine rechtswidrige Tätigkeit hindeuten.

Für den Host-Provider ist als Diensteanbieter iSd Telemediengesetzes § 10 TMG einschlägig. Danach sind Diensteanbieter für fremde Informationen, die sie für einen Nutzer speichern, nicht verantwortlich, sofern

1. sie keine Kenntnis von der rechtswidrigen Handlung oder der Information haben und ihnen im Falle von Schadensersatzansprüchen auch keine Tatsachen oder Umstände bekannt sind, aus denen die rechtswidrige Handlung oder die Information offensichtlich wird, oder
2. sie unverzüglich tätig geworden sind, um die Information zu entfernen oder den Zugang zu ihr zu sperren, sobald sie diese Kenntnis erlangt haben.

Die Verpflichtung, proaktiv nach rechtswidrigen Inhalten zu suchen, besteht für den Host-Provider nicht (vgl. nur BGH Urt. v. 1.3.2016 – VI ZR 34/15, NJW 2016, 2106 – Ärztebewertungsportal III). Den Host-Provider trifft die Pflicht zum Tätigwerden erst dann, wenn der Hinweis auf die Rechtsverletzung so konkret erfolgt ist, dass der Host-Provider diese unschwer auffinden kann und die Rechtsverletzung – ohne eingehende rechtliche und tatsächliche Prüfung – auch als solche unschwer zu erkennen ist (BGH Urt. v. 17.8.2011 – I ZR 57/09, GRUR 2011, 1038; BGH Urt. v. 25.10.2011 – VI ZR 93/10, GRUR 2012, 311). Grundsätzlich empfiehlt es sich, ein „Notice and Take-Down"-Verfahren einzurichten und dieses bei nicht offensichtlichen Rechtsverletzungen zu durchlaufen. Dieses Verfahren hat der Bundesgerichtshof als notwendige (und ausreichende) Handlung von Blogbetreibern angesehen, wenn rechtsverletzende Blogbeiträge über ihre Blogs verbreitet wurden (Killian/Heussen/Ballhausen/Roggenkamp, Teil 2, Providerverträge Rn. 41; BGH Urt. v. 25.10.2011 – VI ZR 93/10, MMR 2012, 124 Rn. 27). Das „Notice-and-Take-Down"-Verfahren umfasst die folgenden Schritte (BGH Urt. v. 25.10.2011 – VI ZR 93/10, MMR 2012, 124 Rn. 27; hierzu insgesamt auch BGH Urt. v. 1.3.2016 – VI ZR 34/15, NJW 2016, 2106):

- Der Host-Provider leitet die Beanstandung zunächst an den für den Inhalt Verantwortlichen zur Stellungnahme weiter.
- Bleibt diese Stellungnahme innerhalb einer angemessenen Frist aus, ist von einer Berechtigung der Beanstandung auszugehen und der Host-Provider hat den beanstandeten Eintrag zu löschen.
- Bestreitet der Verantwortliche jedoch die Berechtigung der Beanstandung substantiiert, muss der Host-Provider den Betroffenen darauf hinweisen und ggf. Nachweise zur Berechtigung fordern.

– Reagiert der Betroffene nicht oder übermittelt er nicht die erforderlichen Nachweise, ist der Host-Provider aus der Haftung entlassen.
– Liegen nach entsprechender Einholung von Auskünften die Voraussetzungen einer rechtswidrigen Verletzung vor, ist der beanstandete Eintrag zu löschen.

Außerdem gilt die Haftungsbeschränkung in § 10 TMG nur für eine strafrechtliche Verantwortlichkeit des Anbieters sowie für Schadensersatzansprüche. Auf zivilrechtliche Unterlassungsansprüche, insbesondere unter dem Gesichtspunkt der Störerhaftung oder aufgrund von Urheberrechts- oder Kennzeichenrechtsverletzungen, finden die Haftungsprivilegierungen der §§ 8 ff. TMG keine Anwendung (BGH Urt. v. 30.4.2008 – I ZR 73/05, ZUM 2008, 685 – Internet-Versteigerung III; BGH Urt. v. 19.4.2007 – I ZR 35/04, CR 2007, 523; Urt. v. 11.3.2004 – I ZR 304/01, MMR 2004, 668; OLG Brandenburg Urt. v. 19.2.2007 – 1 U 13/06, NJW 2007, 465; OLG München Urt. v. 21.9.2006 – 29 U 2119/06, MMR 2006, 739; LG Köln Urt. v. 21.3.2007 – 28 O 19/07, ZUM 2007, 568; LG Köln Urt. v. 12.9.2007 – 28 O 339/07, ZUM 2007, 873; *Härting,* Internetrecht, Rn. 714). Nach mittlerweile gefestigter höchstrichterlicher Rechtsprechung kann der Anbieter nach allgemeinen Störerhaftungsgrundsätzen auf Entfernung oder Sperrung der Nutzung fremder Informationen in Anspruch genommen werden, wenn er zumutbare Prüfungspflichten verletzt hat (BGH Urt. v. 16.5.2013 – I ZR 216/11, GRUR 2013, 1229 – Kinderhochstühle im Internet II; BGH Urt. v. 22.7.2010 – I ZR 139/08, GRUR 2011, 152 – Kinderhochstühle im Internet I; BGH Urt. v. 30.4.2008 – I ZR 73/05, ZUM 2008, 685 – Internet-Versteigerung III; BGH Urt. v. 19.4.2007 – I ZR 35/04, NJW 2007, 2636; Urt. v. 11.3.2004 – I ZR 304/01, NJW 2004, 3102; Urt. v. 18.10.2001 – I ZR 22/99, GRUR 2002, 618; LG Köln Urt. v. 16.5.2001 – 28 O 144/01, MMR 2001, 559; OLG Hamburg Urt. v. 4.11.1999 – 3 U 274/98, MMR 2000, 92; LG Bremen Urt. v. 13.1.2000 – 12 O 453/99, MMR 2000, 375; *Härting,* Internetrecht, Rn. 2138; ausführlich → Form. V.1 Anm. 10). Wenn der als Störer haftende Host-Provider die Löschung von rechtsverletzenden Inhalten verweigert, kann dies dazu führen, dass er nicht nur als Störer, sondern gar als Gehilfe des Haupttäters haftet (OLG Hamburg Beschl. v. 13.5.2013 – 5 W 41/13, MMR 2013, 533).

9. Anbieterkennzeichnung. → Form. V.1 Anm. 3.

10. Sub-Hosting. Da der Anbieter selbst für die Inhalte seines Kunden verantwortlich sein kann, soll die Vorschrift sicherstellen, dass im Rahmen der Haftung auf denjenigen zugegriffen werden kann, der für die Daten tatsächlich verantwortlich ist.

11. Haftungsfreistellung durch den Kunden. Da eine direkte Inanspruchnahme des Anbieters durch Dritte im Falle der Rechtswidrigkeit der gespeicherten Inhalte, insbesondere auf Sperrung und Entfernung der gehosteten Inhalte, nicht ausgeschlossen ist (→ Anm. 8), hat der Anbieter ein legitimes Interesse daran, mit dem Kunden im Innenverhältnis eine Haftungsfreistellung zu vereinbaren (Redeker/*Schuppert* 3.3 Rn. 90).

12. Rechtsverfolgungskosten. Die Regelung stellt klar, dass der Kunde auch die Kosten für notwendige Rechtsverteidigungskosten des Anbieters zu tragen hat. Rechtsverfolgungskosten des anspruchsstellenden Dritten, zum Beispiel dessen Anwaltskosten bei einer begründeten Abmahnung, können als Teil des Schadensersatzes bzw. Freihalteanspruchs gegen den Kunden geltend gemacht werden.

13. Vorläufige Sperrung. Dem Anbieter obliegt es im eigenen Interesse, die Internetseite vorläufig zu sperren, sobald ihm Hinweise auf die Rechtswidrigkeit der Inhalte vorliegen. Nach § 10 Abs. 2 TMG entfällt die Haftungsprivilegierung, wenn der Anbieter nach Kenntniserlangung nicht unverzüglich tätig wird, um den Zugang zu den Informationen zu sperren. Weitergehend trifft den Anbieter eine Verantwortlichkeit unter Störergesichtspunkten schon dann, wenn er trotz Vorliegens konkreter Hinweise auf die Rechtswidrigkeit der Inhalte, zum Beispiel durch eine Abmahnung, untätig bleibt (zur Haftung des Anbieters im Einzelnen → Anm. 9). Da ein Recht zur außerordentlichen Kündigung grundsätzlich eine Abmahnung des Kunden voraussetzt, sollte der Anbieter die Internetseite zunächst vorläufig sperren, wenn er Kenntnis oder Hinweise auf die Rechtswidrigkeit der Inhalte erlangt. Das Recht zur Sperrung wird in § 10 TMG nicht geregelt, sondern vorausgesetzt. Es ergibt sich in der Regel aus einem Zurückbehaltungsrecht gemäß § 320 BGB (für synallagmatische Hauptleistungspflichten). Der Anbieter sollte sich aber aus Klarstellungsgründen auch ausdrücklich vertraglich das Recht zur vorläufigen Sperrung der Anbindung ausbedingen.

14. Garantiehaftung. Soweit es um die Zurverfügungstellung von Speicherplatz auf dem Server des Anbieters geht, richten sich die Mängelrechte des Kunden nach den mietrechtlichen Vorschriften (zur Rechtsnatur des Webhostingvertrags → Anm. 1). Der Anbieter haftet dementsprechend gemäß den mietrechtlichen Bestimmungen auf Schadensersatz, wenn der Server mit anfänglichen Mängeln behaftet ist, nachträglich zu vertretende Mängel auftreten oder der Anbieter mit der Mängelbeseitigung in Verzug gerät, § 536a Abs. 1 BGB. Die Garantiehaftung für anfängliche Mängel kann formularmäßig ausgeschlossen und der Verschuldensmaßstab in den Grenzen des § 309 Nr. 7 BGB abgemildert werden (BGH Beschl. v. 4.10.1990 – XII ZR 46/90, WM 1992, 1165; Palandt/*Weidenkaff* BGB § 536a Rn. 7; Staudinger/*Emmerich* § 536a Rn. 44; MüKo-*Häublein* § 536a Rn. 21 f.).

15. Mängelbeseitigung und Minderung. Das Gewährleistungsrecht ist dem Mietrecht zu entnehmen, weil es nicht um die Nachholung einmal gescheiterter Erfolge, sondern um die Sicherstellung des Erfolgseintritts in der Zukunft geht. Bei Mängeln im Bereich der mietvertraglichen Pflicht des Anbieters zur Überlassung von Speicherplatz ist der Anbieter somit nach § 535 Abs. 1 BGB zur Mängelbeseitigung verpflichtet. Es entfällt allerdings die verschuldensunabhängige Haftung für anfängliche Mängel, die es im Werkvertragsrecht nicht gibt (*Redeker* Rn. 1106). Bei einer vorübergehenden Nichtgewährung des Internetzugangs steht dem Kunden das Recht zur Minderung des Mietpreises gemäß § 536 BGB zu.

16. Haftungsbeschränkung nach § 44a TKG. Auf Host-Provider-Verträge ist das TKG grundsätzlich nicht anwendbar (Hoeren/Sieber/Holznagel/*Redeker* Teil 12 Rn. 241). Die Haftungsbeschränkung des § 44a TKG (Haftungsbeschränkung auf 12.500 EUR je Endnutzer, höchstens auf 10 Millionen Euro für Vermögensschäden, die nicht auf Vorsatz beruhen) findet daher auf Web-Hosting-Verträge nur insoweit Anwendung, als der Anbieter im Rahmen des Webhostings Telekommunikationsdienste gemäß § 3 Nr. 24 TKG erbringt (Spindler/*Spindler,* Vertragsrecht der Internetprovider, Teil IV Rn. 265; Spindler/*Schuppert,* Vertragsrecht der Internetprovider, Teil IV Rn. 224 ff.). Der Klauselvorschlag trägt dem mit seiner Zweiteilung Rechnung.

17. Freizeichnungs- und Haftungsbegrenzungsverbot für grobe Fahrlässigkeit und Vorsatz. Vgl. § 309 Nr. 7b) BGB.

18. Freizeichnungsverbot für Verletzung wesentlicher Vertragspflichten. Nach der ständigen Rechtsprechung des Bundesgerichtshofs (BGH Urt. v. 20.7.2005 – VIII ZR 121/04, NJW-RR 2005, 1496; BGHZ 149, 89 (95 f.); 145, 203 (244); BGH Urt. v. 11.11.1992 – VIII ZR 238/91, NJW 1993, 335, unter II 2a) darf eine formularmäßige Freizeichnung von der Haftung für einfache Fahrlässigkeit nicht zur Aushöhlung von vertragswesentlichen Rechtspositionen des Vertragspartners führen, etwa weil sie ihm solche Rechte wegnimmt oder einschränkt, die ihm der Vertrag nach seinem Inhalt und Zweck gerade zu gewähren hat (§ 307 Abs. 2 Nr. 2 BGB, § 9 Abs. 2 Nr. 2 AGBG). Ein Haftungsausschluss für leichte Fahrlässigkeit muss daher vertragswesentliche Pflichten ausnehmen. Anderenfalls ist die Klausel wegen Verstoßes gegen § 307 BGB unwirksam. Eine Umschreibung des Begriffs der vertragswesentlichen Pflicht ausschließlich mit dem Schlagwort „Kardinalpflicht" hat der Bundesgerichtshof für intransparent gehalten (BGH 20.7.2005 – VIII ZR 121/04, NJW-RR 2005, 1496; → Form. V.2 Anm. 39).

19. Beschränkung auf vertragstypische Schäden. → Form. V.3 Anm. 40.

20. Sonstige Freizeichnungs- und Haftungsbegrenzungsverbote. Vgl. insbes. § 309 Nr. 7a BGB.

21. Ordentliches Kündigungsrecht. Das Recht zur ordentlichen Kündigung ist während der Mindestvertragslaufzeit von einem Jahr ausgeschlossen. Laufzeitregelungen sind im Rechtsverkehr mit Verbrauchern an § 309 Nr. 9 BGB, im unternehmerischen Geschäftsverkehr an § 307 BGB zu messen. Das Muster geht von einer – üblichen – Vertragslaufzeit von einem Jahr und einer jeweils einjährigen Laufzeitverlängerung aus.

22. Außerordentliche Kündigung. Die Regelung des Rechts zur außerordentlichen Kündigung orientiert sich an § 543 Abs. 2 Nr. 3 BGB. Nach dieser Vorschrift liegt ein wichtiger Grund vor, wenn „dem Kündigenden unter Berücksichtigung aller Umstände des Einzelfalls, insbesondere eines Verschuldens der Vertragsparteien und unter Abwägung der beiderseitigen Interessen die Fortsetzung des Mietverhältnisses bis zum Ablauf der Kündigungsfrist oder bis zur sonstigen Beendigung des Mietverhältnisses nicht zugemutet werden kann". Eine solche Unzumutbarkeit kann für den Host-Provider etwa dann vorliegen, wenn auf seinen Servern rechtsverletzende Inhalte gespeichert werden (Hoeren/Sieber/Holznagel/*Redeker* Teil 12 Rn. 162).

23. Abmahnung. Das Recht zur außerordentlichen Kündigung von Dauerschuldverhältnissen aufgrund von Pflichtverletzungen setzt grundsätzlich eine erfolglose Abmahnung voraus (§ 314 Abs. 2 BGB). Eine Abmahnung ist nach § 323 Abs. 2 Nr. 3 BGB entbehrlich, wenn im Falle einer nicht vertragsgemäß erbrachten Leistung besondere Umstände vorliegen, die eine sofortige Kündigung rechtfertigen. Dies kann insbesondere der Fall sein, wenn gravierende, insbesondere vorsätzliche Pflichtverletzungen vorliegen. Das Ergebnis der vorzunehmenden Interessenabwägung hängt von den jeweiligen Umständen des Einzelfalles ab, weshalb auf die Normierung von Regelbeispielen verzichtet wird.

24. Datenschutz. Sofern personenbezogene Daten auf dem Server gespeichert werden sollen, ist zwingend Art. 28 DSGVO zu beachten, wonach eine Auftragsverarbeitungsvereinbarung mit dem in Art. 28 DSGVO vorgeschriebenen Mindestinhalten abzuschließen ist. Beim sog. „Housing" ist dies grundsätzlich nicht erforderlich, da der Kunde die Daten dann auf eigenen Servern selbst verarbeitet.

25. Schlussbestimmungen. → Form. V.3 §§ 13, 14 und → Anm. 35–37.

7. Webdesign-Vertrag

Zwischen

(1) [Auftragnehmer], [Adresse] nachfolgend „Auftragnehmer"
(2) [Kunde], [Adresse] nachfolgend „Kunde"

wird folgender Webdesign-Vertrag geschlossen:

§ 1 Gegenstand

Gegenstand dieser Vereinbarung sind die Konzipierung, das Design und die Realisierung einer Internetpräsenz (nachfolgend auch „Produkt“) für den Kunden.[1] Diese soll dem Kunden eine Selbstpräsentation im Internet ermöglichen sowie Interessenten des Kunden die Gelegenheit verschaffen, in direkten Kontakt mit dem Kunden zu treten.

§ 2 Leistungen

(1) Der Kunde teilt dem Auftragnehmer seine gestalterischen Vorstellungen und Konzepte für das Produkt, insbesondere bzgl. der zu erreichenden Zielgruppe, mit und gibt den Umfang, die Funktionalität und die Struktur des Produkts vor. Der Auftragnehmer wird den Kunden bei sämtlichen konzeptionellen, gestalterischen sowie allen weiteren im Zusammenhang mit dem Produkt stehenden Fragen beraten und ihm auch jeweils Entwürfe zur Verfügung stellen. Der Auftragnehmer wird auch proaktiv Vorschläge unterbreiten und insbesondere auf vergleichbare bereits realisierte Konzepte von Drittanbietern hinweisen. Die Vorgaben des Kunden hinsichtlich des Umfangs und der Funktionalität sind diesem Vertrag als Anlage 1 beigefügt. Sie sind Basis der Preiskalkulation.
(2) Die Internetpräsenz enthält bis zu [. . . . .] HTML-Seiten.
(3) Der Auftragnehmer erarbeitet aufgrund der Vorgaben des Kunden ein Pflichtenheft, in dem Inhalt und Umfang der von dem Auftragnehmer zu erbringenden Leistungen definiert sind. Mit der Freigabe des Pflichtenhefts durch den Kunden wird das Pflichtenheft Gegenstand dieses Vertrages.[2] Die Internetseiten erhalten eine durchgängige benutzerfreundliche Navigation sowie in angemessenem Umfang dynamische Elemente. Alle Seiten werden zweisprachig (deutsch und englisch) ausgeführt. Ferner werden für die Rubrik „Aktuelles“ eine Pflegemaske vorgesehen und ein Kontakt-Formular als „Kontakt“-Button eingefügt.[3]
(4) Auf der Basis des Pflichtenhefts wird der Auftragnehmer ein Grundkonzept sowie, nach dessen Abstimmung mit dem Kunden, eine Feinstruktur[4] mit Designvorschlägen erarbeiten. Nach deren Billigung durch den Kunden wird die Planung anschließend in die HTML-Programmierung umgesetzt. Nach Abnahme wird die Internetseite auf einem Webserver nach Wahl des Kunden für den Echtbetrieb installiert.
(5) Vom Kunden zur Verfügung zu stellende Unterlagen wie Firmenlogos, Bilder, Grafiken oder Texte werden aufbereitet und optimiert, sowie, soweit erforderlich, komprimiert. Das Produkt ist in Auflösung und Browserunterstützung so zu optimieren, dass sie von möglichst vielen Nutzern auf Endgeräten wie Desktop-PC, Tablets und Smartphones (Responsive Design) optimal betrachtet werden kann, ohne dabei unzeitgemäß zu erscheinen. Es ist außerdem darauf zu achten, dass die Lade- und Zugriffszeiten möglichst gering gehalten werden. Die Layoutkontrolle erfolgt für alle gängigen und aktuellen Betriebssysteme und Browser.[5]
(6) Vom Kunden aufzugebende relevante Suchbegriffe werden in die HTML Seiten suchmaschinenoptmiert integriert. [Ggf. können hier weitere SEO-Maßnahmen geregelt werden.]
(7) Der Auftragnehmer wird sich bemühen, nachträgliche Änderungs- oder Ergänzungswünsche des Kunden, wie etwa eine Erweiterung des Umfangs, die Realisierung weiterer Funktionen sowie die Änderung oder Erweiterung bereits vom Kunden freigegebener Bearbeitungsstufen oder -elemente, auf in Textform erklärtes Verlangen[6] des Kunden umzusetzen. Eine Rechtspflicht des Auftragnehmers zur Durchführung nachträglicher Änderungs- oder Ergänzungswünsche besteht nicht, es sei denn, ein sachlicher Grund für die Verweigerung der Änderungen ist nicht ersichtlich. Der Auftragnehmer wird dem Kunden unverzüglich mitteilen, wenn er nachträgliche Änderungswünsche des Kunden ablehnt. Mehraufwand aufgrund von Änderungen oder Ergänzungen ist gesondert zu vergüten.

§ 3 Mitwirkungspflichten, Freistellungsverpflichtung des Kunden

(1) Der Kunde ist verpflichtet, alle notwendigen Mitwirkungshandlungen zu erbringen, insbesondere alle in die Internetseite einzubindenden Inhalte und Materialien (Texte, Bilder, Logos, Tabellen etc), deren Berücksichtigung er wünscht, in einer für die Umsetzung in die HTML-Programmierung geeigneten Form bzw. Qualität entsprechend den Vorgaben des Pflichtenhefts bzw. auf Anforderung unverzüglich zu liefern, sowie alle sonstigen für die Leistung benötigten Informationen, Unterlagen und Daten einschließlich Zugangsdaten und geeigneter Testdaten auf Anforderung unverzüglich zur Verfügung zu stellen.

(2) Der Auftragnehmer wird den Kunden unverzüglich darauf hinweisen, wenn der Kunde einer Mitwirkungspflicht nicht oder nicht rechtzeitig oder nicht vollständig nachkommt und dies nach Auffassung des Auftragnehmers Auswirkungen auf die Erbringung der Vertragsleistung haben kann. Der Auftragnehmer wird dem Kunden eine angemessene Frist (mind. 5 Werktage) zur Erfüllung der Mitwirkungspflicht einräumen. Der Hinweis muss die zu erbringenden Mitwirkungsleistungen insbesondere im Hinblick auf Art und Umfang inhaltlich und in technischer Hinsicht detailliert beschreiben; andernfalls gilt der Hinweis als nicht erteilt. Erbringt der Kunde eine ihm obliegende und vom Auftragnehmer angemahnte Mitwirkungspflicht nicht, nicht rechtzeitig oder nicht vollständig, ist der Auftragnehmer verpflichtet, dem Kunden eine je nach Art und Umfang der Mitwirkungsleistung angemessene Frist zur Nachholung der Mitwirkungsleistung (Nachfrist) zu setzen.

(3) Für Materialien und Inhalte, die der Kunde bereitstellt, ist ausschließlich der Kunde verantwortlich. Der Auftragnehmer übernimmt keine Prüfungspflichten, insbesondere trifft ihn keine Pflicht, die Inhalte auf mögliche Verstöße gegen Rechte Dritter zu überprüfen. Der Kunde ist ausschließlich selbst dafür verantwortlich, dass die von ihm bereitgestellten Inhalte keine Gesetze oder Rechte Dritter verletzen. Hat der Auftragnehmer Kenntnis davon, dass beigestellte Materialien Gesetze oder Rechte Dritter verletzen, ist er berechtigt, die Arbeiten einzustellen. Er wird den Kunden in diesem Fall entsprechend informieren. Der Auftragnehmer wird den Kunden ebenfalls informieren, sofern er Zweifel an der Tauglichkeit der beigestellten Materialien hat.[7]

(4) Sollten Dritte den Auftragnehmer wegen möglicher Rechtsverstöße in Anspruch nehmen, verpflichtet sich der Kunde, den Auftragnehmer von jeder Haftung freizustellen und die ihm dadurch veranlassten Aufwendungen und Schäden, einschließlich der Kosten der Rechtsverteidigung, zu ersetzen.[8]

(5) Der Kunde sorgt dafür, dass dem Auftragnehmer für erforderliche Abstimmungsgespräche entscheidungsbefugtes Personal benannt wird, und gewährleistet deren zeitliche Verfügbarkeit.

§ 4 Fertigstellungszeit, Abnahme

(1) Der Kunde ist verpflichtet, das Pflichtenheft, das Grundkonzept sowie die Feinstruktur in Textform unverzüglich freizugeben, sofern sie den vertraglich zugrunde gelegten Anforderungen entsprechen und keine unter Berücksichtigung der beiderseitigen Interessen nachvollziehbaren Einwände erhoben werden.[9] Erweisen sich die Arbeitsergebnisse der einzelnen Phasen als nicht abnahmefähig, ist der Auftragnehmer verpflichtet, die Mängel unverzüglich zu beseitigen. Die Abnahmeprüfung wird dann innerhalb von fünf Werktagen nach Eingang der Mängelbeseitigungsanzeige wiederholt.

(2) Abnahmetermin für die Grundversion des Produkts ist der [. . . . .]. Als Endtermin für die Übergabe des vollständigen, abnahmefähigen Produkts (inkl. Einrichtung der Server) vereinbaren die Parteien den [. . . . .], es sei denn, der Kunde verlangt Änderungen, die zu einer Anpassung des Zeitplans führen.

(3) Nach Fertigstellung ist der Kunde zur Abnahme verpflichtet, sofern das Produkt im Wesentlichen vertragsgemäß hergestellt ist. Die Abnahme gilt als erteilt, wenn der Auftraggeber nicht innerhalb einer Frist von vier Wochen (Testphase) nach Fertigstellungsanzeige durch den Auftragnehmer und Online-Stellung in Textform wesentliche Mängel anmeldet. Der Auftragnehmer weist den Kunden im Rahmen der Fertigstellungsanzeige auf den Eintritt der Abnahmefiktion nach Ablauf der Frist.[10]

(4) Der Auftragnehmer ist verpflichtet, vom Kunden festgestellte und mitgeteilte abnahmehindernde Mängel innerhalb einer angemessenen Nachfrist von höchstens zwei Wochen ab Mitteilung zu beseitigen und dem Kunden sodann erneut die Bereitschaft zur Abnahme anzuzeigen. Sollte diese Nachfrist fruchtlos verstreichen oder nach der erneuten Bereitstellung zur jeweiligen Abnahme weiterhin abnahmehindernde Mängel vorhanden sein, so ist der Kunde zum Rücktritt von diesem Vertrag berechtigt. Weitere gesetzliche Rechte des Kunden bleiben hiervon unberührt.

§ 5 Nutzungsrechte, Dokumentation[11]

(1) Der Auftragnehmer überträgt dem Kunden für alle zum Zeitpunkt des Vertragsschlusses bekannten und für noch unbekannte Nutzungsarten ausschließliche, übertragbare, unbefristete, unwiderrufliche und räumlich sowie inhaltlich unbeschränkte Nutzungsrechte an sämtlichen gemäß diesem Vertrag erbrachten Leistungen (nachfolgend: „Arbeitsergebnisse"). Die Nutzungsrechtsübertragung umfasst dabei das Vervielfältigungsrecht, das Verbreitungsrecht und das Ausstellungsrecht (körperliche Verwertungsrechte), das Vortrags-, Aufführungs- und Vorführungsrecht, das Recht der öffentlichen Zugänglichmachung (insbesondere im Internet), das Senderecht, das Recht zur Wiedergabe auf Bild- und Tonträgern und das Recht der Wiedergabe von Funksendungen und von öffentlicher Zugänglichmachung (unkörperliche Verwertungsrechte). Insbesondere umfasst sind damit folgende Rechte und Nutzungszwecke:

- das Recht, die Arbeitsergebnisse auf einer beliebigen Anzahl von Rechnern, einschließlich Webservern des Kunden oder eines vom Kunden bestimmten Dienstleisters (Host Provider) zu laden, ablaufen und anzeigen zu lassen, zu vervielfältigen, zu übertragen und dort zu speichern;
- das Recht, die Arbeitsergebnisse auf allen beliebigen Speichermedien, insbesondere unter der Verwendung der Speichermedien CD-ROM, E-Book, DVD, Diskette, Festplatte, zu vervielfältigen und sie unter jedem Namen in Verkehr zu bringen, sie entgeltlich oder unentgeltlich über alle bekannten Vertriebskanäle (insbesondere Groß- und Einzelhandel, Online-Shops, eCommerce-Plattformen und Direct Marketing Kanäle) zu verbreiten und an Dritte zu vermieten;
- das Recht, die Arbeitsergebnisse in beliebige elektronische Kommunikationsnetze (zum Beispiel Internet, World Wide Web, Online-Dienste, E-Mail, Mobilfunknetze) und Online-Datenbanken einzuspeisen, dort temporär oder permanent zu speichern und zur Nutzung für die Öffentlichkeit und Mitglieder geschlossener Nutzergruppen bereitzuhalten und öffentlich darzustellen;
- das Recht, die Arbeitsergebnisse entgeltlich oder unentgeltlich über sämtliche drahtgebundene und drahtlose, digitale und analoge Übertragungs- und Abrufverfahren und -wege, insbesondere über Kabel, Funk, festc und mobile Satelliten-Netze und Mikrowellen sämtlicher Verfahren (wie insbesondere GSM, GPRS, EDGE, UMTS, LTE, WAN, LAN, WLAN, Breitband, etc) und unter Verwendung sämtlicher Protokolle und Sprachen (insbesondere TCP-IP, IP, HTTP, WAP, HTML, c-HTML, XML, PHP, JAVA, PERL etc) der Öffentlichkeit und Mitgliedern geschlossener Nutzergruppen – auch auf Abruf von Orten und zu Zeiten ihrer Wahl – gleichzeitig oder sukzessive zum Zwecke der Nutzung zugänglich zu machen, zu senden und ihnen auf beliebige Endgeräte (zB PC, PDA, Mobiltelefone, TV-Geräte) – auch zum Zwecke der Speicherung und interaktiven Nutzung – zu übermitteln;

- das Recht, die Arbeitsergebnisse mit anderen Werken und Leistungen des Kundes und von Dritten (zB mit „proprietärer" und „freier" Software, Datenbanken, Internetseiten und Inhalten) zu verbinden und diese Verbindungen gemäß dieser Regelung zu nutzen;
- das Recht, die Arbeitsergebnisse und ihre Nutzung in allen Medien online und offline zu bewerben;
- das Recht, die Arbeitsergebnisse zu ändern, zu bearbeiten, umzugestalten, zu dekompilieren und zu übersetzen und diese Änderungen, Bearbeitungen, Umgestaltungen oder Übersetzungen gemäß dieser Regelung zu nutzen

sowie alle übrigen Rechte, die zu einer umfassenden Verwertung der Arbeitsergebnisse im Rahmen des Produkts des Kunden erforderlich oder hierbei behilflich sind. Die Nutzungsrechtsübertragung bleibt von der Beendigung dieses Vertrags unberührt.

(2) Sofern der Kunde nicht schriftlich widerspricht, ist der Auftragnehmer berechtigt, Namen und ggf. Firmenlogo des Kunden zu Werbezwecken und im Rahmen individueller Angebotsunterlagen als Referenz zu nutzen.[12]

(3) Der Kunde hat Anspruch auf die Lieferung einer angemessenen Dokumentation unter Beifügung der erstellten Konzepte sowie unter Einschluss einer Pflegeanleitung. Soweit die Internetseite ein Softwareprogramm beinhaltet, hat der Kunde Anspruch auf Aushändigung des Quellcodes.[13]

(4) Vorstehende Ansprüche entstehen erst mit Erfüllung sämtlicher Zahlungspflichten des Kunden.

§ 6 Vergütung

(1) Die Vergütung beträgt [. . . . .] EUR zuzüglich gesetzlicher Umsatzsteuer und setzt sich aus folgenden Positionen zusammen:

–	Erstellung der Präsenz	[. . . . .] EUR
–	Mehraufwand zweite Sprache	[. . . . .] EUR
–	Suchfunktion	[. . . . .] EUR
–	Pflegemaske	[. . . . .] EUR
–	Einrichtung und Installation	[. . . . .] EUR.

Damit sind alle Leistungen des Auftragnehmers einschließlich der Einräumung der Nutzungsrechte abgegolten. Nachforderungen sind ausgeschlossen, es sei denn, die Parteien haben hierüber eine schriftliche Zusatzvereinbarung geschlossen.

(2) Zusätzliche Leistungen werden zeitbezogen auf der Grundlage eines Stundensatzes von [. . . . .] EUR zuzüglich Umsatzsteuer abgerechnet.

(3) Die Vergütung ist in Höhe von einem Drittel bei Vertragschluss zur Zahlung fällig. Die verbleibende Vergütung ist innerhalb von sieben Tagen nach Abnahme zu zahlen.[14]

§ 7 Mängelrechte, Untersuchungs- und Rügeobliegenheit

(1) Der Auftragnehmer verpflichtet sich nach Maßgabe der gesetzlichen und der nachfolgenden Vorschriften, die Internetseite frei von Sach- und Rechtsmängeln zu verschaffen. Mängelrechte sind ausgeschlossen, soweit sie auf von dem Kunden beigestellten Materialien oder sonstigen Vorgaben des Kunden beruhen.

(2) Ist die Internetseite mangelhaft, kann der Kunde Nacherfüllung verlangen. Das Wahlrecht, ob die Nacherfüllung durch Beseitigung des Mangels oder Lieferung einer mangelfreien Sache erfolgt, steht dem Auftragnehmer zu.[15] Ein Recht des Kunden, die Vergütung zu mindern oder vom Vertrag zurückzutreten, besteht erst, wenn die Nacherfüllung fehlgeschlagen ist.[16] Weitergehende Ansprüche auf Schadensersatz bestehen nur unter den zusätzlichen Voraussetzungen des § 8.[17]

(3) Der Kunde hat die Internetseite unverzüglich nach der Ablieferung durch den Auftragnehmer, soweit dies nach ordnungsgemäßem Geschäftsgang tunlich ist, zu untersuchen. Bei der Untersuchung erkennbare Mängel sind unverzüglich zu rügen. Bei der Untersuchung nicht erkennbare Mängel sind unverzüglich nach Entdeckung des Mangels zu rügen. Die Rüge hat in Textform zu erfolgen. Unverzüglich ist die Rüge, wenn sie innerhalb von 10 Tagen erfolgt. Für die Rechtzeitigkeit genügt die rechtzeitige Absendung der Anzeige. Unterlässt der Kunde die Anzeige, sind Mängelansprüche ausgeschlossen.[18]

(4) Mängelansprüche und -rechte verjähren nach [12/24] Monaten ab Ablieferung.[19] Abweichend gelten die gesetzlichen Verjährungsfristen für Schadensersatzansprüche wegen eines Schadens aus einer Verletzung des Lebens, des Körpers oder der Gesundheit. Die gesetzlichen Verjährungsfristen gelten auch für Ansprüche wegen sonstiger Schäden, die auf einer vorsätzlichen oder grob fahrlässigen Pflichtverletzung durch den Auftragnehmer oder seiner Erfüllungsgehilfen beruhen.[20]

§ 8 Haftung des Anbieters

Der Auftragnehmer haftet für Schäden irgendwelcher Art – unbeschadet der sonstigen gesetzlichen Anspruchsvoraussetzungen – grundsätzlich nur bei Vorsatz und grober Fahrlässigkeit. Für einfache Fahrlässigkeit haftet der Auftragnehmer nur bei Verletzung einer Pflicht, deren Erfüllung die ordnungsgemäße Durchführung des Vertrags überhaupt erst ermöglicht und auf deren Einhaltung der Vertragspartner regelmäßig vertrauen darf (Kardinalpflicht).[21] Im Übrigen ist eine Schadensersatzhaftung für Schäden aller Art, gleich aufgrund welcher Anspruchsgrundlage, einschließlich der Haftung für Verschulden bei Vertragsschluss, ausgeschlossen. Sofern der Auftragnehmer wegen fahrlässigen Verhaltens haftet, ist die Haftung grundsätzlich auf den Schaden begrenzt, mit dessen Entstehen der Auftragnehmer nach den bei Vertragsschluss bekannten Umständen typischerweise rechnen musste.[22] Vorstehende Haftungsausschlüsse und -beschränkungen gelten nicht, soweit der Auftragnehmer eine Garantie übernommen hat, für Schäden, die nach dem Produkthaftungsgesetz zu ersetzen sind, sowie für Schäden an Leben, Körper oder Gesundheit. Vorstehende Haftungsausschlüsse und -begrenzungen gelten auch zugunsten der Mitarbeiter, Erfüllungsgehilfen und sonstiger Dritter, deren sich der Auftragnehmer zur Vertragserfüllung bedient.

§ 9 Vertraulichkeit

Der Auftragnehmer wird jegliche Information, die er von dem Kunden vor und im Rahmen dieses Vertrages erhält, vertraulich behandeln. Er wird sie intern nur denjenigen Mitarbeitern zugänglich machen, die ihrer zur Erfüllung ihrer Verpflichtungen bedürfen. Nach Abnahme der Internetpräsenz wird er die Informationen, soweit sie verkörpert sind, entweder zurückgeben oder vernichten, sofern sie nicht zu Gewährleistungs- oder Pflegezwecken weiterhin erfordert werden.

§ 10 Anwendbares Recht, Gerichtsstand

Es gilt das Recht der Bundesrepublik Deutschland mit Ausnahme des UN-Kaufrechts (CISG).[23] Ausschließlicher Gerichtsstand für alle sich aus oder im Zusammenhang mit diesem Vertrag ergebenden Streitigkeiten ist [. . . . .].[24]

§ 11 Schlussbestimmungen

(1) Nebenabreden zu diesem Vertrag bestehen nicht.[25] Änderungen oder Ergänzungen dieses Vertrages bedürfen der Schriftform. Dies gilt auch für Änderungen dieser Schriftformklausel. § 127 Abs. 2 BGB findet keine Anwendung.[26]

(2) Sollten einzelne Bestimmungen dieses Vertrags ganz oder teilweise nichtig oder unwirksam sein oder werden, so wird dadurch die Wirksamkeit der übrigen Bestimmungen nicht berührt. An die Stelle von nicht einbezogenen oder unwirksamen Bestimmungen dieses Vertrags tritt das Gesetzesrecht (§ 306 Abs. 2 BGB). Sofern solches Gesetzesrecht im jeweiligen Fall nicht zur Verfügung steht (Regelungslücke) oder zu einem untragbaren Ergebnis führen würde, werden die Parteien in Verhandlungen darüber eintreten, anstelle der nicht einbezogenen oder unwirksamen Bestimmung eine wirksame Regelung zu treffen, die ihr wirtschaftlich möglichst nahekommt.

Schrifttum: Alpers, „Vorvertragliche" Vergütungsansprüche bei Webdesignern, Werbeagenturen und EDV-Dienstleistern beim Werkvertrag, CR 2001, 213 ff.; Baumbach/Hopt (Hrsg.), Handelsgesetzbuch, 38. Auflage, München 2018; *Cichon* Internetverträge, 2. Auflage, Köln 2005; Dreier/Schulze (Hrsg.), Urheberrechtsgesetz, München, 6. Auflage 2018; *Ernst,* Die Verfügbarkeit des Source Codes, MMR 2001, 208; *Härting,* Internetrecht, Köln 6. Auflage, 2017; Köhler/Bornkamm/Feddersen (Hrsg.), Gesetz gegen den unlauteren Wettbewerb, München 37. Auflage 2019; *Hilty,* Der Softwarevertrag – ein Blick in die Zukunft – Konsequenzen der trägerlosen Nutzung und des patentrechtlichen Schutzes von Software, MMR 2003, 3; Kilian/Heussen (Hrsg.), Computerrecht, München, 34. Ergänzungslieferung, , Stand: Mai 2018; *Klett/Pohle,* Verträge über Internet-Dienstleistungen, DRiZ 2007, 198; *Koch,* Internet-Recht, München, 2. Auflage 2005; *Langer,* Haftungsausschluss und Haftungsbegrenzung gegenüber Unternehmern in AGB, WM 2006, 1233; Möhring/Nicolini (Hrsg.), Urheberrechtsgesetz, München, 4. Auflage 2018; Palandt Bürgerliches Gesetzbuch, München, 78. Auflage 2019; Rebmann/Säcker/Rixecker (Hrsg.), Münchener Kommentar zum Bürgerlichen Gesetzbuch, Band 4, Schuldrecht Besonderer Teil II, München, 7. Auflage 2016; Redeker, Handbuch der IT-Verträge, Köln, 36. Ergänzungslieferung, Stand: Oktober 2018; *Schack,* Urheberrechtliche Gestaltung von Webseiten unter Einsatz von Links und Frames, MMR 2001, 9; Schlechtriem/Schwenzer (Hrsg.), Kommentar zum Einheitlichen UN-Kaufrecht, München 6. Auflage 2013; *Schneider,* Handbuch des EDV-Rechts, Köln, 5. Auflage 2017; *Schöttle,* Webdesign-Verträge, ZAP Fach 6, 2007, 423 ff.; Schricker/Loewenheim (Hrsg.), Urheberrecht, München, 5. Auflage 2017; *Sosnitza,* Das Internet im Gravitationsfeld des Rechts: Zur rechtlichen Beurteilung so genannter Deep Links, CR 2001, 693; Spindler (Hrsg.),„ Vertragsrecht der Internet-Provider, Köln, 2. Auflage 2004; *Thewalt,* Softwareerstellung als Kaufvertrag mit werkvertraglichem Einschlag, CR 2002, 1.

Anmerkungen

Sachverhalt: Der Auftragnehmer befasst sich mit der Erstellung von Internetseiten und soll für den unternehmerisch tätigen Kunden oder eine Behörde eine relativ einfache Internet-Präsenz erstellen. Die Präsenz soll der Selbstpräsentation sowie der Kontaktaufnahme dienen, nicht jedoch operativ eingesetzt werden.

1. Vertragstyp. Der Webdesign-Vertrag ist trotz des Elements der Beratung sowie künstlerischen Gestaltung typologisch ein Werk- und kein Dienstvertrag (*Härting,* Internetrecht, Rn. 912; *Cichon* S. 107 ff.). Umstritten ist hingegen, ob es sich um einen reinen Werk- oder um einen Werklieferungsvertrag nach § 650 BGB handelt. Vor Inkrafttreten der Schuldrechtsreform kam dieser Einordnung kaum praktische Bedeutung zu, und sie konnte daher dahinstehen. Nach § 651 BGB aF war auf Werklieferungsverträge über nicht vertretbare Sachen ohnehin im Wesentlichen Werkrecht anwendbar. Da es sich bei einer nach den Wünschen des Kunden gestalteten Internetseite um eine nicht vertretbare Sache handelt, bestand somit im Ergebnis Einigkeit darüber, dass im Wesentlichen die werkrechtlichen Vorschriften Anwendung finden. Seit Inkrafttreten der Schuldrechtsreform ist diese Rechtsfrage von größerer praktischer Relevanz, da nunmehr auf alle Werklieferungsverträge über bewegliche Sachen grundsätzlich die kaufrechtlichen Vorschriften Anwendung finden, die lediglich um einige werkrechtliche Vorschriften ergänzt werden (*Härting*, Internetrecht, Rn. 912, 916 ff.). Zum Teil wird in der Literatur vertreten, bei Webdesignverträgen handele es sich um reine Werkverträge. Die Vertreter stellen darauf ab, dass die schöpferische Gestaltung und individuelle Programmierleistung im Vordergrund stünden, weshalb es nicht um die Lieferung einer „Sache" gehe (*Hilty* MMR 2003, 3 (10); Spindler/*Schmidt* VIII Rn. 4; Palandt/*Sprau* BGB Einf. v. § 631 Rn. 30 MüKo-*Busche* § 631 Rn. 169). Demgegenüber verweist die Gegenansicht darauf, dass Internetseiten nach ganz überwiegender Auffassung als Software qualifiziert werden, die aufgrund ihrer Verkörperung auf einem Datenträger eine bewegliche Sache darstelle (für Standardsoftware: BGH Urt. v. 15.11.2006 – XII ZR 120/04, MMR 2007, 243; *Klett/Pohle* DRiZ 2007, 198 (201); Palandt/*Ellenberger* BGB § 90 Rn. 2). Deshalb seien nach der Änderung des § 651 BGB aF Webdesignverträge konsequenterweise als Werklieferungsverträge zu qualifizieren und dem Kaufrecht unterstellt (*Härting*, Internetrecht, Rn. 916; Redeker/*Härting*, IT-Verträge, 3.1 Rn. 12; *Thewalt* CR 2002, 1 (4)) sind. Richtig ist, dass im Ergebnis die Anwendung von Werkvertragsrecht vorzugswürdig wäre, da die werkvertraglichen Vorschriften die Interessen der Parteien besser berücksichtigen als das Kaufrecht. So sieht das Werkrecht zB ein Recht des Unternehmers vor, Abschlagszahlungen zu verlangen (§ 632a BGB) und knüpft die Fälligkeit der Vergütung an eine Abnahme (§ 641 BGB), was im Hinblick auf die dadurch geschaffene Prüfungsmöglichkeit sachgerecht erscheint. Nach Ansicht des BGH ist auf Individualsoftware regelmäßig Werkvertragsrecht iSv §§ 631 ff. BGB und unter Umständen auch Werklieferungsvertragsrecht iSv § 650 BGB (§ 651 BGB aF) anzuwenden (BGH Urt. v. 4.3.2010 – III ZR 79/09, NJW 2010, 1449 Rn. 21). Dogmatisch ist die Hürde, für die Anwendbarkeit von Werkvertragsrecht eine tragfähige Begründung zu finden, allerdings hoch. Da der Gesetzgeber mit der Änderung des § 651 BGB aF auch auf die Herstellung unvertretbarer Sachen die Anwendbarkeit von Kaufrecht vorgeschrieben hat, kann man zu der Anwendung von Werkvertragsrecht nur gelangen, wenn man entweder die Sachqualität der Leistung des Auftragnehmers verneint oder sich über den eindeutigen Wortlaut des § 650 BGB aus Billigkeitserwägungen hinwegsetzt. Bislang wurde in der Rechtsprechung ausschließlich darauf abgestellt, dass die vertragsgegenständliche Software auf einem Datenträger verkörpert ist und damit eine eine Sache iSd § 90 BGB darstelle (für Standardsoftware: BGH Urt. v. 15.11.2006 – XII ZR 120/04, MMR 2007, 243). Auch einer gleichfalls auf einem Datenträger verkörperten Individualsoftware kann damit die Sachqualität nicht abgesprochen werden (so auch *Thewalt* CR 2002, 1 (4)). Die Frage, ob das Produkt eine Sache ist, kann nicht davon abhängig gemacht werden, ob es individuell oder vielfach hergestellt wurde. Auch die Höhe des schöpferischen Gehalts ist nach der gesetzlichen Konzeption eigentlich irrelevant. Konsequent erscheint es daher, auch den Webdesignvertrag als Werklieferungsvertrag einzustufen. Da die kaufrechtlichen Vorschriften mit der Schuldrechtsreform dem Werkrecht angenähert wurden (insbesondere besteht auch im Kaufrecht ein gesetzlicher Nachbesserungsanspruch bei Sachmängeln), ist auch kein zwingendes Bedürfnis nach einer Korrektur gegeben. Soweit die Rechtsfolgen des Werkvertragsrechts vozugswürdig sind, können diese Rechtsfolgen kraft vertraglicher Vereinbarung herbeigeführt werden. So ist jedenfalls im unternehmerischen Geschäftsverkehr davon auszugehen, dass die Parteien beispielsweise die Fälligkeit der Vergütung von einer Abnahme des Kunden abhängig machen können und das Wahlrecht hinsichtlich der Art der Nacherfüllung auf den Auftragnehmer verlagern können. Von derartigen Gestaltungsmöglichkeiten sollte, jedenfalls bis zur eindeutigen Klärung der auf Webdesignverträge anwendbaren Rechtsvorschriften, Gebrauch gemacht werden.

2. Leistungsumfang. Auch einfache Web-Designverträge werfen das Problem auf, dass das zu erstellende Werk nicht genau beschrieben werden kann, und zwar in der Regel schon deshalb, weil der Kunde selbst keine sehr konkreten Vorstellungen hat und die Kreativleistung des Designers bewusst in Anspruch nehmen möchte. Das sich aus der Unterschiedlichkeit individuellen Geschmacks ergebende Konfliktpotential sollte deshalb durch eine möglichst genaue Beschreibung des Einsatzzwecks und sonstiger konkreter Vorgaben gemindert werden. Es kann sich auch empfehlen, im Rahmen der Vertragsanbahnung Vorarbeiten des Auftragnehmers gegen Pauschalvergütung, gegebenenfalls unter Anrechnung auf ein späteres Auftragsentgelt, zu vereinbaren; ob derartige Vorarbeiten entgeltpflichtig sind, sollte ausdrücklich klargestellt werden (vgl. *Alpers* CR 2001, 213). Jedenfalls bei umfangreichen Projekten sollten die zu erbringenden Leistungen aufgrund der Vorgaben des Kunden ermittelt und anschließend in einem Pflichtenheft geregelt werden, wie es das Muster vorsieht. Um festzulegen, auf welcher Grundlage die Preiskalkulation erfolgt ist und bei welchen Wünschen des Kunden es sich um zusätzlich zu vergütende Zusatzleistungen handelt, sollten die der Kalkulation zugrundeliegenden Vorstellungen des Kunden hinsichtlich Umfang und Ausgestaltung der Internetpräsenz möglichst genau definiert und alle diesbezüglichen vorvertraglichen Absprachen schriftlich festgehalten werden. Das Muster sieht in § 2 Abs. 1 daher vor, dass die vorvertraglichen Vorgaben des Kunden dem Vertrag als Anlage beigefügt werden.

Zusätzlich zu dem vereinbarten Leistungsumfang können weitergehende rechtliche Vorgaben zu beachten sein. Handelt es sich bei dem Auftraggeber um eine Bundesbehörde oder eine Landesbehörde, ist seit Inkrafttreten des Behindertengleichstellungsgesetzes (BGG) im Mai 2002 der Grundsatz der **Barrierefreiheit** zu beachten. Danach sind die Bundesbehörden im Sinne von § 7 Abs. 1 BGG verpflichtet, solche Informationstechniken einzusetzen, die für behinderte Menschen (Legaldefinition in § 3 BGG) einen barrierefreien Zugang zu den durch die Behörden öffentlich veröffentlichten Informationen ermöglichen. Nach § 4 BGG sind Systeme der Informationsverarbeitung barrierefrei, wenn sie für behinderte Menschen in der allgemein üblichen Weise, ohne besondere Erschwernis und grundsätzlich ohne fremde Hilfe zugänglich und nutzbar sind. Die genauen Anforderungen an die Barrierefreiheit werden durch die Verordnung zur barrierefreien Informationstechnik (BITV) konkretisiert.

3. Umfangsplanung. Auch wenn bei Vertragsschluss häufig noch keine letzte Klarheit über den Umfang der Internetseite und die zu erstellenden Funktionen besteht, sollte zumindest ein Erfahrungsstandard zugrunde gelegt werden, um verbindliche Aussagen über Preise und Fertigungszeiten treffen zu können. Ist der Arbeitsaufwand aufgrund fehlender Konkretisierung der Vorgaben nicht abschätzbar, sollte im Interesse des Auftragnehmers eine flexible Vergütungsregelung und kein Festpreis gewählt werden.

4. Feinstruktur. Die Feinstruktur gibt neben einer Inhaltsgliederung die durch die Verlinkung erzeugte hierarchische Struktur der Internetseite wieder (Strukturbaum), ferner die vorgesehenen Rahmen („frames“) und die Platzierung von dynamischen Elementen, Links, E-Mail-Fenstern und sonstigen Elementen.

5. Browser. ZB Microsoft Edge oder Internet Explorer, Google Chrome, Apple Safari, Mozilla Firefox, Opera und entsprechende Mobil-Versionen.

6. Zusätzliche Leistungen. Konflikte um die Frage, welche Leistungen in der Vergütung inbegriffen und wobei es sich um kostenpflichtige Zusatzleistungen handelt, sollten soweit wie möglich durch eine vertragliche Definition des Leistungsumfangs vermieden werden → Anm. 3). Vollständig ausschließen lassen sich solche Konflikte nicht. Erfahrungsgemäß kommt es in der Realisierungsphase häufig zu Zusatz- oder Änderungswünschen. Diese Wünsche sollten von dem Auftragnehmer nach Möglichkeit berücksichtigt werden, lösen aber, soweit sie zu einem Mehraufwand führen, zusätzliche

Vergütungsansprüche aus. Das Formular sieht zu Beweiszwecken vor, dass nachträgliche Änderungswünsche des Kunden in Textform zu erteilen sind. Es bietet sich an, dass der Auftragnehmer seine Zustimmung zur Durchführung der Änderungswünsche ebenfalls in Textform erklärt. Außerdem ist ihm zur Vermeidung nachträglicher Streitigkeiten über die Höhe der Vergütung dringend zu raten, den Kunden unverzüglich darüber informieren, ob und ggf. in welcher Höhe durch den Änderungsauftrag zusätzliche Kosten ausgelöst werden. Das Muster sieht jedoch im Interesse des Auftragnehmers davon ab, insoweit ein zwingendes Schriftformerfordernis vertraglich aufzustellen, um zu vermeiden, dass ohne eine solche schriftliche Bestätigung durchgeführte Zusatzleistungen zwingend durch die Pauschalvergütung abgegolten sind.

7. **Kundenmaterialien.** Die Regelung stellt klar, dass der Kunde für die von ihm bereitgestellten Materialien grundsätzlich selbst verantwortlich ist. Insbesondere erscheint es nicht sachgerecht, dem Auftragnehmer insoweit Prüfungspflichten aufzuerlegen, als es um die Frage geht, ob die beigestellten Materialien Rechte Dritter verletzen. Es empfiehlt sich eine ausdrückliche Klarstellung, dass den Auftragnehmer, außer im Fall der Kenntnis, keine diesbezügliche Verantwortlichkeit trifft. Die Regelung ist neben den vom Kunden beigesteuerten sichtbaren Elementen der Internetseite – zB dem Firmenlogo, den Texten sowie Bildern – auch für die versteckten Metatags relevant, da die Verwendung kennzeichenrechtlich geschützter Zeichen als Metatags in gleicher Weise unzulässig sein kann wie deren offene Verwendung (vgl. LG Hamburg Urt. v. 13.9.1999 – 315 O 258/99, MMR 2000, 46). So hat der Bundesgerichtshof bei der Verwendung eines markenrechtlich geschützten Kennzeichens als Metatag eine Kennzeichenrechtsverletzung angenommen (BGH VU v. 18.5.2006 – I ZR 183/03, GRUR 2007, 65). In wettbewerbsrechtlicher Hinsicht kann die Verwendung von Metatags eine irreführende Werbung darstellen (EuGH Urt. v. 11.7.2013 – C-657/11, GRUR 2014, 209). Die Verwendung von Gattungsbegriffen ist nicht von wettbewerbsrechtlicher Relevanz (Köhler/Bornkamm/Feddersen/*Bornkamm/Feddersen* § 5 Rn. 2.151). Hinsichtlich der Tauglichkeit der beigestellten Materialien dürften den Auftragnehmer aufgrund seiner besseren Sachkenntnis gewisse Prüfungs- und Hinweispflichten treffen (vgl. MüKo-*Busche* § 650 Rn. 15).

8. **Freistellung.** Auch wenn eine Haftung des Webdesigners für Inhalte der Internetseite nach den allgemeinen Vorschriften nur ausnahmsweise in Betracht kommen wird, empfiehlt sich eine vorsorgliche Haftungsfreistellungsklausel.

9. **Zwischenfreigaben.** Die Entwicklung einer Internetseite beinhaltet stets Elemente, deren Qualität sich nicht verobjektivieren und damit auch nicht prüfen lässt. Es ist daher ratsam, Zwischenfreigaben der einzelnen Entwicklungsstufen zu vereinbaren. Auch hier ist es sinnvoll, zu Beweiszwecken ein Textformerfordernis zu vereinbaren.

10. **Abnahme und Abnahmefiktion.** Aufgrund der rechtlichen Unsicherheit, ob auf einen Webdesign-Vertrag Kauf- oder Werkrecht anzuwenden ist → Anm. 1) wird empfohlen, eine Abnahmeverpflichtung des Kunden ausdrücklich vertraglich zu vereinbaren (so auch: *Schöttle* ZAP Fach 6, 427; *Härting*, Internetrecht, Rn. 938). Die fertige Internetseite wird in der Vielzahl der Fälle nicht körperlich vom Auftraggeber entgegengenommen, sondern von dem Auftragnehmer online gestellt. Aus diesem Grund sollte im Rahmen des Vertrages eine Abnahmefiktion vereinbart werden, die ab einem bestimmten Zeitpunkt nach Fertigstellungsanzeige durch den Auftragnehmer und der Online-Stellung eintritt, sofern der Auftraggeber bis zu diesem Zeitpunkt keine wesentlichen Mängel an der Internetseite angemeldet hat (*Härting*, Internetrecht, Rn. 939; *Schöttle* ZAP Fach 6, 427). Im Rahmen der Abnahmefiktion ist – jedenfalls im Rechtsverkehr mit Verbrauchern – § 308 Nr. 5 BGB zu beachten. Danach muss neben der angemessenen Frist zur Abgabe einer ausdrücklichen Erklärung sich der Auftragnehmer verpflichten, den Kunden bei Beginn der Frist auf die Rechtsfolge der Untätigkeit

hinzuweisen. Das Muster sieht vorsorglich auch für den Rechtsverkehr mit Unternehmern eine solche Hinweispflicht vor.

11. Urheberrechtsschutz. Eine Internetseite genießt als solche bei Erreichen der erforderlichen Schöpfungshöhe Urheberrechtsschutz als Werk nach § 2 UrhG (*Schack* MMR 2001, 9 (13 f.); Schricker/*Loewenheim* § 2 Rn. 114) unter Umständen ferner als Datenbank (*Sosnitza* CR 2001, 693 (695)). Ob Internetseiten darüber hinaus bereits als Software nach den §§ 69a ff. UrhG geschützt sind, ist streitig (vgl. einerseits Spindler/*Schmidt* VIII Rn. 22; *Koch*, Internet-Recht, S. 324; *Schneider* G Rn. 89; andererseits Möhring/Nicolini/*Kaboth/Spies* § 69a Rn. 7; Dreier/Schulze/*Dreier* § 69a Rn. 12). In jedem Fall empfehlen sich ausdrückliche Regelungen, auch weil mittlerweile im Rahmen von Internetseiten häufig auch Programmierleistungen, zB in Form von Scripts, erbracht werden. Aus Sicht des Kunden sind ausdrückliche Regelungen auch deshalb empfehlenswert, weil nicht übertragene Rechte im Zweifel bei dem Urheber verbleiben. Ausdrücklich geregelt werden sollten auch Rechte an der Dokumentation sowie dem Quellcode (*Ernst* MMR 2001, 208 (209)).

12. Referenzkunde. Viele Webdesigner verwenden Kundennamen ohne weiteres als Referenzen. Diese Praxis kann einen Verstoß gegen das allgemeine Persönlichkeitsrecht und das Namensrecht darstellen. Im Grundsatz besteht jedoch ein berechtigtes Interesse des Web-Designers, seine Leistungsfähigkeit anhand vorausgegangener Projekte unter Beweis zu stellen. Das Muster sieht deshalb vor, dass die Nennung als Referenzkunde grundsätzlich zulässig ist, behält dem Kunden aber ein Widerspruchsrecht vor.

13. Herausgabe des Quellcodes. Ob bei Individualsoftwareverträgen ohne entsprechende vertragliche Regelung ein Anspruch auf Herausgabe des Quellcodes besteht, ist umstritten. Der Bundesgerichtshof hat einer generellen Betrachtungsweise eine Absage erteilt und beurteilt die Frage, ob der Quellcode herauszugeben sei, aufgrund der Umstände des Einzelfalles (BGH Urt. v. 16.12.2003 – X ZR 129/01, WM 2004, 1246; einen Anspruch verneinend noch: BGH Urt. v. 30.1.1986 – I ZR 242/83, NJW 1987, 1259, *Ernst* MMR 2001, 208; bejahend: OLG Saarbrücken Urt. v. 22.9.1994 – 8 U 64/91, BB Beilage 1995, Nr. 16, 12; LG Aschaffenburg Urt. v. 16.12.1997 – 1 O 354/93, CR 1998, 203; Kilian/Heussen/*Czychowski/Siesmayer* 20.4. Rn. 122). Der Auftraggeber wird jedoch regelmäßig ein großes Interesse daran haben, in der Entscheidung frei zu sein, wer für die Fortentwicklung der Webseite zuständig ist. Soll diese Fortentwicklung nicht vom ursprünglichen Entwickler vorgenommen werden, benötigt er den Quellcode und darüberhinaus die Einwilligung des Entwicklers, Änderungen an der Webseite vornehmen zu dürfen (Redeker/*Härting* 3.1 Rn. 186, 187). Es ist daher zu einer ausdrücklichen vertraglichen Regelung zu raten.

14. Abschlagszahlungen. § 632a BGB, der dem Werkunternehmer auch ohne entsprechende Vereinbarung einen Anspruch auf Abschlagszahlungen einräumt, findet auf Werklieferungsverträge keine Anwendung (aA wohl *Thewalt* CR 2002, 1 (5)). Da Webdesignverträge zumindest von Teilen der Literatur als Werklieferungsverträge eingestuft werden, sollten die Zahlungsmodalitäten in dem Vertrag explizit geregelt werden, insbesondere dann, wenn dem Auftragnehmer ein Anspruch auf Abschlagszahlungen eingeräumt werden soll.

15. Nacherfüllungswahlrecht. Die gesetzlichen Vorschriften über Mängelrechte bei Kaufverträgen überlassen bis zur Grenze der Unverhältnismäßigkeit dem Kunden das Wahlrecht zwischen vollständiger Nachlieferung und Nachbesserung. Bei Webdesignverträgen erscheint diese Wertung nicht sachgerecht. Aufgrund der Unsicherheit, ob auf Webdesignverträge Kaufrecht anzuwenden ist → Anm. 1), sollte das Nacherfüllungswahlrecht ausdrücklich dem Auftragnehmer zugesprochen werden. Bei Verträgen, bei denen der Kunde Verbraucher ist, stünde einer solchen Regelung allerdings § 475 Abs. 1 S. 1 BGB entgegen.

16. Fehlschlagen der Nacherfüllung. Nach §§ 323, 441 BGB setzen das Rücktritts- und Minderungsrecht grundsätzlich voraus, dass der Gläubiger dem Schuldner erfolglos eine angemessene Frist zur Nacherfüllung gesetzt hat. Das Gesetz billigt dem Schuldner daher nur einen Nachbesserungsversuch zu. Hat dieser den Mangel nicht beseitigt, kann sich der Gläubiger vom Vertrag lösen, ohne dem Schuldner ein weiteres Nachbesserungsrecht einräumen zu müssen. Eine solche Konsequenz erscheint gerade bei Softwareerstellungsverträgen als unbillige Härte gegenüber dem Auftragnehmer, da mehrfache Nachbesserungen auch hinsichtlich desselben Mangels üblich sind. Die hier für den unternehmerischen Geschäftsverkehr vorgeschlagene Klausel sieht daher vor, dass der Kunde zum Rücktritt oder zur Minderung erst bei Fehlschlagen der Nacherfüllung übergehen darf. Im Rechtsverkehr mit Verbrauchern scheitern derartige Klauseln an der zwingenden Bestimmung des § 475 Abs. 1 BGB. Die Klausel orientiert sich dabei an § 309 Nr. 8b bb) BGB und der Rechtsprechung zu kaufrechtlichen Nachbesserungsklauseln vor Inkrafttreten der Schuldrechtsreform. Danach ist eine Nacherfüllung fehlgeschlagen, wenn sie unmöglich ist, ernsthaft und endgültig verweigert wird, unzumutbar verzögert wird oder vergeblich versucht worden ist (BGH Urt. v. 26.11.1984 – VIII ZR 214/83, BGHZ 93, 62; Urt. v. 2.2.1994 – VIII ZR 262/92, NJW 1994, 1005; Urt. v. 29.10.1997 – VIII ZR 347/96, NJW 1998, 677). Die Klausel verwendet bewusst den Begriff des Fehlschlagens und sieht von einer Auflistung der einzelnen Fälle des Fehlschlagens ab. Nach ständiger Rechtsprechung zu Nachbesserungsklauseln muss der Verwender die Fälle nicht im Einzelnen auflisten, nennt er aber Einzelfälle, muss der Katalog vollständig sein, ansonsten ist die gesamte Klausel unwirksam (BGH Urt. v. 26.11.1984 – VIII ZR 214/83, BGHZ 93, 62; Urt. v. 2.2.1994 – VIII ZR 262/92, NJW 1994, 1005; Urt. v. 29.10.1997 – VIII ZR 347/96, NJW 1998, 677). Auch eine Konkretisierung, wie viele Nachbesserungsversuche zumutbar sind, wurde nicht vorgenommen, da die Gefahr besteht, dass diese Klausel dahin ausgelegt wird, dass eine erfolglos versuchte Nachbesserung der einzige Fall des Fehlschlagens der Nacherfüllung sei. Für die Frage, wann eine Nachbesserung vergeblich versucht worden ist, lässt sich die Wertung des § 440 S. 2 BGB heranziehen, nach der die Nachbesserung grundsätzlich nach dem zweiten Versuch als fehlgeschlagen gilt. Weitergehende Klauseln, nach denen etwa der Kunde stets drei Nachbesserungsversuche zu gestatten hat, wären ohnehin unwirksam, da sie die Umstände des Einzelfalles nicht hinreichend berücksichtigen (vgl. BGH Urt. v. 29.10.1997 – VIII ZR 347/96, NJW 1998, 677).

17. Schadensersatz. Der Schadensersatzanspruch gehört zu den gesetzlichen Gewährleistungsansprüchen des Käufers (§ 437 Nr. 3 BGB), so dass sich eine Regelung im Zusammenhang mit den Gewährleistungsansprüchen anbietet. Ob insoweit überhaupt eine Beschränkung der Haftung in Betracht kommt, hängt mit der Frage zusammen, ob die Mangelfreiheit der Sache wesentliche Vertragspflicht ist. Nimmt man dies an, könnte die Haftung nicht einmal für leichte Fahrlässigkeit beschränkt werden. Da dieser Fragenkreis in der Rechtsprechung noch vollständig ungeklärt ist → Form. V.2 Anm. 38), beschränkt sich das Muster auf eine pauschale Verweisung auf die allgemeine Haftungsbeschränkungsklausel.

18. Rügeobliegenheit. Angesichts der Unsicherheit, ob auf den Vertrag Kauf- oder Werkrecht anzuwenden ist → Anm. 1) empfiehlt es sich, die Rügeobliegenheit des Kunden ausdrücklich zu regeln. § 377 HGB wird durch das Muster insoweit modifiziert, als zu Beweiszwecken für die Mängelrüge die Einhaltung der Textform gefordert wird. Ferner wird versucht, den unbestimmten Begriff der „Unverzüglichkeit“ zu konkretisieren. Ob diese Klausel einer Inhaltskontrolle standhält, ist offen. Die Rechtsprechung zur

Unverzüglichkeit im Rahmen des § 377 HGB ist sehr einzelfallbezogen und uneinheitlich. Während früher sehr strenge Anforderungen gestellt wurden und dem Kunden für eine Rüge im Regelfall nur wenige Tage zugebilligt wurden, ist die neuere Rechtsprechung großzügiger (vgl. Baumbach/Hopt/*Hopt* § 377 Rn. 23 mit umfangreicher Kasuistik). Das Muster geht mit einer Rügefrist von 10 Tagen einen Mittelweg. Während eine vorbehaltlose Abnahme (zur Abnahme → Anm. 10) nach § 640 Abs. 3 BGB nur Mängelrechte für dem Besteller „bekannte" Mängel ausschließt, führt das Unterlassen einer Mängelrüge zum Ausschluss der Mängelrechte für „erkennbare" Mängel.

19. Verjährung von Mängelansprüchen. Gemäß § 438 Abs. 1 Nr. 3 BGB beträgt die kaufrechtliche Verjährungsfrist für Mängelansprüche zwei Jahre. Diese Regelung ist zwar, anders als im Rechtsverkehr mit Verbrauchern, nicht zwingend. Auch im unternehmerischen Verkehr ist aber die Wertung des § 309 Nr. 8b) ff. BGB zu beachten (Palandt/*Grüneberg* BGB § 309 Rn. 77), nach dem die Verjährungsfrist für Mängelansprüche nicht weniger als ein Jahr betragen darf.

20. Verjährung von Schadensersatzansprüchen. Der Bundesgerichtshof hat für den Rechtsverkehr mit Verbrauchern eine verjährungsbeschränkende Klausel schon deshalb für unwirksam erklärt, weil sie die in § 309 Nr. 7a) und b) BGB geregelten Schadensersatzansprüche nicht ausdrücklich von der Verjährungsklausel ausnehme und damit auf eine unzulässige Haftungsbeschränkung hinauslaufe (BGH Urt. v. 15.11.2006 – VIII ZR 3/06, NJW 2007, 674). Da § 309 Nr. 7a) und b) BGB im unternehmerischen Geschäftsverkehr entsprechend angewendet werden und deshalb die Gefahr besteht, dass der Bundesgerichtshof diese Anforderung auf den unternehmerischen Rechtsverkehr erstreckt, nimmt das Muster vorsorglich diese Ansprüche von der Verjährungsregelung aus.

21. Freizeichnungsverbote für grobe Fahrlässigkeit und Verletzung wesentlicher Vertragspflichten. → Form. V.2 Anm. 39.

22. Beschränkung auf vorhersehbare, vertragstypische Schäden. → Form. V.3 Anm. 40.

23. Rechtswahl. → Form. V.2 Anm. 42. Da unklar ist, ob Webdesignverträge als Werklieferungsverträge zu qualifizieren sind und damit dem CISG unterfallen können (Schlechtriem/Schwenzer/*Ferrari* CISG Art. 1 Rn. 24, Art. 3 Rn. 4 ff.), schließt das Muster vorsorglich die Anwendbarkeit des CISG ausdrücklich aus.

24. Gerichtsstand. → Form. V.4 Anm. 36.

25. Schriftformklausel. → Form. V.4 Anm. 21.

26. Vollständigkeitsklausel. → Form. V.4 Anm. 37; → Form. V.2 Anm. 43

VI. Patent- und Know-How-Lizenzvertragsrecht

1. Ausschließlicher Patent- und Know-How-Lizenzvertrag

Vertrag[1–4, 5, 6]
zwischen
der A GmbH (nachfolgend als „Lizenzgeberin" bezeichnet)
und
der B GmbH (nachfolgend als „Lizenznehmerin" bezeichnet)

Präambel[7]

(1) Die Lizenzgeberin entwickelt, produziert und vertreibt Gießkannen für den Gebrauch im Garten.

(2) Die Lizenznehmerin entwickelt, produziert und vertreibt Kunststoffflaschen und -becher zur Verwendung mit Getränken.

(3) Die Lizenzgeberin hat eine neue Gießtechnik entwickelt.

(4) Die Lizenzgeberin ist Inhaberin bzw. Anmelderin mehrerer technischer Schutzrechte, die mehrere Erfindungen betreffend die neue Gießtechnik unter Schutz stellen.

(5) Die Lizenzgeberin produziert und vertreibt seit kurzem einen neue Serie Gießkannen, die nach der Lehre der vorstehend genannten technischen Schutzrechte gefertigt wird.

(6) Die Lizenzgeberin verfügt über geheimes produktionstechnisches Know-How betreffend die Herstellung von Produkten, die von der geschützten Gießtechnik Gebrauch machen.

(7) Die Lizenznehmerin beabsichtigt, zukünftig Kunststoffflaschen und -becher zu produzieren und zu vertreiben, die von der von der Lizenzgeberin entwickelten und im Rahmen ihrer technischen Schutzrechte geschützten Gießtechnik Gebrauch machen.

Dies vorausgeschickt vereinbaren die Lizenzgeberin und die Lizenznehmerin (nachfolgend gemeinsam als die „Parteien" und jede für sich auch als „Partei" bezeichnet) Folgendes:

§ 1 Definitionen[8]

(1) „Vertragsprodukt" meint jedes Produkt, das unter Beachtung der Beschränkung des Anwendungsbereiches, die sich aus § 3 (2) dieses Vertrages ergibt, unter mindestens einen der Patentansprüche der Vertragsschutzrechte gemäß der Definition in § 2 (2) dieses Vertrages fällt, also entweder wortsinngemäß, äquivalent oder mittelbar eines der Vertragsschutzrechte oder das Know-How gemäß § 2 (4) dieses Vertrages benutzt.[9]

(2) „Vertragsgebiet" meint das Gebiet der Bundesrepublik Deutschland, Österreich und der Schweiz.[10]

§ 2 Vertragszweck und -gegenstand

(1) Zweck dieses Vertrages ist es, der Lizenznehmerin zu ermöglichen, Kunststoffflaschen und -becher im Vertragsgebiet herzustellen und zu vertreiben, die von der von der Lizenzgeberin entwickelten neuen Gießtechnik Gebrauch machen.

(2) Die Lizenzgeberin ist Inhaberin bzw. Anmelderin der in Anlage 1 näher spezifizierten technischen Schutzrechte (in diesem Vertrag als „Vertragsschutzrechte" bezeichnet).[11]

(3) Die Lizenznehmerin bestätigt, dass sie mit Blick auf die Vertragsschutzrechte Kopien der Anmeldeunterlagen und (soweit die entsprechenden Vertragsschutzrechte bereits erteilt sind) der Patentschriften erhalten hat.

(4) Die Lizenzgeberin besitzt aufgrund ihrer langjährigen Entwicklungstätigkeit und des Umstandes, dass sie eine Gießkanne, die die neue Gießtechnik umsetzt, schon in den Markt eingeführt hat, intensive Erfahrungen betreffend die Fertigung von Produkten, die die neue Gießtechnik nach der Lehre der Vertragsschutzrechte umsetzen. Diese Erfahrungen, die in Anlage 2 im Einzelnen identifiziert werden, sollen von der Lizenzgeberin an die Lizenznehmerin als Know-How weitergegeben werden.[12]

§ 3 Lizenz

(1) Die Lizenzgeberin räumt der Lizenznehmerin für die Laufzeit dieses Vertrages das ausschließliche Recht ein, Vertragsprodukte im Rahmen des in § 3 (2) im Einzelnen beschriebenen Anwendungsbereichs im Vertragsgebiet herzustellen und zu vertreiben.[2, 13]

(2) Die der Lizenznehmerin gemäß § 3 (1) eingeräumte Lizenz beschränkt sich auf die Herstellung und den Vertrieb von Kunststoffflaschen und -bechern. Die Lizenz erlaubt es der Lizenznehmerin insbesondere nicht, Gießkannen herzustellen oder zu vertreiben, die unter einen der Patentansprüche der Vertragsschutzrechte fallen.[14]

(3) Außerhalb des Vertragsgebietes darf die Lizenznehmerin die Vertragsprodukte nur herstellen und/oder vertreiben, wenn die Lizenzgeberin dort nicht Inhaberin eines Vertragsschutzrechtes oder anderer technischer Schutzrechte ist. Die Lizenznehmerin ist allerdings berechtigt, auf unaufgeforderte Bestellungen einzelner Kunden hin (passive Verkäufe) Lieferungen an Kunden außerhalb des Vertragsgebietes vorzunehmen.[15]

(4) Die Lizenznehmerin ist zur Einräumung von Unterlizenzen an den Vertragsschutzrechten gegenüber Dritten nicht berechtigt.[16]

(5) Beide Parteien sind berechtigt, auf jeweils eigene Kosten die Eintragung der unter diesem Vertrag erteilten Lizenz(en) in die jeweiligen Patentregister zu beantragen. Die jeweils andere Partei wird die hierfür etwaig erforderlichen Zustimmungserklärungen und ggf. weiteren erforderlichen Mitwirkungshandlungen auf Aufforderung der die Eintragung betreibenden Partei abgeben bzw. vornehmen. Sofern die Lizenz vor Ablauf der betroffenen Vertragsschutzrechte endet, ist die Lizenznehmerin verpflichtet, unverzüglich schriftlich die Zustimmung zur Löschung des Lizenzhinweises im Patentregister zu erklären sowie ggf. weitere erforderliche Mitwirkungshandlungen vorzunehmen.[17]

(6) Die Lizenznehmerin ist verpflichtet, alle von ihr herzustellenden und zu vertreibenden Vertragsprodukte gut lesbar mit den Worten „hergestellt unter Lizenz der A GmbH" zu kennzeichnen. Eine weitergehende Lizenz zur Nutzung von Marken und oder sonstigen Kennzeichenrechten der Lizenzgeberin ist für die Lizenznehmerin hiermit nicht verbunden.[18]

§ 4 Zurverfügungstellen des Know-Hows

(1) Die Lizenzgeberin wird der Lizenznehmerin innerhalb von . . . . . Werktagen nach Eingang des von der Lizenznehmerin gemäß § 5 (1) zu zahlenden Betrages die in Anlage 2 aufgelisteten Unterlagen, Datenträger und sonstigen Informationen zur Verfügung stellen.[19]

(2) Sämtliche von der Lizenzgeberin in Erfüllung ihrer Verpflichtung gemäß § 4 (1) zur Verfügung gestellten Unterlagen, Datenträger und sonstigen Träger von Informationen verbleiben im alleinigen Eigentum der Lizenzgeberin.

(3) Die Lizenznehmerin ist ausschließlich dazu berechtigt, das ihr von der Lizenzgeberin zur Verfügung gestellte Know-How zum Zwecke der Entwicklung und Herstellung der Vertragsprodukte zu verwenden. Jegliche Verwendung des Know-Hows für andere Zwecke außerhalb der Durchführung dieses Vertrages ist nur mit ausdrücklicher vor-

heriger schriftlicher Zustimmung der Lizenzgeberin zulässig. Die Lizenznehmerin wird nur ausnahmsweise, sofern dies für die Zwecke dieses Vertrages absolut notwendig ist, Kopien der Unterlagen, Datenträger oder sonstiger Informationsträger, die Know-How enthalten, anfertigen. Die Parteien sind sich darüber einig, dass Eigentümerin sämtlicher Kopien mit der Herstellung automatisch die Lizenzgeberin wird. Die Lizenznehmerin wird im Falle der Herstellung von Kopien die Lizenzgeberin informieren und die angefertigten Kopien deutlich sichtbar als geheim und im Eigentum der Lizenzgeberin stehend kennzeichnen.[20]

§ 5 Lizenzgebühren

(1) Die Lizenznehmerin zahlt an die Lizenzgeberin eine einmalige pauschale Lizenzgebühr in Höhe von EUR .....

(2) Darüber hinaus zahlt die Lizenznehmerin an die Lizenzgeberin eine laufende Lizenzgebühr in Höhe von ..... % (..... Prozent) des Nettoverkaufspreises, den die Lizenznehmerin mit dem Vertrieb der Vertragsprodukte erzielt. Als Nettoverkaufspreis gilt der in Rechnung gestellte Bruttoverkaufspreis abzüglich der Kosten für Verpackung und Versand sowie angefallener Umsatzsteuer.[21]

(3) Die von der Lizenznehmerin gemäß § 5 (1) an die Lizenzgeberin zu zahlende pauschale Lizenzgebühr ist innerhalb von 10 Werktagen nach Abschluss dieses Vertrages zur Zahlung fällig.

(4) Die nach § 5 (2) von der Lizenznehmerin an die Lizenzgeberin zu zahlende Lizenzgebühr wird kalendervierteljährlich abgerechnet. Die Lizenznehmerin wird hierzu während der Laufzeit dieses Vertrages (sowie ggf. im Rahmen der Abverkaufsperiode gemäß § 11 (3) dieses Vertrages) innerhalb von 10 Werktagen nach Abschluss eines jeden Kalendervierteljahres der Lizenzgeberin darüber Auskunft erteilen, in welchem Umfang sie im zurückliegenden Kalenderquartal die Vertragsprodukte im Vertragsgebiet vertrieben hat und welche Umsätze sie dabei erzielt hat.

(5) Die Lizenzgeberin wird daraufhin der Lizenznehmerin auf der Basis der erteilten Auskunft eine Rechnung über die von der Lizenznehmerin zu zahlenden Lizenzgebühren stellen. Die Rechnung ist jeweils innerhalb von 30 Tagen ab Zugang zur Zahlung durch die Lizenznehmerin fällig.

(6) Die Lizenznehmerin hat über den Vertrieb der Vertragsprodukte im Vertragsgebiet ordnungsgemäß in einer Weise Buch zu führen, die es ermöglicht, die Berechnung der Lizenzgebühr gemäß § 5 (2) im Einzelnen zu überprüfen.

(7) Die Lizenzgeberin ist nach vorausgehender Ankündigung berechtigt, diejenigen Buchhaltungsunterlagen der Lizenznehmerin, die für die Berechnung und Überprüfung der von der Lizenznehmerin an die Lizenzgeberin gemäß § 5 (2) zu zahlenden Lizenzgebühr hilfreich und/oder erforderlich sind, durch einen unabhängigen, zur Geheimhaltung gegenüber Dritten verpflichteten Wirtschaftsprüfer überprüfen zu lassen. Die Kosten dieser Überprüfung trägt grundsätzlich die Lizenzgeberin. Sollte sich im Rahmen der Überprüfung herausstellen, dass für den überprüften Zeitraum eine Abweichung von mindestens 3 % zu Lasten der Lizenzgeberin besteht, hat die Lizenznehmerin die angemessenen Kosten der Überprüfung durch den Wirtschaftsprüfer zu tragen.[22]

§ 6 Ausübungspflicht

(1) Die Lizenznehmerin ist verpflichtet, spätestens zum ..... mit dem Vertrieb der Vertragsprodukte im Vertragsgebiet zu beginnen.[23]

(2) Die Lizenznehmerin ist verpflichtet, während der Laufzeit dieses Vertrages die nachfolgend wiedergegebenen Mindestmengen von Vertragsprodukten im Vertragsgebiet zu vertreiben:[24]

im Kalenderjahr .... Exemplare
im Kalenderjahr .... Exemplare
ab dem Kalenderjahr ..... jährlich ..... Exemplare

(3) Sollte die Lizenznehmerin in einem Kalenderjahr die in § 6 (2) festgelegte Mindestmenge verfehlen, begründet dies zu Gunsten der Lizenzgeberin einen wichtigen Grund zur außerordentlichen Kündigung dieses Vertrages.[24]

§ 7 Qualitätsanforderungen[25]

(1) Die Lizenznehmerin verpflichtet sich, bei der Herstellung der Vertragsprodukte hohe qualitative Standards anzulegen und mindestens die in Anlage 3 näher spezifizierten Qualitätsanforderungen einzuhalten.

(2) Die Lizenznehmerin wird der Lizenzgeberin zu Beginn der Herstellung einer jeden Ausführungsform eines Vertragsproduktes auf eigene Kosten 2 Muster übersenden, damit die Lizenzgeberin die Einhaltung der Qualitätsanforderungen überprüfen kann. Die Lizenznehmerin ist darüber hinaus auf Anforderung der Lizenzgeberin verpflichtet, in jedem Folgekalenderjahr bis zu 2 weitere Muster einer jeden Ausführungsform eines Vertragsproduktes auf eigene Kosten an die Lizenzgeberin zur fortgesetzten Qualitätskontrolle zu übersenden. Die Lizenzgeberin ist einmal pro Kalenderjahr berechtigt, nach zumindest 14 Tage vorher erfolgter schriftlicher Ankündigung die Herstellungsbedingungen der Vertragsprodukte an der Produktionsstätte (ggf. den Produktionsstätten) der Lizenznehmerin zum Zwecke der Kontrolle der Qualitätsanforderungen zu überprüfen. Die Lizenznehmerin wird der Lizenzgeberin hierfür Zugang zu ihren Produktionsstätten gewähren.

§ 8 Bestand der Vertragsschutzrechte

(1) Die Lizenzgeberin ist verpflichtet, die Vertragsschutzrechte auf eigene Kosten aufrechtzuerhalten und die Anmeldeverfahren der noch nicht erteilten Vertragsschutzrechte weiter zu betreiben.[26]

(2) Will die Lizenzgeberin auf ein Vertragsschutzrecht verzichten, wird sie die Lizenznehmerin hiervon unterrichten und ihr das Vertragsschutzrecht unentgeltlich zur Übernahme anbieten. Entscheidet sich die Lizenznehmerin, das Vertragsschutzrecht zu übernehmen, trägt sie alle hierbei anfallenden sowie die bei der zukünftigen Aufrechterhaltung anfallenden Kosten. § 8 (4) gilt in diesem Fall entsprechend. Die Lizenzgeberin bleibt im Falle der Übernahme eines Vertragsschutzrechtes durch die Lizenznehmerin weiterhin berechtigt, von der Lehre des auf die Lizenznehmerin übertragenen Vertragsschutzrechtes für eigene Produkte Gebrauch zu machen.[27]

(3) Die Lizenzgeberin ist verpflichtet, die Vertragsschutzrechte auf eigene Kosten gegen etwaige Angriffe Dritter, also insbesondere Einsprüche und Nichtigkeitsklagen zu verteidigen. Die Lizenzgeberin wird nach eigenem Ermessen alle erforderlichen Schritte zur Verteidigung der Vertragsschutzrechte vornehmen und ist insbesondere auch berechtigt, zur Abwendung eines Angriffs nach vorheriger Unterrichtung der Lizenznehmerin, dem Angreifer eine einfache Lizenz an dem angegriffenen Vertragsschutzrecht einzuräumen. Die von der Lizenznehmerin nach § 5 (2) zu zahlende Lizenzgebühr wird in diesem Falle in entsprechender Anwendung des § 8 (4) angepasst.[28]

(4) Sollte während der Vertragslaufzeit nachträglich ein Vertragsschutzrecht – gleich aus welchem Grunde – wegfallen, wird die Lizenzgeberin für den Zeitraum ab Wegfall des Vertragsschutzrechtes die nach § 5 (2) von der Lizenznehmerin zu zahlenden Lizenzgebühren nach billigem Ermessen anpassen. Der Wegfall eines Vertragsschutzrechtes ändert nichts an der Wirksamkeit dieses Vertrages. Die bis zum Wegfall des Vertragsschutzrechtes entstandenen Ansprüche auf Zahlung von Lizenzgebühren nach § 5 (2) bleiben von einer Anpassung unberührt.[29]

§ 9 Verletzungen der Vertragsschutzrechte durch Dritte[30]

(1) Soweit eine der Parteien davon Kenntnis erlangt, dass eines oder mehrere der Vertragsschutzrechte durch Handlungen Dritter verletzt sein könnten, ist sie verpflichtet, die jeweils andere Partei hiervon unverzüglich zu informieren.

(2) Die Lizenzgeberin entscheidet nach eigenem freiem Ermessen darüber, ob sie gegenüber etwaigen Verletzern der Vertragsschutzrechte vorgehen wird.

(3) Die Lizenznehmerin ist nur nach ausdrücklicher vorheriger Zustimmung durch die Lizenzgeberin, die nicht unbillig verweigert oder verzögert werden darf, berechtigt, gegen etwaige Verletzungen der Vertragsschutzrechte vorzugehen.

§ 10 Vertragslaufzeit/Kündigung[31]

(1) Dieser Vertrag tritt mit seiner Unterzeichnung durch beide Parteien in Kraft und hat eine Laufzeit von zunächst ..... (.....) Jahren. Er verlängert sich automatisch um je ein weiteres Jahr, wenn er nicht innerhalb von 3 Monaten vor Ablauf von einer der Parteien gekündigt wird. Spätestens mit Erlöschen des letzten Vertragsschutzrechtes endet dieser Vertrag automatisch.

(2) Das Recht zur außerordentlichen Kündigung aus wichtigem Grund bleibt unberührt. Ein wichtiger Grund liegt – neben den in diesem Vertrag ausdrücklich an anderer Stelle festgelegten Umständen – insbesondere auch dann vor, wenn

(a) eine Partei gegen eine wesentliche vertragliche Verpflichtung aus diesem Vertrag verstößt und nach schriftlicher Anzeige des Verstoßes durch die andere Partei den Verstoß nicht innerhalb von 28 Tagen ausräumt; oder

(b) über das Vermögen der anderen Partei ein Insolvenzverfahren eröffnet oder mangels Masse abgelehnt wird.

(3) Eine zur Kündigung gemäß § 10 (2) (a) durch die Lizenzgeberin berechtigende Verletzung einer wesentlichen vertraglichen Verpflichtung durch die Lizenznehmerin liegt insbesondere auch dann vor, wenn

(a) die Lizenznehmerin die Vertragsprodukte außerhalb des Vertragsgebietes in einem Land vertreibt, in dem zumindest eines der Vertragsschutzrechte Schutz genießt;

(b) die Lizenznehmerin wiederholt die in Anlage 3 festgeschriebenen Qualitätsanforderungen nicht erfüllt;

(c) die Lizenznehmerin gegen die Vertraulichkeitsverpflichtung gemäß § 14 dieses Vertrages verstößt;

(d) die Lizenznehmerin ihre Verpflichtung zur Auskunft gemäß § 5 (4) dieses Vertrages trotz schriftlicher Aufforderung und Nachfristsetzung nicht oder wiederholt nicht rechtzeitig erfüllt; oder

(e) die Lizenznehmerin ihre Zahlungsverpflichtungen gemäß den Bestimmungen dieses Vertrages nicht oder wiederholt trotz schriftlicher Aufforderung und Nachfristsetzung nicht rechtzeitig erfüllt.

(4) Die Lizenzgeberin ist ferner zur Kündigung dieses Vertrages aus wichtigem Grunde berechtigt, wenn die Lizenznehmerin Vertragsschutzrechte, beispielsweise im Rahmen von Einsprüchen oder Nichtigkeitsklagen, angreift oder durch Dritte angreifen lässt.[32]

(5) Jede Kündigung hat zu ihrer Wirksamkeit schriftlich zu erfolgen.

§ 11 Folgen der Vertragsbeendigung[33]

(1) Im Falle der Beendigung des Lizenzvertrages hat die Lizenznehmerin der Lizenzgeberin innerhalb von 10 Werktagen alle ihr von der Lizenzgeberin im Rahmen des Zurverfügungstellens des Know-Hows oder anderweitig in der Folge der Durchführung dieses Vertrages übergebenen Unterlagen, Datenträger und sonstigen Informationsträger einschließlich aller von ihr hiervon angefertigten Kopien (zurück) zu übergeben.

(2) Mit der Beendigung des Lizenzvertrages wird die Lizenznehmerin die Herstellung der Vertragsprodukte einstellen. Sofern sie innerhalb von 2 Wochen nach der Beendigung des Lizenzvertrags der Lizenzgeberin schriftlich mitteilt, in welchem Umfang sie zum Zeitpunkt der Beendigung des Vertrages bereits hergestellte Vertragsprodukte noch auf Lager hat, darf sie diese noch innerhalb von 3 Monaten nach der Beendigung des Vertrages unter Beachtung der insoweit fortgeltenden Vorschriften dieses Lizenzvertrages (einschließlich der Verpflichtung zur Entrichtung der Lizenzgebühren) abverkaufen.
(3) Auch im Falle der vorzeitigen Beendigung des Lizenzvertrags verbleibt die von der Lizenznehmerin an die Lizenzgeberin gemäß § 5 (1) zu zahlende pauschale Lizenzgebühr in jedem Falle vollständig bei der Lizenzgeberin.

§ 12 Gewährleistung[34]

(1) Die Lizenzgeberin versichert, dass
(a) sie berechtigt ist, über die Vertragsschutzrechte zu verfügen;
(b) ihr bei Unterzeichnung dieses Vertrages durch die Parteien keine Rechte Dritter bekannt sind, die der nach diesem Vertrag einzuräumenden Lizenz entgegenstehen würden; und
(c) ihr mit Blick auf die Vertragsschutzrechte keine Rechtsmängel, eine Abhängigkeit von Schutzrechten Dritter oder Angriffe Dritter gegen die Vertragsschutzrechte bekannt sind.
(2) Eine weitergehende Haftung übernimmt die Lizenzgeberin nicht. Sie übernimmt insbesondere keinerlei Haftung für die technische Brauchbarkeit und/oder kaufmännische Verwertbarkeit der den Vertragsschutzrechten zugrundeliegenden Erfindung(en).
(3) Jegliche weitere Haftung der Lizenzgeberin für sonstige Sach- und Rechtsmängel ist ausgeschlossen.

§ 13 Weiterentwicklungen[35]

(1) Sofern eine der Parteien eine Erfindung, die einem der Vertragsschutzrechte zu Grunde liegt, weiterentwickelt und/oder sonstige Verbesserungen mit Blick auf derartige Erfindungen oder einen sonstigen Gegenstand der Zusammenarbeit gemäß diesem Vertrag entwickelt, ist sie verpflichtet, die andere Partei hiervon unverzüglich zu informieren.
(2) Sofern eine von einer der Parteien entwickelte Weiterentwicklung zum Gegenstand einer neuen Schutzrechtsanmeldung gemacht wird, erklärt sich die Partei, die die Weiterentwicklung vorgenommen und zum Gegenstand eines neuen technischen Schutzrechtes gemacht hat, bereit, der anderen Partei hieran eine einfache Lizenz zu marktangemessenen Bedingungen, über die sich die Parteien im Einzelfall noch zu verständigen haben, einzuräumen.
(3) Sofern eine Weiterentwicklung von beiden Parteien gemeinsam vorgenommen worden ist, sind nur beide Parteien gemeinsam berechtigt, die Weiterentwicklung zum Gegenstand einer neuen technischen Schutzrechtsanmeldung zu machen.

§ 14 Vertraulichkeit[36]

(1) „Vertrauliche Information" meint jegliche Information geheimer oder geschützter Art, die eine der Parteien (nachfolgend als „Empfangende Partei" bezeichnet) direkt oder indirekt von der anderen Partei (nachfolgend als „Offenlegende Partei" bezeichnet) erlangt, einschließlich, aber nicht beschränkt auf Know-How, Technologie-, Produktions-, Marketing-, sowie werbliche Daten, Handelsdaten, Finanzdaten, Buchhaltungsdaten, produktbezogene Daten und/oder sonstige geschäftliche Daten, Materialien, Dokumente, Artikel, Designs, Anleitungen, Trainingsmaterialien, Ideen, Erfindungen, Kenntnisse über Prozesse, Methoden, Produktspezifikationen, Systeme, Informationen sowie jegliches sonstige geistige Eigentum (unabhängig davon, ob dieses patentiert oder

anderweitig registriert ist oder nicht), unabhängig davon, ob diese Informationen schriftlich, mündlich, visuell wahrnehmbar, auf elektronischem Wege oder sonst über andere Medien oder in sonstiger Form übertragen oder erlangt werden. Sämtliche Rechte an Vertraulichen Informationen verbleiben bei der Offenlegenden Partei.

(2) Die Empfangende Partei wird während und nach der Laufzeit dieses Vertrages alle Vertraulichen Informationen streng geheim halten und nicht für andere Zwecke als die, die diesem Vertrag ausdrücklich zugrunde liegen, verwenden, und zwar weder direkt noch indirekt, weder zum eigenen Nutzen noch zum Nutzen für Dritte. Die Empfangende Partei darf die Vertraulichen Informationen nicht offenlegen, veröffentlichen, übertragen oder anderweitig Dritten zugänglich machen.

(3) Die Vertraulichkeitsverpflichtung des vorstehenden Absatz (2) gilt nicht für Informationen, für die die Empfangende Partei beweisen kann, dass sie ihr zum Zeitpunkt des Empfangs bereits bekannt waren oder die von ihr unabhängig entwickelt worden sind, ohne dabei vertragliche Verpflichtungen gemäß den Bestimmungen des vorliegenden Vertrages zu verletzen. Sie gilt ebenfalls nicht für Informationen, die öffentlich bekannt waren oder werden, ohne dass dies auf ein Verschulden der Empfangenden Partei, ihrer Mitarbeiter, Geschäftsführer, Handelsvertreter oder Vertragspartner zurückgeht. Die Vertraulichkeitsverpflichtung gilt schließlich nicht, soweit die Empfangende Partei nach geltendem Recht verpflichtet ist, bestimmte Informationen offen zu legen (vorausgesetzt, dass die Empfangende Partei hiervon die Offenlegende Partei rechtzeitig schriftlich in Kenntnis setzt). Zur Vermeidung von Missverständnissen halten die Parteien fest, dass die Beweislast für das Vorliegen einer der vorstehenden Ausnahmen bei derjenigen Partei liegt, die sich auf die Ausnahme beruft.

§ 15 Force Majeure[37]

Wenn Umstände höherer Gewalt, einschließlich, aber nicht beschränkt auf Unfall, Feuer, Aussperrung, Streik, Unruhen, Kriegseinwirkung oder andere Gründe, die außerhalb der Kontrolle der Parteien liegen, die Erfüllung von Vertragspflichten durch eine der Parteien verzögern oder hindern, so gilt eine solche Verzögerung oder Verhinderung nicht als Vertragsverletzung. Dauert ein solches Ereignis jedoch länger als sechzig (60) Tage an, so hat die andere Partei das Recht, den vorliegenden Vertrag außerordentlich aus wichtigem Grund zu kündigen.

§ 16 Sonstiges

(1) Die Parteien stehen sich als selbständige und unabhängige Vertragsschließende gegenüber. Nichts in diesem Vertrag begründet zwischen den Parteien ein Gesellschaftsverhältnis, ein Franchise-Verhältnis, ein Joint Venture, ein Arbeitgeber-/Arbeitnehmer-Verhältnis oder ein Handelsvertreter-Verhältnis.

(2) Dieser Vertrag unterliegt deutschem Recht mit Ausnahme der Regeln des internationalen Privatrechts. Ausschließlicher Gerichtsstand für alle Streitigkeiten im Zusammenhang mit diesem Vertrag ist Hamburg.[38]

(3) Dieser Vertrag einschließlich aller seiner Anlagen stellt die gesamte Vereinbarung der Parteien in Bezug auf den Vertragsgegenstand dar und ersetzt sämtliche vorangegangenen oder gleichzeitig erfolgten Vereinbarungen oder Absprachen. Änderungen oder Ergänzungen dieses Vertrages bedürfen zu ihrer Wirksamkeit der Schriftform. Dies gilt auch für eine Änderung dieses § 16 (3).[39]

(4) Die vollständige oder teilweise Abtretung dieses Vertrages an Dritte bedarf der vorherigen schriftlichen Zustimmung der jeweils anderen Partei, die diese Zustimmung nicht ohne Grund willkürlich verweigern darf.

(5) Sollte eine Bestimmung dieses Vertrages von einem zuständigen Gericht für rechtswidrig, unwirksam oder undurchsetzbar gehalten werden, bleiben die übrigen Bestim-

mungen dieses Vertrages hiervon unberührt und damit wirksam. Die Parteien beabsichtigen, dass die Bestimmungen dieses Vertrages soweit rechtlich zulässig durchgesetzt werden sollen und vereinbaren daher für den Fall, dass einzelne Bestimmungen als nicht durchsetzbar angesehen werden, dass diese durch entsprechende wirksame und durchsetzbare Bestimmungen ersetzt werden, die dem wirtschaftlichen Zweck der ersetzten Bestimmung möglichst nahe kommen.[40]

Schrifttum: Bartenbach, Patentlizenz- und Know-how-Vertrag, 7. Auflage, Köln 2013; *Bechtold/Bosch,* GWB, Kommentar, 9. Auflage, München 2018; *Benkard,* Patentgesetz, Gebrauchsmustergesetz, Kommentar, 11. Auflage, München 2015; *Busse/Keukenschrijver,* Patentgesetz, Kommentar, 8. Auflage, Berlin 2016; *Frenz,* Die neue Technologietransfer-Gruppenfreistellungsverordnung, EuZW 2014, 53; *Immenga/Mestmäcker,* Wettbewerbsrecht, Kommentar zum Europäischen Kartellrecht, 5. Auflage, München 2012; *Kraßer/Ann,* Patentrecht, 7. Auflage, München 2016; *Mes,* Patentgesetz, Gebrauchsmustergesetz, Kommentar, 4. Auflage, München 2015; *Stumpf/Groß,* Der Lizenzvertrag, 8. Auflage, Frankfurt am Main 2005; *Wiedemann,* Handbuch des Kartellrechts, 3. Auflage, München 2016.

Anmerkungen

1. Sachverhalt. Ausgangspunkt des vorstehenden Vertragsformulars im Tatsächlichen ist folgende Situation, die einem in den „Leitlinien zur Anwendung von Art. 101 des Vertrags über die Arbeitsweise der Europäischen Union auf Technologietransfer-Vereinbarungen" (Mitteilung der Kommission 2014/C 89/03, S. 3 (nachfolgend als „TT-GVO-Leitlinien" bezeichnet)), geschilderten Beispiel nachgebildet ist: Die A GmbH entwickelt, produziert und vertreibt Gießkannen für den Gebrauch im Garten. Sie hat eine neue Gießtechnik entwickelt, die sie auch bereits in von ihr produzierten und vertriebenen Gießkannen für den Garten nutzt. Die B GmbH ist in einem gänzlich anderen Bereich tätig. Sie produziert und vertreibt Kunststoffflaschen und -becher zur Verwendung mit Getränken. Ihr ist aufgefallen, dass die von der A GmbH für die von ihr produzierten und vertriebenen Gießkannen verwendete neuartige Gießtechnik sich auch für Getränkeflaschen und Trinkbecher sinnvoll nutzbar machen ließe. Bei einer von der B GmbH veranlassten Recherche hat sich herausgestellt, dass die A GmbH Anmelderin bzw. Inhaberin mehrerer technischer Schutzrechte (Patente und Gebrauchsmuster in mehreren Ländern) ist, die die neue Gießtechnik unter Schutz stellen, ohne dies auf einen bestimmten konkreten Verwendungszweck, also beispielsweise auf die Verwendung für Gießkannen, zu beschränken. Die B GmbH hat daraufhin bei der A GmbH angefragt, ob sie die von der A GmbH entwickelte und rechtlich geschützte Gießtechnik für ihre Produkte (Kunststoffflaschen und -becher) nutzen dürfe. Nach Abschluss der daraufhin aufgenommenen Vertragsverhandlungen haben sich die Parteien auf einen Patent- und Know-How-Lizenzvertrag gemäß dem vorliegenden Formular geeinigt.

2. Wahl des Formulars. Das vorstehende Formular kann als Vertragsmuster zur weiteren Anpassung Verwendung finden, wenn eine Vertragspartei (der Lizenzgeber) der anderen Vertragspartei (dem Lizenznehmer) das Recht einräumen will, Produkte zu produzieren und zu vertreiben, die von den zugunsten des Lizenzgebers geschützten technischen Schutzrechten und/oder von seinem Know-How Gebrauch machen. Ohne Abschluss des Lizenzvertrages würde der Lizenznehmer die technischen Schutzrechte des Lizenzgebers verletzen und sähe sich Unterlassungsansprüchen ausgesetzt. Das geheime Know-How des Lizenzgebers wird dieser dem Lizenznehmer überhaupt erst dann zur

Verfügung stellen, nachdem sich die Parteien im Rahmen eines (Know-How-)Lizenzvertrages auf die Bedingungen der Überlassung verständigt haben.

Der Lizenzvertrag ist insbesondere vom Rechtekauf abzugrenzen. Beim Lizenzvertrag wird das Schutzrecht nicht erworben. Vielmehr räumt der Lizenzgeber dem Lizenznehmer ein Nutzungsrecht an einer Erfindung oder einer Schutzrechtsanmeldung bzw. einem technischen Schutzrecht ein.

Beim Lizenzvertrag handelt es sich nach herrschender Meinung um einen Vertrag sui generis (*Mes,* Patentgesetz, Gebrauchsmustergesetz, § 15 Rn. 36; *Bartenbach* Rn. 61 ff.;so auch der Bundesgerichtshof in mehreren Entscheidungen, in denen darauf hingewiesen wird, dass es sich um einen Vertrag eigener Art handele, der Elemente einer Reihe verschiedener Vertragstypen enthält, vgl. mit Blick auf einen urheberrechtlichen Lizenzvertrag BGH GRUR 1989, 68 (70) – Präsentbücher). Ein einheitliches, an einer Stelle gesetzgeberisch zusammengefasstes Lizenzvertragsrecht, in dem die rechtlichen Rahmenbedingungen des Lizenzrechts geregelt oder auch nur der Begriff der Lizenz im Sinne einer Definition eindeutig ausgefüllt würde, existiert nicht. Die geltenden Gesetze zu den gewerblichen Schutzrechten gehen aber (inzwischen) ausdrücklich von der Existenz von Patent- und anderen Lizenzverträgen aus, vgl. beispielsweise § 15 Abs. 2 PatG, § 22 Abs. 2 GebrMG und Art. 73 EPÜ.

Auch bei einem Lizenzvertrag wird – dem Abstraktionsprinzip folgend – zwischen dem schuldrechtlichen Verpflichtungsgeschäft und dem dinglichen Verfügungsgeschäft zur Erfüllung der schuldrechtlichen Verpflichtung unterschieden. Allerdings fallen bei einer Patentlizenz Verpflichtungs- und Verfügungsgeschäft regelmäßig in einem einzigen Vorgang (dem Abschluss des Lizenzvertrages) zusammen und bilden eine Einheit. Deutlicher wahrnehmbar ist die Trennung bei der Know-How-Lizenz. Hier besteht das schuldrechtliche Verpflichtungsgeschäft im Eingehen der Verpflichtung zur Überlassung des Know-Hows und das Verfügungsgeschäft in der Überlassung des Know-Hows, die regelmäßig dem Abschluss des Lizenzvertrages zeitlich nachfolgend durch Besitzverschaffung der Dokumente oder sonstigen Informationsträger geschieht.

3. Motivation zum Abschluss eines Lizenzvertrages. Das Motiv des Lizenznehmers zum Abschluss eines Lizenzvertrages ist relativ leicht und eindeutig zu identifizieren. Er will von einer technischen Erfindung Gebrauch machen, ist hieran aber gehindert, weil zu Gunsten eines anderen technische Schutzrechte eine Monopolstellung begründen. Erst der Abschluss des Lizenzvertrages gibt dem Lizenznehmer das positive Benutzungsrecht mit Blick auf die Erfindung. Ein auf Seiten des Lizenzgebers vorhandenes Know-How wird dieser regelmäßig erst nach Abschluss eines entsprechenden (Know-How-)Lizenzvertrages preisgeben.

Die Motivationslage auf Seiten des Lizenzgebers kann sehr vielfältig sein. Ihm wird es vielfach darum gehen, die technischen Erfindungen, die Gegenstand der zu seinen Gunsten eingetragenen oder lediglich angemeldeten, aber noch nicht eingetragenen technischen Schutzrechte sind, bzw. das auf seiner Seite vorhandene technische Know-How wirtschaftlich durch die Einnahme von Lizenzgebühren zu verwerten. Grundsätzlich ist eine wirtschaftliche Verwertung entweder durch eine Eigenverwertung oder eine Verwertung durch Dritte im Rahmen von Lizenzverträgen möglich. Die Verwertung durch Dritte im Rahmen von Lizenzeinräumungen kommt insbesondere dann in Betracht, wenn dem Inhaber der Schutzrechte (oder des Know-Hows) eine Eigenverwertung entweder nicht möglich ist oder sie sich für ihn als wirtschaftlich nicht sinnvoll erweist. Letzteres kann beispielsweise dann der Fall sein, wenn es um eine Verwertung außerhalb seines Heimatmarktes geht und er sich dort ggf. Standortnachteilen gegenübersieht. Gelegentlich (und diese Situation liegt dem vorstehend geschilderten Sachverhalt des vorliegenden Formulars zugrunde) ist eine Eigenverwertung für den Schutzrechts- oder Know-How-Inhaber aber auch deshalb wirtschaftlich nicht sinnvoll, weil (auch) eine aus seiner Sicht branchenfremde Verwertung in Betracht kommt (eine Schutzrechtsinhaberin, deren Geschäft im Vertrieb von Gießkannen für die Verwendung im Garten besteht, hat oftmals kein Interesse daran, eine Erfindung in einem ganz anderen Bereich (beispielsweise für Kunststoffflaschen und -becher) selbst zu nutzen. Die Bereitschaft, einem Wettbewerber eine Lizenz einzuräumen, kann darüber hinaus (und dieser Aspekt gewinnt zunehmend an Bedeutung) dadurch geweckt werden, dass sich der Lizenzgeber im Gegenzug eine Lizenz von seinem Lizenznehmer (der dann gleichzeitig auch wiederum Lizenzgeber wird) an einem seiner technischen Schutzrechte einräumen lässt. Derartige wechselseitige Lizenzgeflechte sind insbesondere bei hochkomplexen technischen Gerätschaften eher der Regel- als der Ausnahmefall. Schließlich beenden Lizenzvereinbarungen oftmals bereits bestehende oder unmittelbar drohende Schutzrechtsstreitigkeiten.

4. Einfache oder ausschließliche Lizenz. Man unterscheidet einfache von ausschließlichen Lizenzen. Die ausschließliche Lizenz zeichnet sich dadurch aus, dass der Lizenzgeber dem Lizenznehmer das alleinige Recht zur Nutzung des lizenzierten Rechts überträgt. Der Lizenzgeber darf keine weiteren Lizenzen an zusätzliche Lizenznehmer vergeben und im Zweifel (vgl. BGH GRUR 2008, 896 (899) – Tintenpatrone mit weiteren Nachweisen) das Schutzrecht auch nicht selbst verwerten (zur sog. Alleinlizenz vgl. sogleich etwas weiter unten). Gerade dies ist bei der einfachen Lizenz anders: dort darf der Lizenzgeber weitere Lizenzen an Dritte vergeben und ist auch zur Eigenverwertung befugt. Einen Sonderfall (der vielfach der ausschließlichen Lizenz zugesprochen wird) stellt die sog. Alleinlizenz dar, bei der der Lizenzgeber zwar keine weiteren Lizenzen vergeben darf (insoweit gilt also Ausschließlichkeit), aber zur Eigenverwertung befugt bleibt.

Sofern dies nicht ausdrücklich im Lizenzvertrag unzweideutig geregelt ist (was aber in jedem Fall zu empfehlen ist), ist durch Auslegung zu ermitteln, ob eine ausschließliche oder eine einfache Lizenz von den Parteien gewollt gewesen ist (und ob im Fall der ausschließlichen Lizenz eine Eigenverwertung durch den Lizenzgeber im Sinne der Vereinbarung einer Alleinlizenz vorbehalten sein sollte). Im Zweifel wird eher von einer einfachen als von einer ausschließlichen Lizenz auszugehen sein (vgl. *Bartenbach* Rn. 89, unter Berufung auf die Zweckübertragungslehre).

Die herrschende Meinung (die sich aber stets auch gewichtigen Gegenstimmen gegenübersah) geht davon aus, dass es sich bei der ausschließlichen Lizenz um ein dingliches oder jedenfalls ein Recht mit dinglichen Wesenszügen handelt, während für die einfache Lizenz bislang stets vertreten worden ist, dass sie lediglich eine schuldrechtliche Rechtsbeziehung ohne dingliche Wirkung begründe (vgl. mit einem Überblick *Bartenbach* Rn. 93 ff., 120 ff.). In mehreren aktuellen Entscheidungen betreffend die Wirksamkeit von Unterlizenzen bei Wegfall der Hauptlizenz hat der BGH indes auch mit Blick auf die einfache Lizenz unter Hinweis auf den Sukzessionsschutz (vgl. § 15 Abs. 3 PatG) und eine umfassende Interessenabwägung Ausführungen gemacht, die den (vom BGH mit Blick auf die technischen Schutzrechte aber nicht ausdrücklich gezogenen) Schluss nahelegen, dass auch diesen dingliche Wirkungen zukommen (vgl. BGH GRUR 2009, 946 – Reifen Progressiv; GRUR 2010, 628 (631) – Vorschaubilder; GRUR 2012, 916 (918) – M2Trade; GRUR 2012, 914 (915) – Take Five – jeweils betreffend urheberrechtliche Fallgestaltungen).

Dem Inhaber einer ausschließlichen Lizenz steht ein eigenes Verbietungsrecht gegenüber Dritten zu. Er ist daher für die Geltendmachung von Ansprüchen aus Patentverletzungen durch Dritte unmittelbar selbst aktivlegitimiert. Das OLG Düsseldorf hat insoweit allerdings zuletzt entschieden, dass das Vorliegen nicht gekündigter einfacher Nutzungslizenzen zu Gunsten Dritter dem Inhaber einer später erteilten ausschließlichen Lizenz das Recht nehme, Unterlassungsansprüche selbständig gegenüber Dritten durchzusetzen (vgl. OLG Düsseldorf Urt. v. 24.9.2015 – I-2 U 30/15, BeckRS 2015, 18754). Der Lizenzgeber einer ausschließlichen Lizenz selbst bleibt aber zur Geltendmachung von aus der Patentverletzung resultierenden Ansprüchen berechtigt, sofern und soweit er insoweit ein Rechtsschutzbedürfnis hat (BGH GRUR 2011, 711 (712) – Cinch-Stecker; OLG Düsseldorf Urt. v. 25.10.2018 – 2 U 30/16, BeckRS 2018, 34553; vgl. im Einzelnen instruktiv mit Blick auf die einzelnen Anspruchstypen differenzierend *Bartenbach* Rn. 1388 ff.). Demgegenüber kann der Inhaber einer einfachen Lizenz Unterlassungsansprüche gegen Dritte wegen einer Patentverletzung nicht aus eigenem Recht, sondern nur im Wege der gewillkürten Prozessstandschaft aufgrund einer diesbezüglichen Ermächtigung des Patentinhabers geltend machen. Ob die aktuellen Tendenzen, der einfachen Lizenz dingliche Wirkungen zuzusprechen, auch mit Blick auf die Aktivlegitimation eine andere Bewertung rechtfertigen oder gar erforderlich machen, ist noch nicht abschließend geklärt, vgl. hierzu *Bartenbach* Rn. 1397.

5. Vertragsfreiheit. Auch im Lizenzvertragsrecht gilt der Grundsatz der Vertragsfreiheit. Der Inhaber eines Schutzrechtes und/oder der Besitzer von Know-How ist normalerweise frei in seiner Entscheidung, ob er einen oder mehrere Lizenzverträge mit Dritten abschließen will. Nur ausnahmsweise kann sich eine Verpflichtung zur Erteilung von Lizenzen aus dem deutschen oder europäischen Kartellrecht ergeben, wenn besondere Umstände hinzutreten (vgl. hierzu *Bechtold/Bosch* GWB § 19 Rn. 48). § 24 Abs. 1 PatG sieht darüber hinaus eine Zwangslizenz im öffentlichen Interesse vor (eine solche ist zuletzt mit Blick auf ein Medikament zur Behandlung von Infektionen mit dem Humanen Immundefizienzvirus (HIV) bejaht worden; vgl. BGH GRUR 2017, 1017 – Raltegravir).

Auch inhaltlich ist der Lizenzgeber grundsätzlich darin frei, wem er Rechte einräumt und ob und wie er die im Rahmen der Lizenz eingeräumten Rechte sachlich, räumlich oder zeitlich beschränkt. § 15 Abs. 2 PatG bestätigt dies durch die ausdrückliche Einräumung der Möglichkeit, Rechte aus dem Patent „ganz oder teilweise" zum Gegenstand einer Lizenz zu machen, vgl. insoweit auch Art. 73 EPÜ.

6. Kartellrechtliche Rahmenbedingungen. Lizenzverträge enthalten zumeist (so auch das vorstehende Formular) eine ganze Reihe von Wettbewerbsbeschränkungen, so dass bei der Vertragsgestaltung stets sorgfältig auf die Vereinbarkeit mit dem geltenden Kartellrecht zu achten ist. Einschlägig sind damit insbesondere Art. 101 AEUV (ehemals Art. 81 EG) auf europäischer Ebene und §§ 1, 2 GWB im deutschen Recht.

Art. 101 AEUV erfasst Verhaltensweisen, *„welche den Handel zwischen Mitgliedstaaten zu beeinträchtigen geeignet sind und eine Verhinderung, Einschränkung oder Verfälschung des Wettbewerbs innerhalb des Binnenmarkts bezwecken oder bewirken"*. Fehlt es an einer derartigen Beeinträchtigung des zwischenstaatlichen Handels, ist grundsätzlich ausschließlich deutsches Kartellrecht anzuwenden. Mit Inkrafttreten der 7. GWB-Novelle am 1.7.2005 sind aber ohnehin die für die kartellrechtliche Beurteilung von Lizenzverträgen maßgeblichen Vorschriften im deutschen Kartellrecht den entsprechenden europäischen Vorschriften weitgehend angeglichen worden. Die bis dahin geltenden Sonderregelungen für Lizenzverträge in den §§ 17, 18 GWB aF sind gestrichen worden.

Gemäß Art. 101 Abs. 1 AEUV und dem weitgehend gleichlautenden § 1 GWB sind wettbewerbsbeschränkende Vereinbarungen zwischen Unternehmen grundsätzlich verboten. Art. 101 Abs. 3 AEUV, § 2 GWB sehen Freistellungsmöglichkeiten vom grundsätzlichen Verbot vor. Damit wird insbesondere auf eine Freistellung nach einer der sogenannten Gruppenfreistellungsverordnungen Bezug genommen. Der Einfachheit und besseren Lesbarkeit halber werden nachfolgend stets die Vorschriften des europäischen Kartellrechts genannt und es wird nur teilweise auf die entsprechenden Normen im deutschen Kartellrecht verwiesen.

Nach Art. 101 Abs. 1 AEUV sind mit dem Binnenmarkt unvereinbar und verboten *„alle Vereinbarungen zwischen Unternehmen, Beschlüsse von Unternehmensvereinigungen und aufeinander abgestimmte Verhaltensweisen, welche den Handel zwischen Mitgliedsstaaten zu beeinträchtigen geeignet sind und eine Verhinderung, Einschränkung oder Verfälschung des Wettbewerbs innerhalb des Binnenmarktes bezwecken oder* *bewirken*". Zur Konkretisierung dieses allgemein formulierten Tatbestandes werden in Art. 101 Abs. 1a–e AEUV fünf Regelbeispiele von verbotenen Wettbewerbsbeschränkungen genannt. Zu beachten ist, dass für die Erfüllung des Verbotstatbestandes nach dem eindeutigen Wortlaut bereits ausreicht, wenn Wettbewerbsbeschränkungen subjektiv bezweckt werden. Lässt sich in der am Maßstab des Art. 101 Abs. 1 AEUV zu überprüfenden Vereinbarung kein entsprechender Zweck positiv feststellen, muss weiter geprüft werden, ob die Vereinbarung dennoch objektiv eine Wettbewerbsbeschränkung bewirkt. Das Verbot des Art. 101 Abs. 1 AEUV richtet sich ausschließlich an Unternehmen als Normadressaten. Dabei sind aber der Begriff des Unternehmens und auch die in der Vorschrift genannten Mittel der Wettbewerbsbeschränkungen grundsätzlich weit auszulegen (vgl. *Immenga/Mestmäcker/Emmerich,* EU-Wettbewerbsrecht, AEUV Art. 101 Rn. 6 ff., 55 ff.). Ein Verbot nach Art. 101 AEUV setzt darüber hinaus weiter voraus, dass die wettbewerbsbeschränkenden Vereinbarungen geeignet sind, den Handel zwischen den Mitgliedsstaaten zu beinträchtigen. Erforderlich ist, dass die Vereinbarung über einen bestimmten nationalen Markt hinaus zwischenstaatliche Auswirkungen hat. Der EuGH hat dieses Tatbestandsmerkmal durch ein zusätzliches ungeschriebenes Tatbestandsmerkmal der Spürbarkeit der Beeinträchtigung des Handels ergänzt (vgl. EuGH v. 19.4.1988, GRUR Int. 1989, 663 (664) – Erauw-Jacquery/La Hesbignonne). Der auslegungsbedürftige Begriff der Spürbarkeit wird durch die De-Minimis-Bekanntmachung der Kommission mit Leben gefüllt und knüpft diesen an Marktanteilsschwellen, bei deren Nichterreichen ein Fehlen der Spürbarkeit (widerlegbar) vermutet wird. Seit der Neufassung der De-Minimis-Bekanntmachung vom 25.6.2014 werden nunmehr Vereinbarungen, die eine Wettbewerbsbeschränkung bezwecken stets als spürbar angesehen. Bei Vereinbarungen, die Wettbewerbsbeschränkungen bewirken, bleibt es bei den auch schon bisher geltenden Marktanteilsschwellen. Von einem Bagatellfall im Sinne der Bagatellbekanntmachung ist bei Wettbewerbsvereinbarungen zwischen konkurrierenden Unternehmen auszugehen, *„wenn der von den an der Vereinbarung beteiligten Unternehmen insgesamt gehaltene Marktanteil auf keinem der von der Vereinbarung betroffenen relevanten Märkten 10 % überschreitet"* (vgl. Ziffer 8a der De-Minimis-Bekanntmachung). Bei Vereinbarungen zwischen nichtkonkurrierenden Unternehmen sieht Ziffer 8b vor, dass keine spürbare Beeinträchtigung des Handels zwischen den Mitgliedsstaaten vorliegt, *„wenn der von jedem der beteiligten Unternehmen gehaltene Marktanteil auf keinem der von der Vereinbarung betroffenen relevanten Märkte 15 % überschreitet"*. Zu beachten ist allerdings, dass auch Vereinbarungen zwischen Unternehmen, deren Marktanteile die Markanteilsschwellen überschreiten, die in der De-Minimis-Bekanntmachung festgelegt werden, im Einzelfall als nicht „spürbar" angesehen werden können. Die Bagatellbekanntmachung bindet die Gerichte nicht (vgl. *Immenga/Mestmäcker/Emmerich,* EU-Wettbewerbsrecht, AEUV Art. 101 Rn. 149).

Ergibt die Prüfung, dass eine Vereinbarung als wettbewerbsbeschränkend iSd Art. 101 Abs. 1 AEUV anzusehen und diese Wettbewerbsbeschränkung auch spürbar ist, ist in einem zweiten Schritt zu prüfen, ob eine Freistellung nach Art. 101 Abs. 3 AEUV in Betracht kommt. Mit Blick auf Patent- und Know-How-Lizenzverträge ist hier in allererster Linie die Gruppenfreistellungsverordnung vom 21.3.2014 über die Anwendung von Art. 101 Abs. 3 des Vertrags über die Arbeitsweise der Europäischen Union auf Gruppen von Technologietransfer-Vereinbarungen (TT-GVO 2014, nachfolgend der Einfachheit halber verkürzt als „TT-GVO" bezeichnet) relevant (zur Neuregelung der TT-GVO vgl. Frenz EuZW 2014, 532). Die TT-GVO findet auf Technologietransfer-Vereinbarungen Anwendung, zu denen insbesondere auch *„eine von zwei Unternehmen geschlossene Vereinbarung über die Lizenzierung von Technologierechten mit dem Ziel der Produktion von Vertragsprodukten durch den Lizenznehmer und/oder seine Zulieferer"* gehört (Art. 1 (1) c) TT-GVO). Zu den Technologierechten gehören neben dem Know-How insbesondere auch die technischen Schutzrechte, also insbesondere Patente (Art. 1 (1) b) TT-GVO).

Gemäß Art. 2 (1) TT-GVO 2014 gilt Art. 101 Abs. 1 AEUV im Grundsatz nicht für Technologietransfer-Vereinbarungen. Diese sind nach Art. 101 Abs. 3 AEUV freigestellt. Eine Freistellung nach der TT-GVO kommt aber grundsätzlich nur dann in Betracht, wenn die in Art. 3 TT-GVO festgeschriebenen Marktanteilsschwellen nicht überschritten werden. Haben die Vertragsparteien, die eine wettbewerbsbeschränkende Vereinbarung treffen, gemeinsam auf dem relevanten Technologie- oder Produktmarkt eine zu große Marktmacht, sollen sie nicht in den Genuss der Freistellung nach der TT-GVO kommen. Für die Frage, welche Marktanteilsschwelle im Einzelfall zur Anwendung kommt, ist maßgeblich, ob es sich bei den Vertragsparteien, die die wettbewerbsbeschränkende Vereinbarung eingehen, um konkurrierende Unternehmen oder nicht-konkurrierende Unternehmen handelt. Der Begriff des „konkurrierenden Unternehmens" ist in der TT-GVO, nämlich in Art. 1n), legal definiert. Es muss sich um Unternehmen handeln, die auf dem relevanten Markt miteinander im Wettbewerb stehen, wobei zu berücksichtigen ist, dass auf dem relevanten Produktmarkt bereits ein potentieller Wettbewerb ausreicht, während auf dem Technologiemarkt ein tatsächlicher Wettbewerb festgestellt werden muss. Handelt es sich bei den Vertragsparteien um konkurrierende Unternehmen, so kommt eine Freistellung nach Art. 3 (1) TT-GVO nur dann in Betracht, wenn *„der gemeinsame Marktanteil der Parteien auf dem betroffenen relevanten Markt bzw. den relevanten Märkten 20 % nicht überschreitet"*. Dagegen gilt bei nicht konkurrierenden Unternehmen eine höhere Marktanteilsschwelle. Bei ihnen gilt die Freistellung nach Art. 3 (2) TT-GVO *„unter der Voraussetzung, dass der individuelle Marktanteil der Parteien auf dem betroffenen relevanten Markt bzw. den relevanten Märken 30 % nicht überschreitet"*. Aus dem Umstand, dass die in Art. 3 TT-GVO festgelegten Marktanteilsschwellen überschritten werden, folgt aber noch nicht automatisch zwingend, dass eine Freistellung für die fragliche Vereinbarung ausgeschlossen ist. Eine Freistellung nach der TT-GVO ist aber nicht möglich. In Betracht kommt allein eine Freistellung auf der Basis der allgemeinen in Art. 101 Abs. 3 AEUV festgeschriebenen Kriterien (vgl. *Immenga/Mestmäcker/Ellger,* EU-Wettbewerbsrecht, AEUV Art. 101 Rn. 341), wobei dabei aber die TT-GVO als Gruppenfreistellungsverordnung eine gewisse Ausstrahlungswirkung dahingehend besitzt, dass in aller Regel in Fällen, in denen eine der Kernbeschränkungen (dazu sogleich) vorliegt, auch eine Freistellung nach Art. 101 Abs. 3 AEUV ausschließt.

Art. 4 TT-GVO enthält eine sogenannte „schwarze Liste" von Kernbeschränkungen, bei deren Vorliegen die gesamte Vereinbarung von einer Freistellung durch die TT-GVO ausgeschlossen ist. Auch Art. 4 TT-GVO unterscheidet zwischen konkurrierenden Unternehmen (Art. 4 (1) TT-GVO) und nicht-konkurrierenden Unternehmen (Art. 4 (2) TT-GVO). Einige der Kernbeschränkungen unterscheiden darüber hinaus zwischen wechselseitigen und nicht-wechselseitigen Vereinbarungen. Von einer wechselseitigen Vereinbarung ist (vgl. Art. 1d) TT-GVO) bei einer Technologietransfer-Vereinbarung auszugehen, *„bei der zwei Unternehmen einander in demselben oder in getrennten Verträgen eine Technologierechtslizenz erteilen, die konkurrierende Technologien zum Gegenstand hat oder für die Produktion konkurrierender Produkte genutzt werden kann."*

Während ein Verstoß gegen Art. 4 TT-GVO zum Entfallen der Freistellung für die gesamte Vereinbarung führt, werden bei einer Übernahme der in Art. 5 TT-GVO genannten Klauseln lediglich diese einzelnen Klauseln nicht freigestellt. Der Rest der Vereinbarung kann daher im Einzelfall wirksam bleiben, wenn die Klausel abtrennbar ist.

7. Präambel. Es ist sinnvoll, einem Vertragstext vor den eigentlichen, die Sachfragen regelnden Abschnitten eine Präambel vorwegzustellen, in der die Ausgangssituation, in der die Parteien den Lizenzvertrag abschließen, also insbesondere ihre Motivation zum Abschluss des Vertrages, geschildert wird. Die Präambel dient auf diese Weise als objektive Grundlage für die Auslegung der in den folgenden einzelnen Paragrafen geregelten Sachfragen. Oftmals kann erst aus der Präambel entnommen werden, was die

Parteien in einzelnen Vertragsklauseln konkret gewollt haben oder aber wie gegebenenfalls Lücken im niedergelegten Vertragstext später durch ergänzende Vertragsauslegung gefüllt werden können.

8. **Definitionen.** Als sehr sinnvoll erweist es sich, an den Anfang des Vertragstextes einen Abschnitt zu stellen, in dem die wichtigsten im Vertrag verwendeten Begriffe und Termini eindeutig definiert werden. Gerade bei längeren Vertragsdokumenten erleichtert das zentrale Zusammenführen aller Definitionen an einem Ort die leichtere Auffindbarkeit während der Arbeit mit dem Vertrag. Natürlich ist es aber weiterhin (ggf. auch parallel) möglich, Begriffe dort zu definieren, wo sie (erstmalig) im Vertragstext auftauchen und relevant werden. Gerade bei Begriffen, die nur einmal im Vertragstext Verwendung finden (oder jedenfalls nur in einem Abschnitt des Vertrages) ist es oft sinnvoll, die Definitionen dort im Text zu verankern, wo sie letztlich auch gebraucht werden. Oftmals finden sich daher in Verträgen Kombinationen dieser beiden Methoden, also sowohl Definitionen am Anfang des Vertrages als auch in den eigentlichen Vertragstext eingebundene weitere Definitionen. Diesem Aufbau folgt auch das vorliegende Formular.

9. **Vertragsprodukte.** Im Formular wird zunächst der Begriff „Vertragsprodukt" definiert als jedes Produkt, das unter mindestens eines der Vertragsschutzrechte fällt oder das nach dem vorliegenden Patent- und Know-how-Lizenzvertrag mitlizenziertes Know-How verwendet. Dabei wird bereits im Rahmen der Definition im Sinne der größtmöglichen Transparenz auf die „field of use"-Beschränkung im Rahmen der Lizenzerteilung (vgl. § 3 (2) des Formulars) Bezug genommen. Der Begriff des Vertragsproduktes ist zentral für die Ausgestaltung des vorliegenden Vertrages. Er wird sowohl im Rahmen der Lizenzerteilung (§ 3 des Formulars) als auch in den Abschnitten Lizenzgebühren (§ 5), Ausübungspflicht (§ 6) und Qualitätsanforderungen (§ 7) verwendet.

10. **Vertragsgebiet.** Die Definition des Vertragsgebietes ist insbesondere für die räumliche Reichweite der Lizenz von Bedeutung (§ 3 (1) und (3) des Formulars). Zu berücksichtigen ist, dass die technischen Schutzrechte aufgrund des Territorialitätsprinzips Schutzwirkung ohnehin nur innerhalb der Grenzen desjenigen Staates, nach dessen Rechtsordnung das Schutzrecht gewährt wird, entfalten. Eine Lizenz an einem derartigen Schutzrecht kann sich daher stets nur auf das territoriale Gebiet beziehen, in dem das Schutzrecht überhaupt Schutz genießt. Es ist allerdings möglich, eine räumliche Beschränkung der Lizenz auf lediglich einen Teil des Schutzgebietes vorzunehmen. Dies sieht § 15 Abs. 2 S. 1 PatG mit der Formulierung *„Lizenzen für den Geltungsbereich dieses Gesetzes oder eines Teils desselben"* ausdrücklich vor. Auch Art. 73 EPÜ enthält eine vergleichbare Formulierung. Wird im Lizenzvertrag keine räumliche Beschränkung der Lizenz festgeschrieben, ist im Zweifel davon auszugehen, dass die Lizenz für den gesamten Geltungsbereich des oder der Vertragsschutzrechte erteilt werden soll (vgl. Bartenbach Rn. 1213 mwN). Es ist daher in einem Lizenzvertrag – wie im vorliegenden Formular vorgeschlagen – stets das Vertragsgebiet ausdrücklich festzulegen. Zu den kartellrechtlichen Einschränkungen territorialer Beschränkungen der Lizenz vergleiche die nachfolgenden ausführlicheren Ausführungen unter → Anm. 15.

11. **Vertragsschutzrechte.** Da die Vertragsschutzrechte den Gegenstand der Lizenzierung, der wesensmäßig im Zentrum eines jeden Lizenzvertrages steht, ausmachen, ist es absolut angeraten, diese Vertragsschutzrechte so exakt wie irgend möglich zu beschreiben und zu definieren. Dies ist bei eingetragenen Schutzrechten durch Übernahme der amtlichen Registernummer einfach und zuverlässig möglich. Lizenzverträge können aber nicht nur mit Blick auf bereits eingetragene Schutzrechte abgeschlossen werden. Vielmehr ist die Vergabe von Lizenzen auch an bloß angemeldeten oder zur Anmeldung vorgesehenen Erfindungen sowie offengelegten Patentanmeldungen möglich (vgl. *Benkard/Ullmann/Deichfuß* PatG § 15 Rn. 85; *Mes* PatG § 15 Rn. 50). Gerade wenn es um die

Lizenzierung einer noch nicht einmal angemeldeten Erfindung geht, ist es in ganz besonderem Maße geboten, den Vertragsgegenstand, also die zu lizenzierende Erfindung, so exakt wie nur irgend möglich zu beschreiben, da sonst späterer Streit über den Umfang der Lizenzierung vorprogrammiert ist. Vertragstechnisch können die Vertragsschutzrechte entweder im Vertragstext selbst aufgelistet und unmittelbar dort definiert werden (ggf. im voranzustellenden Absatz „Definitionen“). Handelt es sich indes um eine längere Aufstellung von Vertragsschutzrechten (von denen einige möglicherweise auch in noch nicht beim Patentamt angemeldeten Erfindungen bestehen, für die (vgl. die obigen Anmerkungen) eine längere Beschreibung notwendig ist), bietet es sich an, die Vertragsschutzrechte in einer Anlage zum Vertrag zu beschreiben, wie es im vorliegenden Formular vorgeschlagen wird.

12. Know-How. In der Praxis werden Patentlizenzen regelmäßig mit Know-How-Lizenzen in einem einheitlichen Lizenzvertrag verbunden. Dass Lizenzen über Patente und Lizenzen über Know-How in einem einheitlichen Vertrag kombiniert werden können, hat auch in der Definition des Begriffes „Technologierechte“ in Art. 1 (1) b) TT-GVO seinen Niederschlag gefunden. Für den Lizenznehmer besteht oftmals ein erhebliches faktisches Interesse daran, neben den technischen Vertragsschutzrechten auch Know-How lizenziert zu bekommen, da er ohne das auf Seiten des Lizenzgebers aufgebaute Know-How gar nicht oder nur unter unwirtschaftlichen Bedingungen in der Lage wäre, die Vertragsschutzrechte wirtschaftlich sinnvoll und gewinnbringend zu verwerten.

Der Begriff „Know-How“ wird in Art. 1 (1) i) der TT-GVO als *„eine Gesamtheit praktischer Kenntnisse, die durch Erfahrungen und Versuche gewonnen werden und die i) geheim, das heißt nicht allgemein bekannt und nicht leicht zugänglich sind, ii) wesentlich, das heißt für die Produktion der Vertragsprodukte von Bedeutung und nützlich sind, und iii) identifiziert sind, das heißt umfassend genug beschrieben sind, so dass überprüft werden kann, ob die Merkmale „geheim“ und „wesentlich“ erfüllt sind“*. Der Begriff „Know-How“ kann lizenzvertragsrechtlich aber durchaus auch weiter verstanden werden und damit insbesondere auch kaufmännische Kenntnisse sowie solche Erfahrungen umfassen, die nicht als geheim einzustufen sind (vgl. hierzu Bartenbach Rn. 2544 ff.). Auch derartiges – weiter verstandenes – Know-How kann im Rahmen der allgemeinen Vertragsfreiheit lizenziert werden. Kartellrechtlich sind derartige Sachverhalte dann aber außerhalb der TT-GVO mit Blick auf eine etwaige Freistellung zu beurteilen. In einem Lizenzvertrag, der sich auch auf Know-How bezieht, ist aufgrund der oben zitierten Definition gemäß Art. 1 (1) i) TT-GVO darauf zu achten, dass das Know-How im Vertrag detailliert identifiziert wird, da anderenfalls keine Freistellung etwaiger vereinbarter Wettbewerbsbeschränkungen nach der TT-GVO möglich ist. Aber auch für anderes (umfassender verstandenes) Know-How, das nicht unter die TT-GVO fällt, ist eine detaillierte Identifikation im Vertrag dringend geboten, um spätere Auseinandersetzungen über die Reichweite der Know-How-Lizenz zu vermeiden.

13. Inhaltliche Beschränkungen der Lizenz. Sofern in einem Lizenzvertrag keine ausdrücklichen Regelungen dazu getroffen werden, welche Benutzungshandlungen den Lizenznehmern erlaubt werden sollen, ist im Zweifel davon auszugehen, dass der Lizenznehmer zur Ausübung aller Nutzungsrechte nach § 9 PatG berechtigt werden soll (vgl. Bartenbach Rn. 1305; Stumpf/Groß Rn. 26). Es ist aber ohne Weiteres möglich, hierzu differenzierte Unterscheidungen im Lizenzvertrag zu treffen. Kartellrechtlich sind derartige Beschränkungen der dem Lizenznehmer erlaubten Nutzungsarten zulässig. Sie gehören bereits zum spezifischen Gegenstand des lizenzierten Schutzrechtes und stellen daher nach herrschender Meinung bereits keine Wettbewerbsbeschränkungen im Sinne von Art. 101 Abs. 1 AEUV bzw. § 1 GWB dar. Möglich sind insbesondere Herstellungs-, Vertriebs- und Gebrauchslizenzen (vgl. Kraßer S. 940 f.; Stumpf/Groß Rn. 26 ff.). Eine ausschließliche Herstellungslizenz, bei der dem Lizenznehmer nur die Herstellung, nicht aber der Vertrieb und der Gebrauch der unter der Lizenz hergestellten Vertragsprodukte erlaubt wird, ergibt wohl vorrangig nur in dem Ausnahmefall Sinn, dass der Lizenznehmer selbst sich gleichzeitig dazu verpflichtet, sämtliche vom Lizenznehmer im Rahmen der Ausübung der ihm erteilten Lizenz hergestellten Vertragsprodukte abzunehmen (vgl. Stumpf/Groß Rn. 33). In der Regel soll dem Lizenznehmer auch das Recht eingeräumt werden, die von ihm produzierten Waren im Sinne einer Vertriebslizenz an Dritte zu vertreiben. Es sind aber auch durchaus Konstellationen vorstellbar, in denen dem Lizenznehmer vom Lizenzgeber neben der Herstellung nur der eigene Gebrauch der Vertragsprodukte gestattet wird.

Inhaltliche Beschränkungen der Lizenz können auch mit Blick auf die Mengen der vom Lizenznehmer herzustellenden und zu vertreibenden Vertragsprodukte getroffen werden. Die Vereinbarung einer Mindestmenge ist dabei kartellrechtlich stets unproblematisch und wird grundsätzlich als nicht wettbewerbsbeschränkend angesehen (vgl. Bartenbach Rn. 909). Verfehlt der Lizenznehmer die vereinbarte Mindestmenge, stellt dies einen Verstoß gegen seine vertragliche Verpflichtung dar. Regelmäßig ist die Rechtsfolge einer derartigen Pflichtverletzung im Vertrag selbst geregelt (und anderenfalls unter Rückgriff auf die Regeln des allgemeinen Schuldrechts zu lösen).

Kartellrechtlich differenzierter zu betrachten ist die Vereinbarung einer vom Lizenznehmer einzuhaltenden Höchstmenge. Die Vereinbarung einer Höchstmenge ist stets wettbewerbsbeschränkend im Sinne von Art. 101 Abs. 1 AEUV und kann daher zur Unwirksamkeit der vertraglichen Regelung führen. Zu prüfen ist demnach, ob eine entsprechende Regelung nach der TT-GVO (oder unter Rückgriff auf die allgemeine Vorschrift des Art. 101 Abs. 3 AEUV) freigestellt ist. Mit Blick auf konkurrierende Unternehmen stellt die Kernbeschränkung in Art. 4 (1) b) TT-GVO fest, dass wechselseitige Output-Beschränkungen nicht freigestellt werden. Output-Beschränkungen zwischen nicht-konkurrierenden Unternehmen sind dagegen kartellrechtlich unbedenklich; sie werden in den Kernbeschränkungen in Art. 4 (2) TT-GVO nicht erwähnt (vgl. Bartenbach Rn. 931).

14. Field of Use. Die einem Lizenznehmer eingeräumte Lizenz kann auch mit Blick auf ihren technischen Anwendungsbereich beschränkt werden (zur sog. Field of Use-Beschränkung Bartenbach Rn. 1335). So kann beispielsweise ein Schutzrechtsinhaber sich die sich aus seinem technischen Schutzrecht ergebene Monopolstellung für sein eigenes, angestammtes Tätigkeitsfeld (in der dem vorliegenden Formular zugrundeliegenden Situation also dem Geschäftsbereich der Gießkannen für die Verwendung im Garten) weiterhin exklusiv vorbehalten wollen, ist aber bereit, Dritten als Lizenznehmer das Recht einzuräumen, die von ihm entwickelte Technologie in anderen Anwendungsbereichen, an denen der Lizenzgeber selbst überhaupt kein Interesse hat, zu nutzen. In einer Gesamtschau können derartige Nutzungsbeschränkungen daher positive und gewünschte Auswirkungen auf den Wettbewerb haben. Wären sie nämlich nicht zulässig, würde der Lizenzgeber, der für seinen eigenen Tätigkeitsbereich ja weiterhin von der Monopolwirkung des ihm gewährten technischen Schutzrechts profitieren will, gänzlich von einer Lizenzvergabe absehen. Sofern daher Field-of-Use-Klauseln nicht lediglich versteckte unzulässige Kundenbeschränkungen (vgl. die Kernbeschränkungen gemäß Art. 4 (1) c) TT-GVO) oder im Einzelfall unzulässige Output-Beschränkungen (vergleiche dazu oben) darstellen, sind sie kartellrechtlich zulässig (vgl. hierzu im Einzelnen die TT-Leitlinien S. 40 f. sowie Immenga/Mestmäcker/Fuchs, EU-Wettbewerbsrecht, VO (EG) 772/2004 Art. 4. Kernbeschränkungen, Rn. 29 ff.; Wiedemann/Klawitter § 14 Rn. 220).

15. Territoriale Beschränkung der Lizenz. Eng verknüpft mit der Festlegung eines Vertragsgebietes (vgl. dazu bereits oben die Ausführungen in → Anm. 10) sind territoriale Beschränkungen der erteilten Lizenz. Da diese zu einer Beschränkung des Wettbewerbs führen können, sind sie an den kartellrechtlichen Vorschriften zu messen. Bejaht man einen Verstoß gegen Art. 101 Abs. 1 AEUV (bzw. § 1 GWB) ist in einem zweiten Schritt zu prüfen, inwieweit die Beschränkung durch die TT-GVO freigestellt ist. Hinsichtlich der Zulässigkeit von territorialen Beschränkungen der Lizenz unterscheidet die TT-GVO zwischen Vereinbarungen von konkurrierenden Unternehmen und nicht-konkurrierenden Unternehmen, zwischen wechselseitigen und nicht wechselseitigen Vereinbarungen sowie zwischen Produktions- und Verkaufsbeschränkungen.

Für konkurrierende Unternehmen gilt gemäß Art. 4 (1) TT-GVO die Zuweisung von Märkten als unzulässige Kernbeschränkung. Hiervon enthalten allerdings Art. 4 (1) c) i) bis iv) TT-GVO eine Reihe von Ausnahmen. In wechselseitigen Vereinbarungen zwischen konkurrierenden Unternehmen sind Gebietsbeschränkungen indes stets unzulässig. Dagegen sind in nicht-wechselseitigen territorialen Beschränkungen der Lizenz zwischen Konkurrenten Vereinbarungen des Inhaltes zulässig, dass der Lizenznehmer nicht in einem Gebiet produzieren darf, das dem Lizenzgeber vorbehalten ist. Ebenso kann sowohl der aktive als auch der passive Verkauf des Lizenznehmers in ein Gebiet beschränkt werden, das dem Lizenzgeber vorbehalten ist. Zulässig ist auch die Beschränkung des aktiven Vertriebs in ein Gebiet, das exklusiv einem anderen Lizenznehmer des Lizenzgebers vorbehalten ist.

In Vereinbarungen zwischen Nicht-Konkurrenten kann die Produktion in bestimmten Gebieten grundsätzlich untersagt werden. Auch das Verbot des aktiven Verkaufs kann beschränkt werden. Eine Beschränkung des passiven Verkaufs in bestimmte Gebiete ist dagegen gemäß Art. 4 (2) b) TT-GVO unzulässig. Eine Ausnahme gilt nur für die Beschränkung des passiven Verkaufs in ein Exklusivgebiet, das dem Lizenzgeber vorbehalten ist. In der TT-GVO 2004 war darüber hinaus für einen Zeitraum von zwei Jahren die Beschränkung des passiven Verkaufs in ein Exklusivgebiet, das vom Lizenzgeber einem anderen Lizenznehmer zugewiesen worden ist, freigestellt. Diese Ausnahme ist indes durch die TT-GVO 2014 gestrichen worden.

16. Unterlizenzen. Unterlizenzen sind solche Lizenzen, die vom Lizenznehmer der Hauptlizenz an Dritte (Unter-) Lizenznehmer erteilt werden. Sie sind von der Hauptlizenz abgeleitet. Ist die Hauptlizenz eine ausschließliche, so ist der Lizenznehmer der Hauptlizenz im Zweifel zur Vergabe von Unterlizenzen berechtigt (ständige Rechtsprechung, vgl. schon BGH GRUR 1955, 338 (340); *Benkard/Ullmann/Deichfuß* PatG § 15 Rn. 104; *Kraßer/Ann,* § 40 Rn. 40). Will der Hauptlizenzgeber nicht, dass vom Inhaber einer ausschließlichen Lizenz Unterlizenzen vergeben werden, so muss dies im (Haupt-)Lizenzvertrag ausdrücklich ausgeschlossen werden. Ein derartiger Ausschluss der Erteilung von Unterlizenzen ist auch ohne Weiteres zulässig.

Der Inhaber einer einfachen Lizenz ist indes nicht ohne Weiteres zur Vergabe von Unterlizenzen berechtigt (er „konkurriert" insoweit ja mit dem Hauptlizenzgeber, der mit einer einfachen Lizenz seinerseits Dritten weitere Lizenzen einräumen darf). Der Inhaber einer einfachen Lizenz darf daher nur mit Zustimmung des Hauptlizenzgebers (die entweder im (Haupt-)Lizenzvertrag eingeräumt werden kann oder von Fall zu Fall im Nachhinein eingeräumt wird) Unterlizenzen erteilen (*Kraßer/Ann* § 40 Rn. 40; Benkard/Ullmann/Deichfuß PatG § 15 Rn. 105 mwN).

17. Registrierung der Lizenz. § 30 Abs. 4 PatG sieht vor, dass die Erteilung einer ausschließlichen Lizenz in das Patentregister eingetragen werden kann (eine derartige Eintragung ist aber lediglich deklaratorisch und nicht konstitutiv, vgl. *Benkard/Schäfers* PatG § 30 Rn. 8 f.; *Kraßer/Ann § 40 Rn. 24*). Voraussetzung der Eintragung der Lizenz ins Patentregister ist der Nachweis der Zustimmung des jeweils anderen Teils. Es ist daher sinnvoll, hierzu bereits im Lizenzvertrag eine entsprechende Regelung zu treffen. Dies gilt in der gleichen Weise auch für den umgekehrten Fall der Löschung einer einmal eingetragenen ausschließlichen Lizenz im Patentregister, die ihrerseits nur mit Nachweis der Zustimmung der jeweils anderen Vertragspartei vom Amt vorgenommen wird.

18. Lizenzvermerk. Der Lizenzgeber hat ein Interesse daran, dass für die Öffentlichkeit erkennbar ist, dass die vom Lizenznehmer hergestellten und vertriebenen Produkte unter einer Lizenz des Lizenzgebers vertrieben werden. Ein derartiger Lizenzvermerk hat Appellfunktion gegenüber Dritten, die davon in Kenntnis gesetzt werden, dass Schutzrechte mit Blick auf die in dem Produkt verkörperten technischen Erfindungen bestehen und ein Vertrieb derartiger Produkte daher nur mit ausdrücklicher Gestattung des Lizenzgebers zulässig ist. Kartellrechtliche Bedenken gegen die Verpflichtung zur Aufnahme eines Lizenzvermerkes bestehen nicht, jedenfalls dann nicht, wenn dem Lizenznehmer nicht untersagt wird, für die Vertragsprodukte gleichzeitig auch eigene Marken zu verwenden und/oder auf den eigenen Unternehmensnamen hinzuweisen (*Benkard/Ullmann/Deichfuß* PatG § 15 Rn. 147).

19. Zurverfügungstellen des Know-Hows. Die wesentliche, den Know-How-Lizenzgeber treffende vertragliche Hauptleistungspflicht besteht darin, dass er dem Lizenznehmer das vertraglich geschuldete Know-How zur Verfügung stellen muss (vgl. *Bartenbach* Rn. 2776 ff.). Bereits oben unter → Anm. 12 ist – jedenfalls mit Blick auf technisches Know-How – dargestellt worden, warum dieses im Vertrag eindeutig identifiziert werden muss (und mit Blick auf sonstiges Know-How begründet worden, warum eine exakte Identifizierung im Vertrag zwar nicht rechtlich geboten, aber gleichwohl dringend angeraten ist). Vorzugsweise werden im Vertrag (bzw. wie im vorliegenden Formular in einer Anlage zum Vertrag) auch sogleich die konkreten Träger der Informationen, die das Know-How beinhalten, identifiziert, also im Einzelnen dargelegt, welche Unterlagen, Zeichnungen, Dokumente oder sonstigen Informationsträger (beispielsweise CD-Roms, USB-Sticks usw) vom Lizenzgeber in Erfüllung seiner vertraglichen Verpflichtung dem Lizenznehmer zu übergeben sind. Da der Lizenzgeber mit der Preisgabe des Know-Hows erheblich in Vorleistung tritt – die einem anderen gegenüber erfolgende Kenntnisverschaffung von bis dahin geheimen Informationen kann ja nicht mehr rückgängig gemacht werden –, empfiehlt es sich (so wie auch im vorliegenden Formular geschehen), bei vereinbarten Pauschalzahlungen die Pflicht zur Zurverfügungstellung des Know-Hows davon abhängig zu machen, dass der Lizenznehmer seinerseits zuvor die geschuldete Pauschalzahlung (oder jedenfalls einen Teil derselben) geleistet hat. Selbst wenn dann nach der Preisgabe des Know-Hows durch den Lizenzgeber bei der Vertragsdurchführung etwas „schiefgehen" sollte und es beispielsweise zu einer vorzeitigen Beendigung des Vertrages kommt, ist jedenfalls sichergestellt, dass der Lizenzgeber im Gegenzug für die Offenlegung des Know-Hows eine finanzielle Entschädigung erhalten hat.

Je komplexer das dem Lizenznehmer zur Verfügung gestellte Know-How ist, desto eher wird auf seiner Seite ein Bedürfnis nach zusätzlicher Beratung durch den Lizenzgeber bei der Umsetzung des Know-Hows bestehen. Zum Teil werden in derartigen Konstellationen schon ungeschriebene nebenvertragliche Verpflichtungen des Lizenzgebers bejaht, den Lizenznehmer bei der technischen Realisierung des Know-Hows beratend zu unterstützen. Erkennen die Vertragsparteien, dass hierfür ein Bedürfnis besteht, ist dringend anzuraten, dies dann auch sogleich vertraglich zu regeln und dabei die Rahmenbedingungen der vom Lizenzgeber geforderten Unterstützung festzulegen. Diese kann beispielsweise in der zeitweiligen Überlassung von Mitarbeitern des Lizenzgebers an den Lizenznehmer bestehen, die im Umgang und der Umsetzung des Know-Hows besonders erfahren sind. Die Parteien werden dann auch sogleich eine gesonderte Vergütung für die vom Lizenzgeber geschuldete Unterstützung und/oder Beratung (beispielsweise nach dem geleisteten Zeitaufwand) vereinbaren. Das vorliegende Muster geht davon aus, dass das vom Lizenzgeber geschuldete Know-How nicht so komplex ist, dass es sich also aus den vom Lizenzgeber an den Lizenznehmer zu übermittelnden Unterlagen und sonstigen Informationsträgern selbst erklärt, so dass vom Lizenzgeber keine zusätzliche Beratung und/oder sonstige technische Unterstützung geschuldet wird.

20. Sicherung des Know-Hows. Der Lizenzgeber hat ein maßgebliches Interesse daran, dass sein Know-How auch sein Know-How bleibt, also nicht offenkundig und für die Allgemeinheit zugänglich wird, weil er dann den sich aus dem Besitz des Know-Hows ergebenden Wettbewerbsvorteil verlieren würde. Mit der Preisgabe von Know-How an einen Dritten im Rahmen eines Know-How-Lizenzvertrages liefert sich der Lizenzgeber dem Lizenznehmer insofern ein großes Stück weit aus, weil er darauf vertrauen muss, dass der Lizenznehmer die ihm als Know-How zur Verfügung gestellten geheimen Informationen auch seinerseits geheim hält und nicht der Öffentlichkeit gegenüber preisgibt. Regelmäßig wird daher in dem allgemeinen Abschnitt über die von den Parteien zu wahrende Vertraulichkeit (vgl. § 13 des vorliegenden Formulars) ausdrücklich aufgenommen, dass sich die Vertraulichkeitsverpflichtung auch auf das vom Lizenzgeber dem Lizenznehmer zur Verfügung zu stellende Know-How erstreckt. Flankiert wird diese allgemeine Vertraulichkeitsverpflichtung durch eine gesonderte, auf das Know-How bezogene Verpflichtung, dieses ausschließlich für die nach dem Vertrag ausdrücklich festgeschriebenen Zwecke und nicht für andere Zwecke außerhalb des Vertrages zu nutzen. Zusätzlich kann vertraglich festgeschrieben werden, dass der Lizenznehmer nur sehr eingeschränkt befugt ist, Kopien von den Unterlagen, Dokumenten und sonstigen Informationsträgern, die dem Lizenznehmer vom Lizenzgeber zur Übermittlung des Know-Hows übergeben werden, anzufertigen. Diese Verpflichtung dient – gemeinsam mit der Regelung, dass derartige Kopien automatisch ins Eigentum des Lizenzgebers übergehen – für den Fall der Beendigung des Lizenzvertrages dazu, ein Offenbarwerden des Know-Hows bestmöglich zu verhindern. Letztlich muss dem Lizenzgeber bei Abschluss eines Know-How-Lizenzvertrages aber bewusst sein, dass er mit jedem Dritten, dem er das Know-How gegenüber preisgibt, das Risiko erheblich steigert, dass sein zu diesem Zeitpunkt ggf. noch geheimes Know-How zukünftig nicht mehr geheim sein wird. Hieran – dies zeigt die Praxis immer wieder – ändern auch noch so strenge Geheimhaltungsverpflichtungen (selbst wenn sie mit Vertragstrafeversprechen verknüpft werden) vielfach nichts.

21. Lizenzgebühren. Für den Lizenznehmer stellt die Verpflichtung zur Zahlung der Lizenzgebühr die wesentliche vertragliche Hauptpflicht dar. Jeder Lizenzvertrag sollte eine ausdrückliche und klare Regelung dazu treffen, wann und in welcher Höhe der Lizenznehmer dem Lizenzgeber Lizenzgebühren schuldet. Die Verpflichtung zur Zahlung einer Lizenzgebühr für die Nutzung eines Schutzrechtes bzw. die Überlassung von Know-How ist jedenfalls so lange kartellrechtlich unbedenklich, wie die lizenzierten Schutzrechte bestehen und das Know-How weiterhin als Know-How anzusehen ist.

Wie die Lizenzgebühren ausgestaltet werden, ist im Wesentlichen den Vertragsparteien im Rahmen der Vertragsfreiheit selbst überlassen. Es sind eine ganze Reihe von unterschiedlichsten Arten von Lizenzgebühren denkbar und zwar entweder allein und jeweils in Kombination (einen guten Überblick findet man bei *Stumpf/Groß* Rn. 103 ff.): (i) Die in der Praxis wohl am häufigsten vereinbarte Art einer Lizenzgebühr ist die Umsatzlizenz. Der Lizenznehmer verpflichtet sich, einen bestimmten Prozentsatz des von ihm mit dem Vertrieb der Vertragsprodukte erzielten Umsatzes an den Lizenzgeber abzugeben. Wichtig ist im Falle der Vereinbarung einer Umsatzlizenz, dass die Parteien (wie in § 5 (2) des vorliegenden Formulars geschehen) exakt festlegen, was als Basis-Umsatz, der für die Berechnung der Lizenzgebühr zur Anwendung kommt, zu verstehen ist. Hierbei ist insbesondere zu regeln, ob es sich um eine Brutto- oder Netto-Lizenz handeln soll, welche dem Lizenznehmer entstehenden Kostenpositionen also in Abzug gebracht werden dürfen, bevor es durch Multiplikation mit dem prozentualen Lizenzsatz zur Berechnung der Lizenzgebühr kommt. (ii) Eine weitere gängige Art der Lizenzgebühr besteht in der sogenannten Stücklizenz. Anders als bei der Umsatzlizenz spielt es hierbei keinerlei Rolle, zu welchem Preis der Lizenznehmer die Vertragsprodukte in den Verkehr bringt, welchen

Umsatz er also beim Vertrieb der Vertragsprodukte erzielt. Vielmehr zahlt der Lizenznehmer für jedes Vertragsprodukt (jedes „Stück"), das er in den Verkehr bringt, eine zuvor betragsmäßig festgelegte Lizenzgebühr. Dabei können die Parteien – auch dies ist ihrer eigenen Entscheidungsmacht unterworfen – je nach Art des Lizenzproduktes differenzieren (in dem dem vorliegenden Formular zugrunde liegenden Sachverhalt ließe sich also beispielsweise nach Kunststoffflaschen und Trinkbechern differenzieren, so dass ggf. für Kunststoffflaschen eine etwas höhere Stücklizenz zu zahlen wäre als für Trinkbecher). (iii) Eine weitere mögliche Gestaltungsalternative besteht darin, dass (allein oder in Kombination beispielsweise mit einer Umsatz- oder Stücklizenz) eine pauschale Lizenzgebühr im Sinne einer Einmalzahlung vereinbart wird. Unbedingt geregelt werden sollte im Vertrag dann, was im Falle einer vorzeitigen Beendigung des Lizenzvertrages gilt. Grundsätzlich denkbar sind beide Fallkonstellationen: Entweder stellt die Pauschallizenzgebühr lediglich eine Zusammenfassung der den gesamten Vertragszeitraum umfassenden Nutzungsgebühr dar, dann liegt im Falle einer vorzeitigen Beendigung des Lizenzvertrages nahe, die Pauschalgebühr nachträglich anteilig zu kürzen. Oder aber die Parteien sehen in der Pauschalgebühr eine Vergütung für Zusatzleistungen (beispielsweise das Zurverfügungstellen von Know-How) oder eine Beteiligung an den auf Seiten des Lizenzgebers entstandenen Entwicklungskosten. Dann liegt es unter Umständen näher, die Pauschalgebühr auch im Falle einer vorzeitigen Beendigung des Lizenzvertrages vollständig beim Lizenzgeber zu belassen. Was gemeint und gewollt ist, sollten die Parteien nicht einer (ergänzenden) Vertragsauslegung überlassen, sondern vielmehr stattdessen eine ausdrückliche Regelung im Vertrag treffen.

Im Falle von Umsatz- oder Stücklizenzen werden in Lizenzverträgen oftmals Mindestlizenzen, also ein in einem bestimmten Zeitraum vom Lizenznehmer an den Lizenzgeber mindestens zu zahlender Betrag vorgesehen (vgl. *Benkard/Ullmann/Deichfuß* PatG § 15 Rn. 130). Der Grund für die Vereinbarung einer derartigen Mindestlizenzgebühr bei Umsatz- oder Stücklizenzen liegt darin, dass der Lizenzgeber wirtschaftlich vom Vertriebserfolg des Lizenznehmers abhängig ist. Nur wenn dieser tatsächlich die Vertragsprodukte erfolgreich am Markt positioniert und so Umsätze in signifikanter Höhe erzielt bzw. eine signifikante Anzahl (Stückzahl) der Vertragsprodukte vertreibt, fließt dem Lizenzgeber auch eine Lizenzgebühr in erheblichem Umfange zu. Das Risiko, dass der Lizenznehmer nur sehr eingeschränkte Vertriebsaktivitäten an den Tag legt und daher dem Lizenzgeber auch nur geringe Lizenzgebühren zufallen, lässt sich durch eine Mindestlizenzgebühr abmildern. Dieses Risiko besteht insbesondere bei ausschließlichen Lizenzen, da der Lizenzgeber seine einzige Einnahmequelle für Lizenzgebühren ja gerade in dem ausschließlichen Lizenznehmer hat. Ein alternatives Sicherungsinstrument besteht in der Vereinbarung von Mindest(vertriebs)mengen (aus der Verpflichtung zur Herstellung einer Mindestmenge bei gleichzeitiger Vereinbarung einer Stücklizenz folgt nicht automatisch auch die Vereinbarung einer Mindestlizenz, vgl. *Benkard/Ullmann/Deichfuß* PatG § 15 Rn. 130; die Parteien können als Rechtsfolge eines Verstoßes gegen die Mindestmengeverpflichtung beispielsweise auch ein Kündigungsrecht zu Gunsten des Lizenzgebers vorsehen oder zu seinen Gunsten das Recht, die ausschließliche Lizenz in eine einfache umzuwandeln). Hierauf wird sogleich in der nachfolgenden Anmerkung bei der Erörterung der Ausübungspflicht eingegangen.

Möglich – und damit im Lizenzvertrag von den Parteien im Rahmen der Vertragsfreiheit durch die Parteien auch regelbar – ist, dass die Umsatz- oder Stücklizenzgebühren für die Dauer der Vertragslaufzeit konstant bleiben. Genauso gut können die Parteien des Lizenzvertrages aber auch bestimmen, dass sich die Lizenzgebühren während der Laufzeit ändern sollen, also beispielsweise Jahr für Jahr ansteigen oder aber sinken sollen.

22. Abrechnung der Lizenzgebühren. Die Parteien sollten im Rahmen der Regelungen zur Lizenzgebühr im Vertrag im Einzelnen festlegen, wann der jeweilige Anspruch auf

Zahlung der Lizenzgebühr fällig wird und welche Abrechnungsmodalitäten gelten. Im vorliegenden Formular ist neben der Umsatzlizenz auch eine Pauschallizenz vorgesehen. Auch wenn im Zweifel der Anspruch sofort nach Unterzeichnung des Vertrages fällig wird, ist es sinnvoll, hierzu eine ausdrückliche Regelung zu treffen und beispielsweise – wie vorgeschlagen – zu bestimmen, dass die Zahlung innerhalb einer bestimmten Anzahl von Tagen nach Abschluss der Vereinbarung fällig ist.

Mit Blick auf regelmäßig wiederkehrende Lizenzzahlungen, beispielsweise bei einer Stück- oder Umsatzlizenz, sind weitere detaillierte Regelungen im Vertrag zu treffen. Maßgeblich ist hierbei zunächst, dass der Anspruchsinhaber, der Lizenzgeber, regelmäßig keinerlei originäre Kenntnis von allen Umständen hat, die er kennen muss, um die Lizenzgebühr selbst zu berechnen. Für die Stücklizenzen muss er nämlich zumindest wissen, in welcher Anzahl der Lizenznehmer welche Vertragsprodukte veräußert hat. Im Falle der Vereinbarung einer Umsatzlizenz muss er zumindest wissen, welche Umsätze der Lizenznehmer beim Vertrieb der Vertragsprodukte erzielt hat. Die Parteien sollten in einem Lizenzvertrag, der eine Stück- oder Umsatzlizenz festschreibt, demnach eine Auskunftsverpflichtung zu Lasten des Lizenznehmers dergestalt vorsehen, dass dieser dem Lizenzgeber regelmäßig (nämlich mindenstens in dem Rhythmus, in dem auch Lizenzzahlungen vom Lizenznehmer an den Lizenzgeber erfolgen sollen) Auskunft darüber zu erteilen hat, wie sich die Bemessungsgrundlage für die Berechnung der Lizenzgebühren im zurückliegenden Zahlungszeitraum dargestellt hat (auch ohne eine entsprechende vertragliche Festlegung wird allerdings zu Lasten des Lizenznehmers eine entsprechende Verpflichtung zur Rechnungslegung bejaht, vgl. *Mes* PatG § 15 Rn. 69). Der Lizenzgeber hat darüber hinaus regelmäßig ein weitergehendes Interesse auf Mitteilung zusätzlicher Informationen, die es ihm ermöglichen, die Plausibilität der mitgeteilten Informationen, die er für die Berechnung der Lizenzgebühr benötigt, zu überprüfen. Entsprechendes können und sollten die Vertragsparteien daher im Rahmen des Lizenzvertrages regeln. So ist beispielsweise denkbar, dass der Lizenznehmer sich zusätzlich verpflichtet mitzuteilen, an welche im Einzelnen namentlich zu identifizierenden Kunden die Vertragsprodukte ausgeliefert worden sind. Der Lizenzgeber hat so durch eine ggf. erfolgende Kontaktaufnahme mit den Erwerbern der Vertragsprodukte die Möglichkeit, Überprüfungen vorzunehmen. Derartige Kontrollmaßnahmen sind für den Lizenzgeber von großer Wichtigkeit, da er ansonsten „blind“ auf die ihm vom Lizenznehmer erteilte Auskunft vertrauen müsste.

Lizenzverträge – und so auch das vorliegende Formular – sehen daher zumeist als weitere Überprüfungsmöglichkeit eine sogenannte Audit-Klausel vor. Der Lizenzgeber ist berechtigt, einen unabhängigen und zur Verschwiegenheit gegenüber Dritten verpflichteten Wirtschaftsprüfer zur Überprüfung der Buchhaltungsunterlagen des Lizenznehmers in dessen Räumlichkeiten zu entsenden. Um dem Wirtschaftsprüfer eine Prüfung der Unterlagen zu ermöglichen, wird der Lizenznehmer regelmäßig – so auch im vorliegenden Formular – verpflichtet, ordnungsgemäß Unterlagen zu führen und aufzubewahren, die eine Kontrolle der Lizenzgebühr-Berechnung ermöglichen. Grundsätzlich muss der – gegebenenfalls ja übermisstrauische – Lizenzgeber die Kosten der Überprüfung der Buchhaltungsunterlagen des Lizenznehmers durch den Wirtschaftsprüfer selbst tragen. Ergibt sich indessen bei der Überprüfung, dass die Auskünfte, die der Lizenznehmer dem Lizenzgeber gegeben hat und die dann Grundlage für die Berechnung der Lizenzgebühren waren, zu Lasten des Lizenzgebers falsch waren, sollen – so jedenfalls wird es oftmals vorgeschlagen und entspricht wohl auch dem allgemeinen Gerechtigkeitsempfinden – die Kosten der Überprüfung vom Lizenznehmer übernommen werden. Da aber kleinere Fehler nie ganz auszuschließen sind, finden sich in vielen Verträgen, wie auch dem vorliegenden Formular, Regelungen dazu, dass diese Kostenübernahmeverpflichtung durch den Lizenznehmer erst ab einer Abweichung in einer gewissen prozentualen Höhe greifen soll.

Nach Zugang der Informationen, die ihn zur Berechnung der Lizenzgebühren, die er vom Lizenznehmer fordern kann, befähigen, wird der Lizenzgeber dem Lizenznehmer über die fällige Lizenzgebühr eine Rechnung stellen. Diese Rechnung ist insbesondere für den Verzugsbeginn gemäß § 286 Abs. 3 BGB wichtig. Der Lizenznehmer hat dann eine weitere – bevorzugt ebenfalls im Vertrag ausdrücklich festgelegte – Anzahl Tage Zeit, die Rechnung zu begleichen.

In welchen zeitlichen Abständen die Parteien miteinander abrechnen und Lizenzgebühren im Sinne einer Stück- oder Umsatzlizenz vom Lizenznehmer an den Lizenzgeber zu zahlen sind, hängt von der vertraglichen Abrede ab. In der Praxis gängig sind oftmals viertel-, halb- oder jährliche Abrechnungen und dann auf die Abrechnung zu erfolgende Lizenzzahlungen. Durchaus denkbar und möglich sind aber auch kürzere zeitliche Abstände. Für welchen zeitlichen Rhythmus sich die Parteien entscheiden, hängt von den spezifischen Umständen des Einzelfalls ab. Wichtig ist zunächst einmal, in welcher Höhe die Parteien mit Lizenzgebühren rechnen. Fallen ohnehin nur Lizenzgebühren in vergleichbar niedrigem Umfange an, werden die Parteien nicht allzu engmaschig miteinander abrechnen wollen, da dann ggf. nur Kleinstbeträge zu überweisen wären und der Aufwand in keinem Verhältnis zu den Zahlungseingängen stünde. In die Entscheidung darüber, in welchem zeitlichen Abstand abgerechnet und Lizenzgebühren bezahlt werden sollen, wird sicherlich auch einfließen, wie es um die Zahlungsfähigkeit des Lizenznehmers bestellt ist. Wenn der Lizenzgeber Befürchtungen hat, dass der Lizenznehmer während der Vertragslaufzeit finanziell in Schwierigkeiten kommen könnte, wird er relativ oft in kurzen zeitlichen Abständen abrechnen wollen, um die aufgelaufenen Lizenzgebühren, die ihm vom Lizenznehmer geschuldet werden, nicht allzu hoch werden zu lassen.

23. Ausübungspflicht. Bei einem ausschließlichen Lizenzvertrag, bei dem eine Stück- oder Umsatzlizenz vereinbart wird (so wie im vorliegenden Formular der Fall) begibt sich der Lizenzgeber mit Blick auf seine wirtschaftlichen Ertragschancen sehr weitgehend in die Hände des Lizenznehmers. Nur wenn der Lizenznehmer die Vertragsprodukte, die er unter Lizenz des Lizenzgebers vertreibt, erfolgreich am Markt platziert und (bei der Stücklizenz) eine große Anzahl von Vertragsprodukten vertreibt bzw. (bei der Umsatzlizenz) signifikante Umsätze erzielt, wird auch der wirtschaftliche Ertrag des Lizenzgebers aus den ihm vom Lizenznehmer zu zahlenden Lizenzgebühren zufriedenstellend sein. Der Lizenzgeber hat daher ein großes Interesse daran, den Lizenznehmer dazu anzuhalten, die ihm erteilte Lizenz auch tatsächlich zu verwerten. Geholfen ist dem Lizenzgeber, wenn zu Lasten des Lizenznehmers eine „Ausübungspflicht" besteht, also eine Verpflichtung, die Lizenz auch tatsächlich zu nutzen. Auch ohne eine entsprechende ausdrückliche Regelung im Lizenzvertrag sprechen gute Gründe dafür, dass in bestimmten Konstellationen eine ungeschriebene nebenvertragliche (Treue-) Verpflichtung des Lizenznehmers besteht, von der Lizenz auch tatsächlich Gebrauch zu machen (vgl. dazu BGH GRUR 2000, 138 – Knopflochnähmaschine; *Bartenbach* Rn. 1896 ff.; *Stumpf/Groß* Rn. 151; *Benkard/Ullmann/Deichfuß* PatG § 15 Rn. 134). Stets ist aufgrund einer umfassenden Interessenabwägung unter Beachtung der im Vertrag festgeschriebenen Inhalte zu beurteilen, ob und inwieweit die Parteien bei verständiger Berücksichtigung aller Umstände eine Verpflichtung des Lizenznehmers zur Verwertung der Lizenz vereinbart hätten, wenn sie daran gedacht hätten. Hierbei gibt es verschiedene Umstände mit indiziellem Charakter, die mehr für eine Ausübungspflicht oder gegen eine solche sprechen können. Eine Weichenstellung stellt dabei bereits die Frage dar, ob es sich um eine ausschließliche oder eine einfache Lizenz handelt. Bei einer ausschließlichen Lizenz sprechen deutlich mehr Gründe für die Annahme einer Ausübungspflicht auf Seiten des Lizenznehmers als bei einer einfachen Lizenz, bei der der Lizenzgeber weitere Lizenzen an andere Lizenznehmer erteilen kann und sich so der wirtschaftlichen Vorteile aus den Vertragsschutzrechten versichern kann (*Benkard/Ullmann/Deichfuß* PatG § 15 Rn. 134 f.). Gegen eine

Ausübungspflicht spricht die Vereinbarung einer Pauschallizenz, da der Lizenzgeber bei einer Pauschallizenz die Lizenzgebühr völlig unabhängig davon erhält, ob der Lizenznehmer von der Lizenz tatsächlich Gebrauch macht oder nicht. Demgegenüber spricht die Vereinbarung einer Umsatz- oder Stücklizenz deutlich eher für die Annahme einer Ausübungspflicht auf Seiten des Lizenznehmers. Sofern im Lizenzvertrag eine Mindestlizenz vereinbart ist, also eine in einem bestimmten Zeitfenster mindestens zu entrichtende Lizenzgebühr, die eben auch dann zu zahlen ist, wenn die richtig berechnete eigentliche Lizenzgebühr niedriger als die als Mindestlizenzgebühr vereinbarte Summe ist, sprechen die besseren Gründe wohl gegen eine Ausübungspflicht, da der Lizenzgeber bei der Vereinbarung einer Mindestlizenzgebühr hinreichend Sicherheit hat, wirtschaftlich von der Erteilung der Lizenz zu profitieren. Auch hier kommt es aber natürlich immer auf die Umstände des Einzelfalles an, und es ist durchaus denkbar, dass es Konstellationen gibt, in denen auch neben der vereinbarten Mindestlizenzgebühr (die beispielsweise nur einen alleruntersten Sockel der wirtschaftlichen Absicherung des Lizenzgebers darstellen soll) die besseren Gründe für die Annahme einer Ausübungspflicht sprechen.

Gerade weil in Konstellationen, in denen der Lizenzvertrag zur Frage schweigt, ob eine Ausübungspflicht zu Lasten des Lizenznehmers besteht oder nicht, keine klaren eindeutigen Kriterien festzulegen sind, anhand derer sich diese Frage beantworten ließe, ist dringend angeraten, dass die Parteien hierüber eine ausdrückliche Regelung im Vertrag selbst treffen. Geschieht dies – wie im vorliegenden Formular – sollten auch die genauen Umstände der Ausübungspflicht, also insbesondere in zeitlicher Hinsicht ihr Beginn, geregelt werden.

Kartellrechtlich ist die Vereinbarung einer Ausübungspflicht in aller Regel unbedenklich (vgl. *Busse/Keukenschrijver/Hacker* § 15 Rn. 203). Bestätigung findet diese Auffassung in Randziffer 183 der TT-Leitlinien. Dort ist davon die Rede, dass schon die Verpflichtung zur Produktion einer Mindestmenge an Produkten, die die lizenzierte Technologie enthalten, keine Wettbewerbsbeschränkung iSd Art. 101 Abs. 1 AEUV darstellen soll. Hieraus lässt sich der Schluss ziehen, dass dies auch für eine allgemeine Ausübungsverpflichtung gilt.

24. Mindestmengen. Einen Spezialfall der Ausübungspflicht stellt es dar, wenn die Parteien vereinbaren, dass der Lizenznehmer bestimmte Mindestmengen herzustellen und/oder zu vertreiben hat. Mit der Vereinbarung einer allgemeinen Ausübungspflicht ist dem Lizenzgeber nämlich zumeist noch nicht geholfen, da schon die nur rudimentäre Ausübung der lizenzierten Rechte wohl als Erfüllung der Ausübungsverpflichtung anzusehen ist (allenfalls kann man bei dies bloßen Schein-Ausübungen verneinen). Vereinbaren die Parteien dagegen Mindestmengen – was kartellrechtlich zulässig ist, vgl. Randziffer 183 der TT-Leitlinien –, so weiß der Lizenzgeber, dass er jedenfalls für diese Menge (so denn der Lizenznehmer nicht gegen seine Verpflichtung zur Einhaltung der Mindestmengen verstößt) auch Lizenzgebühren erhalten wird. Jedenfalls bei der Stücklizenz, bei der der Lizenzgeber sehr genau weiß, welche Lizenzgebühr er für ein verkauftes Vertragsprodukt erhält, gibt dies vollständige Sicherheit. Bei der Umsatzlizenz ist dies nicht vollständig der Fall, da die Menge der verkauften Vertragsprodukte noch nicht unmittelbar Aufschluss über den hiermit erzielten Umsatz gibt.

Will der Lizenzgeber auch bei einer Umsatzlizenz Sicherheit erhalten, stets (in einem gewissen Zeitraum, den die Parteien als Bemessungsgrundlage festlegen) einen bestimmten Mindestbetrag zu erhalten, muss keine Mindestmenge, sondern eine Mindestlizenzgebühr festgeschrieben werden, die dann vom Lizenznehmer unabhängig davon zu zahlen ist, ob sich bei einer Berechnung der Lizenzgebühr für den benannten Zeitraum auch tatsächlich eine Lizenzgebühr in mindestens der Höhe der Mindestlizenzgebühr ergibt.

Haben die Parteien keine Mindestlizenzgebühr sondern lediglich eine Mindestmenge vereinbart (so wie im vorliegenden Formular), muss, bei einem Verstoß gegen die vereinbarte Mindestmenge gefragt werden, welche Rechtsfolgen dies nach sich zieht. Es ist empfehlenswert, diese Rechtsfolgen sogleich mit im Vertrag zu regeln. In Betracht kommt neben dem Recht zur sofortigen Kündigung des Vertrages insbesondere auch die Umwandlung der ausschließlichen in eine bloß einfache Lizenz. Hierdurch kann der Lizenzgeber im Anschluss durch Vergabe weiterer (einfacher) Lizenzen an weitere Lizenznehmer das insgesamt bei ihm anfallende Aufkommen an Lizenzgebühren steigern. Gelegentlich werden diese Rechtsfolgen nicht schon für den Fall des einmaligen Verstoßes gegen die vereinbarte Mindestmenge, sondern erst bei zweifachem oder gegebenenfalls dreifachem Verstoß festgeschrieben. Hier haben die Parteien die größtmögliche Freiheit, die Rechtsfolgen selbst festzulegen.

25. **Qualitätsanforderungen.** Insbesondere (aber nicht nur) in Fällen, in denen der Lizenznehmer verpflichtet ist, die von ihm produzierten und vertriebenen Vertragsprodukte mit einem Lizenzvermerk als Hinweis darauf zu versehen, dass die Produkte unter Lizenz des Lizenzgebers vertrieben werden, kann eine minderwertige Qualität der vom Lizenznehmer hergestellten und vertriebenen Vertragsprodukte zu einem Imageschaden nicht nur auf Seiten des Lizenznehmers, sondern gegebenenfalls auch für den Lizenzgeber und die lizenzierte Technologie als solches bedeuten. Für den Lizenzgeber ist es daher vorteilhaft, im Lizenzvertrag gewisse Qualitätsanforderungen für die Produktion der Vertragsprodukte festzulegen. Dieses Bedürfnis besteht umso mehr, je branchennäher die Vertragsprodukte des Lizenznehmers im Vergleich mit den vom Lizenzgeber selbst unter Verwendung derselben Technologie vertriebenen Produkten sind (dann nämlich ist die Gefahr am größten, dass Qualitätsprobleme der vom Lizenznehmer vertriebenen Vertragsprodukte von den Verbrauchern auch mit den Produkten des Lizenzgebers in Verbindung gebracht werden). Wenn die Parteien Qualitätsanforderungen festlegen, sollten sie sogleich auch Kontrollmöglichkeiten zu Gunsten des Lizenzgebers bestimmen, die sicherstellen, dass der Lizenzgeber auch überprüfen kann, ob der Lizenznehmer die vertraglich festgeschriebenen Qualitätsanforderungen erfüllt oder nicht.

26. **Aufrechterhaltung der Vertragsschutzrechte.** Der Lizenzgeber ist verpflichtet, die zum Zeitpunkt des Vertragsabschlusses lediglich angemeldeten, aber noch nicht eingetragenen Vertragsschutzrechte weiter zur Eintragung voranzutreiben. Bei der einfachen Lizenz besteht auch Einigkeit darüber, dass es Sache des Lizenzgebers ist, durch Zahlung der bei Patenten jährlich fällig werdenden Jahresgebühren das Schutzrecht aufrecht zu erhalten. Ob dies auch bei ausschließlichen Lizenzen gilt, ist umstritten. Hier wird die Auffassung vertreten, dass die ausschließliche Lizenz zu einer vollständigen Übertragung der Verwertbarkeit des Schutzrechts zugunsten des Lizenznehmers führt, so dass es auch seine Aufgabe werde, sich um die Aufrechterhaltung des Patents zu kümmern. Andererseits bleibt aber der Lizenzgeber Inhaber des Patentes und ist gegenüber dem Lizenznehmer verpflichtet, ihm während der Laufzeit des Lizenzvertrages positive Benutzungsrechte einzuräumen. Dies spricht eher dafür, die Pflicht zur Aufrechterhaltung der Vertragsschutzrechte durch Einzahlung der Jahresgebühren dem Lizenzgeber aufzubürden (so auch *Bartenbach* Rn. 1375; *Benkard/Ullmann/Deichfuß* PatG § 15 Rn. 152). Um keine unnötigen Unklarheiten bei der späteren Vertragsdurchführung zu provozieren, ist es den Vertragsparteien dringend angeraten, sich auf diese Unsicherheit rechtlicher Natur gar nicht erst einzulassen und stattdessen im Vertrag eindeutig eine Regelung dazu zu finden, wer das Schutzrecht durch Zahlung der Jahresgebühr aufrecht erhalten muss.

27. **Verzicht auf/Freigabe der Vertragsschutzrechte.** Ob bei einem ausschließlichen Lizenzrecht der Lizenzgeber ohne Zustimmung des Lizenznehmers wirksam gegenüber dem Patentamt einen Verzicht auf das Schutzrecht erklären kann, ist umstritten (vgl. *Bartenbach* Rn. 1400 ff. mwN). Bei einfachen Lizenzen ist unstreitig, dass es auf eine Zustimmungserklärung des Lizenznehmers für die Wirksamkeit des dem Patentamt

gegenüber zu erklärenden Verzichts durch den Lizenzgeber nicht ankommt. Die im vorliegenden Formular vertretene Auffassung beschreitet einen Kompromissweg. Der Lizenzgeber muss, wenn er auf das Patent verzichten will, dieses zunächst dem Lizenznehmer zum kostenlosen Erwerb anbieten. Übernimmt der Lizenznehmer das Schutzrecht nicht, wird dies als Zustimmung zu einem Verzicht des Lizenznehmers auf das Schutzrecht verstanden. Dieses Vorgehen findet seine Rechtfertigung darin, dass nach Übernahme des Schutzrechts durch den Lizenznehmer zwar dieser für die Aufrechterhaltung verantwortlich ist (und damit ab dem Moment der Übernahme auch die jährlich fällig werdenden Jahresgebühren zu zahlen hat), gleichzeitig aber die an den Lizenzgeber zu zahlende Lizenzgebühr aufgrund des Wegfalls eines Vertragsschutzrechtes gemindert wird (→ Anm. 29). Hiermit ist ein sachgerechter Interessenausgleich hergestellt.

28. Verteidigung der Vertragsschutzrechte gegen Angriffe Dritter. Der Inhaber der Vertragsschutzrechte, also der Lizenzgeber, ist – parallel zur Aufrechterhaltung der Vertragsschutzrechte – auch in der Pflicht, diese gegen etwaige Angriffe Dritter (also insbesondere Einsprüche und Nichtigkeitsklagen) zu verteidigen (vgl. *Benkard/Ullmann/Deichfuß* PatG § 15 Rn. 150; *Bartenbach* Rn. 1385). In der Praxis führen derartige Angriffe – jedenfalls dann, wenn sie nicht von vornherein ohne jegliche Erfolgsaussichten sind – oftmals dazu, dass sich die Parteien (also der Schutzrechtsinhaber und der Angreifer) darauf verständigen, dass dem Angreifer eine Freilizenz eingeräumt wird und er sich im Gegenzug verpflichtet, das Schutzrecht nicht weiter anzugreifen. Derartige Dritten gegenüber erteilte (Frei-) Lizenzen beeinträchtigen den Inhaber einer ausschließlichen Lizenz in der ihm eingeräumten Rechtsposition, der ja vertraglich darauf vertrauen darf, dass neben ihm keine weiteren Lizenznehmer existieren. Da daher seine Zustimmung zur Erteilung der Freilizenz zur Abwendung des Nichtigkeitsangriffes erforderlich ist (dies dürfte sich aus der dinglichen Wirkung der ausschließlichen Lizenz ergeben), bietet es sich an, eine derartige Zustimmung bereits im Lizenzvertrag selbst zu regeln (so im vorliegenden Formular geschehen). Da eine derartige Freilizenz den Wert der ihm erteilten ausschließlichen Lizenz mindert, sollte dies zu einer Anpassung der Lizenzgebühr führen.

29. Anpassung der Lizenzgebühr bei Wegfall von Vertragsschutzrechten. Der Widerruf eines Patents und seine Nichtigerklärung führen dazu, dass die Wirkungen des Patents von Anfang an als nicht eingetreten gelten (vgl. Art. 68, 138 EPÜ, §§ 21 Abs. 2, 22 Abs. 3 PatG). Nach ständiger Rechtsprechung erfasst diese Rückwirkung aber nicht die im Rahmen eines Lizenzvertrages vor Widerruf oder Nichtigerklärung bereits gezahlten Lizenzgebühren. So führt der BGH in der Entscheidung *Vergleichsempfehlung II* (GRUR 2005, 935 ff.) instruktiv aus, dass der Lizenznehmer bis zum Widerruf oder zur Nichtigerklärung des Patents an der durch den Bestand des Patents begründeten Vorzugsstellung teilnehme, wenn das Patent bis dahin von den Mitbewerbern respektiert werde. Die Einräumung dieser Vorzugsstellung auf Grund des Lizenzvertrages werde, auch wenn sie sich durch die vollständige oder teilweise Nichtigerklärung des lizenzierten Schutzrechts rückwirkend als eine patentrechtlich ungeschützte Stellung im Markt erweise, im Regelfall nicht beseitigt, solange das Patent in Kraft steht und von den Mitbewerbern respektiert werde. Deshalb bleibe, solange die Parteien nichts anderes vereinbart haben, die Zahlungspflicht des Lizenznehmers für Verwertungshandlungen in der Vergangenheit von der Nichtigerklärung grundsätzlich unberührt; für die Zeit nach einer teilweisen Nichtigerklärung habe eine Anpassung der vertraglichen Beziehungen an die veränderten Umstände zu erfolgen. Eine Anpassung sieht das Formular in § 8 (4) vor.

Eine entsprechende Anwendung der Vorschrift zur Anpassung der Lizenzgebühr sieht das Formular vor, wenn ein Vertragsschutzrecht auf den Lizenznehmer übertragen wird (vgl. § 8 (2) des Formulars) oder der Lizenzgeber als Reaktion auf einen Angriff eines Dritten gegen eines der Vertragsschutzrechte diesem Dritten eine einfache Lizenz am

Vertragsschutzrecht zur vergleichsweisen Beendigung der streitigen Auseinandersetzung einräumt (und damit den Wert der ausschließlichen Lizenz für den Lizenznehmer mindert).

30. Verletzungen der Vertragsschutzrechte durch Dritte. Es besteht relativ weitgehende Einigkeit darüber, dass der Lizenzgeber im Falle von Verletzungen der Vertragsschutzrechte durch Dritte ohne eine entsprechende Vereinbarung im Lizenzvertrag nicht verpflichtet ist, gegen die vermeintlichen Verletzer vorzugehen. (vgl. *Bartenbach* Rn. 1386 mwN) Für den ausschließlichen Lizenzvertrag lässt sich dies relativ leicht damit begründen, dass (vgl. oben) auch dem ausschließlichen Lizenznehmer eigenständige Abwehransprüche zustehen (vgl. *Benkard/Ullmann/Deichfuß* PatG § 15 Rn. 153). Der Lizenznehmer einer ausschließlichen Lizenz ist aufgrund der dinglichen Rechtsposition, die ihm die ausschließliche Lizenz einräumt, selbst aktivlegitimiert. Nimmt man die in jüngerer Zeit ergangene BGH-Rechtsprechung konsequent ernst und spricht auch der einfachen Lizenz eine derartige dingliche bzw. quasi-dingliche Rechtswirkung zu, greift dieses Argument auch mit Blick auf die einfache Lizenz (*Bartenbach* Rn. 1397). Auch bevor der BGH allerdings der einfachen Lizenz dingliche Wirkung zugemessen hat, hat die herrschende Meinung bei der einfachen Lizenz eine Verpflichtung des Lizenzgebers zum Vorgehen gegen Rechtsverletzer verneint (vgl. *Stumpf/Groß* Rn. 418 ff.; *Benkard/Ullmann/Deichfuß* PatG § 15 Rn. 154; im Einzelfall kann aber eine umfangreiche Hinnahme von Verletzungshandlungen Dritter zu einem außerordentlichen Kündigungsrecht des Lizenznehmers führen.).

Bei der ausschließlichen Lizenz ist im Falle von Field of Use-Klauseln zu berücksichtigen, dass sich die Aktivlegitimation für ein Vorgehen des Lizenznehmers aus eigenem Recht nur auf den technischen Anwendungsbereich beschränkt, der ihm im Rahmen der Lizenzvergabe zugewiesen worden ist. Nur insoweit ist er in eigenen Rechten betroffen. Bezogen auf die Sachverhaltskonstellation, die dem vorliegenden Formular zugrunde liegt, bedeutet dies: Sofern sich Patentverletzungen auf den Bereich der Trinkflaschen und Becher beziehen, ist der Lizenznehmer (ohne eine entsprechende Regelung im Vertrag) grundsätzlich aktivlegitimiert. Spielt sich die Verletzung dagegen vielmehr im Bereich der Gießkannen (oder in einem ganz anderen Bereich) ab, hat man eine Aktivlegitimation des Lizenznehmers zu verneinen. Der vorliegende Vertrag geht indes einen anderen Weg, indem geregelt wird, dass der Lizenznehmer grundsätzlich nur mit vorheriger ausdrücklicher Zustimmung des Lizenzgebers im eigenen Namen Rechte gegen Schutzrechtsverletzungen geltend machen darf. Der Lizenznehmer verzichtet also auf eine im eigenen Ermessen zu treffende Entscheidung darüber, ob er gegen einen Schutzrechtsverletzer (im ihm zugewiesenen technischen Anwendungsbereich) vorgehen will oder nicht. Der Lizenzgeber kann durchaus ein berechtigtes Interesse daran haben, sich diese Entscheidung vorzubehalten, weil er beispielsweise mit dem potentiellen Verletzer in einer (einen ganz anderen Bereich betreffenden) Geschäftsbeziehung steht, die er nicht aufs Spiel setzen oder auch nur beeinträchtigen möchte, oder aber weil er ggf. Gegenangriffe gegen die Schutzrechte fürchtet. Zu überlegen ist in den Fällen, in denen der Lizenzgeber die Zustimmung zu einem Vorgehen des ausschließlichen Lizenznehmers im eigenen Namen verweigert, ob dies dann zu einer Reduzierung der vereinbarten Lizenzgebühr führen sollte. Hierfür spricht, dass (vom Lizenzgeber geduldete) Patentverletzungen in dem ausschließlich dem Lizenznehmer zugewiesenen technischen Anwendungsbereich den Wert der ausschließlichen Lizenz (die eigentlich eine Monopolstellung begründen soll, die durch die Verletzung aber geschmälert wird) reduzieren.

31. Laufzeit und Kündigung. Die Laufzeit eines Lizenzvertrages können die Vertragsparteien im Rahmen der geltenden Vertragsfreiheit frei festlegen. Häufig anzutreffen sind in Lizenzverträgen Klauseln dahingehend, dass der Vertrag so lange wirksam bleibt, bis das Vertragsschutzrecht abgelaufen ist (oder bei mehreren Vertragsschutzrechten das letzte der lizenzierten Vertragsschutzrechte erloschen ist). Fehlen ausdrückliche vertragliche Regelungen dazu, welche Laufzeit ein Lizenzvertrag haben soll, so ist im Zweifel davon auszugehen, dass die Lizenz an einem technischen Schutzrecht für dessen Laufzeit gelten soll und bei der Lizenzierung mehrerer technischer Schutzrechte bis zum Erlöschen des letzten noch wirksamen Schutzrechtes (vgl. *Benkard/Ullmann/Deichfuß* PatG § 15 Rn. 64; *Mes* PatG § 15 Rn. 89). Handelt es sich indes – wie im vorliegenden Formular – um einen kombinierten Patent- und Know-How-Lizenzvertrag, bei dem neben den Patenten als Vertragsschutzrechten auch geheimes Know-How überlassen wird, deren Nutzung ggf. über die Laufzeit der lizenzierten technischen Schutzrechte hinaus dem Lizenznehmer Vorteile bringen, ist davon auszugehen, dass die Parteien, wenn sie denn nicht ausdrücklich etwas anderes geregelt haben, keine automatische Beendigung des Lizenzvertrages mit Erlöschen des letzten lizenzierten technisches Schutzrechtes gewollt haben (vgl. *Benkard/Ullmann/Deichfuß* PatG § 15 Rn. 64 mwN).

Darüber hinaus sind aber auch zeitlich beschränkte Lizenzverträge ohne Weiteres machbar und zulässig – oftmals mit der Regelung einer automatischen Verlängerung um weitere zeitlich festgelegte Perioden, wenn nicht zuvor unter Einhaltung einer vertraglich ebenfalls festgeschriebenen (ordentlichen) Kündigungsfrist die Vereinbarung von einer der beiden Parteien gekündigt wird. Diesem Muster folgt auch das vorliegende Formular. Da die Verpflichtung zur Zahlung von Lizenzgebühren nach Wegfall der Vertragsschutzrechte kartellrechtlichen Bedenken ausgesetzt sein kann (jedenfalls entfällt eine Freistellung nach der TT-GVO, vgl. Art. 2 (2) TT-GVO), sieht das vorliegende Formular vor, dass der Vertrag automatisch mit dem Wegfall des (ggf. letzten) Vertragsschutzrechtes endet.

Da es sich bei Lizenzverträgen stets um Dauerschuldverhältnisse handelt, ist (vgl. § 314 BGB) stets eine Kündigung aus wichtigem Grund möglich. Ein wichtiger Grund liegt gemäß § 314 Abs. 1 S. 2 BGB vor, *„wenn dem kündigenden Teil unter Berücksichtigung aller Umstände des Einzelfalls und unter Abwägung der beiderseitigen Interessen die Fortsetzung des Vertragsverhältnisses bis zur vereinbarten Beendigung oder bis zum Ablauf einer Kündigungsfrist nicht zugemutet werden kann"*. Zur Vermeidung späterer Diskussionen ist es sinnvoll, jedenfalls solche Fallgruppen, bei denen die Parteien schon bei Abschluss des Lizenzvertrages annehmen, dass sie einen wichtigen Grund zur Kündigung darstellen, sogleich als Regelbeispiele der wichtigen Kündigung ausdrücklich in den Vertragstext aufzunehmen. Einer der wichtigen Gründe, die regelmäßig zur außerordentlichen Kündigung des Vertrages berechtigen, ist die Verletzung wesentlicher Vertragspflichten durch die andere Vertragspartei. In diesem Fall soll aber die kündigende Partei die Gegenseite zuerst abmahnen und ihr eine Frist zur Abhilfe setzen. Dieses auch in § 10 (2) (a) des vorliegenden Vertrages vorgesehene Erfordernis setzt letztlich die gesetzliche Regelung in § 314 Abs. 2 BGB um (vgl. *Benkard/Ullmann/Deichfuß* PatG § 15 Rn. 216). Da die wesentliche vertragliche Verpflichtung des Lizenznehmers darin besteht, die geschuldeten Lizenzgebühren an den Lizenzgeber zu zahlen, stellen Versäumnisse, die sich auf die Verpflichtung zur Zahlung der Lizenzgebühr und die vorbereitende Verpflichtung zur Auskunft über Umstände, die die Berechnung der Lizenzgebühr ermöglichen, beziehen, ebenfalls wichtige Gründe für eine Kündigung der Lizenzvereinbarung aus wichtigem Grund dar (maßgeblich sind aber stets die Umstände des Einzelfalls: in der Entscheidung BGH GRUR 2004, 532 ff. – Nassreinigung hat der Bundesgerichtshof eine Entscheidung des OLG Nürnberg gebilligt, in der die Verletzung der Verpflichtung zur vierteljährlichen Abrechnung gegenüber dem Lizenzgeber nicht als so wesentliche Vertragspflichtverletzung angesehen worden ist, dass diese eine Kündigung aus wichtigem Grund rechtfertige.

32. Angriffe gegen die Vertragsschutzrechte durch den Lizenznehmer. Wenn die Parteien im Vertrag keine ausdrückliche diesbezügliche Regelung getroffen haben, besteht zu Lasten des Lizenznehmers keine – etwa aus § 242 BGB im Rahmen des allgemeinen Rücksichtnahmegebots herleitbare – Verpflichtung, die Vertragsschutzrechte nicht anzugreifen (vgl. *Benkard/Ullmann/Deichfuß* PatG § 15 Rn. 141). Tatsächlich setzt das

Kartellrecht einer entsprechenden vertraglichen (Nichtangriffs-)Regelung sogar enge Grenzen. Gemäß Art. 5 (1) b) TT-GVO entfällt die Freistellung in Technologietransfer-Vereinbarungen für *„alle einer Partei auferlegten unmittelbaren oder mittelbaren Verpflichtungen, die Gültigkeit der Rechte des geistigen Eigentums, über die die andere Partei in der Union verfügt, nicht anzufechten, unbeschadet der Möglichkeit, bei einer Exklusivlizenz die Beendigung der Technologietransfer-Vereinbarung für den Fall vorzusehen, dass der Lizenznehmer die Gültigkeit eines oder mehrerer der lizenzierten Technologierechte anficht.*" Dahinter steht der Gedanke, dass es im öffentlichen Interesse liegt, wenn zu Unrecht eingetragene Schutzrechte wieder gelöscht werden und so die aus der Registerposition resultierende Monopolstellung des Schutzrechtsinhabers endet. Das vorliegende Muster macht von der durch Art. 5 (1) b) TT-GVO eingeräumten Möglichkeit für den Lizenzgeber Gebrauch, sich die Kündigung des Lizenzvertrages vorzubehalten, sofern der Lizenznehmer dessen Grundlage, die Vertragsschutzrechte, angreift.

33. Folgen der Beendigung des Vertrags. Sobald der Lizenzvertrag endet (sei es durch reguläres Auslaufen der Vertragslaufzeit oder aufgrund vorzeitiger Auflösung durch Kündigung), endet auch das aus dem Lizenzvertrag abgeleitete Recht des Lizenznehmer die im Rahmen der Vertragsschutzrechte unter Schutz stehenden technischen Erfindungen zu nutzen und damit die Vertragsprodukte herzustellen und zu vertreiben. Etwas anderes gilt nur dann, wenn zwischenzeitlich auch alle Vertragsschutzrechte abgelaufen oder anderweitig unwirksam geworden sind. Dann kommt es naturgemäß für den Lizenznehmer nicht mehr auf den Fortbestand des Lizenzvertrages an, wenn er die (vormaligen) Vertragsprodukte herstellen und vertreiben will.

Insbesondere im Falle eines vorzeitigen – oft unerwarteten – Endes des Lizenzvertrages kann dies für den Lizenznehmer die unangenehme Konsequenz haben, dass er bereits – noch während der Laufzeit des Lizenzvertrages – Vertragsprodukte unter Einsatz finanzieller Mittel hergestellt hat, die er dann nach der Kündigung des Lizenzvertrages nicht mehr vertreiben dürfte (auf den aufgewandten Kosten bliebe er dann sitzen). Zu Recht wird daher – auch ohne vertragliche Regelung – zu Gunsten des Lizenznehmers ein Abverkaufsrecht bejaht (vgl. *Benkard/Ullmann/Deichfuß* PatG § 15 Rn. 203 mwN). Empfehlenswert ist es daher, das Bestehen und vor allem die Bedingungen dieses Aberkaufsrechts im Lizenzvertrag ausdrücklich zu regeln. Zu den zu regelnden Punkten gehört die Frage, ob das Abverkaufsrecht nur bei außerordentlichen oder auch ordentlichen Kündigungen unter Einhaltung der vertraglich festgeschriebenen Kündigungsfrist zum Tragen kommen soll. Für die Entscheidung, das Abverkaufsrecht nach Ende des Lizenzvertrages nur im Falle der außerordentlichen fristlosen Kündigung zur Anwendung kommen zu lassen, kann die Überlegung maßgeblich sein, dass sich der Lizenznehmer bei ordentlichen Kündigungen unter Einhaltung der festgeschriebenen Kündigungsfrist viel leichter auf die Kündigung einstellen kann und einen großen Lagerbestand an Vertragsprodukten zum Ende der Vertragslaufzeit dadurch vermeiden kann, dass er stets nur so viele Produkte im Voraus produziert, wie er erfahrungsgemäß in einem Zeitraum, der der Kündigungsfrist entspricht, auch absetzen kann. Geregelt werden sollte darüber hinaus die (Höchst-) Dauer des Abverkaufs. Da der Lizenzgeber regelmäßig nur sehr schwer kontrollieren und damit ausschließen kann, dass der Lizenznehmer nicht doch noch während der Abverkaufsfrist Vertragsprodukte nachproduziert (wozu ihn das Abverkaufsrecht nicht ermächtigt), ist es sinnvoll, den Lizenznehmer als Bedingung der Inanspruchnahme des Abverkaufsrechts zu verpflichten, den Lizenzgeber zu Beginn der Abverkaufsfrist zu informieren, über welchen Lagerbestand er noch verfügt. Anhand der mitgeteilten Mengen hat der Lizenzgeber dann immerhin einen groben Überblick darüber, in welchem Umfang er im Markt noch während der Abverkaufsfrist mit Vertragsprodukten rechnen muss.

Das dem Lizenznehmer vom Lizenzgeber in Erfüllung seiner diesbezüglichen vertraglichen Verpflichtung überlassene Know-How hat der Lizenznehmer unmittelbar im

Anschluss an die Beendigung des Lizenzvertrages an den Lizenzgeber zurückzugeben. Eines „Auslaufrechts“ entsprechend dem Abverkaufsrecht bedarf es nicht, da das Know-How für die Herstellung der Vertragsprodukte benötigt wird und ein Herstellen nach dem Ende des Lizenzvertrages (auch während der etwaig eingreifenden Abverkaufsfrist) nicht mehr zulässig ist. Auch nach dem Ende des Lizenzvertrages bleibt der Lizenznehmer aber über die allgemeine Vertraulichkeitsklausel verpflichtet, das Know-How geheimzuhalten (vgl. § 14 (2) des vorliegenden Formulars). Derartige nachvertragliche Geheimhaltungsverpflichtungen sind kartellrechtlich zulässig (vgl. *Bartenbach* Rn. 2875).

34. Gewährleistung und Haftungsausschlüsse. Da es sich beim Lizenzvertrag um einen Vertrag sui generis handelt (→ Anm. 2), wird die Frage, auf welcher Rechtsgrundlage Mängelgewährleistungsansprüche zu beurteilen sind, ausgesprochen unterschiedlich beantwortet. So wird teilweise auf Kaufrecht, Pacht oder Miete abgestellt, teilweise aber auch eine Anwendung des allgemeinen Leistungsstörungsrechts für richtig erachtet.

Es sind viele grundunterschiedliche Konstellationen denkbar, in denen sich die Frage nach einer Haftung des Lizenzgebers für etwaige Mängel stellt. Aus dieser Vielschichtigkeit folgt der für die (Vertragsgestaltungs-)Praxis wichtige Rat, die wesentlichen Fragen und Aspekte individualvertraglich zu regeln. Dabei stehen sich die Vertragsparteien mit sehr unterschiedlichen Interessen gegenüber. Der Lizenznehmer hat ein gesteigertes Interesse daran, dass er im Falle von Problemen mit den lizenzierten Rechten und ggf. nicht erfüllten Erwartungen an die Verwertbarkeit dieser Rechte bzw. der zugrundeliegenden Erfindung den Lizenzgeber in die Haftung nehmen kann. Der Lizenzgeber hat demgegenüber naturgemäß ein Interesse daran, seine Haftung möglichst weitgehend auszuschließen. Das vorliegende Formular versucht eine Kompromisslösung aufzuzeigen, die möglicherweise den Interessen beider Vertragsparteien gerecht werden kann.

Der Lizenzgeber sollte zunächst versichern und dann in der Folge auch vollumfänglich dafür haften, dass er verfügungsberechtigt über die Vertragsschutzrechte ist, also entweder deren allein verfügungsberechtigter Inhaber ist oder aber vom (Mit-)Inhaber die entsprechende Rechtsposition eingeräumt erhalten hat, die es ihm ermöglicht, dem Lizenznehmer eine Lizenz zu erteilen. Hierbei handelt es sich um Umstände, die ausnahmslos der Sphäre des Lizenzgebers entstammen, so dass es für den Lizenznehmer auch nicht nachvollziehbar und damit akzeptabel wäre, wenn sich der Lizenzgeber diesbezüglich von der Haftung freizeichnen wollte.

Der Lizenzgeber ist auf der Grundlage des mit dem Lizenznehmer abzuschließenden Lizenzvertrages verpflichtet, dem Lizenznehmer die Vertragsschutzrechte frei von Rechten Dritter zur Verfügung zu stellen. Das vorliegende Formular stellt insoweit klar, dass eine Haftung des Lizenzgebers insoweit nur in Betracht kommt, wenn er die entgegenstehenden Rechte Dritter zum Zeitpunkt des Vertragsschlusses kannte, er also nicht etwa eine verschuldensunabhängige (Garantie-)Haftung übernimmt. Dasselbe gilt für eine etwaige Abhängigkeit eines oder mehrerer Vertragsschutzrechte von einem älteren Patent.

Was gelten soll, wenn der Bestand eines oder mehrerer Vertragsschutzrechte nachträglich (durch Löschung und/oder Nichtaufrechterhaltung) wegfällt, haben die Vertragsparteien im vorliegenden Formular in § 8 geregelt und dabei als Rechtsfolge eine Anpassung der Lizenzgebühren vorgesehen.

Eine weitergehende Haftung des Lizenzgebers schließen die Parteien im vorliegenden Formular umfassend aus. Der Lizenzgeber übernimmt insbesondere keinerlei Haftung für die technische Brauchbarkeit und/oder kaufmännische Verwertbarkeit der den Vertragsschutzrechten zugrundeliegenden Erfindung(en). Ein derartiger Haftungsausschluss ist für den Lizenzgeber insbesondere dann wichtig, wenn er die Vertragsschutzrechte – wie in dem dem vorliegenden Formular zugrundeliegenden Sachverhalt – für ein technisches Anwendungsgebiet lizenziert, in dem er selbst überhaupt nicht „zu Hause“ ist. Ob die Erfindung, deren Brauchbarkeit und Verwertbarkeit der Lizenzgeber im Bereich von für die Verwendung im Garten gedachten Gießkannen vielleicht einigermaßen zuverlässig einschätzen kann, tatsächlich auch Vorteile im Anwendungsbereich der Kunststoffflaschen und -becher gewährt, dürfte dem Lizenzgeber mangels eigener Kenntnisse in diesem Anwendungsgebiet nicht bekannt sein. Eine Haftung wird er hierfür daher nicht übernehmen wollen. Dies erscheint auch sachgerecht, da der Lizenznehmer mit seinen spezifischen Erfahrungen gerade im Bereich der Kunststoffflaschen und -becher viel besser selbst beurteilen kann, inwieweit die Erfindung auch in seinem Geschäftsbereich sinnvoll Verwendung finden kann. Jedenfalls aber übernimmt er hierfür das Risiko. Selbstverständlich sind aber durchaus auch abweichende Fallgestaltungen denkbar, in denen es Ausdruck einer umfassenden Interessenabwägung und damit sinnvolle vertragliche Regelung sein kann, wenn der Lizenzgeber mit Blick auf die Verwertbarkeit der lizenzierten Rechte Risiken und damit eine Haftung übernimmt. Dann aber ist es dringend angeraten, dass die Vertragsparteien im Vertrag ausdrücklich festschreiben, worauf sich diese Haftung beziehen soll und wie weit sie geht. Anderenfalls ist späterer Streit vorprogrammiert.

35. **Weiterentwicklungen.** Sofern die Parteien nicht ausdrücklich etwas anderes individualvertraglich im Lizenzvertrag regeln, besteht im Regelfall keine Verpflichtung des Lizenzgebers (und naturgemäß noch viel weniger des Lizenznehmers) den Vertragsgegenstand, also die Erfindung(en), die den lizenzierten Vertragsschutzrechten zugrunde liegt bzw. liegen, technisch weiterzuentwickeln und/oder sonstige Verbesserungen vorzunehmen (vgl. *Benkard/UllmannDeichfuß* PatG § 15 Rn. 147, 156). Oftmals haben aber beide Seiten ein erhebliches Interesse daran, von etwaigen Entwicklungen der jeweils anderen Seite (beide Seiten kommen mit dem erfindungsgemäßen Gegenstand in Kontakt und haben daher die Chance zur Entdeckung und Entwicklung von Verbesserungen) Kenntnis zu erhalten und diese auch nutzen zu dürfen. Vielfach regeln die Vertragsparteien in einem Lizenzvertrag – so auch im vorliegenden Formular – daher, dass sie sich wechselseitig von gemachten Weiterentwicklungen und/oder sonstigen Verbesserungen zu informieren haben und sich die Nutzung der von der anderen Vertragspartei getätigten Weiterentwicklung und/oder Verbesserung, sofern diese zum Gegenstand einer eigenständigen Schutzrechtsanmeldung gemacht wird, unter marktüblichen Bedingungen gestatten müssen.

Kartellrechtlich sind derartigen Verpflichtungen nur insoweit Grenzen gesetzt, als es um die Rücklizenzierung des Lizenznehmers geht. Gemäß Art. 5 (1) (a) TT-GVO gilt die Freistellung nicht für *„alle unmittelbaren oder mittelbaren Verpflichtungen des Lizenznehmers, dem Lizenzgeber oder einem vom Lizenzgeber benannten Dritten für eigene Verbesserungen an der lizenzierten Technologie oder eigene neue Anwendungen dieser Technologie eine Exklusivlizenz oder Gesamt- bzw. Teilrechte zu gewähren“*. Auf die Frage, inwieweit es sich bei diesen eigenen Verbesserungen um abtrennbare Verbesserungen handelt, kommt es nach der TT-GVO 2014 anders als noch nach der TT-GVO 2004 nicht mehr an. Nicht freigestellt ist allerdings lediglich die Verpflichtung zur Gewährung exklusiver Rücklizenzen. Einer Regelung einer einfachen Rücklizenz wie im vorliegenden Formular stehen daher keinerlei kartellrechtliche Bedenken entgegen.

36. **Vertraulichkeit.** In allen Verträgen, in denen sich mindestens eine der Vertragsparteien verpflichtet, der anderen Vertragspartei Informationen zur Verfügung zu stellen, an denen die offenlegende Partei ein Geheimhaltungsinteresse hat, werden die Parteien eine Vertraulichkeitsklausel in den Vertrag aufnehmen. Sofern es sich – wie im vorliegenden Formular – um eine kombinierte Patent- und Know-How-Lizenz handelt, ist dies immer jedenfalls im Hinblick auf das Know-How unbedingt erforderlich. Neben dem (im Vertrag eindeutig zu identifizierenden) Know-How sind aber auch vielfach weitere Informationen denkbar, die eine der Vertragsparteien im Zuge der Vertragsdurchführung über die andere Vertragspartei erfährt und hinsichtlich derer die offenlegende Vertragspartei ein Interesse hat, dass sie nicht der Öffentlichkeit gegenüber preis-

gegeben werden. Neben technischen Informationen, die dem Know-How zuzuordnen wären, kann es sich ohne weiteres auch um Informationen handeln, die dem kaufmännischen Bereich zuzurechnen sind, beispielsweise Umsatzzahlen oder kalkulatorische Größen, die für Wettbewerber interessant sein könnten.

In der Vertraulichkeitsklausel (ggf. aber auch schon in den „Definitionen" (im vorliegenden Formular in § 1) des Lizenzvertrages vorangestellt) sollte daher in größtmöglicher Klarheit geregelt werden, welche Informationen unter das Vertraulichkeitsgebot fallen. Hierbei ist insbesondere zu klären, ob Informationen bzw. die die Informationen enthaltenden Informationsträger ausdrücklich als geheim oder vertraulich gekennzeichnet werden müssen, um unter das Vertraulichkeitsverbot zu fallen oder aber ob alle Informationen, die ihrer Natur nach als vertraulich anzusehen sind, automatisch unter das Vertraulichkeitsgebot fallen. Erstere Variante hat den Vorteil der größeren Klarheit und damit Rechtssicherheit. Sie ist für die offenlegende Partei aber deutlich arbeitsintensiver, weil diese penibel darauf achten muss, dass alle Informationen, die von ihr als vertraulich eingestuft werden, vor dem Weitergeben an die Gegenseite ausdrücklich als „geheim" oder „vertraulich" gekennzeichnet werden. Hier ist durch unternehmensinterne Mechanismen und Arbeitsanweisungen dafür Sorge zu tragen, dass alle Mitarbeiter dies konsequent beherzigen.

Immer wieder stellt sich mit Blick auf Vertraulichkeitsklauseln die Frage, welche Rechtsfolgen an den Verstoß gegen die Verpflichtung zur Vertraulichkeit geknüpft werden sollen. Theoretisch kommt zulasten der gegen die Vertraulichkeitsverpflichtung verstoßenden Partei eine Schadensersatzhaftung in Betracht. Praktisch wird die offenlegende Partei, deren vertrauliche Informationen von der empfangenden Partei nicht vertraulich behandelt werden, aber nahezu nie einen konkreten Schaden nachweisen können. Es bietet sich daher an, eine Vertragsstrafe für den Fall des Verstoßes gegen eine Vertraulichkeitsverpflichtung in den Vertragstext aufzunehmen. In der Praxis zeigt sich aber immer wieder, dass das Fordern eines Vertragsstrafeversprechens auf großes Unverständnis bei den Parteien stößt. Schon die Begrifflichkeit als „Strafe" führt bei den am Beginn einer langfristig geplanten Kooperation stehenden Parteien, die überhaupt nicht an ein negatives Ende der Zusammenarbeit denken wollen, zu vehementen Abwehrreaktionen und der strikten Weigerung, jegliche Formen der Vertragsstrafe zu akzeptieren. Oftmals werden die von den beratenden Anwälten in die Entwürfe hineingeschriebenen entsprechenden Rechtsfolgen daher im Zuge der Vertragsverhandlungen wieder aus dem Vertragstext herausgestrichen. Die Vertraulichkeitsklauseln bleiben so vielfach ein relativ „stumpfes Schwert".

37. **Force Majeure (höhere Gewalt).** § 14 des vorliegenden Formulars enthält eine in Verträgen übliche Klausel dazu, dass die Parteien nicht für Umstände höherer Gewalt haften. Wichtig ist, dass im Vertrag ferner geregelt wird, welche Folgen es haben soll, wenn das Ereignis, das als höhere Gewalt eingestuft wird, längere Zeit fortwirkt. Im vorliegenden Muster darf eine Partei, wenn sich die andere Partei für einen Zeitraum von mindestens 60 Tagen auf höhere Gewalt zur Rechtfertigung der Nichterfüllung einer vertraglichen Verpflichtung beruft, den Vertrag außerordentlich aus wichtigem Grund kündigen.

38. **Anwendbares Recht und Gerichtsstandsklausel.** Sofern der Lizenzvertrag nicht ausschließlich Bezüge zu einem einzigen nationalen Rechtssystem aufweist, ist es ausgesprochen sinnvoll, wenn sich die Vertragspartcien im Vertrag auf die anwendbare Rechtsordnung verständigen, insbesondere um zu vermeiden, dass nebeneinander eine Vielzahl von mehreren Rechtsordnungen Anwendungen finden (je nach konkretem Bezug des dann in Rede stehenden Streitfalls).

Sinnvoll ist es, wenn die Wahl des anwendbaren Rechts auch mit Blick auf den von den Parteien zusätzlich zu vereinbarenden Gerichtsstand (oder die Wahl eines Schiedsgerichts) vorgenommen wird. Es ist nicht sinnvoll, wenn die Parteien etwaige Streitigkeiten aus oder im Zusammenhang mit dem Lizenzvertrag von beispielsweise US-amerikanischen Gerichten entschieden wissen wollen, dabei aber eine Anwendbarkeit deutschen Rechts vereinbaren.

Alternativ zur Vereinbarung eines (ordentlichen) Gerichtsstandes können die Parteien auch eine Schiedsgerichtsvereinbarung schließen. Dies geschieht insbesondere bei internationalen Sachverhalten oft, bei denen die Vertragsparteien ihren Sitz in unterschiedlichen Staaten haben und sich auf eine neutrale Instanz verständigen wollen. Schiedsgerichtsverfahren haben oftmals den Vorteil, dass sie im Vergleich zu einem mehrere Instanzen durchlaufenden gerichtlichen Verfahren relativ zeitnah final entschieden werden.

39. **Schriftform.** Ein gesetzliches Schriftformerfordernis besteht für die Einräumung einer Lizenz nach deutschem und europäischem Recht nicht (bis zum 31.12.1998 abgeschlossene Lizenzerträge, die Wettbewerbsbeschränkungen enthielten, waren nach § 34 GWB aF indes nur bei Einhaltung der Schriftform wirksam (vgl. *Mes* PatG § 15 Rn. 83 sowie zur alten Rechtslage *Stumpf/Groß* Rn. 46; *Mes* § 15 Rn. 83 ff.).

Dennoch ist es aber natürlich empfehlenswert und auch allgemein üblich, den Lizenzvertrag schriftlich abzuschließen und auch alle zukünftigen Änderungen dem (vertraglich vereinbarten) Schriftformerfordernis zu unterstellen, um zu Beweiszwecken den Vertragsinhalt verbindlich festzulegen und späteren Auseinandersetzungen darüber, was konkret vereinbart worden ist, vorzubeugen.

40. **Teilunwirksamkeit.** Das vorliegende Formular enthält in § 14 (5) eine übliche „Salvatorische Klausel“. In dieser regeln die Parteien, was gelten soll, wenn sich einzelne Klauseln des Vertrages als unwirksam oder undurchsetzbar erweisen. Hiermit soll bewirkt werden, dass die Nichtigkeit einer einzelnen Klausel nicht nach § 139 BGB die Gesamtnichtigkeit des ganzen Vertrages nach sich zieht. Salvatorische Klauseln – so auch die im vorliegenden Formular vorgeschlagene – enthalten daher in aller Regel zunächst einmal den Regelungsinhalt, dass eine unwirksame Klausel nicht die Gesamtnichtigkeit des Vertrages nach sich zieht, und darüber hinaus den weiteren Gedanken, dass die Parteien sich darauf verständigen, dass die unwirksame Klausel durch eine andere Klausel ersetzt wird, die wirtschaftlich demjenigen am nähesten kommt, was die Parteien – als sie die unwirksame Klausel verhandelt und vereinbart haben – im Kopf gehabt haben. Natürlich bestehen hier im Nachhinein erhebliche praktische Probleme bei der Festlegung dessen, was die Parteien wohl vereinbart hätten, wenn sie zum Zeitpunkt des Vertragsschlusses erkannt hätten, dass die Klausel, die sie zum Vertragsgegenstand gemacht haben, tatsächlich unwirksam ist. Will man derartige spätere Probleme und Diskussionen vermeiden, kann man erwägen – dies hat im vorliegenden Formular allerdings keinen Niederschlag gefunden – die Ersetzung der unwirksamen Klausel durch eine andere Klausel einem neutralen Dritten zu überlassen.

2. Einfacher Patentlizenzvertrag; Vergleich zur Beendigung einer gerichtlichen Auseinandersetzung

Vergleichsvereinbarung[1–3, 4]

zwischen

der A GmbH (nachfolgend als „Lizenzgeberin“ bezeichnet)

und

der B GmbH (nachfolgend als „Lizenznehmerin“ bezeichnet)

Präambel[5]

(1) Sowohl die Lizenzgeberin als auch die Lizenznehmerin entwickeln, produzieren und vertreiben Kinderwagen.

(2) Die Lizenzgeberin ist Inhaberin des eingetragenen Deutschen Patents ..... (nachfolgend als „Vertragsschutzrecht“ bezeichnet), das eine Erfindung betreffend einen neuartigen Zusammenklappmechanismus für Kinderwagen unter Schutz stellt.

(3) Die Lizenznehmerin vertreibt in Deutschland seit dem ..... das in Anlage 1 abgebildete und näher identifizierte Kinderwagenmodell „F5“.

(4) Die Lizenzgeberin ist der Auffassung, dass der Vertrieb des Kinderwagens „F5“ in Deutschland das Vertragsschutzrecht verletzt und hat deshalb gegen die Lizenznehmerin am ..... beim Landgericht Hamburg (Az. 315 O ...../.....) Unterlassungsklage eingereicht.

(5) Die Lizenznehmerin hat sowohl vorprozessual als auch in ihrer Verteidigung im Rahmen der gerichtlichen Auseinandersetzung die Auffassung vertreten, der Kinderwagen „F5“ falle nicht unter das Vertragsschutzrecht. Dieses sei im Übrigen nicht rechtsbeständig.

(6) Die Lizenznehmerin hat das Vertragsschutzrecht im Rahmen einer am ..... beim Bundespatentgericht eingereichten Nichtigkeitsklage (Az. .....) angefochten.

(7) Die Lizenzgeberin und die Lizenznehmerin beabsichtigen nunmehr die anhängigen Streitigkeiten und Gerichtsverfahren mit dem vorliegenden Vertrag einvernehmlich beizulegen und zu beenden.

Dies vorausgeschickt vereinbaren die Lizenzgeberin und die Lizenznehmerin (nachfolgend gemeinsam als die „Parteien“ und jede für sich auch als „Partei“ bezeichnet) Folgendes:

§ 1 Definitionen[6]

(1) „Vertragsprodukt“ meint jedes Produkt, das unter mindestens einen der Patentansprüche des Vertragsschutzrechtes fällt, also entweder wortsinngemäß, äquivalent oder mittelbar das Vertragsschutzrecht benutzt.[7]

(2) „Vertragsgebiet“ meint das Gebiet der Bundesrepublik Deutschland.[8]

§ 2 Vertragszweck und -gegenstand

(1) Zweck dieses Vertrages ist es, die zwischen den Parteien anhängigen Streitigkeiten und Verfahren zu beenden. Dazu räumt die Lizenzgeberin der Lizenznehmerin im Rahmen der nachfolgend geregelten Lizenz das Recht ein, im Vertragsgebiet Kinderwagen herzustellen und zu vertreiben, die vom Vertragsschutzrecht Gebrauch machen.

(2) Die Parteien sind sich darüber einig, dass der Kinderwagen „F5“ der Lizenznehmerin unter das Vertragsschutzrecht fällt und daher als Vertragsprodukt im Sinne dieses Vertrages anzusehen ist.[9]

(3) Die Parteien sind sich ferner darüber einig, dass der von der Lizenznehmerin stammende und von dieser ebenfalls im Vertragsgebiet vertriebene Kinderwagen „F2“ nicht unter das Vertragsschutzrecht fällt und daher auch nicht als Vertragsprodukt im Sinne dieses Vertrages anzusehen ist.[9]

§ 3 Beendigung der anhängigen Rechtsstreitigkeiten[10]

(1) Die Lizenzgeberin wird innerhalb von 10 Werktagen nach beiderseitiger Unterzeichnung dieses Vertrages ihre beim Landgericht Hamburg anhängig gemachte Verletzungsklage zurücknehmen.

(2) Die Lizenznehmerin wird innerhalb von 10 Werktagen, nachdem sie vom Landgericht Hamburg den Schriftsatz der Lizenzgeberin, mit dem diese die Klagerücknahme erklärt

hat, zugestellt erhalten hat, die gegen das Vertragsschutzrecht gerichtete Nichtigkeitsklage zurücknehmen.

(3) Die Kosten der durch Klagrücknahme beendeten Verfahren werden gegeneinander aufgehoben. Im Übrigen tragen beide Parteien ihre jeweiligen Kosten selbst.

(4) Die Lizenznehmerin verpflichtet sich, das Vertragsschutzrecht nicht, beispielsweise im Rahmen eines Einspruches oder einer (erneuten) Nichtigkeitsklage, selbst oder durch Dritte anzugreifen bzw. angreifen zu lassen.

§ 4 Lizenz[11]

(1) Die Lizenzgeberin räumt der Lizenznehmerin für die Laufzeit dieses Vertrages das nicht-ausschließliche Recht ein, Vertragsprodukte im Vertragsgebiet herzustellen und zu vertreiben. Zur Klarstellung halten die Parteien fest, dass die Lizenzgeberin berechtigt bleibt, die Vertragsschutzrechte neben der Lizenznehmerin selbst zu verwerten und/oder Dritten weitere Lizenzen zu erteilen.

(2) Die Lizenznehmerin ist zur Einräumung von Unterlizenzen an dem Vertragsschutzrecht gegenüber Dritten nicht berechtigt.

(3) Die Lizenznehmerin ist verpflichtet, alle von ihr herzustellenden und zu vertreibenden Vertragsprodukte gut lesbar mit den Worten „hergestellt unter Lizenz der A GmbH" zu kennzeichnen. Eine weitergehende Lizenz zur Nutzung von Marken und oder sonstigen Kennzeichenrechten der Lizenzgeberin ist für die Lizenznehmerin hiermit nicht verbunden.

§ 5 Schadensersatz/Lizenzgebühren

(1) Die Lizenznehmerin zahlt an die Lizenzgeberin für die Nutzung des Vertragsschutzrechtes in der Vergangenheit, also bis zum Tage, der dem Tag des Abschlusses dieses Vertrages vorausgeht, einmalig einen pauschalen Betrag in Höhe von EUR . . . . . als Schadensersatz. Mit Eingang dieser Zahlung bei der Lizenzgeberin sind alle den Zeitraum vor Abschluss dieses Vertrages betreffenden Ansprüche der Lizenzgeberin gegen die Lizenznehmerin abgegolten.[12]

(2) Darüber hinaus zahlt die Lizenznehmerin an die Lizenzgeberin ab dem Datum des Abschlusses dieses Vertrages eine laufende Lizenzgebühr in Höhe von EUR . . . . . pro von der Lizenznehmerin an ihre Kunden verkauftes Exemplar eines Vertragsproduktes (Stücklizenz).[13]

(3) Der von der Lizenznehmerin gemäß § 5 (1) an die Lizenzgeberin zu zahlende Betrag ist innerhalb von 10 Werktagen nach Abschluss dieses Vertrages zur Zahlung fällig.

(4) Die nach § 5 (2) von der Lizenznehmerin an die Lizenzgeberin zu zahlende Lizenzgebühr wird kalendervierteljährlich abgerechnet. Die Lizenznehmerin wird hierzu während der Laufzeit dieses Vertrages (sowie ggf. im Rahmen der Abverkaufsperiode gemäß § 10 dieses Vertrages) innerhalb von 10 Werktagen nach Abschluss eines jeden Kalendervierteljahres der Lizenzgeberin darüber Auskunft erteilen, in welchem Umfang sie im zurückliegenden Kalenderquartal die Vertragsprodukte im Vertragsgebiet vertrieben hat.

(5) Die Lizenzgeberin wird daraufhin der Lizenznehmerin auf der Basis der erteilten Auskunft eine Rechnung über die von der Lizenznehmerin zu zahlenden Lizenzgebühren stellen. Die Rechnung ist jeweils innerhalb von 30 Tagen ab Zugang zur Zahlung durch die Lizenznehmerin fällig.

(6) Die Lizenznehmerin hat über den Vertrieb der Vertragsprodukte im Vertragsgebiet ordnungsgemäß in einer Weise Buch zu führen, die es ermöglicht, die Berechnung der Lizenzgebühr gemäß § 5 (2) im Einzelnen zu überprüfen.

(7) Die Lizenzgeberin ist nach vorausgehender Ankündigung berechtigt, diejenigen Buchhaltungsunterlagen der Lizenznehmerin, die für die Berechnung und Überprüfung der von der Lizenznehmerin an die Lizenzgeberin gemäß § 5 (2) zu zahlenden Lizenzgebühr hilfreich und/oder erforderlich sind, durch einen unabhängigen, zur Geheimhaltung

gegenüber Dritten verpflichteten Wirtschaftsprüfer überprüfen zu lassen. Die Kosten dieser Überprüfung trägt grundsätzlich die Lizenzgeberin. Sollte sich im Rahmen der Überprüfung herausstellen, dass für den überprüften Zeitraum eine Abweichung von mindestens 3 % zu Lasten der Lizenzgeberin besteht, hat die Lizenznehmerin die angemessenen Kosten der Überprüfung durch den Wirtschaftsprüfer zu tragen.[13]

§ 6 Meistbegünstigung[14]

(1) Sofern der Lizenzgeber Dritten, mit denen er nach dem Abschluss dieses Vertrages einen (weiteren) Lizenzvertrag im Hinblick auf das Vertragsschutzrecht abschließt, günstigere Lizenzgebühren gewährt, wird er dies dem Lizenznehmer unverzüglich mitteilen und diesem ebenfalls die günstigere Lizenzgebühr, die dann die in § 5 (2) festgeschriebene Lizenzgebühr ersetzt, einräumen.
(2) Freilizenzen oder sonstige Lizenzen, die Dritten eingeräumt werden, um bestehende Streitigkeiten zu beenden, bei denen der Rechtsbestand des Vertragsschutzrechtes angegriffen wird oder ein solcher Angriff angedroht wird, sowie der Umstand, dass sich der Lizenzgeber nach eigenem Ermessen entscheidet, nicht gegen etwaige Verletzer des Vertragsschutzrechtes vorzugehen (§ (8 (2)) lösen nicht die in § 6 (1) festgeschriebene Rechtsfolge aus.

§ 7 Bestand des Vertragsschutzrechtes[15]

(1) Die Lizenzgeberin ist verpflichtet, das Vertragsschutzrecht auf eigene Kosten aufrechtzuerhalten.
(2) Will die Lizenzgeberin auf das Vertragsschutzrecht verzichten, wird sie die Lizenznehmerin hiervon unterrichten und ihr das Vertragsschutzrecht unentgeltlich zur Übernahme anbieten. Entscheidet sich die Lizenznehmerin, das Vertragsschutzrecht zu übernehmen, trägt sie alle hierbei anfallenden Kosten.
(3) Die Lizenzgeberin ist verpflichtet, das Vertragsschutzrecht auf eigene Kosten gegen etwaige Angriffe Dritter, also insbesondere Einsprüche und Nichtigkeitsklagen zu verteidigen. Die Lizenzgeberin wird nach eigenem Ermessen alle erforderlichen Schritte zur Verteidigung der Vertragsschutzrechte vornehmen und ist insbesondere auch berechtigt, zur Abwendung eines Angriffs nach vorheriger Unterrichtung der Lizenznehmerin, dem Angreifer eine einfache Lizenz an dem angegriffenen Vertragsschutzrecht einzuräumen.

§ 8 Verletzungen des Vertragsschutzrechtes durch Dritte[16]

(1) Soweit die Lizenznehmerin davon Kenntnis erlangt, dass das Vertragsschutzrecht durch Handlungen Dritter verletzt sein könnte, ist sie verpflichtet, die Lizenzgeberin hiervon unverzüglich zu informieren.
(2) Die Lizenzgeberin entscheidet nach eigenem freiem Ermessen darüber, ob sie gegenüber etwaigen Verletzern des Vertragsschutzrechtes vorgehen wird.

§ 9 Vertragslaufzeit/Kündigung[17]

(1) Dieser Vertrag tritt mit seiner Unterzeichnung durch beide Parteien in Kraft und bleibt solange wirksam, wie das Vertragsschutzrecht zu Gunsten der Lizenzgeberin Schutz genießt.
(2) Das Recht zur außerordentlichen Kündigung aus wichtigem Grund bleibt unberührt. Ein wichtiger Grund liegt – neben den in diesem Vertrag ausdrücklich festgelegten Umständen – insbesondere auch dann vor, wenn
(a) eine Partei gegen eine wesentliche vertragliche Verpflichtung aus diesem Vertrag verstößt und nach schriftlicher Anzeige des Verstoßes durch die andere Partei den Verstoß nicht innerhalb von 28 Tagen ausräumt; oder
(b) über das Vermögen der anderen Partei ein Insolvenzverfahren eröffnet oder mangels Masse abgelehnt wird.

(3) Eine zur Kündigung gemäß § 9 (2) (a) durch die Lizenzgeberin berechtigende Verletzung einer wesentlichen vertraglichen Verpflichtung durch die Lizenznehmerin liegt insbesondere auch dann vor, wenn

(a) die Lizenznehmerin gegen die Vertraulichkeitsverpflichtung gemäß § 12 dieses Vertrages verstößt;

(b) die Lizenznehmerin ihre Verpflichtung zur Auskunft gemäß § 5 (4) dieses Vertrages trotz schriftlicher Aufforderung und Nachfristsetzung nicht oder wiederholt nicht rechtzeitig erfüllt; oder

(c) die Lizenznehmerin ihre Zahlungsverpflichtungen gemäß den Bestimmungen dieses Vertrages nicht oder wiederholt trotz schriftlicher Aufforderung und Nachfristsetzung nicht rechtzeitig erfüllt.

(4) Jede Kündigung hat zu ihrer Wirksamkeit schriftlich zu erfolgen.

§ 10 Folgen der Vertragsbeendigung[17]

(1) Im Falle einer Beendigung des Lizenzvertrages vor Ablauf des Vertragsschutzrechtes wird die Lizenznehmerin die Herstellung der Vertragsprodukte einstellen. Sofern sie innerhalb von 2 Wochen nach der Beendigung des Lizenzvertrags der Lizenzgeberin schriftlich mitteilt, in welchem Umfang sie zum Zeitpunkt der Beendigung des Vertrages bereits hergestellte Vertragsprodukte noch auf Lager hat, darf sie diese noch innerhalb von 3 (drei) Monaten nach der Beendigung des Vertrages unter Beachtung der insoweit fortgeltenden Vorschriften dieses Lizenzvertrages (einschließlich der Verpflichtung zur Entrichtung der Lizenzgebühren) abverkaufen.

(2) Der von der Lizenznehmerin gemäß § 5 (1) dieses Vertrages zu zahlende Schadensersatz verbleibt in jedem Falle, also insbesondere auch bei einer vorzeitigen Vertragsauflösung, bei der Lizenzgeberin.

§ 11 Gewährleistung[18]

(1) Die Lizenzgeberin versichert, dass

(a) sie berechtigt ist, über das Vertragsschutzrecht zu verfügen;

(b) ihr bei Unterzeichnung dieses Vertrages durch die Parteien keine Rechte Dritter bekannt sind, die der nach diesem Vertrag einzuräumenden Lizenz entgegenstehen würden; und

(c) ihr mit Blick auf das Vertragsschutzrecht keine Rechtsmängel, eine Abhängigkeit von Schutzrechten Dritter oder Angriffe Dritter gegen das Vertragsschutzrecht bekannt sind.

(2) Eine weitergehende Haftung übernimmt die Lizenzgeberin nicht. Sie übernimmt insbesondere keinerlei Haftung für die technische Brauchbarkeit und/oder kaufmännische Verwertbarkeit der dem Vertragsschutzrecht zugrundeliegenden Erfindung.

(3) Jegliche weitere Haftung der Lizenzgeberin für sonstige Sach- und Rechtsmängel ist ausgeschlossen.

§ 12 Vertraulichkeit[19]

(1) „Vertrauliche Information" meint jegliche Information geheimer oder geschützter Art, die eine der Parteien (nachfolgend als „Empfangende Partei" bezeichnet) direkt oder indirekt von der anderen Partei (nachfolgend als „Offenlegende Partei" bezeichnet) erlangt, einschließlich, aber nicht beschränkt auf Know-How, Technologie-, Produktions-, Marketing-, sowie werbliche Daten, Handelsdaten, Finanzdaten, Buchhaltungsdaten, produktbezogene Daten und/oder sonstige geschäftliche Daten, Materialien, Dokumente, Artikel, Designs, Anleitungen, Trainingsmaterialien, Ideen, Erfindungen, Kenntnisse über Prozesse, Methoden, Produktspezifikationen, Systeme, Informationen

sowie jegliches sonstige geistige Eigentum (unabhängig davon, ob dieses patentiert oder anderweitig registriert ist oder nicht), unabhängig davon, ob diese Informationen schriftlich, mündlich, visuell wahrnehmbar, auf elektronischem Wege oder sonst über andere Medien oder in sonstiger Form übertragen oder erlangt werden. Sämtliche Rechte an Vertraulichen Informationen verbleiben bei der Offenlegenden Partei.

(2) Die Empfangende Partei wird während und nach der Laufzeit dieses Vertrages alle Vertraulichen Informationen streng geheim halten und nicht für andere Zwecke als die, die diesem Vertrag ausdrücklich zugrunde liegen, verwenden, und zwar weder direkt noch indirekt, weder zum eigenen Nutzen noch zum Nutzen für Dritte. Die Empfangende Partei darf die Vertraulichen Informationen nicht offenlegen, veröffentlichen, übertragen oder anderweitig Dritten zugänglich machen.

(3) Die Vertraulichkeitsverpflichtung des vorstehenden Absatz (2) gilt nicht für Informationen, für die die Empfangende Partei beweisen kann, dass sie ihr zum Zeitpunkt des Empfangs bereits bekannt waren oder die von ihr unabhängig entwickelt worden sind, ohne dabei vertragliche Verpflichtungen gemäß den Bestimmungen des vorliegenden Vertrages zu verletzen. Sie gilt ebenfalls nicht für Informationen, die öffentlich bekannt waren oder werden, ohne dass dies auf ein Verschulden der Empfangenden Partei, ihrer Mitarbeiter, Geschäftsführer, Handelsvertreter oder Vertragspartner zurückgeht. Die Vertraulichkeitsverpflichtung gilt schließlich nicht, soweit die Empfangende Partei nach geltendem Recht verpflichtet ist, bestimmte Informationen offen zu legen (vorausgesetzt, dass die Empfangende Partei hiervon die Offenlegende Partei rechtzeitig schriftlich in Kenntnis setzt). Zur Vermeidung von Missverständnissen halten die Parteien fest, dass die Beweislast für das Vorliegen einer der vorstehenden Ausnahmen bei derjenigen Partei liegt, die sich auf die Ausnahme beruft.

§ 13 Force Majeure[19]

Wenn Umstände höherer Gewalt, einschließlich, aber nicht beschränkt auf Unfall, Feuer, Aussperrung, Streik, Unruhen, Kriegseinwirkung oder andere Gründe, die außerhalb der Kontrolle der Parteien liegen, die Erfüllung von Vertragspflichten durch eine der Parteien verzögern oder hindern, so gilt eine solche Verzögerung oder Verhinderung nicht als Vertragsverletzung. Dauert ein solches Ereignis jedoch länger als sechzig (60) Tage an, so hat die andere Partei das Recht, den vorliegenden Vertrag außerordentlich aus wichtigem Grund zu kündigen.

§ 14 Sonstiges[19]

(1) Die Parteien stehen sich als selbständige und unabhängige Vertragsschließende gegenüber. Nichts in diesem Vertrag begründet zwischen den Parteien ein Gesellschaftsverhältnis, ein Franchise-Verhältnis, ein Joint Venture, ein Arbeitgeber-/Arbeitnehmer-Verhältnis oder ein Handelsvertreter-Verhältnis.

(2) Dieser Vertrag unterliegt deutschem Recht mit Ausnahme der Regeln des internationalen Privatrechts. Ausschließlicher Gerichtsstand für alle Streitigkeiten im Zusammenhang mit diesem Vertrag ist Hamburg.

(3) Dieser Vertrag einschließlich aller seiner Anlagen stellt die gesamte Vereinbarung der Parteien in Bezug auf den Vertragsgegenstand dar und ersetzt sämtliche vorangegangenen oder gleichzeitig erfolgten Vereinbarungen oder Absprachen. Änderungen oder Ergänzungen dieses Vertrages bedürfen zu ihrer Wirksamkeit der Schriftform. Dies gilt auch für eine Änderung dieses § 14 (3).

(4) Die vollständige oder teilweise Abtretung dieses Vertrages an Dritte bedarf der vorherigen schriftlichen Zustimmung der jeweils anderen Partei, die diese Zustimmung nicht ohne Grund willkürlich verweigern darf.

(5) Sollte eine Bestimmung dieses Vertrages von einem zuständigen Gericht für rechtswidrig, unwirksam oder undurchsetzbar gehalten werden, bleiben die übrigen Bestimmungen dieses Vertrages hiervon unberührt und damit wirksam. Die Parteien beabsichtigen, dass die Bestimmungen dieses Vertrages soweit rechtlich zulässig durchgesetzt werden sollen und vereinbaren daher für den Fall, dass einzelne Bestimmungen als nicht durchsetzbar angesehen werden, dass diese durch entsprechende wirksame und durchsetzbare Bestimmungen ersetzt werden, die dem wirtschaftlichen Zweck der ersetzten Bestimmung möglichst nahe kommen.

Schrifttum: Bartenbach, Patentlizenz- und Know-how-Vertrag, 7. Auflage, Köln 2013; *Bechtold/Bosch,* GWB, Kommentar, 9. Auflage, München 2018; *Benkard,* Patentgesetz, Gebrauchsmustergesetz, Kommentar, 11. Auflage, München 2015; *Immenga/Mestmäcker,* Wettbewerbsrecht, Kommentar zum Europäischen Kartellrecht, 5. Auflage, München 2012; *Jansen/Johannsen,* Die Bewertung von Vergleichsvereinbarungen in Patentstreitigkeiten nach dem europäischen Kartellverbot, EuZW 2012, 893; *Rojahn,* Praktische Probleme bei der Abwicklung der Rechtsfolgen einer Patentverletzung, GRUR 2005, 623; *Thomas,* Die Bindungswirkung von Mitteilungen, Bekanntmachungen und Leitlinien der EG-Kommission, EuR 2009, 423.

Anmerkungen

1. Sachverhalt. Ausgangspunkt des vorstehenden Vertragsformulars im Tatsächlichen ist folgende Situation: Die A GmbH und die B GmbH sind Wettbewerber. Beide entwickeln, produzieren und vertreiben in Deutschland Kinderwagen. Die A GmbH hat einen neuartigen Zusammenklappmechanismus entwickelt, der ein besonders einfaches, sicheres und kompaktes Zusammenklappen des Kinderwagens ermöglicht und der Gegenstand eines zu Gunsten der A GmbH eingetragenen Deutschen Patentes ist. Nachdem sie bereits selbst ein Kinderwagenmodell mit dem erfindungsgemäßen Zusammenklappmechanismus auf dem Markt platziert hat, ist sie darauf aufmerksam geworden, dass die B GmbH ein neues Kinderwagenmodell „F5“ bewirbt, bei dem das Zusammenklappen ganz ähnlich gelöst ist. Nach einer Testbestellung ist die A GmbH der Auffassung, dass das Modell „F5“ gegen das Patent verstößt. Nach erfolgloser Abmahnung der B GmbH hat die A GmbH beim Landgericht Hamburg Verletzungsklage erhoben. Die B GmbH hatte bereits in ihrer Antwort auf die Abmahnung anklingen lassen, dass sie das Patent für nicht rechtsbeständig halte, im Übrigen verletze das Kinderwagenmodell „F5“ das Patent aber auch nicht. Als Reaktion auf das Einreichen der Verletzungsklage durch die A GmbH hat die B GmbH eine Nichtigkeitsklage gegen das Klagepatent beim Bundespatentgericht anhängig gemacht. Vor dem Hintergrund dieser Situation haben die Parteien Vergleichsgespräche aufgenommen, die schließlich zu dem Vergleich gemäß dem vorliegenden Formular führten.

2. Wahl des Formulars. Das vorstehende Formular kann als Vertragsmuster zur weiteren Anpassung Verwendung finden, wenn zwischen den Vertragsparteien Streit darüber besteht, ob ein Produkt der einen Partei ein technisches Schutzrecht der anderen Partei verletzt und der vermeintliche Verletzer im Rahmen seiner Verteidigung den Rechtsbestand des Patentes, aus dem gegen ihn vorgegangen wird, in Zweifel zieht. Wenn wie im Sachverhalt, der dem vorliegenden Formular zugrundeliegt, bereits Verletzungs- und Nichtigkeitsklage anhängig gemacht worden sind, haben die Parteien im Zuge einer einvernehmlichen Lösung sowohl ein Interesse daran, die Situation mit Blick auf die Vergangenheit zu klären, als auch eine Lösung für die Zukunft herbeizuführen.

3. Motivation zum Abschluss des Vergleiches. Der Lizenzgeber verlangt im Rahmen der von ihm anhängig gemachten Verletzungsklage vom Lizenznehmer, dass dieser Herstellung und Vertrieb des Kinderwagens „F5" in Deutschland zu unterlassen habe, weil das Kinderwagenmodell „F5" gegen das zu Gunsten des Lizenzgebers eingetragene Deutsche Patent verstoße. Aufgrund der vom Lizenznehmer in Reaktion auf die Verletzungsklage anhängig gemachten Nichtigkeitsklage muss der Lizenzgeber befürchten, dass das Bundespatentgericht sein Patent für nichtig erklärt und er damit die durch das Patent begründete Monopolstellung vollständig verliert. Unter Umständen erhebliche Kosten, die der Lizenzgeber in die Entwicklung der neuen Technologie sowie die Anmeldung und Aufrechterhaltung des Patentes gesteckt hat, können sich dann möglicherweise nicht oder jedenfalls nicht vollständig amortisieren.

Der Lizenznehmer weiß nicht, ob er vor Gericht mit seiner Nichtigkeitsklage und/oder dem Einwand, sein Kinderwagenmodell „F5" verletze das Klagepatent nicht, erfolgreich sein wird. Er läuft daher das Risiko, dass er letztlich bei einem Erfolg der gegen ihn gerichteten Verletzungsklage sein (möglicherweise gerade erfolgreich eingeführtes) Kinderwagenmodell „F5" wieder vom Markt nehmen muss.

Für beide Parteien kann ein Vergleich wie der im vorliegenden Muster vorgeschlagene daher einen sinnvollen Kompromiss darstellen. Der Lizenzgeber wird sich sagen, dass er ggf. eher einen Mitbewerber dulden kann, der die von ihm entwickelte Technologie mit nutzen darf, als am Ende einer langen Auseinandersetzung das Patent vollständig zu verlieren. Dies gilt umso mehr, wenn er für die Nutzung des Patentes durch den Mitbewerber eine Lizenzgebühr erhält. Der Lizenznehmer wird sich möglicherweise sagen, dass es immer noch besser ist, eine Lizenzgebühr zu entrichten, als das gerade erfolgreich am Markt eingeführte Produkt wieder vom Markt nehmen zu müssen. In die von den Parteien vorzunehmende Abwägung zur Frage, ob ein Vergleich für sie sinnvoll erscheint oder nicht, wird auch einfließen, dass die ggf. durch mehrere Instanzen zu führenden Rechtsstreitigkeiten schnell zu einer ganz erheblichen Kostenbelastung führen können. Letztlich wird aber natürlich entscheiden, wie die Parteien die Erfolgsaussichten der Verletzungsklage einerseits und der Nichtigkeitsklage andererseits einschätzen. Nur wenn beide Seiten ernsthaft befürchten müssen, dass sie am Ende als Verlierer dastehen könnten, werden sie einen Vergleich in Betracht ziehen. Oftmals kommt es in der Praxis zu einem Vergleich, wenn zwar die Verletzungsklage isoliert betrachtet gute Chancen hat, vom Gericht im Sinne des Klägers entschieden zu werden, gleichzeitig aber nicht ganz unerhebliche Zweifel an der Rechtsbeständigkeit des Klagepatentes befürchten lassen, dass die Nichtigkeitsklage erfolgreich sein könnte.

4. Kartellrechtliche Rahmenbedingungen. Auch ein Vergleich, mit dem (ggf. gerichtsanhängige) Rechtsstreitigkeiten zwischen den Parteien beendet werden, enthält oft wettbewerbsbeschränkende Regelungen. (Gerichtliche) Vergleiche sind auch nicht von vornherein dem Kartellverbot entzogen (vgl. EuGH NJW 1988, 3082 – Bayer/Süllhöfer; BGH GRUR 2005, 845 (847) – Abgasreinigungsvorrichtung; *Jansen/Johannsen* EuZW 2012, 893 (896); *Bechtold/Bosch* GWB § 1 Rn. 38; *Immenga/Mestmäcker/Emmerich*, EU-Wettbewerbsrecht, AEUV Art. 101 Rn. 137). Allerdings kann der Umstand, dass bestimmte objektiv wettbewerbsbeschränkende Regelungen Teil eines (Prozess-)Vergleichs sind, zu einem abweichenden Bewertungsmaßstab führen (vgl. *Bartenbach* Rn. 686). In der Entscheidung *Abgasreinigungsvorrichtung* führt der X. Senat des Bundesgerichtshofes aus, dass nach der Rechtsprechung des Kartellsenats des *BGH „ein Vergleich mit objektiv wettbewerbsbeschränkendem Inhalt dann zulässig* [sei], *wenn ein ernsthafter, objektiv begründeter Anlass zu der Annahme besteht, der begünstigte Vertragspartner habe einen Anspruch auf Unterlassung der durch den Vergleich untersagten Handlung, so dass bei Durchführung eines Rechtsstreits ernstlich mit dem Ergebnis zu rechnen wäre, dass dem Wettbewerber das umstrittene Vorgehen untersagt werde. Nur solche wettbewerbs-*

beschränkenden Abreden [seien] *von der Nichtigkeitsfolge freigestellt, die sich innerhalb der Grenzen dessen halten, was auch bei objektiver Beurteilung ernstlich zweifelhaft sein kann*".

5. **Präambel.** Zur Bedeutung der Präambel im Gesamtkontext eines Lizenzvertrages insbesondere als Auslegungshilfe sei zunächst auf die Ausführungen in → Form. VI.1 Anm. 7 verwiesen. Soweit (wie im vorliegenden Formular der Fall) der Lizenzvertrag im Wege eines Vergleiches bereits (gerichts-)anhängige Rechtsstreitigkeiten beenden soll, sind diese vorzugsweise in der Präambel exakt zu benennen, um Missverständnisse über Zweck und Reichweite des abzuschließenden Vergleiches zu vermeiden.

Im vorliegenden Formular wird das (einzige) Vertragsschutzrecht schon in der Präambel durch Mitteilung der amtlichen Registernummer identifiziert und damit der Begriff „Vertragsschutzrecht" für die weitere Verwendung im Vertragstext definiert.

6. **Definitionen.** Im Hinblick auf die Sinnhaftigkeit des Voranstellens von Definitionen und abweichende vertragliche Gestaltungsmöglichkeiten sei auf die Ausführungen in → Form. VI.1 Anm. 8 verwiesen.

7. **Vertragsprodukte.** Auch bei einem Lizenzvertrag, der vorrangig dazu zu dienen bestimmt ist, bereits anhängige Rechtsstreitigkeiten der Vertragsparteien zu beenden, ist, jedenfalls dann, wenn auch eine Lizenz für die Zukunft erteilt werden soll, darauf zu achten, dass klar und unzweideutig geregelt wird, worauf sich die Gestattung des Lizenzgebers genau beziehen soll. Im vorliegenden Formular räumt der Lizenzgeber dem Lizenznehmer eine unbeschränkte einfache Lizenz am Vertragsschutzrecht ein. Der Lizenznehmer ist also berechtigt, das Vertragsschutzrecht auch für zukünftige andere Kinderwagenmodelle (und nicht nur das Kinderwagenmodell „F5") zu verwenden, muss dann aber für diese natürlich auch eine Lizenzgebühr an den Lizenzgeber abführen. Grundsätzlich denkbar ist auch eine abweichende Gestaltung dahingehend, dass die Parteien sich lediglich im Sinne einer negativen Lizenz (vgl. zu dieser vgl. *Benkard/Ullmann/Deichfuß* PatG § 15 Rn. 57, 111) darauf verständigen, dass der Lizenzgeber nur von seinem durch das zu seinen Gunsten eingetragene Patent vermittelten Verbotsrecht gegenüber dem Lizenznehmer mit Blick auf dessen Kinderwagenmodell „F5" keinen Gebrauch macht.

8. **Vertragsgebiet.** Wenn, wie in der Konstellation, die dem vorliegenden Formular zugrundeliegt, lediglich ein nationales Patent lizenziert wird und sich die Lizenz auch auf das gesamte territoriale Gebiet, für das das Patent Schutz vermittelt, beziehen soll, müsste man an sich im Lizenzvertrag keine Ausführungen zum Vertragsgebiet machen. Auch ohne vertragliche Regelung würde sich im Zweifel die Lizenz auf den gesamten Geltungsbereich des Vertragsschutzrechtes erstrecken (→ Form. VI.1 Anm. 10). Dennoch ist es aus Gründen der größtmöglichen Klarheit angeraten, im Vertrag eine ausdrückliche Aussage zum Geltungsbereich der Lizenz, dem Vertragsgebiet, zu machen.

9. **Bestimmung des Schutzumfanges.** Anlass für die Rechtsstreitigkeit, die zwischen den Parteien des vorliegenden Lizenzvertrages (der Vergleichsvereinbarung) beigelegt werden soll, war die zwischen den Parteien streitige Frage, ob der Lizenznehmer das Vertragsschutzrecht verletzt oder nicht (ob also der Kinderwagen „F5" unter das Patent des Lizenzgebers fällt). Der Vergleich kann seine ihm angedachte Funktion, die Auseinandersetzung abschließend zu klären und einer Lösung zuzuführen, nur dann gerecht werden, wenn sich die Parteien darauf verständigen, ob der Lizenznehmer zukünftig für das streitgegenständliche Kinderwagenmodell „F5" eine Lizenzgebühr an den Lizenzgeber zu zahlen hat und sich demnach darauf einigen, ob der Zusammenklappmechanismus des Kinderwagenmodells „F5" unter den Schutzumfang des Vertragsschutzrechtes fällt. Eine entsprechende Regelung des Schutzumfanges enthält § 2 (2) des vorliegenden Formulars.

Wenn der Lizenznehmer die Befürchtung hat, dass der Lizenzgeber zukünftig behaupten könne, dass noch ein weiteres Produkt aus dem existierenden Produktportfolio des Lizenznehmers (vielleicht sogar ein besonders erfolgreiches) unter den Schutzumfang des Vertragsschutzrechtes falle, und daher Diskussionen darüber entstehen könnten, ob auch für dieses Produkt eine Lizenzgebühr zu zahlen ist, ist es sinnvoll, diese Frage sogleich im Sinne einer Negativabgrenzung des Schutzumfanges verbindlich mit zu klären. In § 2 (3) des vorliegenden Formulars ist eine entsprechende Regelung vorgeschlagen, mit dem ein bestimmtes Produkt ausdrücklich als nicht unter das Patent fallend eingestuft wird.

Kartellrechtlich sind derartige Bestimmungen des Schutzumfanges eines (technischen) Schutzrechtes dann zulässig, wenn diese sich innerhalb desjenigen Spielraums bewegen, über dessen Abgrenzung bei objektiver Beurteilung Zweifel bestehen können, die Parteien also nicht den Schutzumfang des Patentes entgegen den eindeutigen Grenzen, die dem Schutzumfang durch die Formulierung der Patentansprüche gezogen werden, erweitern oder verringern (vgl. *Benkard/Ullmann/Deichfuß* PatG § 15 Rn. 262 f.).

10. Beendigung der anhängigen Rechtsstreitigkeiten. Nichtangriffsabrede. Eine Vereinbarung kann ihre Funktion als Rechtsstreitigkeiten einvernehmlich beizulegender Vergleich nur dann erfüllen, wenn zugleich geregelt wird, wie die (gerichts-)anhängigen Auseinandersetzungen beendet werden. Im vorliegenden Formular wird hierzu in § 3 (1) und (2) vorgeschlagen, dass die Parteien nacheinander die von ihnen anhängig gemachten Klagen zurücknehmen. Sinnvoll ist es, auch sogleich die Frage zu regeln, wie die bereits angefallenen Kosten der beendeten Verfahren unter den Parteien aufgeteilt werden sollen. § 2 (3) des vorliegenden Musters macht einen entsprechenden Vorschlag (Kostenaufhebung). Natürlich können aber auch abweichende Maßstäbe der Kostenverteilung ohne weiteres von den Parteien vereinbart und vertraglich festgelegt werden.

Damit ist aber der Lizenzgeber noch nicht hinreichend abgesichert. Der Lizenznehmer könnte auch nach der Rücknahme der Nichtigkeitsklage diese jederzeit neu beim Bundespatentgericht einreichen (andersherum ist der Lizenznehmer an der erneuten Erhebung einer Verletzungsklage gehindert, weil der Lizenznehmer durch die ihm erteilte Lizenz ein positives Benutzungsrecht eingeräumt erhalten hat, das dem erneuten Geltendmachen eines Unterlassungsanspruches entgegensteht). Die Interessen des Lizenzgebers können daher nur dann gewahrt (und damit das durch den Vergleich angestrebte Gleichgewicht erhalten) werden, wenn sich der Lizenznehmer verpflichtet, den Rechtsbestand des Vertragsschutzrechtes nicht mit einer (neuerlichen) Nichtigkeitsklage anzugreifen. Es stellt sich damit die Frage nach der kartellrechtlichen Zulässigkeit einer derartigen Nichtangriffsabrede. Diese kann durchaus objektiv wettbewerbsbeschränkende Auswirkungen haben, wenn sie nämlich dazu führt, dass ein an sich nicht rechtsbeständiges technisches Schutzrecht im Patentregister verbleibt und damit Monopolwirkung entfaltet. Gemäß Art. 5 (1) b) TT-GVO werden alle einer Partei auferlegten unmittelbaren oder mittelbaren Verpflichtungen, die Gültigkeit der Rechte des geistigen Eigentums, über die die andere Partei in der Union verfügt, nicht anzufechten, nicht freigestellt. Eine Freistellung der Nichtangriffsabrede über die TT-GVO scheidet damit aus. Dennoch werden derartige Abreden in (Prozess-)Vergleichen in der Regel nicht als kartellrechtswidrig angesehen. In den TT-Leitlinien der Kommission liest man hierzu unter Rn. 242: *„Nichtangriffsklauseln in Streitbeilegungsvereinbarungen fallen in der Regel nicht unter Artikel 101 Absatz 1 AEUV. Es ist charakteristisch für solche Vereinbarungen, dass sich die Parteien darauf einigen, die Rechte des geistigen Eigentums, die im Mittelpunkt der Streitigkeit standen, nicht im Nachhinein anzufechten. Es ist ja gerade der Sinn dieser Vereinbarung, bestehende Konflikte zu lösen und/oder künftige zu vermeiden“.* Auch wenn den TT-Leitlinien keine gesetzliche Bindungswirkung zukommt und sie daher die Gerichte nicht binden, sind sie doch ermessensleitend (vgl. *Thomas* EuR 2009, 423 (426)).

Nichtangriffsabreden in Lizenzvereinbarungen, die der Streitbeilegung dienen, sind daher in aller Regel als kartellrechtskonform anzusehen (vgl. *Jansen/Johannsen* EuZW 2012, 893 ff.).

Das vorliegende Formular sieht daher in § 3 (4) eine Verpflichtung des Lizenznehmers vor, den Rechtsbestand des Vertragsschutzrechtes nicht (erneut) im Rahmen beispielsweise einer Nichtigkeitsklage anzugreifen oder durch Dritte als Strohmann angreifen zu lassen. Dass ein Dritter, der das Schutzrecht angreift, als Strohmann des Lizenznehmers anzusehen ist, ist aber zumeist nur sehr schwer nachzuweisen.

11. Einfache Lizenz. Wenn als Resultat einer (gerichtlichen) Auseinandersetzung zur Streitbeilegung eine Lizenzvereinbarung abgeschlossen wird, wird zumeist eine nichtausschließliche, eine einfache Lizenz erteilt. Das ursprüngliche Interesse des Lizenzgebers war es, dem Lizenznehmer die Benutzung des zu seinen Gunsten geschützten Patentes zu untersagen. Zum Abschluss eines Lizenzvertrages ist er oftmals nur deshalb bereit, weil der Lizenznehmer seinerseits im Rahmen einer Nichtigkeitsklage das Vertragsschutzrecht angreift und daher dessen Nichtigerklärung droht (zu dieser Motivationslage → Anm. 3). Sich durch eine exklusive Lizenz weitgehend an den Lizenznehmer zu binden, wird vor dem Hintergrund dieser Ausgangslage nur sehr selten im Interesse des Lizenzgebers liegen.

Bei der einfachen Lizenz darf der Lizenzgeber weitere Lizenzen an Dritte vergeben und bleibt zur Eigenverwertung befugt. Im Einzelnen sei zur Abgrenzung zwischen der einfachen und der ausschließlichen Lizenz (und dem Unterfall der Alleinlizenz) auf → Form. VIII.1 Anm. 4 verwiesen.

Bei der einfachen Lizenz gilt, dass der Lizenznehmer nur dann ein Recht zur Unterlizenzierung hat, wenn ihm dieses Recht ausdrücklich vertraglich eingeräumt wird (vgl. BGH GRUR 1974, 1197 – Anlagengeschäft; *Benkard/Ullmann/Deichfuß* PatG § 15 Rn. 105). Dennoch ist es auch in Fällen, in denen der Lizenzgeber dem Lizenznehmer das Recht zur Erteilung von Unterlizenzen versagen will, sinnvoll, dies ausdrücklich in den Vertragstext aufzunehmen, um spätere Diskussionen darüber, ob sich aus dem Gesamtkontext des Vertrages nicht vielleicht doch ein abweichender Parteiwille ergeben könnte, zu vermeiden. Das vorliegende Formular sieht eine entsprechende Regelung in § 4 (2) vor.

Gerade in Konstellationen, in denen der Ausgangspunkt und das Motiv für den Abschluss eines Lizenzvertrages eine Situation ist, in der der Lizenzgeber der Meinung ist, dass der Lizenznehmer ein Patent des Lizenzgebers verletze, wird er darauf drängen, dass nach Abschluss des Lizenzvertrages der Lizenznehmer ausdrücklich darauf hinzuweisen hat, dass die Vertragsprodukte unter Lizenz des Lizenzgebers hergestellt und vertrieben werden. Etwaige (weitere) Nachahmer sollen so von vornherein darauf aufmerksam gemacht werden, dass ungeachtet des Umstandes, dass mehrere Unternehmen dieselbe Technologie verwenden, diese unter Patentschutz gestellt ist und eine Übernahme der Technologie daher nur mit Einverständnis des Schutzrechtsinhabers erfolgen kann. Zum Lizenzvermerk sei im Übrigen auf → Form. VI.1 Anm. 18 verwiesen.

12. Schadensersatz. Wenn der Abschluss eines Lizenzvertrages nicht nur der Regelung der zukünftigen Rechtsbeziehungen dient (wie dies bei einem „normalen" Lizenzvertrag üblicherweise der Fall ist), sondern bestehende Rechtsstreitigkeiten beenden soll, müssen die Parteien auch eine Regelung dazu treffen, ob und inwieweit der Lizenzgeber für die Nutzung seines technischen Schutzrechtes in der Vergangenheit (also zu einer Zeit, als noch keine Lizenz bestand) eine finanzielle Entschädigung erhalten soll. Ob und in welcher Höhe sich die Parteien auf eine die zurückliegende Nutzung betreffende Schadensersatzzahlung verständigen, hängt maßgeblich von dem Umständen des Einzelfalles und damit der Einschätzung der Parteien dazu ab, wie sie die eigenen Erfolgsaussichten der (gerichts-)anhängigen Rechtsstreitigkeiten einschätzen.

Bei der Festlegung des Schadensersatzes für die in der Vergangenheit liegenden Verletzungshandlungen werden sich die Parteien daran orientieren (und dann gegebenenfalls einen der Vergleichssituation geschuldeten Abschlag vornehmen), was in einem zu Ende geführten Rechtsstreit von einem ordentlichen Gericht als Schadensersatz ausgeurteilt werden würde. Berechnen kann der Schutzrechtsinhaber, der Lizenzgeber, alternativ nach einer der drei Berechnungsmethoden (vgl. *Mes* PatG § 139 Rn. 123 ff.; *Rojahn* GRUR 2005, 623 (625)) (i) konkret entgangener Gewinn, (ii) Lizenzanalogie oder (iii) Herausgabe des Verletzergewinns. Die Parteien werden sich dann ein Bild vom Umfang der in der Vergangenheit liegenden Verletzungshandlungen machen und auf dieser Grundlage eine Schadensersatzsumme für die Vergangenheit aushandeln. Grundsätzlich denkbar ist auch, dass sich die Parteien im Vertrag zunächst nur auf einen Betrag pro in der Vergangenheit vom Lizenznehmer vertriebenen, das Patent verletzenden Produkt verständigen und den Lizenznehmer verpflichten, dem Lizenzgeber detailliert über seine Vertriebsaktivitäten betreffend das verletzende Produkt (das spätere Vertragsprodukt) Auskunft zu geben und so die Berechnung der Schadensersatzsumme auf einen späteren Zeitpunkt zu verlagern. Dieses Vorgehen hat aber den Nachteil, dass sich die Parteien dann zu einem späteren Zeitpunkt gegebenenfalls erneut in Diskussionen und vielleicht sogar Streitigkeiten darüber begeben, in welcher Höhe der Lizenznehmer letztlich dem Lizenzgeber für die Vergangenheit Schadensersatz schuldet. Dem Charakter des Lizenzvertrages als Streitbeilegungsvereinbarung dürfte es vielfach eher gerecht werden, wenn sogleich ein Schlussstrich unter die Vergangenheit gezogen werden kann. Das vorliegende Formular schlägt daher in § 5 (1) die Vereinbarung einer pauschalen Schadensersatzzahlung für die in der Vergangenheit liegenden Sachverhalte vor.

13. **Lizenzgebühren.** Im Hinblick auf die (die Zukunft ab Abschluss der Vergleichsvereinbarung betreffenden) Lizenzgebühren schlägt das vorliegende Formular in § 5 (2) eine Stücklizenz vor. Zu den einzelnen denkbaren und in einem Lizenzvertrag im Rahmen der Vertragsfreiheit von den Parteien regelbaren Ausgestaltungen der Lizenzgebühr sowie den sinnvollerweise im Vertrag zu regelnden Abrechnungsmodalitäten sei auf → Form. VI.1 Anm. 21 und 22 verwiesen.

14. **Meistbegünstigung.** Grundsätzlich ist der Lizenzgeber frei darin, mit gegebenenfalls mehreren existierenden nicht-ausschließlichen Lizenznehmern Lizenzverträge zu ganz unterschiedlichen Bedingungen (beispielsweise unter Vereinbarung unterschiedlich hoher Lizenzgebühren) abzuschließen. Eine Verpflichtung zur Gleichbehandlung gibt es nicht (vgl. *Bartenbach* Rn. 1475). Der Lizenznehmer hat indes ein sehr starkes Interesse daran, dass später dazukommende weitere Lizenznehmer die Lizenz nicht zu deutlich günstigeren Konditionen eingeräumt erhalten als er selbst. Er muss insbesondere befürchten, dass diese günstigeren Konditionen dazu führen können, dass die anderen Lizenznehmer, die mit ihm in Wettbewerb stehen, ihre Wettbewerbsprodukte aufgrund der besseren Konditionen bei der Lizenzierung günstiger im Markt anbieten können und in der Folge das Geschäft des Lizenznehmers stagniert oder gar gänzlich einbricht. Die Interessen des Lizenznehmers können durch eine Meistbegünstigungsklausel wie in § 6 des vorliegenden Formulars vorgeschlagen gewahrt werden. Der Lizenzgeber verspricht dem Lizenznehmer, ihm stets nachträglich ebenfalls diejenigen günstigeren Konditionen einzuräumen, die er anderen nicht-ausschließlichen Lizenznehmern einräumt.

Kartellrechtlich sind derartige Meistbegünstigungsklauseln zu Lasten des Lizenzgebers zulässig. Sie sind durch die TT-GVO freigestellt (vgl. *Bartenbach* Rn. 1492 ff.).

15. **Aufrechterhaltung und Verteidigung des Vertragsschutzrechtes.** Der Lizenzgeber ist zur Aufrechterhaltung des lizenzierten Vertragsschutzrechtes verpflichtet und muss dieses gegen Angriffe Dritter verteidigen. Hinsichtlich der Einzelheiten sei auf → Form. VI.1 Anm. 26–28 verwiesen.

16. Verletzung des Vertragsschutzrechtes durch Dritte. Grundsätzlich besteht keine Verpflichtung des Lizenzgebers, gegen eine Verletzung des Vertragsschutzrechtes durch Dritte vorzugehen (→ Form. VI.1 Anm. 30). Etwas anderes kann sich aber ergeben, wenn die Parteien gleichzeitig eine Meistbegünstigungsklausel in den Vertrag aufgenommen haben (vgl. BGH GRUR 1965, 591 (595) – Wellplatten; *Benkard/Ullmann/Deichfuß* PatG § 15 Rn. 153). Das Nichtvorgehen gegen Verletzer des Vertragsschutzrechtes kommt in seinen Auswirkungen nämlich der Erteilung einer Freilizenz gleich, so dass der Lizenzgeber, um der durch die Meistbegünstigungsklausel versprochenen Gleichbehandlung nachzukommen, entweder auch dem durch die Meistbegünstigung begünstigten Lizenznehmer eine Freilizenz erteilen müsste oder aber jedenfalls gegen spätere Verletzer vorgehen muss. Im vorliegenden Formular wird indes in § 8 (2) ausdrücklich klargestellt, dass für den Lizenzgeber keine Verpflichtung besteht, gegen Verletzer des Vertragsschutzrechtes vorzugehen. In § 6 (2) des vorliegenden Formulars wird im Rahmen der Meistbegünstigungsklausel darüber hinaus geregelt, dass das Nichtvorgehen gegen etwaige Verletzer nicht die Rechtsfolge der Meistbegünstigung auslöst. Das vertragliche Gleichgewicht wird hiermit – darauf soll ausdrücklich hingewiesen werden – aber deutlich in Richtung des Lizenzgebers verschoben. Abweichende Regelungen sind ebenfalls möglich und wären auch ohne weiteres sachgerecht.

17. Laufzeit und Beendigung des Vertrages. Im vorliegenden Formular wird vorgeschlagen, dass der Lizenzvertrag solange in Kraft bleibt, bis das Vertragsschutzrecht erlischt. Das Recht zur außerordentlichen Kündigung bleibt hierdurch – wie immer bei Dauerschuldverhältnissen – unberührt. Hinsichtlich der Einzelheiten sei auf → Form. VI.1 Anm. 31 und 33 verwiesen.

18. Gewährleistung und Haftungsausschlüsse. Im Hinblick auf die Gewährleistung und vertraglich vereinbarte Haftungsausschlüsse zum Schutz des Lizenzgebers sei auf → Form. VI.1 Anm. 34 verwiesen.

19. Sonstiges. Die in → Form. VI.1 Anm. 36–40 gemachten Ausführungen zur Vertraulichkeit, Force Majeure, sowie den sonstigen Nebenbestimmungen gelten für das vorliegende Formular entsprechend.

VII. Arbeitnehmererfindungsrecht

Vorbemerkungen

Schrifttum: Bartenbach/Volz, Arbeitnehmererfindungsgesetz, 6. Aufl. 2019; *dies.*, Arbeitnehmererfindungen, 6. Aufl. 2014; *Gaul,* Der persönliche Geltungsbereich des ArbEG, RdA 1982, 268; *Graf von der Groeben,* Ausgleich unter Teilhabern nach freigewordener Diensterfindung, GRUR 2014, 113; *Johannesson,* Arbeitnehmererfindungen, 1979; *Reimer/Schade/Schippel,* ArbEG, 8. Aufl. 2007; *Schippel,* Der persönliche Geltungsbereich des Gesetzes über Arbeitnehmererfindungen und seine Ausdehnung durch Analogie und Parteivereinbarung, GRUR 1959, 167; *Schulte,* Patentgesetz mit EPÜ, 10. Auflage 2017; *Trimborn,* Arbeitnehmererfindungsrecht, 2. Aufl. 2010; *ders.*, Aktuelle Entwicklungen im Arbeitnehmererfindungsrecht ab 2011, Mitt 2013, 537 und Mitt. 2014, 74; *Volmer/Gaul,* Arbeitnehmererfindungsgesetz, 2. Aufl. 1983; *Volmer,* Begriff des Arbeitnehmers im Arbeitnehmererfindungsrecht, GRUR 1978, 329.

1. Persönlicher Anwendungsbereich des Gesetzes über Arbeitnehmererfindungen. Dem Arbeitnehmererfindergesetz (ArbEG) v. 25.7.1957 (BGBl. I S. 756), geändert durch Gesetz v. 23.3.1961 (BGBl. I S. 247 (316)), v. 4.9.1967 (BGBl. I S. 953), v. 15.8.1986 (BGBl. I S. 1446), v. 24.6.1994 (BGBl. I S. 1325), v. 5.10.1994 (BGBl. I S. 2911), v. 22.12.1997 (BGBl. I S. 3224), v. 16.7.1998 (BGBl. I S. 1827), v. 18.1.2002 (BGBl. I S. 414) und zuletzt vom 31.7.2009 (BGBl. I S. 2521), unterliegen nach dessen § 1 die Erfindungen und technischen Verbesserungsvorschläge von Arbeitnehmern im privaten und im öffentlichen Dienst, von Beamten und Soldaten. Das Gesetz, das selbst keine Definition des Begriffs „Arbeitnehmer" liefert, meint den Arbeitnehmer im arbeitsrechtlichen Sinne, das heißt denjenigen, der seine Arbeit auf der Grundlage eines Abhängigkeitsverhältnisses erbringt. Auch die Tätigkeit innerhalb von Arbeitsbeschaffungsmaßnahmen begründet die Arbeitnehmereigenschaft (Schiedsstelle BlPMZ 1987, 362). Die Mitglieder der Vertretungsorgane von Kapitalgesellschaften (AG, GmbH) sind keine Arbeitnehmer iS dieses Gesetzes (BGH GRUR 1965, 302; *Gaul* DB 1990, 671; OLG Düsseldorf GRUR 2000, 49 – Geschäftsführer-Erfindung), ebenso wenig Liquidatoren, Abwickler, Insolvenzverwalter, Handelsvertreter, Mitglieder des Vorstandes von Genossenschaften. Das materielle Recht des ArbEG kann aber durch Vereinbarung auf solche Personen erstreckt werden (BGH GRUR 1965, 302; *Schippel* GRUR 1959, 167; *Volmer* GRUR 1978, 329; *Gaul* RdA 1982, 268). Die verfahrensrechtlichen Bestimmungen kann man dagegen vertraglich nicht über den unmittelbaren persönlichen Geltungsbereich des Gesetzes hinaus ausdehnen, insbesondere kann die Zuständigkeit der Schiedsstelle (§§ 28 ff. ArbEG) nicht vertraglich begründet werden.

2. Sachlicher Anwendungsbereich. a. Arbeitnehmer. Anwendung findet das Gesetz ausschließlich auf technische Innovationen, die entweder Gegenstand eines Patentrechts oder eines Gebrauchsmusterrechts sein können (= Erfindungen gemäß § 2 ArbEG), zum anderen auf Verbesserungsvorschläge für technische Innovationen, welche die Voraussetzungen für den Patent- oder Gebrauchsmusterschutz nicht aufweisen. Wird die Anwendung der Bestimmungen des ArbEG, soweit möglich, vereinbart, so gelten auch dessen Definitionen für Erfindungen (§ 2) und technische Verbesserungsvorschläge (§ 3), so dass in der Vereinbarung selbst hierzu keine eigenen Erläuterungen enthalten zu sein brauchen, es sei denn, dass im Einzelfall bestimmte Arten von Erfindungen oder technischen Verbesserungsvorschlägen ausgenommen werden sollen.

b. Erfindungen während des Arbeitsverhältnisses. Nach § 4 Abs. 2 ArbEG sind gebundene Erfindungen (Diensterfindungen) nur solche, die während der Dauer des Arbeitsverhältnisses fertiggestellt werden (hierzu BGH GRUR 1971, 210 (212) – Wildverbiss; sowie → Muster 1 Anm. 2). Es kommt auf den rechtlichen Beginn und die rechtliche Beendigung des Arbeitsverhältnisses an, nicht auf die tatsächliche Arbeitsaufnahme und -aufgabe (BGH GRUR 1971, 407 – Schlussurlaub mit Anm. *Schippel*). Deshalb wird auch in Verträgen mit Personen, die dem Gesetz nicht unmittelbar unterstellt sind, sinnvollerweise auf die Dauer ihres Beschäftigungsvertrages abgestellt.

3. Reform durch Patentrechtsmodernisierungsgesetz. Die Umsetzung des Patentrechtsmodernisierungsgesetzes (BGBl. I S. 2521) bringt weitreichende Änderungen für alle ab dem 1.10.2009 gemeldeten Diensterfindungen, insbesondere mit Blick auf Ausübung und Umfang des Rechts zur Inanspruchnahme sowie die Form von nach dem ArbEG abzugebenden Erklärungen.

1. Meldung einer Diensterfindung

An die
Geschäftsleitung
Per Fax/E-Mail/Brief
Meldung einer Diensterfindung[1] (§ 5 ArbEG)
Ich melde Ihnen hiermit meine Erfindung[2,3] betreffend .....
(kurze Bezeichnung des Erfindungsgegenstandes)
und mache dazu die folgenden Angaben:[3]

1. Technische Aufgabe
   Die Erfindung löst das folgende technische Problem: ..... (Beschreibung der technischen Aufgabe, Darlegung des Stands der Technik, auf welchem die Erfindung aufbaut)
2. Lösung der technischen Aufgabe
   2.1 Die Lösung der technischen Aufgabe gelingt auf folgende Weise: .....
   2.2 Zu der Lösung der Aufgabe trugen folgende Erfahrungen oder Arbeiten aus dem Betriebsbereich bei: .....
   2.3 Als technische Hilfsmittel des Betriebs wurden eingesetzt: .....
3. Das Zustandekommen der Erfindung
   3.1 Zu der Erfindung bin ich durch folgende betriebliche Aufgabenstellung, Weisungen oder Richtlinien veranlasst worden: .....
   3.2 Anlass zur Erfindung waren folgende Mängel und Bedürfnisse: .....
4. Angaben über Miterfinder und Mitarbeiter[4]
   4.1 An der Erfindung haben außer mir als Miterfinder mitgewirkt: .....
   4.2 Folgende Mitarbeiter haben mitgewirkt, ohne nach meiner Auffassung erfinderisch tätig geworden zu sein: .....
   4.3 Meinen eigenen Anteil an der Erfindung bemesse ich mit ..... %.

Bestätigen Sie mir bitte den Empfang dieser Erfindungsmeldung auf beiliegender Kopie dieses Schreibens.[5]

Beigefügt sind folgende Unterlagen: . . . . . (zB Aufzeichnungen, Skizzen, Laborberichte etc) . . . . .[6]

Ich bin mir meiner Verpflichtung bewusst, den Gegenstand dieser Erfindung bis zur Veröffentlichung der hieraus resultierenden Schutzrechtsanmeldungen oder bis zur Veröffentlichung durch den Arbeitgeber geheim zu halten.

Anmerkungen

1. Meldung der Diensterfindung. Die Meldung soll dem Arbeitgeber Kenntnis von der Diensterfindung verschaffen, die ihm zwar nicht unmittelbar zufällt, die er aber durch Inanspruchnahme (§ 6 ArbEG; → Muster 3 und 4) erwerben kann.

Nach § 5 Abs. 1 S. 1 ArbEG ist der Arbeitnehmer, der eine Diensterfindung (§ 4 Abs. 2 ArbEG) gemacht hat, verpflichtet, sie unverzüglich dem Arbeitgeber zu melden. Für nach dem 1.10.2009 zu meldende Erfindungen ist nicht länger die Schriftform vorgeschrieben, sondern reicht die Meldung in Textform, bspw. per Fax oder E-Mail.

2. Diensterfindungen. Diensterfindungen sind nach § 4 Abs. 2 ArbEG die schutzfähigen Erfindungen, die der Arbeitnehmer während des Arbeitsverhältnisses macht, also fertigstellt, die entweder (1.) aus der dem Arbeitnehmer im Betrieb oder in der öffentlichen Verwaltung obliegenden Tätigkeit entstanden sind oder (2.) maßgeblich auf Erfahrungen oder Arbeiten des Betriebes oder der öffentlichen Verwaltung beruhen. Die Pflicht des Arbeitnehmers zur Meldung besteht auch für Erfindungen, hinsichtlich derer er Zweifel hat, ob es sich um eine gebundene Erfindung handelt, ob die Erfindung bereits fertiggestellt ist oder ob es sich um eine Erfindung handelt (BGH GRUR 1987, 900 (902) – Entwässerungsanlage; *Trimborn* ArbEG S. 39).

Die Gesichtspunkte, nach denen beurteilt wird, wann die Erfindung so fertiggestellt ist, dass sie der Meldepflicht unterliegt, sind in BGH GRUR 1971, 210 (212) – Wildverbiss in eingehender Auseinandersetzung mit älterer Rechtsprechung und Schrifttum zusammengestellt. Danach ist nicht die Meinung des Erfinders, sondern die Erkenntnis des Durchschnittsfachmanns maßgeblich. Eine Erfindung ist erst dann fertig, wenn die ihr zugrunde liegende Lehre technisch ausführbar ist, wenn also der Durchschnittsfachmann nach den Angaben des Erfinders arbeiten kann, unabhängig davon, ob zum Festlegen einer verkaufsreifen Konstruktion noch weitere, das übliche Maß nicht übersteigende Versuche erforderlich sein mögen. Die technische Lehre der Erfindung muss mit anderen Worten so erkannt sein, dass eine Schutzrechtsanmeldung möglich ist, Fabrikationsreife ist dagegen nicht erforderlich. Erfindungen, die vor dem Beginn des Arbeitsverhältnisses gemacht worden sind, müssen nicht gemeldet werden. Die Meldepflicht besteht jedoch nach § 26 ArbEG für Erfindungen, die während des Arbeitsverhältnisses fertig gestellt wurden, auch nach dessen Beendigung fort.

Eine Pflicht zur erneuten Meldung der Diensterfindung besteht jedenfalls dann, wenn ein Arbeitnehmer eine bereits gemeldete Diensterfindung, an der er als Miterfinder beteiligt ist, in einer Weise fortentwickelt, die den Gegenstand der Erfindung durch eigenständig erfinderische oder zumindest schöpferische Ergänzungen wesentlich verändert und in Folge dessen auch eine wesentliche Veränderung der Anteile der Miterfinder bewirkt (BGH GRUR 2006, 141 – Ladungsträgergenerator).

3. Voraussetzungen ordnungsgemäßer Meldung. Nur die ordnungsgemäße Meldung setzt die Frist für die Freigabe in Gang, nach deren Ablauf die Inanspruchnahme fingiert wird. Anforderungen bestehen mit Blick auf Zeitpunkt, Form sowie Inhalt:

a. Zeitpunkt der Meldung. Die Meldung muss unverzüglich nach Fertigstellung der Erfindung abgegeben werden. Unverzüglich heißt iSd Legaldefinition des § 121 BGB ohne schuldhaftes Zögern. Wegen der großen Bedeutung der Priorität für den Schutzrechtserwerb liegt eine baldige Meldung in der Regel auch im Interesse des Arbeitnehmers.

b. Form der Meldung. Für nach dem 1.10.2009 zu meldende Erfindungen ist nicht länger die Schriftform vorgeschrieben, sondern reicht die Meldung in Textform, bspw. per Fax oder E-Mail.

c. Inhalt der Meldung. § 5 Abs. 2 ArbEG verlangt die Beschreibung der technischen Aufgabe, ihrer Lösung und des Zustandekommens der Diensterfindung. Dabei soll der Arbeitnehmer dienstlich erteilte Weisungen oder Richtlinien, die benutzten Erfahrungen oder Arbeiten des Betriebs, die Mitarbeiter einschließlich Art und Umfang ihrer Mitarbeit angeben und hervorheben, was er als seinen eigenen Anteil am Zustandekommen der Diensterfindung ansieht. Die Angaben sollen dem Arbeitgeber ermöglichen, zu entscheiden, ob eine Diensterfindung vorliegt, ob und inwieweit er sie in Anspruch nehmen will und welchen Anteil Erfinder und Betrieb am Zustandekommen der Diensterfindung haben, was wiederum für die spätere Vergütung von großer Bedeutung ist (→ Muster 11–16). Verschweigt ein Arbeitnehmer, der eine Diensterfindung gemacht hat, seinem Arbeitgeber bei der Meldung der Erfindung vorsätzlich eine nicht unerhebliche Mitwirkung von Mitarbeitern am Zustandekommen der Erfindung und lässt er sich als alleiniger Erfinder eine Vergütung versprechen, so kommt eine Anfechtung der Vergütungsvereinbarung wegen arglistiger Täuschung in Betracht (BGH GRUR 2003, 702 – Gehäusekonstruktion). Der Verpflichtung des Arbeitnehmers zur ordnungsgemäßen Meldung entspricht ein Auskunftsanspruch des Arbeitgebers (OLG München GRUR 1994, 625).

Im Einzelfall kann die Fertigung einer ordnungsgemäßen Meldung sehr schwierig sein. Deshalb haben viele Unternehmen eigene Formulare für Erfindungsmeldungen entwickelt und ihre Arbeitnehmer wissen lassen, dass die Patentabteilung den Arbeitnehmererfinder bei der Fertigung der Meldung unterstützt. In solchen Formularen sollte ausdrücklich auf die Geheimhaltungspflicht des Arbeitnehmers nach § 24 Abs. 2 ArbEG hingewiesen werden. Danach hat der Arbeitnehmer eine Diensterfindung so lange geheim zu halten, wie sie nicht frei geworden ist (§ 8 Abs. 1 ArbEG). Die Geheimhaltungspflicht dient der Sicherung des Auskunftsanspruchs des Arbeitgebers (OLG München GRUR 1994, 625). Diese Geheimhaltungspflicht umfasst alle Kenntnisse und Unterlagen, die der Erfinder dem Arbeitgeber gemäß § 5 ArbEG zu melden verpflichtet ist. Die Geheimhaltungspflicht besteht auch innerhalb des Betriebes, da nur der Arbeitgeber entscheiden kann, ob und inwieweit die Diensterfindung im Betrieb selbst bekanntgegeben werden soll; ausgenommen ist die Mitteilung an Vorgesetzte und die Patentabteilung, deren Aufgabe im Betrieb es ist, sich mit Diensterfindungen zu befassen (hL, vgl. *Reimer/Schade/Schippel* § 24 Rn. 9 und die dort angegebene Literatur; *Bartenbach/Volz* § 24 Rn. 34; sehr eingehend *Volmer/Gaul,* Arbeitnehmererfindungsgesetz, § 24 Rn. 8 ff.).

4. Gemeinschaftliche Diensterfindung. Haben mehrere im Team eine Diensterfindung gemacht, so ist jeder Einzelne meldepflichtig, die Miterfinder können aber die Meldung gemeinsam abgeben (§ 5 Abs. 1 S. 2 ArbEG). In der Meldung sind nicht nur die Personen zu nennen, die der Meldende für Miterfinder hält. Er hat auch Mitarbeiter zu benennen, deren Beitrag er nicht als erfinderisch ansieht. Das ist nicht nur vorgesehen, um den Anteil des Betriebs am Zustandekommen der Diensterfindung schon auf Grund der Meldung möglichst genau bestimmen zu können. Dem Diensterfinder soll auch die Verantwortung für die häufig sehr schwierige Abgrenzung zwischen erfinderischer und nicht erfinderischer Mitarbeit nicht aufgebürdet werden.

Eine Miterfinderstellung iSd § 6 S. 2 PatG wird grundsätzlich dann angenommen, wenn jemand durch selbständige geistige Mitarbeit zum Auffinden des Erfindungsgedankens einen schöpferischen Beitrag geleistet hat, ohne dass dieser Beitrag selbst erfinderisch zu sein braucht. Bei der Frage, wer (Mit-)Erfinder ist, geht es – losgelöst von der patentrechtlichen Bewertung des Gegenstands der Erfindung – darum, wem ein Recht an diesem Gegenstand zusteht. Der für die Zuerkennung des (Mit-)Erfinderstatus erforderliche Beitrag braucht nicht selbständig erfinderisch zu sein und für sich allein betrachtet alle Voraussetzungen einer patentfähigen Erfindung zu erfüllen. Die Anerkennung als Miterfinder kann nicht mit der Begründung versagt werden, der geleistete Beitrag betreffe nicht „den springenden Punkt" der Erfindung. Vielmehr reichen nur solche Beiträge nicht aus, um als (Mit-)Erfinder anerkannt zu werden, die den Gesamterfolg (gar) nicht beeinflusst haben und deshalb für die Lösung unwesentlich sind oder die nach den Weisungen eines Erfinders oder eines Dritten geschaffen wurden. Miterfinder ist derjenige, der einen schöpferischen Beitrag zu derjenigen technischen Lehre geleistet hat, auf die der Schutzrechtsanspruch gerichtet ist oder nach dem Gesamtinhalt der Ursprungsoffenbarung gerichtet werden kann. Die Frage ist also nicht allein anhand der Ansprüche und der darin zum Ausdruck kommenden Merkmalskombination zu beantworten, maßgeblich ist vielmehr der Gesamtinhalt der Patentanmeldung einschließlich der Beschreibung und Zeichnungen (BGH BeckRS 2013, 4623 sowie BGH BeckRS 2013, 13904 – Flexibles Verpackungsbehältnis). Beiträge, die unwesentlich oder auf Weisung eines Dritten geschaffen worden sind, begründen keine Miterfinderschaft (vgl. BGH GRUR 2001, 226 – Rollenantriebseinheit; BGH GRUR 1966, 558 = NJW 1966, 1316 – Spanplatten mit Anm. Schippel; BGH GRUR 1978, 583 – Motorkettensäge mit Anm. *Harmsen;* sowie *Schulte,* Patentgesetz, 10. Aufl., § 6 Rn. 21 mwN).

5. **Bestätigung der Meldung.** Die unverzügliche Bestätigung des Zeitpunkts des Eingangs der Meldung in Textform ist dem Arbeitgeber vorgeschrieben (§ 5 Abs. 1 S. 3 ArbEG). Eingang ist gleichbedeutend mit Zugang iSd § 130 BGB. Entscheidend ist demnach, dass die Meldung so in den Besitz des Arbeitgebers gelangt ist, dass dieser unter normalen Verhältnissen die Möglichkeit hat, vom Inhalt der Meldung Kenntnis zu nehmen. Eine Meldung, die den inhaltlichen Anforderungen des § 5 Abs. 2 ArbEG nicht entspricht, kann der Arbeitgeber innerhalb von 2 Monaten nach Zugang beanstanden. Wegen der Beanstandung einer vom Arbeitgeber nicht als ordnungsgemäß betrachteten Meldung → Muster 2. Tut er dies nicht, gilt die Meldung als ordnungsgemäß (§ 5 Abs. 3 ArbEG).

6. **Anlagen zur Meldung.** Soweit es zum Verständnis der Erfindung erforderlich ist, soll der Arbeitnehmer vorhandene Aufzeichnungen wie Versuchsprotokolle, Zeichnungen, Pläne und dgl. der Meldung beifügen (§ 5 Abs. 2 S. 2 ArbEG).

2. Beanstandung einer Erfindungsmeldung

Herrn . . . . .
im Hause
Ihre Erfindungsmeldung vom . . . . .
Sie haben uns mit Schreiben vom . . . . . die Diensterfindung . . . . . (kurze Bezeichnung des Erfindungsgegenstandes) gemeldet. Diese Erfindungsmeldung bedarf in folgender Hinsicht der Ergänzung: . . . . .[1]
Wir möchten Sie darauf aufmerksam machen, dass diese Ergänzungen unverzüglich erfolgen müssen. Wir bitten Sie daher, uns diese Ergänzungen Ihrer Erfindungsmeldung bis spätestens zum . . . . . in Textform einzureichen.[2] **Unsere Patentabteilung ist gerne bereit, Sie dabei zu unterstützen.**[3]

Schließlich möchten wir Sie bitten, uns den Empfang dieses Schreibens auf dem beiliegenden Doppel zu bestätigen.[4]

Anmerkungen

1. Bedeutung der Ordnungsmäßigkeit der Meldung und Beanstandung. Da die ordnungsmäßige Meldung der Diensterfindung beim Arbeitgeber die Frist in Lauf setzt, innerhalb der er die Diensterfindung freigeben, also die Fiktion der Inanspruchnahme abwenden kann (§ 6 Abs. 2 ArbEG), sollte möglichst bald Klarheit darüber herrschen, ob eine Meldung (→ Muster 1) iSd § 5 Abs. 2 ArbEG ordnungsmäßig ist oder nicht. Die Frist zur Freigabe beträgt 4 Monate nach Eingang der ordnungsmäßigen Meldung. Erklärt der Arbeitgeber nicht innerhalb von 2 Monaten nach Eingang der Meldung, dass und in welcher Hinsicht die Meldung einer Ergänzung bedarf, gilt die Meldung als ordnungsgemäß, selbst wenn sie objektiv den Anforderungen des Gesetzes nicht entspricht (§ 5 Abs. 3 ArbEG). Diese gesetzliche Fiktion bezieht sich jedoch nur auf die Voraussetzungen des § 5 Abs. 2 ArbEG. Einen Mangel bezüglich der Anforderungen des § 5 Abs. 1 ArbEG kann die gesetzliche Fiktion nicht heilen.

Die 2-Monatsfrist ist wie die anderen Fristen des Arbeitnehmererfindergesetzes eine Ausschlussfrist und kann deshalb auch durch Vereinbarung ungeachtet des § 22 ArbEG nicht verlängert werden (*Bartenbach/Volz,* Arbeitnehmererfindungsgesetz, § 5 Rn. 88). Sie ist nur gewahrt, wenn die Beanstandungserklärung dem Arbeitnehmer innerhalb der 2-Monatsfrist zugeht.

Die Beanstandung des Arbeitgebers muss angeben, was er noch ergänzt wissen will, muss also begründet sein. Der bloße Hinweis, die Meldung sei nicht ordnungsgemäß, weil sie den Anforderungen des Gesetzes nicht entspreche, reicht nicht aus, um den Eintritt der Fiktion des § 5 Abs. 3 ArbEG zu verhindern (Schiedsstelle BlPMZ 1960, 282). Hat der Arbeitgeber eine ihm zugegangene Mitteilung einmal als Meldung anerkannt, kann er sich nicht mehr darauf berufen, die Meldung entspreche nicht den Erfordernissen des § 5 Abs. 2 ArbEG (OLG Karlsruhe GRUR 1984, 42).

2. Zeitpunkt der Ergänzung der Meldung. Auch die Ergänzung der Meldung muss der Arbeitnehmer unverzüglich abgeben. Ebenfalls für die Ergänzung als Teil der ordnungsmäßigen Meldung genügt die Textform, bspw. per Fax oder E-Mail (→ Muster 1 → Anm. 1 u. 3).

3. Unterstützung des Arbeitnehmers. Dem Arbeitgeber obliegt die Pflicht, den Arbeitnehmer bei der Ergänzung der Meldung zu unterstützen (§ 5 Abs. 3 S. 2 ArbEG); zur Zweckmäßigkeit solcher Unterstützung → Muster 1 → Anm. 3. Diese Pflicht steht in enger Verbindung zu der Pflicht des Arbeitgebers, die Beanstandung zu begründen. Es soll erreicht werden, dass möglichst rasch eine ordnungsmäßige Meldung abgegeben wird, damit die Rechtsverhältnisse unter den Parteien im Hinblick auf die Schutzrechtserteilung und die damit verbundene Bekanntgabe der technischen Neuerung auch im Interesse der Öffentlichkeit möglichst bald geklärt werden können. Da der Arbeitgeber zur Unterstützung verpflichtet ist, haften er und seine Berater dafür, dass dem Arbeitnehmer die richtige Hilfe gewährt wird. Fehler des Arbeitgebers oder seiner Berater bei dieser dem Arbeitnehmer geschuldeten Hilfestellung liegen im Risikobereich des Arbeitgebers.

4. Bestätigung des Empfangs. Die Bestätigung des Zugangs ist für den vom Arbeitgeber zu führenden Beweis der fristgerechten Beanstandung von Bedeutung. Darüber hinaus gibt sie dem Arbeitgeber einen Hinweis darauf, ob die ergänzte Meldung der Erfindung des Arbeitnehmers „unverzüglich" erfolgte.

3. Inanspruchnahme

Herrn .....

im Hause

Diensterfindung .....

Wir nehmen die uns von Ihnen mit Schreiben vom ..... gemeldete Diensterfindung in Anspruch.[1,3] Infolge der Inanspruchnahme gehen alle Rechte an dieser Erfindung auf uns über.[2,4]

Wir werden die Erfindung beim Deutschen Patent- und Markenamt zur Erteilung eines Patents/Gebrauchsmusters anmelden.[5,6] Zur gegebenen Zeit werden wir Ihnen mitteilen, in welchen ausländischen Staaten wir Schutzrechte erwerben wollen.[7]

Wir erlauben uns, Sie in diesem Zusammenhang auf die auch in Ihrem Interesse fortbestehende Geheimhaltungspflicht gemäß § 24 Abs. 2 ArbEG aufmerksam zu machen.[8]

Bestätigen Sie uns schließlich bitte den Empfang dieses Briefes auf beiliegender Kopie.[9]

Anmerkungen

1. Überleitung der Rechte an der Diensterfindung auf den Arbeitgeber. Die Rechte an der Diensterfindung stehen nach dem sog. Erfinderprinzip des § 6 PatG ursprünglich nicht dem Arbeitgeber, sondern dem Arbeitnehmer zu. Das Gesetz über Arbeitnehmererfindungen hat das Konzept der „Betriebserfindung" der älteren Rechtslehre nicht übernommen, obwohl es vielfach so ist, dass der Arbeitnehmer zum Erfinden angestellt ist oder der Anteil des Betriebs am Zustandekommen der Erfindung um vieles größer ist, als der des Erfinders selbst (vgl. Amtl. Begr. zum Gesetz über Erfindungen von Arbeitnehmern und Beamten BT-Drs. 2/1648 Allg. II 2, abgedruckt BlPMZ 1957, 224). Der Arbeitgeber hat aber nach § 6 Abs. 1 ArbEG das Recht, jede Diensterfindung in Anspruch zu nehmen. Die Möglichkeit zur Wahl zwischen einer unbeschränkten Inanspruchnahme, bei der alle Rechte auf den Arbeitgeber übergehen (§ 7 Abs. 1 ArbEG aF), und einer beschränkten Inanspruchnahme, wonach der Arbeitgeber nur ein nicht ausschließliches Recht zur Nutzung erhält (§ 7 Abs. 2 ArbEG aF), ist durch die Reform 2009 abgeschafft worden. Nunmehr gibt es nur noch die Möglichkeit der unbeschränkten Inanspruchnahme. Die Erfinderpersönlichkeitsrechte, insbesondere das Recht auf Erfindernennung nach § 37 PatG, Art. 81 EPÜ werden durch die Inanspruchnahme nicht berührt (BGH GRUR 1978, 583 – Motorkettensäge; BGH GRUR 2004, 272 – Rotierendes Schaftwerkzeug).

2. Umfang der Übertragung. Nimmt der Arbeitgeber die Diensterfindung in Anspruch, gehen alle übertragbaren vermögenswerten Rechte an der Diensterfindung mit Ausnahme der nicht übertragbaren Erfinderpersönlichkeitsrechte auf den Arbeitgeber über (§ 7 Abs. 1 ArbEG). Der Arbeitgeber erwirbt das „Recht auf das Patent" gemäß § 6 PatG (vgl. dazu etwa LG Düsseldorf InstGE 1, 50 (56) – Schraubenspindelpumpe), dh insbesondere das alleinige Recht zum Erwerb von Schutzrechten im In- und Ausland. Hat der Arbeitnehmer bereits ein Schutzrecht erworben oder die Erfindung zur Schutzrechtserteilung angemeldet, so geht das Schutzrecht bzw. die Verfahrensposition des Arbeitnehmers im Erteilungsverfahren mit der Inanspruchnahme kraft Gesetzes auf den Arbeitgeber über. Er kann vom Arbeitnehmer die Abgabe der für die formelle Umschreibung des Schutzrechts bzw. der Anmeldung vom Patentamt verlangten Erklärungen in der vorgeschriebenen, häufig öffentlich beglaubigten Form verlangen (§§ 413, 412, 403 BGB). Die Kosten solcher Erklärungen trägt der Arbeitgeber (§ 403 S. 2 BGB).

Die Inanspruchnahme der Diensterfindung begründet nach § 9 Abs. 1 ArbEG die Vergütungspflicht des Arbeitgebers, jedoch zunächst nur dem Grunde nach (vgl. *Reimer/Schade/Schippel* § 9 Rn. 20; *Bartenbach/Volz* § 9 Rn. 11 ff.). Die Fälligkeit des Vergütungsanspruchs tritt erst später ein; → Muster 11 → Anm. 1.

3. Form und Frist der Inanspruchnahme. Die Inanspruchnahme muss gegenüber dem Erfinder erklärt werden (§ 6 Abs. 2 ArbEG). Nach alter, für alle bis einschließlich 30.9.2009 gemeldeten Diensterfindungen geltenden Rechtslage, musste der Arbeitgeber bei Gefahr des Rechtsverlustes spätestens bis zum Ablauf von 4 Monaten nach Eingang der ordnungsmäßigen Meldung (→ Muster 1) die Inanspruchnahme schriftlich gegenüber dem Erfinder erklären (§ 6 Abs. 2 S. 2 ArbEG aF). Wurde diese Frist nicht eingehalten, scheiterte der Rechtstransfer. Die aktuelle Rechtslage sieht nun vor, dass die Erklärung der Inanspruchnahme fingiert wird, sofern der Arbeitgeber die Erfindung nicht innerhalb von 4 Monaten nach Erhalt der ordnungsgemäßen Meldung mittels ausdrücklicher Erklärung in Textform freigibt (§ 6 Abs. 2 ArbEG nF). Dies hat für den Arbeitgeber den Vorteil, dass er keinen Rechtsverlust erleidet, wenn er es versäumt, innerhalb der Frist eine Erklärung abzugeben. Für Alterfindungen, das heißt solche Erfindungen, die bis einschließlich 30.9.2009 gemeldet wurden, gilt die alte Rechtslage fort. Probleme im Zusammenhang mit ordnungsgemäßer Meldung und rechtzeitiger Inanspruchnahme stellen sich für solche Erfindungen daher weiterhin (vgl. zu den Konstellationen bei nicht wirksam erfolgter Inanspruchnahme *Graf von der Groeben* GRUR 2014, 113), und zwar vor dem Hintergrund der Rechtsprechung, wonach die vom Arbeitgeber einzuhaltende Frist zur Inanspruchnahme auch dann zu laufen beginnen kann, wenn es an einer ordnungsgemäßen Meldung der Diensterfindung durch den Arbeitnehmererfinder fehlt. Da es sich bei der Meldung der Diensterfindung nicht um eine Willenserklärung, sondern um Wissensvermittlung handele, müsse ein Verstoß gegen die Pflicht zur ordnungsgemäßen Meldung der Diensterfindung dann ohne Nachteile für den Arbeitnehmererfinder bleiben, wenn in einer der ordnungsgemäßen Meldung vergleichbaren anderweitigen Form dokumentiert sei, dass der Arbeitgeber das Wissen und die Erkenntnismöglichkeiten hat, die ihm durch die Erfindungsmeldung vermittelt werden sollten. Ein solcher Fall sei gegeben, wenn der Arbeitgeber die Diensterfindung mit dem Inhalt der von seinen Arbeitnehmern entwickelten Lehre zum technischen Handeln anmeldet und dabei alle an der Erfindung beteiligten Erfinder benennt. Damit habe der Arbeitgeber zu erkennen gegeben, dass er auch aus seiner Sicht über die maßgeblichen Umstände informiert war, so dass er jedenfalls nunmehr in der Lage war, die Diensterfindung sobald wie möglich in Anspruch zu nehmen (BGH GRUR 2006, 754 (757) – Haftetikett; dies für vor dem 1.10.2009 gemeldete Erfindungen bestätigend BGH GRUR 2017, 504 (505) – Lichtschutzfolie).

4. Vertragliche Übertragung. Ungeachtet der Möglichkeit, die Rechte an der Diensterfindung durch die einseitige Erklärung der Inanspruchnahme (§ 6 Abs. 1 ArbEG) bzw. infolge des Eintritts der Inanspruchnahmefiktion (§ 6 Abs. 2 ArbEG) zu erhalten, steht es den Parteien frei, diese Rechte durch Vertrag zwischen Arbeitgeber und Arbeitnehmer zu übertragen (vgl. im Rahmen eines *obiter dictum* BGH GRUR 1952, 573 – Zuckerdiffuseur; sowie *Bartenbach/Volz*, Arbeitnehmererfindungsgesetz, § 6 aF Rn. 57). Wegen der Unabdingbarkeit der Vorschriften des Gesetzes über Arbeitnehmererfindungen zu Ungunsten des Arbeitnehmers vor der Meldung einer Diensterfindung (§ 22 ArbEG), können solche Verträge nur über eine bestimmte Diensterfindung nach deren Meldung geschlossen werden (nach *Bartenbach/Volz*, Arbeitnehmererfindungsgesetz, § 6 aF Rn. 57, soll allerdings eine schriftliche Meldung nicht unbedingt erforderlich sein). Vorausverfügungen über künftige Diensterfindungen, etwa im Zusammenhang mit dem Abschluss des Arbeitsvertrages, sind nichtig. Durch Vertrag übertragen werden kann dagegen die freigewordene Diensterfindung. Ebenso wie an einen – ausdrücklichen oder stillschweigenden – einvernehmlichen Verzicht auf die Schriftform bei Alterfindungen sind allerdings hohe Anforderungen an die Annahme einer einvernehmlichen, konkludenten Übertragung der Erfindung vom Erfinder auf den Arbeitgeber zu stellen. In der Entscheidung *Haftetikett* hat der BGH Maßstäbe gesetzt, die eine stillschweigende Überleitung der Erfindung von einem Arbeitnehmererfinder auf den Arbeitgeber erheblich erschweren (vgl. hierzu BGH GRUR 2006, 754 (757) – Haftetikett).

Bei der Ausgestaltung solcher Verträge ist § 23 ArbEG zu beachten, der Vereinbarungen über Diensterfindungen und freie Erfindungen für unwirksam erklärt, soweit sie in erheblichem Maße unbillig sind. Verfügungen, die der Arbeitnehmer über die Diensterfindung vor der Inanspruchnahme getroffen hat, sind dem Arbeitgeber gegenüber gemäß § 7 Abs. 2 ArbEG unwirksam, soweit die Rechte des Arbeitgebers beeinträchtigt werden. Es handelt sich hierbei um ein relatives Verfügungsverbot (vgl. § 135 BGB sowie LG Düsseldorf InstGE 1, 50 (55) – Schraubenspindelpumpe).

5. Anmeldung zur Schutzrechtserteilung. Nach § 13 Abs. 1 S. 1 und S. 3 ArbEG ist der Arbeitgeber, der eine Diensterfindung in Anspruch genommen hat, nicht nur berechtigt, sondern auch verpflichtet, sie unverzüglich im Inland zur Erteilung eines Patents oder Gebrauchsmusters anzumelden. In der Wahl des Schutzrechts ist er nicht frei. Er hat eine patentfähige Erfindung auch zur Erteilung eines Patents anzumelden, wenn nicht bei verständiger Würdigung der Verwertbarkeit der Erfindung der Gebrauchsmusterschutz zweckdienlicher erscheint (§ 13 Abs. 1 S. 2 ArbEG), etwa weil die wirtschaftliche Verwertbarkeit der Erfindung der Mode oder dem Geschmack unterworfen ist (Spielzeugindustrie, Freizeitindustrie) und die Erfindung deshalb erfahrungsgemäß nur eine zeitlich beschränkte Bedeutung haben wird, für die der schneller und einfacher zu erreichende Gebrauchsmusterschutz üblicherweise ausreicht. Nach der Meldung kann aber hierüber eine Vereinbarung zwischen den Parteien wirksam getroffen werden. Die europäische Patentanmeldung hat nach Art. 66 EPÜ in den benannten Vertragsstaaten die Wirkung einer vorschriftsmäßigen nationalen Anmeldung, so dass der Arbeitgeber mit der europäischen Patentanmeldung unter ordnungsmäßiger Benennung der Bundesrepublik Deutschland seine Verpflichtung zur Inlandsanmeldung nach § 13 Abs. 1 ArbEG erfüllt. Dasselbe gilt für die internationale Anmeldung nach dem PCT (Art. 11 Abs. 4 PCT). Satz 3 des Musters ist gegebenenfalls entsprechend zu ändern. Zu beachten ist, dass die Pflicht zur Anmeldung nach § 13 Abs. 1 ArbEG häufig einvernehmlich zwischen dem Arbeitgeber und dem Arbeitnehmererfinder gegen Zahlung eines einmaligen Pauschalbetrags abgegolten wird (vgl. hierzu *Bartenbach/Volz* ArbEG § 13 Rn. 33 ff.).

6. Nutzung als Betriebsgeheimnis. Die Pflicht zur Schutzrechtsanmeldung im Inland entfällt (§ 13 Abs. 2 Nr. 3 ArbEG), wenn es berechtigte Belange des Betriebs erfordern, eine gemeldete Diensterfindung als Betriebsgeheimnis zu bewahren und nicht bekannt werden zu lassen (§ 17 Abs. 1 ArbEG). Dann muss der Arbeitgeber aber gegenüber dem Arbeitnehmer die Schutzfähigkeit der Diensterfindung als Grundlage für die Vergütungspflicht (§ 9 ArbEG) anerkennen. Die berechtigten Belange des Betriebs, die es rechtfertigen, die Erfindung als Betriebsgeheimnis zu behandeln, sind dem Arbeitnehmer darzulegen. „Berechtigte Belange" iSd § 17 Abs. 1 ArbEG sind dann anzuerkennen, wenn dem Arbeitgeber die Geheimhaltung der Diensterfindung in überschaubarer Zeit einen ins Gewicht fallenden Vorteil bringt, also hinsichtlich der Wettbewerbssituation des Unternehmens wirtschaftlich sinnvoll und zweckmäßig ist, beispielsweise weil die Diensterfindung eine technische Neuerung betrifft, welche der Arbeitgeber zunächst eigenständig erforschen möchte. Nicht als „berechtigte Belange" anzuerkennen ist die mit dem Schutzrechtserteilungsverfahren für den Arbeitgeber verbundene Kostenbelastung (siehe hierzu mit weiteren Beispielen *Bartenbach/Volz* ArbEG § 17 Rn. 7 ff.).

In solchen Fällen lautet dann der Brief des Arbeitgebers an den Arbeitnehmer:

„Wir halten es aus folgenden Gründen für erforderlich, dass diese Diensterfindung außerhalb des Betriebes nicht bekannt wird: . . . . . (kurze Begründung). Deshalb wollen wir von der Erwirkung eines Schutzrechtes absehen, erkennen Ihnen gegenüber aber die Schutzfähigkeit Ihrer Diensterfindung an.
Unsere Vorschläge zur Feststellung der Erfindervergütung werden wir Ihnen mitteilen, sobald die dazu erforderlichen Ermittlungen abgeschlossen sind.
Wir bitten Sie, den Empfang dieses Briefes auf der beiliegenden Kopie zu bestätigen."

Die Geheimhaltung kann gerechtfertigt sein, wenn damit den Wettbewerbern die Möglichkeit genommen werden soll, die im Schutzrechtserteilungsverfahren bekannt werdende Erfindung nach Ablauf des Schutzrechts zu nutzen oder daraus Anregungen zu schöpfen, die ihre Wettbewerbsposition stärken würden. Geheim gehalten werden in der Praxis vor allem Verfahrenserfindungen (allgemein zum Schutz von Betriebsgeheimnissen aus Unternehmenssicht *Richters/Wodtke* NZA-RR 2003, 281). Nachteile, die der Arbeitnehmer dadurch erfährt, dass auf seine Erfindung kein Schutzrecht erteilt ist, sind bei der Vergütung auszugleichen (§ 17 Abs. 3 ArbEG).

7. **Auslandsanmeldung.** Zur Schutzrechtsanmeldung im Ausland ist der Arbeitgeber berechtigt, aber nicht verpflichtet (§ 14 Abs. 1 ArbEG). Für die ausländischen Staaten, in denen er Schutzrechte nicht erwerben will, muss er aber dem Arbeitnehmer die Diensterfindung freigeben und ihm den Erwerb der Schutzrechte ermöglichen (§ 14 Abs. 2 ArbEG). → Muster 6.

8. **Geheimhaltung.** Die Geheimhaltungspflicht nach § 24 Abs. 2 ArbEG erlischt, wenn die Diensterfindung frei oder die technische Lehre offenkundig geworden ist bzw. wenn der Arbeitgeber auf eine weitere Geheimhaltung verzichtet oder die Schutzrechtsanmeldung offengelegt wird (vgl. § 32 PatG).

9. **Empfangsbestätigung.** Aufgrund der Gesetzesänderung, wonach die Inanspruchnameerklärung nach dem Ablauf von vier Monaten nach Eingang der ordnungsgemäßen Meldung fingiert wird, muss der Arbeitgeber im Streitfall nicht länger den Zugang seiner Erklärung beim Erfinder beweisen, so dass die praktische Bedeutung einer Empfangsbestätigung entfällt.

4. Freigabe einer Diensterfindung (§ 6 Abs. 2, § 8 ArbEG nF)

Herrn . . . . .
im Hause
Freigabe der Diensterfindung . . . . .
Die Diensterfindung betreffend . . . . ., die Sie uns mit Schreiben vom . . . . . gemeldet haben, geben wir hiermit frei.[1]
Mit der Freigabe steht es in Ihrem Ermessen, ob Sie die Erfindung selbst zur Erteilung eines Schutzrechtes anmelden wollen.[2] Unsere Patentabteilung steht Ihnen gegebenenfalls gerne beratend zur Verfügung.
Von jeder Verwertung Ihrer Erfindung innerhalb eines unserer Arbeitsgebiete wollen Sie uns im Interesse der Wahrung unserer gegenseitigen arbeitsrechtlichen Verpflichtungen benachrichtigen.[3]

Anmerkungen

1. Freiwerden einer Diensterfindung. Eine gemeldete Diensterfindung wird frei (§ 6 Abs. 2, § 8 ArbEG), wenn der Arbeitgeber sie durch Erklärung in Textform (§ 126b BGB) freigibt, wie es in diesem Muster vorgesehen ist. Als einseitiges Gestaltungsrecht ist die Freigabeerklärung bedingungs- und auflagenfeindlich (*Reimer/Schade/Schippel* ArbEG § 8 Rn. 14).

2. Verfügungsberechtigung. Die frei gewordene Diensterfindung unterliegt keinerlei Bindungen mehr. § 8 S. 2 ArbEG bestimmt ausdrücklich, dass der Arbeitnehmer darüber auch ohne die Beschränkungen der §§ 18 und 19 ArbEG, der Mitteilungspflicht (→ Form. VII.7) und der Anbietungspflicht (→ Form. VII.9), verfügen kann.

3. Beschränkungen. Aus der arbeitsvertraglichen Bindung zwischen Arbeitgeber und Arbeitnehmer, insbesondere aus der gegenseitigen Treuepflicht, können sich Beschränkungen ergeben, § 25 ArbEG. Danach bleiben sonstige Verpflichtungen von Arbeitgeber und Arbeitnehmer aus dem Arbeitsverhältnis von den Vorschriften des Gesetzes über Arbeitnehmererfindungen unberührt, soweit sich nicht daraus, dass die Erfindung frei geworden ist (§ 8 S. 1 ArbEG), etwas anderes ergibt. Das freie Verfügungsrecht des Arbeitnehmers über seine frei gewordene Diensterfindung soll also auch durch allgemeine arbeitsrechtliche Pflichten, insbesondere die aus der Treuepflicht hergeleitete Verschwiegenheitspflicht und das Wettbewerbsverbot, nicht eingeschränkt werden. Die Verschwiegenheitspflicht des Arbeitnehmers ist in § 24 Abs. 2 ArbEG ausdrücklich nur so lange festgelegt, als die Diensterfindung nicht frei geworden ist (§ 8 S. 1 ArbEG). Die Rechtslehre nimmt aber überwiegend an, dass der Arbeitnehmer die frei gewordene Dienserfindung nicht in einem eigenen Betrieb verwerten darf. Diese Eigenverwertung verbietet ihm die arbeitsrechtliche Treuepflicht trotz der Einschränkungen des § 25 ArbEG, da er seine ganze Arbeitskraft dem Unternehmen des Arbeitgebers zur Verfügung stellen muss. An dieser allgemeinen arbeitsrechtlichen Pflicht ändert das Gesetz über Arbeitnehmererfindungen auch im Hinblick auf frei gewordene Diensterfindungen nichts (*Reimer/Schade/Schippel* ArbEG § 25 Rn. 16 ff., insbes. 21; *Bartenbach/Volz,* Arbeitnehmererfindungsgesetz, § 8 nF Rn. 77 ff.; § 25 Rn. 40, 41).

5. Fristsetzung zur Schutzrechtsanmeldung

An die

Geschäftsleitung

Schutzrechtsanmeldung der Diensterfindung . . . . .

Mit Erklärung vom . . . . . haben Sie die Diensterfindung betreffend . . . . . in Anspruch genommen. Sie haben diese Erfindung meines Wissens bis heute nicht zur Erteilung eines Schutzrechtes beim Deutschen Patent- und Markenamt angemeldet und mir gegenüber auch die Schutzrechtsfähigkeit der Erfindung nicht anerkannt.[1]

Ich fordere Sie deshalb auf, die Schutzrechtsanmeldung innerhalb eines Monats nach Empfang dieses Briefes zu bewirken und mir durch Übersendung einer Abschrift der Anmeldeschrift nachzuweisen.

Anderenfalls werde ich die Erfindung selbst auf Ihren Namen[2] und Ihre Kosten[3] beim Deutschen Patentamt zum Patent anmelden.

Ich darf Sie bitten, mir den Empfang meines Schreibens auf beiliegender Kopie zu bestätigen.[4]

Anmerkungen

1. Fristsetzung für die Schutzrechtsanmeldung. Nicht zuletzt wegen seines Vergütungsanspruches liegt es im Interesse des Arbeitnehmererfinders, möglichst bald zu erfahren, ob die von ihm als schutzrechtsfähig angesehene Diensterfindung auch wirklich schutzrechtsfähig ist. Deshalb ist er daran interessiert, dass der Arbeitgeber nach der Inanspruchnahme seine Verpflichtung zur Schutzrechtsanmeldung auch erfüllt. Zur Anmeldepflicht des Arbeitgebers im Inland bei Inanspruchnahme → Muster 3 → Anm. 5, zur Anerkennung der Schutzfähigkeit dort → Anm. 6. Zu beachten ist, dass die Pflicht zur Anmeldung nach § 13 Abs. 1 ArbEG wegen der damit verbundenen Schwierigkeiten häufig einvernehmlich zwischen dem Arbeitgeber und dem Arbeitnehmererfinder gegen Zahlung eines einmaligen Pauschalbetrags abgegolten wird (vgl. hierzu *Bartenbach/Volz,* Arbeitnehmererfindungsgesetz, § 13 Rn. 33 ff.; zum Maßstab der Billigkeit solcher Vereinbarungen: Schiedsstelle Beschl. v. 18.7.2012 – ArbErfG 30/10; *Trimborn* Mitt. 2014, 74).

2. Ersatzvornahme. Kommt der Arbeitgeber nach der Inanspruchnahme seiner Anmeldepflicht nicht nach, kann der Arbeitnehmer die Diensterfindung gemäß § 13 Abs. 3 ArbEG im Wege der Ersatzvornahme für den Arbeitgeber auf dessen Namen und Kosten anmelden. Der Arbeitnehmer ist an der Schutzrechtserteilung bzw. der Anerkennung der Schutzfähigkeit aus patentrechtlichen Gründen, vor allem aber im Hinblick auf die Bedeutung der Schutzrechtserteilung für die Vergütung der Diensterfindung, interessiert. Er muss aber vor der Ersatzvornahme dem Arbeitgeber eine angemessene Nachfrist setzen, innerhalb derer dieser die Anmeldung noch bewirken kann (§ 13 Abs. 3 ArbEG). Bei der Bemessung dieser Frist ist das Interesse des Arbeitnehmers an der Sicherung der Priorität seiner Erfindung zu berücksichtigen. Unter diesem Gesichtspunkt kann die angemessene Frist im Einzelfall sehr kurz sein.

3. Kosten. Die zu erstattenden Kosten umfassen neben den Amtsgebühren je nach Lage des Falls auch die Anwaltshonorare für die Ausarbeitung und Einreichung der Schutzrechtsanmeldung beim Deutschen Patent- und Markenamt (vgl. *Reimer/Schade/Schippel* ArbEG § 13 Rn. 22).

4. Empfangsbestätigung. Der Zugangsnachweis ermöglicht es dem Arbeitnehmer insbesondere, die dem Arbeitgeber gesetzte Nachfrist zu kontrollieren.

6. Freigabe zum Schutzrechtserwerb im Ausland unter Vorbehalt eines Benutzungsrechts für den Arbeitgeber

Herrn . . . . .

im Hause

Ihre Diensterfindung . . . . .

Für Ihre Diensterfindung . . . . ., die wir (mit unserem Schreiben vom) . . . . . in Anspruch genommen haben, wollen wir in folgenden ausländischen Staaten keine Schutzrechte erwerben: . . . . . (Angabe dieser Staaten).[1]

Für diese Staaten geben wir Ihnen die Diensterfindung hiermit frei, damit Sie gegebenenfalls selbst Schutzrechte erwerben können.[2] Unsere Patentabteilung steht Ihnen dabei gerne beratend zur Verfügung. Wir sind auch bereit, Ihnen gegen Erstattung unserer Kosten alle für die Schutzrechtsanmeldung bereits vorliegenden Unterlagen zu überlassen.

Die Prioritätsfrist nach der Pariser Verbandsübereinkunft läuft für Auslandsanmeldungen bis zum . . . . .
Wir behalten uns das nicht ausschließliche Benutzungsrecht an der Diensterfindung in den Staaten vor, für die wir Ihnen die Erfindung freigegeben haben. Wir bitten Sie deshalb, uns von Schutzrechtsanmeldungen in diesen Staaten zu unterrichten.[3]
Falls Sie die Erfindung in . . . . . (Angabe der betroffenen Staaten) verwerten wollen, müssen Sie die folgenden Verpflichtungen beachten, die wir dort bereits eingegangen sind: . . . . . (Angabe dieser Verpflichtungen im Einzelnen).[4]
Über die Ihnen zustehende Vergütung werden wir uns zur gegebenen Zeit einigen.[5]
Schließlich bitten wir Sie, den Empfang unseres Schreibens auf beiliegender Kopie zu bestätigen.[6]

Schrifttum: Bartenbach/Volz, Die nicht ausschließlichen Benutzungsrechte des Arbeitgebers nach dem ArbEG und die Veräußerung der Diensterfindung durch den Arbeitnehmer, GRUR 1984, 257; *Fischer,* Der Benutzungsvorbehalt nach dem ArbEG im Verfahrens- und Anlagengeschäft, GRUR 1974, 500; *Gaul,* Das nicht ausschließliche Recht des Arbeitgebers an im Ausland frei gegebenen Diensterfindungen, GRUR 1967, 518; *ders.,* Zur Freigabe einer Diensterfindung für das Ausland, Mitt. 1971, 241; *ders.,* Die Schutzrechtsveräußerung durch Arbeitnehmer und deren Auswirkung auf das Mitbenutzungsrecht des Arbeitgebers, GRUR 1984, 494; *Gaul/Bartenbach,* Die Vergütungspflicht bei Vorbehalt eines Benutzungsrechts gemäß § 14 Abs. 3 ArbEG, Mitt. 1968, 141; *Grote,* Der Vergütungsanspruch im Fall des Vorbehalts eines Benutzungsrechts gemäß § 14 Abs. 3 ArbEG, Mitt. 1969, 107; *Koch,* Die Auslandsfreigabe nach dem ArbEG, RIW 1986, 824; *Kraft,* Die Freigabe der Diensterfindung für das Ausland und die Rechte des Arbeitgebers nach § 14 Abs. 3 ArbEG, GRUR 1970, 381; *Sack,* Probleme der Auslandsverwertung inländischer Arbeitnehmererfindungen, RIW 1989, 612.

Anmerkungen

1. Sachverhalt. Der Arbeitgeber ist nach der Inanspruchnahme der Diensterfindung berechtigt, aber nicht verpflichtet, diese auch im Ausland zur Erteilung von Schutzrechten anzumelden (§ 14 Abs. 1 ArbEG, → Muster 3 → Anm. 7). Die europäische Patentanmeldung unter Benennung anderer Staaten als der Bundesrepublik Deutschland (→ Muster 3 → Anm. 5) kommt für die benannten Staaten der Auslandsanmeldung gleich. Für ausländische Staaten, in denen der Arbeitgeber keine Schutzrechte erwerben will, hat er dem Arbeitnehmer die Diensterfindung freizugeben (§ 14 Abs. 2 S. 1 ArbEG). Das soll mit dem vorgelegten → Muster 6 geschehen. Eine bestimmte Form ist für diese Freigabe nicht vorgeschrieben, allerdings sollte der Nachweis des Zugangs der Freigabe sichergestellt werden (bspw. durch Einschreiben, E-Mail oder Fax mit Faxbericht). In diesem Zusammenhang ist allerdings zu beachten, dass die Pflicht zur Freigabe gemäß § 14 Abs. 2 ArbEG wegen der damit verbundenen Schwierigkeiten häufig einvernehmlich zwischen dem Arbeitgeber und dem Arbeitnehmererfinder gegen Zahlung eines einmaligen Pauschalbetrags abgegolten wird. (vgl. *Bartenbach/Volz* ArbEG § 14 Rn. 71; zum Maßstab der Billigkeit solcher Vereinbarungen: Schiedsstelle Beschl. v. 18.7.2012 – ArbErfG 30/10; *Trimborn* Mitt. 2014, 74).

2. Erwerb von Auslandsschutzrechten durch Arbeitnehmer. Die Freigabe soll dem Arbeitnehmer ermöglichen, dass er in den betreffenden Staaten, oder einem oder einigen von ihnen selbst, Schutzrechte erwirbt. Wenn es der Arbeitnehmer verlangt, hat ihn der Arbeitgeber dabei zu unterstützen (siehe *Bartenbach/Volz* ArbEG § 14 Rn. 39), weshalb im vorliegenden Formular der Arbeitgeber dem Arbeitnehmer seine Unterstützung anbietet. Dabei trifft den Arbeitgeber mit der Pflicht zur Unterstützung das Risiko der richtigen Beratung (→ Muster 2 → Anm. 3). Die Freigabe soll so rechtzeitig vorgenommen werden, dass der Arbeitnehmer die Prioritätsfristen der zwischenstaatlichen Verträge auf dem Gebiet des gewerblichen Rechtsschutzes ausnutzen kann (§ 14 Abs. 2 ArbEG). Solche zwischenstaatlichen Verträge sind die Pariser Verbandsübereinkunft zum Schutz des gewerblichen Eigentums v. 20.3.1883 (PVÜ), mit einer Zwölfmonatsfrist ab dem auf die Hinterlegung der 1. Anmeldung in einem Mitgliedstaat folgenden Tag (Art. 4 C PVÜ); das Übereinkommen über die Erteilung europäischer Patente v. 5.10.1973 (EPÜ), mit Prioritätsregeln in Art. 87 ff., die denen der PVÜ im Wesentlichen entsprechen, und der Vertrag über die internationale Zusammenarbeit auf dem Gebiet des Patentwesens v. 19.6.1970 (PCT), der in Art. 8 Abs. 2 auf die PVÜ verweist.

In der Regel reicht die Freigabe zwei bis drei Monate vor Ablauf der internationalen Fristen aus, um dem Arbeitnehmer die erforderlichen Prüfungen und Erklärungen rechtzeitig zu ermöglichen (vgl. etwa *Reimer/Schade/Schippel* ArbEG § 14 Rn. 3). Die im Muster vorgesehene Überlassung von Anmeldungsunterlagen gehört zu der Unterstützungspflicht, die der Arbeitgeber auf Verlangen des Arbeitnehmers zu erfüllen hat. Die Unterstützungspflicht des Arbeitgebers umfasst alle Maßnahmen, die für den Erwerb des Schutzrechts im Ausland rechtlich erforderlich sind und aus Rechtsgründen vom Arbeitnehmer nicht selbst erbracht werden können (vgl. *Bartenbach/Volz,* Arbeitnehmererfindungsgesetz, § 14 Rn. 41). Dazu gehören etwa erforderliche Übertragungserklärungen, für die in einzelnen Staaten eine notarielle Beglaubigung vorgeschrieben ist. Die Pflicht des Arbeitnehmers, die für solche Übertragungserklärungen entstehenden Kosten zu tragen, folgt aus § 670 BGB.

3. Nicht ausschließliches Benutzungsrecht. Der Arbeitgeber kann sich ein nicht ausschließliches Benutzungsrecht in den ausländischen Staaten vorbehalten, für die er dem Arbeitnehmer die Diensterfindung freigibt und in denen der Arbeitnehmer Schutzrechte erwirbt. Dieser Vorbehalt muss gleichzeitig mit der Freigabe erklärt werden (§ 14 Abs. 3 ArbEG). Das nicht ausschließliche Benutzungsrecht des Arbeitgebers entspricht inhaltlich (wie die entsprechenden Rechte in § 16 Abs. 3, § 19 Abs. 1 und § 42 Nr. 3 ArbEG) einer einfachen Lizenz (vgl. BGH GRUR 1974, 463 (464) – Anlagengeschäft). Inwieweit diese auf Grund des deutschen ArbEG begründete „einfache Lizenz" an einem ausländischen Schutzrecht im Ausland Wirkungen entfaltet und durchsetzbar ist, bestimmt sich nach den nationalen Regelungen des betreffenden Staates (vgl. *Bartenbach/Volz,* Arbeitnehmererfindungsgesetz, § 14 Rn. 51). Gleiches gilt für die Frage des Fortbestandes des Nutzungsrechts des Arbeitgebers für den Fall, dass der Arbeitnehmer das ausländische Schutzrecht an Dritte lizenziert oder überträgt. Sofern das Nutzungsrecht des Arbeitgebers nach dem ausländischen Recht untergeht, müsste der Arbeitnehmer im Hinblick auf seine arbeitsvertragliche Treuepflicht dafür sorgen, dass der Fortbestand des Nutzungsrechts durch vertragliche Absprache mit dem Rechtserwerber gesichert wird (*Bartenbach/Volz,* Arbeitnehmererfindungsgesetz, § 14 Rn. 51.2).

4. Rücksichtnahme auf Belange des Arbeitgebers. Der Arbeitnehmer hat nach § 14 Abs. 3 ArbEG auf alle Verpflichtungen des Arbeitgebers, insbesondere aus Lizenzverträgen, Rücksicht zu nehmen, die dieser im Zeitpunkt des Zugangs der Freigabeerklärung gegenüber in- oder ausländischen Vertragspartnern eingegangen ist und die das Land betreffen, für das er die Diensterfindung freigibt. Dem Arbeitnehmer kann aus § 14 Abs. 3 ArbEG die Pflicht entstehen, einem Lizenznehmer des Arbeitgebers Benutzungsrechte an seinem ausländischen Schutzrecht einzuräumen, ohne dass er von diesem Lizenzgebühren erhält; er bleibt dann insoweit auf den Vergütungsanspruch gegen seinen Arbeitgeber angewiesen (→ Anm. 5).

5. Vergütung. Nach § 14 Abs. 3 ArbEG schuldet der Arbeitgeber dem Arbeitnehmer für das vorbehaltene Benutzungsrecht eine angemessene Vergütung. Voraussetzung hierfür ist allerdings, dass der Arbeitnehmer ein Schutzrecht in dem betreffenden Staat erwirbt. Unterlässt der Arbeitnehmer Auslandsanmeldungen, steht ihm (mit Ausnahme des § 20 Abs. 1 ArbEG) keine Vergütung zu (*Volmer/Gaul,* Arbeitnehmererfindungsgesetz, § 14 Rn. 138; aA *Bartenbach/Volz,* Arbeitnehmererfindungsgesetz, § 14 Rn. 61: Vergütungsanspruch bis Ablauf der Prioritätsfrist). Entsprechend endet die Vergütungspflicht spätestens mit Wegfall des ausländischen Schutzrechts. Auch für Einschränkungen, denen der Arbeitnehmer sich gemäß § 14 Abs. 3 ArbEG unterwerfen muss, hat der Arbeitgeber eine angemessene Vergütung zu bezahlen. Für die Feststellung oder Festsetzung der Vergütung gelten jeweils die Regeln des § 12 ArbEG (→ Muster 11).

Da die Materie im Einzelnen oft sehr schwierig ist, versuchen die Parteien in der Praxis häufig unter Beachtung der §§ 22 u. 23 ArbEG zu einer einverständlichen Regelung zu gelangen (vgl. *Bartenbach/Volz,* Arbeitnehmererfindungsgesetz, § 14 Rn. 71–73 und BGH GRUR 1978, 430 – Absorberstabantrieb; zum Maßstab der Billigkeit solcher Vereinbarungen: Schiedsstelle Beschl. v. 18.7.2012 – ArbErfG 30/10; *Trimborn* Mitt. 2014, 74).

6. Empfangsbestätigung. Der Arbeitgeber ist verpflichtet, den Zugang der Freigabeerklärung gemäß § 14 Abs. 2 ArbEG beim Arbeitnehmer (etwa durch Empfangsquittung oder Übersendung als Einschreiben mit Rückschein) zu kontrollieren, um sicherzustellen, dass die Freigabeerklärung ihren Zweck erreicht (vgl. BGH GRUR 1978, 430 (434) – Absorberstabantrieb).

7. Mitteilung einer freien Erfindung

An die
Geschäftsleitung
Mitteilung einer freien Erfindung[1]
Ich teile Ihnen mit, dass ich folgende Erfindung gemacht habe: . . . . . (kurze Beschreibung des Gegenstandes der Erfindung).[2]

1. **Ich halte meine Erfindung für eine freie Erfindung und führe dazu aus:**[3]
   1.1 **Die Erfindung, die Aufgabenstellung und den Lösungsweg charakterisiere ich kurz wie folgt: . . . . .**
   1.2 **Mir obliegt im Betrieb folgende Tätigkeit: . . . . .**
   1.3 **Zur Aufgabenstellung und Lösung haben folgende Erfahrungen oder Arbeiten aus dem Betriebsbereich beigetragen: . . . . .**
2. **An der Erfindung haben außer mir keine weiteren Personen erfinderisch mitgewirkt.**
3. **Meine Erfindung ist nach meiner Auffassung im Arbeitsbereich des Betriebes wie folgt verwendbar: . . . . .**[4]
4. **Ich habe die Erfindung bisher noch nicht zur Erteilung eines Schutzrechtes angemeldet.**[5]
5. **Bitte bestätigen Sie mir den Empfang der Erfindungsmitteilung.**[6]

Anmerkungen

1. Mitteilung freier Erfindungen. Alle Erfindungen eines Arbeitnehmers, die nicht Diensterfindungen iSd § 4 Abs. 2 ArbEG sind (→ Muster 1), sind freie Erfindungen. Auch eine freie Erfindung, die er während der Dauer seines Arbeitsverhältnisses gemacht hat, muss der Arbeitnehmer seinem Arbeitgeber bekannt geben. An die in § 18 ArbEG geregelte Mitteilung stellt das Gesetz aber geringere Anforderungen als an die Meldung der Diensterfindung (→ Muster 1). Die Mitteilung dient nur dazu, dem Arbeitgeber die Prüfung zu ermöglichen, ob er die vom Erfinder für frei erachtete technische Neuerung auch nach seinem Urteil nicht in den Kreis der in § 4 Abs. 2 ArbEG definierten gebundenen Diensterfindungen einbezieht. Ferner soll die Mitteilung dem Arbeitgeber das Benutzungsrecht nach § 19 Abs. 1 S. 1 ArbEG rechtzeitig sichern.

2. Form und Zeit der Mitteilung. Für die Mitteilung ist ebenso wie für die Meldung die Textform vorgeschrieben. Die Mitteilung muss wie die Meldung unverzüglich erfolgen (→ Muster 1 → Anm. 1 u. 3).

3. Umfang der Mitteilung. Dem Zweck der Mitteilung entsprechend braucht der Erfinder dem Arbeitgeber über die Erfindung und – nur wenn es erforderlich ist – auch über ihre Entstehung so viel mitzuteilen, dass der Arbeitgeber beurteilen kann, ob die Erfindung frei ist (§ 18 Abs. 1 S. 2 ArbEG).

4. Ausnahmen von der Mitteilungspflicht. Da der Arbeitgeber im Falle einer Verwertung der freien Erfindung durch den Arbeitnehmer ein mindestens nicht ausschließliches Benutzungsrecht erwerben kann (§ 19 Abs. 1 S. 1 ArbEG), verzichtet das Gesetz auf die Mitteilungspflicht, wenn die Erfindung offensichtlich im Arbeitsbereich des Betriebs des Arbeitgebers nicht verwendbar ist (§ 18 Abs. 3 ArbEG).

5. Geheimhaltungspflicht des Arbeitnehmers bei freien Erfindungen. Dieser Hinweis ist nicht vorgeschrieben, aber wegen der Geheimhaltungspflicht des Arbeitgebers (§ 24 Abs. 1 ArbEG) zweckmäßig. Der Arbeitgeber hat die ihm mitgeteilte Erfindung ebenso wie die ihm gemeldete Erfindung so lange geheim zu halten, wie die berechtigten Belange des Arbeitnehmererfinders dies erfordern. Bei einer freien Erfindung endet die Geheimhaltungspflicht des Arbeitgebers beispielsweise mit dem Erwerb der Erfindung durch den Arbeitgeber, mit der Offenlegung einer Schutzrechtsanmeldung für die Erfindung und dann, wenn der Arbeitnehmer selbst durch verfrühte Bekanntgabe die Erteilung eines Schutzrechtes vereitelt hat oder aus anderen Gründen die Geheimhaltung nicht mehr gewährleisten kann.

6. Bestätigung des Empfangs der Erfindungsmitteilung. Die Bestätigung des Zugangs der Erfindungsmitteilung ist nicht zwingend, jedoch ratsam. Sie gestattet es dem Arbeitnehmer beispielsweise, den Ablauf der Frist zum Bestreiten durch den Arbeitgeber (gemäß § 18 Abs. 2 ArbEG) zu kontrollieren.

8. Bestreiten, dass eine Erfindung frei sei

Herrn . . . . .
im Hause
Mitteilung Ihrer Erfindung . . . . .
Sie haben mit Ihrem Schreiben vom . . . . . Ihre Erfindung . . . . . (kurze Bezeichnung des Erfindungsgegenstandes) mitgeteilt und die Auffassung vertreten, dass diese Erfindung frei sei. Dieser Beurteilung können wir nicht zustimmen. Nach unserer Auffassung ist Ihre Erfindung eine Diensterfindung iSd § 4 Abs. 2 Arbeitnehmererfindungsgesetz (ArbEG).[1]
Die Erfindung ist aus der Ihnen im Betrieb obliegenden Tätigkeit entstanden . . . . . (kurze Begründung hierzu).[2]
Sie beruht maßgebend auf folgenden Erfahrungen oder Arbeiten des Betriebes: . . . . . (kurze Angaben hierzu).
Wir bitten Sie deshalb, die Erfindung innerhalb von zwei Wochen nach Zugang dieses Briefes ordnungsgemäß als Diensterfindung gemäß § 5 ArbEG zu melden und uns dazu die in dem beigefügten Formblatt genannten Angaben zu machen.[3]
Bestätigen Sie uns bitte den Empfang dieses Briefes auf beiliegender Kopie.[4]

Anmerkungen

1. Frist für das Bestreiten. Teilt der Arbeitgeber die Auffassung des Arbeitnehmers nicht, dass eine ihm nach § 18 Abs. 1 ArbEG mitgeteilte Erfindung frei sei, so muss er das dem Arbeitnehmer innerhalb von 3 Monaten nach Zugang der Mitteilung (→ Muster 7) in Textform mitteilen (§ 18 Abs. 2 ArbEG). Auch diese Frist ist eine nicht verlängerbare Ausschlussfrist (→ Muster 2 → Anm. 1), die nur gewahrt ist, wenn die Erklärung des Arbeitgebers dem Arbeitnehmer innerhalb der 3-Monatsfrist zugeht. Nach Ablauf der Frist kann der Arbeitgeber die Erfindung nicht mehr in Anspruch nehmen, auch wenn sich erst später herausstellen sollte, dass sie als Diensterfindung gemacht worden ist.

2. Begründung der Beanstandung. Das Gesetz schreibt für die Beanstandung nach § 18 Abs. 2 ArbEG keine Begründung vor. Die Begründung ist jedoch in den meisten Fällen zweckmäßig, um den Arbeitnehmer von der Richtigkeit der Auffassung des Arbeitgebers zu überzeugen und ihm Hinweise für die folgende Meldung der Diensterfindung zu geben und das Verfahren abzukürzen.

3. Meldung und Inanspruchnahme. Ist die Erfindung eine Diensterfindung, so kann der Arbeitgeber die unverzügliche, umfangreichere und aussagekräftigere Meldung gemäß § 5 ArbEG verlangen (→ Muster 1), die dann erst die Frist für die Freigabe mit ggf. anschließender Inanspruchnahmefiktion in Lauf setzt.

4. Bestätigung des Empfangs. Die Bestätigung des Empfangs ist empfehlenswert für den vom Arbeitgeber zu führenden Nachweis, dass er innerhalb der 3-Monatsfrist des § 18 Abs. 2 ArbEG bestritten hat, dass die Erfindung des Arbeitnehmers frei ist.

9. Angebot eines Benutzungsrechts an einer freien Erfindung

An die
Geschäftsleitung
Angebot eines Benutzungsrechts an meiner freien Erfindung .....
Mit Schreiben vom ..... habe ich Ihnen meine Erfindung betreffend ..... mitgeteilt.[1]
Die Erfindung ist unterdessen durch das Deutsche Gebrauchsmuster Nr. ..... geschützt.
Ich möchte die Erfindung anderweitig verwerten. Da sie in den Arbeitsbereich unseres Betriebes fällt, biete ich Ihnen hiermit ein nicht ausschließliches Recht zur Benutzung dieser Erfindung an.[2]
Als Gegenleistung erscheint mir eine einmalige Zahlung in Höhe von EUR ..... bei Annahme meines Angebotes als angemessen.[3]
Bestätigen Sie mir bitte den Empfang dieses Angebotes und teilen Sie mir spätestens innerhalb von drei Monaten nach Empfang mit, ob Sie mein Angebot annehmen.[4]

Anmerkungen

1. Mitteilung und Angebot der freien Erfindung. → Muster 7. Das Angebot nach → Muster 9 kann bereits mit der Mitteilung nach → Muster 7 verbunden werden (§ 19 Abs. 1 S. 2 ArbEG).

2. Erfordernis des Angebots. Nach § 19 Abs. 1 S. 1 ArbEG ist der Arbeitnehmer verpflichtet, seinem Arbeitgeber mindestens ein nicht ausschließliches Recht zur Benutzung der freien Erfindung anzubieten, bevor er während der Dauer des Arbeitsverhältnisses die freie Erfindung anderweitig verwertet, vorausgesetzt, dass diese Erfindung im Zeitpunkt des Angebots in den vorhandenen oder vorbereiteten Arbeitsbereich des Betriebs des Arbeitgebers fällt. „Anderweitig verwerten" bedeutet jede Nutzung der freien Erfindung zu gewerblichen Zwecken, unabhängig davon, ob die Nutzung selbst oder durch Dritte erfolgt (*Bartenbach/Volz,* Arbeitnehmererfindungsgesetz, § 19 Rn. 35). Das nicht ausschließliche Benutzungsrecht des Arbeitgebers ist unternehmensbezogen. Ist das Arbeitsverhältnis beendet, entfällt die Anbietepflicht, die Nachwirkungen aus § 26 ArbEG greifen hier nicht ein (vgl. *Bartenbach/Volz,* Arbeitnehmererfindungsgesetz, § 19 Rn. 31). Das Angebot ist an keine Form gebunden, könnte also auch mündlich erklärt werden. Aus Beweiszwecken, insbesondere im Hinblick auf den Fristlauf (→ Anm. 4), ist zu empfehlen, den Nachweis des Zugangs sicherzustellen (bspw. durch Einschreiben, E-Mail oder Fax mit Faxbericht).

3. Angemessene Bedingungen. Die angemessenen Bedingungen entsprechen dem, was für derartige Nutzungsrechte mit freien Erfindern üblicherweise vereinbart wird (*Reimer/Schade/Schippel,* ArbEG § 19 Rn. 18 f.). Anhaltspunkte für die Bestimmung der Vergütung können den Vergütungsrichtlinien entnommen werden, soweit diese den Erfindungswert betreffen (→ Muster 11 → Anm. 3). Die Anteilsfaktoren des 2. Teils der Vergütungsrichtlinien (Nr. 30 ff.) bleiben hingegen außer Betracht, da es sich um eine freie Erfindung handelt, an der dem Arbeitnehmer in jedem Fall ein 100 %iger Anteil zusteht. Die Bedingungen des Angebots brauchen sich nicht auf die Vergütung zu beschränken. Der Arbeitnehmer kann auch den Inhalt des Benutzungsrechts in seinem Angebot im Einzelnen ähnlich einem Lizenzvertrag ausgestalten.

4. Reaktion des Arbeitgebers. Für die Bestätigung des Empfangs gilt das zu → Muster 3 → Anm. 9 Gesagte entsprechend. Nimmt der Arbeitgeber das Angebot nicht innerhalb von 3 Monaten nach Zugang an, so erlischt sein Vorrecht auf Erwerb des Benutzungsrechts (§ 19 Abs. 2 ArbEG). Hält er die Bedingungen des Angebots nicht für angemessen, so muss er sich innerhalb der Dreimonatsfrist zum Erwerb des angebotenen Rechts bereit erklären und geltend machen, dass er die Bedingungen des Angebots nicht für angemessen hält (→ Muster 10). Zu beachten ist auch hier, dass sich der Einwand, die Bedingungen seien unangemessen, nicht nur auf die Vergütung, sondern auch auf andere Einzelheiten des Angebots, zB auf den Umfang des Nutzungsrechts in zeitlicher oder räumlicher Hinsicht, beziehen kann.

10. Geltendmachung unangemessener Bedingungen (für den Erwerb eines Benutzungsrechts an einer freien Erfindung)

Herrn . . . . .

im Hause

Erwerb eines Benutzungsrechts an Ihrer Erfindung betreffend . . . . .

Sie haben uns mit Schreiben vom . . . . . ein nicht ausschließliches Benutzungsrecht an Ihrer Erfindung betreffend . . . . . zum Erwerb angeboten. Wir sind gerne zum Erwerb bereit, halten aber die Bedingungen Ihres Angebotes für nicht angemessen.[1]

Bevor Sie oder wir die Schiedsstelle beim Deutschen Patent- und Markenamt anrufen, damit sie die Bedingungen für den Erwerb festsetzt, bieten wir Ihnen für das nicht ausschließliche Benutzungsrecht an Ihrer Erfindung eine einmalige Zahlung in Höhe von EUR . . . . . als unseres Erachtens angemessene Gegenleistung an.[2]

Wir bitten Sie, sich innerhalb von zwei Wochen zu diesem Angebot schriftlich zu äußern und uns den Empfang unseres Schreibens auf beiliegender Kopie zu bestätigen.[3]

Anmerkungen

1. Beanstandung der Bedingungen des Angebots. Bietet der Arbeitnehmererfinder seinem Arbeitgeber ein einfaches Benutzungsrecht an seiner freien Erfindung an (→ Muster 9) und ist der Arbeitgeber mit diesem Angebot einverstanden, so ergeben sich für die erforderliche Annahme keine Schwierigkeiten. Der Arbeitgeber erklärt einfach innerhalb der gesetzlichen 3-Monatsfrist des § 19 Abs. 2 ArbEG, er nehme das ihm gemachte Angebot an, und der Vertrag kommt zustande (§§ 145 ff. BGB). Ähnliches gilt, wenn der Arbeitgeber das Angebot nicht annehmen will. Dann mag er das dem Arbeitnehmer mitteilen oder sich einfach verschweigen (vgl. § 19 Abs. 2 ArbEG). Besondere Regeln hat der Arbeitgeber nur zu beachten, wenn er zwar das Angebot annehmen will, mit den angebotenen Bedingungen aber nicht einverstanden ist (→ Muster 9 → Anm. 4). In diesem Fall muss der Arbeitgeber fristgerecht seine Bereitschaft zum Erwerb des Benutzungsrechts erklären, auch wenn er mit den Bedingungen des Angebots des Arbeitnehmers im Einzelnen nicht einverstanden ist. Andernfalls droht Rechtsverlust gemäß § 19 Abs. 2 ArbEG. Gleichzeitig muss der Arbeitgeber jedoch innerhalb der Frist des § 19 Abs. 2 ArbEG geltend machen, dass die Bedingungen des Angebots seiner Auffassung nach nicht angemessen sind (§ 19 Abs. 3 ArbEG).

2. Gegenangebot. Es ist nicht vorgeschrieben, dass der Arbeitgeber in diesem Fall dem Arbeitnehmer ein Gegenangebot macht. Er kann unmittelbar das Gericht anrufen (§ 19 Abs. 3 ArbEG). Der Anrufung des Gerichts muss jedoch, solange das Arbeitsverhältnis besteht und keiner der anderen in § 37 Abs. 2 ArbEG genannten Gründe vorliegt, notwendig das Verfahren vor der Schiedsstelle beim Deutschen Patent- und Markenamt vorausgehen (§ 37 Abs. 1, §§ 28 ff. ArbEG). Da auch die Schiedsstelle die Aufgabe hat, eine gütliche Einigung herbeizuführen – das Verfahren schließt mit einem Einigungsvorschlag (§ 34 Abs. 2 ArbEG) – ist es zweckmäßig, dass die Parteien zunächst selbst die Einigung versuchen. Deshalb sollte der Arbeitgeber wie im vorliegenden Fall, auch ohne vom Gesetz dazu gezwungen zu sein, dem Arbeitnehmer in der Form eines Gegenangebots mitteilen, welche Bedingungen er für den Erwerb des Benutzungsrechts als angemessen ansieht, wobei sich das Gegenangebot auf alle Bedingungen beziehen kann, die der Arbeitgeber für unangemessen hält, nicht nur auf die Vergütung.

3. **Empfangsbestätigung.** Eine Empfangbestätigung liegt im Interesse des Arbeitgebers, da er für das Einhalten der 3-Monatsfrist (§ 19 Abs. 2 mit 3 ArbEG) die Beweislast trägt.

11. Vereinbarung der Erfindervergütung für eine benutzte Diensterfindung vor der Erteilung des Schutzrechtes nach Lizenzanalogie

Die Parteien haben sich darüber geeinigt, die Vergütung für die in Anspruch genommene Diensterfindung, die . . . . . Werkzeuge betreffend, für die Zeit vom Beginn der Vergütungspflicht, dem . . . . ., bis zum 31.12.200 . . . . ., wie folgt festzustellen:[1]

1. In der einschlägigen Zeit sind erfindungsgemäß . . . . . Stück Werkzeuge mit einem Kaufwert von K hergestellt worden.[2] Die Parteien sind sich darüber einig, dass der Kaufwert aus den Herstellungskosten zuzüglich eines Gewinn-Zuschlages von 60 % zu errechnen ist.[3]
   Unter Ansatz eines Lizenzsatzes von 2,5 vH[3] und eines Anteilsfaktors von 28,5 vH[4] sowie einer vorläufigen Vergütung von 30 vH[5] ergibt das eine Vergütung von

   $$K \times \frac{2{,}5 \cdot 28{,}5 \cdot 30}{100 \cdot 100 \cdot 100} = 0{,}21 \text{ vH des Kaufwertes } K,$$ [6]

   also EUR . . . . .
2. Entsprechend dieser Formel wird die Erfindervergütung jährlich im Nachhinein, jeweils auf der Grundlage der Jahresabrechnung zum 31.12. des vorangegangenen Kalenderjahres, innerhalb von drei Monaten nach dessen Ablauf bezahlt, bis die Patentanmeldung zurückgewiesen oder das Patent rechtskräftig erteilt ist.[7]
3. Wird das Patent rechtskräftig erteilt, so zahlt der Arbeitgeber an den Arbeitnehmererfinder für den gesamten Zeitraum der Benutzung eine weitere Vergütung in Höhe von 0,7 vH des entsprechend Ziffer 1. zu ermittelnden Kaufwertes der Werkzeuge.[8] Eine Verzinsung wird nicht geschuldet.
4. Sollten die Patentansprüche erheblich eingeschränkt erteilt werden, so werden die Beteiligten prüfen, ob eine Änderung des Vergütungssatzes nach den Grundsätzen des § 12 Abs. 6 ArbEG geboten ist.[9]

Schrifttum: Busse/Keukenschrijver, Patentgesetz, 7. Aufl. 2013; *Gaul/Bartenbach,* Der Einfluß des neuen Patenterteilungsverfahrens auf die Vergütungsregelung nach § 12 Abs. 3 ArbEG, GRUR 1983, 14; *Haas,* Der Vergütungsanspruch einer unbeschränkt in Anspruch genommenen Diensterfindung vor Patenterteilung, Diss. Würzburg 1975; *Hellebrandt,* Gewinn und Lizenzgebühr: Gibt es einen quantifizierbaren Zusammenhang?, GRUR 2001, 678; *Himmelmann,* Vergütungsrechtliche Ungleichbehandlung von

Arbeitnehmer-Erfinder und Arbeitnehmer-Urheber, GRUR 1999, 897; *Kremnitz,* Was steht mir an Erfindervergütung zu?, 1967; *ders.,* Probleme der Vergütung nach dem ArbEG aus der Sicht des Arbeitnehmererfinders, Mitt. 1971, 209; *Krieger* in FS Quack, 1991, 41 ff.; *Schickedanz,* Zur Frage der Vergütung von Arbeitnehmererfindungen und technischen Verbesserungsvorschlägen, DB 1975 Beil. 4; *Sturm,* Zur Angemessenheit von Arbeitnehmererfindervergütungen, DB 1989, 1869; *Tetzner,* Zum Vergütungsanspruch bei Arbeitnehmererfindungen, GRUR 1967, 513; *Volmer,* Das Monopolprinzip und das Leistungsprinzip im Arbeitnehmererfinderrecht, RdA 1956, 212; *ders.,* Das unechte Monopolprinzip im Arbeitnehmererfinderrecht und seine Bedeutung für die Praxis, BB 1964, 1223; *Weisse,* Die Ermittlung des Erfindungswerts von Arbeitnehmererfindungen, GRUR 1966, 165; *Willich/Preisher,* Zur Ermittlung des Anteilsfaktors bei der Erfindervergütung, insbesondere für in der Forschung und Entwicklung tätige Erfinder, GRUR 1975, 526; sowie die ausführlichen Kommentierungen zu § 9 ArbEG bei *Reimer/Schade/Schippel, Bartenbach/Volz* und *Volmer/Gaul* mit weiteren Literatur- und Rechtsprechungshinweisen sowie die Kommentierungen zu den Richtlinien für die Vergütung von Arbeitnehmererfindungen im privaten Dienst bei *Reimer/Schade/Schippel* Anhang zu § 11 und *Bartenbach/Volz,* Arbeitnehmererfindervergütung, 4. Auflage 2017.

Anmerkungen

1. Der Vergütunganspruch. Der Anspruch auf Bezahlung einer angemessenen Vergütung entsteht dem Grunde nach mit der Inanspruchnahme der Diensterfindung (§ 9 Abs. 1 ArbEG, vgl. etwa BGH GRUR 2003, 237 (238) – Ozon). Für die Bemessung dieser Vergütung sind nach § 9 Abs. 2 ArbEG insbesondere die wirtschaftliche Verwertbarkeit der Diensterfindung, die Aufgaben und die Stellung des Arbeitnehmers im Betrieb sowie der Anteil des Betriebs an dem Zustandekommen der Diensterfindung maßgebend. Dabei wird in der Praxis den nach § 11 ArbEG vom Bundesminister für Arbeit aufgestellten „Richtlinien für die Vergütung von Arbeitnehmererfindungen im privaten Dienst" (RL) vom 20.7.1959 folgend (abgedruckt im Anhang zu diesem Muster) der Wert ermittelt, den der Arbeitgeber auf dem freien Markt für eine der Diensterfindung entsprechende schutzfähige Erfindung bezahlen müsste (Erfindungswert), und dieser Betrag entsprechend den Anteilen des Betriebs und des Arbeitnehmererfinders am Zustandekommen dieser Diensterfindung (Anteilsfaktoren) gekürzt.

Die dazu notwendigen Werte können in der Regel im Zeitpunkt der Inanspruchnahme noch nicht ermittelt werden. Deshalb trennt § 12 ArbEG den Zeitpunkt der Fälligkeit der Erfindung von dem in § 9 Abs. 1 ArbEG niedergelegten Zeitpunkt des Entstehens des Vergütungsanspruches. Art und Höhe der Vergütung sollen in angemessener Frist nach der Inanspruchnahme der Diensterfindung durch eine Vereinbarung zwischen Arbeitgeber und Arbeitnehmer festgestellt werden (§ 12 Abs. 1 ArbEG). Abgestellt ist auf den Zeitpunkt, zu dem die für eine Festsetzung der Vergütung erforderlichen Werte frühestens ermittelt werden können. Welche Frist im Sinne der Absätze 1 und 3 des § 12 ArbEG „angemessen" ist, kann nur unter Abwägung aller Umstände des Einzelfalles festgestellt werden, wobei die Interessen des Betriebes und des Diensterfinders als gleichwertig berücksichtigt und gegeneinander abgewogen werden müssen (BGH GRUR 1963, 135 (137) – Cromegal sowie auch BGH GRUR 2003, 237 (239) – Ozon). Als Leitgedanke für die notwendige Interessenabwägung sei jeweils zu überlegen, ob der Betrieb infolge der Inanspruchnahme bereits wirtschaftliche Vorteile erlangt hat, wie sie ihm erfahrungsgemäß von einem freien Erfinder nicht unentgeltlich zur Verfügung gestellt worden wären.

Für den Fall, dass eine Vereinbarung über die Vergütung in angemessener Frist nach Inanspruchnahme der Diensterfindung nicht zustande kommt, hat der Arbeitgeber gemäß

§ 12 Abs. 3 S. 1 ArbEG die Vergütung durch eine begründete Erklärung in Textform an den Arbeitnehmer einseitig festzusetzen und entsprechend dieser Festsetzung zu zahlen. Um diese vom Willen des Arbeitgebers abhängige, einseitige Konkretisierung des Vergütungsanspruchs des Arbeitnehmers nicht über Gebühr hinauszuzögern und damit die an den Arbeitnehmer zu leistenden Vergütungszahlungen zu verhindern, sieht § 12 Abs. 3 S. 2 ArbEG eine „Endfrist" (BGH GRUR 1963, 135, 136 – Cromegal sowie auch BGH GRUR 2003, 237 (239) – Ozon) vor, bis zu der die einseitige Festsetzung von Art und Höhe der Vergütung in jedem Fall zu erfolgen hat. Danach ist die Vergütung spätestens bis zum Ablauf von drei Monaten nach Erteilung des Schutzrechts festzusetzen.

Zu Recht ist der BGH zu dem Ergebnis gekommen, dass ein dadurch mögliches Hinauszögern des Zeitpunkts, zu dem der Arbeitgeber mit seinen Vergütungszahlungen beginnen muss, obwohl er bereits die Diensterfindung benutzt, dem Sinn und Zweck des Arbeitnehmererfindergesetzes nicht entspricht. Der BGH hat daher im Wege einer teleologischen Reduktion bzw. Ergänzung des § 12 Abs. 3 S. 2 ArbEG entschieden, dass der Arbeitgeber, der eine von ihm in Anspruch genommene Diensterfindung in Benutzung nimmt, die Fälligkeit des Anspruchs auf Festsetzung und Zahlung einer Erfindervergütung nicht schlechthin bis zur Entscheidung über die Schutzrechtserteilung hinauszögern kann. Zumindest binnen angemessener Frist nach der Inbenutzungnahme der Erfindung habe der Erfinder einen Anspruch auf vorläufige Festsetzung einer Vergütung, durch die die tatsächliche Verwertung der Diensterfindung abgegolten wird (vgl. auch BGH GRUR 2003, 237 (239) – Ozon).

Daraus ergibt sich für den Vergütungsanspruch Folgendes:

Der Vergütungsanspruch entsteht gemäß § 9 Abs. 1 ArbEG, wenn die Erklärung des Arbeitgebers, die Erfindung in Anspruch zu nehmen, beim Arbeitnehmer zugeht bzw. die Fiktion der Inanspruchnahme gemäß § 6 Abs. 2 ArbEG eintritt.

Für die Fälligkeit des Vergütungsanspruchs ist die Aufnahme der Benutzung von wesentlicher Bedeutung, wobei zwei Fallkonstellationen unterschieden werden können.

(1) Sofern die Art und Höhe des Vergütungsanspruchs zum Zeitpunkt der Aufnahme der Benutzung bereits durch eine Vereinbarung gemäß § 12 Abs. 1 ArbEG festgestellt oder durch eine einseitige Erklärung des Arbeitgebers gemäß § 12 Abs. 3 S. 1 ArbEG festgesetzt ist, wird der Vergütungsanspruch des Arbeitnehmers (beim Fehlen anderweitiger Regelungen zwischen den Parteien) mit Aufnahme der Benutzung fällig. Der Arbeitgeber hat die Vergütung gemäß der Vereinbarung bzw. der Festsetzung an den Erfinder zu zahlen.

(2) Sofern eine Konkretisierung der Art und Höhe des Vergütungsanspruchs zum Zeitpunkt der Aufnahme der Benutzung fehlt und sofern zwischen Arbeitnehmer und Arbeitgeber innerhalb der angemessenen Frist nach Inanspruchnahme der Diensterfindung gemäß § 12 Abs. 1 ArbEG keine Vereinbarung über die Art und Höhe der Vergütung erzielt werden konnte, besteht zumindest binnen angemessener Frist nach der Inbenutzungnahme der Erfindung ein Anspruch auf vorläufige Festsetzung einer Vergütung, durch die die tatsächliche Verwertung der Diensterfindung abgegolten werden kann (BGH GRUR 1963, 135 – Cromegal). Nach der ständigen Rechtsprechung ist der Vergütungsanspruch spätestens drei Monate nach Aufnahme der Benutzung fällig (vgl. *Bartenbach/Volz*, Arbeitnehmererfindungsgesetz, § 9 Rn. 21). Das bedeutet, dass der Arbeitnehmer bei unterbliebener vorläufiger Festsetzung einer Vergütung durch den Arbeitgeber selbst dann einen fälligen Anspruch auf (vorläufige) Vergütung hat, wenn das Schutzrechtserteilungsverfahren noch nicht abgeschlossen ist. Der Arbeitnehmer kann den Arbeitgeber (nach erfolglosem Schiedsstellenverfahren, §§ 28 ff. ArbEG) außer auf Festsetzung der Vergütung wahlweise auch auf Zahlung einer angemessenen Vergütung verklagen. Die Klage kann nach § 38 ArbEG auch auf Zahlung eines unbezifferten, vom Gericht zu bestimmenden angemessenen Betrages gerichtet werden, wobei im Rahmen der Festsetzung des Streitwerts übertriebene Einschätzungen des Klägers außer Betracht bleiben (BGH Beschl. v.

12.6.2012, GRUR 2012, 959 – Antimykotischer Nagellack II). Auch kann der Arbeitnehmer (nach erfolglosem Schiedsstellenverfahren, §§ 28 ff. ArbEG) die Bestimmung einer angemessenen Vergütung durch das Gericht beantragen (BGH Urt. v. 4.12.2007, GRUR 2008, 606 (607) – Ramipril I; *Bartenbach/Volz,* Arbeitnehmererfindungsgesetz, § 12 Rn. 44). Freilich ist zu beachten, dass die angemessene vorläufige Vergütung bis zum rechtskräftigen Abschluss des Schutzrechtserteilungsverfahrens wegen des im Hinblick auf den ungewissen Ausgang des Erteilungsverfahrens üblichen „Risikoabschlags" regelmäßig geringer ist, als der Anspruch auf angemessene endgültige Vergütung nach rechtskräftiger Schutzrechtserteilung (→ Anm. 5).

Arbeitnehmer und Arbeitgeber können allerdings (in den Grenzen der §§ 22 und 23 ArbEG) vereinbaren, dass die Konkretisierung des (vorläufigen) Erfindungswertes erst zu einem späteren Zeitpunkt vorzunehmen ist, beispielsweise nach ein bis zwei Jahren der praktischen Verwertung der Erfindung (vgl. *Bartenbach/Volz,* Arbeitnehmererfindungsgesetz, § 12 Rn. 62 aE). Mangels ausreichender Daten wird es nämlich häufig in einem frühen Nutzungsstadium der Erfindung sehr schwierig sein, den Erfindungswert auf verlässliche Weise zu bestimmen. Der Arbeitnehmer wird jedoch regelmäßig daran interessiert sein, auch für diesen Zeitraum bis zur (vorläufigen) Konkretisierung des Erfindungswertes einen (anrechenbaren, aber nicht rückforderbaren) Vergütungsvorschuss vom Arbeitgeber zu erhalten.

2. Das Problem: „Teil-Ganzes". Die Erfindung betrifft nur einen Teil einer Vorrichtung. → Muster 11 behandelt die Feststellung einer Erfindervergütung durch Vereinbarung zwischen dem Arbeitgeber und dem Arbeitnehmer. Die Vereinbarung ist nicht formbedürftig, Schriftform ist jedoch aus Beweisgründen üblich und zweckmäßig. Das Formular geht davon aus, dass Gegenstand der Erfindung ein Werkzeug ist, das vom Arbeitgeber in seinem Betrieb hergestellt wird. In solchen Fällen ist es ebenso wie beim Abschluss von Lizenzverträgen angemessen, die Vergütung aus dem Wert der unter Einsatz der Erfindung hergestellten Gegenstände zu errechnen. Um Unklarheiten vorzubeugen, ist zu empfehlen, die genaue Wertermittlung in die Vereinbarung aufzunehmen.

In vielen Fällen beeinflusst eine Erfindung allerdings nur einen Teil einer Vorrichtung, die aus verschiedenen Teilen zusammengesetzt ist. Dann kann bei der Ermittlung des Erfindungswertes entweder der Wert der ganzen Vorrichtung oder nur der von der Erfindung beeinflusste Teil zugrunde gelegt werden. Nach RL Nr. 8 ist hierbei zu berücksichtigen, auf welcher Grundlage die Lizenz im betreffenden Industriezweig üblicherweise vereinbart wird und ob üblicherweise der patentierte Teil allein oder nur in Verbindung mit der Gesamtvorrichtung bewertet wird. Das wird häufig davon abhängen, ob durch die Benutzung der Erfindung nur der Teil oder die Gesamtvorrichtung im Wert gestiegen ist. Hierzu im Einzelnen *Gaul* GRUR 1983, 209 (216 ff.); *Reimer/Schade/Schippel* ArbEG § 11/RL Nr. 8 Rn. 1 ff. und die Beispiele bei *Schade* GRUR 1965, 634 (639); 1970, 579 (584). Aus der Rechtsprechung BGH GRUR 1962, 401 – Kreuzbodenventilsäcke III; GRUR 1969, 677 – Rüben-Verladeeinrichtung mit Anm. *Fischer;* GRUR 1978, 430 – Absorberstabantrieb und Schiedsstelle BlPMZ 1964, 354; 1964, 375; 1965, 170; 1965, 280; 1974, 375. Schon die große Zahl der vorliegenden Entscheidungen und die häufige Behandlung der Rechtsfragen in der Literatur zeigen, dass hier im Einzelfall erhebliche Schwierigkeiten auftreten können, für die aber Rechtsprechung und Literatur zahlreiche Lösungswege anbieten.

Der BGH betonte in der Entscheidung *Kreuzbodenventilsäcke III* (GRUR 1962, 401 (403 f.)), dass die Frage, ob bei einer zusammengesetzten Anlage, von der nur ein Teil patentiert ist, die Lizenzgebühr nach dem Wert der patentierten Einrichtung oder nach dem der ganzen Anlage zu berechnen ist, nur unter Berücksichtigung aller besonderen Umstände des Einzelfalles entschieden werden kann. Dabei kann beispielsweise zu berücksichtigen sein, ob die Gesamtanlage durch den geschützten Teil eine Wertsteigerung erfährt bzw. ihr „kennzeichnendes Gepräge“ erhält, ob der geschützte Teil das „Hauptstück“ der Gesamtanlage darstellt oder ob das geschützte Teil ein notwendiges Zubehör ist oder gegebenenfalls auch noch nachträglich in die Gesamtanlage eingebaut werden kann.

Im Anschluss an diese Rechtsprechung des BGH zur Schadensberechnung nach der Lizenzanalogie im Rahmen einer Schutzrechtsverletzung entscheidet die Praxis die Frage, ob der Arbeitnehmererfinder eine Lizenz bezogen auf den Wert des gesamten Produkts oder nur eines Teiles davon erhalten soll, regelmäßig danach, welche technisch-wirtschaftliche Einheit der Erfindung das kennzeichnende Gepräge gibt (so ständige Praxis der Schiedsstelle seit Einigungsvorschlag vom 3.2.1964, BlPMZ 1964, 375). Als Bezugsgröße wird von der Schiedsstelle regelmäßig die kleinste funktionelle Einheit herangezogen, in der sich die Erfindung technisch und/oder wirtschaftlich auswirkt (vgl. hierzu *Bartenbach/Volz,* Arbeitnehmererfindervergütung, RL Nr. 8 Rn. 31).

Die Wahl der Bezugsgröße hat Einfluss auf die Höhe des Lizenzsatzes. Bezugsgröße und Lizenzsatz stehen in einem Wechselverhältnis zueinander (Schiedsstelle v. 8.5.2008 – Arb. Erf. 26/06). Wird bei einer Teilerfindung der Wert der Gesamtvorrichtung als Grundlage genommen, ist der Lizenzsatz entsprechend niedriger, als wenn vom Wert des erfundenen Teils ausgegangen wird. Dies liegt daran, dass der angemessene Erfindungswert unabhängig von der Berechnungsart (zumindest theoretisch) im Ergebnis gleich sein sollte (vgl. BGH GRUR 1969, 677 (680) – Rüben-Verladeeinrichtung).

3. Lizenzanalogie. Die Lizenzanalogie ist die einfachste und in der Praxis gebräuchlichste Methode zur Berechnung des Erfindungswertes. Bei der Berechnung der Erfindervergütung nach der Lizenzanalogie wird als Erfindungswert die Lizenzgebühr zugrunde gelegt, die der Arbeitgeber einem freien Erfinder im Rahmen eines Lizenzvertrags auf dem freien Markt zahlen würde. Zur Ermittlung der „angemessenen“ Arbeitnehmererfindervergütung ist diese „freie“ Lizenzgebühr allerdings betriebsbezogen zu überprüfen. Dies geschieht ua dadurch, dass bei der Ermittlung des für die Arbeitnehmererfindervergütung maßgeblichen Lizenzsatzes im Rahmen der Lizenzanalogie auch berücksichtigt wird, welche objektiv zu bestimmenden wirtschaftlichen Vorteile der Arbeitgeber aus der Verwertung der in Anspruch genommenen Erfindung zieht oder ziehen kann (vgl. dazu BGH GRUR 1998, 684 (687) – Spulkopf; mit kritischer Anmerkung von *Rosenberger* GRUR 2000, 25). Als Hilfsmittel steht dem Arbeitnehmer insoweit ein Auskunfts- und Rechnungslegungsanspruch gegenüber seinem Arbeitgeber zu (vgl. zum Inhalt des Anspruchs etwa BGH GRUR 2003, 789 – Abwasserbehandlung; zum Auskunftsanspruch bei Nutzung im Konzern BGH Mitt. 2002, 357 – Abgestuftes Getriebe sowie OLG Frankfurt a.M. GRUR-RS 2017, 138234; im Rahmen des § 16 ArbEG BGH GRUR 2002, 609 – Drahtinjektionseinrichtung).

Sofern für die in Anspruch genommene Diensterfindung des Arbeitnehmers bereits Lizenzverträge existieren, können die darin vereinbarten Lizenzsätze im Rahmen der *konkreten* Lizenzanalogie zur Bestimmung des Erfindungswertes herangezogen werden. Andernfalls ist im Rahmen einer *abstrakten* Lizenzanalogie auf sonstige firmen- bzw. branchenübliche Lizenzsätze für vergleichbare Erfindungen zurückzugreifen (vgl. hierzu *Bartenbach/Volz,* Arbeitnehmererfindervergütung, RL Nr. 6 Rn. 6 ff., 30 ff.). Grundsätzlich gilt ein Vorrang der konkreten Lizenzanalogie vor der abstrakten Lizenzanalogie. Gerichte und Schiedsstelle tendieren jedoch zu einer Bestimmung angemessener Bedingungen im jeweiligen Einzelfall auch bei Bestehen von Lizenzverträgen (Schiedsstelle v. 21.7.2011 – ArbErf 27/10; v. 6.8.2013 – ArbErf 2/12; LG München CR 2012, 356 – Elektronische Funktionseinheit). Da die Höhe der Lizenzsätze immer von einer Vielzahl von Faktoren beeinflusst wird, können Lizenzsätze aus anderen Verträgen nicht ohne Weiteres als Maßstab für die Berechnung der Erfindungsvergütung herangezogen werden. Immer ist zunächst zu prüfen, inwieweit die Situation des als Referenz herangezogenen Lizenzsatzes sich mit der Situation der konkreten Arbeitnehmererfindung vergleichen lässt. Dabei ist zu beachten, ob und inwieweit in den Merkmalen, die die Höhe des Lizenzsatzes beeinflussen, Übereinstimmung besteht. Die wichtigsten hierbei in Betracht zu ziehenden Kriterien nennt die RL Nr. 6, insbesondere Produktions-, Markt- und Vertriebs- sowie Monopolfaktoren (zu weiteren Einzelheiten vgl. *Bartenbach/Volz,* Arbeitnehmererfindervergütung, RL Nr. 6 Rn. 51 ff.).

RL Nr. 10 nennt für verschiedene Branchen die üblichen Lizenzsatzrahmen. Diese Angaben sind allerdings obsolet. Die Zahlenangaben in RL Nr. 10 werden in der Praxis seit Jahren erheblich unterschritten. Sie können daher keine große Hilfe bieten. Der richtige Lizenzsatz kann nur gefunden werden, wenn Erfahrungs- und Vergleichswerte aus dem betreffenden Industriezweig bekannt sind. Die Richtlinien geben somit vorrangig die erforderlichen Anhaltspunkte für die Durchführung von Vergleichen.

Sobald die Höhe des Lizenzsatzes ermittelt ist, weiß man zwar, „wie viel" zu zahlen ist, jedoch nicht „wovon". Wie bei der Berechnung der Lizenzgebühren eines freien Erfinders soll sich die Berechnung des Erfindungswertes im Rahmen der Lizenzanalogie gemäß RL Nr. 7 vorrangig an Umsatz oder Erzeugung orientieren. In der Regel wird auf den Umsatz als Bezugsgröße abgestellt, wenn mit den geschützten Gegenständen Umsätze erzielt werden (vgl. auch RL Nr. 5 Abs. 2 S. 1). Eine Anknüpfung an die Erzeugung erfolgt in der Praxis allenfalls dort, wo bereits der Herstellung eine eigene wirtschaftliche Bedeutung zukommt (vgl. *Bartenbach/Volz,* Arbeitnehmererfindervergütung, RL Nr. 7 Rn. 33).

Im Muster wurde die *Erzeugung* (dh Herstellungskosten zzgl. eines Gewinnzuschlags) zugrunde gelegt. Durch die Einbeziehung des Gewinnzuschlags (im Muster in einer Höhe von 60 % der Herstellungskosten (Faktor 1,6)) soll berücksichtigt werden, dass die zweite mögliche „rechnerische Bezugsgröße", der Umsatz, regelmäßig die Herstellungskosten zzgl. eines Gewinnzuschlags umfasst. Die Erzeugung bietet sich nur dann als rechnerische Bezugsgröße an, wenn mit dem erfindungsgemäßen Produkt keine eigenen Umsätze getätigt werden (im Einzelnen *Bartenbach/Volz,* Arbeitnehmererfindervergütung, RL Nr. 7 Rn. 31 ff.).

Die zweite, vorrangig maßgebliche „rechnerische Bezugsgröße", der *Umsatz,* ist in RL Nr. 7 ebenso wenig definiert wie der Begriff „Erzeugung". Im Anschluss an § 1 Abs. 1 UStG kann Umsatz definiert werden als „das Entgelt für Lieferungen oder sonstige Leistungen, die ein Unternehmen im Rahmen seines Geschäftsbetriebes erbringt". Bei diesem Umsatz ohne Abzüge handelt es sich um den *Bruttoumsatz* des Arbeitgebers.

Im Hinblick auf die Usancen auf dem „freien" Lizenzmarkt wird man auch bei der Berechnung des Erfindungswertes im Rahmen der Lizenzanalogie den *Nettoumsatz* als maßgebliche Bezugsgröße heranziehen. Der Nettoumsatz lässt sich dadurch ermitteln, dass man vom Bruttoumsatz als der Summe aller dem Arbeitgeber für das Produkt tatsächlich zufließenden Beträge und Entgelte diejenigen Kosten und Aufwendungen abzieht, die mit der Verwertung der Diensterfindung nicht unmittelbar zusammenhängen, nämlich insbesondere die Umsatzsteuer, die Vertriebskosten, wie Fracht und Versicherungen, sowie Abnehmervergünstigungen, wie Rabatte und Skonti, sowie die Kosten für die Verpackung des Produkts. Die Schiedsstelle hat anerkannt, dass hierfür nach Abzug der Umsatzsteuer im Einzelfall ein weiterer pauschaler Abzug (üblicherweise in Höhe von 5–10 % des Bruttoumsatzes, regelmäßig als Mittelwert 7,5 %) vorgenommen werden kann (im Einzelnen *Bartenbach/Volz,* Arbeitnehmererfindervergütung, RL Nr. 7 Rn. 21 ff.).

Entsprechend der Übung bei Lizenzverträgen können die Lizenzsätze abgestaffelt werden, wenn die Umsätze besonders hoch steigen. Die beabsichtige *Abstaffelung* muss allerdings vom Arbeitgeber in der Vergütungsvereinbarung (oder in der Vergütungsfestsetzung nach § 12 Abs. 3 S. 1 ArbEG) ausdrücklich vereinbart werden (BGH GRUR 1994, 898 (902) – Copolyester I). Zudem kann eine Abstaffelung nach RL Nr. 11 nur erfolgen, wenn und soweit sie üblich ist (BGH GRUR 1990, 271 (273) – Vinylchlorid). Demgegenüber verzichtet die Schiedsstelle (in ständiger Praxis seit Einigungsvorschlag vom 1.4.1964, BlPMZ 1964, 235) regelmäßig auf den durch den Arbeitgeber zu erbringenden Nachweis, dass die Abstaffelung in dem betreffenden Industriezweig üblich ist. Die Schiedsstelle prüft vielmehr vorrangig, ob die hohen Umsätze kausal auf der Erfindung des Arbeitnehmers beruhen oder auf Leistungen des Arbeitgebers, wie etwa dem Ruf des Unternehmens, seiner Werbung oder Vertriebsorganisation (Schiedsstelle, Einigungsvorschlag vom 22.6.1995, Mitt. 1996, 220 (221); vgl. auch *Hellebrand* GRUR 1993, 449 sowie OLG Düsseldorf Mitt. 2005, 453 – Spulkopf II).

Die in RL Nr. 11 aufgenommene Staffel beginnt mit der Ermäßigung des Lizenzsatzes bei einem 1.533.876 Mio. EUR übersteigenden Umsatz.

4. Anteilsfaktor. Da die Diensterfindung dadurch gekennzeichnet ist, dass sie der Erfinder während der Dauer des Arbeitsverhältnisses macht, aus dem ihm bestimmte Tätigkeitspflichten erwachsen, und dass sie regelmäßig auch auf Erfahrungen oder Arbeiten des Betriebs beruht, ist es angemessen, den Diensterfinder geringer zu vergüten als den entsprechenden freien Erfinder. Die Vergütungsrichtlinien berücksichtigen das entsprechend § 9 Abs. 2 ArbEG durch die Ermittlung des sog. *Anteilsfaktors* (RL Nr. 30 ff.). Bewertet werden
- der Anteil des Betriebs an der Stellung der Aufgabe, die durch die Diensterfindung gelöst wird;
- der Anteil des Betriebs an der Lösung dieser Aufgabe;
- die Aufgaben und Stellung des Arbeitnehmers im Betrieb.

Nach RL Nr. 31 ist der Anteil des Arbeitnehmers am Zustandekommen der Diensterfindung umso größer, je größer seine Initiative bei der Aufgabenstellung und seine Beteiligung bei der Erkenntnis der betrieblichen Mängel und Bedürfnisse ist (vgl. dazu *Schmieder* GRUR 1984, 549). Bei der Ermittlung des Anteils an der Lösung der Aufgabe wird berücksichtigt, ob der Erfinder die Lösung mit Hilfe beruflich geläufiger Überlegungen gefunden hat, ob sie auf Grund betrieblicher Arbeiten oder Kenntnisse gefunden wurde und ob und inwieweit der Betrieb den Erfinder mit technischen Hilfsmitteln unterstützte (RL Nr. 32). Der Anteil des Erfinders am Zustandekommen der Diensterfindung verringert sich umso mehr, je größer der ihm durch seine Stellung ermöglichte Einblick in die Erzeugung und Entwicklung des Betriebes ist und je mehr von ihm angesichts seiner Stellung und des ihm zurzeit der Erfindungsmeldung gezahlten Arbeitsentgelts erwartet werden kann, dass er an der technischen Entwicklung des Betriebs mitarbeitet (RL Nr. 33). Die Vergütungsrichtlinien ordnen die einzelnen Gesichtspunkte nach sog. Wertzahlen zwischen insgesamt 0 und 20, aus denen anhand der Tabelle in RL Nr. 37 der Prozentsatz berechnet werden kann, mit dem der Erfinder am sog. Erfindungswert beteiligt wird (sog. Anteilsfaktor). Beträgt die Summe der Wertzahlen beispielsweise 3, so ist der Anteil des Arbeitnehmers am Erfindungswert 2 %, beträgt die Summe der Wertzahlen 11, so ist der Anteilsfaktor 25 %, beträgt die Summe 18, ist er 81 %. Nach den Erfahrungen der Schiedsstelle rangiert der durchschnittliche Anteilsfaktor zwischen 10 % und 25 %. Der Arbeitnehmererfinder erhält somit durchschnittlich nur $^1/_{10}$ bis $^1/_4$ des Betrags, den ein freier Erfinder für dieselbe Erfindung erhielte (vgl. dazu *Bartenbach/Volz,* Arbeitnehmererfindungsgesetz, § 9 Rn. 265). Im vorliegenden Fall beträgt der Anteilsfaktor 28,5 %. Nach RL Nr. 38 kann bei niedrigem Anteilsfaktor die Vergütung bis auf einen Anerkennungsbetrag sinken oder ganz wegfallen, wenn der Erfindungswert gleichfalls gering ist (sog. „Nullfälle"; s. dazu *Gaul/Wexel* BB 1984, 2069 in Auseinandersetzung mit *Werner* BB 1983, 839).

5. Vorläufige Vergütung. Die Schutzrechtserteilungsverfahren nehmen in der Regel sehr lange Zeit in Anspruch. Die Erfindervergütung soll aber nach § 12 Abs. 1 ArbEG in angemessener Frist nach der Inanspruchnahme festgestellt werden. Der Arbeitgeber genießt schon während des Schutzrechtserteilungsverfahrens einen wenigstens vorläufigen Rechtsschutz. Unter diesem Rechtsschutz beginnt er in der Regel mit der Verwertung der Diensterfindung. Es erscheint deshalb ungeachtet der in § 12 Abs. 3 ArbEG bestimmten äußersten Frist für die Festsetzung der Vergütung nicht angemessen, mit der Vergütungszahlung bis zur Schutzrechtserteilung zu warten. Deshalb verpflichtet BGH GRUR 1963, 135 – Cromegal, ergänzt durch BGH GRUR 1971, 475 – Gleichrichter, den Arbeitgeber zu einer wenigstens vorläufigen Vergütungszahlung vor Schutzrechtserteilung, wenn die Erfindung vom Arbeitnehmer bereits verwertet wird. Zu beiden Urteilen *Fischer* GRUR 1963, 107; *Friedrich* GRUR 1963, 138; *Rebitzki* GRUR 1963, 555 (Cromegal-Urteil); *Fischer* GRUR 1971, 430; *Bock* Mitt. 1971, 220. Die Schiedsstelle folgt der Rechtsprechung des BGH: BlPMZ 1963, 341; 1964, 354; 1967, 80; 1968, 130. Zum Ganzen bereits → Anm. 1.

Das Patenterteilungsrisiko wird vielfach mit 50 % angenommen, so dass die vorläufige Vergütung die Hälfte der endgültigen Vergütung beträgt; sie kann aber, wenn besondere Umstände dafür sprechen, auch niedriger oder höher sein. Im vorliegenden Fall beträgt der Risikoabschlag 70 %. Bleibt unklar, ob und in welcher Höhe ein Abschlag für das Nichterteilungsrisiko gemacht wurde, ist die Vergütungsfestsetzung unwirksam (Schiedsstelle Einigungsvorschlag v. 8.10.1991 – ArbErf 59/90, GRUR 1992, 849).

6. Vergütungsformel. Sind die für die Berechnung der Vergütung maßgeblichen Werte festgestellt (in diesem Fall: der Kaufwert, der Lizenzsatz, der Anteilsfaktor und der Risikoabschlag für die vorläufige Vergütung), so berechnet sich die Vergütung (für vergangene Nutzungen der Erfindung) nach der Formel in RL Nr. 39 aus einer Multiplikation des Kaufwertes der hergestellten Gegenstände mit dem Lizenzsatz, dem Anteilsfaktor und dem Prozentsatz der vorläufigen Vergütung. Die jährlich zu zahlende vorläufige Vergütung (Vj) entspricht somit dem Kaufwert der in dem Abrechnungsjahr hergestellten erfindungsgemäßen Produkte (Kj) multipliziert mit dem Lizenzsatz (L), Anteilsfaktor (A) und dem Prozentsatz für die vorläufige Vergütung (P): $Vj = Kj \times L \times A \times P$. Sofern der Arbeitnehmer nur Miterfinder ist, muss auch sein Miterfinderanteil berücksichtigt werden. Sofern die Erfindung nur einem Teil des Gesamtproduktes das kennzeichnende Gepräge gibt, ist auch diese technisch-funktionelle Bezugsgröße zu berücksichtigen. Bei einem jährlichen Kaufwert von 1.000.000 EUR beliefe sich die jährliche, vorläufige Erfindervergütung im vorliegenden Fall auf $Vj = 1.000.000 \times 2{,}5\,\% \times 28{,}5\,\% \times 30\,\% = 2.137{,}5$ EUR.

7. Ende der vorläufigen Vergütung. Die vorläufige Vergütung ist zu zahlen, bis das Schutzrechtserteilungsverfahren abgeschlossen ist, oder bis der Arbeitgeber die Verwertung einstellt. Letzteres braucht nicht ausdrücklich niedergelegt zu werden, da in diesem Fall der Kaufwert der nach der Erfindung hergestellten Gegenstände auf Null sinkt und die errechnete Vergütung wegfällt, wenn einer der Faktoren der Vergütungsformel Null beträgt. Es ist zu beachten, dass bezahlte Vergütungen nach § 12 Abs. 6 S. 2 ArbEG nicht zurückgefordert werden können, auch wenn sich nachträglich herausstellen sollte, dass die Vergütungspflicht wegen mangelnder Schutzfähigkeit der gemeldeten Erfindung nicht bestand. Der BGH scheint in § 12 Abs. 6 S. 2 ArbEG darüber hinaus ein generelles Rückforderungsverbot für geleistete Vergütungszahlungen zu sehen (vgl. BGH GRUR 1987, 900 (902) – Entwässerungsanlage).

8. Endgültige Vergütungszahlung. Wird das Schutzrecht rechtskräftig erteilt, muss der Arbeitgeber die endgültige Vergütung für den Gesamtbenutzungszeitraum bezahlen, also für die Zeit der vorläufigen Vergütungszahlung nachentrichten. Im vorliegenden Fall beträgt die jährliche vorläufige Vergütung bei einem Risikoabschlag in Höhe von 70 % 0,21 vH des jährlichen Kaufwerts. Nach Schutzrechtserteilung muss der Arbeitgeber folglich die volle Vergütung zahlen und für die Vergangenheit eine entsprechende Nachzahlung leisten. Falls keine Vereinbarungen getroffen werden, müssen diese nachzuentrichtenden Beträge verzinst werden (aA *Bartenbach/Volz,* Arbeitnehmererfindungsgesetz, § 12 Rn. 69 aE).

9. Änderung des Vergütungssatzes. Zur Änderung des Vergütungssatzes nach § 12 Abs. 6 ArbEG → Muster 18.

Anhang

Richtlinien für die Vergütung von Arbeitnehmererfindungen im privaten Dienst

vom 20.7.1959

BAnz.-Beil. 1959 Nr. 156 = BlPMZ 1959, 300, geändert durch Bek. v. 1.9.1983, BAnz. 1983 Nr. 169, S. 9994 = BlPMZ 1983, 350

Übersicht

Nach § 11 des Gesetzes über Arbeitnehmererfindungen vom 25.7.1957 (BGBl. I S. 756) erlasse ich nach Anhörung der Spitzenorganisationen der Arbeitgeber und der Arbeitnehmer folgende Richtlinien über die Bemessung der Vergütung für Diensterfindungen von Arbeitnehmern im privaten Dienst.

Einleitung

(1) Die Richtlinien sollen dazu dienen, die angemessene Vergütung zu ermitteln, die dem Ar-beitnehmer für unbeschränkt oder beschränkt in Anspruch genommene Diensterfindungen (§ 9 Abs. 1 und § 10 Abs. 1 des Gesetzes) und für technische Verbesserungsvorschläge iSd § 20 Abs. 1 des Gesetzes zusteht; sie sind keine verbindlichen Vorschriften, sondern geben nur Anhaltspunkte für die Vergütung. Wenn im Einzelfall die bisherige betriebliche Praxis für die Arbeitnehmer günstiger war, sollen die Richtlinien nicht zum Anlass für eine Verschlechterung genommen wer-den.

(2) Nach § 9 Abs. 2 des Gesetzes sind für die Bemessung der Vergütung insbesondere die wirtschaftliche Verwertbarkeit der Diensterfindung, die Aufgaben und die Stellung des Arbeitnehmers im Betrieb sowie der Anteil des Betriebs am Zustandekommen der Diensterfindung maßgebend. Hiernach wird bei der Ermittlung der Vergütung in der Regel so zu verfahren sein, dass zunächst die wirtschaftliche Verwertbarkeit der Erfindung ermittelt wird. Die wirtschaftliche Verwertbarkeit (im Folgenden als Erfindungswert bezeichnet) wird im Ersten Teil der Richtlinien behandelt. Da es sich hier jedoch nicht um eine freie Erfindung handelt, sondern um eine Erfindung, die entweder aus der dem Arbeitnehmer im Betrieb obliegenden Tätigkeit entstanden ist oder maßgeblich auf Erfahrungen oder Arbeiten des Betriebes beruht, ist ein Abzug zu machen, der den Aufgaben und der Stellung des Arbeitnehmers im Betrieb sowie dem Anteil des Betriebs am Zustandekommen der Diensterfindung entspricht. Dieser Abzug wird im Zweiten Teil der Richtlinien behandelt; der Anteil am Erfindungswert, der sich für den Arbeitnehmer unter Berücksichtigung des Abzugs ergibt, wird hierbei in Form eines in Prozenten ausgedrückten Anteilsfaktors ermittelt. Der Dritte Teil der Richtlinien behandelt die rechnerische Ermittlung der Vergütung sowie Fragen der Zahlungsart und Zahlungsdauer.

Bei jeder Vergütungsberechnung ist darauf zu achten, dass derselbe Gesichtspunkt für eine Er-höhung oder Ermäßigung der Vergütung nicht mehrfach berücksichtigt werden darf.

Die einzelnen Absätze der Richtlinien sind mit Randnummern versehen, um die Zitierung zu erleichtern.

Erster Teil. Erfindungswert

A. Patentfähige Erfindungen

I. Betrieblich benutzte Erfindungen

1. Allgemeines

(3) Bei betrieblich benutzten Erfindungen kann der Erfindungswert in der Regel (über Ausnahmen vgl. Nummer 4) nach drei verschiedenen Methoden ermittelt werden:

a) *Ermittlung des Erfindungswertes nach der Lizenzanalogie (Nummer 6 ff.).*
Bei dieser Methode wird der Lizenzsatz, der für vergleichbare Fälle bei freien Erfindungen in der Praxis üblich ist, der Ermittlung des Erfindungswertes zugrunde gelegt. Der in Prozenten oder als bestimmter Geldbetrag je Stück oder Gewichtseinheit (vgl. Nummer 39) ausgedrückte Lizenzsatz wird auf eine bestimmte Bezugsgröße (Umsatz oder Erzeugung) bezogen. Dann ist der Erfindungswert die mit dem Lizenzsatz multiplizierte Bezugsgröße.

b) *Ermittlung des Erfindungswertes nach dem erfassbaren betrieblichen Nutzen (Nummer 12).*
Der Erfindungswert kann ferner nach dem erfassbaren Nutzen ermittelt werden, der dem Betrieb aus der Benutzung der Erfindung erwachsen ist.

c) *Schätzung des Erfindungswertes (Nummer 13).*
Schließlich kann der Erfindungswert geschätzt werden.

(4) Neben der Methode der Lizenzanalogie nach Nummer 3a kommen im Einzelfall auch andere Analogiemethoden in Betracht. So kann anstatt von dem analogen Lizenzsatz von der Analogie zum Kaufpreis ausgegangen werden, wenn eine Gesamtabfindung (vgl. Nummer 40) angezeigt ist und der Kaufpreis bekannt ist, der in vergleichbaren Fällen mit freien Erfindern üblicherweise vereinbart wird. Für die Vergleichbarkeit und die Notwendigkeit, den Kaufpreis auf das Maß zu bringen, das für die zu beurteilende Diensterfindung richtig ist, gilt das unter Nummer 9 Gesagte entsprechend.

(5) Welche der unter Nummer 3 und 4 aufgeführten Methoden anzuwenden ist, hängt von den Umständen des einzelnen Falles ab. Wenn der Industriezweig mit Lizenzsätzen oder Kaufpreisen vertraut ist, die für die Übernahme eines ähnlichen Erzeugnisses oder Verfahrens üblicherweise vereinbart wird, kann von der Lizenzanalogie ausgegangen werden.

Die Ermittlung des Erfindungswertes nach dem erfassbaren betrieblichen Nutzen kommt vor allem bei Erfindungen in Betracht, mit deren Hilfe Ersparnisse erzielt werden, sowie bei Verbesserungserfindungen, wenn die Verbesserung nicht derart ist, dass der mit dem verbesserten Gegenstand erzielte Umsatz als Bewertungsgrundlage dienen kann; sie kann ferner bei Erfindungen angewandt werden, die nur innerbetrieblich verwendete Erzeugnisse, Maschinen oder Vorrichtungen betreffen, und bei Erfindungen, die nur innerbetrieblich verwendete Verfahren betreffen, bei denen der Umsatz keine genügende Bewertungsgrundlage darstellt. Die Methode der Ermittlung des Erfindungswertes nach dem erfassbaren betrieblichen Nutzen hat den Nachteil, dass der Nutzen oft schwer zu ermitteln ist und die Berechnungen des Nutzens schwer überprüfbar sind. In manchen Fällen wird sich allerdings der Nutzen aus einer Verbilligung des Ausgangsmaterials, aus einer Senkung der Lohn-, Energie- oder Instandsetzungskosten oder aus einer Erhöhung der Ausbeute errechnen lassen. Bei der Wahl dieser Methode ist ferner zu berücksichtigen, dass sich für den Arbeitgeber auf Grund der Auskunfts- und Rechnungslegungspflichten, die ihm nach § 242 des Bürgerlichen Gesetzbuches obliegen können, eine Pflicht zu einer weitergehenden Darlegung betrieblicher Rechnungsvorgänge ergeben kann als bei der Ermittlung des Erfindungswertes nach der Lizenzanalogie. Der Erfindungswert wird nur dann zu schätzen sein, wenn er mit Hilfe der Methoden unter Nummer 3a und b oder Nummer 4 nicht oder nur mit unverhältnismäßig hohen Aufwendungen ermittelt werden kann (zB bei Arbeitsschutzmitteln und -vorrichtungen, sofern sie nicht allgemein verwertbar sind). Es kann ferner ratsam sein, eine der Berechnungsmethoden zur Überprüfung des Ergebnisses heranzuziehen, das mit Hilfe der anderen Methoden gefunden ist.

2. Ermittlung des Erfindungswertes nach der Lizenzanalogie

(6) Bei dieser Methode ist zu prüfen, wieweit man einen Vergleich ziehen kann. Dabei ist zu beachten, ob und wieweit in den Merkmalen, die die Höhe des Lizenzsatzes beeinflussen, Übereinstimmung besteht. In Betracht zu ziehen sind insbesondere die Verbesserung oder Verschlechterung der Wirkungsweise, der Bauform, des Gewichts, des Raumbedarfs, der Genauigkeit, der Betriebs-sicherheit; die Verbilligung oder Verteuerung der Herstellung, vor allem der Werkstoffe und der Arbeitsstunden; die Erweiterung oder Beschränkung der Verwendbarkeit; die Frage, ob sich die Erfindung ohne weiteres in die laufende Fertigung einreihen lässt oder ob Herstellungs- und Konstruktionsänderungen notwendig sind, ob eine sofortige Verwertung möglich ist oder ob noch umfangreiche Versuche vorgenommen werden müssen; die erwartete Umsatzsteigerung, die Möglichkeit des Übergangs von Einzelanfertigung zur Serienherstellung, zusätzliche oder vereinfachte Werbungsmöglichkeiten, günstige Preisgestaltung. Es ist ferner zu prüfen, welcher Schutzumfang dem Schutzrecht zukommt, das auf den Gegenstand der Erfindung erteilt ist, und ob sich der Besitz des Schutzrechts für den Betrieb technisch und wirtschaftlich auswirkt. Vielfach wird auch beim Abschluss eines Lizenzvertrages mit einem kleinen Unternehmen ein höherer Lizenzsatz vereinbart als beim Abschluss mit einer gut eingeführten Großfirma, weil bei dieser im Allgemeinen ein höherer Umsatz erwartet wird als bei kleineren Unternehmen. Außerdem ist bei dem Vergleich zu berücksichtigen, wer in den ähnlichen Fällen, die zum Vergleich herangezogen werden, die Kosten des Schutzrechts trägt.

(7) Wenn man mit dem einem freien Erfinder üblicherweise gezahlten Lizenzsatz vergleicht, so muss von derselben Bezugsgröße ausgegangen werden; als Bezugsgrößen kommen Umsatz oder Erzeugung in Betracht. Ferner ist zu berücksichtigen, ob im Analogiefall der Rechnungswert des das Werk verlassenden Erzeugnisses oder der betriebsinterne Verrechnungswert von Zwischenerzeugnissen der Ermittlung des Umsatzwertes zugrunde gelegt worden ist. Bei der Berechnung des Erfindungswertes mit Hilfe des Umsatzes oder der Erzeugung wird im Allgemeinen von dem tatsächlich erzielten Umsatz oder der tatsächlich erzielten Erzeugung auszugehen sein. Mitunter wird jedoch auch von einem vereinbarten Mindestumsatz oder aber von der Umsatzsteigerung ausgegangen werden können, die durch die Erfindung erzielt worden ist.

(8) Beeinflusst eine Erfindung eine Vorrichtung, die aus verschiedenen Teilen zusammengesetzt ist, so kann der Ermittlung des Erfindungswertes entweder der Wert der ganzen Vorrichtung oder nur der wertbeeinflusste Teil zugrunde gelegt werden. Es ist hierbei zu berücksichtigen, auf welcher Grundlage die Lizenz in dem betreffenden Industriezweig üblicherweise vereinbart wird, und ob üblicherweise der patentierte Teil allein oder nur in Verbindung mit der Gesamtvorrichtung bewertet wird. Dies wird häufig davon abhängen, ob durch die Benutzung der Erfindung nur der Teil oder die Gesamtvorrichtung im Wert gestiegen ist.

(9) Stellt sich bei dem Vergleich heraus, dass sich die Diensterfindung und die zum Vergleich herangezogenen freien Erfindungen nicht in den genannten Gesichtspunkten entsprechen, so ist der Lizenzsatz entsprechend zu erhöhen oder zu ermäßigen. Es ist jedoch nicht gerechtfertigt, den Lizenzsatz mit der Begründung zu ermäßigen, es handele sich um eine Diensterfindung; dieser Gesichtspunkt wird erst bei der Ermittlung des Anteilsfaktors berücksichtigt.

(10) Anhaltspunkte für die Bestimmung des Lizenzsatzes in den einzelnen Industriezweigen können daraus entnommen werden, dass zB im Allgemeinen

in der Elektroindustrie ein Lizenzsatz von	$^1/_2$–5 %,
in der Maschinen- und Werkzeugindustrie ein Lizenzsatz von	$^1/_3$–10 %,
in der chemischen Industrie ein Lizenzsatz von	2–5 %,
auf pharmazeutischem Gebiet ein Lizenzsatz von	2–10 %

vom Umsatz üblich ist.

(11) Für den Fall besonders hoher Umsätze kann die nachfolgende, bei Umsätzen über 3 Millionen DM einsetzende Staffel als Anhalt für eine Ermäßigung des Lizenzsatzes dienen, wobei jedoch im Einzelfall zu berücksichtigen ist, ob und in welcher Höhe in dem verschiedenen Industriezweigen solche Ermäßigungen des Lizenzsatzes bei freien Erfindungen üblich sind:

Bei einem Gesamtumsatz

von 0–3	Millionen DM keine Ermäßigung des Lizenzsatzes,
von 3–5	Millionen DM 10 %ige Ermäßigung des Lizenzsatzes für den 3 Millionen DM übersteigenden Umsatz,
von 5–10	Millionen DM 20 %ige Ermäßigung des Lizenzsatzes für den 5 Millionen DM übersteigenden Umsatz,
von 10–20	Millionen DM 30 %ige Ermäßigung des Lizenzsatzes für den 10 Millionen DM übersteigenden Umsatz,
von 20–30	Millionen DM 40 %ige Ermäßigung des Lizenzsatzes für den 20 Millionen DM übersteigenden Umsatz,
von 30–40	Millionen DM 50 %ige Ermäßigung des Lizenzsatzes für den 30 Millionen DM übersteigenden Umsatz,
von 40–50	Millionen DM 60 %ige Ermäßigung des Lizenzsatzes für den 40 Millionen DM übersteigenden Umsatz,
von 50–60	Millionen DM 65 %ige Ermäßigung des Lizenzsatzes für den 50 Millionen DM übersteigenden Umsatz,
von 60–80	Millionen DM 70 %ige Ermäßigung des Lizenzsatzes für den 60 Millionen DM übersteigenden Umsatz,
von 80–100	Millionen DM 75 %ige Ermäßigung des Lizenzsatzes für den 80 Millionen DM übersteigenden Umsatz,
von 100	Millionen DM 80 %ige Ermäßigung des Lizenzsatzes für den 100 Millionen DM übersteigenden Umsatz.

Beispiel: Bei einem Umsatz von 10 Millionen DM, ist der Lizenzsatz wie folgt zu ermäßigen:

Bis 3 Millionen DM keine Ermäßigung,

für den 3 Millionen DM übersteigenden Umsatz von 2 Millionen um 10 %, für den 5 Millionen DM übersteigenden Umsatz von 5 Millionen um 20 %.

Da bei Einzelstücken mit sehr hohem Wert in aller Regel bereits der Lizenzsatz herabgesetzt wird, ist in derartigen Fällen der Lizenzsatz nicht nach der vorstehenden Staffel zu ermäßigen, wenn schon ein einziges unter Verwendung der Erfindung hergestelltes Erzeugnis oder, sofern dem Erfindungswert nur der von der Erfindung wertbeeinflusste Teil des Erzeugnisses zugrunde gelegt wird, dieser Teil einen Wert von mehr als 3 Millionen DM hat. Dasselbe gilt, wenn wenige solcher Erzeug-nisse oder nur wenige solcher Teile des Erzeugnisses einen Wert von mehr als 3 Millionen DM haben.

3. Ermittlung des Erfindungswertes nach dem erfassbaren betrieblichen Nutzen

(12) Unter dem erfassbaren betrieblichen Nutzen (vgl. zur Anwendung dieser Methode Nummer 5) ist die durch den Einsatz der Erfindung verursachte Differenz zwischen Kosten und Erträgen zu verstehen. Die Ermittlung dieses Betrages ist durch Kosten- und Ertragsvergleich nach betriebswirtschaftlichen Grundsätzen vorzunehmen. Hierbei sind die Grundsätze für die Preisbildung bei öffentlichen Aufträgen anzuwenden (vgl. die Verordnung PR Nr. 30/53 über die Preise bei öffentlichen Aufträgen vom 21.11.1953 und die Leitsätze für die Preisermittlung auf Grund von Selbstkosten), so dass also auch kalkulatorische Zinsen und Einzelwagnisse, ein betriebsnotwendiger Gewinn und gegebenenfalls ein kalkulatorischer Unternehmerlohn zu berücksichtigen sind. Der so ermittelte Betrag stellt den Erfindungswert dar.

Kosten, die vor der Fertigstellung der Erfindung auf die Erfindung verwandt worden sind, sind bei der Ermittlung des Erfindungswertes nicht abzusetzen. Sie sind vielmehr bei der Ermittlung des Anteilsfaktors im Zweiten Teil der Richtlinien zu berücksichtigen, und zwar, soweit es sich um die Kosten für die Arbeitskraft des Erfinders selbst handelt, entsprechend der Tabelle c in Nummer 34, soweit es sich um sonstige Kosten vor der Fertigstellung der Erfindung handelt, entsprechend der Tabelle b in Nummer 32 (technische Hilfsmittel).

4. Schätzung

(13) In einer Reihe von Fällen versagen die dargestellten Methoden zur Ermittlung des Erfindungswertes, weil keine ähnlichen Fälle vorliegen oder weil ein Nutzen nicht erfasst werden kann. In solchen oder ähnlichen Fällen muss der Erfindungswert geschätzt werden (vgl. zur Anwendung der Schätzungsmethode den letzten Absatz der Nummer 5). Hierbei kann von dem Preis ausgegangen werden, den der Betrieb hätte aufwenden müssen, wenn er die Erfindung von einem freien Erfinder hätte erwerben wollen.

II. Lizenz-, Kauf und Austauschverträge

(14) Wird die Erfindung nicht betrieblich benutzt, sondern durch Vergabe von Lizenzen verwertet, so ist der Erfindungswert gleich der Nettolizenzeinnahme. Um den Nettobetrag festzustellen, sind von der Bruttolizenzeinnahme die Kosten der Entwicklung nach Fertigstellung der Erfindung abzuziehen sowie die Kosten, die aufgewandt wurden, um die Erfindung betriebsreif zu machen; ferner sind die auf die Lizenzvergabe im Einzelfall entfallenden Kosten der Patent- und Lizenzverwaltung, der Schutzrechtsübertragung, sowie die mit der Lizenzvergabe zusammenhängenden Aufwendungen (zB Steuern, mit Ausnahme der inländischen reinen Ertragssteuern, Verhandlungskosten) abzuziehen. Soweit solche Kosten entstanden sind, wird außerdem ein entsprechender Anteil an den Gemeinkosten des Arbeitgebers zu berücksichtigen sein, soweit die Gemeinkosten nicht schon in den vorgenannten Kosten enthalten sind. Ferner ist bei der Ermittlung der Nettolizenzeinnahme darauf zu achten, ob im Einzelfall der Arbeitgeber als Lizenzgeber ein Risiko insofern eingeht, als er auch in der Zukunft Aufwendungen durch die Verteidigung der Schutzrechte, durch die Verfolgung von Verletzungen und aus der Einhaltung von Gewährleistungen haben kann.

Soweit die Einnahmen nicht auf der Lizenzvergabe, sondern auf der Übermittlung besonderer Erfahrungen (Know how) beruhen, sind diese Einnahmen bei der Berechnung des Erfindungswertes von der Bruttolizenzeinnahme ebenfalls abzuziehen, wenn diese Erfahrungen nicht als technische Verbesserungsvorschläge iSd § 20 Abs. 1 des Gesetzes anzusehen sind. Bei der Beurteilung der Frage, ob und wieweit die Einnahme auf der Übermittlung besonderer Erfahrungen beruht, ist nicht allein auf den Inhalt des Lizenzvertrages abzustellen; vielmehr ist das tatsächliche Verhältnis des Wertes der Lizenz zu dem der Übermittlung besonderer Erfahrungen zu berücksichtigen.

Eine Ermäßigung nach der Staffel in Nummer 11 ist nur insoweit angemessen, als sie auch dem Lizenznehmer des Arbeitgebers eingeräumt worden ist.

(15) Macht die Berechnung dieser Unkosten und Aufgaben große Schwierigkeiten, so kann es zweckmäßig sein, in Analogie zu den üblichen Arten der vertraglichen Ausgestaltung zwischen einem freien Erfinder als Lizenzgeber und dem Arbeitgeber als Lizenznehmer zu verfahren. In der Praxis wird ein freier Erfinder wegen der bezeichneten Kosten und Aufgaben eines Generallizenznehmers (Lizenznehmer einer

ausschließlichen unbeschränkten Lizenz) mit etwa 20 bis 50 %, in besonderen Fällen auch mit mehr als 50 % und in Ausnahmefällen sogar mit über 75 % der Bruttolizenzeinnahme beteiligt, die durch die Verwertung einer Erfindung erzielt wird. Zu berücksichtigen ist im Einzelnen, ob bei der Lizenzvergabe ausschließliche unbeschränkte Lizenzen oder einfache oder beschränkte Lizenzen erteilt werden. Bei der Vergabe einer ausschließlichen unbeschränkten Lizenz behält der Arbeitgeber kein eigenes Benutzungsrecht, wird im Allgemeinen auch keine eigenen weiteren Erfahrungen laufend zu übermitteln haben. Hier wird daher der Erfindungswert eher bei 50 % und mehr anzusetzen sein. Bei der Vergabe einer einfachen oder beschränkten Lizenz wird bei gleichzeitiger Benutzung der Erfindung durch den Arbeitgeber, wenn damit die laufende Übermittlung von eigenen Erfahrungen verbunden ist, der Erfindungswert eher an der unteren Grenze liegen.

(16) Wird die Erfindung verkauft, so ist der Erfindungswert ebenfalls durch Verminderung des Bruttoertrages auf den Nettoertrag zu ermitteln. Im Gegensatz zur Lizenzvergabe wird hierbei jedoch in den meisten Fällen nicht damit zu rechnen sein, dass noch zukünftige Aufgaben und Belastungen des Arbeitgebers als Verkäufer zu berücksichtigen sind. Bei der Ermittlung des Nettoertrages sind alle Aufwendungen für die Entwicklung der Erfindung, nachdem sie fertiggestellt worden ist, für ihre Betriebsreifmachung, die Kosten der Schutzrechtserlangung und -übertragung, die mit dem Verkauf zusammenhängenden Aufwendungen (zB Steuern, mit Ausnahme der inländischen reinen Ertragssteuern, Verhandlungskosten) sowie ein entsprechender Anteil an den Gemeinkosten des Arbeitgebers, soweit sie nicht schon in den vorgenannten Kosten enthalten sind, zu berücksichtigen.

Soweit der Kaufpreis nicht auf der Übertragung des Schutzrechts, sondern auf der Übermittlung besonderer Erfahrungen (Know-how) beruht, sind diese Einnahmen bei der Berechnung des Erfindungswertes ebenfalls von dem Bruttoertrag abzuziehen, wenn diese Erfahrungen nicht als technische Verbesserungsvorschläge iSd § 20 Abs. 1 des Gesetzes anzusehen sind. Bei der Beurteilung der Frage, ob und inwieweit der Kaufpreis auf der Übermittlung besonderer Erfahrungen beruht, ist nicht allein auf den Inhalt des Kaufvertrages abzustellen; vielmehr ist das tatsächliche Verhältnis des Wertes des Schutzrechts zu dem der Übermittlung besonderer Erfahrungen zu berücksichtigen.

(17) Wird die Erfindung durch einen Austauschvertrag verwertet, so kann versucht werden, zunächst den Gesamtnutzen des Vertrages für den Arbeitgeber zu ermitteln, um sodann durch Abschätzung der Quote, die auf die in Anspruch genommene Diensterfindung entfällt, ihren Anteil am Gesamtnutzen zu ermitteln. Ist dies untunlich, so wird der Erfindungswert nach Nummer 13 geschätzt werden müssen.

Soweit Gegenstand des Austauschvertrages nicht die Überlassung von Schutzrechten oder von Benutzungsrechten, sondern die Überlassung besonderer Erfahrungen (Know-how) ist, ist dies bei der Ermittlung des Gesamtnutzens des Vertrages zu berücksichtigen, soweit diese Erfahrungen nicht als technische Verbesserungsvorschläge iSd § 20 Abs. 1 des Gesetzes anzusehen sind. Bei der Beurteilung der Frage, ob und wieweit die Übermittlung besonderer Erfahrungen Gegenstand des Austauschvertrages sind, ist nicht allein auf den Inhalt des Vertrages abzustellen; vielmehr ist das tatsächliche Verhältnis des Wertes der Schutzrechte zu dem der Übermittlung besonderer Erfahrungen zu berücksichtigen.

III. Sperrpatente

(18) Einen besonderen Fall der Verwertung einer Diensterfindung bilden die Sperrpatente. Darunter versteht man im allgemeinen Patente, die nur deshalb angemeldet oder aufrechterhalten werden, um zu verhindern, dass ein Wettbewerber die Erfindung verwertet und dadurch die eigene laufende oder bevorstehende Erzeugung beeinträchtigt. Bei diesen Patenten unterbleibt die Benutzung, weil entweder ein gleichartiges Patent schon im Betrieb benutzt wird oder ohne Bestehen eines Patentes eine der Erfindung entsprechende Erzeugung schon im Betrieb läuft oder das Anlaufen einer solchen Erzeugung bevorsteht. Wenn schon eine Erfindung im Betrieb benutzt wird, die mit Hilfe der zweiten Erfindung umgangen werden kann, und wenn die wirtschaftliche Tragweite beider Erfindungen ungefähr gleich ist, werden nach der Verwertung der ersten Erfindung Anhaltspunkte für den Erfindungswert bezüglich der zweiten gefunden werden können. Die Summe der Werte beider Erfindungen kann jedoch höher sein als der Erfindungswert der ersten Erfindung. Durch Schätzung kann ermittelt werden, welcher Anteil des Umsatzes, der Erzeugung oder des Nutzens bei Anwendung der zweiten Erfindung auf diese entfallen würde. Selbst wenn man hierbei zu einer annähernden Gleichwertigkeit der beiden Erfindungen kommt, ist es angemessen, für die zweite Erfindung weniger als die Hälfte der Summe der Werte beider Erfindungen anzusetzen, weil es als ein besonderer Vorteil benutzter Erfindungen anzusehen ist, wenn sie sich schon in der Praxis bewährt haben und auf dem Markt eingeführt sind. Eine zweite Erfindung, mit der es möglich ist, die Erste zu umgehen, kann für den Schutzumfang der ersten Erfindung eine Schwäche offenbaren, die bei der Feststellung des

Erfindungswertes für die erste Erfindung nicht immer berücksichtigt worden ist. Deshalb kann der Anlass für eine Neufestsetzung der Vergütung nach § 12 Abs. 6 des Gesetzes vorliegen.

IV. Schutzrechtskomplexe

(19) Werden bei einem Verfahren oder Erzeugnis mehrere Erfindungen benutzt, so soll, wenn es sich hierbei um einen einheitlich zu wertenden Gesamtkomplex handelt, zunächst der Wert des Gesamtkomplexes, gegebenenfalls einschließlich nicht benutzter Sperrschutzrechte, bestimmt werden. Der so bestimmte Gesamterfindungswert ist auf die einzelnen Erfindungen aufzuteilen. Dabei ist zu berücksichtigen, welchen Einfluss die einzelnen Erfindungen auf die Gesamtgestaltung des mit dem Schutzrechtskomplex belasteten Gegenstandes haben.

V. Nicht verwertete Erfindungen

(20) Nicht verwertete Erfindungen sind Erfindungen, die weder betrieblich benutzt noch als Sperrpatent noch außerbetrieblich durch Vergabe von Lizenzen, Verkauf oder Tausch verwertet werden. Die Frage nach ihrem Wert hängt davon ab, aus welchen Gründen die Verwertung unterbleibt (vgl. Nummer 21–24).

1. Vorrats- und Ausbaupatente

(21) Vorratspatente sind Patente für Erfindungen, die im Zeitpunkt der Erteilung des Patents noch nicht verwertet werden oder noch nicht verwertbar sind, mit deren späterer Verwertung oder Verwertbarkeit aber zu rechnen ist. Von ihrer Verwertung wird zB deshalb abgesehen, weil der Fortschritt der technischen Entwicklung abgewartet werden soll, bis die Verwertung des Patents möglich erscheint. Erfindungen dieser Art werden bis zu ihrer praktischen Verwertung „auf Vorrat" gehalten. Sie haben wegen der begründeten Erwartung ihrer Verwertbarkeit einen Erfindungswert. Vorratspatente, die lediglich bestehende Patente verbessern, werden als Ausbaupatente bezeichnet.

Der Wert der Vorrats- und Ausbaupatente wird frei geschätzt werden müssen, wobei die Art der voraussichtlichen späteren Verwertung und die Höhe des alsdann voraussichtlich zu erzielenden Nutzens Anhaltspunkte ergeben können. Bei einer späteren Verwertung wird häufig der Anlass für eine Neufestsetzung der Vergütung nach § 12 Abs. 6 des Gesetzes gegeben sein. Ob verwertbare Vorratspatente, die nicht verwertet werden, zu vergüten sind, richtet sich nach Nummer 24.

2. Nicht verwertbare Erfindungen

(22) Erfindungen, die nicht verwertet werden, weil sie wirtschaftlich nicht verwertbar sind und bei denen auch mit ihrer späteren Verwertbarkeit nicht zu rechnen ist, haben keinen Erfindungswert. Aus der Tatsache, dass ein Schutzrecht erteilt worden ist, ergibt sich nichts Gegenteiliges; denn die Prüfung durch das Patentamt bezieht sich zwar auf Neuheit, Fortschrittlichkeit und Erfindungshöhe, nicht aber darauf, ob die Erfindung mit wirtschaftlichem Erfolg verwertet werden kann. Erfindungen, die betrieblich nicht benutzt, nicht als Sperrpatent oder durch Lizenzvergabe, Verkauf oder Tausch verwertet werden können und auch als Vorratspatent keinen Wert haben, sollten dem Erfinder freigegeben werden.

3. Erfindungen, deren Verwertbarkeit noch nicht feststellbar ist

(23) Nicht immer wird sofort festzustellen sein, ob eine Erfindung wirtschaftlich verwertbar ist oder ob mit ihrer späteren Verwertbarkeit zu rechnen ist. Dazu wird es vielmehr in einer Reihe von Fällen einer gewissen Zeit der Prüfung und Erprobung bedürfen. Wenn und solange der Arbeitgeber die Erfindung prüft und erprobt und dabei die wirtschaftliche Verwertbarkeit noch nicht feststeht, ist die Zahlung einer Vergütung in der Regel nicht angemessen. Zwar besteht die Möglichkeit, dass sich eine Verwertbarkeit ergibt. Diese Möglichkeit wird aber dadurch angemessen abgegolten, dass der Arbeitgeber auf seine Kosten die Erfindung überprüft und erprobt und damit seinerseits dem Erfinder die Gelegenheit einräumt, bei günstigem Prüfungsergebnis eine Vergütung zu erhalten.

Die Frist, die dem Betrieb zur Feststellung der wirtschaftlichen Verwertbarkeit billigerweise gewährt werden muss, wird von Fall zu Fall verschieden sein, sollte aber drei bis fünf Jahre nach Patenterteilung nur in besonderen Ausnahmefällen überschreiten. Wird die Erfindung nach Ablauf dieser Frist nicht freigegeben, so wird vielfach eine tatsächliche Vermutung dafür sprechen, dass ihr ein Wert zukommt, sei es auch nur als Vorrats- oder Ausbaupatent.

4. Erfindungen, bei denen die Verwertbarkeit nicht oder nicht voll ausgenutzt wird

(24) Wird die Erfindung ganz oder teilweise nicht verwertet, obwohl sie verwertbar ist, so sind bei der Ermittlung des Erfinderwertes die unausgenutzten Verwertungsmöglichkeiten im Rah-men der bei verständiger Würdigung bestehenden wirtschaftlichen Möglichkeiten zu berücksichtigen.

VI. Besonderheiten

1. Beschränkte Inanspruchnahme

(25) Für die Bewertung des nichtausschließlichen Rechts zur Benutzung der Diensterfindung gilt das für die Bewertung der unbeschränkt in Anspruch genommenen Diensterfindung Gesagte entsprechend. Bei der Ermittlung des Erfindungswertes ist jedoch allein auf die tatsächliche Verwertung durch den Arbeitgeber abzustellen; die unausgenutzte wirtschaftliche Verwertbarkeit (vgl. Nummer 24) ist nicht zu berücksichtigen.

Wird der Erfindungswert mit Hilfe des erfassbaren betrieblichen Nutzens ermittelt, so unterscheidet sich im Übrigen die Ermittlung des Erfindungswertes bei der beschränkten Inanspruchnahme nicht von der bei der unbeschränkten Inanspruchnahme.

Bei der Ermittlung des Erfinderwertes nach der Lizenzanalogie ist nach Möglichkeit von den für nichtausschließliche Lizenzen mit freien Erfindern üblicherweise vereinbarten Sätzen auszugehen. Sind solche Erfahrungssätze für nichtausschließliche Lizenzen nicht bekannt, so kann auch von einer Erfindung ausgegangen werden, für die eine ausschließliche Lizenz erteilt worden ist; dabei ist jedoch zu beachten, dass die in der Praxis für nichtausschließliche Lizenzen gezahlten Lizenzsätze in der Regel, keineswegs aber in allen Fällen, etwas niedriger sind als die für ausschließliche Lizenzen gezahlten Sätze. Hat der Arbeitnehmer Lizenzen vergeben, so können die in diesen Lizenzverträgen vereinbarten Lizenzsätze in geeigneten Fällen als Maßstab für den Erfindungswert herangezogen werden. Hat der Arbeitnehmer kein Schutzrecht erwirkt, so wirkt diese Tatsache nicht mindernd auf die Vergütung, jedoch ist eine Vergütung nicht oder nicht mehr zu zahlen, wenn die Erfindung so weit bekannt geworden ist, dass sie infolge des Fehlens eines Schutzrechts auch von Wettbewerbern berechtigterweise benutzt wird.

2. Absatz im Ausland und ausländische Schutzrechte

(26) Wird das Ausland vom Inlandsbetrieb aus beliefert, so ist bei der Berechnung des Erfindungswertes nach dem erfassbaren betrieblichen Nutzen der Nutzen wie im Inland zu erfassen. Ebenso ist bei der Berechnung des Erfindungswertes nach der Lizenzanalogie der Umsatz oder die Erzeugung auch insoweit zu berücksichtigen, als das Ausland vom Inland aus beliefert wird. Bei zusätzlicher Verwertung im Ausland (zB Erzeugung im Ausland, Lizenzvergaben im Ausland) erhöht sich der Erfindungswert entsprechend, sofern dort ein entsprechendes Schutzrecht besteht.

Auch im Ausland ist eine nicht ausgenutzte Verwertbarkeit oder eine unausgenutzte weitere Verwertbarkeit nach den gleichen Grundsätzen wie im Inland zu behandeln (vgl. Nummer 24). Sofern weder der Arbeitgeber noch der Arbeitnehmer Schutzrechte im Ausland erworben haben, handelt es sich um schutzrechtsfreies Gebiet, auf dem Wettbewerber tätig werden können, so dass für eine etwaige Benutzung des Erfindungsgegenstandes in dem schutzrechtsfreien Land sowie für den Vertrieb des in dem schutzrechtsfreien Land hergestellten Erzeugnisses im Allgemeinen eine Vergütung nicht verlangt werden kann.

3. Betriebsgeheime Erfindungen

(§ 17)

(27) Betriebsgeheime Erfindungen sind ebenso wie geschützte Erfindungen zu vergüten. Dabei sind nach § 17 Abs. 4 des Gesetzes auch die wirtschaftlichen Nachteile zu berücksichtigen, die sich für den Arbeitnehmer dadurch ergeben, dass auf die Diensterfindung kein Schutzrecht erteilt worden ist. Die Beeinträchtigung kann ua darin liegen, dass der Erfinder nicht als solcher bekannt wird oder dass die Diensterfindung nur in beschränktem Umfang ausgewertet werden kann. Eine Beeinträchtigung kann auch darin liegen, dass die Diensterfindung vorzeitig bekannt und mangels Rechtsschutzes durch andere Wettbewerber ausgewertet wird.

B. Gebrauchsmusterfähige Erfindungen

(28) Bei der Ermittlung des Erfindungswertes für gebrauchsmusterfähige Diensterfindungen können grundsätzlich dieselben Methoden angewandt werden wie bei patentfähigen Diensterfindungen. Wird der Erfindungswert nach dem erfassbaren betrieblichen Nutzen ermittelt, so ist hierbei nach denselben Grundsätzen wie bei patentfähigen Diensterfindungen zu verfahren. Wird dagegen von der Lizenzanalogie ausgegangen, so ist nach Möglichkeit von den für gebrauchsmusterfähige Erfindungen in vergleichbaren Fällen üblichen Lizenzen auszugehen. Sind solche Lizenzsätze für gebrauchsmusterfähige Erfindungen freier Erfinder nicht bekannt, so kann bei der Lizenzanalogie auch von den für vergleichbare patentfähige Erfindungen üblichen Lizenzsätzen ausgegangen werden; dabei ist jedoch folgendes zu beachten: In der Praxis werden vielfach die für Gebrauchsmuster an freie Erfinder üblicherweise gezahlten Lizenzen niedriger sein als die für patentfähige Erfindungen; dies beruht ua auf dem in allgemeinen engeren Schutzumfang sowie auf der kürzeren gesetzlichen Schutzdauer des Gebrauchsmusters. Die ungeklärte Schutzfähigkeit des Gebrauchsmusters kann jedoch bei Diensterfindungen nur dann zuungunsten des Arbeitnehmers berücksichtigt werden, wenn im Einzelfall bestimmte Bedenken gegen die Schutzfähigkeit eine Herabsetzung des Analogielizenzsatzes angemessen erscheinen lassen. Wird in diesem Falle das Gebrauchsmuster nicht angegriffen oder erfolgreich verteidigt, so wird im Allgemeinen der Anlass für eine Neufestsetzung der Vergütung nach § 12 Abs. 6 des Gesetzes vorliegen.

Wird eine patentfähige Erfindung nach § 13 Abs. 1 S. 2 des Gesetzes als Gebrauchsmuster angemeldet, so ist der Erfindungswert wie bei einer patentfähigen Erfindung zu bemessen, wobei jedoch die kürzere gesetzliche Schutzdauer des Gebrauchsmusters zu berücksichtigen ist.

C. Technische Verbesserungsvorschläge

(§ 20 Abs. 1)

(29) Nach § 20 Abs. 1 des Gesetzes hat der Arbeitnehmer für technische Verbesserungsvorschläge, die dem Arbeitgeber eine ähnliche Vorzugsstellung gewähren wie ein gewerbliches Schutzrecht, gegen den Arbeitgeber einen Anspruch auf angemessene Vergütung, sobald dieser sie verwertet. Eine solche Vorzugsstellung gewähren technische Verbesserungsvorschläge, die von Dritten nicht nachgeahmt werden können (zB Anwendung von Geheimverfahren; Verwendung von Erzeugnissen, die nicht analysiert werden können). Der technische Verbesserungsvorschlag als solcher muss die Vorzugsstellung gewähren; wird er an einem Gerät verwandt, das schon eine solche Vorzugsstellung genießt, so ist der Vorschlag nur insoweit vergütungspflichtig, als er für sich betrachtet, also abge- sehen von der schon bestehenden Vorzugsstellung, die Vorzugsstellung gewähren würde. Bei der Ermittlung des Wertes des technischen Verbesserungsvorschlages iSd § 20 Abs. 1 des Gesetzes sind dieselben Methoden anzuwenden wie bei der Ermittlung des Erfindungswertes für schutzfähige Erfindungen. Dabei ist jedoch allein auf die tatsächliche Verwertung durch den Arbeitgeber abzustellen; die unausgenutzte wirtschaftliche Verwertbarkeit (Nummer 24) ist nicht zu berücksichtigen. Sobald die Vorzugsstellung wegfällt, weil die technische Neuerung so weit bekannt geworden ist, dass sie auch von Wettbewerbern berechtigterweise benutzt wird, ist eine Vergütung nicht oder nicht mehr zu zahlen.

Zweiter Teil. Anteilsfaktor

(30) Von dem im Ersten Teil ermittelten Erfindungswert ist mit Rücksicht darauf, dass es sich nicht um eine freie Erfindung handelt, ein entsprechender Abzug zu machen. Der Anteil, der sich für den Arbeitnehmer unter Berücksichtigung dieses Abzugs an dem Erfindungswert ergibt, wird in Form eines in Prozenten ausgedrückten Anteilsfaktors ermittelt.

Der Anteilsfaktor wird bestimmt:

a) durch die Stellung der Aufgabe,
b) durch die Lösung der Aufgabe,
c) durch die Aufgaben und die Stellung des Arbeitnehmers im Betrieb.

Die im Folgenden hinter den einzelnen Gruppen der Tabellen a), b) und c) eingefügten Wertzahlen dienen der Berechnung des Anteilsfaktors nach der Tabelle unter Nummer 37. Soweit im Einzelfall eine zwischen den einzelnen Gruppen liegende Bewertung angemessen erscheint, können Zwischenwerte gebildet werden (zB 3,5).

a) Stellung der Aufgabe

(31) Der Anteil des Arbeitnehmers am Zustandekommen der Diensterfindung ist umso größer, je größer seine Initiative bei der Aufgabenstellung und je größer seine Beteiligung bei der Erkenntnis der betrieblichen Mängel und Bedürfnisse ist. Diese Gesichtspunkte können in folgenden 6 Gruppen berücksichtigt werden:

Der Arbeitnehmer ist zu der Erfindung veranlasst worden:

1. weil der Betrieb ihm eine Aufgabe unter unmittelbarer Angabe des beschrittenen Lösungsweges gestellt hat (1);
2. weil der Betrieb ihm eine Aufgabe ohne unmittelbare Angabe des beschrittenen Lösungsweges gestellt hat (2);
3. ohne dass der Betrieb ihm eine Aufgabe gestellt hat, jedoch durch die infolge der Betriebszugehörigkeit erlangte Kenntnis von Mängeln und Bedürfnissen, wenn der Erfinder diese Mängel und Bedürfnisse nicht selbst festgestellt hat (3);
4. ohne dass der Betrieb ihm eine Aufgabe gestellt hat, jedoch durch die infolge der Betriebszugehörigkeit erlangte Kenntnis von Mängeln und Bedürfnissen, wenn der Erfinder diese Mängel und Bedürfnisse selbst festgestellt hat (4);
5. weil er sich innerhalb seines Aufgabenbereichs eine Aufgabe gestellt hat (5);
6. weil er sich außerhalb seines Aufgabenbereichs eine Aufgabe gestellt hat (6).

Bei Gruppe 1 macht es keinen Unterschied, ob der Betrieb den Erfinder schon bei der Aufgabenstellung oder erst später auf den beschrittenen Lösungsweg unmittelbar hingewiesen hat, es sei denn, dass der Erfinder von sich aus den Lösungsweg bereits beschritten hatte. Ist bei einer Erfindung, die in Gruppe 3 oder 4 einzuordnen ist, der Erfinder vom Betrieb später auf den beschrittenen Lösungsweg hingewiesen worden, so kann es angemessen sein, die Erfindung niedriger einzuordnen, es sei denn, dass der Erfinder von sich aus den Lösungsweg bereits beschritten hatte. Liegt in Gruppe 3 oder 4 die Aufgabe außerhalb des Aufgabenbereichs des Erfinders, so wird es angemessen sein, die Erfindung höher einzuordnen.

Ferner ist zu berücksichtigen, dass auch in der Aufgabenstellung allein schon eine unmittelbare Angabe des beschrittenen Lösungsweges liegen kann, wenn die Aufgabe sehr eng gestellt ist. Andererseits sind ganz allgemeine Anweisungen (zB auf Erfindungen bedacht zu sein) noch nicht als Stellung der Aufgabe im Sinne dieser Tabelle anzusehen.

b) Lösung der Aufgabe

(32) Bei der Ermittlung der Wertzahlen für die Lösung der Aufgabe sind folgende Gesichtpunkte zu beachten:

1. Die Lösung wird mit Hilfe der dem Erfinder beruflich geläufigen Überlegungen gefunden;
2. sie wird auf Grund betrieblicher Arbeiten oder Kenntnisse gefunden;
3. der Betrieb unterstützt den Erfinder mit technischen Hilfsmitteln.

Liegen bei einer Erfindung alle diese Merkmale vor, so erhält die Erfindung für die Lösung der Aufgabe die Wertzahl 1; liegt keines dieser Merkmale vor, so erhält sie die Wertzahl 6.

Sind bei einer Erfindung die angeführten drei Merkmale teilweise verwirklicht, so kommt ihr für die Lösung der Aufgabe eine zwischen 1 und 6 liegende Wertzahl zu. Bei der Ermittlung der Wertzahl für die Lösung der Aufgabe sind die Verhältnisse des Einzelfalles auch im Hinblick auf die Bedeutung der angeführten drei Merkmale (zB das Ausmaß der Unterstützung mit technischen Hilfsmitteln) zu berücksichtigen.

Beruflich geläufige Überlegungen im Sinne dieser Nummer sind solche, die aus Kenntnissen und Erfahrungen des Arbeitnehmers stammen, die er zur Erfüllung der ihm übertragenen Tätigkeiten haben muss.

Betriebliche Arbeiten oder Kenntnisse im Sinne dieser Nummer sind innerbetriebliche Erkenntnisse, Arbeiten, Anregungen, Erfahrungen, Hinweise usw, die den Erfinder zur Lösung hingeführt oder sie ihm wesentlich erleichtert haben.

Technische Hilfsmittel im Sinne dieser Nummer sind Energien, Rohstoffe und Geräte des Betriebes, deren Bereitstellung wesentlich zum Zustandekommen der Diensterfindung beigetragen hat. Wie technische Hilfsmittel ist auch die Bereitstellung von Arbeitskräften zu werten. Die Arbeitskraft des Erfinders selbst sowie die allgemeinen, ohnehin entstandenen Aufwendungen für Forschung, Laboreinrichtungen und Apparaturen sind nicht als technische Hilfsmittel in diesem Sinne anzusehen.

c) Aufgaben und Stellung des Arbeitsnehmers im Betrieb

(33) Der Anteil des Arbeitnehmers verringert sich umso mehr, je größer der ihm durch seine Stellung ermöglichte Einblick in die Erzeugung und Entwicklung des Betriebes ist und je mehr von ihm angesichts seiner Stellung und des ihm zzt. der Erfindungsmeldung gezahlten Arbeitsentgelts erwartet werden kann, dass er an der technischen Entwicklung des Betriebes mitarbeitet. Stellung im Betrieb bedeutet nicht die nominelle, sondern die tatsächliche Stellung des Arbeitnehmers, die ihm unter Berücksichtigung der ihm obliegenden Aufgaben und der ihm ermöglichten Einblicke in das Betriebsgeschehen zukommt.

(34) Man kann folgende Gruppen von Arbeitnehmern unterscheiden, wobei die Wertzahl umso höher ist, je geringer die Leistungserwartung ist:

8. Gruppe: Hierzu gehören Arbeitnehmer, die im Wesentlichen ohne Vorbildung für die im Betrieb ausgeübte Tätigkeit sind (zB ungelernte Arbeiter, Hilfsarbeiter, Angelernte, Lehrlinge) (8).
7. Gruppe: Zu dieser Gruppe sind die Arbeitnehmer zu rechnen, die eine handwerklich-technische Ausbildung erhalten haben (zB Facharbeiter, Laboranten, Monteure, einfache Zeichner), auch wenn sie schon mit kleineren Aufsichtspflichten betraut sind (zB Vorarbeiter, Untermeister, Schichtmeister, Kolonnenführer). Von diesen Personen wird im Allgemeinen erwartet, dass sie die ihnen übertragenen Aufgaben mit einem gewissen technischen Verständnis ausführen. Andererseits ist zu berücksichtigen, dass von dieser Berufsgruppe in der Regel die Lösung konstruktiver oder verfahrensmäßiger technischer Aufgaben nicht erwartet wird (7).
6. Gruppe: Hierher gehören die Personen, die als untere betriebliche Führungskräfte eingesetzt werden (zB Meister, Obermeister, Werkmeister) oder eine etwas gründlichere technische Ausbildung erhalten haben (zB Chemotechniker, Techniker). Von diesen Arbeitnehmern wird in der Regel schon erwartet, dass sie Vorschläge zur Rationalisierung innerhalb der ihnen obliegenden Tätigkeit machen und auf einfache technische Neuerungen bedacht sind (6).
5. Gruppe: Zu dieser Gruppe sind die Arbeitnehmer zu rechnen, die eine gehobene technische Ausbildung erhalten haben, sei es auf Universitäten oder technischen Hochschulen, sei es auf höheren technischen Lehranstalten oder in Ingenieur- oder entsprechenden Fachschulen, wenn sie in der Fertigung tätig sind. Von diesen Arbeitnehmern wird ein reges technisches Interesse sowie die Fähigkeit erwartet, gewisse konstruktive oder verfahrensmäßige Aufgaben zu lösen (5).
4. Gruppe: Hierher gehören die in der Fertigung leitend Tätigen (Gruppenleiter, dh Ingenieure und Chemiker, denen andere Ingenieure oder Chemiker unterstellt sind) und die in der Entwicklung tätigen Ingenieure und Chemiker (4).
3. Gruppe: Zu dieser Gruppe sind in der Fertigung der Leiter einer ganzen Fertigungsgruppe (zB technischer Abteilungsleiter und Werksleiter) zu zählen, in der Entwicklung die Gruppenleiter von Konstruktionsbüros und Entwicklungslaboratorien und in der Forschung die Ingenieure und Chemiker (3).
2. Gruppe: Hier sind die Leiter der Entwicklungsabteilungen einzuordnen sowie die Gruppenleiter in der Forschung (2).
1. Gruppe: Zur Spitzengruppe gehören die Leiter der gesamten Forschungsabteilung eines Unternehmens und die technischen Leiter größerer Betriebe (1).

Die vorstehende Tabelle kann nur Anhaltspunkte geben. Die Einstufung in die einzelnen Gruppen muss jeweils im Einzelfall nach Maßgabe der tatsächlichen Verhältnisse unter Berücksichtigung der Ausführungen in Nummer 33, 35 und 36 vorgenommen werden. In kleineren Betrieben sind zB vielfach die Leiter von Forschungsabteilungen nicht in Gruppe 1, sondern – je nach den Umständen des Einzelfalles – in die Gruppen 2, 3 und 4 einzuordnen. Auch die Abstufung nach der Tätigkeit in Fertigung, Entwicklung oder Forschung ist nicht stets berechtigt, weil. zB in manchen Betrieben die in der Entwicklung tätigen Arbeitnehmer Erfindungen näher stehen als die in der Forschung tätigen Arbeitnehmer.

(35) Wenn die Gehaltshöhe gegenüber dem Aufgabengebiet Unterschiede zeigt, kann es berechtigt sein, den Erfinder in eine höhere oder tiefere Gruppe einzustufen, weil Gehaltshöhe und Leistungserwartung miteinander in Verbindung stehen. Dies ist besonders zu berücksichtigen im Verhältnis zwischen jüngeren und älteren Arbeitnehmern der gleichen Gruppe. In der Regel wächst das Gehalt eines Arbeitnehmers mit seinem Alter, wobei weitgehend der Gesichtspunkt maßgebend ist, dass die zunehmende Erfahrung auf Grund langjähriger Tätigkeit eine höhere Leistung erwarten lässt. Hiernach kann also ein höher bezahlter älterer Angestellter einer bestimmten Gruppe eher in die nächstniedrigere einzustufen sein, während ein jüngerer, geringer bezahlter Angestellter der nächsthöheren Gruppe zuzurechnen ist. Es ist weiter zu berücksichtigen, dass zum Teil gerade bei leitenden Angestellten nicht erwartet wird, dass sie sich mit technischen Einzelfragen befassen. Besonders in größeren Firmen stehen leitende Angestellte zum Teil der technischen Entwicklung ferner als Entwicklungs- oder Betriebsingenieure. In solchen Fällen ist daher gleichfalls eine Berichtigung der Gruppeneinteilung angebracht. Auch die Vorbildung wird in der Regel ein Anhaltspunkt für die Einstufung des Arbeitnehmers sein. Sie ist aber hierauf dann ohne Einfluss, wenn der

Arbeitnehmer nicht entsprechend seiner Vorbildung im Betrieb eingesetzt wird. Andererseits ist auch zu berücksichtigen, dass Arbeitnehmer, die sich ohne entsprechende Vorbildung eine größere technische Erfahrung zuge- eignet haben und demgemäß im Betrieb eingesetzt und bezahlt werden, in eine entsprechend niedrigere Gruppe (also mit niedrigerer Wertzahl, zB von Gruppe 6 in Gruppe 5) eingestuft werden müssen.

(36) Von Arbeitnehmern, die kaufmännisch tätig sind und keine technische Vorbildung haben, werden im Allgemeinen keine technischen Leistungen erwartet. Etwas anderes kann mitunter für die sogenannten technischen Kaufleute und die höheren kaufmännischen Angestellten (kaufmännische Abteilungsleiter, Verwaltungs- und kaufmännische Direktoren) gelten. Wie diese Personen einzustufen sind, muss von Fall zu Fall entschieden werden.

Tabelle

(37) Für die Berechnung des Anteilsfaktors gilt folgende Tabelle:

a + b + c	=	3	4	5	6	7	8	9	10	11	12	13	14	15	16	17	18	19	(20)
A	=	2	4	7	10	13	15	18	21	25	32	39	47	55	63	72	81	90	(100)

In dieser Tabelle bedeuten:

a = Wertzahlen, die sich aus der Stellung der Aufgabe ergeben,
b = Wertzahlen, die sich aus der Lösung der Aufgabe ergeben,
c = Wertzahlen, die sich aus Aufgaben und Stellung im Betrieb ergeben,
A = Anteilsfaktor (Anteil des Arbeitnehmers am Erfindungswert in Prozenten).

Die Summe, die sich aus den Wertzahlen a, b und c ergibt braucht keine ganze Zahl zu sein. Sind als Wertzahlen Zwischenwerte (zB 3,5) gebildet worden, so ist als Anteilsfaktor eine Zahl zu ermitteln, die entsprechend zwischen den angegebenen Zahlen liegt. Die Zahlen 20 und 100 sind in Klammern gesetzt, weil zumindest in diesem Fall eine freie Erfindung vorliegt.

d) Wegfall der Vergütung

(38) Ist der Anteilsfaktor sehr niedrig, so kann, wenn der Erfindungswert gleichfalls gering ist, die nach den vorstehenden Richtlinien zu ermittelnde Vergütung bis auf einen Anerkennungsbetrag sinken oder ganz wegfallen.

Dritter Teil. Die rechnerische Ermittlung der Vergütung

I. Formel

(39) Die Berechnung der Vergütung aus Erfindungswert und Anteilsfaktor kann in folgender Formel ausgedrückt werden:

$$V = E \cdot A$$

Dabei bedeuten:

V = die zu zahlende Vergütung,
E = den Erfindungswert,
A = den Anteilsfaktor in Prozenten.

Die Ermittlung des Erfindungswertes nach der Lizenzanalogie kann in folgender Formel ausgedrückt werden:

$$E = B \cdot L$$

Dabei bedeuten:

E = den Erfindungswert,
B = die Bezugsgröße,
L = Lizenzsatz in Prozenten.

In dieser Formel kann die Bezugsgröße ein Geldbetrag oder eine Stückzahl sein. Ist die Bezugsgröße ein bestimmter Geldbetrag, so ist der Lizenzsatz ein Prozentsatz (zB 3 % von 100.000,– DM). Ist die Bezugsgröße dagegen eine Stückzahl oder eine Gewichteinheit, so ist der Lizenzsatz ein bestimmter Geldbetrag je Stück oder Gewichtseinheit (zB 0,10 DM je Stück oder Gewichtseinheit des umgesetzten Erzeugnisses).

Insgesamt ergibt sich hiernach für die Ermittlung der Vergütung bei Anwendung der Lizenzanalogie folgende Formel:

$$V = B \cdot L \cdot A$$

Hierbei ist für B jeweils die entsprechende Bezugsgröße (Umsatz, Erzeugung) einzusetzen. Sie kann sich auf die gesamte Laufdauer des Schutzrechts (oder die gesamte sonst nach Nummer 42 in Betracht kommende Zeit) oder auf einen bestimmten periodisch wiederkehrenden Zeitabschnitt (zB 1 Jahr) beziehen; entsprechend ergibt sich aus der Formel die Vergütung für die gesamte Laufdauer (V) oder den bestimmten Zeitabschnitt (bei jährlicher Ermittlung im Folgenden mit Vj bezeichnet). Wird zB die Vergütung unter Anwendung der Lizenzanalogie in Verbindung mit dem Umsatz ermittelt, so lautet die Formel für die Berechnung der Vergütung:

$$V = U \cdot L \cdot A$$

oder bei jährlicher Ermittlung:

$$V_j = U_j \cdot L \cdot A$$

Beispiel: Bei einem Jahresumsatz von 400.000,– DM, einem Lizenzsatz von 3 % und einem Anteilsfaktor von (a + b + c = 8 =) 15 % ergibt sich folgende Rechnung:

$$Vj = 400.000 \cdot \frac{113 \cdot 15}{100 \cdot 100}$$

Die Vergütung für ein Jahr beträgt in diesem Fall 1.800,– DM.

II. Art der Zahlung der Vergütung

(40) Die Vergütung kann in Form einer laufenden Beteiligung bemessen werden. Hängt ihre Höhe von dem Umsatz, der Erzeugung oder dem erfassbaren betrieblichen Nutzen ab, so wird die Vergütung zweckmäßig nachkalkulatorisch errechnet; in diesem Fall empfiehlt sich die jährliche Abrechnung, wobei – soweit dies angemessen erscheint – entsprechende Abschlagszahlungen zu leisten sein werden. Wird die Diensterfindung durch Lizenzvergabe verwertet, so wird die Zahlung der Vergütung im Allgemeinen der Zahlung der Lizenzen anzupassen sein.

Manchmal wird die Zahlung einer einmaligen oder mehrmaligen festen Summe (Gesamtabfindung) als angemessen anzusehen sein. Dies gilt insbesondere für folgende Fälle:

a) Wenn es sich um kleinere Erfindungen handelt, für die eine jährliche Abrechnung wegen des dadurch entstehenden Aufwands nicht angemessen erscheint,
b) wenn die Diensterfindung als Vorrats- oder Ausbaupatent verwertet wird.
c) Ist der Diensterfinder in einer Stellung, in der er auf den Einsatz seiner Erfindung oder die Entwicklung weiterer verwandter Erfindungen im Betrieb einen maßgeblichen Einfluss ausüben kann, so ist zur Vermeidung von Interessengegensätzen ebenfalls zu empfehlen, die Vergütung in Form einmaliger oder mehrmaliger fester Beträge zu zahlen.

In der Praxis findet sich manchmal eine Verbindung beider Zahlungsarten derart, dass der Lizenznehmer eine einmalige Zahlung leistet und der Lizenzgeber im Übrigen laufend an den Erträgen der Erfindung beteiligt wird. Auch eine solche Regelung kann eine angemessene Art der Vergütungsregelung darstellen.

(41) Nur ein geringer Teil der Patente wird in der Praxis für die Gesamtlaufdauer von 18 Jahren aufrechterhalten. Bei patentfähigen Erfindungen hat es sich bei der Gesamtabfindung häufig als berechtigt erwiesen, im Allgemeinen eine durchschnittliche Laufdauer des Patents von einem Drittel der Gesamtlaufdauer, also von 6 Jahren, für die Ermittlung der einmaligen festen Vergütung zugrunde zu legen. Bei einer wesentlichen Änderung der Umstände, die für die Feststellung oder Festsetzung der Vergütung maßgebend waren, können nach § 12 Abs. 6 des Gesetzes Arbeitge- ber und Arbeitnehmer voneinander die Einwilligung in eine andere Regelung der Vergütung verlangen.

III. Die für die Berechnung der Vergütung maßgebende Zeit

(42) Die Zeit, die für die Berechnung der Vergütung bei laufender Zahlung maßgebend ist, endet bei der unbeschränkten Inanspruchnahme in der Regel mit dem Wegfall des Schutzrechts. Dasselbe gilt bei der beschränkten Inanspruchnahme, wenn ein Schutzrecht erwirkt ist. Wegen der Dauer der Vergütung bei beschränkter Inanspruchnahme wird im Übrigen auf Nummer 25 verwiesen. In Ausnahmefällen kann der Gesichtspunkt der Angemessenheit der Vergütung auch eine Zahlung über die Laufdauer des Schutzrechts hinaus gerechtfertigt erscheinen lassen. Dies gilt beispielsweise dann, wenn eine Erfindung erst in den letzten Jahren der Laufdauer eines Schutzrechts praktisch ausgewertet worden ist und die durch das Patent während seiner Laufzeit dem Patentinhaber vermittelte Vorzugsstellung auf dem Markt auf Grund besonderer Umstände noch weiter andauert. Solche besonderen Umstände können zB darin liegen, dass die Erfindung ein geschütztes Verfahren betrifft, für dessen Ausübung hohe betriebsinterne Erfahrungen notwendig sind, die nicht ohne weiteres bei Ablauf des Schutzrechts Wettbewerbern zur Verfügung stehen.

(43) Ist das Schutzrecht vernichtbar, so bleibt dennoch der Arbeitgeber bis zur Nichtigkeitserklärung zur Vergütungszahlung verpflichtet, weil bis dahin der Arbeitgeber eine tatsächliche Nutzungsmöglichkeit und günstigere Geschäftsstellung hat, die er ohne die Inanspruchnahme nicht hätte. Die offenbar oder wahrscheinlich gewordene Nichtigkeit ist für den Vergütungsanspruch der tatsächlichen Vernichtung dann gleichzustellen, wenn nach den Umständen das Schutzrecht seine bisherige wirtschaftliche Wirkung so weit verloren hat, dass dem Arbeitgeber die Vergütungszahlung nicht mehr zugemutet werden kann. Dies ist besonders dann der Fall, wenn Wettbewerber, ohne eine Verletzungsklage befürchten zu müssen, nach dem Schutzrecht arbeiten.

Bonn, den 20.7.1959.

III a 6–1859/59

Der Bundesminister für Arbeit und Sozialordnung
In Vertretung
Dr. Claussen

Richtlinien für die Vergütung von Arbeitnehmererfindungen im öffentlichen Dienst

vom 1.12.1960

BAnz. 1960 Nr. 237, S. 2

Nach Anhörung der Spitzenorganisation der Arbeitgeber, der Arbeitnehmer, der Beamten und der Soldaten ergänze ich auf Grund des § 11 in Verbindung mit den §§ 40, 41 des Gesetzes über Arbeitnehmererfindungen vom 25.7.1957 (BGBl. I S. 756) die Richtlinien für die Vergütung von Arbeitnehmererfindungen im privaten Dienst vom 20.7.1959 (BAnz.-Beil. 1959 Nr. 156) dahin, dass diese Richtlinien auf Arbeitnehmer im öffentlichen Dienst, sowie auf Beamte und Soldaten entsprechend anzuwenden sind.

Bonn, den 1.12.1960.

III a 6–2329/60

Der Bundesminister für Arbeit und Sozialordnung
im Auftrag
Dr. Schelp

12. Feststellung der Erfindervergütung nach dem erfassbaren betrieblichen Nutzen für eine Diensterfindung nach Schutzrechtserteilung

Arbeitgeber und Arbeitnehmer setzen die Vergütung für die in Anspruch genommene Diensterfindung, geschützt durch das Deutsche Patent Nr. . . . . ., wie folgt fest:

1. Die Parteien bemessen den Erfindungswert nach den durch die Erfindung erzielten Ersparnissen an . . . . .[1, 2, 3]
2. Diese Ersparnisse betrugen in der Zeit vom Beginn der Benutzung der Diensterfindung bis zum . . . . . EUR X. Der Erfindungswert beträgt 20 vH dieser Ersparnisse. Der Anteilsfaktor des Diensterfinders beträgt 25 vH, wobei die Parteien die Stellung der Aufgabe mit 4, die Lösung der Aufgabe mit 3 und die Stellung des Erfinders im Betrieb zurzeit der Erfindung mit 4 als Wertzahlen bewerten.
   Daraus errechnet sich eine Erfindervergütung von

   $$X \cdot \frac{20 \cdot 25}{100 \cdot 100} = \text{EUR} \ldots\ldots$$

   Dieser Betrag ist sofort zur Zahlung fällig.
3. Nach derselben Formel wird die Vergütung für die Dauer des Bestehens des Schutzrechtes jeweils am Ende eines jeden Kalenderjahres errechnet und nach Rechnungslegung spätestens bis zum 15.2. an den Erfinder bezahlt.
4. Übersteigen die Ersparnisse in ihrer Summe während der Dauer der Vergütungszahlungen 306.755,12 EUR, so vermindert sich der der Berechnung zugrunde zu legende Erfindungswert bei Ersparnissen bis zu 511.291,87 EUR um 10 vH, bei Ersparnissen zwischen 511.291,88 und 1.022.583,75 EUR um 20 vH, bei Ersparnissen zwischen 1.022.583,76 und 2.045.167,75 EUR um 30 vH, bei Ersparnissen zwischen 2.045.167,76 und 3.067.751,27 EUR um 40 vH, bei Ersparnissen zwischen 3.067.751,28 und 4.090.335,04 EUR um 50 vH, bei Ersparnissen zwischen 4.090.335,05 und 5.112.918,80 EUR um 60 vH, bei Ersparnissen zwischen 5.112.918,81 und 6.135.502,56 EUR um 65 vH, bei Ersparnissen zwischen 6.135.502,57 und 8.180.670,09 EUR um 70 vH, bei Ersparnissen zwischen 8.180.670,10 und 10.225.837,61 EUR um 75 vH und bei Ersparnissen ab 10.225.837,62 EUR um 80 vH.[4]

Schrifttum: Hoffmann, Zur Ermittlung des betrieblichen Nutzens von Arbeitnehmererfindungen, GRUR 1974, 445; *Osann,* Vergütung von Arbeitnehmererfindungen unter Ermittlung des Erfindungswerts nach dem erfassbaren betrieblichen Nutzen, GRUR 1964, 113; *Schade,* Zur Ermittlung des Erfindungswerts nach dem betrieblichen Nutzen, GRUR 1968, 114.

Anmerkungen

1. **Vergütung nach dem erfassbaren betrieblichen Nutzen.** Die allgemeinen Grundsätze zur Feststellung der Erfindervergütung behandelt → Muster 11. Neben der Lizenzanalogie sehen die Vergütungsrichtlinien die Ermittlung des Erfindungswertes nach dem erfassbaren betrieblichen Nutzen vor (RL Nr. 12). Diese Methode ist allerdings nachrangig und nur in Ausnahmefällen heranzuziehen (vgl. zum Vorrang der Lizenzanalogie BGH GRUR

2002, 801 (803) – Abgestuftes Getriebe; GRUR 2003, 789 – Abwasserbehandlung). Gemäß RL Nr. 12 Abs. 1 S. 1 ist unter dem *erfassbaren betrieblichen Nutzen* die durch den Einsatz der Erfindung verursachte Differenz zwischen Kosten und Erträgen zu verstehen, die nach betriebswirtschaftlichen Grundsätzen zu ermitteln ist (so Satz 2). Diese Ermittlungsart führt theoretisch zu besonders angemessenen Lösungen, da nach dem Sinn des Gesetzes der Arbeitnehmererfinder entsprechend dem sog. Mono- polprinzip nur an dem Nutzen beteiligt werden soll, der auf dem, durch seine Erfindung begründeten, rechtlichen Monopol beruht (vgl. *Bartenbach/Volz,* Arbeitnehmererfindungsgesetz, § 9 Rn. 164). Dieser Nutzen kommt mitunter im Umsatz nur unvollkommen zum Ausdruck, da ein hoher Umsatz nicht immer einen hohen Gewinn bedeuten muss.

Gemäß RL Nr. 5 Abs. 2 S. 1 kommt die Ermittlung des Erfindungswertes nach dem erfassbaren betrieblichen Nutzen vor allem bei Erfindungen in Betracht, mit deren Hilfe Ersparnisse erzielt werden, sowie bei Verbesserungserfindungen, sofern nicht der mit dem verbesserten Gegenstand erzielte Umsatz als Bewertungsgrundlage dienen kann. Ferner kann die Ermittlung des Erfindungswertes nach dem erfassbaren betrieblichen Nutzen bei Erfindungen angewandt werden, die nur innerbetrieblich verwendete Erzeugnisse, Maschinen, Vorrichtungen oder Verfahren betreffen, bei denen der Umsatz keine genügende Bewertungsgrundlage darstellt. Darüber hinaus kann die Ermittlung des Erfindungswertes nach dem erfassbaren betrieblichen Nutzen in den Fällen zum Zuge kommen, in denen sich der Nutzen aus einer Verbilligung des Ausgangsmaterials, aus einer Senkung der Lohn-, Energie- oder Instandsetzungskosten oder aus einer Erhöhung der Ausbeute errechnen lässt (RL Nr. 5 Abs. 2 S. 3).

RL Nr. 5 stellt aber ausdrücklich klar, dass auch die Methode der Ermittlung des Erfindungswertes nach dem erfassbaren betrieblichen Nutzen keineswegs mathematisch exakt, sondern ebenfalls auf Wertungen und Schätzungen angewiesen ist. Insbesondere sei der Nutzen oft schwer zu ermitteln bzw. die Berechnungen des Nutzens schwer überprüfbar (RL Nr. 5 Abs. 2 S. 2). Zudem sei bei dieser Methode zu berücksichtigen, dass sie für den Arbeitgeber mit einer Pflicht zu einer weitergehenden Darlegung betrieblicher Rechnungsvorgänge verbunden sein kann, als dies bei der Ermittlung des Erfindungswertes nach der Lizenzanalogie der Fall ist (RL Nr. 5 Abs. 2 S. 4).

Auch diese Schwierigkeiten führen dazu, dass die Ermittlung des Erfindungswertes nach dem erfassbaren betrieblichen Nutzen in der Praxis regelmäßig nur dann gewählt wird, wenn die Berechnung des Erfindungswertes nach der Lizenzanalogie, insbesondere bei fehlenden oder nur geringen Umsätzen, unanwendbar ist (vgl. *Bartenbach/Volz,* Arbeitnehmererfindungsgesetz, § 9 Rn. 162).

2. Die Differenz zwischen Kosten und Erträgen. Der erfassbare betriebliche Nutzen ist die durch den Einsatz der Erfindung verursachte und nach betriebswirtschaftlichen Grundsätzen zu ermittelnde Differenz zwischen Kosten und Erträgen.

Die *Kosten* umfassen Menge und Wert aller mit dem Einsatz der Diensterfindung tatsächlich verbrauchten Güter und erbrachten bzw. von Dritten in Anspruch genommenen Dienstleistungen des Unternehmens, wohingegen die *Erträge* den Wert aller durch die Erfindung (kausal) vermittelten wirtschaftlichen Vorteile darstellen (vgl. hierzu *Bartenbach/Volz,* Arbeitnehmererfindervergütung, RL Nr. 12 Rn. 25 ff., Rn. 43 ff.; sowie *Bartenbach/Volz*, Arbeitnehmererfindungsgesetz, § 9 Rn. 163 ff.).

In dem von dem Muster wiedergegebenen Beispielsfall liegt der Nutzen der Erfindung in der Ersparnis, die der Arbeitgeber bei Verwendung der Erfindung erzielt, wobei es sich hierbei um die Differenz der gesamten Ersparnis abzüglich der Kosten handelt. Allerdings muss eine tatsächlich eingetretene und nicht bloß fiktive Ersparnis vorliegen.

Da der Arbeitnehmererfinder nach dem Sinn und Zweck des ArbEG nur an dem durch seine Erfindung vermittelten rechtlichen Monopol angemessen beteiligt werden soll, ist bei der Ermittlung des erfassbaren betrieblichen Nutzens auch der Stand der Technik zu berücksichtigen. Ein rechtliches Monopol vermittelt die Erfindung nämlich nur insoweit, als sie über den Stand der Technik hinausgeht.

Daraus resultiert für die Ermittlung der Ersparnisse Folgendes:

(1) Sofern die im Betrieb angewandte Technik dem allgemeinen Stand der Technik entspricht und die Erfindung des Arbeitnehmers eine darüber hinaus gehende Verbesserung darstellt, kann die gesamte dadurch erzielte Ersparnis (abzgl. der Kosten) im Rahmen der Ermittlung des betrieblichen Nutzens nach RL Nr. 12 zugrunde gelegt werden.

(2) Sofern der Betrieb dagegen mit veralteten Methoden arbeitet, die nicht mehr dem allgemeinen Stand der Technik entsprechen, kann als Ersparnis (bzw. Ertrag) im Rahmen der Ermittlung des erfassbaren betrieblichen Nutzens nur der Betrag berücksichtigt werden, den das Unternehmen auf Grund der Erfindung im Verhältnis zum allgemeinen Stand der Technik einspart (vgl. *Bartenbach/Volz,* Arbeitnehmererfindervergütung, RL Nr. 12 Rn. 48 mwN). Die Tatsache, dass die Erfindung darüber hinaus auch die im Betrieb bisher angewandte, alte Technik an den allgemeinen Stand der Technik herangeführt hat, kann allerdings einen technischen Verbesserungsvorschlag gemäß § 20 ArbEG darstellen und entsprechend vergütet werden (vgl. *Schade* GRUR 1968, 114 (117)).

(3) Sofern die bisher im Betrieb angewandte Technik über dem allgemeinen Stand der Technik lag, ist bei der Ermittlung des erfassbaren betrieblichen Nutzens nur die Ersparnis (als Ertrag) zu berücksichtigen, die die Arbeitnehmererfindung im Vergleich zu der bisher im Betrieb angewandten Technik vermittelt (hM, etwa *Schade,* GRUR 1968, 114 (116)).

3. Die Bereinigung des Erfindungswertes nach RL Nr. 12 Abs. 1 S. 4. Nach RL Nr. 12 Abs. 1 S. 4 stellt der nach betriebswirtschaftlichen Grundsätzen, durch die Differenz zwischen Kosten und Erträgen ermittelte, „erfassbare betriebliche Nutzen" den *Erfindungswert* dar. Wörtlich verstanden bedeutete dies, dass ein Unternehmen die gesamte durch die Erfindung erzielte Ersparnis als Wert der Erfindung an einen freien Erfinder abführen müsste. Dies würde letztlich bedeuten, dass der Unternehmer zwar die Risiken des Einsatzes der neuen, durch die Erfindung vermittelten Technik zu tragen hätte, ohne jedoch daraus einen wirtschaftlichen Vorteil ziehen zu können. Aus diesem Grunde wird ein Unternehmen immer nur einen Bruchteil des erzielten Nutzens an einen freien Erfinder zahlen (Schiedsstelle Einigungsvorschlag vom 19.9.1995, Mitt. 1996, 176 (177) – Patentverkauf). Dementsprechend ist auch im Bereich der Arbeitnehmererfindungen allgemein anerkannt, dass die Differenz zwischen Kosten und Erträgen (der erfassbare betriebliche Nutzen) entgegen RL Nr. 12 Abs. 1 S. 4 nicht den Erfindungswert darstellt (vgl. etwa *Reimer/Schade/Schippel* ArbEG § 11/RL Nr. 12 Rn. 7; Schiedsstelle Einigungsvorschlag vom 29.6.1972, BlPMZ 1973, 58 (59)).

Die Schiedsstelle ist daher in der Praxis dazu übergegangen, anstelle der kalkulatorischen Ansätze nach RL Nr. 12 Abs. 1 S. 3 den erfassbaren betrieblichen Nutzen (im Sinne eines Bruttonutzens vor Steuern) pauschal mit einem sog. „Umrechnungsfaktor" zu multiplizieren, um daraus den Erfindungswert zu ermitteln (vgl. Schiedsstelle Einigungsvorschlag vom 8.5.1961, BlPMZ 1961, 434; Schiedsstelle Einigungsvorschlag vom 18.1.1990, BlPMZ 1990, 336; *Reimer/Schade/Schippel* ArbEG RL Nr. 12 Rn. 9 ff.; *Bartenbach/Volz,* Arbeitnehmererfindervergütung, RL Nr. 12 Rn. 59 ff.). Da bei der Ermittlung des Bruttonutzens bereits alle konkret ermittelbaren Kosten abgezogen werden, soll durch den Umrechnungsfaktor insbesondere der Wert der kalkulatorischen Kosten, des unternehmerischen Risikos und des kalkulatorischen Unternehmergewinns berücksichtigt werden (vgl. *Reimer/Schade/Schippel,* ArbEG § 11 (RL Nr. 12, Rn. 11). Bei patentfähigen Erfindungen liegt der Umrechnungsfaktor in der Praxis der Schiedsstelle, abhängig von den jeweiligen Umständen des Einzelfalls, in der Regel zwischen $^1/_8$ und $^1/_3$ des Bruttonutzens vor Steuern; der durchschnittliche Umrechnungsfaktor bei einem normalen Schutzumfang des Patents und normaler Rechtsbeständigkeit bei 20 % des Bruttonutzens.

4. Abstaffelung bei hohen Ersparnissen. Die in RL Nr. 11 für den Fall besonders hoher Umsätze vorgesehene Abstaffelung der Lizenzsätze wird in der Praxis entsprechend auch bei der Ermittlung des Erfindungswertes aus dem erfassbaren betrieblichen Nutzen angewendet (vgl. Schiedsstelle Einigungsvorschlag vom 8.5.1961, BlPMZ 1961, 434 (435); *Schade* Mitt. 1969, 291 (295)). Es gelten grundsätzlich die allgemeinen Voraussetzungen für die Abstaffelung der Erfindervergütung (→ Muster 11 → Anm. 3 aE). Als Besonderheit ist allerdings zu beachten, dass die Schiedsstelle im Rahmen der Ermittlung der Erfindervergütung nach dem erfassbaren betrieblichen Nutzen gemäß RL Nr. 12 die in RL Nr. 11 genannten Abstaffelungssätze lediglich in einem Verhältnis von 1 : 5 anwendet. Die Abstaffelung beginnt bei einer Ersparnis in Höhe von 306.775,13 EUR (= 600.000 DM), sie erhöht sich fortlaufend, bis sie bei einem betrieblichen Nutzen von 10.225.837,62 EUR (= 20 Mio. DM) ihren Höchststand erreicht und selbst bei einer höheren Ersparnis nicht weiter ansteigt (vgl. dazu auch *Bartenbach/Volz,* Arbeitnehmererfindungsgesetz, § 9 Rn. 166 ff.).

13. Feststellung der Erfindervergütung für eine in Lizenz gegebene, geschützte Diensterfindung

Herrn .....
im Hause
Vergütung der Diensterfindung .....
Wir bestätigen Ihnen gerne die erzielte Einigung über die Vergütung der im Betreff genannten Diensterfindung.
Wir verwerten die Erfindung nur durch die Vergabe einer ausschließlichen, unbeschränkten Lizenz an die Firma .....[1] Die Bedingungen dieses Vertrages sind Ihnen bekannt.
Wir bezahlen Ihnen als Erfindervergütung einen Anteil von 20 vH an den bei uns eingehenden Bruttolizenzeinnahmen, multipliziert mit dem Anteilsfaktor i.H.v. 15 vH.
Die bisher angefallenen Beträge werden unter Anrechnung unserer Vorauszahlungen in Höhe von EUR ..... unverzüglich an Sie überwiesen. Die weiteren Zahlungen erfolgen, solange der Lizenzvertrag besteht, jeweils innerhalb eines Monats nach Abrechnung der Lizenzgebühr mit dem Lizenznehmer.

Anmerkungen

1. Beteiligung des Arbeitnehmererfinders an Lizenzeinnahmen. Die Beteiligung des Arbeitnehmererfinders an Lizenzeinnahmen des Arbeitgebers betrifft insbesondere Fälle, in denen die Erfindung nicht betrieblich benutzt wird. Sie ist in den RL Nr. 14 und 15 geregelt.

Wird eine Diensterfindung durch Vergabe einer ausschließlichen und unbeschränkten Lizenz vergeben, so ist der Nutzen der Diensterfindung in der Bruttolizenzeinnahme besonders deutlich sichtbar. Zu beachten ist dabei aber, dass viele Lizenzverträge außer dem Benutzungsrecht an einer geschützten Erfindung auch Know-how vermitteln, das mangels Schutzfähigkeit nicht auf Grund des ArbEG vergütungspflichtig ist, auch wenn es vom Arbeitnehmererfinder stammt, außer es handelt sich um einen qualifizierten technischen Verbesserungsvorschlag. Die Bruttolizenzeinnahme stellt folglich nur die Basis für eine Ermittlung des Erfindungswerts dar (vgl. OLG Frankfurt a.M. GRUR 1985, 436 (437) – Chlorolyse-Verfahren). Anschließend muss die Bruttolizenzeinnahme in das Entgelt für die geschützte Erfindung und das Entgelt für das vermittelte Know-how aufgeteilt werden. RL Nr. 14 sieht dann eine genaue Berechnung für die Reduzierung der Brutto- auf die Nettolizenzeinnahme durch Abzug der Kosten vor. Der Erfindungswert, an dem der Diensterfinder entsprechend seinem Anteilsfaktor zu beteiligen ist, ist die Nettolizenzeinnahme (vgl. RL Nr. 14 Abs. 1 S. 1).

Wie bei der Ermittlung des Erfindungswertes nach dem erfassbaren betrieblichen Nutzen (RL Nr. 12, → Muster 12 → Anm. 3) wird in der Praxis auch hier die Auffassung vertreten, dass einem freien Erfinder nicht der gesamte, von einem Unternehmen aus einem Lizenzvertrag erzielte Nettogewinn zufließt. Zur Errechnung des tatsächlichen Erfindungswertes multipliziert die Schiedsstelle daher die bereits um Know-how-Anteil, Entwicklungs- und Schutzrechtskosten bereinigte Nettolizenzeinnahme mit einem Umrechnungsfaktor, der in der Regel der Fälle 30 % beträgt. Durch diesen Umrechnungsfaktor sollen die kalkulatorischen Kosten, der kalkulatorische Unternehmergewinn und ein potentielles unternehmerisches Risiko bei der Lizenzvergabe berücksichtigt werden (vgl. dazu *Bartenbach/Volz,* Arbeitnehmererfindungsgesetz, § 9 Rn. 224.1).

Da allerdings oft bereits die Berechnung der abzugsfähigen Unkosten bei Ermittlung der Nettolizenzeinnahmen Schwierigkeiten bereitet, wurde der Erfindungswert in der Praxis häufig der Einfachheit halber entsprechend RL Nr. 15 auf Grund eines pauschalen Abzugs von den Bruttolizenzeinnahmen berechnet und, sofern keine besonderen Umstände für eine abweichende Festsetzung vorlagen, der Erfindungswert in der Praxis der Schiedsstelle regelmäßig mit 20 % der tatsächlichen Bruttolizenzeinnahmen angesetzt (vgl. Schiedsstelle, Einigungsvorschlag vom 8.10.1991, BlPMZ 1993, 406 (408)).

Die neuere Schiedsstellenpraxis geht im Regelfall von RL Nr. 14 aus und greift nur noch in Einzelfällen auf RL Nr. 15 zurück (Schiedsstelle v. 12.12.1995, Mitt. 1997, 91 – Apparatebau; *Bartenbach/Volz,* Arbeitnehmererfindervergütung, RL Nr. 14 Rn. 145 mwN), wobei sich in der Spruchpraxis im Grunde eine Kombination aus beiden Ansätzen durchsetzt.

Eine Abstaffelung entsprechend der RL Nr. 11 findet im Rahmen der Ermittlung des Erfindungswertes bei nicht betrieblich, durch Vergabe von Lizenzen benutzten Erfindungen grundsätzlich nicht statt (vgl. BGH GRUR 1990, 271 (273) – Vinylchlorid). Da nämlich der Erfindungswert gemäß RL Nr. 14 Abs. 1 S. 1 den Nettolizenzeinnahmen entsprechen soll, würde eine Abstaffelung zu einer unangemessenen Schmälerung des Erfindungswerts führen. Die Vereinbarung abgestaffelter Lizenzzahlungen durch den Lizenznehmer kann jedoch den Erfindungswert in zulässiger Weise vermindern (vgl. RL Nr. 14 Abs. 3).

14. Feststellung der Erfindervergütung für eine nicht verwertete Diensterfindung

Herrn . . . . .

im Hause

Die Diensterfindung . . . . .

Wir bestätigen gerne die Vereinbarung, die wir anlässlich unseres Gespräches am . . . . . über die Vergütung der im Betreff genannten Diensterfindung getroffen haben.

Die Erfindung ist unterdessen durch das Deutsche Patent Nr. . . . . . geschützt. Wir verwerten die Erfindung zurzeit nicht.[1] Die Verwertung ist für die nächste Zeit auch nicht in Aussicht genommen. Wir wollen jedoch das Schutzrecht zunächst aufrechterhalten und zahlen Ihnen als Abfindung Ihrer bisher entstandenen Vergütungsansprüche einen einmaligen Betrag in Höhe von EUR . . . . ., den wir Ihnen in diesen Tagen anweisen werden.

Solange wir das Schutzrecht aufrechterhalten, sind wir bereit, Ihnen jährlich jeweils am Ende eines jeden Kalenderjahres eine Erfindervergütung i.H.v. X zu zahlen, die von einem jährlichen Erfindungswert i.H.v. 640 € ausgeht, der mit einem Anteilsfaktor i.H.v. A multipliziert wird.

Sollten wir das Schutzrecht nicht mehr aufrechterhalten wollen, werden wir Ihnen das fristgerecht mitteilen und Ihnen Gelegenheit geben, das Schutzrecht auf Ihre Kosten zu übernehmen.

Anmerkungen

1. Vergütung für nicht verwertete Diensterfindungen. Als Faktor für die Bemessung der angemessenen Erfindung nennt § 9 Abs. 2 ArbEG die wirtschaftliche Verwertbarkeit der Diensterfindung. Wird eine Diensterfindung weder im Betrieb des Arbeitgebers noch als Sperrpatent (RL Nr. 18) noch durch Lizenzvergabe außerhalb dieses Betriebes verwertet, kann der Erfindungswert bis Null sinken. Die Tatsache, dass der Arbeitgeber die Erfindung nicht freigegeben hat, ein Schutzrecht erworben hat und dieses Schutzrecht aufrecht erhält, spricht aber dafür, dass er der Erfindung trotz der fehlenden Verwertung einen gewissen Wert beimisst (Vorratspatent, Ausbaupatent: RL Nr. 20, 21, 22).

Die Vergütung muss in solchen Fällen in der Regel erst nach Erteilung des Schutzrechts und einer sich daran anschließenden angemessenen vergütungsfreien Prüfungs- und Erprobungsphase gezahlt werden, die nach der Praxis der Schiedsstelle zumindest ein Jahr ab Erteilung bzw. sieben Jahre ab Anmeldung dauern kann (vgl. dazu *Bartenbach/Volz,* Arbeitnehmererfindungsgesetz, § 9 Rn. 212). Die Zahlung erfolgt meistens in Form einer einmaligen Abfindung. Der Erfindungswert von Vorrats- und Ausbaupatenten ist gemäß RL Nr. 21 Abs. 2 S. 1 frei zu schätzen (bei Sperrpatenten Schätzung nach RL Nr. 13). Bei Vorratspatenten geht die Schiedsstelle von einem mittleren Gesamterfindungswert von etwa 3.800,00 EUR aus, der mit dem Anteilsfaktor A (→ Muster 11 → Anm. 4) zu multiplizieren ist (vgl. Schiedsstelle Einigungsvorschlag vom 8.2.1991, GRUR 1991, 753 (755) – Spindeltrieb; sowie im Einzelnen *Johannesson* GRUR 1970, 114 (124 ff.); *Schade* GRUR 1970, 579 (582 ff.); *Kaube* GRUR 1986, 15; *Rosenberger* GRUR 1986, 782; und *Gaul* Mitt. 1984, 144). Im Anschluss an *Kaube* (GRUR 1986, 15) setzt die Schiedsstelle den mittleren Jahreserfindungswert eines Vorratspatents dabei mit 25 % des mittleren Jahreserfindungswerts benutzter Patente (2.560,00 EUR) an, dh mit 640 EUR. Dieser mittlere Jahreserfindungswert der Vorratspatente sei für die Dauer der durchschnittlichen Laufzeit des Patents, dh ab dem 8. Laufjahr des Patents bzw. der Anmeldung bis einschließlich zum 13. Laufjahr zu zahlen (je nach Sachverhalt nimmt die Schiedsstelle auch eine hiervon abweichende Laufdauer an (siehe Schiedsstelle, Einigungsvorschlag vom 23.6.2015, Arb.Erf. 42/12)).

15. Festsetzung der Erfindervergütung für Miterfinder einer durch Gebrauchsmuster geschützten Diensterfindung

An A, B und C

im Hause

Die Diensterfindung .....

Wir bedauern sehr, dass wir bei unseren Verhandlungen keine Einigung über die Vergütung der im Betreff genannten Diensterfindung erzielen konnten. Die Erfindung ist

unterdessen durch das Deutsche Gebrauchsmuster Nr. . . . . . geschützt. Wir setzen nunmehr die Vergütung fest:[1]

Die Erfindung wird seit drei Jahren außerbetrieblich über die Vergabe einer ausschließlichen Lizenz genutzt. Der durchschnittliche Jahresumsatz betrug in diesen Jahren EUR X. Wir gehen davon aus, dass dieser durchschnittliche Jahresumsatz auch für die gesamten restlichen fünf Jahre der Schutzdauer des Gebrauchsmusters,[2] unter Berücksichtigung der von uns beabsichtigten, gesetzlichen Schutzrechtsverlängerung, erzielt werden wird. Wir setzen daher die gesamten Bruttolizenzeinnahmen aus der außerbetrieblichen Nutzung der Erfindung mit 8 EUR an. Bei der Zugrundelegung eines regelmäßigen Umrechnungsfaktors von 20 % für alle möglichen Abzugsfaktoren einschließlich kalkulatorischem Unternehmerlohn kommen wir somit auf einen Erfindungswert von EUR $^8/_5$ X.

Davon entfallen auf Frau A 50 vH, auf die Herren B und C je 25 vH.[3]

Die Anteilsfaktoren betragen:

- **für die Stellung der Aufgabe für jeden von Ihnen die Zahl 2, weil der Betrieb die Aufgabe ohne unmittelbare Angabe des Lösungsweges gestellt hat;[4]**
- **für die Lösung der Aufgabe für jeden von Ihnen die Zahl 2, weil die Lösung mit Hilfe der den Erfindern beruflich geläufigen Überlegungen unter Einsatz betrieblicher Arbeiten gefunden wurde, aber keine nennenswerten technischen Hilfsmittel des Betriebes verwendet wurden;[5]**
- **für die Aufgaben und die Stellung des Arbeitnehmers im Betrieb bei Frau A als Gruppenleiterin die Zahl 4, bei den Herren B und C als Werkmeister je die Zahl 6.[6]**

Es sind also als Anteilsfaktoren anzusetzen:[7]

- **für Frau A 8 = 15 vH,**
- **für die Herren B und C 10 = 21 vH.**

Als Vergütung sind demnach zu zahlen:

- **an Frau A EUR $^8/_5$ X $\cdot \frac{50 \cdot 15}{100 \cdot 100}$ = EUR . . . . .**

- **an Herrn B und Herrn C jeweils EUR $^8/_5$ X $\cdot \frac{25 \cdot 21}{100 \cdot 100}$ = EUR . . . . .[8]**

Sie können dieser Festsetzung innerhalb von zwei Monaten nach Zugang dieses Schreibens durch Erklärung in Textform widersprechen,[9] auch mit der Begründung, dass Ihr Anteil an der Diensterfindung unrichtig festgesetzt sei. Widersprechen Sie innerhalb der genannten Frist nicht, wird die Festsetzung für Sie und für uns verbindlich. Wir werden Ihnen dann die genannten Beträge unverzüglich auf Ihre Gehaltskonten anweisen.[10]

Bestätigen Sie bitte den Empfang dieses Briefes auf dem beiliegenden Doppel.[11]

Anmerkungen

1. **Die einseitige Festsetzung der Vergütung.** Einigen sich Arbeitgeber und Arbeitnehmer nicht in angemessener Frist über die Höhe der Vergütung, so ist der Arbeitgeber verpflichtet, innerhalb der in § 12 Abs. 3 ArbEG vorgeschriebenen Frist die Vergütung durch eine begründete Erklärung in Textform an den Arbeitnehmer festzusetzen. Die Frist beträgt 3 Monate nach Erteilung des Schutzrechts. Bei der Festsetzung hat der Arbeitgeber denselben Gesichtspunkten wie bei der Feststellung der angemessenen Vergütung zu folgen (→ Muster 11–14). Da eine Festsetzung bzw. Feststellung der Vergütung mangels ausreichender Daten zur Bemessung des Erfindungswerts zu diesem frühen Zeitpunkt noch nicht möglich war, hatten die Parteien im vorliegenden Fall in zulässiger

Weise (vgl. dazu *Bartenbach/Volz,* Arbeitnehmererfindungsgesetz, § 12 Rn. 62 aE) vereinbart, dass der Arbeitgeber die Festsetzung der Vergütung erst drei Jahre nach Aufnahme der Benutzung der Erfindung vornehmen muss, sofern bis dahin keine einvernehmliche Feststellung der Vergütung durch Vereinbarung zwischen Arbeitnehmer und Arbeitgeber erfolgt sein sollte.

2. Gebrauchsmusterschutzfähige Diensterfindung. Gegenstand der Diensterfindung ist hier eine gebrauchsmusterschutzfähige Erfindung. Nach RL Nr. 28 werden bei der Ermittlung der Vergütung für solche Diensterfindungen grundsätzlich dieselben Methoden angewendet wie bei patentfähigen Diensterfindungen. Es ist aber zu beachten, dass für gebrauchsmusterfähige Erfindungen in der Regel niedrigere Lizenzsätze bezahlt werden als für patentfähige Erfindungen. Die Schiedsstelle ging lange davon aus, dass der Erfindungswert von Gebrauchsmustern in der Regel 50 % des Erfindungswerts von patentfähigen Erfindungen beträgt. Aufgrund der gestiegenen Bedeutung von Gebrauchsmustern neigt die Schiedsstelle mittlerweile dazu, den Regelwert an den für patentfähige Erfindungen üblichen Erfindungswert anzunähern (vgl. *Bartenbach/Volz,* Arbeitnehmererfindungsgesetz, § 9 Rn. 250; *Bartenbach/Volz,* Arbeitnehmererfindervergütung, RL Nr. 28 Rn. 9, 26). Im vorliegenden Fall einer außerbetrieblichen Nutzung der Erfindung durch Lizenzvergabe entspricht der Erfindungswert den (bereinigten) Nettolizenzeinnahmen (RL Nr. 14 Abs. 1 S. 1; zur Berechnung des Erfindungswerts bei außerbetrieblicher Nutzung einer Erfindung durch Lizenzvergabe allgemein → Muster 13 → Anm. 1).

Schließlich ist darauf hinzuweisen, dass die Nutzung der Betriebserfindung als Gebrauchsmuster nach dem gesetzgeberischen Leitbild des ArbEG die Ausnahme darstellen soll. § 13 Abs. 1 S. 2 ArbEG schreibt ausdrücklich vor, dass der Arbeitgeber eine ihm gemeldete, patentfähige Diensterfindung (nach Inanspruchnahme) zur Erteilung eines Patents im Inland anzumelden hat, sofern nicht bei verständiger Würdigung der Verwertbarkeit der Erfindung der Gebrauchsmusterschutz zweckdienlicher erscheint. Die Praxis der Schiedsstelle tendiert allerdings zu einer grundsätzlichen Gleichstellung von Patent- und Gebrauchsmusterschutz, sofern keine konkreten und sicheren Erkenntnisse dafür vorhanden sind, dass die Diensterfindung über die maximale Laufzeit eines Gebrauchsmusters von zehn Jahren hinaus benutzt werden wird (vgl. zum Ganzen *Bartenbach/Volz,* Arbeitnehmererfindungsgesetz, § 13 Rn. 12 ff., 14.1).

3. Mehrere Miterfinder. Besonderheiten gelten auch, wenn an der Diensterfindung mehrere Arbeitnehmer als Miterfinder beteiligt sind (zur Miterfinderschaft → Muster 1 → Anm. 4). Der Erfindungswert wird sachbezogen und deshalb notwendigerweise einheitlich festgestellt oder festgesetzt. Der Anteilsfaktor kann für jeden Erfinder unterschiedlich sein und führt damit zu unterschiedlichen Anteilen des Betriebs am Zustandekommen der Diensterfindung und zu unterschiedlichen Vergütungen für jeden einzelnen Miterfinder. Gemäß § 12 Abs. 2 S. 1 ArbEG ist die Vergütung für jeden einzelnen Miterfinder gesondert festzustellen, der Arbeitgeber schließt also mit jedem Einzelnen einen selbständigen Vertrag über die Vergütung ab. Er hat dabei jedem die Gesamthöhe der Vergütung und die Anteile der einzelnen Miterfinder bekannt zu geben (§ 12 Abs. 2 S. 2 ArbEG). Aus § 12 Abs. 2 u. 5 ArbEG wird geschlossen, dass auch die einseitige Festsetzung der Vergütung durch den Arbeitgeber jedem der einzelnen Miterfinder gegenüber gesondert zu erfolgen hat (BGH GRUR 1961, 338 (340) – Chlormethylierung; Schiedsstelle Einigungsvorschlag vom 14.5.1985, BlPMZ 1985, 385). Auch § 12 Abs. 2 S. 2 ArbEG gilt hier entsprechend. Der Arbeitnehmer hat daher auch bei der einseitigen Festsetzung der Erfindervergütung durch den Arbeitgeber einen Anspruch auf Bekanntgabe der Gesamthöhe der Vergütung und der Anteile der einzelnen Miterfinder. Die Bekanntgabe der für jeden einzelnen Erfinder errechneten Geldbeträge kann er allerdings ebenso wenig verlangen wie die Bekanntgabe der Anteilsfaktoren der übrigen Miterfinder (vgl. auch *Bartenbach/Volz,* Arbeitnehmererfindungsgesetz, § 12 Rn. 54 mit 38).

4. Vgl. RL Nr. 31 Ziff. 2.

5. Vgl. RL Nr. 32.

6. Vgl. RL Nr. 34 4. u. 6. Gruppe.

7. Vgl. Tabelle RL Nr. 37.

8. Vgl. Formel RL 39.

9. **Widerspruch gegen die einseitige Festsetzung.** Die Festsetzung wird für alle Miterfinder erst dann verbindlich, wenn keiner von ihnen fristgerecht mit der Begründung widerspricht, dass sein Anteil an der Diensterfindung unrichtig festgesetzt sei (§ 12 Abs. 5 S. 1 ArbEG). Zum Widerspruch allgemein → Muster 17.

10. **Zahlungspflicht des Arbeitgebers nach Festsetzung der Vergütung.** § 12 Abs. 3 S. 1 ArbEG verpflichtet den Arbeitgeber entsprechend der Festsetzung zu zahlen. Auch der Widerspruch des Arbeitnehmers nach § 12 Abs. 4 ArbEG beeinflusst diese Zahlungspflicht nicht (BGH GRUR 1998, 689 (695) – Copolyester II). Der Arbeitgeber riskiert daher, bei der einseitigen Festsetzung einer Pauschalvergütung im Falle des Widerspruchs des Arbeitnehmererfinders bereits den gesamten Pauschalbetrag zahlen zu müssen, während der Arbeitnehmer seine weitergehenden Forderungen im Rahmen eines Schiedsstellen- bzw. Klageverfahrens klären lassen kann.

Die im Muster vorgesehene, einseitige Festsetzung einer Pauschalvergütung ist daher der Ausnahmefall, wohingegen die Vereinbarung einer Pauschalvergütung im Rahmen der Feststellung der Arbeitnehmererfindervergütung nach § 12 Abs. 1 ArbEG häufig sinnvoll sein kann, um Meinungsverschiedenheiten zu vermeiden und den bestehenden Ungewissheiten über die patentrechtliche und technische Entwicklung der Diensterfindung sowie deren wirtschaftliche Verwendung im Rahmen einer Vereinbarung vorab Rechnung zu tragen (vgl. BGH GRUR 1973, 649 (651 f.) – Absperrventil).

11. **Bestätigung des Empfangs.** Der Nachweis über den Zugang der in Textform erklärten Vergütungsfestsetzung beim Arbeitnehmer ist insbesondere wichtig, um den Beginn der Widerspruchsfrist nach § 12 Abs. 4 ArbEG bestimmen zu können.

16. Festsetzung der Erfindervergütung für einen Schutzrechtskomplex

An A + B + C
im Hause
Vergütung der Diensterfindung . . . . .

Nachdem über die Vergütung der verschiedenen Diensterfindungen, die im Zusammenhang mit der Herstellung unseres . . . . . (Bezeichnung des unter Einsatz der Erfindungen hergestellten Produktes) stehen, zu unserem Bedauern keine Einigung erzielt werden konnte, setzen wir die Vergütung wie folgt fest:

Bei der Herstellung des . . . . . (Bezeichnung des Produktes) finden Ihre vier, mittlerweile als deutsche Patente . . . . . geschützten Erfindungen (im Folgenden Erfindungen E_1, E_2, E_3 und E_4) Anwendung.[1]

Die Erfindungen betreffen den . . . . . (Bezeichnung des Produktes) in seiner Gesamtheit.[2]

Aufgrund der Erfindungsmeldung ist uns bekannt, dass Frau A alleinige Erfinderin der Erfindung E_1 ist, die Herren B und C jeweils zur Hälfte Miterfinder der Erfindung E_2, Herr B alleiniger Erfinder der Erfindung E_3 und Herr C alleiniger Erfinder der Erfindung E_4.[5]

Die Erfindervergütung wird im Wege der Lizenzanalogie auf der Grundlage des Nettoverkaufsumsatzes des ..... (Bezeichnung des Produktes) ermittelt.[3]

Wie Ihnen aus den Verhandlungen über eine Vergütungsvereinbarung bekannt ist, betrug der Bruttojahresumsatz mit dem Produkt im letzten Jahr EUR ..... Von diesem Bruttoumsatz wird nach Abzug der Umsatzsteuer für die sonstigen Unkosten eine pauschale Erlösschmälerung abgezogen, die wir im Hinblick auf die Art des Produkts mit 10 % angesetzt haben. Daraus ergibt sich ein Nettojahresumsatz in Höhe von EUR .....

Sobald der mit dem Gerät insgesamt getätigte Umsatz 1.533.875,64 EUR übersteigt, findet eine Abstaffelung des Umsatzes gemäß RL Nr. 11 der Richtlinien für die Vergütung von Arbeitnehmererfindungen im privaten Dienst vom 20.7.1959 („Vergütungsrichtlinien") statt.[3]

Der Lizenzsatz beträgt 2 % vom Nettojahresumsatz.[3]

Da die Erfindung E_1 das Grundsatzschutzrecht des Gesamterfindungskomplexes darstellt, haben wir Ihren Anteil am Gesamtkomplex (Komplexanteil) mit 50 % bewertet. Der Komplexanteil der Erfindungen E_2 und E_3 wurde jeweils mit 20 % bewertet und der Komplexanteil der auf diese beiden Erfindungen bezogenen Erfindung E_4 wurde mit 10 % angesetzt.[4]

Die Anteilsfaktoren der einzelnen Erfinder wurden von uns nach den RL Nr. 30–38 der Vergütungsrichtlinien wie folgt bestimmt:[5]
- für die Stellung der Aufgabe für jeden Einzelnen die Zahl 2, weil der Betrieb die Aufgabe ohne unmittelbare Angabe des Lösungswegs gestellt hat;
- für die Lösung der Aufgabe für jeden Einzelnen die Zahl 2, weil die Lösung mit Hilfe der den Erfindern beruflich geläufigen Überlegungen unter Einsatz betrieblicher Arbeiten gefunden wurde, aber keine nennenswerten technischen Hilfsmittel des Betriebs verwendet wurden;
- für die Aufgaben und die Stellung des Arbeitnehmers im Betrieb bei Frau A als Gruppenleiterin die Zahl 4, bei den Herren B und C als Werkmeister je die Zahl 6.

Es sind also als Anteilsfaktoren anzusetzen:
- für Frau A 8 = 15 %,
- für die Herren B und C 10 = 21 %

Als Erfindervergütung für den Schutzrechtskomplex sind demnach zu zahlen:[6]
- an Frau A
  für Erfindung E_1: EUR X (abgestaffelter Nettojahresumsatz) × 2 % (Lizenzsatz L) × 50 % (Anteil der Erfindung am gesamten Schutzrechtskomplex K) × 15 % (Anteilsfaktor A) = Erfindungsvergütung für Erfindung E_1
- an Herrn B
  für Erfindung E_2: EUR X (abgestaffelter Nettojahresumsatz) × 2 % (L) × 20 % (K) × 50 % (Miterfinderanteil M) × 21 % (A) = Erfindungsvergütung für Erfindung E_2
- für Erfindung E_3: EUR X (abgestaffelter Nettojahresumsatz) × 2 % (L) × 20 % (K) × 21 % (A) = Erfindungsvergütung für Erfindung E_3
- an Herrn C
  für Erfindung E_2: EUR X (abgestaffelter Nettojahresumsatz) × 2 %(L) x 20 % (K) × 50 % (M) × 21 % (A) = Erfindungsvergütung für Erfindung E_2
  für Erfindung E_4: EUR X (abgestaffelter Nettojahresumsatz) × 2 % (L) × 10 % (K) × 1 % (A) = Erfindungsvergütung für Erfindung E_4.

Die gegenwärtigen und künftigen Nutzungen der Erfindungen werden wir entsprechend dieser Formel jeweils bis zum Ablauf von drei Monaten nach Ende eines jeden Kalenderjahres abrechnen und vergüten.

Sie können dieser Festsetzung innerhalb von zwei Monaten nach Zugang unseres Schreibens durch Erklärung in Textform widersprechen, auch mit der Begründung, dass Ihr Anteil an der Diensterfindung unrichtig festgesetzt sei. Widersprechen Sie innerhalb der genannten Frist nicht, wird die Festsetzung für Sie und für uns verbindlich.[7] Wir werden Ihnen dann die genannten Beträge unverzüglich auf Ihre Gehaltskonten anweisen.

Bestätigen Sie bitte den Empfang unseres Schreibens auf den beiliegenden Doppeln.[8]

Anmerkungen

1. **Vergütung für Schutzrechtskomplexe.** Die Besonderheit dieses Formulars liegt nicht in der bereits im → Muster 15 behandelten Festsetzung der Erfindervergütung, sondern darin, dass hier die Vergütung für einen aus vielen Erfindungen zusammengesetzten Schutzrechtskomplex behandelt wird, der bei der Herstellung eines einzelnen Gegenstandes eingesetzt wird. RL Nr. 19 empfiehlt hier, zunächst den Wert des Gesamtkomplexes zu bestimmen und ihn dann auf die einzelnen Erfindungen aufzuteilen. Diese Aufteilung ist allerdings idR dann nicht erforderlich, wenn alle an dem Schutzrechtsgesamtkomplex beteiligten Erfindungen von demselben Alleinerfinder bzw. denselben Miterfindern stammen. In diesen Fällen kann für den gesamten Schutzrechtskomplex unter Beachtung der Höchstbelastbarkeit ein einheitlicher Lizenzsatz gewählt werden (vgl. *Bartenbach/Volz,* Arbeitnehmererfindungsgesetz, § 9 Rn. 128 f.).

Ein Schutzrechtskomplex im Sinne der RL Nr. 19 liegt nicht bereits dann vor, wenn für ein bestimmtes Verfahren oder Erzeugnis mehrere Erfindungen genutzt werden, sondern, wenn mehrere Erfindungen für dieselbe technisch-wirtschaftliche Bezugsgröße des Verfahrens oder Erzeugnisses verwendet werden (*Bartenbach/Volz,* Arbeitnehmererfindungsgesetz, § 9 Rn. 128 f.; aA wohl *Reimer/Schade/Schippel* ArbEG § 11/RL Nr. 19 Rn. 3 f. Zum Begriff der „technisch-wirtschaftlichen Bezugsgröße" bereits → Muster 11 → Anm. 2). Wichtig ist, dass entgegen der früheren Praxis der Schiedsstelle nur tatsächlich benutzte Erfindungen für die Feststellung eines Schutzrechtskomplexes zu berücksichtigen sind, somit zwar Sperrpatente (RL Nr. 18), nicht jedoch Vorratspatente (RL Nr. 21).

Bei der Festsetzung (oder Feststellung) der Erfindervergütung für einen Schutzrechtskomplex ist folglich zunächst festzustellen, ob die benutzten Erfindungen dieselbe technisch-wirtschaftliche Bezugsgröße betreffen, sofern der Erfindungswert wie im vorliegenden Muster im Wege der Lizenzanalogie ermittelt wird, oder ob mehrere Erfindungen für denselben wirtschaftlichen Nutzen ursächlich sind, sofern der Erfindungswert anhand des erfassbaren betrieblichen Nutzens ermittelt wird (vgl. *Bartenbach/Volz,* Arbeitnehmererfindervergütung, RL Nr. 19 Rn. 32).

2. Anschließend ist der **Anteil der technisch-wirtschaftlichen Bezugsgröße am Wert des Gesamtgegenstands** zu bestimmen. Im vorliegenden Muster wurde davon ausgegangen, dass die technisch-wirtschaftliche Bezugsgröße 100 % am Gesamtprodukt beträgt, dh dass die Erfindungen des Schutzrechtskomplexes den erfindungsgemäßen Gegenstand nicht nur bezüglich eines Teils, sondern in seiner Gesamtheit beeinflussen. Im Einzelfall ist es empfehlenswert, die Bestimmung der technisch-wirtschaftlichen Bezugsgröße und ihres Werts gemessen am Gesamtprodukt konkreter zu erläutern, damit sie den Arbeitnehmererfindern besser nachvollziehbar und der Pflicht zur Begründung der einseitigen Festsetzung der Vergütung gemäß § 12 Abs. 3 S. 1 ArbEG in jedem Fall entsprochen ist (zur Bestimmung der technisch-wirtschaftlichen Bezugsgröße → Muster 11 → Anm. 2). Gemäß einer Entscheidung des LG Düsseldorf ist der Arbeitgeber im Rahmen seiner Auskunftspflicht gehalten, dem Arbeitnehmererfinder Angaben zum Anteil der Erfindung an dem Gesamtprodukt zu machen (LG Düsseldorf Urt. v. 6.3.2012 – 4b 283/10, – Panikschloss).

3. Grundlage für die im vorliegenden Muster gewählte **Festsetzung des Erfindungswertes anhand der Lizenzanalogie** sind die vom Arbeitnehmer mit dem Produkt getätigten Umsätze, wobei sich die Lizenz auf den durch (pauschalierten) Abzug der Kosten ermittelten Nettoumsatz bezieht (→ Muster 11 → Anm. 3). Je nach Art des Produkts geht die Schiedsstelle nach Abzug der Umsatzsteuer von einem weiteren pauschalierten Abzug für die „Erlösschmälerung" aus, der regelmäßig zwischen 5–10 % liegt (vgl. dazu *Bartenbach/Volz,* Arbeitnehmererfindungsgesetz, § 9 Rn. 125).

Bei der Ermittlung der Erfindervergütung für die Benutzung des Schutzrechtskomplexes ist immer nur der Teil des Umsatzes relevant, der die technisch-wirtschaftliche Bezugsgröße der benutzten Erfindungen betrifft, im vorliegenden Fall somit 100 % des Nettoumsatzes.

Die Abstaffelung dieses, auf die Bezugsgröße entfallenden Nettoumsatzes entsprechend der RL Nr. 11 ist dem Erfinder bei der einseitigen Festsetzung der Erfindervergütung durch den Arbeitgeber mitzuteilen (vgl. dazu *Bartenbach/Volz,* Arbeitnehmererfindungsgesetz, § 12 Rn. 52 sowie allgemein zur Abstaffelung → Muster 11 → Anm. 3 aE).

Im Rahmen der Lizenzanalogie muss zur Ermittlung des einheitlichen Erfindungswerts für den gesamten Schutzrechtskomplex nach Feststellung des maßgeblichen Umsatzes der maßgebliche Lizenzsatz gefunden werden. Hierbei sind die Grundsätze der „Höchstbelastbarkeit" zu beachten. So lassen sich die (konkret oder abstrakt zu ermittelnden) Lizenzsätze für die einzelnen Erfindungen nicht einfach addieren, da dies idR zu einer übermäßigen Verteuerung und damit wirtschaftlich nicht vertretbaren Gesamtbelastung des betreffenden Erzeugnisses bzw. Verfahrens führte (vgl. Schiedsstelle Einigungsvorschlag vom 26.4.1976, BlPMZ 1977, 202 (204); Schiedsstelle Zwischenbescheid vom 25.7.1988, BlPMZ 1989, 289 (290)). Zur Ermittlung dieser *Höchstlizenzgrenze* ist festzustellen, welche maximale Lizenzbelastung die betroffene technisch-wirtschaftliche Bezugsgröße im Einzelfall bei Berücksichtigung der konkreten wirtschaftlichen Marktsituation des Arbeitgebers insgesamt zulässt, wobei es unerheblich ist, wie viele Schutzrechte das Produkt insgesamt belasten (vgl. dazu Schiedsstelle Einigungsvorschlag vom 16.6.1983, BlPMZ 1984, 250 (251 f.)). Die Schiedsstelle geht davon aus, dass der Anteil der Lizenzgebühren idR $^1/_8$–$^1/_3$ (im Durchschnitt 20–25 %) des mit dem Produkt (vor Steuern) erzielten Unternehmergewinns beträgt (hierzu kritisch *Hellebrand* GRUR 2001, 678). Bei einem Unternehmergewinn von 10 % des mit dem Produkt erzielten Nettoumsatzes betrüge die Höchstlizenzgrenze somit 2–2,5 % des Nettoumsatzes (vgl. zum Ganzen *Bartenbach/Volz,* Arbeitnehmererfindungsgesetz, § 9 Rn. 129.1). Im vorliegenden Muster wurde davon ausgegangen, dass die für die Höhe des Lizenzsatzes maßgeblichen Umstände bereits in den gescheiterten Verhandlungen über die einvernehmliche Feststellung der Arbeitnehmererfindervergütung offenbart worden waren. Andernfalls ist es gerade auch im Hinblick auf die Begründungspflicht gemäß § 12 Abs. 3 S. 1 ArbEG empfehlenswert, dass der Arbeitgeber dem Erfinder spätestens bei Festsetzung der Vergütung konkreter darlegt, warum der gewählte Lizenzsatz angemessen ist.

Der für den Schutzrechtskomplex anfallende Gesamterfindungswert wird dann durch Multiplikation des (abgestaffelten, auf die technisch-wirtschaftliche Bezugsgröße bezogenen) Nettoumsatzes mit dem Lizenzsatz ermittelt (allgemein zur Berechnung des Erfindungswertes nach der Lizenzanalogie, → Muster 11 → Anm. 3).

4. **Anteil der Erfindungen am Gesamtkomplex.** Der so bestimmte Gesamterfindungswert ist anschließend auf die einzelnen Erfindungen aufzuteilen. Dabei ist zu berücksichtigen, welchen Einfluss die einzelnen Erfindungen auf die Gesamtgestaltung des mit dem Schutzrechtskomplex belasteten Gegenstandes bzw. der betreffenden technisch-wirtschaftlichen Bezugsgröße des Gegenstandes haben (RL Nr. 19 S. 2 und 3). Dazu ist zunächst der Gegenstand von jeder der im Schutzrechtskomplex benutzten Erfindungen zu ermitteln und anschließend nach wirtschaftlichen und technischen Gesichtpunkten der

Wert der Erfindungen untereinander und ihr Einfluss auf das erfindungsgemäße Erzeugnis bzw. Verfahren zu messen (vgl. im Einzelnen hierzu *Bartenbach/Volz,* Arbeitnehmererfindervergütung, RL Nr. 19 Rn. 54 ff.). Im Hinblick auf die Begründungspflicht des § 12 Abs. 3 S. 1 ArbEG empfiehlt es sich, auch die Umstände für die Ermittlung dieser Teilerfindungswerte (Komplexanteile) näher zu erläutern.

Werden später im Rahmen des Gesamtkomplexes (dh der technisch-wirtschaftlichen Bezugsgröße des Verfahrens oder des Erzeugnisses) weitere Erfindungen benutzt und ist die Höchstlizenzgrenze bereits erreicht, ist der Schutzrechtskomplex unter Einbeziehung dieser neu hinzutretenden Erfindungen neu zu bewerten (vgl. etwa *Busse/Keukenschrijver,* PatG, ArbEG § 11 Rn. 30). Sofern einzelne der auf den Schutzrechtskomplex bezogenen Erfindungen im Laufe des Vergütungszeitraums wegfallen, wird der auf sie entfallende Anteil am Schutzrechtskomplex vergütungsfrei. Es bleibt weiterhin bei dem ursprünglich ermittelten Gesamterfindungswert und seiner Aufteilung (vgl. Schiedsstelle Einigungsvorschlag vom 7.11.1961, BlPMZ 1962, 78 (80) sowie *Busse/Keukenschrijver,* PatG, ArbEG § 11 Rn. 30).

5. **Anteilsfaktor und Miterfinderanteil.** Für die Ermittlung des auf den Erfinder entfallenden Anteils am Erfindungswert (Anteilsfaktor) und der Höhe der Miterfinderanteile gelten die allgemeinen Grundsätze (zum Anteilsfaktor → Muster 11 → Anm. 4 und zur Miterfinderschaft → Muster 15 → Anm. 3).

6. **Vergütungsformel.** Die jährliche Erfindervergütung für einen Schutzrechtskomplex berechnet sich im Rahmen der Lizenzanalogie nach folgender Formel:

Abgestaffelter Nettojahresumsatz (Uj) × Lizenzsatz (L) × Anteil der Erfindung am gesamten Schutzrechtskomplex (K) × Anteilsfaktor (A) × Miterfinderanteil (M) = jährliche Erfindervergütung (Vj).

7. **Widerspruchsrecht.** Der Arbeitnehmererfinder kann der Festsetzung der Erfindervergütung gem. § 12 Abs. 4 S. 1 ArbEG innerhalb von 2 Monaten widersprechen (→ Muster 17).

8. **Empfangsbestätigung.** Die Bestätigung des Zugangs der in Textform erklärten Vergütungsfestsetzung empfiehlt sich für den Arbeitgeber vor allem, um den Beginn der dem Arbeitnehmer eröffneten Widerspruchsfrist gemäß § 12 Abs. 4 S. 1 ArbEG belegen zu können.

17. Widerspruch gegen die Festsetzung der Erfindervergütung

An die

Geschäftsleitung

Festsetzung der Vergütung für die Diensterfindung . . . . .

Sie haben mit Schreiben vom . . . . ., das mir am . . . . . zugegangen ist,[5] die Erfindervergütung für die Diensterfindung (Betreff . . . . .) festgesetzt. Ich bin mit dem Ergebnis der Festsetzung nicht einverstanden. Deshalb widerspreche ich hiermit fristgemäß der Festsetzung der Vergütung.[1–4] Ich begründe meinen Widerspruch wie folgt: . . . . .

. . . . .

. . . . .

Bitte bestätigen Sie den Empfang meines Schreibens auf beiliegendem Doppel.[5]

Anmerkungen

1. Widerspruch gegen die festgesetzte Erfindervergütung. Haben sich Arbeitgeber und Arbeitnehmer auf eine Feststellung der Vergütung durch Vereinbarung nicht einigen können und hat der Arbeitgeber nach § 12 Abs. 3 ArbEG die Vergütung einseitig festgesetzt, so braucht der Arbeitnehmer diese Festsetzung nicht hinzunehmen, wenn er die Vergütung nicht für angemessen hält. Er kann nach § 12 Abs. 4 ArbEG innerhalb von 2 Monaten nach Zugang der Vergütungsfestsetzung durch Erklärung in Textform widersprechen. Auch diese Frist ist eine Ausschlussfrist (→ Muster 2 → Anm. 1). Widerspricht der Arbeitnehmer innerhalb dieser Frist nicht, so wird die Festsetzung für beide Teile verbindlich. Sie wäre nur dann unwirksam, wenn sie in erheblichem Maße unbillig wäre (§ 23 Abs. 1 S. 2 ArbEG). Eine Korrektur wäre nur noch auf Grund künftiger wesentlicher Veränderungen der Umstände möglich, die für die Festsetzung maßgebend waren (§ 12 Abs. 6 ArbEG, → Muster 18). Der Arbeitnehmer kann auch schon vor Ablauf der Widerspruchsfrist auf die Einlegung des Widerspruchs verzichten und damit die Verbindlichkeit der festgesetzten Vergütung herbeiführen. Der Verzichtswille des Arbeitnehmererfinders muss allerdings deutlich zum Ausdruck kommen. In der bloßen Entgegennahme der vom Arbeitgeber festgesetzten Vergütung kann idR noch kein Verzicht des Arbeitnehmers auf sein Widerspruchsrecht gesehen werden.

2. Sachbehandlung nach dem Widerspruch. Eine Begründung des Widerspruchs ist nicht vorgeschrieben, aber zweckmäßig, damit der Arbeitgeber erfährt, warum der Arbeitnehmer die festgesetzte Vergütung nicht für angemessen hält. Trotz des Widerspruchs ist der Arbeitgeber verpflichtet, die von ihm festgesetzte Vergütung bis zu einer anderen Einigung oder Entscheidung zu bezahlen. Der Widerspruch hat insoweit keine aufschiebende Wirkung (vgl. BGH GRUR 1998, 689 (695) – Copolyester II). Etwas anderes gilt nur beim Quotenwiderspruch (→ Anm. 4).

Nach dem Widerspruch ergeben sich mehrere Entwicklungsmöglichkeiten: Die Parteien einigen sich auf die festgesetzte oder auf eine neue Vergütung; der Arbeitgeber bleibt bei seiner Festsetzung, der Arbeitnehmer ruft die Schiedsstelle an und die Parteien einigen sich auf der Grundlage des Einigungsvorschlags oder die Sache wird in einem sich an das Schiedsverfahren anschließenden gerichtlichen Verfahren durch Urteil entschieden; oder der Arbeitgeber bleibt bei seiner Festsetzung und der Arbeitnehmer verfolgt seine Forderung nicht weiter. Eine erneute einseitige Festsetzung der Vergütung nach eingelegtem Widerspruch kann der Arbeitgeber nur im Einvernehmen mit dem Arbeitnehmer vornehmen, da § 12 Abs. 4 ArbEG keine dem § 12 Abs. 5 S. 2 ArbEG entsprechende Regelung enthält (vgl. Schiedsstelle Einigungsvorschlag vom 6.2.1984, BlPMZ 1985, 118 (119) sowie mit anderer Begründung BGH GRUR 1994, 898 (901) – Copolyester). In einer erneuten einseitigen Festsetzung nach dem Widerspruch kann allerdings ein Angebot des Arbeitgebers zum Abschluss einer neuen Vergütungsvereinbarung liegen (vgl. *Bartenbach/Volz,* Arbeitnehmererfindungsgesetz, § 12 Rn. 85). Bleibt der Arbeitgeber nach dem Widerspruch bei seiner Festsetzung und verfolgt der Arbeitnehmer seine Forderung nicht weiter, so bleibt ein unbefriedigender Schwebezustand bestehen, den die Parteien möglichst durch Vereinbarung beenden sollten. Da für eine solche Vereinbarung keine Form vorgeschrieben ist, wäre auch eine mündliche und sogar eine durch konkludentes Handeln erzielte „stillschweigende" Einigung möglich, die aber wegen der damit verbundenen Beweisschwierigkeiten von den Parteien nicht bewusst in Kauf genommen werden sollte.

3. Teilwiderspruch. Der Widerspruch des Arbeitnehmers muss sich nicht gegen die gesamte Vergütungsfestsetzung richten, zulässig ist auch ein zB nur auf den Anteilsfaktor oder den Erfindungswert bezogener Teilwiderspruch (vgl. *Reimer/Schade/Schippel*

ArbEG § 12 Rn. 37; *Bartenbach/Volz,* Arbeitnehmererfindungsgesetz, § 12 Rn. 79). Im Falle des Teilwiderspruchs bleibt der nicht vom Widerspruch betroffene Teil der Vergütungsfestsetzung für beide Teile verbindlich. Allerdings muss aus dem Widerspruch des Arbeitnehmers klar und deutlich hervorgehen, dass lediglich ein Teilwiderspruch beabsichtigt ist (*Volmer/Gaul,* Arbeitnehmererfindungsgesetz, § 12 Rn. 80).

4. **Quotenwiderspruch.** Sind mehrere Arbeitnehmer an der Diensterfindung beteiligt und widerspricht nur einer von ihnen der Festsetzung mit der Begründung, dass sein Anteil an der Diensterfindung unrichtig festgesetzt sei, wird die Festsetzung für alle Beteiligten nicht verbindlich (§ 12 Abs. 5 S. 1 ArbEG). In diesem Fall ist der Arbeitgeber wegen der ausdrücklichen Regelung in § 12 Abs. 5 S. 2 ArbEG berechtigt, die Vergütung für alle Beteiligten neu festzusetzen. Eine Zahlungsverpflichtung des Arbeitgebers entsprechend der nicht verbindlich gewordenen Festsetzung besteht nicht (vgl. *Reimer/Schade/Schippel*, ArbEG § 12 Rn. 35). Im Umkehrschluss lässt sich aus § 12 Abs. 5 ArbEG folgern, dass beim Widerspruch eines Miterfinders mit einer anderen Begründung als der, dass sein Anteil an der Diensterfindung unrichtig festgesetzt sei, die Festsetzung für die anderen nicht widersprechenden Miterfinder nach Ablauf der Frist des § 12 Abs. 4 ArbEG für den Arbeitgeber und die nicht widersprechenden Miterfinder verbindlich wird.

5. **Zugang.** Der Hinweis auf den Zugang der durch Erklärung in Textform vorgenommenen Festsetzung der Vergütung durch den Arbeitgeber empfiehlt sich, um den Beginn der Widerspruchsfrist zu nennen. Die Bestätigung des Empfangs durch den Arbeitgeber ist ratsam, damit der Arbeitnehmer den Nachweis führen kann, dass sein Widerspruch innerhalb der gesetzlichen 2-Monatsfrist nach § 12 Abs. 4 S. 1 ArbEG erfolgte.

18. Verlangen der Einwilligung in eine andere Regelung der Vergütung nach § 12 Abs. 6 ArbEG

An die
Geschäftsleitung
Vergütung der Diensterfindung . . . . .[1]
Auf der Grundlage der Feststellung meiner Erfindervergütung vom . . . . . bezahlen Sie mir eine umsatzbezogene Erfindervergütung von 1,4 % seit . . . . .
In der Zwischenzeit haben sich die Umstände, die für diese Feststellung der Vergütung maßgebend waren, wesentlich geändert. Als Begründung führe ich aus: . . . . .[2]
Ich bitte Sie deshalb, in eine neue Regelung meiner Vergütung einzuwilligen und mir hierzu Ihre Vorschläge zu unterbreiten.[3–5]

Anmerkungen

1. **Sachverhalt und Grundsätze.** Der Anspruch des Arbeitnehmererfinders auf angemessene Vergütung wird vom Grundsatz der Billigkeit beherrscht. Ändern sich die Umstände wesentlich, die für die einvernehmliche Feststellung oder einseitige Festsetzung der Vergütung maßgebend waren, so können Arbeitgeber und Arbeitnehmer die Einwilligung des anderen in eine neue, angemessene Regelung der Vergütung verlangen (§ 12 Abs. 6 ArbEG).

§ 12 Abs. 6 ArbEG unterscheidet sich von den Fällen des § 23 ArbEG: Ist die Vergütungsregelung von vornherein in erheblichem Maße unbillig, so ist sie nach § 23

ArbEG unwirksam. Sie muss rückwirkend durch eine neue ersetzt werden. Der Anspruch auf Neuregelung nach § 12 Abs. 6 ArbEG ist gegeben, wenn das erhebliche Missverhältnis zwischen Leistung und Gegenleistung erst nachträglich eintritt, zB die anfänglich geringen Umsätze, auf deren Grundlage eine Pauschalabfindung vereinbart worden ist, nachträglich so erheblich steigen, dass auch unter Berücksichtigung der bei der Pauschalabfindung einkalkulierten Spielräume nach oben und unten Leistung und Gegenleistung in keinem angemessenen Verhältnis mehr zueinander stehen (*Seiz* BB 1985, 808).

Den im vorliegenden Formular vom Arbeitnehmer an den Arbeitgeber gerichteten Brief könnte mit umgekehrten Vorzeichen auch der Arbeitgeber an den Arbeitnehmer schreiben, wenn zB der Lizenzsatz auf der Grundlage eines Schutzrechtsumfangs festgelegt worden ist, der sich nachträglich als völlig falsch herausgestellt hat.

Die neue Vereinbarung wirkt grundsätzlich vom Zeitpunkt ihres Abschlusses an. Arbeitgeber und Arbeitnehmer können aber zugunsten des Arbeitnehmers auch Rückwirkung vereinbaren (vgl. in diesem Zusammenhang auch Schiedsstelle Zwischenbescheid vom 14.12.1970, BlPMZ 1971, 199 (200)), während Vergütungskorrekturen zu Ungunsten des Arbeitnehmers immer nur in die Zukunft wirken. Die Rückzahlung einer bereits geleisteten Vergütung kann nicht verlangt werden (§ 12 Abs. 6 S. 2 ArbEG).

Die Rechtsprechung leitet aus § 12 Abs. 6 S. 2 ArbEG ein generelles Rückforderungsverbot dahingehend ab, dass vom Arbeitgeber bereits geleistete Vergütungszahlungen vom Arbeitnehmer grundsätzlich nicht zurückzuzahlen seien (vgl. *obiter dicta* in BGH GRUR 1963, 135 (138) – Cromegal; BGH GRUR 1987, 900 (902) – Entwässerungsanlage; BGH GRUR 1994, 898 (902) – Copolyester; vgl. zu den anerkannten Ausnahmen *Bartenbach/Volz,* Arbeitnehmererfindungsgesetz, § 12 Rn. 156 ff.).

Innerhalb der Schranken des § 23 ArbEG ist ein klar und eindeutig ausgesprochener Verzicht auf den Anpassungsanspruch nach Erfindungsmeldung möglich (§ 22 S. 2 ArbEG; vgl. *Bartenbach/Volz,* Arbeitnehmererfindungsgesetz, § 12 Rn. 96.1). Ein solcher Verzicht ist jedoch nur dann wirksam, wenn dieser klar formuliert ist und sich jede Partei der Tragweite des Verzichts bewusst ist, was in der Praxis durch Vereinbarung einer Gegenleistung ge- währleistet werden kann, die mit Blick auf § 23 ArbEG nicht zu niedrig bemessen sein sollte.

Der Anspruch auf Anpassung der Vergütung gemäß § 12 Abs. 6 S. 1 ArbEG verjährt gemäß der §§ 195, 199 BGB regelmäßig nach Ablauf von drei Jahren ab Ende des Jahres, in dem der Berechtigte Kenntnis der relevanten Umstände erlangte oder hätte erlangen müssen (vgl. *Bartenbach/Volz,* Arbeitnehmererfindungsgesetz, § 12 Rn. 96.2 und allgemein § 9 Rn. 39 ff.).

2. Voraussetzungen des Anpassungsanspruchs. Der Anspruch auf Anpassung der Vergütung gemäß § 12 Abs. 6 S. 1 ArbEG setzt voraus, dass es auf Grund nachträglich eingetretener, unerwarteter Veränderungen der Umstände objektiv zu einem auffallenden Missverhältnis zwischen der ursprünglich vorgesehenen Leistung und Gegenleistung, dh der Überlassung der Erfindungsrechte einerseits und der vereinbarten bzw. festgesetzten Erfindervergütung andererseits, gekommen ist (vgl. dazu BGH GRUR 1973, 649 (651) – Absperrventil; *Busse/Keukenschrijver,* Patentgesetz, ArbEG § 12 Rn. 32). Ein Anpassungsanspruch kommt somit nur dann in Betracht, wenn es dem Arbeitnehmer oder dem Arbeitgeber nicht mehr zugemutet werden kann, an der bisherigen Regelung festzuhalten (vgl. BGH, GRUR 1973, 649, – Absperrventil), nicht jedoch, wenn sich die Veränderungen noch im Bereich des üblichen, jedem zumutbaren Risikos bewegen (*Busse/Keukenschrijver,* Patentgesetz, ArbEG § 12 Rn. 33).

Für die Anpassung einer Vergütungsvereinbarung bedeutet dies, dass zunächst festzustellen ist, welche tatsächlichen Umstände und möglichen Entwicklungen die Parteien bei einvernehmlicher Feststellung der Vergütung in Betracht gezogen haben oder, falls die tatsächlichen Umstände nicht zu ermitteln sind, welche Umstände und Entwicklungsmöglichkeiten üblicherweise in der Situation zugrunde gelegt worden wären (vgl. BGH, GRUR 1973, 649 (652) – Absperrventil; *Busse/Keukenschrijver,* Patentgesetz, ArbEG § 12 Rn. 32). Der Eintritt dieser, bei Festlegung der Vergütungsregelung bereits in Betracht gezogenen Umstände stellt keine „Änderung" iSd § 12 Abs. 6 S. 1 ArbEG, dh keine unerwartete nachträgliche Entwicklung, dar (vgl. Schiedsstelle Einigungsvorschlag vom 22.3.1991, Mitt. 1993, 145 (147) – Sicherungsanordnung). Zudem ist der Anpassungsanspruch nur dann gegeben, wenn diese unerwarteten nachträglichen Veränderungen der Umstände objektiv gesehen „wesentlich" sind, dh den Bereich des üblicherweise zumutbaren Risikos verlassen (vgl. dazu bspw. Schiedsstelle Einigungsvorschlag vom 20.9.2005 – ArbErf 097/03). Regelmäßig sieht die Schiedsstelle die Wesentlichkeit als erfüllt an, wenn dem Arbeitnehmer die doppelte Vergütung zustünde oder der Arbeitgeber weniger als die Hälfte der Vergütung zahlen müsste (*Bartenbach/Volz,* Arbeitnehmererfindungen, Rn. 228; Schiedsstelle 20.9.2005 – ArbErf 97/03).

3. Beispiele für eine Neuordnung der Vergütung. Ein Anpassungsanspruch nach § 12 Abs. 6 S. 1 ArbEG kann bei wirtschaftlichen und technischen Veränderungen ebenso in Betracht kommen wie bei Gesetzesänderungen (vgl. BGH GRUR 1963, 315 (317) – Pauschalabfindung; BGH GRUR 1973, 649 (652) – Absperrventil einerseits sowie *Bartenbach/Volz,* Arbeitnehmererfindungsgesetz, § 12 Rn. 141, andererseits). Die Schiedsstelle hat beispielsweise bei einer Pauschalabfindung eine Erhöhung des jährlichen Mengenumsatzes um mehr als die Hälfte bzw. die durch die Wiedervereinigung veranlasste Umsatzsteigerung um das 4-fache als wesentliche Änderungen iSd § 12 Abs. 6 S. 1 ArbEG angesehen (vgl. *Reimer/Schade/Schippel* ArbEG § 12 Rn. 50). Darüber hinaus können auch Änderungen der Schutzrechtslage das Anpassungsbegehren begründen, so etwa Beschränkungen des Schutzrechts im Erteilungsverfahren (BGH GRUR 1976, 91 (93) – Softeis; Schiedsstelle Einigungsvorschlag vom 22.3.1991, Mitt. 1993, 145 (146 f.)) oder im Rahmen des Nichtigkeits- oder Löschungsverfahrens (vgl. *Reimer/Schade/Schippel,* ArbEG, § 12 Rn. 52).

Das Ausscheiden des Arbeitnehmers kann dagegen regelmäßig keine relevante Veränderung der Umstände begründen, da die Rechte und Pflichten aus dem Arbeitnehmererfindergesetz durch die Auflösung des Arbeitsverhältnisses gemäß § 26 ArbEG nicht berührt werden. Anders kann es sich beispielsweise verhalten, wenn die Vergütung an das Gehalt gekoppelt war und die Parteien bei Festlegung der Vergütung von einem wesentlich länger andauernden Arbeitsverhältnis ausgegangen waren (vgl. BGH GRUR 1973, 649 (652) – Absperrventil).

Im Zusammenhang mit *Pauschalabfindungen* ist der Anwendungsbereich für Anpassungsansprüche gemäß § 12 Abs. 6 S. 1 ArbEG eher eingeschränkt, da die Parteien bei Pauschalabfindungen regelmäßig ein höheres Maß an Ungewissheit und somit an künftigen Veränderungen in Kauf nehmen. Umsatzerhöhungen, die sich im Rahmen einer normalen Geschäftsausweitung bewegen, sind daher von der Pauschalabfindung grundsätzlich abgegolten (vgl. BGH GRUR 1963, 315 (317) – Pauschalabfindung). Werden Schutzrechte allerdings erheblich länger (im konkreten Fall doppelt so lang, wie von den Parteien ursprünglich angenommen) genutzt oder steigen die Umsätze in einer ursprünglich nicht voraussehbaren Weise außerordentlich an, kann dies zu einem Anpassungsanspruch führen (vgl. Schiedsstelle Einigungsvorschlag vom 10.1.1983, BlPMZ 1983, 188 (190); Schiedsstelle Einigungsvorschlag vom 9.11.1970, BlPMZ 1971, 170 (171)).

Zu betonen ist, dass es entscheidend darauf ankommt, die konkreten Umstände des Einzelfalls zum Zeitpunkt der Festlegung der Vergütung und zum Zeitpunkt des Änderungsverlangens genau zu analysieren und zu vergleichen, um erkennen zu können, ob wesentliche Veränderungen iSd § 12 Abs. 6 S. 1 ArbEG eingetreten sind, die das Änderungsverlangen begründen können.

4. Neuregelung durch Vereinbarung. Die Neuregelung kann nur im Wege einer Vereinbarung erfolgen; § 12 Abs. 6 S. 3 ArbEG schließt ausdrücklich die Anwendung der § 12 Abs. 1–5 ArbEG aus, also insbesondere die einseitige Festsetzung der neuen Vergütung nach § 12 Abs. 3 ArbEG.

5. Hilfsanspruch. Als Hilfsanspruch braucht der Arbeitnehmer, um die andauernde Angemessenheit seiner Vergütung prüfen zu können, Rechnungslegungs- und Auskunftsansprüche gegen den Arbeitgeber, die dieser nach §§ 242, 259 BGB zu gewähren hat (BGH GRUR 1994, 898 (899 f.) – Copolyester; allgemein → Muster 11 → Anm. 3).

19. Anzeige eines Hochschulbeschäftigten über die beabsichtigte Offenbarung einer Diensterfindung

An

. . . . .

(Dienstherr)[1]

Sehr geehrte Damen und Herren,

Ich beabsichtige, die Ihnen mit Schreiben vom . . . . . gemeldete Diensterfindung (Betreff: . . . . .) im Rahmen meiner Lehr- und Forschungstätigkeit wie folgt zu offenbaren:[2]

. . . . .

Ich darf Sie daher bitten, die Ihnen gemäß § 13 ArbEG obliegende Schutzrechtsanmeldung bis dahin soweit voranzutreiben, dass auf Grund der beabsichtigten Offenbarung keine Rechtsverluste eintreten.

Bestätigen Sie mir bitte den Empfang meines Schreibens auf dem beiliegenden Doppel.[3]

Schrifttum: Bartenbach/Hellebrand, Zur Abschaffung des Hochschullehrerprivilegs (§ 42 ArbEG) – Auswirkungen auf den Abschluss von Forschungsaufträgen, Mitt. 2002, 165; *Bartenbach/Volz,* Arbeitnehmererfindungsgesetz, § 42; *dies.,* Erfindungen an Hochschulen, GRUR 2002, 743; *Bergmann,* Erfindungen von Hochschulbeschäftigten nach der Reform von § 42 ArbNErfG (Diss. Freiburg 2005); Fleuchaus/*Braitmayer,* Hochschullehrerprivileg ade?, GRUR 2002, 653; *Kraßer,* Die neuen Vorschriften über Hochschulerfindungen, http://www.forschung-und-lehre.de/archiv/08-02/hochschulerfindungen.pdf; *Post/Kuschka,* Verwertungspflichten der Hochschulen nach Abschaffung des Hochschullehrerprivilegs, GRUR 2003, 494.

Anmerkungen

1. Abschaffung des „Hochschullehrerprivilegs" gem. § 42 ArbEG aF. Das „Hochschullehrerprivileg" des § 42 ArbEG in der Fassung des Gesetzes vom 16.7.1998 (BGBl. I S. 1827) wurde durch das am 7.2.2002 in Kraft getretene Gesetz zur Änderung des ArbEG vom 18.1.2002 (BGBl. 2002 I S. 414) abgeschafft. Ziel der Gesetzesnovelle war es insbesondere, die Anreize für innovative Tätigkeiten im Hochschulbereich zu steigern, den Wissens- und Technologietransfer an den Hochschulen zu fördern und die Rahmenbedingungen für den Aufbau und die Sicherung eines Hochschul-Patentwesens zu schaffen (vgl. dazu *Weyand/Haase* GRUR 2007, 28).

Im Anschluss an die Gesetzesnovelle gelten für die Erfindungen der an einer Hochschule Beschäftigten grundsätzlich die allgemeinen Vorschriften des ArbEG. § 42 ArbEG sieht lediglich bestimmte punktuelle Ausnahmen vor. § 43 Abs. 1 S. 2 ArbEG statuiert eine Übergangsvorschrift für die vor dem 18.7.2001 eingegangenen vertraglichen Verpflichtungen von Hochschulwissenschaftlern zur Übertragung der Rechte an ihren Erfindungen gegenüber einem Dritten.

Auch bei Erfindungen von Hochschulbeschäftigten ist somit nunmehr zwischen Diensterfindungen und freien Erfindungen zu unterscheiden (§ 4 ArbEG). Es besteht – mit Ausnahme von § 42 Nr. 2 ArbEG – eine Meldepflicht für Diensterfindungen und die Möglichkeit der Inanspruchnahme durch den Dienstherrn (§§ 5 ff. ArbEG). Die während der Dauer des Dienstverhältnisses gemachten freien Erfindungen sind dem Dienstherrn gemäß § 18 ArbEG mitzuteilen. Zudem besteht für diese freien Erfindungen die Anbietungspflicht gemäß § 19 ArbEG. Darüber hinaus können auf die Erfindungen von Hochschulbeschäftigten die §§ 40 und 41 ArbEG zur Anwendung kommen.

Bei Hochschulwissenschaftlern kann die Abgrenzung zwischen Diensterfindung und freier Erfindung im Hinblick auf die grundrechtlich verankerte Forschungs- und Lehrfreiheit Schwierigkeiten bereiten. Da Hochschulwissenschaftler ihre Aufgaben weitgehend selbstständig wahrnehmen, wird eine Aufgabenerfindung iSd § 4 Abs. 2 Nr. 1 ArbEG nur ausnahmsweise vorliegen (anders die wohl herrschende Meinung, vgl. zum Ganzen *Bartenbach/Volz,* Arbeitnehmererfindungsgesetz, § 42 nF Rn. 37 mwN). Von einer Diensterfindung kann beispielsweise dann ausgegangen werden, wenn der Hochschulwissenschaftler einen drittmittelfinanzierten Forschungsauftrag übernimmt, nicht jedoch dann, wenn er im Rahmen seiner wissenschaftlichen Nebentätigkeit außerhalb seiner Dienstaufgaben tätig wird (vgl. zum Ganzen *Bartenbach/Volz,* Arbeitnehmererfindungsgesetz, § 42 nF Rn. 41 mwN).

2. **Ausnahmen des § 42 ArbEG.** § 42 ArbEG sieht für die an einer Hochschule Beschäftigten bestimmte Ausnahmen von den allgemeinen Regeln des ArbEG vor, die sich zum einen auf die Publikationsfreiheit beziehen (Nr. 1 und Nr. 2) und zum anderen auf die Lehr- und Forschungsfreiheit (Nr. 3). Darüber hinaus wird die Vergütung bei Verwertung der Erfindung durch den Dienstherrn pauschal auf 30 % der durch die Verwertung erzielten Einnahmen festgesetzt (Nr. 4) und § 40 Nr. 1 ArbEG (angemessene Beteiligung des Dienstherrn anstelle der Inanspruchnahme) für nicht anwendbar erklärt (Nr. 5).

§ 42 Nr. 1 ArbEG gibt einem Hochschulwissenschaftler die Möglichkeit, seine Diensterfindung nach vorheriger Anzeige gegenüber dem Dienstherrn im Rahmen seiner Lehr- und Forschungstätigkeit zu offenbaren. § 42 Nr. 1 S. 2 ArbEG macht klar, dass es sich hierbei um eine Ausnahme zur Geheimhaltungspflicht des Arbeitnehmererfinders gemäß § 24 Abs. 2 ArbEG handelt.

Das Recht zur Offenbarung der Diensterfindung gemäß **§ 42 Nr. 1 ArbEG** steht dem Arbeitnehmererfinder unter folgenden Voraussetzungen zu: (1.) Durch den Verweis auf die „Lehr- und Forschungstätigkeit" wird klargestellt, dass nicht alle Hochschulbeschäftigten in den Genuss des Privilegs des § 42 Nr. 1 ArbEG kommen, sondern nur solche Personen, die das Grundrecht des Art. 5 Abs. 3 GG für sich in Anspruch nehmen können, somit insbesondere Professoren und wissenschaftliche Mitarbeiter, nicht dagegen bloße wissenschaftliche Hilfskräfte oder das technische Personal bzw. das Verwaltungspersonal (vgl. im Einzelnen *Bartenbach/Volz,* Arbeitnehmererfindungsgesetz, § 42 nF Rn. 23, 71). (2.) Darüber hinaus muss es sich bei der zu offenbarenden Erfindung um eine Diensterfindung iSd § 4 ArbEG handeln. (3.) Des Weiteren kommt nur eine beabsichtigte Offenbarung im Rahmen der Lehr- und Forschungstätigkeit in den Genuss des Privilegs des § 42 Nr. 1 ArbEG, wobei allerdings die Lehr- und Forschungstätigkeit im Lichte der grundrechtlich geschützten Publikationsfreiheit weit auszulegen ist. Privilegiert sind allerdings nur nicht-kommerzielle Benutzungen im wissenschaftlichen Bereich (vgl. *Bartenbach/Volz,* Arbeitnehmererfindungsgesetz, § 42 nF Rn. 77). (4.) Zudem muss der Erfinder seinem Dienstherrn die beabsichtigte Offenbarung rechtzeitig im Voraus anzeigen. Das Gesetz geht davon aus, dass eine Frist von zwei Monaten zwischen Zugang der Anzeige beim Dienstherrn und dem Zeitpunkt der Offenbarung regelmäßig ausreichend ist für die Rechtzeitigkeit der Anzeige. (5.) Um dem Dienstherrn die Möglichkeit zu geben, nachzuvollziehen, ob die Offenbarung im Rahmen der Lehr- und Forschungstätigkeit erfolgt, erscheint es angebracht, dem Dienstherrn die Umstände der Offenbarung kurz mitzuteilen. (6.) Schließlich setzt die Möglichkeit zur Offenbarung gemäß § 42 Nr. 1 ArbEG voraus, dass die Diensterfindung dem Dienstherrn zuvor ordnungsgemäß nach § 5 ArbEG gemeldet worden war. Nur dann nämlich kann eine zwei Monate vorab erfolgte Anzeige an den Dienstherrn so „rechtzeitig" sein, dass der Dienstherr die Möglichkeit hat, vor der Offenbarung eine Schutzrechtsanmeldung im Inland bzw. eine prioritätswahrende Auslandsanmeldung gemäß § 14 ArbEG durchzuführen.

Ob er seine Erfindung überhaupt offenbart, steht dem Hochschulwissenschaftler hingegen offen. In Ausdruck der negativen Publikationsfreiheit ist der Hochschulwissenschaftler gemäß **§ 42 Nr. 2 ArbEG** von der den Arbeitnehmer nach § 5 ArbEG treffenden Pflicht, die von ihm getätigten Diensterfindungen dem Arbeitnehmer unverzüglich zu melden, befreit, wenn und solange er die Diensterfindung wegen seiner Forschungs- und Lehrtätigkeit nicht zu offenbaren gedenkt. Als Gründe für die Geheimhaltung werden sowohl wissenschaftliche als auch rein persönliche Gründe anerkannt; eine Überprüfung dieser Gründe ist der Hochschule verwehrt (Amtl. Begründung, BT-Drs. 14/5975, 7; *Bergmann* S. 110). Will der Erfinder die Erfindung entgegen seiner ursprünglichen Absicht zu einem späteren Zeitpunkt offenbaren, lebt die Meldepflicht nach § 5 ArbEG wieder auf (*Bartenbach/Volz,* Arbeitnehmererfindungsgesetz, § 42 nF Rn. 125).

Der BGH hat entschieden, dass zu den Einnahmen im Sinne von **§ 42 Nr. 4 ArbEG** nicht nur Geldzahlungen gehören, die dem Dienstherrn auf Grund der Verwertung der Erfindung zufließen, sondern auch alle sonstigen geldwerten Vorteile, die der Dienstherr in Folge der Verwertung erlangt. Ein solcher Vorteil fließe dem Dienstherrn auch dann zu, wenn es ein Lizenznehmer auf eigene Kosten übernimmt, zu Gunsten des Dienstherrn ein Schutzrecht zu begründen, aufrechtzuerhalten oder zu verteidigen. Zur Bewertung dieses Vermögensvorteils könne in der Regel auf die Kosten abgestellt werden, die dem Lizenznehmer für die Anmeldung, Erteilung, Aufrechterhaltung oder Verteidigung des Schutzrechts entstanden sind (vgl. BGH GRUR 2013, 498 – Genveränderungen).

3. Bestätigung des Zugangs. Da der Hochschulwissenschaftler die Darlegungs- und Beweislast für den Zugang der Anzeige beim Dienstherrn hat, empfiehlt sich aus Beweiszwecken nicht nur eine schriftliche Anzeige, sondern auch die im Muster vorgesehene Bestätigung des Zugangs durch den Dienstherrn.

VIII. Markenrecht

1. Ausschließlicher Lizenzvertrag für Wort-Bild-Marke und Bildmarke an Produktaufmachung mit Überlassung von Herstellungs-Know-how

Lizenzvertrag[1–5] zwischen
der A. . . . . (Firma, Rechtsform, Anschrift)

(nachstehend „Lizenzgeber" genannt)

und
der B . . . . . (Firma, Rechtsform, Anschrift)

(nachstehend „Lizenznehmer" genannt)

Präambel[1]
Der Lizenzgeber hat eine Kosmetikserie entwickelt, die seit mehreren Jahren von ihm selbst und von verschiedenen Lizenznehmern in zahlreichen Ländern der Welt, bisher jedoch noch nicht in der Bundesrepublik Deutschland, hergestellt wird. Die Produkte werden in allen Ländern unter der Wort-Bild-Marke „Crisson" in einheitlicher Aufmachung vertrieben. In der Bundesrepublik Deutschland ist zum einen das Logo „Crisson" als Wort-Bild-Marke unter der Nr. 1 234 5671 am 11.6.2014 und zum anderen auch die schwarz-violett gestaltete Produktaufmachung als Bildmarke unter der Nr. 1 345 6781 am 10.5.2016 in das Markenregister des Deutschen Patent- und Markenamtes ua für Mittel zur Körper- und Schönheitspflege für den Lizenzgeber eingetragen worden. Widerspruchs-, Verfalls und/oder Nichtigkeitsverfahren sind nicht anhängig.

Der Lizenznehmer beabsichtigt, die Produkte in der Bundesrepublik Deutschland nach den Rezepturen und Herstellungsverfahren des Lizenzgebers herzustellen und unter den Vertragsmarken zu vertreiben. Der Lizenzgeber ist daran interessiert, dem Lizenznehmer die entsprechenden Nutzungsrechte einzuräumen.

Dies vorausgeschickt, wird zwischen den Parteien Folgendes vereinbart:[3]

§ 1 Begriffsbestimmungen[4]

„Vertragsmarken" sind die unter Nr. 1 234 5671 und Nr. 1 345 6781 beim Deutschen Patent- und Markenamt eingetragenen Marken.

„Vertragsprodukte" sind die Produkte, für die der Lizenznehmer die Vertragsmarken benutzen darf, nämlich für Mittel zur Körper- und Schönheitspflege.

„Vertragsgebiet" ist die Bundesrepublik Deutschland.

„Relevantes Herstellungs-Know-How" im Sinne von § 3 des Vertrages sind die in Anlage 1 beschriebenen Produktinformationen.

§ 2 Lizenzgewährung

(1) Der Lizenzgeber erteilt dem Lizenznehmer die Befugnis, vom Lizenznehmer nach Maßgabe dieses Vertrages hergestellte Vertragsprodukte, ihre Aufmachungen und/oder deren Verpackungen mit den Vertragsmarken zu versehen, die so gekennzeichneten Vertragsprodukte anzubieten, in den Verkehr zu bringen und unter Verwendung der Vertragsmarken für sie zu werben.

(2) Es handelt sich um eine ausschließliche Lizenz. Ausschließlichkeit bedeutet, dass der Lizenzgeber nicht die Vertragsmarken für die Vertragsprodukte im Vertragsgebiet benutzen

darf. Der Lizenzgeber ist verpflichtet, das Recht zur Nutzung der Vertragsmarken für die Vertragsprodukte im Vertragsgebiet nicht anderen als dem Lizenznehmer einzuräumen.[6]

(3) Der Lizenznehmer ist nicht berechtigt, die Vertragsprodukte außerhalb des Vertragsgebiets herzustellen und mit den Vertragsmarken zu versehen. Der Lizenznehmer verpflichtet sich, außerhalb des Vertragsgebiets für die unter den Vertragsmarken vertriebenen Vertragsprodukte keine aktive Verkaufspolitik zu betreiben, insbesondere keine Kunden zu werben, keine Niederlassung einzurichten und keine Auslieferungslager zu unterhalten.[6]

(4) Der Lizenznehmer ist nicht berechtigt, die Lizenz zu übertragen oder Unterlizenzen zu erteilen.[7] Die Einbringung der Lizenz in eine Gesellschaft ist nur mit schriftlicher Zustimmung des Lizenzgebers gestattet.

(5) Der Lizenznehmer ist nicht berechtigt, die ihm aus dieser Vereinbarung zustehenden Rechte zu verpfänden oder zum Gegenstand sonstiger dinglicher Rechte zu machen.[7]

§ 3 Überlassung von Herstellungs-Know-How[8,15]

(1) Der Lizenzgeber wird dem Lizenznehmer unverzüglich nach Vertragsunterzeichnung schriftliche Unterlagen mit dem relevanten Herstellungs-Know-How zur Verfügung stellen, aus denen sich alle vom Lizenzgeber bei der Herstellung der Vertragsprodukte verwendeten Rezepturen und Herstellungsverfahren ergeben.

(2) Der Lizenzgeber wird den Lizenznehmer von allen Änderungen der Rezepturen und/ oder des Herstellungsverfahrens der Vertragsprodukte umgehend schriftlich unterrichten. In gleicher Weise wird der Lizenzgeber den Lizenznehmer über Neuentwicklungen informieren.

(3) Der wesentliche Inhalt der dem Lizenznehmer vom Lizenzgeber überlassenen Unterlagen wird in einer von beiden Parteien zu unterzeichnenden und jeweils zu ergänzenden Aufstellung erfasst. Die Unterlagen bleiben Eigentum des Lizenzgebers.

§ 4 Qualitätsanforderungen und Qualitätskontrolle[9]

(1) Der Lizenznehmer verpflichtet sich, die Vertragsmarken nur für Vertragsprodukte zu benutzen, die nach den Rezepturen und Herstellungsverfahren des Lizenzgebers hergestellt worden sind.

(2) Zum Zwecke der Qualitätskontrolle wird der Lizenznehmer dem Lizenzgeber auf dessen Verlangen in angemessenen Abständen Muster der Produkte in einer zur Überprüfung notwendigen Menge kostenlos zur Verfügung stellen. Der Lizenzgeber ist ferner berechtigt, den Herstellungsbetrieb des Lizenznehmers während der üblichen Geschäftszeit zu betreten und von den fertigen Vertragsprodukten Stichproben zu entnehmen sowie die Einhaltung des Herstellungsverfahrens zu überprüfen.

§ 5 Art der Benutzung der Vertragsmarken[10]

(1) Der Lizenznehmer verpflichtet sich, die Vertragsmarken nur in der eingetragenen Form zu benutzen. Bei jeder Benutzung der Vertragsmarken ist darauf hinzuweisen, dass es sich um eingetragene Marken des Lizenzgebers handelt. Auf den Verpackungen der Produkte ist der Lizenzvermerk in folgender Form zu verwenden:

„Hergestellt in der Bundesrepublik Deutschland
durch B
unter Lizenz der A
Inhaberin der als Marken geschützten Logos „Crisson“ und Produktaufmachung.“

In allen übrigen Fällen ist als Lizenzvermerk das ®-Symbol und ein Hinweis an geeigneter Stelle „® = eingetragene Marke der A“ zu verwenden.

(2) Der Lizenznehmer verpflichtet sich, die Vertragsmarken nur zur Kennzeichnung der Vertragsprodukte und nicht als Bestandteil seiner Firma oder in anderer Weise zur Kennzeichnung seines Geschäftsbetriebes zu benutzen.
(3) Die Packungsgestaltung der vom Lizenznehmer hergestellten und vertriebenen Vertragsprodukte muss, soweit sich nicht aus zwingenden gesetzlichen Vorschriften etwas Abweichendes ergibt, der vom Lizenzgeber in allen anderen Ländern verwendeten Aufmachung entsprechen. Deshalb sind alle Entwürfe für die Packungsgestaltung und produktbezogene Werbemaßnahmen sowie sämtliche endgültigen Andrucke dem Lizenzgeber zur Genehmigung vorzulegen. Die Genehmigung gilt als erteilt, wenn der Lizenzgeber nicht innerhalb von zwei Wochen nach Eingang der Entwürfe deren Verwendung widerspricht.

§ 6 Umfang der Gewährleistung des Lizenzgebers[11]

(1) Der Lizenzgeber gewährleistet, dass er Inhaber der Vertragsmarken ist, die Vertragsmarken in Kraft sind, nicht verpfändet sind, an ihnen kein Nießbrauch oder ein sonstiges dingliches Recht eingeräumt ist, oder sie Gegenstand einer Maßnahme der Zwangsvollstreckung sind.
(2) Der Lizenzgeber gewährleistet die technische Brauchbarkeit der von ihm überlassenen Rezepturen und Herstellungsverfahren und versichert, dass ihm keine Umstände bekannt sind, aus denen sich bei Verwendung der Rezepturen und Herstellungsverfahren Gefährdungen bei der Herstellung, dem Vertrieb oder der Verwendung der Vertragsprodukte ergeben könnten.
(3) Der Lizenzgeber übernimmt keine Gewähr dafür, dass die Herstellung und der Vertrieb der Vertragsprodukte nach den im Vertragsgebiet jeweils geltenden Vorschriften zulässig sind und keine Rechte Dritter verletzen. Er versichert jedoch, dass ihm keine der Herstellung und dem Vertrieb der Vertragsprodukte entgegenstehenden Vorschriften oder Rechte Dritter bekannt sind.
(4) Das Risiko der Herstellung trägt der Lizenznehmer. Im Innenverhältnis stellt der Lizenznehmer den Lizenzgeber von etwaigen Ansprüchen aus Produkthaftung frei, es sei denn, der Fehler beruht auf Rezepturen und/oder Herstellungsverfahren des Lizenzgebers.
(5) Der Lizenzgeber übernimmt keine Gewähr dafür, dass die Benutzung der Vertragsmarken keine Rechte Dritter verletzt. Soweit Vorrechts- und Abgrenzungsvereinbarungen bestehen, wird der Lizenzgeber den Lizenznehmer hierüber in einer geeigneten Weise informieren.

§ 7 Weitere Pflichten des Lizenzgebers[11]

(1) Der Lizenzgeber ist nicht berechtigt, die Vertragsmarken zu verpfänden oder zum Gegenstand eines sonstigen dinglichen Rechts zu machen.
(2) Sollten die Vertragsmarken Gegenstand einer Maßnahme der Zwangsvollstreckung werden, hat der Lizenzgeber den Lizenznehmer unverzüglich davon zu unterrichten.
(3) Sollte der Lizenzgeber die Vertragsmarken auf einen Dritten übertragen, ist er verpflichtet, den Lizenznehmer unverzüglich davon zu unterrichten.

§ 8 Lizenzgebühr[12]

(1) Innerhalb eines Monats nach Erhalt der in § 3 (1) erwähnten Unterlagen zahlt der Lizenznehmer an den Lizenzgeber einen einmaligen, auch bei vorzeitiger Vertragsbeendigung nicht rückzahlbaren Betrag von Euro .....
(2) Der Lizenznehmer zahlt ferner eine laufende Lizenzgebühr in Höhe von ..... % des Nettoverkaufspreises der unter den Vertragsmarken verkauften Vertragsprodukte.
(3) Nettoverkaufspreis ist der jeweilige Rechnungspreis abzüglich gesondert ausgewiesener Rabatte, Kosten für Verpackung und Fracht sowie abzüglich etwaiger Verkaufssteuern, Zölle und Versicherungen, jedoch vor Abzug von Skonti.

(4) Der Anspruch entsteht mit der Auslieferung der Vertragsprodukte durch den Lizenznehmer. Nimmt der Lizenznehmer bereits ausgelieferte Vertragsprodukte zurück, so bleibt er zur Zahlung der bereits entstandenen Lizenzgebühr verpflichtet; bei erneuter Auslieferung entsteht keine weitere Lizenzgebühr.

§ 9 Abrechnung[13]

(1) Innerhalb eines Monats nach Ende eines jeden Kalendervierteljahres wird der Lizenznehmer dem Lizenzgeber eine Abrechnung über die Zahl und die Verkaufserlöse der im vorangegangenen Kalendervierteljahr verkauften Vertragsprodukte erteilen sowie die sich daraus ergebende Lizenzgebühr an den Lizenzgeber abführen. Die Zahlung hat in Euro auf ein vom Lizenzgeber anzugebendes Konto zu erfolgen. Sämtliche Kosten der Zahlung gehen zu Lasten des Lizenznehmers.

(2) Der Lizenznehmer ist verpflichtet, über Herstellung und Verkäufe der Vertragsprodukte gesondert Buch zu führen. Der Lizenzgeber hat das Recht, diese Bücher in angemessenen Abständen, letztmalig ein Jahr nach Vertragsbeendigung, durch einen unabhängigen, auch dem Lizenzgeber gegenüber zur Verschwiegenheit verpflichteten Wirtschaftsprüfer auf Übereinstimmung mit den Abrechnungen prüfen zu lassen. Die Kosten hierfür trägt der Lizenzgeber, es sei denn, dass sich bei der Prüfung herausstellt, dass die erteilten Abrechnungen Abweichungen zum Nachteil des Lizenzgebers in Höhe von mehr als 1 % der für den Prüfungszeitraum geschuldeten Lizenzgebühr enthielten. In diesem Fall trägt der Lizenznehmer die Kosten.

§ 10 Steuern[14]

(1) Im Vertragsgebiet auf die Lizenzgebühren anfallende direkte Steuern gehen zu Lasten des Lizenzgebers, die Umsatzsteuer auf die Lizenzgebühr geht zu Lasten des Lizenznehmers.

(2) Der Lizenznehmer wird den Lizenzgeber bei der Erfüllung der steuerlichen Verpflichtungen und Formalitäten unterstützen.

§ 11 Geheimhaltungsverpflichtung[15]

(1) Der Lizenznehmer verpflichtet sich, die ihm während der Dauer dieses Vertrages durch den Lizenzgeber gemäß § 3 zugänglich gemachten Unterlagen und die sich hieraus ergebenden Informationen über die Rezepturen und Herstellungsverfahren der Vertragsprodukte geheim zu halten und sie nur für die Herstellung der unter den Vertragsmarken vertriebenen Vertragsprodukte zu verwenden. Er darf die Informationen nur solchen Mitarbeitern zugänglich machen, für die die Kenntnisnahme zur Herstellung der Vertragsprodukte unerlässlich ist, und verpflichtet sich, diesen Mitarbeitern schriftlich eine auch über die Dauer ihrer Tätigkeit für den Lizenznehmer hinausgehende Geheimhaltungsverpflichtung aufzuerlegen.

(2) Ausgenommen von dieser Verpflichtung sind nur solche Informationen, von denen der Lizenznehmer nachweist, dass sie ihm im Zeitpunkt der Übergabe durch den Lizenzgeber bekannt oder allgemein zugänglich waren oder zu einem späteren Zeitpunkt allgemein zugänglich geworden sind.

§ 12 Aufrechterhaltung und Verteidigung der Vertragsmarken, Nichtangriffsverpflichtung[16]

(1) Der Lizenzgeber verpflichtet sich, die Vertragsmarken während der Dauer des Vertrages auf eigene Kosten aufrechtzuerhalten und gegen etwaige Angriffe Dritter zu verteidigen.

(2) Der Lizenznehmer wird die Vertragsmarken nicht angreifen oder durch Dritte angreifen lassen oder Dritte dabei unterstützen.

§ 13 Verletzung der Vertragsmarken durch Dritte[17]

(1) Stellt eine der Parteien fest, dass ein Dritter im Vertragsgebiet eine Kennzeichnung benutzt und/oder als Marke anmeldet, die möglicherweise die Vertragsmarken verletzt, so wird sie die andere Partei hiervon unverzüglich unterrichten.

(2) Der Lizenzgeber wird gegen die Anmeldung eines möglicherweise verletzenden Zeichens auf seine Kosten Widerspruch und ggf. weitere Rechtsmittel einlegen. Der Lizenznehmer verpflichtet sich, den Lizenzgeber nach besten Kräften bei der Verteidigung der Vertragsmarken zu unterstützen, insbesondere sämtliche für die Verteidigung relevante Informationen dem Lizenzgeber in geeigneter Form zugänglich zu machen.

(3) Zu einem außergerichtlichen oder gerichtlichen Vorgehen gegen die Benutzung einer die Vertragsmarken verletzenden Kennzeichnung ist in erster Linie der Lizenzgeber berechtigt. Er kann ein Vorgehen davon abhängig machen, dass sich der Lizenznehmer bis zur Hälfte an den Kosten des Vorgehens beteiligt. Das Recht des Lizenznehmers, gemäß § 30 Abs. 4 MarkenG einer Verletzungsklage des Markeninhabers beizutreten, um seinen Schaden geltend zu machen, bleibt unberührt. Wenn der Lizenzgeber trotz Angebots des Lizenznehmers, sich zur Hälfte an den Kosten des Vorgehens zu beteiligen, nicht innerhalb angemessener Frist gegen den Dritten vorgeht, so ist er verpflichtet, den Lizenznehmer zu ermächtigen, die Verletzung im eigenen Namen und auf eigene Kosten zu verfolgen. Von einem Dritten geleistete Entschädigungen stehen den Parteien in dem Verhältnis zu, in dem sie die Kosten des Vorgehens getragen haben.

(4) Der Lizenzgeber bedarf zum Abschluss eines Vergleichs, durch den er einem Dritten die Benutzung eines Kennzeichens gestattet, die nach Auffassung des Lizenznehmers die Vertragsmarken verletzt, der Zustimmung des Lizenznehmers.

§ 14 Angriffe Dritter gegen die Herstellung der Produkte und/oder die Benutzung der Vertragsmarken[18]

(1) Sollte der Lizenznehmer wegen der Herstellung der Vertragsprodukte und/oder der Benutzung der Vertragsmarken durch einen Dritten auf Unterlassung und/oder Schadensersatz in Anspruch genommen werden, so ist er verpflichtet, den Lizenzgeber hiervon unverzüglich zu unterrichten. Der Lizenzgeber ist verpflichtet, den Lizenznehmer nach besten Kräften bei der Abwehr der gegen den Lizenznehmer geltend gemachten Ansprüche zu unterstützen.

(2) Der Lizenznehmer bleibt auch im Falle eines Angriffs eines Dritten gegen die Herstellung der Vertragsprodukte und/oder die Benutzung der Vertragsmarken zur Zahlung der vereinbarten Lizenzgebühren verpflichtet. Zur Rückforderung gezahlter Lizenzgebühren ist der Lizenznehmer auch dann nicht berechtigt, wenn er wegen der Herstellung der Vertragsprodukte und/oder der Benutzung der Vertragsmarken rechtskräftig zum Schadensersatz verurteilt worden sein sollte.

(3) Wegen Werbebehauptungen des Lizenznehmers für die mit den Vertragsmarken versehenen Vertragsprodukte und/oder wegen einer wettbewerbswidrigen Benutzung der Vertragsmarken stellt der Lizenznehmer den Lizenzgeber gegenüber Ansprüchen Dritter im Innenverhältnis frei.

§ 15 Vertragsdauer und Vertragsbeendigung[19]

(1) Der Vertrag tritt am 1.1.2019 in Kraft und wird für die Dauer von zehn Jahren abgeschlossen. Er verlängert sich um jeweils weitere zehn Jahre, sofern er nicht mit einer Frist von sechs Monaten zum Ende einer jeweiligen Vertragsperiode schriftlich gekündigt wird.

(2) Der Lizenzgeber ist berechtigt, den Vertrag unter Einhaltung einer Kündigungsfrist von zwei Monaten zum Ende eines jeden Kalendervierteljahres, erstmals jedoch zum Ablauf des zweiten Vertragsjahres, zu kündigen oder durch einseitige Erklärung die

ausschließliche Lizenz in eine einfache Lizenz umzuwandeln, wenn die vom Lizenznehmer abzuführenden Lizenzgebühren für die zwei unmittelbar vorangegangenen Abrechnungszeiträume jeweils den Betrag von Euro ..... nicht erreicht haben.

(3) Jede Partei ist berechtigt, den Vertrag aus wichtigem Grund fristlos zu kündigen. Ein wichtiger Grund liegt insbesondere dann vor, wenn die andere Partei schuldhaft gegen eine von ihr in diesem Vertrag übernommene wesentliche Verpflichtung verstößt und den Verstoß trotz Abmahnung mit angemessener Fristsetzung nicht innerhalb der gesetzten Frist abstellt.

(4) Der Vertrag endet, ohne dass es einer Kündigung bedarf, mit rechtskräftiger Erklärung des Verfalls bzw. der Nichtigkeit der Vertragsmarken. Für den Fall, dass nur eine der Vertragsmarken für verfallen bzw. für nichtig erklärt wird, steht jeder Partei das Recht zu, den Vertrag aus wichtigem Grund fristlos zu kündigen.

§ 16 Abwicklung bei Vertragsbeendigung[20]

(1) Der Lizenznehmer ist nach Ablauf des Vertrages berechtigt, für die Dauer von höchstens drei Monaten bei ihm noch vorhandene fertige Vertragsprodukte, die mit den Vertragsmarken versehen sind, auszuliefern. Der Lizenznehmer ist zur weiteren Auslieferung nach Vertragsablauf nicht berechtigt, wenn sich der Lizenzgeber spätestens einen Monat vor Ablauf des Vertrages, bei fristloser Kündigung innerhalb einer Woche nach deren Zugang, bereit erklärt, die Bestände des Lizenznehmers zu dessen Großhandelslistenpreis minus 30 % zu übernehmen.

(2) Die dem Lizenznehmer gemäß § 3 dieses Vertrages vom Lizenzgeber zur Verfügung gestellten Unterlagen einschließlich sämtlicher Vervielfältigungen sind bei Beendigung des Vertrages dem Lizenzgeber zurückzugeben.

(3) Der Lizenznehmer ist verpflichtet, die ihm zur Herstellung der Produkte durch den Lizenznehmer vermittelten Kenntnisse nach Vertragsbeendigung geheim zu halten und nicht mehr zu nutzen, es sei denn, er weist nach, dass diese Kenntnisse allgemein zugänglich geworden oder ihm von dritter Seite vermittelt worden sind.

(4) Hat der Lizenznehmer aufgrund der Benutzung der Vertragsmarken eigene Markenrechte kraft Verkehrsgeltung erworben, stehen diese dem Lizenzgeber zu. Der Lizenznehmer ist verpflichtet, solche durch Benutzung erlangten Marken nach Beendigung dieses Vertrages unentgeltlich an den Lizenzgeber zu übertragen.[21]

§ 17 Gerichtsstand und anwendbares Recht[22]

(1) Als Gerichtsstand für alle Streitigkeiten aus oder in Verbindung mit diesem Vertrag wird das Landgericht Köln vereinbart. Jede Partei ist jedoch berechtigt, die andere Partei an ihrem allgemeinen Gerichtsstand in Anspruch zu nehmen.

(2) Der Vertrag unterliegt deutschem Recht unter Ausschluss des UN-Kaufrechts.

§ 18 Sonstiges

(1) Alle Änderungen und Ergänzungen dieses Vertrages bedürfen zu ihrer Wirksamkeit der Schriftform. Dies gilt auch für die Änderung dieser Schriftformklausel.

(2) Sollten eine oder mehrere Bestimmungen dieses Vertrages einschließlich dieser Regelung ganz oder teilweise unwirksam oder nichtig sein oder werden oder sollte der Vertrag eine Regelungslücke enthalten, so wird die Wirksamkeit der übrigen Bestimmungen dadurch nicht berührt. Die Parteien sind gehalten, die unwirksame oder fehlende Bestimmung durch eine solche wirksame Bestimmung zu ersetzen, mit der das wirtschaftlich gewollte Ergebnis am besten erreicht wird.

..... (Ort), den ....

Unterschriften

Schrifttum: Ann/Loschelder/Grosch, Praxishandbuch Know-How-Schutz, 2010; *Asendorf,* A Piece of (the) Cake – damages für Proprietor and Licensee Due to Infringements of Community Trade Marks, GRUR Int 2011, 802 ff.; *Berlit,* Markenrechtsmodernisierungsgesetz: Was ändert sich am 14.1.2019?, GRUR-Prax 2019, 1; *Berlit,* Markenrecht, 10. Auflage 2015; *Bartenbach,* Die Schuldrechtsreform und ihre Auswirkungen auf das Lizenzvertragsrecht, Mitt. 2003, 102 ff.; Beck'sches Formularbuch, Zivil-, Wirtschafts- und Unternehmensrecht: Deutsch-Englisch, 4. Auflage 2018; *Berger,* Insolvenzschutz für Markenlizenzen, 2006; *Berger,* Lizenzen in der Insolvenz des Lizenzgebers, GRUR 2013, 321 ff.; *Bretthauer,* Die Beurteilung von Markenlizenzverträgen nach deutschem und europäischem Kartellrecht, 2003; *Bunte,* Die Bedeutung salvatorischer Klauseln in kartellrechtswidrigen Verträgen, GRUR 2004, 301 ff.; *Coordes,* Markenlizenz und Markenlizenzvertrag 2013; *Dahl/Schmitz,* Das Schicksal der Lizenz in der Insolvenz des Lizenzgebers, BB 2013, 1032 ff.; *Eisenführ/Schennen,* Unionsmarkenverordnung, 5. Auflage 2017; *Ekey//Bender/Fuchs-Wissemann,* Bd. 1 Markenrecht, 3. Auflage 2014; *Fammler,* Der Markenlizenzvertrag, Beck'sche Musterverträge, Band 34, 3. Auflage 2014; *Fezer,* Handbuch der Markenpraxis, 3. Auflage 2016; *Fezer,* Lizenzrecht in der Insolvenz des Lizenzgebers, WRP 2004, 193 ff.; *Fezer,* Markenrecht, 4. Auflage 2009; *Fröhlich,* Verdinglichung lizenzvertraglicher Vertriebsregelungen, MarkenR 2010, 241 ff.; *Gennen,* Die neue Gruppenfreistellungsverordnung für Technologietransfer-Vereinbarungen vom 21.3.2014, IPRB 2014, 131 ff.; *Giefers/May,* Markenschutz, 5. Auflage 2003; *Groß,* Der Lizenzvertrag, 11. Auflage 2015; *Groß,* Know-how-Lizenzvertrag, 7. Auflage 2016; *Groß,* Aktuelle Lizenzgebühren in Patentlizenz-, Know-how- und Computerprogrammlizenz-Verträgen, K&R 2011, 292 ff.; *Groß/Strunk,* Lizenzgebühren, 4. Auflage 2015; *Groß,* Marken-Lizenzvertrag, 6. Auflage 2016; *Grützmacher/Schmidt-Cotta/Laier,* Der Internationale Lizenzverkehr, 8. Auflage 2000; *Hacker,* Markenrecht, 4. Auflage 2016; *Harte-Bavendamm,* Handbuch der Markenpiraterie in Europa, 2000; *Hasselblatt* (Hrsg.) Münchner Anwaltshandbuch gewerblicher Rechtsschutz, 5. Auflage 2017; *Heidenhain/Reus,* Möglichkeiten der vertraglichen Bindung von Unterlizenzen an den Bestand der Hauptlizenz, CR 2013, 273 ff.; *Hoene/Runkel,* AnwaltFormulare Gewerblicher Rechtsschutz, 5. Auflage 2013; *Hoffmann-Becking/Rawert,* Beck'sches Formularbuch, 11. Auflage 2013; *Hoffmann/Kleespies,* Formular-Kommentar Markenrecht, 2. Auflage 2011; *Hölzlwimmer,* Produkthaftungsrechtliche Risiken des Technologietransfers durch Lizenzverträge, 1995; *Götting,* Gewerblicher Rechtsschutz, 10. Auflage 2014; *Immenga/Mestmäcker,* Wettbewerbsrecht, Kommentar zum Europäischen Kartellrecht, Band 1. EU/Teil 1 und Teil 2, 5. Auflage 2012; *Ingerl/Rohnke,* Markengesetz, 3. Auflage 2010; *Kazemi,* Der durch eine Nichtangriffsabrede gebundene Dritte als Zeuge im Löschungsverfahren vor den ordentlichen Gerichten; GRUR 2006, 201 ff.; *Klawitter,* Fortgeltung der Unterlizenz nach Wegfall der Hauptlizenz, GRURPrax 2012, 425 ff.; *Klawitter/Lübbig,* Lizenzverträge und Kartellrecht, 2009; *Köhler/Bornkamm/Feddersen,* Gesetz gegen den unlauteren Wett-bewerb, 37. Auflage 2019; *Koehler/Ludwig,* Die „insolvenzfeste" Gestaltung von Lizenzverträgen, WRP 2006, 1342; *Kreutzmann,* Neues Kartellrecht und geistiges Eigentum, WRP 2006, 453 ff.; *Kur/v. Bomhard/Albrecht,* Markenrecht, 2. Auflage 2018; *Kurtz,* (Un-)Übertragbarkeit von (ausschließlichen) Markenlizenzen, GRUR 2007, 292 ff.; *Lagarden,* Markenbewertung in der Unternehmenspraxis, 2011; *Lang,* Immaterialgüterrechtliche Lizenzierung und kartellrechtliche Verhaltenskontrolle, 2009; *Lange,* Marken und Kennzeichenrecht, 2. Auflage 2012; *Lange,* Internationales Handbuch des Marken- und Kennzeichenrechts, 2009; *Lange,* International Trade Mark and Signs Protection, 2010; *Langen/Bunte,* Kommentar zum deutschen und europäischen Kartellrecht Band 1 und 2, 13. Auflage 2018; *Langer,* Harmonisierungsoptionen im Bereich des Rechtsübergangs und der Lizenzierung von Markenrechten, 2014; *McGuire,* Die Lizenz, 2012; *McGuire/Zumbusch/Joachim,* Verträge über Schutzrechte des geistigen Eigentums (Übertragung und Lizenzen) und dritte

Parteien, GRUR Int 2006, 682; *McGuire/Kunzmann,* Sukzessionsschutz und Fortbestand der Unterlizenz nach „M2Trade" und „Take Five", GRUR 2014, 28 ff.; *Menninger/Wurzer,* Bewertungsstandards für Patente und Marken, 2014; *von Mühlendahl,* Deutsches Markenrecht – Texte und Materialien, 1995; *Münchner Prozessformularbuch,* Bd. 5 Gewerblicher Rechtsschutz, Urheber- und Presserecht, 5. Auflage 2018; *Niebel,* Das Kartellrecht der Markenlizenz unter besonderer Berücksichtung des Europäischen Gemeinschaftsrechts, WRP 2003, 482; *Nordemann,* Wettbewerbsrecht Markenrecht, 11. Auflage 2012; *Nordemann/Wolters,* Kartellrecht kontra Markenimage, Markenartikel 2013, Heft 1, 128 ff.; *Ohly/Sosnitza,* UWG, 7. Auflage 2016; *Pagenberg/Geissler,* Lizenzverträge/License Agreements, 6. Auflage 2008; *Palandt,* Bürgerliches Gesetzbuch, 77. Auflage 2018; *Palzer,* Markenrechtliche Steuerungsmöglichkeiten im Rahmen selektiver Vertriebssysteme, EWS 2011, 220 ff.; *Plass,* Die Rechtsstellung des Markenlizenznehmers nach § 30 Abs. 3 und Abs. 4 Markengesetz, GRUR 2002, 1029 ff.; *Petry/Schilling,* Der Schadensersatzanspruch des Lizenznehmers im Markenrecht, WRP 2009, 1197 ff.; *Pfaff/Osterrieth,* Lizenzverträge, 4. Auflage 2018; *Plaß,* Die Rechtsstellung des Markenlizenznehmers nach § 30 III und IV MarkenG, GRUR 2002, 1029 ff.; *Repenn/Weidenhiller,* Markenbewertung und -verwertung, 2. Auflage 2005; *Röhricht/Graf von Westphalen/Haas,* HGB, 4. Auflage 2014; *Ruess/Slopek,* Discounter als „luxusfreie Zone"? – Vertriebsbeschränkungen für Premiummarken auf dem Prüfstand, WRP 2009, 1021 ff.; *Sack,* Die Erschöpfung von Markenrechten bei lizenzvertragswidrigem Vertrieb, GRUR Int 2010, 198 ff.; *Schulte,* Patentgesetz, 10. Auflage 2017; *Schulte-Beckhausen,* Markenlizenzverträge, 2002; *Schumacher/Schmid,* Die neue Gruppenfreistellungsverordnung für Technologietransfer-Vereinbarungen, GRUR 2006, 1 ff.; *Starck,* Marken und sonstige Kennzeichenrechte als verkehrsfähige Wirtschaftsgüter – Anmerkungen zum neuen Markenrecht, WRP 1994, 6 ff.; *Steinbeck,* „Windsor Estate" – Eine Anmerkung, GRUR 2008, 110, *Stiel,* Leistungsstörungen bei Lizenzverträgen aus Sicht des europäischen Rechts, 2009; *Stimmel,* Die Beurteilung von Lizenzverträgen unter der Rom I-Verordnung, GRUR Int 2010, 783 ff.; *Stöckel (Hrsg.),* Handbuch Marken- und Designrecht, 3. Auflage 2013; *Ströbele/Hacker/Thiering,* Markengesetz, 12. Auflage 2018; *Taschner/Frietsch,* Produkthaftungsgesetz und EG-Produkthaftungsrichtlinie, 2. Auflage 1990; *von Schultz,* Kommentar zum Markenrecht, 3. Auflage 2012; *Traumann,* Nebenpflichten des Marken-Lizenzgebers, GRUR 2008, 470 ff.; *Ullmann,* Lizenz in der Insolvenz – zum Bedarf einer Neuregelung, Mitt 2008, 49; *Ullrich,* Lizenzverträge und ihre Inhaltskontrolle im unternehmerischen Geschäftsverkehr, 2013; *Wiedemann,* Handbuch des Kartellrechts, 3. Auflage 2016; *Winzer,* Der Lizenzvertrag, 2014.

Anmerkungen

1. Sachverhalt und Präambel. Der Sachverhalt ergibt sich aus der Präambel des Vertrages. Es handelt sich um den Fall einer ausschließlichen Lizenz zur Benutzung einer Wort-Bild-Marke sowie einer die Vorderansicht der Produktaufmachung wiedergebenden Bildmarke für ein Produkt, das vom Lizenzgeber und anderen Lizenznehmern im Ausland bereits hergestellt und vertrieben wird. Zugleich wird das entsprechende Know-how mitgeteilt. Es ist auch eine Sachverhaltskonstellation denkbar, bei der statt einer Bildmarke eine die Produktaufmachung bzw. -verpackung wiedergebende dreidimensionale Marke lizensiert wird. Die bisher einhellig sogenannten „Löschungsverfahren" sind derzeit von einer Gesetzesänderung betroffen. Durch das Markenrechtsmodernisierungsgesetz (MaMoG, BGBl. 2018 I S. 2357 ff.) werden sowohl die vor den ordentlichen Gerichten sowie die vor dem Deutschen Marken- und Patentamt geführten „Löschungsverfahren" in „Verfalls- und Nichtigkeitsverfahren" abgeändert. Zur Vermeidung etwaiger Auslegungsschwierigkeiten sollte bei Lizenzvereinbarungen, die vor dem 1.5.2020 geschlossen werden, beachtet werden, dass die Änderung im Hinblick auf die Verfahren vor dem DPMA erst zum 1.5.2020 in Kraft tritt. Bis dahin werden vor dem DPMA weiterhin „Löschungsverfahren" geführt. Hinsichtlich der Verfahren vor den ordentlichen Gerichten ist das MaMoG hingegen bereits zum 14.1.2019 in Kraft getreten. Im Vertragsformular ist die ab dem 1.5.2020 geltende einheitliche Gesetzesfassung berücksichtigt worden.

2. Wahl des Formulars. Das vorstehende Formular ist für die Fälle anwendbar, in denen in erster Linie die Befugnis zur Benutzung einer eingetragenen deutschen Marke übertragen werden soll, dem Lizenznehmer gleichzeitig aber auch Kenntnisse für die Herstellung der unter den Marken zu vertreibenden Produkte vermittelt und Beschränkungen hinsichtlich der Verwendung der Marken im Zusammenhang mit derart hergestellten Produkten auferlegt werden. Das Formular kann sowohl angewandt werden, wenn beide Parteien Inländer sind, als auch wenn eine ausländische Marke von einem inländischen Lizenzgeber lizenziert wird. Es kann grundsätzlich auch für Unionsmarken oder Internationale Markenregistrierungen herangezogen werden, allerdings sind dann einige Besonderheiten des Unionsmarkenrechts zu beachten (näher *Niebel* in Fezer, Handbuch der Markenpraxis, II 1 C Rn. 177 ff., 239 ff.; *Eisenführ/Schennen* UMV Art. 22 Rn. 14 ff.).

3. Formvorschriften. Markenlizenzverträge sind formlos gültig. Selbstverständlich empfiehlt sich aber die Schriftform. Dasselbe gilt für Know-How-Lizenzverträge.

4. Begriffsbestimmungen. Aus Klarstellungsgründen erscheint es sinnvoll, den Vertragsbestimmungen einen gesonderten Abschnitt mit Definitionen voranzustellen.

5. Rechtsnatur und Grundzüge der Markenlizenz und Know-How-Lizensierung. Die in § 30 MarkenG und Art. 25 UMV geregelte Markenlizenz ist neben der Übertragung und Veräußerung von Marken die in der Praxis bedeutsamste Form der wirtschaftlichen Markenverwertung. Sowohl im deutschen Recht als auch im Unionsmarkenrecht kann die Markenlizenz nach hM mit dinglicher Wirkung versehen sein (vgl. BGH GRUR 2007, 877 (879) – Windsor Estate; OLG Hamburg GRUR-RR 2005, 181 (182) – ZOMIG/Asco Top; OLG Hamburg GRUR-RR 2004, 175 (176) – Löwenkopf; OLG München NJW-RR 1997, 1266 (1267–1860); *Ingerl/Rohnke* § 30 Rn. 12 f.; *Kur/v. Bomhard/Albrecht* § 30 Rn. 10; ausführlich zur dogmatischen Einordnung und ihren Folgerungen *Ekey/Bender/Fuchs-Wissemann* § 30 Rn. 5 ff. und *Ströbele/Hacker/Thiering* § 30 Rn. 15 ff., wobei letzterer eine aA vertritt). Die Markenlizenz verleiht dem Lizenznehmer, ggf. sachlich, örtlich oder zeitlich beschränkt (vgl. § 30 Abs. 1 MarkenG, Art. 25 Abs. 1 UMV), sowohl ein Benutzungsrecht als auch ein Verbietungsrecht an einer eingetragenen Marke gegenüber Dritten (§ 14 Abs. 2 MarkenG, Art. 9 UMV). Ungeachtet dessen bleibt der Markeninhaber berechtigt, gegen Dritte vorzugehen, die seine Markenrechte verletzen. Da eine Markenlizenz nicht über den markenrechtlichen Schutzumfang der eingetragenen Waren und Dienstleistungen hinausgehen kann, liegt die Erteilung einer Lizenz für ein mit der Marke lediglich verwechselbares Zeichen oder für lediglich ähnliche Waren- und Dienstleistungen außerhalb der Befugnis des Lizenzgebers (BGH GRUR 2001, 54 (55) – SUBWAY/Subwear; OLG Hamburg GRUR-RR 2009, 339 – Die Rückkehr der Shaolin; OLG Hamburg GRUR-RR 2004, 175 (176) – Löwenkopf; *Ingerl/Rohnke* § 30 Rn. 20 f.).

§ 30 Abs. 2 MarkenG zählt abschließend fünf Arten von Bestimmungen auf, die den Inhalt des Nutzungsrechts des Lizenznehmers gegenständlich festlegen und beschränken. Bedeutsam ist § 30 Abs. 2 MarkenG im Verhältnis zu Dritten, insbesondere den Abnehmern des Lizenznehmers. Da Verstöße gegen die im Gesetz abschließend aufgeführten gegenständlichen Beschränkungen des Nutzungsrechts eine Markenverletzung begründen, benutzt in einem solchen Fall der Lizenznehmer die Marke nicht mehr mit Zustimmung des Markeninhabers, mit der Folge, dass hinsichtlich solcher vertragswidrig vertriebener Lizenzwaren keine Erschöpfung der Rechte des Markeninhabers im Sinne von § 24 Abs. 1 MarkenG eintritt und auch deren Weitervertrieb durch nachfolgende Dritte eine Markenverletzung ist. Der Markeninhaber kann in solchen Fällen gegen – auch gutgläubige – Dritte vorgehen; ggf. können diese Regress bei ihren jeweiligen Vertragspartner nehmen (*Hacker,* Markenrecht, § 31 Rn. 791; für die Unionsmarke: EuGH GRUR Int. 2009 – Copad/Dior; *Eisenführ/Schennen* UMV Art. 13 Rn. 23).

Die gesetzlichen Bestimmungen in § 30 MarkenG und Art. 25 UMV regeln allerdings nicht alle wesentlichen Fragen der Markenlizenz (zB Lizenzdauer, Lizenzgebühren, Abwicklung und Beendigung, Gewährleistungen, vertragliche Hauptpflichten und -rechte der Lizenzvertragspartner), sondern beschränken sich nur auf einige Einzelaspekte im Verhältnis zwischen Lizenzgeber, -nehmer und Dritten. Das EUIPO hat Richtlinien über Lizenzen erlassen („EUTMs and RCDs as Objects of Property — Licences, Rights in Rem, Levies of Execution, Insolvency Proceedings or Similar Proceedings“, abrufbar unter https://euipo.europa.eu/tunnel-web/secure/webdav/guest/document_library/contentPdfs/law_and_practice/trade_marks_practice_manual/WP_2_2017/Part-E/03-part_e_register_operations_section_3_ctms_as_objects_of_property/part_e_register_operations_section_3_chapter_2_licences_en.pdf). Ergänzend sind das allgemeine Vertragsrecht des BGB und das Handelsrecht heranzuziehen. Im Hinblick darauf, dass das eigene Klagerecht des Lizenznehmers mit berechtigten Interessen des Markeninhabers kollidieren kann, sieht § 30 Abs. 3 MarkenG vor, dass der Lizenznehmer nur mit Zustimmung des Markeninhabers und der ausschließliche Lizenznehmer erst, wenn der Inhaber der Marke nach förmlicher Aufforderung nicht selbst innerhalb einer angemessenen Frist eine solche Klage erhoben hat, Verletzungsklage erheben kann (näher → Anm. 17).

Zum Schutz des Lizenznehmers wird der Bestand der Markenlizenz außerdem gemäß § 30 Abs. 5 MarkenG weder durch einen Übergang des Markenrechts nach § 27 MarkenG noch durch die Erteilung einer weiteren Lizenz berührt. Eine derartige Bestimmung gibt es im Unionsmarkenrecht zwar nicht, jedoch greift hier Art. 19 Abs. 1 lit. a UMV, wonach die Unionsmarke als Vermögensgegenstand grundsätzlich wie eine nationale Marke behandelt wird, jedenfalls dann ein, wenn der Markeninhaber seinen Sitz oder Wohnsitz in Deutschland hat. Verstößt der Lizenznehmer gegen wesentliche Bestimmungen des Lizenzvertrages, kann der Lizenzgeber in den in § 30 Abs. 2 Nr. 1–5 MarkenG bzw. in Art. 25 Abs. 2 lit. a–e UMV genannten Fällen neben vertraglichen Ansprüchen auch die Rechte aus der Marke gemäß §§ 14 ff. MarkenG bzw. Art. 9 UMV geltend machen. Die Erteilung oder der Übergang der Lizenz an einer Unionsmarke wird nach Art. 25 Abs. 5 UMV auf Antrag in das Unionsmarkenregister eingetragen und veröffentlicht. Zwar ist die Eintragung keine Wirksamkeitsvoraussetzung; jedoch entfaltet die Lizenz nach Art. 27 Abs. 1 S. 1 UMV gegenüber gutgläubigen Dritten in allen Mitgliedstaaten erst dann eine Wirkung, wenn sie eingetragen wurde. Unter bestimmten Umständen kann die Lizenz jedoch auch vor der Eintragung bösgläubigen Dritten entgegengehalten werden (Art. 27 Abs. 1 S. 2 UMV). Für die Geltendmachung von Ansprüchen aus der Unionsmarke durch den Lizenznehmer ist die Eintragung der Lizenz in das Register jedoch nicht Voraussetzung, da Art. 23 UMV lediglich den Schutz von Personen bezweckt, die Rechte an der betroffenen Marke erworben haben, nicht jedoch den Schutz jeglicher Dritter wie bspw. Verletzer (EuGH GRUR 2015, 372 Rn. 17 ff. – Hassan/Breiding [ARKTIS]). Ungeachtet dessen kann bei der Lizensierung einer Unionsmarke aus Sicht des Lizenznehmers eine detaillierte vertragliche Regelung zur Eintragung der Lizenz im Unionsmarkenregister gemäß § 25 Abs. 5 UMV sinnvoll sein, um die Publizität der Lizenz und die Wirkungen des § 27 UMV herbeizuführen (näher *Fammler* in Fezer, Handbuch der Markenpraxis, II 1 C Rn. 180 ff.; *Niebel* in Fezer, Handbuch der Markenpraxis, II 1 C Rn. 240 ff.). Hierfür ist der Antrag auf Eintragung der Lizenz beim EUIPO zu stellen. Das Verfahren bestimmt sich nach dem Art. 26 UMV, der wiederum ergänzt wird durch die EUIPO Richtlinien Teil E Abschnitt 3, Kapitel 2 (*Kur/v. Bomhard/Albrecht* UMV Art. 26 Rn. 1).

Hinsichtlich der dogmatischen Einordnung des Know-How-Lizenzvertrages besteht Uneinigkeit. Überwiegend wird er als Vertrag sui generis angesehen, auf den die Vorschriften der Rechtspacht (§§ 581 ff. BGB) angewendet werden (näher *Ann/Loschelder/Grosch* Kap. 5 C Rn. 44 ff.). Er begründet ein schuldrechtliches Nutzungsrecht des Lizenznehmers an dem ihm überlassenen Wissen. Anders als im Marken- oder Patentrecht gibt es hierfür keine gesetzliche Verankerung. Die Grundlage hierfür ergibt sich aus der allgemeinen Vertragsfreiheit. Lizenzfähig ist jede Art von geheimen und nicht geheimen Know-Hows, zB Betriebs- oder Geschäftsgeheimnisse oder auch nicht geheimes Erfahrungswissen (näher *Ann/Loschelder/Grosch* Kap. 5 C Rn. 41 ff.). Reine Know-How-Lizenzverträge sind in der Praxis selten, in der Regel handelt es sich um kombinierte Vertragsformen, entweder kombiniert mit einer Patentlizenz oder – wie im Formular – einer Markenlizenz.

Gibt jemand wahrheitswidrig eine Lizenzberechtigung vor, täuscht er nicht über die Herkunft der Ware, aber über die Umstände der rechtlichen und wirtschaftlichen Zusammenarbeit mit dem Hersteller der Ware. Dies ist eine unlautere Handlung iSv § 5 Abs. 1 S. 2 Nr. 3 UWG (*Köhler/Bornkamm/Feddersen* Anh. zu § 3 Rn. 13.6).

6. **Ausschließlichkeit der Lizenz.** Sowohl § 30 MarkenG als auch Art. 25 UMV unterscheidet zwischen ausschließlichen und nicht ausschließlichen Lizenzen (sog. einfache Lizenz), enthalten jedoch keine näheren Definitionen zum Umfang der Ausschließlichkeit. Während nach allgemeiner Auffassung die einfache Lizenz dem Lizenznehmer nur ein Mitbenutzungsrecht neben dem Markeninhaber und bzw. oder anderen Lizenznehmern gibt, räumt eine ausschließliche Lizenz dem Lizenznehmer exklusive Nutzungsrechte ein, dh unter Ausschluss jeglicher Dritter und möglicherweise auch des lizenzgebenden Markeninhabers selbst. Im Fall einer Alleinlizenz darf der Markeninhaber keine weiteren Lizenzen einräumen, die Marke aber selbst noch weiternutzen (*Ströbele/Hacker/Thiering* § 30 Rn. 11). Da sich allein aus der Verwendung des Begriffes „ausschließlich" im Lizenzvertrag noch nicht eindeutig ergibt, ob nur Dritte oder auch der Lizenzgeber selbst von der Benutzung des lizenzierten Rechts ausgeschlossen werden soll, empfiehlt sich in jedem Fall eine ausdrückliche vertragliche Regelung dieser Frage. Außerdem muss geregelt werden, ob sich die Ausschließlichkeit auf die Herstellung und den Vertrieb in einem bestimmten Gebiet oder nur auf die Herstellung bezieht.

Es entspricht im Allgemeinen dem wirtschaftlichen Interesse des Lizenznehmers, durch eine möglichst weitgehende Ausschließlichkeit vor Konkurrenz durch den Lizenzgeber und Dritte geschützt zu sein. Für den Lizenzgeber sollte eine ausschließliche Lizenz aber nur dann in Betracht kommen, wenn hinreichend gesichert werden kann, dass die Lizenz tatsächlich auch im vorgesehenen Umfang ausgenutzt wird. Zur Absicherung des Lizenzgebers kann bei Vereinbarung jeder Art der Ausschließlichkeit entweder eine Mindestlizenzgebühr vereinbart oder aber – wie im vorliegenden Formular – vorgesehen werden, dass der Lizenzgeber bei Nichterreichen gewisser Mindestumsätze den Lizenzvertrag kündigen oder die ausschließliche Lizenz in eine einfache Lizenz umwandeln kann. Als Mittelweg zwischen einfacher und ausschließlicher Lizenz kommt eine zeitlich begrenzte Ausschließlichkeit in Betracht.

Das Formular sieht eine bezüglich der Herstellung der vom Lizenzvertrag erfassten Waren im Vertragsgebiet ausschließliche Lizenz mit Selbstausschluss des Lizenzgebers vor. Es enthält ferner eine Beschränkung des Lizenznehmers auf die Herstellung im Vertragsgebiet. Schließlich wird dem Lizenzgeber die Benutzung der Vertragsmarken für die Vertragsprodukte im Vertragsgebiet untersagt und ihm auferlegt, etwaige Rechte zur Nutzung der Vertragsmarken für die Vertragsprodukte im Vertragsgebiet nicht anderen als dem Lizenznehmer einzuräumen. Außerdem wird der Lizenznehmer verpflichtet, sich einer aktiven Vertriebspolitik außerhalb des Vertragsgebietes zu enthalten.

Derartige Regelungen wie auch etliche andere Vereinbarungen in Markenlizenz- und Know-How-Verträgen werfen die Frage der Vereinbarkeit mit dem Kartellverbot des § 1 GWB bzw. Art. 101 AEUV auf (näher *Immenga/Mestmäcker,* Wettbewerbsrecht, Bd. 1 Teil 2 B Rn. 3, Bd. 1 Teil 2, Einl. TT-GVO Rn. 78; *Ströbele/Hacker/Thiering* § 30 Rn. 121 ff.; *Fammler* in Fezer, Handbuch der Markenpraxis, II 1 B Rn. 81 ff.; *Niebel* in Fezer, Handbuch der Markenpraxis, II 1 C Rn. 187 ff.; *Sack,* Zur Vereinbarkeit wettbewerbsbeschränkender Abreden in Lizenz- und Know-how-Verträgen mit europäischem und deutschem Kartellrecht, WRP 1999, 592 ff.). Bei der Kartellrechtsproblematik ist zunächst zu beachten, dass Markenrechte ihrem Inhaber per se ausschließliche Befugnisse gewähren, kraft derer er anderen die Benutzung der Marke verbieten oder nur gegen Entgelt gestatten kann. Die Möglichkeit einer geographischen oder sachlichen Beschränkung der Nutzungsrechte ist sogar ausdrücklich in § 30 MarkenG verankert. Aufgrund ihres Ausschließlichkeitscharakters ist jeder Marke deshalb eine wettbewerbsbeschränkende, kartellrechtlich relevante Wirkung immanent (*Ströbele/Hacker/Thiering* § 30 Rn. 127 spricht von einem „angeborenem Konfliktpotential"), wobei sie umgekehrt auch zur Förderung eines Wettbewerbs insbesondere in Bezug auf Innovationen beitragen können (vgl. EuGH GRUR 2003, 55 (57) – Arsenal; EuGH GRUR 1998, 922 (924) – Canon). Im Hinblick auf diese den Marken zuerkannte Funktion gelten bloße Ausübungshandlungen in der Regel als kartellrechtsneutral, wenn sie nicht Gegenstand, Mittel oder Folge einer unzulässigen Kartellabsprache sind. Eine markenbezogene Vereinbarung ist dann kartellrechtlich neutral, wenn sie zum „spezifischen Gegenstand" des Markenrechts gehört und ihre Wahrnehmung in Ausübung des Markenrechts den spezifischen Gegenstand des Markenrechts verwirklicht (sog. Immanenzlehre). Demzufolge fallen in Markenlizenzverträgen solche Beschränkungen aus dem Anwendungsbereich des Kartellverbots des § 1 GWB bzw. § 101 AEUV heraus, die dem Wesen des Markenrechts immanent sind (EuGH Slg. 1994, I-2793 – Ideal-Standard; Kommission ABl. 1985 L 233, S. 22 – Velcro/Aplix; OLG Frankfurt a.M. WRP 2013, 1662 (1664) – Kalksteinprodukte; OLG Frankfurt a.M. Urt. v. 17.4.2007 – 11 U (Kart) 5/06, juris zur Beschränkung von Vertriebsgebiet und Vertriebswegen für den Lizenznehmer bei Harry Potter Merchandisingartikeln; *Niebel* in Fezer, Handbuch der Markenpraxis, II 1 C Rn. 197; *Kreutzmann,* Neues Kartellrecht und geistiges Eigentum, WRP 2006, 453 ff.; *Ingerl/Rohnke* § 30 Rn. 21 ff.; vgl. BGH NJW 1991, 3152 – Golden Toast – zu Warenzeichen). Was zum spezifischen Schutzgegenstand der Marke gehört, bestimmt sich wiederum mithilfe der Funktionenlehre *(Ströbele/Hacker/Thiering* § 30 Rn. 128). Neben der primären Hauptfunktion einer Marke, dem Verbraucher die Identität des Waren- oder Dienstleistungsursprungs zu garantieren (Herkunftsfunktion), ist heute auch die Qualitäts-, Werbe- und Kommunikationsfunktion der Marke anerkannt (vgl. EuGH GRUR 2003, 55 (57) – Arsenal; EuGH GRUR 2009, 756 (761) – L'Oreal/Bellure; EuGH GRUR 2009, 593 – Copad; EuGH GRUR 2010, 445 (448) – Google and Google France). Schutzgut ist daher neben der Unterscheidungskraft einer Marke auch deren "Suggestiv- und Attraktionskraft" (OLG Frankfurt a.M. WRP 2013, 1662 (1664) – Kalksteinprodukte).

Das kartellrechtliche Prüfungsschema bei einer kartellrechtsrelevanten Vereinbarung ist wie folgt: Die zentrale Frage ist zunächst, ob sie überhaupt wettbewerbsbeschränkend wirkt und den zwischenstaatlichen Handel spürbar beeinträchtigt. Für die Feststellung der Spürbarkeit der Wettbewerbsbeeinträchtigung kann die Bagatellbekanntmachung der Europäischen Kommission vom 30.8.2014 (ABl. 2014 C 291, S. 01 – De Minimis-Bekanntmachung) als Auslegungshilfe herangezogen werden (vgl. zur Vorgängerregelung KG WRP 2013, 1517 (1522); OLG Düsseldorf Urt. v. 28.9.2011 – 2 U (Kart) 18/11, juris, Rn. 41). Danach fallen mangels Spürbarkeit der Wettbewerbsbeschränkungen Vereinbarungen dann nicht unter Art. 101 AEUV, wenn die Marktanteile der beteiligten

Unternehmen hinsichtlich der vertragsgegenständlichen oder gleichartigen Waren oder Dienstleistungen in dem Gebiet des gemeinsamen Marktes, auf das sich die Vereinbarung auswirkt, bestimmte Schwellen nicht überschreiten. Diesbezüglich unterscheidet die Bagatellbekanntmachung zwischen horizontalen und vertikalen Vereinbarungen, wobei erstere als grundsätzlich stärker wettbewerbsbeschränkend angesehen werden. Daher liegt die Spürbarkeitsschwelle vertikaler Vereinbarungen bei einem kumulierten Marktanteil der beteiligten Unternehmen bei 15 %, während bei horizontalen Vereinbarungen eine Spürbarkeitsschwelle von 10 % gilt (entsprechende Schwellenwerte enthält auch die Bagatellbekanntmachung des Bundeskartellamtes vom 13.3.2007). Allerdings ist eine spürbare Wettbewerbsbeschränkung nicht allein anhand der Marktanteile, dh der quantitativen Auswirkungen, zu beurteilen, sondern auch anhand der qualitativen Auswirkungen (vgl. KG WRP 2013, 1517 (1522 f.); OLG Düsseldorf Urt. v. 28.9.2011 – 2 U (Kart) 18/11, juris, Rn. 43). Stellt sich die betreffende Lizenzklausel als spürbare Wettbewerbsbeschränkung dar, ist weiter zu prüfen, ob dies durch eine spezifische Markenfunktion gerechtfertigt wird. Nur wenn dies verneint wird, und auch keine Freistellung möglich ist, ist die Klausel wegen eines Verstoßes gegen das Kartellverbot ex tunc nichtig nach § 134 BGB bzw. Art. 101 Abs. 2 AEUV (vgl. OLG Frankfurt a. M. Urt. v. 17.4.2007 – 11 U 5/06 (Kart), juris) und kann infolgedessen mittels Untersagungsverfügung oder Bußgeldanordnung sanktioniert werden (*Ingerl/Rohnke* § 30 Rn. 125). Außerdem kann der Kartellrechtsverstoß Schadensersatzpflichten begründen (näher *Calliess/Ruffert,* EUV AEUV, AEUV Art. 101 Rn. 149 ff.).

Eine Freistellung vom Kartellverbot kann sich entweder aus einer konkreten Gruppenfreistellungsverordnung oder aber aus den in Art. 101 Abs. 3 AEUV aufgezählten Legalausnahmen – einer expliziten Einzelfreistellung durch die Kommission auf Antrag bedarf es seit dem 1.5.2004 nicht mehr – ergeben. Eine solche Legalausnahme setzt voraus, dass mit der wettbewerbsbeschränkenden Vereinbarung entweder eine Verbesserung der Warenerzeugung oder -verteilung oder Förderung des technischen oder wirtschaftlichen Fortschritts erreicht wird und sich die Beschränkungen zugleich auf das Unerlässliche begrenzen und die völlige Ausschaltung des Wettbewerbs vermieden wird (detalliert *Calliess/Ruffert,* EUV AEUV, AEUV Art. 101 Rn. 156 ff.). Ist eine Freistellung danach möglich, gilt die wettbewerbsbeschränkende Klausel nicht mehr als wettbewerbswidrige Maßnahme.

Eine Gruppenfreistellungsverordnung speziell für Markenlizenzverträge existiert nicht. Obwohl Markenlizenzverträge in der Regel vertikale Vereinbarungen, dh Vereinbarungen zwischen Unternehmen auf unterschiedlichen Ebenen der Produktions- und Vertriebsstufe, sind, werden sie in der Regel nicht von der Gruppenfreistellungverordnung für vertikale Vereinbarungen (Vertikal-GVO vom 20.4.2010, EU Nr. 330/2010) erfasst (vgl. *Immenga/Mestmäcker,* Wettbewerbsrecht, Bd. 1 Teil 2, Vertikal-GVO Art. 2 Rn. 83, Einl. TT-GVO Rn. 77; *Niebel* in Fezer, Handbuch der Markenpraxis, II 1 C Rn. 221 f.). Denn die Freistellung nach der Vertikal-GVO gilt nach Art. 2 Abs. 3 Vertikal-GVO nur, sofern die jeweiligen Bestimmungen zur Übertragung von Rechten des geistigen Eigentums oder die Nutzung solcher Rechte nicht Hauptgegenstand der vertikalen Vereinbarung sind. Dies trifft auf reine Markenlizenzverträge nicht zu. In den Leitlinien der Kommission zur Vertikal-GVO (ABl. 2010 C 130, S. 1, unter 2.4 Rn. 31 und 35) ist ausdrücklich klargestellt, dass der eigentliche Gegenstand der Vereinbarung der Bezug, der Vertrieb oder der Weiterverkauf der Waren oder Dienstleistungen sein muss und etwaige Bestimmungen über Rechte des geistigen Eigentums, also zB Marken, lediglich der Durchführung der vertikalen Vereinbarungen dienen dürfen. Treffen diese Voraussetzungen bereits nicht zu, scheidet eine Anwendung der Vertikal-GVO auf reine Markenlizenzverträge und kombinierte Markenlizenz-/Know-How-Verträge der vorliegenden Art in der Regel aus.

Bei Markenlizenzverträgen kommt jedoch eine Freistellung nach der Gruppenfreistellungsverordnung für Technologietransfer-Vereinbarungen (TT-GVO v. 21.3.2014, EU Nr. 316/2014; näher dazu *Brinker,* Eine neue GVO (und eine neue Leitlinie), NZKart 2014, 121 f.; *Gennen,* Die neue Gruppenfreistellungsverordnung für Technologietransfer-Vereinbarungen vom 21.3.2014, IPRB 2014, 131 ff.), welche die im April 2014 abgelaufene TT-GVO vom 27.4.2004 (VO/EWG Nr. 772/2004; im Folgenden TT-GVO aF) ersetzt hat, in Betracht. Technologietransfer-Vereinbarungen sind Vereinbarungen, auf deren Grundlage der Lizenzgeber dem Lizenznehmer eine Lizenz zur Nutzung von Technologierechten für die Produktion von Waren oder Dienstleistungen erteilt. Während die TT-GVO aF nur Markenlizenzen erfasste, die lediglich „Nebenabreden" einer Technologietransfer-Vereinbarung darstellten oder mit dieser jedenfalls verbunden waren, nicht aber solche, die den eigentlichen Gegenstand der Vereinbarung bildeten, ist der Anwendungsbereich der TT-GVO nF weiter. Solange die Markenlizenzvereinbarung im Rahmen einer Technologietransfervereinbarung getroffen wird, schadet es nicht, dass die Parteien uU mehr an der Nutzung des Markenzeichens als an der Nutzung der Technologie interessiert sind (Münchener Anwaltshandbuch Gewerblicher Rechtsschutz § 50 Rn. 69; Leitlinien der Kommission zur TT-GVO, 2014/C 89/03, unter 3.2.1, Nr. 47). Eine Markenlizenzvereinbarung kann vielmehr nach der TT-GVO dann freigestellt sein, wenn sie unmittelbar und ausschließlich auf die Produktion der Vertragsprodukte gerichtet ist, und zwar selbst dann, wenn die Markenlizenz sehr viel wertvoller ist als die Technologie-Lizenz. Jedoch ergibt sich aus Art. 1 Abs. 1 lit. c TT-GVO, dass der Anwendungsbereich nur eröffnet ist, wenn die Lizenzvereinbarung „mit dem Ziel der Produktion von Vertragsprodukten" geschlossen wird. Die Kommission hat in den Leitlinien (unter 3.2.1 Rn. 50) zur TT-GVO ausdrücklich angemerkt, dass sie die in der TT-GVO und in den Leitlinien ausgeführten Grundsätze nicht auf die Lizenzierung von Markenzeichen ausweiten werde, ausgenommen die Situation, dass die Markenlizenz sich unmittelbar auf die Produktion oder den Verkauf von Vertragsprodukten beziehe. Folglich können jedenfalls kombinierte Know-How- und Markenlizenzverträge, die wie im Ausgangsfall die Herstellung entsprechend dem lizensiertem Know-How und den Verkauf der solchermaßen produzierten Vertragsprodukte unter der lizensierten Marke regeln, unter die TT-GVO fallen. Im Einzelfall ist zu prüfen, ob die Voraussetzungen der konkreten Freistellung vorliegen. Scheidet im Einzelfall eine Freistellung sowohl nach der Vertikal-GVO als auch nach der TT-GVO aus, verbleibt nur noch die Möglichkeit der Legalfreistellung unter den Voraussetzungen des Art. 101 Abs. 3 AEUV (*Ingerl/Rohnke* § 30 Rn. 124; *Ströbele/Hacker/Thiering* § 30 Rn. 126; ausführlich zu den Voraussetzungen *Niebel* in Fezer, Handbuch der Markenpraxis, II 1 C Rn. 224 ff.; *Immenga/Mestmäcker,* Wettbewerbsrecht, Bd. 1 Teil 1, AEUV Art. 101 Rn. 128 ff.).

Welche Markenlizenzvereinbarungen im Einzelnen kartellrechtlich relevant bzw. verboten sind, wird jeweils unmittelbar bei der Kommentierung der jeweiligen Vereinbarung aufgezeigt.

Die an dieser Stelle zu kommentierende Exklusivitätsabrede im Formular, wonach sich der Lizenzgeber verpflichtet, die lizenzierten Marken in dem dem Lizenznehmer überlassenen Gebiet nicht selbst auszuwerten und für dieses Gebiet keine weiteren Lizenzen an andere zu vergeben, bezweckt oder bewirkt eine spürbare Einschränkung des Wettbewerbs innerhalb des Gemeinsamen Marktes iSv Art. 101 Abs. 1 AEUV, da der Lizenzgeber vertraglich daran gehindert wird, mit anderen in diesem Gebiet ansässigen potentiellen Lizenznehmern Lizenzverträge abzuschließen, selbst wenn diese daran interessiert und dazu in der Lage wären. Der wettbewerbsbeschränkenden Verpflichtung des Lizenzgebers, die Markennutzung und Herstellung in einem bestimmten Gebiet nur dem Lizenznehmer zu gestatten, entspricht spiegelbildlich die Verpflichtung des Lizenznehmers, die Markennutzung sowie die Herstellung und den Verkauf außerhalb des ihm übertragenen Gebietes zu unterlassen. Die Kommission hat derartige Exklusivitätsabreden als Wettbewerbsbeschränkung beurteilt (Kommission GRUR Int. 1990, 626 – Moosehead/Whitbread; Kommission ABl. 1978 L 070, S. 69 – Campari, vgl. auch Münchener Anwaltshandbuch Gewerblicher Rechtsschutz § 50 Rn. 5). Dies begegnet zwar insoweit Bedenken, als die gebietsausschließliche Lizenz gerade darin bestehen kann, dass der Lizenzgeber sein Ausschließlichkeitsrecht an der Marke vollständig an den Lizenznehmer weiterreicht und derartige Exklusivitätsabreden zum spezifischen Gegenstand des Markenrechts zu zählen sind (so auch *Niebel* in *Fammler*, Handbuch der Markenpraxis, II 1 C Rn. 202 f. und 244; *Sack* WRP 1999, 592, 595). Letztlich sollte jedoch angesichts der abweichenden Ansicht der Kommission nicht darauf vertraut werden, dass eine solche Exklusivitätsabrede nicht als spürbare Einschränkung iSd Art. 101 Abs. 1 AEUV bewertet wird.

Jedoch kommt eine Freistellung von Exklusivitätsabreden in kombinierten Know-How- und Markenlizenzverträgen nach der TT-GVO oder der Vertikal-GVO in Betracht. Die Kommission selbst hat in ihren Leitlinien zur TT-GVO (ABl. 2014 C 89, S. 03) am Rande (vgl. Fußnote 35 zu Rn. 47) darauf hingewiesen, dass die den Gegenstand der *Moosehead/Whitbread* Entscheidung bildende Technologietransfer-Vereinbarung mit der Exklusivitätsabrede wohl unter die TT-GVO fallen könnte. Auf Exklusivitätsabreden in reinen Markenlizenzverträgen ist die TT-GVO jedoch weiterhin wie oben dargestellt nicht anwendbar. Markenzeichenlizenzen werden zudem oft im Zusammenhang mit dem Vertrieb und dem Weiterverkauf von Waren und Dienstleistungen gewährt, so dass eine solche Lizenzvereinbarung eher einer Vertriebsvereinbarung als einer Technologietransfer-Vereinbarung gleicht. Mangels gemäß Art. 1 Abs. 1 lit. c TT-GVO gefordertem Produktbezug scheidet in diesen Fällen daher eine Anwendung der TT-GVO aus. Wenn eine Markenzeichenlizenz sich unmittelbar auf die Nutzung, den Verkauf oder den Weiterverkauf von Waren und Dienstleistungen bezieht und nicht den Hauptgegenstand der Vereinbarung darstellt, besteht lediglich die Möglichkeit, dass die Lizenzvereinbarung unter die Vertikal-GVO fällt. Eine Anwendung der Vertikal-GVO kommt jedoch gem. Art. 2 Abs. 4 S. 1 Vertikal-GVO lediglich für Vereinbarungen zwischen Lizenznehmer und Abnehmern der Vertragsprodukte in Betracht (vgl. auch *Pfaff/Osterrieth* Anhang Rn. 76). Für die Lizenzvertragspraxis kann es, sofern die obigen Voraussetzungen für die Anwendung der Vertikal-GVO vorliegen, mit Blick auf die Spürbarkeitsschwellen sinnvoll sein, dass die Vertragsparteien ihre zum Vertragsschluss bestehenden jeweiligen Marktanteile sowie eine Regelung zur regelmäßigen Beobachtung der Marktentwicklung in den Vertrag aufnehmen (näher *Niebel* in Fezer, Handbuch der Markenpraxis, II 1 C Rn. 255 ff.). In jedem Fall sollten die Lizenzvertragsparteien genauestens prüfen, ob jedenfalls eine Freistellung der beabsichtigten Ausschließlichkeitsabrede infolge einer der Legalausnahmen des Art. 101 Abs. 3 AEUV möglich wäre.

Die Verwendung einer Klausel, die den Lizenznehmer verpflichtet, die lizensierte Marke für sämtliche Vertragsprodukte tatsächlich zu benutzen (Ausübungsverpflichtung), etwa um der Gefahr zu begegnen, dass die Lizenz nur erworben wird, um die Verwertung der lizensierten Technologie zu behindern – beispielsweise wenn der Lizenznehmer ein eigenes, auf dem Markt etabliertes Konkurrenzprodukt weiterhin ungehindert absetzen möchte – zählt zum kartellrechtsneutralen spezifischen Gegenstand der Marke und ist deshalb unbedenklich (OLG Frankfurt a. M. WRP 2013, 1662 (1663) mwN – Kalksteinprodukte).

Eine Klausel, mit der dem Lizenznehmer ein Verbot des aktiven Verkaufs außerhalb des Vertragsgebiets auferlegt wird (Verbot von Kundenwerbung, Niederlassung, Auslieferungslager), stellt eine Wettbewerbsbeschränkung dar, wurde jedoch von der Kommission freigestellt, weil dies der Verbesserung der Warenverteilung diene bzw. ein Eindringen in einen neuen Markt erleichtere (Kommission GRUR Int. 1990, 626 – Moosehead/Whitbread; Kommission ABl. 1978 L 070, S. 69 – Campari).

Wird dem Lizenznehmer in einem Markenlizenzvertrag ein selektives Vertriebssystem auferlegt, stellt sich ebenfalls die Frage, ob dies eine unzulässige Kernbeschränkung des Wettbewerbs iSv Art. 101 Abs. 1 AEUV darstellt (näher *Bott/Kusulis,* Verbot des Internet-Verkaufs von Markenartikeln im selektiven Vertriebssystem – zulässig oder nicht?, ITRB 2014, 107 ff.; *Nordemann/Wolters,* Kartellrecht kontra Markenimage, Markenartikel 2013, Heft 1, 128 ff.; *Palzer,* Markenrechtliche Steuerungsmöglichkeiten im Rahmen selektiver Vertriebssysteme, EWS 2011, 220, ff.; *Ruess/Slopek,* Discounter als „luxusfreie Zone"? – Vertriebsbeschränkungen für Premiummarken auf dem Prüfstand, WRP 2009, 1021 ff.). Selektive Vertriebssysteme sind gemäß Art. 1 Abs. 1 lit. o TT-GVO solche Vertriebssysteme, bei denen sich der Lizenzgeber verpflichtet, Lizenzen für die Produktion der Vertragsprodukte unmittelbar oder mittelbar nur Lizenznehmern zu erteilen, die anhand festgelegter Kriterien ausgewählt werden, und bei denen sich diese Lizenznehmer verpflichten, die Vertragsprodukte nicht an Händler zu verkaufen, die in dem vom Lizenzgeber in Bezug auf dieses System vorbehaltenen Gebiet nicht zum Vertrieb zugelassen sind. Hierunter fallen etwa Regelungen, die den Vertrieb an bestimmte Abnehmer oder über bestimmte Vertriebswege (zB Internet, Online-Auktionsplattformen oder Discounter) untersagen bzw. den ausschließlichen Vertrieb über bestimmte Vertriebswege (stationärer (Fach-)Handel) vorschreiben. Mit einer solchen Regelung will ein Markeninhaber aus nachvollziehbaren Gründen sicherstellen, dass die unter seiner Marke vertriebenen Produkte in einer Art und Weise an den Endverbraucher gelangen, die dem Markenimage entspricht (insbesondere bei Luxusmarkenware) oder unter Berücksichtigung produktspezifischen Beratungsbedarfs erfolgt (zB bei Hautkosmetik). Deshalb dürften auch derartige Beschränkungen durch eine spezifische Markenfunktion gerechtfertigt sein und damit als kartellrechtlich neutral gelten. Der EuGH hat qualitative Selektionskriterien zur Wahrung des richtigen Produktgebrauchs sowie zur Gewährleistung der Qualität wiederholt als zulässig anerkannt, zB bei Luxus-Markenprodukten (vgl. etwa EuGH WRP 2011, 1577 – Pierre Fabre; EuGH GRUR 2009, 593 ff. – Copad/Dior; EuGH GRUR-Int. 1981, 315 ff. – L'Oreal). Teilweise wurde auch von der deutschen Rechtsprechung angenommen, dass die vom EuGH aufgestellten Kriterien für selektive Markensysteme auch auf andere Produkte mit einem gewissen Markenwert übertragbar sind, namentlich auf hochpreisige Waren, die mit großem Werbeaufwand vermarktet werden und in besonderer Weise auf Qualität und Herkunft aus dem Hause des Herstellers unter Einsatz der Marke als Imageträger hinweisen (vgl. Ebay Vertriebsverbot für Markenschulranzen: OLG Karlsruhe WRP 2010, 412 ff. und gegensätzliche Auffassung des KG WRP 2013, 1517 ff.; zum Ebay Verbot für Adidas Produkte vgl. OLG München GRUR 2009, 394 ff.; vgl. auch BGH GRUR 2004, 374 ff. – Depotkosmetik im Internet; OLG Frankfurt a. M. Urt. v. 17.4.2007 – 11 U (Kart) 5/06, juris zur Zulässigkeit der Beschränkung von Vertriebsgebiet und Vertriebswegen für den Lizenznehmer bei Harry Potter Merchandisingartikeln). Zu den kartellrechtlichen Schranken der Know-How-Lizensierung eingehend *Ann/Loschelder/Grosch,* Praxishandbuch Know-How-Schutz 2010, Kap. 5 C Rn. 112 ff. und 147 ff.). Eine Freistellung von Abreden über selektive Vertriebssysteme nach der TT-GVO kommt jedenfalls bei kombinierten Know-How- und Markenlizenzverträgen in Frage (siehe weiter oben). Findet sich eine solche Abrede in einem reinen Markenlizenzvertrag, ist eine Freistellung entsprechend der Vertikal-GVO denkbar. Hierauf hat die Kommission in ihren Leitlinien zur TT-GVO (ABl. 2014 C 89, S. 03) in Bezug auf die Vertikal-GVO hingewiesen (vgl. unter 3.2.6.2, Nr. 78). Dort heißt es, dass die Gründe einer Gruppenfreistellung nach der Vertikal-GVO für Beschränkungen des aktiven Verkaufs im Rahmen des Vertriebssystems eines Lizenznehmers auch dann gelten könnten, wenn die Produkte, die die lizenzierte Technologie enthielten, von verschiedenen Lizenznehmern unter einer gemeinsamen Marke verkauft werden, die dem Lizenzgeber gehöre. Würden die Produkte, die die lizenzierte Technologie enthalten, unter einer gemeinsamen Marke verkauft, so könnten die Beschränkungen zwischen den Vertriebssystemen der Lizenznehmer mit denselben Effizienzvorteilen begründet werden wie innerhalb eines einzelnen vertikalen Vertriebssystems. In diesen Fällen würde die Kommission Beschränkungen in der Regel nicht beanstanden, wenn die Erfordernisse der Vertikal-GVO sinngemäß erfüllt seien. Zur Bejahung der erforderlichen gemeinsamen Markenidentität müssten die Produkte unter einer gemeinsamen Marke verkauft und vertrieben werden, der im Hinblick auf die Vermittlung von Qualität und anderen relevanten Informationen an den Verbraucher eine herausragende Bedeutung zukomme. Es genüge nicht, dass das Produkt zusätzlich zu den Marken der Lizenznehmer die Marke des Lizenzgebers trage, die ihn als Eigentümer der lizenzierten Technologie ausweise.

Parallelimporte von Produkten, die in einem EU-Mitgliedstaat oder in einem EWR-Vertragsstaat durch den Lizenzgeber oder andere Lizenznehmer unter den lizensierten Marken in den Verkehr gebracht worden sind, kann der Lizenznehmer nicht verhindern. Durch das rechtmäßige Inverkehrbringen in eines der genannten Länder ist das Zeichenrecht verbraucht, sog. Erschöpfung des Markenrechts, Art. 15 UMV bzw. § 24 Abs. 1 MarkenG (BGH GRUR 2012, 626 (628) – Converse I, siehe zum Inverkehrbringen mit der Zustimmung des Zeicheninhabers EuGH GRUR Int. 2002, 147 – Davidoff/Levi Strauss; *Eisenführ/Schennen* UMV Art. 22 Rn. 18). Wird demgegenüber ein mit den Marken gekennzeichnetes Produkt außerhalb des gemeinsamen Marktes oder des Europäischen Wirtschaftsraumes in den Verkehr gebracht und von dort importiert, liegt kein Fall der Erschöpfung iSd § 24 Abs. 1 MarkenG bzw. Art. 13 Abs. 1 GMV vor. Der Markeninhaber kann somit Parallelimporte aus Drittländern außerhalb des EWR wegen Verletzung des Markenrechts unterbinden (BGH GRUR 2012, 626 (628) – Converse I; BGH WRP 2011, 1180 – Kuchenbesteck; BGH NJW 1996, 994 ff. – Gefärbte Jeans; OLG Düsseldorf GRUR-RR 2013, 156 (157) – Polohemden; OLG München WRP 1996, 232 ff. – Internationale Erschöpfung; LG Düsseldorf Urt. v. 7.6.2013 – 34 O 112/10, juris; LG Düsseldorf GRUR 1996, 66 ff. – adidas-Import; EuGH GRUR Int. 1998, 695 – Silhouette). Wird – wie im Musterbeispiel – eine nationale Marke lizensiert, dann gilt das Vorgesagte selbstverständlich entsprechend für das Vertragsterritorium. Der Lizenznehmer kann markenrechtliche Ansprüche gegen Parallelimporte aus Drittländern nur dann geltend machen, wenn er vom Lizenzgeber hierzu gemäß § 30 Abs. 3 MarkenG ermächtigt worden ist (näher zum Klagerecht des Lizenznehmers in → Anm. 17).

7. Unterlizenz, Verfügungen. Die einfache, aber auch die ausschließliche Lizenz kann im Wege der Abtretung (§§ 413, 398 BGB) weiterübertragen werden, sofern nicht ein anderes ausdrücklich vereinbart wurde oder sich durch Auslegung des Lizenzvertrages ergibt. Die Rechtsprechung (BGH GRUR 1953, 114 (118)) und die herrschende Meinung in der Literatur (*Ingerl/Rohnke* § 30 Rn. 49; *Schulte,* Patentgesetz, 10. Auflage 2017, PatG § 15 Rn. 37; *Benkard,* Patentgesetz, 11. Auflage 2015, PatG § 15 Rn. 104 ff.) bejahen im Zweifel das Recht des exklusiven Lizenznehmers zur Erteilung von Unterlizenzen (aA ua *Ströbele/Hacker/Thiering* § 30 Rn. 77). Die Übertragung einer einfachen Lizenz durch den Lizenznehmer ohne Zustimmung des Lizenzgebers soll hingegen unter Rückgriff auf die Rechtsprechung zu § 15 PatG ausgeschlossen sein, da dies die Vergabe weiterer Lizenzen durch den (Haupt-)Lizenzgeber beeinträchtigen würde. Da dem Lizenzgeber die Person des Lizenznehmers in der Regel nicht gleichgültig ist, empfiehlt es sich, die Übertragung der Lizenz sowie die Erteilung von Unterlizenzen im Lizenzvertrag ausdrücklich auszuschließen. Das Verbot der Erteilung von Unterlizenzen ist kartellrechtlich zulässig (vgl. Kommission GRUR Int. 1987, 418 (420) – Mitchell Cotts/Sofiltra; Kommission 13.3.1978, ABl. 1978 L 070, S. 69 – Campari; *Ann/Loschelder/Grosch* Kap. 5 Rn. 163; vgl. OLG Frankfurt a. M. Urt. v. 17.4.2007 – 11 U (Kart) 5/06, juris: Zustimmungsbedürftigkeit der Vergabe von Unterlizenzen bei Harry Potter Merchandisingartikeln kartellrechtlich unbedenklich). Dies kommt auch in den Leitlinien der Kommission zur TT-GVO (Rn. 183, ABl. 2014 C 89, S. 3) zum Ausdruck, wo es ausdrücklich heißt, dass die Verpflichtung, keine Unterlizenzen zu vergeben, im Allgemeinen keine Wettbewerbsbeschränkung iSv Art. 101 Abs. 1 AEUV darstellt. Soll dem Lizenznehmer aus kommerziellen Gründen gleichwohl die Vergabe von Unterlizenzen ohne explizite Zustimmung gestattet werden, empfiehlt es sich, die Beteiligung des Lizenzgebers an den Unterlizenzgebühren sowie das Verhältnis etwaiger Unterlizenzen zur Hauptlizenz zu regeln (vgl. *Fammler* in Fezer, Handbuch der Markenpraxis, II 1 B Rn. 95).

Es entsprach der früher herrschenden Meinung, dass mit der Beendigung der Hauptlizenz auch die Unterlizenz erlischt (vgl. OLG München GRUR 2013, 1125 – Qimonda/Infineon). Durch eine BGH-Entscheidung zum Urheberrecht wurde hiervon jedoch im konkreten Fall abgewichen (BGH GRUR 2009, 946 – Reifen Progressiv), wobei insbesondere die dingliche Wirkung (auch) der Unterlizenz zur Begründung herangezogen wurde (vgl. auch *Ingerl/Rohnke* § 30 Rn. 49). Dies wurde durch spätere Entscheidungen des BGH ausdrücklich mit Verweis auf den im gewerblichen Rechtsschutz geltenden Sukzessionsschutz rechtsübergreifend auch für das sonstige Lizenzvertragsrecht angenommen und dogmatisch verankert, wobei der dingliche Charakter der Unterlizenz nicht mehr im Fokus stand (vgl. BGH GRUR 2012, 914 – Take five; BGH GRUR 2012, 916 – M2Trade; vgl. *Von Ungern-Sternberg* GRUR 2013, 248–264 mwN in Fn. 186, 187 zur Diskussion des Schicksals der Unterlizenz im Fall der Beendigung der Hauptlizenz und Insolvenz im Schrifttum). Somit ist im Regelfall davon auszugehen, dass das Benutzungsrecht des Unterlizenznehmers vom Fortbestand der Hauptlizenz unabhängig ist (*Ströbele/Hacker/Thiering* § 30 Rn. 90). Vor diesem Hintergrund empfiehlt es sich, sofern nicht die Unterlizenz ohnehin untersagt bzw. nur mit Zustimmung des Markeninhabers gestattet wird, die vertragliche Bindung der durch den Lizenznehmer eingeräumten Unterlizenzen an den Bestand der Hauptlizenz zu regeln, etwa durch auflösende Bedingungen, Sonderkündigungsrechte oder Vorausabtretungen (vgl. *Heidenhain/Reus*, Möglichkeiten der vertraglichen Bindung von Unterlizenzen an den Bestand der Hauptlizenz, CR 2013, 273 (275 ff.); *Klawitter*, Fortgeltung der Unterlizenz nach Wegfall der Hauptlizenz, GRURPrax 2012, 425 ff.).

Bei einer dinglich ausgestatteten ausschließlichen Lizenz ist zudem eine Sicherungsbestellung durch Verpfändung oder Sicherungsabtretung der Lizenzrechte möglich. Es empfiehlt sich daher, die Berechtigung des Lizenznehmers, die Marken zu verpfänden oder zum Gegenstand sonstiger dinglicher Rechte zu machen, auszuschließen.

8. Überlassung von Herstellungs-Know-How. Die Verpflichtung des Lizenzgebers zur Überlassung seiner Rezepturen und Herstellungsverfahren, also von Herstellungs-Know-How, soll den Lizenznehmer in die Lage versetzen, Produkte herzustellen, die die gleiche Qualität aufweisen wie die vom Lizenzgeber selbst hergestellten Erzeugnisse. Die kartellrechtliche Definition in Art. 1 Abs. 1 lit. i TT-GVO beschreibt Know-How als die Gesamtheit praktischer Kenntnisse, die durch Erfahrung und Versuche gewonnen werden und die geheim, wesentlich und identifiziert sind. Die Lizensierung von Know-How begründet ein schuldrechtliches Nutzungsrecht des Lizenznehmers an dem ihm überlassenen Wissen (eingehend zum Know-How-Lizenzvertrag *Ann/Loschelder/Grosch*, Praxishandbuch Know-How-Schutz 2010, Kap. 5 Rn. 37 ff.). Im Know-How-Lizenzvertrag sollten allgemein gehaltene Formulierungen vermieden werden, die den Lizenzgeber verpflichten, dem Lizenznehmer die zur Herstellung der lizenzierten Produkte „erforderlichen" Kenntnisse zu vermitteln. Was für den einzelnen Lizenznehmer erforderlich ist, hängt von dessen individuellen Fähigkeiten und Erfahrungen ab und kann Meinungsverschiedenheiten zwischen den Parteien auslösen. Aus diesem Grund sollte die Verpflichtung des Lizenzgebers rein objektive Kriterien enthalten und ihn nur dazu verpflichten, das Wissen mitzuteilen und die Dokumentation zur Verfügung zu stellen, die er selbst besitzt. Zur Klarstellung kann es zweckmäßig sein, wie im Formular das vertragsrelevante Know-How in einer Anlage zum Lizenzvertrag näher festzulegen.

Im Einzelfall mag die Überlassung schriftlicher Unterlagen nicht ausreichen, um dem Lizenznehmer die Herstellung qualitativ einwandfreier Produkte zu ermöglichen. In diesem Fall sind weitere Bestimmungen aufzunehmen, durch die sich der Lizenzgeber verpflichtet, das Personal des Lizenznehmers im eigenen Betrieb oder im Betrieb des Lizenznehmers in der Herstellung zu unterweisen. In diesem Fall sollte geregelt werden, welchen personellen Zeitaufwand (zB wie viele „Mannstunden") der Lizenzgeber hierfür bereitstellen muss und dass der Lizenznehmer die im Zusammenhang mit der Einweisung seines Personals anfallenden Kosten (Reise- und Unterbringungskosten, ggf. zusätzliche Vergütung für die Bereitstellung des Schulungspersonals) trägt.

Um eine einheitliche Qualität aller von dem Lizenzgeber und dem Lizenznehmer hergestellten Produkte zu gewährleisten, ist die Verpflichtung des Lizenzgebers zur laufenden Unterrichtung über Produktänderungen erforderlich.

Wegen der Besonderheiten bei Überlassung von geheimem Know-how → Anm. 15.

9. Qualitätsanforderungen und Qualitätskontrolle. Nach dem dem Formular zugrundeliegenden Sachverhalt vertreiben der Lizenzgeber und andere Lizenznehmer die Produkte im Ausland unter identischer Marke und in gleicher Aufmachung. Selbst wenn die Marken im Inland mangels Benutzung noch nicht bekannt sind, sollte der Lizenzgeber darauf achten, dass die Qualität der vom Lizenznehmer hergestellten Produkte der Qualität der von ihm selbst und seinen übrigen Lizenznehmern hergestellten Produkte entspricht. Eine minderwertige oder mangelhafte Qualität der vom Lizenznehmer hergestellten Produkte führt zu einer Beeinträchtigung oder gar zu einem Verlust des guten Rufes der Marken und somit unter Umständen zu ihrer Entwertung. Der Begriff Qualität bezieht sich nicht nur auf die materielle Beschaffenheit von Waren oder auf ihren Herstellungsprozess, sondern unter Umständen auch auf ihr besonderes Prestige oder Exklusivitätsimage oder auf Besonderheiten der Vermarktung oder Vertriebsform, zB bei hochpreisigen Produkten mit Luxusimage (EuGH GRUR 2009, 593 Rn. 24 ff. – Copad/Dior). Bei Nichteinhaltung der vertraglichen Qualitätsbestimmungen hat der Lizenzgeber die in § 30 Abs. 2 Nr. 5 MarkenG bzw. Art. 25 Abs. 2 lit. e UMV eingeräumte Befugnis, die Rechte aus der Marke gegen den Lizenznehmer, ggf. auch gegen dessen Abnehmer, geltend zu machen. Neben den vertraglichen Sanktionsmöglichkeiten steht dem Markeninhaber somit auch die auf Unterlassung gerichtete Markenverletzungsklage gemäß § 14 Abs. 5 MarkenG (bei lizenzierten Unionsmarken iVm Art. 17 Abs. 1 UMV) zur Verfügung. Dies hat zur Folge, dass der Markeninhaber gegen alle Glieder der Vertriebskette, dh auch gegen Dritte, die die vertragswidrig vom Lizenznehmer in Verkehr gebrachten minderwertigen Produkte weiter vertreiben, mit der Markenverletzungsklage vorgehen kann. Eine Erschöpfung des Markenrechts gemäß § 24 MarkenG für qualitätsmindere Ware tritt in diesen Fällen nicht ein (EuGH GRUR 2009, 593 Rn. 38 ff. – Copad/Dior; *Ströbele/Hacker/Thiering* § 30 Rn. 94; *Ingerl/Rohnke* § 30 Rn. 41; *Hacker,* Markenrecht, § 31 Rn. 796). In der Regelung des § 30 Abs. 2 Nr. 5 MarkenG zeigt sich in besonders deutlicher Weise, dass das Markengesetz die Marke nicht nur in ihrer primären Funktion, dh der Herkunftsfunktion, sondern auch in der von der EuGH-Rechtsprechung herausgestellten Qualitätsgewährleistungsfunktion schützt (seit EuGH GRUR 2009, 756 (761) – L'Oreal/Bellure). Will der Lizenzgeber wegen der Nichteinhaltung von besonderen Abreden über Vertriebswege im Wege der Markenverletzungsklage eine Verletzung des Lizenzvertrages geltend machen, muss allerdings, um eine Qualitätsbeeinträchtigung zu begründen, zu dem bloßen Vertragsverstoß eine konkrete und erhebliche Beschädigung der Ausstrahlung und des guten Rufes der Marke hinzukommen (EuGH GRUR 2009, 593 Rn. 38 ff., 56 ff. – Copad/Dior; *Hacker,* Markenrecht, § 31 Rn. 797).

Sind die Marken des Lizenzgebers – sei es durch eine im Ausland oder im Inland erfolgte Benutzung – im Inland bekannt geworden und verbindet das Publikum mit den unter den Marken vom Lizenzgeber vertriebenen Erzeugnissen eine bestimmte Gütevorstellung, so müssen die von einem Lizenznehmer hergestellten Erzeugnisse grundsätzlich die gleiche Qualität wie die Erzeugnisse des Lizenzgebers aufweisen. Dem Markeninhaber steht es allerdings grundsätzlich frei, unter der Marke Erzeugnisse verschiedener Qualitätsstufen zu vertreiben. Zudem hat niemand Anspruch auf eine stets gleichbleibende Qualität von Produkten. Der Markeninhaber wird zwar regelmäßig schon aus Eigeninteresse bestrebt sein, die Qualität seiner Waren oder Dienstleistungen zu sichern oder zu verbessern; die bloße Tatsache, dass sich die Qualität der unter der Marke angebotenen Produkte – freiwillig oder unfreiwillig – verschlechtert, ist aber regelmäßig keine wettbewerbsrechtlich relevante Irreführung der Verkehrskreise über die Qualität gem. §§ 3, 5 Abs. 2 Nr. 1 UWG (*Ohly/Sosnitza* UWG § 5 Rn. 281; *Köhler/Bornkamm/Feddersen* § 5 Rn. 0.106 und 2.101). Dass ein Lizenzvertrag, der in seiner Durchführung zu einer erheblichen Täuschung der Abnehmer über die Herkunft und besondere Güte der Ware führt, gegen § 134 und/oder § 138 BGB verstößt und deshalb nichtig ist (*Ingerl/Rohnke* § 30 Rn. 135), wird nur in Ausnahmefällen in Betracht kommen. Da nach der Grundentscheidung des Markengesetzes die Marke losgelöst vom Geschäftsbetrieb übertragen oder lizensiert werden kann, ist die mit der Lizenzerteilung einhergehende Gefahr der Irreführung des Verkehrs grundsätzlich hinzunehmen (vgl. zur namensrechtlichen Gestattung BGH GRUR 2002, 703 (704 f.) aE – VOSSIUS & PARTNER; EuGH GRUR 2006, 416 Rn. 48 ff. – ELIZABETH EMMANUEL; *Ingerl/Rohnke* § 27 Rn. 17 und § 30 Rn. 131 ff.; *Köhler/Bornkamm/Feddersen* UWG § 5 Rn. 2.99).

Im Einzelfall kann es sich als zweckmäßig erweisen, die Art der durchzuführenden Qualitätskontrollen und deren Häufigkeit im Lizenzvertrag genau festzulegen. So kann es sich je nach Produkt empfehlen, den Qualitätsstandard, dem die Produkte des Lizenznehmers entsprechen müssen, sowie die Methoden zu seiner Ermittlung im Vertrag oder in einem Anhang genau festzulegen. Je nach Produkt kann es auch erforderlich sein, objektive Qualitätskriterien für die vom Lizenznehmer bei der Herstellung der Produkte zu verwendenden Ausgangsstoffe zu normieren. Schließlich sind Fälle denkbar, in denen zur Gewährleistung einer einheitlichen Qualität eine Verpflichtung des Lizenznehmers im Vertrag vorzusehen ist, bestimmte Ausgangsstoffe beim Lizenzgeber zu beziehen. Im Allgemeinen dürfte jedoch die generell gehaltene Klausel des Formulars ausreichen.

Die Verpflichtung des Lizenznehmers zur Einhaltung bestimmter Qualitäten und die Befugnis des Lizenzgebers zur Qualitätskontrolle sind kartellrechtlich zulässig, denn es handelt sich um Maßnahmen zur Sicherung des zum Bestand der Marke gehörenden Interesses des Lizenzgebers an der Einhaltung der Qualität, dh um eine Maßnahme, mit der eine wesentliche Markenfunktion sichergestellt werden soll. Derartige Abreden sind vom Kartellverbot des Art. 101 Abs. 1 AEUV nicht erfasst (EuGH GRUR Int. 1994, 614 (616 f.) – Ideal Standard II; OLG Frankfurt a. M. WRP 2013, 1662 (1664) – Kalksteinprodukte; Kommission GRUR Int. 1990, 626 – Moosehead/Whitbread; *Ströbele/Hacker/Thiering* § 30 Rn. 128). Selbst die vorstehend genannten weitergehenden Bezugsbindungen des Lizenznehmers für Ausgangsprodukte sind dann kartellrechtlich zulässig, wenn sie im Hinblick auf eine gleich bleibende Warenqualität erforderlich sind (Kommission GRUR Int. 1990, 626 – Moosehead/Whitbread; *Ströbele/Hacker/Thiering* § 30 Rn. 138; *Niebel* in Fezer, Handbuch der Markenpraxis, II 1 C Rn. 200). Werden Ausgangsstoffe verwendet, deren Zusammensetzung für das herzustellende Produkt charakteristisch ist und ein Geschäftsgeheimnis des Lizenzgebers darstellt, so ist dieser nicht verpflichtet, im Rahmen eines Markenlizenzvertrages dem Lizenznehmer dieses Geschäftsgeheimnis zu offenbaren, um ihm die Herstellung der Produkte zu ermöglichen. Er kann stattdessen für den charakteristischen und geheimen Ausgangsstoff eine Bezugsverpflichtung begründen.

10. Art der Benutzung von Marke und Aufmachung, Lizenzvermerk. Die Verpflichtung des Lizenznehmers, die Wort-Bild-Marke und die Bildmarke nur in der eingetragenen und nicht in einer abgewandelten Form zu benutzen, dient nicht nur dem Marketing-Interesse des Lizenzgebers an einem einheitlichen Erscheinungsbild der Produkte sowie seiner Corporate Identity, sondern insbesondere auch der Stärkung der Marken. Die Nutzung der Marken in der eingetragenen Form durch den Lizenznehmer bedeutet zudem eine rechtserhaltende Nutzung durch den Lizenzgeber selbst (§ 26 Abs. 2 MarkenG). Um ggf. die (intensive) rechtserhaltende Nutzung seiner Marke zu belegen, kann der Lizenzgeber im Vertrag vorsehen, dass der Lizenznehmer ihm geeignete Belege über die Markennutzung übergibt sowie Umsätze, Stückzahlen bzw. Werbeaufwendungen kommuniziert.

Die Erteilung einer Lizenz für eine rein firmenmäßige, nicht konkret produktbezogene Nutzung ist nicht möglich (*Ingerl/Rohnke* § 30 Rn. 22). Die Verwendung als Bestandteil einer Firma kann im Einzelfall tauglicher Gegenstand einer Lizenz sein, wenn das Zeichen in der verwendeten Gestaltung auf die konkret angebotenen Waren oder Dienstleistungen bezogen wird (vgl. BGH GRUR 2008, 616 – AKZENTA). Da die Verwendung der Marken durch den Lizenznehmer auch als Bestandteil seiner Firma oder in sonstiger Weise zur Kennzeichnung seines Unternehmens dazu führen könnte, dass Produkte mit den Marken in Zusammenhang gebracht werden, auf deren Qualität der Lizenzgeber keinen Einfluss nehmen kann oder mit denen er aus anderen Gründen nicht assoziiert werden möchte, sollte dem Lizenznehmer eine derartige Benutzung untersagt werden. Im Einzelfall kann es sich empfehlen, den Lizenznehmer zu verpflichten, für jede Art der Verwendung der Marken, also auch beispielsweise in der Werbung und nicht nur für die Verwendung auf der Packung, die Genehmigung des Lizenzgebers einzuholen. Eine derartige Regelung ist vielfach jedoch zu schwerfällig, selbst wenn – wie im Formular vorgesehen – die Genehmigung mangels Widerspruchs innerhalb einer bestimmten Frist als erteilt gilt.

Verpflichtungen zur Anbringung eines Lizenzvermerks auf den Lizenzprodukten sind kartellrechtlich unbedenklich, da sie durch den Ausschließlichkeitsanspruch des Markeninhabers gerechtfertigt sind und somit zum spezifischen Gegenstand der Marke gehören (vgl. EuGH Slg. 1986, 611 Rn. 72 – Windsurfing; *Kreutzmann* WRP 2006, 453 (454); *Immenga/Mestmäcker,* Wettbewerbsrecht, Bd. 1 Teil 2, Einl. TT-GVO Rn. 78). Dies kommt auch in den Leitlinien der Kommission zur TT-GVO (Rn. 183, ABl. 2014 C 89, S. 3) zum Ausdruck, wo es heißt, dass die Verpflichtung zur Verwendung des Markenzeichens oder namens des Lizenzgebers auf dem Produkt im Allgemeinen keine Wettbewerbsbeschränkung iSv Art. 101 Abs. 1 AEUV darstellt.

11. Gewährleistung und Haftung. Da sich die Berechtigung des Lizenzgebers an der Marke zwar aus dem Register ergibt (vgl. § 27 MarkenG), das Register aber nur eine Vermutungswirkung hat, sollte der Lizenzgeber im Interesse des Lizenznehmers gewährleisten, dass die Marken in Kraft sind und er auch Inhaber der Marken ist. Aus Sicht des Lizenznehmers empfiehlt sich darüber hinaus eine Haftung dafür, dass die Marken nicht mit Rechten Dritter belastet sind. Auch sollte eine Vereinbarung getroffen werden, dass der Lizenzgeber nicht befugt ist, dingliche Rechte zu bestellen. Soweit es die Zwangsvollstreckung in die Marken anbelangt, liegt diese nicht in der Disposition der Parteien. Es kann insoweit daher nur eine frühzeitige Unterrichtung des Lizenznehmers gefordert werden.

Wird der Lizenznehmer durch den Lizenzvertrag verpflichtet, die Produkte nach den Spezifikationen des Lizenzgebers herzustellen, so entspricht es im Allgemeinen der Billigkeit, den Lizenzgeber dafür garantieren zu lassen, dass sich bei Verwendung eben dieser Spezifikationen fehlerfreie Produkte herstellen lassen. Dies gilt insbesondere dann, wenn es sich nicht um Neuentwicklungen handelt, sondern um Produkte, die schon seit geraumer Zeit vom Lizenzgeber hergestellt werden.

Bei Lizenzverträgen mit Auslandsberührung ist es hingegen anders als bei reinen Inlandsverträgen nicht gerechtfertigt, den Lizenzgeber dafür garantieren zu lassen, dass ein Vertrieb der Produkte im Gebiet des Lizenznehmers nach den dort geltenden Vorschriften zulässig ist. Diese Frage lässt sich einfacher durch den Lizenznehmer klären. Kann eine Klärung erst nach Unterzeichnung des Vertrages erfolgen, beispielsweise weil die Kenntnis der Produktzusammensetzung hierfür erforderlich ist und erst nach Vertragsunterzeichnung vermittelt wird, so sollte vertraglich vorgesehen werden, unter welchen Voraussetzungen der Lizenznehmer vom Vertrag zurücktreten kann, beispielsweise ob ein Rücktrittsrecht besteht, wenn der Vertrag sich auf mehrere Produkte bezieht, von denen nur eines oder wenige nicht marktfähig sind.

Weitere Fragen stellen sich im Hinblick auf die Produkthaftung. Bei der Herstellung eines Produktes in Lizenz ist jedenfalls der Lizenznehmer als derjenige, der das Produkt in den Verkehr bringt, tatsächlicher Hersteller im Sinne von § 4 Abs. 1 S. 1 ProdHaftG. Nach § 4 Abs. 1 S. 2 ProdHaftG gilt als Hersteller aber auch derjenige, der sich durch Anbringen oder Veranlassung des Anbringens seiner Marke auf der Produktverpackung als Hersteller ausgibt (OLG Düsseldorf NJW-RR 2001, 458). Deshalb kommt der Lizenzgeber als sog. Quasi-Hersteller ausnahmsweise dann in Betracht, wenn der Lizenznehmer, dh der tatsächliche Hersteller, nach außen nicht erkennbar in Erscheinung tritt und der Lizenzgeber durch Anbringung seines Zeichens die Sicherheitserwartungen der Verbraucher (auch) auf sich lenkt (Palandt/*Sprau* ProdHaftG § 4 Rn. 6). Diese Voraussetzung dürfte zB in Fällen der Lizenzfertigung von Waren im Ausland gegeben sein, die im Inland unter der Marke des hier ansässigen Unternehmens vertrieben werden. In derartigen Fällen könnten tatsächlicher Hersteller (dh Lizenznehmer) und Quasi-Hersteller (dh Lizenzgeber) nebeneinander haftbar sein. In dem im Formular unterstellten Sachverhalt, in dem der Lizenzgeber mit der Herstellung des unter seiner Marke vertriebenen Produktes nichts zu tun hat und außerdem ein Lizenzvermerk verwendet wird, ist es nicht gerechtfertigt, den Lizenzgeber als Quasi-Hersteller haften zu lassen (so die hM, Palandt/*Sprau* ProdHaftG § 4 Rn. 6; *Fammler* in Fezer, Handbuch der Markenpraxis, II 1 B Rn. 106; vgl. auch OLG Stuttgart ZMR 2010, 307). Da die Produkthaftungsregelung im Interesse des Verbraucherschutzes weit auszulegen ist, und es genügen kann, wenn ein Vertrieb unter erkennbarer Billigung des Markeninhabers erfolgt (BGH NJW 2005, 2695), ist es sinnvoll, zur Klarstellung vorzusehen, dass jedenfalls im Innenverhältnis der Lizenznehmer die Produkthaftung für Mängel trägt, die auf seine fehlerhafte Herstellung zurückzuführen sind (*Hölzlwimmer* S. 157 f.). Anderes soll gelten für den Fall der Handelsmarke, da der Verkehr hier gerade nicht davon ausgeht, dass mit der Marke auch auf einen bestimmten Hersteller hingewiesen werden soll (*Hamdan/Günes* in jurisPK-BGB, 8. Auflage 2017, ProdHaftG § 4 Rn. 18). Lizenzverträge über Handelsmarken sind jedoch in der Praxis sehr selten. Ohne gleichzeitige Know-How-Lizensierung wird häufig auch eine umfassende Freistellung des Lizenzgebers von etwaigen Produkthaftungsansprüchen vereinbart.

Wird die lizensierte Marke nach Abschluss des Lizenzvertrages wegen eines absoluten oder relativen Schutzhindernisses oder aus anderen Gründen für verfallen bzw. für nichtig erklärt und gelöscht, stellt sich ebenfalls die Frage nach der Haftung des Lizenzgebers. Dasselbe gilt, wenn an der Marke bereits Lizenzen an Dritte vergeben wurden und diese dem Lizenznehmer gemäß § 30 Abs. 5 MarkenG entgegengesetzt werden und die vertraglich vereinbarte Nutzung der Marke somit beinträchtigen können. Es empfiehlt sich, die Folgen derartiger Leistungsstörungen, insbesondere die Frage der Haftung und Gewährleistung für die lizenzierten Marken und für die Tauglichkeit und Brauchbarkeit des überlassenen Know-Hows für den vertraglichen Nutzungszweck im Lizenzvertrag zu regeln. Fehlen ausdrückliche Regelungen, ist im Wege der Auslegung zu ermitteln, ob es stillschweigende Abreden gibt, anderenfalls gelten für Leistungsstörungen die gesetzlichen Regelungen des BGB (*Ingerl/Rohnke* § 30 Rn. 59 f.; vgl. BGH Urt. v. 10.5.2011 – X ZR

156/10, juris). Dabei soll nach einer Auffassung für Lizenzen die kaufrechtliche Sach- und Rechtsmängelgewährleistung greifen, denn diese gelte nach § 453 BGB auch für den Rechtskauf, dem der reine Lizenzvertrag zumindest ähnlich sei (*Haedicke,* Die Gewährleistungshaftung bei Patentveräußerungs- und Patentlizenzverträgen und das neue Schuldrecht, GRUR 2004, 123). Nach anderer verbreiteter Ansicht ist auf die Lizenzgebergewährleistung über Pachtrecht die mietvertragliche Gewährleistung anzuwenden, also §§ 581 Abs. 2, 536, 536a BGB, so dass der Lizenzgeber für den Bestand der lizensierten Rechte verschuldensunabhängig haftet (*Ströbele/Hacker/Thiering* § 30 Rn. 64; *Ekey/Bender/Fuchs-Wissemann* § 30 Rn. 20 ff.; *Fammler* in Fezer, Handbuch der Markenpraxis, II 1 B Rn. 109 f.). Eine weitere Meinung zieht das allgemeine Leistungsstörungsrecht heran (§§ 275, 280 ff., 311a, 323 BGB) mit unterschiedlicher Betonung des Kündigungsrechts aus wichtigem Grund nach § 314 BGB und der Vertragsanpassung nach § 313 BGB. Dafür wird angeführt, dass dies dem Charakter des Lizenzvertrags als einem nicht typisierten Vertrag dogmatisch gerecht werde und zugleich die differenzierten Lösungen der bisherigen Rechtsprechung über §§ 313, 314 BGB weiterhin anwendbar blieben (*Brandi-Dohrn* in Röhricht/Graf von Westphalen/Haas, HGB, Lizenzverträge, Kap. VI Rn. 301).

In der Praxis wird zur Regelung der Gewährleistung häufig vereinbart, dass der Lizenzgeber für Rechts- und Sachmängel, insbesondere Unabhängigkeit, Nichtbestehen von Vorbenutzungsrechten und Rechtsbeständigkeit nicht einsteht, jedoch versichert, dass ihm entgegenstehende Rechte Dritter nicht bekannt sind. Es erscheint jedoch nicht sinnvoll, wenn der Lizenzgeber irgendwelche Zusicherungen dahingehend übernimmt, dass die lizenzierten Marken keine Rechte Dritter verletzen. Er sollte nicht einmal die eingeschränkte Zusicherung übernehmen, dass ihm keine derartigen Rechte bekannt sind. Deshalb wird in dem Formular auch keine Zusicherung gegeben, dass die Nutzung der Vertragsmarken keine Rechte Dritter verletzt. Sowohl der Lizenzgeber als auch der Lizenznehmer sind in der Lage, nach entgegenstehenden Rechten zu recherchieren. Häufig werden bei derartigen Recherchen ältere Kollisionsmarken ermittelt, bei denen es zweifelhaft sein bzw. von den Vertragsparteien unterschiedlich beurteilt werden kann, ob sie letztlich von den Gerichten als mit den lizenzierten Marken verwechslungsfähig angesehen werden. Die Zusicherung des Lizenzgebers, ihm seien keine entgegenstehenden Rechte Dritter bekannt, erweist sich als objektiv falsch, wenn eine von ihm zwar ermittelte, aber nach sorgfältiger Prüfung für nicht verwechslungsfähig gehaltene Marke später doch von den Gerichten als verwechslungsfähig angesehen werden sollte. Der Lizenzgeber sollte allerdings verpflichtet werden, dem Lizenznehmer alle vorhandenen Informationen über Vorrechtserklärungen und Abgrenzungsvereinbarungen mit Dritten zu überlassen, um dem Lizenznehmer eine eigene Risikoabschätzung sowie eine Beurteilung etwaiger Einschränkungen des Schutzumfangs des lizenzierten Zeichens zu ermöglichen. Eine weitere Risikoverteilung kann bei der Regelung der Folgen eines für den Lizenznehmer negativen Ausgangs einer Auseinandersetzung mit einem Dritten erfolgen (→ Anm. 17).

Ein Haftungsausschluss für arglistig verschwiegene Mängel der lizensierten Marke ist in jedem Fall unwirksam (*Fammler* in Fezer, Handbuch der Markenpraxis, II 1 B Rn. 111). Eine Anfechtung des Lizenzvertrages wegen Irrtums ist grundsätzlich denkbar, allerdings stellt der Irrtum über die Chancen der Verwertbarkeit der Lizenz einen unbeachtlichen Motivirrtum dar. Hat der Lizenzgeber wesentliche Tatsachen falsch dargestellt oder verschwiegen, kommt auch eine Anfechtung des Lizenzvertrages wegen arglistiger Täuschung in Betracht, beispielsweise wenn auf eine bestehende Markeneintragung hingewiesen wurde, obwohl lediglich eine Markenanmeldung erfolgt ist (*Ingerl/Rohnke* § 30 Rn. 76).

12. Lizenzgebühr. Die Bemessung und Höhe der vom Lizenznehmer zu entrichtenden Lizenzgebühren kann frei vereinbart werden. Lizenzgebühren kommen in Form von Pauschalzahlungen (Einmalzahlungen, Ratenzahlungen), selten als Gewinnlizenz (Gewinnbeteiligung), als Stücklizenzen (ein bestimmter, vom Abgabepreis unabhängiger Betrag pro Stück der abgesetzten Produkte) und Umsatzlizenzen (ein bestimmter Vomhundertsatz des erzielten Umsatzes) in Betracht. In der Praxis kommt die Stück- oder Umsatzlizenz am häufigsten zum Einsatz. Häufig finden sich auch Kombinationen, beispielsweise in Form einer Einmalzahlung zu Vertragsbeginn und einer nach Stückzahl oder Umsatz zu berechnenden laufenden Lizenzgebühr. Die Lizenzgebühr kann nach dem (jährlich) erreichten Umsatz gestaffelt werden, es können Mindestgebühren und auch Höchstsätze festgelegt werden. Jede der genannten Methoden und auch jede Kombination davon kann sich im Einzelfall als zweckmäßig und angemessen erweisen.

Vom Nutzungsumfang unabhängige Pauschallizenzzahlungen kommen in der Praxis bei vergleichsweisen Vereinbarungen vor (zB zur Beendigung einer markenrechtlichen Auseinandersetzung). Im Übrigen sollten Pauschalzahlungen zu Beginn des Vertrages dann vereinbart werden, wenn dem Lizenznehmer Know-how zur Verfügung gestellt wird, weil sich das im Formular vorgesehene Verbot einer Herstellung nach Vertragsbeendigung häufig nur schwer oder bei Bekanntwerden des Know-how überhaupt nicht mehr durchsetzen lässt. Die im Formular vorgeschlagene Umsatzlizenz verteilt im Allgemeinen das Risiko von Erfolg oder Misserfolg angemessen auf beide Parteien. Eine umsatzbezogene Gebühr ohne (zB jährliche) Mindestlizenzgebühren kommt bei einer ausschließlichen Lizenz aber nur dann in Betracht, wenn der Lizenzgeber die Möglichkeit erhält, bei nicht zufriedenstellenden Umsätzen den Vertrag zu kündigen oder die ausschließliche Lizenz in eine einfache Lizenz umzuwandeln. Mindestlizenzgebühren, die kartellrechtlich unbedenklich sind (*Niebel* in Fezer, Handbuch der Markenpraxis, II 1 C Rn. 200; vgl. auch Rn. 183 der Leitlinien der Kommission zur TT-GVO, ABl. 2014 C 89, S. 3, wonach die Zahlung von Mindestgebühren im Allgemeinen keine Wettbewerbsbeschränkung iSv Art. 101 Abs. 1 AEUV darstellt), sind für den Lizenzgeber immer reizvoll, können für den Lizenznehmer aber gefährlich werden, wenn sich seine Gewinnerwartungen nicht realisieren lassen. Stücklizenzen können sich – insbesondere bei längeren Laufzeiten – bei Geldwertänderungen als problematisch erweisen. Wurde eine Stücklizenzgebühr zugrunde gelegt und hat der Lizenznehmer wider Erwarten eine sehr hohe Stückzahl abgesetzt, so dass er folglich auch eine deutlich höhere Lizenzgebühr als erwartet zahlen muss, kann er dennoch keine Anpassung des Lizenzvertrages nach den Grundsätzen der Störung der Geschäftsgrundlage verlangen. Dieses Risiko geht zu seinen Lasten (BGH GRUR 2009, 1162 – DAX; *Fammler* in Fezer, Handbuch der Markenpraxis, II 1 B Rn. 111a).

Bei Wahl der Umsatzlizenz muss die Berechnungsgrundlage genau definiert werden. Ausgegangen wird im Allgemeinen vom Rechnungspreis, und es wird genau definiert, welche Abzüge oder Zuschläge zu machen sind. In manchen Fällen kann es sich als zweckmäßig erweisen, den Abgabepreis an eine bestimmte Abnehmergruppe auch der Lizenzgebührenberechnung für Lieferungen an andere Abnehmergruppen zugrunde zu legen, zB wenn die Produkte vom Lizenznehmer direkt und gleichzeitig über mit ihm verbundene Unternehmen vertrieben werden. In derartigen Fällen ist es angebracht, nur den Abgabepreis, der unabhängigen Dritten in Rechnung gestellt wird, als Basis für die Lizenzgebühr zu nehmen. Erfolgt der Vertrieb nur über mit dem Lizenznehmer verbundene Unternehmen, ist deren Abgabepreis zugrunde zu legen oder es sollte eine andere Berechnungsmethode (zB Stücklizenz) gewählt werden. Gegebenenfalls sind bei der Berechnung der Bemessungsgrundlage auch handelsübliche Nachlässe (zB Mengenrabatte) zu berücksichtigen (*Ingerl/Rohnke* § 30 Rn. 66; *Ströbele/Hacker/Thiering* § 30 Rn. 66).

Geregelt werden muss ferner die Frage, zu welchem Zeitpunkt der Anspruch auf Lizenzgebühr entsteht. In Betracht kommen bei der Umsatzlizenz der Zeitpunkt der Auslieferung, der Rechnungsstellung oder des Zahlungseingangs. Im Allgemeinen wird auf die Auslieferung abgestellt und damit das Risiko des Zahlungseingangs dem Lizenznehmer auferlegt.

Die Verweigerung der Abnahme der Ware durch Kunden des Lizenznehmers, Retouren, Rückabwicklungen des lizenzpflichtigen Umsatzgeschäfts oder gar das Ausbleiben der Kaufpreiszahlung sollen grundsätzlich ohne Einfluss auf die Lizenzgebührenverpflichtung sein (BGH GRUR 1998, 561 (562) – Umsatzlizenz; *Ströbele/Hacker/Thiering* § 30 Rn. 66). Denn derartige Ereignisse liegen im Allgemeinen im Verantwortungsbereich des Lizenznehmers (Produktmängel). Werden Produkte aus Kulanz oder wegen Zahlungsunfähigkeit des Kunden zurückgenommen, so können sie nochmals ausgeliefert werden, wodurch dann allerdings keine neue Lizenzgebührenpflicht begründet werden darf.

Die konkrete Höhe der Lizenzgebühr hängt von vielen Faktoren ab, ua der wirtschaftlichen Bedeutung und Bekanntheit der lizensierten Marke, der Art der Lizenzprodukte, der Branche und ihren Gepflogenheiten. Je größer der in der Marke verkörperte Wert ausfällt, desto höher ist auch der Prozentsatz bzw. Stücklizenzbetrag anzusiedeln. In der Praxis liegen umsatzbezogene Markenlizenzgebühren im Bereich von 1 % bis 5 %, in Einzelfällen, insbesondere bei Luxusmarken, auch höher.

13. Zahlungsmodalitäten, Buchführung und Prüfung. Ohne vertragliche Regelungen kann der Lizenzgeber Rechnungslegung und Rechenschaft lediglich in begrenztem Umfang über §§ 242, 259 BGB verlangen. Dies ist in der Praxis unzureichend. Gerade dann, wenn die Lizenzgebühren nach dem Umsatz bemessen werden, empfiehlt sich eine ausführliche Regelung der Zahlungsmodalitäten (ua Fälligkeit) sowie der Buchführung und Abrechnung. Welche Abrechnungszeiträume gewählt werden sollten, hängt vom jeweiligen Produkt ab. Die Abrechnung muss so detailliert sein, dass ihr sämtliche für die Abrechnung der Lizenzgebühren notwendigen Umstände entnommen werden können. Je detaillierter die Angaben sind, desto einfacher gestaltet sich für den Lizenzgeber die Möglichkeit der Nachprüfung auch ohne Einsichtnahme in die Bücher des Lizenznehmers. Bei dem Lizenznehmer andererseits bringt die Verpflichtung zu einer allzu detaillierten Abrechnung nicht nur einen häufig erheblichen Verwaltungsaufwand, sondern gleichzeitig die Gefahr, dass dem Lizenzgeber Informationen, beispielsweise über den Kundenkreis des Lizenznehmers, zugänglich werden, die er – jedenfalls nach Vertragsbeendigung – zum eigenen Nutzen und zum Schaden des Lizenznehmers verwenden könnte.

Der Lizenzgeber muss das Recht haben, die Abrechnungen anhand der Bücher des Lizenznehmers zu überprüfen. Wegen des vorstehend genannten Geheimhaltungsinteresses des Lizenznehmers sollte vorgesehen werden, dass nur ein auch dem Lizenzgeber gegenüber zur Verschwiegenheit verpflichteter Buchprüfer die Abrechnungen überprüfen kann. Wenn der Lizenznehmer bei Vertragsbeendigung vorhandene Produkte noch verkaufen darf, muss sich die Prüfungsmöglichkeit auch auf einen gewissen Zeitraum nach Vertragsbeendigung erstrecken.

Die im Formular vorgesehene Verteilung der Kosten je nach dem Ergebnis der durchgeführten Prüfung findet sich in der Praxis häufig und erscheint angemessen.

14. Steuern. Lizenzgebühren sind selbstverständlich steuerpflichtig. Bei Lizenzverträgen bzw. Sachverhalten ohne Auslandsbezug unterscheidet sich die steuerliche Behandlung der Einnahmen aus Lizenzgebühren nicht wesentlich von derjenigen bei anderen Einkünften und Leistungen. Hier kommen in erster Linie Regelungen des Umsatzsteuerrechts und Ertragssteuerrechts (Einkommensteuer, Körperschaftsteuer) zum Tragen. Der Ertrag aus dem Markenlizenzvertrag, dh die Vergütung für die Einräumung des Nutzungsrechts an der Marke, wird dem laufenden Gewinn des Lizenzgebers zugerechnet und ist von diesem zu versteuern (FG Baden-Württemberg Urt. v. 23.10.2009 – 11 K 4251/08; vgl. auch BFH Beschl. v. 15.6.2011 – IV B 143/09). Ist der Lizenzgeber körperschaftsteuerpflichtig, unterliegen die Einkünfte aus dem Lizenzvertrag der Gewerbesteuer, der Körperschaftsteuer und dem Solidaritätszuschlag. Üblicherweise wird vereinbart, dass der Lizenznehmer die auf die Lizenzgebühren anfallende Umsatzsteuer trägt. Die Zahlung der Lizenzgebühren kann der Lizenznehmer als gewinnmindernden Aufwand berücksichtigen (Betriebsausgaben). Für Lizenzgeber, die eine inländische Betriebsstätte iSv § 12 AO bzw. im Sinne des jeweils anwendbaren Doppelbesteuerungsabkommens unterhalten, gilt die Gewerbesteuerpflicht, dh beim Lizenzgeber ist die Einnahme von Lizenzgebühren ein steuerpflichtiger Gewerbeertrag (*Fammler* in Fezer, Handbuch der Markenpraxis, II 1 B Rn. 131; näher zu einkommen- und gewerbesteuerlichen Implikationen *Sinewe/Frase* in Stöckel, Handbuch Marken- und Designrecht, Teil 7 B).

Wird die Marke als abnutzbarer immaterieller Vermögensgegenstand bilanziert, liegt die bilanzielle Nutzungsdauer in Anlehnung an § 7 Abs. 1 S. 3 EStG (Geschäfts- oder Firmenwert) grundsätzlich bei 15 Jahren, sofern nicht der Steuerpflichtige eine kürzere Nutzungsdauer nachweist (vgl. BMF v. 12.7.1999, BStBl. I S. 686; *Fammler* in Fezer, Handbuch der Markenpraxis, II D Rn. 279; aA mit wohl zutreffender Begründung BFH Beschl. v. 4.9.1996 – II B 135/95, BStBl. II 1996 S. 586 (587), wonach es für die Frage der Nutzungsdauer sowie der Abnutzung des Wirtschaftsguts vielmehr darauf ankommt, ob im Einzelfall das Warenzeichen dem Betrieb für die (voraussichtliche) gesamte Dauer seines Bestehens erhalten bleibt.).

Umsatzsteuerlich ist die Einräumung von Lizenzen eine sonstige Leistung iSd §§ 3 Abs. 9, 3a Abs. 4 S. 2 Nr. 1 UStG (vgl. *Sölch/Ringleb,* UStG, UStG § 3 Rn. 204 ff.; näher zu den umsatzsteuerrechtlichen Implikationen *Sinewe/Frase* in Stöckel, Handbuch Marken- und Designrecht, Teil 7 C). Leistungsort ist somit nach § 3a Abs. 3 UStG unter Beachtung der dort genannten Ausnahmen der Ort, an dem der Empfänger, dh im vorliegenden Fall der Lizenznehmer, sein Unternehmen betreibt.

Komplizierter und komplexer stellt sich die steuerliche Belastung der Lizenzgebühren bei Lizenzverträgen mit Auslandsberührung dar, also wenn entweder der Lizenzgeber oder der Lizenznehmer seinen Sitz im Ausland hat und grenzüberschreitende Lizenzgebühren entrichtet werden (ausführlich zu den steuerlichen Aspekten bei Lizenzverträgen mit internationalem Bezug *Fammler* in Fezer, Handbuch der Markenpraxis, II 1 D, insbes. Rn. 292 ff., zu den unterschiedlichen grenzüberschreitenden Fallkonstellationen Rn. 305 ff. und 338 ff.; *von Pannwitz* in Haase, Außensteuergesetz Doppelbesteuerungsabkommen, 3. Auflage 2016, unter Art. 12 MA II). Welche Steuern für den ausländischen Vertragspartner im Einzelnen entstehen, ist von Land zu Land verschieden. Gegebenenfalls sollte bei der Steuerplanung berücksichtigt werden, dass bestimmte Staaten Steuervergünstigungen vorsehen, etwa für die Einkünfte aus der Verwertung von immateriellen Schutzrechten (näher *Sinewe/Frase* in Stöckel, Handbuch Marken- und Designrecht, Teil 7 E). Die konkrete Ertragsbesteuerung hängt auch davon ab, ob Doppelbesteuerungsabkommen bestehen, die nach § 2 AO Vorrang vor den deutschen Steuergesetzen haben. Teilweise sind vom Lizenzgeber im Land des Lizenznehmers keine Steuern zu zahlen, in manchen Fällen sind zu zahlende Steuern vom Lizenznehmer einzubehalten und abzuführen. Nicht immer ist der Lizenzgeber berechtigt, im Land des Lizenznehmers gezahlte Steuern mit den im eigenen Land fällig werdenden Steuern zu verrechnen. Angesichts der von Land zu Land unterschiedlichen Vorschriften sind die Gestaltungsmöglichkeiten im Einzelfall zu prüfen, insbesondere auch, inwieweit es möglich ist, dass ein Vertragspartner an sich den anderen treffende Steuerlasten übernimmt, ohne dass sich dadurch eine Veränderung der Vergütung ergibt. Der aktuelle Stand der deutschen Doppelbesteuerungsabkommen und aktuellen Abkommensverhandlungen wird jeweils zu Beginn eines Jahres auf der Website des Bundesfinanzministeriums veröffentlich (Stand 1.1.2019 abrufbar unter https://www.bundesfinanzministerium.de/Content/DE/Downloads/BMF_Schreiben/Internationales_Steuerrecht/Allgemeine_Informationen/2019-01-17-stand-DBA-1-januar-2019.html; zu deutschen Doppelbesteuerungsabkommen vgl. *von Pannwitz* in Haase, Außensteuergesetz Doppelbesteuerungsabkommen, 3. Auflage 2016, MA Art. 12 II Rn. 177 ff.). Lizenzgebühren unterliegen nach § 50a Abs. 1 Nr. 3 EStG dem Steuerabzug mit einem Abzugssatz von 15 %. Für Zahlungen von Lizenzgebühren zwischen verbundenen Unternehmen verschiedener Mitgliedstaaten gilt § 50g EStG, der eine entsprechende Richtlinie des Rates vom 3.6.2003, in Kraft seit dem 1.1.2004, umsetzt. § 50g EStG sieht eine Entlastung vom Steuerabzug vor, indem auf Antrag die Kapitalertragssteuer für Lizenzgebühren innerhalb verbundener Unternehmen nicht erhoben wird (näher *Fammler* in Fezer, Handbuch der Markenpraxis, II 1 D Rn. 299; *von Pannwitz* in Haase, Außensteuergesetz Doppelbesteuerungsabkommen, 3. Auflage 2016, MA Art. 12 II Rn. 39 ff.).

Experten der Internationalen Organisation für wirtschaftliche Zusammenarbeit und Entwicklung (OECD), der auch Deutschland angehört, erarbeiten in unregelmäßigen Abständen Musterabkommen zur Regelung der Doppelbesteuerung bei grenzüberschreitenden Sachverhalten, die bei der Auslegung von tatsächlich abgeschlossenen Abkommen herangezogen werden können. Die letzte Überarbeitung in Gestalt des OECD-MA 2017 wurde am 18.12.2017 veröffentlicht. Das OECD-MA 2017 gilt gemäß Art. 1, Abs. 1, 2 für Personen, die in einem Vertragsstaat oder in beiden Vertragsstaaten ansässig sind und für Steuern vom Einkommen und vom Vermögen, die für Rechnung eines Vertragsstaates oder seiner Gebietskörperschaften erhoben werden. Nach Art. 12 Abs. 1 OECD-MA 2017 sind Lizenzgebühren grundsätzlich nur im Wohnsitzstaat des Lizenzgebers zu besteuern. Ausnahmen gelten bei Betriebsstätten und fester Einrichtung (s. Art. 12 Abs. 3 OECD-MA 2017). Grundsätzlich wird dabei eine Vergütung „für die Benutzung oder das Recht auf Benutzung gewerblicher, kaufmännischer oder wissenschaftlicher Ausrüstungen" nicht mehr vereinbart. Infolgedessen sehen Doppelbesteuerungsabkommen inzwischen häufig das Recht des Sitzstaates des Lizenznehmers vor, eine Quellenbesteuerung vorzunehmen (zur Quellenbesteuerung im Staat des Lizenznehmers siehe *von Pannwitz* in Haase, Außensteuergesetz Doppelbesteuerungsabkommen, 3. Auflage 2016, MA Art. 12 II Rn. 31 ff., 53 ff.).

Zur zollwertrechtlichen Behandlung von Lizenzabgaben vgl. *Fammler* in Fezer, Handbuch der Markenpraxis, II 1 D Rn. 353 ff.

15. Besonderheiten bei Überlassung geheimen Know-hows. In Markenlizenzverträgen wird häufig nicht nur festgelegt, dass die Produkte des Lizenznehmers, die unter der lizenzierten Marke hergestellt und vertrieben werden, gewissen Qualitätsanforderungen genügen müssen, vielmehr wird der Lizenznehmer vielfach durch Überlassung von technischen, kaufmännischen und/oder betriebswirtschaftlichen Kenntnissen und Erfahrungen des Lizenzgebers überhaupt erst in die Lage versetzt, die Herstellung bestimmter Produkte, die er dann unter der oder den Marken des Lizenzgebers vertreibt, aufzunehmen. Handelt es sich bei den überlassenen Informationen um Geheimwissen des Lizenzgebers, dh um Kenntnisse und Erfahrungen, die Dritten nicht zugänglich sind, so ist es im Interesse des Lizenzgebers erforderlich, dem Lizenznehmer gewisse Beschränkungen bezüglich der Verwendung dieser Kenntnisse aufzuerlegen.

Alle sich mit der Überlassung von Know-how befassenden Bestimmungen sind umso leichter handhabbar, je detaillierter und zweifelsfreier das den Gegenstand des Vertrages bildende Know-how definiert wird. Auch aus kartellrechtlichen Gründen ist es sinnvoll, das Know-how so eingehend wie möglich zu beschreiben, um ggf. zu überprüfen, ob es sich um geheimes und wesentliches Know-how handelt. Das Know-how ist geheim, wenn es nicht allgemein bekannt und nicht leicht zugänglich ist (vgl. Leitlinien der Kommission zur TT-GVO, ABl. 2014 C 89, S. 3, unter Rn. 45, 3.2.1. lit. a und c; zum früheren kartellrechtlichen Formzwang bei einem Patentlizenz-und Know-How-Vertrag nach § 34 aF vgl. BGH GRUR 1998, 838 ff. – Lizenz- und Beratungsvertrag; *Ann/Loschelder/Grosch*, Praxishandbuch Know-How-Schutz 2010, Kap. 5 C Rn. 43). Die Identifizierung des Know-hows kann in der Vereinbarung selbst erfolgen oder – wie im Formular bei den Begriffsbestimmungen vorgesehen – in einem gesonderten, als Anlage beizufügenden Dokument; sie kann auch in jeder anderen geeigneten Form erfolgen, sofern das spätestens zum Zeitpunkt der Übertragung des Know-hows oder kurz danach geschieht und das gesonderte Dokument oder der andere Datenträger im Bedarfsfall zugänglich gemacht werden kann. In manchen Fällen ist es jedoch unmöglich, das lizensierte Know-how detailliert schriftlich wiederzugeben, beispielsweise wenn es in praktischen Kenntnissen der Beschäftigten des Lizenzgebers besteht und diese geheime, wesentliche Kenntnisse über einen Herstellungsprozess durch Schulung von Personen des Lizenznehmers weitergeben. In solchen Fällen reicht es aus, wenn das Know-how in der Vereinbarung allgemein beschrieben wird und die Beschäftigten, die an der Weitergabe des Know-hows an den Lizenznehmer mitwirken, aufgeführt werden (vgl. Leitlinien der Kommission zur TT-GVO, ABl. 2014 C 89, S. 3, unter Rn. 45, 3.2.1. lit. c.

Zur Sicherung des Lizenzgebers ist eine Verpflichtung des Lizenznehmers zur Geheimhaltung des vermittelten Know-hows unumgänglich. Die Geheimhaltung lässt sich dabei nur absichern, wenn der Lizenznehmer seinen Mitarbeitern, die notwendigerweise Kenntnis der geheim zu haltenden Informationen erlangen, entsprechende Geheimhaltungsverpflichtungen insbesondere auch für die Zeit nach ihrem Ausscheiden auferlegt. Bei der Ausgestaltung dieser Bestimmungen ist darauf zu achten, dass die Grenze zu einem ohne entsprechende Entschädigung unwirksamen Wettbewerbsverbot nicht überschritten wird.

Gegen eine – ggf. auch nachvertragliche – Geheimhaltungsverpflichtung bestehen weder aus deutschen noch aus EU-kartellrechtlichen Gründen Bedenken, solange das Know-how nicht offenkundig ist (*Ann/Loschelder/Grosch,* Praxishandbuch Know-How-Schutz 2010, Kap. 5 C Rn. 72 sowie 148 ff. mwN; Kommission GRUR Int. 1987, 418 (420) – Mitchell Cotts/Sofiltra; *Sack* WRP 1999, 592 (615); Kommission GRUR Int. 1988, 505 (508) – Rich Products/Jus-rol). Die Beweislast dafür, dass das Know-how dem Lizenznehmer entweder bei Überlassung bereits bekannt war oder später (ohne Zutun des Lizenznehmers) offenkundig geworden ist und somit nicht (mehr) unter die Geheimhaltungsverpflichtung fällt, obliegt dem Lizenznehmer. Dennoch empfiehlt es sich uU, diese Beweislastverteilung ausdrücklich im Vertrag zu bestätigen. Aus Sicht des Lizenzgebers kann auch eine Beweislastumkehr sinnvoll sein, so dass der Lizenznehmer insbesondere nachzuweisen hat, dass er das überlassene Know-how nicht vertragswidrig weitergegeben hat (*Ann/Loschelder/Grosch,* Praxishandbuch Know-How-Schutz 2010, Kap. 5 C Rn. 74).

Der Lizenzgeber hat insbesondere bei Vereinbarung einer umsatzabhängigen Lizenzgebühr ein außerordentlich großes Interesse daran, dass der Lizenznehmer die zur Verfügung gestellten Kenntnisse nur für die Zwecke des Vertrages benutzt, dh die unter Verwendung der zur Verfügung gestellten Kenntnisse hergestellten Produkte ausschließlich unter der lizenzierten Marke und nicht in Konkurrenz dazu unter einer anderen Marke oder ungekennzeichnet vertreibt. Die einfachste Art der Sicherung des Lizenzgebers wäre ein dem Lizenznehmer auferlegtes generelles Wettbewerbsverbot für die Herstellung gleichartiger Waren. Ein derartiges Wettbewerbsverbot ist bei reinen Markenlizenzverträgen jedoch kartellrechtlich unzulässig. Sein Sinn besteht naturgemäß darin, den Wettbewerb zu beschränken, ohne dass dies durch den spezifischen Gegenstand des Markenrechts gerechtfertigt wäre. Eine (analoge) Anwendung von Art. 5 Abs. 1 lit. a der Vertikal-GVO, wonach Wettbewerbsverbote für die Dauer von höchstens fünf Jahren zulässig sind, kommt im Falle rein vertikaler Markenlizenzen zwischen Nichtwettbewerbern in Betracht. Hier dürfte ein entsprechendes Wettbewerbsverbot die Möglichkeit einer Einzelfreistellung voraussetzen. Nachvertragliche Wettbewerbsverbote können jedoch uU dann zulässig sein, wenn – wie hier – neben der Marke auch Know-how lizenziert wird, an dessen Schutz der Lizenzgeber über das Ende des Lizenzvertrages hinaus ein legitimes Interesse hat, etwa weil anderenfalls der Franchisenehmer das im Rahmen des Vertrages tatsächlich zur Verfügung gestellte Know-how mit einer neuen Marke weiterbenutzen könnte (*Kreutzmann* WRP 2006, 453 (455); vgl. für nachvertragliches Wettbewerbsverbot für die Dauer eines Jahres EuGH NJW 1986, 1415 (1416) – Pronuptia de Paris). Hingegen bestehen keine kartellrechtlichen Bedenken, dem Lizenznehmer die Verpflichtung aufzuerlegen, während der Dauer des Vertrages das zur Verfügung gestellte Wissen, solange es noch nicht offenkundig ist, nur für die Herstellung der mit der Marke versehenen Produkte zu verwenden (EG-Komm. GRUR Int. 1988, 505 (508); EG-Komm. ABl. 1990 L 100, S. 32). Da der Lizenznehmer dadurch nicht in der Verwertung seiner eigenen evtl. konkurrierenden Technologie beschränkt wird, ist es auch zulässig, ihm die Beweislast dafür aufzuerlegen, dass bei der Herstellung anderer Erzeugnisse von dem zur Verfügung gestellten Know-how kein Gebrauch gemacht wird (vgl. Art. 4 Abs. 1d) TT-GVO).

16. **Aufrechterhaltung und Verteidigung der Marken.** Die Aufrechterhaltung der Marken liegt in erster Linie im Interesse des Lizenzgebers, der deshalb auch die hierfür erforderlichen Kosten tragen sollte. Bei ausschließlichen Lizenzen ohne verbleibende Nutzungsrechte ist es jedoch auch vertretbar, die Kosten der Verlängerung des Schutzrechts dem Lizenznehmer aufzuerlegen.

Um zu verhindern, dass der Lizenznehmer gegen den Bestand der Marke vorgeht, etwa einen Antrag auf Erklärung des Verfalls und/oder der Nichtigkeit bzw. Löschungsantrag beim Markenamt stellt oder Verfalls- und/oder Nichtigkeitsklage erhebt, kann eine Nichtangriffsverpflichtung sinnvoll sein. Auf den ersten Blick mag man sich fragen, aus welchem Grunde der Lizenznehmer sich derartig verhalten sollte. Schließlich darf der Lizenzgeber unter dem Gesichtspunkt von Treu und Glauben vernünftigerweise erwarten, dass der eigene Lizenznehmer die Marke nicht angreift. Dessen Interesse, das lizensierte Schutzrecht durch eine Klage anzufechten, kann jedoch darin liegen, mit der Erklärung des Verfalls und/oder der Nichtigkeit der Marke auch die Pflicht zur Zahlung der Lizenzgebühr zu Fall zu bringen bzw. sich vom Lizenzvertrag ohne Einhaltung einer Kündigungsfrist lösen zu können (*Ingerl/Rohnke* § 30 Rn. 73). Allerdings wirft die potentiell wettbewerbsbeschränkende Vereinbarung einer Nichtangriffsverpflichtung kartellrechtliche Fragen auf (*Ingerl/Rohnke* § 30 Rn. 122; *Ströbele/Hacker/Thiering* § 30 Rn. 142). Sie fällt uU unter das Kartellverbot des Art. 101 Abs. 1 AEUV. Nichtangriffsabreden in Markenlizenzen hat die Kommission unter Spürbarkeitsgesichtspunkten dann als verboten angesehen, wenn die Marke erhebliche Wettbewerbsvorteile bringt oder das Fehlen der Marke eine erhebliche Marktzutrittsschranke darstellt (Kommission GRUR-Int. 1990, 626 (628) – Moosehead/Whitbread, zur Freistellung von Nichtangriffsklauseln nach der TT-GVO vgl. Rn. 133–135 der Leitlinien der Kommission zur TT-GVO, ABl. 2014 C 89, S. 3; zur Zulässigkeit von Nichtangriffsabreden in markenrechtlichen Abgrenzungsvereinbarungen siehe OLG Düsseldorf GRUR-RS 2015, 04601 – kartellrechtliche Abgrenzungsvereinbarung). In einem solchen Fall ist zu erwägen, anstelle einer Nichtangriffsverpflichtung ein Sonderkündigungsrecht des Lizenzgebers vorzusehen (siehe *Fammler* in Fezer, Handbuch der Markenpraxis, II 1 B Rn. 145), welches dann entsprechend im Formular zu ergänzen wäre. Zu den Nebenpflichten des Marken-Lizenzgebers *Traumann* GRUR 2008, 470 ff.

17. **Verletzung der Marken durch Dritte.** Nach § 30 Abs. 3 S. 1 MarkenG kann der Lizenznehmer einer einfachen Lizenz nur mit Zustimmung des Lizenzgebers Verletzungsklage erheben. Das Zustimmungserfordernis gilt nach der Rechtsprechung über den Wortlaut der Vorschrift hinaus entsprechend bereits für vorprozessuale Abmahnungen (OLG Hamburg MarkenR 2006, 55 – Mobilegames) und für Verfalls- und Nichtigkeitsklagen (so zur alten Rechtslage der Löschungsklagen BGH GRUR 1999, 161 (163) – MAC DOG; OLG Köln WRP 2009, 1290 – AQUA CLEAN KOI; *Ströbele/Hacker/Thiering* § 30 Rn. 94); es muss gleichermaßen auch für Maßnahmen des einstweiligen Rechtsschutzes gelten. Nach dem neu eingefügten § 30 Abs. 3 S. 2 MarkenG steht nun dem ausschließlichen Lizenznehmer zumindest dann das Recht zu, eine Verletzungsklage zu erheben, wenn der Inhaber der Marke nach förmlicher Aufforderung nicht selbst innerhalb einer angemessenen Frist eine solche erhoben hat. Auch im Unionsmarkenrecht

regelt Art. 25 Abs. 3 S. 2 UMV, dass der Lizenznehmer einer Unionsmarke unbeschadet der vertraglichen Bestimmungen ein Verletzungsverfahren nur mit Zustimmung des Markeninhabers geltend machen kann, sowie dass der Inhaber einer ausschließlichen Lizenz gleichwohl auch ohne Zustimmung des Markeninhabers selbst klagen kann, sofern letzterer der Aufforderung zur Klage nicht binnen angemessener Frist nachgekommen ist. Dabei wird das Klagerecht des ausschließlichen Lizenznehmers als Berechtigung zu einer Art Ersatzvornahme bewertet (*Ströbele/Hacker/Thiering* § 30 Rn. 158). Im deutschen Markenrecht verbleiben materiell-rechtlich betrachtet alle markenrechtlichen Ansprüche gegen Dritte, die das Markenrecht verletzen, beim Lizenzgeber; der Lizenznehmer hat keinen eigenen Schadensersatzanspruch (BGH GRUR 2008, 614 (615) – ACERBON; BGH GRUR 2007, 877 (879 f.) – Windsor Estate; aA LG Köln Urt. v. 8.4.2009 – 84 O 189/08, juris; differenzierend *Petry/Schilling*, Der Schadensersatzanspruch des Lizenznehmers im Markenrecht, WRP 2009, 1197 ff.; kritisch *Ingerl/Rohnke* § 30 Rn. 96 und *Fezer* MarkenG § 30 Rn. 35, 38). Die gesetzliche Regelung kann zu der zwischen den Vertragsparteien bestehenden Interessenlage in Widerspruch stehen. Es empfiehlt sich daher, eine für den Einzelfall angemessene Regelung zu treffen.

Im Allgemeinen sind der Lizenzgeber und der Lizenznehmer gleichermaßen daran interessiert, die Verwendung von Bezeichnungen durch Dritte, die die lizenzierte Marke verletzen könnten, zu unterbinden. Allerdings kann die Frage, ob ein von einem Dritten benutztes Zeichen die lizenzierte Marke verletzt, durchaus unterschiedlich beurteilt werden. Außerdem können sich beispielsweise aus kaufmännischen Gründen Interessenkollisionen zwischen dem Lizenzgeber und dem Lizenznehmer ergeben. So mag eine der Parteien bereit sein, die Benutzung eines ähnlichen Zeichens durch einen Dritten hinzunehmen, weil der Dritte auf anderen Gebieten zu ihren Kunden gehört und sie eine Störung dieser Beziehungen befürchtet. Wegen dieser möglichen Interessenkonflikte bereitet die Regelung der Frage, wer letztlich die Entscheidung darüber zu treffen hat, ob gegen Dritte vorgegangen werden soll, erfahrungsgemäß bei Lizenzverhandlungen häufig Probleme. Die Entscheidung über ein Vorgehen gegen einen Dritten sollte in erster Linie der Lizenzgeber treffen. Bei einer ausschließlichen Markenlizenz kann die Entscheidung jedoch nicht in sein Ermessen gestellt werden. Die Benutzung eines ähnlichen Zeichens für gleiche oder gleichartige Waren kann für den Lizenznehmer äußerst störend sein, während sie beispielsweise bei Vereinbarung einer vom Lizenznehmer zu zahlenden jährlichen Mindestlizenzgebühr für den Lizenzgeber keinerlei Auswirkungen hat. Andererseits kann ein im Allgemeinen berechtigtes Interesse des Lizenznehmers an einer Verfolgung von Verletzungen der Marke nicht Veranlassung sein, dem Lizenzgeber die Verpflichtung aufzuerlegen, gegen jede Verwendung von Marken, die der Lizenznehmer als mit dem lizenzierten Zeichen verwechslungsfähig ansieht, vorzugehen und ihm damit das nicht unerhebliche Kostenrisiko im Falle eines Unterliegens aufzubürden. Eine Lösung des Interessenkonfliktes lässt sich im Allgemeinen durch eine Verteilung der Kosten und Erlöse eines Vorgehens gegen Dritte finden. Das Formular sieht ein Recht zugunsten des Lizenznehmers vor, auf eigene Kosten gegen Dritte vorzugehen, falls der bevorrechtigte Lizenzgeber trotz ordnungsgemäß angebotener Kostenbeteiligung durch den Lizenznehmer bei Markenverletzungen nicht gegen den Markenverletzer vorgeht. Dem ähnelt mittlerweile nicht nur der europäische sondern auch der deutsche Gesetzeswortlaut. Diese Regelung wird den beiderseitigen Interessen gerecht: Die Entscheidungsbefugnis liegt grundsätzlich beim Lizenzgeber, der hiervon in aller Regel Gebrauch machen wird, da er anderenfalls Gefahr läuft, dass sein Markenrecht infolge der Duldung entgegenstehender, verwechslungsfähiger Drittzeichen geschwächt wird. Die fakultative Kostenbeteiligung des allein nutzungsberechtigten Lizenznehmers ist sachgerecht. Der Lizenznehmer ist im Falle einer Weigerung des Lizenzgebers nicht schutzlos. Er kann dann auf eigene Kosten den Verletzer in Anspruch nehmen.

Die Zustimmung zur Prozessführung kann im Lizenzvertrag, ggf. auch ohne Vorrecht des Lizenzgebers, ausdrücklich oder konkludent geregelt werden (vgl. BGH GRUR 2008, 614 (615) – ACERBON), zB indem der Markeninhaber den Lizenznehmer zur Wahrnehmung der Rechte aus der Marke bevollmächtigt (OLG Köln WRP 2009, 1290 – AQUA CLEAN KOI) oder wenn aus dem Gesamtzusammenhang hervorgeht, dass dem Lizenznehmer alle relevanten Entscheidungen frei überlassen bleiben sollen, zB durch die Formulierung „steht frei, eigene Handlungen gegen Verletzer vorzunehmen" (vgl. OLG Hamburg GRUR-RR 2005, 258 – Ahoj-Brause; siehe auch Vorschläge bei *Fammler* in Fezer, Handbuch der Markenpraxis, II 1 B Rn. 135a f.). Die Zustimmung des Markeninhabers zur Klage des Lizenznehmers enthält jedoch keine konkludente materiell-rechtliche Einziehungsermächtigung (BGH GRUR 2012, 626; 2012, 630 (634) – Converse II; vgl. auch BGH WRP 2011, 1180 (1183) – Kuchenbesteck).

Will der Lizenzgeber den Nachteil der vorgeschlagenen Lösung vermeiden, dass der Lizenznehmer unter Umständen auch in Fällen gegen Dritte vorgeht, in denen es der Lizenzgeber nicht wünscht, so könnte man vorsehen, dass der Lizenznehmer berechtigt ist, eine angemessene Reduzierung der Lizenzgebühr zu verlangen. Eine solche Klausel wird angesichts der fast immer bestehenden Schwierigkeiten bei der Beurteilung der Verwechslungsgefahr und der Frage der Angemessenheit einer Lizenzgebührenreduzierung allerdings leicht Anlass zu Streitigkeiten geben.

Die im Formular vorgesehene Lösung könnte unterlaufen werden, wenn der Lizenzgeber in der Lage wäre, ohne Zustimmung des Lizenznehmers, ein Vorgehen gegen einen Dritten durch einen Vergleich zu beenden. Der Abschluss derartiger Vereinbarungen ist deshalb von einer Zustimmung des Lizenznehmers abhängig zu machen.

Für den Fall, dass der Markeninhaber gegen den Verletzer Klage erhoben hat, sieht § 30 Abs. 4 MarkenG vor, dass der Lizenznehmer der Verletzungsklage beitreten kann. Dies eröffnet dem Lizenznehmer die Möglichkeit, als einfacher Streitgenosse des Markeninhabers in dessen Verletzungsprozess aufzutreten und Leistung an den Markeninhaber zu verlangen. Der Lizenznehmer erlangt dadurch nicht die Stellung eines Nebenintervenienten iSv § 66 Abs. 1 ZPO, sondern wird vielmehr selbst Prozesspartei. Da § 30 Abs. 4 MarkenG eine rein verfahrensrechtliche Norm ist und nicht die materiell-rechtlich Frage regelt, ob dem Lizenznehmer ein eigener selbständiger Schadensersatzanspruch zusteht, bleibt die Rechtsgrundlage für einen Schadensersatzanspruch bei einer Markenverletzung allein § 14 Abs. 6 MarkenG, der lediglich für den Markeninhaber einen Schadensersatzanspruch vorsieht. Einen dem Lizenznehmer entstandenen Schaden kann allenfalls der Lizenzgeber als Markeninhaber im Wege der Drittschadensliquidation im eigenen Namen geltend machen bzw. kann der Lizenznehmer über § 30 Abs. 4 MarkenG lediglich auf Leistung an den Lizenzgeber klagen (BGH GRUR 2012, 630 (634) – Converse II; BGH GRUR 2008, 614, 615 – ACERBON; BGH GRUR 2007, 877 (879 f.) – Windsor Estate; OLG München GRUR-RR 2011, 34 (36); OLG Köln WRP 2009, 1290 (1295) – AQUA CLEAN KOI; OLG Düsseldorf GRUR-RR 2010, 467 (470); *Ströbele/Hacker/Thiering* § 30 Rn. 101; *Ingerl/Rohnke* § 30 Rn. 95 f.; für Recht zur Schadensliquidation in eigenem Namen hingegen LG Köln Urt. v. 8.4.2009 – 84 O 189/08, juris). Mangels eigener Anspruchsgrundlage kann der Lizenznehmer keine Schadensersatzleistung an sich beanspruchen und hat folglich auch keinen eigenen Auskunftsanspruch nach § 242 BGB (BGH GRUR 2008, 254 (258) – THE HOME STORE). Diese Auslegung des nationalen Markenrechts steht in Übereinstimmung mit der Regelung der Lizenz in Art. 25 UMV. Diese Vorschrift der UMV sieht ebenfalls keine Unterscheidung zwischen der schuldrechtlichen und der dinglichen Lizenz vor und räumt in Art. 25 Abs. 4 UMV dem Lizenznehmer, falls der Inhaber der Unionsmarke Verletzungsklage erhoben hat, ebenfalls nur die Möglichkeit ein, dem Verletzungsverfahren beizutreten (BGH GRUR 2007, 877 (879 f.) – Windsor Estate). Allerdings ist denkbar, dass der Lizenzgeber seinen nach den Grundsätzen der Drittschadensliquidation bestehenden Schadensersatzanspruch nach §§ 398 ff. BGB an den Lizenznehmer abtritt und dieser dann aus eigenem (abgetretenem) Recht vorgeht (*Petry/ Schilling,* Der Schadensersatzanspruch des Lizenznehmers im Markenrecht, WRP 2009, 1197 (1198); *Fammler* in Fezer, Handbuch der Markenpraxis, II 1 B Rn. 136a).

18. Verletzung von Rechten Dritter. Die Frage, welche Rechtsfolgen im Innenverhältnis zwischen Lizenzgeber und Lizenznehmer vereinbart werden sollten, wenn der Lizenznehmer mit der Herstellung der Produkte oder deren Kennzeichnung mit den lizenzierten Marken Rechte Dritter verletzt, hängt weitgehend auch von der Ausgestaltung anderer Vertragsbestimmungen, insbesondere den vom Lizenzgeber übernommenen Gewährleistungen (→ Anm. 11) und der Gebührenpflicht ab.

Der Vorschlag des Formulars sieht lediglich eine Verpflichtung des Lizenznehmers zur Unterrichtung des Lizenzgebers und eine Unterstützungspflicht des Lizenzgebers vor. Der Lizenznehmer bleibt zur Weiterzahlung der vertraglich vereinbarten Gebühren verpflichtet. Eine derartige Lösung ist dann angebracht und für den Lizenznehmer auch tragbar, wenn keine Mindestlizenzgebühr zu zahlen ist. Solange der Lizenznehmer die lizenzierten Rechte trotz eines Angriffs eines Dritten weiterbenutzt, obwohl er es in der Hand hat, sich seiner Verpflichtungen zur Gebührenzahlung an den Lizenzgeber dadurch zu entledigen, dass er von den lizenzierten Rechten keinen weiteren Gebrauch macht, sollte er verpflichtet sein, die vereinbarten Zahlungen zu leisten. Etwas anderes kann dann angebracht sein, wenn die Zahlung einer laufenden Mindestlizenzgebühr vorgesehen ist (*Fammler* in Fezer, Handbuch der Markenpraxis, II 1 B Rn. 140). In diesem Fall muss der Lizenznehmer die Möglichkeit haben, die Zahlung der Lizenzgebühren jedenfalls dann einzustellen, wenn er an einer weiteren Verwendung der lizenzierten Rechte durch einen Dritten gehindert wird. Häufig findet man in Lizenzverträgen die Verpflichtung des Lizenznehmers zur Weiterzahlung der vereinbarten Mindestlizenzgebühren bis zur Rechtskraft einer die Verwendung der lizenzierten Rechte untersagenden Entscheidung. Dies ist nicht gerechtfertigt, denn es sind Fälle denkbar, in denen dem Lizenznehmer die Weiterverwendung durch einstweilige Verfügung oder durch vorläufig vollstreckbares Urteil untersagt wird. Eine Verpflichtung des Lizenznehmers, auch für einen Zeitraum Lizenzgebühren zu zahlen, in dem er die lizenzierten Rechte – und sei es auch nur vorübergehend – nicht benutzen kann, erscheint unangemessen.

Das Formular sieht weiterhin vor, dass bereits gezahlte Lizenzgebühren dem Lizenzgeber verbleiben, auch wenn sich erweisen sollte, dass der Lizenznehmer durch die Herstellung der Produkte und/oder die Verwendung der lizenzierten Marken in Rechte Dritter eingegriffen hat und er rechtskräftig zum Schadensersatz verurteilt worden ist. Wie vorstehend bereits dargelegt (→ Anm. 11), bestehen für Lizenzgeber und Lizenznehmer die gleichen Möglichkeiten für Recherchen nach entgegenstehenden Rechten Dritter. Es besteht daher an sich keine Veranlassung, das Risiko einer Rechtsverletzung dem Lizenzgeber aufzuerlegen.

In manchen Fällen ist der Lizenzgeber dennoch bereit, sich an den Kosten einer Auseinandersetzung und gegebenenfalls auch an Zahlungen, die der Lizenznehmer im Falle eines Unterliegens an Dritte leisten muss, zu beteiligen. Veranlassung hierfür besteht insbesondere in solchen Fällen, in denen im Falle eines Angriffs für den Lizenznehmer die Möglichkeit vorgesehen ist, den Lizenzvertrag zu kündigen oder die Lizenzgebühren zu reduzieren. Der Lizenznehmer wird um so eher von dieser Möglichkeit Gebrauch machen, je geringer die Beteiligung des Lizenzgebers am Risiko eines Unterliegens des Lizenznehmers ist. Wird eine prozentuale Beteiligung des Lizenzgebers an den Kosten einer Auseinandersetzung und/oder den etwaigen Schadensersatzleistungen des Lizenznehmers vorgesehen, so sollte sie aber zusätzlich auch noch begrenzt werden auf einen Prozentsatz (beispielsweise 50 %) der vom Lizenznehmer an den Lizenzgeber gezahlten Lizenzgebühren. Außerdem muss in derartigen Fällen dem Lizenzgeber ein Mitspracherecht bei etwaigen Vergleichsverhandlungen eingeräumt werden. Es ist nicht gerechtfertigt, den Lizenzgeber dazu zu verpflichten, sich an Zahlungen zu beteiligen, die der Lizenznehmer auf Grund eines Vergleichs an Dritte zu leisten hat, wenn der Lizenzgeber keine Möglichkeit hatte, den Vergleich abzulehnen. Auf eine gerichtliche Auseinandersetzung kann der Lizenzgeber Einfluss nehmen, da er als Nebenintervenient beitreten kann.

Bei wettbewerbswidrigen Werbebehauptungen, insbesondere bei einer irreführenden Benutzung der Marke durch den Lizenznehmer gemäß § 5 Abs. 2 Nr. 1 UWG kommt eine Haftung des Lizenzgebers als Teilnehmer an der Wettbewerbshandlung in Betracht. Ob die Ermöglichung des Wettbewerbsverstoßes durch die Gebrauchsüberlassung sowie die Nichtnutzung der Möglichkeit, eine unzulässige Verwendung der Marke in der Werbung vertraglich zu unterbinden, ausreichende Mitverursachungsbeiträge darstellen, um eine wettbewerbsrechtliche Haftung des Lizenzgebers als Täter oder Teilnehmer im Rahmen von §.8 UWG auszulösen (vgl. BGH GRUR 2009, 597 ff. – Halzband; ausführlich zur Haftung als Täter oder Teilnehmer im Lauterkeitsrecht *Köhler/Bornkamm/Feddersen* UWG § 8 Rn. 2.4 ff. und 2.15 ff.; *Ohly/Sosnitza* UWG § 8 Rn. 115 ff., zur Störerhaftung 120 ff.), hängt vom Einzelfall ab. Da Werbemaßnahmen und Benutzungshandlungen des Lizenznehmers in dessen Verantwortungsbereich liegen, ist es sachgerecht, den Lizenzgeber im Innenverhältnis dafür nicht einstehen zu lassen.

19. Vertragsdauer und Vertragsbeendigung. Da sich die Schutzdauer einer Marke beliebig verlängern lässt, hat ein Markenlizenzvertrag anders als beispielsweise ein Patentlizenzvertrag keinen automatischen Endtermin. Eine gesetzliche Regelung der Vertragsdauer gibt es im Markenrecht nicht, allerdings ist beim Fehlen einer Laufzeitfestlegung eine analoge Anwendung der in der pachtrechtlichen Vorschrift des § 584 BGB vorgesehenen sechsmonatigen Kündigungsfrist zum Ende eines Pachtjahres denkbar (*Fammler* in Fezer, Handbuch der Markenpraxis, II 1 B Rn. 155). Der BGH hat jedenfalls bei einem unentgeltlichen und unbefristeten Markenlizenzvertrag eine Kündigungsfrist von sechs Monaten für ausreichend gehalten (BGH GRUR 2006, 56 (59) – BOSS-Club). Im Vertrag kann eine beliebige Laufdauer vereinbart werden, die sich nach der (wirtschaftlichen) Interessenlage der Parteien richtet. Ein Vertrag auf bestimmte Zeit birgt für beide Vertragspartner das Risiko, dass sie nicht absehen können, ob und wann der mit der Lizenz intendierte Erfolg sich realisiert, so dass bei einer zu lang angesetzten Vertragslaufzeit jedenfalls ein Vertragspartner trotz wirtschaftlichen Desinteresses bis zum Ende gebunden bleibt. Andererseits bietet ein Vertrag mit unbestimmter Laufzeit, von dem sich der Lizenznehmer uU kurzfristig durch ordentliche Kündigung lösen kann, dem Lizenzgeber wenig Sicherheit und ist für ihn vor allem dann wirtschaftlich riskant, wenn der Aufbau eines Marktes mit seinen Lizenzprodukten mit hohem Kostenaufwand verbunden war (*Fammler* in Fezer, Handbuch der Markenpraxis, II 1 B Rn. 152 f.).

Im Formular ist eine feste Laufzeit mit automatischer Verlängerung um einen bestimmten weiteren Zeitraum vorgesehen. Automatisch, dh ohne Kündigungserfordernis, endet der Vertrag lediglich dann, wenn der Lizenzgeber die Marke nicht aufrechterhält – was ein Verstoß gegen die vertraglichen Verpflichtungen wäre – oder wenn die Marke aufgrund einer Klage eines Dritten für verfallen bzw. nichtig erklärt würde. Bei der Formulierung ist erneut das Markenrechtsmodernisierungsgesetz (MaMoG, BGBl. 2018 I S. 2357 ff.) zu beachten (→ Anm. 1). Bei kombinierten Know-how-/Markenlizenzverträgen, die anders als im Formular die Lizenzierung des Markenrechts lediglich als Nebenbestimmung und nicht als Hauptgegenstand enthalten, ist zu beachten, dass eine Freistellung solange erfolgt, wie das Know-how geheim bleibt, es sei denn, das Know-how wird infolge des Verhaltens des Lizenznehmers offenkundig; in diesem Fall gilt die Freistellung für die Dauer der Vereinbarung (Art. 2 Abs. 2 S. 2, 3 TT-GVO).

Da das Formular keine Verpflichtung des Lizenznehmers zur Zahlung einer Mindestlizenzgebühr enthält, wurde dem Lizenzgeber das Recht eingeräumt, den Vertrag vorzeitig zu kündigen oder die ausschließliche Lizenz in eine einfache Lizenz umzuwandeln, wenn nach einer Anlaufperiode die Lizenzgebühren hinter den Erwartungen beider Parteien zurückbleiben. Da der Lizenzvertrag eine Reihe von Bestimmungen enthält, die bei einer nur einfachen Lizenz eine zu weit gehende Beschränkung des Lizenzgebers bedeuten würden, empfiehlt es sich nur in Ausnahmefällen, von der alternativen Möglichkeit einer Umwandlung in eine einfache Lizenz Gebrauch zu machen. Ratsamer ist eine Kündigung mit dem gleichzeitigen Angebot, eine einfache Lizenz – mit auch ansonsten eingeschränkten Rechten des Lizenznehmers – zu gewähren.

Man kann die Kündigungsmöglichkeit bei Nichterreichen gewisser Umsätze auch mit der Mindestlizenzgebühr kombinieren, wenn man dem Lizenznehmer das Recht einräumt, eine etwaige Kündigung des Lizenzgebers dadurch abzuwehren, dass er den Differenzbetrag zwischen der auf Grund der tatsächlichen Umsätze geschuldeten Lizenzgebühr und dem vertraglich vorgesehenen Mindestbetrag zahlt. Der Lizenzgeber wird einer solchen Vertragsbestimmung aber nur dann zustimmen, wenn es ihm überwiegend auf die Lizenzeinnahmen und erst in zweiter Linie auf die Marktdurchsetzung des lizenzierten Produktes und der Marke im Vertragsgebiet ankommt.

Die Regelung, dass eine Vertragsverletzung der anderen Partei erst nach Abmahnung mit angemessener Fristsetzung zur fristlosen Kündigung berechtigt, hat sich in der Praxis bewährt. Sie vermeidet, dass ein wichtiger Grund (siehe § 314 BGB) oder eine Vertragsverletzung provoziert werden.

20. Abwicklung bei Vertragsbeendigung. Mit der Beendigung des Lizenzvertrages erlischt die Befugnis des Lizenznehmers zur weiteren Benutzung der lizenzierten Marken.

Sofern zugunsten des ausschließlichen Lizenznehmers – anders als im Formular – das Recht zur Erteilung von Unterlizenzen vorgesehen ist, ist fraglich, ob auch das Benutzungsrecht des Unterlizenznehmers endet (*Ströbele/Hacker/Thiering* § 30 Rn. 90 ff.; gegen eine Beendigung des Benutzungsrechts für urheberrechtliche Lizenzen BGH GRUR 2009, 946 (947) – Reifen Progressiv; BGH GRUR 2012, 914 (915) – TakeFive; BGH GRUR 2012, 916 (918) – M2Trade). Im Hauptlizenzvertrag kann eine abweichende Regelung als Vertrag zugunsten Dritter vorgesehen werden.

Mit Blick auf bei Vertragsbeendigung möglicherweise noch vorhandene Lagerbestände sollte ausdrücklich geregelt werden, ob Aufbrauchsfristen gewährt werden. In vielen Fällen werden seitens des Lizenzgebers keine Einwände dagegen bestehen, dass der Lizenznehmer für einen überschaubaren Zeitraum nach Vertragsbeendigung bei ihm noch vorhandene Produkte, die bereits mit den lizenzierten Marken versehen sind, ausliefert. Unter Umständen kann der Lizenzgeber jedoch ein nachhaltiges Interesse daran haben, dass der Lizenznehmer die Benutzung der Marken mit Vertragsbeendigung sofort einstellt. Dies gilt insbesondere dann, wenn der Lizenzgeber für das Vertragsgebiet seines ehemaligen Lizenznehmers einen neuen Lizenznehmer gefunden hat oder dieses Gebiet selbst bearbeiten will und vermeiden möchte, dass die identischen Produkte in Konkurrenz zueinander angeboten werden. Trotz dieses möglichen Interesses des Lizenzgebers dürfte ein generelles Verbot an den Lizenznehmer, bei Vertragsbeendigung noch vorhandene Produkte auszuliefern, nicht zulässig zu sein. Das Formular sieht vielmehr vor, dass der Lizenzgeber die noch vorhandenen Bestände zu einem vorher festgelegten Preis übernehmen und seine diesbezügliche Absicht rechtzeitig dem Lizenznehmer mitteilen muss, wenn er die weitere Auslieferung auch für den vorgesehenen kurzen Zeitraum nach Vertragsbeendigung verhindern will.

Im Formular wird davon ausgegangen, dass die Aufmachung der Produkte als Bildmarke zugunsten des Lizenzgebers in das Markenregister eingetragen ist. Hat der Lizenzgeber an der Aufmachung der Produkte und ihrer Verpackung mangels Eintragung in das

Markenregister allerdings keinen eigenen Markenschutz erworben, besteht die Gefahr, dass der Lizenznehmer gemäß § 4 Nr. 2 MarkenG durch Verkehrsgeltung innerhalb der beteiligten Verkehrskreise im Vertragsgebiet ein eigenes Markenrecht erwirbt. Bei Verwendung des im Formular vorgeschriebenen Lizenzvermerks wird zwar nicht der Eindruck entstehen können, als benutze der Lizenznehmer die Aufmachung für sich selber, vielmehr wird der Verkehr davon ausgehen, dass Herstellung und Vertrieb der Ware für den Lizenzgeber erfolgen. In derartigen Fällen entstehen Rechte ohnehin nur in dessen Person (*Ströbele/Hacker/Thiering* § 4 Rn. 60; vgl. BGH GRUR 1963, 485 – Micky-Maus-Orangen). Vorsorglich sollte dennoch eine Regelung aufgenommen werden, wonach der Lizenznehmer für während der Vertragsdauer auf Grund des Vertriebs der Produkte kraft Verkehrsgeltung erworbene Markenrechte bei Vertragsbeendigung auf den Lizenzgeber zu übertragen hat und diese Markenrechte über die vertraglich vereinbarte Aufbrauchfrist hinaus nicht weiterbenutzen darf (→ Anm. 21).

Grundsätzlich darf ein Markenlizenznehmer seine Kunden darauf hinweisen, dass sein langjähriger Lizenzvertrag mit dem Markeninhaber demnächst ausläuft und er dasselbe Produkt alsdann unter einer anderen Markenbezeichnung herausbringt. Er hat sich dabei aber auf sachliche Informationen zu beschränken; er darf den Namenswechsel nicht zum Anlass einer groß angelegten Werbekampagne machen und nicht betonen, dass ihm gegenüber dem Markeninhaber der Vorteil der Produktionskompetenz zufalle (OLG Köln GRUR-RR 2007, 390 (391 f.) – „Neuer Name dasselbe Geschoss"; Ergänzung zu BGH GRUR 1963, 485 – Mickey-Mouse-Orangen). Denn in dieser Situation kollidieren bei der Benachrichtigung der Kundenkreise nicht nur wettbewerbliche Interessen, sondern es werden auch markenrechtliche Schutzansprüche des Lizenzgebers betroffen, die es bei der Formulierung des Rundschreibens, in dem naturgemäß das gleiche Produkt unter „neuer Marke" beworben werden soll, zu wahren gilt (vgl. LG Köln Urt. v. 25.3.2008 – 8 O 185/07, juris, Rn. 45).

Ob dem Lizenznehmer eines Markenlizenzvertrags bei Beendigung des Lizenzverhältnisses ein Ausgleichsanspruch nach den Grundsätzen der Rechtsprechung zur entsprechenden Anwendung des § 89b HGB (vgl. BGH NJW-RR 2007, 1327 Rn. 13 f. mwN) zusteht, hängt von der Ausgestaltung des Lizenzverhältnisses ab. Eine entsprechende Anwendung des § 89b HGB setzt die Einbindung des Lizenznehmers in die Absatzorganisation des Lizenzgebers sowie die Verpflichtung des Lizenznehmers voraus, dem Lizenzgeber seinen Kundenstamm zu übertragen. Ist der Markeninhaber und Lizenzgeber auf dem Gebiet der vom Lizenznehmer vertriebenen Waren selbst nicht tätig, insbesondere weil er im Fall einer ausschließlichen Lizenz daran gehindert ist, sind die Voraussetzungen einer entsprechenden Anwendung des § 89b HGB im Regelfall nicht gegeben. Bei reinen Markenlizenzverträgen kommt ein Ausgleichsanspruch analog § 89b HGB deshalb in der Regel nicht in Betracht (BGH GRUR 2010, 1107 – JOOP; *Ströbele/Hacker/Thiering* § 30 Rn. 83; ausführlich *Fammler* in Fezer, Handbuch der Markenpraxis, II 1 B Rn. 162 ff.; *Martinek/Wimmer-Leonhardt,* Steht auch dem Markenlizenznehmer der vertriebsrechtliche Ausgleichsanspruch analog § 89b HGB zu?, WRP 2006, 204 ff.).

Gegen eine zeitlich befristete nachvertragliche Geheimhaltungsverpflichtung und ein nachvertragliches Verwertungsverbot hinsichtlich des vermittelten Know-how bestehen keine kartellrechtlichen Bedenken, solange das Know-how noch geheim ist (Kommission GRUR Int. 1990, 626 (628) – Moosehead-Whitbread; *Kreutzmann* WRP 2006, 453 (455)). Anderenfalls bestünde für den Lizenznehmer nach Vertragsende trotz Erlöschens seines Nutzungsrechts die Möglichkeit, das erlangte geheime Know-how zulässigerweise an Dritte weiterzugeben (*Ann/Loschelder/Grosch,* Praxishandbuch Know-How-Schutz 2010, Kap. 5 C Rn. 149). Die weitere Nutzung des überlassenen Wissens nach Vertragsbeendigung ist gegebenenfalls ein Verstoß gegen § 4 Abs. 2 Nr. 2 bzw. 3 GeschGehG.

21. Übertragung von Benutzungsmarken. Der Lizenznehmer kann sich dem Lizenzgeber gegenüber nicht darauf berufen, durch seine Benutzungshandlungen während der Laufzeit des Lizenzvertrages eigene Markenrechte an dem lizenzierten Zeichen erworben zu haben (BGH GRUR 2006, 56 – BOSS-Club; *Ingerl/Rohnke* § 30 Rn. 33). Entsprechend kann sich der Lizenznehmer gegenüber dem Lizenzgeber auch nicht darauf berufen, er hätte bei Benutzung dieses oder eines ähnlichen Zeichens ohne Abschluss des Lizenzvertrags selbst ein Kennzeichenrecht erwerben können. Die Stellung des Lizenznehmers im Verhältnis zum Lizenzgeber nach Beendigung des Lizenzvertrags ist insoweit nicht besser als diejenige eines Dritten, der erstmals ein mit dem lizenzierten Kennzeichen identisches oder ähnliches Zeichen benutzt (BGH GRUR 2013, 1150 (1153) – Baumann). Eine ggf. während der Dauer eines Lizenzvertrages erst entstehende Benutzungsmarke erwirbt der Lizenznehmer jedoch möglicherweise dann selbst, wenn dem Verkehr die Lizenzierung nicht bekannt ist. Das gilt grundsätzlich auch dann, wenn die Art der Zeichenbenutzung die vertragliche Gestattung, insbesondere die vertraglich vereinbarte Nutzungsform, überschreitet. Nach Beendigung des Lizenzvertrags ist der Lizenznehmer aber nach dem Innenverhältnis verpflichtet, die von ihm erworbene Benutzungsmarke auf den Lizenzgeber zu übertragen (*Ingerl/Rohnke* § 4 Rn. 27; *Ströbele/Hacker/Thiering* § 30 Rn. 83), die Marke fällt dem Lizenzgeber nicht eo ipso mit dem Vertragsende zu (OLG Köln GRUR-RR 2010, 433 (435) – Oerlikon). Der Lizenznehmer ist zwar möglicherweise nach Treu und Glauben verpflichtet, solche durch Benutzung erlangten Marken nach Beendigung dieses Vertrages unentgeltlich an den Lizenzgeber zu übertragen. Zur Vermeidung von Auseinandersetzungen empfiehlt es sich aber, die im Formular vorgesehene Übertragungsverpflichtung zu vereinbaren.

22. Gerichtsstand und anwendbares Recht. Im Formular wird die Zuständigkeit des Landgerichts Köln neben dem allgemeinen Gerichtsstand des Sitzes der Parteien vereinbart. Dabei wird zugrunde gelegt, dass beide Parteien ihren Unternehmenssitz in Deutschland haben. Alternativ kann eine ausschließliche Gerichtszuständigkeit geregelt werden. Bei der Vereinbarung einer Gerichtsstandvereinbarung sind die Art. 38 ZPO, Art. 23 EuGVVO, Art. 17 EuGVÜ bzw. Art. 23 LugÜ zu beachten (ausführlich *Niebel* in Fezer, Handbuch der Markenpraxis, II 1 C Rn. 265 ff.).

Die Vereinbarung eines vorgeschalteten Schiedsgerichtsverfahrens zur Beilegung von Streitigkeiten zwischen den Lizenzvertragspartnern kann aus Sicht des Lizenzgebers sinnvoll sein, wenn er im Rahmen einer ordentlichen Auseinandersetzung vor einem ordentlichen Gericht befürchten müsste, dass sein geheimes Know-how in öffentlichen Verhandlungen offengelegt wird und Wettbewerber Kenntnis davon erlangen (näher *Fammler* in Fezer, Handbuch der Markenpraxis II, 1 B Rn. 168 ff.).

Die Parteien können das auf den schuldrechtlichen Lizenzvertrag anzuwendende Recht grundsätzlich frei wählen (*Ingerl/Rohnke* § 30 Rn. 50 f.; eingehend *Ströbele/Hacker/Thiering* § 30 Rn. 34 ff.). Auf die Erteilung der Lizenz an einer deutschen Marke, dh das Verfügungsgeschäft, findet hingegen deutsches Recht zwingend Anwendung. Dies ergibt sich aus dem im Immaterialgüterrecht geltenden Territorialitätsprinzip. Dasselbe gilt im Fall der Lizenzierung des deutschen Teils einer Internationalen Markenregistrierung (*Ingerl/Rohnke* § 30 Rn. 11).

2. Nicht-ausschließlicher Markenlizenzvertrag

Lizenzvertrag[1–5] zwischen

der A . . . . . (Firma, Rechtsform, Anschrift)

(nachstehend „Lizenzgeber" genannt)

und

der B . . . . . (Firma, Rechtsform, Anschrift)

(nachstehend „Lizenznehmer" genannt)

Vorbemerkung[1]

Der Lizenzgeber ist ein weltweit agierender Hersteller für Körperpflegemittel. Der Lizenzgeber ist Inhaber der in das Markenregister des Deutschen Patent- und Markenamtes am 27.11.2017 unter der Nr. 987 65411 für Seifen eingetragenen Marke „Cajetan". Widerspruchs-, Verfalls und/oder Nichtigkeitsverfahren sind nicht anhängig.

Der Lizenznehmer beabsichtigt, Rechte zur Benutzung der Marke zu erwerben. Der Lizenzgeber beabsichtigt, dem Lizenznehmer die entsprechenden Nutzungsrechte einzuräumen.

Dies vorausgeschickt, wird zwischen den Parteien Folgendes vereinbart:[3]

§ 1 Begriffsbestimmungen[4]

„Vertragsmarke" ist die unter Nr. 987 65411 beim Deutschen Patent- und Markenamt eingetragene deutsche Wortmarke „Cajetan".

„Vertragsprodukte" sind die Produkte, für die der Lizenznehmer die Vertragsmarken benutzen darf, nämlich für Seifen.

„Vertragsgebiet" ist die Bundesrepublik Deutschland.

§ 2 Lizenzgewährung

(1) Der Lizenzgeber räumt hiermit dem Lizenznehmer für die Dauer des Vertrages das nicht ausschließliche[1, 5] und nicht übertragbare Recht ein, die Vertragsmarke für die Vertragsprodukte im Vertragsgebiet zu benutzen. Der Lizenznehmer ist insbesondere berechtigt, die Vertragsprodukte, ihre Aufmachungen und/oder deren Verpackungen mit den Vertragsmarken zu versehen, die so gekennzeichneten Vertragsprodukte anzubieten oder in den Verkehr zu bringen und unter Verwendung der Vertragsmarken für sie zu werben.

(2) Der Lizenznehmer ist nicht berechtigt, Unterlizenzen zu erteilen.[6]

§ 3 Qualitätsanforderungen und Qualitätskontrolle[7]

(1) Der Lizenznehmer verpflichtet sich, die Vertragsmarke nur für solche Vertragsprodukte zu verwenden, deren Qualität den in Anlage 1 zu diesem Vertrag niedergelegten Mindestanforderungen entspricht.

(2) Zum Zwecke der Qualitätskontrolle wird der Lizenznehmer dem Lizenzgeber auf dessen Verlangen in angemessenen Abständen Muster der unter der Vertragsmarke vertriebenen Vertragsprodukte in einer zur Überprüfung notwendigen Menge kostenlos zur Verfügung stellen.

§ 4 Lizenzvermerk[8]

(1) Der Lizenznehmer verpflichtet sich, bei jeder Benutzung der Vertragsmarke auf Verpackungen und in der Werbung darauf hinzuweisen, dass es sich um eine eingetragene Marke des Lizenzgebers handelt.

(2) Der Lizenznehmer verpflichtet sich, die Vertragsmarke nicht als Bestandteil seiner Firma oder in anderer Weise zur Kennzeichnung seines Geschäftsbetriebes zu benutzen.

(3) Der Lizenznehmer hat bei Benutzung der Marke gemäß Abs. 1 für die von ihm vertriebenen Vertragsprodukte und/oder deren Verpackungen in geeigneter Weise kenntlich zu machen, dass der Lizenzgeber nicht der Hersteller der Vertragsprodukte ist. Ungeachtet dessen stellt der Lizenznehmer den Lizenzgeber im Innenverhältnis von etwaigen Ansprüchen Dritter aus Produkthaftung frei.

§ 5 Gewährleistungsausschluss[9]

Der Lizenzgeber übernimmt keine Gewähr dafür, dass durch die Benutzung der Vertragsmarke keine Rechte Dritter verletzt werden. Er wird dem Lizenznehmer Kopien aller bei ihm vorhandenen Berichte über Recherchen nach entgegenstehenden Rechten Dritter und aller bezüglich der Vertragsmarke getroffenen Vorrechts- und Abgrenzungsvereinbarungen zur Verfügung stellen.

§ 6 Lizenzgebühr[10]

(1) Der Lizenznehmer zahlt eine laufende Lizenzgebühr in Höhe von . . . . . % des Nettoverkaufspreises der unter der Vertragsmarke verkauften Vertragsprodukte, mindestens jedoch

im 1. Vertragsjahr Euro . . . . .
im 2. Vertragsjahr Euro . . . . .
in jedem folgenden Vertragsjahr Euro . . . . .

(2) Nettoverkaufspreis ist der jeweilige Rechnungspreis abzüglich gesondert ausgewiesener Rabatte, Kosten für Verpackung und Fracht sowie abzüglich etwaiger Verkaufssteuern, Zölle und Versicherungen, jedoch vor Abzug von Skonti.

(3) Der Anspruch entsteht mit der Auslieferung der mit der Vertragsmarke versehenen Seifen durch den Lizenznehmer. Nimmt der Lizenznehmer bereits ausgelieferte Ware zurück, so bleibt er zur Zahlung der bereits entstandenen Lizenzgebühr verpflichtet; bei erneuter Auslieferung entsteht keine weitere Lizenzgebühr.

§ 7 Abrechnung[11]

(1) Innerhalb eines Monats nach Ende eines jeden Kalendervierteljahres wird der Lizenznehmer dem Lizenzgeber eine Abrechnung über die Zahl und die Verkaufserlöse der im vorangegangenen Kalendervierteljahr verkauften Vertragsprodukte erteilen sowie die sich daraus ergebende Lizenzgebühr an den Lizenzgeber abführen. Sollte die für ein Kalenderjahr abzuführende Lizenzgebühr geringer sein als der Betrag der Mindestlizenz, so ist der Differenzbetrag mit der Lizenzgebühr für das 4. Kalendervierteljahr zu zahlen. Sämtliche Kosten der Zahlung gehen zu Lasten des Lizenznehmers.

(2) Der Lizenznehmer ist verpflichtet, über die Verkäufe der mit der Vertragsmarke versehenen Vertragsprodukte gesondert Buch zu führen. Der Lizenzgeber hat das Recht, diese Bücher in angemessenen Abständen, letztmalig ein Jahr nach Vertragsbeendigung, durch einen unabhängigen, auch dem Lizenzgeber gegenüber zur Verschwiegenheit verpflichteten vereidigten Buchprüfer auf Übereinstimmung mit den Abrechnungen prüfen zu lassen. Die Kosten hierfür trägt der Lizenzgeber, es sei denn, dass sich bei der Prüfung herausstellt, dass die erteilten Abrechnungen Abweichungen zum Nachteil des

Lizenzgebers in Höhe von mehr als 1 % der für den Prüfungszeitraum geschuldeten Lizenzgebühr enthielten. In diesem Fall trägt der Lizenznehmer die Kosten.

§ 8 Aufrechterhaltung und Verteidigung der Marke[12]

(1) Der Lizenzgeber verpflichtet sich, die Vertragsmarke während der Dauer des Vertrages auf eigene Kosten aufrechtzuerhalten und gegen etwaige Angriffe Dritter zu verteidigen. Der Lizenznehmer ist nicht berechtigt, im eigenen Namen Klage wegen Markenverletzung zu erheben. Sein Recht, gemäß § 30 Abs. 4 MarkenG der Verletzungsklage des Markeninhabers beizutreten, um seinen Schaden geltend zu machen, bleibt unberührt.

(2) Erhält der Lizenznehmer davon Kenntnis, dass ein Dritter eine Kennzeichnung benutzt und/oder als Marke anmeldet, die möglicherweise die Vertragsmarke verletzt, so hat er den Lizenzgeber hiervon unverzüglich zu unterrichten.

§ 9 Angriffe Dritter gegen die Benutzung der Marke durch den Lizenznehmer[13]

(1) Sollte der Lizenznehmer wegen der Benutzung der Vertragsmarke durch einen Dritten auf Unterlassung und/oder Schadensersatz in Anspruch genommen werden, so ist er verpflichtet, den Lizenzgeber hiervon unverzüglich zu unterrichten. Der Lizenzgeber ist verpflichtet, den Lizenznehmer nach besten Kräften bei der Abwehr der gegen den Lizenznehmer geltend gemachten Ansprüche zu unterstützen.

(2) Im Falle eines Angriffs eines Dritten gegen die Benutzung der Vertragsmarke bleibt der Lizenznehmer zur Zahlung der vereinbarten Lizenzgebühren verpflichtet, jedoch mit der Maßgabe, dass die Verpflichtung zur Zahlung einer Mindestlizenzgebühr endet, sobald ein Dritter Klage auf Unterlassung der Benutzung erhebt. Zur Rückforderung gezahlter Lizenzgebühren ist der Lizenznehmer auch dann nicht berechtigt, wenn er wegen der Benutzung der Vertragsmarke rechtskräftig zum Schadensersatz verurteilt worden sein sollte.

§ 10 Vertragsdauer und Vertragsbeendigung[14]

(1) Der Vertrag tritt am 1.1.2019 in Kraft und wird auf unbestimmte Zeit abgeschlossen. Er kann von jeder Partei mit einer Frist von 6 Monaten zum Ende eines jeden Kalenderjahres schriftlich gekündigt werden.

(2) Jede Partei ist berechtigt, den Vertrag aus wichtigem Grund fristlos zu kündigen. Ein wichtiger Grund liegt insbesondere dann vor, wenn die andere Partei schuldhaft gegen eine von ihr in diesem Vertrag übernommene wesentliche Verpflichtung verstößt und den Verstoß trotz Abmahnung mit angemessener Fristsetzung nicht innerhalb der gesetzten Frist abstellt.

(3) Der Vertrag endet, ohne dass es einer Kündigung bedarf, mit rechtskräftiger Erklärung des Verfalls bzw. der Nichtigkeit der Vertragsmarke.

§ 11 Abwicklung bei Vertragsbeendigung[15]

Der Lizenznehmer ist nach Ablauf des Vertrages berechtigt, für die Dauer von höchstens einem Jahr bei ihm bei Vertragsbeendigung vorhandene fertige Waren, die mit der Vertragsmarke versehen sind, auszuliefern.

§ 12 Gerichtsstand

Als Gerichtsstand für alle Streitigkeiten aus oder in Verbindung mit diesem Vertrag wird das Landgericht Köln vereinbart. Jede Partei ist jedoch berechtigt, die andere Partei an ihrem allgemeinen Gerichtsstand in Anspruch zu nehmen.

§ 13 Sonstiges

(1) Alle Änderungen und Ergänzungen dieses Vertrages bedürfen zu ihrer Wirksamkeit der Schriftform. Dies gilt auch für die Änderung dieser Schriftformklausel.

(2) Sollten eine oder mehrere Bestimmungen dieses Vertrages einschließlich dieser Regelung ganz oder teilweise unwirksam oder nichtig sein oder werden oder sollte der Vertrag eine Regelungslücke enthalten, so wird die Wirksamkeit der übrigen Bestimmungen dadurch nicht berührt. Die Parteien sind gehalten, die unwirksame oder fehlende Bestimmung durch eine solche wirksame Bestimmung zu ersetzen, mit der das wirtschaftlich gewollte Ergebnis am besten erreicht wird.[16]

. . . . . (Ort), den

. . . . .
Unterschriften

Schrifttum: → Form. VIII.1.

Anmerkungen

1. Sachverhalt und Vorbemerkung. Es handelt sich um den Fall der Gewährung einer nicht ausschließlichen Lizenz zur Benutzung einer Marke. Die bisher einhellig sogenannten „Löschungsverfahren" sind derzeit von einer Gesetzesänderung betroffen. Durch das Markenrechtsmodernisierungsgesetz (MaMoG, BGBl. 2018 I S. 2357 ff.) werden sowohl die vor den ordentlichen Gerichten sowie die vor dem Deutschen Marken- und Patentamt geführten „Löschungsverfahren" in „Verfalls- und Nichtigkeitsverfahren" abgeändert. Zur Vermeidung etwaiger Auslegungsschwierigkeiten sollte bei Lizenzvereinbarungen, die vor dem 1.5.2020 geschlossen werden, beachtet werden, dass die Änderung im Hinblick auf die Verfahren vor dem DPMA erst zum 1.5.2020 in Kraft tritt. Bis dahin werden vor dem DPMA weiterhin „Löschungsverfahren" geführt. Hinsichtlich der Verfahren vor den ordentlichen Gerichten ist das MaMoG hingegen bereits zum 14.1.2019 in Kraft getreten. Im Vertragsformular ist die ab dem 1.5.2020 geltende einheitliche Gesetzesfassung berücksichtigt worden.

2. Wahl des Formulars. Das vorstehende Formular ist für die Fälle anwendbar, in denen sich der Lizenzgeber vorbehält, die Marke selbst neben dem Lizenznehmer zu benutzen und/oder anderen Lizenznehmern zu lizenzieren.

3. Formvorschriften. → Form. VIII.1 Anm. 3.

4. Begriffsbestimmungen. → Form. VIII.1 Anm. 4.

5. Rechtsnatur der einfachen Lizenz. Eine einfache, also nicht ausschließliche Lizenz iSv § 30 MarkenG liegt vor, wenn der Lizenzgeber berechtigt ist, auch weiteren Lizenznehmern ein Recht zur Nutzung der Marke einzuräumen. Die einfache Lizenz hat nach weit verbreiteter Ansicht nur schuldrechtlichen Charakter, so dass das Ausschließlichkeitsrecht dem Markeninhaber in vollem Umfang zur eigenen Benutzung oder anderweitigen Lizenzierung innerhalb der Grenzen von Treu und Glauben verbleibt (*Ströbele/Hacker/Thiering* MarkenG § 30 Rn. 15, 24; *Ahrens* GRUR 2006, 616 (623); *Starck* WRP 1994, 698 (702)). Der BGH hat sich zur Rechtsnatur der einfachen Markenlizenz iRd § 30 MarkenG noch nicht abschließend geäußert, wohl aber bei einfachen urheberrechtlichen Nutzungsrechten eine dingliche Rechtsnatur inzwischen anerkannt (BGH GRUR 2012, 914 – Take Five; BGH GRUR 2009, 946 (948) – Reifen Progressiv). Ausführlich dazu *Ekey/Bender/Fuchs-Wissemann* § 30 Rn. 5 ff. sowie → Form. VIII.1 Anm. 7. Aber auch der einfachen Lizenz wird wie der ausschließlichen Lizenz Sukzessionsschutz gemäß § 30 Abs. 5 MarkenG zuteil, dh die Lizenz bleibt von einer Übertragung der Marke oder der Erteilung weiterer Lizenzen durch den Lizenzgeber unberührt.

6. Unterlizenz. Es handelt sich lediglich um eine Klarstellung. Ohne ausdrückliche Vereinbarung einer entsprechenden Befugnis gewährt die einfache Lizenz dem einfachen Lizenznehmer weder das Recht zur Vergabe von Unterlizenzen noch zur Übertragung der Lizenzrechte (vgl. OLG Hamburg MarkenR 2006, 55 – Mobilegames; *Ströbele/Hacker/Thiering* § 30 Rn. 77; *Ingerl/Rohnke* MarkenG § 30 Rn. 49). Zur Unterlizenz → Form. VIII.1 Anm. 7.

7. Qualitätsanforderungen und Qualitätskontrolle. Auch wenn der Lizenzgeber dem Lizenznehmer keine genauen Anweisungen gibt, wie die unter der lizenzierten Marke vertriebenen Produkte herzustellen sind, ist es erforderlich, den Lizenznehmer zu verpflichten, eine gewisse Mindestqualität der von ihm vertriebenen Produkte sicherzustellen und dem Lizenzgeber die Möglichkeit einzuräumen, die Einhaltung dieser Qualität zu kontrollieren. Dies gilt auch dann, wenn der Lizenzgeber keine gleichartigen Produkte unter der Marke vertreibt oder durch andere Lizenznehmer vertreiben lässt, denn eine mangelhafte Qualität der vom Lizenznehmer hergestellten Produkte würde zu einer Entwertung der Marke führen. Siehe im Übrigen die ausführlichen Anmerkungen zu → Form. VIII.1 Anm. 9.

8. Lizenzvermerk und Verbot firmenmäßiger Benutzung. Siehe die ausführlichen Anmerkungen zu → Form. VIII.1 Anm. 10 und zum Problem der Produkthaftung → Form. VIII.1 Anm. 11.

9. Gewährleistungsausschluss. → Form. VIII.1 Anm. 11.

10. Lizenzgebühr. Das Formular sieht eine laufende Lizenzgebühr sowie eine sich im Laufe der Vertragsdauer steigernde Mindestlizenzgebühr vor. Zu den verschiedenen Möglichkeiten der Ausgestaltung und weiteren Einzelheiten der Lizenzgebühr → Form. VIII.1 Anm. 12.

11. Zahlungsmodalitäten, Buchführung und Prüfung. → Form. VIII.1 Anm. 13.

12. Aufrechterhaltung und Verteidigung der Marke, Verletzung der Marke durch Dritte. Bei einer nicht ausschließlichen Markenlizenz besteht im Allgemeinen keine Veranlassung, dem einfachen Lizenznehmer vertraglich die Befugnis einzuräumen, Rechtsverletzungen zu verfolgen. Nach § 30 Abs. 3 MarkenG wäre die Erhebung einer Klage durch den Lizenznehmer nur möglich, wenn der Lizenzgeber seine Zustimmung erteilt. Bei der Regelung im Formular handelt es sich daher nur um eine Klarstellung. Da die Parteien je nach der im Einzelfall gegebenen Interessenlage abweichende Regelungen treffen können (→ Form. VIII.1 Anm. 17), empfiehlt es sich, eine klare Bestimmung in den Vertrag aufzunehmen. Wird, wie hier, ein eigenes Klagerecht des Lizenznehmers ausgeschlossen, muss ihm das Recht verbleiben, nach § 30 Abs. 4 MarkenG einer vom Markeninhaber erhobenen Verletzungsklage beizutreten, um den Ersatz seines Schadens geltend zu machen, da der Lizenzgeber den Schaden des Lizenznehmers nicht liquidieren kann (im Einzelnen dazu *Ekey/Klippel/Fuchs-Wissemann* § 30 Rn. 76 ff.

Der einfache Lizenznehmer muss immer damit rechnen, dass der Lizenzgeber weitere Lizenzen erteilt. Seine Rechtsposition im Verhältnis zum Lizenzgeber ist deshalb weniger gesichert als die des ausschließlichen Lizenznehmers. Im Einzelfall kann es allerdings gegen Treu und Glauben verstoßen, wenn der Lizenzgeber es unterlässt, gegen die Verwendung eines offensichtlich verwechslungsfähigen Zeichens durch Dritte vorzugehen und den Lizenznehmer an seiner Verpflichtung zur Gebührenzahlung festhält. Vgl. zu allem die ausführlichen Darstellungen zu → Form. VIII.1 Anm. 16 und 17.

13. Verletzung von Rechten Dritter. Das vorliegende Formular enthält die Verpflichtung des Lizenznehmers zur Zahlung einer Mindestlizenzgebühr. Es erscheint nicht gerechtfertigt, den Lizenznehmer zur Weiterzahlung der Mindestlizenzgebühr zu verpflichten, wenn er von einem Dritten auf Unterlassung der Benutzung des Zeichens gerichtlich in Anspruch genommen wird, es sei denn, dass der Lizenzgeber sich bereit erklärt, im Falle einer Verurteilung des Lizenznehmers zum Schadensersatz die seit Klageerhebung gezahlten Mindestlizenzgebühren ganz oder zumindest teilweise zurückzuzahlen. Bei der im Formular vorgesehenen Regelung (Wegfall der Verpflichtung zur Zahlung der Mindestlizenzgebühr ab Klageerhebung) kann der Lizenznehmer selbst entscheiden, ob und in welchem Umfang er das lizenzierte Zeichen trotz der Beanstandung des Dritten weiterbenutzen will. Im Umfang der Benutzung bleibt er zur Zahlung der laufenden Lizenzgebühr verpflichtet. Man könnte auch vorsehen, dass die ab Erhebung einer Beanstandung entstehenden Lizenzgebühren auf ein gemeinsam von Lizenzgeber und Lizenznehmer errichtetes Konto eingezahlt werden, von dem etwaige Schadensersatzzahlungen geleistet werden, und dass ein noch verbleibender Betrag dem Lizenzgeber zusteht. → Form. VIII.1 Anm. 18.

14. Vertragsdauer und Vertragsbeendigung. → Form. VIII.1 Anm. 19.

15. Abwicklung bei Vertragsbeendigung. Ausführlich bei → Form. VIII.1 Anm. 20.

16. Steuern. Ausführlich bei → Form. VIII.1 Anm. 14.

3. Lizenzvertrag über die Verwendung einer Marke als begleitende Marke

Lizenzvertrag[1–5] zwischen

der A . . . . . (Firma, Rechtsform, Anschrift)

(nachstehend „Lizenzgeber" genannt)

und

der B . . . . . (Firma, Rechtsform, Anschrift)

(nachstehend „Lizenznehmer" genannt)

Vorbemerkung[1]

Der Lizenzgeber ist Hersteller von textilen Rohmaterialien (Fasern und Garne). Der Lizenzgeber hat eine technologisch einzigartige Naturfaserkombination entwickelt. durch die sich Kleidung den jeweiligen Anforderungen der Nutzer anpasst und, je nach Bedarf, eine Kühlung durch Verdunstung oder eine Wärmedämmfunktion bietet. Der Lizenzgeber vertreibt diese Faserkombination weltweit unter der Bezeichnung „ActiveFabric". Durch die weltweite Verwendung der Naturfaserkombination in verschiedenen Bekleidungsartikeln hat die Marke „ActiveFabric" inzwischen eine hohe Bekanntheit erlangt.

Der Lizenzgeber ist Inhaber verschiedener in der Anlage 1 zu dieser Vereinbarung aufgeführter Marken für das Zeichen „ActiveFabric", die für Garne, Gespinstfasern sowie Web- und Wirkstoffe eingetragen sind. Widerspruchs-, Verfalls und/oder Nichtigkeitsverfahren sind nicht anhängig.

Der Lizenznehmer produziert und vertreibt Kleidungsstücke in verschiedenen Ländern der Europäischen Union. Er beabsichtigt dafür die „ActiveFabric"-Naturfaserkombination des Lizenzgebers zu verwenden und auf die Verwendung durch Nennung des Zeichens „ActiveFabric" auf der Ware selbst sowie in der Werbung gesondert hinzuweisen.

Der Lizenznehmer beabsichtigt, Rechte zur begleitenden Benutzung der Marken zu erwerben. Der Lizenzgeber beabsichtigt, dem Lizenznehmer die entsprechenden Nutzungsrechte einzuräumen.
Dies vorausgeschickt, wird zwischen den Parteien Folgendes vereinbart:[3]

§ 1 Begriffsbestimmungen[4]

„Vertragsmarken" sind die in der Anlage 1 zu dieser Vereinbarung aufgeführten Marken.
„Vertragsgebiet" ist die Europäische Union.

§ 2 Lizenzgewährung[6]

Der Lizenzgeber erteilt dem Lizenznehmer die lizenzgebührenfreie, nicht ausschließliche und nicht übertragbare Befugnis zur unentgeltlichen Benutzung der Vertragsmarken im Vertragsgebiet nach Maßgabe dieser Vereinbarung. Die Erteilung von Unterlizenzen ist ausgeschlossen.

§ 3 Voraussetzung für die Verwendung der Vertragsmarken[7]

(1) Die Vertragsmarken dürfen vom Lizenznehmer nur in Verbindung mit solchen Erzeugnissen benutzt werden, die unter Verwendung der Naturfaserkombination des Lizenzgebers, die unter den jeweiligen Vertragsmarken des Lizenzgebers fakturiert worden sind, hergestellt wurden.
(2) Die Vertragsmarken dürfen vom Lizenznehmer ferner nur in Verbindung mit Erzeugnissen verwendet werden, deren Spezifikationen vorher schriftlich vom Lizenzgeber freigegeben worden sind und die mit diesen Spezifikationen übereinstimmen. Der Lizenzgeber wird nur solche Spezifikationen freigeben, die den vom Lizenzgeber festgelegten Verarbeitungs- und Güterichtlinien (Anlage 2 zu diesem Vertrag) entsprechen und eine gleichbleibend hohe Qualität der vom Lizenznehmer hergestellten Erzeugnisse gewährleisten.

§ 4 Kontrollrechte des Lizenzgebers[7]

Zum Zwecke der Qualitätskontrolle wird der Lizenznehmer dem Lizenzgeber auf dessen Verlangen jederzeit Muster der in Verbindung mit den Vertragsmarken vertriebenen Erzeugnisse in einer zur Überprüfung notwendigen Menge kostenlos zur Verfügung stellen. Der Lizenzgeber ist ferner berechtigt, den Herstellungsbetrieb des Lizenznehmers während der üblichen Geschäftszeit zu betreten und Nachprüfungen sowie Stichproben vorzunehmen.

§ 5 Art der Verwendung der Vertragsmarken[8]

(1) Die Vertragsmarken dürfen vom Lizenznehmer nur in der Form benutzt werden, die in der Freigabe der jeweiligen Spezifikation gemäß vorstehendem § 3 Abs. 2 festgelegt ist. Der Lizenznehmer darf die Vertragsmarken in der Werbung nur für die freigegebenen Artikel verwenden.
(2) Bei jeder Benutzung der Vertragsmarken ist durch Zusätze wie „eingetragene Marke der (. . . . .)" oder das ®-Symbol auf deren Markeneigenschaft sowie auf die Markeninhaberschaft des Lizenzgebers hinzuweisen.
(3) Der Lizenznehmer ist nicht berechtigt, die Vertragsmarke als Bestandteil seiner Firma oder in anderer Weise zur Kennzeichnung seines Geschäftsbetriebes zu benutzen.

§ 6 Zustimmungsvorbehalt für die Verwendung der Marken durch Abnehmer des Lizenznehmers[9]

Bei Lieferungen von Erzeugnissen des Lizenznehmers, die zur Weiterverarbeitung durch dessen Abnehmer bestimmt sind, hat der Lizenznehmer seine Kunden schriftlich darauf

hinzuweisen, dass die Auszeichnung der Fertigerzeugnisse mit den Vertragsmarken der schriftlichen Zustimmung des Lizenzgebers bedarf.

§ 7 Freistellung und Produkthaftpflicht[11]

Der Lizenznehmer verpflichtet sich, im Innenverhältnis den Lizenzgeber von sämtlichen Ansprüchen Dritter freizustellen bzw. zu entschädigen, die auf einer Verwendung der Vertragsmarken durch den Lizenznehmer beruhen, einschließlich Ansprüchen aus Produkthaftung.

§ 8 Vertragsdauer und Kündigung[10]

(1) Der Vertrag tritt mit Unterzeichnung in Kraft und wird auf unbestimmte Zeit abgeschlossen. Er kann von beiden Parteien mit einer Frist von drei Monaten zum Quartalsende gekündigt werden.

(2) Der Lizenzgeber ist berechtigt, diesen Vertrag fristlos zu kündigen oder die Freigabe für einzelne Erzeugnisse oder Marken jederzeit zu widerrufen, wenn der Lizenznehmer die Bestimmungen dieses Vertrages oder die Bedingungen, unter denen die Freigabe für einzelne Erzeugnisse oder Marken erfolgt ist, trotz Abmahnung nicht einhält.

(3) Der Lizenznehmer ist nach Ablauf des Vertrages berechtigt, für die Dauer von höchstens einem Jahr bei ihm bei Vertragsbeendigung vorhandene fertige Erzeugnisse, die mit einer der Marken versehen sind, auszuliefern.[12]

Schrifttum: Baumgarth, Markenpolitik: Markenwirkungen – Markenführung – Markencontrolling, 4. Auflage 2014; *Fammler,* Der Markenlizenzvertrag, 3. Auflage 2014; *Fezer,* Markenrecht, 4. Auflage 2009; *Fezer,* Handbuch der Markenpraxis 3. Auflage 2016, II 1 E, *Hätty,* Der Markentransfer, 2013; *Ingerl/Rohnke,* Markengesetz, 3. Auflage 2010; *Ströbele/Hacker/Thiering,* Markengesetz, 12. Auflage 2018.

Anmerkungen

1. Sachverhalt und Vorbemerkung. Das vorstehende Formular betrifft die Gestattung der Verwendung einer Marke als sogenannte begleitende Marke. Hierbei handelt es sich um eine besondere Markenbenutzung des sogenannten „Ingredient Branding“, bei dem die Marke einer einzelnen Produktkomponente über mehrere Stufen der Vertikalkette bis hin zum Endverbraucher verwendet wird. Hierbei wird das eigentliche Fertigprodukt nicht oder nicht nur mit den Marken seines Herstellers versehen, sondern zusätzlich dazu auch mit der Marke des Herstellers eines Vorproduktes, Zwischenproduktes oder Behandlungs- oder Veredelungsmittels. Die Marke der betreffenden Produktkomponente kann auch lediglich die Werbung für das Fertigprodukt begleiten (*Ingerl/Rohnke* § 14 Rn. 785). Die Praxis der begleitenden Marke ist bei den unterschiedlichsten Warengebieten verbreitet und findet sich vor allem in der weiterverarbeitenden Industrie bei der Verarbeitung von Rohstoffen, synthetischen Fasern, Kunststoffen, Lebensmittelzutaten, Farbstoffen, PC-Mikroprozessoren, Fahrradkomponenten, Glaskeramikkochfeldern oder von besonderen Behandlungsmitteln (*Ströbele/Hacker/Thiering* § 9 Rn. 134; *Ingerl/Rohnke* § 14 Rn. 784 ff.; *Niebel* in Fezer, Handbuch der Markenpraxis, II 1 E Rn. 386 ff.). Erfolgreiche Praxisbeispiele für begleitende Marken sind „TetraPak“, „Gore-Tex“, „Nutra Sweet“, „Intel Inside“ „Ceran“, „Shimano“.

Die Verwendung eines Zeichens als begleitende Marke liegt im Interesse aller Beteiligten: Die Güte des Vorproduktes kommt einerseits dem Endprodukt zugute und erleichtert den Marktzugang, andererseits kommt dessen Güte wiederum dem Vorprodukt zugute (Synergieeffekt oder Goodwill-Effekt). Die begleitende Marke dient aber auch dem Wunsch des Verbrauchers, der bei einer Ware erkennen kann, welche Stoffe und Mittel für ihre Herstellung verwendet worden sind. Dieser positive Synergieeffekt kann sich bei Qualitätsmängeln oder einem negativen Image des Endproduktes bzw. dessen Marke selbstverständlich auch negativ auf das Ansehen der begleitenden Marke niederschlagen (Badwill-Effekt). Daher muss der Lizenzgeber einer begleitenden Marke einen hohen Aufwand betreiben, um die Qualitätssicherung über alle Vertriebsstufen hin bis zum Endprodukt zu gewährleisten, zu koordinieren und zu kontrollieren. Hinzu kommen flankierende Marketingmaßnahmen, um sicherzustellen, dass die begleitende Marke des selbständig vermarkteten Produktbestandteils von den Endkonsumenten weiterhin eigenständig und positiv wahrgenommen wird (vgl. *Baumgarth* S. 472 ff.). Schließlich ist die Formulierung „Widerspruchs-, Verfalls und/oder Nichtigkeitsverfahren sind nicht anhängig" von einer aktuellen Gesetzesänderung betroffen. Durch das Markenrechtsmodernisierungsgesetz (MaMoG, BGBl. 2018 I S. 2357 ff.) werden sowohl die vor den ordentlichen Gerichten sowie die vor dem Deutschen Marken- und Patentamt geführten „Löschungsverfahren" in „Verfalls- und Nichtigkeitsverfahren" abgeändert. Zur Vermeidung etwaiger Auslegungsschwierigkeiten sollte bei Lizenzvereinbarungen, die vor dem 1.5.2020 geschlossen werden, beachtet werden, dass die Änderung im Hinblick auf die Verfahren vor dem DPMA erst zum 1.5.2020 in Kraft tritt. Bis dahin werden vor dem DPMA weiterhin „Löschungsverfahren" geführt. Hinsichtlich der Verfahren vor den ordentlichen Gerichten ist das MaMoG hingegen bereits zum 14.1.2019 in Kraft getreten. Im Vertragsformular ist die ab dem 1.5.2020 geltende einheitliche Gesetzesfassung berücksichtigt worden.

2. Wahl des Formulars. Das Formular ist für jede Lizenzierung einer Marke als begleitende Marke verwendbar.

3. Formvorschriften. → Form. VIII.1 Anm. 3.

4. Begriffsbestimmungen. → Form. VIII.1 Anm. 4.

5. Rechtliche Problematik der begleitenden Marke. Vor der Nutzung einer begleitenden Marke ist grundsätzlich die ausdrückliche Gestattung des Markeninhabers einzuholen (vgl. OLG Frankfurt a. M. Urt. v. 21.9.1995 – 6 U 41/94, juris, Rn. 34 – zum WZG). Zwar mag sich in wenigen Fällen die Frage stellen, ob die Verwendung einer begleitenden Marke vor dem Hintergrund des § 23 Abs. 1 Nr. 2 MarkenG überhaupt einer Lizensierung bedarf. Wird beispielsweise in der Gebrauchsanweisung oder sonstigen Broschüre des Endprodukteherstellers bei den zur Herstellung verwendeten Produktkomponenten die begleitende Marke ohne besondere Hervorhebung aufgeführt, ist dies uU als rein beschreibender Gebrauch iSv § 23 Abs. 1 Nr. 2 MarkenG gesetzlich freigestellt. In der Praxis haben die Beteiligten allerdings oftmals ein Interesse daran, die begleitende Marke über eine bloße Nennung hinaus gezielt „als prominentes Zugpferd" auf dem Endprodukt bzw. seiner Verpackung und Werbung einzusetzen. Ein derartiger plakativer Einsatz wäre nicht mehr durch § 23 Abs. 1 Nr. 2 MarkenG gerechtfertigt (*Niebel* in Fezer, Handbuch der Markenpraxis, II 1 E Rn. 390 f.).

Im Zusammenhang mit der begleitenden Marke wurde zunächst bei Bekleidungsstücken und textilen Vorprodukten (synthetische Fasern, Wolle etc) die Frage der mittelbaren Warengleichartigkeit bzw. -ähnlichkeit nach dem WZG bzw. MarkenG zwischen an sich ungleichartigen Waren verschiedener Fertigstufen diskutiert und von der Rechtsprechung unter sehr engen Voraussetzungen bejaht (zB BPatG Beschl. v. 13.12.2006 – 32 W (pat) 376/02, juris; Rn. 43; BGH GRUR 2000, 886 – Bayer/BEICHEM; BGH GRUR 1993, 912 – BINA; nach dem WZG BGHZ 52, 337 – Dolan; BGHZ 60, 159 – Smarty; *Ströbele/Hacker/Thiering* § 9 Rn. 134; *Ingerl/Rohnke* § 14 Rn. 784f mwN in Rn. 787; *Fezer* § 14 Rn. 712 f.). Diese Problematik stellt sich nicht, wenn das Warenverzeichnis der begleitenden Marke auch das relevante Fertigprodukt erfasst. Dies dürfte aber nur ausnahmsweise dann in Frage kommen, wenn auf Grund der Art des Werkstoffs oder Vorprodukts dieses nur für ganz bestimmte Fertigprodukte verwendet werden soll. Bei Rohstoffen oder Vorprodukten, die für eine Vielzahl unterschiedlicher Fertigprodukte in Betracht kommen, wird der Inhaber der begleitenden Marke diese in der Regel nicht für eine Vielzahl von Fertigprodukten in das Markenregister eintragen lassen bzw. es erfolgt im Regelfall jedenfalls keine rechtserhaltende Benutzung dieser Marken. In solchen Fallkonstellationen kommt es weiterhin darauf an, ob Verwechslungsschutz der begleitenden Marke innerhalb des Produktähnlichkeitsbereichs besteht. Wenn es sich bei der begleitenden Marke um eine bekannte Marke handelt, dann kommt auch der Bekanntheitsschutz der begleitenden Marke außerhalb des Produktähnlichkeitsbereichs nach § 14 Abs. 2 Nr. 3 MarkenG in Betracht (*Fezer* § 14 Rn. 709).

Wenn die Produktkomponente des Herstellers eines Vor- oder Zwischenprodukts oder eines Behandlungs- oder Veredelungsmittels in dem Fertigprodukt vollständig aufgeht und vom Endverbraucher nicht mehr gesondert erkannt wird und er die auf dem Endprodukt angebrachten Marken nicht nach ihren Fertigungsstufen auseinanderhalten kann, kann es bei der Verwendung der begleitenden Marke auf den Endprodukten zu einer wettbewerbsrechtlich relevanten Irreführung des Verkehrs (§ 5 Abs. 1 Nr. 1 UWG) über die betriebliche Herkunft der verarbeiteten Produktkomponenten oder des Endproduktes kommen (*Ströbele/Hacker/Thiering* § 9 Rn. 134; *Niebel* in Fezer, Handbuch der Markenpraxis, II 1 E Rn. 388). Zur Vermeidung einer Verkehrsverwirrung bei Anbringung der begleitenden Marke auf dem Fertigprodukt ist ggf. deutlich zu machen, dass die Marke allein den Werkstoff, das Vor- und Zwischenprodukt oder das Behandlungsmittel kennzeichnet, es sei denn, dass ein solcher Hinweis wegen der Verkehrsbekanntheit im Verkehr als überflüssig erscheint (*Fezer* § 14 Rn. 710). Eine weitere markenrechtliche Problematik tritt auf, wenn das Endprodukt mit der Fertigproduktmarke und der begleitenden Marke gekennzeichnet ist. Hier stellt sich die Frage der rechtserhaltenden Benutzung der (begleitenden) Produktkomponenten-Marke sowie der (nachgelagerten) Endprodukt-Marke. Diskutiert wird hier, ob bzw. inwieweit die Verwendung der Produktkomponenten-Marke durch den Hersteller des Endproduktes eine rechtserhaltende Benutzung iSv § 26 MarkenG nur für die betreffende einzelne Produktkomponente oder zugleich auch für das Endprodukt darstellt; ferner, ob die Benutzung der Endprodukt-Marke auch eine rechtserhaltende Benutzung für die Einzelkomponenten darstellt (BGH GRUR 1995, 583 (584) – MONTANA: Benutzung einer Marke auf Spaghetti-Komplettgericht erstreckt sich nicht auf die Zutat Käse als solche; ausführlich *Ströbele/Hacker/Thiering* § 26 Rn. 44 ff. mwN; *Ingerl/Rohnke* § 26 Rn. 69). In diesem Zusammenhang wird darauf hingewiesen, dass die Verwendung von Marken zur Beschreibung der Beschaffenheit bzw. der Art und Weise der Herstellung nicht als markenmäßige Nutzung angesehen wurde und ein rein beschreibender Gebrauch der begleitenden Marke gem. § 23 Abs. 1 Nr. 2 MarkenG uU auch ohne Lizenz zulässig sein kann (vgl. EuGH GRUR 2002, 692 (693) – Hölterhoff/Freiesleben; *Niebel* in Fezer, Handbuch der Markenpraxis, II 1 E Rn. 389; *Fezer* § 14 Rn. 709).

Mit Blick auf die dargestellten Rechtsprobleme sind bei der Lizensierung einer begleitenden Marke vertragliche Vorkehrungen zu treffen, um irrige Vorstellungen der Endkonsumenten über die Qualität und Herkunft des mit der begleitenden Marke gekennzeichneten Vorprodukts auszuschließen. Diesen Gesichtspunkten kann durch eine konkrete Vorgabe der Art der Verwendung der Marke durch den Lizenznehmer Rechnung getragen werden (nachfolgend → Anm. 6 und 7). Die Verpflichtung zur Kenntlichmachung der Markeneigenschaft sowie die Festlegung der Verwendungsart sowie der Einhaltung bestimmter Qualitätsrichtlinien in Verbindung mit dem Vorbehalt von Kontrollbefugnissen des Lizenzgebers dienen dem Interesse des Markeninhabers am Schutz der begleitenden Marke vor einer Umwandlung in eine Gattungsbezeichnung und am Schutz des mit der Marke verbundenen Goodwill (→ Anm. 6–8).

Soll ein Lizenzvertrag nach demselben Muster mit einer Vielzahl von Lizenznehmern abgeschlossen werden, sind ggf. die für Allgemeine Geschäftsbedingungen geltenden Vorschriften zu beachten (*Niebel* in Fezer, Handbuch der Markenpraxis, II 1 E Rn. 394).

6. Lizenzgewährung. Die Lizenz zur Benutzung einer Marke als begleitende Marke ist im Allgemeinen eine nichtausschließliche, da der Markeninhaber und Hersteller des Ausgangsstoffes bzw. der Einzelkomponente daran interessiert ist, möglichst allen seinen Abnehmern zu gestatten, das Zeichen als begleitende Marke zu benutzen und damit im Verkehr bekannt zu machen. Im Allgemeinen ist die Lizenz auch gebührenfrei. Bei einer einfachen Lizenz darf der Lizenznehmer – im Gegensatz zur ausschließlichen Lizenz – ohne Zustimmung des Hauptlizenzgebers keine Unterlizenzen vergeben (vgl. OLG Hamburg MarkenR 2006, 55 – Mobilegames; *Ströbele/Hacker/Thiering* § 30 Rn. 12; *Ingerl/Rohnke* MarkenG § 30 Rn. 49). Das Verbot im Formular dient daher nur zur Klarstellung.

7. Voraussetzung für die Verwendung der begleitenden Marke. Aus Sinn und Zweck der begleitenden Marke folgt die Verpflichtung des Lizenznehmers, dieses Zeichen nur in Verbindung mit solchen Erzeugnissen zu benutzen, die unter Verwendung der Rohstoffe des Lizenzgebers hergestellt worden sind. Jede Verwendung im Zusammenhang mit anderen Erzeugnissen wäre irreführend. Nicht notwendig wäre allerdings die Verpflichtung des Lizenznehmers, die Ausgangsstoffe nur unmittelbar vom Hersteller zu beziehen (zur kartellrechtlichen Zulässigkeit von Bezugsbindungen des Lizenznehmers für Ausgangsprodukte → Form. VIII.1 Anm. 9; speziell für die begleitende Marke *Niebel* in Fezer, Handbuch der Markenpraxis, II 1 E Rn. 410).

Der Lizenzgeber hat ein vitales Interesse daran, dass seine Marke nur im Zusammenhang mit solchen Erzeugnissen verwendet wird, deren Qualität gewährleistet, dass der vom Hersteller geschaffene Goodwill der Marke erhalten bleibt. Der Verbraucher wird leicht geneigt sein, etwaige Mängel und Ansehensverluste des Fertigproduktes automatisch auch dem Rohstoff zuzurechnen. Darüber hinaus kann die vom Hersteller betriebene Werbung unter Umständen zu einer kaufrechtlichen Haftung für Werbeaussagen nach § 434 Abs. 1 S. 3 BGB führen. Es ist deshalb allgemein üblich, dass genaue Verarbeitungs- und Güterichtlinien festgelegt werden und das Herstellungsverfahren für jedes einzelne Erzeugnis des Lizenznehmers dem Lizenzgeber zur Prüfung und Freigabe vorgelegt werden muss. Der Lizenzgeber muss ferner die Befugnis haben, die Einhaltung der jeweils festgelegten Qualität zu überprüfen. Zur Problematik der Produkthaftung → Anm. 11.

8. Art der Verwendung der Marke. Die begleitende Marke darf nur in einer Form verwendet werden, aus der erkennbar ist, dass sie nicht der Kennzeichnung der Herkunft der Ware aus dem Betrieb des Herstellers, sondern der Kennzeichnung der Herkunft des vom Hersteller verwendeten Rohstoffs oder Behandlungsmittels dient (→ Anm. 6). Auch in der Werbung und nicht nur auf dem Produkt selbst muss jede Irreführung in dieser Hinsicht vermieden werden.

Bei bestimmten Warengruppen kann der extensive Gebrauch einer begleitenden Marke zu einer Beeinträchtigung des Schutzumfangs führen, etwa wenn die begleitende Marke durch den inflationären Gebrauch durch zahlreiche Lizenznehmer zu einer Gattungsbezeichnung wird. Besteht dieses Risiko, sollte der Lizenzgeber dem Lizenznehmer die zulässigen Benutzungsformen möglichst eng vorgeben (*Niebel* in Fezer, Handbuch der Markenpraxis, II 1 E Rn. 392 und 405). Ferner ist aus diesem Grund bei dieser Lizenzart äußerst wichtig, dass die begleitende Marke nur mit einem Lizenzvermerk oder Hinweis auf ihre Registrierung verwendet, keine Verbindung zwischen Zeichen und Firma oder Geschäftsbezeichnung des Fertigwarenherstellers hergestellt, das Zeichen nicht auf Geschäftsbriefen benutzt und schließlich auch nicht mit anderen Worten zu einer Worteinheit zusammengezogen oder abgewandelt werden darf (*Niebel* in Fezer, Handbuch der Markenpraxis, II 1 E Rn. 405). Lizenzvermerke können dieser Gefahr vorbeugen.

9. Verwendung des Zeichens durch Abnehmer des Lizenznehmers. Der Lizenzgeber muss sicherstellen, dass auf jeder Verarbeitungsstufe das Zeichen nur im Zusammenhang mit Waren benutzt wird, die seinen Gütevorstellungen und Qualitätsrichtlinien entsprechen. Auch die Abnehmer des Lizenznehmers dürfen die Marke deshalb nur mit Genehmigung des Lizenzgebers benutzen. Die im Formular vorgesehene Bestimmung stellt dies klar.

10. Vertragsdauer und Kündigung. Im Allgemeinen ist eine feste Vertragszeit nur dann angebracht, wenn der Lizenznehmer größere Investitionen nicht für andere Zwecke im Falle einer Auflösung des Vertrages benutzen kann. Im Übrigen wird auf → Form. VIII.1 Anm. 19 und 20 verwiesen.

11. Produkthaftung. Bei der begleitenden Marke unterscheidet sich die Rechtslage der Produkthaftung von der bei der herkömmlichen Markenlizensierung (näher in → Form. VIII.1 Anm. 11). Nach §§ 1, 4 Abs. 1 S. 1 ProdhaftG haftet neben dem Hersteller eines Endprodukts grundsätzlich auch der Hersteller eines Grundstoffs oder Teilproduktes für Mängel des Endproduktes. Zwar ist eine Schadensersatzpflicht des Herstellers eines Teilprodukts oder eines Grundstoffs unter den in § 1 Abs. 2 oder 3 ProdhaftG genannten Voraussetzungen ausgeschlossen zB wenn der Fehler durch die Konstruktion des Produkts, in welches das Teilprodukt eingearbeitet wurde, oder durch die Anleitungen des Herstellers des Produkts verursacht worden ist; allerdings muss der Hersteller beweisen, dass solche Umstände vorlagen. Vor diesem Hintergrund sollte bei der Lizensierung einer begleitenden Marke eine Klausel zur Produkthaftung verwendet werden (*Niebel* in Fezer, Handbuch der Markenpraxis, II 1 E Rn. 411).

12. Steuern. → Form. VIII.1 Anm. 14.

4. Kauf einer Marke

Kaufvertrag[1–5] zwischen

der A. . . . . . (Firma, Rechtsform, Anschrift)[6]

(nachstehend „Verkäufer" genannt)

und

der B. . . . . . (Firma, Rechtsform, Anschrift)[6]

(nachstehend „Käufer" genannt)

§ 1 Kaufgegenstand

(1) Hiermit verkauft und überträgt der Verkäufer an den Käufer

1. **die von ihm beim Deutschen Patent- und Markenamt (DPMA) unter der Nr. 98 765 432 angemeldete Marke „DERMOCOOL" für Sonnenschutzmittel,[7]**
2. **von der zur Teilung vorgesehenen, ihm gehörenden und auf seinen Namen beim DPMA eingetragenen Marke „SMELLY-BIEN" Nr. 87654321 den Teil der Marke, der als abgetrennte Eintragung für die Klasse 3, Bezeichnung: „Seifen", fortbestehen soll,[8, 9]**

3. die von ihm mit Verkehrsgeltung für das gesamte Gebiet der Bundesrepublik Deutschland benutzte Dienstleistungsmarke „CUPIDO CONSULT“ für Partnerschaftsvermittlung sowie[10]
4. die von ihm beim Amt der Europäischen Union für Geistiges Eigentum (EUIPO) unter der Nr. 97531421 eingetragene Unionsmarke „STATSRAAD LEHMKUHL“ für alkoholhaltige Getränke,[11]

im Folgenden „Vertragsmarken“ genannt.

(2) Der Käufer nimmt die Übertragungen an.

§ 2 Mitwirkungspflicht[10]

(1) Der Verkäufer übergibt dem Käufer mit Vertragsunterzeichnung sämtliche in seinem Besitz befindlichen, die Vertragsmarken betreffenden Unterlagen, insbesondere den Schriftverkehr mit dem DPMA und dem EUIPO, anderen Zeicheninhabern und sonstigen Dritten bezüglich des Rechtsbestands der Vertragsmarken sowie alle Unterlagen betreffend die Verkehrsgeltung der Marke „CUPIDO CONSULT“, insbesondere Verkehrsbefragungen.

(2) Der Verkäufer verpflichtet sich gegenüber dem Käufer, jederzeit vollständige Auskünfte über Art und Umfang der Benutzung der Vertragsmarken zu erteilen sowie entsprechende Beweismittel herauszugeben. Er wird amtliche Bescheide und Mitteilungen der Markenämter, die ihm ggf. nach Vertragsunterzeichnung zugehen, unverzüglich an den Käufer weiterleiten.

§ 3 Eintragung des Rechtsübergangs[12]

Mit Vertragsunterzeichnung übergibt der Verkäufer an den Käufer je einen von den Parteien einvernehmlich ausgefüllten und von beiden Parteien unterschriebenen „Antrag auf Eintragung eines Teil-Rechtsübergangs“ (Formblatt DPMA) betreffend die Vertragsmarke „DERMOCOOL“ sowie „Antrag auf Eintragung eines Teil-Rechtsübergangs (Formblatt DPMA) betreffend die Vertragsmarke „SMELLY-BIEN“ sowie einen von beiden Parteien einvernehmlich ausgefüllten und unterzeichneten „Antrag auf sonstige Eintragung“ (Formblatt Mod. 008 des EUIPO), in dem die Eintragung des Rechtsübergangs der Marke „STATSRAAD LEHMKUHL“ beantragt wird; diese Anträge werden von dem Käufer unverzüglich beim DPMA bzw. beim EUIPO unter Zahlung der erforderlichen Gebühren eingereicht.[11, 12]

§ 4 Nichtangriffspflicht[13]

Der Verkäufer wird weder direkt noch indirekt den Rechtsbestand der Vertragsmarken oder entsprechende Neuanmeldungen angreifen.

§ 5 Gewährleistung[14]

(1) Dem Käufer sind Registerstand und Benutzungslage der Vertragsmarken bekannt.

(2) Dem Verkäufer sind keine Widersprüche gegen die Vertragsmarken oder Anträge auf Erklärung des Verfalls bzw. der Nichtigkeit der Vertragsmarken bekannt.

(3) Dem Verkäufer sind keine rechtshängigen oder durch außergerichtliche Abmahnung geltend gemachten Ansprüche Dritter gegen die Benutzung der Vertragsmarken bekannt. Auch sind dem Verkäufer keine Ansprüche Dritter auf Erklärung des Verfalls und/oder der Nichtigkeit der Vertragsmarken bekannt.

(4) Der Verkäufer hat weder Lizenzen noch Sicherungsrechte (zB Verpfändung, Sicherungsübereignung) an den Vertragsmarken gewährt.

(5) Die Parteien sind sich darüber einig, dass die unter § 5 (2), (3) und (4) gemachten Zusicherungen keine Beschaffenheitsgarantie im Sinne von § 443 Abs. 1 BGB darstellen. Von der Richtigkeit dieser Zusicherungen abgesehen ist jede Gewährleistung des Ver-

käufers für Rechtsmängel ausgeschlossen. Hinsichtlich der Verkehrsgeltung der Marke „CUPIDO CONSULT" sind auch Ansprüche wegen Unmöglichkeit sowie einer Störung der Geschäftsgrundlage ausgeschlossen. Dieser Gewährleistungsausschluss gilt auch mit Rücksicht auf § 444 BGB.

§ 6 Kaufpreis und Kosten[15]

(1) Der von dem Käufer zu zahlende Kaufpreis beträgt:
1. für die Übertragung der Marke „DERMOCOOL" 40.000 EUR (vierzigtausend) zuzüglich Umsatzsteuer;
2. für die Teilübertragung der Marke „SMELLY-BIEN" 20.000 EUR (zwanzigtausend) zuzüglich Umsatzsteuer;
3. für die Übertragung der Marke „CUPIDO CONSULT" 10.000 EUR (zehntausend) zuzüglich Umsatzsteuer;
4. für die Übertragung der Marke „STATSRAAD LEHMKUHL" 90.000 EUR (neunzigtausend) zuzüglich Umsatzsteuer.

(2) Die erste Hälfte des Kaufpreises für die Vertragsmarken 1., 2. und 4. sowie der volle Kaufpreis für die Vertragsmarke 3. sind sofort fällig; die zweite Hälfte des Kaufpreises für die Vertragsmarken 1., 2. und 4. wird mit durchgeführter Umschreibung der jeweiligen Marke fällig. Jede der vier Übertragungen soll auch für sich genommen wirksam sein.
(3) Der Käufer trägt die Kosten und Gebühren für die Umschreibung der Vertragsmarken.

§ 7 Gerichtsstand und anwendbares Recht[16]

(1) Als Gerichtsstand für alle Streitigkeiten aus oder in Verbindung mit diesem Vertrag wird das Landgericht Köln vereinbart. Jede Partei ist jedoch berechtigt, die andere Partei an ihrem allgemeinen Gerichtsstand in Anspruch zu nehmen.
(2) Der Vertrag unterliegt ausschließlich deutschem Recht.

§ 8 Sonstiges[17]

Sollten eine oder mehrere Bestimmungen dieses Vertrages einschließlich dieser Regelung ganz oder teilweise unwirksam oder nichtig sein oder werden oder sollte der Vertrag eine Regelungslücke enthalten, so wird die Wirksamkeit der übrigen Bestimmungen dadurch nicht berührt. Die Parteien sind gehalten, die unwirksame oder fehlende Bestimmung durch eine solche wirksame Bestimmung zu ersetzen, mit der das wirtschaftlich gewollte Ergebnis am besten erreicht wird.

. . . . . (Ort), den . . . .

Unterschriften

Schrifttum: Bartenbach/Bartenbach, Schutzrechtsverkauf und Lizenzierung von Schutzrechten und Know-how nach der Schuldrechtsreform, MDR 2003, 1270 ff; *Berlit,* Markenrechtsmodernisierungsgesetz: Was ändert sich am 14.1.2019?, GRUR-Prax 2019, 1; *Berlit,* Markenrecht, 10. Auflage 2015; *Bolt,* Kennzeichenrechtliche Verträge bei Unternehmenskäufen, BB 2013, 2568 ff.; *Eisenführ/Schennen,* Unionsmarkenverordnung, 5. Auflage 2017; *Ekey/Bender/Fuchs-Wissemann,* Markenrecht, 3. Aufl. 2014; *Fezer,* Markenrecht, 4. Auflage 2009; *Fezer,* Handbuch der Markenpraxis, Muster II 1 L Markenkauf, Muster II 1 M GMV Markenkauf, Muster II 1 N IR-Markenkauf, 3. Auflage 2016; *Füllkrug,* Spekulationsmarken, GRUR 1994, 679 ff.; *ders.,* Spekulationsmarken und ihre Löschung, WRP 1995, 378 ff.; *Giefers/May,* Markenschutz, 5. Auflage 2003; *Hasselblatt* (Hrsg.) Münchner Anwaltshandbuch gewerblicher Rechtsschutz,

5. Auflage 2017; *Klaka,* Die Markenteilung, GRUR 1995, 713 ff.; *Ingerl/Rohnke,* Markengesetz 3. Auflage 2010; *Klaka/Schulz,* Die Europäische Gemeinschaftsmarke, 1996; *Köhler/Majer/Wiezorek,* Erfolgsfaktor Marke, Neue Strategien des Markenmanagements, 2001; *Lagarden,* Markenbewertung in der Unternehmenspraxis, 2011; *McGuire/von Zumbusch/Joachim,* Verträge über Schutzrechte des geistigen Eigentums (Übertragung und Lizenzen) und dritte Parteien, GRUR Int. 2006, 682 ff.; *v. Mühlendahl,* Deutsches Markenrecht, 1995; *v. Mühlendahl/Ohlgart/v. Bomhard,* Die Gemeinschaftsmarke, 1998; Münchener Kommentar zum BGB, Band 3 Schuldrecht Besonderer Teil I, 7. Auflage 2016; *Repenn/Weidenhiller,* Markenbewertung und Markenverwertung, 2. Auflage 2005; *Repenn/Spitz,* Die Marke als selbständiges Wirtschaftsgut, WM 1994, 1653 ff.; *Ströbele/Hacker/Thiering,* Markengesetz, 12. Auflage 2018.

Siehe auch Schrifttumshinweise bei → Form. VIII.1.

Anmerkungen

1. Vorbemerkung zur Vertragsgestaltung. (1) Die Marke ist als gewerbliches Schutzrecht ein bedeutsames Wirtschaftsgut (näher *Ingerl/Rohnke* Vor §§ 27–31 Rn. 1*),* dessen Verwertung im Rahmen der Vorgaben durch das Markengesetz vorgenommen werden kann. Die Marke ist nach dem MarkenG nicht allein durch ihre Unterscheidungs- und Herkunftsfunktion gekennzeichnet, sondern auch durch ihre ökonomischen Funktionen, die sie zum Gegenstand der kommerziellen Kommunikation machen (vgl. *Fezer* Einl. Rn. 19). Wesentlich für die wirtschaftliche Verwertbarkeit einer Marke ist die Nicht-Akzessorietät der Marke, die insbesondere in §§ 27, 7 MarkenG zum Ausdruck kommt. dh die Inhaberschaft der Marke ist nicht – anders als noch unter der Geltung des WZG – an den Geschäftsbetrieb gebunden (näher *Ströbele/Hacker//Thiering* § 27 Rn. 4 ff.).

Nach § 7 MarkenG können neben natürlichen Personen auch juristische Personen sowie diesen diesbezüglich gleichgestellte Personengesellschaften wie die OHG, KG, und Partnerschaftsgesellschaften ohne weiteres Inhaber von Marken sein. Seit der höchstrichterlichen Anerkennung der Rechtsfähigkeit der GbR als Außengesellschaft (BGH NJW 2001, 1056, bestätigt durch BGH NJW 2002, 1207) gilt das auch für die GbR (BPatG GRUR 2008, 448 – Pit Bull; BPatG GRUR 2004, 1030 – Markenregisterfähigkeit einer GbR) und entspricht der Eintragungspraxis des DPMA (ausführlich bei *Fezer* § 7 Rn. 45 ff.).

Da die Inhaberschaft der Marke nicht an den Geschäftsbetrieb gebunden ist, ist grundsätzlich – vgl. zu den Grenzen nachfolgend – auch Markenholding- und Markenverwertungsgesellschaften ein Betätigungsfeld eröffnet. Außerdem können in einem Konzern alle Marken zentral von einer Gesellschaft – zB der Holdinggesellschaft – angemeldet und gehalten werden, unabhängig davon, welche Konzerngesellschaft über den entsprechenden Geschäftsbetrieb verfügt. Hat sich ein Markenrechtsinhaber im Rahmen einer atypischen stillen Beteiligung an einer Gesellschaft beteiligt, die im Wesentlichen Produkte unter dem geschützten Markennamen vertrieb, so kann jedenfalls dann von einer Übertragung der Markenrechte auf die Gesellschaft ausgegangen werden, wenn im Rahmen der atypischen stillen Beteiligung die Anteile mehrheitlich dem Markenrechtsinhaber zugestanden wurden, die Gesellschaft für die Kosten der Eintragung der Marken und der Markenpflege aufzukommen hatte und im Übrigen Anhaltspunkte für die Annahme des Abschlusses eines Lizenzvertrages fehlen. In diesem Fall ist auch für nachträglich angemeldete Marken von einer Übertragung der Marken auf die Gesellschaft auszugehen (OLG Frankfurt a. M. Urt. v. 23.5.2013 – 6 U 184/10, juris, Rn. 51).

Die Kommerzialisierung der Marke, die in der Überschrift zu Teil 2, Abschnitt 5 MarkenG „Marken als Gegenstand des Vermögens" ihren entsprechenden Ausdruck gefunden hat, eröffnet über den „Markenhandel" hinaus weitere Verwertungsmöglichkeiten in Form von Pfändung (§ 29 MarkenG) und Sicherheitsübereignung der Marke, auch unabhängig von einem Geschäftsbetrieb. Die wirtschaftliche Bedeutung dieser Vollstreckungs- und Sicherungsmöglichkeiten wird deutlich, wenn man sich vor Augen hält, dass der Wert erfolgreicher Marken außerordentlich hoch und diese im Konkursfall das letzte vermögenswerte Gut sein können (näher dazu *Schmidt,* Auf dem Weg zur vollen Anerkennung immaterieller Vermögenswerte als Kreditsicherheit?, WM 2012, 721 ff.). Auch bei der weit überwiegenden Mehrzahl aller Unternehmenskäufe besteht kennzeichenrechtlicher Regelungsbedarf; nicht nur bei Transaktionen, bei denen Kennzeichen und andere Vermögensgegenstände per Einzelrechtsnachfolge übertragen werden (Asset Deal), sondern auch bei reinen Geschäftsanteilskäufen (Share Deal; *Bolt,* Kennzeichenrechtliche Verträge bei Unternehmenskäufen, BB 2013, 2568). Die Bewertung der zu verkaufenden Marke kann außerordentlich schwierig sein und unter Umständen umfangreiche Vorverhandlungen zum Vertragsschluss über den Kauf einer Marke erfordern. In der Wirtschaftswissenschaft werden verschiedene Methoden zur Markenbewertung diskutiert und verwendet (zu den Bewertungsmethoden vgl. *Fischer/Menninger* in Fezer, Handbuch der Markenpraxis, II 2 Rn. 105; *Lagarden,* Markenbewertung in der Unternehmenspraxis, 2011; *Repenn/Weidenhiller,* Markenbewertung und Markenverwertung, 2. Auflage 2005; *Köhler/Majer/Wiezorek,* Erfolgsfaktor Marke, Neue Strategien des Markenmanagements, 2001).

Der im Markengesetz verankerte Grundsatz, dass die Marke frei übertragbar und ihre Inhaberschaft nicht an den Geschäftsbetrieb gebunden ist, findet seine Grenzen im Falle von rechtsmissbräuchlicher Spekulation. Nach der Begründung zum Markengesetz sollte die Einführung der Möglichkeit der Nichtigkeitserklärung und Löschung nach § 50 Abs. 1 MarkenG iVm § 8 Nr. 10 MarkenG bei „bösgläubiger Anmeldung" ein geeignetes Korrektiv zum Wegfall der Akzessorietät zum Geschäftsbetrieb darstellen. Der aus der ersten MarkenRL stammende Begriff der Bösgläubigkeit bedarf einer eigenständigen kennzeichenrechtlichen Auslegung (BGH GRUR 2000, 1032 (1033) – EQUI 2000). Von einer Bösgläubigkeit des Anmelders ist jedenfalls dann auszugehen, wenn die Anmeldung rechtsmissbräuchlich oder sittenwidrig erfolgt (BGH GRUR 2000, 1032 (1033) – EQUI 2000; siehe weiterhin BGH GRUR 2008, 917 – EROS; OLG Frankfurt a. M. WRP 2014, 480 – Rechtsmissbräuchliche Anmeldung einer Spekulationsmarke).

Der Nichtigkeitsgrund der bösgläubigen Anmeldung gemäß § 50 Abs. 1 MarkenG iVm § 8 Nr. 10 MarkenG stellt keine abschließende Regelung dar, um rechtsmissbräuchliche und sittenwidrige Eintragungen zur Löschung zu bringen. Zur Beurteilung der Bösgläubigkeit des Anmelders nach § 50 Abs. 1 MarkenG iVm § 8 Nr. 10 MarkenG sind die in der Rechtsprechung zum außerkennzeichenrechtlichen Löschungsanspruch entwickelten Grundsätze (zB BGH GRUR 1980, 110 (111) – Torch; GRUR 1984, 210 (211) – Arostar; OLG München GRUR 1990, 43 ff. – Donnerlippchen) weiter anwendbar (vgl. BGH GRUR 2000, 1032 (1034) – EQUI 2000; näher *Ströbele/Hacker/Thiering* § 8 Rn. 900 ff.). Der BGH hat die Geltendmachung des markenrechtlichen Ausschließlichkeitsanspruchs iSv § 14 Abs. 1 MarkenG für eine zu Spekulationszwecken ohne Markenbenutzungswillen angemeldete Marke nach dem allgemeinen Grundsatz der unzulässigen Rechtsausübung (§ 242 BGB) beurteilt (BGH GRUR 2001, 242 ff. – Classe E; vgl. BGH GRUR 2008, 621, 623 – AKADEMIKS; *Ströbele/Hacker/Thiering* § 8 Rn. 928). Danach kann die rechtsmissbräuchliche Geltendmachung der formalen Markenposition dem Markeninhaber – unbeschadet des insoweit nicht abschließenden Löschungsantrags nach § 50 Abs. 1 MarkenG iVm § 8 Nr. 10 MarkenG und etwaiger Ansprüche aus § 3 UWG, § 826 BGB – im Wege der negativen Feststellungsklage entgegengehalten werden. Ein Indiz für das Fehlen eines zunächst vermuteten ernsthaften Benutzungswillens des Markeninhabers liegt insbesondere in der Bevorratung einer Vielzahl von Marken für unterschiedliche Waren und Dienstleistungen, die im Wesentlichen für den Zweck gehortet wurden, Dritten, die identische oder ähnliche Bezeichnungen verwenden, mit

Geldforderungen entgegenzutreten (BGH GRUR 2001, 242 (245) – Classe E; OLG Frankfurt a.M. WRP 2014, 480 – Rechtsmissbräuchliche Anmeldung einer Spekulationsmarke; *Ströbele/Hacker/Thiering* § 8 Rn. 925).

Außerdem hat der Bundesgerichtshof auch nach Wegfall des Verbots der Leerübertragung daran festgehalten, dass der Erwerb einer Marke allein zu dem Zweck, den Wettbewerber zu schwächen, wettbewerbswidrig sein kann (BGH GRUR 2005, 581 (582) – Colour of Elegance; BGH GRUR 1995, 117 (121) – Neutrex, siehe weiterhin BGH GRUR 2012, 429 (430) – AKADEMIKS). Daher muss auch mit der Möglichkeit gerechnet werden, dass Kaufverträge über Marken wegen Sittenwidrigkeit – beim Verkauf von Spekulationsmarken auch unter dem Aspekt des § 138 Abs. 2 BGB (Ausbeutung einer Zwangslage) – für nichtig erklärt werden.

Nach § 27 Abs. 2 MarkenG bzw. nach Art. 20 Abs. 2 UMV gilt die rechtliche Vermutung, dass die Übertragung des Geschäftsbetriebes im Zweifel auch die zugehörige Marke umfasst. Zur Widerlegung dieser Rechtsvermutung ist die volle Beweisführung erforderlich, jedoch können dafür auch außerhalb der Urkunde liegende Indizien berücksichtigt werden (OLG Hamm Urt. v. 25.9.2012 – 4 U 51/12, juris, Rn. 64 ff.; *Ingerl/Rohnke* § 27 Rn. 25). Sollen Marken im Rahmen eines durch Singularsukzession zu bewirkenden Unternehmenskaufs (sog. „Asset Deal") übertragen werden, erfasst deshalb nach § 27 Abs. 2 MarkenG die Übertragung bzw. die nur teilweise Übertragung (§ 27 Abs. 4 MarkenG) des Geschäftsbetriebes „im Zweifel" auch die Markenrechte einschließlich der durch eine Anmeldung begründeten Rechte (§ 31 MarkenG). Dies gilt nach Art. 20 Abs. 2 der UMV ebenso für den Übergang von Unionsmarken. Es kann sich zur Vermeidung solcher Zweifel empfehlen, folgende Klausel in den Unternehmenskaufvertrag aufzunehmen:

„Der Verkäufer überträgt außerdem auf den Käufer die zu dem verkauften Unternehmen gehörenden Marken und Markenanmeldungen Nr. . . . . .". (siehe auch Münchener Vertragshandbuch, Band 2 Wirtschaftsrecht I, Formularsammlung, 7. Auflage 2015, Form. IV Unternehmenskauf).

2. Sachverhalt. Der Sachverhalt betrifft die Übertragung mehrerer Marken. Dabei handelt es sich um drei nationale Marken und um eine Unionsmarke. Von den nationalen Marken sind nur zwei eingetragen. Für das dritte Zeichen besteht Markenschutz allein aufgrund Benutzung mit Verkehrsgeltung (→ Anm. 10).

Wie sich aus der vorstehenden Anmerkung ergibt, ist sowohl nach dem MarkenG als auch nach der UMV der freie Verkauf von Marken, sich hierauf beziehender Anmeldungen und auch der nur teilweise Verkauf von Markenrechten grundsätzlich zulässig (zur UMV allgemein → Anm. 11).

Wesentlich komplexer ist die Übertragung einer IR-Marke. Die Rechtsnatur als Bündel nationaler Markenrechte bewirkt zwar zum einen die aus Verfahrenssicht vereinfachte Übertragbarkeit durch einmalige Registrierung der Übertragung bei der WIPO; andererseits richtet sich die materiell-rechtliche und dingliche Wirksamkeit der Übertragung der IR-Marke ausschließlich nach dem nationalen Recht des jeweils betroffenen Vertragsstaates. Aufgrund der unterschiedlichen nationalen Ausgestaltung des materiellen Markenrechts ist beispielsweise zu beachten, dass die IR-Marke nach dem Recht eines der Vertragsstaaten uU akzessorisch ist und nicht ohne den zugehörigen Geschäftsbetrieb übertragen werden kann (zB im US-Recht). Ausführlich zur Übertragung einer IR-Marke mit Kaufvertragsmuster IR-Markenkauf bei *Niebel* in Fezer, Handbuch der Markenpraxis, II 1 N.

3. Kartellrecht. (1) Beim Kauf besonders bekannter Marken können auch kartellrechtliche Risiken zu prüfen sein. Insoweit spielt vor allem die Fusionskontrolle eine wesentliche Rolle, deren Aufgabe darin besteht, einer übermäßigen Konzentration durch externes Wachstum der Unternehmen auf einem bestimmten Markt vorzubeugen (*Fammler* in

Fezer, Handbuch der Markenpraxis, II 1 L Rn. 708 ff.). Beispielsweise sah der BGH wegen des hohen Bekanntheitsgrades der Marke „Frapan“ in deren Erwerb durch die Inhaberin der bekannten Marke „Melitta“ sowohl eine Verstärkung ihrer marktbeherrschenden Stellung als auch einen unzulässigen Zusammenschluss (BGH GRUR 1992, 877 ff. – Frapan mAnm *Fezer* GRUR 1993, 882 f.).

Ein kartellrechtlich möglicherweise relevanter Zusammenschluss liegt unter anderem vor bei dem „Erwerb des Vermögens eines anderen Unternehmens ganz oder zu einem wesentlichen Teil“, § 37 Abs. 1 Nr. 1 GWB. Als erworbener Vermögenswert kommen auch Marken in Betracht, allerdings nur bei Übertragung des Vollrechts, nicht bloß der Markenlizenzen. In diesem Fall kann die Einräumung der Markenlizenz stattdessen einen ebenfalls kontroll- bzw. anzeigepflichtigen Kontrollerwerb nach § 37 Abs. 1 Nr. 2 lit. a GWB darstellen, wenn es sich bei der Einräumung oder Übertragung der Nutzungsrechte um den Erwerb des Vermögens eines anderen Unternehmens „zu einem wesentlichen Teil” handelt. Zwar enthält § 37 Abs. 1 Nr. 2 lit. a GWB anders als § 37 Abs. 1 Nr. 1 GWB keine entsprechende Einschränkung, wonach es sich um „wesentliche” Teile des Vermögens des veräußernden Unternehmens handeln muss; jedoch besteht Einigkeit darüber, dass im Rahmen von § 37 Abs. 1 Nr. 2 lit. a GWB insofern derselbe Maßstab wie bei § 37 Abs. 1 Nr. 1 GWB anzulegen ist (BGH GRUR 2007, 517 (518) – National Geographic I mwN; BGH NJW 1993, 264 – Warenzeichenerwerb; *Fammler* in Fezer, Handbuch der Markenpraxis, II 1 L Rn. 710a). Entscheidend ist, dass die Marke als Vermögensteil tragende Grundlage der Stellung des Veräußerers auf dem kartellrechtlich relevanten Markt und demgemäß geeignet ist, diese Marktstellung von dem Veräußerer auf den Erwerber zu übertragen und dadurch die Stellung des Erwerbers auf dem relevanten Markt spürbar zu stärken (*Langen/Bunte*, Band 1, GWB § 37 Rn. 9; *Fammler* in Fezer, Handbuch der Markenpraxis, II 1 L Rn. 711 f.).

Im Übrigen zu kartellrechtlichen Fragen → Anm. 13.

4. Wahl des Formulars. Das Formular kann für Fälle der Veräußerung jeder Art von Marken außerhalb eines Unternehmenskaufs oder als Teil eines entsprechenden Kaufvertrags verwendet werden. Es umfasst zur Verdeutlichung der sich möglicherweise ergebenden Fragen verschiedene Arten von Marken. Je nach Art der zu verkaufenden Marken kann das Formular entsprechend angepasst werden.

5. Form. Im deutschen Markenrecht ist aufgrund des Trennungsprinzips bei der Übertragung von Marken nach dem BGB zu unterscheiden zwischen der Übertragung des Rechts selbst, dem rechtsgeschäftlichen Verfügungsgeschäft, und dem zugrundeliegenden Verpflichtungsgeschäft (siehe *Fezer* § 27 Rn. 20 ff.). Der Rechtsübergang des Markenrechts auf den Erwerber vollzieht sich auf Grund der rechtsgeschäftlichen Verfügung nach §§ 398 BGB (Abtretungsvertrag) zwischen dem Inhaber und dem Erwerber (OLG Hamm Urt. v. 25.9.2012 – 4 U 51/12, juris, Rn. 57; LG Hamburg Urt. v. 11.5.2012 – 408 HKO 31/11, juris, Rn. 101; *Ingerl/Rohnke* § 27 Rn. 6 ff.). Die Abtretung ist formfrei wirksam; sie kann auch mündlich oder konkludent zustande kommen, wenn sich aus dem Verpflichtungsgeschäft ergibt, dass die Parteien unmittelbar die Übertragung bewirken wollten und die konkret zu übertragende Marke genau bestimmbar ist, im Fall einer eingetragenen Marke beispielsweise durch Bezeichnung der Registernummer, ggf. unter Hinzufügung des Zeichens. Der rechtsgeschäftlichen Verfügung liegt der Kauf als Verpflichtungsgeschäft zugrunde. Der Markenkaufvertrag ist – soweit es sich um deutsche Marken handelt – formfrei. Im vorgeschlagenen Vertragsformular werden die schuldrechtliche Verpflichtung und die rechtsgeschäftliche Übertragung der Praktikabilität halber in einem Vertrag gleichzeitig vorgenommen. Möglich ist es jedoch auch, zunächst lediglich das schuldrechtliche Verpflichtungsgeschäft vorzunehmen und die Abtretung des Markenrechts als dinglichen Rechtsvorgang in einem separaten Vertrag nachfolgen zu lassen. Auch wenn wegen des dem deutschen Recht zugrunde liegenden

Abstraktionsprinzips die Wirksamkeitsschicksale von Verpflichtungs- und Verfügungsgeschäft grundsätzlich unabhängig voneinander sind, so ist es den Vertragsparteien unbenommen, einen rechtlichen Zusammenhang zwischen beiden Geschäften herzustellen. Dies kann etwa durch die Vereinbarung einer Bedingung im Sinne von § 158 BGB geschehen, welche die Wirksamkeit der Übertragung an die Wirksamkeit des Verpflichtungsgeschäfts knüpft (siehe dazu *Fezer* § 27 Rn. 23). Bei einem umfangreichen Markenportfolio kann eine Auflistung der Marken in einer separaten Anlage ratsam sein. Zur Vermeidung von Auseinandersetzungen empfiehlt sich in jedem Fall aus Beweisgründen die Einhaltung der Schriftform gemäß § 126 Abs. 2 BGB. Bei Einbindung in einen Unternehmenskaufvertrag, einen Gesellschaftsvertrag oÄ können sich Formvorschriften aus den besonderen Regelungen, zB der § 311b BGB, 873 Abs. 2 BGB etc ergeben. Ist für die Übertragung der Marke im Vertrag keine Gegenleistung vorgesehen, handelt es sich möglicherweise um ein beurkundungspflichtiges Schenkungsversprechen (§ 518 BGB; *Eisenführ/Schennen* UMV Art. 17 Rn. 21).

Anders als das MarkenG ordnet die UMV in Art. 20 Abs. 3 für die Unionsmarke ausdrücklich an, dass der Rechtsübergang schriftlich vereinbart und unterschrieben werden muss. In der Praxis ergibt sich daraus in der Regel kein Unterschied zur Rechtslage nach dem MarkenG, weil wie schon bei der Übertragung einer deutschen Marke Verpflichtungs- und Verfügungsgeschäft üblicherweise – wie im hier vorgeschlagenen Vertragsmuster – in einem schriftlichen Vertrag zusammenfallen dürften. Aufgrund des Schriftformerfordernisses müssen sich die Unterschriften der Parteien auf demselben Schriftstück befinden (*Eisenführ/Schennen* UMV Art. 17 Rn. 20).

Der Rechtsübergang tritt ohne weiteres mit dem Verfügungsgeschäft, dh dem Übertragungsvertrag, ein. Wie sich aus der Formulierung des § 28 Abs. 1 und 2 MarkenG ergibt, verbindet sich mit der Eintragung des Markenübergangs im Register nur die widerlegliche Vermutung der Rechtsinhaberschaft, die allerdings für die patentamtlichen und patentgerichtlichen Verfahren von Bedeutung ist (vgl. dazu sowie zur abweichenden Regelung nach der UMV → Anm. 11 und 12). Ist der Vertrag nichtig oder entfällt er rückwirkend etwa durch Anfechtung, wird auch die Übertragung rückwirkend unwirksam, so dass die Marke umzuschreiben ist. Hierfür ist die Einwilligung des im Markenregister Eingetragenen erforderlich, die im Weigerungsfalle durch Klage geltend gemacht werden kann. Bei Fehleintragungen durch das DPMA kann eine Rücknahme wegen Nichtigkeit in Betracht kommen (BGH GRUR 1969, 43 (44) – Marpin). Zur Umschreibung im Register → Anm. 12.

6. Ausländischer Wohn- oder Geschäftssitz. Veräußerer und Erwerber können In- oder Ausländer mit Sitz im In- oder Ausland sein. Hat einer der Beteiligten, gleich ob In- oder Ausländer, im Inland weder Wohnsitz noch Sitz oder Niederlassung, muss er sich allerdings als Beteiligter gemäß § 96 MarkenG in einem förmlichen Verfahren vor dem DPMA eines in Deutschland unbeschränkt zugelassenen (dh nicht auch eines nach § 206 BRAO bzw. § 154a PatAnwO zugelassenen ausländischen) Rechts- oder Patentanwalts bedienen, dies gilt auch für das Verfahren zur Umschreibung im Markenregister (so ausdrücklich BPatG GRUR-RR 2008, 414 (415) – Umschreibungsverfahren; *Ingerl/Rohnke* § 96 Rn. 8 und in Rn. 15 ff. zu den Rechtsfolgen bei Missachtung des Bestellungszwangs; abweichend für den bloßen Antrag auf Umschreibung noch *Fezer* § 96 Rn. 7). Hinsichtlich der Unionsmarke gilt nach Art. 119 Abs. 2 UMV für Verfahrenshandlungen vor dem EUIPO ein entsprechendes Erfordernis der Vertretung von EU-Ausländern durch beim EUIPO zugelassene Vertreter (vgl. Art. 120 UMV). Für Verletzungsstreitigkeiten besteht stets Anwaltszwang wegen der ausschließlichen Zuständigkeit der Landgerichte nach § 140 Abs. 1 MarkenG; dies gilt jedoch nicht für Abmahnungen. Eine aktuelle Übersicht über die zuständigen Kennzeichengerichte und -kammern findet sich bei *Ströbele/Hacker/Thiering* § 140 Rn. 13.

7. **Markenanmeldungen.** Ebenso wie die eingetragene kann auch die angemeldete Marke ganz oder teilweise übertragen werden, § 31 MarkenG. Die Übertragung der Rechte aus der Markenanmeldung hat grundsätzlich keinen Einfluss auf das anhängige Anmeldungsverfahren (BGH GRUR 2000, 892 (893) – MTS). Allerdings geht in diesem Fall zunächst nur die entsprechende Anwartschaft über, die erst durch erfolgreiche Eintragung der Marke zum Vollrecht erstarkt. In jedem Fall erhält der Erwerber das Recht in dem Zustand, in dem es sich im Augenblick der Übertragung befindet, also mit der Priorität der Anmeldung und allen eventuellen Mängeln, zB der Eintragungshindernisse der §§ 8, 9 MarkenG, der Löschungsreife wegen Verfalls etc. Die Übertragung der Rechte aus der Markenanmeldung wird gemäß § 34 Abs. 1 MarkenV in der DPMA-Anmeldungsakte vermerkt.

Die Übertragung einer bislang nur angemeldeten Unionsmarke – unter Wahrung der Formerfordernisse des Art. 20 Abs. 3 UMV – ist ebenfalls möglich (Art. 28 iVm Art. 20 UMV). Nach Art. 20 Abs. 5, 24 UMV wird der Rechtsübergang auf Antrag eines Beteiligten im Register eingetragen und veröffentlicht. Ähnlich wie bei der Übertragung einer deutschen Markenanmeldung wird die Übertragung der Rechte aus einer Unionsmarkenanmeldung auf Antrag nicht im Register, sondern nur in der Amtsakte des EUIPO vermerkt.

8. **Teilung.** Die Teilübertragung von deutschen Marken ist in § 27 Abs. 4 MarkenG geregelt (zur Teilung und Teilübertragung von Unionsmarken → Anm. 11). Da sie die Möglichkeit der Teilung von Marken voraussetzt, sei hier zunächst die Teilung erläutert (detailliert zum Verfahren und Ausfüllen der entsprechenden Antragsformulare bei *Bingener* in Fezer, Handbuch der Markenpraxis, I 1 1 Rn. 573 ff.). Gemäß §§ 40, 46 MarkenG sind sowohl die Anmeldung als auch die Eintragung einer Marke teilbar. Der Teilung einer Anmeldung (§ 40 MarkenG, § 35 MarkenV) kommt dabei eine besondere praktische Bedeutung zu, weil auf Beanstandungen durch das DPMA hinsichtlich nur eines Teils der Waren oder Dienstleistungen mit einer Teilungserklärung reagiert werden kann, so dass für die „Stammanmeldung" rasch eine Eintragung erreicht wird, während die Eintragungsfähigkeit des abgetrennten Teils gegebenenfalls im gerichtlichen Verfahren bis vor den BGH geklärt werden kann. Wird weder das Waren-/Dienstleistungsverzeichnis eingeschränkt noch die Teilung erklärt, kann es nämlich auch hinsichtlich der unbeanstandeten Teile nicht zu einer Eintragung und somit zu jahrelangen Verzögerungen kommen.

Auch im der Eintragung nachgeschalteten Widerspruchsverfahren kann eine Teilung, die allerdings erst nach Ablauf der dreimonatigen Widerspruchsfrist möglich ist (§ 46 Abs. 2 S. 1 iVm § 42 Abs. 1 MarkenG), dazu dienen, rasch Klarheit über den Rechtsbestand der Marke zu erlangen. Dies soll allerdings nur dann gelten, wenn der Widersprechende auf eine Aufforderung des DPMA nach § 36 Abs. 8 der MarkenV eine Erklärung darüber abgibt, gegen welche Teile der ursprünglichen Anmeldung sich der Widerspruch richtet. Beim Ausbleiben einer solchen Erklärung, zu deren Abgabe der Widersprechende nicht verpflichtet ist, lehnt das DPMA die Teilung als unzulässig ab (§ 36 Abs. 8 S. 3 MarkenV; *Bingener* in Fezer, Handbuch der Markenpraxis, I 1 1 Rn. 590, 606, 608). Fraglich dürfte allerdings sein, ob hierin nicht eine unzulässige Einschränkung des § 46 Abs. 2 S. 2 aE MarkenG auf dem Verordnungswege liegt, da nach dem Gesetzestext die Teilung zulässig ist, wenn sich eine anhängige Klage bzw. ein Widerspruch nur gegen einen der Teile „richten würde", was eine amtliche Feststellung indiziert (vgl. *Fezer* § 46 Rn. 16).

Die vorstehend dargelegten Vorzüge dieser Regelung haben jedoch eine – nicht ungefährliche – Kehrseite: Spätestens innerhalb einer Frist von drei Monaten nach Eingang der Teilungserklärung sind die für die Teilung aufgrund des besonderen Verwaltungsaufwands anfallenden Gebühren zu zahlen, die sich nach dem Gesetz über die

Kosten des Deutschen Patent- und Markenamts (PatKostG) richten. Außerdem sind die zur Teilung erforderlichen Unterlagen einzureichen. Die Gebühren betragen derzeit jeweils 300 EUR für das Verfahren bei Teilung einer Anmeldung (§ 40 MarkenG) bzw. für das Verfahren bei Teilung einer Eintragung (§ 46 MarkenG), vgl. PatKostG iVm dem Gebührenverzeichnis Nr. 331.700 bzw. Nr. 333.100. Wird die Zahlungsfrist von drei Monaten versäumt, gilt dies nach §§ 40 Abs. 2 S. 1, 46 Abs. 3 S. 1 MarkenG als Rücknahme des abgetrennten Teils der Anmeldung bzw. als Verzicht auf diesen Teil der Eintragung. Nach jeweils Satz 2 dieser Vorschriften kann die Teilung überdies nicht widerrufen werden. Ausweislich der Begründung des Gesetzentwurfs liegt dieser Abkehr von der Regelung des § 39 Abs. 3 PatG – hier gilt die Teilungserklärung in solchen Fällen lediglich als nicht abgegeben – die Absicht der Verfahrensbeschleunigung zugrunde. Für die Teilübertragung gilt diese Regelung wiederum nicht, → Anm. 9.

Die damit verbundene Gefahr eines endgültigen Rechtsverlustes ist insofern abgemildert, als die nach Eingang der Teilungserklärung versandte Empfangsbescheinigung von Amts wegen eine Mitteilung über die fällig gewordenen Gebühren enthält. Eine Mahnung ist allerdings nirgends vorgeschrieben. Zu den weiteren zu beachtenden Verfahrensschritten siehe die „Richtlinie Markenanmeldungen" des DPMA vom 1.8.2018 (abrufbar auf der Website des DPMA unter https://www.dpma.de/service/formulare/marken/index.html, Dok.-Nr. W 7735/8.18).

Für die Teilungserklärung kann ein vom DPMA herausgegebenes und von dort kostenlos zu beziehendes (→ Anm. 12, Abs. (3)) Formblatt mit der Bezeichnung W 7009/1.19 verwendet werden (abrufbar auf der Website des DPMA unter https://www.dpma.de/service/formulare/marken/index.html, Dok.-Nr. W 7009/1.19). Bei der Angabe der Waren und Dienstleistungen, die in der bisherigen, sog. „Stammanmeldung" verbleiben sollen und derjenigen, die zur abgetrennten Anmeldung gehören sollen, ist äußerste Sorgfalt aufzuwenden, da die Verzeichnisse zur ursprünglichen Anmeldung bzw. Eintragung deckungsgleich sein müssen. Bei der Teilung einer Marke innerhalb eines Oberbegriffs müssen die jeweiligen Waren oder Dienstleistungen durch einschränkende Zusätze konkretisiert werden (§ 35 Abs. 3, § 36 Abs. 3 MarkenV).

9. Teilübertragung. Zunächst → Anm. 8, zur Teilübertragung von Unionsmarken → Anm. 11. Bei der Teilübertragung werden Marken nur teilweise auf einen Dritten übertragen. Zugunsten des Dritten entsteht eine neue selbständige Marke bzw. Markenanmeldung mit Schutz für einen Teil der Waren und Dienstleistungen der Stammeintragung bzw. -anmeldung; im Übrigen bleibt das Stammkennzeichen für den bisherigen Markeninhaber bestehen. Die neue abgeteilte Marke hat dieselbe Priorität wie die Stammeintragung. Eine solche Teilübertragung kommt auch im Rahmen von Unternehmenstransaktionen in Frage, beispielsweise neben oder als Alternative zu einer Abgrenzungsvereinbarung (*Bolt,* Kennzeichenrechtliche Verträge bei Unternehmenskäufen, BB 2013, 2568 (2572)).

Die Teilübertragung einer Marke ist zur Verdeutlichung der rechtlichen Möglichkeiten in das Vertragsformular aufgenommen worden. Wirtschaftlich kann sie durchaus zweischneidig sein. Dem Vorteil einer sofortigen Realisierung von Teilen des in einer Marke steckenden Wertes, der sonst etwa mangels eines entsprechenden Warensortiments bzw. entsprechender Dienstleistungen nur im Wege der Pacht (→ Form. VI.7) oder Lizenzierung (→ Form. VI.1) genutzt werden kann, stehen folgende Nachteile gegenüber: Mit der Übertragung des Markenteils begibt sich der Verkäufer seines Einflusses auf die Verwendung dieses Teils beim Käufer. Er ist allenfalls in Ausnahmefällen davor geschützt, dass der Käufer den guten Ruf seiner Marke durch minderwertige Waren oder Dienstleistungen beeinträchtigt. Durch Weiterverkauf, Pfändung oder Sicherheitsübereignung kann der Markenteil in die Hände eines Unternehmens geraten, zu dem der Verkäufer ein weniger gutes Verhältnis hat. Auch muss sich der Verkäufer darüber im Klaren sein, dass die Teilungserklärung nach den §§ 40 Abs. 1 S. 4 und 46 Abs. 3 S. 4 MarkenG unwiderruflich ist (vgl. zu den Einzelheiten *Klaka* GRUR 1995, 713 (716 ff.)). Außerdem können die nach der Teilung rechtlich selbstständigen Markenrechte nicht wieder erneut zu einem einheitlichen Markenrecht verschmolzen werden. Dies würde als Verstoß gegen den Grundsatz der Unveränderlichkeit der Marke eine unzulässige Änderung des Markenrechts darstellen (vgl. *Fezer* § 40 Rn. 13 und § 39 Rn. 10).

Die Teilübertragung einer eingetragenen oder erst angemeldeten Marke ist als Kombination von Anträgen auf Eintragung eines Rechtsübergangs und Teilung in § 27 Abs. 4 iVm §§ 31 und 46 MarkenG sowie §§ 33, 35 und 36 MarkenV gesondert geregelt. Nach § 6 Abs. 2 PatKostG gilt der Antrag bei Säumnis der Gebührenzahlung als zurückgenommen. Auf Grund der in § 5 Abs. 1 S. 1 PatKostG iVm § 64a MarkenG normierten Vorauszahlungspflicht wird jedoch der Antrag bis zur Gebührenbezahlung vom DPMA nicht behandelt. Wird die Gebühr nicht, nicht vollständig oder nicht rechtzeitig gezahlt, gilt der Antrag auf Teilübertragung der Anmeldung als zurückgenommen, so dass durch die Nichtzahlung der Gebühr die gesetzlich normierte Unwiderruflichkeit der Teilungserklärung faktisch ausgehebelt werden kann (*Fezer* § 27 Rn. 49; *Bingener* in Fezer, Handbuch der Markenpraxis I 1 1 Rn. 557). Nach § 27 Abs. 4 MarkenG sind die Vorschriften über die Teilung der Eintragung entsprechend anzuwenden, so dass auch bei der Teilübertragung grundsätzlich bei verspäteter Zahlung der Rechtsverlust des abgetrennten Teils droht. Insofern kann auf → Anm. 8 verwiesen werden.

Zu den verfahrensrechtlichen Auswirkungen der Teilübertragung einer Widerspruchsmarke → Anm. 12.

10. Mitwirkungspflichten des Verkäufers. Zwar ergeben sich beim Rechtekauf in begrenztem Umgang bereits aus dem Kaufvertrag bzw. aus § 402 BGB Nebenpflichten bzw. Auskunftspflichten, um sicherzustellen, dass der Käufer die zur Geltendmachung der übertragenen Rechte notwendigen Informationen erhält. Es empfiehlt sich aber dringend, weitergehende Informations- und Mitwirkungspflichten des Käufers im Vertrag zu regeln, insbesondere die Pflicht zur Aushändigung sämtlicher die Vertragsmarken betreffenden schriftlichen Unterlagen (Urkunden, ggf. Abgrenzungs- und Vorrechtsvereinbarungen, Korrespondenz mit Markenbehörden, anderen Zeicheninhabern und sonstigen Dritten) sowie zur Erteilung von Auskünften über Art und Umfang der bisherigen Benutzung der Vertragsmarken und Übergabe der Benutzungsdokumentation. Letzteres ist in der Praxis besonders dann von erheblicher Bedeutung, wenn die Vertragsmarken erst nach dem Rechtsübergang wegen Nichtbenutzung angegriffen werden, und zu diesem Zeitpunkt die Benutzungsschonfrist abgelaufen ist und der Käufer selbst noch keine Benutzungshandlungen vorgenommen hat.

Es empfiehlt sich ferner, den Verkäufer zur Weiterleitung von amtlichen Bescheiden und Schreiben des EUIPO zu verpflichten, die ihm nach Einreichung des Umschreibungsantrages zugegangen sind bzw. zugestellt wurden. Dies aus folgenden Gründen: Vor Eintragung und Veröffentlichung des Rechtsübergangs in das Unionsmarkenregister kann der Rechtsnachfolger gemäß Art. 20 Abs. 11 UMV seine Rechte aus der Unionsmarke nicht geltend machen. Zwar kann er nach Art. 20 Abs. 12 UMV in dem Zeitraum zwischen der Stellung des Antrages auf Eintragung der Rechteübertragung im Gemeinschaftsregister und der tatsächlichen Eintragung immerhin fristwahrende Erklärungen gegenüber dem EUIPO abgeben, zB fristgebundene Stellungnahmen in anhängigen Widerspruchs- oder Nichtigkeitsverfahren (*Eisenführ/Schennen* UMV Art. 17 Rn. 26 f., zur alten Nummerierung); andererseits sieht Art. 20 Abs. 13 UMV vor, dass alle Zustellungen seitens des EUIPO bis zur Eintragung weiterhin an den eingetragenen Inhaber erfolgen. Will der Rechtsnachfolger von der Berechtigung nach Art. 20 Abs. 12 GMV Gebrauch machen, ist es wichtig, dass er bis zur Umschreibung fortlaufend „auf dem Laufenden" gehalten wird und Gelegenheit hat, zu prüfen, ob er von sich aus gegenüber dem EUIPO aktiv wird. Dies kann durch die Verpflichtung des Verkäufers zur Weiterleitung amtlicher Bescheide uä sichergestellt werden.

Besonders wichtig sind die Mitwirkung des Käufers und die Aushändigung relevanter Unterlagen im Hinblick auf die Übertragung nicht eingetragener Marken. Nach § 4 Nr. 2 MarkenG kann ein Schutzrecht an einer Marke außer durch Eintragung auch durch Benutzung im geschäftlichen Verkehr erworben werden und ebenso wie eingetragene Marken auf andere übertragen werden, § 27 Abs. 1 MarkenG. Voraussetzung ist, dass die Marke innerhalb der beteiligten Verkehrskreise eine hinreichende Verkehrsgeltung erlangt hat. Verkehrsgeltung bedeutet, dass die Marke von einem erheblichen Teil der jeweils in Betracht kommenden Abnehmer der Waren oder Dienstleistungen mit einem bestimmten Anbieter in Verbindung gebracht wird. Bei der Beurteilung der Verkehrsgeltung verbietet sich eine schematische Anwendung eines starren prozentualen Bekanntheits-Prozentsatzes (*Ingerl/Rohnke* § 4 Rn. 21 ff.; zur Verkehrsdurchsetzung nach § 8 Abs. 3 MarkenG EuGH GRUR 1999, 723 – Chiemsee). Auch der BGH legt sich nicht auf einen starren Prozentsatz fest, sondern erachtet es als ausreichend, wenn ein nicht unerheblicher Teil der angesprochenen Verkehrskreise das Zeichen als herkunftskennzeichnenden Hinweis erblickt (BGH GRUR 2008, 917 – EROS; BGH GRUR 2004, 151 – Farbmarkenverletzung). Dabei ist eine Berücksichtigung sämtlicher Umstände des Einzelfalles geboten, insbesondere Umfang und Dauer der Nutzung der Marke, Werbeaufwand, Marktverhältnisse sowie Unterscheidungskraft und Freihaltebedürfnis der Marke (*Ingerl/Rohnke* § 4 Rn. 19; BGH GRUR 1979, 470 (471) – RBB/RBT; GRUR 1992, 203 (207) – Roter mit Genever). Es ist jedenfalls bei einem Bekanntheits-Prozentsatz zwischen mindestens 30 % und über 50 % bei kennzeichnungsschwachen Marken von Verkehrsgeltung auszugehen (BGH GRUR 2004, 151 – Farbmarkenverletzung; BGH GRUR 1991, 609 (610) – SL; GRUR 1992, 72 (73) – quattro; *Ingerl/Rohnke* § 4 Rn. 21 f. mit Beispielen; *Fezer* § 4 Rn. 123 ff.; vgl. *Ströbele/Hacker/Thiering* § 4 Rn. 46 ff.). Ein örtlich beschränkter Schutz auf Grund örtlich erworbener Verkehrsgeltung kommt im Einzelfall in Betracht, wenn sich ein einheitlich abgrenzbarer Wirtschaftsraum bestimmen lässt (BGH GRUR 1979, 470 (471) – RBB/RBT; OLG Köln GRUR 2008, 79 (80) – Zeichen 4; OLG Köln GRUR-RR 2007, 272 (273) – 4 DSL; näher *Fezer* § 4 Rn. 129 ff.).

Da der Bestand des durch Benutzung erlangten Markenschutzes vom jeweiligen (Fort-) Bestehen der Verkehrsgeltung abhängig ist, sollte der Käufer besonderen Wert auf eine möglichst umfassende Dokumentation der Verkehrsbekanntheit legen und sich – so vorhanden – sämtliche Unterlagen hierzu, insbesondere Nachweise zum Werbeaufwand und Werbematerialien, Umsatzzahlen, Bescheinigungen von Abnehmern sowie entsprechende Verkehrsumfragen, aushändigen lassen. Dabei sollte es sich um ein Gutachten eines anerkannten Meinungsforschungsinstituts handeln; hinsichtlich des zur Ermittlung der Verkehrsbekanntheit bei der Verkehrsbefragung eingesetzten Fragebogens empfiehlt sich eine enge Anlehnung an das für die Feststellung der Verkehrsdurchsetzung ab S. 49 der „Richtlinie Markenanmeldungen" (abrufbar auf der Website des DPMA unter https://www.dpma.de/service/formulare/marken/index.html, Dok.-Nr. W 7735/8.18) wiedergegebene Beispiel, um den von der Rechtsprechung entwickelten Anforderungen an die Darlegung der Verkehrsbekanntheit genügen zu können.

Der Grundsatz der freien Übertragbarkeit von Marken findet ebenso auf die nach § 4 Abs. 1 Nr. 3 MarkenG geschützten „notorisch bekannten" Marken iSd Art. 6bis PVÜ Anwendung. Zur Bestimmung des hierfür erforderlichen Allbekanntheitsgrades ist unmittelbar auf die PVÜ zurückzugreifen. Die Entstehung des Markenschutzes durch notorische Bekanntheit (§ 4 Nr. 3 MarkenG) deckt sich nicht notwendigerweise mit der Entstehung des Markenschutzes durch Benutzung (§ 4 Nr. 2 MarkenG). Insbesondere reicht für notorische Bekanntheit eine Benutzung im Ausland aus, solange im Inland Allbekanntheit im Verkehr vorliegt, wie es jedenfalls bei einer „Weltmarke" (zB Coca Cola und Mercedes-Benz) der Fall ist. Demgegenüber muss sich das Territorium der

Benutzung bei § 4 Nr. 2 MarkenG im Inland befinden (vgl. *Fezer* § 4 Rn. 128, 227; BGH GRUR Int. 1969, 257 – Recrin). Die notorische Bekanntheit dürfte einen Bekanntheitsgrad im Inland zwischen „Verkehrsgeltung“ und „berühmter Marke“ erfordern (ca. 60–70 %, vgl. *Ingerl/Rohnke* § 4 Rn. 31).

Neben der notorisch bekannten Marke nach Art. 6bis PVÜ enthält das MarkenG auch in § 14 Abs. 2 Nr. 3 MarkenG den auf Grund der Markenrichtlinie eingeführten Begriff der „bekannten Marke“. Es handelt sich nicht um einen Tatbestand zur Entstehung von Markenschutz, sondern um eine Erweiterung des Schutzbereichs der bekannten Marke auf Markenausnutzungen oder -beeinträchtigungen außerhalb des Produktähnlichkeitsbereichs. Eine Marke ist bekannt iSv § 14 Abs. 2 Nr. 3 MarkenG, wenn sie einem bedeutenden Teil des Publikums bekannt ist, das von den durch die Marke erfassten Waren oder Dienstleistungen betroffen ist. Unter Berufung auf die Auslegung der Markenrichtlinie durch den EuGH hat der BGH (BGH GRUR 2014, 378, 379 – OTTO Cap; BGH GRUR 2003, 428 (432) – BIG BERTHA; BGH GRUR 2002, 340 – Fabergé; vgl. EuGH GRUR 2009, 1158 – Pago/Tirolmilch) darauf hingewiesen, dass für die Bekanntheit im Sinne von § 14 Abs. 2 Nr. 3 MarkenG nicht unbedingt ein bestimmter prozentualer Bekanntheitsgrad zu fordern sei; neben der Bekanntheit in den von den Waren betroffenen Kreisen müssten zusätzlich alle relevanten Umstände des Falls, insbesondere Faktoren wie Marktanteile, Intensität, geographische Ausdehnung und Dauer der Benutzung sowie Umfang der Investitionen zur Förderung der Marke berücksichtigt werden (BGH GRUR 2011, 1043 – TÜV II). Wird neben der Marke vom Markeninhaber auch ein entsprechendes Unternehmenskennzeichen verwendet, kommt der Marke regelmäßig auch die Bekanntheit des Unternehmenskennzeichens zugute und umgekehrt, weil das Publikum in der Erinnerung nicht nach der Art der Kennzeichen differenziert (BGH GRUR 2014, 378, 379 – OTTO Cap; vgl. BGH GRUR 2009, 484 – METROBUS; BGH GRUR 2013, 1239 – VOLKSWAGEN/Volks.Inspektion).

11. Unionsmarke. Als Gegenstand des Vermögens wird eine Unionsmarke wie eine nationale Marke behandelt (Art. 19 Abs. 1 UMV). Hinsichtlich der Übertragung einer Unionsmarke gelten – neben dem bereits unter → Anm. 5 angesprochenen, zwingenden Schriftformerfordernis (Art. 20 Abs. 3 UMV) – jedoch folgende Besonderheiten:

Anders als nach dem MarkenG ist eine Teilung der Unionsmarke nicht möglich. Art. 20 Abs. 1 GMVO erlaubt jedoch eine Übertragung der Marke hinsichtlich eines Teils der eingetragenen Waren oder Dienstleistungen. Da es sich um eine EU-einheitliche Marke handelt, ist hingegen eine Übertragung der Marke lediglich für einige der EU-Staaten ausgeschlossen.

Die Eintragung und Veröffentlichung des Rechtsübergangs im Unionsmarkenregister wird durch Antrag eines der Beteiligten herbeigeführt (Art. 20 Abs. 4 UMV). Vorher kann der Rechtsnachfolger gemäß Art. 20 Abs. 11 UMV seine Rechte aus der Unionsmarke nicht geltend machen. Diese Regelung führt für den Zeitraum zwischen Rechteübertragung und Eintragung der Rechteübertragung im Register des EUIPO zu einer „Grauzone“ (*Eisenführ/Schennen* UMV Art. 17 Rn. 25 zur alten Nummerierung), in der weder der alte noch der neue Markeninhaber in sachgerechter Weise vom Markenschutz profitieren. Denn der neue Inhaber kann die Rechte aus der Unionsmarke vor der Eintragung im Register weder materiell-rechtlich noch verfahrensrechtlich wirksam geltend machen, dh er kann weder eine Verletzungsklage einreichen, noch in einem amtlichen Verfahren vor dem EUIPO als Beteiligter auftreten (*Eisenführ/Schennen* UMV Art. 17 Rn. 23 zur alten Nummerierung; *Ströbele/Hacker/Thiering* § 28 Rn. 22). Umgekehrt ist der alte Rechteinhaber nicht mehr zur Geltendmachung der Rechte aus der Unionsmarke berechtigt, da er seine Inhaberstellung verloren hat, bleibt aber gegenüber dem EUIPO bis zum Zeitpunkt der Eintragung des Rechtsübergangs Beteiligter mit der Möglichkeit, in Verfahren vor dem EUIPO über die Unionsmarke zu verfügen. Um die daraus für den Rechtsnachfolger resultierenden Gefahren – zB wenn der alte Inhaber auf die Unionsmarke wirksam verzichtet – zu begrenzen, ist dem Erwerber dringend anzuraten, den Antrag auf Eintragung des Rechteübergangs tatsächlich wie im Vertragsmuster vorgesehen unverzüglich beim Markenamt zu stellen (*Eisenführ/Schennen* UMV Art. 17 Rn. 25 zur alten Nummerierung). Einen gewissen Schutz innerhalb der „Grauzone" erhält der Rechtsnachfolger durch Art. 20 Abs. 12 UMV, der ihm gestattet, in dem Zeitraum zwischen Stellung des Antrages auf Eintragung der Rechteübertragung im Gemeinschaftsregister und der tatsächlichen Eintragung immerhin fristwahrende Erklärungen gegenüber dem EUIPO abzugeben, zB fristgebundene Stellungnahmen in anhängigen Widerspruchs- oder Nichtigkeitsverfahren (*Eisenführ/Schennen* UMV Art. 17 Rn. 26 f. zur alten Nummerierung). Dies wird allerdings in praktischer Hinsicht durch Art. 20 Abs. 13 UMV erschwert, der vorsieht, dass – abweichend von der Handhabung des § 28 Abs. 3 S. 2 MarkenG – alle Zustellungen seitens des EUIPO nur an den eingetragenen Inhaber erfolgen. Daher muss der Rechtsnachfolger, der von der Möglichkeit der fristwahrenden Erklärung nach Art. 20 Abs. 12 UMV Gebrauch machen will, von sich aus aktiv werden bzw. ist auf die Kooperation und Unterstützung des alten Rechteinhabers angewiesen, der bis zur Umschreibung Zustellungsempfänger bleibt. Insoweit kann es sich auch empfehlen, im Kaufvertrag eine Pflicht zur Weiterleitung der zugestellten Korrespondenz des EUIPO vorzusehen (→ Anm. 10).

12. Umschreibung der Eintragung und Rechtsfolgen. Der Übergang der rechtsgeschäftlich übertragenen deutschen Marke wird nach § 27 Abs. 3 MarkenG durch Eintragung in das Register dokumentiert, und zwar auf Antrag eines der Beteiligten. Das Verfahren der Umschreibung ist in § 28 DPMAV im Detail geregelt, hinzukommen die Umschreibungsrichtlinien. Dabei muss der Nachweis der Übertragung geführt werden. Nach § 28 Abs. 3 Nr. 2 lit. a DPMAV reicht zum Nachweis eines Rechtsübergangs aus, dass der förmliche Antrag von den eingetragenen Inhabern oder dessen Vertretern und von den Rechtsnachfolgern oder dessen Vertretern unterschrieben ist (BPatG München GRUR-RR 2008, 414). Wird der Antrag nur vom Rechtsnachfolger gestellt, müssen nach den Regelungen der DPMAV entweder die vorbezeichnete schriftliche Zustimmungserklärung (§ 28 Abs. 3 Nr. 2 lit. a. DPMAV) oder Unterlagen, aus denen sich die Rechtsnachfolge ergibt, wie zB der Übertragungsvertrag (§ 28 Abs. 3 Nr. 2 lit. b DPMAV) vorgelegt werden (LG Hamburg Urt. v. 11.5.2012 – 408 HKO 31/11, juris, Rn. 102; *Ingerl/Rohnke* § 27 Rn. 27 ff.).

Die Umschreibung auf den Erwerber des Markenrechts hat nach dem MarkenG jedoch keine konstitutive Wirkung (zum Rechtsübergang → Anm. 5).

Nach § 28 Abs. 1 MarkenG gilt die widerlegliche Vermutung, dass der im Register Eingetragene auch materiell berechtigt ist. Die praktische Bedeutung dessen liegt in einer Erleichterung des Rechtsverkehrs. Die rechtliche Wirkung der Legitimation besteht darin, dass der förmlich Berechtigte die Rechte aus der Marke geltend machen kann, es sei denn, ihm wird der Mangel der materiellen Rechtsinhaberschaft nachgewiesen. Die Rechtsvermutung gilt grundsätzlich in allen Verfahren in Markenangelegenheiten, auch Verfügungsverfahren, und im Rechtsverkehr gegenüber jedem Dritten (OLG Düsseldorf Urt. v. 15.9.2011 – I-2 W 58/10, 2 W 58/10, juris, Rn. 14 – brasilianische Patente; OLG Hamburg GRUR-RR 2011, 168; *Ströbele/Hacker/Thiering* § 28 Rn. 4; *Fezer* § 28 Rn. 14). Die Regelung der Vermutung der Rechte gilt allgemein sowohl für die originäre Eintragung einer Marke in das Markenregister bei der Begründung des Markenschutzes als auch für die derivative Eintragung einer Marke in das Markenregister bei dem Rechtsübergang des Markenschutzes. Die Vermutung bewirkt eine Beweislastumkehr. Der förmlich Berechtigte ist nicht beweispflichtig für eine Rechtsinhaberschaft an der Marke, vielmehr ist der Anspruchsgegner beweispflichtig für den Mangel der Rechtsinhaberschaft. Wer die Rechtsinhaberschaft des Eingetragenen bestreitet, hat somit den Beweis des Gegenteils als eine Form des Hauptbeweises und nicht nur den Gegenbeweis zu führen (*Ströbele/Hacker/Thiering* § 28 Rn. 4). Der Beweis des Gegenteils ist von der Gegenpartei gegen die gesetzliche Vermutung erbracht, wenn das Gericht vollständig vom Mangel der vermuteten Rechtsinhaberschaft überzeugt ist (OLG Düsseldorf Urt. v. 15.9.2011 – I-2 W 58/10, 2 W 58/10, juris, Rn. 21; *Fezer* § 28 Rn. 10 ff., 13, 15).

Der Grundsatz der Vermutungswirkung des § 28 Abs. 1 MarkenG wird durch die Sonderregelung des § 28 Abs. 2 MarkenG dahingehend modifiziert und ergänzt, dass zum Schutz der Interessen des Erwerbers der Marke dieser in registerrechtlichen Verfahren (zB Widerspruchs-, Verfalls-, Nichtigkeitsverfahren und/oder Löschungsverfahren) vor dem DPMA, dem BPatG sowie dem BGH seine Rechte bereits mit Eingang des Antrags auf Eintragung des Rechtsübergangs beim DPMA – dh noch vor Vollzug der Umschreibung – geltend machen kann (*Ströbele/Hacker/Thiering* § 28 Rn. 11; *Fezer* § 28 Rn. 22; BPatG München Beschl. v. 16.9.2013 – 30 W (pat) 59/12, juris – MEET THE ONE).

Dies bedeutet für die Zeit zwischen Übertragung und Eintragung, dass der Erwerber sowohl Verletzungsklagen als auch Klagen auf Erklärung der Nichtigkeit wegen des Bestehens von Rechten mit älterem Zeitrang vor den ordentlichen Gerichten erheben kann (§ 55 Abs. 2 Nr. 2 MarkenG; die Klage auf Erklärung des Verfalls nach Nr. 1 kann ohnehin von jedermann erhoben werden), wobei er gegebenenfalls seine Aktivlegitimation zB durch Vorlage des Übertragungsvertrages darzulegen hat. Sollte der Verkäufer bereits eine Klage erhoben haben, kann der Käufer – mit Zustimmung des Gegners – als Rechtsnachfolger Partei des Verfahrens oder Hauptintervenient werden oder – auch ohne Zustimmung des Gegners – als Nebenintervenient beitreten, § 265 Abs. 2 ZPO. Findet der Rechtsübergang während eines markenrechtlichen Anmelde- oder Widerspruchsverfahrens statt, ist § 265 Abs. 2 ZPO entsprechend anzuwenden, mit der Folge, dass der neue Rechtsinhaber erst dann zum formellen Verfahrensbeteiligten wird, wenn er durch Erklärungen entsprechend § 265 Abs. 2 ZPO an Stelle des bisherigen Rechtsinhabers in das Verfahren eintritt und dieser bis zum Eintritt des Käufers verfahrensführungsbefugt bleibt, wobei die im Verfahren ergehende Entscheidung in entsprechender Anwendung von § 325 Abs. 1 ZPO für und gegen den Käufer wirkt (BPatG München GRUR-RR 2008, 414 (416); BGH GRUR 2000, 892 (893) – MTS; BGH GRUR 1999, 245 (246) – Libero; BGH GRUR 2008, 87 – Patentinhaberwechsel im Einspruchsverfahren; BPatG München Beschl. v. 16.9.2013 – 30 W (pat) 59/12, juris, Rn. 22 – MEET THE ONE; vgl. *Ströbele/Hacker/Thiering* § 28 Rn. 6, 16 ff.). Für das Widerspruchsverfahren nach §§ 42, 43 MarkenG hat die Regelung des § 28 Abs. 2 MarkenG zur Konsequenz, dass der Käufer nach Eingang des Antrags auf Umschreibung selbst Widerspruch gegen Neueintragungen erheben kann, während der Verkäufer hierzu mangels materieller Berechtigung nicht mehr in der Lage ist (*Fezer* § 28 Rn. 24 ff.). Damit ist der Gefahr vorgebeugt, dass während einer „Schwebezeit" die dreimonatige Widerspruchsfrist des § 42 Abs. 1 MarkenG abläuft. Falls umgekehrt gegen die vom Käufer erworbene Marke Widerspruch erhoben worden ist, kann der Käufer die Vermutung des § 28 Abs. 1 MarkenG durch Glaubhaftmachung des Erwerbs widerlegen und selbst Verfahrensbeteiligter werden. Nach § 28 Abs. 3 S. 2 MarkenG müssen Mitteilungen des DPMA auch einem Rechtnachfolger zugestellt werden, wenn dem DPMA ein Antrag auf Eintragung des Rechtsübergangs zugegangen ist (BPatG München Beschl. v. 16.9.2013 – 30 W (pat) 59/12, juris, Rn. 21 – MEET THE ONE). Unterbleibt die Zustellung an diesen, beginnen diesem gegenüber etwaige von der Zustellung abhängige Fristen, zB Widerspruchsfristen, nicht zu laufen (*Ströbele/Hacker/Thiering* § 28 Rn. 20). Die Zustellung einer amtlichen Mitteilung an einen nicht mehr existenten eingetragenen Markeninhaber ist unheilbar unwirksam und setzt die Widerspruchsfrist des § 53 Abs. 3 MarkenG nicht in Lauf. Daher kann der erst später eingetragene neue Markeninhaber einen Widerspruch auch zu einem späteren Zeitpunkt einlegen (BPatG München GRUR 2011, 362).

Die Teilübertragung einer Widerspruchsmarke führt dazu, dass das Widerspruchsverfahren mit den beiden aus der ursprünglichen Widerspruchsmarke hervorgegangenen

Teileintragungen fortgesetzt wird (§ 33 Abs. 2, § 36 Abs. 6 MarkenV). Ab Zugang des Antrags auf Eintragung des Rechtsübergangs der Teilübertragung beim DPMA kann der Rechtsnachfolger das durch die Eintragung der abgetrennten Marke begründete Recht selbst geltend machen und hat damit die Befugnis, sich am Verfahren zu beteiligen. Werden dem Rechtsnachfolger die Verfügungen und Beschlüsse des DPMA nicht zugestellt, so leidet das Verfahren an einem wesentlichen Mangel (BPatG München Beschl. v. 12.5.2010 – 29 W (pat) 22/09, juris, Rn. 25 – EASTSIDE® D STREETWEAR/BFC D BFC DYNAMO).

Für den Antrag auf Umschreibung sowohl der angemeldeten als auch der eingetragenen Vertragsmarke sollten nach § 33 Abs. 1 MarkenV, § 28 DPMAV die in dem Vertragsmuster angesprochenen und vom DPMA herausgegebenen Formblätter verwendet werden (abrufbar auf der Website des DPMA unter https://www.dpma.de/service/formulare/marken/index.html, Formblatt W 7616/1.19 sowie Formblatt W 7617/1.19; detaillierte Erläuterungen zum Umschreibungsverfahren und Ausfüllen des Antragsformulars des DPMA bei *Bingener* in Fezer, Handbuch der Markenpraxis, I 1 1 Rn. 546 ff. sowie 564 ff.; näher zum Umschreibungsverfahren auch *Fezer* § 27 Rn. 61 ff.). Die Verwendung des Formblatts ist zwar nicht zwingend, den Parteien jedoch zu empfehlen, weil es alle notwendigen Informationen abfragt (*Bingener* in Fezer, Handbuch der Markenpraxis, I 1 1 Rn. 546). Durch die Verwendung des Formblatts lässt sich vermeiden, dass wichtige Angaben vergessen werden, was zu vermeidbaren Verzögerungen führen kann. Insbesondere bei der Teilübertragung kann ein einvernehmliches Ausfüllen spätere Unstimmigkeiten bei der wichtigen Präzisierung der abgetrennten Waren- bzw. Dienstleistungsbereiche vermeiden (→ Anm. 8 und 9). Das Einreichen des Antrages sollte dem Käufer überlassen werden, denn dieser hat – schon im Hinblick auf die Fälligkeit der Hälfte des Kaufpreises bei Vertragsschluss – ein besonderes Interesse an einer beschleunigten Abwicklung. Damit ist indirekt auch klargestellt, dass der Käufer die inzwischen nur noch bei einer Teilübertragung fällige Gebühr (Gebührentatbestand 333.200 PatKostG: 300 EUR) zu zahlen hat; da die Richtigkeit der Registereintragungen auch im öffentlichen Interesse liegt, wird für die einfache Umschreibung keine Gebühr mehr erhoben (*Fezer* § 27 Rn. 65).

Bei einer Unionsmarke kommt der Eintragung der Umschreibung eine gegenüber der Regelung nach dem MarkenG gesteigerte Bedeutung zu. Zwar ist die Eintragung nach der UMV ebenfalls nicht konstitutiv; eine Geltendmachung von Rechten gegenüber Dritten und ein Schutz vor gutgläubigem Erwerb durch Dritte setzen jedoch nach Art. 20 Abs. 6, 27 UMV eine Eintragung im Register des EUIPO voraus. Dies führt für den Zeitpunkt zwischen Übertragung und Eintragung zu einem Schwebezustand, wie er früher in ähnlicher Weise unter der Geltung des deutschen WZG bestand, und kann zu Schutzlücken führen, wenn der Verkäufer die Rechte aus der Unionsmarke mangels materieller Berechtigung nicht mehr und der Käufer sie mangels formeller Legitimation noch nicht geltend machen kann (*Ströbele/Hacker/Thiering* § 28 Rn. 22; → Anm. 11).

13. Nichtangriffspflicht. Die Zusicherung, Angriffe auf die übertragenen Marken und entsprechende Neueintragungen zu unterlassen, findet sich hauptsächlich in Lizenzverträgen und Abgrenzungsvereinbarungen (→ Form. VIII.1 Anm. 6 und 16, → Form. VIII.6 Anm. 7; *Fammler* in Fezer, Handbuch der Markenpraxis, II 1 B Rn. 144 f.), aber auch in Markenkaufverträgen zum Schutz des Erwerbers und seiner erworbenen Zeichen. Soweit mit der Nichtangriffsabrede die Vorrangklage nach § 51 Abs. 1, 55 Abs. 2 Nr. 2 MarkenG wegen des Bestehens älterer Rechte bzw. unberechtigter Eintragung durch einen Agenten (§ 11 MarkenG) ausgeschlossen wird, dürfte sie unbedenklich sein (näher *Fezer* § 55 Rn. 32; vgl. zu Nichtangriffsabreden im Rahmen von markenrechtlichen Abgrenzungsvereinbarungen OLG Düsseldorf GRUR-RS 2015, 04601 - kartellrechtliche Abgrenzungsvereinbarung).

Fraglich ist jedoch, ob auch sonstige Angriffe gegen die Marke wirksam durch Nichtangriffsklauseln ausgeschlossen werden können. Die Erklärung des Verfallsnach § 49 MarkenG – zu den Verfallsgründen zählen neben der fünfjährigen Nichtbenutzung auch die durch das Verhalten oder die Untätigkeit des Markeninhabers veranlasste Entwicklung zu einer gebräuchlichen Bezeichnung, ferner die Täuschungsgefahr sowie der Wegfall der Voraussetzungen des § 7 MarkenG – kann allgemein sowohl durch Klage vor den ordentlichen Gerichten als auch auf Antrag beim DPMA hin (§§ 53, 55 MarkenG) erfolgen. Antrag und Klage können von jedermann gestellt bzw. erhoben werden. Die Ausdehnung des Antragsverfahrens auf alle Verfallsgründe des § 49 MarkenG sowie die Verschärfung des Benutzungszwangs (→ Anm. 14 Abs. (2)) könnten dafür sprechen, dass Nichtangriffsklauseln, soweit sie die Erklärung des Verfalls betreffen, an § 134 BGB scheitern, weil die Bereinigung des Markenregisters stärker noch als bisher auch im öffentlichen Interesse liegt. Mit dieser Argumentation hat das OLG Düsseldorf Nichtangriffsklauseln, die sich auf Verfahren nach § 49 Abs. 1 MarkenG beziehen, in Abgrenzungsvereinbarungen für markenrechtlich unzulässig (Verstoß gegen §§ 134, 138 BGB) befunden (OLG Düsseldorf GRUR-RS 2015, 04601 – kartellrechtliche Abgrenzungsvereinbarung, wobei das Gericht die Frage des Verstoßes gegen §§ 134, 138 BGB von Nichtangriffsklauseln im Hinblick auf § 49 Abs. 2 MarkenG offen gelassen, diesbezüglich hingegen eine Kartellrechtswidrigkeit angenommen hat (s. u.); vgl. zur Unbeachtlichkeit einer Nichtangriffsabrede für einen Verfallsantrag EuG GRUR-RR 2018, 68 ff. – Carrera). Nach *Fezer* § 55 Rn. 8, 12 f. soll hingegen der Verfallsgrund der Nichtbenutzung (§ 49 Abs. 1 MarkenG) Gegenstand einer Nichtangriffsabrede sein können, weil die Durchsetzung des Benutzungszwangs der Privatautonomie unterstellt sei und das DPMA entlastet werde. Ohnehin dürfte eine solche Vereinbarung deshalb von geringem Wert sein, weil der Antrag von jedermann gestellt und die Klausel daher leicht umgangen werden kann.

Kartellrechtliche Risiken ergeben sich bei Kaufverträgen, die in den Anwendungsbereich des Art. 101 Abs. 1 AEUV fallen, insbesondere hinsichtlich solcher Nichtangriffsabreden. So sind etwa in Abgrenzungsvereinbarungen enthaltene Nichtangriffsabreden, welche den Verzicht auf einen Antrag nach § 49 Abs. 2 MarkenG enthalten, für kartellrechtswidrig befunden worden (OLG Düsseldorf GRUR-RS 2015, 04601 – kartellrechtliche Abgrenzungsvereinbarung; vgl. zur Unbeachtlichkeit einer Nichtangriffsabrede für einen Verfallsantrag EuG GRUR-RR 2018, 68 ff. – Carrera). Nichtangriffsabreden in Markenlizenzen hat die EU-Kommission unter Spürbarkeitsgesichtspunkten dann als verboten angesehen, wenn die Marke erhebliche Wettbewerbsvorteile bringt oder das Fehlen der Marke eine erhebliche Marktzutrittsschranke darstellt (Kommission GRUR-Int. 1990, 626 (628) – Moosehead/Whitbread, zur Freistellung von Nichtangriffsklauseln nach der TT-GVO vgl. Rn. 133–135 der Leitlinien der Kommission zur TT-GVO, ABl. 2014 C 89, S. 3). Es sei wie folgt zu differenzieren: Während eine Verpflichtung, Angriffe auf die Inhaberschaft zu unterlassen, kartellrechtlich irrelevant sei, könne die Verpflichtung, keine Angriffe gegen den Rechtsbestand der Marke zu unternehmen, dann eine Wettbewerbsbeschränkung darstellen, wenn die Verwendung einer weithin bekannten Marke einem Unternehmen, das in den Markt eintritt oder darin im Wettbewerb steht, erhebliche Wettbewerbsvorteile verleiht und das Fehlen einer Marke eine spürbare Marktzutrittsschranke darstellen würde (WuW 1990, 1075; *Ströbele/Hacker/Thiering* § 30 Rn. 142). Für derartige Abreden können jedoch Legalausnahmen nach Art. 101 Abs. 3 AEUV greifen. Ausführlich zu den kartellrechtlichen Grenzen der Nichtangriffsabrede und zur Möglichkeit einer Freistellung nach Gruppenfreistellungsverordnungen (Vertikal-GVO und TT-GVO) → Form. VIII.1 Anm. 6 und 16, → Form. VIII.6 Anm. 7.

14. Gewährleistung. Die Vorschriften für den Sachkauf finden auf den Rechtskauf entsprechende Anwendung (§ 453 BGB). Bei dem der Markenübertragung zugrundeliegenden Verpflichtungsgeschäft besteht die Hauptpflicht des Verkäufers in der Verschaffung der Rechtsposition hinsichtlich der Marke (§ 453 Abs. 1, § 433 Abs. 1 S. 1 BGB). Die Mitwirkungspflicht bei der – nicht konstitutiv wirkenden – Umschreibung im Markenregister ist lediglich eine Nebenpflicht des Verkäufers.

Die Rechtsfolgen bei Rechtsmängeln bestimmen sich in Ermangelung vertraglicher Regelungen nach kaufrechtlichem Gewährleistungsrecht (§§ 437 ff. BGB). Der Käufer kann nach § 439 BGB zunächst Nacherfüllung verlangen, dh wahlweise Mangelbeseitigung oder „Überlassung eines mangelfreien Ersatzrechts". Nach erfolglosem Fristablauf bzw. bei Scheitern der Mängelbeseitigung bzw. Ersatzlieferung kann er von dem Vertrag zurücktreten (§§ 437 Nr. 2, 440, 323, 326 Abs. 5 BGB) oder den Kaufpreis mindern (§§ 437 Nr. 2, 441 BGB). Schließlich kann er gemäß §§ 440, 280, 281, 283 und § 311a BGB Schadensersatz oder nach § 284 BGB Ersatz vergeblicher Aufwendungen verlangen.

Im Markenkaufvertrag kann indessen der Fall eintreten, dass eine Nachbesserung schon deshalb nicht in Betracht kommt, weil die Übertragung der Marke allgemein (objektive Unmöglichkeit) bzw. dem Verkäufer mangels (voller) Rechtsinhaberschaft subjektiv (Unvermögen) unmöglich ist, weil die Marke entweder nicht besteht oder jedenfalls der Verkäufer nicht ihr Inhaber ist. Ist der Verkäufer gar nicht der verfügungsberechtigte Rechtsinhaber, geht die Abtretung der Rechte an der Marke mangels Gutglaubensschutzes ins Leere (*Bartenbach,* Schutzrechtsverkauf und Lizenzierung von Schutzrechten und Know-how nach der Schuldrechtsreform, MDR 2003, 1270). Der Veräußerer haftet jedoch nach § 453 Abs. 1, § 433 Abs. 1 S. 1 BGB für die Verschaffung des Rechts. Kann er aufgrund der Rechtsinhaberschaft eines Dritten nicht leisten (§ 275 Abs. 1 BGB) und kann er die Schutzrechtsposition auch nicht mit zumutbarem Aufwand erwerben (§ 275 Abs. 2 BGB), wird er von seiner Leistungspflicht frei. In diesem Fall liegt ein Leistungshindernis bei Vertragsschluss iSd § 311a Abs. 1 BGB vor. Zwar bleibt der Kaufvertrag wirksam, jedoch entfällt die Pflicht des Käufers zur Kaufpreiszahlung (§ 326 Abs. 1 BGB). Dieser kann wie eingangs dargestellt die Ansprüche aus § 311a Abs. 2 BGB geltend machen und, wenn sich der Veräußerer nicht nach §§ 311a Abs. 2 S. 2, 276, 278 BGB exkulpieren kann, wahlweise Schadensersatz statt der Leistung (§ 281 BGB) oder Aufwendungsersatz nach § 284 BGB verlangen (*Bartenbach,* Schutzrechtsverkauf und Lizenzierung von Schutzrechten und Know-how nach der Schuldrechtsreform, MDR 2003, 1270 (1271)). Dasselbe gilt, wenn die Übertragung der Marke objektiv unmöglich ist, zB wenn ein zum Zeitpunkt des Vertragsabschlusses nicht (mehr) bestehende Marke veräußert wird.

Neben dem kaufrechtlichen Gewährleistungsrecht (§§ 437 ff. BGB) kommt eine Haftung für Rechtsmängel wegen Verletzung vorvertraglicher Pflichten (§§ 280 Abs. 1, § 311 Abs. 2 BGB, vormals culpa in contrahendo) nach Auffassung des BGH nur bei arglistigem (vorsätzlichem) Verhalten des Verkäufers in Betracht (BGH Urt. v. 27.3.2009 – V ZR 30/08, JR 2010, 262 (264 f.); OLG Köln ZIP 2009, 2063 für Sachgewährleistung beim Unternehmenskauf; *Bartenbach,* Schutzrechtsverkauf und Lizenzierung von Schutzrechten und Know-how nach der Schuldrechtsreform, MDR 2003, 1270 (1272)). Weist der Verkäufer der Marke vor Abschluss des Markenübertragungsvertrages nicht auf ihm bekannte Mängel hin, begründet dies deshalb grundsätzlich nur bei Arglist einen Anspruch aus Verletzung vorvertraglicher Pflichten iSv § 280 Abs. 1, § 311 Abs. 2 BGB.

Im Zusammenhang mit der Gewährleistung für Mängel ist bei Markenkaufverträgen insbesondere § 444 BGB von Bedeutung. Diese Vorschrift, die über § 453 BGB auch auf den Rechtskauf sowie Rechtsmängel Anwendung findet (Palandt/*Weidenkaff* § 444 Rn. 2; *Westermann* in Münchner Kommentar § 444 Rn. 1), geht davon aus, dass aufgrund der Vertragsfreiheit grundsätzlich auch Gewährleistungsansprüche durch Vereinbarung ausgeschlossen oder beschränkt werden können, versagt dem Verkäufer eine Berufung auf derartige Vereinbarungen jedoch dann, wenn er den Mangel arglistig verschwiegen oder eine Garantie für die Beschaffenheit der Sache überbenommen hat.

Diese Vorschrift birgt für den Verkäufer einer Marke Risiken, wenn er durch die Abgabe einer vertraglichen Garantie im Markenkaufvertrag eine verschuldensunabhängige Haftung für „die Beschaffenheit der Sache“ iSv § 443 BGB übernommen hat. Denn in diesem Fall ist es ihm verwehrt, sich auf gleichzeitig vereinbarte Beschränkungen der Mängelansprüche zu berufen, wie sie hier im Vertragsformular hinsichtlich weiterer Rechtsmängel vereinbart wurde. Deshalb wurde vorsorglich in das Vertragsformular in § 5 Abs. 5 die Regelung aufgenommen, dass sich die Parteien darüber einig sind, dass es sich bei den in § 5 Abs. 2, 3 und 4 abgegebenen Zusicherungen nicht um Beschaffenheitsgarantien handelt, welche die Wirkung des § 444 BGB herbeiführen würden. Würde nämlich § 444 BGB für den Vertrag Geltung entfalten, so wäre dem Verkäufer die Berufung auf den gleichzeitig vereinbarten Ausschluss der Haftung für Rechtsmängel abgeschnitten. Zwar ist die rechtliche Einordnung als Beschaffenheitsgarantie nicht disponibel, doch soll die Vertragsklausel der Vertragsauslegung im Hinblick auf den Willen der Vertragsparteien dienen. Aus Verkäufersicht kann es wegen § 444 BGB sogar sinnvoll sein, in allgemeiner Abkehr von der bisherigen Kaufvertragspraxis von der Verwendung der Begriffe „Garantie“, „Zusicherung“ und „zugesicherte Eigenschaften“ abzusehen, wenn der Eindruck einer verschuldensunabhängigen Haftung vermieden werden soll. Im hier vorgeschlagenen Vertragsformular wurde allerdings der Begriff der Zusicherung beibehalten, um auszudrücken, dass hier zum besonderen Schutz des Käufers eine verschuldensunabhängige Haftung des Verkäufers hinsichtlich der in § 5 Abs. 2, 3 und 4 abgegebenen Erklärungen im Sinne von § 276 Abs. 1 S. 1 BGB gewollt ist.

In dem dem Vertragsformular zugrundeliegenden Fall erscheint es nicht sinnvoll, den Verkäufer irgendwelche umfassenden Zusicherungen dahingehend übernehmen zu lassen, dass die veräußerten Marken und/oder Markenanmeldungen keine Rechte Dritter verletzen (→ Form. VIII.1 Anm. 12). Er sollte nicht einmal die eingeschränkte Zusicherung übernehmen, dass ihm keine derartigen Rechte bekannt sind. Der Erwerber ist ebenso wie der Veräußerer in der Lage, nach entgegenstehenden Rechten zu recherchieren. Häufig werden bei derartigen Recherchen ältere Zeichen ermittelt, von denen es zweifelhaft sein kann, ob sie letztlich von den Gerichten als mit den übertragenen Marken kollidierend angesehen werden. Dies gilt umso mehr, als die nach § 14 MarkenG für eine Markenverletzung grundsätzlich erforderliche Verwechslungsgefahr ein auslegbarer normativer Rechtsbegriff ist, bei dem der Gesamteindruck der sich gegenüberstehenden Zeichen entscheidet, der häufig nicht eindeutig zu bestimmen ist. Eine Zusicherung des Veräußerers, ihm seien keine entgegenstehenden Rechte bekannt, erweist sich als falsch, wenn eine von ihm ermittelte, aber nach sorgfältiger Prüfung für nicht verwechslungsfähig gehaltene Marke später doch von den Gerichten als verwechslungsfähig angesehen werden sollte. Noch weniger überschaubar sind die Risiken einer Löschung einer Unionsmarke, für die der Nachweis eines prioritätsälteren Rechts in nur einem einzigen Mitgliedstaat der EU genügt.

Im Vertragsformular wurde eine Formulierung gewählt, die auch den berechtigten Interessen des Käufers entgegenkommt. Für einen redlichen Verkäufer ist es durchaus zumutbar, eine Erklärung des Inhalts abzugeben, dass ihm zumindest keine anhängigen Verfalls-, Nichtigkeits- oder Widerspruchsverfahren (positiv) bekannt sind. In dem vorgeschlagenen Formular ist darüber hinaus aufgenommen worden, dass dem Verkäufer keine rechtshängigen oder durch außergerichtliche Abmahnung geltend gemachten Ansprüche Dritter gegen die Benutzung der Vertragsmarken, sowie keine Ansprüche Dritter auf Erklärung des Verfalls und/oder der Nichtigkeit der Vertragsmarken bekannt sind. Letzteres greift vor allem die sich unmittelbar aus § 49 Abs. 1 S. 3 MarkenG ergebende Wendung auf, wonach dem Verkäufer auch nicht bekannt ist, dass ein Antrag auf Erklärung des Verfalls gestellt werden „könnte“. Mit dieser – auslegungsbedürftigen – Gesetzesbestimmung kann nicht die Kenntnis des Verfallsgrundes, sondern nur ein beabsichtigter Antrag auf Erklärung des Verfalls selbst gemeint sein, ohne dass dieser

„angedroht" sein müsste. Die Klausel hat zwar nur Bedeutung für den Fall, dass eine Marke wegen fünfjähriger Nichtbenutzung für verfallen erklärt werden kann und löschungsreif wird (§ 49 Abs. 1 S. 1 MarkenG). Sie mag daher entbehrlich scheinen, wenn die rechtserhaltende Benutzung der eingetragenen Marken nicht zweifelhaft ist. Da es eine solche Sicherheit der durchgehenden rechtserhaltenden Benutzung jedoch selten geben wird, dürfte die Aufnahme einer solchen „Angstklausel" gleichwohl sinnvoll sein (zum Benutzungsbegriff siehe BGH GRUR 2009, 60 (62) – LOTTOCARD; BGH GRUR 2005, 1047 – OTTO; BGH GRUR 1999, 995 (997) – Honka; *Fezer* § 26 Rn. 7 ff.). Aus dem gleichen Grund sollte andererseits auf eine Zusicherung der Benutzung verzichtet werden, was mit der vorgeschlagenen Formulierung klargestellt wird, wonach dem Käufer „Registerstand und Benutzungslage" bekannt sind. In diesem Zusammenhang ist jedoch eine aktuelle Änderung des MarkenG zu beachten. Durch das Markenrechtsmodernisierungsgesetz (MaMoG, BGBl. 2018 I S. 2357 ff.) werden sowohl die vor den ordentlichen Gerichten sowie die vor dem Deutschen Marken- und Patentamt geführten „Löschungsverfahren" in „Verfalls- und Nichtigkeitsverfahren" abgeändert. Zur Vermeidung etwaiger Auslegungsschwierigkeiten sollte bei Lizenzvereinbarungen, die vor dem 1.5.2020 geschlossen werden, beachtet werden, dass die Änderung im Hinblick auf die Verfahren vor dem DPMA erst zum 1.5.2020 in Kraft tritt. Bis dahin werden vor dem DPMA weiterhin „Löschungsverfahren" geführt. Hinsichtlich der Verfahren vor den ordentlichen Gerichten ist das MaMoG hingegen bereits zum 14.1.2019 in Kraft getreten. Im Vertragsformular ist die ab dem 1.5.2020 geltende einheitliche Gesetzesfassung berücksichtigt worden.

Auch kann der Käufer verlangen, vom Verkäufer über das (Nicht-)Bestehen von Lizenz- und Sicherungsrechten aufgeklärt zu werden. Ein sorgfältiger Verkäufer wird hierüber eindeutige Auskünfte geben können, so dass es auch nur angemessen erscheint, ihn hierfür haften zu lassen. Sind Rechte in der Vergangenheit vergeben worden, muss die Klausel entsprechend angepasst werden. Ebenso wie in § 15 Abs. 3 PatG hat der Gesetzgeber nunmehr auch im Markenrecht den Sukzessionsschutz von Lizenzrechten gesetzlich verankert (§ 30 Abs. 5 MarkenG). Da das Erlöschen solcher Rechte ohne rechtskräftige Entscheidung nicht zweifelsfrei feststehen und eine Gewährleistung insoweit nicht im Interesse des Verkäufers liegen kann, wird hierfür folgende Formulierung vorgeschlagen:

„Aus in der Vergangenheit gewährten und nach Auffassung der A wirksam beendeten Lizenz- und Sicherungsrechten (z. B. Verpfändung, Sicherungsübereignung) sind bis zum Zeitpunkt des Vertragsabschlusses keine Ansprüche geltend gemacht worden."

Von den vorstehend beschriebenen Ausnahmen abgesehen sollte eine Haftung grundsätzlich ausgeschlossen werden, da auch eine eingetragene Marke der Gefahr von Angriffen Dritter, insbesondere aus prioritätsälteren Rechten, ausgesetzt ist. Dies gilt umso mehr bei nicht eingetragenen Marken, deren Existenz mit dem erforderlichen und selbstverständlich veränderlichen Grad an Verkehrsbekanntheit steht und fällt (→ Anm. 10). Bei der im Formular als Beispiel gewählten Marke „CUPIDO CONSULT" kann aufgrund ihrer uU als anstößig empfundenen Begriffsdeutung (Cupido = Begierde) überdies nicht einmal sicher ausgeschlossen werden, dass der Schutz durch Erwerb von Verkehrsgeltung bzw. der Rechtsbestand nicht am absoluten Schutzhindernis des § 8 Abs. 2 Nr. 5 MarkenG (Verstoß gegen die öffentliche Ordnung oder die guten Sitten; vgl. dazu aus der neueren Entscheidungspraxis zB BGH GRUR 2013, 729 – READY TO FUCK; BPatG GRUR 2013, 76 – Massaker; BPatG CIPR 2011, 89 – SCHLUMPF-WICHSE) scheitert. Diese Vorschrift ist nicht nur auf die Eintragungsfähigkeit, sondern in entsprechender Anwendung auch auf den Schutz durch Erwerb von Verkehrsgeltung bzw. den Rechtsbestand nicht eingetragener Marken anwendbar. An derartigen Marken kann Markenschutz durch Benutzung nicht entstehen (vgl. dazu *Fezer* § 4 Rn. 100 f.).

Da nach der vom BGH zur Lizenzierung bzw. zum Kauf schutzunfähiger, gewerblicher Schutzrechte entwickelten Rechtsprechung (BGH GRUR 1978, 308 (310) – Speisekartenwerbung, betr. Geschmacksmuster; BGH GRUR 2012, 910 (912) – Delcantos Hits; BGH GRUR 1993, 40 – Keltisches Horoskop, betr. Urheberrechte) § 306 aF BGB zwar grundsätzlich ausgeschlossen sein sollte, dies jedoch nicht galt, wenn der Lizenzgegenstand schon seinem Wesen nach einem Schutzrecht nicht zugänglich war, wird – vorsorglich – auch der Ausschluss der Berufung auf Ansprüche aus anfänglicher Unmöglichkeit (nunmehr § 311a Abs. 2 iVm §§ 283, 281 BGB) oder die Störung der Geschäftsgrundlage (nunmehr § 313 BGB) empfohlen. Es kann nicht ausgeschlossen werden, dass die gleichen Grundsätze auch auf den Markenkauf Anwendung finden und das Bestehen von absoluten Schutzhindernissen als ein Fall angesehen wird, bei dem das Schutzrecht schon seinem Wesen nach nicht entstehen kann. Der Inhaber einer nicht eingetragenen Marke genießt nämlich nicht einmal die faktische Monopolstellung des Inhabers einer lediglich vernichtbaren, immerhin aber eingetragenen Marke; dieser Gesichtspunkt spielte jedoch in den erwähnten Entscheidungen eine maßgebliche Rolle.

15. Kaufpreiszahlung und Kosten. Diese Klausel sichert in gewissem Rahmen die nach §§ 2 und 3 des Formulars vorgesehene Mitwirkung sowohl des Käufers als auch insbesondere des Verkäufers. Da bei der nicht eingetragenen Marke „CUPIDO-CONSULT" eine Umschreibung nicht stattfindet, ist hier der gesamte Kaufpreis sofort fällig.

Abweichend von dem Grundsatz des § 454 Abs. 2 BGB, wonach beim Rechtekauf der Verkäufer die Kosten der Begründung und Übertragung des Rechts trägt, wurde im Vertragsformular die Zahlung der Kosten der Umschreibung (Gebühren, Kosten für Übermittlung von Unterlagen an das Amt) dem Käufer auferlegt. Für die Umschreibung der Unionsmarke werden jedoch, wie in → Anm. 12 dargestellt, keine Amtsgebühren fällig.

16. Gerichtsstand und anwendbares Recht. → Form. VIII.1 Anm. 22.

17. Sonstiges. Die Erleichterung des Handels mit Markenrechten lässt es sinnvoll erscheinen, die Vermutung des § 139 BGB auszuschließen, wonach bei Teilnichtigkeit im Zweifel das ganze Rechtsgeschäft nichtig ist. Je nach Interessenlage kann selbstverständlich gerade das Gegenteil der Fall und dann die Klausel zu streichen sein.

5. Vorkaufsrecht an einer Marke

Vorkaufsvereinbarung[1–4] zwischen
der A. . . . . . (Firma, Rechtsform, Anschrift)

(nachstehend „Verpflichteter" genannt)

und
der B. . . . . . (Firma, Rechtsform, Anschrift)

(nachstehend „Berechtigter" genannt)

Vorbemerkung

Der Verpflichtete ist Inhaber der in das Markenregister des Deutschen Patent- und Markenamtes am 11.12.2004 unter der Nr. 15263748 für Süßwaren eingetragenen deutschen Marke „Strawbär".
Der Berechtigte ist daran interessiert, die Marke „Strawbär" für sich zu erwerben, sollte der Verpflichtete während der Dauer des zwischen ihnen geschlossenen Lizenzvertrages die Marke an einen Dritten verkaufen.

Dies vorausgeschickt, wird zwischen den Parteien Folgendes vereinbart:

§ 1 Vorkaufsberechtigung[2]

Sollte der Verpflichtete seine Marke „Strawbär" während der Laufzeit des mit dem Berechtigten geschlossenen Lizenzvertrages an einen Dritten ganz oder teilweise verkaufen, ist der Berechtigte zum Vorkauf berechtigt.

§ 2 Mitteilungspflicht[3]

Der Verpflichtete hat den Berechtigten unverzüglich schriftlich nach Abschluss eines Kaufvertrages mit einem Dritten über die Marke „Strawbär" zu unterrichten und ihm den Namen des Dritten sowie den Inhalt des Vertrages mitzuteilen.

§ 3 Ausübung des Vorkaufsrechts[3]

Der Berechtigte übt sein Vorkaufsrecht durch Erklärung gegenüber dem Verpflichteten aus. Die Erklärung bedarf der Schriftform. Sie muss innerhalb eines Monats nach Zugang der Mitteilungen gemäß § 2 erfolgen. Durch die Ausübung des Vorkaufsrechts kommt zwischen dem Verpflichteten und dem Berechtigten ein Vertrag über den Kauf der Marke mit den Bedingungen zustande, die der Verpflichtete dem Dritten eingeräumt hatte.

§ 4 Gerichtsstand und anwendbares Recht

(1) Als Gerichtsstand für alle Streitigkeiten aus oder in Verbindung mit diesem Vertrag wird das Landgericht Köln vereinbart. Jede Partei ist jedoch berechtigt, die andere Partei an ihrem allgemeinen Gerichtsstand in Anspruch zu nehmen.
(2) Der Vertrag unterliegt ausschließlich deutschem Recht.

§ 5 Sonstiges

Sollten eine oder mehrere Bestimmungen dieses Vertrages einschließlich dieser Regelung ganz oder teilweise unwirksam oder nichtig sein oder werden oder sollte der Vertrag eine Regelungslücke enthalten, so wird die Wirksamkeit der übrigen Bestimmungen dadurch nicht berührt. Die Parteien sind gehalten, die unwirksame oder fehlende Bestimmung durch eine solche wirksame Bestimmung zu ersetzen, mit der das wirtschaftlich gewollte Ergebnis am besten erreicht wird.

Schrifttum: Fammler, Der Markenlizenzvertrag, 3. Auflage 2016; *Fezer,* Handbuch der Markenpraxis, 3. Auflage 2016, II 1 O; *Palandt,* Bürgerliches Gesetzbuch, 77. Auflage 2018; *Pfaff/Osterrieth,* Lizenzverträge, 4. Auflage 2018; *Repenn,* Handbuch der Markenbewertung und -verwertung, 2. Auflage 2005; *Schreiber,* Vorkaufsrechte, Jura 2001, 196; *Schurig,* Das Vorkaufsrecht im Privatrecht, 1975, siehe auch Literaturhinweise bei Form VIII. 1

Anmerkungen

1. Sachverhalt. In der Praxis sind zahlreiche Konstellationen denkbar, in denen ein Unternehmen, auch ohne bereits Lizenznehmer der betreffenden Marke zu sein, bestrebt ist, sich ein Vorkaufrecht an einer fremden Marke zu sichern, beispielsweise im Vorfeld einer möglichen Unternehmensübernahme, wenn die fremde Marke und die bislang darunter vertriebenen Waren sich gut in das eigene Produkt- und Markenportfolio einreihen oder dieses aufwerten würden oder aber – wie hier – zur Absicherung einer bestehenden Rechtssituation, etwa der Nutzung einer Marke im Rahmen eines Lizenzverhältnisses mit dem Markeninhaber. Der dem Formular zugrundeliegende Sachverhalt ist dadurch gekennzeichnet, dass der Verpflichtete dem Berechtigten bereits eine ausschließliche Lizenz an seiner Marke „Strawbär" eingeräumt hat. Sollte während der Laufzeit des Lizenzvertrages die Marke an einen Dritten veräußert werden, hat dies zwar keine Auswirkungen auf die Wirksamkeit des bestehenden Lizenzvertrages. Der Lizenzvertrag besteht vielmehr auch nach Übertragung der Marke an einen Dritten fort (§ 30 Abs. 5 MarkenG, sog. Sukzessionsschutz). Der Lizenznehmer, der durch die Benutzung der Marke auf der Ware, auf Verpackungen und in der Werbung in den Aufbau und die Bekanntheit der Marke investiert hat, hat aber in der Regel ein Interesse daran, gegen den Verkauf an einen Dritten während der Vertragslaufzeit abgesichert zu sein (*Pfaff/Osterrieth* Kapitel B Rn. 100; *Fammler* in Fezer, Handbuch der Markenpraxis, II 1 O Rn. 825). Gerade wenn es sich bei dem Kaufinteressenten um einen Wettbewerber handelt, wäre es für den Lizenznehmer besonders unangenehm, diesem – etwa im Rahmen von im Lizenzvertrag vorgesehenen Rechnungslegungs- und Informationspflichten – Einblicke in interne Geschäftsvorgänge gewähren zu müssen. Die Einräumung eines Vorkaufsrechts für den Lizenznehmer kann auch als Vertrauenssignal notwendig sein, um das Vertrauen des Lizenznehmers in die Beständigkeit und Zukunftsträchtigkeit der Geschäftsbeziehung vor dessen Investitionen in die Marke zu bestärken. Die im Formular gewählte Vorkaufsrechtsvereinbarung ermöglicht dem bisherigen Lizenznehmer daher den Kauf der Marke für den Fall, dass während der Laufzeit eines Lizenzvertrages die zugrunde liegende Marke durch den Verpflichteten an einen Dritten veräußert werden sollte.

2. Rechtsnatur und Grundzüge der Vorkaufsrechtsvereinbarung. Die Ausübung und weitere Einzelheiten des klassischen Vorkaufsrechts sind in §§ 464 BGB geregelt. Sobald der Vorkaufsverpflichtete einen wirksamen Kaufvertrag über die Marke mit einem Dritten abgeschlossen hat, kann der Vorkaufsberechtigte dem Verpflichteten gegenüber erklären, dass er von seinem Vorkaufsrecht Gebrauch macht. Beim klassischen Vorkaufsrechtsrecht kommt durch diese Erklärung des Vorkaufsberechtigten zwischen ihm und dem Verpflichteten ein Kaufvertrag zu denselben Bedingungen zustande, wie sie dem Dritten gegenüber eingeräumt worden sind.

Das Vorkaufsrecht an einer Marke hat nur schuldrechtliche Wirkung. Es wirkt nur gegenüber dem Vertragspartner. Der bereits bestehende Kaufvertrag mit dem Dritten bleibt davon unberührt, der Kaufvertrag und die daraus resultierenden Verkäuferpflichten bleiben bestehen. Der Verpflichtete ist – sollte das Vorkaufsrecht ausgeübt werden – nicht nur dem Dritten, sondern auch dem Berechtigten gegenüber zur Erfüllung verpflichtet (BGH NJW 2000, 1033; NJW-RR 2009, 1172). Je nachdem, an wen er die Marke übereignet, ist er dem anderen zum Schadensersatz (§§ 275 Abs. 3, 281, 283 BGB) verpflichtet (Palandt/*Weidenkaff* Vorb. § 463 Rn. 8). Der Verpflichtete sollte daher den Kaufvertrag mit dem Dritten vorsorglich so ausgestalten, dass ihm diesem gegenüber jedenfalls keine Nachteile daraus erwachsen, dass der Berechtigte sein Vorkaufsrecht ausübt, etwa durch ein Rücktrittsrecht, eine auflösende Bedingung oder den Ausschluss von Erfüllungs- und Schadensersatzansprüchen (Palandt/*Weidenkaff* BGB § 464 Rn. 8). Gemäß § 465 BGB ist eine Vereinbarung des Verpflichteten mit dem Dritten, durch welche der Kauf von der Nichtausübung des Vorkaufsrechts abhängig gemacht oder dem Verpflichteten für den Fall der Ausübung des Vorkaufsrechts der Rücktritt vorbehalten wird, allerdings dem Vorkaufsberechtigten gegenüber unwirksam. Dadurch wird der Berechtigte vor einer Vereitelung seines Vorkaufsrechts geschützt (Palandt/*Weidenkaff* BGB § 465 Rn. 2).

Gemäß § 473 BGB ist das vertragliche Vorkaufsrecht nicht übertragbar, um den Verpflichteten vor einem unerwünschten Wechsel in der Person des Berechtigten zu schützen. Von der Abdingbarkeit des Übertragungsverbotes dürfte in der markenrechtlichen Vertragspraxis nur wenig Gebrauch gemacht werden.

3. Ausübung des Vorkaufsrechts. Das Vorkaufsrecht wird durch Erklärung gegenüber dem Verpflichteten ausgeübt. Abweichend von § 464 Abs. 1 S. 2 BGB sollte aus Beweisgründen stets ein Schriftformerfordernis für die Erklärung in die Vereinbarung mit aufgenommen werden. Entsprechend der im Formular gewählten Frist hat der Berechtigte für die Ausübung einen Monat Zeit. Die Frist beginnt, sobald der Verpflichtete dem Berechtigten den gesamten, für ihn im Falle der Ausübung des Vorkaufsrechts bindenden Inhalt des Kaufvertrages mitgeteilt hat (§ 2 des Formulars, siehe ferner § 469 Abs. 1 BGB). Die gesetzliche Regelung ist deutlich kürzer. Danach steht dem Vorkaufsberechtigten nur eine Woche zur Verfügung (vgl. § 469 Abs. 2 BGB). Diese Frist ist bei der Entscheidung über den Kauf einer Marke in der Regel deutlich zu kurz bemessen.

4. Rechtsfolgen. Durch die wirksame Ausübung des Vorkaufsrechts wird ein selbstständiger Vertrag zwischen den Parteien begründet. Der Berechtigte tritt daher nicht in den mit dem Dritten geschlossenen Kaufvertrag ein. Ihn treffen allerdings sämtliche Rechte und Pflichten nach Maßgabe des mit dem Dritten geschlossenen Kaufvertrages (*Fammler* in Fezer, Handbuch der Markenpraxis, II 1 O Rn. 840). Der Verpflichtete haftet gegenüber dem Berechtigten für Mängel nur in dem Umfang, in dem er gegenüber dem Dritten gehaftet hat, ggf. also nicht für Mängel, die dem Dritten bekannt waren (OLG Nürnberg MDR 2005, 437; Palandt/*Weidenkaff* BGB § 464 Rn. 5 f.). Wird eine Marke mit einem umfangreichen Waren- und Dienstleistungsverzeichnis lediglich für einen bestimmten Teil hiervon verkauft, kann im Vertrag auch die Möglichkeit einer entsprechend begrenzten Ausübung des Vorkaufsrechts durch den Berechtigten einschließlich einer Verpflichtung des Verpflichteten zur Teilung der Marke geregelt werden (näher *Fammler* in Fezer, Handbuch der Markenpraxis, II 1 O Rn. 837).

6. Abgrenzungsvereinbarung mit Vorrechtserklärung

Abgrenzungsvereinbarung[1–4] zwischen
der A . . . . . . (Firma, Rechtsform, Anschrift)
Inhaberin der Marke „Hatta" (Land und Nummer, vgl. Anlage 1)
(nachstehend „A" genannt)
und
der B . . . . . . (Firma, Rechtsform, Anschrift)
Inhaberin der jüngeren Marke „Platta" (Land und Nummer, vgl. Anlage 2)
(nachstehend „B" genannt)

§ 1

(1) B verpflichtet sich, aus der Eintragung und Benutzung ihrer Marke gegen die Marke der A keine Rechte herzuleiten, insbesondere Neueintragungen und Eintragungen ähnlicher Marken mit Ausnahme der Marke „Platta" zu dulden.[5]
(2) B verpflichtet sich ferner, die Waren „Zahnputzmittel" aus dem Warenverzeichnis der Eintragung zu streichen und die Marke „Platta" nur zur Kennzeichnung von Haarwässern zu verwenden.[6]

§ 2

(1) A verpflichtet sich, die Eintragung und Benutzung der Marke „Platta" unter den in § 1 genannten Voraussetzungen zu dulden und ihren gegen die Eintragung der Marke erhobenen Widerspruch zurückzunehmen.[7]
(2) A verpflichtet sich ferner, die Marke „Hatta" nicht für Kosmetika zu benutzen.[8]

§ 3

(1) Die Vereinbarung gilt für alle Länder. In Ländern, in denen B ältere Rechte hat, wird sie A die Eintragung und Nutzung ihrer Marke unter den gleichen Voraussetzungen gestatten.[9]

(2) Die Vereinbarung soll für die Rechtsnachfolger und verbundenen Unternehmen im Sinne des deutschen Aktienrechts beider Seiten gelten, die die identischen Marken für dieselben Waren registriert haben oder nutzen. A und B verpflichten sich, die Verpflichtungen aus dieser Abgrenzungsvereinbarung ihrem jeweiligen Rechtsnachfolger aufzuerlegen.[10]

§ 4

Sollten eine oder mehrere Regelungen dieser Vereinbarung ganz oder teilweise unwirksam sein oder werden, so bleibt die Vereinbarung im Übrigen bestehen. Anstelle der unwirksamen Regelung verpflichten sich die Vertragsparteien, diese durch eine solche Regelung zu ersetzen, die dem angestrebten wirtschaftlichen Ergebnis am nächsten kommt.

Schrifttum: Berlit, Markenrechtsmodernisierungsgesetz: Was ändert sich am 14.1.2019?, GRUR-Prax 2019, 1; *Bolt,* Kennzeichenrechtliche Verträge bei Unternehmenskäufen, BB 2013, 2568 ff.; *Fammler/Niebel,* Anm. zu BGH *„Jette Joop",* GRUR 2011, 646; *Fezer,* Markenrecht, 4. Auflage 2009; *Fezer,* Handbuch der Markenpraxis, 3. Auflage 2016; *Giefers/May,* Markenschutz, 5. Auflage 2003; *Harte-Bavendamm/v. Bomhard,* Abgrenzungsvereinbarungen und Gemeinschaftsmarken, GRUR 1998, 530; *Hoffmann/Kleespies,* Formular-Kommentar Markenrecht, 2. Auflage 2011, Muster F 271; *Immenga/Mestmäcker,* Wettbewerbsrecht, Kommentar zum Europäischen Kartellrecht, Band 1 EU/Teil 1 und Teil 2, 5. Auflage 2012; *Ingerl/Rohnke,* Markengesetz, 3. Auflage 2010; *Jaeger-Lenz/Freiwald,* Die Bedeutung der Erweiterung des Madrider Markensystems für die markenrechtliche Praxis, GRUR 2005, 118 ff.; *Kirchhoff,* Möglichkeiten und Grenzen markenrechtlicher Abgrenzungsvereinbarungen aus Sicht des Kartellrechts, GRUR 2017, 248; *Knaak,* Zur Wirksamkeit und Kündbarkeit von zeichenrechtlichen Abgrenzungsvereinbarungen, GRUR 1981, 386 ff.; *Klawitter,* Markenrechtliche Abgrenzungsvereinbarungen: Kartellrechtliche Grenzen, GRUR-Prax 2017, 115; *Kraft,* Kartellrechtliche Fragen zu Abgrenzungsvereinbarungen und Vorrechtserklärungen im Kennzeichnungsrecht, Mitt. 1986, 21 ff.; *Krüger/Kamlah,* Sukzessionsschutz bei Abgrenzungsvereinbarungen?, WRP 2004, 1464, *Müller,* Abgrenzungsver- einbarungen im Markenrecht, 2011; *Neubauer,* Markenrechtliche Abgrenzungsverein-barung aus rechtsvergleichender Sicht, Schriftenreihe zum Gewerblichen Rechtsschutz, Band 61, 1983; *Niebel,* Das Kartellrecht der Markenlizenz unter besonderer Berücksichtigung des Europäischen Gemeinschaftsrechts, WRP 2003, 482 ff.; Palandt, Kommentar zum Bürgerlichen Gesetzbuch, 77. Auflage 2018; *Peifer,* Negativer Imagetransfer bei Markenvereinbarungen – „Tic Tac Toe", WRP 1997, 685 ff.; *Rißmann,* Die kartellrechtliche Beurteilung der Markenabgrenzung, 2008; *Sack,* Zur Vereinbarkeit von vertraglichen und gesetzlichen Nichtangriffspflichten im gewerblichen Rechtsschutz mit Art. 85 und Art. 30, 36 EG-Vertrag, FS für Fikentscher, 1998, S. 741; *Schulte-Beckhausen,* Markenlizenzverträge, 2002; *Scholz,* Auswirkungen der Irreführungsgefahr bei Abgrenzungsvereinbarungen im pharmazeutischen Bereich, GRUR 1994, 688 ff.; *Schwanhäusser,* Die Auswirkungen der Toltecs-Entscheidung des EuGH auf Abgrenzungsvereinbarungen, GRUR Int. 1985, 816 ff.; *Schweyer,* in: Beck'sche Formularsammlung zum gewerblichen Rechtsschutz mit Urheberrecht, 5. Auflage 2015, → Form. V.7; *Stöckel,* Handbuch Marken- und Designrecht, 3. Auflage 2013, Muster 16. Siehe auch Schrifttum bei → Form VIII.1.

Anmerkungen

1. Sachverhalt und rechtliche Grundfragen. Der Sachverhalt gibt ein typisches, einfaches Szenario einer markenrechtlichen Abgrenzungsvereinbarung wieder. Die Firma B hat die Marke „Platta" für Parfümeriewaren, Mittel zur Körper- und Schönheitspflege, Haarwässer, sowie Zahnputzmittel in der Warenklasse 3 angemeldet, wie aus dem als Anlage 2 beizufügenden Registerauszug ersichtlich. Die Firma B beabsichtigt die Benutzung ihrer Marke „Platta" für Haarwässer. Zur Klasseneinteilung von Waren und Dienstleistungen ist anzumerken, dass im Zuge der internationalen Harmonisierung der Klassifikation die 45 Klassen der Nizzaer Klassifikation in einer einheitlichen Klassifikationsdatenbank der nationalen Markenämter der Europäischen Union, einschließlich des DPMA, in Gruppen und Untergruppen organisiert wurden. Diese Klassifikationsdatenbank ist umfassender angelegt als die Liste der Nizzaer Klassifikation, beinhaltet aber dieselbe Systematik. Sie ist abrufbar auf der Website von TMclass auf www.tmdn.org sowie über die Website des DPMA. Die gemeinsame Praxis für die Zulässigkeit von Klassenbegriffen wurde ferner in einer gemeinsamen Mitteilung vom 20.2.2014 dargelegt. Im Zuge dieser Harmonisierung hat auch das DPMA seine Klassifikationspraxis für Markenanmeldungen ab dem 12.11.2013 teilweise abgeändert. Bestimmte Begriffe der Klassenüberschriften der Nizzaer Klassifikation sind nicht mehr zulässig (Mitteilungen sind ebenfalls auf der Website des DPMA abrufbar).

Die Firma A ist Inhaberin der Marke „Hatta", eingetragen ebenfalls in Klasse 3 für Mittel zur Körper- und Schönheitspflege sowie für Zahnputzmittel. Ein Registerauszug sollte dem Vertrag als Anlage beigefügt werden. Sie benutzt diese Marke für eine Zahnpasta. Eine angemeldete Marke wird – nach Prüfung auf absolute Schutzhindernisse – ohne weiteres eingetragen. Die Marke kann jedoch auf einen innerhalb von drei Monaten nach Veröffentlichung der Eintragung erhobenen Widerspruch gelöscht werden, § 42 MarkenG. Hier ist davon auszugehen, dass die Firma A gegen die Eintragung der Marke „Platta" entweder schon beim DPMA gemäß §§ 9 Abs. 1 Nr. 2, 42 MarkenG Widerspruch erhoben oder die Firma B vor Ablauf der Widerspruchsfrist auf ihre prioritätsältere Marke aufmerksam gemacht und Widerspruch angedroht hat. Die Parteien halten zwar eine Verwechslungsgefahr wegen der Zeichenähnlichkeit von „Platta" und „Hatta" und der Ähnlichkeit der Waren iSd § 9 Abs. 1 Nr. 2 MarkenG von Zahnpasta und Haarwasser für gegeben, meinen aber, dass die Marken für diese Waren im Markt durchaus nebeneinander existieren können. Bei derartigen Konstellationen spielt oft auch die Hoffnung des Inhabers der älteren Marke auf ein ähnliches Entgegenkommen des Anmelders der jüngeren Marke bei einer umgekehrten Konstellation eine erhebliche Rolle (*Kraft* Mitt. 1986, 21 (22); vgl. auch *Schwanhäusser* GRUR Int. 1985, 816, der von einer „Verbrüderung wirtschaftlich konkurrierender Unternehmen" spricht, „die sich aus dem ständigen Rollenwechsel im Anmeldeverfahren ergibt"). Meist ist die Frage, ob zwischen der prioritätsälteren und der angemeldeten jüngeren Marke tatsächlich eine Verwechslungsgefahr gegeben ist, insbesondere ob eine relevante Zeichen- oder Warenähnlichkeit vorliegt, zweifelhaft (vgl. zur grundsätzlichen Ausgangslage auch *Schluep* GRUR Int. 1985, 534 (535, 536)). Bei der Verwechslungsgefahr handelt es sich um einen gemeinschaftsrechtlich vorgegebenen, einheitlich auszulegenden normativen Rechtsbegriff und damit um eine nicht im Wege der Beweiserhebung zu beantwortende Rechtsfrage (BGH GRUR 2009, 1055 (1059) – *airdsl; Ingerl/Rohnke* § 14 Rn. 405 f.; *Ströbele/Hacker/Thiering* § 9 Rn. 16 mwN). Die Beurteilung der Verwechslungsgefahr ist unter Berücksichtigung aller relevanten Umstände des Einzelfalls vorzunehmen, wobei eine Wechselwirkung zwischen den in Betracht zu ziehenden Faktoren, insbesondere der Ähnlichkeit der Zeichen und der Ähnlichkeit der mit ihnen gekennzeichneten Waren oder Dienstleistungen sowie der Kennzeichnungskraft der älteren Marke besteht. Dabei ist auf den durch die Zeichen hervorgerufenen Gesamteindruck abzustellen, wobei insbesondere ihre unterscheidungskräftigen und dominierenden Elemente zu berücksichtigen sind (BGH GRUR 2014, 382 (383) – REAL-Chips; BGH GRUR 2013, 833 (835) – Culinaria/Villa Culinaria; BGH GRUR 2012, 1040 – pjur/pure; EuGH GRUR 2010, 933 – Barbara Becker; EuGH GRUR 2007, 700 – Limoncello/LIMONCHELO; BPatG GRUR 2014, 387 – Sasha Fabiani/Fabiani). Trotz der durch die Rechtsprechung erfolgten Konkretisierung der Ähnlichkeit und der sich aus ihr ergebenden Verwechslungsgefahr bleiben für den konkreten Fall zahlreiche Unsicherheiten und Unwägbarkeiten für die Vertragsparteien. Eine Abgrenzungsvereinbarung, die beispielsweise der einvernehmlichen Bestimmung und Eingrenzung des Schutzbereichs des neu angemeldeten Zeichens dient (vgl. OLGR München 1993, 96 ff.) ist gegenüber der langwierigen und kostspieligen Klärung vor den Markenämtern oder Gerichten über mehrere Instanzen, uU bis hin zur Vorlage beim EuGH, eine effiziente und wirtschaftliche Alternative (*Fammler* in Fezer, Handbuch der Markenpraxis, II 1 A Rn. 1).

Derartige Fallgestaltungen sind mit einer Vielzahl von Abwandlungen in der Praxis außerordentlich häufig und wirtschaftlich sehr bedeutsam. Die Erfahrungen aus der Anmeldepraxis gehen dahin, dass es im Durchschnitt bei mindestens der Hälfte aller Markenanmeldungen – mit starken Schwankungen innerhalb der verschiedenen Wirtschaftszweige – zu Abgrenzungsvereinbarungen kommt (*Harte-Bavendamm/v. Bomhard,* Abgrenzungsvereinbarungen und Gemeinschaftsmarken, GRUR 1998, 530 (531)). Die erhöhte Bedeutung der Abgrenzungsvereinbarung für Unionsmarken wird darauf zurückgeführt, dass deren Eintragung – im Gegensatz zur deutschen Markenpraxis – ein Widerspruchsverfahren vorgeschaltet ist und der Widerspruch des Inhabers der älteren eingetragenen Marke die Eintragung der angemeldeten Unionsmarke nochmals weiter hinauszögern kann (*Fammler* in Fezer, Handbuch der Markenpraxis, II 1 A Rn. 6; *Harte-Bavendamm/v. Bomhard,* Abgrenzungsvereinbarungen und Gemeinschaftsmarken, GRUR 1998, 530 (531)). Im Verfahren *Toltecs/Dorcet II* vor dem EuGH hat die Regierung der Bundesrepublik Deutschland die große praktische Bedeutung der Abgrenzungsvereinbarungen betont und der EuGH selbst hat deren grundsätzliche Zulässigkeit und Zweckmäßigkeit anerkannt (EuGH GRUR Int. 1985, 399 ff., Erwägungsgründe 27 f. und 33; vgl. auch Schlussanträge des Generalanwalts Gulmann v. 9.2.1994 – C-9/93, Celex-Nr. 61993CC0009). Die hohe praktische Bedeutung von Abgrenzungsvereinbarungen im Widerspruchsverfahren vor dem EUIPO kommt auch in der UMV zum Ausdruck. Das EUIPO kann nach Art. 47 Abs. 4 UMV im Widerspruchsverfahren die Parteien ersuchen, den Widerspruch durch gütliche Einigung beizulegen (vgl. *Harte-Bavendamm/v. Bomhard,* Abgrenzungsvereinbarungen und Gemeinschaftsmarken, GRUR 1998, 530 unter D). Hierfür steht den Beteiligten bei Bedarf eine (verlängerbare) Zweimonatsfrist, die sogenannte „cooling-off period", zur Verfügung, damit sie ggf. ihre Markenauseinandersetzung vor dem offiziellen Beginn des kontradiktorischen Verfahrens ohne Kostenfolge beenden können. Eine solche „cooling-off period" wurde mit dem Markenrechtsmodernisierungsgesetz (MaMoG, BGBl. 2018 I S. 2357 ff.) mit Wirkung zum 14.1.2019 durch die Einfügung des § 42 Abs. 3 MarkenG auch in das deutsche Markenrecht überführt (vgl. generell zu den Änderungen und Neuerungen des MaMoG: *Berlit* GRUR-Prax 2019, 1). In den Prüfungsrichtlinien des EUIPO für die Prüfung von Widersprüchen gegen eine Markenanmeldung finden Abgrenzungsvereinbarungen explizit Erwähnung (Teil C Abschnitt 5, Art. 8 Abs. 5 Bekannte Marken).

Abgrenzungsvereinbarungen können uU auch viele Jahre nach ihrem Abschluss außerhalb streitiger Verfahren bei der Due Diligence im Rahmen von Unternehmenstransaktionen eine besondere Relevanz erlangen, insbesondere wenn die mögliche Nichtigkeit einer mit oder von dem Zielunternehmen geschlossenen Abgrenzungsvereinbarung die Gewährleistungsregelungen im Unternehmenskaufvertrag entscheidend beeinflussen oder gar zum „Deal Breaker" werden kann (*Fammler/Niebel* GRUR 2011, 641 (646), Anm.

zu BGH *Jette Joop;* vgl. auch *Bolt,* Kennzeichenrechtliche Verträge bei Unternehmenskäufen, BB 2013, 2568 (2571 ff.)). Bei Markenkollisionen im pharmazeutischen Bereich können Vorschriften des Arzneimittel- und des Heilmittelwerbegesetzes einer wirksamen Abgrenzungsvereinbarung im Wege stehen, vgl. näher *Scholz* GRUR 1994, 688 ff.

Bei Streitigkeiten über die Abgrenzungsvereinbarung handelt es sich um Kennzeichenstreitsachen iSd § 140 Abs. 1. Ansprüche aufgrund der Abgrenzungsvereinbarung und Ansprüche nach dem Markengesetz können nebeneinander geltend gemacht werden (OLG Frankfurt a. M. Urt. v. 22.12.2016 – 6 U 172/15, juris, Rn. 37 f.).

2. Wahl des Formulars. Das Formular folgt weiterhin mit geringfügigen Abänderungen dem bereits bei *Storkebaum* MA 1976, 106 (108) abgedruckten Vorschlag, der auf einer Empfehlung einer Reihe interessierter Firmen und Verbände nach Kontakten mit den entsprechenden ausländischen Kreisen beruht. Es hat sich in der Praxis seither weitgehend durchgesetzt und ist für Warenmarken sowie – mit geringfügigen Änderungen – für Dienstleistungsmarken verwendbar, die sowohl untereinander als auch mit Warenmarken kollidieren können.

Die Gliederung in Verpflichtungen der Anmelderin, Verpflichtungen der älter Berechtigten und gemeinsame Rechte der Parteien ist klar und übersichtlich (vgl. auch *Kraft* Mitt. 1986, 21 (22)). Wegen der Üblichkeit dieser Fassung der Vereinbarung sind einige juristisch nicht ganz präzise Formulierungen in Kauf genommen, zumal es sich bei Abgrenzungsvereinbarungen ohnehin um ein Mittel der außeramtlichen und außergerichtlichen Konfliktlösung handelt, dessen Gebrauch weitgehend auf dem Grundsatz von Treu und Glauben beruht (vgl. *Oppenhoff* GRUR 1968, 508 ff.; *Storkebaum* GRUR 1976, 121 (124 f.)).

3. Form. Abgrenzungsvereinbarungen sind stets formlos zulässig. Ihre schriftliche Abfassung dürfte aber die praktisch ausnahmslose Regel sein, die sich schon aus Gründen der Dokumentation für das theoretisch „ewige Leben“ einer Marke (BGH GRUR 2011, 641 Rn. 74 – Jette Joop; LG Braunschweig Urt. v. 28.8.2013 – 9 O 2637/12, juris, Rn. 74 – Kräuterspirituosen) dringend empfiehlt.

4. Rechtscharakter und Vertragsdauer. Abgrenzungsvereinbarungen sind gegenseitig verpflichtende Rechtsgeschäfte zwischen zwei oder mehr Markeninhabern mit Vergleichscharakter, die dazu dienen, einen außergerichtlichen oder vor den Markenämtern oder Gerichten ausgetragenen markenrechtlichen Konflikt beizulegen oder Konfliktpotential dauerhaft zu entschärfen. Gelegentlich treten Inhaber prioritätsälterer Marken, die im Rahmen der laufenden Markenüberwachung auf die potentielle Kollisionsmarke aufmerksam wurden, auch schon während oder vor Beginn der Widerspruchsfrist an die Gegenseite heran, um unter Vermeidung der Aufwendung der Widerspruchsgebühr frühzeitig eine einvernehmliche Lösung herbeizuführen und eine langwierige kostenintensive Klärung vor den Ämtern oder Gerichten zu vermeiden. Abgrenzungsvereinbarungen haben wegen der beiderseitigen Verpflichtungsübernahme Vergleichscharakter und unterliegen den schuldrechtlichen Vorschriften der §§ 320 ff. und 779 BGB (näher *Fammler* in Fezer, Handbuch der Markenpraxis, II 1 A Rn. 2; vgl. *Fezer* § 14 Rn. 1089 ff.; *Kraft* Mitt. 1986, 21 (22) mwN). Eine Abgrenzungsvereinbarung ist keine Lizenz iSv § 30 MarkenG und hat auch keinen lizenzvertragsähnlichen Charakter, da dem Anmelder nur der Erwerb einer von der älteren Marke unabhängigen Marke ermöglicht wird (*Ingerl/Rohnke* § 30 Rn. 137; *Kraft* Mitt. 1986, 21 (23, 24) mwN). Entsprechend der theoretisch unbegrenzten Lebensdauer von Marken sind auch Abgrenzungsvereinbarungen auf Dauer angelegt und gelten ohne Kündigungsregelung regelmäßig zeitlich unbegrenzt. Nur auf diese Weise lassen sich Markenstrategien langfristig ausrichten und entsprechende Investitionen rechtfertigen (BGH GRUR 2011, 641 Rn. 74 – Jette Joop; LG Braunschweig Urt. v. 28.8.2013 – 9 O 2637/12, juris, Rn. 74 – Kräuterspirituosen). Eine ordentliche Kündigung ist daher regelmäßig nicht vorgesehen. Ein Recht zur außerordentlichen Kündigung von Dauerschuldverhältnissen gem. § 314 BGB besteht bei Abgrenzungsvereinbarungen nur ausnahmsweise bei Vorliegen wichtiger Gründe. Ein wichtiger Grund ist gegeben, wenn Tatsachen vorliegen, die unter Berücksichtigung aller Umstände und unter Abwägung der beiderseitigen Interessen die Fortsetzung des Vertrages für den Kündigenden unzumutbar machen. Ein wichtiger Grund liegt insbesondere darin, dass die ältere oder jüngere Marke endgültig gelöscht wird (BGH GRUR 2016, 849 – Pelican/Pelikan; OLG Düsseldorf NZKart 2/2015, 109), die bloße Nichtbenutzung der älteren Marke und die damit begründete Löschungsreife genügt hingegen nicht (BGH GRUR 2016, 849, 855 – Pelican/Palikan). Ferner kann vertragswidriges Verhalten einer der Parteien, insbesondere der Benutzung von Marken jenseits des durch die Vereinbarung gesteckten Rahmens, einen solch wichtigen Grund darstellen (*Fezer* § 14 Rn. 1101; *Hoffmann/Kleespies* Formularkommentar Markenrecht Form. 281 Rn. 289; *Harte-Bavendamm/v. Bomhard,* Abgrenzungsvereinbarungen und Gemeinschaftsmarken, GRUR 1998, 530 unter D III). In den Fällen, in denen der wichtige Grund in der Verletzung einer Pflicht aus der Abgrenzungsvereinbarung besteht, ist allerdings nach § 314 Abs. 2 BGB der Ablauf einer Abhilfefrist oder die erfolglose Abmahnung erforderlich. Zudem ist die Kündigung gemäß § 314 Abs. 3 BGB innerhalb einer angemessenen Frist nach Kenntniserlangung von dem Kündigungsgrund zu erklären. Umstände, die im Gefahrenbereich des Kündigenden liegen, müssen allerdings ähnlich wie beim Wegfall der Geschäftsgrundlage grundsätzlich unberücksichtigt bleiben (LG Braunschweig Urt. v. 28.8.2013 – 9 O 2637/12, juris, Rn. 78 – Kräuterspirituosen; OLG Hamm GRUR 1991, 699 – Grohe; *Knaak* GRUR 1981, 386 (394)). Eine Beendigung oder Anpassung der Abgrenzungsvereinbarung an veränderte Umstände wegen Störung der Geschäftsgrundlage (§ 313 BGB) ist ebenfalls nur in Ausnahmefällen denkbar (vgl. LG Braunschweig Urt. v. 28.8.2013 – 9 O 2637/12, juris, Rn. 75 f. – Kräuterspirituosen; *Knaak* GRUR 1981, 386 (394 ff.) sowie *Peifer* WRP 1997, 685 (689)). Ein Kündigungsrecht im Wege einer ergänzenden Vertragsauslegung scheidet aus, da Markenstrategien typischerweise langfristig ausgerichtet werden und mit erheblichen Investitionen verbunden sind. Die Vertragspartner wollen daher keine Möglichkeit der grundlosen Beendigung. Eine Kündigung in analoger Anwendung von § 723 BGB scheitert bereits mangels gesellschaftsähnlichen Verhältnisses, da mit der Abgrenzungsvereinbarung kein gemeinsamer Zweck verfolgt wird (LG Braunschweig Urt. v. 28.8.2013 – 9 O 2637/12, juris, Rn. 75 f. – Kräuterspirituosen; *Knaak* GRUR 1981, 396). Allgemein zur Unterscheidung zwischen Abgrenzungsvereinbarungen, Vorrechtserklärungen, Nichtangriffsabreden und Markenlizenzverträgen siehe *Fezer* § 14 Rn. 1088 ff.

5. **Vorrechtserklärung.** § 1 Abs. 1 des Formulars enthält die sogenannte Vorrechtserklärung. Durch eine Vorrechtsvereinbarung verpflichtet sich der prioritätsjüngere Markenanmelder, aus der Eintragung seiner prioritätsjüngeren Marke keine Rechte gegen den Inhaber der prioritätsälteren Marke geltend zu machen, auch wenn dieser die Schutzdauer seines Markenrechts verlängert oder die Marke in bestimmten Markenabweichungen erneut zur Eintragung anmeldet. Der Neuanmelder des jüngeren Zeichens erkennt das ältere Zeichen als besseres Recht an und sichert dem Inhaber des älteren Zeichens zu, auch Abwandlungen oder Neueintragungen des älteren Zeichens zu dulden (*Ingerl/Rohnke* § 30 Rn. 137; *Fezer* § 14 Rn. 1093). Fraglich ist, ob ferner die Verpflichtung des Anmelders, die prioritätsältere Marke als solche nicht wegen Verfalls gemäß § 49 MarkenG anzugreifen, erfasst ist. Sofern man dies annimmt, gibt es diesbezüglich Einschränkungen seitens der Rechtsprechung. So sind jedenfalls Vereinbarungen, die das Recht ausschließen, eine Marke wegen der in § 49 Abs. 2 MarkenG genannten Verfallsgründe anzugreifen, unwirksam (vgl. RGZ 120, 402 f. – Bärenstiefel; BGHZ 32, 133 (142) – Drei Tannen; offen gelassen in BGH GRUR 1997, 747 (748)). Das OLG Düsseldorf hat zudem entschieden, dass eine Nichtangriffsabrede unwirksam ist, soweit

sie einen Verzicht auf Stellung eines Antrags auf Erklärung des Verfalls oder auf Erklärung der Nichtigkeit gemäß § 50 MarkenG enthält. Die Vorrechtserklärung entspricht der Position des Markeninhabers, der in eindeutigen Fällen tatsächlich, bei zweifelhafter Verwechslungsgefahr zumindest potentiell auf der Grundlage seines hier anerkannten älteren Rechtes die Löschung der neuen Marke erreichen könnte. Von einer Formulierung wie „im Sinne des §§ 9 /14 MarkenG verwechselbar ähnlich" anstelle der Wortwahl „ähnlicher Marken" muss abgeraten werden. Derartige Zusätze bringen nicht die erwünschte Präzisierung, weil die Verwechslungsgefahr gerade die Folge einer Identität oder Ähnlichkeit der kollidierenden Marken ist. Es kommt hinzu, dass bei Vorrechtserklärungen ausländischer Unternehmen mit Wirkung auch für das Ausland (vgl. § 3 Abs. 1 des Formulars) diese oft weder §§ 9, 14 MarkenG einschließlich seiner Tragweite kennen noch davon ausgegangen werden kann, dass sie sich insoweit generell dem deutschen Recht unterwerfen wollen (so auch *Storkebaum* GRUR 1976, 121 (122) und MA 1976, 106 (108)). Ob eine neu angemeldete Marke ähnlich ist, ist nach den Grundsätzen der Rechtsprechung zur Verwechslungsgefahr zu beurteilen (weiter → Anm. 1; vgl. auch *Fammler* in Fezer, Handbuch der Markenpraxis, II 1 A Rn. 27).

Gelegentlich wird in Vorrechtsvereinbarungen auch begrifflich unpräzise formuliert, dass der Anmelder aus der Anmeldung keine Rechte „gegen den Inhaber" der Widerspruchsmarke geltend machen wird. Diese nicht auf die ältere Marke selbst abstellende Formulierung ist durch das zeichenrechtliche Verbietungsrecht des Inhabers nicht gedeckt und daher bedenklich (→ Anm. 11; zustimmend *Fammler* in Fezer, Handbuch der Markenpraxis, II 1 A Rn. 24). Ihr entspricht kein schutzwürdiges Interesse des Markeninhabers.

Dagegen ist die Duldungspflicht des Anmelders bezüglich Neueintragungen der Marken des Inhabers interessengerecht. Der Markeninhaber kann das Waren- und Dienstleistungsverzeichnis seiner eingetragenen Marke nachträglich nicht mehr erweitern. Ändert sich sein Produktportfolio und damit auch der benötigte Schutzumfang, oder soll seine Marke, insbesondere eine Bildmarke, grafisch modernisiert werden, zB durch Eintragung in anderer Schriftform oder Transkription in andere Schriftzeichen, (vgl. *Fammler* in Fezer, Handbuch der Markenpraxis, II 1 A Rn. 27) oder dient die Neueintragung der Bildung oder Fortführung von Serienzeichen, hat der Markeninhaber daher ein berechtigtes Interesse, sich die Duldung durch den Inhaber des angemeldeten Zeichens zusichern zu lassen. Auch die Duldungspflicht betreffend Eintragungen ähnlicher Marken ist noch interessengerecht. Hiergegen wird unter Hinweis auf die sog. Abstandslehre zu bedenken gegeben, dass der Anmelder aufgrund seiner Vorrechtserklärung auch für die Eintragung und Benutzung lediglich ähnlicher Marken Gefahr laufe, sich auch von Dritten die Schwächung seiner Marke durch Drittzeichen entgegenhalten lassen zu müssen, insbesondere wenn das Zeichen des Dritten dem eigenen nicht ähnlicher ist als die Neueintragung des älter berechtigten Markeninhabers (*Fammler* in Fezer, Handbuch der Markenpraxis, II 1 A Rn. 28; *Oppenhoff* GRUR 1968, 508, 509). Dennoch ist diese Erstreckung der Nichtangriffsabrede auch auf ähnliche Neueintragungen gerechtfertigt, weil ohne die Abgrenzungsvereinbarung die kollidierende Marke gelöscht werden könnte und dem Inhaber der älteren Marke bei einer Neueintragung ähnlicher Zeichen auch nicht entgegenstünde.

Die Duldungsklausel in § 1 Abs. 1 des Formulars in Bezug auf Neuanmeldungen stellt eine Zustimmung zur Markeneintragung iSv § 51 Abs. 2 S. 3 MarkenG dar und bewirkt, dass ein späterer Nichtigkeitsantrag des Erklärenden gegen die neue Marke unter Geltendmachung der eigenen prioritätsälteren Rechtpositionen nicht mehr möglich ist (*Hoffmann/Kleespies* Formularkommentar Markenrecht Form. 281 Rn. 294). Durch eine Duldungsabrede kann jedoch nicht die Erhebung von Verfallsklagen ausgeschlossen werden, die im öffentlichen Interesse liegen. Hierzu dürften nicht nur die Verfallsgründe des § 49 Abs. 2 MarkenG zählen, sondern auch die fünfjährige Nichtbenutzung (§ 49 Abs. 1 MarkenG). Auch solche Abreden dürften daher regelmäßig an §§ 134, 138 BGB scheitern, da das Interesse der anderen Partei, durch die Löschung der nichtbenutzten Marke wieder einen größeren Freiraum für die Weiterentwicklung der eigenen Marke zu erlangen, schützenswert ist (so auch *Harte-Bavendamm/v. Bomhard* GRUR 1998, 530 (536)). Dies wird unter Hinweis auf die auch bei vertraglichem Ausschluss bestehende Möglichkeit der Popularklage im Ergebnis jedoch auch abweichend gesehen (*Fammler* in Fezer, Handbuch der Markenpraxis, II 1 A Rn. 43; *Fezer* § 14 Rn. 1095 nur Ausschluss von Ansprüchen auf Erklärung des Verfalls und Löschung wegen Nichtbenutzung zulässig). Näher → → Form. VIII.4 Anm. 13 sowie → → Anm. 7, 11).

6. **Abgrenzungsmöglichkeiten.** Zur Vermeidung einer Kollision der zumindest potentiell verwechslungsfähigen Zeichen im zumindest potentiell anzunehmenden Warenähnlichkeitsbereich können eine Reihe verschiedener Abgrenzungen alternativ, gegebenenfalls auch kumulativ vorgenommen werden (ausführlich zu typischen Vertragsinhalten *Fezer* § 14 Rn. 1091 ff.; *Knaak* GRUR 1981, 386 (387)). Die Vertragspartner können eine Abgrenzung des jeweiligen Markengebrauchs in Bezug auf die Zeichen selbst (zB deren Schreibweise oder farbliche Ausgestaltung), die Art der Waren und Dienstleistungen, die gebietsmäßige Verwendung (zB lokale oder nationale Gebietseinschränkung) oder die Vertriebswege vornehmen. Im Vorfeld ist ggf. zu klären, ob der zu regelnde Markengebrauch sich noch als ernsthafte Benutzung iSv § 26 Abs. 1 MarkenG eignet, dh eine Verwendung des betreffenden Zeichens zur Herkunftsunterscheidung auf dem Markt für konkrete Waren oder Dienstleistungen darstellt, im Gegensatz zu einem Gebrauch nur als Unternehmenskennzeichen, beschreibende Angabe oder schlichte Dekoration (*Ingerl/Rohnke* § 26 Rn. 24 ff.). Von der Ernsthaftigkeit der Markenbenutzung ist auszugehen, wenn das Zeichen nicht nur symbolisch, sondern nach Umfang und Häufigkeit der Nutzung, nach der Art der Produkte sowie nach den branchenüblichen Merkmalen des betreffenden Marktes wirtschaftlich sinnvoll dazu eingesetzt wird, um für die gekennzeichneten Waren einen Absatzmarkt zu erschließen oder zu sichern (EuGH GRUR 2009, 156 – Verein Radetzky-Orden; EuGH GRUR 2009, 410 – Silberquelle/ Maselli; BGH GRUR 2009, 60 Rn. 37 – LOTTOCARD; BPatGE 53, 74–95, Rn. 43 – SCORPION BODO'S FINEST/SCORPIONS). Es genügt eine Verwendung, wie sie dem Verkehr üblicherweise entgegentritt (BGH GRUR 2000, 510 (511) – Contura). Es kommen sowohl Verwendungen mit als auch ohne körperliche Verbindung zur Ware in Frage, insbesondere das Anbringen der Marke auf der Ware selbst (zB Bekleidungsstücke), auf der Aufmachung oder Verpackung der Waren, die Verwendung der Marke in Geschäftspapieren, uU Kennzeichnungsmitteln, Preislisten, Ankündigungen, Katalogen und in der Werbung, auch im Rundfunk und Internet (vgl. BPatG GRUR 2011, 166 (168) – VISION; näher *Ingerl/Rohnke* § 26 Rn. 61 ff., 66 ff.)

Am häufigsten stößt man in Abgrenzungsvereinbarungen auf die warenmäßige Abgrenzung, mit der der Anmelder der jüngeren Marke sich verpflichtet, die Marke nur oder gerade nicht für bestimmte Waren seines Warenverzeichnisses zu benutzen, ggf. durch eine Teilverzichtserklärung gem. § 48 MarkenG bzw. Art. 57 UMV oder die Einschränkungserklärung gem. § 39 MarkenG bzw. Art. 49 Abs. 1 UMV die Einschränkung des Warenverzeichnisses herbeizuführen. Durch die Verpflichtung zur Streichung bestimmter Waren aus dem Warenverzeichnis kann die formelle Registerlage häufig entsprechend angepasst werden (*Fammler* in Fezer, Handbuch der Markenpraxis, II 1 A Rn. 29 ff.). Meist wird der Anmelder die Marke für ein bestimmtes Produkt vorgesehen haben, so dass er die Benutzung und das Warenverzeichnis ohne weiteres auf ein bestimmtes Warengebiet oder eine bestimmte Ware begrenzen kann. Ist die Verwendung der jüngeren Marke noch nicht bestimmt, kann die Übernahme der Verpflichtung helfen, die Marke nur mit vorheriger Zustimmung des Inhabers der älteren Marke in Benutzung zu nehmen. Die konkrete Einigung wird also im Vertrauen auf eine gegenseitige Verständigung auf einen späteren Zeitpunkt verschoben (vgl. *Storkebaum* GRUR 1976, 121 (123)).

Eine weitere Möglichkeit der Ausräumung einer Kollision bietet – neben der teilweisen Übertragung (→ → Form. VIII.4 Anm. 9) – die zeichenmäßige Abgrenzung. Abwandlungen des Zeichens in Gestalt von unterschiedlichen grafischen Gestaltungen, zB verschiedenen Schrifttypen und Farben, bildlichen oder wörtlichen Unterscheidungszusätzen oder die Festlegung bestimmter Benutzungsarten können die Verwechslungsgefahr beseitigen oder zumindest wesentlich abschwächen (*Fezer* § 14 Rn. 469 ff.).

Dabei muss jede Vertragspartei bestrebt sein, darauf zu achten, dass sich die vereinbarte tatsächliche Benutzungsform des Zeichens von der tatsächlich angemeldeten bzw. eingetragenen Form nicht in einer für die Frage des Benutzungszwangs gemäß §§ 25, 26, 49 MarkenG relevanten Weise entfernt. Unter Abkehr von der früheren, teilweise sehr strengen deutschen Rechtsprechung (BGH GRUR 1990, 364 (365) – Baelz; weitere Hinweise bei *Ströbele/Hacker/Thiering* § 26 Rn. 158) wird mit § 26 Abs. 3 MarkenG eine Benutzung der Marke auch in einer abweichenden Form als rechtserhaltend anerkannt, sofern die Abweichungen den kennzeichnenden Charakter der Marke nicht verändern. Das ist nach der Rechtsprechung der Fall, wenn der Verkehr das abweichend benutzte Zeichen gerade bei Wahrnehmung der Unterschiede dem Gesamteindruck nach noch mit der eingetragenen Marke gleichsetzt, dh in der benutzten Form noch „dieselbe Marke" sieht (BGH GRUR 2013, 725 (726) – Duff Beer; BGH GRUR 2013, 68 – Castell/VIN CASTEL; BGH GRUR 2012, 832 (834) – ZAPPA/ZAPPA Records – ZAPPA Records keine rechtserhaltende Benutzung von ZAPPA; BGH GRUR 2011, 623 – Peek & Cloppenburg II; BGH GRUR 2010, 729 – MIXI; BGH GRUR 2009, 772 – Augsburger Puppenkiste; BPatG Beschl. v. 25.4.2013 – 30 W (pat) 547/11, juris, Rn. 25 – LIFE/LIFESYNC; BPatG Beschl. v. 28.6.2011 – 24 W (pat) 44/10, juris, Rn. 20 – TriTec Computersysteme/TRiTEC ELECTRONIC GMBH; BPatG GRUR 2006, 768 (770) – ARTIST(E); BPatG GRUR 1995, 588 ff. – Jeannette/Annete – Benutzung als „Jeanette" rechtserhaltend; BPatG GRUR 1995, 590 ff. – Manhattan für Wort-Bild-Kombination; BGH GRUR 2001, 54 (56) – SUBWAY/Subwear – keine rechtserhaltende Benutzung der Marke Subwear durch SUBWAY; BGH GRUR 2000, 1038 – Kornkammer – rechtserhaltende Benutzung trotz Hinzufügens eines Bildbestandteils; *Ströbele/Hacker/Thiering* § 26 Rn. 185 ff. mwN). Bei Wortzeichen kann demzufolge uU die Benutzung einer anderen Schriftart, anderer Schrifttypen, von Groß- statt Kleinschreibung und umgekehrt, eine orthografisch geringfügig abweichende Schreibweise, das Weglassen oder Hinzufügen eines Buchstabens oder Bindestriches, das Hinzufügen grafischer Elemente, beschreibender Zusätze oder ausgefallener und aufwendiger Farbübergänge oder farbiger Ausgestaltungen der Buchstaben für eine rechtserhaltende Benutzung unschädlich sein, vorausgesetzt, dass nicht gerade die schriftbildliche Gestaltung bzw. der phonetische Klang bestimmend für den Gesamteindruck ist (BGH GRUR 2010, 729 (730) – MIXI; BPatG München Beschl. v. 20.6.2008 – 30 W (pat) 143/05, juris, Rn. 52 – RHEA VENDORS/RHEA; BPatG Beschl. v. 26.9.2006 – 32 W (pat) 6/06, juris, Rn. 34 – BESTEA/Nestea; BPatGE 53, 74–95, Rn. 72 – SCORPION BODO'S FINEST/SCORPIONS; OLG Köln GRUR 2009, 958 (959) – Protipower/Protifit; ausführlich *Ingerl/Rohnke* § 26 Rn. 145 ff. mit Rechtsprechung und Fallgruppen; *Fezer* § 26 Rn. 204 ff.). Denn es kann im Einzelfall notwendig sein, Marken zur besseren Vermarktung und Absatzförderung an aktuelle Darstellungsformen, moderne und grafische Standards und Trends anzupassen, um in ihrem Erscheinungsbild für die Verbraucher zeitgemäß zu bleiben (EuG GRUR Int. 2010, 60 – ATLAS TRANSPORT; näher *Knitter,* Das Stofffähnchen im Winde – Aktuelle Rechtsprechung zur Frage der Benutzung einer Marke, MarkenR 2013, 257 ff.). Unschädlich kann auch die Aufspaltung einer Einwortmarke in zwei Wörter unter Hinzufügung einer bildlichen Illustration sein (BGH GRUR 2000, 1038 – Kornkammer). Auch das Hinzufügen des Zeichens „@" für „commercial at" als Hintergrundbild einer Wortmarke bei einer Werbung im Internet verändert den kennzeichnenden Charakter der Wortmarke nicht, wenn es auf Grund des Markendesigns sowie der Farbgebung nur als eine bloße Hintergrundgestaltung wirkt, die nach den Praktiken des Internets üblich ist (BPatGE 43, 67 – Warenvertrieb im Internet; vgl. *Fezer* § 26 Rn. 211). Eine rechtserhaltende Benutzung liegt jedoch nicht mehr vor, wenn Zeichenbestandteile einer Wortmarke derart ausgetauscht werden, dass damit eine erhebliche Änderung von Schreibweise und Bedeutungsinhalt einhergehen (BGH GRUR 2001, 54 – SUBWAY/Subwear).

Das Abstellen auf die Erhaltung des Gesamteindrucks im Rahmen des Benutzungszwangs zeigt, dass der zeichenmäßigen Abgrenzung in der Abgrenzungsvereinbarung enge Grenzen gezogen sein können, wenn der Anmelder nicht bereit ist, den mit einer abgewandelten Neuanmeldung drohenden Prioritätsverlust in Kauf zu nehmen.

Eine Liberalisierung des Benutzungszwangs liegt wiederum darin, dass nicht alle in Betracht kommenden Markenabwandlungen angemeldet werden müssen, um eine rechtserhaltende Benutzung der Marke zu gewährleisten, siehe § 26 Abs. 3 MarkenG.

Ein frühes gelungenes Beispiel einer zeichenmäßigen Abgrenzung stellte der Fall „Persil“ dar, in dem die Firma Henkel als Inhaberin der Marke „Persil“ in sechs Mitgliedstaaten der EU und die Firma Unilever als Inhaberin derselben Marke in Frankreich und Großbritannien sich dahingehend geeinigt hatten, dass Henkel das Zeichen nur in roter Farbe und zusammen mit dem in einem roten Oval abgedruckten Wort „Henkel“ benutzen würde, während Unilever das Zeichen nur in grüner Farbe aufmachen würde. Diese Abgrenzungsvereinbarung war nach Auffassung der EG-Kommission auch kartellrechtlich unbedenklich, da sie im Hinblick auf die Ursprungsgleichheit der betreffenden Marken dem Schutz der Verbraucher vor der Täuschung über die Unterschiedlichkeit der Waren diente und der Sicherung des Bestandes der Marken zuzurechnen war (vgl. *Fezer* § 14 Rn. 1106; EG-Kommission GRUR Int. 1978, 208 f.).

Ferner sind auch Abgrenzungsvereinbarungen denkbar, die sich auf den Vertrieb der Produkte in bestimmten Absatzgebieten beziehen, und zwar – sowohl international als auch national. Hierbei sind allerdings die kartellrechtlichen Grenzen zu beachten (*Fezer* § 14 Rn. 1092, 1102 ff., näher → Anm. 11). Der einer Marke kraft Eintragung zukommende bundesweite Schutz geht oft über den von dem Anmelder oder dem älter Berechtigten tatsächlich benötigten Rahmen hinaus. Dies kann insbesondere für Dienstleistungsmarken etwa kleiner oder mittlerer Unternehmen gelten, bei denen die Begrenzung auf ein räumlich engeres Tätigkeitsfeld als die Bundesrepublik Deutschland häufig von der Art der Tätigkeit und der Größe des Unternehmens vorgegeben ist (*Knaak* GRUR 1981, 386 (387)). Wenn ein solches engeres Tätigkeitsfeld beider Parteien nicht natürlich vorgegeben ist, ist insbesondere bei Fällen eher zweifelhafter Verwechslungsgefahr und/oder Warenähnlichkeit allerdings zu beachten, dass dies uU zu einer kartellrechtswidrigen Marktaufteilung führen kann – wie im internationalen Rahmen etwa die frühen Fälle *„Sirdar/Phildar“* und *„Syntex/Synthelab“* zeigen (GRUR Int. 1975, 320 und GRUR Int. 1977, 275 sowie WuW 1989, 491 f.; → Anm. 11).

Zu beachten für die Effektivität einer örtlichen Abgrenzung ist allerdings, dass der Inhaber der älteren Marke sein Zeichenrecht nicht gegen solche Waren des Anmelders geltend machen kann, die von Dritten außerhalb des Gebietes weitervertrieben werden, in dem der Anmelder sie in Übereinstimmung mit der Abgrenzungsvereinbarung im Inland erstmals in Verkehr gebracht hat – insoweit ist das Zeichenrecht des älter Berechtigten wegen Erschöpfung gemäß § 24 MarkenG verbraucht (*Kraft* GRUR 1977, 760 (762)).

Schließlich ist eine zulässige Abgrenzung nach bestimmten Abnehmerkreisen bzw. Vertriebswegen denkbar (*Kraft* GRUR 1977, 760 (762); *Fezer* § 14 Rn. 1092). In dem Bereich der Haar- und Körperpflegemittel können hier etwa Beschränkungen auf den Depotverkauf, stationären Verkauf oder Friseurfachhandel genannt werden (vgl. *Janoschek*, Abgrenzungsvereinbarungen über Warenzeichen 1975, S. 143). Da im Fall eindeutiger oder ernsthaft zu diskutierender Verwechslungsgefahr und Warenähnlichkeit der Inhaber der älteren Marke die Benutzung der gängigeren Marke ganz unterbinden könnte, und da eine derartige Beschränkung auf einen nicht kollidierenden Vertriebsweg zumindest der nicht unerheblichen Verminderung der tatsächlichen Verwechslungswahrscheinlichkeit dienen kann, ist grundsätzlich auch eine solche Abgrenzung zulässig. Auch hier ist allerdings zu beachten, dass wiederum nur der Anmelder unmittelbar gebunden werden kann; vom Zeichenrecht nicht gedeckt wäre eine Verpflichtung des Anmelders, seine Abnehmer zur Einhaltung bestimmter Vertriebswege zu verpflichten (*Kraft* Mitt. 1986, 21 (23)). Zu den kartellrechtlichen Problemen von Vertriebsbeschränkungen → Form. VIII Anm. 6.

7. **Nichtangriffsabrede.** Als Nichtangriffsabrede wird in der Abgrenzungsvereinbarung üblicherweise die Verpflichtung bezeichnet, dass der Inhaber der prioritätsälteren Marke die Eintragung und Benutzung der prioritätsjüngeren Anmeldemarke duldet. Die Duldungsverpflichtung kann sich nur auf Widersprüche, Nichtigkeitsklagen wegen des Bestehens älterer Rechte und Unterlassungsklagen, jedoch nicht auf Ansprüche auf Erklärung des Verfalls gemäß § 49 MarkenG oder auf Erklärung der Nichtigkeit aufgrund anfänglicher Schutzhindernisse gemäß § 50 MarkenG beziehen (OLG Düsseldorf GRUR-RS 2015, 04601 - kartellrechtliche Abgrenzungsvereinbarung; vgl. zur Unbeachtlichkeit einer Nichtangriffsabrede für einen Verfallsantrag EuG GRUR-RR 2018, 68 ff. – Carrera; vgl. auch zur Nichtangriffsabrede *Fammler* in Fezer, Handbuch der Markenpraxis, II 1 A Rn. 41 ff.). Demgemäß dient die Verpflichtung des Inhabers der älteren Marke in § 2 Abs. 1 des Formulares dazu, die Eintragung des Anmeldezeichens „Platta" zu dulden; sie sichert den Bestand der Neueintragung, indem ein Widerspruch von vornherein unterbleibt oder, falls schon eingelegt, wieder zurückgenommen wird.

Der Inhaber der älteren Marke wird bei der Abgabe der Erklärung neben der unmittelbaren Wirkung in seinem Verhältnis zum Neuanmelder zu bedenken haben, dass damit regelmäßig der Schutzumfang seiner Marke eingeengt und ihm uU die Möglichkeit genommen wird, gegen die Eintragung einer dritten, seiner eigenen und dem Anmeldezeichen ähnlichen Marke vorzugehen. Denn die Zulassung der Eintragung und Benutzung eines ähnlichen Zeichens kann die eigene Marke schwächen, indem der Verkehr durch das Nebeneinanderbestehen ähnlicher Marken genötigt wird, zur Unterscheidung auf geringere Unterschiede zu achten, so dass solche geringeren Unterschiede dann auch zur Unterscheidung der neu eingetragenen Marke und der Widerspruchsmarke von Drittmarken ausreichen (vgl. *Fammler* in Fezer, Handbuch der Markenpraxis, II 1 A Rn. 28; *Fezer* § 14 Rn. 399 f.; *Storkebaum* GRUR 1976, 121 (124)).

Allerdings werden Vorrechtserklärungen vielfach zur Erweiterung und zum Ausbau des Schutzes von älteren Marken eingesetzt. Dies beruht darauf, dass viele Anmelder aus wirtschaftlichen Gründen die Auseinandersetzung mit einem Widersprechenden bis zu der oft lang hinausgezögerten Beendigung des Widerspruchsverfahrens scheuen und deshalb bereit sind, auch mehr oder weniger offensichtlich unbegründete Widersprüche mit Vorrechtserklärungen auszuräumen und dabei Verpflichtungen einzugehen, zu denen sie nach objektiver Rechtslage nicht genötigt wären. Nichtangriffsabreden als Bestandteil von Abgrenzungsvereinbarungen stellen uU eine kartellrechtswidrige Wettbewerbsbeschränkung dar, wenn dadurch ein Angriff auf eine löschungsreife Marke ausgeschlossen wird oder die Abrede einer künstlichen Marktaufteilung dient (EuGH GRUR Int. 1985, 399 (402) – Toltecs/Dorcet II; EG-Kommission v. 16.12.1982, GRUR Int. 1983, 294 (298) – Toltecs/Dorcet; Fezer § 14 Rn. 1107; näher → Anm. 11).

8. **Abgrenzung des Zeicheninhabers.** Weit weniger häufig als die praktisch unabdingbar zu Abgrenzungsvereinbarungen gehörenden Klauseln gemäß § 1 Abs. 2 sind entsprechende Verpflichtungen seitens des Inhabers der älteren Marke. Die Abgrenzungsmöglichkeiten sind grundsätzlich dieselben wie in → Anm. 6 dargestellt (zur kartellrechtlichen Problematik → Anm. 11).

9. Geltungsbereich. Die Erstreckung des Geltungsbereichs der Abgrenzungsvereinbarung auf alle Länder entspricht zwar der durchaus üblichen Standardformulierung, der Bedarf und Sinn einer derartigen Reichweite sollte jedoch im Einzelfall genau geprüft werden. Wenn es um zwei deutsche Marken zweier nur national operierender Unternehmen geht, kann die territoriale Reichweite auch nur auf Deutschland begrenzt werden. Keinesfalls sollte die Frage des örtlichen Geltungsbereiches ungeregelt bleiben, insbesondere dann nicht, wenn es Auslandsberührungspunkte gibt. Eine ergänzende Vertragsauslegung bringt oftmals kein eindeutiges Ergebnis. Denn je nach Lage des Falles kann ein solches Schweigen von der einen Seite als eine scheinbar selbstverständliche Beschränkung der Geltung der Vereinbarung auf die Bundesrepublik Deutschland ausgelegt werden, während die andere Seite scheinbar ebenso selbstverständlich von einer Geltung für die ganze Welt ausgeht (vgl. *Fammler* in Fezer, Handbuch der Markenpraxis, II 1 A Rn. 49). Ähnliche Schwierigkeiten bei der Vertragsauslegung stellen sich, wenn es um die spätere Eintragung und Benutzung von identischen oder ähnlichen Unionsmarken geht (näher *Harte-Bavendamm/v. Bomhard* GRUR 1998, 530 ff.). So stellt sich im hier relevanten Sachverhalt konkret die Frage, ob der Anmelder der prioritätsjüngeren deutschen Marke, der in anderen Ländern über prioritätsältere Marken verfügt, verpflichtet ist, auch Neueintragungen bzw. Eintragungen ähnlicher Unionsmarken durch den Inhaber der prioritätsälteren deutschen Marke zu dulden. Die im Vertragsformular für die Behandlung von Auseinandersetzungen im Ausland vorgesehene Reziprozität sorgt für einen internationalen Interessenausgleich zwischen den Parteien. Sie ist wiederum die Regel für den Fall etwa gleichgewichtiger Interessenlagen der Parteien im Ausland. Bei genauerer Prüfung der formellen Prioritäten und materiellen Interessen der Parteien können sich jedoch durchaus von dieser Pauschalregelung abweichende, detailliertere Regelungen empfehlen.

10. Rechtsnachfolger und verbundene Unternehmen. Praktisch höchst bedeutsame Fragen sind zum einen, ob die Abgrenzungsvereinbarung auch die Rechtsnachfolger der jeweiligen Vertragsparteien bindet – zB im Falle eines Verkaufs einer der vertragsgegenständlichen Marken – zum anderen, ob sich der Anmelder der prioriätsjüngeren Marke auch gegenüber Dritten auf die ihm in der Abgrenzungsvereinbarung eingeräumten Rechte berufen kann. Angesichts der rechtlichen Unsicherheiten und hohen praktischen Relevanz empfiehlt sich eine ausdrückliche Regelung dieser Fragen.

Eine Anwendung des Sukzessionsschutzes nach § 30 Abs. 5 MarkenG scheidet aus, da die Abgrenzungsvereinbarung gerade keine Lizenz, sondern eine bloße schuldrechtliche Gestattung darstellt (*Ingerl/Rohnke* § 30 Rn. 137; *Fammler* in Fezer, Handbuch der Markenpraxis, II 1 A Rn. 45). Auch im Falle eines gesetzlichen oder rechtsgeschäftlichen Rechtsübergangs des Markenrechts nach § 27 gehen die obligatorischen Verpflichtungen aus der Abgrenzungsvereinbarung nicht ohne weiteres auf den Rechtsnachfolger über (BGH GRUR 1981, 591 (592) – Gigi-Modelle; *Fezer* § 14 Rn. 1100). Vertragliche Vereinbarungen zu Lasten Dritter sind ohne deren Zustimmung unzulässig. Als rein schuldrechtlicher Vertrag entfaltet die Abgrenzungsvereinbarung grundsätzlich nur Wirkung zwischen den Vertragsparteien und ggf. ihren Organmitgliedern (vgl. OLG Köln NJWE-WettbR 2000, 136 (138) – German Network), jedoch nicht zu Lasten Dritter (OLG Stuttgart WRP 1992, 57 – OUT OF COURT), auch nicht Rechtsnachfolger. Eine Ausnahme wird teilweise für begünstigende Regelungen angenommen, so dass sich uU der Rechtsnachfolger des Anmelders der prioritätsjüngeren Marke auch ohne besondere vertragliche Regelung gegenüber dem Inhaber der älteren Marke direkt auf den Duldungsanspruch berufen kann (vgl. BGH GRUR 2002, 967 (970) – Hotel Adlon; *Ingerl/Rohnke* § 27 Rn. 16). Ohne vertragliche Regelung kommt ein Übergang der Rechte und Pflichten auf Rechtsnachfolger ohne weiteres grundsätzlich nur bei einer Gesamtrechtsnachfolge in Betracht sowie dann, wenn der Geschäftsbetrieb, in dessen Rahmen die

Abgrenzungsvereinbarung geschlossen worden ist, als Ganzes veräußert wird, §§ 25, 27, 28 HGB (*Fezer* § 14 Rn. 1100). Bei einer Übertragung der vertragsgegenständlichen prioritätsälteren Marke im Wege der Einzelabtretung, dh ohne oder nur mit dem gerade dazugehörigen Geschäftsbetrieb (→ Form. VIII.4 Anm. 1) bedarf der Rechtsübergang der obligatorischen Verpflichtungen aus der Abgrenzungsvereinbarung einer zusätzlichen Vereinbarung bzw. eines zusätzlichen Rechtsgeschäfts, zB eines Schuldbeitritts, einer Schuldübernahme oder eines Vertrages zugunsten Dritter (§§ 413, 414, 398 ff., 328 ff. BGB; vgl. *Fezer* § 14 Rn. 1100). Die schuldrechtlichen Rechte und Pflichten aus der Abgrenzungsvereinbarung gehen nicht etwa entsprechend § 401 BGB automatisch kraft Gesetzes auf den jeweiligen Rechtsnachfolger über. Fehlen vertragliche Regelungen, kann im Einzelfall einem Übergang der Rechte und Pflichten aus der Abgrenzungsvereinbarung auf den Erwerber der Marke zudem § 399 BGB oder § 242 BGB entgegenstehen, wenn sich durch eine Übertragung der Marke die Abgrenzungsvereinbarung in ihrer Substanz ändern und der Übergang für die andere Partei unzumutbar sein würde, was zB bei einer Abtretung der Marke seitens eines unbedeutenden Inhabers an ein marktstarkes Unternehmen der Fall sein kann (*Fezer* § 14 Rn. 1100; BGH v. 29.5.1963 – I ZR 59/61, juris, Rn. 34 – Laco).

Vor diesem Hintergrund sollten die Vertragsparteien explizit regeln, inwieweit sie ihre jeweiligen Rechtsnachfolger der Abgrenzungsvereinbarung entsprechend verpflichten müssen (Weitergabeverpflichtung zB bzgl. der Nichtangriffsabrede), zum anderen, ob die Rechte aus der Abgrenzungsvereinbarung auch den jeweiligen Rechtsnachfolgern zustehen (*Fezer* § 14 Rn. 1100; *Fammler* in Fezer, Handbuch der Markenpraxis, II 1 A Rn. 47 f.; *Harte-Bavendamm/v. Bomhard,* Abgrenzungsvereinbarungen und Gemeinschaftsmarken, GRUR 1998, 530 unter D III). Eine solche Weitergabeverpflichtung gilt jedoch auch nur im Verhältnis zwischen den Parteien der Abgrenzungsvereinbarung. Im Falle des Verstoßes gegen die Verpflichtung bestehen Schadensersatzansprüche der anderen Partei. Möglich ist zudem, die wirksame Übertragung der Marke gemäß § 399 BGB an die Zustimmung des anderen Vertragspartners zu knüpfen (Palandt/*Grüneberg* § 399 Rn. 12).

Die Formulierung „verbundene Unternehmen im Sinne des deutschen Aktienrechts" knüpft an die Begriffserläuterungen in § 15 ff. AktG an und ist allgemein üblich. Wer auf genaue Festlegungen Wert legt, sollte sich jeweils über den Konzern, mit dem er die Abgrenzungsvereinbarung abschließt, genau informieren und gegebenenfalls auch konkret festschreiben, was unter einem verbundenen Unternehmen zu verstehen ist.

11. Kartellrecht. Allgemein zu den kartellrechtlichen Implikationen und Freistellungsmöglichkeiten bei Markenlizenzverträgen → Form. VIII.1 Anm. 6.

Abgrenzungsvereinbarungen sind aus der Vertragspraxis nicht wegzudenken. Gleichwohl ist im Einzelfall zu prüfen, ob die konkreten Abreden eine kartellrechtlich relevante Wirkung haben und deshalb nach Art. 101 AEUV bzw. Art. 1 GWB verboten sind. Zu beachten ist, dass ein Kartellverbot eine spürbare Beeinflussung der Marktverhältnisse voraussetzt, an der es bei typischen Abgrenzungsvereinbarungen oftmals fehlen wird. Denn dies setzt voraus, dass tatsächlich die wirtschaftlichen Betätigungsmöglichkeiten und die zur Verfügung stehenden Alternativen der Marktbeteiligten merklich beeinträchtigt werden (BGHZ 68, 6 ff. – Fertigbeton I). Eine Freistellung vom Kartellverbot infolge einer Gruppenfreistellungsverordnung, insbesondere der Vertikal-GVO (zum Ausschluss der Anwendbarkeit auf Markenlizenzverträge → Form. VIII.1 Anm. 6), scheidet aus (*Fammler* in Fezer, Handbuch der Markenpraxis, II 1 A Rn. 7; *Fammler/Niebel* GRUR 2011, 641 (646), Anm. zu BGH v. 7.12.2010 – KZR 71/08 – *Jette Joop*). Erweist sich im Einzelfall eine Abrede in einer Abgrenzungsvereinbarung tatsächlich als wettbewerbsbeschränkend, ist die Möglichkeit einer gesetzlichen Freistellung gem. Art. 101 Abs. 3 AEUV zu prüfen. Die Parteien der Abgrenzungsvereinbarung tragen dabei das volle

Risiko der zutreffenden Beurteilung der Rechtslage. Schätzen sie die Situation falsch ein, so droht nicht nur die Unwirksamkeit der kartellwidrigen Vertragsklauseln (Art. 101 Abs. 2 AEUV) und gegebenenfalls des gesamten Vertrages (§ 139 BGB), sondern gegebenenfalls auch ein Bußgeldverfahren durch die Europäische Kommission oder das Bundeskartellamt (*Fammler/Niebel* BGH GRUR 2011, 646, Anm. zu BGH v. 7.12.2010 – KZR 71/08 – *Jette Joop*).

In der Praxis fehlt es meistens bereits an einer kartellrechtlich relevanten wettbewerbsbeschränkenden Abrede. Abgrenzungsvereinbarungen verstoßen nicht gegen das Kartellverbot des § 1 GWB/Art. 101 AEUV, soweit ihr Regelungsgehalt in beiderseitigem Interesse nur den gesetzlichen Unterlassungsanspruch des Inhabers der älteren Marke aus § 14 MarkenG bzw. Art. 9 UMV gegen den Anmelder der jüngeren Marke (bzw. im umgekehrten Verhältnis) konkretisiert (*Ingerl/Rohnke* § 31 Rn. 137; *Fammler* in Fezer, Handbuch der Markenpraxis, II 1 A Rn. 9 ff.; *Fezer* § 14 Rn. 1103 mwN; *Fammler/Niebel* GRUR 2011, 641 (646), Anm. zu BGH v. 7.12.2010 – KZR 71/08 – *Jette Joop; Harte* GRUR 1978, 501 (502)). Nach Ansicht des BGH (BGH GRUR 2011, 641 (646) – Jette Joop; BGH GRUR 2013, 397 (401) – Peek & Cloppenburg III) ist hier die weiterhin als Leitentscheidung anzusehende EuGH-Entscheidung *Toltecs/Dorcet* (GRUR Int. 1985, 399 ff.) heranzuziehen. Dort hat der EuGH in Übereinstimmung mit der EG-Kommission (GRUR Int. 1983, 294 ff. – Toltecs/Dorcet) festgestellt, dass Abgrenzungsvereinbarungen zulässig und zweckmäßig sind, die dazu dienen, im beiderseitigen Interesse der Parteien den jeweiligen Benutzungsumfang der Marken festzulegen und dadurch Markenverwechslungen oder Konflikte zu vermeiden. Das OLG Düsseldorf hat konkrete Ausführungen dazu gemacht, in welchen Fällen eine Abgrenzungsvereinbarung lediglich die bestehenden Schutzrechte konkretisiert und damit kartellrechtsneutral ist (OLG Düsseldorf WuW 2015, 536 (540)). Bezwecken sie hingegen eine Marktaufteilung oder andere Wettbewerbsbeschränkungen, sind sie unzulässig gem. Art. 101 AEUV (EuGH GRUR Int. 196, 580 – Grundig/Consten; *Immenga/Mestmäcker,* Bd. 1 Teil 1, Einl. TT-GVO Rn. 78; *Althaus,* Markenrechtliche Abgrenzungsvereinbarungen, 2010, S. 123). Liegt keine bezweckte Wettbewerbsbeschränkung vor, so ist zu klären, ob eine spürbare Wettbewerbsbeschränkung bewirkt wurde. Dasselbe gilt, wenn durch eine Nichtangriffsabrede ein Angriff auf eine löschungsreife Marke ausgeschlossen wird oder die Abrede einer künstlichen Marktaufteilung dient (EuGH GRUR Int. 1985, 399 (402) – Toltecs/Dorcet II; EG-Kommission v. 16.12.1982, GRUR Int. 1983, 294 (298) – Toltecs/Dorcet) oder zu einer erheblichen Erschwerung des Marktzutritts in einem Mitgliedstaat führt (*Fezer* § 14 Rn. 1107; *Fammler* in Fezer, Handbuch der Markenpraxis, II 1 A Rn. 15). Für die kartellrechtlich relevante Frage, ob zwischen den Parteien potentieller Wettbewerb besteht, kommt dem Umstand, dass sie eine markenrechtliche Abgrenzungsvereinbarung getroffen haben, allein regelmäßig keine erhebliche Bedeutung zu (BGH GRUR 2016, 849 (852) – Pelican/Pelikan). Insofern ist nicht nach dem Schutzbereich der Marken der Parteien, sondern nach allgemeinen Grundsätzen zu klären, ob die Parteien aktuelle oder potentielle Wettbewerber sind (BGH GRUR 2011, 641). Eine Abgrenzungsvereinbarung stößt nicht schon deshalb auf kartellrechtliche Bedenken, weil mit ihr Verpflichtungen auferlegt werden, die über den Umfang der gesetzlichen Ansprüche des Markeninhabers hinausgehen (BGH GRUR 2011, 641, 644). Maßgeblich ist, ob bei Berücksichtigung der zur Zeit der Abgrenzungsvereinbarung geltenden Rechtslage ein ernsthafter, objektiv begründeter Anlass zu der Annahme besteht, der älter berechtigte Markeninhaber habe wegen einer markenrechtlichen Verwechslungsgefahr einen Anspruch auf Unterlassung der nach der Abgrenzungsvereinbarung dem Anmelder untersagten Handlung (BGH GRUR 2011, 641 (643 f.) – Jette Joop; EuGH GRUR Int. 1983, 294 ff. – Toltecs/Dorcet; BGH GRUR 1976, 323 (325) – Thermalquelle; *Fezer* § 14 Rn. 1104). Die kartellrechtliche Zulässigkeit einer Abgrenzungsvereinbarung, die keine Wettbewerbsbeschränkung bezweckt, ist für die Dauer ihrer Geltung allein nach der zur

Zeit ihres Abschlusses geltenden markenrechtlichen Rechtslage zu beurteilen (BGH GRUR 2011, 641 f. – Jette Joop). Dies begrenzt für die Rechtsanwender das Risiko, dass eine nachträgliche Änderung der markenrechtlichen Rechtsprechung zur Verwechslungsgefahr die Abgrenzungsvereinbarung kartellrechtlich zu Fall bringt (*Fammler/Niebel* GRUR 2011, 646, Anm. zu BGH v. 7.12.2010 – KZR 71/08 *Jette Joop*). Soweit es die Vertragsparteien zum Zeitpunkt des Vertragsschlusses also für ernsthaft möglich halten bzw. soweit ein ernsthafter, objektiv begründeter Anlass zu der Annahme besteht, dass eine Kollisionslage existiert, schafft die Abgrenzungsvereinbarung mit der Regelung von zeichenmäßigen, warenmäßigen oder auch territorialen Abgrenzungs- bzw. Beschränkungsverpflichtungen des Anmelders der jüngeren Marke sowie mit einer Abgrenzung seines Vertriebswegs keine über die bereits nach dem Gesetz bestehende Rechtslage hinausgehenden Wettbewerbsbeschränkungen, sondern folgt bereits aus dem Schutzumfang der Marke. Zu beachten ist jedoch, dass durch die den gesetzlichen Unterlassungsanspruch konkretisierende Abgrenzungsabrede keine weitergehenden Beschränkungen auferlegt werden, als nach den innerstaatlichen Vorschriften bei Geltendmachung der älteren Rechte des Markeninhabers ohne weiteres herbeigeführt werden können, womit also die bestehende Rechtslage wiederum lediglich vertraglich festgelegt bzw. dem jüngeren Anmelder sonst nicht gegebene Möglichkeiten der Zeichenbenutzung eingeräumt werden (*Fezer* § 14 Rn. 1105 ff.; *Harte* GRUR 1978, 501 (505); *Kraft* Mitt. 1986, 21 (25 ff.)). Bei der Bestimmung der kartellrechtlichen Grenzen einer markenrechtlichen Abgrenzungsvereinbarung – zB bei sachlich oder räumlich zu weitgehenden Beschränkungen – ist im Wege der Vertragsauslegung eine geltungserhaltende Reduktion zulässig (BGH GRUR 2011, 641 f. (645) – Jette Joop; *Bolt,* Kennzeichenrechtliche Verträge bei Unternehmenskäufen, BB 2013, 2568 (2571 f.)). Dabei gebührt im Zweifel derjenigen Auslegung der vertraglichen Vereinbarung der Vorzug, die die Nichtigkeit des Rechtsgeschäfts vermeidet (BGH GRUR 2013, 397 (401) – Peek & Cloppenburg III; vgl. BGH GRUR 2011, 946 (948) – KD). Selbst wenn sich eine Abgrenzungsvereinbarung im Einzelfall doch als wettbewerbsbeschränkend erweist, etwa weil die Parteien die markenrechtliche Kollisionsgefahr nur als einen Vorwand für eine Marktaufteilung verwenden, dürfte das Kartellverbot gleichwohl oftmals an der Spürbarkeit der tatbestandlichen Wettbewerbsbeschränkung scheitern, etwa weil diese wegen der Marktanteile der beteiligten Unternehmen nicht spürbar ist (BGHZ 68, 6 ff. – Fertigbeton I; *Fammler/Niebel* GRUR 2011, 646 f., Anm. zu BGH v. 7.12.2010 – KZR 71/08 *Jette Joop*). Nach der sog. Bagatellbekanntmachung vom 30.8.2014 (ABl. 2014 C 291, S. 01 – De Minimis-Bekanntmachung) setzt die Europäische Kommission die Spürbarkeitsschwelle für eine Wettbewerbsbeeinträchtigung bei vertikalen Vereinbarungen bei einem kumulativen Marktanteil der Vertragsparteien im relevanten Markt von 15 %, bei horizontalen Vereinbarungen von 10 % an. (vgl. dazu auch 19. Bericht der EG-Kommission über die Wettbewerbspolitik zum Fall *Syntex/Synthelab* in GRUR Int. 1991, 210 (214) sowie die Entscheidung *Moosehead/Whitbread* in WuW 1990, 1071 ff.).

IX. Urheber- und Verlagsrecht

1. Notarielle Prioritätsverhandlung für neu geschaffene Werke

[1, 5]Vor dem unterzeichnenden Notar
..... mit dem Amtssitz in ......
erschien heute, persönlich bekannt,
der Kontrabassist Rainer Z. aus ......
und erklärte:
Ich habe die Texte und die Musik der nachfolgenden Stücke geschrieben:
1. Juliet,
2. Monkey Brass,
3. The Party.
Die Noten mit dem Text sind dieser Verhandlung beigefügt. Eine CD, die eine Aufnahme der Werke enthält, wird bei dem amtierenden Notar hinterlegt.[2]
Ich nehme für diese Werke urheberrechtlichen Schutz nach § 1 des Urheberrechtsgesetzes vom 9.9.1965 in Anspruch.
Zum Nachweis der
Priorität[2]
meiner geistigen Schöpfung findet diese notarielle Verhandlung[3] statt.
Über die Bedeutung und die Folgen einer falschen eidesstattlichen Versicherung belehrt,[4] versichere ich Folgendes an Eides Statt:
Mir ist nichts bekannt, was der Richtigkeit meiner vorstehenden Angaben entgegensteht.
Die vorstehende eidesstattliche Versicherung gebe ich für den Prozessfall[4] ab.
Der Wert dieser Verhandlung wird auf 10.000,– EUR geschätzt.[5]

Schrifttum: Ahlberg/Götting (Hg.), Urheberrecht, Online-Kommentar, 23. Edition 2018; *Beier/Götting/Lehmann/Moufang* (Hg.), Urhebervertragsrecht (Festschrift Schricker 60. Geburtstag), 1995; *Berger/Wündisch* (Hg.), Urhebervertragsrecht, 2. Auflage 2015; *Büscher/Dittmer/Schiwy* (Hg.), Gewerblicher Rechtsschutz, Urheberrecht, Medienrecht, Kommentar, 4. Aufl. 2019; *Dietz,* Das primäre Urhebervertragsrecht, 1984; *Dreier/Schulze,* Kommentar zum UrhG, UrhWahrnG, KUG, 6. Aufl. 2018; *Dreyer/Kotthoff/Meckel/Hentsch,* Heidelberger Kommentar zum Urheberrecht, 4. Aufl. 2018 (zit. HK-UrhR); *Fromm/Nordemann* (Hg.), Urheberrecht, Kommentar zum UrhG, VerlG, Einigungsvertrag (Urheberrecht), EU-Portabilitätsverordnung, 12. Aufl. 2018; *v. Gamm,* Urheberrechtsgesetz, 1968; *Leistner,* Notarielle Prioritätsverhandlungen im Urheber- und Computerrecht, MittBayNot 2003, 3; *Loewenheim* (Hg.), Handbuch des Urheberrechts, 2. Aufl. 2010; *Mestmäcker/Schulze,* Urheberrechtskommentar, 55. Lieferung 2011; *Nordemann/Vinck/Hertin,* Internationales Urheberrecht und Leistungsschutzrecht der deutschsprachigen Länder unter Berücksichtigung auch der Staaten der Europäischen Gemeinschaft, 1977 (aktualisierte engl. Fassung: International Copyright, Weinheim 1990); *Nordemann, Wilhelm,* Das neue Urhebervertragsrecht, 2002; *Rehbinder/Peukert,* Urheberrecht, 18. Aufl. 2018; *Schack,* Urheber- und Urhebervertragsrecht, 8. Aufl. 2017; *Schricker/Loewenheim* (Hg.), Urheberrecht, Kommentar zum UrhG und zum WahrnG, 5. Aufl. 2017; *Schricker,* Verlagsrecht (Kommentar), 3. Aufl. 2001; *Erich Schulze,* Urheberrecht (Materialsammlung), 3. Aufl. 1982; *Marcel Schulze,* Materialien zum Urheberrechtsgesetz, Bd. 1 1993, Bd. 2 1997, Bd. 3 2003; *Ulmer,* Urheber- und Verlagsrecht, 3. Aufl. 1980; *Ulmer-Eilfort/Obergfell,* Verlagsrecht – Kommentar, 2013; *Wandtke/Bullinger* (Hg.), UrhR, Praxiskommentar zum Urheberrecht, 4. Aufl. 2014; *Wandtke* (Hg.), Urheberrecht, 6. Aufl. 2017.

Anmerkungen

1. Sachverhalt. Der Urheber hat ein Werk geschaffen und will es nun verwerten. Er muss dazu das Manuskript bei einem Verlag, einem Produzenten, einer Sendeanstalt oder sonst irgendeinem Verwerter zur Prüfung einreichen. Damit geht er ein Risiko ein: Er hört möglicherweise gar nichts oder erhält eine formularmäßige Absage. Das Manuskript kommt nicht zurück. Einige Zeit später publiziert derselbe Verwerter unter anderem Titel ein Werk, in dem der Autor wesentliche Teile seiner eigenen Arbeit wiedererkennt. Im Prozess ist der Urheber in Beweisnot, da die Urhebervermutung des § 10 Abs. 1 UrhG nur für Werke gilt, die bereits erschienen sind.

Ein anderer Hinterlegungsgrund besteht für urheberrechtlich geschützte Software im Hinblick auf die Hinterlegung des Software-Quellcodes (sog. „Escrow-Agreements“ oder „Source Code Agreements“). Siehe dazu IV. Softwareverträge 7. Vereinbarung über Hinterlegung von Source Codes (S. 292).

2. Wahl des Formulars. Die Prioritätsverhandlung sichert den Beweis, dass der Urheber das Werk in der mit der Urkunde verbundenen Fassung an einem bestimmten Tage als von ihm stammend dem Notar vorgelegt hat. Damit liegt ein Beweismittel in Form einer öffentlichen Urkunde nach § 418 Abs. 1 ZPO (eigene Wahrnehmung durch Notar) vor. Sie entkräftet damit – falls sie vor den maßgeblichen Ereignissen aufgenommen wurde – in der Regel die Einwände des Verwerters, die Übereinstimmungen seien rein zufällig, oder gar, der Urheber habe sein Manuskript erst nach der Veröffentlichung des anderen Werkes niedergelegt, um auf diese Weise Ansprüche geltend machen zu können. Kein Beweismittel ist die Urkunde für die Tatsache, ob der Urheber das Werk auch wirklich geschaffen hat. Auch der Beweis dafür, dass dieses Manuskript diesem Verwerter überhaupt eingereicht wurde, lässt sich nach wie vor nur mit anderen Beweismitteln führen. Falls der Beweis gelingt, können Ansprüche nicht nur aus den §§ 23, 97 UrhG, sondern auch aus § 311 Abs. 2 und Abs. 3 BGB („culpa in contrahendo“) hergeleitet werden, was vor allem dann von Bedeutung ist, wenn das Originalwerk nur frei benutzt wurde (§ 24 UrhG), zB gemeinfreie Teile entlehnt wurden (abstrakte Ideen, Schilderung realer Vorgänge, Verarbeitung einer wiederentdeckten Volksliedmelodie). – Zur Rolle der Eidesstattlichen Versicherung → Anm. 4.

Als Alternative zu einer notariellen Prioritätsverhandlung kann die Hinterlegung auch bei einem Rechtsanwalt erfolgen, der eine beweiskräftige (zB schriftliche) Bestätigung für die Hinterlegung entsprechend dem Muster erstellt und dem Urheber aushändigt. Dann kann dieses Schriftstück als eine Privaturkunde (§ 416 ZPO) als Beweismittel in den Prozess eingeführt werden, und der Rechtsanwalt kann zusätzlich als glaubwürdiger Zeuge benannt werden. Denkbar ist die Hinterlegung des Werkes auch bei einer anderen neutralen Person, die die Hinterlegung bei ihr quittiert (§ 416 ZPO) und ggf. als Zeugin zur Verfügung steht (Dreier/Schulze/*Schulze* § 2 Rn. 251). Hier sollte allerdings auf die Glaubwürdigkeit des Zeugen geachtet werden.

Der Prioritätsnachweis kann auch ohne Hinterlegung geführt werden, zB wenn der Urheber nicht hinterlegen möchte oder das Werk nicht hinterlegungsfähig ist. Insbesondere kommt dafür die Anfertigung einer beweiskräftigen Verbindung zwischen Werk und Urkunde in Betracht. Das ausgedruckte Werk (oder bei anderer Verkörperung: der Datenträger in einem Umschlag oÄ) wird versiegelt und untrennbar mit der Urkunde verbunden. Darüber erstellt der Notar eine Niederschrift (§§ 36, 37 BeurkG) und erläutert die Umstände der Siegelung (im Einzelnen: *Leistner* MittBayNot 2003, 3 (9 f.)). Im urheberrechtlichen Verletzungsfall kann die Entsiegelung wiederum vom Notar vorgenommen und darüber eine Niederschrift gefertigt werden. Alternativ kann das Gericht auch in einer etwaigen mündlichen Verhandlung die Entsiegelung selbst durchführen und zu Protokoll nehmen. Neben Notaren bieten viele Rechtsanwälte und andere Dienstleister im Internet Prioritätsnachweise ohne körperliche Hinterlegung an; hier erfolgt der Nachweis durch Verbindung des Werkes mit einer beweiskräftigen Datumsangabe, zB durch einen zuverlässig zertifizierten Zeitstempel.

3. **Notarielle Verhandlung.** Sie ist für die Beurkundung von Tatsachen (hier: Vorlage des Manuskripts) ebenso vorgeschrieben wie für die Aufnahme Eidesstattlicher Versicherungen, §§ 36 ff. BeurkG. Eine solche Tatsachenbescheinigung ist empfehlenswert, wenn das Werk in seiner verkörperten Form keinen Charakter als „Urkunde" hat, also zB als CD oder Plastik vorliegt. Möglich ist auch die Vorlage einer Urkunde durch Vermerk nach § 43 BeurkG. Das ist nicht nur bei „Urkunden" möglich, sondern bei jeglichen schriftlich verkörperten Werken denkbar (Musiknoten, Pläne etc); zum Ganzen *Leistner* MittBayNot 2003, 3 (6).

Jedoch kann die Verhandlung lediglich belegen, dass das vorgelegte Werk zum Zeitpunkt der Verhandlung existierte. Ob die urheberrechtlichen Schutzvoraussetzungen (§§ 2–4 UrhG) vorliegen, wird durch die notarielle Verhandlung nicht festgestellt. Der Notar sollte darüber in der Verhandlung belehren.

4. **Eidesstattliche Versicherung.** Die Eidesstattliche Versicherung ist nur als Glaubhaftmachungsmittel gem. § 294 Abs. 1 ZPO zulässig, also kein Beweismittel. Damit dient die Eidesstattliche Versicherung aus dem Muster vor allem der Vorbereitung eines möglichen Einstweiligen Verfügungsverfahrens gegen einen Verletzer, weil dafür die Glaubhaftmachung zugelassen ist. Die zur Abnahme einer Versicherung an Eides Statt zuständige Behörde ist das Prozessgericht des Verfügungsverfahrens, §§ 920 Abs. 2, 936, 294 Abs. 1 ZPO. Die Belehrung über die Folgen einer falschen Eidesstattlichen Versicherung durch den Notar erfolgt nach § 38 Abs. 2 BeurkG; insbesondere ist auf den Inhalt des § 156 StGB hinzuweisen.

5. **Kosten.** 1,0 Gebühr für Beurkundung der Prioritätsverhandlung, § 34 GNotKG. Sofern eine Verwahrung erfolgt: Da die Verwahrung durch den Notar freiwillig ist, sind die Gebühren hier frei verhandelbar, deshalb verlangen Notare im Regelfall für 2 Jahre Verwahrungsgebühren von ca. 250,00 EUR, für längere Zeiträume mehr. Denkbar ist aber auch die Vereinbarung der Anwendbarkeit der 1,0 Gebühr gem. KV-Nr. 25301 (*Diehn*, Notarkostenberechnungen, 5. Aufl. 2017, Rn. 2277). Der Geschäftswert bestimmt sich nach dem Wert des Manuskripts. Mangels anderer Anhaltspunkte mag von 7.500 EUR für ein Schlagermanuskript (Text und Noten; 30–50 % Abschlag bei nur-Text oder nur-Noten), von 5.000–15.000 EUR für ein Werk der ernsten Musik, von 10.000–20.000 EUR für ein Roman-, Bühnen- oder Filmmanuskript ausgegangen werden (je nach Umfang), falls der Urheber nicht selbst eine höhere Angabe macht.

2. Antrag auf Eintragung in das Register anonymer und pseudonymer Werke („Urheberrolle")

[1, 2, 10]Deutsches Patent- und Markenamt
Rechtsabteilung
– Referat Staatsaufsicht über Verwertungsgesellschaften und Urheberrecht –
80297 München

Antrag auf Eintragung in das Register anonymer und pseudonymer Werke

Sehr geehrte Damen und Herren,

hiermit beantrage ich, der unterzeichnende Klaus Peter Schulze-Solingen, als Testamentsvollstrecker[3] für den Nachlass des im Jahr . . . . . . verstorbenen Schriftstellers Ernst Abraham Schulze, geb. am . . . . . . in . . . . . .,[4] für das von diesem geschaffene Werk[5]

Das arktische Kanada

die Eintragung in das Register anonymer und pseudonymer Werke (Urheberrolle).

Das Werk ist erstmals 20. . im S. Verlag in . . . . . . erschienen,[6] und zwar ohne Verfasserangabe/*unter dem Pseudonym des Erblassers „Ernst Abraham"*.[4, 7] Ein Exemplar ist beigefügt.[5]

Das Werk ist auszugsweise[6] im Internet veröffentlicht.[6] Es wird unter www.das-arktische-kanada.de in Auszügen der Öffentlichkeit ständig zum individuellen Download angeboten, und zwar ohne Verfasserangabe/unter „Suche" und dem Pseudonym des Erblassers „Ernst Abraham".[4, 7] Ein Internetausdruck ist beigefügt.[5]

Ich bitte um Ausstellung eines Eintragungsscheins.[8, 9] Die Kosten bitte ich von mir zu erheben.[10]

Mit freundlichen Grüßen

gez. Schulze-Solingen

Schrifttum: → Form. IX.1.; ferner Merkblatt „Das Register anonymer und pseudonymer Werke beim Deutschen Patent- und Markenamt"; Verordnung über das Register anonymer und pseudonymer Werke (WerkeRegV) vom 18.12.1965, zuletzt geändert am 13.12.2001 mit Wirkung zum 1.1.2002; beide abrufbar von der Homepage des Deutschen Patent- und Markenamtes, www.dpma.de unter „Suche" und dem Stichwort „Register anonymer und pseudonymer Werke" und unter www.fromm-nordemann.de/ Materialien.

Anmerkungen

1. Sachverhalt. Der urheberrechtliche Schutz eines Werkes endet mit Ablauf des Kalenderjahres, in dem sein Urheber 70 Jahre tot ist, § 64 UrhG. Bei Miturhebern richtet sich die Schutzfrist nach dem Sterbejahr des Längstlebenden von ihnen, § 65 UrhG. Bei Werken, die anonym oder unter einem Pseudonym erschienen sind, lässt sich der Ablauf der Schutzfrist nicht feststellen, solange der Urheber nicht bekannt ist. Deshalb erlischt das Urheberrecht hier grundsätzlich 70 Jahre nach der (Erst-)Veröffentlichung des Werkes, § 66 Abs. 1 S. 1 UrhG. Da dies eine erhebliche Verkürzung der Schutzfrist bedeuten kann, hat der Gesetzgeber die Führung eines Registers anonymer und pseudonymer Werke (früher: Urheberrolle) beim Deutschen Patent- und Markenamt angeordnet (§ 138 UrhG). Wird vor Fristablauf der wahre Name des Urhebers zur Eintragung in diese angemeldet, so richtet sich die Schutzfrist nicht mehr nach der Veröffentlichung, sondern – wie im Regelfall des § 64 UrhG – nach seinem Tode, § 66 Abs. 2 S. 2 UrhG.

2. Wahl des Formulars. Ein Anmeldeformular ist vom Deutschen Patent- und Markenamt bisher nicht vorgeschrieben worden. Sein Inhalt ergibt sich jedoch aus § 1 WerkeRegV vom 18.12.1965 (siehe Schrifttum). Der Antrag muss schriftlich gestellt werden (§ 138 Abs. 5 UrhG iVm § 1 WerkeRegV). Die „Urheberrolle" existiert bislang nur in Papierform und nicht in elektronischer Form.

Mit der Anmeldung wird die Anonymität faktisch aufgegeben; denn die Eintragungen werden im Bundesanzeiger öffentlich bekannt gemacht, § 138 Abs. 3 UrhG, und die

Einsicht in die Rolle ist jedem gestattet, § 138 Abs. 4 S. 1 UrhG. Man wird sie deshalb erst dann vornehmen, wenn der Anlass zur Wahrung der Anonymität weggefallen ist, also vielfach erst nach dem Tode des Urhebers. Dann aber kann es schwierig sein, noch den Beweis für die Urheberschaft zu führen; dieser sollte deshalb stets unabhängig von der Anmeldung, die insoweit nichts bewirkt, sichergestellt sein, zB durch → Form. IX.1.

3. **Antragsbefugnis.** Antragsbefugt ist der Urheber, sein Erbe bzw. Vermächtnisnehmer oder der Testamentsvollstrecker (§ 66 Abs. 3 UrhG). Die Berechtigung des Antragstellers wird vom Deutschen Patent- und Markenamt allerdings nicht nachgeprüft, so dass insoweit Unterlagen nicht beigebracht zu werden brauchen (§ 138 Abs. 1 S. 2 UrhG). Die Vertretung durch einen Rechtsanwalt ist für den Antrag auf Eintragung in die Urheberrolle nicht notwendig.

4. **Persönliche Angaben.** Gem. § 1 Abs. 2 Nr. 1 WerkeRegV (Schrifttum) ist der Name des Urhebers, der Tag und Ort seiner Geburt und – wenn der Urheber verstorben ist – sein Sterbejahr anzugeben. Bei pseudonymen Werken muss außerdem der Deckname genannt werden. Das Amt prüft die Richtigkeit dieser Angaben nicht, § 138 Abs. 1 S. 2 UrhG.

5. **Anmeldefähige Werke.** Nur Werke (§ 2 UrhG) können zur Eintragung in die Urheberrolle angemeldet werden, nicht Leistungsschutzrechte (verwandte Schutzrechte). Deshalb gibt es auch keine Eintragung zugunsten der Verfasser wissenschaftlicher Ausgaben (§ 70 UrhG), von Ausgaben nachgelassener Werke (§ 71 UrhG) und für die Fotografen einfacher Lichtbilder (§ 72 UrhG).

Das Deutsche Patent- und Markenamt braucht zwar die angemeldeten Tatsachen nicht zu prüfen (§ 138 Abs. 1 S. 2 UrhG), muss sich aber – zur Vermeidung von Missbräuchen – doch wenigstens darüber vergewissern, ob der Anmeldung überhaupt ein Werk iSd § 2 UrhG zugrunde liegt. Deshalb ist dem Antrag ein Buchexemplar, eine Kopie des Manuskripts (niemals das Original wegen Verlustrisikos!) oder eine Fotografie des Werkstücks beizufügen. Ist die Eintragung in Papierform (→ Anm. 2) nicht möglich, sollte das Werk in Papierform hinreichend konkret beschrieben werden.

6. **Erscheinen oder sonstige Veröffentlichung.** Anmeldefähig sind solche Werke, die veröffentlicht sind (Fromm/Nordemann/*Axel Nordemann* UrhG § 138 Rn. 5; vgl. auch § 1 Abs. 2 Nr. 2 WerkeRegV). Veröffentlicht ist ein Werk schon dann, wenn es mit Zustimmung des Berechtigten der Öffentlichkeit überhaupt irgendwie zugänglich gemacht worden ist, ohne dass die Öffentlichkeit es tatsächlich wahrgenommen haben muss (§ 6 Abs. 1 UrhG). Dafür genügt ein mündlicher Vortrag an die Öffentlichkeit (§ 19 Abs. 1 UrhG) oder eine Sendung (§ 20 UrhG). Genauso reicht ein (ggf. erfolgloses) Angebot nach § 19a UrhG an die Öffentlichkeit im Internet, sich das Werk downzuloaden (Dreier/Schulze/*Dreier* § 6 Rn. 8, 10). Erst Recht liegt eine Veröffentlichung vor, wenn das Werk erschienen, dh in einer genügenden Anzahl von Vervielfältigungsstücken hergestellt und der Öffentlichkeit angeboten worden ist (vgl. § 6 Abs. 2 UrhG). Ob das Erscheinen schon durch das vorgenannte Downloadangebot erfüllt wird, ist noch nicht höchstrichterlich geklärt (offen: BGH GRUR 2015, 258 Rn. 43 – CT-Paradies; ferner Fromm/Nordemann/*Axel Nordemann* § 6 Rn. 21; Dreier/Schulze/*Dreier* § 6 Rn. 16; jeweils mwN zum Streitstand), kann aber hier dahin stehen, weil die mit dem Downloadangebot verbundene Veröffentlichung ausreichend ist. Die Absätze 2 und 3 des Antrages sind demgemäß alternativ gedacht. Die Angabe darüber darf aber jedenfalls nicht fehlen.

Die Eintragung erfolgt zwar nur insoweit, als eine Veröffentlichung erfolgt ist. Werden nur Auszüge veröffentlicht, kommt eine Eintragung also nur dafür in Betracht. Praktisch treten damit aber die Wirkungen der Eintragung (→ Anm. 1) für das ganze Werk ein.

7. **Alternativen.** Wenn das Werk anonym verfasst wurde, muss es stattdessen heißen: „Ohne Verfasserangabe".

8. **Eintragungsschein.** Dem Antragsteller ist auf Verlangen eine Bescheinigung über die Eintragung auszustellen, § 4 WerkeRegV (Schrifttum).

9. **Rechtsmittel.** Gegen die Ablehnung der Eintragung gibt es den Antrag auf gerichtliche Entscheidung, der beim OLG München zu stellen ist, § 138 Abs. 2 UrhG). Verfahren: FamFG entsprechend.

10. **Datenschutz-Grundverordnung.** Als Reaktion auf die EU-Datenschutz-Grundverordnung (VO 679/216) hat der Gesetzgeber in § 138a UrhG eine neue Regelung geschaffen. Diese beschränkt Rechte des Anmelders, die ihm aufgrund der Verarbeitung seiner personenbezogenen Daten im Register anonymer und pseudonymer Werke nach der DSGVO zustünden (vgl. dazu insgesamt Dreier/Schulze/*Dreier* § 138a Rn. 1 ff.). Namentlich entfallen nach § 138 S. 1 Nr. 1–3 UrhG das Recht auf Auskunft gem. Art. 15 Abs. 1 lit. c, die Mitteilungspflicht gem. Art. 19 S. 2 und das Recht auf Widerspruch gem. Art. 21 Abs. 1 der DSGVO. Weiterhin wird gem. § 138 S. 2 UrhG das Recht auf Erhalt einer Kopie nach Art. 15 Abs. 3 der Verordnung dadurch erfüllt, dass die betroffene Person Einsicht in das Register nehmen kann. Praktisch beschränkt die Ausnahme von den Regelungen der DSGVO die Rechte des Anmelders nicht signifikant. Sie lässt sich vielmehr dadurch erklären, dass es sich bei der Urheberrolle um ein öffentliches Register handelt und der Urheber die Eintragung selber erwirkt.

11. **Kosten.** Nach § 5 der VO über die Urheberrolle betragen die Kosten bei der Anmeldung eines Werkes 12 EUR, bei mehreren Werken, deren Eintragung gleichzeitig beantragt wird, für das erste Werk 12 EUR, für das zweite bis zehnte Werk je 5 EUR, für das elfte und jedes weitere Werk 2 EUR. Hinzu kommen die tatsächlichen Kosten für die Veröffentlichung im Bundesanzeiger (DPMAVwKostV mit Geb. Nr. 302 340). Bei Ausstellung eines Eintragungsscheins kommen Kosten von 15 EUR hinzu (DPMAVwKostV mit Geb. Nr. 301 110). Die Kosten des Verfahrens über den Antrag auf gerichtliche Entscheidung richten sich nach § 131 KostO. Kosten des Rechtsanwalts für den Entwurf des Antrages: 0,5 bis 2,5 Geschäftsgebühr (Regelgebühr 1,3) gem. RVG VV 2300; es liegt kein Schreiben einfacher Art nach Nr. 2301 VVRVG vor. Wert: → Form. IX.1 Anm. 5.

3. Vertrag zwischen Miturhebern (gleiche Werkgattung)

[1, 2, 10]Zwischen

dem Schriftsteller Hans Ewald, ..., 12 345 Berlin (im folgenden „EWALD"),

und

dem Museumsdirektor Dr. Peter Weiß, ..., 20 123 Hamburg (im folgenden „WEIß"),

ist heute Folgendes vereinbart[1,2,10] worden:

§ 1 Vertragsgegenstand

EWALD ist vom Verlag P. gebeten worden, ein Werk mit dem Titel (Arbeitstitel) „Rubens für alle" in der Reihe „Kunst populär" zu schreiben (maximal 300 Seiten à 1.800 Zeichen einschließlich Leerzeichen, 10 farbige ganzseitige und 30 schwarzweiße halbseitige Abbildungen, Buchformat 16 × 22 cm).

§ 2 Vertragszweck

EWALD und WEIß schreiben das Buch gemeinsam in der Weise, dass nach gemeinsamer Sammlung und Sichtung des Quellenmaterials und der Abbildungen
- EWALD die Abschnitte Kindheit und Jugend/Rubens als Diplomat/Die Malschule/Die Rubens-Familie,
- WEIß die Abschnitte Erste Jahre in Antwerpen/Als Hofmaler in Mantua/Spanische Werke/Das Spätwerk sowie das Register

entwirft. Beide werden die Entwürfe dann wechselseitig überarbeiten mit dem Ziel, Stil und Inhalt möglichst einheitlich zu gestalten.

§ 3 Entscheidungen

(1) Bei Meinungsverschiedenheiten zu Details gibt in Fragen des Stils EWALD, in Fragen des Inhalts WEIß, im Übrigen derjenige den Ausschlag, der nicht der Verfasser des Entwurfs ist.[3]
(2) Ob das Manuskript insgesamt druckreif ist, entscheiden beide Autoren gemeinsam.

§ 4 Verlagsvertrag

EWALD führt die Vertragsverhandlungen mit dem Verlag. Er wird Zusagen jedoch nur in Übereinstimmung mit WEIß machen. Beide Autoren unterschreiben nur einheitliche Verträge.
Darin ist festzuhalten, dass
- Ankündigungen des Werkes stets unter dem Titel
  Weiß/Ewald, Rubens für alle
  stattzufinden haben,
- die der Autorenseite zustehenden Erträge aus der Verwertung des Werkes jedem Mitautor zur Hälfte zustehen.

§ 5 Sonstige Verwertung

(1) Die Autoren werden die Einwilligung zur sonstigen Verwertung oder Bearbeitung durch Dritte nur aus wichtigem Grunde verweigern; § 4 gilt sinngemäß (ohne Satz 1).[4] Als wichtiger Grund ist es auch anzusehen, wenn die Verwertung oder Bearbeitung gegen eine Vergütung erfolgen soll, die deutlich unter dem liegt, was angemessen ist.[5] Die Verwertung des Werkes oder von Teilen daraus zu Zwecken der Werbung für fremde Produkte bedarf stets der Einwilligung beider Autoren.[6]
(2) Jeder Autor darf Verträge, die das gemeinsame Werk betreffen, mit Wirkung für und gegen den Mitautor fristlos kündigen, wenn ein wichtiger Grund vorliegt.[7] Er hat den Mitautor von einer solchen Maßnahme unverzüglich zu unterrichten.
(3) Das Werk wird der zuständigen Verwertungsgesellschaft gemeldet. Deren Verteilungspläne gehen allen abweichenden Vereinbarungen vor.[8]

§ 6 Verwertung im Todesfall

Jeder Autor wird dafür Sorge tragen, dass, wenn er mehrere Erben hinterlässt, einer von ihnen oder ein Testamentsvollstrecker für alle zu verfügen imstande ist.[9] Unterbleibt eine solche Regelung, so gilt der Mitautor – nach seinem Tode der Bevollmächtigte seines Nachlasses – als verfügungsberechtigt, bis die Erben einen Bevollmächtigten bestellt haben. Für weitere Erbfälle gilt diese Regelung sinngemäß.

Schrifttum: → Form. IX.1.

Anmerkungen

1. Sachverhalt. Der Fall des Musters betrifft eine Miturheberschaft nach § 8 UrhG. Zwischen Miturhebern können Probleme zunächst während der Schaffensphase entstehen, wenn einer von ihnen die anderen für sich arbeiten lässt oder stilistische oder inhaltliche Meinungsverschiedenheiten aufbrechen. Für diese Fälle versuchen die §§ 1–3 des Formulars, eine Lösungshilfe zu geben. Der Schöpfungsvorgang ist freilich derart individuell geprägt, dass Vertragsklauseln keine Garantie gegen ein Scheitern des gemeinsamen Projekts bieten können. Liegt das Werk fertig vor, beschränken sich die möglichen Probleme auf seine Verwertung, insbesondere auf den Abschluss und die Auflösung von Verwertungsverträgen und auf die Verwertung durch Erben. Die gesetzliche Regelung des § 8 UrhG läuft weitgehend auf einen Einigungszwang hinaus, mit der Folge, dass ein sich quer stellender Miturheber (-erbe) die Verwertung praktisch blockieren kann; er darf seine Zustimmung zu Verwertungsmaßnahmen nur nicht „wider Treu und Glauben verweigern" (§ 8 Abs. 2 S. 2 UrhG), was kaum mehr als das Verbot des Rechtsmissbrauchs bedeutet. Die fristlose Kündigung eines Verwertungsvertrages aus wichtigem Grund ist grundsätzlich von allen Miturhebern zu erklären (§ 709 BGB); eine Legitimation einzelner Miturheber aus § 744 Abs. 2 BGB (Notverwaltungsrecht) erkennt der BGH auch bei Zerwürfnis der Miturheber nur ausnahmsweise dann an, wenn konkrete Anhaltspunkte gegeben sind, dass der Verleger seinen Verpflichtungen nicht mehr ordnungsgemäß nachkommen wird (BGH GRUR 1982, 41 (43) – Musikverleger III). Damit wird die Kündigung durch den Zwang, den Miturheber zunächst auf Zustimmung zur Kündigung zu verklagen, in den meisten Fällen zumindest verzögert, in manchen faktisch unmöglich gemacht. Auch dass mehrere Erben nach der gesetzlichen Regelung (§ 2040 Abs. 1 BGB) nur gemeinsam verfügen können, erschwert die Durchführung notwendiger Maßnahmen.

2. Wahl des Formulars. Liegt das gemeinsame Werk bereits vor, so genügt die Vereinbarung der in den §§ 4–6 des Formulars vorgeschlagenen Regelungen unter Voranstellung des entsprechend kürzer gefassten § 1.

3. Meinungsverschiedenheiten. Dass derjenige den Ausschlag geben soll, von dem nicht der Entwurf stammt, hat seinen Grund darin, dass für den anderen die Gefahr der „Betriebsblindheit" geringer ist. Bei mehr als zwei Autoren kann auch eine Mehrheitsentscheidung vorgesehen werden.

4. Nur aus wichtigem Grunde verweigern. Das Vorliegen des wichtigen Grundes hat nach dieser Fassung der Miturheber, der die Zustimmung verweigert, darzulegen und zu beweisen. In allen anderen Fällen wäre nicht auszuschließen, dass die Verwertung grundlos blockiert wird.

5. Angemessene Vergütung. Für Verträge ab 1.6.2001 bzw. 1.7.2002 (§ 132 Abs. 3 UrhG) haben die Urheber einen Anspruch auf angemessene Vergütung gem. § 32 Abs. 1 UrhG. Eine branchenübliche Vergütung muss nicht angemessen sein, weil der Gesetzgeber neben der Üblichkeit auch auf die „Redlichkeit" der Vergütung abstellt, vgl. § 32 Abs. 2 S. 2 UrhG. Bei *belletristischen* Werken, die im Wege der Vervielfältigung und Verbreitung verwertet werden, existiert eine gemeinsame Vergütungsregel gem. § 36 UrhG, die für die Hardcoverausgabe im Regelfall eine Beteiligung der Urheberseite mit 10 % des um die Mehrwertsteuer verminderten Ladenpreises an jedem verkauften Exemplar als angemessen vorsieht (abrufbar z.B. von der Website www.urheber.info, abgerufen am 19.03.2020). Das dürfte auch bei populärwissenschaftlichen Werken – wie dem aus dem Muster – in vielen Fällen der Richtwert für die branchenübliche angemessene Vergütung sein (vgl. BGH GRUR 2011, 328 Rn. 17 ff. – Destructive

Emotions: „Orientierungshilfe"). Jedoch ist eine echte Branchenübung bei Sachbüchern nicht feststellbar, weil die Sachverhalte zu unterschiedlich sind (Fromm/Nordemann/*Czychowski* § 32 Rn. 62). Für Nutzungen, die über die Verwertungsgesellschaften fließen, ist ohnehin deren Verteilungsschlüssel maßgebend (vgl. § 5 Abs. 3 des Formulars). Die Verwertungsgesellschaften sind regelmäßig auch über die in ihrem Zuständigkeitsbereich üblichen Sätze informiert.

6. Verwertung zu Werbezwecken. Diese Bestimmung kommt in erster Linie für Werke der Musik (Werbefunk) und der bildenden Kunst (Werbegraphik) in Betracht. Die Verwertung eines Werkes in der Werbung kann seine Einschätzung beim Publikum nachhaltig verändern und muss deshalb der Zustimmung aller beteiligten Autoren vorbehalten bleiben.

7. Notverwaltungsrecht. Die von §§ 744 Abs. 2, 2038 Abs. 1 S. 2 Hs. 2 BGB vorgezeichnete Regelung wird hier vertraglich vereinbart.

8. Verwertungsgesellschaften. Die Satzungen und Berechtigungsverträge der wichtigsten Verwertungsgesellschaften finden sich auf deren Internethomepages und bei *Hillig* (Hrsg.), Urheber- und Verlagsrecht, 18. Aufl. 2019 (Beck-Texte im dtv). Es sind dies
- die Gesellschaft für musikalische Aufführungs- und mechanische Verwertungsrechte (GEMA) r. V., Bayreuther Straße 37/38, 10787 Berlin, www.gema.de, für Komponisten, Textdichter und Musikverleger,
- die Verwertungsgesellschaft Wort r. V., Untere Weidenstraße 5, 81543 München, www.vgwort.de, für Autoren (auch Journalisten), Buch- und Bühnenverleger,
- die Verwertungsgesellschaft Bild-Kunst r. V., Weberstr. 61, 53113 Bonn, www.bildkunst.de, für bildende Künstler (auch Designer), Fotografen, Filmemacher,
- die Gesellschaft zur Verwertung von Leistungsschutzrechten mbH (GVL), Podbielskiallee 64, 14195 Berlin, www.gvl.de, für ausübende Künstler und Tonträgerhersteller.

9. Verwertung im Todesfall. Das (Mit-)Urheberrecht an einem Werk kann testamentarisch einem Miterben oder Vermächtnisnehmer zugewiesen werden, § 29 S. 1 UrhG. Der Erblasser kann seine Ausübung auch einem Testamentsvollstrecker übertragen, § 28 Abs. 2 UrhG. Unter Lebenden ist es jedoch – außer im Falle der Erbauseinandersetzung – nicht übertragbar, § 29 S. 1 und 2 UrhG.

Bei wissenschaftlichen Werken, die ständig durch Neuauflagen aktualisiert werden müssen, sollte eine Regelung für den Fall vorgesehen werden, dass ein Autor stirbt oder an der Neuauflage nicht mehr mitwirken möchte (Loewenheim/*Czychowski* § 65 Rn. 41). Dann kann zB dem anderen Autor das alleinige Fortsetzungsrecht eingeräumt werden. In diesem Fall sollte die Nennungspflicht und die Vergütung für den ausgeschiedenen Autor geregelt werden, Nennung und Vergütung können beispielsweise noch zwei Auflagen erfolgen, danach nicht mehr.

10. Kosten. 0,5 bis 2,5 Gebühr gem. Nr. 2300 VV RVG für den Entwurf des Vertrages; der Entwurf eines solchen Vertrages dürfte zumindest schwierig sein, so dass im Regelfall die Obergrenze von 1,3 nicht greift. Geschäftswert ist – wegen der Ungewissheit weiterer Verwertungsmöglichkeiten – der des Verlagsvertrages (§ 4 des Formulars). Sieht dieser kein Pauschalhonorar, sondern – wie üblich – eine Beteiligung der Autoren vor, ist nach § 8 Abs. 2 UrhG in Verbindung mit § 52 GNotKG zu berechnen. Wenn das Werk nicht von vornherein auf nur eine Auflage angelegt ist (wie bei wissenschaftlichen Monographien oder schnell veraltenden aktuellen Werken, zB zu einer Fußballweltmeisterschaft), auf die voraussichtlichen Erträgnisse der Autoren aus zwei Auflagen zu schätzen (vgl. KG UFITA 76, 352 (353): mehrjähriger Betrag der Erträgnisse).

Buch

4. Vorvertrag (für Schriftwerke aller Art)

[1,2,7]Sehr geehrte Frau Müller,

wir freuen uns, dass das zwischen uns besprochene Projekt, dem wir einstweilen den Arbeitstitel

Helene Müller

Das neue Berliner Regierungsviertel

gegeben haben, nun verwirklicht werden kann. Damit für Ihre Arbeit eine klare Basis besteht, möchten wir mit Ihnen gemeinsam Folgendes festhalten:

1. Sie werden das Manuskript (einschl. der dazugehörigen Bildvorlagen, Zeichnungen usw mit allen Quellenangaben)[5] nun unverzüglich in Angriff nehmen und das vollständige und vervielfältigungsfähige Manuskript per E-Mail (als Worddatei/anderes Format) mit Textausdruck bis zum . . . . . abliefern; eine Kopie des Manuskripts/der Dateien oder eines Ausdrucks davon werden Sie zurückbehalten.[4]
   Sollte das Werk Darstellungen von Personen oder Ereignissen enthalten, mit denen das Risiko einer Verletzung von Persönlichkeitsrechten Dritter verbunden ist, so werden Sie uns darauf bei der Ablieferung schriftlich hinweisen.[6]
2. Wir sind einander wechselseitig verpflichtet, sodann einen Verlagsvertrag nach dem bei uns üblichen, hier beigefügten/Ihnen bekannten Muster[2] abzuschließen, vorausgesetzt natürlich, dass Ihr Werk nach Ansicht des Verlages in Form, Inhalt und Umfang der zwischen uns besprochenen Konzeption entspricht und auch sonst keine sachlichen Bedenken gegen eine Veröffentlichung im S. Verlag bestehen.
3. Die vereinbarte Konzeption des Werkes ergibt sich aus[3]
   - Ihrem Exposé vom . . . . . mit unserer Stellungnahme vom . . . . .
   - dem zwischen uns geführten Schriftwechsel/E-Mail-Austausch vom . . . . .
   - der beigefügten Aktennotiz vom . . . . .

   Im Übrigen orientieren sich Form und Inhalt des Werkes[3]
   - an der Konzeption des Werkes . . . . ., das es weiterführen/ergänzen/ersetzen soll,
   - an der Konzeption der bereits vorliegenden Bände der Reihe . . . . ., in der es erscheinen soll,
   - an den einschlägigen Richtlinien der Kultusminister für den Schulunterricht.
4. Der Umfang des Manuskripts ist auf . . . . . Manuskriptseiten (Normseiten = Manuskriptseiten mit 30 Zeilen zu je 60 Zeichen einschl. Leerzeichen) nach oben begrenzt.[4]
   Hinzu kommen bis zu . . . . . Bildvorlagen (davon . . . . .% farbig),[4] die von Ihnen einschließlich aller Quellenangaben beschafft werden, wobei wir die erforderlichen Nutzungsrechte einholen werden, soweit dies möglich und nicht mit unverhältnismäßigen Schwierigkeiten verbunden ist.[5] Die Reinzeichnungen[5] werden im Verlag gefertigt.
   Zeichnet sich eine Über- oder Unterschreitung dieses Rahmens um mehr als [. . . . .] Manuskriptseiten einschließlich der Abbildungen ab, so werden Sie uns unverzüglich informieren.[4]
5. Sie haben von uns einen Reise- und Recherchekostenzuschuss von . . . . . EUR erhalten, der zur Hälfte als verlorener Zuschuss gedacht ist. Den Restbetrag werden wir mit den Ihnen zustehenden Erträgnissen aus der Verwertung Ihres Werkes verrechnen; kommt es nicht zum Abschluss des Verlagsvertrages, werden Sie uns diesen Restbetrag bis zum . . . . . zurückzahlen.

Bitte geben Sie zum Zeichen Ihres Einverständnisses die anliegende Zweitschrift dieses Briefes gegengezeichnet an uns zurück.

Mit freundlichen Grüßen
S. Verlag

Einverstanden:
. . . . ., den . . . . .
. . . .
(Helene Müller)

Schrifttum: → Form. IX.1 und 5.

Anmerkungen

1. Sachverhalt. Ein Vorvertrag für ein noch zu schaffendes Werk wird heute nur noch selten abgeschlossen. Vor allem ist er anzutreffen in Konstellationen, in denen der Verlag – nicht der Autor – ein längerfristig angelegtes Projekt wie zB eine neue Reihe umsetzen will oder ein Einzelwerk – etwa einen Kommentar zu einem neuen Gesetz – von einem bestimmten Autor bearbeiten lassen möchte. In diesen Fällen kann der Abschluss eines Vorvertrages zweckmäßig sein, um dem Verlag Planungssicherheit zu geben. Rechtlich geboten ist der Abschluss eines Vorvertrages jedoch nicht: Das nachfolgende → Form. IX.5 sieht alternativ vor, dass es sich um ein noch zu verfassendes Werk handelt (§ 1 Nr. 1), und erlaubt beiden Vertragspartnern im Wesentlichen in Übereinstimmung mit §§ 31, 30 VerlagsG den Rücktritt für den Fall, dass das Manuskript nach Ansicht des Verlages nicht den getroffenen Vereinbarungen entspricht und eine Übereinstimmung darüber nicht herbeizuführen ist (§ 7 Nr. 4). Darüber hinaus bietet der sofortige Abschluss des Verlagsvertrages dem Verlag größere Sicherheit, weil er bereits die dingliche Einräumung der mit der Schaffung des Werkes künftig entstehenden Nutzungsrechte vorsieht, während der Vorvertrag nur eine obligatorische Verpflichtung zur späteren Rechtseinräumung enthält. In der Praxis ist es sehr weitgehend üblich, sogleich einen vollwertigen Verlagsvertrag zu schließen, auch wenn die Fertigstellung des Werkes noch in weiter Ferne liegt. Der Vorvertrag sollte deshalb nur dort verwendet werden, wo es aus psychologischen Gründen unzweckmäßig erscheint, den Autor gleich mit dem umfangreichen Verlagsvertrag zu konfrontieren, oder in denen der Autor unbeschriebene Blätter nicht nur vor sich hat, sondern auch selbst ein unbeschriebenes Blatt ist. Gerade in letzterem Fall kann ein vollwertiger Verlagsvertrag in der Praxis den Verlag in Schwierigkeiten bringen, wenn das eingereichte Manuskript den Erwartungen des Verlages nicht entspricht und eine Veröffentlichung zumindest hohen Lektoratsaufwand bedeuten würde.

2. Wahl des Formulars. Je nach der Art des zu schaffenden Werkes ergeben sich Abweichungen im Text des Vorvertrages.

3. Konzeption des Werkes. Nr. 3 des Formulars enthält eine Art Checklist, in der das jeweils nicht Zutreffende zu streichen ist. In Abs. 2 ist bei der ersten Alternative an ein im eigenen Verlag erschienenes Werk gedacht, bei der zweiten Alternative an Reihentitel, während die dritte Alternative naturgemäß nur für Schulbücher gilt.

4. Manuskriptkopie. Es gibt noch immer Autoren, die nur ein einziges körperliches Manuskript herstellen oder jedenfalls die Abbildungen nicht elektronisch erfassen. Geht es auf der Post oder im Verlag verloren oder landet etwa unerkannt im Spamordner, ist der Schaden kaum reparabel. Deswegen empfiehlt sich der Hinweis auf die Notwendigkeit, eine Kopie zurückzubehalten.

Des Weiteren empfiehlt sich von vornherein eine klare Regelung des erwarteten Umfangs, der für das Einfügen in eine Reihe, die Veröffentlichung in einer bestimmten Ausstattung oder für ein bestimmtes Publikum oder für die sonstige Kalkulation des Verlages entscheidend sein kann. Eine Regelung kann außerdem spätere Unstimmigkeiten über die Qualität des Manuskripts vermeiden helfen.

5. **Vorlagen, Abbildungen.** Bei Bildvorlagen, Zeichnungen usw ist zu beachten, dass der Autor – soweit es sich nicht um von ihm stammende Vorlagen handelt – vielfach nur die Vorlagen selbst, nicht aber die zu ihrer Verwertung nötigen Nutzungsrechte beschaffen kann, während der Verlag dazu unschwer in der Lage ist; viele Verlage stehen ohnehin im ständigen Austausch mit anderen Verlagen und verfügen über entsprechend geschulte Abteilungen. Ohnehin sollte in der Praxis der Verlag selbst die erforderlichen Nutzungsrechte für Vorlagen und Bildmaterial beschaffen, um sicherzugehen, dass tatsächlich alle notwendigen Rechte eingeholt werden. Um den Aufwand insofern nicht unverhältnismäßig werden zu lassen, sollte der Verlag den Autor verpflichten, alle Quellenangaben mitzuliefern. Reinzeichnungen werden heute zwar nicht mehr am Zeichentisch hergestellt; der Begriff bezeichnet indes nach wie vor die reproduktionsfähigen Vorlagen, meist in Form einer Satzdatei.

6. **Persönlichkeitsrechtsverletzungen.** Auch wenn der Verlag nichts davon ahnt, dass in einem von ihm verlegten Werk ein tatsächlich existierender Dritter in erkennbarer Weise oder gar unter voller Namensnennung rechtswidrig angegriffen oder bloßgestellt wird, haftet er dem Dritten doch zumindest auf Unterlassung der weiteren Verbreitung des Buches (§§ 823 Abs. 1, 1004 BGB) mit der Folge, dass er einzelne Passagen schwärzen oder gar die noch nicht abgesetzte Auflage einstampfen bzw. sich im Verhandlungswege freikaufen muss; der Unterlassungsanspruch setzt ein Verschulden des Störers nicht voraus. In Fällen, in denen eine Erlaubnis des Verletzten nach der Art des Eingriffs nicht ausgeschlossen erscheint, kommt daneben auch der Anspruch auf Zahlung einer angemessenen Lizenzgebühr aus § 812 BGB unter dem Gesichtspunkt der ersparten Aufwendungen in Betracht (stRspr seit BGH NJW 1956, 1554 – Paul Dahlke, ausdrücklich bestätigt von BGH NJW 1971, 698 – Pariser Liebestropfen; s. auch BGH GRUR 2000, 709 – Marlene Dietrich I). Ein Hinweis des Autors ist daher jedenfalls im belletristischen Bereich unerlässlich, damit der Verleger das Risiko kennt, das er eingeht, wenn er sich gleichwohl zur Veröffentlichung entschließt (vgl. BGH GRUR 1979, 396 – Herren und Knechte; BGH GRUR 2010, 171 – Esra; zum ganzen Fromm/Nordemann/*Nordemann-Schiffel*[12] VerlG § 31 Rn. 16 f.). In politischen, biographischen und ähnlichen Publikationen, in denen reale Personen auftreten oder erwähnt werden, wird der Verlag sich mit der Frage möglicher Persönlichkeitsrechtsverletzungen ohnehin auseinanderzusetzen haben; auch hier ist ein Hinweis des Autors jedenfalls hilfreich.

7. **Kosten.** → Form. IX.2 Anm. 5 und → Form. IX.11 Anm. 9.

5. Autoren-Verlagsvertrag (für Schriftwerke aller Art)

[1,2,19]Zwischen
Frau Helene Müller
(Adresse)

– nachfolgend „Autor" –

und
dem S. Verlag GmbH & Co. KG,
(Adresse),

vertreten durch den Geschäftsführer ihrer persönlich haftenden Gesellschafterin, Herrn Ole Schreiber

– nachfolgend „Verlag" –

wird folgender Vertrag geschlossen:

§ 1 Vertragsgegenstand

(1) Dieser Vertrag betrifft das vorliegende/noch zu verfassende Werk des Autors mit dem Titel/Arbeitstitel:

Der neue Berliner Großflughafen

Es wird etwa . . . . . Normseiten (= Manuskriptseiten mit 30 Zeilen zu je 60 Zeichen einschl. Leerzeichen) umfassen.

Der endgültige Titel wird in Abstimmung zwischen Autor und Verlag festgelegt,[3] wobei der Autor dem Stichentscheid des Verlages zu widersprechen berechtigt ist, soweit sein Persönlichkeitsrecht verletzt würde.

(2) Der Autor wird das Werk so verfassen, dass es seiner Art und seinem Zweck nach dem neuesten Tatsachen- oder Erkenntnisstand sowie dem anerkannten fachlichen Standard des behandelten Gebiets oder Themas entspricht.

(3) Der Autor versichert, dass er allein berechtigt ist, über das Urheberrecht an seinem Werk zu verfügen,[4] und dass er bisher keine diesem Vertrag entgegenstehende Verfügung getroffen hat.[5] Das gilt auch für von ihm gelieferte Text- oder Bildvorlagen, deren Nutzungsrechte bei ihm liegen. Bietet er dem Verlag Text- oder Bildvorlagen an, für die dies nicht zutrifft oder nicht sicher ist, so hat er den Verlag darüber und über alle ihm bekannten oder erkennbaren rechtlich relevanten Fakten zu informieren. Soweit der Verlag den Autor mit der Beschaffung fremder Text- oder Bildvorlagen beauftragt, bedarf es einer besonderen Vereinbarung. Im übrigen gilt § 7(2).

(4) Der Autor verpflichtet sich, dem Werk nicht durch Veröffentlichungen in anderen Verlagen Konkurrenz zu machen.[6]

(5) Der Autor wird den Verlag bei Ablieferung des Manuskripts schriftlich auf im Werk enthaltene Darstellungen von Personen oder Ereignissen hinweisen, mit denen das Risiko einer Persönlichkeitsrechtsverletzung verbunden ist.[7] Nur wenn der Autor dieser Vertragspflicht in vollem Umfang nach bestem Wissen und Gewissen genügt hat, trägt der Verlag alle Kosten einer eventuell erforderlichen Rechtsverteidigung. Wird der Autor wegen solcher Verletzungen in Anspruch genommen, sichert ihm der Verlag seine Unterstützung zu, wie auch der Autor bei der Abwehr solcher Ansprüche gegen den Verlag mitwirkt. Der Autor steht im Übrigen dafür ein, dass sein Werk auch andere Rechte Dritter nicht verletzt.[4, 14]

§ 2 Rechtseinräumungen[1, 8]

(1) Der Autor räumt dem Verlag für die Dauer der gesetzlichen Schutzfrist und räumlich unbeschränkt das ausschließliche Recht zur Vervielfältigung und Verbreitung (Verlagsrecht) des Werkes für alle Ausgaben und Auflagen ohne Stückzahlbegrenzung und für alle Sprachen ein.

Sollte in irgendeinem Land der Welt die gesetzliche Schutzfrist in Zukunft verlängert werden, so gilt dieser Vertrag in jenem Land auch für den Verlängerungszeitraum.

(2) Der Autor räumt dem Verlag für die Dauer des Hauptrechts gemäß Abs. 1 außerdem folgende ausschließliche Nebenrechte ein:[1, 8]

a) das Recht des ganzen oder teilweisen Vorabdrucks und Nachdrucks des Werkes (ganz oder teilweise), auch als Fortsetzungsabdruck in periodischen (zB Zeitungen, Zeitschriften etc) sowie in nichtperiodischen Druckwerken, in/auf werkbezogenen Werbe- und Pressemitteln sowie Sammlungen von Werken mehrerer Urheber;

b) das Recht der Übersetzung des Werkes in andere Sprachen und die Auswertung dieser Sprachfassung nach allen vertragsgegenständlichen Nutzungsarten sowie die Übertragung des Werkes in eine andere Mundart sowie das Recht zur Bearbeitung oder zur sonstigen Umgestaltung des Werkes, einschließlich Blindenschrift;

c) das Recht zur Vervielfältigung und Verbreitung des Werkes in Hardcover-, Taschenbuch-, Volks-, Reprint-, Schul-, Buchgemeinschafts-, Anthologie-, Luxus-, Paperback-, Großdruck-, Mikrokopie-, Loseblatt- und sonstigen Buchausgaben sowie das Recht zur Aufnahme des Werkes oder von Teilen daraus in Sammlungen aller Art;

d) das Recht zur Vervielfältigung und Verbreitung des Werkes in Sonderausgaben, also in allen Buchformen für alle Auflagen und als besondere Ausgaben für das Sortiment und/oder Abnehmer außerhalb des Sortimentsbuchhandels (Nebenmärkte) etc;

e) das Recht zur Vervielfältigung und Verbreitung von Ausgaben des Werkes oder Teilen davon, die unter Verwendung digitaler Speicher- und Wiedergabemedien hergestellt werden, unabhängig von der technischen Ausstattung, und unter Einschluss sämtlicher digitalen oder interaktiven Systeme (zB CD-Rom, CD-I, E-Book in allen Formaten und sonstige Formen des electronic publishing);

f) das Recht, das Werk ganz oder teilweise in Online- und digitale Datenbanken, elektronische und digitale Datennetze, Telefondienste etc einzuspeisen und zu speichern und mittels digitaler oder anderweitiger Speicher- und Übertragungstechnik einer Vielzahl von Nutzern derart, insbesondere im Rahmen sog. „on demand"-Dienste, zur Verfügung zu stellen, dass diese das Werk oder Teile davon auf jeweils individuellen Abruf (insbesondere Push- und Pull-Techniken) kurzfristig mittels eines Fernseh-, Computers, mobilen End- und/oder sonstigen Gerätes unter Einschluss sämtlicher Übertragungswege (zB Kabel, Funk, Mikrowelle, Satellit) und sämtlicher Verfahren (GSM, UMTS etc) sowie unter Einschluss sämtlicher Protokolle (zB TCP/-IP, http, WAP, HTML, XML etc) empfangen können. Eingeschlossen ist auch das Recht, im Rahmen der in diesem Vertrag erwähnten Nutzungsarten eine interaktive Nutzung des Werkes oder Teilen davon (gegebenenfalls in Verbindung mit anderen Werken) durch den Nutzer zu ermöglichen;

g) das Recht zu sonstiger Vervielfältigung und Verbreitung des Werkes, ganz oder in Teilen, wie zB in Kalendern, insbesondere auch durch digitale, fotomechanische oder ähnliche Verfahren (zB (Digital-) Fotokopie);

h) das Recht zum auch teilweisen Vortrag des Werkes, also das Werk in nicht bühnenmäßiger Form beliebig häufig vorzutragen, einschließlich des Rechts, den Vortrag auf beliebigen Bild-, Ton-, Bildton- sowie Datenträgern aufzuzeichnen und diese auf alle vertragsgegenständlichen Arten sowie im vertraglich vorgesehenen Umfang zu nutzen bzw. auszuwerten (zB als Hörbuch);

i) das Recht, das Werk in allen vertragsgegenständlichen körperlichen und unkörperlichen Nutzungsarten gewerblich oder nichtgewerblich auszuleihen und/oder zu vermieten;

j) das Recht, das Werk ganz oder in Teilen mit Hilfe von Rundfunk einschließlich Drahtfunk, Kabel- und Satellitenfunk und ähnlicher Übertragungstechniken, gleichgültig ob in digitalisierter oder analoger Form, sowohl über öffentlich-rechtlich als auch privatrechtlich organisierte Sender, einschließlich Abonnentenfernsehen und -rundfunk, Videotext, on-demand-Dienste, near-on-demand-Dienste, Pay-TV und vergleichbaren Techniken und Verwertungsformen zu senden und/oder solche Sendungen öffentlich wiederzugeben, sowie die Sendungen auf sonstige vertragsgegenständliche Arten zu nutzen;

k) das Recht, das Werk ganz oder in Teilen im Umfang der eingeräumten Rechte, auch unentgeltlich, durch ganzen oder teilweisen Abdruck, Sendung oder sonstige Wiedergabe, auch online/im Internet, zur Werbung für den Verlag oder Dritte, einschließlich für dessen/deren Produkte, entgeltlich oder unentgeltlich zu nutzen;

l) das Recht, das Werk ganz oder in Teilen, alleine oder im Rahmen anderer Werke und Nutzungsformen in körperlicher oder unkörperlicher Form zu archivieren, in Sammlungen und/oder Datenbanken aufzunehmen und Dritten den Zugang zu dem Werk in welcher Form auch immer zu gestatten (zB Online-Dienste).

(3) Darüber hinaus räumt der Autor dem Verlag für die Dauer des Hauptrechts gem. Abs. 1 folgende weitere ausschließliche Nebenrechte ein:

a) das Recht, das Werk zu bearbeiten und bearbeiten zu lassen;

b) das Recht, das Werk für die einmalige oder mehrmalige Bearbeitung als Bühnenstück oder Choreografie oder eine entsprechende Serie oder als Marionetten-, Puppen- oder Schattentheater oder ähnliche bühnenmäßige Darstellungsformen zu nutzen, sowie ferner das Recht, die so hergestellten Fassungen unter Verwendung des Werkes bühnenmäßig aufzuführen und auf alle vertragsgegenständlichen Arten sowie im sonst vertraglich vorgesehenen Umfang zu nutzen bzw. auszuwerten;

c) das Recht zur Verfilmung und Wiederverfilmung des Werkes einschließlich der Rechte zur Bearbeitung und/oder Weiterentwicklung als Drehbuch und zur Vorführung und umfassenden Verwertung des so hergestellten Films;

d) das Recht zur Bearbeitung und Verwertung des verfilmten Werkes im Fernsehen (Free- oder Pay-TV) oder auf ähnliche Weise, gleich mittels welcher Technik (zB jede Art des Abruf-Fernsehens, video-on-demand, WebTV, Online-Fernsehen, Onlineportale, Streaming etc);

e) das Recht zur Bearbeitung und Vervielfältigung sowie Verbreitung des Werkes bzw. dessen Verfilmung auf Bild-/Tonträgern jeder Art (zB Videokassetten, Videoplatten, Videobänder, Disketten, Chips etc einschließlich aller CD-Formate, wie CD-Rom, CD-I, DVD etc);

f) das Recht zur Bearbeitung und umfassenden Verwertung des Werkes im Rundfunk sowie als Hörbuch oder Hörspiel;

g) das Recht zur Vertonung des Werkes und zur umfassenden Verwertung der Vertonung;

h) die an dem Werk oder seiner Bild-/Tonträgerfixierung, einschließlich digitaler Fixierung, oder durch Lautsprecherübertragung oder Sendung entstehenden Wiedergabe- oder Überspielungsrechte;

i) das Recht, das Werk ganz oder in Teilen auf Bild-, Bild-/Ton- oder sonstige Datenträger, gleich nach welcher Aufzeichnungs- und Wiedergabetechnik, zu vervielfältigen und diese über alle Kanäle einschließlich Home-Order-TV, Cluborganisationen, Streamingportale, Abonnementportale oder sonstige Handelsformen zu verbreiten sowie gewerblich und nicht gewerblich körperlich oder unkörperlich zu verleihen und ferner die so hergestellten Datenträger durch öffentliche Wiedergabe wahrnehmbar zu machen und diese auf die sonstigen vertragsgegenständlichen Arten zu nutzen;

j) das Recht, das Werk, insbesondere die in dem Werk enthaltenen Figuren, Namen, Textteile, Titel, Schriften, Geschehnisse, Erscheinungen und die durch das Werk begründeten Ausstattungen einschließlich ihrer bildlichen, fotografischen, zeichnerischen und sonstigen Umsetzungen im Zusammenhang mit anderen Produkten und Dienstleistungen jeder Art und jeder Branche (Merchandising) zu nutzen und so gestaltete oder versehene Produkte auch zur Werbung für diese Produkte und Dienstleistungen zu verwenden und nach eigenem Ermessen Markenanmeldungen durchzuführen sowie gewerbliche Schutzrechte zu erwerben;

k) das Recht, das bearbeitete Werk ganz oder in Teilen mit Hilfe von Rundfunk einschließlich Drahtfunk, Kabel- und Satellitenfunk und ähnlicher Übertragungstechniken, gleichgültig ob in digitalisierter oder analoger Form sowohl über öffentlich-rechtlich als auch privat-rechtlich organisierte Sender, einschließlich Abonnentenfernsehen und -rundfunk, Videotext, on-demand-Dienste, near-on-demand-Dienste, Pay-TV und vergleichbaren Techniken und Verwertungsformen zu senden und/oder solche Sendungen öffentlich wiederzugeben, sowie die Sendungen auf sonstige vertragsgegenständliche Arten zu nutzen;

l) das Recht, das bearbeitete Werk ganz oder in Teilen im Umfang der eingeräumten Rechte, auch unentgeltlich, durch ganze oder teilweise Sendung oder sonstige Wiedergabe, auch online/im Internet, zur Werbung für den Verlag oder Dritte, einschließlich für dessen/deren Produkte, entgeltlich oder unentgeltlich zu nutzen;

o) das Recht, das bearbeitete Werk ganz oder in Teilen alleine oder im Rahmen anderer Werke und Nutzungsformen körperlich oder unkörperlich zu archivieren, in Sammlungen und/oder Datenbanken aufzunehmen und Dritten den Zugang zu dem Werk in welcher Form auch immer zu gestatten (zB Online-Dienste);

p) alle sonstigen durch Verwertungsgesellschaften (zB VG Wort) wahrgenommenen Rechte nach deren Satzung, Wahrnehmungsvertrag und Verteilungsplan, sofern eine Übertragung dieser Rechte gemäß den entsprechenden Bestimmungen sowie gesetzlich zulässig ist.

(4) Ferner räumt der Autor dem Verlag auch die räumlich, zeitlich und inhaltlich unbeschränkten und ausschließlichen Rechte für die im Zeitpunkt des Vertragsschlusses unbekannten Nutzungsarten ein.[8] Die Rechtseinräumung erstreckt sich auf die Verwertung der Nutzungsrechte sowohl im eigenen Verlag als auch durch entgeltliche oder unentgeltliche (auch teilweise) Vergabe von Rechten an Dritte.

(5) Der Verlag kann die ihm nach diesem Vertrag eingeräumten Rechte ganz oder teilweise auf Dritte übertragen, ohne dass es hierzu der Zustimmung des Autors bedarf.

Alternativ:

(5) Der Verlag darf das ihm nach Absatz 2–4 eingeräumte Vergaberecht nicht ohne Zustimmung des Autors weiterübertragen. Dies gilt nicht gegenüber ausländischen Lizenznehmern für die Einräumung von Sublizenzen in ihrem Sprachgebiet sowie für die branchenübliche Sicherungsabtretung von Verfilmungsrechten zur Produktionsfinanzierung. Sind mehrere Autoren an dem Werk beteiligt, so genügt die Zustimmung der Mehrzahl von ihnen. Im Rahmen des Abs. 3 (a) erlischt das Zustimmungsrecht des Autors mit seinem Tode; bei mehreren Autoren besteht es zugunsten der noch lebenden Autoren fort.

(6) Soweit dem Verlag in den Absätzen 2 und 3 das Recht eingeräumt ist, das Werk zu bearbeiten oder bearbeiten zu lassen, hat er Beeinträchtigungen des Werkes zu unterlassen, die geistige oder persönliche Rechte des Autors am Werk zu gefährden geeignet sind. Im Falle einer Vergabe von Lizenzen zur Ausübung der Nebenrechte gemäß Absatz 2 und Absatz 3 wird der Verlag darauf hinwirken, dass der Autor vor Beginn einer entsprechenden Bearbeitung des Werkes vom Lizenznehmer gehört wird. Möchte der Verlag einzelne Nebenrechte selbst ausüben, so hat er den Autor anzuhören und ihm bei persönlicher und fachlicher Eignung die entsprechende Bearbeitung des Werkes anzubieten, bevor damit Dritte beauftragt werden. Der Autor wird sich ggf. umgehend äußern. Hält er eine vom Verlag gesetzte angemessene Frist nicht ein, gilt das Manuskript als von ihm gebilligt.

(7) Das Recht zur Ausübung oder Vergabe von Nebenrechten nach den Absätzen 2–5 endet mit dem Erlöschen des Hauptrechts gem. Abs. 1. Der Bestand bereits abgeschlossener Lizenzverträge bleibt – auch im Falle der fristlosen Kündigung des gesamten Vertrages – mit der Maßgabe unberührt, dass die dem Verlag aus ihnen zustehenden Rechte auf den Autor übergehen.[10]

(8) Der Verlag wird sich um die Verwertung der ihm eingeräumten Nebenrechte in angemessener Frist bemühen. Bei mehreren sich untereinander ausschließenden Verwendungsmöglichkeiten wird er die für den Autor materiell und ideell günstigste wählen, auch wenn er selbst bei dieser Nebenrechtsverwertung konkurriert.

Übt der Verlag einzelne Rechte nicht aus, so ist der Autor berechtigt, auch einzelne Rechte nach den Regeln gemäß § 41 UrhG nach Ablauf von fünf Jahren zurückzurufen.[10]

§ 3 Verlagspflichten und -rechte[11]

(1) Das Werk wird zunächst als .....-Ausgabe (zB Hardcover, Paperback, Taschenbuch) [*ggf.*: und zeitgleich als E-Book] erscheinen; nachträgliche Änderungen der Form der Erstausgabe bedürfen des Einvernehmens mit dem Autor.

(2) Der Verlag ist verpflichtet, das Werk in der in Absatz 1 genannten Form zu vervielfältigen, zu verbreiten und dafür angemessen zu werben.

(3) Ausstattung, Buchumschlag, Auflagenhöhe, Auslieferungstermin, Ladenpreis und Werbemaßnahmen werden vom Verlag nach pflichtgemäßem Ermessen unter Berücksichtigung des Vertragszwecks sowie der im Verlagsbuchhandel für Ausgaben dieser Art herrschenden Übung bestimmt.

(4) Das Recht des Verlags zur Bestimmung des Ladenpreises nach pflichtgemäßem Ermessen schließt auch dessen spätere Herauf- oder Herabsetzung ein. Vor Herabsetzung des Ladenpreises wird der Autor benachrichtigt.

(5) Als Erscheinungstermin ist vorgesehen: ..... Eine Änderung des Erscheinungstermins erfolgt in Absprache mit dem Autor. § 7 Abs. 1 UAbs. 2 bleibt unberührt.

§ 4 Absatzhonorar für Verlagsausgaben[12]

(1) Das Honorar des Autors beträgt .....% vom Nettoladenpreis. Nettoladenpreis ist der Ladenpreis des Werkes abzüglich Mehrwertsteuer in der jeweiligen gesetzlichen Höhe.

Das Honorar des Autors erhöht sich nach dem Absatz des Werkes

von ..... Exemplaren gleich welcher Ausgabe auf .....%,

von ..... Exemplaren gleich welcher Ausgabe auf .....%,

ab ..... Exemplaren gleich welcher Ausgabe auf .....%.

Für E-Book-Ausgaben beträgt das Honorar des Autors .....% vom Nettoendverbraucherpreis. Nettoendverbraucherpreis ist der Endverbraucherpreis des Werkes abzüglich Mehrwertsteuer in der jeweiligen gesetzlichen Höhe. *Bei wissenschaftlichen Werken ggf.:* Dies gilt auch bezüglich des Autorenhonorars für den Abruf von Einzelkapiteln.

Für nicht preisgebundene Verlagserzeugnisse beträgt das Honorar des Autors .....% vom Nettoverlagsabgabepreis.

(2) Honorarpflichtig sind alle verkauften Exemplare. Für unberechnete Besprechungs-, Prüfungs-, Frei- oder Einführungsexemplare trägt der Verlag weder eine Abrechnungs- noch eine Honorierungspflicht; er muss ihre Zahl dem Autor aber mit der jeweils folgenden Abrechnung angeben. Für Prüfungsexemplare, die gegen Rechnung abgegeben werden, besteht Abrechnungs- und Honorierungspflicht nur, soweit sie bezahlt worden sind. Partie- und Portoersatzstücke sowie solche Exemplare, die für Werbezwecke des Verlages, nicht aber des Buches abgegeben werden, sind abrechnungs- und honorarpflichtig.

(3) Ist der Autor mehrwertsteuerpflichtig, zahlt der Verlag die auf die Honorarbeträge anfallende gesetzliche Mehrwertsteuer zusätzlich. Dies gilt auch für Vorschüsse nach Absatz 6.

(4) Honorarabrechnung und Zahlung erfolgen zum 31.12. jedes Jahres innerhalb der folgenden drei Monate. Das Honorar wird mit Abrechnung fällig.

(5) Der Verlag ist verpflichtet, einem vom Autor beauftragten, zur Berufsverschwiegenheit verpflichteten Dritten (Rechtsanwalt, Wirtschaftsprüfer, Steuerberater oder vereidigter Buchsachverständiger) zur Überprüfung der Honorarabrechnungen Einsicht in die Bücher und Unterlagen zu gewähren.

Die hierdurch anfallenden Kosten trägt der Verlag, wenn sich die Abrechnungen als fehlerhaft erweisen, anderenfalls der Autor.

(6) Auf seine Honoraransprüche erhält der Autor einen Vorschuss[12] in Höhe von . . . . ., zahlbar je zur Hälfte bei Abschluss dieses Vertrages und bei Ablieferung des Manuskripts. Der Vorschuss stellt ein garantiertes Mindesthonorar dar. Er ist nicht rückzahlbar, jedoch mit allen Ansprüchen des Autors aus diesem Vertrag verrechenbar.

Alternativ:

(6) Auf seine Honoraransprüche erhält der Autor einen Vorschuss[12] in Höhe von . . . . ., zahlbar je zur Hälfte bei Abschluss dieses Vertrages und bei Ablieferung des Manuskripts. Der Vorschuss nicht rückzahlbar, jedoch mit allen Ansprüchen des Autors aus diesem und ggf. weiteren Verlagsverträgen zwischen den Parteien verrechenbar.

§ 5 Nebenrechtsverwertung[12]

(1) Übt der Verlag die Nebenrechte selbst aus, so gelten für die Ermittlung des Honorars die Bestimmungen über das Absatzhonorar nach § 4. Enthält § 4 für das jeweilige Nebenrecht keine sinnvolle Vergütungsregelung, so ist eine solche nachträglich zu vereinbaren.

(2) Im Übrigen wird der gesamte aus der Verwertung der Nebenrechte erzielte Erlös nach Abzug der darin etwa enthaltenen Mehrwertsteuer zwischen Autor und Verlag geteilt, und zwar erhält der Autor

50 % bei den Nebenrechten des § 2 Abs. 2,

60 % bei den Nebenrechten des § 2 Abs. 3.

§ 4 Abs. 3 gilt entsprechend.

Soweit Nebenrechte durch Verwertungsgesellschaften[9] wahrgenommen werden, richten sich die Anteile von Verlag und Autor nach deren Verteilungsplan.

Bei Auslandslizenzen darf der Verlag zuvor etwaige Provisionen und ähnliche Kosten abziehen.

(3) Verwertet der Verlag die in § 2(4) genannten Rechte (unbekannte Nutzungsarten) selbst oder durch Dritte (Lizenz), so erhält der Autor eine angemessene Vergütung, über die sich Autor und Verlag bei beabsichtigter Nutzungsaufnahme durch den Verlag verständigen werden.[8] Im Zweifelsfalle bestimmt der Verlag die Vergütung nach billigem Ermessen. Der Autor kann die Ausübung des Ermessens (§§ 315 ff. BGB) binnen 12 Monaten ab Zugang der Leistungsbestimmung beim Autor durch das zuständige Landgericht überprüfen lassen.

(4) Für Abrechnung und Fälligkeit gelten die Bestimmungen von § 4 Abs. 4 entsprechend.

(5) Die Vergabe von Lizenzen an gemeinnützige Blindenselbsthilfeorganisationen für Ausgaben, die ausschließlich für Blinde und Sehbehinderte bestimmt sind (Druckausgaben in Braille oder sonstiger Punktschrift, Tonträgerausgaben mit akustischen Benutzungsanweisungen und entsprechende Ausgaben auf Datenträgern jeglicher Art oder online), darf vergütungsfrei erfolgen.

§ 6 Miturheber

Sind mehrere Autoren an dem Werk beteiligt, so stehen ihnen die Honorare nach den §§ 4 und 5 insgesamt und im Zweifel zu gleichen Teilen zu.[13]

§ 7 Manuskriptablieferung

(1) Der Autor liefert das vollständige Manuskript (einschließlich etwa vorgesehener und von ihm zu beschaffender Bildvorlagen mit Quellennachweisen) bis zum . . . . . auf CD/ per E-Mail (als Worddatei/anderes Format/mit Textausdruck) dem Verlag ab.

Wird dieser Termin nicht eingehalten, so gilt, ohne dass es einer besonderen Erklärung des Verlages bedarf, als angemessene Nachfrist iSd § 30 VerlG ein Zeitraum von weiteren 3 Monaten. Nach deren Ablauf hat der Verlag das Recht, vom Vertrag zurückzutreten.

Der Autor behält eine Kopie des Manuskripts in digitaler Form einschließlich aller Bildvorlagen, Grafiken usw davon bei sich.

(2) Gehören zu dem Werk Abbildungen, so ist es im Zweifel Sache des Autors, Vorlagen bzw. Handskizzen zu beschaffen. Reinzeichnungen werden im Verlag gefertigt. Soweit daran oder an zu dem Werk gehörenden Fremdtexten Rechte Dritter bestehen, liefert der Autor dem Verlag die entsprechenden Quellennachweise, so dass dieser sich um den Rechtserwerb bemühen kann. Der Autor liefert geeigneten Ersatz, wenn der Rechtserwerb nicht oder nur unter unverhältnismäßigen Schwierigkeiten oder Kosten möglich ist.[14]

Der Verlag kann nach eigenem Ermessen auf die Verwendung einzelner Vorlagen oder Abbildungen oder Fremdtexte verzichten, wenn der durch den Autor gelieferte Ersatz ihm nicht geeignet erscheint oder die Einholung von Nutzungsrechten insofern ebenfalls mit unverhältnismäßigen Schwierigkeiten oder Kosten verbunden wäre.[14]

Die Kosten für die Text- und/oder Bildbeschaffung und den Erwerb entsprechender Rechte oder Zustimmungen trägt der Autor *oder* der Verlag *oder* tragen Autor und Verlag je zur Hälfte.

(3) Soweit der Autor ein körperliches Manuskript eingereicht hat, bleibt dieses Eigentum des Autors und ist ihm vom Verlag nach Erscheinen des Werkes auf Verlangen zurückzugeben.

(4) Entspricht das Manuskript nach Ansicht des Verlages nicht den getroffenen Vereinbarungen und ist eine Übereinstimmung zwischen Autor und Verlag nicht herbeizuführen, so haben beide Teile das Recht, vom Vertrag zurückzutreten. Der Verlag wird sich über seine Ansicht binnen 12 Wochen nach der Ablieferung erklären. Erklärt er sich nicht, gilt das Manuskript als angenommen. Der Rücktritt kann nur binnen eines Monats erklärt werden, nachdem Verlag oder Autor das Scheitern des Einigungsversuchs schriftlich gegenüber dem anderen Teil festgestellt haben; bei mehreren Autoren wirken Erklärung und/oder Feststellung eines von ihnen für und gegen alle.

§ 8 Freiexemplare

Der Autor erhält für seinen eigenen Bedarf . . . . . Freiexemplare. Er ist berechtigt, weitere Exemplare des Werkes zum Autorennachlaß von . . . . .% zuzüglich Mehrwertsteuer zu beziehen. Ein Verkauf dieser Exemplare ist dem Autor nicht gestattet.

§ 9 Satz, Korrektur

(1) Der Autor übernimmt es, die Korrekturen des Werkes ohne besondere Vergütung zu lesen. Die Korrekturbogen werden unverzüglich mit dem Vermerk „druckreif" versehen dem Verlag zurückgegeben.

(2) Korrekturkosten, die auf nachträgliche Änderungen des Text- oder Bildmanuskripts durch den Autor zurückzuführen sind, kann der Verlag, soweit sie 10 % der Satz- bzw. Reproduktionskosten überschreiten, dem Autor in Rechnung stellen. Ausgenommen von der Berechnung bleiben solche Korrekturen, die durch Druck- oder Satzvorgänge veranlasst werden oder sachliche, sinnvolle Berichtigungen darstellen, welche der Autor vor Ablieferung des Manuskripts nicht vornehmen konnte.

§ 10 Lieferbarkeit[15]

Wenn die Verlagsausgabe des Werkes vergriffen ist und nicht mehr angeboten und ausgeliefert wird, ist der Autor zu benachrichtigen. Der Autor ist dann berechtigt, den Verlag schriftlich aufzufordern, sich spätestens innerhalb von 3 Monaten nach Eingang der Aufforderung zu verpflichten, innerhalb einer Frist von . . . . . Monat(en)/Jahr(en) nach Ablauf der Dreimonatsfrist eine ausreichende Anzahl weiterer Exemplare des Werkes herzustellen und zu verbreiten. Geht der Verlag eine solche Verpflichtung nicht fristgerecht ein oder wird die Neuherstellungsfrist nicht gewahrt, ist der Autor berechtigt, durch schriftliche Erklärung diesen Verlagsvertrag fristlos zu kündigen. Bei Verschulden des Verlages kann er ferner Schadenersatz wegen Nichterfüllung verlangen. Der Verlag bleibt im Falle der Kündigung zum Verkauf der ihm danach (zB aus Remissionen) noch zufließenden Restexemplare innerhalb einer Frist von . . . . . berechtigt; er ist verpflichtet, dem Autor die Anzahl dieser Exemplare anzugeben und ihm die Übernahme anzubieten.

§ 11 Neubearbeitung[15]

(1) Handelt es sich um ein Werk, das nach seiner Art auf eine laufende Aktualisierung oder sonstige Neubearbeitung angelegt ist, so wird der Verlag dem Autor rechtzeitig mitteilen, wann er eine solche zu publizieren beabsichtigt. Der Autor verpflichtet sich, innerhalb von . . . . . Monaten nach Empfang dieser Mitteilung das Manuskript für die Neubearbeitung dem jeweiligen Stand des Fachwissens entsprechend zu bearbeiten und dem Verlag abzuliefern, soweit nicht im Einzelfall eine abweichende Vereinbarung getroffen wird. Beabsichtigt der Autor erhebliche Umgestaltungen, insbesondere bezüglich Anlage und Umfang des Werkes, so wird er sich vor der Herstellung des Manuskripts mit dem Verlag verständigen. Den Grundcharakter des Werkes wird er dabei ohne ausdrückliche Zustimmung des Verlages nicht ändern.

(2) Ist der Autor zu der Bearbeitung nach Abs. 1 nicht bereit oder nicht in der Lage oder liefert er sie nicht innerhalb einer – ggf. vom Verlag schriftlich zu setzenden – angemessenen Nachfrist nach Ablauf der Bearbeitungsfrist ab, so ist der Verlag berechtigt, die Bearbeitung durch einen von ihm zu bestimmenden Dritten vornehmen zu lassen. Er wird dabei auf die ideellen Interessen des Autors nach Möglichkeit Rücksicht nehmen.

(3) Für die Herstellung der Bearbeitung durch einen Dritten gelten die Fristen des Abs. 1 sinngemäß.

(4) Ist bei mehreren Autoren nur einer von ihnen zur Neubearbeitung nicht bereit oder nicht in der Lage, so bestimmt der Verlag im Einvernehmen mit den verbleibenden Autoren einen Bearbeiter. Diese Entscheidung kann auch dahin getroffen werden, dass die verbleibenden Autoren die Bearbeitung vornehmen.

(5) Soweit der Autor eine Bearbeitung nicht mehr selbst vornimmt, wird der Verlag etwa von ihm geäußerte Wünsche hinsichtlich der Person des Bearbeiters berücksichtigen, soweit nicht sachliche Gründe dagegen sprechen.

§ 12 Honorierung von Neuauflagen[15]

Für die vom Autor nicht mehr selbst geschaffenen Neubearbeitungen erhält der Autor das ihm nach den §§ 4–6 zustehende Honorar unter Abzug des Anteils, der dem neuen Bearbeiter zusteht, noch für die nächsten zwei von ihm nicht mehr bearbeiteten Neuauflagen. Ersetzt der neue Bearbeiter den Teil des ausgeschiedenen Autors vollständig durch ein eigenes Werk, erlischt der Honoraranspruch des Autors bereits mit der ersten von ihm nicht mehr bearbeiteten Neuauflage ebenso wie sein Anspruch auf Nennung aus § 15 Abs. 1. Spätestens mit Erscheinen der dritten nicht mehr durch den Autor selbst geschaffenen Neubearbeitung erlöschen die Rechte des Autors aus diesem Vertrag einschließlich des Anspruchs auf Nennung aus § 15 Abs. 1.

§ 13 Verramschung, Makulierung

(1) Der Verlag kann körperliche Exemplare des Werkes verramschen, wenn der Verkauf in zwei aufeinander folgenden Kalenderjahren unter 10 % der letzten Druckauflage/. . . . .

Exemplaren gelegen hat. Am Erlös ist der Autor in Höhe seiner prozentualen Beteiligung aus § 4 Abs. 1 mit § 6 beteiligt.

(2) Erweist sich auch ein Absatz zum Ramschpreis als nicht durchführbar, kann der Verlag die Restauflage makulieren.

(3) Der Verlag ist verpflichtet, den Autor rechtzeitig vor einer beabsichtigten Verramschung bzw. Makulierung darüber zu informieren. Der Autor hat das Recht, durch einseitige Erklärung die noch vorhandene Restauflage bei beabsichtigter Verramschung zum Ramschpreis abzüglich des Prozentsatzes seiner Beteiligung und bei beabsichtigter Makulierung unentgeltlich ab Lager zu übernehmen.

Bei beabsichtigter Verramschung kann das Übernahmerecht nur bezüglich der gesamten noch vorhandenen Restauflage ausgeübt werden.

Mehreren Autoren stehen die Rechte aus diesem Absatz im Verhältnis ihrer Anteile einzeln zu. Machen nicht alle davon Gebrauch, so können die übrigen entsprechend erhöhte Anteile geltend machen.

(4) Das Recht des Autors, im Falle der Verramschung oder Makulierung vom Vertrage zurückzutreten, richtet sich nach den §§ 32, 30 VerlG. Mehrere Autoren können es im Zweifel nur gemeinsam ausüben.[16]

§ 14 Rezensionen

Der Verlag wird bei ihm eingehende Rezensionen des Werkes vierteljährlich innerhalb des ersten Jahres nach Ersterscheinen, danach in angemessenen Zeitabständen dem Autor zur Kenntnis bringen.

§ 15 Urheberbenennung, Copyright-Vermerk

(1) Der Verlag ist verpflichtet, den Autor auch ohne dessen ausdrückliche Anweisung in angemessener Weise als Urheber des Werkes auszuweisen und beim Abschluss von Lizenzverträgen Dritten eine entsprechende Verpflichtung aufzuerlegen. Eine Neubearbeitung durch Dritte wird der Verlag in angemessener Weise kennzeichnen.

(2) Der Verlag ist verpflichtet, bei der Veröffentlichung des Werkes den Copyright-Vermerk im Sinne des Welturheberrechtsabkommens anzubringen.[17]

§ 16 Tod des Autors

(1) Nach dem Tode des Autors bestehen die Verpflichtungen des Verlages aus diesem Vertrag gegenüber dem durch Erbschein ausgewiesenen Erben. Bei einer Mehrzahl von Erben haben diese dem Verlag einen gemeinsamen Bevollmächtigten zu benennen. Bis zu dessen Benennung ruhen die Rechte der Erben aus diesem Vertrag; Zahlungsansprüche der Erben wird der Verlag jedoch im Verhältnis der im Erbschein ausgewiesenen Anteile befriedigen.

(2) Sollte der Verfasser vor der Fertigstellung des Manuskripts für die erste Auflage versterben, so ist der Verlag berechtigt, vom Vertrag zurückzutreten, ohne dass die Erben Vergütungsansprüche haben. Hat der Autor bereits Vorauszahlungen erhalten, so kann der Verlag diese zurückfordern. Der Verlag kann jedoch nach eigenem Ermessen die vorhandenen Manuskriptteile übernehmen und diese durch Dritte fertig stellen lassen; für diesen Fall gilt § 11 sinngemäß. Handelt es sich um ein schöngeistiges Werk, so bedarf die Übernahme der Zustimmung der Erben.

(3) Bei mehreren Autoren steht dem Verlag das Rücktrittsrecht nach Abs. 2 allen gegenüber zu, wenn einer von ihnen verstirbt.

(4) Zu der Erklärung, ob das Rücktrittsrecht ausgeübt wird, kann den Verlag jeder Miterbe bzw. Mitautor schriftlich – Telefax oder Scankopie eines Briefes mit Unterschrift genügt – auffordern, wobei zur Glaubhaftmachung des Erbverhältnisses die Vorlage einer

notariellen Erbscheinsverhandlung genügt. Gibt der Verlag die Erklärung nicht binnen eines Monats nach der Aufforderung ab, so erlischt das Rücktrittsrecht.

§ 17 Optionsklausel[18]

(1) Der Autor räumt dem Verlag eine Option auf den Erwerb der Verlagsrechte zu den Bedingungen dieses Vertrages an dem nächsten von ihm zur Veröffentlichung bestimmten Werk ein. Für die Einräumung dieser Option zahlt der Verlag dem Autor einen einmaligen Betrag von ..... EUR.

(2) Der Verlag hat innerhalb von zwei Monaten nach Eingang des Manuskripts schriftlich – Telefax oder Scankopie eines Briefes mit Unterschrift genügt – dem Autor gegenüber zu erklären, ob er die Option ausübt oder nicht. Gibt er die Erklärung nicht ab, gilt die Option als nicht ausgeübt.

(3) Macht der Verlag von der Option Gebrauch, so gelten die Bestimmungen dieses Vertrages mit Ausnahme des § 16 auch für das neue Werk, bis sie durch eine besondere Vereinbarung zwischen Autor und Verlag ersetzt werden.

§ 18 Änderungen der Eigentums- oder Programmstrukturen des Verlags

(1) Der Verlag ist verpflichtet, dem Autor anzuzeigen, wenn sich in seinen Eigentums- oder Beteiligungsverhältnissen eine wesentliche Veränderung ergibt. Eine Veränderung ist wesentlich, wenn

a) der Verlag oder ein Verlagsteil veräußert werden, dem das Werk des Autors zuzurechnen ist;
b) sich in den Beteiligungsverhältnissen einer den Verlag betreibenden Gesellschaft gegenüber denen zum Zeitpunkt dieses Vertragsabschlusses Veränderungen um mindestens 25 % der Kapital- oder Stimmrechtsanteile ergeben.
   Wird eine Beteiligung an der den Verlag betreibenden Gesellschaft von einer anderen Gesellschaft gehalten, gelten Veränderungen in deren Kapital- oder Stimmrechtsverhältnissen als solche des Verlages. Der Prozentsatz der Veränderungen ist entsprechend der Beteiligung dieser Gesellschaft an der Verlagsgesellschaft umzurechnen.

(2) Der Autor ist berechtigt, durch schriftliche Erklärung gegenüber dem Verlag von etwa bestehenden Optionen oder von Verlagsverträgen über Werke, deren Herstellung der Verlag im Zeitpunkt der Rücktrittserklärung noch nicht begonnen hat, zurückzutreten, wenn sich durch eine Veränderung gemäß Absatz 1 oder durch Änderung der über das Verlagsprogramm entscheidenden Verlagsleitung eine so grundsätzliche Veränderung des Verlagsprogramms in seiner Struktur und Tendenz ergibt, dass dem Autor nach der Art seines Werkes und unter Berücksichtigung des bei Abschluss dieses Vertrages bestehenden Verlagsprogramms ein Festhalten am Vertrag nicht zugemutet werden kann.

(3) Das Rücktrittsrecht kann nur innerhalb eines Jahres nach Zugang der Anzeige des Verlages gemäß Absatz 1 ausgeübt werden.

§ 19 Änderungen, Ergänzungen

(1) Änderungen oder Ergänzungen dieses Vertrages bedürfen der Schriftform, wobei Briefwechsel – auch jeweils per Telefax oder Scankopie eines Briefes mit Unterschrift – genügt.

(2) Soweit dieser Vertrag keine Regelungen enthält, gelten die Bestimmungen des Normvertrages für den Abschluss von Verlagsverträgen zwischen dem Verband deutscher Schriftsteller und dem Börsenverein des Deutschen Buchhandels vom 19.10.1978 in der seit dem 6.2.2014 gültigen Neufassung/der Vertragsnormen für wissenschaftliche Verlagswerke (Fassung 2000) ergänzend.[1]

Im Übrigen ist auf diesen Vertrag deutsches Recht anwendbar.

(3) Die Nichtigkeit oder Unwirksamkeit einzelner Bestimmungen dieses Vertragesberührt die Gültigkeit der übrigen Bestimmungen nicht. Die Parteien sind alsdann verpflichtet, die mangelhafte Bestimmung durch eine solche zu ersetzen, deren wirtschaftlicher und juristischer Sinn dem der mangelhaften Bestimmung möglichst nahekommt.

(4) Besondere Vereinbarungen:

. . . . .

Schrifttum: Schricker, Verlagsrecht (Kommentar), 3. Aufl., 2001; *Delp,* Der Verlagsvertrag, 8. Aufl. 2008; *Dreier/Schulze,* UrhG, 6. Aufl. 2018; *Fromm/Nordemann,* Urheberrecht, Kommentar, 12. Aufl. 2018; *Loewenheim,* Handbuch des Urheberrechts, 2. Aufl. 2010; *Wegner/Wallenfels/Kaboth,* Recht im Verlag, 2. Aufl. 2011; *Russ,* VerlG, Kommentar, 2014; *Ulmer-Eilfort/Obergfell,* Verlagsrecht, Kommentar, 2014; *Schricker/Loewenheim,* Urheberrecht, Kommentar, 6. Aufl., 2020; *Ulmer,* Urheber- und Verlagsrecht, 3. Aufl. 1980; *Wandtke/Bullinger,* UrhG (Kommentar), 5. Aufl. 2019. **Englischsprachige Muster:** Clark´s, Publishing Agreements (Lynette Owen), 10th Edition, London 2017. S. ferner das Schrifttumsverzeichnis zu → Form. IX.1.

Anmerkungen

1. Sachverhalt. Das deutsche Urhebervertragsrecht wird vom Grundsatz der „Zweckübertragungstheorie" (Goldbaum), in der jüngeren BGH-Rechtsprechung nunmehr als „Übertragungszweckgedanke" bezeichnet (wohl seit BGH GRUR 2010, 62 – Nutzung von Musik für Werbezwecke), beherrscht. Im Zweifel ist anzunehmen, dass der Urheber ein Nutzungsrecht nur in demjenigen Umfange einräumen will, den der Vertragszweck unbedingt erfordert (stRspr, zB BGH GRUR 1981, 196 (197) – Honorarvereinbarung; BGH GRUR 1996, 121 (122) – Pauschale Rechtseinräumung; BGH GRUR 1998, 680 (682) – Comic-Übersetzungen I; in jüngerer Zeit zB BGH GRUR 2014, 556 – Rechteeinräumung Synchronsprecher).

Jeder Übertragungsakt ist so eng wie möglich auszulegen (allg. Ans.). Darüber hinaus gilt nur, was ausdrücklich vereinbart ist (BGH NJW 1959, 335 – Verkehrs-Kinderlied). Dieser Auslegungsgrundsatz beruht auf der Erkenntnis, dass das Urheberecht gleichsam die Tendenz hat, soweit als möglich beim Urheber zurückzubleiben (*Ulmer* S. 365). Für die wichtigste Fallgruppe der pauschalen Rechtseinräumung ist die Anwendung der Zweckübertragungstheorie bzw. – in der neueren Terminologie des Bundesgerichtshofes – des Übertragungszweckgedankens seit 1965 gesetzlich verankert: Nach § 31 Abs. 5 UrhG bestimmt sich der Umfang des Nutzungsrechts „nach dem mit seiner Einräumung verfolgten Zweck", wenn dabei die Nutzungsarten, auf die sich das Recht erstrecken soll, nicht „einzeln bezeichnet" sind.

Für den Autor, der möglichst wenig Nutzungsrechte abgeben will, ist es deshalb am günstigsten, wenn die Vereinbarungen mit dem Verlag sich auf den Vertragsgegenstand, die Honorarfrage und etwaige Leistungsfristen beschränken, über die Rechtseinräumung aber nichts gesagt wird. Denn dann wäre der Verlag auf den Erwerb des zwar ausschließlichen, aber uU nur auf eine Auflage beschränkten Vervielfältigungs- und Verbreitungsrechts („Verlagsrechts"; §§ 1, 5 VerlagsG) beschränkt, wenn sich nicht aus den Umständen etwas anderes ergibt (dazu BGH GRUR 2011, 810 ff. – World´s End). Soll das Werk hingegen – was durchaus in der Praxis auch zahlreiche Autoren wünschen – umfassend ausgewertet werden, muß der Verlag den Abschluss eines möglichst ausführlichen Verlagsvertrages anstreben. Die meisten Verleger bedienen sich dabei eigener Vertragsmuster. Diese lehnen sich vielfach an die von dem Verband deutscher Schriftsteller (VS) in ver.di und dem Börsenverein des Deutschen Buchhandels eV schon seit dem 19.10.1978 mit „Rahmenvertrag" bezeichneten Vertragsmuster an, die einen Ausgleich zwischen Autoren- und Verlagsinteressen erstreben. Sie sind mit Wirkung zum 6.2.2014 in eine neue Fassung gebracht worden, die auch die inzwischen eingetretene technische und wirtschaftliche Entwicklung berücksichtigt (abrufbar unter https://vs.verdi.de/recht-urheber/mustervertraege). Das hier vorgestellte Muster baut auf jenem Rahmenvertrag auf, den es weiterentwickelt und ergänzt. Daneben sei auf die vom Börsenverein mit dem Deutschen Hochschulverband erarbeitete *Fassung 2000* der *Vertragsnormen für wissenschaftliche Verlagswerke* verwiesen (abrufbar unter https://www.boersenverein.de/de/portal/Downloads/158384?spage=spage&lv=0&rubrik1=155777&rubrik2=182245&download=154478; unter http://www.boersenverein.de gibt es auch Parallelmuster zu → Form. IX.6, 7 und 8). Soweit hier nicht erläutert, sind die Regelungen des Musters branchenüblich und in dieser oder nahezu identischer Form in der großen Mehrzahl der Verlagsverträge zu finden.

Bei Urhebern, die im Rahmen eines Arbeits- oder Dienstverhältnisses Werke schaffen, gilt die Zweckübertragungstheorie bzw. – in der neueren Terminologie des Bundesgerichtshofes – der Übertragungszweckgedanke nur eingeschränkt (→ Form. IX.8 Anm. 7).

2. Wahl des Formulars. Das Formular ist für Schriftwerke aller Art, von der Lyrik über den Roman und das Sachbuch bis hin zur wissenschaftlichen Monographie und zum Schulbuch, geeignet (bei belletristischen Werken, die Änderungen nicht unterworfen sind, sind lediglich die §§ 11 und 12 zu streichen). Es gilt für noch zu schaffende Werke ebenso wie für bereits fertig vorliegende Manuskripte. Es kann auch dann verwendet werden, wenn mehrere Miturheber von gleichem Rang (Mitautoren) beteiligt sind; für Miturheber von unterschiedlichem Rang wurden die → Form. IX.6–9 entwickelt.

3. Titelei. Der Stichentscheid des Verlages betrifft nur die Werkbezeichnung („Titel"), nicht die Urheberangabe; Letztere ist Sache des Autors (§ 13 UrhG). Steht bei Abschluss des Vertrages die Titelei schon fest, so ist Nr. 2 zu streichen, ebenso in Nr. 1 das Wort „Arbeitstitel". Das Persönlichkeitsrecht des Autors würde zB verletzt, wenn der Verlag einem seriösen Sachbuch zum Scheidungsrecht zum Zwecke der Verkaufsförderung etwa den Titel „Zerbrochene Ehen, gebrochene Schicksale" geben wollte.

4. Verfügungsrecht des Autors. Der Autor kann insbesondere dann nicht allein verfügen, wenn ein anderer an dem Werk in schöpferischer Weise mitgearbeitet hat (zur Abgrenzung des Miturhebers vom bloßen Ideenanreger, Auftraggeber, Gehilfen oder Bearbeiter s. *Fromm/Nordemann* UrhG § 8 Rn. 3 ff.) oder wenn er das Werk eines anderen in abhängiger Weise benutzt hat (zur Abgrenzung der abhängigen Bearbeitung, deren Verwertung nur mit Erlaubnis des Originalurhebers zulässig ist, von der ohne weiteres zulässigen freien Benutzung *Fromm/Nordemann* UrhG §§ 23/24 Rn. 8 ff.). Zur Haftung auch des ahnungslosen Verlegers für Rechtsverletzungen durch den Autor → Form. IX.4 Anm. 6.

5. Frühere Verfügungen. Nach dem Grundsatz *nemo plus iuris transferre potest quam ipse habet* kann der Verlag auch gutgläubig nicht Nutzungsrechte erwerben, über die der Urheber schon anderweit verfügt hat (BGH NJW 1952, 662 – Parkstraße 13). Zur Haftung des Autors in diesen Fällen vgl. *Schricker* VerlagsR VerlG § 2 Rn. 7 f.

6. Wettbewerbsklausel. Die Konkurrenzklausel des § 1 Abs. 4 hat nicht nur deklaratorische Bedeutung. Zwar hat die Rechtsprechung dem Sinn eines Verlagsvertrages auch ohne derartige Klausel mehrfach entnommen, dass der Autor kein anderes Werk veröffentlichen darf, das denselben Gegenstand hat, sich an denselben Abnehmerkreis wendet und nach Art und Umfang geeignet ist, dem früheren Werk ernsthaft Konkurrenz zu machen (BGH GRUR 1973, 426 f. – Medizin-Duden; für einen Herausgebervertrag

OLG Frankfurt a.M. GRUR-RR 2005, 361 f. – Alles ist möglich). Andererseits darf das Schaffen des Autors auf seinem Spezialgebiet nicht ungebührlich beschränkt werden (§ 242 BGB). Einzeldarstellungen monographischen Charakters zu Teilgebieten sind also dem Verfasser eines Gesamtkommentars ebensowenig verwehrt wie dem Autor eines Lehrbuchs die Mitarbeit an einem Kommentar (vgl. OLG Hamburg NJW 2003, 834 f. – Handbuch zur Insolvenzordnung). Zum Ganzen *Fromm/Nordemann* VerlagsG § 2 Rn. 30 ff. mwN.

7. **Persönlichkeitsrechte Dritter.** → Form. IX.4 Anm. 6.

8. **Rechtseinräumung.** Die detaillierte Aufzählung in § 2 des Formulars ist die Folge der Zweckübertragungstheorie bzw. – in der neueren Terminologie des Bundesgerichtshofes – des Übertragungszweckgedankens (→ Anm. 1). Die angestrebte Vollständigkeit der Aufzählung der in Betracht kommenden Nutzungsrechte in § 2(2) und (3) ist angesichts der heute sehr häufig umfassend durch die Verlage gesteuerten Verwertung des Werkes in allen Medien geboten; ggf. können einzelne Rechte, die der Autor selbst verwerten will und kann – in der Praxis meist Hörbuch- oder vereinzelt auch Verfilmungsrechte – gestrichen werden.

Die früher nichtige (§ 31 Abs. 4 UrhG aF) Einräumung künftig erst entstehender Nutzungsrechte für noch nicht bekannte Nutzungsarten ist seit dem sog. Zweiten Korb mit Wirkung vom 1.1.2008 zulässig, muss aber schriftlich erfolgen (§ 31a UrhG). Der Urheber kann die entsprechende Rechtseinräumung bzw. seine Verpflichtung hierzu binnen 3 Monaten nach der Nachricht des Verlages, dass er in der konkreten früher unbekannten Nutzungsart zu nutzen beabsichtigt, widerrufen (§ 31a Abs. 1 S. 3 und 4 UrhG); das Widerrufsrecht entfällt allerdings, sobald sich die Parteien nach Bekanntwerden der neuen Nutzungsart auf eine Vergütung geeinigt haben, oder mit dem Tod des Urhebers, § 31a Abs. 2 UrhG. Zu Einschränkungen des Widerrufsrechts bei Gesamtwerken § 31a Abs. 3 UrhG. Zu den Einzelheiten *Fromm/Nordemann* UrhG § 31a Rn. 72 ff.

Gerade im wissenschaftlichen Verlag sind seit einiger Zeit auch Verlagsverträge anzutreffen, die als Hauptrecht die Vervielfältigung und Verbreitung nur eines E-Books oder die Vervielfältigung und Verbreitung körperlicher Werkexemplare nur als sogenanntes Print-on-Demand, so daß also einzelne Exemplare des Buches erst auf individuelle Bestellung gedruckt werden, vorsehen. Dies ist (natürlich) möglich, ohne dass dies an dem Vorliegen eines Verlagsvertrags etwas ändern würde (vgl. zur Rechtsnatur des Verlagsvertrages BGH GRUR 2010, 1093 ff. – Concierto de Aranjuez); das Vertragsmuster muß dann aber neben § 2 mit der Erwähnung des E-Books vor allem in den §§ 3 und 4, ggf. auch § 8 angepaßt werden.

Hinsichtlich einzelner Nebenrechte – vor allem des Verfilmungsrechts – ist darauf zu achten, dass der Verlag in einem sich anschließenden Verwertungsvertrag (vor allem in einem späteren Verfilmungsvertrag) nicht mehr Rechte einräumt, als er selbst aus dem Verlagsvertrag erworben hat, denn in aller Regel sehen Verilfmungsverträge eine umfassendere Rechteeinräumung vor, als dies im Verlagsvertrag für die Verfilmung geregelt ist. Dies kann naturgemäß noch nicht im Verlagsvertrag selbst erfolgen; gerade wenn der Verlagsvertrag die für eine spätere Verfilmung typischen Rechte – zB Merchandising – nicht abdeckt, muß der Verlag darauf achten, den Verfilmungsvertrag unter Beteiligung des Autors abszuschließen. S. dazu auch das Muster in → Form. IX.28.

9. **Verwertungsgesellschaften.** → Form. IX.3 Anm. 8.

10. **Folgen von Rückruf und fristloser Kündigung.** Der Rückruf einzelner der eingeräumten Nutzungsrechte wegen Nichtausübung (§ 41 UrhG) lässt den Bestand des Vertrages im Übrigen an sich unberührt. Ruft jedoch der Autor das Verlagsrecht im eigentlichen Sinne (vgl. oben Anm. 1) zurück, so kann er dieses im Allgemeinen nur dann

wieder sinnvoll verwerten, wenn er in der Lage ist, mit einem neuen Verlag wiederum einen umfassenden Verlagsvertrag abzuschließen; deshalb müssen dann auch die Nebenrechte wieder an ihn zurückfallen (dazu BGH GRUR 2012, 916 – M2Trade). Dass bereits abgeschlossene Lizenzverträge gleichwohl bestehen bleiben sollen, musste früher ausdrücklich vereinbart sein, weil anderenfalls (ähnlich wie bei der Untermiete) das Nutzungsrecht des Lizenznehmers mit dem Ende des Hauptvertrages erlöschen würde (OLG München NJW-RR 1994, 1478 (1479 f.) – Das große Buch der Jagd; OLG Hamburg GRUR 2002, 335 (336 f.) – Kinderfernseh-Sendereihe). Seit einer Serie von insgesamt drei BGH-Entscheidungen aus 2009 und 2012 bestehen jedoch im Falle eines Rückrufs des ausschließlichen Hauptrechts einfache Unterlizenzen fort (BGH GRUR 2009, 946 – Reifen Progressiv); seit den beiden Entscheidungen *M2Trade* (BGH GRUR 2012, 916) und *Take Five* (BGH GRUR 2012, 914) soll das Erlöschen der Hauptlizenz auch nicht mehr zum Wegfall einer einfachen oder ausschließlichen Unterlizenz führen, und zwar auch dann nicht, wenn die Hauptlizenz aus anderen Gründen als dem Rechterückruf wegen Nichtausübung erlischt. Näher *Fromm/Nordemann* VerlagsG § 9 Rn. 8 ff. § 2 (7) stellt insofern die Folgen einer Auflösung des Verlagsvertrags klar.

11. Ausstattung, Erscheinen. Die hier vorgeschlagene Regelung entspricht dem Branchenbrauch und findet sich nahezu identisch in fast allen Verlagsverträgen. Der Verlag ist insoweit im wesentlichen frei; allerdings darf er nicht ohne weiteres jeden ihm sinnvoll erscheinenden Vertriebsweg außerhalb des regulären Buchhandels nutzen (dazu OLG Brandenburg ZUM 2013, 670 ff.).

12. Autorenhonorare. Die §§ 4, 5 folgen dem Branchenbrauch, wonach der Autor bei Verwertungsmaßnahmen, die der Verlag selbst veranstaltet, mit einem prozentualen Anteil am Nettoladenpreis (für preisgebundene Erzeugnisse wie Bücher, CD-Roms, § 2 Abs. 1 Nr. 3 BuchPrG, oder E-Books, § 2 Abs. 1 Nr. 3 BuchPrG analog) bzw. – bei nicht preisgebundenen Verlagserzeugnissen wie zB Hörbüchern oder Spielen uä – am Nettoverlagsabgabepreis beteiligt wird, während sich Verlag und Autor die Einnahmen aus Lizenzverträgen mit Dritten nach einem bestimmten Schlüssel teilen.

Im Allgemeinen kann von einer Beteiligung des Autors von 10 % am Ladenpreis bei Hardcover- oder hochwertigen broschierten Ausgaben ausgegangen werden. Soll das Werk von vornherein als Taschenbuch erscheinen, liegt die Beteiligung des Autors zwischen 5 und 8 %. Die Steigerung der Autorenbeteiligung nach dem Erfolg des Werkes endet im Allgemeinen bei ca. 15 % für sehr hohe Auflagen.

Die Teilung der Erträgnisse aus Lizenzverträgen wurde früher weithin mit 50 : 50 vereinbart. Inzwischen hat sich dieser Schlüssel allgemein zugunsten des Urhebers verändert, mit Ausnahme des Bereichs der wissenschaftlichen Werke, bei denen Nebenrechtseinnahmen in vielen Fällen keine Rolle spielen und dem Autor die Reputation wichtiger zu sein pflegt als die Einnahme. Wir differenzieren – wie heute vielfach die Praxis und die sog. Gemeinsame Vergütungsregel für den Bereich Belletristik – nach „buchnahen" und „buchfernen" Nebenrechten (dazu *Fromm/Nordemann* VerlagsG § 2 Rn. 23 f.). Wir schließen uns mit der in § 5(2) des Formulars vorgeschlagenen Regelung der sog. Gemeinsamen Vergütungsregel für den Bereich Belletristik (abrufbar unter https://www.boersenverein.de/sixcms/media.php/976/Verg%C3 %BCtungsregeln%20f%C3 %BCr%20belletristische%20Autoren.pdf) an. Verbreitet ist jedoch auch eine Verteilung der Einkünfte im Verhältnis 60/40 für die buchnahen und 70/30 für die buchfernen Nebenrechte, jeweils zugunsten des Autors.

Vorschüsse (§ 4 Abs. 6) sind nicht allgemein üblich. Sie werden vielfach auch nicht als garantiertes Mindesthonorar, sondern ganz oder teilweise verrechenbar gewährt, und zwar auch mit der Möglichkeit, „quer", dh mit Ansprüchen aus weiteren Verlagsverträgen, zu verrechnen.

13. Miturheber-Anteile. Die Aufteilung des Honorars können die Miturheber vertraglich untereinander regeln (→ Form. IX.3 § 4). Zur Klarstellung empfiehlt es sich dann jedoch, in § 6 des vorliegenden Formulars einen entsprechenden Hinweis aufzunehmen.

14. Abbildungen. In der Praxis sollte der Verlag selbst die erforderlichen Nutzungsrechte für Vorlagen und Bildmaterial beschaffen, um sicherzugehen, dass tatsächlich alle notwendigen Rechte eingeholt werden. Um den Aufwand insofern nicht unverhältnismäßig werden zu lassen, sollte der Verlag den Autor verpflichten, alle Quellenangaben mitzuliefern. IÜ → Form. IX.4 Anm. 5.

15. Neuauflage; Neubearbeitung. § 10 des Musters setzt § 17 VerlG um. Falls nicht anders vereinbart, kann der Verlag seiner Herstellungspflicht auch dadurch nachkommen, dass er anstelle der ursprünglichen Hardcover- eine Taschenbuch- oder vergleichbare Ausgabe veröffentlicht (BGH GRUR 2011, 810 – World's End). Auch die Herstellung lediglich on demand – in der Praxis meist broschierter Ausgaben – dürfte insofern genügen.

Wissenschaftliche Werke und Sachbücher müssen von Zeit zu Zeit auf den neuesten Stand gebracht werden, wenn sie ihren Wert nicht verlieren sollen. Ist der Autor dazu nicht mehr willens oder nicht mehr in der Lage, so geht, wenn vertraglich keine Vorsorge getroffen ist, dem Verlag ein Vermögenswert verloren, in dessen Aufbau er möglicherweise viel investiert hat; denn ohne ausdrückliche vertragliche Regelung liegt das Bearbeitungsrecht allein beim Autor (§ 23 UrhG). Den aus dieser Situation sich ergebenden Interessenkonflikt versuchen §§ 11, 12 des Formulars zu lösen. Bei der durch § 12 des Formulars geregelten Frage des Honorars bei Neuauflagen ist berücksichtigt, dass eine – häufig auch im wohlverstandenen Interesse des Originalautors liegende – Fortführung des Werkes auf gleichem Niveau nur gewährleistet ist, wenn der Verlag einen qualifizierten Nachfolger gewinnen kann, was letztlich auch vom Honorar abhängt. In aller Regel hat die notwendige Neubearbeitung nach bereits zwei Auflagen einen solchen Umfang erreicht, dass die im Werk noch enthaltenen Teile des Originals dahinter zurücktreten. Das rechtfertigt den in § 12 des Formulars vorgeschlagenen völligen Verzicht des Originalautors auf weitere Honorierung zugunsten des Bearbeiters. Der dort ebenfalls vorgesehene Wegfall des Nennungsrechts versteht sich dagegen nur als Merkposten; hierüber werden jeweils individuelle Vereinbarungen zu treffen sein.

16. Vertretung. Die Ermächtigung eines von mehreren Autoren, für alle zu handeln, ist in → Form. IX.3 § 5 Nr. 2 deshalb auf den Fall der fristlosen Kündigung beschränkt, weil diese im Gegensatz zum Rücktritt fristgebunden ist (§ 314 BGB) und die Unzumutbarkeit der Fortsetzung des Vertragsverhältnisses für zumindest einen Mitautor voraussetzt. Zu den Rechten der Erben vgl. LG Köln ZUM-RD 2013, 267 ff.

17. Copyright. Die Hinterlegung von Werkexemplaren beim Copyright-Register der Congress Library ist im Copyright Law der USA (dort Section 407 und 408;) für bestimmte Fälle zwar noch vorgesehen und zur Ausübung einzelner Rechte noch erforderlich; allerdings ist die Hinterlegung nicht mehr Voraussetzung für den Urheberschutz (Section 407 (a) des Gesetzes). Die USA sind seit dem 8.3.1989 überdies Mitglied der Berner Übereinkunft, die Förmlichkeiten als Voraussetzung für den Urheberschutz nicht zulässt.

18. Optionsklausel. Die Wirksamkeit von Optionsklauseln ohne angemessene Gegenleistung ist im Hinblick auf § 138 BGB zumindest zweifelhaft (vgl. BGH NJW 1957, 711 – Clemens Laar). Wir halten deshalb schon die – gelegentlich vorgeschlagene – Vereinbarung einer Gegenleistung, die bei Ausübung der Option mit den vertraglichen Leistungen des Verlegers zu verrechnen ist, für gefährlich; eine letztlich durch die freie Entschließung des Verlegers auflösend bedingte Gegenleistung kann angesichts der unbedingten Verpflichtung des Autors nicht als angemessen angesehen werden. Vgl. zu Optionsklauseln auch BGH GRUR 2010, 418 – Neues vom Wixxer.

19. Kosten. → Form. IX.3 Anm. 10.

6. Herausgebervertrag (für Sammelwerke)

Zwischen[1, 2, 16]
Herrn Professor Dr. Caspar Werner
(Adresse)

– nachfolgend „Herausgeber" –

und
der S. Verlag GmbH & Co. KG,
(Adresse)
vertreten durch den Geschäftsführer ihrer persönlich haftenden Gesellschafterin,
Herrn Ole Schreiber

– nachfolgend „Verlag" –

wird folgender Vertrag geschlossen:

§ 1 Vertragsgegenstand

(1) Der Verlag beauftragt den Herausgeber – gemeinsam mit den weiteren Herausgebern, Herrn Dr. Friedrich Janssen und Frau Prof. Dr. Helene Müller – mit der Vorbereitung und verantwortlichen Herausgeberschaft des vom Verlag geplanten Sammelwerkes unter dem vorläufige Arbeitstitel[4]
Janssen/Werner/Müller,
„Staat und Gesellschaft in der DDR".
Mit den weiteren Herausgebern schließt der Verlag jeweils gesonderte Herausgeberverträge ab.[2] Die Nennung der Herausgeber erfolgt in der eben angegebenen Reihenfolge.[4]

(2) Aufgabe der Herausgeber ist es insbesondere,

a) den Plan für das Sammelwerk im Einzelnen aufzustellen und gegebenenfalls zu ergänzen,
b) Vorschläge für die Auswahl der Beitragsautoren zu machen; Vertragsverhandlungen und Abschlüsse mit ihnen übernimmt der Verlag;
c) den Schriftverkehr, insbesondere mit den Beitragsautoren, zu führen;
d) die Beiträge auf Eignung, Vollständigkeit, Übereinstimmung mit den vom Verlag gegebenen Richtlinien sowie auf etwa notwendige Änderungen, Ergänzungen, Kürzungen und Erweiterungen hin zu überprüfen;
e) unter den von den Beitragsautoren vorgeschlagenen Abbildungen die endgültige Auswahl zu treffen;[12]
f) für die rechtzeitige Ablieferung der Einzelmanuskripte und für die einheitliche Form des Gesamtmanuskriptes zu sorgen;
g) die von den Beitragsautoren durchgesehenen Fahnenabzüge nochmals auf Druck- oder Sinnfehler zu überprüfen und das Gesamtmanuskript sodann mit dem Druckreifvermerk versehen an den Verlag weiterzugeben.

Einzelheiten über Inhalt, Aufbau, Auswahl, Gliederung und formale Gestaltung, über die Aufteilung der Tätigkeitsbereiche unter den Herausgebern sowie über den Kreis der beteiligten Herausgeber und Beitragsautoren sind in der Anlage[3] zu diesem Vertrag festgehalten. Sie ist Bestandteil dieses Vertrages.

Der Verlag wird den Herausgeber bei seinen Aufgaben in jeder ihm möglichen Weise unterstützen. Der Herausgeber wird seine Aufgaben in kollegialer Zusammenarbeit mit den Mitherausgebern des Werkes sowie in enger Verbindung mit dem Verlag wahrnehmen[2, 10] und Letzterem auf Verlangen Auskunft über den Stand der Arbeiten am Werkmanuskript erteilen.

(2) Der Herausgeber wird zu dem Sammelwerk ein Vorwort/Nachwort im Umfange von etwa ..... Normseiten (= Manuskriptseiten mit 30 Zeilen zu je 60 Zeichen einschl. Leerzeichen) schreiben. Für diesen Beitrag gelten die Bestimmungen dieses Vertrages sinngemäß.

Darüber hinaus wird der Herausgeber einen eigenen Beitrag zu dem Sammelwerk schreiben, und zwar zu dem Thema

„Die Justiz in der DDR" (Arbeitstitel)[4]

im Umfang von etwa ..... Normseiten. Auch für diesen Beitrag gelten die Bestimmungen dieses Vertrages sinngemäß.

(3) Der Herausgeber wird das Werk so verfassen, dass es seiner Art und seinem Zweck nach dem neuesten Tatsachen- oder Erkenntnisstand sowie dem anerkannten fachlichen Standard des behandelten Gebiets oder Themas entspricht.

(4) Die endgültigen Titel des Sammelwerks und der einzelnen Beiträge werden in Abstimmung zwischen Herausgeber und Verlag festgelegt,[4] wobei der Herausgeber dem Stichentscheid des Verlages zu widersprechen berechtigt ist, soweit sein Persönlichkeitsrecht oder das eines Beitragsautors verletzt würde.

(5) Der Herausgeber versichert, dass er allein berechtigt ist, über das Urheberrecht an dem Sammelwerk als solchem und an seinem eigenen Beitrag zu verfügen, und dass er bisher keine den Rechtseinräumungen dieses Vertrages entgegenstehende Verfügung getroffen hat.[5]

(6) Der Herausgeber verpflichtet sich, dem Werk nicht durch Veröffentlichungen in anderen Verlagen Konkurrenz zu machen.[6]

(7) Der Herausgeber wird den Verlag bei Ablieferung des Gesamtmanuskripts schriftlich auf darin enthaltene Darstellungen von Personen oder Ereignissen hinweisen, mit denen das Risiko einer Persönlichkeitsrechtsverletzung verbunden ist.[7] Nur wenn der Herausgeber dieser Vertragspflicht in vollem Umfang nach bestem Wissen und Gewissen genügt hat, trägt der Verlag alle Kosten einer eventuell erforderlichen Rechtsverteidigung. Wird der Herausgeber wegen solcher Verletzungen in Anspruch genommen, sichert ihm der Verlag seine Unterstützung zu, wie auch der Herausgeber bei der Abwehr solcher Ansprüche gegen den Verlag mitwirkt. Der Herausgeber steht im Übrigen dafür ein, dass sein Werk auch andere Rechte Dritter nicht verletzt.[5, 12]

(8) Die Parteien sind sich einig, dass die Rechte am Titel des Sammelwerks auch nach einer gemeinsamen Kündigung durch alle Herausgeber dem Verlag zustehen sollen.[10]

Alternativ:

(8) Die Parteien sind sich einig, dass die Rechte am Titel des Sammelwerks nach einer gemeinsamen Kündigung durch alle Herausgeber den Herausgebern zustehen sollen. Dies gilt nicht im Falle des § 10; § 11 bleibt unberührt. Kündigt nur ein Herausgeber, so wachsen die Rechte am Titel den verbleibenden Herausgebern zu.[10]

§ 2 Rechtseinräumungen[8]

(1) Der Herausgeber räumt dem Verlag für die Dauer der gesetzlichen Schutzfrist und räumlich unbeschränkt das ausschließliche Recht zur Vervielfältigung und Verbreitung (Verlagsrecht) an dem Sammelwerk und an seinen darin enthaltenen Beiträgen für alle Ausgaben und Auflagen ohne Stückzahlbegrenzung und für alle Sprachen ein.

Sollte in irgendeinem Lande der Welt die gesetzliche Schutzfrist in Zukunft verlängert werden, so gilt dieser Vertrag in jenem Lande auch für den Verlängerungszeitraum.

(2) Der Herausgeber räumt dem Verlag für die Dauer des Hauptrechts gemäß Abs. 1 außerdem folgende ausschließliche Nebenrechte ein:[8]

a) das Recht des ganzen oder teilweisen Vorabdrucks und Nachdrucks des Werkes (ganz oder teilweise), auch als Fortsetzungsabdruck in periodischen (zB Zeitungen, Zeitschriften, etc) sowie in nichtperiodischen Druckwerken, in/auf werkbezogenen Werbe- und Pressemitteln sowie Sammlungen von Werken mehrerer Urheber;

b) das Recht der Übersetzung des Werkes in andere Sprachen und die Auswertung dieser Sprachfassung nach allen vertragsgegenständlichen Nutzungsarten sowie die Übertragung des Werkes in eine andere Mundart sowie das Recht zur Bearbeitung oder zur sonstigen Umgestaltung des Werkes, einschließlich Blindenschrift;

c) das Recht zur Vervielfältigung und Verbreitung des Werkes in Hardcover-, Taschenbuch-, Volks-, Reprint-, Schul-, Buchgemeinschafts-, Anthologie-, Luxus-, Paperback-, Großdruck-, Mikrokopie-, Loseblatt- und sonstigen Buchausgaben sowie das Recht zur Aufnahme des Werkes oder von Teilen daraus in Sammlungen aller Art;

d) das Recht zur Vervielfältigung und Verbreitung des Werkes in Sonderausgaben, also in allen Buchformen für alle Auflagen und als besondere Ausgaben für das Sortiment und/oder Abnehmer außerhalb des Sortimentsbuchhandels (Nebenmärkte) etc;

e) das Recht zur Vervielfältigung und Verbreitung von Ausgaben des Werkes oder Teilen davon, die unter Verwendung digitaler Speicher- und Wiedergabemedien hergestellt werden, unabhängig von der technischen Ausstattung, und unter Einschluss sämtlicher digitalen oder interaktiven Systeme (zB CD-Rom, CD-I, E-Book in allen Formaten und sonstige Formen des electronic publishing);

f) das Recht, das Werk ganz oder teilweise in Online- und digitale Datenbanken, elektronische und digitale Datennetze, Telefondienste etc einzuspeisen und zu speichern und mittels digitaler oder anderweitiger Speicher- und Übertragungstechnik einer Vielzahl von Nutzern derart, insbesondere im Rahmen sog. „on demand"-Dienste, zur Verfügung zu stellen, dass diese das Werk oder Teile davon auf jeweils individuellen Abruf (insbesondere Push- und Pull-Techniken) kurzfristig mittels eines Fernsehgeräts, Computers, eines mobilen End- und/oder sonstigen Gerätes unter Einschluss sämtlicher Übertragungswege (zB Kabel, Funk, Mikrowelle, Satellit) und sämtlicher Verfahren (GSM, UMTS etc) sowie unter Einschluss sämtlicher Protokolle (zB TCP/-IP, http, WAP, HTML, XML etc) empfangen können. Eingeschlossen ist auch das Recht, im Rahmen der in diesem Vertrag erwähnten Nutzungsarten eine interaktive Nutzung des Werkes oder Teilen davon (gegebenenfalls in Verbindung mit anderen Werken) durch den Nutzer zu ermöglichen;

g) das Recht zu sonstiger Vervielfältigung und Verbreitung des Werkes, ganz oder in Teilen, wie zB in Kalendern, insbesondere auch durch digitale, fotomechanische oder ähnliche Verfahren (zB (auch Digital-) Fotokopie);

h) das Recht zum auch teilweisen Vortrag des Werkes, also das Werk in nicht bühnenmäßiger Form beliebig häufig vorzutragen, einschließlich des Rechts, den Vortrag auf beliebigen Bild-, Ton-, Bildton- sowie Datenträgern aufzuzeichnen und diese auf alle vertragsgegenständlichen Arten sowie im vertraglich vorgesehenen Umfang zu nutzen bzw. auszuwerten (zB als Hörbuch);

i) das Recht, das Werk in allen vertragsgegenständlichen körperlichen und unkörperlichen Nutzungsarten gewerblich oder nichtgewerblich auszuleihen und/oder zu vermieten;

j) das Recht, das Werk ganz oder in Teilen mit Hilfe von Rundfunk einschließlich Drahtfunk, Kabel- und Satellitenfunk und ähnlicher Übertragungstechniken, gleichgültig ob in digitalisierter oder analoger Form sowohl über öffentlich-rechtlich als auch privat-rechtlich organisierte Sender, einschließlich Abonnentenfernsehen und -rundfunk, Videotext, on-demand-Dienste, near-on-demand-Dienste, Pay-TV und vergleichbare Techniken und Verwertungsformen zu senden und/oder solche Sendungen öffentlich wiederzugeben sowie die Sendungen auf sonstige vertragsgegenständliche Arten zu nutzen;

k) das Recht, das Werk ganz oder in Teilen im Umfang der eingeräumten Rechte, auch unentgeltlich, durch ganzen oder teilweisen Abdruck, Sendung oder sonstige Wiedergabe, auch online/im Internet, zur Werbung für den Verlag oder Dritte, einschließlich für dessen/deren Produkte, entgeltlich oder unentgeltlich zu nutzen;

l) das Recht, das Werk ganz oder in Teilen, alleine oder im Rahmen anderer Werke und Nutzungsformen in körperlicher oder unkörperlicher Form zu archivieren, in Sammlungen und/oder Datenbanken aufzunehmen und Dritten den Zugang zu dem Werk in welcher Form auch immer zu gestatten (zB Online-Dienste).

(3) Darüber hinaus räumt der Herausgeber dem Verlag für die Dauer des Hauptrechts gem. Abs. 1 folgende weitere ausschließliche Nebenrechte ein:

a) das Recht, das Werk zu bearbeiten und bearbeiten zu lassen;

b) das Recht, das Werk für die einmalige oder mehrmalige Bearbeitung als Bühnenstück oder Choreografie oder einer entsprechenden Serie oder als Marionetten-, Puppen- oder Schattentheater oder ähnliche bühnenmäßige Darstellungsformen zu nutzen, sowie ferner das Recht, die so hergestellten Fassungen unter Verwendung des Werkes bühnenmäßig aufzuführen und auf alle sonst vertragsgegenständlichen Arten sowie im vertraglich vorgesehenen Umfang zu nutzen bzw. auszuwerten;

c) das Recht zur Verfilmung und Wiederverfilmung des Werkes einschließlich der Rechte zur Bearbeitung und/oder Weiterentwicklung als Drehbuch und zur Vorführung und umfassenden Verwertung des so hergestellten Films;

d) das Recht zur Bearbeitung und Verwertung des verfilmten Werkes für das und im Fernsehen (Free- oder Pay-TV) und auf ähnliche Weise, gleich mittels welcher Technik (zB jede Art des Abruf-Fernsehens, video-on-demand, WebTV, Online-Fernsehen, Onlineportale, Streaming etc);

e) das Recht zur Bearbeitung und Vervielfältigung sowie Verbreitung des Werkes bzw. dessen Verfilmung auf Bild-/Tonträgern jeder Art (zB Videokassetten, Videoplatten, Videobänder, Disketten, Chips etc einschließlich aller CD-Formate, wie CD-Rom, CD-I, DVD etc);

f) das Recht zur Bearbeitung und umfassenden Verwertung des Werkes im Rundfunk sowie als Hörbuch oder Hörspiel;

g) das Recht zur Vertonung des Werkes und zur umfassenden Verwertung der Vertonung;

h) die an dem Werk oder seiner Bild-/Tonträgerfixierung, einschließlich digitaler Fixierung, oder durch Lautsprecherübertragung oder Sendung entstehenden Wiedergabe- oder Überspielungsrechte;

i) das Recht, das Werk ganz oder in Teilen auf Bild-, Bild-/Ton- oder sonstige Datenträger, gleich nach welcher Aufzeichnungs- und Wiedergabetechnik, zu vervielfältigen und über alle Kanäle einschließlich Home-Order-TV, Cluborganisationen, Streamingportale, Abonnementportale oder sonstige Handelsformen zu verbreiten sowie gewerblich und nicht gewerblich körperlich und nicht körperlich zu verleihen und ferner die so hergestellten Datenträger durch öffentliche Wiedergabe wahrnehmbar zu machen und diese auf die sonstigen vertragsgegenständlichen Arten zu nutzen;

j) das Recht, das Werk, insbesondere die in dem Werk enthaltenen Figuren, Namen, Textteile, Titel, Schriften, Geschehnisse, Erscheinungen und die durch das Werk begründeten Ausstattungen einschließlich ihrer bildlichen, fotografischen, zeichnerischen und sonstigen Umsetzungen im Zusammenhang mit anderen Produkten und

Dienstleistungen jeder Art und jeder Branche (Merchandising) zu nutzen und so gestaltete oder versehene Produkte auch zur Werbung für diese Produkte und Dienstleistungen zu verwenden und nach eigenem Ermessen Markenanmeldungen durchzuführen sowie gewerbliche Schutzrechte zu erwerben;

k) das Recht, das bearbeitete Werk ganz oder in Teilen mit Hilfe von Rundfunk einschließlich Drahtfunk, Kabel- und Satellitenfunk und ähnlicher Übertragungstechniken, gleichgültig ob in digitalisierter oder analoger Form, sowohl über öffentlich-rechtlich als auch privat-rechtlich organisierte Sender, einschließlich Abonnentenfernsehen und -rundfunk, Videotext, On-demand-Dienste, Near-on-demand-Dienste, Pay-TV und vergleichbaren Techniken und Verwertungsformen zu senden und/oder solche Sendungen öffentlich wiederzugeben, sowie die Sendungen auf sonstige vertragsgegenständliche Arten zu nutzen;

l) das Recht, das bearbeitete Werk ganz oder in Teilen im Umfang der eingeräumten Rechte, auch unentgeltlich, durch ganze oder teilweise Sendung oder sonstige Wiedergabe, auch online/im Internet, zur Werbung für den Verlag oder Dritte, einschließlich für dessen/deren Produkte, entgeltlich oder unentgeltlich zu nutzen;

o) das Recht, das bearbeitete Werk ganz oder in Teilen, alleine oder im Rahmen anderer Werke und Nutzungsformen körperlich oder unkörperlich zu archivieren, in Sammlungen und/oder Datenbanken aufzunehmen und Dritten den Zugang zu dem Werk in welcher Form auch immer zu gestatten (zB Online-Dienste);

p) alle sonstigen durch Verwertungsgesellschaften (zB VG Wort) wahrgenommenen Rechte nach deren Satzung, Wahrnehmungsvertrag und Verteilungsplan, sofern eine Übertragung dieser Rechte gemäß den entsprechenden Bestimmungen sowie gesetzlich zulässig ist.

(4) Ferner räumt der Herausgeber dem Verlag auch die räumlich, zeitlich und inhaltlich unbeschränkten und ausschließlichen Rechte für die im Zeitpunkt des Vertragsschlusses unbekannten Nutzungsarten ein.[8] Die Rechtseinräumung erstreckt sich auf die Verwertung der Nutzungsrechte sowohl im eigenen Verlag als auch durch entgeltliche oder unentgeltliche (auch teilweise) Vergabe von Rechten an Dritte.

(5) Der Verlag kann die ihm nach diesem Vertrag eingeräumten Rechte ganz oder teilweise auf Dritte übertragen, ohne dass es hierzu der Zustimmung des Herausgebers bedarf.

Alternativ:

(5) Der Verlag darf das ihm nach Absatz 2–4 eingeräumte Vergaberecht nicht ohne Zustimmung des Herausgebers weiter übertragen. Dies gilt nicht gegenüber ausländischen Lizenznehmern für die Einräumung von Sublizenzen in ihrem Sprachgebiet sowie für die branchenübliche Sicherungsabtretung von Verfilmungsrechten zur Produktionsfinanzierung. Sind mehrere Herausgeber an dem Werk beteiligt, so genügt die Zustimmung der Mehrzahl von ihnen. Das Zustimmungsrecht des Herausgebers erlischt mit seinem Tode; bei mehreren Herausgebern besteht es zugunsten der noch lebenden Herausgeber fort.

(6) Soweit dem Verlag in den Absätzen 2 und 3 das Recht eingeräumt ist, das Werk zu bearbeiten oder bearbeiten zu lassen, hat er Beeinträchtigungen des Werkes zu unterlassen, die geistige oder persönliche Rechte des Herausgebers am Werk zu gefährden geeignet sind. Im Falle einer Vergabe von Lizenzen zur Ausübung der Nebenrechte gemäß Absatz 2 und Absatz 3 wird der Verlag darauf hinwirken, dass der Herausgeber vor Beginn einer entsprechenden Bearbeitung des Werkes vom Lizenznehmer gehört wird. Möchte der Verlag einzelne Nebenrechte selbst ausüben, so hat er den Herausgeber anzuhören und ihm bei persönlicher und fachlicher Eignung die entsprechende Bearbeitung des Werkes anzubieten, bevor damit Dritte beauftragt werden. Der Herausgeber

wird sich ggf. umgehend äußern. Hält er eine vom Verlag gesetzte angemessene Frist nicht ein, gilt das Manuskript als von ihm gebilligt.

(7) Das Recht zur Ausübung oder Vergabe von Nebenrechten nach den Absätzen 2–5 endet mit dem Erlöschen des Hauptrechts gem. Abs. 1. Der Bestand bereits abgeschlossener Lizenzverträge bleibt – auch im Falle der fristlosen Kündigung des gesamten Vertrages – mit der Maßgabe unberührt, dass die dem Verlag aus ihnen zustehenden Rechte auf den Herausgeber übergehen.[10]

(8) Der Verlag wird sich um die Verwertung der ihm eingeräumten Nebenrechte in angemessener Frist bemühen. Bei mehreren sich untereinander ausschließenden Verwendungsmöglichkeiten wird er die für den Herausgeber materiell und ideell günstigste wählen, auch wenn er selbst bei dieser Nebenrechtsverwertung konkurriert.

Übt der Verlag einzelne Rechte nicht aus, so ist der Herausgeber berechtigt, auch einzelne Rechte nach den Regeln gemäß § 41 UrhG nach Ablauf von fünf Jahren zurückzurufen. Sind mehrere Herausgeber beteiligt, so können sie die Rechte für das Gesamtwerk nur gemeinsam zurückrufen.[10]

(9) Die Rechte der Verfasser der Einzelbeiträge bleiben unberührt. Mit ihnen wird der Verlag gesonderte Vereinbarungen treffen.

§ 3 Verlagspflichten und -rechte

(1) Das Werk wird zunächst als . . . . .-Ausgabe (zB Hardcover, Paperback, Taschenbuch) [*ggf.:* und zeitgleich als E-Book] erscheinen; nachträgliche Änderungen der Form der Erstausgabe bedürfen des Einvernehmens mit dem Herausgeber. Sind mehrere Herausgeber an dem Werk beteiligt, so genügt das Einvernehmen mit der Mehrzahl von ihnen. Nach dem Tod des Herausgebers wird das Einvernehmen mit den noch lebenden Herausgebern herbeigeführt.

(2) Der Verlag ist verpflichtet, das Werk in der in Absatz 1 genannten Form zu vervielfältigen, zu verbreiten und dafür angemessen zu werben.

(3) Ausstattung, Buchumschlag, Auflagenhöhe, Auslieferungstermin, Ladenpreis und Werbemaßnahmen werden vom Verlag nach pflichtgemäßem Ermessen unter Berücksichtigung des Vertragszwecks sowie der im Verlagsbuchhandel für Ausgaben dieser Art herrschenden Übung bestimmt.

(4) Das Recht des Verlags zur Bestimmung des Ladenpreises nach pflichtgemäßem Ermessen schließt auch dessen spätere Herauf- oder Herabsetzung ein. Vor Herabsetzung des Ladenpreises wird der Herausgeber benachrichtigt.

(5) Als Erscheinungstermin ist vorgesehen: . . . . . Eine Änderung des Erscheinungstermins erfolgt in Absprache mit dem Herausgeber. Sind mehrere Herausgeber insofern unterschiedlicher Auffassung, so genügt die Zustimmung der Mehrzahl von ihnen. Nach dem Tod des Herausgebers wird das Einvernehmen mit den noch lebenden Herausgebern herbeigeführt. § 6 Abs. 1 UAbs. 2 bleibt unberührt.

§ 4 Absatzhonorar für Verlagsausgaben[11]

(1) Das Honorar des Herausgebers für seine Herausgeberleistungen und seine Beiträge beträgt . . . . .% vom Nettoladenpreis. Nettoladenpreis ist der Ladenpreis des Werkes abzüglich Mehrwertsteuer in der jeweiligen gesetzlichen Höhe.

Für nicht preisgebundene Verlagserzeugnisse beträgt das Honorar des Herausgebers . . . . .% vom Nettoverlagsabgabepreis.

Der Gesamtrahmen aller den Herausgebern und Beitragsautoren zustehenden Honorare beträgt . . . . .% vom Nettoladen- bzw. Nettoverlagsabgabepreis.

Für E-Book-Ausgaben beträgt der Gesamtrahmen des Honorars aller Herausgeber und Beitragsautoren . . . . .% vom Nettoendverbraucherpreis. Nettoendverbraucherpreis ist der Endverbraucherpreis des Werkes abzüglich Mehrwertsteuer in der jeweiligen gesetzlichen Höhe. Dies gilt auch bezüglich des Honorars für den Abruf von Einzelkapiteln.

(2) Honorarpflichtig sind alle verkauften Exemplare. Für unberechnete Besprechungs-, Prüfungs-, Frei- oder Einführungsexemplare trägt der Verlag weder eine Abrechnungs- noch eine Honorierungspflicht; er muss ihre Zahl dem Autor aber mit der jeweils folgenden Abrechnung angeben. Für Prüfungsexemplare, die gegen Rechnung abgegeben werden, besteht Abrechnungs- und Honorierungspflicht nur, soweit sie bezahlt worden sind. Partie- und Portoersatzstücke sowie solche Exemplare, die für Werbezwecke des Verlages, nicht aber des Buches abgegeben werden, sind abrechnungs- und honorarpflichtig.

(3) Ist der Herausgeber mehrwertsteuerpflichtig, zahlt der Verlag die auf die Honorarbeträge anfallende gesetzliche Mehrwertsteuer zusätzlich. Dies gilt auch für Vorschüsse nach Abs. 6.

(4) Honorarabrechnung und Zahlung erfolgen zum 31.12. jeden Jahres innerhalb der folgenden drei Monate. Das Honorar wird mit der Abrechnung fällig.

(5) Der Verlag ist verpflichtet, einem vom Herausgeber beauftragten, zur Berufsverschwiegenheit verpflichteten Dritten (Rechtsanwalt, Wirtschaftsprüfer, Steuerberater oder vereidigter Buchsachverständiger) zur Überprüfung der Honorarabrechnungen Einsicht in die Bücher und Unterlagen zu gewähren. Die hierdurch anfallenden Kosten trägt der Verlag, wenn sich die Abrechnungen als fehlerhaft erweisen, anderenfalls der Herausgeber.

(6) Der Herausgeber erhält auf seine Honoraransprüche einen Vorschuss[11] in Höhe von . . . . ., zahlbar je zur Hälfte bei Abschluss dieses Vertrages und bei vollständiger Ablieferung des Manuskripts des Sammelwerks. Der Vorschuss stellt ein garantiertes Mindesthonorar dar. Er ist nicht rückzahlbar, jedoch mit allen Ansprüchen des Herausgebers aus diesem Vertrag verrechenbar.

Alternativ:

(6) Auf seine Honoraransprüche erhält der Herausgeber einen Vorschuss[11] *in Höhe von . . . . ., zahlbar je zur Hälfte bei Abschluss dieses Vertrages und bei vollständiger Ablieferung des Manuskripts des Sammelwerks. Der Vorschuss nicht rückzahlbar, jedoch mit allen Ansprüchen des Herausgebers aus diesem und ggf. weiteren Verlagsverträgen zwischen den Parteien verrechenbar.*

§ 5 Nebenrechtsverwertung[11]

(1) Übt der Verlag die Nebenrechte selbst aus, so gelten für die Ermittlung des Honorars die Bestimmungen über das Absatzhonorar nach § 4. Enthält § 4 für das jeweilige Nebenrecht keine sinnvolle Vergütungsregelung, so ist eine solche nachträglich zu vereinbaren.

(2) Im Übrigen wird der gesamte aus der Verwertung der Nebenrechte erzielte Erlös nach Abzug der darin etwa enthaltenen Mehrwertsteuer zwischen Herausgebern, Beitragsautoren und Verlag geteilt, und zwar erhalten Herausgeber und Beitragsautoren gemeinsam

50 % bei den Nebenrechten des § 2 Abs. 2,

60 % bei den Nebenrechten des § 2 Abs. 3.

Der Herausgeber erhält hiervon einen Anteil von . . . . .%.[11]

Bei Auslandslizenzen darf der Verlag zuvor etwaige Provisionen und ähnliche Kosten abziehen.

§ 4 Abs. 3 gilt entsprechend.

Soweit Nebenrechte durch Verwertungsgesellschaften[9] wahrgenommen werden, richten sich die Anteile von Verlag und allen Autoren/Herausgebern nach deren Verteilungsplan.

(3) Verwertet der Verlag die in § 2(4) genannten Rechte (unbekannte Nutzungsarten) selbst oder durch Dritte (Lizenz), so erhält der Herausgeber eine angemessene Vergütung, über die sich Herausgeber und Verlag bei beabsichtigter Nutzungsaufnahme durch den Verlag verständigen werden.[8] Im Zweifelsfalle bestimmt der Verlag die Vergütung nach billigem Ermessen. Der Herausgeber kann die Ausübung des Ermessens (§§ 315 ff. BGB) binnen 12 Monaten ab Zugang der Leistungsbestimmung beim Herausgeber durch das zuständige Landgericht überprüfen lassen.

(4) Für Abrechnung und Fälligkeit gelten die Bestimmungen von § 4 Abs. 4 entsprechend.

(5) Die Vergabe von Lizenzen an gemeinnützige Blindenselbsthilfeorganisationen für Ausgaben, die ausschließlich für Blinde und Sehbehinderte bestimmt sind (Druckausgaben in Braille oder sonstiger Punktschrift, Tonträgerausgaben mit akustischen Benutzungsanweisungen und entsprechende Ausgaben auf Datenträgern jeglicher Art oder online), darf vergütungsfrei erfolgen.

§ 6 Manuskriptablieferung

(1) Der Herausgeber liefert das vollständige Manuskript des Sammelwerks (einschl. seines eigenen Beitrages) möglichst per E-Mail als Worddatei innerhalb von 2 Monaten nach dem Zeitpunkt ab, in dem die Beiträge der Beitragsautoren ihm sämtlich vorliegen.[3] Der Verlag wird mit den Beitragsautoren vereinbaren, dass dies bis zum . . . . . der Fall sein muss. Der Herausgeber wird alles in seinen Kräften Stehende tun, um die Einhaltung dieses Termins durch die Beitragsautoren sicherzustellen. Von jedem Beitragseingang wird er den Verlag unverzüglich unterrichten. Zeigt sich schon vor Fristablauf, dass der rechtzeitige Eingang eines Beitrages zweifelhaft ist, wird der Herausgeber den Verlag ebenfalls unverzüglich unterrichten.

Hält der Herausgeber seinen eigenen Ablieferungstermin nicht ein, so gilt, ohne dass es einer besonderen Erklärung des Verlages bedarf, als angemessene Nachfrist iSd § 30 VerlagsG ein Zeitraum von 2 Monaten.[3]

Der Herausgeber behält eine Kopie des Manuskripts in digitaler Form bei sich.

(2) Gehören zu dem Werk Abbildungen, so ist die Beschaffung der Vorlagen Sache des Beitragsautors, zu deren Beitrag sie gehören, einschließlich des Herausgebers, soweit sein eigener Beitrag betroffen ist. Reinzeichnungen werden im Verlag gefertigt. Soweit an Abbildungen oder an zu einem Beitrag gehörenden Fremdtexten Rechte Dritter bestehen, liefert der jeweilige Beitragsverfasser dem Verlag die entsprechenden Quellennachweise, so dass dieser sich um den Rechtserwerb bemühen kann. Der Beitragsverfasser liefert geeigneten Ersatz, wenn der Rechtserwerb nicht oder nur unter unverhältnismäßigen Schwierigkeiten oder Kosten möglich ist.[12]

Der Verlag kann nach eigenem Ermessen auf die Verwendung einzelner Vorlagen oder Abbildungen oder Fremdtexte verzichten, wenn der durch den Verfasser gelieferte Ersatz ihm nicht geeignet erscheint oder die Einholung von Nutzungsrechten insofern ebenfalls mit unverhältnismäßigen Schwierigkeiten oder Kosten verbunden wäre.[12]

Die Kosten für die Text- und/oder Bildbeschaffung und den Erwerb entsprechender Rechte oder Zustimmungen trägt der Beitragsverfasser *oder* der Verlag *oder* tragen Beitragsverfasser und Verlag je zur Hälfte.

(3) Soweit der Herausgeber ein körperliches Manuskript eingereicht hat, bleibt dieses Eigentum des Herausgebers und ist ihm vom Verlag nach Erscheinen des Werkes auf Verlangen zurückzugeben.

(4) Entspricht das Manuskript des Sammelwerks nach Ansicht des Verlages nicht den Vereinbarungen und kann eine Übereinstimmung zwischen Herausgeber und Verlag nicht herbeigeführt werden, so haben beide Teile das Recht, vom Vertrag zurückzutreten. Der Verlag wird sich über seine Ansicht binnen 8 Wochen nach der Ablieferung erklären. Erklärt er sich nicht, gilt das Manuskript als angenommen. Der Rücktritt kann nur

binnen eines Monats erklärt werden, nachdem Verlag oder Herausgeber das Scheitern des Einigungsversuchs schriftlich gegenüber dem anderen Teil festgestellt haben; bei mehreren Herausgebern wirken Erklärung und/oder Feststellung eines von ihnen für und gegen alle, wenn die weiteren Herausgeber nicht binnen derselben Frist ihre Bereitschaft zur Fortsetzung der Zusammenarbeit dem Verlag mitgeteilt haben. In diesem Fall wirken Erklärung und/oder Feststellung eines von ihnen nur für und gegen ihn selbst.[10, 13, 15]

Entspricht das Manuskript eines Beitragsautors nach Ansicht des Verlages oder der Mehrzahl der Herausgeber nicht den Vereinbarungen und kann eine Übereinstimmung zwischen Beitragsautor und Herausgebern bzw. Verlag nicht herbeigeführt werden, so haben Beitragsautor und Verlag das Recht, vom Vertrag zurückzutreten. Verlag und Herausgeber werden sich über ihre Ansicht jeweils binnen 8 Wochen nach der Ablieferung bei Herausgeber resp. Verlag erklären. Erklären sich weder Herausgeber noch Verlag, gilt das Manuskript als angenommen. Der Rücktritt kann nur binnen eines Monats erklärt werden, nachdem Verlag bzw. Herausgeber oder der Beitragsautor das Scheitern des Einigungsversuchs schriftlich gegenüber dem anderen Teil festgestellt haben; bei mehreren an einem Beitrag beteiligten Beitragsautoren wirken Erklärung und/oder Feststellung eines von ihnen für und gegen alle.[10, 15]

§ 7 Freiexemplare

Jeder Herausgeber erhält für seinen eigenen Bedarf ..... Freiexemplare. Er ist berechtigt, weitere Exemplare des Werkes zum Autorennachlaß von ..... % zuzüglich Mehrwertsteuer zu beziehen. Ein Verkauf dieser Exemplare ist dem Herausgeber nicht gestattet.

§ 8 Satz, Korrektur

(1) Der Herausgeber übernimmt es, die Korrekturen des Werkes ohne besondere Vergütung nochmals zu lesen, nachdem sie von dem jeweiligen Beitragsautor gelesen sind. Die Korrekturbogen werden unverzüglich mit dem Vermerk „druckreif" versehen dem Verlag zurückgegeben. Der Vermerk schließt die Genehmigung etwaiger Abweichungen vom Manuskript ein.

(2) Korrekturkosten, die auf nachträgliche Änderungen des Manuskripts durch den Herausgeber zurückzuführen sind, kann der Verlag, soweit sie 10 % der Satzkosten überschreiten, dem Herausgeber in Rechnung stellen. Ausgenommen von der Berechnung bleiben solche Korrekturen, die durch Druck- oder Satzvorgänge veranlasst werden oder sachliche, sinnvolle Berichtigungen darstellen, welche der Herausgeber vor Ablieferung des Manuskriptes nicht vornehmen konnte.

§ 9 Lieferbarkeit[10]

Wenn die Verlagsausgabe des Werkes vergriffen ist und nicht mehr angeboten und ausgeliefert wird, ist der Herausgeber zu benachrichtigen. Der Herausgeber ist dann berechtigt, den Verlag schriftlich aufzufordern, sich spätestens innerhalb von 3 Monaten nach Eingang der Aufforderung zu verpflichten, innerhalb einer Frist von ..... Monat(en)/Jahr(en) nach Ablauf der Dreimonatsfrist eine ausreichende Anzahl weiterer Exemplare des Werkes herzustellen und zu verbreiten. Geht der Verlag eine solche Verpflichtung nicht fristgerecht ein oder wird die Neuherstellungsfrist nicht gewahrt, ist der Herausgeber berechtigt, durch schriftliche Erklärung von diesem Verlagsvertrag zurückzutreten. Bei Verschulden des Verlages kann er stattdessen Schadenersatz wegen Nichterfüllung verlangen. Der Verlag bleibt im Falle des Rückrufs zum Verkauf der ihm danach (zB aus Remissionen) noch zufließenden Restexemplare innerhalb einer Frist von ..... berechtigt; er ist verpflichtet, dem Herausgeber die Anzahl dieser Exemplare anzugeben und ihm die Übernahme anzubieten.

§ 10 Neubearbeitung[13]

(1) Handelt es sich um ein Werk, das nach seiner Art auf eine laufende Aktualisierung oder sonstige Neubearbeitung angelegt ist, so wird der Verlag den Herausgebern und den Beitragsautoren rechtzeitig mitteilen, wann er eine solche zu veranstalten beabsichtigt. Der Herausgeber verpflichtet sich, innerhalb von 2 Monaten nach Eingang der Manuskripte der Beitragsautoren (die vom Verlag direkte Mitteilung erhalten) das Gesamtwerk für die Neuauflage dem jeweiligen Stand der Wissenschaft entsprechend zu bearbeiten und dem Verlag abzuliefern, soweit nicht im Einzelfall eine abweichende Vereinbarung getroffen wird. Beabsichtigt der Herausgeber erhebliche Umgestaltungen, insbesondere bezüglich Anlage und Umfang des Werkes, so wird er sich vor der Fertigstellung des Manuskripts mit dem Verlag verständigen. Den Grundcharakter des Werkes wird er dabei ohne ausdrückliche Zustimmung des Verlages nicht ändern.

(2) Ist der Herausgeber zu der Bearbeitung nach Abs. 1 nicht bereit oder nicht in der Lage oder liefert er sie nicht innerhalb einer – gegebenenfalls vom Verlag schriftlich zu setzenden – angemessenen Nachfrist nach Ablauf der Bearbeitungsfrist ab, so ist der Verlag berechtigt, die Herausgeberschaft einem von ihm zu bestimmenden Dritten, vorrangig den verbleibenden Herausgebern zu übertragen.[10] Er wird dabei auf die ideellen Interessen des Herausgebers nach Möglichkeit Rücksicht nehmen.

(3) Für die Herstellung der Bearbeitung durch einen Dritten gelten die Fristen der Ziffer 1 sinngemäß.

(4) Ist bei mehreren Herausgebern nur einer von ihnen zur Neubearbeitung nicht bereit oder nicht in der Lage, so bestimmen die übrigen im Einvernehmen mit dem Verlag einen Bearbeiter. Diese Entscheidung kann auch dahin getroffen werden, dass sie selbst die Bearbeitung vornehmen.[10]

(5) Soweit der Herausgeber eine Bearbeitung nicht mehr selbst vornimmt, wird der Verlag etwa von ihm geäußerte Wünsche hinsichtlich der Person des neuen Herausgebers berücksichtigen, soweit nicht sachliche Gründe dagegen sprechen.

§ 11 Honorierung von Neubearbeitungen[13]

Für die vom Herausgeber nicht mehr selbst bearbeiteten Neubearbeitungen erhält der Herausgeber das ihm nach den §§ 4, 5 zustehende Honorar unter Abzug des Anteils, der dem neuen Herausgeber zusteht, noch für die nächsten zwei von ihm nicht mehr bearbeiteten Neuauflagen. Ersetzt der neue Bearbeiter den Teil des ausgeschiedenen Herausgebers vollständig durch ein eigenes Werk, erlischt der Honoraranspruch des Herausgebers bereits mit der ersten von ihm nicht mehr bearbeiteten Neuauflage ebenso wie sein Anspruch auf Nennung aus § 14 Abs. 1. Spätestens mit Erscheinen der dritten nicht mehr durch den Herausgeber selbst geschaffenen Neubearbeitung erlöschen die Rechte des Herausgebers aus diesem Vertrag einschließlich des Anspruchs auf Nennung aus § 14 Abs. 1.

§ 12 Verramschung, Makulierung

(1) Der Verlag kann körperliche Exemplare des Werkes verramschen, wenn der Verkauf in zwei aufeinander folgenden Kalenderjahren unter . . . . . Exemplaren pro Jahr/unter . . . . .% der letzten Druckauflage gelegen hat oder sobald eine Neuauflage erscheint. Am Erlös ist der Herausgeber in Höhe seiner prozentualen Beteiligung aus § 4 Abs. 1 beteiligt.

(2) Erweist sich auch ein Absatz zum Ramschpreis als nicht durchführbar, kann der Verlag die Restauflage makulieren.

(3) Der Verlag ist verpflichtet, den Herausgeber und die Beitragsautoren rechtzeitig vor einer beabsichtigten Verramschung bzw. Makulierung darüber zu informieren. Alle Beteiligten haben das Recht, durch einseitige Erklärung die noch vorhandene Restauflage

bei beabsichtigter Verramschung zum Ramschpreis abzüglich des Prozentsatzes ihrer Beteiligung und bei beabsichtigter Makulierung unentgeltlich ab Lager zu übernehmen. Bei beabsichtigter Verramschung kann das Übernahmerecht nur bezüglich der gesamten noch vorhandenen Restauflage ausgeübt werden.
Herausgeber und Beitragsautoren stehen die Rechte aus diesem Absatz im Verhältnis ihrer Anteile einzeln zu. Machen nicht alle davon Gebrauch, so können die übrigen entsprechend erhöhte Anteile geltend machen.

(4) Das Recht des Herausgebers, im Falle der Verramschung oder Makulierung vom Vertrage zurückzutreten, richtet sich nach den §§ 32, 30 VerlG. Mehrere Herausgeber können es im Zweifel nur gemeinsam ausüben.[10]

§ 13 Rezensionen

Der Verlag wird bei ihm eingehende Rezensionen des Werkes innerhalb des ersten Jahres nach Ersterscheinen umgehend, danach in angemessenen Zeitabständen dem Herausgeber zur Kenntnis bringen.

§ 14 Urheberbenennung, Copyright-Vermerk

(1) Der Verlag ist verpflichtet, den Herausgeber auch ohne dessen ausdrückliche Anweisung in angemessener Weise als Herausgeber des Werkes auszuweisen und beim Abschluss von Lizenzverträgen Dritten eine entsprechende Verpflichtung aufzuerlegen. Eine Neubearbeitung durch Dritte wird der Verlag in angemessener Weise kennzeichnen.

(2) Der Verlag ist verpflichtet, bei der Veröffentlichung des Werkes den Copyright-Vermerk im Sinne des Welturheberrechtsabkommens anzubringen.[14]

§ 15 Tod des Herausgebers

(1) Nach dem Tod des Herausgebers bestehen die Verpflichtungen des Verlages aus diesem Vertrag gegenüber dem durch Erbschein ausgewiesenen Erben. Bei einer Mehrzahl von Erben haben diese dem Verlag einen gemeinsamen Bevollmächtigten zu benennen. Bis zu dessen Benennung ruhen die Rechte der Erben aus diesem Vertrag; Zahlungsansprüche der Erben kann der Verlag jedoch im Verhältnis der im Erbschein ausgewiesenen Anteile befriedigen.

(2) Sollte der Herausgeber vor der Fertigstellung des Manuskripts für die erste Auflage versterben, so ist der Verlag berechtigt, vom Vertrag zurückzutreten, ohne dass die Erben Vergütungsansprüche haben. Hat der Herausgeber bereits Vorauszahlungen erhalten, so kann der Verlag diese zurückfordern. Der Verlag kann jedoch nach eigenem Ermessen die vorhandenen Manuskriptteile übernehmen und diese durch Dritte fertig stellen lassen; für diesen Fall gilt § 11 sinngemäß.

(3) Bei mehreren Herausgebern steht dem Verlag das Rücktrittsrecht nach Abs. 2 allen gegenüber zu, wenn einer von ihnen verstirbt.

(4) Zu der Erklärung, ob das Rücktrittsrecht ausgeübt wird, kann den Verlag jeder Miterbe bzw. Herausgeber schriftlich – Telefax oder Scankopie eines Briefes mit Unterschrift genügt – auffordern, wobei zur Glaubhaftmachung des Erbverhältnisses die Vorlage einer notariellen Erbscheinsverhandlung genügt. Gibt der Verlag die Erklärung nicht binnen eines Monats nach der Aufforderung ab, so erlischt das Rücktrittsrecht.

§ 16 Verhältnis zu den Beitragsautoren

(1) Der Verlag wird mit den Beitragsautoren besondere Verträge abschließen.

(2) Kommt der Vertrag mit einem oder mehreren in der Planung (Anlage) vorgesehenen Beitragsautoren oder Herausgebern nicht zustande oder liefert ein Beitragsautor seinen

Beitrag nicht, so werden Verlag und Herausgeber sich über eine Ersatzlösung zu verständigen suchen. Kommt eine solche Verständigung nicht zustande, so gilt § 6 Abs. 4 sinngemäß.[15]

§ 18 Änderungen, Ergänzungen

(1) Änderungen oder Ergänzungen dieses Vertrages bedürfen der Schriftform, wobei Briefwechsel – auch Telefax oder Scankopie eines Briefes mit Unterschrift – genügt.

(2) Soweit dieser Vertrag keine ausdrücklichen Regelungen enthält, gelten die Bestimmungen der Vertragsnormen für wissenschaftliche Verlagswerke (Fassung 2000)/des Normvertrages für den Abschluss von Verlagsverträgen zwischen dem Verband deutscher Schriftsteller und dem Börsenverein des Deutschen Buchhandels vom 19.10.1978 in der seit dem 6.2.2014 gültigen Neufassung ergänzend.[2]

Im Übrigen ist auf diesen Vertrag deutsches Recht anwendbar.

(3) Die Nichtigkeit oder Unwirksamkeit einzelner Bestimmungen dieses Vertrages berührt die Gültigkeit der übrigen Bestimmungen nicht. Die Parteien sind alsdann verpflichtet, die mangelhafte Bestimmung durch eine solche zu ersetzen, deren wirtschaftlicher und juristischer Sinn dem der mangelhaften Bestimmung möglichst nahe kommt.

(4) Sonstige Vereinbarungen: .....

Schrifttum: → Form. IX.5.

Anmerkungen

1. Sachverhalt. Die Verlagspraxis verwendet den Begriff „Herausgeber" mehrdeutig. Sie versteht darunter nicht nur denjenigen, der Beiträge sammelt und zu einem Sammelwerk vereinigt (§ 4 UrhG), sondern unter anderem auch den oder die führenden Autoren bei Sachbüchern – zB Schulbüchern, Kommentaren –, die von größeren Autorengruppen geschrieben werden. Das hier vorgeschlagene Formular betrifft vor allem den ersten Fall, also den Herausgeber iSd § 4 UrhG (zur Abgrenzung LG Bielefeld GRUR-RR 2010, 324 – Online-Veröffentlichung). Damit korrespondiert der nachfolgende Anthologievertrag (→ Form. IX.7); er ist für die Verfasser der Einzelbeiträge (Beitragsautoren) gedacht. Zeitschriftenherausgeber fallen unter → Form. IX.8. Der Vertrag, mit dem ein Verlag einem anderen Verlag die Lizenz erteilt, einen bereits erschienenen Beitrag in eine neue Sammlung aufzunehmen, fällt unter → Form. IX.7; für solche Beiträge würden vor allem eine Reihe der Nebenrechtsklauseln des § 2 Abs. 2 und 3 nicht passen, soweit sie die Einzelverwertung der Beiträge betreffen. Die Aufnahme erschienener Beiträge in reine Schulbücher ist kraft Gesetzes erlaubt (§ 46 UrhG); die Lizenzgebühren dafür sind an die VG Wort zu zahlen, die sie an die Autoren weiterverrechnet (→ Form. IX.3 Anm. 8).

2. Wahl des Formulars. Zwischen Sammelwerk und Gemeinschaftswerk gibt es fließende Übergänge. Der Gesetzgeber trifft die Unterscheidung danach, ob sich die Anteile der beteiligten Urheber gesondert verwerten lassen (§ 8 Abs. 1 UrhG). Für eine Festschrift trifft das ohne weiteres zu. ZB bei einer Fibel für Schulanfänger gilt in der Regel das Gegenteil, obwohl die daran beteiligten Autoren in aller Regel nach einem Arbeitsteilungsplan ursprünglich Einzelentwürfe zu den einzelnen Lektionen vorgelegt haben dürften. Auf der Grenze liegen etwa juristische Kommentare, bei denen die Verfasser der Einzelkommentierungen kenntlich gemacht zu werden pflegen, gleichwohl das Werk einheitlich gestaltet ist; immerhin ist auch hier eine gesonderte Verwertung denkbar (Beispiel: *Drexl* mit dem Sonderabschnitt zum Internationalen Immaterialgüterrecht aus dem Münchner Kommentar). Die → Form. IX.6 und 7 sind so konzipiert, dass sie auch für solche Werke Verwendung finden können, bei denen sich die Funktionen von Herausgeber und Beitragsautor zu verwischen beginnen. Sind alle Autoren von gleichem Rang, ist allerdings → Form. IX.5 vorzuziehen (dort → Anm. 2), auch wenn einer von ihnen als „Herausgeber" bezeichnet werden soll; in solchen Fällen genügt ein entsprechender Zusatz bei § 19 Abs. 4. Ebenso wie → Form. IX.5 eignen sich Herausgeber- und Anthologievertrag für alle Arten von Schriftwerken. In der Praxis erweist es sich dabei in der Regel als zweckmäßig, für jeden Herausgeber einen gesonderten Verlagsvertrag abzuschließen, um die Aufgaben ggf. klar abgrenzen und Kündigungs- oder Rücktrittsrechte im Falle eines Konflikts klar fassen zu können. Aus parallelen Erwägungen sollte auch der Anthologievertrag (→ Form. IX.7) stets für jeden Beitrag gesondert abgeschlossen werden. Das hier vorgeschlagene Formular geht von mehreren Herausgebern aus, weil in der Regel die Rückführung des Vertragsmusters auf einen einzelnen Herausgeber einfacher ist als die Erweiterung (zB Kündigungsregelungen).

Die in der Branche verwendeten Vertragsmuster lehnen sich vielfach an die von dem Verband deutscher Schriftsteller (VS) in ver.di und dem Börsenverein des Deutschen Buchhandels eV schon seit dem 19.10.1978 mit „Rahmenvertrag" bezeichneten Vertragsmuster an, die einen Ausgleich zwischen Autoren- und Verlagsinteressen erstreben. Sie sind mit Wirkung zum 6.2.2014 in eine neue Fassung gebracht worden, die auch die inzwischen eingetretene technische und wirtschaftliche Entwicklung berücksichtigt (abrufbar unter https://vs.verdi.de/recht-urheber/mustervertraege). Das hier vorgestellte Muster baut ebenfalls auf jenem Rahmenvertrag auf, den es weiterentwickelt und ergänzt. Daneben sei auf die vom Börsenverein mit dem Deutschen Hochschulverband erarbeitete *Fassung 2000* der *Vertragsnormen für wissenschaftliche Verlagswerke* verwiesen (abrufbar unter https://www.boersenverein.de/de/portal/Downloads/158384?spage=spage&lv=0&rubrik1=155777&rubrik2=182245&download=154478). Soweit hier nicht erläutert, sind die Regelungen des Musters branchenüblich und in dieser oder nahezu identischer Form in der großen Mehrzahl der Verlagsverträge zu finden. IÜ → Form. IX.5 Anm. 1.

3. Planung des Sammelwerks. Herausgeber- und Anthologieverträge sollten erst abgeschlossen werden, wenn das Werk konzipiert ist und die Beitragsautorenliste steht. Verlag oder Herausgeber sichern die Einheitlichkeit der Gestaltung am besten durch Richtlinien oder Merkblätter für die Bearbeitung, die für alle Autoren verbindlich sind; sie werden deshalb zweckmäßigerweise zum Vertragsbestandteil erklärt. Darin sollte auch festgelegt sein, in welcher *Form* die Manuskripte zu liefern sind (CD, E-Mail usw; Dateiformat; → Form. IX.5 § 7 Abs. 1). Auch die Abgabefristen sollten präzise geregelt werden, um ein einigermaßen pünktliches Erscheinen des Werkes zu sichern. Dabei sollten die Nachfristen (§ 6 Abs. 1 Herausgebervertrag, § 7 Abs. 1 Anthologievertrag) nicht zu großzügig bemessen werden, auch um einen eventuellen Ausfall eines Autors frühzeitig erkennen und die Konsequenzen ziehen zu können. In der Praxis werden die Nachfristen meist individuell zwischen Herausgeber oder Verlag und Autor festgelegt.

Damit nicht alle Autoren zu technischen oder weiteren organisatorischen Einzelfragen gehört werden müssen oder gar einzelne die Veröffentlichung oder Verwertung blockieren können, sieht das Anthologie-Muster Zustimmungsrechte dort, wo das Persönlichkeitsrecht des Autors nicht (schwerwiegend) beeinträchtigt werden kann, nur für die Herausgeber vor.

4. Titelei. Bei mehreren Herausgebern ist die Festlegung ihrer Reihenfolge in der Autorenangabe schon bei Vertragsschluss unbedingt zu empfehlen, da im Bibliotheks- und Buchhandelsverkehr häufig nur der Erstgenannte erscheint; auch in der CIP-Kurztitelaufnahme der Deutschen Bibliothek wird nur der Name des ersten Autors herausgestellt. Im Übrigen → Form. IX.5 Anm. 3. → Anm. 10 aE.

5. Verfügungsrecht; vorherige Verfügungen. → Form. IX.5 Anm. 5.

6. Wettbewerbsklausel. Die Konkurrenzklausel des § 1 Abs. 6 (§ 1 Abs. 4 im Anthologievertrag) hat nicht nur deklaratorische Bedeutung. Zwar hat die Rechtsprechung dem Sinn eines Verlagsvertrages auch ohne derartige Klausel mehrfach entnommen, dass der Herausgeber kein anderes Werk veröffentlichen bzw. herausgeben darf, das denselben Gegenstand hat, sich an denselben Abnehmerkreis wendet und nach Art und Umfang geeignet ist, dem früheren Werk ernsthaft Konkurrenz zu machen (BGH GRUR 1973, 426 f. – Medizin-Duden; für einen Herausgebervertrag OLG Frankfurt a. M. GRUR-RR 2005, 361 f. – Alles ist möglich). Andererseits darf das Schaffen des Herausgebers auf seinem Spezialgebiet nicht ungebührlich beschränkt werden (§ 242 BGB). Einzeldarstellungen monographischen Charakters zu Teilgebieten sind also dem Herausgeber eines Gesamtkommentars ebensowenig verwehrt wie dem Herausgeber eines Lehrbuchs die (untergeordnete) Mitarbeit an einem Kommentar (vgl. OLG Hamburg NJW 2003, 834 f. – Handbuch zur Insolvenzordnung). Zum Ganzen *Fromm/Nordemann* VerlagsG § 2 Rn. 30 ff. mwN.

7. Persönlichkeitsrechte Dritter. → Form. IX.4 Anm. 6.

8. Rechtseinräumungen. Zunächst → Form. IX.5 Anm. 1 und 8. Herausgeber und Beitragsautor können jeweils nur die Rechte einbringen, die ihnen bei der Schaffung des Gesamtwerks zugewachsen sind. Das ist für den Beitragsautor das Urheberrecht an seinem eigenen Beitrag, für den Herausgeber das Urheberrecht am Sammelwerk als solchem und an seinen etwaigen eigenen Beiträgen (nicht an den Beiträgen der Beitragsautoren). § 2 Abs. 1 und Abs. 9 des Formulars enthalten entsprechende Hinweise.

Nicht bei allen Sammelwerken sind Nebenrechtsverwertungen – von den technisch neuen Nutzungsformen wie Datenbank-, Onlinerechten uä einmal abgesehen – überhaupt denkbar; die Verfilmung eines Urheberechtskommentars oder eines Ingenieurhandbuchs erscheint eher unwahrscheinlich, wenn auch die Herstellung etwa von Kurzlehrfilmen denkbar ist. In anderen (auch wissenschaftlichen) Gebieten können jedoch alle oder einzelne Nebenrechte sinnvoll eingeräumt und verwertet werden. So kommt zB bei einem Lehrbuch durchaus eine Hör- oder (auch interaktive) CD-Rom- oder Datei-Fassung in Betracht; zB im historischen Bereich ist auch eine filmische Verwendung oder eine Umsetzung bestimmter Elemente in ein Spiel denkbar. Die nicht realistisch in Betracht kommenden Klauseln sollten gestrichen werden. Bei Werken, die von vornherein nur auf eine einzige Ausgabe/Auflage angelegt sind (zB Festschriften), können die Nebenrechtsregelungen des § 2 Abs. 2–8 und des § 5 sowie die §§ 10, 11 (Neubearbeitung) ganz gestrichen werden.

Die früher nichtige (§ 31 Abs. 4 UrhG aF) Einräumung künftig erst entstehender Nutzungsrechte für noch nicht bekannte Nutzungsarten ist seit dem sog. Zweiten Korb mit Wirkung vom 1.1.2008 zulässig, muss aber schriftlich erfolgen (§ 31a UrhG). Der Urheber kann die entsprechende Rechtseinräumung bzw. seine Verpflichtung hierzu binnen 3 Monaten nach der Nachricht des Verlages, dass er in der konkreten früher unbekannten Nutzungsart zu nutzen beabsichtigt, widerrufen (§ 31a Abs. 1 S. 3 und 4 UrhG); das Widerrufsrecht entfällt allerdings, sobald sich die Parteien nach Bekanntwerden der neuen Nutzungsart auf eine Vergütung geeinigt haben, oder mit dem Tod des Urhebers, § 31a Abs. 2 UrhG. Zu Einschränkungen des Widerrufsrechts bei Gesamtwerken § 31a Abs. 3 UrhG. Zu den Einzelheiten *Fromm/Nordemann* UrhG § 31a Rn. 72 ff.

Gerade im wissenschaftlichen Verlag sind seit einiger Zeit auch Verlagsverträge anzutreffen, die als Hauptrecht die Vervielfältigung und Verbreitung nur eines E-Books oder die Vervielfältigung und Verbreitung körperlicher Werkexemplare nur als sogenanntes Print-on-Demand, so daß also einzelne Exemplare des Buches erst auf individuelle Bestellung gedruckt werden, vorsehen. Dies ist (natürlich) möglich, ohne dass dies an dem Vorliegen eines Verlagsvertrags etwas ändern würde (vgl. zur Rechtsnatur des Verlagsvertrages BGH GRUR 2010, 1093 ff. – Concierto de Aranjuez); das Vertragsmuster muß dann aber neben § 2 mit der Erwähnung des E-Books vor allem in den §§ 3 und 4 und ggf. § 7 angepaßt werden.

9. Verwertungsgesellschaften. → Form. IX.3 Anm. 8.

10. Folgen von Rückruf und Kündigung. Zunächst → Form. IX.5 Anm. 10. Die Gefahr für Verlag und Mitautoren, dass ein einzelner Mitherausgeber durch Rückruf oder Kündigung die weitere Verwertung des Werkes blockiert, ist gering. Solche Erklärungen könnten nur von allen Beteiligten gemeinsam abgegeben werden (vgl. BGH GRUR 1982, 41 (43) – Musikverleger III; s. dazu auch Fromm/Nordemann UrhG § 41 Rn. 38 mwN), es sei denn, sie hätten einen von ihnen ausdrücklich ermächtigt, → Form. IX.3 § 5. Für Beitragsautoren vgl. i. ü. § 19 VerlagsG. In der Praxis ist allerdings der Konflikt unter mehreren Herausgebern oder nur eines Herausgebers mit dem Verlag ein wiederkehrendes Problem. Aus diesem Grund muß der Verlag – im Interesse der weiteren Herausgeber und auch im eigenen, wenn und soweit der Verlag das Werk maßgeblich initiiert, organisiert und geplant hat – die Möglichkeit haben, die Zusammenarbeit mit einem einzelnen Herausgeber unter mehreren zu beenden. IÜ → Form. IX.5 Anm. 15.

In diesem Zusammenhang und vor allem im Falle einer Kündigung durch alle Herausgeber ist die Regelung der Rechte am Titel des Sammelwerks bedeutsam, weil häufiger Anlass für Konflikte (dazu *Fromm/Nordemann* UrhG § 38 Rn. 5 ff.). Ist das Werk ein gemeinsames Projekt der Herausgeber, liegt es nahe, die Rechte am Titel den Herausgebern zuzuordnen. Hat hingegen der Verlag das Werk initiiert, geplant, organisiert und ggf. geprägt, so sollten auch die Titelrechte bei dem Verlag bleiben (vgl. dazu OLG Düsseldorf ZUM-RD 2011, 477).

11. Autorenhonorare. Zunächst → Form. IX.5 Anm. 12. Die dort als üblich genannten Honorarsätze werden bei Sammelwerken meist als Gesamtrahmen verstanden, innerhalb dessen Herausgeber und Beitragsautoren Anteile nach einem individuell zu vereinbarenden Schlüssel erhalten. Zu empfehlen ist – nach Abzug eines Anteils für die reine Herausgebertätigkeit von etwa 2 bis 3 % für alle Herausgeber – die Aufteilung der restlichen ca. 8 % unter den Beitragsautoren nach dem Buchumfang (nicht Manuskriptumfang) ihrer Beiträge. Für kleine Beiträge sollten zur Vereinfachung der Abrechnung anstelle der §§ 4 und 5 Pauschalhonorare vorgesehen werden. Vereinbarungen mit Illustratoren und Bildlieferanten werden besser gesondert getroffen und bleiben bei der Berechnung der Autorenanteile unberücksichtigt.

Die §§ 4, 5 folgen im übrigen dem Branchenbrauch, wonach der Autor bei Verwertungsmaßnahmen, die der Verlag selbst veranstaltet, mit einem prozentualen Anteil am Nettoladenpreis (für preisgebundene Erzeugnisse wie Bücher, CD-Roms, § 2 Abs. 1 Nr. 3 BuchPrG, oder E-Books, § 2 Abs. 1 Nr. 3 BuchPrG analog) bzw. – bei nicht preisgebundenen Verlagserzeugnissen wie zB Hörbüchern oder Spielen uä – am Nettoverlagsabgabepreis beteiligt wird, während sich Verlag und Autoren die Einnahmen aus Lizenzverträgen mit Dritten nach einem bestimmten Schlüssel teilen. Die Teilung der Erträgnisse aus Lizenzverträgen wurde früher weithin mit 50 : 50 vereinbart. Inzwischen hat sich dieser Schlüssel allgemein zugunsten des Urhebers verändert, mit Ausnahme des Bereichs der wissenschaftlichen Werke, bei denen echte Nebenrechtseinnahmen in vielen Fällen keine Rolle spielen und Autor und Herausgeber die Reputation wichtiger zu sein pflegt als die Einnahme. Soweit eine Nebenrechtsverwertung überhaupt in Betracht kommt, differenzieren wir – wie heute vielfach die Praxis, zB die sog. Gemeinsame Vergütungsregel für den Bereich Belletristik – nach „buchnahen" und „buchfernen" Nebenrechten (dazu *Fromm/Nordemann* VerlagsG § 2 Rn. 23 f.). Verbreitet ist auch eine Verteilung der Einkünfte im Verhältnis 60/40 für die buchnahen und 70/30 für die buchfernen Nebenrechte, jeweils zugunsten des Autors. Der Anteil des einzelnen Herausgebers oder Autors an dem Gesamtautorenanteil entspricht dem hochgerechneten Anteil an dem Honorar der Verlagsausgabe (§ 4 Abs. 1).

Vorschüsse (§ 4 Abs. 6) sind nicht allgemein üblich, im wissenschaftlichen Bereich heute sogar eher unüblich, vor allem für einfache Beitragsautoren. Sie werden vielfach auch nicht als garantiertes Mindesthonorar, sondern ganz oder teilweise verrechenbar gewährt, und zwar mitunter auch mit der Möglichkeit, „quer", dh mit Ansprüchen aus weiteren Verlagsverträgen, zu verrechnen.

Die Aufteilung des Honorars können die Herausgeber vertraglich untereinander regeln (→ Form. IX.3 § 4). Zur Klarstellung empfiehlt es sich dann jedoch, in § 6 des vorliegenden Formulars einen entsprechenden Hinweis aufzunehmen.

12. **Abbildungen.** → Form. IX.4 Anm. 5 und → Form. IX.5 Anm. 14.

13. **Neubearbeitungen.** → Form. IX.5 Anm. 15.

14. **Copyright.** → Form. IX.5 Anm. 17.

15. **Scheitern des Projekts.** Die Zusammenarbeit mehrerer Autoren an einem gemeinsamen Vorhaben birgt für alle Beteiligten erhebliche Risiken. Oft können Autoren nur gewonnen werden, weil ein bestimmter Herausgeber oder anderer Autor schon zugesagt hat. Scheidet er wieder aus, verlieren auch sie das Interesse. Ersatzlösungen sind manchmal keine Lösungen. Das für solche Konfliktfälle hier vorgeschlagene Rücktrittsrecht für Herausgeber und Verlag (nicht für Beitragsautoren, → Form. IX.7 § 16 Abs. 2) bedeutet für die Autoren eine gewisse Härte, die schon gearbeitet, möglicherweise ihren Beitrag schon abgeliefert haben. Im letzteren Falle wird der Verlag insoweit verpflichtet, sich um eine anderweitige Verwertung zu bemühen; mehr zu vereinbaren wäre unrealistisch. Das Rücktrittsrecht muss jedem Herausgeber gesondert zustehen, weil die Entscheidung darüber, mit wem zusammen man ein Werk schaffen will, höchstpersönlicher Natur ist. Es hat keinen Sinn, von einem Urheber eine schöpferische Leistung unter Umständen zu erwarten, die ihm gegen den Strich gehen. Dies gilt jedenfalls für die Herausgeber als die bestimmenden Autoren, von denen die Qualität des Gesamtwerks letztlich abhängt. Auf den Autor eines einzelnen Beitrages kommt es demgegenüber weniger an; an ihm soll deshalb das ganze Projekt nicht scheitern können (→ Form. IX.7 § 16 Abs. 2). Tritt ein Herausgeber zurück, so liegt ein Verständigungsfall vor, in dem sich Verlag und verbliebene Autoren erneut um eine Ersatzlösung zu bemühen haben.

16. **Kosten.** → Form. IX.8 Anm. 13.

7. Anthologievertrag (für Verfasser von Beiträgen zu Sammelwerken)

Zwischen[1, 2, 16]
Herrn Caspar Meyer
(Adresse)

– nachfolgend „Autor" –

und
dem S. Verlag GmbH & Co. KG,
(Adresse),
vertreten durch den Geschäftsführer ihrer persönlich haftenden Gesellschafterin,
Herrn Ole Schreiber

– nachfolgend „Verlag" –

wird folgender Vertrag geschlossen:

§ 1 Vertragsgegenstand

(1) Dieser Vertrag betrifft das vorliegende/noch zu verfassende Werk des Autors unter dem Titel/Arbeitstitel:

„Kirche in der DDR“

Das Werk ist als Beitrag zu dem Sammelwerk (Arbeitstitel)

„Staat und Gesellschaft in der DDR“,

herausgegeben von Janssen/Werner/Müller, vorgesehen. Der Beitrag soll einen Umfang von ca. . . . . . Normseiten (= Manuskriptseiten mit 30 Zeilen zu je 60 Zeichen einschl. Leerzeichen) einschließlich eventueller Abbildungen haben.

Der Autor wird das Werk so verfassen, dass es seiner Art und seinem Zweck nach dem neuesten Tatsachen- oder Erkenntnisstand sowie dem anerkannten fachlichen Standard des behandelten Gebiets oder Themas entspricht.

Weitere Einzelheiten über Inhalt, Aufbau, Auswahl, Gliederung und formale Gestaltung des Sammelwerks und der Beiträge, auch über deren Umfang, sowie über den Kreis der beteiligten Herausgeber und Beitragsautoren sind in der Anlage[3] zu diesem Vertrag festgehalten. Sie ist Bestandteil dieses Vertrages.

(2) Der endgültige Titel des Beitrags wird in Abstimmung zwischen Herausgeber und Verlag festgelegt,[4] wobei der Autor der Entscheidung zu widersprechen berechtigt ist, soweit sein Persönlichkeitsrecht verletzt würde.

(3) Der Autor versichert, dass er allein berechtigt ist, über das Urheberrecht an seinem Werk zu verfügen,[5] und dass er bisher keine den Rechtseinräumungen dieses Vertrages entgegenstehende Verfügung getroffen hat.[5]

(4) Der Autor verpflichtet sich, dem Werk nicht durch Veröffentlichungen in anderen Verlagen Konkurrenz zu machen.[6]

(5) Der Autor wird den Verlag bei Ablieferung des Manuskripts schriftlich auf darin enthaltene Darstellungen von Personen oder Ereignissen hinweisen, mit denen das Risiko einer Persönlichkeitsrechtsverletzung verbunden ist.[7] Nur wenn der Autor dieser Vertragspflicht in vollem Umfang nach bestem Wissen und Gewissen genügt hat, trägt der Verlag alle Kosten einer eventuell erforderlichen Rechtsverteidigung. Wird der Autor wegen solcher Verletzungen in Anspruch genommen, sichert ihm der Verlag seine Unterstützung zu, wie auch der Autor bei der Abwehr solcher Ansprüche gegen den Verlag mitwirkt. Der Autor steht im Übrigen dafür ein, dass sein Werk auch andere Rechte Dritter nicht verletzt.[5, 12]

§ 2 Rechtseinräumungen[8]

(1) Der Autor überträgt dem Verlag räumlich unbeschränkt für die Dauer der gesetzlichen Schutzfrist das ausschließliche Recht zur Vervielfältigung und Verbreitung (Verlagsrecht) des Werkes innerhalb des in § 1 Nr. 1 genannten Sammelwerkes für alle Ausgaben und Auflagen ohne Stückzahlbegrenzung, und zwar für alle Sprachen.

Sollte in irgendeinem Lande der Welt die gesetzliche Schutzfrist in Zukunft verlängert werden, so gilt dieser Vertrag in jenem Lande auch für den Verlängerungszeitraum.

(2) Der Autor räumt dem Verlag für die Dauer des Hauptrechts gemäß Abs. 1 außerdem folgende ausschließliche Nebenrechte ein:[1, 8]

a) das Recht des ganzen oder teilweisen Vorabdrucks und Nachdrucks des Werkes (ganz oder teilweise), auch als Fortsetzungsabdruck in periodischen (zB Zeitungen, Zeitschriften, etc) sowie in nichtperiodischen Druckwerken, in/auf werkbezogenen Werbe- und Pressemitteln sowie Sammlungen von Werken mehrerer Urheber;

b) das Recht der Übersetzung des Werkes in andere Sprachen und die Auswertung dieser Sprachfassung nach allen vertragsgegenständlichen Nutzungsarten sowie die Übertragung des Werkes in eine andere Mundart sowie das Recht zur Bearbeitung oder zur sonstigen Umgestaltung des Werkes, einschließlich Blindenschrift;

c) das Recht zur Vervielfältigung und Verbreitung des Werkes in Hardcover-, Taschenbuch-, Volks-, Reprint-, Schul-, Buchgemeinschafts-, Anthologie-, Luxus-, Paperback-, Großdruck-, Mikrokopie-, Loseblatt- und sonstigen Buchausgaben sowie das Recht zur Aufnahme des Werkes oder von Teilen daraus in Sammlungen aller Art;

d) das Recht zur Vervielfältigung und Verbreitung des Werkes in Sonderausgaben, also in allen Buchformen für alle Auflagen und als besondere Ausgaben für das Sortiment und/oder Abnehmer außerhalb des Sortimentsbuchhandels (Nebenmärkte) etc;

e) das Recht zur Vervielfältigung und Verbreitung von Ausgaben des Werkes oder Teilen davon, die unter Verwendung digitaler Speicher- und Wiedergabemedien hergestellt werden, unabhängig von der technischen Ausstattung, und unter Einschluss sämtlicher digitalen oder interaktiven Systeme (zB CD-Rom, CD-I, E-Book in allen Formaten und sonstige Formen des electronic publishing);

f) das Recht, das Werk ganz oder teilweise in Online- und digitale Datenbanken, elektronische und digitale Datennetze, Telefondienste etc einzuspeisen und zu speichern und mittels digitaler oder anderweitiger Speicher- und Übertragungstechnik einer Vielzahl von Nutzern derart, insbesondere im Rahmen sog. „on demand"-Dienste, zur Verfügung zu stellen, dass diese das Werk oder Teile davon auf jeweils individuellen Abruf (insbesondere Push- und Pull-Techniken) kurzfristig mittels eines Fernsehgeräts, Computers, mobilen End- und/oder sonstigen Gerätes unter Einschluss sämtlicher Übertragungswege (Kabel, Funk, Mikrowelle, Satellit) und sämtlicher Verfahren (GSM, UMTS etc) sowie unter Einschluss sämtlicher Protokolle (zB TCP/-IP, http, WAP, HTML, XML etc) empfangen können. Eingeschlossen ist auch das Recht, im Rahmen der in diesem Vertrag erwähnten Nutzungsarten eine interaktive Nutzung des Werkes oder Teilen davon (gegebenenfalls in Verbindung mit anderen Werken) durch den Nutzer zu ermöglichen;

g) das Recht zu sonstiger Vervielfältigung und Verbreitung des Werkes, ganz oder in Teilen, wie zB in Kalendern, insbesondere auch durch digitale, fotomechanische oder ähnliche Verfahren (zB (Digital-) Fotokopie);

h) das Recht zum auch teilweisen Vortrag des Werkes, also das Werk in nicht bühnenmäßiger Form beliebig häufig vorzutragen, einschließlich des Rechts, den Vortrag auf beliebigen Bild-, Ton-, Bildton- sowie Datenträgern aufzuzeichnen und diese auf alle vertragsgegenständlichen Arten sowie im vertraglich vorgesehenen Umfang zu nutzen bzw. auszuwerten (zB als Hörbuch);

i) das Recht, das Werk in allen vertragsgegenständlichen körperlichen und unkörperlichen Nutzungsarten gewerblich oder nichtgewerblich auszuleihen und/oder zu vermieten;

j) das Recht, das Werk ganz oder in Teilen mit Hilfe von Rundfunk einschließlich Drahtfunk, Kabel- und Satellitenfunk und ähnlicher Übertragungstechniken, gleichgültig ob in digitalisierter oder analoger Form sowohl über öffentlich-rechtlich als auch privat-rechtlich organisierte Sender, einschließlich Abonnentenfernsehen und -rundfunk, Videotext, on-demand-Dienste, near-on-demand-Dienste, Pay-TV und vergleichbare Techniken und Verwertungsformen zu senden und/oder solche Sendungen öffentlich wiederzugeben, sowie die Sendungen auf sonstige vertragsgegenständliche Arten zu nutzen;

k) das Recht, das Werk ganz oder in Teilen im Umfang der eingeräumten Rechte, auch unentgeltlich, durch ganzen oder teilweisen Abdruck, Sendung oder sonstige Wiedergabe, auch online/im Internet, zur Werbung für den Verlag oder Dritte, einschließlich für dessen/deren Produkte, entgeltlich oder unentgeltlich zu nutzen;

l) das Recht, das Werk ganz oder in Teilen, alleine oder im Rahmen anderer Werke und Nutzungsformen in körperlicher oder unkörperlicher Form zu archivieren, in Sammlungen und/oder Datenbanken aufzunehmen und Dritten den Zugang zu dem Werk in welcher Form auch immer zu gestatten (zB Online-Dienste).

(3) Darüber hinaus räumt der Autor dem Verlag für die Dauer des Hauptrechts gem. Abs. 1 folgende weitere ausschließliche Nebenrechte ein:

a) das Recht, das Werk zu bearbeiten und bearbeiten zu lassen;

b) das Recht, das Werk für die einmalige oder mehrmalige Bearbeitung als Bühnenstück oder Choreografie oder einer entsprechenden Serie oder als Marionetten-, Puppen- oder Schattentheater oder ähnliche bühnenmäßige Darstellungsformen zu nutzen, sowie ferner das Recht, die so hergestellten Fassungen unter Verwendung des Werkes bühnenmäßig aufzuführen und auf alle vertragsgegenständlichen Arten sowie im vertraglich vorgesehenen Umfang zu nutzen bzw. auszuwerten;

c) das Recht zur Verfilmung und Wiederverfilmung des Werkes einschließlich der Rechte zur Bearbeitung und/oder Weiterentwicklung als Drehbuch und zur Vorführung und umfassenden Verwertung des so hergestellten Films;

d) das Recht zur Bearbeitung und Verwertung des verfilmten Werkes im und für das Fernsehen (Free- oder Pay-TV) und auf ähnliche Weise (zB jede Art des Abruf-Fernsehens, video-on-demand, WebTV, Online-Fernsehen etc);

e) das Recht zur Bearbeitung und Vervielfältigung sowie Verbreitung des Werkes bzw. dessen Verfilmung auf Bild-/Tonträgern jeder Art (zB Videokassetten, Videoplatten, Videobänder, Disketten, Chips etc einschließlich aller CD-Formate, wie CD-Rom, CD-I, DVD etc);

f) das Recht zur Bearbeitung und umfassenden Verwertung des Werkes im Rundfunk sowie als Hörbuch oder Hörspiel;

g) das Recht zur Vertonung des Werkes und zur umfassenden Verwertung der Vertonung;

h) die an dem Werk oder seiner Bild-/Tonträgerfixierung oder durch Lautsprecherübertragung oder Sendung entstehenden Wiedergabe- oder Überspielungsrechte;

i) das Recht, das Werk auf Bild-, Bild-/Ton- oder sonstige Datenträger, gleich nach welcher Aufzeichnungs- und Wiedergabetechnik, zu vervielfältigen und diese über alle Kanäle einschließlich Home-Order-TV, Cluborganisationen oder sonstige Handelsformen zu verbreiten sowie gewerblich und nicht gewerblich zu verleihen und ferner die so hergestellten Datenträger durch öffentliche Wiedergabe wahrnehmbar zu machen und diese auf die sonstigen vertragsgegenständlichen Arten zu nutzen;

j) das Recht, das Werk, insbesondere die in dem Werk enthaltenen Figuren, Namen, Textteile, Titel, Schriften, Geschehnisse, Erscheinungen und die durch das Werk begründeten Ausstattungen einschließlich ihrer bildlichen, fotografischen, zeichnerischen und sonstigen Umsetzungen im Zusammenhang mit anderen Produkten und Dienstleistungen jeder Art und jeder Branche (Merchandising) zu nutzen und so gestaltete oder versehene Produkte zur Werbung für diese Produkte und Dienstleistungen zu verwenden und nach eigenem Ermessen Markenanmeldungen durchzuführen sowie gewerbliche Schutzrechte zu erwerben;

k) das Recht, das bearbeitete Werk ganz oder in Teilen mit Hilfe von Rundfunk einschließlich Drahtfunk, Kabel- und Satellitenfunk und ähnlicher Übertragungstechniken, gleichgültig ob in digitalisierter oder analoger Form sowohl über öffentlichrechtlich als auch privat-rechtlich organisierte Sender, einschließlich Abonnentenfernsehen und -rundfunk, Videotext, on-demand-Dienste, near-on-demand-Dienste, Pay-TV und vergleichbare Techniken und Verwertungsformen zu senden und/oder solche Sendungen öffentlich wiederzugeben, sowie die Sendungen auf sonstige vertragsgegenständliche Arten zu nutzen;

l) das Recht, das bearbeitete Werk ganz oder in Teilen im Umfang der eingeräumten Rechte, auch unentgeltlich, durch ganze oder teilweise Sendung oder sonstige Wiedergabe, auch Online/im Internet, zur Werbung für den Verlag oder Dritte, einschließlich für dessen/deren Produkte, entgeltlich oder unentgeltlich zu nutzen;

o) das Recht, das bearbeitete Werk ganz oder in Teilen alleine oder im Rahmen anderer Werke und Nutzungsformen körperlich oder unkörperlich zu archivieren, in Sammlungen und/oder Datenbanken aufzunehmen und Dritten den Zugang zu dem Werk in welcher Form auch immer zu gestatten (zB Online-Dienste);

p) alle sonstigen durch Verwertungsgesellschaften (zB VG Wort) wahrgenommenen Rechte nach deren Satzung, Wahrnehmungsvertrag und Verteilungsplan, sofern eine Übertragung dieser Rechte gemäß den entsprechenden Bestimmungen sowie gesetzlich zulässig ist.

(4) Ferner räumt der Autor dem Verlag auch die räumlich, zeitlich und inhaltlich unbeschränkten und ausschließlichen Rechte für die im Zeitpunkt des Vertragsschlusses unbekannten Nutzungsarten ein.[8] Die Rechtseinräumung erstreckt sich auf die Verwertung der Nutzungsrechte sowohl im eigenen Verlag als auch durch entgeltliche oder unentgeltliche (auch teilweise) Vergabe von Rechten an Dritte.

(5) Der Verlag kann die ihm nach diesem Vertrag eingeräumten Rechte ganz oder teilweise auf Dritte übertragen, ohne dass es hierzu der Zustimmung des Autors bedarf.

Alternativ:

(5) Der Verlag darf das ihm nach Absatz 2–4 eingeräumte Vergaberecht nicht ohne Zustimmung der Herausgeber weiterübertragen.[3] Dies gilt nicht gegenüber ausländischen Lizenznehmern für die Einräumung von Sublizenzen in ihrem Sprachgebiet sowie für die branchenübliche Sicherungsabtretung von Verfilmungsrechten zur Produktionsfinanzierung.

(6) Soweit dem Verlag in den Absätzen 2 und 3 das Recht eingeräumt ist, das Werk zu bearbeiten oder bearbeiten zu lassen, hat er Beeinträchtigungen des Werkes zu unterlassen, die geistige oder persönliche Rechte des Autors am Werk zu gefährden geeignet sind. Im Falle einer Vergabe von Lizenzen zur Ausübung der Nebenrechte gemäß Absatz 2 und Absatz 3 wird der Verlag darauf hinwirken, dass der Autor vor Beginn einer entsprechenden Bearbeitung des Werkes vom Lizenznehmer gehört wird. Möchte der Verlag einzelne Nebenrechte selbst ausüben, so hat er den Autor anzuhören und ihm bei persönlicher und fachlicher Eignung die entsprechende Bearbeitung des Werkes anzubieten, bevor damit Dritte beauftragt werden. Der Autor wird sich ggf. umgehend äußern. Hält er eine vom Verlag gesetzte angemessene Frist nicht ein, gilt das Manuskript als von ihm gebilligt.

(7) Das Recht zur Ausübung oder Vergabe von Nebenrechten nach den Absätzen 2–5 endet mit dem Erlöschen des Hauptrechts gem. Abs. 1. Der Bestand bereits abgeschlossener Lizenzverträge bleibt – auch im Falle der fristlosen Kündigung des gesamten Vertrages – mit der Maßgabe unberührt, dass die dem Verlag aus ihnen zustehenden Rechte auf den Autor übergehen.[10]

(8) Der Verlag wird sich um die Verwertung der ihm eingeräumten Nebenrechte in angemessener Frist bemühen. Bei mehreren sich untereinander ausschließenden Verwendungsmöglichkeiten wird er die für die Gesamtheit der betroffenen Autoren materiell und ideell günstigste wählen, auch wenn er selbst bei dieser Nebenrechtsverwertung konkurriert.[3]

Übt der Verlag einzelne Rechte nicht aus, so ist der Autor berechtigt, auch einzelne Rechte nach den Regeln gemäß § 41 UrhG nach Ablauf von fünf Jahren zurückzurufen.[10]

§ 3 Verlagspflichten und -rechte

(1) Das Werk wird zunächst als .....-Ausgabe (zB Hardcover, Paperback, Taschenbuch) [8] [*ggf.:* und zeitgliehc als E-Book] erscheinen; nachträgliche Änderungen der Form der Erstausgabe bedürfen des Einvernehmens mit den Herausgebern.[3]

(2) Der Verlag ist verpflichtet, das Werk in der in Absatz 1 genannten Form zu vervielfältigen, zu verbreiten und dafür angemessen zu werben.

(3) Ausstattung, Buchumschlag, Auflagenhöhe, Auslieferungstermin, Ladenpreis und Werbemaßnahmen werden vom Verlag nach pflichtgemäßem Ermessen unter Berücksichtigung des Vertragszwecks sowie der im Verlagsbuchhandel für Ausgaben dieser Art herrschenden Übung bestimmt.

(4) Das Recht des Verlags zur Bestimmung des Ladenpreises nach pflichtgemäßem Ermessen schließt auch dessen später Herauf- oder Herabsetzung ein. Vor Herabsetzung des Ladenpreises wird der Autor benachrichtigt.

(5) Als Erscheinungstermin ist vorgesehen: ..... Eine Änderung des Erscheinungstermins erfolgt in Absprache mit den Herausgebern.[3]

§ 4 Absatzhonorar für Verlagsausgaben[11]

(1) Das Honorar aller Autoren zusammen – einschließlich der Herausgeber – beträgt .....% vom Nettoladenpreis des in § 1 Abs. 1 genannten Sammelwerkes. Nettoladenpreis ist der Ladenpreis des Werkes abzüglich Mehrwertsteuer in der jeweiligen gesetzlichen Höhe. Jeder Autor erhält davon einen Anteil, der dem Anteil seines Beitrages am Gesamtumfang aller Beiträge entspricht.

Für nicht preisgebundene Verlagserzeugnisse beträgt das Honorar aller Autoren .....% vom Nettoverlagsabgabepreis. Jeder Autor erhält davon einen Anteil, der dem Anteil seines Beitrages am Gesamtumfang aller Beiträge entspricht.

Für E-Book-Ausgaben beträgt der Gesamtrahmen des Honorars der Beitragsautoren .....% vom Nettoendverbraucherpreis. Nettoendverbraucherpreis ist der Endverbraucherpreis des Werkes abzüglich Mehrwertsteuer in der jeweiligen gesetzlichen Höhe. Dies gilt auch bezüglich des Honorars für den Abruf von Einzelkapiteln.

(2) Honorarpflichtig sind alle verkauften Exemplare. Für unberechnete Besprechungs-, Prüfungs-, Frei- oder Einführungsexemplare trägt der Verlag weder eine Abrechnungs- noch eine Honorierungspflicht; er muß ihre Zahl dem Autor aber mit der jeweils folgenden Abrechnung angeben. Für Prüfungsexemplare, die gegen Rechnung abgegeben werden, besteht Abrechnungs- und Honorierungspflicht nur, soweit sie bezahlt worden sind. Partie- und Portoersatzstücke sowie solche Exemplare, die für Werbezwecke des Verlages, nicht aber des Buches abgegeben werden, sind abrechnungs- und honorarpflichtig.

(3) Ist der Autor mehrwertsteuerpflichtig, zahlt der Verlag die auf die Honorarbeträge anfallende gesetzliche Mehrwertsteuer zusätzlich. Dies gilt auch für Vorschüsse nach Abs. 6.

(4) Honorarabrechnung und Zahlung erfolgen zum 31.12. jeden Jahres innerhalb der folgenden drei Monate. Das Honorar wird mit Abrechnung fällig.

(5) Der Verlag ist verpflichtet, einem vom Autor beauftragten, zur Berufsverschwiegenheit verpflichteten Dritten (Rechtsanwalt, Wirtschaftsprüfer, Steuerberater oder vereidigter Buchsachverständiger) zur Überprüfung der Honorarabrechnungen Einsicht in die Bücher und Unterlagen zu gewähren.

Die hierdurch anfallenden Kosten trägt der Verlag, wenn sich die Abrechnungen als fehlerhaft erweisen, anderenfalls der Autor.

(6) Auf seine Honoraransprüche erhält der Autor einen Vorschuss[11] in Höhe von ....., zahlbar je zur Hälfte bei Abschluss dieses Vertrages und bei Ablieferung des Manuskripts. Der Vorschuss stellt ein garantiertes Mindesthonorar dar. Er ist nicht rückzahlbar, jedoch mit allen Ansprüchen des Autors aus diesem Vertrag verrechenbar.

Alternativ:

(6) Auf seine Honoraransprüche erhält der Autor einen Vorschuss[11] in Höhe von ....., zahlbar je zur Hälfte bei Abschluss dieses Vertrages und bei Ablieferung des Manu-

skripts. Der Vorschuss nicht rückzahlbar, jedoch mit allen Ansprüchen des Autors aus diesem und ggf. weiteren Verlagsverträgen zwischen den Parteien verrechenbar.

§ 5 Nebenrechtsverwertung[11]

(1) Übt der Verlag die Nebenrechte selbst aus, so gelten für die Ermittlung des Honorars die Bestimmungen über das Absatzhonorar nach § 4. Enthält § 4 für das jeweilige Nebenrecht keine sinnvolle Vergütungsregelung, so ist eine solche nachträglich zu vereinbaren.

(2) Im Übrigen wird der gesamte aus der Verwertung der Nebenrechte erzielte Erlös nach Abzug der darin etwa enthaltenen Mehrwertsteuer zwischen der Gesamtheit der Autoren und dem Verlag geteilt, und zwar erhalten alle Autoren – einschließlich der Herausgeber – gemeinsam

50 % bei den Nebenrechten des § 2 Abs. 2,

60 % bei den Nebenrechten des § 2 Abs. 3.

§ 4 Abs. 3 gilt entsprechend.

Soweit Nebenrechte durch Verwertungsgesellschaften[9] wahrgenommen werden, richten sich die Anteile von Verlag und Autor nach deren Verteilungsplan.

Bei Auslandslizenzen darf der Verlag zuvor etwaige Provisionen und ähnliche Kosten abziehen.

(3) Verwertet der Verlag die in § 2(4) genannten Rechte (unbekannte Nutzungsarten) selbst oder durch Dritte (Lizenz), so erhält der Autor eine angemessene Vergütung, über die sich Autor und Verlag bei beabsichtigter Nutzungsaufnahme durch den Verlag verständigen werden.[8] Im Zweifelsfalle bestimmt der Verlag die Vergütung nach billigem Ermessen. Der Autor kann die Ausübung des Ermessens (§§ 315 ff. BGB) binnen 12 Monaten ab Zugang der Leistungsbestimmung beim Autor durch das zuständige Landgericht überprüfen lassen.

(4) Für Abrechnung und Fälligkeit gelten die Bestimmungen von § 4 Abs. 4 entsprechend.

(5) Die Vergabe von Lizenzen an gemeinnützige Blindenselbsthilfeorganisationen für Ausgaben, die ausschließlich für Blinde und Sehbehinderte bestimmt sind (Druckausgaben in Braille oder sonstiger Punktschrift, Tonträgerausgaben mit akustischen Benutzungsanweisungen und entsprechende Ausgaben auf Datenträgern jeglicher Art oder online), darf vergütungsfrei erfolgen.

§ 6 Miturheber

Sind mehrere Autoren an dem Beitrag beteiligt, so stehen ihnen die Honorare nach den §§ 4 und 5 im Zweifel insgesamt und zu gleichen Teilen zu.[11]

§ 7 Manuskriptablieferung

(1) Der Autor liefert das vollständige Manuskript (einschließlich etwa vorgesehener und von ihm zu beschaffender Bildvorlagen mit Quellennachweisen) bis zum . . . . .per E-Mail (als Worddatei/anderes Format/mit Textausdruck) dem Verlag ab.[3]

Wird dieser Termin nicht eingehalten, so gilt, ohne dass es einer besonderen Erklärung des Verlages bedarf, als angemessene Nachfrist iSd § 30 VerlG ein Zeitraum von einem weiteren Monat. Nach deren Ablauf hat der Verlag das Recht, vom Vertrag zurückzutreten.[3]

Der Autor behält eine Kopie des Manuskripts in digitaler Form einschließlich aller Bildvorlagen, Grafiken usw davon bei sich.

(2) Gehören zu dem Werk Abbildungen, so ist es im Zweifel Sache des Autors, Vorlagen bzw. Handskizzen zu beschaffen. Reinzeichnungen werden im Verlag gefertigt. Soweit daran oder an zu dem Werk gehörenden Fremdtexten Rechte Dritter bestehen, liefert der

Autor dem Verlag die entsprechenden Quellennachweise, so dass dieser sich um den Rechtserwerb bemühen kann. Der Autor liefert geeigneten Ersatz, wenn der Rechtserwerb nicht oder nur unter unverhältnismäßigen Schwierigkeiten oder Kosten möglich ist.[12]

Der Verlag kann nach eigenem Ermessen auf die Verwendung einzelner Vorlagen oder Abbildungen oder Fremdtexte verzichten, wenn der durch den Autor gelieferte Ersatz ihm nicht geeignet erscheint oder die Einholung von Nutzungsrechten insofern ebenfalls mit unverhältnismäßigen Schwierigkeiten oder Kosten verbunden wäre.[12]

Die Kosten für die Text- und/oder Bildbeschaffung und den Erwerb entsprechender Rechte oder Zustimmungen trägt der Autor *oder* der Verlag *oder* tragen Autor und Verlag je zur Hälfte.

(3) Entspricht das Manuskript nach Ansicht des Verlages oder der Mehrzahl der Herausgeber nicht den Vereinbarungen und ist eine Übereinstimmung zwischen Beitragsautor und Herausgebern bzw. Verlag nicht herbeizuführen, so haben Beitragsautor und Verlag das Recht, vom Vertrag zurückzutreten. Verlag und Herausgeber werden sich über ihre Ansicht jeweils binnen 8 Wochen nach der Ablieferung bei Herausgeber resp. Verlag erklären. Erklären sich weder Herausgeber noch Verlag, gilt das Manuskript als angenommen. Der Rücktritt kann nur binnen eines Monats erklärt werden, nachdem Verlag bzw. Herausgeber oder der Beitragsautor das Scheitern des Einigungsversuchs schriftlich gegenüber dem anderen Teil festgestellt haben; bei mehreren an einem Beitrag beteiligten Beitragsautorn wirken Erklärung und/oder Feststellung eines von ihnen für und gegen alle.[10, 15]

(4) Soweit der Autor ein körperliches Manuskript eingereicht hat, bleibt dieses Eigentum des Autors und ist ihm vom Verlag nach Erscheinen des Werkes auf Verlangen zurückzugeben.

§ 8 Freiexemplare

Der Autor erhält für seinen eigenen Bedarf ..... Freiexemplare. Er ist berechtigt, weitere Exemplare des Werkes zum Autorennachlaß von .....% zuzüglich Mehrwertsteuer zu beziehen. Ein Verkauf dieser Exemplare ist dem Autor nicht gestattet.

§ 9 Satz, Korrektur

(1) Der Autor übernimmt es, die Korrekturen des Werkes ohne besondere Vergütung zu lesen. Die Korrekturbogen wird er unverzüglich dem Herausgeber/dem Verlag mit dem Vermerk „druckreif" versehen zurückgeben. Der Vermerk schließt die Genehmigung etwaiger Abweichungen vom Manuskript ein.

(2) Korrekturkosten, die auf nachträgliche Änderungen des Manuskripts durch den Autor zurückzuführen sind, kann der Verlag, soweit sie 10 % der Satzkosten überschreiten, dem Autor in Rechnung stellen. Ausgenommen von der Berechnung bleiben solche Korrekturen, die durch Druck- oder Satzvorgänge veranlasst werden oder sachliche, sinnvolle Berichtigungen darstellen, welche der Autor vor Ablieferung des Manuskriptes nicht vornehmen konnte.

§ 10 Neubearbeitung[13]

(1) Der Verlag wird dem Herausgeber und den Beitragsautorn rechtzeitig mitteilen, wann er eine Neubearbeitung zu veranstalten beabsichtigt. Der Autor verpflichtet sich, innerhalb von 3 Monaten nach Empfang dieser Mitteilung das Manuskript seines Beitrags für die Neuauflage dem jeweiligen Stand der Wissenschaft entsprechend zu bearbeiten und dem Herausgeber abzuliefern, soweit nicht im Einzelfall eine abweichende Vereinbarung getroffen wird. Beabsichtigt der Autor erhebliche Umgestaltungen, insbesondere bezüglich Anlage und Umfang des Beitrages, so wird er sich vor der Herstellung des Manu-

skripts mit dem Herausgeber verständigen. Den Grundcharakter des Beitrages wird er dabei ohne ausdrückliche Zustimmung des Herausgebers, der seinerseits die Zustimmung des Verlages einholt, nicht ändern.

(2) Wurde der Autor nach den §§ 4–5 mit einem Pauschalhonorar abgefunden, so ist für Neuauflagen eine Vergütung gesondert zu vereinbaren, wenn und soweit das Pauschalhonorar Neuauflagen nicht erfassen sollte.

(3) Ist der Autor zu der Bearbeitung nach Abs. 1 nicht bereit oder nicht in der Lage oder liefert er sie nicht innerhalb einer – gegebenenfalls vom Verlag oder in dessen Auftrag vom Herausgeber schriftlich zu setzenden – angemessenen Nachfrist nach Ablauf der Bearbeitungsfrist ab, so ist der Verlag berechtigt, die Bearbeitung durch einen von ihm im Benehmen mit dem Herausgeber zu bestimmenden Dritten vornehmen zu lassen. Er wird dabei auf die ideellen Interessen des Autors nach Möglichkeit Rücksicht nehmen.

(4) Für die Herstellung der Bearbeitung durch einen Dritten gelten die Fristen der Ziffer 1 sinngemäß.

(5) Ist bei mehreren Autoren nur einer von ihnen zur Neubearbeitung nicht bereit oder nicht in der Lage, so bestimmen die übrigen im Einvernehmen mit dem Verlag und dem Herausgeber einen Bearbeiter. Diese Entscheidung kann auch dahin getroffen werden, dass sie selbst die Bearbeitung vornehmen.

(6) Soweit der Autor eine Bearbeitung nicht mehr selbst vornimmt, wird der Verlag etwa von ihm geäußerte Wünsche hinsichtlich der Person des Bearbeiters berücksichtigen, soweit nicht sachliche Gründe dagegen sprechen.

§ 11 Honorierung von Neubearbeitungen[13]

(1) Für die vom Autor nicht mehr selbst geschaffenen Neubearbeitungen erhält der Autor das ihm nach den §§ 4–6 zustehende Honorar unter Abzug des Anteils, der dem neuen Bearbeiter zusteht, noch für die nächsten zwei von ihm nicht mehr bearbeiteten Neuauflagen. Ersetzt der neue Bearbeiter den Teil des ausgeschiedenen Autors vollständig durch ein eigenes Werk, erlischt der Honoraranspruch des Autors bereits mit der ersten von ihm nicht mehr bearbeiteten Neuauflage ebenso wie sein Anspruch auf Nennung aus § 14 Abs. 1. Spätestens mit Erscheinen der dritten nicht mehr durch den Autor selbst geschaffenen Neubearbeitung erlöschen die Rechte des Autors aus diesem Vertrag einschließlich des Anspruchs auf Nennung aus § 14 Abs. 1.

(2) Wurde der Autor nach den §§ 4–5 mit einem Pauschalhonorar abgefunden, so ist für Neuauflagen eine Vergütung gesondert zu vereinbaren, wenn und soweit das Pauschalhonorar Neuauflagen nicht erfassen sollte. Für Neubearbeitungen iSd Abs. 1 erhält der Autor in diesem Fall den auf ihn nach der Neubearbeitung noch entfallenden Anteil des vereinbarten Honorars für Neuauflagen.

§ 12 Verramschung, Makulierung

(1) Der Verlag kann körperliche Exemplare des Werkes verramschen, wenn der Verkauf in zwei aufeinander folgenden Kalenderjahren unter 10 % der letzten Druckauflage/. . . . . Exemplaren gelegen hat. Am Erlös ist der Autor in Höhe seiner prozentualen Beteiligung aus § 4 Abs. 1 mit § 6 beteiligt.

(2) Erweist sich auch ein Absatz zum Ramschpreis als nicht durchführbar, kann der Verlag die Restauflage makulieren.

(3) Der Verlag ist verpflichtet, den Autor rechtzeitig vor einer beabsichtigten Verramschung bzw. Makulierung darüber zu informieren. Der Autor hat das Recht, durch einseitige Erklärung die noch vorhandene Restauflage bei beabsichtigter Verramschung zum Ramschpreis abzüglich des Prozentsatzes seiner Beteiligung und bei beabsichtigter Makulierung unentgeltlich ab Lager zu übernehmen. Machen mehrere Autoren dieses

Recht geltend, übernehmen die einzelnen Autoren die vorhandene Restauflage im Zweifel zu gleichen Teilen.

Bei beabsichtigter Verramschung kann das Übernahmerecht nur bezüglich der gesamten noch vorhandenen Restauflage ausgeübt werden.

Mehreren Autoren stehen die Rechte aus diesem Absatz im Verhältnis ihrer Anteile einzeln zu. Machen nicht alle davon Gebrauch, so können die übrigen entsprechend erhöhte Anteile geltend machen.

(4) Das Recht des Autors, im Falle der Verramschung oder Makulierung vom Vertrage zurückzutreten, richtet sich nach den §§ 32, 30 VerlG. Mehrere Autoren eines Beitrages können es im Zweifel nur gemeinsam ausüben.[10]

(5) Die Absätze 1–4 gelten nicht, wenn der Autor nach den §§ 4, 5 mit einem Pauschalhonorar abgefunden wurde.

§ 13 Rezensionen

Der Verlag wird bei ihm eingehende Rezensionen des Werkes innerhalb des ersten Jahres nach Ersterscheinen umgehend, danach in angemessenen Zeitabständen dem Autor zur Kenntnis bringen.

§ 14 Urheberbenennung, Copyright-Vermerk

(1) Der Verlag ist verpflichtet, den Autor auch ohne dessen ausdrückliche Anweisung in angemessener Weise als Urheber seines Beitrages auszuweisen und beim Abschluss von Lizenzverträgen Dritten eine entsprechende Verpflichtung aufzuerlegen. Eine Neubearbeitung durch Dritte wird der Verlag in angemessener Weise kennzeichnen.[13]

(2) Der Verlag ist verpflichtet, bei der Veröffentlichung des Werkes den Copyright-Vermerk im Sinne des Welturheberrechtsabkommens anzubringen.[14]

§ 15 Tod des Autors

(1) Nach dem Tode des Autors bestehen die Verpflichtungen des Verlages aus diesem Vertrage gegenüber dem durch Erbschein ausgewiesenen Erben. Bei einer Mehrzahl von Erben haben diese dem Verlag einen gemeinsamen Bevollmächtigten zu benennen. Bis zu dessen Benennung ruhen die Rechte der Erben aus diesem Vertrage; Zahlungsansprüche der Erben kann der Verlag jedoch im Verhältnis der im Erbschein ausgewiesenen Anteile befriedigen.

(2) Sollte der Autor vor der Fertigstellung des Manuskriptes für die erste Auflage versterben, so ist der Verlag berechtigt, vom Vertrag zurückzutreten, ohne dass die Erben Vergütungsansprüche haben. Hat der Autor bereits Vorauszahlungen erhalten, so kann der Verlag diese zurückfordern. Der Verlag kann jedoch auch nach eigenem Ermessen die vorhandenen Manuskriptteile übernehmen und diese durch Dritte fertig stellen lassen; für diesen Fall gilt § 11 sinngemäß.

(3) Bei mehreren Autoren eines Beitrages steht dem Verlag das Rücktrittsrecht nach Abs. 2 allen gegenüber zu, wenn einer von ihnen verstirbt.

(4) Zu der Erklärung, ob das Rücktrittsrecht ausgeübt wird, kann den Verlag jeder Miterbe bzw. Mitautor schriftlich – Telefax oder Scankopie eines Briefes mit Unterschrift genügen – auffordern, wobei zur Glaubhaftmachung des Erbverhältnisses die Vorlage einer notariellen Erbscheinsverhandlung genügt. Gibt der Verlag die Erklärung nicht binnen eines Monats nach der Aufforderung ab, so erlischt das Rücktrittsrecht.

§ 16 Verhältnis zum Herausgeber und zu den anderen Beitragsautoren

(1) Der Verlag wird gesonderte Verträge mit dem oder den Herausgebern und mit den Autoren der anderen Beiträge schließen.

(2) Der Herausgebervertrag sieht ein Rücktrittsrecht für den Herausgeber oder den Verlag oder für beide Seiten in den Fällen vor, in denen sich die Veröffentlichung des Sammelwerkes nachträglich als undurchführbar erweist, zB dadurch, dass ein Herausgeber oder ein Beitragsautor die ihm vertraglich obliegende Leistung nicht oder nicht ordnungsgemäß erbringt. Daneben gibt es gesetzliche Gründe, die das (weitere) Erscheinen des in § 1 Nr. 1 bezeichneten Sammelwerkes rechtlich ausschließen könnten (zB die fristlose Kündigung des Herausgebervertrages). Autor und Verlag sind sich demgemäß einig darüber, dass dieser Vertrag erlischt, wenn der Herausgebervertrag endet.[15]
Tritt ein solcher Fall nach Ablieferung des Werkes, aber vor Erscheinen des Sammelwerkes ein, so wird sich der Verlag um eine angemessene anderweitige Publikation des Werkes bemühen.

§ 17 Änderungen, Ergänzungen

(1) Änderungen oder Ergänzungen dieses Vertrages bedürfen der Schriftform, wobei Briefwechsel – auch per Telefax oder Scankopie eines Briefes mit Unterschrift – genügt.
(2) Soweit dieser Vertrag keine ausdrücklichen Regelungen enthält, gelten die Bestimmungen der Vertragsnormen für wissenschaftliche Verlagswerke (Fassung 2000)/des Normvertrages für den Abschluss von Verlagsverträgen zwischen dem Verband deutscher Schriftsteller und dem Börsenverein des Deutschen Buchhandels vom 19.10.1978 in der seit dem 6.2.2014 gültigen Neufassung ergänzend.[2]
Im Übrigen ist auf diesen Vertrag deutsches Recht anwendbar.
(3) Die Nichtigkeit oder Unwirksamkeit einzelner Bestimmungen dieses Vertrages berührt die Gültigkeit der übrigen Bestimmungen nicht. Die Parteien sind alsdann verpflichtet, die mangelhafte Bestimmung durch eine solche zu ersetzen, deren wirtschaftlicher und juristischer Sinn dem der mangelhaften Bestimmung möglichst nahekommt.
(4) Sonstige Vereinbarungen: . . . . .

Anmerkungen

Vgl. im Einzelnen die Anmerkungen zu → Form. IX.6. Die Ziffern der Fußnoten im hiesigen Muster beziehen sich auf die Ziffern der Anm. zu → Form. IX.6.

8. Zeitschriften-Herausgeber-Vertrag

Zwischen[1, 2, 13]
Herrn Professor Dr. Friedrich Faber
(Adresse)

– nachfolgend „Herausgeber" –

und
der S. Verlag GmbH & Co. KG,
(Adresse)
vertreten durch den Geschäftsführer ihrer persönlich haftenden Gesellschafterin,
Herrn Ole Schreiber

– nachfolgend „Verlag" –

wird folgender Vertrag geschlossen:

§ 1 Vertragsgegenstand

(1) Der Verlag als Inhaber aller Rechte[3] beauftragt den Herausgeber sowie Frau Prof. Dr. Helene Müller, mit der der Verlag einen gesonderten Herausgebervertrag schließen wird, mit der Herausgeberschaft an der Zeitschrift

„Praxis und Recht der Kindertagesstätte",

die monatlich erscheint. Die Nennung der Herausgeber im Impressum erfolgt in alphabetischer Reihenfolge.

(2) Die Herausgeber und die Verlagsredaktion bilden gemeinsam das Schriftleitungsteam der Zeitschrift.

(3) Die presserechtliche Verantwortung liegt bei der Verlagsredaktion. *Alt. für reine Onlinepublikationen*: Die presserechtliche Verantwortung liegt bei der Redaktion der ..... als Anbieter des Telemediums.[5]

(4) Die Parteien sind sich einig, dass die Rechte am Titel der Zeitschrift auch nach einer gemeinsamen Kündigung durch alle Herausgeber dem Verlag zustehen sollen.[3]

Alt.: (4) Die Parteien sind sich einig, dass die Rechte am Titel der Zeitschrift nach einer gemeinsamen Kündigung durch alle Herausgeber den Herausgebern zustehen sollen.[3]

§ 2 Art der Zusammenarbeit[6]

(1) Die Herausgeber entwickeln gemeinsam mit der Verlagsredaktion das Programm für die einzelnen Hefte der Zeitschrift.

(2) Die Herausgeber verhandeln mit geeigneten Autoren und prüfen eingehende Manuskripte und Bildvorlagen.

(3) Sie übernehmen auf Wunsch eines Beitragsverfassers oder der Verlagsredaktion die nochmalige Durchsicht der Druckfahnen, nachdem diese von den Beitragsverfassern korrigiert worden sind.

(4) Die Verlagsredaktion übernimmt das Lektorat und sorgt für den Erwerb der zur Nutzung der Bildvorlagen erforderlichen Rechte.

(5) Das Schriftleitungsteam entscheidet einvernehmlich über den Inhalt der Hefte, insbesondere über die Annahme der Beiträge. Zu diesem Zweck tritt es nach Bedarf zusammen. Die dabei anfallenden Kosten trägt – im Rahmen der durch den Verlag festzulegenden Reisekostenordnung – der Verlag.

(6) Einzelheiten können in einer Geschäftsordnung geregelt werden.

§ 3 Rechte der Herausgeber und Rechte Dritter

(1) Soweit die Herausgeber im Rahmen ihrer vertraglichen Tätigkeit schöpferische Leistungen erbringen sollten, die urheberrechtlich geschützt sind, gelten die Nutzungsrechte daran als dem Verlag in dem Umfang eingeräumt, in dem es für die betriebliche Auswertung dieser Leistungen erforderlich ist. Dies erfaßt neben der Printausgabe insbesondere die regelmäßig online und in elektronischen Medien (vor allem auch CD-Rom zu Archivzwecken) veröffentlichten Ausgaben der Zeitschrift sowie die Verfügbarkeit der Zeitschrift und einzelner Beiträge in online und offline verfügbaren Datenbanken und Werbedrucke oder digitale oder Online-Werbeausgaben der Zeitschrift auch in Auszügen. Soweit die Herausgeber selbst als Beitragsverfasser tätig werden, werden die Parteien die üblichen vertraglichen Regelungen treffen.[7]

(2) Die Herausgeber stehen dafür ein, dass sie durch ihre Tätigkeit Rechte Dritter nicht verletzen.[8]

§ 4 Konkurrenzklausel[9]

Die Herausgeber werden an keiner Zeitschrift eines anderen Verlages in ähnlicher Funktion ohne das ausdrückliche Einverständnis des Verlages mitwirken, die mittelbar oder unmittelbar im Wettbewerb zu „Praxis und Recht der Kindertagesstätte“ steht.

§ 5 Honorar[10]

(1) Für die von ihnen nach diesem Vertrag zu erbringenden Leistungen erhalten die Herausgeber eine Pauschalvergütung pro erschienener Ausgabe. Darin sind die Unkosten – mit Ausnahme der Reisekosten gem. § 2 Abs. 5 – enthalten. Übernimmt ein Herausgeber die Moderation eines Themenschwerpunktes, so erhält er dafür einen Zuschlag von 50 %.

(2) Die Pauschalvergütung nach Abs. 1 beträgt . . . . . Euro für jeden Herausgeber. Sie ist an der derzeitigen Verkaufsauflage von rund . . . . . Print-Exemplaren bzw. . . . . . elektronischen Abonnements orientiert. Eine Erhöhung und damit eine Beteiligung am Verkaufserfolg ist in der Form vorgesehen, dass die Vergütung vom Beginn des nächsten Kalenderjahres an um jeweils . . . . . Euro pro Heft steigt, sobald die verkaufte Auflage sich im Schnitt des letzten Kalenderjahrs entweder für die Printausgabe um jeweils . . . . . Exemplare oder für rein elektronische Abonnements um . . . . . Abonnements oder insgesamt um . . . . . Abonnements erhöht hat. Maßgeblich sind die der Informationsgemeinschaft zur Feststellung der Verbreitung von Werbeträgern, Bonn (www.ivw.de), gemeldeten Zahlen (IVW-Zahlen) bzw. die durch den Verlag erfaßten elektronischen Abonnements der Zeitschrift.

(3) Ist ein Herausgeber mehrwertsteuerpflichtig, zahlt der Verlag die auf das Honorar anfallende gesetzliche Mehrwertsteuer zusätzlich.

(4) Jeder Herausgeber erhält von jedem Heft der Zeitschrift 3 Freiexemplare. Weitere Exemplare kann er zum Autorenpreis beziehen. Diese Exemplare dürfen nicht weiterverkauft werden.

§ 6 Präsentation der Zeitschrift

(1) Ausstattung, Umschlag, Auflagenhöhe – einschließlich des Verhältnisses der Auflagenhöhe der Print- zu der elektronischen Ausgabe –, Erscheinungsfolge und Verkaufspreis werden vom Verlag nach Anhörung der Herausgeber nach pflichtgemäßem Ermessen unter Berücksichtigung des Vertragszwecks sowie der in der Branche für Zeitschriften dieser Art herrschenden Übung bestimmt.

(2) Den Werbeetat für die Zeitschrift setzt der Verlag fest. Er wird den Inhalt der Werbemaßnahmen mit dem Schriftleitungsteam beraten.

§ 7 Beendigung des Vertrages[11]

(1) Sollte einer der Herausgeber infolge Krankheit oder aus anderen Gründen außerstande sein, seine Aufgaben für mehr als 2 aufeinander folgende Hefte wahrzunehmen, so kann der Verlag durch schriftliche Mitteilung an ihn den Vertrag für beendet erklären, soweit er ihn betrifft. Das Gleiche gilt, wenn der Herausgeber seine Mitwirkung verweigert; dies gilt auch dann, wenn sich die Weigerung nur auf ein Heft bezieht.[11]

(2) Der Verlag ist in diesen Fällen berechtigt, die Aufgaben des ausgeschiedenen Herausgebers im Einvernehmen mit den anderen Herausgebern einem Dritten zu übertragen.

(3) Dieser Vertrag endet von selbst mit Ablauf des übernächsten Kalenderjahres, das auf das Jahr folgt, in dem er unterzeichnet wurde. Beide Seiten können ihn durch schriftliche Erklärung, die spätestens zum 30.9. des laufenden Jahres zugegangen sein muss, um weitere 2 Jahre verlängern; mehrere Herausgeber können diese Erklärung nur gemeinsam abgeben.[12]

(4) Das Recht zur fristlosen Kündigung dieses Vertrages aus wichtigem Grund bleibt unberührt. Als wichtiger Grund ist es auch anzusehen, wenn nach dem Ausscheiden eines Herausgebers Einvernehmen zwischen dem Verlag und den verbliebenen Herausgebern über eine Nachfolgeregelung nicht erzielt werden kann.[12]

Schrifttum: → Form. IX.5.

Anmerkungen

1. Sachverhalt. Fast jede wissenschaftliche oder sonst fachlich orientierte Zeitschrift hat neben dem Schriftleiter einen oder mehrere Herausgeber. Die verlegerischen Motive dafür sind unterschiedlich. Soweit eine möglichst stattliche Liste möglichst namhafter Herausgeber in erster Linie das „Aushängeschild" darstellt, unter dem man für die Zeitschrift wirbt, besteht kein Bedürfnis für eine besondere vertragliche Regelung; die Herausgeber haben praktisch keine Verpflichtungen und werden für die Hergabe ihres Namens mit der Ehre ihrer Nennung und mit einem Freiexemplar belohnt. In anderen Fällen will der Verlag mit der Gewinnung von Kapazitäten eines bestimmten Fachgebiets als Herausgeber für eine auf diesem Gebiet erscheinende Fachzeitschrift neben dem stets gegebenen Werbeeffekt auch deren inhaltliche Qualität sicherstellen. Das gelingt nur, wenn er den oder die Herausgeber zu tätiger Mitarbeit verpflichtet; dafür muss er dann freilich auch ein angemessenes Honorar aufwenden. Von diesem Sachverhalt geht das Formular aus.

Geht es um eine reine Onlinepublikation, die nicht von einem Verlag im eigentlichen Sinne herausgegeben wird, sind die Begriffe „Verlag"/„Verleger" usw sinnvoll anzupassen. Die in den gesetzlichen Regelungen zumeist verwendete Terminologie des „Diensteanbieters" ist hier mehrdeutig und sollte deshalb eher nicht gebraucht werden.

IÜ → Form. IX.9 und 10.

2. Wahl des Formulars. Mit dem hier vorgeschlagenen Formular ist nur der Herausgeber angesprochen, der nicht selbst lektoriert und für die technische Durchführung sorgt. Für Fälle dieser Art ist das nachfolgende → Form. IX.10 vorgesehen. Da Mischformen häufig sind, wird im Einzelfall zu prüfen sein, welche Gestaltungselemente aus → Form. IX.8 und → Form. IX.10 zu einem Vertrag sui generis zusammenzufügen sind; die Übereinstimmung beider in einer Reihe von Bestimmungen versucht das zu erleichtern. – Die Formulare sind jeweils auf mehrere Herausgeber bzw. Schriftleiter abgestellt, weil ihre Kürzung auf eine Person für den Benutzer einfacher ist als umgekehrt ihre Erweiterung. – Für Sammelwerke, die über einen längeren Zeitraum hinweg in regelmäßigen Zeitabständen abschnittsweise erscheinen, ist → Form. IX.6 vorzuziehen. → Form. IX.6. kann auch dann sinnvoll sein, wenn der Herausgeber umfangreich inhaltlich tätig, also vor allem Urheber des Sammelwerks wird oder selbst umfangreichere Beiträge liefern soll. → Form. IX.6. → Anm. 1 und 2.

3. Rechtsinhaberschaft. In Betracht kommen vor allem die Rechte am Titel der Zeitschrift, § 5 Abs. 3 MarkenG. Die Regelung der Rechte am Titel des Sammelwerks ist stets bedeutsam, weil der Titel in der Regel den immateriellen Wert der Zeitschrift widerspiegelt und also häufiger Anlass für Konflikte ist (dazu *Fromm/Nordemann* UrhG § 38 Rn. 5 ff. und → Form. IX.11 Anm. 8). Hat – wie häufig in den hier angedachten Fällen – der Verlag die Zeitschrift initiiert, geplant, organisiert und ggf. geprägt, so sollten die Titelrechte bei dem Verlag bleiben. Wenn allerdings die Zeitschrift ein gemeinsames, originäres Projekt der Herausgeber oder Organ eines Vereins oÄ ist (→ Form. IX.11), kann es naheliegen, die Rechte am Titel den Herausgebern bzw. dem Verein zuzuordnen.

4. Rechtsnatur des Vertrages. Der allgemein „Auftrag" genannte Herausgebervertrag ist in Wahrheit ein freier Dienstvertrag mit gewissen werkvertraglichen Einschlägen. Daraus ergeben sich Konsequenzen für die Einräumung etwa bei Erfüllung des Vertrages dem Herausgeber zugewachsener Urheberrechte (→ Anm. 7) und für die Kündigung (→ Anm. 11).

5. Presserechtliche Verantwortung. Nach den – weitgehend übereinstimmenden – Landespressegesetzen der Bundesländer haften Verleger, Drucker, Herausgeber und verantwortlicher Redakteur unter abweichenden Voraussetzungen zivil- oder strafrechtlich für den Inhalt des Druckwerks; sie alle sind demgemäß im Impressum, das für alle periodisch erscheinenden Druckwerke vorgesehen ist, zu nennen. Der verantwortliche Redakteur nimmt unter ihnen die am meisten exponierte Stellung ein; er ist auch Anspruchsgegner für Gegendarstellungsansprüche. Deswegen schreiben die relevanten Regelungen der Landespressegesetze (abrufbar zB unter http://www.dmv-verband.de/wissenspool/rechtliches/landespressegesetze.html) vor, dass als verantwortlicher Redakteur nur benannt werden darf, wer seinen ständigen Aufenthalt im Geltungsbereich des Grundgesetzes hat, die bürgerlichen Ehrenrechte besitzt, die Fähigkeit, ein öffentliches Amt zu bekleiden, nicht durch richterliche Entscheidung verloren hat und unbeschränkt geschäftsfähig ist; die meisten Gesetze verlangen ferner die Vollendung des 21. Lebensjahrs (außer bei Zeitschriften von Jugendlichen für Jugendliche), ferner die uneingeschränkte gerichtliche Verfolgbarkeit des Redakteurs für von ihm durch die Presse begangene strafbare Handlungen. Näheres bei *Ricker/Weberling,* Handbuch des Presserechts, 13. Kap. Rn. 22 ff. Ähnliches gilt für reine Onlinepublikationen, dh Anbieter von Telemedien mit journalistisch-redaktionell gestalteten Angeboten, §§ 55 Abs. 2, 9a RStV; zum Begriff Binder/Vesting/Held, Rundfunkrecht, 4. Auflage 2018, RStV § 54 Rn. 44 ff. mwN.

6. Aufgabenteilung zwischen Herausgeber und Verlag. Das Formular geht davon aus, dass der Verlag einen eigenen Redakteur beschäftigt. Wenn der Herausgeber auch dessen Funktionen übernehmen soll, ist → Form. IX.10 mit der Maßgabe zu wählen, dass die Bezeichnung „Schriftleiter" dort durch „Herausgeber" ersetzt wird. Der angestellte Redakteur und die Herausgeber bilden ein Schriftleitungsteam, in dem das Einstimmigkeitsprinzip herrscht. Auf diese Weise wird zugunsten des Verlages sichergestellt, dass der Charakter der Zeitschrift nicht gegen seinen Willen verändert werden kann, und zugunsten jedes einzelnen Herausgebers gewährleistet, dass er nicht überstimmt werden kann. Wegen der Beschaffung der Rechte an Bildvorlagen → Form. IX.4 Anm. 5.

7. Urheberrecht. Bei in Arbeits- oder Dienstverhältnissen tätigen Urhebern richtet sich der Umfang, in dem diese dem Arbeitgeber oder Dienstherrn Nutzungsrechte an den von ihnen im Rahmen des Vertragsverhältnisses geschaffenen Werken einräumen, in Ermangelung ausdrücklicher anderer Vereinbarungen wiederum nach der Zweckübertragungstheorie bzw. – in der neueren Terminologie des Bundesgerichtshofes – dem Übertragungszweckgedanken (→ Form. IX.5 Anm. 1), § 43 UrhG. Stillschweigend erfolgt der Rechtsübergang in Arbeits- und Dienstverhältnissen nur in dem Umfang, in dem er für die betriebliche Auswertung des Werkes erforderlich ist (vgl. *Fromm/Nordemann* UrhG § 43 Rn. 27 ff.). Mit dieser Formel, die jede denkbare Nutzung der Zeitschrift für die betrieblichen Zwecke des Verlages ermöglicht, kommt der Zeitschriftenverlag in der Regel ohne weiteres aus. Es bedarf hier deshalb nicht der umfangreichen Rechtsübertragungsklauseln, wie sie bei freien Urhebern nötig sind (zB → Form. IX.6 § 2).

8. Rechte Dritter. → Form. IX.5 Anm. 4, 7 und 14.

9. Konkurrenzklausel. Sie ist in dieser Form entschädigungslos zulässig, da sie von selbst aus § 242 BGB folgt (BGH GRUR 1973, 426 f. – Medizin-Duden). → Form. IX.6 Anm. 6.

10. Honorar. Die Formulierung „zur Abgeltung aller Leistungen aus diesem Vertrage“ stellt sicher, dass mit dem Honorar zugleich eine etwa erbrachte schöpferische Tätigkeit nach § 3 Abs. 1 abgegolten ist. Eine Ermäßigung des Erfolgshonorars für den Fall, dass die Verkaufsauflage absinkt, ist nicht vorgesehen; der Verlag müsste dann von der Möglichkeit der Beendigung des Vertrages Gebrauch machen (§ 7). Damit andererseits eine Honorarerhöhung nicht schon bei kurzfristig auftretenden Auflagensteigerungen eintritt, ist auf den Durchschnitt eines ganzen Kalenderjahres abgestellt. Wenn die Auflage also beispielsweise in den ersten 9 Monaten eines Kalenderjahres bei 7.800 Exemplaren gelegen hat und erst ab Oktober auf 8.300 Exemplare steigt, haben die Herausgeber erst im übernächsten Kalenderjahr Anspruch auf eine Honorarsteigerung.

11. Beendigung des Vertrages. Ein Herausgeber, der seine Mitarbeit auch nur für ein Heft verweigert – in der Praxis häufig aufgrund eines Zerwürfnisses mit dem oder den weiteren Herausgebern –, liefert einen wichtigen Grund für die fristlose Kündigung des Vertrages. Ihm gegenüber muss der Verlag deshalb den Vertrag für beendet erklären können (Abs. 1 Satz 2). An die Stelle der in Abs. 3 vorgesehenen Beendigung des Vertrages mit Optionsklausel lässt sich auch eine automatische Verlängerungsklausel setzen oder vereinbaren, dass dieser Vertrag auf unbestimmte Zeit läuft und jeweils zu einem bestimmten Datum mit einer bestimmten Frist kündbar ist.

12. Mehrere Herausgeber. → Form. IX.6 Anm. 10.

13. Kosten. Für den Entwurf des Vertrages eine 0,5 bis 2,5 – in der Regel wohl mindestens 1,3 – Gebühr aus Nr. 2300 VV zum RVG iVm Vorb. 2.3. Abs. 3; sie erhöht sich gem. Nr. 1008 VV um jeweils 0,3, falls der Rechtsanwalt für mehrere Herausgeber tätig geworden ist. Geschäftswert: einen gewissen Anhaltspunkt kann gem. §§ 22, 23 RVG in Verbindung mit § 24 Abs. 1 Nr. 1a KostO die Anzahl der Vertragsmonate bis zum ersten vorgesehenen Vertragsende (§ 7 Nr. 3), multipliziert mit dem monatlichen Pauschalhonorar des § 5 Abs. 1, geben. Wird das feste Vertragsende durch eine Laufzeit auf unbestimmte Dauer mit Kündigungsregelung ersetzt, ist Anhaltspunkt für den Wert nach § 24 Abs. 1 Nr. 1b KostO das Zwölfeinhalbfache des Jahreswertes.

9. Nutzungsrevers für Beiträge zu Zeitschriften und Zeitungen

Frau[1]
Helene Müller
(Adresse)

Rücksendeadresse:
Wiss. Verlag Albrecht Meyer
GmbH & Co. KG
Redaktion Biochemie
10719 Berlin

Berlin, den . . . . .

Sehr geehrte(r) Herr/Frau . . . . .,
Sie haben den unten genannten Aufsatz bei dem Wiss. Verlag A. Meyer eingereicht. Sie werden hiermit um folgende Erklärung und also die Einräumung folgender Nutzungsrechte gebeten[1],:[2]

1. Mit der Annahme meines Manuskriptes zur Veröffentlichung in der Zeitschrift „Biochemie" räume ich dem Wiss. Verlag A. Meyer die Nutzungsrechte an meinem Artikel ein. Diese umfassen neben dem Recht des Vorabdrucks, Nachdrucks und der Übersetzung in andere Sprachen alle üblichen Online- und Offline- bzw. Print-Vervielfältigungs- und Verbreitungsrechte, insbesondere das Recht der Nutzung durch Vervielfältigungsformen wie Mikrokopie und ähnliche Techniken, Erstellung, Speicherung, Verbreitung und Zugänglichmachen digitaler Formen online und auf Trägermedien wie CD-ROM, CD-I, DVD, Disketten, Nutzung und Verwertung in Local Area Networks, Intranets, Internet und anderen Datenbanken, sowie Nutzung und Verwertung durch andere Verbreitungsformen wie Document Delivery Services.[2]
2. Die Einräumung der Nutzungsrechte erfolgt weltweit und ist für die Dauer von drei Jahren ab Veröffentlichung ausschließlich[2]. Während dieser Zeit ist es mir untersagt, den Artikel in irgendeiner Form anderweitig zu veröffentlichen oder veröffentlichen zu lassen, wie insbesondere durch kostenloses Bereitstellen auf meiner eigenen Internetseite, der meines Institutes oder meines Arbeitgebers. [*ggf. alternativ*: Nach Ablauf von 12 Monaten seit Erstveröffentlichung darf ich meinen Beitrag in der vom Verlag akzeptierten Manuskriptfassung öffentlich zugänglich machen, wobei dies keinem gewerblichen Zweck dienen darf.] Nach Ablauf dieser Zeit behält der Verlag die Nutzungsrechte für die Dauer der gesetzlichen Schutzfrist einschließlich zukünftiger Verlängerungen als einfache, dh Dritte oder mich selbst von der Nutzung nicht ausschließende Rechte. Während der gesamten Zeit ist der Wiss. Verlag A. Meyer berechtigt, die Nutzungsrechte vollständig oder teilweise auf Dritte zu übertragen und Dritten Nutzungsrechte einzuräumen. Darüber hinaus gilt das Recht der Bundesrepublik Deutschland.
3. Ich behalte die folgenden Rechte:
alle sonstigen Schutzrechte wie zB Patentrechte,
das Recht, nach Veröffentlichung durch den Wiss. Verlag A. Meyer den ganzen Artikel oder Teile davon in mündlichen Vorträgen oder anderen Publikationen meiner Werke zu nutzen sowie Kopien für meinen eigenen Bedarf, den des Lehrbetriebes oder den eigenen internen Gebrauch meines Arbeitgebers anzufertigen [*ggf.*: und für diese Zwecke in digitaler Form auch online intern zugänglich zu machen].[2]
4. Für die Nutzung meines Artikels erhalte ich eine pauschalierte Vergütung in Höhe von ..... EUR pro Druckseite, dh insgesamt ..... EUR. Alle weiteren Nutzungen sind mit dieser Vergütung abgegolten. Lediglich für einen Einzelabruf des Artikels über das Internet oder über sonstige Document Delivery Services erhalte ich ein zusätzliches Honorar in Höhe von EUR ..... pro Abruf/.....% des Nettoendverbraucherpreises für den Abruf.[5]

Ich akzeptiere die oben genannten Bedingungen für die Publikation des folgenden Artikels:

(Titel des Artikels)

eingereicht durch den Autor/die Autorin:

zur Veröffentlichung in „Biochemie".

Ich versichere, der Urheber des untengenannten Artikels zu sein und über sämtliche urheberrechtlichen Nutzungsrechte an meinem Artikel verfügen zu dürfen.[3] Etwaige Mitautoren habe ich über den Inhalt des Artikels und seine Einreichung informiert und ihre Zustimmung eingeholt. Sofern unveröffentlichte Arbeiten anderer Forschungsgruppen zitiert werden, habe ich deren Genehmigung eingeholt.[3] Mein Artikel enthält außerdem folgende Abbildungen/Grafiken, die nicht von mir stammen und bezüglich derer ich noch keine Nutzungsrechte eingeholt habe:[4]

.....; Quelle: .....

Der Verlag darf nach eigenem Ermessen auf die Verwendung der Abbildungen/Grafiken verzichten, wenn der Erwerb der Nutzungsrechte nur mit unverhältnismäßigem Aufwand möglich wäre.[4]

..... **.....**

Datum/Unterschrift **Name (bitte in Druckschrift)**

Bitte senden Sie uns dieses Formular umgehend per Post, per Fax oder als Scankopie per E-Mail zurück.
Mit freundlichen Grüßen
(Wiss. Verlag A. Meyer)

Schrifttum: → Form. IX.5.

Anmerkungen

1. Sachverhalt; Wahl des Formulars. In der Praxis wäre ein ausführlicher Verlagsvertrag für den Verfasser eines Einzelbeitrags zu einer Zeitschrift oder Zeitung unangemessen, weil viel zu ausführlich und in weiten Teilen überflüssig. Das vorliegende Muster soll die für den Verlag in der Regel (allein) notwendigen Rechte dem Verlag einräumen. Im Übrigen → Form. IX.6 Anm. 1 und 2 sowie 8.

2. Rechtseinräumungen. Zunächst → Form. IX.6 Anm. 8. Das Nutzungsrevers sieht statt eines ausführlichen Rechtekatalogs, der hier überflüssig wäre – Nebenrechte spielen nur eine begrenzte Rolle –, nur die Nutzungsrechte vor, mit denen ein wissenschaftlicher oder Zeitungs-/Zeitschriftenverlag in der Regel auskommt, dh neben den Print- und Übersetzungsrechten vor allem die Online- und Datenbankrechte im weiteren Sinne. Zu Text und Data Mining s. jetzt § 60d UrhG und Fromm/Nordemann § 60c Rn. 3 ff. Nach dem hier vorgeschlagenen Formular (Ziff. 3.) behält der Autor – bei wissenschaftlichen Zeitschriften vielfach üblich und jetzt in § 38 Abs. 4 UrhG für bestimmte Fälle geregelt – das Recht, nach Veröffentlichung seine Publikation im Rahmen eigener Vorträge und – bearbeitet – in weiteren Publikationen zu nutzen und Kopien für den eigenen Bedarf, für den Lehrbetrieb oder den des Arbeitgebers zu fertigen.

Anders als bei anderen Werken enthält § 38 Abs. 1 und 3 UrhG für Beiträge zu periodisch erscheinenden Sammlungen (Abs. 1) und Zeitungen (Abs. 3) Auslegungsregeln, die vorsehen, dass der Verlag im Zweifel nur ein auf ein Jahr begrenztes ausschließliches, im übrigen einfaches Nutzungsrecht erwirbt (periodisch erscheinende Sammlungen; Abs. 1; dazu *Fromm/Nordemann* UrhR UrhG § 38 Rn. 9 ff.). Für Zeitungen gibt § 38 Abs. 3 UrhG dem Verlag im Zweifel sogar von vornherein nur ein einfaches Nutzungsrecht; räumt der Autor dem Verlag ein ausschließliches Recht ein, darf der Autor dennoch „alsbald" nach Erscheinen selbst anderweit vervielfältigen und verbreiten (*Fromm/Nordemann* UrhR UrhG § 38 Rn. 16 ff.). Vor diesem Hintergrund enthalten Ziff. 1 und 2 des Formulars zwar eine weltweite, jedoch nur für die Dauer von drei Jahren ausschließliche Rechtseinräumung. Bei Zeitschriften und Zeitungen erscheinen Beiträge in aller Regel nur einmalig und werden nach dem Erscheinen nur noch in Datenbanken – online oder auf Archiv-CD-ROM – verfügbar gehalten, und zwar häufig für einen beschränkten, je nach Medium und Fachgebiet unterschiedlich langen Zeitraum. Danach gibt es teilweise keine Notwendigkeit mehr, dem Autor die anderweitige eigene Veröffentlichung zu nehmen. Der in dem Formular genannte Exklusivitätszeitraum von drei Jahren reicht erfahrungsgemäß für viele Verlage aus; für einige – gerade bei den Zeitungen – kann er zu lang sein, für andere Publikationen – in nicht ganz so schnelllebigen Wissenschaften – wiederum zu kurz.

Vgl. zum Ganzen auch den Tarifvertrag für arbeitnehmerähnliche freie Journalisten und Journalistinnen an Tageszeitungen mit Wirkung vom 1.8.2013, abrufbar unter http://www.djv.de.

3. Verfügungsrecht. → Form. IX.5 Anm. 4 und 5.

4. Abbildungen. → Form. IX.4 Anm. 5.

5. Honorar. Bei Zeitungen und zum großen Teil bei Publikumszeitschriften, bei denen die Verwertung der einzelnen Beiträge online und in Datenbanken nach der Erstveröffentlichung keine nennenswerte Rolle spielt, werden in der Regel alle Nutzungsrechte mit der Pauschalvergütung (häufig nach Zeilen oder Spalten) abgegolten. Lediglich bei wissenschaftlichen Zeitschriften wird teilweise ein gesondertes Honorar für den Onlineabruf oder die sonstige Datenbanknutzung vereinbart; diesbezüglich haben sich allerdings noch keine festen Übungen herausgebildet. Mehrheitlich wird heute wohl ein Pauschalbetrag pro Abruf gezahlt, der zT mit zunehmendem Alter des Artikels abnimmt.

10. Schriftleitervertrag (Zeitschrift)

Zwischen[1, 2, 14]
Herrn Professor Dr. Caspar Meyer
(Adresse)

– nachfolgend „Schriftleiter“ –

und
der S. Verlag GmbH & Co. KG,
(Adresse)
vertreten durch den Geschäftsführer ihrer persönlich haftenden Gesellschafterin,
Herrn Ole Schreiber

– nachfolgend „Verlag“ –

wird folgender Vertrag geschlossen:

§ 1 Vertragsgegenstand

(1) Der Verlag als Inhaber aller Rechte[3] beauftragt[4] den Schriftleiter gemeinsam mit Herrn Prof. Dr. Friedrich Müller, mit dem der Verlag einen gesonderten Schriftleitervertrag schließen wird, mit der Schriftleitung der monatlich erscheinenden Zeitschrift

„Praxis der Sozialstation“.

Die Nennung der Schriftleiter im Impressum erfolgt in alphabetischer Reihenfolge.
(2) Die presserechtliche Verantwortung tragen die Schriftleiter gemeinsam.[5]

§ 2 Aufgaben der Schriftleitung[6]

(1) Die Schriftleiter führen die bisherige Konzeption der Zeitschrift fort. Änderungen bedürfen der Einwilligung des Verlages.
(2) Die Schriftleiter entwickeln gemeinsam das Programm für die einzelnen Hefte der Zeitschrift. Sie verhandeln mit geeigneten Autoren, prüfen und redigieren eingehende Beiträge und entscheiden über deren Annahme. Sie lesen die Fahnenkorrekturen für den redaktionellen Teil und überprüfen die von den Beitragsverfassern gelesenen Fahnenkorrekturen.

(3) Das bis auf den Nachrichtenteil vollständige Manuskript eines jeden Heftes wird dem Verlag von den Schriftleitern spätestens 6 Wochen vor dem Erscheinungstermin per E-Mail als Worddatei vorgelegt. Der Verlag sorgt dafür, dass die Druckfahnen spätestens 2 Wochen darauf bei den Beitragsverfassern und – redaktioneller Teil – bei den Schriftleitern eintreffen. Die Schriftleiter legen dem Verlag die korrigierten Fahnenabzüge, vervollständigt um den Nachrichtenteil, spätestens 2 Wochen vor dem Erscheinungstermin vor. Ein Beitrag, der nicht rechtzeitig von seinem Verfasser korrigiert wurde, wird von den Schriftleitern korrigiert.

(4) Enthalten einzelne Beiträge Bildmaterial oder ist eine Bebilderung im redaktionellen Teil vorgesehen, so legen die Schriftleiter dem Verlag die Bildvorlagen unverzüglich nach Annahme des Beitrages bzw. nach ihrer Auswahl für den redaktionellen Teil vor. Der Verlag bemüht sich um den Erwerb der für den Abdruck erforderlichen Rechte. Ist der Rechteerwerb nicht oder nur unter ungewöhnlichen Schwierigkeiten oder Kosten möglich, so geben die Schriftleiter dem Beitragsverfasser Gelegenheit zur Entscheidung, ob der Beitrag ohne die Abbildung erscheinen soll oder er geeigneten Ersatz liefern und die dadurch eintretende Verzögerung der Veröffentlichung in Kauf nehmen will.[7]

(5) Die Schriftleiter entscheiden einvernehmlich über den Inhalt der Hefte, insbesondere über die Annahme der Beiträge. Zu diesem Zweck treten sie nach Bedarf zusammen. Die dabei anfallenden Kosten trägt – im Rahmen der durch den Verlag festzulegenden Reisekostenordnung – der Verlag im Rahmen des Redaktionsetats (§ 6).

(6) Einzelheiten können in einer Geschäftsordnung geregelt werden.

§ 3 Rechte der Schriftleiter und Rechte Dritter

(1) Soweit die Schriftleiter im Rahmen ihrer vertraglichen Tätigkeit schöpferische Leistungen erbringen, die urheberrechtlich geschützt sind, gelten die Nutzungsrechte daran als dem Verlag in dem Umfang eingeräumt, in dem es für die betriebliche Auswertung dieser Leistungen erforderlich ist. Dies erfaßt neben der Printausgabe insbesondere die regelmäßig online und in elektronischen Medien (vor allem CD-Rom für Archivzwecke) veröffentlichten Ausgaben der Zeitschrift sowie die Verfügbarkeit der Zeitschrift und einzelner Beiträge in online und offline verfügbaren Datenbanken und Werbedrucke oder online verfügbare gemachte Exemplare der Zeitschrift auch in Auszügen. Soweit die Schriftleiter selbst als Beitragsverfasser tätig werden, werden die Parteien die üblichen vertraglichen Regelungen treffen.[8]

(2) Die Schriftleiter stehen dafür ein, dass sie durch ihre Tätigkeit Rechte Dritter nicht verletzen.[9]

§ 4 Konkurrenzklausel[10]

Die Schriftleiter werden an keiner Zeitschrift eines anderen Verlages, die mittelbar oder unmittelbar im Wettbewerb zu „Praxis der Sozialstation" steht, in ähnlicher Funktion ohne das ausdrückliche Einverständnis des Verlages mitwirken.

§ 5 Honorar[11]

(1) Für die von ihnen nach diesem Vertrag zu erbringenden Leistungen erhalten die Schriftleiter eine Pauschalvergütung pro erschienenem Heft. Darin sind die Kosten – mit Ausnahme der Reisekosten gem. § 2 Abs. 5 – enthalten.

(2) Die Pauschalvergütung nach Abs. 1 beträgt . . . . . Euro für jeden Schriftleiter. Sie ist an der derzeitigen Verkaufsauflage von rund . . . . . Exemplaren bzw. . . . . . elektronischen Abonnements orientiert. Eine Erhöhung und damit eine Beteiligung am Verkaufserfolg ist in der Form vorgesehen, dass die Vergütung vom Beginn des nächsten Kalenderjahres an um jeweils . . . . . Euro pro Heft steigt, sobald die verkaufte Auflage sich im Schnitt des letzten Kalenderjahres entweder für die Printausgabe um jeweils . . . . .

Exemplare oder für rein elektronische Abonnements um . . . . . Abonnements oder insgesamt um . . . . . Exemplare erhöht hat. Maßgeblich sind die der Informationsgemeinschaft zur Feststellung der Verbreitung von Werbeträgern, Bonn (www.ivw.de), gemeldeten Zahlen (IVW-Zahlen) bzw. die durch den Verlag erfaßten elektronischen Abonnements der Zeitschrift.

(3) Ist ein Schriftleiter mehrwertsteuerpflichtig, zahlt der Verlag die auf das Honorar anfallende gesetzliche Mehrwertsteuer zusätzlich.

(4) Jeder Schriftleiter erhält von jedem Heft der Zeitschrift 10 Freiexemplare. Weitere Exemplare kann er zum Autorenpreis beziehen. Diese Exemplare dürfen nicht weiterverkauft werden.

§ 6 Redaktionsetat[12]

(1) Den Schriftleitern steht für die Redaktion der Zeitschrift, solange sie monatlich erscheint, ein Haushaltsbetrag von . . . . . Euro pro Kalenderjahr zur Verfügung.

(2) Von diesem Redaktionsetat bestreiten die Schriftleiter alle Ausgaben für die inhaltliche Gestaltung der Zeitschrift, insbesondere

a) Honorar für eine Bürokraft
b) Miete für ein Redaktionsbüro
c) Bücher, Zeitschriften, Presse- und Onlinedienste
d) Büromaterial
e) Telefon, Porto, Internetzugänge
f) Reisen
g) sonstige Sachausgaben
h) Honorare für Redaktionsmitarbeiter
i) Honorare für Moderatoren (Gestalter von Heften mit Schwerpunktthemen)
j) Honorare für Beitragsverfasser
k) Honorare für Abbildungen
l) Honorare für Übersetzungen
m) sonstige Kosten für Mitarbeit.

(3) Soweit die Schriftleiter eigene Beiträge verfassen, werden sie ebenso honoriert wie andere Verfasser.

(4) Das Verfügungsrecht über den Redaktionsetat liegt in sachlicher Beziehung bei den Schriftleitern. Die rechnerische und technische Abwicklung liegt beim Verlag. Vierteljährlich erhalten die Schriftleiter eine Übersicht über sämtliche Aufwendungen im Rahmen des Redaktionsetats sowie nach Abschluss des Jahres eine Endabrechnung.

§ 7 Präsentation der Zeitschrift

(1) Ausstattung, Umschlag, Auflagenhöhe – einschließlich des Verhältnisses der Auflagenhöhe der Print- zu der elektronischen Ausgabe -, Erscheinungsfolge und Verkaufspreis werden vom Verlag nach Anhörung der Schriftleiter nach pflichtgemäßem Ermessen unter Berücksichtigung des Vertragszwecks sowie der in der Branche für Zeitschriften dieser Art herrschenden Übung bestimmt.

(2) Den Werbeetat für die Zeitschrift setzt der Verlag fest. Er wird den Inhalt der Werbemaßnahmen mit den Schriftleitern beraten. Anzeigen aquiriert der Verlag nach eigenem Ermessen. Er wird die Schriftleiter jeweils rechtzeitig vor Fertigstellung eines Heftes über ggf. freizuhaltende Anzeigenplätze informieren.

§ 8 Beendigung des Vertrages[13]

(1) Sollte einer der Schriftleiter infolge Krankheit oder aus anderen Gründen außerstande sein, seine Aufgaben für mehr als 2 aufeinander folgende Hefte wahrzunehmen, so kann

der Verlag durch schriftliche Mitteilung an ihn den Vertrag für beendet erklären, soweit er ihn betrifft. Das Gleiche gilt, wenn der Schriftleiter seine Mitwirkung verweigert; dies gilt auch dann, wenn sich die Weigerung nur auf ein Heft bezieht.[13]

(2) Der Verlag ist in diesen Fällen berechtigt, die Aufgaben des ausgeschiedenen Schriftleiters im Einvernehmen mit den anderen Schriftleitern einem Dritten zu übertragen.

(3) Dieser Vertrag ist bis zum 31.12.2 . . . . . . fest abgeschlossen. Er verlängert sich jeweils um ein weiteres Jahr, wenn er nicht spätestens 6 Monate vor seinem Ablauf schriftlich gekündigt wird. Jeder Schriftleiter kann für sich allein kündigen oder gekündigt werden.

(4) Das Recht zur fristlosen Kündigung dieses Vertrages aus wichtigem Grund bleibt unberührt. Als wichtiger Grund ist es auch anzusehen, wenn nach dem Ausscheiden eines Schriftleiters Einvernehmen zwischen dem Verlag und den verbliebenen Schriftleitern über eine Nachfolgeregelung nicht erzielt werden kann.

Schrifttum: → Form. IX.5.

Anmerkungen

1. Sachverhalt. Vor allem wissenschaftliche und Fachverlage bedienen sich für die redaktionelle Betreuung ihrer Zeitschriften vielfach freier Schriftleiter, die nebenberuflich für sie tätig sind, und verzichten auf eine eigene Verlagsredaktion. Solche Schriftleiter brauchen eigenen Handlungsspielraum nicht nur für die inhaltliche Gestaltung der Zeitschrift, sondern auch für den mit ihrer Redaktion verbundenen finanziellen Aufwand, da von ihm die Möglichkeiten der inhaltlichen Gestaltung weitgehend abhängig sind. Das Formular sieht deshalb neben der Regelung der Schriftleitungsaufgaben (§ 2) die Bildung eines Redaktionsetats vor, über den der Schriftleiter zur Erfüllung seiner redaktionellen Aufgaben verfügen kann, mit dem er aber auch auskommen muss (§ 6). Im Übrigen entspricht das Formular weitgehend dem Zeitschriftenherausgebervertrag (→ Form. IX.8).

2. Wahl des Formulars. Zunächst → Form. IX.8 Anm. 2. Das Formular eignet sich nicht für Schriftleiter im Anstellungsverhältnis. Für freie Redakteure, die mit einer Verlagsredaktion zusammenarbeiten, ist das nachfolgende → Form. IX.11 gedacht.

3. Rechtsinhaberschaft. → Form. IX.8 Anm. 3.

4. Rechtsnatur des Vertrages. → Form. II.8 Anm. 4.

5. Presserechtliche Verantwortung. → Form. IX.8 Anm. 5.

6. Aufgabenteilung zwischen Schriftleiter und Verlag. Zunächst → Form. IX.8 Anm. 6. Der Verlag hat hier keine so weitgehende Möglichkeit der unmittelbaren Einflussnahme wie über die Verlagsredaktion der → Form. IX.8 und 11; dafür spart er deren Kosten. Zwischen den Schriftleitern ist Einvernehmen unerlässlich (Einstimmigkeitsprinzip). Sind die Meinungsverschiedenheiten unüberbrückbar, muss die Aufnahme des Beitrages, die vorgesehene Änderung usw eben unterbleiben. Dem Verlag eine Schiedsrichterrolle zuzuweisen, wie das gelegentlich mit den Worten „Können sich die Schriftleiter nicht einigen, so entscheidet der Verlag", geschieht, können wir nicht allgemein empfehlen, weil der Verlag, wenn er keinen Redakteur beschäftigt, in Fachfragen in der Regel nicht kompetent genug sein wird. – Der häufigste Konfliktstoff liegt in der Einhaltung von Ablieferungsfristen. Diesem Komplex ist deshalb besondere Aufmerksamkeit zu widmen; die hier vorgeschlagene Regelung ist den Bedürfnissen des Einzelfalls anzupassen.

7. Beschaffung von Bildrechten. → Form. IX.4 Anm. 5.

8. Urheberrecht. → Form. IX.8 Anm. 7.

9. Rechte Dritter. → Form. IX.5 Anm. 4, 7 und 14.

10. Konkurrenzklausel. → Form. IX.8 Anm. 9 und → Form. IX.6 Anm. 6.

11. Honorar. → Form. IX.8 Anm. 10.

12. Redaktionsetat. Die hier vorgeschlagene Regelung setzt voraus, dass die Schriftleiter eine Zahlungsanweisung an den Verlag geben, die dieser sodann ausführt; in aller Regel liegt die Abwicklung bei dem Verlag, der ohnehin über eine Buchhaltung usw verfügt. Was am Jahresende nicht ausgegeben ist, verfällt dem Verlag oder wird dem Jahresetat des nächsten Jahres zugeschlagen; das müsste gesondert vereinbart werden.

13. Beendigung des Vertrages. → Form. IX.8 Anm. 11.

14. Kosten. → Form. IX.8 Anm. 13.

11. Zeitschrift als Vereinsorgan

Zwischen
der Freiburger Gesellschaft für den Brückenbau eV[1, 9, 10]
(Adresse)
vertreten durch seinen Vorstand,
Frau Prof. Dr. Helene Schmidt, Herrn Dr. Caspar Mayer und Herrn Prof. Friedrich Müller,

(nachfolgend „Gesellschaft")

und
der S. Verlag GmbH & Co. KG,
(Adresse)
vertreten durch den Geschäftsführer ihrer persönlich haftenden Gesellschafterin,
Herrn Ole Schreiber

– nachfolgend „Verlag" –

wird folgender Vertrag geschlossen:

§ 1 Vertragsgegenstand

(1) Die 1972 gegründete wissenschaftliche Zeitschrift der Gesellschaft

„Praxis des Brückenbaus
– Organ der Freiburger Gesellschaft für den Brückenbau e. V. –"

erscheint ab dem Heft 03/2019 im Verlag.[2]

(2) Zu diesem Zeitpunkt endet der Vertrag der Gesellschaft mit dem bisher tätigen Verlag R. Die Gesellschaft steht dafür ein, dass das Erscheinen der Zeitschrift im Verlag durch Rechte und Ansprüche, die dem Verlag R. etwa noch gegen die Gesellschaft zustehen, nicht behindert wird.

§ 2 Inhaltliche Gestaltung der Zeitschrift[3]

(1) Die Zeitschrift erscheint sechs Mal jährlich, und zwar *[genauen Rhythmus angeben]*. Sie erscheint sowohl in einer Printausgabe als auch in elektronischer Form.

(2) Sie hat das Format DIN A4 und soll pro Jahrgang insgesamt ..... Seiten redaktionellen Inhalt enthalten. Eine Erhöhung der Seitenzahl ist nach Ermessen des Verlages und bei sichergestellter Finanzierung des erweiterten Umfangs etwa durch Anzeigen möglich.

(3) Drei der jährlichen Ausgaben der Zeitschrift erscheinen in deutscher, weitere drei in englischer Sprache, wobei einzelne Beiträge in den deutschen Ausgaben auch in englischer oder französischer Sprache veröffentlicht werden können.

(4) Die äußere Gestaltung, insbesondere Layout, Schrifttype usw entscheidet der Verlag. Grundlegende Änderungen werden, wenn sie aus technischen Gründen nicht zwingend erforderlich sind, in Abstimmung mit der Gesellschaft vorgenommen.

(5) Verlag, Gesellschaft und Schriftleiter werden mindestens zweimal jährlich – erstmals im Juli 2019 – zusammenkommen, um die Planung für die folgenden Hefte zu beraten, die Beiträge auszuwählen und bei Bedarf geeignete Verfasser in Betracht zu ziehen. Die Reisekosten für einen Vertreter der Gesellschaft übernimmt der Verlag. Die Beteiligten werden die bei diesen Zusammenkünften gefassten Beschlüsse nach besten Kräften verwirklichen.

§ 3 Aufgaben des Verlags[3]

(1) Der Verlag übernimmt die Redaktion – einschließlich der Bestellung des Schriftleiters –, die Herstellung, den Vertrieb und das Anzeigengeschäft der Zeitschrift auf eigene Kosten. Hierzu gehört auch die logistische und sonstige Betreuung der Abonnementskunden. Die Aquisition von Anzeigen und deren Platzierung in der Zeitschrift sind Sache des Verlages. Eine Textseite darf jedoch nicht mehr als ein Drittel Anzeigen enthalten. Der Verlag wirbt in mindestens branchenüblicher Weise für den Bezug der Zeitschrift. Einmal jährlich führt er eine Direktwerbung bei mindestens den Mitgliedern der Gesellschaft durch.

(2) Die Höhe der Druckauflage bestimmt der Verlag. Sie beträgt jedoch mindestens das Anderthalbfache der Zahl der Abonnenten der Printausgabe des Vormonats. Die Zahl der zu versendenden elektronischen Abonnements richtet sich nach der Zahl der Bestellungen.

(3) Der Verlag bearbeitet die zur Veröffentlichung in der Zeitschrift eingereichten Manuskripte redaktionell. Er wird die Texte in enger Abstimmung mit der Gesellschaft redigieren und zusammenstellen.

(4) Der Verlag pflegt alle zukünftigen Ausgaben der „Praxis des Brückenbaus“ in die Datenbank des Zeitschriftenportals des Verlages unter www.verlag.de ein. Die Zeitschrift kann so über die bereits vorhandene Zeitschriften-Datenbank des Verlages recherchiert und genutzt werden. Der Verlag kann auch den Erwerb einzelner Artikel durch den Endnutzer ermöglichen. Bei erfolgreicher Klärung der Rechte für bereits erschienene Jahrgänge kann der Verlag auch insofern für ihre Digitalisierung und Integration sorgen.[3]

(5) Der Verlag ist Inhaber aller urheberrechtlichen Nutzungsrechte an allen im Verlag erscheinenden bzw. in seine Datenbanken eingepflegten Ausgaben der Zeitschrift und den einzelnen Beiträgen.[6]

(6) Der Verlag sorgt dafür, dass die Fahnenabzüge für jedes Heft spätestens am 1. des Vormonats[3] bei der Gesellschaft zur Kenntnisnahme vorliegen. Der Verlag stellt sodann sicher, dass die Zeitschrift am 10. eines jeden Monats zur Auslieferung vorliegt.[3]

(7) Der Verlag ist berechtigt, auf die Zusammenarbeit mit der Gesellschaft hinzuweisen und insbesondere das Logo der Gesellschaft in der jeweils aktuellen grafischen Gestaltung als Hinweis auf die Kooperation in die eigene Print- und Online-werbung, weitere Print- und Onlinepublikationen und die eigenen Datenbanken einzubinden.[3]

§ 4 Aufgaben der Gesellschaft

(1) Die Gesellschaft liefert dem Verlag bis zum ..... des zweiten Monats vor Erscheinen jedes Heftes[3] mindestens eine, höchstens zwei Druckseiten (dh ..... Manuskriptseiten à 1.800 Zeichen einschl. Leerzeichen) mit Verbandsnachrichten, Verlautbarungen des Vorstandes usw, und zwar im Dateiformat ..... per E-Mail. Überschreitungen des

Umfangs aus aktuellem Anlass (zB Jahreshauptversammlung) sind zulässig, sollen jedoch rechtzeitig vorher angekündigt werden.

(2) Die Gesellschaft wirbt bei ihren Mitgliedern und bei befreundeten Institutionen für den Bezug der Zeitschrift im Abonnement. Sie stellt dem Verlag deren Anschriften für die Direktwerbung zur Verfügung, falls die datenschutzrechtlichen Voraussetzungen hierfür vorliegen, und sorgt für die laufende Korrektur des Anschriftenmaterials.[4] Der Verlag darf das Material nicht aus der Hand geben und nicht für andere Zwecke verwenden.

(3) Die Gesellschaft wird ihrerseits versuchen, Anzeigenaufträge für die Zeitschrift zu aquirieren.

§ 5 Schriftleitung[5]

(1) Der Verlag beruft den Schriftleiter im Einvernehmen mit der Gesellschaft.

(2) Der Schriftleiter bemüht sich um die Beschaffung von Manuskripten zur Veröffentlichung in der Zeitschrift. Die Gesellschaft wird ihn hierbei nach Kräften unterstützen. Die Gesellschaft wird insbesondere Vortragsmanuskripte der von ihr veranstalteten Konferenzen und Symposien beschaffen.

(3) Der Verlag beruft den Schriftleiter im Einvernehmen mit der Gesellschaft ab, es sei denn, dass dies fristlos aus wichtigem Grunde erfolgt. Im letzteren Falle gibt der Verlag der Gesellschaft zuvor Gelegenheit zur Äußerung, soweit das ohne Gefährdung der Kündigungsfrist möglich ist.

(4) Entsteht ein wichtiger Grund, der die Fortsetzung der Zusammenarbeit mit dem Schriftleiter für die Gesellschaft unzumutbar macht, so wird der Verlag auf Verlangen der Gesellschaft den Vertrag mit dem Schriftsteller fristlos, hilfsweise zum nächstmöglichen Termin, kündigen.

§ 6 Preise[3]

(1) Die Zeitschrift kostet im Einzelbezug pro Heft für die Printausgabe . . . . . Euro, im Jahresabonnement . . . . . Euro jährlich, für Gesellschaftsmitglieder . . . . . Euro jährlich, für die rein elektronische Ausgabe . . . . . Euro, im Jahresabonnement . . . . . Euro jährlich, für Gesellschaftsmitglieder . . . . . Euro jährlich.

(2) Beiträge werden mit . . . . . Euro pro angefangener Druckseite/Spalte vergütet. Ist der Verfasser mehrwertsteuerpflichtig, so wird diese zusätzlich gezahlt.

(3) Von Zeit zu Zeit werden die Vertragspartner sich über eine Anpassung der Preise nach Abs. 1 und 2 an die Veränderung der Markt- und Kostensituation unter Berücksichtigung der allgemeinen Lebenshaltungskosten verständigen.[7]

(4) Für die Beiträge der Gesellschaft (§ 3 Abs. 1) gilt Abs. 2 entsprechend. Das Beitragshonorar verdoppelt sich, wenn die Gesellschaft im Vormonat mindestens für . . . . . Euro Anzeigenaufträge veranlasst hat (§ 3 Abs. 3).[10]

(5) Von jeder Ausgabe erhält die Gesellschaft für eigene Zwecke 10 Freiexemplare, wahlweise in Print- oder elektronischer Form. Für die elektronische Form gelten die Nutzungsbedingungen des Verlages für Abonnenten.

§ 7 Beendigung des Vertrages[8]

(1) Dieser Vertrag ist beiderseits mit einer Frist von 6 Monaten zum Jahresende kündbar, erstmals jedoch zum 31.12.2022.

(2) Mit Beendigung des Vertrages stehen die Rechte am Titel der Zeitschrift und am Abonnentenstamm der Gesellschaft wieder allein zu. Der Verlag überträgt der Gesellschaft mit Wirksamwerden der Kündigung die Urheberrechte an den im Verlag erschienenen Ausgaben der Zeitschrift und den einzelnen Beiträgen.[6] Der Verlag hat das

Anschriftenmaterial und die Abonnentenkartei der Gesellschaft nach Auslieferung der letzten von ihm verlegten Ausgabe zu übergeben. Kopien wird er nicht zurückbehalten.

(3) Für den durch seine Tätigkeit geschaffenen Wertzuwachs erhält der Verlag eine Entschädigung in Höhe von 40 % des Preises eines Jahresabonnements für Mitglieder, multipliziert mit der Differenz aller Abonnements bei Beginn und am Ende des Vertrages. Sie ist 2 Monate nach Vertragsende fällig.

§ 8 Änderungen, Ergänzungen

(1) Änderungen oder Ergänzungen dieses Vertrages bedürfen der Schriftform, wobei Briefwechsel – auch per Telefax oder als Scankopie eines Briefes mit Unterschrift per E-Mail – genügt.

(2) Die Nichtigkeit oder Unwirksamkeit einzelner Bestimmungen dieses Vertrages berührt die Gültigkeit der übrigen Bestimmungen nicht. Die Parteien sind alsdann verpflichtet, die mangelhafte Bestimmung durch eine solche zu ersetzen, deren wirtschaftlicher und juristischer Sinn dem der mangelhaften Bestimmung möglichst nahe kommt.

Schrifttum: → Form. IX.5.

Anmerkungen

1. Sachverhalt. Größere Vereine, insbesondere solche mit wissenschaftlicher Zielsetzung, geben vielfach eine eigene Zeitschrift heraus, die ihnen zugleich als Vereinsorgan dient. Seltener machen sie eine an sich unabhängige Zeitschrift durch Vertrag mit deren Verleger zum Vereinsorgan. Das Formular regelt den ersten Fall, setzt also voraus, dass der Titel der Zeitschrift dem Verein gehört und dieser sein Vereinsorgan nur für die Dauer des Vertrages einem bestimmten Verlag anvertraut. Liegt der zweite Fall vor, so wird es sich nach den jeweils gegebenen Kräfteverhältnissen, also nach der Bedeutung des Vereins einerseits und der Bedeutung der bereits bestehenden Zeitschrift andererseits, richten, ob und in welcher Weise das Formular nach entsprechender Änderung insbesondere der §§ 1, 7 Abs. 2 und 3, zur Grundlage eines Vertrages gemacht werden kann.

2. Wahl des Formulars. Auch wenn die Zeitschrift an sich dem Verein „gehört", sind die unterschiedlichsten Interessenlagen denkbar: Möglicherweise gehört die Publikation der Zeitschrift zu den Hauptaufgaben des Vereins, so dass dieser daran interessiert ist, die Schriftleitung selbst zu führen und dem Verlag nur die kaufmännische Abwicklung zu überlassen. Möglicherweise ist der Verein nur daran interessiert, ein Vereinsorgan im engeren Sinne, also eine Plattform für Verbandsnachrichten usw, zu haben und sich die Rechte am Titel zu erhalten, will oder kann im Übrigen aber keinen wesentlichen Einfluss nehmen. Das Formular nimmt eine etwa in der Mitte zwischen diesen beiden Extremfällen angesiedelte Interessenlage an, um seine Anwendungsmöglichkeiten zu verbreitern.

3. Aufgaben des Verlags. Das Formular überlässt alle kaufmännischen Entscheidungen im Grundsatz dem Verlag, sichert den Verein jedoch durch Einführung eines – im Formular noch zu präzisierenden – Fristenrahmens (§ 4 Abs. 1: Vorlage des Verbandsteils; § 3 Abs. 6 S. 1: Vorlage der Fahnen; § 3 Abs. 6 S. 2: Beginn des Postzeitungsvertriebs; halbjährlich, § 2 Abs. 5: Planungskonferenz) und durch die Auferlegung von Mindestpflichten an den Verlag (Standard der Ausstattung, Höhe der Druckauflage, jährliche Direktwerbung, Verhältnis Text/Anzeigen). Darüber hinaus sollte die inhaltliche Gestaltung der Zeitschrift zumindest in groben Zügen vertraglich geregelt werden, schon um sicherzustellen, dass die Parteien ähnliche Vorstellungen haben. Diesem Zweck dienen die Regelungen des § 2.

§ 3 Abs. 4 enthält eine der heute für wissenschaftliche Zeitschriften praktisch wichtigsten Verpflichtungen des Verlages, nämlich das Einpflegen der Zeitschrift in die eigenen Datenbanken und somit die rasche Verfügbarkeit und Verbreitung der Zeitschrift bei den beteiligten Fachkreisen.

Um Unsicherheiten für den Verlag im Rahmen des Marketing zu vermeiden, räumt § 2 Abs. 7 ihm Nutzungsrechte auch an einem eventuellen Logo des Vereins ein.

In der für beide Seiten bedeutsamen Frage der Bestimmung der Preise für die Zeitschrift und der Honorare für die Beitragsverfasser wird ebenfalls eine Festsetzung im Vertrag vorgeschlagen (§ 6). Das ist für den Verlag kein Nachteil, weil er seine Preisvorstellungen in die Vertragsverhandlungen einbringen kann, während der Verein vor Überraschungen, die die Vereinstätigkeit empfindlich beeinflussen können, bewahrt bleibt. Die unterschiedliche Abonnementspreishöhe gegenüber Vereinsmitgliedern und Dritten war wettbewerbsrechtlich schon immer unbedenklich (so bereits OLG Stuttgart WRP 1981, 54 f.).

4. Unterstützung der Werbung durch den Verein. Auch die Übergabe nur der Anschrift ist datenschutzrechtlich nach der DSGVO nur noch mit Einwilligung der Betroffenen zulässig; der Verein kann dem Verlag deshalb solche Daten nur zur Verfügung stellen, wenn er über die Einwilligungen verfügt.

5. Schriftleitung. Der Schriftleiter ist der Schlüssel für Erfolg oder Misserfolg der Zeitschrift. Da Verlag und Verein daran gleichermaßen interessiert sind, ist insoweit das Einstimmigkeitsprinzip allein sinnvoll. Würde man das Bestimmungsrecht einem der beiden Vertragspartner überlassen und ihm damit die Durchsetzung seiner Wahl auch gegen den Willen des anderen ermöglichen, so würde das nur zur Kündigung des Vertrages führen. – Zweifelhaft ist, ob ein wichtiger Grund, den (nur) der Verein gegenüber dem Schriftleiter hat, den Verlag zur fristlosen Kündigung des Vertrages mit dem Schriftleiter berechtigt. § 4 Abs. 3 lässt die Frage, die nur im Einzelfall entschieden werden kann, offen. Eine Verschärfung wäre nur in der Weise denkbar, dass in einem solchen Falle der Verein dem Verlag gegenüber fristlos kündigen kann, was wenig sinnvoll und in der Praxis kaum durchsetzbar erscheint. Für einen Schriftleitervertrag → Form. IX.10.

6. Urheberrechte. Das Formular sieht vor, dass der Verlag grundsätzlich alle Urheberrechte erwirbt; so wird die Notwendigkeit einer (wiederholten) Weiterübertragung durch den Verein vermieden. Andererseits muß aber sichergestellt sein, dass die Zeitschrift dem Verein nach einer Kündigung auch inhaltlich in vollem Umfang zur Verfügung steht; aus diesem Grund sieht § 7 Abs. 2 eine Übertragung der Nutzungsrechte mit Vertragsbeendigung vor. Das Rückrufrecht aus § 41 UrhG würde dem Verein auch dann nicht nützen, wenn der Verlag nach Beendigung des Vertrages die Zeitschrift nicht mehr (zB in Datenbanken) verfügbar hält, da es nur den Autoren der Beiträge oder uU den Urhebern des Sammelwerks, § 4 UrhG, zusteht.

7. Gleitklausel. Die in § 6 Abs. 3 vorgeschlagene Anpassungsklausel ist währungsrechtlich zulässig (vgl. schon BGH NJW 1979, 2250). Kommt es nicht zu der erwarteten Verständigung, kann diese über § 315 BGB durch Urteil ersetzt werden (Palandt/*Grüneberg*^{78} BGB § 315 Rn. 15 ff.).

8. Beendigung des Vertrages. § 7 Abs. 1 sieht eine verhältnismäßig kurze Kündigungsfrist von 6 Monaten zu jedem Jahresende vor. Das rechtfertigt sich vor allem daraus, dass ein Vereinsorgan nicht längere Zeit ohne die notwendige Übereinstimmung von Verlag und Verein publiziert werden kann, ohne Schaden zu nehmen. Andererseits muss der Verlag auch bei Zeitschriften dieser Art häufig langfristige Investitionen tätigen, um die Zeitschrift in das eigene Programm einzubinden, vor allem in die eigenen Datenbanken einzupflegen, die zu amortisieren ihm durch eine entsprechende Vertragsdauer ermöglicht werden muss. Aus diesem Grund sollte eine feste Grundlaufzeit, während der der Vertrag ordentlich noch nicht kündbar ist, vorgesehen werden.

Die Titelrechte verbleiben als eigentlicher Wert der Zeitschrift bei dem Verein, § 7 Abs. 2 (zur Inhaberschaft an den Titelrechten → Form. IX.8 Anm. 3 und Loewenheim/*Nordemann-Schiffel*[2] Handbuch des UrhR § 67 Rn. 54). Eine ausdrückliche Regelung im Vertrag empfiehlt sich aus Sicht des Vereins auch deshalb, weil dies der häufigste – und wichtigste – Konfliktherd bei Vertragsbeendigung ist und die Rechtsprechung mitunter dazu neigt, die Titelrechte dem Verlag zuzuschlagen, der das wirtschaftliche Risiko getragen hat. Soweit der Verlag die Auflage der Zeitschrift gesteigert und damit dem Verein einen Vermögenszuwachs verschafft hat, wird er nach dem Vorschlag des § 7 Abs. 3 angemessen entschädigt. Der rechtzeitige Rückerhalt des Anschriftenmaterials und der Abonnentenkartei ist für den Verein die Voraussetzung für die nahtlose Fortsetzung der Zeitschrift und darf deshalb an die Entschädigung nicht gekoppelt sein, was hier durch deren spätere Fälligkeit für den Regelfall sichergestellt wird.

9. Kosten. Für den Entwurf des Vertrages eine 0,5 bis 2,5 – in der Regel wohl mindestens 1,3 – Gebühr aus Nr. 2300 VV zum RVG iVm Vorb. 2.3. Abs. 3. Geschäftswert: einen gewissen Anhaltspunkt kann gem. §§ 22, 23 RVG in Verbindung mit § 24 Abs. 1 Nr. 1a KostO die Anzahl der Vertragsmonate bis zum ersten vorgesehenen Vertragsende (§ 7 Abs. 1), multipliziert mit dem Zwölfeinhalbfachen des Jahreswertes, geben. Der Wert, den der Vertrag für den Verlag hat, entspricht nicht seinem Umsatz, sondern dem zu erwartenden (Brutto-)Gewinn; mangels anderer Anhaltspunkte vermutlich ca. 20 % der bisherigen Umsätze des Vorgängerverlages. Das Interesse des Vereins ist mehr ideeller Natur und kann deshalb niedriger, aber auch höher sein. Mangels anderer Anhaltspunkte liegt es ebenso hoch wie das des Verlages.

12. Übersetzervertrag (für Schriftwerke aller Art)

zwischen[1,2,19]

. . . . .

in . . . . .

(nachstehend Übersetzer genannt),

und

dem . . . . . Verlag . . . . . vertreten durch . . . . .,

in . . . . .

(nachstehend Verlag genannt),

Präambel

Der Verlag ist Inhaber des deutschsprachigen Verlagsrechts/für die Bundesrepublik Deutschland/Österreich/Schweiz.[3] Der Übersetzer verfügt über Erfahrung in der Übersetzung von . . . . . Vor diesem Hintergrund will der Verlag den Übersetzer beauftragen, das in § 1 genannte Werk in die deutsche Sprache zu übersetzen und sich hieran bestimmte Nutzungsrechte einräumen zu lassen. Hierzu schließen die Parteien folgenden Vertrag:

§ 1 Vertragsgegenstand

(1) Gegenstand dieses Vertrages ist die deutsche Übersetzung des Werkes

. . . . .

von . . . . ., dessen englische Originalausgabe (nachstehend: „das Werk“) im Verlag . . . . ., erschienen ist.

(2) Der deutsche Titel des Werkes wird lauten:

.....

.....

Übersetzt von .....

Der endgültige Titel wird in Abstimmung zwischen Übersetzer und Verlag festgelegt, wobei der Übersetzer dem Stichentscheid des Verlages zu widersprechen berechtigt ist, soweit sein Persönlichkeitsrecht verletzt würde/Den endgültigen Titel legt nach Abstimmung mit dem Übersetzer der Verlag fest.[4]

§ 2 Übersetzung

(1) Der Verlag beauftragt den Übersetzer mit der Übersetzung des Werkes in die deutsche Sprache (nachfolgend: „die Übersetzung").

(2) Der Übersetzer verpflichtet sich, das Werk ohne Kürzungen, Zusätze oder sonstige Veränderungen persönlich zu übersetzen und die ihm vom Verlag etwa gegebenen schriftlichen Hinweise zu beachten. Ergänzend vereinbaren die Parteien folgende besonderen Eigenschaften der Übersetzung: .....

(3) Die Anfertigung der Übersetzung durch Dritte bedarf der Zustimmung des Verlags.

(4) Soweit es sich nicht um die Übersetzung als solche handelt, ist es Sache des Verlags, auf die Wahrung der Rechte Dritter zu achten. Der Übersetzer weist den Verlag jedoch auf alle ihm bekannten Rechte hin, die mit dem übersetzten Werk verletzt werden könnten (zB Persönlichkeits-, Zitat- und Bildrechte).[5]

§ 3 Rechtseinräumungen[6]

(1) Der Übersetzer räumt dem Verlag räumlich unbeschränkt für die Dauer der gesetzlichen Schutzfrist das ausschließliche Recht zur Vervielfältigung und Verbreitung (Verlagsrecht) der Übersetzung für alle Ausgaben und Auflagen ohne Stückzahlbegrenzung ein. Sollte in irgendeinem Lande der Welt die gesetzliche Schutzfrist in Zukunft verlängert werden, so gilt dieser Vertrag in jenem Lande auch für den Verlängerungszeitraum.

(2) Der Übersetzer räumt dem Verlag für die Dauer des Hauptrechts gemäß Abs. 1 außerdem folgende ausschließliche Nebenrechte ein:

a) das Recht des ganzen oder teilweisen Vorabdrucks, Nachdrucks und Fortsetzungsabdrucks in periodischen Druckwerken sowie in nichtperiodischen Druckwerken;
b) das Recht, Übersetzungen in deutsche Mundarten sowie Blindenschrift zu erlauben;
c) das Recht zur Vervielfältigung und Verbreitung der Übersetzung in Taschenbuchausgaben sowie sonstigen Sonderausgaben, nämlich Volks-, Reprint-, Schul-, Buchgemeinschafts-, Reader's-Digest-, Weltbild-Reader-, Großdruck-, Loseblattausgaben sowie das Recht zur Aufnahme der Übersetzung oder von Teilen daraus in Sammlungen von Werken mehrerer Urheber sowie Anthologien aller Art;
d) das Recht zur Veranstaltung von Mikrokopieausgaben
e) das Recht, die Übersetzung alleine oder im Rahmen anderer Werke und Nutzungsformen in körperlicher oder unkörperlicher Form zu archivieren, in Sammlungen und/ oder Datenbanken aufzunehmen und Dritten den Zugang zu der Übersetzung in welcher Form auch immer zu gestatten (zB Online-Dienste);
f) das Recht zur Herstellung digitaler Fassungen der Übersetzung einschließlich des Rechts zur Vervielfältigung und Verbreitung derartig hergestellter digitaler Fassungen auf körperlichen digitalen Datenträgern, unabhängig von deren technischer Ausstattung, (zB CD-ROM, CD-I, Speicherchips, E-book und sonstige Formen des electronic publishing);
g) das Recht, die Übersetzung ganz oder teilweise drahtgebunden oder drahtlos der Öffentlichkeit in einer Weise zugänglich zu machen, dass sie für die Mitglieder der

Öffentlichkeit von Orten und zu Zeiten ihrer Wahl zugänglich ist. Das Recht der öffentlichen Zugänglichmachung umfasst die Auswertung von Inhalten oder Teilen hieraus, indem diese in digitaler Form in einer Datenverarbeitungsanlage gespeichert werden und sodann von dort durch Endkunden über drahtgebundene oder drahtlose Mittel als digitales Signal abgerufen und/oder an diese übermittelt werden können mit der Folge, dass die gespeicherten Daten in das Empfangsgerät des Endkunden überspielt werden, wo sie entweder nach einer Speicherung, einer Zwischenspeicherung oder unmittelbar dekodiert, also wieder in Texte, Bilder und/oder Töne umgesetzt und sichtbar bzw. hörbar gemacht werden können. Dazu gehört u.a. Streaming. Eingeschlossen ist auch das Recht, im Rahmen der in diesem Vertrag erwähnten Nutzungsarten eine interaktive Nutzung der Übersetzung oder Teilen davon (gegebenenfalls in Verbindung mit anderen Werken und gegebenenfalls auch in unmittelbarer Nähe zu e-commerce-Angeboten oder Werbung) durch den Nutzer zu ermöglichen.

h) das Recht, die Übersetzung, insbesondere die in der Übersetzung enthaltenen Figuren, Namen, Textteile, Titel bzw. Untertitel, im Zusammenhang mit anderen Produkten und Dienstleistungen jeder Art und jeder Branche zu Merchandisingzwecken (Zwecke der Verkaufsförderung) zu nutzen, einschließlich des Rechts, auf die hier genannten Gegenstände der Übersetzung jedwede dem Verlag sinnvoll erscheinenden gewerblichen Schutzrechte oder Internet-Domains anzumelden und registriert zu halten;

i) das Recht, die Übersetzung ganz oder teilweise in/auf werkbezogenen Werbe- und Pressemitteln zu nutzen oder zu Zwecken der Werbung für den Verlag zu nutzen.

(3) Darüber hinaus räumt der Übersetzer dem Verlag für die Dauer des Hauptrechts gemäß Abs. 1 folgende weitere ausschließliche Nebenrechte ein:

a) jenseits des Bearbeitungsrechts nach Abs. 2 lit. b das Recht zur Bearbeitung oder sonstigen Umgestaltung der Übersetzung;

b) das Recht, die Übersetzung für die einmalige oder mehrmalige Bearbeitung als Bühnenstück oder Choreografie oder einer entsprechenden Serie oder als Marionetten-, Puppen- oder Schattentheater oder ähnliche bühnenmäßige Darstellungsformen zu nutzen, sowie ferner das Recht, die so hergestellten Fassungen unter Verwendung der Übersetzung bühnenmäßig aufzuführen und auf alle vertragsgegenständliche Arten sowie im vertraglich vorgesehenen Umfang zu nutzen bzw. auszuwerten;

c) das Recht zur Verfilmung und Wiederverfilmung der Übersetzung einschließlich der Rechte zur Bearbeitung und/oder Weiterentwicklung als Drehbuch;

d) das Recht, die nach Abs. 3 lit. c hergestellten Fassungen unter Verwendung der Übersetzung als Film zu verwerten, und zwar
   - das Recht, die Übersetzung auf Bild-, Bild-/Ton- oder sonstigen Datenträgern, gleich nach welcher Aufzeichnungs- und Wiedergabetechnik zu, vervielfältigen und
   - diese über den Einzel-, Spezial-, Versandhandel, Home-Order-TV, Cluborganisationen oder sonstige Handelsformen zu verbreiten sowie
   - gewerblich und nicht gewerblich zu verleihen und ferner
   - die so hergestellten Datenträger durch öffentliche Wiedergabe wahrnehmbar zu machen und diese auf die sonstigen vertragsgegenständlichen Arten zu nutzen;
   - ferner das Recht, die Übersetzung mit Hilfe von Rundfunk einschließlich Drahtfunk, Kabel- und Satellitenfunk und ähnlicher Übertragungstechniken, gleichgültig ob in digitalisierter oder analoger Form, sowohl über öffentlich-rechtlich als auch privatrechtlich organisierte Sender, einschließlich Abonnentenfernsehen und -rundfunk, Videotext, on-demand-Dienste, near-on-demand-Dienste, Pay-TV und vergleichbaren Techniken und Verwertungsformen zu senden und/oder solche Sendungen öffentlich wiederzugeben, sowie die Sendungen auf sonstige vertragsgegenständliche Arten zu nutzen oder
   - vorzuführen;

e) das Recht, die Übersetzung für die einmalige oder mehrmalige Bearbeitung als Hörbuch oder ähnliche Darstellungsformen zu nutzen,

f) das Recht, die nach Abs. 3 lit. e hergestellten Fassungen unter Verwendung der Übersetzung als Hörbuch zu verwerten, und zwar
   - das Recht, die Übersetzung auf Bild-, Bild-/Ton- oder sonstigen Datenträgern, gleich nach welcher Aufzeichnungs- und Wiedergabetechnik, zu vervielfältigen und
   - diese über den Einzel-, Spezial-, Versandhandel, Home-Order-TV, Cluborganisationen oder sonstige Handelsformen zu verbreiten sowie
   - gewerblich und nicht gewerblich zu verleihen und ferner
   - die so hergestellten Datenträger durch öffentliche Wiedergabe wahrnehmbar zu machen und diese auf die sonstigen vertragsgegenständlichen Arten zu nutzen,
   - ferner das Recht, die Übersetzung mit Hilfe von Rundfunk einschließlich Drahtfunk, Kabel- und Satellitenfunk und ähnlicher Übertragungstechniken, gleichgültig ob in digitalisierter oder analoger Form sowohl über öffentlich-rechtlich als auch privatrechtlich organisierte Sender, einschließlich Abonnentenfernsehen und -rundfunk, Videotext, on-demand-Dienste, near-on-demand-Dienste, Pay-TV und vergleichbaren Techniken und Verwertungsformen zu senden und/oder solche Sendungen öffentlich wiederzugeben, sowie die Sendungen auf sonstige vertragsgegenständliche Arten zu nutzen

g) das Recht zum Vortrag der Übersetzung, also die Übersetzung in nicht bühnenmäßiger Form beliebig häufig vorzutragen, einschließlich des Rechts, den Vortrag auf beliebigen Bild-, Ton-, Bildton- sowie Datenträgern aufzuzeichnen und diese auf alle vertragsgegenständlichen Arten sowie im vertraglich vorgesehenen Umfang zu nutzen bzw. auszuwerten (zB als Hörbuch);

h) das Recht zur Vertonung der Übersetzung;

i) alle sonstigen durch Verwertungsgesellschaften (zB: VG Wort)[7] wahrgenommenen Rechte nach deren Satzung, Wahrnehmungsvertrag und Verteilungsplan, sofern eine Übertragung dieser Rechte gemäß den entsprechenden Bestimmungen sowie gesetzlich zulässig ist.

(4) Ferner räumt der Übersetzer dem Verlag auch die räumlich, zeitlich und inhaltlich unbeschränkten und ausschließlichen Rechte für die im Zeitpunkt des Vertragsschlusses unbekannten Nutzungsarten ein. Die Rechtseinräumung erstreckt sich auf die Verwertung der Nutzungsrechte sowohl im eigenen Verlag als auch durch entgeltliche oder unentgeltliche (auch teilweise) Vergabe von Rechten an Dritte.[7a]

(5) Der Verlag kann die ihm nach den Absätzen 2 und 3 eingeräumten Nebenrechte auf Dritte übertragen.

Soweit sie jetzt und in Zukunft von der Verwertungsgesellschaft Wort[7] wahrgenommen werden, wird er sie dieser zur Wahrnehmung für Übersetzer und Verlag überlassen.

(6) Für die Rechtseinräumungen der Absätze 2–4 gelten folgende Beschränkungen:[8]

a) Der Verlag wird den Übersetzer unterrichten, sobald er von einem Nebenrecht selbst Gebrauch gemacht oder einem Dritten eine Lizenz zu dessen Ausübung erteilt hat.

b) Das Recht zur Ausübung oder Vergabe von Nebenrechten nach den Absätzen 2–4 endet mit dem Erlöschen des Hauptrechts gemäß Abs. 1. Der Bestand bereits abgeschlossener Lizenzverträge bleibt – auch im Falle der fristlosen Kündigung des gesamten Vertrages – mit der Maßgabe unberührt, dass die dem Verleger aus ihnen zustehenden Rechte hinsichtlich der Übersetzung auf den Übersetzer übergehen.[9]

c) Soweit dem Verlag in den Absätzen 2 und 4 das Recht eingeräumt ist, die Übersetzung zu bearbeiten oder bearbeiten zu lassen, hat er Beeinträchtigungen zu unterlassen, die die Persönlichkeitsrechte des Übersetzers zu gefährden geeignet sind/verletzen.

§ 4 Manuskriptablieferung

(1) Der Übersetzer liefert das Manuskript in digitaler Fassung (. . . . . Buchstaben einschließlich Leerzeichen pro Seite) im Format . . . . . auf folgendem Datenträger . . . . . sowie zusätzlich mit einem Textausdruck wie folgt dem Verlag ab:[10]
– die ersten . . . . . Seiten des Originals bis zum . . . . .
– die Seiten . . . . . bis . . . . . des Originals bis zum . . . . .
– den Rest bis zum . . . . .

Wird einer dieser Termine nicht eingehalten, so gilt, ohne dass es einer besonderen Erklärung des Verlages bedarf, als angemessene Nachfrist iSd § 30 VerlG ein Zeitraum von weiteren 3 Wochen. Nach deren Ablauf hat der Verlag das Recht, vom Vertrag zurückzutreten.[11]

Der Übersetzer behält eine Kopie des Manuskript-Ausdrucks und der digitalen Fassung bei sich und ist für eine ordnungsgemäße Sicherung letzterer selber verantwortlich.

(2) Der Ausdruck des Manuskripts bleibt Eigentum des Übersetzers und ist ihm vom Verlag nach Erscheinen auf Verlangen zurückzugeben. Der Datenträger mit der digitalen Fassung geht mit Übergabe in das Eigentum des Verlags über.

(3) Der Verlag hat sich innerhalb einer angemessenen Frist nach Ablieferung, spätestens aber innerhalb von drei Monaten, schriftlich zur Abnahme der Übersetzung zu erklären. Tut er dies nicht, so gilt die Übersetzung als abgenommen. Entspricht die Übersetzung nicht den vertraglichen Anforderungen, teilt der Verlag dies dem Übersetzer möglichst frühzeitig, spätestens binnen drei Monaten nach Ablieferung des vollständigen Manuskripts unter Angabe der Gründe im Einzelnen mit. Behebt der Übersetzer die beanstandeten Mängel ohne zusätzliche Vergütung nicht in angemessener Frist, so ist der Verlag berechtigt, vom Vertrag zurückzutreten oder unter Wahrung des Urheberpersönlichkeitsrechts des Übersetzers das Manuskript durch Dritte bearbeiten zu lassen. Der Übersetzer kann in diesem Falle dem Verlag die Nennung seines Namens als Übersetzer untersagen; in einer solchen Erklärung liegt das Einverständnis damit, dass nunmehr der Dritte als Übersetzer genannt wird.[12]

Weitere gesetzliche Ansprüche beider Parteien bleiben unberührt.

(4) Der Übersetzer ist verpflichtet, ihm vom Verlag etwaige zur Verfügung gestellten Unterlagen sorgfältig aufzubewahren und nach Erscheinen der Übersetzung auf Verlangen dem Verlag zurückzugeben.

§ 5 Verlagspflichten und -rechte[13]

(1) Mit Vertragsschluss, spätestens aber zum . . . . ., überlässt der Verlag dem Übersetzer ein Exemplar der Originalausgabe bzw. den verbindlichen Text des (Original)Werkes und stellt ihm folgende Arbeitsmittel leihweise zur Verfügung:

. . . . .

Variante 1: [Sicht des Urhebers]

(2) Der Verlag kann jederzeit nach Vertragsbeginn, spätestens bis zum Ablauf von 3 Monaten nach der Ablieferung des vollständigen Manuskripts, schriftlich erklären, dass er die Übersetzung nicht verwerten wird. Hatte er die Übersetzung beanstandet (§ 3 Abs. 3), so beginnt diese Frist erst mit der Ablieferung des mangelfreien Manuskripts. Mit der Erklärung fallen die Rechte an der Übersetzung (§ 2) an den Übersetzer zurück. Gibt der Verlag die Erklärung nach Satz 1 nicht oder nicht fristgerecht ab, so ist er verpflichtet, die Übersetzung zu vervielfältigen, zu verbreiten und dafür angemessen zu werben.

Variante 2: [Sicht des Verlages]

(2) Der Verlag ist zur Verwertung der Übersetzung und der eingeräumten Rechte, insbesondere zur Vervielfältigung und Verbreitung der Übersetzung, nicht verpflichtet.[13a]

(3) Ausstattung, Buchumschlag, Auflagenhöhe, Auslieferungstermin, Ladenpreis – einschließlich etwaiger späterer Herauf- oder Herabsetzung – und Werbemaßnahmen werden vom Verlag nach pflichtgemäßem Ermessen unter Berücksichtigung des Vertragszwecks sowie der im Verlagsbuchhandel für Ausgaben dieser Art herrschenden Übung bestimmt. Der Übersetzer hat Anspruch auf Unterrichtung.

§ 6 Vergütung

(1) Der Verlag zahlt an die Übersetzer eine Grundvergütung, die sich nach der Anzahl der übersetzten Normseiten (30 Zeilen à 60 Anschläge) bemisst. Die Grundvergütung beträgt in der Regel 19 Euro pro Normseite. Für besonders anspruchsvolle Übersetzungen liegt sie nicht unter 23 Euro pro Normseite. Bei atypisch aufgebauten Texten (zB Lyrik, Comics, Legenden zu illustrierten Büchern) ist die Grundvergütung unter Berücksichtigung des Textumfangs und des Aufwands entsprechend den vorstehenden Grundsätzen zu vereinbaren. Die Grundvergütung ist mit den nachfolgenden Beteiligungen nicht verrechenbar.

(2) Die Übersetzer erhalten zusätzlich zur Grundvergütung eine laufende Beteiligung am Absatz wie folgt:

a) *an gedruckten Verlagsausgaben*[14] *des übersetzten Werks für jedes verkaufte, bezahlte und nicht remittierte Exemplar*

a. 1,0 % vom 1. bis 5.000. Exemplar
b. 0,8 % vom 5.001. bis 10.000. Exemplar
c. 0,6 % ab dem 10.001 Exemplar

vom Nettoladenpreis, wobei jede gedruckte Verlagsausgabe neu gezählt wird. Gedruckte Verlagsausgaben im Sinne dieser Vergütungsregeln sind alle gedruckten eigenen Ausgaben oder Ausgaben eines verbundenen Konzernverlags einschließlich Original-Taschenbuch, broschierte Ausgaben, broschierte und/oder Hardcover-Sonderausgaben mit Ausnahme von nachgelagerten Taschenbuchausgaben sowie aller digitalen Ausgaben. Der Nettoladenpreis ist der um die darin enthaltene Mehrwertsteuer verminderte Ladenverkaufspreis;

b) *an Taschenbuchausgaben des übersetzten Werks, die nach einer gedruckten Verlagsausgabe erscheinen, abweichend von Buchstabe a für jedes verkaufte, bezahlte und nicht remittierte Exemplar*

a. 0,5 % vom 1. bis 5.000. Exemplar
b. 0,4 % vom 5.001. bis 10.000. Exemplar
c. 0,3 % ab dem 10.001 Exemplar

vom Nettoladenpreis, wobei jede gedruckte Taschenbuchausgabe neu gezählt wird. Taschenbuchausgaben im Sinne dieser Vergütungsregeln sind bestimmt durch die Merkmale, die im Beschluss des Bundeskartellamts vom 24.11.2003 (B6 – 7/3), Verfügung gemäß § 40 ABS. 2 GWB, aufgeführt sind;

c) *an verlagseigenen Hörbuchausgaben für jedes verkaufte und bezahlte Exemplar 1,6 % vom Nettoverlagsabgabepreis ab dem 1. Exemplar. Der Nettoverlagsabgabepreis ist der um die darin enthaltene Mehrwertsteuer verminderte Preis, zu dem der Verlag Exemplare verkauft oder digitale Ausgaben zur Verfügung stellt;*

d) *an digitalen Verwertungen durch den Verlag*

a. 2,5 % beim E-Book und anderen digitalen Ausgaben des übersetzten Werks,
b. 2,5 % beim Hörbuch Download

vom Nettoverlagsabgabepreis ab dem 1. Exemplar.

(3) An Erlösen, die der Verlag aus der Vergabe von Lizenzen zur Nutzung des Originalwerks in der vertragsgegenständlichen Übersetzung erzielt, erhalten die Übersetzer

a. *5 % bei der Vergabe von Taschenbuchrechten*
b. *10 % bei der Vergabe aller anderen Nebenrechte*

vom Nettolizenzerlös. Der Nettolizenzerlös ist der gesamte beim Verlag eingehende Erlös aus dem Lizenzgeschäft (vor etwaigen Abzügen von Autoren- oder Agenturanteilen) abzüglich der darin enthaltenen Mehrwertsteuer.
Sofern der Verlag die Nutzungsrechte an der Übersetzung allein lizenziert, zB weil er über deutschsprachige Rechte am Werk des Originalautors nicht verfügt, erhalten die Übersetzer 50 % des Nettolizenzerlöses.
Der Verlag ist verpflichtet, sich um die Verwertung der ihm eingeräumten Nebenrechte[15] in angemessener Frist zu bemühen. Bei mehreren sich untereinander ausschließenden Verwertungsmöglichkeiten wird er die für den Übersetzer materiell und ideell günstigste wählen, auch wenn er selbst bei dieser Nebenrechtsverwertung konkurriert.
(4) Für die Übersetzung von gemeinfreien Werken verdoppeln sich die Beteiligungssätze gemäß § 6 Abs. 2, Abs. 3 S. 1.
(5) Bei Sondergeschäften, bei denen der Verlag die Herstellung übernimmt (zB bei konfektionierten Ausgaben für Großabnehmer oder bestimmten Buchgemeinschaftsausgaben), erfolgt die Beteiligung abzüglich der direkt zurechenbaren Produktionskosten nach vorstehenden Grundsätzen.
(6) Mit der Grundvergütung nach diesen Vergütungsregeln sind sämtliche typischen Zusammenhangstätigkeiten der Übersetzer wie Rechercheleistungen etc abgegolten. Sofern diese Zusammenhangstätigkeiten im Einzelfall ein ungewöhnliches Ausmaß erreichen oder eine außergewöhnlich kurzfristige Terminsetzung erfolgt, wird dies durch eine angemessene Erhöhung der Grundvergütung berücksichtigt. Gesondert zu vergüten sind immer Bearbeitungen (zB Kürzungen) und redaktionelle Arbeiten (zB Registererstellung, Einpassung in vorgegebenes Layout).
(7) Für unberechnete Besprechungs-, Prüfungs-, Frei- oder Einführungsexemplare trägt der Verlag weder eine Abrechnungs- noch eine Honorierungspflicht; er muss ihre Zahl dem Autor aber mit der jeweils folgenden Abrechnung angeben. Für Prüfungsexemplare, die gegen Rechnung abgegeben werden, besteht Abrechnungs- und Honorierungspflicht nur, soweit sie bezahlt worden sind. Partie- und Portoersatzstücke sowie solche Exemplare, die für Werbezwecke des Verlages, nicht aber des Buches abgegeben werden, sind abrechnungs- und honorarpflichtig.
(8) Honorarabrechnung und Zahlung erfolgen im September bzw. März für das jeweils vorausgehende Kalenderhalbjahr. Das Honorar wird mit der Abrechnung fällig.
(9) Der Verlag ist verpflichtet, einem vom Übersetzer beauftragten, zur Berufsverschwiegenheit verpflichteten Dritten (Rechtsanwalt, Wirtschaftsprüfer, Steuerberater oder vereidigter Buchsachverständiger) zur Überprüfung der Honorarabrechnungen Einsicht in die Bücher und Unterlagen zu gewähren.
Die hierdurch anfallenden Kosten trägt der Verlag, wenn sich die Abrechnungen [ggf. zu mehr als 5 %] als fehlerhaft erweisen.
(10) Verwertet der Verlag die in § 3 Abs. 4 genannten Rechte über unbekannte Nutzungsarten selbst oder durch Dritte, erhält der Übersetzer eine angemessene Vergütung, über die sich die Parteien bei beabsichtigter Nutzungsaufnahme durch den Verlag verständigen werden. Im Zweifelsfalle ist der Verlag berechtigt, nach billigem Ermessen die Vergütung zu bestimmen. Der Übersetzer ist berechtigt, die zutreffende Ausübung des Ermessens (§§ 315 ff. BGB) binnen 12 Monaten ab der Leistungsbestimmung gerichtlich überprüfen zu lassen.

(11) Ist der Übersetzer mehrwertsteuerpflichtig, zahlt der Verlag die auf die Honorarbeträge anfallende gesetzliche Mehrwertsteuer zusätzlich.
(12) Der Übersetzer hat keine weitergehenden Ansprüche auf Ersatz von Aufwendungen, wie zB Reisespesen, es sei denn, dass die Parteien sich hierüber gesondert schriftliche verständigt hätten.

§ 7 Vergütung bei Nichtverwertung der Übersetzung[16]

(1) Gibt der Verlag nach § 4 Abs. 3 die Erklärung ab, dass er die Übersetzung nicht verwerten werde, so behält der Übersetzer den Anspruch auf das Pauschalhonorar nach § 6 Abs. 1. Der Anspruch besteht für den Teil des Manuskripts nicht, der bei Zugang der Erklärung noch nicht fertiggestellt ist.
(2) Das gilt nicht, wenn die Verwertung deshalb unterbleibt, weil der Übersetzer ein mangelfreies Manuskript nicht oder nicht rechtzeitig geliefert hat (§ 4).

§ 8 Mehrere Übersetzer

Ist dieser Vertrag mit mehreren Übersetzern abgeschlossen, so stehen ihnen die Honorare nach den §§ 6 und 7 im Zweifel zu gleichen Teilen zu.[17]

§ 9 Freiexemplare

Der Übersetzer erhält für seinen eigenen Bedarf 5 Freiexemplare. Er ist berechtigt, weitere Exemplare des Werkes zum Verlagsabgabepreis zuzüglich Mehrwertsteuer zu beziehen. Ein Verkauf dieser Exemplare ist dem Übersetzer nicht gestattet.

§ 10 Rechts- und Sachmängelhaftung[14a]

(1) Der Übersetzer versichert, dass durch seine Übersetzung die Urheberrechte Dritter nicht verletzt werden, und dass er allein berechtigt ist, über die vertragsgegenständlichen Rechte uneingeschränkt und frei von Rechten Dritter zu verfügen.
(2) Der Übersetzer stellt den Verlag von sämtlichen Ansprüchen Dritter, die diese entgegen Abs. 1 stellen und die auf Rechtsverletzungen beruhen, die der Übersetzer zu vertreten hat, einschließlich der Kosten der Rechtsverteidigung und -verfolgung vollumfänglich frei.

§ 11 Satz, Korrektur

(1) Der Übersetzer übernimmt es, die Korrekturen des Werkes ohne besondere Vergütung zu lesen. Die Korrekturbogen werden unverzüglich mit dem Vermerk „druckreif" versehen dem Verlag zurückgegeben. [ggf. aus Sicht des Verlages zusätzlich]: Durch diesen Vermerk werden auch etwaige Abweichungen vom Manuskript genehmigt. Geht dem Verlag eine Erklärung des Übersetzers nicht innerhalb von 14 Tagen nach Erhalt der Fahnenabzüge zu, gilt der Freigabevermerk des Übersetzers als erteilt. Der Verlag weist den Übersetzer bei Übersendung der Fahnenabzüge auf diese Frist und die Bedeutung seines etwaigen Schweigens hin.[14b]
(2) Korrekturkosten, die auf nachträgliche Änderungen des Manuskripts durch den Übersetzer zurückzuführen sind, kann der Verlag, soweit sie 10 % der Satz- bzw. Reproduktionskosten überschreiten, dem Übersetzer in Rechnung stellen. Ausgenommen von der Berechnung bleiben solche Korrekturen, die durch Schuld der Druckerei veranlasst werden oder sachliche Berichtigungen darstellen, welche der Übersetzer vor Ablieferung des Manuskripts nicht vornehmen konnte.

§ 12 Verramschung, Makulierung

(1) Der Verlag kann das Werk verramschen, wenn der Verkauf in zwei aufeinander folgenden Kalenderjahren unter 10 % der letzten Druckauflage gelegen hat. Am Erlös ist

der Übersetzer, falls die Voraussetzungen des § 6 Abs. 2 bereits eingetreten sind, in Höhe des Doppelten seines prozentualen Anteils beteiligt.

(2) Erweist sich auch ein Absatz zum Ramschpreis als nicht durchführbar, kann der Verlag die Restauflage makulieren.

(3) Der Verlag ist verpflichtet, den Übersetzer von einer beabsichtigten Verramschung bzw. Makulierung vorher zu informieren. Der Übersetzer hat das Recht, durch einseitige Erklärung die noch vorhandene Restauflage bei beabsichtigter Verramschung zum Ramschpreis abzüglich des Prozentsatzes seiner Beteiligung und bei beabsichtigter Makulierung unentgeltlich ab Lager zu übernehmen.

Bei beabsichtigter Verramschung kann das Übernahmerecht nur bezüglich der gesamten noch vorhandenen Restauflage ausgeübt werden.

Mehreren Übersetzern stehen die Rechte aus diesem Absatz im Verhältnis ihrer Anteile einzeln zu. Machen nicht alle davon Gebrauch, so können die Übrigen entsprechend erhöhte Anteile geltend machen.

(4) Das Recht des Übersetzers, im Falle der Verramschung oder Makulierung vom Vertrage zurückzutreten, richtet sich nach den §§ 32, 30 VerlG. Mehrere Autoren können es im Zweifel nur gemeinsam ausüben.[15]

§ 13 Rezensionen

Der Verlag wird bei ihm eingehende Rezensionen des Werkes vierteljährlich innerhalb des ersten Jahres nach Ersterscheinen, danach in angemessenen Zeitabständen dem Übersetzer zur Kenntnis bringen.

§ 14 Urheberbenennung, Copyright-Vermerk

(1) Der Verlag ist verpflichtet, den Übersetzer auch ohne dessen ausdrückliche Anweisung in angemessener Weise als Urheber der Übersetzung des Werkes auszuweisen und beim Abschluss von Lizenzverträgen Dritten eine entsprechende Verpflichtung aufzuerlegen.

(2) Der Verlag ist verpflichtet, bei der Veröffentlichung des Werkes den Copyright-Vermerk im Sinne des Welturheberrechtsabkommens anzubringen.[18]

§ 15 Tod des Übersetzers

(1) Nach dem Tode des Übersetzers bestehen die Verpflichtungen des Verlages aus diesem Vertrag gegenüber dem durch Erbschein ausgewiesenen Erben. Bei einer Mehrzahl von Erben haben diese dem Verlag einen gemeinsamen Bevollmächtigten zu benennen. Der Verlag hat ein Zurückbehaltungsrecht hinsichtlich der Auszahlungen gegenüber der Erbengemeinschaft bis zur Benennung eines Bevollmächtigten und der durch diesen erfolgenden Anweisung zur Auszahlung der Vergütung und deren Aufteilung unter den Erben.

(2) Sollte der Übersetzer vor der Fertigstellung des Manuskripts versterben, so ist der Verlag berechtigt, vom Vertrag zurückzutreten, ohne dass die Erben Vergütungsansprüche haben. Hat der Übersetzer bereits Zahlungen für abgelieferte Manuskriptteile erhalten, so kann der Verlag diese zurückfordern; mit der Geltendmachung der Forderung fallen die dem Verlag eingeräumten Rechte an die Erben zurück.

Der Verlag kann jedoch auch nach eigenem Ermessen die vorhandenen Manuskriptteile übernehmen und diese durch Dritte fertig stellen lassen. In diesem Falle haben die Erben Anspruch auf Zahlung des Pauschalhonorars nach § 6 Abs. 1 für den vom Übersetzer stammenden Teil des Manuskripts. Die Ansprüche aus § 6 Abs. 2 und § 7 stehen ihnen im Verhältnis des Umfangs des vom Übersetzer stammenden Manuskripts zum Gesamtumfang der Übersetzung zu.

(3) Bei mehreren Übersetzern steht dem Verlag das Rücktrittsrecht nach Abs. 2 allen gegenüber zu, wenn einer von ihnen verstirbt.

(4) Zu der Erklärung, ob das Rücktrittsrecht ausgeübt wird, kann den Verlag jeder Miterbe bzw. Mitübersetzer schriftlich auffordern, wobei zur Glaubhaftmachung des Erbverhältnisses die Vorlage einer notariellen Erbscheinsverhandlung genügt. Gibt der Verlag die Erklärung nicht binnen eines Monats nach der Aufforderung ab, so erlischt das Rücktrittsrecht.

§ 16 Mitteilungspflichten

Der Übersetzer ist verpflichtet, dem Verlag jeweils unverzüglich etwaige Anschriftenänderungen gegenüber dem Rubrum dieses Vertrages schriftlich mitzuteilen. Er hat sicherzustellen, dass er für den Verlag darüber hinaus auch erreichbar ist, und zwar mindestens unter folgenden Kommunikationswegen: . . . . . Auch insofern hat er dem Verlag etwaige Änderungen unverzüglich auf geeignetem Weg mitzuteilen.

§ 17 Schlussbestimmungen

(1) Mündliche Nebenabreden wurden nicht getroffen und haben keine Gültigkeit. Ergänzungen und Änderungen dieser Vereinbarung bedürfen zu ihrer Wirksamkeit der Schriftform. Dies gilt auch für die Änderung dieser Schriftformklausel.
(2) Sollte eine der Bestimmungen dieser Vereinbarung unwirksam oder nichtig sein oder werden, wird die Vereinbarung im übrigen hiervon nicht berührt. Derartige Bestimmungen werden die Parteien durch solche neue, gültige Bestimmungen ersetzen, die dem Vertragszweck am ehesten entsprechen.
(3) [aus jeweiliger Sicht der Parteien ggf. für den Fall, dass eine Partei ihren Sitz im Ausland hat oder ausländischer Staatsbürger ist] Auf diese Vereinbarung und ihre Auslegung findet ausschließlich deutsches Recht Anwendung.
(4) Besondere Vereinbarungen:
. . . . .

Schrifttum: → Form. IX.5. Englischsprachiges Muster: *Clark/Owen. Horz,* Gestaltung und Durchführung von Buchverlagsverträgen. Am Beispiel der Literaturübersetzung, Belletristik und Wissenschaft, Berlin 2005.

Anmerkungen

1. Sachverhalt. Die Verwertung fremdsprachlicher Werke im deutschen Sprachraum ist in der Regel nur mit Hilfe von Übersetzungen möglich. Üblicherweise erwirbt der deutsche Verlag zunächst die erforderlichen Verwertungsrechte (→ Anm. 3) und sucht sich dann einen Übersetzer. Für den Vertrag mit diesem ist das Formular vorgesehen (vgl. ausführlich zu den Vertragsgestaltungen in der Übersetzerbranche *Loewenheim/Czychowski* § 66 und zu Vergütungsfragen rund um §§ 32, 32a ff. UrhG Fromm/Nordemann/*Czychowski* §§ 32, 32a). Die besondere rechtliche Problematik solcher Verträge liegt zum einen darin, dass der Übersetzer nur auf Bestellung tätig wird und dann zur Einhaltung von Ablieferungsfristen, also zu rascher und intensiver Arbeit, genötigt ist; zum andern hängt der Erfolg seiner Übersetzung in erster Linie vom Erfolg des Originalwerks ab, ohne das sie nicht verwertet werden kann. Der Übersetzer ist also im doppelten Sinne ein abhängiger Schöpfer. Nur wenige Übersetzer – meist solche aus dem belletristischen Bereich – können sich deshalb so sehr auf das eigene literarische Gewicht verlassen, dass sie mit dem Verleger von vornherein die für Originalautoren übliche (→ Form. IX.5 § 4) Umsatzbeteiligung, also ein reines Erfolgshonorar, vereinbaren. Vielfach wird stattdessen ein Pauschalhonorar vereinbart. Es sichert dem Übersetzer ein bestimmtes Entgelt für seine Tätigkeit und erlaubt es dem Verleger, eine feste Summe für die Übersetzung in die Kalkulation für die Erstauflage einzusetzen. Dabei wird freilich meist übersehen, dass der Übersetzer schon nach früherem Recht aufgrund der zwingenden Vorschrift des § 36 UrhG aF, inzwischen aus § 32a UrhG, bei einem herausragenden wirtschaftlichen Erfolg seiner Übersetzung Anspruch auf Vertragsanpassung hat, der Verlag also mit Nachforderungen des Übersetzers auf Grund von Vertragsbestimmungen rechnen muss, die ein Gericht nachträglich anordnet. Zur Vermeidung solcher Risiken schlagen wir deshalb eine Regelung vor, bei der die erwartete normale Verwertung durch ein Pauschalhonorar abgedeckt ist, für den Fall eines besonderen Verkaufserfolges aber von vornherein eine zusätzliche Erfolgsbeteiligung des Übersetzers vorgesehen wird (§ 6 des Formulars; → Anm. 14). Letztlich liegt eine angemessene Honorierung des Übersetzers im wohlverstandenen Interesse auch des Verlages.

Regelungsbedürftig ist ferner der in der Praxis immer wieder auftretende Fall, dass die Übersetzung den Erwartungen des Verlages (oder des hinter ihm stehenden Originalautors, der vielfach zumindest ein Vetorecht hat) nicht entspricht. Dabei sind Übersetzungsfehler, Auslassungen und ähnliche objektiv feststellbare Mängel noch verhältnismäßig leicht zu regeln (§ 3 Abs. 3 und → Anm. 12). Dagegen ist die Beurteilung der literarischen Qualität einer Übersetzung so sehr von subjektiven Wertungselementen geprägt, dass sie sich nicht als Anknüpfungspunkt für Rechtsfolgen eignet. Die Rechtsprechung lässt deshalb Mängelrügen aus solchen Gründen nicht zu (BGH GRUR 1960, 642 (644) – Drogistenlexikon).

Der Verlag kann in solchen Fällen nur auf die Verwertung verzichten, muss dem Übersetzer aber das vereinbarte Pauschalhonorar als Tätigkeitsvergütung belassen. Zur Verminderung des sich daraus für ihn ergebenden finanziellen Risikos haben wir die Ablieferung des Manuskripts in Teilen vorgesehen (§ 3 Abs. 1), damit der Verlag sich möglichst frühzeitig ein Urteil bilden und notfalls die Nichtverwertungserklärung (§ 4 Abs. 1) abgeben kann; dann entfällt zumindest der Honoraranspruch für den noch nicht fertiggestellten Teil der Übersetzung (§ 7 Abs. 1).

Eine ähnliche Regelung haben wir für den Fall vorgesehen, dass der Übersetzer vor Fertigstellung des Manuskripts verstirbt und der Verlag die Übersetzung von einem Dritten fertig stellen lässt (§ 15 Abs. 2).

Diese Regelungen sind allerdings nur für Werke größeren Umfangs geeignet. Bei kleineren Werken, zB Kinder- und Jugendbüchern, bleibt dem Verlag nichts anderes übrig, als sich – wenn er den Übersetzer noch nicht kennt – ein Probekapitel vorlegen zu lassen oder zu vereinbaren, dass bei Nichtverwertung der Übersetzer nur einen Teil des Pauschalhonorars (wir würden mindestens die Hälfte für angemessen halten) bekommt.

2. Wahl des Formulars. Der Börsenverein des deutschen Buchhandels eV und der Verband deutscher Schriftsteller in der IG Druck und Papier (inzwischen IG Medien) haben am 4./13.5.1982 (Neufassung 11.5.1992) einen Rahmenvertrag vereinbart, der die Funktion eines Normvertrages für den Abschluss von Übersetzungsverträgen haben soll; Sonderdrucke sind bei den beiden Verbänden erhältlich (Adresse → Form. IX.5 Anm. 1); Abdruck bei *Delp,* Der Verlagsvertrag, 8. Aufl. 2008, S. 357 sowie bei *Schricker,* VerlagsR, 3. Aufl. 2001, Anhang 4. Das vorliegende Formular berücksichtigt diesen Normvertrag teilweise, zumal sich mittlerweile durch die Urhebervertragsrechtsreform 2002 weitreichende Änderungen auch in der Praxis ergeben haben, → Anm. 14.

Das Formular eignet sich grundsätzlich für alle Werkübersetzungen. Eine Ausnahme gilt lediglich für solche Werke, für deren Verwertbarkeit eine zusätzliche Bearbeitung erforderlich ist (Beispiel: fremdsprachliche Schulbücher müssen übersetzt *und* den hiesigen Lehrplänen angepasst werden). Zudem gilt es zu beachten, dass die Vergütungsregelungen, die der Gemeinsamen Vergütungsregel für Übersetzer entnommen wurden, nicht für alle Arften von Übersetzungen Geltung beanspruchen. In den Gemeinsamen Vergütungsregeln sind ausdrücklich neben Schulbüchern auch Lexika, Lehrbücher und

Fachbücher im engeren Sinn vom Anwendungsbereich ausgenommen. Für diese können mit Blick auf §§ 32, 32a UrhG abweichende Vergütungsregelungen getroffen werden.

3. Verlagsrecht. Wenn der Verlag nicht das deutschsprachige Verlagsrecht an der Originalausgabe, also das ausschließliche Vervielfältigungs- und Verbreitungsrecht für dessen deutsche Übersetzung (vgl. § 8 VerlG), innehat, arbeitet der Übersetzer für den Papierkorb. Das Verlagsrecht kann jedoch auch innerhalb des deutschsprachigen Raums geteilt sein: Der Verleger kann es nur für Deutschland oder nur für Österreich und die Schweiz erworben haben. Das muss im Vertrag geklärt sein, damit der Übersetzer weiß, welche Verbreitung er zu erwarten hat.

4. Titelei. → Form. IX.5 Anm. 4.

5. Rechte Dritter. Anders als beim Verlagsvertrag über ein Originalwerk (→ Form. IX.5 § 1 Abs. 5) fällt bei der Übersetzung die Verletzung von Rechten Dritter durch die Originalausgabe in die Risikosphäre des Verlages. Falls der Übersetzer etwa durch die Übersetzung als solche Rechte Dritter verletzet, also etwa eine fremde Übersetzung plagiieren sollte, würde er dem Verlag dafür schon nach § 434 BGB haften. Das Formular statuiert deshalb im Anschluss an den „Normvertrag“ (→ Anm. 2) nur eine allgemeine Hinweispflicht des Übersetzers auf rechtliche Zweifelsfragen, die ihm bei Herstellung der Übersetzung auffallen (§ 242 BGB).

6. Rechtseinräumungen. Der Übersetzer kann sein Werk ohne das Original, das darin steckt, nicht verwerten. Er kann deshalb kein vernünftiges Interesse daran haben, einzelne Nutzungsrechte an seiner Übersetzung zurückzuhalten, vorausgesetzt, der Verlag ist zu einer angemessenen Honorierung bereit. Gleichwohl erfordert die „Übertragungszwecklehre“ die Aufzählung aller dem Verlag eingeräumten Nutzungsrechte. Was nicht ausdrücklich genannt ist, verbleibt im Zweifel beim Übersetzer (§ 31 Abs. 5 UrhG; → Form. IX.5 Anm. 1 und 8). Der hier aufgeführte Rechtekatalog ist den Entwicklungen an die Neuen Medien angepasst worden; vgl. auch den des Verlagsvertrages für Originalwerke (→ Form. IX.5 § 2). → Anm. 8.

7. Verwertungsgesellschaften. → Form. IX.3 Anm. 8. Beachte OLG München ZUM 2014, 52.

7a.Unbekannte Nutzungsarten. Nach § 31a UrhG ist es nunmehr möglich, auch Verträge über unbekannte Nutzungsarten zu schließen. Die vom Gesetz hierfür geforderte Schriftform ist hier eingehalten. Zur Vergütung → Anm. 14

8. Beschränkungen der Rechtseinräumung. Die in → Form. IX.5 § 2 Abs. 5b vorgesehene Beschränkung der Rechte des Verlages – Verfügung nur mit Zustimmung des Autors – ist hier entfallen, weil eine zweckentsprechende Verwertung, die mit dem Zustimmungsrecht sichergestellt werden sollte, hier bereits durch die entsprechenden Mitwirkungsrechte des Originalautors gewährleistet ist und ein Zustimmungsrecht für den Übersetzer von diesem leicht zur Durchsetzung unangemessener Forderungen benutzt werden könnte.

9. Folgen von fristloser Kündigung. → Form. IX.5 Anm. 10.

10. Lieferung in Teilen. Der Sinn der hier vorgeschlagenen Verpflichtung des Übersetzers zu Teillieferungen besteht nur in zweiter Linie darin, dem Übersetzer während seiner Tätigkeit den Lebensunterhalt zu sichern. In erster Linie soll dem Verlag die Möglichkeit gegeben werden, möglichst frühzeitig eine Entscheidung darüber zu treffen, ob die Übersetzung überhaupt verwertet werden soll (→ Anm. 1 am Ende).

11. Nachfrist. Die Formulierung soll den Verlag der Notwendigkeit entheben, noch einmal eine besondere Nachfristsetzung vorzunehmen.

12. Fertigstellung der Übersetzung durch Dritte. Zunächst → Anm. 1. Die Unterstellung des Einverständnisses mit der Nennung des Dritten muss ausdrücklich vereinbart sein, weil sonst in der bloßen Zurückziehung des eigenen Namens noch keine Zustimmung dafür gesehen werden könnte, dass die eigene Übersetzung (die dies ja trotz der Bearbeitung geblieben ist) mit dem Namen eines anderen Übersetzers versehen werde.

13. Verlagspflichten und -rechte. Die hier vorgeschlagene Regelung ergibt sich aus den in → Anm. 1 dargelegten Überlegungen: Der Verlag kann jederzeit erklären, dass er die Übersetzung nicht verwerten werde, verliert dann allerdings auch die ihm eingeräumten Rechte; das verkürzt lediglich das Verfahren des § 41 UrhG, der noch eine besondere Rückrufserklärung des Urhebers verlangt. Erst mit dem Ablauf der Erklärungsfrist entsteht die Vervielfältigungs- und Verbreitungspflicht des Verlages (§ 4 Abs. 3). Das ist einfacher als die im „Normvertrag" (→ Anm. 2) vorgesehene Regelung und wird der beiderseitigen Interessenlage in allen denkbaren Fällen gerecht.

Dass der Übersetzer hinsichtlich der Ausstattung usw nicht mehr angehört, sondern nur noch unterrichtet wird (anders der Originalurheber, → Form. IX.5 § 3 Abs. 2), rechtfertigt sich daraus, dass die Interessen der Urheberseite bei Übersetzungen insoweit schon durch die Mitwirkung des Originalurhebers gewährleistet sind.

13a. Neuauflagen; neue Übesetzung? Für Neuauflagen gilt § 17 VerlG mit einer Modifikation durch die Rechtsprechung (BGH GRUR 2002, 148 – Oceano Mare; BGH GRUR 2011, 810 – World's End): Der Verleger ist grundsätzlich zur Neuauflage mit der alten Übersetzung verpflichtet. Etwas anderes kann sich nur ausnahmsweise aus Treu und Glauben, zB wegen mangelnder Qualität der Übersetzung, ergeben.

14. Honorar für Verlagsausgaben. Zunächst → Anm. 1. Nach langem Streit und Verhandlungen haben die ver.di, VdÜ (Verband deutscher Übersetzer literarischer und wissenschaftlicher Werke eV) und einzelne Verlage 2014 eine **gemeinsame Vergütungsregel** iSd § 36 UrhG für Übersetzer aufgestellt (abrufbar unter http://www.literaturuebersetzer.de/download/uebersetzer/gvr-2014.pdf, zuletzt abgerufen am 25.2.2019). Diese haben wir im Rahmen der Vergütung zugrunde gelegt. Verbindlich sind zudem die **Vorgaben des BGH** aus den sog. ersten Übersetzerurteilen, die sich mit der Frage einer angemessenen Vergütung auseinandersetzen: In der ersten Entscheidung (BGH GRUR 2009, 1148 – Talking to Addison erkannte der BGH ein Pauschalhonorar von 15,00 EUR je Normseite ohne zusätzliche prozentuale Absatzbeteiligung selbst bei Branchenüblichkeit als unangemessen. Er gebot vielmehr eine Absatzbeteiligung, die erst ab einer bestimmten Auflagenhöhe (im entschiedenen Fall: 5.000 Stück) einsetzt, was der Sache nach einer Anrechnung des Pauschalhonorars – als Vorschuss für die ersten abgesetzten Werkstücke – auf die Absatzvergütung gleichkommt. Als deren Höhe sind 0,8 % des Nettoladenverkaufspreises bei Hardcover bzw. 0,4 % bei Paperback angemessen, wenn ein Normseitenhonorar gezahlt wird (andernfalls 2 % und 1 %). Dies hat der BGH mittlerweile in seiner zweiten Entscheidung bestätigt (BGH ZUM 2011, 316 ff. – Destructive Emotions). Bei den Nebenrechten sprach der BGH 50 % des Nettoerlöses einer Rechteeinräumung an Dritte nach Abzug der Vergütungen weiterer Rechteinhaber als angemessen zu, soweit der Erlös auf die Verwertung der Übersetzung entfällt (BGH GRUR 2009, 1148 Rn. 44 ff. – Talking to Addison). Die Berechnung blieb unklar und umstritten (vgl. *Czychowski* GRUR 2010, 793; *Dresen* GRUR-Prax 2009, 4; *Becker* ZUM 2010, 55), in einem weiteren Urteil hat der BGH diese 50 %-Regel nun verworfen und entschieden, dass eine angemessene Beteiligung an Erlösen zu beanspruchen ist, die der Verlag dadurch erzielt, dass er Dritten das Recht zur Nutzung des übersetzten Werkes einräumt oder überträgt. Diese Beteiligung beträgt grundsätzlich ein Fünftel der Beteiligung des Autors des fremdsprachigen Werkes an diesen Erlösen. Der Erlösanteil, den der Übersetzer erhält, darf allerdings nicht höher sein als der Erlösanteil, der dem Verlag verbleibt. Soweit bei der Nutzung des übersetzten Werkes von der Übersetzung in geringerem Umfang als vom Originalwerk Gebrauch gemacht wird, ist die Beteiligung des Übersetzers entsprechend zu verringern (BGH ZUM 2011, 316 ff. – Destructive Emotions); zu Details vgl. Fromm/Nordemann/*Czychowski,* § 32 Rn. 91.

14a. Freistellung. Auch wenn sich in vielen Urheberverträgen pauschal formulierte Freistellungsklauseln befinden, ist nicht sicher, ob noch zulässig sind. Denn in der Regel wird es sich um AGB handeln, für die der BGH entschieden hat, dass verschuldensunabhängige Rückgriffsansprüche gegen § 307 Abs. 2 Nr. 1, Abs. 1 BGB verstoßen (BGH NJW 2006, 47 Rn. 29 ff. und Rn. 46). Deshalb setzt unsere Freistellungsklausel nun auch ein Vertretenmüssen voraus.

14b. Zustimmungsfiktion. Die hier vorgeschlagene ggf. zusätzliche sehr übliche Klausel offenbart einmal mehr das in → Anm. 14a bereits erwähnte, zunehmend in den Blick der Urheberrechtler geratene AGB-Thema. Eine solche Klausel dürfte bei AGB-Verwendung an den Anforderungen des § 308 Nr. 5 BGB zu messen sein.

15. Nebenrechtsverwertung. Die Beteiligung des Übersetzers an der Nebenrechtsverwertung ist nach den Vorgaben des BGH (→ Anm. 14) zwingend. Sie rechtfertigt sich im Übrigen auch aus dem schon vor §§ 32, 32a UrhG existierenden Grundsatz unserer Rechtsprechung, dass jeder Urheber an jeder wirtschaftlichen Nutzung seines Werkes angemessen zu beteiligen ist (ständige Rechtsprechung seit BGHZ 17, 266 (278) – Tonband). Auch hier orientieren wir uns bezüglich der Höhe der Beteiligung an der Gemeinsamen Vergütungsregel für Übersetzer.

16. Vergütung bei Nichtverwertung der Übersetzung. Nur selten wird die Nichtverwertung der Übersetzung darauf beruhen, dass der Übersetzer objektiv nachweisbare Fehler, Auslassungen und ähnliche Mängel nicht beseitigt oder gar das Manuskript überhaupt nicht abgeliefert hat. Der Regelfall der Nichtverwertung liegt im subjektiven Bereich: Die Übersetzung erfüllt nicht die Erwartungen, die der Verlag oder der hinter ihm stehende Originalautor gehegt hatten. Der Übersetzer sieht das verständlicherweise ganz anders. Da Wertungsfragen nicht justitiabel sind, scheint uns die gerechteste Lösung die hier vorgeschlagene zu sein; sie ermöglicht es dem Verleger, durch möglichst frühzeitige Nichtverwertungserklärung Geld zu sparen, und sichert dem Übersetzer das Honorar für seine tatsächlich erbrachte Tätigkeit. → Anm. 1 am Ende für kleinere Werke.

17. Miturheber-Anteile. → Form. IX.5 Anm. 12.

18. Copyright. → Form. IX.5 Anm. 16.

19. Kosten. → Form. IX.3 Anm. 10.

13. Lizenzvertrag Ausland (dargestellt am Beispiel einer Übersetzungslizenz)

Zwischen[1, 11, 12, 2]
. . . . . in . . . . .,
vertreten durch . . . . .,

(nachstehend Lizenzgeber genannt),

und
der . . . . ., in . . . . .
vertreten . . . . .,

(nachstehend Lizenznehmer genannt),

Präambel

Der Lizenzgeber ist Inhaber des . . . . . Verlagsrechts/für . . . . . Der Lizenznehmer verfügt über Erfahrung . . . . . und arbeitet ständig mit erfahrenen Übersetzern für . . . . . in . . . . . zusammen. Vor diesem Hintergrund will der Lizenzgeber dem Lizenznehmer eine Lizenz zur Übersetzung und deren Verwertung übertragen. Hierzu schließen die Parteien folgenden Vertrag:

§ 1 Vertragsgegenstand und Rechteübertragung

(1) Gegenstand dieses Vertrages ist eine Lizenz, das sogleich näher beschriebene Werk zu übersetzen und im Rahmen dieses Verwertes zu verwerten. Hierzu überträgt der Lizenzgeber dem Lizenznehmer das ausschließliche[3] Recht zur Übersetzung seines Verlagswerks

. . . . .

. . . . .

sowie der sich daran anschließenden Vervielfältigung und Verbreitung für eine/alle Auflage(n) in . . . . . Sprache für die folgenden Länder:[4]

. . . . .

. . . . .

(2) Die Übertragung der Rechte erfolgt unter den aufschiebenden Bedingungen,[5] dass
a) die Übersetzung einwandfrei hergestellt wird und eine werkgetreue Adaption des Originalwerks darstellt,
b) die Übersetzung am Inhalt des Originalwerks nichts ändert, ohne dass der Lizenzgeber dem schriftlich zugestimmt hat,
c) der Autor des Originalwerks auf jedem Exemplar der Lizenzausgabe wie folgt genannt wird (in . . . . . Übersetzung):
   – auf dem Schutzumschlag:
   . . . . .
   – auf der Titelseite:
   . . . . .,
d) jedes Exemplar der Lizenzausgabe die folgende Copyright-Angabe enthält:
   © . . . . . 20 . . . . .
   © . . . . . 20 . . . . . for this edition in the . . . . . language.

(3) Der Lizenznehmer wird einen kompletten Fahnenabzug per Einschreiben/Luftpost/auf digitalem Datenträger an den Lizenzgeber zur Prüfung übersenden. Er wird die Lizenzausgabe nicht erscheinen lassen, bevor der Lizenzgeber schriftlich zugestimmt hat.[5] Der Lizenzgeber verpflichtet sich zur unverzüglichen Erklärung über die Freigabe; hat er

sich nicht binnen 6 Wochen nach Erhalt des Abzugs erklärt, gilt die Zustimmung als erteilt.

(4) Der Lizenzgeber sichert hiermit zu, dass er zur Verfügung über die nach diesem Vertrag übertragenen Rechte befugt ist. Er wird den Lizenznehmer von allen Ansprüchen freistellen, die von Dritten wegen des vertragsgemäßen Gebrauchs dieser Rechte durch den Lizenznehmer erhoben werden sollten.[5a]

(5) Der Lizenznehmer darf innerhalb seines Vertragsgebiets[6]

a) den Vor- oder Nachdruck der Lizenzausgabe in Zeitungen oder Zeitschriften,

b) . . . . . (zB die Hörfunksendung der Lizenzausgabe)

gestatten.

(6) Der Lizenznehmer kann an den ihm durch Abs. 1 übertragenen Rechten Unterlizenzen nur mit schriftlicher Zustimmung des Lizenzgebers einräumen. Dasselbe gilt für die Weiterübertragung der ihm übertragenen Rechte.

(7) Andere als die in diesem Vertrag ausdrücklich genannten Rechte sind dem Lizenznehmer nicht übertragen.

§ 2 Hauptpflicht des Lizenznehmers

(1) Der Lizenznehmer ist zur bestmöglichen Ausübung der ihm in § 1 Abs. 1 übertragenen Rechte verpflichtet.

(2) Die Lizenzausgabe wird spätestens im Monat . . . . . 20 . . . . . erscheinen.

(3) Der Lizenznehmer verpflichtet sich darüber hinaus, für die Lizenzausgabe wie folgt Werbung zu treiben: . . . . .

§ 3 Art der Veröffentlichung

(1) Der Lizenznehmer vervielfältigt und verbreitet die Lizenzausgabe innerhalb der Grenzen dieses Vertrages auf seine eigenen Kosten unter Beachtung der im jeweiligen Verbreitungsgebiet bestehenden Bestimmungen und Gebräuche. Er gewährleistet die ordnungsgemäße Anbringung des Copyright-Vermerks auf jedem Werkexemplar; dabei ist der Lizenzgeber/der Originalautor als Inhaber des Copyrights an der Originalausgabe zu nennen.[11]

(2) Der Lizenznehmer kann den Ladenverkaufspreis für die Lizenzausgabe binden, soweit die Gesetzgebung des jeweiligen Verbreitungslandes dies zulässt.

(3) Vor der Herstellung jeder Auflage unterrichtet der Lizenznehmer den Lizenzgeber über den festgesetzten Ladenpreis und über die Auflagenhöhe.

(4) Der Lizenzgeber erhält von jeder Auflage der Lizenzausgabe bei deren Erscheinen 8 Freiexemplare.

§ 4 Lizenzvergütungen[7, 12]

(1) Der Lizenznehmer zahlt an den Lizenzgeber eine Umsatzbeteiligung von . . . . .% auf den Ladenpreis/auf seinen höchsten eigenen Verkaufspreis, wobei Rabatte und andere Preisnachlässe unberücksichtigt bleiben, und zwar für jedes verkaufte Exemplar.

(2) Die Brutto-Einnahmen aus der Vergabe von Rechten nach § 1 Abs. 5 werden zwischen den Vertragspartnern hälftig geteilt.

(3) Bei Unterzeichnung dieses Vertrages leistet der Lizenznehmer einen nicht rückzahlbaren aber verrechenbaren Vorschuss in Höhe von . . . . . Euro auf die zu erwartenden Zahlungen nach Abs. 1 an den Lizenzgeber.

(4) Zahlungen erfolgen in Euro. Etwaige von Dritten nach § 1 Abs. 5 in ausländischer Währung gezahlte Lizenzen werden unverzüglich nach Zahlungseingang beim Lizenznehmer gegebenenfalls unter Abzug von Quellen- oder ähnlichen Steuern, welche in Verbindung mit dem Transfer aufgrund Gesetzes, Verordnung aus sonstigen rechtlichen

Gründen zu zahlen sind, zum Tageskurs in Euro umgerechnet. Steuern und etwaige andere gesetzliche Abgaben, die in der Person des Lizenznehmers als Schuldner entstehen, gehen zu seinen Lasten. Der Lizenznehmer erkennt seine Verpflichtung an, die sich aus diesem Vertrag für ihn ergebenden Einkünfte selbst zu versteuern.

(5) Der Lizenznehmer rechnet einmal jährlich im März für das vergangene Kalenderjahr über die dem Lizenzgeber zustehenden Beträge ab und zahlt gleichzeitig.

(6) Der Lizenzgeber kann verlangen, dass der Lizenznehmer seine Abrechnung durch die Bescheinigung eines behördlich zugelassenen Buchprüfers, den der Lizenzgeber namhaft machen kann, glaubhaft macht. Die Kosten der Bescheinigung trägt der Lizenzgeber, wenn sie die Richtigkeit der Abrechnung bestätigt, sonst der Lizenznehmer.

(7) Der Lizenznehmer darf bis zu 5 % von jeder Auflage zu Besprechungs-, Prüf- und Einführungszwecken bereitstellen. Für diese Exemplare besteht eine Abrechnungs- und Zahlungspflicht des Lizenznehmers nur, soweit sie bezahlt worden sind. Er muss ihre Zahl jedoch in der jeweils folgenden Lizenzabrechnung angeben.

(8) Wenn 5 Jahre nach dem Erscheinen der ersten Auflage die Nachfrage nach der Lizenzausgabe nach Auffassung des Lizenznehmers nicht ausreicht, um die Fortsetzung des Vertriebs als wirtschaftlich sinnvoll erscheinen zu lassen, so steht ihm das Recht zu, über die noch vorhandenen Exemplare der Lizenzausgabe nach seinem Gutdünken zu verfügen. Er hat von einer solchen Absicht den Lizenzgeber angemessene Zeit vorher zu unterrichten. Der Beteiligungsanspruch des Lizenzgebers nach Abs. 1 berechnet sich in diesem Falle von den Brutto-Einnahmen, die der Lizenznehmer aus einer solchen Verfügung erzielt.

(9) Für die Einhaltung etwaiger Devisenbestimmungen im Zahlungsverkehr mit dem Lizenzgeber ist der Lizenznehmer allein verantwortlich.

§ 4a. Freistellung wegen Urhebervergütung [aus Sicht Lizenznehmer sinnvoll][7a]

Der Lizenzgeber stellt den Lizenznehmer von etwaigen Ansprüchen des Autors des Lizenzgegenstandes nach §§ 32, 32a UrhG frei.

§ 5 Höhere Gewalt

Die Vertragspartner sind einander wechselseitig nicht für Vertragsverletzungen verantwortlich, die durch höhere Gewalt oder durch Umstände verursacht werden, die sie nicht zu vertreten haben.

§ 6 Informationspflicht

Die Vertragspartner werden sich wechselseitig die Informationen erteilen, die etwa von den zuständigen Behörden im Hinblick auf die vertragsgegenständlichen Rechte benötigt werden. Der Lizenznehmer wird den Lizenzgeber unterrichten, falls jemand eine Unterlizenz oder andere Nutzungsrechte am Originalwerk oder der Lizenzausgabe zu erwerben wünscht. Wenn infolge dieser Unterrichtung ein Lizenzvertrag zwischen dem Lizenzgeber und dem Dritten zustande kommt, steht dem Lizenznehmer ein Anspruch auf Provision nach den in der Bundesrepublik Deutschland üblichen Sätzen zu.

§ 7 Vertragsdauer[8]

(1) Dieser Vertrag endet am 31.12.20 . . . . . . Er verlängert sich automatisch um weitere . . . . . Jahre, wenn keiner der Vertragspartner ihn spätestens ein halbes Jahr vor seinem Ablauf schriftlich kündigt.

(2) Unbeschadet weiterer gesetzlicher Auflösungsmöglichkeiten kann der Lizenzgeber diesen Vertrag vorzeitig mit einer Frist von 60 Tagen schriftlich kündigen, wenn[8a]

a) die Übersetzung nicht gemäß § 1 Abs. 2 hergestellt wird,

b) die Lizenzausgabe nicht rechtzeitig gemäß § 2 Abs. 2 erscheint,

c) die Lizenzausgabe vergriffen ist und der Lizenznehmer nicht innerhalb von 12 Monaten seit dem Eintritt dieses Falles eine neue Auflage veranstaltet,
d) der Lizenzgeber nach der Meldung des Lizenznehmers, dass das Werk vergriffen ist, die alsbaldige Veranstaltung einer neuen Auflage schriftlich verlangt hat und der Lizenznehmer diesem Verlangen nicht binnen 6 Monaten nachgekommen ist,
e) der Lizenznehmer, nachdem die Lizenzausgabe vergriffen ist, erklärt, zur Herstellung einer neuen Auflage innerhalb der vertraglichen Fristen nicht bereit zu sein,
f) der Lizenznehmer sich mit der Abrechnung oder Zahlung länger als 2 Monate im Rückstand befindet,
g) der Lizenznehmer diesen Vertrag verletzt und dieses Verhalten trotz schriftlicher Abmahnung fortsetzt.

(3) Das Recht zur fristlosen Kündigung aus wichtigem Grund bleibt beiderseits unberührt.

(4) Die Ausübung der Rechte nach Abs. 2 und 3 hindert die Geltendmachung weitergehender Ansprüche nicht.

(5) Mit der Beendigung des Vertrages gleich aus welchem Grund endet das Recht des Lizenznehmers, die Lizenzausgabe weiterhin zu vervielfältigen und/oder zu verbreiten und/oder Dritten Rechte nach § 1 Abs. 5 einzuräumen.

§ 8 Änderungen, anzuwendendes Recht

(1) Änderungen dieses Vertrages bedürfen der Schriftform. Sollte eine Bestimmung dieses Vertrages unwirksam sein oder werden, so wird die Gültigkeit des Vertrages im Übrigen dadurch nicht berührt; an die Stelle der unwirksamen Bestimmung tritt das, was dem wirtschaftlich Gewollten am nächsten kommt.

(2) Es gilt deutsches Recht.[9]

(3) Gerichtsstand ist ..... Der Kläger kann den Beklagten, wenn dieser im Ausland wohnt, jedoch auch an dessen allgemeinem Gerichtsstand verklagen.[10]

Schrifttum: Beck, Der Lizenzvertrag im Verlagswesen, 1961; *Delp,* Der Verlagsvertrag, 8. Aufl., 2008; *Lange,* Der Lizenzvertrag im Verlagswesen, 1979; *Muttenzer,* Der urheberechtliche Lizenzvertrag, 1970; *Clark/Owen,* Clark's Publishing Agreements, 10th Edition, London 2017(Englischsprachiges Muster). S. auch Schrifttum zu → Form. IX.5.; *Hoffmann,* Die erfolgreiche Lizenzvertragsgestaltung, 2003; *Kuß,* Der Lizenzvertrag im Recht der USA, 2005; *Pahlow,* Lizenz und Lizenzvertrag im Recht des Geistigen Eigentums, 2006; *Plassmeier/Steden,* Lizenzverträge in der anwaltlichen Praxis, 2007.

Anmerkungen

1. Sachverhalt. Wenn der Verleger Nutzungsrechte, die er vom Urheber erworben hat, an Dritte weitergibt, so spricht man von einer „Lizenz". Der Dritte seinerseits gibt „Unterlizenzen" weiter, falls ihm dies erlaubt ist. Im eigenen Tätigkeitsgebiet, also regelmäßig im Inland, vergibt der Verleger nur Nebenrechte (→ Form. IX.5 § 2 Abs. 2–4), die er selbst nicht ausüben kann oder will, zB das Recht zum Vorabdruck in einer Zeitschrift, eine Schallplattenlizenz oder das Senderecht. Dagegen kann er ins Ausland auch einen – räumlich beschränkten – Teil des Verlagsrechts, also seines Hauptrechts, vergeben, verbunden mit dem Nebenrecht auf Herstellung einer entsprechenden Übersetzung. Während für Inlands-Lizenzverträge das deutsche Recht ohne Weiteres gilt, träfe das für Auslandsverträge ohne ausdrückliche Vereinbarung nicht zu. Ist das deutsche Recht nicht ausdrücklich gewählt, ist es nach Art. 4 Rom I VO trotzdem auf den gesamten Vertrag anwendbar, wenn der Vertrag die engsten Verbindungen mit Deutschland hat. Dies ist im Urhebervertragsrecht im Allgemeinen – und nach ganz herrschender Auffassung vor allem in der

Rechtsprechung – dann der Fall, wenn im primären Urhebervertragsrecht zwischen Urheber und Verwerter der Verwerter in Deutschland seinen Sitz hat. Für das hier interessierende sekundäre Urhebervertragsrecht – also die Verträge zwischen Verwertern – kommt deutsches Recht im Ergebnis auch dann zur Anwendung, wenn nur einfache Nutzungsrechte ohne Verwertungspflicht eingeräumt werden und der Lizenzgeber in Deutschland seinen Sitz hat. Demgegenüber ist der Sitz des Lizenznehmers entscheidend, wenn der Lizenzvertrag ausschließliche Nutzungsrechte einräumt und eine Ausübungspflicht vorsieht (zu Details vgl. Fromm/Nordemann/*Nordemann-Schiffel* Vor §§ 120 ff. Rn. 17 ff.). Das ist für deutsche Lizenzgeber schon deshalb gefährlich, weil die Übertragungszwecklehre (→ Form. IX.5 Anm. 1 und 8), die auch zugunsten des Einzelrechtsnachfolgers des Urhebers wirkt (Fromm/Nordemann/*Nordemann-Schiffel* Vor §§ 120 ff. Rn. 19 ff.), keineswegs im gesamten Ausland, ja nicht einmal im gesamten deutschsprachigen Raum, anerkannt ist; in Österreich gilt sie beispielsweise nur eingeschränkt (Näheres bei *Liebrecht*, Die Zweckübertragungstheorie im Urheberrecht des deutschsprachigen Auslands und der Europäischen Gemeinschaft, 1983). Zur Sicherung des deutschen Lizenzgebers empfehlen wir deshalb nicht nur die Vereinbarung deutschen Rechts (§ 9 Abs. 1), sondern auch die ausdrückliche Klarstellung, dass keine weiteren als die namhaft gemachten Rechte übertragen wurden (§ 1 Abs. 6).

2. Wahl des Formulars. Das Formular ist im Interesse der Einheitlichkeit des Gesamtwerks in deutscher Sprache gehalten. Im internationalen Rechtsverkehr sind deutschsprachige Vertragsmuster freilich kaum durchzusetzen; wir empfehlen, das Formular ins Englische zu übertragen.

Das Formular geht vom Beispielsfall einer Übersetzungslizenz aus und ist demgemäß auf Auslandsverträge zugeschnitten. Inlandsverträge lassen sich kürzer fassen (→ Form. IX.14). Bei der Vergabe anderer Nutzungsrechte braucht nur in § 1 Abs. 1 die Bezeichnung des Vertragsgegenstandes ausgetauscht und in den folgenden Regeln die passende Bezeichnung (zB „Tonträger" statt „Übersetzung") verwendet zu werden. Dort, wo es nicht mehr um die Vervielfältigung und Verbreitung von Werkexemplaren gleich welchen Mediums, sondern um andere Verwertungsformen geht (zB Sendung, Bearbeitung und Aufführung als Bühnenstück), trifft allerdings auch die Honorarbasis des § 4 nicht mehr zu.

3. Ausschließlichkeit. Der Lizenznehmer kann die mit der Herstellung einer Übersetzung und der Einführung der Lizenzausgabe auf dem ihm zugewiesenen Markt verbundenen Kosten nur aufwenden, wenn er ein Exklusivrecht erhält. Natürlich schließt dies nicht aus, dass in Sonderfällen auch nur einfache Rechte übertragen werden.

4. Eingrenzung des Nutzungsrechts. Die hier vorgesehene Regelung ist das *Essentiale* des Vertrages: Es muss klar sein, in welchem Umfang und in welchem Gebiet der Lizenznehmer das ihm übertragene Recht nutzen darf. Das Formular geht nur von Ausgaben aus, die im normalen Sortimentsbuchhandel durch den Lizenznehmer selbst vertrieben werden, legt ihm aber hinsichtlich deren Ausstattung keine Beschränkungen auf (vgl. § 3 Abs. 1). Die Vergabe von Taschenbuch-, Buchgemeinschafts- und ähnlichen Rechten durch den Lizenznehmer wäre also rechtlich nur auf Grund zusätzlicher Vereinbarungen möglich (vgl. aber § 1 Abs. 5 und → Anm. 6).

5. Bedingungen. Die Gestaltung der Auflagen an den Lizenznehmer als Vertragsbedingungen hat rechtlich zur Folge, dass der Lizenznehmer nur eine Anwartschaft auf den Erwerb des Nutzungsrechts nach § 1 Abs. 1 hat: Erst mit der Erfüllung der Bedingungen nach § 1 Abs. 2 und der Erteilung der Zustimmung durch den Lizenzgeber nach § 1 Abs. 3 (auf die der Lizenznehmer dann allerdings einen Anspruch hat) kann er das Nutzungsrecht ausüben.

5a. Freistellungsanspruch. → Form. IX.13 Anm. 14a.

6. Nebenrechte. § 1 Abs. 5 sieht vor, dass dem Lizenznehmer jedenfalls das Recht zur Gestattung des Vor- und Nachdrucks in Zeitungen und Zeitschriften und beispielhaft von Hörfunksendungen übertragen wird, weil es der Werbung für die Lizenzausgabe dient und keinen wesentlichen Eingriff in das Werk mit sich bringen kann.

7. Zahlungsansprüche des Lizenzgebers. Viele Länder kennen keine Preisbindung, auch nicht für Bücher. Einzige feste Bezugsgröße für die Umsatzbeteiligung des Lizenzgebers ist deshalb der eigene Abgabepreis des Lizenznehmers. Der Benachteiligung des Lizenzgebers durch Mengenrabatte für Großabnehmer usw wird durch § 4 Abs. 1 vorgebeugt. – Dass die Verramschungsklausel von § 4 Abs. 7 verhältnismäßig weich formuliert ist, liegt daran, dass der Lizenzgeber die Marktverhältnisse im Lizenzgebiet ohnehin nicht überblicken kann und deshalb auf die Beurteilung durch den Lizenznehmer angewiesen ist.

7a. Freistellung wegen Urhebervergütung. Es dürfte sich anbieten, bei Lizenzverträgen über Freistellungsklauseln nachzudenken. Derartige Klauseln wirken natürlich **niemals zu Lasten des Urhebers.** Ob sie im Übrigen wirksam sind, wird von verschiedenen Faktoren abhängen. So sind sicherlich die **Grenzen des AGB-Rechts** zu beachten (BGH NJW 2006, 47 Rn. 29 ff. und Rn. 46: verschuldensunabhängige Rückgriffsansprüche verstoßen gegen § 307 Abs. 2 Nr. 1, Abs. 1 BGB), sofern es sich um vorformulierte Verträge handelt (wohl zu allgemein *Castendyk* ZUM 2007, 169 (176 f.), der von einer generellen Unwirksamkeit ausgeht, denn ob im Unternehmensverkehr diese Schutzvorschrift zugunsten der Urheber wirklich greift, erscheint zweifelhaft.

8. Beendigung des Vertrages. Zwischen die ordentliche Kündigung (§ 7 Abs. 1) und die fristlose Kündigung aus wichtigem Grund (§ 7 Abs. 3) haben wir eine außerordentliche befristete Kündigung eingeschoben (§ 7 Abs. 2), wie sie im internationalen Rechtsverkehr vielfach gebräuchlich ist. Die vorgesehene 60-Tages-Frist erlaubt beiden Seiten, neue Dispositionen zu treffen, eröffnet aber auch noch eine letzte Möglichkeit, aufgetretene Missverständnisse zu klären und eine Verständigung herbeizuführen.

8a. Insolvenzfall. Vielfach finden sich in Mustern derartige Kündigungsklauseln für Insolvenzfälle. Sie sind nach der InsO unwirksam. Zu Lösungsmöglichkeiten und zur aktuellen Gesetzgebungsdebatte zur insolvenzfesten Ausgestaltung von Lizenzverträgen vgl. nur *Berger* GRUR 2013, 321.

9. Rechtsanwendung. Bei Lizenzverträgen mit Lizenznehmern in Mitgliedstaaten der Europäischen Union ist zu beachten, dass die Zuweisung bestimmter Vertriebsgebiete unter Umständen gegen Gemeinschaftsrecht verstoßen kann. In solchen Verträgen sollte deshalb an dieser Stelle ausdrücklich vereinbart werden, dass, soweit etwa dieser Vertrag mit zwingenden Vorschriften des Europäischen Gemeinschaftsrechts nicht in Einklang stehen sollte, die Geltung jener Vorschriften als vereinbart anzusehen sei.

10. Gerichtsstandsvereinbarung. → Form. IX.15 Anm. 8.

11. Copyright-Vermerk. → Form. IX.5 Anm. 16 und → Form. IX.14 Anm. 8.

12. Steuern. Nach Art. 12 des von der OECD empfohlenen Musterabkommens (OECD-MA) sind Lizenzgebühren von ausländischen Lizenznehmern grundsätzlich und ausschließlich im Wohnsitzstaat zu besteuern. Zur Ausnahme bei Betriebsstätte und fester Einrichtung s. Art. 12 Abs. 3 OECD-MA. Zu Quellensteuern im Staat des Lizenznehmers nach DBA s. Abkommensübersicht bei *Vogel/Lehner,* Doppelbesteuerungsabkommen (DBA) der Bundesrepublik Deutschland (Kommentar), Art. 12 → Anm. 29. Soweit nach DBA abweichend vom MA Besteuerung im Quellenstaat erfolgt, ist nach Art. 23 A oder B MA im Wohnsitzstaat anzurechnen. Zur Anrechnung, insbesondere zur Frage Brutto-/

Nettoanrechnung, s. *Vogel/Lehner* Art. 12 → Anm. 30 ff.; zur Angemessenheitsprüfung bei Lizenzverhältnis unter verbundenen Unternehmen s. Ziff. 6 der Grundsätze für die Prüfung der Einkunftsabgrenzung bei international verbundenen Unternehmen, BStBl. I 1983 S. 218.

Umsatzsteuerlich ist die Einräumung von Lizenzen eine sonstige Leistung. Leistungsort ist somit nach § 3a Abs. 2 UStG unter Beachtung der dort genannten Ausnahmen dort, wo der Empfänger sein Unternehmen betreibt, im vorliegenden Fall also im Ausland. Die Lizenzgebühr ist dann nicht umsatzsteuerbar.

13. **Kosten.** → Form. IX.14 Anm. 12.

14. Lizenzvertrag Inland (dargestellt am Beispiel einer Tonträgerlizenz – auch für Bildträger, zB CD-Rom, geeignet)

Zwischen[1,12, 2]
. . . . . in . . . . .
vertreten durch . . . . .,

(nachstehend Lizenzgeber genannt)

und der
. . . . . in . . . . .
vertreten durch . . . . .,

(nachstehend Lizenznehmer genannt)

Präambel

Der Lizenzgeber ist Inhaber des . . . . . Verlagsrechts/für . . . . . Der Lizenznehmer verfügt über Erfahrung . . . . . und arbeitet ständig mit erfahrenen Übersetzern für . . . . . in . . . . . zusammen. Vor diesem Hintergrund will der Lizenzgeber dem Lizenznehmer eine Lizenz zur Übersetzung und deren Verwertung übertragen. Hierzu schließen die Parteien folgenden Vertrag:

§ 1 Vertragsgegenstand und Rechteübertragung

(1) Gegenstand dieses Vertrages ist eine Lizenz, das Werk

. . . . .

. . . . .

auf Tonträger[2] zu übertragen und diese zu vervielfältigen, zu verbreiten und vorzutragen.
(2) Hierzu überträgt der Lizenzgeber dem Lizenznehmer das ausschließliche und räumlich unbeschränkte/auf das Gebiet der Bundesrepublik Deutschland beschränkte[3] Recht, die nachfolgend bezeichneten Teile des Werkes[4] im Wege der Lesung in deutscher Sprache[5] auf Tonträger (CD-ROM oder . . . . .)[2] zu übertragen und diese in unbegrenzter Stückzahl zu vervielfältigen und zu verbreiten/davon bis zu insgesamt . . . . . Stück herzustellen und zu verbreiten:[6]

Kapitel . . . . .
Aus Kapitel . . . . . der Abschnitt „. . . . .“
Kapitel . . . . .

(2) Der Lizenznehmer kann an den ihm durch Abs. 1 übertragenen Rechten Unterlizenzen nur mit schriftlicher Zustimmung des Lizenzgebers einräumen. Dasselbe gilt für die Weiterübertragung der ihm übertragenen Rechte.

(3) Der Lizenzgeber ist Wahrnehmungsberechtigter der Verwertungsgesellschaft Wort. Deren Rechte bleiben unberührt.[7]

§ 2 Ausübungspflicht

(1) Der Lizenznehmer ist verpflichtet, die ihm übertragenen Nutzungsrechte auszuüben. Die Tonträger[2] werden spätestens im Monat ..... 20 .. erscheinen.

(2) Der Lizenznehmer wird die Lesung vom Autor/durch Herrn ..... vornehmen lassen.

(3) Der Lizenznehmer wird jeden Tonträger[2] mit dem Copyright-Vermerk der Buchausgabe versehen;[8] die Angabe auf dem Cover genügt.

(4) Der Lizenzgeber erhält von der Erstausgabe jeder Art Tonträger je 5 Belegexemplare, von späteren Ausgaben je 3 Belegexemplare unmittelbar nach Erscheinen.

§ 3 Zahlungspflicht

(1) Als Gegenleistung für die Rechtsübertragung nach § 1 Abs. 1 zahlt der Lizenznehmer an den Lizenzgeber eine Pauschale von ..... Euro zuzüglich Mehrwertsteuer, fällig je zur Hälfte bei Vertragsschluss und bei Erscheinen der Erstausgabe/eine Stücklizenz in Höhe von .....% vom durchschnittlichen Ladenpreis für jeden verkauften Tonträger[2] zuzüglich Mehrwertsteuer.[6]

(2) Als durchschnittlicher Ladenpreis gilt der jeweils höchste Händlerabgabepreis des Lizenznehmers ohne Berücksichtigung individuell gewährter Nachlässe, jedoch abzüglich der Mehrwertsteuer, erhöht um eine fiktive Handelsspanne von 331/3 %. Als verkauft gelten 90 % aller Tonträger,[2] die das Lager verlassen haben.[9]

(3) Der Lizenznehmer rechnet jährlich im März und Oktober über die Verkäufe des vorangegangenen Kalenderjahrs ab und leistet gleichzeitig Zahlung.

(4) Der Lizenznehmer ist verpflichtet, einem vom Lizenzgeber beauftragten, zur Berufsverschwiegenheit verpflichteten Dritten (Rechtsanwalt, Wirtschaftsprüfer, Steuerberater oder vereidigter Buchsachverständiger) zur Überprüfung der Honorarabrechnungen Einsicht in die Bücher und Unterlagen zu gewähren.

Die hierdurch anfallenden Kosten trägt der Lizenznehmer, wenn sich die Abrechnungen als fehlerhaft erweisen.

(5) Auf die künftig fällig werdenden Stücklizenzen zahlt der Lizenznehmer bei Abschluss dieses Vertrages einen Verrechnungsvorschuss von ..... Euro zuzüglich Mehrwertsteuer.

§ 4 Vertragsdauer[10]

(1) Dieser Vertrag ist bis zum 31.12.20 ..... abgeschlossen. Er verlängert sich jeweils um weitere ..... Jahre, wenn er nicht 6 Monate vor Vertragsende schriftlich gekündigt wird.

(2) Das Recht zur fristlosen Kündigung aus wichtigem Grund bleibt beiderseits unberührt. Als wichtiger Grund ist es insbesondere anzusehen, wenn die Erstausgabe nicht rechtzeitig erscheint (§ 2 Abs. 1) oder ein Vertragspartner seine vertraglichen Verpflichtungen grob oder trotz Abmahnung verletzt.

§ 4a. Freistellung wegen Urhebervergütung [aus Sicht Lizenznehmer sinnvoll][10a]

Der Lizenzgeber stellt den Lizenznehmer von etwaigen Ansprüchen des Autors des Lizenzgegenstandes nach §§ 32, 32a UrhG frei.

§ 5 Änderungen

Änderungen dieses Vertrages bedürfen der Schriftform. Sollte eine Bestimmung dieses Vertrages unwirksam sein oder werden, so wird die Gültigkeit des Vertrages im Übrigen dadurch nicht berührt; an die Stelle der unwirksamen Bestimmung tritt das, was dem wirtschaftlich Gewollten am nächsten kommt.

§ 6 Gerichtsstand

Für alle Streitigkeiten aus diesem Vertrage ist Gerichtsstand . . . . . Der Kläger kann den Beklagten jedoch, wenn dieser im Ausland wohnt, auch an dessen allgemeinem Gerichtsstand verklagen.[11]

Schrifttum: → Form. IX.13.

Anmerkungen

1. Sachverhalt. Zunächst → Form. IX.13 Anm. 1. Wesentlich ist die genaue Umschreibung des eingeräumten Nutzungsrechts (§ 1 Abs. 2), die Verpflichtung des Lizenznehmers zur Rechtsausübung (§ 2 Abs. 1) und – bei der Stücklizenz – die Vereinbarung eines angemessenen Vorschusses (§ 3 Abs. 5). Die Vereinbarung der Lesung durch eine bestimmte Person (§ 2 Abs. 2) erspart dem Lizenzgeber jede weitere Qualitätsprüfung.

2. Wahl des Formulars. Das Formular lässt sich ohne Weiteres auch für die Verwertung von Werken auf *Bildträgern* (zB CD-ROM für die Wiedergabe auf Bildschirm) verwenden; nur ist dann im Text der Begriff „Tonträger" durch „Bildträger" zu ersetzen. Es ist für die Einräumung ausschließlicher Lizenzen gedacht. Bei einfachen Lizenzen genügt eine Kurzfassung, die sich auf die Bezeichnung des übertragenen Nutzungsrechts, die Gegenleistung des Lizenznehmers und die Vertragsdauer beschränkt. Eine Ausübungspflicht kommt dort nicht in Betracht. Bei Einräumung auch des Rechts zur öffentlichen Zugänglichmachung (§ 19a UrhG) sind weitergehende Regelungen zur Ausübung, etwaigen technischen Schutzmaßnahmen und in Bezug auf die Abrechnungsmodalitäten erforderlich. – Das Formular gilt nicht für Werke der Musik, da insoweit die GEMA die Rechte auch für die Textdichter wahrnimmt (→ Form. IX.3 Anm. 8) und nicht für ausübende Künstler (für diese → Form. IX.23 → Anm. 2). Für Senderechts-Lizenzverträge → Form. IX.37A ff.

3. Räumlicher Geltungsbereich. Wenn es sich, wie hier vorgesehen, lediglich um eine Aufnahme in deutscher Sprache handelt, ist die Einräumung eines räumlich unbeschränkten Nutzungsrechts in der Regel vorzuziehen, damit der Verkaufserfolg durch Einbeziehung deutschsprachiger Gebiete des Auslands gesteigert werden kann. Dabei ist jedoch zu klären, ob etwa der Verkauf in einem bestimmten Drittland mit einem dorthin bereits vergebenen Recht eines anderen Lizenznehmers kollidiert.

4. Teile des Werkes. Ganze Bücher auf Tonträger zu produzieren ist wirtschaftlich in der Regel uninteressant; anders ist es beispielsweise für große Inszenierungen von Bühnenwerken. Dann sollte die Auswahl aber nicht dem Belieben des Produzenten überlassen bleiben, sondern im Vertrag festgelegt sein.

5. Lesung. Wenn die Aufnahme nicht im Wege der Lesung, sondern in Hörspielform erfolgen soll, muss der Lizenznehmer zusätzlich das Bearbeitungsrecht erwerben (→ Form. IX.5 § 2 Abs. 2b); die Ausübung dieses Rechts durch den Verlag ist vielfach an die Zustimmung des Urhebers gebunden (→ Form. IX.5 § 2 Abs. 5b).

6. Art der Honorierung. Tonträgeraufnahmen von Sprachwerken lassen in der Regel keine „goldene Schallplatte" erwarten. Bei Vereinbarung eines Erfolgshonorars sind Kleinstabrechnungen nicht selten. Es empfiehlt sich deshalb die Vereinbarung eines Pauschalhonorars, wie in § 3 Abs. 1 vorgeschlagen; dann entfallen § 3 Abs. 2–5. Andererseits empfiehlt sich bei Vereinbarung eines Pauschalhonorars eine Stückzahlbegrenzung (§ 1 Abs. 2).

7. Verwertungsgesellschaften-Klausel. Es gibt heute praktisch keinen Verlag mehr, der nicht der Verwertungsgesellschaft Wort angehört und dieser die von ihr wahrgenommenen Rechte mit dem Abschluss des Wahrnehmungsvertrages eingeräumt hat. Insoweit ist der Lizenzgeber also zu einer Verfügung gar nicht mehr in der Lage. → Form. IX.3 Anm. 8. Beachte daher auch OLG München ZUM 2014, 52.

8. Copyright-Vermerk. Die Anbringung des Vermerks auf jedem Werkexemplar ist zwar nicht mehr Voraussetzung für die uneingeschränkte Erhaltung des Urheberschutzes in den USA, weil diese seit dem 8.3.1989 Mitglied der Berner Übereinkunft sind, hat dort aber noch die Funktion einer Beweiserleichterung. → Form. IX.5 Anm. 16.

9. Abrechnungskriterien. Die in § 3 Abs. 2 gegebenen Definitionen orientieren sich an dem Gesamtvertrag zwischen der GEMA und der Schallplattenindustrie, dessen Regelungen insoweit inzwischen Branchenbrauch sind.

10. Vertragsdauer. → Form. IX.13 Anm. 8. Zur Problematik im Insolvenzfall dort → Anm. 8a.

10a. Freistellung wegen Urhebervergütung. → Form. IX.13 Anm. 7a.

11. Gerichtsstand. → Form. IX.15 Anm. 8.

12. Kosten. 0,5 bis 2,5 Geschäftsgebühr gem. § 2 Abs. 2 RVG iVm Nr. 2300 VV (vgl. Vorbemerkung 2.3. Abs. 3) für den Entwurf des Vertrages. Der Gegenstandswert lässt sich, wenn kein Pauschalhonorar vereinbart wurde, nur dadurch bestimmen, dass man den Auftraggeber fragt, zu welchem Teil der Vorschuss nach seinen Erwartungen die voraussichtlichen Einnahmen deckt. Kann er dazu keine Angaben machen, so sollte der Gegenstandswert auf das $1^1/_2$-fache des Vorschusses geschätzt werden (der Vorschuss würde dann $^2/_3$ der erwarteten Einnahmen decken).

15. Kooperationsvertrag (Buch)

Zwischen[1, 10, 11]
S. Taschenbuch Verlag GmbH
(Adresse),
vertreten durch ihre Geschäftsführerin, Frau Helene S.

– nachstehend S. genannt –

und
A. B. Kunstverlag
(Adresse),
vertreten durch seine Eigentümer, Herrn Caspar B. und Herrn Friedrich C.

– nachstehend B. genannt –

wird folgender Vertrag geschlossen:

§ 1 Vertragsgegenstand[2]

(1) B. und S. haben beschlossen, eine Taschenbuchreihe „Kunst populär“ gemeinsam herauszugeben. Die Reihe ist nach Kunstepochen gegliedert und stellt deren wichtigste Vertreter aus Malerei und Graphik, plastischer Kunst und Architektur in der Regel in bebilderten Einzelbänden im Taschenbuchformat vor. Die Reihe ist für das allgemeine Publikum ebenso gedacht wie für den Kunstunterricht im weitesten Sinne; sie wird

deshalb auf die Richtlinien der Kultusminister Bedacht nehmen, soweit ihre Anlage das erlaubt.

(2) Die Titel der Einzelbände, soweit sie nicht aus dem Namen des jeweils dargestellten Künstlers gebildet werden, werden zu gegebener Zeit im gegenseitigen Einvernehmen festgelegt. Das Gleiche gilt für die Bestimmung der Herausgeber, Autoren und sonstigen Beitragsautoren.

(3) Es ist vorgesehen, zusätzliche Arbeitsmittel (Medienverbund) für den Kunstunterricht zu schaffen. Als solche Medien kommen in Betracht:

Arbeitsblätter in Printform oder digital
Atlanten
Dias und Filme, Kurzvideos für Onlineportale und digitales Unterrichtsmaterial
Kurzprogramme
Transparente bzw. Folien, auch digital
Wandbilder bzw. Karten
CDs, CDRoms, über das Internet zugängliche Programme uä.

Herstellung und Vertrieb der zusätzlichen Arbeitsmittel werden zu gegebener Zeit nach Lage des einzelnen Falles vereinbart.

(4) B. sorgt dafür, dass die urheberrechtlichen Voraussetzungen für die Benutzung des bisherigen Unterrichtswerks KUNST für die Reihe geschaffen werden. S. übernimmt die entsprechende Verpflichtung für die Taschenbücher DIE MANIERISTEN und DIE EXPRESSIONISTEN.[3]

(5) Die Vertragspartner verpflichten sich, während der Dauer dieses Vertrages nicht ohne vorherige Abstimmung mit dem anderen Partner allein oder gemeinsam mit einem dritten Verlag ein gleichartiges populärwissenschaftliches Werk herauszubringen, das geeignet ist, mit der in diesem Vertrag vereinbarten Reihe unmittelbar oder mittelbar ganz oder teilweise in Wettbewerb zu treten.

Diese Beschränkung entfällt von dem Zeitpunkt an, in dem dieser Vertrag gekündigt ist.[4]

§ 2 Federführung[5]

(1) Die Verlage werden die Richtlinien für den Aufbau und den Inhalt der Unterrichtswerke gemeinsam nach Beratung mit den jeweiligen Herausgebern und Autoren festlegen. Die Federführung, dh die Betreuung der redaktionellen Arbeiten einschl. der Korrekturen und Herstellungsarbeiten sowie die Einberufung und Leitung der Autorensitzungen, liegt für die Kunstepochen bis zur Romantik einschließlich bei B., für die späteren Epochen bei S.

(2) Die Bestimmung der Ausstattung, der Auflagenhöhe, der Ladenpreise und der Erscheinungstermine, die Festsetzung der Honorare für Herausgeber, Autoren und sonstige Beitragsautoren, die Vergabe der Herstellungsaufträge und von Lizenzen an Dritte erfolgt durch den federführenden Verlag nach Abstimmung mit dem Vertragspartner.

(3) Sollten Abstimmungen oder Entscheidungen für eine unaufschiebbare Maßnahme von einem Partner trotz schriftlicher Erinnerung nicht zu erhalten sein, ist der betreffende Verlag berechtigt, nach pflichtgemäßem Ermessen allein zu entscheiden.

§ 3 Verlagsrecht6 und Impressum

(1) Die Verlagsverträge mit den Herausgebern, Autoren und sonstigen Beitragsautoren werden von den Verlagen gemeinsam unter Zugrundelegung des jeweils zutreffenden S.-Musters abgeschlossen.

(2) Die Verlagsrechte an den in § 1 genannten Werken stehen den Verlagen gemeinsam zu.

(3) Auf dem Titel und im Impressum werden die Verlage gemeinsam als Verleger genannt, der jeweils federführende Verlag zuerst.

§ 4 Herstellungskosten[7]

(1) Die Herstellungskosten der Einzelbände werden von den Vertragspartnern je zur Hälfte getragen. Dies gilt auch für die Kosten der Arbeitsmittel (§ 1 Abs. 3), wenn und soweit die Verlage nichts anderes vereinbart haben.

(2) Dazu gehören:

Erstellung des Manuskripts, Satz einschl. Korrekturen, Druck, Papier, Karton, Bindematerial, Bindekosten sowie die Kosten für die Anfertigung der Reproduktionsvorlagen und Medien.

Sonstige Kosten fallen unter die Herstellungskosten, wenn und soweit die Verlage dies jeweils schriftlich – Briefwechsel auch per Telefax oder per E-Mail genügt – vereinbaren.

(3) Jeder Vertragspartner hat den auf ihn entfallenden Anteil der Kosten dem andern bei Nachweis der Aufwendungen zur Verfügung zu stellen.

§ 5 Kosten der Werbung[7]

(1) Jeder Partner wird sich unter bestmöglicher Ausnutzung seiner Innen- und Außendienstwerbung für den Absatz der Vertragswerke einsetzen. Die Aktionen zur gemeinsamen Werbung werden mindestens einmal im Jahr gemeinsam besprochen.

(2) Die Kosten der Werbung werden wie folgt getragen:

a) Der normale Werbeeinsatz (Wiederholungswerbung usw) wird durch jeden Verlag ohne besondere Berechnung der entstandenen Kosten im Rahmen seiner Gesamtwerbung getragen.

b) Die Kosten für außerordentliche Werbemaßnahmen, zB Sonderprospekte, Zeitschriften- oder Online-Anzeigen, Vortragsaktionen, eventuell gemeinsamer Stand auf den Buchmessen Frankfurt oder Leipzig, werden geteilt. § 4 Abs. 3 gilt entsprechend.

§ 6 Redaktionskosten[7]

Jeder Verlag behält für die Werke, deren Federführung er hat, 10 % des von ihm erzielten Verkaufserlöses.

§ 7 Vertrieb[5, 7]

(1) Alle unter diesen Vertrag fallenden Werke werden sowohl von S. als auch von B. vertrieben, und zwar in der Weise, dass jeder Verlag die bei ihm einlaufenden Bestellungen ausliefert.

(2) Der jeweils vertreibende Verlag behält zur Deckung des Marketing-Aufwandes 7 % und der Auslieferungskosten weitere 10 % des von ihm erzielten Verkaufserlöses.

§ 8 Honorare[7]

Die Abrechnung und Auszahlung der Honorare an Herausgeber, Autoren und sonstige am Werk beteiligte Rechtsinhaber (zB Bildurheber, Lizenzgeber bei Übernahmen) erfolgt durch den jeweils federführenden Verlag.

§ 9 Gewinn- und Verlustverteilung[7]

An Gewinn und Verlust sind die Verlage je zur Hälfte beteiligt. Unter Gewinn ist der Überschuss der Erlöse über die Aufwendungen nach Abzug der Marketing- und Auslieferungskosten sowie der Redaktionskosten zu verstehen; für die Ermittlung eines Verlusts gilt Entsprechendes.

§ 10 Abrechnung[7]

(1) Die Erfolgsrechnung umfasst:
a) die Herstellungskosten (§ 4 Abs. 2)
b) die anfallenden Honorare (§ 8)
c) die besonderen Vertriebskosten (§ 5 Abs. 2 lit. b)
d) die Marketing- und Auslieferungspauschale (§ 7 Abs. 2)
e) die Redaktionskosten (§ 6)
f) den tatsächlich erzielten Verkaufserlös
g) etwaige Einnahmen aus der Vergabe von Lizenzen an Dritte.

(2) Die Verlage tauschen monatlich die jeweiligen Freistück-, Absatz- und Erlöszahlen aus.

(3) Jeder Verlag erstellt zum 31.3. eines jeden Jahres die Gesamtabrechnung für das Vorjahr; sie enthält mindestens die Angaben nach Abs. 1 sowie die stückmäßige Lagerbewegung.

(4) Der sich aus den Abrechnungen gem. Abs. 3 ergebende Schuldsaldo ist von demjenigen Verlag, zu dessen Lasten er geht, bis zum 30.4. eines jeden Jahres auszugleichen.

(5) Jeder Verlag hat das Recht, in die Abrechnungsunterlagen des anderen Einsicht zu nehmen oder durch einen zur Berufsverschwiegenheit verpflichteten Dritten (Wirtschaftsprüfer, Steuerberater, Rechtsanwalt) Einsicht nehmen zu lassen.

(6) Die wechselseitige Abrechnung erfolgt zuzüglich Mehrwertsteuer in der jeweiligen gesetzlichen Höhe.

§ 11 Vertragsdauer[8]

Dieser Vertrag ist zunächst bis zum 31.12.20. . . . . fest abgeschlossen. Er verlängert sich jeweils um weitere 3 Jahre, wenn nicht einer der Verlage ihn jeweils ein Jahr vor Ablauf schriftlich kündigt.

§ 12 Folgen der ordentlichen Kündigung[8]

(1) Im Falle der Kündigung nach § 11 hat der andere Verlag das Recht, die unter diesen Vertrag fallenden Werke allein – unter Ausschluss des Kündigenden – weiterzuführen, insbesondere die Rechte aus den Verträgen mit den Urhebern und sonstigen Rechtsinhabern[4] sowie alle sonstigen mit der Reihe und ihren Einzelwerken verbundenen Rechte – insbesondere Rechte an Titel und ggf. Ausstattung sowie Urheberrechte – zu übernehmen und die Herstellung und den Vertrieb der Vertragswerke allein fortzusetzen.

(2) Die Übernahmeerklärung ist binnen drei Monaten nach Zugang der Kündigung schriftlich abzugeben.

(3) Wird die Übernahmeerklärung abgegeben, so gehen alle Rechte an den Vertragswerken im Zeitpunkt des Wirksamwerdens der Kündigung auf den Übernehmer über, ohne dass es dazu irgendwelcher Handlungen oder Erklärungen bedarf. Das Mitvertriebsrecht des Kündigenden erlischt.

(4) Für die Auseinandersetzung gilt Folgendes:
a) Die Gesamtabrechnung (§ 10 Abs. 3) wird auf den Zeitpunkt des Wirksamwerdens der Kündigung erstellt.
b) Der ausscheidende Verlag übereignet dem Übernehmer die etwa vorhandenen Bestände an halbfertigen Erzeugnissen sowie die etwa noch vorhandenen Produktionsunterlagen einschließlich der zur Produktion benutzten Ektachrome, digitalen Vorlagen, Filme, Matrizen usw. Soweit diese Gegenstände bereits der Verrechnung unterlagen, hat der Übernehmer eine entsprechende Wertrückvergütung unter Zugrundelegung der Herstellungskosten durchzuführen. Dies gilt nur dann nicht, wenn es sich um nicht mehr für

die Produktion verwendbare Gegenstände oder um nicht mehr absatzfähige Halb- oder Fertigerzeugnisse handelt; Zweifel gehen zu Lasten des Übernehmers.

c) Übernommene Bestände darf der Übernehmer unter der bisherigen Verlagsbezeichnung vertreiben.

d) Neben dem Guthaben aus der Gesamtabrechnung, das gemäß § 10 Abs. 4 auszuzahlen ist, hat der Ausscheidende Anspruch auf Ersatz des Verkehrswerts seines bisherigen Anteils. Einigen sich die Verlage nicht bis zum Wirksamwerden der Kündigung über den Wert, so wird er durch einen Sachverständigen ermittelt, den mangels abweichender Vereinbarung der Verlage der Vorsteher des Börsenvereins des deutschen Buchhandels eV benennt. Das Gutachten bindet beide Verlage, wenn es nicht offenbar unbillig ist oder gegenüber dem Gutachter die Besorgnis der Befangenheit begründet war; entsteht darüber Streit, so hat der Übernehmer den vom Gutachter festgestellten Wert gleichwohl bei Fälligkeit in voller Höhe an den Ausscheidenden unter Vorbehalt eines etwaigen Rückforderungsanspruchs zu zahlen.

e) Der Anspruch auf Wertersatz wird einen Monat nach dem Zugang des Wertgutachtens, jedoch nicht vor dem Ablauf von 3 Monaten seit dem Wirksamwerden der Kündigung, fällig.

(5) Wird die Übernahmeerklärung nicht oder nicht rechtzeitig abgegeben, fallen die Rechte an den Einzelbänden mit dem Wirksamwerden der Kündigung automatisch jeweils dem Verlag zu, der für sie die Federführung hatte. Keine Partei darf den Titel der Reihe ohne vorherige ausdrückliche Zustimmung der anderen für zukünftig erscheinende oder neu aufzulegende Bände verwenden. Die noch vorhandenen Einzelbände darf der Verlag, dem sie jeweils zufallen, jedoch unter der bisherigen Reihen- und Verlagsbezeichnung vertreiben. Die Verlage können brieflich abweichende Vereinbarungen – auch per Telefax oder per E-Mail als Scankopie – treffen.[6]

(6) Im Übrigen gelten die §§ 730 ff. BGB.[1]

§ 13 Außerordentliche Kündigung[9]

(1) Die fristlose Kündigung dieses Vertrages aus wichtigem Grund kann nur schriftlich unter Angabe des Grundes erklärt werden; ein späteres Nachschieben weiterer Gründe wird dadurch nicht ausgeschlossen. Sie ist unwirksam, wenn das Ereignis, auf das sie gestützt wird, dem Kündigenden länger als einen Monat bekannt ist.

(2) Hinsichtlich der Folgen der fristlosen Kündigung gilt § 12 entsprechend mit folgender Maßgabe:

a) Das Übernahmerecht steht dem Kündigenden zu, wenn der wichtige Grund, auf den die Kündigung gestützt ist, vom Gekündigten zu vertreten ist; auf ein Verschulden kommt es nicht an. In allen anderen Fällen steht es dem Gekündigten zu.

b) An die Stelle des Zeitpunkts des Wirksamwerdens der Kündigung tritt der Zeitpunkt des Zugangs der Übernahmeerklärung, wenn die Übernahme nicht schon mit der Kündigung erklärt worden ist.

c) Der Umstand, dass der wichtige Grund schon vor der Kündigung zur Auflösung des Vertragsverhältnisses kraft Gesetzes geführt hat (zB Insolvenz, § 728 BGB), steht der Ausübung des Kündigungs- und des Übernahmerechts nicht entgegen.

§ 14 Vertragsänderungen

(1) Änderungen dieses Vertrages bedürfen der Schriftform. Soweit dieser Vertrag schriftliche Vereinbarungen vorsieht, ist Briefwechsel – auch per Telefax oder per E-Mail als Scankopie – erforderlich und ausreichend.

(2) Sollte dieser Vertrag ganz oder teilweise nichtig oder sonst rechtsunwirksam sein oder werden, so gilt zur Aufrechterhaltung des Vertrages insoweit das als vereinbart, was der geschäftlichen Absicht der Vertragspartner, wie sie in diesem Vertrag niedergelegt ist, in

rechtsgültiger Weise am nächsten kommt. Beide Vertragspartner verpflichten sich, an einer entsprechenden Klarstellung des Vertragstextes gegebenenfalls mitzuwirken.

§ 15 Gerichtsstand[10]

Für Streitigkeiten aus diesem Vertrage sind – nach Wahl des Klägers – die Urheberstreitkammern der Landgerichte in . . . . . . oder . . . . . . zuständig.

Anmerkungen

1. Sachverhalt. Die Zusammenarbeit zwischen Verlagen geht in der Regel darauf zurück, dass der eine über ein interessantes Verlagsobjekt oder doch über das know how zu dessen Herstellung verfügt, der andere aber Vertriebsmöglichkeiten wahrnehmen kann, die auszunutzen der Erste nicht oder nicht in gleicher Weise in der Lage ist. Die einfachste Form einer solchen Zusammenarbeit ist die Erteilung einer Lizenz (→ Form. IX.13 und 14). Gelegentlich veranstalten die beteiligten Verlage stattdessen eine Gemeinschaftsausgabe, deren Kosten und Gewinne sie sich teilen; die Rechte am Vertragsgegenstand bleiben jedoch grundsätzlich beim Originalverlag (ein Muster für solche Verträge findet sich bei *Delp,* Der Verlagsvertrag, 8. Aufl. 2008, S. 210). Das hier vorgeschlagene Muster legt die am weitesten gehende Form der Zusammenarbeit, die Kooperation schon bei der Schaffung des Werkes, zugrunde. Sie ist vor allem bei größeren Verlagsobjekten anzutreffen, die einen Aufwand für die redaktionelle Betreuung, die Herstellung und den Vertrieb erfordern, wie er die Kräfte eines Einzelverlags oftmals übersteigt.

Stets handelt es sich um Verträge zur Erreichung eines gemeinsamen Zwecks, also um Gesellschaften bürgerlichen Rechts. Das Formular passt demgemäß die Regeln der §§ 705 ff. BGB den Besonderheiten von Verlagskooperationen an.

2. Wahl des Formulars. Das Formular ist auf die Fälle zugeschnitten, in denen einerseits das Vertragswerk erst in Gemeinschaftsarbeit entsteht, andererseits nach seiner Entstehung aber ein einheitliches Ganzes bildet, das bei Vertragsende – wenn überhaupt – nicht ohne Wertverlust geteilt werden könnte. Für Verträge über die gemeinsame Auswertung eines bereits vorliegenden, einem der Verlage gehörenden Werkes sollte → Form. IX.13 oder 14 bevorzugt werden, schon damit sichergestellt ist, dass die Rechte daran bei Vertragsende dem Originalverlag wieder allein zustehen.

Das Formular geht vom Einstimmigkeitsprinzip des § 709 BGB aus; bei einer Kooperation zwischen zwei Verlagen wäre das kaum anders denkbar. Darin liegt freilich das Risiko des Scheiterns der Zusammenarbeit. Verweigert ein Verlag beharrlich die ihm obliegende Mitwirkung, so bleibt dem anderen nur die Möglichkeit der außerordentlichen Kündigung (§ 13). Das „Notverwaltungsrecht“ des § 2 Abs. 3 (→ Form. IX.3 Anm. 7) kann allenfalls bei vorübergehenden Störungen in der Zusammenarbeit eine Hilfe sein.

3. Benutzung bestehender Verlagswerke. Die Einbeziehung bestehender Werke in eine Buchreihe erfordert in der Regel die Anpassung ihrer formalen wie inhaltlichen Gestaltung an die für die Reihe insgesamt geltenden Richtlinien (vgl. § 2 Abs. 1), meist auch eine entsprechende Änderung ihres Titels. Der einbringende Verlag muss also die Zustimmung der betroffenen Autoren einholen, wo dies nach den jeweils geschlossenen Verlagsverträgen erforderlich ist (für die Bearbeitung → Form. IX.5 § 2 Abs. 3a und 5b; ggf. für den Titel – nach dessen endgültiger Festlegung – und die konkrete Form der Urhebernennung § 13 UrhG).

4. Konkurrenzklausel. Zur Konkurrenzklausel → Form. IX.5 Anm. 6 und → Form. IX.6 Anm. 6.

5. Federführung. Im Interesse der Rationalisierung, insbesondere der Kostenersparnis, ist es ratsam, die Federführung für die Herstellung jedes Einzelbandes jeweils einem der beiden Verlage zuzuordnen (§ 2 Abs. 1). Der Vertrieb erfolgt jedoch durch beide Verlage (§ 7 Abs. 1); die Beteiligung des nicht federführenden Verlages an den Herstellungskosten der von ihm vertriebenen Exemplare erfolgt über den wechselseitigen direkten Kostenausgleich (§ 4 Abs. 3).

6. Verlags- und Titelrechte. In jedem Fall sollte geregelt werden, wer jeweils auf Grundlage welchen Musters die erforderlichen Verlags- und ggf. Bestellverträge schließt oder ob die Verlage die Verträge gemeinsam schließen, was wohl der Regel entspricht und hier vorgeschlagen wird. Ist vorgesehen, dass jeder Verlag die Verträge für die von ihm federführend betreuten Werke schließt, muß geregelt werden, ob die Verlagsrechte beiden (möglich etwa durch Einräumung entsprechender Lizenzen) oder jeweils dem federführenden Verlag zustehen sollen. In den einzelnen Verlagsverträgen sollte des weiteren – mit Blick auf die Übernahmemöglichkeit in §§ 12, 13 des Musters nach Kündigung – unbedingt bereits fest mit den beteiligten Urhebern vereinbart werden, dass die Rechte aus den Verträgen im Falle der Auflösung der Kooperation ohne weitere Zustimmung des Autors auf den jeweils anderen – bzw. einen der beteiligten – Verlag übergehen können (vgl. hierzu § 34 UrhG).

Für den Fall der Kündigung sieht § 12 Abs. 5 S. 2 außerdem vor, dass im Falle der Realteilung der Reihe keine Partei den gemeinsamen Reihentitel für zukünftige Werke und Neuauflagen verwenden darf, wenn nichts Abweichendes vereinbart wird. Der Reihentitel kann einen erheblichen Vermögenswert bedeuten, wenn er eingeführt ist. Angesichts der möglichen Verwechslungen sollte der Titel also nur dann gemeinsam oder von einem der Verlage, der nicht die ganze Reihe übernehmen will, fortgeführt werden dürfen, wenn die Parteien dies ausdrücklich vereinbaren.

7. Abrechnung. Da beide Verlage Umsätze und Kosten haben, erfolgt die Abrechnung im Wege gegenseitiger Verrechnung (§ 10 Abs. 4). Mit Rücksicht darauf, dass die Herstellungskosten einschließlich der Kosten der besonderen Werbung (§ 5 Abs. 2) jederzeit bei Rechnungsstellung auszugleichen sind (§ 4 Abs. 3), beschränkt sich das Formular auf den Vorschlag eines jährlichen Saldoausgleichs (§ 10 Abs. 3 und 4). Dabei werden diejenigen Kosten, die nicht wie die Herstellungskosten aus nachweisbaren Auslagen bestehen, zur Vermeidung eines unverhältnismäßigen Aufwands für die Buchhaltung und zur Meidung von Konflikten pauschaliert (Marketing- und Auslieferungspauschale, § 7 Abs. 2; Redaktionskosten, § 6) bzw. ganz einem Verlag zugeschlagen (gewöhnliche Werbung, § 5 Abs. 2 lit. a). Hier sind selbstverständlich je nach Ausgestaltung der Kooperation im einzelnen vielfältige abweichende Gestaltungen denkbar.

8. Vertragsdauer; Folgen der ordentlichen Kündigung. Es ist bei längerfristig angelegten Kooperationen stets sinnvoll, eine gewisse Mindestlaufzeit zu vereinbaren, damit die Kooperation auf den Weg gebracht werden und also die beteiligten Verlage wenigstens einen Teil der erforderlichen Investitionen amortisieren können. Die Länge der vernünftigen Mindestlaufzeit ist je nach Umfang und Einzelheiten der Kooperation sehr unterschiedlich; bei einer ganzen Reihe – wie hier – wird man von mindestens drei Jahren ausgehen müssen. Bei Einzelwerken kann die Laufzeit mitunter erheblich kürzer ausfallen.

Nach den §§ 730 ff. BGB würde auf die ordentliche Kündigung eine Auseinandersetzung folgen, die auf die Veräußerung des Vertragsgegenstandes an einen Dritten hinausliefe (§ 733 Abs. 3 BGB). Wenn das ausnahmsweise im Interesse beider Verlage liegen sollte, können sie es anlässlich der Kündigung immer noch vereinbaren. Das Formular stellt demgegenüber auf den Regelfall ab, dass zumindest einer der beiden Verlage das Vertragsobjekt fortzuführen wünscht. Dieses Interesse unterstellen wir bei demjenigen Vertragspartner als größer, der nicht gekündigt hat, und weisen ihm demgemäß ein Übernahmerecht zu (§ 12 Abs. 1). Dem Kündigenden gewährt § 12 Abs. 4 vollen wirtschaftlichen Ausgleich. Er dürfte mit der vorgesehenen Regelung sogar meist besser stehen als im Falle der Auseinandersetzung nach BGB, weil der Preis, den ein dritter Übernehmer tatsächlich zahlen würde, sich nicht nach dem Gesellschaftsvertrag, sondern nach den Marktgesetzen richten würde. Wegen der mit einer solchen Form der Auseinandersetzung verbundenen Gefahr erheblicher Vermögensverluste ist als Auffangregelung in § 12 Abs. 5 die Realteilung der vertragsgegenständlichen Buchreihe vorgesehen. Bei Anwendung des Formulars wird allerdings im Einzelfall zu prüfen sein, ob das jeweilige Vertragsobjekt dafür geeignet ist.

9. Außerordentliche Kündigung. Hier ist die Interessenlage in der Regel umgekehrt: Der Kündigende ist es, der das Vertragsobjekt fortführen will. Diese Vermutung trifft nur dann nicht zu, wenn ein sogenannter „objektiver" Kündigungsgrund vorliegt (§ 13 Abs. 2 lit. a). Die in § 13 vorgeschlagene Regelung sollte bei Benutzung des Formulars möglichst ungekürzt übernommen werden, um dem aus wichtigem Grunde Gekündigten nicht Einwendungen gegen die Wirksamkeit der Übernahme in die Hand zu geben.

10. Gerichtsstand. Die Vereinbarung der Zuständigkeit einer qualifizierten Urheberstreitkammer, wie sie zwischen Vollkaufleuten nach wie vor zulässig ist (§ 38 Abs. 1 ZPO), benachteiligt keinen Vertragspartner, ist aber im Streitfall für beide Parteien von Nutzen, weil sie das Prozessrisiko überschaubar macht. Nur dann, wenn ausnahmsweise ein ausländischer Partner, der nicht in der EU oder im Bereich des Lugano-Übereinkommens (Übereinkommen über die gerichtliche Zuständigkeit und die Vollstreckung gerichtlicher Entscheidungen in Zivil- und Handelssachen, geschlossen in Lugano am 16.9.1988; entspricht im wesentlichen der Brüssel-1a-VO und bindet EU, Schweiz, Norwegen, Island) sitzt, beteiligt ist, kann es sinnvoll sein, die Vereinbarung nicht ausschließlich zu gestalten, um spätere Vollstreckungsprobleme durch Nichtanerkennung des deutschen Urteils zu umgehen. Im Übrigen sei auf Art. 23 Brüssel-1a-VO/Art. 17 LugÜ verwiesen.

11. Kosten. Für den Entwurf des Vertrages eine 0,5 bis 2,5 – in der Regel wohl mindestens 1,3 – Gebühr aus Nr. 2300 VV zum RVG iVm Vorb. 2.3. Abs. 3. Der Gegenstandswert ist, wenn es sich um ein einzelnes Buch handelt, mangels anderer Anhaltspunkte mit dem voraussichtlichen Gewinn beider Verlage aus zwei Auflagen anzunehmen. Dieser mag auf 20 % vom Umsatz geschätzt werden. Zu beachten ist allerdings, dass manche Werke von vornherein auf nur eine Auflage angelegt sind (wissenschaftliche Monographien oder schnell veraltende aktuelle Werke, zB zu einer Fußball-Weltmeisterschaft). Bei einer Buchreihe wird man wegen der Ungewissheit ihres Erfolgs und damit der Verwirklichung der Gesamtplanung nur insgesamt eine Auflage aller bereits geplanten Bände zugrunde zu legen haben.

Musik

16. Musikverlagsvertrag (U-Musik)

Zwischen[1, 2, 18]
Herrn . . . . .

(bürgerlicher Name: . . . . .)[3]

in . . . . .

und
Herrn .....

(bürgerlicher Name: .....)

in .....

(nachstehend „Urheber“ genannt, auch wenn es sich um mehrere Personen handelt)

und
dem Musikverlag .....
in .....

(nachstehend „Verlag“ genannt)

wird folgender Vertrag geschlossen:

§ 1 Vertragsgegenstand

(1) Der Urheber ist der Komponist/Textdichter[2] des Werkes

.....,

das dem Verlag bereits vorliegt/bis zum ..... in druckfähiger Form vorgelegt wird.

(2) Der Urheber steht dafür ein, dass sein Werk Rechte Dritter nicht verletzt, und dass er über die den Gegenstand dieses Vertrages bildenden Rechte noch nicht anderweitig verfügt hat.

(3) Der Urheber ist verpflichtet, die erforderlichen Korrekturen und Revisionen der Vervielfältigungsvorlagen ohne besondere Vergütung unverzüglich vorzunehmen. Kommt er dieser Verpflichtung nicht innerhalb einer angemessenen Frist nach, so ist der Verlag berechtigt, diese Leistungen auf Kosten des Urhebers anderweitig erbringen zu lassen. Kosten für Änderungen, die der Urheber nach erfolgtem Stich oder Satz oder nach Herstellung sonstiger Reproduktionsmittel verlangt, gehen zu seinen Lasten.

§ 2 Rechtseinräumung

(1) Der Urheber räumt dem Verlag das ausschließliche Recht zur graphischen Vervielfältigung und Verbreitung des Werkes (Verlagsrecht)[4] auf der ganzen Welt für alle Ausgaben und Auflagen in Verbindung mit dem Text/der Musik von .....[2] ein, einschließlich des Rechts, das Noten- oder Textbild des Werkes auf Bild- und andere Datenträger aufzunehmen, diese zu vervielfältigen und zu verbreiten sowie diese drahtgebunden oder drahtlos der Öffentlichkeit in einer Weise zugänglich zu machen, dass sie für die Mitglieder der Öffentlichkeit von Orten und zu Zeiten ihrer Wahl zugänglich sind. Das Recht der öffentlichen Zugänglichmachung umfasst die Auswertung von Inhalten oder Teilen hieraus, indem diese in digitaler Form in einer Datenverarbeitungsanlage gespeichert werden und sodann von dort durch Endkunden über drahtgebundene oder drahtlose Mittel als digitales Signal abgerufen und/oder an diese übermittelt werden können mit der Folge, dass die gespeicherten Daten in das Empfangsgerät des Endkunden überspielt werden, wo sie entweder nach einer Speicherung, einer Zwischenspeicherung oder unmittelbar dekodiert, also wieder in Texte, Bilder und/oder Töne umgesetzt und sichtbar bzw. hörbar gemacht werden können.Eingeschlossen ist auch das Recht, im Rahmen der in diesem Vertrag erwähnten Nutzungsarten eine interaktive Nutzung der Übersetzung oder Teilen davon (gegebenenfalls in Verbindung mit anderen Werken und gegebenenfalls auch in unmittelbarer Nähe zu e-commerce-Angeboten oder Werbung) durch den Nutzer zu ermöglichen.

(2) Der Verlag hat ferner das ausschließliche Recht, auf der ganzen Welt den Vor- oder Nachdruck des Werkes in Einzelausgaben, Sammlungen, Anthologien, Programmheften, Zeitungen und Zeitschriften zu erlauben, und zwar auch getrennt für Text und Musik und in gekürzter Form (zB in einem Potpourri). Er ist allein befugt, die Vergütungsansprüche des Urhebers für erlaubnisfreie, aber vergütungspflichtige Vervielfälti-

gungen durch Dritte geltend zu machen, soweit diese nicht unter Abs. 3 fallen (zB Vergütung für die Aufnahme in Schulbüchern usw, § 46 UrhG). Der Verlag erteilt auch die erforderliche Erlaubnis für die reprographische Vervielfältigung von Noten zum persönlichen oder sonstigen eigenen Gebrauch (§ 53 Abs. 5 UrhG).

(3) Der Urheber räumt dem Verlag ferner die sonstigen ausschließlichen Nutzungsrechte bzw. Vergütungsansprüche an seinem Werk auf der ganzen Welt zur gemeinsamen Einbringung in die GEMA ein:[5]

a) die Aufführungsrechte an Werken der Tonkunst mit oder ohne Text;
b) die Rechte der Hörfunk-Sendung;
c) die Rechte der Lautsprecherwiedergabe einschließlich der Wiedergabe von dramatisch-musikalischen Werken durch Lautsprecher;
d) die Rechte der Fernseh-Sendung;
e) die Rechte der Fernseh-Wiedergabe einschließlich der Wiedergabe von dramatischmusikalischen Werken;
f) die Filmvorführungsrechte einschließlich der Rechte an dramatisch-musikalischen Werken;
g) die Rechte der Aufführung und Wahrnehmbarmachung mittels der gem. Buchstabe h hergestellten Vorrichtungen;
h) die Rechte der Aufnahme auf Ton-, Bildton-, Multimedia- und andere Datenträger einschließlich zB Speichercard, DataPlay Disc, DVD (Digital Versatile Disc), Blu-ray Disc und HD DVD, Twin Disc, Ton- und Bildtonträger mit ROM-part und entsprechende Träger mit Datenlink, sowie die Vervielfältigungs- und Verbreitungsrechte an diesen Trägern;
i) das Recht, Werke der Tonkunst (mit oder ohne Text) in Datenbanken, Dokumentationssysteme, Clouds oder in Speicher ähnlicher Art einzubringen;
j) das Recht, Werke der Tonkunst (mit oder ohne Text), die in Datenbanken, Dokumentationssysteme oder in Speicher ähnlicher Art eingebracht sind, elektronisch oder in ähnlicher Weise zu übermitteln, einschließlich zB für mobile Internetnutzung und für Musiktauschsysteme;
k) die Vergütungsansprüche aus §§ 27 und 54, 54d Abs. 1, 54e, 54f, 54g und 54h UrhG;
l) die Rechte zur Benutzung des Werkes (mit oder ohne Text) zur Herstellung von Filmwerken oder jeder anderen Art von Aufnahme auf Bildtonträger sowie jeder anderen Verbindung von Werken der Tonkunst (mit oder ohne Text) mit Werken anderer Gattungen auf Multimedia- und anderen Datenträgern oder in Datenbanken, Dokumentationssystemen oder in Speichern ähnlicher Art, ua mit der Möglichkeit interaktiver Nutzung; diese Rechte werden der GEMA unter einer auflösenden Bedingung übertragen;
m) diejenigen Rechte, die durch künftige technische Entwicklung oder durch Änderung der Gesetzgebung entstehen und erwachsen, soweit sie den Rechten in den Buchstaben a–i entsprechen.[5a]

Die vorgenannten Rechte umfassen nicht die graphischen Rechte, insbesondere nicht das Recht am Notenbild oder Textbild. Im Übrigen richtet sich ihr Umfang nach dem Berechtigungsvertrag der GEMA in der zum Zeitpunkt des Abschlusses dieses Vertrages gültigen Fassung.

(4) Der Verlag hat weiterhin das Recht,

a) Bearbeitungen[6] und sonstige Veränderungen des Werkes, insbesondere Instrumentierungen, Arrangements oder Chorsätze, die Verwendung aktualisierter oder fremdsprachiger Texte zu erlauben und/oder das so veränderte Werk selbst zu verwerten;
b) das mit dem Vertragswerk verbundene Werk mit einem anderen oder weiteren Text bzw. einer anderen oder weiteren Musik zu verbinden und diese Werkverbindungen

auch nebeneinander zu verwerten oder das Vertragswerk aus der bestehenden Werkverbindung ganz herauszunehmen;
c) das Werk bzw. eine Bearbeitung des Werkes für Werbezwecke aller Art zu nutzen;
d) Bearbeitungen des Werkes als Bühnenstück zu erlauben und/oder das so veränderte Werk zu verwerten (Großes Recht).

In diesen Fällen bedarf es der schriftlichen Einwilligung des Urhebers, es sei denn, die Beteiligungsansprüche des Urhebers nach § 5 würden dadurch nicht berührt. Der Urheber wird die Einwilligung nicht verweigern, wenn die Beteiligung Dritter an den Erträgnissen den Verteilungsplänen der zuständigen Verwertungsgesellschaften entspricht. Im Falle d) ist stets die Einwilligung des Urhebers erforderlich.

(5) Ferner räumt der Urheber dem Verlag auch die räumlich, zeitlich und inhaltlich unbeschränkten und ausschließlichen Rechte für die im Zeitpunkt des Vertragsschlusses unbekannten Nutzungsarten ein. Die Rechtseinräumung erstreckt sich auf die Verwertung der Nutzungsrechte sowohl im eigenen Verlag als auch durch entgeltliche oder unentgeltliche (auch teilweise) Vergabe von Rechten an Dritte.[6a]

§ 3 Verlagspflichten und -rechte[7]

(1) Der Verlag ist insbesondere verpflichtet,
a) das Werk innerhalb einer angemessenen Frist nach Erhalt eines vervielfältigungsreifen Werkexemplars mit Nennung des Namens des Urhebers in handelsüblicher Weise zu vervielfältigen und es zu verbreiten;
b) sich für die Nutzung der ihm nach § 2 eingeräumten Rechte in handelsüblicher Weise einzusetzen.

(2) Der Verlag wird über seine Aktivitäten nach Ziffer a) und b) dem Urheber jeweils auf Anfrage berichten. Von der Erstveröffentlichung von Tonträgerproduktionen des Werkes wird er ihm unverzüglich Mitteilung machen und ihm nach Erscheinen ein Exemplar übersenden; auf ihm bekannte Fernsehsendungen des Werkes soll er ihn frühzeitig hinweisen.

(3) Ausstattung, Ladenpreis und Vertriebsart aller Ausgaben und Auslagen werden vom Verlag nach pflichtgemäßem Ermessen bestimmt.

§ 4 Absatzhonorar für Verlagsausgaben

(1) Für jedes verkaufte Exemplar zahlt der Verlag an den Komponisten und den Textdichter zusammen 10 %/. . . . . % vom Netto-Ladenpreis (Endpreis abzüglich Mehrwertsteuer), soweit nicht in § 12 abweichende Vereinbarungen getroffen sind. Dieser Beteiligungssatz gilt auch, wenn nur der Text oder nur die Musik verwertet wurde.[8]

(2) Ist der Urheber mehrwertsteuerpflichtig, so erhält er die Mehrwertsteuer zusätzlich.

(3) Der Verlag rechnet einmal jährlich innerhalb von 90 Tagen nach Abschluss des vorangegangenen Kalenderjahrs ab und leistet gleichzeitig Zahlung. Beträge unter 50,– Euro können auf die nächste Abrechnung vorgetragen werden.

§ 5 Nebenrechtsverwertung

(1) Für die Beteiligung von Urheber und Verlag an den von einer Verwertungsgesellschaft, der sie beide angehören, jetzt oder in Zukunft wahrgenommenen Rechten ist deren Verteilungsplan maßgebend. Nimmt der Verlag diese Rechte ganz oder teilweise selbst wahr (vgl. § 2 Abs. 3), so ist der (zuletzt) gültige Verteilungsplan maßgebend, wobei Kosten des Verlages unberücksichtigt bleiben.[9]

(2) Soweit danach der Verteilungsplan nicht anwendbar ist oder keine Bestimmung trifft, werden die Einnahmen nach einem unter § 12 zu regelnden Schlüssel geteilt.[10] Der Verlag erhält jedoch keinesfalls mehr als die Hälfte dieser Einnahmen. § 4 Abs. 1 S. 2 und Abs. 2 gelten entsprechend.

(3) Der Verlag rechnet halbjährlich innerhalb von sechs Wochen/drei Monaten* über die Einnahmen des vorangegangenen Kalenderhalbjahres einschließlich etwaiger Garantie- oder Vorauszahlungen ab und leistet gleichzeitig Zahlung. Beträge unter 50,– Euro können auf die nächste Abrechnung vorgetragen werden.

§ 6 Subverlage[12]

(1) Der Verlag kann die ihm eingeräumten Rechte für das Ausland an Subverlage in der Weise weiterübertragen, dass diese entsprechend der Regelung im Subverlagsvertrag an den Einnahmen aus jeder Verwertung des Werkes im Lizenzgebiet nach den Verteilungsplänen der für sie zuständigen Verwertungsgesellschaft beteiligt werden; die Beteiligung aller Subbezugsberechtigten (Suburheber und Subverlag) darf jedoch insgesamt 50 % der Einnahmen nicht überschreiten. Der Verlag kann den Subverlagen auch erlauben, die Musik mit einem Text in einer anderen als der Originalsprache zur Verwertung innerhalb ihres Lizenzgebietes zu verbinden unter der Voraussetzung, dass die Rechte der Originalurheber durch die Beteiligung eines Subtextdichters nicht mehr als branchenüblich geschmälert werden. Als branchenüblich gilt, was in den Verteilungsplänen der zuständigen Verwertungsgesellschaft für solche Fälle festgelegt ist.

(2) Abs. 1 gilt entsprechend, soweit der Verlag über die sonstigen, nicht in § 2 Abs. 1 aufgeführten Vervielfältigungs- und Verbreitungsrechte verfügen kann.

(3) Über den Abschluss, den wesentlichen Inhalt und den Vertragspartner eines jeden Subverlagsvertrages wird der Verlag den Urheber auf Anfrage unterrichten. Der Urheber kann den Vertrag einsehen.

(4) Soweit der Urheber seinen Anteil aus der Verwertung im Subverlagsgebiet nicht über die zuständige Verwertungsgesellschaft erhält, sondern über den Verlag, werden dessen Einnahmen nach § 5 Abs. 2 verteilt.

(5) Enden die Rechte des Originalverlages – gleich aus welchem Grunde – vorzeitig, so bleibt die zwischen Original- und Subverlag geschlossene Vereinbarung hiervon mit der Maßgabe unberührt, dass der Urheber anstelle des Verlages in die Vereinbarung eintritt, ohne bereits entstandene Verbindlichkeiten des Verlages zu übernehmen.

§ 7 Miturheber[11]

Haben mehrere die Musik bzw. den Text gemeinsam geschaffen, so stehen ihnen die Anteile des Komponisten bzw. des Textdichters nach den §§ 4 und 5 im Zweifel zu gleichen Teilen zu.

§ 8 Belegexemplare

(1) Von jeder Ausgabe und Auflage, die der Verlag selbst herstellt, erhält der Urheber 5 Freiexemplare.

(2) Von allen anderen Ausgaben und Auflagen – auch solchen von Tonträgern – erhält der Urheber ein Freiexemplar, soweit der Verlag darüber verfügen kann.[13]

(3) Weitere Exemplare kann der Urheber zum Verlagsabgabepreis zuzüglich Mehrwertsteuer beziehen. Er darf sie jedoch nicht verkaufen.

§ 9 Urheberbenennung, Copyright-Vermerk

(1) Der Verlag wird den Urheber stets an der üblichen Stelle als solchen nennen.

(2) Er wird alle Werkexemplare mit dem Copyright-Vermerk nach Art. 3 WUA versehen und diese Verpflichtung auch jedem Subverlag auferlegen.[14]

* Nichtzutreffendes streichen.

§ 10 Dauer des Vertrages

(1) Dieser Vertrag ist auf die Dauer der gesetzlichen Schutzfrist geschlossen. Wird diese in einem Lande der Welt verlängert, so gilt dieser Vertrag auch für die Verlängerungsperiode.[15]

(2) Das Recht der vorzeitigen Kündigung aus wichtigem Grund bleibt beiderseits unberührt.

(3) Das Gleiche gilt für die Rückrufrechte[16] des Urhebers aus den §§ 41, 42 UrhG. Als angemessene Nachfrist gilt ein Zeitraum von 6 Monaten. Der Bestimmung einer Nachfrist bedarf es nicht, wenn die Ausübung des Nutzungsrechts dem Verlag unmöglich ist oder von ihm verweigert wird oder wenn durch die Gewährung einer Nachfrist überwiegende Interessen des Urhebers gefährdet würden. Das Rückrufrecht ist über die im Gesetz geregelten Fälle hinaus gegeben, wenn

a) der Vertrag des Verlages mit dem Urheber des verbundenen Werkes anders als durch Schutzfristablauf endet,
b) dem Urheber (bei Miturhebern allen zusammen) aus der Verwertung des Werkes durch Verlag und Verwertungsgesellschaft für die letzten zehn Kalenderjahre nicht mehr als insgesamt 500 Euro zugeflossen sind (Alternative: fünf Jahre/250 Euro).

Im Falle a) bedarf es der Setzung einer Nachfrist nicht. Im Falle b) beträgt die Nachfrist 2 Jahre; sind innerhalb dieser Frist dem Urheber weitere mindestens 200 Euro zugeflossen, so entfällt das Rückrufrecht. Das Recht nach b) entfällt ferner, wenn der Verleger innerhalb der Nachfrist belegt, dass er für das Werk Leistungen erbracht hat, die über das normale Maß der verlegerischen Verpflichtungen hinausgehen (entsprechend GEMA-Verteilungsplan B IV I a Abs. 2).

(4) Im Falle des Absatzes (3) Buchst. b ist der Urheber auf Verlangen des Verlegers verpflichtet, das noch vorhandene Material gegen Erstattung der anteiligen Herstellungskosten zu übernehmen.

§ 11 Änderungen, Gerichtsstand[17]

(1) Änderungen oder Ergänzungen dieses Vertrages bedürfen der Schriftform, wobei Briefwechsel genügt.

(2) Der Verlag wird eine Verlegung seines Geschäftssitzes, eine wesentliche Änderung seiner Inhaber- oder Gesellschafterverhältnisse und/oder den Verkauf einer Verlagsabteilung, zu der das Vertragswerk gehört, dem Urheber unverzüglich mitteilen. Der Urheber wird dem Verlag eine Änderung seiner Anschrift oder seiner wesentlichen persönlichen Verhältnisse (zB Auszeichnungen, Ehrentitel, Berufungen) unverzüglich mitteilen.

(3) Sollte eine Bestimmung dieses Vertrages nach dem Recht irgendeines Staates unwirksam sein oder werden, so gilt das, was dem wirtschaftlich Gewollten am nächsten kommt. Die Vertragspartner sind einander verpflichtet, an einer entsprechenden Klarstellung des Vertragstextes mitzuwirken.

(4) Es gilt deutsches Recht. Sind Urheber und/oder Verlag jetzt oder in Zukunft im Ausland ansässig, so sind auch die Urheberstreitkammern der Landgerichte Berlin oder München nach Wahl des Klägers zuständig. Der Kläger kann den Beklagten, der im Ausland wohnt, auch an dessen allgemeinem Gerichtsstand verklagen.[17]

Schrifttum: Andryk, Musiker-Recht, Rechtliche und praktische Grundlagen für Musiker, Texter und Komponisten, 3. Aufl., 1998; *Andryk,* Musikrechts-Lexikon, 2000; *Berndorff/Eigler,* Musikrecht – die Antworten, 7. Aufl., 2013; *Budde,* Das Rückrufrecht des Urhebers wegen Nichtausübung in der Musik, 1997; *Gorscak,* Der Verlagsvertrag über U-Musik, 2003; *Grohmann,* Leistungsstörungen im Musikverlagsvertrag, 2006; *von*

Hase, Der Musikverlagsvertrag, 1961; *Homann,* Praxishandbuch Musikrecht, 2007; *Moser/Scheuermann/Drücke,* Handbuch der Musikwirtschaft, 7. Aufl., 2018; *Movsessian/Seifert,* Einführung in das Urheberrecht der Musik, 2. Aufl., 1995 (gemeinverständliche Darstellung, einschl. GEMA); *Reindl,* Die Nebenrechte im Musikverlagsvertrag, Österr. Schriftenreihe 12, 1993; *Unverzagt/Koch,* Wörterbuch der Musikwirtschaft – 1000 Fachbegriffe aus Musik, Wirtschaft und Recht, 2006; *Vock,* Neue Formen der Musikproduktion, Österr. Schriftenreihe 18, 1995.

Anmerkungen

1. Sachverhalt. Der Komponist hat eine Melodie, der Dichter den Text zu einem Werk der sog. Unterhaltungsmusik (U-Musik) geschrieben. Als Erstes sollte das Werk nunmehr bei der GEMA auf dem von dieser vorgeschriebenen Anmeldeformular gemeldet werden. Haben Komponist oder Textdichter noch keinen Berechtigungsvertrag mit der GEMA abgeschlossen, so sollte dies bei dieser Gelegenheit nachgeholt werden (Anschrift: Gesellschaft für musikalische Aufführungs- und mechanische Vervielfältigungsrechte – GEMA – r. V., Bayreuther Straße 37–38, 10 787 Berlin, Fax 0 30-21 24 59 50 oder 0 89-48 00 39 69). Parallel dazu könnte eine Prioritätsverhandlung stattfinden (→ Form. IX.1). Als Nächstes werden die Urheber sich – am besten gemeinsam – einen Verleger suchen müssen, weil nur dieser in der Lage ist, für die zweckentsprechende Propagierung des Werkes und damit für dessen Erfolg zu sorgen. Es erscheint freilich zweckmäßig, dass sie auch untereinander eine Vereinbarung treffen (→ Form. IX.18). Im Bereich der U-Musik ist die Bedeutung der Verleger für urheberrechtlich relevante Nutzungshandlungen zurückgegangen, denn die ihnen mit einem Verlagsvertrag eigentlich eingeräumten graphischen Rechte (Notendruck) spielen praktisch in der Nutzung der Musik keine Rolle mehr. Die Verleger sind deshalb aber keineswegs überflüssig, erfüllen aber eher Mittler- und Vermittlerfunktionen zwischen den Kreativen und den anderen Verwertern, etwa den Tonträgerherstellern, Sendeunternehmen und zunehmend auch den Anbietern internet-gestützter Dienste. Ob sie dafür aber zwingend die Einräumung der in einem Verlagsvertrag enthaltene Rechte (und ihre Mitgliedschaft in der GEMA nebst den daraus fließenden Einnahmen) benötigen, kann man mit Fug und Recht bezweifeln; die Praxis diskutiert dieses Thema aber nicht. Es kann aber sehr praxisrelevant werden, denn zB beim Rückruf von Nutzungsrechten wegen Nichtausübung nach § 41 UrhG kommt es nach der Rechtsprechung nur auf die tatsächlich eingeräumten Nutzungsrechte und deren Ausübung an (LG Berlin Urt. v. 2.11.1999 – 16 O 169/99, nicht veröffentlicht).

2. Wahl des Formulars. Das Formular ist auf kleine Werke zugeschnitten, die bei Abschluss des Verlagsvertrages schon fertig vorliegen (zu anderen Vertragsgestaltungen, insbesondere Exklusivverträgen, vgl. *Loewenheim/Czychowski* § 68 Rn. 36 ff.). Andere Werke, also vor allem solche der „gehobenen" Unterhaltungsmusik (zB Musical), sollte man wie Werke der ernsten Musik nach → Form. IX.20 abschließen. Die Vertragspraxis für Schlager wurde früher von Verbandsmustern beherrscht, die einerseits der Deutsche Musikverleger-Verband eV über die ihm gehörende Musikhandel-Verlags-GmbH, Friedrich-Wilhelm-Straße 31, 53 113 Bonn, andererseits der Deutsche Komponisten-Interessenverband eV, Kadettenweg 80b, 12 205 Berlin, herausgegeben haben. Diese Muster waren nicht nur mehr oder weniger einseitig auf die Interessen der jeweiligen Verbandsmitglieder ausgerichtet, sondern gingen auch von einem Bild des Verlegers aus, das den heutigen Gegebenheiten nicht mehr entspricht. Die von ihnen vorgeschlagenen Regelungen waren zu einem erheblichen Teil entweder überflüssig oder überholt. In den Jahren 1984-87 haben Vertreter der beiden Verbände ein neues gemeinsames Vertragsmuster erarbeitet, das die vertraglichen Regelungen den tatsächlichen Gegebenheiten anzupassen und einen sinnvollen Ausgleich der Interessen herbeizuführen sucht (vgl. *Nordemann*, Ein neuer Musikverlagsvertrag, ZUM 1988, 389); es ist 1996 den neuen Verwertungsmöglichkeiten angepasst worden, nachdem die sog. *Internet*-Rechte in den GEMA-Berechtigungsvertrag aufgenommen worden sind. Weitergehende Änderungen seit der letzten Auflage waren nicht Gegenstand von Gesprächen zwischen den eben genannten Verbänden. Das Formular ist sowohl für die Musik wie für den Text, sowohl für den Vertragsschluss mit einem einzelnen Urheber als auch für denjenigen mit mehreren Miturhebern geeignet.

Die *essentiales* des Formulars liegen

- für den Verleger in dem möglichst umfassenden Rechtserwerb, wobei dieser freilich hinsichtlich der von einer Verwertungsgesellschaft (in Deutschland ist das die GEMA) wahrgenommenen Rechte nur subsidiär sein kann, da der Berechtigungsvertrag die Vorausabtretung aller auch künftig durch Neuschöpfungen entstehenden Rechte der Urheber vorschreibt (§ 2); der Verleger muss ferner die Rechte für die Dauer der gesamten Schutzfrist erwerben können (§ 10 Abs. 1);
- für den Urheber bei einer klaren Regelung dessen, was der Verleger für sein Werk tun muss (§ 3); solche Regelungen fehlen in den bisher verwendeten Mustern fast völlig; der Urheber kann aber nicht erwarten, dass der Verleger sich für einen längst abgedroschenen Schlager während der gesamten Dauer der Schutzfrist unvermindert intensiv einsetzt.

Deshalb sieht das Muster eine Berichtspflicht des Verlegers hinsichtlich seiner Aktivitäten vor (§ 3 Abs. 2), gewährt aber dem Urheber einen gewissen Ausgleich für spätere Inaktivität des Verlegers durch die vertragliche Einführung eines zusätzlichen Rückrufrechts für den Fall, dass die Einnahmen aus der Verwertung des Werkes unter eine bestimmte Mindestgrenze sinken (§ 10 Abs. 3). Zum Rückrufsrecht → Anm. 1.

3. **Pseudonyme.** Die Angabe auch des bürgerlichen Namens im Vertrag, gegen die sich manche Urheber wehren, ist hier nicht nur zur Sicherstellung der Schutzfristdauer nötig (→ Form. IX.2 Anm. 1), sondern auch deshalb, weil die GEMA die Verwendung mehr als eines Pseudonyms in der Regel nicht zulässt und deshalb insoweit eine Kontrollmöglichkeit bleiben muss. Ihr gegenüber muss die Identität aufgedeckt werden (LG Berlin GRUR 1971, 229 – Bert Brac).

4. **Verlagsrecht.** Dieses Recht, das vor der Erfindung von Radio und Schallplatte im Mittelpunkt des Musikverlagsvertrages stand, hat heute wirtschaftlich oft eine geringere Bedeutung als das Demo-Band (§ 3 Abs. 2) und die sonstige Verlags"propaganda" (§ 3 Abs. 3 und 5); → Anm. 1. Gleichwohl ist sein Erwerb für den Verlag, die verlegerische Ausübung für den Urheber, unverzichtbar. Es sollte allerdings, wie in § 2 Abs. 1 formuliert, stets nur in der Werkverbindung zwischen diesem Text und dieser Musik ausgeübt werden dürfen; bei unvermeidlichen Ausnahmen wie Schlagertextheften oder Instrumentalfassungen sollten sich jedenfalls die Beteiligungsverhältnisse nicht ändern (§ 4 Abs. 1 S. 2). Neben dem Verlagsrecht, das nur auf ausländische Subverlage übertragbar ist (§ 6), braucht der Verlag auch die übrigen graphischen Nebenrechte, um das Werk in vollem Umfange auswerten zu können (§ 2 Abs. 2).

5. **Nebenrechte.** Dagegen erwirbt der Verlag die sonstigen Nebenrechte im Hinblick auf die Vorausabtretung der Urheber an die GEMA (→ Form. IX.3 Anm. 8) nur subsidiär. Er kann danach vor allem Ansprüche aus der Verletzung solcher Rechte durch Dritte geltend machen, aber auch im Falle der Rückübertragung einzelner Rechte durch die GEMA zum Zwecke der individuellen Wahrnehmung – Beispiel: Filmherstellungsrecht – tätig werden. Darüber hinaus passt § 2 Abs. 3 auch auf den – freilich höchst unwahrscheinlichen – Fall, dass die GEMA einmal aufhören sollte zu existieren

(für diesen Fall auch § 5 Abs. 1 S. 2). An sich würde die Zweckübertragungstheorie die vollständige Aufzählung aller Nebenrechte erfordern (→ Form. IX.5 Anm. 1 und 8). Mit Rücksicht darauf, dass die Nebenrechte im Bereich der leichten Musik ohnehin von der GEMA wahrgenommen werden, halten wir allerdings die hier vorgeschlagene Formulierung für ausreichend.

5a. **Klingeltonnutzung.** Sehr praxisrelevant war eine Zeit lang die Verwertung von Musik als Klingeltöne für Mobiltelefone. Die Verwertung kann als sog. monophoner oder polyphoner Klingelton oder sogar als Realtone erfolgen. Mit den Rechtsfragen um die Auswertung von Handy-Klingeltönen haben sich verschiedene Gerichte auseinandergesetzt. Letztlich entschied der BGH, dass das sog. zweistufige Lizenzierungsverfahren von GEMA und Musikverlegern zulässig ist (BGH GRUR 2010, 920 – Handy-Klingeltöne II).

6. **Bearbeitungen.** Ein alter *evergreen,* dessen Text teilweise unzeitgemäß geworden ist oder dessen musikalisches Arrangement dem Zeitgeschmack nicht mehr entspricht, muss vom Verlag aktualisiert werden können. Es muss auch möglich sein, Bearbeitungen für Blasorchester, Chöre und sonstige Sonderfälle zu erlauben. Soweit es sich dabei nach den Verteilungsplänen der GEMA um so genannte Spezialarrangements handelt, bleiben die Urheber solcher Bearbeitungen bei der Verteilung der Erträgnisse grundsätzlich unberücksichtigt; sie erhalten vielmehr eine pauschale Vergütung. Gegen Bearbeitungen dieser Art sollte der Urheber nichts einwenden dürfen; bei Schlagern wäre pedantische Werktreue unangebracht. Handelt es sich dagegen um weitergehende Bearbeitungen, die auch von der GEMA als solche mit einem Anteil für den Bearbeiter berücksichtigt werden, so muss der Urheber jedenfalls zu seinen Lebzeiten gefragt werden. Vgl. dann auch das Muster zu Coverversionen und Remixes unten 17A. Der Vorschlag des § 2 Abs. 4 S. 2, das Zustimmungsrecht des Urhebers nach dessen Tode entfallen zu lassen, stellt allerdings eine gewisse Benachteiligung der Erben dar und sollte deshalb mit dem Urheber vor Vertragsschluss erörtert werden. Zu Bearbeitungen allgemein s. *Plassmann,* Bearbeitungen und andere Umgestaltungen in § 23 Urheberrechtsgesetz, Berliner Hochschulschriften 29, 1996.

6a. **Unbekannte Nutzungsarten.** → Form. IX.12 § 3 Abs. 4.

7. **Verlagspflichten und -rechte.** Diese Bestimmung sieht – anders als das hier in der 1. Auflage abgedruckte Muster – eine konkretisierte Aktivitätspflicht des Verlages nicht mehr vor. Die Verhältnisse sind wohl doch zu unterschiedlich, als dass sich dergleichen in einem Muster schematisieren ließe. Geblieben ist aber eine Berichtspflicht des Verlages, deren Verletzung nach vergeblicher Abmahnung die fristlose Kündigung durch den Urheber rechtfertigen kann.

8. **Angemessene Vergütung.** Die §§ 32 und 32a UrhG stellen gesetzliche Regeln dazu auf, wann die Vergütung des Urhebers angemessen ist und unter welchen Voraussetzungen der Urheber weiter zu beteiligen ist, wenn dies nicht der Fall ist. Mit der Neufassung dieser Paragraphen im Jahr 2017 ist die Bedeutung gemeinsamer Vergütungsregeln gewachsen. Diese können nach § 32 Abs. 2a UrhG nun auch zur Ermittlung der angemessenen Vergütung bei Verträgen herangezogen werden, die vor ihrem zeitlichen Anwendungsbereich geschlossen wurden. Gleichzeitig können sie dann die weitere Beteiligung des Urhebers nach § 32a Abs. 4 S. 2 UrhG ausschließen.

9. **Beteiligung der Urheber.** Ob der Erfolg des Werkes auf den Text oder auf die Musik oder auf die Verbindung beider zurückzuführen ist, lässt sich nicht zuverlässig ermitteln. Deshalb muss, wenn jemand die Musik ohne den Text spielt, der Textdichter gerechterweise beteiligt bleiben; Gleiches gilt, wenn nur der Text allein (zB in einem Schlagertext-

heft) verwendet wird, für den Komponisten. – Bedeutende Textdichter setzen auch eine hälftige Beteiligung durch.

10. Kosten bei Nebenrechtsverwertung. Der Hinweis auf die Kosten ist nötig, weil die GEMA naturgemäß erst die ihr entstandenen Kosten abzieht, ehe sie die verbleibenden Beträge zur Ausschüttung bringt; der Anteil des Verlages ist aber zumindest auch zur Deckung seiner Kosten bestimmt.

11. Sonstige Verwertung. In Betracht kommen vor allem Einnahmen aus der Vergabe des Filmherstellungsrechts (→ Anm. 2), aus der Vergabe von Subverlagsrechten (→ Anm. 12) und aus der Vergabe graphischer Nebenrechte (→ Anm. 5).

12. Miturheber. → Form. IX.5 Anm. 12.

13. Subverlage. Im Ausland kann der deutsche Musikverleger seinen Aktivitätspflichten aus § 3 schon deshalb nicht im gewünschten Maße nachkommen, weil ihm der nötige persönliche Kontakt zu den Verwertern (Sendeanstalten, Schallplattenproduzenten usw) fehlt. Die Einschaltung eines ortsansässigen Subverlegers erweist sich deshalb in aller Regel als notwendig. Ein Zustimmungsrecht des Urhebers würde die Verwertung insoweit nur erschweren, zumal der Urheber selten in der Lage sein wird zu beurteilen, welcher Subverleger am besten geeignet ist. Er sollte aber unterrichtet sein (§ 6 Abs. 2).

14. Freiexemplare. Der Verleger muss also beim Abschluss von Verwertungsverträgen mit Dritten sicherstellen, dass diese ihn mit der erforderlichen Anzahl von Freiexemplaren zur Weitergabe an die Urheber versorgen.

15. Copyright-Vermerk. → Form. IX.5 Anm. 16 und → Form. IX.14 Anm. 8.

16. Verlängerungsperiode. Die Klausel ist nötig, weil manche Verlängerungsgesetze vorsehen, dass auf die Dauer der Schutzfrist geschlossene Verträge im Zweifel nicht für die Verlängerungsperiode gelten (anders in der Bundesrepublik, vgl. § 137 Abs. 2 UrhG).

17. Rückruf. → Anm. 2.

18. Gerichtsstand. → Form. IX.15 Anm. 8.

19. Kosten. Zunächst → Form. IX.4 Anm. 10. Angesichts der völligen Ungewissheit des Erfolgs des Schlagers halten wir, wenn andere Anhaltspunkte nicht gegeben sind, die Annahme eines durchschnittlichen Gegenstandswerts von 5.000,– Euro für angemessen.

17. Subtextdichtervertrag (Bearbeitervertrag)

Zwischen[1, 2]
Herrn . . . . .

(bürgerlicher Name: . . . . .)[3]

in . . . . .

(nachstehend Urheber genannt, auch wenn es sich um mehrere Personen handelt)

und dem
Musikverlag . . . . .
in . . . . .

(nachstehend Verlag genannt)

wird folgender Vertrag geschlossen:

§ 1 Vertragsgegenstand

(1) Der Urheber hat zu dem Werk
. . . . .
Musik: . . . . .
Originaltext: . . . . .

eine deutsche Textfassung geschrieben, deren Refrain „. . . . .“ zugleich der Titel ist; sie wird nachfolgend als „Werk“ bezeichnet.

(2) Der Urheber steht dafür ein, dass sein Werk Rechte Dritter nicht verletzt, und dass er über die den Gegenstand dieses Vertrages bildenden Rechte noch nicht anderweit verfügt hat.

§ 2 Rechtseinräumung

(1) Der Urheber räumt dem Verlag das ausschließliche Recht zur graphischen Vervielfältigung und Verbreitung des Werkes (Verlagsrecht)[4] auf der ganzen Welt für alle Ausgaben und Auflagen in Verbindung mit der in § 1 Abs. 1 genannten Musik ein.

(2) Der Verlag hat ferner das ausschließliche Recht, auf der ganzen Welt den Vor- oder Nachdruck des Werkes in Einzelausgaben, Sammlungen, Anthologien, Programmheften, Zeitungen und Zeitschriften zu erlauben, und zwar auch getrennt für Text und Musik und in gekürzter Form (zB in einem Potpourri). Er ist allein befugt, die Vergütungsansprüche des Urhebers für erlaubnisfreie, aber vergütungspflichtige Vervielfältigungen durch Dritte geltend zu machen (Bibliothekstantieme, § 27 UrhG; Vergütung für die Aufnahme in Schulbüchern usw, § 46 UrhG; Vergütung für die Benutzung bei Schulfunksendungen usw, § 47 UrhG; Vervielfältigungen zum privaten und sonstigen eigenen Gebrauch, §§ 54 ff. UrhG; Vergütung für die Nutzung für Unterricht, Wissenschaft und Institutionen nach §§ 60a–f, § 60h).[5]

(3) Der Urheber räumt dem Verlag ferner die sonstigen ausschließlichen Nutzungsrechte (Nebenrechte) an seinem Werk auf der ganzen Welt insoweit ein, als diese nicht von einer Verwertungsgesellschaft treuhänderisch für Urheber und Verlag jetzt oder in Zukunft wahrgenommen werden, oder diese sie dem Verlag zur eigenen Wahrnehmung überlässt.[5]

(4) Der Verlag hat auch das Recht, Bearbeitungen und sonstige Veränderungen des Werkes, die Verwendung aktualisierter fremdsprachiger Texte und die Verbindung des Werkes mit einer anderen Musik zu erlauben und das so veränderte Werk selbst zu verwerten. Er kann dies jedoch, solange der Urheber lebt, erst nach dessen schriftlicher Einwilligung tun, es sei denn, die Beteiligungsansprüche des Urhebers nach § 5 würden dadurch nicht berührt.[6]

§ 3 Verlagspflichten und -rechte[7]

(1) Der Verlag wird das Werk in einer gedruckten Ausgabe für Klavier und Gesang herausbringen, sobald es im Inland auf Tonträger erschienen ist; die Beilage des deutschen Textes zur Originalausgabe genügt.

(2) Der Verlag wird die in § 1 Abs. 1 genannte Musik nur mit Einwilligung des Urhebers in Verbindung mit einem anderen deutschen Subtext verwerten.

§ 4 Absatzhonorar für Verlagsausgaben

(1) Für jedes verkaufte Exemplar erhält der Urheber 2 % vom Netto-Ladenpreis (Endpreis abzüglich Mehrwertsteuer). Dieser Beteiligungssatz gilt auch, wenn nur die Musik mit dem deutschen Titel verwertet wurde.[8]

(2) Ist der Urheber mehrwertsteuerpflichtig, so erhält er die Mehrwertsteuer zusätzlich.

(3) Der Verlag rechnet einmal jährlich im März über die Verkäufe des vorangegangenen Kalenderjahrs ab und leistet gleichzeitig Zahlung. Beträge unter 20,– Euro können auf die nächste Abrechnung vorgetragen werden.

§ 5 Nebenrechtsverwertung

(1) Für die Beteiligung von Urheber und Verlag an den von einer Verwertungsgesellschaft jetzt oder in Zukunft wahrgenommenen Rechten ist deren Verteilungsplan maßgebend. Nimmt der Verlag diese Rechte selbst wahr (vgl. § 2 Abs. 3), so ist der zuletzt gültige Verteilungsplan maßgebend, wobei Kosten des Verlages unberücksichtigt bleiben.[9]
(2) An den sonstigen Einnahmen des Verlages aus der Verwertung des Werkes[10] ist der Urheber nach Abzug der darin etwa enthaltenen Mehrwertsteuer mit 15 % beteiligt. § 4 Abs. 1 S. 2 und Abs. 2 gelten entsprechend.
(3) Einnahmen des Verlages gemäß Abs. 1 und 2 sind bei Eingang zur Abrechnung und Zahlung fällig.

§ 6 Miturheber

Haben mehrere den Subtext gemeinsam geschaffen, so stehen ihnen die Anteile nach den §§ 4 und 5 im Zweifel zu gleichen Teilen zu.[11]

§ 7 Belegexemplare

(1) Von jeder Ausgabe und Auflage, die der Verlag selbst herstellt, erhält der Urheber 5 Freiexemplare.
(2) Von allen anderen Ausgaben und Auflagen – auch solchen von Tonträgern – erhält der Urheber ein Freiexemplar, soweit der Verlag darüber verfügen kann.[13]
(3) Weitere Exemplare kann der Urheber zum Verlagsabgabepreis zuzüglich Mehrwertsteuer beziehen. Er darf sie jedoch nicht verkaufen.

§ 8 Urheberbenennung, Copyright-Vermerk

(1) Der Verlag wird den Urheber stets an der üblichen Stelle als Urheber der deutschen Textfassung nennen.
(2) Er wird alle Werkexemplare mit dem Copyright-Vermerk nach Art. 3 WUA versehen.[14]

§ 9 Dauer des Vertrages

(1) Dieser Vertrag ist auf die Dauer der gesetzlichen Schutzfrist geschlossen. Wird diese in einem Lande der Welt verlängert, so gilt dieser Vertrag auch für die Verlängerungsperiode.[15]
(2) Das Recht der vorzeitigen Kündigung aus wichtigem Grund bleibt beiderseits unberührt.
(3) Das Gleiche gilt für die Rückrufrechte des Urhebers aus den §§ 41, 42 UrhG. Als angemessene Nachfrist gilt ein Zeitraum von 6 Monaten. Das Rückrufrecht ist über die im Gesetz geregelten Fälle hinaus gegeben, ohne dass es der Setzung einer Nachfrist bedarf, wenn
a) der Vertrag des Verlages mit dem Originalverlag anders als durch Schutzfristablauf endet,
b) dem Urheber aus der Verwertung des Werkes durch Verlag und Verwertungsgesellschaft für die letzten fünf Kalenderjahre nicht mehr als insgesamt 250 Euro zugeflossen sind.

§ 10 Änderungen, Gerichtsstand

(1) Änderungen oder Ergänzungen dieses Vertrages bedürfen der Schriftform, wobei Briefwechsel genügt.

(2) Sollte eine Bestimmung dieses Vertrages nach dem Recht irgendeines Staates unwirksam sein oder werden, so gilt das, was dem wirtschaftlich Gewollten am nächsten kommt. Die Vertragspartner sind einander verpflichtet, an einer entsprechenden Klarstellung des Vertragstextes mitzuwirken.

(3) Es gilt deutsches Recht. Sind Urheber und/oder Verlag jetzt oder in Zukunft im Ausland ansässig, so sind auch die Urheberstreitkammern der Landgerichte Berlin oder München nach Wahl des Klägers zuständig. Der Kläger kann den Beklagten, der im Ausland wohnt, jedoch auch in dessen allgemeinem Gerichtsstand verklagen.[17]

Anmerkungen

1. **Sachverhalt.** Ausländische Schlager werden zur Verwertung im deutschen Sprachraum in der Regel einem deutschen Subverlag anvertraut (→ Form. IX.16 Anm. 12), und dieser veranlasst die Herstellung eines deutschen Subtextes, der sodann für die Auswertung innerhalb seines Lizenzgebietes mit der Musik des Originalwerks verbunden wird. Die Beteiligungsansprüche von Subverlag und Subtextdichter sind, soweit es sich um von den Verwertungsgesellschaften wahrgenommene Rechte handelt, durch deren Verteilungspläne geregelt. Zu regeln bleibt deshalb nur noch die Rechtseinräumung einerseits und die Beteiligung des Subtextdichters an den sonstigen Einnahmen des Subverlages andererseits. Die Aktivitätspflichten des Verlages sind verkürzt (§ 3), da der Erfolg des Werkes ohnehin weniger vom Subtext als vom Original abzuhängen pflegt. Andererseits liegt es nahe, das Schicksal des Vertrages an das Schicksal des Subverlagsvertrages für das Original zu koppeln (§ 9 Abs. 3a).

2. **Wahl des Formulars.** Das Formular eignet sich nicht nur für Subtextdichter, sondern auch für Bearbeitungen eines deutschen Originals. Es ist dann lediglich in § 1 Abs. 1 der Vertragsgegenstand entsprechend anders zu beschreiben, die Bezugnahme auf den Originaltext zu vermeiden (§ 4 Abs. 1 S. 2, § 6, § 8 Abs. 1) und die Koppelung an das Bestehen des Original-Verlagsvertrages vorzusehen (§ 9 Abs. 3a).

3. **bis 18.** → Form. IX.16.

17 A. Vertrag über Coverversion/Remix

zwischen[1, 2]

. . . . .

– nachfolgend „Lizenzgeber“ genannt –

und

. . . . .

– nachfolgend „Lizenznehmer“ genannt –

§ 1 Vertragsgegenstand

(1) Der Lizenzgeber ist Inhaber der Urheberrechte an der Komposition zu „Am Abend mancher Tage“ (nachfolgend: „das Werk“).

(2) Der Lizenznehmer beabsichtigt die Herstellung und Veröffentlichung eines Remixes des Werkes wie er diesem Vertrag in Form einer als Rough-Mix beigefügt ist (im Folgenden „Remix"), dargeboten von den ..... [im Folgenden: Produktion].

§ 2 Gestattung

(1) Der Lizenzgeber gestattet dem Lizenznehmer, das Werk wie in § 1 genannt zu bearbeiten und zu verwerten.
(2) Die Gestattung umfasst lediglich die urheberrechtlichen Bearbeitungsrechte. Etwaige Leistungsschutzrechte sowie Rechte, die von einer Verwertungsgesellschaft wahrgenommen werden, sind hiervon nicht umfaßt.
(3) Der Lizenznehmer garantiert, daß der Remix ausschließlich als Bestandteil der Produktion im Rahmen der Bestimmungen dieses Vertrages Verwendung findet und zur Auswertung gelangt.
(4) Die Parteien sind sich darüber einig, dass die Bestimmungen dieses Vertrages weder den Lizenzgeber noch Dritte in irgendeiner Weise in der Art und Weise der Auswertung des Originalwerkes beschränkt und dass der Lizenznehmer durch diese Vereinbarung keinerlei Auswertungsrechte an dem Originalwerk erwirbt.
(5) Der Lizenzgeber versichert ausdrücklich, über die in diesem Vertrag auf den Lizenznehmer übertragenen Rechte zu verfügen und durch keine anderweitigen Bindungen daran gehindert zu sein, diesen Vertrag ordnungsgemäß zu erfüllen.

§ 3 Verwertung

Der Lizenznehmer wird den Remix binnen 1 Jahr veröffentlichen, anderenfalls die Gestattung nach Ziffer 2 erlischt.

§ 4 Name und Abbildung des Komponisten

(1) Der Lizenznehmer stellt sicher, dass die Verpackungen, Tonträgerhüllen oder Inlay-Cards der Ton- und/oder Bildtonträger, auf denen der Remix als Bestandteil der Produktion enthalten ist, folgende Urheberangaben in branchenüblicher Form tragen:
Originalwerk: „Am Abend mancher Tage" – Musik: .....
(2) Soweit technisch möglich, wird der Lizenznehmer die Vornahme der genannten Urheberangabe auch für nicht verpackungsbezogene Auswertungen sicherstellen (Abspann in Kino- und/oder Fernsehfilmen, Internet, digitale Schutzssysteme oder dergleichen).
(3) Zu einer über diese Regelung hinausgehende Nutzung von Namen, Abbildungen oder biographischen Materials des Komponisten bzw. Abbildungen oder Bezeichnungen des Lizenzgebers ist der Lizenznehmer nicht ohne vorherige Zustimmung der Lizenzgeberin berechtigt.

§ 5 GEMA-Registrierung und Vergütung

Die Parteien sind sich über folgende GEMA-Registrierung des dem Remix zugrunde liegenden Werkes einschließlich der hieraus resultierenden Vergütung einig:
Die Werkverbindung (100 %) besteht zu
a) 50 % aus dem Melodieanteil wobei das vorbestehende Werk „Am Abend mancher Tage" als Melodieteil der Werkverbindung gegenüber der GEMA registriert wird zugunsten des Lizenzgebers;
b) 50 % aus dem Textanteil der Werkverbindung nach entsprechenden Vereinbarungen.

Für den Fall, daß der Lizenznehmer reine Instrumentalversionen des Remixes verwertet, verpflichtet sich der Lizenznehmer, gegenüber der GEMA und bei den Urheberangaben nach Ziff. 4 den Hinweis „Am Abend mancher Tage" zu verwenden.

§ 6 Belegexemplare

Der Lizenznehmer ist verpflichtet, dem Lizenzgeber von jeder Veröffentlichungsversion des Remix 5 Belegexemplare kostenlos zu liefern.

§ 7 Schlussbestimmungen

Die etwaige Unwirksamkeit einer Bestimmung dieses Vertrages berührt nicht die Wirksamkeit der übrigen Vertragsbestimmungen. Eine ganz oder teilweise unwirksame Bestimmung ist durch eine wirksame Bestimmung zu ersetzen, die dem wirtschaftlichen Ergebnis am nächsten kommt. Gleiches soll für den Fall einer Vertragslücke gelten.
Die Aufhebung und Änderung des Vertrages bedürfen der Schriftform. Das gleiche gilt auch für den Verzicht auf diese Regelung. Mündliche Nebenabreden sind nicht getroffen.

Schrifttum: Homann, Praxishandbuch Musikrecht, 2007; *Schulz* in FS Hertin, „Remixes“ und „Coverversionen“ – Urheberrecht und Verwertung, S. 213 ff.

Anmerkungen

1. Sachverhalt. Zunehmend gewinnt die Neueinspielung von U-Musik aus den vergangenen Jahrzehnten unter Anpassung an moderne Rythmen und Klangformen an Bedeutung (vgl. hierzu *Loewenheim/Czychowski* § 9 Rn. 79; *Schulz* FS Hertin, 213 f.). Der Sache nach geht es in diesem Vertrag um die Bearbeitergenehmigung und eine Einigung darüber, wie das neue Werk bei der GEMA angemeldet wird. Oft wird die Vergütung ausschließlich über diese Neuanmeldung laufen. Ob ein solcher Vertrag überhaupt geschlossen werden muss, hängt von der nur im Einzelfall zu entscheidenden Frage ab, ob überhaupt eine Bearbeitung iSd § 23 UrhG vorliegt (dazu *Loewenheim/Czychowski* § 9 Rn. 79 ff.).

2. Wahl des Formulars. Wenn die Musik nicht verlagsgebunden ist (also bei der GEMA als sog. Manuskript gemeldet), kann der Komponist einen derartigen Vertrag, der nichts Weiteres ist als eine Bearbeitergenehmigung, selber abschließen. Ist der Komponist verlagsgebunden, dürften die entsprechenden Rechte beim Verlag liegen. Das Formular eignet sich daher nicht nur für den Komponisten, sondern auch – bei geringfügigen Umformulierungen – für die entsprechende Rechte innehabende Verlage.

18. Vertrag zwischen Komponist und Textdichter eines Schlagers

Klaus Harm[1, 2, 3] **Hamburg, den**

Komponist
Herrn
Rainer Peters
Tostedt
Lieber Rainer,
lass uns bitte die Vereinbarungen schriftlich festhalten, die wir über die Auswertung unseres Schlagers

„Doch auf ein Bier bleib ich noch hier“

getroffen haben, damit unsere Erben später einmal wissen, woran sie sind:

1. Wir sind darüber einig, dass der Text allein von Dir und die Musik allein von mir stammt, ungeachtet der Tatsache, dass wir bei der Schaffung des Werkes zusammengearbeitet haben und jeder von uns dem anderen Anregungen verdankt.
2. Wir werden den ersten und jeden etwaigen weiteren Verlagsvertrag nur gemeinsam abschließen und darin die Verwertung des Werkes zu Werbezwecken – so weit wie das durchsetzbar ist – von unserer beider vorheriger Zustimmung abhängig machen.
3. Meine Musik darf, solange sie geschützt ist, nicht mit einem anderen Text, Dein Text nicht mit einer anderen Musik ausgewertet werden, ohne den jeweils anderen zu fragen. Allerdings behältst Du das alleinige Recht, fremdsprachige Adaptionen zu erlauben. Auch eine eigenständige Auswertung allein Deines Textes (ohne Musik) wird nur durch Dich und eine eigenständige Auswertung allein meiner Musik (ohne Text) nur durch mich erlaubt.
4. Hat einer von uns einen wichtigen Grund zur fristlosen Kündigung des Verlagsvertrages oder eines anderen Verwertungsvertrages, so kann er die Kündigung gegenüber dem Verleger bzw. dem anderen Verwerter mit Wirkung für und gegen den anderen von uns beiden aussprechen. Dass er den anderen von uns beiden über einen solchen Schritt alsbald informiert, versteht sich von selbst.
5. Jeder von uns wird dafür Sorge tragen, dass, wenn er mehrere Erben hinterlässt, einer von ihnen für alle zu verfügen imstande ist oder ein Testamentsvollstrecker eingesetzt wird. Ist das unterblieben, so gilt der andere – nach dessen Tode der Vertreter seiner Erben – als bevollmächtigt, bis die Erben sich auf einen gemeinsamen Vertreter geeinigt haben. Für Erbeserben gilt sinngemäß das Gleiche.

Bitte schicke mir die beiliegende Kopie dieses Briefes gegengezeichnet zurück, damit jeder von uns etwas in den Akten hat.

Mit freundlichen Grüßen

Dein Klaus

Schrifttum: → Form. IX.1.

Anmerkungen

1. Sachverhalt. Urheber verschiedener Werkgattungen, die ihre Werke zur gemeinsamen Auswertung verbinden (Werkverbindung, § 9 UrhG), bilden rechtlich eine Gesellschaft bürgerlichen Rechts, § 705 BGB, in der das Einstimmigkeitsprinzip herrscht, § 709 Abs. 1 BGB. Das führt zu Unzuträglichkeiten, wenn die fristlose Kündigung eines gemeinsam abgeschlossenen Verwertungsvertrages nötig wird. Sie könnte ohne die hier vorgeschlagene vertragliche Regelung nur von beiden Urhebern gemeinsam erklärt werden (BGH GRUR 1973, 328 (329) – Musikverleger II). Ist der andere nicht einverstanden, müsste gem. § 894 ZPO auf Zustimmung geklagt werden. Damit würde die Kündigung in den meisten Fällen zumindest verzögert, in manchen faktisch unmöglich gemacht. Die Ziffern 4 und 5 des Formulars sind somit die *Essentials* eines Vertrages zwischen Komponist und Textdichter. Ziffern 1–3 haben demgegenüber geringere Bedeutung. Sie schließen spätere Zweifel hinsichtlich des Schöpfungsvorganges aus, was gelegentlich nützlich ist (Nr. 1) und binden die wichtigsten Entscheidungen, also den Abschluss des Musikverlagsvertrages und die stets delikate Frage der Verwertung zu Werbezwecken, an eine gemeinsame Entscheidung beider Urheber (Nr. 2). Viel mehr gibt es im Bereich der sog. U-Musik (= Unterhaltungsmusik, im Gegensatz zur E-Musik = ernsten Musik, Branchenjargon) ohnehin nicht zu entscheiden, da die wichtigsten Verwertungsrechte von der GEMA, die übrigen vom Musikverleger wahrgenommen zu werden pflegen. Nr. 3 dient der – gelegentlich nützlichen – Klarstellung, dass die Werkverbindung ausschließlicher (exklusiver) Natur ist und damit eine eigenständige Verwertung des jeweiligen Werkes durch die einzelnen Urheber mit einem anderen Text bzw. einer anderen Komposition nicht in Betracht kommt (vgl. Fromm/Nordemann/*Wirtz* UrhG § 9 Rn. 12).

2. Wahl des Formulars. Die Zusammenarbeit zweier schöpferisch Tätiger ist nur in einer Atmosphäre gegenseitigen Vertrauens denkbar. Ein juristischer Vertragstext würde Misstrauen erzeugen und hätte deshalb kaum eine Chance. Wir schlagen deshalb einen möglichst gemeinverständlichen Brief vor, der den gleichen Zweck erfüllt, demgegenüber → Form. IX.3 für Miturheber (§ 8 UrhG).

3. Kosten. 0,5 bis 2,5 Gebühr gem. Nr. 2300 VV RVG für den Entwurf des Vertrages; der Entwurf eines solchen Vertrages dürfte zumindest schwierig sein, so dass im Regelfall die Obergrenze von 1,3 nicht greift. Denkbar ist, dass die hier vorliegende Vereinbarung zu einem Zeitpunkt abgeschlossen wird, zu dem die beiden Vertragspartner sich im Streit oder zumindest in einer Ungewissheit über das Bestehen des Rechtsverhältnisses gem. § 9 UrhG sind; dann könnte auch eine Einigungsgebühr gem. Nr. 1000 VV RVG in Betracht kommen, wenn der Anwalt an der Einigung mitgewirkt hat. Als Geschäftswert ist – wegen der Ungewissheit des Erfolges des Schlagers und damit der Relevanz der getroffenen Vereinbarungen – pauschal 10.000–15.000 EUR zugrunde zu legen, bei besonders bekannten Urhebern durchaus mehr (auch diese schreiben aber nicht immer nur Hits).

19. Vertonung eines Schauspiels zu einer Oper

Zwischen[1, 2, 13]
der Thalia Bühnenvertriebs GmbH, ..., ... Hannover,
und
dem Adolf Ehrig Musikverlag, ..., ... Stuttgart,
wird folgender Vertrag geschlossen:

§ 1 Vertragsgegenstand

(1) Thalia verfügt über die Nutzungsrechte[3] an der Komödie

DAS KLEID DER KÖNIGIN
(The Queen's Robe)

von Charles Johnson („Autor"), Deutsch von Karl Friedrich Schwarz („Übersetzer"), und ist von Autor und Übersetzer zum Abschluss dieses Vertrages besonders[3] autorisiert.
(2) Der Komponist Werner Ernst („Komponist") hat unter Benutzung des vorgenannten Werkes als Libretto eine Oper geschrieben, sie Ehrig in Verlag gegeben und ihn zum Abschluss dieses Vertrages besonders autorisiert.
(3) Die nachfolgenden Vereinbarungen sollen den Komponisten und Ehrig in die Lage versetzen, die Oper auszuwerten. Sie beziehen sich demgemäß nur auf die Verwertung der Oper in der Werkverbindung zwischen Text und Musik, soweit nachfolgend nicht ausdrücklich etwas anderes bestimmt ist. Thalia bleibt frei in der Verwertung des Schauspiels als selbstständigem Sprachwerk. Keine Bestimmung dieses Vertrages ist so auszulegen, dass sich daraus irgendeine Beschränkung dieser Freiheit ergeben könnte.

§ 2 Rechtseinräumung[4]

(1) Thalia erteilt hiermit dem Komponisten und Ehrig die Zustimmung zur Verwertung des nach dem Schauspiel geschaffenen Librettos in der Werkverbindung mit der Musik als Oper.

(2) Thalia wird vor dem Ablauf von fünf Spielzeiten, die gegenwärtige laufende Spielzeit nicht mitgerechnet, keinem Dritten eine entsprechende Bewilligung erteilen.

(3) Es besteht Einigkeit darüber, dass Ehrig die Verwertung der Oper in jeder heute bekannten und unbekannten Form ausschließlich gestattet ist. Ehrig hat also für die Oper insbesondere folgende ausschließliche Nutzungsrechte:

a) das Vervielfältigungs- und Verbreitungsrecht für Notenausgaben aller Art und für das Opernlibretto als selbstständige Publikation oder als Bestandteil anderer Publikationen, zB von Programmheften,

b) das Recht, die Oper oder Teile davon öffentlich bühnenmäßig (in dramatischer oder nichtdramatischer Weise) aufzuführen, einschließlich des Rechts, den Text des Werkes – auch in bearbeiteter Fassung – innerhalb des Zuschauerraums durch eine technische Einrichtung (zB Über- oder Untertitelungsanlage) öffentlich wahrnehmbar zu machen,

c) das Recht, bühnenmäßige Aufführungen der Oper beliebig häufig in Bild und Ton aufzuzeichnen und diese Aufzeichnungen im Umfang des § 88 Abs. 1 UrhG auf alle bekannten und unbekannten filmischen Nutzungsarten beliebig häufig zu nutzen, insbesondere wie folgt:
   - das Recht, die Aufzeichnungen innerhalb und außerhalb des Raums oder des Theaters, im dem die Aufführung stattfindet, durch Bildschirm, Lautsprecher oder ähnliche technische Einrichtungen öffentlich wahrnehmbar zu machen,
   - die Aufzeichnungen öffentlich vorzuführen, einschließlich des Rechts, die Aufzeichnung einem begrenzten Empfängerkreis (zB Nutzung in Bildungseinrichtungen, Schulen, Hotels, Krankenhäusern, Flugzeugen, Schiffen etc) im Wege der öffentlichen Vorführung zugänglich zu machen,
   - die Aufzeichnungen zu senden und weiterzusenden; das gilt für alle möglichen Sendeverfahren (zB terrestrisch, Kabel, Satellit, Internet-TV, IP-TV; verschlüsselt oder unverschlüsselt), für alle Endgeräte (zB stationär, mobil) und für alle Entgelt- bzw. Gebührenmodelle (mit oder ohne Zahlung einer Gebühr/Entgelt, zB Pay TV, pay per view, pay per channel, Free-TV, gebührenfinanziertes öffentlich-rechtliches Fernsehen) und schließt das Recht zur Untertitelung (zB durch Videotext) ein,
   - das Recht, die Aufzeichnungen zu vervielfältigen und zu verbreiten, insbeson dere Verkauf, Vermietung, Leihe etc zum Zwecke der nicht-öffentlichen und öffentlichen Wiedergabe; dieses Recht umfasst sämtliche audiovisuellen Speichermedien,
   - das Recht, die Aufzeichnungen auf Abruf zu Zeiten und von Orten nach Wahl der Nutzer öffentlich zugänglich zu machen, insbesondere das Recht, die Aufzeichnungen eigenständig oder aus Datenbanken heraus mittels analoger, digitaler oder anderweitiger Technik ohne Speichermöglichkeit, mit temporärer oder dauerhafter Speichermöglichkeit für den Nutzer einem beschränkten oder unbeschränkten Nutzerkreis derart zur Verfügung zu stellen (auch genannt „Video On Demand“, „Streaming“, „Electronic Sell-Through“, „Television On Demand“ etc),
   - das Recht, die Aufzeichnungen beliebig häufig ausschnittsweise eigenständig oder innerhalb anderer Werke oder Produktionen jeglicher Art zu verwenden und im gleichen Umfang auszuwerten wie die Aufzeichnungen selbst (Klammerteilrecht); ausgenommen ist jedoch die Werbung für Produkte oder Leistungen Dritter,

d) das Recht zur Herstellung bloßer Tonaufzeichnungen und das Recht, diese im gleichen Umfang wie Bildtonaufzeichnungen (vorstehend lit. c) zu nutzen,

e) die Rechte an bei Vertragsschluss unbekannten Nutzungsarten,

f) das Recht der Übersetzung des Opernlibrettos in die Sprachen, die im räumlichen Geltungsbereich dieses Vertrages Landessprachen sind, und zwar insoweit, als es sich um die Herstellung fremdsprachiger, sangbarer Texte handelt, und die jeweilige Übersetzung der Oper sowie die Nutzung dieser Oper auf alle unter Buchstaben a–f genannten Nutzungsarten.

g) das Recht, die Oper unter Wahrung des unveräußerlichen Urheberpersönlichkeitsrechts des Autors und/oder des Übersetzers zu bearbeiten, insbesondere ihre Handlungselemente (einschließlich Handlungsablauf), Charaktere, Szenen und/oder Musik abzuändern, zu kürzen und/oder neue hinzuzufügen und diese Bearbeitung auf alle Nutzungsarten unter den Buchstaben a–f zu nutzen.

(4) Die Rechtseinräumung erstreckt sich auf die ganze Welt mit Ausnahme folgender Länder: . . . . . .

(5) Ehrig darf die eingeräumten Rechte beliebig ohne Zustimmung durch Thalia,
Autor oder Übersetzer auf Dritte weiterübertragen oder daran Nutzungsrechte einräumen.

(6) Die Rechtseinräumung umfasst nicht die von den Verwertungsgesellschaften (zB der GEMA) wahrgenommenen Rechte, die der Komponist und/oder der Autor vor Abschluss dieses Vertrages dorthin eingeräumt haben.

(7) Die Oper trägt den Titel „DAS KLEID DER KÖNIGIN“ und wird in ihrer deutschen Fassung wie folgt angekündigt:

DAS KLEID DER KÖNIGIN
Oper in drei Akten von Werner Ernst
nach dem gleichnamigen Schauspiel von
Charles Johnson

Eine etwaige englische Fassung wird den Originaltitel

THE QUEEN'S ROBE

verwenden. Vergibt Thalia erneut die Rechte zur Herstellung einer Oper an einen Dritten, wird Thalia den Dritten verpflichten, diese Titel und/oder etwaige weitere Titel von übersetzten Opern nur mit einem unterscheidungskräftigen Zusatz zu verwenden, damit es nicht zu Verwechslungen kommt.

(8) Auf allen Vervielfältigungsstücken der Oper wird folgender gut lesbarer Copyright-Vermerk angebracht:

© 20 . . . . . . Adolf Ehrig Musikverlag Stuttgart – Germany/Thalia Bühnenvertrieb Hannover – Germany/Brown & Brown, New York – USA

Erfolgt die Nutzung nicht durch Vervielfältigungsstücke, wird an geeigneter Stelle (zB bei Aufführung im Programmheft, bei Sendung im Vor- oder Abspann, bei Internetdownload auf der Internetseite oder im Vor- oder Abspann) dieser Copyright-Vermerk gut lesbar verwendet.

§ 3 Beteiligung

(1) Komponist und Autor (einschl. Übersetzer) – vertreten durch ihre Verlage – teilen sich die Einnahmen aus der Verwertung der Oper nach folgendem Schlüssel:

a)	Große Rechte:[5]	Komponist	68 %
		Autor	32 %
b)	Graphisches Recht:	Komponist	6 %
		Autor	4 %
	Partituren:	Komponist	8 %
		Autor	2 %
	Textbücher:	Komponist	2 %
		Autor	8 %

Für den Verkauf fremdsprachiger Textbücher wird von Fall zu Fall eine Vereinbarung getroffen.

c)	Sonstige Rechte:	Komponist	60 %
		Autor	40 %

d) Soweit Nutzungsrechte jetzt oder in Zukunft von Verwertungsgesellschaften wahrgenommen werden, ist deren Verteilungsschlüssel maßgebend. Ist danach keine Regelung getroffen, gilt c).

(2) In den Fällen des Abs. 1a und c sind Einnahmen die Bruttoerlöse abzüglich der direkt darauf zu entrichtenden Steuern und Abgaben[6] sowie abzüglich etwaiger Vertreterprovisionen (maximal 15 %).[7] Der Anteil nach Abs. 1b berechnet sich vom Ladenpreis oder, wo ein solcher nicht besteht, vom höchsten Verlagsabgabepreis zuzüglich 40 %, abzüglich der direkt darauf zu entrichtenden Steuern und Abgaben; honorarpflichtig sind alle verkauften Exemplare. Wird das Material nicht verkauft, sondern vermietet, gilt Abs. 1c.[8]
(3) Ehrig wird Thalia über die erzielten Einnahmen aus der Verwertung der großen Rechte monatlich bis zum 15. des Folgemonats, im Übrigen einmal kalenderjährlich bis zum 31.3. des Folgejahres Rechnung legen und gleichzeitig Zahlung leisten.

§ 4 Vertragsdauer

Dieser Vertrag ist auf die Dauer der gesetzlichen Schutzfrist des Schauspiels[10] geschlossen.

§ 5 Entfall der Nutzungseinräumung durch die Urheber; Rechtsnachfolge[11]

Endet das Rechtsverhältnis zwischen Autor/Übersetzer und Thalia oder zwischen Komponist und Ehrig, so gilt dieser Vertrag mit Autor/Übersetzer bzw. Komponist fort. Autor/Übersetzer bzw. Komponist können – auch wiederholt – die Wahrnehmung ihrer Rechte aus diesem Vertrag einem neuen Bühnen- bzw. Musikverlag übertragen und diesem die Erfüllung ihrer Verpflichtungen überlassen.

§ 6 Schlussklausel

(1) Auf diesen Vertrag ist deutsches Recht anwendbar.
(2) Die Nichtigkeit oder Unwirksamkeit einzelner Bestimmungen dieses Vertrages berührt die Gültigkeit der übrigen Bestimmungen nicht. Die Parteien sind alsdann verpflichtet, die mangelhafte Bestimmung durch eine solche zu ersetzen, deren wirtschaftlicher und juristischer Sinn dem der mangelhaften Bestimmung möglichst nahe kommt.
(3) Für Streitigkeiten aus diesem Vertrag sind – nach Wahl des Klägers – die Landgerichte Berlin oder München I zuständig. Der Kläger kann den Beklagten auch an dessen allgemeinem Gerichtsstand verklagen.[12]

Schrifttum: → Form. IX.1.

Anmerkungen

1. Sachverhalt. Die Vertonung eines Gedichts bietet in der Regel selbst dann keine rechtlichen Schwierigkeiten, wenn das Gedicht schon als solches in der Öffentlichkeit bekannt ist und auch weiterhin als reines Sprachwerk verwertet werden soll (Beispiel: Lili Marleen). Der Dichter oder sein Verleger schließen mit dem Musikverlag, der die Komposition vertritt, einen Musikverlagsvertrag, in dem lediglich klargestellt wird, dass die Rechte am Text nur insoweit eingeräumt werden, als es sich um die gemeinsame Verwertung von Text und Musik handelt (vgl. § 1 Abs. 2 des Formulars); der Dichter schließt ferner mit der GEMA einen Berechtigungsvertrag ab, der ihm seinen Anteil an den Erträgnissen aus dieser gemeinsamen Verwertung, soweit sie über die GEMA stattfindet, sichert. Allenfalls mag dazu noch eine Vereinbarung Textdichter/Komponist getroffen werden (→ Form. IX.18, aber wohl ohne Ziffer 3). Eine besondere Regelung empfiehlt sich jedoch, wenn ein an sich als reines Sprachwerk geschaffenes Bühnenstück, Hörspiel oder Filmdrehbuch nachträglich veropert werden soll (Beispiel: Die Oper Baal von *Friedrich Cerha* nach dem gleichnamigen Stück von *Bertolt Brecht*). Die Auswertung von Schauspiel und Oper kann parallel laufen und zu Abgrenzungsschwierigkeiten führen. Die Rechte des Schauspiel- und des Opernverlegers überschneiden sich vielfach. Am deutlichsten wird das, wenn zur Oper ein Textbuch erscheint oder der Text im Programmheft wiedergegeben wird. Aber auch bei den anderen Verwertungsformen tritt dergleichen auf: In der Aufführung oder Sendung der Oper liegt zugleich die Aufführung oder Sendung des Schauspiels.

2. Wahl des Formulars. Das Formular geht davon aus, dass für das Schauspiel nur ein Bühnenverleger auftritt, der zugleich die Buchverlagsrechte hat, und die Rechte an der Oper einheitlich von einem Musikverlag wahrgenommen werden. Denkbar ist freilich, dass die Buch- und die Bühnenrechte getrennt vergeben sind; auch im Musikverlagsbereich war früher eine Trennung nach Bühnenverlag („großes" Recht, → Anm. 5) und Musikverlag (graphische und „kleine" Rechte) nicht selten.

3. Verfügungsbefugnis des Bühnenverlegers. Voraussetzung ist zunächst, dass dem Bühnenverleger die erforderlichen Nebenrechte vom Autor eingeräumt sind. Dabei ist bei – wie hier – ausländischen Originalwerken darauf zu achten, dass die Kette der Rechtseinräumungen Autor/Originalverlag/internationaler Agent/deutscher Bühnenverlag lückenlos ist und auch wirklich alle weitergegebenen Rechte umfasst. In jedem Falle empfiehlt sich die Einholung einer besonderen Zustimmung der hinter dem Bühnenverlag stehenden Berechtigten. Abgesehen davon, dass eine Werkverbindung ohne den Willen des Autors gegen das Entstellungsverbot des § 14 UrhG verstößt, weil sie die Wesenszüge des Werkes, so wie sie sich der Öffentlichkeit darstellen, verändert (Urheberpersönlichkeitsrecht), könnte andernfalls die Rechtsnachfolgeklausel (§ 5 des Formulars) unwirksam sein (→ Anm. 11). Auch bedarf die Einräumung von Rechten an unbekannten Nutzungsarten durch die Urheber eines schriftlichen Vertrages (im Einzelnen → Anm. 4).

4. Rechtseinräumung. Auch Verträge dieser Art zwischen Verwertern sind grundsätzlich nach dem Übertragungszweckgedanken auszulegen (Loewenheim/*Jan Bernd Nordemann* § 60 Rn. 17 mwN; Details zum Übertragungszweckgedanken – früher Zweckübertragungslehre – auch Fromm/Nordemann/*Jan Bernd Nordemann* § 31 Rn. 108 ff.). Wegen des Übertragungszweckgedankens besteht grundsätzlich eine Spezifizierungslast für den Einräumungsempfänger (Loewenhein/*Jan Bernd Nordemann* § 60 Rn. 10 mwN), wenn er die Wirkungen des Übertragungszweckgedankens – Begrenzung des Umfangs der Rechtseinräumung zu Gunsten seines Vertragspartners – von vornherein umgehen will. Die eingeräumten Rechte müssen also so umfassend wie möglich formuliert werden (§ 3 Abs. 3 des Formulars). Für das Aufzeichnungsrecht sollte allerdings zusätzlich ein Hinweis auf § 88 Abs. 1 UrhG erfolgen, wodurch möglicherweise sogar eine weitergehende Spezifizierung überflüssig wird (vgl. Fromm/Nordemann/*Jan Bernd Nordemann* § 88 Rn. 74). Denn bei Erlaubnis zur Verfilmung besteht nach § 88 Abs. 1 UrhG die Vermutung, dass eine umfassende Nutzungsrechtseinräumung für alle bekannten und unbekannten filmischen Nutzungsarten erfolgt. § 88 Abs. 1 UrhG gilt auch zwischen Verwertern (Fromm/Nordemann/*Jan Bernd Nordemann* § 88 Rn. 25). Die Aufzeichnung einer Oper dürfte im Regelfall auch eine Verfilmung sein (Fromm/Nordemann/*Jan Bernd Nordemann* § 88 Rn. 55; siehe aber für die Aufzeichnung konzertanter Aufführungen BGH GRUR 2006, 319 (322) – Alpensinfonie).

Gem. § 3 Abs. 3 Buchstabe f des Formulars sind auch die unbekannten Nutzungsrechte eingeräumt. Seit 1.1.2008 (Urheberrechtsnovelle „2. Korb") darf der Urheber solche Rechte schriftlich einräumen (§ 31a UrhG), so dass auch der die Oper verwertende Bühnenverleger Ehrig diese Rechte erwerben sollte. Da § 31a UrhG jedoch eine schriftliche Einräumung der Rechte durch den Urheber (auch bei Anwendung des § 88 Abs. 1, vgl. § 88 Abs. 1 S. 2 UrhG) vorschreibt, müssen sich sowohl Thalia als auch Ehrig vom deutschen Übersetzer des Originaltextes (Karl Friedrich Schwarz) bzw. vom Komponisten Werner Ernst die Rechte an bei Vertragsschluss unbekannten Nutzungsarten vorher schriftlich einräumen lassen. Ob und inwieweit die von § 31a UrhG geforderte Schriftform auch für Einräumungen von Rechten an unbekannten Nutzungsarten durch den US-Originaltextautor Charles Johnson an seinen US-Verlag gilt, ist im internationalen Urheberprivatrecht noch nicht abschließend geklärt, aber zweifelhaft, weil nach US-Urheberrecht keine besonderen Formvorschriften für Rechte an unbekannten Nutzungsarten bestehen (siehe Fromm/Nordemann/*Jan Bernd Nordemann* § 31 Rn. 117). Vor einer endgültigen Klärung der Frage sollte aber die schriftliche Einräumung auch durch den US-Originalautor zur Regel gemacht werden. Ob bei einzelnen Rechten des Abs. 3 ein Zustimmungsvorbehalt für den Bühnenverleger vorgesehen wird (denkbar vor allem bei der Verwertung im Fernsehen), lässt sich nur im Einzelfall entscheiden.

Abs. 2 soll bei einem Misserfolg der Oper eine anderweitige Veroperung des Schauspiels ermöglichen, ohne die weitere Auswertung der ersten Oper zu verhindern (ebenso § 4 Abs. 2); der Fall wird freilich selten eintreten. Kommt es dennoch zu einer weiteren Veroperung, sollte die weitere Oper zumindest einen unterscheidungskräftigen Titelzusatz tragen, damit die beiden Opern auseinander gehalten werden können (Abs. 5), vgl. auch §§ 5, 15 MarkenG.

Abs. 6 des Formulars stellt klar, dass Nutzungsrechte, die ein Urheber (Komponist und/oder Autor) vorab an Verwertungsgesellschaften eingeräumt hat, nicht von der Rechtseinräumung dieses Formulars erfasst sein können. Insoweit gilt der Prioritätsgrundsatz des § 33 UrhG (siehe auch BGH GRUR 2009, 1499 Rn. 30 – Mambo No. 5). Das „große Recht" (→ Anm. 5) wird zwar nicht von Verwertungsgesellschaften wahrgenommen. Jedoch stehen andere Rechte häufig der GEMA oder anderen Verwertungsgesellschaften zu, sofern die Urheber Wahrnehmungsverträge geschlossen haben. Im musikalischen Bereich ist das in Deutschland die Regel.

Die Erwähnung auch des Originalverlegers im Copyright-Vermerk (Abs. 8) geboten früher die Formvorschriften der USA. Ihre weitere Beachtung kann dort auch heute noch die Rechtsverfolgung erleichtern.

5. Große Rechte. Das ist ein branchenüblicher Begriff; man versteht darunter die bei der Verwertung des Bühnenwerks als solchem ganz oder in Teilen (einzelne Akte, aber auch Querschnitte im Fernsehen, im Radio oder in anderen Medien) in Anspruch genommenen Rechte im Gegensatz zu den „kleinen Rechten" an einzelnen Liedern oder Stücken daraus (Ballettmusik, Ouverture), soweit diese nur konzertant und nicht dramatisiert, dh durch bewegtes Spiel dargestellt, verwertet werden. Die kleinen Rechte nimmt die GEMA wahr (vgl. Fromm/Nordemann/*Dustmann* § 19 Rn. 20 f.).

6. Steuern und Abgaben. In der Regel ist das die Mehrwertsteuer. Im Ausland kommen jedoch auch andere Abgaben in Betracht (Dänemark erhob zB früher von den Aufführungstantiemen ausländischer Werke 2 % für einen nationalen Dramatikerfonds).

7. Subverleger und Agenten. Die Einschaltung von Subverlegern oder Agenten im Ausland ist gebräuchlich.

8. Vermietung des Materials. Sie ist die Regel. Die Möglichkeit der Mehrfachvermietung ist vor allem dann sinnvoll, wenn das Theater das Material nur für wenige Aufführungen benötigt. Die Verlage nutzen die Materialvermietung ferner, um eine weitere Verwertung der Aufnahme zu kontrollieren. Das ist unproblematisch, solange sie Rechteinhaber sind, was insbesondere bei Nutzung des „großen Rechts" der Fall ist (→ Anm. 5). Liegen die Rechte allerdings bei anderen Nutzungen bei Verwertungsgesellschaften oder handelt es sich gar um gemeinfreie Werke, wird damit durch die Materialvermietung ein (vertragliches) Ersatz-Urheberrecht geschaffen. Das kann kartellrechtlich bedenklich sein. Vgl. zu kartellrechtlichen Fragen der Materialvermietung Fromm/Nordemann/*Jan Bernd Nordemann* vor §§ 31 ff. Rn. 355 ff.

9. **Abrechnungszeiten.** Monatliche Abrechnung ist im Bereich der großen Rechte üblich. Für die übrigen Rechte kommt auch halbjährliche Abrechnung in Betracht; es ist jedoch zu bedenken, dass der Vertrag sehr lange läuft (§ 4 Abs. 1) und es Zeiten geben kann, in denen es nichts abzurechnen gibt.

10. **Vertragsdauer.** Länger als das Schauspiel geschützt ist, kann der Bühnenverlag Rechte daran nicht einräumen. Die Schutzfristen von Text und Musik laufen bei nur verbundenen Werken (§ 9 UrhG) an sich unabhängig voneinander ab (Fromm/Nordemann/*Axel Nordemann* § 64 Rn. 12a). Im vorliegenden Fall handelt es sich um einen solchen Fall der Werkverbindung. Allerdings gibt es für verbundene musikalische Werke eine Ausnahmeregelung in § 65 Abs. 3 UrhG, nach der bei Kombination von Musik und Text eine Schutzfrist von 70 Jahren nach dem Tod des längstlebenden der Urheber bestehen kann. Ein Beispiel ist in der Tat die Verbindung von Libretto (Text) und Musik zu einer Oper. Jedoch gilt die Ausnahmeregelung des § 65 Abs. 3 UrhG nur, wenn „beide Beiträge eigens für die betreffende Musikkomposition mit Text geschaffen wurden". Das ist im Beispiel aus dem Formular nicht der Fall, weil der Text unabhängig von der Musik schon vorher eigenständig existierte. Es bleibt also bei einer getrennten Berechnung der Schutzfristen für Text und Musik. Wird danach beispielsweise die Musik früher gemeinfrei, so bleibt der Musikverlag verpflichtet, soweit er die Oper mit dem noch geschützten Libretto weiter auswertet.

11. **Entfall der Nutzungseinräumung durch die Urheber; Rechtsnachfolge.** Im Beispiel aus dem Formular muss Ehrig sicherstellen, dass Autor und Übersetzer Thalia tatsächlich so weitgehende Rechte eingeräumt haben, wie sie Thalia an Ehrig weitergibt. Einen gutgläubigen Erwerb von Nutzungsrechten gibt es nicht. Sofern Autor und Übersetzer dem Vertrag gesondert gegenüber Ehrig zustimmen, hat Ehrig in jedem Fall die erforderliche Sicherheit (→ Anm. 3). Allerdings kann es zu Verwerfungen zwischen Autor und/oder Übersetzer einerseits und Thalia andererseits mit der Folge kommen, dass Autor und/oder Übersetzer die Nutzungsrechtseinräumung mit Thalia kündigen. Dann kommt es zu einem automatischen Rechterückfall an Autor und/oder Übersetzer (BGH GRUR 2012, 916 Rn. 19 f. – M2Trade; str., siehe zum Streitstand Fromm/Nordemann/*Jan Bernd Nordemann* § 31 Rn. 30 ff.). Allerdings berührt dieser automatische Rechterückfall an die Urheber nicht (erlaubte) Sublizenzen. Sie genießen Sukzessionsschutz (BGH GRUR 2012, 916 Rn. 23 ff. – M2Trade; BGH GRUR 2012, 914 Rn. 16 – Take Five). Ehrig genießt also im Beispielfall Sukzessionsschutz. Thalia müsste Einnahmen aus der Nutzung allerdings an die Urheber gem. § 812 BGB herausgeben (BGH GRUR 2012, 916 Rn. 26 – M2Trade; zum Ganzen auch Dreier/Schulze/*Schulze* UrhG § 33 Rn. 10; Fromm/Nordemann/*Jan Bernd Nordemann* § 31 Rn. 34, dort auch zu insolvenzrechtlichen Fragen und zur Frage, wie der Urheber oder ein anderer Rechtegeber den Sukzessionsschutz vertraglich vermeiden kann). Damit Thalia in solchen Fällen direkt mit den Urhebern abrechnen kann, sieht das Formular einen automatischen Austausch des Vertragspartners bei Entfall der Rechte auf Seiten Thalia vor. Der hier vorgeschlagene automatische Austausch des Vertragspartners ist wegen § 415 BGB jedoch nur dann unbedenklich, wenn die in § 1 Abs. 1 vorgesehene besondere Zustimmung der Urheber vorliegt (→ Anm. 3).

12. Gerichtsstand. → Form. IX.15 Anm. 10.

13. Kosten. 0,5 bis 2,5 Gebühr gem. Nr. 2300 VV RVG für den Entwurf des Vertrages. Wegen der Unbestimmtheit der Erfolgsaussichten und damit der wirtschaftlichen Relevanz der getroffenen Vereinbarungen empfehlen wir, die vom Musikverlag aufzuwendenden Kosten der Materialherstellung (Partitur, Stimmen, Klavierauszug, Textbücher) zu erfragen und diesen Betrag zugrunde zu legen. Zumindest die Abdeckung dieser Kosten wird er erwarten; abgesehen davon ist ihr Aufwand für ihn auch Vertragspflicht.

20. Musikverlagsvertrag für ernste Musik (am Beispiel einer Oper)

Zwischen[1, 20, 2]
Herrn .....
(Bürgerlicher Name: .....)[3]
in .....
und
Herrn
(Bürgerlicher Name: .....)
in .....
(nachstehend Urheber genannt,auch wenn es sich um mehrere Personen handelt)
und
dem Musikverlag .....
in .....
(nachstehend Verlag genannt)
wird folgender Vertrag geschlossen:

§ 1 Vertragsgegenstand

(1) Der Urheber ist der Komponist[2] der bereits vorliegenden/in der Entstehung begriffenen Oper
.....„
die den Stoff des „.....“ zur Grundlage hat. Den Text schreibt der Urheber selbst/Herr ....., mit dem der Verlag einen Vertrag gleichzeitig abschließt.
(2) Die Oper wird mit zwei Sängerinnen und fünf Sängern sowie Chor besetzt sein und mindestens zwei, höchstens drei Balletteinlagen von je 5 bis 7 Minuten Dauer vorsehen. Die Instrumentierung wird auf die beengten räumlichen Verhältnisse kleinerer Spielstätten Rücksicht nehmen und Instrumentengruppen außerhalb des Grabens nicht vorsehen. Die reine Spieldauer wird zwischen 120 und 150 Minuten liegen.
(3) Der Urheber steht dafür ein, dass sein Werk Rechte Dritter nicht verletzt, und dass er über die den Gegenstand dieses Vertrages bildenden Rechte noch nicht anderweitig verfügt hat.

§ 2 Rechtseinräumung

(1) Der Urheber räumt dem Verlag das ausschließliche Recht zur graphischen Vervielfältigung und Verbreitung des Werkes (Verlagsrecht)[4] auf der ganzen Welt für alle Ausgaben und Auflagen in Verbindung mit dem Text von ..... ein.
(2) Der Verlag hat ferner das ausschließliche Recht, auf der ganzen Welt den Vor- oder Nachdruck des Werkes in Einzelausgaben, Sammlungen, Anthologien, Programmheften,

Zeitungen und Zeitschriften zu erlauben, und zwar auch getrennt für Text und Musik und in gekürzter Form (zB in einem Potpourri). Er ist allein befugt, die Vergütungsansprüche des Urhebers für erlaubnisfreie, aber vergütungspflichtige Vervielfältigungen durch Dritte geltend zu machen.

(3) Der Urheber räumt dem Verlag ferner die sonstigen ausschließlichen Nutzungsrechte (Nebenrechte) an seinem Werk auf der ganzen Welt insoweit ein, als diese nicht von einer Verwertungsgesellschaft treuhänderisch für Urheber und Verlag jetzt oder in Zukunft wahrgenommen werden, oder diese sie dem Verlag zur eigenen Wahrnehmung überlässt.[5] Das sind zzt. insbesondere die so genannten großen Rechte[1] der Verwertung des Werkes oder von Werkteilen in dramatisierter Form, also etwa

a) die Vervielfältigung und Verbreitung auf Bild-Tonträgern,
b) das Recht zur Verfilmung und Wiederverfilmung des Werkes einschließlich der Rechte zur Bearbeitung und/oder Weiterentwicklung als Drehbuch;
c) das Recht, die nach Abs. 3 lit. b hergestellten Fassungen als Film zu verwerten, und zwar
   - das Recht, das Werk auf Bild-, Bild-/Ton- oder sonstigen Datenträgern, gleich nach welcher Aufzeichnungs- und Wiedergabetechnik zu vervielfältigen und
   - diese über den Einzel-, Spezial-, Versandhandel, Home-Order-TV, Cluborganisationen oder sonstige Handelsformen zu verbreiten sowie
   - gewerblich und nicht gewerblich zu verleihen und ferner
   - die so hergestellten Datenträger durch öffentliche Wiedergabe wahrnehmbar zu machen und diese auf die sonstigen vertragsgegenständlichen Arten zu nutzen,
   - ferner das Recht, das Werk mit Hilfe von Rundfunk einschließlich Drahtfunk, Kabel- und Satellitenfunk und ähnlicher Übertragungstechniken, gleichgültig ob in digitalisierter oder analoger Form sowohl über öffentlich-rechtlich als auch privatrechtlich organisierte Sender, einschließlich Abonnentenfernsehen und -rundfunk, Videotext, on-demand-Dienste, near-on-demand-Dienste, Pay-TV und vergleichbaren Techniken und Verwertungsformen zu senden und/oder solche Sendungen öffentlich wiederzugeben, sowie die Sendungen auf sonstige vertragsgegenständliche Arten zu nutzen;
d) das Recht des Vortrags, der Aufführung und der Vorführung einschließlich der Hör- oder Sichtbarmachung außerhalb des Raumes, in dem diese stattfinden;
e) die nach lit. a hergestellten Bild-Tonträger in elektronischen Netzen drahtgebunden oder drahtlos der Öffentlichkeit in einer Weise zugänglich zu machen zugänglich zu machen, dass sie für die Mitglieder der Öffentlichkeit von Orten und zu Zeiten ihrer Wahl zugänglich sind. Das Recht der öffentlichen Zugänglichmachung umfasst die Auswertung von Inhalten oder Teilen hieraus, indem diese in digitaler Form in einer Datenverarbeitungsanlage gespeichert werden und sodann von dort durch Endkunden über drahtgebundene oder drahtlose Mittel als digitales Signal abgerufen und/oder an diese übermittelt werden können mit der Folge, dass die gespeicherten Daten in das Empfangsgerät des Endkunden überspielt werden, wo sie entweder nach einer Speicherung, einer Zwischenspeicherung oder unmittelbar dekodiert, also wieder in Texte, Bilder und/oder Töne umgesetzt und sichtbar bzw. hörbar gemacht werden können. Das Recht der öffentlichen Zugänglichmachung umfasst die Auswertung von Inhalten oder Teilen hieraus, indem diese in digitaler Form in einer Datenverarbeitungsanlage gespeichert werden und sodann von dort durch Endkunden über drahtgebundene oder drahtlose Mittel als digitales Signal abgerufen und/oder an diese übermittelt werden können mit der Folge, dass die gespeicherten Daten in das Empfangsgerät des Endkunden überspielt werden, wo sie entweder nach einer Speicherung, einer Zwischenspeicherung oder unmittelbar dekodiert, also wieder in Texte, Bilder und/oder Töne umgesetzt und sichtbar bzw. hörbar gemacht werden können. Eingeschlossen ist auch

das Recht, im Rahmen der in diesem Vertrag erwähnten Nutzungsarten eine interaktive Nutzung der Übersetzung oder Teilen davon (gegebenenfalls in Verbindung mit anderen Werken und gegebenenfalls auch in unmittelbarer Nähe zu e-commerce-Angeboten oder Werbung) durch den Nutzer zu ermöglichen;

f) das Recht, das Werk, insbesondere die in ihm enthaltenen Figuren, Namen, Ton- oder Textteile, Titel bzw. Untertitel, im Zusammenhang mit anderen Produkten und Dienstleistungen jeder Art und jeder Branche zu Merchandisingzwecken (Zwecke der Verkaufsförderung) zu nutzen, einschließlich des Rechts, auf die hier genannten Gegenstände der Übersetzung jedwede dem Verlag sinnvoll erscheinende gewerblichen Schutzrechte oder Internet-Domains anzumelden und registriert zu halten;

g) das Recht, das Werk ganz oder teilweise in/auf werkbezogenen Werbe- und Pressemitteln zu nutzen oder zu Zwecken der Werbung für den Verlag zu nutzen.

(4) Ferner räumt der Übersetzer dem Verlag auch die räumlich, zeitlich und inhaltlich unbeschränkten und ausschließlichen Rechte für die im Zeitpunkt des Vertragsschlusses unbekannten Nutzungsarten ein. Die Rechtseinräumung erstreckt sich auf die Verwertung der Nutzungsrechte sowohl im eigenen Verlag als auch durch entgeltliche oder unentgeltliche (auch teilweise) Vergabe von Rechten an Dritte.

(5) Der Verlag kann die ihm nach den Absätzen 2–4 eingeräumten Rechte auf Dritte übertragen.

(6) Über die Rechte der Uraufführung, der – auch wiederholten – Verfilmung gleich zu welchem Zweck und über die Rechte der Einbringung und Übermittlung (Absatz 3 lit. e) wird der Verlag erst nach schriftlicher Einwilligung des Urhebers verfügen.[6]

(7) Bearbeitungen, Arrangements und sonstige Veränderungen des Werkes, insbesondere Instrumentierungen oder Chorsätze, die Verwendung aktualisierter Texte und die Verbindung des Werkes mit einem anderen Text sind – vorbehaltlich des § 6 Abs. 1 – erst nach schriftlicher Einwilligung des Urhebers zulässig.[6]

(8) Im Übrigen wird der Verleger den Urheber unterrichten, sobald er einem Dritten eine Lizenz zur Ausübung eines der in Abs. 2 und 3 ihm eingeräumten Nebenrechte erteilt hat.

§ 3 Manuskript[7]

(1) Eine druckfähige/reprofähige, vollständige, textierte Partitur liegt bereits vor/wird vom Urheber bis zum . . . . . vorgelegt.

(2) Ein druckfähiger/reprofähiger, vollständiger, textierter Klavierauszug liegt bereits vor/wird vom Urheber bis zum . . . . . vorgelegt.

(3) Die Manuskripte bleiben Eigentum des Urhebers und sind ihm auf Verlangen zurückzugeben, sobald der Verlag sie nicht mehr zu Verwertungsmaßnahmen benötigt.

(4) Der Urheber behält Kopien der Manuskripte bei sich.

§ 4 Verlagspflichten und -rechte[8]

(1) Der Verlag wird zunächst innerhalb von 3 Monaten . . . . . Exemplare der Partitur und . . . . . Exemplare des Klavierauszuges in einwandfreier, annähernd dem Notendruck entsprechender Qualität herausbringen.

(2) Sobald das Werk zur Uraufführung angenommen ist, wird er in gleicher Weise die Einzelstimmen herausbringen, und zwar zunächst in . . . . . vollständigen, der Besetzung entsprechenden Sätzen.

(3) Er wird das Werk allen Opernbühnen und Sendeanstalten im deutschsprachigen Raum durch besonderes Werbeschreiben ankündigen und sie zur Anforderung des Materials nach Abs. 1 einladen.

(4) Er wird alle geeigneten Schritte zur weiteren Propagierung unternehmen (zB Aufnahme in Verlagsverzeichnisse, Presseveröffentlichungen usw).

(5) Über seine Aktivitäten nach Abs. 3 und 4 wird er dem Urheber unverzüglich berichten.

(6) Die Veranstaltung weiterer Ausgaben und Auflagen, die Durchführung weiterer Propagierungsmaßnahmen sowie Ausstattung, Ladenpreis und Vertriebsart aller Ausgaben und Auflagen werden vom Verlag im Übrigen nach pflichtgemäßem Ermessen bestimmt.

Der Verlag beabsichtigt, das für Bühnenaufführungen benötigte Material (Partitur und Stimmen) zunächst nur zu vermieten/zum Kauf anzubieten.[9]

§ 5 Honorar für Verlagsausgaben

(1) Für jedes verkaufte Exemplar erhält der Komponist 7 %, der Librettist 3 % vom Ladenpreis abzüglich Mehrwertsteuer. Für Textbücher erhält der Komponist 3 %, der Librettist 7 % vom Netto-Ladenpreis (Endpreis abzüglich Mehrwertsteuer).[10]

(2) Von den Einnahmen des Verlages aus der Vermietung des Materials erhalten – nach Deckung der Herstellungskosten des Verlages, die dem Urheber nachzuweisen sind[11] – der Komponist 50 % und der Librettist 25 % nach Abzug der Mehrwertsteuer.

(3) Ist der Urheber mehrwertsteuerpflichtig, so erhält er die Mehrwertsteuer zusätzlich.

(4) Der Verlag rechnet einmal jährlich im März über die Verkäufe des vorangegangenen Kalenderjahrs ab und leistet gleichzeitig Zahlung. Beträge unter 20,– Euro können auf die nächste Abrechnung vorgetragen werden.

§ 6 Nebenrechtsverwertung

(1) Für die Beteiligung von Urheber und Verlag an den von einer Verwertungsgesellschaft jetzt oder in Zukunft wahrgenommenen Rechten ist deren Verteilungsplan maßgebend. Nimmt der Verlag diese Rechte selbst wahr (vgl. § 2 Abs. 3), so ist der zuletzt gültige Verteilungsplan maßgebend, wobei Kosten des Verlages unberücksichtigt bleiben.[12]

(2) Andere Einnahmen des Verlages aus der Verwertung des Werkes[13] werden nach Abzug der darin etwa enthaltenen Mehrwertsteuer wie folgt geteilt:

Komponist	50 %
Librettist	25 %
Verlag	25 %.

§ 5 Abs. 3 gilt entsprechend.

(3) Einnahmen des Verlages gemäß Abs. 1 und 2 sind bei Eingang zur Abrechnung und Zahlung fällig.

§ 7 Subverlage[14]

(1) Der Verlag kann die ihm eingeräumten Rechte für das Ausland an Subverlage weiterübertragen und diesen erlauben, die Musik mit einem Text in der Landessprache – möglichst in Form einer Übersetzung des Originaltextes – zur gemeinsamen Verwertung innerhalb des Lizenzgebietes zu verbinden.

(2) Vom Abschluss eines jeden Subverlagsvertrages wird der Verlag den Urheber alsbald durch Übersendung einer Kopie unterrichten.

(3) Die Einnahmen des Verlages aus Subverlagsverträgen werden nach § 6 Abs. 2 und 3 verteilt.

§ 8 Miturheber[15]

Haben mehrere die Musik gemeinsam geschaffen, so stehen ihnen die Anteile des Komponisten nach den §§ 5 und 6 im Zweifel zu gleichen Teilen zu.

§ 9 Belegexemplare

(1) Von jeder Ausgabe und Auflage, die der Verlag selbst herstellt, erhält der Urheber 3 Freiexemplare.
(2) Vor allen anderen Ausgaben und Auflagen – auch solchen von Ton-, Bild-, Bildton- und sonstigen Trägern – erhält der Urheber ein Freiexemplar, soweit der Verlag darüber verfügen kann.
(3) Weitere Exemplare kann der Urheber zum Verlagsabgabepreis zuzüglich Mehrwertsteuer beziehen. Er darf sie jedoch nicht verkaufen.

§ 10 Urheberbenennung, Copyright-Vermerk[16]

(1) Der Verlag wird den Urheber stets an der üblichen Stelle als solchen benennen.
(2) Er wird alle Werkexemplare mit dem Copyright-Vermerk nach Art. 3 WUA versehen und diese Verpflichtung auch jedem Subverlag auferlegen.

§ 11 Dauer des Vertrages

(1) Dieser Vertrag ist auf die Dauer der gesetzlichen Schutzfrist geschlossen. Wird diese in einem Lande der Welt verlängert, so gilt dieser Vertrag auch für die Verlängerungsperiode.[17]
(2) Das Recht der vorzeitigen Kündigung aus wichtigem Grund bleibt beiderseits unberührt.
(3) Das Gleiche gilt für die Rückrufrechte des Urhebers aus den §§ 41, 42 UrhG. Als angemessene Nachfrist gilt ein Zeitraum von 6 Monaten. Das Rückrufrecht[18] ist über die im Gesetz geregelten Fälle hinaus gegeben, ohne dass es der Setzung einer Nachfrist bedarf, wenn
a) die Uraufführung des Werkes nicht innerhalb von 3 Jahren nach Erfüllung der Pflichten des Urhebers aus § 3 Abs. 1 und 2 stattgefunden hat,
b) der Vertrag des Verlages mit dem Urheber des verbundenen Werkes anders als durch Schutzfristablauf endet,
c) dem Urheber aus der Verwertung des Werkes durch Verlag und Verwertungsgesellschaft in den letzten fünf Kalenderjahren nicht mehr als 2.000,– Euro zugeflossen sind.

§ 12 Änderungen, Gerichtsstand[19]

(1) Änderungen oder Ergänzungen dieses Vertrages bedürfen der Schriftform, wobei Briefwechsel genügt.
(2) Sollte eine Bestimmung dieses Vertrages nach dem Recht irgendeines Staates unwirksam sein oder werden, so gilt das, was dem wirtschaftlich Gewollten am nächsten kommt. Die Vertragspartner sind einander verpflichtet, an einer entsprechenden Klarstellung des Vertragstextes mitzuwirken.
(3) Es gilt deutsches Recht. Sind Urheber und/oder Verlag jetzt oder in Zukunft im Ausland ansässig, so sind auch die Urheberstreitkammern der Landgerichte Berlin oder München nach Wahl des Klägers zuständig.[19] Der Kläger kann den Beklagten, der im Ausland wohnt, auch an dessen allgemeinem Gerichtsstand verklagen.

Schrifttum: → Form. IX.16.

Anmerkungen

1. Sachverhalt. Opern werden heute wohl nur noch selten geschrieben, ohne dass dazu ein besonderer Auftrag vorläge (für diesen → Form. IX.21). Gleiches gilt für Operetten und Musicals. Dagegen entstehen sinfonische Werke und Kammermusik nach wie vor überwiegend ohne unmittelbares Zutun Dritter. Übereinstimmend gilt für alle Werke der so genannten E-Musik (→ Form. IX.18 Anm. 1 aE) und der sog. gehobenen Unterhaltungsmusik, dass sie werkgetreu interpretiert werden müssen, mit der Folge, dass der Urheber seinem Verleger die Entscheidung über Bearbeitungen nur ungern überlässt (vgl. § 2 Abs. 5) und dass die Verwertung des Werkes vom Vorhandensein geeigneten Aufführungsmaterials weit mehr abhängt als bei Schlagern. Die Herstellung der Noten ist schon wegen der größeren Anzahl von Stimmen teurer, aber auch deshalb unwirtschaftlicher für den Verlag, weil moderne E-Musik wesentlich geringere Aufführungszahlen zu erbringen pflegt als U-Musik und auch sonst nur in sehr viel geringerem Maße verwertet werden kann; am ehesten gelingt noch eine Rundfunksendung, aber schon das Erscheinen auf Tonträger ist fast als Ausnahme zu bezeichnen.

Die Verwertungsbefugnisse des Verlegers sind innerhalb der Sparten der E-Musik unterschiedlich. Die Verwertung von Werken in dramatischer Form (so genannte große Rechte, → Form. IX.19 Anm. 5) erfolgt nach wie vor individuell durch den Verlag, der demgemäß die entsprechenden Rechte benötigt (§ 2 Abs. 3). Für sinfonische Werke, Kammermusik und gehobene Unterhaltungsmusik, kommt diese Form der Verwertung jedoch nur ausnahmsweise in Betracht, etwa dann, wenn eine Sinfonie als Ballettmusik verwendet wird. Die Verwertung dieser Werke geschieht deshalb wie beim Schlager fast ausschließlich unter Zwischenschaltung einer Verwertungsgesellschaft, in der Bundesrepublik Deutschland also der GEMA (Anschrift: → Form. IX.16 Anm. 1).

2. Wahl des Formulars. Das Formular ist auf das Beispiel eines Musicals, einer Oper oder Operette zugeschnitten, weil diese Werkart die umfassendste Regelung erfordert. Bei sinfonischen Werken, Kammermusiken und der gehobenen Unterhaltsmusik entfällt nicht nur die Beteiligung eines Librettisten (Textdichters); mit Rücksicht auf die Tätigkeit der Verwertungsgesellschaften können auch die Rechtseinräumungsklauseln ähnlich kurz sein wie beim Schlager (→ Form. IX.16), insbesondere kann § 2 Abs. 3 S. 2 entfallen. Andererseits kann das Formular sinngemäß auch für den Librettisten verwendet werden.

Wegen der *essentiales* des Formulars im Übrigen → Form. IX.16 Anm. 2 Abs. 2.

3. Pseudonyme. → Form. IX.16 Anm. 3.

4. Verlagsrecht. Die Herstellung von Noten ist unverzichtbarer Bestandteil jedes Musikverlagsvertrages (vgl. §§ 1, 5 VerlG).

5. Nebenrechte. Für Bühnenwerke bedarf es schon mit Rücksicht auf die Zweckübertragungstheorie (→ Form. IX.5 Anm. 1 und 8) der genauen Aufzählung aller in Betracht kommender Verwertungsrechte im Vertrag. Im Übrigen, dh soweit die Verwertungsrechte von einer Verwertungsgesellschaft wahrgenommen werden, erfolgt die Rechtseinräumung an den Verlag ohnehin nur subsidiär (→ Form. IX.16 Anm. 5).

5a. Unbekannte Nutzungsarten. → Form. IX.5 Anm. 8.

6. Zustimmungsrechte des Urhebers. Dass der Urheber sich das Recht, Bearbeitungen oder sonstige Veränderungen des Werkes zu erlauben, vorbehält, ist die natürliche Folge dessen, dass im Bereich der E-Musik allgemein auf eine werkgetreue Interpretation vorrangig Wert gelegt wird (→ Anm. 1). Von der Uraufführung hängt möglicherweise der gesamte Erfolg des Werkes ab, so dass die Entscheidung darüber, wohin sie vergeben wird, nicht ohne den Urheber getroffen werden darf. Von gleicher Bedeutung ist wegen ihrer großen Verbreitung jede Art der Verfilmung, auch wenn es sich „nur" um die Fernsehaufzeichnung einer Bühnenaufführung handelt.

7. **Manuskript.** An sich ist es Sache des Verlages, dafür zu sorgen, dass das Manuskript des Urhebers in eine Druckvorlage umgemünzt wird. Das Stechen und Setzen von Noten und der Notendruck sind jedoch heute so teuer, dass vielfach das wirtschaftliche Risiko für den Verlag zu hoch würde und der Verlagsvertrag demgemäß überhaupt nicht zustande käme, wenn der Urheber sich nicht bereitfinden würde, gleich eine reprofähige Vorlage zu liefern, von der unmittelbar Vervielfältigungen hergestellt werden können. Kann er das nicht, so bleibt dem Verlag nach unserem Vorschlag (§ 4 Abs. 1: „annähernd dem Notendruck entsprechend") noch die Möglichkeit, eine reprofähige Vorlage durch einen Notenkalligraphen anfertigen zu lassen. Bei Abschluss des Vertrages wird darauf zu achten sein, welcher Weg von den Beteiligten gewählt werden soll.

8. **Verlagspflichten und -rechte.** Anders als beim Schlager ist eine Propagierung von E-Musik über die kostenlose Verteilung von Noten und über Demobänder nicht möglich. Um das Werk der interessierten Fachöffentlichkeit – bei Bühnenwerken also in erster Linie den Opernhäusern und Sendeanstalten, bei anderen Werken neben den Sendern auch den großen Orchestern – vorstellen zu können, braucht der Verlag nur Partituren und Klavierauszüge, während die Herstellung von Stimmen zurückgestellt werden kann, bis feststeht, ob überhaupt eine Aufführung zustande kommt.

9. **Vermietung des Materials.** → Form. IX.19 Anm. 8.

10. **Andere Einnahmen.** Hinter dieser etwas bescheidenen Formulierung verbirgt sich in erster Linie die – für Bühnenwerke im Vordergrund stehende – bühnenmäßige Verwertung des Werkes, aber auch seine Verfilmung, Fernsehsendung usw. Bei diesen Verwertungsmaßnahmen entsteht, soweit das Material vom Verlag nicht verkauft, sondern vermietet wird (→ Anm. 9), zusätzlich die Materialmietgebühr.

11. **Material-Herstellungskosten.** Wenn, was vielfach vereinbart wird, um den Urheber von vornherein an den Erträgnissen zu beteiligen, der Verlag die Herstellungskosten aus seinem Anteil decken muss, pflegt dieser erheblich höher zu sein (üblicherweise das Doppelte des hier vorgesehenen 25 %-Verlagsanteils).

12. **Angemessene Vergütung.** → Form. IX.16 Anm. 8.

13. **Kosten bei Nebenrechtsverwertung.** → Form. IX.16 Anm. 9.

14. **Subverlage.** Es gilt das zu → Form. IX.16 Anm. 12 Gesagte mit der Maßgabe, dass für Bühnenwerke an die Stelle der dort genannten Verwerter in erster Linie die Bühnen des Auslands treten.

15. **Miturheber.** → Form. IX.5 Anm. 12.

16. **Freiexemplare.** → Form. IX.16 Anm. 13.

17. **Copyright-Vermerk.** → Form. IX.16 Anm. 14 und → Form. IX.14 Anm. 8.

18. **Verlängerungsperiode.** → Form. IX.16 Anm. 15.

19. **Rückruf.** → Form. IX.16 Anm. 2 am Ende.

20. **Gerichtsstand.** → Form. IX.15 Anm. 8.

21. **Kosten.** Zunächst → Form. IX.4 Anm. 10. Ist die Oper bereits zur Uraufführung angenommen, gilt → Form. IX.21 Anm. 6. Andernfalls halten wir angesichts der Ungewissheit des Erfolgs einer ohne Auftrag geschriebenen Oper oder eines sonstigen Werkes

der E-Musik, wenn andere Anhaltspunkte nicht gegeben sind, die Annahme eines durchschnittlichen Gegenstandswertes von 10.000 EUR für angemessen.

21. Kompositionsauftrag für eine Oper

Zwischen[1, 2, 7]
dem Komponisten Werner E., Adresse, („Werner E.")
und der Städtischen Oper, Rechtsform, Adresse, („Städtische Oper")
vertreten durch ihren Intendanten Prof. Rudolf S., Adresse,
wird folgender Vertrag geschlossen:

§ 1 Vertragsgegenstand

(1) Werner E. wird für die Städtische Oper . . . . . . eine neue Oper schreiben, die den Stoff des „Käthchen von Heilbronn" zur Grundlage hat. Das Libretto verfasst der Komponist selbst/Herr Rainer K., mit dem die Städtische Oper . . . . . . einen Vertrag gleichzeitig abschließt. Der Titel wird

„Katharina"

lauten.
(2) Die Oper wird mit 2 Sängerinnen und 5 Sängern sowie Chor besetzt sein und mindestens 2, höchstens 3 Balletteinlagen von je 5–7 Minuten Dauer vorsehen. Die Instrumentierung wird auf die beengten räumlichen Verhältnisse der Städtischen Oper . . . . . . Rücksicht nehmen und Instrumentengruppen außerhalb des Grabens nicht vorsehen. Die reine Spieldauer wird zwischen 120 und 150 Minuten liegen.
(3) Ein Klavierauszug der gesungenen Teile der Städtischen Oper . . . . . . und die Stimmen für den Chor werden bis zum . . . . . . vorliegen. Die vollständige, textierte Partitur folgt bis zum . . . . . . Das Ausschreiben der Stimmen daraus wird von der Städtischen Oper . . . . . . veranlasst.

§ 2 Rechtseinräumung[3]

(1) Werner E. räumt der Städtischen Oper . . . . . . hiermit das Recht der Uraufführung und beliebig vieler weiterer Aufführungen in der Spielstätte der Städtischen Oper . . . . . . ein. Gastspiele bedürfen einer gesonderten Vereinbarung. Dieses Aufführungsrecht besteht für 12 Monate nach der Uraufführung weltweit ausschließlich, dh Aufführungsrechte an anderen Bühnen wird Werner E. erst für einen Premierentermin vergeben, der mindestens 12 Monate nach dem Datum der Uraufführung liegt.
(2) Im Zusammenhang mit der Aufführung der Städtischen Oper . . . . . . räumt Werner E. ferner folgende Nutzungsrechte ein, die ebenfalls für 12 Monate nach der Uraufführung ausschließlicher und danach einfacher Natur sind:
a) das Recht, die bühnenmäßige Darstellung auf Bild- und/oder Tonträger aufzuzeichnen;
b) das Recht, diese Aufzeichnungen zu theatereigenen Nutzungen zu vervielfältigen, zu verbreiten und/oder öffentlich wiederzugeben; das umfasst insbesondere folgende Nutzungen:
– zur Realisierung der bühnenmäßigen Darstellung;
– zu Archivzwecken;
– zu eigenen Werbezwecken – auch im Internet –, wobei die Nutzung 10 Minuten nicht übersteigen darf;

– in Einzelfällen zu Bewerbungen durch die an der Opernproduktion Mitwirkenden, sofern der Bild- und/oder Tonträger ausschließlich zur Beurteilung künstlerischer Leistungen genutzt wird;

c) das Recht, diese Aufzeichnungen innerhalb und außerhalb des Raums, in dem die Aufführung stattfindet, durch Bildschirm, Lautsprecher oder ähnliche technische Einrichtungen öffentlich wahrnehmbar zu machen;

d) das Recht, den Text des Werkes – auch in bearbeiteter Fassung – innerhalb des Zuschauerraums durch eine technische Einrichtung (zB Übertitelungsanlage) wahrnehmbar zu machen; die Städtische Oper ...... wird im Fall der Bearbeitung des Textes den Wortlaut des Textes Werner E. unmittelbar nach Fertigstellung mitteilen;

e) das Recht, Notenmaterial in Programmheften sowie in ähnlichen Publikationen in kurzen Auszügen wiederzugeben.

(3) Die vorstehenden Rechtseinräumungen nach Abs. 1 und Abs. 2 erlöschen mit der Streichung der Inszenierung aus dem Spielplan einer Spielzeit. Dies gilt nicht für die Verwendung von Aufzeichnungen zu Archivzwecken und die Nutzung durch an der Oper Mitwirkende zu Bewerbungszwecken.

(4) Über eine Aufzeichnung nach Abs. 2 lit. a informiert die Städtische Oper ...... Werner E. vorab. Die Oper überlässt Werner E. kostenfrei ein digitales Vervielfältigungsstück.

(5) Werner E. darf nach Vertragsschluss in beliebigem Umfang Nutzungsrechte an der Oper einem Bühnenverlag zur Wahrnehmung einräumen. Die Nutzungsrechtseinräumung an die Städtische Oper ...... bleibt dadurch unberührt. Werner E. versichert, dass er vor Vertragsschluss keine Rechtseinräumungen vorgenommen hat, die den Rechtseinräumungen in diesem Vertrag entgegenstehen. Werner E. wird ggf. den Bühnenverlag über die der Städtischen Oper ...... eingeräumten Nutzungsrechte informieren.

§ 3 Verpflichtung zur Uraufführung und zu weiteren Aufführungen; Besetzung[4]

(1) Die Städtische Oper ...... verpflichtet sich, das in § 1 beschriebene Werk spätestens 3 Monate nach Ablieferung der vollständigen Partitur uraufzuführen und in den folgenden 3 Monaten mindestens noch drei weitere Aufführungen folgen zu lassen. Theaterferien bleiben bei der Berechnung dieser Fristen unberührt.

(2) Die Besetzung der Uraufführung ist wie folgt vorgesehen/vereinbart:[4]

Dirigent:	......, ersatzweise: ......
Regisseur:	......, ersatzweise: ......
Katharina:	......, ersatzweise: ......

......
......

§ 4 Auftragshonorar

(1) Werner E. erhält ein Auftragshonorar von ...... EUR zuzüglich gesetzlicher MwSt., zahlbar zu je einem Drittel bei Vertragsschluss, bei Ablieferung des Klavierauszuges und der Chorstimmen und bei Ablieferung der vollständigen, textierten Partitur.[5]

(2) Daneben werden die üblichen Aufführungstantiemen[6] gezahlt. Werner E. kann bestimmen, dass die Zahlung der Aufführungstantiemen an einen Bühnenverlag zu erfolgen hat, sofern Werner E. einem Bühnenverlag die Nutzungsrechte zur Wahrnehmung eingeräumt hat. Verfasst ein anderer Urheber als Werner E. das Libretto werden die Aufführungstantiemen wie folgt geteilt: Werner E. als Komponist 70 % und der Librettist 30 %.

(3) Das von Werner E. zu liefernde Material (§ 1 Abs. 3) bleibt sein Eigentum. Die von der Städtischen Oper . . . . . . hergestellten Stimmen kann er (oder sein Bühnenverlag) nach der Uraufführung gegen Erstattung der Kosten einschließlich derer für die Herstellung von Kopien zur Benutzung in den weiteren Aufführungen käuflich erwerben.

§ 5 Kündigung

(1) Die Städtische Oper . . . . . . kann diesen Vertrag fristlos kündigen, wenn Werner E. eine ihm schriftlich gesetzte angemessene Nachfrist verstreichen lässt, ohne das Material (§ 1 Abs. 3) zu liefern.

(2) Werner E. kann diesen Vertrag fristlos kündigen, wenn die Städtische Oper . . . . . . eine ihr schriftlich gesetzte angemessene Nachfrist verstreichen lässt, ohne die Uraufführung zu bewirken.

Anmerkungen

1. **Sachverhalt.** Eine Oper zu schreiben, erfordert viele Monate Arbeit. Komponisten ernster Musik, deren Einnahmequellen bei weitem nicht so ergiebig zu sein pflegen wie die ihrer Kollegen der Unterhaltungsmusik, können sich einen solchen Aufwand aus eigenen finanziellen Kräften selten leisten. Andererseits sind die Opernhäuser an neuen Werken interessiert. Neue Opern kommen deshalb heute vielfach über einen Kompositionsauftrag zustande, der einerseits dem Urheber für die Schaffenszeit den Lebensunterhalt, andererseits der Oper die Uraufführung sichert. Problematisch ist dabei, dass die Oper die Katze im Sack kauft. Sie wird deshalb den Auftrag nur an einen ihr bereits bekannten Komponisten erteilen und sich durch eine grobe Umschreibung der „Eckdaten" ein wenig zu sichern versuchen (§ 1 Abs. 2). Im Übrigen lässt sich eine Schöpfung nicht durch Verträge erzwingen. Die in § 1 Abs. 3 zu nennenden Termine eröffnen deshalb bei Nichteinhaltung nur die Möglichkeit der Nachfristsetzung (§ 4 Abs. 1) sowie von Sekundäransprüchen wegen Nichterfüllung.

2. **Wahl des Formulars.** Das Formular lässt sich ohne Weiteres auch für Operetten und Musicals, mit entsprechenden Änderungen auch für Schauspiele verwenden. Für Filmmusikaufträge → Form. IX.30. Die Aufführungspflicht der Oper in § 2 Abs. 1 S. 2 ist das Korrelat zur sofortigen Rechtseinräumung durch den Komponisten (§ 2 Abs. 1 S. 1), die die Oper braucht, um gegen eine Abwanderung der Uraufführung an ein anderes Haus gesichert zu sein. Will die Oper sich die Entscheidung über die Annahme zur Uraufführung bis zur Ablieferung des Materials vorbehalten, wird jedenfalls zu vereinbaren sein, dass die eingeräumten Rechte mit dem Verzicht auf die Uraufführung an den Komponisten zurückfallen.

3. **Rechtseinräumung.** Anhaltspunkt für übliche Rechtseinräumungen ist die Regelsammlung Verlage(Vertrieb)/Bühnen („RS Bühne"), die der Verband der Deutschen Bühnen- und Medienverlage eV und der Deutsche Bühnenverein – Bundesverband Deutscher Theater eV vereinbart haben. Es handelt sich um einen Normvertrag (zur Bedeutung von Normverträgen Fromm/Nordemann/*Jan Bernd Nordemann* UrhG vor §§ 31 ff. Rn. 298). Er enthält die Geschäftsgepflogenheiten beim Abschluss von Aufführungsverträgen. Die RS Bühne existiert seit den 1970er Jahren; die aktuelle Fassung nebst einem Musteraufführungsvertrag und einem Mustermaterialmietvertrag kann über den Verband der Deutschen Bühnen- und Medienverlage eV, Berlin, bezogen werden; www.buehnenverleger.de; zum Ganzen Wandtke/Bullinger/*Ehrhardt* UrhG § 19 Rn. 22 und Fromm/Nordemann/*Jan Bernd Nordemann* UrhG vor §§ 31 ff. Rn. 342 ff.) und ist auch unten in → Form. IX.47 A abgedruckt. Unabhängig von ihrer Fassung gilt die RS Bühne für öffentlich-rechtliche Bühnen, Regiebetriebe der öffentlichen Hand sowie für be-

stimmte privatrechtlich organisierte Bühnen, insbesondere bei Empfang von öffentlichen Subventionen. Keine Anwendung findet die RS Bühne auf die professionellen freien Theater sowie auf Amateurtheater wie zB freie Gruppen sowie Schultheater. Außerdem ist die RS Bühne für die bühnenmäßige Aufführung choreographischer Werke nicht einschlägig.

Regelmäßig wird ein Aufführungsrecht für ein bis zwei Spielzeiten eingeräumt, und zwar in ausschließlicher, aber örtlich beschränkter Form (nicht nur bei anderen Aufführungen als Uraufführungen und deutschen Erstaufführungen). Nicht gestattet ohne vorherige Einwilligung des Autors sind Bearbeitungen des Stückes, insbesondere Einfügung anderer Texte oder eine nicht geschlechterspezifische Rollenbesetzung. Neben Aufführungsrechten werden der Bühne eingeräumt: Abdruckrechte für kurze Auszüge der Noten im Programmheft; Übertitelung in elektronischer Form gegen zusätzliche Vergütung (anders im hiesigen Muster); Aufzeichnung auf Bild- und/oder Tonträger einschließlich Vervielfältigung für theatereigene Nutzungen (Realisierung der bühnenmäßigen Darstellung, zB Proben; Archiv); Verbreitung dieses Trägers je Mitwirkendem für seine Bewerbung bei Dritten, sofern der Träger nur zur Beurteilung ihrer künstlerischen Leistungen genutzt wird; Verbreitung und öffentliches Zugänglichmachen der Aufnahme als Werbung für die Aufführung mit maximal 10 Minuten Gesamtlänge; Nutzung im Rahmen des § 50 UrhG ist ausdrücklich gestattet. Eine Weiterübertragung oder weitere Einräumung der Rechte an Dritte ist ohne Zustimmung unzulässig. Nach Vergabe von Bühnenrechten kann die Einräumung von Verfilmungsrechten für ein Bühnenstück treuwidrig sein, wenn die bühnenmäßige Auswertung beeinträchtigt wird (BGH GRUR 1969, 364 – Fernsehauswertung).

Es kann auch eine umfassendere Nutzungsrechteinräumung zu Gunsten der Oper vereinbart werden; vgl. zum Umfang der Rechtseinräumung → Form. IX.19 entsprechend.

Damit der Urheber die Möglichkeit hat, die Rechte an seiner Oper in einen Bühnenverlag einzubringen (→ Form. IX.46.), sollten die in diesem Muster gewährten Rechte an den Urheber zurückfallen, wenn die Oper das Stück aus dem Spielplan nimmt (§ 2 Abs. 3).

Das Muster sieht überdies in Abs. 5 die Möglichkeit für den Komponisten vor, die Rechte an seinem Werk an einen Bühnenverlag zur Wahrnehmung einzuräumen. Das kann Sinn machen, wenn dadurch zusätzliche Nutzungen als durch die Städtische Oper erschlossen werden. Bei nachfolgendem Abschluss des Bühnenverlagsvertrages gilt das Prioritätsprinzip des § 33 UrhG; der Bühnenverlag kann also die Rechte nicht erwerben, die vorher bereits der Städtischen Oper eingeräumt wurden. Für das Muster eines Bühnenverlagsvertrages → Form. IX.46.

4. Besetzung. In der hier vorgesehenen Bestimmung der wichtigsten Funktionen liegt möglicherweise schon der Schlüssel für den Erfolg oder Misserfolg des Werkes auch an anderen Bühnen: Ob diese das Werk nachspielen, hängt mit von der Qualität der Uraufführung ab, die den Eindruck, den die Öffentlichkeit von dem neuen Werk gewinnt, mitbestimmt.

5. Auftragshonorar. Die Zahlungsweise soll die rechtzeitige Lieferung fördern und dem Zweck der Honorierung – Sicherung des Lebensunterhalts – dienen. Oft liegt das Einmalhonorar für unbekannte Urheber nur im vierstelligen Bereich, für bekanntere Urheber aber teilweise auch deutlich darüber.

6. Aufführungstantiemen. Diese werden auf der Grundlage einer zwischen dem Deutschen Bühnenverein einerseits und dem Verband deutscher Bühnenverleger andererseits vereinbarten Regelsammlung Verlage(Vertrieb)/Bühnen („RS Bühne"; → Anm. 3) im Einzelvertrag bestimmt. Die Vergütungen gem. RS Bühne sind von BGH GRUR 2000,

869 (871) – Salomé III im dortigen Fall für „üblich“ gehalten worden. Zum erwähnten Vertrag des Urhebers mit einem Bühnenverlag → Form. IX.46.

7. Kosten. 0,5 bis 2,5 Gebühr gem. Nr. 2300 VV RVG für den Entwurf des Vertrages. Geschäftswert: Auftragshonorar plus Tantieme für 5 Aufführungen (4 sind mindestens vereinbart, § 2 Abs. 2); deren Höhe kann die Oper auch im Vorhinein ziemlich genau errechnen (→ Anm. 6).

22. Subverlagsvertrag (für einen Schlager)

Zwischen[1, 13, 2]
dem .....
in .....

(nachstehend Originalverlag genannt)

und
der .....
in .....

(nachstehend Subverlag genannt)

wird der folgende Vertrag geschlossen:

§ 1 Vertragsgegenstand

(1) Der Originalverlag überträgt dem Subverlag das ausschließliche Recht zur graphischen Vervielfältigung und Verbreitung (Verlagsrecht)[3] an seinem Verlagswerk

„.....“
Musik: .....
Text: .....
für alle Auflagen in

– .....,
– .....

(2) Das Verlagsrecht des Subverlages schließt das Recht ein, den Text in die ..... Sprache zu übersetzen, die Musik mit der Übersetzung oder einem anderen ..... Text zu verbinden, das Werk mit oder ohne Worte zu vervielfältigen und zu verbreiten, den Vor- oder Nachdruck in Einzelausgaben, Sammlungen, Anthologien, Programmheften, Zeitungen und Zeitschriften zu erlauben, und zwar auch in gekürzter Form (zB in einem Potpourri). Für erlaubnisfreie, aber vergütungspflichtige Vervielfältigungen durch Dritte stehen ihm die Vergütungsansprüche zu.

(3) Dem Subverlag stehen ferner die sonstigen ausschließlichen Nutzungsrechte (Nebenrechte) in seinem Vertragsgebiet insoweit zu, als diese nicht von einer Verwertungsgesellschaft jetzt oder in Zukunft treuhänderisch für Urheber und Originalverlag wahrgenommen werden.[4] Er kann über sie jedoch nur mit Zustimmung des Originalverlages verfügen. Der Originalverlag behält stets das Recht, die Verwertung des Werkes zur Herstellung eines Films und dessen Auswertung auf der ganzen Welt einschließlich des Vertragsgebietes des Subverlages beliebig oft zu gestatten.

(4) Der Subverlag hat endlich das Recht, Bearbeitungen, Arrangements und sonstige Veränderungen des Werkes, insbesondere Instrumentierungen oder Chorsätze, und die Verbindung des Werkes mit einem anderen Text zu erlauben und/oder das so veränderte Werk selbst zu verwerten, vorausgesetzt, dass dadurch die Beteiligungsansprüche des

Originalverlags und der Originalurheber nicht berührt werden.[5] Er bedarf zur Ausübung dieser Rechte der Zustimmung des Originalverlages.

§ 2 Pflichten und Rechte des Subverlags[6]

(1) Der Subverlag wird das Werk zunächst innerhalb von drei Monaten in einer Ausgabe für Gitarre und Gesang/in folgenden Ausgaben in der Landessprache erscheinen lassen: .....
Die Auflagenhöhe wird mindestens ..... Exemplare betragen. Der Originalverlag erhält 5 Belegexemplare.
(2) Der Subverlag ist ferner verpflichtet, innerhalb von 6 Monaten die Veröffentlichung von mindestens ..... Tonträgeraufnahmen, davon mindestens einer mit französisch gesungenem Text, zu erreichen. Er wird dem Originalverlag den Hersteller, die Interpreten und die Plattennummer mitteilen, sobald sie ihm bekannt sind, und ihm nach Erscheinen drei Belegexemplare jeder Verkaufseinheit (Single, LP, Kassette usw) alsbald übersenden.
(3) Der Subverlag wird alle geeigneten Schritte zur weiteren Propagierung unternehmen (zB Vorstellung bei Sendern und anderen Verwertern, Presseveröffentlichungen, Hitparaden und sonstige Wettbewerbe, Aufnahme in Verlagsverzeichnisse) und dem Originalverlag darüber erstmals nach 6 Monaten und erneut nach weiteren 6 Monaten berichten.
(4) Die Veranstaltung weiterer Ausgaben und Auflagen, die Durchführung weiterer Propagierungsmaßnahmen sowie Ausstattung, Ladenpreis und Vertriebsart aller Ausgaben und Auflagen werden vom Subverlag nach pflichtgemäßem Ermessen bestimmt. Er wird den Originalverlag über alle Maßnahmen unterrichten und ihm von allen Ausgaben und Auflagen – auch solcher von dritten Verlagen – je 3 Belegexemplare übersenden.

§ 3 Verteilung der Einnahmen[7]

(1) Der Subverlag zahlt an den Originalverlag 10 % des festgesetzten Ladenpreises aller verkauften Notenexemplare. Ist der Ladenpreis nicht festgesetzt, so beträgt der Anteil des Subverlages 16 % des Preises, zu dem der Subverlag die Exemplare abgegeben hat.
(2) Die Einnahmen der zuständigen Verwertungsgesellschaft aus den von ihr verwalteten Rechten werden nach dem von dieser vorgesehenen Schlüssel/50 : 50 zwischen Originalverlag und Subverlag geteilt.
(3) Alle übrigen Einnahmen des Subverlages aus der Verwertung der ihm übertragenen Rechte werden 50 : 50 zwischen Originalverlag und Subverlag geteilt.
(4) Der Subverlag rechnet im Februar und August über die von ihm erzielten Einnahmen des vorangegangenen Kalenderhalbjahrs ab und leistet gleichzeitig Zahlung; Transferkosten gehen zu seinen Lasten. Ist nichts abzurechnen, erfolgt Fehlanzeige.
(5) Der Subverlag leistet bei Vertragsschluss einen nicht rückzahlbaren Garantievorschuss von ..... Euro zzgl. gesetzlicher MwSt auf die Beteiligung des Originalverlages zu Abs. 1 und 3, der mit dieser zu verrechnen ist.

§ 4 Urheberbenennung, Copyright-Vermerk

(1) Der Subverlag wird auf allen Vervielfältigungsstücken des Werkes Komponist und Originaltextdichter in der branchenüblichen Weise nennen.
(2) Er wird alle Werkexemplare auf jedem Blatt mindestens mit dem folgenden Copyright-Vermerk versehen:
© 20 ...../Germany.

(3) Soweit Vervielfältigungsstücke – auch Tonträger – von Dritten verbreitet werden, wird er diesen eine entsprechende Verpflichtung auferlegen und deren Einhaltung überwachen.

(4) Etwaige rechtliche Auseinandersetzungen um die Urheberschaft an dem Werk wird der Subverlag auf eigene Kosten führen, den Originalverlag aber stets informiert halten und über die ihm übertragenen Rechte nicht ohne dessen Zustimmung verfügen. Der Originalverlag wird den Subverlag bei der Abwehr von Ansprüchen Dritter nach Kräften unterstützen.

§ 5 Vertragsdauer

(1) Dieser Vertrag endet am 31.12.20 . . . . . Er verlängert sich automatisch um weitere . . . . . Jahre, wenn keiner der Vertragspartner ihn spätestens ein halbes Jahr vor seinem Ablauf schriftlich gekündigt hat.

(2) Der Originalverlag kann diesen Vertrag vorzeitig mit einer Frist von 4 Wochen zum 30.6. oder 31.12. jeden Jahres schriftlich kündigen, wenn

a) der Subverlag die Verpflichtungen aus § 2 Abs. 1 oder 2 nicht oder nicht rechtzeitig erfüllt,

b) der Subverlag sich mit der Anrechnung oder Zahlung länger als 2 Monate im Rückstand befindet,

c) der Subverlag diesen Vertrag verletzt und dieses Verhalten trotz schriftlicher Abmahnung fortsetzt.

(3) Das Recht zur fristlosen Kündigung aus wichtigem Grund bleibt beiderseits unberührt.

(4) Die Ausübung der Rechte nach Abs. 2 und 3 hindert die Geltendmachung weitergehender Ansprüche nicht.

(5) Mit der Beendigung des Vertrages gleich aus welchem Grund endet das Recht des Subverlages, das Werk weiterhin zu vervielfältigen und/oder zu verbreiten.

(6) Mit der Beendigung dieses Vertrages tritt der Originalverlag in die Rechte und Pflichten des Subverlags aus dessen Verlagsverträgen mit dem oder den französischen Textdichtern ein. Er kann diese auf einen neuen Subverlag – auch mehrmals – weiterübertragen. Der Subverlag stellt durch Aufnahme einer entsprechenden Klausel in jene Verträge sicher, dass die Zustimmung des oder der Textdichter dazu von vornherein vorliegt.

§ 6 Änderungen, anzuwendendes Recht

(1) Änderungen dieses Vertrages bedürfen der Schriftform, wobei Briefwechsel genügt. Sollte eine Bestimmung dieses Vertrages unwirksam sein oder werden, so wird die Gültigkeit des Vertrages im Übrigen dadurch nicht berührt; an die Stelle der unwirksamen Bestimmung tritt das, was dem wirtschaftlich Gewollten am nächsten kommt.

(2) Es gilt deutsches Recht.[8]

(3) Gerichtsstand ist – nach Wahl des Klägers – die Kammer für Urheberstreitsachen in Berlin oder München (I). Der Kläger kann den Beklagten, wenn dieser seinen Sitz im Ausland hat, jedoch auch an dessen allgemeinen Gerichtsstand verklagen.[9]

Anmerkungen

1. Sachverhalt. Das Formular ist das Korrelat zum Musikverlagsvertrag für einen Schlager (→ Form. IX.16). Seinen Verpflichtungen aus jenem Vertrage kann der deutsche Musikverleger im Ausland schon deshalb meist nicht im gewünschten Maße nachkommen, weil ihm der nötige persönliche Kontakt zu den Verwertern (Sendeanstalten,

Schallplattenproduzenten usw) fehlt. Die Einschaltung eines ortsansässigen Subverlegers erweist sich deshalb in aller Regel als notwendig.

2. Wahl des Formulars. Das Formular ist auf Schlager zugeschnitten. Da hier ein Subverlagsvertrag in der Regel erst dann zustande kommt, wenn das Werk im Inland schon eine gewisse Bekanntheit erreicht hat, sind die Aktivitätspflichten des Subverlages eingeschränkt (§ 2; → Anm. 7). Bei Werken der E-Musik wäre die Situation anders: Sie müssen bei den Sendeanstalten, Orchestern und Bühnen im Lizenzgebiet erst noch durchgesetzt werden. Bei Instrumentalwerken (Sinfonien, Kammermusik, gehobene Unterhaltungsmusik) beschränkt sich die Tätigkeit des Subverlages im Wesentlichen auf entsprechende Propaganda-Aktivitäten; bei Werken mit Text dagegen – vor allem bei Bühnenwerken – ist die Herstellung eines guten Textes in der Landessprache unabdingbare erste Voraussetzung für den Erfolg des Werkes. Bei Bühnenwerken kommt noch hinzu, dass die hier im Vordergrund der Auswertung stehenden so genannten großen Rechte (→ Form. IX.19 Anm. 5) in den meisten Ländern nicht von Verwertungsgesellschaften, sondern individuell durch den zuständigen Verleger wahrgenommen werden. Bei einem Subverlagsvertrag über ein musikalisches Bühnenwerk müsste deshalb der dem Subverlag übertragene Rechtekatalog etwa dem des Musikverlagsvertrages für ernste Musik (→ Form. IX.20, dort § 2) entsprechen, so wie die in § 1 des vorliegenden Formulars verwendete Rechtsübertragungsklausel der des → Form. IX.16 entspricht (dort ebenfalls § 2).

Bei der Verwendung des vorliegenden Formulars wird besonders darauf geachtet werden müssen, dass der Originalverlag nicht mehr Rechte auf den Subverlag überträgt, als ihm selbst vom Urheber eingeräumt worden sind. Wenn also beispielsweise das Recht zur Verwertung von Bearbeitungen im Musikverlagsvertrag mit dem Urheber an dessen Zustimmung gebunden ist (→ Form. IX.16 § 2 Abs. 4), dann muss dies auch im Subverlagsvertrag so geregelt werden (§ 1 Abs. 4 S. 2 des vorliegenden Formulars).

Zu achten ist auf die – allgemein übliche – Befristung des Vertrages (→ Anm. 10) und auf den Verbleib solcher Nebenrechte beim Originalverlag, die weltweit vergeben zu werden pflegen (→ Anm. 4). Unverzichtbar ist auch die Anwendbarkeit deutschen Rechts (→ Anm. 12).

3. Verlagsrecht. → Form. IX.16 Anm. 4.

4. Nebenrechte. Zunächst → Form. IX.16 Anm. 5. Im Ausland werden manche Nutzungsrechte, die in der Bundesrepublik Deutschland die GEMA wahrnimmt, von den Verlegern selbst verwaltet. Es ist in aller Regel sinnvoll, dem Subverlag diese Rechte umfassend zu übertragen, soweit es sich um ihre Auswertung in seinem Lizenzgebiet handelt; denn dort ist meist nur er selbst in der Lage, für die Auswertung zu sorgen. Dagegen muss der Originalverlag darauf achten, dass er Rechte, die weltweit vergeben zu werden pflegen – wie insbesondere das Verfilmungsrecht –, in der Hand behält, damit er sich in deren Auswertung nicht selbst behindert. Damit es auch im Übrigen keine Überschneidungen gibt, haben wir vorgesehen, dass über Nebenrechte der Subverlag stets nur mit Zustimmung des Originalverlags verfügen kann (§ 1 Abs. 3 S. 2).

5. Bearbeitungen. → Form. IX.16 Anm. 6.

6. Pflichten und Rechte des Subverlags. Zunächst → Anm. 1. So wie der deutsche Originalverlag diese Bezeichnung nicht verdienen würde, wenn er nicht Noten des Werkes erscheinen ließe, so setzt auch die Tätigkeit des Subverlags voraus, dass er in der Lage ist, der Öffentlichkeit das Werk in der Sprache seines Lizenzgebiets vorzustellen (§ 2 Abs. 1). Er muss also mindestens eine Textübersetzung schaffen lassen (vgl. § 1 Abs. 2). Wirtschaftlich soll der Subverlag gleichwohl nur am Erfolg seiner Tätigkeit partizipieren. Ein Mindesterfolg ist erst dann gegeben, wenn es ihm gelungen ist, eine

Tonträgeraufnahme des Werkes in der Landessprache (entfällt bei *instrumentals*) durchzusetzen; branchenüblich wird dafür eine 6-Monats-Frist vereinbart.

7. **Verteilung der Einnahmen.** Die meisten Verwertungsgesellschaften regeln das Beteiligungsverhältnis zwischen Original- und Subverlag. Manche lassen Abweichungen davon durch individuelle Vereinbarung zu. Einige überlassen den Verlagen die Beteiligungsregelung sogar ganz. Die von uns für diese Fälle vorgeschlagene hälftige Teilung (§ 3 Abs. 2 und 3) ist ein Durchschnittssatz, von dem in der Praxis nach oben oder unten abgewichen wird, je nach der bereits erfolgten Durchsetzung des Schlagers im Ursprungsland einerseits und der Bedeutung der beteiligten Verlage andererseits. Zu beachten ist, dass der Originalverlag seinen Anteil wiederum mit den Urhebern teilen muss (→ Form. IX.16 § 6 Abs. 3). – Bei der Beteiligung des Originalverlages an den Notenverkäufen des Abs. 1 haben wir darauf Rücksicht genommen, dass es in vielen Ländern auch für Verlagserzeugnisse keine Preisbindung gibt.

8. **Anzuwendendes Recht.** → Form. IX.13 Anm. 1.

9. **Gerichtsstand.** → Form. IX.15 Anm. 8.

10. **Kosten.** → Form. IX.14 Anm. 12.

23. Tonträgerproduktionsvertrag/Künstlerexklusivvertrag

Zwischen[1, 2, 4, 16, 17]
dem Tonträgerhersteller[1]
und
dem Künstler[1]

§ 1 Vertragsgegenstand

Der Tonträgerhersteller wird Schallaufnahmen mit Darbietungen des Künstlers während der Dauer dieses Vertrages herstellen und auswerten. Zu diesem Zweck wird der Künstler Darbietungen für die Herstellung von Schallaufnahmen erbringen.[8]

§ 2 Rechtseinräumung[5, 13]

(1) Der Künstler räumt dem Tonträgerhersteller das ausschließliche Recht ein, die während der Dauer der persönlichen Exklusivbindung (§ 10) aufgenommenen Darbietungen auf Tonträger weltweit auszuwerten und/oder auswerten zu lassen. Zur Sicherung der Ausschließlichkeitsverpflichtung aus diesem Vertrag räumt der Künstler auch alle Rechte und Ansprüche ein, die durch seine Darbietungen bei etwaigen Bild- und Schallaufnahmen und Mitschnitten Dritter entstehen.

(2) Die Rechtseinräumung schließt ein insbesondere das Recht zur Aufnahme und Verbreitung von analogen und digitalen Tonträgern aller Art (insbesondere Schallplatte, Tonband, Musikkassette, Compactdisc, DAT-Kassetten, Minidisc, Multi-Opticaldisc, CD-ROM, CD-I, CD-Plus/CD-Enhanced/CD-Extra, SACD, DVD, Diskette, Speichermedien jeder Art wie Festplatte, USB-Stick, interne Speicher, Speicherchip, Speicherkarte), in jeder Konfiguration (Single/Maxi-Single/Einfach-, Doppel-, Mehrfach-Album) und unter Anwendung aller technischer Verfahren. Der Tonträgerhersteller ist berechtigt, die Tonaufnahme des Künstlers mit Aufnahmen anderer Künstler auf Tonträgern (Kopplungsrecht) sowie zur Herstellung eines Films, Multimediaproduktes oder anderer optisch-akustischer Produkte umfassend auszuwerten oder auswerten zu lassen.

(3) Der Künstler räumt dem Tonträgerhersteller das Recht ein zur Auswertung der Musikaufnahmen in Ton- und Werbefilmen, Werbeframes im Internet, zur Herstellung von Musik-Videoclips, Multimediawerken (zB Computerspiele, Internet-Applikationen) und sonstigen analogen und digitalen Bild-Tonträgern und/oder Datenträgern jeder Art und in allen Formaten gem. Abs. 2.

(4) Die Rechtseinräumung umfasst auch die Online-Rechte, dh das Recht zur öffentlichen Zugänglichmachung, insbesondere zum Einspeisen und Abspeichern in analogen und/ oder digitalen Datenbanken und Datennetzen (zB Internet, Media-Servern, Web-Servern, Computerspielen, Apps für mobile und/oder stationäre Endgeräte) oder Telekommunikationsdiensten und die Verbreitung auf diesen Wegen mit dem Zweck, den Vertragsgegenstand den betreffenden Nutzerkreisen durch individuellen Abruf entgeltlich oder unentgeltlich zugänglich zu machen.

(5) Die Einräumung schließt die Rechte für unbekannte Nutzungsarten ein.

(6) Der Tonträgerhersteller ist berechtigt, unter Wahrung der Künstlerpersönlichkeitsrechte die Vertragsaufnahmen zu bearbeiten und umzugestalten, insbesondere durch Verwertung von Teilen oder Ausschnitten, auch durch Vergabe von Sampling-Lizenzen, zur Herstellung von Remixen oder zur interaktiven Nutzung durch Dritte oder zur Auswertung von Klingeltönen unter Verwendung der vertraglichen Aufnahmen.

(7) Die Entscheidung darüber, in welcher Erscheinungsform ein Bild-Tonträger mit Darbietungen des Künstlers veröffentlicht wird, unterliegt einem Einspruchsrecht des Künstlers, welches erschöpft ist, wenn der Tonträgerhersteller dem Künstler vor der Veröffentlichung Gelegenheit gibt, Einwendungen geltend zu machen, und die zur Veröffentlichung bestimmte Gestaltung des Bild-Tonträgers nach ihrem vermittelten Gesamteindruck nicht geeignet ist, das Ansehen oder den Ruf des Künstlers zu gefährden. Sind mehrere Künstler an der Darbietung künstlerischer Leistungen, die auf dem Bild-Tonträger verkörpert sind, beteiligt, haben sie bei der Ausübung ihres Einspruchsrechtes aufeinander angemessene Rücksicht zu nehmen. Die Entscheidung darüber, ob ein Bild-Tonträger mit Darbietungen des Künstlers veröffentlicht wird, obliegt allein dem Tonträgerhersteller.

(8) Dem Künstler steht es frei, von ihm abgeleitete Nutzungsrechte durch die Gesellschaft für Leistungsschutzrechte (GVL) im Rahmen des von dieser Verwertungsgesellschaft praktizierten Wahrnehmungsvertrages wahrnehmen zu lassen.

(9) Der Künstler steht dafür ein, dass die vertragsgegenständlichen Leistungsschutzrechte Bestand haben, dass er über die dem Tonträgerhersteller eingeräumten Rechte verfügen kann, dass Rechte Dritter davon nicht berührt werden und durch die Veröffentlichung der Vertragsaufnahmen gesetzliche Bestimmungen, insbesondere der Straf-, Jugendschutz- und Wettbewerbsgesetze nicht verletzt werden. Der Künstler steht auch dafür ein, dass er richtige und vollständige Angaben über die mitwirkenden Künstler und die zur Interpretation gelangten Musikwerke sowie die von ihm für die Werbung zur Verfügung gestellten Bild- und Textmaterialien gemacht hat bzw. machen wird. Dem Künstler ist nichts davon bekannt, dass der zweckentsprechenden Verwendung der von ihm für die Werbung zur Verfügung gestellten Bild- und Textmaterialien Rechte Dritter entgegenstehen, es sei denn, dass der Künstler dies dem Tonträgerhersteller vor der Veröffentlichung rechtzeitig mitteilt.

(10) Jede bedeutsame Weiterveräußerung der dem Tonträgerhersteller durch diesen Vertrag eingeräumten, übertragenen oder überlassenen Rechte wird dem Künstler vom Tonträgerhersteller unverzüglich mitgeteilt. Für den Fall der Weiterveräußerung von vertragsgegenständlichen Darbietungen an einen Dritten bedarf es der schriftlichen Zustimmung des Künstlers. Bei Veräußerung eines gesamten Label-Bestandes entfällt das Zustimmungserfordernis, sofern der Produzent seiner Informationsverpflichtung im Zuge der Weiterveräußerung rechtzeitig nachgekommen ist.

(11) Die dem Tonträgerhersteller eingeräumte Befugnis zur Weiterübertragung von Rechten an Dritte ist dahin eingeschränkt, dass auch die weiter übertragenen Sublizenzrechte ohne Durchgangserwerb beim Tonträgerhersteller automatisch an den Künstler zurückfallen, wenn das schuldrechtliche Verpflichtungsgeschäft zwischen Künstler und Tonträgerhersteller erlischt.

§ 3 Ausschließlichkeit[6, 13]

(1) Der Künstler wird während der Vertragsdauer keinem anderen als dem Tonträgerhersteller für die Auswertung von Tonträgern zur Verfügung stehen; er wird es nicht zulassen, dass Dritte seine Darbietungen auf Tonträgern auswerten, auch nicht unter anderem Namen oder ohne Nennung seines Namens. Dies gilt nicht für Aufnahmen zu Zwecken des Films sowie des Ton- und Fernsehrundfunks (persönliche Ausschließlichkeit).

(2) Der Künstler wird es auch nach Vertragsablauf 5 Jahre lang unterlassen, eine neue Darbietung von Werken, deren Darbietung der Tonträgerhersteller im Rahmen dieses Vertrages zulässigerweise auswertet, anderweitig auszuwerten oder auswerten zu lassen (Titelexklusivität). Diese Verpflichtung entfällt, sobald der Tonträgerhersteller an zwei aufeinander folgenden Jahresabrechnungen nicht mehr als jeweils 100 Tonträger absetzt und abrechnet. Die Titelexklusivität entfällt ferner und insoweit, als der Tonträgerhersteller eine bestimmte Darbietung aus seinem Vertriebsrepertoire streicht.

§ 4 Mindestproduktionsumfang[7]

Künstler und Tonträgerhersteller verpflichten sich wechselseitig, pro Vertragsjahr mindestens . . . . . . Titel aufzunehmen. Die Verpflichtung des Tonträgerherstellers erstreckt sich auch auf die Vornahme der branchenüblichen Verwertungshandlungen.

§ 5 Produktionsbedingungen[8]

(1) Die Planung und Erstellung der Produktionen erfolgt nach gegenseitiger Absprache und so rechtzeitig, dass nach den branchenüblichen Möglichkeiten eine optimale Verwertung in beiderseitigem Interesse gewährleistet ist. Die Auswahl der vorzutragenden Titel erfolgt in beiderseitigem Einvernehmen. Der Künstler hat das vorgesehene Programm vor Beginn der Produktion aufnahmereif einzustudieren.

(2) Über den Ort der Aufnahme entscheidet der Tonträgerhersteller unter angemessener Rücksichtnahme auf die Belange des Künstlers.

(3) Die Kosten der Produktion einschließlich der hierbei dem Künstler entstehenden Auslagen trägt der Tonträgerhersteller.

(4) Der Tonträgerhersteller gibt dem Künstler Gelegenheit, die Schallaufnahmen nach ihrer Durchführung abzuhören und über die Freigabe durch Geltendmachung etwaiger Einwände an Ort und Stelle zu entscheiden.

§ 6 Veröffentlichung[9]

(1) Die erste nach diesem Vertrag zu veröffentlichende Schallaufnahme erscheint spätestens innerhalb von . . . . . . Monaten nach Vertragsabschluss, sofern die Aufnahme bis spätestens zum . . . . . . veröffentlichungsreif beim Tonträgerhersteller vorliegt. Die weiteren Pflichtveröffentlichungen erscheinen in analogen Zeitabständen. Im Übrigen entscheidet der Tonträgerhersteller über die Art und Dauer der Veröffentlichung von Schallaufnahmen, vorbehaltlich der in § 4 dieses Vertrages festgelegten Mindestanzahl.

(2) Der Tonträgerhersteller kann Vertragsaufnahmen aus seinem Vertriebsrepertoire streichen oder gestrichene Aufnahmen wieder in seinen Vertriebskatalog aufnehmen, unbeschadet des Verlustes der Titelexklusivität für zwischenzeitlich gestrichene Titel.

§ 7 Künstlernennung,[9] Werbung, Merchandising[10]

(1) Im Zusammenhang mit jeglicher Veröffentlichung der nach diesem Vertrag hergestellten oder herzustellenden Aufnahmen ist der Künstler mit seinem Namen/Künstlernamen . . . . . . in der produktangemessenen Form zu nennen. Die Nennung des Gruppennamens . . . . . . gibt als Namensnennung des Künstlers (§ 74 Abs. 2 UrhG). Zu Zwecken der Werbung für die nach diesem Vertrag hergestellten oder herzustellenden Aufnahmen darf der Tonträgerhersteller den Namen des Künstlers, unter dem dieser auftritt, dessen Künstlerzeichen und von ihm autorisierte Abbildungen seiner Person sowie biographische Angaben benutzen oder benutzen lassen. Der Künstler wird dem Tonträgerhersteller auf Aufforderung und auf Kosten des Tonträgerherstellers geeignetes Bildmaterial frei von Rechten Dritter zur Verfügung stellen und sich für Fotoaufnahmen erforderlichenfalls bereithalten.

(2) Der Tonträgerhersteller ist ermächtigt, gegen jede unzulässige Benutzung von Abbildungen des Künstlers vorzugehen. Auf Anforderung wird der Künstler dem Tonträgerhersteller gesondert Prozessvollmacht erteilen.

(3) Der Tonträgerhersteller wird im Regelfall für jede Vertragsveröffentlichung mindestens folgende Werbemaßnahmen durchführen oder wie folgt fördern: . . . . . .

(4) Der Tonträgerhersteller ist während der Dauer der persönlichen Exklusivitätsbindung nach Maßgabe dieses Vertrages (§ 3 Abs. 1) berechtigt, aber nicht verpflichtet, den Künstlernamen, sonstige Kennzeichen des Künstlers und vom Künstler dazu autorisierte Abbildungen des Künstlers zu Merchandisingzwecken auszuwerten oder auswerten zu lassen, zB in Form von Aufdrucken auf Bekleidungsstücken, auf Buttons, Stickers, sonstigen Gegenständen oder in der Werbung Dritter. Soweit der Vertrieb von Merchandising-Artikeln an den letzten Verbraucher entgeltlich erfolgt oder Dritten die Werbung mit dem Namen, der Abbildung oder dem Image des Künstlers gegen Entgelt gestattet wird, bestimmt sich die dem Künstler zustehende Vergütung nach § 8 Abs. 4.[11]

(5) Der Künstler fördert die Vermarktung der Aufnahmen durch die Einrichtung einer Website unter seinem (Künstler-)Namen, sofern die dadurch entstehenden Kosten vom Tonträgerhersteller erstattet werden. Soweit der Künstler durch Internetauftritte (Profile/ Channels in Social Media Diensten) aktiv ist, darf er diese zur Bewerbung von Vertragsprodukten einsetzen.

(6) Der Tonträgerhersteller ist seinerseits während der Dauer der vertraglichen Exklusivbindung zur Einrichtung von Internetauftritten unter Verwendung des Künstlernamens zu Zwecken der Verkaufsförderung und der Vermarktung der Vertragsprodukte berechtigt. Dabei hat der Künstler die Verbindung seines (Künstler-)Namens mit kommerzieller Werbung zu gestatten, soweit dadurch nicht seine berechtigten Interessen verletzt werden und die Werbung nicht im Widerspruch zu seinem Image steht.

(7) Nach Ablauf der persönlichen Exklusivbindung des Künstlers wird der Tonträgerhersteller bei der Veröffentlichung neuer Produkte die Werbung und Produktaufmachung mit dem Künstler abstimmen. Der Tonträgerhersteller wird es unterlassen, die anderweitigen Verwertungsaktivitäten des Künstlers zu stören oder sich zielgerichtet an solche anderweitigen Verwertungsaktivitäten anzuhängen, insbesondere zeitnah mit der Veröffentlichung neuer Produkte seitens des Künstlers „Best-Of"-Alben mit dessen Darbietungen auf den Markt zu bringen.

§ 8 Vergütung[11]

(1) Als Vergütung der nach diesem Vertrag vom Künstler zu erbringenden Leistungen und der auf den Tonträgerhersteller übertragenen Rechte im Bereich des Tonträgervertriebs erhält der Künstler für jeden verkauften Tonträger sowie Bild-Tonträger mit Schallaufnahmen des Künstlers eine Umsatzbeteiligung. Diese beträgt:

a) bei Verkauf in der Bundesrepublik Deutschland ...... %, berechnet vom Händlerabgabepreis des Tonträgerherstellers;
b) bei Verkauf im Ausland ...... %, berechnet vom Händlerabgabepreis;
c) bei Lieferung an Schallplattenclubs und bei Lieferungen, die vom Produzenten in eine um mindestens 30 % billigere Serie als die Normalpreis-Serie eingereiht werden, .. % berechnet vom Händlerabgabepreis.

(2) Soweit der Tonträgerhersteller für die Verwertung der unter diesen Vertrag fallenden Aufnahmen im Wege des unkörperlichen Fernabsatzes eine am einzelnen Nutzungsvorgang des Endnutzers orientierte Vergütung erhält, steht dem Künstler eine Beteiligungsvergütung in gleicher prozentualer Höhe zu wie dies in Abs. 1 für die körperliche Tonträgerverwertung vorgesehen ist, und zwar bemessen am durchschnittlichen Händlerabgabepreis für die digitale Distribution. Lässt sich ein solcher Händlerabgabepreis nicht ermitteln, gilt ersatzweise der für den körperlichen Tonträgerabsatz maßgebliche Händlerabgabepreis.

(3) Soweit der Tonträgerhersteller für die Verwertung der unter diesen Vertrag fallenden Aufnahmen pauschal berechnete Vergütungszahlungen erhält, verbleibt davon ein Halbanteil beim Tonträgerhersteller. Die verbleibende Hälfte abzüglich darauf entfallender Umsatzsteuer wird an den Künstler ausgezahlt; sind mehrere beteiligungsberechtigte ausübende Künstler an den Aufnahmen beteiligt, wird der für die Künstlerseite verbleibende Halbanteil entsprechend unter ihnen aufgeteilt. Diese Regelung gilt auch für

(4) Als Entgelt der mit diesem Vertrag übernommenen weiteren Rechte außerhalb des Tonträgervertriebs und der Online-Auswertung erhält der Künstler für die gesamte Auswertungsdauer eine Umsatzbeteiligung wie folgt:
a) Für eigene Auswertungshandlungen durch den Tonträgerhersteller einschließlich Merchandising eine Vergütung in Höhe von ...... % der vom Tonträgerhersteller erzielten Erlöse abzüglich Umsatzsteuer;
b) für Auswertungshandlungen der Lizenznehmern eine Beteiligung in Höhe von ...... % der beim Tonträgerhersteller eingehenden Lizenzerlöse abzüglich Umsatzsteuer. Das gilt auch für Online-Nutzungen, die nicht pro Download, sondern pauschal vergütet werden.
c) Werbeeinnahmen, die aus der Web-Nutzung der Künstler-Website (§ 7 Abs. 5) erzielt werden, werden zwischen den Vertragsparteien im Verhältnis ...... zu ...... aufgeteilt.
d) Auswertungshandlungen, die von Gesellschaften getätigt werden, an denen der Tonträgerhersteller konzernmäßig beteiligt ist, werden nach a) vergütet.

(5) Die Beteiligungsvergütung wird anteilmäßig berechnet, wenn nur ein Teil der auf einem Tonträger und/oder Bild-Tonträger enthaltenen Aufnahmen Darbietungen des Künstlers enthält. Besteht das beim Endkunden zur Verwertung gelangende Produkt neben den die künstlerische Darbietung erfassenden Tonaufnahmen oder Bild-Tonaufnahmen aus weiteren Elementen (zB Multimedia-Teil bei CD-ROM/CD-Extra), ist der Tonträgerhersteller berechtigt, unter Berücksichtigung der ihm etwa bei der Produktion dieser Elemente nachweisbar entstandenen Kosten eine Anpassung der Anteilsbemessung nach billigem Ermessen vorzunehmen.

(6) Die Beteiligungsvergütungsansprüche stehen dem Künstler solange zu, wie Tonträger und/oder Bild-Tonträger oder sonstige Nutzungsformen seiner Aufnahmen vom Tonträgerhersteller, dessen Beauftragten, Rechtsnachfolger oder Lizenznehmer verwertet werden, jedoch längstens für die Dauer der für die übertragenen Rechte gesetzlich gültigen Schutzfristen.

(7) Der Künstler kann alle im Vertrieb des Tonträgerherstellers befindlichen Tonträger zum jeweiligen Preis erwerben, der nach der Preisliste des Tonträgerherstellers für den

Einzelhandel gültig ist. Vorab liefert der Tonträgerhersteller dem Künstler pro 1.000 hergestellten Tonträger 5 Freistücke bis zu maximal 1.000 Stück.

§ 9 Abrechnung[12]

(1) Die dem Künstler vertragsgemäß zustehende Umsatzbeteiligung wird zum 30.6. und 31.12. eines jeden Jahres abgerechnet. Abrechnung und Zahlung erfolgen spätestens innerhalb von 6 Wochen nach Abschluss der Abrechnungsperiode. Anteile an Lizenzerlösen werden zu denselben Terminen abgerechnet. Der Künstleranteil ist zur Auszahlung fällig, sobald der Lizenzerlös beim Tonträgerhersteller eingegangen ist.
(2) Die Abrechnungen und Auszahlungen an den Künstler erfolgen zuzüglich der gesetzlichen Mehrwertsteuer, sofern der Künstler mehrwertsteuerpflichtig ist.
(3) Die Auszahlung der Vergütung erfolgt in folgender Währung:

§ 10 Bindungsdauer[6,13]

(1) Die persönliche Bindung des Künstlers an den Tonträgerhersteller (§§ 1, 2, 3 Abs. 1, 4, 5) beginnt mit der Unterzeichnung durch beide Vertragspartner und endet nach Ablauf von . . . . . . Jahren. Sie verlängert sich automatisch um ein weiteres Vertragsjahr, sofern nicht eine der Vertragsparteien den Vertrag mit einer Frist von sechs Monaten durch schriftliche Erklärung kündigt. Das Recht auf sofortige Kündigung gemäß § 627 BGB wird abbedungen.
(2) Die ordentliche Beendigung der persönlichen Bindung lässt die Befugnis des Tonträgerherstellers unberührt, die nach Maßgabe dieses Vertrages hergestellten Tonträger weiterhin auszuwerten. Die vertragliche Verpflichtung des Tonträgerherstellers zur Abrechnung und Vergütung besteht für die Auswertung sämtlicher Tonträger fort.
(3) Bis zur Stellung des Antrages auf Eröffnung des Insolvenzverfahrens über das Vermögen des Tonträgerherstellers ist der Künstler zur fristlosen Kündigung des Vertrages mit der Folge des automatischen Rechterückfalls berechtigt:
- unter den Voraussetzungen des §§ 314 BGB (fristlose Kündigung aus wichtigem Grund bei Dauerschuldverhältnissen);
- es tritt eine wesentliche Verschlechterung der Vermögensverhältnisse des Tonträgerherstellers ein.

(4) Nach der Stellung des Antrages auf Eröffnung des Insolvenzverfahrens ist der Künstler zur fristlosen Kündigung des Vertrages mit der Folge des automatischen Rechterückfalls berechtigt, wenn der Tonträgerhersteller zwischen der Antragstellung und der Eröffnung des Insolvenzverfahrens mit seinen Zahlungsverpflichtungen in Verzug gerät.
(5) Nach der Eröffnung des Insolvenzverfahrens ist der Künstler zur fristlosen Kündigung des Vertrages berechtigt, wenn der Insolvenzverwalter mit den Zahlungsverpflichtungen aus dem fortgeführten Vertrag in Verzug gerät.

§ 11 Gruppenklausel[14]

(1) Die in diesem Vertrag vorgesehene Exklusivität der einzelnen Gruppenmitglieder erstreckt sich – nicht – auf solistische Darbietungen von Gruppenmitgliedern.
(2) Bei Musikgruppen steht jeder einzelne Künstler, der dieser Gruppe angehört und diesen Vertrag unterzeichnet, persönlich dafür ein, dass alle Mitglieder der Musikgruppe, die vertragsgegenständliche Aufnahmen durchführt, die vom Tonträgerhersteller benötigten Rechte überträgt. Sollte ein Mitglied die Gruppe verlassen, kann der Tonträgerhersteller den Vertrag mit sofortiger Wirkung innerhalb einer Frist von 2 Wochen ab Kenntnis des Tonträgerherstellers vom Austritt des Künstlers aus der Gruppe kündigen. Eine Auswechslung einzelner Gruppenmitglieder kann nur mit Zustimmung des Tonträgerherstellers vorgenommen werden. Die in diesem Absatz genannten Rechte des Tonträgerherstellers entfallen, sofern ohne zusätzlichen Kostenaufwand und ohne Qua-

litätsverlust Ersatz beschafft werden kann. Ausscheidende Mitglieder sind nicht berechtigt, den Namen der Gruppe nach dem Ausscheiden zu benutzen oder benutzen zu lassen, vielmehr verbleibt das alleinige Recht am Namen der Gruppe bei der Gruppe.

(3) Die Musikgruppe bestimmt einen Vertreter, der mit Wirkung für alle Gruppenmitglieder befugt ist,

a) Zahlungen des Tonträgerherstellers mit befreiender Wirkung gegenüber den übrigen Gruppenmitgliedern entgegenzunehmen;
b) vertragsrelevante Erklärungen des Tonträgerherstellers entgegenzunehmen;
c) Erklärungen für die gesamte Musikgruppe gegenüber dem Tonträgerhersteller abzugeben einschließlich der Wahrnehmung der Befugnisse aus den §§ 32 und 32a UrhG (Nachbesserungsansprüche auf Vergütung).

§ 12 Schlussbestimmungen[15]

(1) Ergänzend gilt das Recht der Bundesrepublik Deutschland. Soweit der Künstler durch diesen Vertrag Nutzungsrechte einräumt oder überträgt, die dem Tonträgerhersteller und/oder seinen Lizenznehmern Nutzungs- und Verwertungsmöglichkeiten außerhalb des Geltungsbereichs des Urheberrechtsgesetzes eröffnen, unterliegt dieser Vertrag dem Recht des Staates ......, insbesondere der Urheberrechtsordnung dieses Staates. Dies gilt unabhängig davon, ob der Verwertungserfolg unmittelbar durch den Vertragspartner des ausübenden Künstlers erzielt wird oder durch dessen Lizenznehmer oder Unterlizenznehmer.

(2) Maßgebend ist allein dieser schriftliche Vertrag. Änderungen, Ergänzungen sowie der Verzicht auf die Schriftform können nur schriftlich vereinbart werden. Mündliche Nebenabreden sind nicht getroffen.

(3) Die etwaige Unwirksamkeit einer Bestimmung dieses Vertrages lässt die Wirksamkeit des Vertrages im Übrigen unberührt. Die unwirksame Bestimmung ist durch eine sinnentsprechende wirksame Bestimmung zu ersetzen, die der angestrebten wirtschaftlichen Regelung am nächsten kommt.

(4) Sofern der Künstler keinen Gerichtsstand im Geltungsbereich der Bundesrepublik Deutschland hat, gilt der Geschäftssitz des Tonträgerherstellers als Gerichtsstand für alle etwaigen Streitigkeiten aus diesem Vertrag. Die Parteien sind auch berechtigt, das nach dem allgemeinen Gerichtsstand des Beklagten zuständige Gericht anzurufen.

Schrifttum: Andryk, DasBuchprüfungsrecht des Kreativen, 3.Auflage, Brühl 2010; Andryk, Nur Schall und/oder Rauch? – Zum Recht des Künstlernamens, AfP 2007, 187 ff.; *Dünnwald/Gerlach,* Schutz des ausübenden Künstlers, 2008; *Ernst,* Urheberrecht und Leistungsschutzrecht im Tonstudio, 1995; *Bießmann/Möllmann/Scheuermann.* Künstler-, Produzenten- und Bandübernahmeverträge, in: Moser/Scheuermann/Drücke (Hrsg.), Handbuch der Musikwirtschaft, 7. Aufl., 2018, S. 685 ff.; *Hertin,* Urhebervertragsnovelle 2002: Update von Urheberrechtsverträgen, MMR 2003, 16; *Homann,* Praxishandbuch Musikrecht, 2007; *Ingendaay,* Künstlerverträge – Vertragspraxis und Inhaltskontrolle von Tonträgerproduktionsverträgen nach deutschem und US-amerikanischem Recht, 2008; *Katzenberger,* Inländerbehandlung und Mindestrechte ausübender Künstler nach dem Rom-Abkommen, GRUR Int. 2014, 443; *Fierdag/Westphal Label- und Vertriebsverträge,* in: Moser/Scheuermann/Drücke (Hrsg), Handbuch der Musikwirtschaft, 7.Aufl., 2018. S. 666 ff.; *Lyng,* Die Praxis im Musikbusiness, 2003; *Rossbach* in: Loewenheim, Handbuch des Urheberrechts, 2. Aufl. 2010, § 69 Rn. 11 ff. zu Künstlerexklusivverträgen, Rn. 62 ff. zu Bandübernahme- und Labelverträgen, Rn. 81 ff. zu Press- und Distributionsverträgen; *Rossbach/Joos,* Vertragsbeziehungen im Bereich der Musikverwertung unter besonderer Berücksichtigung des Musikverlags und der Tonträgerherstellung, in: *Beier* u.a. (Hrsg.), Urhebervertragsrecht, 1995, S. 333 ff.; *Sasse/Waldhausen;* Musikverwertung im Internet und deren vertragliche Gestaltung, ZUM 2000,

837; *Schardt,* Musikverwertung im Internet und deren vertragliche Gestaltung, ZUM 2000, 849; *Schwenzer,* Die Rechte des Musikproduzenten, 2. Aufl., 2001; *Will-Flatau,* Rechtsbeziehung zwischen Tonträgerproduzent und Interpret auf Grund eines Standardkünstlerexklusivvertrages, 1990; *Zimmermann,* Sampling- und Remix-Verträge, in: Moser/Scheuermann/Drücke (Hrsg.), Handbuch der Musikwirtschaft, 7. Aufl., 2018, S. 754.

Anmerkungen

1. Sachverhalt.

1.1 Durch den Tonträgerproduktionsvertrag verbinden sich Künstler und Tonträgerhersteller („Label" oder „Produzent" im unternehmerischen Sinn) zur Herstellung eines Tonträgers und dessen Auswertung. Auf Seiten der Künstler sind dies vor allem die als Solokünstler oder Solistengruppe hervortretenden Musikinterpreten, nämlich Sänger, Instrumentalisten, Dirigenten, Orchester und Musikgruppen in allen Bereichen des musikalischen Schaffens, gleichgültig ob E- oder U-Musik. Im Bereich der U-Musik ist in diesem Zusammenhang vom „featured artist" die Rede, und zwar im Gegensatz zu Studiomusikern, einfachen Bandmitgliedern, Backgroundsängern usw („unfeatured artists"). Zum Tonträgerproduktionsvertrag zwischen Orchester und Tonträgerhersteller → Form. IX.24. Sofern der oder die Künstler die Tonträgerproduktion nicht selbst unternehmerisch in die Hand nehmen, benötigen sie einen Tonträgerproduzenten, der die organisatorische Leitung und die wirtschaftliche Verantwortung für die erste Tonfestlegung unternehmerisch übernimmt.

1.2 Im Tonträgerproduktionsvertrag bindet sich der Künstler in Bezug auf die Auswertung seiner Darbietungen auf Tonträger nicht notwendigerweise, aber doch in aller Regel ausschließlich an einen bestimmten Tonträgerhersteller. An einer möglichst weitgehenden Bindung ist der Produzent interessiert, weil er gleich bei der ersten Produktion Investitionsleistungen erbringt, die sich erst in der Zukunft amortisieren können.

1.3 Vereinbarungen über werbliche Unterstützungen des Künstlers oder seiner künstlerischen Darbietungen oder seine Einbeziehung in die kommerzielle Werbung oder Merchandisingaktivitäten sind für den Tonträgerproduktionsvertrag nicht konstitutiv, werden aber häufig genug in solche Verträge oder auch in Bandübernahmeverträge mit einbezogen.

2. Wahl des Formulars.

2.1 Während in früherer Zeit klar zwischen Künstlerexklusivvertrag und Bandübernahmevertrag unterschieden wurde, verschwimmen in Folge der digitalisierungsbedingt drastisch verringerten Fertigungskosten die Grenzen. Immer mehr Künstler produzieren ihre Alben selbst, streben aber die Zusammenarbeit mit einem erfahrenen künstlerischen Produzenten an, der ihnen den Erfolg bringenden Sound verschaffen soll, und suchen die Anbindung an eine Major-Firma zur Beförderung von Promotion und Marketing. Die Major-Firmen engagieren sich inzwischen auch in Bereichen, die früher Dritten vorbehalten waren, etwa im Konzert- und Veranstaltungsbereich oder im Bereich des Merchandising. Der Tonträgerhersteller strebt eine weitgehende Beteiligung an allen Erlösen des Künstlers an (sog. 360°-Modell). Künstler und Tonträgerhersteller teilen sich aufgrund eines schwierigen Marktes das Risiko der Auswertung. Die Angemessenheit von Leistung und Gegenleistung wird in diesen Fällen immer nur durch eine Gesamtbetrachtung aller Umstände des Einzelfalls erfolgen können.

2.2 Wenn ein Tonträgerhersteller in den langfristigen Aufbau eines jungen Künstlers investiert, etwa durch Toursupport, in Form von wirtschaftlicher Unterstützung oder Einbindung des Künstlers in bestehende Tourneen anderer Künstler, bestehen keine grundsätzlichen Bedenken, den Tonträgerhersteller während der Vertragslaufzeit auch an Einnahmen aus dem Konzertbereich zu beteiligen. Etwas anderes wird aber gelten, wenn die Popularität des Künstlers gerade nicht dem Tonträgerhersteller geschuldet ist.

2.3 Mit den → Form. IX.23 und 25 A/25 B erhält der Verwender Formulare, die der unterschiedlichen Risikoverteilung zwischen den Parteien entsprechen. Aufgrund der großen Anzahl von hergestellten Produktionen spielen neben den sinkenden Produktionskosten die steigenden Kosten für die Bewerbung/Promotion der Aufnahmen eine große Rolle. Während beim → Form. IX.23 der Tonträgerhersteller weitgehend das wirtschaftliche Risiko der Herstellung und Bewerbung übernimmt, werden beim Bandübernahmevertrag, → Form. IX.25 A die Kosten der Herstellung vom Tonträgerhersteller übernommen und die Rechte zur Auswertung an den Lizenznehmer zur Auswertung übertragen. Beim Vertriebsvertrag, → Form. IX.25 B wird der fertige Tonträger zum Vertrieb bereit gestellt und die Kosten der Bewerbung allein vom Tonträgerhersteller getragen.

2.4 Soweit die Live-Aktivitäten des Künstlers in das Vertragsverhältnis mit dem Tonträgerhersteller einbezogen werden sollen, ist der Vertrag um die Elemente Booking und Management zu erweitern. Dabei ist darauf zu achten, dass dem Künstler außerhalb der vertraglichen Exklusivbindung genügend Freiraum für eine unabhängige künstlerische Betätigung verbleibt (→ Anm. 4).

2.5 Den klassischen Tonträgerproduktionsvertrag unterzeichnet der Künstler in seiner Eigenschaft als Interpret und damit als Inhaber der Leistungsschutzrechte aus §§ 73 ff. UrhG. Interpreten, die nicht-solistische Beiträge zur Tonträgereinspielung beisteuern (sog. Studiomusiker, zB Begleitmusiker, Background-Sänger, Mitwirkende bei der maschinellen Soundabstimmung ua non featured artists) räumen ihre Leistungsschutzrechte dem Tonträgerhersteller üblicherweise in Form einer Künstlerquittung ein; diese enthält keine Exklusivbindung und keinerlei Verpflichtungen des Musikers im Zusammenhang mit Promotion und Merchandising. Mit der Künstlerquittung wird der Musiker für seine Rechtseinräumung pauschal abgefunden *(Rossbach/Joos* S. 374).

2.6 Der künstlerische Produzent, auch Producer genannt ist für die klangliche Abstimmung der aufzunehmenden Musikdarbietung (vor allem dem Sound) durch die im Tonstudio verfügbaren Mittel verantwortlich. Je nach dem in welchem Maße dem Producer ein gestalterischer Spielraum im Verlaufe des Herstellungsprozesses der Tonaufnahmen bis zu ihrer endgültigen Form eingeräumt wird, ist seine Leistung entweder diejenige eines technischen Gehilfen, eines ausübenden Künstlers oder gar eines Musikurhebers (als Miturheber oder Bearbeiter) *(Schwenzer S. 109 ff.)*. In der Praxis wird der Producer bevorzugt nach Maßgabe einer Pauschalregelung (Künstlerquittung) abgefunden. Gelegentlich erhält der Producer eine Umsatzbeteiligung (entsprechend § 8 des Formulars). Übertragbar auf den Producervertrag sind ferner die Verabredung einer Titelexklusivität (§ 3 Abs. 2 des Formulars) und Vereinbarungen über das Recht und/oder die Pflicht zur Werbung mit Person, Namen und Bild des Producers im Zusammenhang mit der Vermarktung der Tonträgerproduktion. Sonstige Bindungen wie persönliche Exklusivität und Auswertungspflicht passen für den Producervertrag nicht (*Rossbach/Joos* S. 375 f.; *vgl. auch Bießmann/Möllmann/Scheuermann, Vertragsmuster Produzentenvertrag, S. 712 ff.*).

2.7 Nicht selten produzieren Künstler veröffentlichungsreifes Bandmaterial von ihren Darbietungen selbst, auch ohne dass damit schon ein Veröffentlichungszweck verbunden ist. Darin liegt bereits eine Tonträgerherstellung gem. § 85 UrhG (vgl. BGH GRUR 1982, 102 (103) – Masterbänder). In diesem Falle und auch dann, wenn vom tatsächlichen Geschehensablauf zweifelhaft ist, ob der Künstler oder sein Vertragspartner als Tonträgerhersteller im rechtlichen Sinne zu qualifizieren ist, empfiehlt es sich, vorsorglich die Übertragung der Leistungsschutzrechte aus § 85 UrhG (entsprechend → Form. IX.25 § 2 Abs. 1), ohne freilich die dort vorgesehene Einschränkung auf den körperlichen Tonträgervertrieb, in den Vertrag einzubeziehen.

2.8 Sofern der Künstler auch Musikwerke komponiert und textet und damit urheberrechtliche Werke schafft (§§ 2, 15 ff. UrhG), wird er mit der GEMA einen Wahrnehmungsvertrag abschließen und damit seine Werke der Allgemeinheit zur vergütungspflichtigen Nutzung anbieten. An der Auswertung seiner Werkschöpfungen wird der Künstler unabhängig von der Gestaltung des Tonträgerproduktionsvertrages über die GEMA beteiligt, gleichgültig, ob die Verwertungsverhandlungen auf eine eigene Interpretation des betreffenden Künstlers zurückgehen oder auf Interpretationen anderer. Der Urheberanteil bei der GEMA wird allerdings geschmälert, sofern der komponierende oder textende Künstler über seine Werke mit einem Musikverleger einen Verlagsvertrag abschließt. Der Verleger partizipiert dann an den GEMA-Erträgen in erheblichem Umfang. Tonträgerproduktionsverträge und Musikverlagsverträge werden in der Praxis strikt voneinander getrennt, dies schon deshalb, weil sich der Musikverleger bei der GEMA mit einem titelbezogenen Musikverlagsvertrag auf Anfordern zu legitimieren hat. Fast immer besitzt ein professioneller Tonträgerproduzent auch einen Musikverlag, jedoch werden Verlag und Produktionsfirma meist unter verschiedenen Rechtspersönlichkeiten geführt. Nicht selten – vor allem bei noch nicht durchgesetzten Künstlern – wird allerdings dem Künstler im Tonträgerproduktionsvertrag oder durch einen gesondert abzuschließenden Verlagsbindungsvertrag regelmäßig gegen Gewährung einer bevorschussten Garantiezahlung die Verpflichtung auferlegt, die Verlagsrechte an Werken, die im Rahmen des Tonträgerproduktionsvertrages zur Auswertung gelangen, auf einen vom Produzenten benannten, in der Regel dem Produzenten gehörenden Musikverlag zu übertragen. Ob und in welchem Umfang der Künstler eine derartige vorvertragliche Verpflichtung zugunsten Dritter akzeptiert, ist Verhandlungssache. Denkbar sind auch Kompromisslösungen wie zB Vereinbarung eines Co-Verlages zwischen einem dem Künstler gehörenden Musikverlag und dem Musikverlag des Produzenten.

3. **Handlungsanweisung.** Folgende Regelungspunkte müssen bei jedem Tonträgerproduktionsvertrag bedacht und ggf. ausgehandelt werden:
- Soll lediglich im Einzelfall ein Tonträger hergestellt werden, oder geht es um eine längerfristige Zusammenarbeit mit ausschließlicher Bindung des Künstlers (persönliche Exklusivität) an den Produzenten? (vgl. §§ 2, 3 des Formulars.)
- Bei persönlicher Exklusivbindung: Auf welche Dauer wird der Vertrag abgeschlossen? (vgl. § 10 des Formulars)
- Welchen Mindestumfang hat die Verpflichtung des Produzenten zur Herstellung und Veröffentlichung von Tonträgern, welche Mitwirkungspflichten des Künstlers korrespondieren damit? (vgl. § 4 des Formulars)
- Beabsichtigen die Vertragschließenden lediglich die Veröffentlichung einer einzelnen Produktion, so kann anstelle der §§ 2–4 des Formulars folgendes vereinbart werden:
  (1) Der Künstler räumt dem Tonträgerhersteller das ausschließliche Recht ein, folgende Darbietungen des Künstlers weltweit auszuwerten und/oder auswerten zu lassen (es folgt dann die Aufzählung der übertragenen Nutzungsarten wie § 2 Abs. 2 des Formulars): . . . . . .
  (2) Der Künstler wird es auch nach Vertragsablauf 5 Jahre lang unterlassen, eine neue Darbietung des auf der vertragsgegenständlichen Aufnahme dargebotenen Werkes anderweitig auszuwerten oder auswerten zu lassen.
- Wie wird die Vergütung geregelt, insbesondere in welcher Höhe werden das Beteiligungshonorar und darauf kalkulierte Vorschusszahlungen festgelegt? Wie bemisst sich die Vergütung für Verwertungshandlungen außerhalb des Tonträgerabsatzes (Verfilmung, Download, Multimedia, Merchandising, Testimonial-Werbung usw) ? (Vgl. § 8 des Formulars)
- Bei Verträgen mit Musikgruppen: Ist gesichert, dass alle Gruppenmitglieder vertraglich eingebunden sind und die vertragliche Bindung durch Fluktuation der Gruppe nicht gefährdet wird? (vgl. § 11 des Formulars)

4. Dispositives und zwingendes Recht, Nichtigkeits- und Inhaltskontrolle

4.1 Das Urheber- und Künstlervertragsrecht kennt kein ausgebildetes dispositives Künstlervertragsrecht, wenn man von der durch § 79 Abs. 2 S. 2 UrhG eröffneten entsprechenden Anwendung der §§ 31, 32–32b, 32d–40, 41, 42 und 43 UrhG absieht. Vorbehaltlich des dort vorgesehenen zwingenden Vergütungssystems (§§ 32 und 32a UrhG nebst den dazu hilfreichen Ansprüchen auf Auskunft und Rechenschaft gem. §§ 32d und 32e UrhG), dem Anspruch auf Rückruf und Haftung des Erwerbers bei nicht bewilligter Weiterübertragung von Nutzungsrechten (§ 34 Abs. 3–5 UrhG) und dem in § 40 UrhG und in dem (speziell für Künstlerverträge mit Wirkung zum 6.7.2013 eingeführten) § 79 Abs. 3 UrhG verankerten Schutz vor einer überlangen Vertragsbindung besteht eine weitreichende Vertragsfreiheit.

4.2 Der Tonträgerproduktionsvertrag ist ein urheberrechtlicher Verwertungsvertrag eigener Art (BGH GRUR 1989, 198 (201) – Künstlerverträge = ZUM 1989, 293 (296)), der verschiedene Elemente des Dienst-, Geschäftsbesorgungs- sowie Kauf- und Pachtvertrages enthält. Soweit der Künstler sich für künstlerische Darbietungen zur Herstellung von Musikaufnahmen zur Verfügung stellt und der Tonträgerhersteller deren Produktion und Auswertung übernimmt (§§ 1, 4–6, 9 des Formulars), liegen wechselseitige Dienste höherer Art (§§ 611 ff., 627 BGB, vgl. KG UFITA 86, 230 (240)) oder in Bezug auf den Tonträgerhersteller näher liegend entgeltliche Geschäftsbesorgung vor (§§ 675, 671 Abs. 2 BGB), jedoch kein Arbeitsvertrag. Bei der regelmäßig vereinbarten (und im Zweifel zu vermutenden, vgl. *Rossbach/Joos* S. 369) Auswertungspflicht des Tonträgerherstellers (§ 4 des Formulars), die mit der Umsatzbeteiligung des Künstlers korrespondiert, rechtfertigt sich die entsprechende Anwendung verlagsrechtlicher Grundsätze (BGH UFITA 86, 240 (243); KG UFITA 86, 230 (238)).

4.3 Für den Bestand der übertragenen Rechte (§ 2 des Formulars) haftet der Künstler nach dem Inkrafttreten des Schuldrechtsmodernisierungsgesetzes (1.1.2002) auch im Falle anfänglich objektiver Unmöglichkeit auf Schadenersatz; die Haftung für Rechtsmängel ist durch die Exkulpationsmöglichkeit nach § 311a Abs. 2 gemildert worden. Zur Garantieklausel gem. § 2 Abs. 9 des Formulars → Anm. 5.

4.4 Umfassende Vertragswerke zwischen Künstlern und Verwertern der vorliegenden Art sind immer wieder einer Nichtigkeitsprüfung nach dem Sittenwidrigkeitsverbot gem. § 138 BGB unterzogen worden. Bei der Heranziehung der Judikate BGH GRUR 1989, 198 – Künstlerverträge sowie OLG Karlsruhe ZUM 2003, 785 und OLG Karlsruhe ZUM-RD 2007, 75 ist Folgendes zu berücksichtigen. Mit der Etablierung des urheberrechtlichen Vergütungssystem durch die Urheberrechtsnovelle 2002 wird Urhebern und ausübenden Künstlern durch § 32 UrhG ein unverzichtbarer Anspruch auf Zahlung einer angemessenen Vergütung und durch § 32a UrhG bei auffälligem Missverhältnis zwischen Vertragshonorar und Erträgen und Erfolgen des Vertragspartners ein Fairnessausgleich zugesprochen (→ Anm. 11). Diese spezielle Anspruchsgrundlage ist nunmehr vorrangig gegenüber einer Berücksichtigung im Rahmen der Sittenwidrigkeitsüberprüfung über einen Vertrag aus Gründen, die die Vergütung für die Einräumung von urheberrechtlichen Nutzungsrechten betreffen. Die vorzitierte Judikatur betrifft durchweg Verträge, die vor 2002 (Einführung des neuen Vergütungssystems) zustande gekommen waren.

4.5 Eine auf § 138 S. 1 BGB gestützte Nichtigkeit von Künstlerexklusivverträgen kommt für Verträge, auf die die §§ 32 und 32a Abs. 1 UrhG anwendbar sind, wohl nur noch bei einer übermäßigen Einschränkung der künstlerischen oder geschäftlichen Handlungsfreiheit in Betracht, jedoch nicht länger auf Grundlage der dazu in BGH GRUR 1989, 189 – Künstlerverträge – entwickelten Grundsätze. Der Vergütungsaspekt bleibt aber im Rahmen des § 138 BGB dort und insoweit relevant, als es um Vergütungsansprüche des Künstlers geht, die nicht zur Abgeltung der Einräumung von Nutzungsrechten und von Erlaubnissen zur Werknutzung geschuldet sind. Insoweit ist ein Unterschied zu machen zwischen der Vergütung für die Tonträgerveröffentlichung (Abgeltung von Nutzungsrechten) und der

Vergütung für Organisationsleistungen im Konzertbereich (keine Gegenleistung für die Einräumung von Nutzungsrechten) oder im Zusammenhang mit der Inanspruchnahme der Künstlerpersönlichkeitsrechte (Logo, Künstlername, Bild- und Videomaterial) für Werbemaßnahmen, die nicht direkt das Vertragsprodukt betreffen.

4.6 Mit der Urheberrechtsnovelle 2003 und der dort geregelten Novellierung des § 79 UrhG hat der Gesetzgeber die Anwendung des § 40 UrhG auf das Künstlervertragsrecht eingeführt. Davon betroffen ist die Verpflichtung zur Einräumung von Rechten an künstlerischen Leistungen, die überhaupt nicht näher oder nur der Gattung nach bestimmt sind, mithin künstlerische Darbietungen, deren Realisierung noch in der Zukunft liegt und die nur der Gattung nach bezeichnet sind, ohne eine nähere Konkretisierung erfahren zu haben. Soweit die vertraglich eingegangene Bindung durch das zwingende Kündigungsrecht des § 40 UrhG reduziert wird, schränkt sich auch der Anwendungsbereich von § 138 BGB insoweit ein (vgl. Fromm/Nordemann-*Schaefer* § 79 Rn. 90).

4.7 In Umsetzung der Schutzdauer-RL und der darin vorgeschriebenen Verlängerung der Schutzdauer der auf Tonträgern aufgezeichneten Darbietungen ausübender Künstler (§ 82 UrhG) und der entsprechenden Leistungsschutzrechte der Tonträgerhersteller (§ 85 Abs. 3 S. 1 UrhG) auf 70 Jahre nach Erscheinen des Tonträgers sieht § 79 Abs. 3 UrhG ein unverzichtbares Kündigungsrecht für den ausübenden Künstler vor. Die dadurch eröffnete Kündigungsmöglichkeit setzt den Ablauf von 50 Jahren nach Erscheinen oder erster erlaubten Benutzung des Tonträgers sowie eine Untätigkeit des Tonträgerherstellers voraus. In diesem Fall kann der Künstler dem Tonträgerhersteller seine Kündigungsabsicht mitteilen. Das Kündigungsrecht entsteht erst, wenn die Untätigkeit ein weiteres Jahr ab Zugang der Mitteilung anhält. Eine danach wirksam erklärte Kündigung führt neben dem Rückfall der Künstlerrechte auch zum Erlöschen der Leistungsschutzrechte des Tonträgerherstellers am Tonträger (§ 79 Abs. 3 S. 3 UrhG).

4.8 Künstlerverträge unterliegen des Weiteren grundsätzlich der AGB-Inhaltskontrolle gem. §§ 305 ff. BGB. Zur Zulässigkeit des formularmäßigen Ausschlusses eines freien Kündigungsrechts, wie in § 10 Abs. 1 des Formulars vorgesehen, wird die Frage kontrovers diskutiert, ob § 627 BGB auf den Künstlervertrag anzuwenden ist (dafür: *Will-Flatau* S. 110; dagegen *Ingendaay* S. 210). LG Berlin (ZUM 2007, 754 (757)) hat den formularmäßigen Ausschluss des Kündigungsrechts nach § 627 BGB für einen Managementvertrag an § 307 Abs. 2 Nr. 1 BGB scheitern lassen. In Bezug auf Künstlerverträge sollte im Einzelfall sorgfältig geprüft werden, ob eine Anwendung des § 307 Abs. 2 Nr. 1 BGB nicht daran scheitern muss, dass die Erreichung des Vertragszwecks eine gewisse Bindungsdauer erforderlich macht. In Betracht zu ziehen sind des Weiteren eine Einbeziehungs- und/oder Inhaltskontrolle nach den Grundsätzen der überraschenden Klauseln (§ 305c Abs. 1 BGB) und der Missachtung des sog. Transparenzgebotes gem. § 307 Abs. 1 S. 2 BGB. Danach droht eine Unwirksamkeit solcher Klauseln, die unverständlich für den Kreativen formuliert sind. Insoweit empfiehlt es sich, bei der Vertragsgestaltung einer Verschleierung des Vergütungsmodells entgegenzuwirken.

4.9 Soweit die Inhaltskontrolle zur Beanstandung von Vertragsklauseln führt, soll die in § 12 Abs. 3 des Formulars vorgeschlagene salvatorische Klausel in Bekräftigung der ohnehin in § 306 Abs. 1 BGB vorgegebenen Regel die Wirksamkeit des verbleibenden Rechtsgeschäfts aufrecht erhalten (entgegen der Auslegungsregel des § 139 BGB). Ungeachtet der Vereinbarung einer solchen salvatorischen Klausel ist die Aufrechterhaltung eines Rechtsgeschäfts jedoch dann nicht mehr vom Parteiwillen gedeckt, wenn Bestimmungen von grundlegender Bedeutung nichtig sind bzw. wenn der Vertrag ein insgesamt sittenwidriges Gepräge aufweist. Vor allem dann, wenn sich das Unwerturteil aus der Verknüpfung der Gesamtheit der Regelungen ergibt und nicht lediglich aus einem einzelnen partiellen Regelungsaspekt, müsste der Vertrag von den Parteien (oder vom Gericht) gleichsam neu aufgesetzt werden. In solchen Fällen kann auch eine Vielzahl von als sittenwidrig einzustufenden Einzelregelungen sowie deren komplexe Verknüpfung zur

Gesamtnichtigkeit des Vertrages führen (BVerfG GRUR 2005, 880 (881) – Xavier Naidoo; BGH GRUR 1989, 198 (203) – Künstlerverträge; *Ingendaay* S. 94 f.)

5. Rechtseinräumung.

5.1 Der Hersteller von Tonträgern, welche künstlerische Darbietungen verkörpern, benötigt zu deren Aufnahme sowie ihrer Vervielfältigung, Verbreitung und unkörperlichen Verwertung (§§ 77, 78 UrhG) die von allen daran beteiligten ausübenden Künstlern abgeleiteten entsprechenden ausschließlichen Nutzungsrechte (§ 79). Von Seiten des Tonträgerherstellers wird regelmäßig eine umfassende und lückenlose Verwertungsposition schon deshalb angestrebt, um eine seiner Kontrolle nicht unterliegende Parallelauswertung auszuschließen, zB dadurch, dass der Künstler einschlägige Darbietungen auf eigene Faust durch „Streaming Webcast" und die Ermöglichung des Download präsentiert (vgl. LG München I ZUM 2001, 260 – „Die Fantastischen Vier"; zum Ausschließlichkeitsrecht des ausübenden Künstlers auf öffentliche Zugänglichmachung gem. § 19a UrhG vgl. OLG Hamburg ZUM 2009, 414 – Stay Tuned III; OLG Hamburg ZUM 2009, 575).

5.2 Da die Übertragungszweckregel des § 31 Abs. 5 UrhG gem. § 79 Abs. 2 S. 2 UrhG auch auf den Rechtsverkehr mit Leistungsschutzrechten des ausübenden Künstlers anzuwenden ist, sind alle in Betracht zu ziehenden Nutzungsarten in der Rechtsübertragungsklausel aufzuführen. Eine Übertragung noch unbekannter Nutzungsarten im Bereich der Leistungsschutzrechte war schon nach dem alten Recht möglich. Da § 79 Abs. 2 S. 2 UrhG sich nicht auf § 31a UrhG bezieht, bedarf es grundsätzlich keiner Schriftform für die Übertragung, sofern diese auch aus dem Zweck der Abrede hervorgeht. Um eine möglichst transparente Regel zu schaffen und um den Spezifizierungsanforderungen des § 31 Abs. 5 UrhG zu genügen, ist im Formular die Übertragung für unbekannte Nutzungsarten gleichwohl ausdrücklich aufgezählt. Wegen des fehlenden Verweises auf § 31a UrhG zählen Abreden über Widerrufsrechte und gesonderte Vergütungspflichten nicht zu den regelmäßigen Vertragsklauseln, weshalb hier auf sie verzichtet wurde.

5.3 Die Nutzungsrechte des Künstlers können zeitlich, räumlich und im Rahmen der verkehrsfähigen Nutzungsarten auch inhaltlich aufgespaltet und eingeschränkt oder ausgeweitet werden. Vorsorglich sollte auch klargestellt sein, ob dem Produzenten eine weltweite oder ggf. räumlich eingeschränkte Auswertung gestattet ist, § 2 Abs. 1 des Formulars. Wichtig ist die Festlegung, ob die Übertragung der Nutzungsrechte ausschließlich sein soll. Mit der Einräumung ausschließlicher Nutzungsrechte an den Tonträgerhersteller erwirbt dieser einen eigenständigen Verbotsanspruch gegen Dritte in dem Umfang der ihm vermittelten Rechtsübertragung (§ 79 Abs. 2 S. 2 iVm § 31 Abs. 3 UrhG).

5.4 GegenKonzertmitschnitte, die ohne Einwilligung des Künstlers vorgenommen werden (sog. *Bootlegs),* kann der Künstler gemäß §§ 96 Abs. 1, 77 UrhG vorgehen und bereits im Formular den Produzenten ermächtigen, in seinem Namen dagegen einzuschreiten (vgl. § 2 Abs. 1 des Formulars). Ausländischen Künstlern ist das Vorgehen gegen nicht lizenzierte Live-Mitschnitte in den Grenzen des § 125 UrhG in Verbindung mit dem Rom-Abkommen ermöglicht (Katzenberger GRUR Int. 2014, 443 (445, 451)). Seit dem 3. Gesetz zur Änderung des Urheberrechtsgesetzes sind mit Wirkung zum 1.7.1995 Staatsangehörige der EG und des EWR deutschen Staatsangehörigen gleichgestellt (vgl. § 125 iVm § 120 Abs. 2 nF; BGH GRUR 1999, 49 – Bruce Springsteen and his Band; BGH GRUR 1998, 568 – Beatles-Doppel-CD). Der deutsche Gesetzgeber zog damit die Konsequenz aus der grundlegenden Entscheidung des EuGH vom 20.10.1993 (GRUR 1994, 280 – Phil Collins), wonach die Schlechterstellung von EG-Ausländern gegen das Diskriminierungsverbot nach Art. 6 EWGV verstößt.

5.5 Die Weiterübertragbarkeit der vom ausübenden Künstler abgeleiteten Rechte wird in § 79 UrhG in sich widersprüchlich geregelt. Nach dem Gesetzeswortlaut in Abs. 1 können zwar nicht das Leistungsschutzrecht des ausübenden Künstlers als solches, wohl aber seine Rechte und Ansprüche „übertragen" werden, während nach Abs. 2 zugleich auch das urheberrechtliche Einräumungssystem, welches eine translative Rechtsübertragung ausschließt, und damit auch der Einwilligungsvorbehalt bezüglich der Weiterübertragung gem. § 34 UrhG zum Zuge kommen soll (vgl. dazu Dünnwald/Gerlach § 79 Rn. 6 und 7. Das Formular schlägt dazu einen Mittelweg vor. Dem Produzenten wird in § 2 Abs. 1 das Recht eingeräumt, Auswertungshandlungen selbst vorzunehmen oder durch Dritte vornehmen zu lassen. Damit ist der Produzent zB in die Lage versetzt, den Tonträgervertrieb oder die Auswertung im Ausland Dritten im Wege der Unterlizenz zu überlassen, ohne dass die Rechtsbeziehung zwischen Künstler und Vertragsproduzent davon berührt wird. § 2 Abs. 10 des Formulars sieht nach dem Modell des § 34 Abs. 3 UrhG eine Weiterübertragung des vertragsgegenständlichen Nutzungsrechts eingeschränkt auf die Fälle der Gesamt- oder Teilveräußerung des Unternehmens vor, vorausgesetzt, dass der Produzent dabei seiner Informationspflicht gegenüber dem Künstler nachkommt.

5.6 § 2 Abs. 9 des Formulars sieht eine Garantieklausel vor, durch die dem Künstler die Exkulpationsmöglichkeit gem. § 311a Abs. 2 BGB hinsichtlich der Rechtsübertragung abgeschnitten wird (→ Anm. 43). Der Umgang mit Fremdmaterialen wirft speziell beim Soundsampling rechtliche Zweifelsfragen auf. Selbst die Entnahme kleinster Tonpartikel begründet nach der Rechtsprechung des Bundesgerichtshofs (BGH GRUR 2009, 403 Rn. 14 – Metall auf Metall; BGH GRUR 2013, 614 – Metall auf Metall II) einen Eingriff in das Leistungsschutzrecht des Tonträgerherstellers gem. § 85 Abs. 1 UrhG. Nach der Kritik des Bundesverfassungsgerichts an dieser Rechtsprechung (BVerfG GRUR 2016, 690 – Metall auf Metall) hat der BGH (Beschl. v. 1.6.2017, GRUR 2017, 895 – Metall auf Metall IV) die Sache dem EuGH vorgelegt, der folgende entschieden hat (EuGH GRUR 2019, 929 – Metall auf Metall III – Rn. 38, 698 f. Auch die Übernahme kürzester Rhythmussequenzen füllt den Vervielfältigungstatbestand. Beim Sampling scheidet eine Vervielfältigung aber aus, wenn die Sequenz beim Hören in nicht wiedererkennbarer Form in ein neues Werk eingefügt wird. Ansonsten kann eine Vervielfältigung durch das Zitatrecht gedeckt sein, wenn der Zweck verfolgt wird, mit dem wiedererkennbar zitierten Werk durch Erläuterung, Bezug zu einzelnen Meinungen oder in geistiger Auseinandersetzung zu interagieren. Vor diesem Hintergrund empfiehlt das Formular ausdrücklich eine entsprechende Abstimmungsverpflichtung.

5.7 Im Übrigen erstreckt sich die Garantie auch auf die Angaben des Künstlers zu den ansonsten noch mitwirkenden Künstlern und zu den eingespielten Musikwerken, ferner auf die von ihm für die Werbung zur Verfügung gestellten Text- und Bildmaterialien. Sofern in diesem Zusammenhang die Rechtslage unklar sein sollte, empfiehlt es sich aus der Sicht des Künstlers dringend, den Tonträgerhersteller – möglichst schriftlich – auf die Problematik (zB bezüglich der Fotografenrechte) hinzuweisen und diesem die etwa erforderliche Lizenzbeschaffung aufzugeben.

6. Ausschließlichkeit und Vertragsdauer.

6.1 Ausschließlichkeitsbindungen finden auf drei Ebenen statt. Die Einräumung exklusiver (anstelle lediglich einfacher) Nutzungsrechte (→ Anm. 5.3) besagt, dass der Künstler dinglich daran gehindert ist, Dritten gleichfalls die Nutzung seiner Darbietung für die eingeräumten Nutzungsarten zu überlassen. Vereinbarungen über die ausschließliche Bindung des Künstlers an den Produzenten (persönliche Exklusivität) sowie die Verpflichtung, bestimmte Musikwerke nicht erneut durch einen Dritten aufnehmen zu lassen (Titelexklusivität), entfalten lediglich schuldrechtliche Wirkungen, dh sie gelten nur unmittelbar zwischen den Vertragsparteien.

6.2 Die Vereinbarung persönlicher Ausschließlichkeitsbindungen und deren Dauer ist sorgfältig zu überlegen. Eine überlange Bindung liegt keinesfalls im Interesse der Künstler und dient letztlich auch nicht dem Produzenten, da sie bei Unzuträglichkeiten in der Zusammenarbeit lähmend wirkt. Die persönliche Exklusivität sollte nicht länger als auf drei Jahre festgelegt werden (§ 10 in Verbindung mit § 3 Abs. 1 des Formulars). Eine längere Bindung als auf fünf Jahre begegnet Bedenken aus § 40 UrhG und ist ersatzweise auch gem. § 138 BGB zu betrachten (→ Anm. 4). Optionen auf einseitige Vertragsverlängerung, die dem Produzenten vorbehalten sind, verlängern natürlich den Bindungszeitraum. Gängige Klauseln (vorliegend zweckmäßigerweise als Ergänzung zu § 10 des Formulars) sehen beispielsweise vor, dass der Produzent berechtigt ist, den Vertrag durch schriftliche Erklärung, die spätestens sechs Monate vor Vertragsbeendigung zugegangen sein muss, um ein oder zwei weitere Jahre zu verlängern. Aus der Sicht des Künstlers sollte darauf geachtet werden, dass seine finanziellen Konditionen nicht auf dem Status des Vertragsbeginns verharren, sondern sich bei Optionsausübung spürbar verbessern. Gelegentlich wird die Verlängerungsbefugnis davon abhängig gemacht, ob der Künstler gegenüber dem Produzenten noch Vorschussschulden oder ein bestimmtes Produktionsvolumen eingespielt hat. Auf jeden Fall sollte eine vertragliche Abhängigkeit zwischen Bindungsverlängerung und Erfüllung angemessener Veröffentlichungspflichten im Verlängerungszeitraum festgelegt werden (OLG Karlsruhe ZUM 2003, 785 (786)). Ansonsten gilt der Vertrag als auf unbestimmte Zeit geschlossen und kann ohne besonderen Kündigungsgrund durch ordentliche Kündigung beendet werden.

6.3 Künstler, die vor Ablauf ihrer Exklusivitätsbindung den Produzenten wechseln wollen, werden häufig mit der Maßgabe aus dem Vertrag vorzeitig entlassen, dass sie, gegebenenfalls nach Absprache mit dem übernehmenden Produzenten, den bisherigen Produzenten an der künftigen Tonträgerauswertung durch prozentuale Beteiligung in bestimmter Höhe partizipieren lassen (sog. *override*).

6.4 Durch die Titelexklusivität (§ 3 Abs. 2 des Formulars) soll sichergestellt sein, dass ein bestimmtes Musikstück in der Interpretation des Vertragskünstlers auch über die Dauer der persönlichen Bindung hinaus dem Produzenten, der diese Aufnahme bekannt gemacht hat, zur Auswertung vorbehalten bleibt (titelbezogenes Wiederaufnahmeverbot für den Künstler). Ihre Verletzung löst Schadensersatzansprüche zu Gunsten des Tonträgerherstellers aus (BGH GRUR 2002, 795 (797) – Titelexklusivität). Die in § 3 Abs. 2 des Formulars vorgesehene Frist von 5 Jahren ab Bindungsende kann auf Grund der gegebenen Interessenlage und vorbehaltlich sich im Einzelfall ergebender Bedenken aus § 138 (Knebelung der künstlerischen Betätigung) auch auf einen längeren Zeitraum, etwa auf 10 Jahre bis zum maximal denkbaren Endzeitpunkt des Ablaufs der gesetzlichen Schutzfrist festgelegt werden. Zeigt der Produzent durch Streichung des Titels in seinem Katalog, dass er kein Interesse mehr am Vertrieb der Aufnahme hat, oder gelingt ihm nennenswerter Absatz über einen längeren Zeitraum nicht mehr, rechtfertigt sich der Wegfall der Titelexklusivität. Denkbar ist es auch, den Wegfall der Titelexklusivität in diesem Falle von einem entsprechend erklärten Verlangen des Künstlers abhängig zu machen.

7. Mindestproduktion und -veröffentlichung, Auswertungspflicht.

7.1 § 4 des Formulars verpflichtet nicht nur den Künstler zur Darbietung, sondern auch den Produzenten zur Veröffentlichung der auf Tonträger aufgenommenen Darbietung, und zwar als Hauptpflicht (KG ZUM-RD 1999, 98) neben den eingegangenen Zahlungsverpflichtungen. Art und Umfang der Veröffentlichungsverpflichtung bestimmt sich entsprechend der §§ 1, 14–16 VerlG: Der Produzent hat die Tonträgerproduktion in angemessener Zeit und in der bei Vertragsabschluss vorgesehenen, ersatzweise in der üblichen und dem Produkt angemessenen Stückzahl herzustellen und öffentlich zum Verkauf anzubieten. Kommt er dieser Verpflichtung nicht nach, steht dem Künstler mangels abweichender Vereinbarung im Vertrag wahlweise die Durchsetzung des Erfüllungsanspruchs (Zwangsvollstreckung gemäß § 887 ZPO) oder das Recht auf Rücktritt **und** Schadenersatz nach den bürgerlich rechtlichen Vorschriften zum Recht der Leistungsstörungen (§§ 323, 325 BGB) zu. Soweit bestimmte Zeiträume für die Tonträgerveröffentlichung vorgesehen sind, liegt darin nicht ohne weiteres die Vereinbarung eines Fixgeschäftes im engeren Sinne (KG ZUM-RD 1999, 98 (99 f.)). Dem Produzenten ist gegenüber dem Künstler die Durchsetzung des Anspruchs auf Erbringung der Darbietung versagt (§ 888 Abs. 2 ZPO); er kann Rücktritt und Schadenersatz geltend machen. Auch kann vereinbart werden, dass der Vertrag solange fortbesteht, bis der Künstler schuldhaft unterlassene Darbietungsverpflichtungen erfüllt hat.

7.2 Der Produzent kann die Aufnahmen nur in Ausnahmefallen wegen ihres Inhalts zur Veröffentlichung ablehnen, zB wenn im Vertrag die Interpretation bestimmter Musikwerke vorgesehen ist und der Künstler gänzlich andere Werke einspielt. Künstlerische Geschmacksfragen rechtfertigen die Ablehnung im Allgemeinen nicht (*Fromm/Nordemann-J. B. Nordemann* UrhG Vor §§ 31 ff. Rn. 181). Allerdings kann es ausnahmsweise vorkommen, dass ein Künstler von der Gattung her etwas völlig anderes vorlegt als das, was nach seinen bisherigen Leistungen von Seiten des Produzenten erwartet werden musste (zB wenn ein als Mozart- und Beethoven-Interpret bekannter Pianist unvermittelt Jazz-Aufnahmen veröffentlichen möchte). In solchen Fällen kann die Forderung nach Veröffentlichung gegen Treu und Glauben verstoßen. Der Produzent kann die Veröffentlichung auch dann verweigern, wenn die Aufnahmen objektiv feststellbar unter dem üblichen technischen Standard liegen.

8. Herstellung der Aufnahmen.

8.1 Den Künstler auch für Darbietungen zu verpflichten, die über den Mindestumfang der vom Produzenten zu veröffentlichenden Aufnahmen hinausgehen, erscheint möglich, ist aber nicht unproblematisch. Möglich ist es auch, dem Produzenten den Stichentscheid über die aufzunehmenden Darbietungen zu überlassen. Durch Vertragsklauseln allein lässt sich indes auf dem Felde der Kreativität nicht alles regeln. Wenn der Künstler eine bestimmte Darbietung nicht veröffentlichen möchte, wird meist das künstlerische Ergebnis so ausfallen, dass der Produzent besser daran täte, allein auf ein Einvernehmen mit dem Künstler zu setzen (§§ 4, 5 Abs. 1 des Formulars). Gegebenenfalls kommen auch die Varianten in Betracht, die für den Tonträgerproduktionsvertrag mit Orchestern vorgeschlagen (→ Form. IX.24 § 5) und erörtert werden (IX.24 Anm. 8).

8.2 Damit hängt die Regelung eines vertraglichen Veröffentlichungsrechts des Künstlers zusammen, § 5 Abs. 4 des Formulars. Handelt es sich um eine Eigenkomposition des Künstlers, die bei der betreffenden Einspielung erstmalig im Wege der Improvisation fixiert wurde, erwächst das Veröffentlichungsrecht dem Künstler in seiner Eigenschaft als Urheber unmittelbar aus § 12 UrhG. Nach erfolgter Aufnahme wird dem Künstler das Recht eingeräumt, das Band abzuhören und qualitative Bedenken gegen die Aufnahme geltend zu machen. Im Interesse des Produzenten ist vorgesehen, dass der Künstler ein derartiges Recht an Ort und Stelle auszuüben hat, damit längere Zeiträume vermieden werden, in denen Unsicherheit besteht, ob die Aufnahme verwertet werden kann oder wiederholt werden muss. Werden jegliche Mitspracherechte des Künstlers ausgeschlossen, wird dies als einseitige Vertragsgestaltung zu Lasten des Künstlers bei der Inhaltskontrolle nach § 138 BGB zu bewerten sein (OLG Karlsruhe ZUM 2003, 785 (786), → Anm. 4.8).

8.3 Zur vorherigen Festlegung des Umfangs der Kosten, die der Produzent dem Künstler gelegentlich der Wahrnehmung der Produktionstermine erstattet (vgl. § 5 Abs. 3 des Formulars), kann im Vertrag auf – sofern vorhanden – die jeweils gültigen Produktionskostentarife des Produzenten Bezug genommen werden. Stattdessen kann auch im Vertrag festgelegt werden, in welchem Umfang dem Künstler Reise- und Verzehr spesen und sonstige Kosten, zB für den Transport von Musikgeräten, erstattet werden. Die Abwälzung der Produktionskosten auf den Künstler durch Reduktionen oder Verrechnungen kann den Anspruch auf angemessene Vergütung beieinträchtigen und ein Anpassungsanspruch gem. § 32 Abs. 1 S. 3 UrhG rechtfertigen oder gegen das Transparenzgebot verstoßen, § 307 BGB. Das wirtschaftliche Risiko der Herstellung trägt hier, anders als beim Bandübernahmevertrag, der Tonträgerhersteller. Daher erscheint eine Transparenz über die vom Künstler zu tragenden Produktionskosten im Verhältnis zu der dem Künstler zustehenden Beteiligung unerlässlich.

9. Veröffentlichung, Namensnennung des Künstlers.

9.1 Die Veröffentlichung der Tonträger ist Teil ihrer Vermarktung und damit in erster Linie Sache des Produzenten (§ 6 des Formulars). Dennoch empfehlen sich, vor allem aus der Sicht des Künstlers, aber auch zur Vermeidung beiderseitiger Meinungsverschiedenheiten, Vereinbarungen über den Zeitpunkt der Veröffentlichung (§ 6 Abs. 1 des Formulars). Auch kann im Vertrag festgelegt werden, dass die Veröffentlichung auf einem bestimmten Label erfolgen soll, um damit speziellen Prestige- und Image-Wünschen der Künstler, die auch mit Gesichtspunkten der Vertriebspolitik gekoppelt sein können, Rechnung zu tragen (vgl. die Regelung in → Form. IX.25 § 5 Abs. 1).

9.2 Die Art und Weise der Veröffentlichung findet ihre Grenze im Persönlichkeitsrecht des Künstlers (allgemeines Persönlichkeitsrecht und Rechtsgedanke aus § 83 UrhG). Unzulässig ist deshalb die ungenehmigte Veröffentlichung einer Tonträgeraufnahme in der kommerziellen Produktwerbung (OLG Hamburg GRUR 1989, 666 – Heinz Erhardt) oder auf einem Compilation-Tonträger, auf dem sich auch Musik von Gruppen aus der rechtsradikalen Szene befinden (OLG Frankfurt a.M. GRUR 1995, 1215 – Springtoifel), ebenso unzulässig die Verwendung eines Musikwerkes anlässlich der Wahlkampfveranstaltung einer als verfassungswidrig eingestuften Partei (BGH GRUR-RR 2018, 61 – Die Höhner) sowie die Verbindung (fremder) Musik mit gewaltverherrlichenden Text- und Kraftausdrücken (LG Hamburg ZUM-RD 2010, 399 (414)), die Verwendung von Teilen eines Musikstücks als Handy-Klingelton (BGH GRUR 2009, 395 Rn. 14 – Klingeltöne für Mobiltelefone) und die Nutzung von Teilen eines Musikstücks als Walk-in-Musik eines Boxers (LG München I GRUR 2005, 574 (575) – O Fortuna). Dies gilt auch, wenn der Künstler im Vertrag formularmäßig auf die Geltendmachung persönlichkeitsrechtlicher Ansprüche verzichtet hat. Diese sind nicht generell verzichtbar (LG München UFITA 87, 342), jedoch können für den Einzelfall vertragliche Vereinbarungen darüber getroffen werden. Die Vertragsparteien können auch Verabredungen über die Erfüllung bestimmter technischer Normen der Tonträger treffen. Wenn der Künstler über die Gestaltung der Verpackung des Endproduktes bestimmte Vorstellungen hat, muss er versuchen, sich insoweit Mitspracherechte im Vertrag vorzubehalten. Ohne ausdrückliche Verabredungen ist die Ausstattung allein Sache des Produzenten, sofern dabei die branchenüblichen Gepflogenheiten eingehalten werden. Nicht einmal ein Bandleader oder Dirigent kann verlangen, dass sein Bild auf der Plattenhülle erscheint (vgl. OLG München UFITA 86, 270).

9.3 Die Urheberrechtsnovelle 2003 hat mit Wirkung zum 13.9.2003 ein gesetzliches Recht des Künstlers eingeführt, in Bezug auf seine Darbietung als solcher anerkannt zu werden. Als Ausprägung dieses Rechts ist in § 74 UrhG ein Namensnennungsrecht (entspr. dem für die Urheber maßgeblichen § 13 UrhG) statuiert worden, das den Tonträgerhersteller verpflichtet, bei Veröffentlichungshandlungen den Künstler mit seinem Namen oder Künstlernamen zu nennen. Bei Gruppendarbietungen genügt die Nennung des Gruppennamens. § 7 Abs. 1 S. 1 des Formulars empfiehlt, die maßgebliche Namensvariante im Vertrag festzulegen. Der formularmäßige Ausschluss des Namensnennungsrechts des Interpreten kann an der AGB-Inhaltskontrolle scheitern (KG GRUR-RR 2012, 362 (366) = ZUM-RD 2012, 519 (525)).

9.4 Sofern der Tonträgerhersteller für sich das Recht beansprucht, (ausnahmsweise) zur alleinigen Nutzung des Künstlernamens befugt zu sein, unter welchem die von ihm produzierten Musiktitel – in welcher personellen Besetzung diese auch immer eingespielt worden sein mögen – auf Tonträger herausgebracht werden (vgl. OLG München WRP 1996, 933 – Boney M), sollte dies zur Vermeidung von Streitigkeiten im Vertrag geregelt sein, zB wie folgt: „Das Recht zur Führung des Künstlernamens XY steht allein dem Tonträgerhersteller für die von ihm veröffentlichten künstlerischen Produkte zu. Der Künstler darf davon nur im Rahmen dieser vertragsgegenständlichen Tonträgerveröffentlichung und der darauf bezogenen Promotion nach den Weisungen des Tonträgerherstellers Gebrauch machen.“ Ob solche Verabredungen, zumal wenn sie in AGB verwendet werden, nach Einführung des § 74 weiter anerkannt werden, ist zweifelhaft. Ein zeitlich unbeschränktes Recht des Tonträgerherstellers zur Nutzung des (Künstler) Domainnamens für eine Top-Level Domain dürfte gegen § 138 BGB verstoßen. (Ingendaay S. 151). Der Produzent, der erstmals in Deutschland Aufnahmen einer zuvor schon im Ausland unter einer bestimmten Bezeichnung erfolgreichen Musikgruppe vermarktet, erwirbt dadurch allein nicht die Kennzeichenrechte für Deutschland an dem unveränderten Namen der Gruppe (OLG Köln GRUR-RR 2008, 243 – Vanilla Ninja).

10. Werbung.

10.1 Soll der Künstler verpflichtet sein, an bestimmten Werbemaßnahmen, sei es entgeltlich oder unentgeltlich, mitzuwirken, so ist auch dies im Vertrag ergänzend festzulegen, zweckmäßigerweise in § 7 des Formulars. Abbildungen des Künstlers unterliegen dessen Recht am eigenen Bild, sofern es sich nicht ausnahmsweise um eine „zeitgeschichtliche" Darstellung handelt, §§ 22, 23 Abs. 1 Nr. 1 KUG (BGH GRUR 1968, 652 – Ligaspieler; BGH GRUR 1979, 425 – Fußballkalender; BGH WRP 1992, 632 – Fotoveröffentlichung zu Werbezwecken; BGH GRUR 1997, 125 – „Künstlerabbildung in CD-Einlegeblatt"; OLG Karlsruhe AfP 2010, 591 = ZUM-RD 2010, 690 – „Königin im Ring"; LG Berlin AfP 2006, 674 – Fußballnationalspieler am Mallorca-Strand). Über die Einwilligungsrechte verfügt der Künstler selbst, und zwar auch dann, wenn er im Rahmen einer öffentlichen Veranstaltung aufgenommen worden ist. Der Veranstalter hat keine Rechte an der Abbildung (LG München UFITA 87, 373). Deshalb lässt sich der Tonträgerhersteller für Werbezwecke die erforderlichen Einwilligungsrechte bereits im Vertrag vorweg einräumen, § 7 Abs. 1 S. 1 des Formulars. Darüber hinaus übernimmt der Künstler eine Verpflichtung, dem Produzenten Bildmaterial nebst damit verbundener Veröffentlichungsbefugnis des Fotografen (§§ 72, 68, 16, 17 UrhG) zur Verfügung zu stellen, § 7 Abs. 2 S. 2 des Formulars.

10.2 Ein häufiger Reibungspunkt zwischen Produzent und Künstler ist das finanzielle Engagement des Produzenten für und die Art und Weise von Maßnahmen zur Werbung für die Veröffentlichungen (Promotionzuwendungen). § 10 Abs. 3 des Formulars sieht eine entsprechende vertragliche Regelungsposition vor. Dort können Einzelheiten über die Höhe des Promotion-Etats ebenso geregelt werden wie Werbeaufwendungen für Senderreisen, Herstellung von Werbematerial und dessen Streuung, Anschaffung von Musikinstrumenten und technischen Geräten für die Konzerttätigkeit, Durchführung, Finanzierung eines Managers ua. In bestimmten Sparten ist die Durchführung von Konzerttourneen, die ggf. auch mit Verlust abschließen, eine unverzichtbare Promotion-Maßnahme, vor allem in der Anlaufphase einer Künstlerkarriere. Dabei bietet es sich an, im Künstlervertrag den Tonträgerhersteller zu verpflichten, den zu erwartenden Verlust bis zu einer bestimmten Höhe zu übernehmen. Zugleich kann innerhalb der Grenzen des § 138 BGB vorgesehen werden, dass ein Teil der vom Tonträgerhersteller übernommenen Kosten mit Vergütungsansprüchen des Künstlers zu verrechnen ist (sog. Toursupport).

10.3 Die Benutzung von Künstlerdarstellungen, -Namen und -Zeichen zur Vermarktung von Fanartikeln und darüber hinaus zum Einsatz in der Produkt- und Dienstleistungswerbung für Dritte (Merchandising) ist von gesteigerter wirtschaftlicher Bedeutung geworden. Gegenstand der Rechtseinräumung (§ 7 Abs. 4 des Formulars) ist im Rahmen eines Künstlervertrages insoweit primär eine Verfügung über das Recht am eigenen Bild, über Namens- und Persönlichkeitsrechte und auch wettbewerbsrechtlichen Schutzpositionen (Goodwill, Imagetransfer), und zwar dahin, durch eigene Produktions- und Vertriebsmaßnahmen und/oder durch Lizenzierung an Dritte, zB Markenartikler, Namen, Abbild und Image des Künstlers werbend zu nutzen (*Rossbach/Joos* S. 367; zur Nutzung des Namens im Rahmen einer Website: Sasse/Waldhausen ZUM 2000, 837 (848)). Soweit die Merchandising-Auswertung entgeltlich erfolgt, ist sie vergütungspflichtig (§ 8 Abs. 5 des Formulars). Das Merchandisingrecht fällt nach Wegfall der persönlichen Exklusivitätsbindung an den Künstler zurück. Stattdessen könnte auch vereinbart werden, dass der Rechterückfall bereits dann eintritt, wenn nach Ablauf einer kürzeren Frist eine Merchandisingauswertung nicht erfolgt ist.

10.4 Angesichts schrumpfender Erlöse aus dem Absatz körperlicher Tonträger und den Problemen, die Online-Nutzung von U-Musik zu direkt erzielbaren Erlösen zugunsten der Tonträgerhersteller und ausübenden Künstler heranzuziehen, ist von einem „unumkehrbaren Trend“ zu Geschäftsmodellen die Rede, bei denen weniger die Musik selbst aus vielmehr die Künstlerpersönlichkeit von Interpreten, ihr Erscheinungsbild, ihr Logo und ihre Internetauftritte für Zwecke von kommerzieller Werbung, Testimonials und Sponsoring herangezogen werden (Bießmann/Möllmann/Scheuermann § 60 Rn. 55–59). Des Weiteren wird dem sog. Branded Entertainment eine wachsende Bedeutung zugesprochen, also der werblichen Platzierung von Produkten und Marken Dritter innerhalb der Musik- und Videoproduktionen rund um die Künstler. Es versteht sich von selbst, dass der Tonträgerhersteller, der solche Aktivitäten selbst unternimmt oder durch Dritte unternehmen oder sich für die Unterstützung solcher Geschäftsmodelle bezahlen lässt, der vorherigen unzweideutigen schriftlichen Einwilligung des Künstlers bedarf. Der Künstler wiederum sollte seine Einwilligung, wenn er sie denn erteilen will, von einer angemessenen finanziellen Gegenleistung abhängig machen. Als Vergütungsmodell sollte eine Kombination von zeitlich sich wiederholbarem Festbetrag (zB mit jährlicher Fälligkeit) mit einer prozentualen Erfolgsbeteiligung (zB 50 Prozent) vorzugswürdig sein.

10.5 Zu den Unarten in der Musikbranche gehört es, dass der Tonträgerhersteller nach Wegfall der persönlichen Exklusivität des Künstlers sich in dessen neue Vermarktungsaktivitäten einzuklinken versucht. Dem soll durch § 7 Abs. 6 des Formulars entgegen gewirkt werden.

11. Vergütung.

11.1 Im Zusammenhang mit der Auswertung der Aufnahmen durch Tonträgervertrieb wird eine Beteiligung des Künstlers am Absatz der Tonträger vereinbart, § 8 Abs. 1 des Formulars. Für den Vertrieb im Inland wird das Beteiligungshonorar überwiegend prozentual am Händlerabgabepreis (Abgabepreis an den Handel laut jeweils gültiger Preisliste, kurz: HAP oder PPD) des Tonträgerherstellers, am Nettodetailverkaufspreis (durchschnittlicher Verkaufspreis des Einzelhandels an den Letztabnehmer) oder am Großhandelspreis (ca. die Hälfte des Nettodetailverkaufspreises) bemessen. Der Händlerabgabepreis lässt sich als effektive Bezugsgröße durch den Tonträgerhersteller am sichersten feststellen. In der Praxis liegen die Beteiligungssätze, bezogen auf den Nettodetailverkaufspreis, zwischen 5 und 9 %, bei Bemessung am Händlerabgabe- oder Großhandelspreis entsprechend höher. Je nach Bekanntheit des Künstlers dürfte die angemessene Vergütung bei einem Beteiligungshonorar zwischen 7–12 % HAP liegen (*Ingendaay,* mwN). Häufig erfolgt eine Staffelung des Prozentsatzes nach steigendem Absatz, bzw. nach Erreichen des Gold- oder Platin-Status entsprechend den Regularien des Bundesverbandes Musikindustrie-BVMI.

11.2 Für Verkäufe im Ausland gelten im Allgemeinen reduzierte Prozentsätze. Reduzierte Beteiligungssätze werden gelegentlich auch für Verkäufe außerhalb des traditionellen Tonträgerhandels (zB Verkäufe über Clubs oder über Drogeriemärkte) festgelegt, während Amazon und vergleichbare Internethändler inzwischen zum traditionellen Tonträgerhandel gehören (Bießmann/Möllmann/Scheuermann S. 692). Weitere Reduktionen, zB für medienbeworbene Tonträger oder ein sog. Technikabzug erscheinen problematisch, weil hierdurch dem Künstler auf verdeckte Weise Kosten aus der Sphäre des Tonträgerherstellers aufgebürdet werden.

11.3 Im Hinblick auf die zunehmende Online-Auswertung sieht das Formular in Abs. 2 eine am Einzelabruf orientierte Beteiligungsvergütung vor, deren Bemessung vorsichtig an der Tonträgervertriebsvergütung orientiert wird. Vor dem Hintergrund, dass der Online-Vertrieb erhebliche Kostenreduktionen mit sich bringt, dürfte eine Reduzierung der

Grundbeteiligung durch Technikabzüge oder andere Reduktionen unredlich sein. Die auf dem HAP basierende Stückzahllizenz ohne jegliche Reduktionen dürfte als zulässige Mindestlizenz anzusehen sein. Häufig aber teilen sich die Parteien die Erlöse hälftig nach Abzug der Kosten, enstprechend etwa dem GVL Verteilungsplan für die Vergütung von nicht interaktiven Online-Diensten. Soweit die Online-Auswertung oder sonstige Verwertungsformen nicht pro Verwertungsvorgang, sondern pauschal vergütet werden (Abonnementsystem im Online-Bereich, auf Zeitdauer bemessen bei Web-Streaming, Web-Cast usw), sieht Abs. 3 eine Aufteilung des Pauschalaufkommens zwischen Tonträgerhersteller einerseits und den beteiligungsberechtigten Künstlern andererseits vor. Mit Rücksicht auf noch in der Entwicklung befindliche Auswertungsformen dieser Art könnte auch folgende Anpassungsklausel vorgesehen werden: „Sollten sich im Verlaufe der Auswertung der Online-Rechte wesentliche Änderungen in der Branchenübung der Vergütung solcher Verwertungsformen ergeben, die zu einer erheblichen Benachteiligung einer Vertragspartei führen, werden sich die Parteien über eine Anpassung im Sinne einer angemessenen Vergütung verständigen."

11.4 Verrechnungsvereinbarungen wie gemäß § 8 Abs. 5 des Formulars sollten auch dann vereinbart werden, wenn Vorschusszahlungen nicht bereits bei Abschluss des Tonträgerproduktionsvertrages festgelegt werden. Anstelle dessen kann auch vorgesehen werden, dass der durch die Umsatzbeteiligung nicht abgedeckte Vorschussbetrag vom Künstler zurückzuzahlen oder durch Erlöse aus einer zusätzlichen Tonträgerproduktion abzudecken ist. Werden bei Vertragsabschluss bereits Vorschusszahlungen des Produzenten an den Künstler vereinbart, empfiehlt sich die Festlegung der Fälligkeiten, zB 50 % bei Vertragsabschluss, der Rest nach Durchführung der veröffentlichungsfähigen Aufnahme für die bevorschusste Produktion.

11.5 Die Vergütungsregelung in Verträgen, die seit dem 1.6.2001 abgeschlossen worden sind, ist der Angemessenheitskontrolle des § 32 UrhG unterworfen (§§ 79 Abs. 2 S. 2, 132 UrhG). Sofern die im Vertrag festgelegte Vergütung nicht angemessen ist, kann der Künstler nachträglich vom Tonträgerhersteller die Einwilligung in eine angemessene Vergütung verlangen. Zur eingeschränkten Anwendbarkeit des § 32 UrhG bei Bandübernahmeverträgen → Form. IX.25 Anm. 6.2. Da gemeinsame Vergütungsregeln (§ 36 UrhG), deren Einhaltung die Angemessenheitsvermutung begründen würden (§ 32 Abs. 2 S. 1 UrhG), für den Bereich der Künstlerverträge bisher nicht bekannt geworden sind, und auf der anderen Seite die Bestimmung dessen, was angemessen ist, nur begrenzt einer generalisierenden Betrachtung zugänglich erscheint, wird es bei der Bestimmung der Vergütungshöhe vor dem Hintergrund des § 32 UrhG (zunächst) primär darum gehen, offensichtlich unangemessene Regelungen zu vermeiden. Hierher gehören zB Vertragsklauseln, die die Höhe der an der unteren Angemessenheitsgrenze bemessenen Beteiligungsvergütung für die überwiegenden oder ins Gewicht fallenden Vermarktungsvorgänge (zB für den Fall der Tonträgerbewerbung) auf ein nicht mehr marktgerechtes Niveau reduzieren. Zu den Unarten in Künstlerverträgen gehören in diesem Zusammenhang ferner Klauseln, durch die dem Künstler Promotion- und Produktionskosten ganz oder teilweise im Verrechnungswege von der Vergütung abgezogen werden. Für den Fall, dass es zu einer einschlägigen gemeinsamen Vergütungsregel kommen sollte, kann von Seiten des Tonträgerherstellers in Betracht gezogen werden, sich etwa durch folgende Vertragsklausel gegen eine „überangemessene" Vergütungsverpflichtung abzusichern: „Wird in einer gemeinsamen Vergütungsregel (§ 36 UhrG) die angemessene Vergütung in einer Höhe festgelegt, die niedriger liegt als das in diesem Vertrag fixierte Honorar, ermäßigt sich die Zahlungsverpflichtung des Werkverwerters auf die Vergütungshöhe aus der gemeinsamen Vergütungsregel. Sofern in der gemeinsamen Vergütungsregel ein Vergütungsrahmen als angemessene Vergütung festgelegt wird, gilt im Zweifel der dort genannte Mindestsatz als Vertragshonorar. Die hierdurch ausgelöste Vertragskorrektur gilt mit Wirkung ab dem Zustandekommen der gemeinsamen Vergütungsregel. Etwa vom Werkverwerter bereits im Voraus geleistete, am Vertragshonorar orientierte Zuvielzahlungen sind vom Künstler zurückzuzahlen oder können vom Werkverwerter wahlweise bei zukünftig fällig werdenden Honorarzahlungen zu Lasten des Künstlers in Abzug gebracht werden."

11.6 Für Nutzungshandlungen, die ab 28.3.2002 stattfinden, verfügt der Künstler darüber hinaus gemäß §§ 32a, 79 Abs. 2 S. 2, 132 Abs. 3 UrhG über einen Anspruch auf nachträgliche Anpassung der Vergütung im Sinne eines Fairness-Ausgleichs, wenn sich während der Laufzeit des Vertrages ein auffälliges Missverhältnis zwischen den Erträgnissen und Vorteilen aus der Werknutzung zeigt. Aus der Sicht des Verwerters lassen sich derartige Nachforderungsansprüche am besten dadurch vermeiden, dass für alle denkbaren Verwertungsvorgänge Beteiligungsvergütungen in angemessener Höhe vorgesehen werden. Die Ansprüche selbst sind vertraglich nicht abdingbar (vgl. §§ 32 Abs. 3, 32a Abs. 3 UrhG). Zur internationalrechtlichen Problematik vgl. *Hilty/Peukert* GRUR-Int. 2002, 643 (644).

11.7 Unter dem Gesichtspunkt des Angemessenheitsgebotes (§§ 79 Abs. 2 S. 2, 32 UrhG) könnten Bedenken gegen Vertragsklauseln geltend gemacht werden, die den Künstler verpflichten, die ihm von Seiten seiner Verwertungsgesellschaft (GVL) zustehenden Vergütungsansprüche aus der Tonträgerzweitauswertung an den Tonträgerhersteller zu refundieren. Denn der Tonträgerhersteller nimmt über dieselbe Verwertungsgesellschaft ohnehin bereits an der Erlösverteilung teil. Der von der Verwertungsgesellschaft unter der Aufsicht des Deutschen Patentamtes (§§ 1 Abs. 1, 18 Abs. 1 WahrnG) praktizierte Verteilungsschlüssel entspricht einem allgemeinen Gerechtigkeitsempfinden. Wenn auch im Einzelfall ein individualvertragliches Abweichen durch Refundierung vertretbar erscheinen mag, ist eine formularmäßig vorgesehene Refundierungsverpflichtung zu Lasten des ausübenden Künstlers weiterhin Zulässigkeitsbedenken nach den Grundsätzen der Inhaltskontrolle von AGB (§§ 307–309 BGB iVm § 63a UrhG) ausgesetzt. Das Formular sieht sie deshalb nicht vor.

12. Abrechnung.

12.1 In Bezug auf die Abrechnung des Absatzes von Tonträgern kann vorgesehen werden, dass ein bestimmter Prozentsatz (in der Praxis bis zu 10 %) der Lagerausgänge als Ausgleich für Retouren, Transportverluste, Werbeexemplare uä nicht abgerechnet zu werden braucht (→ Form. IX.24 § 13 Abs. 3).

12.2 Anstelle der halbjährlichen Abrechnungstermine (§ 9 Abs. 1 des Formulars) werden auch Quartals- oder Ganzjahrestermine vorgesehen. Je absatzträchtiger die vertragsgegenständlichen Objekte sind, desto eher sollten kürzere Abrechnungstermine bevorzugt werden.

12.3 Die für Abrechnung und Zahlung von Beteiligungshonoraren maßgebliche Währung (§ 9 Abs. 3 des Formulars) bestimmt sich nach derjenigen des Sitzes des Produzenten. Domizilieren Künstler oder Produzenten in mehreren Ländern, empfiehlt sich die Bestimmung, in welcher Währung abzurechnen und zu zahlen ist.

12.4 Gemäß §§ 79 Abs. 2a, 32d UrhG kann der ausübende Künstler bei entgeltlicher Einräumung und Übertragung eines Nutzungsrechts von seinem Vertragspartner einmal jährlich Auskunft und Rechenschaft über den Umfang der Werknutzung und die hieraus gezogenen Erträge und Vorteile auf Grundlage der im Rahmen eines ordnungsgemäßen Geschäftsbetriebes üblicherweise vorhandenen Informationen verlangen. Ob daraus, gegebenenfalls bei Vorliegen weiterer Voraussetzungen, ein formales Buchprüfungsrecht abzuleiten ist, erscheint zumindest fraglich. In Anlehnung an Andryk, Das Buchprüfungsrecht, S. 266 wird eine umfassende Buchprüfungsklausel empfohlen, die sich in toto oder in Teilen als Vorlage für eine entsprechende Zusatzregelung in Anschlussabsätzen von § 9 des Formulars eignet:

a) Der Tonträgerhersteller verpflichtet sich, zugunsten des Künstlers separate Bücher hinsichtlich des Vertragsgegenstandes zu führen und in seiner Hauptniederlassung in

Deutschland mindestens 10 Jahre über das Ende dieses Vertrages hinaus zugänglich zu halten und aus denen sich zumindest die hergestellte Menge, der Verkaufspreis, die zur Nutzung überlassenen Mengen, die Namen der Kunden, der Vertragsländer, die Rechnungs- sowie Lieferdaten ersehen lassen. Verkaufspreis ist der Gesamtumsatz ausschließlich Umsatzsteuer (mindestens der Listenpreis pro Stück) ohne Abzug jeglicher Marktanreize wie Abschläge, Boni, Rabatte, Rückvergütungen und dergleichen. Die Buchhaltungsunterlagen (insbesondere Hauptbuch, Journale, Bestellungen, Rechnungen, Frachtdokumente, Inventare, Steuerunterlagen einschließlich lesbarer Datensicherungen) sind mindestens für die Dauer der steuerlichen Aufbewahrungsfristen, jedenfalls aber bis zum Ende der letzten Buchführung durch den Lizenzgeber sicher aufzubewahren und notfalls auf Kosten des Tonträgerherstellers zu rekonstruieren.

b) Der Tonträgerhersteller wird jedes von ihm oder in seinem Auftrag aufgrund dieses Vertrages hergestellte Produkt mit folgendem Aufdruck versehen: „Hergestellt mit Zustimmung von . . . . . .unter Vertragsnummer. . . . . .“

c) Der Künstler hat bis 3 Jahre nach Ablauf dieses Vertrages das im übrigen zeitlich unbeschränkte, dh nicht auf eine Abrechnungsperiode beschränkte Recht, die physischen und elektronisch geführten Bücher und sonstigen Unterlagen gem. a) zwischen 9 und 17 Uhr selbst oder durch einen von ihm bestimmten zur beruflichen Verschwiegenheit verpflichteten Berufsangehörigen einzusehen, das Personal des Tonträgerherstellers zu befragen, auf Zugang zu Fertigungsstätten, auf eigene Kosten Kopien von Unterlagen und Informationen zu fertigen.

Der Tonträgerhersteller wird eine informierte Person als Ansprechpartner und Informant (auch hinsichtlich eventueller Passworte) bereitstellen. Der Tonträgerhersteller wird im Rahmen der Buchprüfung keine eigenen Kosten geltend machen.

d) Ergeben sich im Verlauf der Prüfung Diskrepanzen zu Lasten des Künstlers, so ist der Prüfer berechtigt, den Prüfungszeitpunkt auch auf frühere Abrechnungszeiträume auszudehnen Der Tonträgerhersteller wird sich nicht auf die Einrede der Verjährung berufen.

e) Stellt sich aufgrund der Prüfung heraus, dass auch nur für eine einzige Abrechnungsperiode mehr als 1.000 Euro zu wenig an den Künstler gezahlt wurde, so hat der Künstler das Recht zur fristlosen Kündigung des Vertrages, und der Tonträgerhersteller hat ungeachtet eines weitergehenden Schadensersatzanspruches des Künstlers das Zweifache des vom Prüfer festgestellten Fehlbetrages nebst Zinsen in Höhe von 10 Prozent jährlich, mindestens jedoch die gesetzlichen Zinsen sowie die Kosten der Buchprüfung (Honorar und Spesen) unverzüglich und einredefrei an den Künstler zu zahlen.

f) Der Künstler hat über die ihm anlässlich der Buchprüfung bekannt gewordenen Betriebsinterna gegenüber Dritten Stillschweigen zu wahren.

g) Der Tonträgerhersteller wird seinen Vertragspartnern, insbesondere eventuellen Subverwertern, die Verpflichtungen aus a) bis e) auferlegen und insbesondere ermöglichen, dass der Künstler auch die Bücher der Subverwerter prüfen (lassen) kann.

13. Rechterückfall.

13.1 Mit der Beendigung der persönlichen Bindung erlöschen die Verpflichtungen des Produzenten zur Herstellung von Tonträgern (§ 4 des Formulars) sowie des Künstlers zur Erbringung von Darbietungen und zur Beachtung der persönlichen Exklusivität gemäß § 3 Abs. 1 des Formulars. Die Einhaltung der Titelexklusivität bestimmt sich nach § 3 Abs. 2 des Formulars. Grundsätzlich bleibt der Produzent zur weiteren Auswertung der bereits hergestellten Vertragsaufnahmen befugt, insoweit verbleibt es auch bei seinen Pflichten zur Abrechnung und Zahlung (§§ 8, 9 des Formulars). Bei fristloser Kündigung des Tonträgerproduktionsvertrages durch den Künstler erlöschen die Nutzungsrechte des Produzenten ohnehin in entsprechender Anwendung des § 9 VerlG (BGH UFITA 86, 240 (243); KG UFITA 86, 230 (238)). Vorzeitige Kündigungsrechte, die – klarstellend – mit einem entsprechenden Rechterückfall verknüpft werden, sieht § 10 Abs. 3–5 des Formulars speziell auch im Hinblick auf Insolvenzsituationen vor, dies in Anpassung an das durch die Insolvenzordnung novellierte Insolvenzrecht.

13.2 Mit dem Rechterückfall entfällt die persönliche Ausschließlichkeit und die Titelausschließlichkeit ebenso wie die Vervielfältigungs- und Verbreitungsbefugnis des Produzenten. Andererseits darf der Künstler die vom Produzenten hergestellten Vertragsaufnahmen nicht seinerseits vervielfältigen und verbreiten, da die Rechte des Produzenten aus § 85 UrhG hieran unberührt bleiben. Im Hinblick auf die Rechtsprechung des Bundesgerichtshofs zum Schicksal der Unterlizenz bei Wegfall der Hauptlizenz (BGH GRUR 2012, 914 – Take Five – und BGH GRUR 2012, 916 – M2Trade) empfiehlt § 2 Abs. 11 des Formulars einen automatischen Rechterückfall vom Sublizenznehmer an den Künstler bei Erlöschen des schuldrechtlichen Verpflichtungsgeschäfts zwischen Künstler und Tonträgerhersteller, zB bei dessen fristloser Kündigung durch den Künstler (im Einzelnen → Form. IX.34 Anm. 5).

14. Musikgruppen.

14.1 Für die Bewilligung von Nutzungsrechten erleichtert § 80 Abs. 2 iVm § 74 Abs. 2 UrhG den Rechtsverkehr zwischen Produzent und Künstlergruppe, indem die Disposition des Leiters der Gruppe für ausreichend erklärt wird. Diese Vertretungserleichterung gilt zB für die Geltendmachung von Nachbesserungsansprüchen aus §§ 32, 32a. Darüber hinaus besteht im Rahmen eines Dauervertrages das Bedürfnis, eine derartige Vereinfachung auch für den gesamten rechtsgeschäftlichen und zahlungsmäßigen Verkehr zu verabreden. Deshalb empfiehlt § 12 Abs. 3 des Formulars, auf Seiten der Musikgruppe (in gesamthänderischer Bindung, vgl. § 80 Abs. 1 sowie → Form. IX.27 Anm. 5) einen – untechnisch gesprochen – „Geschäftsführer", gegebenenfalls auch in Form einer Vorstandsbestellung gemäß § 80 UrhG, benennen zu lassen, an den der Produzent mit befreiender Wirkung gegenüber allen Gruppenmitgliedern abrechnen und zahlen und demgegenüber er rechtsgeschäftliche Erklärungen abgeben kann. Eine solche Regelung liegt zumeist auch im Interesse der Gruppenmitglieder, vor allem weil dadurch vermieden wird, dass rechtsgeschäftliche Erklärungen unterschiedlichen Inhalts seitens der Musiker abgegeben werden. Zwingend vorgeschrieben sind derartige Vollmachten jedoch nicht.

14.2 Bei größeren Ensembles ist deren Qualität und Leistungsfähigkeit von der Mitwirkung einer einzelnen Person nicht abhängig. Anders verhält es sich bei Kammermusikensembles (Trio, Quartett usw), vor allem aber bei den vielfältigen Erscheinungsformen von Musikgruppen der U-Musik. Für deren Mitglieder ist zu klären, ob auch ihre solistische Betätigung in den Vertrag einzubeziehen ist oder nicht (§ 11 Abs. 2 des Formulars). Im Hinblick auf Fluktuationen sollte vertraglich die Einbindung neuer Gruppenmitglieder sichergestellt und das Ausscheiden bisheriger Mitglieder einer Zustimmung des Produzenten für den Regelfall vorbehalten werden (§ 11 Abs. 2 des Formulars). Mit seiner Einwilligung in das Ausscheiden entlässt der Produzent den betreffenden Musiker auch aus persönlichen Exklusivbindungen. Es empfiehlt sich, den Verbleib des Namens der Gruppe zu regeln für den Fall des Ausscheidens einzelner Mitgliedern, damit die fortgesetzte Nutzung des Namens den übrigen Mitgliedern möglich ist. Dem ausscheidenden Mitglied entsteht dadurch kein Nachteil, da er einen Abfindungsanspruch hat, der auch die Abfindung der Namensrechte beinhaltet.

14.3 Wünscht der Produzent darüber hinaus, dass die Musiker nicht nur als Gruppe, sondern auch als Solisten (unabhängig von der Gruppe) exklusiv an ihn gebunden werden, bedarf es entsprechender ausdrücklicher Abreden (§ 11 Abs. 1 des Formulars). Bei solistischer Bindung verlangt der Künstler gegebenenfalls eine Verpflichtung des Produzenten, in bestimmtem Mindestumfang auch von seinen solistischen Darbietungen Veröffentlichungen herzustellen.

15. Schlussbestimmungen, Gerichtsstand. Für Streitigkeiten mit Künstlern, die nicht im Inland ansässig sind, empfiehlt § 13 Abs. 4 des Formulars die Vereinbarung des Sitzes des

Tonträgerherstellers als Gerichtsstand. Dem Tonträgerhersteller verbleibt die sich aus Gründen mangelnder Anerkenntnis deutscher Gerichtsurteile oder der Vereinbarkeit deutscher Zuständigkeit im Ausland anbietende Möglichkeit, den Künstler an seinem (ausländischen) Wohnsitz zu verklagen, während der Tonträgerhersteller in jedem Fall an seinem (inländischen) Sitz zu verklagen ist. Domiziliert der Tonträgerhersteller dagegen nicht im Inland, wird der inländische Sitz des Künstlers als Gerichtsstand empfohlen und die Möglichkeit offen zu halten sein, auch am jeweiligen Wohnsitz des beklagten Künstlers zu klagen. Die geltungserhaltende Reduktion ist dann nicht aufrecht zu erhalten, wenn Bestimmungen von grundlegender Bedeutung sittenwidrig sind (BVerfG GRUR 2005, 880 (881) – Xavier Naidoo; → Anm. 4).

16. Steuern. Die Darbietung des ausübenden Künstlers zur Herstellung von Tonträgern und die Übertragung aller urheber- und leistungsschutzrechtlich relevanten Rechte auf den Tonträgerhersteller zum Zwecke der eigenen Rechtsausübung sind eine einheitliche, untrennbare sonstige Leistung, deren wirtschaftlicher Gehalt durch die Einräumung des Rechts zur Aufnahme und deren Vervielfältigung und Verbreitung bestimmt wird. Die Einwilligung des ausübenden Künstlers in die Aufnahme seiner Darbietung und die Übertragung des Rechts auf Vervielfältigung und Verbreitung hat als umsatzsteuerlichen Leistungsort den Sitz des inländischen Tonträgerherstellers A 12.7 Abs. 20 KStAG. Die im Unternehmen eines Tonträgerherstellers hergestellten Tonträger sind immaterielle Wirtschaftsgüter des Anlagevermögens und daher nicht zu aktivieren. Der Tonträger ist ein nach der allgemeinen Verkehrsauffassung bewertbarer Wert und somit ein Wirtschaftsgut iSd § 95 BewG (BFH BStBl. II 1984, 190 II S. 190).

17. Kosten Empfohlen wird eine Honorarvereinbarung nach Zeitaufwand. Für den Fall der vereinbarten Abrechnung nach RVG ermittelt sich der Gegenstandswert nach Maßgabe der Laufzeit und der zu erwartenden Vergütung.

24. Tonträgerproduktionsvertrag Orchester

Zwischen[1, 2, 16]
dem Orchester ......
und
dem Tonträgerhersteller ......
wird folgender Tonträgerproduktionsvertrag geschlossen:

§ 1 Vertragsgegenstand[1, 3, 4]

Das Orchester steht dem Tonträgerhersteller während der Dauer dieses Vertrages für Schallaufnahmen zur Verfügung.

§ 2 Rechtseinräumung[5]

(1) Das Orchester räumt dem Tonträgerhersteller das ausschließliche und übertragbare Recht ein, die während der Vertragsdauer aufgenommenen Darbietungen auf Tonträger weltweit auszuwerten. Zur Sicherung der Ausschließlichkeitsverpflichtung aus diesem Vertrag räumt das Orchester auch alle Rechte und Ansprüche ein, die durch seine Darbietungen bei etwaigen Bild- und Schallaufnahmen und Mitschnitten Dritter entstehen. Die Rechtseinräumung schließt ein insbesondere das Recht zur Aufnahme und Verbreitung von Tonträgern aller Art (insbesondere Schallplatte, Tonband, Musikkassette, Compactdisc, DAT-Kassette, Minidisc, Multi-Opticaldisc, CD-ROM, CD-I, CD-

Plus/CD-Enhanced/CD-Extra, SACD, DVD, Diskette, Speicherchip, Speicherkarte) in jeder Konfiguration (Single/Maxi-Single/Einfach-, Doppel-, Mehrfach-Album) und unter Anwendung aller technischer Verfahren. Die Übertragung erstreckt sich auch auf das Recht zur Aufnahme und Verbreitung auf anderen bislang noch unbekannten Speichermedien. Der Tonträgerhersteller ist berechtigt, die Tonaufnahme des Orchesters mit Aufnahmen anderer Orchester auf Tonträgern (Kopplungsrecht) sowie zur Herstellung eines Films, Multimediaproduktes oder anderer optisch-akustische Produkte umfassend auszuwerten oder auswerten zu lassen.

(2) Die Rechtseinräumung schließt sämtliche Leistungsschutzrechte sowie alle sonstigen Rechte des Orchesters ein, die diese an Aufnahmen ihrer Darbietungen erwerben. Miteingeräumt ist insbesondere das Recht zur öffentlichen Aufführung, zur Funksendung und zur Verwendung der Aufnahmen für die Herstellung von Filmwerken, ausgenommen die Verwertung von Bild-Tonträgern (Synchronisationen mit optischen Aufzeichnungen von Darbietungen des Orchesters). Das Orchester bleibt berechtigt, Aufnahmen zu Verfilmungszwecken auch von den Werken herzustellen oder herstellen zu lassen, die der Tonträgerhersteller unter diesem Vertrag aufnimmt. Diese Aufnahmen dürfen jedoch ohne Zustimmung des Tonträgerherstellers nicht getrennt vom Film, insbesondere nicht als Tonträger ausgewertet werden.

(3) Das Orchester gewährleistet, dass es nicht durch anderweitige Bedingungen gehindert ist, dem Tonträgerhersteller die durch diesen Vertrag überlassenen Rechte zu gewähren.

(4) Die Rechtseinräumung umfasst auch die Online-Rechte, dh das Recht zur öffentlichen Zugänglichmachung, insbesondere zum Einspeisen und Abspeichern in analogen und/ oder digitalen Datenbanken und Datennetzen (zB Internet) oder Telekommunikationsdiensten und die Verbreitung auf diesen Wegen mit dem Zweck, den Vertragsgegenstand den betreffenden Nutzerkreisen durch individuellen Abruf entgeltlich oder unentgeltlich zugänglich zu machen.

§ 3 Ausschließlichkeit[6]

(1) Das Orchester wird während der Vertragsdauer keinem anderen als dem Tonträgerhersteller für die Auswertung von Tonträgern zur Verfügung stehen; es wird es nicht zulassen, dass Dritte seine Darbietungen auf Tonträgern auswerten, auch nicht unter anderem Namen oder ohne Nennung seines Namens. Dies gilt nicht für Aufnahmen zu Zwecken des Films sowie auf Bild-Tonträger und zu Zwecken des Ton- und Fernsehrundfunks.

(2) Das Orchester wird es auch nach Vertragsablauf 5 Jahre lang unterlassen, eine neue Einspielung von Werken, deren Darbietung der Tonträgerhersteller im Rahmen dieses Vertrages zulässigerweise auswertet, anderweitig auszuwerten oder auswerten zu lassen. Diese Verpflichtung entfällt, sobald der Tonträgerhersteller an zwei aufeinander folgenden Jahresabrechnungen nicht mehr als jeweils 100 Tonträger absetzt und abrechnet. Die Werkexklusivität entfällt ferner und insoweit, als der Tonträgerhersteller bestimmte Aufnahmen aus seinem Vertriebsrepertoire streicht.

§ 4 Mindestproduktion[7,14]

(1) Orchester und Tonträgerhersteller verpflichten sich wechselseitig, pro Vertragsjahr durchschnittlich . . . . . . Tonträger mit dem Umfang einer handelsüblichen CD einzuspielen. Der Tonträgerhersteller garantiert dem Orchester die Herstellung von mindestens . . . . . . Tonträgern mit dem Umfang einer handelsüblichen CD für jedes volle Vertragsjahr. Wird diese Anzahl nicht erreicht, so zahlt der Tonträgerhersteller am Ende des Vertragsjahres die dem Orchester entgangenen Sitzungsgelder (§ 9 Abs. 1 dieses Vertrages) aus. Auf Wunsch des Tonträgerherstellers kann die ausgefallene Aufnahme

während der Dauer dieses Vertrags zu einem späteren Zeitpunkt unter erneuter Zahlung der Sitzungsgelder nachgeholt werden.
(2) Werden in einem Vertragsjahr mehr als . . . . . . Tonträger des genannten Umfangs eingespielt, so können die Mehraufnahmen für das jeweils vorausgehende oder für nachfolgende Jahre auf die Jahresgarantie angerechnet werden.

§ 5 Werkauswahl[8]

Über die aufzunehmenden Werke und deren Dirigenten haben sich die Vertragspartner bereits verständigt; die beigefügte Liste ist Bestandteil dieses Vertrages. Etwaigen Änderungswünschen des Tonträgerherstellers wird das Orchester entsprechen, falls es nicht aus rechtlichen Gründen an der Erfüllung des Änderungswunsches gehindert ist.

§ 6 Besetzung[10]

Das Orchester steht für die Aufnahmen in folgender Besetzung zur Verfügung:
Der Tonträgerhersteller ist in Abstimmung mit dem Dirigenten zu Abweichungen von dieser Besetzung im Einzelfall aus sachlichen, insbesondere künstlerischen oder kommerziellen Gründen berechtigt.

§ 7 Bearbeitungen[9]

Soweit urheberrechtlich nicht mehr geschützte Werke aufgenommen werden, wird das Orchester bei der Aufnahme etwaige Kadenzen oder andere noch geschützte Bearbeitungen nur nach vorheriger Verständigung des Tonträgerherstellers benutzen. Das Recht zur mechanischen Vervielfältigung und Verbreitung, zur öffentlichen Aufführung oder zur Funksendung etwaiger eigener Bearbeitungen des Orchesters oder einzelner seiner Mitglieder ist ohne besondere Vergütung an den Tonträgerhersteller mitübertragen.

§ 8 Produktionstermine[11]

(1) Die Produktionstermine werden vom Tonträgerhersteller und dem Orchester gemeinsam für jeweils eine Saison (September bis Juli) festgelegt, sobald der Dienstplan des Orchesters bekannt ist. Sie sollen zur Vermeidung von Irrtümern schriftlich bestätigt werden.
(2) Wird ein vereinbarter Aufnahmetermin später als 48 Stunden vor seinem Beginn vom Tonträgerhersteller abgesagt, so zahlt der Tonträgerhersteller dem Orchester das ausgefallene Sitzungshonorar, und zwar ohne Anrechnung auf das Sitzungshonorar für die Nachholung dieser Aufnahme, es sei denn, der Tonträgerhersteller wäre durch höhere Gewalt an der Wahrnehmung des Aufnahmetermins gehindert gewesen. Bei der Absage von Reserve-Sitzungen entfällt der Anspruch auf das Sitzungshonorar auch dann, wenn die Absage erst zum Ende der vorhergehenden Aufnahmesitzung erfolgt.

§ 9 Durchführung der Produktionstermine[11]

(1) Das Orchester wird den Tonträgerhersteller in dem Bemühen um pünktliche und disziplinierte Durchführung der Aufnahmen nach besten Kräften unterstützen. Es wird diesbezüglichen Anweisungen des Dirigenten und des Tonträgerherstellers Folge leisten und sicherstellen, dass die Aufnahmen pünktlich beginnen und pünktlich wiederbeginnen, dh dass das Orchester jeweils spielbereit ist, und dass die Aufnahmen ohne jede Verzögerung in der gewohnten künstlerischen Qualität eingespielt werden können. Spielbereitschaft bedeutet:
– Vollzählige Anwesenheit der mitwirkenden Mitglieder des Orchesters,
– Aufliegen des vollständigen Stimmenmaterials;
– sorgfältiges Einstimmen;

– Kenntnis, mit welcher Stelle des Werkes begonnen wird;
– vollständige Ruhe.

(2) Um die Erfüllung dieser Verpflichtungen zu ermöglichen, wird das Orchester das benötigte Notenmaterial rechtzeitig zur Verfügung haben. In Sonderfällen bedarf es der Absprache der Vertragsparteien.

(3) Auch während etwaiger Unterbrechungen, insbesondere bei Abhörpausen, sollen die Mitglieder des Orchesters auf ihren Plätzen verbleiben, damit die Spielbereitschaft jederzeit sofort wiederhergestellt werden kann.

(4) Eine Aufnahmesitzung beginnt mit der Spielbereitschaft des Orchesters und dauert in der Regel 3 Stunden (einschl. etwaiger Unterbrechungen zum Abhören), aufgeteilt in etwa 135 Minuten reine Spielzeit und etwa 45 Minuten Pause. Grundsätzlich soll eine Aufnahmesitzung in 3 Perioden von je etwa 45 Minuten reiner Spielzeit und etwa 15 Minuten Pause zerfallen. Die reine Spielzeit (ohne Unterbrechung) soll nach Möglichkeit nicht länger als 60 Minuten betragen.

(5) Im beiderseitigen Interesse sind der Tonträgerhersteller und das Orchester bereit, Aufnahmen, die nach Ansicht des Tonträgerherstellers künstlerisch oder technisch unbefriedigend ausgefallen sind, zu wiederholen. Die Entscheidung darüber, ob eine Schallaufnahme zur Veröffentlichung geeignet ist (Freigabe), trifft der Tonträgerhersteller.

(6) Die Aufnahmen finden grundsätzlich am Sitz des Orchesters statt. Erklärt sich das Orchester bereit, auf Bitte des Tonträgerherstellers zu einem anderen Aufnahmeort zu reisen, so werden den mitwirkenden Orchestermitgliedern die verauslagten Fahrtkosten für die 1. Klasse der Eisenbahn oder für die Touristenklasse im Flugzeug ersetzt. Für Unterkunft und Tagesspesen vergütet der Tonträgerhersteller dem Orchester einen Betrag, der jeweils zwischen den Vertragspartnern festzusetzen ist.

(7) Bei allen Aufnahmen sind auch die anfallenden Nebenkosten für Instrumententransport, Instrumentenversicherung, Orchesterwarte und die geschäftsführenden Orchester-Vertreter gegen Vorlage der Belege zu erstatten.

(8) Der Tonträgerhersteller haftet für etwaige Personen- oder Sachschäden, die während der Aufnahmen entstehen, soweit diese Schäden in das typische Betriebsrisiko des Tonträgerherstellers fallen, und wird eine entsprechende Versicherung abschließen.

§ 10 Veröffentlichung[12]

(1) Über Zeitpunkt, Art und Dauer der Veröffentlichung der Schallaufnahmen entscheidet der Tonträgerhersteller. Er wird dabei auf die künstlerischen Interessen des Orchesters angemessen Rücksicht nehmen.

(2) Der Tonträgerhersteller darf Vertragsaufnahmen aus dem Vertriebsrepertoire jederzeit streichen und gestrichene Aufnahmen wieder in seinen Vertriebskatalog aufnehmen, unbeschadet des Verlustes der Werkexklusivität für zwischenzeitlich gestrichene Titel.

§ 11 Werbung,[13] Namensnennung

(1) Der Tonträgerhersteller ist berechtigt und verpflichtet, im Zusammenhang mit jeglicher Veröffentlichungshandlung, die Bezeichnung „. . . . . . " oder eine Übersetzung dieser Bezeichnung für die nach diesem Vertrage hergestellten Aufnahmen zu benutzen.

(2) Solange die nach diesem Vertrag hergestellten Aufnahmen ausgewertet werden, darf der Tonträgerhersteller Abbildungen des Orchesters oder einzelner seiner Mitglieder für seine Werbung unentgeltlich benutzen oder benutzen lassen. Das Orchester wird dem Tonträgerhersteller auf Anforderung und auf Kosten des Tonträgerherstellers geeignetes Bildmaterial frei von Rechten Dritter zur Verfügung stellen und sich für Fotoaufnahmen erforderlichenfalls bereithalten, soweit kein besonderer Zeitaufwand eigens dafür erforderlich ist.

§ 12 Vergütung[14]

(1) Der Tonträgerhersteller zahlt an das Orchester als Entgelt für die Übertragung der Rechte und für die sonstigen vertragsgemäßen Leistungen ein Sitzungshonorar (Abs. 2) und eine Umsatzbeteiligung (Abs. 3) jeweils zzgl. gesetzl. MwSt.

(2) Der Tonträgerhersteller vergütet dem Orchester für jedes vollständig aufgenommene Album ohne Rücksicht auf die etwa geringere tatsächliche Aufnahmedauer mindestens 3 Sitzungen. Dauert die Sitzung länger als insgesamt 3 Stunden, so wird jede angefangene halbe Stunde mit $^1/_6$ des Sitzungshonorars zusätzlich vergütet. Das Sitzungshonorar beträgt Euro ...... für jedes künstlerisch mitwirkende Orchestermitglied pro Sitzung. Dieser Betrag erhöht sich für den Konzertmeister um .....%
für den Solo-Cellisten um ...... %
für den Zweiten Konzertmeister um ...... %
für die Stimmführer um ...... %
für die Ersten Bläser um ...... %
für die sonstigen exponierten Instrumente um ...... %.
Hat eine Sitzung aus Gründen, die vom Orchester oder einem seiner Mitglieder zu vertreten sind, eine reine Spielzeit von weniger als 135 Minuten, kann der Tonträgerhersteller die unentgeltliche Nachholung der fehlenden reinen Spielzeit verlangen.

(3) Die Umsatzbeteiligung beträgt für Vertragsaufnahmen von urheberrechtlich nicht geschützten Werken ...... %. Sie ermäßigt sich für Begleitaufnahmen (Orchesterwerke mit Vokal- oder Instrumentalsoli, Opern, Operetten und Chorwerke) sowie für Vertragsaufnahmen von urheberrechtlich geschützten (auch teilgeschützten) Werken auf ...... %. Für Vertragsaufnahmen von urheberrechtlich geschützten oder teilgeschützten Begleitaufnahmen beträgt sie ...... %. Enthält ein Tonträger Aufnahmen verschiedener Kategorien im vorstehenden Sinne, so wird die Umsatzbeteiligung des Orchesters pro rata temporis ermittelt. Grundlage für die Ermittlung der Umsatzbeteiligung (Abrechnungsbasis) ist

- bei Verkäufen in der Bundesrepublik Deutschland der Endverbraucherpreis,
- bei Verkäufen im Ausland 70 % des Endverbraucherpreises im Verkaufsland,
- bei Verkäufen durch Schallplattenclubs, Mailorder-Vertrieb oder andere Sondervertriebswege, im Rahmen von Subskriptionsangeboten und in um mindestens 50 % billigeren Serien als der Normalpreis-Serie die Hälfte des jeweiligen Endverbraucherpreises. Besteht ein solcher nicht, gilt als Abrechnungsbasis das Eineinhalbfache des Lieferpreises des Tonträgerherstellers. Sofern im Endverbraucherpreis Verkaufssteuern wie zB Mehrwertsteuer und/oder Umsatzsteuer enthalten sind, ist Abrechnungsbasis der um diese Steuern gekürzte Endverbraucherpreis. Endverbraucherpreis im Sinne dieser Bestimmung ist der empfohlene und bei Fehlen einer Preisempfehlung der tatsächlich geforderte durchschnittliche Endverbraucherpreis.

(4) Als Entgelt der mit diesem Vertrag übernommenen weiteren Rechte außerhalb des Tonträgervertriebs und der Online-Auswertung erhält das Orchester für die gesamte Auswertungsdauer eine Umsatzbeteiligung wie folgt:

a) Für eigene Auswertungshandlungen durch den Tonträgerhersteller einschließlich Merchandising eine Vergütung in Höhe von ...... % der beim Tonträgerhersteller eingehenden Erlöse abzüglich Umsatzsteuer;
b) für Auswertungshandlungen der Lizenznehmern eine Beteiligung in Höhe von ...... % der beim Tonträgerhersteller eingehenden Lizenzerlöse abzüglich Umsatzsteuer;

Auswertungshandlungen, die von Gesellschaften getätigt werden, an denen der Tonträgerhersteller konzernmäßig beteiligt ist, werden nach a) vergütet.

§ 13 Abrechnung[15]

(1) Das Sitzungshonorar wird dem Orchester jeweils innerhalb von 15 Tagen nach Vorlage der Abrechnung für die jeweilige Sitzung bezahlt. Die Umsatzbeteiligung wird vom Tonträgerhersteller vierteljährlich jeweils innerhalb von 3 Monaten nach Ablauf der betreffenden Abrechnungsperiode abgerechnet und gezahlt. Von Lizenznehmern an den Tonträgerhersteller abgerechnete Umsatzbeteiligungen werden zum nächsten Termin nach Zahlungseingang beim Tonträgerhersteller, gegebenenfalls unter Abzug anfallender Steuern abgerechnet und gezahlt. Die Verteilung des Sitzungshonorars und der Umsatzbeteiligung auf die Mitwirkenden ist Sache des Orchesters.

(2) Tonträger mit Vertragsaufnahmen, die für Werbezwecke oder aus Gründen sonstiger Verkaufsförderung oder nach Streichung aus dem Vertriebsrepertoire des Tonträgerherstellers zu Ausverkaufszwecken abgegeben werden, unterliegen der Umsatzbeteiligung nicht. Dasselbe gilt für Tonträger, die Ausschnitte aus Vertragsaufnahmen enthalten und für Werbezwecke abgegeben werden.

(3) Zur Berücksichtigung von Retouren ist der Tonträgerhersteller berechtigt, eine Pauschale von 10 % der verkauften Tonträger in Ansatz zu bringen. Demgemäß gelten als verkauft im Sinne der Vereinbarungen über die Umsatzbeteiligung 90 % der aus dem jeweiligen Zentrallager im Verkaufsland zum Zwecke des Verkaufs ausgelieferten Tonträger. Übersteigt die Anzahl der in einem Verkaufsland erfassten Retouren 15 %, ist der Tonträgerhersteller berechtigt, für das betreffende Verkaufsland die effektiven Retouren in Abzug zu bringen.

(4) Der Wert der Ausstattung (CD-Booklet, Kassette, Textbuch und dergleichen) unterliegt nicht der Umsatzbeteiligung. Er wird bei CD und Schallplatte mit 10 %, bei bespielten Tonbändern mit 25 %, jeweils bezogen auf die in diesem Vertrag festgelegte Abrechnungsbasis, pauschaliert.

(5) Die Umsatzbeteiligung steht dem Orchester im Rahmen der gesetzlichen Schutzdauer auch nach Vertragsende solange zu, wie der Tonträgerhersteller die betreffende Vertragsaufnahme auswertet. Der Anspruch auf die Umsatzbeteiligung hinsichtlich dieser Aufnahme erlischt jedoch, wenn das Orchester das betreffende Werk unter Verletzung der vertraglich vereinbarten Titelexklusivität durch Dritte aufnehmen lässt.

(6) Das Orchester kann die der Abrechnung zugrunde liegenden Bücher und Unterlagen des Tonträgerherstellers durch ein von ihm bevollmächtigtes Mitglied, das mit der Vollmachtserteilung ausdrücklich zur Verschwiegenheit zu verpflichten ist, oder durch einen zur Berufsverschwiegenheit verpflichteten Dritten (Wirtschaftsprüfer, Rechtsanwalt, Steuerberater usw) einsehen und sich Kopien und Auszüge fertigen lassen. Der Tonträgerhersteller wird darüber hinaus etwa gewünschte Erläuterungen und Auskünfte zu den Abrechnungen jederzeit erteilen.

(7) Die Abrechnungen des Tonträgerherstellers gelten als genehmigt, sofern das Orchester nicht innerhalb von 12 Monaten nach Erteilung der Abrechnung unter Angabe der Gründe schriftlich Einspruch erhebt. Gleichzeitig erlischt das Prüfungsrecht.

(8) Alle Zahlungen erfolgen in der für die Bundesrepublik Deutschland jeweils maßgeblichen Währung und werden dem Orchester spesenfrei auf ein von ihm zu benennendes Konto überwiesen. Abtretungen und die Erteilung von Inkassoaufträgen an Dritte bedürfen der schriftlichen Anzeige an den Tonträgerhersteller.

§ 14 Vertragsdauer

(1) Der Vertrag beginnt mit der Unterzeichnung durch beide Vertragspartner und endet nach Ablauf von . . . . . . Jahren. Er verlängert sich automatisch um ein weiteres Vertragsjahr, sofern nicht eine der Vertragsparteien den Vertrag mit einer Frist von sechs

Monaten durch schriftliche Erklärung kündigt. Das Recht auf sofortige Kündigung gemäß § 627 BGB wird abbedungen.

(2) Die ordentliche Beendigung des Vertrages lässt die Befugnis des Tonträgerherstellers unberührt, die nach Maßgabe dieses Vertrages hergestellten Tonträger weiterhin auszuwerten. Die vertragliche Verpflichtung des Tonträgerherstellers zur Abrechnung und Vergütung besteht für die Auswertung sämtlicher Tonträger fort.

(3) Bis zur Stellung des Antrages auf Eröffnung des Insolvenzverfahrens über das Vermögen des Tonträgerherstellers ist der Künstler zur fristlosen Kündigung des Vertrages mit der Folge des automatischen Rechterückfalls berechtigt:

- unter den Voraussetzungen des §§ 314 BGB (fristlose Kündigung aus wichtigem Grund bei Dauerschuldverhältnissen);
- es tritt eine wesentliche Verschlechterung der Vermögensverhältnisse des Tonträgerherstellers ein.

(4) Nach der Stellung des Antrages auf Eröffnung des Insolvenzverfahrens ist der Künstler zur fristlosen Kündigung des Vertrages mit der Folge des automatischen Rechterückfalls berechtigt, wenn der Tonträgerhersteller zwischen der Antragstellung und der Eröffnung des Insolvenzverfahrens mit seinen Zahlungsverpflichtungen in Verzug gerät.

(5) Nach der Eröffnung des Insolvenzverfahrens ist der Künstler zur fristlosen Kündigung des Vertrages berechtigt, wenn der Insolvenzverwalter mit den Zahlungsverpflichtungen aus dem fortgeführten Vertrag in Verzug gerät.

§ 15 Schlussbestimmungen

(1) Ergänzend gilt das Recht der Bundesrepublik Deutschland.

(2) Maßgebend ist allein dieser schriftliche Vertrag. Änderungen, Ergänzungen sowie der Verzicht auf die Schriftform können nur schriftlich vereinbart werden. Mündliche Nebenabreden sind nicht getroffen.

(3) Die etwaige Unwirksamkeit einer Bestimmung dieses Vertrages lässt die Wirksamkeit des Vertrages im Übrigen unberührt. Die unwirksame Bestimmung ist durch eine sinnentsprechende wirksame Bestimmung zu ersetzen, die der angestrebten wirtschaftlichen Regelung am nächsten kommt.

(4) Sofern das Orchester keinen Gerichtsstand im Geltungsbereich der Bundesrepublik Deutschland hat, gilt der Geschäftssitz des Tonträgerherstellers als Gerichtsstand für alle etwaigen Streitigkeiten aus diesem Vertrag. Die Parteien sind auch berechtigt, das nach dem allgemeinen Gerichtsstand des Beklagten zuständige Gericht anzurufen.

Schrifttum: → Form. IX.23.

Anmerkungen

1. Sachverhalt. Bei Tonträgerproduktionsverträgen mit großen Orchestern, insbesondere Sinfonieorchestern ergeben sich gegenüber → Form. IX.23 Anm. 1 einige Besonderheiten. Sämtliche Zusammenhänge mit Verlagsverträgen entfallen, da das Orchester als Urheber selbstgeschaffener Werke nicht in Betracht kommt (lediglich → Anm. 9). Die Orchester stehen für ihre Konzerttätigkeit häufig in den Diensten eines öffentlichen Trägers und unterliegen in diesem Zusammenhang Bindungen bezüglich der Verwertung ihrer Konzertaufnahmen für Rundfunksendungen. Einzelheiten siehe *Dünnwald/Gerlach* § 79 Rn. 41 mwN. Die Vorbereitung und Durchführung der Produktionen ist aufwändiger als bei Solisten oder kleineren Ensembles und bedarf besonderer Absprachen. Vor allem gibt es gegenüber dem üblichen Tonträgerproduktionsvertrag abweichende Usancen bei der Vergütung.

2. Wahl des Formulars. Das Formular ist für Verträge mit Sinfonieorchestern oder deren Trägern (Kommune, Stiftung, GmbH usw) bestimmt. Es kann auch als Grundlage für Verträge mit anderen größeren Ensembles herangezogen werden, zB Big Bands im Bereich der U-Musik. Für die verbleibenden Bereiche ist → Form. IX.23 maßgebend.

3. Handlungsanweisung. → Form. IX.23 Anm. 3. Ergänzend sind darüber hinaus Absprachen über das einzuspielende Musikprogramm zu treffen (→ Anm. 8). Bei der Aushandlung der Vergütung ist der Grundbetrag für das Sitzungshonorar festzulegen (→ Anm. 14). Im Zusammenhang mit der Regelung von Vergütungsfragen ist vorab zu prüfen, inwieweit tarifvertragliche Bestimmungen vorgreiflich sind. Das Rundfunktarifrecht regelt für die Orchestermitglieder neben dem Gehalt auch deren Beteiligung an verschiedenen Auswertungsformen der Darbietung wie zB der Tonträgerauswertung (*Dünnwald/Gerlach* § 79 Rn. 44). Außerhalb bestehender tarifvertraglicher Vorgaben ist bei der Aushandlung der Vergütung der Grundbetrag für das Sitzungshonorar festzulegen.

4. Vertragsabschluss. Auf Seiten des Orchesters wird der Tonträgerproduktionsvertrag durch dessen gewählten Vertreter (Vorstand) abgeschlossen, § 80 Abs. 2 iVm § 74 Abs. 2 S. 2 und 3 UrhG. Für Nachbesserungsverhandlungen gemäß §§ 79 Abs. 2 S. 2, 32, 32a UrhG ergibt sich die Ausübungserleichterung gleichfalls aus der Verweisung des § 80 Abs. 2 auf § 74 Abs. 2 S. 2 und 3 UrhG.

5. Rechtseinräumung → Form. IX.23 Anm. 4. In Abweichung zu → Form. IX.23 wird das Recht zur Auswertung der Darbietungen auf Bild-Tonträgern dem Tonträgerhersteller nicht eingeräumt, sondern bleibt dem Orchester ausdrücklich vorbehalten (§ 2 Abs. 2 des Formulars). Wenngleich § 79 Abs. 2 S. 2 UrhG keine Verweisung auf §§ 31a und 32c UrhG vorsieht, empfiehlt § 2 Abs. 1 des Formulars die Einbeziehung bislang noch unbekannter Speichermedien in die Rechtseinräumung, da jedenfalls auf § 31 UrhG in seiner novellierten Fasssung (unter Wegfall des früheren Einräumungsverbots für unbekannte Nutzungsarten in § 31 Abs. 4 aF UrhG) verwiesen wird und kein Anhaltspunkt dafür ersichtlich ist, dass der Gesetzgeber die ausübenden Künstler in dieser Hinsicht für schutzbedürftiger erachten will als die Urheber.

6. Ausschließlichkeit und Vertragsdauer. Für die Regelung der Dauer des Vertrages und der Dauer der im Vertrag gegebenenfalls vorgesehenen persönlichen Ausschließlichkeitsbindungen sowie der Titelexklusivität gilt → Form. IX.23 Anm. 6 entsprechend.

7. Mindestproduktion und Veröffentlichungsgarantie. → Form. IX.23 Anm. 6. Bei Verletzung des Garantieanspruchs steht dem Orchester lediglich ein Schadenersatzanspruch nach Maßgabe der ihm entgehenden Sitzungshonorare zu (§ 12 des Formulars).

8. Werkauswahl. § 5 Abs. 1 des Formulars empfiehlt, bereits zu Beginn der vertraglichen Zusammenarbeit über den Katalog der einzuspielenden Werke grundsätzliches Einverständnis zu erzielen und im Übrigen das Orchester für Änderungswünsche des Tonträgerherstellers flexibel zu halten. Stattdessen kann auch analog 15 Abs. 1 → Form. IX.23 oder derart verfahren werden, dass der Tonträgerhersteller die aufzunehmenden Werke einseitig festlegt. Im Interesse einer optimalen Abstimmung zwischen Aufnahme- und außervertraglicher Konzerttätigkeit und dem damit zusammenhängenden Engagement spezialisierter Dirigenten ist einer gemeinsam vorausgeplanten Festlegung der Vorzug zu geben. Außerdem ist zu vermeiden, dass durch eine einseitige Programmfestlegung die Interessen des Orchesters beeinträchtigt werden (zB ständige Einspielung von Werken für kleinere Orchesterbesetzungen, → Anm. 10).

9. Werkfassung. Aufnahmen mit urheberrechtlich geschützter Musik belasten den Produktionsetat des Tonträgerherstellers. Bei der Einspielung älterer Musikwerke, die urheberrechtlich geschützte Bestandteile enthalten (Solokadenzen, Instrumentierungen von zweiter Hand oder sonstige Bearbeitungen), empfiehlt § 6 des Formulars eine vorherige Unterrichtung des Tonträgerherstellers. Ein Einspruchsrecht des Tonträgerherstellers ist für den Normalfall nicht angezeigt, weil mit der Werkfassung primär künstlerische Fragen tangiert werden. Sofern das Orchester Bearbeitungen verwendet, über dessen Nutzungsrechte es selbst zu verfügen vermag, gelten diese gemäß § 6 des Formulars für die Zwecke des Tonträgerlizenzvertrages als eingeräumt. Ohne eine derartige Vertragsklausel müssten gesonderte Lizenzverträge mit den Berechtigten abgeschlossen werden.

10. Besetzung. Wegen der vielfältigen Möglichkeiten der Orchesterbesetzung bedarf es einer allgemeinen vertraglichen Regel, von der im Einvernehmen zwischen Tonträgerhersteller und Dirigent bei berechtigten Gründen abgewichen werden kann. Das Orchester ist im Allgemeinen wegen der für die Musiker damit verbundenen finanziellen Vorteile an einer vollständigen Auslastung interessiert, während aus künstlerischen oder kommerziellen Gründen für den Einzelfall die Einspielung in einer kleineren Orchesterbesetzung gerechtfertigt sein mag (zB bei Musik des 17. oder 18. Jahrhunderts).

11. Durchführung der Produktion. Je größer der personelle Aufwand eines Orchesters ist, desto stärker fallen organisatorische und vor allem zeitliche Reglementierungen ins Gewicht. Es kommt hinzu, dass die Orchestermusiker einen Teil ihrer Vergütung in Form von Sitzungshonoraren erhalten (→ Anm. 14). § 4 des Formulars enthält deshalb genaue Festlegungen über den Ablauf der Aufnahmetermine, deren zeitliche Einteilung und örtliche Festlegung sowie die damit zusammenhängenden Kostenpflichten. Ein besonderes Augenmerk ist der Begründung geeigneten Versicherungsschutzes gegen Personen- und Sachschäden zu widmen, da Personenschäden besonders bei Künstlern zu ebenso weitreichenden finanziellen Nachteilen führen können wie Sachschäden an wertvollen Instrumenten.

12. Veröffentlichung, Namensnennung. Zu Vereinbarungen über die Form der Veröffentlichung und deren Ausstattung → Form. IX.23 Anm. 9 und 25 → Anm. 5. Zur Nennungsverpflichtung bei Ensembles → Form. IX.23 Anm. 9.

13. Werbung, Konzerttätigkeit. → Form. IX.23 Anm. 8. Überwiegend kommt bei Orchestern, die in öffentlichen Diensten stehen, eine Einbeziehung der Konzerttätigkeit in den Tonträgerproduktionsvertrag auch unter dem Gesichtspunkt der Werbung nicht oder nur sehr eingeschränkt in Betracht. Der Tonträgerhersteller muss es auch hinnehmen, dass öffentliche Konzerte des Orchesters im Rundfunk gesendet und damit dem Publikum die Möglichkeit des Mitschnitts für private Nutzung geboten wird.

14. Vergütung. Zur Vorgreiflichkeit von tarifvertraglichen Regelungen, speziell im Falle von Orchestern, die dem Rundfunktarifrecht unterliegen, → Anm. 3. Die frei verhandelbare Vergütung des Orchesters besteht nach der Empfehlung in § 12 des Formulars aus einer Kombination zwischen Sitzungshonorar und Umsatzbeteiligung. Das Sitzungshonorar ist als Dienstleistungsvergütung entsprechend §§ 611, 612 BGB zu verstehen. Den mitwirkenden Orchestermusikern wird pro Programmeinspielung im Umfang einer handelsüblichen Album-CD ein Honorar für 3 Sitzungen unabhängig von deren tatsächlicher Dauer garantiert. Bei längerfristigen Tonträgerproduktionsverträgen empfiehlt es sich, den Vertragsparteien Änderungsrechte, etwa nach Art einer nach dem Währungsgesetz genehmigungsfähigen Gleitklausel, für die Bemessung der Sitzungshonorare einzuräumen. Die für die Änderung maßgeblichen Faktoren können zB an Tarifsätzen fest angestellter Musiker, an Lebenshaltungskostenindizes und/oder der Entwicklung des durchschnittlichen Händlerabgabepreises für Tonträger orientiert werden.

Zur Umsatzbeteiligung → Form. IX.23 Anm. 11.

15. Abrechnung. § 10 des Formulars legt unterschiedliche Abrechnungstermine für das Sitzungshonorar und die Umsatzbeteiligung fest. Zur Abrechnung der Umsatzbeteiligung → Form. IX.23 Anm. 12.

16. Kosten. Zur Bemessung der Rechtsanwaltsgebühren → Form. IX.23 Anm. 17.

25 A. Tonträgerlizenzvertrag/Bandübernahmevertrag (ohne Online-Rechte)

Zwischen[1, 2, 9]
dem Tonträgerhersteller[2]
und
dem Lizenznehmer
wird folgender Vertrag geschlossen:

§ 1

Der Tonträgerhersteller stellt im eigenen Namen und auf eigene Rechnung während der Dauer dieses Vertrages Schallaufnahmen her, die der Lizenznehmer nach Maßgabe der ihm überlassenen Nutzungsrechte auswertet und die mit der Auswertung und Bewerbung der Produktion verbundenen Kosten übernimmt.
Der Vertrag bezieht sich auf folgende Aufnahmen:[3, 4]

§ 2 Rechtsübertragung[4]

(1) Der Tonträgerhersteller überträgt im vertraglich vorgesehenen Umfang dem Lizenznehmer, soweit gesetzlich zulässig, und tritt an ihn ab die nachfolgend genannten Rechte an den Vertragsaufnahmen für die Dauer dieses Vertrages zur ausschließlichen Verwertung:
- die Leistungsschutzrechte der an den Vertragsaufnahmen beteiligten ausübenden Künstler aus §§ 77–79 UrhG;
- die Leistungsschutzrechte des Tonträgerherstellers aus § 85 UrhG,
- sämtliche gewerblichen Schutzrechte, persönlichkeitsrechtlichen Ansprüche beteiligter Künstler (Recht am eigenen Bild) und sonstige Befugnisse, die zur Ausübung der vertragsgegenständlichen Verwertungshandlungen erforderlich sind.

(2) Der Lizenznehmer ist demgemäß insbesondere berechtigt, die Schallaufnahmen durch Vervielfältigung, Verkauf, Vermietung oder sonstige Verbreitungsmaßnahmen auszuwerten, und zwar auf Tonträger jeder Art (zB Schallplatte, Tonband, CD, DAT-Kassette, Minidisc, Multi-Opticaldisc, CD-ROM, CD-I, CD-Plus/CD-Enhanced; CD-Extra, EACD, DVD, Diskette, Speicherchip, Speicherkarte), in jeder Konfiguration (zB Single/ Maxisingle, Einfach-, Doppel-, Mehrfach-Album, auf Kopplungstonträgern), und unter Anwendung aller technischen Herstellungsverfahren. Die Übertragung erstreckt sich auch auf andere bislang noch unbekannten Speichermedien.

(3) Der Lizenznehmer ist berechtigt, die Vertragsaufnahmen auf Bildtonträger jeder Art und unter Anwendung aller technischen Verfahren aufzunehmen und die hergestellten Bildtonträger zu vervielfältigen und zu verbreiten.

(4) Vorbehaltlich der Wahrung der allgemeinen Persönlichkeitsrechte sowie der Künstlerpersönlichkeitsrechte der an den Schallaufnahmen beteiligten ausübenden Künstler sowie der Urheberpersönlichkeitsrechte der Musikurheber ist der Lizenznehmer zur umfassenden körperlichen Auswertung von Nebenrechten befugt. Der Lizenznehmer ist danach berechtigt,

- Bearbeitungen, Kürzungen, Remixe, Nachsynchronisationen oder sonstige Veränderungen und Umgestaltungen der Vertragsaufnahmen vorzunehmen oder vornehmen zu lassen, durch Sampling zu vervielfältigen und in beliebige Werkkombinationen einzufügen – unter Einschluss der Auswertung von Klingeltönen?;
- die Vertragsaufnahmen zur Herstellung von Playbackversionen zu verwenden;
- die Vertragsaufnahmen für eigene Werbezwecke oder zur Werbung für anderweitige Produkte, Dienstleistungen oder sonstige Vorhaben zu verwenden.

Die Befugnis zur Auswertung dieser Rechte ist zeitlich und räumlich auf den Umfang beschränkt, der nach Maßgabe dieses Vertrages für die Vertragsaufnahme selbst vereinbart ist.

(5) Die mit diesem Vertrag übertragenen, abgetretenen und ggf. eingeräumten Vervielfältigungs- und Verbreitungsrechte gelten weltweit/räumlich eingeschränkt für folgende Territorien: . . . . . .

(6) Der Lizenznehmer ist berechtigt, die auf ihn übergegangenen Rechte ganz oder teilweise auf Dritte weiterzuübertragen, dies mit der Maßgabe, dass alle weiterübertragenen Rechte mit dem Ende dieses Vertrages an den Tonträgerhersteller zurückfallen.

(7) Der Tonträgerhersteller wird es für die Dauer der nach diesem Vertrag vereinbarten jeweiligen Titelexklusivität unterlassen, ihm verbleibende Nutzungs- und Verwertungsrechte in einer Weise auszuüben oder ausüben zu lassen, die die ungestörte Verwertung der durch diesen Vertrag eingeräumten oder übertragenen Rechte beeinträchtigen könnte. Von der Enthaltungspflicht ist insbesondere die Ermöglichung jeder Form einer Online-Verwertung umfasst. In Zweifelsfällen hat der Tonträgerhersteller die Zustimmung des Lizenznehmers einzuholen.

§ 3 Gewährleistung der Rechte, Titelexklusivität[7]

(1) Der Tonträgerhersteller steht dafür ein, dass er über die vertragsgegenständlichen Rechte zugunsten des Lizenznehmers verfügen kann. Er garantiert, dass der Werkveröffentlichung keine Rechte Dritter entgegenstehen.

(2) Der Tonträgerhersteller steht dafür ein, dass weder er noch die an der Herstellung der Vertragsaufnahmen solistisch beteiligten Künstler bis zum Ablauf von fünf Jahren nach Vertragsende die auf den Vertragsaufnahmen eingespielten Musikwerke anderweitig auswerten oder auswerten lassen.

§ 4 Lieferung[4,7]

Der Produzent liefert dem Lizenznehmer von den unter diesen Vertrag fallenden Produktionen reproduktionsfähige Tonträger kosten- und spesenfrei. Die materialmäßige Ausführung muss marktüblich sein. Die Vertragsbeteiligten sind einig darin, dass das gewählte Aufnahmeverfahren in engem Zusammenhang mit der auf der Schallaufnahme verkörperten künstlerischen Leistung steht. Ferner stellt der Produzent dem Lizenznehmer spätestens 2 Wochen vor der Veröffentlichung einer jeden Vertragsproduktion in ausreichendem Umfang Informationsmaterial über die betreffenden musikalischen Darbietungen und die ausübenden Künstler zur Verfügung.

§ 5 Veröffentlichung[5]

(1) Der Lizenznehmer ist berechtigt, unter diesen Vertrag fallende Produktionen oder Teile daraus unter dem Label . . . . . . auszuwerten oder auswerten zu lassen.

(2) Mit der Erstveröffentlichung hat der Lizenznehmer spätestens nach Ablauf von 2 Monaten ab Übergabe des vervielfältigungsfähigen Materials zu beginnen.[5]

(3) Der Lizenznehmer ist berechtigt, unter diesen Vertrag fallende Produktionen oder Produktionsteile nach Ablauf eines Jahres seit Beginn deren Erscheinens aus dem Angebotskatalog herauszunehmen oder herausgenommene Titel wieder in den Angebots-

katalog aufzunehmen. Nach erfolgter erstmaliger Herausnahme wird hinsichtlich der betreffenden Aufnahme unter Wegfall der für sie vereinbarten Titelexklusivität aus der ausschließlichen eine einfache Auswertungsbefugnis auf Seiten des Lizenznehmers. Sofern daraufhin der Produzent eigene Auswertungsmaßnahmen vornimmt, ist es dem Lizenznehmer nunmehr verwehrt, diese Aufnahmen wieder in seinen Angebotskatalog aufzunehmen. Dasselbe gilt entsprechend, sofern Musikproduktionen, die auf Veranlassung des Lizenznehmers zunächst in einem ausländischen Land veröffentlicht worden sind, dort nicht mehr im Handel erhältlich sind; die sich hieraus ergebende Freigabe gilt nur für das betroffene Auswertungsgebiet.[7]

§ 6 Werbung[4],[5] Namensnennung

Solange die unter diesen Vertrag fallenden Produktionen durch den Lizenznehmer oder dessen Lizenznehmer ausgewertet werden, ist der Lizenznehmer berechtigt, Abbildungen und biographisches Material der auf den betreffenden Tonträgern mitwirkenden Künstler für Zwecke der Werbung für die betreffenden Produktionen zu nutzen oder nutzen zu lassen. Der Produzent wird auf Wunsch des Lizenznehmers geeignetes Bildmaterial kostenlos zur Verfügung stellen und dem Lizenznehmer die Veröffentlichungs- und Reproduktionsrechte vermitteln. Der Lizenznehmer garantiert, dass die gesetzlichen Namensnennungsrechte der beteiligten ausübenden Künstler in der zwischen ihnen und dem Produzenten vereinbarten Modalität gewahrt werden.

§ 7 Vergütung[6]

(1) Als Vergütung der nach diesem Vertrag dem Lizenznehmer eingeräumten Rechte und Leistungen erhält der Produzent für jeden verkauften Tonträger mit Schallaufnahmen aus seiner Produktion eine Umsatzbeteiligung.
Diese beträgt:

a) bei Verkauf in der Bundesrepublik Deutschland . . . . . . %;
b) bei Verkauf im Ausland . . . . . . %;
c) bei Lieferung an Schallplattenclubs und bei Lieferungen, die vom Lizenznehmer ineiner um mindestens 50 % billigeren Serie als die Normalpreis-Serie eingereiht werden, ...%;
d) bei Kopplungen mit Produktionen anderer Tonträgerhersteller erhält der Tonträgerhersteller die in a) bis c) vereinbarte Vergütung pro rata gemessen an der Spieldauer der verwendeten und unter diesen Vertrag fallenden Produktionen.

Die Umsatzbeteiligung berechnet sich unter Zugrundelegung der jeweils gültigen Preisliste am Händlerabgabepreis abzüglich darin enthaltener Umsatz- oder ähnlicher Verkaufssteuer.

(2) Die Umsatzbeteiligung steht dem Tonträgerhersteller solange zu, wie Tonträger oder sonstige Vervielfältigungen seiner Aufnahmen vom Lizenznehmer, dessen Beauftragten oder Rechtsnachfolger verkauft werden, jedoch längstens für die Dauer der für die übertragenen Rechte gesetzlich gültigen Schutzfristen.[7]

(3) Der Tonträgerhersteller kann alle im Vertrieb des Lizenznehmers befindlichen Tonträger zum jeweiligen Preis erwerben, der nach der Preisliste des Lizenznehmers für den Einzelhandel gültig ist. Von jeder Tonträgererstveröffentlichung erhält der Tonträgerhersteller . . . . . . Freiexemplare. Der Tonträgerhersteller darf mit den auf diese Weise erworbenen Tonträgern keinen Handel treiben.

(4) Erzielt der Lizenznehmer aus der Verwertung der Vertragsaufnahmen andere Erlöse als Absatzbeteiligungen, so werden diese im Verhältnis . . . . . . : . . . . . . zwischen den Vertragschließenden aufgeteilt.

(5) Der Tonträgerhersteller erhält folgende garantierte, dh nicht zurückzahlbare, aber mit fälligen Vergütungsansprüchen verrechenbare Vorauszahlungen: . . . . . .

(6) Sollte der Lizenznehmer von Seiten eines oder mehrerer Künstler auf die Zahlung einer weiteren Beteiligung gem. § 32a Abs. 2 UrhG direkt in Anspruch genommen werden, ist der Lizenznehmer berechtigt, den Tonträgerhersteller mit Ausgleichszahlungen an den Künstler in Höhe des prozentualen Anteils zu belasten, der für die Aufteilung der vom Lizenznehmer erzielten Lizenzerlöse im Verhältnis zwischen den Vertragsbeteiligten vereinbart ist, dies alles unter folgenden Voraussetzungen:

- Der Lizenznehmer unterrichtet den Tonträgerhersteller unverzüglich über alle Korrespondenzen oder sonstigen Vorgänge im Zusammenhang mit der Geltendmachung solcher Ansprüche und der Reaktion hierauf, und gibt ihm Gelegenheit, innerhalb angemessener Fristen sachliche Einwendungen gegen die geltend gemachten Ansprüche vorzubringen,
- Der Lizenznehmer weist auf Verlagen des Tonträgerherstellers die geltend gemachten Ansprüche, soweit sie sich intern zu Lasten des Tonträgerherstellers auswirken, in dem vom Tonträgerhersteller gewünschten Umfang zurück. Von den ab der verlangten Zurückweisung anfallenden zusätzlichen und notwendigen Rechtsverteidigungskosten stellt der Tonträgerhersteller den Lizenznehmer insoweit frei;
- Alle weiteren Schritte bei der Rechtsverteidigung gegenüber dem Begehren des Künstlers auf Zuerkennung einer weiteren Beteiligung gem. § 32a Abs. 2 UrhG werden, soweit sie sich intern zu Lasten des Tonträgerherstellers auswirken, im Einvernehmen zwischen Tonträgerhersteller und Lizenznehmer festgelegt. Im Zweifel gibt die Weisung des Tonträgerherstellers den Ausschlag.

§ 8 Abrechnung

(1) Die dem Tonträgerhersteller vertragsmäßig zustehende Umsatzbeteiligung wird zum 30.6. und 31.12. eines jeden Jahres abgerechnet. Abrechnung und Zahlung erfolgen spätestens innerhalb von 6 Wochen nach Abschluss der Abrechnungsperiode. Anteile an Lizenzerlösen werden zu demselben Termin abgerechnet. Der Produzentenanteil ist zur Auszahlung fällig, sobald der Lizenzerlös beim Lizenznehmer eingegangen ist.
(2) Die Abrechnungen und Auszahlungen an den Tonträgerhersteller erfolgen zuzüglich der gesetzlichen Mehrwertsteuer.
(3) Die an die Verwertungsgesellschaften zu entrichtenden Gebühren gehen zu Lasten des Lizenznehmers und dürfen bei der Abrechnung weder direkt noch indirekt auf den Tonträgerhersteller abgewälzt werden.

§ 9 Vertragsdauer[7]

(1) Die gemäß § 2 (Rechtseinräumung) dem Lizenznehmer eingeräumten Nutzungsrechte verbleiben bei diesem für die Dauer von ...... Jahren und fallen dann automatisch an den Tonträgerhersteller zurück.
(2) Die Verpflichtung des Tonträgerherstellers zur Lieferung von Aufnahmen endet, wenn der Vertrag von einer der Vertragsparteien in schriftlicher Form gekündigt wird. Die Kündigung ist erstmalig zu einem Zeitpunkt nach Ablauf von ...... Jahren ab Vertragsabschluss unter Einhaltung einer Kündigungsfrist von 6 Monaten möglich; danach ist die Kündigung, wiederum unter Einhaltung einer Frist von 6 Monaten, jeweils im Jahresabstand möglich.
(3) Bis zur Stellung des Antrages auf Eröffnung des Insolvenzverfahrens über das Vermögen des Lizenznehmers ist der Tonträgerhersteller zur fristlosen Kündigung des Vertrages mit der Folge des automatischen Rechterückfalls berechtigt:

- unter den Voraussetzungen des §§ 314 BGB (fristlose Kündigung aus wichtigem Grund bei Dauerschuldverhältnissen);
- es tritt eine wesentliche Verschlechterung der Vermögensverhältnisse des Lizenznehmers ein.

4) Nach der Stellung des Antrages auf Eröffnung des Insolvenzverfahrens ist der Tonträgerhersteller zur fristlosen Kündigung des Vertrages mit der Folge des automatischen Rechterückfalls berechtigt, wenn der Lizenznehmer zwischen der Antragstellung und der Eröffnung des Insolvenzverfahrens mit seinen Zahlungsverpflichtungen in Verzug gerät.

(5) Nach der Eröffnung des Konkursverfahrens ist der Tonträgerhersteller zur fristlosen Kündigung des Vertrages berechtigt, wenn der Insolvenzverwalter mit den Zahlungsverpflichtungen aus dem fortgeführten Vertrag in Verzug gerät.

§ 10 Schlussbestimmungen

(1) Ergänzend gilt das Recht der Bundesrepublik Deutschland.

(2) Maßgebend ist allein dieser schriftliche Vertrag. Änderungen, Ergänzungen sowie der Verzicht auf die Schriftform können nur schriftlich vereinbart werden. Mündliche Nebenabreden sind nicht getroffen.

(3) Die etwaige Unwirksamkeit einer Bestimmung dieses Vertrages lässt die Wirksamkeit des Vertrages im Übrigen unberührt. Die unwirksame Bestimmung ist durch eine sinnentsprechende wirksame Bestimmung zu ersetzen, die der angestrebten wirtschaftlichen Regelung am nächsten kommt.

(4) Sofern eine der Vertragsparteien keinen Gerichtsstand im Geltungsbereich der Bundesrepublik Deutschland hat, gilt der in der Bundesrepublik Deutschland belegene Geschäftssitz des betreffenden Vertragspartners als Gerichtsstand für alle etwaigen Streitigkeiten aus diesem Vertrag. Die Parteien sind auch berechtigt, das nach dem allgemeinen Gerichtsstand des Beklagten zuständige Gericht anzurufen.

Schrifttum: → Form. IX.23.

Anmerkungen

1. Sachverhalt. Als Vertragspartner stehen sich auf der einen Seite der Tonträgerhersteller (der gegebenenfalls auch mit dem ausübenden Künstler identisch sein kann, → Form. IX.23 Anm. 2) und auf der anderen Seite dasjenige Unternehmen gegenüber, welches die „klassische“ Tonträgerauswertung im Sinne einer körperlichen Vermarktung als Lizenznehmer übernehmen will. Dabei kann es sich um die erstmalige oder um eine wiederholte Auswertung handeln. Sofern es darum geht, dass die ausübenden Künstler die von ihnen selbst bereits produzierten Tonträger erstmals einem Verwerter mit der Intention übergeben, um sie am Markt bekannt zu machen, sollte bezüglich der Rechtsübertragung und Vergütung das Modell der Tonträgerproduktionsvertrages/Künstlerexklusivvertrages (→ Form. IX.23) vorgezogen werden. Auf Seiten des Tonträgerherstellers wird vorausgesetzt, dass er über ein Masterband mit Schallaufnahmen verfügt und dass er seinerseits die Nutzungsrechte der mitwirkenden Künstler einschließlich des Rechts der Weiterübertragung eingeholt hat. Während beim Künstlervertrag die Kosten der Herstellung und der Bewerbung der Aufnahmen vom Tonträgerhersteller getragen werden und der Künstler eine entsprechend geringe Vergütung erhält, ist die Kostenlast beim Bandübernahmevertrag aufgeteilt zwischen den Parteien. Der eine trägt die Kosten der Herstellung der Aufnahme, der Lizenznehmer die Kosten der Auswertung (Promotion, Vertrieb etc). Für den Fall, dass der physisch hergestellte Tonträger nur noch vertrieben werden soll, ist → Form. 25 B anzuwenden. Im Übrigen → Form. IX.23 Anm. 1. Bis zum Zustandekommen des Bandübernahmevertrages trägt jede Partei selbst das Risiko für Kosten und Aufwendungen, die bei ihr im Hinblick auf den angestrebten Vertragsabschluss angefallen sind (OLG Hamm ZUM 2007, 923).

2. Wahl des Formulars.

2.1 Das Formular geht davon aus, dass dem Lizenznehmer für die Dauer des Vertrages die umfassende Auswertungsposition für den körperlichen Tonträgervertrieb einschließlich der Bestellung von Tonträgern via Internet (E-Commerce) sowie die dazu erforderlichen Herstellungsvorgänge überlassen werden. Damit korrespondieren die vom Tonträgerhersteller/Lizenzgeber übernommenen Enthaltungspflichten (§ 2 Abs. 7): Der Lizenznehmer ist davor zu schützen, dass der Lizenzgeber die körperliche Vermarktung durch die ihm verbliebenen Nutzungsmöglichkeiten, vor allem im Online-Bereich, beeinträchtigt. Sofern der Vertrag beabsichtigt, dem Lizenznehmer eine in jeder Hinsicht umfassende Verwertungsposition zu verschaffen, ist die Rechtsübertragung analog § 2 des → Form. IX.23 zu wählen bzw. das → Form. 25 B. heranzuziehen.

2.2 Im Tonträgerlizenzvertrag verfügt der Tonträgerhersteller über die von den ausübenden Künstlern abgeleiteten Nutzungsrechte (§§ 77–79 UrhG) sowie über die beim ersten Tonträgerhersteller originär entstandenen Leistungsschutzrechte (§ 85 UrhG), soweit sie sich auf die körperliche Tonträgerauswertung erstrecken. Durch den Abschluss des Tonträgerlizenzvertrages überlässt der Tonträgerproduzent die Auswertung der Tonträger einem Lizenznehmer (Vertriebsunternehmen). Das Formular kann auch angewendet werden, wenn nicht der ursprüngliche Produzent selbst über die Rechte verfügt, sondern ein Lizenznehmer, dem seinerseits eine absolute und übertragbare Rechtsstellung eingeräumt worden ist. Anstelle von „Tonträgerhersteller" müsste dann eine andere Bezeichnung gewählt werden, zB „Lizenzgeber". Soweit der Lizenznehmer Wert darauf legt, die in § 3 Abs. 2 des Formulars seitens des Tonträgerherstellers zugesagte Titelexklusivität unmittelbar durch den beteiligten Künstler sicherzustellen und ggf. darüber hinaus auch dessen persönliche Exklusivität zu erwerben (entsprechend → Form. IX.23 § 3 Abs. 1), empfiehlt es sich, den Tonträgerlizenzvertrag durch eine Anlage zu ergänzen, die vom Künstler unterzeichnet wird (sog. Künstlerbrief). In dieser Anlage kann ferner vorsorglich eine Bestätigung der Rechtseinräumung der vom Künstler abgeleiteten Rechte (entsprechend → Form. IX.23 § 2) aufgenommen werden, mit der Maßgabe, dass der Künstler dem Lizenznehmer die Rechtseinräumung auch für den Fall garantiert, dass der Tonträgerhersteller infolge Gesellschaftsauflösung, fristloser Kündigung des vorgelagerten Vertrages oder aus sonstigen Gründen zur Vermittlung dieser Rechte nicht mehr fähig sein sollte (*Rossbach/Joos* S. 379).

3. Handlungsanweisung.

3.1 Folgende Regelungspunkte müssen neben der Vergütungsfrage bei jedem Tonträgerlizenzvertrag bedacht und ggf. ausgehandelt werden:

- Überlässt der Produzent lediglich für den Einzelfall die Auswertung von Tonträgern dem Lizenznehmer oder geht es um eine längerfristige Zusammenarbeit? (Vgl. §§ 1, 3 Abs. 2, 9 des Formulars).
- Werden dem Lizenznehmer lediglich die Verwertungsrechte zur körperlichen Auswertung übertragen oder soll seine Position unter Einbeziehung der Online-Auswertungsrechte umfassender, zB nach dem Modell des Künstlerexklusivvertrages ausgestattet werden? (vgl. § 2 des Formulars),
- gegebenenfalls unter Einbeziehung von Merchandisingrechten und Rechten in den Bereichen von Werbung, Testimonial, Sponsoring und Branded Entertainment (→ Form. IX.23 Anm. 10)
- Bei längerfristiger Zusammenarbeit: In welchem Umfang und nach welchen Kriterien soll der Produzent Aufnahmen liefern? (Vgl. §§ 1, 4 des Formulars). Bei einer umfassenderen Zusammenarbeit könnte in § 1 des Formulars anstelle der Spezifizierung bestimmter Aufnahmen alternativ wie folgt formuliert werden: „Mindestens . . . . . . Titel/Musikaufnahmen im Umfang eines handelsüblichen Albums pro Vertragsjahr" oder „Diejenigen Aufnahmen, die der Produzent während der Vertragsdauer dem Lizenznehmer

anbietet und die dieser zur Auswertung übernimmt" oder „Sämtliche vom Tonträgerhersteller während der Dauer dieses Vertrages hergestellte Schallaufnahmen".

- Sollen Ausschließlichkeitsbindungen verabredet werden? (vgl. §§ 2, 3 Abs. 2 des Formulars). Wenn nicht, müsste es in § 2 anstelle von „ausschließlich" lauten: „nichtausschließlich". Für welche Dauer gilt die Zusammenarbeit? (Vgl. § 9 des Formulars).
- Wird die Tonträgerauswertung dem Lizenznehmer weltweit oder räumlich begrenzt überlassen? (Vgl. § 2 des Formulars).
- Wird der Solo-Künstler (featured artist) durch einen Künstlerbrief als Vertragsanlage in den Vertrag einbezogen?
- Wird das Recht zur Auswertung als Klingelton eingeräumt? (→ Form. IX.23 Anm. 5).

4. Rechtsübertragung, Lieferpflicht.

4.1 Der Lizenznehmer, der nicht auch zugleich Hersteller der ersten Tonfestlegung ist, benötigt zur Auswertung des Tonträgers sowohl die von allen mitwirkenden Künstlern (§§ 77, 79 UrhG) als auch vom Tonträgerhersteller (§ 85 UrhG) abgeleiteten Nutzungsrechte der Vervielfältigung und Verbreitung. Gegenstand des Lizenzvertrages ist in jedem Falle die fixierte Tonaufzeichnung als immaterielles Gut, nicht der körperliche Tonträger. Eine urheberrechtlich schutzfähige Werkwiedergabe wird nicht notwendig vorausgesetzt. Die Lieferverpflichtung gem. § 4 des Formulars ist aber Voraussetzung dafür, dass der Lizenznehmer technisch in die Lage versetzt wird, das Substrat des Tonträgers für seine Zwecke zu übernehmen. Die Befugnis, die bereits erschienenen Tonträger im Hör- und Fernsehrundfunk zu senden, braucht der Lizenznehmer sich nicht eigens einräumen zu lassen (vgl. §§ 78 Abs. 1 Nr. 2 u. Abs. 2 Nr. 1, 86 UrhG). Insoweit entstehen lediglich Vergütungsansprüche, die durch die zuständigen Verwertungsgesellschaften wahrgenommen werden. Außerdem garantiert der Tonträgerhersteller (§ 3 Abs. 1 S. 2 des Formulars), dass die Veröffentlichung der dargebotenen Werke von den Urhebern freigegeben ist (§ 12 UrhG).

4.2 Anstelle der im Formular vorgesehenen ausschließlichen Rechtseinräumung (§§ 2, 5 Abs. 3) kann es auch den Parteiinteressen entsprechen, dem Lizenznehmer nur eine einfache Berechtigung einzuräumen, zB wenn der Lizenznehmer den Titel lediglich auf einem Hit-Sampler oder einer CD, die zu Wohltätigkeits- oder Werbezwecken bestimmt ist, veröffentlichen möchte. Ein solcher spezieller Auswertungszweck sollte dann im Vertrag umschrieben werden; erforderlichenfalls ist § 5 Abs. 1 des Formulars entsprechend abzuändern. Die räumlich auf das Territorium bestimmter Staaten beschränkte Lizenzvergabe entspricht dem Regelfall (vgl. BGH GRUR 1988, 373 (375) – Schallplattenimport III).

4.3 Das Formular ist so angelegt, dass die über die körperliche Verwertung hinausgehenden Verwertungsrechte dem Tonträgerhersteller mit der Maßgabe verbleiben, dass er umfassende Enthaltungspflichten übernimmt, um die übertragenen Verwertungsmöglichkeiten nicht stören zu können. Sollten die Vertragsparteien dem Lizenznehmer eine weitergehende oder gar umfassende Verwertungsposition einräumen wollen, sind die Rechte gem. → Form. IX.23 unter § 2 ganz oder teilweise in den Vertrag aufzunehmen. Entsprechend müsste dann auch die Vergütungsregelung (§ 7) angepasst werden (→ Anm. 6).

4.4 § 2 Abs. 3 des Formulars sieht vor, dem Lizenznehmer die vom ausübenden Künstler und vom Tonträgerhersteller abgeleiteten Befugnisse zur Herstellung von Bild-Tonträgern (Videoclips, Musikvideo, → Form. IX.23 Anm. 15) sowie noch unbekannten Speichermedien zu übertragen. § 2 Abs. 4 des Formulars enthält eine Katalogisierung weiterer Nebenrechte, die mit teilweise weitgehenden Befugnissen zu Änderungen und Umgestaltungen der Tonträgeraufnahmen sowie ihrer körperlichen Zweitverwertung außerhalb des primär vorgesehenen Werkgenusses verbunden sind. Damit sind teilweise die (ggf. unverzichtbaren) Rechtspositionen der beteiligten Künstler und Musikurheber tangiert, so dass es eines entsprechenden Vorbehaltes bedarf. In jedem Falle sollten die Vertragsparteien gerade auch diese Klausel im Einzelnen sorgfältig daraufhin überprüfen, ob der Vertragszweck die Übertragung solcher Befugnisse rechtfertigt.

5. Veröffentlichung. Die in § 5 Abs. 2 des Formulars vorgesehene Auswertungspflicht des Lizenznehmers korrespondiert mit der Vereinbarung eines Beteiligungshonorars in § 7 des Formulars. Entscheiden sich die Vertragsparteien stattdessen für eine Pauschalhonorierung des Lizenzgebers, kann die Auswertungspflicht bedenkenlos entfallen, es sei denn, dass der Produzent den Publizitätsinteressen von Künstlern, denen er verpflichtet ist, entsprechen muss. Zu Veröffentlichung und Werbung → Form. IX.23 Anm. 9 und 10. Soll der Lizenznehmer nicht an ein bestimmtes Label gebunden sein, müsste es in § 5 Abs. 1 heißen, dass die Auswertung unter jeder beliebigen Marke oder Bezeichnung erfolgen darf.

6. Vergütung.

6.1 Zur Definition der Bezugsgrößen für das Beteiligungshonorar → Form. IX.23 Anm. 10. Da der Tonträgerhersteller die Tonaufnahme auf eigenes wirtschaftliches Risiko herstellt und aus der Umsatzbeteiligung auch die solistisch beteiligten Künstler, Studiomusiker und (künstlerischen) Producer abfinden muss, liegt die Umsatzbeteiligung mindestens doppelt so hoch wie beim Künstlervertrag – → Form. IX.23 Anm. 11. Üblich ist die Zahlung eines garantierten Vorschusses, dessen Höhe nach dem Umfang der abzuliefernden Aufnahme kalkuliert wird. Sofern der Vertrag dem Lizenznehmer auch über die körperliche Verwertung hinausgehende Rechte oder eine umfassende Verwertungsposition entsprechend → Form. IX.23 (dort § 2) überträgt, ist die Vergütungsregelung entsprechend darauf einzurichten, zB kann auf die dort in § 8 gemachten Vorschläge zurückgegriffen werden.

6.2 Der unverzichtbare Anspruch auf angemessene Vergütung gem. § 32 UrhG ist nur im unmittelbaren Vertragsverhältnis zwischen Künstler und seinem Vertragspartner (sog. primäres Urhebervertragsrecht) anzuwenden. → Form. IX.23 Anm. 11.5. Bei Bandübernahmeverträgen ist dies nur dann der Fall, wenn Künstler und Hersteller der ersten Tonaufzeichnung in einer Person vereinigt sind und dann im Zuge des Bandübernahmevertrages sowohl über die Nutzungsrechte aus dem Leistungsschutzrecht aus § 73 UrhG als auch über das unternehmerische Leistungsschutzrecht aus § 85 UrhG verfügen. Hat der Künstler vorab künstlerische Leistungsschutzrechte an Hersteller A übertragen, entfällt die Anwendbarkeit des § 32 UrhG auf den Bandübernahmevertrag zwischen A und dessen Lizenznehmer B. In diesem Fall kann Lizenznehmer B vom Künstler nur nach § 32a Abs. 2 UrhG auf Nachvergütung gemäß den Voraussetzungen des Fairnessausgleichs in Anspruch genommen werden.

6.3 In § 7 Abs. 6 sieht das Formular eine Risikoabwälzungsklausel für den Fall vor, dass der Lizenznehmer gem. § 32a Abs. 2 UrhG direkt auf Zahlung einer weiteren Vergütung von Künstlern in Anspruch genommen wird, die an den vertragsgegenständlichen Schallaufnahmen beteiligt waren. Um zu vermeiden, dass die Lizenznehmer sich allzu bereitwillig auf Kosten des Tonträgerherstellers zu entsprechenden Zahlungen bereit findet, wird dem Tonträgerhersteller ein weitgehendes Bestimmungsrecht bezüglich der auf ihn abwälzbaren Zahlungsverpflichtungen eingeräumt.

6.4 Zur Abrechnung und gegebenenfalls Hinzufügung einer Buchprüfungsklausel → Form. IX.23 Anm. 12. Zur Frage, wer bei einem Tonträgerlizenzvertrag im Ausland anfallende Abzugsteuern für ins Ausland fließende Lizenzgebühren zu tragen hat, OLG München ZUM 1990, 415.

7. Vertragsdauer. Es ist zu unterscheiden zwischen der Dauer der dem Tonträgerhersteller obliegenden Lieferverpflichtung (§§ 1, 4 des Formulars) einerseits und der Dauer der dem Lizenznehmer gestatteten Auswertung (§ 2 des Formulars) andererseits. § 9 Abs. 1 des Formulars bezieht sich auf die Dauer der Auswertungsbefugnis, Abs. 2 auf die Dauer der festgelegten Lieferbeziehungen. Die Dauer des ausschließlichen Vertriebsrechts ergibt sich aus § 5 Abs. 3 des Formulars. Zur Dauer der Vergütungspflicht § 7 Abs. 2 des Formulars.

8. Kartellrecht. Der zwischenstaatliche Lizenzverkehr innerhalb der EU -Grenzen zwischen Tonträgerherstellern und Vertriebsunternehmen unterliegt den kartellrechtlichen Einschränkungen aus Art. 101 AEUV (früher Art. 85 EWG-Vertrag) Die Geltendmachung ausschließlicher Verbreitungsrechte darf nicht zur Abschottung nationaler Märkte innerhalb der EU-Staaten benutzt werden (EuGH GRUR Int. 1971, 450 – Deutsche Grammophon/Polydor; EuGH GRUR Int. 1981, 229 – Gebührendifferenz II; BGH GRUR Int. 1981, 562 – Schallplattenimport; BGH GRUR 1982, 100 – Schallplattenexport). Ein inländisches Tonträgervertriebsunternehmen, das sich ein ausschließliches Verbreitungsrecht für die Bundesrepublik Deutschland vorbehält oder übertragen lässt, bleibt ungesichert gegen den Import der betreffenden Tonträger aus Mitgliedstaaten der EU. Einzelheiten bei J.B.Nordemann in Fromm/Nordemann, Urheberrecht, 12. Aufl., Vor §§ 31 ff. Rn. 64 f.

9. Kosten. Zur Bemessung der Rechtsanwaltsgebühren → Form. IX.23 Anm. 17.

25 B. Tonträgervertriebsvertrag (einschließlich Online-Verwertung)

Zwischen
dem Tonträgerhersteller/Produzent
und
dem Vertrieb
wird folgender Vertrag geschlossen:

§ 1

Der Tonträgerhersteller stellt im eigenen Namen und auf eigene Rechnung Tonträger her[1]. Er ist Inhaber der Auswertungsrechte an den Ton- und Datenträgern.

Der Vertrieb übernimmt für die Dauer des Vertrages nach Maßgabe dieser Vereinbarung:
- **den unmittelbaren Vertrieb der Ton- und Datenträger innerhalb der Territorien: Deutschland, Österreich und Schweiz, sowie**
- **den mittelbaren Vertrieb in den Territorien: . . . . . .**
- **das einfache Recht zur Online-Auswertung.**

§ 2

(1) Der Tonträgerhersteller ist Ersthersteller der Ware und bezeichnet diese für den Vertrieb in Deutschland Österreich und der Schweiz wie folgt:

– Label Code: (), ISRC-Code: ( ), EAN/Barcode: (); eigenem P- und C-Vermerk und dem Vermerk: Vertrieben von Vertrieb NAME/LOGO. Die Herstellung der Tonträger hat den Vertriebsvoraussetzungen des Vertriebs zu entsprechen[2].

Für den Vertrieb im weiteren Vertriebsgebiet bezeichnet der Tonträgerhersteller die Ware wie folgt:

(2) Sämtliche Kosten im Zusammenhang mit der Herstellung der Tonträger, einschließlich der Abgaben an die GEMA oder sonstige Verwertungsgesellschaften, sowie einer eventuellen Freigabeerklärung der FSK trägt ausnahmslos der Tonträgerhersteller.

§ 3

(1) Der Tonträgerhersteller überträgt im vertraglich vorgesehenen Umfang dem Vertrieb das Recht zum exklusiven Vertrieb von physischen Ton-, Bildton- und Datenträgern mit

der Bezeichnung (Katalognummer, Titel) für das Vertriebsgebiet. Der Vertrieb ist berechtigt, die vertragsgegenständlichen Tonträger über alle traditionellen und nicht-traditionellen Handels-, Absatz- und Vertriebswege auf Kommissionsbasis anzubieten und zu vertreiben.

Der Vertrieb erhält zudem das einfache Recht, die auf den Tonträgern festgelegten Aufnahmen in nicht physischer Form über folgende Portale anzubieten: (Name Musikportal)/auf allen Portalen anzubieten.

(2) Der Vertrieb ist berechtigt, die auf ihn übertragenen Rechte ganz oder teilweise auf Dritte mit der Maßgabe zu übertragen, dass mit Ablauf dieses Vertrages die übertragenen Rechte an den Tonträgerhersteller zurückfallen.

(3) Der Vertrieb und seine Lizenznehmer/Vertriebspartner sind ausdrücklich berechtigt, im Rahmen von Auslieferungen Eigentum auf Händler zu übertragen oder diese zu ermächtigen, dem Endkunden Eigentum zu verschaffen[4].

In Höhe der dem Vertrieb nach diesem Vertrag geschuldeten Vertriebsbeteiligung werden die Ansprüche des Tonträgerherstellers gegen den betreffenden Abnehmer auf den Vertrieb abgetreten; der Vertrieb nimmt diese Abtretung mit Unterzeichnung dieser Vereinbarung an. Entsprechendes gilt für Beteiligungsansprüche ausländischer Lizenznehmer/Vertriebspartner.

§ 4 Gewährleistung der Rechte, Exklusivität

(1) Der Tonträgerhersteller steht dafür ein, dass er über die vertragsgegenständlichen Rechte zugunsten des Vertriebs verfügen kann. Er garantiert, dass dem Vertrieb der Tonträger keine Rechte Dritter entgegenstehen.

(2) Der Tonträgerhersteller wird die vertragsgegenständlichen Tonträger im vertragsgegenständlichen Vertriebsgebiet ausschließlich durch den Vertrieb vertreiben, mit Ausnahme von:
- Konzertverkäufen durch den Künstler,
- Internetverkäufe physischer Tonträger über die Homepage des Künstlers,
- Download einzelner Songs von der Homepage des Künstlers

§ 5 Lieferung, Retouren

(1) Der Tonträgerhersteller liefert dem Vertrieb die Tonträger eingeschweißt in Verpackungseinheiten zu 25 Stück kosten- und spesenfrei.

Mit Anlieferung am Lager geht die Gefahr des Verlustes oder der Beschädigung der Ware auf den Vertrieb über.

(2) Die Disposition über die jeweils im Lager zu haltende Mindestmenge einer Katalognummer erfolgt in gegenseitiger Absprache unter Berücksichtigung des Verkaufserfolges. Im Falle der Nichteinigung steht das Entscheidungsrecht dem Vertrieb zu. Dem Tonträgerhersteller obliegt die Verfügbarkeit der Ware in den erforderlichen Mindestmengen.

(3) Der Tonträgerhersteller stellt dem Vertrieb spätestens zwei Wochen vor der Veröffentlichung eines Tonträgers in ausreichendem Umfang Informationsmaterial über die betreffenden musikalischen Darbietungen und die ausübenden Künstler zur Verfügung.

(4) Der Vertrieb bzw. seine Lizenznehmer/Vertriebspartner sind berechtigt Retourenrechte an den Handel zu gewähren. Sie sind insbesondere berechtigt, Retouren während der Dauer dieser Vereinbarung sowie für weitere 12 (zwölf) Monate nach deren Ablauf zurückzunehmen. Der Vertrieb bzw. seine Lizenznehmer/Vertriebspartner sind auch im Anschluss daran berechtigt, Retouren zurückzunehmen, bis der Tonträgerhersteller einen Vertrieb benennt, auf den retournierende Händler verwiesen werden können.

§ 6 Veröffentlichung

(1) Die Veröffentlichungsdaten der Ton-, Bildton- und Datenträger legt der Tonträgerhersteller in Abstimmung mit dem Vertrieb bzw. mit dessen Lizenznehmern/Vertriebspartnern im Falle von Auslandsveröffentlichungen fest.

(2) Der Verkauf der vertragsgegenständlichen Ware erfolgt aufgrund der jeweils gültigen Preisliste der betreffenden Vertriebseinheit des Vertriebs bzw. der jeweiligen Lizenznehmer/Vertriebspartner des Vertriebs. Die Parteien werden sich über die erstmalige Einordnung der Ware in eine bestimmte Preiskategorie abstimmen.

(3) Sämtliche Lieferbedingungen und Verkaufskonditionen werden vom Vertrieb bzw. dessen Lizenznehmern/Vertriebspartnern für deren Territorium festgelegt. Bei Verkäufen über Sondervertriebswege finden die hierfür üblichen Preise des Vertriebs oder dessen Lizenznehmern/Vertriebspartnern Anwendung.

(4) Der Vertrieb wird sich für den Vertrieb der Ware in besonderer Weise einsetzen. Hierzu gehören neben der Aufnahme des Tonträgers in die Verkaufsunterlagen des Vertriebs der Versand von Verkaufsunterlagen und Informationsmaterial an Handel und Außendienst, die Akquisition von Aufträgen über Außendienst und Telesales, Handelsaktionen/Dekorationen nach Kostenabsprache, Entgegennahme und Abwicklung der Aufträge, Bearbeitung von Reklamationen und Retouren.

Der Vertrieb wird sich bemühen, entsprechende Tätigkeiten auch durch seine Lizenznehmer/Vertriebspartner in den jeweiligen Territorien zu erreichen.

(5) Der Vertrieb ist berechtigt, die vertragsgegenständlichen Tonträger aus rechtlichen Gründen oder nach Ablauf eines Jahres seit deren Erscheinen aus dem Angebotskatalog herauszunehmen und herausgenommene Tonträger wieder in den Angebotskatalog aufzunehmen. Nach erfolgter erstmaliger Herausnahme stehen dem Vertrieb die vertragsgegenständlichen Vertriebsrechte für den jeweiligen Tonträger nicht mehr exklusiv zu. Sofern daraufhin der Tonträgerhersteller eigene Vertriebsmaßnahmen vornimmt, ist es dem Vertrieb verwehrt, diese Tonträger wieder in seinen Angebotskatalog aufzunehmen. Dies gilt entsprechend, sofern ein Tonträger, der auf Veranlassung des Vertriebs zunächst in einem ausländischen Land veröffentlicht worden ist und dort nicht mehr im Handel erhältlich ist; die sich hieraus ergebende Freigabe gilt nur für das betroffene Auswertungsgebiet.

§ 7 Werbung, Namensnennung

(1) Der Tonträgerhersteller ist verpflichtet, den Verkauf der Ware durch entsprechende Maßnahmen zu fördern und zu unterstützen, sowie die Medienbemusterung mit vertragsgegenständlicher Ware vorzunehmen. Für eigene Promotionaktivitäten des Vertriebs wird der Tonträgerhersteller eine Anzahl von . . . . . . Exemplaren pro Katalognummer kostenfrei zur Verfügung stellen oder den Vertrieb zu einer entsprechenden Lagerentnahme berechtigen.

(2) Der Vertrieb ist berechtigt, lizenzfrei Auszüge von Vertragsaufnahmen bis zu einer Minute zum Probehören im Internet und elektronischen Katalogen zu verwenden. Anfallende GEMA-Lizenzgebühren trägt der Vertrieb.

(3) Solange die vertragsgegenständliche Ware durch den Vertrieb vertrieben wird, ist der Vertrieb berechtigt, Abbildungen und biographisches Material der auf den Tonträgern mitwirkenden Künstler für jede Form der Werbung, insbesondere für Kataloge, Poster, Postkarten, Flyer, im Internet und sonstigen Datenbanken zu nutzen oder nutzen zu lassen. Der Tonträgerhersteller wird auf Wunsch des Vertriebs geeignetes Material kostenlos zur Verfügung stellen und dem Vertrieb die Veröffentlichungs- und Reproduktionsrechte vermitteln. Der Vertrieb garantiert, dass die gesetzlichen Namennen-

nungsrechte der beteiligten ausübenden Künstler in der zwischen ihnen und dem Tonträgerhersteller vereinbarten Modalität gewahrt werden.

(4) Sämtliche vorstehend übertragenen Rechte gelten entsprechend für Lizenznehmer/ Vertriebspartner des Vertriebs.

§ 8 Vergütung

(1)Als Vergütung der in diesem Vertrag aufgeführten Vertriebsaktivitäten sowie sämtlicher weiteren vertragsgegenständlicher Leistungen erhält der Vertrieb für jeden vom Lager ausgelieferten, verkauften und nicht retournierten Ton-, Bildton– und Datenträger eine Umsatzbeteiligung.

Diese beträgt:
a) bei Verkauf in Deutschland, Österreich, Schweiz . . . . . . %;
b) bei Verkauf in . . . . . . %

Die Umsatzbeteiligung berechnet sich unter Zugrundelegung der jeweils gültigen Preisliste am Händlerabgabepreis abzüglich darin enthaltener Umsatz- oder ähnlicher Verkaufssteuer.

(2) Soweit der Vertrieb für die Verwertung der unter diesen Vertrag fallenden Tonträger im Wege des unkörperlichen Fernabsatzes eine am einzelnen Nutzungsvorgang des Endnutzers orientierte Vergütung erhält, steht dem Tonträgerhersteller/Produzenten eine Beteiligungsvergütung in gleicher prozentualer Höhe zu wie dies für die körperliche Tonträgerverwertung vorgesehen ist, und zwar bemessen am durchschnittlichen Händlerabgabepreis für die digitale Distribution. Lässt sich ein solcher Händlerabgabepreis nicht ermitteln, gilt ersatzweise der für den körperlichen Tonträgerabsatz maßgebliche Händlerabgabepreis.

(3) Soweit der Vertrieb für die Verwertung der unter diesen Vertrag fallenden Tonträger bzw. Aufnahmen pauschal berechnete Vergütungszahlungen erhält, verbleibt davon ein Halb-Anteil beim Vertrieb. Die verbleibende Hälfte abzüglich darauf entfallender Umsatzsteuer wird an den Tonträgerhersteller/Produzenten ausgezahlt. Diese Regelung gilt auch für Online-Nutzungen, die nicht pro Download, sondern pauschal vergütet werden.

(4) Die Beteiligungsvergütung wird anteilmäßig berechnet, wenn der Erlöseingang nur auf einen Teil der vertragsgegenständlichen Tonträger/Aufnahmen entfällt.

§ 9 Abrechnung

(1) Die dem Tonträgerhersteller vertragsmäßig zustehende Umsatzbeteiligung wird zum 30.6. und 31.12. eines jeden Jahres abgerechnet. Abrechnung und Zahlung erfolgen spätestens innerhalb von sechs Wochen nach Abschluss der Abrechnungsperiode.

(2) Die Abrechnungen und Auszahlungen an den Tonträgerhersteller erfolgen zuzüglich der gesetzlichen Mehrwertsteuer.

(3) Der Vertrieb ist berechtigt in Ansehung zu erwartender Retouren, eine angemessene Retourenreserve für die in der betreffenden Abrechnungsperiode erzielten Bruttoumsätze zu bilden. Diese Retourenreserve beträgt pauschal 15 % und wird in der betreffenden Abrechnung ausgewiesen. Spätestens sechs Monate nach ihrer Bildung werden Retourenreserven aufgelöst und mit dem Tonträgerhersteller abgerechnet.

(4) Der Tonträgerhersteller wird ohne schriftliche Zustimmung des Vertriebs seine Rechte aus diesem Vertrag nicht an Dritte abtreten oder Dritte mit dem Forderungseinzug beauftragen.

(5) Abrechnungen gelten als genehmigt, wenn der Tonträgerhersteller nicht innerhalb von sechs Monaten unter Angabe von Gründen schriftlich widerspricht.

§ 10 Vertragsdauer

(1) Die gemäß § 3 (Rechtsübertragung) dem Vertrieb übertragenen Rechte verbleiben bei diesem für die Dauer von ...... Jahren und fallen dann automatisch an den Tonträgerhersteller zurück.
(2) Die Verpflichtung des Tonträgerherstellers zur Lieferung der vertragsgegenständlichen Ware endet, wenn der Vertrag von einer der Vertragsparteien in schriftlicher Form gekündigt wird. Die Kündigung ist erstmalig zu einem Zeitpunkt nach Ablauf von ...... Jahren ab Vertragsschluss unter Einhaltung einer Kündigungsfrist von 6 Monaten möglich; danach ist die Kündigung, wiederum unter Einhaltung einer Frist von 6 Monaten, jeweils im Jahresabstand möglich.
(3) Nach der Vertragsbeendigung wird der Vertrieb dem Tonträgerhersteller innerhalb einer Frist von 2 Wochen den aktuellen Lagerbestand mitteilen und die Ware an den Tonträgerhersteller übermitteln.
(4) Bis zur Stellung des Antrages auf Eröffnung des Insolvenzverfahrens über das Vermögen des Vertriebs ist der Tonträgerhersteller zur fristlosen Kündigung des Vertrages mit der Folge des automatischen Rechterückfalls berechtigt:
- unter den Voraussetzungen des § 314 BGB (fristlose Kündigung aus wichtigem Grund bei Dauerschuldverhältnissen);
- es tritt eine wesentliche Verschlechterung der Vermögensverhältnisse des Vertriebs ein.

(5) Nach der Stellung des Antrages auf Eröffnung des Insolvenzverfahrens ist der Tonträgerhersteller zur fristlosen Kündigung des Vertrages mit der Folge des automatischen Rechterückfalls berechtigt, wenn der Vertrieb zwischen der Antragstellung und der Eröffnung des Insolvenzverfahrens mit seinen Zahlungsverpflichtungen in Verzug gerät.
(6) Nach der Eröffnung des Konkursverfahrens ist der Tonträgerhersteller zur fristlosen Kündigung des Vertrages berechtigt, wenn der Insolvenzverwalter mit den Zahlungsverpflichtungen aus dem fortgeführten Vertrag in Verzug gerät.

§ 12 Schlussbestimmungen

(1) Ergänzend gilt das Recht der Bundesrepublik Deutschland.
(2) Maßgebend ist allein dieser schriftliche Vertrag. Änderungen oder Ergänzungen sowie der Verzicht auf die Schriftform können nur schriftlich vereinbart werden. Mündliche Nebenabreden sind nicht getroffen.
(3) Die etwaige Unwirksamkeit einer Bestimmung dieses Vertrages lässt die Wirksamkeit des Vertrages im Übrigen unberührt. Die unwirksame Bestimmung ist durch eine sinnentsprechende wirksame Bestimmung zu ersetzen, die der angestrebten wirtschaftlichen Regelung am nächsten kommt.
(4) Sofern eine der Vertragsparteien keinen Gerichtsstand im Geltungsbereich der Bundesrepublik Deutschland hat, gilt der in der Bundesrepublik Deutschland gelegene Geschäftssitz des betreffenden Vertragspartners als Gerichtsstand für alle etwaigen Streitigkeiten aus diesem Vertrag. Die Parteien sind auch berechtigt, das nach dem allgemeinen Gerichtsstand des Beklagten zuständige Gericht anzurufen.

Anmerkungen

1. Sachverhalt: Das → Form. IX.25 B. hat den Sachverhalt im Auge, dass der Tonträgerhersteller die Tonträger herstellt und dem Vertrieb die gefertigten Tonträger zum Vertrieb und auch zur Online-Auswertung überlässt. Die Kosten der Herstellung liegen beim Tonträgerhersteller, die Vertriebskosten beim Vertrieb. → Form. IX.25 A geht im Unterschied dazu davon aus, dass der Tonträgerhersteller nur die Aufnahme herstellt und diese dem Lizenznehmer zur entgeltlichen Auswertung überlässt und mit der

Übernahme des Produktionsrisikos ein höheres wirtschaftliches Risiko eingeht als bei bloßer Vertriebsübernahme. Der Vertriebsvertrag wird von Tonträgerherstellern, häufig kleinen Labels, gewählt, die über das Know How der Schallaufnahme und Fertigung von Tonträgern verfügen, aber nicht über eine eigene Vertriebsstruktur. Im Übrigen → → Form. IX.23 Anm. 1.

2. Handlungsanweisung

2.1 Für den unmittelbaren Vertrieb werden die Tonträger vom Hersteller nach Maßgabe der Vorgaben des Vertriebs gefertigt und zur Verfügung gestellt. Gem. § 1 zweite Alternative des Formulars können auch die Rechte für den mittelbaren Vertrieb für weitere Vertriebsgebiete eingeräumt werden. Der Vertrieb lizenziert in diesem Fall die Vertriebsrechte an einen Vertriebspartner, der die Tonträger für das entsprechende Gebiet auf Kosten des Tonträgerherstellers konfektioniert. Zu unterscheiden vom physischen Vertrieb der Tonträger ist der nicht-physische Vertrieb der festgelegten Aufnahmen. Häufig wird der Vertrieb die exklusive Verbreitung der physischen Tonträger vornehmen und ein nicht-ausschließliches Recht erhalten, die Aufnahmen auch in nicht physischer Form auszuwerten. Die Vertriebe haben Rahmenvereinbarungen mit größeren Musikportalen getroffen, über die Tonträgerhersteller auch mit nur wenigen Katalogtiteln Zugang erlangen können.

2.2 Das Formular geht davon aus, dass dem Vertrieb die Ware auf Kommissionsbasis überlassen wird. Eigentümer bleibt somit der Tonträgerhersteller. Der Vertrieb hat dann zwei Möglichkeiten. Er kann die Ware an die Händler verkaufen oder sie wiederum auf Kommissionsbasis an diese abgeben. Für den ersten Fall muss der Vertrieb durch den Tonträgerhersteller zur Eigentumsübertragung nach § 185 Abs. 1 BGB ermächtigt werden. In der zweiten Variante benötigt der Händler die Berechtigung, dem Kunden das Eigentum zu verschaffen. Aufgrund dessen muss der Tonträgerhersteller den Vertrieb ermächtigen, dem Händler die erforderliche Verfügungsbefugnis zu erteilen.

(3) Im Übrigen kann auf die Anmerkungen zu den → Form. IX.23 und 25 A. entsprechend verwiesen werden.

26. Konzertvertrag

Zwischen[1, 2]
dem Künstler[1, 2]
und
dem Konzertveranstalter[5]
wird folgender Konzertvertrag geschlossen:

§ 1 Gegenstand[3]

Der Veranstalter verpflichtet sich, am (Datum) um . . . . . . Uhr (Veranstaltungsbeginn) in (Ort der Darbietung) in den Räumen . . . . . . eine Konzertveranstaltung durchzuführen.

Der Künstler verpflichtet sich, im Rahmen dieser Veranstaltung folgende Darbietungen zu erbringen:

. . . . . .

Die Darbietungen des Künstlers werden eine Zeitdauer von . . . . . . nicht unterschreiten und eine Zeitdauer von . . . . . . nicht überschreiten.

§ 2 Präsentation[3, 5]

(1) Die räumlichen Verhältnisse am vereinbarten Veranstaltungsort sind dem Künstler bekannt, die vom Künstler bevorzugte Form der Präsentation ist dem Veranstalter bekannt.

(2) Für seine eigene Ausstattung sorgt der Künstler auf seine Kosten selbst.

(3) Über die Bühnengestaltung treffen die Vertragsparteien folgende Vereinbarungen: . . . . . .

Für den Fall der Mitwirkung anderer Künstler im Rahmen der Gesamtveranstaltung wird der vertragschließende Künstler nach dem als Anlage zu diesem Vertrag beigefügten Zeit- und Auftrittsplan präsentiert.

(4) Im Übrigen ist der Künstler in der Gestaltung und Darbietung seines Programms frei. Künstlerischen Anweisungen des Veranstalters oder eines Dritten unterliegt er nicht.

§ 3 Technische Anlage[5, 7]

Der Veranstalter stellt dem Künstler folgende Ausstattung ohne Zusatzberechnung zur Verfügung: . . . . .

Die Pflichten des Veranstalters ergeben sich aus der anliegenden Bühnenanweisung, die zum Gegenstand dieses Vertrages gemacht wird.

Die für die Darbietung benötigten weiteren technischen Anlagen einschließlich Bedienung und etwa vom Künstler gewünschtes Spezial-Bühnenbild stellt der Künstler auf eigene Kosten.

Die Veranstaltungsräume stehen dem Künstler zur Aufstellung der technischen Anlage, für Soundcheck und für Proben am . . . . . . zur Verfügung.

§ 4 Vergütung[4, 7]

Als Vergütung für die vom Künstler zu erbringenden Darbietungen erhält der Künstler vom Veranstalter . . . . . . % von der Brutto-Gesamteinnahme der Veranstaltung, mindestens jedoch ein Garantiehonorar in Höhe von . . . . . . EUR jeweils zuzügl. gesetzlicher MWSt. 50 % des schätzungsweise dem Künstler zustehenden Honorars erhält er 30 Minuten vor dem festgesetzten Beginn der Veranstaltung, weitere 40 % in der Veranstaltungspause, den Rest zugleich mit Vorlage der Endabrechnung innerhalb einer Woche nach der Veranstaltung.

Der Künstler versteuert sein Einkommen in der Bundesrepublik Deutschland selbst (Steuernummer . . . . . ./Finanzamt . . . . . .)./Der Künstler ist Ausländer. Der Veranstalter trägt und zahlt die Ausländersteuer.

§ 5 Durchführung der Veranstaltung, Kosten[5, 7]

(1) Soweit in diesem Vertrag nichts anderes geregelt ist, führt der Veranstalter im eigenen Namen, auf eigene Rechnung und auf eigene Kosten die Konzertveranstaltung durch. Ihm obliegt die Abführung etwaiger Steuern, Künstlersozialabgabe und sonstiger Abgaben sowie die Zahlung von Gebühren für die Aufführung urheberrechtlich geschützter Werke an Verwertungsgesellschaften, insbesondere an die GEMA.

(2) Der Künstler wird dem Veranstalter auf dessen Anforderung rechtzeitig eine vollständige Aufstellung aller urheberrechtlich geschützten Werke übergeben, die im Rahmen der Veranstaltung von ihm dargeboten werden.

§ 6 Werbung[6]

(1) Der Veranstalter wird in branchenüblicher Weise und auf eigene Kosten für die Konzertveranstaltung werben, und zwar mindestens in den folgenden Medien: . . . . .

(2) Werbung für andere Produkte oder Leistungen darf vom Veranstalter nur mit ausdrücklicher schriftlicher Zustimmung des Künstlers in einem Zusammenhang mit seinen Darbietungen veröffentlicht werden. Für jeden Fall der Zuwiderhandlung gegen diese Verpflichtung hat der Veranstalter an den Künstler eine angemessene Schadenspauschale in Höhe von mindestens EUR . . . . . . zu zahlen. Die Geltendmachung eines weitergehenden Schadens ist dadurch nicht ausgeschlossen.

§ 7 Anderweitige Verwertung[8]

(1) Der Veranstalter trägt Sorge dafür, dass ohne vorherige schriftliche Zustimmung des Künstlers weder anlässlich der Proben noch anlässlich der Konzertveranstaltung Darbietungen des Künstlers auf Bild- oder Tonträgern aufgenommen oder durch Ton- oder Fernsehrundfunk ausgestrahlt oder sonst wie online oder offline öffentlich wahrnehmbar gemacht werden.
(2) Der Veranstalter ist zur Durchsetzung von Unterlassungsansprüchen gegenüber der Verwertung unerlaubt zustande gekommener Vervielfältigungs- und Verwertungshandlungen verpflichtet.

§ 8 Pauschalierter Schadenersatz[9]

(1) Der Künstler hat wegen der schuldhaften Verletzung seiner Pflicht zur Mitwirkung bei der vereinbarten Konzertveranstaltung an den Veranstalter eine angemessene Schadenspauschale in Höhe von EUR . . . . . . zu zahlen.
(2) Der Veranstalter hat an den Künstler eine angemessene Schadenspauschale in Höhe von mindestens EUR . . . . . . zu zahlen, wenn infolge einer ihm zurechenbaren schuldhaften Handlung oder Unterlassung die vereinbarte Konzertveranstaltung nicht stattfindet.
(3) Die Geltendmachung eines weitergehenden Schadens wird durch die vorstehenden Schadenspauschalierungen nicht ausgeschlossen.

§ 9 Schlussbestimmungen

(1) Ergänzend gilt das Recht der Bundesrepublik Deutschland.
(2) Maßgebend ist allein dieser schriftliche Vertrag. Änderungen, Ergänzungen sowie der Verzicht auf die Schriftform können nur schriftlich vereinbart werden. Mündliche Nebenabreden sind nicht getroffen.
(3) Die etwaige Unwirksamkeit einer Bestimmung dieses Vertrages lässt die Wirksamkeit des Vertrages im Übrigen unberührt. Die unwirksame Bestimmung ist durch eine sinnentsprechende wirksame Bestimmung zu ersetzen, die der angestrebten wirtschaftlichen Regelung am nächsten kommt.
(4) Sofern der Künstler keinen Gerichtsstand im Geltungsbereich der Bundesrepublik Deutschland hat, gilt der Geschäftssitz des Veranstalters als Gerichtsstand für alle etwaigen Streitigkeiten aus diesem Vertrag. Die Parteien sind auch berechtigt, das nach dem allgemeinen Gerichtsstand des Beklagten zuständige Gericht anzurufen.

Schrifttum: Andryk, Musikerrecht, 3.Auflage, Brühl 1998; *Andryk,* Payback nach Playback? – Playback als Rechtsprobleme im Vertrags-, Lauterkeits- und Urheberrecht, WRP 2014, 397; *Dünnwald/Gerlach,* Schutz des ausübenden Künstlers, 2008; *Hodik,* Der Rechtsschutz des Theater- und Konzertveranstalters in Deutschland, Österreich und der Schweiz, GRUR Int. 1984, 421/605; *Born,* Der Auftrittsvertrag für Musikgruppen im Bereich der Rock- und Popmusik, 1990; *Kreile/Hombach,* Konzertgenuss mit Hindernissen ZUM 01, 731; *Michow,* Veranstaltungs- und Künstlervermittlungsverträge, in: Moser/Scheuermann/Drücke (Hrsg.), Handbuch der Musikwirtschaft, 7. Aufl., 2018, S. 838 ff. .; *Rossbach,* in: Loewenheim, Handbuch des Urheberrechts, 2. Aufl. 2010,

§ 69 Rn. 86 ff. zu Konzert-, Gastspiel- und Tourneeverträgen, Rn. 101 ff. zu Managementverträgen; *Rossbach/Joos,* Vertragsbeziehungen im Bereich der Musikverwertung unter besonderer Berücksichtigung des Musikverlags und der Tonträgerherstellung, in: Beier u.a. (Hrsg.), Urhebervertragsrecht, 1995 S. 333, 381 ff.; *Witz/Schmidt,* Klassik Open Air Konzerte im Dschungel der GEMA-Tarife, ZUM 1999, 819 ff.

Anmerkungen

1. Sachverhalt.

1.1 Der Veranstalter von Konzerten schließt mit dem Künstler, der als Sänger, Instrumentalist, Orchesterleiter, Tänzer oder in anderer Weise als ausübender Künstler dabei auftritt, den Konzertvertrag. Durch diesen verpflichtet sich der Künstler zur Mitwirkung bei einer bestimmten Konzertveranstaltung, während sich der Veranstalter zur Durchführung der Konzertveranstaltung und zur Zahlung der vereinbarten Vergütung an den Künstler verpflichtet. Zu den sonstigen typischen Aufgaben des Veranstalters siehe *Dünnwald/Gerlach* § 81 Rn. 6. Soweit der Künstler statt eines abendfüllenden Programms lediglich im Rahmen einer Gesamtveranstaltung einen einzelnen Programmbeitrag beisteuert, spricht man vom Gala-Vertrag. Derartige Verträge richten sich nach den allgemeinen Bestimmungen des Werk- und Dienstvertragsrechts (§§ 631 ff., 611 ff. BGB), ohne dass man von vornherein der einen oder anderen Vertragsart ein Übergewicht einräumen könnte (vgl. *Born* S. 39 ff., 188; *Michow* S. 839 f.; für Werkvertrag: *Rossbach/Joos* S. 382; zur Abgrenzung zwischen selbst- und fremdbestimmter Arbeit BAG ZUM 2007, 507 (508); instruktiv zur Auslegung des vereinbarten Leistungsumfangs OLG Karlsruhe GRUR 1985, 136 – Volvo-Reklame).

1.2 Nutzungsrechte brauchen dabei im Verhältnis der Vertragschließenden des Konzertvertrages nicht eingeräumt zu werden. Soweit urheberrechtlich geschützte Werke aufgeführt werden, sind zwar die Aufführungs- und Vortragsrechte der Urheberberechtigten tangiert (§ 19 UrhG), jedoch vermittelt die GEMA das musikalische Welt-Repertoire in aller Regel automatisch gegen Zahlung der jeweils maßgeblichen Tarife (vgl. *Witz/Schmidt* ZUM 1999, 819 ff.). Die Partner des Konzertvertrages sollten sich indes dahingehend verständigen, wie gegebenenfalls mit Aufzeichnungen und Rundfunkausstrahlungen der Konzertdarbietung zu verfahren ist. Sowohl der Künstler (§ 77 UrhG) als auch der Veranstalter (§ 81 UrhG) haben dabei mitzureden.

1.3 Will der Konzertveranstalter den Künstler nicht nur für ein einzelnes Konzert, sondern für eine ganze Reihe von Konzerten engagieren, die an verschiedenen Orten stattfinden, können dahingehende Vereinbarungen in einem Tourneevertrag zusammengefasst werden. Von einem Gastspielvertrag oder auch Konzertüberlassungsvertrag spricht man, wenn eine Gastspieldirektion (oder ein Tourneevernstalter) einem Veranstalter ein bestimmtes Programm „verkauft" (*Michow* S. 842). Derjenige Tourneeveranstalter, der die Durchführung eines einzelnen Konzertes, das außerhalb seines räumlichen Wirkungskreises stattfindet, einem Dritten überträgt, schließt mit diesem örtlichen Veranstalter einen Arrangementvertrag, in der Regel auf der Basis einer prozentualen Aufteilung des Veranstaltungsumsatzes.

2. Vertragsabschluss über Agentur oder Manager.

2.1 Der Konzertveranstalter verhandelt den Konzertvertrag häufig nicht direkt mit dem Künstler, sondern mit dessen Agent oder Manager, der beim Vertragsabschluss in Stellvertretung für den Künstler auftritt (§ 164 BGB). Soweit der Agent oder Manager mit einer entsprechenden Vertretungsmacht von Seiten des Künstlers ausgestattet ist, kommt der Konzertvertrag unmittelbar mit dem Künstler zustande. Die Bevollmächtigung wird sich in der Regel aus dem Vertrag ergeben, der zwischen Agent/Manager und Künstler besteht, sie kann auch in einer separaten Vollmachtsurkunde dokumentiert sein. Handelt der Agent/Manager ohne Vertretungsmacht im Namen des Künstlers, bedarf es zur Wirksamkeit des Vertrages in der Person des Künstlers dessen Genehmigung (§ 177 Abs. 1 BGB). Für einen ohne Vollmacht oder Genehmigung abgeschlossenen Vertrag haftet derjenige, der als (vollmachtloser) Vertreter aufgetreten ist, persönlich auf Erfüllung und Schadenersatz (§ 179 BGB).

2.2 Das Vertragsverhältnis zwischen Künstler und seinem Abschlussvertreter ist ein Agenturvertrag, sofern es sich im Wesentlichen auf die Vertragsanbahnung als vom Agenten zu leistender Geschäftsbesorgung beschränkt. Der Managementvertrag definiert die Aufgabenstellung des Betreuers weitergehend dahin, allgemein oder in bestimmter Hinsicht die berufliche Karriere des Künstlers zu fördern, wobei die Vermittlung, Aushandlung und Abwicklung von Konzertverträgen (nur) einen Teil der vom Manager übernommenen Aufgaben ausmacht. Der Manager erbringt Dienstleistungen höherer Art im Sinne von § 627 BGB, die auf Grund besonderen Vertrauens übertragen zu werden pflegen. Zur Vermeidung der nach dieser Vorschrift vorgesehenen freien Kündbarkeit eines Managementvertrages ist die Aufnahme fester Vertragslaufzeiten in den Managementvertrag empfehlenswert, ggf. in Verbindung mit entsprechenden Kündigungsfristen. Die in früherer Zeit von der Bundesanstalt für Arbeit vertretene und von der früheren Rechtsprechung gebilligte (BGH UFITA 70, 293; OLG Hamburg UFITA 77, 260; OLG Düsseldorf FuR 1977, 211) Meinung, die Vermittlung von Konzertverträgen sei als Arbeitsvermittlung einzustufen, die dem Arbeitsvermittlungsmonopol der Bundesanstalt für Arbeit unterliege (§ 4 AFG), ist inzwischen – mit Recht – einer liberaleren Betrachtung gewichen, die den vermittelten Konzertvertrag als (freien) Dienstvertrag außerhalb eines Arbeitsverhältnisses ansieht, wenn der Künstler Art und Weise seines Auftritts (Programmauswahl, Kleidung und sonstiges Erscheinungsbild) frei bestimmen kann (BSG Urt. v. 19.11.1990, BB 1991, 1270; *Michow* S. 850). Parallel dazu ist auch das Erlaubnisverfahren zur Arbeitsvermittlung liberalisiert worden (vgl. Verordnung über Arbeitsvermittlung durch private Arbeitsvermittler – AVermV – vom 11.3.1994 BGBl. I S. 568).

3. Art der Darbietung. § 1 des Formulars sieht vor, dass die Art der vom Künstler zu erbringenden Darbietung umschrieben wird. Wie genau dies geschieht, ist Sache der Vertragsparteien. Soweit keine Programmfestlegung erfolgt, kann der Künstler über den Programmablauf frei bestimmen (§ 2 Abs. 4 des Formulars). Das erscheint sachgerecht, weil er die Reaktion des Publikums auf seine Darbietung in der Regel besser einzuschätzen vermag als der Veranstalter. Im Zweifel hat der Gesangs- und/oder Instrumentalkünstler seine Darbietung höchst persönlich zu erbringen, dh das Gehörte mit seiner Stimme oder seinem Instrument selbst zu erzeugen. Soweit auf der einen oder anderen Vertragsseite daran gedacht ist, mit bestimmten Playback-Varianten (Vollplayback, Halbplayback) oder „geliehener Stimme" (Second Voice, Replacing) zu arbeiten, sollte dies unbedingt im Vertrag geregelt werden. Der Veranstalter hat häufig schon im Interesse seines Publikums den Wunsch, dass die Musikerzeugung weitgehend „live" erfolgt. In anderen Konstellationen, speziell wenn ein Solosänger oder eine Gesangsgruppe ohne Begleitband gebucht wird, geht das Interesse des Veranstalters eher dahin, aus Gründen der Kostenersparnis die Begleitmusik vom Band spielen zu lassen, während die Gesangskünstler eine Live-Band bevorzugen würden. § 3 des Formulars empfiehlt deshalb spezifizierende Angaben zu den technischen Anlagen (vgl. *Andryk* WRP 2014, 397 Rn. 7 ff., 28).

4. Vergütung. Üblich ist sowohl die Festlegung einer festen Gage als auch die Aufteilung der Kasseneinnahme als auch, wie im Formular vorgeschlagen, die Kombination beider Berechnungsarten. Im Bereiche der Konzertveranstaltung ist eine prompte Zahlungsabwicklung branchenüblich. Anstelle der Abwicklung unmittelbar vor dem Konzert und in der Konzertpause kann auch vorgesehen werden, dass der Veranstalter einige Zeit vor dem Konzert einen angemessenen Vorschuss an den Künstler zahlt und nach der Konzertabwicklung die Restzahlung abrechnet. Sofern der Künstler im Inland weder Wohnsitz noch gewöhnlichen Aufenthalt hat, haftet auch der Konzertveranstalter für die dabei anfallende Einkommensteuer, da der Künstler als Ausländer zumindest beschränkt steuerpflichtig gem. § 1 Abs. 4 EStG iVm § 49 Abs. 1 Nr. 2d EStG. Das Formular sieht vor, dass der Konzertveranstalter die Ausländersteuer abführt, ohne beim Künstler Abzüge vom Honorar vornehmen zu können, davon ausgehend, dass der anfallende Steuerabzug bei der Honorarbemessung bereits berücksichtigt ist. Soweit das nicht der Fall ist, sollte der Vertrag in § 4 die Befugnis des Konzertveranstalters zu entsprechenden Abzügen vorsehen. Da es beim Live-Konzert nicht zur Verwertung von Leistungsschutzrechten des ausübenden Künstlers kommt (→ Anm. 1), stehen Nachforderungsansprüche von dieser Seite aus §§ 79 Abs. 2 S. 2, 32, 32a UrhG nicht zur Debatte.

5. Veranstalter.

5.1 Veranstalter ist derjenige, der die Veranstaltung organisatorisch durchführt und durch Abschluss der maßgeblichen Personal- und Sachverträge das unternehmerische Risiko der Veranstaltung trägt (*Dünnwald/Gerlach* § 81 Rn. 6 mwN). §§ 5 Abs. 1, 6 des Formulars gehen deshalb davon aus, dass der Veranstalter auf seine Kosten die Räume zur Verfügung stellt, die Werbung für die Veranstaltung sowie den Verkauf der Karten und des Programms durchführt und die sonstigen Hilfsgeschäfte wie Saal- und Garderobendienst, Beleuchtung usw ausführt. In den künstlerischen Bereich hineinragende Maßnahmen wie insbesondere die technische Ausstattung der Künstler mit Instrumenten, Lautsprechern, Verstärkern, über die vorhandene Saalbeleuchtung hinausgehende Spezialichtanlagen sowie die Kostümierung des Künstlers und die Ausstattung mit speziellen Bühnenaufbauten wird in §§ 2 Abs. 2, 3 Abs. 1 des Formulars dem Künstler als dessen Obliegenheit zugeordnet, für die er auch die Kosten zu tragen hat. Hiervon abweichende Regelungen müssten im Vertrag ausdrücklich vorgesehen werden.

5.2 Ist der Veranstalter nicht mit dem Eigentümer oder Besitzer der Konzerträume identisch, schließt er seinerseits einen Miet- oder Pachtvertrag mit diesem ab. Zusätzlich kann in den Vertrag aufgenommen werden, dass der Veranstalter die Kosten des Künstlers für eine oder mehrere Übernachtungen am Veranstaltungsort trägt, ggf. unter Angabe des Hotels oder einer bestimmten Hotel-Kategorie und der Anzahl der vom Künstler benötigten Hotelzimmer. Ähnliches gilt entsprechend, wenn der Veranstalter Reisekosten übernehmen soll. Das Formular geht ferner davon aus, dass die Abführung von Gebühren, die für die Konzertdarbietung (§ 19 UrhG) von der urheberrechtlichen Verwertungsgesellschaft (GEMA) erhoben werden, und die Zahlung der Künstlersozialabgabe nach § 24 Abs. 1 Ziff. 3 KSVG zu Lasten des Konzertveranstalters gehen.

5.3 Da bei größeren Veranstaltungen verschiedene Unternehmer (Manager, Agenten, Vermittler, nationale und örtliche Veranstalter) beteiligt sind, empfiehlt sich eine klare vertragliche Regelung, wer im Innenverhältnis zur Tragung der Kostenlast (GEMA, KSK) verpflichtet sein soll. Gleichwohl wirkt diese Kostenabwälzung nur im Innenverhältnis und nicht gegenüber den Beitragsberechtigten. Zur Haftung des Tourneeveranstalters für die Entrichtung der GEMA-Gebühren vgl. OLG Hamburg GRUR 2001, 832 (833 f.) – Tourneeveranstalter. Die Pflichten des Veranstalters im Zusammenhang mit der technischen Abwicklung des Konzertes werden entweder direkt im Vertrag fixiert (§ 3 des Formulars) oder in einer sogenannten Bühnenanweisung separat erfasst, wie dies bei größeren Bühneneinrichtungen üblich ist: Ausstattung und Maße der Bühne, Sicherheitsvorkehrungen, Ausstattung der Garderobe, Catering ua.

6. Werbung. Art und Umfang der vom Veranstalter zu leistenden Werbung sind ein häufiger Reibungspunkt. § 6 Abs. 1 des Formulars empfiehlt als Mindestregelung eine Aufzählung der Medien (Internetwerbung, Zeitungsannoncen, Plakatanschlag, Verteilung von Handzetteln usw). Darüber hinaus kommen Angaben über den Umfang und den Einsatzzeitpunkt der jeweiligen Werbung als ergänzende Angaben zu § 6 Abs. 1 in Betracht. Demgegenüber ist grundsätzlich eine Verbindung der Konzertdarbietung mit Werbung für andere Produkte oder Leistungen zu untersagen (§ 6 Abs. 2 des Formulars), da die Bewertung künstlerischer Darbietungen durch den Werbezweck erheblich beeinträchtigt wird. Zur Schadenspauschalierung → Anm. 9.

7. **Haftungsfragen.** Die Unternehmereigenschaft des Veranstalters hat zur Folge, dass er das betriebliche Risiko für die ordnungsgemäße Abwicklung der Veranstaltung trägt, § 5 Abs. 1 des Formulars. Es ist seine Sache, etwaige behördliche Erlaubnisse einzuholen oder behördliche Auflagen zu erfüllen. Die Verkehrssicherungspflicht obliegt dem Veranstalter. Der Verantstalter hat Konzertbesucher vor Gehörschäden zu schützen (BGH NJW 2001, 2019 ff., zu Stage Diving, OLG Hamm VersR 2003, 336). Für Beschädigung und Verlust der technischen Anlage der Musiker haftet er nach Maßgabe des Verwahrungsvertrages (§§ 688, 690 BGB), soweit die Anlage mit Billigung des Veranstalters in den von ihm zur Verfügung gestellten Räumen untergebracht ist. Bei der Einbringung besonders wertvoller oder empfindlicher Geräte sind gesonderte Vereinbarungen zu treffen, da nach verwahrungsrechtlichen Grundsätzen nur nach der diligentia quam in suis gehaftet wird. Der Veranstalter wiederum sollte die bei ihm liegenden Risiken durch Inanspruchnahme geeigneten Versicherungsschutzes absichern.

8. **Anderweitige Verwertung, insbesondere Konzertmitschnitte.** Die Verwertung von Konzertdarbietungen außerhalb des Konzertraumes sowie durch Aufnahme und weitere (Offline- oder Online-) Verwertung von Tonträgern oder Bild-Tonträgern bedarf urheberrechtlich sowohl der Lizenzierung des Künstlers (§§ 77, 78 UrhG) als auch des Veranstalters (§ 81 UrhG).Zum Schutz ausländischer Veranstalter für Veranstaltungen in Deutschland vgl. *Dünnwald/Gerlach* § 81 Rn. 8. Zur Verwertung fotografischer Aufnahmen von Künstlern bei Konzertveranstaltungen → Form. IX.23 Anm. 10. Da der Veranstalter die entsprechenden organisatorischen Verkehrungen in der Hand hat, wird ihm durch § 7 des Formulars die Verpflichtung auferlegt, rechtswidrige Verwertungshandlungen Dritter nach Kräften zu vermeiden. Gegebenenfalls kann der Vertrag konkrete Vorsorgemaßnahmen vorsehen, zB die Vornahme von Eingangskontrollen und die Stellung eines Ordnungsdienstes. Soll eine anderweitige Verwertung vorgenommen werden, bedarf es einer übereinstimmenden Verfügung des Künstlers und des Veranstalters, die im gegebenen Fall bereits im Konzertvertrag vorgesehen werden sollten. Der Veranstalter ist nicht davor geschützt, dass eine von ihm unter Kosten und Mühen einstudierte Ensembleproduktion (zB Opern- oder Theateraufführung) gleichsam als fix und fertiges „Produkt" durch einen anderen Unternehmer ohne Legitimation durch einen Gastspielvertrag (→ Anm. 1) seinerseits im Rahmen einer neuen Veranstaltung übernommen wird. In diesen Fällen vermag bei Hinzutreten besonderer Umstände, insbesondere bei entsprechender Behinderungsabsicht von Wettbewerbern allenfalls das UWG zu helfen (*Hodik* GRUR Int. 1984, 421 (422); für die Einführung eines weitergehenden Leistungsschutzrechts des Veranstalters plädieren *Dünnwald/Gerlach* § 81 Rn. 5).

9. **Pauschalierter Schadenersatz.**

9.1 § 8 des Formulars sieht Vertragstrafeversprechen der jeweiligen Anspruchsberechtigten für solche Vertragsverletzungen vor, die von besonderem Gewicht sind und durch den gesetzlichen Schadenersatzanspruch regelmäßig nicht hinreichend abgegolten werden, da sich der Anspruchsberechtigte wegen des Nachweises der Höhe des Schadens in Beweisnot befindet. Ebenso verhält es sich entsprechend bei der Schadenspauschalierung in § 6 Abs. 2 des Formulars. In beiden Fällen handelt es sich nicht um Vertragstrafen, sondern um die Pauschalierung regelmäßig entstehender Schadenersatzansprüche. Sofern solche Klauseln von einer der Vertragsparteien formularmäßig verwendet werden, ist bei der Bemessung der Höhe der Schadenspauschalierung auf § 309 Nr. 5 BGB Rücksicht zu nehmen. Außerdem ist in diesen Fällen hinzuzusetzen, dass der zur Zahlung der Schadenspauschale Verpflichtete seine Zahlungsverpflichtung abwenden kann, sofern er nachweist, dass ein Schaden nicht oder wesentlich niedriger als die Pauschale entstanden sei. Zum Schadensersatzrisiko des Konzertveranstalters bei Ausfall, Verspätung, vorzeitigem Abbruch oder Verschiebung vgl. Kreile/Hombach ZUM 2001, 731 (738 ff.)

9.2 Die Pauschale sollte, auch unabhängig von der AGB-Inhaltskontrolle, so angesetzt werden, dass sie den in den geregelten Fällen nach dem gewöhnlichen Lauf der Dinge zu erwartenden Schaden abdeckt, ohne den Berechtigten allerdings mit Schadensbeweisen zu belasten. Die hypothetische Schadenshöhe lässt sich für den Fall des Konzertausfalls (§ 8 des Formulars) in der Regel leichter bemessen als bei der rechtswidrigen Vermischung von Kunst und Werbung (§ 6). Im Falle des § 6 des Formulars muss indes die Schädigungsgefahr für den Künstler höher eingeschätzt werden, weil die Disqualifikation seines Rufes sich nicht nur auf den Verlust einzelner Veranstaltungen beschränken würde.

10. Steuern. Zur steuerlichen Behandlung von Musikkapellen und ihrer Mitglieder insbesondere bei Konzerttätigkeit → Form. IX.27 Anm. 8. Zur beschränkten Steuerpflicht → Anm. 4.

11. Kosten. Es wird die Vereinbarung eines Stundenhonorars empfohlen.

27. Vertrag über die Gründung einer Musikgruppe (U-Musik) oder eines kleinen Ensembles

Die nachfolgend genannten Personen gründen eine Musikgruppe nach Maßgabe des folgenden Gesellschaftsvertrages.[1,2]

§ 1 Gesellschaft[2]

Die Vertragschließenden bilden eine Gesellschaft bürgerlichen Rechts. Sie verpflichten sich, gemeinsam eine Musikgruppe auf dem Gebiet der . . . . . Musik zu betreiben und zu diesem Zweck die ihnen möglichen Beiträge dafür zu leisten.

§ 2 Solistische Betätigung[3]

Eine solistische Betätigung von Gruppenmitgliedern bedarf der Zustimmung der Mehrheit der Gesellschafter. Wird die Zustimmung nicht ausdrücklich auf einzelne Tätigkeiten beschränkt, gilt sie ohne zeitliche Begrenzung, jedoch nur in einem solchen Umfang, dass die Belange der Musikgruppe dadurch nicht beeinträchtigt werden. Der solistisch tätige Gesellschafter darf die Gruppenbezeichnung nicht ohne ausdrückliche schriftliche Zustimmung aller Gesellschafter für sich verwenden.

Eine anderweitige musikalische Betätigung als Studiomusiker oder Begleitmusiker ist den Gesellschaftern erlaubt, sofern dadurch die Belange der Gesellschaft nicht beeinträchtigt werden.

§ 3 Namen[4]

Die Musikgruppe bedient sich folgender Namensbezeichnung: . . . . .

Rechte an dieser Namensbezeichnung sowie sonstigen Kennzeichen, die im Verlaufe der Betätigung der Musikgruppe für diese verwendet werden, stehen allen Gesellschaftern gemeinschaftlich zu. Ausscheidende Gruppenmitglieder verlieren automatisch jede Berechtigung an der Gruppenbezeichnung und sonstigen Kennzeichen der Musikgruppe

und verpflichten sich, an allen Maßnahmen mitzuwirken, die zur Abänderung von Registrierungen der sich ändernden Inhaberschaft an den Gruppenkennzeichen erforderlich sind.

§ 4 Abstimmung, Vertretung[5]

Über Angelegenheiten der Musikgruppe entscheiden die Gesellschafter durch einfache Mehrheit. Jeder Gesellschafter hat eine Stimme.
Die Gesellschaft kann durch Mehrheitsentscheidung einen Gesellschafter bestimmen, der die Gesellschafter rechtsgeschäftlich nach außen hin allein vertritt, Zahlungen mit befreiender Wirkung für alle Gesellschafter entgegennimmt und die Befugnisse gem. §§ 79 Abs. 2 S. 2, 32 und 32a UrhG auf Nachbesserung von Vergütungsansprüchen mit Wirkung für alle anspruchsberechtigten Künstler geltend macht.

§ 5 Verwertungshandlungen[5]

(1) Die Gesellschafter werden die Einwilligung zur Verwertung gemeinschaftlicher Darbietungen nur aus wichtigem Grunde verweigern. Als wichtiger Grund ist es auch anzusehen, wenn die Verwertung ohne oder gegen eine Vergütung erfolgen soll, die deutlich unter dem liegt, was branchenüblich ist. Die Verwertung von Darbietungen zu Zwecken der Werbung für fremde Produkte bedarf stets der Einwilligung aller an der Darbietung beteiligten Gesellschafter.
(2) Jeder Gesellschafter darf Verträge, die eine gemeinschaftliche Darbietung betreffen, mit Wirkung für und gegen die Mitgesellschafter fristlos kündigen, wenn ein wichtiger Grund vorliegt. Er hat die Mitgesellschafter von einer solchen Maßnahme unverzüglich zu unterrichten.

§ 6 Verwertung im Todesfall[5]

Jeder Gesellschafter wird dafür Sorge tragen, dass, wenn er mehrere Erben hinterlässt, einer von ihnen oder ein Testamentsvollstrecker für alle zu verfügen im Stande ist. Unterbleibt eine solche Regelung, so gelten die verbleibenden Mitgesellschafter – nach ihrem Tode der Bevollmächtigte ihres Nachlasses – als verfügungsberechtigt, bis die Erben einen Bevollmächtigten bestellt haben. Für weitere Erbfälle gilt diese Regelung sinngemäß.

§ 7 Dauer, Ausscheiden von Gesellschaftern[6,7]

(1) Die Dauer der Gesellschaft ist unbestimmt.
(2) Ein Gesellschafter scheidet aus der Gesellschaft aus,
a) wenn er seine Zugehörigkeit zur Gesellschaft unter Einhaltung einer Frist von 6 Monaten eines Kalenderjahres durch schriftliche Erklärung gegenüber sämtlichen Mitgesellschaftern kündigt,
b) wenn nach der Eröffnung eines Insolvenzverfahrens über das Vermögen des Gesellschafters der Insolvenzverwalter mit der Erfüllung von Zahlungsverpflichtungen des Gesellschafters in Verzug gerät und die Gesellschaft daraufhin die Kündigung erklärt;
c) wenn sein Anteil am Gesellschaftsvermögen von einem Dritten gepfändet wird;
d) im Falle des Todes eines Gesellschafters scheiden die Erben aus der Gesellschaft aus.

§ 8 Rechtsfolgen bei Ausscheiden[7]

(1) Der ausscheidende Musiker oder seine Erben bleiben an den Erträgnissen aus der Verwertung von Bild- und Tonträgern, die nach dem Ausscheiden erzielt werden, in Höhe des dem ausscheidenden Gesellschafter zum Zeitpunkt des Ausscheidens zustehenden Anteils weiterhin beteiligt. Verfügungen der in der Gesellschaft verbleibenden Musiker über neue Auswertungshandlungen an solchen Produktionen unterliegen weiterhin

der Mehrheitsentscheidung der an der ursprünglichen Darbietung beteiligten Gruppenmitglieder und ihrer Rechtsnachfolger.

(2) Aus Mitteln der Musikgruppe für diese erworbene Gegenstände bleiben alleiniges Eigentum der fortbestehenden Gesellschaft. Der ausscheidende Gesellschafter erhält eine Abfindung in Höhe seines Anteils am Zeitwert der der Musikgruppe verbleibenden gemeinschaftlichen Gegenstände abzüglich des auf ihn entfallenden Anteils an den Verbindlichkeiten der Gesellschaft.

(3) Weitergehende Ansprüche des ausscheidenden Gesellschafters sind ausgeschlosen.

§ 9 Schlussbestimmungen

(1) Ergänzend gilt das Recht der Bundesrepublik Deutschland.

(2) Maßgebend ist allein dieser schriftliche Vertrag. Änderungen, Ergänzungen sowie der Verzicht auf die Schriftform können nur schriftlich vereinbart werden. Mündliche Nebenabreden sind nicht getroffen.

(3) Die etwaige Unwirksamkeit einer Bestimmung dieses Vertrages lässt die Wirksamkeit des Vertrages im Übrigen unberührt. Die unwirksame Bestimmung ist durch eine sinnentsprechende wirksame Bestimmung zu ersetzen, die der angestrebten wirtschaftlichen Regelung am nächsten kommt.

(4) Soweit gesetzlich zulässig, gilt . . . . . . als Gerichtsstand für alle etwaigen Streitigkeiten aus diesem Vertrag. Die Parteien sind auch berechtigt, das nach dem allgemeinen Gerichtsstand des Beklagten zuständige Gericht anzurufen.

Schrifttum: Andryk, Musikerrecht, 3.Auflage, Brühl 1998; Kreile, Die steuerliche Behandlung von Musikkapellen und ihrer Mitglieder, Film und Recht 1981, 526.

Anmerkungen

1. Sachverhalt. Musiker schließen sich – meist auf unbestimmte Dauer – zur gemeinsamen Musikdarbietung zusammen. Sie wollen für eine längere Zeit gemeinsam konzertieren und/oder Tonträger aufnehmen lassen. Durch die Wahl eines Gruppennamens wird dieser Entschluss nach außen hin dokumentiert. Im Laufe der Zeit verlassen einige die Gruppe, andere kommen hinzu. Der gemeinsame Name bleibt, bis die Aktivitäten erlahmen oder sich die Gruppe auflöst.

2. Handlungsanweisung.

2.1 Musikgruppen im Bereich der Pop-Musik haben meistens einen festen Bestand von 3 bis 5 Musikern, selten mehr. Gedacht ist ferner an kleinere Ensembles der Kammermusik, zB Streichquartett. Solche Gruppen bilden automatisch eine Gesellschaft des bürgerlichen Rechts (§§ 705 ff. BGB). Urheberrechtlich steht ihnen das Recht zur Verwertung gemeinsam erbrachter Darbietungen gem. § 80 Abs. 1 UrhG zur gesamten Hand zu mit der Maßgabe, dass keiner seine Einwilligung zur Verwertung treuwidrig verweigern darf (analog zur Miturheberschaft gem. § 8 UrhG). Unproblematisch gestaltet sich in der Regel die Verteilung der Einnahmen aus der Konzerttätigkeit, da hierüber vorher ausdrückliche oder konkludente Vereinbarungen getroffen zu werden pflegen. Ähnlich verhält es sich bei der Schallplattenauswertung. Besonderer Regelungen bedarf es für die Zuordnung des Gruppennamens und der sonstigen Kennzeichen, insbesondere für den Fall des Auseinandergehens der Musiker. Die Gruppe ist auch im Übrigen vom Ausscheiden einzelner Musiker unabhängig zu machen.

2.2 Allerdings kommt es auch vor, dass sich um einen herausragenden zentralen Musiker „herum“, der der Musikgruppe das Gepräge verleiht und ohne den sie nicht denkbar erscheint, eine Musikergemeinschaft bildet. In diesem Fall sollte keine Gesellschaft gegründet werden, sondern der im Zentrum stehende Musiker sollte mit den übrigen Musikern Einzelabmachungen über deren Mitwirkung treffen. Dabei sollte klargestellt werden, dass Namens- und Kennzeichenrechte allein dem Hauptmusiker zustehen.

2.3 Werden Personen in die Gesellschaft einbezogen, die nicht die Funktion von Musikern ausfüllen, sondern organisatorische Aufgaben übernehmen, sollte die Gewinnbeteiligung im Gesellschaftsvertrag selbst geregelt werden, etwa dahingehend, dass alle Gesellschafter an den Einnahmen der Musikgruppe unabhängig davon zu gleichen Anteilen beteiligt werden, ob sie an der einnahmebegründenden künstlerischen Darbietung beteiligt sind oder nicht.

3. Persönliche Bindung. Die Zugehörigkeit zu einer Musikgruppe schließt anderweitige musikalische Betätigungen nicht aus. Die Tätigkeit als Studiomusiker oder als Begleitmusiker bei Konzerten stört die Gruppe nicht prinzipiell, kann aber dazu führen, dass der betreffende Gesellschafter in zeitlicher Hinsicht der Gruppe nicht genügend zur Verfügung steht. Eine anderweitige solistische Betätigung kann den künstlerischen und publizistischen Intentionen der Musikgruppe widersprechen und sollte deshalb einer ausdrücklichen Genehmigung der Gesellschaft bedürfen. Ist sie einmal erteilt worden, hat sich der insoweit freigestellte Gesellschafter seinerseits darauf eingestellt, so dass die Freistellung im Zweifel ohne zeitliche Begrenzung gilt, sofern es die Belange der Gruppe erlauben. Anderslautende Absichten müssten in § 3 des Formulars entsprechend zum Ausdruck gebracht werden. Bei kleineren Ensembles im Bereich der E-Musik stehen die Musiker häufig in einem festen Orchester-Anstellungsverhältnis. In diesen Fällen wird es sich nicht vermeiden lassen, in den Vertrag aufzunehmen, dass die Verpflichtungen aus dem Anstellungsvertrag mit dem Orchester Vorrang genießen.

4. Kennzeichnung, Gruppenname. Das durch die Urheberrechtsnovelle 2003 in Gestalt des § 74 UrhG eingeführte gesetzliche Namensnennungsrecht des ausübenden Künstlers steht bei gemeinsam erbrachter Darbietung den Künstlern nach Maßgabe des § 74 Abs. 2 UrhG zu. Danach kann die Gruppe, ggf. handelnd durch ihren gewählten Vertreter, verlangen, im Zusammenhang mit der Veröffentlichung ihrer Darbietung als Künstlergruppe, also mit ihrem Gruppennamen genannt zu werden. Das Recht am Gruppennamen bleibt bei den zur Gruppe gehörenden ausübenden Künstlern zurück, auch wenn sie etwa den Produzenten oder das Tonträgerunternehmen wechseln (vgl. OLG Köln GRUR-RR 2008, 243 (244) – Vanilla Ninja). Darüber hinaus werden häufig auch kennzeichnende Symbole verwendet. Der Gruppenname wird gegen verwechslungsfähige Kennzeichen anderer nach außen durch § 12 BGB, §§ 5, 15 MarkenG geschützt, vor irreführenden Bezeichnungen schützt das Publikum das UWG (OLG Hamburg UFITA 80, 375 – Los Paraguayos). Ferner kommt die Eintragung einer Dienstleistungsmarke für den Dienstleistungsbereich der Musikdarbietung in Betracht, sofern die Bezeichnung schutzfähig ist, vgl. zur Eintragung der Bezeichnung „Dirndlwahnsinn" etwa Bundespatentgericht 27 W (pat) 15/06, Beschluss vom 27.6.2006. Berühmt gewordene Gruppennamen genießen noch weitergehende Schutzrechte auf Grund erworbener Verkehrsgeltung (§ 5 Abs. 2 S. 2 MarkenG). In Betracht kommt ferner eine Schutzposition aus dem UWG bei unlauterer Rufausbeutung. Die Verfügung über die Kennzeichenrechte steht den Gesellschaftern gemeinschaftlich und zur Kennzeichnung der Musikgruppe insgesamt zu. Mitberechtigungen an Marken, die für die Gruppe registriert sind, hat der ausscheidende Gesellschafter auf die verbleibenden Gesellschafter oder seinen Nachfolger gem. § 27 MarkenG zu übertragen (§ 3 des Formulars). Die beteiligten Verkehrskreise rechnen ohnehin damit, dass sich die personelle Zusammensetzung einer Musikgruppe verändern und auch der Leiter ausscheiden kann, ohne dass die Gruppe dadurch aufhört zu bestehen (OLG Hamburg UFITA 80, 375 (380) – Los Paraguayos). Mit der Auflösung der namensberechtigten BGB-Gesellschaft ist eine endgültige Benutzungsaufgabe und damit der Verlust des Kennzeichenrechts seitens der Gesellschaft verbunden. Das Namensrecht erwirbt derjenige erneut, der den Namen als erster wieder führt (OLG München ZUM 1999, 159 (160) – Reblaus-Trio).

5. **Willensbildung, Vertretung.** Bei Ensemble- oder Gruppendarbietungen stehen die Leistungsschutzrechte den Künstlern zur gesamten Hand zu, während die persönlichkeitsrechtlichen Befugnisse wie das Anerkennungs- und Namensnennungsrecht (§ 74 Abs. 2 UrhG) und das Recht, gegen Entstellungen und Beeinträchtigungen vorzugehen (§ 75 Abs. 2 UrhG), außerhalb der Gesamthand spezialgesetzlich zuerkannt sind (*Dünnwald/Gerlach* § 80 Rn. 5). Zur Erleichterung des Rechtsverkehrs sieht § 80 Abs. 2 iVm § 74 Abs. 2 S. 2 u. 3 UrhG eine Vereinfachung der Rechtsbeziehungen nach außen hin vor, indem ein Vorstand oder Gruppenleiter zur gesetzlichen Vertretung des Ensembles oder der Gruppe bestimmt werden kann. Ohne eine solche Vertreterbestimmung bleibt es bei der Einzelgeschäftsführungsbefugnis der Ensemblemitglieder (BGH GRUR 1993, 550 (551) – The Doors). Zur Erleichterung der Willensbildung innerhalb der BGB-Gesellschaft (§ 1 des Formulars), für die in § 709 Abs. 1 BGB das Einstimmigkeitsprinzip dispositivrechtlich vorgesehen ist, sieht § 4 des Formulars die Mehrheitsentscheidung nach Köpfen vor (§ 709 Abs. 2 BGB). Die Vertretung sollte einem bestimmten Gesellschafter überlassen sein, damit die Gruppe im Rechtsverkehr einheitlich auftreten kann (→ Form. IX.23 § 11 sowie → Form. 23 Anm. 14). Das Vertretungsrecht des Gruppenleiters ist entsprechend den zu § 80 aF UrhG entwickelten Grundsätzen weitgehend zu verstehen (OLG Frankfurt a.M. GRUR 1985, 380 (381) – Operneröffnung; OLG München GRUR 1989, 55 – Cinderella; AG Hamburg GRUR 1990, 267 (269)).

6. **Dauer.** Eine Musikgruppe wird regelmäßig auf unbestimmte Zeit gegründet. Sie sollte in ihrem Bestand nicht davon abhängig sein, dass sämtliche Gründungsgesellschafter auf alle Zeiten in der Gruppe verbleiben. Deshalb werden die gesetzlichen Auflösungsgründe der §§ 723, 725, 727, 728 BGB in § 7 des Formulars abbedungen und der Fortbestand der Gruppe für den Fall des Ausscheidens eines Mitgliedes festgelegt.

7. **Ausscheiden.** Gesellschaftsvermögen bildet sich bei Musikgruppen im Allgemeinen lediglich in Gestalt eines mehr oder weniger aufwändigen musiktechnischen Instrumentariums und des erworbenen good will, verkörpert im Gruppennamen. Der good will ist kaum oder nur sehr schwer wertmäßig zu erfassen und steht letztendlich in unmittelbarer Abhängigkeit vom Willen und der Fähigkeit der verbleibenden Musiker, sich weiterhin im Musikleben zu behaupten. Deshalb rechtfertigt sich insoweit ein Verzicht auf Auseinandersetzungsansprüche des Ausscheidenden, § 8 Abs. 3 des Formulars. Bezüglich der der Gruppe verbleibenden Musikanlage (und etwaiger sonstiger gemeinschaftlicher Gegenstände der Gruppe) ist die Feststellung des Zeitwertes und des dem ausscheidenden Musiker zustehenden Anteils ohne weiteres möglich (§ 8 Abs. 2 des Formulars). Gegebenenfalls kann ergänzend vorgesehen werden, dass der ausscheidende Musiker die Abfindung in Raten, etwa in 4 gleichen Raten pro Quartal ausbezahlt erhält. Musikinstrumente und sonstige Gegenstände, die der ausscheidende Gesellschafter der Musikgruppe lediglich zur Benutzung überlassen hat, sind ihm gem. § 732 BGB zurückzugeben, ohne dass dies einer vertraglichen Regelung bedarf.

Von der Fortdauer der BGB-Gesellschaft ist das weitere Schicksal der Vertragsbeziehungen zu Verwertern, insbesondere zum Tonträgerproduzenten und zum Musikverlag zu unterscheiden. Grundsätzlich laufen die Vertragsverhältnisse über bereits in der Auswertung befindliche Produktionen weiter. Sofern über solche Produktionen nach Beendigung der Gesellschafterstellung Verfügungen zu treffen sind, bleibt gem. § 8 Abs. 1 des Formulars die Gemeinschaft bestehen. Ergänzend kann § 8 UrhG analog herangezogen werden. Soll der ausscheidende Musiker insoweit aller Rechte verlustig gehen, müsste dies ausdrücklich vereinbart werden.

8. Steuern. Die Pflicht zur Entrichtung von Steuern bezieht sich auf Einnahmen aus der Konzerttätigkeit, aus Zweitverwertungen wie Rundfunk- und Tonträgerhonoraren, GEMA-Tantiemen, aus Gastronomieumsätzen (zB bei vereinsbezogener Gastronomie von Musikvereinen) usw. Vor allem ist danach zu unterscheiden, ob die Musikkapelle als Personengesellschaft, loser Zusammenschluss, mit einem Kapellenleiter als Arbeitgeber oder als rechtsfähiger Verein tätig wird. Bei Personengesellschaften wird der im Kalenderjahr erzielte Gewinn vom Finanzamt einheitlich und gesondert festgestellt und auf die Gesellschafter aufgeteilt. Der danach auf den einzelnen Musiker entfallende Anteil ist bei diesem im Rahmen der Einkommensteuerveranlagung bei den Einkünften aus Gewerbebetrieb zu erfassen, sofern die Musik zu Unterhaltungszwecken angeboten wird und dabei eine künstlerische Leistung (eigenschöpferische Nachgestaltung) nicht im Vordergrund steht (*Stuhrmann* in Blümich EStG § 15 Rn. 195 Stichwort Musiker). Wenn die Gruppe künstlerisch tätig wird, ist zu klären, ob sie selbstständige oder nichtselbstständige Einkünfte erzielen. Grundsätzlich sind Musiker, die sich zu einer Gruppe zusammenschließen, bei ihren Engagements selbstständig iSd § 18 Abs. 1 Nr. 1 EStG (*Schmidt* EStG § 18 Rn. 11). Bei entgeltlicher Betätigung unterliegen die Musikkapellen grundsätzlich der Gewerbesteuer, es sei denn, dass der künstlerische Charakter im Vordergrund steht.

9. Kosten. Sofern nach RVG abgerechnet wird, ist. der Gegenstandswert ist mit dem Dreifachen des Wertes des ersten Tonträgerproduktionsvertrages (→ Form. IX.23 Anm. 17) angemessen berechnet. Im übrigen empfiehlt sich der Abschluss einer Honorarvereinbarung auf Stundenbasis.

Film

28. Verfilmungsvertrag (Stoffrechtevertrag)

Zwischen[1, 2, 12]
dem Autor[1] (Verlag)

– nachstehend Autor genannt –

und dem Filmproduzenten
wird folgende Vereinbarung getroffen:
Der Autor räumt dem Produzenten hiermit eine bis zum . . . . . . befristete

Option[3]

auf den Erwerb der Rechte zur Verfilmung des Werkes . . . . . .

nach Maßgabe der Bestimmungen des nachstehenden Verfilmungsvertrages ein. Bereits während der Dauer der Optionsbindung ist der Filmproduzent befugt, auf der Grundlage des optierten Stoffes Filmmanuskripte (Exposé, Treatment, Drehbuch ua) anfertigen zu lassen und das Projekt einschließlich der erstellten Filmmanuskripte potenziellen Vertragspartnern im Rahmen von Besetzungsanfragen und zur Akquisition der Filmfinanzierung vorzustellen und/oder bei der Einleitung von Filmförderungsmaßnahmen Dritten vorzulegen. Der Filmproduzent verpflichtet sich zur Bezahlung einer Optionsvergütung in Höhe von . . . . . . Euro. Die Zahlung der Optionsvergütung ist sofort fällig.

Die Ausübung der Option ist dem Autor in schriftlicher Form anzuzeigen. Bei Nichtausübung der Option innerhalb der genannten Frist verbleibt der Optionsbetrag bei dem Autor.

Bei fristgemäßer Ausübung der Option wird die Optionsvergütung auf das Honorar angerechnet, welches der Filmproduzent an den Autor für die Übertragung des Verfilmungsrechtes zu zahlen hat. Für den Fall der Ausübung der Option gilt folgender Verfilmungsvertrag:

§ 1 Verfilmung des Werkes[4]

Der Autor räumt dem Filmproduzenten das Recht ein, das Werk . . . . . . (Bezeichnung) einmalig zu verfilmen und nach Maßgabe dieses Vertrages auszuwerten. Der Originalfilm wird in . . . . . . Sprache hergestellt. Er kann in allen denkbaren Sprachen synchronisiert und untertitelt werden.

§ 2 Auswertungsrechte[4,5]

Ausschließlich der Filmproduzent ist zur Auswertung des Films weltweit/in folgenden Staaten[6]. . . . . . berechtigt. Die Auswertungsrechte umfassen

a) die Vorführungsrechte (Theaterrechte), dh das Recht, das Filmwerk durch technische Einrichtungen öffentlich wahrnehmbar zu machen, und zwar in allen derzeit bekannten und zukünftigen filmtechnischen Verfahren, Systemen und unabhängig davon, ob es sich um gewerbliche oder nicht gewerbliche Filmvorführungen handelt;
b) das Senderecht, dh das Recht, den Film durch Funk der Öffentlichkeit beliebig oft zugänglich zu machen, gleichgültig durch welche technischen Systeme und Verfahren dies geschieht und unter Einschließung des Kabelfernsehens, des Satellitenfunks, der digitalen Übertragung über das Internet und unabhängig davon, in welcher Rechtsform und mit welcher wirtschaftlichen Ausrichtung das jeweilige Sendeunternehmen betrieben wird, und unabhängig davon, wie das Rechtsverhältnis zum Empfänger der Sendung gestaltet ist. Eingeschlossen ist das Recht der öffentlichen Wiedergabe von Funksendungen;
c) das Videogrammrecht, nämlich das Recht zur Vervielfältigung, Vermietung und sonstigen Verbreitung von Bild-Ton-Trägern aller Art zum Zwecke der nicht-öffentlichen Wiedergabe (Home-Entertainment). Dieses Recht umfasst alle Systeme wie Videokassetten, DVD, Blu-ray, Videobänder, Bildplatten aller Art, unabhängig von der technischen Ausgestaltung des einzelnen Systems;
d) die Online-Rechte, dh das Recht zur öffentlichen Zugänglichmachung, insbesondere zum Einspeisen und Abspeichern in analogen und/oder digitalen Datenbanken und Datennetzen (zB Internet) und Telekommunikationsdiensten und die Verbreitung auf diesen Wegen mit dem Zweck, das Filmwerk den Nutzerkreisen durch individuellen Abruf/Streaming oder andere Dienste entgeltlich oder unentgeltlich zugänglich zu machen;
e) für Zwecke der Werbung, die für die gestatteten Auswertungshandlungen bestimmt ist, darf der Filmproduzent Ausschnitte des Films vorführen und senden und in anderen Filmwerken verwenden;
f) der Filmproduzent ist berechtigt, kurze Inhaltsdarstellungen in allen Sprachen für die Werbung des Films an Presse, Rundfunk und Fernsehen zu geben und eigens dafür abgefasste Werbeschriften, deren Umfang 3.000 Worte nicht übersteigen darf, herzustellen und unentgeltlich zu verbreiten.

Darüber hinausgehende Nutzungsrechte werden nicht übertragen. Erforderlichenfalls werden darüber gesonderte Vereinbarungen getroffen.

Der Autor versichert, dass er alleinberechtigt ist, über das Urheberrecht an seinem Werk zu verfügen, dass er bisher keine den Rechtseinräumungen des Vertrages entgegenstehende Verfügungen getroffen hat und dass der Inhalt oder Teile des Werkes nicht widerrechtlich geschützten Werken anderer Urheber entnommen sind.

§ 3 Weiterübertragung[8]

Die in diesem Vertrag dem Filmproduzenten eingeräumten Verfilmungsrechte als solche dürfen nur mit schriftlicher Genehmigung des Autors auf Dritte weiterübertragen werden. Keiner Genehmigung durch den Autor bedarf es bei Weiterübertragungen im Rahmen von Koproduktionen sowie der sicherungsweisen Übertragung der Verfilmungsrechte zu Finanzierungszwecken.

Die sich auf die Auswertung der Filmproduktion beziehenden Rechte sind ganz oder teilweise auf Dritte übertragbar.

§ 4 Werktreue[9]

(1) Der Filmproduzent steht dafür ein, dass das vorbestehende literarische Werk durch die Verfilmung nicht inhaltlich oder vom Sinngehalt her verfälscht wird. Die Vertragschließenden haben vereinbart, dass allein Herr/Frau . . . . . . mit der Regie des Films beauftragt wird. Sollte der vorgenannte Regisseur aus irgendwelchen Gründen für die Regie nicht zur Verfügung stehen, bedarf die Auswahl des neuen Regisseurs der schriftlich zu erklärenden Zustimmung des Autors.

(2) Das drehfertige Drehbuch ist dem Autor rechtzeitig vor Drehbeginn vorzulegen. Das fertige Filmwerk ist dem Autor rechtzeitig vor seiner ersten Veröffentlichung vorzuführen.

(3) Sollte nach Auffassung des Autors das vorgelegte Drehbuch bzw. das fertige Filmwerk das verfilmte Werk inhaltlich und/oder in seiner Tendenz verfälschen, ist der Autor berechtigt, die Benutzung des Werktitels als Titel des Filmwerkes und/oder des Namens des Autors im Zusammenhang mit der Verfilmung zu untersagen. Das Untersagungsrecht des Autors ist verwirkt, wenn er innerhalb angemessener Frist trotz entsprechender schriftlicher Aufforderung durch den Filmproduzenten keine Einwendungen geäußert hat.

(4) Die gesetzlichen Ansprüche des Autors gegen Entstellung, insbesondere seine Ansprüche aus § 93 UrhG, bleiben unberührt.

§ 5 Titel, Ankündigungen[10]

Der Filmproduzent ist berechtigt, aber nicht verpflichtet, den Titel des literarischen Werkes für den danach hergestellten Film zu benutzen. Auf das vorbestehende Werk und seinen Autor ist in allen Ankündigungen des Films, insbesondere im Vor- bzw. Nachspann, auf Filmplakaten und in Filmprogrammen an gut sichtbarer Stelle hinzuweisen.

§ 6 Vertragsdauer[7]

(1) Der Filmproduzent ist berechtigt, den vertragsgegenständlichen Film für die Dauer von . . . . . . Jahren ab Fertigstellung nach Maßgabe dieses Vertrages auszuwerten. Nach Ablauf von . . . . . . Jahren seit Vertragsabschluss ist der Autor berechtigt, sein Werk anderweitig zu verfilmen oder verfilmen zu lassen.

(2) Die den Gegenstand dieses Vertrages bildenden urheberrechtlichen Nutzungsrechte gehen erst Zug um Zug mit der tatsächlichen Bezahlung der letzten Rate der für die Übertragung der Theaterrechte zu zahlenden Vergütung auf den Filmproduzenten über.

(3) Mit dem Rückfall der Rechte vom Filmproduzenten an den Autor, gleichgültig aus welchem Rechtsgrund dieser erfolgt, fallen auch die vom Filmproduzenten vergebenen Lizenzrechte automatisch an den Autor zurück.

§ 7 Vergütung[11]

(1) Als Gegenleistung für die Übertragung des Weltverfilmungsrechts und der in diesem Vertrag eingeräumten Theaterrechte erhält der Autor eine pauschale Vergütung in Höhe von ...... Euro, zuzüglich der gesetzlichen MWSt. Das erste Drittel dieser Summe erhält der Autor bei Vertragsabschluss, im Falle einer vorangegangenen Option mithin bei Ausübung der Option, das zweite Drittel ist fällig bei Beginn der Dreharbeiten, spätestens jedoch am ......, das letzte Drittel ist fällig bei Fertigstellung des Films, spätestens am .....

(2) Der Autor erhält eine Erfolgsbeteiligung für die Kinoauswertung,
- wenn nach der Kinobesucherstatistik der Filmförderungsanstalt in der Bundesrepublik Deutschland bei dem Film eine Besucherzahl von ...... Mio. überschritten wird, in Höhe von Euro ......,
- wenn eine internationale Kinoauswertung des Films mindestens in folgenden Ländern erfolgt: ......
  in Höhe weiterer Euro. .....

(3) An der sonstigen Auswertung der eingeräumten Nutzungsrechte (zB durch Video, Fernsehen, Online-Verwertung, Klammerteilauswertung ua) wird der Autor mit ...... % am Erlös beteiligt, der bei der vom Filmproduzenten eingeschalteten Auswertungsgesellschaft eingeht. Der Filmproduzent hat den Autor über Auswertungsvorgänge, die Erlösbeteiligungsansprüche des Autors begründen, jeweils unverzüglich zu unterrichten und sogleich die danach fällig werdenden Zahlungen an den Autor zu zahlen. Soweit der Filmproduzent die Auswertung Dritten übertragen hat, steht er dafür ein, dass die Auskunfts- und Zahlungsverpflichtungen im Zusammenhang mit den Erlösbeteiligungsansprüchen des Autors erfüllt werden.

(4) Auf die Beteiligungsvergütung nach Abs. 3 zahlt der Filmproduzent an den Autor einen verrechenbaren, aber nicht rückzahlbaren Vorschuss
- in Höhe von Euro ......, wenn eine Fernsehauswertung des Films erfolgt,
- in Höhe von Euro ......, wenn eine Videoauswertung des Films gem. § 2c) erfolgt erfolgt,
- in Höhe von Euro ......, wenn eine Online-Auswertung des Films erfolgt.

§ 8 Schlussbestimmungen

(1) Ergänzend gilt das Recht der Bundesrepublik Deutschland.

(2) Maßgebend ist allein dieser schriftliche Vertrag. Änderungen, Ergänzungen sowie der Verzicht auf die Schriftform können nur schriftlich vereinbart werden. Mündliche Nebenabreden sind nicht getroffen.

(3) Die etwaige Unwirksamkeit einer Bestimmung dieses Vertrages lässt die Wirksamkeit des Vertrages im Übrigen unberührt. Die unwirksame Bestimmung ist durch eine sinnentsprechende wirksame Bestimmung zu ersetzen, die der angestrebten wirtschaftlichen Regelung am nächsten kommt.

(4) Sofern eine der Vertragsparteien keinen Gerichtsstand im Geltungsbereich der Bundesrepublik Deutschland hat, gilt der Sitz des inländischen Vertragspartners als Gerichtsstand für alle etwaigen Streitigkeiten aus diesem Vertrag. Die Parteien sind auch berechtigt, das nach dem allgemeinen Gerichtsstand des Beklagten zuständige Gericht anzurufen.

Schrifttum: Allgemeine Bedingungen zum Verfilmungsvertrag, UFITA 63, 182; Allgemeine Bedingungen zum Filmmanuskriptvertrag, UFITA 63, 186; Allgemeine Bedingungen zum Filmdrehbuchvertrag, UFITA 63, 189; *Brehm,* Filmrecht, 2. Auflage 2007, S 83 ff.; *Fette,* Muster-Verfilmungsvertrag, in: Müller von der Heide (Hrsg.), Recht im Verlag, Frankfurt 1995, S. 263 ff.; *v. Hartlieb/Schwarz,* Handbuch des Film-, Fernseh-

und Videorechts, 5. Auflage 2011; *Henning-Bodewig,* Urhebervertragsrecht auf dem Gebiet der Filmerstellung und -Verwertung, in: Beier u. a. (Hrsg.), Urhebervertragsrecht, 1995, S. 389 ff.; *Homann,* Praxis-Handbuch Filmrecht, 3. Auflage 2009; *Jacobshagen,* Filmrecht im Kino- und TV-Geschäft, 3. Auflage 2008, S. 23–92; *Kraßer/Stumpf,* Neue Nutzungsarten in Filmverwertungsverträgen nach deutschem und US-amerikanischem Urheberrecht, GRUR Int. 1997, 801 ff.; *Obergfell,* Filmverträge im deutschen materiellen und internationalen Privatrecht, 2001, S. 111 ff., 127 ff.; *Peters,* Fernseh- und Filmproduktion, Rechtshandbuch, 2002, S. 65 ff.; *Reber,N. Fallstricke des § 32 a Abs. 2 UrhG, GRUIR Int.2015, 802; ders.,* Die Redlichkeit der Vergütung (§ 32 UrhG) im Film- und Fernsehbereich, GRUR 2003, 393; *Schwarz,* Der Options- und Verfilmungsvertrag, in: Becker/Schwarz (Hrsg.), Aktuelle Rechtsprobleme der Filmproduktion und Filmlizenz, FS Schwarz 1999; ders., Reform des Urhebervertragsrechts aus Sicht der Filmproduzenten, ZUM 2015, 466; *Schwarz/U. Reber,* in: Loewenheim, Handbuch des Urheberrechts, 3. Auflage 2010, § 74 Rn. 4–115; Spindler, Reformen der Vergütungsregeln im Urhebervertragsrecht5, ZUM 2012, 921.

Anmerkungen

1. Sachverhalt. Literarische und sonstige Stoffe aller Qualitäten und Kategorien, vor allem Bühnenwerke einschließlich Musicals, Romane, Novellen, Tatsachenberichte, Comics ua werden gern zur Vorlage eines Films verwendet. Das bedingt notwendigerweise eine Bearbeitung des dem benutzten Werk zugrunde liegenden Stoffes, weil es in die bewegten Bilder des Mediums Film umgesetzt wird. Gemäß § 23 UrhG bedarf bereits die Herstellung (nicht erst die Veröffentlichung) des Films der Einwilligung des Autors des verfilmten Werkes (*Henning-Bodewig* S. 389, 402). Diese und das Recht zur Nutzung des Filmwerks selbst werden im Verfilmungsvertrag dem Filmhersteller vom Autor erteilt. Über das Verfilmungsrecht an vorbestehenden Stoffen verfügt entweder der Urheber selbst (nach seinem Ableben dessen Erben) oder der Verleger dieses Werkes. Zu beachten ist, dass das vom Verleger erworbene Verfilmungsrecht in der Regel nicht automatisch an den Urheber zurückfällt, wenn das gedruckte Werk vergriffen ist oder – im Falle des Bühnenverlages – das Stück nicht mehr gespielt wird, sondern erst nach der Kündigung des Verlagsvertrages, nach einem Rückruf der Nutzungsrechte oder anderweitiger Vertragsauflösungen. Die Inhaberschaft des Verfilmungsrechts sollte vor Abschluss des Verfilmungsvertrages sorgfältig geprüft werden.

Die Herstellung einer Literaturverfilmung erfordert in der Regel eine gewisse Vorbereitungszeit in organisatorischer und künstlerischer Hinsicht auf Seiten des Filmherstellers: Regisseur und Hauptdarsteller sind zu suchen, die Finanzierung muss gesichert, Ateliertermine müssen vorgebucht werden usw. Zur Aufnahme der Dreharbeiten kommt es erst, wenn die Projektierungsphase erfolgreich abgeschlossen ist. In Bezug auf die Verfilmungsrechte möchte sich der Filmhersteller einerseits sicher sein, dass er diese bekommt, andererseits will er endgültige und weitreichende finanzielle Verpflichtungen erst eingehen, wenn feststeht, dass der Film produziert wird. Deshalb ist dem Verfilmungsvertrag eine Optionsklausel vorangestellt (→ Anm. 3). Mit der Option sichert sich der Filmproduzent den Zugriff auf die Stoffrechte, ohne sich bereits zur Bezahlung der aufwändigen Erwerbsvergütung verpflichten zu müssen. Er zahlt lediglich eine relativ niedrige Optionsvergütung als Gegenleistung dafür, dass der Autor ihm die Verfügungsrechte für die vereinbarte Optionsdauer reserviert. Sollte bei Abschluss des Stoffrechtevertrages das Produktionsvorhaben, insbesondere auch dessen Finanzierung bereits feststehen, kann auf die Optionsklausel verzichtet werden.

2. Wahl des Formulars. Das Formular ist ausgerichtet auf den Erwerb von Stoffrechten, die der Filmproduzent zur Herstellung und Auswertung eines Films benötigt, der primär als Kinospielfilm ausgerichtet ist. Steht die Zusammenarbeit mit Filmautoren im Vordergrund, die zur Entwicklung oder Bearbeitung von Stoffen im Rahmen von Filmmanuskripten (Exposé, Treatment, Drehbuch usw) für die Spielfilmproduktion herangezogen werden, ist das → Form. IX.29 A oder B vorzuziehen. Vertragsmuster zum Erwerb von Autorenrechten, die zur Auswertung in spezifischen Fernsehproduktionen bestimmt sind, werden unter → Form. IX.37 A, 37 B und 39 vorgestellt.

3. Option.

3.1 Das Formular beginnt mit einer Optionsklausel, und zwar in Gestalt einer qualifizierten Option. Diese unterscheidet sich von der einfachen Option dadurch, dass bereits bei ihrer Vereinbarung die Bedingungen des Verfilmungsvertrages im Einzelnen festgelegt werden. Entscheidet sich der Filmhersteller innerhalb der Optionsausübungsfrist zum Eintritt in den Verfilmungsvertrag, so tritt dieser mit seiner Erklärung, die Option auszuüben, oder von ihr Gebrauch zu machen, in Kraft. Bei Nichtausübung wird der Autor aus der Optionsbindung frei (zum Optionsbegriff *Schwarz/U. Reber* in Loewenheim Handbuch § 74 Rn. 100 ff.)

3.2 Von einfacher Option spricht man, wenn die Bedingungen des abzuschließenden Vertrages noch nicht im Voraus festgelegt sind. Entschließt sich der Filmhersteller bei einfacher Option zur Verfilmung innerhalb der Optionsfrist, bliebe dem Autor eine anderweitige Verwertungsmöglichkeit insoweit verschlossen, es sei denn, ein Dritter bietet ihm günstigere (und nicht nur gleiche) Bedingungen (BGHZ 29, 237 (241) – Schelmenroman). Ist der Autor mit den Konditionen des Filmherstellers nicht zufrieden und findet er kein günstigeres Angebot, ist er nicht verpflichtet, dem Filmhersteller die Nutzungsrechte zu übertragen oder ihm das Werk zur Nutzung freizugeben (zur analogen Situation bei einfacher Musikverlagsoption LG Hamburg ZUM 2002, 158 – „20 Blumen"); allerdings ist das Optionsrecht in diesem Falle noch nicht verbraucht (BGHZ 22, 247 (248) – Clemens Laar). Können oder wollen die Vertragspartner vor Eintritt in die Optionsphase noch nicht alle Detailfragen festlegen, müssten sie zur Erzielung einer qualifizierten Bindungswirkung wenigstens die wesentlichen Eckpunkte festlegen, nämlich den Verwertungszweck des Films und eine bestimmbare Vergütungsregelung.

3.3 Die Optionsvergütung ist vereinbarte Gegenleistung dafür, dass der Autor die Verfilmungsrechte für die vereinbarte Optionsdauer dem Filmproduzenten reserviert. Sofern der Autor dem Filmproduzenten werthaltige Unterlagen (Recherchen-, Foto- oder Bildmaterial, Briefe, Akten usw) bereits während der Optionsphase überlässt, sollte explizit geregelt werden, dass der Filmproduzent diese spätestens nach Ablauf der Optionsfrist bei Nichtausübung der Option, anderenfalls nach Abschluss der Dreharbeiten an den Autor zurückzugeben hat (vgl. OLG München ZUM 2000, 66).

4. Nutzungsrechte.

4.1 Die von der Rechtsübertragung erfassten Nutzungsrechte des Verfilmungsvertrages beziehen sich auf den Vorgang der Verfilmung selbst sowie die Auswertung des Filmwerks. Wenn, anders als in § 2 des Formulars vorgesehen, keine ausdrücklichen Abreden über den Umfang der Auswertung des Films getroffen werden, erwirbt der Filmhersteller nach der seit dem 1.7.2002 grundlegend neu gefassten gesetzlichen Vermutungsregel des § 88 Abs. 1 UrhG ein ausschließliches Recht zur einmaligen Verfilmung des Werks. Seit Inkrafttreten des 2. Zweiten Gesetzes zur Regelung des Urheberrechts in der Informationsgesellschaft erstreckt sich diese Auslegungsregel auch auf das ausschließliche Recht, den unter Benutzung des verfilmten Werkes zustande gekommenen Film auf alle bekannten wie unbekannten Nutzungsarten weltweit auszuwerten. Die Widerrufsregel des § 31a UrhG ist bei Verfilmungsverträgen nicht anzuwenden, § 88 Abs. 1 S. 2 UrhG. Allerdings sind die Vertragspartner frei, anderes zu vereinbaren.

4.2 Die umfassend eingeräumte Auswertungsposition erstreckt sich auch auf Übersetzungen und andere filmische Bearbeitungen, die das Werk bei der filmischen Umsetzung erfährt. Im Zweifel bleibt der Urheber lediglich berechtigt, nach Ablauf von 10 Jahren nach Vertragsschluss weitere Verfilmungsrechte an Dritte zu vergeben (§ 88 Abs. 2 UrhG).

4.3 Von der gesetzlichen Vermutungsregel nicht erfasst werden Nutzungsbefugnisse, die nicht den Film selbst betreffen, zB die Verwendung des Stoffs zwecks Vervielfältigung und Verbreitung in den Printmedien (Drucknebenrecht, Buch zum Film). Was die Stoffnutzung zu Zwecken kommerzieller Werbung angeht, muss unterschieden werden: Befugnisse zur separaten vom Film losgelösten Nutzungen liegen außerhalb der gesetzlichen Rechtsvermutung. Der Film selbst sowie Filmausschnitte können nach Maßgabe der gesetzlichen Rechtsvermutung genutzt werden, freilich unter Vorbehalt der urheberpersönlichkeitsrechtlichen Befugnisse des Urhebers.

4.4 Auf der Grundlage dieser gesetzlichen Vermutungsregel ist es Sache des Urhebers, Verwertungsbefugnisse, die das Filmwerk selbst betreffen, explizit im Vertrag einzuschränken, da sie anderenfalls uneingeschränkt dem Filmproduzenten zufallen. Umgekehrt obliegt es dem Filmproduzenten, Remake-Rechte sowie Rechte zur Nutzung des Stoffs über den produzierten Film hinaus ausdrücklich in die Rechtsübertragungsklausel aufzunehmen. Grenzen sind ihm lediglich durch eine gewisse Eingrenzung der Dispositionsbefugnisse über Urheberpersönlichkeitsrechte und Vorausabtretungen des Urhebers an Verwertungsgesellschaften gesetzt.

4.5 Das Formular empfiehlt, die gesetzliche Rechtsvermutung auszuschließen und nur die im Vertrag angeführten Nutzungsrechte einzuräumen.

a) Entsprechend der gesetzlichen Auslegungsregel sieht § 1 des Formulars nur das Recht zur einmaligen Verfilmung vor. Das Recht zur Wiederverfilmung („Remake“) müsste ausdrücklich vorgesehen werden, wenn es zwischen den Vertragschließenden gewollt ist. Dem Autor verbleibt ferner das Recht, einem Dritten die Herstellung eines Bühnenwerkes unter Verwendung des in Rede stehenden Stoffes zu gestatten; vgl. für den umgekehrten Fall der Fernsehausstrahlung eines Bühnenstücks BGH GRUR 1969, 364 – Fernsehauswertung.

b) § 2 des Formulars betrifft die sich auf die Filmproduktion beziehenden Auswertungsrechte und gestattet dem Filmproduzenten die filmnahen Auswertungsfelder Kino, Fernsehen und Video einschließlich der Online-Nutzung durch On-Demand-Dienste (Abrufdienste). Die Auswertung für Vorführungszwecke (Kino- oder Theaterrechte) soll umfassend sein, insbesondere unabhängig von sich wandelnden technischen Verfahren der Vorführung und dem Charakter der Vorführungsveranstaltung. Unter nicht gewerblicher Auswertung wird die Vorführung durch Einrichtungen verstanden, die nicht gewerblich ausgerichtet sind, zB Volkshochschulen, Gewerkschaften, Kirchen, Jugendzentren usw, und zwar unabhängig davon, ob der Vorgang des „Verleihens“ des Films (rechtstechnisch: vermieten) auf gewerblicher Grundlage erfolgt (über den Filmverleih) oder nicht gewerblich (zB über die Bundes- und Landeszentralen für politische Bildung, Landesbildstellen usw).

c) Soll nicht sogleich auch über die Vergabe der Senderechte (Fernsehauswertung) verfügt werden, ist § 2 lit. b dahingehend zu ersetzen, dass über die Vergabe der Senderechte an Dritte durch die Vertragsparteien gemeinsam entschieden wird.

§ 2 lit. b ist entsprechend einzuschränken, wenn das Recht zur Fernsehnutzung etwa auf bestimmte Länder, Sendeunternehmen oder auf eine bestimmte Anzahl von Ausstrahlungen oder in zeitlicher Hinsicht eingeschränkt sein soll.

d) Das Formular sieht in § 2 lit. c auch eine umfassende Einräumung des Rechts zur Videoauswertung des Films (Home Entertainment, → Form. IX.43) vor. Für einschränkende Regelungen gilt das oben zu c) Gesagte entsprechend. Nach BGH GRUR 2005, 937 (939 f.) – Der Zauberberg – stellt die Auswertung von Spielfilmen auf DVD im Verhältnis zur früheren Videozweitauswertung keine neue Nutzungsart dar.

e) Die Online-Übertragung ganzer Filme über offene und/oder geschlossene Dienste bzw. deren Abruf per Streaming und/oder Video On Demand wird durch § 2 lit. d in den Rechtekatalog einbezogen. Was bei physischen Datenträgern dem Vermieten oder Verkaufen entspricht, wird als Download-to-rent oder Download-to-own bezeichnet und in unterschiedlichen Varianten über unterschiedliche Plattformen zu unterschiedlichen finanziellen Konditionen angeboten.

5. Enthaltungspflichten. Aus der vertraglichen Pflicht des Urhebers, in den Grenzen von Treu und Glauben von allen das Auswertungsrecht des Filmherstellers störenden Handlungen abzusehen, kann sich stillschweigend eine Verpflichtung ergeben, sich der Auswertung ihm verbleibender Nutzungsrechte für einen bestimmten Zeitraum zu enthalten (BGH GRUR 1969, 364 – Fernsehauswertung für Vergabe von Verfilmungsrechten für Sendezwecke nach zuvor vergebenden Verfilmungsrechten für Kinozwecke an verfilmtem Bühnenstück; allg. *Schwarz/U. Reber* in Loewenheim Handbuch § 74 Rn. 71, 72). Wo sich derartige Überschneidungsmöglichkeiten abzeichnen, wird eine genauere Absprache über den Gegenstand und die Dauer der zu beachtenden Enthaltung empfohlen, vor allem bezüglich der Vergabe von Fernsehrechten. Im Formular sind explizite Enthaltungspflichten nicht vorgesehen.

6. Räumliche Geltung. Das Formular sieht die Möglichkeit für eine räumlich eingeschränkte Filmauswertung vor (§ 2). Stattdessen kann das Recht zur Auswertung auch auf eine bestimmte Sprachfassung des Films eingeschränkt werden. Erfordernisse, die etwa mit dem Vertrieb des vorbestehenden Werkes oder der räumlich begrenzten Vergabe von Fernsehrechten oder anderweitig bereits vergebenen Verfilmungsrechten zusammenhängen oder lediglich kaufmännischen Überlegungen entspringen, könnten zu einer regionalen Einschränkung des Auswertungsrechts führen. Zweckmäßigerweise wird diese durch Aufzählung der betroffenen Staaten abgegrenzt (zB „weltweit außer USA und Kanada" oder „in den Staaten der EU sowie der Schweiz"). Alternativ kann die weltweite Auswertungsbefugnis vereinbart werden. Sofern auch Sende- und/oder Home-Entertainment-Rechte in den Vertrag einbezogen werden, kann es sich ergeben, dass die räumlichen Begrenzungen für die einzelnen Nutzungsarten unterschiedlich festgelegt werden (zB Vorführungsrechte weltweit, Senderechte nur in den deutschsprachigen Ländern Europas). In Bezug auf Online-Verwertungsrechte empfiehlt sich an Stelle einer dort nicht kontrollierbaren räumlichen Abgrenzung ggf. eine Spezifizierung auf bestimmte Anbieter oder Plattformen.

7. Dauer der Rechtsübertragung.

7.1 Häufig wird die Auswertungsbefugnis des Films auf einen längeren Zeitraum festgelegt als die Ausschließlichkeit (vgl. § 2 des Formulars) des Verfilmungsrechts. Erfolgreiche Stoffe werden nicht selten im Verlaufe ihrer urheberrechtlichen Schutzdauer mehrfach verfilmt, ohne dass die Befugnis zur Auswertung des älteren Films unbedingt entfallen muss, sobald das „Remake" Premiere hat. Nach der gesetzlichen Auslegungsregel in § 88 Abs. 2 S. 2 UrhG entfällt die Ausschließlichkeitsbefugnis zur Verfilmung im Zweifel nach Ablauf von 10 Jahren nach Vertragsabschluss. Die Befugnis zur Auswertung des Films wird auf Zeiträume zwischen 10 Jahren ab Vertragsschluss und der gesamten Dauer der gesetzlichen Schutzfrist angesetzt. Deshalb sieht § 6 des Formulars die Möglichkeit vor, unterschiedliche zeitliche Regelungen für die Auswertungsberechtigung einerseits und die Ausschließlichkeit andererseits zu treffen.

7.2 Da der Verfilmungsvertrag für den Filmproduzenten keine Verpflichtung zur Herstellung des Films oder zur Auswertung des hergestellten Filmwerkes begründet, eine längere Blockade der Filmrechte aber den Interessen des Autors zuwiderlaufen kann, ist das Rückrufsrecht wegen Nichtausübung (§ 41 UrhG) zu beachten. Der Autor kann dieses Rückrufsrecht nicht vor Ablauf von zwei Jahren seit Rechtseinräumung ausüben, seine Ausübung kann im Voraus für mehr als fünf Jahre nicht ausgeschlossen werden. Sofern auf Wunsch des Filmproduzenten die Nichtbenutzungsschonfrist von 2 Jahren auf eine längere Frist, zB die maximal zulässige Frist von 5 Jahren verlängert werden soll, könnte der Vertrag wie folgt ergänzt werden: Hat der Filmproduzent nicht spätestens 5 Jahre nach Zustandekommen des Verfilmungsvertrages mit der Verfilmung begonnen, kann der Autor die Verfilmungsrechte durch schriftliche Erklärung gegenüber dem Filmproduzenten zurückrufen.

7.3 § 41 Abs. 6 UrhG sieht eine Entschädigung des Rückrufadresssaten nur vor, soweit es der „Billigkeit entspricht". Auf Grund des zwingenden Charakters des Rückrufrechts nach § 41 Abs. 1–3 UrhG (§ 41 Abs. 4 UrhG) sind Vertragsklauseln bedenklich, die den rückrufbedingten Rechterückfall im Vorhinein von der Erfüllung von Zahlungsverpflichtungen abhängig machen. Deshalb nimmt das Formular von einer solchen Regelung Abstand. → Form. IX.29 A/B → Anm. 7.

7.4 Das in § 40a UrhG vorgesehene unverzichtbare Recht des Urhebers, bei Einräumung von ausschließlichen Nutzungsrechten gegen eine pauschale Vergütung das Werk nach Ablauf von 10 Jahren anderweitig zu verwerten, gilt im Filmvertragsrecht dagegen nicht (§ 90 Abs. 2 UrhG).

7.5 Im Hinblick auf das gesteigerte finanzielle Risiko im Filmgeschäft empfiehlt das Formular eine dingliche Absicherung des Urheberberechtigten in doppelter Weise. Der Übergang der Nutzungsrechte vom Autor an den Filmhersteller soll erst vollzogen sein, wenn dem Autor das Haupthonorar zugeflossen ist (§ 6 Abs. 2 des Formulars). Sollte das überwiegende Honorar in der Vergütung der Senderechte liegen, müsste der Vertrag entsprechend geändert werden. Die zweite Absicherung zielt auf die Sicherung des Rückgewinns von Nutzungsrechten, die der Filmhersteller erlaubterweise an Dritte weiterübertragen hat. → Anm. 8.

8. Weiterübertragung von Nutzungsrechten.

8.1 Vertrauen in den Filmhersteller und in dessen Leistungsfähigkeit und Zuverlässigkeit ist stets die Grundlage für die Vergabe des Verfilmungsrechts aus der Sicht des Autors des Originalstoffs. Deshalb sieht § 3 des Formulars das Erfordernis einer schriftlichen Zustimmung des Autors zur Weiterübertragung des Verfilmungsrechts vor. Ausgenommen sind solche Weiterübertragungen, die zur Ermöglichung von Koproduktionen (→ Form. IX.33 Anm. 6) und einer Sicherungsabtretung zu Finanzierungszwecken (vgl. BGH UFITA 59, 72; OLG Hamburg UFITA 55, 338; → Form. IX.34 Anm. 6) erfolgen. Die sich auf die Filmproduktion selbst beziehenden Auswertungsrechte unterliegen der freien Verfügung des Filmherstellers. Es würde eine unbillige Behinderung des Filmherstellers bedeuten, wenn er im Rechtsverkehr mit dem Filmverleih, mit Filmtheatern usw jeweils den Autor um dessen Zustimmung ersuchen müsste. So ist es im Wesentlichen auch in § 90 UrhG vorgesehen. Die dortige Bestimmung ist abdingbar, allerdings wegen ihres überraschenden Charakters und der Abweichung vom dispositiven Vertragsrecht (§ 307 BGB) eher nicht in der Form von AGB (vgl. J.B.Nordemann in Fromm/Nordemann, 12. Aufl. 2018, § 90 Rn. 7). Wenn der Autor zB bei der Bestimmung des Haupt-Filmverleihs, der gegebenenfalls den Film bereits mitfinanziert und deshalb auch auf die Filmgestaltung Einfluss nehmen wird, ein Mitspracherecht haben soll, kann das individualvertraglich ohne weiteres vorgesehen werden.

8.2 Vertraglicher Regelungsbedarf ergibt sich mit Blick auf die Konstallation, dass das Vertragsverhältnis zwischen Autor/Verlag (Hauptlizenzgeber) und Filmproduzent (Hauptlizenznehmer) nach der (vertraglich erlaubten) Weiterübertragung von Nutzungsrechten an Sublizenznehmer zum Erlöschen gebracht wird. Nach BGH GRUR 2012, 914 – Take Five – würde das Erlöschen der Hauptlizenz im Zweifel nicht zum Wegfall der Unterlizenz führen, sofern der Hauptlizenzgeber der Erteilung weiterer ausschließlicher Lizenzen durch den Hauptlizenznehmer zugestimmt hat. Ähnlich BGHZ 194, 136 =

GRUR 2012, 916 – M2Trade unter Hinweis auf die Regeln zum Sukzessionsschutz. Der Hauptlizenzgeber wird darauf verwiesen, Ansprüche des Hauptlizenznehmers nach § 812 Abs. 1 S. 1 Fall 2 BGB zu kondizieren. Um dieses wenig befriedigende Ergebnis zu vermeiden, werden nach der in § 6 Abs. 3 des Formulars vorgesehenen Regelung die Nutzungsrechte dem Filmhersteller von vornherein mit der Maßgabe des automatischen Rückfalls der vom Filmhersteller an Dritte vergebenen Lizenzrechte für den Fall eingeräumt, dass das Hauptrecht vom Filmproduzenten an den Autor zurückfällt.

8.3 Ein solcher Rechterückfall kann eintreten zB bei wirksamem Rücktritt des Autors vom Verfilmungsvertrag (bei Leistungsstörungen) oder bei fristloser Kündigung aus wichtigem Grund. Alternativ könnte im Interesse der Stärkung der Rechtsposition des Filmherstellers vorgesehen werden, durch Modifikation des § 3 des Formulars die Zustimmung zur Weiterübertragung von Nutzungsrechten unter die auflösende Bedingung zu stellen, dass nach etwaigem Wegfall des in diesem Vertrag begründeten Verpflichtungsgeschäfts (etwa im Falle einer fristlosen Kündigung) der Autor/Verlag in den Vertrag des Filmproduzenten mit dem Sublizenznehmer hinsichtlich der weiterübertragenen Lizenzrechte mit dessen Zustimmung eintritt. → Form. IX.29 A. § 7 Abs. 4 und → Form. IX.29 B. sowie → Form. IX.29 A./B. § 3 Abs. 4 → Anm. 5, → Form. IX.34 Anm. 5.

8.4 Für den Insolvenzfall ist zu beachten, dass nach der Stellung des Antrages auf Eröffnung des Insolvenzverfahrens nach deutschem Recht die Möglichkeit zur Vertragskündigung versperrt ist (§ 12 InsO). Der Insolvenzverwalter hat bei noch nicht vollständiger Erfüllung des Vertrages zu entscheiden, ob er den Verfilmungsvertrag fortsetzen möchte oder nicht (§ 102 InsO). → Form. IX.34 Anm. 12.

9. Vermeidung von Verfälschungen. Das allgemeine Entstellungsverbot des § 14 UrhG ist durch § 93 für den Filmhersteller gemildert, er hat lediglich „gröbliche Entstellungen und andere gröbliche Beeinträchtigungen" der zur Herstellung des Films benutzten Werke zu vermeiden. Wegen des Grundsatzes der Unverletzlichkeit und Unübertragbarkeit des Urheberpersönlichkeitsrechts, aber auch des Grundrechts- und Konventionsschutzes nach der RBÜ wird die Notwendigkeit einer konventionskonformen Auslegung des § 93 gefordert (str., vgl. J.B. Nordemann in Fromm/Nordemann, 12. Aufl. 2018, § 93 Rn. 6 mwN). Um derartigen Auslegungsfragen zu entgehen, sieht § 4 des Formulars ein klares Verfälschungsverbot vor. Es wird deshalb auch empfohlen, bei der Auswahl des Filmregisseurs dem Autor ein Mitspracherecht einzuräumen. Das Formular sieht eine rechtzeitige Unterrichtung der Autorenseite über das für die Verfilmung vorgesehene Drehbuch sowie die Endfassung des zur Veröffentlichung bestimmten Films vor, um dem Autor Gelegenheit zu geben, etwaige Einwendungen so rechtzeitig vorzubringen, dass ggf. noch Änderungen möglich sind. Können Änderungen nicht durchgesetzt werden, sieht das Formular die Befugnis des Autors vor, seinen Namen und die Benutzung seines Werktitels für den Film zurückzuziehen. Bei der Disposition über Stoffe, die eher Gebrauchscharakter haben oder bei denen unter sonstigen Aspekten die Rücksichtnahme auf Integritätsinteressen des Stoffurhebers zurücktreten, kann der Regelungsgehalt in § 4 des Formulars im Interesse des ungehinderten Umgangs des Filmproduzenten mit der Gestaltung seines Films ganz oder teilweise entfallen.

10. Filmtitel und sonstige Ankündigungen, Nennung des Autors.

10.1 Zu § 5 des Formulars ist zu erwägen, Vereinbarungen über den Filmtitel zu treffen. Werden keine Vereinbarungen festgelegt, ist der Filmhersteller in der Titelbestimmung frei: Der Autor kann einerseits nicht verhindern, dass der Titel seines eigenen Werkes, verändert oder unverändert, als Filmtitel verwendet wird; ein Verbotsanspruch aus § 15 MarkenG würde Verwechslungsgefahr dahingehend voraussetzen, dass in Wahrheit nicht bestehende Beziehungen zwischen dem Film und dem vorbestehenden Werk gegeben sind. Im Falle einer Verfilmung sind diese Beziehungen gegeben, so dass der Anspruch entfällt. Andererseits kann der Fall eintreten, dass der Filmhersteller aus anreißerischen Gründen einen Filmtitel wählt, der den Autor befürchten lässt, er werde sich negativ auf sein eigenes Werk niederschlagen. Dieser Gesichtspunkt könnte es aus der Sicht des Autors empfehlenswert erscheinen lassen, den Titel des vorbestehenden Werkes als Filmtitel festzulegen. Der Filmhersteller wird sich darauf nur dann einlassen, wenn dieser Filmtitel sich in kaufmännischer und werbemäßiger Hinsicht vertreten lässt. Alternativ können in § 5 des Formulars ein bestimmter anderweitiger Filmtitel oder mehrere Filmtitel (zur Auswahl des Produzenten) oder ein Einspruchsrecht des Autors gegen die Bestimmung eines von seinem Werktitel abweichenden Filmtitels für den Fall festgelegt werden, dass der vom Filmproduzenten beabsichtigte Filmtitel die berechtigten geistigen oder persönlichen Interessen des Autors an seinem Werk gefährden könnte (entspr. § 14 UrhG).

10.2 Damit zusammenhängend sieht § 5 des Formulars vor, dass das verfilmte Werk und der Autor in angemessener Weise im Zusammenhang mit der Auswertung des Films angekündigt werden. Eine Konkretisierung im Vertrag ist dem Nennungsanspruch aus § 13 vorzuziehen. Der gesetzliche Nennungsanspruch des Autors eines verfilmten Werkes bezieht sich in der Regel auf die Erwähnung im Vor- und/oder Nachspann des Films; insoweit steht dem Nennungsanspruch eine etwaige gegenteilige Branchenübung nicht entgegen (BGH GRUR 1972, 713 – Im Rhythmus der Jahrhunderte; KG Schulze KGZ 18 – Wenn der weiße Flieder wieder blüht). Im Übrigen gilt der Grundsatz, dass die Parteivereinbarungen über die Urheberbenennung im Zweifel nach der Branchenübung auszulegen sind (BGH GRUR 1963, 40 (42) – Straßen von gestern und morgen). Um Streitigkeiten zB über die Schriftgröße der Nennung des Autors vorzubeugen, der sich anderenfalls nach der allgemeinen Branchenübung behandeln lassen müsste, könnte gegebenenfalls die Klausel eingefügt werden, dass der Autor in gleicher drucktechnischer Aufmachung anzukündigen ist wie der Filmregisseur oder Hauptdarsteller X. Außerdem kann vorgesehen werden, dass das Werk selbst in bestimmter Weise genannt wird und dass auch der Name des Verlages Erwähnung findet.

11. Vergütung.

11.1 § 7 des Formulars schlägt eine pauschale Abgeltung für die Einräumung des Verfilmungsrechts in Verbindung mit der Einräumung der Theaterrechte (Kinoauswertung) vor. Bei einer starken Verhandlungsposition des Autors lässt sich die Pauschalvergütung möglicherweise mit einem finanziellen Beteiligungsanspruch, bezogen auf die Einkünfte aus der Kino-, TV-, DVD- und Onlineauswertung, oder einer Bemessung der Zuzahlung in der Höhe eines prozentualen Anteils am Produktionskostenbudget kombinieren. Es kann stattdessen (theoretisch) auch vorgesehen werden, dass die prozentuale Beteiligung des Autors erst einsetzt, wenn der Filmhersteller die Produktionskosten durch Einkünfte abgedeckt hat. Freilich setzt sich die Urheberseite damit weitgehend den Buchführungspraktiken des Filmproduzenten aus, der nach seinem Ermessen die Höhe der Produktionskosten ausweisen und auf diesem Weg das Erreichen des „break-even"-Punktes vermeiden kann. Mindestens sollte, wenn sich diese Berechnungsweise nicht umgehen lässt, in einem solchen Fall genauestens festgelegt werden, was im Einzelnen unter Produktionskosten zu verstehen ist, wann abzurechnen ist und wie der Produktionskostennachweis geführt wird (zB durch Anknüpfung an die Abrechnung der Produktionskosten gegenüber der Filmförderung, vgl. § 34 FFG). Ohnehin setzt sich der Autor bei partiarischer Beteiligung dem Risiko aus, dass der Filmhersteller von seinem Vorhaben Abstand nimmt und er dann mit seinem auf die Beteiligung entfallenden Honoraranspruch ausfällt (BGH Schulze BGHZ 131 – Hochspannung).

11.2 Im Interesse des Autors und zugleich zur Vermeidung einer unliebsamen Inanspruchnahme des Filmproduzenten auf Honoraranpassung nach § 32a UrhG sieht § 7 Abs. 2 des Formulars für den Fall eines gesteigerten Kinoerfolges einen Vergütungsnachschlag vor.

11.3 Im Übrigen muss die Vergütungsregelung immer im Zusammenhang mit dem Umfang der Rechtsübertragung gesehen werden. Bezieht der Verfilmungsvertrag, wie in § 2 lit. b–d vorgeschlagen, auch Fernsehauswertungs- und/oder Videorechte oder Online-Rechte mit ein, so ist das auch bei der Aushandlung der Vergütungsansprüche zu berücksichtigen. Das Formular sieht eine prozentuale Beteiligung des Autors am Lizenzerlös aus allen weiteren Verwertungshandlungen vor, die die eingeräumten Nutzungsrechte tangieren, bevorzugt an Erlösen aus der Fernseh-, Online- und Videoverwertung. Sofern der voraussichtliche Umfang und Erfolg solcher Verwertungsmaßnahmen bereits bei Vertragsabschluss einigermaßen sicher voraussehbar sein sollte, wäre der Festlegung von Pauschalvergütungen der Vorzug zu geben, um einen späteren Abrechnungsverkehr zu vereinfachen. Das Formular wählt einen Mittelweg, indem Vorschusszahlungen vorgesehen werden, die den Autor – bei entsprechender Bemessung – zunächst einmal zufrieden stellen, ihm eine gewisse Sicherheit geben, da sie nicht rückzahlbar sind, und dem Filmproduzenten eine Verrechnung mit dem Beteiligungsanspruch des Autors gestatten.

12. Kosten. Der Geschäftswert bemisst sich nach der Höhe der Vergütung (§ 7), gegebenenfalls zuzüglich der Optionsgebühr. Bei zeitaufwändiger Inanspruchnahme empfiehlt sich eine angemessene Honorarvereinbarung nach Zeitaufwand.

29 A. Drehbuch-Entwicklungsvertrag mit stufenweiser Beauftragung

Zwischen[1, 2, 9]
dem Autor (Verlag)[1]

– nachstehend Autor genannt –

und
dem Filmproduzenten
wird folgende Vereinbarung getroffen:

§ 1 Auftragsgrundlage

Der Filmproduzent verfügt über das Recht zur Verfilmung des folgenden Stoffs: . . . . . Er beauftragt den Autor, sich an der Entwicklung des Stoffs stufenweise nach Maßgabe der jeweils anstehenden Manuskriptformate zu beteiligen.

§ 2 Entwicklungsplan/Manuskriptformate[3]

Nach dem derzeitigen Entwicklungsplan kommen folgende Entwicklungsschritte – ggf. in mehreren Fassungen – in Betracht:
- **Exposé**
- **Treatment**
- **Bildertreatment**
- **Drehbuch.**

§ 3 Auftrag der ersten Stufe[1–3]

Der Autor wird stufenweise beauftragt, und zwar mit der Erstellung eines. . . . .
Der Autor nimmt diesen Auftrag an.
Als Ablieferungstermin wird folgendes Datum festgelegt: . . . . .
Der Autor wird sämtliche von dem Filmproduzenten für erforderlich oder nützlich erachtete Hinweise und Änderungswünsche berücksichtigen.

§ 4 Werkabnahme[3]

Die Werkleistung ist von dem Filmproduzenten abzunehmen, wenn der Autor fristgerecht oder nach Setzung angemessener Nachfristen das Werk entsprechend den Vorgaben des Filmproduzenten erstellt hat.

§ 5 Entscheidungsfreiheit des Filmproduzenten[3]

Der Filmproduzent entscheidet nach eigenem Ermessen und eigenem Geschmack völlig frei darüber, ob und in welchem Umfang die vom Autor erstellte Werkleistung, ggf. unter Beteiligung anderer Autoren, weiterverwendet wird oder nicht. Der Vergütungsanspruch des Autors wird von dieser Entscheidung nicht berührt. Vergütungsansprüche für die anschließende Entwicklungsstufe erwachsen dem Autor erst mit der Erteilung eines weiteren Auftrags im Rahmen der nächsten Entwicklungsstufe des Manuskriptformates.

§ 6 Weitere Auftragsstufen[1–3]

Der Filmproduzent teilt dem Autor innerhalb einer angemessenen Frist nach der Werkabnahme mit, ob er mit der Erstellung der sich anschließenden Entwicklungsstufe des Filmmanuskripts beauftragt wird. Nach erfolgter Auftragserteilung wird der Autor unverzüglich mit der Werkerstellung beginnen. Die zur Verfügung stehende Erstellungsdauer wird zwischen den Vertragsparteien auf der Grundlage der Leistungszeit für die erste Leistungsstufe einvernehmlich festgelegt. Für die Abwicklung des Folgeauftrages und etwaiger weiterer Folgeaufträge gem. § 2 gelten die Vereinbarungen entsprechend, die für die erste Leistungsstufe festgelegt worden sind.

§ 7 Rechtseinräumung[5]

(1) Der Autor räumt dem Filmproduzenten für die Dauer der gesetzlichen Schutzfristen das ausschließliche, räumlich unbeschränkte und auf Dritte weiterübertragbare Recht ein, das Werk zu verfilmen und nach Maßgabe der nachfolgenden Bestimmungen auf sonstige Weise zu nutzen, sowie den Film weltweit umfassend in allen denkbaren Medien- und Verwertungsformen auszuwerten und durch Dritte auswerten zu lassen. An das in § 1 erwähnte Produktionsformat ist der Filmproduzent nicht gebunden. Zur umfassenden Rechtseinräumung gehören auch die sich auf das geschaffene Werk und den Autor erstreckenden filmüblichen Nebenrechte.

(2) Die Rechtseinräumung umfasst das ausschließliche Recht, das Werk unverändert oder unter Bearbeitung oder Umgestaltung zur Herstellung eines Filmwerks zu benutzen und das Filmwerk sowie Übersetzungen und andere filmische Bearbeitungen auf alle bekannten und unbekannten Nutzungsarten zu nutzen. Das Recht erstreckt sich auch auf die Online-Rechte, dh das Recht zur öffentlichen Zugänglichmachung, insbesondere zum Einspeisen und Abspeichern in analogen und/oder digitalen Datenbanken und Datennetzen (zB Internet) und Telekommunikationsdiensten und die Verbreitung auf diesen Wegen mit dem Zweck, das Filmwerk den Nutzerkreisen durch individuellen Abruf/Streaming oder andere Dienste entgeltlich oder unentgeltlich zugänglich zu machen, sowie die Verwertung von Filmausschnitten in der Werbung für die Produktion oder für Zwecke kommerzieller Werbung sowie der Verbindung mit anderen Werken oder Produktionen (multimediale Nutzung).

(3) Eingeräumt werden des Weiteren folgende Rechte und Befugnisse:

a) das Titelverwendungsrecht, dh den Titel des Werkes zur Bezeichnung der Produktion oder solcher Werke, die mit dem intendierten Film unmittelbar oder mittelbar in Zusammenhang gebracht werden können, zu verwenden, ohne dazu verpflichtet zu sein,

b) das Weiterentwicklungsrecht, dh die Befugnis, vom Autor entwickelte Handlungselemente oder in dem Werk enthaltene Personen und deren Charakteristika sowie sonstige Ideen neben der Werkbearbeitung uneingeschränkt auch für Folgeproduktionen oder Serien zu verwenden, und zwar auch dann, wenn weitere Produktionen ohne Mitwirkung des Autors erstellt werden sollten,

c) die Drucknebenrechte, dh das Recht, das Werk zur Vervielfältigung und Verbreitung von Text- und Comicfassungen zu verwenden und in Form von Büchern, Heften, Comicstreifen und sonstigen Printformaten nicht bebildert oder im Zusammenhang mit einer bildlichen Ausstattung (fotografisch, gezeichnet, gemalt uä) zu vervielfältigen und zu verbreiten oder als Filmbegleitmaterial einzusetzen,

d) das Recht zur Werbung, dh das Recht in branchenüblicher Weise in allen in Betracht kommenden Medien auch unter Verwendung des Namens und des Bildes des Autors für die Produktion und deren umfassende Auswertung zu werben,

e) das Merchandisingrecht, dh das Recht zur Verwertung von in der Produktion verwendeten Elementen und Figuren zu anderweitigen kommerziellen Zwecken.

(4) Die Zustimmung zur Weiterübertragung von Nutzungsrechten erfolgt unter der auflösenden Bedingung, dass nach etwaigem Wegfall des durch diesen Vertrag begründeten Verpflichtungsgeschäfts (etwa im Falle einer fristlosen Kündigung) der Autor/Verlag in den Vertrag des Filmproduzenten mit dem Sublizenznehmer hinsichtlich der weiterübertragenen Lizenzrechte mit dessen Zustimmung eintritt.

§ 8 Rechtegarantien[4]

(1) Der Autor versichert, dass er allein berechtigt ist, über das Urheberrecht an seinem Werk zu verfügen, dass er bisher keine den Rechtseinräumungen des Vertrages entgegenstehende Verfügungen getroffen hat und dass der Inhalt oder Teile des Werkes nicht widerrechtlich geschützten Werke anderer Urheber entnommen sind.

(2) Der Autor ist verpflichtet, den Filmproduzenten unverzüglich, spätestens aber bei Ablieferung des Werkes schriftlich auf im Werk enthaltene – nicht offenkundige – Darstellungen von Personen oder Ereignissen hinzuweisen, mit denen nach seiner Kenntnis das Risiko einer Persönlichkeitsrechtsverletzung verbunden ist.

§ 9 Verschwiegenheit

Der Autor ist verpflichtet, über alle mit seiner Tätigkeit zusammenhängenden Angelegenheiten und Vorgänge Verschwiegenheit zu bewahren. Er wird über das intendierte Produktionsvorhaben gegenüber Dritten, denen der Inhalt nicht bekannt ist, Stillschweigen bewahren, soweit das Produktionsvorhaben nicht bereits von befugter Seite öffentlich bekannt gemacht worden ist.

§ 10 Keine Nutzungsverpflichtung, Rückruf[6]

(1) Der Filmproduzent unterliegt hinsichtlich der eingeräumten Rechte keinerlei Ausübungspflicht.

(2) Gesetzliche Rückrufrechte wegen Nichtausübung können vom Autor frühestens nach Ablauf von 5 Jahren seit der Abnahme des Werkes, ersatzweise dessen Ablieferung geltend gemacht werden.

§ 11 Nennung[7]

Soweit das Werk des Autors bei der Herstellung des Films benutzt wird, wird der Autor im Zusammenhang mit der Verwertung des Films in branchenüblicher Weise als Urheber genant. Der Filmproduzent wird die Nennungsverpflichtung auch Dritten auferlegen, die in die Verwertung der Produktion eingeschaltet sind. Für versehentlich oder durch Dritte begangene Verstöße gegen die Nennungsverpflichtung übernimmt der Filmproduzent keine Haftung, soweit ihm weder Vorsatz noch grobe Fahrlässigkeit anzulasten ist.

§ 12 Vergütung[8]

Die Höhe der von dem Filmproduzenten an den Autor zu zahlenden Vergütung für die einzelnen Auftragsstufen wird wie folgt festgelegt:
- für das Exposé: Euro ......
- für das Treatment: Euro ......
- für das Bildertreatment: Euro ......

Die erste Hälfte des Honorars ist jeweils bei Erstabgabe des Manuskripts, die zweite Hälfte bei der Manuskriptabnahme durch den Filmproduzenten zur Zahlung fällig.

§ 13 Ergänzende Vergütungsvereinbarungen[8]

(1) Die Vergütung des Autors unterliegt der deutschen Steuergesetzgebung. Der Autor ist für seine steuerlichen und sozialversicherungsrechtlichen Belange in jeder Hinsicht selbst verantwortlich. Er erklärt hiermit, umsatzsteuerpflichtig zu sein und wird dies dem Filmproduzenten unter Angabe seiner Steuernummer und des für ihn zuständigen Finanzamtes nachweisen.

(2) Für den Fall, dass das Drehbuch als drehfertig abgenommen wird und die Filmproduktion im Auftrage eines öffentlich-rechtlichen Sendeunternehmens zur Fernsehauswertung gelangt, erhält der Autor ein Wiederholungshonorar nach Maßgabe der Vergütungsregelungen des öffentlich-rechtlichen Sendeunternehmens. Als wiederholungsfähiges Honorar werden Euro ...... inklusive Mehrwertsteuer vereinbart.

Sind an dem Drehbuch mehrere Autoren beteiligt, so stehen ihnen Beteiligungsansprüche jeweils anteilig zu, und zwar in der Relation, in der ihre Drehbuchvergütungen zueinander stehen.

(3) Soweit der Autor auf Veranlassung des Filmproduzenten an Besprechungen teilnimmt, werden ihm die Reise- und Hotelkosten von dem Filmproduzenten erstattet.

(4) Bei Beginn der Auswertung der Videogrammrechte erhält der Autor vom Filmproduzenten eine weitere Pauschalvergütung hierfür in Höhe von Euro ......

(5) Soweit urheberrechtlich schutzfähige Elemente des vom Autor geschaffenen Filmmanuskripts zur Grundlage von nicht lediglich frei benutzenden Wiederverfilmungen und/oder Nachfolgeproduktionen und/oder Serien herangezogen werden, steht dem Autor eine angemessene Vergütung zu, deren Höhe vom Filmhersteller nach billigem Ermessen zu bestimmen und im Streitfall vom zuständigen Gericht zu überprüfen ist. Dasselbe gilt entsprechend für den Fall, dass ein vom Autor geschaffenes vertragsgegenständliches und urheberrechtlich schutzfähiges Werkelement zur Soundtrack- oder Merchandisingauswertung herangezogen wird.

§ 14 Schlussbestimmungen

(1) Ergänzend gilt das Recht der Bundesrepublik Deutschland.

(2) Maßgebend ist allein dieser schriftliche Vertrag. Änderungen, Ergänzungen sowie der Verzicht auf die Schriftform können nur schriftlich vereinbart werden. Mündliche Nebenabreden sind nicht getroffen.

(3) Die etwaige Unwirksamkeit einer Bestimmung dieses Vertrages lässt die Wirksamkeit des Vertrages im Übrigen unberührt. Die unwirksame Bestimmung ist durch eine sinnentsprechende wirksame Bestimmung zu ersetzen, die der angestrebten wirtschaftlichen Regelung am nächsten kommt.

(4) Sofern eine der Vertragsparteien keinen Gerichtsstand im Geltungsbereich der Bundesrepublik Deutschland hat, gilt der Sitz des inländischen Vertragspartners als Gerichtsstand für alle etwaigen Streitigkeiten aus diesem Vertrag. Die Parteien sind auch berechtigt, das nach dem allgemeinen Gerichtsstand des Beklagten zuständige Gericht anzurufen.

29 B. Drehbuch-Vertrag

Zwischen
dem Autor (Verlag)[1]

– nachstehend Autor genannt –

und
dem Filmproduzenten
wird folgende Vereinbarung getroffen:

§ 1 Vertragsgegenstand[1, 2]

Gegenstand dieses Vertrages ist das vom Autor zu verfassende Filmdrehbuch, das zunächst wie folgt charakterisiert wird:
- Stoffgrundlage: ......
- Sprachfassung des Drehbuchs: ......
- (unverbindlich geplante) Dauer der Filmproduktion: ......
- Sonstige Angaben: ......

§ 2 Fertigstellung des Werkes, Abnahme[3]

Soweit das vertragsgegenständliche Werk bei Zustandekommen dieses Vertrages noch nicht vollständig fertiggestellt und vom Filmproduzenten abgenommen ist, gilt Folgendes:

(1) Der Autor wird bis zur Abnahme des endgültig fertiggestellten Werkes vorrangig für die Erfüllung dieses Auftrages tätig sein (Priorität).

(2) Der Autor wird sämtliche vom Filmproduzenten für erforderlich oder nützlich erachtete Hinweise und Änderungswünsche berücksichtigen.

(3) Nach Ablieferung des Werkes oder, falls die Vorlage von Werkteilen vereinbart ist, nach deren Ablieferung wird der Filmproduzent prüfen, ob die vorgelegte Fassung abnahmefähig ist. Sollte die Abnahmefähigkeit festgestellt werden, wird der Filmproduzent dies dem Autor schriftlich mitteilen. Anderenfalls wird der Filmproduzent dem Autor den gewünschten Änderungsbedarf in der geeigneten Form mitteilen.

(4) Die Abnahmeentscheidung obliegt dem freien geschmacklichen Ermessen des Filmproduzenten. Dem Autor ist bekannt, dass der Filmproduzent bei seiner Abnahmeentscheidung ggf. das Urteil Dritter (Koproduzenten, Förderungseinrichtungen, Verleihunternehmen, Sendeunternehmen usw) maßgeblich zu berücksichtigen hat. Lehnt der Autor die Erfüllung von Änderungswünschen ab, ist er zu einer Änderung nicht im Stande oder nimmt der Filmproduzent auch die geänderte Fassung deshalb nicht ab, weil das Werk nach seiner Entscheidung nicht abnahmefähig ist, so kann der Filmhersteller ein Werk unter Verwendung der bisher vorliegenden Fassungen und Materialien herstellen lassen. Die Vergütung des Autors richtet sich in diesem Falle nach § 8 (7) dieses Vertrages.

(5) Auch nach der Abnahme durch den Filmproduzenten bleibt der Autor zur Vornahme von Änderungen im zumutbaren Rahmen (polishing) verpflichtet.

(6) Für die Ablieferung des Werkes wird folgende Herstellungsfrist vereinbart ......

(7) Erfolgt die Ablieferung nicht rechtzeitig, so kann der Filmproduzent eine angemessene Nachfrist zur Ablieferung mit der Erklärung bestimmen, dass er die Abnahme nach Ablauf dieser Frist ablehnt. Nach Ablauf dieser Frist ist der Filmproduzent berechtigt, von dem Vertrag zurückzutreten.

(8) Der Bestimmung einer Nachfrist bedarf es nicht, wenn die rechtzeitige Herstellung des Werkes unmöglich geworden ist, vom Autor abgelehnt wird oder wenn der Rücktritt

vom Vertrag durch ein besonderes Interesse des Filmproduzenten gerechtfertigt wird. Hat der Autor die Unmöglichkeit oder den Rücktrittsgrund nicht zu vertreten, so erhält er eine Entschädigung nach § 8 (7) dieses Vertrages. Die im Falle des Verzugs des Autors dem Filmproduzenten zustehenden Rechte werden hierdurch nicht berührt.

§ 3 Rechtseinräumung[5]

(1) Der Autor räumt dem Filmproduzenten für die Dauer der gesetzlichen Schutzfristen das ausschließliche, räumlich unbeschränkte, auf Dritte weiterübertragbare Recht ein, das Werk zu verfilmen und nach Maßgabe der nachfolgenden Bestimmungen auf sonstige Weise zu nutzen, sowie den Film nach der gesetzlichen Rechtsvermutungsregel des § 88 Abs. 1 UrhG weltweit umfassend sowie für die Dauer der gesetzlichen Schutzfristen in allen Sprachfassungen auszuwerten oder auswerten zu lassen, ohne an ein Produktionsformat gebunden zu sein.

(2) Die Rechtseinräumung umfasst das ausschließliche Recht, das Werk unverändert oder unter Bearbeitung oder Umgestaltung zur Herstellung eines Filmwerks zu benutzen und das Filmwerk sowie Übersetzungen und andere filmische Bearbeitungen auf alle bekannten und unbekannten Nutzungsarten zu nutzen. Das Recht erstreckt sich auch auf die Online-Rechte, dh das Recht zur öffentlichen Zugänglichmachung, insbesondere zum Einspeisen und Abspeichern in analogen und/oder digitalen Datenbanken und Datennetzen (zB Internet) und Telekommunikationsdiensten und die Verbreitung auf diesen Wegen mit dem Zweck, das Filmwerk den Nutzerkreisen durch individuellen Abruf/ Streaming oder andere Dienste entgeltlich oder unentgeltlich zugänglich zu machen, sowie die Verwertung von Filmausschnitten in der Werbung für die Produktion oder für Zwecke kommerzieller Werbung sowie der Verbindung mit anderen Werken oder Produktionen (multimediale Nutzung).

(3) Eingeräumt werden des Weiteren folgende Rechte und Befugnisse:

a) das Titelverwendungsrecht, dh den Titel des Werkes zur Bezeichnung der Produktion oder solcher Werke, die mit dem intendierten Film unmittelbar oder mittelbar in Zusammenhang gebracht werden können, zu verwenden, ohne dazu verpflichtet zu sein,
b) das Weiterentwicklungsrecht, dh die Befugnis, vom Autor entwickelte Handlungselemente oder in dem Werk enthaltene Personen und deren Charakteristika sowie sonstige Ideen neben der Werkbearbeitung uneingeschränkt auch für Folgeproduktionen oder Serien zu verwenden, und zwar auch dann, wenn weitere Produktionen ohne Mitwirkung des Autors erstellt werden sollten,
c) die Drucknebenrechte, dh das Recht, das Werk zur Vervielfältigung und Verbreitung von Text- und Comicfassungen zu verwenden und in Form von Büchern, Heften, Comicstreifen und sonstigen Printformaten nicht bebildert oder im Zusammenhang mit einer bildlichen Ausstattung (fotografisch, gezeichnet, gemalt uä) zu vervielfältigen und zu verbreiten oder als Filmbegleitmaterial einzusetzen,
d) das Recht zur Werbung, dh das Recht, in branchenüblicher Weise in allen in Betracht kommenden Medien auch unter Verwendung des Namens und des Bildes des Autors für die Produktion und deren umfassende Auswertung zu werben,
e) das Merchandisingrecht, dh das Recht zur Verwertung von in der Produktion verwendeten Elementen und Figuren zu anderweitigen kommerziellen Zwecken.

(4) Die Zustimmung zur Weiterübertragung von Nutzungsrechten erfolgt unter der auflösenden Bedingung, dass nach etwaigem Wegfall des durch diesen Vertrag begründeten Verpflichtungsgeschäfts (etwa im Falle einer fristlosen Kündigung) der Autor/ Verlag in den Vertrag des Filmproduzenten mit dem Sublizenznehmer hinsichtlich der weiterübertragenen Lizenzrechte mit dessen Zustimmung eintritt.

§ 4 Rechtegarantien[4]

(1) Der Autor versichert, dass er allein berechtigt ist, über das Urheberrecht an seinem Werk zu verfügen, dass er bisher keine den Rechtseinräumungen des Vertrages entgegenstehende Verfügungen getroffen hat und dass der Inhalt oder Teile des Werkes nicht widerrechtlich geschützten Werke anderer Urheber entnommen sind.
(2) Der Autor ist verpflichtet, den Filmproduzenten unverzüglich, spätestens aber bei Ablieferung des Werkes schriftlich auf im Werk enthaltene – nicht offenkundige – Darstellungen von Personen oder Ereignissen hinzuweisen, mit denen nach seiner Kenntnis das Risiko einer Persönlichkeitsrechtsverletzung verbunden ist.

§ 5 Verschwiegenheit

Der Autor ist verpflichtet, über alle mit seiner Tätigkeit zusammenhängenden Angelegenheiten und Vorgänge Verschwiegenheit zu bewahren. Er wird über das intendierte Produktionsvorhaben gegenüber Dritten, denen der Inhalt nicht bekannt ist, Stillschweigen bewahren, soweit das Produktionsvorhaben nicht bereits von befugter Seite öffentlich bekannt gemacht worden ist.

§ 6 Keine Nutzungsverpflichtung, Rückruf[6]

(1) Der Filmproduzent unterliegt hinsichtlich der eingeräumten Rechte keinerlei Ausübungspflicht.
(2) Gesetzliche Rückrufrechte wegen Nichtausübung können vom Autor frühestens nach Ablauf von 5 Jahren seit der Abnahme des Werkes, ersatzweise dessen Ablieferung geltend gemacht werden.

§ 7 Nennung[7]

Soweit das Werk des Autors bei der Herstellung des Films benutzt wird, wird der Autor im Zusammenhang mit der Verwertung des Films in branchenüblicher Weise als Urheber genant. Der Filmproduzent wird die Nennungsverpflichtung auch Dritten auferlegen, die in die Verwertung der Produktion eingeschaltet sind. Für versehentlich oder durch Dritte begangene Verstöße gegen die Nennungsverpflichtung übernimmt der Filmproduzent keine Haftung, soweit ihm weder Vorsatz noch grobe Fahrlässigkeit anzulasten ist.

§ 8 Vergütung[8]

(1) Zur Abgeltung aller vom Autor zu erbringenden Leistungen und aller nach diesem Vertrag eingeräumten Nutzungsrechte und sonstigen Recht erhält der Autor ein Honorar in Höhe von Euro . . . . . . Die Vergütung wird nach entsprechender Rechnungsstellung wie folgt zur Zahlung fällig:
Euro . . . . . . bei Vertragsabschluss
Euro . . . . . . bei Ablieferung des Werkes
Euro . . . . . . nach schriftlicher Abnahmeerklärung des Filmproduzenten
Euro . . . . . . nach Drehbeginn.
(2) Die Vergütung des Autors unterliegt der deutschen Steuergesetzgebung. Der Autor ist für seine steuerlichen und sozialversicherungsrechtlichen Belange in jeder Hinsicht selbst verantwortlich. Er erklärt hiermit, umsatzsteuerpflichtig zu sein, und wird dies dem Filmproduzenten unter Angabe seiner Steuernummer und des für ihn zuständigen Finanzamtes nachweisen.
(3) Für den Fall, dass das Drehbuch als drehfertig abgenommen wird und die Filmproduktion durch ein Sendeunternehmen zur Fernsehauswertung gelangt, erhält der Autor ein Wiederholungshonorar nach Maßgabe der Vergütungsregelungen des Sende-

unternehmens. Als wiederholungsfähiges Honorar werden Euro . . . . . . inklusive Mehrwertsteuer vereinbart. Im Übrigen sind Wiederholungsausstrahlungen durch öffentlich-rechtliche oder private Sendeunternehmen sowie durch ausländische Sendeunternehmen, gleich welcher Trägerschaft, sowie die Verwertung des Films durch Lizenzverkäufe, Vergabe von Lizenzrechten und zur Online-Verwertung durch die Pauschalvergütung nach § 8 Abs. 1 abgegolten, es sei denn, dass sich Nachvergütungsansprüche aus einschlägigen Gemeinsamen Vergütungsregeln gem. § 36 UrhG für den Autor ergeben.

(4) Bei Beginn der Auswertung der Videogrammrechte erhält der Autor vom Filmproduzenten eine weitere Pauschalvergütung hierfür in Höhe von Euro . . . . . .

(5) Soweit urheberrechtlich schutzfähige Elemente des vom Autor geschaffenen Filmmanuskripts zur Grundlage von nicht lediglich frei benutzenden Wiederverfilmungen und/oder Nachfolgeproduktionen und/oder Serien herangezogen werden, steht dem Autor eine angemessene Vergütung zu, deren Höhe vom Filmhersteller nach billigem Ermessen zu bestimmen und im Streitfall vom zuständigen Gericht zu überprüfen ist. Dasselbe gilt entsprechend für den Fall, dass ein vom Autor geschaffenes vertragsgegenständliches und urheberrechtlich schutzfähiges Werkelement zur Soundtrack- oder Merchandisingauswertung herangezogen wird.

(6) Im Falle der über die Nutzung als Filmbegleitmaterial hinausgehenden eingeräumten Drucknebenrechte steht dem Autor eine angemessene Vergütung gegen den Filmproduzenten in einer Höhe zu, welche der Filmproduzent nach billigem Ermessen gem. § 32 UrhG zu bestimmen hat und die im Streitfall vom zuständigen Gericht zu überprüfen ist.

(7) Im Falle der §§ 2 Abs. 4 und Abs. 10 zahlt der Filmproduzent anstelle der vereinbarten Vergütung eine angemessene Vergütung. Diese hat insbesondere zu berücksichtigen den Umfang der auf Grund des Vertrages geleisteten Arbeiten des Autors sowie den Umfang, in dem die vom Autor erbrachten Leistungen sich in der Drehbuchfassung niederschlagen, auf dessen Grundlage der Film tatsächlich hergestellt wird oder hergestellt werden soll.

§ 9 Schlussbestimmungen

(1) Ergänzend gilt das Recht der Bundesrepublik Deutschland.

(2) Maßgebend ist allein dieser schriftliche Vertrag. Änderungen, Ergänzungen sowie der Verzicht auf die Schriftform können nur schriftlich vereinbart werden. Mündliche Nebenabreden sind nicht getroffen.

(3) Die etwaige Unwirksamkeit einer Bestimmung dieses Vertrages lässt die Wirksamkeit des Vertrages im Übrigen unberührt. Die unwirksame Bestimmung ist durch eine sinnentsprechende wirksame Bestimmung zu ersetzen, die der angestrebten wirtschaftlichen Regelung am nächsten kommt.

(4) Sofern eine der Vertragsparteien keinen Gerichtsstand im Geltungsbereich der Bundesrepublik Deutschland hat, gilt der Sitz des inländischen Vertragspartners als Gerichtsstand für alle etwaigen Streitigkeiten aus diesem Vertrag. Die Parteien sind auch berechtigt, das nach dem allgemeinen Gerichtsstand des Beklagten zuständige Gericht anzurufen.

Schrifttum: → Form. IX.28.

Anmerkungen

1. Sachverhalt.

1.1 Wesentlicher Bestandteil der Vorarbeiten zur Filmherstellung ist regelmäßig die Schaffung eines oder mehrerer Manuskripte, die den Inhalt und Ablauf des geplanten Filmgeschehens im Voraus festlegen. Eher selten werden diese Vorarbeiten einem einzelnen Autor exklusiv überlassen. Mit der Drehbuchentwicklung befasst der Filmproduzent ganz überwiegend mehrere Autoren, die entweder im Team oder jeder für sich, nacheinander oder zeitlich überlappend in die Vorarbeiten bis hin zum drehfertigen Drehbuch eingeschaltet werden.

1.2 Das Exposé ist ein grober Entwurf, der die Filmidee (zur Schutzfähigkeit eines Filmexposés und dessen freier Benutzung durch einen Dritten OLG München GRUR 1990, 674 – Forsthaus Falkenau) oder auch die Story des Films szenisch, dh mit entsprechend charakterisierten Hauptfiguren und den wichtigen Schauplätzen in Prosaform auf einigen wenigen Textseiten darlegt. Im Treatment wird das geplante Filmgeschehen als Vorentwurf entwickelt, während das Drehbuch Szene für Szene vollständig und genau beschreibt, im Idealfall sowohl durch Festlegung der von der Kamera vorzunehmenden Einstellungen und Schwenks als auch des aufzunehmenden Sujets einschließlich Dialogtext, akustischen Details und dramaturgischen Anweisungen. Wie genau der Filmregisseur später das Drehbuch im Rahmen der Dreharbeiten und des Filmschnitts tatsächlich umsetzt, ist eine andere Frage und wird in der Praxis sehr unterschiedlich gehandhabt.

1.3 Für die Vertragsgestaltung ist wesentlich, dass das Filmmanuskript für den konkreten Film als Vorlage geschaffen und in der Regel vom Filmhersteller für diese Zwecke in Auftrag gegeben wird. Im Gegensatz zu Romanen, Bühnenwerken usw braucht deshalb auf die Verwertung des Filmmanuskripts in anderen Bereichen kein besonderes Augenmerk gerichtet zu werden. Allenfalls kommt die Verwertung des Filmmanuskripts als begleitende Publikation „zum Film“ in Betracht (→ Anm. 5). Vertragspartner des Filmmanuskriptvertrages sind Filmhersteller und die mit der Drehbuchentwicklung befassten Filmautoren. Manche Autoren lassen ihre Nutzungsrechte auch durch ihren Bühnenverlag wahrnehmen, so dass dieser anstelle des Autors Vertragspartner des Filmherstellers ist. Alternativ wirkt der Bühnenverlag oder auch eine Agentur lediglich in Stellvertretung für den Autor beim Vertragsabschluss mit.

2. Wahl des Formulars.

2.1 Das Formular hat den Erwerb von Verfilmungsrechten an Filmmanuskripten von Seiten eines Filmproduzenten im Auge, der Drehbücher für Kinofilme mit einer möglichst uneingeschränkten Auswertungsbefugnis in allen Medien entwickeln will. Das Formular besteht aus zwei Teilen. Teil A regelt die stufenweise Beauftragung des Filmautors nach Maßgabe des Fortgangs der Drehbuchentwicklung. Damit soll dem Filmhersteller ein flexibler und reibungsloser Umgang mit einer – ggf. auch größeren – Anzahl von Filmautoren ermöglicht werden, die in den Eingangsphasen in die Drehbuchentwicklung einschaltet werden und Leistungen erbringen, von denen nicht sicher ist, ob und in welchem Umfang sie später in die filmische Umsetzung einfließen werden. Kommt es zur Beauftragung des Filmautors mit der Erstellung des für die Filmrealisierung bestimmten Drehbuchs, so geschieht dies auf der Grundlage des Drehbuchvertrages gem. Teil B. Das Klauselwerk von Teil B kann auch zur Grundlage eines gesonderten Drehbuchvertrages (ohne den vorgeschalteten Teil A) gemacht werden. Eine weitere Vertragsvariante ist durch die Vorschaltung einer Optionsvereinbarung (→ Form. IX.28, Einleitung) und deren Kombination mit einem Drehbuchvertrag gem. → Form. IX.29 B. eröffnet. Eine solche Lösung bietet sich an, wenn die Stoffidee vom Autor stammt und der Filmproduzent auf der Basis des zu optionierenden Stoffs eine abgesicherte Finanzierungsbasis für sein Produktionsvorhaben herstellen möchte (→ Form. IX.28 Anm. 3).

2.2 Das Formular zum Filmmanuskriptvertrag ist tendenziell auf eine umfassendere Auswertungsposition des Filmherstellers zugeschnitten, als dies im Stoffrechtevertrag (→ Form. IX.28) vorgesehen ist. Bei der Aushandlung der Vertragsbestimmungen ist es ohne weiteres möglich, Klauseln des Filmmanuskriptvertrages mit solchen des Stoffrechtevertrages (→ Form. IX.28) sowie speziell für Fernsehproduktionen empfohlenen → Form. IX.37 A, 37 B und 39 miteinander zu kombinieren, sofern sich die miteinander verbundenen Bestimmungen nicht gegenseitig ausschließen oder widersprechen.

2.3 Gesichtspunkte des Stoffrechtevertrages sollten eher zum Tragen kommen, wenn dem Drehbuch ein Originalstoff oder eine Originalidee des Drehbuchautors zugrunde liegt. Die Autorenseite hat zu bedenken, dass in der Praxis das Vertragsmodell A. von Filmproduzenten, die über keine gesicherte Realisierungs- bzw. Finanzierungsbasis verfügen, dazu genutzt oder gar missbraucht wird, die vollständigen Verwertungsrechte an einem ggf. erfolgsträchtigen Filmstoff auf der Basis eines niedrig bemessenen Exposéhonorars zu erwerben (→ Anm. 5), ohne dass der Autor dieses Stoffs eine rechtliche Grundlage in der Hand behält, in die weitere Manuskriptentwicklung nach erfolgter Einwerbung von Mitfinanzierern einbezogen zu bleiben. Aus seiner Sicht wäre dann das Optionsmodell sinnvoller. Mindestens sollte der Autor darauf bestehen, dass eine Anbietungsklausel etwa wie folgt aufgenommen wird: Sollte der Filmproduzent einen Produktions- bzw. Entwicklungsauftrag erhalten, wird er dem Autor die Erstellung des Filmmanuskripts der nächsten Entwicklungsstufe (Treatment oder Drehbuch) zu angemessenen Bedingungen zuerst anbieten.

2.4 Beinhaltet das Drehbuch die Bearbeitung eines fremden Stoffs oder geht es um Beiträge des Filmautors in einem zeitgleich oder nacheinander geschaltet arbeitenden Autorenteam, ist besonderer Wert darauf zu legen, dass sämtliche in Betracht kommenden Rechte einschließlich der Befugnis zum möglichst freien Umgang mit den vom Filmautor beigesteuerten Elementen dem Filmhersteller zustehen. Die Vergütungsmodalitäten sind an den Usancen auszurichten, die in den jeweils zur Verwertung gelangenden Medien zum Tragen kommen.

3. Werkvertrag, Abnahme.

3.1 Im Allgemeinen wird der Autor vom Filmhersteller zur Herstellung eines Filmmanuskripts beauftragt. Die Vereinbarung erhält damit den Charakter eines Werkvertrages. Bietet der Autor dem Filmhersteller dagegen ein fertiges Filmmanuskript an, kommt kein Werkvertrag, sondern ein urheberrechtlicher Nutzungsvertrag sui generis zustande. Anstelle der §§ 1 und 2 des Formulars müsste lediglich das vertragsgegenständliche Manuskript bezeichnet werden, zB: „Gegenstand des Vertrages ist das vom Autor verfasste Filmmanuskript (Exposé, Treatment, Drehbuch) mit dem Arbeitstitel ......, welches dem Filmhersteller vollständig vorliegt." Einer Modifikation bedarf in diesem Fall auch die Regelung der Fälligkeit der Vergütung; insoweit könnte nach den Vorschlägen zum Verfilmungsvertrag verfahren werden (→ Anm. 8).

3.2 Auf den Versuch, Kriterien zur Feststellung qualitativer Mängel an dem herzustellenden Filmmanuskript festzulegen, verzichtet das Formular mit Rücksicht auf die Grundsätze zum Mängelbegriff bei künstlerischen Werken. Im Interesse der mit dem Vertrag angestrebten Flexibilität auf Seiten des in die Drehbuchentwicklung investierenden Filmproduzenten sieht das Formular in Teil A vor, dass der Autor nach Maßgabe der jeweils beauftragten Stufe vergütet wird, während der Filmproduzent frei darüber befindet, ob und in welchem Umfang die erbrachte Leistung in den Fortgang der Drehbuchentwicklung einfließt (§§ 3 und 5 des Formulars). Der Drehbuchvertrag (Teil B) räumt dem Filmhersteller ein Abnahmeermessen nach eigenem Geschmack ein. Bei abgelehnter Abnahme kann der Filmhersteller das Drehbuch bearbeiten und den Film unter Verwendung der bis dahin vorliegenden Fassung unbearbeitet oder weiterbearbeitet herstellen oder herstellen lassen, dem Autor verbleibt der Anspruch auf angemessene Vergütung, zu dessen Feststellung insbesondere der Umfang der vom Autor erbrachten Leistungen, seiner notwendigen Aufwendungen und die Verwendung bei der Endfertigung zu berücksichtigen sind (Teil B § 2 Abs. 4 und Abs. 8, § 8 Abs. 7 des Formulars).

4. **Haftung für rechtliche Mängel:** Zur Gebrauchstauglichkeit des vom Filmautor erstellten Manuskripts gehört insbesondere, dass es nicht aus Rechtsgründen unverwertbar oder nur teilweise verwertbar ist. Die Vertragschließenden sollten rechtzeitig absolute Klarheit über die vom Autor zu verarbeitenden Stoffe und Vorlagen schaffen und dies möglichst – im Vertrage selbst oder im Korrespondenzwege – schriftlich festhalten. Der Filmhersteller muss wissen, welche Drittrechte berührt werden oder sein können, damit er sich um die Beschaffung dieser Rechte kümmern kann. Bei diesen Drittrechten kann es sich um Urheberrechte Dritter ebenso handeln wie um Persönlichkeitsrechte von Menschen, auf die erkennbar im Filmmanuskript Bezug genommen wird. Der Filmhersteller haftet selbst dafür, dass diejenigen Rechte beschafft werden, von deren Erforderlichkeit er nach dem ihm bekannten Sachverhalt ausgehen muss. Was der Filmhersteller dem Autor zur Verarbeitung im Filmmanuskript aufgibt, braucht den Autor bezüglich einer Rechtsverschaffung nicht zu kümmern. Im Übrigen trägt der Autor die Beweislast- dafür, dass er den Filmhersteller auf die einschlägigen Fakten aufmerksam gemacht hat.

5. **Nutzungsrechte.**

5.1 Das Formular sieht eine möglichst weitgehende, noch über die gesetzliche Rechtsvermutung des § 88 Abs. 1 UrhG hinausgehende Verwertungsbefugnis des Filmherstellers vor (→ Form. IX.28 Anm. 4). Für den Verfasser des Exposés eines Originalstoffs, der sein Exposé an den Filmhersteller heranträgt, dürfte die Regelung zu weitgehend sein, die sich auf die Verfilmung, die Bearbeitung des Stoffs und dessen ungehinderte Weiterentwicklung durch Dritte erstreckt, vor allem wenn dies auf der Grundlage des Regelwerkes gem. Teil A geschieht. Denn damit könnte ihm der Filmhersteller seinen Stoff schon sehr frühzeitig aus der Hand nehmen. Sollte der Autor eine für ihn vorzugswürdigere Optionslösung entsprechend der Empfehlung in → Anm. 2 nicht durchsetzen, könnte er alternativ versuchen, die Einräumung des Verfilmungsrechts am Exposéstoff vom Eintritt weiterer Bedingungen abhängig zu machen, etwa der Erteilung des uneingeschränkten Drehbuchauftrages, der Zahlung einer Garantiesumme oder gar dem Abschluss eines Regievertrages für den intendierten Film.

5.2 Die unter § 3 Abs. 2 angeführten Rechte erstrecken sich auf Verwertungshandlungen, die über das eigentliche Filmwerk hinausgehend die Filmauswertung begleiten oder ihr nachfolgen, wenn man von der Befugnis absieht, den Titel des Filmmanuskripts auch zur Benennung des herzustellenden Films zu verwenden. Intendiert ist auch die Befugnis, den Manuskripttitel auf andere Werke als den unmittelbar intendierten Film selbst zu erstrecken. Mit dem Wiederverfilmungsrecht wird die Befugnis eingeräumt, entgegen der (abdingbaren) gesetzlichen Rechtsvermutung gem. § 88 Abs. 2 UrhG das Filmmanuskript zu einem Remake oder zu sonstigen erneuten Verfilmungshandlungen heranzuziehen. Zu erwähnen ist das in der Praxis allerdings eher selten tatsächlich ausgeübte Weiterentwicklungsrecht (als Oberbegriff für die in der Praxis auch mit Spin-Off-, Prequel- und Sequel-Recht umschriebenen Befugnisse), welches den Filmhersteller berechtigt, das Filmmanuskript oder schutzfähige Element der daraus zu bearbeiten und zur Grundlage weiterer Filme oder Filmserien zu nutzen. Aus der Sicht des Autors wird eine derartige Preisgabe von Nutzungsrechten ggf. selbst dann als zu weitgehend empfunden werden, wenn seine finanziellen Interessen durch die gesetzlichen Nachforderungsansprüche aus §§ 32, 32a UrhG als gewahrt betrachtet werden müssten. Eine verhandelbare Alternative könnte in der Vereinbarung einer (einfachen oder qualifizierten) Option auf die Weiterbearbeitungsrechte bestehen (→ Form. IX.28 Anm. 3). Für den

Autor ist damit jedenfalls der verhandlungspsychologische Vorzug verbunden, sich auf einen vertraglich verbrieften Anspruch (anstatt gesetzlicher Ansprüche) zur Durchsetzung einer angemessenen Gegenleistung für die weitere Werknutzung stützen zu können.

5.3 Beim filmbegleitenden Merchandising werden bevorzugt visuelle Elemente (Logos oder andere Bildsymbole, Abbildungen von Schauspielern, beschriftete Filmtitel usw) zur Aufmachung von Verkaufsartikeln eingesetzt. Vereinzelt mag es auch vorkommen, dass aus einer vom Autor entwickelten fiktiven Figur eine merchandisingfähige „Persönlichkeit" wie zB „Harry Potter" herauskristallisiert wird. Für solche und damit vergleichbaren Verwertungskonstellationen rechtfertigt sich die vorsorgliche Aufnahme des Merchandisingrechts in den Rechtseinräumungskatalog des Formulars. Zum Vergütungsanspruch des Autors → Anm. 8. Das Vorstehende gilt entsprechend für den Fall, dass auch bei der Soundtrack-Auswertung (→ Form. IX.30 Anm. 6) auf Leistungselemente des Filmautors zurückgegriffen wird (Beispiel: Soundtrack-Auswertung zum Film „Die Welt der Amélie"; vgl. ferner LG Berlin ZUM 2001, 608 – „Songs About Harry"sowie LG München ZUM-RD 2007, 137 zur Verwendung der Pumuckl – Figur auf Briefpapier und im Internetauftritt sowie den Nachforderungsansprüchen nach §§ 32a, 36 UrhG aF. Die Drucknebenrechte sind in Teil B § 3 Abs. 3 lit. c extensiv definiert. Aus der Sicht des Autors sind ggf. Einschränkungen vorzunehmen. Zur Vergütungsregelung → Anm. 8. Der Autor ist nicht daran gehindert, solche Elemente seines Filmmanuskripts, die in dem realisierten Film nicht erkennbar aufscheinen, anderweitig verlegerisch auswerten zu lassen, sofern er unter dem Gesichtspunkt von Treu und Glauben die filmwirtschaftliche Auswertung nicht behindert. Im Übrigen beziehen sich die Drucknebenrechte auf sogenanntes Filmbegleitmaterial: Programmhefte, Prospekte, Plakate, Informationsbroschüren, Werbeschriften anlässlich der Einladung zur Filmpremiere und dergleichen.

5.4 Wird die Weiterübertragungsbefugnis nicht ausdrücklich geregelt, ist der Filmhersteller an der Übertragung der Auswertungsrechte an der Filmproduktion selbst nicht gehindert, wohl aber bis zum Beginn der Dreharbeiten an der Übertragung des Rechts zur Verfilmung des Filmmanuskripts an Dritte (§§ 90, 88 Abs. 1, 34 UrhG). Im Unterschied zum nicht-filmischen Manuskript ist beim Filmmanuskript die Gefahr der Verletzung von Urheberinteressen durch den Wechsel des Verantwortlichen für die Filmherstellung in der Regel nicht höher einzustufen als das Interesse des Filmherstellers daran, das Filmmanuskript erforderlichenfalls einem anderen Filmhersteller weitergeben zu können, der an seiner Stelle den Film produzieren wird. Das gilt jedenfalls dann, wenn der Autor nicht der Schöpfer des Originalstoffes ist. Denn bei der Filmherstellung wird das Filmmanuskript ohnehin durch den Filmregisseur und sonstige Filmurheber zwangsläufig bearbeitet und in ein gänzlich anderes künstlerisches Medium umgeformt. Deshalb sieht das Formular die freie Weiterübertragungsbefugnis vor, die ihre Grenzen lediglich im allgemeinen Gebot von Treu und Glauben hat. Die Haftung des Filmherstellers für die eingegangenen Verbindlichkeiten aus dem Filmmanuskriptvertrag bleibt von der Weiterübertragung im Übrigen unberührt.

Bei Wegfall des Vertragsverhältnisses zwischen Autor und Filmproduzent sieht → Form. IX.29 A. § 7 Abs. 4 des und → Form. IX.29 B. § 3 Abs. 4 dieses vor, dass der Autor anstelle des Filmproduzenten in dessen Vertrag mit dem Lizenznehmer bezüglich der weiterübertragenen Nutzungsrechte eintritt. Mit Rücksicht auf die Weiterverwertbarkeit der Filmproduktion sollte diese Regelung vorzugswürdig sein gegenüber der Alternative, die weiterübertragenen Lizenzrechte automatisch an den Autor/Verlag zurückfallen zu lassen (→ Form. IX.28 § 6 Abs. 3 Form. IX.28 Anm. 8, → Form. IX.34 § 2 Abs. 4 und → Form. IX.34 Anm. 5).

6. Keine Auswertungspflicht, Rückruf. Da der Autor für seine Hauptleistung eine Pauschalvergütung erhält, verneint das Formular (Form. 29 A § 10, Form. IX.29 B § 6) ausdrücklich das Bestehen einer Auswertungspflicht. Um dem Filmhersteller eine ungestörte Projektierungsphase zu sichern, wird die Frist zum Ausschluss des Rückrufsrechtes wegen Nichtausübung auf das gesetzlich zulässige Maß von 5 Jahren ab Werkabnahme/-ablieferung (vgl. § 41 Abs. 4 UrhG) ausgedehnt. Fakultativ könnte die Frist auf bis zu 2 Jahren verkürzt werden. Zur fehlenden Angemessenheit der Nachfristsetzung von weniger als einem Jahr vgl. LG München ZUM 2007, 758 (761). Das Formular sieht bewusst davon ab, für den Fall der Ausübung des Rückrufrechts eine Verpflichtung des Autors zur Zurückzahlung der vertraglichen Vergütung oder eines Teils davon vorzusehen, weil § 41 Abs. 6 UrhG lediglich eine Billigkeitsentschädigung vorsieht und das Rückrufrecht nach § 41 Abs. 1–3 UrhG gemäß § 41 Abs. 4 UrhG nicht eingeschränkt werden darf.

7. **Nennung des Autors.** Der gesetzliche Nennungsanspruch des Autors eines verfilmten Werkes bezieht sich in der Regel auf die Erwähnung im Vor- und/oder Nachspann des Films; insoweit steht dem Nennungsanspruch eine etwaige gegenteilige Branchenübung nicht entgegen (BGH GRUR 1972, 713 – Im Rhythmus der Jahrhunderte; KG Schulze KGZ 18 – Wenn der weiße Flieder wieder blüht). Im Übrigen gilt der Grundsatz, dass die Parteivereinbarungen über die Urheberbenennung im Zweifel nach der Branchenübung auszulegen sind (BGH GRUR 1963, 40 (42) – Straßen von gestern und morgen). Der Autor einer literarischen Romanvorlage, dessen Werk den Film als ganzes trägt, wird eher einen Anspruch auf Nennung im Vorspann haben als die grafische Gestalterin einer Filmfigur, auch wenn diese die Hauptrolle spielt, vgl. LG München ZUM-RD 2007, 137 (151). Das Formular sieht vor, dass im Vertrag im Einzelnen vorgeschrieben wird, mit welchen Worten der Autor genannt wird und in welchen Ankündigungen die Nennung zu erscheinen hat. Während bei der Kinoauswertung üblicherweise der Nachspann für die ausführliche Nennung nicht nur der beteiligten Urheber genutzt wird, lehnen die Sendeunternehmen überwiegend einen längeren Nachspann ab, so dass es sich empfiehlt, bei der vertraglichen Nennungsvereinbarung entsprechende (eventuell auch differenzierende) Vorsorge zu treffen, zB Nennung des Haupt-Drehbuchautors im Vorspann als Einzeltitel, verbunden mit dem Verbot, den Regisseur mit der Ankündigung herauszustellen: „Ein Film von . . . . . .“ Der Autor kann insbesondere bestimmen, ob und gegebenenfalls unter welchem Pseudonym seine Nennung erfolgen soll. Bei Vertragsabschluss kann nicht vorausgesehen werden, ob und in welchem Umfang das Filmmanuskript in den realisierten Film Eingang findet und inwieweit im Falle einer Nebenrechtsauswertung (zB beim „Buch zum Film“ oder der Klammerteilauswertung für Werbezwecke) auf die Autorenleistung zurückgegriffen wird. Deshalb ist der Nennungsanspruch des Autors insoweit nicht von vornherein fixierbar, sondern abhängig zu machen von der auf das Filmmanuskript bezogenen Nutzungsintensität.

8. **Vergütung.**

8.1 Ungeachtet des gesetzlichen Anspruchs des Urhebers auf angemessene Vergütung gem. § 32 UrhG empfiehlt § 8 des Formulars eine weitgehende Pauschalierung der Vergütungsansprüche, allerdings mit einer Ergänzung für den Fall, dass der Film unter Verwendung wesentlicher Elemente des Filmmanuskripts realisiert wird. In diesem Falle werden dem Autor die von den Sendeunternehmen der Bundesrepublik Deutschland teilweise praktizierten Wiederholungshonorare vom Filmproduzenten garantiert (→ Form. 29 B § 8 Abs. 4).

8.2 Im Übrigen wird davon ausgegangen, dass mit der entsprechenden Bemessung des Pauschalhonorars Verwertungshandlungen angemessen abgegolten sind. Dies gilt vorbehaltlich einer Platzierung von Nachvergütungsansprüchen in einer einschlägigen Gemeinsamen Vergütungsregel gem. § 36 UrhG. Freilich wäre es mit Blick auf die Vermeidung von Nachforderungsansprüchen des Autors aus §§ 32 und 32a UrhG möglich, zusätzliche Vergütungsansprüche für Verwertungshandlungen vorzusehen, zB für Wiederholungsausstrahlungen durch private Sendeunternehmen und/oder für die Lizenzierung von Ausstrahlungsrechten gegenüber ausländischen Sendeunternehmen oder für die Verwertung der Filmproduktion in Nutzersystemen wie Pay-TV oder pay-per-View. Zur Vereinbarung von Regelhonoraren zwischen dem Verband Deutscher Drehbuchautoren eV (VDD), der Allianz Deutscher Produzenten und dem ZDF sowie zum Abschluss Gemeinsamer Vergütungsregeln (GVR) zwischen dem VDD und der ProSieben Sat1 TV Deutschland GmbH → Form. IX.41 Anm. 12.

8.3 Das Formular sieht für den Fall der Videogramm-Auswertung (DVD, Home Entertainment) eine zusätzliche Pauschalvergütung vor (§ 8 Abs. 4). Diese könnte alternativ als prozentuale Beteiligung am Handelsabgabepreis des Bild-Tonträgers ausgestaltet werden (zu entsprechenden Beteiligungsregeln im Verhältnis zwischen ausübendem Künstler und Tonträgerhersteller → Form. IX.23 § 8 sowie → Form. 23 Anm. 11).

8.4 Für die vom Filmhersteller vorzunehmende Bemessung eines angemessenen Autorenhonorars bei der Ausübung von Drucknebenrechten sind die in der Verlagsbranche für derartige Produkte („Buch zum Film") praktizierten Verfasservergütungen zugrunde zu legen (vgl. dazu *Schricker* GRUR 2002, 737). Soweit das Druckerzeugnis auch vergütungspflichtige Beiträge anderer Urheberberechtigter, insbesondere von Bearbeitern, enthält, bemisst sich der Vergütungsanspruch des Autors mit einem pro-rata-Anteil an dem genannten Beteiligungssatz, der dem Verhältnis des Umfangs seines Beitrages zum Umfang der übrigen vergütungspflichtigen Beiträge entspricht.

9. Kosten. Zur Bemessung der Rechtsanwaltsgebühren → Form. IX.28 Anm. 12.

30. Filmmusikvertrag

Zwischen
dem Komponisten . . . . . .
und
dem Filmhersteller . . . . . .
wird folgende Vereinbarung[1–3] getroffen:

§ 1 Gegenstand[2–4]

Der Filmhersteller verpflichtet den Komponisten für den Film mit dem voraussichtlichen Titel . . . . . . (Änderungen des Titels durch den Filmhersteller bleiben ausdrücklich vorbehalten) zur Komposition und Instrumentation aller nach Auffassung des Filmherstellers für den Film erforderlichen Musik und zur musikalischen Leitung. Der genaue Umfang der für den Film benötigten Filmmusik wird im Verlaufe der Produktion vom Filmhersteller festgelegt; er beläuft sich auf mindestens . . . . . . min./höchstens . . . . . . min.

§ 2 Nacharbeiten[4]

Der Filmhersteller hat innerhalb von 4/. . . . . . Wochen nach Vorführung der Musikaufnahme bzw. Teilaufnahme etwaige Forderungen auf Umänderungen, Ergänzungen und Nachbesserungen der musikalischen Arbeiten dem Komponisten mitzuteilen. Nach ergebnislosem Ablauf dieser Frist entfallen dahingehende Verpflichtungen des Komponisten.

§ 3 Zeitliche Inanspruchnahme[4]

Die Vertragszeit
– hat bereits begonnen;

– beginnt am . . . . . . ;
– beginnt, sobald die Hinzuziehung eines Komponisten für die Vorbereitungsarbeiten des Films erforderlich ist, spätestens jedoch am . . . . . . Die Vertragszeit endet mit der Abnahme der feingeschnittenen Musterkopie durch den Filmhersteller, spätestens jedoch . . . . . . Innerhalb der vereinbarten Vertragszeit steht der Komponist dem Filmhersteller für die Erfüllung dieses Vertrages bevorzugt zur Verfügung (Priorität).

§ 4 Verpflichtungen des Komponisten[4, 5, 8]

(1) Der Komponist verpflichtet sich,
a) die ihm in Auftrag gegebene Musik und deren Bearbeitung und Instrumentation gemäß Terminvereinbarung und so rechtzeitig fertig zu stellen, dass keine Verzögerung in den Filmaufnahmen eintritt;
b) bei etwaiger Verwendung fremder Themen oder Motive nur solche zu benutzen, die urheberrechtlich frei sind;
c) für den Vertragsfilm die musikalische Leitung zu übernehmen, insbesondere auf Verlangen der Filmfirma die Orchesterstücke zu dirigieren. Disposition, Umfang und Besetzung des Orchesters sowie die Anzahl sonstiger Mitwirkender bestimmt der Filmhersteller nach Abstimmung mit dem Komponisten;
d) die aufgenommene Musik abzuhören, gegebenenfalls die musikalischen Arbeiten nachträglich umzuändern, zu ergänzen oder nachzubessern und an der Mischung auf Verlangen mitzuwirken;
e) das endgefertigte Bandmaterial in technisch beanstandungsfreier Qualität nach Maßgabe des mit dem Filmhersteller vereinbarten Qualitätsstandards in die Filmproduktion einzubringen. Es werden folgende Qualitätsstandards vereinbart: . . . . . . abzulieferndes Material: . . . . . .

(2) Der Komponist hat seine Arbeiten für den Filmhersteller in engstem Einvernehmen mit den jeweils von dem Filmhersteller beauftragten Mitarbeitern und unter weitgehender Rücksichtnahme auf wirtschaftliche Belange durchzuführen.

(3) Werden in dem Film auch Kompositionen von fremder Hand verwendet, so sorgt der Filmhersteller für den Erwerb des Verfilmungsrechts.

(4) Nach Beendigung der Musikaufnahmen hat der Komponist dem Filmhersteller eine Musikaufstellung abzuliefern, in der die endgültig benutzten Kompositionen eigenen und fremden Ursprungs verzeichnet sind. Die Musikaufstellung ist von ihm zu unterzeichnen.

(5) Die Partitur bleibt Eigentum des Komponisten, jedoch kann auf Kosten des Filmherstellers eine Fotokopie hergestellt werden. Die Kosten des für die Musikaufnahmen benötigten Notenmaterials übernimmt der Filmhersteller.

(6) Der Komponist befreit mit dem Abschluss dieses Vertrages den Filmhersteller von allen nicht mit ihm schriftlich vereinbarten Ansprüchen, die seine Mitarbeiter gegen ihn stellen könnten. Über die Hinzuziehung von Mitarbeitern seitens des Filmherstellers bestimmt dieser im Einvernehmen mit dem Komponisten.

(7) Der Komponist erklärt, an der Übernahme und Erfüllung der Vertragspflichten durch keine anderen als die in diesem Vertrag aufgeführten Bindungen gehindert zu sein.

§ 5 Rechtseinräumung[6, 7]

(1) Der Übergang der den Gegenstand dieses Vertrages bildenden Rechte erfolgt mit vollständiger Zahlung des Honorars.

(2) Der Komponist überträgt dem Filmhersteller an der für den Film geschaffenen Filmmusik und deren Bearbeitungen mit der Entstehung das ausschließliche und räumlich sowie zeitlich unbeschränkte Recht zur filmischen Benutzung (Weltverfilmungsrecht) im Umfang der gesetzlichen Rechtsvermutungen gem. §§ 88 Abs. 1 und 92 UrhG. Wird der

Film mit der Musik nicht innerhalb von zwei Jahren, gerechnet ab Vertragsabschluss, erstmals veröffentlicht, dann fallen die Rechte an den für den Film geschaffenen Musik an den Komponisten zurück. Der Filmhersteller ist auf Grund der von ihm erworbenen Rechte berechtigt und verpflichtet, die Musik für die Herstellung auch fremdsprachiger Fassungen dieses Films zu verwenden.

(3) Der Filmhersteller wird mit Vertragsabschluss vom Komponisten die Befugnis (Option) eingeräumt, zu erklären, dass er die ihm in diesem Vertrag übertragenen Rechte für eine Wieder- oder Neuverfilmung erwirbt. Diese Erklärung kann nur innerhalb von 10 Jahren seit Abschluss dieses Vertrages mit dem Komponisten abgegeben werden und ist nur wirksam, wenn der Filmhersteller für die Wiederverfilmung bzw. Neuverfilmung spätestens innerhalb von zwei Wochen seit Abgabe dieser Erklärung das in diesem Vertrage vereinbarte Entgelt noch einmal entrichtet.

(4) Die Rechtsübertragung umfasst nicht das Recht, die Musik anders als für filmische Zwecke zu verwenden; zur filmischen Verwendung gehört auch die Werbung für den Film, dh Teile aus der Musik mit oder ohne Text für die Werbung des Films zu verwenden.

(5) Der Filmhersteller darf eine gänzliche oder teilweise Auswechslung der Filmmusik weder selbst vornehmen noch Dritten gestatten.

(6) Dem Filmhersteller ist bekannt, dass der Komponist der GEMA angehört.

§ 6 Garantieklausel[6, 8]

(1) Der Komponist steht dafür ein, dass die von dem Filmhersteller übertragenen Rechte, einschließlich etwaiger Rechte an Titeln, nicht gegen das Urheberrecht oder sonstige Rechte eines Dritten verstoßen, dass insbesondere die von ihm hergestellten Kompositionen oder deren einzelne Teile nicht widerrechtlich fremden Werken entnommen sind.

(2) Der Komponist wird diejenigen Maßnahmen, die in den einzelnen Ländern zur Erwirkung oder zur zeitlichen Verlängerung des Urheberrechtschutzes erforderlich sind, auf Verlangen und auf Kosten des Filmherstellers und zu dessen Gunsten durchführen.

(3) Der Komponist wird den Filmhersteller und dessen Rechtsnachfolger bei der gerichtlichen oder außergerichtlichen Geltendmachung der erworbenen Rechte durch Rat und Tat unterstützen, insbesondere Auskünfte erteilen, erforderliche Originaldokumente und sonstige Unterlagen zur Verfügung stellen und für die Verwirklichung des Vertragszweckes notwendige Abtretungen von Rechten an den Filmhersteller oder dessen Rechtsnachfolger vornehmen oder veranlassen.

§ 7 Vergütung[10]

Der Filmhersteller zahlt dem Komponisten zur Abgeltung aller von ihm nach diesem Vertrag zu erbringenden Leistungen eine einmalige Vergütung von insgesamt Euro ...... (in Worten: Euro ......) zuzüglich der Mehrwertsteuer in der jeweiligen gesetzlichen Höhe, zahlbar je zur Hälfte bei Abschluss dieses Vertrages und bei Abnahme der feingeschnittenen Musterkopie. Für die Herstellung zahlt der Filmhersteller einen Gesamtbetrag von Euro ...... Etwa anfallende Mehrkosten werden nach Abrechnung vergütet.

§ 8 Nennung des Komponisten[9]

Der Komponist wird im Titelvor- oder -nachspann auf Einzeltitel, sonst stets in gleicher Weise wie der Regisseur und die Hauptdarsteller genannt. Verletzt ein Lizenznehmer des Filmherstellers die Nennungsverpflichtung, so kann der Komponist verlangen, dass der Filmhersteller ihm alle daraus resultierenden Ansprüche abtritt, mit der Befugnis, diese Ansprüche unmittelbar gegenüber dem Dritten geltend zu machen.

§ 9 Schlussbestimmungen

(1) Ergänzend gilt das Recht der Bundesrepublik Deutschland.

(2) Maßgebend ist allein dieser schriftliche Vertrag. Änderungen, Ergänzungen sowie der Verzicht auf die Schriftform können nur schriftlich vereinbart werden. Mündliche Nebenabreden sind nicht getroffen.

(3) Die etwaige Unwirksamkeit einer Bestimmung dieses Vertrages lässt die Wirksamkeit des Vertrages im Übrigen unberührt. Die unwirksame Bestimmung ist durch eine sinnentsprechende wirksame Bestimmung zu ersetzen, die der angestrebten wirtschaftlichen Regelung am nächsten kommt.

(4) Sofern eine der Vertragsparteien keinen Gerichtsstand im Geltungsbereich der Bundesrepublik Deutschland hat, gilt der Sitz des inländischen Vertragspartners als Gerichtsstand für alle etwaigen Streitigkeiten aus diesem Vertrag. Die Parteien sind auch berechtigt, das nach dem allgemeinen Gerichtsstand des Beklagten zuständige Gericht anzurufen.

Schrifttum: Brehm, Filmrecht, 2007, S. 44 ff.; *Henning-Bodewig,* Urhebervertragsrecht auf dem Gebiet der Filmherstellung und -verwertung, in: Beier u.a. (Hrsg.), Urhebervertragsrecht, 1995, S. 389 ff.; Höss, Filmkomponisten- und Soundtrackverträge, in: Moser/Scheuermann/Drücke, Handbuch der Musikwirtschaft, 7.Aufl. 2018, S. 881 ff. ; *Homann,* Praxis-Handbuch Filmrecht, 3. Aufl. 2004, S. 171 ff.; *Jacobshagen,* Filmrecht im Kino- und TV-Geschäft, 3. Aufl. 2008, S. 274 ff.; *J. Köhler, Videoclipproduktionsverträge, in: Moser/Scheuermann/Drücke, Handbuch der Musikwirtschaft, 7.Aufl. 2018, S. 855 ff.; Reich,* in: von Hartlieb/Schwarz, Handbuch des Film-, Fernseh- und Videorechts, 5. Aufl. 2011, 99. Kap. Kompositions-, Produktions- und Künstlerverträge; *Rossbach/Joos,* Vertragsbeziehungen im Bereich der Musikverwertung unter besonderer Berücksichtigung des Musikverlags und der Tonträgerherstellung, in: Beier u.a. (Hrsg.), Urhebervertragsrecht, 1995, S. 333 ff.; *P. Schulz,* Filmmusik-Lizenzverträge, in: Moser/Scheuermann/Drücke, Handbuch der Musikwirtschaft, 7.Aufl. 2018, S. 926 ff.; *Schwarz/U. Reber,* in: Loewenheim, Handbuch des Urheberrechts, 2. Aufl., S. 10, § 74 Rn. 116–121; *Spohn,* Das zweistufige Verfahren im Bereich der Lizenzierung von Musikwerken, GRUR 2012, 780.

Anmerkungen

1. Sachverhalt. Soll für die Herstellung eines Films eine neue, noch nicht existierende Musik, mithin Originalfilmmusik verwendet werden, beauftragt der Filmhersteller zu deren Fertigstellung einen Komponisten. Regelmäßig besteht die Aufgabe des Filmkomponisten darin, die Filmmusik zu komponieren und zugleich zu realisieren. Auf Wunsch oder Veranlassung des Komponisten, des Filmregisseurs oder des Filmherstellers kommt es dabei vor, dass auch andere bereits komponierte oder bereits aufgenommene Musik mitverarbeitet oder mitverwendet wird. Zur Verwendung der Musik für einen Video-Clip → Anm. 7.

2. Wahl des Formulars. Das Formular zum Filmmusikvertrag betrifft die Auftragskomposition für einen Film. Soll der Komponist nicht zugleich auch der musikalische Leiter für die Herstellung der Musikaufnahmen sein, müssten die sich hierauf beziehenden Vertragsklauseln gestrichen werden. Will der Filmhersteller bereits vorhandene Kompositionen als Filmmusik verwenden, ist das → Form. IX.31 einschlägig. Bei der Regelung der einzuräumenden Nutzungsrechte ist vor allem zu berücksichtigen, dass im Umfang der jeweils maßgeblichen Berechtigungsverträge der GEMA ein erheblicher Teil der vom Verwerter benötigten Rechte über die Verwertungsgesellschaft nach Maßgabe des Tarifsystems zur Verfügung gestellt (und über die GEMA dem Komponisten vergütet) wird, so dass insoweit eine individualvertragliche Rechtseinräumung nicht nötig ist.

3. Handlungsanweisung. Folgende Regelungspunkte sind bei jedem Filmmusikvertrag im Einzelnen festzulegen:
- Für welchen Film oder welches Filmprojekt soll die Musik bestimmt sein (§ 1 des Formulars)?
- Soll der Komponist neben der Komposition auch die musikalische Leitung der Realisation übernehmen? Innerhalb welcher Fristen muss er sich dafür bevorzugt zur Verfügung halten? (§§ 1, 3, 4 des Formulars.)
- Innerhalb welcher Frist kann der Filmhersteller Änderungs- und Ergänzungswünsche geltend machen? (§ 2 des Formulars)
- Welche Vergütung erhält der Filmkomponist? (§ 7 des Formulars)

4. Vertragspflichten des Komponisten.

4.1 Der Filmmusikvertrag beinhaltet Komponenten des Werkvertrages (Herstellung der Komposition) und des Dienstvertrages (künstlerische Leitung der Musikaufnahmen). Ein Arbeitsverhältnis ist nicht intendiert. Ergänzend können daher die jeweils passenden Dispositivbestimmungen der §§ 631 ff. und 611 ff. BGB im Rahmen des Filmmusikvertrages herangezogen werden. Eine Definition der zu erbringenden Dienstleistungen enthält § 1 des Formulars, während § 3 des Formulars den zeitlichen Rahmen der Dienstverpflichtungen im Rahmen einer Prioritätsvereinbarung absteckt. Eine exaktere Terminierung innerhalb dieses Rahmens ist meistens bei Vertragsabschluss noch nicht möglich, weil die Filmmusik dem dramaturgischen Ablauf der Filmhandlung anzupassen ist. Die Definition qualitativer Kriterien konzentriert sich auf die technische Beschreibung des abzuliefernden Masterbandes (zB eines DAT mit Timecode oder einer CD-R) (§ 4 Abs. 1 lit. e des Formulars).

4.2 Auf die Festlegung qualitativer Kriterien für die herzustellende Filmmusik wird in Übereinstimmung mit den Grundsätzen über den Mängelbegriff bei künstlerischen Leistungen verzichtet; der Filmhersteller muss sich über die künstlerischen Qualitäten des Filmkomponisten vorher vergewissern. Allerdings hat sich der Komponist innerhalb des im Vertrag vorgesehenen zeitlichen Rahmens für Änderungen und Ergänzungen unter Prioritätsgesichtspunkten bereitzuhalten (§ 2 des Formulars). Alternativ könnte im Interesse des Filmherstellers vertraglich vorgesehen werden, dass der Filmhersteller bei Meinungsverschiedenheiten über die Fertigstellung der Filmmusik das Recht hat, nach seinem geschmacklichen Ermessen zum gegebenen Zeitpunkt Änderungsbemühungen des Komponisten zurückzuweisen und die vertragliche Vergütung angemessen am Umfang der erbrachten und verwertbaren bzw. verwerteten Leistungsergebnisse zu bestimmen (analog der Regelung in → Form. IX.29, dort Teil B § 2 Abs. 4 iVm § 8 Abs. 7).

5. Verwendung fremder Werke und Leistungen. Der Komponist steht dafür ein, dass die von ihm hergestellte Filmmusik frei von Rechten Dritter ist (§ 4 Abs. 1 lit. b, Abs. 3, 4 des Formulars). Sofern dem Komponisten allerdings die Verwendung vorbestehender Musik aufgegeben wird, sei es vom Filmhersteller, vom Regisseur oder anderen weisungsbefugten Mitwirkenden, kann die Beschaffung des Filmherstellungsrechts seine Sache nicht sein. Insoweit geht es darum, absolute Klarheit darüber zu schaffen, welche Kompositionen und/oder Musikaufnahmen fremden Ursprungs verwendet werden, damit der Filmhersteller in der Lage ist, sich um den Erwerb dieser Rechte zu kümmern. Dem dient die Verpflichtung des Komponisten, eine vollständige Aufstellung über die zu verwendenden Fremdwerke und -aufnahmen vorzulegen, und zwar sowohl vor Beginn der Aufnahmen als auch nach deren Beendigung, damit abschließend noch einmal geprüft werden kann, ob die erforderlichen Nutzungsrechte vollständig erworben worden sind.

6. Rechtsübertragung, Soundtrack-Auswertung.

6.1 Der Filmkomponist ist Urheber der Filmmusik und, sofern die Musikaufnahmen unter seiner musikalischen Leitung hergestellt worden sind, als ausübender Künstler auch

Leistungsschutzberechtigter gemäß §§ 73 ff. UrhG. Sofern der Komponist vereinbarungsgemäß eine von ihm selbst herzustellende Tonaufnahme in die Filmproduktion einzubringen hat, verfügt er damit zugleich auch über die Leistungsschutzrechte als Tonträgerhersteller (§§ 85, 86 UrhG). Die im Formular vorgesehene Rechtsübertragung bezweckt im Umfang der gesetzlichen Rechtsvermutungen gem. §§ 88 Abs. 1, 92 UrhG eine umfassende Auswertungsposition des Filmherstellers in Bezug auf das Filmwerk: Er erhält das zeitlich und räumlich unbeschränkte Recht, den unter Verwendung der Filmmusik hergestellten Film in allen bekannten und unbekannten Nutzungsarten zu nutzen und die Musik für alle Zwecke der Werbung für den Film zu verwenden oder durch Dritte verwenden zu lassen (§ 5 des Formulars). Nicht auf den Film bezogene Nutzungsrechte verbleiben beim Komponisten. Die auf die Tonträgerauswertung bezogenen mechanischen Rechte kann ein Komponist, der der GEMA angehört, ohnehin nicht auf einen Filmhersteller übertragen, da er durch seinen Wahrnehmungsvertrag derartige Rechte bereits an die GEMA im Voraus abgetreten hat (BGH GRUR 2009, 939 Rn. 29 – Mambo No. 5; zum Umfang des Rechteerwerbs der GEMA: *Rossbach/Joos* S. 345). Insoweit erfolgt die ausschließliche Einräumung für den Filmhersteller nachteilig insoweit, als diese nur abzüglich der im GEMA-Berechtigungsvertrag der GEMA übertragenen Verwertungsrechte erfolgt. Andere Fernsehproduktionen können nach Maßgabe des § 1i) (2) des GEMA Berechtigungsvertrages damit auch das Herstellungsrecht erwerben, vgl. BGH GRUR 2006, 319 Rn. 27 – Alpensinfonie.

6.2 Soweit eine **Soundtrack-Auswertung** in Betracht zu ziehen ist, wird dem Filmhersteller eine ausdrückliche Zusatzvereinbarung nahegelegt. Mit der Freigabe der Filmmusik hat der Komponist sein Veröffentlichungsrecht aus § 12 UrhG bezüglich einer Tonträgerveröffentlichung wohl noch nicht ausgeübt, selbst wenn er das mechanische Recht im Voraus an die GEMA abgetreten hat. Darüber hinaus sind für eine Soundtrack-Auswertung die Leistungsschutzrechte zu erwerben, über die der Komponist, der an der Musikeinspielung auch als ausübender Künstler beteiligt war und die er ggf. auch als Tonträgerhersteller des Masterbandes innehat, zugleich verfügt. Diese Rechte werden durch die gesetzliche Rechtsvermutung des § 92 UrhG keinesfalls abgedeckt. Man könnte dazu eine Optionsklausel mit folgendem Inhalt verabreden:

Der Komponist räumt dem Filmhersteller eine Option ein, die vertragsgegenständliche Filmmusik ganz oder teilweise einer branchenüblichen Tonträgerauswertung zuzuführen. Die Option erfolgt durch schriftliche Erklärung gegenüber dem Komponisten, die spätestens bis zum Ablauf von . . . . . . nach Erstveröffentlichung des Films ausgeübt werden kann. Mit der Ausübung der Option tritt der Bandübernahmevertrag in der Fassung in Kraft, wie er als Anlage zu diesem Vertrag beigefügt wird.

Als Vertragsanlage kann auf das Vertragsmuster Form. 25 (Tonträgerlizenzvertrag/Bandübernahmevertrag) zurückgegriffen werden. Bei der Bemessung der Vergütung ist ggf. zu berücksichtigen, dass der veröffentlichungsfähige Tonträger einer künstlerischen Bearbeitung durch einen künstlerischen Produzenten bedarf, der einen Teil der für die Lizenzgeberseite verfügbaren Beteiligungsvergütung (2–5 %) für sich beanspruchen wird.

6.3 Mit Blick auf eine eventuelle Soundtrack-Auswertung, aber auch unabhängig davon wird seitens des Tonträgerherstellers dem Komponisten häufig genug nahegelegt, dass er die Musikverlagsrechte einem dem Filmhersteller nahe stehenden Musikverlag überlässt, der dann zu 40 % oder 50 % an den GEMA-Einkünften aus der Musikverwertung zu Lasten des Komponisten partizipiert. Der Komponist ist zur Überlassung der Verlagsrechte an den vom Filmhersteller benannten Musikverlag nicht verpflichtet, allerdings auf Grund der gegebenen Verhandlungsposition gegebenenfalls faktisch gezwungen. Die Vergabe von Musikverlagsrechten an Musikverlage des auftraggebenden oder die Filmproduktion mitfinanzierenden Sendeunternehmens ist nach § 5a des GEMA-Berechtigungsvertrages wegen Begünstigung eines Tarifpartners der GEMA rechtlich bedenklich und löst ggf. die dort vorgesehenen Sanktionen aus. Eine lediglich formularmäßige Verpflichtung zur Überlassung der Verlagsrechte begegnet Bedenken nach der AGB-Inhaltskontrolle gemäß § 307 BGB (OLG Zweibrücken ZUM 2001, 346 (347)). Zur Vergütungsfrage → Anm. 10.

7. **Bearbeitung und Umgestaltung durch den Filmhersteller.** Die Filmmusik ist eine Zweckschöpfung. Sie dient dem „Gesamtkunstwerk" Film. Die künstlerische Gesamtverantwortung für den Film liegt beim Regisseur, die unternehmerische Gesamtverantwortung beim Filmhersteller. Der Filmhersteller ist mangels abweichender Vertragsbestimmungen berechtigt, aber nicht verpflichtet, die vom Komponisten vertraglich geschaffene Filmmusik ganz oder teilweise in den Film aufzunehmen. Den Vorgaben des Filmherstellers (bzw. des Regisseurs) kommt der Komponist im Rahmen des die Nacharbeit regelnden § 2 des Formulars nach. Änderungen an der Filmmusik ohne Beteiligung des Komponisten sind nur in den Grenzen des § 93 UrhG möglich und lösen ggf. Schadenersatzansprüche gem. § 97 Abs. 2 UrhG aus (OLG München ZUM 1992, 307 (309) – Christoforo Colombo I; OLG München ZUM-RD 1997, 350 (352) – Christoforo Colombo II), während die komplette Entfernung der Filmkomposition oder der vollständige Musikaustausch gesetzliche Ansprüche des Musikurhebers nicht auslösen würde (OLG München GRUR 1997, 822 (824) – Edgar Wallace-Filme). § 5 Abs. 5 des Formulars empfiehlt, die Befugnis des Filmherstellers zum Austausch der Filmmusik vertraglich auszuschließen (→ Anm. 10). Die vertragswidrige Auswechslung von Filmmusik kann zu erheblichen Schadensersatzansprüchen des Komponisten insbesondere und mindestens in Höhe des damit verbundenen Ausfalls seiner GEMA-Einnahmen führen. Sofern der Filmhersteller darauf bestehen sollte, dass ihm die freie Austauschbarkeit der Filmmusik eingeräumt wird, konfrontiert ihn der Komponist verständlicherweise mit entsprechend erhöhten Vergütungsforderungen gem. § 32 UrhG.

8. **Unterstützung bei der Rechtsverteidigung.** Bei der Verfolgung von Urheberrechtsverletzungen sind die Parteien des Filmmusikvertrages in besonderer Weise aufeinander angewiesen. Der Nachweis eines Musikplagiates beispielsweise lässt sich wesentlich leichter führen, wenn der Filmhersteller von seinem Komponisten fachlich unterstützt und erforderlichenfalls durch Vorlage von Notenmaterial oder einer sachverständigen Stellungnahme ausgestattet wird. Umgekehrt kann auch der Komponist auf die Mithilfe durch den Filmhersteller angewiesen sein, zB wenn ausländische Verwerter vertragswidrig die Filmmusik austauschen und der Komponist dagegen vorgehen möchte, weil seine über die Verwertungsgesellschaften erzielten Einkünfte dadurch geschmälert werden. Deshalb enthält § 6 des Formulars eine beiderseitige Unterstützungsverpflichtung. Diese bezieht sich auf die Geltendmachung aller vom Filmmusikvertrag betroffenen Rechte. Das sind die vom Filmhersteller erworbenen Nutzungsrechte ebenso wie die beim Komponisten verbliebenen, in direktem Zusammenhang mit der Filmmusik stehenden Rechte.

9. **Nennung.** Der gesetzliche Nennungsanspruch des Komponisten bezieht sich in der Regel auf die Erwähnung im Vor- und/oder Nachspann des Films; insoweit steht dem Nennungsanspruch eine etwaige gegenteilige Branchenübung nicht entgegen (BGH GRUR 1972, 713 – Im Rhythmus der Jahrhunderte; KG Schulze KGZ 18 – Wenn der weiße Flieder wieder blüht). Im Übrigen gilt der Grundsatz, dass die Parteivereinbarungen über die Urheberbenennung im Zweifel nach der Branchenübung auszulegen sind (BGH GRUR 1963, 40 (42) – Straßen von gestern und morgen), sofern diese redlich sind. § 8 des Formulars sieht vor, dass im Vertrag im Einzelnen vorgeschrieben wird, mit welchen Worten der Komponist genannt wird. Der Komponist kann insbesondere bestimmen, ob und gegebenenfalls unter welchem Pseudonym seine Nennung erfolgen soll.

10. **Vergütung.** Der Filmkomponist wird üblicherweise pauschal vergütet. Darüber hinaus partizipiert der Komponist über seine Verwertungsgesellschaft an der Auswertung der sog. Zweitwiedergaberechte. Dies ist im Rahmen der Angemessenheitskontrolle nach

§ 32 UrhG ebenso zu berücksichtigen wie der eventuelle Umstand, dass der Filmhersteller vom Komponisten den Abschluss eines Musikverlagsvertrages verlangt, dessen Einkünfte dem Filmhersteller unmittelbar oder mittelbar zu Lasten des Komponisten zu Gute kommen (→ Anm. 6). Die Bandbreite der in der Filmbranche praktizierten Pauschalvergütung ist groß und hängt von einer Vielzahl von Faktoren ab wie insbesondere der Art der Filmproduktion (Kinofilm, Fernsehproduktion, Serienproduktion, Filmdokumentation), Musikdauer, Renommee des Komponisten usw.

11. Kosten. Der Gegenstandswert bemisst sich aus der Summe der Pauschalvergütung (§ 12 des Formulars) und einer schätzungsweise nach Durchschnittswerten zu erwartenden GEMA-Einnahme des Komponisten aus den Zweitwiedergaberechten. Im Übrigen empfiehlt sich die Abrechnung nach Honorarstunden.

31. Filmmusiklizenzvertrag

Zwischen
dem Musikverlag[1] . . . . . .
und
dem Filmhersteller . . . . . .
wird folgender

Filmmusiklizenzvertrag[1, 2, 6]

geschlossen:

§ 1 Gegenstand

Der Musikverlag ist Inhaber der vertragsgegenständlichen Verfilmungsrechte an dem nachfolgend bezeichneten Werk:
Titel: . . . . . .
Musik von: . . . . . .
Text von: . . . . . .
Der Filmhersteller produziert den Film mit dem Arbeitstitel: . . . . .
Charakteristik des Films: . . . . . .
Vorgesehene Spieldauer: . . . . . .
Sprachfassung: . . . . . .

§ 2 Rechtsübertragung[3, 4]

(1) Der Musikverlag überträgt an den Filmhersteller zur Verwendung in dem genannten Film das nicht ausschließliche Verfilmungsrecht/Filmherstellungsrecht an dem in § 1 genannten Werk.
(2) Der Filmhersteller ist berechtigt, aber nicht verpflichtet, das Werk im Film bis zu einer Spieldauer von . . . . . . Minuten/. . . . . . Sekunden/ohne Begrenzung der Spieldauer zu verwenden.

§ 3 Vertragsgebiet[4]

Die Rechtsübertragung erfolgt für die Herstellung eines Films in folgender Sprachfassung: . . . . . . /für das Vertragsgebiet:

§ 4 Dauer[4]

Die Auswertungsbefugnis gilt für die Dauer der gesetzlichen Schutzfristen/erlischt nach Ablauf von ...... Jahren ab Erstaufführung des Films.

§ 5 Verwertungsgesellschaften[4]

Die Rechtsübertragung umfasst lediglich die in diesem Vertrag ausdrücklich erwähnten Nutzungsrechte. Insbesondere werden keine anderen als die in diesem Vertrag ausdrücklich erwähnten, sich auf die Nutzung des Films beziehenden Rechte übertragen, ebenso wenig die von der GEMA oder anderen Verwertungsgesellschaften wahrgenommenen Rechte.

§ 6 Rechte an Tonträgern[2, 4]

Sollte der Filmhersteller beabsichtigen, einen Tonträger zu verwenden, auf dem das gegenständliche Werk aufgenommen ist, so hat er die hierzu erforderlichen Rechte vom Tonträgerhersteller und/oder von sonstigen Berechtigten (ausübenden Künstlern, Lizenzberechtigten) gesondert zu erwerben.

§ 7 Weiterübertragung[4]

Der Filmhersteller ist – nicht – berechtigt, das ihm mit diesem Vertrag eingeräumte Filmherstellungsrecht auf Dritte weiter zu übertragen.

§ 8 Titel und Handlung des Werkes[5]

Der Filmhersteller ist nach diesem Vertrag nicht berechtigt, den Titel des Werkes als Titel oder Untertitel des Films zu verwenden oder die „story" des Textes oder das Werk selbst thematisch in den Mittelpunkt des Films zu stellen oder als Leitmotiv zu verwenden.

§ 9 Musikaufstellung

Der Filmhersteller übersendet dem Musikverlag nach Fertigstellung des Films unaufgefordert eine Kopie der Musikaufstellung, die er der GEMA eingereicht hat.

§ 10 Vergütung[6]

Als Gegenleistung für die durch diesen Vertrag übertragenen Rechte zahlt der Filmhersteller an den Musikverlag eine Pauschalvergütung in Höhe von ...... Euro zuzüglich der gesetzlichen Mehrwertsteuer. Der erste Teilbetrag in Höhe von Euro ...... zuzüglich der gesetzlichen Mehrwertsteuer wird fällig bei Vertragsschluss.
Der zweite Teilbetrag in Höhe von Euro ...... zuzüglich der gesetzlichen Mehrwertsteuer wird fällig dreißig Tage vor Beginn der Videoauswertung. Der Filmhersteller ist verpflichtet, die bevorstehende Videoauswertung des Films spätestens 2 Monate vor Auswertungsbeginn schriftlich dem Musikverlag anzuzeigen. Sofern der Filmhersteller seiner Mitteilungspflicht nicht nachkommt und die vereinbarte Teilzahlung nicht pünktlich leistet, hat er den auf die Videoauswertung zu leistenden Teilbetrag in doppelter Höhe zu erbringen.

§ 11 Schlussbestimmungen[7]

(1) Ergänzend gilt das Recht der Bundesrepublik Deutschland.

(2) Maßgebend ist allein dieser schriftliche Vertrag. Änderungen, Ergänzungen sowie der Verzicht auf die Schriftform können nur schriftlich vereinbart werden. Mündliche Nebenabreden sind nicht getroffen.

(3) Die etwaige Unwirksamkeit einer Bestimmung dieses Vertrages lässt die Wirksamkeit des Vertrages im Übrigen unberührt. Die unwirksame Bestimmung ist durch eine sinn-

entsprechende wirksame Bestimmung zu ersetzen, die der angestrebten wirtschaftlichen Regelung am nächsten kommt.

(4) Sofern eine der Vertragsparteien keinen Gerichtsstand im Geltungsbereich der Bundesrepublik Deutschland hat, gilt der Sitz des inländischen Vertragspartners als Gerichtsstand für alle etwaigen Streitigkeiten aus diesem Vertrag. Die Parteien sind auch berechtigt, das nach dem allgemeinen Gerichtsstand des Beklagten zuständige Gericht anzurufen.

Schrifttum: → Form. IX.30.

Anmerkungen

1. Sachverhalt.

1.1 Wird in einem Film urheberrechtlich geschützte Musik verwendet, hat der Filmhersteller vom Berechtigten das Filmherstellungs- oder Filmsynchronisationsrecht (synchronization right) zu erwerben. Sofern es sich um bereits veröffentlichte Kompositionen oder Liedertexte handelt, verfügt in der Regel ein Musikverlag, bei nicht verlagsgebundenen Werken der oder die Musikurheber über das Filmherstellungsrecht. Der Wahrnehmungsvertrag zwischen Musikurheber und GEMA enthält zwar auch das Filmherstellungsrecht, jedoch wird dieses der GEMA nur auflösend bedingt eingeräumt und kann im Wege der Selbstwahrnehmung durch den Musikverlag (oder die Musikurheber) zur individuellen Rechtewahrnehmung aktiviert werden (vgl. BGH GRUR 1977, 42 (43) – Schmalfilmrechte; *Rossbach/Joos* S. 349; *Spohn* GRUR 2012, 780 (783 f.)). Partner des Filmmusiklizenzvertrages sind deshalb in der Regel Filmhersteller und Musikverlag. Sollte der Urheber sein Werk nicht in Verlag gegeben oder sich das Filmherstellungsrecht vorbehalten haben, tritt er an die Stelle des Verlages; für die Vertragsgestaltung ergibt sich kein Unterschied.

1.2 Dem Filmhersteller wird es in der Regel gelingen, den verfügungsberechtigten Musikverlag über die GEMA zu ermitteln, die über eine per Internet zugängliche Dokumentationsabteilung verfügt. Mit Verhandlungen über den Vertragsabschluss sollte der Filmhersteller nicht warten, bis der Film bereits unter Verwendung der begehrten Komposition hergestellt ist, denn damit würde er sich in eine Zwangslage begeben, die den Lizenzpreis in die Höhe treibt. Bruchstücke von Kompositionen sind regelmäßig ebenfalls lizenzpflichtig, es sei denn, es liegt – ausnahmsweise – ein zulässiges Musikzitat gemäß § 51 Nr. 3 UrhG vor (zum Musikzitat in Filmen *Hertin* GRUR 1989, 159 (167), speziell in Dokumentationsfilmen OLG Hamburg ZUM 1993, 35). Auch können Kompositionen und Texte die Beschaffung des Filmherstellungsrechts erforderlich machen, die man ohne nähere Nachprüfung dem überkommenen Liedgut zurechnen und die mithin als urheberrechtlich frei erscheinen könnten. Die Lizenzierungspflicht besteht für jede Form der Werkwiedergabe, gleichgültig ob das Werk im Film vollendet interpretiert oder von einem Darsteller beiläufig gesungen, gesummt oder gepfiffen wird.

2. Wahl des Formulars.

2.1 Für eigens zum Film geschaffene Musikwerke ist das Formular Filmmusikvertrag (→ Form. IX.30) bestimmt, während dieses Formular den Vorzug verdient, wenn bereits existierende und in anderem Zusammenhang geschaffene Musikwerke im Film verwendet werden sollen. Es gilt dabei für Musik- und Textbestandteile verbundener Werke gleichermaßen, mithin auch für die vom Textdichter abgeleiteten Nutzungsrechte. Das Formular passt auch für die filmische Verwendung einzelner Musiknummern aus musikalischen Bühnenwerken. Im Falle der Verfilmung eines gesamten Musiktheaterstücks (Oper, Operette, Musical) ist bei der Vertragsgestaltung vom Formular des Verfilmungsvertrages auszugehen. Bei Eigen- und Auftragsproduktionen von Sendeunternehmen bedarf es zum Erwerb der Fernsehsenderechte keiner individualvertraglichen Musiklizenzvergabe, weil insoweit das Musikverfilmungsrecht kollektiv von der GEMA auf der Grundlage ihres Tarifsystems wahrgenommen wird (vgl. GEMA-Berechtigungsvertrag § 1 lit. i Abs. 2; *Spohn* GRUR 2012, 780 (783)). Soll derselbe Film (auch) der Videozweitauswertung (Home-Entertainment) zugeführt werden, wird ein dahingehender Rechteerwerb von der GEMA-Lizenz nach § 1 lit. i Abs. 2 GEMA-BV nicht abgedeckt (vgl. BGH GRUR 1991, 131 (135) – Videozweitauswertung). Das dahingehende Nutzungsrecht ist ebenso individualvertraglich zu erwerben wie das Recht zur Kinoauswertung des Films, dessen Wahrnehmung sich der Urheberberechtigte und sein Musikverlag durch Aktivierung der auflösenden Bedingung gem. § 1i) Abs. 1 GEMA-BV vorbehalten (→ Anm. 1).

2.2 Vom Musikwerk und dem damit verbundenen Urheberschutz zu unterscheiden sind die Leistungsschutzrechte, die dem ausübenden Künstler an seiner Werkdarbietung und dem Tonträgerhersteller an dem von ihm produzierten Tonträger zustehen. Diese Rechte sind gesondert zu erwerben, wenn der Filmhersteller auf Tonträgern bereits vorhandene Werkdarbietungen, insbesondere Tonträgeraufnahmen bei der Filmherstellung verwenden will (→ Form. IX.32 Anm. 4.).

3. Handlungsanweisung. Bevor der Filmhersteller in Verhandlungen mit dem zuständigen Verlag eintritt, sollte er über Umfang und Intensität der Nutzung im Filmwerk ungefähre Klarheit haben. Verhandlungen über einen Film, der einen Schlager gleichsam zum Thema hat oder als Leitmotiv verwenden will, haben eine andersartige Grundlage als die Beschaffung von Untermalungsmusik, die auch ausgetauscht oder jedenfalls leicht ersetzt werden könnte. Aus der Sicht des Musikverlages empfiehlt sich eine nähere Beschreibung des geplanten Films, weil die Höhe der erzielbaren Vergütung in engem Zusammenhang mit dem Produktionskostenbudget steht. Eine umfassende filmische Nutzung hätte zum Gegenstand

- die Definition des Films,
- die ausschließliche Übertragung des Filmherstellungsrechts anstelle des in § 2 vorgesehenen nicht-ausschließlichen Rechts,
- eine zeitlich auf die Länge des Films nicht eingeschränkte Nutzungsbefugnis (§ 2),
- das Recht des Filmherstellers, auch den Werktitel als Titel des Films oder als Untertitel zu verwenden und inhaltliche Bestandteile des Werkes in der Filmhandlung auszuwerten (das in § 8 vorgesehene „nicht" ist dann zu streichen).

4. Einräumung urheberrechtlicher Nutzungsrechte.

4.1 Gegenstand des Filmmusiklizenzvertrages ist das Recht, das Musikwerk zur Herstellung und umfassenden Auswertung eines Films auf alle bekannten wie unbekannten Nutzungsarten zu nutzen. Etwa gewünschte gegenständliche Nutzungseinschränkungen (bezüglich der Auswertung des Films per TV, Pay-TV, Eingabe in digitalisierte Datenbanken usw) sind in den Vertrag ausdrücklich aufzunehmen, um die gesetzliche Rechtsvermutungswirkung des § 88 Abs. 1 UrhG einzuengen. In Abweichung von der gesetzlichen Vermutungsregel des § 88 Abs. 1 UrhG (sowie im Gegensatz zum Filmmusikvertrag über die speziell für den Film komponierte Musik, → Form. IX.30 § 5 Abs. 2) wird in § 2 Abs. 1 des Formulars lediglich ein einfaches (also nicht-exklusives) Nutzungsrecht eingeräumt, damit dem Rechtegeber die Möglichkeit verbleibt, das Verfilmungsrecht an dem betreffenden Musikwerk auch anderweitig vergeben zu können. Die Übertragung auch für noch unbekannte Nutzungsarten findet demgegenüber statt, um eine spätere Auswertung des Filmes nicht zu behindern. Auf Seiten des Musikverlages kann das Interesse bestehen, sich die Möglichkeit offen zu halten, zu einem späteren Zeitpunkt mit einem Filmhersteller einen lukrativen Exklusivvertrag über die Verfilmung seines Musikwerks abzuschließen. Er wird dann darauf dringen, die Auswertungsdauer der Lizenz zeitlich oder räumlich einzuschränken. Für den Filmhersteller kann die mit einer zeitlichen Auswertungsbeschränkung verbundene Härte durch eine Verlängerungsoption etwa folgenden Inhalts gemildert werden:

Der Filmhersteller kann im Verlaufe des letzten Vertragsjahres bis zum Ablauf von vier Monaten vor Vertragsbeendigung erklären, dass er das Recht zur weiteren Verwertung des unter Verwendung der vertragsgegenständlichen Musik hergestellten Films nach den Bedingungen dieses Vertrages für eine weitere Zeitdauer, wie in diesem Vertrag vorgesehen, erwerben will. Der Verlag kann diesem Verlangen durch Nachweis eines günstigeren Angebots innerhalb von drei Monaten ab Zugang der Optionserklärung widersprechen. Der Widerspruch ist hinfällig, wenn der Filmhersteller innerhalb eines weiteren Monats erklärt, dass er in dieses Angebot eintritt. Das Merkmal „günstig" ist nach der Relation zwischen Lizenzpreis und Vertragsdauer zu bewerten; der Umfang der Rechtseinräumung bleibt für die Wertbemessung ohne Belang.

4.2 Mit einer solchen Regelung sind die Bedingungen des zunächst abgeschlossenen Filmmusiklizenzvertrages als Minimum für den Verlängerungszeitraum garantiert; für den Fall, dass der Verlag ein günstigeres Angebot nachweisen kann, steht dem Filmhersteller ein Eintrittsrecht in dieses Angebot zu. Das Merkmal „günstig" ist nach der Relation zwischen Lizenzpreis und Vertragsdauer zu beurteilen, gleichgültig ob das Angebot sich auf ausschließliche oder einfache Nutzungsrechte bezieht. Das bedeutet: Hat der Musikverleger nach Ablauf eines Lizenzvertrages, der ein einfaches Nutzungsrecht zum Gegenstand hat, die (sich selten genug ergebende) Möglichkeit, ein ausschließliches Recht zu vergeben, müsste der Filmhersteller entweder in den vermutlich dann erheblich höheren Lizenzpreis eintreten oder auf die weitere Verwendung der Musik verzichten. Bei bloßer Untermalungsmusik dürfte ein Verzicht im Regelfall ohne weiteres möglich sein.

4.3 Sofern im Vertrag nichts anderes vereinbart wird, erwirbt der Filmhersteller die Befugnis zur Bearbeitung oder Umgestaltung des Musikwerks, wobei selbstverständlich das Urheberpersönlichkeitsrecht des Komponisten, insbesondere gegen gröbliche Entstellungen seines Werks (§§ 14, 93 UrhG), zu respektieren ist (→ Form. IX.30 Anm. 7). Der Filmhersteller kann mithin die vertragsgegenständliche Komposition für spezielle Bearbeitungen und Arrangements neu zu schaffender Filmmusik verwenden, ohne dass es hierzu ausdrücklicher Verabredungen bedarf.

4.4 Das Recht zur öffentlichen Vorführung (vorbehaltlich des individuell zu erwerbenden Verfilmungsrechts/auch sog. Filmherstellungsrechts, → Anm. 1 und 2) wird von der GEMA wahrgenommen, die im direkten Rechtsverkehr mit den Sendeunternehmen und den Filmtheatern diesen gegen Zahlung der tariflichen Tantiemen die entsprechenden Rechte einräumt. § 5 des Formulars erwähnt diesen Sachverhalt zur Klarstellung; Dispositionsmöglichkeiten gibt es für die Vertragsbeteiligten insoweit nicht.

4.5 Der Klarstellung dient auch der Hinweis in § 6 des Formulars, wonach der Filmhersteller die sich auf die Verwertung von Tonträgeraufnahmen beziehenden Nutzungsrechte gesondert beschaffen muss, insbesondere die von den leistungsschutzberechtigten ausübenden Künstlern (§§ 73 ff. UrhG) und Tonträgerherstellern (§§ 85, 86) abgeleiteten Rechte (→ Form. IX.32).

5. **Musik- und Filmtitel.** Titel von Musikwerken genießen den Schutz des § 5 Abs. 3 in Verbindung mit § 15 MarkenG gegen eine verwechslungsfähige Verwendung (vgl. *Schwarz/Baronikians* S. 844 ff.). Verwechslungsgefahr kann auch gegeben sein, wenn ein Musiktitel als Titel für einen Film verwendet wird (KG GRUR 1976, 253 – „Ich hab' mein Hos' in Heidelberg verloren").Maßgebend ist die Überlegung, dass manche Musikwerke dafür geeignet sind, als Aufhänger oder Mittelpunkt eines Films verwendet zu werden. Hieraus folgt, dass der Filmhersteller den Musiktitel nicht schon deshalb benötigt, weil er die Musik lediglich für Untermalungszwecke und ohne thematische

Bezüge braucht. § 8 des Formulars stellt deshalb für den Regelfall klar, dass die Verwendung des Musiktitels als Filmtitel durch den Vertrag nicht gestattet wird. In demselben Zusammenhang wird auch die inhaltlich-thematische Auswertung des Musikwerks der Urheberseite vorbehalten, vor allem im Hinblick auf die Verwendung der „Fabel" von Liedertexten zur Gestaltung des Handlungsablaufs im Film. (Zur urheberrechtlichen Schutzfähigkeit insoweit BGH GRUR 1963, 40 (41) – Straßen von gestern und morgen; BGH GRUR 1959, 379 (381) – Gasparone; OLG München GRUR 1956, 432 – Solange Du da bist; OLG München ZUM 1989, 588 zum Verhältnis zwischen dem Liedtext „Ein bisschen Frieden" gegenüber dem Musical „Winnetou"). Im Falle einer umfassenden Musikauswertung müsste eine entsprechende Berechtigung zweckmäßigerweise ausdrücklich vorgesehen werden, indem das „nicht" in § 8 des Formulars ersatzlos gestrichen wird.

6. Vergütung.

6.1 Die Vergütung wird in der Regel nach dem zeitlichen Umfang der tatsächlichen Nutzung des Musikstücks im Film und im Übrigen nach der Attraktivität des nachgefragten Musikwerkes und dessen Substituierbarkeit im geplanten Filmwerk berechnet. Da bei Vertragsabschluss die effektive Dauer der Musikeinblendung noch nicht feststehen muss, kann der Pauschalpreis auf Grund einer ungefähren Vorausschätzung festgelegt werden (davon geht § 10 des Formulars aus), denkbar ist aber auch die Fixierung eines Bemessungssatzes pro Sekunde/Nutzungsdauer. In diesem Fall könnte die Fälligkeit so geregelt werden, dass bei Vertragsschluss ein Minimumbetrag X gezahlt wird und bei Erstveröffentlichung des Films eine Endabrechnung auf der Grundlage des exakt ermittelten Sekundenpreises nach Einblendungsdauer erfolgt.

6.2 Der in § 10 des Formulars in Vorschlag gebrachte zweite Teilbetrag bezweckt eine zusätzliche Vergütung als Gegenleistung für die Videoauswertung des Films. Um den Filmhersteller dazu anzuhalten, den Musikverlag rechtzeitig über die die Fälligkeit des zweiten Teilbetrages auslösende Videozweitauswertung zu unterrichten, empfiehlt § 10, letzter Absatz des Formulars eine vertragsstrafenähnliche Verdoppelung des auf die Videoauswertung entfallenden Vergütungsanteils für den Fall von Informationsversäumnissen.

7. Kosten. Gebührenansatz für anwaltliche Tätigkeit und Gegenstandswert wie → Form. IX.30 Anm. 11.

32. Lizenzvertrag zur Tonträgereinblendung (Master-use license)

Zwischen[2]

dem Tonträgerhersteller . . . . . ., dem die mitunterzeichneten ausübenden Künstler vertraglich beitreten,

und

dem Filmhersteller . . . . . .

wird folgender Vertrag geschlossen:

§ 1 Tonträgerhersteller[1, 3]

Der Tonträgerhersteller ist der Produzent des Tonträgers mit dem Titel „. . . . . . ", Produktions-Nr. . . . . . in der Interpretation von . . . . . .

Er verfügt über die von sämtlichen an der Produktion beteiligten ausübenden Künstlern abgeleiteten Leistungsschutzrechte und die Leistungsschutzrechte des Tonträgerherstellers.

§ 2 Filmhersteller

Der Filmhersteller produziert den Film mit dem Arbeitstitel „. . . . . . “. Der Film wird in dem Format . . . . . . und mit einer voraussichtlichen Länge von . . . . . . gedreht und ist zur weltweiten Vorführung in Filmtheatern bestimmt.

§ 3 Rechtsübertragung[1, 3]

Der Tonträgerhersteller überträgt dem Filmhersteller das nicht ausschließliche Recht, die in § 1 erwähnte Musikaufnahme bis zu einer maximalen Spieldauer von . . . . . . Minuten zur Herstellung von Tonträgern für den in § 2 genannten Film zu verwenden und den so hergestellten Film zeitlich und räumlich uneingeschränkt auszuwerten. Eine vom Film losgelöste Tonträgerauswertung ist dem Filmhersteller nicht erlaubt.

§ 4 Vergütung

Die Rechtsübertragung erfolgt unter der aufschiebenden Bedingung, dass der Filmhersteller an den Tonträgerhersteller ein Lizenzhonorar in Höhe von Euro . . . . . . zzgl. der gesetzlichen MWSt. zahlt.
Die Zahlung ist fällig in Höhe von Euro . . . . . . zzgl. der gesetzlichen MWSt. bei Vertragsabschluss und in Höhe des Restbetrages bei Fertigstellung des Films. Erst mit der Zahlung der vollständigen Vergütung tritt die Bedingung für die Rechtsübertragung ein.

§ 5 Keine Rechtsübertragung am dargebotenen Werk[2]

Der Erwerb von Nutzungsrechten, die das dargebotene Werk selbst betreffen und vom Urheberberechtigten zu erwerben sind, ist nicht Gegenstand dieses Vertrages und bedarf einer gesonderten Vereinbarung zwischen Filmhersteller und dem zuständigen Verlag oder den betroffenen Urhebern.

§ 6 Schlussbestimmungen

(1) Ergänzend gilt das Recht der Bundesrepublik Deutschland.
(2) Maßgebend ist allein dieser schriftliche Vertrag. Änderungen, Ergänzungen sowie der Verzicht auf die Schriftform können nur schriftlich vereinbart werden. Mündliche Nebenabreden sind nicht getroffen.
(3) Die etwaige Unwirksamkeit einer Bestimmung dieses Vertrages lässt die Wirksamkeit des Vertrages im Übrigen unberührt. Die unwirksame Bestimmung ist durch eine sinnentsprechende wirksame Bestimmung zu ersetzen, die der angestrebten wirtschaftlichen Regelung am nächsten kommt.
(4) Sofern eine der Vertragsparteien keinen Gerichtsstand im Geltungsbereich der Bundesrepublik Deutschland hat, gilt der Sitz des inländischen Vertragspartners als Gerichtsstand für alle etwaigen Streitigkeiten aus diesem Vertrag. Die Parteien sind auch berechtigt, das nach dem allgemeinen Gerichtsstand des Beklagten zuständige Gericht anzurufen.

Schrifttum: → Form. IX.23, → Form. IX.30

Anmerkungen

1. Sachverhalt: Vergleichbar mit dem in → Form. IX.31 Anm. 1 umschriebenen Sachverhalt soll eine vorbestehende Musikaufnahme zur Einblendung in einen Film verwendet werden. Anders als dort geht es in → Form. IX.32 nicht um den Erwerb der dazu erforderlichen Rechte am Musikwerk selbst, sondern um den Erwerb der Rechte, die von den Leistungsschutzrechten des Tonträgerherstellers gem. § 85 UrhG und den Leistungsschutzrechten der ausübenden Künstler abgeleitet sind, deren Darbietungen auf den Tonträgern verkörpert sind (§§ 77, 78, 92 UrhG). Für die Bemessung der Lizenzvergütung kann der Gesichtspunkt maßgeblich sein, dass die Verwendung der fraglichen Musikaufnahme einen Werbeeffekt für die Tonträgerauswertung mit sich bringt und Tantieme-Einkünfte für Tonträgerhersteller und ausübende Künstler bei der GVL auslöst. Analog zur Praxis beim Erwerb des Filmherstellungsrechts an musikalischen Werken (→ Form. IX.30 Anm. 6, → Form. IX.31 Anm. 1 und 2) geht die Tonträgerindustrie grundsätzlich davon aus, dass für Eigen- und Auftragsproduktionen der Sendeunternehmen ein individueller Erwerb der Einblendungsrechte an der Tonträgereinspielung nicht erforderlich ist, sondern durch die GVL – als Zweitwiedergaberecht (Vervielfältigungsrecht zu Sendezwecken) – vermittelt wird. Ausgenommen sind hiervon nur singuläre Tonträgereinspielungen (zB Karajan-Aufnahmen), die von Seiten des Tonträgerherstellers im Marken- und Labelverzeichnis der GVL („Ringbuch") mit einem entsprechenden Vorbehalt gekennzeichnet sind und über die GVL recherchiert werden können.

2. Wahl des Formulars. § 5 des Formulars stellt den Unterschied gegenüber dem Vertrag über den Erwerb der von den Urheberberechtigten des dargebotenen Werkes abgeleiteten Filmherstellungsrechte klar. → Form. IX.31. Das Formular betrifft nur die Rechte an der Tonträgerproduktion und der darin verkörperten Darbietung der beteiligten ausübenden Künstler (sog. master-use license). Im Hinblick auf die von den ausübenden Künstlern zu erwerbenden Nutzungsrechte ist die Regelung in § 92 Abs. 2 UrhG zu beachten. Danach ist der ausübende Künstler daran gehindert, im Voraus über die Rechte an seiner Darbietung für Filmherstellungszwecke zu verfügen. Mit Rücksicht darauf sieht das Rubrum des Formulars vor, dass auf der Lizenzgeberseite sowohl der Tonträgerhersteller als auch der ausübende Künstler auftritt, um damit die in § 92 Abs. 1 UrhG vorgesehene Vermutungswirkung zur umfassenden Filmauswertung zugunsten des Filmherstellers sicherzustellen. In der Praxis wird teilweise auf eine direkte Einbeziehung der ausübenden Künstler in den Vertragsabschluss verzichtet, sofern diese den Tonträgerhersteller mit einer umfassenden Abtretung der Künstlerrechte ausgestattet haben, dies mit dem Hinweis darauf, dass sich die ausübenden Künstler im Falle einer Behinderung der vom Tonträgerhersteller lizenzierten Filmverwertung schadensersatzpflichtig machen würden (*Dünnwald/Gerlach* § 78 Rn. 7).

3. Rechtseinräumung/Rechtsübertragung. Gegenstand des Vertrages ist eine nicht ausschließliche Nutzungsbefugnis dahin, die vertragsgegenständliche Schallaufnahme zur Einblendung in einen Film zu verwenden und den so hergestellten Film umfassend auszuwerten. Auszunehmen ist die vom Film losgelöste Tonträgerauswertung, die sich naturgemäß der lizenzgebende Tonträgerhersteller vorzubehalten wünscht. Andernfalls wir man eine Lizenzierung der Aufnahme vereinbaren, so dass der Tonträgerhersteller an der Auswertung des Sound-tracks beteiligt ist. Von der Rechtseinräumung umfasst sind die vom Tonträgerhersteller abgeleiteten Rechte zur Vervielfältigung, Verbreitung und öffentlichen Zugänglichmachung des Filmwerkes, in welches die Tonträgeraufnahme integriert worden ist. Bezüglich der von den ausübenden Künstlern abgeleiteten Nutzungsrechte gilt dasselbe mit der Maßgabe, dass der Rechteerwerb insoweit durch die Vermutungsregel des § 92 Abs. 1 UrhG gestützt wird. Ob sich diese auch auf Nutzungsarten erstreckt, die bei Vertragsabschluss noch unbekannt sind, ist zweifelhaft. Bei entsprechendem Regelungsbedarf empfiehlt es sich, unbekannte Nutzungsarten in § 3 des Formulars ausdrücklich zu erwähnen.

4. Kosten. Im Regelfall tauchen keine nennenswerten Vertragsprobleme auf, so dass die anwaltliche Einschaltung sich überwiegend in einer Raterteilung erschöpft. Der Gegenstandswert folgt dem nach § 4 des Formulars festgelegten Lizenzhonorar. Im Übrigen wird eine Honorarempfehlung auf Stundenbasis empfohlen.

33. Koproduktionsvertrag zwischen Filmherstellern

Filmhersteller A
und
Filmhersteller B
schließen folgenden

Koproduktionsvertrag:

Präambel[1, 3]

Filmhersteller A hat Vorarbeiten zur Herstellung eines Spielfilms erbracht, die bei Vertragsabschluss folgenden Stand erreicht haben:
- Drehbuchentwicklung
- (Vor-)Verhandlungen/Vertragsabschlüsse mit Filmschaffenden/Stabmitgliedern
- (Vor-)Verhandlungen/Vertragsabschlüsse zur Filmfinanzierung (Koproduktion, Sendeunternehmen, Filmförderung)
- (Vor-)Verhandlungen/Vertragsabschlüsse über die Vergabe von Filmauswertungsrechten.

Die Vertragsschließenden sind übereingekommen, die Weiterentwicklung bis zur Fertigstellung des Films sowie dessen Auswertung im Rahmen dieses Koproduktionsvertrages gemeinsam durchzuführen.

§ 1 Zusammenarbeit[2, 4]

Filmhersteller A und Filmhersteller B arbeiten bei der Herstellung und Auswertung des Films mit dem Arbeitstitel ...... zusammen.

§ 2 Festlegung des Films[3]

Der Film wird in technischer, wirtschaftlicher und künstlerischer Hinsicht wie folgt festgelegt:
Produktionsnummer:
Laufzeit (24 Bilder/sec.): ca. Min.
Längentoleranz: +/– ...... %
Aufzeichnungsmaterial: ......
Aufzeichnungsverfahren:
Tonspurqualität:
Produktionsstätte:

Vorgesehener Drehbeginn:
Drehende:
Fertigstellung der Produktion:
Drehbuch, gegebenenfalls andere zu verfilmende vorbestehende Werke:
Regisseur:
Hauptdarsteller: X (garantiert), Y, Z (voraussichtlich)
Charakteristik der Produktion:

§ 3 Produktionskostenbudget, Beiträge[3,5]

(1) Die Gesamtherstellungskosten des Films ergeben sich aus der zur Anlage dieses Vertrages genommenen Budgetaufstellung (Produktionskostenbudget). Der daraus ersichtliche, durch gesicherte Förderungsmaßnahmen nicht abgedeckte Gesamtkostensaldo des Films in Höhe von Euro . . . . . . wird von den Vertragsschließenden zu gleichen Anteilen/mit folgenden Anteilen aufgebracht: . . . . . .

(2) Zu diesem Zweck bringen die Vertragspartner folgende Leistungen in die Koproduktion ein: . . . . . .

Partner A: Die bereits erbrachten Leistungen werden wie folgt bewertet und gelten in entsprechender Höhe als bereits erbracht:

Zusätzliche Beitragsverpflichtung in Geld: Euro . . . . . ., fällig in Teilbeträgen zu folgenden Terminen:

Partner B: Beitragsverpflichtung in Geld: Euro . . . . . ., fällig in Teilbeträgen zu folgenden Terminen:

(3) Die Vertragspartner verpflichten sich, zur Abdeckung von Überziehungskosten erforderliche Beiträge nach Maßgabe ihrer Anteile an den Herstellungskosten aufzubringen. Sofern die von Seiten der Filmförderung zu erwartenden Finanzierungsbeiträge ausfallen sollten, verpflichten sich die Koproduktionspartner, den Ausfallbetrag einzuschießen, und zwar nach Maßgabe ihrer Anteile an den Herstellungskosten/im Verhältnis . . . . . .

(4) Die vertragsgerechte Einbringung sämtlicher geschuldeter Beiträge ist Voraussetzung dafür, dass die in diesem Vertrag vorgesehenen Nennungsansprüche des leistungspflichtigen Koproduktionspartners sowie seine Mitverfügungs- und Zugriffsansprüche auf das einzulagernde Filmmaterial erfüllt werden. Ausstehende Beitragsleistungen haben außerdem die anteilsmäßige Verkürzung der Ansprüche des in Verzug befindlichen Koproduktionspartners auf Beteiligung an der Filmauswertung zur Folge.

§ 4 Zusammenarbeit, Informations- und Auskunftspflicht[4]

(1) Die Vertragsparteien verpflichten sich wechselseitig, sich über alle wesentlichen Belange der Produktion lückenlos und unverzüglich zu informieren. Dazu gehören die Übersendung von Tages-, Wochen- und Drehplänen und wöchentlich zu erstellende Abschlussrechnungen jeweils sogleich nach Fertigstellung durch den dazu bestimmten Herstellungsleiter/Produktionsleiter.

(2) Die Vertragsschließenden verpflichten sich wechselseitig, sich im Verlaufe des Projektes ergebende Faktoren, die zur Änderung des Produktionskostenbudgets, der dem Budget zugrundeliegenden Kalkulation und dem auf das Budget bezogenen Finanzierungsplan führen können, unverzüglich bekannt zu geben. Unabhängig davon sind Budget und Finanzierungsplan bis zur Fertigstellung des Films im Monatsabstand zu überprüfen und erforderlichenfalls anzupassen.

(3) Bei Auftreten von Meinungsverschiedenheiten sind die Koproduktionspartner verpflichtet, durch gegenseitiges Nachgeben eine schnellstmögliche Einigung herbeizuführen, um die pünktliche Fertigstellung der Produktion sicherzustellen.

§ 5 Einlagerung des Materials[6]

(1) Das Originalnegativ des fertig gestellten Films wird vorbehaltlich der Regelung in § 3 Abs. 4 dieses Vertrages auf den Namen aller Koproduktionspartner beim Kopierwerk ...... eingelagert. Die Einlagerung erfolgt mit der Maßgabe, dass der Zugriff auf das Originalmaterial nur mit schriftlicher Zustimmung aller Koproduktionspartner gewährt werden darf. Jedem Koproduktionspartner wird eine Genehmigung erteilt, Kopien ziehen zu lassen (Ziehungsgenehmigung).

(2) Über die Einlagerung und den Verbleib der sonstigen auf gemeinsame Kosten hergestellten Materialien und zur Herstellung des Films angeschafften Requisiten und sonstigen Hilfsmittel wird folgende Vereinbarung getroffen:

§ 6 Auswertung[6, 9]

(1) Die Vertragspartner werten den hergestellten Film mit der Sorgfalt eines ordentlichen Kaufmanns gemeinschaftlich und umfassend aus, insbesondere ist beabsichtigt, den Film weltweit

a) in Lichtspieltheatern (Kinos) und sonstigen Spielstätten öffentlich vorführen zu lassen, durch Fernsehen und damit verwandte Medien einschließlich der durch die Digitaltechnologie eröffneten Möglichkeiten senden und auf sonstige Weise öffentlich wahrnehmbar machen zu lassen, insbesondere durch individuellen Abruf im Internet (Video-on-Demand) und durch Einbindung in entsprechende Datenbanken, sowie den Film in allen denkbaren Offline-Medien (Video, DVD, Blu-ray und sonstige AV-Auswertung) auswerten zu lassen;
b) den Film auch in Ausschnitten auszuwerten, soweit sich dahingehende Verwertungsmöglichkeiten ergeben;
c) sofern sich außerfilmische Nutzungsmöglichkeiten eröffnen wie die gesonderte Auswertung der Filmmusik, die Veröffentlichung von Druckwerken „zum Film" oder die kommerzielle Auswertung von Vorkommnissen, Namen, Titeln, Figuren, Abbildungen, die in unmittelbarem Zusammenhang mit dem Film stehen (Merchandising) oder die Bewerbung des Filmes durch die Präsentation von Ausschnitten im Internet, erstreckt sich die Koproduktion auch hierauf, es sei denn, dass einer der Vertragspartner dem anderen schriftlich erklärt, dass er sich an solchen Auswertungshandlungen nicht beteiligen will. Außerfilmische Nutzungshandlungen können vom Vertragspartner untersagt werden, wenn berechtigte Belange einer solchen außerfilmischen Auswertungshandlung entgegenstehen, insbesondere wenn die geplante außerfilmische Auswertungshandlung der Verwertung des Films selbst hinderlich sein könnte.

(2) Die Vertragspartner werden sich zum gegebenen Zeitpunkt abstimmen, in welcher Weise die Auswertung des Films vorgenommen wird. Vertriebs- und Verleihverträge bedürfen der vorherigen Abstimmung. Auf gesetzliche, vertragliche und förderungsrechtliche Sperrfristen aller in Betracht kommenden Auswertungsgebiete ist Rücksicht zu nehmen. Vertragspartner sämtlicher Auswertungsverträge sind die Vertragschließenden gemeinsam.

§ 7 Aufteilung der Erlöse[6, 9]

Sämtliche Auswertungserlöse einschließlich solcher aus Vorverkäufen, aus außerfilmischen Nutzungsmöglichkeiten (vorbehaltlich von Sonderregelungen gem. § 6 Abs. 1c), aus der Zahlung von Verwertungsgesellschaften sowie einschließlich der auf die Filmproduktion entfallenden Prämien und Preise werden, soweit nicht durch schriftliche Vereinbarung aller Koproduktionspartner anderweitig geregelt, zunächst zur Rückdeckung der im Schlusskostenstand festgestellten Herstellungskosten verrechnet. Maßgeblich ist der von dem zuständigen Wirtschaftsprüfer/Wirtschaftsprüfungsgesellschaft überprüfte und bestätigte

Schlusskostenstand. Der sich alsdann ergebende Überschuss wird auf die Koproduktionspartner in gleichem Rang und zu gleichen Anteilen/im Verhältnis ..... aufgeteilt.

§ 8 Nennung[7]

(1) Die Nennung des Produzenten wird wie folgt vorgenommen:

„Eine Koproduktion der A-Film/B-Film".

Die Nennung erfolgt in gleicher Größe, Farbe und Zeit.

Herr/Frau ...... werden außerdem wie folgt genannt:

Die Nennung erfolgt in gleicher Größe, Farbe und Zeit.

(2) Die Vertragschließenden sind einig darin, dass die vereinbarten Nennungsverpflichtungen auch in allen Werbeankündigungen und Filmbegleitmaterialien beachtet werden.

§ 9 Werbung[8]

Über Werbemaßnahmen werden sich die Vertragspartner rechtzeitig vor dem Beginn einer in Betracht kommenden Werbemaßnahme abstimmen.

§ 10 Ausscheiden[5]

(1) Kommt ein Koproduzent mit der Leistung seiner Beiträge zur Filmherstellung in Verzug, so kann ihm von jedem der anderen Koproduzenten in schriftlicher Form eine Nachfrist von 14 Tagen gesetzt und erklärt werden, dass nach ergebnislosem Fristablauf die Kündigung ausgesprochen wird; verstreicht diese Frist ergebnislos, so kann jeder der verbleibenden Koproduzenten gegenüber dem in Verzug befindlichen Koproduzenten schriftlich erklären, dass der Koproduktionsvertrag diesem gegenüber gekündigt und die Koproduktion ohne die weitere Mitwirkung des betreffenden Vertragspartners fortgeführt wird.

(2) Im Falle des Abs. 1 scheidet der betroffene Vertragspartner aus dem Koproduktionsvertrag aus, ohne dass es einer Auseinandersetzung zwischen den Vertragspartnern bedarf. Der Ausscheidende nimmt am Ergebnis schwebender Geschäfte nicht teil, er verliert alle Rechte am Film. Die übrigen Koproduzenten treten an seine Stelle und setzen die Filmherstellung fort, gleichgültig durch welchen Koproduzenten die Nachfristsetzung oder die Vertragskündigung erklärt worden ist.

(3) Dem ausscheidenden Vertragspartner steht ein Anspruch auf Erstattung seiner bis dahin erbrachten Aufwendungen zu. Dieser Anspruch ist erst fällig, sobald die Filmauswertung zu einer vollständigen Abdeckung der Herstellungskosten und der durch den Verzug bewirkten Mehrkosten geführt hat. Der Erstattungsanspruch besteht nur insoweit, als er aus der Verwertung des Films erfüllt werden kann.

§ 11 Schlussbestimmungen

(1) Ergänzend gilt das Recht der Bundesrepublik Deutschland.

(2) Maßgebend ist allein dieser schriftliche Vertrag. Änderungen, Ergänzungen sowie der Verzicht auf die Schriftform können nur schriftlich vereinbart werden. Mündliche Nebenabreden sind nicht getroffen.

(3) Die etwaige Unwirksamkeit einer Bestimmung dieses Vertrages lässt die Wirksamkeit des Vertrages im Übrigen unberührt. Die unwirksame Bestimmung ist durch eine sinnentsprechende wirksame Bestimmung zu ersetzen, die der angestrebten wirtschaftlichen Regelung am nächsten kommt.

(4) Sofern eine der Vertragsparteien keinen Gerichtsstand im Geltungsbereich der Bundesrepublik Deutschland hat, gilt der Sitz des inländischen Vertragspartners als Gerichtsstand für alle etwaigen Streitigkeiten aus diesem Vertrag. Die Parteien sind auch berechtigt, das nach dem allgemeinen Gerichtsstand des Beklagten zuständige Gericht anzurufen.

Schrifttum: Bafile, Die Koproduktion in der Filmwirtschaft, UFITA 44 (1965), 30; *Brehm,* Filmrecht, 2. Aufl. 2008, 176 ff.; *Friccius,* Aktuelle Probleme der Vertragsgestaltung bei der Produktion von Filmen und Fernsehfilmen, ZUM 1991, 392; *Hager,* Der Film im Vertragsrecht, erläutert am Beispiel der Koproduktion, UFITA 32 (1960), 33; *Henning-Bodewig,* Urhebervertragsrecht auf dem Gebiet der Filmherstellung und -verbreitung, in: Beier u.a. (Hrsg.), Urhebervertragsrecht, 1995, S. 389 ff.; v. Hartlieb/Schwarz, Handbuch des Film-, Fernseh- und Videorechts, 5. Auflage 2011, Kap. 83; 114, 131, 133, 137, 320–322; *Homann,* Praxis-Handbuch Filmrecht, 3. Aufl. 2009; *Jacobshagen,* Filmrecht im Kino- und TV-Geschäft, 3. Aufl. 2009; *Möllering,* Die internationale Koproduktion von Filmen, 1970; *Möllering,* Rechtsfragen der internationalen Koproduktion von Filmen, UFITA 60, 61; *Obergfell,* Filmverträge im deutschen materiellen und internationalen Privatrecht, 2001, S. 136 ff.; *Radau,* Bilanzierung und Abschreibung von Filmrechten nach dem Schreiben des Bundesministeriums der Finanzen vom 23. Februar 2001 zur ertragssteuerlichen Behandlung von Film- und Fernsehfonds (Medienerlass), ZUM 2001, 953.

Anmerkungen

1. Sachverhalt.

1.1 Die Herstellung von Filmen ist bekanntlich eine kostspielige Angelegenheit, mit der ein einzelner Filmhersteller häufig auch dann überfordert ist, wenn die Herstellungskosten des Films überwiegend durch eine Verleihgarantie abgedeckt sind. Deshalb ist die Koproduktion im Filmgeschäft eine seit langem bekannte und praktizierte Form der gemeinschaftlichen Zusammenarbeit auf der Produzentenseite bei der Herstellung und Auswertung insbesondere von Spielfilmen. Der Auftrieb, den die Filmbranche Ende der 90er Jahre mit Filmfonds erlebte, wurde und wird nach wie vor häufig nach dem Koproduktionsmodell gestaltet (→ Anm. 4, 9) Zu unterscheiden ist die Koproduktion zwischen inländischen Partnern von derjenigen zwischen inländischen und ausländischen Partnern. Letztere bedarf einer besonderen Behandlung, da die nationalen Rechtsordnungen voneinander abweichen und häufig zwischenstaatliche Vereinbarungen vorhanden sind, die die Vertragsgestaltung erheblich beeinflussen (→ Anm. 9).

1.2 Die Initiative für das Filmprojekt geht in der Regel von einem bestimmten Filmhersteller aus. Dieser hat bereits häufig entsprechende in der Präambel im Einzelnen aufzulistende Vorarbeiten geleistet und Kosten aufgewendet, zB Erwerb einer Option auf die Verfilmungsrechte eines Romans und/oder Drehbuchs oder Engagement eines Regisseurs oder Hauptdarstellers. Der hinzukommende Filmhersteller wird regelmäßig in solchen Fällen als Geldgeber benötigt. Der Koproduzentenvertrag regelt die Einbringung der beiderseitigen Beiträge sowie die Herstellung und Auswertung des Films.

2. Wahl des Formulars.

2.1 Das Formular betrifft die Koproduktion zwischen inländischen Filmherstellern. Eine solche Gemeinschaftsproduktion stellt grundsätzlich eine bürgerlich-rechtliche Gesellschaft im Sinne der §§ 705 ff. BGB dar (*Obergfell* S. 138; *Schwarz* in v. Hartlieb/Schwarz Kap. 23 Rn. 2). Es kann auch als Grundgerüst für die Koproduktion zwischen inländischem und ausländischem Filmhersteller verwendet werden (→ Anm. 9). Auch Verleih- oder Vertriebsfirmen können in solche Verbindungen einbezogen werden; sie sind insoweit nicht anders zu behandeln als ein normaler Koproduzent. Formular für einen Filmlizenzvertrag (Verleihvertrag) → Form. IX.34. Die Koproduktion zwischen Filmhersteller und Rundfunkanstalt wird in → Form. IX.42 behandelt.

2.2 Keine Koproduktion liegt vor, wenn zB eine Verleihfirma oder eine Rundfunkanstalt einen Filmhersteller mit der Herstellung eines Films beauftragt, der Filmhersteller diesen Film im eigenen Namen und für eigene Rechnung herstellt und als fertigen Film dem Verleiher oder der Rundfunkanstalt zur Auswertung überlässt; solche Fallgestaltungen werden als (echte) Auftragsproduktionen bezeichnet (→ Form. IX.41). Von unechter Auftragsproduktion spricht man, wenn jemand den Auftrag erhält, bei der Herstellung eines Films mitzuwirken, der im Namen und für die Rechnung des Auftraggebers produziert wird. Der Beauftragte führt lediglich Geschäftsbesorgungen für den Auftraggeber, der das alleinige Risiko der Produktion trägt, aus und erhält dafür in der Regel einen bestimmten Prozentsatz der Herstellungskosten zur Abdeckung seiner Handlungsunkosten. Auch das ist keine Form der Koproduktion.

2.3 Keine Koproduktion begründet schließlich die Gewährung von Darlehen oder Lieferantenkrediten durch Sachleister des Filmherstellers (Atelierbetriebe, Kopieranstalten, Rohfilm-Lieferanten). Als Alternative für das Modell der Koproduktion kommt die Neugründung einer speziell auf das Filmprojekt ausgerichteten Kapitalgesellschaft (zB GmbH) oder einer GmbH & Co. KG bzw. GmbH & Co. AG in Betracht, an der sich die beteiligungswilligen Partner mit entsprechenden Kapitalanteilen (und analogen Gewinnbeteiligungsansprüchen) beteiligen.

3. Definition des Filmprojekts. § 2 des Formulars definiert das Filmprojekt in technischer, wirtschaftlicher und künstlerischer Hinsicht. Der zum Zeitpunkt des Abschlusses des Koproduktionsverfahrens erreichte, zumeist von einem der beteiligten Partner bereits vorgearbeitete Projektstand wird in der Präambel so detailliert wie möglich beschreiben. Die Gesamtherstellungskosten des Films werden im Produktionskostenbudget zusammengestellt, welches zweckmäßigerweise als Anlage zum Vertrag zu nehmen ist (§ 3 Abs. 1 des Formulars). Die im Formular vorgesehenen Definitionsmerkmale sind nicht zwingend. Bei Abschluss des Koproduktionsvertrages braucht weder der Regisseur bestimmt zu sein noch das Drehbuch bereits vorzuliegen. Jedoch sollten die Angaben so genau festgehalten werden, wie dies bei Vertragsabschluss möglich ist.

4. Zusammenarbeit, Federführung.

4.1 Das Formular enthält keine von den §§ 714, 709 BGB abweichende Vertretungs- und Geschäftsführungsregelung, dh die Partner der Koproduktion vertreten gemeinschaftlich und sind gemeinschaftlich zur Geschäftsführung befugt. Dies setzt die Fähigkeit und die Bereitschaft der Koproduktionspartner zur engen und konstruktiven Zusammenarbeit vor allem während der Projekt-, Dreh- und Postproduktionsphase bis zur endgültigen Fertigstellung des Films voraus. § 4 des Formulars sieht daher eine umfassende wechselseitige Informations- und Auskunftsverpflichtung der Partner vor.

4.2 Häufig besteht allerdings das Bedürfnis, einem der Koproduzenten (zB dem Koproduzenten mit dem größten finanziellen Beitrag) die alleinige Federführung – und damit auch die Verantwortung – der Filmherstellung zu übertragen (man spricht auch vom ausführenden Produzenten oder vom executive producer) (vgl. *Schwarz* in v. Hartlieb/Schwarz Kap. 83 Rn. 8). Das kann mit folgender Klausel geschehen:

„Der Film wird unter der Federführung des Filmherstellers A produziert. Der Filmhersteller A übernimmt die Verantwortung für die Durchführung der Produktion und verpflichtet sich, den Film technisch einwandfrei und termingerecht fertig zu stellen."

Ggf. übernimmt der federführende Produzent eine Fertigstellungsgarantie bzw. stellt eine dahingehende Bankbürgschaft. Alle wesentlichen Verträge sind vorher mit dem Vertragspartner abzustimmen. Die Informations- und Auskunftsverpflichtung könnte und sollte ggf. dem Regelungsgehalt in § 4 des Formulars angenähert werden, freilich ohne den mit dem Tagesgeschäft nicht befassten Partner mit Tages- oder Wochenplänen zu belasten. Denkbar ist es, dem federführenden Partner für produktionsbezogene Fragen ein Letztentscheidungsrecht einzuräumen, während der Koproduktionspartner, der die Funktion des Hauptfinanziers einnimmt, die Letztentscheidung in finanzieller Hinsicht treffen mag. Diesbezügliche Regelungen sollten nicht ohne fachkundige Beratung von steuerrechtlicher Seite verabschiedet werden.

4.3 Nach dem „Medienerlass" des Bundesfinanzministeriums vom 23.2.2001 (BStBl. I S. 175 ff.), inzwischen mehrfach modifiziert, wird der Koproduzent (zB ein Filmfond), der von der Federführung ausgeschlossen wird, steuerrechtlich nur dann als (Mit-)Hersteller des Films anerkannt, wenn sichergestellt ist, dass ihm über das von ihm mitgetragene wirtschaftliche Risiko hinaus tatsächliche Einflussmöglichkeiten auf den Herstellungsprozess eröffnet sind. In das Entscheidungsverfahren und dessen vertragliche Fixierung sind des Weiteren die Mitspracherechte einzubeziehen, die zB durch Auswertungsverträge mit Sendeunternehmen (→ Form. IX.42 und → Form. IX.43) und Verleihfirmen (→ Form. IX.34) zu berücksichtigen sind.Dieses Modell ist für den im Hintergrund bleibenden Koproduzenten haftungsrechtlich von Nachteil, kann aber steuerrechtlich erwünscht sein. Sofern der Vertragspartner vermeiden möchte, durch Vertragsabschlüsse im Zusammenhang mit der Filmherstellung selbst verpflichtet zu werden, kann folgender Zusatz verwendet werden:

„Sämtliche für die Filmherstellung notwendigen Verträge einschließlich der Verträge mit Urhebern vorbestehender Werke, dem Regisseur und sonstigen Mitwirkenden schließt der Filmhersteller A im eigenen Namen und für eigene Rechnung unter Anrechnung auf seinen Herstellungskostenanteil ab. Bei allen Verträgen ist dafür Sorge zu tragen, dass sämtliche Rechte für die Verwertung des Films in dem Umfang, wie in diesem Vertrag vorgesehen, erworben und abgegolten werden."

Bei einer solchen Regelung beschränkt sich die Koproduktion auf die Auswertung des Films. Der federführende Filmhersteller bringt den fertigen Film und die damit verbundenen Nutzungsrechte in die Auswertungsgesellschaft ein. Insoweit liegt dann nur eine Innengesellschaft mit einer entsprechend begrenzten Anwendung der §§ 705 ff. BGB vor (vgl. *Schwarz* in v. Hartlieb/Schwarz Kap. 83 Rn. 9). Das originäre Leistungsschutzrecht des § 94 UrhG entsteht in diesem Fall allein beim federführenden Filmhersteller und kommt bei der Koproduktions-Gesellschaft nur als abgeleitetes Recht zur Geltung.

5. Beiträge der Gesellschafter.

5.1 Ist im Koproduktionsvertrag nichts Abweichendes geregelt, so haben gemäß § 706 Abs. 1 BGB die Vertragspartner gleiche Beiträge zur Herstellung des Films zu erbringen und werden zu gleichen Teilen Inhaber der eingebrachten Gegenstände (§ 706 Abs. 2 BGB) und gleichmäßig am Gewinn und Verlust beteiligt (§ 722 BGB). Die einzubringenden Beiträge können in Geldzahlungsverpflichtungen und/oder geldwerten Verpflichtungen bestehen wie zB der selbstständigen Durchführung von Dreharbeiten oder eines abgrenzbaren Teils der Dreharbeiten, Beistellungen, der Einbringung von Stoff- und/ oder Drehbuchrechten, der Stellung des Regisseurs oder von (Haupt-) Darstellern. Über den Bestand einzubringender Rechte sollte der betreffende Koproduzent eine vollständige Vertragsdokumentation („chain of titles") vorzulegen haben. Dabei ist darauf zu achten, dass möglichst sämtliche verfügbaren Rechte in die Koproduktion eingebracht werden. Soweit ein Vertragspartner urheberrechtliche Nutzungsrechte in die Gesellschaft einbringt, liegt ein urheberrechtlicher Nutzungsvertrag gemäß §§ 31 ff. UrhG vor (*Obergfell* S. 138). Der Umfang der Rechtsübertragung bestimmt sich nach dem Zweck des Gesellschaftsvertrages und der im Koproduktionsvertrag vorgesehenen Auswertungsziele. Im Zweifel liegt in der Begründung der Koproduktion nicht nur die Verpflichtung zur Übertragung bereits vorhandener Nutzungsrechte an die Gesellschaft, sondern auch bereits die dingliche Verfügung über die Rechte. Bezüglich noch nicht vorhandener Rechte, deren Einbringung durch einen der Koproduzenten vorgesehen ist, ist vom Vorliegen einer Verpflichtung zur Rechtsübertragung auszugehen.

5.2 Sofern die in § 3 Abs. 4 des Formulars vorgesehenen Druckmittel zur Erfüllung der Beitragsverpflichtungen nicht ausreichend erscheinen, ist zu erwägen, die Verpflichtung zur Beibringung von Bankbürgschaften vertraglich vorzusehen oder zur Bedingung des Vertragsabschlusses zu machen.

5.3 Um die Fertigstellung des Films an den wirtschaftlichen Schwierigkeiten nur eines der beteiligten Koproduzenten nicht zu gefährden, sieht § 10 des Formulars das Ausscheiden des im nachhaltigen Verzug befindlichen Koproduzenten vor. Er wird auf einen bloßen Erstattungsanspruch verwiesen, der nur dann zum Zuge kommt, wenn der Film Gewinn abwirft. Nach der Stellung des Antrages auf Eröffnung des Insolvenzverfahrens ist nach deutschem Recht die Möglichkeit zur Vertragskündigung versperrt (§ 112 InsO). Der Insolvenzverwalter hat bei noch nicht vollständiger Erfüllung des Vertrages zu entscheiden, ob er den (Koproduktions-) Vertrag fortsetzen möchte oder nicht (§ 3 InsO).

6. Auswertung, Erlösbeteiligung. Filmauswertung und Erlösbeteiligung werden entweder so angelegt, dass eine prozentuale Beteiligung an den Erlösen der gemeinschaftlich vorzunehmenden Auswertung erfolgt (Modell 1), oder aber, indem die Auswertungsbefugnisse aufgeteilt und den Koproduktionspartnern zur getrennten Verwertung zugeordnet werden (Modell 2). Denkbar sind ferner Mischformen dieser Modelle.

6.1 §§ 5 und 6 des Formulars gehen von Modell 1 aus. Danach erfolgt die Filmauswertung weltweit gemeinsam. Dementsprechend können die Partner nach der Einlagerung des Filmmaterials nur gemeinsam über das Originalnegativ verfügen, während sie bezüglich der Kopien mit einer Ziehungsgenehmigung ausgestattet werden (§ 5 des Formulars). Alle Erlöse fließen zunächst der Koproduktionsgemeinschaft zu, die ihrerseits die Verteilung nach Abdeckung sämtlicher Herstellungskosten an die Koproduktionspartner vorzunehmen hat. Soweit Koproduktionspartner (oder andere Beteiligte) Honoraransprüche zurückgestellt haben, fließen solche Rückstellungen im Zweifel in die vorrangig abzudeckende Gesamtkostenaufstellung (Schlusskontenstand) ebenso ein wie Rückzahlungsverpflichtungen aus Bankfinanzierungen, Filmförderungen usw. Der Zufluss aus der Erlösaufteilung wird gemindert, sofern Dritten (zB Regisseur, Hauptdarsteller oder Filmautor) Gewinnbeteiligungsansprüche vertraglich eingeräumt worden sind. Wegen der regelmäßig komplex gelagerten Situation empfiehlt sich die Führung eines von allen Koproduktionspartnern zu genehmigenden und erforderlichenfalls regelmäßig zu aktualisierenden Rückfluss- und Gewinnverteilungsplans.

6.2 Es kann aber auch beabsichtigt sein, nur einen Teil der in Betracht kommenden Auswertungsbereiche der Koproduktionsgemeinschaft zu überlassen oder die Auswertungsbereiche von vornherein zwischen den Koproduzenten aufzuteilen (Modell 2). Die Aufteilung kann nach beliebigen Kriterien erfolgen, zB nach der Art des Mediums (Kino, Fernsehen, Video), nach unterschiedlichen Sprachfassungen des Films oder entsprechenden Auswertungsgebieten (für europäische Satellitensendungen nach Maßgabe des Sendelandprinzips gem. § 20a UrhG), nach Auswertungszwecken (zur Werbung für die Geschäftszwecke der Firma X, für alle sonstigen Zwecke), nach zeitlichen Begrenzungen oder in Mischformen der vorgenannten oder anderer Kriterien (zu Werbezwecken der Firma X in den deutschsprachigen Ländern auf die Dauer von 5 Jahren, sofern der Film in der Kinowerbung eingesetzt wird). Bei europäischen Koproduktionen (→ Anm. 9) werden häufig die Auswertungsrechte den Koproduzenten für das von ihnen jeweils repräsentierte (Sprach-)Territorium einschließlich der daraus erzielten Erlöse separat zugeordnet, während ihnen die Rechte und Erlöse bezüglich der verbleibenden Auswertungsgebiete in Administration über den Weltvertrieb im Verhältnis ihrer Koproduktionsbeiträge zustehen (zu weiteren Modifikationen → Anm. 9.6 und 9.7). Wenn und soweit unmittelbar bei den Koproduktionspartnern Vertriebskosten anfallen können, ist zu regeln, welche Kosten der Koproduktionsgemeinschaft anzulasten sind, wie diese abzurechnen und zu belegen sind und ob eine Vorabverrechnung mit erzielten Erlöseinnahmen vorgenommen werden darf.

6.3 § 6 Abs. 1 lit. c des Formulars trifft eine Sonderregelung für die außerfilmische Verwertung, bei der es darum geht, sich die mit dem Film verbundene Publizität und die sich hieraus ergebenden Werbemöglichkeiten auch für anderweitige Produktionsvorhaben nutzbar zu machen (Soundtrack, filmbegleitende Printpublikationen, Merchandising, Präsentation von Ausschnitten im Internet ua). Bei Begründung der Koproduktion lassen sich diese Möglichkeiten im Einzelnen noch nicht übersehen. Das Formular geht davon aus, dass die außerfilmischen Auswertungsmöglichkeiten nicht demjenigen zufallen sollen, der damit als Schnellster bei der Hand ist, sondern dass allen beteiligten Koproduzenten die entsprechende Möglichkeit eröffnet ist, ohne dass andererseits ein Zwang zur Beteiligung an außerfilmischen Auswertungshandlungen begründet wird. Außerdem muss beachtet werden, dass außerfilmische Auswertungshandlungen die Nutzung des Films selbst jedenfalls in Ausnahmefällen auch stören können.

7. **Nennung.** Die Ausweisung der Produktionseigenschaft ist für die beteiligten Filmhersteller in der Regel bedeutsam. Sollte der Film erfolgreich sein oder Anerkennung erringen, möchte auch der Produzent für seinen geschäftlichen Ruf davon profitieren.

Einen gesetzlichen Nennungsanspruch hat der Filmproduzent nicht. Seine Erwähnung im Vor- und/oder Nachspann des Films ist jedoch branchenüblich. Bei Koproduktionen empfehlen sich Vereinbarungen nicht nur über die Nennung als solche, sondern auch über die Placierung der Nennung, ihre schrifttechnische Größe, Farbe und Zeitdauer und die Anbringung im Filmbegleitmaterial. Sofern leitende Personen der beteiligten Produktionsfirmen Wert auf eine namentliche Nennung legen, kommen folgende Attribute in Betracht: „Gesamtleitung", „Produzent" oder „Producer", „Herstellungsleiter" oder Formulierungen wie: „XY zeigt".

8. **Werbung.** Die Werbung für einen Film ist Bestandteil seiner Auswertung. Erfolgt die Auswertung gemeinschaftlich, müssen sich die Koproduzenten über Art, Ausmaß und Einsatzpunkte einigen, sofern nicht seitens der Verleihfirma für Werbung gesorgt wird.

9. **Koproduktion zwischen inländischen und ausländischen Filmherstellern.** Typisch für die Koproduktion zwischen inländischen und ausländischen Filmherstellern ist die Bestimmung eines federführenden Filmherstellers (→ Anm. 4). Die Auswertungsbefugnisse werden regelmäßig so gestaltet, dass der Koproduzent für das von ihm repräsentierte, zumeist mit seinem Herkunftsstaat übereinstimmende Vertragsgebiet die Filmauswertung übernimmt. Für die Vertragsgestaltung ergeben sich im Wesentlichen folgende besonderen Gesichtspunkte:

9.1 Durchführung der Produktion. Die Filmherstellung wird in der Regel einem der beteiligten Filmhersteller federführend übertragen (executive producer). Bei diesem laufen die maßgeblichen Verträge mit den Mitwirkenden, den Urheberberechtigten an vorbestehenden und zu verfilmenden Werken und den sonstigen Dienst- und Sachleistern zusammen. Ihm obliegt die Gesamtkoordination und -organisation der Filmherstellung aus den Mitteln, die er selbst und die übrigen Koproduzenten beizutragen haben. Meistens wird derjenige mit der Federführung beauftragt, der den größten Kostenanteil trägt oder in dessen Land das Schwergewicht der Produktionsmaßnahmen vorgesehen ist. Soweit einzelne Herstellungsschritte oder -bereiche anderen Koproduzenten zugewiesen sind, werden diese im Koproduktionsvertrag ermächtigt, die erforderlichen Verträge im Einvernehmen mit dem federführenden Koproduzenten zu schließen und unter Anrechnung auf deren Beitragsverpflichtungen zu erfüllen. Durch entsprechende Zusätze wird klargestellt, dass jeder Koproduzent nur für die Verpflichtungen aus von ihm speziell übernommenen Herstellerfunktionen und den von ihm selbst eingegangenen Verpflichtungen haftet. Um eine gesamtschuldnerische Haftung zu vermeiden, wird in zahlreichen Koproduktionsverträgen in diesem Zusammenhang hervorgehoben, dass der Koproduktionsvertrag keine Gesellschaft oder Teilhaberschaft begründet (KG UFITA 34, 92 (96) – Das Totenschiff). Unter steuerrechtlichen Gesichtspunkten sind des Weiteren die Vorgaben des „Medienerlasses" des Bundesfinanzministeriums (BStBl. I S. 175 ff.) für grenzüberschreitende Koproduktionen zu berücksichtigen (Einzelheiten bei *Brehm* S. 189 ff.; *Schwarz* in v. Hartlieb/Schwarz Kap. 83 Rn. 20, 26; Kap. 320 Rn. 12–19; Kap. 322). Die zwischenstaatlichen Filmabkommen und Filmförderungsbestimmungen und das multilaterale Europäische Übereinkommen über die Gemeinschaftsproduktionen von Kinofilmen vom 2.10.1992 enthalten Vorschriften über die Höhe der Beteiligung von Koproduzenten aus den betroffenen Staaten und über die Notwendigkeit, Filmhersteller, die bestimmte Voraussetzungen im Rahmen der Koproduktion erfüllen, die Federführung zuzuweisen.

9.2 Rechtsnatur der Koproduktion. Nach deutschem Recht wird die internationale Koproduktion, bei der die Koproduzenten nach außen hin nicht als Gemeinschaft auftreten, überwiegend als Innengesellschaft gewertet (*Möllering* S. 75 mwN). Die praktizierten Verträge sagen über ihre Rechtsnatur entweder nichts Ausdrückliches oder bringen zur Vermeidung haftungsrechtlicher Folgen zum Ausdruck, dass eine Gesellschaft nicht beabsichtigt sei. Maßgeblich ist indes, welche sachlichen Regelungen tatsächlich getroffen werden; Aussagen über die rechtsdogmatische Einordnung des Vertrages erscheinen nutzlos oder jedenfalls zweitrangig.

9.3 Vertragsstatut. Der Koproduktionsvertrag sollte ausdrücklich bestimmen, welcher nationalen Rechtsordnung er unterliegt (zu Rechtswahlklauseln in Filmverträgen eingehend *Obergfell* S. 301 ff., 315). Anderenfalls müsste der hypothetische Parteiwillen nach den im Internationalen Privatrecht entwickelten Auslegungsgrundsätzen und den damit verbundenen Unsicherheiten ermittelt werden. Zweckmäßig erscheint die Orientierung am Sitz des federführenden Koproduzenten, mithin demjenigen Staat, in dem die Koproduktion verwaltet wird. Die Filmabkommen sehen teilweise vor, dass das Vertragsstatut der Nationalität des mehrheitlich beteiligten Koproduzenten folgt. Ohnehin ist das meist dann auch der federführende Koproduzent. Sollte das im Einzelfall nicht zutreffen, muss nach Zweckmäßigkeitserwägungen sowie unter Berücksichtigung der einschlägigen Filmabkommen das Vertragsstatut festgelegt werden.

9.4 Mit „Nationalität" des Films wird bei internationalen Koproduktionen traditionell die sich daraus ergebende Problematik umschrieben, dass dem Film aufgrund der jeweiligen nationalen Regelungen, zwischenstaatlichen Abkommen und multinationalen Verträgen die Anerkennung als „nationaler Film" in mehreren Staaten oder als „europäischer" Film verschafft werden und der Film so zum Bezug von Förderungshilfen in verschiedenen Staaten und/oder verschiedenen oder supranationalen Förderungseinrichtungen legitimiert werden soll. Die einschlägigen Förderungsbestimmungen unterliegen unterschiedlichen Kriterien, vgl. *Schwarz/Hansen* in v. Hartlieb/Schwarz Kap. 133 Rn. 5 zur Länderförderung in Deutschland; *v. Have/Schwarz,* in v. Hartlieb/Schwarz Kap. 114 zur Filmförderung auf der Grundlage bi- und multilateraler Abkommen; *Degener/Kreuzer* in v. Hartlieb/Schwarz Kap. 137 Rn. 6–10 zum Förderfonds Eurimages. Übereinstimmend sehen die Koproduktionsverträge die Regelung vor, dass der Film in dem jeweiligen Lande dessen „Nationalität" beanspruchen kann, insbesondere dass der in einem bestimmten Staat domizilierende Koproduzent den Film dort als Film dieser Nationalität auswerten darf und dass die übrigen Koproduzenten in ihren Ländern ebenso verfahren dürfen, vorausgesetzt, dass die einschlägigen Filmabkommen das zulassen. Jeder Koproduzent soll die jeweils für nationale Filme vorgesehene Filmförderung erlangen. Es ergibt sich daraus eine mehrfache Nationalität, die den Koproduzenten alle national vorgesehenen Vorteile sichern soll. Das Europäische Übereinkommen vom 2.10.1992 definiert in seinem Anhang II die Kriterien für einen „Europäischen Film", und zwar nach Maßgabe eines Punktesystems. Ähnlich verfahren auch die Richtlinien zur Paneuropäischen Filmförderung „Eurimages".

9.5 Bei der Festlegung der Beiträge (→ Anm. 5) ist in Übereinstimmung mit den Filmabkommen festzulegen, welche Koproduzenten mit welchem Anteil eventuell die Überschreitungsreserve übersteigende Mehrkosten aufzubringen haben und welche Folgen das für die Bemessung des Gewinnverteilungsschlüssels haben soll. Es erscheint billig, durch höhere Gewalt entstandene Mehrkosten allen Koproduzenten nach Maßgabe ihrer

Beteiligung aufzugeben, im Übrigen aber entstehende Mehrkosten allein dem federführenden Koproduzenten anzulasten. Inwieweit es den Koproduzenten gestattet wird, zur Deckung ihres Finanzbedarfs weitere Koproduzenten aus ihren Staaten hinzuzuziehen und damit in den Koproduktionsvertrag hereinzunehmen, bedarf sorgfältiger Überlegung. Im Normalfall sind derartige Regelungen problematisch; sie lassen sich besser durch Unterbeteiligung lösen.

9.6 Die Zuordnung der Auswertungsrechte und die Beteiligung an den Auswertungserlösen (→ Anm. 6) sind wiederum in Anpassung an die Filmabkommen und sonstigen national geprägten Bedürfnisse zu orientieren. Die gemeinschaftliche Auswertung aller Rechte, verbunden mit der anteilsmäßigen Aufteilung der Erlöse auf die Koproduzenten nach dem Beteiligungsverhältnis ist nur eine der gegebenen Möglichkeiten. Häufiger werden die sich auf die Filmauswertung in den Koproduzenten-Ländern beziehenden Rechte den betreffenden Koproduzenten zugewiesen, während die Auswertung in den verbleibenden Territorien entweder gemeinschaftlich oder durch den federführenden Koproduzenten erfolgt. Dementsprechend werden die Verleihverträge von den jeweils für das Auswertungsgebiet „zuständigen" Koproduzenten abgeschlossen, während die sich auf die verbleibenden Territorien beziehenden Verleihverträge vom federführenden Koproduzenten, entweder im eigenen Namen oder in Vollmacht und mit Wirkung für alle beteiligten Koproduzenten, abgeschlossen werden.Die Erlösverteilung wird typischerweise wie folgt geregelt:

Die den Koproduzenten zufließenden Erlöse, die sie aus den ihnen ausschließlich zugewiesenen Nutzungsrechten erzielen, verbleiben ihnen bis zur Abdeckung ihres jeweiligen Anteils an den Herstellungskosten. Darüber hinaus erzielte Erlöse werden zunächst zur anteiligen Abdeckung der Überschreitungskosten aller Koproduzenten verwendet. Soweit auch die Überziehungskosten abgedeckt sind, verbleiben die Erlöse den auswertenden Koproduzenten.

Erlöse, die außerhalb der einem Koproduzenten ausschließlich zugewiesenen Nutzungsbereiche erzielt werden, stehen den Koproduzenten nach Maßgabe ihres Beteiligungsverhältnisses an den Herstellungskosten zu.

Förderungsmittel, die einem Koproduzenten nach Maßgabe der nationalen Filmförderung seines Vertragsstaates zuerkannt werden, stehen allein dem Koproduzenten zu. Etwaige Prämien und Förderungsmittel gehen an die Koproduzenten nach Maßgabe ihres Beteiligungsverhältnisses an den Herstellungskosten, soweit mit der Gewährung solcher Mittel keine anderweitigen Auflagen verbunden sind. Prämien und Förderungsmittel werden bei der Ermittlung der Produktionskostenabdeckung in vollem Umfang angerechnet.

Natürlich ist es auch möglich, im Vorhinein die Erlöse aus bestimmten Märkten und Einkunftsarten dem jeweiligen Koproduzenten abschließend zuzuweisen.

9.7 Einlagerung der Filmmaterialien. Bei internationalen Koproduktionen sollte von vornherein bedacht und abweichend von § 5 des Formulars vertraglich geregelt werden, ob der Koproduzent Alleineigentum an seinen Negativen erwirbt oder ob die Filmmaterialien gemeinschaftliches Eigentum oder Eigentum des jeweils federführenden Koproduzenten sein soll.

9.8 Sofern der Koproduktionsvertrag einen Gerichtsstand festlegt, sollte auf eine Abstimmung mit dem vereinbarten Vertragsstatut Wert gelegt sein. Es wird deshalb empfohlen, dem klagenden Koproduzenten die Möglichkeit zu eröffnen, den Prozess im Staat des Vertragsstatutes, mithin in der Regel am Sitz des federführenden Koproduzenten zu führen.Anstelle eines Gerichtsstandes wird gelegentlich ein Schlichtungsverfahren oder – weniger empfehlenswert – ein Schiedsgerichtsverfahren vereinbart.

9.9 Die deutsche Bundesregierung hat zahlreiche Abkommen über die Gemeinschaftsproduktion von Filmen geschlossen. Über den Ratifizierungsstand informiert auf Anfrage das Bundeswirtschaftsministerium.

10. Steuern. → Anm. 4, 9. Mit einer vertraglichen Regelung, wonach das Gemeinschaftsverhältnis der Koproduktion ab Fertigstellung der Nullkopie des Films endet und die Auswertungsbefugnisse zwischen den an der Koproduktion Beteiligten aufgeteilt werden, wird die Einsparung von Gewerbesteuer angestrebt. Es sollte stets ein Spezialist für Steuerrecht hinzugezogen werden.

11. Kosten. Die Schwierigkeit und Komplexität eines Koproduktionsvertrages erfordert im Regelfall die Verabredung eines angemessenen Stundensatzes für den mit dem Entwurf oder der Überarbeitung befassten, mit der Spezialmaterie vertrauten Rechtsanwalt.

33 A. Vertrag über Product Placement für einen Werbefilm

Zwischen
der werbungtreibenden Firma .....
– Werbungtreibender –
und
dem Filmhersteller .....
– Filmhersteller –
wird Folgendes vereinbart:

§ 1 Werbefilm[1, 2]

(1) Der Filmhersteller beabsichtigt die Herstellung eines Films, der zumindest auch dazu bestimmt ist, für Waren und Dienstleistungen in offener Form kommerzielle Werbung zu entfalten.
(2) Der Filmhersteller steht dem Werbungtreibenden dafür ein, dass der vertragsgegenständliche Film durch die Art seiner Ankündigung und/oder seiner Einfügung in ein für das Publikum offensichtliches Werbeumfeld seinen jeweiligen Adressaten als Werbung kenntlich gemacht wird.

§ 2 Product Placement[1, 3]

Der Filmhersteller verpflichtet sich gegenüber dem Werbungtreibenden, das vom Werbungtreibenden zur Verfügung gestellte Produkt mit seiner Markenaufmachung/das in der Anlage zum Vertragsgegenstand gemachte Logo des Werbungtreibenden im Bildvordergrund des Films für die Dauer von je ..... Sekunden mindestens ..... Mal zu zeigen. Ein dramaturgischer Verlauf, der eine positive Produktdarstellung verhindert, ist zu vermeiden und berechtigt den Werbungtreibenden, vom Vertrag zurückzutreten. Hierzu versichert der Werbungtreibende, dass eine Filmherstellung auf der Grundlage der ihm bisher bekanntgemachten Filmmanuskripte von ihm ausdrücklich gebilligt wird.

§ 3 Geldmittel[3]

Der Werbungtreibende stellt dem Filmhersteller zur Herstellung des Films folgende Geldmittel zur Verfügung:

Bei Vertragsabschluss	Euro .....
Nach Abnahme des Rohschnitts	Euro .....
Nach Abnahme des Feinschnitts	Euro.....
Insgesamt mithin	Euro .....

§ 4 Sachmittel[3]

Der Werbungtreibende stellt dem Filmhersteller zur Herstellung des Films folgende Sachmittel zur Verfügung: . . . . . .

§ 5 Rückgabe[3]

Nach Beendigung der Dreharbeiten unter Berücksichtigung einer branchenüblichen Nachdrehzeit kann der Werbungtreibende vom Filmhersteller die Rückgabe der zur Verfügung gestellten Sachmittel in dem Zustand, in welchem sich die Gegenstände dann befinden, verlangen. Der Filmhersteller übernimmt keinerlei Gewährleistung oder sonstige Haftung für eine Wertminderung der zwischenzeitlichen Nutzung in der Sphäre des Filmherstellers. Soweit die Sachen offensichtlich wertlos sind, entfällt eine Herausgabeverpflichtung.

Anmerkungen

→ Form. IX.33 C.

33 B. Vertrag über eine Requisitenspende zur Filmerstellung (unentgeltliches Product Placement)

Zwischen

dem Produkthersteller . . . . .

– Produkthersteller –

und

dem Filmhersteller . . . . .

– Filmhersteller –

wird Folgendes vereinbart:

§ 1 Gegenstand[1,2]

(1) Der Filmhersteller beabsichtigt die Herstellung eines primär zur Auswertung in Lichtspieltheatern bestimmten Spielfilms mit dem Arbeitstitel . . . . . Die bisher vorliegenden Filmmanuskripte, bestehend aus . . . . ., sind dem Produkthersteller bekannt.

(2) Es entspricht dem Wunsch des Produktherstellers, dieses Filmprojekt im Rahmen des rechtlich Zulässigen nach Maßgabe der nachfolgenden Bestimmungen zu unterstützen.

§ 2 Requisitenspende[3]

Der Produkthersteller stellt dem Filmhersteller folgende beweglichen Sachen zur Verwendung als Requisite in dem genannten Film kostenlos zur Verfügung: . . . . . Diese Requisiten haben einen Wert von: . . . . .

§ 3 Verwendung der Requisiten im Film[1–3]

(1) Der Filmhersteller ist in der Verwendung der ihm zur Verfügung gestellten Requisitenspende frei.

(2) Der Filmhersteller sichert zu und der Produkthersteller nimmt billigend zur Kenntnis, dass die zur Verfügung gestellten Gegenstände ausschließlich nach Maßgabe des film-

dramaturgischen Ablaufs in der Filmhandlung sichtbar gemacht werden und eine Platzierung nach werbetechnischen Gesichtspunkten unterbleibt.

§ 4 Gratisleistung[1]

Die Leistungsverpflichtung des Produktherstellers wird ohne jeglichen Anspruch auf finanzielle Vergütung von Seiten des Filmherstellers eingegangen.

§ 5 Rückgabe[3]

Nach Beendigung der Dreharbeiten unter Berücksichtigung einer branchenüblichen Nachdrehzeit kann der Produkthersteller vom Filmhersteller die Rückgabe der Requisitenspende in dem Zustand, in welchem sich die Gegenstände dann befinden, verlangen. Der Filmhersteller übernimmt keinerlei Gewährleistung oder sonstige Haftung für eine Wertminderung infolge der zwischenzeitlichen Nutzung in der Sphäre des Filmherstellers. Soweit die Sachen offensichtlich wertlos geworden sind, entfällt eine Herausgabeverpflichtung.

Anmerkungen

→ Form. IX.33 C.

33 C. Vertrag über entgeltliches Product Placement in einer Produktion für einen Privatsender

Zwischen
dem Produkthersteller .....

– Produkthersteller –

und
dem Filmhersteller .....

– Filmhersteller –

wird Folgendes vereinbart:

§ 1 Gegenstand[1,2]

(1) Der Filmhersteller beabsichtigt die Herstellung eines zur Auswertung im privaten Rundfunk bestimmten Spielfilms mit dem Arbeitstitel ..... Die bisher vorliegenden Filmmanuskripte, bestehend aus ....., sind dem Produkthersteller bekannt.
(2) Es entspricht dem Wunsch des Produktherstellers, dass das Produkt ...... in diesem Spielfilm mit dem Ziel der Absatzförderung im Rahmen des rechtlich Zulässigen nach Maßgabe der nachfolgenden Bestimmungen erwähnt wird.

§ 2 Verwendung der Produkte im Film[1–3]

(1) Der Filmhersteller ist in der Verwendung des ihm zur Verfügung gestellten Produktes frei.
(2) Der Filmhersteller sichert zu und der Produkthersteller nimmt billigend zur Kenntnis, dass das zur Verfügung gestellte Produkt ausschließlich nach Maßgabe des filmdramaturgischen Ablaufs in der Filmhandlung sichtbar gemacht wird und eine Platzierung nach werbetechnischen Gesichtspunkten, insbesondere die Aufforderung zu ihrem Erwerb durch verkaufsfördernde Hinweise, unterbleibt.

(3) Der Filmhersteller sichert ferner zu, dass das Produkt nicht zu stark herausgestellt wird, insbesondere wird keine Darstellung gewählt, die in ihrer Art und Häufigkeit oder Dauer den Werbezweck und das Sendegeschehen dominieren oder den natürlichen Handlungsablauf in den Hintergrund treten lässt.
(4) Der Filmhersteller verpflichtet sich zudem, den Sender auf die Kennzeichnungsverpflichtungen und auf ggf. bestehende Werbeverbote und/oder -beschränkungen hinzuweisen.

§ 3 Geldmittel[3]

Der Produkthersteller stellt dem Filmhersteller zur Herstellung des Films folgende Geldmittel zur Verfügung:

Bei Vertragsabschluss	Euro .....
Nach Abnahme des Rohschnitts	Euro .....
Nach Abnahme des Feinschnitts	Euro. ....
Insgesamt mithin	Euro .....

§ 4 Sachmittel[3]

Der Produkthersteller stellt dem Filmhersteller zur Herstellung des Films folgende Sachmittel zur Verfügung: ......

§ 5 Rückgabe[3]

Nach Beendigung der Dreharbeiten unter Berücksichtigung einer branchenüblichen Nachdrehzeit kann der Produkthersteller vom Filmhersteller die Rückgabe der Produkte in dem Zustand, in welchem sich die Gegenstände dann befinden, verlangen. Der Filmhersteller übernimmt keinerlei Gewährleistung oder sonstige Haftung für eine Wertminderung infolge der zwischenzeitlichen Nutzung in der Sphäre des Filmherstellers. Soweit die Sachen offensichtlich wertlos geworden sind, entfällt eine Herausgabeverpflichtung.

Schrifttum: Ahrens, Redaktionelle Werbung – Korruption im Journalismus, GRUR 1995, 307; *Bornemann,* Produktplatzierung im Fernsehen ohne Grenzen, ZUM 2015, 48; *Castendyk,* Die Neuregelung der Produktplatzierung im Fernsehen, ZUM 2010, 29; *Glockzin,* „Product Placemement" im Fernsehen – Abschied vom strikten Trennungsgebot zwischen redaktionellem Inhalt und Werbung, MMR 2010, 161; Harte-Bravendamm/Henning-Bodewig, UWG/*Frank*, 4. Aufl. 2016, § 5a, Rn. 303ff ; *Hartel,* Werbung im Kinofilm, ZUM 1993, 592; v. Hartlieb/Schwarz, Handbuch des Film-, Fernseh- und Videorechts, 5. Aufl. 2011/*Castendyk*, 251.–253. Kap.; *Henning/Bodewig,* Werbung im Kinospielfilm, GRUR 1996, 321; *dies.,* Die Tarnung von Werbung, GRUR Int. 1991, 858; *Himmelsbach,* Schleichwerbung in den Medien, GRUR-Prax 2013, 78; *Holzgraefe,* Bühne frei für Product Placement, MMR 2011, 211; Köhler/Bornkamm/Feddersen, UWG, 37. Aufl. 2019/*Köhler,* § 5a, VII. Rn. 7.83-7.87; Ohly/Sosnitza/*Sosnitza,* Gesetz gegen den unlauteren Wettbewerb, 7. Aufl. 2016, § 5a, Rn. 99 ff; *Stender-Vorwachs,* Die Richtlinie für audiovisuelle Mediendienste, ZUM 2007, 620 ff.; *Völkel,* Product-Placement aus der Sicht der Werbebranche und seine rechtliche Einordnung, ZUM 1992, 55.

Anmerkungen

1. Sachverhalt. Nicht anders als Printmedien werden auch Filme zum Transport von Werbebotschaften eingesetzt, sei es in offener (Werbespots im Kino-Vorprogramm,

Sponsoring-Hinweis), sei es in mehr oder weniger versteckter Form (Schleichwerbung, Product Placement/Produktplatzierung). Zu den Erscheinungsformen *Völkel* ZUM 1992, 55 ff.). Dies kann eine bedeutende Finanzierungsquelle für den Filmhersteller darstellen. Im Rundfunkbereich spielt neben dem Werbespot zusätzlich das Sponsoring eine wichtige Rolle (zur Werbung im Rundfunk → Form. IX.41 Anm. 6). Für Print-Medien wird das Gebot der Trennung von redaktionellem Teil und Werbung in den Landespressegesetzen positiv-rechtlich geregelt und über eine gefestigte Rechtsprechung zum UWG kasuistisch präjudiziert. Im Rundfunkbereich reguliert der Rundfunkstaatsvertrag (RStV), derzeit in der Fassung des 21. RÄStV in Kraft seit dem 25.5.2018 (der bereits im Entwurf vorliegende 22. RÄStV enthält keine hier relevanten Änderungen), ua die Modalitäten des Gebots der Trennung von Programm und Werbung, konkret des Product Placements sowie des Sponsorings. Während es dem Produkthersteller bei der Produktplatzierung um die gekennzeichnete Darstellung oder Erwähnung des Produktes oder Namens gegen Entgelt in der Sendung selbst mit dem Ziel der Absatzförderung geht, möchte er beim Sponsoring eine Sendung mit dem Ziel finanzieren, einen gewissen positiven Werbeeffekt für sich zu erreichen, § 2 Abs. 2 Nr. 11 und 9 RStV.

Auf dem Gebiet des im Kino gezeigten Spielfilms steht mangels sonstiger positivrechtlicher Normierung zur Bewertung allein die wettbewerbsrechtliche Regelung gem. § 5a Abs. 6 UWG (Köhler/Bornkamm/Feddersen-*Köhler* § 5a Rn. 7.86) sowie die Nichtigkeitsanordnung der §§ 138, 134 BGB (vgl. OLG München ZUM 1995, 888 – Schleichwerbung; OLG München AfP 1988, 252) zur Verfügung. Das OLG München (GRUR 2006, 603) überraschte in der Vergangenheit mit einer besonders strengen Prüfung, als es einen Product Placement-Vertrag über eine Spirituose in einem Kinofilm für nichtig nach § 134 BGB iVm § 1 UWG aF befand. Das Gericht argumentierte, dass der Vertrag zur Begehung unlauteren Wettbewerbs durch getarnte Werbung verpflichte. Indizien hierfür sah es in der fehlenden ausdrücklichen Kennzeichnungsverpflichtung und einer fehlenden Regelung, das Jugendschutzgesetz zu beachten. Das Gericht hielt es für naheliegend, dass der noch nicht produzierte Film diese Grundsätze auf Grund seines Genres verletzen wird und stellte auf eine lediglich antizipierte Wettbewerbsverletzung ab.

Bei der deutschen Spielfilmproduktion werden bereits seit langem Vereinbarungen zwischen Filmproduzenten und Produktherstellern über die Verwendung von Requisiten getroffen, die in ihrer kommerziellen Form im Film erscheinen. Während dies zuvor überwiegend eher unauffällig geschah und wegen der zwanglos erscheinenden Einfügung in den dramaturgischen Ablauf keinen öffentlich messbaren Anstoß erregte (vgl. BGHZ 110, 278 = NJW 1990, 3199 – Werbung im Programm „Wer erschoss Boro?“), stellte der Ende der 80er Jahre in Deutschland produzierte und uraufgeführte Film „Feuer, Eis & Dynamit“ die Markenartikel (überwiegend Sportgeräte, Modeartikel und Getränke) der in die Filmfinanzierung einbezogenen Herstellerfirmen in die Spielhandlung werbend heraus. Der in zwei getrennten Gerichtsverfahren damit befasste Bundesgerichtshof untersagte die Präsentation des Films in einer Form, die den Werbecharakter des Films nicht offen legt (BGH GRUR 1995, 744 – Feuer, Eis & Dynamit I), lehnte aber die Verhängung eines generellen Vorführverbotes unter Hinweis vor allem auf Art. 5 Abs. 3 GG ab (BGH GRUR 1995, 750 – Feuer, Eis & Dynamit II). Dabei geht der BGH davon aus, dass der unzulässige Werbecharakter im Falle bezahlter, aber nicht offengelegter Werbung indiziert sei, während er den Fall der gratis zur Verfügung gestellten, im Film nicht übermäßig hervorgehobenen Requisite vom Verbot ausnimmt. Die Absicht der zuständigen Landesmedienanstalt, die Ausstrahlung des Films „Feuer, Eis & Dynamit“ im Privatfernsehen (durch PRO 7) von der Aufmachung als „Dauerwerbesendung“ abhängig zu machen, wurde vom VG Berlin (ZUM 1999, 742 (750) – Dauerwerbesendung) dahin abgemildert, dass ein vor der Sendung gegebener Hinweis darauf genüge, wonach der Film bezahlte Produktwerbung enthält.

Hinsichtlich der Werbung im Rundfunk wurde bereits mit dem 13. RÄStV zum 1.4.2010 die europäische Richtlinie für audiovisuelle Mediendienste 2007/65/EG (AVMD-RL) als revisionierte Fernsehrichtlinie umgesetzt, wodurch entgegen der früheren gesetzlichen Regelung Produktplatzierung und Sponsoring als Ausnahme von der Schleichwerbung in größerem Umfang möglich sein sollen. Gleichzeitig gibt es aber enge nationale Regularien ihrer Zulässigkeit im RStV. Zudem kann Product Placement auch im Rundfunk unter § 5a Abs. 6 UWG oder unter § 3a UWG fallen. Der RStV unterscheidet dabei zwischen öffentlich-rechtlichem Rundfunk (§§ 15 ff. RStV) und privatem Rundfunk (§§ 44 ff. RStV). Die Grundsätze der §§ 2 und 7 ff. RStV gelten aber für beide gleichermaßen.

Grundsatz nach § 7 Abs. 1 und 3 RStV sind die Trennung von Werbung und redaktionellem Inhalt sowie die Vermeidung der Irreführung, die es zu sichern gilt. Schleichwerbung ist daher unzulässig, § 7 Abs. 7, § 2 Abs. 2 Nr. 8 RStV. So wurde zuletzt zB die fast durchgehende Einblendung eines Logos ohne nachvollziehbares redaktionelles Bedürfnis während einer Poker-Sendung beanstandet (BVerwG MMR 2016, 698 ff.).

Produktplatzierungen sind dagegen als gekennzeichnete Schleichwerbung (im Einzelnen strittig) nach § 7 Abs. 7 RStV ausnahmsweise zulässig, wenn sie ua die für den öffentlich-rechtlichen bzw. privaten Rundfunk speziellen Voraussetzungen erfüllen. Für beide Formen des Rundfunks gilt, dass redaktionelle Verantwortung und Unabhängigkeit hinsichtlich Inhalt und Sendeplatz unabhängig bleiben müssen, die Produktplatzierungen nicht zum Erwerb von Waren/Dienstleistungen auffordern, also keinen unmittelbaren werblichen Charakter haben, und das Produkt nicht zu stark herausgestellt werden darf (undue prominence). Zudem muss grundsätzlich auf die Produktplatzierung eindeutig zu Beginn, zum Ende sowie bei Fortsetzung nach einer Werbeunterbrechung hingewiesen werden.

Hinsichtlich dieser allgemeinen Voraussetzungen ist das Urteil des OVG Koblenz (ZUM 2013, 980), zu berücksichtigen. Ein Privatsender hatte während der Live-Übertragung eines Fußballspiels immer wieder in ein vom ihm initiiertes „Männercamp" geschaltet, in dem mehrere Männer das Spiel verfolgten. Dieses wurde von einer Biermarke finanziert, die omnipräsent war. So war die Biermarke Teil des Camp-Namens, sie war auf der Kleidung der Männer, dem Flatscreen im Hintergrund, den Gläsern, den Flaschen, dem Eiskübel und der Zimmerwand zu sehen. Zudem waren Moderation und Dialoge derart gestrickt, dass die Marke stets wiederholt wurde. Das OVG hat hierin eine zu starke Herausstellung nach § 7 Abs. 7 S. 2 Nr. 3 RStV(undue prominence) und damit eine unzulässige Produktplatzierung gesehen. Eine Herausstellung sei zu stark, wenn sie in ihrer Art und Häufigkeit oder Dauer redaktionell nicht erforderlich oder nicht durch die Lebenswirklichkeit gerechtfertigt ist. Insbesondere sei dies der Fall, wenn die Lebenswirklichkeit ausschließlich zum Zweck der Werbung geschaffen würde und es sich so um eine künstlich erzeugte Wirklichkeit handele (ZUM 2013, 980 (983 f.)). Die Kennzeichnungspflicht entbinde nicht von der Einhaltung der Grenzen, sondern sei eine Mindestanforderung, dass die Produktplatzierung als Ausnahme von der Schleichwerbung überhaupt möglich sei.

Zuvor hatte dasselbe Gericht bereits die Oster-Show eines Privatsenders als Schleichwerbung eingestuft und eine Irreführung des Publikums darin gesehen, dass „die Verquickung des Programms mit der Darstellung von Waren in werblicher Absicht wegen ihrer vermeidbaren Werbewirkung den Trennungsgrundsatz unterläuft". Dem könne sich der Sender auch nicht dadurch entziehen, dass er Dritte in die Programmgestaltung einbindet (ZUM 2009, 507 ff.).

Das BVerwG (ZUM 2015, 78 (80)) hat sich hinsichtlich des zuvor genannten „Männercamps" großzügiger gezeigt und entschieden, dass eine Produktdarstellung nicht durch redaktionelle Erfordernisse gerechtfertigt sein muss; gefordert wird lediglich ein angemessener Ausgleich zwischen werblichen und redaktionellen Belangen, der Werbezweck darf das Sendungsgeschehen nicht dominieren.

Im öffentlich-rechtlichen Rundfunk sind Produktplatzierungen allerdings nur erlaubt in Kinofilmen, Filmen und Serien, Sportsendungen und Sendungen der leichten Unterhaltung, die nicht vom Veranstalter selbst oder von einem verbundenen Unternehmen produziert oder in Auftrag gegeben wurden, also nur bei eingekauften Fremdproduktionen. Des Weiteren sind sie erlaubt, wenn kein Entgelt gezahlt, sondern sie als Produktionshilfen zur Verfügung gestellt wurden. Ausgeschlossen sind allerdings auch hier Nachrichten, Sendungen zum politischen Zeitgeschehen, Ratgeber- und Verbrauchersendungen, Sendungen für Kinder und Übertragungen von Gottesdiensten (vgl. § 15 RStV).

Im privaten Rundfunk ist die Produktplatzierung weitergehend nach § 44 RStV zulässig in Kinofilmen, Filmen und Serien, Sportsendungen und Sendungen der leichten Unterhaltung, außer für Kinderserien sowie wenn sie entgeltfrei wie für den öffentlich-rechtlichen Rundfunk beschrieben stattfindet. Durch diese Öffnung erhält das Product Placement jedenfalls im privaten Rundfunk eine neue Bedeutung.

Für beide bestehen umfangreiche Werbeverbote, zB für Tabak und rezeptpflichtige Medikamente, sowie Beschränkungen bei alkoholischen Getränken und zum Jugendschutz (vgl. v. Hartmann/Schwarz-*Castendyk* 251. Kap. Rn. 33 ff.). Zudem sind Werbemengenbegrenzungen zu berücksichtigen.

Nach § 2 Abs. 2 Nr. 11 RStV ist die unentgeltliche Produktplatzierung grundsätzlich nur reguliert, soweit die betreffende Ware oder Dienstleistung einen bedeutenden Wert hat. Nach der Gemeinsamen Richtlinie der Landesmedienanstalten soll dies ab 1.000,– Euro bzw. 1 % der Produktionskosten der Fall sein.

Nach § 8 RStV ist auch das Sponsoring im öffentlich-rechtlichen wie im privaten Rundfunk erlaubt, wenn zu Beginn und am Ende der Sendung deutlich auf die Finanzierung durch den Sponsor hingewiesen wird, die redaktionelle Verantwortung und Unabhängigkeit des Rundfunkveranstalters gewahrt bleibt und nicht zum Erwerb der Erzeugnisse oder Dienstleistungen des Sponsors angeregt wird. Dabei sind Nachrichtensendungen und Sendungen zur politischen Information allerdings vom Sponsoring ausgeschlossen und Kindersendungen stark eingeschränkt. Für den öffentlich-rechtlichen Rundfunk ergeben sich zeitliche Einschränkungen aus § 16 RStV.

2. Wahl des Formulars. Die in → Anm. 1 zitierte Rechtsprechung sowie die dargestellte Ausgestaltung der AVMS-RL im RStV eröffnet Vertragsparteien, die über den Einsatz von Markenartikeln oder Dienstleistungen vertragliche Vereinbarungen treffen wollen, verschiedene Möglichkeiten. Die erste besteht darin, eine gezielte Produktplatzierung in einem offen als Werbung präsentierten Film zu verabreden (→ Form. IX.33 A). Eine andere beschränkt sich auf das unentgeltliche Product Placement, also die Spende bzw. Leihgabe einer Requisite, deren Einsatz im Film allein den dramaturgischen Erfordernissen angepasst wird, wobei eine übermäßig werbliche Herausstellung unterbleiben muss (→ Form. IX.33 B). Dies ist im öffentlich-rechtlichen wie im privaten Rundfunk in den oben in → Anm. 1 erläuterten Grenzen zulässig. Nach den erwähnten Änderungen des RStV sind nunmehr in engen Grenzen aber auch entgeltliche Produktplatzierungen im privaten Rundfunk zulässig (→ Form. IX.33 C). Stets ist allerdings die genannte Rechtsprechung des OLG München zu berücksichtigen, um einer Gefährdung durch die §§ 134, 138 BGB zu entgehen. Für Vereinbarungen über Sende- und Ereignissponsoring oder über Influencer-Marketing sind die Formulare nicht geeignet.

3. Handlungsanweisung. An Stelle der werbungtreibenden Firma bzw. des Produktherstellers kann auch eine Product Placement-Agentur als Vertragspartner des Filmherstellers auftreten. Sofern diese mehrere Produkte unterschiedlicher Hersteller oder Werbeinteressen von Dienstleistern vertritt, müsste insbesondere § 2 des Formulars entsprechend angepasst werden. Wesentlicher Verhandlungsgegenstand des → Form. IX.33 A (Product Placement für einen Werbespot) ist die genaue Umschreibung der vom Filmhersteller zu erbringenden Werbeleistung (Product Placement) (§ 2 des Formulars). An Stelle des unterbreiteten Formulierungsvorschlages sind Beschreibungsvarianten der unterschiedlichsten Art denkbar. Im Falle OLG München (AfP 1988, 252) hatten die Vertragsparteien die Verpflichtung des Filmherstellers wie folgt definiert:

„Der Filmhersteller garantiert, dass die Komparserie bei Live-Aufnahmen, in denen dies in Übereinstimmung mit dem jeweiligen Auftritt des darzustellenden Hauptacts, mit dem Drehbuch und dem Szenenablauf möglich ist, Jeans und Sportswear des Lizenznehmers tragen wird. Regie- und Auftrittsgesichtspunkte gehen in jedem Fall vor."

Die Gegenleistung des Werbungtreibenden besteht in Geld- und/oder Sachmitteln (§§ 3 und 4 des Formulars). Sofern auch Geldleistungen vereinbart werden, empfiehlt sich eine Fälligkeitsregelung, die es dem Werbungtreibenden ermöglicht, die Erbringung von Teilzahlungen davon abhängig zu machen, dass er sich zuvor durch Betrachtung des Rohschnitts und/oder des fertig geschnittenen Films ein Bild davon machen kann, ob der Film seinen Vorstellungen über die Effektivität der werblichen Präsentation entspricht.

Zur Vermeidung von Meinungsverschiedenheiten bei den Abnahme-Schritten sollten möglichst objektivierbare Kriterien für die Form der Werbepräsentation im Vertrag festgelegt werden, ggf. durch konkrete Festlegung der Einblendung bzw. Verwendung des Produktes im Drehbuch. Alternativ könnte verabredet werden, dass ein Repräsentant des Werbungtreibenden oder dessen Agentur bei der Filmherstellung als Berater oder Co-Regisseur zugezogen wird, dessen Einverständnis eine Abnahmeentscheidung des Werbungtreibenden ersetzt.

Das Formular, welches die Requisitenspende als unentgeltliches Product Placement betrifft (→ Form. IX.33 B), braucht im Wesentlichen nur durch die Auflistung der vom Produkthersteller zur Verfügung gestellten Sachmittel spezifiziert zu werden. Sollte das Formular für eine Rundfunk- und nicht für eine Kinoproduktion genutzt werden, so ist § 1 anzupassen. Zudem sollte § 3 wie in § 2 des → Form. IX.33C nach den Anforderungen des RStV formuliert und daher entsprechend angepasst werden.

Soweit es sich um eine kostenlose Bereitstellung von nicht-bedeutendem Wert (derzeit: unter 1.000,– Euro bzw. 1 % der Produktionskosten) handelt, greifen die Regelungen des RStV – mit Ausnahme der undue-prominence Regelung – zur Produktplatzierung allerdings nicht, § 2 Abs. 2 Nr. 11 RStV. Darüber hinaus sind unentgeltliche Produktplatzierungen sowohl im öffentlich-rechtlichen als auch im privaten Rundfunk unter den beschriebenen Einschränkungen möglich, §§ 15 Nr. 2, 44 Nr. 2 RStV. Es sind aber insbesondere die Genreeinschränkungen zu beachten.

Besteht eine Rückgabeverpflichtung wie im Formular vorgeschlagen, so handelt es sich rechtlich um einen Leihvertrag nach den §§ 598 ff. BGB. Ggf. sind Sondervereinbarungen im Zusammenhang mit der Rückgabeverpflichtung ergänzend in das Formular aufzunehmen. Insbesondere bei höherwertigen Gegenständen empfiehlt es sich, auch Regelungen über den Haftungsumfang aufzunehmen. Nach § 602 BGB haftet der Filmproduzent sonst nicht für die normale vertragsgemäße Abnutzung der Gegenstände, die je nach Drehbuch sehr weitgehend sein kann. Auch hier kann der Hersteller sich ein Mitspracherecht hinsichtlich der konkreten Einbindung der Gegenstände in den Film einräumen lassen. Allerdings kann auch unentgeltliche Produktplatzierung Schleichwerbung sein (EuGH GRUR Int. 2011, 733).

34. Filmlizenzvertrag (Kinoverleihvertrag)

Zwischen[1]
dem Filmhersteller .....
und
dem Lizenznehmer (Filmverleih)[1].....
wird folgender Kinoverleihvertrag geschlossen:

§ 1 Gegenstand

(1) Der Filmhersteller ist Produzent des Films ..... mit folgenden Kriterien:
Produktionsnummer:
Laufzeit (24 Bilder/sec.): ca. Min.
Längentoleranz: +/– ...... %
Aufzeichnungsmaterial: ...... mm Negativ/Positiv
Aufzeichnungsverfahren:
Tonspurqualität:
Produktionsstätte:
Vorgesehener Drehbeginn:
Drehende:
Fertigstellung der Produktion:
Drehbuch, gegebenenfalls andere zu verfilmende vorbestehende Werke:
Regisseur:
Hauptdarsteller: X (garantiert), Y, Z (voraussichtlich)
Charakteristik der Produktion:
(2) Der Lizenznehmer verpflichtet[4] sich, den Film nach Maßgabe der ihm durch diesen Vertrag eingeräumten Rechte bestmöglich auszuwerten.

§ 2 Rechtsübertragung[5]

(1) Der Filmhersteller überträgt an den Lizenznehmer das ausschließliche Recht, den Film in seiner deutschsprachigen Fassung vorzuführen und/oder durch Dritte vorführen zu lassen. Die Rechtsübertragung gilt räumlich für Europa und erstreckt sich auf die Filmvorführung durch Fluggesellschaften mit Sitz im Lizenzgebiet, Schiffe mit entsprechender Nationalität sowie exterritoriale Einrichtungen der Länder des Lizenzterritoriums. Die Vergabe von Sublizenzen bedarf der schriftlichen Zustimmung des Filmherstellers.
(2 Die Dauer der Rechtsübertragung beträgt ...... Jahre ab Erstaufführung/ab Erteilung der Ziehungsgenehmigung/ab Vertragsschluss. Der Vertrag endet spätestens am ......
(3) Die Rechtsübertragung erstreckt sich auch darauf, die im Film enthaltenen Aufnahmen und das vom Filmhersteller zur Verfügung gestellte Begleitmaterial zur Werbung für den vertragsgegenständlichen Film in branchenüblicher Weise zu verwenden.
(4) Die Rechtsübertragung bzw. Rechtseinräumung nach diesem Vertrag erfolgt unter der auflösenden Bedingung, dass das darauf gerichtete schuldrechtliche Verpflichtungsgeschäft zustande kommt und bestehen bleibt. Nach etwaigem Wegfall des Verpflichtungsgeschäftes fallen die vertragsgegenständlichen Nutzungs- und Verwertungsrechte automatisch an den Filmhersteller zurück. Die dem Lizenznehmer eingeräumte Befugnis zur Weiterübertragung von Rechten an Dritte ist dahin eingeschränkt, dass auch die

weiter übertragenen Sublizenzrechte ohne Durchgangserwerb beim Lizenznehmer automatisch an den Filmhersteller zurückfallen, wenn das schuldrechtliche Verpflichtungsgeschäft zwischen Filmhersteller und Lizenznehmer erlischt.

§ 3 Garantie[6]

Der Filmhersteller steht dafür ein, dass die zur Herstellung und Auswertung des Films erforderlichen Nutzungsrechte aller betroffenen Urheber und Leistungsschutzberechtigten und aller sonstigen Mitwirkenden an der Herstellung des Films, vorbehaltlich der von den Verwertungsgesellschaften, insbesondere der GEMA wahrgenommenen Rechte, ordnungsgemäß erworben worden sind und Persönlichkeits- oder sonstige Rechte Dritter der Filmauswertung nicht entgegenstehen. Er sichert zu, dass er zutreffende und vollständige Angaben über die Urheberschaft der in das Filmwerk eingegangenen schöpferischen Leistungen, über die mitwirkenden Künstler und sonstigen Leistungsschutzberechtigten einschließlich der Hersteller eingeschnittenen Filmmaterials gemacht hat. Der Filmhersteller garantiert, dass die Vorführung und sonstige vertragsgemäße Veröffentlichung des Films die gesetzlichen Vorschriften, insbesondere Persönlichkeits- und Kennzeichenrechte Dritter, die Straf-, Jugendschutz-, Datenschutz- und Wettbewerbsgesetze nicht verletzt.

§ 4 Negativ[7]

(1) Der Filmhersteller garantiert ein einwandfreies Bild- und Tonnegativ, von dem sich Kopien in branchenüblich guter Qualität ziehen lassen.

(2) Der Lizenznehmer ist berechtigt, Kopien in dem für die Auswertung des Films benötigten Umfang ziehen zu lassen.

(3) Während der Vertragsdauer wird das gesamte Negativ sowohl auf den Namen des Filmherstellers als auch des Lizenznehmers bei einem von beiden Vertragschließenden ausgewählten Kopierwerk eingelagert.

(4) Auf Anfordern des Lizenznehmers stellt der Filmhersteller ihm den Film in einer Digitalvorlage zur Verfügung, die es dem Lizenznehmer ermöglicht, den Film den Kinobetreibern in Form von digitalen Trägern und/oder durch Direktübertragung digitaler Informationen (E-Cinema) zu Vorführungszwecken zugänglich zu machen.

§ 5 Begleitmaterial[7]

(1) Zusätzlich zum Hauptfilm wird auf Kosten des Filmherstellers/Lizenznehmers ein Reklamevorspann bis zu 100 m Länge hergestellt. Dessen Gestaltung erfolgt im beiderseitigen Einvernehmen.

(2) Auf Wunsch des Lizenznehmers stellt der Filmhersteller diesem das Ausgangsmaterial zur Erstellung aller notwendigen Werbematerialien wie Fotos, Kritiken, Aufsätze, Informationen, Dialogliste usw kostenlos zur Verfügung und unterstützt den Lizenznehmer für Werbezwecke durch kostenlose Beratung.

§ 6 Vergütung[8]

Die vom Filmhersteller zu erbringenden Leistungen, insbesondere die Einräumung der Auswertungsrechte[5] an den Lizenznehmer werden durch die Beteiligung am Auswertungsergebnis wie folgt vergütet:

(1) Sämtliche beim Lizenznehmer eingehenden Erlöse aus allen Rechteauswertungen werden wie folgt aufgeteilt:

Bis zur Abdeckung der Vertriebsvorkosten und der an den Filmhersteller gezahlten Verleihgarantie

. . . . . . % an den Filmhersteller

. . . . . . % an den Lizenznehmer.

Als Vertriebsvorkosten gelten ausschließlich solche, die der Definition des FFG und seiner Richtlinien in seiner jeweils bei Kostenanfall gültigen Fassung (zzt.: Richtlinie für die Projektfilmförderung, Teil B, § 16 Nr. II) entsprechen und soweit sie einen Betrag von insgesamt . . . . . . Euro nicht überschreiten.

Danach werden die Einnahmen des Lizenznehmers nach folgendem Verhältnis aufgeteilt:

. . . . . . % an Filmhersteller

. . . . . . % an Lizenznehmer.

(2) Sollte der Lizenznehmer von Seiten eines Urhebers oder ausübenden Künstlers auf Zahlung einer weiteren Beteiligung gem. § 32a Abs. 2 UrhG direkt in Anspruch genommen werden, ist der Lizenznehmer berechtigt, den Filmhersteller mit Ausgleichszahlungen an den Künstler in Höhe des prozentualen Anteils zu belasten, der für die Aufteilung der vom Lizenznehmer erzielten Lizenzerlöse im Verhältnis zwischen den Vertragsbeteiligten vereinbart ist, dies alles unter folgenden Voraussetzungen:

- Der Lizenznehmer unterrichtet den Filmhersteller unverzüglich über alle Korrespondenzen oder sonstigen Vorgänge im Zusammenhang mit der Geltendmachung solcher Ansprüche und der Reaktion hierauf, und gibt ihm Gelegenheit, innerhalb angemessener Fristen sachliche Einwendungen gegen die geltend gemachten Ansprüche vorzubringen,
- Der Lizenznehmer weist auf Verlangen des Filmherstellers die geltend gemachten Ansprüche, soweit sie sich intern zu Lasten des Filmherstellers auswirken, in dem vom Filmhersteller gewünschten Umfang zurück. Von den ab der verlangten Zurückweisung anfallenden zusätzlichen und notwendigen Rechtsverteidigungskosten stellt der Filmhersteller den Lizenznehmer insoweit frei;

Alle weiteren Schritte bei der Rechtsverteidigung gegenüber dem Begehren des Urhebers oder Künstlers auf Zuerkennung einer weiteren Beteiligung gem. § 32a Abs. 2 UrhG werden, soweit sie sich intern zu Lasten des Filmherstellers auswirken, im Einvernehmen zwischen Filmhersteller und Lizenznehmer festgelegt. Im Zweifel gibt die Weisung des Filmherstellers den Ausschlag.

§ 7 Abrechnung[10]

Der Lizenznehmer ist verpflichtet, bis spätestens zum 25. eines jeden Monats Abrechnung über die Auswertung des Films auf der Basis der im vergangenen Monat beim Lizenznehmer eingegangenen Erlöse durchzuführen und die demnach geschuldeten Anteile des Filmherstellers zzgl. der gesetzlichen MWSt. an diesen zu zahlen.

§ 8 Einsichtsrechte[10]

Der Filmhersteller ist berechtigt, auf seine Kosten alle Unterlagen, die die Auswertung des Vertragsfilms und die dafür getätigten Aufwendungen betreffen, beim Lizenznehmer während der Geschäftszeit einzusehen oder durch eine zur Berufsverschwiegenheit verpflichtete Person einsehen zu lassen.

§ 9 Garantiezahlung[9]

(1) Auf die Anteile des Filmherstellers aus allen Erlösen nach diesem Vertrag leistet der Lizenznehmer eine Garantiezahlung in Höhe von . . . . . . Euro, die wie folgt belegt wird:

(2) Der Lizenznehmer stellt dem Filmhersteller spätestens bis zum . . . . . . eine Bankgarantie über die vereinbarte Garantiezahlung.

§ 10 Ankündigungen[11]

(1) Der Lizenznehmer verpflichtet sich, die ihm vom Filmhersteller aufgegebenen Nennungsverpflichtungen zu beachten, insbesondere den Film nur unter Verwendung des unveränderten Vor- und Nachspanns auswerten zu lassen und bei der Werbung für den

Film die Haupturheber, die Mitwirkenden und den Filmhersteller in üblicher Form anzukündigen, sofern diese Verpflichtungen rechtzeitig dem Lizenznehmer schriftlich bekannt gegeben werden, und zwar bei Vermeidung einer für jeden Fall der Zuwiderhandlung an den Filmhersteller zu zahlenden Vertragsstrafe in Höhe von ...... Euro.

(2) Der Lizenznehmer ist berechtigt und verpflichtet, den Vertragsfilm in der Gesamtwerbung mit dem Namen und dem Firmenzeichen des Filmherstellers zu versehen, und zwar in gleicher Behandlung wie den Namen und das Firmenzeichen des Lizenznehmers.

(3) Der Lizenzgeber wird im Vor- und/oder Nachspann des Films den Copyright-Vermerk anbringen.

§ 11 Beendigung des Vertrages[12]

(1) Der Filmhersteller ist berechtigt, das Vertragsverhältnis fristlos zu kündigen, sofern der Lizenznehmer seinen Zahlungs- oder Abrechnungsverpflichtungen nicht nachkommt und diese Verpflichtungen auch nicht innerhalb einer ihm schriftlich gesetzten Nachfrist von 4 Wochen erfüllt. Bis zur Stellung des Antrages auf Eröffnung des Insolvenzverfahrens über das Vermögen des Lizenznehmers ist der Filmhersteller zur fristlosen Vertragskündigung berechtigt, wenn eine wesentliche Verschlechterung der Vermögensverhältnisse des Lizenznehmers eintritt. Nach der Stellung des Antrages auf Eröffnung des Insolvenzverfahrens über das Vermögen des Lizenznehmers ist der Filmhersteller zur fristlosen Vertragskündigung berechtigt, wenn der Insolvenzverwalter mit den Zahlungen aus dem fortgeführten Vertrag in Verzug gerät. Mit dem Zugang der fristlosen Kündigung fallen die Auswertungsrechte automatisch an den Filmhersteller zurück, und zwar einschließlich derjenigen Rechte, die der Lizenznehmer an Dritte weiter übertragen hat.

(2) Wird der Vertrag durch eine berechtigte fristlose Kündigung des Filmherstellers beendet, ist der Lizenznehmer verpflichtet, die Kopien des Hauptfilms und des Werbevorspanns sowie die Verträge mit Filmvorführern, vorhandene Zensurkarten und das gesamte Werbematerial an den Filmhersteller auszuhändigen. Die Forderungen des Lizenznehmers aus den mit Filmvorführern geschlossenen Verträgen gehen in diesem Falle auf den Filmhersteller über. Als angemessene Vergütung an den Lizenznehmer für bereits vorliegende Verträge mit Filmvorführern wird ein Satz von 10 % der Bruttolizenzeinnahmen aus diesen Verträgen angesehen.

(3) Die Auslieferungspflicht gem. Abs. 2 Satz 1 gilt für die ordentliche Beendigung des Vertrages mit der Maßgabe, dass eine Vergütung nicht zu entrichten ist. Der Filmhersteller kann auch verlangen, dass der Lizenznehmer die der Auslieferungspflicht unterliegenden Gegenstände unentgeltlich vernichtet und ihm die Vernichtung nachweist.

§ 12 Schlussbestimmungen

(1) Ergänzend gilt das Recht der Bundesrepublik Deutschland.

(2) Maßgebend ist allein dieser schriftliche Vertrag. Änderungen, Ergänzungen sowie der Verzicht auf die Schriftform können nur schriftlich vereinbart werden. Mündliche Nebenabreden sind nicht getroffen.

(3) Die etwaige Unwirksamkeit einer Bestimmung dieses Vertrages lässt die Wirksamkeit des Vertrages im Übrigen unberührt.

(4) Sofern eine der Vertragsparteien keinen Gerichtsstand im Geltungsbereich der Bundesrepublik Deutschland hat, gilt der Sitz des inländischen Vertragspartners als Gerichtsstand für alle etwaigen Streitigkeiten aus diesem Vertrag. Die Parteien sind auch berechtigt, das nach dem allgemeinen Gerichtsstand des Beklagten zuständige Gericht anzurufen.

Schrifttum: Baur, Daniel Der Filmlizenzvertrag 2013, *Beucher/Raitz v. Frentz,* Kreditsicherung bei Filmproduktionen, ZUM 2002, 511 ff.; *Brehm,* Filmrecht, 2007, S. 267 ff; *v. Hartlieb/Schwarz-Verfasser,* Handbuch des Film-, Fernseh- und Videorechts, 5. Auflage

2011, Kap. 156, 161, 448 ff.; *Henning/Bodewig,* Urhebervertragsrecht auf dem Gebiet der Filmherstellung und -verwertung, in: Beier u. a. (Hrsg.), Urhebervertragsrecht, 1995, S. 389 ff.; *Jacobshagen,* Filmrecht in Kino- und TV-Geschäft, 2. Aufl. 2003, S. 140; *McGuire/Kunzmann,* Sukzessionsschutz und Fortbestand der Unterlizenz nach „M2Trade" und „Take Five" – ein Lösungsvorschlag, GRUR 2014, 28; *Obergfell,* Filmverträge im deutschen materiellen und internationalen Privatrecht, 2001, S. 148 ff.; *Pahlow,* Von Müttern, Töchtern und Enkeln – Zu Rechtscharakter und Wirkung des urhebervertraglichen Rückrufs, GRUR 2010, 112; *Roeber/Jacoby,* Handbuch der filmwirtschaftlichen Medienbereiche, 1973; *v. Westerholt/Joppich,* Insolvenz des Lizenznehmers bei Film- und Fernsehlizenzen, ZUM 2003, 262.

Anmerkungen

1. Sachverhalt.

1.1 Während der Verleger eines Buches neben dessen Herstellung auch den Buchabsatz propagiert und steuert, überlässt der Hersteller eines für die Kinoauswertung bestimmten Spielfilms die entsprechenden Rechte einem oder mehreren Vertriebsunternehmen. Nach traditionellem Sprachgebrauch wird unterschieden zwischen dem „Filmverleih", der die inländische oder deutschsprachige Theaterauswertung übernimmt, während die internationale Auswertung als „Filmvertrieb" oder bei einer generalisierenden Vergabe internationaler Theaterrechte als „Weltvertrieb" bezeichnet wird. Der Begriff „Verleih" ist juristisch ungenau, weil vom „Verleiher" der Film natürlich gegen Entgelt an die Filmtheater weitergegeben wird. Da nicht die Nutzung von Filmkopien (Sachnutzung) im Vordergrund steht, wäre auch der Begriff „Filmmieter" unzutreffend. Die mit dem Filmlizenzvertrag intendierte Nutzung von Filmverwertungsrechten könnte die rechtsdogmatische Zuordnung zum Pachtvertrag (§§ 581, 535 BGB) nahelegen. In Rechtsprechung und Literatur wird der Filmlizenzvertrag freilich als Vertrag sui generis behandelt, der sich einer eindeutigen Kategorisierung nach den Vertragstypen des BGB entzieht, und zwar zugunsten einer Einzelfallbetrachtung der verschiedenen Vertragspflichten, die zwischen den jeweiligen Vertragsparteien vereinbart werden (vgl. dazu die eingehende Analyse von Baur S. 33, 50 ff., 68 mwN). Deshalb ist die Verwendung des neutralen Begriffs „Filmlizenzvertrag" vorzuziehen.

1.2 Die spezifische Aufgabe des Filmlizenznehmers besteht darin, den zur Auswertung übernommenen Film in die Kinos und sonstigen Stellen zu bringen oder bringen zu lassen, die sich mit der Vorführung von Filmen befassen. Aufwendig hergestellte Filme müssen am Markt durchgesetzt werden, wenn die Herstellungskosten abgedeckt und darüber hinaus auch Gewinne erzielt werden sollen. Natürlich gestalten sich die Vertriebsbedingungen außerordentlich unterschiedlich, je nachdem, um welche Art von Spielfilmen es sich handelt. Ebenso unterschiedlich ist die Interessenlage, je nachdem ob ein Filmlizenzvertrag mit einem multinational tätigen Großverleiher über einen „Hollywood-Film" oder mit einem inländischen Verleihunternehmen über einen geförderten deutschen oder europäischen Film mit einem hierzulande regelmäßig niedrigeren Produktionsbudget zur Debatte steht. Das Formular befasst sich thematisch mit einem klassischen „Filmlizenzvertrag", der sich auf die Vergabe der Kinoauswertungsrechte an der deutschsprachigen Filmfassung und die Befugnis zur Auswertung im deutschsprachigen Europa nebst darauf bezogener geschlossener Vertriebskreise (Luftfahrtgesellschaften, Reedereien usw) beschränkt. Berücksichtigt wird deshalb auch der Faktor der Filmförderung.

1.3 Filmlizenzverträge über pornographische Spielfilme verstoßen dann nicht gegen § 134 BGB, § 187 Abs. 1 Nr. 7 StGB, wenn der Vertragszweck es zulässt, dass die Filme in öffentlichen Vorführungen nicht gegen Entgelt gezeigt werden, das ganz oder überwiegend für diese Vorführung verlangt wird (BGH GRUR 1981, 530 (531) – PAM-Kino).

Solche Verträge, die vor allem zur Vorführung in Bars, Gaststätten und ähnlichen Betrieben in Betracht kommen, können aber gem. § 138 BGB sittenwidrig sein, wobei es im Hinblick auf § 242 BGB vom Einzelfall abhängt, ob sich einer der Vertragspartner dem anderen gegenüber auf die Sittenwidrigkeit berufen kann.

2. Wahl des Formulars. Das Formular ist zugeschnitten auf das Rechtsverhältnis zwischen dem Filmhersteller (bevorzugt eines deutschsprachigen Spielfilms) mit einem Vertriebsunternehmen, welches die Auswertung im Vorführbereich speziell in Lichtspieltheatern (Kinos) im deutschsprachigen Europa übernimmt, und zwar unter Einschluss von Schiffen, Luft- und Schienenfahrzeugen sowie Kulturinstituten und exterritorialen Einrichtungen der Länder des Lizenzterritoriums. Zum Begriff des Filmherstellers vgl. BGHZ 120, 67 – Filmhersteller; *Henning/Bodewig* S. 402 f. sowie die Kommentarliteratur zu § 94 UrhG. Der Filmlizenzvertrag wird in der Regel vor Beginn der Dreharbeiten abgeschlossen (Presale). Soll der Lizenznehmer als Koproduzent fungieren, ist nach dem → Form. IX.33 zu verfahren (→ Form. 33 Anm. 2). Die (meist nach der Hauptauswertung der deutschsprachigen Filmfassung in Kino und TV anstehende) internationale Filmauswertung wird durch Abschluss eines Weltagenturvertrages (International Sales Agency Agreement) mit einem Agenten oder mit dem Abschluss eines Weltvertriebsvertrages (International Distribution Agreement) mit einer international agierenden Major-Company oder einer Independentfirma auf der Grundlage überwiegend angelsächsischer Vertragsmuster geregelt (vgl. *Brehm* S. 255 ff.). Filmproduktionen, die unter der maßgeblichen Beteiligung von Sendeunternehmen zur Entstehung gelangen und die international für TV-Zwecke ausgelegt sind, finden ihre Vertragsgrundlage überwiegend im Modell der Auftragsproduktion (→ Form. IX.41) oder der Gemeinschaftsproduktion zwischen Sendeunternehmen und Filmproduzent (→ Form. IX.42), auch wenn sie zusätzlich, ggf. in einer spezifischen Kinofassung, im Kinobereich zur Auswertung gelangen. Für das Rechtsverhältnis beispielsweise zwischen der werbungtreibenden Wirtschaft einerseits und dem Werbefilmhersteller andererseits oder zwischen Regierungs-, Wissenschafts- und Bildungseinrichtungen einerseits und den Herstellern von aufklärenden, bildenden und/oder belehrenden Filmen andererseits wird eine Anlehnung an das → Form. IX.41 (Auftragsproduktion) nahe gelegt. Die Rechtsbeziehungen zwischen Lizenznehmer und inländischen Filmtheatern werden in sog. Bestellverträgen geregelt (→ Form. IX.35 und 36).

3. Handlungsanweisung.

3.1 Der Filmlizenzvertrag verschafft dem Lizenznehmer eine ausschließliche Rechtsstellung und setzt ihn instand, den Filmtheatern in der Regel einfache Rechte zur Vorführung des Films einzuräumen. Wesentlicher Inhalt des Filmlizenzvertrages, der als urheberrechtlicher Nutzungsvertrag eigener Art gilt (BGHZ 2, 331; 9, 262; *Obergfell* S. 155 sowie → Anm. 1), ist die Einräumung der Auswertungslizenz, die Festlegung des Lizenzgebietes, die Dauer der Lizenz sowie die Festlegung einer bestimmten Vergütung für den Filmhersteller (LG München UFITA 61, 367; zum mangelnden Bindungswillen bei einer vorvertraglichen „quick note" OLG München ZUM 2001, 439 – „Murder in the first"). Bei der Vergütungsabsprache und der Definition der abzudeckenden Kosten ist besonderes Augenmerk auf hinreichende Bestimmbarkeit der berücksichtigungsfähigen Positionen zu legen; anderenfalls besteht die Gefahr, dass der Vertrag wegen Einigungsmangels als unwirksam beurteilt wird (OLG München UFITA 59, 285 (288 f.)). Sofern die vertraglichen Hauptpflichten mit hinreichender Bestimmtheit festgelegt werden, setzt ein rechtswirksamer Filmlizenzvertrag keinen bestimmten Umfang, etwa in dem Format eines long form agreement, voraus. Auch die Vertragsbezeichnung als deal memo oder heads of agreement wäre unschädlich. Geht es dabei inhaltlich darum, lediglich die Verpflichtung zum Abschluss eines Hauptvertrages festzuhalten, handelt es sich um einen (bindenden) Vorvertrag (vgl. BGH ZUM 2010, 427 ff. – Neues vom Wixxer), anderenfalls um die Äußerung bloßer Interessensbekundungen (letter of intent), deren rechtliche Relevanz ggf. nach § 311 Abs. 2 und 3 BGB zu bestimmen ist.

3.2 Soll der Vertrag sich auch auf fremdsprachliche Filmversionen und/oder Lizenzterritorien über das deutschsprachige Europa hinausgehend erstrecken, ist neben § 2 des Formulars vor allem auch zu regeln und möglichst exakt zu definieren, wer die dadurch anfallenden zusätzlichen Kosten (Synchronisation, Filmmaterial, Werbung, sonstige Vertriebskosten usw) trägt und wie die Vorabzugsberechtigung im Zusammenhang mit der Erlösbeteiligung geregelt werden soll. Sollte der Film bei Vertragsabschluss bereits fertig gestellt und beiden Vertragspartnern bekannt sein, kann auf die detaillierte Filmbeschreibung in § 1 Abs. 1 verzichtet werden. Es genügt dann die Angabe zB des Filmtitels und des Regisseurs. Bei der Aufzählung der Hauptdarsteller und des Regisseurs sollte klar gestellt werden, ob das betreffende Engagement vom Filmhersteller garantiert wird, welche Rechtsfolgen die Nichterfüllung der Garantie auslöst (Rücktrittsrecht der Verleihfirma oder Einvernehmensklausel über Alternativengagement) oder ob das Engagement nur „voraussichtlich" vorgesehen ist.

3.3 Die Lizenzzeit (Vertragsdauer) wird in einer Bandbreite zwischen 5 und 20 Jahren praktiziert und hängt ua davon ab, ob und in welchem Umfang sich der Filmverleih an der Filmfinanzierung durch eine Verleihgarantie (→ Anm. 9) beteiligt. Denkbar ist die Vereinbarung einer Verlängerungsoption, von der der Lizenznehmer nach freier Entscheidung oder bei Vorliegen bestimmter Voraussetzungen (zB Nichtabdeckung der Minimumgarantie und/oder den Verleihvorkosten, Einspiel von Mindesterlösen) für eine bestimmte festliegende Verlängerungszeit Gebrauch machen kann. Dabei ist auf die Rechteverfügbarkeit für die Vertragsverlängerung nach Maßgabe etwa gleichzeitig bestehender Koproduktionsverträge Rücksicht zu nehmen. Zudem ist eine Optionsklausel denkbar, in der dem Lizenznehmer eine Option zur Veröffentlichung einer Fortsetzung (Sequel oder Prequel), basierend auf dem Film oder einem Remake eingeräumt wird. Hier ist zwischen einer einfachen und einer qualifizierten Option zu unterscheiden. Bei der einfachen Option werden die Vertragsbedingungen der künftigen Nutzung noch nicht festgelegt und statuieren nur ein Voranbietungsrecht etwa durch den Satz: Der LN erhält eine Option zur Veröffentlichung einer Fortsetzung (Sequel oder Prequel) basierend auf dem Film. Bei einer qualifizierten Option sind die vertraglichen Haupt- und Nebenleistungspflichten der künftigen Nutzung bereits enthalten, etwa durch den Zusatz: zu den vertragsgegenständlichen Regelungen dieser Vereinbarung. Bei der Ausgestaltung der Option wird in der Praxis ggf. unterschieden zwischen einem Erstverhandlungsrecht (first look, first offer right), einem Erstablehnungsrecht (first refusal right) oder einem Letztablehnungsrecht (last refusal right). Zu den Anforderungen an die hinreichende Bestimmtheit und zur Frage der Auslegung und Ausübung von Optionsklauseln eines Deal Memos vgl. BGH GRUR 2010, 418 Rn. 9, 13–19 – Neues vom Wixxer und Vorinstanzen OLG München ZUM 2008, 68 und LG München ZUM 2007, 421. Zu den Rechtsfolgen bei Vertragsbeendigung → Anm. 12. Zur Vergütung → Anm. 8, zur Auswertungspflicht des Filmverleihs → Anm. 4, zu Nebenleistungspflichten des Filmherstellers → Anm. 7.

4. Auswertungspflicht. Beim Filmlizenzvertrag, der typischerweise die Rechtsübertragung des Filmherstellers durch eine Erlösbeteiligung vergütet, unterliegt der Lizenznehmer einer Auswertungspflicht. Auch ohne dass es einer ausdrücklichen Erwähnung im Vertrag bedürfte, ist der Lizenznehmer verpflichtet, die ihm zumutbaren Anstrengungen für eine Erfolg versprechende Filmauswertung zu unternehmen (BGH GRUR 2003, 173 (175) – Filmauswertungspflicht; BGH GRUR 1981, 530 (531) – PAM-Kino). Welche konkreten Handlungspflichten des Lizenznehmers zB zum Einsatz von Kopien und bei der Überwachung des Spielbetriebs der Kinobetreiber sich daraus ableiten lassen, ist ohne vertragliche Einzelregelung nicht generalisierend definierbar und hängt von den Umständen des Einzelfalls ab. Jedenfalls kann der Lizenznehmer sich gegenüber dem Verlangen des Filmherstellers, zB den Film in bestimmten Städten oder an bestimmten Spielorten in bestimmter Häufigkeit/zu bestimmten Vorführterminen spielen zu lassen, mit dem Einwand entlasten, dies sei mit Rücksicht auf die Interessen der Hersteller anderer in seiner Angebotspalette befindlicher Filme und/oder die Interessen der Kinobetreiber unzumutbar (BGH, GRUR 2003, 173 (175) – Filmauswertungspflicht). Unter Berücksichtigung des Zumutbarkeitseinwandes des Lizenznehmers kann der Filmhersteller ggf. verlangen, dass der Lizenznehmer gegen säumige Filmtheater gerichtlich vorgeht (→ Form. IX.35 Anm. 6). Vertraglich könnte zur Ausschaltung des Einwandes mangelnder Zumutbarkeit im Interesse des Filmherstellers ein Kinoeinsatzplan festgelegt werden, an den der Lizenznehmer, ggf. in Verbindung mit einer Anpassungsklausel entsprechend dem Besuchererfolg, gebunden wird (*Obergfell* ZUM 2003, 292 (294 f.)). Bei vertragswidriger Untätigkeit des Lizenznehmers steht dem Filmhersteller das Recht zur fristlosen Kündigung gem. § 314 BGB ebenso zu wie ein Anspruch auf Schadensersatz (*Baur* S. 100 ff., 104).

5. Rechtsübertragung.

5.1 Gegenstand des Filmlizenzvertrages ist zunächst das vom Filmhersteller und den beteiligten Urhebern abgeleitete Recht zur Vorführung des Films (§§ 94, 19 Abs. 4 UrhG). In einer Reihe von Ländern wird dieses Recht, soweit es sich um die im Film enthaltenen Musikwerke handelt, allerdings von der jeweils zuständigen Verwertungsgesellschaft wahrgenommen (so in der Bundesrepublik Deutschland von der GEMA, → Form. IX.30 Anm. 6, → Form. IX.31 Anm. 1); deshalb enthält § 3 einen Vorbehalt zugunsten dieser Gesellschaften. Ferner räumt der Filmhersteller dem Lizenznehmer mit der Befugnis zur Herstellung von Kopien (§ 4 des Formulars) das Recht zur Vervielfältigung und Verbreitung des Films und der darin verkörperten Leistungen im Rahmen des gegebenen Auswertungszwecks ein (§§ 94, 88 Abs. 1, 92, 77 Abs. 2 UrhG). Der Filmlizenzvertrag räumt dem Lizenznehmer im vertragsgegenständlichen und räumlich festgelegten Umfang eine ausschließliche Rechtsstellung ein (sog. Monopolrecht). Das Formular schlägt in § 2 (1) eine räumliche Begrenzung auf Europa in Kombination mit einer inhaltlichen Beschränkung auf die deutschsprachige Filmfassung vor. Im Hinblick auf die Bestrebungen der Europäischen Kommission, eine Lizenzierung von Nutzungsrechten im Online-Bereich nur noch EU-weit zuzulassen, wird von einer territorialen Vergabe zugunsten einzelner EU-Staaten unter Ausschließung anderer EU-Staaten abgeraten (vgl. *Baur* S. 79 mwN).

5.2 Zur Berechnung der Lizenzzeit sieht § 2 (2) des Form. zur Bestimmung des Anfangszeitpunktes drei Wahlalternativen vor. Das Vertragsdatum könnte dann ungeeignet sein, wenn sich der Filmlizenzvertrag auf einen oder mehrere noch nicht fertig gestellte Film (pre sale, → Anm. 1) bezieht. Der Filmhersteller könnte gegen das Erstaufführungsdatum ggf. einwenden, dessen Festlegung liege in der Dispositionsgewalt des Lizenznehmers und eröffne ihm womöglich eine unangemessene Erweiterung der Lizenzdauer (vgl. *Baur* S. 81). Für geförderte Filme ist die in § 25 Nr. 6 FFG fixierte Maximaldauer des Filmlizenzvertrages zu beachten. Außerhalb der kommerziellen Spielfilmauswertung werden aber auch einfache Rechte in Lizenzverträgen übertragen, nämlich für Zwecke der nicht gewerblichen Verwertung, insbesondere des Filmvertriebs an Bildungseinrichtungen.

5.3 Der Lizenznehmer lässt sich teilweise auch weitergehende Nutzungsrechte einräumen, vor allem die DVD- und Videorechte (Home Entertainment), vermehrt auch die Fernsehauswertungsrechte und/oder die Rechte zur Online Auswertung. Während der Lizenznehmer häufig die Offline Auswertung (DVD ect.) übernimmt, können die Lizenzen zur Online Auswertung den Video On Demand Diensten direkt eingeräumt werden. Für die Formulierung einer entsprechenden Klausel → Form. IX.28 § 2 lit. d. Der Einsatz von Digital Rights Management Systemen (DRMS) erlaubt die wirtschaftlich nachvollziehbare Auswertung. Von der dinglichen Übertragung von Rechten ist die sog. Rechtesperre zu unterscheiden, wonach der Berechtigte die ihm übertragenen Rechte nach bestimmten zeitlichen Vorgaben ausüben soll, damit die Auswertungskaskade für nachgelagerte Auswertungsformen in einem festgelegten Ablauf erfolgen kann. Bei geförderten Filmen unterliegt der Filmhersteller unmittelbar den Sperrfristen aus § 20 FFG. Betrifft der Filmlizenzvertrag nicht geförderte Filme und werden die TV-, Home Entertainment- und Online-Rechte nicht einbezogen, sollte der Lizenznehmer vom Filmhersteller eine vertragliche Garantie zur Einhaltung bestimmter Sperrfristen verlangen. Werden dagegen über die Kinovorführungsrechte hinausgehende Rechte dem Lizenznehmer in einem geförderten Film eingeräumt, sollte dies zweckmäßigerweise aufschiebend bedingt erst mit Wirkung zum Ablauf der maßgeblichen Sperrfrist für die betroffene Verwertungssparte geschehen, weil der Filmhersteller der Gefahr ausgesetzt ist, im Falle der Sperrfristverletzung Referenzmittel zurückzahlen zu müssen(vgl. *v. Hartlieb/Schwarz/Reber* Kap. 161 Rn. 4; vgl. auch LG München ZUM-RD 2009, 41).

5.4 Das Formular geht in § 2 davon aus, dass die Rechteeinräumung bzw. Rechteübertragung unmittelbar mit Wirkung des Vertragsabschlusses erfolgt. Abweichend davon kann es aus der Sicht des Filmherstellers empfehlenswert sein, den Rechteübergang aufschiebend bedingt von der Zahlung der Garantie durch den Lizenznehmer abhängig zu machen, sofern eine solche Vergütungsvariante vorgesehen wird (vgl. § 9 des Form. sowie → Anm. 8). Die Beteiligungsvergütung gem. § 6 des Formulars eignet sich als Bedingungsvorbehalt dagegen nicht.

5.5 Im Hinblick auf die kontrovers diskutierte Frage, ob und ggf. unter welchen Voraussetzungen die Vergabe von Sublizenzen einer Zustimmung des Filmherstellers bedarf (vgl. *Baur* S. 84 mwN), empfiehlt § 2 (1) des Formulars einen ausdrücklichen Zustimmungsvorbehalt, der auch dann zu beachten ist, wenn der Lizenznehmer nach dem Zuschnitt seines eigenen Unternehmens gar nicht in der Lage sein sollte, bestimmte räumliche Gebiete oder bestimmte Modalitäten wie die Lizenzvergabe zur Filmverwertung im Luft- und Schiffsverkehr abzudecken. In bestimmten Fällen empfiehlt sich aus der Sicht des Filmherstellers ein zusätzlicher Schutz davor, dass die Kontrolle über das Unternehmen des Lizenznehmers durch den Verkauf von Anteilen in fremde Hände übergeht oder durch einen asset deal ein Wechsel in der Dispositionshoheit über den Vertragsgegenstand stattfindet. Im Wege einer change of control-Klausel könnte zB das Recht eingeräumt werden, die übertragenen Auswertungsrechte zurückzurufen (vgl. *Frentz/Masch* ZUM 2009, 354 (365 ff.)).

5.6 Das Formular empfiehlt in Abs. (4) vorsorglich, eine vertragliche Konnexität zwischen Verpflichtungs- und Verfügungsgeschäft vorzunehmen, nachdem eine zwingende unmittelbare Verknüpfung von schuldrechtlichem Kausalgeschäft und dinglicher Zuordnung des Nutzungsrechts nicht mehr unumstritten ist und jedenfalls bei Lizenzverträgen über abgeleitete Nutzungsrechte zugunsten des Abstraktionsprinzips teilweise in Zweifel gezogen wird (zum Streitstand vgl. Ohly in Schricker/Loewenheim, Urheberrecht, 5. Aufl. 2017, § 31 Rn. 15 ff.). Nach BGH GRUR 2012, 914 – Take Five – führt das Erlöschen der Hauptlizenz im Zweifel nicht zum Wegfall der Unterlizenz, sofern der Rechtsinhaber der Erteilung weiterer ausschließlicher Lizenzen durch den Hauptlizenznehmer zugestimmt habe. Ähnlich BGHZ 194, 136 = GRUR 2012, 916 – M2Trade unter Hinweis auf die Regeln zum Sukzessionsschutz: Der Rechtsinhaber wird darauf verwiesen, Ansprüche des Hauptlizenznehmers gegen den Unterlizenznehmer nach § 812 Abs. 1 S. 1 Fall 2 BGB zu kondizieren. Um dieses wenig befriedigende Ergebnis zu vermeiden, empfiehlt das Formular in § 2 Abs. 4 S. 3 einen automatischen Rechterückfall vom Sublizenznehmer an den Filmhersteller bei Erlöschen des schuldrechtlichen Verpflichtungsgeschäfts zwischen Filmhersteller und Lizenznehmer. Sollten die Vertragsparteien dem gegenüber die Rechtsposition des Sublizenznehmers stärken wollen, wird empfohlen, die Weiterübertragung von Rechten an Sublizenznehmer davon abhängig zu machen, dass bei Wegfall des Vertragsverhältnisses zwischen Filmhersteller und Lizenznehmer der Filmhersteller in den Vertrag des Lizenznehmers mit dem Sublizenznehmer eintritt (gewillkürte Vertragsübernahme entsprechend § 565 Abs. 1 BGB) (vgl. *McGuire/Kunzmann* GRUR 2014, 28 (31 ff.)).

5.7 Im Zweifel erstrecken sich die eingeräumten bzw. übertragenen Nutzungsrechte nur auf die Verwertung des Films selbst, das Formular erweitert den Vertragsgegenstand in § 5 lediglich auf das dort definierte Begleitmaterial (→ Anm. 7). Demgemäß verbleiben dem Filmhersteller die Auswertungsbefugnisse in den Bereichen Merchandising, Soundtrack und Drucknebenrecht („Buch zum Film"). Im Zweifel verbleiben dem Filmhersteller mangels anderweitiger vertraglicher Regelungen ferner das Recht, die einzelnen Lichtbilder (Filmstills) und kürze Ausschnitte des Films (sog. Klammerteilrechte) zu verwerten oder durch Dritte verwerten zu lassen (BGHZ 9, 262 – Lied der Wildbahn; BGHZ 28, 234; aM *v. Hartlieb/Schwarz* Kap. 159 Rn. 16, der von einer konkludenten Rechtseinräumung zugunsten des Lizenznehmers ausgeht). Davon abweichend gewünschte Rechtsfolgen sollten auf jeden Fall ausdrücklich im Filmlizenzvertrag zum Ausdruck gebracht werden.

6. Garantie.

6.1 Für den Bestand der übertragenen Rechte haftet der Filmhersteller auch im Falle anfänglicher objektiver Unmöglichkeit auf Schadensersatz und wahlweise auf Aufwendungsersatz (OLG Düsseldorf ZUM 2010, 264 ff. – Götz Alsmann). Die Haftung für Rechtsmängel ist durch die Exkulpationsmöglichkeit nach § 311a Abs. 2 BGB gemildert worden. § 3 des Formulars empfiehlt eine Garantiezusage, durch die dem Filmhersteller die Exkulpationsmöglichkeit abgeschnitten wird. Die Garantiezusage sollte sich auch auf die zutreffende und vollständige Benennung der in das Filmwerk eingeflossenen Urheber- und Leistungsschutzrechte erstrecken, da die entsprechenden Auflistungen, insbesondere die Musikaufstellung zur Tantiemenzuordnung bei der kollektiven Rechtezweitverwertung (GEMA, GVL usw) herangezogen wird. Darüber hinausgehend garantiert der Filmhersteller dafür, dass die Filmauswertung nicht auf andere Weise durch Rechte Dritter oder wegen mangelnder Gesetzeskonformität gestört wird. Insoweit kommen vor allem Persönlichkeits-, Namens- und Kennzeichenrechte Dritter in Betracht, sei es, weil die Filmhandlung personen- oder firmenbezogene Rechte tangiert, sei es, weil Personen im Film gezeigt werden, die der Verwendung ihrer Bildaufnahmen nicht zugestimmt haben, oder weil gegen datenschutzrechtliche Bestimmungen verstoßen wurde. Des Weiteren kann die Filmauswertung wegen allgemeiner Gesetzesverstöße (zB Schleichwerbung, → Form. IX.33 A–C → Anm. 1, Pornografie, Gewaltverherrlichung) gestört werden. Eine Haftungsentschärfung empfiehlt sich dann und insoweit, falls der Vertrag sich auf eine außereuropäische oder gar weltweite Auswertung erstrecken soll (zB mit Blick auf grundlegend andere Moralvorstellungen in anderen Kulturkreisen).

6.2 Kreditgeber des Filmherstellers, insbesondere Banken ziehen regelmäßig auch die Nutzungsrechte am Film zur Kreditsicherung heran, indem sie sich die Rechte verpfänden oder zur Sicherheit abtreten lassen. Ungeachtet der vom Filmhersteller gegenüber dem Lizenznehmer gegebenen Garantie wird der Filmhersteller dadurch nicht an der Ausübung seiner Nutzungsrechte gehindert. Die Besicherung hat lediglich zur Folge, dass im Verwertungsfall der Sicherungsgeber anstelle des Filmherstellers die Vergütungsansprüche aus dem Filmlizenzvertrag geltend machen kann (*Beucher/Raitz v. Frentz* ZUM 2002, 511 (516, 518)).

7. Nebenleistungspflichten des Filmherstellers.

7.1 Zur ordnungsgemäßen Filmauswertung gehört im Vorführungsbereich, dass der Lizenznehmer den Kinobetreibern den Film vorführungsfähig verfügbar macht. Bei der traditionellen Vorführungstechnik hat der Lizenznehmer den Kinobetreibern die entsprechenden Filmkopien in technisch einwandfreier Ausführung verfügbar zu machen oder wenigstens ihnen den Zugriff auf das Negativ des Films zu überlassen. § 4 Abs. (1) bis (3) des Formulars geht davon aus, dass in genügender Anzahl der Lizenznehmer sich die

Kopien zunächst auf eigene Kosten herstellt und im Wege des Kostenabzugsverfahrens (§ 6 des Formulars) Erstattung seiner Kosten erlangt, vorausgesetzt, dass der Auswertungserfolg das zulässt. Der Filmhersteller hat dem Lizenznehmer dafür die Voraussetzungen zu schaffen und Hilfestellung zu leisten. Die vom Lizenznehmer gezogenen Kopien werden sachenrechtlich sein Eigentum. § 11 des Formulars sieht für den Fall der Vertragsauflösung eine Eigentumsverschaffungspflicht zugunsten des Filmherstellers vor.

7.2 Nach demselben Prinzip verfährt § 5 des Formulars im Hinblick auf Werbematerialien und auf den üblichen Werbevorspannfilm, für letzteren allerdings mit der Alternative, dass wahlweise auch der Filmhersteller diesen verantwortlich herstellt. § 4 Abs. (4) hat eine entsprechend angepasste Handhabung für das digitale Kino im Auge. Dabei ist danach zu unterscheiden, ob lediglich die analogen Filmkopien durch digitale Datenträger ersetzt werden oder ob der Weg über eine Direktübertragung der digitalen Daten in die Kinos gewählt wird (E-Cinema). Nach der vorgeschlagenen allgemein gefassten Regelung, die erforderlichenfaalls durch spezifizierte Angaben zu ergänzen ist, besteht die diesbezügliche Leistungsverpflichtung des Filmherstellers darin, dem Lizenznehmer eine für das digitale Kino technisch geeignete Digitalvorlage des Films zur Verfügung zu stellen. Folglich sind Investitionen in die weitere Aufbereitung des digitalen Vorführungsverfahrens zunächst allein Sache des Lizenznehmers, ggf. vorbehaltlich einer etwaigen Einbeziehung solcher Kostenfaktoren in die Definition der abzugsfähigen Vertriebskosten gem. FGG (→ Anm. 8).

8. Vergütung.

8.1 Nur in Ausnahmefällen wird beim Kinoverleihvertrag eine Pauschalvergütung praktiziert. Das gebräuchlichste Vergütungsmodell besteht in der Festlegung einer Beteiligungsvergütung in Kombination mit einer Verleih- oder Vertriebsgarantie (Minimumgarantie, → Anm. 9). An den Nettolizenzeinnahmen (Bruttoeinnahmen abzüglich Umsatzsteuer) wird der Filmhersteller nach einem bestimmten Schlüssel beteiligt. Aus dem Erlösanteil, der dem Filmhersteller zugeordnet wird, werden zunächst die Verleihvorkosten (Herausbringungskosten) und die an ihn gezahlte Verleihgarantie abgedeckt. Die Aufschlüsselung kann nach Maßgabe des Erreichens der Abdeckungsphasen unterschiedlich quotiert werden, häufig wird der Anteil des Filmherstellers bis zur Abdeckung von Verleihvorkosten und Verleihgarantie höher festgelegt als der Anteil des Filmverleihs (zB 70 : 30). Bei geförderten Filmen darf der Anteil des Filmverleihs bis zur Rückführung des Förderdarlehens nicht höher als 35 % liegen (vgl. Richtlinie zu § 63 Abs. 2 FFG, Teil B, § 20 Abs. 1). Es gibt ferner die Variante, dass der Filmhersteller von vornherein, dh vor Abdeckung von Verleihvorkosten/Verleihgarantie (meist mit einer bescheidenden Quote von zB 5 %) am Erlös beteiligt wird („Korridor“). Umfasst die Rechtsübertragung neben der Kinoauswertung weitere Verwertungsbereiche wie zB Home Entertainment (Video/DVD), VOD (Video On Demand) und/oder die Vergabe von TV-Lizenzen (→ Anm. 5), könnte es aus der Sicht des Filmherstellers vorteilhaft sein, die Minimumgarantie auf verschiedene Nutzungsarten untereinander nicht verrechenbar aufzuteilen, um dann deren Rückführung partiell zu beschleunigen und rascher zur (vollen oder ungekürzten) Erlösbeteiligung zu gelangen (vgl. den im Tatbestand des Urteils BGH GRUR 2010, 418 – Neues vom Wixxer – referierten Inhalt eines Deal Memo). Denkbar ist auch die Vereinbarung von pauschal festzulegenden Bonuszahlungen – Box Office Bonus – bei Erreichen bestimmter Zuschauerzahlen (vgl. *Brehm* S. 276).

8.2 Nach § 32a Abs. 2 UrhG können Urheber und ausübende Künstler bei außerordentlichen Auswertungserfolgen ggf. unmittelbar gegen den Lizenznehmer Nachforderungsansprüche geltend machen. § 6 Abs. 2 des Formulars sieht für diesen Fall eine anteilsmäßige Rückgriffsmöglichkeit vor. Das dafür einzuhaltende Verfahren soll die Einflussmöglichkeit des Filmherstellers in diesen Fällen sicherstellen.In der Literatur sind allerdings Bedenken gegen die AGB-rechtliche Zulässigkeit von Klauseln geäußert worden, durch die das finanzielle Risiko auf Inanspruchnahme von Nachvergütungsansprüchen aus § 32a UrhG auf den Lizenzvertragspartner verschoben wird (vgl. *Castendyk* ZUM 2007, 177 einerseits, *Czynchowski* in *Fromm/Nordemann* § 32a Rn. 40 andererseits; gegen einen Leitbildcharakter des § 32a Abs. 2 UrhG *Baur* S. 163).

9. Verleih- und Vertriebsgarantie. § 9 des Formulars sieht vor, dass der Lizenznehmer an den Filmhersteller eine Garantiezahlung leistet, um damit das Produktionsrisiko zu verringern und auf das Vertriebsunternehmen einen gesteigerten Auswertungsanreiz auszuüben. Das Formular ist um die zu verabredenden Zahlungstermine zu ergänzen (zB X % bei Vertragsabschluss, Y % bei Drehbeginn, Z % bei Abschluss der Dreharbeiten/Lieferung des Films). § 9 Abs. 2 des Formulars empfiehlt, den Filmverleih zur Stellung einer Bankgarantie zur Absicherung der Filmfinanzierung zu verpflichten.

10. Abrechnung und Kontrolle. Der Abrechnungszeitraum sollte dem Umfang der zu erwartenden Auswertungserlöse angepasst sein. Ein für das Massenpublikum zugeschnittener Unterhaltungsfilm sollte in Monatsabständen abgerechnet werden, während die Auswertung der für die Programmkinos bestimmten Filme in Abständen von drei oder sechs Monaten angemessen erscheint.

Da der Filmhersteller anderenfalls auf die allgemeinen Rechtsinstitute (Auskunftsanspruch, bei gegebenem Anlass eidesstattliche Versicherung über die Richtigkeit) angewiesen wäre, empfiehlt § 8 des Formulars die Vereinbarung eines Kontrollrechts zur Buchprüfung.

11. Nennungsverpflichtungen, Copyright-Vermerk. Der Filmhersteller haftet gesetzlich (§§ 13, 74 UrhG) und nach Maßgabe der von ihm seinerseits eingegangenen vertraglichen Verpflichtungen (→ Form. IX.28 § 5, → Form. IX.29 Teil A § 11, Teil B § 7, 33 § 7) gegenüber Urhebern, Mitwirkenden, Stabmitgliedern, Koproduzenten und sonstigen Beteiligten für die ordnungsgemäße Erfüllung von Nennungsverpflichtungen. Durch § 10 des Formulars werden diese Verpflichtungen an den Lizenznehmer weiter gegeben und durch eine Vertragsstrafenregelung abgesichert. Da Produzent und Verleih über gesetzliche Nennungsansprüche nicht verfügen, empfiehlt § 10 des Formulars möglichst genaue Absprachen, die im Einzelfall, soweit möglich und erforderlich, noch näher spezifiziert werden können. Für die Filmherstellung ist die Produzentennennung wegen der Vermutungswirkung gem. §§ 94 Abs. 4 iVm § 10 Abs. 1 von besonderer Wichtigkeit. Zugleich ist damit die gegebenenfalls nach §§ 4, 5, 14, 15 MarkenG erforderliche Erlaubnis verbunden, Kennzeichnungen des Vertragspartners im Zusammenhang mit der Filmauswertung zu verwenden.

Im Hinblick auf das Erfordernis von Förmlichkeiten nach ausländischen Rechtsordnungen übernimmt der Lizenznehmer die Verpflichtung, im Vor- und/oder Nachspann des Films einen Copyright-Vermerk (©) anzubringen.

12. (Vorzeitige) Vertragsbeendigung.

12.1 Der für den Fall der fristlosen Vertragskündigung durch den Filmhersteller vorgesehene Rechterückfall (§ 11 des Formulars) entspricht den Vertragsvorschlägen für die vorangehenden Verträge über die Beschaffung der Nutzungsrechte. Darüber hinaus verpflichtet sich der Lizenznehmer, im Falle der vorzeitigen Vertragsbeendigung die zur Auswertung des Films geschaffenen Werte (Filmkopien, Werbematerial, Verträge mit Filmtheatern) dem Filmhersteller gegen angemessene Vergütung zu überlassen. Diese Regelung erscheint angemessen, da der Lizenznehmer diese Gegenstände infolge des Rechterückfalls nicht mehr nutzen kann. Der Auslieferungs- und Vernichtungsanspruch bei ordnungsgemäßer Vertragsbeendigung ergibt sich aus § 11 Abs. 3 des Formulars (vgl. BGH UFITA 78, 189 – Schmalfilm), und zwar als schuldrechtlicher Leistungsanspruch. Die Eigentums- und Besitzverhältnisse an den Kopien bestimmen sich unabhängig von der Zuständigkeit der Auswertungsbefugnisse (BGH UFITA 62, 284).

12.2 Für den Fall der Insolvenz des Lizenznehmers (Filmverleihs) lässt sich nach In-Kraft-Treten der InsO (1.1.1999) durch vertragliche Vereinbarungen kein automatischer Rechterückfall an den Filmhersteller mehr erreichen. Mit der Eröffnung des Insolvenzverfahrens lassen sich ab dann entstehende beiderseitige Ansprüche, nämlich der Anspruch des Filmherstellers auf Zahlung der Vergütung und der Anspruch des Filmverleihs auf weitere Überlassung der Filmauswertungsrechte, infolge der Nichterfüllungseinrede gem. § 320 BGB nicht (mehr) durchsetzen. Macht der Insolvenzverwalter von seinem Wahlrecht gem. § 103 InsO Gebrauch, indem er Vertragserfüllung verlangt, wird der Vergütungsanspruch des Filmherstellers nach § 55 Abs. 1 Nr. 2 InsO zur Masseverbindlichkeit. Etwa noch offene Vergütungsansprüche für filmische Nutzungen, die vor der Insolvenzeröffnung liegen, sind davon allerdings nicht betroffen und können nur gem. § 174 InsO zur Tabelle angemeldet werden. Entscheidet sich der Insolvenzverwalter für die Nichterfüllung, bleibt es bei der Nichterfüllungseinrede gem. § 320 BGB mit der Folge, dass der Filmhersteller der weiteren Filmauswertung entgegen treten kann (v. Westerholt/Joppich ZUM 2003, 262 (267)). § 11 Abs. 1 des Formulars unternimmt den Versuch, den verbleibenden Spielraum zu nutzen, um bei Zahlungsschwierigkeiten des Lizenznehmers die Rechte am Filmwerk sicherzustellen. → Form. 23 § 10 Abs. 3–5 sowie → Form. 23 Anm. 13.

13. Kosten. Der Gegenstandswert bemisst sich nach der voraussichtlichen Vergütung (§ 6 des Formulars), diese wiederum mit einem angemessenen Aufschlag auf die Produktionskosten des Films.

35. Bestellvertrag (Filmvorführungsvertrag)

Terminbestätigung[1, 2, 3, 15]
Theater:
Haus:
Ort:
TB-Nummer:
Titel:
Beifilm:
Spieltermin:
Förderkopie:
Länge:
FSK:
Fassung:
Spielwoche:
Prädikat:
Mindestspielzeit:
Vorstellungen pro Tag:
Leihmiete zzgl. MwSt. 7 %:
Garantie:
Nebenkosten:
SPIO:
Reklame:
Fracht:

Bemerkung: **Einsatz wie besprochen**

Bezugsbedingungen:

§ 1 Vertragsschluss, Abrechnung der Filmmiete, Schätzung

(1) Der Filmbestellvertrag kommt erst mit der schriftlichen Bestätigung der Bestellung durch den Verleih zustande.

(2) Bei prozentualer Beteiligung hat der Besteller entsprechend dem auf der Abrechnung vermerkten Abrechnungsziel spätestens innerhalb von 7 Tagen nach dem letzten Spieltag und, falls der Film länger als eine Woche gespielt wird, allwöchentlich dem Verleih gegenüber schriftlich vollständige und endgültige Abrechnung zu erstatten.

Die Abrechnung gilt zugleich als Rechnung. Eine Abrechnung, die nicht in allen Punkten vollständig ausgefüllt und unterschrieben ist, wird nicht anerkannt. Eine Abrechnung, für die nicht der Vordruck des Verleihs verwendet wird, muss sämtliche Informationen des Vordrucks, insbesondere die Auftragsbestätigungsnummer enthalten.

(3) Ausgangspunkt für die Abrechnung und die Ermittlung der Filmmiete ist der Bruttoerlös des Bestellers. Der Bruttoerlös umfasst die tatsächlichen Gesamteinnahmen aus dem Verkauf der Eintrittskarten für das Gesamtprogramm, dem der abzurechnende Film als Bestandteil angehört, während der abzurechnenden Laufzeit.

Einzelvertraglich können zwischen Besteller und Verleih Mindestpreise für Eintrittskarten festgelegt werden. Ein entsprechender Hinweis erfolgt in diesen Fällen durch den Verleih auf der Bestätigung der Filmbestellung. Die evtl. aufgeführten Mindesteintrittspreise sind nur Abrechnungsgrundlage für den Besteller gegenüber dem Verleih. Der Verleih nimmt im Hinblick auf § 14 GWB keinen Einfluss auf die Preisgestaltung gegenüber dem Publikum.

Vom Bruttoerlös sind Mehrwertsteuer sowie gegebenenfalls Vergnügungssteuer und Filmföderungsabgaben abzuziehen. Der sich daraus ergebende Nettobetrag bildet die Grundlage für die prozentuale Berechnung der Netto-Filmmiete. Der auf dem Abrechnungsformular in Prozent ausgewiesene Filmmietsatz ist der bereits um 0,5 % reduzierte Filmmietsatz, der nur unter der Bedingung gilt, dass eine EDI-Meldung erfolgt, 2–3 Trailer gespielt werden und eine Prolongationsvereinbarung zwischen dem Besteller und dem Verleih besteht.

Der vom Besteller geschuldete Betrag errechnet sich aus Netto-Filmmiete zuzüglich der angefallenen Nebenkosten und der Mehrwertsteuer. Liegt der Betrag der Netto-Filmmiete unter der vertraglich vereinbarten Mindestgarantie, so schuldet der Besteller die Mindestgarantie zuzüglich der angefallenen Nebenkosten und der jeweiligen Mehrwertsteuer.

(4) Vorprogramme müssen mit Sondereintrittskarten belegt und separat abgerechnet werden.

(5) Soweit die Abrechnung durch den Besteller entweder gar nicht oder nicht ordnungsgemäß erfolgt, schätzt der Verleih den jeweiligen Bruttoerlös anhand der letzten Bruttoerlöse für vier vergleichbare Zeiträume. Diese Schätzung ist dann Grundlage der Abrechnung des Bestellers gegenüber dem Verleih.

§ 2 Zahlungsmodalitäten, Verzug

(1) Die geschuldete Filmmiete ist sofort nach dem letzten Spieltag oder nach Ablauf der jeweiligen Spielwochen zur Zahlung fällig und innerhalb des auf der Abrechnung vermerkten Zahlungszieles zu begleichen.

(2) Kommt der Besteller in Zahlungsverzug, so ist der Verleih berechtigt, Verzugszinsen in Höhe von 5 % über dem jeweiligen Basiszins der Deutschen Bundesbank zu fordern. Der Verleih kann den Besteller auch vor Beginn des gesetzlichen Zahlungsverzuges durch Mahnung in Verzug setzten. Im Falle des Verzuges mit mehr als einer Verbindlichkeit sind die gesamten Forderungen sofort zur Zahlung fällig.

(3) Die Bankverbindung ist dem Hinweis auf dem Abrechnungsformular zu entnehmen. Bei der Zahlung muss der Besteller Filmtheater, Filmtitel, Abrechungszeitraum und TBNummer angeben.

(4) Der Verleih führt periodisch Saldenbestätigungsaktionen bezüglich der offenen Forderungen beim Besteller durch. Wird dem dem Besteller dabei mitgeteilten Saldo nicht binnen 14 Tagen nach Zugang des Schreibens schriftlich gegenüber dem Verleih widersprochen, so gilt der Saldo als bestätigt.

(5) Aufrechnungsrechte stehen dem Besteller nur zu, wenn seine Gegenansprüche rechtskräftig festgestellt oder unbestritten sind. Soweit der Besteller Kaufmann im Sinne des Handelsgesetzbuches ist, steht ihm ein Zurückbehaltungsrecht nicht zu. Im Übrigen ist er zur Ausübung eines Zurückbehaltungsrechts insoweit befugt, als sein Gegenanspruch auf dem gleichen Vertragsverhältnis beruht.

§ 3 Eintrittskarten, Freikarten

(1) Es dürfen nur Eintrittskarten verwendet werden, die folgende Merkmale tragen: Stammabschnitt:

Name des Theaters, Ort, Platzkategorie, Nummer quer am linken Rand, Name und Ort der Druckerei und, soweit von der Steuerstelle der Gemeinde gefordert, das Steuersiegel und SPIO-Siegel.

Bei Satzkarten: Vorstellungszeit oder -zahl, Tagesdatum, Platz- oder Reihennummer und, soweit gefordert, das Steuersiegel. Sämtliche Merkmale müssen von der Eintrittskartendruckerei eingedruckt sein.

Abrissteil: Nummer quer am rechten Rand, den Aufdruck „Abriss – als Eintrittsausweis ungültig". Bei Satzkarten: Tagesdatum, Platz- oder Reihennummern, den Ausdruck „Abriss als Eintrittsausweis ungültig".

(2) Es dürfen nur Eintrittskarten ausgegeben werden, die mindestens von 1–100.000 fortlaufend durchnumeriert sind. Die Karten dürfen nur an dem vorgesehenen Abrissteil getrennt werden, so dass der Stammabschnitt mit voller Nummer dem Besucher, der Abrissteil mit voller Nummer dem Besteller verbleibt. Fehlende Satzkarten, deren Verbleib nicht nachgewiesen werden kann, gelten als verkauft. Der Verleihanteil ist nachzubezahlen.

(3) Freikarten sind nur in dem mit dem Verleih abgestimmten Umfang gestattet. Hat eine Abstimmung nicht stattgefunden, so darf die wöchentliche Freikartenquote 5 % der Sitzplatzzahl nicht überschreiten.

Freikarten dürfen nur als Eintrittskarten mit dem Aufdruck „Freikarte – unverkäuflich" verwendet werden. Diese Karten müssen ebenfalls fortlaufend durchnummeriert sein und im Übrigen die gleichen Merkmale wie die zur Verwendung gelangenden Rollen- Eintrittskarten aufweisen.

§ 4 Buchprüfungsrecht

Der Besteller hat dem Verleih oder einer vom Verleih oder vom Verband der Filmverleiher beauftragten Stelle (zB einer Revisionsgesellschaft oder Abrechnungskontroll-Abteilung) auf Verlangen sämtliche Unterlagen für die Abrechnung insbesondere die Tagesrapporte in Urschrift, die Eintrittskartenbestellung, ebenso seine Bücher, mit Ausnahme derjenigen, die weder unmittelbar noch mittelbar mit den mit den Einnahmen aus dem Verkauf von Eintrittskarten zusammenhängen, zur Einsichtnahme vorzulegen. Falls Abrechnungsdifferenzen ermittelt werden, hat er diese Unterlagen den Prüfern auf Verlangen zum Zwecke weiterer Feststellungen auf angemessene Zeit zu überlassen. Ferner hat er jede gewünschte, die Sache betreffende Auskunft zu geben.

Der Besteller hat die Kassenbücher und die Tagesrapporte für jede Theaterkasse mindestens zehn Jahre aufzubewahren. In den Kassenbüchern müssen die Eintragungen der

Theatereinnahmen täglich erfolgen und die Herkunftsarten der Einnahmen genau bezeichnet sein. Der Besteller ist verpflichtet, die Kosten der Kontrolle zu tragen, wenn durch diese die Unrichtigkeit einer Abrechnung zu Ungunsten der Verleihfirma festgestellt worden ist.

§ 5 Werbematerial, Werbung

Der Verleih liefert rechtzeitig vor Spielbeginn das zu den bestellten Filmen gehörige Werbematerial und die Freigabekarten der FSK. Der Besteller ist verpflichtet, unter Beachtung und Benutzung dieses Werbematerials, rechtzeitig vor Spielbeginn für die branchenübliche Werbung der Filme Sorge zu tragen.
Die Entgelte für das Werbematerial nebst Verpackung sind Nebenkosten. Sie sind vom Besteller zusammen mit der Filmmiete abzurechnen und zu zahlen.

§ 6 Terminfestsetzung, Spieldauer

(1) Die Spieltermine werden im Rahmen der vertraglichen Abmachung durch gegenseitige Vereinbarung festgesetzt. Verleih kann die Aufgabe von Spielterminen in branchenüblicher Weise auch nach der Bestätigung der Bestellung verlangen. Der Besteller verpflichtet sich, nach Festsetzung des Spieltermins keinen Film zuvor einzusetzen, der den vereinbarten Spieltermin in Frage stellt.
(2) Kommt nach der zweiten Aufforderung, Spieltermine aufzugeben, oder nach dem zweiten schriftlichen Angebot von Spielterminen durch den Verleih eine Einigung nicht zustande, so kann der Verleih die Spieltermine einseitig festsetzen. Zwischen den einzelnen Aufforderungen muss eine Frist von mindestens 14 Tagen liegen. Bei zwangsterminierten Filmen hat der Besteller das Werbematerial rechtzeitig beim Verleih anzufordern.
(3) Prolongationen gehen Terminierungen und Versandaufträgen grundsätzlich vor. Bei Nichtabnahme eines Filmes in Folge Prolongation eines anderen Filmes ist der Spieltermin für den nicht abgenommenen Film im Anschluss an die Prolongation zu erfüllen, sofern nicht eine abweichende Vereinbarung getroffen wird.
(4) Vor Beendigung der vereinbarten Spielzeit und einer etwaigen Prolongation kann ein Film nur im gegenseitigen Einvernehmen abgesetzt oder umgesetzt werden.
(5) Der Film ist als einziger Hauptfilm in sämtlichen Vorstellungen jedes Spieltages einzusetzen. Ausnahmen müssen ausdrücklich vereinbart werden.
(6) Bei vereinbarter Prolongation hat der Besteller dem Verleih das Vorliegen der Prolongationspflicht sofort nach Feststellung telefonisch oder durch Telefax mitzuteilen.
(7) Filme, die nicht vertragsgemäß abgespielt werden, müssen auf Verlangen vom Verleih innerhalb von drei Monaten zu gleichen Abrechnungsbedingungen abgespielt werden. Das Verlangen ist binnen vier Wochen nach Kenntnis des nicht vertragsgemäßen Abspielens zu stellen. Etwaige Schadensersatzansprüche des Verleihs bleiben hiervon unberührt.
(8) Ein eventuell vereinbarter Reklamekostenzuschuss des Verleihs wird nur während der vertraglich vereinbarten Laufzeit bzw. Pflichtprolongation gewährt. Bei Sondervostellungen, Previews, Sneak-Previews etc wird kein Reklamekostenzuschuss gewährt.

§ 7 An- und Rücklieferung, Zurückbehaltungsrecht, Haftung

(1) Die Anlieferung der Filme erfolgt auf Gefahr und Kosten des Verleihs. Der Besteller trägt die Kosten und die Gefahr für den Rück- und Weitertransport sowie die Gefahr für die Zeit des Aufenthaltes des Filmes bei sich. Er ist verpflichtet, sich bei einer Versicherungsgesellschaft ausreichend zu versichern. Der Verleih kann den Nachweis der Versicherung verlangen.
(2) Der Besteller verpflichtet sich ferner, den Film sofort nach Beendigung der letzten Vorstellung sorgfältig verpackt weisungsgemäß weiterzuleiten oder bei Nichtvorliegen

einer Weisung an den Verleih zurückzusenden. Der Vorspannfilm ist gemäß Versandorder zu versenden.

Für jeden Tag, den der Besteller die Kopie vorsätzlich oder fahrlässig über die Spieldauer behält, hat er unbeschadet weiterer Ansprüche des Verleihs ein zusätzliche Entgelt in Höhe der durchschnittlichen Tagesfilmmiete der letzten ganzen bzw. halben Spielwoche zu entrichten.

(3) Soweit der Besteller Kaufmann ist, steht ihm ein Zurückbehaltungsrecht an dem Film und dem gelieferten Sondermaterial nicht zu, gleichgültig wegen welchen Anspruchs. Ist der Besteller kein Kaufmann, so ist er zur Ausübung eines Zurückbehaltungsrechts nur insoweit befugt, als sein Gegenanspruch auf dem gleichen Vertragsverhältnis beruht.

(4)Verleih und Besteller haften nicht, soweit durch höhere Gewalt oder durch sonstige Umstände, die von ihrem Willen unabhängig sind, insbesondere durch Nichtfreigabe, Widerruf der Freigabe, Verlust des Negativs oder Filmverbot, die Lieferung oder Ausführung dieses Filmes verhindert oder verzögert wird. Verleih haftet nicht, wenn der Film wegen Nichtzulassung durch die Behörden nicht rechtzeitig oder überhaupt nicht aufgeführt werden kann.

§ 8 Untersuchung- und Rügepflicht, Beschädigung

(1) Trifft der Film nicht oder nicht rechtzeitig oder in einem nicht spielbaren Zustand beim Besteller ein, so hat dieser dem Verleih unverzüglich telefonisch oder durch Telefax hiervon Kenntnis zu geben.

(2) Der Besteller ist verpflichtet, dem Verleih jeden Schaden unter kurzer Bezeichnung der Mängel unverzüglich telefonisch oder durch Telefax anzuzeigen und bei Schäden durch Feuer oder eine strafbare Handlung unverzüglich die zuständige Polizeibehörde zu verständigen, sich Schadensgrund und Schadensumfang amtlich bestätigen zu lassen und diese Bestätigung an den Verleih zu senden. Er ist ferner verpflichtet, auch seiner Versicherungsgesellschaft den Schaden anzuzeigen und dieser die Rechnung des Verleihs vorzulegen.

(3) Eine beschädigte Kopie darf ein Besteller nicht vorführen, es sei denn, dass die Ersatzkopie zu spät eintrifft. Bei Verletzung dieser Vorschrift wird vermutet, dass die Beschädigung im Betrieb des Bestellers geschehen ist. Der Besteller kann in Schadensfällen die Mängel der Kopie durch die örtliche Feuerschutz-Polizeibehörde feststellen lassen, ohne dass der Verleih hieran gebunden ist.

§ 9 Benutzung

(1) Der Besteller hat die Filme auf technisch einwandfreien Vorführmaschinen und in technisch einwandfreier Art und Weise vorzuführen.

(2) Besteht der Verdacht, dass Fehler in der Behandlung der Filme oder Mängel der Vorführmaschinen vorhanden sind, so ist der Verleih berechtigt, den Zustand der Vorführeinrichtung festzustellen. Er kann sich dabei eines Sachverständigen bedienen, welcher vom Verband der Filmverleiher benannt und dem Zentralverband der deutschen Filmtheater bekannt gegeben worden ist. Dem Verleih oder dem Sachverständigen ist vom Besteller die dazu erforderliche Unterstützung zu gewähren. Erhebt der Verleih gegenüber dem Besteller den Verdacht einer fehlerhaften Behandlung des Filmes oder von Mängeln der Vorführmaschinen, so hat er ihn entsprechend zu unterstützen, falls er auf eigene Kosten eine Prüfung durch einen Sachverständigen anordnen lässt.

(3) Werden Fehler in der Behandlung des Filmes oder Mängel an den Vorführeinrichtungen festgestellt oder wird dem zur Durchführung der Überprüfung beauftragten Dritten der Zutritt zum Vorführraum verweigert, so kann der Verleih, unbeschadet seiner Schadensersatzansprüche, die Lieferung der Filme einstellen, bis ihm die Beseitigung der Mängel nachgewiesen wird.

Soweit die Mängel durch die Prüfung des Sachverständigen bestätigt werden und Verschulden des Bestellers vorliegt, gehen die Kosten der Prüfung zu Lasten des Bestellers.

§ 10 Theater- und Vorführungsrecht

(1) Der Verleih überträgt lediglich ein einfaches sowie räumlich, zeitlich und inhaltlich begrenztes und nur mit schriftlicher Zustimmung des Verleihs übertragbares Theater und Vorführungsrecht an dem Film.
Das Theater- und Vorführungsrecht gilt nur für das im Filmbestellvertrag und auf den Abrechnungsformular des Verleihs genannte Filmtheater. Vertragswidriges Spielen verpflichtet dem Besteller zum Schadensersatz. Gleichzeitiges Spielen in einem oder mehreren anderen Theatern (Pendeln) oder Spielen einer Kopie in einem anderen als dem genannten Filmtheater ist nur mit schriftlicher Zustimmung des Verleihs gestattet.
(2) Soweit der Besteller für die Aufführung in seinem Theater Musik-Tantiemen zu leisten hat, besteht kein Anspruch gegen den Verleih auf Ersatz dieser Abgaben.
(3) Pausen während der Laufzeit des Hauptfilmes können nur mit Genehmigung des Verleihs gemacht werden.

§ 11 Veräußerung und Verpachtung, Rechteübertragung

(1) Veräußert oder verpachtet der Besteller sein Theater, so hat er, unbeschadet seiner weiteren Haftung, seinen Rechtsnachfolger zur Übernahme des noch nicht abgespielten Filmes zu verpflichten und dieses dem Verleih unverzüglich durch eingeschriebenen Brief schriftlich mitzuteilen.
(2) Der Verleih und dessen gesetzlicher oder vertraglicher Rechtsnachfolger sind berechtigt, die ihnen aufgrund diese Filmbestellvertrages zustehenden Rechten und Pflichten auf eine andere Firma zu übertragen und sie an ihrer Stelle in das Vertragsverhältnis eintreten zu lassen. Der Verleih bzw. dessen Rechtsnachfolger hat dem Besteller von der Übertragung auf einen anderen Verleih unverzüglich durch eingeschriebenen Brief schriftlich Kenntnis zu geben.

§ 12 Gerichtsstand, Erfüllungsort, anwendbares Recht

(1) Gerichtsstand und Erfüllungsort ist der Sitz des Verleihs. Der Verleih ist berechtigt, auch am Sitz des Bestellers zu klagen.
(2) Es gilt das Recht der Bundesrepublik Deutschland.
§ 13 Teilnichtigkeit
Sollte eine Bestimmung dieses Vertrages unwirksam sein, so bleibt die Wirksamkeit der übrigen Bestimmungen unberührt.

Schrifttum: Brehm, Filmrecht, 2. Aufl. 2008; *Frehner,* Der Vertrag zwischen Filmverleiher und Kinobesitzer nach schweizerischem Recht, Diss. Zürich 1975; *Klingner in v. Hartlieb Schwarz,* Handbuch des Film-, Fernseh- und Videorechts, 5. Auflage, 2011, Kap. 177 – 199; *Homann,* Praxis-Handbuch Filmrecht, 39 Aufl., 2004; *Obergfell,* Filmverträge im deutschen materiellen und internationalen Privatrecht, 2001, S. 158 ff.; *U. Reber/Schwarz,* in: *v. Hartlieb-Schwarz,* Handbuch des Film-, Fernseh- und Videorechts, 5. Aufl. 2011, Kap. 200 – 202; *Roeber/Jacoby,* Handbuch der filmwirtschaftlichen Medienbereiche, 1973; *Ulmer,* Urheber- und Verlagsrecht, 3. Aufl., S. 501 bis 502; *Vogel,* Die Rechtsbeziehungen zwischen Filmverleiher und Filmtheaterbesitzer im Rahmen der Bezugsbedingungen, Diss. München 1961.

Anmerkungen

1. Sachverhalt. Der Bestellvertrag (Filmvorführungsvertrag) wird von der Verleihfirma, gelegentlich auch direkt vom Filmhersteller mit dem Filmtheater (Besteller) abgeschlossen. In den gebräuchlichen Formularen werden die Vertragsparteien als Verleih oder Verleihfirma auf der einen Seite und Besteller auf der anderen Seite bezeichnet. Die bestellten Filme werden in den Bestellscheinen bzw. in Terminbestätigungen regelmäßig nur mit ihrem (voraussichtlichen) Titel aufgeführt. Nähere Angaben ergeben sich aus dem Verleihprogramm oder den Prospekten der Verleihfirmen. Das früher weit verbreitete Blockbuchen wird heute jedenfalls in dieser Form nicht mehr praktiziert, und zwar vor dem Hintergrund kartellrechtlicher Bedenken und auch im Hinblick auf das Verbot aus § 25 Abs. 3 Nr. 2 FFG, die Vermietung geförderter Filme von der Miete eines oder mehrerer ausländischer Filme abhängig zu machen (vgl. *Klingner* Kap. 181 Rn. 4, 6). An ihrer Stelle sind im Verhältnis zwischen größeren Verleihfirmen und Kinobetreibern vermehrt Rahmenverträge getreten, die im Zuge der jeweiligen Terminbestätigung zB durch die Gewährung von Sonderkonditionen zu entsprechenden Anschlussbuchungen führen (*Klingner* Kap. 181 Rn. 5).

Die Spieltermine werden durch die „Terminbestätigung“ festgelegt. Die Verleihfirma bemüht sich zu gegebener Zeit, die Aufführungstermine mit den Filmtheatern so abzustimmen, dass ein marktstrategisch optimaler, möglichst gleichzeitiger Start in den repräsentativen Spielstätten gewährleistet ist (sogenannter Ringstart). (→ Anm. 9, 10).

Dagegen nehmen die in der Minderheit befindlichen Programmkinos, Filmkunsttheater und nicht gewerblichen Vorführeinrichtungen individuelle Bestellungen ausgewählter einzelner Filme vor.

In der Filmtheaterwirtschaft hat sich eine einheitliche und festgefügte Vertragspraxis entwickelt. Die vorstehend wiedergegebenen Bezugsbedingungen sind eine Fortentwicklung der bereits seit 1921 praktizierten Vertragsformulare, bestehend aus einem Individualteil (Terminbestätigung) und der in Bezug genommenen AGB (Bezugsbedingungen). Zur geschichtlichen Entwicklung vgl. *Klingner* Kap. 177 Rn. 15.

Zur gesetzes- und Sittenwidrigkeit bei Verträgen über pornographische Filme gilt dasselbe entsprechend wie beim Filmlizenzvertrag (→ Form. IX.34 Anm. 1). Die Diskriminierungs- und Preisbindungsverbote nach GWB gelten grundsätzlich auch für das Rechtsverhältnis zwischen Lichtspieltheatern und Filmverleihern. → Anm. 14.

2. Wahl des Formulars. Das Formular gelangt in der Praxis im Rechtsverkehr zwischen Verleihfirmen und gewerblichen Filmtheatern zur Anwendung. Bei nicht gewerblichem Verleih wird das → Form. IX.36 angewandt.

3. Handlungsanweisung. Die formularmäßigen Bezugsbedingungen (AGB-Teil) befassen sich überwiegend, wenn auch nicht ausschließlich mit einer Konkretisierung der Vertragspflichten des Bestellers. Davon abweichende Individualvereinbarungen sowie besondere Abreden über Verpflichtungen der Verleihfirma sind auf der Vorderseite zu vermerken. Die Einhaltung der Schriftform gilt als Branchenübung (vgl. § 1 (1) der Bezugsbedingungen). In jedem Fall ist eine schriftliche Fixierung dringend zu empfehlen.

Im Regelfall werden auf der Vorderseite des Bestellscheins und in Übereinstimmung damit auch der Terminbestätigung die Vertragspartner ausgewiesen; die Vorderseite enthält ferner das betreffende Filmtheater, die zu liefernden Filme, zumeist bezeichnet nach dem Filmtitel, nebst Reklamematerial, den vorgesehenen Spieltermin, gegebenenfalls die vorgesehene Spielwoche, Vermerke über die vereinbarten Mindestspielzeiten, eventuell kombiniert mit einer Prolongationsklausel, gegebenenfalls auch Angaben zur Aufführungsfolge; auf jeden Fall die prozentuale Höhe der Mietvergütung („Leihmiete“) und einer etwaigen Mindestgarantiezahlung in bestimmter Höhe.

4. Zustandekommen des Bestellvertrages. Die Initiative zum Abschluss eines Bestellvertrages geht in der Praxis vom Besteller (Kinobetreiber) aus, der fernmündlich oder per E-Mail anhand des Verleihprogramms der Verleihfirma oder sonstiger allgemein zugänglicher Informationen bestimmte Filmangebote anfordert. Er erhält daraufhin vom Verleih eine Terminbestätigung (TB), die er unverzüglich auf inhaltliche Übereinstimmung mit seiner Bestellanforderung überprüfen sollte. Bei mangelnder Deckung von Angebot und Annahme empfiehlt sich aus der Sicht des Bestellers eine unverzügliche Zurückweisung der Terminbestätigung, um die Herleitung einer Annahmfiktion gem. § 151 BGB zu vermeiden (vgl. im Einzelnen *Klingner* Kap. 181 Rn. 1–3).

5. Rechtseinräumung.

5.1 Mit dem Bestellvertrag erwirbt das Filmtheater das einfache Recht, den Film zu den vereinbarten Terminen öffentlich wahrnehmbar zu machen (Vorführungsrecht gemäß §§ 94, 88 Abs. 1, 19 Abs. 4 UrhG; vgl. § 10 der Bezugsbedingungen). Auch wenn mit dem Filmtheater eine bevorzugte Spielfolge (→ Anm. 7) verabredet ist – zB das Erstaufführungsrecht für Deutschland oder ein regionales Erstaufführungsrecht –, ergibt sich daraus keine absolute Rechtsposition, die das Filmtheater zur Geltendmachung von Verbotsansprüchen gegen andere Filmtheater, welche ihm unbefugterweise zuvorkommen wollen, instand setzen würde (allgM; vgl. *Klingner* Kap. 179 Rn. 3, 4; *Obergfell* S. 159; LG Hamburg UFITA 24, 1957, 131; OLG Hamburg UFITA 67, 245 – Die englische Geliebte für das Erstaufführungsrecht eines Tournee-Theaters). Das Filmtheater ist auf die Geltendmachung schuldrechtlicher Ansprüche gegen seinen Vertragspartner verwiesen, insbesondere auf Unterlassung, falls die Verleihfirma die fremde Vorführungstätigkeit veranlasst, ferner auf Rücktritt und Schadensersatz.

5.2 Die Rechtseinräumung umfasst nicht diejenigen Rechte von Filmschaffenden und Urhebern vorbestehender Werke, die von Verwertungsgesellschaften wahrgenommen werden. Nach den derzeit gültigen Wahrnehmungsverträgen geht es insoweit um die Vorführungsrechte am Musikbestandteil in Tonfilmen, die von der GEMA wahrgenommen werden. Die Verpflichtung des Bestellers zur alleinigen Tragung von Musiktantiemen wird in § 10 (2) der Bezugsbedingungen klargestellt.

6. Vorführungspflicht, Mindestspielzeit. Nach der hM (KG UFITA 67, 220; 64, 302; OLG Düsseldorf UFITA 21, 334; LG Frankfurt a. M. UFITA 20, 236 und 365; aM *Klingner* Kap. 193 Rn. 3: Vorführungspflicht auch bei Festpreisabschlüssen im Rahmen der Erstauswertung) ist das Filmtheater jedenfalls dann, wenn entsprechend der regelmäßigen Praxis die Verleihfirma am Einspielergebnis beteiligt ist, zur Vorführung des Films zu den vereinbarten Spielterminen in dem vertragsgegenständlichen Lichtspieltheater verpflichtet. Zur korrespondierenden Auswertungsverpflichtung der Verleihfirma in ihrem Rechtsverhältnis zum Filmhersteller → Form. IX.34 Anm. 4. Die Verleihfirma kann ihren dahingehenden Leistungsanspruch im Wege der einstweiligen Verfügung (Zwangsvollstreckung nach § 887 ZPO) erzwingen (KG UFITA 67, 220; 64, 302), obwohl damit eine Erfüllung des Hauptanspruchs verbunden ist; denn der Erfüllungsanspruch würde infolge seiner zeitlichen Terminierung leer laufen, wenn die Verleihfirma auf den Hauptklageweg verwiesen wäre. Außerdem wären Schadensersatzansprüche nur schwer durchsetzbar; es kann kaum nachgewiesen werden, dass ein zunächst erfolglos angelaufener und dann vertragswidrig abgesetzter Film nennenswerte Einspielergebnisse erzielt hätte. Deshalb kommt der auf der Vorderseite des Formulars einzusetzenden Angabe des Spieltermins besondere Bedeutung zu. Das Filmtheater ist mangels ausdrücklicher Abreden nicht befugt, zur Erfüllung seiner Vorführungspflicht auf andere Filmtheater auszuweichen (vgl. § 10 (1) der Bezugsbedingungen). Verfügt der Theaterbesitzer an seinem Ort über mehrere Kinosäle und ist ein bestimmter Saal („Kino A“) nicht vertraglich festgelegt, kann er bei sinkendem Zuschauerzuspruch in einen kleineren Theaterraum seines Hauses überwechseln (vgl. *Klingner* Kap. 139 Rn. 6, 8).

7. Prolongation. Prolongationsabreden müssen ausdrücklich getroffen werden. Üblicherweise geschieht das durch Festlegung eines Erlösvolumens, gegebenenfalls bezogen auf bestimmte Wochenendtermine (Prolongationssumme), bei dessen Erreichen das Filmtheater automatisch zur Verlängerung der Spieldauer um den zunächst gebuchten Zeitraum verpflichtet und berechtigt ist. Über das Erreichen der Prolongationssumme muss die Verleihfirma unverzüglich unterrichtet werden, weil sie über die betreffende Filmkopie für die Prolongationszeit möglicherweise bereits anderweitig verfügt hat. Zu Kollisionen zwischen Prolongationsabreden und vereinbarten Terminierungen verhalten sich § 6 (3), (4) und (6) der Bezugsbedingungen.

8. Absetzklausel. Anstelle einer Verlängerung kann auch verabredet werden, dass der Film nach Ablauf von x Wochen abgesetzt werden kann, wenn er in oder bis zu einer bestimmten Woche ein bestimmtes Einnahmelimit nicht erreicht hat. Damit entfällt dann die darüber hinaus festgelegte Aufführungsdauer (vgl. im Einzelnen *Wilde* UFITA 55, 159). Prozessuale Eilmaßnahmen vor Eintritt der Absetzungsvoraussetzungen sind grundsätzlich unzulässig (OLG Düsseldorf UFITA 55, 347).

9. Spieltermine. Soweit es dem Besteller bei Vornahme der Bestellung möglich ist, sollte in der Terminbestätigung der Spieltermin im Sinne eines Terminsangebotes oder eventuell als „fest" und/oder „unverlegbar" bereits eingesetzt werden. Überwiegend ist das infolge der weiträumigen Vordispositionen nicht möglich. § 6 (1) der Bezugsbedingungen sieht deshalb vor, dass zwischen den Parteien der Spieltermin erst noch einvernehmlich festgelegt werden muss. Nach der gegebenen Interessenlage hat die Verleihfirma branchenübliche Terminwünsche des Filmtheaters zu akzeptieren und dann, wenn sie dazu, zB mangels verfügbarer Kopien, nicht in der Lage ist, vom Filmtheater benannte Ausweichtermine hinzunehmen. Letztlich haben beide Vertragspartner bei der Terminfestlegung im Rahmen von Treu und Glauben aufeinander Rücksicht zu nehmen. Benennt das Filmtheater einen neuen Spieltermin nicht fristgerecht oder kommt über einen neuen Spieltermin keine Einigung zustande, darf die Verleihfirma eine Zwangsterminierung vornehmen (§ 6 (2) der Bezugsbedingungen), bei der sie wiederum die berechtigten Belange des Filmtheaters unter Berücksichtigung von Treu und Glauben zu beachten hat. Die Zwangsterminierung kann nicht über die vereinbarte Mindestspieldauer hinaus ausgeübt werden (BGH UFITA 56, 277). Auf weitere Verschiebungen braucht sich die Verleihfirma nicht einzulassen. Hält das Filmtheater den Zwangstermin nicht ein, stehen der Verleihfirma die Ansprüche aus § 326 BGB auf Schadenersatz und Rücktritt zu (OLG München UFITA 21, 86 = NJW 1955, 1925).

10. Aufführungsfolge. Die Regelungen im Formular, die sich mit der Verpflichtung des Theaters zur Einhaltung der Spieltermine befassen (§ 6 (1), § 10 (1)), verstehen sich vor dem Interesse der Verleihfirmen, Spielfilme nach Möglichkeit entsprechend einer vorgegebenen differenzierten Rangfolge abspielen zu lassen. Speziell bei der Vergabe von Erstaufführungsrechten an Blockbustern unterliegen allerdings die Verleihfirmen in der Regel als Marktbeherrscher dem kartellrechtlichen Diskriminierungsverbot und sind infolge dessen verpflichtet, die Erstaufführungstheater mit den benötigten Kopien auszustatten (*Klingner* Kap. 199 Rn. 3). Vorspielrechte beziehen sich nur darauf, dass das berechtigte Filmtheater als erstes Theater in seinem Spielbezirk den Film vor dem Massenstart aufführen darf (vgl. *Klingner* Kap. 199 Rn. 2). → Anm. 14.

11. Lieferung, Kopieschäden, Haftung. Neben der Einräumung des Vorführungsrechts hat der Verleiher dem Filmtheater die Vorführung des Films auch dadurch faktisch zu ermöglichen, dass er ihm eine qualitativ einwandfreie Filmkopie und gegebenenfalls geeignetes Werbematerial rechtzeitig zum vereinbarten Termin zur Verfügung stellt. Das Filmtheater erhält für die vertraglich vorgesehene Dauer lediglich ein Besitzrecht an der Kopie, jedoch keine Eigentumsrechte. §§ 7–9 der Bezugsbedingungen regeln unter anderem die Liefer- und Versandkonditionen, die Obliegenheiten während und nach Beendigung der Spielberechtigung und die Rechtsfolgen bei fehlgeschlagener und verzögerter Lieferung sowie die Gefahrtragung bis zur erfolgten Rück- oder Weiterlieferung. Auch die Verpflichtung zur Lieferung der vorführungsfähigen Filmkopie gehört zur Hauptleistungspflicht der Verleihfirma. Umgekehrt übernimmt der Besteller die Verpflichtung zur pfleglichen Behandlung der zur Verfügung gestellten Filmkopien (§ 9 der Bezugsbedingungen). Mit Rücksicht auf die gesetzlichen Filmförderungsbestimmungen wird als ergänzender Absatz zu § 5 (Werbematerial, Werbung) folgende Zusatzregelung empfohlen: Hat der Verleih aus zwingenden rechtlichen Gründen (insbes. § 20 FFG) Vertragsfilme mit Beiprogramm auszuliefern, so ist Besteller zur Vorführung verpflichtet; hat Besteller zur Vermeidung wirtschaftlicher (insbes. steuerrechtlicher) Nachteile ein prädikatisiertes Beiprogramm einzusetzen, so ist Verleih zur Lieferung und Besteller zur Vorführung verpflichtet.

12. Gewährleistung, Sperrfristen.

12.1 Rechtsgrundlage für die Gewährleistung sind die entsprechenden Vorschriften im BGB für Miet- und Pachtverträge in Verbindung mit § 7 der Bezugsbedingungen. Die Verleihfirma steht grundsätzlich dafür ein, dass der von ihr gelieferte Film für die vertraglich vorgesehene Filmvorführung geeignet ist. Voraussetzung dafür ist die Freiheit von Verbotsrechten Dritter, eine bestimmte technische Qualität der Filmkopie und auch bestimmte inhaltliche Kriterien des Films selbst.

12.2 Die Rechtsmängelhaftung beschränkt sich nicht etwa nur darauf, dass der Film ungestört während der festgelegten Zeit vorgeführt werden kann. Die Vorführungsrechte müssen auch tatsächlich eingeräumt worden sein. Der Film muss auch frei von zensuroder zollrechtlichen Vorbehalten oder sonstigen öffentlich-rechtlichen Einspruchsrechten sein. Ein Filmtheaterbesitzer, der den Rechtsmangel vor der Vorführung erkennt, braucht den Film nicht einzusetzen. Denn er muss befürchten, vom Inhaber der Verbotsrechte oder der zuständigen Behörde gegebenenfalls kurzfristig doch noch an der Vorführung gehindert zu werden. In jedem Falle würde er nach erfolgter rechtswidriger Vorführung unmittelbar haften.

12.3 Selbstverständlich haftet die Verleihfirma für die äußere Qualität der Filmkopie. Das Vorführungsmaterial muss den nach dem jeweiligen Stand der Technik vom Publikum zu stellenden Ansprüchen an die Durchschnittsqualität entsprechen. Bei der Bestellung historischer Filme sollten die Vertragsparteien über das Kopiematerial technische Detailvereinbarungen treffen.

12.4 Eine Haftung der Verleihfirma für inhaltliche Kriterien des Films ist nur eingeschränkt denkbar. Auszugehen ist von den getroffenen Individualabreden. Dort wird mindestens der Filmtitel erwähnt, gegebenenfalls auch die Gattung des Films, seltener der Regisseur oder ein Hauptdarsteller oder das verfilmte vorbestehende Werk. Für die Verwendung des Filmtitels als solche haftet der Verleih nicht, wohl aber dafür, dass der damit unzweifelhaft angesprochene Film tatsächlich geliefert wird. Die Einhaltung der genannten Kriterien ist nachprüfbar, die Verleihfirma steht dafür ein. Für die Rentabilität des Films haftet die Verleihfirma dagegen regelmäßig nicht, es sei denn, dass Einspielergebnisse ausdrücklich garantiert worden sind. Im Übrigen genügt jede Filmgestaltung, die nach Stoff, Inhalt und filmkünstlerischer Ausführung durchschnittlichen Erwartungen an einen Film dieser Art entspricht. Öffentlich geförderte Filme, speziell solche, die die Referenzfilmförderung oder Kopienförderung nach dem FFG erhalten oder für die Förderungshilfen der FFA oder des DFFF erbracht worden sind, unterliegen der Einhaltung von Sperrfristen bezüglich der Auswertung im Fernsehen und der Verwertung im Home Entertainment-Bereich bzw. durch Videoabrufdienste/individuelle Zugriffsdienste. Der Sache nach kommt in der Sperrfristregelung eine Schutzpflicht des Verleihers gegenüber dem Kinobetreiber zum Ausdruck. Ihre Verletzung löst nicht nur Ansprüche gegenüber dem Subventionsgeber oder dem Filmproduzenten aus (LG München I ZUM-RD 2009, 41 (48 ff.)), sondern zugleich auch Schadenersatzansprüche gegenüber dem Kinobetreiber gem. §§ 280, 282 BGB (*U. Reber/Schwarz* Kap. 200 Rn. 5–10).

12.5 Daneben sind auch Ansprüche wegen Verletzung vertraglicher Nebenansprüche denkbar, zB weil der Verleih die vereinbarte Aufführungsfolge missachtet oder der Besteller die Kopie nicht pünktlich an das benannte nachfolgend spielberechtigte Kino weiterversendet.

13. Vergütung (Filmmiete). Üblich ist die prozentuale Beteiligung der Verleihfirma an den um die (von den Kommunen nur noch vereinzelt erhobene) Vergnügungssteuer und die Filmabgabe nach FFG gekürzten Kasseneinnahmen des Filmtheaters, gegebenenfalls wird eine Staffelung derart vorgenommen, dass sich der prozentuale Anteil der Verleihfirma für eine spätere Auswertungsphase verringert (zB 40,9 % bei Auswertung in der 1. bis 4. Woche, 38 % ab 5. Woche, 36 % bei Wiederaufführung). Wegen der Einzelheiten des Abrechnungsverfahrens, der Gestaltung der Eintrittskarten usw kann auf die detaillierte Regelung in § 1 der Bezugsbedingungen verwiesen werden. Vgl. auch *Klingner* Kap. 194, Rn. 1. Die Abänderungsbedingungen einiger Verleihfirmen sehen demgegenüber vor, dass die Filmabgabe in die abrechnungspflichtigen Kasseneinnahmen einzubeziehen ist, und ferner, dass Sonderentgelte wie abrechnungspflichtige Eintrittspreise zu behandeln sind. Die in der Nachkriegszeit vorgesehene Verpflichtung der Filmtheater, bestimmte Eintrittspreise zu verlangen, ist wegen des kartellrechtlichen Preisbindungsverbotes (§ 14 GWB aF) nicht möglich.

14. Kartellrecht. Im Verhältnis zwischen Verleihunternehmen und Filmtheatern hat der Einsatz von Marktmacht und vertraglichen Wettbewerbsbeschränkungen schon immer eine Rolle gespielt. Derzeit kann das Übergewicht der US-amerikanischen Verleihfirmen in Verbindung mit bestimmten Verleihpraktiken kartellrechtlich relevant sein. Nach OLG Düsseldorf UFITA 56, 332 erfüllen Vorspielklauseln (→ Anm. 10.), die in Filmbestellverträge auf Veranlassung der Filmtheaterbesitzer aufgenommen werden, den Tatbestand des § 26 Abs. 1 GWB aF. Zur unbilligen Behinderung durch Verleihunternehmen OLG München WuW/E OLG 4990 ff. (1992); GRUR-RR 2003, 225 f. – Filmverleiher; öst. OGH ZUM-RD 1998, 205 ff. Marktbeherrschende Stellung der Marktgegenseite im Falle überregionaler Theaterketten („Multiplex") auf Bundesebene verneint *Klingner* Kap. 198 Rn. 3, zur Verleiherseite dort Rn. 4–9. → Anm. 1, 2, 13.

15. Kosten. Der Gegenstandswert bemisst sich nach der durchschnittlichen Einnahmeerwartung der Verleihfirma aus der Filmmiete. Im Übrigen empfiehlt sich der Abschluss einer Honorarvereinbarung auf Stundenbasis.

36. Filmvorführungsvertrag für nichtgewerbliche Vorführungen

Terminbestätigung der Verleihfirma:[1, 2, 4]
Sie erhalten zu den nachfolgenden Verleihbedingungen laut Ihrer Bestellung vom . . . . .
zum Vorführtermin[3] am . . . . . . /sowie am . . . . . .
für eine . . . . .-malige nichtgewerbliche Vorführung
in . . . . .
den Film . . . . .
16 mm-Kopie/Videokassette/CD-Video/DVD
zum Preis[3] von Euro netto . . . . . . zuzüglich der gesetzlichen Mehrwertsteuer.

Beiliegendes Filmblatt bieten wir als Werbe- und Informationsmaterial zum Selbstkostenpreis von Euro ...... zuzüglich gesetzlicher Mehrwertsteuer und zzgl. Porto pro ...... Stück an.

Verleihbedingungen für nichtgewerbliche Vorführungen:

§ 1 Mietpreis

Der angegebene Mietpreis ist eine Mindestgarantiesumme und gilt für die vorstehend angegebene(n) Aufführung(en). Der Besteller verpflichtet sich, eine Abrechnung der Einnahmen vorzulegen. Falls diese das $2^1/_2$-fache des Mietpreises übersteigen, wird der Verleih an den Einnahmen unter Anrechnung der Mindestgarantiesumme mit 40 % beteiligt.

Die Kosten für den Hin- und Rücktransport trägt der Besteller, dh die Rücksendung ist freizumachen.

Auf den Rechnungsbetrag wird Mehrwertsteuer berechnet.

Ermäßigungen für mehrfache Vorführungen bedürfen der gesonderten Vereinbarung mit dem Verleih.

Ausgefallene Vorführungen werden in Höhe der vereinbarten Filmmiete berechnet.

§ 2 Bestellung

Die Bestellung sollte schriftlich erfolgen und folgende Angaben enthalten:

a) Verantwortlicher Veranstalter, bei nicht rechtsfähigen Organisationen und Gruppen sind die bürgerlichen Namen anzugeben;
b) Name, Anschrift und Telefon- und Faxnummer sowie E-Mail-Adresse des Bestellers, gegebenenfalls Versandadresse und Rechnungsadresse (Expressbahnhof);
c) Abspielstelle (Kino, Vereinshaus, sonstiger Vorführraum);
d) Filmtitel;
e) Vorführtermin und eventuelle Ersatztermine;
f) Anzahl der Vorführungen.

Die Bestätigung gilt als Aufführungsgenehmigung und bezieht sich nur auf den bestätigten Termin und Besteller. Die Weitergabe der Filme ist nicht zulässig.

Erfolgte Bestellungen sind verbindlich. Der Besteller ist zur Abnahme des bestellten Films für den angegebenen Termin verpflichtet.

Terminabsagen und Änderungen müssen so rechtzeitig mitgeteilt werden, dass die Filme noch anderweitig disponiert werden können. Bei kurzfristigen Absagen wird eine Bearbeitungsgebühr berechnet. Es bleibt vorbehalten, den vollen Preis in Rechnung zu stellen.

Geht beim Verleih keine schriftliche Bestätigung ein, ist dieser nicht verpflichtet, den Film abzusenden.

§ 3 Zahlungsbedingungen

Die Rechnungen sind zum Spieltermin fällig. Es bleibt vorbehalten, die Lieferung von der Zahlung abhängig zu machen.

§ 4 Versand[3]

Die Filme gelangen rechtzeitig zum Versand, jedoch kann keine Haftung für rechtzeitiges Eintreffen beim Besteller übernommen werden, ausgenommen bei Vorsatz und grober Fahrlässigkeit.

Die Filme sind sofort nach Spielbeendigung, spätestens am Vormittag des folgenden Tages an den Verleih zurückzusenden bzw. an die vom Verleih angegebene Anschrift weiterzusenden. Bei nicht rechtzeitiger Rück- bzw. Weiterlieferung ist der Besteller zum Schadenersatz verpflichtet. Sollte der Film aus irgendeinem Grunde nicht weitergeleitet werden können, ist eine sofortige telefonische Benachrichtigung gegenüber dem Verleih erforderlich.
Der Besteller verpflichtet sich, das vorgeschriebene Rück- bzw. Weiterversanddatum und die vorgeschriebene Versandart einzuhalten.

§ 5 Vorführung und Meldung von Kopienschäden[3]

Die Kopien werden vom Verleih in einwandfreiem Zustand zum Versand gebracht. Kopienschäden sind dem Verleih anzuzeigen und zu markieren. Werden beim Erhalt von Kopien Schäden festgestellt, sind diese dem Verleih umgehend schriftlich mitzuteilen. Beim Empfang des Films ist die Filmkopie vor dem Einsatz des Films sofort zu prüfen.
Die Filme dürfen nur in einwandfrei arbeitenden Projektoren von geübten Vorführern abgespielt werden. Für Kopienschäden, die beim Besteller entstehen, oder für den Verlust einer Kopie haftet der Besteller. Alle Filmmaterialien nebst Umhüllungen sind Eigentum des Verleihs. Bei Verlust, Verwechselung, Beschädigung wird das Material zum Neupreis in Rechnung gestellt.

§ 6 Rechte

Durch diesen Vertrag erwirbt der Besteller ein einfaches Vorführungsrecht im Rahmen der erteilten Vorführerlaubnis nach Maßgabe der Bestellangaben gemäß § 2. Alle Rechte an dem vom Verleih gelieferten Film, insbesondere das Recht der Vervielfältigung oder Überspielung, auch für den privaten Gebrauch, oder Übertragung durch Funk und Fernsehen bleibt vorbehalten. Jede derartige Verwendung bedarf der vorherigen schriftlichen Zustimmung des Verleihs. Eine Änderung der Kopie durch Schnitte oder Kürzungen ist nicht gestattet.
Das Kopieren der Filme, auch auszugsweise, ist nicht gestattet.

Schrifttum: → Form. IX.35.

Anmerkungen

1. Sachverhalt. Der Film spielt eine nicht unwesentliche Rolle im kulturellen Bildungswesen, sei es unter staatlichen, sei es unter nichtstaatlichen Trägerschaften. Vor allem kirchliche Institutionen, private Vereinigungen, Gewerkschaften, Akademien, Schulen und Hochschulen führen im Rahmen ihrer Aktivitäten Filme vor, wobei der Kreis der Zuschauer im Regelfall öffentlich ist. Solchen Filmvorführungen liegen keine gewerblichen Zwecke zugrunde. Die nichtgewerblichen Filmvorführer beziehen die von ihnen benötigten Filme entweder von gewerblich tätigen Filmverleihfirmen oder von gemeinnützigen oder staatlichen Einrichtungen, zB den Landesbildstellen oder den Bundes- oder Landeszentralen für politische Bildung oder ähnlichen Einrichtungen. Das kann entweder entgeltlich oder unentgeltlich geschehen.

2. Wahl des Formulars. Das Vorführungsrecht wird für nichtgewerbliche Zwecke entweder konkludent, mündlich, im Korrespondenzwege oder durch einen förmlichen Vertragsabschluss formularmäßig als „Terminbestätigung" oder nach Art des vorliegenden Form. eingeräumt. Das → Form. IX.35 passt für diese Sachverhalte nicht. Jedenfalls dann, wenn der Verleih gewerblich arbeitet, wird die Verwendung dieses Formulars empfohlen. Gegenstand der Rechtsübertragung ist aber auch hier nur das Vorführungsrecht (→ Form. IX.35 Anm. 5). Es versteht sich von selbst, dass der Vertrag den Besteller nicht befugt, die Kopien zur Vervielfältigung und Verbreitung an Dritte zu benutzen, es sei denn, die Vervielfältigung erfolgt als urheberrechtlich zulässige Privatkopie. Das Formular kann auch als Ausgangspunkt von vertraglichen Vereinbarungen verwendet werden, die dem Nutzer die Vorführung des Films als Hotel-Video (closed circuit TV) oder auf Schiffen und sonstigen Verkehrsmitteln gestatten; allerdings werden in jenem Bereich meistens keine pauschalen Mietpreise zugrunde gelegt, sondern statt dessen eine Beteiligungsvergütung nach Abdeckung der Vorkosten für das Vorführmaterial.

3. Handlungsanweisung. Bei dem Vertragsabschluss geht es im Wesentlichen darum festzulegen, zu welchem Vorführungstermin der Film verfügbar ist, ob der Nutzungsvorgang entgeltlich (Miete) oder unentgeltlich (Leihe) sein soll und ob besondere Vereinbarungen über die Versendung der Filmmaterialien und die Haftung für Schäden an der Filmkopie zu treffen sind. Da der Vertragspartner auf der Benutzerseite meistens rechtlich unerfahren ist, dient der Vertragstext überwiegend der Information. Bei unentgeltlichen Bestellungen, mithin bei Vorliegen echter Leihe sind die Ziffern 1 und 3 der Verleihbedingungen ersatzlos zu streichen.

Im Übrigen kann auf den Wortlaut der Verleihbedingungen verwiesen werden.

4. Kosten. Der Gegenstandswert entspricht der Mietvergütung, gegebenenfalls mit angemessenem Aufschlag für die Regelung des Beschädigungs- und Verlustrisikos nach dem Sachwert der Filmkopie.

Rundfunk

Vorbemerkung

Der öffentlich-rechtliche Rundfunk befindet sich seit einigen Jahren im Umbruch. Dieser Prozess ist nicht abgeschlossen. Die aktuellen (rundfunk-)rechtlichen Vorgaben legt der Rundfunkstaatsvertrag (RStV idF d. 22. Änderungsvertrages) fest. Sie basieren auf der vom BVerfG für den öffentlich-rechtlichen Rundfunk geforderten „Bestands- und Entwicklungsgarantie" (BVerfGE 83, 238 – WDR = ZUM 1991, 176 (195 ff.)). Neben den überkommenen „linearen" Hörfunk- und Fernsehprogrammen gewinnt zunehmend der Zugang zu Telemedien (§§ 11d ff. RStV), einschließlich der Nutzung von Plattformen verschiedener Anbieter, immer stärker an Bedeutung (§§ 52 ff. RStV).

Die nachstehenden Vertragsgrundlagen und Muster spiegeln das lediglich zum Teil wider:

a) Das betrifft die Regelwerke der Bühnenverlage (Medienverlage/Medienagenturen) für die von ihnen vertretenen „verlagsgebundenen" Autoren (→ Form. 37 A, → Form. 37 B, → Form. 37 D, → Form. 37 E und → Form. 38): Die beiden Regelsammlungen Hörfunk/Fernsehen (RS HF/RS FS) wurden zuletzt in 2008 im Hinblick auf die Sieben-Tage-Regelung („7 day-catch-up") aktualisiert. Die materiellen Regelungen und die Vergütungen sind seitdem „eingefroren" und zudem formal zum Ende 2010 ausgelaufen, werden aber in Teilbereichen weiterhin den Senderechtsverträgen zugrunde gelegt.

b) Die Vereinbarung mit der ARD über „Drehbuchauftragsverträge" aus dem Jahre 2005 (Vorauflage → Form. 37 B.) ist aufgrund des Abschlusses der Gemeinsamen Vergütungsregel nach § 36 UrhG (→ Form. 37 C) zwischen der ARD, Degeto und der Produzentenallianz einerseits und dem Verband Deutscher Drehbuchautoren (VDD) andererseits obsolet geworden. Die Gemeinsame Vergütungsregel sieht nun eine umfassende Rechteeinräumung vor und umfasst demzufolge auch nicht-lineare Verbreitungsformen.

d) Der VDD hat für seine Mitglieder auch mit dem ZDF eine Gemeinsame Vergütungsregel nach § 36 UrhG vereinbart, die bei Redaktionsschluss im Juni 2019 allerdings noch nicht vorlag. Zusätzlich zur Gemeinsamen Vergütungsregel hat der VDD mit dem ZDF neue Grundsätze der Zusammenarbeit abgestimmt, welche die GVR ergänzen. e) Die Rahmenvereinbarung Drehbuch mit dem ZDF (→ Form. 37 B.) stellt auch weiterhin die Vertragsgrundlage für Drehbuchverträge („Werknutzungsverträge") zwischen dem ZDF und den Medienverlagen dar. Die Rahmenvereinbarung wird durch die im Anschluss abgedruckten Vertragsmuster in einigen Punkten modifiziert (→ Form. 37 B. Anhang).

f) Mit ProSiebenSat.1 gibt es eine gemeinsame Vergütungsregel über fiktionale Produktionen (→ Form. 37 E.), welche neben den klassischen linearen Verwertungsrechten auch die Online-Rechte beinhaltet.

Abgedruckt sind im Folgenden die Vertragstexte **ohne** Literaturangaben und Kommentierung.

37 A. Senderechtsvertrag Fernsehen ARD/ZDF – Bühnenverlag

Zwischen
Verlag . . . . .
und
Sendeunternehmen (Rundfunkanstalt der Arbeitsgemeinschaft der öffentlich-rechtlichen Rundfunkanstalten der Bundesrepublik Deutschland bzw. Zweites Deutsches Fernsehen) . . . . .
wird folgender

Senderechtsvertrag

geschlossen:

§ 1 Vertragsgegenstand, Garantie

Gegenstand des Senderechtsvertrages ist das vorbestehende Werk . . . . . Der Verlag garantiert der Rundfunkanstalt, dass er über die vertraglich eingeräumten Nutzungsrechte an dem Werk verfügt. Er stellt die Rundfunkanstalt insoweit von etwaigen Ansprüchen Dritter frei. Der Verlag garantiert weiter, dass keine Rechte zur Ausstrahlung des Werkes in deutscher Sprache oder in deutschsprachigen Programmen über Satellit an Dritte lizenziert worden sind oder während der Laufzeit des Vertrages lizenziert werden, mit denen eine Einstrahlung in das Lizenzgebiet (§ 2 lit. a) verbunden sein könnte. Eine Einstrahlung im Rahmen anderer Produktionen in anderen Sprachfassungen oder in fremdsprachigen Programmen in das Lizenzgebiet stellt nach der Erstsendung keine Verletzung des Vertrages dar; gleiches gilt für eine Einstrahlung durch die Rundfunkanstalt in Gebiete außerhalb des Lizenzgebietes.

§ 2 Umfang der Rechteeinräumung

Der Verlag räumt der Rundfunkanstalt ausschließliche Nutzungsrechte an dem Werk für die Zwecke der einmaligen Produktion und Sendung für Deutschland nach Maßgabe folgender Regelungen ein:

a) Das Senderecht: Das Senderecht umfasst neben der Befugnis zur terrestrischen Sendung die Befugnis zur zeitgleichen unveränderten und vollständigen Sendung und Weitersendung der Produktion in deutscher Sprache oder in fremdsprachiger Fassung

in deutschsprachigen Fernsehprogrammen durch Fernsehrundfunk einschließlich der Verbreitung über Kabelanlagen und Satelliten sowie ähnlicher technischen Einrichtungen und die Nutzung im Rahmen des Fernsehtextes in Deutschland (Lizenzgebiet). Das Lizenzgebiet umschreibt für die Satellitenausstrahlung nur das Gebiet, in dem unter der Verantwortung der Rundfunkanstalt das Programmsignal bereitgestellt wird (Sendelandgrundsatz).

aa) Das Senderecht berechtigt wahlweise zu Sendungen in den Fernsehvollprogrammen der in der Arbeitsgemeinschaft der öffentlich-rechtlichen Rundfunkanstalten der Bundesrepublik Deutschland (ARD) zusammengeschlossenen Rundfunkanstalten und des Zweiten Deutschen Fernsehens (ZDF) oder in allen Dritten Programmen der Landesrundfunkanstalten oder in allen Regionalfernsehprogrammen.

bb) Die Rundfunkanstalt kann die Produktion für die Fernsehprogramme 3sat und ARTE nutzen oder nutzen lassen. Die Verwendung der Produktion in digitalen Bouquets der Rundfunkanstalt sowie im deutschsprachigen Auslandsfernsehen bedarf einer besonderen Vereinbarung.

cc) Die Rundfunkanstalt ist berechtigt, das vertragsgegenständliche Werk und die unter dessen Verwendung hergestellte Produktion ausschnittweise bis zu einer Gesamtlänge von zwei Minuten in Text, Ton und/oder Bild kostenfrei für Programmbewerbungen, Programmvorschauen oder Inhaltsangaben in Presse und Rundfunk (einschließlich der öffentlichen Zugänglichmachung, zB in weltweit verfügbaren Online-Angeboten) zu nutzen bzw. nutzen zu lassen. Die Online-Nutzung ist jedoch auf Programmbewerbungen und Programmankündigungen beschränkt, die in einem direkten Zusammenhang mit einer Sendung des Werkes stehen.

b) Das Bearbeitungsrecht für Fernsehzwecke: Die Rundfunkanstalt darf das Werk unter Wahrung des Urheberpersönlichkeitsrechts (droit moral) für das Fernsehen ändern und einrichten. Änderungen, zu denen der Urheber seine Einwilligung nach Treu und Glauben nicht versagen kann, sind ohne besondere Vereinbarung zulässig (§ 39 Abs. 2 UrhG). Weitergehende Änderungen und Bearbeitungen bedürfen dagegen einer besonderen vertraglichen Vereinbarung. Der Verlag behält sich vor, gegenüber dem Bearbeiter seinen eigenen Anteil an den Zweitverwertungsrechten festzusetzen.

c) Das Vervielfältigungs- und Verbreitungsrecht für Fernsehzwecke: Die Rundfunkanstalt ist berechtigt, die Produktion auf Wiedergabevorrichtungen aufzunehmen und mit Hilfe dieser Wiedergabevorrichtung auch wiederholt zu senden.

aa) Sie darf nur mit ausdrücklicher Einwilligung des Verlages Dritten Wiedergabevorrichtungen überlassen (Bild- und Tonträgerabgaben), Anschlusssendungen (Direktanschluss) oder die Herstellung von Wiedergabevorrichtungen (Mitschnitt) gestatten (Übernahmesendungen).

aaa) Für den Programmaustausch zwischen den öffentlich-rechtlichen Rundfunkanstalten in Deutschland genügt eine vorherige Kontrollmitteilung der Rundfunkanstalt an den Verlag. Die Überlassung von Wiedergabevorrichtungen berührt nicht die Verpflichtung der übernehmenden Rundfunkanstalt, die erforderlichen Nutzungsrechte beim Verlag einzuholen.

bbb) Im internationalen Programmaustausch darf die Rundfunkanstalt ausländischen Rundfunkgesellschaften, die der Union Européenne de Radiodiffusion (UER) angehören, Wiedergabevorrichtungen nur mit Einwilligung des Verlages überlassen. Die übernehmende Rundfunkgesellschaft hat die erforderlichen Nutzungsrechte beim Verlag einzuholen.

bb) Die Wiedergabevorrichtungen dürfen ohne zusätzliche Vergütung für Archivzwecke verwendet und für nichtgewerbliche Prüf-, Lehr- und Forschungszwecke, insbesondere für Modellversuche, sowie auf Wettbewerben, Festivals und Fachmessen des Rundfunks verwendet und vorgeführt werden und nach Ablauf der im Senderechtsvertrag vereinbarten Dauer auf Nutzung zeitlich unbeschränkt ausschließlich zu Archivzwecken aufbewahrt werden. Modellversuche sind grundsätzlich auf sechs Monate befristet, können jedoch um denselben Zeitraum verlängert werden.

d) Das Vervielfältigungs- und Verbreitungsrecht für außerrundfunkmäßige Nutzung (Videogrammrecht): Die Rundfunkanstalt ist ferner berechtigt, die unter Verwendung des Werkes hergestellte Produktion selbst oder durch Dritte auch außerrundfunkmäßig im Wege der audiovisuellen Verwertung zu nutzen. Die Übertragung dieser Nutzungsrechte steht unter dem Vorbehalt, dass der Verlag der von der Rundfunkanstalt beabsichtigten Nutzung nicht innerhalb von sechs Wochen nach Zugang einer entsprechenden schriftlichen Ankündigung widerspricht. Die Vergütung bedarf einer besonderen Vereinbarung.

e) Das Recht zur Nutzung der Produktion in Abrufdiensten: Die Rundfunkanstalt ist ferner berechtigt, das vertragsgegenständliche Werk und die unter dessen Verwendung hergestellte Produktion in voller Länge oder in Ausschnitten Mitgliedern der Öffentlichkeit zu Zeiten und von Orten ihrer Wahl für einen Zeitraum beginnend frühestens einen Tag vor und endend spätestens sieben Tage nach der Ausstrahlung zugänglich zu machen, soweit hierfür kein gesondertes Nutzungsentgelt berechnet wird und ein Download nicht vorgesehen ist. Im Übrigen ist die Rundfunkanstalt berechtigt, die Produktion in Abrufdiensten selbst oder durch Dritte sowohl rundfunkmäßig als auch außerrundfunkmäßig zu nutzen. Die Übertragung dieser Nutzungsrechte steht unter dem Vorbehalt, dass der Verlag der von der Rundfunkanstalt beabsichtigten Nutzung nicht innerhalb von sechs Wochen nach Zugang einer entsprechenden schriftlichen Ankündigung widerspricht. Die Vergütung bedarf einer besonderen Vereinbarung.

§ 3 Rückfall der Rechte, Laufzeit

Die Rundfunkanstalt ist nicht verpflichtet, die ihr mit diesem Vertrag eingeräumten Rechte auszuwerten. Hat keine Sendung innerhalb von 36 Monaten stattgefunden, fallen – mit Ausnahme der in § 2 lit. c bb eingeräumten Rechte der nichtgewerblichen Nutzung – sämtliche mit diesem Vertrag eingeräumten Rechte an den Verlag zurück. Die Verpflichtung der Rundfunkanstalt zur Zahlung von Sendeentgelten, Materialentschädigungen und ggf. weiteren Urhebervergütungen bleibt jedoch auch dann bestehen, wenn eine Nutzung unterbleibt. Bereits geleistete Zahlungen sind nicht zurückzuerstatten. Die Laufzeit des Senderechtsvertrages beträgt für

a) Bühnenwerke: 60 Monate ab Vertragsschluss;
b) Originalsehspiele: 84 Monate ab Vertragsschluss, mindestens jedoch 60 Monate ab Abnahme des sendefertigen Buches als ausschließliches, danach zeitlich unbegrenzt als einfaches Nutzungsrecht. Bei Film-/Fernseh-Koproduktionen beginnt die Laufzeit ab Ende einer eventuell vereinbarten Vorabspielfrist für Lichtspieltheater.

§ 4 Wiederholungssendungen, Optionsrecht

Die Rundfunkanstalt wird binnen 6 Monaten nach der Erstsendung, spätestens 36 Monate nach Vertragsschluss, erklären, ob Interesse an einer Wiederholungssendung besteht (Optionsrecht). Die Option kann vergütungspflichtig oder vergütungsfrei ausgeübt werden.

a) Bei der vergütungspflichtigen Option beträgt die Vergütung 50 % des vereinbarten Sendeentgelts (§ 5) zuzüglich 25 % des Sendeentgelts als Materialentschädigung, jeweils zuzüglich Umsatzsteuer in gesetzlicher Höhe. Die Optionsvergütung wird auf das Sendeentgelt und die Materialentschädigung für die Wiederholung angerechnet; bei Nichtausübung verfällt sie. Die Laufzeit der Option beträgt . . . . . Monate ab Zugang der Erklärung der Rundfunkanstalt, während der Verlag nicht anderweitig über die optierten Nutzungsrechte verfügen kann.
b) Bei der vergütungsfreien Option kann der Verlag über die mit dem Senderechtsvertrag eingeräumten Nutzungsrechte auch während ihrer Laufzeit anderweitig verfügen, soll jedoch der Rundfunkanstalt rechtzeitig eine bevorstehende Rechtevergabe mitteilen.

§ 5 Titel, Namensnennung

Die Rundfunkanstalt ist verpflichtet, die vereinbarte Titelei bei öffentlicher Bekanntgabe wortgetreu zu verwenden. Sie verpflichtet sich ferner, den Titel des der Produktion zugrunde liegenden Werkes (Originaltitel, deutscher Titel) und den Namen des Urhebers (Autor, Übersetzer, Komponist, Librettist) bei Vorankündigungen, im Vor- oder Nachspann der Produktion zu nennen sowie an geeigneter Stelle auf den Verlag als Rechteinhaber des der Produktion zugrunde liegenden Werkes hinzuweisen.

§ 6 Sendeentgelt

Das Sendeentgelt ist die Vergütung für die Einräumung der Nutzungsrechte; damit abgegolten sind die Sendung selbst – in allen Formen, unbeschadet der Übertragungstechnik, der Standards, der Formate und der Empfangsgeräte – sowie die übrigen im Senderechtsvertrag eingeräumten Nutzungsrechte, soweit nicht für vorbehaltene Rechte eine gesonderte Vergütung zu vereinbaren ist. Das Sendeentgelt ist zusammen mit der darauf entfallenden Umsatzsteuer in gesetzlicher Höhe bei Vertragsabschluss zahlbar, bei optierten Wiederholungen nach der Wiederholungssendung. Die Rundfunkanstalt ist berechtigt und verpflichtet, das Sendeentgelt für Sendungen im fünften Vertragsjahr an die zum Zeitpunkt der Sendung übliche Höhe bei Neuabschlüssen anzupassen.

a) In den Fernsehvollprogrammen der in der Arbeitsgemeinschaft der öffentlich-rechtlichen Rundfunkanstalten der Bundesrepublik Deutschland (ARD) zusammengeschlossenen Rundfunkanstalten und im Zweiten Deutschen Fernsehen (ZDF) beträgt das Sendeentgelt für
   aa) Bühnenwerke: unabhängig von der Sendedauer im Fernsehen bei einer Spieldauer von 90 und mehr Minuten im Theater EUR . . . . ., zuzüglich . . . . . % Umsatzsteuer;
   bb) Fernsehspiele: bei einer Sendedauer von 90 und mehr Minuten EUR . . . . ., zuzüglich . . . . . % Umsatzsteuer.
   Vorspann, An- und Absage mit Ausnahme von dramaturgischen Einfügungen, Erläuterungen, Diskussionen usw sind bei der Berechnung der Sendedauer zu berücksichtigen.
b) Für eine Sendung, die nur im Anstaltsgebiet einer Rundfunkanstalt ausgestrahlt wird (Regionalsendung), beträgt das Sendeentgelt . . . . .% des in lit. a genannten Betrages.
c) Für eine Sendung im Dritten Fernsehprogramm beträgt das Sendeentgelt . . . . . % des in lit. a genannten Betrages. Bei Übernahme in Dritte Fernsehprogramme anderer Rundfunkanstalten beträgt das Sendeentgelt . . . . . % des in Buchstabe a genannten Betrages.
d) In den Fernsehprogrammen von 3sat und ARTE beträgt das Sendeentgelt bei einer
   aa) Erstausstrahlung EUR . . . . ., zuzüglich . . . . . % Umsatzsteuer;
   bb) Wiederholung EUR . . . . ., zuzüglich . . . . . % Umsatzsteuer;

cc) Rédiffusion EUR . . . . ., zuzüglich . . . . . % Umsatzsteuer.
e) Es werden folgende Zahlungsbedingungen vereinbart: . . . . .

§ 7 Materialentschädigung, Textbücher

Die Rundfunkanstalt zahlt bei Produktionen dramatisch-musikalischer Werke eine Materialentschädigung in Höhe von . . . . . % des Sendeentgeltes (§ 6), soweit nicht Industrieschallplatten benutzt werden.
Der Verlag stellt der Rundfunkanstalt bei Produktionen wortdramatischer Werke bis zu 5 Texte des Werkes kostenlos zur Verfügung. Der Kaufpreis weiterer Textbücher beträgt EUR . . . . . zuzüglich Umsatzsteuer in gesetzlicher Höhe.

§ 8 Kontoverbindung

Sendeentgelte, Materialentschädigungen und sonstige Vergütungen sind auf die nachstehend angegebene Kontoverbindung des Verlages zu zahlen: . . . . .

§ 9 Auskunftsrecht

Rundfunkanstalt und Verlag werden einander bei etwaiger gerichtlicher oder außergerichtlicher Geltendmachung der übertragenen Rechte unterstützen, notwendige Auskünfte erteilen sowie Dokumente und sonstige Unterlagen zur Verfügung stellen.

§ 10 Nebenabreden

Rundfunkanstalt und Verlag erklären, dass Nebenabreden zu diesem Vertrag nicht getroffen worden sind und etwaige Änderungen oder Ergänzungen des Vertrages zu ihrer Rechtsgültigkeit der Schriftform bedürfen.

§ 11 Nichtigkeitsklausel

Sollte irgendeine Bestimmung dieses Vertrages nichtig sein, so wird hierdurch die Rechtsgültigkeit des Vertrages insgesamt nicht berührt. An die Stelle der nichtigen soll eine gültige Bestimmung treten, die dem Sinn des Vertrages entspricht und durchführbar ist.

§ 12 Vertragsausfertigungen

Dieser Vertrag wurde in . . . . . Exemplaren ausgefertigt. In jeder Ausfertigung wurden folgende Paragraphen bzw. Absätze gestrichen: . . . . .

§ 13 Inkrafttreten, Gerichtsstand

Dieser Vertrag tritt in Kraft, sobald er von beiden Vertragsparteien rechtsverbindlich unterzeichnet ist; er gilt auch für die beiderseitigen Rechtsnachfolger.
Für die Auslegung dieses Vertrages gilt ergänzend das Recht der Bundesrepublik Deutschland. Erfüllungsort und Gerichtsstand für beide Teile ist nach Wahl des Klägers der Sitz des Verlages oder der Sitz der Rundfunkanstalt. Ein Rechtsstreit soll vor dem zuständigen Gericht für Urheberstreitsachen geführt werden.

37 B. Rahmenvereinbarung Drehbuch Fernsehen ZDF – Bühnenverlag

Zwischen
dem Zweiten Deutschen Fernsehen,

Anstalt des öffentlichen Rechts, – nachstehend „ZDF“ genannt –
und dem Verband

Deutscher Bühnen- und Medienverlage eV, – nachstehend „VDB” genannt –

werden folgende Neuregelungen der Vergütungssätze und des Vergütungssystems vereinbart:

PRÄAMBEL

Die nachfolgenden Regelungen tragen den Besonderheiten des Programmprofils und der dem ZDF Zweiten Deutschen Fernsehen zur Verfügung stehenden Programmplätze einschließlich seiner Digitalkanäle, Online-Präsenz und Vertriebswege Rechnung. Sie sind daher kein Muster für Vereinbarungen des VDB mit anderen Rundfunkveranstaltern.
Dies vorangestellt haben sich VDB und ZDF in Abänderung der Regelsammlung Bühnenverlage/Rundfunk Fernsehen (RS FS) geeinigt, die Vergütung für die Einräumung der Nutzungsrechte gemäß Dreiecksmustervertrag auf Basis von drei verschiedenen, zur Wahl stehenden Modellen zu regeln:
1. 3-Korb Modell
2. 1-Korb Modell
3. Wiederholungshonorar-Modell
Eine Einigung darüber, welches Modell bei dem einzelnen Autorenvertrag zur Anwendung kommt, hat bei Abschluss des produktionsbezogenen individuellen Autorenvertrages zu erfolgen. Bei den vereinbarten Vergütungssätzen handelt es sich um Regelvergütungen, von denen in begründeten Einzelfällen abgewichen werden kann.
Die Vergütungssätze beziehen sich auf Fernsehfilme für das Format 90 Minuten.

3-Korb-Modell

Nach dem 3-Korb-Modell werden Teilabgeltungen für alle gemäß anliegendem Vertragsmuster 1 einzuräumenden Rechte unter den nachfolgenden Prämissen vom ZDF geleistet.
Zur Abgeltung aller eingeräumten Nutzungsrechte (insbesondere der Senderechte inkl. aller Ausstrahlungen in den Digitalprogrammen, Gemeinschaftsprogrammen, in ARTE, im ORF und SRF; des Rechts der öffentliche Zugänglichmachung, nicht-gewerbliche Rechte), aber exklusive Vertrieb sind folgende (jeweils Teil-) Vergütungen zu zahlen:
1. Für die Erstellung des Werkes und die vertragsgemäßen Nutzungen in den ersten 7 Jahren ab dem Zeitpunkt der Erstsendung pauschal EUR ..... brutto (1. Korb).
Die Vergütung des 1. Korbes ist in folgenden 5 Raten zu zahlen
2/12 bei Abschluss des Vertrages,
1/12 bei Lieferung der ersten Fassung,
2/12 bei Abnahme der ersten Fassung,
2/12 bei Endabnahme des Drehbuchs,
5/12 bei Rohschnittabnahme der Produktion.
2. Bei Aufnahme von Nutzungen (ausgenommen Vertrieb) ab dem 8. Jahr ab Erstsendung eine weitere Vergütung in Höhe von pauschal EUR ..... brutto für eine

weitere Laufzeit von 7 Jahren gerechnet ab Ende des 1. Korbes (2. Korb). Die Vergütung wird mit Aufnahme der Nutzung und Rechnungsstellung fällig. Der Verlag ist unverzüglich über die Aufnahme der Nutzung zu informieren.
3. Nach Ende der vorgenannten Laufzeit in 2. bei Aufnahme von Nutzungen (ausgenommen Vertrieb) für eine Laufzeit bis zum Ende der Schutzfrist eine Vergütung von pauschal . . . . . brutto gerechnet ab Ende des 2. Korbes (3. Korb). Die Vergütung wird mit Aufnahme der Nutzung und Rechnungsstellung fällig. Der Verlag ist unverzüglich über die Aufnahme der Nutzung zu informieren.

1-Korb-Modell

Nach dem 1-Korb-Modell wird eine pauschale Teilabgeltung für die Erstellung des Werkes und die vertragsgemäßen Nutzungen in den ersten 7 Jahren ab dem Zeitpunkt der Erstsendung und danach Wiederholungshonorare für alle nach dem Dreiecksmustervertrag einzuräumenden Rechte unter den nachfolgenden Prämissen vom ZDF vereinbart. Zur Abgeltung aller eingeräumten Nutzungsrechte (insbesondere der Senderechte inkl. aller Ausstrahlungen in den Digitalprogrammen, Gemeinschaftsprogrammen, in ARTE, im ORF und SRF; des Rechts der öffentlichen Zugänglichmachung, nicht-gewerbliche Rechte) aber exklusive Vertrieb sind folgende Vergütungen zu zahlen:
1. Für die Erstellung des Werkes und die vertragsgemäßen Nutzungen in den ersten 7 Jahren ab dem Zeitpunkt der Erstsendung pauschal EUR . . . . . brutto (Korb).
Die Vergütung des Korbes ist in folgenden 5 Raten zu zahlen:
2/12 bei Abschluss des Vertrages,
1/12 bei Lieferung der ersten Fassung,
2/12 bei Abnahme der ersten Fassung,
2/12 bei Endabnahme des Drehbuchs,
5/12 bei Rohschnittabnahme der Produktion.
Ab dem 8. Jahr ab Erstsendung gelten die Vergütungssätze des Wiederholungshonorarmodells (siehe III). Das Wiederholungshonorar berechnet sich entsprechend.

Wiederholungshonorar-Modell

1. Die am 31.12.2010 ausgelaufenen Vergütungssätze der Regelsammlung Bühnenverlage/Rundfunk (Fernsehen) gelten noch bis 31.1.2012 fort. Ab dem 1.2.2012 wird der Richtsatz (Normalsatz) gemäß Nr. 56.11 iVm Nr. 90.1 RS FS um 2 % angehoben. Die Vergütung liegt demnach zwischen

(von-Satz) EUR . . . . . netto

und

(bis-Satz) EUR . . . . . netto.

Die Erstvergütung umfasst die Erstellung des Werkes und unbeschadet der nachfolgend vereinbarten Vergütungen die Übertragung der nach dem Dreiecksvertrag einzuräumenden Rechte. Mitabgegolten sind insbesondere die weltweite öffentliche Zugänglichmachung des Werkes bzw. der unter Benutzung des Werkes hergestellten Produktion gemäß Ziffer III. 7 Dreiecksmustervertrag in voller Länge oder in Ausschnitten für einen Zeitraum beginnend frühestens am Tage vor und endend spätestens sieben Tage nach der Ausstrahlung (7-day catch-up), soweit hierfür kein gesondertes Nutzungsentgelt berechnet wird und ein Download nicht vorgesehen ist. Davon unberührt bleibt eine Vergütung gemäß Nr. III. 6.2 für die Nutzung in Abrufangeboten.
Die Verwendung von Ausschnitten bis 5 Minuten; bei der Verwendung von Ausschnitten über 5 Minuten wird ein anteilig aus dem wiederholungshonorarfähigen Honorar ermittelter Minutensatz vergütet.

Für Wiederholungssendungen im ZDF-Hauptprogramm werden vorbehaltlich Nutzungen nach vorstehender Nummer 1 die folgenden Vergütungssätze vereinbart. Die Wiederholungsvergütung beträgt.

im ZDF-Hauptprogramm (12.01 Uhr bis 23.59 Uhr) 50 % des wiederholungshonorarfähigen Honorars.

im Vormittagsprogramm (5.30 Uhr bis 12.00 Uhr) des ZDF 10 % des wiederholungshonorarfähigen Honorars,

im Nachtprogramm des ZDF (0.00 Uhr bis 5.29 Uhr) 7,5 % des wiederholungshonorarfähigen Honorars.

Sendungen in den Gemeinschaftsprogrammen (derzeit 3sat, Phoenix, Kika) und des europäischen Kulturkanals ARTE

Für Erstausstrahlungen in den Gemeinschaftsprogrammen und ARTE gelten folgende Vergütungssätze:

3sat	EUR . . . . . netto
Phoenix/Kika	Für sog. Vorabausstrahlungen in Phoenix und im Kinderkanal wird eine Vergütung gemäß Nr. 3.2.2 gezahlt.
ARTE	EUR . . . . . netto
	Für Wiederholungssendungen in den Gemeinschaftsprogrammen und ARTE gelten folgende Vergütungssätze:
3sat	25 % des wiederholungshonorarfähigen Honorars; davon sind 3 mögliche Ausstrahlungen pro Quartal insgesamt mit abgegolten.
Phoenix/Kika	10 % des wiederholungshonorarfähigen Honorars. Davon umfasst und abgegolten sind bis zu 5 Ausstrahlungen pro Monat.
ARTE	EUR . . . . . netto bzw. EUR . . . . . netto bei einer Rédiffusion (kurzfristigen Wiederholung) gemäß Nr. 90.5 iVm 90.6 RS FS.

Bei Sendungen in den Digitalprogrammen des ZDF

Für die Sendung in Digitalprogrammen wird in Abweichung zu Nr. III. 1. Folgendes mit Rückwirkung zum 11.5.2011 bis zunächst 30.6.2012 vereinbart.

Für Erstsendungen sind die Vergütungssätze individuell zu vereinbaren.

4.2	für Vorabausstrahlungen zu Erstsendungen des ZDF, 3sat oder arte sowie für Wiederholungen gelten nachfolgende Vergütungssätze. Von der jeweiligen Vergütung umfasst sind (bis zu) 5 Ausstrahlungen innerhalb von 6 Monaten oder (bis zu) 2 Ausstrahlungen nebst jeweils 2 Servicewiederholungen innerhalb von jeweils 7 Tagen in 12 Monaten.	
4.2.1	wort-dramatische Werke	EUR . . . . . netto
4.2.2	dramatisch-musikalische Werke	EUR . . . . . netto
4.3	für die ausschnittsweise Nutzung von wort-dramatischen Werken und dramatisch-musikalischer Werken geltend folgende Vergütungssätze:	
4.3.1	wort-dramatischen Werke	
	je angefangener Sendeminute	EUR . . . . . netto,
	jedoch Mindestabnahme	EUR . . . . . netto
4.3.2.	dramatisch-musikalische Werke	
	je angefangener Sendeminute	EUR . . . . . netto,
	jedoch Mindestabnahme	EUR . . . . . netto

5. Koproduktionen

Ausstrahlungen durch ORF und SRF sind nach den jeweils zum Zeitpunkt der Sendung in diesen Ländern üblichen Sätzen zu vergüten. ORF und SRF werden die Senderechte jeweils unmittelbar beim Verlag abgelten. Im Falle von Koproduktionen, die zeitgleich zum Programm des ZDF ausgestrahlt werden, sind mit dem Verlag gesonderte Absprachen zu treffen.

5.2 Stellt das ZDF die Produktion mit einem sonstigen in- oder ausländischen Sendeunternehmen her (Koproduktion), treffen die Parteien für die Nutzung durch den Koproduzenten eine gesonderte Vergütungsregelung, die Art und Umfang der Nutzung durch den Koproduzenten berücksichtigt.

5.3 Bei Krimi-Koproduktionen (45- bzw. 60-Minüter) besteht im Falle der Anwendung des Wiederholungshonorar-Modells das Recht, die Erstausstrahlung im ORF und SRF weiterhin im Rahmen der Erstvergütung mit abzugelten.

6. Bei Nutzung in Abrufangeboten (Online-Angebote, Video on Demand)

Für das Recht der nicht-kommerziellen öffentlichen Zugänglichmachung (Online-Nutzung) wird pauschal ein einmaliger Zuschlag von 4,5 % gezahlt. Nr. III. 1.1 bleibt hiervon unberührt.

Im Falle einer kommerziellen öffentlichen Zugänglichmachung (Online-Nutzung), einschließlich werbe-/sponsorfinanzierter Free-Video on Demand-Angebote wird eine Erlösbeteiligung entsprechend Nr. V gezahlt.

Fälligkeiten der Vergütung

7.1. Die Erstvergütung wird nach entsprechender Rechnungsstellung fällig wie folgt:

1/3 bei Vertragsabschluss

1/6 bei Lieferung der ersten Fassung des Drehbuches

1/6 bei Abnahme der der ersten Fassung des Drehbuches

1/3 bei Endabnahme des Drehbuches

Die Vergütung für Wiederholungssendungen wird nach der Wiederholungssendung und Rechnungsstellung fällig.

Allgemeine Grundsätze

Wird ein Drehbuch für eine Produktion von mehreren Drehbuchautoren gemeinsam verfasst, erfolgt eine anteilige Aufteilung der Erstvergütung zwischen den Beteiligten entsprechend der jeweiligen Miturheberschaft am Werk und eine entsprechende Reduzierung des wiederholungshonorar-fähigen Honorars.

Für Drehbücher, die auf der Grundlage von vorbestehenden Werken geschaffen werden, ist im Falle eines geminderten kreativen Aufwandes eine Unterschreitung der Regelvergütung möglich.

3. Verlagsprovisionen sind in allen Zahlungen (Pauschalen, Wiederholungshonorare, Erlösbeteiligungen) enthalten.

Vertrieb

Bei kommerzieller Verwertung der Produktion (Programmvertrieb) erhält der Verlag – vorbehaltlich Nr. V.2 – nach Vorabzug der Synchronkosten eine Erlösbeteiligung in Höhe von 4 % von den bei ZDF Enterprises eingehenden Brutto-Einnahmen. Sind mehrere Autoren/Urheber zu berücksichtigen, entfällt auf den Verlagsautor der anteilige Betrag.

Individuelle Erlösbeteiligungsansprüche entstehen nur dann, wenn im Einzelfall die Bruttoeinnahme von ZDF Enterprises aus der Werk- oder Produktionsverwertung 1.500,– EUR netto überschreitet. Eine individuelle Ausschüttung erfolgt nur dann, wenn eine Bagatellgrenze von 15,– EUR netto im Jahr überschritten wird. Alle nicht individuell

zur Auszahlung gelangenden Erlöse werden dem Kreativitätsfonds des ZDF zur Verfügung gestellt.
Die Vergütung für die kommerzielle Verwertung wird nach der Abrechnung fällig; Geldeingang beim ZDF vorausgesetzt. Die Abrechnung und Zahlung des Anteils am Vertriebserlös erfolgt für sämtliche abgewickelten Verwertungsfälle des abgelaufenen Kalenderjahres jeweils zum 30.6. des folgenden Jahres.

Künstlersozialkasse

Das ZDF zahlt einen Ausgleichsbetrag zur Künstlersozialkasse in Höhe von . . . . . % der vom Verlag für die Ausschüttung des Autorenanteils tatsächlich zu entrichtenden Künstlersozialabgabe. Der Ausgleichsbetrag wird zusammen mit der darauf entfallenden Umsatzsteuer gezahlt. Zur Vereinfachung des Abrechnungsverfahrens stellt der Verlag den Ausgleichsbetrag in Rechnung, entweder mit der jeweiligen Vergütung gemäß dem als Anlage zu dieser Vereinbarung beigefügten Muster [hier nicht mit abgedruckt] oder mit einer turnusmäßigen Pauschalabrechnung unter Angabe der jeweiligen Produktionsnummern. Soweit die Künstlersozialabgabe zukünftig substantiell höher ausfallen sollte, als der derzeitige Satz von 3,9 % [Stand 2011], werden die Vertragsparteien sich gegebenenfalls über eine angemessene Neujustierung verständigen.

Laufzeit der Gesamtvereinbarung

Die Laufzeit dieser Rahmenvereinbarung beträgt – vorbehaltlich der Evaluierung (VIII. Absatz 1) 5 Jahre ab 1.2.2012; Nr. III. 4 (Vergütungssätze für die Digitalprogramme) bleibt hiervon unberührt. Nr. III. 5 unterliegt der Evaluierung der Vertragsparteien und gilt daher zunächst befristet bis 31.12.2013.

Evaluierung

Eine Evaluierung der Gesamtvereinbarung sehen VDB und ZDF nach einer dreijährigen Vertragslaufzeit vor; für den Vertrieb gesondert nach 5 Jahren.
Hinsichtlich des Vertriebes gehen VDB und ZDF davon aus, dass die Bruttobeteiligung im Durchschnitt der vor dieser Rahmenvereinbarung angewendeten Netto-Erlösbeteiligung im Wesentlichen entspricht.
Zu Gunsten des ZDF wird bei der Evaluierung berücksichtigt, dass der Korb (im 3-Korb-Modell der 1. Korb) aufgrund der Auskopplung des Vertriebes nicht anteilig um EUR . . . . . abgesenkt worden ist.

Anhang zur Rahmenvereinbarung: Vertragsmuster

a) „Wiederholungshonorar-Modell“

Zwischen dem

ZWEITEN DEUTSCHEN FERNSEHEN	– nachstehend „ZDF“ genannt –
und	
[Bühnenverlag (Medienverlag/Medienagentur)]	– nachstehend „Verlag“ genannt –

wird folgender Werknutzungsvertrag geschlossen:

I. Vertragsgegenstand

(1) Der Autor/Die Autorin . . . . ., nachfolgend einheitlich „Autor“ genannt, erstellt im Auftrag des ZDF ein Drehbuch für eine Fernsehproduktion (vorgesehene Sendelänge ca.

[Minuten mit dem vorläufigen Arbeitstitel ..... zur Prod.-Nr.: ..... Die Fernsehproduktion wird voraussichtlich ..... Minuten betragen. Das Drehbuch wird nachfolgend einheitlich als „Werk“ bezeichnet.

Der Verlag ist bevollmächtigt, den Autor im Rahmen dieses Vertrages gegenüber dem ZDF zu verpflichten.

(2) Der Autor hat die Leistung persönlich zu erbringen. Der Autor gestaltet Form und Inhalt des Werkes nach Absprache mit der zuständigen Redaktion des ZDF. Der Autor kommt Wünschen nach Änderungen und Ergänzungen in angemessenem Umfang nach.

(3) Der Autor wird die erste Fassung des Werkes bis zum ..... beim ZDF abliefern.

II. Rechteeinräumung, Verfilmung

Der Verlag räumt dem ZDF hiermit das ausschließliche sowie inhaltlich, zeitlich und räumlich uneingeschränkte Recht zur Verfilmung des Werkes ein. Insbesondere werden dem ZDF folgende Rechte übertragen:

(1) Die Werkbearbeitungsrechte, das heißt das Recht, das Werk unter Wahrung des Urheberpersönlichkeitsrechts (droit moral) ausschließlich für Zwecke der Verfilmung zu bearbeiten bzw. bearbeiten zu lassen.

Dem ZDF obliegt gegenüber dem Verlag eine Informationspflicht hinsichtlich umfangreicheren Änderungen bzw. Bearbeitungen. Das ZDF bemüht sich bei größeren Änderungen um eine Abstimmung mit dem Verlag. Der Verlag behält sich vor, gegenüber dem Bearbeiter seinen eigenen Anteil an den von der Verwertungsgesellschaft Wort wahrgenommenen Rechten festzusetzen.

(2) Die Filmherstellungsrechte, das heißt das Recht, das Werk zur Herstellung einer Kino- oder Fernsehproduktion – nachstehend „Produktion“ genannt – zu verwenden.

(3) Das Weiterentwicklungsrecht, hierzu zählt die Fortsetzung von Produktionen, insbesondere innerhalb bestehender oder noch zu entwickelnder Serien oder Anthologieformate (zB: Der Alte, SOKO) unter Benutzung der vom Autor entwickelten Ideen und Konzeptionen der Figuren, sowie die Befugnis, die in dem Werk enthaltenen Charaktere, Handlungselemente und Szenen sowie sonstige Ideen und Gestaltungselemente des Werkes uneingeschränkt für den Film zu verwenden, und zwar auch dann, wenn dieser ohne Mitwirkung des Autors erstellt werden sollte.

In den Fällen, in denen weder Serien noch Anthologie-Formate geschaffen werden, ist dem ZDF die Option eingeräumt, das Weiterentwicklungsrecht im vorstehenden Umfang binnen 3 Jahren ab Erstsendung des vertragsgegenständlichen Werkes in Anspruch zu nehmen. Das ZDF wird die diesbezügliche Weiterentwicklung zunächst dem Verlag auf der Grundlage diesem Vertrag entsprechender Vereinbarungen anbieten. Lehnt der Verlag den Abschluss des Drehbuchauftragsvertrages innerhalb einer Frist von 6 Monaten ab, kann das ZDF Dritte beauftragen. Für diesen Fall treffen die Parteien bezüglich der Abgeltung des Weiterentwicklungsrechts eine gesonderte Regelung.

(4) Das Recht zur Wiederverfilmung (Remake).

(5) Die Titelverwendungsrechte, das heißt das Recht, den Titel des Werkes auch zur Bezeichnung der Produktion zu verwenden. Über den endgültigen Titel werden sich die Vertragsparteien einvernehmlich verständigen.

III. Rechteeinräumung, Auswertung

Der Verlag räumt dem ZDF an dem unter Benutzung des Werkes hergestellten Filmwerk oder Teilen davon die im Folgenden aufgezählten ausschließlichen, inhaltlich, zeitlich und räumlich uneingeschränkten Nutzungsrechte im In- und Ausland ein. Das ZDF darf diese Rechte selbst oder durch Dritte oder gemeinsam mit ihnen ausüben.

(1) Das Senderecht, das heißt das Recht, die Produktion durch Rundfunk jeder Art (zB Tonrundfunk, Fernsehrundfunk, Drahtrundfunk, Kabelhörfunk und Kabelfernsehen – einschließlich des Rechtes der Kabelweitersendung durch Dritte –, Live-Streaming, Satellitenhörfunk und Satellitenfernsehen, Verteildienste in Form von Fernsehtext, Videotext/Digitext, Radiotext und vergleichbaren Textdiensten, interaktives Fernsehen sowie Pay-Dienste – wie beispielsweise in Pay-Radio, Pay-TV einschließlich pay-per-channel, pay-per-view, near-video-on-demand – und/oder sonstigen Verbreitungsarten und/oder Medien) der Öffentlichkeit zugänglich zu machen.

(2) Die Theaterrechte (Kino-/Vorführungsrechte), das heißt das Recht, die Produktion durch technische Einrichtungen öffentlich wahrnehmbar zu machen, unabhängig von der technischen Ausgestaltung des Vorführsystems und der Bild-/Tonträger. Die Theaterrechte beziehen sich auf Filme aller Formate oder anderer Bild- und/oder Tonträger, beispielsweise alle Film- und Schmalfilmformate (70, 35, 16, 8 mm) sowie elektromagnetische (Video-)Systeme, und umfassen die gewerbliche und nichtgewerbliche Filmvorführung.

Hiervon mitumfasst ist das Recht, das Werk öffentlich aufzuführen, vorzutragen, vorzuführen und mittels Bild- und/oder Tonträger sowie auch außerhalb des Raumes, in dem die persönliche Darbietung stattfindet, durch Bildschirm, Lautsprecher oder ähnliche technische Einrichtungen öffentlich wahrnehmbar zu machen.

(3) Die Videogrammrechte, das heißt das Recht zur Vervielfältigung und Verbreitung (wie zB Verkauf, Vermietung, Leihe etc) der Produktion auf Bild-/Tonträgern aller Art (Videogramme) zum Zwecke der nichtöffentlichen Wiedergabe in vorgegebener oder individuell zu gestaltender Abfolge.

Dieses Recht umfasst sämtliche audiovisuellen Speichersysteme – unabhängig von deren jeweiliger konkreter technischer Ausgestaltung – wie zB Filmkassette, Videokassette, Video- bzw. Bildplatte, DVD, CD, CD-Video, CD-I, CD-ROM, Laser-Disc, CD-DVD, Tonbänder und -kassetten einschließlich DAT und DCC etc, oder ähnliche Systeme. Mitumfasst sind ebenfalls die ausschließlich oder in erster Linie zur interaktiven Nutzung bestimmten Bild-/Tonträger.

Das ZDF bzw. ein von diesem beauftragter Dritter wird, sobald ein Lizenzvertrag über die audiovisuelle Nutzung der Produktion geschlossen ist, dem Verlag eine entsprechende Mitteilung machen.

(4) Die Tonträgerrechte, das heißt das Recht zur Herstellung, Vervielfältigung und Verbreitung von Schallplatten, Bandkassetten, CDs oder sonstigen Tonträgern, die unter Verwendung des Soundtracks der Produktion gestaltet werden, sowie das Recht, derartige Tonträger durch Funk zu senden oder öffentlich vorzuführen.

(5) Die Vervielfältigungs- und Verbreitungsrechte, das heißt das Recht, die Produktion im Rahmen der im Übrigen eingeräumten Nutzungsarten beliebig – auch auf anderen als den ursprünglich verwendeten Bild-/Tonträgern – zu vervielfältigen und zu verbreiten, sie zu archivieren, in Datenbanken einzustellen und in körperlicher oder unkörperlicher Form der Öffentlichkeit zu übermitteln oder für diese bereitzustellen. Dies schließt insbesondere das Recht ein, das Werk auf Vorrichtungen zur wiederholbaren Wiedergabe von Bild- und/oder Tonfolgen zu übertragen und die so hergestellten Bild- und/oder Tonträger oder sonstigen Vervielfältigungsstücke in der selben Weise wie das Werk zu nutzen.

(6) Die Verwendung nach den vorstehenden Absätzen umfasst das Recht der öffentlichen Wiedergabe von Funksendungen sowie das Recht, die Produktion einem begrenzten Empfängerkreis (closed circuit, wie zB Hotels, Krankenhäuser, Schulen, Flugzeuge, Schiffe etc) zugänglich zu machen.

(7) Die Verwendung nach den vorstehenden Absätzen umfasst insbesondere auch die Einspeicherung in Datenbanken und die öffentliche Wiedergabe in allen Abrufdiensten (zB video- und audio-on-demand-Nutzungen, online-Dienste/Internet, Mobilfunknetze),

bei denen Text-, Ton- oder Bilddarbietungen auf Anforderung aus elektronischen Speichern zur Nutzung übermittelt werden, wobei die öffentliche Zugänglichmachung des Werkes in der Weise erfolgen kann, dass Angehörige der Öffentlichkeit an einem von diesen individuell gewählten Ort oder zu einer von diesen individuell gewählten Zeit Zugang zu diesen Werken haben. Die Rechteeinräumung erfolgt unabhängig davon, ob es sich um eine rundfunkmäßige oder außerrundfunkmäßige Verwertung handelt.

Die gleichzeitige multimediale Verwendung des Drehbuchs in Ausschnitten durch den Autor oder den Verlag bleibt zulässig. Eine Verwendung von Ausschnitten der Produktion selbst ist nur nach vorheriger Absprache mit dem ZDF möglich. Soweit die erforderlichen Rechte beim ZDF liegen und seine Interessen nicht beeinträchtigt werden, wird es seine Zustimmung nicht verweigern.

(8) Die vorstehend genannten Rechte werden unabhängig von der verwendeten Speicher- bzw. Datenübertragungstechnik und unabhängig davon eingeräumt, ob die Nutzung mit oder ohne Zwischenspeicherung und/oder mittels eines individuellen Abrufs erfolgt und/oder ob der Empfang bzw. die Wiedergabe mittels Fernseher, Computer, Telefon oder sonstiger Geräte erfolgt. Hiervon mitumfasst ist die Herstellung, Vervielfältigung und Verbreitung von Bild-/Tonträgern, auf denen die Produktion derart gespeichert ist, dass eine Wiedergabe nur durch Übermittlung zusätzlicher Dateninformationen („Schlüssel") ermöglicht wird.

(9) Die Bearbeitungsrechte, das heißt das Recht, die Produktion (sowie ggf. das Werk) unter Wahrung des Urheberpersönlichkeitsrechts für Zwecke der Produktion einzurichten bzw. einrichten zu lassen, insbesondere zu kürzen und zwar auch für Videotextuntertitelung. Eingeschlossen ist das Recht, die Produktion zu synchronisieren, zu untertiteln oder sonst für die Zwecke der Auslandsverwertung auf Bildtonträgern zu bearbeiten sowie das Recht, das Werk mit anderen Werken zu verbinden oder in andere Werke aufzunehmen und die Bearbeitung, Umgestaltung oder Änderung wie das Werk zu verwerten. Bei Nutzung in anderen fiktionalen Produktionen bedarf dieses Recht der Zustimmung des Verlages, die er nicht wider Treu und Glauben verweigern darf.

(10) Die Rechte zur nichtgewerblichen Nutzung in Transkriptionsdiensten sowie zur Verwendung von Ausschnitten aus der Produktion in anderen Produktionen, in Programmvorschauen, Programmübersichten und im Rahmen der Programmbegleitung unter Wahrung des Urheberpersönlichkeitsrechtes, sowie das Recht, durch kurze Inhaltsangaben der Produktion in Presse, Tonfunk, Fernsehen und unentgeltlich abgegebenen Werbeschriften auf die Produktion bzw. Sendung hinzuweisen bzw. hinweisen zu lassen. Entsprechendes gilt für rundfunkeigene Programmankündigungen und ausschnittsweise programmbegleitende Nutzungen in Online-Diensten. Ziffer III. (9) Satz 3 gilt entsprechend.

(11) Dem ZDF steht auch das Recht zu, die Produktion ohne zusätzliche Vergütung zu nichtgewerblichen Prüf-, Lehr- und Forschungszwecken (auch im Rahmen von Modellversuchen) zu verwenden oder verwenden zu lassen, sowie das Recht, die Produktion anlässlich von Messen, (Verkaufs-) Ausstellungen, Festivals, Wettbewerben und ähnlichen Veranstaltungen vorzuführen bzw. vorführen zu lassen.

Modellversuche sind als solche ausdrücklich auszuweisen und auf höchstens 6 Monate zu befristen. Sie können einmalig um weitere 6 Monate verlängert werden, soweit dies sachlich geboten ist. Die Verlängerung bedarf jedoch der Bestätigung des Verbandes Deutscher Bühnen- und Medienverlage.

Dem ZDF steht des Weiteren das Recht zu, die Produktion zu Zwecken der Bildungs- oder Kulturarbeit innerhalb dazu bestehender nichtgewerblicher Einrichtungen einschließlich solcher, die regelmäßig Bildungs- oder Kulturarbeit betreiben, ohne dass dies ihr Hauptzweck ist, zu verwerten. Soweit diese Verwertung vergütet wird, erhält der Verlag eine angemessene Erlösbeteiligung. Ein Anspruch auf eine angemessene Erlösbeteiligung besteht nicht, soweit sich die Vergütung, die das ZDF erhält, auf die Erstattung eigener Barauslagen beschränkt.

(12) Die Merchandising-Rechte, das heißt das Recht zur kommerziellen Auswertung des Werkes und der Produktion durch Herstellung und Vertrieb von Waren oder Dienstleistungen aller Art unter Verwendung von Vorkommnissen, Namen, Titeln, fiktiven oder tatsächlichen Figuren, Abbildungen, Stimmen, Szenen, Handlungsabläufen, Vorkommnissen und Gegenständen oder sonstigen in einer Beziehung zu dem Werk oder der Produktion stehenden Zusammenhängen und unter Verwendung derartiger Elemente oder durch bearbeitete oder unbearbeitete Ausschnitte aus dem Werk oder der Produktion für Waren und Dienstleistungen jeder Art zu werben. Eingeschlossen ist auch das Recht, das Werk/die Produktion ganz oder teilweise durch Herstellung und Vertrieb von Spielen/Computerspielen einschließlich interaktiver Computerspiele und/oder sonstiger Multimedia-Produktionen auszuwerten. Für den Fall einer Realisierung sind auch sog. „Themen-Park"-Nutzungen miteingeschlossen.

Das ZDF verpflichtet sich gegenüber dem Verlag, bevorstehende Vertriebsfälle unverzüglich schriftlich anzuzeigen.

(13) Die Drucknebenrechte. Das ZDF ist berechtigt, das Buch zum Film auf der Grundlage des Drehbuches herzustellen oder herstellen zu lassen. Die Rechteausübung ist jedoch nur in Abstimmung mit dem Verlag/Autor möglich, wobei die Abstimmung im Sinne gegenseitiger Rücksichtnahme erfolgen wird. Im Falle berechtigter Interessen ist das ZDF bereit, mit dem Verlag/Autor über den Rechterückfall zu angemessenen Bedingungen zu verhandeln.

(14) Das ZDF ist berechtigt, das Werk und die Produktion in zum Zeitpunkt des Vertragsabschlusses noch nicht bekannten künftigen Nutzungsarten iSd § 31a UrhG auszuwerten. Das ZDF wird den Urheber über die Aufnahme der neuen Nutzung unverzüglich unterrichten.

IV. Eigentum am Werkexemplar

Mit der Ablieferung des Drehbuches überträgt der Verlag dem ZDF das Eigentum daran.

V. Rechtegarantie

(1) Der Verlag erklärt, dass er über die den Gegenstand dieses Vertrages bildenden Rechte an dem in Ziffer I. (1) genannten Werk verfügungsberechtigt ist.

Er gewährleistet, dass die dem ZDF eingeräumten Rechte weder ganz noch teilweise von ihm genutzt werden oder Dritten zur Nutzung überlassen sind und dass kein Dritter mit ihrer Wahrnehmung beauftragt ist.

Ausgenommen davon sind die Rechte, die für den Verlag/Autor aufgrund eines bestehenden Berechtigungsvertrages ausschließlich von Verwertungsgesellschaften wahrgenommen werden, soweit sie nicht an den Verlag/Autor zur Erfüllung des Vertragszwecks zurückübertragen werden oder der Verlag/Autor sonst darüber verfügen kann. Der Verlag/Autor ist verpflichtet, soweit dies rechtlich zulässig ist, von der Verwertungsgesellschaft zu verlangen, dass diese ihm die zur Erfüllung seiner vertraglichen Verpflichtungen notwendigen Nutzungsrechte zurücküberträgt.

(2) Der Verlag steht dafür ein, dass die Rechte nicht mit dem Recht eines Dritten belastet, insbesondere verpfändet sind.

(3) Der Verlag gewährleistet ferner, dass das Werk einschließlich des Titels keine Anspielungen auf Personen oder Ereignisse enthält, die dem ZDF nicht bekannt sind, dass das Werk, dessen Inhalt oder Teile des Werkes nicht widerrechtlich urheberrechtlich geschützten Werken anderer Urheber entnommen sind und dass an dem Werk neben dem Autor ein Dritter ohne Wissen des ZDF nicht mitgearbeitet hat.

(4) Der Verlag steht dem ZDF gegenüber für diese Rechte ein. Der Verlag verpflichtet sich, das ZDF von sämtlichen wie auch immer gearteten Ansprüchen Dritter freizustellen, die diese wegen der vertragsgemäßen Ausübung der Werknutzungsrechte durch das ZDF geltend machen.

VI. Weiterübertragung, Abtretung

(1) Eine Weiterübertragung des dem ZDF übertragenen Verfilmungsrechtes gemäß Ziffer II. als solches ist ausgeschlossen, es sei denn, dass der Verlag einer solchen Weiterübertragung vorher schriftlich zustimmt. Gestattet ist jedoch die Weiterübertragung des Verfilmungsrechtes im Rahmen einer vom ZDF durchzuführenden Auftrags- bzw. Koproduktion sowie als Sicherheit zu Finanzierungszwecken für die Verfilmung.

(2) Der Verlag räumt dem ZDF das Recht ein, die Nutzungsrechte gemäß Ziffer III. dieses Vertrages ohne Zustimmung ganz oder teilweise an Dritte weiterzuübertragen. Das ZDF kann diesen auch einfache Nutzungsrechte ohne Zustimmung des Verlages einräumen.

(3) In jedem Falle einer Weiterübertragung von Rechten bleibt jedoch das ZDF hinsichtlich aller in diesem Vertrag festgelegten Verpflichtungen dem Verlag gegenüber uneingeschränkt gebunden und haftbar.

(4) Im Falle des Vertriebs von Nutzungsrechten wird sich das ZDF nach besten Kräften bemühen, den Verlag frühzeitig über Lizenzgebiet, Lizenzzeit und Umfang der Rechteeinräumung zu informieren, soweit hierdurch kein unzumutbarer Verwaltungsaufwand verursacht wird.

(5) Die Ansprüche des Verlages aus diesem Vertrag können nur nach vorheri ger schriftlicher Zustimmung des ZDF abgetreten werden. § 354a HGB bleibt unberührt.

VII. Abnahme, Nutzung der Rechte

(1) Das Werk bedarf der Abnahme. Das ZDF wird innerhalb von 3 Monaten nach Abgabe der jeweils letzten Drehbuchfassung schriftlich gegenüber dem Verlag erklären, ob das Werk abgenommen wird. Anderenfalls wird das ZDF zur Nachbesserung auffordern. Wird vom ZDF innerhalb dieser Frist keine schriftliche Erklärung abgegeben, so gilt das Werk als abgenommen. Für die Abnahme der Nachbesserung gilt dieselbe Frist. Das ZDF kann auch mehrmals zur Nachbesserung auffordern. Ein Anspruch hierauf besteht jedoch nicht.

(2) Wird das Werk nicht abgenommen und möchte das ZDF den Stoff unter Verwendung des vom Autor gelieferten Drehbuches bearbeiten, um danach das endgültige drehfertige Buch herzustellen oder herstellen zu lassen, so verpflichtet sich der Verlag, hierüber mit dem ZDF im Einzelfall rechtzeitig eine zusätzliche schriftliche Vereinbarung zu angemessenen Bedingungen abzuschließen. Die Vereinbarung muss mindestens die unter Ziffer II. und III. aufgeführten Rechte übertragen und eine Regelung über die vorgesehene Form der Namensnennung sowie über den an den Verlag zu zahlenden Anteil am Sendeentgelt enthalten. Die Vergütung kann entweder als wiederholungshonorarfähiges Honorar oder als Pauschale erfolgen. Die Höhe des Anteils muss den Umfang der notwendigen Bearbeitung berücksichtigen.

(3) Nimmt das ZDF das Werk nicht ab und möchte das ZDF den Stoff unter Verwendung des vom Autor gelieferten Drehbuches auch nicht bearbeiten, so kann der Verlag allein, dh ohne Zustimmung des ZDF über das Werk verfügen. Sollte der Verlag nach dem Rückfall der Rechte einem Dritten Verfilmungsrechte an dem Werk übertragen, wird der Verlag dem ZDF 50 % der vom ZDF an den Verlag gezahlten Vergütung zurückerstatten.

(4) Eine Verpflichtung des ZDF zur Nutzung des Verfilmungsrechtes, insbesondere zur Herstellung eines Filmwerkes unter Benutzung des Werkes, besteht nicht. Das ZDF ist

alleine berechtigt, den Zeitpunkt für die Sendung, für die Herstellung des Bild- und/oder Tonträgers oder dessen Wiedergabe zu bestimmen.
(5) Das Rückrufsrecht des § 41 UrhG darf vom Autor/Verlag nicht vor Ablauf von 5 Jahren nach Abnahme des Werkes gemäß Absatz (1) und nur nach Setzung einer angemessenen Nachfrist zur Herstellung der Produktion, die mindestens 6 Monate betragen muss, ausgeübt werden. Für die Ausübung des Rückrufrechts gilt, dass eine vom Verlag zu leistende Entschädigung 50 % der vereinbarten Vergütung nicht übersteigt.

VIII. Vergütung

(1) Das ZDF zahlt für die Erstellung und Erstausstrahlung des Werkes im Hauptprogramm des ZDF sowie für die nach diesem Vertrag eingeräumten Rechte an den Verlag eine Vergütung von insgesamt

EUR . . . . ., in Worten EUR . . . . .

zzgl. Umsatzsteuer in der jeweils gesetzlich vorgeschriebenen Höhe.

Durch das vereinbarte Honorar sind alle Ansprüche des Verlages aus diesem Vertrag einschließlich der Ansprüche für die in Absatz (2) dieser Ziffer genannten Nutzungen pauschal abgegolten, soweit im Folgenden nichts anderes vereinbart ist.
(2) Mit der Erstvergütung sind insbesondere folgende Nutzungen mitabgegolten:

a. die Erstellung des Werkes.
b. die weltweite öffentliche Zugänglichmachung des Werkes bzw. der unter Benutzung des Werkes hergestellten Produktion gemäß Ziffer III. 7 Dreiecksmustervertrag in voller Länge oder in Ausschnitten für einen Zeitraum beginnend frühestens am Tage vor und endend spätestens sieben Tage nach (7-day catch-up) der jeweiligen Ausstrahlung (Erst- oder Wiederholungssendungen), soweit hierfür kein gesondertes Nutzungsentgelt berechnet wird und ein Download nicht vorgesehen ist.
   Davon unberührt bleibt eine Vergütung nach Absatz 6 dieser Ziffer für die kommerzielle öffentliche Zugänglichmachung in Abruf- und Online-Diensten, einschließlich werbe-/sponsorfinanzierter Free-Video-on-Demand Angebote.
c. die Verwendung von Ausschnitten bis 5 Minuten, jedoch nicht mehr als 25 % des gesamten Werkes; bei der Verwendung von Ausschnitten über 5 Minuten wird ein anteilig aus dem wiederholungshonorarfähigen Honorar ermittelter Minutensatz vergütet.
d. eine Wiederholung innerhalb von 48 Stunden nach der jeweiligen Sendung (Erstsendung oder Wiederholung), es sei denn, die Wiederholung erfolgt in der prime time (18:00 bis 22:00 Uhr). Bei Berechnung der 48 Stunden bleiben Sonn- und Feiertage unberücksichtigt. Dies gilt für Absatz (3) a.–c. und e. entsprechend.

(3) Wiederholungshonorare
Das wiederholungshonorarfähige Honorar beträgt EUR . . . . ., zzgl. Umsatzsteuer in der jeweils gesetzlich vorgeschriebenen Höhe.

a. Wiederholungen im Hauptprogramm (12.01 bis 23.59 Uhr) des ZDF werden
   – vorbehaltlich Ziffer VIII. (2) d. und (3) i. – grundsätzlich mit 50 % des in Ziffer VIII. (3) genannten wiederholungshonorarfähigen Honorars vorbehaltlich einer abweichenden einzelvertraglichen Vereinbarung vergütet, zahlbar am Tag nach der Ausstrahlung.
b. Wiederholungen im Nachtprogramm (0.00 bis 5.29 Uhr) des ZDF werden
   – vorbehaltlich Ziffer VIII. (2) d. und (3) i. – mit 7,5 % des in Ziffer VIII. (3) genannten wiederholungshonorarfähigen Honorars vergütet.
c. Wiederholungen im Vormittagsprogramm (5.30 bis 12.00 Uhr) des ZDF werden

– vorbehaltlich Ziffer VIII. (2) d. und (3) i. – mit 10 % des in Ziffer VIII. (3) genannten wiederholungshonorarfähigen Honorars vergütet.

d. Bei Sendungen in ARTE (Europäischer Kulturkanal) beträgt die Vergütung (netto) vorbehaltlich Ziffer VIII. (3) i.:

– bei einer Erstausstrahlung:	EUR .....
– bei einer Wiederholung:	EUR .....
– bei einer Rédiffusion (kurzfristigen Wiederholung)	EUR .....
gemäß Nr. 90.5 iVm 90.6 RS FS	EUR .....

Zeitversetzt zwischen Deutschland und Frankreich erfolgende Sendungen zählen – auch im Hinblick auf Ziffer VIII. (3) i. – als eine Sendung, soweit sie am gleichen Programmtag erfolgen.

e. Bei Sendungen im 3 sat-Programm wird die Erstausstrahlung mit EUR ..... (netto) vergütet. Für Wiederholungen wird vorbehaltlich Ziffer VIII. (2) d. eine Wiederholungsvergütung in Höhe von 25 % des in Ziffer VIII. (3) genannten wiederholungshonorarfähigen Honorars für bis zu 3 Ausstrahlungen innerhalb eines Quartals gezahlt.

f. Bei Sendungen im KINDERKANAL-Programm beträgt die Vergütung für bis zu 5 Wiederholungsausstrahlungen innerhalb von einem Monat, sog. Vorabausstrahlungen eingeschlossen, 10 % des in Ziffer VIII. (3) genannten wiederholungshonorarfähigen Honorars.

g. Bei Sendungen im PHOENIX-Programm beträgt die Vergütung für bis zu 5 Wiederholungsausstrahlungen innerhalb von einem Monat, Vorabausstrahlungen eingeschlossen, 10 % des in Ziffer VIII. (3) genannten wiederholungshonorarfähigen Honorars.

h. Bei Sendungen in den Digitalprogrammen des ZDF (derzeit ZDFinfo, zdf.kultur und ZDF_neo) beträgt die Vergütung für Vorabausstrahlungen zu Erstsendungen des ZDF, 3sat oder ARTE sowie für Wiederholungen für 90-minütige Produktionen EUR ..... (netto) für bis zu 5 Ausstrahlungen innerhalb von 6 Monaten oder alternativ 2 Ausstrahlungen – zuzüglich jeweils 2 Servicewiederholungen innerhalb von 7 Tagen – innerhalb von 12 Monaten.

i. Für die kurzfristige Wiederholung des Werkes im Hauptprogramm und in ARTE innerhalb von 4 Wochen gilt folgende Vergütungsregelung:
Der Vergütungssatz für maximal 3 Wiederholungssendungen innerhalb von 4 Wochen im selben Programm – ausgenommen in der Zeit von 18.00 bis 22.15 Uhr (ARTE 20.15 bis 22.15 Uhr in Deutschland und 20.45 bis 22.45 Uhr in Frankreich) – beträgt 5 % des wiederholungshonorarfähigen Honorars gemäß Ziffer VIII. (3) bzw. des Wiederholungshonorars nach Ziffer VIII. (3) d. je Sendung.

(4) Koproduktionen

a. Ausstrahlungen durch ORF und SRF sind nach den jeweils zum Zeitpunkt der Sendung in diesen Ländern üblichen Sätzen zu vergüten. ORF und SRF werden die Senderechte jeweils unmittelbar beim Verlag abgelten. Im Falle von Koproduktionen, die zeitgleich zum Programm des ZDF ausgestrahlt werden, sind mit dem Verlag gesonderte Absprachen zu treffen.

b. Stellt das ZDF die Produktion mit einem sonstigen in- oder ausländischen Sendeunternehmen her (Koproduktion), treffen die Parteien für die Nutzung durch den Koproduzenten eine gesonderte Vergütungsregelung, die Art und Umfang der Nutzung durch den Koproduzenten berücksichtigt.

(5) Bei Nutzung in Abrufangeboten (Online-Angebote, Video on Demand)

a. Der Verlag erhält, vorbehaltlich der Nutzungen nach Ziffer VIII. (2) und (5.b.), im Falle der nicht-kommerziellen Auswertung der Rechte in Abruf- und Online-Diensten gemäß Ziffer III. (7) eine einmalige pauschale Vergütung in Höhe von 4,5 % des in Ziffer VIII. (3) genannten wiederholungshonorarfähigen Honorars – maximal des Obersatzes der Regelsammlung Bühnenverlage/Rundfunk (Fernsehen) – bei der erstmaligen Nutzung.

b. Im Falle einer kommerziellen öffentlichen Zugänglichmachung (Online-Nutzung), einschließlich werbe-/sponsorfinanzierter Free-Video on Demand-Angebote wird eine Erlösbeteiligung entsprechend Absatz 6 dieser Ziffer gezahlt.

(6) Bei kommerzieller Verwertung des Werkes bzw. der auf der Grundlage des Werkes hergestellten Produktion (Programmvertrieb)

a. zu Rundfunkzwecken gemäß Ziffer III. (1),

b. zu außerrundfunkmäßigen Zwecken gemäß Ziffer III. (3) bis III. (6),

c. in Abruf- und Online-Diensten gemäß Ziffer III. (7),

d. der Merchandisingrechte gemäß Ziffer III. (12) durch Dritte (Produktmerchandising),

erhält der Verlag, vorbehaltlich der nachstehenden Regelung, eine Erlösbeteiligung nach Vorabzug der Synchronkosten in Höhe von 4 % von den bei ZDF Enterprises eingehenden Brutto-Einnahmen. Sind mehrere Autoren/Urheber zu berücksichtigen, entfällt auf den Verlagsautor der im Verhältnis der Ersthonorare zueinander anteilige Betrag. Individuelle Erlösbeteiligungsansprüche nach Ziffer VIII. (6) a.–d. entstehen nur dann, wenn im Einzelfall die Bruttoeinnahme von ZDF Enterprises aus der Werk- oder Produktionsverwertung 1.500,– EUR netto überschreitet.

(7) Im Falle der Kinoauswertung gemäß Ziffer II. (2) bzw. III. (2) sowie einer Wiederverfilmung gemäß Ziffer II. (4) wird das ZDF mit dem Verlag rechtzeitig eine zusätzliche schriftliche Vereinbarung über die Vergütung zu angemessenen Bedingungen abschließen.

(8) Im Falle des Vertriebes

a. der Hörfunkrechte gemäß Ziffer III. (1) an Dritte sowie

b. des Buchs zum Film auf der Grundlage des Drehbuchs (Drucknebenrechte) gemäß Ziffer III. (13)

wird im Einzelfall, insbesondere auch hinsichtlich der Rechteausübung, eine angemessene Regelung getroffen. Sofern es sich bei der Verwertung nach Ziffer VIII. (8) a. um die Herstellung einer Hörspielproduktion handelt, steht dem Autor ein Erstanbietungsrecht zu.

(9) Im Falle einer Nutzung in unbekannten Nutzungsarten gemäß Ziffer III. (14) wird die noch zwischen dem Verband der Bühnen- und Medienverlage eV sowie dem ZDF zu vereinbarende Vergütung gezahlt, in Ermangelung einer solchen Vereinbarung eine angemessene Vergütung.

(10) Soweit der Autor auf Veranlassung des ZDF an Drehbuch- und sonstigen Besprechungen teilnimmt, werden ihm die dafür entstehenden Reise- und Unterbringungskosten entsprechend den Regelungen des ZDF erstattet.

IX. Fälligkeit der Vergütungen

(1) Die Erstvergütung wird nach entsprechender Rechnungstellung des Verlages fällig wie folgt:

1/3 = EUR . . . . . bei Vertragsabschluss

1/6 = EUR . . . . . bei Lieferung der ersten Fassung des Drehbuches

1/6 = EUR . . . . . bei Abnahme der der ersten Fassung des Drehbuches

1/3 = EUR . . . . . bei Endabnahme des Drehbuches.

(2) Die Vergütung für Wiederholungssendungen wird nach der Wiederholungssendung und Rechnungsstellung des Verlages fällig. Im Falle von Ziffer VIII. (3) e.–h. ist das Entgelt nach erfolgter erster Wiederholungsausstrahlung fällig.
(3) Die Vergütung für kommerzielle Verwertungen gemäß Ziffer VIII. (6) wird nach der Abrechnung fällig, Geldeingang vorausgesetzt.
Die Abrechnung und Zahlung der Anteile an den Verwertungserlösen erfolgt für sämtliche abgewickelten Verwertungsfälle des abgelaufenen Kalenderjahres jeweils zum 30.6. des folgenden Jahres.

X. Trennung des Autors vom Verlag

(1) Der Verlag wird im Fall der Trennung des Autors vom Verlag dem ZDF die Höhe des auf die vereinbarte Zahlung anfallenden Anteils der Verlagsprovision offenlegen. Er haftet dem ZDF für die Richtigkeit dieser Angaben und stellt insoweit das ZDF von Vergütungsforderungen des Autors frei, die die vereinbarte Vergütung abzüglich der offengelegten Verlagsprovision überschreiten.
(2) Der Verlag ist verpflichtet, mit dem Autor zu vereinbaren, dass im Falle der Trennung von Verlag und Autor die beigefügten Allgemeinen Bedingungen für Urheber (UO) für verlagsungebundene Autoren gelten.
(3) Der Verlag wird dem ZDF die Trennung des Autors vom Verlag unverzüglich mitteilen.

XI. Urheberbenennung

Das ZDF ist verpflichtet, den Autor im Vor- und/oder Nachspann der Sendung oder bei etwaiger Werbung gut sichtbar zu nennen, soweit dies rundfunküblich ist. Der in diesem Vertrag genannte Titel nach Ziffer I. (1) gilt dabei als verbindliche Grundlage, über den endgültigen Titel werden sich die Vertragsparteien einvernehmlich verständigen.

XII. Auskunftsrecht

Das ZDF und der Verlag werden einander bei etwaiger gerichtlicher oder außergerichtlicher Geltendmachung der erworbenen Rechte unterstützen, notwendige Auskünfte erteilen sowie Dokumente und sonstige Unterlagen zur Verfügung stellen.

XIII. Verschwiegenheit

(1) Der Verlag ist zur Verschwiegenheit über die internen Angelegenheiten und Vorgänge des ZDF verpflichtet.
(2) Er hat über den Inhalt des Werkes gegenüber allen, denen der Inhalt nicht bekannt ist, Stillschweigen zu bewahren, wenn der Inhalt des Werkes erkennbar der Öffentlichkeit vor der Sendung des Werkes nicht bekannt werden soll. In diesen Fällen darf nur das ZDF Ankündigungen, bildliche Darstellungen sowie Mitteilungen, die sich auf die Tätigkeit des Vertragspartners beziehen, verbreiten, vervielfältigen oder in sonstiger Weise der Öffentlichkeit zugänglich machen oder zugänglich machen lassen. Auch in allen anderen Fällen hat der Verlag sich bei der Mitteilung an die Presse oder Öffentlichkeit mit dem ZDF abzustimmen.
(3) Der Verlag hat dafür Sorge zu tragen, dass sich auch der Autor an die unter Absatz (1) und (2) genannten Verschwiegenheitspflichten hält.

a) auf nichtvertraulicher Basis allgemein bekannt sind oder werden (ohne Verschulden des die Information erhaltenden Autors/Verlages);
b) rechtmäßig von Dritten gegeben wurden, die nicht an die Geheimhaltung gebunden sind oder
c) dem Autor/Verlag schon vor dem Erhalt durch das ZDF bekannt waren und die nicht durch einen Verstoß gegen Rechtspflichten oder gegen die Geheimhaltungspflicht erlangt wurden.

XIV. Schlussbestimmungen

(1) Das ZDF und der Verlag erklären, dass Nebenabreden zu diesem Vertrag nicht getroffen worden sind und etwaige Änderungen und Ergänzungen des Vertrages zu ihrer Rechtsgültigkeit der Schriftform bedürfen. Das gleiche gilt für eine Abbedingung der Schriftformklausel.
(2) Sollte irgendeine Bestimmung dieses Vertrages nichtig sein, so wird hierdurch die Rechtsgültigkeit des Vertrages insgesamt nicht berührt. An die Stelle der nichtigen soll eine gültige Bestimmung treten, die dem Sinn des Vertrages gemäß und durchführbar ist.
(3) Dieser Vertrag wurde in zwei Exemplaren ausgefertigt. Er tritt in Kraft, sobald er von beiden Vertragspartnern rechtsverbindlich unterzeichnet ist und gilt auch für die beiderseitigen Rechtsnachfolger.
(4) Für die Auslegung des Vertrages gilt das Recht der Bundesrepublik Deutschland. Erfüllungsort und Gerichtsstand ist Mainz.

b) „3-Korb-Modell“

Zwischen dem
ZWEITEN DEUTSCHEN FERNSEHEN

Anstalt des öffentlichen Rechts – nachstehend „ZDF“ genannt –

und

[Bühnenverlag/Medienverlag/Medienagentur] – nachstehend „Verlag“ genannt –

wird folgender Werknutzungsvertrag geschlossen:

I. Vertragsgegenstand

(4) Der Autor/Die Autorin . . . . ., nachfolgend einheitlich „Autor“ genannt, erstellt im Auftrag des ZDF ein Drehbuch für eine Fernsehproduktion mit dem vorläufigen Arbeitstitel . . . . ., Prod.-Nr. . . . . . Die Produktion hat eine Sendelänge von ca. . . . . . Minuten. Das Drehbuch wird nachfolgend einheitlich als „Werk“ bezeichnet.
Der Verlag ist bevollmächtigt, den Autor im Rahmen dieses Vertrages gegenüber dem ZDF zu verpflichten.
(5) Der Autor hat die Leistung persönlich zu erbringen. Der Autor gestaltet Form und Inhalt des Werkes nach Absprache mit der zuständigen Redaktion des ZDF. Der Autor kommt Wünschen nach Änderungen und Ergänzungen in angemessenem Umfang nach.
(6) Der Autor wird die erste Fassung des Werkes bis zum . . . . . beim ZDF abliefern.

II. Rechteeinräumung, Verfilmung

Der Verlag räumt dem ZDF hiermit das ausschließliche sowie inhaltlich, zeitlich und räumlich uneingeschränkte Recht zur Verfilmung des Werkes ein. Insbesondere werden dem ZDF folgende Rechte übertragen:
(1) Die Werkbearbeitungsrechte, das heißt das Recht, das Werk unter Wahrung des Urheberpersönlichkeitsrechts (droit moral) ausschließlich für Zwecke der Verfilmung zu bearbeiten bzw. bearbeiten zu lassen. Dem ZDF obliegt gegenüber dem Verlag eine Informationspflicht hinsichtlich umfangreicheren Änderungen bzw. Bearbeitungen. Das ZDF bemüht sich bei größeren Änderungen um eine Abstimmung mit dem Verlag. Der Verlag behält sich vor, gegenüber dem Bearbeiter seinen eigenen Anteil an den von der Verwertungsgesellschaft Wort wahrgenommenen Rechten festzusetzen.
(2) Die Filmherstellungsrechte, das heißt das Recht, das Werk zur Herstellung einer Kino- oder Fernsehproduktion – nachstehend „Produktion“ genannt – zu verwenden.

(3) Das Weiterentwicklungsrecht, hierzu zählt die Fortsetzung von Produktionen, insbesondere innerhalb bestehender oder noch zu entwickelnder Serien oder Anthologieformate (zB: Der Alte, SOKO) unter Benutzung der vom Autor entwickelten Ideen und Konzeptionen der Figuren, sowie die Befugnis, die in dem Werk enthaltenen Charaktere, Handlungselemente und Szenen sowie sonstige Ideen und Gestaltungselemente des Werkes uneingeschränkt für den Film zu verwenden, und zwar auch dann, wenn dieser ohne Mitwirkung des Autors erstellt werden sollte. In den Fällen, in denen weder Serien noch Anthologie-Formate geschaffen werden, ist dem ZDF die Option eingeräumt, das Weiterentwicklungsrecht im vorstehenden Umfang binnen 3 Jahren ab Erstsendung des vertragsgegenständlichen Werkes in Anspruch zu nehmen. Das ZDF wird die diesbezügliche Weiterentwicklung zunächst dem Verlag auf der Grundlage diesem Vertrag entsprechender Vereinbarungen anbieten. Lehnt der Verlag den Abschluss des Drehbuchauftragsvertrages innerhalb einer Frist von 6 Monaten ab, kann das ZDF Dritte beauftragen. Für diesen Fall treffen die Parteien bezüglich der Abgeltung des Weiterentwicklungsrechts eine gesonderte Regelung.

(4) Das Recht zur Wiederverfilmung (Remake).

(5) Die Titelverwendungsrechte, das heißt das Recht, den Titel des Werkes auch zur Bezeichnung der Produktion zu verwenden. Über den endgültigen Titel werden sich die Vertragsparteien einvernehmlich verständigen.

III. Rechteeinräumung, Auswertung

Der Verlag räumt dem ZDF an dem unter Benutzung des Werkes hergestellten Filmwerk oder Teilen davon die im Folgenden aufgezählten ausschließlichen, inhaltlich, zeitlich und räumlich uneingeschränkten Nutzungsrechte im In- und Ausland ein. Das ZDF darf diese Rechte selbst oder durch Dritte oder gemeinsam mit ihnen ausüben.

(1) Das Senderecht, das heißt das Recht, die Produktion durch Rundfunk jeder Art (zB Tonrundfunk, Fernsehrundfunk, Drahtrundfunk, Kabelhörfunk und Kabelfernsehen – einschließlich des Rechtes der Kabelweitersendung durch Dritte –, Live-Streaming, Satellitenhörfunk und Satellitenfernsehen, Verteildienste in Form von Fernsehtext, Videotext/ Digitext, Radiotext und vergleichbaren Textdiensten, interaktives Fernsehen sowie Pay-Dienste – wie beispielsweise in Pay-Radio, Pay-TV einschließlich pay-per-channel, pay-per-view, near-video-on-demand – und/oder sonstigen Verbreitungsarten und/oder Medien) der Öffentlichkeit zugänglich zu machen.

(2) Die Theaterrechte (Kino-/Vorführungsrechte), das heißt das Recht, die Produktion durch technische Einrichtungen öffentlich wahrnehmbar zu machen, unabhängig von der technischen Ausgestaltung des Vorführsystems und der Bild-/Tonträger. Die Theaterrechte beziehen sich auf Filme aller Formate oder anderer Bild- und/oder Tonträger, beispielsweise alle Film- und Schmalfilmformate (70, 35, 16, 8 mm) sowie elektromagnetische (Video-) Systeme, und umfassen die gewerbliche und nichtgewerbliche Filmvorführung. Hiervon mitumfasst ist das Recht, das Werk öffentlich aufzuführen, vorzutragen, vorzuführen und mittels Bild- und/oder Tonträger sowie auch außerhalb des Raumes, in dem die persönliche Darbietung stattfindet, durch Bildschirm, Lautsprecher oder ähnliche technische Einrichtungen öffentlich wahrnehmbar zu machen.

(3) Die Videogrammrechte, das heißt das Recht zur Vervielfältigung und Verbreitung (wie zB Verkauf, Vermietung, Leihe etc) der Produktion auf Bild-/Tonträgern aller Art (Videogramme) zum Zwecke der nichtöffentlichen Wiedergabe in vorgegebener oder individuell zu gestaltender Abfolge. Dieses Recht umfasst sämtliche audiovisuellen Speichersysteme – unabhängig von deren jeweiliger konkreter technischer Ausgestaltung – wie zB Filmkassette, Videokassette, Video- bzw. Bildplatte, DVD, CD, CD-Video, CD-I, CD-ROM, Laser-Disc, CD-DVD, Tonbänder und -kassetten einschließlich DAT und DCC etc, oder ähnliche Systeme. Mitumfasst sind ebenfalls die ausschließlich oder in

erster Linie zur interaktiven Nutzung bestimmten Bild-/Tonträger. Das ZDF bzw. ein von diesem beauftragter Dritter wird, sobald ein Lizenzvertrag über die audiovisuelle Nutzung der Produktion geschlossen ist, dem Verlag eine entsprechende Mitteilung machen.

(4) Die Tonträgerrechte, das heißt das Recht zur Herstellung, Vervielfältigung und Verbreitung von Schallplatten, Bandkassetten, CDs oder sonstigen Tonträgern, die unter Verwendung des Soundtracks der Produktion gestaltet werden, sowie das Recht, derartige Tonträger durch Funk zu senden oder öffentlich vorzuführen.

(5) Die Vervielfältigungs- und Verbreitungsrechte, das heißt das Recht, die Produktion im Rahmen der im Übrigen eingeräumten Nutzungsarten beliebig – auch auf anderen als den ursprünglich verwendeten Bild-/Tonträgern – zu vervielfältigen und zu verbreiten, sie zu archivieren, in Datenbanken einzustellen und in körperlicher oder unkörperlicher Form der Öffentlichkeit zu übermitteln oder für diese bereitzustellen. Dies schließt insbesondere das Recht ein, das Werk auf Vorrichtungen zur wiederholbaren Wiedergabe von Bild- und/oder Tonfolgen zu übertragen und die so hergestellten Bild- und/oder Tonträger oder sonstigen Vervielfältigungsstücke in der selben Weise wie das Werk zu nutzen.

(6) Die Verwendung nach den vorstehenden Absätzen umfasst das Recht der öffentlichen Wiedergabe von Funksendungen sowie das Recht, die Produktion einem begrenzten Empfängerkreis (closed circuit, wie zB Hotels, Krankenhäuser, Schulen, Flugzeuge, Schiffe etc) zugänglich zu machen.

(7) Die Verwendung nach den vorstehenden Absätzen umfasst insbesondere auch die Einspeicherung in Datenbanken und die öffentliche Wiedergabe in allen Abrufdiensten (zB video- und audio-on-demand-Nutzungen, online-Dienste/Internet, Mobilfunknetze), bei denen Text-, Ton- oder Bilddarbietungen auf Anforderung aus elektronischen Speichern zur Nutzung übermittelt werden, wobei die öffentliche Zugänglichmachung des Werkes in der Weise erfolgen kann, dass Angehörige der Öffentlichkeit an einem von diesen individuell gewählten Ort oder zu einer von diesen individuell gewählten Zeit Zugang zu diesen Werken haben. Die Rechteeinräumung erfolgt unabhängig davon, ob es sich um eine rundfunkmäßige oder außerrundfunkmäßige Verwertung handelt. Die gleichzeitige multimediale Verwendung des Drehbuchs in Ausschnitten durch den Autor oder den Verlag bleibt zulässig. Eine Verwendung von Ausschnitten der Produktion selbst ist nur nach vorheriger Absprache mit dem ZDF möglich. Soweit die erforderlichen Rechte beim ZDF liegen und seine Interessen nicht beeinträchtigt werden, wird es seine Zustimmung nicht verweigern.

(8) Die vorstehend genannten Rechte werden unabhängig von der verwendeten Speicher- bzw. Datenübertragungstechnik und unabhängig davon eingeräumt, ob die Nutzung mit oder ohne Zwischenspeicherung und/oder mittels eines individuellen Abrufs erfolgt und/oder ob der Empfang bzw. die Wiedergabe mittels Fernseher, Computer, Telefon oder sonstiger Geräte erfolgt. Hiervon mitumfasst ist die Herstellung, Vervielfältigung und Verbreitung von Bild-/Tonträgern, auf denen die Produktion derart gespeichert ist, dass eine Wiedergabe nur durch Übermittlung zusätzlicher Dateninformationen („Schlüssel") ermöglicht wird.

(9) Die Bearbeitungsrechte, das heißt das Recht, die Produktion (sowie ggf. das Werk) unter Wahrung des Urheberpersönlichkeitsrechts für Zwecke der Produktion einzurichten bzw. einrichten zu lassen, insbesondere zu kürzen und zwar auch für Videotextuntertitelung. Eingeschlossen ist das Recht, die Produktion zu synchronisieren, zu untertiteln oder sonst für die Zwecke der Auslandsverwertung auf Bildtonträgern zu bearbeiten sowie das Recht, das Werk mit anderen Werken zu verbinden oder in andere Werke aufzunehmen und die Bearbeitung, Umgestaltung oder Änderung wie das Werk zu verwerten. Bei Nutzung in anderen fiktionalen Produktionen bedarf dieses Recht der Zustimmung des Verlages, die er nicht wider Treu und Glauben verweigern darf.

(10) Die Rechte zur nichtgewerblichen Nutzung in Transkriptionsdiensten sowie zur Verwendung von Ausschnitten aus der Produktion in anderen Produktionen, in Programmvorschauen, Programmübersichten und im Rahmen der Programmbegleitung unter Wahrung des Urheberpersönlichkeitsrechtes, sowie das Recht, durch kurze Inhaltsangaben der Produktion in Presse, Tonfunk, Fernsehen und unentgeltlich abgegebenen Werbeschriften auf die Produktion bzw. Sendung hinzuweisen bzw. hinweisen zu lassen. Entsprechendes gilt für rundfunkeigene Programmankündigungen und ausschnittsweise programmbegleitende Nutzungen in Online-Diensten. Ziffer III. (9) Satz 3 gilt entsprechend.

(11) Dem ZDF steht auch das Recht zu, die Produktion ohne zusätzliche Vergütung zu nichtgewerblichen Prüf-, Lehr- und Forschungszwecken (auch im Rahmen von Modellversuchen) zu verwenden oder verwenden zu lassen, sowie das Recht, die Produktion anlässlich von Messen, (Verkaufs-) Ausstellungen, Festivals, Wettbewerben und ähnlichen Veranstaltungen vorzuführen bzw. vorführen zu lassen. Modellversuche sind als solche ausdrücklich auszuweisen und auf höchstens 6 Monate zu befristen. Sie können einmalig um weitere 6 Monate verlängert werden, soweit dies sachlich geboten ist. Die Verlängerung bedarf jedoch der Bestätigung des Verbandes Deutscher Bühnen- und Medienverlage. Dem ZDF steht des Weiteren das Recht zu, die Produktion zu Zwecken der Bildungs- oder Kulturarbeit innerhalb dazu bestehender nichtgewerblicher Einrichtungen einschließlich solcher, die regelmäßig Bildungs- oder Kulturarbeit betreiben, ohne dass dies ihr Hauptzweck ist, zu verwerten. Soweit diese Verwertung vergütet wird, erhält der Verlag eine angemessene Erlösbeteiligung. Ein Anspruch auf eine angemessene Erlösbeteiligung besteht nicht, soweit sich die Vergütung, die das ZDF erhält, auf die Erstattung eigener Barauslagen beschränkt.

(12) Die Merchandising-Rechte, das heißt das Recht zur kommerziellen Auswertung des Werkes und der Produktion durch Herstellung und Vertrieb von Waren oder Dienstleistungen aller Art unter Verwendung von Vorkommnissen, Namen, Titeln, fiktiven oder tatsächlichen Figuren, Abbildungen, Stimmen, Szenen, Handlungsabläufen, Vorkommnissen und Gegenständen oder sonstigen in einer Beziehung zu dem Werk oder der Produktion stehenden Zusammenhängen und unter Verwendung derartiger Elemente oder durch bearbeitete oder unbearbeitete Ausschnitte aus dem Werk oder der Produktion für Waren und Dienstleistungen jeder Art zu werben. Eingeschlossen ist auch das Recht, das Werk/die Produktion ganz oder teilweise durch Herstellung und Vertrieb von Spielen/Computerspielen einschließlich interaktiver Computerspiele und/oder sonstiger Multimedia-Produktionen auszuwerten. Für den Fall einer Realisierung sind auch sog. „Themen-Park"-Nutzungen miteingeschlossen. Das ZDF verpflichtet sich gegenüber dem Verlag, bevorstehende Vertriebsfälle unverzüglich schriftlich anzuzeigen.

(13) Die Drucknebenrechte. Das ZDF ist berechtigt, das Buch zum Film auf der Grundlage des Drehbuches herzustellen oder herstellen zu lassen. Die Rechteausübung ist jedoch nur in Abstimmung mit dem Verlag/Autor möglich, wobei die Abstimmung im Sinne gegenseitiger Rücksichtnahme erfolgen wird. Im Falle berechtigter Interessen ist das ZDF bereit, mit dem Verlag/Autor über den Rechterückfall zu angemessenen Bedingungen zu verhandeln.

(14) Das ZDF ist berechtigt, das Werk und die Produktion in zum Zeitpunkt des Vertragsabschlusses noch nicht bekannten künftigen Nutzungsarten iSd § 31a UrhG auszuwerten. Das ZDF wird den Urheber über die Aufnahme der neuen Nutzung unverzüglich unterrichten.

IV. Eigentum am Werkexemplar

Mit der Ablieferung des Drehbuches überträgt der Verlag dem ZDF das Eigentum daran.

V. Rechtegarantie

(1) Der Verlag erklärt, dass er über die den Gegenstand dieses Vertrages bildenden Rechte an dem in Ziffer I. (1) genannten Werk verfügungsberechtigt ist. Er gewährleistet, dass die dem ZDF eingeräumten Rechte weder ganz noch teilweise von ihm genutzt werden oder Dritten zur Nutzung überlassen sind und dass kein Dritter mit ihrer Wahrnehmung beauftragt ist. Ausgenommen davon sind die Rechte, die für den Verlag/Autor aufgrund eines bestehenden Berechtigungsvertrages ausschließlich von Verwertungsgesellschaften wahrgenommen werden, soweit sie nicht an den Verlag/Autor zur Erfüllung des Vertragszwecks zurückübertragen werden oder der Verlag/Autor sonst darüber verfügen kann. Der Verlag/Autor ist verpflichtet, soweit dies rechtlich zulässig ist, von der Verwertungsgesellschaft zu verlangen, dass diese ihm die zur Erfüllung seiner vertraglichen Verpflichtungen notwendigen Nutzungsrechte zurücküberträgt.

(2) Der Verlag steht dafür ein, dass die Rechte nicht mit dem Recht eines Dritten belastet, insbesondere verpfändet sind.

(3) Der Verlag gewährleistet ferner, dass das Werk einschließlich des Titels keine Anspielungen auf Personen oder Ereignisse enthält, die dem ZDF nicht bekannt sind, dass das Werk, dessen Inhalt oder Teile des Werkes nicht widerrechtlich urheberrechtlich geschützten Werken anderer Urheber entnommen sind und dass an dem Werk neben dem Autor ein Dritter ohne Wissen des ZDF nicht mitgearbeitet hat.

(4) Der Verlag steht dem ZDF gegenüber für diese Rechte ein. Der Verlag verpflichtet sich, das ZDF von sämtlichen wie auch immer gearteten Ansprüchen Dritter freizustellen, die diese wegen der vertragsgemäßen Ausübung der Werknutzungsrechte durch das ZDF geltend machen.

VI. Weiterübertragung, Abtretung

(1) Eine Weiterübertragung des dem ZDF übertragenen Verfilmungsrechtes gemäß Ziffer II. als solches ist ausgeschlossen, es sei denn, dass der Verlag einer solchen Weiterübertragung vorher schriftlich zustimmt. Gestattet ist jedoch die Weiterübertragung des Verfilmungsrechtes im Rahmen einer vom ZDF durchzuführenden Auftrags- bzw. Koproduktion sowie als Sicherheit zu Finanzierungszwecken für die Verfilmung.

(2) Der Verlag räumt dem ZDF das Recht ein, die Nutzungsrechte gemäß Ziffer III. dieses Vertrages ohne Zustimmung ganz oder teilweise an Dritte weiterzuübertragen. Das ZDF kann diesen auch einfache Nutzungsrechte ohne Zustimmung des Verlages einräumen.

(3) In jedem Falle einer Weiterübertragung von Rechten bleibt jedoch das ZDF hinsichtlich aller in diesem Vertrag festgelegten Verpflichtungen dem Verlag gegenüber uneingeschränkt gebunden und haftbar.

(4) Im Falle des Vertriebs von Nutzungsrechten wird sich das ZDF nach besten Kräften bemühen, den Verlag frühzeitig über Lizenzgebiet, Lizenzzeit und Umfang der Rechteeinräumung zu informieren, soweit hierdurch kein unzumutbarer Verwaltungsaufwand verursacht wird.

(5) Die Ansprüche des Verlages aus diesem Vertrag können nur nach vorheriger schriftlicher Zustimmung des ZDF abgetreten werden. § 354a HGB bleibt unberührt.

VII. Abnahme, Nutzung der Rechte

(1) Das Werk bedarf der Abnahme. Das ZDF wird innerhalb von 3 Monaten nach Abgabe der jeweils letzten Drehbuchfassung schriftlich gegenüber dem Verlag erklären, ob das Werk abgenommen wird. Anderenfalls wird das ZDF zur Nachbesserung auffordern. Wird vom ZDF innerhalb dieser Frist keine schriftliche Erklärung abgegeben, so gilt das Werk als abgenommen. Für die Abnahme der Nachbesserung gilt dieselbe Frist.

Das ZDF kann auch mehrmals zur Nachbesserung auffordern. Ein Anspruch hierauf besteht jedoch nicht.

(2) Wird das Werk nicht abgenommen und möchte das ZDF den Stoff unter Verwendung des vom Autor gelieferten Drehbuches bearbeiten, um danach das endgültige drehfertige Buch herzustellen oder herstellen zu lassen, so verpflichtet sich der Verlag, hierüber mit dem ZDF im Einzelfall rechtzeitig eine zusätzliche schriftliche Vereinbarung zu angemessenen Bedingungen abzuschließen. Die Vereinbarung muss mindestens die unter Ziffer II. und III. aufgeführten Rechte übertragen und eine Regelung über die vorgesehene Form der Namensnennung sowie über den an den Verlag zu zahlenden Anteil am Sendeentgelt enthalten. Die Vergütung kann entweder als wiederholungshonorarfähiges Honorar oder als Pauschale erfolgen. Die Höhe des Anteils muss den Umfang der notwendigen Bearbeitung berücksichtigen.

(3) Nimmt das ZDF das Werk nicht ab und möchte das ZDF den Stoff unter Verwendung des vom Autor gelieferten Drehbuches auch nicht bearbeiten, so kann der Verlag allein, dh ohne Zustimmung des ZDF über das Werk verfügen. Sollte der Verlag nach dem Rückfall der Rechte einem Dritten Verfilmungsrechte an dem Werk übertragen, wird der Verlag dem ZDF 50 % der vom ZDF an den Verlag gezahlten Vergütung zurückerstatten.

(4) Eine Verpflichtung des ZDF zur Nutzung des Verfilmungsrechtes, insbesondere zur Herstellung eines Filmwerkes unter Benutzung des Werkes, besteht nicht. Das ZDF ist alleine berechtigt, den Zeitpunkt für die Sendung, für die Herstellung des Bild- und/oder Tonträgers oder dessen Wiedergabe zu bestimmen.

(5) Das Rückrufsrecht des § 41 UrhG darf vom Autor/Verlag nicht vor Ablauf von 5 Jahren nach Abnahme des Werkes gemäß Absatz (1) und nur nach Setzung einer angemessenen Nachfrist zur Herstellung der Produktion, die mindestens 6 Monate betragen muss, ausgeübt werden. Für die Ausübung des Rückrufrechts gilt, dass eine vom Verlag zu leistende Entschädigung 50 % der vereinbarten Vergütung nicht übersteigt.

VIII. Vergütung für den 1. Korb

(Vergütung für den Nutzungszeitraum von 7 Jahren ab der Erstsendung)

(1) Das ZDF zahlt für den 1. Korb, dh den Nutzungszeitraum von 7 Jahren ab dem Zeitpunkt der Erstsendung, an den Verlag eine Vergütung von insgesamt

EUR . . . . . netto,

in Worten EUR . . . . . netto,

zzgl. Umsatzsteuer in der jeweils gesetzlich vorgeschriebenen Höhe.

Durch das vereinbarte Honorar sind alle eingeräumten Nutzungsrechte und alle Ansprüche des Verlages aus diesem Vertrag pauschal abgegolten, soweit im Folgenden nichts anderes vereinbart ist. Die Vergütung für den 1. Korb umfasst insbesondere die Erstellung des Werkes und die pauschale Abgeltung der Rechte gemäß Ziffer II. sowie Ziffer III. (5), (9), (10) und (11) bis zum Ablauf der urheberrechtlichen Schutzfristen. Die Verwendung von Ausschnitten ist bis zu 5 Minuten (max. 25 % des gesamten Werkes) abgegolten. Bei der Verwendung von Ausschnitten über 5 Minuten wird ein anteilig aus dem wiederholungshonorarfähigen Honorar ermittelter Minutensatz vergütet. Durch die vorgenannten Nutzungen werden die weiteren Körbe (2. und 3.) infolgedessen nicht ausgelöst. Klarstellend wird festgehalten, dass im Falle einer Koproduktion mit der Korbvergütung nach VIII. (1), IX. und X. jeweils sämtliche Ausstrahlungen in den Programmen der beteiligten Sendeunternehmen (insbes. im ORF, SRF und in ARTE) für den jeweiligen Nutzungszeitraum abgegolten sind. Bei einer entgeltlichen Abgabe des Werkes bzw. der Produktion ua an ORF, SRF und ARTE wird eine Erlösbeteiligung nach VIII. (2) gezahlt.

(2) Bei kommerzieller Verwertung des Werkes bzw. der auf der Grundlage des Werkes hergestellten Produktion (Programmvertrieb)
a) zu Rundfunkzwecken gemäß Ziffer III. (1),
b) zu außerrundfunkmäßigen Zwecken gemäß Ziffer III. (3) bis III. (6),
c) in Abruf- und Online-Diensten gemäß Ziffer III. (7),
d) der Merchandisingrechte gemäß Ziffer III. (12) durch Dritte (Produktmerchandising),
erhält der Verlag, vorbehaltlich der nachstehenden Regelung, eine Erlösbeteiligung nach Vorabzug der Synchronkosten in Höhe von 4 % von den bei ZDF Enterprises eingehenden Brutto-Einnahmen. Sind mehrere Autoren/Urheber zu berücksichtigen, entfällt auf den Verlagsautor der im Verhältnis der Ersthonorare zueinander anteilige Betrag.
Individuelle Erlösbeteiligungsansprüche nach Ziffer VIII. (2) a)–d. entstehen nur dann, wenn im Einzelfall die Bruttoeinnahme von ZDF Enterprises aus der Werk- oder Produktionsverwertung 1.500,– EUR netto überschreitet.
(3) Im Falle der Kinoauswertung gemäß Ziffer II. (2) bzw. III. (2) sowie einer Wiederverfilmung gemäß Ziffer II. (4) wird das ZDF mit dem Verlag rechtzeitig eine zusätzliche schriftliche Vereinbarung über die Vergütung zu angemessenen Bedingungen abschließen.
(4) Im Falle des Vertriebes
a) der Hörfunkrechte gemäß Ziffer III. (1) an Dritte sowie
b) des Buchs zum Film auf der Grundlage des Drehbuchs (Drucknebenrechte) gemäß Ziffer III. (13)
wird im Einzelfall, insbesondere auch hinsichtlich der Rechteausübung, eine angemessene Regelung getroffen. Sofern es sich bei der Verwertung nach Ziffer VIII. (4) a) um die Herstellung einer Hörspielproduktion handelt, steht dem Autor ein Erstanbietungsrecht zu.
(5) Im Falle einer Nutzung in unbekannten Nutzungsarten gemäß Ziffer III. (14) wird die noch zwischen dem Verband der Bühnen- und Medienverlage eV sowie dem ZDF zu vereinbarende Vergütung gezahlt, in Ermangelung einer solchen Vereinbarung eine angemessene Vergütung.
(6) Soweit der Autor auf Veranlassung des ZDF an Drehbuch- und sonstigen Besprechungen teilnimmt, werden ihm die dafür entstehenden Reise- und Unterbringungskosten entsprechend den Regelungen des ZDF erstattet.

IX. Vergütung für den 2. Korb

(Vergütung für den Nutzungszeitraum ab dem 8. Jahr bis einschließlich des 14. Jahres nach der Erstsendung)
Zur pauschalen Abgeltung aller Nutzungen – ausgenommen Nutzungen gemäß Ziffer VIII. (1) letzter Absatz und kommerzielle Verwertungen nach Ziffer VIII. (2) – ab dem 8. Jahr ab dem Zeitpunkt der Erstsendung bis einschließlich des 14. Jahres nach der Erstsendung, sog. 2. Korb, zahlt das ZDF an den Verlag eine weitere Vergütung bei erstmaliger Nutzung in diesem Zeitraum von insgesamt:

EUR [. . . . . .) netto,

in Worten EUR . . . . . netto,

zzgl. Umsatzsteuer in der jeweils gesetzlich vorgeschriebenen Höhe

X. Vergütung für den 3. Korb

(Vergütung für den Nutzungszeitraum ab dem 15. Jahr nach der Erstsendung bis zum Ablauf der urheberrechtlichen Schutzfristen)
Zur pauschalen Abgeltung aller Nutzungen – ausgenommen Nutzungen gemäß Ziffer VIII. (1) letzter Absatz und kommerzielle Verwertungen nach Ziffer VIII. (2) – ab dem 15. Jahr ab dem Zeitpunkt der Erstsendung bis zum Ablauf der urheberrechtlichen

Schutzfristen zahlt das ZDF an den Verlag für den sog. 3. Korb eine Vergütung bei erstmaliger Nutzung in diesem Zeitraum von insgesamt

EUR [. . . . . .) netto,

in Worten EUR . . . . . netto,

zzgl. Umsatzsteuer in der jeweils gesetzlich vorgeschriebenen Höhe.

XI. Fälligkeit der Vergütungen

(1) Der Betrag des ersten Korbes gemäß Ziffer VIII. (1) wird nach entsprechender Rechnungsstellung fällig wie folgt:

2/12 = EUR	bei Vertragsabschluss,
1/12 = EUR	bei Lieferung der ersten Fassung des Drehbuches,
2/12 = EUR	bei Abnahme der der ersten Fassung des Drehbuches,
2/12 = EUR	bei Endabnahme des Drehbuches,
5/12 = EUR	bei Drehbeginn.

(2) Die Vergütung für den 2. und 3. Korb wird mit Aufnahme der Nutzung und Rechnungsstellung des Verlages fällig. Der Verlag ist unverzüglich über die Aufnahme der Nutzung zu informieren.

(3) Die Vergütung für die kommerzielle Verwertung nach Ziffer VIII. (2) wird nach der Abrechnung fällig; Geldeingang vorausgesetzt. Die Abrechnung und Zahlung des Anteils am Vertriebserlös erfolgt für sämtliche abgewickelten Verwertungsfälle des abgelaufenen Kalenderjahres jeweils zum 30.6. des folgenden Jahres.

XII. Trennung des Autors vom Verlag

(1) Der Verlag wird im Fall der Trennung des Autors vom Verlag dem ZDF die Höhe des auf die vereinbarte Zahlung anfallenden Anteils der Verlagsprovision offenlegen. Er haftet dem ZDF für die Richtigkeit dieser Angaben und stellt insoweit das ZDF von Vergütungsforderungen des Autors frei, die die vereinbarte Vergütung abzüglich der offengelegten Verlagsprovision überschreiten.

(2) Der Verlag ist verpflichtet, mit dem Autor zu vereinbaren, dass im Falle der Trennung von Verlag und Autor die beigefügten Allgemeinen Bedingungen für Urheber (UO) für verlagsungebundene Autoren gelten.

(3) Der Verlag wird dem ZDF die Trennung des Autors vom Verlag unverzüglich mitteilen.

XIII. Urheberbenennung

Das ZDF ist verpflichtet, den Autor im Vor- und/oder Nachspann der Sendung oder bei etwaiger Werbung gut sichtbar zu nennen, soweit dies rundfunküblich ist. Der in diesem Vertrag genannte Titel nach Ziffer I. (1) gilt dabei als verbindliche Grundlage, über den endgültigen Titel werden sich die Vertragsparteien einvernehmlich verständigen.

XIV. Auskunftsrecht

Das ZDF und der Verlag werden einander bei etwaiger gerichtlicher oder außergerichtlicher Geltendmachung der erworbenen Rechte unterstützen, notwendige Auskünfte erteilen sowie Dokumente und sonstige Unterlagen zur Verfügung stellen.

XV. Verschwiegenheit

(1) Der Verlag ist zur Verschwiegenheit über die internen Angelegenheiten und Vorgänge des ZDF verpflichtet.

(2) Er hat über den Inhalt des Werkes gegenüber allen, denen der Inhalt nicht bekannt ist, Stillschweigen zu bewahren, wenn der Inhalt des Werkes erkennbar der Öffentlichkeit vor der Sendung des Werkes nicht bekannt werden soll. In diesen Fällen darf nur das ZDF Ankündigungen, bildliche Darstellungen sowie Mitteilungen, die sich auf die Tätigkeit des Vertragspartners beziehen, verbreiten, vervielfältigen oder in sonstiger Weise der Öffentlichkeit zugänglich machen oder zugänglich machen lassen. Auch in allen anderen Fällen hat der Verlag sich bei der Mitteilung an die Presse oder Öffentlichkeit mit dem ZDF abzustimmen.

(3) Der Verlag hat dafür Sorge zu tragen, dass sich auch der Autor an die unter Absatz (1) und (2) genannten Verschwiegenheitspflichten hält.

(4) Unter die Verschwiegenheitsverpflichtung fallen nicht Informationen, die

a) auf nichtvertraulicher Basis allgemein bekannt sind oder werden (ohne Verschulden des die Information erhaltenden Autors/Verlages);
b) rechtmäßig von Dritten gegeben wurden, die nicht an die Geheimhaltung gebunden sind oder
c) dem Autor/Verlag schon vor dem Erhalt durch das ZDF bekannt waren und die nicht durch einen Verstoß gegen Rechtspflichten oder gegen die Geheimhaltungspflicht erlangt wurden.

XVI. Schlussbestimmungen

(1) Das ZDF und der Verlag erklären, dass Nebenabreden zu diesem Vertrag nicht getroffen worden sind und etwaige Änderungen und Ergänzungen des Vertrages zu ihrer Rechtsgültigkeit der Schriftform bedürfen. Das gleiche gilt für eine Abbedingung der Schriftformklausel.

(2) Sollte irgendeine Bestimmung dieses Vertrages nichtig sein, so wird hierdurch die Rechtsgültigkeit des Vertrages insgesamt nicht berührt. An die Stelle der nichtigen soll eine gültige Bestimmung treten, die dem Sinn des Vertrages gemäß und durchführbar ist.

(3) Dieser Vertrag wurde in zwei Exemplaren ausgefertigt. Er tritt in Kraft, sobald er von beiden Vertragspartnern rechtsverbindlich unterzeichnet ist und gilt auch für die beiderseitigen Rechtsnachfolger.

(4) Für die Auslegung des Vertrages gilt das Recht der Bundesrepublik Deutschland. Erfüllungsort und Gerichtsstand ist Mainz.

c) „1-Korb-Modell"

Zwischen dem
ZWEITEN DEUTSCHEN FERNSEHEN

Anstalt des öffentlichen Rechts – nachstehend „ZDF" genannt –

und

[Bühnenverlag/Medienverlag/Medienagentur] – nachstehend „Verlag" genannt –

wird folgender Werknutzungsvertrag geschlossen:

I. Vertragsgegenstand

(1) Der Autor/Die Autorin . . . . ., nachfolgend einheitlich „Autor" genannt, erstellt im Auftrag des ZDF ein Drehbuch für eine Fernsehproduktion mit dem vorläufigen Arbeitstitel . . . . ., Prod.-Nr.: . . . . . Die Produktion hat eine Sendelänge von ca. . . . . . Minuten. Das Drehbuch wird nachfolgend einheitlich als „Werk" bezeichnet. Der Verlag ist

bevollmächtigt, den Autor im Rahmen dieses Vertrages gegenüber dem ZDF zu verpflichten. Sollte der Autor anstelle seines bürgerlichen Namens einen Künstlernamen, ein Pseudonym oÄ nutzen, so ist der Verlag verpflichtet, dem ZDF sowohl den bürgerlichen Namen des Autors als auch den genutzten Künstlernamen bzw. das Pseudonym oÄ vor Vertragsabschluss mitzuteilen, damit eventuell erforderliche Regularien eingehalten werden können. Entsprechendes gilt für unmittelbare Verwandtschaftsbeziehungen des Autors zu Mitarbeiter/innen des ZDF (wie Ehe, Lebenspartnerschaft, Eltern/Kind-Verhältnis, Geschwister) sowie im Falle der Beschäftigung von Festangestellten sowie Versorgungsempfängern des ZDF und/oder einer anderen Rundfunkanstalt und/oder jeweils den entsprechenden Tochterunternehmen.

(2) Der Autor hat die Leistung persönlich zu erbringen. Der Autor gestaltet Form und Inhalt des Werkes nach Absprache mit der zuständigen Redaktion des ZDF. Der Autor kommt Wünschen nach Änderungen und Ergänzungen in angemessenem Umfang nach.

(3) Der Autor wird die erste Fassung des Werkes bis zum ..... beim ZDF abliefern.

II. Rechteeinräumung, Verfilmung

Der Verlag räumt dem ZDF hiermit das ausschließliche sowie inhaltlich, zeitlich und räumlich uneingeschränkte Recht zur Verfilmung des Werkes ein. Insbesondere werden dem ZDF folgende Rechte übertragen:

(1) Die Werkbearbeitungsrechte, das heißt das Recht, das Werk unter Wahrung des Urheberpersönlichkeitsrechts (droit moral) ausschließlich für Zwecke der Verfilmung zu bearbeiten bzw. bearbeiten zu lassen. Dem ZDF obliegt gegenüber dem Verlag eine Informationspflicht hinsichtlich umfangreicheren Änderungen bzw. Bearbeitungen. Das ZDF bemüht sich bei größeren Änderungen um eine Abstimmung mit dem Verlag. Der Verlag behält sich vor, gegenüber dem Bearbeiter seinen eigenen Anteil an den von der Verwertungsgesellschaft Wort wahrgenommenen Rechten festzusetzen.

(2) Die Filmherstellungsrechte, das heißt das Recht, das Werk zur Herstellung einer Kino- oder Fernsehproduktion – nachstehend „Produktion“ genannt – zu verwenden.

(3) Das Weiterentwicklungsrecht, hierzu zählt die Fortsetzung von Produktionen, insbesondere innerhalb bestehender oder noch zu entwickelnder Serien oder Anthologieformate (zB: Der Alte, SOKO) unter Benutzung der vom Autor entwickelten Ideen und Konzeptionen der Figuren, sowie die Befugnis, die in dem Werk enthaltenen Charaktere, Handlungselemente und Szenen sowie sonstige Ideen und Gestaltungselemente des Werkes uneingeschränkt für den Film zu verwenden, und zwar auch dann, wenn dieser ohne Mitwirkung des Autors erstellt werden sollte. In den Fällen, in denen weder Serien noch Anthologie-Formate geschaffen werden, ist dem ZDF die Option eingeräumt, das Weiterentwicklungsrecht im vorstehenden Umfang binnen 3 Jahren ab Erstsendung des vertragsgegenständlichen Werkes in Anspruch zu nehmen. Das ZDF wird die diesbezügliche Weiterentwicklung zunächst dem Verlag auf der Grundlage diesem Vertrag entsprechender Vereinbarungen anbieten. Lehnt der Verlag den Abschluss des Drehbuchauftragsvertrages innerhalb einer Frist von 6 Monaten ab, kann das ZDF Dritte beauftragen. Für diesen Fall treffen die Parteien bezüglich der Abgeltung des Weiterentwicklungsrechts eine gesonderte Regelung.

(4) Das Recht zur Wiederverfilmung (Remake).

(5) Die Titelverwendungsrechte, das heißt das Recht, den Titel des Werkes auch zur Bezeichnung der Produktion zu verwenden. Über den endgültigen Titel werden sich die Vertragsparteien einvernehmlich verständigen.

III. Rechteeinräumung, Auswertung

Der Verlag räumt dem ZDF an dem unter Benutzung des Werkes hergestellten Filmwerk oder Teilen davon die im Folgenden aufgezählten ausschließlichen, inhaltlich, zeitlich und räumlich uneingeschränkten Nutzungsrechte im In- und Ausland ein. Das ZDF darf diese Rechte selbst oder durch Dritte oder gemeinsam mit ihnen ausüben.

(1) Das Senderecht, das heißt das Recht, die Produktion durch Rundfunk jeder Art (zB Tonrundfunk, Fernsehrundfunk, Drahtrundfunk, Kabelhörfunk und Kabelfernsehen – einschließlich des Rechtes der Kabelweitersendung durch Dritte –, Live-Streaming, Satellitenhörfunk und Satellitenfernsehen, Verteildienste in Form von Fernsehtext, Videotext/Digitext, Radiotext und vergleichbaren Textdiensten, interaktives Fernsehen sowie Pay-Dienste – wie beispielsweise in Pay-Radio, Pay-TV einschließlich pay-per-channel, pay-per-view, near-video-on-demand – und/oder sonstigen Verbreitungsarten und/oder Medien) der Öffentlichkeit zugänglich zu machen.

(2) Die Theaterrechte (Kino-/Vorführungsrechte), das heißt das Recht, die Produktion durch technische Einrichtungen öffentlich wahrnehmbar zu machen, unabhängig von der technischen Ausgestaltung des Vorführsystems und der Bild-/Tonträger. Die Theaterrechte beziehen sich auf Filme aller Formate oder anderer Bild- und/oder Tonträger, beispielsweise alle Film- und Schmalfilmformate (70, 35, 16, 8 mm) sowie elektromagnetische (Video-) Systeme, und umfassen die gewerbliche und nichtgewerbliche Filmvorführung. Hiervon mitumfasst ist das Recht, das Werk öffentlich aufzuführen, vorzutragen, vorzuführen und mittels Bild- und/oder Tonträger sowie auch außerhalb des Raumes, in dem die persönliche Darbietung stattfindet, durch Bildschirm, Lautsprecher oder ähnliche technische Einrichtungen öffentlich wahrnehmbar zu machen.

(3) Die Videogrammrechte, das heißt das Recht zur Vervielfältigung und Verbreitung (wie zB Verkauf, Vermietung, Leihe etc) der Produktion auf Bild-/Tonträgern aller Art (Videogramme) zum Zwecke der nichtöffentlichen Wiedergabe in vorgegebener oder individuell zu gestaltender Abfolge. Dieses Recht umfasst sämtliche audiovisuellen Speichersysteme – unabhängig von deren jeweiliger konkreter technischer Ausgestaltung – wie zB Filmkassette, Videokassette, Video- bzw. Bildplatte, DVD, CD, CD-Video, CD-I, CD-ROM, Laser-Disc, CD-DVD, Tonbänder und -kassetten einschließlich DAT und DCC etc, oder ähnliche Systeme. Mitumfasst sind ebenfalls die ausschließlich oder in erster Linie zur interaktiven Nutzung bestimmten Bild-/Tonträger. Das ZDF bzw. ein von diesem beauftragter Dritter wird, sobald ein Lizenzvertrag über die audiovisuelle Nutzung der Produktion geschlossen ist, dem Verlag eine entsprechende Mitteilung machen.

(4) Die Tonträgerrechte, das heißt das Recht zur Herstellung, Vervielfältigung und Verbreitung von Schallplatten, Bandkassetten, CDs oder sonstigen Tonträgern, die unter Verwendung des Soundtracks der Produktion gestaltet werden, sowie das Recht, derartige Tonträger durch Funk zu senden oder öffentlich vorzuführen.

(5) Die Vervielfältigungs- und Verbreitungsrechte, das heißt das Recht, die Produktion im Rahmen der im Übrigen eingeräumten Nutzungsarten beliebig – auch auf anderen als den ursprünglich verwendeten Bild-/Tonträgern – zu vervielfältigen und zu verbreiten, sie zu archivieren, in Datenbanken einzustellen und in körperlicher oder unkörperlicher Form der Öffentlichkeit zu übermitteln oder für diese bereitzustellen. Dies schließt insbesondere das Recht ein, das Werk auf Vorrichtungen zur wiederholbaren Wiedergabe von Bild- und/oder Tonfolgen zu übertragen und die so hergestellten Bild- und/oder Tonträger oder sonstigen Vervielfältigungsstücke in der selben Weise wie das Werk zu nutzen.

(6) Die Verwendung nach den vorstehenden Absätzen umfasst das Recht der öffentlichen Wiedergabe von Funksendungen sowie das Recht, die Produktion einem begrenzten Empfängerkreis (closed circuit, wie zB Hotels, Krankenhäuser, Schulen, Flugzeuge, Schiffe etc) zugänglich zu machen.

(7) Die Verwendung nach den vorstehenden Absätzen umfasst insbesondere auch die Einspeicherung in Datenbanken und die öffentliche Wiedergabe in allen Abrufdiensten (zB video- und audio-on-demand-Nutzungen, online-Dienste/Internet, Mobilfunknetze),

bei denen Text-, Ton- oder Bilddarbietungen auf Anforderung aus elektronischen Speichern zur Nutzung übermittelt werden, wobei die öffentliche Zugänglichmachung des Werkes in der Weise erfolgen kann, dass Angehörige der Öffentlichkeit an einem von diesen individuell gewählten Ort oder zu einer von diesen individuell gewählten Zeit Zugang zu diesen Werken haben. Die Rechteeinräumung erfolgt unabhängig davon, ob es sich um eine rundfunkmäßige oder außerrundfunkmäßige Verwertung handelt. Die gleichzeitige multimediale Verwendung des Drehbuchs in Ausschnitten durch den Autor oder den Verlag bleibt zulässig. Eine Verwendung von Ausschnitten der Produktion selbst ist nur nach vorheriger Absprache mit dem ZDF möglich. Soweit die erforderlichen Rechte beim ZDF liegen und seine Interessen nicht beeinträchtigt werden, wird es seine Zustimmung nicht verweigern.

(8) Die vorstehend genannten Rechte werden unabhängig von der verwendeten Speicher- bzw. Datenübertragungstechnik und unabhängig davon eingeräumt, ob die Nutzung mit oder ohne Zwischenspeicherung und/oder mittels eines individuellen Abrufs erfolgt und/ oder ob der Empfang bzw. die Wiedergabe mittels Fernseher, Computer, Telefon oder sonstiger Geräte erfolgt. Hiervon mitumfasst ist die Herstellung, Vervielfältigung und Verbreitung von Bild-/Tonträgern, auf denen die Produktion derart gespeichert ist, dass eine Wiedergabe nur durch Übermittlung zusätzlicher Dateninformationen („Schlüssel“) ermöglicht wird.

(9) Die Bearbeitungsrechte, das heißt das Recht, die Produktion (sowie ggf. das Werk) unter Wahrung des Urheberpersönlichkeitsrechts für Zwecke der Produktion einzurichten bzw. einrichten zu lassen, insbesondere zu kürzen und zwar auch für Videotextuntertitelung. Eingeschlossen ist das Recht, die Produktion zu synchronisieren, zu untertiteln oder sonst für die Zwecke der Auslandsverwertung auf Bildtonträgern zu bearbeiten sowie das Recht, das Werk mit anderen Werken zu verbinden oder in andere Werke aufzunehmen und die Bearbeitung, Umgestaltung oder Änderung wie das Werk zu verwerten. Bei Nutzung in anderen fiktionalen Produktionen bedarf dieses Recht der Zustimmung des Verlages, die er nicht wider Treu und Glauben verweigern darf.

(10) Die Rechte zur nichtgewerblichen Nutzung in Transkriptionsdiensten sowie zur Verwendung von Ausschnitten aus der Produktion in anderen Produktionen, in Programmvorschauen, Programmübersichten und im Rahmen der Programmbegleitung unter Wahrung des Urheberpersönlichkeitsrechtes, sowie das Recht, durch kurze Inhaltsangaben der Produktion in Presse, Tonfunk, Fernsehen und unentgeltlich abgegebenen Werbeschriften auf die Produktion bzw. Sendung hinzuweisen bzw. hinweisen zu lassen. Entsprechendes gilt für rundfunkeigene Programmankündigungen und ausschnittsweise programmbegleitende Nutzungen in Online-Diensten. Ziffer III. (9) Satz 3 gilt entsprechend.

(11) Dem ZDF steht auch das Recht zu, die Produktion ohne zusätzliche Vergütung zu nichtgewerblichen Prüf-, Lehr- und Forschungszwecken (auch im Rahmen von Modellversuchen) zu verwenden oder verwenden zu lassen, sowie das Recht, die Produktion anlässlich von Messen, (Verkaufs-) Ausstellungen, Festivals, Wettbewerben und ähnlichen Veranstaltungen vorzuführen bzw. vorführen zu lassen. Modellversuche sind als solche ausdrücklich auszuweisen und auf höchstens 6 Monate zu befristen. Sie können einmalig um weitere 6 Monate verlängert werden, soweit dies sachlich geboten ist. Die Verlängerung bedarf jedoch der Bestätigung des Verbandes Deutscher Bühnen- und Medienverlage. Dem ZDF steht des Weiteren das Recht zu, die Produktion zu Zwecken der Bildungs- oder Kulturarbeit innerhalb dazu bestehender nichtgewerblicher Einrichtungen einschließlich solcher, die regelmäßig Bildungs- oder Kulturarbeit betreiben, ohne dass dies ihr Hauptzweck ist, zu verwerten. Soweit diese Verwertung vergütet wird, erhält der Verlag eine angemessene Erlösbeteiligung. Ein Anspruch auf eine angemessene

Erlösbeteiligung besteht nicht, soweit sich die Vergütung, die das ZDF erhält, auf die Erstattung eigener Barauslagen beschränkt.

(12) Die Merchandising-Rechte, das heißt das Recht zur kommerziellen Auswertung des Werkes und der Produktion durch Herstellung und Vertrieb von Waren oder Dienstleistungen aller Art unter Verwendung von Vorkommnissen, Namen, Titeln, fiktiven oder tatsächlichen Figuren, Abbildungen, Stimmen, Szenen, Handlungsabläufen, Vorkommnissen und Gegenständen oder sonstigen in einer Beziehung zu dem Werk oder der Produktion stehenden Zusammenhängen und unter Verwendung derartiger Elemente oder durch bearbeitete oder unbearbeitete Ausschnitte aus dem Werk oder der Produktion für Waren und Dienstleistungen jeder Art zu werben. Eingeschlossen ist auch das Recht, das Werk/die Produktion ganz oder teilweise durch Herstellung und Vertrieb von Spielen/Computerspielen einschließlich interaktiver Computerspiele und/oder sonstiger Multimedia-Produktionen auszuwerten. Für den Fall einer Realisierung sind auch sog. „Themen-Park“-Nutzungen miteingeschlossen. Das ZDF verpflichtet sich gegenüber dem Verlag, bevorstehende Vertriebsfälle unverzüglich schriftlich anzuzeigen.

(13) Die Drucknebenrechte. Das ZDF ist berechtigt, das Buch zum Film auf der Grundlage des Drehbuches herzustellen oder herstellen zu lassen. Die Rechteausübung ist jedoch nur in Abstimmung mit dem Verlag/Autor möglich, wobei die Abstimmung im Sinne gegenseitiger Rücksichtnahme erfolgen wird. Im Falle berechtigter Interessen ist das ZDF bereit, mit dem Verlag/Autor über den Rechterückfall zu angemessenen Bedingungen zu verhandeln.

(14) Das ZDF ist berechtigt, das Werk und die Produktion in zum Zeitpunkt des Vertragsabschlusses noch nicht bekannten künftigen Nutzungsarten iSd § 31a UrhG auszuwerten. Das ZDF wird den Urheber über die Aufnahme der neuen Nutzung unverzüglich unterrichten.

IV. Eigentum am Werkexemplar

Mit der Ablieferung des Drehbuches überträgt der Verlag dem ZDF das Eigentum daran.

V. Rechtegarantie

(1) Der Verlag erklärt, dass er über die den Gegenstand dieses Vertrages bildenden Rechte an dem in Ziffer I. (1) genannten Werk verfügungsberechtigt ist. Er gewährleistet, dass die dem ZDF eingeräumten Rechte weder ganz noch teilweise von ihm genutzt werden oder Dritten zur Nutzung überlassen sind und dass kein Dritter mit ihrer Wahrnehmung beauftragt ist. Ausgenommen davon sind die Rechte, die für den Verlag/Autor aufgrund eines bestehenden Berechtigungsvertrages ausschließlich von Verwertungsgesellschaften wahrgenommen werden, soweit sie nicht an den Verlag/Autor zur Erfüllung des Vertragszwecks zurückübertragen werden oder der Verlag/Autor sonst darüber verfügen kann. Der Verlag/Autor ist verpflichtet, soweit dies rechtlich zulässig ist, von der Verwertungsgesellschaft zu verlangen, dass diese ihm die zur Erfüllung seiner vertraglichen Verpflichtungen notwendigen Nutzungsrechte zurücküberträgt.

(2) Der Verlag steht dafür ein, dass die Rechte nicht mit dem Recht eines Dritten belastet, insbesondere verpfändet sind.

(3) Der Verlag gewährleistet ferner, dass das Werk einschließlich des Titels keine Anspielungen auf Personen oder Ereignisse enthält, die dem ZDF nicht bekannt sind, dass das Werk, dessen Inhalt oder Teile des Werkes nicht widerrechtlich urheberrechtlich geschützten Werken anderer Urheber entnommen sind und dass an dem Werk neben dem Autor ein Dritter ohne Wissen des ZDF nicht mitgearbeitet hat.

(4) Der Verlag steht dem ZDF gegenüber für diese Rechte ein. Der Verlag verpflichtet sich, das ZDF von sämtlichen wie auch immer gearteten Ansprüchen Dritter freizustellen,

die diese wegen der vertragsgemäßen Ausübung der Werknutzungsrechte durch das ZDF geltend machen.

VI. Weiterübertragung, Abtretung

(1) Eine Weiterübertragung des dem ZDF übertragenen Verfilmungsrechtes gemäß Ziffer II. als solches ist ausgeschlossen, es sei denn, dass der Verlag einer solchen Weiterübertragung vorher schriftlich zustimmt. Gestattet ist jedoch die Weiterübertragung des Verfilmungsrechtes im Rahmen einer vom ZDF durchzuführenden Auftrags- bzw. Koproduktion sowie als Sicherheit zu Finanzierungszwecken für die Verfilmung.

(2) Der Verlag räumt dem ZDF das Recht ein, die Nutzungsrechte gemäß Ziffer III. dieses Vertrages ohne Zustimmung ganz oder teilweise an Dritte weiterzuübertragen. Das ZDF kann diesen auch einfache Nutzungsrechte ohne Zustimmung des Verlages einräumen.

(3) In jedem Falle einer Weiterübertragung von Rechten bleibt jedoch das ZDF hinsichtlich aller in diesem Vertrag festgelegten Verpflichtungen dem Verlag gegenüber uneingeschränkt gebunden und haftbar.

(4) Im Falle des Vertriebs von Nutzungsrechten wird sich das ZDF nach besten Kräften bemühen, den Verlag frühzeitig über Lizenzgebiet, Lizenzzeit und Umfang der Rechteeinräumung zu informieren, soweit hierdurch kein unzumutbarer Verwaltungsaufwand verursacht wird.

(5) Die Ansprüche des Verlages aus diesem Vertrag können nur nach vorheriger schriftlicher Zustimmung des ZDF abgetreten werden. § 354a HGB bleibt unberührt.

VII. Abnahme, Nutzung der Rechte

(1) Das Werk bedarf der Abnahme. Das ZDF wird innerhalb von 3 Monaten nach Abgabe der jeweils letzten Drehbuchfassung schriftlich gegenüber dem Verlag erklären, ob das Werk abgenommen wird. Anderenfalls wird das ZDF zur Nachbesserung auffordern. Wird vom ZDF innerhalb dieser Frist keine schriftliche Erklärung abgegeben, so gilt das Werk als abgenommen. Für die Abnahme der Nachbesserung gilt dieselbe Frist. Das ZDF kann auch mehrmals zur Nachbesserung auffordern. Ein Anspruch hierauf besteht jedoch nicht.

(2) Wird das Werk nicht abgenommen und möchte das ZDF den Stoff unter Verwendung des vom Autor gelieferten Drehbuches bearbeiten, um danach das endgültige drehfertige Buch herzustellen oder herstellen zu lassen, so verpflichtet sich der Verlag, hierüber mit dem ZDF im Einzelfall rechtzeitig eine zusätzliche schriftliche Vereinbarung zu angemessenen Bedingungen abzuschließen. Die Vereinbarung muss mindestens die unter Ziffer II. und III. aufgeführten Rechte übertragen und eine Regelung über die vorgesehene Form der Namensnennung sowie über den an den Verlag zu zahlenden Anteil am Sendeentgelt enthalten. Die Vergütung kann entweder als wiederholungshonorarfähiges Honorar oder als Pauschale erfolgen. Die Höhe des Anteils muss den Umfang der notwendigen Bearbeitung berücksichtigen.

(3) Nimmt das ZDF das Werk nicht ab und möchte das ZDF den Stoff unter Verwendung des vom Autor gelieferten Drehbuches auch nicht bearbeiten, so kann der Verlag allein, dh ohne Zustimmung des ZDF über das Werk verfügen. Sollte der Verlag nach dem Rückfall der Rechte einem Dritten Verfilmungsrechte an dem Werk übertragen, wird der Verlag dem ZDF 50 % der vom ZDF an den Verlag gezahlten Vergütung zurückerstatten.

(4) Eine Verpflichtung des ZDF zur Nutzung des Verfilmungsrechtes, insbesondere zur Herstellung eines Filmwerkes unter Benutzung des Werkes, besteht nicht. Das ZDF ist alleine berechtigt, den Zeitpunkt für die Sendung, für die Herstellung des Bild- und/oder Tonträgers oder dessen Wiedergabe zu bestimmen.

(5) Das Rückrufsrecht des § 41 UrhG darf vom Autor/Verlag nicht vor Ablauf von 5 Jahren nach Abnahme des Werkes gemäß Absatz (1) und nur nach Setzung einer angemessenen Nachfrist zur Herstellung der Produktion, die mindestens 6 Monate betragen muss, ausgeübt werden. Für die Ausübung des Rückrufrechts gilt, dass eine vom Verlag zu leistende Entschädigung 50 % der vereinbarten Vergütung nicht übersteigt.

VIII. Vergütung für den Korb

(Vergütung für den Nutzungszeitraum von 7 Jahren ab der Erstsendung)

(1) Das ZDF zahlt für den Korb, dh den Nutzungszeitraum von 7 Jahren ab dem Zeitpunkt der Erstsendung, an den Verlag eine Vergütung von insgesamt

EUR . . . . . netto,

in Worten EUR . . . . . netto

zzgl. Umsatzsteuer in der jeweils gesetzlich vorgeschriebenen Höhe

Durch das vereinbarte Honorar sind alle eingeräumten Nutzungsrechte und alle Ansprüche des Verlages aus diesem Vertrag pauschal abgegolten, soweit im Folgenden nichts anderes vereinbart ist. Insbesondere sind die unter IX. (2) genannten Nutzungen bis zum Ende der urheberrechtlichen Schutzfristen abgegolten, dh auch nach Ende des Nutzungszeitraums von 7 Jahren ab dem Zeitpunkt der Erstsendung fällt hier keine gesonderte Vergütung an.

Klarstellend wird festgehalten, dass im Falle einer Koproduktion mit der Korbvergütung nach VIII. (1) sämtliche Ausstrahlungen in den Programmen der beteiligten Sendeunternehmen (insbes. im ORF, SRF und in ARTE) für den Nutzungszeitraum von 7 Jahren abgegolten sind. Bei einer entgeltlichen Abgabe des Werkes bzw. der Produktion ua an ORF, SRF und ARTE wird eine Erlösbeteiligung nach VIII. (2) gezahlt.

(2) Bei kommerzieller Verwertung des Werkes bzw. der auf der Grundlage des Werkes hergestellten Produktion (Programmvertrieb)

a) zu Rundfunkzwecken gemäß Ziffer III. (1),
b) zu außerrundfunkmäßigen Zwecken gemäß Ziffer III. (3) bis III. (6),
c) in Abruf- und Online-Diensten gemäß Ziffer III. (7),
d) der Merchandisingrechte gemäß Ziffer III. (12) durch Dritte (Produktmerchandising),

erhält der Verlag, vorbehaltlich der nachstehenden Regelung, eine Erlösbeteiligung nach Vorabzug der Synchronkosten in Höhe von 4 % von den bei ZDF Enterprises eingehenden Brutto-Einnahmen. Sind mehrere Autoren/Urheber zu berücksichtigen, entfällt auf den Verlagsautor der im Verhältnis der Ersthonorare zueinander anteilige Betrag.

Individuelle Erlösbeteiligungsansprüche nach Ziffer VIII. (2) a.–d. entstehen nur dann, wenn im Einzelfall die Bruttoeinnahme von ZDF Enterprises aus der Werk- oder Produktionsverwertung 1.500,– EUR netto überschreitet.

(3) Im Falle der Kinoauswertung gemäß Ziffern II. (2) und III. (2) sowie einer Wiederverfilmung gemäß Ziffer II. (4) wird das ZDF mit dem Verlag rechtzeitig eine zusätzliche schriftliche Vereinbarung über die Vergütung zu angemessenen Bedingungen abschließen.

(4) Im Falle des Vertriebes

b. der Hörfunkrechte gemäß Ziffer III. (1) an Dritte sowie
c. des Buchs zum Film auf der Grundlage des Drehbuchs (Drucknebenrechte) gemäß Ziffer III. (13)

wird im Einzelfall, insbesondere auch hinsichtlich der Rechteausübung, eine angemessene Regelung getroffen. Sofern es sich bei der Verwertung nach Ziffer VIII. (4) a. um die Herstellung einer Hörspielproduktion handelt, steht dem Autor ein Erstanbietungsrecht zu.

(5) Im Falle einer Nutzung in unbekannten Nutzungsarten gemäß Ziffer III. (14) wird die noch zwischen dem Verband der Bühnen- und Medienverlage eV sowie dem ZDF zu vereinbarende Vergütung gezahlt, in Ermangelung einer solchen Vereinbarung eine angemessene Vergütung.

(6) Soweit der Autor auf Veranlassung des ZDF an Drehbuch- und sonstigen Besprechungen teilnimmt, werden ihm die dafür entstehenden Reise- und Unterbringungskosten entsprechend den Regelungen des ZDF erstattet.

IX. Vergütung für Nutzungen nach Ablauf des Korbes

(Vergütung für den Nutzungszeitraum ab dem 8. Jahr nach der Erstsendung)

(1) Nach Ablauf des Korbes, dh für den Zeitraum ab dem 8. Jahr nach der Erstsendung bis zum Ablauf der urheberrechtlichen Schutzfristen, zahlt das ZDF für die Nutzung des Werkes bzw. der auf der Grundlage des Werkes hergestellten Produktion an den Verlag eine Vergütung gemäß Absatz (3) ff. dieser Ziffer. Sämtliche über Absatz (3) ff. hinausgehenden Ansprüche des Verlags einschließlich der Ansprüche für die in Absatz (2) dieser Ziffer genannten Nutzungen sind bereits durch das nach Ziffer VIII. (1) gezahlte Honorar pauschal abgegolten.

(2) Mit der Vergütung des Korbes sind insbesondere folgende Nutzungen mitabgegolten:

a. die Erstellung des Werkes.
b. die weltweite öffentliche Zugänglichmachung des Werkes bzw. der unter Benutzung des Werkes hergestellten Produktion gemäß Ziffer III. 7 Dreiecksmustervertrag in voller Länge oder in Ausschnitten für einen Zeitraum beginnend frühestens am Tage vor und endend spätestens sieben Tage nach (7-day catch-up) der jeweiligen Ausstrahlung (Erst- oder Wiederholungssendungen), soweit hierfür kein gesondertes Nutzungsentgelt berechnet wird und ein Download nicht vorgesehen ist. Davon unberührt bleibt eine Vergütung nach Absatz 5 dieser Ziffer für die kommerzielle öffentliche Zugänglichmachung in Abruf- und Online-Diensten, einschließlich werbe-/sponsorfinanzierter Free-Video-on-Demand Angebote.
c. Die Verwendung von Ausschnitten bis 5 Minuten, jedoch nicht mehr als 25 % des gesamten Werkes; bei der Verwendung von Ausschnitten über 5 Minuten wird ein anteilig aus dem wiederholungshonorarfähigen Honorar ermittelter Minutensatz vergütet.
d. Eine Wiederholung innerhalb von 48 Stunden nach der jeweiligen Sendung (Erstsendung oder Wiederholung), es sei denn, die Wiederholung erfolgt in der prime time (18:00 bis 22:00 Uhr). Bei Berechnung der 48 Stunden bleiben Sonn- und Feiertage unberücksichtigt. Dies gilt für Absatz (3) a.–c. und e. entsprechend.

(3) Wiederholungshonorare

Das wiederholungshonorarfähige Honorar beträgt EUR . . . . .,– zzgl. Umsatzsteuer in der jeweils gesetzlich vorgeschriebenen Höhe.

a. Wiederholungen im Hauptprogramm (12.01 bis 23.59 Uhr) des ZDF werden – vorbehaltlich Ziffer IX. (2) d. und (3) i. – grundsätzlich mit 50 % des in Ziffer IX. (3) genannten wiederholungshonorarfähigen Honorars vergütet, zahlbar am Tag nach der Ausstrahlung,
b. Wiederholungen im Nachtprogramm (0.00 bis 5.29 Uhr) des ZDF werden – vorbehaltlich Ziffer IX. (2) d. und (3) i. – mit 7,5 % des in Ziffer IX. (3) genannten wiederholungshonorarfähigen Honorars vergütet,
c. Wiederholungen im Vormittagsprogramm (5.30 bis 12.00 Uhr) des ZDF werden – vorbehaltlich Ziffer IX. (2) d. und (3) i. – mit 10 % des in Ziffer IX. (3) genannten wiederholungshonorarfähigen Honorars vergütet,
d. Bei Sendungen in ARTE (Europäischen Kulturkanal) beträgt die Vergütung (netto) – vorbehaltlich Ziffer IX. (3) i. –

- bei einer Wiederholung: EUR .....
- bei einer Rédiffusion (kurzfristigen Wiederholung) gemäß Nr. 90.5 iVm 90.6 Rs Fs: EUR .....

Zeitversetzt zwischen Deutschland und Frankreich erfolgende Sendungen zählen – auch im Hinblick auf Ziffer IX. (3) i. – als eine Sendung, soweit sie am gleichen Programmtag erfolgen.

e. Bei Sendungen im 3 sat-Programm wird die Erstausstrahlung mit EUR ..... (netto) vergütet. Für Wiederholungen wird – vorbehaltlich Ziffer IX. (2) d. – eine Wiederholungsvergütung in Höhe von 25 % des in Ziffer IX. (3) genannten wiederholungshonorarfähigen Honorars für bis zu 3 Ausstrahlungen innerhalb eines Quartals gezahlt.

f. Bei Sendungen im KINDERKANAL-Programm beträgt die Vergütung für bis zu 5 Wiederholungsausstrahlungen innerhalb von einem Monat 10 % des in Ziffer IX. (3) genannten wiederholungshonorarfähigen Honorars.

g. Bei Sendungen im PHOENIX-Programm beträgt die Vergütung für bis zu 5 Wiederholungsausstrahlungen innerhalb von einem Monat 10 % des in Ziffer IX. (3) genannten wiederholungshonorarfähigen Honorars.

h. Bei Sendungen in den Digitalprogrammen des ZDF (derzeit ZDFinfo, zdf.kultur und ZDF_neo) beträgt die Vergütung für Wiederholungen für 90-minütige Produktionen EUR ..... (netto) für bis zu 5 Ausstrahlungen innerhalb von 6 Monaten oder alternativ 2 Ausstrahlungen – zuzüglich jeweils 2 Servicewiederholungen innerhalb von 7 Tagen – innerhalb von 12 Monaten.

i. Für die kurzfristige Wiederholung des Werkes im Hauptprogramm und in ARTE innerhalb von 4 Wochen gilt folgende Vergütungsregelung:
Der Vergütungssatz für maximal 3 Wiederholungssendungen innerhalb von 4 Wochen im selben Programm – ausgenommen in der Zeit von 18.00 bis 22.15 Uhr (ARTE 20.15 bis 22.15 Uhr in Deutschland und 20.45 bis 22.45 Uhr in Frankreich) – beträgt 5 % des in Ziffer IX. (3) genannten wiederholungshonorarfähigen Honorars bzw. des Wiederholungshonorars nach Ziffer IX. (3) d. je Sendung.

(4) Koproduktionen

a. Ausstrahlungen durch ORF und SRF sind nach den jeweils zum Zeitpunkt der Sendung in diesen Ländern üblichen Sätzen zu vergüten. ORF und SRF werden die Senderechte jeweils unmittelbar beim Verlag abgelten. Im Falle von Koproduktionen, die zeitgleich zum Programm des ZDF ausgestrahlt werden, sind mit dem Verlag gesonderte Absprachen zu treffen.

b. Stellt das ZDF die Produktion mit einem sonstigen in- oder ausländischen Sendeunternehmen her (Koproduktion), treffen die Parteien für die Nutzung durch den Koproduzenten eine gesonderte Vergütungsregelung, die Art und Umfang der Nutzung durch den Koproduzenten berücksichtigt.

(5) Bei Nutzung in Abrufangeboten (Online-Angebote, Video on Demand) gilt:

a. Der Verlag erhält, vorbehaltlich der Nutzungen nach Ziffer IX. Absatz (2) und (5.b.), im Falle der nicht-kommerziellen Auswertung der Rechte in Abruf- und Online-Diensten gemäß Ziffer III. (7) eine einmalige pauschale Vergütung in Höhe von 4,5 % des in Ziffer IX. (3) genannten wiederholungshonorarfähigen Honorars – maximal des Obersatzes der Regelsammlung Bühnenverlage/Rundfunk (Fernsehen) – bei der erstmaligen Nutzung.

b. Im Falle einer kommerziellen öffentlichen Zugänglichmachung (Online-Nutzung), einschließlich werbe-/sponsorfinanzierter Free-Video on Demand-Angebote wird eine Erlösbeteiligung entsprechend Ziffer VIII. (2) gezahlt.

(6) Bei kommerzieller Verwertung des Werkes bzw. der auf der Grundlage des Werkes hergestellten Produktion (Programmvertrieb)
a. zu Rundfunkzwecken gemäß Ziffer III. (1),
b. zu außerrundfunkmäßigen Zwecken gemäß Ziffer III. (3) bis III. (6),
c. in Abruf- und Online-Diensten gemäß Ziffer III. (7),
d. der Merchandisingrechte gemäß Ziffer III. (12) durch Dritte (Produktmerchandising),

erhält der Verlag eine Erlösbeteiligung gemäß Ziffer VIII. (2). Im Falle der Kinoauswertung gemäß Ziffern II. (2) und III. (2) sowie einer Wiederverfilmung gemäß Ziffer II. (4) wird eine Vergütung nach Ziffer VIII. (3) gezahlt. Für den Vertrieb der Hörfunkrechte gemäß Ziffer III. (1) an Dritte sowie der Drucknebenrechte gemäß Ziffer III. (13) gilt Ziffer VIII. (4).

(7) Unbekannte Nutzungsarten

Im Falle einer Nutzung in unbekannten Nutzungsarten gemäß Ziffer III. (14) wird die noch zwischen dem Verband der Bühnen- und Medienverlage eV sowie dem ZDF zu vereinbarende Vergütung gezahlt, in Ermangelung einer solchen Vereinbarung eine angemessene Vergütung.

X. Fälligkeit der Vergütungen

(1) Der Betrag des Korbes gemäß Ziffer VIII. (1) wird nach entsprechender Rechnungsstellung des Verlages fällig wie folgt:

2/12 = EUR . . . . . bei Vertragsabschluss,

1/12 = EUR . . . . . bei Lieferung der ersten Fassung des Drehbuches,

2/12 = EUR . . . . . bei Abnahme der ersten Fassung des Drehbuches,

2/12 = EUR . . . . . bei Endabnahme des Drehbuches,

5/12 = EUR . . . . . bei Drehbeginn.

(2) Die Vergütung für Wiederholungssendungen wird nach der Wiederholungssendung und Rechnungsstellung des Verlages fällig. Bei Nutzungen nach Ziffer IX. (3) e. – h. ist das Entgelt nach erfolgter erster Wiederholungsausstrahlung fällig.

(3) Die Vergütung für kommerzielle Verwertungen gemäß Ziffern VIII. (2) und IX. (6) wird nach der Abrechnung fällig, Geldeingang vorausgesetzt. Die Abrechnung und Zahlung der Anteile an den Verwertungserlösen erfolgt für sämtliche abgewickelten Verwertungsfälle des abgelaufenen Kalenderjahres jeweils zum 30.6. des folgenden Jahres.

XI. Trennung des Autors vom Verlag

(1) Der Verlag wird im Fall der Trennung des Autors vom Verlag dem ZDF die Höhe des auf die vereinbarte Zahlung anfallenden Anteils der Verlagsprovision offenlegen. Er haftet dem ZDF für die Richtigkeit dieser Angaben und stellt insoweit das ZDF von Vergütungsforderungen des Autors frei, die die vereinbarte Vergütung abzüglich der offengelegten Verlagsprovision überschreiten.

(2) Der Verlag ist verpflichtet, mit dem Autor zu vereinbaren, dass im Falle der Trennung von Verlag und Autor die beigefügten Allgemeinen Bedingungen für Urheber (UO) für verlagsungebundene Autoren gelten.

(3) Der Verlag wird dem ZDF die Trennung des Autors vom Verlag unverzüglich mitteilen.

XII. Urheberbenennung

Das ZDF ist verpflichtet, den Autor im Vor- und/oder Nachspann der Sendung oder bei etwaiger Werbung gut sichtbar zu nennen, soweit dies rundfunküblich ist. Der in diesem

Vertrag genannte Titel nach Ziffer I. (1) gilt dabei als verbindliche Grundlage, über den endgültigen Titel werden sich die Vertragsparteien einvernehmlich verständigen.

XIII. Auskunftsrecht

Das ZDF und der Verlag werden einander bei etwaiger gerichtlicher oder außergerichtlicher Geltendmachung der erworbenen Rechte unterstützen, notwendige Auskünfte erteilen sowie Dokumente und sonstige Unterlagen zur Verfügung stellen.

XIV. Verschwiegenheit

(1) Der Verlag ist zur Verschwiegenheit über die internen Angelegenheiten und Vorgänge des ZDF verpflichtet.
(2) Er hat über den Inhalt des Werkes gegenüber allen, denen der Inhalt nicht bekannt ist, Stillschweigen zu bewahren, wenn der Inhalt des Werkes erkennbar der Öffentlichkeit vor der Sendung des Werkes nicht bekannt werden soll. In diesen Fällen darf nur das ZDF Ankündigungen, bildliche Darstellungen sowie Mitteilungen, die sich auf die Tätigkeit des Vertragspartners beziehen, verbreiten, vervielfältigen oder in sonstiger Weise der Öffentlichkeit zugänglich machen oder zugänglich machen lassen. Auch in allen anderen Fällen hat der Verlag sich bei der Mitteilung an die Presse oder Öffentlichkeit mit dem ZDF abzustimmen.
(3) Der Verlag hat dafür Sorge zu tragen, dass sich auch der Autor an die unter Absatz (1) und (2) genannten Verschwiegenheitspflichten hält.
(4) Unter die Verschwiegenheitsverpflichtung fallen nicht Informationen, die
a) auf nichtvertraulicher Basis allgemein bekannt sind oder werden (ohne Verschulden des die Information erhaltenden Autors/Verlages);
b) rechtmäßig von Dritten gegeben wurden, die nicht an die Geheimhaltung gebunden sind oder
c) dem Autor/Verlag schon vor dem Erhalt durch das ZDF bekannt waren und die nicht durch einen Verstoß gegen Rechtspflichten oder gegen die Geheimhaltungspflicht erlangt wurden.

XV. Schlussbestimmungen

(1) Das ZDF und der Verlag erklären, dass Nebenabreden zu diesem Vertrag nicht getroffen worden sind und etwaige Änderungen und Ergänzungen des Vertrages zu ihrer Rechtsgültigkeit der Schriftform bedürfen. Das gleiche gilt für eine Abbedingung der Schriftformklausel.
(2) Sollte irgendeine Bestimmung dieses Vertrages nichtig sein, so wird hierdurch die Rechtsgültigkeit des Vertrages insgesamt nicht berührt. An die Stelle der nichtigen soll eine gültige Bestimmung treten, die dem Sinn des Vertrages gemäß und durchführbar ist.
(3) Dieser Vertrag wurde in zwei Exemplaren ausgefertigt. Er tritt in Kraft, sobald er von beiden Vertragspartnern rechtsverbindlich unterzeichnet ist und gilt auch für die beiderseitigen Rechtsnachfolger.
(4) Für die Auslegung des Vertrages gilt das Recht der Bundesrepublik Deutschland. Erfüllungsort und Gerichtsstand ist Mainz.

37 C. Gemeinsame Vergütungsregel Drehbuch ARD – Verband Deutscher Drehbuchautoren

zwischen
(1) Verband Deutscher Drehbuchautoren eV („VDD“)
und
(2) Bayerischer Rundfunk
(3) Hessischer Rundfunk
(4) Mitteldeutscher Rundfunk
(5) Norddeutscher Rundfunk
(6) Radio Bremen
(7) Rundfunk Berlin-Brandenburg
(8) Saarländischer Rundfunk
(9) Südwestrundfunk
(10) Westdeutscher Rundfunk Köln
vertreten durch
Norddeutscher Rundfunk
(gemeinsam „ARD-Anstalten“)
und
(11) Degeto Film GmbH („Degeto“)
sowie
(12) Allianz Deutscher Produzenten — Film und Fernsehen eV, („Produzentenallianz“)

Vorbemerkungen

Die Parteien haben gemeinsam mit dem Verband Deutscher Bühnen- und Medienverlage eV (VDB) seit dem 20.7.2017 über Vergütungsregelungen für vollfinanzierte fiktionale Auftragsproduktionen der ARD-Anstalten und der Degeto verhandelt. VDD und VDB haben zu diesem Zweck eine Kooperationsvereinbarung mit dem Ziel geschlossen, gemeinsam mit den ARD-Anstalten, der Degeto sowie der Produzentenallianz einheitliche Mindeststandards aufzustellen, die für alle Drehbuchautorinnen und Drehbuchautoren gelten, unabhängig davon, ob sie Verträge direkt oder vertreten durch einen Verlag abschließen.

Protokollnotiz

Zur Verbesserung der Zusammenarbeit mit den Drehbuchautoren während des gesamten Schaffungsprozesses der Filmherstellung erstellen die ARD und die Degeto unter Einbeziehung der Produzentenallianz im 1. Halbjahr 2019 selbstverpflichtende Leitlinien.

Die Parteien haben sich darauf verständigt, die von der ARD vorgeschlagene Systematik der Nutzungsvergütung als Grundlage für die Gemeinsamen Vergütungsregelungen zu akzeptieren. Zugleich wird diese Systematik aber um Regelungen ergänzt, die ausdrücklich den Besonderheiten der Arbeit der Drehbuchautoren im Filmherstellungsprozess geschuldet sind.

Dies vorausgeschickt, stellen die Parteien folgende Gemeinsame Vergütungsregeln auf:

1 Anwendungsbereich

1.1 Diese Gemeinsamen Vergütungsregeln finden Anwendung auf Drehbuchverträge über vollfinanzierte fiktionale Auftragsproduktionen der ARD-Anstalten und der Degeto mit einer Länge von ca. 90 Minuten. Für teilfinanzierte fiktionale Auftragsproduktionen der ARD-Anstalten und der Degeto finden die Gemeinsamen Vergütungsregeln nach Maßgabe der nachfolgenden Protokollnotiz ebenfalls Anwendung. Ausgenommen sind Produktionen, die mit Mitteln der deutschen Bundes- und Länderfilmförderung hergestellt werden, Kinofilme, Hochschulfilme und Debütfilme. Debütfilme sind Produktionen, bei denen der Drehbuchautor erstmals mit der Realisierung eines Drehbuchs für eine fiktionale Produktion mit einer Länge von ca. 90 Minuten für die ARD-Anstalten oder für die Degeto beauftragt wird oder wenn der Drehbuchautor bislang nur einen Spielfilm mit einer Länge von ca. 90 Minuten für einen anderen Senderrealisiert hat. Protokollnotiz zu Ziffer 1.1 Die Parteien haben zunächst ihre Verhandlungen zu vollfinanzierte fiktionale Auftragsproduktionen geführt. Zu teilfinanzierten fiktionalen Auftragsproduktionen sollen noch gesondert Verhandlungen im 1. Halbjahr 2019 geführt werden. Unabhängig hiervon stimmten die Parteien darin überein, dass die für vollfinanzierte Auftragsproduktionen aufgestellten Gemeinsamen Vergütungsregeln auch für teilfinanzierte fiktionale Auftragsproduktionen der ARD-Anstalten und der Degeto mit einer Länge von ca. 90' angemessene Vergütungsregeln enthalten und auf diese anzuwenden sind. Ausgenommen vom Anwendungsbereich sind jedoch Verwertungshandlungen, die der Auftragsproduzent aufgrund der ihm vorbehaltenen Rechte vornimmt. Über deren angemessene Berücksichtigung bei der Vergütung ist noch zu verhandeln.

1.2 Diese Gemeinsamen Vergütungsregeln finden Anwendung auf Verträge mit Drehbuchautoren, die ihren Lebensmittelpunkt in der Europäischen Union haben.

1.3 Diese Gemeinsamen Vergütungsregeln finden keine Anwendung auf fiktionale Auftragsproduktionen mit einer anderen als der unter Ziffer 1.1 genannten Länge, auf Dokumentationen und auf Serien. Die Parteien streben an, sich im Laufe des Jahres 2019 in gesonderten Gesprächen auch für diese Bereiche auf Gemeinsame Vergütungsregeln zu einigen, die sich an dem Kompromiss orientieren, den die Parteien in diesen Gemeinsamen Vergütungsregeln gefunden haben.

2. Umfang der eingeräumten Nutzungsrechte

Der Drehbuchautor räumt dem Filmhersteller mit Vertragsschluss zum Zwecke der Weiterübertragung an die ARD-Anstalten oder die Degeto an der Produktion die ausschließlichen sowie zeitlich, räumlich und inhaltlich unbeschränkten sowie übertragbaren und unterlizenzierbaren Nutzungsrechte in Bezug auf seine Autorenleistung zur umfassenden Auswertung der Produktion in allen Nutzungsarten ein. Die Einzelheiten der Rechteeinräumung regelt der jeweilige Drehbuchvertrag. Diese Rechteeinräumung schließt das Recht zur Bearbeitung und Umgestaltung der Produktion unter Wahrung des Urheberpersönlichkeitsrechts des Drehbuchautorsein. Ein nachträglicher Erwerb von Nutzungsrechten durch die ARD-Anstalten bzw. die Degeto für bestimmte Nutzungen der Produktion gegen eine gesonderte Vergütung, ist nicht erforderlich. Durch den Drehbuchvertrag wird sichergestellt, dass der Filmhersteller sämtliche Nutzungsrechte an der Produktion in dem hier beschriebenen Umfang erwirbt. Die Vergütung für sämtliche Nutzungen der Produktion ergibt sich vorbehaltlich der Regelung in Ziff. 6.2 abschließend aus diesen Gemeinsamen Vergütungsregeln. Die von einer Verwertungsgesellschaft wahrgenommenen gesetzlichen Vergütungsansprüche des Drehbuchautors verbleiben beim Drehbuchautor.

Protokollnotiz zu Ziffer 2

Über die Nebenrechte, insbesondere bzgl. Wiederverfilmung und Novellisation, werden die Parteien im 1. Halbjahr 2019 einvernehmlich eine Regelung finden, die den besonderen Interessen der Drehbuchautoren und den ARD-Anstalten gerecht wird.

3. Vergütung

3.1 Reguläres Paket

3.1.1 Für die Erstellung des Werkes, die Einräumung der Nutzungsrechte und die Befugnis zur Nutzung des Werkes nach Maßgabe des in diesen Gemeinsamen Vergütungsregeln geregelten Punktesystems erhält der Drehbuchautor eine Erstvergütung in Höhe von 65.000,00 EUR. Mit Zahlung dieser Erstvergütung ist die Nutzung des Werkes im Umfang von 420 Punkten abgegolten.

3.1.2 Die mit der Erstvergütung abgegoltenen Punkte können die ARD-Anstalten nach Maßgabe der Bestimmungen dieser Gemeinsamen Vergütungsregeln für die Nutzung der Produktion einsetzen. Durch jeden Nutzungsvorgang wird eine bestimmte Anzahl von Punkten verbraucht.

3.1.3 Wenn die ARD-Anstalten die Punkte, die mit der Erstvergütung abgegolten sind, verbraucht haben, sind weitere Nutzungen der Produktion nur zulässig, wenn die jeweiligen ARD-Anstalten, die weitere Nutzungen der Produktion durchführen möchten, vom Drehbuchautor weitere Punkte nacherwerben. Der Drehbuchautor kann einem Nacherwerb von Punkten nicht widersprechen. Der Nacherwerb erfolgt gegen eine Vergütung in Höhe von 120,00 EUR pro Punkt.

3.1.4 Für die Herstellung eines Drehbuchs für Produktionen aus der Reihe „Tatort" und aus der Reihe „Polizeiruf 110" erhält der Drehbuchautor abweichend von Ziffer 3.1.1 eine Erstvergütung in Höhe von 85.000,00 EUR.

3.2. Kleines Paket

3.2.1. Für Produktionen, die von den ARD-Anstalten beauftragt werden (ausgenommen sind Produktionen, die von der Degeto beauftragt werden, sowie alle Produktionen aus der Reihe „Tatort" und aus der Reihe „Polizeiruf 110"), kann die ARD-Anstalt bzw. der Filmhersteller alternativ zu dem in Ziffer 3.1.1 geregelten Paket nach Maßgabe dieser Ziffer 3.2 ein Paket mit reduzierter Punktezahl erwerben („Kleines Paket").

3.2.2. Die Erstvergütung für das Kleine Paket beträgt 36.500,00 EUR. Mit Zahlung dieser Erstvergütung erwirbt der Auftraggeber 180 Punkte.

3.2.3. Wenn die ARD-Anstalten die Punkte, die mit der Erstvergütung abgegolten sind, verbraucht haben, sind für weitere Nutzungen der Produktion von den ARD-Anstalten vom Drehbuchautor weitere Punkte nacherwerben. Der Drehbuchautor kann einem Nacherwerb von Punkten nicht widersprechen. Bis zu einem Nacherwerb von insgesamt 240 Punkten (durch die die Gesamtzahl der Punkte im Regulären Paket erreicht wird) beträgt die Vergütung 175,00 EUR pro Punkt. Für weitere Punkte erfolgt der Nacherwerb auch bei Produktionen, für die zunächst nur das Kleine Paket erworben wurde, gegen eine Vergütung in Höhe von 120,00 EUR pro Punkt.

Protokollnotiz zu Ziffer 3.2

Die ARD-Anstalten werden von der Möglichkeit zum Erwerb des Kleinen Pakets in einer Weise Gebrauch machen, die dem Ausnahmecharakter dieser Regelung gerecht wird. Das Kleine Paket soll nicht dazu führen, dass der künstlerisch hochwertige und meist auch anspruchsvoller zu erarbeitende „Mittwochsfilm" abgewertet wird. Es soll daher nur in Ausnahmefällen genutzt werden. Die ARD-Anstalten werden dem VDD zwei Jahre nach Inkrafttreten der Gemeinsamen Vergütungsregeln berichten, für wie viele Produktionen pro Kalenderjahr seit Inkrafttreten der Gemeinsamen Vergütungsregeln tatsächlich nur das Kleine Paket erworben wurde. Die Parteien werden sich ggf. im Rahmen der Evaluation auf eine Anpassung von Ziffer 3.2.1 verständigen, durch die das von den Parteien gewollte und hier beschriebene Ergebnis erreicht wird.

3.3. Zahlungsmodalitäten der Erstvergütung

Die Parteien vereinbaren folgende Fälligkeit der Erstvergütung:

- 1/3 bei Vertragsschluss,
- 1/6 bei Abgabe der ersten Drehbuchfassung,
- 1/6 bei Abnahme der endgültigen Drehbuchfassung und
- 1/3 bei Drehbeginn.

3.4. Vergütung für Rechercheaufwand

Die Parteien kommen überein, dass bei Produktionsvorhaben mit einem erkennbaren/ zwischen den Parteien abgesprochenem hohen Rechercheaufwand der hierdurch ausgelöste Aufwand dem Drehbuchautor gesondert zu vergüten ist. Die Vergütung muss spätestens mit Abschluss des Drehbuchvertrages erfolgen.

3.5. Sämtliche Beträge in diesen Gemeinsamen Vergütungsregeln sind Nettobeträge zzgl. Umsatzsteuer in gesetzlicher Höhe.

4. Punktwert für einzelne Nutzungen

4.1. ARD-Hauptprogramm

Für eine Ausstrahlung der Produktion im Hauptprogramm der ARD werden in Abhängigkeit von der Uhrzeit der Ausstrahlung folgende Punkte verbraucht:

Zeitraum	Faktor
00:30 Uhr — 05:59 Uhr	1
06:00 Uhr — 13:59 Uhr	2
14:00 Uhr — 17:59 Uhr	4
18:00 Uhr — 19:59 Uhr	7
20:00 Uhr — 20:59 Uhr	10
21:00 Uhr — 22:29 Uhr	7
22:30 Uhr — 00:29 Uhr	5

Maßgeblich für die Einordnung ist der Beginn der Ausstrahlung der Produktion. Die Berechnung des Punktwerts erfolgt anhand des Faktors, der von der Uhrzeit der Ausstrahlung abhängt, und eines Basiswertes für das Hauptprogramm der ARD von 10 als Multiplikator (Basiswert x Faktor = Punktwert). Bei einer Ausstrahlung, die um 20:15 Uhr beginnt, werden also beispielsweise 100 Punkte verbraucht (10 Punkte (Faktor) x 10 (Basiswert) = 100 Punkte).

4.2. Dritte Programme

4.2.1. Für eine Ausstrahlung der Produktion in den Dritten Programmen werden in Abhängigkeit von der Uhrzeit der Ausstrahlung und vom Sender folgende Punkte verbraucht:

Zeitraum	Faktor
00:30 Uhr — 05:59 Uhr	1
06:00 Uhr — 13:59 Uhr	2
14:00 Uhr — 17:59 Uhr	4
18:00 Uhr — 19:59 Uhr	7
20:00 Uhr — 20:59 Uhr	10
21:00 Uhr — 22:29 Uhr	7
22:30 Uhr — 00:29 Uhr	5

Maßgeblich für die Einordnung ist der Beginn der Ausstrahlung. Die Berechnung des Punktwerts erfolgt anhand des Faktors, der von der Uhrzeit der Ausstrahlung abhängt und eines Basiswertes für alle Dritten Programme von 1,5 (Basiswert x Faktor = Punktwert). Bei einer Ausstrahlung in einem Dritten Programm, die um 20:15 Uhr beginnt, werden also beispielsweise 15 Punkte verbraucht (10 Punkte (Faktor) x 1,5 (Basiswert) = 15 Punkte).

Nutzungen der Produktion durch Dritte Programme, für die die jeweilige ARD-Anstalt Punkte nacherwerben muss, weil die mit dem ursprünglichen Paket abgegoltenen Punkte verbraucht sind (Ziffer 3.1.3 und Ziffer 3.2.3), wird (in Anlehnung an den sog. Fernsehvertragsschlüssel) folgender differenzierter Basiswert zugrunde gelegt:

Drittes Programm	Basiswert
BR Fernsehen	1,7
hr-fernsehen	0,8
MDRFernsehen	1,1
NDRFernsehen/Radio Bremen	1,8
rbb Fernsehen	0,7
SWRI/SRFernsehen	1,8
WDRFernsehen	2,1

Bei einer Ausstrahlung im WDR Fernsehen, die um 20:15 Uhr beginnt und für die Punkte nacherworben werden müssen, werden also beispielsweise 21 Punkte verbraucht (10 Punkte (Faktor) x 2,1 (Basiswert) = 21 Punkte).

4.3. Spartenkanäle

4.3.1. Für die Ausstrahlung in den Spartenkanälen werden folgende Punkte verbraucht:

Programm	Punkte
One	3 Punkte
KiKa	3 Punkte
Phoenix	1 Punkt
Arte	5 Punkte
3Sat	5 Punkte
ARD Alpha	1 Punkt
Tagesschau 24	1 Punkt

4.3.2. Mit den Punkten gemäß Ziffer 4.3.1 sind beliebig viele Ausstrahlungen in dem jeweiligen Sender innerhalb von sechs Monaten seit der jeweils ersten Ausstrahlung abgegolten.

4.4. Mediathek

4.4.1. Für die Nutzung der Produktion in den Mediatheken der ARD-Anstalten über einen Zeitraum von sechs Jahren („Abgeltungszeitraum") gerechnet ab dem 8. Kalendertag nach der ersten Ausstrahlung der Produktion (ob diese Ausstrahlung im ARD-Hauptprogramm oder in einem Dritten Programm erfolgt, spielt keine Rolle) werden 20 Punkte verbraucht. Während des Nutzungszeitraums darf die Produktion nach Maßgabe des bei Inkrafttreten dieser Gemeinsamen Vergütungsregeln gültigen Telemedienkonzepts der ARD-Anstalten nach einer beliebigen Anzahl von Ausstrahlungen (mit einer jeweils maximalen Verweildauer von drei Monaten) in die Mediathek eingestellt werden.

4.4.2. Wenn die kumulierte Zahl der Abrufe der Produktion im Abgeltungszeitraum 400.000 Abrufe übersteigt (darauf, wie häufig die Produktion im Abgeltungszeitraum in die Mediathek eingestellt wird, kommt es nicht an), werden für jede weitere angefangenen 100.000 Abrufe jeweils 1 zusätzlicher Punkt verbraucht.

4.4.3. Diese Regelung zum Punktwert der Mediathekennutzung basiert auf dem bei Inkrafttreten dieser Gemeinsamen Vergütungsregeln gültigen Telemedienkonzepten der ARD-Anstalten. Danach ist die Verweildauer von Produktionen, auf die diese Gemeinsamen Vergütungsregeln anwendbar sind, nach einer Ausstrahlung im ARD-Hauptprogramm oder in einem Dritten Programm auf maximal drei Monate begrenzt. Maßgeblich für die zusätzliche Vergütung gemäß Ziffer 4.4.2 ist das Ergebnis der Methode zur Erfassung von Abrufen in der Mediathek, die die ARD-Anstalten jeweils nutzen. Die ARD-Anstalten sind dazu verpflichtet, die Abrufe mit einem technisch anerkannten und nachvollziehbaren Verfahren zu zählen. Darüber hinaus unterliegen sie keinen Vorgaben hinsichtlich der für die Zählung verwendeten Methode und Technik. Gemeinsames Ziel der Parteien ist es, dass die Erfassung der Abrufe aussagekräftig ist und echte Nutzungen erfasst werden. Solange das (noch) nicht der Fall ist, werden Unschärfen bei der Erfassung (zB den Umstand, dass auch Abrufe von nur wenigen Sekunden Dauer gezählt werden) nicht vergütungsmindernd berücksichtigt. Die Parteien gehen davon aus, dass solche Ungenauigkeiten im Laufe der Zeit durch bessere Methoden zur Erfassung der Abrufe reduziert werden, wobei die Verantwortung für die Verbesserung der Methoden ausschließlich bei den ARD-Anstalten liegt.

Protokollnotiz zu Ziffer 4.4

Sofern die tatsächliche Mediathekennutzung deutlich von der Nutzung abweicht, die die Parteien den Gemeinsamen Vergütungsregeln zugrunde gelegt haben, werden die Parteien sich nach Treu und Glauben auf eine Anpassung der Regelungen über die Mediathekennutzung verständigen, die diesen Abweichungen Rechnung trägt. Dies gilt entsprechend, wenn die zulässige Verweildauer (derzeit drei Monate) gemäß Telemedienkonzept verändert wird.

4.5. Servicewiederholungen

Servicewiederholungen innerhalb von 48 Stunden nach der Ausstrahlung in dem jeweiligen Programm sind durch die für diese Ausstrahlung verbrauchten Punkte jeweils mit abgegolten. Sonn- und Feiertage bleiben bei der Berechnung der 48 Stunden unberücksichtigt. Servicewiederholungen sind nicht zulässig in den Zeitzonen 5 und 6 (20:00 Uhr bis 22:29 Uhr).

5. Vergütung für die kommerzielle Auswertung der Produktion

Der Drehbuchautor erhält eine Erlösbeteiligung in Höhe von 4 Prozent der Bruttoeinnahmen, die die ARD-Anstalten bzw. die Degeto aus der kommerziellen Verwertung der Produktion erzielen. Die kommerzielle Verwertung umfasst sämtliche Nutzungen der Produktion, für die die Gemeinsamen Vergütungsregeln keine besonderen Regelungen enthalten. Bruttoeinnahmen und damit Bemessungsgrundlage sind die an die ARD-Anstalten bzw. die Degeto ausbezahlten Erlöse des Verwerters aus der kommerziellen Verwertung, der den unmittelbaren Verwertungsvertrag mit der jeweiligen ARD-Anstalt oder der Degeto geschlossen hat (Abzüge begrenzt auf Abzugspositionen entsprechend Eckpunkte 2.0). Im Falle von kommerziellen Verwertungen unmittelbar durch die Degeto (Direktvertrieb) sind die bei der ARD bzw. der Degeto eingehenden Bruttoeinnahmen die Bemessungsgrundlage für die Erlösbeteiligung. In diesem Fall sind etwaige Synchronisationskosten von den Bruttoeinnahmen abzuziehen. Die Erlösbeteiligung wird spätestens zum 30.6. des Folgejahres bezogen auf die gesamten Bruttoeinnahmen, die aus allen Verwertungen der Produktion in dem vorausgegangenen Kalenderjahr erzielt wurden, ermittelt und jeweils spätestens bis zum 30.9. ausgezahlt. Ein Anspruch auf die Erlösbeteiligung entsteht nur, wenn die Summe dieser Bruttoeinnahmen im Kalenderjahr insgesamt 2.500,00 EUR übersteigt („Aufgreifschwelle"). Die Erlösbeteiligung wird dann auf die gesamten Bruttoeinnahmen aus dem Kalenderjahr gewährt und nicht lediglich auf den die Aufgreifschwelle übersteigenden Betrag. Eine Abrechnung kann durch den Verwerter unmittelbar erfolgen.

6. Leistungsverpflichtung sowie Mindestvergütung

6.1. Die Parteien haltend klarstellend fest, dass die vorstehend beschriebenen Vergütungen für die Leistungen des Drehbuchautors in Form der Zustimmung zur Nutzung bzw. zur Verwertung (Rechteeinräumung nach UrhG) im Falle von Ziffer 3.1.3, 3.2.3 und 5 unmittelbar gegenüber den ARD-Anstalten und im Falle von Ziffer 5 bei Abrechnung durch den Verwerter unmittelbar gegenüber den Vertriebsgesellschaften fällig werden. Die Vergütung stellt somit kein nachträgliches Entgelt dar, weder für die Leistung des Drehbuchautors gegenüber dem Produzenten, noch für die Leistung des Produzenten an die Degeto bzw. an die ARD-Anstalten, noch für die Leistung der Degeto an die ARD-

Anstalten. Die Parteien sind sich einig, dass den Drehbuchautoren durch diese Klarstellung mit Blick auf ihre Vergütung keine Nachteile entstehen sollen.

6.2. Die Vergütung nach diesen Gemeinsamen Vergütungsregeln sind Mindesthonorare. Die ARD-Anstalten und die Degeto bzw. die Produzentenallianz können mit Drehbuchautoren auch höhere Vergütungen vereinbaren. Diese Gemeinsamen Vergütungsregeln bewirken in ihrem sachlichen und persönlichen Anwendungsbereich keine Begrenzung der Vergütung nach oben.

7. Entwicklungshonorar

7.1. Die Parteien haben sich im Rahmen der Verhandlungen darauf verständigt, dass qualitativ hochwertige Autorenleistungen für die Entwicklung zukünftiger Drehbücher ein Entwicklungshonorar (Prämienmodell) erhalten sollen, welches sich nach den folgenden Eckdatenrichtet:

- Pro Kalenderjahr (erstmals für das Ausstrahlungsjahr 2019) stellen die ARD-Anstalten ein Budget in Höhe von 300.000,00 EUR für die Auszeichnung von zehn Drehbüchern mit den meisten Prämienpunkten zur Verfügung.
- Das Entwicklungshonorar für ein ausgezeichnetes Drehbuch beträgt maximal 30.000,00 EUR und soll zweckgebunden der Entwicklung neuer Drehbücher für ein weiteres ARD/Degeto-Projekt dienen.
- Sollte nach der Entwicklung kein Produktionsvertrag mit einer ARD-Anstalt oder der Degeto abgeschlossen werden, besteht ein Rückkaufrecht des Autoren.
- Die Prämierung der Drehbücher richtet sich nach dem Punktemodell, welches die ARD-Anstalten seinerzeit mit der Produzentenallianz in den Eckpunkten für ausgewogene Vertragsbedingungen und eine faire Aufteilung der Verwertungsrechte bei Produktionen für die Genres Fiktion, Unterhaltung und Dokumentation vereinbart haben.

7.2. Die Details des Entwicklungshonorars und des Rückkaufrechts werden die Parteien einvernehmlich nach Abschluss dieser Gemeinsamen Vergütungsregeln festlegen.

8. Namensnennung im Vor- und Abspann

Die ARD-Anstalten und die Degeto verständigen sich mit dem VDD darauf, dass Drehbuchautoren im Abspann direkt vor der Regie und im Vorspann direkt nach den Hauptdarstellern genannt werden. Wurden im Drehbuch Vorlagen oder Konzepte Dritter in einem Drehbuch verarbeitet, wird dem Drehbuchautor eine angemessene Namensnennung zuteil (Reihenidee vor Drehbuch).

9. Clearingstelle

Die Parteien werden unmittelbar nach Inkrafttreten dieser Gemeinsamen Vergütungsregeln eine Clearingstelle einrichten. Die Clearingstelle hat vier Mitglieder. Zwei Mitglieder werden vom VDD entsendet und zwei Mitglieder gemeinsam von den ARD-Anstalten, der Degeto und der Produzentenallianz. Die Clearingstelle hat die Aufgabe, Auslegungsfragen im Zusammenhang mit der Anwendung der Gemeinsamen Vergütungsregeln zügig und einvernehmlich zu klären. Die Clearingstelle gibt Empfehlungen zur Anwendung und Auslegung der Gemeinsamen Vergütungsregeln. Sie trifft keine Beschlüsse, durch die die Gemeinsamen Vergütungsregeln geändert werden. Die Clearingstelle kann sich eine Geschäftsordnung geben.

10. Evaluation

Die Parteien werden spätestens ein halbes Jahr vor dem Ende der Mindestlaufzeit (Ziffer 13.1) der Gemeinsamen Vergütungsregeln, gemeinsam eine Bewertung (Evaluation) insbesondere des Anwendungsbereiches/Ausnahme für Debütfilme (Ziffer 1.1), die Nutzung in den Spartenkanälen (Ziffer 4.3.1.), die Höhe der Aufgreifschwelle (Ziffer 5), die Regeln über die Nutzung von Produktionen in der Mediathek (Ziffer 4.4) und über das Kleine Paket (Ziffer 3.2) unter Berücksichtigung der jeweiligen Protokollnotizen vornehmen.

11. Auskunft und Rechnungslegung, Nutzungsberichte

11.1. Die ARD-Anstalten werden umgehend nach Inkrafttreten dieser Gemeinsamen Vergütungsregeln die organisatorischen und technischen Voraussetzungen für die Erfassung der Daten schaffen, die zur Durchführung der Gemeinsamen Vergütungsregeln, insbesondere zur Erfassung der Nutzungsvorgänge, erforderlich sind. Dabei können Sie auch mit Dritten zusammenarbeiten.

11.2. Die ARD-Anstalten werden den Drehbuchautoren vollständige Berichte über Nutzungen der jeweiligen Produktion, für die diese Gemeinsamen Vergütungsregeln gelten, seit Vertragsschluss und über den entsprechenden Punkteverbrauch („Nutzungsberichte") seit Inkrafttreten der Gemeinsamen Vergütungsregeln bis spätestens 2021 zur Verfügung stellen. Nach Ablauf dieses Übergangszeitraums sollen die Drehbuchautoren mindestens einmal jährlich (jeweils nach Ablauf eines Kalenderjahres) einen Nutzungsbericht erhalten. Zur Auskunft gemäß dieser Ziffer 11.2 sind die ARD-Anstalten als Gesamtschuldner verpflichtet.

11.3. Wenn die ARD-Anstalten die Punkte, die mit der Erstvergütung abgegolten sind, verbraucht haben, erfolgen die weiteren Nutzungsmeldungen jeweils mit der Gutschrift iSd § 14 Abs. 2 S. 2 UStG, durch die der Drehbuchautor für den Punktenacherwerb der ARD-Anstalten für weitere Nutzungen vergütet wird. Zur Auskunft gemäß dieser Ziffer 11.3 ist die ARD-Anstalt verpflichtet, die die jeweilige Nutzung der Produktion durchführt.

11.4. Mit der vollständigen und fristgemäßen Auskunftserteilung durch die ARD-Anstalten gemäß dieser Ziffer 11 sind die gesetzlichen Ansprüche des Drehbuchtautors aus § 32d und § 32e UrhG erfüllt.

12. Mitwirkungspflichten des Drehbuchautors

Der Drehbuchtautor ist verpflichtet, die in der Anlage 1 zu diesen Gemeinsamen Vergütungsregeln aufgeführten Stammdaten der ARD-Anstalt, in deren Auftrag die Produktion hergestellt wird oder der Degeto, wenn die Degeto Auftraggeber der Produktion ist, in jeweils aktueller Fassung zur Verfügung zu stellen. Voraussetzung für diese Informationspflicht ist, dass der Drehbuchvertrag eine Kontaktanschrift einschließlich einer E-Mail-Adresse enthält, die der Drehbuchautor für diese Mitteilungen nutzen kann. Durch rechtzeitige Absendung der Mitteilungen an diese Anschrift erfüllt der Drehbuchautor seine Mitwirkungspflicht nach dieser Ziffer 12. Eine Mitteilung per E-Mail ist ausreichend. Erfüllt der Drehbuchautor diese Mitwirkungspflicht nicht, verliert er seine Ansprüche auf Folgevergütungen (Vergütungen aufgrund des Nacherwerbs von Punkten) und auf Beteiligungserlöse aus kommerziellen Nutzungen nach Ablauf von drei Jahren nachdem solche Ansprüche entstanden sind. Der Drehbuchautor stimmt einer automatisierten Verarbeitung seiner Daten, die zur Durchführungen dieser Gemeinsamen Vergütungsregel erforderlich sind, durch die ARD und die beauftragte Produktionsfirma zu.

13. Inkrafttreten, Laufzeit und zeitlicher Anwendungsbereich

13.1. Diese Gemeinsamen Vergütungsregeln treten mit ihrer Unterzeichnung durch alle Parteien vorbehaltlich etwa erforderlicher Gremienzustimmung rückwirkend zum 1.1.2019 in Kraft. Das heißt, die Bestimmungen dieser GVR gelten für sämtliche Drehbuchverträge über vollfinanzierte fiktionale Auftragsproduktionen der ARD-Anstalten und der Degeto mit einer Länge von ca. 90 Minuten (Ziffer 1.1), die nach dem 31.12.2018 geschlossen worden sind.

Protokollnotiz zu Ziffer 13.1

Zusätzlich gelten zu Gunsten der Drehbuchautoren für alle ab dem 1.1.2019 geschlossenen fiktionalen Auftragsproduktionsverträge der Degeto die Regelungen dieser GVR. Die Degeto wendet die Regelungen zur Mindestvergütung gem. Ziffer 3.1.1 und 3.1.4 dieser GVR zu Gunsten der Drehbuchautoren auch auf Drehbuchverträge an, die seit Einführung der „Anlage 4" (Öffnungsklausel) abgeschlossen wurden.

13.2. Die Parteien verständigen sich darauf, dass für alle im Anwendungsbereich der Gemeinsamen Vergütungsregeln fallenden Filmwerke (Ziffer 1.1), die nach dem 31.12.2007 erstmals in einer ARD-Anstalt ausgestrahlt worden sind und bei denen der Drehbuchautor eine Buyout-Vergütung erhalten hat, die Nachvergütungsregelung in Ziffer 3.1.3 rückwirkend Anwendung finden (dh eine Nachvergütung unabhängig von der erhaltenen Buyout-Vergütung in jenen Fällen erfolgt, in denen seit dem 1.1.2008 ein Punktwert von 420 Punkten überschritten wird). Dies gilt auch dann, wenn ein gerichtliches Verfahren nach § 32a UrhG zum Zeitpunkt des Inkrafttretens dieser Gemeinsamen Vergütungsregeln bereits anhängig ist. Wird die klagende Partei durch Anwendungdieser Ziffer 13.2 klaglos gestellt, sollen die Kosten des Verfahrens gegeneinander aufgehoben werden.

13.3. Solange die ARD-Anstalten und Degeto noch nicht über die organisatorischen und technischen Voraussetzungen für die Erfassung der Daten verfügen, wird ihnen zur Prüfung und Auszahlung des Nachvergütungsbetrages nach Ziffer 13.2 ein angemessener Zeitraum zugestanden.

13.4. Die Gemeinsamen Vergütungsregeln haben eine Mindestlaufzeit bis zum 31.12.2021. Nach Ablauf der Mindestlaufzeit verlängert sich die Laufzeit der Gemeinsamen Vergütungsregeln automatisch um jeweils ein weiteres Jahr, wenn sie nicht von einer der Parteien mit einer Frist von drei Monaten zum Jahresende gekündigt wird. Wenn sich die Parteien auf eine Verlängerung der Evaluation einigen und die Mindestlaufzeit sich dadurch entsprechend verlängert (Ziffer 10), beträgt die Frist zur Kündigung drei Monate zum Ablauf der verlängerten Mindestlaufzeit.

13.5. Die Kündigung mussschriftlich erfolgen.

14. Schlussbestimmungen

14.1. Sollten Bestimmungen dieser Gemeinsamen Vergütungsregeln ganz oder teilweise unwirksam sein oder werden oder Bestimmungen dieser Gemeinsamen Vergütungsregeln lückenhaft sein, so wird dadurch die Wirksamkeit der übrigen Bestimmungen nicht berührt. Die Parteien sind sich einig, dass unwirksame und lückenhafte Bestimmungen durch wirksame Bestimmungen ersetzt oder ergänzt werden, die dem gewollten wirtschaftlichen Ergebnis am nächsten kommen.

14.2. Sämtliche Änderungen dieser Gemeinsamen Vergütungsregeln bedürfen der Schriftform. Das gilt auch für die Abbedingung der Schriftform.

14.3. Diese Gemeinsamen Vergütungsregeln und ihre Auslegung unterliegen dem Recht der Bundesrepublik Deutschland. Ausschließlicher Gerichtsstand für Streitigkeiten der Parteien im Zusammenhang mit diesen Gemeinsamen Vergütungsregeln ist — soweit rechtlich zulässig — der Sitz der jeweils beklagten Partei.

37 D. Anwendungsvereinbarung GVR Drehbuch VDB – ARD

Anwendungsvereinbarung GVR Drehbuch zwischen
dem Verband Deutscher Bühnen- und Medienverlage eV (VDB) einerseits
und

1. den in der ARD zusammengeschlossenen Landesrundfunkanstalten Bayerischer Rundfunk, Hessischer Rundfunk, Mitteldeutscher Rundfunk, Norddeutscher Rundfunk, Radio Bremen, Rundfunk Berlin-Brandenburg, Saarländischer Rundfunk, Südwestrundfunk, Westdeutscher Rundfunk (ARD), diese vertreten durch Südwestrundfunk, Justiziariat
2. der Degeto Film GmbH (Degeto)
3. der Allianz Deutscher Produzenten – Film und Fernsehen eV, (Produzentenallianz) andererseits.

Präambel

Die Parteien haben für Drehbücher zu fiktionalen Auftragsproduktionen mit einer Länge von ca. 90 Minuten Gemeinsame Vergütungsregeln nach § 36 UrhG aufgestellt (GVR Drehbuch), die zum 1.1.2019 in Kraft getreten sind und auch rückwirkende Regelungen über die Nachvergütung von Drehbüchern für fiktionale Auftragsproduktionen vorsehen, für deren Abgeltung Einmalvergütungen vereinbart wurden. Für vorbestehende filmbestimmte Werke verlagsgebundener Autoren galt zwischen der ARD und dem VDB bislang die Regelsammlung Bühnenverlage/Rundfunk (Fernsehen), welche um einen Mustervertrag für Drehbuchbeauftragungen unmittelbar durch die ARD-Anstalten (sog. Dreiecksvertrag) sowie eine Ausgleichsvereinbarung zur Künstlersozialversicherung ergänzt wurde. Durch diese Anwendungsvereinbarung soll — unter Berücksichtigung der unterschiedlichen rechtlichen Ausgestaltungen und Besonderheiten von Drehbuchverträgen der Mitglieder des VDB – eine möglichst umfassende Anwendung der GVR Drehbuch gewährleistet werden.

1. Die GVR Drehbuch gelten unmittelbar für sämtliche Drehbuchverträge im Anwendungsbereich der GVR, die von Mitgliedern des VDB namens und in Vollmacht der von ihnen vertretenen Drehbuchautoren geschlossen werden. Drehbücher für Auftragsproduktionen der Degeto werden auch weiterhin ausschließlich auf diese Weise geschlossen (Vertretungsmodell).
2. Drehbücher für fiktionale Auftragsproduktionen, die von verschiedenen ARD-Landesrundfunkanstalten beauftragt wurden, haben Mitglieder des VDB in der Vergangenheit auch im eigenen Namen geschlossen (Verlagsmodell). Diese Praxis soll weiterhin möglich bleiben. Auf Drehbuchverträge für fiktionale Auftragsproduktionen der ARD-Landesrundfunkanstalten mit einer Länge von ca. 90 Minuten, die im Verlagsmodell geschlossen werden, finden die GVR Drehbuch entsprechende Anwendung.
3. Die GVR Drehbuch finden auch entsprechende Anwendung auf fiktionale Eigenproduktionen der ARD-Landesrundfunkanstalten mit einer Länge von ca. 90 Minuten, gleich ob der Drehbuchvertrag im Vertretungs- oder Verlagsmodell geschlossen wird.
4. ARD und VDB heben die Regelsammlung Bühnenverlage/Rundfunk mit Wirkung zum 31.12.2018 auf, soweit diese Bestimmungen für Drehbücher enthält. Aufgehoben wird auch der Mustervertrag für Drehbuchbeauftragungen (Drehbuchauftragsvertrag vom 21.5.2005/31.12.2006), zuletzt geltend in der Fassung vom 09./22.5.2008.
5. Drehbuchverträge, die als sog. „Dreiecksverträge“ vor dem 1.1.2019 auf Grundlage der Regelsammlung Bühnenverlage/Rundfunk bzw. als „Drehbuchauftragsvertrag“ geschlossenen wurden, gelten weiter. Für Drehbuchverträge mit Einmalabgeltung, die vor dem 1.1.2019 geschlossen wurden, leistet die ARD unter den Voraussetzungen der Ziffer 13.2 der GVR Drehbuch Nachvergütungen nach Ziffer 3.1.3 der GVR Drehbuch. Für Neuabschlüsse ab 1.1.2019 finden ausschließlich die GVR Drehbuch Anwendung.
6. Im Fall der Abgabe von Produktionen aus der Reihe „Tatort“ an den Österreichischen Rundfunk (ORF) und an das Schweizer Radio und Fernsehen (SRF) wird hinsichtlich der von HR und SWR hergestellten Eigenproduktionen sowie hinsichtlich der Auftragsproduktionen von BR, NDR, und WDR zugunsten der Verlage die bisherige Abgeltungspraxis für die Abgabe an ORF und SRF beibehalten. Danach erhält der Verlag für den von ihm vertretenen Autor im Fall der Sendung durch ORF und SRF anstelle einer Erlösbeteiligung nach Ziffer 5 der GVR Drehbuch die jeweils zum Zeitpunkt der Sendung in diesen Ländern zwischen Verlagen und Sendern üblichen Vergütungssätze. Die zuständige ARD-Vertriebsgesellschaft kann ORF und SRF aufgeben, diese Abgeltung jeweils unmittelbar beim Verlag vorzunehmen.

7. Soweit ein Mitglied des VDB Drehbuchverträge im eigenen Namen schließt (vgl. Ziff. 2), beteiligt sich die Rundfunkanstalt, für die bzw. auf deren Auftrag hin das Drehbuch erstellt wird, auch weiterhin an der vom Verlag für die Ausschüttung des Autorenanteils tatsächlich entrichteten Künstlersozialabgabe in Höhe von 75 %. Einzelheiten werden ARD und VDB in einer gesonderten Vereinbarung regeln. Die zwischen ARD/ZDF und dem VDB geschlossene Ausgleichsvereinbarung Künstlersozialversicherung vom 9.5.-4.6.2008 findet auf nach dem 31.12.2018 geschlossene Drehbuchverträge der ARD keine Anwendung mehr.
8. Die Parteien haben die GVR Drehbuch in dem gemeinsamen Verständnis aufgestellt, dass bei Auftragswerken alle Rechte beim Auftraggeber liegen und dass die Rundfunkanstalten über die von ihnen finanzierten Werke die volle Kontrolle behalten. Aufgrund der besonderen Kompetenz der Verlage liegt es jedoch in beiderseitigem Interesse, wenn bestimmte Nebenauswertungen durch den Verlag in Absprache mit der Rundfunkanstalt möglich sind. Die Parteien werden daher in weiteren Verhandlungen Vereinbarungen darüber treffen, unter welchen Voraussetzungen und zu welchen Bedingungen bestimmte der Rundfunkanstalt übertragene Rechte (wie Novellisation, Bühnenaufführungsrechte) vom Verlag wahrgenommen werden können.
9. Diese Anwendungsvereinbarung gilt für die Laufzeit und zeitliche Anwendung der GVR Drehbuch. Die jeweiligen Mitglieder der Vertragsparteien können Drehbuchverträge nach Maßgabe der GVR/AnwVDrehbuch bereits vor deren förmlichen Inkrafttreten abschließen.
10. Im Verhältnis zwischen der ARD und dem VDB gelten alle Punkte dieser Vereinbarung. Im Verhältnis zwischen der Degeto und dem VDB gelten nur die Punkte 1., 8. und 9 dieser Vereinbarung. Im Verhältnis zwischen der Produzentenallianz und dem VDB gelten die Punkte 1., 2., 8. und 9. dieser Vereinbarung; hinsichtlich der Punkte 5. bis 7. dieser Vereinbarung ist die auftraggebende Landesrundfunkanstalt Adressat der Verpflichtung und der Produzent lediglich zu etwa erforderlichen Mitwirkungshandlungen verpflichtet.

37 E. Gemeinsame Vergütungsregel Drehbuch ProSiebenSat.1 – Verband Deutscher Drehbuchautoren

Gemeinsame Vergütungsregelung
zwischen

Verband Deutscher Drehbuchautoren eV
Charlottenstrasse 95
10 969 Berlin
– nachfolgend „VDD“ genannt –

und ProSiebenSat.1 TV Deutschland GmbH
Medienallee 7
85 774 Unterföhring
– nachfolgend „TVD“ genannt –
(für ihre Sender ProSieben, Sat.1, kabel eins, Sat.1 Gold, sixx, ProSieben MAXX und ggf. zukünftige Sender)
– nachfolgend zusammen „Sender“ genannt –

Ziel der Parteien ist es, in diesen Gemeinsamen Vergütungsregeln gemäß § 36 UrhG Mindesthonorare für Drehbuchautoren bei fiktionalen Produktionen von Sender festzulegen sowie verbindlich zu regeln, wie Drehbuchautoren, auch auf Grundlage der §§ 32 und 32a UrhG, bei fiktionalen Produktionen von Sendern an Erträgen und Vorteilen der Sender angemessen zu beteiligen sind. Vor diesem Hintergrund haben die Parteien – auch zur Regelung von „Altfällen“ aus dem Zeitraum vor Abschluss dieser Gemeinsamen Vergütungsregeln – folgendes vereinbart:

A. Anwendungsbereich

I. Sachlicher Anwendungsbereich

Die Gemeinsamen Vergütungsregeln finden ausschließlich Anwendung auf Filmmanuskripte für folgende fiktionale Produktionen:

1. von Sender selbst produzierte oder in Auftrag gegebene (auch kofinanzierte) TV-Movies, einzelne Episoden von TV-Reihen, jeweils mit einer Länge von ca. 90 Minuten (netto, dh Länge ohne Werbeunterbrechungen),
2. von Sender selbst produzierte oder in Auftrag gegebene (auch kofinanzierte) einzelne Episoden von TV-Serien mit einer Länge von ca. 45 Minuten (netto) sowie
3. von Sender koproduzierte/kofinanzierte Kinofilme,

dies jeweils, sofern diese von einem (majoritären) (Ko-)Produzenten, der seinen Sitz in Deutschland hat, hergestellt worden sind. Die Parteien stimmen darin überein, dass mit den vorgenannten fiktionalen Produktionen keine sog. scripted-reality-Formate (wie zB „Richterin Barbara Salesch“, „K11 – Kommissare im Einsatz“, „Patchwork Family“, etc) gemeint sind. Bei Uneinigkeit über die Einordnung einer Produktion als scripted-reality-Format erfolgt eine Einigung in der Schiedsstelle gem. nachfolgender Ziffer F. Die Parteien werden innerhalb von 3 Monaten nach Unterzeichnung der gegenständlichen Gemeinsamen Vergütungsregeln Verhandlungen über Gemeinsame Vergütungsregeln gem. § 36 UrhG auch für den Bereich der scripted-reality Formate aufnehmen.

TV-Movies, TV-Reihen-Episoden mit einer Länge von ca. 90 Minuten sowie Kinofilme werden nachstehend zusammenfassend einheitlich „Spielfilme“ genannt.

TV-Serien mit einer Länge von ca. 45 Minuten (netto) werden nachstehend einheitlich „TV-Serien“ genannt).

Sollten Spielfilme oder TV-Serien mit anderen als den og Längen von Sender (ko) produziert oder (kofinanziert) in Auftrag gegeben werden, ist es erklärter Wille der Parteien, sich gemeinschaftlich auf eine anpassende Erweiterung dieser Vereinbarung auch für solche Produktionen zu verständigen.

II. Persönlicher Anwendungsbereich

Die Gemeinsamen Vergütungsregeln finden ausschließlich Anwendung auf Drehbuchautoren, die auf der Grundlage eines Drehbuchvertrags, der dem deutschen Recht unterliegt, für die og fiktionalen Produktionen tätig waren/sind. Die Parteien sind sich bewusst, dass sich auch Nicht-Mitglieder des VDD während der Laufzeit dieser Vereinbarung (vgl. dazu nachfolgend Ziffer E.) auf diese Gemeinsamen Vergütungsregeln berufen können.

B. Mindesthonorar Drehbuchautoren (umfasst das Grundhonorar sowie Zahlung für den Rechteerwerb)

I. Mindesthonorar für Drehbuchautoren

Die Parteien stimmen darin überein, dass ab Inkrafttreten dieser Gemeinsamen Vergütungsregelung für zukünftig von Sender (ko-)produzierte oder in Auftrag gegebene (kofinanzierte) Produktionen das Mindesthonorar für Drehbuchautoren bei TV-Movies/ Reihen-Episoden mit einer Länge von jeweils ca. 90 Minuten mindestens 61.000,– EUR, bei TV-Movies/Reihen-Episoden mit einer Länge von ca. 120 Minuten mindestens 81.333,– EUR, bei einem Zweiteiler mit zweimal ca. 90 Minuten mindestens 122.000,– EURund bei einzelnen Episoden von TV-Serien mit einer Länge von ca. 45 Minuten mindestens 30.500,– EUR beträgt. Die Parteien stimmen ferner darin überein, dass die Fälligkeit der Honorare wie folgt eintritt:

- 16,5 % bei Abschluss des Drehbuchentwicklungsvertrages
- 23,5 % bei Abgabe der ersten Drehbuchfassung
- 10 % bei Endabnahme der endgültigen Drehbuchfassung
- 50 % im Falle der Verfilmung dh bei Drehbeginn.

Die Parteien stimmen überein, dass ein Autor bei einem High-Cost-Spielfilm (siehe Ziffer C. I.1.1.2) für das TV grundsätzlich ein höheres als das vorgenannte Mindesthonorar erhält.

Die Mindesthonorarregelung gilt nicht für Kinofilme. Der VDD wird Mindesthonorare für Kinofilme mit der Allianz Deutscher Produzenten – Film & Fernsehen eV verhandeln. Die Parteien stimmen aber überein, dass die Honorare bei von Sender kofinanzierten oder koproduzierten Kinofilmen bisher höher liegen als das vorgenannte Mindesthonorar und diese Praxis durch die gegenständlichen Gemeinsamen Vergütungsregeln nicht geändert werden soll.

Die Parteien sind sich darüber einig, dass es sich bei den vorgenannten Mindesthonorarsätzen um Untergrenzen handelt, dh die einzelnen Honorare sind bei konkreten Projekten stets frei verhandelbar und Sender bezweckt mit der Festlegung vorstehender Mindesthonorare keine Begrenzung des Honorargefüges nach oben. So sind sich die Parteien auch einig, dass etablierte Erfolgsautoren von Sender für TV-Movies/Reihen-Episoden mit einer Länge von min. 90 Minuten, zukünftig ein Mindesthonorar von 65.000,– EUR erhalten sollen. Von einem etablierten Erfolgsautor ist, beispielhaft aber nicht abschließend, auszugehen, wenn dieser Drehbuchautor in der Vergangenheit bereits mit einem TV-Movie eine Beteiligungsreichweite 1. Stufe (vgl. C. I. 1.2) bei Sender erreicht hat.

II. Ausnahme vom Mindesthonorar bei Debüts und Diplomprojekten

1. Lediglich bei der erstmaligen Beauftragung eines Drehbuchautors durch einen der Sender kann für einen ersten gemeinsamen TV-Movie/eine erste gemeinsame Reihen-Episode bzw. einen ersten Serienauftrag (für bis zu drei Episoden einer TV-Serie mit einer Länge von ca. 45 Minuten) ausnahmsweise ein um 20 % unter dem Mindesthonorar liegendes Honorar vereinbart werden, wobei hierdurch bei TV-Movies/ Reihen-Episoden mit einer Laufzeit von mindestens 90 Minuten 50.000,– EUR nicht unterschritten werden dürfen.
2. Kein Debüt im Sinne von Ziffer B. II.1 liegt vor, dh es ist auch bei einer erstmaligen Zusammenarbeit das in Ziffer B. I. geregelte Mindesthonorar zu zahlen, wenn der Drehbuchautor
   - vor dem ersten gemeinsamen TV-Movie/der ersten gemeinsamen Reihen-Episode bereits das Drehbuch für einen TV-Movie/eine Reihen-Episode bzw.
   - vor der ersten gemeinsamen Episode einer TV-Serie bereits mindestens drei Episoden einer TV-Serie

   von ARD, ZDF oder RTL verfasst hat, und die entsprechende Produktion bei ARD, ZDF oder RTL in der Prime-Time (dh Sendestart ca. 20:15 Uhr) ausgestrahlt wurde.
3. Ebenfalls kein Debüt im Sinne von Ziffer B. II.1 liegt vor, dh es ist auch bei einer erstmaligen Zusammenarbeit das in Ziffer B. I. geregelte Mindesthonorar zu zahlen, wenn der Drehbuchautor

- vor dem ersten gemeinsamen TV-Movie/der ersten gemeinsamen Reihen-Episode die Drehbücher zu mehr als einem TV-Movie/einer Reihen-Episode für einen dritten Sender bzw.
- vor der ersten gemeinsamen Episode einer TV-Serie die Drehbücher zu mindestens vier Episoden von TV-Serien für dritte Sender

  verfasst hat und die entsprechenden Produktionen bei dem auftraggebenden dritten Sender ausgestrahlt wurden (egal zu welcher Sendezeit).

4. Das nach Ziffer B. II.1 unter dem Mindesthonorar liegende Honorar ist auf das nach Ziffer B. I. für die konkrete Debüt-Produktion jeweils einschlägige Mindesthonorar aufzustocken, wenn
   - die jeweilige Debüt-Produktion mindestens die Beteiligungsreichweite 1. Stufe (vgl. Ziffer C. I. 1.2) erreicht hat und
   - der Sender aufgrund der erstmaligen Beauftragung des Drehbuchautors keine Mehrkosten durch die Hinzuziehung eines Drittautors und/oder eines Dramaturgen hatte.

   In diesem Fall wird die Differenz zwischen dem ursprünglich gezahlten Honorar und dem jeweils einschlägigen Mindesthonorar gegen ordnungsgemäße Rechnungstellung mit der Auszahlung der Beteiligung für das Erreichen der Beteiligungsstufe 1. Stufe zur Zahlung fällig.
5. Bei Diplomprojekten gelten keine Mindesthonorare. Sender wird pro Kalenderjahr jedoch nur max. 2 Diplomprojekte produzieren lassen, außer der VDD stimmt weiteren Diplomprojekten zu.

C. Beteiligungsmodell Drehbuchautoren

I. Reichweiten-Beteiligungsmodell

Anspruchsberechtigte Drehbuchautoren erhalten nach Erreichen einer bestimmten Beteiligungsreichweite (vgl. dazu nachfolgend Ziffer C. I. 1.2) sowie bei Erreichen weiterer Reichweiten (vgl. dazu nachfolgend Ziffer C. I. 1.3) eine weitere Beteiligung in Form einer Zusatzvergütung (nachfolgend „Beteiligung“ genannt), deren Höhe sich nach nachfolgender Ziffer C. I. 2. bestimmt.

1. Referenz- und Beteiligungsreichweite

   Die Beteiligungsreichweite ergibt sich aus der Referenzreichweite (vgl. dazu nachfolgend 1.1.) zzgl. 40 %.

1.1 Referenzreichweite

1.1.1 Referenzreichweite im Grundfall

Die Referenzreichweite definiert die Zielerwartung des Senders an die jeweilige Produktion bei einem durchschnittlichen Produktionsbudget von 1.250.000,– EUR (= Basisbudget). Es gelten für diesen Fall folgende Referenzreichweiten:

Referenzreichweite TV-Serie (je Episode):	3.750.000 Zuschauer
Referenzreichweite Spielfilm (Standard):	4.650.000 Zuschauer

Diese Referenzreichweite wurde dabei aus folgenden Tatsachen abgeleitet:

- Zur Refinanzierung eines Spielfilms bzw. einer TV-Serien-Episode sind drei Free-TV-Ausstrahlungen in der Prime-Time (Sendestart zwischen 20:00 und

23:00 Uhr) (eine Free-TV-Ausstrahlung = eine selbständige Ausstrahlung inkl. einer unselbständigen Wiederholung) bzw. in der ursprünglich für die Produktion vorgesehenen Sendezeitschiene erforderlich (= Referenzreichweite).

- Die durchschnittliche Referenzreichweite wurde durch Betrachtung der in den letzten zehn Jahren (1.1.2002 bis 31.12.2011) erreichten Durchschnittsreichweiten von TV-Movies/TV-Reihen-Episoden und TV-Serien-Episoden ermittelt, in dem die Durchschnittsreichweiten (GfK D+EU, Zuschauer im Alter von 14 bis 49 Jahren) jeweils aller Free-TV-Erstausstrahlungen, aller Zweit- und aller Drittausstrahlungen (jeweils selbständige Ausstrahlung inkl. unselbständiger Wiederholung) addiert und durch die Anzahl der jeweils ermittelten Erst-/Zweit-/Drittausstrahlungen geteilt wurden.

1.1.2 Referenzreichweite in Sonderfällen:
Die Parteien vereinbaren für folgende zwei Sonderfälle eine abweichende Referenzreichweite:
Referenzreichweite

High-Cost-Spielfilm:	Wenn der Finanzierungsbeitrag des Senders mehr als 1.700.000,– EUR beträgt, wird die Referenzreichweite im Verhältnis des tatsächlichen Finanzierungsbeitrags des Senders zum Basisbudget in Höhe von 1.250.000,– EUR nach oben angepasst. Berechnungsbeispiel bei einem Finanzierungsbeitrag Sender in Höhe von 2.000.000,– EUR: Referenzreichweite beträgt 4.650.000 Zuschauer × 2.000.000 ./. 1.250.000 = 7.440.000 Zuschauer

Referenzreichweite
Spielfilm Debütfilm/Diplomprojekt:

	Bei Debütfilmen oder bei Diplomprojekten wird die Referenzreichweite im Verhältnis des tatsächlichen Finanzierungsbeitrags des Senders zum Basisbudget in Höhe von 1.250.000,– EUR nach unten angepasst. Berechnungsbeispiel bei einem Sender in Höhe von 450.000,– EUR: Finanzierungsbeitrag Referenzreichweite beträgt 4.650.000 Zuschauer × 450.000 ./. 1.250.000 = 1.674.000 Zuschauer

1.2 Beteiligungsreichweite 1. Stufe (Schwellendefinition)
Die Beteiligungsreichweite 1. Stufe, ab deren Erreichen eine reichweitenabhängige Beteiligung der anspruchsberechtigten Drehbuchautoren gem. Ziffer C. I. 2 erfolgt, errechnet sich aus der Referenzreichweite zzgl. 40 %. Mithin ergibt sich hier folgende Definition:
Beteiligungsreichweite 1. Stufe

TV-Serie (je Episode):	3.750.000 Zuschauer × 1,4 = 5.250.000 Zuschauer Beteiligungsreichweite 1. Stufe
Spielfilm (Standard):	4.650.000 Zuschauer × 1,4 = 6.510.000 Zuschauer Beispielrechnung:

Beteiligungsreichweite 1. Stufe High-Cost-Spielfilm (Finanzierungsbeitrag Sender: 2.000.000,– EUR):	7.440.000 Zuschauer × 1,4 = 10.416.000 Zuschauer
Beispielrechnung: Beteiligungsreichweite 1. Stufe Debütfilm/Diplomprojekt (Finanzierungsbeitrag Sender: 450.000,– EUR):	1.674.000 Zuschauer × 1,4 = 2.343.600 Zuschauer

1.3 Beteiligungsreichweite weitere Stufen

Die Beteiligungsreichweite der weiteren Stufen, ab deren Erreichen eine reichweitenabhängige Beteiligung der anspruchsberechtigten Drehbuchautoren gem. Ziffer C. I. 2 erfolgt, errechnet sich aus der vorherigen Beteiligungsreichweite zzgl. jeweils weiteren vollen 40 Prozentpunkten (dh Beteiligungsreichweite 2. Stufe = Referenzreichweite zzgl. 80 %; Beteiligungsreichweite 3. Stufe = Referenzreichweite zzgl. 120 %; Beteiligungsreichweite 4. Stufe = Referenzreichweite zzgl. 160 %; etc).

1.4 Berechnung Beteiligungsreichweite

Bei der Berechnung der jeweils erzielten Beteiligungsreichweite werden zusätzlich zu den klassischen Free-TV-Reichweiten, die allein zur Ermittlung der Referenzreichweite herangezogen wurden, auch die weiteren nachfolgend definierten Reichweiten berücksichtigt, um dem Nutzungsverhalten auch in non-linearen Medien Rechnung zu tragen. Mithin finden folgende Nutzungen Berücksichtigung:

- die Zuschauer Free-TV und Pay-TV (GfK D+EU, Zuschauer im Alter von 14 bis 49 Jahren) in Deutschland bei Berücksichtigung der selbständigen Ausstrahlungen sowie der jeweils unselbständigen Wiederholungen,
- die Free-VoD-Abrufe von Plattformen, welche sich mit einer deutschen Benutzeroberfläche an Zuschauer in Deutschland richten (ein Abruf entspricht einem Zuschauer im Alter von 14 bis 49 Jahren),
- die Pay-VoD-Abrufe von Plattformen, welche sich mit einer deutschen Benutzeroberfläche an Zuschauer in Deutschland richten (ein Abruf entspricht einem Zuschauer im Alter von 14 bis 49 Jahren, jedoch multipliziert mit einem Faktor von 2,5), sowie
- die im deutschsprachigen Europa abgesetzten Kauf-DVDs/-Bluerays sowie Download-To-Own-Abrufe von Plattformen mit Sitz in Deutschland (eine verkaufte DVD/Blueray bzw. ein Download-To-Own-Abruf entspricht einem Zuschauer im Alter von 14 bis 49 Jahren, jedoch multipliziert mit einem Faktor von 5).

Für die Berechnung der Beteiligungsreichweite bleibt es bis zum 31.12.2015 bei der Zielgruppe (GfK D+EU, Zuschauer im Alter von 14 bis 49 Jahren), auch wenn der betreffende Sender in der Vermarktung eine engere Zielgruppenausrichtung (zB GfK D+EU, Zuschauer im Alter von 14 bis 39 Jahren) haben sollte. Soweit ein Sender jedoch eine weitere Zielgruppenausrichtung (zB GfK D+EU, Zuschauer im Alter von 14 bis 59 Jahren) hat, zählt diese Reichweite für die Berechnung der Beteiligungsreichweite. Im ersten Evaluierungstermin gem. Ziffer C.V werden die Parteien neu besprechen, welche Zielgruppen zukünftig für die Berechnung gelten sollen.

Die vorgenannten Reichweiten werden jeweils aber nur dann berücksichtigt, soweit und solange die entsprechend genutzten Rechte dem Sender zustehen bzw. einem Dritten vom Sender eingeräumt wurden.
Sämtliche Nutzer der vorgenannten Medien werden zusammen „Zuschauer“ genannt.

2. Beteiligung nach dem Reichweiten-Beteiligungsmodell

2.1 Drehbuchautor

Die Parteien sind sich darüber einig, dass bei vor Inkrafttreten des § 32a UrhG abgeschlossenen „Altverträgen“ Erträge bzw. Vorteile aus der Nutzung einer Produktion, die dem Sender nach dem Stichtag (28.3.2002) zugeflossen sind, anders zu berücksichtigen sind, als diejenigen Vorteile, die dem Sender vor dem Stichtag zugeflossen sind, da die Anspruchsvoraussetzungen für die Drehbuchautoren nach § 36 UrhG aF strenger waren, als die nach § 32a UrhG. Um diesen strengeren Anspruchsvoraussetzungen Rechnung zu tragen, wäre es daher gerechtfertigt, für Nutzungen vor dem Stichtag (dh für „Altverträge“) niedrigere Beteiligungshöhen zu vereinbaren, als für Nutzungen nach dem Stichtag. Im Sinne einer Gesamtlösung hat TVD jedoch darauf verzichtet, eine solche Reduzierung der Beteiligungshöhen für Nutzungen vor dem Stichtag vorzunehmen.
Sofern mehrere Drehbuchautoren für die jeweilige Episode/Produktion anspruchsberechtigt sind, erfolgt die Beteiligung jeweils anteilig gem. der Verteilungsregelung in Ziffer CIII.3.

2.1.1 Nutzung einer Produktion

Bei Erreichen der Beteiligungsreichweite 1. Stufe (Referenzreichweite zzgl. 40 %, vgl. Ziffer C. I. 1.2) erhält der Drehbuchautor eine Beteiligung, wie folgt:

TV-Serie: 4.000,– EUR je mit einer Episode erreichten 1. Stufe der Beteiligungsreichweite

Spielfilm: 8.000,– EUR je mit einer Produktion erreichten 1. Stufe der Beteiligungsreichweite

Pro Erreichen einer weiteren Stufe der Beteiligungsreichweite (vgl. Ziffer C. I. 1.3) erhält der Drehbuchautor eine Beteiligung, wie folgt:

TV-Serie: jeweils 5.000,– EUR je mit einer Episode erreichten weiteren Stufe der Beteiligungsreichweite (zB insgesamt 9.000,– EUR bei Erreichen von 6.750.000 Zuschauern, also Erreichen von zwei Stufen der Beteiligungsreichweite nach dem Stichtag [der Beteiligungsreichweite 1. Stufe (40 %) sowie der 2. Stufe (80 %)])

Spielfilm: jeweils 10.000,– EUR je mit der Produktion erreichten Stufe der Beteiligungsreichweite (zB insgesamt 18.000,– EUR bei Erreichen von 8.370.000 Zuschauern, also Erreichen von zwei Stufen der Beteiligungsreichweite nach dem Stichtag [der Beteiligungsreichweite 1. Stufe (40 %) sowie der 2. Stufe (80 %)])

2.1.2 Erhöhung der Beteiligung für Nutzung einer Produktion

Die Parteien haben sich darauf verständigt, dass die Beteiligung für nach dem 1.1.2014 erreichte Stufen der Beteiligungsreichweite wie folgt steigt:
Bei erstmaligem Erreichen der Beteiligungsreichweite 1. Stufe (Referenzreichweite zzgl. 40 %, vgl. Ziffer C. I. 1.2) nach dem 1.1.2014 erhält der Drehbuchautor eine Beteiligung, wie folgt:

TV-Serie: 5.000,– EUR je mit einer Episode erreichten 1. Stufe der Beteiligungsreichweite

Spielfilm: 10.000,– EUR je mit einer Produktion erreichten 1. Stufe der Beteiligungsreichweite

Pro Erreichen einer weiteren Stufe der Beteiligungsreichweite (vgl. Ziffer C. I. 1.3) nach dem 1.1.2014 erhält der Drehbuchautor eine Beteiligung, wie folgt:

TV-Serie: jeweils 6.000,– EUR je mit einer Episode erreichten weiteren Stufe der Beteiligungsreichweite

Spielfilm: jeweils 12.000,– EUR je mit der Produktion erreichten Stufe der Beteiligungsreichweite

Beispielsrechnung:
Hatte ein TV-Movie zB am 31.1.2008 die 1. Stufe erreicht (also 6.510.000 Zuschauer) und erreicht dann am 31.1.2014 die 2. Stufe (also dann insgesamt 8.370.000 Zuschauer), ergibt sich folgendes Bild:
Die für die Erreichung der Beteiligungsreichweite 1. Stufe hat der Drehbuchautor eine Beteiligung in Höhe von 8.000,– EUR erhalten.
Für das Erreichen der 2. Stufe erhält der Drehbuchautor nun eine Beteiligung in Höhe von 12.000,– EUR.

2.2 Schöpfer

Die Parteien sind sich einig, dass der Schöpfer einer TV-Serie oder einer TV-Reihe (Definition siehe C. I.2.2.1) neben dem Drehbuchautor der konkreten TV-Serien-Episode oder TV-Reihen-Episode ebenfalls eine nachfolgend definierte Beteiligung erhalten soll, wenn diese konkrete Episode eine Beteiligungsstufe erreicht. Diese Beteiligung erfolgt nicht bei TV-Movies und Kinofilmen.

2.2.1 Schöpfer-Leistungen:

a) Schöpfer einer TV-Serie ist, wer entweder:
   aa) die Bibel als Vorlage für die TV-Serie (dh ein ggf. nachträglich erstellte Bibel genügt nicht) erstellt hat,
   oder,
   bb) wenn keine Bibel iSv a) aa) vorhanden ist, mindestens die ersten sechs Folgen der 1. Staffel selbst als Drehbuchautor geschrieben hat.

b) Schöpfer einer TV-Reihe ist, wer entweder:
   aa) die Bibel als Vorlage für die TV-Reihe (dh ein ggf. nachträglich erstellte Bibel genügt nicht) erstellt hat,
   oder,
   bb) wenn keine Bibel iSv b) aa) vorhanden ist, mindestens die ersten drei Folgen der Reihe selbst als Drehbuchautor geschrieben hat.

c) Definition der Bibel:
   Eine Bibel im Sinne dieser Gemeinsamen Vergütungsregeln liegt vor, wenn sie folgende Elemente enthält:
   – Die Grundidee der Produktion
   – Die Charakteristika der Haupt- und wiederkehrenden Nebenfiguren (inkl. Background-Story)
   – Die Ausblicke auf die inhaltliche Entwicklung der Serie/Reihe
   – Übergreifende horizontale Plots
   – Tonalität der Serie/Reihe (inkl. des Look and Feel der Serie/Reihe)

2.2.2 Beteiligungshöhe:
Der Schöpfer erhält pro erreichter Stufe der Beteiligungsreichweite eine Beteiligung in Höhe von 10 % der dem Drehbuchautor gem. Ziffer C. I. 2.1.1 bzw. 2.1.2 für die jeweilige Stufe zustehenden Beteiligung. Klargestellt wird, dass im Falle von Personenidentität des Drehbuchautors und des Schöpfers der jeweilige Drehbuchautor dennoch die Beteiligung als Drehbuchautor und die Beteiligung als Schöpfer erhält. Sofern mehrere Drehbuchautoren als Schöpfer für die jeweilige Episode anspruchsberechtigt sind, erfolgt die Beteiligung jeweils anteilig gem. der Verteilungsregelung in Ziffer C. III.3.

2.3 Head-Writer
Die Parteien sind sich einig, dass der Autor, der vertraglich als Head-Writer für eine TV-Serie oder eine TV-Reihe beauftragt ist, neben dem Drehbuchautor und ggf. Schöpfer ebenfalls eine nachfolgend definierte Beteiligung für die Episoden der TV-Serie oder der TV-Reihe erhalten soll, für die er als Head-Writer tätig war, wenn eine dieser Episoden eine Beteiligungsstufe erreicht. Diese Beteiligung erfolgt nicht bei TV-Movies und Kinofilmen.

2.3.1 Head-Writer-Leistungen:
Head-Writer einer TV-Serie bzw. TV-Reihe ist, wer vertraglich als Head-Writer für die Staffel der betreffenden Episoden bzw. mindestens zwei weiterer Folgen der TV-Reihe beauftragt worden ist und in dieser Funktion die inhaltliche Verantwortung für die betreffenden Episoden bzw. Folgen übertragen bekommen und übernommen hat.

2.3.2 Beteiligungshöhe:
Der Head-Writer erhält pro erreichter Stufe der Beteiligungsreichweite eine Beteiligung in Höhe von 2 % der dem Drehbuchautor gem. Ziffer C. I. 2.1.1 bzw. 2.1.2 für die jeweilige Stufe zustehenden Beteiligung. Klargestellt wird, dass im Falle von Personenidentität des Drehbuchautors und des Head-Writers, der jeweilige Drehbuchautor dennoch die Beteiligung als Drehbuchautor und die Beteiligung als Head-Writer erhält. Sofern mehrere Autoren als Head-Writer für die jeweilige Episode anspruchsberechtigt sind, erfolgt die Beteiligung gem. der Verteilungsregelung in Ziffer C. III.3.

II. Beteiligung der Drehbuchautoren an Programmvertriebs-Erlösen (nur bei Auftragsproduktionen, bei denen die Auslandsrechte bei Sender liegen)

1. Programmvertriebs-Beteiligungsschwelle für den Vertrieb der hergestellten Produktion
Eine Beteiligung der anspruchsberechtigten Drehbuchautoren an vom Sender erwirtschafteten Programmvertriebs-Erlösen mit einer hergestellten Produktion (anders bei dem Vertrieb der reinen Wiederverfilmungsrechte, s. u. C. II.4.) erfolgt, wenn die nachstehend näher definierten Programmvertriebs-Beteiligungsschwellen erreicht wurden (Ziffer C. III gilt entsprechend):

Programmvertriebs-Beteiligungsschwelle TV-Serie (je Episode):	Sender hat aus den nach Abzug von Vertriebsprovisions-Pauschale in Höhe von 25 % und Vertriebskosten-Pauschale in Höhe 10 % sowie nach separatem Abzug der für den Vertrieb der entsprechenden Produktion erforderlichen Kosten (Herstellung einer fremdsprachigen Untertitelung oder Synchronisation/voice-over inklusive der Materialkosten sowie etwaiger Kosten für die Beitreibung von Forderungen) bei ihm eingehenden Programmvertriebs-Nettoerlösen einen Betrag in Höhe von 60.000,– EUR erwirtschaftet.

Programmvertriebs-Beteiligungsschwelle Spielfilm:	Sender hat aus den nach Abzug von Vertriebsprovisions-Pauschale in Höhe von 25 % und Vertriebskosten-Pauschale in Höhe 10 % sowie nach separatem Abzug der für den Vertrieb der entsprechenden Produktion erforderlichen Kosten (Herstellung einer fremdsprachigen Untertitelung oder Synchronisation/voice-over inklusive der Materialkosten sowie etwaiger Kosten für die Beitreibung von Forderungen) bei ihm eingehenden Programmvertriebs-Nettoerlösen einen Betrag in Höhe von 130.000, EUR erwirtschaftet.

2. Beteiligung nach dem Vertriebserlös-Beteiligungsmodell an dem Vertrieb der hergestellten Produktion (nur bei Auftragsproduktionen, bei denen die Auslandsrechte bei Sender liegen)

2.1 Drehbuchautor
Bei Erreichen der Programmvertriebs-Beteiligungsschwelle wird der jeweilige Drehbuchautor an allen beim Sender danach eingegangenen bzw. noch eingehenden Vertriebs-Netto-Übererlösen aus dem Vertrieb des entsprechenden Spielfilms bzw. der TV-Serien-Episode, dessen/deren Drehbuch er verfasst hat, mit

5 %
(in Worten: fünf Prozent)

beteiligt.

2.2 Schöpfer
Bei Erreichen der Programmvertriebs-Beteiligungsschwelle wird der jeweilige Schöpfer an allen beim Sender danach eingegangenen bzw. noch eingehenden Vertriebs-Netto-Übererlösen aus dem Vertrieb der entsprechenden TV-Reihen-Episode bzw. der TV-Serien-Episode mit

0,5 %
(in Worten: null komma fünf Prozent)

beteiligt.

2.3 Head-Writer
Bei Erreichen der Programmvertriebs-Beteiligungsschwelle wird der jeweilige Head-Writer an allen beim Sender danach eingegangenen bzw. noch eingehenden Vertriebs-Netto-Übererlösen aus dem Vertrieb der entsprechenden TV-Reihen-Episode bzw. der TV-SerienEpisode mit

0,1 %
(in Worten: null komma eins Prozent)

beteiligt.

2.4 Vertriebs-Nettoerlöse im Sinne dieser Ziffer C. II.2 sind die beim Sender tatsächlich durch den Vertrieb des jeweiligen Spielfilms bzw. der TV-Serien-Episode eingehenden Vertriebs-Bruttoerlöse nach Abzug der Umsatzsteuer, einer Vertriebsprovisions-Pauschale in Höhe von 25 % und Vertriebskosten-Pauschale in Höhe 10 % sowie nach separatem Abzug der für den Vertrieb der entsprechenden Produktion ggf. erforderlichen Kosten (Herstellung von fremdsprachigen Untertitelungen/Synchronisationen/Voice-over-Fassungen inklusive der Materialkosten sowie etwaiger Kosten für die Beitreibung von Forderungen).

3. Verwertungsgesellschafts-Vorbehalt (sog. Clause de Réserve)
Sender ist grundsätzlich damit einverstanden sich mit dem VDD über eine Clause de Réserve zu Gunsten der Drehbuchautoren für die Länder/Gebiete Frankreich, fran-

zösischsprachige Schweiz, Liechtenstein, Belgien, französischsprachiges Kanada, Monaco und Luxemburg zu verständigen, wenn der VDD dies zukünftig während der Laufzeit dieser Gemeinsamen Vergütungsregeln wünschen sollte und damit der Wegfall der Beteiligung gem. Ziffer C. II.2. für die Länder/Gebiete verbunden ist, in denen eine Clause de Réserve vom Sender zugesagt wird.

4. Beteiligung an dem Vertrieb der Wiederverfilmungsrechte (nur bei Auftragsproduktionen, bei denen die Auslandsrechte bei Sender liegen)
Über eine Beteiligung der anspruchsberechtigten Drehbuchautoren an vom Sender mit dem Vertrieb der jeweiligen Wiederverfilmungsrechte an dem jeweils geschaffenen Drehbuch erwirtschafteten Auslandsvertriebs-Nettoerlösen werden sich die Parteien noch gesondert gemeinschaftlich verständigen.

III. Keine mehrfache Geltendmachung von Beteiligungsansprüchen und keine doppelte Zahlung

1. Keine mehrfache Geltendmachung
Soweit einem Drehbuchautor/Schöpfer/Head-Writer Beteiligungen nach Ziffer C. I. bzw. Ziffer C. II. zustehen, kann er diesen Anspruch jeweils nur einmal geltend machen. Entsprechende Zahlungen von Sender oder einem anderen Unternehmen der ProSiebenSat.1 Media AG an den jeweiligen Drehbuchautor/Schöpfer/Head-Writer entlasten die ProSiebenSat.1 Media AG, Unternehmen der ProSiebenSat.1 Media AG und die Verwerter, deren Nutzungen bei der Ermittlung der Beteiligungsreichweite eingerechnet wurden. Klargestellt wird, dass bei einer Personenidentität von Drehbuchautor, Schöpfer und Head-Writer alle drei Beteiligungsansprüche nebeneinander bestehen können.
2. Keine doppelte Zahlung
Sollte für eine Produktion in Einzelfällen einem Drehbuchautor/Schöpfer/Head-Writer vertraglich eine Folgevergütung für Auswertungen zugesagt worden sein, steht Sender das Recht zu, solche gezahlten Folgevergütungen auf ggf. nach diesen Gemeinsamen Vergütungsregeln an betroffene Drehbuchautoren/Schöpfer/Head-Writer zu zahlende Beteiligungen anzurechnen, wenn dort die selbe Auswertungen berücksichtigt wurde.
3. Verteilungsregelung bei mehreren Anspruchsberechtigten
Sofern mehrere Drehbuchautoren nachweislich für die jeweilige Episode/Produktion tätig waren bzw. sind und Ansprüche nach diesen Gemeinsamen Vergütungsregeln geltend machen können, erfolgt die Verteilung der jeweiligen Zahlungen entsprechend dem vom Produzenten bei der Verteilung der Buy-Out-Vergütung zu Grunde gelegten Teilungsverhältnis, sofern die Anspruchsteller untereinander keine abweichende einvernehmliche Verteilung vereinbart und dies durch eine schriftliche Vereinbarung belegt haben. Entsprechendes gilt für mehrere Schöpfer. Sofern mehrere Autoren als Head-Writer für eine TV-Serien-Episode bzw. TV-Reihen-Episode anspruchsberechtigt sind, erfolgt die Verteilung der Beteiligung jeweils zu gleichen Teilen, wenn die jeweiligen Parteien nicht einvernehmlich eine abweichende Beteiligung vereinbart und dies durch eine schriftliche Vereinbarung belegt haben.

IV. Abrechnung Beteiligungen, Buchprüfungsrecht

1. Abrechnung
Sender wird jährlich bis zum 31.3. eines Kalenderjahres die im Vorjahr
   - bei Spielfilmen bzw. TV-Serien-Episoden erreichten Reichweiten bzw.,
   - nur bei Auftragsproduktionen, die aus dem Weltvertrieb und aus dem Vertrieb der Wiederverfilmungsrechte dieser Produktionen bei ihm eingegangenen Erlöse ermitteln.

Auf der Grundlage dieser jährlich erhobenen Daten wird Sender den VDD ebenfalls bis zum 31.3. des Folgejahres schriftlich benachrichtigen, welche Spielfilme bzw. TV-Serien-

Episoden danach die in Ziffer C. I. 1 bzw. Ziffer C. II. 1 festgelegten Schwellenwerte für einen Beteiligungsanspruch erreicht haben (Erfolgt der Abschluss der gegenständlichen Gemeinsamen Vergütungsregeln im Kalenderjahr erst nach dem 31.3., wird Sender die erste Benachrichtigung bereits innerhalb von 8 Wochen nach Abschluss vornehmen). Der VDD wird die betroffenen Drehbuchautoren (inkl. ggf. Schöpfer und Head-Writer) mit einem mit Sender abgestimmten Musterschreiben über den gegenüber Sender bestehenden Beteiligungsanspruch informieren und zur Rechnungstellung gegenüber Sender auffordern. Sender wird auf entsprechende ordnungsgemäße Rechnungsstellung des Drehbuchautors die Beteiligung gemäß Ziffer C. I.2 bzw. Ziffer CII.2 bzw. Ziffer CII.4 an den Drehbuchautor binnen vier Wochen nach Erhalt der Rechnung auszahlen.

Sender wird zudem jährlich zum 31.3. eines Kalenderjahres zwei vom VDD benannten, zur Verschwiegenheit verpflichteten Vertrauenspersonen eine Auflistung der in dem Vorjahr erzielten Reichweiten aller Spielfilme bzw. TV-Serien-Episoden, welche die Schwelle zum (Programmvertriebs-)Bestseller noch nicht erreicht haben, nach AGF/GfK bzw., sofern solche Daten nicht vorliegen, auf der Grundlage senderinterner Daten (zB für VoD-Abrufe etc) übermitteln.

Sofern die mit bestimmten Auswertungen erzielten Reichweiten nicht recherchierbar sind bzw. nicht erfasst werden, wird Sender auf der Basis von Vergleichsdaten Schätzungen vornehmen; Sender wird dem VDD die der Schätzung zugrundeliegenden Annahmen und Vergleichsdaten mitteilen und eventuelle Anmerkungen des VDD zur erfolgten Reichweiten-Schätzung nach Treu und Glauben berücksichtigen.

2. Buchprüfung

Der VDD ist berechtigt, bei begründeten Zweifeln an der Korrektheit der in Ziffer C. IV. 1 genannten Auflistungen, auf eigene Kosten, die diesen Auflistungen zugrundeliegenden Daten und Unterlagen durch einen zur Verschwiegenheit verpflichteten Wirtschaftsprüfer oder Rechtsanwalt nach Voranmeldung von mindestens 15 Werktagen zu den üblichen Geschäftszeiten einsehen zu lassen („Buchprüfung"). Diese Buchprüfung darf nicht länger als 30 Tage dauern und den Geschäftsbetrieb des Senders nicht beeinträchtigen. Eine wiederholte Buchprüfung bereits geprüfter Unterlagen ist ausgeschlossen. Das Ergebnis der Buchprüfung ist vertraulich und darf vom VDD jeweils nur den betroffenen Drehbuchautoren, aber keinen sonstigen Dritten, zugänglich gemacht werden. Ergibt die Buchprüfung für einen bestimmten Zeitraum eine Abweichung zu den von Sender übermittelten Daten in Höhe von mehr als 5 % zu Lasten des VDD bzw. der jeweils anspruchsberechtigten Drehbuchautoren, so trägt Sender abweichend von Satz 1 dieses Absatzes die Kosten der Buchprüfung.

V. Evaluierung der Gemeinsamen Vergütungsregeln

Diese Gemeinsamen Vergütungsregeln sind die ersten ihrer Art und auf Basis der von Sender vorgelegten Daten zustande gekommen.

Die Parteien werden sich nach Unterzeichnung dieser Vereinbarung alle zwei Jahre, erstmals im Juni 2015, treffen, um sich nach Treu und Glauben über eventuell erforderliche Anpassungen des in diesen Gemeinsamen Vergütungsregeln niedergelegten Beteiligungsmodells an aktuelle Gegebenheiten/neue Medien-Entwicklungen zu verständigen (zB, aber nicht abschließend: Inflationsanpassung zugunsten der Drehbuchautoren, Änderung der Kapitalisierungsmöglichkeiten von Spielfilmen/TV-Serien für Sender, Änderung der relevanten Zielgruppe aufgrund demographischer Entwicklungen und entsprechend neue Anforderungen der werbungtreibenden Unternehmen, Einbeziehung von relevanten Nebenrechtsauswertungen bei der Berechnung der Referenzreichweite, welche zur Zeit nur auf der Grundlage von durchschnittlichen Free-TV-Reichweiten berechnet wird). Betrachtungszeitraum für die Evaluierung der jeweils zukünftigen Referenzreichweite sind die dem jeweiligen Evaluierungszeitpunkt vorausgehenden 5 vollen Kalenderjahre (dh in der 1. Evaluierung der Zeitraum 1.1.2010 bis 31.12.2014). Die im Rahmen der Evaluierung ggf. geänderten Schwellenwerte (Evaluierte Schwellenwerte) treten jeweils ab Beginn des auf die Evaluierungsgespräche folgenden Kalenderjahres (dh erstmals zum 1.1.2016) in Kraft.

Bzgl. der Anwendung der Evaluierten Schwellenwerte gelten folgende Übergangsregelungen:

1. Für Produktionen, die erst nach Beginn des Betrachtungszeitraums der aktuellen Evaluierung (dh bei der 1. Evaluierung ab dem 1.1.2010) erstmals ausgewertet wurden, gelten rückwirkend allein die Evaluierten Schwellen. Sollte durch die Rückwirkung der Evaluierung eine Anpassung bereits erfolgter Beteiligungsabrechnungen erforderlich werden, erfolgt diese mit der nächsten regulären Beteiligungsabrechnung.
2. Für Produktionen, die bereits vor Beginn des Betrachtungszeitraums der aktuellen Evaluierung (dh bei der 1. Evaluierung vor dem 1.1.2010) erstmals ausgewertet wurden und bis dahin bereits eine oder mehrere Beteiligungsstufen erreicht haben, gelten die Evaluierten Schwellen nur für die zukünftige Erreichung von Beteiligungsstufen bzw. nur für Reichweiten, durch die bisher noch keine weitere Beteiligungsstufe erreicht wurde. Bereits unter den bisherigen Schwellen erreichte Beteiligungsstufen bleiben unverändert.
3. Für Produktionen, die bereits vor Beginn des Betrachtungszeitraums der aktuellen Evaluierung erstmals ausgewertet wurden und bis dahin noch nie eine Beteiligungsstufe erreicht haben, gelten die bisherigen Schwellen unverändert fort, bis die 1. Beteiligungsstufe erreicht wird. Erst für die 2. und weitere Beteiligungsstufen gelten dann die Evaluierten Schwellen.

Sofern Programme kurz vor dem Erreichen einer Beteiligungsschwelle stehen und vom Sender ungewöhnlich lange nicht mehr eingesetzt worden sind, steht dem VDD in dem jeweiligen Evaluierungstermin das Recht zu, eine Begründung hierfür vom Sender einzufordern.

D. Exposé-Förderung

Die Parteien haben sich im Rahmen der Verhandlung dieser Gemeinsamen Vergütungsregeln ebenfalls darauf verständigt, dass die TVD für Drehbuchautoren eine Exposé-Förderung etabliert, die sich nach folgenden Eckdaten richtet:

I. Pro Kalenderjahr (erstmals für das Jahr 2014, anschließend für die Jahre 2015 und 2016) stellt die TVD für alle ihre Sender insgesamt ein Budget in Höhe von 150.000,– EUR zum Abruf durch Förderberechtigte zur Verfügung, um hiermit eine Entwicklung (= 5–7 seitiges Exposé) des Förderberechtigten zu finanzieren bzw. zu unterstützen.

II. An der entsprechend geförderten Entwicklung erhält die TVD ein Vorkaufsrecht zu marktgerechten Preisen. Im Falle der Ausübung des Vorkaufrechts wird die jeweilige Fördersumme auf die nach dem gesondert abzuschließenden Entwicklungsvertrag von der TVD bzw. dem jeweiligen Sender an den jeweiligen Drehbuchautor zu zahlende Vergütung angerechnet.

III. Das jährliche Budget verfällt jeweils nach 3 Jahren, soweit die jeweiligen Förderberechtigten es nicht abrufen oder ihre Entwicklung nicht innerhalb dieser 3 Jahre fertigstellen.

IV. Diese Förderung gilt zunächst bis zum Ablauf des Jahres 2016. Die TVD ist bei Fortbestehen der Gemeinsamen Vergütungsregeln über die in Ziffer E. I. festgelegte erste Fixlaufzeit bereit, dieses Fördersystem weiter aufrecht zu erhalten, wenn sich dieses während der ersten Fixlaufzeit bewährt hat. Hierüber werden sich der VDD und die TVD anlässlich der ersten Evaluierungsgespräche austauschen und sind bereit, sich, soweit erforderlich, auf eine Anpassung des Fördersystems zu verständigen.

Die Details dieses Förderprogramms werden die Parteien noch einvernehmlich festlegen. Die Parteien sind sich aber bereits jetzt einig, dass die Auswahl der Förderberechtigten nicht durch die TVD oder die Sender erfolgen soll. Vielmehr ist ein qualifiziertes und „offenes" Auswahlsystem intendiert, wobei der VDD ein Vorschlagsrecht für Förderberechtigte erhalten soll.

E. Laufzeit

I. Die Gemeinsamen Vergütungsregeln treten mit Unterzeichnung in Kraft und gelten zunächst bis zum 31.12.2015. Sie verlängern sich danach automatisch um jeweils weitere zwei Jahre, wenn nicht eine Partei die Vereinbarung vorab mit einer Frist von drei Monaten zum jeweiligen Laufzeitende gekündigt hat. Im Übrigen ist eine ordentliche Kündigung ausgeschlossen. Das Recht zur Kündigung aus wichtigem Grund bleibt unberührt. Dem VDD steht im Falle der automatischen Verlängerung um zwei Jahre jeweils zusätzlich noch ein Sonderkündigungsrecht dieser Vereinbarung mit einer Frist von 4 Wochen zum 31.3. des jeweils ersten Verlängerungsjahres (dh erstmals zum 31.3.2016) zu.

II. Im Falle einer Kündigung gilt diese Vereinbarung unbegrenzt für die Produktionen fort, die bis zum Ende der Laufzeit fertiggestellt waren oder noch begonnen wurden (maßgeblich ist hier der erste Drehtag), sofern die Parteien nicht ausdrücklich für diese Fälle rückwirkend eine neue Regelung vereinbaren.

F. Vermittlungsstelle für Verständnisfragen

Sollten sich künftig Streitigkeiten zwischen Drehbuchautoren und der TVD bzw. den Sendern über Regelungen oder Verständnisfragen in Bezug auf diese Gemeinsamen Vergütungsregeln ergeben, erklärt sich der VDD bereit, auf Anfrage als Vermittler zur Verfügung zu stehen.

G. Vertraulichkeit

Der VDD wird sämtliche Informationen, welche er auf der Grundlage dieser Gemeinsamen Vergütungsregeln von Sender erhält, streng vertraulich behandeln.

H. Sonstiges

I. Alle genannten Vergütungsbeträge dieser Vereinbarung verstehen sich als Netto-Beträge, also zuzüglich der gesetzlichen ermäßigten Umsatzsteuer in Höhe von derzeit 7 %.

II. Sollten Regelungen dieser Gemeinsamen Vergütungsregeln unwirksam sein oder werden oder etwaige Lücken aufweisen, bleibt die Gültigkeit der Regelungen im Übrigen unberührt. Zwischen den Parteien besteht Einigkeit, dass sie derartige Regelungen durch solche ersetzen bzw. derartige Lücken durch solche Regelungen ergänzen werden, die dem gewollten wirtschaftlichen Ergebnis am nächsten kommen. Sämtliche Änderungen dieser Gemeinsamen Vergütungsregeln bedürfen der Schriftform. Dies gilt auch für die Abbedingung der Schriftform.

III. Erfüllungsort und ausschließlicher Gerichtsstand ist – soweit rechtlich zulässig – jeweils der Sitz der beklagten Partei. Es gilt deutsches Recht.

38. Sendevertrag Hörfunk ARD/DLR – Bühnenverlag

Zwischen
dem Verlag
und
Sendeunternehmen (Rundfunkanstalt der Arbeitsgemeinschaft der öffentlich-rechtlichen Rundfunkanstalten der Bundesrepublik Deutschland)[2]
wird folgender

Senderechtsvertrag

geschlossen:

§ 1 Vertragsgegenstand, Garantie

Gegenstand des Senderechtsvertrages ist das Werk ..... Der Verlag garantiert, dass er über die vertraglich eingeräumten Nutzungsrechte an dem Werk verfügt. Er stellt die Rundfunkanstalt insoweit von Ansprüchen Dritter frei. Der Verlag garantiert weiter, dass er im Fall der Vereinbarung einer Ursendung oder deutschen Erstsendung bis zu deren Ausstrahlung die Ausstrahlung durch andere Rundfunkanstalten im Lizenzgebiet (§ 2 lit. a) nicht lizenzieren wird.

§ 2 Umfang der Rechteeinräumung[3]

Der Verlag räumt der Rundfunkanstalt ausschließliche Nutzungsrechte an dem Werk für die Zwecke der einmaligen Produktion und Sendung in ihrem Anstaltsgebiet nach Maßgabe folgender Regelungen ein:

a) Das Senderecht: Das Senderecht umfasst neben der Befugnis zur terrestrischen Sendung die Befugnis zur zeitgleichen unveränderten und vollständigen Sendung und Weitersendung der Produktion in deutscher Sprache oder in deutschsprachigen Programmen durch Hörrundfunk einschließlich der Verbreitung über Kabelanlagen und Satelliten sowie ähnlicher technischer Einrichtungen in Deutschland (Lizenzgebiet). Das Lizenzgebiet umschreibt für die Satellitenausstrahlung nur das Gebiet, in dem unter der Verantwortung der Rundfunkanstalt das Programmsignal bereitgestellt wird.
   aa) Das Senderecht berechtigt zu Sendungen in dem/den Programm(en) ..... der Rundfunkanstalt und in dem/den Programm(en) ..... der mit ihr kooperierenden Rundfunkanstalten ..... sowie im Nachtprogramm der in der Arbeitsgemeinschaft der öffentlich-rechtlichen Rundfunkanstalten (ARD) zusammengeschlossenen Rundfunkanstalten. Die Nutzung der Produktion in anderen Programmen und/oder Kooperationen bedarf einer besonderen Vereinbarung.
   bb) Die Rundfunkanstalt ist berechtigt, die Produktion ausschnittweise in Text und Ton bis zu drei Minuten für Programmbewerbungen, Programmvorschauen und Inhaltsangaben in Presse und Rundfunk (jeweils einschließlich der öffentlichen Zugänglichmachung, zB in weltweit verfügbaren Online-Angeboten) ohne zusätzliche Vergütung zu nutzen oder durch Dritte nutzen zu lassen. Entsprechendes gilt für rundfunkeigene Programmankündigungen in Online-Diensten. Die Online-Nutzung ist jedoch auf Programmankündigungen beschränkt, die in einem direkten Zusammenhang mit einer Sendung des Werkes stehen.
   cc) Das Recht zur Nutzung der Produktion in Abrufdiensten: Die Rundfunkanstalt ist ferner berechtigt, das vertragsgegenständliche Werk und die unter dessen Verwendung hergestellte Produktion kostenfrei in voller Länge oder in Ausschnitten

Mitgliedern der Öffentlichkeit zu Zeiten und von Orten ihrer Wahl für einen Zeitraum beginnend frühestens einen Tag vor und endend spätestens sieben Tage nach der Ausstrahlung zugänglich zu machen, soweit hierfür kein gesondertes Nutzungsentgelt berechnet wird und ein Download nicht vorgesehen ist.

b) Das Bearbeitungsrecht für Hörfunkzwecke: Die Rundfunkanstalt darf das Werk unter Wahrung des Urheberpersönlichkeitsrechts (droit moral) für den Hörfunk ändern und einrichten. Änderungen, zu denen der Urheber seine Einwilligung nach Treu und Glauben nicht versagen kann, sind ohne besondere Vereinbarung zulässig (§ 39 Abs. 2 UrhG). Weitergehende Änderungen und Bearbeitungen bedürfen dagegen einer besonderen vertraglichen Vereinbarung. Der Verlag behält sich vor, gegenüber dem Bearbeiter seinen eignen Anteil an den Zweitverwertungsrechten festzusetzen.

c) Das Vervielfältigungs- und Verbreitungsrecht für Hörfunkzwecke: Die Rundfunkanstalt ist berechtigt, die Produktion auf Wiedergabevorrichtungen aufzunehmen und mit Hilfe dieser Wiedergabevorrichtung auch wiederholt zu senden.

  aa) Sie darf nur mit ausdrücklicher Einwilligung des Verlages Dritten Wiedergabevorrichtungen überlassen (Tonträgerabgaben), Anschlusssendungen (Direktanschluss) oder die Herstellung von Wiedergabevorrichtungen (Mitschnitt) gestatten (Übernahmesendungen).

    aaa) Für den Programmaustausch mit dem Österreicherischen Rundfunk (ORF) und der Schweizerischen Radiogesellschaft SR (SRG SSR idée suisse) genügt eine vorherige Kontrollmitteilung an den Verlag. Die Überlassung von Wiedergabevorrichtungen berührt nicht die Verpflichtung der übernehmenden Rundfunkgesellschaft, die erforderlichen Nutzungsrechte beim Verlag einzuholen.

    bbb) Im internationalen Programmaustausch darf die Rundfunkanstalt ausländischen Rundfunkgesellschaften, die der Union Européenne de Radiodiffusion (UER) angehören, Wiedergabevorrichtungen nur mit Einwilligung des Verlages überlassen. Die übernehmende Rundfunkgesellschaft hat die erforderlichen Nutzungsrechte beim Verlag einzuholen.

  bb) Die Wiedergabevorrichtungen dürfen ohne zusätzliche Vergütung für Archivzwecke und für nichtgewerbliche Prüf-, Lehr- und Forschungszwecke sowie auf Wettbewerben, Festivals und Fachmessen des Rundfunks verwendet und vorgeführt und nach Ablauf der im Senderechtsvertrag vereinbarten Dauer der Nutzung zeitlich unbeschränkt ausschließlich zu Archivzwecken aufbewahrt werden.

d) Das Recht, den zum Zwecke der Produktion eingerichteten Text ausschließlich für Zwecke der Produktion intern als Manuskript zu vervielfältigen

§ 3 Rückfall der Rechte, Laufzeit

Die Rundfunkanstalt ist nicht verpflichtet, die ihr mit diesem Vertrag eingeräumten Rechte auszuwerten. Hat keine Sendung innerhalb der Laufzeit von . . . . . Monaten stattgefunden, fallen – mit Ausnahme der in § 2 lit. c bb eingeräumten Rechte der nichtgewerblichen Nutzung – sämtliche mit diesem Vertrag eingeräumten Rechte an den Verlag zurück. Die Verpflichtung der Rundfunkanstalt zur Zahlung von Sendeentgelten und Materialentschädigungen bleibt jedoch auch dann bestehen, wenn eine Nutzung unterbleibt. Bereits geleistete Zahlungen sind nicht zurückzuerstatten.

Ist die Rundfunkanstalt aus wichtigem Grund verhindert, das Werk innerhalb der Laufzeit zu nutzen, insbesondere zu senden, ist sie berechtigt, die Nutzung und Sendung innerhalb von vier Monaten ohne zusätzliches Entgelt nachzuholen.

§ 4 Wiederholungssendungen

Die Rundfunkanstalt ist berechtigt, die Produktion innerhalb der Laufzeit des Senderechtsvertrages (§ 3 S. 1) beliebig oft zu wiederholen. Wiederholungen nach Ende der Laufzeit wird der Verlag seine Zustimmung nicht versagen, soweit er über die Nutzungsrechte weiter verfügen kann. Hierfür bedarf es des Abschlusses eines neuen Senderechtsvertrages.

Die Rundfunkanstalt verpflichtet sich, den Verlag rechtzeitig von geplanten Wiederholungen in Kenntnis zu setzen.

§ 5 Titel, Namensnennung

Die Rundfunkanstalt ist verpflichtet, die vereinbarte Titelei bei öffentlicher Bekanntgabe wortgetreu zu verwenden. Sie verpflichtet sich ferner, den Titel des der Produktion zugrunde liegenden Werkes (Originaltitel, deutscher Titel) und den Namen des Urhebers (Autor, Übersetzer, Komponist, Librettist) bei Vorankündigungen, im Vor- oder Nachspann der Produktion zu nennen.

§ 6 Sendeentgelt

Das Sendeentgelt ist die Vergütung für die übertragenen Nutzungsrechte; es trägt allen Aspekten der Sendung (terrestrisch, Kabel und/oder Satellit) Rechnung. Das Sendeentgelt ist die Vergütung für die Einräumung der Nutzungsrechte; damit abgegolten sind die Sendung selbst – in allen Formen, unbeschadet der Übertragungstechnik, der Standards, der Formate und der Empfangsgeräte – sowie die übrigen im Senderechtsvertrag eingeräumten Nutzungsrechte, soweit nicht für vorbehaltene Rechte eine gesonderte Vergütung zu vereinbaren ist. Das Sendeentgelt ist zusammen mit der darauf entfallenden Umsatzsteuer in gesetzlicher Höhe bei Vertragsabschluss zahlbar, bei Wiederholungen nach der Wiederholungssendung.

a) Das Sendeentgelt beträgt bei Ausstrahlung im Anstaltsprogramm für
   aa) Bühnenwerke: unabhängig von der Sendedauer im Hörfunk bei einer Spieldauer von über 60 und mehr Minuten im Theater EUR . . . . ., zuzüglich . . . . . % Umsatzsteuer;
   bb) Hörspiele: bei einer Sendedauer von . . . . . und mehr Minuten EUR . . . . ., zuzüglich . . . . . % Umsatzsteuer.
   Vorspann, An- und Absage mit Ausnahme von dramaturgischen Einfügungen, Erläuterungen, Diskussionen usw sind bei der Berechnung der Sendedauer zu berücksichtigen.
b) Der Zuschlag für die Ursendung/deutsche Erstsendung beträgt EUR . . . . . zuzüglich . . . . . % Umsatzsteuer.
c) Bei Wiederholungen innerhalb von 7 Tagen nach Erstsendung (kurzfristige Wiederholung) wird ein Zuschlag in Höhe von 10 % zuzüglich hierauf entfallender Umsatzsteuer auf das Erstsendeentgelt gezahlt.
d) Bei Ausstrahlung im Nachtprogramm der in der Arbeitsgemeinschaft der öffentlich-rechtlichen Rundfunkanstalten in der Bundesrepublik Deutschland (ARD) zusammengeschlossenen Landesrundfunkanstalten beträgt das Sendeentgelt EUR . . . . . zuzüglich . . . . . % Umsatzsteuer.

§ 7 Materialentschädigung, Textbücher

Die Rundfunkanstalt zahlt bei Produktionen dramatisch-musikalischer Werke eine Materialentschädigung in Höhe von . . . . .% des Sendeentgeltes (§ 6), soweit nicht Industrieschallplatten benutzt werden. Bei Herstellung und Nutzung von Wiedergabevorrich-

tungen (§ 2 lit. c) hat die übernehmende Rundfunkgesellschaft . . . . . % als Materialentschädigung zu zahlen.
Der Verlag stellt der Rundfunkanstalt bei Produktionen wortdramatischer Werke bis zu 5 Texte des Werkes kostenlos zur Verfügung. Der Kaufpreis weiterer Textbücher beträgt EUR . . . . . zuzüglich Umsatzsteuer in gesetzlicher Höhe.

§ 8 Kontoverbindung

Sendeentgelte, Materialentschädigungen und sonstige Vergütungen sind auf die nachstehend angegebene Kontoverbindung des Verlages zu zahlen: . . . . . .

§ 9 Auskunftsrecht

Rundfunkanstalt und Verlag werden einander bei etwaiger gerichtlicher oder außergerichtlicher Geltendmachung der übertragenen Rechte unterstützen, notwendige Auskünfte erteilen sowie Dokumente und sonstige Unterlagen zur Verfügung stellen.

§ 10 Nebenabreden

Rundfunkanstalt und Verlag erklären, dass Nebenabreden zu diesem Vertrag nicht getroffen worden sind und etwaige Änderungen oder Ergänzungen des Vertrags zu ihrer Rechtsgültigkeit der Schriftform bedürfen.

§ 11 Nichtigkeitsklausel

Sollte irgendeine Bestimmung dieses Vertrages nichtig sein, so wird hierdurch die Rechtsgültigkeit des Vertrages insgesamt nicht berührt. An die Stelle der nichtigen soll eine gültige Bestimmung treten, die dem Sinn des Vertrages entspricht und durchführbar ist.

§ 12 Vertragsausfertigungen

Dieser Vertrag wurde in . . . . . Exemplaren ausgefertigt. In jeder Ausfertigung wurden folgende Paragraphen bzw. Absätze gestrichen: . . . . .

§ 13 Inkrafttreten, Gerichtsstand

Dieser Vertrag tritt in Kraft, sobald er von beiden Vertragsparteien rechtsverbindlich unterzeichnet ist; er gilt auch für die beiderseitigen Rechtsnachfolger.
Für die Auslegung dieses Vertrages gilt ergänzend das Recht der Bundesrepublik Deutschland. Erfüllungsort und Gerichtsstand für beide Teile ist nach Wahl des Klägers der Sitz des Verlages oder der Sitz der Rundfunkanstalt. Ein Rechtsstreit soll vor dem zuständigen Gericht für Urheberstreitsachen geführt werden.

Literaturhinweise: Christmann, Anforderungen an eine moderne Plattformregulierung, ZUM 2015, 14 ff.; *Dürr,* Der neue Medienstaatsvertrag und die verfassungsrechtlichen Vorgaben für das duale Rundfunksystem, ZUM 2015, 6 ff.; *Grewenig,* Plattformregulierung und Vielfaltsicherung – Die Sicher der privaten Sender, ZUM 2015, 32 ff.; *Katzenberger,* Gemeinsame Vergütungsregeln als kollektives Instrument, in: *Obergfell (Hrg.),* Zehn Jahre reformiertes Urhebervertragsrecht, Berlin 2013, 35 ff.; *Lindemann,* Das kommerzielle Engagement der öffentlich-rechtlichen Rundfunkanstalten unter Marktbedingungen, Inhalt und wettbewerbsrechtliche Relevanz der Marktkonformitätsgebote im Rundfunkstaatsvertrag, ZUM 2014, 187 ff *.; Poll,* Zur Bedeutung und Reichweite des „Filmherstellungsrechts" an der Musik bei der Produktion von TV-Shows, ZUM 2014, 877 ff..; *Potthasst,* Der Funktionsauftrag des öffentlich-rechtlichen Rundfunks losgelöst von der technischen Darreichungsform, ZUM 2015, 1 ff.; *Schwarz,* Der Erwerb von Video-on-Demand-Rechten an Film- und Fernsehwerken durch Sendeunternehmen, ZUM 2014, 758 ff.; *Schröder,* Plattformregulierung und Vielfaltsicherung, – Die

Sicht der öffentlich-rechtlichen Sender; ZUM 2015, 27 ff.; *Sperling/Kroß,* Die Künstlersozialabgabe bei Medienunternehmen, ZUM 2014, 210 ff.; *Wiechmann,* Video-on-Demand als verlängertes Senderecht oder eigenständige Verwertungsart? Medienrechtliche und urheberrechtliche Aspekte, ZUM 2014, 764 ff.; Kommentare zu §§ 19a, 20 ff., 36 UrhG; Kommentierung Vorvorauflage Form. 37 A, 37 B. und 38.

Anmerkungen

1. Sachverhalt. Die vorstehenden Muster geben den derzeitigen Stand der Vertragsgrundlagen für in erster Linie **fiktionale Produktionen** (Hörfunk- und Fernsehproduktionen) wieder, an denen **Urheber** (Autoren, Komponisten) beteiligt sind. Die → Form. 37 A bis 37 E betreffen Fernsehen, die → Form. 38 bezieht sich auf Hörfunk.

a) **Fernsehen.** aa) Die **Regelwerke der Bühnenverlage** zielen auf den **öffentlich-rechtlichen Rundfunk** einschließlich der von ihm veranlassten Auftragsproduktionen (→ Form. 41). Der gesamte Regelungsbereich ist im Wandel begriffen. Die noch in der Vorauflage abgedruckte Rahmenvereinbarung zwischen dem Verband der Drehbuchautoren (VDD) und dem ZDF (→ Form. 37 B) wurde durch den kurz vor Redaktionsschluss dieser Auflage erfolgten Abschluss einer Gemeinsamen Vergütungsregel zwischen VDD und ARD obsolet. Inhaltlich findet die Gemeinsame Vergütungsregel Anwendung auf vollfinanzierte fiktionale Auftragsproduktionen mit einer Länge von etwa 90 Minuten. Darüberhinausgehende Anwendungsbereiche sollen zukünftig noch verhandelt werden.

Der Abschluss der Gemeinsamen Vergütungsregel erfolgte unter Einbeziehung der Produzentenallianz sowie der Degeto. Alleine die Degeto verantwortet etwa 90 % aller fiktionalen Produktionen der Landesrundfunkanstalten der ARD, wodurch ihrer Einbeziehung in das Regelungswerk gesteigerte Bedeutung zukommt. Es bedarf weiterhin des Abschlusses von flankierenden (Lizenz-)Verträgen, in welchen auf die Geltung der GVR zu verweisen ist.

Das Seitens der Rechteinhaber formulierte Ziel, die Autorinnen und Autoren von ARD-Produktionen besser zu bezahlen, dürfte durch den Abschluss der Gemeinsamen Vergütungsregeln als erreicht gelten. Die nun vereinbarten Basisvergütungen verstehen sich als Mindesthonorare, die deutlich über der bisherigen Durchschnittsvergütung liegen. Den Drehbuchautoren wird zudem ein Anspruch auf Erlösbeteiligung bei der kommerziellen Auswertung eingeräumt. Neu ist ferner eine nutzungsbezogene Online-Vergütung.

Dass sich die Drehbuchautoren mit ihrer Forderung nach einer Anhebung ihrer Vergütung durchsetzen konnten, ist nicht zuletzt der starken Nachfrage nach neuen fiktionalen Stoffen und dem damit einhergehenden Bedeutungszuwachs der Drehbuchautoren geschuldet. In Zeiten, in denen bereits Streaming-Dienste wie Netflix und Amazon Prime mit wachsendem Erfolg eigene fiktionale Formate produzieren und hierfür Drehbuchautoren akquirieren, ist der Wettbewerb um die besten Autoren in vollem Gange. Der Verband der Bühnen- und Medienverlage (VDB) hat mit der ARD, der Degeto und der Produzentenallianz ebenfalls eine Gemeinsame Vergütungsregel nach § 36 UrhG aufgestellt. Sie ist praktisch wortgleich mit der Gemeinsamen Vergütungsregel des VDD und der ARD/Degeto/Produzentenallianz. Den Bedenken des VDB hinsichtlich der Abschlussfähigkeit von Gemeinsamen Vergütungsregeln – anders als der VDD ist der VDB keine Vereinigung von Urhebern iSd § 36 UrhG – wurde durch den zusätzlichen Abschluss der Anwendungsvereinbarung (→ Form. 37 D) Rechnung getragen.

Sämtliche Regelungen der Regelsammlungen gelten formal ausschließlich zwischen ARD/ZDF auf der einen und Verlagen des Verbandes Deutscher Bühnen- und Medienverlage auf der anderen Seite. Beide Seiten haben einen Anspruch darauf, dass die Regelungen den Verträgen zugrunde gelegt werden. Allerdings gesteht der Rundfunk

„freien", also nicht von Verlagen vertretenen Urhebern im Einzelfall die Anwendung der Vergütungsregeln der Bühnenverlage zu. Bühnenverlage sind auch Medienverlage und Medienagenturen. (Die Mitgliedsverlage des Verbandes sind auf der Eingangsseite www.theater texte.de unter „VDB" aufgeführt.) Auf die konkrete Vertragsbeziehung zwischen Verlag und Urheber kommt es nicht an. Der Verlag ist im Regelfall Inhaber der Rechte, muss es aber nicht sein („Agenturmodell", „Vertretungsmodell"). Die Regelungen können Dritten dennoch als Orientierung über gängige Vertragsmodalitäten dienen. Die Sender greifen in diesen Fällen bevorzugt auf hausinterne Urheberbedingungen zurück (→ Form. 39).

Die noch in der Vorauflage aufgeworfene Frage, ob es sich bei den Vereinbarungen der Bühnenverlage nicht um Gemeinsame Vergütungsregeln iSd § 36 UrhG handele (*Katzenberger*, aaO, unter III. 3.), ist jedenfalls im Bereich der Drehbuchautoren durch den tatsächlichen Abschluss der Gemeinsamen Vergütungsregelung hinfällig geworden. Für die Regelsammlungen als solche ist die Annahme einer Gemeinsamen Vergütungsregelung weiterhin aus den hierzu bereits früher vertretenen Gründen zu verneinen (→ Form. 46 Anm. 2).

Die **Rahmenvereinbarung** mit dem **ZDF** findet ungeachtet des Abschlusses der Gemeinsamen Vergütungsregeln zwischen dem VDD und dem ZDF für Verträge zwischen dem ZDF und den Medienverlagen weiterhin Anwendung. Die Vereinbarung sieht eine freie Wahl der Vertragsmuster vor. Eine Einschränkung besteht bei Serien. Hier will der Sender für alle beteiligten Urheber einheitlich das „3-Korb-Modell" anwenden. Das „Wiederholungshonorar-Modell" entspricht in ihrer Struktur der überkommenen Regelsammlung Fernsehen, während das „1-Korb-Modell" eine Kombination mit einem beschränkten Buyout darstellt. Diese alternative Vertragsgestaltung ist mit Blick auf die gesetzliche Regelung des § 32a UrhG aufgenommen worden. Gleiches trifft für das „3-Korb-Modell" zu, bei dem der Rechteauskauf befristet ist und der jeweils nächste „Korb" gesondert ausgelöst werden muss. Welches Muster sich individuell am besten eignet, wird sowohl vom Format als auch von den Interessen des Autors abhängen. Für Drehbuchautoren vor Ende ihrer kreativen Schaffensperiode könnte eher eine Einmalzahlung attraktiv sein.

Vereinbarungen zwischen Bühnenverlagen und **Privatem Rundfunk** fehlen. Verträge werden einzelvertraglich, zumeist als Buyout-Verträge in Form des Agenturvertrages geschlossen.

bb) Die **Gemeinsame Vergütungsregel** des **Verbandes Deutscher Drehbuchautoren** mit dem Sender ProSiebenSat.1 ist im Bereich des Privatrundfunks singulär geblieben. Die Vereinbarung versucht, eventuelle Nachvergütungsansprüche des Urhebers iSd § 32a UrhG mit einem „Reichweiten-Beteiligungsmodell" vertraglich aufzufangen (dort unter C.). Auf die Vergütungsregel können sich auch Drehbuchautoren berufen, die selbst nicht Mitglied des Verbandes sind (dort unter A. II.). Die Vereinbarung des Verbandes Deutscher Drehbuchautoren korrespondiert mit einer parallelen Vergütungsregel des Bundesverbandes der Film- und Fernsehregisseure (www.regieverband.de).

b) Hörfunk. Die Regelsammlungen für den Hörfunk sind veraltet und bedürfen dringend einer Überarbeitung. Umstritten sind bundesweit gemeinsam ausgestrahlte Produktionen aller/mehrerer Landesrundfunkanstalten und des DLR zu reduzierten Sendeentgelten und erweiterten Rechtenutzungen. Das betrifft vor allem Hörspiele. Nicht gelöst ist, ob und in welchem Umfang die von einigen Landesrundfunkanstalten gewünschte Nutzung in Mediatheken unter Einschluss eines kostenfreien Downloads ermöglicht werden könnte. Eine einheitliche Haltung hat sich dazu bislang auf Seiten des Rundfunks nicht herausgebildet [Stand 01/2015]. In Anbetracht der Tatsache aber, dass Downloads zugunsten von Streaming-Angeboten immer stärker an Bedeutung verlieren, wird sich die Diskussion zukünftig möglicherweise verlagern.

2. Handlungsanweisung. a) Fernsehen. Zu klären ist, ob einzelne Muster direkt anwendbar sind. Für Dritte sind gesonderte Verträge zu entwerfen. Das gilt sowohl für den öffentlichen-rechtlichen Rundfunk als auch für Vereinbarungen mit weiteren Privaten Rundfunkveranstaltern neben ProSiebenSat.1. b) Hörfunk. Grundsätzlich ist die Regelsammlung Hörfunk ungeachtet der eingangs genannten Punkte (oben 1. b) zugrunde zu legen.

3. Rechte. Der Rechtekanon kann den Mustern entnommen werden.

4. Kosten. Die Kosten für die anwaltliche Begleitung richten sich nach dem RVG. Es empfiehlt sich angesichts des komplexen Sachverhalts, eine Gebührenvereinbarung abzuschließen.

39. Allgemeine Bedingungen für Urheber/Fernsehen (Sendeverträge)

1. Geltungsbereich[1, 2]

1.1. Diese Allgemeinen Bedingungen gelten für Verträge, die der rbb mit Mitarbeitern/Mitarbeiterinnen über von ihnen geschaffene urheberrechtlich geschützte Werke abschließt, ungeachtet in welcher Form diese abgeliefert werden (zB Manuskript, sendefertiger Beitrag). Von diesen Bedingungen kann im Einzelfall abgewichen werden.

1.2. Die Allgemeinen Bedingungen gelten nicht für Verträge, die zwischen dem rbb und Arbeitnehmern/Arbeitnehmerinnen des rbb im Sinne von I.1. des „Übergangstarifvertrages zur Regelung der Vertragsverhältnisse im Zusammenhang mit der Fusion ORB/SFB“ bzw. einem diesem nachfolgenden Manteltarifvertrag für den rbb abgeschlossen werden.

1.3. Die Allgemeinen Bedingungen finden keine Anwendung, soweit der Mitarbeiter/die Mitarbeiterin die Senderechte an seinem/ihrem Werk einer Verwertungsgesellschaft übertragen hat und der rbb die Rechte von dieser Verwertungsgesellschaft erwirbt.

2. Abschluss und Inhalt des Vertrages[4]

2.1. Verträge bedürfen der Schriftform. Mündliche Absprachen sind vom rbb schriftlich zu bestätigen. Als schriftliche Bestätigung gilt auch die Übersendung der Vergütungsmitteilung durch den rbb. Hat der Mitarbeiter/die Mitarbeiterin die Vergütung widerspruchslos angenommen und geht ein schriftlicher Widerspruch nicht innerhalb von zwei Wochen nach Versand der Vergütungsmitteilung ein, so gilt dies als Einverständnis des Mitarbeiters/der Mitarbeiterin mit dem Vertrag und diesen Allgemeinen Geschäftsbedingungen.

2.2. Im Vertrag sind mindestens zu vereinbaren:

a) welches Werk Vertragsgegenstand ist;
b) wann das Werk abgeliefert werden soll;
c) welche Vergütung der Mitarbeiter/die Mitarbeiterin dafür erhalten soll.

Bei Auftragswerken sind auf besonderen Wunsch des Mitarbeiters/der Mitarbeiterin oder des rbb Vereinbarungen über die inhaltlichen Grundzüge und Merkmale des Werkes zu treffen.

2.3. Vereinbarungen über die Änderung, Ergänzung oder Aufhebung eines schriftlich geschlossenen oder bestätigten Vertrages bedürfen zur Gültigkeit der Schriftform. Ein entsprechender Schriftwechsel genügt hierfür ebenso wie die erneute Übersendung einer entsprechend geänderten bzw. ergänzten Vergütungsmitteilung.

2.4. Das abzuliefernde Werk muss den für den rbb geltenden Gesetzen, Satzungen und allgemeinen Grundsätzen für die Programminhalte entsprechen. Insbesondere sind die Programmgrundsätze der ARD und des rbb sowie die Richtlinien zur Trennung von Werbung und Programm sowie die Bestimmungen zum Jugendschutz einzuhalten. Diese Bestimmungen sind dem Mitarbeiter/der Mitarbeiterin auf Anforderung zur Verfügung zu stellen.

3. Rechteeinräumung zu Rundfunkzwecken[5]

3.1. Mit dem Abschluss des Vertrages räumt der Mitarbeiter/die Mitarbeiterin dem rbb die ausschließlichen, räumlich und inhaltlich unbeschränkten Rechte ein, sein/ihr Werk für alle Zwecke des Rundfunks ganz oder teilweise im In- und Ausland beliebig oft zu nutzen und die unter Benutzung des Werkes erfolgte Sendung oder hergestellte Produktion ganz oder teilweise im In- und Ausland beliebig oft zu verwerten. Soweit sich aus dem Einzelvertrag keine Besonderheit ergibt, ist das Werk zur Nutzung im Hörfunk, Fernsehen und zur Online-Nutzung bestimmt.

3.2.

3.2.1. Zur ausschließlichen Nutzung werden die Rechte am Werk zeitlich begrenzt eingeräumt:

- bei Hörfunkproduktionen auf sieben Jahre
- bei Fernsehproduktionen auf sieben Jahre
- bei Fernsehspielen und -serien auf zehn Jahre
- bei Onlineproduktionen auf fünf Jahre

jeweils vom Zeitpunkt des Vertragsschlusses an, bei Auftragswerken jeweils vom Zeitpunkt der Abnahme an.

3.2.2. Ist Gegenstand des Vertrages ein Exposé, Treatment oder ein sonstiges zur weiteren Bearbeitung bestimmtes Werk des Mitarbeiters/der Mitarbeiterin, so kann der Mitarbeiter/die Mitarbeiterin das ausschließliche Nutzungsrecht nach Ablauf von zwei Jahren nach Abnahme zurückrufen, falls nicht innerhalb dieser Frist der Drehbuchauftrag bzw. ein sonstiger Auftrag zur Umsetzung oder Realisierung erteilt ist. Wird ein solcher Auftrag erteilt, so gelten die Fristen nach Ziff. 3.2.1. von der Abnahme des Manuskriptes/Drehbuches an.

3.2.3. Abweichend von den Ziffern 3.2.1. und 3.2.2. können auch längere Fristen vereinbart werden, zB bei produktionstechnisch bedingten Verzögerungen, durch die eine termingerechte Herstellung der Produktion nicht mehr gewährleistet werden kann; der rbb kann ggf. deswegen auch nachträglich eine angemessene Verlängerung der Fristen verlangen.

3.2.4. Die einfachen Nutzungsrechte am Werk zur Verwertung der unter Nutzung des Werkes hergestellten Produktionen werden dem rbb für die Dauer der gesetzlichen Schutzfrist eingeräumt.

3.3 Zu Rundfunkzwecken räumt der Mitarbeiter/die Mitarbeiterin dem rbb mit Abschluss des Vertrages insbesondere folgende Nutzungsrechte ein:

3.3.1. das Senderecht unbeschadet der Übertragungstechnik, der Standards, Formate oder der Empfangsgeräte;

3.3.2. das Vervielfältigungsrecht einschließlich des Rechts der Übertragung auf Bild- und/oder Ton- bzw. Datenträger, der Einspeicherung in Datenbanken des rbb und der ARD und – auch elektronischen – Archiven des rbb sowie der Nutzung dieser Archive;

3.3.3. das Recht der öffentlichen Zugänglichmachung, unbeschadet der Übertragungstechnik, der Standards und Formate, soweit nichts anderes vereinbart ist;

3.3.4. das Verbreitungsrecht einschließlich des Rechts zum Verkauf, zur Vermietung, zum Verleih oder zu sonstigen Abgaben von Vervielfältigungsstücken des produzierten Werkes;

3.3.5. das Vortrags-, Aufführungs- und Vorführungsrecht, insbesondere zum Zweck der Aufzeichnung oder Live-Sendung, sowie das Recht zur öffentlichen Wiedergabe von Bild- und/oder Tonträgern oder Funksendungen, insbesondere im Zusammenhang mit Messen, Ausstellungen, Festivals, Wettbewerben und zu sonstigen Werbemaßnahmen für das Rundfunkwesen;
(dem Mitarbeiter/der Mitarbeiterin verbleibt das in Ziffer 9.2. aufgeführte Recht);

3.3.6. das Ausstellungsrecht;

3.3.7. das Recht zur einmaligen Verfilmung, unbeschadet der zulässigen wiederholten Verwendung von Ausschnitten aus der Produktion in anderen Produktionen, auch multimedialer Art;

3.3.8. das Recht zur Änderung und Bearbeitung, zu Umgestaltungen, zu Übersetzungen und Untertitelungen in Form von Fernsehtext, Radiotext und vergleichbaren Textdiensten, jeweils nach Maßgabe der Ziff. 8.;

3.3.9. das Recht zur Herstellung, Vervielfältigung, Verbreitung und öffentlichen Wiedergabe von schriftlichem Begleitmaterial oder Begleittexten, soweit zeitlich vorrangige Rechte nicht bestehen; auf das Bestehen solcher Rechte hat der Mitarbeiter/die Mitarbeiterin nach Ziff. 11.1. den rbb hinzuweisen;

3.3.10. das Recht zur Herstellung, Vervielfältigung, Verbreitung, öffentlichen Wiedergabe und öffentlichen Zugänglichmachung von Werbe- und Informationsmaterial zu Sendungen (zB Inhaltsangaben, Programmvorschauen, Programmführer, programmbegleitende Dienste, Werbeschriften) oder für sonstige Zwecke der Öffentlichkeitsarbeit des rbb bzw. der ARD einschließlich der bildlichen Darstellung des Mitarbeiters/der Mitarbeiterin, sofern er/sie einer solchen Darstellung nicht widerspricht;

3.3.11. das Recht, nach der Ausstrahlung des Werkes einzelne Abdrucke des Sendemanuskripts an Interessenten zum persönlichen Gebrauch unentgeltlich abzugeben, es sei denn, dass der Mitarbeiter/die Mitarbeiterin bei Ablieferung widerspricht;

3.3.12. das Recht, die unter Benutzung des Werkes hergestellte Produktion zu Prüf-, Lehr- und Forschungszwecken (auch im Rahmen von Pilotprojekten) zu verwenden.

4. Rechteeinräumung zu anderen Zwecken[5]

4.1. Mit Abschluss des Vertrages räumt der Mitarbeiter/die Mitarbeiterin dem rbb nach Maßgabe der folgenden Bestimmungen das Recht ein, das Werk und/oder die unter Benutzung des Werkes erstellte Produktion zu anderen als zu Rundfunkzwecken zu nutzen.

4.2. Der Mitarbeiter/die Mitarbeiterin räumt dem rbb das einfache räumlich, zeitlich und inhaltlich unbeschränkte Recht ein, die unter Benutzung des Werkes hergestellte Produktion ganz oder teilweise zu Zwecken der Bildungs- oder Kulturarbeit in nicht gewerblichen Einrichtungen zu nutzen. Dazu gehören auch solche Einrichtungen, die regelmäßig Bildungs- und Kulturarbeit betreiben, ohne dass dies ihr Hauptzweck ist. Im Bedarfsfall wird der Mitarbeiter/die Mitarbeiterin dem rbb für Zwecke nach Satz 1 die ausschließlichen Nutzungsrechte am Werk nach den Grundsätzen von Treu und Glauben einräumen.

4.3. Zu Zwecken der Kino- und Schmalfilmauswertung räumt der Mitarbeiter/die Mitarbeiterin dem rbb das ausschließliche, zeitlich, räumlich und inhaltlich unbeschränkte Recht ein, die unter Benutzung des Werkes hergestellte Produktion ganz oder teilweise als Bild- und/oder Tonträger in allen analogen und/oder digitalen Formaten zu gewerblichen oder nicht gewerblichen, öffentlichen oder nicht öffentlichen Wiedergaben zu nutzen, insbesondere zu vervielfältigen, zu verkaufen, zu vermieten oder zu verleihen.

4.4. Zu Zwecken der audiovisuellen Verwertung und der Verwertung mittels Tonträger räumt der Mitarbeiter/die Mitarbeiterin dem rbb das ausschließliche, zeitlich, räumlich sowie inhaltlich unbeschränkte Recht ein, die unter Benutzung des Werkes hergestellte Produktion ganz oder teilweise als Bild-, Tonträger und/oder sonstigen Datenträger in allen analogen und/oder digitalen Formaten zur gewerblichen oder nichtgewerblichen öffentlichen oder nichtöffentlichen Wiedergaben zu nutzen, insbesondere zu vervielfältigen, zu verkaufen, zu vermieten oder zu verleihen.

4.5. Die unter Ziff. 4.2. bis 4.4. genannten Nutzungen umfassen auch die Befugnis zur Aufnahme von Funksendungen auf Bild-, Ton- oder Datenträger sowie deren Vervielfältigung und Verbreitung zur gewerblichen oder nichtgewerblichen, öffentlichen oder nicht öffentlichen Wiedergabe (Mitschnitt).

4.6. Zu Zwecken der Verwertung in Datenbanken, im Wege der öffentlichen Zugänglichmachung sowie der Verbindung mit anderen Werken oder Produktionen (multimediale Nutzung) räumt der Mitarbeiter/die Mitarbeiterin dem rbb das ausschließliche, räumlich, zeitlich sowie inhaltlich unbeschränkte Recht ein, das Werk bzw. die unter Verwendung des Werkes hergestellte Produktion zu gewerblichen oder nicht gewerblichen sowie öffentlichen und nicht öffentlichen Wiedergaben zu nutzen, insbesondere zu vervielfältigen, zu verkaufen, zu vermieten oder zu verleihen.

4.7. Der Mitarbeiter/die Mitarbeiterin räumt dem rbb zu den in den Ziff. 4.2., 4.3., 4.4. und 4.6. genannten Zwecken das Recht zu Änderungen, Bearbeitungen, Umgestaltungen, Kürzungen, Übersetzungen und Untertitelungen nach Maßgabe der Ziff. 8. ein.

4.8. Der rbb wird die ihm nach Ziff. 4.2. Satz 3, 4.3., 4.4. und 4.6. eingeräumten Rechte nach Maßgabe seiner betrieblichen und sonstigen Möglichkeiten nutzen. Er wird ihm vom Mitarbeiter/der Mitarbeiterin nachgewiesene Nutzungsmöglichkeiten prüfen und bei Bedarf mit ihm/ihr gemeinsam erörtern. Hat die Prüfung nicht die Planung einer Nutzung zum Ergebnis, gibt der rbb die Rechte an der Produktion für die vom Mitarbeiter nachgewiesene konkrete Nutzungsmöglichkeit frei, sofern nicht Interessen des rbb iSd Ziff. 9.4. entgegenstehen.

4.9. Die nach Ziff. 4.3., 4.4. und 4.6. eingeräumten ausschließlichen Rechte können vom Mitarbeiter/der Mitarbeiterin zurückgerufen werden, wenn der rbb nicht innerhalb von fünf Jahren nach der Erstsendung selbst oder durch Weiterübertragung nach Ziff. 6 mit der Nutzung begonnen hat, es sei denn, die Frist wird gesondert einzelvertraglich geändert.
Dem rbb verbleibt jedoch in jedem Fall ein einfaches, räumlich und inhaltlich unbeschränktes Nutzungsrecht für die Dauer der gesetzlichen Schutzfrist.

4.10. Die Nutzung nach Ziff. 4.2., 4.3., 4.4. und 4.6. erfolgt grundsätzlich gegen Entgelt; eine unentgeltliche Nutzung, bei der der rbb auf die Erstattung von Kosten verzichtet, ist auf seltene, begründete Ausnahmefälle zu beschränken.

4.11. Mit Urhebern, die der Produktion allein oder gemeinsam das Gesamtgepräge gegeben haben (Haupturheber), muss die Rechteeinräumung nach Ziff. 4.2., 4.3., 4.4. und 4.6. im Vertrag als gesonderte Vereinbarung hervorgehoben und von der Mitarbeiterin/dem Mitarbeiter gesondert unterschrieben werden.

4.12. Hat der rbb ein Interesse an einer anderweitigen kommerziellen Verwertung von der Produktion verwendeten Elementen und Figuren zum Vertrieb von Waren (Merchandising) oder beabsichtigt der Mitarbeiter/die Mitarbeiterin eine solche Verwertung, ist er verpflichtet, zuerst dem rbb die hierfür erforderlichen Rechte anzubieten. Nimmt der rbb das Angebot an, kann er mit der Nutzung erst nach Abschluss einer gesonderten Vereinbarung über eine angemessene Vergütung beginnen.

5. Unbekannte Nutzungsarten

Der Mitarbeiter/die Mitarbeiterin verpflichtet sich, bei erst zukünftig bekannt werdenden Nutzungsarten nach deren Entstehen zunächst nur mit dem rbb über die Einräumung der Rechte an diesen zu verhandeln und erst wenn diese Verhandlungen zu keiner Einigung führen oder beim rbb kein Interesse an einer entsprechenden Nutzung besteht, die Rechte Dritten anzubieten.

6. Weiterübertragung von Rechten[5]

6.1. Der rbb ist berechtigt, die ihm von dem Mitarbeiter/der Mitarbeiterin an seinem/ihrem Werk und/oder der Nutzung des Werkes hergestellten Produktionen eingeräumten Rechte zur Auswertung dieser Produktion gem. Ziff. 3–5 ganz oder teilweise auf Dritte zu übertragen oder diesen Nutzungsrechte einzuräumen.

6.2. Der rbb ist auch berechtigt, die ihm von dem Mitarbeiter/der Mitarbeiterin an seinem/ihrem Werk für die Produktion des rbb eingeräumten Rechte in Auftrags-, Gemeinschafts- oder Koproduktionen einzubringen und die Rechte zur Auswertung auch dieser Produktionen auf Dritte zu übertragen.

Die Rechte des Mitarbeiters/der Mitarbeiterin sind hierbei – unbeschadet etwaiger Einzelvereinbarungen für den außerrundfunkmäßigen Bereich – wie bei einer Eigenproduktion sicherzustellen.

7. Titel

Dem rbb steht das ausschließliche, zeitlich, räumlich und inhaltlich unbeschränkte Recht zu, den Titel des Werkes zu nutzen. Eingeschlossen ist das Recht, den Titel auch nach seiner Veröffentlichung für eine andere Produktion zu nutzen, zu verändern oder zu ersetzen sowie ihn für etwaige Fortsetzungen zu nutzen. Umfasst ist auch das Recht, den Titel in Register, die dem Prioritätsnachweis dienen oder Abwehransprüche unterstützen, für den rbb anzumelden und die Eintragung – insbesondere als Marke – herbeizuführen.

8. Änderungen, Bearbeitungen, Umgestaltungen und Übersetzungen[6]

8.1. Bei Änderungen, Bearbeitungen (auch Untertitelungen zB durch Fernsehtext, Radiotext und vergleichbare Textdienste), Umgestaltungen, Übersetzungen, Transkriptionen und Synchronisationen des Werks bzw. der Produktion ist in allen Fällen das Urheberpersönlichkeitsrecht des Mitarbeiters/der Mitarbeiterin zu wahren. Eine Veränderung der Wesenszüge des Werkes ist zu vermeiden. Mit zulässigen Änderungen dürfen keine Entstellungen oder andere Beeinträchtigungen verbunden sein (§§ 14, 23 und 83 UrhG). Im Übrigen bleiben die §§ 93 Abs. 1 und 95 UrhG unberührt.

Änderungen und Bearbeitungen des Werkes und der unter Benutzung des Werkes hergestellten Produktion zu den nach diesen Bestimmungen genannten Zwecken sind zulässig, soweit sie auf Grund der für den rbb geltenden Grundsätze für die Programmarbeit, auf Grund produktionsbedingter oder sendetechnischer Erfordernisse geboten sind; zulässig sind auch die für die Online-Nutzung, Fernsehtext-, Radiotext- und vergleichbare Textdienst-Untertitelung notwendigen Bearbeitungen.

8.2. Nur mit ausdrücklicher Einwilligung des Mitarbeiters/der Mitarbeiterin sind zulässig

a) Übersetzungen des Werkes, es sei denn, das Werk ist im Vertrag für fremdsprachige Sendungen oder für die Herstellung fremdsprachiger Versionen der Produktion bestimmt. Unter Übersetzung des Werkes fallen nicht Synchronisations- und Voice-Over-Bearbeitungen, so dass die Anfertigung einer internationalen Fassung der Produktion auch ohne Zustimmung des Mitarbeiters/der Mitarbeiterin zulässig ist;

b) die deutschsprachige Synchronisation seiner/ihrer darstellerischen Leistung.

c) die Fortsetzung von Produktionen, insbesondere Serien, unter Benutzung der von dem Mitarbeiter/der Mitarbeiterin entwickelten Konzeption und der Figuren.

Der Mitarbeiter/die Mitarbeiterin darf seine/ihre Einwilligung in den vorgenannten Fällen nur aus wichtigem Grund und nicht wider Treu und Glauben versagen (§ 39 UrhG).

8.3. Ohne Einwilligung des Mitarbeiters/der Mitarbeiterin sind Änderungen des Werkes oder der Produktion durch den rbb zulässig, wenn

a) sie aus Gründen der in Ziff. 2.4. genannten Arten zwingend erforderlich sind;

b) ein vom Mitarbeiter/von der Mitarbeiterin geliefertes Exposé oder eine sonstige zur Bearbeitung bestimmte Vorlage nach Wahl des rbb durch Dritte ausgearbeitet oder fertig gestellt werden soll;

c) sie auf Grund produktions- oder sendetechnischer Erfordernisse geboten sind;

d) der Mitarbeiter/die Mitarbeiterin seine/ihre Einwilligung nach Treu und Glauben nicht versagen kann (§ 39 UrhG)

8.4. Der Mitarbeiter/die Mitarbeiterin ist von Änderungen, die gem. Ziff. 8.2. vorgenommen werden, zu unterrichten.

8.5. Soweit der Mitarbeiter/die Mitarbeiterin als Bühnen- und Szenenbildner/ Bühnen- und Szenenbildnerin beschäftigt wird, ist der rbb berechtigt, Pläne, Detailzeichnungen und Modelle des hergestellten Bühnenbildes und seiner einzelnen Elemente zu verändern und zu bearbeiten und in veränderter/bearbeiteter Form auch für andere Produktionen zu verwenden.

8.6. Für Bearbeitungen oder Umgestaltungen eines im Auftrag der Rundfunkanstalt für Fernsehen oder Hörfunk geschaffenen Werkes zur Veröffentlichung und Verwertung in einer anderen, nicht von Ziff. 4.2., 4.3., 4.4. oder 4.6. erfassten Nutzungsart gelten die Ziff. 8.1. bis 8.4. entsprechend.

9. Eigene Nutzungsrechte des Mitarbeiters[5]

9.1. Dem Mitarbeiter/der Mitarbeiterin verbleiben seine/ihre von urheberrechtlichen Verwertungsgesellschaften wahrgenommenen Zweitwiedergaberechte und Vergütungsansprüche nach §§ 20b, 21, 22, 27, 45a, 49, 54, 54a und 63a UrhG unter Ausnahme der dem rbb eingeräumten Rechte zum Mitschnitt von Funksendungen.

9.2. Dem Mitarbeiter/der Mitarbeiterin verbleibt nach Absprache mit dem rbb das Recht, sein/ihr Werk bei Ausstellungen, Festivals, Wettbewerben und ähnlichen Veranstaltungen vorzustellen und im Rahmen eigener Vortrags- und Lehrtätigkeit zu nutzen.

9.3. Soweit dem Mitarbeiter/der Mitarbeiterin eigene Nutzungsrechte verbleiben, darf er/sie nach der Erstsendung frei über diese verfügen. Beabsichtigt er/sie, diese Rechte selbst zu nutzen oder an Dritte zu vergeben, so hat er/sie dies dem rbb rechtzeitig vorher schriftlich mitzuteilen und dem rbb diese Rechte zur vorgesehenen Nutzung zu angemessenen Bedingungen anzubieten. Kommt innerhalb von drei Monaten nach dem Angebot durch den Mitarbeiter/die Mitarbeiterin eine Vereinbarung zwischen ihm/ihr und dem rbb nicht zustande, kann er/sie über diese Rechte frei verfügen. Die Sätze 2 und 3 gelten nicht für das Recht zur Verwertung des Werkes in periodischen Druckwerken.

9.4. Der rbb kann eine Nutzung nach Ziff. 9.2. untersagen, soweit und solange dadurch seine überwiegenden und berechtigten Interessen verletzt würden; dies ist vom rbb zu begründen. Ein überwiegendes Interesse des rbb ist jedenfalls immer dann gegeben, wenn eine Serie noch regelmäßig im Programm des rbb ausgestrahlt wird. Bei Werken mit Kennzeichnungsfunktion (zB musikalische Signale, Bilder oder Zeichnungen, die auf das Sendeunternehmen bzw. eine Sendung hinweisen, wie Jingles, Logos, etc) ist diese Nutzung stets nur nach schriftlicher Zustimmung des rbb zulässig.

9.5. Der Mitarbeiter/die Mitarbeiterin ermächtigt den rbb, bei Rechtsverletzungen durch Dritte im Zusammenhang mit der Produktion oder Sendung, für die sein/ihr Werk genutzt worden ist, gegen die Dritten auch etwaige von ihm/ihr nicht gem. Ziff. 3–5 dem rbb eingeräumten Rechte an seinem/ihrem Werk im In- und Ausland geltend zu machen. Beide Seiten sind zur gegenseitigen Unterstützung und Information verpflichtet.

9.6. Bei der Verwertung von Rechten durch den Mitarbeiter/die Mitarbeiterin bedarf die werbliche Verwendung von Namen und Kennzeichen des rbb dessen ausdrücklicher Zustimmung.

10. Ablieferung des Werkes[9]

10.1. Der Mitarbeiter/die Mitarbeiterin hat dem rbb das Werk oder ein sonstiges Werkstück (zB Manuskript, sendefertiger Beitrag, vollständiges Aufführungsmaterial) in einem für den Vertragszweck geeigneten Zustand abzuliefern. Er/sie liefert in einem vom rbb vorgegebenen elektronisch lesbaren Dateiformat die vollständige Dialogliste bzw. den Kommentartext, ggf. mit Abschrift der Originaltexte mit TC-Angaben sowie eine timecode-genaue Schnittliste (nach vorgegebenem Format), inklusive des in der Produktion verwendeten Fremdmaterials (gem. Ziffer 14.).

10.2. Ist der Vertrag über ein bereits vollendetes Werk geschlossen, so hat der Mitarbeiter/die Mitarbeiterin das Werk sofort abzuliefern. Soll das Werk erst nach Abschluss des Sendevertrages ausgearbeitet oder fertiggestellt werden, so hat der Mitarbeiter/die Mitarbeiterin das Werk innerhalb der vereinbarten oder – mangels ausdrücklicher Vereinbarung – einer den Umständen nach angemessenen Frist abzuliefern. Erfolgt die Ablieferung nicht rechtzeitig, so kann der rbb eine angemessene Nachfrist zur Ablieferung mit der Erklärung bestimmen, dass er die Abnahme nach Ablauf dieser Frist ablehnt. Nach dem Ablauf der Frist ist der rbb berechtigt, von dem Sendevertrag zurückzutreten. Der rbb kann im Fall des Rücktritts ein Werk unter Verwendung der bisher vorliegenden, vom Mitarbeiter/von der Mitarbeiterin erstellten Fassungen und Materialien herstellen oder herstellen lassen. Der Mitarbeiter/die Mitarbeiterin ist verpflichtet, diese dem rbb zu übereignen. Die Vergütung des Mitarbeiters/der Mitarbeiterin richtet sich in diesen Fällen nach Ziff. 18.4.3.

10.3. Der Bestimmung einer Nachfrist bedarf es nicht, wenn die rechtzeitige Herstellung des Werkes unmöglich geworden ist, vom Mitarbeiter/von der Mitarbeiterin abgelehnt wird, der rbb im Vertrag sein Leistungsinteresse an die Rechtzeitigkeit der Ablieferung gebunden hat (Fixgeschäft) oder wenn der Rücktritt vom Vertrag durch ein besonderes Interesse des rbb gerechtfertigt ist.

Hat der Mitarbeiter/die Mitarbeiterin die Unmöglichkeit oder den Rücktrittsgrund nicht zu vertreten, so erhält er/sie eine Entschädigung gem. Ziff. 18.4.3.

10.4. Der Rücktritt ist ausgeschlossen, wenn die nicht rechtzeitige Ablieferung des Werkes für den rbb einen nur unerheblichen Nachteil mit sich bringt.

10.5. Die im Fall des Verzuges des Mitarbeiters dem rbb zustehenden Rechte werden hierdurch nicht berührt.

11. Besondere Pflichten des Mitarbeiters/der Mitarbeiterin[8]

11.1. Der Mitarbeiter/die Mitarbeiterin versichert, dass er/sie allein berechtigt ist, über das Urheberrecht an seinem/ihrem Werk zu verfügen, dass er/sie bisher keine den Rechtseinräumungen des Vertrages entgegenstehende Verfügung getroffen hat und dass der Inhalt oder Teile des Werkes nicht widerrechtlich urheberrechtlich geschützten Werken anderer Urheber entnommen sind.

11.2. Der Mitarbeiter/die Mitarbeiterin ist verpflichtet, auf im Werk enthaltene Darstellungen hinzuweisen, aus denen sich nach seiner/ihrer Kenntnis das Risiko einer Verletzung der für den rbb maßgeblichen gesetzlichen Vorschriften, insbesondere der Programmgrundsätze, der Richtlinien zur Trennung von Werbung und Programm und/oder zum Jugendschutz ergeben könnte.

Der Mitarbeiter/die Mitarbeiterin versichert, dass er/sie das vertraglich geschuldete Werk hergestellt hat bzw. herstellt, ohne von dritter Seite finanzielle Zuwendungen bzw. geldwerte oder sonstige Vorteile für die Platzierung von Themen, Kennzeichen (Namen, Logos, Marken, Signets, Musik, etc) oder Produkten erhalten zu haben oder künftig zu erhalten.

11.3. Der Mitarbeiter/die Mitarbeiterin ist verpflichtet, den rbb spätestens bei Ablieferung des Werkes schriftlich auf im Werk enthaltene – nicht offenkundige – Darstellungen von Personen oder Ereignissen hinzuweisen, mit denen nach seiner/ihrer Kenntnis das Risiko einer Persönlichkeitsrechtsverletzung verbunden ist.

11.4. Ist der rbb der begründeten Meinung, dass ein solches Risiko nach den Ziff. 11.2. und 11.3. im Einzelfall gegeben sei, so ist der Mitarbeiter/die Mitarbeiterin verpflichtet, das Werk entsprechend zu ändern; kommt er/sie dieser Verpflichtung nicht nach, so ist der rbb berechtigt, die Änderung durch Dritte vornehmen zu lassen oder vom Vertrag zurückzutreten. Ist die Änderung für den Mitarbeiter/die Mitarbeiterin unzumutbar, so ist er/sie berechtigt, vom Vertrag zurückzutreten.

11.5. Der Mitarbeiter/die Mitarbeiterin ist nicht berechtigt, den rbb ohne dessen Einwilligung Dritten gegenüber zu verpflichten.

12. Abnahme[7]

12.1. Die Abnahme des Werkes erfolgt durch den rbb. Ein Auftragswerk gilt als abgenommen, wenn der rbb nicht binnen einer Frist von zwei Monaten nach Ablieferung Beanstandungen schriftlich geltend macht. Diese sind auf Wunsch des Mitarbeiters/der Mitarbeiterin schriftlich zu begründen. Im Einzelfall kann mit dem Mitarbeiter/der Mitarbeiterin eine Verlängerung der Abnahmefrist vereinbart werden.

Nimmt der rbb das Werk nicht ab, so ist der Mitarbeiter/die Mitarbeiterin berechtigt, das Werk innerhalb einer vom rbb festzusetzenden angemessenen Frist zu ändern. Lehnt der Mitarbeiter/die Mitarbeiterin eine Änderung ab, ist er/sie zu einer Änderung nicht imstande oder nimmt der rbb auch die geänderte Fassung nicht ab, weil das Werk den Anforderungen nicht genügt, die der rbb berechtigterweise stellen kann, so kann der rbb ein Werk unter Verwendung der bisher vorliegenden Fassungen herstellen oder herstellen lassen. Der Mitarbeiter/die Mitarbeiterin ist verpflichtet, diese dem rbb zu übereignen. Die Vergütung des Mitarbeiters/der Mitarbeiterin richtet sich in diesem Fall nach Ziff. 18.4.3.

12.2. Ist Gegenstand des Vertrages ein Exposé oder eine sonstige zur Bearbeitung bestimmte Vorlage des Mitarbeiters/der Mitarbeiterin, so kann der rbb das Exposé oder die Vorlage ganz oder teilweise nach seiner Wahl durch den Mitarbeiter/die Mitarbeiterin oder durch Dritte für die Sendung bearbeiten oder fertig stellen lassen.
Wird ein Dritter mit der Bearbeitung beauftragt, ist der Mitarbeiter/die Mitarbeiterin davon umgehend zu verständigen.

13. Eigentumsübertragung/Belegstücke[9]

13.1. Das Eigentum an dem Werkexemplar geht mit der Ablieferung gem. Ziff. 10 auf den rbb über. Für den Zugang zu den Werkexemplaren gilt § 25 UrhG.

13.2. Das Eigentum an Originalen grafischer Werke und Entwürfen anderer Werke der bildenden Kunst ist nach vertraglicher Auswertung des Werkes durch den rbb auf den Mitarbeiter/die Mitarbeiterin zurück zu übertragen, wenn er/sie es bei Vertragsabschluss verlangt. Dies gilt nicht für Pläne, Detailzeichnungen und Modelle eines hergestellten Setdesigns/Bühnenbildes.

13.3. Bei Werken, die der Mitarbeiter/die Mitarbeiterin nicht selbstständig aufgezeichnet hat (zB manuskriptloser oder geänderter Vortrag auf Bild- und/oder Tonträger des rbb, Szenenbildwerk), kann er/sie mit ausdrücklicher Zustimmung des rbb und der anderen Berechtigten im Einzelfalle eine auf seinen/ihren Beitrag beschränkte Ton- oder Bildträgerkopie der Aufzeichnung des rbb auf eigene Kosten zum eigenen Gebrauch und unter Ausschluss jeglicher anderweitiger Verwendungen herstellen oder herstellen lassen, und zwar auf Wunsch des rbb durch diesen selbst. Ein entsprechender Antrag ist in der Regel vor der Sendung zu stellen. Der rbb kann aus wichtigem Grund, insbesondere bei unzumutbarem Aufwand, seine Zustimmung versagen.
Das Recht aus Ziff. 9.2. bleibt unberührt.

14 Verwendung Beiträge Dritter[8]

14.1. Urheberrechtlich geschützte Beiträge anderer Urheber dürfen nur mit Zustimmung des rbb in dem Werk verwendet werden. Der Mitarbeiter/die Mitarbeiterin ist verpflichtet, diese Beiträge dem rbb in einer timecode-genauen Aufstellung in einem vom rbb bestimmten Datenformat mitzuteilen, die folgende Angaben enthalten muss:
Musik:
a) Titel (vollständig),
b) Komponist (Vor- und Zuname),
c) Bearbeiter,
d) Texter, Textdichter,
e) Musikverlag,
f) Label Code (immer fünfstellig eintragen, fehlende Ziffern mit Nullen ersetzen, auch wenn LC-Nr. nicht vorhanden ist),
g) Besetzung (Solisten und Interpreten),
h) Sendedauer, gegebenenfalls Umfang der entlehnten Musik,
im Übrigen:
a) Vor- und Zuname des betreffenden Urhebers (zB Miturheber, Übersetzer, Bearbeiter),
b) vollständiger Titel der verwendeten Beiträge bzw. der Arbeit oder des Buches, dem sie entnommen sind,
c) Bezeichnung der Werke der bildenden Kunst und Fotos, sowie ihre Herkunft/Quelle, Rechteumfang und Lizenzgeber nebst Anschrift,

d) genaue Vers- oder Prosazeilenzahl,
e) bei gedruckten Werken Verlag und genaue Fundstelle,
f) bei Ausschnitten aus anderen Filmwerken Angaben zu den Rechteinhabern.

14.2. Auf Anforderung hat der Mitarbeiter/die Mitarbeiterin die schriftliche Zustimmung der Urheber, deren Werke benutzt wurden, und sonstiger Berechtigter beizubringen. Bei Bearbeitungen ist es Sache des Mitarbeiters/der Mitarbeiterin, die Zustimmung des Urhebers des bearbeiteten Werkes und evtl. sonstiger Berechtigter einzuholen und dem rbb nachzuweisen.

14.3 Die Ziff. 14.1. und 14.2. gelten nicht für die vom rbb erteilten Bearbeitungsaufträge.

15. Pflicht zur Verschwiegenheit

15.1. Der Mitarbeiter/die Mitarbeiterin ist verpflichtet, Stillschweigen über den Inhalt seines/ihres Werkes und der daraus entstandenen Produktion oder Sendung zu wahren. Diese Verpflichtung gilt nicht, wenn der Inhalt bereits ohnehin in der Öffentlichkeit bekannt ist. Verletzt der Mitarbeiter/die Mitarbeiterin diese Pflicht, so verliert er/sie seine/ihre Vergütungsansprüche aus dem Vertrag. Weitergehende Ansprüche und Rechte des rbb bleiben vorbehalten.

15.2. Im Übrigen ist der Mitarbeiter/die Mitarbeiterin zur Verschwiegenheit über alle ihm/ihr bekannt gewordenen betrieblichen Angelegenheiten und Vorgänge des rbb verpflichtet, die ihrer Natur nach oder aufgrund besonderer Anordnung vertraulich zu behandeln sind.

16. Freistellung[8]

16.1. Der Mitarbeiter/die Mitarbeiterin haftet nur für grob fahrlässige oder vorsätzliche Verletzungen dieser Vertragspflichten und stellt den rbb von allen Ansprüchen frei, die aufgrund einer solchen Pflichtverletzung von Dritten gegen den rbb geltend gemacht werden.

16.2. Hat der Mitarbeiter/die Mitarbeiterin spätestens bei Ablieferung des Werkes seine Informationspflicht aus Ziff. 11.1. und 11.3. erfüllt, stellt der rbb ihn/sie von allen Ansprüchen frei, die im Zusammenhang mit diesen Darstellungen von Dritten gegen den Mitarbeiter/die Mitarbeiterin erhoben werden. Insoweit sind auch Schadensersatzansprüche des rbb gegen den Mitarbeiter/die Mitarbeiterin ausgeschlossen. Das gleiche gilt für urheberrechtliche Ansprüche, wenn der Mitarbeiter/die Mitarbeiterin seiner Verpflichtung nach Ziff. 11.1. und 14. nachgekommen ist.

16.3. Der Mitarbeiter/die Mitarbeiterin ist unabhängig von einem etwaigen Verschulden verpflichtet, den rbb bei der Abwehr von Ansprüchen Dritter zu unterstützen, insbesondere auch durch die Erteilung von Auskünften und die Beibringung von Unterlagen.

17. Namensnennung[12]

17.1. Der rbb nennt den Mitarbeiter/die Mitarbeiterin in angemessener Weise im Zusammenhang mit der Sendung seines/ihres Werkes, es sei denn, dass die Urheberbenennung nicht rundfunküblich ist oder der Mitarbeiter/die Mitarbeiterin ihr widerspricht. Dies gilt auch bei Bearbeitung eines Werkes durch Dritte, wenn sich das ursprüngliche Werk in der Produktion in urheberrechtlich relevanter Weise erkennbar wieder findet.

17.2. Bei der Weitergabe von Produktionen des rbb an Dritte ist eine entsprechende Urheberbenennung sicherzustellen.

18. Vergütung[11]

18.1. Allgemeine Vergütungsbestimmungen

18.1.1. Der Mitarbeiter/die Mitarbeiterin erhält eine im Vertrag zu vereinbarende Vergütung als Entgelt für seine/ihre Leistungen und Rechteeinräumungen.

18.1.2. Der Mitarbeiter/die Mitarbeiterin erhält nutzungsunabhängig für die Möglichkeit der Online-Nutzung während der ersten sieben Tage nach Ausstrahlung des Werkes einmalig einen Zuschlag in Höhe von 2,75 % sowie ab dem 8. Tag bei einer entsprechenden Nutzung einen weiteren Zuschlag in Höhe von 2,5 %.

18.1.3. Sofern ein Urhebervertrag nicht als „W- bzw. Ü-Vertrag" gekennzeichnet ist, sind mit der einmaligen Vergütung sämtliche Leistungen und die Übertragung der Rechte gem. Ziff. 3. bis 8. dieser Vertragsbedingungen abgegolten. Die Ansprüche nach Ziff. 18.5. bleiben hiervon unberührt.

18.1.4. Sofern ein Urhebervertrag als „Ü-Vertrag" gekennzeichnet ist, sind mit der Erstvergütung neben den Ausstrahlungen gem. Ziff. 18.2.1. bei Fernsehbeiträgen alle Ausstrahlungen im Programm des rbb (Hörfunk und Fernsehen) abgegolten. Für darüber hinausgehende Nutzungen durch andere Rundfunkanstalten oder in Gemeinschaftsprogrammen finden die Ziff. 18.2.2. bis 18.2.12. bzw. 18.3.2.3. Anwendung. Dies gilt im Hörfunk nicht für Einstellungen in das ARD-Sammelangebot; diese werden gem. Ziff. 18.3.1. vergütet.

18.2. *Fernsehen*

18.2.1. Ist der Vertrag mit dem Mitarbeiter/der Mitarbeiterin als Urhebervertrag mit „W" (wiederholungs- oder folgevergütungspflichtig) gekennzeichnet, so ist mit der vereinbarten Vergütung eine Sendung im Fernsehgemeinschaftsprogramm (Erstes Programm) oder jeweils eine Sendung in allen Anstalts-/Landesprogrammen oder allen Dritten Fernsehprogrammen der ARD-Anstalten (Erstsendung) sowie eine Wiederholung im rbb Fernsehen innerhalb von einem Jahr nach der dortigen Erstausstrahlung abgegolten.
Zusätzlich erhält der Mitarbeiter/die Mitarbeiterin folgende Vergütungen:

18.2.2. Bei Wiederholungen im Fernsehgemeinschaftsprogramm der ARD-Rundfunkanstalten zahlt der rbb vorbehaltlich der Ziff. 18.2.3. und 18.2.4. eine Wiederholungsvergütung in Höhe von 50 % der Erstvergütung.

18.2.3. Bei Wiederholungen im Fernsehvormittags- und Frühinformationsprogramm wird eine Wiederholungsvergütung in Höhe von 20 % der Erstvergütung gezahlt.

18.2.4. Bei Wiederholungen im Fernsehgemeinschaftsprogramm zwischen 0.00 Uhr und 6.00 Uhr (Nachtprogram) wird eine Wiederholungsvergütung in Höhe von 15 % der Erstvergütung gezahlt.

18.2.5. Bei Wiederholungen im gesamten Sendegebiet des rbb Fernsehens oder einer anderen ARD-Anstalt oder in einem Dritten Fernsehanstaltsprogramm erhält der Mitarbeiter/die Mitarbeiterin von der sendenden Anstalt eine Wiederholungsvergütung in Höhe von 10 % der Erstvergütung, bei Wiederholungen im Fernsehanstaltsprogramm des Saarländischen Rundfunks und von Radio Bremen eine Wiederholungsvergütung in Höhe von 5 % der Erstvergütung.
Wiederholungen in einem Teil des gesamten Sendebereichs der Anstalt begründen keinen Anspruch auf Wiederholungsvergütung.
Wird die Sendung in mehreren Fernsehanstaltsprogrammen der ARD-Anstalt wiederholt, so sind insgesamt höchsten 50 % der Erstsendung zu zahlen.

18.2.6. Bis zu zwei Wiederholungen im selben Programm innerhalb von 48 Stunden nach der Erstausstrahlung oder nach einer Wiederholung lösen keinen Anspruch auf Wiederholungsvergütung aus.
Bei der Berechnung der Fristen werden Sonn- und Feiertage nicht mitgezählt.

18.2.7. Bei Wiederholungen im Satellitenprogramm 3Sat wird eine Wiederholungsvergütung in Höhe von 20 % bezogen auf die Wiederholungsvergütung nach Ziffer 18.2.2. gezahlt.

18.2.8. Bei Wiederholungen in den Programmen Kinderkanal oder Ereigniskanal (Phoenix) wird eine Wiederholungsvergütung von 20 % bezogen auf die Wiederholungsvergütung nach Ziff. 18.2.2. für bis zu fünf Ausstrahlungen innerhalb von einem Monat gezahlt. Ziff. 18.2.6. findet keine Anwendung.

18.2.9. Bei Wiederholungen in Angeboten von ARD-Digital wird eine Wiederholungsvergütung von 7 % bezogen auf die Wiederholungsvergütung nach Ziff. 18.2.2. für beliebig häufige Wiederholungen innerhalb von sechs Monaten ab Erstausstrahlung in einem digitalen Angebot gezahlt.

18.2.10. Bei Wiederholungen im Programm ARTE wird eine Wiederholungsvergütung in Höhe von 10 % der Erstvergütung pro Ausstrahlung gezahlt.

18.2.11. Bei Wiederholungen im Bildungsprogramm BR-alpha des Bayerischen Rundfunks wird eine Wiederholungsvergütung in Höhe von 5 % der Erstvergütung für bis zu fünf Ausstrahlungen in sechs Monaten gezahlt.

18.2.12. Vorabausstrahlungen von Fernsehproduktionen in Programmen, die ausschließlich digital ausgestrahlt und empfangen werden, sowie in Satellitenprogrammen, Dritten Fernsehprogrammen oder Anstaltsprogrammen werden als Wiederholungen im Sinne von Ziff. 18.2.5., 18.2.7., 18.2.8., 18.2.9. oder 18.2.11. behandelt.

18.3. *Hörfunk*

18.3.1. Werden Beiträge des Vertragstyps „E“ (einmalige Vergütung sämtlicher Leistungen und Rechteübertragungen) in ein ARD-Sammelangebot – für die übernehmende Anstalt vergütungsfrei – eingestellt, so wird dies durch einen Zuschlag auf die Vergütung angemessen berücksichtigt.

18.3.2. Sofern ein Vertrag als Urhebervertrag „W“ (wiederholungs- und folgevergütungspflichtig) gekennzeichnet ist, so ist mit der Vergütung eine Sendung im gesamten Sendegebiet des rbb abgegolten. Zusätzlich erhält der Mitarbeiter/die Mitarbeiterin folgende Vergütung:

18.3.2.1. Bei Wiederholungen im gesamten Sendebereich des rbb zahlt dieser eine Wiederholungsvergütung in Höhe von 50 % der Erstvergütung.

18.3.2.2. Die einmalige unveränderte erneute Ausstrahlung in einem der Hörfunkprogramme des rbb innerhalb von drei Tagen nach einer Ausstrahlung löst keinen Anspruch auf Wiederholungsvergütung aus.

18.3.2.3. Übernimmt ein anderes öffentlich-rechtliches Sendeunternehmen der ARD, die Deutsche Welle oder Deutschlandradio eine Sendung des rbb oder verwendet es einen Tonträger desselben für Hörfunkzwecke, so wird der rbb das Sendeunternehmen verpflichten, für jede Sendung des Werkes mindestens 50 % (Radio Bremen und Saarländischer Rundfunk je 25 %) der mit dem rbb vereinbarten Erstvergütung an den Mitarbeiter/die Mitarbeiterin zu zahlen, es sei denn, das andere Sendeunternehmen trifft mit dem Mitarbeiter/der Mitarbeiterin eine abweichende Vereinbarung. Eine Übernahme durch die Deutsche Welle umfasst das Recht zur einmaligen Ausstrahlung in jeder Sendesprache.

18.3.2.4. Die gleichzeitige oder geringfügig zeitversetzte Ausstrahlung von Sendungen des rbb im Rahmen einer ständigen Kooperation oder eines Gemeinschaftsprogramms stellt keine Übernahme im Sinne von Ziff. 18.3.2.3. dar. Dasselbe gilt für zeitgleiche Anschlusssendungen von Rundfunkveranstaltern, die Mitglied der European Broadcasting Union (EBU) sind, jedoch ausschließlich bei Übertragungen von Konzertveranstaltungen.

18.4. Gemeinsame Vergütungsregelungen[7]

18.4.1. Verwendung von Teilen der Produktion
Bei Verwendung eines Teiles der Produktion ermäßigt sich die Wiederholungs-/Übernahmevergütung entsprechend; eine ausschnittweise Verwendung bis zu 5 Minuten Sendedauer ist durch die im Sendevertrag vereinbarte Vergütung abgegolten, wenn nicht mehr als 25 % des gesamten Werkes verwendet werden. Ziff. 8.1. ist dabei zu beachten.

18.4.2. Festivals und Wettbewerbe, Prüf-, Lehr- und Forschungszwecke, programmbegleitende Angebote. Durch die im Vertrag vereinbarte Erstvergütung sind auch

a) Sendungen oder sonstige öffentliche Wiedergaben auf oder anlässlich von Messen, Ausstellungen, Festivals und Wettbewerben;
b) Verwendungen zu Prüf-, Lehr- und Forschungszwecken des Rundfunks;
c) die Verwendung in Programmvorschauen, Inhaltsangaben und programmbegleitenden Angeboten für Presse und Rundfunk und für sonstige Werbeträger und
d) Sendungen zum Zwecke der Öffentlichkeitsarbeit des rbb und der ARD

jeweils einschließlich der entsprechenden Online-Nutzung bzw. der Nutzung in interaktiven Zusatzdiensten abgegolten.

18.4.3. Angemessene sonstige Vergütung
In den Fällen der Ziff. 10.2., 10.3. letzter Satz und 12.1. Abs. 2 Satz 2–4 zahlt der rbb anstelle der vereinbarten Erstvergütung eine angemessene Vergütung. Diese hat insbesondere den Umfang der auf Grund des Vertrages geleisteten Arbeiten, die nötigen Aufwendungen des Mitarbeiters/der Mitarbeiterin und die Verwendbarkeit der bisher vorliegenden Fassungen für den vertraglichen Zweck zu berücksichtigen.

18.4.4. Fortsetzungen
Erteilt der Mitarbeiter/die Mitarbeiterin im Falle der Ziff. 8.2. lit. e seine/ihre Einwilligung oder kann er/sie seine/ihre Einwilligung nach Treu und Glauben nicht versagen, so ist mit ihm/ihr eine Vereinbarung über eine angemessene Vergütung zu treffen, sofern dies üblicherweise erwartet werden darf.

18.4.5. Koproduktionen
Bei Koproduktionen unter Federführung des rbb sind Art und Umfang der Nutzung durch Koproduzenten bei der Vergütungsregelung angemessen zu berücksichtigen, es sei denn, der Mitarbeiter/die Mitarbeiterin trifft mit dem Koproduzenten eine besondere Vereinbarung.

18.4.6. Ausbildungsprogramme
Bei spezifischen Sendungen zu Ausbildungszwecken (wie Schulfernseh- und Schulhörfunkprogramme) gilt die Erstvergütung oder die Wiederholungsvergütung als Entgelt für eine beliebige Zahl von Ausstrahlungen innerhalb von einem Monat.

18.4.7. Unentgeltliche Abgabe
Bei unentgeltlicher Abgabe der Produktion an ein nicht der ARD angehörendes Sendeunternehmen für Rundfunkzwecke verpflichtet der rbb das übernehmende Sendeunternehmen, dem Mitarbeiter/der Mitarbeiterin eine nach Art und Umfang angemessene Vergütung zu zahlen. In gleicher Weise wird verfahren, wenn der rbb im Tausch gegen eine Produktion des übernehmenden Sendeunternehmens eine eigene Produktion abgibt.

18.5. Entgeltliche Verwertung

18.5.1. Bei entgeltlicher Verwertung der Nutzungsrechte erhalten die Mitarbeiter/die Mitarbeiterinnen, deren Werk oder Werkstücke, und die Mitwirkenden, deren

Rechte und Leistungen für die Produktion genutzt worden sind unabhängig vom Vertragstyp, insgesamt 35 % vom Nettoerlös. Dieser Anteil wird – sofern sowohl Urheber als auch mitwirkende Leistungsschutzberechtigte an der Produktion beteiligt sind – zwischen diesen hälftig aufgeteilt. Zu den Leistungsschutzberechtigten zählen nicht Veranstalter, Tonträgerhersteller, Hersteller von Datenbanken, Filmhersteller gemäß §§ 81, 85, 87a–c und 94 UrhG. Die 35 % bzw. 17,5 % des Nettoerlöses werden im Verhältnis der Erstvergütung der Berechtigten zueinander aufgeteilt.

18.5.2. Als Nettoerlös gelten die Bruttoeinnahmen des rbb, die die für die Verwertung beauftragte Verwertungstochter des rbb dem rbb auszahlt. Die Wirtschaftsführung der Verwertungstochter unterliegt gem. § 16c Rundfunkstaatsvertrag der Prüfung des zuständigen Landesrechnungshofes. Sowohl die vertraglichen Beziehungen des rbb zur Verwertungstochter als auch deren Verwertungstätigkeiten müssen marktkonform sein.

18.5.3. Die Abrechnung und Zahlung der Anteile an den Verwertungserlösen erfolgt für sämtliche abgewickelten Verwertungsfälle des abgelaufenen Kalenderjahres jeweils zum 30.6. des folgenden Jahres. Individuelle Erlösbeteiligungsansprüche entstehen nur dann, wenn im Einzelfall die Bruttoeinnahme des rbb aus der Werk- bzw. Produktionsverwertung 1.500,00 EUR überschreiten; eine individuelle Ausschüttung erfolgt nur dann, wenn im Einzelfall eine Bagatellgrenze von 15,00 EUR im Jahr überschritten wird. Alle nicht individuell zur Auszahlung gelangenden Erlöse werden gemeinnützigen Einrichtungen, die sozialen Zwecken und Belangen der Urheber dienen, zur Verfügung gestellt.

18.5.4. Der Mitarbeiter/die Mitarbeiterin ist berechtigt, die jährlichen Ergebnisberichte über die entgeltliche Verwertung – soweit sie sein/ihr Werk betreffen – durch einen Wirtschaftsprüfer oder Steuerberater auf eigene Kosten einzusehen. Der Prüfer sowie der Mitarbeiter/die Mitarbeiterin sind zur Verschwiegenheit gegenüber Dritten verpflichtet.

18.5.5. Bei Verwendung einer Hörfunkproduktion im Transkriptionsdienst erhält der Mitarbeiter/die Mitarbeiterin anstelle einer Erlösbeteiligung vom Träger des Transkriptionsdienstes eine einmalige angemessene Vergütung, zu deren Zahlung der rbb den Träger des Transkriptionsdienstes verpflichtet.

19. Fälligkeit

19.1. Die im Vertrag vereinbarte Vergütung ist nach Abnahme des Werkes, Übereignung des vom Mitarbeiter/von der Mitarbeiterin abzuliefernden Werkexemplars und Beibringung der nach Ziff. 11. und 14. sowie der für die Honoraranweisung erforderlichen Angaben und Zustimmungserklärungen fällig. Anteilige Zahlungen im Voraus können einzelvertraglich vereinbart werden.

19.2. Wiederholungs- und Übernahmevergütungen werden jeweils nach der Wiederholungs-/Übernahmesendung und den üblicherweise festgelegten Abrechnungsterminen fällig. Für die sonstigen vergütungspflichtigen Verwertungen ist Fälligkeitszeitpunkt der auf die Verwertung folgende nächstmögliche Termin der Abrechnung.

19.3. Der Mitarbeiter/die Mitarbeiterin ist verpflichtet, unverzüglich und unaufgefordert dem rbb sämtliche zur Auszahlung der Vergütung aus diesem Vertrag erforderlichen Angaben und deren Änderung mitzuteilen und über erhaltene Vorschüsse Rechnung zu legen. Ist dem rbb aufgrund fehlender oder unvollständiger Angaben die Auszahlung der Vergütung nicht möglich, so ist er zu eigenen Ermittlungen nicht verpflichtet. Dies gilt auch für den Fall einer etwaigen Rechtsnachfolge. Der rbb ist ebenso nicht zur Zahlung verpflichtet, bevor der Mitarbeiter/die Mitarbeiterin seinen/ihren Verpflichtungen aus den Ziff. 21.1. und 21.2. nachgekommen ist.

19.4. Nach Ablauf der gesetzlichen Schutzfrist ist das Entstehen neuer Zahlungsansprüche aus dem Sendevertrag ausgeschlossen.

20. Bruttovergütung

20.1. Die im Vertrag vereinbarten Vergütungen aller Art, einschließlich zu erstattender Aufwendungen, sind Bruttovergütungen und schließen die jeweilige gesetzliche Umsatzsteuer sowie sonstige Steuern ein.

20.2. Zahlungen leistet der rbb grundsätzlich bargeldlos auf das vom Mitarbeiter/von der Mitarbeiterin anzugebende Konto.

21. Steuern und Sozialversicherung

21.1. Ist der Mitarbeiter/die Mitarbeiterin in der Bundesrepublik Deutschland nicht einkommenssteuerpflichtig, so hat er/sie dies dem rbb anzuzeigen. Von den an den Mitarbeiter/die Mitarbeiterin zu leistenden Vergütungen hat der rbb die gesetzlich geregelten Abzüge vorzunehmen.

Der Mitarbeiter/die Mitarbeiterin stellt dem rbb auf dessen Anforderung hin die erforderlichen Nachweise und Unterlagen zur Erfüllung der entsprechenden Prüfungspflichten des rbb in steuerlicher und sozialversicherungsrechtlicher Hinsicht in der jeweiligen Fassung zur Verfügung.

21.2. Ist der Mitarbeiter/die Mitarbeiterin umsatzsteuerpflichtig, so hat er/sie dies dem rbb unverzüglich mitzuteilen. In der Abrechnung wird dann die in der Vergütung enthaltene Umsatzsteuer gesondert ausgewiesen.

21.3. Die Sozialversicherungspflicht richtet sich nach den gesetzlichen Bestimmungen.

22. Abtretung und Verpfändung[14]

Ansprüche des Mitarbeiters/der Mitarbeiterin aus dem Vertrag können unbeschadet § 354a HGB nur mit schriftlicher Zustimmung des rbb abgetreten oder verpfändet werden.

23. Verjährung[13]

Ansprüche des Mitarbeiters/der Mitarbeiterin verjähren mit dem Ablauf des zweiten auf die Fälligkeit folgenden Kalenderjahres, wenn der Mitarbeiter/die Mitarbeiterin von den Umständen, aus denen sich der Anspruch ergibt, Kenntnis erlangt, ohne Rücksicht auf diese Kenntnis in 10 Jahren.

24. Keine Nutzungsverpflichtung[10]

Durch den Abschluss des Vertrages wird eine Verpflichtung, das Werk im Rahmen dieses Vertrages zu nutzen, für den rbb nicht begründet.

25. Terminänderungen[10]

Der rbb ist berechtigt, anstelle des im Vertrag vorgesehenen Zeitpunktes einen anderen Termin für die Produktion, Sendung oder eine sonstige Wiedergabe des Werkes zu bestimmen. Der Mitarbeiter/die Mitarbeiterin wird von einer solchen Änderung verständigt. Entstehen für den Mitarbeiter/die Mitarbeiterin durch die Terminänderung zusätzliche Aufwendungen oder ergeben sich sonstige finanzielle Nachteile, so sind diese im Rahmen einer gesonderten Vereinbarung auszugleichen. Im Übrigen ändert sich an den Rechten und Pflichten des Mitarbeiters/der Mitarbeiterin nichts.

26. Rückrufsrecht[15]

26.1. Für die Ausübung des Rückrufsrechts gilt § 41 UrhG mit der Maßgabe, dass die Frist (beginnend jeweils mit dem Tag der Abnahme) nach § 41 Abs. 2 S. 1 UrhG

a) bei tagesaktuellen Beiträgen 3 Monate
b) bei allen sonstigen Werken fünf Jahre
beträgt und dass die vom Mitarbeiter/von der Mitarbeiterin zu leistende Entschädigung nach § 41 Abs. 6 UrhG 50 % der vereinbarten Vergütung nicht übersteigt.

26.2. Der rbb ist bereit, mit dem Mitarbeiter/der Mitarbeiterin über eine vorzeitige Freigabe der nicht genutzten Rechte zu verhandeln.

26.3. Soweit der rbb über die Rechte des Mitarbeiters/der Mitarbeiterin rechtswirksam zugunsten Dritter verfügt hat, bleiben diese Verfügungen vom Rückruf unberührt.

27. Erfüllungsort
Erfüllungsort ist – vorbehaltlich ausdrücklicher anderweitiger Vereinbarung – der Sitz des rbb.

28. Anzuwendendes Recht
Für die Auslegung des Vertrages gilt das Recht der Bundesrepublik Deutschland.

29. Gerichtsstand
Als Gerichtsstand wird Berlin für die Fälle vereinbart, dass
a) der Mitarbeiter/die Mitarbeiterin Kaufmann ist und nicht zu den in § 1 Abs. 2 Hs. 2 HGB bezeichneten Gewerbetreibenden gehört oder keinen allgemeinen Gerichtsstand im Inland hat,
b) der Mitarbeiter/die Mitarbeiterin nach Abschluss des Vertrages seinen/ihren Wohnsitz oder gewöhnlichen Aufenthaltsort aus der Bundesrepublik Deutschland verlegt oder sein/ihr Wohnsitz oder gewöhnlicher Aufenthaltsort zum Zeitpunkt der Klageerhebung nicht bekannt ist.

30. Datenschutz
Der Mitarbeiter/die Mitarbeiterin erklärt sich bei der Übernahme seines/ihres Werkes bzw. einer unter Verwendung seines/ihres Werkes hergestellten Produktion durch einen Dritten mit der Übermittlung seines/ihres Namens, seiner/ihrer Anschrift, seiner/ihrer Rufnummer und seiner/ihrer Bankverbindung durch den rbb an die übernehmende Sendeanstalt bereit, um die Anweisung fälliger Honorare zu ermöglichen.

Schrifttum: → Form. IX.28, 33, 41

Anmerkungen

1. Sachverhalt. Sendeunternehmen stellen einen Teil ihres Fernsehprogramms selbst her. Das für die sendereigene Produktion in Betracht kommende Programmspektrum umfasst alle Sparten von Nachrichtensendungen, journalistischen Beiträgen aller Art, Magazin- und Sportsendungen, Talk-Shows usw bis zum anspruchsvollen Filmwerk. Die Varianten der darin einfließenden Leistungselemente mit potenziell urheberrechtlichem Einschlag sind denkbar vielfältig und erstrecken sich von Filmmanuskripten über bloße Wortbeiträge, Szenenbildwerke, Bildvorlagen und musikalische Werke bis hin zu Leistungen im Bereich von Auswahl und Anordnung.

Die vorstehend abgedruckten Allgemeinen Bedingungen über die Urheberrechte von Mitarbeitern (Honorarbedingungen für Urheber) (AB) werden nur bei Verträgen mit freien Mitarbeitern angewandt, die weder Mitwirkende der Produktion selbst sind (→ Form. IX.40), noch als festangestellte oder arbeitnehmerähnliche Mitarbeiter fungieren (Nr. 1.2 AB), denn insoweit gelten tarifvertragliche Bestimmungen.

Öffentlich-rechtliche wie auch private Sendeunternehmen legen naturgemäß Wert darauf, dass eine umfassende Produktionsverwertung nicht durch einen lückenhaften Rechtserwerb gestört wird. Konsequenterweise nutzen die Sendeunternehmen im Rechtsverkehr mit Personen, die als Beiträger urheberrechtlich relevanter Leistungen in Betracht kommen, Allgemeine Geschäftsbedingungen, die auf einen umfassenden Rechtserwerb ausgelegt sind und alle Erscheinungsformen urheberrechtlich relevanten Schaffens abdecken.

Die abgedruckten AB des rbb entsprechen der bei Redaktionsschluss letzten bekannten Fassung mit Stand vom 1.1.2011. Die AB des ZDF enthalten weitgehend gleichlautende Regelungen. Ein Unterschied besteht allerdings hinsichtlich der Vergütung auf Grund der zwischen der Allianz Deutscher Produzenten – Film & Fernsehen, dem Verband Deutscher Drehbuchautoren (VDD) und dem ZDF unterzeichneten Vereinbarung, ausführlich → Form. IX.41 Anm. 12.

Zum Sachverhalt beim Rechtserwerb der Sendeunternehmen an Sprachwerken von größerem Gewicht → Form. IX.37 A → Form IX. 37 B → Anm. 1, zum entsprechenden Rechtserwerb durch Filmhersteller → Form. IX.28 Anm. 1 und → Form IX. 29 → Anm. 1. Zum Erwerb von Musikrechten für die Film- und Fernsehproduktion → Form. IX.30 Anm. 1 und → Form IX.31 → Anm. 1. Zum Hörfunk → Form. IX.38 Anm. 1.

2. Wahl des Formulars. Im direkten Geschäftsverkehr mit Urhebern bestehen die Rundfunkunternehmen auf die Zugrundelegung ihrer AB. Rechte an Musikwerken zur Einbringung in Fernsehproduktionen (Eigen- und Auftragsproduktion) werden von der GEMA auf der Grundlage ihres Tarifwerkes zur Verfügung gestellt, ausgenommen dramatisch-musikalische Werke (§ 1i) (3) aa) GEMA-Berechtigungsvertrag). Wird der Vertrag auf der Urheberseite durch einen Verlag abgeschlossen, gelten die → Form. IX.37 A und B. IX. Bei der Auftragsproduktion wird dem Produzenten ggf. aufgegeben, bei den Vertragsabschlüssen mit Urhebern die bei der Rundfunkanstalt gebräuchlichen AB gem. der vorgegebenen Vertragsart zu verwenden (→ Form. IX.41 § 3) In der Auswahl des Formulars besteht insofern eine Dispositionsmöglichkeit, als regelmäßig mehrere Formulartypen in Betracht kommen. Neben der Unterscheidung zwischen AB für Urheber einerseits und Mitwirkende andererseits gibt es unterschiedliche Formulare für Vertragsabschlüsse über kleinere Werke, die mit einer einmaligen Vergütung pauschal abgegolten werden, und solchen, die für bedeutsamere Werke vorgesehen sind und Wiederholungshonorare und Vergütungsansprüche für weitergehende Nutzungshandlungen enthalten (→ Anm. 11). Vorliegend wird aus Zweckmäßigkeitsgründen das umfassendere Formular behandelt. Im Hinblick auf die Zuerkennung von zusätzlichen Honoraransprüchen wird auf die aus Nr. 18.1.3. AB ersichtliche Vertragstechnik verwiesen: Der Urheber wird pauschal abgefunden, es sei denn, der Vertrag wird als eine bestimmte Vertragsart gekennzeichnet. Nur in diesem Fall kommen die Zusatzhonorare gemäß Ziff. 18.1.4.–18.2.12 bzw. 18.3.1.–18.3.2.4 zur Anwendung. Für festangestellte und arbeitnehmerähnliche Mitarbeiter gelten die einschlägigen tarifvertraglichen Regelungen sowie Dreier/Schulze § 32 Rn. 82 ff.).

3. Handlungsanweisung. Die AB sehen in Nr. 3–6 weitestgehende Rechtsübertragungen zugunsten der Rundfunkanstalt vor und sind im Übrigen im Interesse der überwiegend einseitig gesehenen Bedürfnisse der Rundfunkanstalt formuliert. Deshalb wird Personen, die nicht nur beiläufig oder eventualiter urheberrechtlich schützbare Leistungen erbringen und/oder mehrfach nutzbare Beiträge von einem gewissen Gewicht zur Verfügung stellen (Drehbuch und sonstige Filmmanuskripte und/oder ausgearbeitete Sendeformate, musikdramatische Werke usw) empfohlen, sich vor der Erbringung von Leistungen für Rundfunkunternehmen und vor dem Abschluss von Verträgen mindestens über den Katalog der vertragsgegenständlichen Nutzungsrechte, den Umfang der Gewährleistung, die Regelung der Vergütung und gegebenenfalls zusätzliche Regelungspunkte, die im konkreten Fall von besonderer Wichtigkeit sind, genau zu informieren. Sofern einzelne in den AB vorgesehene Rechtsfolgen nicht akzeptiert werden können, bedarf es einzelvertraglicher Vereinbarungen, die schriftlich festgehalten werden müssen, da die Einhaltung der Schriftform üblich und natürlich auch in den AB vorgeschrieben ist (Ziff. 2 AB). Zum Vergleich können jeweils die entsprechenden Klauseln des zwischen Verlag und Rundfunkanstalten praktizierten Vertrages (→ Form. IX.37 A) herangezogen werden.

4. **Zustandekommen des Vertrages.** Der Abschluss eines Sendevertrages bedarf eigentlich keiner gesetzlichen Form. Es kommt nicht selten vor, dass Vereinbarungen über kleinere Beiträge mündlich getroffen werden und dann nachträglich, dh nach erfolgter Produktion oder Sendung, dem Urheber ein Honorarschein zur Unterzeichnung vorgelegt wird, der die AB enthält. In Ziff. 2.1. AB ist dies ausdrücklich vorgesehen. In diesem Fall ist der Urheber zur Unterzeichnung nicht verpflichtet und hat unabhängig davon einen Vergütungsanspruch. Bei bedeutsamen Vertragsabschlüssen, insbesondere bei Auftragswerken für Fernsehproduktionen ist der schriftliche Abschluss von Sendeverträgen unter Einbeziehung der AB üblich. Die Rundfunkanstalt kann sich nicht durch ihre AB ermächtigen lassen, den Vertrag im Namen des Vertragspartners mit einer noch näher zu bezeichnenden Auswertungsfirma abzuschließen. Darin liegt ein Verstoß gegen die §§ 307 ff. BGB (BGH GRUR 1984, 45 – Honorarbedingungen: Sendevertrag). Die in Ziff. 2.1 und 2.3. AB vorgesehene Schriftformklausel kommt natürlich nur zum Zuge, wenn die AB kraft Parteivereinbarung überhaupt zum Vertragsinhalt gemacht worden sind. Die in Ziff. 2.4. AB neu eingefügte Klausel bezieht sich insbesondere auf die Regelungen des RStV, an die sich das Sendeunternehmen zu halten hat.

5. **Umfang der übertragenen Nutzungsrechte, Enthaltungspflichten.** Nach der durch die Urheberrechtsnovellierungen 2002 (Korb 1) und 2008 (Korb 2) in zwei Schritten erweiterten Vermutungsregel des § 88 Abs. 1 UrhG erwirbt die Rundfunkanstalt als Herstellerin der Fernsehproduktion auch von Seiten der Urheber vorbestehender Werke im Zweifel eine denkbar umfassende Auswertungsbefugnis daran für alle bekannten und unbekannten Nutzungsarten. Eine Spezifizierung der sich auf die Produktion selbst beziehenden Verwertungsbefugnisse mit Rücksicht auf die Zweckübertragungsregel wäre mithin nicht erforderlich. Die AB (Ziff. 3–6) lassen es sich gleichwohl nicht nehmen, einen umfassenden Rechtekatalog aufzulisten, getrennt nach Rundfunkzwecken (Ziff. 3 AB) und anderen Zwecken (Ziff. 4 AB). Zum Rechtekatalog bei Verträgen zwischen Rundfunkanstalt und Verlag → Form. IX.37 A, → Form. IX.37 B.

a) Sämtliche von den AB umfasste Nutzungsrechte zu Rundfunkzwecken werden als ausschließliche Rechte (§ 31 Abs. 3 UrhG) vergeben (Ziff. 3.1. AB), wobei die ausschließlichen Rechte zeitlich begrenzt je nach Produktionsart – für Hörfunk- und Fernsehproduktionen 7 Jahre, für Fernsehspiele und -serien 10 Jahre und für Onlineproduktionen 5 Jahre – unterschiedlich lang eingeräumt werden (Ziff. 3.2.1. AB). Die einfachen Rechte sind dann aber nach Ziff. 3.2.4. AB für die gesamte gesetzliche Schutzdauer des Werkes eingeräumt. Bei der Neufassung der AB achten die Sendeunternehmen nun insbesondere darauf, sich auch umfassende Rechte für den VoD-Abruf in ihren Mediatheken und die Einspeisung in ihre Datenbanken zu sichern (Ziff. 3.3.2., 3.3.3. und 4.6.).

Bezüglich der nicht rundfunkmäßigen Verwertung ist die Ausschließlichkeit auf 5 Jahre ab Erstsendung begrenzt, wenn bis dahin nicht mit ihrer Nutzung begonnen wurde (Ziff. 4.9. AB). Der Urheber darf die Rechte dann insoweit zurückrufen. Hinsichtlich der ihm regelmäßig noch verbleibenden einfachen Nutzungsrechte unterliegt der Urheber Enthaltungspflichten (Ziff. 9.3.–9.6. AB).

Bei Werken, für die eine anderweitige filmische Auswertung in späteren Jahren in Betracht zu ziehen ist, sollte im Einzelfall mit dem Rundfunkunternehmen über eine Verkürzung der Ausschließlichkeit zB auf 2 Jahre ab Erstsendung/längstens 5 Jahre ab Vertragsschluss verhandelt werden, wobei dem Rundfunkunternehmen die einfache Auswertungsbefugnis zeitlich unbegrenzt verbleibt. Bei Verträgen, die ein Exposé oder ein sonstiges zur weiteren Bearbeitung bestimmtes Werk betreffen, kann der Urheber nunmehr das Nutzungsrecht nach Ablauf von 2 Jahren nach Abnahme zurückrufen, falls innerhalb dieser Frist dem Urheber kein Drehbuchauftrag erteilt worden ist. Diese zushy; vor nur im Tarifvertrag enthaltene Klausel wurde nun ebenfalls in die AB eingefügt (Ziff. 3.2.2.).

b) Die Rechtsübertragung erfolgt räumlich unbeschränkt (Ziff. 3.1. AB), mithin nicht nur für das Sendegebiet der betreffenden Rundfunkanstalt, sondern weltweit. Da die inländischen Rundfunkanstalten das Senderecht im Ausland nicht selbst ausüben, ist die Rechtsübertragung insoweit nur sinnvoll in Verbindung mit der aus Ziff. 6 AB ersichtlichen Befugnis zur Weiterübertragung der Nutzungsrechte auf Dritte. Die Weiterübertragungsbefugnis bedeutet, dass die Rundfunkanstalt die ihr überlassenen Nutzungsrechte im eigenen Namen weitergeben darf, insbesondere darf sie ausländischen Unternehmen die Verwertung der Produktion zu Rundfunk-, Film-, AV- und Multimedia/Online-Zwecken gestatten.

c) Die Rechtsübertragung erfolgt nunmehr – in Abkehr von früheren AB – hinsichtlich der ausschließlichen Rechte zeitlich beschränkt (Ziff. 3.2.1. AB) wie oben dargestellt.

Die einfachen Nutzungsrechte werden allerdings zeitlich unbeschränkt und mithin für die Dauer der gesetzlichen Schutzfrist des vertragsgegenständlichen Werkes eingeräumt. Die zeitliche Geltung steht im Übrigen unter dem Vorbehalt, dass der Vertrag fortbesteht und nicht etwa durch Rücktritt oder Rückruf (→ Anm. 15) wegfällt.

d) Die Rundfunkanstalt darf die unter Verwendung des Werkes hergestellte Produktion unverändert, in Maßen umgestaltet, gekürzt und beliebig oft ausstrahlen (Ziff. 3, 4, 8 AB, vgl. die davon abweichende Optionsregelung bei → Form. IX.37 A § 4) und an andere inländische und ausländische Sendeunternehmen weitergeben (OLG Hamburg UFITA 79, 322). Im Übrigen werden nicht nur alle Erscheinungsformen des Funks und die verschiedenartigsten Formen der Verwertung der Funkproduktion außerhalb der eigentlichen Programmausstrahlung aufgezählt (Ziff. 3.2, 4 AB), sondern auch graphische Rechte, nämlich zur Herstellung von schriftlichem Begleitmaterial zu Sendungen, zur Vervielfältigung und Verbreitung von Werbe- und Informationsmaterial einschließlich der bildlichen Darstellung des Urhebers (Ziff. 3.3.10. AB) sowie die Abgabe von Abdrucken des Sendemanuskripts an Interessenten zum persönlichen Gebrauch (Ziff. 3.3.11. AB). Urheber, die bezüglich der vom Vertrag berührten Werke verlagsrechtlichen Bindungen unterliegen oder freie Hand für zukünftige Auswertungshandlungen benötigen, sollten Einzelabreden über die Streichung der entsprechenden Klauseln zu treffen suchen. Für Sendeverträge über Werke, die anderweitig, zB im Ausland, durch Film, Fernsehen oder Video ausgewertet oder ausgewertet werden sollen, bedarf es natürlich ebenfalls gesonderter Absprachen.

e) Durch Ziff. 4.3. AB lässt sich die Rundfunkanstalt auch das Recht zur filmischen Auswertung der geschaffenen Produktion einräumen. Diese Befugnisse beziehen sich sinngemäß auf diejenige Produktion, die für die Rundfunkverwertung bestimmt ist oder, im Falle einer Koproduktion zwischen Rundfunkanstalt und Filmhersteller, zumindest auch von vornherein für Rundfunkzwecke bestimmt ist. Dagegen verbleibt das Recht, einem Filmhersteller unabhängig von der Rundfunkproduktion das Recht zur erneuten Verfilmung des Werkes für eine weitere Filmproduktion und zur Auswertung dieses Films einzuräumen, beim Urheber. Insoweit unterliegt der Urheber den Enthaltungspflichten nach Ziff. 9.3. AB, dh diese Rechte dürfen erst nach Erstsendung und erst nachdem sie der Rundfunkanstalt zu angemessenen Bedingungen angeboten worden sind und innerhalb von drei Monaten keine Einigung zu Stande kam, genutzt werden. Dasselbe gilt entsprechend für die Verwertung im Video- und Multimedia/Onlinebereich. Die Rundfunkanstalt ist danach befugt, die zu Sendezwecken hergestellten Wiedergabevorrichtungen Herstellern von Videofilmen – auch im DVD- und Blu-ray-Format – zur weiteren Auswertung zu überlassen. Gegen eine derartige „Randnutzung" des Verwaltungsvermögens öffentlich-rechtlicher Rundfunkanstalten werden heute wohl keine Bedenken mehr erhoben (→ Form. IX.37 A; s. aber BGH GRUR 1993, 692 (694) – Guldenburg: Das Titelmerchandising liegt außerhalb des zulässigen Funktionsbereichs), sofern die Rundfunkanstalten nicht etwa eine eigene AV-Tonträger- oder Kinospielfilmproduktion betreiben. Insoweit sind die Rundfunkanstalten in der Lage, Lizenzverträge mit Verwertern abzuschließen; sie dürften durch den öffentlich-rechtlichen Funktionsbereich indes an eigener Produktionstätigkeit gehindert sein. Für die Auslegung der Sendeverträge folgt, dass die in den Rechteklauseln genannten Befugnisse außerhalb der Rundfunkzwecke sich stets nur auf die für die Rundfunksendung bestimmte Produktion beschränken (vgl. zB Ziff. 4.6. AB). Die von der Produktion losgelösten Verwertungsrechte außerhalb des Rundfunkbereichs verbleiben dem Urheber und können von ihm unter Beachtung der Enthaltungspflichten (Ziff. 9.3. AB) ausgeübt werden. Zur Multimedia- und Online-Klausel wird in → Form. IX.37. A auf die digitalen Programmbouquets von ARD und ZDF hingewiesen, zu Verwertungsformen via Kabel, Satellit, Pay-TV, Fernsehtext ua → Form. IX.37 A.

6. **Änderung, Bearbeitung, Umgestaltung.** Mit der Umsetzung eines Werkes in eine bewegte Bilderfolge ist notwendigerweise eine Bearbeitung des Werkes oder eine sonstige Änderung oder Umgestaltung verbunden. Außerdem bedarf die Rundfunkanstalt eines gewissen Freiraums bei der Gestaltung ihres Programms. Entsprechend §§ 88 Abs. 1, 93 UrhG lässt sich die Rundfunkanstalt die Einwilligung erteilen, das Werk auch in veränderter Gestalt zur Herstellung der Rundfunkproduktion zu verwenden sowie die Rundfunkproduktion selbst auch in veränderter Gestalt für Rundfunkzwecke auszuwerten (Ziff. 3.3.8. und 8 AB). Das Änderungsrecht steht ausdrücklich unter dem Vorbehalt der Wahrung des Urheberpersönlichkeitsrechts. Dieses ist in seinem Kerngehalt ohnehin nicht übertragbar (*Dreier/Schulze* Vor §§ 12 ff. Rn. 10–12). Die Rundfunkanstalt ist zunächst einmal gehalten, bei Meinungsverschiedenheiten über die Programmrichtlinien Einvernehmen mit dem Autor herzustellen (LG Saarbrücken UFITA 78, 358). Dem Urheber verbleibt in jedem Falle der Schutz gegen gröbliche Entstellungen und andere gröbliche Beeinträchtigungen seines Werkes (§ 93 UrhG; vgl. OLG München GRUR 1986, 460 (461) – Die unendliche Geschichte, aber auch OLG Hamburg GRUR 1997, 822 – Edgar Wallace-Filme). Insoweit sind der Zielvorstellung freier Verfügbarkeit aller bei den Rundfunkanstalten vorhandener Materialien und ihrer Bestandteile für die Montage neuer Programmbestandteile gewisse Grenzen gesetzt, die durch das Vertragsrecht nicht zu sprengen sind. Die sich auf Exposés und sonstige zur Weiterbearbeitung bestimmte Vorlagen beziehende Klausel in Ziff. 8.3.b) und Ziff. 12.2. AB sind sehr weitgehend, zu Alternativen → Form. IX.29 B Anm. 5.

7. **Auftragswerke, Abnahme.** Gegenstand des Senderechtsvertrages kann ein bereits fertiges Werk sein, welches der Rundfunkanstalt bekannt ist. Der Vertrag hat dann den für den urheberrechtlichen Nutzungsvertrag typischen Mischcharakter von Kauf- und Pachtvertrag. Beauftragt dagegen die Rundfunkanstalt den Urheber mit der Erstellung eines urheberrechtlichen Werkes, werden wesentliche Elemente des Werkvertrages eingebracht. Nach Ziff. 12 AB entscheidet die Rundfunkanstalt nach eigenem Ermessen über Form und Inhalt sowie die Abnahme des Werkes. Bei verweigerter Abnahme ist dem Urheber eine einmalige Änderungsmöglichkeit zu gewähren. Ohne sich an objektiven Kriterien messen lassen zu müssen, kann die Rundfunkanstalt auch die veränderte Werkfassung ablehnen. Sie kann wählen, ob sie das nicht gebilligte Werk im Ganzen oder in Teilen endgültig verwirft oder durch Dritte in ihrem Sinne fertig stellen, dh umgestalten lässt. Im Falle verweigerter Abnahme erhält der Urheber ein Honorar nach Maßgabe der geleisteten Arbeiten, seiner bis dahin notwendigen Aufwendungen und der Brauchbarkeit der bisher vorliegenden Fassung für die Verwendung der Rundfunkanstalt (Ziff. 18.4.3 AB). Der BGH (GRUR 1984, 45 (51) – Honorarbedingungen: Sendevertrag) hat die Vereinbarkeit dieser Regelung mit dem damals geltenden § 10 Nr. 4 AGBG unter Hin-

weis auf BGH GRUR 1971, 269 – Das zweite Mal sowie § 634 Abs. 1 S. 3 BGB bejaht. → Form. IX.29 Anm. 3.

8. Gewährleistung. Nach Ziff. 16 AB haftet der Urheber nur für grob fahrlässige und vorsätzliche Verletzungen seiner Vertragspflichten und stellt die Rundfunkanstalt insoweit frei von Ansprüchen Dritter. Er hat die Rundfunkanstalt grundsätzlich bei jeder Anspruchsabwehr zu unterstützen. Diese Haftung kann der Urheber allerdings abwenden, indem er seinen Informationspflichten nach Ziff. 11.1.–11.3. und 14. AB gegenüber der Rundfunkanstalt rechtzeitig nachkommt. Insoweit stellt die Rundfunkanstalt wiederum den Urheber frei. Zur Haftung des Urhebers für rechtliche Mängel → Form. IX.29 B Anm. 4.

9. Lieferung des Werkstücks und Eigentumsverschaffung. Die in Ziff. 10. iVm Ziff. 13. AB geregelte Verpflichtung zur Lieferung eines Werkstücks nebst Eigentumsübertragung daran auf die Rundfunkanstalt bezweckt, Streitigkeiten über die Rückgabepflicht zu vermeiden. In der Praxis ist die Bedeutsamkeit dieser Thematik umso mehr zurückgetreten, als Werkvorlagen in nahezu allen Bereichen digital übermittelt werden. Eine körperliche Übergabe kommt allenfalls noch vereinzelt beim Umgang mit Notenmaterial und grafischen Vorschlägen vor. Bezüglich des Eigentums an Originalen grafischer Werke und Entwürfen anderer Werke der bildenden Kunst sieht Ziff. 13.2. AB ein Rückübereignungsrecht des Urhebers vor. Ggf. ist auch in anderen vergleichbaren Fällen der Urheberseite zu empfehlen, mit der Rundfunkanstalt im Bedarfsfall individuell zu vereinbaren, dass ihr das Eigentum am Werkstück verbleibt und der Besitz nach Beendigung der Produktion wieder zufällt. Zur entsprechenden Situation beim Filmmusikvertrag → Form. IX.30 § 4 Abs. 5.

10. Keine Auswertungspflicht, Terminfreiheit. Beim Sendevertrag zwischen Urheber und Rundfunkanstalt ist die Interessenlage ähnlich wie im Falle des Verfilmungs- und Filmdrehbuchvertrages. Wie auch dort kann beim Sendevertrag nicht von einer Auswertungspflicht der Rundfunkanstalt ausgegangen werden, Ziff. 24. AB (→ Form. IX.29 D Anm. 6). Soweit das Formular das Entstehen weiterer Vergütungsansprüche von der Vornahme entsprechender Verwertungshandlungen abhängig macht (→ Anm. 7), soll offenbar den Vorgaben der §§ 32 und 32a UrhG entsprochen werden (→ Anm. 11). Neu eingeführt ist auch der Ersatzanspruch des Mitarbeiters in Ziff. 25 AB bei finanziellen Nachteilen und Aufwendungen durch Terminverschiebungen der Rundfunkanstalt.

11. Vergütung. Die Vergütungsstrukturen sind in jedem Sendeunternehmen unterschiedlich und derzeit bei vielen im Umbruch. In den letzten Jahren sind alle Sendeanstalten aktiv geworden und befinden sich mitten in oder bereits am Ende von Verhandlungen mit den einzelnen Interessenverbänden über gemeinsame Vergütungsregeln (GVR) nach § 36 UrhG.

Das ZDF hatte bereits früh eine Vereinbarung mit der Allianz Deutscher Produzenten – Film & Fernsehen (PA) und dem Verband Deutscher Drehbuchautoren eV (VDD) abgeschlossen und verschiedene Vergütungsmodelle festgelegt, die allergings seitens des VDD gekündigt wurde. Es erfolgten neue Verhandlungen, die in einer neuen Vereinbarung mündeten (→ Form. IX.37 Vorbemerkung d).

Die ProSiebenSat1 TV Deutschland GmbH hat mit dem VDD Gemeinsame Vergütungsregeln nach § 36 UrhG vereinbart. Vor dem Hintergrund der §§ 32, 32a UrhG und der ersten gerichtlich geltend gemachten Ansprüche ist insgesamt Bewegung in diesen Bereich gekommen.

Auch gab es jüngst Verhandlungen zwischen den ARD-Anstalten, der Degeto Film GmbH, der PA sowie dem VDD und dem Verband Deutscher Bühnen- und Medienverlage eV (VDB), die erfolgreich abgeschlossen wurden → Form. IX.37 C, 37 D. Es ist davon auszugehen, dass es durch diese GVR eine grundsätzliche Veränderung des Vergütungssystems für beauftragte Produktionen von ARD-Anstalten und Degeto rückwirkend mindestens zum 1.1.2019 geben wird, die sich auch an der tatsächlichen Nutzung der Werke an Hand eines Punktemodells orientieren und sowohl Mindest- als auch Nachvergütungshonorare vorsehen wird (im Einzelnen → Form. IX.41 Anm. 10). Das vorliegende Formular wird daher einer baldigen Überarbeitung unterfallen, um die neunen Vergütungsstrukturen abzubilden.

a) Ziff. 18. AB sieht wahlweise die Zahlung einer Pauschalvergütung vor, mit der alle Nutzungshandlungen einschließlich solcher im Bereich der außerrundfunkmäßigen Verwertung abgegolten sein sollen (Ziff. 18.1., Regelfall), sowie alternativ für den Fall, dass der Sendevertrag des Typs „W" zugrunde gelegt wird, eine Wiederholungs- und Folgevergütungspflicht nach einem ausdifferenzierten Tarifsystem gem. Ziff. 18.2. AB (Fernsehen) und Ziff. 18.3.2. AB (Hörfunk). Der Anspruch auf Wiederholungs- und Folgevergütungen wird überwiegend auf der Vorderseite des Vertragsformulars gekennzeichnet, entweder durch Verwendung eines entsprechend deutlich gekennzeichneten Formulars (zB durch fett gedruckte Ziffern oder Buchstaben), oder durch individuellen Textvermerk in Verbindung mit der Ausweisung der Honorarsumme des Haupthonorars. Auf der Vorderseite des Formulars werden auch Abreden vermerkt, die über die formularmäßige Regelung hinausgehende Wiederholungshonorare beinhalten, zB die Zahlung von 100 % des Gesamthonorars für jede Wiederholung im I. Fernsehprogramm oder 50 % des Gesamthonorars für eine Ausstrahlung in Österreich und/oder der Schweiz.

b) Vor dem Hintergrund der Nachforderungsansprüche der Urheber und ausübenden Künstler gem. §§ 32 und 32a UrhG ist damit die Möglichkeit eröffnet, für Beiträge von untergeordneter Bedeutung das Buy-out-Prinzip gefahrlos zum Tragen zu bringen.

c) Ziff. 18.2.1.–18.2.12. AB behandeln Wiederholungen innerhalb der ARD-Programme. Die formularmäßige Regelung ist für die Rundfunkanstalten in der Regel disponabel.

d) Ziff. 18.5. AB iVm Fn. 23 regelt die entgeltliche Überlassung von Rundfunk- oder Hörfunkprogrammen an nicht der ARD angehörende Sendeunternehmen und sieht eine am Erlös orientierte Beteiligungsvergütung vor. In der nun vorliegenden Fassung der AB wird nicht länger auf den zuvor heftig kritisierten Bruttoerlös nach Abzug von Kosten und Steuern (vgl. *Reber* GRUR 2003, 393 (396)), sondern auf den Nettoerlös mit entsprechend erhöhtem Prozentsatz abgestellt. Als Nettoerlös soll gem. Ziff. 18.5.2. AB der marktkonform erwirtschaftete Bruttoerlös gelten, den die Verwertungstochter der Sendeanstalt auszahlt. Dies ist für den Urheber nicht zu kontrollieren und es ist fraglich, ob hier eine mit den §§ 32, 32a UrhG konforme Regelung gefunden wurde. Diese Beteiligungsvergütung in Ziff. 18.5. AB gilt damit auch für die Kino-, Schmalfilm- und AV-Auswertung. Gerade in der immer bedeutenderen AV-Auswertung werden in der Zukunft sicher Beteiligungsansprüche geltend gemacht werden.

e) Die Transkription von Fernseh- und Hörfunkproduktionen wird einheitlich nach Ziff. 18.5.5. AB durch die Zahlung einer einmaligen, angemessenen Vergütung durch den Träger des Transkriptionsdienstes honoriert. Angesprochen ist damit die Überlassung der Wiedergabe von Produktionen an eine Auswertungsgesellschaft zum Zweck ihrer Verwertung in außereuropäischen Ländern durch die Deutsche Welle. Die hierfür verwendeten Programme sollen vorwiegend Entwicklungsländer mit den politischen und kulturellen Vorgängen unseres Landes bekannt machen und daneben auch Unterhaltung vermitteln.

f) Ziff. 18.4.2. AB schneidet Vergütungsansprüche des Urhebers für die Verwendung der Produktion auf oder anlässlich von Messen, Ausstellungen, Festivals und Wettbewerben sowie zu Prüf-, Lehr- und Forschungszwecken in Programmvorschauen und Inhaltsangaben für Presse- und Rundfunk und für sonstiges Werbematerial (Ziff. 18.4.2. AB) ab. Es bleibt abzuwarten, ob eine solche Regelung in AGB den §§ 32 und 32a UrhG sowie einer Inhaltskontrolle gem. §§ 307 ff. BGB Stand halten kann.

g) Zur Bemessung der Vergütung bei Verträgen, die die Rundfunkanstalten über Verlage abschließen, → Form. IX.37 A, 37 B.

12. Urhebernennung. Der Urheber hat ein Recht auf Namensnennung, soweit seine Nennung im Rahmen des Verkehrsüblichen sowie unter Berücksichtigung von Treu und Glauben erfolgen kann. Zum gesetzlichen Nennungsanspruch des Urhebers bei der Filmverwertung → Form. IX.28 Anm. 10, → Form. IX.29 B Anm. 7. Ziff. 17.1. AB stellt die Nennungsverpflichtung unter den Vorbehalt der Rundfunküblichkeit. Darunter darf nicht das verstanden werden, was gerade bei der betreffenden Rundfunkanstalt praktiziert wird, weil diese sonst den aus dem Urheberpersönlichkeitsrecht abzuleitenden Nennungsanspruch (§ 13 UrhG) in seinem Umfang frei bestimmen könnte. Es gibt keinen a-priori-Ausschluss des Nennungsanspruchs auf Grund von Verkehrsgewohnheiten oder Branchenübungen (BGH GRUR 1995, 671 (672) – Namensnennungsrecht des Architekten; OLG Hamburg NJOZ 2011, 1323 – Verzicht auf Namensnennung des Fotografen). Im Zweifel ist dabei für den Nennungsanspruch des Urhebers zu votieren, um der bedenklichen Entwicklung entgegenzuwirken, dass in immer stärkerem Maße redaktionelle und technische Mitarbeiter der Rundfunkanstalten die Namen der schöpferisch tätigen Urheber und Künstler überwuchern. Die Fußnote 14 zu Ziff. 17.1. AB sieht zu Gunsten des Autors immerhin vor, dass er im Falle der Nennung des Regisseurs im Vor- oder Nachspann gleichfalls zu nennen ist. Bei größeren Fernsehwerken und besonders qualifizierten Werkleistungen empfehlen sich gegebenenfalls Einzelabreden, insbesondere auch über die Art der Nennung. Sofern die Rundfunkanstalt das Werk in entstellter Form sendet, kann der Urheber, wenn er sich nicht gegen die entstellte Veröffentlichung selbst wendet, die Nennung seines Namens verbieten (LG Saarbrücken UFITA 79, 358).

13. Verjährung. Zahlungsansprüche des Urhebers gegen die Rundfunkanstalt verjähren gem. § 191 BGB kenntnisabhängig nach Ablauf von 3 Jahren sowie kenntnisunabhängig nach Ablauf von 10 Jahren (§ 199 Abs. 4 BGB). Ziff. 23 AB verkürzt die kenntnisabhängige Verjährungsfrist auf 2 Jahre und belässt es bei der gesetzlichen Frist für die kenntnisunabhängige Verjährung.

14. Abtretungs- und Verpfändungsverbot. Das in Ziff. 22. AB statuierte Abtretungs- und Verpfändungsverbot will vermeiden, dass dritte Personen in die Vertragsdurchführung einbezogen werden. Pfändungsmaßnahmen der Zwangsvollstreckung können dadurch nicht verhindert werden.

15. Rückruf. Ziff. 26. AB modifiziert das Rückrufsrecht wegen Nichtausübung innerhalb der nach § 41 Abs. 2 und 4 UrhG zulässigen Fristgrenzen, nutzt diese aber voll aus. Hier sollte der Urheber ggf. geringere Fristen vereinbaren, wie sie auch den früheren AB zu Grunde lagen (3 Jahre in der Vorvorauflage). Auch das ZDF differenziert hier stärker. Die in § 41 Abs. 6 UrhG für den Billigkeitsfall vorgesehene Entschädigungspflicht des Urhebers wird auf 50 % der vereinbarten Vergütung eingeschränkt. Eine grundsätzliche Entschädigungspflicht (in dieser oder einer geringeren Höhe) wird dadurch nicht begründet.

16. Kosten. Für die anwaltliche Mitwirkung beim Überprüfen der AB, der Ausarbeitung abweichender Individualvereinbarungen und der ggf. erforderlichen Einschaltung in das direkte Verhandlungsgespräch mit dem Rundfunkunternehmen empfiehlt sich in erster Linie die Verabredung eines Stundensatzes nach Zeitaufwand. Soll nach RVG abgerechnet werden, bemisst sich der Gegenstandswert nach dem Ausarbeitungs- und Sendehonorar zzgl. eines Aufschlages für Zusatzhonorare, sofern solche bei der in Rede stehenden Urheberleistung realistisch in Betracht kommen.

40. Allgemeine Bedingungen für Urheber/Fernsehen (Mitwirkendenverträge)

1. Geltungsbereich[1, 2, 5]

1.1. Diese allgemeinen Bedingungen gelten für Verträge, die der rbb mit Personen abschließt, die bei der Herstellung von Produktionen des Hörfunks oder des Fernsehens oder für Online-Angebote unmittelbar und persönlich durch ihre Darstellung oder sonstige Leistung mitwirken und die in Erfüllung ihres Vertrages Urheber- oder verwandte Schutzrechte (insbes. Leistungsschutzrechte) im Sinne des Urhebergesetzes erwerben (Mitwirkende). Von diesen Bedingungen kann im Einzelfall abgewichen werden.

1.2. Die Allgemeinen Bedingungen gelten nicht für Verträge, die zwischen dem rbb und Arbeitnehmern/Arbeitnehmerinnen im Sinne von I.1. des „Übergangstarifvertrages zur Regelung der Vertragsverhältnisse im Zusammenhang mit der Fusion ORB/SFB“ bzw. einem diesem nachfolgenden Manteltarifvertrag für den rbb abgeschlossen werden.

1.3. Die Allgemeinen Bedingungen finden keine Anwendung, soweit der Mitwirkende/die Mitwirkende seine/ihre Rechte an der Produktion einer Verwertungsgesellschaft übertragen hat und der rbb diese von der Verwertungsgesellschaft erwirbt.

2. Abschluss und Inhalt des Vertrages[4]

2.1. Verträge bedürfen der Schriftform. Mündliche Absprachen sind vom rbb schriftlich zu bestätigen. Als schriftliche Bestätigung gilt auch die Übersendung der Vergütungsmitteilung durch den rbb. Hat der Mitwirkende/die Mitwirkende die Vergütung widerspruchslos angenommen und geht ein schriftlicher Widerspruch nicht innerhalb von zwei Wochen nach Versand der Vergütungsmitteilung beim rbb ein, so gilt dies als Einverständnis des Mitwirkenden/der Mitwirkenden mit dem Vertrag und diesen Allgemeinen Bedingungen. Hat der Mitwirkende/die Mitwirkende die vereinbarte Tätigkeit begonnen, so gilt im Zweifel ein Vertragsverhältnis nach Maßgabe dieser Allgemeinen Bedingungen als vereinbart.

2.2. Im Vertrag sind mindestens zu vereinbaren:
a) in welcher Produktion die Beschäftigung erfolgt;
b) Art und Umfang der Beschäftigung;
c) die Dauer der Leistung;
d) welche Vergütung der Mitwirkende/die Mitwirkende erhalten soll.

2.3. Vereinbarungen über die Änderung, Ergänzung oder Aufhebung eines schriftlich geschlossenen oder bestätigten Vertrages bedürfen zur Gültigkeit der Schriftform. Ein entsprechender Schriftwechsel genügt hierfür ebenso wie die erneute Übersendung einer entsprechend geänderten bzw. ergänzten Vergütungsmitteilung.

2.4. Die für die Produktion erbrachte Leistung muss den für den rbb geltenden Gesetzen, Satzungen und allgemeinen Grundsätzen für die Programminhalte entsprechen. Insbesondere sind die Programmgrundsätze der ARD und der vertragsschließenden Rundfunkanstalt sowie die Richtlinien zur Trennung von Werbung und Programm sowie die Bestimmungen zum Jugendschutz einzuhalten. Diese Vorschriften sind dem Mitwirkenden/der Mitwirkenden auf Anforderung zu Verfügung zu stellen.

3. Beschäftigung[5]

3.1. Der rbb entscheidet über die inhaltliche, künstlerische und technische Gestaltung der Darbietung/Leistung, des Ton- und/oder Bildträgers, der Sendung oder der einzelnen Fernsehaufnahme und kann entsprechende Vorgaben machen.

3.2. Die Beschäftigung erfolgt an den vom rbb festgelegten Orten. Sie kann auch an andere Orte verlegt werden, soweit dies für den Mitwirkenden/die Mitwirkende zumutbar ist.

3.3. Der Mitwirkende/die Mitwirkende ist zur ordnungsgemäßen Vertragserfüllung verpflichtet, insbesondere:

a) an vom rbb angesetzten Proben teilzunehmen;

b) nach Vorgabe der Disposition vor Beginn der Sendung oder der Aufnahme oder einer Probe am Ort der Veranstaltung anwesend zu sein (eine Beförderungspflicht obliegt dem Sender nicht);

c) für den Fall seiner/ihrer Verhinderung den rbb hiervon unverzüglich, unter Angabe der Gründe, in Kenntnis zu setzen;

d) nur den Text zu singen bzw. zu sprechen, der vom rbb gebilligt ist, soweit ein Text vom rbb vorgegeben wird.

3.4. Der rbb kann jederzeit, etwa bei Entfall der Produktion, auf die Leistung des Mitwirkenden/der Mitwirkenden – auch nach Beginn seiner/ihrer Tätigkeit – verzichten. In diesem Fall zahlt der rbb dem Mitwirkenden/der Mitwirkenden anstelle des Honorars eine angemessene Entschädigung nach billigem Ermessen. Die Höhe der Entschädigung richtet sich nach dem Zeitpunkt der Absage und dem Umfang der bereits erbrachten Leistungen. Wird erst am Tag der Leistungserbringung die endgültige Absage der Produktion bekannt gegeben, behält der Mitwirkende/die Mitwirkende bei Beendigung der Zusammenarbeit seinen/ihren Anspruch auf das vereinbarte Honorar. Er/sie muss sich stets den Wert desjenigen anrechnen lassen, was er/sie infolge des Verzichts auf seine/ihre Dienste erspart, anderweitig erwirbt oder zu erwerben böswillig unterlässt; er/sie ist verpflichtet, dem rbb unaufgefordert entsprechend Auskunft zu geben. Weitergehende Ansprüche stehen dem Mitwirkenden/der Mitwirkenden nicht zu.

4. Rechtseinräumung zu Rundfunkzwecken[6, 11]

4.1. Mit Abschluss des Vertrages räumt der Mitwirkende/die Mitwirkende dem rbb die ausschließlichen, zeitlich, räumlich und inhaltlich unbeschränkten Rechte ein, seine/ihre Rechte am Werk bzw. die erworbenen verwandten Schutzrechte für alle Zwecke des Rundfunks ganz oder teilweise im In- und Ausland beliebig oft zu nutzen und die unter Benutzung des Werkes, der Darbietung oder sonstigen Leistung erfolgte Sendung oder hergestellte Produktion ganz oder teilweise im In- und Ausland beliebig oft zu verwerten. Soweit sich aus dem Einzelvertrag keine Besonderheit ergibt, ist das Werk zur Nutzung im Hörfunk, Fernsehen und zur Online-Nutzung bestimmt.

4.2. Zu Rundfunkzwecken räumt der Mitwirkende/die Mitwirkende dem rbb mit Abschluss des Vertrages insbesondere folgende Nutzungsrechte ein:

4.2.1. das Senderecht unbeschadet der Übertragungstechnik, der Standards, Formate oder der Empfangsgeräte,

4.2.2. das Vervielfältigungsrecht einschließlich des Rechts der Übertragung auf Bild- und/oder Tonträger bzw. Datenträger, der Einspeicherung in Datenbanken des rbb und der ARD und – auch elektronischen – Archiven des rbb sowie der Nutzung dieser Archive,

4.2.3. das Recht der öffentlichen Zugänglichmachung, unbeschadet der Übertragungstechnik, der Standards und Formate,

4.2.4. das Verbreitungsrecht einschließlich des Rechts zum Verkauf, zur Vermietung, zum Verleih und zu sonstigen Abgaben von Vervielfältigungsstücken der Produktion,

4.2.5. das Vortrags-, Aufführungs- und Vorführungsrecht, insbesondere zum Zweck der Aufzeichnung oder Live-Sendung, sowie das Recht zur öffentlichen Wiedergabe von Bild- und/oder Tonträgern oder Funksendungen, insbesondere im Zusammenhang mit Messen, Ausstellungen, Festivals, Wettbewerben und zu sonstigen Werbemaßnahmen für das Rundfunkwesen; dem Mitwirkenden/der Mitwirkenden verbleibt das in Ziff. 10.2 aufgeführte Recht,

4.2.6. das Ausstellungsrecht,

4.2.7. das Recht zur einmaligen Verfilmung des Werkes, unbeschadet der zulässigen wiederholten Verwendung von Ausschnitten aus der Produktion in anderen Produktionen, auch multimedialer Art,

4.2.8. das Recht zu Änderungen, Bearbeitungen, zu Umgestaltungen, zu Übersetzungen und Untertitelungen in Form von Fernsehtext, Radiotext und vergleichbaren Textdiensten, jeweils nach Maßgabe der Ziff. 9.,

4.2.9. das Recht zur Herstellung, Vervielfältigung, Verbreitung und öffentlichen Wiedergabe von Begleitmaterial oder Begleittexten, soweit zeitlich vorrangige Rechte nicht bestehen; auf das Bestehen solcher Rechte hat der Mitwirkende/die Mitwirkende nach Ziff. 11.1. den rbb hinzuweisen,

4.2.10. das Recht zur Herstellung, Vervielfältigung, Verbreitung, öffentlichen Wiedergabe und öffentlichen Zugänglichmachung von Werbe- und Informationsmaterial zu Sendungen (zB Inhaltsangaben, Programmvorschauen, Programmführer, programmbegleitende Dienste, Werbeschriften) oder für sonstige Zwecke der Öffentlichkeitsarbeit des rbb bzw. der ARD einschließlich der bildlichen Darstellung des Mitwirkenden/der Mitwirkenden, sofern er/sie einer solchen Darstellung nicht widerspricht,

4.2.11. das Recht, nach der Ausstrahlung des Werkes einzelne Abdrucke des Sendemanuskripts an Interessenten zum persönlichen Gebrauch unentgeltlich abzugeben, sofern der Mitwirkende/die Mitwirkende bei Ablieferung nicht schriftlich widerspricht,

4.2.12. das Recht, die unter Benutzung des Werkes hergestellte Produktion zu Prüf-, Lehr- und Forschungszwecken (auch im Rahmen von Pilotprojekten) zu verwenden.

5. Rechteeinräumung zu außerrundfunkmäßigen Zwecken[6, 11]

5.1. Mit Abschluss des Vertrages räumt der Mitwirkende/die Mitwirkende dem rbb nach Maßgabe folgender Bestimmungen das Recht ein, die unter Nutzung des Werkes, der Darbietung oder sonstiger Leistung des Mitwirkenden/der Mitwirkenden erstellte Produktion ganz oder teilweise zu anderen als zu Rundfunkzwecken zu nutzen.

5.2. Der Mitwirkende/die Mitwirkende räumt dem rbb das ausschließliche, räumlich, zeitlich sowie inhaltlich unbeschränkte Recht ein, die Produktion zu Zwecken der Bildungs- und Kulturarbeit in nicht gewerblichen Einrichtungen zu nutzen. Dazu gehören auch solche Einrichtungen, die regelmäßig Bildungs- und Kulturarbeit betreiben, ohne dass dies ihr Hauptzweck ist.

5.3. Zu Zwecken der Kino- und Schmalfilmauswertung räumt der Mitwirkende/die Mitwirkende dem rbb das ausschließliche, zeitlich und räumlich sowie inhaltlich unbeschränkte Recht ein, die Produktion ganz oder teilweise als Bild- und/oder Tonträger in allen analogen und/oder digitalen Formaten zu gewerblichen oder nichtgewerblichen öffentlichen oder nichtöffentlichen Wiedergaben zu nutzen, insbesondere zu vervielfältigen, zu verkaufen, zu vermieten oder zu verleihen.

5.4. Zu Zwecken der audiovisuellen Verwertung und der Verwertung mittels Tonträger räumt der Mitwirkende/die Mitwirkende dem rbb das ausschließliche, zeitlich, räumlich sowie inhaltlich unbeschränkte Recht ein, die Produktion ganz oder teilweise als Bild-, Tonträger und/oder sonstigen Datenträger in allen analogen und/oder digitalen Formaten zu gewerblichen oder nichtgewerblichen, öffentlichen oder nichtöffentlichen Wiedergaben zu nutzen, insbesondere zu vervielfältigen, zu verkaufen, zu vermieten oder zu verleihen.

5.5. Die unter den Ziff. 5.2. bis 5.4. genannten Nutzungen umfassen auch die Befugnis zur Aufnahme von Funksendungen auf Bild-, Ton- oder Datenträger sowie deren Vervielfältigung und Verbreitung zur gewerblichen oder nichtgewerblichen öffentlichen oder nicht öffentlichen Wiedergabe (Mitschnitt).

5.6. Zu Zwecken der Verwertung in Datenbanken, im Wege der öffentlichen Zugänglichmachung sowie der Verbindung mit anderen Werken oder Produktionen (multimediale Nutzung) räumt der Mitwirkende/die Mitwirkende dem rbb das ausschließliche, räumlich, zeitlich sowie inhaltlich unbeschränkte Recht ein, die Produktion zu gewerblichen oder nicht gewerblichen sowie öffentlichen oder nicht öffentlichen Wiedergaben zu nutzen, insbesondere zu vervielfältigen, zu verkaufen, zu vermieten oder zu verleihen.

5.7. Der Mitwirkende/die Mitwirkende räumt dem rbb zu den in den Ziff. 5.2., 5.3., 5.4. und 5.6. genannten Zwecken das Recht zu Änderungen, Bearbeitungen, Umgestaltungen, Kürzungen, Übersetzungen und Untertitelungen nach Maßgabe der Ziff. 9. ein.

5.8. Der rbb wird die ihm nach Ziff. 5.2., 5.3., 5.4., und 5.6. eingeräumten ausschließlichen Rechte nach Maßgabe seiner betrieblichen und sonstigen Möglichkeiten nutzen. Der rbb wird die ihm vom Hauptregisseur nachgewiesenen Nutzungsmöglichkeiten prüfen und bei Bedarf mit ihm gemeinsam erörtern.

5.9. Die Nutzung nach Ziff. 5.2., 5.3., 5.4., und 5.6. erfolgt grundsätzlich gegen Entgelt; eine unentgeltliche Nutzung, bei der der rbb auf die Erstattung von Kosten verzichtet, ist auf seltene, begründete Ausnahmefälle zu beschränken.

5.10. Hat der rbb ein Interesse an einer anderweitigen kommerziellen Verwertung von in der Produktion verwendeten Elementen und Figuren zum Vertrieb von Waren (Merchandising) oder beabsichtigt der Mitwirkende/die Mitwirkende eine solche Verwertung, ist er verpflichtet, zuerst dem rbb die hierfür erforderlichen Rechte anzubieten. Nimmt der rbb das Angebot an, kann er mit der Nutzung erst nach Abschluss einer gesonderten Vereinbarung über eine angemessene Vergütung beginnen.

6. Unbekannte Nutzungsarten

Der Mitwirkende/die Mitwirkende verpflichtet sich, bei erst zukünftig bekannt werdenden Nutzungsarten nach deren Entstehen zunächst nur mit dem rbb über die Einräumung der Rechte an diesen zu verhandeln und erst wenn diese Verhandlungen zu keiner Einigung führen oder beim rbb kein Interesse an einer entsprechenden Nutzung besteht, die Rechte Dritten anzubieten.

7. Rechteeinräumung an Requisiten uä

7.1. Requisiten

Verwendet der Mitwirkende/die Mitwirkende zur Erbringung seiner/ihrer Darbietung, Leistung oder des Werkes eigene Requisiten, Kostüme, Spezialmasken oder ein spezielles individuelles Ausstattungsdesign, überträgt er/sie dem rbb die zur Verwendung dieser Requisiten im Zusammenhang mit der Verwertung seiner/ihrer Darbietung, Leistung oder des Werkes nach diesem Vertrag erforderlichen Rechte.

7.2. Pläne, Detailzeichnungen, Modelle
Soweit der Mitwirkende/die Mitwirkende als Bühnen- und Szenenbildner/Bühnen- und Szenenbildnerin beschäftigt wird, ist der rbb berechtigt, Pläne, Detailzeichnungen und Modelle des hergestellten Bühnenbildes und seiner einzelnen Elemente zu verändern und zu bearbeiten und in veränderter/bearbeiteter Form auch für andere Produktionen zu verwenden.

8. Weiterübertragung von Rechten[11]

8.1. Der rbb ist berechtigt, die ihm vom Mitwirkenden/von der Mitwirkenden eingeräumten Rechte zur Auswertung der Produktion unter Verwendung der vom Mitwirkenden/von der Mitwirkenden erbrachten Leistung im Sinne der Ziff. 4. bis 7. ganz oder teilweise auf Dritte zu übertragen oder diesen Nutzungsrechte einzuräumen.

8.2. Der rbb ist auch berechtigt, die ihm vom Mitwirkenden/von der Mitwirkenden eingeräumten Rechte im Sinne der Ziff. 4. bis 7. in Auftrags-, Gemeinschafts- und Koproduktionen einzubringen und die Rechte zur Auswertung auch dieser Produktionen auf Dritte zu übertragen. Die Rechte des Mitwirkenden/der Mitwirkenden sind hierbei – unbeschadet etwaiger Einzelvereinbarungen für den außerrundfunkmäßigen Bereich – wie bei einer Eigenproduktion sicherzustellen.

9. Änderungen, Überarbeitungen, Umgestaltungen und Übersetzungen[7]

9.1. Die folgenden Bestimmungen regeln die Beziehungen des Urhebers zu seinem Werk in urheberpersönlichkeitsrechtlicher Hinsicht. Sie finden Anwendung, soweit der Mitwirkende/die Mitwirkende Urheberrechte im Sinne des Urheberrechtsgesetzes erworben hat.

9.2. Bei Änderungen, Bearbeitungen (auch Untertitelungen zB durch Fernsehtext, Radiotext und vergleichbare Textdienste), Umgestaltungen, Übersetzungen, Transkriptionen und Synchronisationen des Werkes bzw. der Produktion ist in allen Fällen das Urheberpersönlichkeitsrecht des Mitwirkenden/der Mitwirkenden zu wahren. Eine Veränderung der Wesenszüge des Werkes ist zu vermeiden. Mit zulässigen Änderungen dürfen keine Entstellungen oder anderen Beeinträchtigungen iSd §§ 14 und 23 UrhG einhergehen. Im Übrigen bleiben die §§ 93 Abs. 1 und 95 UrhG unberührt. Änderungen und Bearbeitungen des Werkes und der unter Benutzung des Werkes hergestellten Produktion zu den nach diesen Bestimmungen genannten Zwecken sind zulässig, soweit sie auf Grund der für den rbb geltenden Grundsätze für die Programmarbeit, auf Grund produktionsbedingter oder sendetechnischer Erfordernisse geboten sind; zulässig sind auch die für die Online-Nutzung, Fernsehtext-, Radiotext- und vergleichbare Textdienst-Untertitelung notwendigen Bearbeitungen.

9.3. Nur mit Einwilligung des Mitwirkenden/der Mitwirkenden zulässig ist die deutschsprachige Synchronisation seiner/ihrer darstellerischen Leistung. Der Mitwirkende/die Mitwirkende darf seine/ihre Einwilligung nicht wider Treu und Glauben im Sinne von § 39 UrhG versagen.

9.4. Ohne Einwilligung des Mitwirkenden/der Mitwirkenden sind Änderungen des Werkes oder der Produktion durch den rbb zulässig, wenn:
a) sie aus Gründen der in Ziff. 2.4. genannten Art zwingend erforderlich sind;
b) sie auf Grund produktions- oder sendetechnischer Erfordernisse geboten sind;
c) der Mitwirkende/die Mitwirkende seine/ihre Einwilligung nach Treu und Glauben nicht versagen kann (§ 39 UrhG).

9.5. Für Bearbeitungen oder Umgestaltungen einer im Auftrag des rbb für das Fernsehen oder den Hörfunk hergestellten Produktion zur Veröffentlichung und Verwertung in einer anderen, nicht von den Ziff. 5.2., 5.3., 5.4. oder 5.6. erfassten Nutzungsart, gelten die Ziff. 9.1. bis 9.4. entsprechend.

10. Eigene Nutzungsrechte des Mitwirkenden/der Mitwirkenden[6]

10.1. Dem Mitwirkenden/der Mitwirkenden verbleiben seine/ihre von urheber- bzw. leistungsschutzrechtlichen Verwertungsgesellschaften wahrgenommenen Zweitwiedergaberechte und Vergütungsansprüche nach §§ 20b, 21, 22, 27, 45a, 49, 54, 54a, 63a UrhG mit Ausnahme der dem rbb eingeräumten Rechte zum Mitschnitt von Funksendungen.

10.2. Soweit dem Mitwirkenden/der Mitwirkenden eigene Nutzungsrechte an seiner/ihrer erbrachten Vertragsleistung verbleiben, darf er/sie nach der Erstsendung frei über diese verfügen. Beabsichtigt er/sie, diese Rechte selbst zu nutzen oder an Dritte zu vergeben, so hat er/sie dies dem rbb rechtzeitig vorher schriftlich mitzuteilen und dem rbb diese Rechte zur vorgesehenen Nutzung zu angemessenen Bedingungen anzubieten. Kommt innerhalb von drei Monaten nach dem Angebot durch den Mitwirkenden/die Mitwirkende eine Vereinbarung zwischen ihm/ihr und dem rbb nicht zustande, kann er/sie über diese Rechte frei verfügen.

10.3. Der rbb kann eine Nutzung nach Ziff. 10.2. untersagen, soweit dadurch seine überwiegenden und berechtigten Interessen verletzt würden; dies ist vom rbb zu begründen. Ein überwiegendes Interesse des rbb ist jedenfalls immer dann gegeben, wenn eine Serie noch regelmäßig im Programm des rbb ausgestrahlt wird. Bei Werken mit Kennzeichnungsfunktion (zB musikalische Signale, Bilder oder Zeichnungen, die auf das Sendeunternehmen bzw. eine Sendung hinweisen, wie Jingles, Logos) ist diese Nutzung stets nur nach schriftlicher Zustimmung des rbb zulässig.

10.4. Bei der Verwertung von Rechten durch den Mitwirkenden/die Mitwirkende bedarf die werbliche Verwendung von Namen und Kennzeichen des rbb dessen ausdrücklicher Zustimmung.

11. Besondere Pflichten des Mitwirkenden/der Mitwirkenden[10]

11.1. Mit Abschluss des Vertrages versichert der Mitwirkende/die Mitwirkende, dass die dem rbb übertragenen oder eingeräumten Reche weder ganz noch teilweise einem Dritten übertragen, eingeräumt oder mit den Rechten eines Dritten belastet sind und kein Dritter mit ihrer Wahrnehmung beauftragt ist. Der Mitwirkende/die Mitwirkende hat den rbb von allen Ansprüchen freizustellen, die von Dritten auf Grund einer Verletzung von Pflichten nach S. 1 geltend gemacht werden.

11.2. Der Mitwirkende/die Mitwirkende ist verpflichtet, auf in seiner/ihrer Leistung enthaltene Darstellungen hinzuweisen, aus denen sich nach seiner/ihrer Kenntnis das Risiko einer Verletzung der für den rbb maßgeblichen gesetzlichen Vorschriften, insbesondere der Programmgrundsätze, der Richtlinien zur Trennung von Werbung und Programm sowie der Bestimmungen zum Jugendschutz ergeben könnte. Der Mitwirkende/die Mitwirkende versichert, dass er/sie die vertraglich geschuldete Darstellung bzw. Leistung erbracht hat bzw. erbringt, ohne von dritter Seite finanzielle Zuwendungen bzw. geldwerte oder sonstige Vorteile für die Platzierung von Themen, Kennzeichen (Namen, Logos, Marken, Signets, Musik, etc) oder Produkten erhalten zu haben oder künftig zu erhalten.

11.3. Der Mitwirkende/die Mitwirkende ist verpflichtet, den rbb spätestens bei Erbringung seiner/ihrer Leistung bzw. Abschluss der Produktion schriftlich auf in dieser enthaltene – nicht offenkundige – Darstellungen von Personen oder Ereignissen hinzuweisen, mit denen nach seiner/ihrer Kenntnis das Risiko einer Persönlichkeitsrechtsverletzung verbunden ist.

11.4. Ist der rbb der begründeten Meinung, dass ein Risiko nach den Ziff. 11.2. und 11.3 im Einzelfall gegeben sei, so ist der Mitwirkende/die Mitwirkende verpflichtet, das Werk bzw. seiner/ihre Leistung entsprechend zu ändern. Kommt er/sie dieser Verpflichtung nicht nach, so ist der rbb berechtigt, die Änderung durch Dritte vornehmen zu lassen oder vom Vertrag zurückzutreten. Ist die Änderung für den Mitwirkenden/die Mitwirkende unzumutbar, so ist auch er/sie berechtigt, vom Vertrag zurückzutreten.

11.5. Der Mitwirkende/die Mitwirkende ermächtigt den rbb, bei Rechtsverletzungen durch Dritte im Zusammenhang mit der Produktion oder Sendung, bei deren Herstellung er/sie mitgewirkt hat, gegen die Dritten auch etwaige von ihm/ihr nicht gemäß Ziff. 4. bis 7. dem rbb mit eingeräumte Rechte an dem Werk im In- und Ausland geltend zu machen. Beide Seiten sind zu gegenseitiger Unterstützung und Information verpflichtet.

12. Weitere Pflichten des Mitwirkenden/der Mitwirkenden

12.1. Der Mitwirkende/die Mitwirkende stellt sich im Zusammenhang mit produktionsbedingter Anwesenheit am Sitz des rbb oder an einem sonstigen Produktionsort ohne besonderes Entgelt der Öffentlichkeitsarbeit des rbb für Interviews, Pressekonferenzen und Fotoaufnahmen zur Verfügung.

12.2. Ankündigungen und bildliche Darstellungen, die auf die vereinbarte Tätigkeit des Mitwirkenden/der Mitwirkenden beim rbb Bezug nehmen, darf nur der rbb verbreiten oder verbreiten lassen. Der Mitwirkende/die Mitwirkende ist nicht berechtigt, ohne Einwilligung des rbb bei Werbung, gleich welcher Art, bei Buchveröffentlichungen oder sonstigen öffentlichen Auftritten, etc, die von ihm/ihr oder durch Dritte unter Verwendung seines/ihres Namens oder Fotos durchgeführt werden, Hinweise auf den rbb oder auf die vom Mitwirkenden/von der Mitwirkenden gestalteten Programmbeiträge zu geben bzw. gedankliche oder sonstige Verbindungen zu seiner/ihrer Tätigkeit für den rbb herzustellen. Eine Ausnahme hierzu bildet die Angabe des rbb bzw. der Leistung für den rbb als Referenz für den Mitwirkenden/die Mitwirkende, die stets zulässig ist. Der rbb ist berechtigt, Verstöße gegen diese Bestimmungen auch im Namen des Mitwirkenden/der Mitwirkenden zu verfolgen. Hierdurch entstehende Kosten hat der rbb zu tragen, soweit die Verstöße nicht vom Mitwirkenden/von der Mitwirkenden zu vertreten sind.

Der Mitwirkende/die Mitwirkende informiert hierüber auch die von ihm/ihr beauftragten Agenturen.

12.3. Informationen der in Ziff. 12.2. genannten Art darf der Mitwirkende/die Mitwirkende selbst nur mit einer im Voraus eingeholten Zustimmung des rbb verbreiten.

12.4. Bei Meinungsverschiedenheiten über die inhaltliche, künstlerische und technische Gestaltung der Mitwirkung entscheidet der rbb. Wegen der Wahrung von Persönlichkeitsrechten des Mitwirkenden/der Mitwirkenden gilt Ziff. 9.1.

12.5. Der Mitwirkende/die Mitwirkende ist nicht berechtigt, den rbb ohne dessen Einwilligung Dritten gegenüber zu verpflichten.

13. Eigentumsübergang/Belegstücke

13.1. Werkexemplare, die unter Verwendung der vom Mitwirkenden/von der Mitwirkenden erbrachten Darbietung oder sonstigen Leistung entstanden sind, gehen mit ihrer Herstellung in das Eigentum des rbb über. Für den Zugang zu den Werkexemplaren gilt § 25 UrhG.

13.2. Das Eigentum an Originalen und Entwürfen grafischer Werke und anderer Werke der bildenden Kunst ist nach vertraglicher Auswertung des Werkes durch den rbb auf den Mitwirkenden/die Mitwirkende zurück zu übertragen, wenn er/sie es bei Vertragsabschluss verlangt. Dies gilt nicht für Pläne, Detailzeichnungen und Modelle eines hergestellten Setdesigns/Bühnenbildes.

13.3. Mitwirkende, die der Produktion allein oder gemeinsam nach Umfang und eigenpersönlicher Gestaltung das entscheidende Gesamtgepräge gegeben haben, können mit ausdrücklicher Zustimmung des rbb und der anderen Berechtigten im Einzelfall innerhalb einer Frist von 6 Wochen nach der Erstsendung der Produktion Ton- und/oder Bildträgerkopien auf eigene Kosten zum eigenen Gebrauch und unter Ausschluss jeglicher anderweitiger Verwertung herstellen und herstellen lassen, und zwar auf Wunsch des rbb durch diesen selbst. Die Kopien sind auf den Anteil des Mitwirkenden/der Mitwirkenden an der Produktion zu beschränken. Der rbb kann seine Zustimmung, insbesondere bei unzumutbarem Aufwand, versagen.

13.4. Der Mitwirkende/die Mitwirkende ist verpflichtet, das ihm/ihr vom rbb zur Verfügung gestellte Material (Bekleidungsstücke, Requisiten, Filme, Noten, Manuskripte und sonstiges Vortragsmaterial) und sonstige Geräte sorgfältig zu behandeln und unverzüglich nach der Benutzung unbeschädigt zurückzugeben; andernfalls ist er/sie zur Ersatzleistung oder zum Schadenersatz verpflichtet.

14. Verwendung von Beiträgen Dritter

Will der Mitwirkende/die Mitwirkende für seine/ihre Darbietung oder sonstige Leistung urheberrechtlich geschützte Beiträge Dritter benutzen, die der rbb nicht zur Verfügung stellt, so bedarf er/sie hierfür der vorherigen Zustimmung des rbb. Der Mitwirkende/die Mitwirkende ist verpflichtet, diese Beiträge dem rbb nebst für die Abrechnung, zB mit Autoren, Komponisten und Verlagen, notwendigen Angaben spätestens bei Abschluss des Vertrages in einer timecode-genauen Aufstellung in einem vom rbb bestimmten Datenformat mitzuteilen. Nur bei rechtzeitiger Erfüllung dieser Verpflichtung übernimmt der rbb die Befriedigung der durch die Verwendung der Beiträge entstehenden Ansprüche. Unterbleibt die rechtzeitige Anzeige durch den Mitwirkenden/die Mitwirkende, so ist dieser/diese verpflichtet, die entstandenen Ansprüche selbst zu befriedigen und den rbb von sämtlichen nachträglich erhobenen Forderungen freizustellen. Die Aufstellung muss folgende Angaben enthalten:

Musik:

a) Titel (vollständig)
b) Komponist (Vor- und Zuname),
c) Bearbeiter,
d) Texter, Textdichter,
e) Musikverlag,
f) Label Code (immer fünfstellig eingetragen, fehlende Ziffern mit Nullen ersetzen, auch wenn LC-Nr. nicht vorhanden ist),
g) Besetzung (Solisten und Interpreten),
h) Sendedauer ggf. Umfang der entlehnten Musik

Im Übrigen:

a) Vor- und Zuname des betreffenden Urhebers (zB Miturheber, Übersetzer, Bearbeiter)
b) vollständiger Titel der verwendeten Beiträge bzw. der Arbeit oder des Buches, dem sie entnommen sind,

c) Bezeichnung der Werke der bildenden Kunst und Fotos, sowie ihre Herkunft/Quelle, Rechteumfang und Lizenzgeber nebst Anschrift,
d) genaue Vers- oder Prosazeilenzahl,
e) bei gedruckten Werken Verlag und genaue Fundstelle,
f) bei Ausschnitten aus anderen Filmwerken Angaben zu den Rechteinhabern.

15. Pflicht zur Verschwiegenheit[10]

15.1. Der Mitwirkende/die Mitwirkende ist verpflichtet, Stillschweigen über den Inhalt seines/ihres Werkes, seiner/ihrer Darbietung oder sonstigen Leistung und der daraus entstandenen Produktion oder Sendung zu wahren. Diese Verpflichtung gilt nicht, wenn der Inhalt bereits ohnehin in der Öffentlichkeit bekannt ist. Verletzt der Mitwirkende/die Mitwirkende diese Bestimmung, so verliert er/sie seine/ihre Vergütungsansprüche aus dem Vertrag. Weitergehende Ansprüche und Rechte des rbb bleiben vorbehalten.

15.2. Im Übrigen ist der Mitwirkende/die Mitwirkende zur Verschwiegenheit über alle ihm/ihr bekannt gewordenen betrieblichen Angelegenheiten und Vorgänge des rbb verpflichtet, die ihrer Natur nach oder auf Grund besonderer Anordnung vertraulich zu behandeln sind.

16. Freistellung

16.1. Der Mitwirkende/die Mitwirkende haftet nur für grob fahrlässige oder vorsätzliche Verletzungen dieser Vertragspflichten und stellt den rbb von allen Ansprüchen frei, die auf Grund einer solchen Pflichtverletzung von Dritten gegen den rbb geltend gemacht werden.

16.2. Hat der Mitwirkende/die Mitwirkende seine/ihre Informationspflichten aus Ziff. 11.2. und 11.3. rechtzeitig, spätestens bei Erbringung seiner/ihrer Leistung erfüllt, stellt der rbb ihn/sie von allen Ansprüchen frei, die im Zusammenhang mit diesen Darstellungen von Dritten gegen den Mitwirkenden/die Mitwirkende erhoben werden. Insoweit sind Schadensersatzansprüche des rbb gegen den Mitwirkenden/die Mitwirkende ausgeschlossen. Das gleiche gilt für Ansprüche urheberrechtlicher Art, wenn der Mitwirkende/die Mitwirkende seinen/ihren Verpflichtungen nach den Ziff. 11.1. und 14. nachgekommen ist.

16.3. Der Mitwirkende/die Mitwirkende ist unabhängig von einem etwaigen Verschulden verpflichtet, den rbb bei der Abwehr von Ansprüchen Dritter zu unterstützen, insbesondere auch durch die Erteilung von Auskünften und die Beibringung von Unterlagen.

17. Namensnennung[9]

17.1. Der rbb wird den Mitwirkenden/die Mitwirkende im Zusammenhang mit der Sendung nennen, soweit die Nennung rundfunküblich ist und er/sie nicht widersprochen hat.

17.2. Bei der Weitergabe von Produktionen des rbb an Dritte ist ggf. eine entsprechende Urhebernennung sicherzustellen.

18. Vergütungen[8]

18.1. Allgemeine Vergütungsbestimmungen

18.1.1. Der Mitwirkende/die Mitwirkende erhält eine im Vertrag zu vereinbarende Vergütung als Entgelt für seine/ihre Leistung und Rechteeinräumung.

18.1.2. Der Mitwirkende/die Mitwirkende erhält nutzungsabhängig für die Möglichkeit der Online-Nutzung während der ersten sieben Tage nach Ausstrahlung der Produktion einmalig einen Zuschlag in Höhe von 2,75 % sowie ab dem 8. Tag bei einer entsprechenden Nutzung einen weiteren Zuschlag in Höhe von 2,5 %.

18.1.3. Sofern der Mitwirkendenvertrag nicht als „W- bzw. Ü-Vertrag" gekennzeichnet ist, sind mit der einmaligen Vergütung sämtliche Leistungen und die Übertragung der Rechte gem. Ziffern 4. bis 9. dieser Vertragsbedingungen abgegolten. Die Ansprüche nach Ziffer 18.5. bleiben hiervon unberührt.

18.1.4. Sofern ein Urhebervertrag als „Ü-Vertrag" gekennzeichnet ist, sind mit der Erstvergütung neben den Ausstrahlungen gem. Ziff. 18.2.1. bei Fernsehbeiträgen alle Ausstrahlungen im Programm des rbb (Hörfunk und Fernsehen) abgegolten. Für darüber hinausgehende Nutzungen durch andere Rundfunkanstalten oder in Gemeinschaftsprogrammen finden die Ziff. 18.2.2. bis 18.2.13. bzw. 18.3.2.3. Anwendung. Dies gilt im Hörfunk nicht für Einstellungen in das ARD-Sammelangebot; diese werden gem. Ziff. 18.3.1. vergütet.

18.2. *Fernsehen*

18.2.1. Ist der Vertrag des Mitwirkenden/der Mitwirkenden mit „W" (wiederholungs- oder folgevergütungspflichtig) gekennzeichnet, so ist mit der vereinbarten Vergütung eine Sendung im Fernsehgemeinschaftsprogramm (Erstes Programm) oder jeweils eine Sendung in allen Anstalts-/Landesprogrammen oder allen Dritten Fernsehprogrammen der ARD-Anstalten (Erstsendung) sowie eine Wiederholung im rbb-Fernsehen innerhalb von einem Jahr nach der dortigen Erstausstrahlung abgegolten.
Zusätzlich erhält der Mitwirkende/die Mitwirkende folgende Vergütungen:

18.2.2. Bei Wiederholungen im Fernsehgemeinschaftsprogramm der ARD-Rundfunkanstalten zahlt der rbb vorbehaltlich der Ziff. 18.2.3. und 18.2.4. eine Wiederholungsvergütung in Höhe von 10 % der Erstvergütung.

18.2.3. Bei Wiederholungen im Fernsehvormittags- und Frühinformationsprogramm des Fernsehgemeinschaftsprogramms zahlt der rbb eine Wiederholungsvergütung in Höhe von 5 % der Erstvergütung.

18.2.4. Bei Wiederholungen im Fernsehgemeinschaftsprogramm zwischen 0:00 Uhr und 6:00 Uhr (Nachtprogramm) wird eine Wiederholungsvergütung in Höhe von 2,5 % der Erstvergütung gezahlt.

18.2.5. Bei Wiederholungen im gesamten Sendebereich des rbb oder einer anderen ARD-Anstalt oder in einem Dritten Fernsehprogramm (vgl. Ziff. 18.2.1.) erhält der Mitwirkende/die Mitwirkende von der sendenden Anstalt eine Wiederholungsvergütung von 2 % der Erstvergütung, bei Wiederholungen im Fernsehprogramm des Saarländischen Rundfunks und von Radio Bremen in Höhe von je 1 % der Erstvergütung.
Wiederholungen in einem Teil des gesamten Sendebereichs der Anstalt begründen keinen Anspruch auf Wiederholungsvergütung.
Wird die Sendung in mehreren Programmen der ARD-Anstalten wiederholt, so sind insgesamt höchsten 10 % der Erstvergütung zu zahlen.

18.2.6. Bis zu zwei Wiederholungen im selben Programm innerhalb von 48 Stunden nach der Erstausstrahlung oder nach einer Wiederholung lösen keinen Anspruch auf Wiederholungsvergütung aus.
Bei der Berechnung der Fristen werden Sonn- und Feiertage nicht mitgezählt.

18.2.7. Gleichzeitige Anschlusssendungen in Form von Zusammenschaltungen sind nicht vergütungspflichtig im Rahmen der Ziff. 18.2.1., 18.2.2., 18.2.3., 18.2.4. und 18.2.5.

18.2.8. Bei Wiederholungen im Satellitenprogramm 3Sat wird eine Wiederholungsvergütung von 10 % bezogen auf die Wiederholungsvergütung nach Ziff. 18.2.2. gezahlt.

18.2.9. Bei Wiederholungen in den Programmen Kinderkanal oder dem Ereigniskanal (Phoenix) wird eine Wiederholungsvergütung von 10 % bezogen auf die Wiederholungsvergütung nach Ziff. 18.2.2. für bis zu fünf Ausstrahlungen innerhalb von einem Monat gezahlt. Ziff. 18.2.6. findet keine Anwendung.

18.2.10. Bei Wiederholungen in Angeboten von ARD-Digital wird eine Wiederholungsvergütung von 7 % bezogen auf die Wiederholungsvergütung nach Ziff. 18.2.2. für beliebig häufige Wiederholungen innerhalb von sechs Monaten ab Erstausstrahlung in einem digitalen Angebot gezahlt.

18.2.11. Bei Wiederholungen im Programm ARTE wird eine Wiederholungsvergütung in Höhe von 2 % der Erstvergütung pro Ausstrahlung gezahlt.

18.2.12. Bei Wiederholungen im Bildungsprogramm BR-alpha des Bayerischen Rundfunks wird eine Wiederholungsvergütung in Höhe von 1 % der Erstvergütung für bis zu fünf Ausstrahlungen in sechs Monaten gezahlt.

18.2.13. Vorabausstrahlungen von Fernsehproduktionen in Programmen, die ausschließlich digital ausgestrahlt und empfangen werden, sowie in Satellitenprogrammen, Dritten Fernsehprogrammen oder Anstaltsprogrammen werden als Wiederholungen im Sinne von Ziff. 18.2.5., 18.2.8., 18.2.9., 18.2.10. und 18.2.12. behandelt.

18.3. *Hörfunk*

18.3.1. Werden Beiträge des Vertragstyps „E“ (einmalige Vergütung sämtlicher Leistungen und Rechteübertragungen) in ein ARD-Sammelangebot – für die übernehmende Anstalt vergütungsfrei – eingestellt, so wird dies durch einen Zuschlag auf die Vergütung angemessen berücksichtigt.

18.3.2. Sofern ein mit dem Mitwirkenden/der Mitwirkenden geschlossener Vertrag mit „W“ (wiederholungs- oder folgevergütungspflichtig) gekennzeichnet ist, so ist mit der vereinbarten Vergütung eine Sendung im gesamten Sendegebiet de rbb abgegolten. Zusätzlich erhält der Mitwirkende/die Mitwirkende folgende Vergütungen:

18.3.2.1. Bei Wiederholungen in einem seiner Hörfunkprogramme im gesamten Sendebereich des rbb zahlt dieser eine Wiederholungsvergütung in Höhe von 10 % der Erstvergütung.

18.3.2.2. Die einmalige unveränderte erneute Ausstrahlung in einem der Hörfunkprogramme des rbb innerhalb von drei Tagen nach einer Ausstrahlung löst keinen Anspruch auf Wiederholungsvergütung aus.

18.3.2.3. Übernimmt ein anderes öffentlich-rechtliches Sendeunternehmen der ARD, die Deutsche Welle oder Deutschland Radio eine Sendung des rbb oder verwendet es einen Tonträger derselben für Hörfunkzwecke, so wird der rbb das Sendeunternehmen verpflichten, für jede Sendung des Werkes mindestens 20 % (im Falle von Radio Bremen und Saarländischer Rundfunk 10 %) der mit dem rbb vereinbarten Erstvergütung an den Mitwirkenden/die Mitwirkende zu zahlen, es sei denn, das andere Sendeunternehmen trifft mit dem Mitwirkenden/der Mitwirkenden eine abweichende Vereinbarung. Eine Übernahme durch die Deutsche Welle umfasst das Recht der einmaligen Ausstrahlung in jeder Sendesprache.

18.3.2.4. Gleichzeitige Anschlusssendungen im Rahmen von Zusammenschaltungen mit anderen Sendeunternehmen sind nicht vergütungspflichtig nach Ziff. 18.3.2.1. und 18.3.2.3.

18.3.2.5. Die gleichzeitige oder geringfügig zeitversetzte Ausstrahlung von Sendungen des rbb im Rahmen einer ständigen Kooperation oder eines Gemeinschaftsprogramms mit einer anderen Rundfunkanstalt stellt keine Übernahme im Sinne von Ziff. 18.3.2.3. dar. Dasselbe gilt für zeitgleiche Anschlusssendungen von Rundfunkveranstaltern, die Mitglied der European Broadcasting Union (EBU) sind, jedoch ausschließlich bei Übertragungen von Konzertveranstaltungen.

18.4. Gemeinsame Vergütungsregelungen

18.4.1. Verwendung von Teilen der Produktion
Bei Verwendung von Teilen der Produktion ermäßigt sich die Wiederholungs-/Übernahmevergütung entsprechend; eine ausschnittweise Verwendung bis zu 5 Minuten Sendedauer ist durch die im Vertrag vereinbarte Vergütung abgegolten, wenn nicht mehr als 25 % des gesamten Werkes verwendet werden. Ziff. 9. ist dabei zu beachten.

18.4.2. Festivals und Wettbewerbe, Prüf-, Lehr- und Forschungszwecke, programmbegleitende Angebote
Durch die im Vertrag vereinbarte Erstvergütung sind auch

a) Sendungen oder sonstige öffentliche Wiedergaben auf oder anlässlich von Messen, Ausstellungen, Festivals und Wettbewerben;
b) Verwendungen zu Prüf-, Lehr- und Forschungszwecken des Rundfunks;
c) die Verwendung in Programmvorschauen, Inhaltsangaben und programmbegleitenden Angeboten für Presse und Rundfunk und für sonstige Werbeträger und
d) Sendungen zum Zwecke der Öffentlichkeitsarbeit des rbb und der ARD

jeweils einschließlich der entsprechenden Online-Nutzung bzw. der Nutzung in interaktiven Zusatzdiensten abgegolten.

18.4.3. Koproduktionen
Bei Koproduktionen unter Federführung des rbb sind Art und Umfang der Nutzung durch Koproduzenten bei der Vergütungsregelung angemessen zu berücksichtigen, es sei denn, der Mitwirkende/die Mitwirkende trifft mit dem Koproduzenten eine besondere Vereinbarung.

18.4.4. Ausbildungsprogramme
Bei spezifischen Sendungen zu Ausbildungszwecken (wie Schulfernseh- und Schulhörfunkprogramme) gilt die Erstvergütung oder die Wiederholungsvergütung als Entgelt für eine beliebige Zahl von Ausstrahlungen innerhalb von einem Monat.

18.4.5. Unentgeltliche Abgabe
Bei unentgeltlicher Abgabe der Produktion an ein nicht der ARD angehörendes Sendeunternehmen für Rundfunkzwecke verpflichtet der rbb das übernehmende Sendeunternehmen, dem Mitwirkenden/der Mitwirkenden eine nach Art und Umfang angemessene Vergütung zu zahlen. In gleicher Weise wird verfahren, wenn der rbb im Tausch gegen eine Produktion des übernehmenden Sendeunternehmens eine eigene Produktion abgibt.

18.5. Entgeltliche Verwertung

18.5.1. Bei entgeltlicher Verwertung der Nutzungsrechte erhalten die Mitarbeiter, deren Werke oder Werkstücke und die Mitwirkenden, deren Rechte und Leistungen für die Produktion genutzt worden sind und die dadurch Urheberrechte oder andere Leistungsschutzrechte erlangt haben unabhängig vom Vertragstyp, insgesamt 35 % vom Nettoerlös. Dieser Anteil wird – sofern sowohl Werkschöpfer als auch Leistungsschutzberechtigte an der Produktion beteiligt sind – zwischen diesen hälftig aufgeteilt. Zu den Leistungsschutzberechtigten zählen nicht Veranstalter, Tonträgerhersteller, Hersteller von Datenbanken, Filmhersteller gemäß §§ 81, 85, 87a–c und 94 UrhG. Die 35 % bzw. 17,5 % des Netto-Erlöses werden im Verhältnis der Erstvergütung der Berechtigten zueinander aufgeteilt.

18.5.2. Als Nettoerlös gelten die Bruttoeinnahmen des rbb, die die für die Verwertung beauftragte Verwertungstochter des rbb dem rbb auszahlt. Die Wirtschaftsführung der Verwertungstochter unterliegt gem. § 16c Rundfunkstaatsvertrag der Prüfung des zuständigen Landesrechnungshofes. Sowohl die vertraglichen Beziehungen des rbb zur Verwertungstochter als auch deren Verwertungstätigkeiten müssen marktkonform sein.

18.5.3. Die Abrechnung und Zahlung der Anteile an den Verwertungserlösen erfolgt für sämtliche abgewickelten Verwertungsfälle des abgelaufenen Kalenderjahres jeweils zum 30.6. des folgenden Jahres. Individuelle Erlösbeteiligungsansprüche entstehen nur dann, wenn im Einzelfall die Bruttoeinnahmen des rbb aus der Werk- bzw. Produktionsverwertung 1.500,00 EUR überschreiten; eine individuelle Ausschüttung erfolgt nur dann, wenn im Einzelfall eine Bagatellgrenze von 15,00 EUR im Jahr überschritten wird. Alle nicht individuell zur Auszahlung gelangenden Erlöse werden gemeinnützigen Einrichtungen, die sozialen Zwecken und Belangen der Urheber oder der Leistungsschutzberechtigten dienen, zur Verfügung gestellt.

18.5.4. Der Mitwirkende/die Mitwirkende ist berechtigt, die jährlichen Ergebnisberichte über die entgeltliche Verwertung – soweit sie seine/ihre Leistung betreffen – durch einen Wirtschaftsprüfer oder Steuerberater auf eigene Kosten einzusehen. Der Prüfer sowie der Mitwirkende/die Mitwirkende sind zur Verschwiegenheit gegenüber Dritten verpflichtet.

18.5.5. Bei Verwendung einer Hörfunk- oder Fernsehproduktion im Transkriptionsdienst erhält der Mitwirkende/die Mitwirkende anstelle einer Erlösbeteiligung vom Träger des Transkriptionsdienstes eine einmalige angemessene Vergütung, zu deren Zahlung der rbb den Träger des Transkriptionsdienstes verpflichtet.

19. Fälligkeit

19.1. Die im Vertrag vereinbarte Vergütung wird nach der Darbietung oder sonstigen Leistung und Beibringung der nach Ziff. 11. und 14. sowie der für die Honoraranweisung erforderlichen Angaben und Zustimmungserklärung fällig. Anteilige Zahlungen im Voraus können einzelvertraglich vereinbart werden.

19.2. Wiederholungs-/Übernahmevergütungen werden jeweils nach der Wiederholungs-/Übernahmesendung und den üblicherweise festgelegten Abrechnungsterminen fällig. Für die sonstigen vergütungspflichtigen Verwertungen ist Fälligkeitszeitpunkt der auf die Verwertung folgende nächstmögliche Termin der Abrechnung.

19.3. Der Mitwirkende/die Mitwirkende ist verpflichtet, unverzüglich und unaufgefordert dem rbb sämtliche zur Auszahlung der Vergütung aus diesem Vertrag erforderlichen Angaben und deren Änderung mitzuteilen und über erhaltene Vorschüsse Rechnung zu legen. Ist dem rbb aufgrund fehlender oder unvollständiger Angaben die Auszahlung nicht möglich, so ist er zu eigenen Ermittlungen nicht verpflichtet. Dies gilt auch für den Fall einer etwaigen Rechtsnachfolge. Der rbb ist ebenso nicht zur Zahlung verpflichtet, bevor der Mitwirkende/die Mitwirkende seinen/ihren Verpflichtungen aus Ziff. 21.1. und 21.2. nachgekommen ist.

19.4. Nach Ablauf der gesetzlichen Schutzfrist für die vertragsgegenständliche Leistung ist das Entstehen von Zahlungsansprüchen aus dem Vertrag ausgeschlossen.

20. Bruttovergütungen

20.1 Die im Vertrag vereinbarten Vergütungen aller Art, einschließlich zu erstattender Aufwendungen, sind Bruttovergütungen und schließen die jeweilige gesetzliche Umsatzsteuer sowie sonstige Steuern ein.

20.2. Zahlungen leistet der rbb grundsätzlich auf das vom Mitwirkenden/von der Mitwirkenden anzugebende Konto.

21. Steuern und Sozialversicherung

21.1. Der Mitwirkende/die Mitwirkende stellt dem rbb auf dessen Anforderung hin die erforderlichen Nachweise und Unterlagen zur Erfüllung der entsprechenden Prüfungspflichten des rbb in steuerlicher und sozialversicherungsrechtlicher Hinsicht in der jeweils gültigen Fassung zur Verfügung. Ist der Mitwirkende/die Mitwirkende in der Bundesrepublik Deutschland nicht einkommenssteuerpflichtig, so hat er/sie dies dem rbb anzuzeigen. Von den an den Mitwirkenden/die Mitwirkende zu leistenden Vergütungen hat der rbb die gesetzlich geregelten Abzüge vorzunehmen.

21.2. Ist der Mitwirkende/die Mitwirkende umsatzsteuerpflichtig, so hat er/sie dies dem rbb unverzüglich mitzuteilen. In der Abrechnung wird dann die in der Vergütung enthaltene Umsatzsteuer gesondert ausgewiesen.

21.3. Die Sozialversicherungspflicht richtet sich nach den gesetzlichen Bestimmungen.

22. Abtretung und Verpfändung

Ansprüche des Mitwirkenden/der Mitwirkenden aus dem Vertrag können unbeschadet § 354a HGB nur mit schriftlicher Einwilligung des rbb abgetreten oder verpfändet werden.

23. Verjährung

Ansprüche des Mitwirkenden/der Mitwirkenden verjähren mit dem Ablauf des zweiten auf die Fälligkeit folgenden Kalenderjahres, wenn der Mitwirkende/die Mitwirkende von den Umständen, aus denen sich der Anspruch ergibt, Kenntnis erlangt, ohne Rücksicht auf diese in 10 Jahren.

24. Keine Nutzungsverpflichtung

Durch den Abschluss des Vertrages wird eine Verpflichtung, die Darbietung oder sonstige Leistung des Mitwirkenden/der Mitwirkenden im Rahmen dieses Vertrages zu nutzen, für den rbb nicht begründet.

25. Terminänderungen

Der rbb ist berechtigt, anstelle des von ihm im Vertrag vorgesehenen Zeitpunktes einen anderen angemessenen Termin für die Darbietung oder sonstige Leistung des Mitwirkenden/der Mitwirkenden zu bestimmen. Der Mitwirkende/die Mitwirkende wird von einer solchen Änderung verständigt. Entstehen für den Mitwirkenden/die Mitwirkende durch die Terminänderung zusätzliche Aufwendungen oder ergeben sich sonstige finanzielle Nachteile, so sind diese im Rahmen einer gesonderten Vereinbarung auszugleichen. Im Übrigen ändert sich an den Rechten und Pflichten des Mitwirkenden/der Mitwirkenden nichts.

26. Rückrufsrecht[11]

Für die Ausübung eines dem Mitwirkenden/der Mitwirkenden zustehenden Rückrufsrechtes gilt § 41 UrhG mit der Maßgabe, dass die Fristen nach § 41 Abs. 2 S. 1 UrhG fünf Jahre betragen; Fristbeginn ist das Ende der Erbringung der Darbietung und sonstigen Leistung. Der rbb ist bereit, mit dem Mitwirkenden/der Mitwirkenden über eine vorzeitige Freigabe nicht genutzter Rechte zu verhandeln.

27. Erfüllungsort

Erfüllungsort ist – vorbehaltlich ausdrücklicher anderweitiger Vereinbarungen – der Sitz des rbb.

28. Anzuwendendes Recht

Für die Auslegung des Vertrages gilt das Recht der Bundesrepublik Deutschland.

29. **Gerichtsstand**
Als Gerichtsstand wird Berlin für alle Fälle vereinbart, dass
a) der Mitwirkende/die Mitwirkende Kaufmann ist und nicht zu den in § 1 Abs. 2 Hs. 2 HGB bezeichneten Gewerbetreibenden gehört oder keinen allgemeinen Gerichtsstand im Inland hat oder
b) der Mitwirkende/die Mitwirkende nach Abschluss des Vertrages seinen/ihren Wohnsitz oder gewöhnlichen Aufenthaltsort aus der Bundesrepublik Deutschland verlegt oder sein/ihr Wohnsitz oder gewöhnlicher Aufenthalt zum Zeitpunkt der Klageerhebung nicht bekannt ist.

30. **Datenübermittlung**
Der Mitwirkende/die Mitwirkende erklärt sich bei der Übernahme seines/ihres Werkes bzw. einer unter Verwendung seines/ihres Werkes hergestellten Produktion durch einen Dritten mit der Übermittlung seines/ihres Namens, seiner/ihrer Anschrift, seiner/ihrer Rufnummer und seiner/ihrer Bankverbindung durch den rbb an die übernehmende Sendeanstalt bereit, um die Anweisung fälliger Honorare zu ermöglichen.

Schrifttum: → Form. IX.28, 33, 41.

Anmerkungen

1. Sachverhalt. An einer Fernsehproduktion wirken in künstlerischer Hinsicht sowohl Urheber als auch ausübende Künstler mit. Schöpferische Beiträge als an der Produktion mitwirkender Urheber leistet vor allem der Regisseur als der Urheber des Filmwerks, daneben gegebenenfalls auch der Regieassistent, Kameramann, Cutter, Schnitt- und Tonmeister und Beleuchter (§§ 2, 89 UrhG). Als mitwirkende Urheber – im Unterschied zu den Urhebern vorbestehender Werke (→ Form. IX.39 Anm. 1) – werden häufig auch Filmarchitekten, Dekorateure, Kostüm- und Maskenbildner sowie Choreographen angesehen, auch wenn deren Beiträge sich unabhängig vom Filmwerk verwerten lassen. Schauspieler, (Synchron-)Sprecher, Sänger, Dirigenten und andere Musiker wirken als ausübende Künstler an der Fernsehproduktion mit, §§ 73, 92 UrhG. Bei länger dauernden Produktionen schließt die Rundfunkanstalt mit den Mitwirkenden Arbeitsverträge auf Produktionsdauer. Die Allgemeinen Honorarbedingungen (AB) kommen bei freien Dienstverhältnissen anlässlich einer kurzfristigen Produktion zur Anwendung.

In den AB werden die Pflichten der Mitwirkenden vor allem im Hinblick auf die organisatorische Durchführung des Produktionsablaufs streng und umfassend festgelegt.

2. Wahl des Formulars. Das vorstehend abgedruckte Formular entspricht den Allgemeinen Bedingungen (AB) für Beschäftigungsverträge mit auf Produktionsdauer Beschäftigten (Honorarbedingungen Mitwirkende) des rbb in der bei Redaktionsschluss vorliegenden Fassung vom 1.1.2011. Die AB für Mitwirkende sind für Engagements außerhalb eines Arbeitsverhältnisses bestimmt. Bei Arbeitsverhältnissen, die die Rundfunkanstalt, zB mit Regisseuren auf die Dauer der Produktion abschließt, werden die AB gelegentlich ergänzend zum Vertragsbestandteil gemacht. Im Rechtsverkehr mit Urhebern, die ihre Beiträge nicht im Wege eines Dienstvertrages erbringen, gelten die AB für Urheber (→ Form. IX.39). Mitwirkende im Sinne der AB sind somit Urheber oder Leistungsschutzberechtigte, die ihre Leistungen und Darbietungen im Rahmen eines freien Dienstverhältnisses (→ Anm. 5) für die produzierende Rundfunkanstalt erbringen. Auch bei den AB für Mitwirkende gibt es unterschiedliche Formulartypen für Vertragsabschlüsse über kleinere Beiträge, die mit einer einmaligen Vergütung pauschal abgegolten werden, und solche, die für bedeutendere Beiträge vorgesehen sind und Vergütungsansprüche für weitergehende Nutzungshandlungen enthalten (vgl. Ziff. 18.2. und 18.3. AB). Vorliegend wird aus Zweckmäßigkeitsgründen das umfassendere Formular behandelt.

3. **Handlungsanweisung.** Zur Überprüfung der AB kann auf die Ausführungen zu den Honorarbedingungen für Urheber in → Form. IX.39 Anm. 3 verwiesen werden.

4. **Zustandekommen des Vertrages.** Zum mündlichen Vertragsabschluss und der üblichen Einhaltung der Schriftform → Form. IX.39 Anm. 4. Die Regelungen sind fast wortgleich. Zur Abgrenzung zwischen unverbindlichen vertraglichen Verhandlungen und rechtsverbindlichem Vertragsschluss beim Mitwirkendenengagement KG UFITA 71, 220.

5. **Dienstvertrag.** Der Mitwirkenden-Vertrag ist durch Elemente des Dienstvertrages gemäß §§ 611 ff. BGB geprägt (LG Berlin UFITA 84, 235 für den Synchronsprecher). Die Leistung des Dienstverpflichteten besteht im Wesentlichen darin, beim Produktionsablauf künstlerisch mitzuwirken. Die Übertragung von Urheber- und Leistungsschutzrechten (→ Anm. 6) ist Bestandteil der Dienstverpflichtung, die ohne eine entsprechende Rechtsübertragung für die Rundfunkanstalt sinnlos wäre. Der Mitwirkende hat seine Leistung höchstpersönlich zu erbringen, § 613 BGB. Die Qualität der Leistung unterliegt letztlich dem Risiko der Rundfunkanstalt. Nur bei objektiv von vornherein feststellbarer Unfähigkeit (und nicht lediglich einer schwachen Tagesform) des Mitwirkenden kann sich die Rundfunkanstalt darauf berufen, der Mitwirkende habe eine Aufgabe übernommen, zu der er sich schuldhaft und unzutreffend als fähig bezeichnet habe; im Allgemeinen liegt selbst bei solchen Sachverhalten Mitverschulden der Rundfunkanstalt vor, § 254 BGB. Sie muss sich über die Fähigkeiten des mitwirkenden Künstlers vorher vergewissern.

Die Termine für die Erbringung der künstlerischen Dienstleistungen werden im Allgemeinen individualvertraglich festgelegt (vgl. Ziff. 3.3., 25. AB), im Zweifel ergeben sie sich aus dem Gegenstand der Leistung. Ziff. 25 AB sieht Umdispositionsrechte der Rundfunkanstalt vor. Diese müssen aber zumutbar sein. Darüber hinaus besteht ein freies Kündigungsrecht der Rundfunkanstalt bei Diensten höherer Art nach § 627 BGB. Dies ist wohl Hintergrund der Regelung in Ziff. 3.4. AB. Ob allerding überhaupt Dienste höherer Art bei jedem Mitwirkenden vorliegen, ist fraglich. Die Rundfunkanstalt braucht die Leistung des Mitwirkenden nicht in Anspruch zu nehmen, bleibt aber zur Zahlung einer angemessenen Entschädigung nach billigem Ermessen verpflichtet, Ziff. 3.4. AB. Hierdurch wird die Regelung des § 615 BGB insoweit abbedungen, als eigentlich die gesamte Vergütung fällig würde, wenn der Sender in Annahmeverzug gerät oder aus Gründen, die zum Betriebsrisiko der Rundfunkanstalt gehören, dem Mitwirkenden absagt. Allerdings bestünden auch dann Anrechnungspflichten. Zwar kann § 615 S. 1 BGB grundsätzlich abbedungen werden, dies kann aber an §§ 307 ff. BGB scheitern, wenn die gefundene Regelung unbillig ist und eine Interessensabwägung nicht stattfindet. Ob die hier gefundene Regelung dies umsetzt erscheint fraglich.

Im Hinblick auf die Bedeutung von *Serienproduktionen* für das Fernsehen wächst bei Sendeunternehmen und Auftragsproduzenten das Bedürfnis, sich die Mitwirkung von Schauspielern für eine längere Zeit, gegebenenfalls bis zum Abdrehen der vollständigen Serie zu sichern. Hierfür werden folgende Zusatzvereinbarungen empfohlen:

- Das Sendeunternehmen ist berechtigt, zur Fortsetzung der Serienproduktion den Vertrag mit dem Vertragspartner durch schriftliche Anzeige gegenüber dem Vertragspartner zu verlängern.
- Die Anzeige muss dem Vertragspartner spätestens bis zum . . . . . /bis . . . . . Monate nach Schluss der Erstausstrahlung/innerhalb von . . . . . . Monaten nach Ende der Dreharbeiten zugegangen sein. Sie hat Anfang und Ende der Dreharbeiten sowie die ungefähre Anzahl der Drehtage anzugeben.
- Der Vertragspartner verpflichtet sich, die Termine sämtlicher von ihm neu eingegangener Verpflichtungen anzuzeigen, die von ihm in der Zeit ab . . . . . bis zum . . . . .

zu erfüllen wären. Um dem Sendeunternehmen die rechtzeitige Abgabe einer Fortsetzungsanzeige zu ermöglichen, verpflichtet sich der Vertragspartner zugleich, mindestens . . . . . Wochen vor Eingehung neuer Verpflichtungen deren Termine dem Sendeunternehmen anzuzeigen, wenn sich hierdurch für den Vertragspartner in dem betreffenden Kalenderjahr eine Auslastung ergäbe, die . . . . . Drehtage/. . . . . Produktionswochen überschreitet. Dasselbe gilt, wenn die neue Verpflichtung einen Gesamtzeitraum von mehr als . . . . . Wochen umfasst.

- Innerhalb des in der Fortsetzungsanzeige angegebenen Zeitraums unter Einschluss von . . . . . Wochen nach Abschluss der Dreharbeiten hat das Sendeunternehmen mit der Serienfortsetzung Vorrang vor allen nicht oder nicht rechtzeitig ihm angezeigten anderweitigen Terminen des Vertragspartners.
- Das Sendeunternehmen kann eine Veränderung der Vergütung nach billigem Ermessen vornehmen. Ist die vorgenommene Veränderung unbillig, so wird sie durch Gerichtsurteil getroffen (§ 315 BGB).
- Für den Fall, dass der Vertragspartner seinen vorstehend aufgeführten Verpflichtungen nicht nachkommt und hierdurch die Fortsetzung der Serienproduktion gefährdet, erschwert oder verhindert, hat er an das Sendeunternehmen eine Vertragsstrafe in Höhe von Euro . . . . . zu zahlen, es sei denn, den Vertragspartner trifft kein Verschulden. Die Geltendmachung eines darüber hinausgehenden Schadens bleibt dem Sendeunternehmen ausdrücklich vorbehalten.
- Eine mehrfache Verlängerung bis zum Auslaufen der Serie ist möglich. Hierfür gelten die vorstehenden Regelungen entsprechend.

6. Umfang der übertragenen Nutzungsrechte. Gegenstand der von Mitwirkenden abgeleiteten Nutzungsrechte sind solche des Urheberrechts (§§ 15 ff., 20) und des künstlerischen Leistungsschutzrechts (§§ 73 ff. UrhG). Bei den Darstellern wird auch das aus dem Persönlichkeitsrecht abgeleitete Recht zur bildlichen Veröffentlichung der Person des Darstellers im Rahmen der Fernsehproduktion gemäß § 22 KUG bewilligt. Was die Verwertung des Filmwerks angeht, erwirbt die Rundfunkanstalt als Hersteller der Filmproduktion nach den Auslegungsregeln der §§ 89, 92 UrhG im Zweifel eine umfassende Rechtsstellung (→ Form. IX.39 Anm. 5).

Ziff. 4.1. AB stellt dennoch klar, dass der Mitwirkende der Sendeanstalt ausschließliche Rechte zeitlich, räumlich und inhaltlich unbeschränkt zur Nutzung im Hörfunk, Fernsehen und zur Online-Nutzung einräumt. Die Aktualisierung der AB zeigt nunmehr insbesondere eine starke Beachtung digitaler Auswertungsrechte, wobei Fußnote 1 insbesondere die VoD Auswertung nennt. Wie in den Honorarbedingungen Urheber werden im Folgenden die Rechte zu Rundfunkzwecken und zu außerrundfunkmäßigen Zwecken aufgelistet (Ziff. 4.2. und 5. AB). Mit dem in Ziff. 5.4. AB angeführten Recht zur Tonträgerverwertung beansprucht das Rundfunkunternehmen auch die über den dispositiv-gesetzlichen Rahmen der §§ 89, 92 UrhG hinausgehende Befugnis zu einer außerfilmischen Verwertung. Ob eine dahingehende, vom gesetzlichen Leitbild des Urhebervertragsrechts abweichende formularmäßige Rechtseinräumung mit § 307 Abs. 1 BGB zu vereinbaren ist, erscheint zweifelhaft (vgl. OLG Hamburg GRUR-RR 2011, 293 und KG ZUM 2010, 799). Das Recht zur Veröffentlichung von Standfotos und sonstigen Bildern der Darsteller in Büchern, Zeitungen und Zeitschriften erwirbt die Rundfunkanstalt nicht mit Ausnahme zu Zwecken der Programmankündigung oder sonstigen Öffentlichkeitsarbeit der Sendeanstalt (Ziff. 4.2.10. AB). Der Mitwirkende hat insoweit ein Widerspruchsrecht. Die Mitwirkenden dürfen bei der Auswertung der ihnen verbleibenden Rechte nur unter der Einschränkung auf ihre Tätigkeit für die Rundfunkanstalt Bezug nehmen, soweit die berechtigten Interessen der Rundfunkanstalt nicht verletzt werden (Ziff. 10. AB). Auch die Mitwirkenden unterliegen hinsichtlich der anderweitigen Auswertung der bei ihnen verbliebenen Rechte der Einschränkung, dass dies erst nach Erstsendung der Fall ist und diese dem rbb vorab angeboten werden müssen (→ Form. IX.39 Ziff. 9.3 AB).

7. Bearbeitungen, Änderungen, Schnitte. Die Änderungsbefugnis der Rundfunkanstalt gemäß Ziff. 9. AB steht unter den persönlichkeitsrechtlichen Vorbehalten der §§ 14 (für Urheber) und 75 (für Künstler) UrhG, sofern die Beeinträchtigungen gröblich sind, § 93 UrhG. Die Lockerung des Persönlichkeitsschutzes im Bereich des Filmrechts durch § 93 ist dispositiv. Bei künstlerischen Leistungen von besonders hohem Rang und ernstem Anspruch wird empfohlen, für jede Form der Änderung und des Schnitts eine gemeinsame Entscheidung der Vertragspartner individualvertraglich zu vereinbaren.

8. Vergütung. Mit dem am 1.7.2002 in Kraft getretenen Vergütungssystem des UrhG stehen (auch) den an der (Film- und) Fernsehproduktion mitwirkenden Urhebern und ausübenden Künstlern die Ansprüche auf angemessene Vergütung gem. § 32 und auf weitere Beteiligung gem. § 32a UrhG zu (vgl. BGH GRUR 2012, 1248 – Fluch der Karibik; vgl. demgegenüber § 90 S. 2 aF UrhG). Bei solchen Fernsehproduktionen, die typischerweise einer einmaligen Hauptauswertung zugeführt werden, hat sich an der grundsätzlich pauschalen Vergütungspraxis unter den Mitwirkenden nichts geändert. Ziff. 18.2. (Fernsehen) und 18.3. (Hörfunk) sehen aber zusätzliche Vergütungsansprüche für den Fall zusätzlicher Verwertungshandlungen vor.

Es ist davon auszugehen, dass die ARD-Anstalten und die Degeto Film GmbH, eine nach Verhandlungen mit den Drehbuchautoren (VDD) und den Bühnen- und Medienverlagen (VDB) künftig veränderte Honorarstruktur auch auf Mitwirkende übertragen werden. Es ist daher anzunehmen, dass auch hier sehr grundsätzliche Veränderungen der Vergütungsstruktur bevorstehen bzw. Verhandlungen mit den entsprechenden Verbänden aufgenommen werden. Im Einzelnen → Form. IX.39 Anm. 11.

9. Nennung. Über gesetzliche Nennungsansprüche gemäß §§ 13 und 74 UrhG verfügt ein Mitwirkender nur, sofern er urheberrechtliche Leistungen der Darbietungen als ausübender Künstler in die Produktion einbringt. Seine Nennung ist bei Fehlen vertraglicher Abreden entsprechend der Art und des Umfangs vorzunehmen, die der Verwendung seiner Leistung bei der realisierten Fernseh- oder Hörfunkproduktion entspricht (→ Form. IX.28 Anm. 10, → Form. IX.29 B Anm. 7). Ziff. 17. AB sieht eine Nennungsverpflichtung der Rundfunkanstalt mit der Einschränkung vor, dass die Nennung „rundfunküblich" ist. Insoweit kommen die bei → Form. IX.39 Anm. 12 dargelegten Bedenken zum Tragen.

10. Vertragsstrafe, Haftungsfreizeichnung, Sicherheitsbestimmungen. Zur Haftung für Rechtsmängel → Form. IX.29 Anm. 4. Der in Ziff. 15.1. AB für den Fall der Verletzung der Verschwiegenheitspflicht vorgesehene Verlust von Vergütungsansprüchen hat Vertragsstrafencharakter und unterliegt damit der AGB-Inhaltskontrolle gem. § 309 Abs. 1 Nr. 5 BGB.

11. Gesetzliche Einschränkungen der Rechte des Urhebers. Das Formular enthält zwar in Ziff. 26. AB eine Regelung zum Rückruf der Rechte, die die maximal gesetzlich mögliche Verlängerung der Wartefrist auf 5 Jahre vorsieht, dies kann allerdings nur für den Zeitraum vor Produktionsbeginn gelten. Denn § 90 UrhG legt fest, dass derartige Befugnisse in Bezug auf das Filmwerk ab Beginn der Dreharbeiten abgeschnitten werden. Entsprechendes gilt für die Übertragung und die Einräumung weiterer Nutzungsrechte nach §§ 34 und 35 UrhG. Sofern im Einzelfall von Seiten des Mitwirkenden derartige Rechte benötigt und von der Rundfunkanstalt zugestanden werden, sind sie einzelvertraglich zu vereinbaren.

12. Kosten. Gebührenansatz für anwaltliche Tätigkeit und Gegenstandswert entsprechend → Form. IX.39 Anm. 16.

41. Echte Auftragsproduktion (Produktionsvertrag)

Zwischen[1, 2, 12]
der Rundfunkanstalt
und
dem Produzenten
wird Folgendes vereinbart:

§ 1 Vertragsgegenstand

(1) Produktionsdaten
Der Produzent wird zu den beigefügten Allgemeinen Bedingungen[3] ein Produktionsvorhaben für die Rundfunkanstalt mit folgenden Daten verwirklichen:
Titel (Arbeitstitel) der Produktion: . . . . .
Produktions-Nr.: . . . . .
Art der Produktion: Fernsehaufzeichnung
Anzahl der Programmteile: 1
Länge insgesamt: . . . . . Minuten, ... Sekunden
Längentoleranz: +/- . . . . . %
Technisches Verfahren: . . . . .
Aufzeichnungsmaterial: . . . . .
Produktionsstätte(n): . . . . .

Vorgesehener	Drehbeginn:	. . . . .
	Ende:	. . . . .

Vorgesehene Rohschnittabnahme: in Abstimmung mit der Rundfunkanstalt
Vorgesehene Ablieferung: . . . . .
Autor: . . . . .
Regie: . . . . .
Mitwirkende: Besetzung in Abstimmung mit der Rundfunkanstalt
Charakteristik der Produktion: . . . . .
*Online Begleitung
Darüber hinaus wird der Produzent Zusatzmaterial für die Online-Begleitung der Produktion (*Online-Clips, *Trailer, *Recaps, *) liefern. Der konkrete Leistungsumfang wird nach vorheriger Konzeptabsprache und Prüfung der Kosten durch das Produktionsmanagement festgelegt *im Rahmen von nachstehender Ziffer . . . . . .Der Produzent räumt der Rundfunkanstalt die Rechte an dem Online-Zusatzmaterial exklusiv zur beliebig häufigen Nutzung im Rahmen der der Rundfunkanstalt gemäß Produktionsvertrag übertragenen Rechte ein (klarstellend umfasst dies die Nutzungsbedingungen von Drittplattformen (YouTube, Facebook etc)) und garantiert der Rundfunkanstalt damit auch den Erwerb dieser Rechte bei den betroffenen Mitwirkenden und abgebildeten Personen.
Falls im Rahmen der Online-Trailer Musik genutzt wird, ist das als Anlage *beigefügte Merkblatt für Musiknutzungen in reinen Online-Produktionen zu beachten sowie Rundfunkanstalt/*: Produktionsvertrag *, Prod.-Nr.: *der Rundfunkanstalt das als Anlage beigefügte Formular für Musikmeldungen für reine Online-Fassungen (ROF) ausgefüllt zuzusenden (auch Nullmeldungen).

(2) Charakteristika der Produktion
Die Produktion erfolgt in Abstimmung mit der Rundfunkanstalt. Die Rundfunkanstalt behält sich das Recht vor, in jedem Stadium der Produktionsdurchführung gestalterisch Einfluss auf die Produktion, insbesondere auf ihre Form und ihren Inhalt zu nehmen. Die Rundfunkanstalt hat ihren zur Wahrnehmung dieses Rechts Beauftragten dem Produzenten schriftlich namhaft zu machen.
(3) Abzulieferndes Material
Der Produzent liefert im Rahmen des Festpreises und in Ergänzung bzw. Änderung zu § 13 Abs. 1 der AGB das Material laut der Anlage ......

§ 2 Vergütung[10, 7]

(1) Festpreis
Zur Abgeltung aller nach diesem Vertrag vom Produzenten geschuldeten Übertragungen urheberrechtlicher Nutzungs-, Leistungsschutz- und sonstiger Rechte und der zur Auswertung dieser Rechte erforderlichen Nebenleistungen zahlt die Rundfunkanstalt auf der Grundlage der von ihr genehmigten Kalkulation einen Festpreis von

Netto	..... Euro
zuzüglich 7 % Umsatzsteuer	..... Euro
Insgesamt	..... Euro

* Die Abgaben an die Künstlersozialkasse für die Drittberechtigten sind *, mit Ausnahme des verlagsgebundenen Autors (*Verlag), im Festpreis enthalten. Der Produzent ist verpflichtet, die anfallenden Beiträge an die Künstlersozialkasse entsprechend abzuführen. Für den *Verlag werden die anfallenden Beiträge an die Künstlersozialkasse durch die Rundfunkanstalt an den Verlag direkt abgeführt und sind somit nicht im Festpreis enthalten (siehe auch § 4 *(3)).
Im Festpreis enthalten ist ein einmaliger pauschaler Gewinnaufschlag in Höhe von *...... Prozentpunkt der Nettofertigungskosten zzgl. HU (Kappungsgrenze bei ...... Mio. EUR für die Nutzung der Produktion in den eigenen oder mitveranstalteten Telemedienangeboten.
(2) Zahlungsabfolge
Die Rundfunkanstalt wird den in Abs. 1 genannten Betrag – Vertragsabschluss und jeweilige Rechnungslegung vorausgesetzt – wie folgt zahlen:

a)	..... Euro	nach Vertragsabschluss
	..... Euro	anteilige Umsatzsteuer
b)	..... Euro	nach Drehbeginn à-conto Rohschnittabnahme
	..... Euro	anteilige Umsatzsteuer – siehe auch Abs. 4 –
c)	..... Euro	nach Rohschnittabnahme bzw. bei live aufgezeichneten Sendungen nach Beendigung der Aufzeichnung
	..... Euro	anteilige Umsatzsteuer
d)	..... Euro	nach Abnahme der sendefertigen Produktion durch die Rundfunkanstalt und Erfüllung aller nach diesem Vertrag vom Produzenten übernommenen Verpflichtungen
	..... Euro	restliche Umsatzsteuer.

* Der Produzent ist verpflichtet, in die Rechnung die Umsatzsteueridentifikationsnummer der Rundfunkanstalt aufzunehmen, die wie folgt lautet: ..... Auf die Steuerschuldnerschaft der Rundfunkanstalt in Deutschland ist in allen Rechnungen hinzuweisen. Der

Produzent wird seine eigene Umsatzsteueridentifikationsnummer ebenfalls in der Rechnung angeben.

* Leistungsumfang und Kosten des Projekt-/Stoffrechteentwicklungsvertrags vom ..... sind im Volumen dieses Vertrages enthalten. Bereits geleistete Zahlungen aus dem Projekt-/Stoffrechteentwicklungsvertrag vom ..... sind mit der in Ziffer ..... angeführten Rate zu verrechnen.

oder

* Mit dem in Abs. 1 ausgewiesenen Festpreis sind die Rechte an dem Drehbuch „......“ nicht mit abgegolten. Maßgebend hierfür ist der zwischen der Rundfunkanstalt und dem Produzenten geschlossene Projekt-/Stoffrechteentwicklungsvertrag vom .....

(3) à-conto-Zahlungen und folgebezogene Zahlungen

Auf die in § 2 Abs. 2d) aufgeführte Rate können im Einvernehmen mit der Rundfunkanstalt à-conto-Zahlungen geleistet werden.

* Auf die in Abs. 2a) bis d) ausgewiesenen Raten sind folgenbezogene Zahlungen möglich:

* (4) Bürgschaft/Kreditlinie/Verzinsung von Vorauszahlungen im Falle der vorzeitigen Beendigung des Vertrages

Bürgschaft

Die Zahlung der unter § 2 Abs. 2a) und b) ausgewiesenen Rate zzgl. anteiliger Umsatzsteuer ist von folgenden Voraussetzungen abhängig:

a) der Produzent stellt der Rundfunkanstalt eine unbefristete selbstschuldnerische Bürgschaft eines der Rundfunkanstalt genehmen Bankinstituts zur Verfügung. Die Bankbürgschaft ist für die Rundfunkanstalt kostenfrei.

b) Die Bankbürgschaft wird nach Rohschnittabnahme und Erfüllung aller bis zu diesem Zeitpunkt zu erfüllenden Verpflichtungen zurückgegeben.

Kreditlinie

Sofern zum Zeitpunkt der Zahlung der unter Absatz (2) b) ausgewiesenen 2. Rate keine Umstände vorliegen, die ein Sicherungsbedürfnis der Rundfunkanstalt begründen, verzichtet die Rundfunkanstalt auf eine Besicherung dieser Vorausleistung unter folgenden Voraussetzungen und im nachfolgend genannten Umfang:

Die Summe aus allen von der Rundfunkanstalt an den Vertragspartner geleisteten unbesicherten Vorausleistungen (auch aus anderen Projekten) und die aus diesem Vertrag fällige weitere unbesicherte Vorausleistung (Kreditlinie) kann im Zahlungszeitpunkt maximal ...... zuzüglich Umsatzsteuer betragen. Unter Beachtung der vorstehenden Regelung nach Satz 1 sind für Produktionen des Genres *Dokumentation *Fiktion *Entertainment, unter die auch die vertragsgegenständliche Produktion fällt, unbesicherte Vorausleistungen auf maximal ...... EUR zuzüglich Umsatzsteuer begrenzt.

Für den diesen Betrag überschreitenden Teil der nach diesem Vertrag fälligen Vorausleistung ist Sicherheit mittels Bankbürgschaft (s. o.) zu leisten; sofern der Vertragspartner insoweit keine Sicherheit leistet, wird dieser Teilbetrag der 2. Rate erst nach erfolgter Rohschnittabnahme zur Zahlung fällig.

Die etwaig durch unbesicherte Vorausleistungen nach diesem Vertrag in Anspruch genommene Kreditlinie wird nach Rohschnittabnahme und Erfüllung aller bis zu diesem Zeitpunkt zu erfüllenden Verpflichtungen in entsprechender Höhe wieder frei.

Dies gilt entsprechend für die unter Absatz (2) a) ausgewiesene 1. Rate, sofern die Zahlung erst nach Drehbeginn, dh in der Regel gemeinsam mit der 2. Rate, erfolgt.

Verzinsung von Vorauszahlungen im Falle der vorzeitigen Beendigung des Vertrages

Vorauszahlungen sind im Falle der vorzeitigen Beendigung des Vertrages der Rundfunkanstalt zu dem marktüblichen Zinssatz, der dem entgangenen Zinsgewinn entsprechen muss, zu verzinsen. Die Berechnung dieser Zinsen erfolgt vom Tage der Auszahlung des

Betrages durch die Rundfunkanstalt bis zum Tage der Rückzahlung (Geldeingang bei der Rundfunkanstalt). In diesem Falle gehen die vom Produzenten der Rundfunkanstalt eingeräumten Rechte im Zeitpunkt der Rückzahlung der Rate einschließlich des der Rundfunkanstalt entgangenen Zinsgewinns auf den Produzenten über.

* 5) Weitere Voraussetzungen für die Zahlung nach Rohschnittabnahme/Gewährleistung von Materialsicherheit[7]

In Ergänzung bzw. Abänderung zu § 6 der Allgemeinen Bedingungen zum Produktionsvertrag vereinbaren die Parteien folgende weitere Voraussetzungen für die Zahlung nach Rohabschnittabnahme (Gewährleistung der Materialsicherheit):

a) Der Produzent ist zur Sicherung des vollständigen Aufzeichnungsmaterials einschließlich der Schnittliste (NLE-Projektdatei) der Rohschnittfassung auf separaten Datenträgern (Festplatte, optische oder sonstige vergleichbare Datenträger), soweit das Material nicht ohnehin auf separaten Datenträgern gedreht wurde (zB Band, Professional Disk oÄ), sowie zur detaillierten technischen Dokumentation des Aufzeichnungsmaterials (insbes. Abtast-/Kompressions-/Fileformat, Anzahl Speichermedien) verpflichtet.

b) Die separaten Datenträger sind genau (dh mit Rundfunkanstalt-Produktionsnummer und Produktionstitel, ggf. Anzahl des Materials, wie zB 1/3) als Eigentum der Rundfunkanstalt und zur alleinigen Vergütungsbefugnis der Rundfunkanstalt zu kennzeichnen.

c) Der Produzent ist zur sachgerechten Aufbewahrung der separaten Datenträger verpflichtet. Die Aufbewahrung hat durch Einlagerung bei einem Kopierwerk oder einem Postproduktionsbetrieb zur alleinigen Verfügungsbefugnis der Rundfunkanstalt zu erfolgen. Der Produzent ist verpflichtet, der Rundfunkanstalt eine unwiderrufliche Ziehungsgenehmigung zu Gunsten der Rundfunkanstalt vorzulegen. Dem Produzenten ist es nach der Rohschnittabnahme gestattet, bis zur Endabnahme auf das eingelagerte Restmaterial in den Räumlichkeiten des Postproduktionsbetriebes zuzugreifen, soweit dies zur Fertigstellung der Produktion erforderlich ist. Eine Verlagerung des Materials ist allein der Rundfunkanstalt gestattet.

d) Die Aufbewahrung hat so zu erfolgen, dass das Kopierwerk/der Postproduktionsbetrieb in der Lage ist, das vollständige Aufzeichnungsmaterial der Rundfunkanstalt unverzüglich auf Anforderung herauszugeben.

* (6) Nachweiskosten

a) *Pensionskasse

Für den Fall, dass der Produzent an die Pensionskasse für freie Mitarbeiter der deutschen Rundfunkanstalten Beitragsanteile geleistet hat, werden ihm die projektbezogenen mittels des Überweisungsträgers an die Pensionskasse nachgewiesenen Beträge zuzüglich gesetzlicher Umsatzsteuer außerhalb der in § 2 Abs. 1 ausgewiesenen Festpreissumme ohne Details und ohne Zuschläge (wie Handlungskosten oder Gewinn) erstattet.

b) *Künstlersozialversicherung

Für den Fall, dass Abgaben an die Künstlersozialkasse geleistet wurden, werden diese Kosten dem Produzenten gegen entsprechenden Nachweis zzgl. der bei der Rundfunkanstalt üblichen Zuschläge und der gesetzlichen Umsatzsteuer erstattet, wobei die festgelegte Berechnungsbasis jedoch auf die in der Kalkulation festgelegten und anerkannten Vergütungssätze limitiert ist.

Das dem Produzenten ausgehändigte Merkblatt betreffend die „Behandlung der Künstlersozialabgabe" ist wesentlicher Bestandteil dieses Vertrages. Die Rundfunkanstalt wird die ihr ggf. vom Produzenten in Rechnung gestellten Anteile der von ihr abgeführten Abgaben an die Künstlersozialkasse zurückfordern, sofern durch die Erhebung der Abgabe aus Rechtsgründen keine endgültige Belastung des Produzenten entsteht.

c) *Weitere Kosten
Dem Produzenten werden außerhalb der in Absatz 1 ausgewiesenen Festpreissumme auf Nachweis folgende Kosten zuzüglich senderanstaltsüblicher Zuschläge und gesetzlicher Umsatzsteuer erstattet: . . . . .
*Online-Material
Für die Herstellung von zusätzlichem Online-Material (vgl. Ziffer I. (1)) steht ein Kostenrahmen iHv maximal . . . . . . EUR zuzüglich gesetzlicher Umsatzsteuer zur Verfügung. Dem Produzenten werden die Kosten nach Abnahme der vereinbarten Leistungen durch die Rundfunkanstalt auf Nachweis *zuzüglich Rundfunkanstalt-üblicher Zuschläge/*jedoch ohne Rundfunkanstalt-übliche Zuschläge erstattet.

§ 3 Drittverträge[5]

Der Produzent hat umfassende Rechte gemäß dieses Vertrages in Verbindung mit § 1 der Allgemeinen Bedingungen zum Produktionsvertrag insbesondere auch im Hinblick auf alle an der Produktion beteiligten Dritten zu erwerben und entsprechend auf die Rundfunkanstalt zu übertragen. Gemäß § 1 Abs. 8 1. der AGB sind im Rahmen der Drittverträge mit

1. * dem Urheber die Bedingungen nach der UO-Anlage zum 1-Korb-Modell
   * dem Urheber die Bedingungen nach der UO-Anlage zum 3-Korb-Modell
   * dem Urheber die Bedingungen nach der UO-Anlage zum Wiederholungshonorar-Modell
   * dem Verlag der Werknutzungsvertrag für Auftragswerke verlagsgebundener Autoren – 1-KorbModell
   * dem Verlag der Werknutzungsvertrag für Auftragswerke verlagsgebundener Autoren – 3-Korb-Modell
   * dem Verlag der Werknutzungsvertrag für Auftragswerke verlagsgebundener Autoren – Wiederholungshonorar-Modell
2. * dem Urheber ohne Wiederholungshonorar- und Erlösbeteiligungsanspruch die Bedingungen der UP-Anlage
3. dem *Haupt-Regisseur mit Wiederholungshonorar- *und/oder/ohne Erlösbeteiligungsanspruch die Bedingungen der *RW-Anlage
4. * dem Regisseur ohne Wiederholungshonorar- und Erlösbeteiligungsanspruch die Bedingungen der RA-Anlage
5. * den Mitwirkenden mit Wiederholungshonorar- *und/oder/ohne Erlösbeteiligungsanspruch die Bedingungen der MW/MWF-Anlage
6. den Mitwirkenden */Interviewpartnern ohne Wiederholungshonorar- und/oder Erlösbeteiligungsanspruch die Bedingungen der MA-Anlage

entsprechend zu vereinbaren. Die vorgenannten und anliegend beigefügten Drittvertragsanlagen sind Bestandteil des Produktionsvertrags.

* Für die Rechte am Drehbuch „. . . . .“ von . . . . . gelten die Bedingungen und Vergütungssätze gemäß Projekt-/Stoffrechteentwicklungsvertrag vom . . . . . . in Verbindung mit dem der Rundfunkanstalt vorgelegten Autorenvertrag vom . . . . .

§ 4 Leistungen der Rundfunkanstalt

* Die Rundfunkanstalt erbringt für die Durchführung der Produktion gemäß Kalkulation keine weiteren Leistungen:

ODER

* Die Rundfunkanstalt erbringt für die Durchführung der Produktion gemäß Kalkulation folgende Leistungen:

1. *Filmversicherung
   Ausfallversicherung für . . . . . Personen gemäß besonderer Anmeldung.
   Entscheidend für die Qualität und den Umfang der Personenausfallversicherung ist das Approbationsverfahren. Der Produzent hat sicherzustellen, dass die erforderlichen Risikoinformationen dem Versicherer rechtzeitig überlassen werden. Entstehende nicht versicherte Kosten durch verspätete Überlassung der Risiko-/Gesundheitsinformationen gehen zu Lasten des Produzenten.
   Bild-Ton-Datenträger-Versicherung inklusive Sach-Betriebsunterbrechungsversicherung.
   Requisitenversicherung, Produktionskassenversicherung, Geräteversicherung und Filmproduktionshaftpflichtversicherung.
2. *Veranstaltungsausfallversicherung
3. *Bis max. . . . . . Minuten rechte- und kostenfreies Rundfunkanstalts-Archivmaterial – soweit vorhanden – in Abstimmung mit der Rundfunkanstalt. Das Rundfunkanstalts-Archivmaterial ist ausschließlich über die federführende Redaktion abzufordern. Recherche- und Ausleihwünsche sind vorab an die für die Produktion federführende Redaktionsleitung zu richten.
4. *Die Rundfunkanstalt übernimmt auf Grund der bilateralen Absprache zwischen der Rundfunkanstalt und dem Verband Deutscher Bühnen- und Medienverlage (VDB) die anteilige Erstattung der Künstlersozialkassenbeiträge an die Verlage.

Für die vorgenannten Versicherungen sind entsprechende Merkblätter in der Anlage beigefügt. Umfang, Obliegenheiten und die sonstigen vom Produzenten zu beachtenden Bedingungen dieser Versicherungen ergeben sich aus der dem Produzenten vom Versicherer zu übermittelnden Deckungsnote. Die vereinbarten Selbstbeteiligungen gehen zu Lasten des Produzenten.

§ 5 Besondere Vereinbarungen[5, 10]

(1) Musik

In Ergänzung zu § 1 Abs. 5 der Allgemeinen Bedingungen zum Produktionsvertrag wird festgehalten, dass von den vom Produzenten zu erwerbenden und auf die Rundfunkanstalt zu übertragenden Rechten die von der GEMA verwalteten Herstellungs- und Senderechte sowie das Recht der öffentlichen Zugänglichmachung und die von der GVL verwalteten Vergütungsansprüche für die Sendung an der in der Auftragsproduktion enthaltenen Musik ausgenommen sind.

Darüber hinaus ist der Erwerb des Rechts der öffentlichen Zugänglichmachung an ggf. eingeschnittenen Tonträgern für die von der Rundfunkanstalt eigen- und mitveranstalteten Online-Angebote sowie für Drittplattformen ebenfalls vom Rechteerwerb ausgenommen, soweit die GVL über die entsprechenden Rechte verfügt oder die Rundfunkanstalt diese Rechte über Rahmenverträge erworben hat, wobei Tonträger, an denen die GVL über das Recht der öffentlichen Zugänglichmachung verfügt, vorrangig zu nutzen sind.

Der Produzent stellt hinsichtlich ggf. eingeschnittener Musik von Tonträgern, an denen die GVL über das nichtexklusive Recht der öffentlichen Zugänglichmachung verfügt, sicher, dass die in Nummer 3. (b) oder Nummer 3. (c) genannten Voraussetzungen der Anlage 2 zum GVL Wahrnehmungsvertrag (Betriebsvoraussetzung Podcasting) erfüllt sind. Abweichungen sind nur in Abstimmung mit der Redaktion möglich.

Darüber hinaus gilt das vertragsgegenständliche Merkblatt „Online-Nutzung von Tonträgern", das als Anlage . . . . . diesem Vertrag beigefügt ist.

Sofern in der Produktion Auftragskompositionen verwendet werden sollen, verpflichtet sich der Produzent, die Leistungsschutzrechte, insbesondere auch für die Nutzung im Wege der öffentlichen Wiedergabe auf Abruf (zB Video-on-Demand-Nutzungen, Online-Dienste), zu erwerben.

(2) Musikmeldungen/Produktionsprotokoll

In Ergänzung zu § 13 Abs. 1 Nr. 3. der AGB verpflichtet sich der Produzent, die im Rahmen des elektronischen Produktionsprotokolls zu erstellende Musikmeldung spätestens 7 Tage nach Endabnahme der Produktion bzw. bei Serien und/oder mehrteiligen Produktionen nach Endabnahme der einzelnen Folge einzugeben und der Rundfunkanstalt zur Verfügung zu stellen. Dies gilt entsprechend für die in § 1 Abs. 4 der AGB normierte Mitteilungsverpflichtung. Das Produktionsprotokoll selbst ist spätestens 4 Wochen nach Endabnahme, spätestens jedoch 7 Tage nach Sendung, bzw. bei Serien und/ oder mehrteiligen Produktionen – sofern keine Einzelproduktionsprotokolle erstellt werden – entsprechend nach Endabnahme der letzten Folge, der Rundfunkanstalt zu übermitteln. Schäden, die sich aus der Verletzung dieser Verpflichtungen ergeben, gehen zu Lasten des Produzenten.

* (3) Produktionshaftpflichtversicherung

In Abänderung von § 9 Absatz 2 der Allgemeinen Bedingungen zum Produktionsvertrag stellt die Rundfunkanstalt im Rahmen der Filmversicherung gemäß Ziffer IV. ua eine Produktionshaftpflichtversicherung bei. Sollte bei der vorliegenden Produktion voraussichtlich ein höheres Haftungsrisiko für Personen- und Sachschäden entstehen, als dies durch die dem Produzenten übermittelte Deckungsnote abgedeckt wird, hat der Produzent selbst eine entsprechend höhere Haftpflichtversicherung abzuschließen. Die demnach erforderlichen Deckungszusagen sind vor Beginn der Produktion der Rundfunkanstalt vorzulegen. Aufgetretene Schadensfälle sind der Rundfunkanstalt unverzüglich zu melden.

* (4) Erlösbeteiligung des Produzenten

Die Rundfunkanstalt gewährt dem Produzenten eine Beteiligung in Höhe von ...... % an sämtlichen Bruttoerlösen abzüglich einer Verwaltungspauschale in Höhe von ...... %, die bei der Verwertung im Ausland, im inländischen Pay-TV, bei einer Kinoverwertung, bei einer Verwertung der Videogrammrechte (DVD, VHS) sowie bei einer Verwertung der kommerziellen VoD-Rechte im In- und Ausland erzielt werden. Bruttoerlöse sind die Lizenzeinnahmen abzüglich nachgewiesener Synchronisationskosten.

Im Falle von Bruttoerläsen (abzüglich nachgewiesener Synchronisationskosten) in Höhe von bis zu 1.500,00 EUR pro Vertriebsvorgang findet eine Erlösbeteiligung nicht statt.

Die Erlösbeteiligung erfolgt auch bei der Aufnahme von Verwertungen in bis zu diesem Zeitpunkt unbekannten Nutzungsarten, sofern sich die Rundfunkanstalt im Rahmen der Auftragsproduktionsverträge die Verwertungsrechte für unbekannte Nutzungsarten übertragen lässt.

<u>Koproduktionsklausel</u>

Finanzierungsbeiträge aus Co-Produktionen mit ausländischen Rundfunkanstalten oder Rundfunkunternehmen stehen ausschließlich der Rundfunkanstalt zur Deckung der Gesamtherstellungskosten zu.

Dies gilt bei Co-Produktionen mit Rundfunkanstalten oder Rundfunkunternehmen im deutschsprachigen Raum auch dann, wenn diese nach Abschluss des Produktionsvertrages nachträglich als Co-Produzent der Produktion beitreten. Soweit der Produzent in diesem Fall zusätzliche Rechte nachträglich erwerben muss, verpflichtet sich die Rundfunkanstalt, die Zusatzaufwendungen sowie die auf die Zusatzaufwendungen entfallenden Handlungsunkosten und Gewinnzuschläge zu übernehmen.

<u>Auskunftsrecht</u>

Der Produzent ist berechtigt, in die von der Rundfunkanstalt erstellten Abrechnungen und der diesen zugrunde liegenden Verträgen unter Wahrung der Anonymität der Agentur Einsicht zu nehmen. Evtl. Unterprovisionen werden vom Verkäufer ausgewiesen. Darüber hinaus ist der Produzent berechtigt, durch die Einschaltung einer Wirtschafts-

prüfungs-/Treuhandgesellschaft die Abrechnung mit der Agentur zu kontrollieren. Die Prüfungskosten hat der Produzent zu tragen.
* (5) Content-Logo
§ 12 der Allgemeinen Bedingungen zum Produktionsvertrag wird um folgenden Absatz 3 ergänzt:
Content-Logo
Der Produzent ist verpflichtet, ein sog. „Content-Logo" in die Produktion einzubinden. Das Content-Logo sollte zu Beginn der Produktion, in der Regel nach dem Sendungstitel und vor den Namenseinblendungen, insertiert werden. Der genaue Zeitpunkt der Einblendung ist mit der Redaktion abzustimmen. Im Falle der etwaigen Abforderung einer Clean Feed-Version des Programms, die zum Vertrieb bestimmt ist, muss das Content-Logo ebenfalls enthalten sein.
* (6) Datenschutz
§ 15 der Allgemeinen Bedingungen zum Produktionsvertrag wird wie folgt geändert:
Der Produzent verpflichtet sich, die einschlägigen datenschutzrechtlichen Vorschriften bei der Durchführung dieses Vertrages einzuhalten. Diese Verpflichtung ist auch allen Personen aufzuerlegen, die der Produzent mit der Bearbeitung oder Erfüllung dieses Vertrages betraut.
(. . . . . .)
Weitere Informationen zur Datenverarbeitung der Rundfunkanstalt sind den beigefügten Datenschutzinformationen der Rundfunkanstalt zu entnehmen, die Bestandteil des Vertrages sind.
Der Produzent ist verpflichtet, den Vertragspartnern, deren personenbezogene Daten nach Weitergabe an die Rundfunkanstalt verarbeitet werden, die entsprechenden Informationen über die Datenverarbeitung der Rundfunkanstalt im Rahmen der Drittverträge, zur Verfügung zu stellen.

Allgemeine Bedingungen zum Produktionsvertrag (AGB)(Auftragsproduktion)

§ 1 Rechteeinräumung[5]

I. Rechteeinräumung

Der Produzent überträgt der Rundfunkanstalt sämtliche im Zusammenhang mit der Verwirklichung des Vorhabens bei ihm entstandenen, entstehenden oder hierfür von ihm erworbenen oder zu erwerbenden urheberrechtlichen Nutzungsrechte, Leistungsschutz- und sonstigen Schutzrechte.
Der Produzent ist verpflichtet, über den Umfang der Rechte der Rundfunkanstalt durch Vorlage der entsprechenden Verträge im Einzelnen Auskunft zu geben. Die Verträge über den erforderlichen Erwerb der Werknutzungsrechte von den Verlagen und Autoren hat der Produzent unaufgefordert sofort nach Abschluss der Verträge vorzulegen.

II. Einzelbefugnisse

Der Produzent hat insbesondere folgende ausschließlichen, zeitlich und räumlich unbeschränkten Rechte zu erwerben und auf die Rundfunkanstalt zu übertragen:
Die Rundfunkanstalt ist insbesondere ausschließlich berechtigt, selbst oder durch Dritte oder gemeinsam mit ihnen die Leistungen des Produzenten bzw. der an der Produktion beteiligten Dritten im In- und Ausland ganz oder teilweise ohne zeitliche Begrenzung

1. durch Rundfunk jeder Art zu senden. Dieses Recht umfasst die Verbreitung von Rundfunkprogrammen, einschließlich Live-Streaming, in jeder technischen Art und Weise (einschließlich der Nutzung des sog. „Internetprotokolls": „IP-TV"), insbesondere

- terrestrisch (wie bspw. durch DVB-T, DVB-H, DMB oder entsprechende Nachfolge-Technologien wie bspw. DXB)
- via Kabel (in jedem technischen Verfahren wie bspw. Breitband, DSL oder entsprechende Nachfolge-Technologien (X-DSL), einschließlich der Berechtigung zur integralen (Kabel-)Weitersendung der Programme im In- und Ausland und des Rechts der Weitersendung zum Betrieb eines Online-Videorecorders),
- sowie durch Satellitenausstrahlung.

  Mitumfasst sind
- Verteildienste in Form von Fernsehtext, Radiotext und vergleichbaren Textdiensten sowie
- Pay-Dienste wie beispielsweise in Pay-Radio, Pay-TV einschließlich Pay-per-channel, Pay-per-view, Near-video-on-demand und/oder
- sonstige Verbreitungsarten und/oder Medien.

2. öffentlich aufzuführen, vorzutragen, vorzuführen (inkl. Kino- und Bühnenvorführungen) und mittels Bild- und/oder Tonträger sowie auch außerhalb des Raumes, in dem die persönliche Darbietung stattfindet, durch Bildschirm, Lautsprecher oder ähnliche technische Einrichtungen öffentlich wahrnehmbar zu machen;
3. zu vervielfältigen und zu verbreiten, insbesondere aber auf Vorrichtungen zur wiederholbaren Wiedergabe von Bild- und/oder Tonfolgen zu übertragen und die so hergestellten Bild- und/oder Tonträger oder sonstigen Vervielfältigungsstücke in derselben Weise wie das Werk zu nutzen, wobei die Verwendung im audiovisuellen Bereich alle Arten der audiovisuellen Nutzung, insbesondere auch multimediale Verwertungen (zB durch Videokassetten, CDI/CD-Rom, Schallplatten, Audiokassetten, CD, CDV, DVD usw) außerhalb des Rundfunks umfasst und die Fixierung/Wiedergabe eines Bild- und/oder Tonträgers durch jedes technische Mittel (beispielsweise Festplatten, Festspeicher etc) und in jedem technischen Standard (wie beispielsweise High Definition) erfolgen kann;
4. unter Wahrung des Urheberpersönlichkeitsrechts („droit moral" des Urhebers und des Filmherstellers, § 93 UrhG) zu bearbeiten, insbesondere zu kürzen, und zwar auch für Verteildienste, zu teilen, mit einem anderen Titel zu versehen, es sei denn, dass der Titel urheber- oder wettbewerblichen Schutz genießt, sowie den Titel für eine andere Produktion zu verwenden, in andere Sprachen zu übersetzen, mit anderen Werken zu verbinden oder in andere Werke aufzunehmen oder in andere Werkformen zu übertragen (zB Buch, Bühne) sowie zur Herstellung eines Filmwerkes zu nutzen oder in sonstiger Weise umzugestalten und zu ändern und die Bearbeitung, Umgestaltung oder Änderung wie die vertragsgegenständliche Produktion zu verwerten.
5. zu archivieren sowie gewerblich oder nichtgewerblich zu nutzen, insbesondere in Transkriptionsdiensten, in Programmvorschauen, Programmübersichten, Inhaltsangaben, Werbeschriften der Rundfunkanstalt, Imagetrailern und/oder Besucherfilmen uÄ oder sonst für Public-Relation-Zwecke, auf Messen, Ausstellungen, Festivals und Wettbewerben, für Prüf-, Lehr- und Forschungszwecke sowie im Rahmen der politischen oder kulturellen Bildungsarbeit zu verwerten.

   Die Rundfunkanstalt kann bestimmen, ob es die Produktion zur Teilnahme an Festivals oder Wettbewerben meldet oder dem Produzenten die Teilnahme mit der Produktion an derartigen Veranstaltungen gestattet. Die Rundfunkanstalt bestimmt die Art der Ankündigung der Produktion. Soweit bei einer Teilnahme des Produzenten die Produktion Geldpreise erringt, stehen diese dem Produzenten zu, andere Preise stehen in jedem Fall der Rundfunkanstalt zu. Der Produzent kann sich, vorausgesetzt, dass er die Rundfunkanstalt als Auftraggeber nennt, auf eine Auszeichnung berufen. Meldet die Rundfunkanstalt die Produktion zu einer derartigen Veranstaltung, hat der Produzent sich den Wettbewerbsbestimmungen zu unterwerfen.

6. in Datenbanken zu speichern und in allen Abrufdiensten (zB Video- und Audio-on-demand-Nutzungen, Podcasting bzw. Video-Podcasting, Online-Dienste) bei denen Text-, Ton- oder Bilddarbietungen auf Anforderung aus elektronischen Speichern zur Nutzung übermittelt werden, öffentlich wiederzugeben, wobei die öffentliche Zugänglichmachung des Werkes in der Weise erfolgen kann, dass Angehörige der Öffentlichkeit an einem von diesen individuell gewählten Ort oder zu einer von diesen individuell gewählten Zeit Zugang zu diesen Werken haben. Die Rechteeinräumung erfolgt unabhängig davon, ob das Angebot nicht downloadfähig oder downloadfähig ist (beispielsweise „Podcasting“ und „Video-Podcasting“) oder ob es entgeltlich oder unentgeltlich angeboten wird.
7. Die Verwendung nach den vorstehenden Absätzen umfasst das Recht der öffentlichen Wiedergabe von Funksendungen sowie das Recht, die Produktion einem begrenzten Empfängerkreis (closed circuit, wie zB Hotels, Krankenhäuser, Schulen, Flugzeuge, Schiffe etc) zugänglich zu machen.
8. Die vorstehend genannten Rechte werden unabhängig von der verwendeten Speicher- bzw. Datenübertragungstechnik und unabhängig davon eingeräumt, ob die Nutzung mit oder ohne Zwischenspeicherung und/oder mittels eines individuellen Abrufs erfolgt und/oder ob der Empfang bzw. die Wiedergabe mittels Fernseher, Computer oder sonstiger – auch mobiler – Endgeräte erfolgt.
9. Des Weiteren hat die Rundfunkanstalt auch das ausschließliche, zeitlich, räumlich und inhaltlich unbeschränkte Recht, das Werk – dh das Buch/Drehbuch/Treatment – oder die Produktion oder die davon hergestellten Vervielfältigungsstücke sowie die zum Ton- und/oder Bildträger gehörenden Einzelbilder oder Ausschnitte oder sonstigen im Zusammenhang mit der Produktion hergestellten Aufnahmen zur Herstellung und zum Vertrieb von Waren aller Art sowie zur Vermarktung von Dienstleistungen aller Art unter Verwendung von Namen, Titeln, fiktiven oder tatsächlichen Figuren, Abbildungen, Stimmen, Szenen, Handlungsabläufen, Vorkommnissen und Gegenständen, die in einer Beziehung zu dem Werk bzw. der Produktion stehen, kommerziell zu nutzen sowie unter Verwendung derartiger Elemente aus dem Werk bzw. der Produktion für Waren und Dienstleistungen jeder Art zu werben (Merchandising). Eingeschlossen sind auch sog. „Themen-Park“-Nutzungen sowie das Recht, das Werk/die Produktion ganz oder teilweise durch Herstellung und Vertrieb von Spielen/Computerspielen einschließlich interaktiver Computerspiele und/oder sonstiger Multimedia-Produktionen anzuwenden.
10. Der Rundfunkanstalt steht außerdem das Recht zu, die vertragsgegenständliche Produktion unter Einschluss des Werkes literarisch als Buch, Druckschriften oder Presseerzeugnisse und dergleichen zu nutzen oder nutzen zu lassen.
11. Die Rundfunkanstalt ist berechtigt, das Werk und die Produktion in zum Zeitpunkt des Vertragsabschlusses noch nicht bekannten künftigen Nutzungsarten iSd § 31a UrhG auszuwerten. Die Rundfunkanstalt wird den Urheber über die Aufnahme der neuen Nutzung unverzüglich unterrichten.

III. Titel- und Titelverwertungsrechte

Von der Rechteeinräumung sind auch sämtliche Titel- sowie Titelweiterverwendungsrechte (bspw. als Reihentitel) mitumfasst. Eingeschlossen ist das Recht zur Weiterverwendung des Titels bei anderen Produktionen sowie im Rahmen anderer Projekte. Der Produzent ist verpflichtet, jegliche Titel- bzw. markenschutzrechtlichen Eintragungen des Titels zu seinen Gunsten oder zu Gunsten Dritter zu unterlassen. Für den Fall, dass bereits eine Eintragung für den Produzenten oder zu Gunsten eines Dritten erfolgt ist, verpflichtet sich der Produzent, einer Übertragung an die Rundfunkanstalt bzw. einer Löschung oder Änderung zu Gunsten der Rundfunkanstalt zuzustimmen.

IV. Weiterübertragung der Rechte

Die Rundfunkanstalt kann die Nutzungsrechte ohne Zustimmung des Produzenten ganz oder teilweise auf Dritte übertragen; sie kann diesen auch einfache Nutzungsrechte ohne Zustimmung des Produzenten einräumen. Die Pflichten der Rundfunkanstalt gegenüber dem Produzenten bleiben in diesem Falle unverändert.

V. Ausnahmen vom Rechteerwerb

1. Ausgenommen von dem Erwerb durch den Produzenten sind die von der GEMA verwalteten Rechte sowie die von der Gesellschaft für Leistungsschutzrechte (GVL) verwalteten Rechte der Hersteller von Tonträgern.
Der Produzent hat allerdings die vergütungsfreie Einwilligung des Berechtigten (Urheber, Musikverleger, Musikverlag) einzuholen, wenn es sich um die Verwendung von Titeln oder Einlagen aus dramatisch-musikalischen Werken in anderen dramatisch-musikalischen oder dramatischen Werken oder in Fernsehproduktionen oder bei anderen Bildtonträgern handelt, die eine Verbindung mehrerer Musiktitel unter einem Leitgedanken und mit einem Handlungsfaden darstellen.
2. Ergänzend können vom Erwerb durch den Produzenten auch die von der VG Bild-Kunst verwalteten Rechte ausgenommen werden, soweit die Rundfunkanstalt auf Anfrage des Produzenten und nach Prüfung des zwischen der VG Bild-Kunst und der Rundfunkanstalt abgeschlossenen Pauschalvertrages ausdrücklich zustimmt.

VI. Mitteilungsverpflichtung

Stellt sich während der Verwirklichung des Vorhabens heraus, dass die Rechte einschließlich derjenigen am eingeschnittenen Material nicht in dem geforderten Umfang erworben werden können, hat der Produzent die Rundfunkanstalt unverzüglich entsprechend zu unterrichten. Dies gilt auch für den Fall, dass die Auswertung eines Teils der übertragenen Rechte (zB Wiederholungssendung) an die Zahlung einer Vergütung geknüpft ist, die nicht im Einzelvertrag aufgeführt ist.

VII. Zeitpunkt der Rechteübertragung

Die in § 1 Abs. 2 und 3 aufgeführten Rechte gehen mit der Bezahlung der ersten nach § 2 Abs. 2 des Produktionsvertrages fälligen Rate auf die Rundfunkanstalt über, soweit sie bereits beim Produzenten liegen. Später beim Produzenten entstehende oder von ihm erworbene Rechte werden im Zeitpunkt ihres Entstehens oder Erwerbs auf die Rundfunkanstalt übertragen.

VIII. Verträge mit Drittberechtigten

1. Der Produzent verpflichtet sich, die im Produktionsvertrag unter § 3 aufgeführten Anlagen mit den an der Produktion beteiligten Dritten, auch Drittbeteiligte genannt, vertragsgegenständlich zu machen und überträgt die ihm so übertragenen Rechte an die Rundfunkanstalt.
2. Die Rundfunkanstalt verpflichtet sich, die Wiederholungshonorare und Erlösbeteiligungen an die Drittberechtigten mit Folgevergütungsanspruch aus den vertraglichen Vereinbarungen des Produzenten mit den Drittberechtigten nach Maßgabe der nach diesem Vertrag zu vereinbarenden jeweiligen Rundfunkanstalt-Vertragsanlage für Drittberechtigte auszuzahlen.
3. Vereinbart der Produzent andere Bedingungen, Vergütungssätze oder Vergütungen, die sich zum Nachteil der Rundfunkanstalt auswirken, hat der Produzent die Rundfunkanstalt insoweit von Ansprüchen der Berechtigten freizustellen.

§ 2 Garantie[5]

I. Der Produzent garantiert den wirksamen Erwerb der in § 1 genannten Rechte sowohl nach Art als auch nach Umfang ebenso wie die Berechtigung, diese Rechte in dem genannten Umfang weiterübertragen zu dürfen.

Der Produzent garantiert des Weiteren die vertragsgemäße Abgeltung auch aller sonstigen, von ihm nach dem Produktionsvertrag zu erbringenden Leistungen, insbesondere hinsichtlich der gemäß § 1 Abs. 8 mit dem Drittberechtigten abzuschließenden Verträge sowie hinsichtlich des etwaigen eingeschnittenen Materials.

II. Der Produzent steht dafür ein, dass die vertragsgegenständliche Produktion und Produktionsbestandteile einschließlich des zugrunde liegenden Werkes sowie deren Inhalte

1. keine Anspielungen auf Personen oder Ereignisse enthalten, die der Rundfunkanstalt nicht bekannt sind,
2. keine Persönlichkeitsrechte verletzen,
3. nicht widerrechtlich urheberrechtlich geschützten Werken anderer Urheber entnommen sind und
4. nicht unter Mitwirkung von Dritten, die der Rundfunkanstalt nicht bekannt sind, entstanden ist.

III. Der Produzent steht ferner dafür ein, dass die der Rundfunkanstalt eingeräumten Rechte weder ganz noch teilweise von ihm genutzt werden oder Dritten zur Nutzung überlassen sind und dass kein Dritter mit ihrer Wahrnehmung beauftragt ist.

IV. Der Produzent garantiert der Rundfunkanstalt, dass die Rechte nicht mit dem Recht eines Dritten belastet, insbesondere verpfändet sind.

V. Der Produzent verpflichtet sich, das Aufzeichnungsmaterial (vgl. § 6) von allen Rechten Dritter (Eigentums-, Pfand-, Zurückbehaltungs- und anderen Sicherungsrechten) freizuhalten oder freizustellen. Auf Verlangen der Rundfunkanstalt oder ihres Beauftragten hat der Produzent Bestätigungen der Lieferer oder Bearbeiter des Materials vorzulegen, die die Freiheit von derartigen Rechten nachweisen.

VI. Der Produzent verpflichtet sich, die Rundfunkanstalt von sämtlichen wie auch immer gearteten Ansprüchen Dritter freizustellen, die diese wegen der vertragsgemäßen Ausübung der gemäß § 1 Abs. 1–4 sowie § 6 übertragenen Rechte durch die Rundfunkanstalt geltend machen.

VII. Falls durch Dritte eine Beeinträchtigung der in den § 1 Abs. 1–4 sowie § 6 genannten Rechte erfolgt oder angedroht wird, ist der Produzent verpflichtet

1. der Rundfunkanstalt hiervon unverzüglich Mitteilung zu machen,
2. alles zu unternehmen und zu veranlassen, war erforderlich ist, die Beeinträchtigungen abzuwehren und die Rundfunkanstalt von Ansprüchen Dritter freizustellen.

Unbeschadet hiervon ist die Rundfunkanstalt berechtigt, jedoch nicht verpflichtet, selbst geeignete Maßnahmen zur Abwehr derartiger Beeinträchtigungen zu treffen. Sie wird den Produzenten gegebenenfalls hiervon verständigen.

VIII. Der Produzent sichert die Einhaltung der gesetzlichen Vorgaben des Mindestlohngesetzes durch sich und etwaige Unterauftragnehmer, deren Beauftragung gem. § 19 Abs. 1 Satz 3 der Allgemeinen Bedingungen zum Produktionsvertrag (F) zustimmungsbedürftig ist, zu. In diesem Rahmen ist er ua verpflichtet, auf schriftliche Anordnung der Rundfunkanstalt Nachweise über die Zahlung des Mindestlohns durch ihn bzw. durch seine Unterauftragnehmer vorzulegen. Der Produzent stellt die Rundfunkanstalt von sämtlichen Ansprüchen im Zusammenhang mit Mindestlohnforderungen frei. Er verpflichtet sich ferner, die Rundfunkanstalt umgehend zu informieren, falls der Verdacht besteht, dass er oder einer seiner Unterauftragnehmer gegen gesetzliche Mindestlohnvorgaben verstößt.

§ 3 Vergütung[10]

I. Festpreis

Durch den vereinbarten Festpreis sind – unbeschadet Abs. 2 – sämtliche Ansprüche des Vertragspartners zur Herstellung einer sendefertigen Produktion gemäß den in diesem Vertrag festgelegten Konditionen, insbesondere auch im Hinblick auf den einzuräumenden Rechteumfang abgegolten.

II. Festpreisänderungen

Der Wegfall, die erhebliche Verminderung oder Änderung einzelner für die Festpreisbemessung maßgebender Positionen der Kalkulation bedürfen der Zustimmung der Rundfunkanstalt und berechtigen diese zu einer angemessenen Herabsetzung des Festpreises:

1. Eine detaillierte Kalkulation ist Grundlage der Festpreisproduktion.
2. Die Rundfunkanstalt hat laufende Kontroll- und Überwachungsmöglichkeiten (Drehplan, Tagesberichte). Sofern sich in den nachfolgend aufgeführten Kalkulationsbereichen kostenmindernde Veränderungen ergeben, führen diese obligatorisch zu einer Vertragsänderung. Das Gleiche gilt für Kostenerhöhungen in diesen Bereichen, sofern diese von der Rundfunkanstalt anerkannt werden können:
   - Nutzungsrechte
   - Honorare für Regisseur und Hauptdarsteller einschließlich Folgekosten.
     Folgekosten sind zB Reisekosten, die aufgrund von Umbesetzungen des Regisseurs und/oder der/des Hauptdarstellers entfallen, aber auch Kostenveränderungen, die durch eine Konzeptionsänderung in der Folge einer Umbesetzung entstehen.
   - Atelier-Bau-Dreh-Ausstattung zB bei Wegfall ganzer Dekorationen, bei Verlegung von studiokalkulierten Dekorationen an Außenschauplätze, bei Nichtabnahme von vertragsgemäß vereinbarten sachlichen und personellen Atelierleistungen.

   Eingetretene Kostenminderungen, die eine oder mehrere Positionen betreffen und in der Summe nicht mehr als 250,00 EUR ausmachen, ziehen keine Festpreisänderung nach sich.

III. Im Bereich der Positionen ohne obligatorische Festpreisänderung behält der Produzent seinen unternehmerischen Spielraum. Das heißt: Unterschreitungen des vereinbarten Festpreises, die innerhalb dieses Kalkulationsbereiches erwirtschaftet werden, gehen zu Gunsten des Produzenten, Überschreitungen gehen zu Lasten des Produzenten.

IV. Redaktionelle Änderungen bedürfen der schriftlichen Bestätigung durch die Sendeanstalt. Sofern sie kostenwirksam sind und nicht innerhalb der Kalkulation aufgefangen werden können, hat der Produzent unverzüglich die zuständige Redaktion sowie die zuständige Abt. Produktionsmanagement unter Angabe der für diese Maßnahmen erforderlichen Kosten zu informieren. Ohne schriftliche Genehmigung durch die Sendeanstalt – in eiligen Fällen mündlich vorab – ist der Produzent nicht berechtigt, die beabsichtigten redaktionellen Änderungen produktionsseitig umzusetzen.

§ 4 Erstattungspflicht

Sofern der Produzent Leistungen der Rundfunkanstalt in Anspruch nimmt, die den im Produktionsvertrag festgelegten Umfang überschreiten, ist er verpflichtet, der Rundfunkanstalt diese Leistungen auf der Basis der Kalkulationsrichtlinien der Rundfunkanstalt gegen Rechnungsstellung zu erstatten.

§ 5 Verwertungsgesellschaftsrechtliche Vergütungsansprüche

Der Produzent beabsichtigt, die Vergütungsansprüche aus §§ 54 Abs. 1, 20b, 27 Abs. 2, 45a, 52a, 52b sowie 49 Abs. 1 in Verbindung mit § 94 UrhG zur Wahrnehmung in die VFF einzubringen. Die Rundfunkanstalt wird auf dieser Basis die Meldungen über die

Nutzung dieser Produktion an die VFF abgeben. Sollte der Auftragsproduzent diese Vergütungsansprüche nicht wahrnehmen oder in eine andere Verwertungsgesellschaft einbringen wollen, wird er dies der Rundfunkanstalt vor Einbringung der Vergütungsansprüche mitteilen.

§ 6 Eigentumsübertragung und Einlagerung[7]

(1) Das Eigentum an sämtlichen Datenträgern und/oder Filmbänden mit dem gesamten Aufzeichnungsmaterial (Bild und Ton) der vertragsgegenständlichen Produktion geht, soweit es nicht bereits im Eigentum der Rundfunkanstalt steht, mit der Bezahlung der ersten nach Ziffer II. (2) des Produktionsvertrages fälligen Rate auf die Rundfunkanstalt über. Sollte der Produzent erst zu einem späteren Zeitpunkt Eigentum an den Datenträgern erwerben, geht das Eigentum in diesem Zeitpunkt auf die Rundfunkanstalt über.

Vom Zeitpunkt des Eigentums gemäß Abs. 1 an, hat der Produzent das vollständige Aufzeichnungsmaterial nach den im Produktionsvertrag unter Ziffer II. gemachten Vorgaben sachgerecht aufzubewahren. Die Umsetzung dieser Vorgaben (dh die Gewährleistung der Materialsicherheit) ist eine Voraussetzung für die Zahlung nach Rohabschnitt.

§ 7 Technische Richtlinien

I. Technische Daten und Eigenschaften der Produktion müssen den jeweils geltenden technischen Richtlinien der Rundfunkanstalt entsprechen.

II. Der Produzent garantiert eine zur Ausstrahlung im Fernsehen technisch einwandfreie Ton- und Bildqualität der Produktion.

III. Werden aufgrund der ersten technischen Abnahme Mängel festgestellt, die eine Nachbesserung der Produktion notwendig machen, sind die Kosten hierfür sowie für jede weitere danach noch erforderliche technische Abnahme bis zur endgültigen Abnahme (§ 11 Abs. 4) vom Produzenten zu erstatten.

§ 8 Verwendung von Dekorations- und Ausstattungsmaterial[7]

Soweit der Produzent Dekorations-, Ausstattungsmaterial und Requisiten käuflich erwirbt, geht das Eigentum daran unmittelbar von dem Dritten (Lieferer) auf die Rundfunkanstalt über. Er übt den Besitz, solange er Besitzer ist, als Besitzmittler (Verwahrer) für die Rundfunkanstalt aus. Die selbstständig verwertbaren Gegenstände dieser Art hat er in einem besonderen Verzeichnis innerhalb von zwei Wochen nach dem letzten Drehtag mit Angabe über Wert und Lagerort der einzelnen Gegenstände der Rundfunkanstalt bzw. deren Beauftragten in dreifacher Ausfertigung vorzulegen, wobei der Produzent Vorschläge über die Verwertung dieser Gegenstände machen soll. Das Verfügungsrecht über diese Gegenstände steht ausschließlich der Rundfunkanstalt zu, die sich gegenüber dem Produzenten innerhalb von 3 Wochen nach Eingang der Meldung über die Verwertung der Gegenstände zu erklären hat.

§ 9 Versicherungen

I. Der Produzent hat zur Erlangung der Ansprüche der von der Rundfunkanstalt zugesagten Leistungen nach § 4 des Produktionsvertrages die Obliegenheiten zu erfüllen, die in der Anlage zum Produktionsvertrag aufgeführt sind. Im Versicherungsfall erhält der Produzent den von dem Versicherungssachverständigen festgestellten, auf seine Leistungen entfallenden Schadensbetrag.

II. Der Produzent verpflichtet sich, zur Abdeckung evtl. Schadensfälle eine entsprechende Haftpflichtversicherung abzuschließen, und zwar mit einer Mindestversicherungssumme von 3 Mio. EUR für Personen- und Sachschäden sowie 1 Mio. EUR für Mietsachschäden durch Feuer- oder sonstige Umweltschäden. Die Verpflichtung zum

Abschluss einer Haftpflichtversicherung gilt auch für die Abdeckung von Schäden bei der Benutzung von Beleuchtungseinrichtungen der Hallen, Ateliers etc und Requisiten, die vom Produzenten verursacht worden sind. Bei voraussichtlich höheren Haftungsrisiken hat der Produzent eine entsprechend höhere Haftpflichtversicherung abzuschließen. Die demnach erforderlichen Deckungszusagen sind vor Beginn der Produktion der Rundfunkanstalt vorzulegen. Aufgetretene Schadensfälle sind der Rundfunkanstalt unverzüglich zu melden.

§ 10 Voraussetzung für den Drehbeginn, Information über den Produktionsablauf[8]

I. Voraussetzung für den Drehbeginn ist die Übereinstimmung zwischen dem Produzenten und der Rundfunkanstalt über die endgültige Fassung des Drehbuches – bei Programmteilen der Drehbücher – sowie zur Stab- und Besetzungsliste und die Vorlage des in § 1 Abs. 1 geforderten Nachweises der Rechte durch den Produzenten bezüglich der notwendigen Werknutzungsrechte von Verlagen und Autoren.
II. Bei Drehbeginn sind der Rundfunkanstalt der Drehplan sowie ab Drehbeginn laufend die Tagesdispositionen und Tagesberichte mit genauen Angaben über den Produktionsablauf zu übersenden.

§ 11 Abnahme[8, 9]

I. Umfang der Abnahme
1. Die Rundfunkanstalt überprüft die Qualität der Produktion in vollem Umfang, dh inhaltlich, insbesondere in künstlerischer Hinsicht, sowie technisch, im Rohschnitt (vgl. Abs. 2.), gegebenenfalls im Feinschnitt (vgl. Abs. 3.) sowie nach Fertigstellung (vgl. Abs. 4.). Das Ergebnis der Abnahme wird dem Produzenten von der Rundfunkanstalt unverzüglich schriftlich mitgeteilt.
2. Die Rundfunkanstalt kann die Abnahme der Produktion ablehnen, wenn
   a) durch die Herstellung oder Ausstrahlung der Produktion gegen die allgemeinen Gesetze und die Bestimmungen dieses Vertrages in nicht nur unwesentlicher Weise verstoßen wird;
   b) gegen die §§ 5, 6 und 8 des Staatsvertrages über die Errichtung der Anstalt des öffentlichen Rechts der Rundfunkanstalt vom 6.6.1961, gegen die „Richtlinien für die Sendungen der Rundfunkanstalt" und/oder gegen die „Richtlinien der Rundfunkanstalt zur Sicherung des Jugendschutzes (Jugendschutzrichtlinie)" verstoßen wird.
   c) in nicht nur unerheblicher Weise der Produzent mit dem von der Rundfunkanstalt abgestimmten Drehbuch oder sonstigen inhaltlichen Vorgaben abgewichen ist oder auf andere Weise, insbesondere durch Änderung der Besetzung einschließlich des Regisseurs, der Ausstattung und der Gestaltung von den in § 1 des Produktionsvertrages getroffenen Vereinbarungen abgewichen worden ist.
3. Die Abnahme bedeutet keine Billigung der Produktion unter rechtlichen Gesichtspunkten. Der Produzent haftet vielmehr weiterhin für alle Rechtsverletzungen, insbesondere für die Verletzung von Persönlichkeitsrechten, die durch die Herstellung und Ausstrahlung der Produktion eintreten, und für Verstöße gegen das Verbot der Werbung.

II. Rohschnittabnahme[8,9]
1. Als Rohschnitt gilt die auf die ungefähre Sendelänge gebrachte Arbeitskopie mit dem zum Verständnis der Konzeption gekoppelten Originalton.
2. Der Rundfunkanstalt ist der Rohschnitt vorzuführen. Der Produzent hat der Rundfunkanstalt die Fertigstellung des Rohschnittes mitzuteilen und mit ihr Termin und Ort der Vorführung zu vereinbaren.

Feinschnittabnahme[8,9]

Die Rundfunkanstalt behält sich das Recht vor, die Vorführung des Feinschnittes zu verlangen. Dieses Recht ist bei Rohschnittabnahme geltend zu machen. Als Feinschnitt gilt die sendefertige Schnittfassung mit dem sendereifen, noch nicht synchronisierten Text, den nicht gemischten Originaltönen, Musiken und Geräuschen. Der Produzent hat der Rundfunkanstalt die Fertigstellung des Feinschnittes mitzuteilen und mit ihr Termin und Ort der Vorführung zu vereinbaren.

IV. Abnahme des Endproduktes[8,9]

1. Die Abnahme erfolgt an einem von der Rundfunkanstalt zu bestimmenden Ort bei allen Aufzeichnungsverfahren durch Vorführung des sendefertigen Endproduktes.
2. Der Produzent teilt der Rundfunkanstalt rechtzeitig vor dem Ablieferungstermin den Zeitpunkt der Fertigstellung des Endproduktes schriftlich mit. Ein Vorführtermin für die Abnahme ist mit der Rundfunkanstalt abzustimmen. Die Abnahme bei Live-Sendungen erfolgt nach durchgeführter Sendung.
3. Auf Verlangen der Rundfunkanstalt hat der Produzent nachzuweisen, dass keine Sicherungsrechte oder sonstigen Rechte mehr an dem Produktionsmaterial bestehen. In diesem Falle gilt die Endabnahme erst als erfolgt, wenn dieser Nachweis geführt ist. Anstelle der eigenen Abgeltung kann der Produzent mit Zustimmung der Rundfunkanstalt dieser eine unwiderrufliche Zahlungsermächtigung in Höhe der von ihr an den einzelnen Sicherungsnehmer zu zahlenden Gesamtvergütung erteilen. Der von der Rundfunkanstalt gemäß § 2 Abs. 2 des Produktionsvertrages als Schlussrate an den Produzenten zu zahlende Betrag vermindert sich gegebenenfalls entsprechend.

V. Abnahmefrist[9]

1. Der Produzent hat die Termine gemäß den Absätzen II., III. und IV. mindestens zwei Wochen vorher schriftlich der Rundfunkanstalt bekannt zu geben.
2. Die Rundfunkanstalt teilt dem Produzenten die Abnahmen iSd Absätze II., III. und IV. jeweils innerhalb von sechs Wochen nach dem Vorführtermin bzw. nach Ablieferung/ Erhalt des Endproduktes schriftlich mit. Bis zur schriftlichen Mitteilung durch die Rundfunkanstalt gilt das Material als nicht abgenommen. Wird von der Rundfunkanstalt innerhalb dieser Frist keine Erklärung abgegeben, gilt die Leistung bzw. das Werk nach Ablauf dieser Frist als abgenommen.

§ 12 Genehmigung der Titelvorlagen[8,9]

I. Zustimmungspflicht

Die Zeichenvorlage für Vor-, Nachspann und Zwischentitel sowie sonstige Zeichen- oder Trickvorlagen hat der Produzent der Rundfunkanstalt rechtzeitig vor der Aufnahme zur Zustimmung vorzulegen. Bei MAZ- und FAZ-Produktionen ist die Zustimmung vor der Aufzeichnung, bei Live-Sendungen vor der Sendung, in allen Fällen so rechtzeitig einzuholen, dass Änderungen auf Wunsch der Rundfunkanstalt noch möglich sind.

II. Abspannregelung

Der Produzent verpflichtet sich, als letzten Titel im Nachspann folgenden Vermerk aufzunehmen:

.....

§ 13 Übergabe des Aufzeichnungsmaterials und sonstiger Unterlagen[7]

I. Entsprechend dem in § 1 des Produktionsvertrages vereinbarten technischen Produktionsvorhaben sind der Rundfunkanstalt vom Produzenten zur Auswertung der nach diesem Vertrag zu übertragenden urheberrechtlichen Nutzungs-, Leistungsschutz- und sonstigen Rechte das im Produktionsvertrag vereinbarte Aufzeichnungsmaterial in sendefertigem Zustand entsprechend den technischen Richtlinien der Rundfunkanstalt und die folgenden sonstigen Unterlagen zu übergeben:

1. Drei vollständige Dialoglisten bzw. Kommentartextfassungen; bei Auftragskompositionen die Partitur und bei Herstellung des Aufführungsmaterials auf Kosten der Rundfunkanstalt auch dieses vollständig und getrennt nach Einzeltiteln unter Angabe von Titel der Produktion, Produktionsnummer, Komponist und Arrangeur auf jedem Exemplar.
2. Das gesamte von der Produktion stammende Aufzeichnungsmaterial auf digitalem Datenträger.
3. Die Tagesberichte sowie das Produktionsprotokoll einschließlich der Anlagen unter Beifügung aller Verträge mit Verlagen, Autoren, Regisseuren, Mitwirkenden, Lizenzgebern und sonstigen Berechtigten. Soweit eine Meldung an die Verwertungsgesellschaft erforderlich ist, ist der Produzent verpflichtet, der Rundfunkanstalt die dafür erforderlichen Angaben (Autor, Komponist, Bearbeiter, Arrangeur, Textdichter, Verlag usw) mitzuteilen.
   Die zu erstellenden Tagesberichte sowie das Produktionsprotokoll sind der Rundfunkanstalt ausschließlich elektronisch nach dem im Merkblatt zur Erstellung des elektronischen Produktionsprotokolls festgelegten Verfahren fristgerecht entsprechend der Regelung im Merkblatt bzw. § 5 des Produktionsvertrages zuzuliefern.
   Der Produzent garantiert die Richtigkeit und die Vollständigkeit der an die Rundfunkanstalt elektronisch zugelieferten Daten.
4. Die gültige Stab- und Besetzungsliste mit genauen Gagenangaben entsprechend dem in der genehmigten Kalkulation festgelegten Umfang.

II. Beim Versand von Datenträgern ist der Produzent verpflichtet, die als Anlage beigefügten Versandbedingungen zu beachten.

III. Erfolgt die Übergabe gemäß Abs. 1 Nr. 2 durch Einlagerung des Materials bei einem Dritten, gilt die Übernahme als vollzogen, wenn der Produzent der Rundfunkanstalt eine entsprechende Einlagerungsbestätigung des Dritten vorlegt.

IV. Die Transportkosten für die Übergabe trägt der Produzent.

V. Bei Übermittlung des Materials in Form eines Filetransfers werden die Bedingungen einzelvertraglich abgestimmt.

§ 14 Unterlassung von Werbung und Offenlegungspflichten[6]

I. Unterlassung von Werbung, Schleichwerbung, Produkt- und Themenplatzierungen

1. Der Produzent verpflichtet sich, keine Namen, Texte und bildliche Darstellungen, die als direkte oder indirekte Werbung zu werten sind, in die Produktion aufzunehmen. Insbesondere sind Schleichwerbung, Produkt- und Themenplatzierungen sowie ähnliche Praktiken zu unterlassen. Ausgenommen hiervon ist jedoch die kostenlose Bereitstellung von Waren oder Dienstleistungen (Produktionshilfe), sofern diese mit Zustimmung der Rundfunkanstalt in die Produktion eingebracht wird.
2. Dem Produzenten ist nicht gestattet, ohne Zustimmung der Rundfunkanstalt Geld oder geldwerte Leistungen von Dritten für die Produktion entgegenzunehmen. Angebote für Kooperationen, bspw. Fördermittel staatlicher, gemeinnütziger oder privater Einrichtungen – ausgenommen Mittel der Filmförderung –, Medienpartnerschaften, Barteringgeschäfte, Sachbeistellungen sowie verbilligte oder unentgeltliche Sach- und Dienstleistungen sind schriftlich der Rundfunkanstalt anzuzeigen. Soweit das Angebot den Vorgaben des Rundfunkstaatsvertrags entspricht und – insbesondere unter dem Gesichtspunkt der journalistischen Unabhängigkeit und Glaubwürdigkeit – von der Rundfunkanstalt für zulässig erachtet wird, wird die Rundfunkanstalt direkt Gespräche mit den Kooperationspartnern führen, die Ausfertigung von Verträgen veranlassen und die Leistung des Kooperationspartners für die Produktion beistellen. Unzulässig

sind jegliche unentgeltlichen Produktbeistellungen (zB Produktionshilfen und Preise) für folgende Sendeformate, sofern sie von bedeutendem Wert sind: Nachrichten, Sendungen zum politischen Zeitgeschehen, Ratgeber- und Verbrauchersendungen, Sendungen für Kinder und Übertragung von Gottesdiensten.

3. Der Produzent stellt sicher, dass zulässige Produktbeistellungen in der Produktion nicht zu stark herausgestellt werden und Werbeeffekte ausgeschlossen werden.
4. Die Einhaltung der Richtlinien der Rundfunkanstalt für Werbung, Sponsoring, Gewinnspiele und Produktionshilfe, die dem Produktionsvertrag als Anlage beigefügt sind, ist unmittelbare Vertragspflicht des Produzenten.
5. Der Produzent hat diese Verpflichtung seinen Mitarbeitern, Repräsentanten und sonstigen Personen aufzuerlegen, deren er sich zur Erfüllung seiner vertraglichen Verpflichtungen bedient, und für die Einhaltung dieser Verpflichtung zu sorgen.

II. Offenlegungspflicht von Werbeverträgen

Der Produzent hat in die mit den Drittberechtigten abzuschließenden Verträge eine Verpflichtung aufzunehmen, wonach der Drittberechtigte etwaige von ihm abgeschlossene Werbeverträge, die sich unmittelbar oder mittelbar im Rahmen der vertragsgegenständlichen Produktion auswirken können, unter Angabe des Produkts und des Herstellers dem Produzenten unverzüglich schriftlich zu benennen hat. Der Produzent wird derartige Informationen unverzüglich schriftlich an das für die Produktion zuständige Erwerbsreferat der Hauptabteilung Rechtemanagement und Zentraleinkauf der Rundfunkanstalt weitergeben.

III. Offenlegungspflicht von Künstlernamen/Pseudonymen sowie Verwandtschaftsverhältnissen

1. Der Produzent ist verpflichtet, den Künstlernamen, das Pseudonym oÄ von den an der Produktion beteiligten Dritten (Autor, Regisseur, Darsteller) vor Vertragsschluss abzufragen und das Sendeunternehmen im gegebenen Falle unverzüglich zu informieren, damit eventuell erforderliche Regularien eingehalten werden können.
2. Entsprechendes gilt für unmittelbare Verwandtschaftsbeziehungen der an der Produktion beteiligten Dritten zu Mitarbeiter/innen der Rundfunkanstalt (wie Ehe, Lebenspartnerschaft, Eltern/Kind-Verhältnis, Geschwister) sowie im Falle der Beschäftigung von Festangestellten sowie Versorgungsempfängern der Rundfunkanstalt und/oder einer anderen Rundfunkanstalt und/oder jeweils den entsprechenden Tochterunternehmen.
3. Sollte ein an der Produktion beteiligter Dritter (Autor, Regisseur, Darsteller) anstelle seines bürgerlichen Namens einen Künstlernamen, ein Pseudonym oÄ nutzen, so ist der Produzent verpflichtet, der Rundfunkanstalt im Rahmen des Produktionsprotokolls (§ 13 Abs. 1 Nr. 3 der AGB) sowohl den bürgerlichen Namen des an der Produktion beteiligten Dritten als auch den genutzten Künstlernamen bzw. das Pseudonym oÄ mitzuteilen.

§ 15 Datenschutz

I. Die Rundfunkanstalt ist berechtigt, zur Vertragsabwicklung die im Rahmen der vertraglichen Beziehungen erlangten personenbezogenen Daten gemäß den Bestimmungen des Landesdatenschutzgesetzes Rheinland-Pfalz im erforderlichen Umfang zu nutzen. Der Produzent hat Anspruch auf Auskunft oder Berichtigung nach den gesetzlichen Vorgaben.

II. Der Produzent verpflichtet sich, die einschlägigen datenschutzrechtlichen Vorschriften bei der Durchführung dieses Vertrages einzuhalten. Diese Verpflichtung ist auch allen Personen aufzuerlegen, die der Produzent mit der Bearbeitung oder Erfüllung dieses Vertrages betraut. Sollte es im Rahmen der vereinbarten Leistungen erforderlich werden, dass der Produzent personenbezogene Daten bearbeiten muss, ist der Umfang der Daten genau festzulegen und vor Kenntnisnahme der Rundfunkanstalt bekannt zu geben. Eine Weitergabe an Dritte ist ausgeschlossen.

§ 16 Keine Nutzungsverpflichtung[4]

Die Rundfunkanstalt ist alleine berechtigt, den Zeitpunkt für die Ausstrahlung sowie die Nutzung der Leistungen und Werke für andere Zwecke zu bestimmen. Die Rundfunkanstalt ist nicht zur Nutzung der ihr eingeräumten Rechte verpflichtet. Insbesondere besteht keine Pflicht, die Produktion zu senden. Der Anspruch des Produzenten auf die im Produktionsvertrag vereinbarte Vergütung bleibt hiervon unberührt.

§ 17 Presseverlautbarungen, Fotos und Eigendarstellungen von Produktionsbeteiligten[5, 6]

I. Veröffentlichungen und Eigendarstellungen von Produktionsbeteiligten

1. Das Recht zu Veröffentlichungen jeder Art, insbesondere für Presseverlautbarungen, einschließlich des Bildmaterials über die nach diesem Vertrag vorgesehene Produktion steht ausschließlich der Rundfunkanstalt zu. Der Produzent ist nur berechtigt, nach vorheriger Abstimmung mit der Rundfunkanstalt Veröffentlichungen vorzunehmen.
2. Die Rundfunkanstalt gestattet dem Produzenten, Ausschnitte aus der vertragsgegenständlichen Produktion bis zu einer Länge von 3 Minuten (jedoch nicht mehr als 25 % der Gesamtlänge der Produktion) für seine Eigendarstellung zu verwenden. Dies gilt insbesondere für die Eigendarstellung auf eigenen Homepages und auf Drittplattformen einschließlich sogenannter sozialer Netzwerke.

Der Produzent hat die hierfür erforderlichen Rechte (bspw. Musikrechte, Rechte Dritter, insbesondere Persönlichkeitsrechte Dritter im Bild) selbst einzuholen und, soweit durch die Nutzung Vergütungsansprüche ausgelöst werden, diese abzugelten. Eine diesbezügliche Haftung der Rundfunkanstalt ist ausgeschlossen.

Die Nutzung des Rundfunkanstalt-Logos bedarf, soweit das Logo nicht als Senderkennung im Bild enthalten ist, einer gesonderten Zustimmung der Rundfunkanstalt.

Der Produzent hat auf Wunsch der Produktionsbeteiligten diesen die og Nutzungsbefugnis entsprechend einzuräumen.

II. Spezifikation Bildmaterial, technische Anforderungen, Anlieferung

1. Der Produzent ist verpflichtet, der Rundfunkanstalt, in Belichtung und Schärfe einwandfreies Fotomaterial nach den Bestimmungen der vertragsgegenständlichen „Rundfunkanstalt-Richtlinie zur Bildanforderung an Produktions- und Pressefotos" zur Verfügung zu stellen, die als Anlage dem Produktionsvertrag beigefügt sind.
2. Den Bildern muss eine genaue Beschriftung der Einzelmotive und der Darsteller bzw. Beteiligten, eine Besetzungsliste sowie eine Inhaltsangabe der Produktion von etwa zwei Textseiten (jeweils 30 Zeilen) beigefügt sein.
3. Vor Produktionsbeginn ist seitens des Produzenten ein Gespräch mit Produktionsleitung, Kostümbildner, Requisiteur, Redakteur, Standfotograf und der Rundfunkanstalt unter Einhaltung des Drehplanes einzuberufen, um eine konkrete Motivauswahl zu treffen.
4. Nach Beginn der Dreharbeiten sind die Standfotografen unmittelbar und laufend dem Bilderdienst vorzulegen. Seitens des Produzenten und Standfotografen ist der ständige Kontakt zu der Rundfunkanstalt zu halten. Der Name des Fotografen sowie eventuelle Namensnennungsansprüche bei der Veröffentlichung von Fotos sind der Rundfunkanstalt anzugeben.

III. Eigentum, Nutzungsrechte

1. Das Eigentum an dem Fotomaterial geht mit der Übergabe vollständig auf die Rundfunkanstalt über.

2. Mit der Übergabe des Foto- und Textmaterials erfolgt zugleich die Übertragung sämtlicher urheberrechtlicher Nutzungsrechte und sonstiger Schutzrechte an diesem Material auf die Rundfunkanstalt gem. § 1. Die in § 2 normierte Garantie gilt entsprechend.

§ 18 Weitergabe von Produktionsunterlagen etc, Verschwiegenheit[6]

I. Weitergabe von Produktionsunterlagen etc
Der Produzent darf das Drehbuch, den Kommentartext, die Aufzeichnung sowie andere Unterlagen oder Teile davon nur den an der Produktion Beteiligten und nur zum Zwecke der Herstellung der Produktion zugänglich machen. Jede weitere Überlassung sowie die Bekanntgabe des Inhalts dieser Unterlagen oder von Teilen davon bedarf der vorherigen schriftlichen Zustimmung der Rundfunkanstalt. Diese Verpflichtungen hat der Produzent auch den an der Produktion Beteiligten aufzuerlegen.
II. Verschwiegenheit
Der Produzent ist zur Verschwiegenheit über die internen Angelegenheiten und Vorgänge der Rundfunkanstalt verpflichtet. Entsprechende Verpflichtungen legt der Produzent seinen Mitarbeitern und zwar auch für die Zeit nach Ende ihrer Dienstverhältnisse auf.

§ 19 Übertragbarkeit der Rechte und Pflichten, Aufrechnung/Pfandrechte etc

I. Übertragbarkeit der Rechte und Pflichten
Der Produzent ist nicht berechtigt, seine Rechte und Pflichten aus diesem Vertrag auf Dritte zu übertragen bzw. die Ausübung dieser Rechte und Pflichten Dritten zu überlassen. § 354a HGB bleibt hiervon unberührt. Soweit er beabsichtigt, Verträge über die Lieferung von Teilen dieser Produktion oder dergleichen mit Dritten abzuschließen, hat er hierzu die Zustimmung der Rundfunkanstalt einzuholen.
II. Aufrechnung/Pfandrechte etc
Der Produzent verzichtet auf das Recht zur Aufrechnung sowie auf die Geltendmachung von Zurückbehaltungsrechten und etwaigen Pfandrechten. Unberührt bleibt das Recht zur Aufrechnung mit unbestrittenen oder rechtskräftig festgestellten sowie mit entscheidungsreifen Gegenforderungen.

§ 20 Vorzeitige Beendigung des Vertrages[9, 11]

I. Die Rundfunkanstalt ist ohne Rücksicht auf den Stand der Produktionsarbeiten berechtigt, jederzeit den Vertrag ohne Einhaltung einer Frist zu kündigen und gleichzeitig die Herausgabe sämtlichen Materials und sonstiger Produktionsunterlagen zu verlangen. Übt sie dieses Recht aus, hat die Rundfunkanstalt, sofern nicht einer der Tatbestände der folgenden Absätze gegeben ist, dem Produzenten die bis dahin im Rahmen der von der Rundfunkanstalt genehmigten Kalkulation angefallenen Aufwendungen zu erstatten und für die Abwicklung aller zu diesem Zeitpunkt noch bestehenden, aus der Produktion resultierenden Verpflichtungen einzustehen. Der Anspruch des Produzenten auf die in der Kalkulation von der Rundfunkanstalt anerkannten Handlungskosten und den Gewinnzuschlag bleibt unberührt.
Die gemäß §§ 1 und 17 übertragenen Rechte verbleiben bei der Rundfunkanstalt, die berechtigt ist, anstelle des Produzenten in die von ihm für die Durchführung der Produktion abgeschlossenen Verträge einzutreten. Der Produzent ist zur Rechnungslegung gegenüber der Rundfunkanstalt verpflichtet.
II. Verstößt der Produzent gegen einzelne Bestimmungen dieses Vertrages bzw. verletzt er seine vertraglichen Pflichten in nicht nur unerheblicher Weise, ist die Rundfunkanstalt berechtigt, vom Vertrag zurückzutreten (vgl. §§ 346 ff. BGB), falls der Produzent innerhalb einer ihm von der Rundfunkanstalt gesetzten angemessenen Frist die Vertragsverletzung bzw. deren Folgen nicht beseitigt. In diesem Fall entfällt der Anspruch des Pro-

duzenten auf das Entgelt; bereits geleistete Zahlungen sind zurückzuerstatten. Hat die Rundfunkanstalt das Rohmaterial (Bild und Ton) für die Produktion zur Verfügung gestellt, ist sie verpflichtet, dem Produzenten das Eigentum an diesem Material gegen Ersatz der ihr entstandenen Kosten zu übertragen. Bei Verstoß gegen die §§ 2, 14, 18 und 20 kann die Rundfunkanstalt auch ohne Fristsetzung vom Vertrag zurücktreten. Die Rundfunkanstalt kann anstelle des Rücktritts den Vertrag mit den Rechtsfolgen des Absatzes 1 jederzeit ohne Einhaltung einer Frist kündigen mit der Einschränkung, dass der Anspruch des Produzenten auf Handlungskosten und Gewinnzuschlag entfällt.

III. Gesetzliche Gewährleistungs- und Schadensersatzansprüche bleiben von Vorstehendem unberührt. Soweit in dem Vertrag nichts anderes bestimmt ist, gelten die Allgemeinen Bestimmungen über den Werkvertrag.

§ 21 Nebenabreden, Schriftform, Unwirksamkeit von Einzelbestimmungen

I. Nebenabreden

Mündliche Nebenabreden sind nicht getroffen.

II. Schriftform

Änderungen und Ergänzungen dieses Vertrages, die vor oder bei Vertragsschluss getroffen werden, bedürfen zu ihrer Gültigkeit der Schriftform.

III. Unwirksamkeit von Einzelbestimmungen

Die Unwirksamkeit von Einzelbestimmungen berührt nicht den rechtlichen Bestand des Vertrages im Übrigen.

§ 22 Erfüllungsort, Gerichtsstand, anzuwendendes Recht

I. Erfüllungsort

Erfüllungsort ist der Sitz der Rundfunkanstalt, wenn der Produzent Kaufmann ist und soweit als Erfüllungsort für die Materiallieferungsverpflichtung des Produzenten nicht ein von der Rundfunkanstalt benanntes Filmlager bzw. Kopierwerk oder ein sonstiger von der Rundfunkanstalt benannter Dritter vereinbart ist.

II. Gerichtsstand

Bei Rechtsstreitigkeiten ist der Gerichtsstand der Sitz der Rundfunkanstalt, wenn

1. der Produzent Kaufmann ist oder
2. der Produzent keinen allgemeinen Gerichtsstand im Gebiet der Bundesrepublik Deutschland hat oder
3. der Produzent seinen Wohnsitz oder gewöhnlichen Aufenthaltsort nach Vertragsschluss aus dem Gebiet der Bundesrepublik Deutschland verlegt oder
4. im Zeitpunkt der Klageerhebung der Wohnsitz oder gewöhnliche Aufenthaltsort des Produzenten nicht bekannt ist.

III. Anzuwendendes Recht

Es gilt das Recht der Bundesrepublik Deutschland.

Schrifttum: Bergau, Modelle kollektiver Beteiligung an der Filmverwertung – Gemeinsame Vergütungsregeln zwischen Filmproduzenten und Vereinigungen von Urhebern, ZUM 2013, 725; *Boeser,* Modelle kollektiver Beteiligungsregelungen in der Filmverwertung, ZUM 2013, 737; *Brauner,* Das Haftungsverhältnis mehrerer Lizenznehmer eines Filmwerks innerhalb einer Lizenzkette bei Inanspruchnahme aus § 32a UrhG, ZUM 2004, 96, *Castendyk,* Erlösstrukturen in den audiovisuellen Medien in Deutschland, ZUM 2013, 709; *Friccius,* Aktuelle Probleme der Vertragsgestaltung bei der Produktion von Filmen und Fernsehfilmen, ZUM 1991, 392; v. Hartlieb/Schwarz/*Schwarz* und *v. Have/Schwarz,* Handbuch des Film-, Fernseh- und Videorechts, 5. Aufl. 2011, Kap. 84, 113, 154; *Hertin,* Urhebervertragsnovelle 2002: Das Update von Urheberrechtsverträgen,

MMR 2003, 16; *Homann,* Praxis-Handbuch Filmrecht, 3. Aufl. 2009, S. 249 ff.; *Henning-Bodewig,* Urhebervertragsrecht auf dem Gebiet der Filmherstellung und -Verwertung, in: *Beier* u. a. (Hrsg.), Urhebervertragsrecht, 1995, S. 389 ff.; *Huber,* Neue Wege der Filmförderung, ZUM 1994, 203; *Kreile, J.,* Aktuelle Probleme der Vertragsgestaltung bei der Produktion von Filmen und Fernsehfilmen – „Auftragsproduktion“, ZUM 1991, 386; *Kresse,* Outsourcing im Privatfernsehen – am Beispiel des RTL-Dienstleistungskonzepts, ZUM 1994, 385; *Ladeur,* Rechtsfragen der Abnahme von Auftragsproduktionen für Sendezwecke, FuR 1979, 292; *Neubauer,* Gemeinsame Vergütungsregeln (GVR), ZUM 2013, 716; *Obergfell,* Filmverträge im deutschen materiellen und internationalen Privatrecht, 2001, S. 139 ff.; *Paschke,* Urheberrechtliche Grundlagen der Filmauftragsproduktion, FuR 1984, 403; *Umbeck,* Rechtsübertragungsklauseln bei der Filmauftrags- und Co-Produktion öffentlich-rechtlicher Rundfunkanstalten, 2000; *Weber,* Rahmenverträge und gemeinsame Vergütungsregeln nach Urhebervertragsrecht – aus der Praxis des ZDF, ZUM 2013, 740.

Anmerkungen

1. Sachverhalt. Öffentlich-rechtliche wie auch private Fernsehprogramme sollen nach Maßgabe des § 6 Rundfunkstaatsvertrages einen „wesentlichen Anteil an Eigenproduktionen sowie Auftrags- und Gemeinschaftsproduktionen aus dem deutschsprachigen und europäischen Raum enthalten“. Demgemäß verwenden die Rundfunkanstalten und privatrechtlichen Sendeunternehmen für ihre Programmgestaltung entweder selbst produziertes Material oder lassen dieses durch (anstaltseigene) Tochtergesellschaften oder private Produzenten herstellen oder beschaffen sich Sendelizenzen fertiger Produktionen von anderen Rundfunkanstalten oder Produktions- bzw. Vertriebsunternehmen. In vertragsrechtlicher Hinsicht kann der mehr oder weniger rundfunkinterne Rechtsverkehr zwischen Rundfunkanstalten und ihren Tochtergesellschaften sowie zwischen Rundfunkanstalten untereinander vernachlässigt werden. Von erheblicher praktischer Bedeutung ist die Auftragsproduktion, dh die Programmherstellung durch private Hersteller im Werkauftrag eines Sendeunternehmens. Die Erscheinungsform der Auftragsproduktion ist im Rundfunkbereich dadurch gekennzeichnet, dass das Sendeunternehmen als derjenige, der das Programm rundfunkrechtlich zu verantworten hat, eine weitest gehende Einflussnahme auf die Planung, Gestaltung und Abwicklung der Auftragsproduktion nimmt, während der Auftragsproduzent jedenfalls formal die unternehmerische Seite der Filmherstellung ausfüllt (*Kreile* ZUM 1991, 387). Dafür nimmt ihm das Sendeunternehmen wiederum einen erheblichen Teil des Unternehmerrisikos ab. Die Auswertung der Produktion übernimmt das Sendeunternehmen entweder in toto oder jedenfalls zu Rundfunkzwecken. Im Hinblick darauf, dass die maßgeblichen Verträge zur Filmherstellung, insbesondere solche über den Rechteerwerb, über den Auftragnehmer abgewickelt werden, die organisatorische Verantwortung bei diesem liegt und der Auftragnehmer mindestens das wirtschaftliche Risiko der (möglichen) Nichtabnahme trägt, ist der Auftrag nehmende Produzent (Auftragsproduzent) regelmäßig als Filmhersteller gem. § 94 UrhG anzusehen (KG ZUM-RD 2011, 157; OLG Dresden BeckRS 2013, 06064; *Obergfell* S. 140; zu den Abgrenzungskriterien vgl. BGHZ 120, 67 – Filmhersteller; BFH BStBl. II 1997 S. 320 (321); *Henning-Bodewig* S. 404 f.; *Kreile* ZUM 1991, 387 f.). Vertragliche Regelungen darüber, wer die gesetzlich dem „Filmhersteller“ zugewiesenen Vergütungsansprüche erhalten soll (→ Anm. 5h), sind für die Zuerkennung der originären Filmhersteller-Eigenschaft ohne Belang.

2. Wahl des Formulars. Die Auftragsproduktion ist von der Koproduktion zwischen Sendeunternehmen und privaten Herstellern abzugrenzen. Bei der Koproduktion geht die

Initiative in der Regel vom Filmhersteller aus, der für seinen nach Möglichkeit öffentlich geförderten Spielfilm in der Rundfunkanstalt einen weiteren Mitfinanzier findet und dafür der Rundfunkanstalt in zeitlichem Abstand von der Filmerstauswertung Sendebefugnisse überlässt (→ Form. IX.33, 42). Bei der Auftragsproduktion steht die Einflussnahme der Rundfunkanstalt oder des Privatsenders auf das von ihr gewünschte und auch redaktionell betreute Programm im Vordergrund (vgl. § 1 Abs. 2 Produktionsvertrag). Das Formular orientiert sich weitgehend an dem individuell zu gestaltenden Produktionsvertrag F des ZDF und den dazugehörigen Allgemeinen Bedingungen zum Produktionsvertrag F (AB) in der bei Redaktionsschluss dieser Auflage gültigen Fassung vom 1.1.2017. Insbesondere hinsichtlich der Varianten und individuellen Ergänzungsklauseln (mit * gekennzeichnet) wurde der Produktionsvertrag allerdings leicht gekürzt und teilweise umstrukturiert. Der Vertrag ist von grundlegender Bedeutung als Modell für die Auftragsproduktion. Die weitaus überwiegenden Vertragselemente können sinngemäß auch auf die Vertragsbeziehungen zu privatrechtlichen Sendeunternehmen angewandt werden. Ferner kann das Formular auch als Grundgerüst für die Erarbeitung von Verträgen zwischen werbungtreibendem Unternehmen (als Auftraggeber) und Werbefilmhersteller (als Auftragsproduzent) herangezogen werden, desgleichen für Verträge, die der Herstellung von Industrie-, Wissenschafts- oder Fortbildungsfilmen zugrunde gelegt werden. Soweit dabei eine Auswertung des Films außerhalb der organisatorischen Sphäre des Auftraggebers in Betracht zu ziehen ist, sollte spezifiziert geregelt werden, ob und welche Auswertungsbefugnisse beim Auftragsproduzenten verbleiben und ob und in welcher Weise der Auftraggeber an Auswertungserlösen zu beteiligen ist.

Keine Auftragsproduktion sondern reiner Dienst- und Geschäftsbesorgungsvertrag ist gegeben, wenn das Sendeunternehmen jemanden mit der Mitwirkung bei der kaufmännischen und verwaltungstechnischen Abwicklung der Produktion befasst, die Verträge über das Produktionsvorhaben aber im Namen und für Rechnung des Sendeunternehmens abgewickelt werden, so dass allein dieses von vornherein alle den Film betreffende Rechte, Pflichten und Ansprüche übernimmt (zur sogenannten unechten Auftragsproduktion bei der Filmherstellung v. Hartlieb/Schwarz/*Schwarz* Kap. 85; 113 Rn. 8 f.). Liegt bereits eine sendefähige Filmproduktion vor, bedarf es keines Produktionsvertrages; in diesem Fall ist die Vertragsgestaltung des Sendelizenzvertrages angezeigt (→ Form. IX.43).

3. Handlungsanweisung. Der Individualteil legt die auftragsgegenständliche Filmproduktion in möglichst genauer Umschreibung der technischen und inhaltlichen Kriterien, die Vergütung und die Abweichungen von den AB, vor allem hinsichtlich der Aufteilung der Nutzungsrechte, fest. Bei Serienprojekten empfiehlt es sich, einen Pilotfilm als Kriterium für Charakteristik und Qualität in Bezug zu nehmen. Im Mittelpunkt der Vertragsverhandlungen steht die Kalkulation der Produktionskosten und, daran angelehnt, der Produktionsvergütung. Zudem wird die Vergütung in zu schließenden Drittverträgen mit Autoren geregelt (→ Anm. 12). Die in Bezug genommenen AB enthalten einen sehr umfassenden Rechtkatalog gebündelt in § 1, der insbesondere auch die digitalen Auswertungsmöglichkeiten in allen erdenkbaren Formen und begleitende Verwertungsmöglichkeiten (Merchandising, Themenpark usw) berücksichtigt. Hierdurch soll ein möglichst umfassender Rechtserwerb entsprechend den Bedürfnissen eines Sendeunternehmens sichergestellt werden. Der Produzent muss davon ausgehen, dass diejenigen Rechte, die ihm im Individualteil nicht ausdrücklich zugeschrieben werden, der Rundfunkanstalt zufallen. Dabei ist zu beachten, dass der Produzent auch die zu erwerbenden Drehbuch- bzw. Stoffrechte ausschließlich und zeitlich, örtlich und sachlich unbeschränkt erlangen muss, § 1 Abs. 2 AB. Die Nutzungsrechte am verfilmten Stoff oder am Drehbuch sind aber häufig nur zeitlich, örtlich und sachlich eingeschränkt verfügbar (→ Form. IX.28 und 29). Auf Seiten des Produzenten muss von vornherein bedacht werden, dass er im Zweifel seinerseits sämtliche Nutzungsrechte für Sende-, Vorführ- und

AV-Zwecke einschließlich der neuen medialen Nutzungsformen sowie Merchandising von den Urhebern und Mitwirkenden zu erwerben hat, da er deren Bestand gegenüber der Rundfunkanstalt garantiert, § 2 Abs. 8 AB. Deshalb wird empfohlen, vor Abschluss des Produktionsvertrages insbesondere die vor Inkrafttreten der neuen Fassungen des § 88 Abs. 1 UrhG (ab 1.7.2002: Rechtseinräumung für die filmische Verwertung in allen bekannten Nutzungsarten, ab 1.1.2008; Ausdehnung der Erwerbsvermutung auch auf unbekannte Nutzungsarten) geschlossenen Verträge mit den Urhebern (vor allem der Urheber vorbestehender Werke, → Form. IX.28 Anm. 4, → Form. IX.29 Anm. 5, 6) Punkt für Punkt durchzugehen und bei Zweifelsfragen abweichende Individualvereinbarungen anzustreben.

4. **Werkvertrag, keine Auswertungspflicht.** Die Auftragsproduktion hat überwiegend den Rechtscharakter des Werklieferungsvertrages (§§ 631 ff., 650 BGB). Der Produzent hat die primär für die Auswertung durch die Rundfunkanstalt bestimmte Filmproduktion als Werk für diese herzustellen. Da er überdies der Rundfunkanstalt die vertragsgegenständlichen Nutzungsrechte zu übertragen und die Filmmaterialen körperlich zu übergeben hat, enthält der Vertrag auch Elemente des Kauf- und Werklieferungsvertrages (vgl. OLG Hamburg ZUM-RD 2006, 16; OLG München UFITA 33, 1961, 105 (106); *Obergfell* S. 141; BGH GRUR 1966, 390 für den vergleichbaren Fall eines im Fremdauftrag hergestellten Werbefilms). Für diese Leistungen erhält der Produzent die vereinbarte Vergütung. Eine Auswertungspflicht übernimmt die Rundfunkanstalt gegenüber dem Produzenten nicht (§ 16 AB).

5. **Rechtsübertragung und Rechtegarantie.** a) Die Rechtsübertragung gem. § 1 AB bezieht sich auf alle in der Filmproduktion verkörperten Nutzungsrechte und sonstigen Berechtigungen, die zu ihrer Auswertung erforderlich sind. Das sind die Nutzungsrechte der Urheber an vorbestehenden Werken (§§ 88, 15 ff. UrhG), der als Urheber und ausübende Künstler an der Filmherstellung Mitwirkenden (§§ 89, 92, 15 ff., 73 ff. UrhG) und des Produzenten in seiner Eigenschaft als Filmhersteller (§ 94 UrhG). Die vom Produzenten herzustellende Produktion ist im Sinne des UrhG als Film zu qualifizieren, im Regelfall als Filmwerk, ersatzweise als Laufbilder gemäß § 95 UrhG. Im Ergebnis macht das keinen Unterschied, weil die Filmrechtsbestimmungen auf Laufbilder entsprechend anzuwenden sind (§ 95 UrhG). Das gilt unabhängig von der Technik des gewählten Festlegungsverfahrens.

Der Rundfunkanstalt stehen mithin bei der Auftragsproduktion keine originären Schutzrechte aus dem Urheberrecht zu (eingehend *Obergfell* S. 140); erst nach erfolgter Sendung erwachsen ihr die Rechte aus § 87 UrhG, die sie dann gegebenenfalls gegen die unberechtigte Verwendung ihrer Rundfunkausstrahlung Dritten gegenüber geltend machen kann.

b) Der Rechteerwerb ist im Formular umfassend angelegt, was die Auswertung der Filmproduktion selbst betrifft, ausgenommen die Klammerteilauswertung für kommerzielle Werbezwecke. Nach dem OLG München sollen im Zweifel die Videozweitauswertungsrechte nicht miteingeräumt sein, wenn die anschließende Videoauswertung nicht erwiesener Maßen auch Zweck des Vertrages war (OLG München ZUM-RD 1998, 101). Sollten dem Produzenten im Einzelfall irgendwelche Nutzungsrechte vorbehalten sein (zB die Kino- oder AV-Auswertungsrechte oder bestimmte Auswertungsbefugnisse im Ausland), müsste der Vertrag dennoch entsprechend abgeändert werden. An filmbegleitenden Auswertungsbefugnissen enthält § 1 Abs. 2 Nr. 9 AB das Merchandising, „Themenpark"-Nutzungen und das Recht zur Verwendung der Produktion zu (Computer-) Spielen und Multimedia-Produktionen und § 1 Abs. 2 Nr. 10 AB Drucknebenrechte („Buch zum Film", → Form. IX.29 B Anm. 5). Private Sendeunternehmen lassen sich darüber hinausgehend auch das Remake- und Weiterentwicklungsrecht und die Soundtrack-Auswertung (→ Form. IX.30 Anm. 6) sowie das Recht einräumen, den Film nebst seinen Bestandteilen, auch zur kommerziellen Werbung, zu nutzen. Der Produzent, der sich auf solche Klauseln einlässt, unterwirft sich damit dem Risiko der Beschaffung analoger Nutzungsrechte von Seiten der beteiligten Urheber und Künstler. Das vorliegende Formular legt dem Produzenten insoweit freilich die in § 19 Abs. 1 AB definierten Enthaltungspflichten auf. Erforderlichenfalls müsste der Umfang der Rechtseinräumung entsprechend angepasst werden.

c) Die Rundfunkanstalt lässt sich in § 1 Abs. 4 AB auch die Möglichkeit der Weiterübertragung der erworbenen Rechte einräumen. Sie kann damit über die Produktion anderweitig verfügen, wenn und soweit sie nicht selbst auswerten will. Abweichungen bedürfen auch hier der Individualvereinbarung.

d) Gegenstand der Rechtsübertragung ist ferner Bildmaterial zur Filmproduktion gemäß § 17 AB. Das zu liefernde Bildmaterial ist nunmehr exakt definiert. Zugleich hat der Produzent aber auch die ausdrückliche Erlaubnis erhalten, Bildmaterial zur Eigendarstellung unter engen Vorgaben zu nutzen. Der Umfang der eingeräumten Nutzungsrechte ist gemäß § 31 Abs. 5 UrhG auf sämtliche Zwecke zu beziehen, die der Ankündigung und Werbung für die jeweils anstehende Auswertung im Rundfunk-, Film- und Videobereich zu dienen bestimmt ist. Sofern dem Produzenten individualvertraglich bestimmte Nutzungsarten der Filmproduktion zufallen, ist in Abweichung zu § 17 AB vorzusehen, dass er insoweit auch das Bildmaterial nutzen darf.

e) Für den Bestand der übertragenen Rechte und die Freiheit von Rechten Dritter, insbesondere Persönlichkeitsrechten (§ 2 AB) übernimmt der Produzent die Garantiehaftung, dh er haftet unabhängig von Verschuldensgesichtspunkten. Ferner verpflichtet er sich zur Mitwirkung bei der Abwehr von Rechtsansprüchen Dritter (§ 2 Abs. 7 AB). Für die Vereinbarkeit mit den allgemeinen Gesetzen und die Übereinstimmung mit rundfunkrechtlichen Bestimmungen haftet der Produzent nach allgemeinen Gewährleistungsregeln des Werkvertragsrechts (§§ 633 ff. BGB in Verbindung mit § 11 Abs. 1 AB).

f) Der Übergang der Rechte vom Produzenten auf die Rundfunkanstalt erfolgt gem. § 1 Abs. 7 AB mit der Bezahlung der ersten fälligen Rate, was entsprechend der Vereinbarung im Individualteil regelmäßig bei Vertragsabschluss der Fall ist (§ 2 Abs. 2 Produktionsvertrag). Soweit Rechte noch nicht beim Produzenten liegen, sondern erst anschließend von ihm erworben werden, gehen diese Recht unverzüglich im Zeitpunkt ihres Entstehens oder ihres Erwerbs auf die Sendeanstalt über.

g) Im Verlaufe des Geschehensablaufs nach Abschluss des Produktionsvertrages kann es sich bei der weiteren Vorbereitung und Durchführung der Produktion ergeben, dass der Produzent die von der Rundfunkanstalt gewünschten Nutzungsrechte nicht vollständig erwerben kann. In diesem Falle hat der Produzent die Rundfunkanstalt unverzüglich zu informieren (§ 1 Abs. 6 AB), damit darüber verhandelt und letztlich von der Rundfunkanstalt darüber entschieden werden kann, ob trotz eingeschränkter Rechtsübertragung der Vertrag fortgesetzt oder gemäß § 20 AB vorzeitig beendet wird (→ Anm. 11).

h) § 5 AB sieht vor, dass die gesetzlichen Vergütungsansprüchen kollektiv durch die VFF inkassiert und ausgeschüttet werden. Die frühere Regelung, nach der der Rundfunkanstalt der Ansprüche 50 % zustehen, wurde wohl nach dem Urteil des OLG Dresden aufgegeben. Das OLG Dresden hatte diese sogenannten VFF-Klauseln des früheren § 5 Abs. 1–3 AB für nichtig erklärt. Sie konnten einer Inhaltskontrolle nach §§ 307 ff. BGB nicht Stand halten (vgl. OLG Dresden Urt. v. 12.3.2013 – 11 U 1493/12, BeckRS 2013, 06064).

6. Enthaltungspflichten des Produzenten. Die faktische Unselbstständigkeit des Auftragsproduzenten zeigt sich vor allem in den formularmäßig vorgesehenen Enthaltungspflichten. Veröffentlichungen jeder Art – mit Ausnahme solcher zur Eigendarstellung nach § 17 Abs. 1 AB – über die Vertragsproduktion stehen ausschließlich der Rundfunkanstalt, nicht dem Auftragsproduzenten zu. Abweichende Vereinbarungen bedürfen gesonderter Absprache (§ 17 Abs. 1 AB). Direkte oder indirekte Werbung darf der Produzent in das Filmwerk nicht aufnehmen. Die Grundsätze der Rechtsprechung zur getarnten Wirtschaftswerbung im redaktionellen Teil von Presseerzeugnissen gelten auch für vergleichbare Werbemaßnahmen des Fernsehens (§ 7 Rundfunkstaatsvertrag; vgl. auch BGH GRUR 1990, 611 – Werbung im Programm; zur Sponsorennennung bei der Übertragung von Sportveranstaltungen, BGH GRUR 1992, 518 (520); zum Product Placement beim Film und → Form. IX.33 A und 33 B sowie dort IX. → Form. IX.33A and B Anm. 1). ARD und ZDF haben ergänzend „Grundsätze" und „Richtlinien" über die Trennung von Werbung und Programm verabschiedet. Die „Gemeinsamen Richtlinien der Landesmedienanstalten für die Werbung, die Produktplatzierung, das Sponsoring und das Teleshopping im Fernsehen" in der Fassung vom 18.9.2012 befassen sich ua mit dem Product Placement in den Erläuterungen zu § 7 Abs. 7 RStV. Seit dem 1.1.2013 bestehen auf Grund der Umsetzung der Richtlinie 2007/65/EG (AVMD-RL vom 11.12.2007) für Sendeunternehmen in begrenztem Maße Möglichkeiten, Produktplatzierungen in Spielfilmen und Fernsehserien zuzulassen (ausführlich → Form. IX.33 A und 33 B sowie dort IX. → Form. IX.33 A und B Anm. 1). § 14 AB nimmt die Regelungen des geänderten RStV auf und gibt die Verpflichtungen des Rundfunkunternehmens an den Produzenten weiter.

Zahlungen Dritter ohne Zustimmung der Rundfunkanstalt darf der Produzent weder entgegennehmen noch von Mitarbeitern entgegennehmen lassen (§ 14 Abs. 1 Nr. 2 AB). Ergänzt wurden zudem diverse Offenlegungsverpflichtungen (§ 14 Abs. 2 und 3). Die Rundfunkanstalt will damit von vornherein die Gefahr passiver Bestechung auf Seiten des Auftragsproduzenten bannen, davon ausgehend, dass derartige Vorgänge ihr selbst zugerechnet werden könnten.

Nach § 18 AB darf der Produzent Produktionsmaterialien und Filmaufzeichnungen außerhalb des Produktionsablaufs Dritten ohne gesonderte Erlaubnis der Rundfunkanstalt nicht zugänglich machen. Wird dem Produzenten im Individualteil eine eigene Auswertung in bestimmtem Umfang zugestanden, ist die sich auf die Weitergabe beziehende Unterlassungspflicht sinngemäß als entsprechend gelockert zu betrachten. Er ist ferner zur Verschwiegenheit über interne Angelegenheiten der Rundfunkanstalt verpflichtet.

Soweit dem Produzenten noch Rechte verbleiben, aber auch – darüber hinausgehend – soweit es sich überhaupt darum handelt, produktionsbezogene gewerbliche Handlungen schlechthin auszuführen, ist der Produzent weitgehenden Einschränkungen unterworfen (vgl. § 17 AB). Er kann ohne Zustimmung der Rundfunkanstalt nicht etwa Bücher oder Zeitschriften zur beliebt gewordenen Fernsehserie herausbringen (vgl. BGH GRUR 1990, 611 – Werbung im Programm zur Werbung für ein ergänzendes Buch zu einem Fernseh-Kriminalspiel) oder Merchandising betreiben, indem er Figuren der Fernsehproduktion auf Bekleidungsstücken herstellen lässt. Dazu bedarf es gesonderter Absprachen mit der Rundfunkanstalt auch dann, wenn der Produzent urheberrechtlich ggf. daran nicht gehindert wäre. Zur Rechtsübertragung → Anm. 5.

7. Filmmaterialien und sonstige körperliche Gegenstände. Gemäß § 6 AB erwirbt mangels abweichender Vereinbarungen die Rundfunkanstalt das Eigentum am gesamten Aufzeichnungs- und Filmmaterial. Die Formulierungen wurden an die Benutzung digitaler Datenträger angepasst. Die Einlagerung erfolgt auf den Namen der Rundfunkanstalt und zu ihrer alleinigen Verfügungsbefugnis. Die Zahlung nach Rohschnittabnahme wird von der Materialsicherheit abhängig gemacht.

Teilweise wird § 2 Abs. 5 Produktionsvertrag ergänzend vereinbart und so weitere Voraussetzungen für die Zahlung nach Rohschnittabnahme bzw. der Gewährleistung der Materialsicherheit gesetzt. Ferner beansprucht die Rundfunkanstalt vorbehaltlich anderweitiger Absprachen den Eigentumserwerb an Dekorations-, Ausstattungs- und

Requisitenmaterial, welches für die Filmherstellung käuflich erworben worden ist (§ 8 AB). Gegenstand der Eigentumsverschaffungspflichten des Produzenten sind neben den eigentlichen Filmmaterialien, die in § 1 Abs. 3 Produktionsvertrag in Ergänzung zu § 13 AB aufgezählt werden, auch Bild- und Textmaterialien und, soweit vereinbart, das Material der Online-Begleitung (§ 1 Abs. 1 Produktionsvertrag).

8. Einfluss auf den Produktionsablauf. Die Auftragsproduktion wird in der Regel in enger Fühlungnahme zwischen der zuständigen Redaktion der Rundfunkanstalt und dem Produktionsteam des Produzenten abgewickelt. In den AB sichert sich die Rundfunkanstalt die entsprechenden Informationsansprüche über den Beginn und Verlauf der Produktion (§ 10) bis zur Abnahme des Roh- (§ 11 Abs. 2) und Feinschnitts (§ 11 Abs. 3) sowie der Endabnahme (§ 11 Abs. 4) und der Titelvorlagen (§ 12). Dadurch ist vertragsrechtlich die vollständige Information der Rundfunkanstalt über den jeweiligen Stand der Dinge gewährleistet, sie kann so, als wäre sie selbst der Filmproduzent, jederzeit über die vorzeitige Beendigung des Projektes (§ 20 AB) befinden und Weisungen zum Produktionsablauf erteilen. Da die Abnahme im freien Ermessen der Rundfunkanstalt liegt, ist der Produzent im Regelfall daran interessiert, solchen Weisungen nachzukommen, auch wenn ihm formell das Direktionsrecht im Rahmen seines Produktionsbetriebes zusteht.

9. Abnahme, Gewährleistung. Neben der Garantie für die Freiheit von Rechten Dritter übernimmt der Auftragsproduzent die Gewährleistung für einwandfreie Ton- und Bildqualität entsprechend den technischen Richtlinien der Rundfunkanstalt (§ 7 AB). Auch insoweit ist die Haftung verschuldensunabhängig. Im Regelfall hat der Produzent zur Ausstrahlung im Fernsehen technisch einwandfreie Ton- und Bildqualität der Produktion zu liefern. Tritt der Schaden nach Produktionsabschluss im Kopierwerk ein, haftet der Produzent gem. § 278 BGB, sofern ihm die Stellung der Kopien obliegt (*Kreile* ZUM 1991, 391). Inhaltlich erstreckt sich die Gewährleistung des Produzenten auf die Vereinbarkeit der Produktion mit den allgemeinen Gesetzen und rundfunkrechtlichen Bestimmungen sowie die Einhaltung der individualvertraglich festgelegten Richtlinien, insbesondere die Übereinstimmung mit dem genehmigten Drehbuch, Einhaltung der Besetzungslisten usw. Der Formulierung in § 11 Abs. 1 AB, wonach die Rundfunkanstalt die Qualität der Produktion auch in künstlerischer Hinsicht überprüft, kommt keine besondere Bedeutung für den Umfang der Gewährleistung in dem Sinne zu, dass der Produzent dafür einzustehen habe, wenn die Produktion in künstlerischer Hinsicht der Rundfunkanstalt nicht gefällt. Auch für die Herbeiführung eines bestimmten wirtschaftlichen Erfolges (*Kreile* ZUM 1991, 388 (391)) oder das Erreichen einer Mindesteinschaltquote hat der Produzent nicht einzustehen. Die Rundfunkanstalt kann aber bei nicht überbrückbaren Meinungsverschiedenheiten über künstlerische Gesichtspunkte die Abnahme ablehnen und den Vertrag gemäß § 20 (→ Anm. 11) notfalls einseitig auflösen. Nach erfolgter Abnahme (§ 11 AB) ist der Rundfunkanstalt die Geltendmachung von Sachmängelansprüchen abgeschnitten, während die Garantiehaftung des Produzenten für sonstige Rechtsmängel (→ Anm. 5.) von der Abnahme nicht berührt wird. Zum Abnahmeverfahren einschließlich der Genehmigung der Titelvorlagen ist auf §§ 11 Abs. 2 – § 12 AB hinzuweisen. Nach Möglichkeit ist durch Einzelvereinbarungen klarzustellen, dass der Produzent aus der Abnahmeverweigerung jedenfalls keine Honorarnachteile hat; das Risiko, bei Nichtabnahme auf die Werbewirkung einer gesendeten Produktion verzichten zu müssen, wird er wohl einzugehen haben.

10. Vergütung. Der Bestimmung der vertraglichen Vergütung wird regelmäßig eine gemeinsam erstellte Kalkulation der Herstellungskosten der Filmproduktion zugrunde gelegt. Die kalkulierten Herstellungskosten werden um einen Ansatz für Handlungskosten des Produzenten (zB Aufschlag von 6,0 %) und eine Gewinnspanne (zB Aufschlag von 7,5 %) erhöht (vgl. v. Hartlieb/Schwarz/*Schwarz* Kap. 84 Rn. 8). Daraus wird ein Festpreis abgeleitet, der dann im Individualteil des Vertrages dem Produzenten als Vergütungsanspruch zuerkannt wird, § 2 Produktionsvertrag. Die Bemessung des Festpreises erfolgt mit der Maßgabe, dass der Wegfall, die erhebliche Verminderung oder Änderung einzelner für die Festpreisbemessung maßgeblichen Positionen der Kalkulation der Zustimmung der Rundfunkanstalt bedürfen und zu einer angemessenen Herabsetzung des Festpreises berechtigen, vgl. § 3 AB. Dieser Festpreis zuzüglich der gesetzlichen Mehrwertsteuer stellt die hauptsächliche Werkvergütung dar. Teilweise wird der Erwerb der Stoffrechte zusätzlich vergütet. Dies ist individuell zu verhandeln, vgl. § 2 Abs. 2 Produktionsvertrag. Auch kann der Produzent individuell vereinbaren, Nachweiskosten wie Zahlungen an Pensionskassen oder die Künstlersozialkasse erstattet zu bekommen, § 2 Abs. 1 Produktionsvertrag. Teilweise werden von der Sendeanstalt auch verschiedene Versicherungen übernommen, vgl. § 4 Produktionsvertrag. Auch dies ist auszuhandeln.

Daneben wird im Einzelfall individualvertraglich Erlösbeteiligungsanspruch vereinbart (§ 5 Abs. 4 Produktionsvertrag). Auf Grund von vereinbarten Vertragsbedingungen zwischen dem Allianz Deutscher Produzenten – Film & Fernsehen eV mit der ARD und dem ZDF von 2009 und 2010, zuletzt ergänzt und verlängert 2015 und 2017, werden den Produzenten prozentuale Beteiligungen ua an der Auslandsverwertung, der Pay-TV-, VoD- DVD/VHS- und Kinoverwertung und an bestimmten Nebenrechtsverwertungen gewährt (vgl. „Eckpunkte für ausgewogene Vertragsbedingungen und eine faire Aufteilung der Verwertungsrechte bei Produktionen für die Genres Fiktion, Unterhaltung und Dokumentation“ 2015 und „Das ZDF und die Fernsehproduzenten – Rahmenbedingungen einer fairen Zusammenarbeit“ 2017).

Aus der Sicht des Produzenten empfiehlt sich eine Vertragsergänzung dahingehend, dass ihn die Rundfunkanstalt von etwaigen Nachforderungsansprüchen der Urheber und ausübenden Künstler aus §§ 32 und 32a UrhG freistellt, vorausgesetzt, dass der Produzent die Rundfunkanstalt über die Geltendmachung solcher Ansprüche unverzüglich unterrichtet und ihr Gelegenheit gibt, auf die etwa von Seiten der Rundfunkanstalt gewünschte Rechtsverteidigung (mit-)bestimmenden Einfluss zu nehmen (*Hertin* MMR 2003, 16 (20)).

Im Falle einer anstehenden Kino- und Videoauswertung wird überwiegend derart verfahren, dass die Rundfunkanstalt die Auswertungsrechte gegen Zusicherung von Beteiligungsansprüchen an den Produzenten zurück überträgt.

Wichtig für den Produzenten ist die Regelung der Fälligkeit der Hauptvergütung, da er mit den Mitteln aus der Hauptvergütung in der Regel arbeiten muss. Praktikabel ist etwa die Aufteilung der Fälligkeiten zum Vertragsschluss, zum Drehbeginn, zur Rohschnittabnahme und zur Endabnahme, siehe § 2 Abs. 2 Produktionsvertrag. Zur Deckung von produktionsseitigen Kosten vor Drehbeginn (Drehbuchentwicklung, Motivsuche, Organisation) werden bei Vertragsunterzeichnung fällige „start up“-Zahlungen vereinbart. Gegebenenfalls macht die Rundfunkanstalt die vor der Endabnahme geleisteten Zahlungen von der Stellung einer Bankbürgschaft in entsprechender Höhe durch den Produzenten abhängig, vgl. § 2 Abs. 1 Produktionsvertrag.

Anstelle der im Formular vorgesehenen Festpreisproduktion kann vereinbart werden, dass der Auftraggeber dem Produzenten die für die Produktion aufgewandten Kosten auf Einzelnachweis erstattet (Abrechnungsproduktion). Auch bei diesem Modell ist die Anfertigung einer detaillierten Kostenkalkulation angezeigt, die zum Gegenstand des Vertrages zu machen ist (vgl. *Kreile* ZUM 1991, 390).

11. Vorzeitige Vertragsbeendigung. § 20 AB unterscheidet zwei Fallgestaltungen. I. regelt das freie Kündigungsrecht der Rundfunkanstalt in entsprechender Ausformung des in § 649 BGB geregelten Tatbestandes. Die Rundfunkanstalt kann den Produktionsvertrag jederzeit mit der Maßgabe kündigen, dass alle bis dahin geschaffenen körperlichen und unkörperlichen Gegenstände, mithin die Filmmaterialien und Nutzungsrechte auf die Rundfunkanstalt übergehen und diese berechtigt ist, anstelle des Produzenten die Produktion selbst fertig zu stellen oder durch Dritte fertig stellen zu lassen. Die dem Produzenten bis zur Kündigung erwachsenen Aufwendungen werden nach Rechnungslegung erstattet, die vereinbarten Handlungskosten nebst Gewinnzuschlag bleiben dem Produzenten voll erhalten (vgl. auch OLG Stuttgart ZUM-RD 2007, 80). Da auch in diesem Fall der Rundfunkanstalt die gesetzlichen Gewährleistungs- und Schadenersatzansprüche verbleiben, andererseits eine förmliche Abnahme entfällt, stellt sich die Frage, ob die Rundfunkanstalt nach Ausübung des freien Rücktrittsrechts nachträglich unter Beanspruchung einer Honorarkürzung geltend machen kann, der vorliegende Produktionsbestandteil weise inhaltliche Mängel auf. In entsprechender Anwendung der zu § 649 BGB entwickelten Grundsätze scheiden derartige Ansprüche ab Kündigung aus. Für den Bestand der bis dahin im Film verkörperten Nutzungsrechte hat der Produzent indes einzustehen, weil er der Rundfunkanstalt die Weiterverwertung der begonnenen Produktion schuldet, es sei denn, die Rundfunkanstalt ist vor der Kündigung über noch ausstehende Nutzungsregelungen mit Urhebern und Leistungsschutzberechtigten unterrichtet worden.

Die begründeten Kündigungs- und Rücktrittsfälle sind in II. geregelt. Das Recht zum Rücktritt vom Vertrag mit der Folge des Honorarverlustes für den Produzenten steht der Rundfunkanstalt im Falle von Vertragsverletzungen durch den Produzenten und ergebnislosem Ablauf einer Nachfrist zu. Keiner Nachfristsetzung bedarf es bei Garantieverletzung (§ 2), Verstoß gegen das Verbot von Schleichwerbung und Bestechung (§ 14) und vertragswidriger Weitergabe von Unterlagen (§ 18).

12. Drittverträge. Die §§ 32, 32a UrhG geben Urhebern und Leistungsschutzberechtigten einen Anspruch auf angemessene Vergütung bzw. auf Nachvergütung im Erfolgsfall. Hiervon profitieren ua Drehbuchautoren (→ Form. IX.29A und B). Diese Ansprüche sind nicht abdingbar. Mittlerweile gibt es erste für die Kreativen erfolgreiche Gerichtsentscheidungen zu Auskunfts- und Nachvergütungsansprüchen, zB BGH GRUR 2012, 496 – Das Boot; BGH ZUM 2013, 39 – Fluch der Karibik; OLG München GRUR-RR 2018, 225 – Das Boot III; OLG Stuttgart ZUM-RD 2019, 20 – Das Boot; OLG Köln GRUR-RR 2014, 323; KG ZUM-RD 2016, 510).

Vor diesem Hintergrund laufen derzeit mit fast allen Interessensverbänden der einzelnen Filmgewerke einerseits und den Sendeanstalten bzw. Sendergruppen andererseits Verhandlungen für Gemeinsame Vergütungsregeln (GVR) nach § 36 UrhG. Erste GVR wurden abgeschlossen oder stehen derzeit kurz vor dem Abschluss, so dass sich die bestehenden Honorarsysteme in Kürze ändern und die Verträge angepasst werden.

So haben zum Beispiel der Verband Deutscher Drehbuchautoren (VDD) zusammen mit dem Verband Deutscher Bühnen- und Medienverlage (VDB) Verhandlungen mit den ARD-Anstalten, der Degeto Film GmbH und der Allianz Deutscher Produzenten – Film & Fernsehen (PA) geführt. Siehe → Form. IX.37 C und D. Es ist davon auszugehen, dass es durch diese GVR eine grundsätzliche Veränderung des Vergütungssystems für beauftragte Produktionen von ARD-Anstalten und Degeto rückwirkend mindestens zum 1.1.2019 geben wird, die sich auch an der tatsächlichen Nutzung der Werke an Hand eines Punktemodells orientieren und sowohl Mindest- als auch Nachvergütungshonorare vorsehen wird (→ Form. IX.39 Anm. 11).

Das zwischenzeitlich vom VDD gekündigte, sogenannte ZDF-Papier („Ergebnis der Verhandlungen vom 13. Januar und 16. April 2012", vgl. ausführlich *Boeser* ZUM 2013, 739 f. und *Weber* ZUM 2013, 740 ff.) stellte eine trilaterale Vereinbarung zwischen dem VDD, der Allianz Deutscher Produzenten und dem ZDF dar, in dem insbesondere drei verschiedene Vergütungsmodelle festgelegt wurden. Die Parteien konnten wählen, ob sie die Wiederholungsvergütung wünschten und somit ein Grundhonorar gezahlt wurde sowie gewisse Prozentanteile bei Wiederholungen, gestaffelt nach dem Sendeplatz bzw. dem ausstrahlenden Sender. Des Weiteren stand das Einkorbmodell zur Auswahl, bei dem durch eine Pauschalsumme die Erstellung des Werkes sowie die Einräumung der Nutzungsrechte inklusive Wiederholungen für 7 Jahre abgegolten wurden. Anschließend waren Wiederholungen einzeln zu vergüten. Letztlich gab es das Dreikorbmodell, nach dem in drei Körben Ausschüttungen erfolgen, nämlich eine Grundvergütung für die Erstellung des Werkes und die Einräumung der Nutzungsrechte inklusive Wiederholungen für 7 Jahre, anschließend erfolgte eine weitere Zahlung für die Nutzungsrechte für weitere 7 Jahre und eine letzte, dritte Zahlung für die Einräumung der Nutzungsrechte bis zum Ende der Schutzdauer. Bei den genannten Vergütungen handelte es sich um Regel-, nicht um Höchstvergütungen. Die Geltendmachung von Nachvergütungsansprüchen nach § 32a UrhG war trotz der Vereinbarung natürlich stets möglich. Auch zwischen ZDF, PA und VDD gab es Verhandlungen über ein neues Honorarsystem, → Form. IX.37 Vorbemerkung d).

Vor diesen Entwicklungen sind die Regelungen in § 3 Produktionsvertrag und § 1 Abs. 8 AB zu verstehen, die noch die Korbmodelle wiedergeben. In § 3 Produktionsvertrag wird festgehalten, für welches Vergütungsmodell sich der Autor entschieden hat. Entsprechend hat der Produzent die Verträge mit dem Autor zu schließen. § 1 Abs. 8 Nr. 1 AB enthält ergänzend die Verpflichtung des Produzenten, die in § 3 Produktionsvertrag aufgeführten Anlagen in Verträge mit Drittberechtigten – Autoren – einzubringen. § 1 Abs. 8 Nr. 2 AB enthält bei Verpflichtung des Produzenten zur Zahlung von Wiederholungshonoraren und Erlösbeteiligungen an Drittberechtigte die Zahlungsverpflichtung der Sendeanstalt. Der Produzent darf über diese Vereinbarung hinausgehen, muss dann aber die Sendeanstalt freistellen, § 1 Abs. 8 Nr. 3 AB. Insgesamt ist mit einer baldigen Anpassung der Regelungen zu rechnen.

Auch die ProSiebenSat1 TV Deutschland GmbH hat Verhandlungen mit dem VDD aufgenommen. Hierbei wurden Gemeinsame Vergütungsregeln nach § 36 UrhG für Filmmanuskripte für Serien, Spielfilme und Kinofilme verabschiedet. Die Vereinbarung regelt dabei zugleich eine Nachvergütung für in der Vergangenheit erfolgreiche Produktionen, legt aber insbesondere Mindesthonorare für Drehbücher zu Serien und Spielfilmen fest, sichert zukünftige Nachvergütungsansprüche beim Erreichen von Zuschauerschwellenwerten und beteiligt Head-Writer und Creator ausdrücklich am Erfolg. Die Aufnahme von Verhandlungen für Manuskripte für Scripted Reality Produktionen ist ebenfalls beschlossen. Siehe → Form. IX.37 E.

Nur ergänzend sei erwähnt, dass GVR nach § 36 UrhG zB im März 2013 auch für Kameraleute bei Kinofilmen zwischen dem Bundesverband Kinematografie eV und der Constantin Film Production GmbH geschlossen wurden (ausführlich *Bergau* ZUM 2013, 725 ff. und *Neubauer* ZUM 2013, 716 ff.).

13. Kosten. Für die anwaltliche Mitwirkung bei der Überprüfung des Vertrages und/oder der Validität der Rechteketten bezüglich der vom Auftragsproduzenten eingebrachten Nutzungsrechte an kreativen Leistungen empfiehlt sich in erster Linie die Verabredung eines Honorars nach Zeitaufwand. Soll nach der RVG abgerechnet werden, bemisst sich der Gegenstandswert an der vertraglichen Vergütungssumme (→ Anm. 10.).

42. Gemeinschaftsproduktion zwischen Sendeunternehmen und Filmproduzent

Zwischen der[1, 2]
Rundfunkanstalt
und
. . . . .

– nachstehend Produzent genannt –

wird folgender Vertrag geschlossen:

Präambel

Der Produzent und die Rundfunkanstalt beabsichtigen im Rahmen dieses Produktionsvertrages die Herstellung der in Ziffer I. näher beschriebenen Kino-Filmförderproduktion, welche unter Zugrundelegung der Eckpunktevereinbarung über die vertragliche Zusammenarbeit zu Film-/Fernseh-Gemeinschaftsproduktionen und vergleichbare Kino-Co-Produktionen vom 20.10.2015 *und des zwischen der Filmförderungsanstalt und den in der ARD zusammengeschlossenen Landesrundfunkanstalten sowie dem ZDF abgeschlossenen 11. Abkommens unter Beteiligung der FFA* hergestellt wird *(Gemeinschaftsproduktion):

I. Vertragsgegenstand[3]

(1) Produktionsdaten

Der Produzent wird zu den beigefügten „Allgemeinen Bedingungen zum Produktionsvertrag für teilfinanzierte Kinoproduktionen und Gemeinschaftsproduktionen (Koproduktionen mit und ohne ARTE-Beteiligung) vom Dezember 2015"- nachfolgend AGB genannt – eine Filmförderproduktion *unter Beteiligung der FFA* mit folgenden Daten herstellen:

Titel (Arbeitstitel) der Produktion: . . . . . .
Produktions-Nr.: . . . . . .
Art der Produktion: . . . . .
Fernsehaufzeichnung
Sprachfassung: . . . . . .
Verfahren: . . . . . .
Anzahl der Programmteile: . . . . . .
Länge: . . . . . .
Aufzeichnungsmaterial: . . . . . .
Produktionsstätte: . . . . . .
Vorgesehener Drehbeginn: . . . . . .
Vorgesehenes Drehende: . . . . . .
Vorgesehene Rohschnittabnahme: . . . . . .
Übergabe des Film-Materials und sonstiger Unterlagen an die Rundfunkanstalt gemäß § 10 der AGB bis spätestens: . . . . .
Autor: . . . . . .
Regie: . . . . . .
Hauptdarsteller: . . . . . .

(2) Charakteristik der Produktion
Die Produktion erfolgt in Abstimmung mit der Rundfunkanstalt und auf der Grundlage des vorliegenden Drehbuches, über das sich der Produzent und die Rundfunkanstalt verständigt haben. Die Rundfunkanstalt behält sich das Recht vor, in jedem Stadium der Produktionsdurchführung gestalterischen Einfluss auf die Produktion, insbesondere auf ihre Form und ihren Inhalt zu nehmen. Die Rundfunkanstalt hat ihren zur Wahrnehmung dieses Rechts Beauftragten dem Produzenten schriftlich namhaft zu machen. Änderungen des Drehbuches nach Abschluss der Detailarbeiten vor oder während der Dreharbeiten sind mit der Redaktion der Rundfunkanstalt abzustimmen.
(3) Abzulieferndes Material
Der Produzent liefert im Rahmen der Vergütung gemäß Ziffer II (1):
(. . . . . .)
Der Produzent wird gebeten, sich vor Ausspielung der Materialien beim Produktionsmanagement fiktionale Programme der Rundfunkanstalt zu erkundigen, ob sich hinsichtlich des Ablieferungsumfangs Änderungen ergeben haben.
In Bezug auf die Kinokopie räumt der Produzent der Rundfunkanstalt die Möglichkeit ein, diese Kopie leihweise und kostenfrei für Präsentationszwecke zu nutzen.

II. Vergütung[6]

(1) Vergütung
Zur Abgeltung aller nach diesem Vertrag vom Produzenten geschuldeten Übertragungen urheberrechtlicher Nutzungs-, Leistungsschutz- und sonstiger Rechte und der zur Auswertung dieser Rechte erforderlichen Nebenleistungen zahlt die Rundfunkanstalt auf der Grundlage der mit der Rundfunkanstalt abgestimmten Kalkulation und des vom Produzenten vorgelegten Nachweises der gesicherten Gesamtfinanzierung einen Anteil von . . . . . .% der Herstellungskosten, jedoch höchstens einen Betrag von max. . . . . .
*Die Abgaben an die Künstlersozialkasse für die Drittberechtigten sind in der Gesamtkalkulation bzw. im Festpreis bereits berücksichtigt. Der Produzent ist verpflichtet, die anfallenden Beiträge an die Künstlersozialkasse entsprechend abzuführen.
Klarstellend wird darauf hingewiesen, dass die Rundfunkanstalt gem. § 4 Abs. 6 der AGB berechtigt ist, den Festpreis anteilig (Finanzierungsanteile der Rundfunkanstalt im Verhältnis zum testierten Endkostenstand) zu kürzen, sofern sich die kalkulierten Herstellungskosten der Produktion vermindern. Der Produzent übersendet der Rundfunkanstalt spätestens 3 Monate nach Endabnahme einen Endkostenstand analog der Kalkulation. Die Rundfunkanstalt wird den von der *hier: Filmförderung mit dem höchsten Finanzierungsanteil – bei FFA-Beteiligung: der FFA* festgestellten und testierten Endkostenstand nach Plausibilitätsprüfung anerkennen.
(2) Zahlungsabfolge Die Rundfunkanstalt wird den in Absatz (1) genannten Betrag – Vertragsabschluss vorausgesetzt sowie unter Berücksichtigung von § 4 der AGB und der in den nachfolgenden Absätzen (3), (4) und (5) *sowie (7)* dargelegten Voraussetzungen – wie folgt zahlen:

a)

0,00 EUR	nach Vertragsschluss
0,00 EUR	zzgl. anteiliger Umsatzsteuer

b)

0,00 EUR	nach Vertragsschluss
0,00 EUR	zzgl. anteiliger Umsatzsteuer

c)

0,00 EUR	nach Rohschnittabnahme
0,00 EUR	zzgl. anteiliger Umsatzsteuer

d)

0,00 EUR	nach Abnahme der sendefertigen Produktion durch die Rundfunkanstalt und Erfüllung aller nach diesem Vertrag vom Produzenten übernommenen Verpflichtungen (insbesondere vertragsgemäße Ablieferung, Endkostenstand, Erstellung des ePP, etc).

*Leistungsumfang und Kosten des *Projekt-/Stoffrechteentwicklungsvertrages vom ...... ODER *Drehbuchentwicklungsvertrages mit der/dem Drehbuchautor/in vom ...... sind im Volumen dieses Vertrages enthalten. Bereits geleistete Zahlungen aus dem Projekt-/Stoffrechteentwicklungsvertrag vom ...... sind mit der gemäß Ziffer II (2) *b) angeführten Rate zu verrechnen.

(3) a-conto-Zahlung auf die Endabnahmerate

Auf die in Ziffer II (2) d) aufgeführte Endabnahmerate können im Einvernehmen zwischen der Abteilung Produktionsmanagement fiktionale Programme und der Hauptabteilung Rechtemanagement und Zentraleinkauf a-conto-Zahlungen geleistet werden.

(4) Bürgschaft/*Kreditlinie/*Konzernbürgschaft/Verzinsung von Vorauszahlungen im Falle der vorzeitigen Beendigung des Vertrages

*nur Bürgschaft

Die Zahlung der unter Absatz (2) a) und b) ausgewiesenen Raten *zuzüglich anteilige Umsatzsteuer ist von folgenden Voraussetzungen abhängig:

a) Der Produzent stellt der Rundfunkanstalt eine unbefristete selbstschuldnerische Bürgschaft eines der Rundfunkanstalt genehmen Bankinstitutes zur Verfügung. Die Bankbürgschaft ist für die Rundfunkanstalt kostenfrei.

b) Die Bankbürgschaft wird nach Endabnahme und Erfüllung aller bis zu diesem Zeitpunkt zu erfüllenden Verpflichtungen zurückgegeben.

*Konzernbürgschaft und Bankbürgschaft

1. Die Zahlung der unter Absatz (2) a) und b) ausgewiesenen Raten *zuzüglich anteilige Umsatzsteuer *oder: ohne weitere Umsatzsteuer ist eine Vorauszahlung. Sie werden besichert durch die der Rundfunkanstalt vorliegende Konzernbürgschaft der ...... Die Haftungsfreigabe der Konzernbürgschaft erfolgt nach Endabnahme und Erfüllung aller bis zu diesem Zeitpunkt zu erfüllenden vertraglichen Verpflichtungen.

2. Soweit die Besicherung der Raten gemäß Absatz (2) a) und b) durch die Konzernbürgschaft der ...... infolge Ausschöpfung oder Ausfall der Konzernbürgschaft nicht möglich ist oder die Höhe der auszuzahlenden Raten gemäß Absatz (2) a) und b) den durch die Konzernbürgschaft zu besichernden Betrag übersteigen, ist die Auszahlung dieser Raten erst nach Stellung einer Bankbürgschaft eines der Rundfunkanstalt genehmen Geldinstituts möglich. Diese ist von den nachstehenden Voraussetzungen abhängig.

a) Der Produzent stellt der Rundfunkanstalt eine unbefristete selbstschuldnerische Bürgschaft eines der Rundfunkanstalt genehmen Bankinstitutes zur Verfügung. Die Bankbürgschaft ist für die Rundfunkanstalt kostenfrei.

b) Die Bankbürgschaft wird nach Endabnahme und Erfüllung aller bis zu diesem Zeitpunkt zu erfüllenden Verpflichtungen zurückgegeben.

*Kreditlinie

Sofern zum Zeitpunkt der Zahlung der Rate gemäß Absatz (2) b) keine Umstände vorliegen, die ein Sicherungsbedürfnis der Rundfunkanstalt begründen, verzichtet die Rundfunkanstalt auf eine Besicherung dieser Vorausleistung unter folgenden Voraussetzungen und im nachfolgend genannten Umfang:

Die Summe aus allen von der Rundfunkanstalt an den Vertragspartner geleisteten unbesicherten Vorausleistungen (auch aus anderen Projekten) und die aus diesem Vertrag fällige weitere Vorausleistung (Kreditlinie) kann im Zahlungszeitpunkt maximal EUR ...... zzgl. Umsatzsteuer betragen.

Für den diesen Betrag überschreitenden Teil der nach diesem Vertrag fälligen Vorausleistung ist Sicherheit nach den Bedingungen dieses Vertrages zu leisten; sofern der Vertragspartner insoweit keine Sicherheit leistet, wird der vorgenannte Teilbetrag der Rate gemäß Absatz (2) b) erst nach erfolgter Endabnahme zur Zahlung fällig.

Die etwaig im Rahmen dieses Vertrages in Anspruch genommene Kreditlinie wird nach Endabnahme und Erfüllung aller bis zu diesem Zeitpunkt zu erfüllenden Verpflichtungen in entsprechender Höhe wieder frei.

Verzinsung von Vorauszahlungen im Falle der vorzeitigen Beendigung des Vertrages:

Vorauszahlungen sind im Falle der vorzeitigen Beendigung des Vertrages der Rundfunkanstalt zu dem marktüblichen Zinssatz, der dem entgangenen Zinsgewinn entsprechen muss, zu verzinsen. Die Berechnung dieser Zinsen erfolgt vom Tage der Auszahlung des Betrages durch die Rundfunkanstalt bis zum Tage der Rückzahlung (Geldeingang bei der Rundfunkanstalt). In diesem Falle gehen die vom Produzenten der Rundfunkanstalt eingeräumten Rechte im Zeitpunkt der Rückzahlung der Rate einschließlich des der Rundfunkanstalt entgangenen Zinsgewinns auf den Produzenten über.

(5) Weitere Voraussetzungen für die Zahlung nach Rohschnittabnahme/Materialsicherheit

In Ergänzung bzw. Abänderung zu § 4 Abs. 3 der AGB vereinbaren die Parteien folgende weitere Voraussetzungen für die Zahlung nach Rohschnittabnahme/Materialsicherheit:

- Die Verpflichtung des Produzenten zur Sicherung des vollständigen Aufzeichnungsmaterials einschließlich Schnittliste der Rohschnittfassung auf separaten Datenträgern, soweit das Material nicht ohnehin auf separaten Datenträgern gedreht wurde, sowie zur detaillierten technischen Dokumentation des Aufzeichnungsmaterials.
- Die genaue Kennzeichnung des separaten Datenträgers als Eigentum der Rundfunkanstalt und zu dessen alleiniger Verfügungsbefugnis, sowie die Vorlage einer unwiderruflichen Ziehungsgenehmigung zu ihren Gunsten.
- Die Verpflichtung zur sachgerechten Aufbewahrung der separaten Datenträger. Die Aufbewahrung durch Einlagerung hat bei einem deutschen Kopierwerk oder einem deutschen Postproduktionsbetrieb zu erfolgen.
- Die Aufbewahrung hat so zu erfolgen, dass das Kopierwerk/der Postproduktionsbetrieb in der Lage ist, das vollständige Aufzeichnungsmaterial der Rundfunkanstalt unverzüglich auf Anforderung herauszugeben.

III. Aufteilung der Nutzungsrechte

Der Produzent überträgt die urheberrechtlichen Nutzungsrechte, Leistungsschutz- und sonstigen Rechte gemäß § 1 der AGB auf die Rundfunkanstalt . Zusammenfassend und unter Bezugnahme auf die nachfolgenden, ergänzenden bzw. konkretisierenden Regelungen umfasst dies insbesondere:

- die exklusiven Fernsehnutzungsrechte für die Bundesrepublik Deutschland sowie nicht-exklusiv für Osterreich und die Schweiz für die Einbringung in das 3sat-Programm (jeweils inklusive des Rechts zur Live-Streaming-Nutzung),
- die exklusiven Free-VoD-Rechte für die Nutzungsgebiete der Rundfunkanstalt entsprechend der Regelungen der AGB,
- die Nutzungsrechte für nicht-gewerbliche Zwecke nicht-exklusiv sowie
- entsprechend von der Rundfunkanstalt benötigte Annexrechte nicht-exklusiv (insbesondere Vervielfältigungs-, Bearbeitungs-, Archivierungs-, Sublizensierungs- und Titelverwendungsrechte sowie die Rechte zur ausschnittweisen Nutzung und zur Ver-

wertung im Rahmen von Festivals, Messen, Wettbewerben und Ausstellungen sowie zu Prüf-, Lehr- und Forschungszwecken und zu internen Vorführzwecken).

Dem Produzenten verbleiben alle Rechte zur Nutzung der Produktion im In- und im Ausland, soweit diese im Rahmen dieses Produktionsvertrages und der zugehörigen AGB nicht der Rundfunkanstalt eingeräumt werden. Bezüglich der näheren Ausgestaltung der Aufteilung der Nutzungsrechte wird auf § 1 und § 2 der AGB zum Produktionsvertrag hingewiesen.

*Der Produzent ist zur Einhaltung der Bestimmungen des FFG verpflichtet.

(1) In Ergänzung bzw. Änderung dieser Rechteübertragung vereinbaren die Parteien Folgendes:

(1.1) Nutzung im Wege der öffentlichen Zugänglichmachung auf Abruf In Ergänzung zu den in § 1 Abs. 2 Nr. 6 sowie § 2 Abs. 5 der AGB aufgeführten Rechte zur Nutzung der Produktion im Rahmen des Free-VoD erfolgt die Aufteilung der Rechte zur Nutzung im Wege der öffentlichen Zugänglichmachung auf Abruf wie folgt:

*Pay-VoD Abs. 5

In Ergänzung von § 1 Abs. 2 Nr. 6 und § 2 Abs. 5 Nr. 3 der AGB vereinbaren die Parteien, dass die Rundfunkanstalt exklusiv berechtigt ist, die deutschsprachige Fassung der Produktion durch Pay-VoD-Rental in seinen Nutzungsgebieten unter der Maßgabe auszuwerten, dass der Abruf (Download) gegen Entgelt auf dem Rechner des Nutzers max. 30 Tage verfügbar ist. Die Nutzung der Produktion im Rahmen des Pay-VoD-Rental steht dem Produzenten oder einem von ihm beauftragten Dritten außerhalb der Nutzungsphasen und außerhalb der exklusiven Nutzungsgebiete der Rundfunkanstalt/ARTE exklusiv zu.

Unter Pay-VoD-Rental fallen auch Subscription-Pay-VoD-Angebote (S-VoD). Unter S-VoD verstehen die Parteien Pay-VoD-Angebote, bei denen der Abrufende gegen ein regelmäßig zu zahlendes Entgelt unbegrenzten Zugang zu spezifischen VoD-Inhalten erhält.

Eine Abgabe an Tochterunternehmen der Rundfunkanstalt ist möglich, dabei kann die Verwertung auch gemeinsam mit Dritten erfolgen, sofern diese eine Minderbeteiligung von höchstens 49 % an der gemeinsamen Unternehmung halten. Unterlizenzierungen an Plattformbetreiber, über die diese Angebote ausgespielt werden, sind möglich. Dem Abruf gegen Entgelt stehen werbe- und sponsoringfinanzierte Verwertungen durch die Tochterunternehmen der Rundfunkanstalt gleich, wobei in diesen Fällen der einzelne Abruf auf dem Rechner des Nutzers maximal 7 Tage verfügbar sein darf und die nach dem FFG geltenden Sperrfristen für die Free-VoD-Nutzung beachtet werden müssen.

Der Produzent wird in diesem Falle an den Nettoerlösen sowie werbe- oder sponsorfinanzierten Verwertungen mit 50 % beteiligt. Bei der Berechnung der Nettoerlöse wird keine eigene Vertriebsprovision des Tochterunternehmens in Ansatz gebracht.

(1.2) Ergänzende Regelung zu Pay-TV-Rechten Über eine etwaige Nutzung im Pay-TV in der Bundesrepublik Deutschland haben sich die Parteien wie folgt verständigt: Die Pay-TV-Rechte an der vertragsgegenständlichen Produktion stehen dem Produzenten nach Maßgabe folgender Regelungen zu.

a) Pay-TV-Verwertungen vor der Erstausstrahlung durch die Rundfunkanstalt sind nach vorheriger Abstimmung mit der Rundfunkanstalt unter der Voraussetzung möglich, dass die Pay-TV-Nutzung keine oder keine erhebliche zeitliche Verschiebung des derzeit üblichen Free-TV-Nutzungsbeginns bewirkt, dh max. innerhalb der 18-monatigen Free-TV-Sperrfrist stattfindet. Der Produzent verpflichtet sich, im Rahmen der gesetzlichen Möglichkeiten eine Verkürzung der Free-TV-Sperrfrist zu beantragen. Ein etwaig vereinnahmter Lizenzpreis aus der Pay-TV-Verwertung wird unmittelbar und ohne jeglichen Abzug im Verhältnis 50/50 geteilt.

b) Pay-TV-Nutzungen außerhalb der der Rundfunkanstalt zustehenden Nutzungsphasen durch den Produzenten bedürfen keiner Abstimmung mit der Rundfunkanstalt.

c) Pay-TV-Nutzungen innerhalb der Nutzungsphasen der Rundfunkanstalt sind nach vorheriger Abstimmung mit und Zustimmung durch die Rundfunkanstalt im Sinne von Lizenzfenstern vorstellbar unter der Voraussetzung, dass dadurch die jeweilige Nutzungsphase der Rundfunkanstalt um die Pay-TV-Nutzungszeit verlängert wird.

Die Rundfunkanstalt ist an den erzielten Erlösen des Produzenten aus der Pay-TV-Verwertung nach den vorstehenden Ziffern b) und c) mit ...... *bezogen auf den deutschen Anteil an der Gesamtfinanzierung) ...... % nach Rückführung sämtlicher, aus der Herstellung der Produktion begründeter Verbindlichkeiten des Produzenten beteiligt.

(1.3) Nicht-gewerbliche Rechte

Das Sendeunternehmen erhält das nicht-exklusive Recht, in Einzelfällen und nach Abstimmung mit dem Produzenten die Produktion zu nicht-gewerblichen Zwecken (insbesondere im Rahmen der politischen und kulturellen Bildungsarbeit) zu verwerten.

(1.4) Kinovorabauswertung

In Ergänzung zu § 2 Abs. 6 der AGB muss die etwaige Kinoauswertung durch den Produzenten (oder einen von ihm beauftragten Dritten) spätestens 6 Monate nach der Endabnahme durch das Sendeunternehmen beginnen. *Vorstehende Frist kann im Einvernehmen mit der zuständigen Redaktion auf insgesamt 12 Monate verlängert werden.

(2) Zeitliche Nutzungsrechte

(2.1) Erste Nutzungsphase

Der Rundfunkanstalt wird die Nutzungsrechte mit Ablauf der Fernsehsperrfrist, spätestens jedoch 18 Monate nach Kinostart, gemäß den vorstehenden Regelungen für beliebig häufige Ausstrahlungen in einem Nutzungszeitraum von *5 Jahren/7 Jahren eingeräumt.

Der Nutzungszeitraum beginnt mit der Erstausstrahlung durch die Rundfunkanstalt, spätestens jedoch 18 Monate nach Aufhebung der Fernsehsperrfrist – Mitteilung des Produzenten vorausgesetzt – und Erfüllung aller vertraglichen Verpflichtungen des Produzenten gegenüber der Rundfunkanstalt.

Ausgenommen von der Nutzungseinschränkung sind die Rechte zur Bearbeitung, zur Vervielfältigung, zur Bewerbung der Produktion und sonstige, die Erstausstrahlung vorbereitende Maßnahmen, die von der Rundfunkanstalt bereits ab Rechteübertragung genutzt werden können. Entsprechendes gilt gemäß § 53 FFG iVm § 6 der FFA-Richtlinie zur Projektfilmförderung auch für das Recht, Ausschnitte aus der Produktion von bis zu jeweils 2 Minuten Länge, jedoch insgesamt nicht mehr als 10 Minuten der Produktion, für die Herstellung von Trailern zur Präsentation der Arbeiten der Rundfunkanstalt *und/oder des Kleinen Fernsehspiels* beispielsweise auf Festivals zu verwenden und diese Trailer auch im Rahmen des Free-VoD während sowie mit rundfunküblichem Vorlauf beispielsweise vor Beginn des Festivals zum Abruf bereitzustellen.

(2.2) Zweite Nutzungsphase

Über die erste Nutzungsphase gemäß vorstehender Ziffer (2.1) hinaus erhält die Rundfunkanstalt eine Option zum Erwerb der Nutzungsrechte gemäß § 1 der AGB sowie Ziffer III dieses Produktionsvertrages für weitere 3 Jahre, beginnend mit Ablauf der Nutzungszeit gemäß Ziffer (2.1) zu noch auszuhandelnden marktüblichen Konditionen.

Die Option ist spätestens 12 Monate vor Ablauf des der Rundfunkanstalt gemäß vorstehender Ziffer (2.1) zustehenden Nutzungszeitraums auszuüben. Die Option kann bereits mit Endabnahme der Produktion ausgeübt werden.

(2.3) Dritte Nutzungsphase

Hat die Rundfunkanstalt die zweite Nutzungsphase ausgeübt, so werden die entsprechenden Rechte (vgl. § 1 der AGB sowie Ziffer III des Produktionsvertrages) der Rundfunkanstalt durch den Produzenten für die Zeit nach Ablauf der zweiten Nutzungsphase vorrangig angeboten. Die Rundfunkanstalt wird sich zu dem Angebot unverzüglich äußern.

(2.4) Erstnutzung der Produktion

Der Rundfunkanstalt steht die Erstnutzung der Produktion im Fernsehen sowie Free-VOD in jeder Hinsicht zu.

Verwertungen der beim Produzenten verbleibenden Rechte dürfen nicht vor Ablauf von 8 Tagen nach Abschluss der Erstausstrahlung durch die Rundfunkanstalt vorgenommen werden, spätestens jedoch *18/*12 Monate nach Aufhebung der Fernsehsperrfrist – Mitteilung des Produzenten vorausgesetzt.

Ausgenommen hiervon sind:

- die Kinovorabauswertungsrechte
- die beim Produzenten verbleibenden Fernsehnutzungsrechte für Osterreich und Schweiz nach Maßgabe des § 2 Abs. 1 und Abs. 2 der AGB
- die AV-Verwertungsrechte nach Maßgabe des § 2 Abs. 3 der AGB
- die Rechte zur Auswertung der Produktion über *VoD-EST/VoD-DTO (Kauf) *und VoD-Rental (Miete) nach Maßgabe der vorstehenden Ziffer III (1.1).

IV. Finanzierung/Erlösbeteiligungsvereinbarungen

(1) Fördermittel/sonstige Finanzierungsbestandteile

Der Produzent erhält zur Herstellung der vertragsgegenständlichen Produktion folgende Förder- bzw. sonstige Finanzierungsmittel

Filmförderung (. . . . . .)
Rundfunkanstalt-Finanzierungsanteil (. . . . . .)
Eigenanteil des Produzenten (. . . . . .)
Sonstige (zB Ko-Partner) (. . . . . .)

In Ergänzung zu § 11 der AGB versichert der Produzent, dass durch die Finanzierungsbeteiligung der . . . . . . bei der vertragsgegenständlichen Produktion keine Verpflichtungen jeglicher Art, weder inhaltlich noch optisch, begründet werden. Ebenso versichert der Produzent, dass in den Richtlinien bzw. in den Förderverträgen bzw. durch sonstige Vorgaben keine Bedingungen bzw. Auflagen enthalten sind, wonach bestimmte Produkte, Dienstleistungen oder eine Region werblich darzustellen sind. Der Produzent haftet der Rundfunkanstalt für die Einhaltung dieser Vorgaben.

Über die Bedingungen der Förderungen werden separate Verträge (Förderverträge) zwischen dem Produzenten und der betreffenden Förderinstitution abgeschlossen und unmittelbar der Rundfunkanstalt vorgelegt.

(2) Endkostenstand

Der Produzent übersendet der Rundfunkanstalt spätestens 3 Monate nach Endabnahme einen Endkostenstand analog der Kalkulation. Die Rundfunkanstalt erkennt den im Auftrag der . . . . . . */der FFA geprüften und testierten Endkostenstand an, wobei hier die endgültige Beteiligungsquote (vgl. Ziffer III (1.2)) festzuschreiben ist.

(3) Erlösbeteiligung

Die Rundfunkanstalt erhält während der Nutzungsphasen eine Beteiligung gem. Ziffer . . . . . . an den Erlösen des Produzenten aus der Pay-TV-Verwertung in Deutschland sowie gem. § 5 Abs. 1 der AGB an dem Vertrieb/der Abgabe der Produktion an ARTE (sofern ARTE sich nicht als Ko-Partner an der vertragsgegenständlichen Produktion beteiligt hat).

Die Rundfunkanstalt verzichtet gemäß der Eckpunktevereinbarung Rundfunkanstalt/ Produzentenallianz vom 20.10.2015 auf darüber hinausgehende Erlösbeteiligungsansprüche im Falle der Verwertung der Produktion zu kommerziellen Zwecken (bspw. Auslandsvertrieb, AV-Verwertung, VOD-Verwertung im Rahmen der beim Produzenten verbleibenden Rechte) durch den Produzenten.

V. Besondere Vereinbarungen

(1) Voraussetzungen zur Wirksamkeit des Vertrages Dieser Vertrag wird unter der aufschiebenden Bedingung geschlossen, dass

a) der Produzent den Nachweis erbringt, dass die Produktion von der Filmförderungsanstalt als deutscher Film im Sinne von § 41 Filmförderungsgesetz (FFG) anerkannt wird und

b) der Produzent die zur Anmeldung des Projektes gemäß § 3 des Abkommens zwischen der Filmförderungsanstalt und der Rundfunkanstalt erforderlichen Unterlagen der Rundfunkanstalt zur Verfügung stellt, wie: Drehbuch, Besetzungsliste, Kalkulation, Finanzierungsplan und ggf. den Nachweis, dass die Voraussetzungen für die Filmtheaterauswertung gegeben sind und

c) der Produzent der Rundfunkanstalt den Nachweis erbringt, dass die Restfinanzierung für die Produktion gesichert ist und

d) die Produktion als Gemeinschaftsproduktion im Sinne des vorstehend genannten Abkommens anerkannt wird.

(2) Ausnahmen von der Rechteübertragung (GEMA, GVL) Für die Nutzungen durch die Rundfunkanstalt gemäß Ziffer III sowie in Erläuterung zu § 1 Abs. 6 der AGB wird festgehalten, dass von den vom Produzenten zu erwerbenden und auf die Rundfunkanstalt zu übertragenden Rechten die von der GEMA verwalteten Senderechte sowie das Recht der öffentlichen Zugänglichmachung und die von der GVL verwalteten Vergütungsansprüche für die Sendung an der in der Produktion enthaltenen Musik von Tonträgern von der Rechteübertragung ausgenommen sind. Der Produzent garantiert also der Rundfunkanstalt insbesondere den Erwerb und die Übertragung der Herstellungsrechte an der in der Produktion enthaltenen Musik für die vertraglich vereinbarte Nutzung an der Produktion durch die Rundfunkanstalt.

Der Erwerb des Rechts der öffentlichen Zugänglichmachung an ggf. eingeschnittenen Tonträgern für die von der Rundfunkanstalt eigen- und mitveranstalteten Online-Angebote sowie für Drittplattformen ist vom Rechteerwerb ausgenommen, soweit die GVL über die entsprechenden Rechte verfügt oder die Rundfunkanstalt diese Rechte über Rahmenverträge erworben hat, wobei Tonträger, an denen die GVL über das Recht der öffentlichen Zugänglichmachung verfügt, vorrangig zu nutzen sind.

Der Produzent stellt hinsichtlich ggf. eingeschnittener Musik von Tonträgern, an denen die GVL über das nichtexklusive Recht der öffentlichen Zugänglichmachung verfügt, sicher, dass die in Nummer 3. (b) oder (c) genannten Voraussetzungen der Anlage 2 zum GVL Wahrnehmungsvertrag (Betriebsvoraussetzung Podcasting) erfüllt sind. Abweichungen sind nur in Abstimmung mit der Redaktion möglich.

Sofern in der Produktion Auftragskompositionen verwendet werden sollen, verpflichtet sich der Produzent, an die Rundfunkanstalt sämtliche Rechte für die vertraglich vereinbarten Nutzungen zu übertragen, auch im Hinblick auf die Leistungsschutzrechte, insbesondere für die Nutzung im Wege der öffentlichen Wiedergabe auf Abruf (zB Video-on-Demand-Nutzungen, Onlinedienste). Ausgenommen sind die von der GEMA verwalteten Senderechte.

(3) Abspannregelung Der Produzent verpflichtet sich, im Titelvor- und/oder Nachspann der Rundfunkanstalt als Koproduzenten auszuweisen, ebenso auf Plakaten und in Publikationen. Im Nachspann ist der Name des für die Koproduktion verantwortlichen Redakteurs zu nennen und im Umfeld der übrigen Beteiligten aufzunehmen. Eine Titelliste ist rechtzeitig zur Abstimmung mit der zuständigen Redaktion vorzulegen.

In Ergänzung zu § 9 der AGB verpflichtet sich der Produzent, als letzten Titel im Nachspann folgenden Vermerk aufzunehmen: (. . . . . .)

(4) Offenlegungspflicht von Werbeverträgen sowie von Künstlernamen/Pseudonymen sowie Verwandtschaftsverhältnissen

a) Werbeverträge In Ergänzung von § 11 der AGB wird der Produzent in die mit den Drittberechtigten abzuschließenden Verträge eine Verpflichtung aufnehmen, wonach der Drittberechtigte etwaige von ihm abgeschlossene Werbeverträge, die sich unmittelbar oder mittelbar im Rahmen der vertragsgegenständlichen Produktion auswirken können, unter Angabe des Produkts und des Herstellers dem Produzenten unverzüglich schriftlich zu benennen hat. Der Produzent wird derartige Informationen unverzüglich schriftlich an das zuständige Referat Erwerb *I *II *III *IV der Hauptabteilung Rechtemanagement und Zentraleinkauf der Rundfunkanstalt weitergeben.

b) Künstlernamen/Pseudonyme sowie Verwandtschaftsverhältnisse

Der Produzent ist verpflichtet, den Künstlernamen, das Pseudonym oÄ von den an der Produktion beteiligten Dritten (Autor, Regisseur, Darsteller) vor Vertragsschluss abzufragen und die Rundfunkanstalt im gegebenen Falle unverzüglich zu informieren, damit eventuell erforderliche Regularien eingehalten werden können.

Entsprechendes gilt für unmittelbare Verwandtschaftsbeziehungen der an der Produktion beteiligten Dritten zu Mitarbeiter/innen der Rundfunkanstalt (wie Ehe, Lebenspartnerschaft, Eltern/Kind-Verhältnis, Geschwister) sowie im Falle der Beschäftigung von Festangestellten sowie Versorgungsempfängern der Rundfunkanstalt und/oder einer anderen Rundfunkanstalt und/oder jeweils den entsprechenden Tochterunternehmen.

Sollte ein an der Produktion beteiligter Dritter (Autor, Regisseur, Darsteller) anstelle seines bürgerlichen Namens einen Künstlernamen, ein Pseudonym oÄ nutzen, so ist der Produzent verpflichtet, der Rundfunkanstalt im Rahmen des Produktionsprotokolls sowohl den bürgerlichen Namen des an der Produktion beteiligten Dritten als auch den genutzten Künstlernamen bzw. das Pseudonym oÄ mitzuteilen.

(...)

Allgemeine Bedingungen zum Produktionsvertrag für teilfinanzierte Kinoproduktionen und Gemeinschaftsproduktionen (Koproduktionen mit und ohne ARTE) (AGB, in Auszügen)

§ 1 Rechteeinräumung an die Rundfunkanstalt

I. Rechtseinräumung

Der Produzent überträgt der Rundfunkanstalt sämtliche im Zusammenhang mit der Verwirklichung des Vorhabens bei ihm entstandenen, entstehenden oder hierfür von ihm erworbenen oder zu erwerbenden urheberrechtlichen Nutzungsrechte, Leistungsschutz- und sonstigen Schutzrechte, soweit sie für die vertragsgemäße Nutzung durch die Rundfunkanstalt erforderlich sind. Er ist verpflichtet, über den Umfang dieser Rechte auf Verlangen der Rundfunkanstalt durch Vorlage der entsprechenden Verträge im Einzelnen Auskunft zu geben.

II. Einzelbefugnisse/Sachliche Nutzungsrechte

Der Produzent hat folgende ausschließlichen sachlichen Rechte zu erwerben und auf die Rundfunkanstalt zu übertragen:

Die Rundfunkanstalt ist insbesondere ausschließlich berechtigt, selbst oder durch Dritte oder gemeinsam mit ihnen die Leistungen des Produzenten bzw. der an der Produktion beteiligten Dritten ganz oder teilweise

1. durch Rundfunk jeder Art zu senden. Dieses Recht umfasst die Verbreitung von Rundfunkprogrammen, einschließlich Live-Streaming, in jeder technischen Art und Weise (einschließlich der Nutzung des sog. „Internetprotokolls": „IP-TV"), insbesondere
- terrestrisch (wie bspw. durch DVB-T, DVB-H, DMB oder entsprechende Nachfolge-Technologien wie bspw. DXB),
- via Kabel (in jedem technischen Verfahren wie bspw. Breitband, DSL oder entsprechende Nachfolge-Technologien (X-DSL), einschließlich der Berechtigung zur integralen (Kabel-)Weitersendung der Programme im In- und Ausland),
- sowie durch Satellitenausstrahlung.

Mitumfasst sind
- Verteildienste in Form von Fernsehtext, Radiotext und vergleichbaren Textdiensten sowie
- Pay-Dienste wie beispielsweise in Pay-Radio, Pay-TV einschließlich Pay-per-channel, Pay-per-view, Near-video-on-demand, entsprechend der Regelungen des Einzelvertrages und/oder
- sonstige Verbreitungsarten und/oder Medien.

Als Pay-TV gilt jedes audiovisuelle TV-Angebot oder TV-Angebotspaket, das nur gegen die Bezahlung eines programm- oder senderbezogenen Zusatzentgeltes empfangbar ist. Ausgenommen hiervon sind Rundfunkgebühren, Gebühren oder Steuern, die von staatlichen Einrichtungen oder von ihnen beauftragten Dritten erhoben werden, sowie Entgelte, die an Kabelanbieter, Telekommunikationseinrichtungen oder an sonstige Plattformbetreiber als Gebühr für den Zugang zu einem Bündel von TV-Angeboten zu entrichten sind. Im Übrigen regelt der Einzelvertrag die Pay-TV-Nutzung. Im Falle einer Koproduktion mit ARTE gilt: Eine Nutzung der beim Produzenten verbleibenden Pay-TV-Rechte für Frankreich ist vor der der Rundfunkanstalt und ARTE zustehenden Nutzungszeit nicht und während dessen frühestens 6 Monate nach der Erstausstrahlung durch ARTE und nur nach partnerschaftlicher Abstimmung mit der Rundfunkanstalt möglich.

2. sowie nicht-exklusiv unter Wahrung der Urheberpersönlichkeitsrechte („droit moral" des Urhebers und des Filmherstellers, § 93 UrhG) zu bearbeiten und umzugestalten, insbesondere zu kürzen und zu teilen, im Falle einer Koproduktion mit ARTE eine französische Sprachfassung (sowie bei nicht-deutscher Originalfassung eine deutsche Sprachfassung) herzustellen und vertragsgemäß zu verwerten, wobei die Sprachfassung jeweils die Synchronisation und/oder die Untertitelung und/oder das Voice-Over mitumfasst, und die Bearbeitung, Umgestaltung oder Änderung wie die vertragsgegenständliche Produktion zu verwerten;

3. nicht-exklusiv ganz und/oder in Teilen und/oder ausschnittweise (auch zur Nutzung in anderen Produktionen bis zu einer Länge von 5 Minuten) zu vervielfältigen sowie gemäß den im Übrigen eingeräumten Nutzungsrechten, insbesondere in Programmvorschauen, Programmübersichten, Inhaltsangaben, Werbeschriften der Rundfunkanstalt, Imagetrailern und/oder Besucherfilmen uÄ, zu nutzen und zu archivieren;

4. nicht-exklusiv anlässlich von Messen, Ausstellungen, Festivals und Wettbewerben zu verwerten. Die Festival-Teilnahme erfolgt in gegenseitiger Abstimmung zwischen dem Produzenten und der Redaktion. Sollte ein Preis dezidiert an die Redaktion oder den beteiligten Sender vergeben werden, steht dieser der Rundfunkanstalt zu. Andere Preise stehen demjenigen zu, dem sie verliehen werden. Meldet das ZDF die Produktion zu einer derartigen Veranstaltung, hat der Produzent sich den Wettbewerbsbestimmungen zu unterwerfen und der Rundfunkanstalt gegebenenfalls die zur Teilnahme erforderlichen weiteren urheberrechtlichen Nutzungsrechte, Leistungsschutz- und sonstigen Schutzrechte zu verschaffen. Soweit die Rechte im Besitz des Produzenten sind, kann ein Entgelt hierfür nicht gefordert werden;

5. nicht-exklusiv zu Prüf-, Lehr-, Anschauungs- und Forschungszwecken des Rundfunks zu verwerten sowie zu internen Vorführzwecken zu nutzen;

6. in Datenbanken zu speichern und in allen Abrufdiensten (zB Video- und Audio-on-demand-Nutzungen, Online-Dienste) bei denen Text-, Ton- oder Bilddarbietungen auf Anforderung aus elektronischen Speichern zur Nutzung übermittelt werden, öffentlich wiederzugeben, wobei die öffentliche Zugänglichmachung des Werkes in der Weise erfolgen kann, dass Angehörige der Öffentlichkeit an einem von diesen individuell gewählten Ort oder zu einer von diesen individuell gewählten Zeit Zugang zu diesen Werken haben.

Die Rundfunkanstalt ist demnach exklusiv berechtigt, die Produktion im Rahmen des Free-VoD, welches nicht zum Download vorgesehen ist, in deutscher Sprache sowie im Falle einer Koproduktion mit ARTE nicht exklusiv in französischer Sprache in seinen Nutzungsgebieten

a) in voller Länge (auch in Teilen) der Öffentlichkeit in Abrufdiensten innerhalb von 7 Tagen nach jeweils erfolgter Fernsehausstrahlung (Erst- oder Wiederholungssendung) zugänglich zu machen, wobei diese öffentliche Zugänglichmachung auch bereits im engen zeitlichen Umfeld, jedoch nicht früher als 48 Stunden vor der jeweiligen Sendung und nur unter Wahrung der Sperrfristen des FFG bzw. der auf dieser Grundlage ergangenen Vorgaben der FFA, ganz oder in Teilen möglich ist (im Falle der Erstnutzung beginnt deren Nutzungsphase dann spätestens mit der Bereitstellung zum Abruf);

b) über die 7-Tage-Nutzung hinaus, nach Maßgabe von Telemedienkonzepten (zB besonderen Programmschwerpunkten oder aufgrund externer Anlässe) entsprechend den Vorgaben des Rundfunkstaatsvertrages auch ohne vorausgehende Fernsehausstrahlung für einen Zeitraum von bis zu 4 Wochen bis zu 3 mal pro Nutzungsphase öffentlich zugänglich zu machen.

c) Ergänzend zu § 1 Abs. 2 Nr. 3 ist die Rundfunkanstalt berechtigt, die jeweilige Produktion in deutscher Sprache nicht exklusiv zur Bewerbung der Produktion, insbesondere zur Programmbewerbung, in Ausschnitten bis maximal 10 Minuten, jedoch nicht mehr als 25 % der Gesamtlänge der Produktion, auch schon mit rundfunküblichem Vorlauf vor Beginn des Nutzungszeitraumes (jedoch nur bei Wahrung der Sperrfristen des FFG bzw. der auf dieser Grundlage ergangenen Vorgaben der FFA im Hinblick auf die Produktion) auf eigenen Plattformen (zB Mediathek) und sonstigen Drittplattformen bzw. sozialen Netzwerken (zB Facebook, Youtube, Instagram, etc) – unter Anerkennung der jeweils geltenden Nutzungsbedingungen – zum Abruf bereitzustellen bzw. bereitstellen zu lassen (vgl. auch § 2 Abs. 5 Nr. 1).

Als Free-VoD gilt jedes Angebot, bei dem der Abrufende keine unmittelbare und/oder mittelbare entgeltliche Gegenleistung für den Abruf erbringt. Ausgenommen hiervon sind Rundfunkgebühren, Gebühren oder Steuern, die von staatlichen Einrichtungen oder von ihnen beauftragten Dritten erhoben werden sowie Entgelte, die an Kabelanbieter, Telekommunikationseinrichtungen oder an sonstige Plattformbetreiber als Gebühr für den Zugang zu einem Bündel von Angeboten zu entrichten sind. Im Übrigen wird bezüglich der Werbe- und Sponsoring-Freiheit der VoD-Angebote auf die staatsvertraglichen Vorgaben verwiesen. Klarstellend wird darauf hingewiesen, dass die Rechte der Rundfunkanstalt zur Nutzung der Produktion im Rahmen des Free-VoD auch die Rechte zur Zurverfügungstellung in werbe- und/oder sponsorfinanzierten Free-VoD-Angeboten umfassen. Die Rundfunkanstalt wird, soweit es sich nicht nur um eine ausschnittsweise Nutzung handelt, die Produktion im Rahmen des Live-Streamings bzw. im Wege der öffentlichen Zugänglichmachung auf Abruf nur unter Anwendung von Geolocation-Technologien, die einen Zugriff außerhalb des deutschsprachigen Europas (Deutschland, Österreich, Schweiz und Liechtenstein, nicht aber Südtirol (Alto Adige)) verhindern, nutzen. Dies gilt im Falle von Koproduktionen mit ARTE auch für Nutzungen durch

ARTE mit der Maßgabe, dass zusätzlich der Zugriff aus Frankreich möglich bleibt. Unter Geolocation-Technologien verstehen die Parteien den Einsatz von handelsüblichen und/oder von der Rundfunkanstalt generell angewendeten Techniken zur territorialen Begrenzung des Abrufes von VoD-Angeboten, ohne Garantie und Haftung für die Wirksamkeit. Über hierüber hinausgehende Nutzungen der Produktion in Abrufdiensten in deutscher Sprache und bei Koproduktionen mit ARTE auch in französischer Sprache werden sich die Vertragspartner zu gegebener Zeit partnerschaftlich abstimmen (vgl. insoweit auch § 2 Abs. 5 Nr. 3).

7. Die vorstehend genannten Rechte werden unabhängig von der verwendeten Speicher- bzw. Datenübertragungstechnik und unabhängig davon eingeräumt, ob die Nutzung mit oder ohne Zwischenspeicherung und/oder mittels eines individuellen Abrufs erfolgt und/oder ob der Empfang bzw. die Wiedergabe mittels Fernseher, Computer oder sonstiger – auch mobiler – Endgeräte erfolgt.

8. Der Rundfunkanstalt werden die Rechte zur Nutzung des Titels an der vertragsgegenständlichen Produktion entsprechend dem Umfang der mit diesem Vertrag übertragenen Rechte eingeräumt. Der Produzent hat das Recht, den Titel im Rahmen der bei ihm verbleibenden Verwertungs- und Nutzungsrechte für die vertragsgegenständliche Produktion zu nutzen. Sofern der Produzent oder die Rundfunkanstalt diesen Titel für eine weitere Produktion verwenden möchte, stimmen sich die Vertragsparteien hierzu partnerschaftlich ab.

III. Örtliche Nutzungsrechte

Der Produzent hat insbesondere folgende ausschließlichen örtlichen Rechte zu erwerben und auf die Rundfunkanstalt zu übertragen:

1. Rechte für die Bundesrepublik Deutschland Der Produzent hat der Rundfunkanstalt die Nutzungsrechte für die Bundesrepublik Deutschland zu übertragen.

2. Erweiterung der räumlichen Nutzungsrechte zur Nutzung der Produktion im 3Sat-Programm Hinsichtlich der Rechte zur fernsehmäßigen Nutzung der vertragsgegenständlichen Produktion im 3Sat-Programm und/oder einem anders bezeichneten, mindestens unter Mitverantwortung der Rundfunkanstalt für die nachfolgend genannten Territorien veranstalteten Programms erfolgt die Einräumung der Nutzungsrechte auch für Österreich und die Schweiz. In Abänderung von Abs. 1. werden der Rundfunkanstalt für die vorgenannten Territorien die Fernsehnutzungsrechte (terrestrisch, Kabel und Satellit) nur zur nicht ausschließlichen Nutzung eingeräumt. Die Einbringung der Produktion im 3Sat-Programm durch die Rundfunkanstalt erfolgt auf Grundlage der für dieses Programm praktizierten gemeinsamen Programmplanung von ZDF, ARD, ORF und SRF. Hierbei erfolgt jeweils eine Anrechnung auf die Programmquote von ORF, SRF und der Rundfunkanstalt entsprechend dem Verhältnis der Ko-Anteile von der Rundfunkanstalt, ORF und SRF zueinander.

3. Klarstellung zur satellitenmäßigen Nutzung der Produktion Die vorgenannten Territorien sind für Satellitenausstrahlungen der Rundfunkanstalt bzw. im 3Sat-Programm sowie bei Koproduktionen mit ARTE auch in ARTE nur insoweit von Bedeutung, als sie das Gebiet umschreiben, in dem unter der Verantwortung der Rundfunkanstalten das Programmsignal bereitgestellt wird. Dabei trägt der Produktionskostenanteil der Rundfunkanstalt gemäß Ziffer II (1) des Einzelproduktionsvertrages auch allen Aspekten der Satellitenausstrahlung Rechnung.

4. Etwaige Erweiterung der räumlichen Nutzungsrechte Bei wesentlichen Erweiterungen des Sendegebietes der eigen- und mitveranstalteten Programme der Rundfunkanstalt erfolgen gesonderte Absprachen zwischen dem Produzenten und der Rundfunkanstalt. Von einer wesentlichen Erweiterung wird ausgegangen, wenn die von der Rundfunk-

anstalt veranstalteten oder mitveranstalteten Programme nicht mehr allein für die Länder Bundesrepublik Deutschland, Österreich und Schweiz bestimmt sind.

5. Erweiterung der räumlichen Nutzungsrechte für Koproduktionen mit ARTE Die Einräumung der Nutzungsrechte gemäß § 1 Ziffer II beinhaltet im Falle einer Koproduktion mit ARTE auch das Recht für fernsehmäßigen Nutzung der vertragsgegenständlichen Produktion in deutscher und/oder französischer Sprache im ARTE-Programm in Frankreich. Die Einräumung der insoweit auch für das Nutzungsgebiet Frankreich erforderlichen umfassenden Fernsehnutzungsrechte erfolgt ausschließlich.

IV. Vertrieb/Abgabe der Produktion an ARTE

Sofern ARTE sich nicht als Kopartner an der vertragsgegenständlichen Produktion beteiligt hat, vereinbaren die Parteien folgende Regelungen: Für den Fall eines Vertriebs (durch den Produzenten oder die Rundfunkanstalt) oder einer Abgabe der Produktion durch die Rundfunkanstalt an ARTE erfolgt – wegen der zwischen Produzent und der Rundfunkanstalt geteilten Rechteinhaberschaft an den exklusiven Fernsehnutzungsrechten für Deutschland und Frankreich – eine gegenseitige Abstimmung zwischen Produzent und der Rundfunkanstalt. Ein Vertrieb oder eine Abgabe an ARTE erfolgt nur mit jeweils ausdrücklicher schriftlicher Zustimmung des anderen Vertragspartners, die zugleich die Rechteübertragung im notwendigen Umfang an den Vertrieb bzw. die Abgabe vornehmenden Vertragspartner beinhaltet; hierzu zählt auch das Recht, die Produktion in französischer Sprache der Öffentlichkeit in Abrufdiensten (Recht der öffentlichen Zugänglichmachung, wie zB VoD-Nutzungen in Onlinediensten) zugänglich zu machen.

V. Weiterübertragung der Rechte

1. Die Rundfunkanstalt ist berechtigt, die ihm übertragenen Rechte ganz oder teilweise der ARD und/oder an ARTE zu übertragen oder zur Auswertung zu überlassen. Dies gilt auch für Programmankündigungen gemäß den vorstehenden Regelungen, wobei eine Weiterübertragung der Rechte hierzu auch an Dritte zulässig ist.

2. Die der Rundfunkanstalt ist berechtigt, die ihm übertragenen Rechte zur Nutzung der Produktion im Rahmen von Video-on-Demand-Angeboten (Free-VoD und Pay-VoD) ganz oder teilweise an Dritte zu übertragen.

3. Die Pflichten der Rundfunkanstalt gegenüber dem Produzenten bleiben im Falle der Weiterübertragung der Rechte unverändert. Die Rechteeinräumung an sonstige Dritte bedarf der Zustimmung des Produzenten.

VI. Ausnahmen vom Rechteerwerb

1. Ausnahmen vom Rechteerwerb betreffend GEMA- bzw. GVL-Repertoire sind im Einzelproduktionsvertrag geregelt. Der Produzent hat allerdings stets die vergütungsfreie Einwilligung des Berechtigten (Urheber, Musikverleger, Musikverlag) einzuholen, wenn es sich um die Verwendung von Titeln oder Einlagen aus dramatisch-musikalischen Werken in anderen dramatisch-musikalischen oder dramatischen Werken oder in Fernsehproduktionen oder auf anderen Bildtonträgern handelt, die eine Verbindung mehrerer Musiktitel unter einem Leitgedanken und mit einem Handlungsfaden darstellen.

2. Des Weiteren ausgenommen vom Rechteerwerb durch den Produzenten sind im Falle einer nichtgewerblichen Verwertung durch die Rundfunkanstalt die von der GEMA/GVL insoweit wahrgenommenen Nutzungsrechte.

3. Ergänzend und beschränkt auf die vertragsgemäßen Nutzungen der Produktion durch die Rundfunkanstalt können vom Erwerb durch den Produzenten auch die von der VG Bild-Kunst verwalteten Rechte ausgenommen werden, soweit die Rundfunkanstalt auf Anfrage des Produzenten und nach Prüfung des zwischen der VG Bild-Kunst und der Rundfunkanstalt abgeschlossenen Pauschalvertrages ausdrücklich zustimmt.

VII. Zeitpunkt der Rechteübertragung

Die an die Rundfunkanstalt zu übertragenden Rechte gehen mit der Bezahlung der ersten nach Ziffer II. (2) des Einzelproduktionsvertrages fälligen Rate auf die Rundfunkanstalt über, soweit sie bereits beim Produzenten liegen. Später beim Produzenten entstehende oder von ihm erworbene Rechte werden im Zeitpunkt ihres Entstehens oder Erwerbs auf die Rundfunkanstalt übertragen.

VIII. Abgeltung von Rechten Dritter/Vorlage der Verträge

Der Produzent verpflichtet sich, mit allen Drittberechtigten Vereinbarungen zu treffen, wonach bei allen vertragsgemäßen Nutzungen der Produktion durch die Rundfunkanstalt sowie im Falle der Koproduktion mit ARTE auch durch ARTE keine weiteren von der Rundfunkanstalt bzw. ARTE zu zahlenden Vergütungen (insbesondere Wiederholungshonorare oder Lizenzgebühren) anfallen und bei der Bemessung der Vergütung berücksichtigt wurde, dass es sich mindestens insoweit um eine Pauschalabgeltung der Rechte handelt. Die Rundfunkanstalt verzichtet auf die Vorlage der Drittverträge, es sei denn im Einzelfall besteht ein berechtigtes Interesse der Rundfunkanstalt zur Vorlage der Verträge.

§ 2 Nutzungsrechte des Produzenten/Einschränkungen

Dem Produzenten verbleiben alle Rechte zur Nutzung der vertragsgegenständlichen Produktion, soweit diese nicht der Rundfunkanstalt gemäß Ziffer III des Einzelproduktionsvertrages bzw. § 1 eingeräumt sind. Dabei sind jedoch folgende Einschränkungen zu berücksichtigen:

I. Nutzung durch ORF und/oder SRF

Die beim Produzenten verbleibenden nicht exklusiven Fernsehnutzungsrechte (terrestrisch, Kabel und Satellit) für die Lizenzgebiete Österreich und Schweiz dürfen durch den Produzenten erstmals frühestens zeitgleich mit der TV-Erstausstrahlung genutzt werden.

Soweit der ORF und/oder das SRF Rechte vom Produzenten auch zur satellitenmäßigen Nutzung begehren sollten, anerkennt die Rundfunkanstalt die Vergabe dieser Rechte nur zur codierten Ausstrahlung, dh nur freigeschaltet für den Bezug der Sendungen durch Rundfunkteilnehmer in Österreich bzw. der Schweiz. Diese Rechte dürfen ebenfalls frühestens zeitgleich mit der TV-Erstausstrahlung genutzt werden.

II. Vergabe von Satellitenrechten durch den Produzenten

Der Produzent garantiert, dass keine Satellitenrechte zur Nutzung der Produktion in deutscher Sprache vergeben worden sind oder werden, mit denen eine Einstrahlung in das vertragsgegenständliche Nutzungsgebiet der Rundfunkanstalt verbunden sein könnte. Im Hinblick auf eine fremdsprachige Untertitelfassung gilt dies nur mit der Maßgabe, dass frühestens nach der Erstausstrahlung durch die Rundfunkanstalt eine Einstrahlung in das Nutzungsgebiet der Rundfunkanstalt erfolgen darf; diese Einstrahlung darf jedoch nicht zielgerichtet erfolgen. Eine zielgerichtete Einstrahlung ist insbesondere dann anzunehmen, wenn das Programm des Rundfunkveranstalters mindestens auch deutschsprachig ist und/oder der Rundfunkveranstalter Werbeeinnahmen oder andere Einnahmen wegen der Empfangbarkeit der Sendungen aus dem Nutzungsgebiet der Rundfunkanstalt erzielt und/oder der Programmveranstalter auch Werbe- und/oder Sponsorensendungen in deutscher Sprache sendet. Dies gilt entsprechend für die französischsprachige Fassung der Produktion im Falle einer Koproduktion mit ARTE.

III. AV-Verwertung

Der Produzent stellt sicher und garantiert, dass eine vor Erstnutzung der Produktion durch die Rundfunkanstalt etwaig von ihm oder von ihm beauftragten Dritten beabsichtigte und/oder tatsächlich durchgeführte AV- bzw. Pay-VoD-Verwertung nicht zu einer Verzögerung des Beginns der ersten Nutzungsphase gemäß Ziffer III (2.1) des Einzelproduktionsvertrages führt.

IV. Kino-/Fernsehfassung

Sofern eine gesonderte Kinofassung existiert, bedürfen Abweichungen der Kinofassung von der Fernsehfassung der Zustimmung der Rundfunkanstalt.

V. Rechte zur Nutzung im Wege der öffentlichen Zugänglichmachung auf Abruf

1. Free-VoD (vgl. auch § 1 Abs. 2 Nr. II):
Eine Nutzung der ganzen Produktion in deutscher bzw. fremdsprachig untertitelter Fassung im Free-VoD durch den Produzenten oder einem von ihm beauftragten Dritten ist im Nutzungsgebiet der Rundfunkanstalt bis zum Ablauf der Nutzungsphase(n) der Rundfunkanstalt ausgeschlossen. Der Produzent oder ein von ihm autorisierter Dritter ist jedoch nicht exklusiv berechtigt, die jeweilige Produktion in deutscher Sprache zur Bewerbung der Produktion, insbesondere zur Programmbewerbung, in Ausschnitten bis maximal 10 Minuten, jedoch nicht mehr als 25 % der Gesamtlänge der Produktion, auch schon mit rundfunküblichem Vorlauf vor Beginn des Nutzungszeitraumes der Rundfunkanstalt auf eigenen Plattformen und sonstigen Drittplattformen bzw. sozialen Netzwerken (zB Facebook, Youtube, Instagram, etc) – unter Anerkennung der jeweils geltenden Nutzungsbedingungen – zum Abruf bereitzustellen bzw. bereitstellen zu lassen.
2. Pay-VoD:
Als Pay-VoD-Angebot gilt jedes Angebot, bei dem der Abrufende eine unmittelbare oder mittelbare entgeltliche Leistung für den Abruf erbringt, wobei insbesondere auch die entgeltliche Möglichkeit des Bezugs einzelner oder einer Mehrzahl von Abrufen, beispielsweise als Abonnement eines Abrufdienstes oder nach vorheriger Bezahlung („Prepaid“) eine entgeltliche Gegenleistung auch für den einzelnen Abruf darstellt. Werbe- oder sponsorfinanzierte VoD-Angebote stellen keine Pay-VoD-Angebote dar.
a) Pay-VoD-EST/VoD-DTO(Kauf):
Die Nutzung der Produktion im Rahmen des VoD-EST/VoD-DTO steht dem Produzenten oder einem von ihm beauftragten Dritten auch in und vor Beginn der Nutzungsphasen sowie innerhalb der exklusiven Nutzungsgebiete der Rundfunkanstalt zur alleinigen und uneingeschränkten Verwertung zu. Als VoD-EST/VoD-DTO gilt jedes Angebot, bei dem der Nutzer durch den Abruf (ausschließlich als Download) gegen Entgelt die Möglichkeit hat, die audiovisuelle Produktion ganz, teilweise und/oder ausschnittweise dauerhaft zu vervielfältigen und zu nutzen sowie Eigentümer des oder der Vervielfältigungsstücke zu werden (Substitution des AV-Vertriebs).
b) Pay-VoD-Rental:
Die Nutzung der Produktion im Rahmen des Pay-VoD-Rental, welches auch S-VoD umfasst, regelt der Einzelvertrag.
3. Weitergehende Nutzung:
Über hierüber hinausgehende Nutzungen der Produktion in Abrufdiensten in deutscher Sprache werden sich die Vertragspartner zu gegebener Zeit partnerschaftlich abstimmen.
4. Geolocation:
Der Produzent hat bei der Nutzung/Vergabe der bei ihm verbleibenden VoD-Rechte zur Verwertung außerhalb der exklusiven Nutzungsgebiete der Rundfunkanstalt für einen Schutz vor Abrufmöglichkeiten in den exklusiven Nutzungsgebieten der Rundfunkanstalt

in deutscher Sprache sowie im Falle der Koproduktion mit ARTE bei vereinbarter Exklusivität auch in französischer Sprache durch die Verpflichtung, Geolocation anzuwenden, Sorge zu tragen.

VI. Sperrfristverkürzung

Der Produzent ist verpflichtet, alle bestehenden Möglichkeiten der Sperrfristverkürzung zu nutzen. Soweit kein Filmverleih für die Kinoverwertung der Produktion gefunden werden kann und keine Kinoverwertung der Produktion erfolgt, verpflichtet sich der Produzent, spätestens nach Ablauf von 6 Monaten ab Endabnahme der Produktion durch die Rundfunkanstalt die vorzeitige Aufhebung der Fernsehsperrfrist zu beantragen. Vorstehende Frist kann im Einvernehmen mit der zuständigen Redaktion der Rundfunkanstalt auf insgesamt max. 12 Monate verlängert werden.

Der Produzent verpflichtet sich, spätestens 6 Monate nach Kinostart einen Antrag auf vorzeitige Aufhebung der Fernseh-Sperrfrist zu stellen, wenn die Erstauswertung des Filmes im Wesentlichen abgeschlossen ist und nennenswerte Erlöse nicht mehr erzielt werden. Er ist verpflichtet, der Rundfunkanstalt das Ende der Kinoauswertung umgehend mitzuteilen. Der Produzent ist verpflichtet, sämtliche nach den Bestimmungen der beteiligten Förderer zur Verkürzung der Fernsehsperrfrist eröffneten Möglichkeiten zu nutzen.

VII. Verpflichtung zur Einhaltung der gesetzlichen Vorgaben des Mindestlohngesetzes

Der Produzent sichert die Einhaltung der gesetzlichen Vorgaben des Mindestlohngesetzes durch sich und etwaige Unterauftragnehmer, deren Beauftragung gemäß § 17 Abs. 1 Satz 2 der Allgemeinen Bedingungen zum Produktionsvertrag zustimmungsbedürftig ist, zu. In diesem Rahmen ist er ua verpflichtet, auf schriftliche Anforderung der Rundfunkanstalt Nachweise über die Zahlung des Mindestlohns durch ihn bzw. durch seine Unterauftragnehmer vorzulegen. Der Produzent stellt die Rundfunkanstalt von sämtlichen Ansprüchen im Zusammenhang mit Mindestlohnforderungen frei. Er verpflichtet sich ferner, die Rundfunkanstalt umgehend zu informieren, falls der Verdacht besteht, dass er oder einer seiner Unterauftragnehmer gegen gesetzliche Mindestlohnvorgaben verstößt.

§ 3 Garantie

I. Der Produzent garantiert den wirksamen Erwerb aller nach § 1 bzw. im Einzelproduktionsvertrag genannten Rechte sowohl nach Art als auch nach Umfang ebenso wie die Berechtigung, diese Rechte in dem genannten Umfang weiterübertragen zu können. Der Produzent garantiert des Weiteren die vertragsgemäße Abgeltung auch aller sonstigen, von ihm nach dem Produktionsvertrag zu erbringenden Leistungen, insbesondere hinsichtlich der gemäß § 1 Abs. 8 mit den Drittberechtigten abzuschließenden Verträge sowie hinsichtlich des etwaigen eingeschnittenen Materials.

II. Der Produzent ist verpflichtet, dafür Sorge zu tragen, dass weder bei der Herstellung noch bei der Verwertung der Produktion Rechte Dritter verletzt werden, die zu Ansprüchen gegen die Rundfunkanstalt führen können. Dies betrifft insbesondere Verletzungen von Urheber- und/oder Leistungsschutzrechten, Persönlichkeitsrechten Dritter sowie Anspielungen auf Personen oder Ereignisse und/oder Mitwirkungsleistungen Dritter, die der Rundfunkanstalt nicht bekannt sind. Der Produzent stellt die Rundfunkanstalt von sämtlichen Ansprüchen Dritter frei, die diese wegen der vertragsgemäßen Ausübung der an die Rundfunkanstalt übertragenen Nutzungsrechte gegen die Rundfunkanstalt geltend machen.

III. Falls durch Dritte eine Beeinträchtigung der in § 1 sowie im Einzelproduktionsvertrag genannten Rechte erfolgt oder angedroht wird, ist der Produzent verpflichtet a) der Rundfunkanstalt hiervon unverzüglich Mitteilung zu machen, b) alles zu unternehmen und zu veranlassen, was erforderlich ist, die Beeinträchtigungen abzuwehren und die Rundfunkanstalt von Ansprüchen Dritter freizustellen. Unbeschadet hiervon ist das ZDF berechtigt,

jedoch nicht verpflichtet, selbst geeignete Maßnahmen zur Abwehr derartiger Beeinträchtigungen zu treffen. Es wird den Produzenten gegebenenfalls hierüber verständigen.

IV. Wenn der Produzent beabsichtigt, einen Angestellten einer deutschen Rundfunkanstalt oder Werbefernsehgesellschaft zur Mitarbeit an der Produktion heranzuziehen, hat er die Rundfunkanstalt hiervon vor Drehbeginn zu unterrichten und die schriftliche Einwilligung der Rundfunkanstalt einzuholen.

Schrifttum: → Form. IX.33, S. 41.

Anmerkungen

1. Sachverhalt. Unter den vielfältigen Formen der Filmfinanzierung (Bankkredit, Verleihgarantie, Filmförderung) nimmt die Co-Finanzierung durch ein (öffentlich-rechtliches oder privates) Sendeunternehmen eine nicht unbeachtliche Stellung ein, bevorzugt durch Beteiligung einer öffentlich-rechtlichen Rundfunkanstalt sowie ggf. in Kombination mit der Inanspruchnahme von Fördermitteln nach dem Filmförderungsgesetz (FFG) und/oder anderer Institutionen. Mit dem Vorabverkauf der Fernsehnutzungsrechte (jedenfalls an der deutschsprachigen Filmfassung) kann auf diese Weise das finanzielle Produzentenrisiko erheblich reduziert werden, während das Sendeunternehmen ein ihm interessant erscheinendes Projekt rechtzeitig an sich bindet und entsprechende Einwirkungsmöglichkeiten sicherstellt (vgl. *Friccius* ZUM 1991, 392 (395) sowie → Form. IX.33 Anm. 2).

2. Wahl des Formulars. Das Formular entspricht leicht gekürzt dem Vertragsmuster des ZDF „Produktionsvertrag für *Gemeinschaftsproduktion, *Kinofilmförderproduktionen *unter Beteiligung der FFA" (Stand Jan. 2017). Auch hier werden optionale Regelungen mit * gekennzeichnet; der Vertrag kann und muss also entsprechend angepasst werden.

Der Hauptteil sieht in Ziff. I (3), II (5), III, IV (3) Änderungen der Allgemeinen Bedingungen zum Produktionsvertrag für teilfinanzierte Kinoproduktionen und Gemeinschaftsproduktionen (Koproduktionen mit und ohne ARTE) (AGB), Stand Dez. 2015, vor. Sowohl das Vertragsmuster als auch die AGB wurden vom ZDF umfangreich überarbeitet, nachdem zuvor lange AGB aus dem Jahr 2003 Verwendung fanden. Das Muster und die AGB wurden dem bereits zuvor überarbeiteten Produktionsvertrag mit AB (→ Form. IX.41) angeglichen und insbesondere die digitale Auswertung, der 7-Day-Catch-up und das aktuelle FFG berücksichtigt, das allerdings zwischenzeitlich erneut aktualisiert wurde. Es ist aber kurzfristig mit einer erneuten Anpassung der AGB zu rechnen, da auch die AB zum Produktionsvertrag bereits erneut überarbeitet wurden und derzeit in der Fassung von 2017 genutzt werden. Auf Grund des derzeit weitgehenden Gleichlautes der AB und AGB wird in dieser Auflage auf einen erneuten Abdruck der kompletten AGB verzichtet und werden diese nur in Auszügen dargestellt. Es wird ergänzend auf → Form. IX.41 verwiesen.

Das Formular ist auf die Beteiligung einer öffentlich-rechtlichen Rundfunkanstalt an einem von einem privaten Filmproduzenten hergestellten, optional nach dem FFG und ggf. auch mit Mitteln regionaler Filminstitutionen geförderten Film zugeschnitten. Soweit nicht geförderte Koproduktionen zum Tragen kommen, werden davon abweichende, je nach nationaler/internationaler Beteiligung einzelfallbezogene Vereinbarungen getroffen. Insoweit ist auf → Form. IX.33 zu verweisen.

Ungeachtet der Besonderheiten, die mit den Absprachen innerhalb der öffentlich-rechtlichen Rundfunkanstalten und des Abkommens mit der Filmförderungsanstalt zusammenhängen, kann das Formular weitgehend als Grundgerüst für anderweitige Co-Finanzierungsmodelle im Bereich der Sendeproduktion herangezogen werden. Sachlich handelt es sich um eine Abwandlung der Auftragsproduktion (→ Form. IX.41), die aber auch Elemente des Lizenzkaufs (→ Form. IX.43) aufweist, nicht jedoch um die Gründung einer BGB-Gesellschaft mit Außenwirkung, allenfalls einer BGB-Innengesellschaft (vgl. ausführlich. v. Hartlieb/Schwarz/*Schwarz* 83. Kap. Rn. 7 ff.). Während bei der Auftragsproduktion regelmäßig das Sendeunternehmen die gesamte Finanzierung des Projektes übernimmt, leistet es bei der Gemeinschaftsproduktion lediglich einen Finanzierungsbeitrag und überlässt dem Filmproduzenten einen Teil der Nutzungsrechte am Film. Daher liegt die relative Höhe der von ihm aufzubringenden finanziellen Mittel regelmäßig niedriger als im Falle einer vollfinanzierten Auftragsproduktion, freilich höher als bei einem schlichten Lizenzkauf (*Friccius* ZUM 1991, 395). Die Entscheidung für das Modell der Gemeinschaftsproduktion (anstelle der Auftragsproduktion gem. → Form. IX.41) hat zur Folge, dass die Musikrechte individualvertraglich zu erwerben sind (→ Form. IX.31 Anm. 2, 3), was in der Regel zur Erhöhung der Produktionskosten führt. Eine entsprechende Rechtegarantie enthält Ziff. V (2) des Formulars.

3. **Handlungsanleitung.** In Ziff. I des Hauptvertrages werden der Gegenstand der Produktion und die Grundlagen für die vom Filmproduzenten bei der Filmherstellung zu übernehmenden Aufgaben festgelegt. Die von den Filmförderungsbestimmungen vorgeschriebenen zeitlich befristeten Enthaltungspflichten für die AV- und Fernsehnutzungsrechte bedingen eine exklusive Kino-Vorabspielfrist, die durch entsprechende Auswertungssperren in Ziff. III (1.4) und (2) geregelt sind (→ Anm. 5).

Die Definition der Rechtsübertragung bestimmt sich allein nach der Neufassung des § 1 der AGB und durch Ziff. III des Hauptvertrages (→ Anm. 4). Wie bei der Auftragsproduktion (→ Form. IX.41) garantiert der Filmproduzent qualitativ eine den Rundfunkgesetzen entsprechende Verwertbarkeit des Films durch Fernsehausstrahlung (§ 3 AGB). Der wesentliche Verhandlungsgegenstand besteht im Regelfall in der Festlegung des Finanzierungsbeitrages der Rundfunkanstalt und der für die Rundfunkanstalt bestimmten Auswertungsrechte.

4. **Rechtsübertragung.** Filmhersteller im Sinne von § 94 UrhG ist auf der Grundlage des vorstehenden ZDF-Vertragsmodells der Produzent. Zu den verschiedenen Möglichkeiten bei der Koproduktion von Kinospielfilmen → Form. IX.33 Anm. 4. Sämtliche Vertragsabschlüsse, die der Filmherstellung dienen, werden vom Filmproduzenten im eigenen Namen und auf eigene Rechnung getätigt. Intern sichert sich das Sendeunternehmen allerdings weitgehende Mitsprache-, Kontroll- und Abnahmerechte zu (vgl. insbesondere Ziff. 1 (2), §§ 7–14 AGB, entspricht inhaltlich im Wesentlichen §§ 7–17 AB → Form. IX.41). Die von den Urheber- und Leistungsschutzrechten der Filmschaffenden abgeleiteten Nutzungsrechte vereinigen sich zunächst vollständig in der Hand des Filmproduzenten, allein ihm erwachsen die originären Leistungsschutzrechte des Filmherstellers. Das Sendeunternehmen ist zur Vornahme eigener Auswertungshandlungen auf eine vom Filmproduzenten bewirkte Rechtsübertragung angewiesen (Ziff. III des Formulars).

Für die Auswertung der Pay-TV-Rechte sieht das Formular eine Staffelung vor: Gem. Ziff. III (1.2) darf der Produzent vor der Erstausstrahlung durch das ZDF in Abstimmung mit diesem eine Pay-TV-Verwertung vornehmen. Dies gilt aber nur für den Zeitraum der TV-Sperrfrist von maximal 18 Monaten, § 53 Abs. 2 Nr. 3 FFG. Außerhalb der Nutzungsphasen durch das ZDF darf der Produzent ohne jede Abstimmung verwerten. Innerhalb der Nutzungsphase des ZDF ist die Zustimmung des ZDF sowie eine entsprechende Verlängerung der Nutzungszeit vorgesehen.

Die neu eingeführte Regelung zum Pay-VoD sieht diese Verwertung durch das ZDF in seinen Nutzungsphasen und seinen Nutzungsgebieten vor. Die Free VoD-Rechte liegen beim ZDF (Ziff. III (2.4)).

Bezüglich der Fernsehnutzungsrechte sieht Ziff. III (2) des Formulars drei nacheinander geschaltete Nutzungsphasen vor. In der ersten Nutzungsphase (2.1.) stehen dem ZDF ausschließliche Fernsehnutzungsrechte zur beliebig häufigen Ausstrahlung von 5 oder 7 Jahren zu, gerechnet ab Ende der Fernsehsperrfrist (aktuell 18 Monate, § 53 Abs. 2 Nr. 3

FFG). Für die zweite Nutzungsphase (2.2.) kann das ZDF von der Option Gebrauch machen, für die Dauer weiterer 3 Jahre ausschließliche Fernsehnutzungsrechte zur beliebig häufigen Nutzung zu noch zu verhandelnden marktüblichen Konditionen zu erwerben. Sofern das ZDF von der Option für die zweite Nutzungsphase keinen Gebrauch macht, kann der Produzent für die Dauer von 3 Jahren über diese Fernsehnutzungsrechte verfügen. Hat das ZDF die Option in der zweiten Nutzungsphase aber gezogen, so hat es in der dritten Nutzungsphase (2.3) die Möglichkeit, sich die Rechte an der Produktion weiterhin zu sichern (Erstanbietungsrecht zu Gunsten des ZDF), das wohl als einfache Option (→ Form. IX.28 Anm. 3) zu verstehen ist und sich auf ausschließliche wie auch auf einfache Nutzungsrechte erstrecken dürfte. Räumlich definiert Ziff. III den Nutzungsbereich des ZDF auf das „intendierte Sendegebiet" seines Hauptprogramms unter Einbeziehung des 3-SAT-Programms und sonstige derzeitigen (wie zB Spartenprogramme) und künftigen vom ZDF veranstalteten bzw. mitveranstalteten Programme. Eine Ausdehnung der Ausstrahlungsintention über Deutschland, Österreich und die Schweiz hinaus bedarf der Abstimmung mit dem Produzenten. Dabei ist zu beachten, dass das ZDF die Fernsehrechte für die Bundesrepublik Deutschland exklusiv, für Österreich und die Schweiz aber nur nicht-exklusiv erhält. Im Übrigen blieben die beim Produzenten. Insoweit ist freilich zu beachten, dass Satellitensenderechte innerhalb der EU und des EWR seit Inkrafttreten des § 20a UrhG (mithin seit 1.6.1998) nicht mehr mit dinglicher Wirkung territorial getrennt vergeben werden können. Eine territoriale Zuordnung entsprechender Senderechte entfaltet deshalb nur schuldrechtliche Wirkungen. Bei (auch nationalen) Co-Produktionsverträgen aus der Zeit vor dem 1.6.1998 ergibt sich dagegen aus der Übergangsregelung in § 137h Abs. 2 UrhG ein gegenüber jedem Dritten wirkendes dingliches Recht (insbesondere auf Unterlassung und Schadenersatz zugunsten desjenigen Co-Produktionspartners, dessen Lizenz bei einer grenzüberschreitenden Satellitensendung für die betreffenden Territorien nicht eingeholt worden ist (BGH GRUR 2005, 48 (50) – man spricht deutsch).

5. **Sperrfristen.** Für die mit öffentlichen Mitteln geförderten Spielfilme gelten gem. §§ 53, 54 FFG bestimmte, ab Kinoerstaufführung zu bemessende Sperrfristen: Free-TV und unentgeltliche Videoabrufdienste und individuelle Zugriffsdienste 18 Monate, verkürzbar auf 12 Monate, in Ausnahmefällen sogar auf 6 Monate; Pay-TV 12 Monate, verkürzbar auf 9 Monate, in Ausnahmefällen sogar auf 6 Monate; Bildträgerauswertung sowie entgeltliche Videoabrufdienste und entgeltliche individuelle Zugriffsdienste 6 Monate, verkürzbar auf 5 Monate, in Ausnahmefällen auf 4 Monate. Vor dem Hintergrund dieser Bestimmungen verstehen sich die Fristenberechnungen speziell zur ersten Nutzungsphase gem. III. (2) des Formulars (→ Anm. 4).

6. **Beitrag des Sendeunternehmens, Erlösverteilung.** Die Höhe der vom Sendeunternehmen zu erbringenden Zahlungsverpflichtung wird anhand der Kalkulation für die Gesamtherstellung des Films unter Berücksichtigung anderweitiger Finanzierungsmöglichkeiten, insbesondere aus Förderungsmitteln, einvernehmlich festgelegt. Für die Erstellung einer der Kalkulation entsprechenden Schlussabrechnung ist der Filmproduzent gegenüber dem Sendeunternehmen ebenso verantwortlich wie dafür, dass die Filmförderung gewährt und anerkannt wird, Ziff. III. Da die vom Filmproduzenten erzielten Erlöse zunächst einmal zur Abdeckung der Produktionskosten bestimmt sind, könnte die Rundfunkanstalt durchaus auf eine Beteiligung an den vom Filmproduzenten erzielten Erlösen verzichten. Das Formular sieht gleichwohl in Ziff. IV (3) des Hauptvertrages, in bestimmtem Umfang eine Erlösbeteiligung vor.

7. **Kosten.** Gebührenansatz bei anwaltlicher Tätigkeit wie → Form. IX.41 Anm. 13. Der Gegenstandswert entspricht den veranschlagten Produktionskosten.

43. Fernsehlizenzvertrag für einen Film

Zwischen[1, 2, 9]
dem Lizenzgeber
und
dem Sendeunternehmen
wird folgender Fernsehlizenzvertrag geschlossen:

§ 1 Vertragsgegenstand[6]

Gegenstand des Vertrages ist der wie folgt beschriebene Film:

- Titel .....
- Produktionsnummer: .....
- Sprachfassung .....
- Filmhersteller .....
- Drehbuch .....
- Regie .....
- Hauptdarsteller .....
- Spieldauer .....
- Format .....
- Produktionsland .....
- Produktionsjahr .....

Der Lizenzgeber erklärt, zur Verfügung über die den Gegenstand dieses Vertrages bildenden Rechte[4] an dem genannten Film allein berechtigt zu sein.

§ 2 Rechtsübertragung[4]

Der Lizenzgeber räumt dem Sendeunternehmen folgende Rechte ein:

a) Das ausschließliche Recht, den Film während der vereinbarten Lizenzzeit in der vertraglich festgelegten Häufigkeit zu senden oder senden zu lassen oder weitersenden zu lassen; das Recht umfasst alle Formen des Senderechts in jeder technisch möglichen Weise einschließlich der Nutzung in Form von Fernsehtext, Videotext, Kabeltext, DVB-Untertitel und vergleichbaren Textdiensten sowohl durch terrestrische Ausstrahlung (einschließlich DVBT, DVB-H, DMB, UMTS, LTE etc) als auch durch Ausstrahlung über Kabelanlagen (wie Breitband, DSL, X-DSL) und/oder Satellit und/oder sonstige Übertragungsarten einschließlich des Pay-TV, im Rahmen des festgelegten räumlichen Verwertungsbereichs. Das Sendeunternehmen ist berechtigt, unter Beachtung der vertraglichen Sendungsverpflichtungen den Abspann des Films auf eigene Kosten und unter Wahrung der Urheberpersönlichkeitsrechte den senderüblichen Bedürfnissen anzupassen.
Das Recht ist wie folgt begrenzt:
   - die Auswertungslizenz beginnt am ..... nach Ablauf der für die Produktion geltenden Sperrfristen für die Kino-, Video-/DVD-, Video-on-Demand-, Pay-TV- und Free-TV-Auswertung und endet am ..... Der Lizenzgeber verpflichtet sich, das Sendeunternehmen unverzüglich schriftlich über den Beginn der regulären Kinoauswertung sowie den genauen Lizenzbeginn zu informieren. Der Film darf während der Lizenzzeit max. ..... -mal ausgestrahlt werden. Eine zeitgleiche oder teilweise zeitversetzte Ausstrahlung terrestrisch und/oder über Kabel und/oder

Satellit (oder auch zeitgleich über mehrere Satelliten, gleich welchen Systems) gilt als eine Ausstrahlung;
- Gegenstand der Lizenz ist der Film in seiner deutschen Sprachfassung. Die Lizenz ist auf das Territorium Europa beschränkt;

b) das ausschließliche Recht, Ausschnitte des Films bis zu einer Länge von max. 3 Minuten zur Bewerbung der zu a) bewilligten Filmverwertung zu senden und durch öffentliche Zugänglichmachung bekannt zu machen;

c) das nicht-ausschließliche Recht, zur Bewerbung der zu a) bewilligten Filmverwertung kurze Inhaltsangaben des Films in allen Online- und Offline-Medien zu veröffentlichen;

d) das nicht-ausschließliche Recht, die Produktion in der lizenzierten Sprachfassung für Programmbesprechungszwecke 6 Wochen im Vorfeld der jeweiligen Ausstrahlung in einem zugangsgeschützten Bereich des Presse-Online-Portals und der Presse-Online-Portale seiner mitveranstalteten Programme in Streaming-Qualität zugänglich zu machen;

e) das nicht-ausschließliche Recht, den Film für nicht gewerbliche Prüf-, Lehr- und Forschungszwecke zu verwenden sowie auf Wettbewerben, Festivals und Fachmessen vorzuführen, soweit es sich um Veranstaltungen handelt, die vorwiegend von Rundfunkfachleuten besucht werden;

f) das nicht-ausschließliche Recht, eine Vervielfältigung des Films zu archivieren.

g) Das Sendeunternehmen erwirbt darüber hinaus das ausschließliche Recht, innerhalb eines Zeitraumes von sieben Tagen im Lizenzgebiet nach erfolgter Ausstrahlung die vertragsgegenständliche Produktion im Lizenzgebiet und in der deutschen Sprachfassung öffentlich auch in der Weise zugänglich zu machen, dass Angehörige der Öffentlichkeit an einem von diesen individuell gewählten Ort und zu einer von diesen individuell gewählten Zeit Zugang zum Werk haben unabhängig davon, über welches Medium, zB Computer, Fernseher, mobile Telekommunikationsendgeräte oder andere Geräte, der Zugang erfolgt.

§ 3 Material[3]

(1) Zur Auswertung der nach diesem Vertrag eingeräumten Rechte stellt der Lizenzgeber dem Sendeunternehmen spätestens bis zum ..... folgendes Material zur Verfügung: .....

Der einzuhaltende technische Standard wird wie folgt definiert: .....

(2) Die Kosten des Transports trägt der Lizenzgeber.

(3) Kommt der Lizenzgeber mit seiner Lieferverpflichtung in Verzug, kann das Sendeunternehmen vom Vertrag zurücktreten und Schadensersatz geltend machen. In diesem Fall hat der Lizenzgeber alle vom Sendeunternehmen getätigten Zahlungen unverzüglich zurückzuerstatten; bereits durchgeführte Verwertungen werden anteilig berechnet.

(4) Der Lizenzgeber garantiert eine für das Fernsehen technisch einwandfreie Ton- und Bildqualität der lizenzierten Produktion gemäß den jeweils gültigen technischen Richtlinien des Sendeunternehmens.

(5) Das Sendeunternehmen verpflichtet sich, das bei ihm vollständig eingegangene Material einschließlich des zu liefernden Foto- und Informationsmaterials nach Erhalt binnen einer Frist von 2 Wochen technisch zu überprüfen. Nach Ablauf der vereinbarten Frist gilt das Material als abgenommen. Weist das gelieferte Material Mängel auf, so kann das Sendeunternehmen unter Fristsetzung die Lieferung von Ersatzmaterial verlangen oder auf Kosten des Lizenzgebers die Nachbesserung des mangelhaften Materials selbst durchführen oder durchführen lassen. Liefert der Lizenzgeber Ersatzmaterial, trägt er die hierfür anfallenden Transport- und Prüfkosten.

(6) Für den Fall, dass Foto- und Informationsmaterial nicht oder nur in einem für das Sendeunternehmen nicht verwendbaren Zustand vorhanden ist, hat das Sendeunternehmen das Recht, nach Darlegung der Mängel neues Bild- und Textmaterial zu fordern. Mit der Übergabe dieses Materials erfolgt nur zum Zweck der Programmankündigung und Senderpromotion zugleich die Übertragung der erforderlichen Vervielfältigungs- und Verbreitungsrechte einschließlich ggf. notwendiger Verlagsrechte.

(7) Nach Ablauf der Lizenzzeit hat das Sendeunternehmen die gelieferten Materialien auf Anforderung des Lizenzgebers an diesen herauszugeben. Die Rückgabeverpflichtung erlischt, wenn innerhalb eines Kalenderjahres nach Beendigung der Lizenzzeit kein schriftliches Verlangen von Seiten des Lizenzgebers auf Herausgabe gestellt wird. Sofern das Sendeunternehmen befugtermaßen auf eigene Kosten eine eigene Sprachfassung des Films hat herstellen lassen, so erstreckt sich die Herausgabeverpflichtung nicht auf diese neue Sprachfassung des Films. Die im Besitz des Sendeunternehmens berechtigterweise verbleibenden Materialien werden Eigentum des Sendeunternehmens.

§ 4 Lizenzvergütung[8]

(1) Das Sendeunternehmen verpflichtet sich gegenüber dem Lizenzgeber, zur Abgeltung aller mit diesem Vertrag übertragenen Rechte, zur Abgeltung der Lieferverpflichtungen und aller sonstigen vom Lizenzgeber vertraglich übernommenen Verpflichtungen und Leistungen an den Lizenzgeber eine Lizenzvergütung in Höhe von Euro . . . . . zzgl. der gesetzlichen Mehrwertsteuer.

Die Fälligkeit wird wie folgt geregelt:
- bei Vertragsabschluss . . . . .%
- bei vollständiger Lieferung der Materialien gem. § 3 . . . . .%
- bei Erstausstrahlung, spätestens aber am . . . .%

(2) Das Sendeunternehmen ist zur Sendung des vertragsgegenständlichen Films nicht verpflichtet. Die eingegangenen Zahlungsverpflichtungen bestehen unabhängig davon, ob das Sendeunternehmen die übertragenen Rechte ausübt oder nicht.

§ 5 Garantie[6]

Der Lizenzgeber steht dafür ein, dass die zur Herstellung und Auswertung des Films erforderlichen Nutzungsrechte aller betroffenen Urheber und Leistungsschutzberechtigten und aller sonstigen Mitwirkenden an der Herstellung des Films, vorbehaltlich der von den Verwertungsgesellschaften, insbesondere der GEMA wahrgenommenen Rechte, ordnungsgemäß erworben worden sind und Persönlichkeits- oder sonstige Rechte Dritter der vertragsgegenständlichen Auswertung nicht entgegenstehen. Das Sendeunternehmen sowie jeder Dritte, auf den das Sendeunternehmen die erworbenen Rechte mit Zustimmung des Lizenzgebers übertragen hat, wird von Ansprüchen Dritter freigestellt. Dies gilt auch für die Kosten einer eventuell erforderlichen Rechtsverteidigung.

§ 6 Nennungsverpflichtungen[7]

(1) Das Sendeunternehmen verpflichtet sich, den Film nur unter Verwendung des unveränderten Vorspanns auswerten zu lassen und darüber hinausgehend die Nennungsverpflichtungen gem. Vertragsanlage zu erfüllen.

(2) Das Sendeunternehmen ist berechtigt, den Vertragsfilm mit ihrem eigenen Namen zu versehen.

(3) Das Sendeunternehmen wird im Vor- und/oder Nachspann des Films den Copyright-Vermerk anbringen.

§ 7 Auskunfts- und Unterstützungspflicht[6]

(1) Der Lizenzgeber stellt dem Sendeunternehmen eine Musikliste zur Verfügung, in der die verwendeten Musikwerke und -aufnahmen mit Werktiteln, Länge, Musikurhebern und Mitwirkenden vollständig angeführt sind.
(2) Auf Anfordern des Sendeunternehmens weist der Lizenzgeber seine Rechtsinhaberschaft bezüglich abgeleiteter Urheber- und Leistungsschutzrechte unverzüglich durch Vorlage der maßgeblichen Vertragskopien oder anderer beweiskräftiger Unterlagen nach. Die Nachweispflicht besteht insbesondere, wenn gegenüber dem Sendeunternehmen von dritter Seite der wirksame Erwerb der Rechte bestritten wird.
(3) Lizenzgeber und Sendeunternehmen werden einander bei etwaiger gerichtlicher oder außergerichtlicher Geltendmachung der erworbenen Rechte unterstützen, notwendige Auskünfte erteilen sowie weitere Dokumente, Korrespondenzen und sonstige Unterlagen zur Verfügung stellen.
(4) Unbeschadet der in Abs. 2 und 3 genannten Verpflichtungen des Lizenzgebers ist das Sendeunternehmen befugt, selbst geeignete Maßnahmen zur Abwehr derartiger Beeinträchtigungen zu treffen. Hierzu gehört auch das Recht, einem Dritten die Ausstrahlung der lizenzierten Produktion zu untersagen.

§ 8 Abtretung[4]

(1) Der Lizenzgeber ist nicht berechtigt, Rechte oder Pflichten aus diesem Vertrag und/oder diesen Vertrag als Ganzes ohne vorherige schriftliche Einwilligung auf Dritte zu übertragen.
(2) Die Einwilligung darf nicht treuwidrig verweigert werden. In jedem Falle behält sich das Sendeunternehmen vor, alle Aufrechnungsrechte, Gegenansprüche oder sonstige Einwendungen oder Ansprüche, die zum Zeitpunkt der Abtretung gegen den Lizenzgeber begründet waren, auch gegen den neuen Gläubiger geltend zu machen. Die Regelungen des § 354a HGB bleiben hiervon unberührt.

§ 9 Option[4]

Der Lizenzgeber ist verpflichtet, nach Ende der Lizenzzeit die Fernsehnutzungsrechte an der Produktion zunächst ausschließlich dem Sendeunternehmen zu diesem Vertrag vergleichbaren Konditionen anzubieten. Das Sendeunternehmen macht dem Lizenzgeber unverzüglich nach Zugang dieses Angebots Mitteilung, ob ein Interesse an einem Neuerwerb der Rechte besteht.

§ 10 Schlussbestimmungen

(1) Lizenzgeber und Sendeunternehmen erklären, dass Nebenabreden zu diesem Vertrag nicht getroffen worden sind und etwaige Änderungen und Ergänzungen des Vertrages sowie der Verzicht auf die Schriftform nur schriftlich vereinbart werden können.
(2) Sollte irgendeine Bestimmung dieses Vertrages nichtig sein, so wird hierdurch die Rechtsgültigkeit des Vertrages insgesamt nicht berührt. An die Stelle der nichtigen soll eine gültige Bestimmung treten, die dem Sinn des Vertrages gemäß und durchführbar ist.
(3) Erfüllungsort und Gerichtsstand ist der Sitz des Sendeunternehmens.

Schrifttum: → Form. IX.41, ergänzt um v. Hartlieb/Schwarz, Handbuch des Film-, Fernseh- und Videorechts, 5. Aufl. 2011/*Castendyk* 257. Kap.; *Homann*, Praxis-Handbuch Filmrecht, 3. Aufl. 2008, S. 324 ff.

Anmerkungen

1. Sachverhalt. Anders als bei der Auftragsproduktion (→ Form. IX.41 Anm. 1) und der Gemeinschaftsproduktion (→ Form. IX.42 Anm. 1) erwirbt das Sendeunternehmen Fernsehnutzungsrechte im Wege des Lizenzvertrages, wenn eine fertige Filmproduktion gesendet werden soll, an der sich das Sendeunternehmen weder redaktionell noch unternehmerisch beteiligt hat. In der Regel nutzen die Parteien hierfür vorgefertigte Muster, die verschiedene Standardregelungen zur Auswahl enthalten. Das vorliegende Formular orientiert sich grob an den Musterregelungen des ZDF in der bei Redaktionsschluss vorliegenden Fassung. Große Lizenzgeber setzen dagegen ihre eigenen Standardverträge durch.

2. Wahl des Formulars. Zur Abgrenzung gegenüber der Auftragsproduktion → Form. IX.41 Anm. 2, zur Abgrenzung gegenüber der Gemeinschaftsproduktion → Form. IX.42 Anm. 2. Das Formular ist angelegt als Grundmodell für einen Lizenzvertrag mit einem privatrechtlichen Sendeunternehmen. Soweit Filmrechte „im Paket" verkauft werden, müsste neben einer detaillierteren Regelung der ggf. unterschiedlichen Lizenzzeiten/Ausstrahlungsterminierungen vor allem vertragliche Vorsorge getroffen werden für den Fall, dass es zu Leistungsstörungen bezüglich der besonders wertvollen Filme aus dem Gesamtpaket kommen sollte.

3. Dispositives Recht. Beim Fernsehlizenzvertrag geht es um Programmzuführung an das Sendeunternehmen, welches dann seinerseits erst mit dem Fernsehzuschauer in Kontakt tritt. Es geht also beim Fernsehlizenzvertrag (entgegen *Obergfell* S. 165) keineswegs um die Vermittlung des Films an den Zuschauer. Verwandtschaftliche Beziehungen zum Filmvorführungsvertrag (→ Form. IX.35 und 36) halten sich in Grenzen, vor allem weil der Kinobetreiber im Gegensatz zum Sendeunternehmen regelmäßig eine Auswertungspflicht übernimmt (vgl. dazu BGH GRUR 2003, 173 (175)) und nur einfache Rechte erwirbt, während das Sendeunternehmen eine exklusive, wenn auch zeitlich und räumlich eingeschränkte Rechtsposition anstrebt. Neben den Nutzungsrechten erhält das Sendeunternehmen auch Besitz und ggf. Eigentumsrechte an den Materialien (§ 3 des Form.). Wir haben es mit einem urheberrechtlichen Nutzungsvertrag eigener Art zu tun, der gewisse Elemente der Miete und der Pacht aufweist und, im Falle des Eigentumserwerbs an den Materialien, auch des Sachkaufs.

4. Rechtsübertragung. Der Lizenzgeber verfügt über die Nutzungsrechte des Filmherstellers (§ 94 UrhG) und die im Film verkörperten Urheber- und Leistungsschutzrechte. Gegenstand der Rechtsübertragung ist vorrangig das auf die Filmproduktion bezogene Recht zur Funksendung (§§ 94, 88, 89, 92, 20, 20a, 78 Abs. 1 Nr. 2 UrhG), damit verbunden auch die Befugnis, die zur Durchführung der Fernsehausstrahlung erforderliche Anzahl von Vervielfältigungsstücken des Films herzustellen. Mit der Ausstrahlung erwirbt die Rundfunkanstalt kraft Gesetzes (§ 87 UrhG) ein originäres Recht an ihrer Funksendung; sie kann der unbefugten Weitersendung und sonstigen von der Ausstrahlung abgeleiteten Nutzungshandlungen entgegentreten. Erlaubnisse kann sie insoweit nur erteilen, als sie vom Lizenzgeber entsprechend autorisiert ist. § 2 des Formulars beschränkt den Rechtserwerb auf eine bestimmte Anzahl von Ausstrahlungsvorgängen während der Lizenzzeit (zB auf 5 Jahre). Häufig werden die Rechte zur Pay-TV Verwertung – auch auf Grund ihrer kürzeren Sperrfrist im Vergleich zum Free-TV nach § 53 FFG – ausgenommen und gesondert vergeben. Denkbar ist auch die Unterscheidung in einen Zeitraum der exklusiven und der anschließenden nicht-exklusiven Sendung.

Regelmäßig wird dem Sendeunternehmen zudem eine innerhalb einer bestimmten Frist auszuübende Option dahin einzuräumen, die Lizenzzeit um einen weiteren Zeitraum gegen Zahlung einer zusätzlichen Pauschalvergütung (vgl. § 4 des Formulars und → Anm. 7) zu verlängern, hier in § 9 des Formulars. Um dem Lizenzgeber weitere Lizenzvergaben offen zu halten, wird die Befugnis des Sendeunternehmens auf die Ausstrahlung der deutschsprachigen Filmfassung eingeschränkt. Die territoriale Begrenzung wird zweckmäßigerweise an Europa festgemacht, da jedenfalls für die Satellitenausstrahlung eine Verringerung des Lizenzterritoriums innerhalb der Grenzen der Europäischen Union an § 20a Abs. 1 UrhG scheitern würde.

Eine grundlegende Entscheidung muss hinsichtlich der Zugriffs- und Abrufdienste getroffen werden. Alle Sendeunternehmen unterhalten mittlerweile eigene für den Nutzer kostenfreie Mediatheken oder sogar kostenpflichtige Filmportale und sind daran interessiert, sich die Rechte für die öffentliche Zugänglichmachung des Films nach § 19a UrhG zu sichern. Häufig wird dabei zwischen den Rechten für entgeltliches und unentgeltliches Video-on-Demand (VoD) unterschieden. Das Formular enthält eine Regelung für den sogenannten „7-Day-Catch-Up", also das unentgeltliche zur Verfügung Stellen des Films für 7 Tage, was regelmäßig als Streaming erfolgt. Zumeist werden die Rechte für das entgeltliche VoD gesondert vergeben, da auch insoweit kürzere Sperrfristen gelten als für die Free-TV-Auswertung, § 53 FFG (→ Form. IX.45 Anm. 3).

Für Promotionzwecke sieht das Formular ergänzend entsprechende Rechte vor (§ 2 lit. b, c und d). Sofern der Film durch Mittel der Filmförderanstalten gefördert wurde, sind deren Sperrvorschriften zu beachten, § 53 FFG. Dem Sendeunternehmen ist aufzugeben, den Film nicht vor Ablauf der Sperre auszustrahlen (vgl. *v. Hartlieb/Schwarz* Kap. 257).

Soweit es sich nicht um einen Film handelt, der bereits in deutschsprachiger Fassung vorliegt, benötigt das Sendeunternehmen das Recht, eine solche durch Synchronisation, Voice-Over-Fassung oder Untertitelung herzustellen oder herstellen zu lassen. Teilweise wird auch vereinbart, dass der Lizenzgeber eine solche Fassung für das Sendeunternehmen herstellen lässt. Dann sind Regelungen zur Auswahl des Synchronisationsunternehmens, zu den künstlerischen und technischen Mitspracherechten, zur Auswahl von Regisseur und Sprechern und zur Abnahme des Dialogbuches zu treffen.

Zudem sollte eine Regelung dazu gefunden werden, ob das Sendeunternehmen zur Sublizenzierung berechtigt ist. Im Formular ist dies mit Einwilligung des Lizenzgebers möglich, vgl. § 8.

5. **Material.** Die Qualität der Materialien ist regelmäßig essentiell für die Auswertung durch das Sendeunternehmen. Entsprechend haben die Sendeunternehmen hierfür detaillierte technische Richtlinien entwickelt, die sie zum Vertragsbestandteil machen. Das Formular geht von einer Rückgabeverpflichtung der Materialien nach der Auswertung an den Lizenzgeber aus. Es ist aber genauso gut möglich, den Eigentumsübergang zu regeln oder eine kurzfristige Leihe nur für die Überspielung des Films zu vereinbaren. Häufig wird die Abnahme des Materials auch zum Anknüpfungspunkt für die Fälligkeit der Zahlung gemacht. Ergänzend zum Filmmaterial verlangen Sendeunternehmen regelmäßig eine vollständige Musikliste (vgl. § 7 des Formulars), FSK-Gutachten, Cast- und Produktionslisten, Pressematerial und eine Erklärung zu den genutzten Produktionshilfen und enthaltenen Product Placements (zur Bedeutung → Form. IX.33 C → Anm. 1 und 3). Hierfür gibt es meist eine eigene Anlage zum Vertrag.

6. **Garantiehaftung, Auskunfts- und Unterstützungspflicht.** Um dem Lizenzgeber für den Fall des Rechtsmangels die Exkulpationsmöglichkeit mangelnden Verschuldens (§ 311a Abs. 2 BGB) abzuschneiden, sieht § 5 des Formulars dessen Garantiehaftung vor. Sollte eine bereits vorliegende deutschsprachige Fassung geliefert werden, so sollte der Lizenzgeber die hierzu bestehenden Rechte im gleichen Umfang garantieren. Soweit der Vertrag eine Erstausstrahlung lizenziert, sollte sich das Sendeunternehmen auch

garantieren lassen, dass in der lizenzierten Sprachfassung im Lizenzgebiet zuvor keine Sendung im Free-TV erfolgte.

Im inneren Zusammenhang damit steht die in § 7 des Formulars zum Ausdruck gebrachte gegenseitige Auskunfts- und Unterstützungspflicht, die dem Zweck dient, die Entstehung von Schäden gegenüber außenstehenden Anspruchsstellern möglichst zu vermeiden oder jedenfalls gering zu halten. Die in § 7 Abs. 1 des Formulars angesprochene Musikliste dient der Zuordnung von Verwertungsvorgängen im Bereich des Aufführungsrechts und deren Wahrnehmung durch Verwertungsgesellschaften (GEMA, GVL). Eine sorgfältige Zusammenstellung und Prüfung der Rechtekette („Chain of Titles") aus Anlass des Abschlusses eines Lizenzvertrages trägt dazu bei, eine nachfolgende Inanspruchnahme Drittberechtigter, die ggf. unmittelbar vor einer angekündigten Fernsehausstrahlung besonders unangenehm sein kann, abzuwenden. Teilweise wird ein Nachweis des Chain of Title oder eine entsprechende Garantieerklärung des Produzenten zur Bedingung für die Fälligkeit der Vergütung gemacht.

Ergänzt werden kann die Rechtegarantie durch eine Erklärung dahingehend, dass der Lizenzgeber versichert oder nachweist, dass keine Vereinbarungen mit Dritten bestehen, nach denen die vertragsgegenständlichen Auswertungsrechte erlöschen oder an Dritte fallen, falls über das Vermögen des Lizenzgebers ein Insolvenzverfahren beantragt bzw. eröffnet wird oder er sonst in Zahlungsschwierigkeiten gerät oder er sonst auflösende Bedingungen für den eigenen Rechteerwerb vereinbart hat. Zugleich könnte er dies für Dritte nachweisen bzw. garantieren, von denen er Rechte erworben hat.

7. **Nennungsverpflichtung.** Der Lizenzgeber haftet in der Regel seinen Vertragspartnern, insbesondere den Urheberberechtigten und ausübenden Künstlern (§§ 13, 74 UrhG) gegenüber für eine ordnungsgemäße filmübliche Nennung der an der Filmherstellung Beteiligten. Außerdem bedarf die Ankündigung der beteiligten Firmen, die nicht über eigene gesetzliche Nennungsrechte verfügen, einer möglichst genauen Absprache ähnlich wie beim Filmlizenzvertrag, → Form. IX.34 Anm. 11. § 2a des Formulars verschafft dem Sendeunternehmen die Möglichkeit, sich einen auf die eigenen Bedürfnisse zugeschnittenen Abspann herzustellen, freilich ohne von den vertraglich übernommenen Nennungsverpflichtungen entbunden zu werden.

8. **Vergütung.** Üblich ist eine Pauschalvergütung. Für die Fälligkeit sollten bestimmte datenmäßig festgelegte Zeitpunkte vereinbart werden. Es ist empfehlenswert, die Zahlung der Hauptrate (zB 70 % der Gesamtvergütung) von der vorherigen Erfüllung der vom Lizenzgeber in § 3 Abs. 1 übernommenen Lieferverpflichtungen abhängig zu machen. Da das Sendeunternehmen zur Fernsehausstrahlung nicht verpflichtet ist, sollte vorsorglich für die mit der letzten Rate fällige Restzahlung ein fester Termin fixiert werden, der jedenfalls dann die Fälligkeit auslöst, falls bis dahin die Erstausstrahlung noch nicht erfolgt ist. Abweichend von § 4 des Formulars kann auch verabredet werden, dass bei bestimmten zusätzlichen Ausstrahlungsvorgängen in bestimmter Höhe Wiederholungsvergütungen zu zahlen sind. Zur Reduzierung des Verwaltungsaufwandes vereinbaren Sendeunternehmen aber auch die Zahlung der gesamten Summe bei Abnahme des Materials und ggf. Vorliegen eines Nachweises oder einer Erklärung über den Chain of Title.

9. **Kosten.** → Form. IX.41 Anm. 13.

Video/DVD/Blu-ray/VoD

44. Videogrammlizenzvertrag mit VoD (AV-Auswertung)

Zwischen
dem Lizenzgeber[1]
und
dem Lizenznehmer[1]
wird folgender Videogrammlizenzvertrag geschlossen:

§ 1 Vertragsgegenstand

Gegenstand des Vertrages ist der wie folgt beschriebene Film
- Titel: .....
- Charakteristik der Produktion: .....
- Sprachfassung: deutsch
- Filmhersteller: .....
- Drehbuch: .....
- Regie: .....
- Hauptdarsteller: X (garantiert), Y, Z (voraussichtlich)
- Spieldauer: .....
- Format: .....
- voraussichtliches Erscheinungsjahr: ..... –FSK: .....

§ 2 Rechtsübertragung[3]

(1) Der Lizenzgeber überträgt auf den Lizenznehmer folgende Rechte an dem genannten Film:
- Gegenständlich: Das ausschließliche Recht zur Vervielfältigung und Verbreitung des Films in der in § 1 genannten Sprachfassung (also deutsch synchronisiert, mit deutschen Untertiteln und/oder mit deutschem Voice-over) als Videogramm in allen analogen und digitalen Systemen (insbesondere DVD, BluRay Disc, Videokassette und alle sonstigen Speichermedien wie zB Videobändern, Videoplatten, Schmalfilmformat, Chips, Video-CD, -CD-ROM). Das Verbreitungsrecht ist umfassend und bezieht sowohl den Verkauf wie die Vermietung ein.
- Das ausschließliche Recht der öffentlichen Zugänglichmachung des Films in der in § 1 genannten Sprachfassung (also deutsch synchronisiert, mit deutschen Untertiteln und/oder mit deutschem Voice-over), um den Film einer Vielzahl von Nutzern zum individuellen, zeit- und ortunabhängigen Abruf über online Dienste zur privaten Nutzung zur Verfügung zu stellen (Video on Demand – VoD), sowie das Recht, den Film und/oder Teile des Films in elektronische Datenbanken einzubringen und auf individuellen Abruf des Nutzers zur Wiedergabe, Vervielfältigung, Weiterübertragung und/oder Speicherung an diesen zu übertragen.
- Räumlich: Die Rechtsübertragung gilt für Europa und erstreckt sich auf die Videogrammnutzung in Flugzeugen, Schiffen und Zügen, die der Rechtsordnung des Lizenzterritoriums unterfallen, sowie auf alle exterritorialen Einrichtungen der Länder des Lizenzterritoriums.

- Zeitlich: Die ausschließliche Auswertungslizenz beginnt hinsichtlich aller Auswertungsformen nach Ablauf von 6 Monaten ab Beginn der Kinoauswertung des Films und endet am .....

(2) Der Lizenznehmer ist berechtigt, die bei Ablauf der ausschließlichen Auswertungslizenz noch vorhandenen Vervielfältigungsstücke für die Dauer weiterer 6 Monate nicht exklusiv und unter Beibehaltung der getroffenen Vergütungsvereinbarungen abzuverkaufen. Danach noch vorhandene Vervielfältigungsstücke hat der Lizenznehmer zu vernichten, die Vernichtung ist dem Lizenzgeber unaufgefordert durch Vorlage eines Vernichtungsprotokolls nachzuweisen. Das Vermietungsrecht erlischt mit dem Ende der ausschließlichen Auswertungslizenz endgültig.

(3) Der Lizenznehmer ist während der Dauer der ausschließlichen Auswertungslizenz berechtigt, durch Veröffentlichung von Filmausschnitten für die vertragsgegenständliche Filmverwertung in branchenüblicher Weise zu werben.

(4) Die Rechtsübertragung bzw. Rechtseinräumung nach diesem Vertrag erfolgt unter der auflösenden Bedingung, dass das darauf gerichtete schuldrechtliche Verpflichtungsgeschäft zustande kommt und bestehen bleibt. Nach etwaigem Wegfall des Verpflichtungsgeschäftes fallen die vertragsgegenständlichen Nutzungs- und Verwertungsrechte automatisch an den Lizenzgeber zurück.

(5) Der Lizenznehmer ist ferner berechtigt, sämtliche Marken und sonstigen Kennzeichen, an denen der Lizenzgeber entsprechende Rechte hält, zur vertragsgemäßen Auswertung des Films zu nutzen. Gleichsam ist der Lizenznehmer berechtigt, den Titel des Filmes in der deutschen Sprachfassung wie den Film selbst zu verwerten.

§ 3 Weiterübertragung[3]

Der Lizenznehmer ist zur Vergabe von Sublizenzen zur Videogrammauswertung berechtigt. Diese Berechtigung ist dahin eingeschränkt, dass auch die weiter übertragenen Sublizenzrechte ohne Durchgangserwerb beim Lizenznehmer automatisch an den Lizenzgeber zurückfallen, wenn das schuldrechtliche Verpflichtungsgeschäft zwischen Lizenzgeber und Lizenznehmer erlischt.

§ 4 Material[5]

(1) Zur Auswertung der nach diesem Vertrag eingeräumten Rechte stellt der Lizenzgeber dem Lizenznehmer bis zum ..... folgendes Material zur Verfügung: .....

Der einzuhaltende technische Standard wird wie folgt definiert: .....

(2) Die Kosten des Transports trägt der Lizenzgeber.

(3) Kommt der Lizenzgeber mit seiner Lieferverpflichtung in Verzug, kann der Lizenznehmer vom Vertrag zurücktreten und Schadensersatz geltend machen.

(4) Nach Ablauf der Lizenzzeit hat der Lizenznehmer die gelieferten Materialien auf Anforderung des Lizenzgebers an diesen herauszugeben. Die Rückgabeverpflichtung erlischt, wenn innerhalb eines Kalenderjahres nach Beendigung der Lizenzzeit kein schriftliches Verlangen von Seiten des Lizenzgebers auf Herausgabe gestellt wird. Sofern der Lizenznehmer befugtermaßen auf eigene Kosten eine eigene Sprachfassung des Films hat herstellen lassen, so erstreckt sich die Herausgabeverpflichtung nicht auf diese neue Sprachfassung des Films. Die im Besitze des Lizenznehmers berechtigterweise verbleibenden Materialien werden Eigentum des Lizenznehmers.

§ 5 Auswertungspflicht[6]

(1) Der Lizenznehmer ist verpflichtet, die Videoauswertung in branchenüblicher Weise vorzunehmen. Er wird mit Beginn der Lizenzzeit Vervielfältigungsstücke im angemessenen Umfang anbieten und in ausreichender Menge vorrätig halten.

(2) Der Lizenznehmer darf den Film ausschließlich unverändert und ohne Vornahme von Schnitten, Bearbeitungen, Ergänzungen, Auswechslung der Musik und ähnlicher Eingriffe vervielfältigen. Er wird den Film nur unter Verwendung des unveränderten Vor- und Nachspanns auswerten.
(3) Der Lizenznehmer ist berechtigt, das Vervielfältigungsstück mit seinem eigenen Firmennamen und Logo zu versehen. Er hat zugleich die ihm vom Lizenzgeber mitgeteilte Nennungsverpflichtungen zu beachten.

§ 6 Vergütung[8]

(1) Der Lizenznehmer verpflichtet sich zur Zahlung von Beteiligungsvergütungen an den Lizenzgeber, die sich wie folgt errechnen:
Für jedes verkaufte und nicht retournierte Vervielfältigungsstück zahlt der Lizenznehmer eine Umsatzbeteiligung in Höhe von .....% vom Handelsabgabepreis (HAP).
An den Erlösen aus der Vermietung sowie aus der VoD-Auswertung (Mietpreis/Abrufpreis abzüglich Mehrwertsteuer) wird der Lizenzgeber mit .....% beteiligt.
(2) Der Lizenznehmer verpflichtet sich, an den Lizenzgeber eine mit der Beteiligungsvergütung verrechenbare, aber nicht rückzahlbare Minimumgarantie in Höhe von Euro ..... zu zahlen.
Diese ist in Teilbeträgen wie folgt fällig:
.....% bei Vertragsabschluss,
.....% bei Beginn der Dreharbeiten und
.....% am ersten Tag der Kinoauswertung.
(3) Die Beteiligungsvergütung ist zum 30.6. und 31.12. eines jeden Kalenderjahres innerhalb von 3 Monaten abzurechnen.
(4) Der Lizenznehmer hat das Recht, die Richtigkeit der erteilten Abrechnungen nebst den der jeweiligen Abrechnung zugrunde liegenden Verwertungshandlungen durch eine zur Berufsverschwiegenheit verpflichtete Person auf eigene Kosten einmal pro Kalenderjahr überprüfen zu lassen. Ergibt die Überprüfung ein Abweichen der vorgelegten Abrechnung gegenüber dem korrekten Abrechnungssaldo um mehr als 5 % pro Halbjahresabrechnung zu Ungunsten des Lizenzgebers, trägt der Lizenznehmer die Prüfungskosten.

§ 7 Auskunfts- und Unterstützungspflicht[9]

Die Lizenzvertragsparteien werden einander bei etwaiger gerichtlicher oder außergerichtlicher Geltendmachung der erworbenen Rechte unterstützen, notwendige Auskünfte erteilen sowie Dokumente und sonstige Unterlagen (insbesondere Dokumente zur Darlegung der Rechtekette) zur Verfügung stellen.

§ 8 Vorzeitige Vertragsbeendigung[10]

(1) Der Lizenzgeber ist berechtigt, das Vertragsverhältnis fristlos zu kündigen, sofern der Lizenznehmer seinen Zahlungs- oder Abrechnungsverpflichtungen nicht nachkommt und diese Verpflichtungen auch nicht innerhalb einer ihm schriftlich gesetzten Nachfrist von 4 Wochen erfüllt.
(2) Bis zur Stellung des Antrages auf Eröffnung des Insolvenzverfahrens über das Vermögen des Lizenznehmers ist der Lizenzgeber zur fristlosen Kündigung des Vertrages mit der Folge des automatischen Rechterückfalls berechtigt:
– unter den Voraussetzungen des § 314 BGB (fristlose Kündigung aus wichtigem Grund bei Dauerschuldverhältnissen) oder
– es tritt eine wesentliche Verschlechterung der Vermögensverhältnisse des Lizenznehmers ein.

(3) Nach der Stellung des Antrages auf Eröffnung des Insolvenzverfahrens über das Vermögen des Lizenznehmers ist der Lizenzgeber zur fristlosen Kündigung des Vertrages mit der Folge des automatischen Rechterückfalls berechtigt, wenn der Lizenznehmer zwischen der Antragstellung und der Eröffnung des Insolvenzverfahrens mit seinen Zahlungsverpflichtungen in Verzug gerät.

(4) Nach der Eröffnung des Insolvenzverfahrens ist der Lizenzgeber zur fristlosen Kündigung des Vertrages berechtigt, wenn der Insolvenzverwalter mit den Zahlungsverpflichtungen aus dem fortgeführten Vertrag in Verzug gerät.

(5) Mit dem Zugang der fristlosen Kündigung fallen die Auswertungsrechte automatisch an den Lizenzgeber zurück, und zwar einschließlich derjenigen Rechte, die der Lizenznehmer an Sublizenznehmer weiter übertragen hat.

(6) Wird der Vertrag durch eine berechtigte fristlose Kündigung des Lizenzgebers beendet, gilt bezüglich der gelieferten Materialien § 4 Abs. 3 des Vertrages entsprechend.

§ 9 Garantie[4]

(1) Der Lizenzgeber steht dafür ein, dass die zur Herstellung und Auswertung des Films erforderliche Nutzungsrechte aller betroffenen Urheber und Leistungsschutzberechtigten und alle sonstigen Mitwirkenden an der Herstellung des Films, vorbehaltlich der von den Verwertungsgesellschaften, insbesondere der GEMA wahrgenommenen Rechte ordnungsgemäß erworben worden sind und Persönlichkeits- oder sonstige Rechte Dritter der vertragsgegenständlichen Auswertung nicht entgegenstehen. Der Lizenznehmer wird von Ansprüchen Dritter freigestellt.

(2) Für den Fall, dass der fertiggestellte Film die in § 1 des Vertrages garantierten Eigenschaften nicht erfüllt, ist der Lizenznehmer zum Rücktritt vom Vertrag berechtigt, sofern die Rücktrittserklärung innerhalb eines Monats ab Kenntnis von der Nichterfüllung der Garantie in schriftlicher Form abgegeben wird. Wird das Rücktrittsrecht nicht ausgeübt, erlischt auch ein etwaiger Schadenersatzanspruch des Lizenznehmers, der auf die Nichterfüllung der Garantie gem. § 1 des Vertrages gestützt wird.

§ 10 Schlussbestimmungen

(1) Ergänzend gilt das Recht der Bundesrepublik Deutschland.

(2) Maßgebend ist allein dieser schriftliche Vertrag. Änderungen, Ergänzungen sowie der Verzicht auf die Schriftform können nur schriftlich vereinbart werden. Mündliche Nebenabreden sind nicht getroffen.

(3) Die etwaige Unwirksamkeit einer Bestimmung dieses Vertrages lässt die Wirksamkeit des Vertrages im Übrigen unberührt. Die unwirksame Bestimmung ist durch eine sinnentsprechende wirksame Bestimmung zu ersetzen, die der angestrebten wirtschaftlichen Regelung am nächsten kommt.

(4) Der Vertrag unterliegt deutschem Recht.

(5) Sofern eine der Vertragsparteien keinen Gerichtsstand im Geltungsbereich der Bundesrepublik Deutschland hat, gilt der Sitz des inländischen Vertragspartners als Gerichtsstand für alle etwaigen Streitigkeiten aus diesem Vertrag. Die Parteien sind auch berechtigt, das nach dem allgemeinen Gerichtsstand des Beklagten zuständige Gericht anzurufen.

Schrifttum: Bäcker/Höfinger, Online-Vertrieb digitaler Inhalte: Erstvertrieb, nachgelagerte Nutzung und nachgelagerte Märkte, ZUM 2013, 623 ff.; v. Hartlieb/Schwarz, Handbuch des Film-, Fernseh- und Videorechts, 5. Aufl. 2011/*Poll/Schwarz*, 218.–222. und 261. Kap.; *Homann*, Praxis-Handbuch Filmrecht, 2008, S. 321 ff.; *Obergfell*, Filmverträge im deutschen materiellen und internationalen Privatrecht, 2001, S. 165 ff.; Loewenheim, Handbuch des Urheberrechts, 2. Aufl. 2010/*Schwarz/Reber*, § 74, Rn. 285 ff; *McGuire/Kunzmann*, Sukzessionsschutz und Fortbestand der Unterlizenz nach „M2Trade“ und

„Take Five" – Ein Lösungsvorschlag, GRUR 2014, 28; Schricker/Loewenheim, Urheberrecht, 5. Aufl. 2017/*Ohly*, Vor §§ 31 ff, Rn. 138 ff; *Katzenberger-N. Reber*, § 89, Rn. 11 ff.; *Ullrich,* Alles in einem – Die Einräumung eines Nutzungsrechts i. S. d. § 31 Abs. 1 UrhG für einen On-Demand-Dienst im Internet, ZUM 2010, 311 ff; Wandtke/Bullinger, Urheberrecht, 4. Aufl. 2014/*Manegold/Czernik,* Vor §§ 88 ff., Rn. 111 ff.

Anmerkungen

1. Sachverhalt. Bei der so genannten Videogrammauswertung eines Filmes geht es zunächst um die Verwertung des Films durch seinen Verkauf und seine Vermietung an private Haushalte. Derzeit (Stand 2019) erfolgt diese Verwertung vornehmlich auf DVD und Blu-ray Disc. Häufig werden in einem solchen Videogrammlizenzvertrag ergänzend die Rechte für die Video-on-Demand-Auswertung (VoD) des Films miteingeräumt. Teilweise werden auch separate Verträge mit entsprechenden Plattformbetreibern geschlossen. Oft wird dann auch zusammenfassend von Audiovisueller Verwertung (AV-Verwertung) oder Home-Entertainment-Verwertung gesprochen.

Der Inhaber der Videogrammlizenzrechte ist zumeist der Filmhersteller, ggf. auch der Filmverleih oder die Weltvertriebsfirma. Dieser Lizenzgeber schließt mit dem Unternehmen, das die Videogrammauswertung übernehmen soll, einen Vertrag über die exklusive Videogrammauswertung des Films. Ein dahingehender Lizenzvertrag wird häufig bereits zu einem Zeitpunkt angestrebt, in dem das Filmprojekt noch im Entstehen ist, um damit eine zusätzliche Finanzierungsquelle zu erschließen („Presale"), → Anm. 8. In Betracht zu ziehen ist aber auch der Ankauf der Videogrammrechte von längst in der Kino- und TV-Auswertung befindlichen Filmen, was dann meist „im Paket" geschieht.

2. Wahl des Formulars. Das Formular ist zugeschnitten auf den Erwerb der Videogramm- sowie der VoD-Rechte an einem noch nicht fertiggestellten Film. Wenn der Lizenznehmer darauf bestehen sollte, in die Abnahme des Drehbuchs und der einzelnen Produktionsfortschritte des Films bis zur Feinschnittabnahme mitbestimmend einbezogen zu werden, sollte das Modell der Koproduktion (→ Form. IX.33) bevorzugt werden (→ Form. IX.33, Anm. 4). Der Lizenzgeber wird dabei auf eine Minimum-Garantie Wert legen, die ihm bereits während der laufenden Produktionszeit im Wesentlichen zufließt (→ Anm. 8). Besonderes Augenmerk ist von Seiten des Lizenznehmers auf die möglichst genaue Definition des Films (Länge, Fassung, Drehbuch, Regie, Hauptdarsteller, FSK) und auf die Regelung der Rechtsfolgen für den Fall zu richten, dass der fertiggestellte Film den vertraglich fixierten und ggf. auch garantierten Definitionsmerkmalen nicht entsprechen sollte (vgl. § 9 Abs. 2 des Formulars sowie → Anm. 4). Beim Erwerb von Videogrammrechten an bereits im Verkehr befindlichen Filmen kann der Lizenznehmer möglicherweise einen Verzicht auf die Zahlung einer Minimum-Garantie durchsetzen. Er wird aber Wert darauf zu legen haben, für den Fall des Wegfalls besonders wertvoller Filme aus dem Gesamtpaket den Fortbestand des Gesamtvertrages in Frage stellen (Rücktrittsrecht) und (ggf. pauschalierten) Schadensersatz geltend machen zu können. Bei Dokumentarfilmen sollte erwogen werden, die Auswertungsrechte für nicht gewerbliche Zwecke (Schulen, Bildungseinrichtungen usw) aus dem Lizenzvertrag auszuklammern, um sie einem darauf spezialisierten Vertriebsunternehmen gesondert zu überlassen.

3. Rechtsübertragung. Das Formular versteht den Begriff Videogramm als Oberbegriff für alle Arten und Formate einer körperlichen Festlegung des Bild- und Tonträgers eines Films, die zum privaten Gebrauch vervielfältigt und verbreitet werden. Auch wenn nach der Rechtsprechung die DVD- (BGH GRUR 2005, 937 (939) – Der Zauberberg) und wohl auch die Blu-Ray Disc-Auswertung (LG München ZUM 2011, 269) eines Spielfilms im Verhältnis zur herkömmlichen Videozweitauswertung keine neue Nutzungsart darstellen soll, werden entsprechende Aufzählungen nach Art des § 2 Abs. 1 unter ausdrücklicher Einbeziehung des DVD-Formats empfohlen, um der Spezifizierungslast der Übertragungszweckregel (§ 31 Abs. 5 UrhG) nachzukommen. Vor diesem Hintergrund kann auch die Aufzählung weiterer, weniger geläufiger Formate notwendig sein. Sofern die DVD- bzw. Blu-ray Disc-Verwertung auf Wunsch der Vertragsschließenden etwa mit der Klausel „ausgenommen DVD und/oder Blu-Ray-Disc" ausgeklammert werden soll, erscheint es im Hinblick auf die zitierte Rechtsprechung fraglich, ob dadurch über eine schuldrechtliche Enthaltungspflicht des Lizenzgebers hinausgehend einem Dritten gegenüber wirksame dingliche Rechteabspaltung erzielt werden kann.

Gegenstand der Rechtsübertragung sind zunächst die Nutzungsrechte zur Videogrammauswertung, die von den Urhebern und Leistungsschutzberechtigten abgeleitet sind, deren Werke und Leistungen im Film verkörpert werden, insbesondere von Urhebern vorbestehender verfilmter Werke (§ 88 UrhG), Filmurhebern und sonstigen Mitwirkenden an der Filmherstellung (§§ 89, 92 UrhG), Filmherstellern (§ 94 UrhG), gegebenenfalls Sendeunternehmen (§ 87 UrhG), sofern es sich um den Mitschnitt einer Fernsehausstrahlung handelt. Darunter fällt regelmäßig das Recht auf Vervielfältigung (§ 16 UrhG), heute zumeist auf DVD und Blu-Ray-Disc, und auf anschließende Verbreitung (§ 17 UrhG) des Films durch Vermietung und Verkauf der Vervielfältigungsstücke an Privathaushalte. Das Verbreitungsrecht wiederum kann durch Verkauf der körperlichen Vervielfältigungsstücke und durch deren Vermietung getrennt verwertet werden (BGH GRUR 1987, 37 (39) – Lizenzvertrag). § 2 Abs. 1 des Formulars bezieht beide Alternativen ein, sieht aber bei der Vergütungsregelung eine unterschiedliche Bemessung der Beteiligungsvergütung für Verkauf und Vermietung vor (§ 6 des Formulars sowie → Anm. 8).

Bei der Video-on-Demand-Auswertung handelt es sich nach überwiegender Meinung um eine eigenständige, im Unterschied zur Videogrammauswertung nicht-körperliche Verwertungsform. Der Nutzer erhält dabei die Möglichkeit, auf den Film individuell im Internet oder auf einer speziellen Plattform zum privaten Gebrauch zuzugreifen bzw. den Film abzurufen (sog. Pull-Dienste). Um dies zu ermöglichen, wird dem Lizenznehmer das Recht auf öffentliche Zugänglichmachung (§ 19a UrhG) und Vervielfältigung für die VoD-Auswertung des Films miteingeräumt. Des Weiteren darf der Lizenznehmer den Film in entsprechende Datenbanken einbringen. Da die VoD-Auswertung in unterschiedlichen Formen, zB Download oder Streaming, Download-to-rent oder Download-to-own, zum entgeltlichen oder unentgeltlichen Abruf möglich ist, kann es sinnvoll sein, die Rechteübertragung weiter zu spezifizieren bzw. einzuschränken. Hier kann auch die sendereigene Auswertung auf Streaming-Plattformen (Mediatheken) zu beachten sein. Teilweise stehen ARD/ZDF exklusive Free-VoD Auswertungsrechte zu, vgl. 21. RÄndStV, § 11d. Häufig soll der Film auch auf mehreren Plattformen angeboten werden, so dass nur einfache Rechte eingeräumt werden.

Auf Grund ihrer mittlerweile erlangten Bedeutung enthält das Formular eine ausdrückliche Rechteübertragung für die exklusive VoD-Auswertung. Zwar werden VoD-Rechte regelmäßig nicht von der reinen Videogrammlizenz erfasst, die Rechtsprechung versteht den Begriff „AV-Rechte" aber als umfassend (OLG München ZUM 1998, 413). Um Meinungsverschiedenheiten bei der Vertragsauslegung auszuschließen, sollten die VoD-Rechte daher ausdrücklich geregelt werden. Sollen sie nicht mit übertragen werden, so müsste dies ausdrücklich ausgeschlossen und § 2 entsprechend gekürzt werden, zB durch die Formel

„Ausgeschlossen von der Rechtsübertragung sind individuelle Zugriffs- und Abrufdienste (z.B. Video-On-Demand) sowohl entgeltlich als auch unentgeltlich."

Die Rechte werden in der Regel zeitlich begrenzt (meistens 5 bis 7 Jahre) und nur für bestimmte Lizenzgebiete und/oder Sprachfassungen vergeben (vom Modell her ähnlich wie der Filmverleihvertrag, → Form. IX.34). Mit Rücksicht auf die Bestimmungen der

Filmförderung wird dem Lizenznehmer eine Auswertungssperre von 6 Monaten ab Kinostart für die Videogramm- und die entgeltliche VoD-Auswertung auferlegt, § 53 FFG. Bei der unentgeltlichen VoD-Auswertung sind regelmäßig 18 Monate zu beachten. Es entsteht dabei durch die zeitliche Beschränkung eine dingliche Wirkung hinsichtlich der Rechteeinräumung. Es können aber ggf. Sperrzeitverkürzungen beantragt werden.

Zur Wahrnehmungsbefugnis der GEMA bei Musikrechten BGH GRUR 1988, 296 – GEMA-Vermutung IV. Nach BGH GRUR 1994, 41 (42) – Videozweitauswertung II deckt die Einräumung eines Verfilmungsrechts (zB an musikalischen Werken), die bei Vertragsabschluss lediglich einen Kinospielfilm im Auge hat, auch die spätere Videozweitauswertung ab; damit entfällt das Erfordernis des Nacherwerbs von Videolizenzrechten beim Musikverleger (→ Form. IX.31 Anm. 4).

Die Dauer der Auswertungslizenz und ihr räumlicher Umfang sind unter Beachtung der Befugnisse des Lizenzgebers auszuhandeln. Mit Rücksicht auf das EU-Recht kann das Vertriebsgebiet nicht auf einzelne Mitgliedstaaten der EU eingeschränkt werden. Das Formular sieht eine territoriale Begrenzung auf Europa vor und beschränkt das Auswertungsrecht des Lizenznehmers auf die deutschsprachige Filmfassung, letzteres mit der Maßgabe, dass auch insoweit wegen des Effekts einer faktischen territorialen Marktabschottung die EU-rechtliche Zulässigkeit fraglich sein könnte (*Homann* S. 323).

Der Lizenznehmer benötigt eine ausschließliche Rechtsposition, weil er seinerseits den Videohändlern (einfache oder ausschließliche) Lizenzen einräumt und in der Lage sein muss, gegen rechtswidrige Vervielfältigungs- und Verbreitungshandlungen durch Unterlassungsansprüche vorzugehen.

Das Formular empfiehlt in § 3 eine Weiterübertragungsbefugnis zugunsten des Lizenznehmers dahingehend, dass er Dritten das Vervielfältigungs- und Verbreitungsrecht für Zwecke der Videogrammauswertung sublizenzieren kann. So kann der Lizenznehmer den Vertrieb des Films zB durch Abschluss von Videovertriebsverträgen organisieren, → Form. IX.45. Im Falle der ersatzlosen Streichung dieser Bestimmung könnte der Lizenzgeber mit dinglicher Wirkung einer Videodrittverwertung entgegentreten (BGH GRUR 1987, 37 (39) – Videolizenzvertrag). Allerdings bliebe die Videofirma auch ohne die Weiterübertragungsbefugnis in der Lage, selbst hergestellte Bild-Tonträger an Dritte zum Zwecke der Weiterverwertung (Verkauf, Vermietung etc) zu veräußern; das Verbreitungsrecht wäre mit der Veräußerungshandlung verbraucht (BGH GRUR 1986, 736).

Nach BGH GRUR 2012, 914 – Take Five – führt das Erlöschen der Hauptlizenz im Zweifel nicht zum Wegfall der Unterlizenz, sofern der Rechtsinhaber der Erteilung weiterer ausschließlicher Lizenzen durch den Hauptlizenznehmer zugestimmt hat. Ähnlich BGHZ 194, 136 (= GRUR 2012, 916 – M2Trade) unter Hinweis auf die Regeln zum Sukzessionsschutz: Der Rechtsinhaber wird darauf verwiesen, Ansprüche des Hauptlizenznehmers gegen den Unterlizenznehmer nach § 812 Abs. 1 S. 1 Fall 2 BGB zu kondizieren. Um dieses Ergebnis zu vermeiden, empfiehlt das Formular in § 2 Abs. 4 einen automatischen Rechterückfall vom Sublizenznehmer an den Lizenzgeber bei Erlöschen des schuldrechtlichen Verpflichtungsgeschäfts zwischen Lizenzgeber und Lizenznehmer (→ Form. IX.34 Anm. 5). Sollten die Vertragsparteien dem gegenüber die Rechtsposition des Sublizenznehmers stärken wollen, wird empfohlen, die Weiterübertragung von Rechten an Sublizenznehmer davon abhängig zu machen, dass bei Wegfall des Vertragsverhältnisses zwischen Lizenzgeber und Lizenznehmer der Lizenzgeber in den Vertrag des Lizenznehmers mit dem Sublizenznehmer eintritt (gewillkürte Vertragsübernahme entsprechend § 565 Abs. 1 BGB) (vgl. *McGuire/Kunzmann* GRUR 2014, 28 (31 ff.) und → Form. IX.29A § 7 Abs. 4 sowie → Anm. 5).

4. Garantie. Der Lizenzgeber haftet gem. § 9 Abs. 1 des Formulars für die Videogrammrechte genauso wie der Lizenzgeber beim Vertrag über die Kinoauswertung,

→ Form. IX.34 Anm. 6. Mangels andersartiger Abreden geht zu seinen Lasten das bei der Videozweitauswertung älterer Filme bestehende Risiko des Bestandes der urheberrechtlichen Nutzungsrechte, deren Erwerb auf einen Zeitpunkt zurückgeht, in welchem die Videoauswertung als noch unbekannte Nutzungsart gem. § 31 Abs. 4 UrhG aF gilt (OLG München ZUM 1985, 514 (515) – Olympiafilm; OLG München GRUR 1987, 908 – Videozweitverwertung; *Katzenberger/Reber* in Schricker-Loewenheim, Urheberrecht, § 89 Rn. 11f). Die erst für Vertragsabschlüsse ab dem 1.1.2008 abgeschaffte Nichtigkeitsfolge von Dispositionen über unbekannte Nutzungsarten kann für solche nach dem 1.1.1966 geschlossenen Erwerbsverträge geheilt werden, falls die rechtegebenden Urheber der Einräumungsfiktion für solche Alt-Verträge aus § 137l nicht bis zum 31.12.2008 widersprechen (§ 137l Abs. 1 UrhG). Für „Uralt"-Verträge (aus der Zeit vor Inkrafttreten des UrhG, mithin Vertragsabschlüsse vor dem 1.1.1966) dürfte der Erwerb von Video-/DVD-Rechten überwiegend an der auch für das frühere Vertragsrecht geltenden Übertragungszweckregel sowie der AGB-Prüfung scheitern (BGH ZUM 2011, 498 – Polizeirevier Davidswache; BGH GRUR 2011, 714 – Der Frosch mit der Maske).

§ 9 Abs. 2 des Formulars regelt die Rechtsfolgen für den Fall der Nichterfüllung der in § 1 übernommenen Besetzungsgarantie. Das Formular empfiehlt, den Lizenzgeber innerhalb einer Monatsfrist entscheiden zu lassen, ob er mit der geänderten Besetzungsliste „leben" kann. Wird das Rücktrittsrecht nicht ausgeübt, sollten auch hierauf gestützte Schadenersatzansprüche vertraglich ausgeschlossen werden, um die Möglichkeit abzuwenden, bei Erfolglosigkeit des Films die vom Vertrag abweichende Besetzung erneut aufzugreifen und darauf Schadenersatzansprüche zu stützen.

Bei Paketverträgen über eine Mehrzahl bereits produzierter Filme müsste vertragliche Vorsorge getroffen werden für den Fall, dass es zu Leistungsstörungen bezüglich der besonders wertvollen Filme aus dem Gesamtpaket kommen sollte.

5. **Filmmaterialien.** § 4 des Formulars empfiehlt den Vertragsparteien, bereits im Vertrag exakt zu definieren, welche Filmmaterialien dem Lizenznehmer im Einzelnen geliefert werden müssen. Die Bestimmung der Lieferfrist soll Meinungsverschiedenheiten über zeitliche Erfordernisse bis zum Beginn der Lizenzzeit und der von diesem Zeitpunkt einsetzenden Auswertungspflicht entgegenwirken. Der Lizenznehmer stellt die Videogramm-Kopien im eigenen Namen und auf eigene Rechnung her. Die hergestellten Kopien werden sachenrechtlich Eigentum der Videofirma. Zur Vermeidung rechtswidriger Verwertungsmaßnahmen nach Beendigung der Lizenzzeit sieht § 2 Abs. 2 des Formulars ein Abverkaufsrecht des Lizenznehmers von 6 Monaten sowie eine Verpflichtung des Lizenznehmers zur Vernichtung dann noch vorhandener Exemplare nebst entsprechendem Nachweis gegenüber dem Lizenzgeber vor.

Es ist allerdings auch möglich, eine Besitzverschaffung an dem Videomaster im Rahmen eines Pachtvertrages zu vereinbaren. Dies wird insbesondere favorisiert, um den Eintritt der Erschöpfung nach § 17 Abs. 2 UrhG zu verhindern, so dass der Lizenzgeber die Kontrolle über die Videogrammauswertung behalten und eine Weiterveräußerung an Sublizenznehmer verhindern kann (vgl. Loewenheim Handbuch/*Schwarz/Reber* Rn. 297).

6. **Auswertungspflicht.** Bei der im Formular (§ 6) vorgesehenen Beteiligungsvergütung unterliegt der Lizenznehmer einer Auswertungspflicht (→ Form. IX.23 Anm. 7). Ggf. kann noch eine Regelung eingefügt werden, wer die Anträge bei der FSK zur jugend- und feiertagsschutzrechtlichen Freigabe und Kennzeichnung stellen und die Kosten dafür tragen muss. Im Zweifel muss davon ausgegangen werden, dass hierfür der Lizenznehmer verantwortlich ist. Sollte der Film zuvor im Kino ausgewertet worden sein, so ist aber regelmäßig bereits eine Prüfung erfolgt.

7. **Veränderungsverbot, Nennungsverpflichtungen.** Der Lizenzgeber wird schon mit Rücksicht auf seine eigenen Verpflichtungen gegenüber seinen Vertragspartnern darauf

zu achten haben, dass die Kopien inhaltlich unverändert und ohne Weglassung oder Kürzung des Vor- oder Nachspanns verbreitet werden (§ 4 Abs. 2 des Formulars). Ohne vertraglichen Nennungsverzicht der Filmurheber (und der mitwirkenden Künstler, § 74) ist es nicht zulässig, dass in der Videofassung der Vorspann abgeschnitten wird, auch wenn der Name des Filmschaffenden auf der Hülle der Kassette genannt wird (OLG München ZUM 2000, 61 – Das kalte Herz). Die Nennungsverpflichtungen des Lizenzgebers sind insoweit zu beachten. Der Name der Videofirma wird im Allgemeinen nur auf der Videokassette/DVD angebracht (§ 4 Abs. 3 des Formulars). Ergänzungen des Vor- oder Nachspanns sollten ausdrücklich vereinbart werden. → Form. IX.34 Anm. 11.

8. **Vergütung.** § 6 des Formulars schlägt eine zwischen Verkauf und Vermietung differenzierende Beteiligungsvergütung in Kombination mit einer Minimum-Garantie vor. An Stelle der beim Videoverkauf platzgreifenden prozentualen Beteiligung am HAP (→ Form. IX.23 Anm. 11, dort auch zu eventuellen Reduktionen) kann auch eine Stücklizenz festgelegt werden, bei deren Bemessung zwischen einzelnen Abgabeformen (DVD/Blu-ray) zu differenzieren wäre. Die Beteiligungsvergütung, die sich auf die Videogrammvermietung bezieht, bemisst sich am Bruttoerlös abzüglich Mehrwertsteuer. Möglich ist es auch, generell den Lizenzgeber an den Erlösen aus der Videogrammauswertung prozentual zu beteiligen, dh also für den Videogrammverkauf an den Erlösen aus allen verkauften, bezahlten und nicht retournierten Exemplaren abzüglich Boni, Skonti, Rabatten, gesetzlicher Mehrwertsteuer und Abgaben (zB Abzüge nach den Richtlinien der FFA).

Beim Erwerb von Videogrammrechten an fertiggestellten Filmen, vor allem, wenn der Rechtserwerb „im Paket" erfolgt, kann der Lizenznehmer möglicherweise die Zahlung einer Minimum-Garantie abwenden. Werden in diesen Fällen dennoch Garantie- oder Vorschusszahlungen vereinbart, ist die Fälligkeit an Kriterien festzumachen, die nicht an die Filmherstellung geknüpft werden, zB erste Rate bei Vertragsabschluss, zweite Rate bei Materiallieferung und -abnahme, dritte Rate bei Auswertungsbeginn, spätestens zu einem fixen Datum (→ Form. IX.23 Anm. 13).

Die Vergütung für die VoD-Auswertung wird regelmäßig als Pauschale oder als Erlösbeteiligung ausgestaltet. Möglich wäre auch ein Pauschalbetrag pro Abruf des Films oder eine Beteiligung an den Werbeinnahmen. Dies ist von den jeweiligen Plattformbetreibern aber zumeist nicht gewünscht. Hier ist die genaue technische Umsetzung der geplanten VoD-Auswertung von den Parteien zu berücksichtigen. Bei FFA-geförderten Filmen können Beschränkungen bezüglich der Provisionen zur Anwendung kommen.

9. **Auskunfts- und Unterstützungspflicht.** Das Recht und die Pflicht zur gegenseitigen Unterrichtung und sonstiger Unterstützung (§ 7) entsprechen der Regelung im Fernsehlizenzvertrag (→ Form. IX.43 § 7 Abs. 2). Zur Berechnung von Schadensersatzansprüchen bei widerrechtlicher Vervielfältigung von Videokassetten OLG Frankfurt a.M. ZUM 1989, 463.

10. **Vorzeitige Vertragsbeendigung.** § 8 Abs. 5 des Formulars sieht, ähnlich → Form. IX.34 § 11 Abs. 1 (Verleihvertrag) und → Form. IX.23 § 2 Abs. 11 (Tonträgerproduktionsvertrag/Künstlerexklusivvertrag) eine vorzeitige Vertragsbeendigung mit gleichzeitigem Rechterückfall an den Lizenzgeber vor (→ Anm. 3)

Für den Fall der Insolvenz des Lizenznehmers lässt sich nach In-Kraft-Treten der InsO (1.1.1999) durch vertragliche Vereinbarungen kein automatischer Rechterückfall an den Lizenzgeber mehr erreichen. Dennoch ist eine solche Klauseln noch oft zu finden. § 8 des Formulars versucht, den verbleibenden Spielraum zu nutzen, um bei Zahlungsschwierigkeiten des Lizenznehmers die Rechte am Filmwerk sicherzustellen. → Form. IX.23 § 10 Abs. 3–5 sowie → Form. IX.23 Anm. 13 und → Form. IX.34 § 11 sowie → Form. IX.34 Anm. 12).

11. Kosten. Für die anwaltliche Mitwirkung bei der Erarbeitung des Vertrages und/oder der Überprüfung der Validität von Rechteketten (letzteres speziell bei älteren Erwerbsverträgen) empfiehlt sich die Vereinbarung einer Honorierung nach Zeitaufwand. Soll nach RVG abgerechnet werden, bestimmt sich der Gegenstandswert nach einer Addition der Pauschalvergütung mit einem angemessenen Ansatz für die Beteiligungsvergütung. Zu deren Bemessung → Form. IX.23 Anm. 17.

45. Videovertriebsvertrag

Zwischen[1, 2, 9]
der Videofirma
und
dem Videohändler[1]
wird folgender Videovertriebsvertrag geschlossen:

§ 1 Gegenstand[1]

(1) Die Videofirma vermietet dem Videohändler Videogramme (Videokassetten/DVD-/Blu-ray Discs) gemäß anliegender Aufstellung.[3]
(2) Die Videofirma überträgt dem Videohändler für die Dauer der Lizenzzeit das nichtausschließliche Recht, die Videogramme Dritten zu deren persönlichen Gebrauch und zur nicht-öffentlichen Wiedergabe im Lizenzgebiet zu vermieten. Die Rechtsübertragung bzw. Rechtseinräumung nach diesem Vertrag erfolgt unter der auflösenden Bedingung, dass die Videofirma die vertragsgegenständlichen Nutzungs- und Verwertungsrechte hält. Fallen die Nutzungs- oder Verwertungsrechte der Videofirma aus irgendeinem Grund an den Lizenzgeber zurück, so fallen automatisch auch die hier eingeräumten Rechte an den Lizenzgeber.
(3) Mit einem Weiterverkauf[4] der Videogramme an Dritte ist die Videofirma nur unter der auflösenden Bedingung einverstanden, dass es der Videohändler bei Vermeidung einer für jeden Fall der Zuwiderhandlung an die Videofirma zu zahlenden Vertragstrafe in Höhe des Dreifachen des von ihr erzielten Endverkaufspreises der jeweiligen Videogramme bis zum Ablauf der urheberrechtlichen Schutzfristen unterlässt, die verkauften Videogramme zurückzukaufen und/oder die an ihn durch Rückkauf oder auf andere Weise zurückgelangten Videogramme erneut zu vermieten, zu verkaufen oder sonst zu verwerten, sowie des Weiteren unterlässt, Videogramme ohne einen Aufdruck zu verkaufen, wonach die Videogramme nur privat vorgeführt werden dürfen und Verleih oder Vermietung, Tauschgeschäft oder Rückkauf, Kopierung/Vervielfältigung oder Überspielung, öffentliche Vorführung, Sendung oder sonstige gewerbliche Nutzung oder deren Duldung untersagt sind.
Unabhängig von dem Vertragstrafenanspruch gilt bei Eintritt der auflösenden Bedingung (Verstoß gegen die Unterlassungsverpflichtung) das Einverständnis mit der Veräußerung als nicht erteilt. Schadenersatzansprüche bleiben der Videofirma ungeachtet der vorgenannten Ansprüche in vollem Umfang erhalten und vorbehalten.

§ 2 Lizenzgebiet[2]

Das Lizenzgebiet umfasst die Bundesrepublik Deutschland/folgende Länder: . . . . .

§ 3 Lizenzzeit[3, 8]

Die Lizenzzeit für die Vermietung der mit diesem Vertrag erworbenen Videogramme beträgt zwei Jahre ab Auslieferungsdatum. Die Videogramme sind unter anderem mit einer fortlaufenden Nummer gekennzeichnet und bei der Videofirma erfasst. Die Lizenzzeit verlängert sich um jeweils ein weiteres Jahr, wenn der Videohändler nicht innerhalb eines Monats nach Ablauf der Lizenzzeit der Videofirma schriftlich unter Angabe der Videogramm-Nummer nachweist, dass das Videogramm aus dem Bestand des Videohändlers entfernt ist, und die Videofirma einer Verlängerung der Lizenzzeit nicht widerspricht.

§ 4 Vergütung[3, 5]

(1) Die Preise bestimmen sich gemäß der anliegenden Preisliste für eine Lizenzdauer von zwei Jahren. Pro Verlängerungsjahr gemäß § 3 werden 30 % des jeweiligen Preises zusätzlich berechnet. Die Verlängerungsvergütung ist am Ende des zweiten Monats des Verlängerungsjahres fällig.
(2) Mit den genannten Preisen sind auch alle Urheberrechtslizenzen und von Verwertungsgesellschaften erhobene Gebühren abgegolten. Für den Fall einer Inanspruchnahme des Videohändlers durch Dritte einschl. durch Verwertungsgesellschaften stellt die Videofirma diesen von solchen Ansprüchen frei.

§ 5 Garantie[5, 6]

Die Videofirma steht dafür ein, dass die zur Herstellung und Auswertung des Films erforderlichen Nutzungsrechte aller betroffenen Urheber und Leistungsschutzberechtigten und aller sonstigen Mitwirkenden an der Herstellung des Films ordnungsgemäß erworben worden sind und Persönlichkeits- oder sonstige Rechte Dritter der Videogrammauswertung nicht entgegenstehen.

§ 6 Jugendschutz[5]

Der Videohändler ist in eigener Verantwortung verpflichtet, alle Bestimmungen des Jugendschutzes zu beachten, insbesondere, dass „nicht jugendfreie" Videogramme nicht an Jugendliche unter 18 Jahren vermietet oder sonst abgegeben werden.

§ 7 Liefertermin[8]

Bei Lieferverzug von mehr als 3 Wochen kann der Videohändler eine schriftliche Nachfrist von zwei Wochen setzen und bei fruchtlosem Ablauf dieser Nachfrist unter Ausschluss weitergehender Ansprüche vom Vertrag hinsichtlich noch nicht gelieferter Videogramme zurücktreten. Teillieferungen sind zulässig.

§ 8 Zahlung

Zahlungen sind innerhalb von 10 Tagen abzüglich 3 % Skonto oder bis zu 30 Tagen rein Netto zu leisten. Bei Zahlungsverzug sind sämtliche Forderungen der Videofirma sofort fällig. Der rückständige Betrag ist mit 5 Prozentpunkten über dem Basiszinssatz ab Fälligkeit zu verzinsen.

§ 9 Gewährleistung[7]

Die Videofirma gewährleistet die Lieferung einwandfreier Videogramme. Bei Videogrammen mit älteren Filmen ist die Beschaffenheit des Ausgangsmaterials zu berücksichtigen. Offensichtliche Mängel sind unverzüglich, sonstige Mängel innerhalb von 10 Tagen nach erstmaliger Kundenvermietung, jedenfalls aber innerhalb einer Ausschlussfrist von 3 Monaten ab Lieferung schriftlich unter gleichzeitiger Rücksendung der Videogramme zu rügen. Bei berechtigter und fristgerechter Rüge wird kostenfrei Ersatz geliefert. Bei

Fehlschlagen der Ersatzlieferung entfällt der Anspruch der Videofirma auf die Vergütung, die für das betreffende Videogramm vereinbart ist. Schadenersatzansprüche aller Art sind, außer bei Vorsatz und grober Fahrlässigkeit der Videofirma, ausgeschlossen.

§ 10 Kündigung aus wichtigem Grund[8]

(1) Während der Lizenzdauer kann der Vertrag nur aus wichtigem Grund (§ 314 BGB) gekündigt werden.
(2) Als wichtiger Grund für die Videofirma gilt insbesondere, wenn der Videohändler gegen § 1 Abs. 3 dieses Vertrages verstößt.
(3) Bis zur Stellung des Antrages auf Eröffnung des Insolvenzverfahrens über das Vermögen des Videohändlers ist die Videofirma zur fristlosen Kündigung des Vertrages bei nachhaltigem Zahlungsverzug sowie bei Eintritt einer wesentlichen Verschlechterung der Vermögensverhältnisse des Videohändlers berechtigt.
(4) Nach der Stellung des Antrages auf Eröffnung des Insolvenzverfahrens über das Vermögen des Videohändlers ist die Videofirma zur fristlosen Kündigung des Vertrages berechtigt, wenn der Videohändler zwischen der Antragstellung und der Eröffnung des Insolvenzverfahrens mit seinen Zahlungsverpflichtungen in Verzug gerät.
(5) Nach der Eröffnung des Insolvenzverfahrens ist die Videofirma zur fristlosen Kündigung des Vertrages berechtigt, wenn der Insolvenzverwalter mit den Zahlungsverpflichtungen aus dem fortgeführten Vertrag in Verzug gerät.
(6) Wird der Vertrag von einer der Parteien vor Ablauf der Lizenzdauer rechtswirksam gekündigt, fallen die vertragsgegenständlichen Rechte an den Videogrammen automatisch an die Videofirma zurück.

§ 11 Schlussbestimmungen

(1) Ergänzend gilt das Recht der Bundesrepublik Deutschland.
(2) Maßgebend ist allein dieser schriftliche Vertrag. Änderungen, Ergänzungen sowie der Verzicht auf die Schriftform können nur schriftlich vereinbart werden. Mündliche Nebenabreden sind nicht getroffen.
(3) Die etwaige Unwirksamkeit einer Bestimmung dieses Vertrages lässt die Wirksamkeit des Vertrages im Übrigen unberührt. Die unwirksame Bestimmung ist durch eine sinnentsprechende wirksame Bestimmung zu ersetzen, die der angestrebten wirtschaftlichen Regelung am nächsten kommt.
(4) Sofern eine der Vertragsparteien keinen Gerichtsstand im Geltungsbereich der Bundesrepublik Deutschland hat, gilt der Sitz des inländischen Vertragspartners als Gerichtsstand für alle etwaigen Streitigkeiten aus diesem Vertrag. Die Parteien sind auch berechtigt, das nach dem allgemeinen Gerichtsstand des Beklagten zuständige Gericht anzurufen.

Schrifttum: → Form. IX.44 sowie *v. Hartlieb/Schwarz,* Handbuch des Film-, Fernseh- und Videorechts, 5. Auflage, 2011, Kap. 223–227; *Reemann,* Rechtsprobleme beim Schallplatten- und Videovertrieb, GRUR 1987, 339.

Anmerkungen

1. Sachverhalt. Durch den Videovertriebsvertrag gestattet die Videofirma als Inhaberin der ausschließlichen Videoauswertungslizenz dem Videohändler („Videothek") den Vertrieb im Sinne eines einfachen Verbreitungsrechts. Dieses ist dahin eingeschränkt, die Videogramme (Videos, DVDs, Blu-ray Discs) lediglich zur privaten Nutzung zu vermieten und sie nur unter bestimmten Voraussetzungen auch zu verkaufen. Die Einnahmen aus der Vermietung sind allerdings stark rückläufig. Die Bedeutung dieses Marktes geht stark zurück und wird immer mehr durch die VoD Auswertung ersetzt.

Vor dem Hintergrund der BGH Rechtsprechung zum Bestehen von Sublizenzen bei Wegfall der Hauptlizenz (→ Form. IX.44 Anm. 3) schlägt das Formular in Fortführung der Regelung in → Form. IX.44 § 2 Abs. 4 ebenfalls den automatischen Rückfall der Sublizenz an den Hauptlizenzgeber vor, sobald die Hauptlizenz nach den Regelungen des → Form. IX.44 endet.

2. Wahl des Formulars. In der Praxis hat sich bisher kein einheitliches Vertragsformular durchgesetzt. Die gebräuchlichen Vertragsmuster weisen jedoch übereinstimmende Merkmale auf. Sie treten häufig, aber nicht immer als Kombination eines Individualteils und hierauf bezogener AGB in Erscheinung. Das vorliegende Formular vermeidet einen gesonderten AGB-Teil, ohne aber auf den wesentlichen Inhalt praktizierter AGB zu verzichten. Wird im Vertrag demgegenüber der Vertrieb mit der Maßangabe angestrebt, dass der Videohändler die Videogramme nicht vermietet, sondern weiterverkauft, müsste § 1 des Formulars entsprechend geändert werden. Vorschläge für ein Vertriebsbindungssystem unterbreitet *Reemann* GRUR 1987, 339 ff.

3. Handlungsanweisung. Der Videohändler „bestellt" ein aus mehreren Videokassetten, DVDs und Blu-ray-Discs bestehendes Programmmaterial auf einer gesonderten Liste nach einer ebenfalls gesondert geführten Preisliste, die allerdings genauso gut auch in den Vertrag unmittelbar einbezogen werden kann. In der Preisliste werden die Videoprogramme preislich nach Preisgruppen und Kassettensystemen kategorisiert. Das Lizenzgebiet (§ 2 des Formulars) und die Dauer der Lizenzzeit (§ 3 des Formulars) stehen regelmäßig fest.

4. Verkauf, Verbrauch des Verbreitungsrechts. Videogramme werden regelmäßig mit der Maßgabe in den Verkehr gebracht, dass „Verleih oder Vermietung, Tauschgeschäft oder Rückkauf oder sonstige gewerbliche Nutzung untersagt" sind. Entsprechend werden die Videokassetten, DVDs und Blu-ray Discs durch einen Aufdruck gekennzeichnet. Die Zustimmung der Videofirma mit einer Veräußerung ist an die in § 1 Abs. 3 des Formulars formulierte auflösende Bedingung geknüpft. Die Verpflichtung zum Aufdruck dient gleichfalls der Verdeutlichung der nur eingeschränkt erteilten Zustimmung mit einer Veräußerung. Da nach dieser Konstruktion der Videohändler selbst kein Eigentum am Videogramm erlangt, erübrigt sich eine Eigentumsvorbehaltsklausel im Formular. Die vorerwähnten Einschränkungen, die nach der früheren Rechtsprechung (BGH GRUR 1986, 736 – Schallplattenvermietung) nur schuldrechtlichen Charakter haben konnten, wirken nach der Änderung des § 17 UrhG (mit Wirkung 1.7.1995) auch dinglich. Danach ist das Vermietrecht von der Erschöpfung des Verbreitungsrechts ausgenommen, so dass das Verbotsrecht des Urheberberechtigten zur Vermietung auch nach der Veräußerung des (Originals oder) Vervielfältigungsstücks erhalten bleibt (vgl. BGH GRUR 1986, 742 – Videofilmvorführung). Der Begriff des Vermietens wird in § 17 Abs. 3 UrhG als „zeitlich begrenzte, unmittelbar oder mittelbar Erwerbszwecken dienende Gebrauchsüberlassung" relativ weit definiert, so dass neben dem Abschluss eines Mietvertrages beispielsweise auch ein Verkauf mit Rückkaufgarantie darunter fallen würde. Das Vorstehende gilt auch für den umgekehrten Fall entsprechend, wenn dem Videohändler nur der Weiterverkauf, jedoch nicht die Vermietung gestattet werden soll (vgl. *Reemann* GRUR 1987, 339 (340)).

5. Vergütung. → Anm. 3. Die Videofirma stellt den Videohändler von Lizenzzahlungen, die von Verwertungsgesellschaften geltend gemacht werden (können), frei.

6. Garantie. → Form. IX.44 Anm. 5. Die Einhaltung der Bestimmungen des Jugendschutzes spielt im Bereich der Vertriebstätigkeit und betrifft nach § 6 des Formulars ausschließlich den Videohändler.

7. Gewährleistung. Auf die in § 9 des Formulars vorgesehene Mängelrüge ist ergänzend das Kaufrecht des HGB und des BGB anzuwenden.

8. Vertragsdauer. Auch hier sind ggf. die Sperrfristen des § 53 FFG zu beachten. Es muss dann sichergestellt werden, dass die Auswertung des Films frühestens 6 Monate nach seiner Erstaufführung beginnt. Werden die Bildtonträger bereits vor diesem Zeitpunkt ausgeliefert, so muss die Rechteeinräumung entsprechend angepasst werden (§ 3 des Formulars).

Mit dem Ende der Lizenzzeit (§ 3 des Formulars) endet das Dauerschuldverhältnis. Kommt der Videohändler seiner Rückgabepflicht (§ 546 BGB) nach Vertragsbeendigung nicht innerhalb eines Monats nach, verlängert sich die Lizenzzeit und damit auch die entsprechende Vergütungspflicht (§ 3 des Formulars). Eine weitere Vertragsverlängerung kann sich infolge Lieferverzugs ergeben (§ 7 des Formulars). Im Falle vorzeitiger Vertragsbeendigung (§ 10 des Formulars) entfällt das Recht des Videohändlers zur Vermietung und zum Verkauf bei ihm noch vorhandener Videogramme. Zur Rechtslage nach Inkrafttreten der Insolvenzordnung → Form. IX.34 Anm. 12.

9. Kosten. Gebührenansatz bei anwaltlicher Tätigkeit → Form. IX.44 Anm. 11. Der Gegenstandswert entspricht der vom Lizenznehmer zu zahlenden Gesamtvergütung laut Rechnungsbetrag.

Bühne

46. Bühnenverlagsvertrag für wortdramatische Werke

Zwischen[1,2,10]
[Autor]

nachstehend „Autor"

und
dem Bühnenverlag
[Verlag]

nachstehend „Verlag"

wird folgender

VERTRAG

geschlossen:

Abschnitt A. Vertragsgegenstand

(1) Gegenstand dieses Vertrages ist das wortdramatische Werk des Autors mit dem

[T i t e l]

(im Folgenden „Werk") für die umfassende mediale Nutzung, insbesondere für Theaterproduktionen im Sprechtheater (Schauspiel).

(2) Der Autor versichert, alleiniger Urheber des Werkes zu sein und hieran Dritten keine Nutzungsrechte eingeräumt zu haben.

(3) Der Autor steht dafür ein, dass die dem Verlag nach diesem Vertrag eingeräumten Rechte keine Urheberrechte oder sonstige Rechte Dritter verletzen, insbesondere dass

a) das Werk keine Anspielungen auf Personen und Ereignisse enthält, die der Autor dem Verlag nicht bekannt gegeben hat und die insbesondere Persönlichkeitsrechte Dritter verletzen könnten;
b) das Werk, einzelne Teile und sein Inhalt nicht einem anderen urheberrechtlich geschützten Werk entnommen sind, in Persönlichkeitsrechte oder gewerbliche Schutzrechte Dritter eingreift;
c) an dem Werk kein Dritter mitgearbeitet hat, in dessen Person eigene Rechte entstanden sind.

Abschnitt B. Rechteeinräumung[3]

(1) Der Autor räumt dem Verlag die ausschließlichen, räumlich und zeitlich nicht beschränkten Nutzungsrechte an seinem Werk ein. Eingeräumt sind auch Rechte an Nutzungsarten, die bei Vertragsschluss unbekannt waren. Der Autor hat Anspruch auf eine gesonderte angemessene Vergütung.
Der Verlag ist berechtigt, einzelne und/oder sämtliche einfachen und/oder ausschließlichen Nutzungsrechte für einzelne und/oder alle Nutzungsarten auf Dritte zu übertragen.
Der Verlag nimmt folgende ihm eingeräumten Nutzungsrechte im eigenen Namen wahr:
a) das Recht zur bühnenmäßigen Aufführung und ihrer öffentlichen Wahrnehmbarmachung; das Recht umfasst auch bühnenmäßige szenische Lesungen des Werks;
b) das Recht, das Werk durch persönliche Darbietung öffentlich zu Gehör zu bringen und öffentlich wahrnehmbar zu machen; das Recht umfasst auch nichtbühnenmäßige szenische Lesungen des Werks;
c) das Recht, das Werk als Bühnenmanuskript in körperlicher und/oder elektronischer Form nach Maßgabe und im Umfang der „Regelsammlung Bühne“ als Aufführungsmaterial zu vervielfältigen;
d) das Recht zur Aufzeichnung, Sendung und Kabelweitersendung im Hörfunk nach Maßabe und im Umfang der „Regelsammlung Hörfunk“;
e) das Recht zur Aufzeichnung, Sendung und Kabelweitersendung im Fernsehen nach Maßgabe und im Umfang der „Regelsammlung Fernsehen“;
f) das Recht zur öffentlichen Zugänglichmachung;
g) das Recht zur Vervielfältigung und Verbreitung des Werkes;
h) das Recht zur Übersetzung, Bearbeitung und sonstigen Umgestaltung des Werks; eingeschlossen ist das Recht, das Werk in Mundarten/Regiolekte zu übertragen;
i) das Recht zur Übersetzung, Bearbeitung und sonstigen Umgestaltung des Werks für audio-/audiovisuelle Produktionen sowie für literarische Fassungen;
j) das Recht, musikalische Bearbeitungen/Vertonungen des Werks herzustellen bzw. herstellen zu lassen;
k) das Recht zur Verfilmung und Wiederverfilmung einschließlich des Rechts zur Vervielfältigung, Verbreitung und öffentlichen Wiedergabe des Films;
l) das Recht zum Vorabdruck, Druck oder Nachdruck ganz oder in Teilen in Zeitschriften, Zeitungen und Programmheften;
m) das Merchandisingrecht.

(2) Der Verlag nimmt die Zweitwiedergaberechte im eigenen Namen wahr. Gleiches gilt für die daraus resultierenden gesetzlichen Vergütungsansprüche nach Maßgabe von Satzung, Wahrnehmungs-/Berechtigungsvertrag und Verteilungsplan der jeweiligen Verwertungsgesellschaft.

(3) Für die Rechteeinräumungen nach Absatz 1 gelten folgende Einschränkungen:
a) Die in Buchst. i–k eingeräumten Bearbeitungsrechte bedürfen der Einwilligung des Autors;

b) der Verlag hat Entstellungen oder andere Beeinträchtigungen, die geeignet ist, die geistigen und persönlichen Interessen des Autors am Werk zu gefährden, zu unterlassen bzw. nach bestem Vermögen zu unterbinden;
c) der Vertrag über die Uraufführung des Werks wird im Einvernehmen mit dem Autor abgeschlossen.

Abschnitt C. Pflichten des Verlages[4]

(1) Der Verlag verpflichtet sich, das Werk branchenüblich anzubieten und zu bewerben. Der Verlag nimmt das Werk in seinen Verlagskatalog auf und weist es in der Datenbank „www.theatertexte.de" nach.

(2) Der Verlag wird den Autor hierüber informieren. Gleiches gilt für Vertragsabschlüsse des Verlages.

(3) Der Verlag übernimmt die Herstellungskosten des Aufführungs- und Ansichtsmaterials sowie die durch Versand und Werbung entstehenden Kosten, soweit die Werbemaßnahmen den Rahmen des Üblichen nicht übersteigen.

(4) Der Verlag wird darauf hinwirken, dass das Werk in branchenüblicher Weise unter Nennung des Autors angekündigt wird.

(5) Der Verlag trägt dafür Sorge, dass das Werk des Autors, der Titel des Werks und die Urheberbezeichnung nicht verändert werden. Branchenübliche Änderungen und Änderungen, zu denen der Autor seine Einwilligung nach Treu und Glauben nicht versagen kann, sind zulässig. In Zweifelsfällen hat sich der Verlag mit dem Autor abzustimmen.

(6) Der Verlag ist berechtigt,
a) alle ihm nach diesem Vertrag zustehenden Rechte Dritten gegenüber im eigenen Namen gerichtlich und/oder außergerichtlich geltend zu machen, dies gilt insbesondere für die Verfolgung unberechtigter Aufführungen, Sendungen oder andererer unberechtigter Verwertungshandlungen;
b) Vertragsstrafen nach eigenem Ermessen zu vereinbaren und zu vereinnahmen;
c) sich wegen Vertragsverletzungen durch Nutzungsberechtigte zu vergleichen.

Alle Kosten und Einnahmen der Rechtsverfolgung werden zwischen Autor und Verlag im Verhältnis ihrer Beteiligung an den Einnahmen (Abschnitt G) verrechnet. Lehnt der Autor im Einzelfall die Rechtsverfolgung ab, kann sie der Verlag auf eigenes Risiko vorzunehmen. In diesem Fall steht dem Verlag der etwaige Erlös aus der Rechtsverfolgung allein zu.

Abschnitt D. Pflichten des Autors[5]

(1) Der Autor hat dem Verlag das vollständige Bühnenmanuskript des Werks in Papierform und digital bis zum [D a t u m] zu übergeben.

(2) Der Autor verpflichtet sich, Stoff, Konzeption und/oder Teile des Werks nicht ohne vorherige Zustimmung des Verlages für neue Arbeiten und/oder andere Werke zu verwenden oder sie diesen zugrunde zu legen.

(3) Der Autor verpflichtet sich, zu Änderungswünschen (Abschnitt C) unverzüglich Stellung zu nehmen und den Verlag im Fall der Rechtsverfolgung die hierfür erforderlichen Dokumente und Unterlagen zur Verfügung zu stellen.

(4) Der Autor verpflichtet sich, dem Verlag Änderungen in seiner steuerlich zuständigen Anschrift unverzüglich schriftlich mitzuteilen.

Abschnitt E. Vertragsgebiet[6]

Die mit diesem Vertrag eingeräumten ausschließlichen Nutzungsrechte gelten weltweit für alle Sprachen und Länder.

Abschnitt F. Vertragsdauer[7]

(1) Dieser Vertrag gilt für die Dauer der gesetzlichen Schutzfrist. Er verlängert sich im Fall einer Verlängerung der Schutzfrist, ohne dass es einer weiteren Vereinbarung zwischen Autor und Verlag bedarf.

(2) Die Möglichkeit der Kündigung aus wichtigem Grund bleibt unberührt.

(3) Wird dieser Vertrag auf Verlangen des Autors gelöst, so wird die Auflösung erst dann rechtswirksam, wenn der Autor dem Verlag gezahlte Vorschüsse zurückgezahlt hat, sofern diese nicht ausdrücklich als nicht rückzahlbar gewährt wurden.

(4) Bei Beendigung des Vertrages ist der Verlag verpflichtet, dem Autor etwa noch vorhandenes Aufführungsmaterial auf Wunsch zum Selbstkostenpreis herauszugeben.

Abschnitt G. Abrechnung[8]

(1) Die Vergütungen werden zwischen Autor und Verlag wie folgt geteilt:

a)	Aufführungs-/Vortragsrecht:	[. . . . . .] % Autor	[. . . . . .] % Verlag
b)	Senderecht/Kabelweitersenderecht/ Öffentliche Zugänglichmachung:	[. . . . . .] % Autor	[. . . . . .] % Verlag
c)	Sonstige Rechte:	[. . . . . .] % Autor	[. . . . . .] % Verlag

Der Verlag übernimmt die Künstlersozialabgabe, die auf die dem Autor gezahlten Vergütungen entfällt.

(2) Der Verlag rechnet gegenüber dem Autor bis [Zeitraum] ab. Der Verlag ist berechtigt, den Abrechnungszeitraum nach vorheriger schriftlicher Anzeige zu ändern.

(3) Die Abrechnung hat folgende Angaben zu enthalten:
- Bezeichnung des Vertrags
- Abrechnungszeitraum
- beim Verlag eingegangene Vergütung (netto/brutto)

(4) Folgende Positionen werden im Verhältnis der Beteiligung von Autor und Verlag an den Vergütungen vorab abgezogen:
- Subvertriebsprovisionen
- sog. Tantiemeabgabe für die ZBS Zentralstelle Bühne Service GmbH für Autoren, Komponisten und Verlage (Berlin)

(5) Der Autor oder ein von ihm beauftragter Wirtschaftsprüfer, Steuerberater, vereidigten Buchsachverständiger oder Rechtsanwalt ist berechtigt, Einsicht in die Bücher und sonstigen Unterlagen zu nehmen, soweit dies für die Prüfung der Abrechnungen erforderlich ist. Die Abrechung gilt als genehmigt, wenn sie vom Autor nicht innerhalb eines Monats schriftlich beanstandet oder eine externe Prüfung verlangt wird. Die Beanstandung muss sich auf konkret benannte Positionen der Abrechnung beziehen. Die Monatsfrist beginnt mit dem Datum der Abrechnung des Verlages zu laufen.

(7) Der Verlag ist berechtigt, die ihm eingeräumten Rechte durch einen Subvertrieb wahrnehmen zu lassen, soweit dies die Ausübung der Rechte erleichtert oder durch gesetzliche und behördliche Bestimmungen vorgeschrieben ist.

Abschnitt H. Besondere Vereinbarungen

Der Autor erhält bei Abschluss dieses Vertrages einen nicht rückzahlbaren Vorschuss in Höhe von

EUR [Betrag]

zuzüglich Umsatzsteuer in gesetzlicher Höhe,

der mit den abzurechnenden Vergütungen verrechnet wird.

Abschnitt I. Schlussbestimmungen

(1) Dieser Vertrag wurde in zwei Exemplaren ausgefertigt.

(2) Der Vertrag bleibt für die jeweiligen Rechtsnachfolger verbindlich.

(3) Autor und Verlag erklären, keine Nebenabreden zu diesem Vertrag getroffen zu haben.

(4) Etwaige Änderungen und Ergänzungen des Vertrages bedürfen zu ihrer Gültigkeit der Schriftform.

(5) [Salvatorische Klausel]

(6) Gerichtsstand ist wahlweise der Sitz des Verlages oder der allgemeine Gerichtsstand des Autors, soweit rechtlich zulässig.

(7) Für die Auslegung dieses Vertrages gilt das Recht der Bundesrepublik Deutschland.

Literaturhinweise: Beilharz, Der Bühnenvertriebsvertrag als Beispiel eines urheberrechtlichen Wahrnehmungsvertrages, München 1970; *Kurz,* Praxishandbuch Theaterrecht, 2. Aufl. 2015; Kreile/Becker/Riesenhuber/*Staudt,* Recht und Praxis der GEMA[2], Berlin 2008, § 72 Bühnenverträge; Loewenheim/*Schlatter,* Handbuch des Urheberrechts[2], München 2010, § 72 Bühnenverträge; Wandtke/*Dietz/Ehrhardt,* Handbuch des Medienrechts[3], Berlin 2014, Band 4 Theaterrecht; Urheberrechtskommentare Vor §§ 28 ff., Vor 31 ff., 19, 19a, 20 ff.; Vorauflage Schütze/Weipert/*Vinck* → Formular IX. 46.

Anmerkungen

1. Sachverhalt. Mit dem Vertrag räumt der Urheber (Autor, Komponist, Librettist) dem Bühnenverlag (Musikverlag) umfassende Nutzungsrechte ein (§ 31 UrhG). Der Verlag ist Werkmittler („Intermedient") zwischen Urheber und Werknutzer: Theater, Rundfunk, Filmproduzent, Veranstalter usw (vgl. § 675 BGB). Der Verlag seinerseits überträgt dem Werknutzer diejenigen Rechte, die konkret zur Herstellung einer Produktion unter Benutzung des Werks benötigt werden. Im Vordergrund steht hierbei traditionell das als Großes Recht apostrophierte **Aufführungsrecht** (§ 19 Abs. 2 zweite Alternative UrhG), das Grundlage für Inszenierungen auf der Bühne ist. Dramatische Werke werden – ebenso wie literarische Vorlagen („Stoffrechte") – darüber hinaus für Adaptionen in anderen Medien genutzt. Dem Verlag werden deshalb regelmäßig weitere Nutzungsrechte eingeräumt, die ebenfalls dem Großen Recht zugeordnet werden. Dazu zählt bereits seit Mitte der 1970iger Jahre das Senderecht (§§ 20 ff. UrhG). Besondere Bedeutung kommt inzwischen dem Recht der öffentlichen Zugänglichmachung zu (§ 19a UrhG): Theater präsentieren sich auf eigenen Seiten, über die sie Aufzeichnungen von Aufführungen zum Download anbieten, zunehmend auch als Live-Stream. Hörfunk wie Fernsehen zielen insbesondere mit den Angeboten in ihren Mediatheken auf die „jüngere Generation", die über das lineare Programm kaum mehr zu erreichen ist.

2. Wahl des Formulars. Das Formular ist hier für wortdramatische Werke (Sprechtheater) ausgelegt und entspricht grundsätzlich der derzeit gängigen Praxis. Der – aktualisierte – Inhalt geht zurück auf ein Vertragsmuster von Anfang der 1980iger Jahre, auf das sich Autoren- und Verlegerbände seinerzeit verständigt hatten. Formal ist das Vertragsmuster von den damals beteiligten Verbänden weder „außer Kraft" gesetzt noch seitdem überarbeitet worden. Ob eine Revision des Vertragsmusters unter Beteiligung aller heute in Frage kommenden Verbände ansteht, ist offen (Stand 2014). Gefragt wären grundsätzlich erneut die Dramatiker-Union (www.dramatikerunion.de), die sich als die Vereinigung von Dramatikern und Komponisten versteht und für die

Interessen der für Schauspiel und Musiktheater arbeitenden Urheber spricht. Ferner die Dramatiker im VS Verband Deutscher Schriftsteller in der Gewerkschaft ver.di (www.verdi.de) sowie die Komponisten im DKV Deutschen Komponisten-Verband (www.komponistenverband.de).

Wegen der rechtlichen Einordnung derartiger Vereinbarungen als ggf. gemeinsame Vergütungsregeln, dann allerdings versehen mit dem Vorrang von Tarifverträgen, siehe die Kommentierungen insbesondere zu § 36 UrhG.

Der VDB Verband Deutscher Bühnen- und Medienverlage (www.vdb.de), in dem annähernd sämtliche Bühnenverlage Deutschlands, Österreichs und der Schweiz zusammengeschlossen sind, ist aus den eingangs genannten Gründen keine „Vereinigung von Werknutzern“ im Sinne dieser Vorschrift und kann deshalb als Verband weder ein „geborener“ noch ein „gekorener“ Partner für den Abschluss gemeinsamer Vergütungsregeln sein. Unbenommen sind freilich parallele Vereinbarungen außerhalb der Vorschrift, wenn sie ein angemessenes Vergütungsniveau für die eingeräumten Rechte festlegen. Die gesetzlichen Regelungen der Urheberrechtsreform von 2002 („Erster Korb“) hatten nicht zum Ziel, bewährte vertragliche Strukturen zu beseitigen, sondern die ungeregelten und gewissermaßen brach liegenden Bereiche in ein Gleichgewicht zu bringen. Die vom Verband Deutscher Bühnen- und Medienverlage mit Dramatiker Union, Deutschem Bühnenverein und dem öffentlichen Rundfunk geschlossenen Vereinbarungen sind von der Rechtsprechung nicht in Frage gestellt worden. Das gilt insbesondere für die Beteiligung der Urheber an den den Verlagen zufließenden Vergütungen („angemessene Vergütung“, § 32 Abs. 1 UrhG).

Das Formular spiegelt mittelbar die Vereinbarungen zwischen Bühnenverlagen und den sogenannten „professionellen“ Theatern im DBV Deutschen Bühnenverein Bundesverband der Theater und Orchester (www.buehnenverein.de) wider und nimmt darüber hinaus Bezug auf Verabredungen auf Verbandsebene mit dem öffentlich-rechtlichen Rundfunk (→ Form. IX.47, → Form. IX.37 ff.). Der Inhalt kann wegen des definierten Adressatenkreises nicht unbesehen Verträgen mit Dritten zugrunde gelegt werden, die nicht den beiden genannten Verbänden angehören. Gleiches trifft auf Vereinbarungen der Bühnenverlage mit dem öffentlich-rechtlichen Rundfunk zu. Im Bühnenbereich handelt es sich vornehmlich um „semiprofessionelle“ und Amateurtheater. Für Schultheater gibt es in einigen Bundesländern „Handreichungen“, die Leitlinien für die Nutzung urheberrechtlich geschützter Werk im Unterricht außerhalb der gesetzlichen Schrankenregelungen aufstellen (→ Form. IX.47).

Das Formular eignet sich vom Grundsatz her auch für Verträge über dramatisch-musikalische Werke. Zu beachten sind die zusätzlich erforderlichen Vereinbarungen über die Lieferung reproduzierbarer Vorlagen des Musikmaterials, in der Regel als Word- oder PDF-Dokument, gegebenenfalls nach einer vom Verlag zur Verfügung gestellten Manuskriptvorlage. Wegen der Beteiligung der Urheber an der Materialmietvergütung → Anm. 8.

3. Rechteeinräumung. Werke deutscher Urheber werden in der Regel ausländischen Verlagen in den jeweiligen Mitgliedsstaaten zur Wahrnehmung anvertraut (Subvertrieb). Im deutschsprachigen Ausland – Österreich, Schweiz, Südtirol – richten sich die Einzelheiten nach den dort üblichen Gepflogenheiten wie umgekehrt die dortigen Verlage an den deutschen Verbandsvereinbarungen teilhaben, wenn die Werke ihrer Urheber in Deutschland genutzt werden. Im romanischen Sprachraum bestehen insofern Besonderheiten, als die (Autoren-) Verwertungsgesellschaften auch Rechte an dramatischen Werken des Großen Rechts wahrnehmen. Ein Monopol zugunsten der Verwertungsgesellschaften besteht indes nicht. Das betrifft insbesondere die SACD Société des Auteurs et Compositeurs Dramatiques (Paris). Deutsche Verlage, die in Frankreich keine eigene Repräsentanz unterhalten oder sich nicht alternativ eines französischen Verlages bedienen, haben die Möglichkeit, die anfallenden Urhebervergütungen durch die ZBS Zentralstelle Bühne Service GmbH für Autoren, Komponisten und Verlage (Berlin) einziehen zu lassen. Grundlage hierfür ist eine Rahmenvereinbarung mit der SACD, nach der die deutschen Verlage über eine spezifizierte „Abschlussvollmacht" einzelne Rechte übertragen können und zugleich die Abrechnungsmodalitäten regeln.

Wegen der Rechteeinräumung im Übrigen → Anm. 1.

4. Pflichten des Verlages. Im Gegensatz zum Buchverlag (vgl. § 1 Abs. 2 VerlG) besteht keine Auswertungspflicht des Bühnenverlages, sondern nur eine Verpflichtung, sich um eine angemessene branchenübliche Auswertung des Werkes zu bemühen. Das ergibt sich aus der Stellung des Verlages als Werkmittler, der selbst keine für die Öffentlichkeit bestimmte Produktionen herstellt (Theater-, Film-, Rundfunkproduktionen usw). Eine Ausnahme ist die Aufnahme von Werken in verlagseigene „Theaterbibliotheken" oder die Herstellung von Offline-Produkten (insbesondere Audio-CDs, Hörbücher).

Es gibt eine Reihe von Nebenpflichten (Abschnitt D). So kann etwa die unzureichende Unterrichtung des Autors über Premierendaten eine fristlose Kündigung des Vertrages durch den Urheber rechtfertigen (OLG München UFITA 88 (1980), 368 – Genoveva). Der Verlag ist nach der Rechtsprechung nicht verpflichtet, maschinenschriftliche „Rollenbücher" nachträglich zu digitalisieren und sie in dieser Form anzubieten (LG Oldenburg Urt. v. 19.4.2006 – 5 O 1287/01, rechtskräftig, nicht veröffentlicht). Die Urheberverträge müssen mit den Verbandsvereinbarungen überein stimmen. Gemeint sind die „Regelsammlung Bühne" mit dem Deutschen Bühnenverein und die „Regelsammlungen Rundfunk (Hörfunk/Fernsehen)" sowie die besonderen Regelungen für Drehbuchverträge (Fernsehen) mit dem öffentlich-rechtlichen Rundfunk (sog. „Dreiecksverträge" wegen der Einbeziehung von Autor, Verlag und Rundfunk). Autorenverträge, die auf Werknutzungsverträge mit Verwertern angelegt sind, für die es keine Verbandsvereinbarungen gibt (so bei „semiprofessionellen" Theatern, Amateurtheatern, Privatem Rundfunk usw) sind in ihrer Ausgestaltung im Rahmen der gesetzlichen Bestimmungen insoweit frei.

5. Pflichten des Autors. Der Autor sollte gegenüber dem Verlag rechtsverbindlich erklären, dass das Werk in seiner alleinigen Urheberschaft steht, kein Dritter daran mitgewirkt hat und hieran keine weiteren Rechte geltend gemacht werden können. Diese Versicherung ist deswegen erforderlich, weil der Bühnenverlag in seinen Werknutzungsverträgen eine entsprechende Garantie für den Bestand der übertragenen Rechte vereinbaren und die Werknutzer von der Inanspruchnahme durch Dritte freistellen muss. Das gilt auch für gewerbliche Schutz- und Persönlichkeitsrechte einschließlich des postmortalen Persönlichkeitsrechts (zum Letzteren BGH ZUM 2008, 951 – Ehrensache).

6. Vertragsgebiet. Dem Verlag werden üblicherweise Rechte weltweit eingeräumt. Einbezogen sind Rechte an deutschsprachigen Übersetzungen von fremdsprachigen Originalwerken, insbesondere des anglo-amerikanischen Repertoires.

7. Vertragdauer. Verträge werden in der Regel auf die Dauer der Schutzfrist abgeschlossel (§ 64 UrhG). Das gilt auch für spätere Schutzfristverlängerungen, was im Verlagsvertrag ausdrücklich vereinbart werden sollte. Probleme für die Praxis bedeutet die Ausdehnung der Schutzfrist bzw. deren Wiederaufleben für dramatisch-musikalische Werke (sog. „teilgeschützte Werke", „Musikkompositionen mit Text", § 137m Abs. 2 UrhG). Die bestehenden Rahmenvereinbarungen mit Deutschem Bühnenverein und öffentlich-rechtlichem Rundfunk sehen für „teilgeschützte Werke" Abschläge bei der Urheber- und Musikmaterialvergütung vor. Offen ist, wie sich Verlage und Verwerter diesem Thema generell nähern werden (Stand 2014).

Scheitert die Zusammenarbeit zwischen Autor und Verlag, kommt nur eine einvernehmliche Vertragsauflösung in Betracht.

8. **Abrechnung.** Die Verlage rechnen quartalsmäßig oder halbjährlich ab, wenn nichts anderes vereinbart ist. Der Autorenanteil beträgt in der Regel bei der Nutzung von Bühnenwerken 75 % der vom Theater gezahlten Urhebervergütungen, bei anderen medialen Verwertungen zwischen 85 % und 90 %. Die Beteiligung der Urheber von dramatisch-musikalischen Werken an der Musikmaterialvergütung ist variabel. Sie liegt bei bis zu 50 % oder ist im Einzelfall höher nach Amortisierung der Herstellungskosten.

Abgezogen wird vorab die sog. Tantiemeabgabe. Es handelt sich hierbei um eine von Urheber und Verlag gemeinsam getragene Abgabe, die im Innenverhältnis der im Autorenvertrag vereinbarten Beteiligung an den Urhebervergütungen (Aufführungstantiemen) aus der Verwertung der Werke am Theater entspricht. Der Abzug (2013: 0,5 %) bezieht sich ausschließlich auf die Vergütungen der Theater des Deutschen Bühnenvereins an Verlage, die dem Verband Deutscher Bühnen- und Medienverlage angehören. Der Betrag ist für die ZBS Zentralstelle Bühne Service GmbH für Autoren, Komponisten und Verlage (Berlin) bestimmt, die die Abrechungen von jährlich um fünf bis sieben Theater zusammen mit einer Wirtschaftsprüfungsgesellschaft im Interesse aller Autoren und Verlage überprüft. Die Ergebnisse der Prüfungen fließen in die Verhandlungen mit dem Deutschen Bühnenverein ein. Die Zentralstelle Bühne Service GmbH für Autoren, Komponisten und Verlage verwaltet den Rechtenachweis zu urheberrechtlich geschützten Bühnenwerken (www.theatertexte.de) und nimmt das Inkasso für Verlage im francophonen Ausland wahr.

Die Verlage sind zur **Künstlersozialabgabe** verpflichtet (§§ 23, 24 Abs. 1 Nr. 3, Abs. 2, 26 KSVG; Abgabesatz 2015: 5,2 %, unter Umständen steigend), sofern sie Nutzungsrechte im eigenen Namen wahrnehmen und ihre Urheber selbständige Künstler im Sinne des Künstlersozialversicherungsgesetzes sind. Das gilt auch für ausländische Urheber, unabhängig davon, ob diese selbst Versicherte sind oder sein können (www.kuenstlersozialkasse.de). Die Abgabe kann nicht rechtswirksam auf die Urheber abgewälzt werden (§ 36a KSVG, § 32 SGB I). Die Künstlersozialkasse überprüft seit einigen Jahren stichprobenartig die Plausibilität der Meldungen der Versicherten anhand der vorzulegenden Einkommensteuerbescheide und leitet ggf. Bußgeldverfahren ein. Nicht registrierte abgabeverpflichtete Unternehmen werden von der DRV Deutschen Rentenversicherung Bund aufgrund von Prüfungen erfasst; die Prüfung der bereits bekannten Unternehmen (sog. „Bestandsunternehmen") liegt in den Händen der Künstlersozialkasse, die seit kurzem (wieder) selbst Verwerber prüfen kann. Einzelheiten finden sich in § 28p SGB IV, §§ 24, 32, 35 KSVG idF d. KSAStabG (BGBl. 2014 I S. 134).

9. **Kosten.** Die Gebührenberechnung richtet sich grundsätzlich nach dem Rechtsanwaltsvergütungsgesetz (RVG) und dem dazugehörigen Vergütungsverzeichnis (VV). Für Erstberatungsgespräche sieht das VV einen Höchstbetrag von 190 Euro netto zzgl. Nebenkosten vor (VV 2102). Bei einer längeren als einmaligen Beratungstätigkeit und unter Berücksichtigung des Gegenstandswertes können die Kosten deutlich höher sein (VV 2100, 2101). Die sehr umfangreichen Regelungen im Bühnen- und Sozialrecht erfordern besondere Kenntnisse. Gebührenvereinbarungen für Beratung sowie für außergerichtliche Vertretung, insbesondere in vorgeschalteten sozialrechtlichen Vor- und Widerspruchsverfahren sind sachgerecht und in der Praxis weitgehend üblich.

Aufführungsverträge

47 A. Musteraufführungvertrag

Zwischen
[Verlag]

nachstehend „Verlag"

und
[Theater]

nachstehend „Theater"

wird folgender Vertrag geschlossen:

§ 1 Aufführungsrecht

(1) Der Verlag überträgt dem Theater das örtlich ausschließliche Recht zur bühnenmäßigen Aufführung des Werkes [Titel] (nachfolgend „Werk") von [Autor], in der Bearbeitung/Übersetzung von [Bearbeiter/Übersetzer] ein. Außerdem werden die in 10. Regelsammlung Bühne genannten Rechte in dem darin vereinbarten Umfang und mit den dort genannten Einschränkungen eingeräumt.
(2) Die in Absatz 1 genannten Rechte werden auch für Gastspiele als örtlich nicht ausschließliches Recht an den Spielorten [Aufzählung eingeräumt. Darüber hinaus bedürfen Gastspiele der gesonderten Vereinbarungen.*

§ 2 Aufführungspflicht

(1) Das Theater verpflichtet sich, das Werk als [Art der Aufführung] an dem/den Spielort/en [Aufzählung] in folgender/en Spielstätte/n [Aufzählung] zur Aufführung zu bringen.**
(2) Die erste Aufführung findet frühestens am [Datum] und spätestens am [Datum] statt. Die Laufzeit des Vertrags endet am [Datum]/mit Ende der Spielzeit [Angabe der Spiel zeit]. Das Theater hat dem Verlag mindestens [Frist] Monate vor Ende der Laufzeit des Vertrages mitzuteilen, ob eine Übernahme der Produktion in eine weitere Spielzeit beabsichtigt ist. Der Verlag ist im Falle einer solchen Mitteilung grundsätzlich bereit, den Aufführungsvertrag zu verlängern, soweit dem keine wichtigen Gründe entgegenstehen. Ein wichtiger Grund liegt insbesondere vor, wenn der Verlag das in § 1 Abs. 1 S. 1 genannte Recht nicht mehr vertritt.
(3) Der Verlag ist als Inhaber der Aufführungsrechte wie folgt zu nennen [Nennung].

* Absatz 2 hat bei **Landesbühnen** folgende Fassung: (2) Die Einräumung der in Absatz 1 genannten Rechte umfasst auch die üblichen regionalen Abstecherorte des Theaters. Das Theater hat als Landesbühne beim Vorstand des Deutschen Bühnenvereins eine Liste der üblichen regionalen Abstecherorte hinterlegt. Außerdem werden die in Absatz 1 genannten Rechte auch für Gastspiele an den Spielorten eingeräumt. Für die Abstecher- und Gastspielorte erfolgt die Einräumung der in Absatz 1 genannten Rechte als örtlich nicht ausschließliches Recht, es sei denn, es wird in § 10 etwas Abweichendes vereinbart. Darüber hinaus bedürfen Gastspiele der gesonderten Vereinbarung.

** Bei **Landesbühnen** ist zu ergänzen: Eine Aufführungspflicht besteht – vorbehaltlich abweichender ausdrücklicher Vereinbarung – nicht für die üblichen regionalen Abstecherorte der Landesbühnen.

§ 3 Urhebervergütung

(1) Das Theater zahlt an den Verlag für die Einräumung des Aufführungsrechts als Urheberabgabe EUR [Betrag] zuzüglich Umsatzsteuer in gesetzlicher Höhe. Mit der Urheberabgabe ist auch die Einräumung der in § 1 Abs. 1 S. 2 genannten Rechte abgegolten, soweit für die Einräumung dieser Rechte nicht in der Regelsammlung Bühne eine gesonderte Vergütung vorgesehen oder ausdrücklich vereinbart ist. Das Theater beteiligt sich an der vom Verlag für den Urheber gezahlten Künstlersozialabgabe nach der zwischen dem Deutschen Bühnenverein und dem Verband Deutscher Bühnen- und Medienverlage abgeschlossenen Vereinbarung.

(2) Die Urheberabgabe für öffentliche Generalproben und Voraufführungen gegen Entgelt – auch wenn das Entgelt von Dritten gezahlt wird – beträgt EUR [Betrag] zuzüglich Umsatzsteuer in gesetzlicher Höhe.

(3) Die Urhebervergütung beträgt mindestens 13 vH und höchstens 17 vH der Roheinnahme.

§ 4 Aufführungsmaterial dramatische Sprachwerke

(1) Das Theater ist verpflichtet, das Aufführungsmaterial ausschließlich vom Verlag zu beziehen. Der Verlag liefert je nach Anforderung des Theaters das Aufführungsmaterial in Exemplaren oder im pdf-Format zur Nutzung für die in § 2 Abs. 2 genannte Laufzeit des Vertrages.

(2) Die Materialvergütung beträgt für die Lieferung der nach Absatz 1 vereinbarten Anzahl von Exemplaren insgesamt EUR [Betrag], bei Lieferung im pdf-Format EUR [Betrag], jeweils zuzüglich Umsatzsteuer in gesetzlicher Höhe. Das Theater trägt die Versandkosten in dem für einen Postversand innerhalb der Bundesrepublik Deutschland üblichen Umfang.

§ 5 Aufführungsmaterial dramatisch-musikalische Werke

(1) Das Theater ist verpflichtet, das Aufführungsmaterial mietweise ausschließlich vom Verlag zu beziehen.

(2) Für die Vermietung des Aufführungsmaterials gelten ergänzend die Allgemeinen Geschäftsbedingungen, soweit diese dem Aufführungsvertrag und der Regelsammlung Bühne nicht widersprechen.

(3) Die Materialvergütung beträgt EUR [Betrag] zuzüglich Umsatzsteuer in gesetzlicher Höhe. Das Theater trägt die Versandkosten in dem für einen Postversand innerhalb der Bundesrepublik Deutschland üblichen Umfang.

Alternativ statt Absätze 1–3:

Das Theater ist berechtigt, für die Aufführung folgende/n Tonträger zu nutzen: [Aufzählung]. Für die Nutzung des Tonträgers zahlt das Theater statt der Materialvergütung eine Tonträgerverwendungsvergütung in Höhe von EUR [Betrag] zuzüglich Umsatzsteuer in gesetzlicher Höhe.

§ 6 Abrechnung, Fälligkeit, Zahlung

(1) Die Abrechnung und Überweisung der Urhebervergütung zuzüglich Umsatzsteuer erfolgt im Gutschriftenverfahren monatlich, und zwar bis spätestens 15 Tage nach Monatsende für den vorangegangenen Monat. Überweisungen an den Verlag im Gutschriftenverfahren sind unter Angabe der nach dem Umsatzsteuergesetz erforderlichen Daten vorzunehmen.

Alternativ kann Absatz 1 wie folgt gestaltet werden:

(1) Die Abrechnung und Überweisung der Urhebervergütung zuzüglich Umsatzsteuer erfolgt gegen Rechnungsstellung des Verlages spätestens 20 Tage nach Zugang der

Rechnung des Verlages. Das Theater ist verpflichtet, dem Verlag die für die Rechnungsstellung erforderlichen Abrechnungsdaten kostenfrei innerhalb von 15 Tagen nach Monatsende für den vorangegangenen Monat mitzuteilen.

(2) Die Vergütung für das Aufführungsmaterial ist vier Wochen nach Abschluss des Aufführungsvertrages, jedoch nicht vor Lieferung, zu zahlen. Die sonstigen Vergütungen nach der Regelsammlung Bühne sind zu zahlen, sobald die Voraussetzungen dafür vorliegen.

(3) Überweisungen des Theaters sind kosten- und spesenfrei vorzunehmen.

§ 7 Vertragsstrafe

Für den Fall der groben Verletzung einer Vertragspflicht ist eine Vertragsstrafe von EUR [Betrag] vereinbart. Auf einen gegebenenfalls bestehenden Schadensersatzanspruch ist die gezahlte Vertragsstrafe anzurechnen.

§ 8 Regelsammlung Bühne

Die Regelsammlung Bühne ist in der bei Vertragsabschluss geltenden Fassung Bestandteil dieses Vertrages. Abweichungen und Ergänzungen von der Regelsammlung Bühne sind nur insoweit wirksam, als sie in § 9 und § 10 ausdrücklich genannt sind.

§ 9 Abweichende Vereinbarungen

Es sind folgende Abweichungen von der Regelsammlung Bühne vereinbart:
[Aufzählung]

§ 10 Ergänzende Vereinbarungen

Es ist in Anwendung der Regelsammlung Bühne ergänzend Folgendes vereinbart:
[Aufzählung]

47 B. Mustermusikmaterialmietvertrag (urheberrechtsfreie) Dramatisch-musikalische Werke

Zwischen
[Verlag]

nachstehend „Verlag“,

und
[Theater]

nachstehend „Theater“,

wird folgender Vertrag geschlossen:

§ 1 Vertragsgegenstand

Das Theater mietet vom Verlag das Aufführungsmaterial für das urheberrechtsfreie dramatisch-musikalische Werk [Titel].

§ 2 Materialvergütung

Die Materialvergütung beträgt EUR [Betrag] zuzüglich Umsatzsteuer in der gesetzlichen Höhe. Das Theater trägt die Versandkosten in dem für einen Postversand innerhalb der Bundesrepublik Deutschland üblichen Umfang.

§ 3 Dauer des Vertrages

Die Laufzeit des Vertrages beginnt am [Datum] und endet am [Datum]/mit Ende der Spielzeit [Datum].

§ 4 Zahlungsfrist

Die Vergütung für das Aufführungsmaterial ist vier Wochen nach Abschluss des Aufführungsvertrages, jedoch nicht vor Lieferung, zu zahlen.

§ 5 Vertragsstrafe

Für den Fall der groben Verletzung einer Vertragspflicht ist eine Vertragsstrafe von EUR [Betrag] vereinbart. Auf einen gegebenenfalls bestehenden Schadensersatzanspruch ist die gezahlte Vertragsstrafe anzurechnen.

§ 6 Regelsammlung Bühne

Auf diesen Vertrag finden folgende Vorschriften der Regelsammlung Bühne in der bei Vertragsabschluss geltenden Fassung Anwendung: 16.3., 16.4., 16.5., 16.6., 17.2., 17.3. zweiter und dritter Spiegelstrich, 18.1., 18.2., 18.4., 18.5. und 18.7. Es gelten ergänzend die Allgemeinen Geschäftsbedingungen, soweit diese dem Materialmietvertrag und der Regelsammlung Bühne nicht widersprechen.

§ 7 Abweichende Vereinbarungen

Es sind folgende Abweichungen von den in § 6 genannten Vorschriften der Regelsammlung Bühne vereinbart:
[Aufzählung]

§ 8 Ergänzende Vereinbarungen

Es ist in Anwendung der in § 6 genannten Vorschriften der Regelsammlung Bühne Folgendes vereinbart:
[Aufzählung]

47 C. Regelsammlung Verlage (Vertriebe)/Bühnen – Regelsammlung Bühne – vom 1.8.2005 idFv 12.2.2008 (mit Änderung vom 2.12.2014)

Vereinbart zwischen

dem Verband Deutscher Bühnen- und Medienverlage eV (Berlin)

und

dem Deutschen Bühnenverein – Bundesverband Deutscher Theater und Orchester eV (Köln)

für Aufführungsverträge über Bühnenwerke

Präambel

Die Regelsammlung Bühne enthält eine Zusammenstellung von Vertragsklauseln, wie sie nach übereinstimmender Auffassung beider diese Vereinbarung abschließenden Verbände den Aufführungsverträgen zwischen ihren Mitgliedern zugrunde gelegt werden. Die Regelsammlung Bühne ist folgendermaßen gegliedert:

Teil A Allgemeine vertragsrechtliche Bestimmungen
Teil B Urheberrechtliche Nutzungsrechte
Die auf der Grundlage der Regelsammlung Bühne abgeschlossenen Aufführungsverträge tragen dem gesetzlichen Anspruch der Urheber von Bühnenwerken auf angemessene Vergütung Rechnung. Die Aufführungsverträge sollen die Regelsammlung Bühne in Bezug nehmen. In Einzelfällen kann von der Regelsammlung abgewichen werden. Ergänzende Vereinbarungen sind zulässig. Von der Regelsammlung Bühne abweichende oder sie ergänzende Vereinbarungen sind im Aufführungsvertrag zu ihrer Wirksamkeit gesondert aufzuführen.

Teil A

Allgemeine vertragsrechtliche Bestimmungen

1. Zustandekommen und Inhalt des Aufführungsvertrages

1.1. Der Verlag räumt dem Theater mit Abschluss eines Aufführungsvertrages die urheberrechtlichen Nutzungsrechte für die Aufführung eines Bühnenwerkes und sonstige im Zusammenhang mit der Aufführung stehende Nutzungsrechte ein. Der Aufführungsvertrag bedarf der Schriftform. Er wird nach dem dieser Regelsammlung anliegenden Muster abgeschlossen.

1.2. Das Bühnenwerk darf vor Abschluss eines Aufführungsvertrags nur mit Zustimmung des Verlages genutzt werden. Das Theater ist jedoch berechtigt, das Bühnenwerk für Proben und zur anderweitigen Vorbereitung der Theaterproduktion zu nutzen, wenn der Verlag dem Theater Aufführungsmaterial ohne entgegenstehende schriftliche Angaben überlässt.

1.3. Die Besetzung der Hauptrollen sowie die geplante Anzahl der Aufführungen sind dem Verlag auf Anfrage schriftlich bekannt zu geben. Das gleiche gilt für den Namen des Regisseurs und – bei Musiktheaterproduktionen – des Dirigenten sowie – bei Ballett bzw. Tanztheater – des Choreografen.

1.4. Der Verlag leitet dem Theater den Entwurf des Aufführungsvertrages über das Bühnenwerk per Post oder per Telekopie zu.

1.5. Das Theater hat innerhalb von drei Wochen nach Zugang schriftlich zu erklären, ob es den Aufführungsvertrag nach Maßgabe des Entwurfs des Verlags abschließen will (Vertragsangebot). Zur Fristwahrung genügt die Übersendung einer rechtsgültig unterzeichneten Telekopie des Vertragsangebots; andere Übermittlungswege, insbesondere die elektronische Übermittlung (E-Mail), sind ausgeschlossen.

1.6. Der Aufführungsvertrag ist zustande gekommen, wenn das Vertragsangebot vom Theater unterzeichnet dem Verlag zugegangen ist und der Verlag dem Vertragsangebot nicht widerspricht. Der Verlag übersendet dem Theater unverzüglich eine von ihm ebenfalls unterzeichnete Ausfertigung des Aufführungsvertrags.

1.7. Hat das Theater den Entwurf des Aufführungsvertrags geändert, wird der Vertrag erst wirksam, wenn der Verlag entweder die von ihm unterzeichnete Ausfertigung des Aufführungsvertrags zurückgesandt oder sich innerhalb von drei Wochen nach Zugang nicht geäußert hat.

2. Rechtegarantie

2.1. Der Verlag sichert mit Abschluss des Aufführungsvertrags zu, dass er berechtigt ist, über die dem Theater eingeräumten Nutzungsrechte zu verfügen. Der Verlag garantiert, dass das Bühnenwerk einschließlich seines Titels nicht in Rechte Dritter eingreift. Der Verlag stellt das Theater im Rahmen dieser Rechtegarantie von Ansprüchen Dritter frei.

2.2. Der Verlag bleibt weiterhin berechtigt, das Bühnenwerk auf jede beliebige Weise auch während der Laufzeit des Aufführungsvertrags auszuwerten oder auswerten zu lassen, soweit die dem Theater eingeräumten Nutzungsrechte dem nicht entgegenstehen. Das gilt insbesondere für die Vergabe von Rechten zur Herstellung einer Rundfunk- oder Filmproduktion und deren Auswertung. Hat der Verlag dem Theater ein ausschließliches Aufführungsrecht eingeräumt, ist er insoweit auch gehindert, Dritten ein Vortragsrecht anstelle des Aufführungsrechts einzuräumen. Ist dem Theater ein örtlich ausschließliches Aufführungsrecht eingeräumt, ist die Vergabe des Vortragsrechts an diesem Ort ausgeschlossen.

2.3. Der Verlag ist verpflichtet, auf Wunsch des Theaters jederzeit Auskunft über die von ihm getroffenen Verfügungen zur Verwertung des Werkes im Rundfunk oder Film oder durch ähnliche technische Einrichtungen zu geben, einschließlich der Mitteilung über den ihm bekannten Stand der Verwertung.

3. Weiterübertragung, Ausübung durch Dritte, Koproduktionen

3. Weiterübertragung, Ausübung durch Dritte, Koproduktionen

3.1. Die dem Theater eingeräumten Nutzungsrechte dürfen ohne vorherige schriftliche Zustimmung des Verlages weder weiter übertragen noch Dritten zur Ausübung überlassen werden.

3.2. Über die Herstellung einer Theaterproduktion zusammen mit einem oder mehreren anderen Theater(n) zum Zwecke der gemeinsamen Auswertung (Koproduktion) ist der Verlag vom Theater rechtzeitig – soweit möglich vor Vertragsabschluss – zu informieren.

4. Vertragspflichten

18. Theater, Verlag und Urheber des Bühnenwerkes sind zur vertrauensvollen Zusammenarbeit verpflichtet.

4.2. Der Verlag hat dem Theater das Bühnenwerk in einer für die Auswertung der eingeräumten Nutzungsrechte geeigneten Weise aufführungsreif zur Verfügung zu stellen.

4.3. Das Theater hat das Aufführungsrecht auszuwerten.

4.4. Änderungen des Werkes bedürfen der vorherigen schriftlichen Zustimmung des Verlags, es sei denn, dass der Verlag seine Zustimmung dazu nach Treu und Glauben nicht versagen kann. In Zweifelsfällen hat das Theater die beabsichtigte Änderung dem Verlag mitzuteilen. Das gilt insbesondere bei der Einfügung von anderen Texten oder anderen Werken bzw. von Teilen anderer Werke sowie – im Falle eines bestehenden Urheberrechtsschutzes des Originalwerks – bei nicht geschlechtsspezifischer Rollenbesetzung.

4.5. Verlag und Urheber des Bühnenwerkes ist die Teilnahme an Proben in angemessenem Umfang und in angemessener Weise zu ermöglichen. Der Probenplan ist dem Verlag auf Anfrage rechtzeitig zu übermitteln.

4.6. Das Theater teilt dem Verlag den Termin der Premiere mit, sobald sie angesetzt ist. Die Mitteilung soll spätestens acht Tage vor der Premiere erfolgen. Für jede Aufführung stellt das Theater dem Verlag oder dem Urheber auf Anfrage bis zu zwei Karten der ersten oder zweiten Preiskategorie unentgeltlich zur Verfügung. Die Anfrage soll spätestens bis 12:00 Uhr am Aufführungstag bei dem Theater eingegangen sein. Der Anspruch auf Freikarten besteht nicht für Freitag und Samstag, sowie an gesetzlichen Feiertagen, es sei denn, es handelt sich um eine Voraufführung oder eine Premiere. Die Freikarten dürfen vom Verlag und vom Urheber nicht missbräuchlich, vor allem nicht gegen Entgelt, weitergegeben werden.

4.7. Das Theater kündigt das Bühnenwerk mit vollem Titel angemessen an und sorgt für eine angemessene Bewerbung. Zur Premiere sind die über die Aufführungen des Theaters üblicherweise berichtenden Medien einzuladen. Das Theater stellt dem

Verlag zwei Exemplare des Programmhefts zur Verfügung; werden die Aufführungen durch ein Plakat angekündigt, gilt dies auf Anfrage entsprechend. Das Theater überlässt dem Verlag eine Kopie der vom Theater zusammengestellten Presseberichte.

5. Leistungsstörungen

5.1. Verlag und Theater haften für Schäden, die durch die schuldhafte Verletzung der im Aufführungsvertrag eingegangenen Vertragspflichten entstehen.

5.2. Das Theater ist verpflichtet, dem Verlag den Schaden zu ersetzen, der dadurch entsteht, dass ein im Aufführungsvertrag vereinbartes Gastspiel aus Gründen nicht zustande kommt, die von dem abnehmenden Veranstalter zu vertreten sind. Der Schadensersatzanspruch ist der Höhe nach auf den Ersatz des entgangenen Gewinns beschränkt.

5.3. Verlag und Theater können eine Vertragsstrafe für den Fall der groben Verletzung einer Vertragspflicht vereinbaren. Der Anspruch auf Erfüllung der Vertragspflichten wird hiervon nicht berührt. Gleiches gilt für das Recht, den Aufführungsvertrag mit sofortiger Wirkung zu kündigen, wenn die Fortsetzung der Vertragsbeziehungen unzumutbar ist. Auf einen gegebenenfalls bestehenden Schadensersatzanspruch ist die gezahlte Vertragsstrafe anzurechnen.

5.4. Leistungsstörungen, die die vom Theater eingegangenen Vertragspflichten betreffen, berechtigen den Verlag, die Zentralstelle Bühne Service GmbH für Autoren, Komponisten und Verlage Berlin (ZBS) mit der Wahrnehmung seiner Interessen zu beauftragen. Die ZBS kann sich dabei der Dienste geeigneter Dritter bedienen. Das Theater hat die damit verbundenen angemessenen Kosten zu tragen, soweit es die Leistungsstörungen zu vertreten hat.

5.5. Die Kündigung des Vertrages mit dem Verlag (Verlagsvertrag) durch den Urheber oder seinen Rechtsnachfolger lässt die durch den Aufführungsvertrag erfolgte Einräumung der Nutzungsrechte unberührt. 2.1 findet insoweit keine Anwendung. Das Theater ist in diesem Fall berechtigt, die dem Verlag auf der Grundlage des Aufführungsvertrags zustehenden Leistungen nach Auslaufen des Verlagsvertrages mit befreiender Wirkung direkt an den Urheber zu erbringen. Enthält der Aufführungsvertrag eine Verlängerungsoption, gelten die Sätze 1–3 entsprechend.

6. Abrechnungskontrolle (Revision)
Die Abrechnungen der Theater können durch die ZBS geprüft werden (5.4). Die Prüfung erstreckt sich bei Gastspielen auch auf die dem Theater zur Verfügung stehenden Abrechnungen des abnehmenden Veranstalters. Entsprechendes gilt für Koproduktionen. Das Theater ist verpflichtet, auf Verlangen dem Verlag oder der ZBS sämtliche für die Prüfung maßgeblichen Unterlagen vorzulegen und die Anfertigung von Ablichtungen zu gestatten.

7. Nennung von Urheber(n) und Verlag
Das Theater ist verpflichtet, den/die Urheber(n) als solchen in Programmheften, Theaterzetteln und anderen Publikationen zu nennen. Im Programmheft und auf dem Theaterzettel ist auch der Verlag zu nennen.

8. Auskunftsrecht
Verlag und Theater haben sich wechselseitig bei etwaigen gerichtlichen oder außergerichtlichen Auseinandersetzungen mit Dritten im Zusammenhang mit dem Bühnenwerk und der Theaterproduktion zu unterstützen, notwendige Auskünfte zu erteilen sowie einander Dokumente und sonstige Unterlagen zur Verfügung zu stellen.

9. Rechtsnachfolge, Schriftform, Nebenabreden

9.1. Rechte und Pflichten aus dem Aufführungsvertrag gehen auf den/die jeweiligen Rechtsnachfolger über.

9.2. Verlag und Theater erklären im Aufführungsvertrag, dass Nebenabreden nicht getroffen worden sind und etwaige Änderungen und Ergänzungen zu ihrer Rechtsgültigkeit der Schriftform bedürfen.

9.3. Der Aufführungsvertrag unterliegt dem Recht der Bundesrepublik Deutschland.

9.4. Es gilt der gesetzliche Gerichtsstand iVm § 105 UrhG.

Teil B

Urheberrechtliche Nutzungsrechte

10. Rechteeinräumung (allgemein)

10.1. Der Verlag räumt dem Theater nach Maßgabe des Aufführungsvertrags das Recht ein, das Bühnenwerk
- öffentlich bühnenmäßig darzustellen (Aufführungsrecht),
- die bühnenmäßige Darstellung auf Bild- und/oder Tonträger aufzuzeichnen sowie diese Aufzeichnungen zu den in dieser Regelsammlung ausdrücklich genannten, theatereigenen Nutzungen zu vervielfältigen (Vervielfältigungsrecht) und
- die bühnenmäßige Darstellung – drahtgebunden oder drahtlos – öffentlich zugänglich zu machen (Recht der öffentlichen Zugänglichmachung). Die Vereinbarung einer Vergütung (siehe 19) ist geregelt.

10.2. Die Einräumung des Aufführungsrechts umfasst auch das Recht
- die bühnenmäßige Darstellung innerhalb und außerhalb des Raums, in dem die persönliche Darbietung stattfindet, durch Bildschirm, Lautsprecher oder ähnliche technische Einrichtungen öffentlich wahrnehmbar zu machen,
- den Text des Werkes – auch in bearbeiteter Fassung – innerhalb des Zuschauerraums durch eine technische Einrichtung (zB Übertitelungsanlage) wahrnehmbar zu machen und
- den Text sowie gegebenenfalls bestehendes Notenmaterial in Programmheften sowie in ähnlichen Publikationen in kurzen Auszügen wiederzugeben, soweit der Verlag über die entsprechenden Rechte verfügt.

10.3. Macht das Theater von dem Recht Gebrauch, den Text des Werkes innerhalb des Zuschauerraums durch eine technische Einrichtung (zB Übertitelungsanlage) wahrnehmbar zu machen, teilt das Theater im Fall der Bearbeitung den Wortlaut des Textes unmittelbar nach Fertigstellung dem Verlag mit.

10.4. Im Rahmen des Vervielfältigungsrechts dürfen von dem Bild- und/oder Tonträger, auf denen die bühnenmäßige Darstellung aufgezeichnet wurde, nur einzelne Vervielfältigungsstücke für den theatereigenen Gebrauch hergestellt werden. Diese Vervielfältigungsstücke dürfen genutzt werden
- zur Realisierung der bühnenmäßigen Darstellung,
- zu Archivzwecken,
- zu eigenen Werbezwecken einschließlich der Bewerbung für Gastspiele und
- in Einzelfällen zu Bewerbungen durch die an der Theaterproduktion Mitwirkenden, sofern der Bild- und/oder Tonträger ausschließlich zur Beurteilung der künstlerischen Leistungen genutzt wird.

10.5. Das Theater unterrichtet den Verlag unverzüglich schriftlich über die beabsichtigte Herstellung eines Bild- und/oder Tonträgers. Die Nutzung des Bild- und/oder Tonträgers zum Ersatz eines Orchesters ist nur mit Zustimmung des Verlages zulässig. Wird der Bild- und/oder Tonträger zu eigenen Werbezwecken öffentlich wahrnehmbar oder öffentlich zugänglich gemacht, beschränkt sich dies auf den durch den Zweck gebotenen Umfang. Die Wahrnehmbarmachung bzw. Zugänglichmachung darf jedenfalls zehn Minuten der bühnenmäßigen Aufführung nicht überschreiten. Beabsichtigt ein an der Theaterproduktion Mitwirkender, den Bild- und/oder Tonträger im Rahmen von 10.4 zu nutzen, darf ihm lediglich ein Vervielfältigungsstück mit der Maßgabe ausgehändigt werden, dass es nach entsprechender Nutzung unverzüglich an das Theater zurückgegeben wird.

10.6. Das Recht der öffentlichen Zugänglichmachung darf nur mit Zustimmung des Verlages genutzt werden, soweit sich aus 10.4 und 10.5 nichts Abweichendes ergibt.

10.7. § 50 UrhG bleibt unberührt. Ebenfalls unberührt bleiben Rechte, die nach dem Urheberrechtsgesetz üblicherweise einer Verwertungsgesellschaft übertragen werden.

11. Rechteumfang

11.1. Im Aufführungsvertrag sind zum Umfang des Aufführungsrechts zu vereinbaren:
Laufzeit des Aufführungsvertrags
- Angabe der Spielzeiten
- Abweichende Daten

Art der Aufführung
- A Aufführung
- UA Uraufführung
- DSE Deutschsprachige Erstaufführung
- DE Deutsche Erstaufführung

Fassung des für die Theaterproduktion genutzten Bühnenwerks
- Original
- Übersetzung
- Sonstige Bearbeitung

räumliche (örtliche) Beschränkungen
Spielstätten/Spielorte
- Großes Haus (über 200 Plätze)
- Kleine Spielstätte (bis zu 99 Plätze)
- Kleine Spielstätte (100 bis 200 Plätze)
- Sonstige Spielstätte (Angabe der Plätze)
- Gastspielorte (Aufzählung)
- Spielorte bei Koproduktionen

Aufführungszeitpunkt
- Früheste erste Aufführung
- Späteste erste Aufführung

11.2. Der Verlag räumt den Landesbühnen das Aufführungsrecht für deren übliche regionale Abstecherorte ein.

11.3. Über die in dieser Regelsammlung vorgesehenen Nutzungsrechte hinaus können weitere Nutzungsrechte sowie deren Vergütung vertraglich vereinbart werden.

12. Urhebervergütung

12.1. Das Theater zahlt für die Einräumung der Nutzungsrechte eine Urhebervergütung.

12.2. Die Urhebervergütung wird als Urheberabgabe pro Besucher berechnet, wenn das Theater nach Maßgabe der Anlage A einer Gruppe zugeordnet ist.

12.3. Als Besucher gilt derjenige Personenkreis, für den Theatereintrittskarten ausgegeben werden. Als ausgegebene Theatereintrittskarten gelten sowohl die im freien Verkauf als auch an Besucherorganisationen und dergleichen abgegebenen Karten, Anrechts-, Abonnement- und Gebührenkarten. Ausgenommen sind Dienstkarten, Pressekarten, Karten nach 4.6 (Verlagskarten) sowie Freikarten. Für die Freikarten, mit denen ein Kontingent von 10 Prozent der für jene Vorstellung verfügbaren

Plätze überschritten wird, ist eine Tantieme von 10 Prozent der Urheberabgabe nach Anlage A je Freikarte zu zahlen. Die gleiche Tantieme ist zu zahlen für Gebührenkarten, die nicht mehr als 50 Vomhundert des günstigsten vollen Kassenpreises kosten. Für Freikarten, die für die ersten beiden Vorstellungen einer Theaterproduktion vergeben werden, ist keinesfalls eine Urheberabgabe zu zahlen.

12.4. Die Urhebervergütung (Summe der Urheberabgaben pro Vorstellung) beträgt mindestens 13 Vomhundert und höchstens 17 Vomhundert der Roheinnahme. In den Fällen von 14.2 erster bis dritter Spiegelstrich sowie 14.4 reduzieren sich der Mindest- und Höchstsatz entsprechend.

12.5. Die Vereinbarung einer pauschalierten Urhebervergütung (Garantie) ist zulässig, soweit dies in der Regelsammlung vorgesehen ist.

12.6. Bei Uraufführungen von Werken, die vom Theater in Auftrag gegeben werden, kann mit dem Verlag vereinbart werden, dass das Auftragshonorar teilweise auf die Urhebervergütung angerechnet wird.

12.7. Bei nicht in der Anlage A eingruppierten Privattheatern und bei Gastspielen beträgt die Urhebervergütung 10 Vomhundert der Roheinnahme.

12.8. Für öffentliche Generalproben und Voraufführungen der Theaterproduktion gegen Entgelt ist – auch soweit es von Dritten gezahlt wird – mit dem Verlag vorher schriftlich eine angemessene Urhebervergütung zu vereinbaren.

12.9. Aufführungen, für die kein Entgelt erhoben wird, sind nur mit vorheriger schriftlicher Zustimmung des Verlags zulässig.

13. Roheinnahme

13.1. Roheinnahme ist die Einnahme des Theaters aus dem Verkauf von Theaterkarten einschließlich theatereigener Vorverkaufsaufschläge, dem Verkauf von Gebührenkarten sowie dem auf die einzelne Vorstellung entfallenden Anteil an Platzmieten und von Dritten für die einzelne Vorstellung konkret gezahlten Platzzuschüssen.

13.2. Gibt das Theater die Gesamtheit oder einen Teil der Plätze nicht unmittelbar an Besucher ab, so gilt der mit dem abnehmenden Veranstalter vereinbarte Preis (Pachtsumme, Pauschalvergütung usw) als Roheinnahme. Ist das Theater darüber hinaus an Einnahmen beteiligt oder werden zusätzliche Eintrittskarten verkauft, sind die daraus resultierenden Mehreinnahmen Teil der Roheinnahme.

13.3. Bei Gastspielen gilt als Roheinnahme die vom abnehmenden Veranstalter erzielte Kasseneinnahme. Ist der von diesem gezahlte Gesamtbetrag für die Durchführung einer Vorstellung höher, so gilt er als Roheinnahme. Bei der Berechnung der Roheinnahme bleiben dann die vom abnehmenden Veranstalter übernommenen, nachgewiesenen Kosten unberücksichtigt, soweit diese nicht den angemessenen Umfang übersteigen. Der Abzug dieser Kosten kann in Form einer zwischen dem Verlag und dem Theater vereinbarten Pauschale vorgenommen werden.

13.4. Nicht zu den Roheinnahmen gehören nicht im Theater verbleibende durchlaufende Posten. Solche durchlaufenden Posten sind Beträge, die im Zusammenhang mit dem Kauf von Theaterkarten vom Besucher gezahlt werden, aber bei Dritten verbleiben oder an diese weitergereicht werden. Hierzu gehören die AVA-Zuschläge für die Bayerische Versorgungskammer, speziell bei Dritten verbleibende Verkaufsgebühren und Abgaben für den öffentlichen Nachverkehr. Nicht zu den durchlaufenden Posten nach Satz 1 zählen EDV-Vertriebskosten nach 13.6 sowie Umlage von Eigenkosten des Theaters sowie Beträge, die vom Theater an Dritte gezahlt werden und theatertypische Eigenkosten ersetzen.

13.5. Ebenso nicht zu den Roheinnahmen gehören die von Besuchern für Garderobe und Programmhefte bzw. Theaterzettel zu zahlenden Beträge, soweit sie nicht im Eintrittspreis enthalten sind. Sind diese im Eintrittspreis enthalten, dürfen sie von der Roheinnahme abgezogen werden, wenn sie im Einzelnen belegt werden und insgesamt 20 vom Hundert des sich für die jeweilige Vorstellung errechnenden Durchschnittskartenpreis nicht übersteigen. Übersteigen die genannten, in den Eintrittspreis eingerechneten Beträge den Prozentsatz von 20 vom Hundert, gilt dieser Prozentsatz als Teil der Roheinnahme.

13.6. Als EDV-Vertriebskosten kann das Theater von der Roheinnahme je verkaufter Theaterkarte pauschal 0,30 EUR für die in der Anlage A eingruppierten Theater bzw. 1,50 EUR für die nicht in der Anlage A eingruppierte Privattheater abziehen, höchstens jedoch 10 vom Hundert des sich für jeweilige Vorstellung ergebenden Durchschnittskartenpreises.

14. Urheberabgabe

14.1. Die Höhe der Urheberabgabe richtet sich nach der Eingruppierung des Theaters nach Anlage A. Die Zuordnung zu einer Gruppe erfolgt durch gemeinsame Feststellung der der diese Vereinbarung abschließenden Verbände.

14.2. Die Urheberabgabe ermäßigt sich
- bei urheberrechtlich geschützten Übersetzungen von urheberrechtlich nicht oder nicht mehr geschützten Werken des Sprechtheaters auf 50 bis 80 Vomhundert,
- bei Werkverbindungen, bei denen nur noch ein Werk Urheberrechtsschutz genießt oder nur ein Werk von dem Verlag vertreten wird, auf 30 bis 70 Vomhundert,
- bei Tagesvorstellungen zu ermäßigten Eintrittspreisen auf 50 bis 70 Vomhundert,
- bei Tagesvorstellungen für das Kinder- und Jugendtheater auf 50 bis 80 Vomhundert

der Urheberabgabe nach Anlage A. In der Regel ist der sich aus dem Korridor ergebende Mittelwert zugrunde zulegen.

14.3. Werden mehrere nicht abendfüllende Bühnenwerke in einer Vorstellung aufgeführt, ist die Urheberabgabe verhältnismäßig aufzuteilen.

14.4. Bei urheberrechtlich geschützten Bearbeitungen von urheberrechtlich nicht oder nicht mehr geschützten dramatisch-musikalischen Bühnenwerken beträgt die Urheberabgabe höchstens 66 Vomhundert der Urheberabgabe nach Anlage A.

14.5. Die Höhe der Urheberabgabe für im Schauspiel aufgeführte dramatisch-musikalische Werke bedarf einer besonderen Vereinbarung. Die vereinbarte Urheberabgabe darf die Urheberabgabe für dramatisch-musikalische Werke nicht über- und die für Sprachwerke nicht unterschreiten.

14.6. Für Austauschgastspiele des Theaters mit anderen Theatern, bei denen als Vergütung jeweils die Kasseneinnahmen am bespielten Ort vereinbart sind, ist die Urhebervergütung nach der Urheberabgabe des bespielten Theaters zu berechnen.

14.7. Bei Aufführungen des Kinder- und Jugendtheaters findet 12.4 (Netz und Plafond) keine Anwendung.

15. Pauschalierte Urhebervergütung

15.1. Bei Aufführungen in kleinen Spielstätten von Theatern der Anlage A können pauschalierte Urhebervergütungen vereinbart werden. Die Höhe der Pauschalen ergibt sich aus der Anlage B. Im Falle eines Vergütungskorridors ist in der Regel der sich aus dem festgelegten Vergütungskorridor ergebende Mittelwert zugrunde zu legen. In diesem Fall findet 12.4 (Netz und Plafond) keine Anwendung. Die Ermäßigungsregel in 14.2 wird entsprechend angewandt. Sondervergütungen bei Veranstaltungen aus außergewöhnlichen Anlässen sind zulässig.

15.2. Pauschalierte Urhebervergütungen können darüber hinaus vereinbart werden
- für Uraufführungen von Theaterproduktionen deutschsprachiger Bühnenwerke, die keine Übersetzungen und keine Auftragswerke sind, wenn vom Urheber

nicht mehr als drei Bühnenwerke (einschließlich Auftragswerken) uraufgeführt worden sind,
- für Theaterproduktionen an Privattheatern mit geringer Platzkapazität.

16. Aufführungsmaterial (Lieferung)

16.1. Das Theater ist berechtigt und verpflichtet, das Aufführungsmaterial vom Verlag nach Maßgabe des Aufführungsvertrages wahlweise zu kaufen oder zu mieten. Benutzt das Theater für die Theaterproduktion Aufführungsmaterial, das in rechtlich zulässiger Weise hergestellt und vom Theater erworben wurde, entfällt die Verpflichtung nach Satz 1.

16.2. Das Aufführungsmaterial darf ausschließlich im Zusammenhang mit den dem Theater eingeräumten Nutzungsrechten verwendet werden. Die Benutzung zu anderen Zwecken bedarf der vorherigen schriftlichen Zustimmung des Verlags.

16.3. Der Verlag liefert das Aufführungsmaterial dem Theater zu dem im Aufführungsvertrag vereinbarten Termin in einem uneingeschränkt gebrauchsfähigen Zustand. Das Aufführungsmaterial ist unverzüglich nach Lieferung auf seine Vollständigkeit zu überprüfen.

16.4. Das Theater hat dem Verlag unbrauchbar gewordenes oder verloren gegangenes, gemietetes Aufführungsmaterial zu ersetzen. Es hat die Kosten für eventuell erforderliche Instandsetzungsarbeiten zu übernehmen, sofern der Instandsetzungsbedarf nicht auf die vertragsgemäße Nutzung zurückzuführen ist. Der Lieferzustand des Aufführungsmaterials ist bei der Berechnung der Kosten des Ersatzes bzw. der Instandsetzungsarbeiten zu berücksichtigen.

16.5. Soweit im Aufführungsvertrag nicht anders vereinbart, hat das Theater dem Verlag das gemietete Aufführungsmaterial innerhalb von 30 Tagen nach der letzten Aufführung der Theaterproduktion, spätestens jedoch unverzüglich nach Vertragsablauf zurückzuschicken. Im Falle eines Fristablaufs in den Spielzeitferien oder eines Vertragsablaufs unmittelbar vor den Spielzeitferien kann die Rücksendung mit Beginn der neuen Spielzeit erfolgen.

16.6. Bei urheberrechtlich nicht oder nicht mehr geschützten Werken ist anstelle des Aufführungsvertrags ein auf das Anmieten oder den Kauf des Aufführungsmaterials beschränkter Vertrag abzuschließen.

17. Aufführungsmaterial (Vergütung)

17.1. Theater und Verlag vereinbaren im Aufführungsvertrag eine Vergütung (Kaufpreis/Miete) für die Lieferung des Aufführungsmaterials. Anstelle einer Pauschalvergütung können im Aufführungsvertrag auch Einzelvergütungen pro Aufführung des Werkes vereinbart werden.

17.2. Das Aufführungsmaterial zu dramatisch-musikalischen Bühnenwerken ist nach Anlage C zu vergüten. Zugrunde zu legen ist in der Regel der sich aus dem festgelegten Vergütungskorridor ergebende Mittelwert.

17.3. Zusätzliche Vergütungen können für Aufführungsmaterial von dramatisch-musikalischen Werken vereinbart werden
- bei Ur- und Erstaufführungen,
- sofern das Aufführungsmaterial über den für das Theater üblichen Umfang eines kompletten Satzes des Aufführungsmaterials hinausgeht,
- sofern das Aufführungsmaterial vom Verlag früher als sechs Monate vor der Premiere zu liefern ist.

17.4. Wird bei Sprachwerken das Aufführungsmaterial nicht in gedruckter Form zur Verfügung gestellt, ist nur eine dementsprechend angemessene Vergütung zu zahlen, die den Vervielfältigungskosten des Verlags entspricht.

18. Aufführungsmaterial (Ermäßigungen bei dramatisch-musikalischen Werken)

18.1. Die Vergütung für Aufführungsmaterial von urheberrechtsfreien dramatisch-musikalischen Werken beträgt zwischen 65 und 75 Vomhundert der nach Anlage C üblichen Vergütung. Bei neugedrucktem Aufführungsmaterial solcher Bühnenwerke beträgt die Vergütung höchstens 80 Vomhundert der nach Anlage C üblichen Vergütung.

18.2. Theater und Verlag können vereinbaren, dass das Aufführungsmaterial über die Laufzeit des Aufführungsvertrags hinaus beim Theater verbleibt. Das Theater zahlt dem Verlag eine ermäßigte Vergütung (Materialliegevergütung) in Höhe von bis zu 23 Vomhundert der nach Anlage C üblichen Vergütung für jede Spielzeit, in der das Aufführungsmaterial nicht genutzt wird.

18.3. Die Verwendung von Tonträgern urheberrechtlich geschützter dramatisch-musikalischer Werke in einer Aufführung bedarf abweichend von 10.4. der vorherigen schriftlichen Zustimmung des Verlags. Für die Verwendung der Tonträger zahlt das Theater eine ermäßigte Vergütung (Tonträgerverwendungsvergütung) in Höhe von bis zu 75 Vomhundert der nach Anlage C üblichen Vergütung. Die Tonträgerverwendungsvergütung entfällt, sofern für die Theaterproduktion bereits eine Materialvergütung nach 18 gezahlt wurde.

18.4. Bei einer Verlängerung des Aufführungsvertrags soll zwischen Theater und Verlag eine Ermäßigung der nach Anlage C üblichen Vergütung auf 90 Vomhundert für eine zweite Spielzeit und 75 Vomhundert für eine dritte und jede weitere Spielzeit vereinbart werden.

18.5. Beträgt der im Aufführungsvertrag vereinbarte Zeitraum für die Nutzung des Aufführungsmaterials sechs Monate oder weniger, soll eine Ermäßigung der nach Anlage C üblichen Vergütung auf 70 Vomhundert vereinbart werden.

18.6. Wird im Falle der Uraufführung eines dramatisch-musikalischen Werks das Aufführungsmaterial vom Theater selbst hergestellt, fällt keine Materialvergütung an, auch wenn vom Verlag die Nutzungsrechte an dem Bühnenwerk übertragen werden.

18.7. Bei kammermusikalischer Besetzung soll der Mindestsatz der nach Anlage C üblichen Vergütung unterschritten werden.

19. Sonstige Vergütungen

19.1. Macht das Theater von dem Recht nach 10.2., zweiter Spiegelstrich, Gebrauch und ist der Text des Werkes urheberrechtlich geschützt, zahlt das Theater für die Wahrnehmbarmachung des Textes und die gegebenenfalls erfolgte Bearbeitung einmalig und insgesamt eine Vergütung in Höhe des Einhundertfünfzigfachen der im Aufführungsvertrag pro Besucher vereinbarten Urheberabgabe. Die Vergütung umfasst auch die Nutzung einer Übersetzung des Textes, an der der Verlag die maßgebenden Rechte hat. Nutzt das Theater die urheberrechtlich geschützte Übersetzung eines nicht mehr geschützten Textes, gilt Satz 1 entsprechend.

19.2. Soweit das Recht zur Vervielfältigung durch Bild- oder Tonträger (10.1., zweiter Spiegelstrich) vom Theater in Anspruch genommen wird, werden Vergütungen nach Maßgabe der Regeln 19.3. bis 19.6. gezahlt.

19.3. Die Vergütung beträgt

- bei Aufzeichnungen auf einen Bildträger (einschließlich Tonaufzeichnung) das Zweihundertfache der im Aufführungsvertrag pro Besucher vereinbarten Urheberabgabe,
- bei Aufzeichnungen nur auf einen Tonträger das Fünfundsechzigfache der im Aufführungsvertrag pro Besucher vereinbarten Urheberabgabe.

19.4. Zusätzlich ist eine einmalige Vergütung in Höhe von 3 Vomhundert der vereinbarten Vergütung für Aufführungsmaterial zu dramatisch-musikalischen Werken nach Anlage C zu zahlen. Dies gilt auch für gemeinfreie Werke, bei denen reversgebundenes Aufführungsmaterial verwendet wird.

19.5. Die Vergütungen für die Aufzeichnungen sollen in der Regel unterschritten werden, wenn das Theater lediglich einzelne Proben oder Teile der Aufführung auf Bild- und/oder Tonträger aufzeichnet. Die nach dem Urheberrechtsgesetz üblicherweise Verwertungsgesellschaften übertragenen Rechte bleiben unberührt.

19.6. Die Vergütung für Aufzeichnungen an nicht in der Anlage A eingruppierten Privattheatern wird im Einzelfall zwischen Theater und Verlag vereinbart. Sie soll in der Regel die von einem vergleichbaren von der öffentlichen Hand getragenen Theater zu zahlende Vergütung unterschreiten.

20. Mindestangaben für Abrechnung der Urhebervergütung

Abrechnungen des Theaters haben mindestens folgende Angaben zu enthalten:

- Verlag des Bühnenwerks
- Urheber des Bühnenwerks
- Titel des Bühnenwerks
- Titel der Theaterproduktion
- Datum der jeweiligen Vorstellung
- Spielstätte
- Gesamtzahl der Besucher je Vorstellung
- Gesamtzahl der ausgegebenen urhebervergütungspflichtigen Theaterkarten
- Freikarten und Gebührenkarten nach 13.3.
- Bruttoeinnahme je Vorstellung
- Aufstellung der abzugsfähigen Einzelpositionen
- Roheinnahme

21. Umsatzsteuer, Fälligkeit und Zahlung der Vergütungen, Verzug

21.1. Die Vergütungen sind zuzüglich der gesetzlich festgelegten Umsatzsteuer zu zahlen.

21.2. Es werden gezahlt

- die Urhebervergütung monatlich bis spätestens 15 Tage nach Monatsende für den vorangegangenen Monat,
- die Vergütungen für Aufführungsmaterial vier Wochen nach Abschluss des Aufführungsvertrages, jedoch nicht vor Lieferung,
- die sonstigen Vergütungen, sobald die Voraussetzungen dafür vorliegen.

Haben Theater und Verlag für die Abrechnung und Zahlungen der Vergütungen nicht das Gutschriftverfahren vereinbart, können im Aufführungsvertrag längere Zahlungsfristen festgelegt werden.

21.3. Theater und Verlag vereinbaren im Aufführungsvertrag Verzugszinsen in Höhe von 8 Prozentpunkten über dem Basiszinssatz der Europäischen Zentralbank. Die Geltendmachung eines weiteren Verzugsschadens ist nicht ausgeschlossen. Im Falle der Rechnungsstellung durch den Verlag tritt der Verzug ab dem zwanzigsten Tag nach dem Tag ein, an dem die Rechnung beim Theater eingegangen ist. Erfolgt die Zahlung im Gutschriftverfahren, tritt der Verzug erst nach erfolgter Mahnung und im Falle von 21.2. erster Spiegelstrich nicht vor dem zwanzigsten Tag nach dem dort vereinbarten Zeitpunkt, in allen anderen Fällen nicht vor dem zwanzigsten Tag nach Fälligkeit ein.

Literaturhinweise: Grunert, Werkschutz contra Inszenierungskunst. Der urheberrechtliche Gestaltungsspielraum der Bühnenregie, München 2002; Michow/*Ulbricht,* Veranstaltungsrecht. Recht der Konzert- und Unterhaltungsveranstaltungen, München 2014 § 11 Rn. 1023; *Griesel,* Welttheater verstehen. Übertitelung, Übersetzen, Dolmetschen und neue Wege. Übersetzen für die Bühne, Berlin 2014; *Sponer/Bolwin,* Bühnen- und

Orchesterrecht, Band 3 Teil C I 2.1, Heidelberg (Loseblatt Stand 2014); Vorauflage Schütze/Weipert/*Vinck* → Form. IX. 47; Angaben zu → Form. IX.46.

Anmerkungen

1. Sachverhalt. Die vorstehenden beiden Vertragsmuster (47 A. und B.) mit ihrer Bezugnahme auf das zugrunde liegende Regelwerk (47 C. Regelsammlung Bühne) stecken den Rahmen ab, wie Geschäftsbeziehungen zwischen Verlagen und Theatern beim Abschluss eines **Aufführungsvertrages** üblicherweise abgewickelt werden (§ 19 Abs. 2 zweite Alternative UrhG). Die Regelungen richten sich allerdings nur an die Mitglieder der beiden Verbände, die diese Vereinbarungen ausgehandelt haben: VDB Verband Deutscher Bühnen- und Medienverlage und DBV Deutschen Bühnenverein Bundesverband der Theater und Orchester. Dritte können sich hierauf nicht berufen. Das gilt insbesondere für die damit einhergehenden Vergütungen oder die Zuständigkeit der ZBS Zentralstelle Bühne Service GmbH für Autoren, Komponisten und Verlage, Abrechnungen von Theatern und Veranstaltern zu überprüfen (→ Form. 46 Anm. 1). Vereinbarungen, die die Vorgaben der Regelsammlung Bühne ergänzen oder von ihr abweichen, sind möglich. Als abweichende Regelungen kommen insbesondere Mindesttantiemen oder eine garantierte Anzahl von Aufführungen in Betracht. Damit soll die angemessene Werknutzung sicher gestellt und verhindert werden, dass neue Werke lediglich die Uraufführung „erleben" und für Aufführungen an anderen Theatern „verbrannt" sind (*Victor,* Der fatale Ruf nach Frischfleisch, in: Uschtrin/Hinrichs, Handbuch für Autorinnen und Autoren[8], München 2014). Die vom Deutschen Bühnenverein besorgte Kommentierung der Regelsammlung spiegelt im Wesentlichen die von beiden Verbänden geteilte Auslegung der einzelnen Bestimmungen wider.

Für „semiprofessionelle" Theater, Freie Gruppen, Amateurtheater und Festspiele gibt es keine Vorgaben oder Empfehlungen. Die Praxis orientiert sich in der Regel hinsichtlich der Beschränkungen des Aufführungsrechts – Rechteumfang, Spielorte/Spielstätten, Laufzeit (§ 31 Abs. 1 S. 2 UrhG) – an den genannten Gepflogenheiten. Freilich werden hier andere – geringere – Vergütungen vereinbart, zumal etliche Parameter wie etwa die Urheberabgabe wegen der fehlenden Eingruppierung ohnehin nicht anwendbar sind.

Szenische Lesungen von Bühnenwerken können je nach konkreter Darbietung auf der Bühne sowohl dem Aufführungsrecht (§ 19 Abs. 2 zweite Alternative UrhG) als auch dem Vortragsrecht (§ 19 Abs. 1 UrhG) unterfallen. Das Vortragsrecht an dramatischen Werken liegt ebenfalls bei den Verlagen oder beim Urheber selbst. Die VG Wort nimmt dieses Recht nicht wahr (www.vgwort.de, siehe „Tarif für Vorträge vom 12.12.2011", „Hinweis für Veranstalter von Lesungen", „Merkblatt zum Vortragsrecht").

Für die Nutzung urheberrechtlich geschützter Bühnenwerke im Unterricht („Schulveranstaltungen"), die nicht unter die Schrankenregelung fallen (vgl. § 52 Abs. 1 UrhG), haben die Bundesländer Hessen und Baden-Württemberg inzwischen Leitlinien verabschiedet. Die Leitlinien sind auf den (Landes-) Bildungsservern eingestellt. Ein Vertragsmuster für Schulen (zur Vereinfachung als einseitige „Aufführungsgenehmigung" der Verlage ausgestaltet), soll folgen (Stand 08/2014) und dann über die Verbandsseite abrufbar und mit den Bildungsservern verlinkt sein.

Abgrenzungsschwierigkeiten können sich im Einzelfall bei dramatisch-musikalischen Bühnenwerken ergeben, die als Ganzes oder in Teilen der Einrichtung neuer **Musikproduktionen** für die Bühne dienen. Das betrifft in erster Linie die sogenannten „Compilation Shows", die als sogenanntes „Kleines Recht" grundsätzlich von der GEMA lizenziert werden (www.gema.de, siehe „Vergütungssätze U-Büh für die Nutzung von Rechten an Bühnenaufführungen aus vorbestehenden Werken des Kleinen Rechts im Zusammenhang mit Shows, Compilation Shows, Revuen etc."; BGHZ 142, 388 (395 f.)

– Musical-Gala; BGH ZUM 2008, 953 ff. – Musical Starlights). Die Zuordnung konzertanter Aufführungen von Bühnenwerken ganz oder in Teilen ist nach wie vor strittig. Probleme bereiten ferner Aufführungsverträge, bei denen der Verlag ausschließlich Rechte am Libretto hält und das Theater die musikalischen Rechte zusätzlich bei der GEMA erwerben muss, gleichwohl für das Libretto der reguläre Vergütungssatz des Regelwerkes in Rede steht.

Rechte an **Choreografien** („Werke der Tanzkunst", § 2 Abs. 1 Nr. 3 UrhG) sind nicht Gegenstand der genannten Aufführungsverträge und der Regelsammlung Bühne. Die Mitabgeltung im Rahmen der Vergütungsregeln für Aufführungsverträge ist danach nicht vorgesehen. Soweit Rechte an Choreografien – Ausnahme – ebenfalls bei Verlagen liegen, müssen hierüber zusätzlich gesonderte Verträge geschlossen werden.

2. Wahl des Formulars. Die Regelsammlung Bühne als „Geschöpf" von Bühnenverlagen und Deutschem Bühnenverein richtet sich an die jeweiligen Verbandsmitglieder (→ Anm. 1). Die aktuelle („Kölner") Fassung aus dem Jahre 2005 hat frühere Vereinbarungen mit einem allgemeinen vertragsrechtlichen und einem urhebervertragsrechtlichen Teil über urheberrechtliche Nutzungsrechte systematisiert. Hinzugekommen sind Bestimmungen über die öffentliche Zugänglichmachung (§ 19a UrhG), die Möglichkeit, Aufführungen generell außerhalb des Theaters öffentlich wahrnehmbar zu machen (sogenanntes „Public Viewing", § 19 Abs. 3 UrhG) sowie eigene Übertitelungen herzustellen bzw. herstellen zu lassen und bei und im Zusammenhang mit Aufführungen einzusetzen. Das Regelwerk wird inhaltlich fortlaufend aktualisiert (Stand 2014). Die Urheber- und Musikmaterialmietvergütungen werden meistens für zwei bis drei Spielzeiten vereinbart (zuletzt für die Spielzeiten 2014/2015 und 2015/2016).

3. Aufführungspflicht. Das Theater ist aufgrund des Regelwerks auch dann verpflichtet, die ihm übertragenen Rechte auszuüben, wenn es sich um einfache Rechte handelt. Grund für diese – zulässige und über die gesetzliche Vorgabe hinausgehende Verpflichtung (vgl. § 31 Abs. 2 UrhG) – ist die Interessenlage des Urhebers. Er ist auf die Realisierung seines Werkes auf der Bühne und dessen Aufnahme beim Publikum und in der Öffentlichkeit angewiesen.

4. Urhebervergütung/Ausgleichsbetrag. Von den sogenannten „Aufführungstantiemen", die die Theater den Verlagen für die Übertragung des Aufführungsrechts und weiterer Rechte schulden, steht den Urhebern aufgrund ihres Verlagsvertrages der ganz überwiegende Teil zu (→ Form. 46 Anm. 8). Ihre Beteiligung hieran sichert ihnen die vom Gesetz verlangte „angemessene Vergütung" (§ 32 Abs. 1 UrhG; BGH GRUR 2000, 870 ff. – Salome III). Bemessungsgrundlage der Urhebervergütungen ist die sogenannte Urheberabgabe, die sich nach der Eingruppierung der Theater entsprechend dem jeweils ausgewiesenen künstlerischen Etat richtet (in der jährlich erscheinenden Spielzeit bezogenen Theaterstatistik des Deutschen Bühnenvereins). Nicht eingruppierte Theater und Privattheater zahlen als Urhebervergütung 10 % der Roheinnahme. Der Tantiemisierung unterliegen nicht die vollen Einnahmen des Theaters. Was nicht zur Berechnungsgrundlage gehört, ergibt sich aus 13.4 bis 13.6 Regelsammlung Bühne. Zu den unstrittigen Positionen gehören Aufwendungen für die Alterversorgung der Theaterangehörigen, Kosten des Öffentlichen Nahverkehrs, die im Eintrittspreis enthaltenen Kosten für Programmhefte. In die Basis einzubeziehen sind dagegen zusätzliche Abzüge der Theater für sogenannte „Theatertaler", „Sanierungstaler", Aufwendungen für theatereigene Cafés und Premierenfeiern. Die beiden genannten Regelungen sind wegen etlicher Streitfälle neu gefasst bzw. neu eingefügt worden.

Die Theater des Deutschen Bühnenvereins beteiligen sich aufgrund einer Rahmenvereinbarung seit der Spielzeit 2006/2007 an der bei den Bühnenverlagen erhobenen Künstlersozialabgabe („Fairnessausgleich").* Eine parallele Vereinbarung besteht seit 2008 mit der Interessengemeinschaft deutschsprachiger Tournee- und Privattheater (www.tournee-theater.de). In allen anderen Fällen kann eine Beteiligung nur einzelvertraglich vereinbart werden. Das betrifft auch Theater im deutschsprachigen Ausland.

Die Abrechnungen der Theater des Deutschen Bühnenvereins werden jährlich stichprobenartig daraufhin überprüft, ob sie mit den vertraglichen Vereinbarungen und der Regelsammlung Bühne in Einklang stehen. Zuständig ist die ZBS Zentralstelle Bühne Service GmbH für Autoren, Komponisten und Verlage (Berlin) als Revisionsgesellschaft, die sich ihrerseits einer Wirtschaftsprüfungsgesellschaft bedient. Die Revisionsgesellschaft ist im Rechtsdienstleistungsregister für Inkassodienstleistungen eingetragen (§ 10 Abs. 3 RDG), führt aber auch ggf. gerichtliche Verfahren durch. Die Abrechnungen anderer Theater und Veranstalter können nur aufgrund einer besonderen Bevollmächtigung der Verlage im Einzelfall gegen gelesen werden.

5. **Aufführungsmaterial.** Texte wortdramatischer Werke werden in der Regel digital als pdf-Dokument angeboten. Musikmaterial zu dramatisch-musikalischen Werken wird üblicherweise reversgebunden erst nach Abschluss eines formgültigen Aufführungsvertrages zur Verfügung gestellt (Mietrevers).

6. **Kosten.** Für die Kosten der anwaltlichen Beratung eignet sich am Ehesten eine Gebührenvereinbarung, zumal das tatsächliche Tantiemeaufkommen im Voraus schwer zu beziffern ist.

Im Übrigen → Form. 46 Anm. 9

Gastspiele/Tourneen

48 A. Tournee-Produktionsvertrag

Tournee-Produktionsvertrag
zwischen
[Verlag]

im Folgenden „Verlag"

und
[Theater/Tourneeunternehmen]

im Folgenden „Theater"

wird folgender

VERTRAG

geschlossen:

§ 1 Vertragsgegenstand

(1) Der Verlag überträgt dem Theater das örtlich ausschließliche/nicht ausschließliche Recht zur bühnenmäßigen Aufführung des Werkes

* Die Theater des Deutschen Bühnenvereins beteiligen sich zu 50 % (Stadt-, Staatstheater, Landesbühnen) bzw. zu 20 % (Privattheater) an der von den Verlagen aufzubringenden Künstlersozialabgabe. Die Beteiligung teilt das Schicksal der Hauptleistung und unterliegt ebenfalls dem ermäßigten Steuersatz (§ 12 Abs. 2 Nr. 7c UStG).

[Originaltitel/Titel]
von [Autor/Übersetzer]
in deutscher Sprache in der vom Theater eingerichteten Produktion.
(2) Sonstige Verwertungen: → Form. 47A. und 47C.

§ 2 Aufführungspflicht

(1) Das Theater verpflichtet sich, das Werk im Rahmen einer Tournee an den in der Anlage abschließend aufgeführten Spielorten/Spielstätten als Abendvorstellung aufzuführen, und zwar spätestens am [Datum], jedoch nicht früher als am [Datum].
(2) Der Verlag wird den in der Anlage aufgeführten örtlichen Abnehmern (Veranstalter) die Aufführung der vom Theater eingerichteten Produktion auf der Grundlage gesonderter Verträge gestatten.
(3) Die Laufzeit des Vertrages endet am [Datum]. Eine Vertragsverlängerung muss schriftlich vor Vertragsende vereinbart werden.

§ 3 Urhebervergütung/Ausgleichsbetrag

(1) Das Theater zahlt dem Verlag für die Übertragung der Aufführungsrechte einen Urheberanteil von 10 % der Gesamteinnahme (Roheinnahme) je Vorstellung zuzüglich Umsatzsteuer in gesetzlicher Höhe, mindestens jedoch EUR [Betrag]. Die Bemessungsgrundlage der Roheinnahme richtet sich nach der Regelsammlung Bühne.
(2) Ist die vom Veranstalter an das Theater/Tourneeunternehmen gezahlte Gesamtvergütung höher als die Roheinnahme, wird die Urhebervergütung nach der Gesamtvergütung berechnet.
(3) Das Theater zahlt zusätzlich zur Urhebervergütung einen Ausgleichsbetrag („Fairnessausgleich") nach Maßgabe der Vereinbarungen zwischen VDB Verband Deutscher Bühnen- und Medienverlage, DBV Deutscher Bühnenverein und Interessengemeinschaft deutschsprachiger Tournee- und Privattheater über die Beteiligung an der Künstlersozialabgabe.* Der Verlag sichert zu, den Ausgleichsbetrag an die Künstlersozialkasse bzw. an die betreffende Ausgleichsvereinigung weiterzuleiten.

§ 4 Abrechnung und Zahlung

(1) Abrechnung und Zahlung erfolgt im Gutschriftverfahren monatlich, und zwar spätestens innerhalb von 15 Tagen nach Monatsende unter Angabe der nach dem Umsatzsteuergesetz erforderlichen Daten [Kontenverbindungen].
(2) Der Verlag ist berechtigt, Abrechnungsunterlagen des Theaters einzusehen, durch einen Angehörigen der rechts- oder steuerberatenden Berufe oder durch die ZBS Zentralstelle Bühne Service GmbH für Autoren, Komponisten und Verlage einsehen und ggf. Kopien herstellen zu lassen. Das Theater trägt die hierbei entstehenden Kosten, wenn die Abrechnung um mehr als 10 % von der vertraglichen Vereinbarung abweicht.

§ 5 Ergänzende Bestimmungen

(1) Ergänzend gilt deutsches Urheber- und Vertragsrecht.
(2) Änderungen dieses Vertrages erfolgen nur schriftlich. Dies gilt auch dann, wenn das Erfordernis der Schriftform bei Änderungen abgeändert werden soll.
(3) Gerichtsstand ist, soweit zulässig, der Sitz des Verlages.

* Die Theater des Deutschen Bühnenvereins beteiligen sich zu 50 % (Stadt-, Staatstheater, Landesbühnen) bzw. zu 20 % (Privattheater) an der von den Verlagen aufzubringenden Künstlersozialabgabe, die Mitglieder der Interessengemeinschaft deutschsprachiger Tournee- und Privattheater ebenfalls zu 20 %. Die Beteiligung teilt das Schicksal der Hauptleistung und unterliegt ebenfalls dem ermäßigten Steuersatz (§ 12 Abs. 2 Nr. 7c UStG).

48 B. Veranstaltervertrag

Veranstalter-Aufführungsvertrag
zwischen
[Verlag]

im Folgenden „Verlag“

und
[Örtlichem Veranstalter]

im Folgenden „Veranstalter“

wird folgender

Vertrag

geschlossen:

§ 1 Vertragsgegenstand

(1) Der Verlag überträgt dem Veranstalter das örtlich ausschließliche/nicht ausschließliche Recht zur bühnenmäßigen Aufführung des Werkes

[Originaltitel/Titel]
von [Autor/Übersetzter]

in deutscher Sprache in der vom

[Theater/Tourneeunternehmen]

eingerichteten Produktion

am [Datum] in [Veranstaltungsort].

(2) Weitere Nutzungsrechte werden nicht übertragen./Übertragen werden folgende dem Theater/Tourneeunternehmen im Tournee-Produktionsvertrag übertragenen Rechte:

[Rechte]

§ 2 Aufführungspflicht

(1) Der Veranstalter verpflichtet sich, das Werk in der Produktion des Theaters/Tourneeunternehmens zur Aufführung zu bringen. Führt das Theater/Tourneeunternehmen die Aufführung aus Gründen, die außerhalb der Verantwortung des Veranstalters liegen, nicht durch, entfallen die Leistungen des Veranstalters.

§ 3 Urhebervergütung/Ausgleichsbetrag

(1) Der Veranstalter zahlt dem Verlag für die Übertragung der Aufführungsrechte einen Urheberanteil von 10 % der Gesamteinnahme (Roheinnahme) je Vorstellung zuzüglich Umsatzsteuer in gesetzlicher Höhe, mindestens jedoch EUR [Betrag]. Die Bemessungsgrundlage der Roheinnahme richtet sich nach den Bestimmungen der Regelsammlung Bühne.

(2) Ist die vom Veranstalter an das Theater gezahlte Gesamtvergütung höher als die Roheinnahme, wird die Urhebervergütung nach der Gesamtvergütung berechnet.

(3) Der Veranstalter zahlt zusätzlich zur Urhebervergütung einen Ausgleichsbetrag („Fairnessausgleich“) nach Maßgabe der Vereinbarungen zwischen VDB Verband Deutscher Bühnen- und Medienverlage/DBV Deutscher Bühnenverein bzw. Interessengemein-

schaft deutschsprachiger Tournee- und Privattheater über die Beteiligung an der Künstlersozialabgabe.* Der Verlag sichert zu, den Ausgleichsbetrag an die Künstlersozialkasse bzw. an die betreffende Ausgleichsvereinigung weiterzuleiten.

§ 4 Abrechnung und Zahlung

(1) Abrechnung und Zahlung erfolgt 14 Tage nach der jeweiligen Vorstellung unter Angabe des Werktitels im Überweisungsauftrag an den Verlag [Kontenverbindungen].
(2) Der Verlag ist berechtigt, Abrechnungsunterlagen des Veranstalters einzusehen, durch einen Angehörigen der rechts- oder steuerberatenden Berufe oder durch die ZBS Zentralstelle Bühne Service GmbH für Autoren, Komponisten und Verlage einsehen, prüfen und ggf. Kopien herstellen zu lassen. Der Veranstalter trägt die hierbei entstehenden Kosten, wenn die Abrechnung um mehr als 10 % von der vertraglichen Vereinbarung abweicht.

§ 5 Ergänzende Bestimmungen

(1) Ergänzend gilt deutsches Urheber- und Vertragsrecht.
(2) Änderungen dieses Vertrages erfolgen nur schriftlich. Dies gilt auch dann, wenn das Erfordernis der Schriftform bei Änderungen abgeändert werden soll.
(3) Gerichtsstand ist, soweit zulässig, der Sitz des Verlages.

Literaturhinweise: Michow/Ulbricht, Veranstaltungsrecht. Recht der Konzert- und Unterhaltungsveranstaltungen, München 2014 § 3; *Loewenheim/Schlatter,* Handbuch des Urheberrechts, 2. Auflage München 2010 § 72 Rn. 25 f.; Vorauflage *Schütze/Weipert/Vinck* → Form. IX. 48, IX. 49, IX. 50

Anmerkungen

1. Sachverhalt. Tournee-Produktionsvertrag und Veranstaltervertrag mit dem örtlichen Veranstalter bilden inhaltlich eine Einheit. Bei Tourneen mit Produktionen von Theatern des Deutschen Bühnenvereins („Gastspiele"), können die Bestimmungen der Regelsammlung Bühne zugrunde gelegt werden (→ Form. 47 C). Verträge mit „reinen" Tourneeunternehmen beschränken sich in der Regel auf folgende Eckpunkte: Übertragung des Aufführungsrechts zur Einrichtung einer Produktion, soweit erforderlich Übertragung des Bearbeitungsrechts (§§ 23 S. 1, 39 Abs. 2 UrhG), Aufführungspflicht, Vereinbarung der Aufführungstantiemen und des sogenannten Ausgleichsbetrages als Beteiligung an der Künstlersozialabgabe, Zahlungsmodalitäten, Einsichts- und Prüfrechte des Verlages.

Der Veranstaltervertrag, den der Verlag zusätzlich mit jedem örtlichen Veranstalter schließt, spiegelt den Inhalt des Tournee-Produktionsvertrages. Veranstalter sind zumeist die Rechtsträger der Veranstaltungsorte der in der Inthega Interessengemeinschaft der Städte mit Theatergastspielen zusammengeschlossenen Städte (www.inthega.de).

2. Wahl des Formulars. Das Formular folgt in seinem Kern dem vorstehend wiedergegebenen Sachverhalt, kann aber ergänzt werden, so etwa für Schadensersatzansprüche wegen Nichterfüllung und Verzugsregelungen.

3. Aufführungspflicht. Das Formular berücksichtigt, dass der Veranstalter dieser Pflicht nur nachkommen kann, wenn das Theater/Tourneeunternehmen die Aufführung

* Die Theater des Deutschen Bühnenvereins beteiligen sich zu 50 % (Stadt-, Staatstheater, Landesbühnen) bzw. zu 20 % (Privattheater) an der von den Verlagen aufzubringenden Künstlersozialabgabe, die Mitglieder der Interessengemeinschaft deutschsprachiger Tournee- und Privattheater ebenfalls zu 20 %. Die Beteiligung teilt das Schicksal der Hauptleistung und unterliegt ebenfalls dem ermäßigten Steuersatz (§ 12 Abs. 2 Nr. 7c UStG).

tatsächlich anbietet. Fällt eine vereinbarte Aufführung aus, muss sich der Verlag wegen vertraglicher Ansprüche aus dem Tournee-Produktionsvertrag an das Theater/Tournee-unternehmen wenden.

4. Urhebervergütung/Ausgleichsbetrag. → Form. IX.47 Anm. 2

5. **Aufführungsmaterial.** Die Bedingungen für die Lieferung des Aufführungsmaterials (Text/Musikmaterial) werden in einer gesonderten Vereinbarung mit dem Theater/ Tourneeunternehmen festgelegt. Der Inhalt kann sich an → Form. 47 A. und 47 B. ausrichten.

6. **Kosten.** Es gelten die allgemeinen Regeln anwaltlichen Kostenrechts (→ Form. IX.46 Anm. 10).

49. Übersetzervertrag für Bühnenwerke

Übersetzervertrag für wortdramatische Bühnenwerke (Sprechtheater)

Zwischen

[Vertrag]

im Folgenden „Verlag“

und

[Übersetzer]

im Folgenden „Übersetzer“

wird folgender

Vertrag

geschlossen:

§ 1 Vertragsgegenstand

(1) Der Übersetzer hat dem Verlag die Übersetzung des Werks

[Originaltitel]

von [Autor]

aus der [Sprache]

übergeben (im Folgenden „Übersetzung“). Der Verlag hält die deutschsprachigen Aufführungsrechte und weitere Nutzungsrechte an dem Werk für den deutschen Sprachraum/die [Länder].

(2) Der Übersetzer räumt dem Verlag folgende ausschließlichen, räumlich und zeitlich nicht beschränkten Rechte an der Übersetzung ein:

[Rechte]. Eingeräumt sind auch Rechte an Nutzungsarten, die bei Vertragsschluss unbekannt waren. Der Übersetzer hat Anspruch auf eine gesonderte angemessene Vergütung.

(3) Der Verlag wird während der Laufzeit seines bei Vertragsabschluss gültigen Vertrages mit dem Originalautor/Rechteinhaber keinen weiteren Übersetzer mit der Übertragung des Werkes in die deutsche Sprache betrauen. Der Verlag ist jedoch berechtigt, eine Neuübersetzung bei Verlängerung seines Vertrages mit dem Originalautor/Rechteinhaber in Auftrag zu geben/in Verlag zu nehmen. Die Verpflichtungen des Verlages gegenüber dem Übersetzer aus diesem Vertrag entfallen.

§ 2 Zusicherungen des Übersetzers

(1) Der Übersetzer sichert zu, dass die Übersetzung werkgetreu ist und ausschließlich Unterschiede berücksichtigt, die durch die Übertragung in die deutsche Sprache und das kulturelle Verständnis bedingt sind, und keine Zusätze, Kürzungen oder Texte aus anderen urheberrechtlich geschützten Werken enthält. Der Verlag kann die Übersetzung im Rahmen des gesetzlich Zulässigen ändern (§ 39 Abs. 2 UrhG).
(2) Der Übersetzer sichert ferner zu, dass die Übersetzung keine Persönlichkeitsrechte oder gewerbliche Schutzrechte Dritter verletzt. Der Übersetzer stellt den Verlag von der Inanspruchnahme Dritter frei.

§ 3 Vergütung

(1) Der Übersetzer erhält von allen vom Verlag aus der Verwertung der Übersetzung erzielten Einnahmen nach Abzug etwaiger gesetzlicher oder gewerblicher Abgaben für seine übersetzerische Tätigkeit, die Erstellung des Manuskriptes und die Einräumung der in § 1 genannten Rechte eine Beteiligung von
EUR [Betrag/%] zuzüglich Umsatzsteuer
aller eingehenden Erträge nach Vorabzug der
- Subvertriebsprovisionen
- sog. Tantiemeabgabe für die ZBS Zentralstelle Bühne Service GmbH für Autoren, Komponisten und Verlage (Berlin).

Der Verlag übernimmt die auf die Zahlungen an den Übersetzer entfallende Künstlersozialabgabe.
(2) Der Übersetzer kann seine Ansprüche aus dem Vertrag nicht ohne Zustimmung des Verlages abtreten. Der Übersetzer hat dem Verlag die Abtretung schriftlich anzuzeigen/eine von ihm unterzeichnete Abtretungserklärung vorzulegen. Der Verlag wird durch Zahlung an den angegebenen Abtretungsempfänger von seinen Verpflichtungen gegenüber dem Übersetzer befreit.
(3) Die Abrechnung des Verlages erfolgt monatlich/vierteljährlich. Die Einnahmen und Kosten sind nachzuweisen.

§ 4 Vorschuss

(1) Der Übersetzer erhält bei Abschluss dieses Vertrages eine Vorauszahlung in Höhe von EUR [Betrag] zzgl. gesetzlicher Umsatzsteuer.
(2) Der Vorschuss wird mit den eingehenden Erträgen verrechnet.
(3) Bei Beendigung des Vertrages ist der noch nicht verrechnete Vorschuss zurückzuzahlen/nicht zurückzuzahlen.

§ 5 Pflichten des Verlages

§ 6 Vertragsdauer

(1) Die Dauer des Vertrages richtet sich nach Dauer und Bestand des Vertrages des Verlages mit dem Originalautor/Rechteinhaber der Rechte für die Übersetzung in die deutsche Sprache.

Literaturhinweise: Berger/Wündisch/v. Rom, Urhebervertragsrecht, Baden-Baden 2008 § 20 Rn. 41 ff.; Loewenheim/*Czykowski,* Handbuch des Urheberrechts, 2. Auflage München 2010 § 66 Rn. 18 f.

Anmerkungen

1. **Sachverhalt.** Der Übersetzungsvertrag für Bühnenwerke ist eine Nutzungsvertrag eigener Art mit Elementen des Werkvertrags (§§ 631 ff. BGB). Die Übersetzung ist urheberrechtlich eine Bearbeitung des Originalwerks, ihre Auswertung zugleich eine Nutzung der fremdsprachlichen Originals (§§ 3, 23 UrhG).

2. **Wahl des Formulars.** Das Formular geht von dem weitgehend üblichen Fall aus, dass die Übersetzung bereits vorliegt, vom Verlag abgenommen und ggf. zusätzlich vom Originalautor/Rechteinhaber autorisiert wurde. Gibt der Verlag alternativ eine erst noch herzustellende Übersetzung in Auftrag, sind entsprechende Bestimmungen sowie Regelungen über einen Fristenplan für die Ablieferung aufzunehmen, im Einzelnen Vorauflage Form. IX.51. Alle weiteren Vertragsbestimmungen können sich an das Muster des Bühnenverlagsvertrages anlehnen (→ Form. IX.46). Ähnliche Klauseln finden sich in gekürzter Form auch in Vereinbarungen mit Institutionen, etwa dem ITI Internationalen Theaterinstitut. Zentrum Bundesrepublik Deutschland (Berlin), die mit nationalen europäischen Einrichtungen bei der Ausrichtung von Plattformen für das Gegenwartstheater zusammenarbeiten und federführend Übersetzungsverträge über geschützte Bühnenwerke abschließen.

3. **Vergütung.** Eine Beteiligung des Übersetzers an der Urhebervergütung des Autors zwischen 18 % und 25 % ist gängig. Bei nicht mehr urheberechtlich geschützten gemeinfreien Werken kann die Beteiligung des Übersetzers bis zu 75 % der an den Verlag für die Nutzung der Übersetzung gezahlten Vergütungen betragen.

50. Regie-Vertrag für Gastregisseure

Gastvertrag Regie

Zwischen der/dem . . . . .
vertreten durch . . . . .

– nachfolgend Bühne genannt –

und
Herrn/Frau . . . . .
Anschrift . . . . .
Staatsangehörigkeit . . . . .

– nachfolgend Gast genannt –

wird nachstehender Gastvertrag geschlossen:

§ 1[1, 2] Umfang und Geltungsdauer

1. Der Gast verpflichtet sich, in der Zeit vom . . . . . bis . . . . . die Neuinszenierung des Werkes . . . . . zu übernehmen.
2. Die Premiere ist für den . . . . . vorgesehen.
3. Die Proben beginnen voraussichtlich am . . . . . Vorgesehen sind . . . . . Proben. Dem Gast ist bekannt, dass Anzahl und Dauer der Bühnenproben von den Auf- und Abbauzeiten der Abendvorstellung abhängen.
4. Die Bauprobe ist für den . . . . . vorgesehen./Der Termin der Bauprobe wird rechtzeitig mitgeteilt.

5. Die Bühne kann den Premierentermin – soweit erforderlich – bis zu . . . . . Tage/ Wochen in Abstimmung mit dem Gast verschieben. Verschiebt sich dadurch auch der Probenbeginn, informiert die Bühne den Gast so frühzeitig wie möglich.

6. Die angegebenen Termine sind zwischen den Vertragsparteien im Einzelnen abgestimmt. Gleiches gilt für entsprechende Änderungen. Ansonsten ist der Gast in seiner Terminplanung frei. Er unterliegt der Pflicht, sich gleichwohl zu informieren.

§ 2[1, 3, 5] Leistungspflichten des Gastes

1. Der Gast verpflichtet sich, über § 1 Nr. 1 hinaus
- die übernommene Inszenierungsarbeit persönlich auszuüben,
- an allen Proben teilzunehmen, die seine Anwesenheit erfordern, einschließlich Sonn-, Feiertags- und Umbesetzungsproben, sowie
- die vertraglich vereinbarten Leistungen mit denen der Bühne zeitlich, personell und finanziell zur Verfügung stehenden Mitteln und Möglichkeiten zu realisieren.

Dies gilt auch für Proben, die zur Einstudierung bei Doppelbesetzungen notwendig sind.

2. Der Gast ist verpflichtet, die Inszenierung in Abstimmung mit der Bühne zu erarbeiten. Der Bühne gebührt aus Gründen der künstlerischen Gesamtverantwortung in Zweifelsfällen die Letztentscheidung über die Regiekonzeption. Dies gilt auch für die Aufführungen nach der Premiere, soweit dadurch nicht in durch das Urheberrechtsgesetz geschützte Persönlichkeitsrechte des Gastes eingegriffen wird.

3. Der Gast hat bei der Premiere persönlich anwesend zu sein. Die von der Bühne festgelegte Applausordnung ist zu beachten.

§ 3 Gesamtausstattungssumme

1. Für die Produktion wird eine Höchstausstattungssumme (Dekoration, Kostüme, Haartracht, Beleuchtung, Requisite) von EUR . . . . . festgesetzt. Eigene Personalkosten der Bühne sind in diesem Betrag nicht enthalten. Falls bei Abschluss dieses Vertrages der Betrag noch nicht bekannt ist, wird er rechtzeitig schriftlich mitgeteilt. Der Gast ist für die Einhaltung dieser Höchstsumme mitverantwortlich.

2. Jede Übertragung honorarpflichtiger Leistungen und Vergabe von Aufträgen an Dritte sowie der Einsatz von Statisten, Aushilfsmusikern und Extrachören erfolgt ausschließlich durch die Bühne.

3. Verursacht der Gast entgegen den Bestimmungen in Nummern 1 und 2 durch nicht mit der Bühne abgestimmtes eigenes Verhalten Mehrkosten, hat er diese der Bühne zu erstatten.

§ 4[1, 3] Produktionsbedingungen

1. Eine Veränderung des Zuschauerraumes und die damit verbundene Einschränkung der Sitzplatzzahl ist nicht/nur mit Zustimmung der Bühne möglich.

2. Die Aufführungsdauer ist auf . . . . . Stunden begrenzt.

3. Die Inszenierung muss auf allen Bühnen realisierbar sein, gegenüber denen die Bühne Gastspielverpflichtungen hat.

§ 5[5] Abnahme

Der Gast unterrichtet die Bühne spätestens 10 Tage zuvor von Ort und Zeitpunkt der Generalprobe. Soweit auf dieser durch die Bühne Einwendungen gegen die Inszenierung erhoben werden, stehen sie einer Abnahme nur entgegen, wenn die Aufführung des Bühnenwerks in der vorliegenden Inszenierung der Bühne nicht zuzumuten ist. Geltend gemachte Mängel der Inszenierung wird der Gast, soweit möglich und zumutbar, beheben.

§ 6[4, 6, 7, 12] Vergütung

Hinweis: Hier muss nach Steuerinländern und Steuerausländern differenziert werden. Bei Steuerinländern ist noch einmal zu unterscheiden, ob der Gast vor Auszahlung der Vergütung eine separate Rechnung stellt oder ob der Vertrag die Rechnung ersetzt. Daraus ergeben sich die nachfolgenden Varianten:

– Regelung für Steuerinländer

1. Der Gast erhält von der Bühne für die vertraglich vereinbarten Leistungen ein von ihm zu versteuerndes Bruttohonorar in Höhe von EUR . . . . . Der Gast stellt über das Gesamthonorar eine Rechnung, die die nach § 14 Abs. 4 UStG erforderliche Angabe enthält. Eine gegebenenfalls bestehende Umsatzsteuerpflicht des Gastes geht nicht zulasten der Bühne.

2. Über das dem Gast gezahlte Honorar erhält das Wohnsitzfinanzamt eine entsprechende Kontrollmitteilung. Der Gast verpflichtet sich, der Bühne seinen Wohnsitz und das für ihn zuständige Wohnsitzfinanzamt anzugeben.

Als Nr. 1 kann alternativ vereinbart werden:

1. Der Gast erhält von der Bühne für die vertraglich vereinbarten Leistungen ein von ihm zu versteuerndes Bruttohonorar in Höhe von EUR . . . . . zuzüglich Umsatzsteuer mit einem Steuersatz von 7/19 Prozent in Höhe von EUR . . . . .

Die Steuernummer/Umsatzsteuer-Identifikationsnummer des Gastes lautet: . . . . .

– Regelung für Steuerausländer

1. Der Gast erhält von der Bühne für die vertraglich vereinbarten Leistungen ein Bruttohonorar in Höhe von EUR . . . . . Die auf dieses Honorar entfallende Umsatzsteuer wird von der Bühne direkt an das zuständige Finanzamt abgeführt.

2. Der Gast hat der Bühne bei Vertragsabschluss anzuzeigen, dass er nicht im Gebiet der Bundesrepublik Deutschland zur Einkommensteuer veranlagt wird. In diesem Fall hat die Bühne einen gesetzlich geregelten Steuerabzug vorzunehmen, es sei denn, die Einbehaltung und Abführung der Steuer kann aufgrund eines Doppelbesteuerungsabkommens entfallen. Der Steuerabzug darf nur unterbleiben, wenn der Gast eine Freistellungsbescheinigung der zuständigen Finanzbehörde vorlegt.

§ 7[1, 5] Fälligkeit

1. Das vereinbarte Honorar ist am Tage der Premiere zur Zahlung fällig. Soweit Rechnungsstellung vereinbart ist, ist vorher eine Rechnung zu stellen.

2. Zuvor werden Abschlagszahlungen geleistet am . . . . . in Höhe von EUR. . . . . und am . . . . . in Höhe von EUR . . . . .

3. Die Zahlung erfolgt auf ein anzugebendes Girokonto.

§ 8[6] Reisekosten

1. Entstandene Fahrt- und Übernachtungskosten sowie Spesen werden nicht erstattet.

Alternativ:

1. Gegen Nachweis werden erstattet:

–

–

–

Ist kein Nachweis der Fahrtkosten möglich, erstattet die Bühne die Kosten, die bei Benutzung der Eisenbahn (1./2. Klasse) entstanden wären.

2. Alle weiteren Kosten sind durch das Honorar abgegolten.

§ 9[1, 2] Nichterfüllung

1. Erbringt der Gast aus von ihm zu vertretenden Gründen die vertraglich vereinbarte Leistung nicht, nicht vollständig oder nicht in der vorgesehenen Zeit, verliert er seinen Honoraranspruch.

2. Erkrankt der Gast, kann die Bühne im gegenseitigen Einvernehmen den Premierentermin um ..... Tage/Wochen verschieben. Wird die Produktion wegen der Erkrankung des Gastes abgesagt, verliert er seinen Honoraranspruch.

3. Wird die Durchführung der Neuinszenierung infolge höherer Gewalt oder aus anderen Gründen, zB betriebliche Störungen, Streik, Pandemie, notwendige bauliche Maßnahmen, behördliche Anordnung, Theaterbrand, Stromausfall, Verbot durch den Autor oder Erkrankung im Ensemble, unmöglich, verliert der Gast seinen Honoraranspruch.

4. Der Unmöglichkeit steht die zeitliche Unrealisierbarkeit gleich.

5. In den Fällen der Nr. 1–4 verbleiben dem Gast bereits geleistete Abschlagszahlungen, soweit sie aufgrund bereits erbrachter Leistungen erfolgt sind und die Leistungen für die Bühne noch Verwendung finden können.

§ 10[8] Vertragsstrafe

1. Im Falle einer Vertragsverletzung durch den Gast, die dazu führt, dass seine Inszenierung nicht oder nicht rechtzeitig fertig gestellt wird, ist vom Gast eine Vertragsstrafe zu zahlen. Sie entspricht der Höhe von 30 vH des vereinbarten Gesamthonorars. Das Gleiche gilt, wenn der Gast seine Tätigkeit nicht oder später als zum vorgesehenen Zeitpunkt aufnimmt, nach Aufnahme der Tätigkeit seine Arbeitsleistung ohne sachlichen Grund verweigert oder sein Vertragsverhältnis ohne wichtigen Grund durch eine außerordentliche Kündigung beendet.

2. Der Anspruch auf Ersatz des über die Vertragsstrafe hinaus entstandenen Schadens bleibt auch im Falle der Geltendmachung der Vertragsstrafe unberührt.

§ 11[1] Haftungsfreistellung

Die Bühne haftet nicht für Schäden, die dem Gast infolge leichter Fahrlässigkeit durch die Bühne bzw. ihre Mitarbeiter zugefügt werden.

§ 12[1, 4] Urheber- und Leistungsschutzrechte

1. Der Gast räumt der Bühne das ausschließliche Recht ein, seine Rechte aus §§ 77, 78 UrhG inhaltlich, zeitlich und räumlich unbeschränkt zu nutzen. Darin ist insbesondere auch das Recht zur Aufnahme und Wiedergabe durch Bild- und/oder Tonträger sowie Bildtonträger, das Recht zu Übertragungen durch Funk (insbesondere Hörfunk und Fernsehen) und das Recht der öffentlichen Zugänglichmachung enthalten.

2. Die Vergütung für die nach Nr. 1 eingeräumten Rechte ist mit der nach § 6 gezahlten Vergütung abgegolten, es sei denn, es wird eine abweichende Vereinbarung abgeschlossen.

3. Keinesfalls gesondert zu vergüten ist die Nutzung von Bild- und/oder Tonträgern sowie Bildtonträgern für Reportagesendungen des Rundfunks. Reportagesendungen liegen vor, wenn die Wiedergabezeit sechs Minuten nicht überschreitet und nicht mehr als ein Viertel des Werkes wiedergegeben wird. Dies gilt unabhängig von der Zeit, die zwischen der Aufzeichnung bzw. der Livewiedergabe und der Reportagesendung vergangen ist.

4. Ebenfalls wird keine besondere Vergütung gezahlt, wenn Bild- und/oder Tonträger sowie Bildtonträger lediglich für theatereigene Zwecke verwendet werden. Zu diesen theatereigenen Zwecken gehören auch die Werbezwecke des Arbeitgebers.

§ 13 Bild- und Biographiematerial

Der Gast hat der Bühne für Werbe- und Informationszwecke ausreichend Bild- und Biographiematerial über seine Person zur Verfügung zu stellen.

§ 14 Verwendung des Werkes/der Leistung

Die Bühne ist nicht zur Verwendung des Werkes/der Leistung verpflichtet.

§ 15 Staatsangehörigkeit

1. Der Gast hat die . . . . . . Staatsangehörigkeit.
2. Soweit der Gast eines Aufenthaltstitels in der Bundesrepublik Deutschland bedarf, kommt der Vertrag nur zustande, wenn der Gast den nach den gesetzlichen Bestimmungen erforderlichen Aufenthaltstitel vor Aufnahme seiner Tätigkeit vorlegt.

§ 16[6] Bühnenvermittlung

1. Der vorliegende Vertrag ist durch die Vermittlung von . . . . . zu Stande gekommen. Die Vergütung für diese Vermittlung in Höhe von EUR . . . . . zuzüglich Umsatzsteuer tragen die Bühne und der Gast je zur Hälfte/trägt der Gast alleine.
2. Der Gast erklärt sich damit einverstanden, dass die Bühne den vom Gast zu entrichtenden Teil der Vermittlungsgebühr und der Umsatzsteuer von dem Honoraranspruch des Gastes einbehält und an den Vermittler abführt.

§ 17[1, 2] Ergänzende Bestimmungen

1. Die Parteien dieses Vertrages sind sich darüber einig, dass ein Arbeitsverhältnis durch diesen Vertrag nicht zustande kommt.
2. Dem Gast ist bekannt, dass die Bühne keine Beiträge zur Sozial- oder Krankenversicherung für ihn abführt. Das Künstlersozialversicherungsgesetz findet Anwendung.
3. Ansprüche aus diesem Vertrag entfallen, wenn sie nicht innerhalb einer Ausschlussfrist von sechs Monaten nach Fälligkeit von dem Gast oder der Bühne schriftlich geltend gemacht werden. Für den gleichen Tatbestand reicht die einmalige Geltendmachung der Ansprüche aus, um die Ausschlussfrist auch für später fällig werdende Ansprüche unwirksam zu machen.
4. Änderungen und Ergänzungen dieses Vertrages bedürfen zu ihrer Wirksamkeit der Schriftform.
5. Es gilt das Recht der Bundesrepublik Deutschland.
6. Für den Fall, dass der Gast keinen Wohnsitz/gewöhnlichen Aufenthaltsort innerhalb Deutschlands hat oder er diesen nach Vertragsschluss aus dem deutschen Staatsgebiet verlegt oder der Wohnsitz/gewöhnlicher Aufenthaltsort im Zeitpunkt der Klageerhebung nicht bekannt ist, wird der Gerichtsstand der Bühne als Gerichtsstand vereinbart.
7. Die Nichtigkeit einzelner Vertragsvorschriften berührt nicht die Gültigkeit der sonstigen Vertragsvereinbarungen.

. . . . ., den . . . . .

. . . .

(Bühne) (Gast)

Schrifttum: Greiffenhagen, Die Gastverträge im Bühnenrecht, UFITA 88 (1980), S. 1; *Schmieder,* Zur Rechtsstellung des Bühnenregisseurs, UFITA 63 (1972), S. 133; *Gerth,* Das Vertragsverhältnis des Spitzenkünstlers bei Bühne und Rundfunk, 1993; *Kurz,* Praxishandbuch Theaterrecht, München 1999, S. 105/106, 110; *Opolony,* Die Rechtsnatur des Gastspielvertrages darstellender Bühnenkünstler, ZUM 2007, 519 ff., *Schwab/ Walter,* Schiedsgerichtsbarkeit Kommentar 4. Auflage

Anmerkungen

1. Sachverhalt. Der Gastregisseur schuldet kein Tätigwerden schlechthin sondern hat ein ganz bestimmtes Werk aufführungsreif zu machen, eine Inszenierung abzuliefern. Er ist grundsätzlich in seiner künstlerischen Arbeit frei, und auch in seiner Zeit- und Dispositionseinteilung während der Proben grundsätzlich autonom. Der Gastregisseurvertrag ist daher grundsätzlich Werk- und nicht Dienstvertrag (Greiffenhagen UFITA 88, 38). Der bei der Gastregie nach § 631 Abs. 2 BGB herbeizuführende „Erfolg" ist nicht der Erfolg bei Presse oder Publikum, sondern die Inszenierung eines bestimmten Werkes als solches. Der Ablauf der Proben liegt allein bei ihm; er allein entscheidet darüber, ob eine Szene probiert wird, wie oft oder wie lange er mit einem Schauspieler arbeiten will; wann eine Inszenierung seiner Ansicht nach premierenreif ist, entscheidet er. Ein Regievertrag, mit dem ein Gastregisseur für ein Theater die Inszenierung eines bestimmten Bühnenwerks übernimmt, ist ein (eine Sozialversicherungspflicht nicht begründender) Werkvertrag, wenn er die Vergütungsgefahr trägt (BSG Urt. v. 24.6.1981 – 12 RK 35/80).

Urheberrechtlich ist der Gastregisseur ausübender Künstler (§§ 73, 80 UrhG), bei dessen künstlerischer Tätigkeit Leistungsschutzrechte in seiner Person entstehen. Gegen wesentliche, seinen Ruf gefährdende Veränderungen seiner Regieleistung steht ihm ein Unterlassungsanspruch aus § 83 Abs. 1 UrhG zu (OLG München ZUM 1996, 589 (602)), zumutbare Veränderungen insbesondere nach der Premiere und bei einer Wiederaufnahme muss er hinnehmen. Ansehen und Ruf des Regisseurs dürfen jedenfalls nicht beschädigt werden. Bei der – nicht immer rechtlich bedenkenfreien – Änderung des von ihm inszenierten Werkes kann eine urheberrechtlich eigenständige Bearbeitung als sog. Regiewerk entstehen (im Einzelnen streitig, vgl. Schricker/Loewenheim, UrhG, UrhG § 3 Rn. 17; Fromm/Nordemann/Vinck, 9. Aufl., UrhG § 2 Rn. 42; s. auch Hieber ZUM 1997, 17 einerseits und Depenheuer ZUM 1997, 734 andererseits sowie Krüger-Nieland UFITA 64 (1972), 129). Die Literatur dazu, ob und inwieweit der Bühnenregisseur mit seiner Inszenierung ein urheberrechtlich geschütztes Werk nach § 2 Abs. 2 UrhG schafft, ist nahezu unübersehbar (s. den Beitrag von Grunert ZUM 2001, 210 (→ Anm. 4).

Zuständig für evtl. Rechtsstreitigkeiten sind die ordentlichen Gerichte. Die Vereinbarung eines Bühnenschiedsgerichts als tarifliches Schiedsgericht iSd § 101 Abs. 2 ArbGG ist bei Vereinbarungen auf Basis eines selbständigen Dienstvertrages oder Werkvertrages nicht möglich (→ Anm. 2). Ein Tätigwerden des Bühnenschiedsgerichts als privates Schiedsgericht gem. §§ 1025 ff. ZPO setzt gem. §§ 1025 ff. ZPO das Zustandekommen eines Schiedsrichtervertrages voraus und kann einzelvertraglich in einer separaten Vereinbarung vereinbart werden.

2. Wahl des Formulars. Anders als auf Normalvertrag Bühne engagierten Hausregisseuren (→ Form. 53) wird in der Theaterpraxis inzwischen das vorstehende Formular angewandt. Das Formular geht davon aus, dass der Regisseur nicht „fremdbestimmt" ist und grundsätzlich in zeitlicher (zB bei Proben) und inhaltlicher Hinsicht (zB Auswahl des Stückes und der Schauspieler) nicht dem Weisungsrecht des Theaters unterliegt. Soweit das Formular festlegt, dass bei Meinungsverschiedenheiten in künstlerischen Fragen der Bühne der Vorrang gebühr (s. § 2 Ziff. 2), so ergibt sich daraus kein Weisungsrecht der Bühne in künstlerischen Fragen (vgl. OLG Hamm Urt. v. 7.12.1977 – 12 U 164/77). Da der Gastregisseur nicht den organisatorischen Vorschriften des Theaters unterliegt und damit nicht persönlich abhängig ist, erscheinen die Regelungen des Werkvertrages für die vertraglichen Bedingungen im Regelfall geeigneter (ähnlich bei Gastregie auch OLG München ZUM 1996, 598 (603)). Die Unterscheidung zwischen einem Dienstvertrag und einem Werkvertrag kann im Einzelfall schwierig sein, dennoch lässt sich der Dienst- und Werkvertrag hinreichend danach unterscheiden, wer von den Vertragspartnern für den Fall einer zufälligen, dh nicht von einem der Vertragspartner zu vertretenden Unausführbarkeit des Werkes die Gefahr der Vergütung tragen soll. Beim Werkvertrag ist dies der Hersteller des Werkes (Unternehmer), der, da er einen Erfolg iSd eines Arbeitsergebnisses schuldet, bei Unausführbarkeit des Werkes grundsätzlich keine Vergütung beanspruchen kann. Demgegenüber behält beim (selbständigen) Dienstvertrag der Dienstverpflichtete auch bei Nichterreichung des vom Dienstberechtigten mit der Dienstleistung wirtschaftlich bezweckten Erfolges den Vergütungsanspruch für die geleisteten uU (vgl. §§ 615 f. BGB) sogar für nicht geleistete Dienste behält. Das Formular geht daher in seiner werkvertraglichen Gestaltung in § 9 davon aus, dass der Gastregisseur seinen Honoraranspruch dann verliert, wenn die Verhinderung ausschließlich auf einem von dem Theater verschuldeten Grund zurückzuführen ist. Zu beachten ist, dass seit Inkrafttreten des Schuldrechtsmodernisierungsgesetzes am 1.1.2002/1.1.2003 auch vom Theater vorformulierte Vertragsklauseln in dem Regievertrag für Gastregisseure einer AGB-Überprüfung, insbesondere einer Angemessenheitskontrolle nach § 307 BGB unterzogen werden (→ Anm. 4).

Soweit ein Regievertrag für Gastregisseure aufgrund Weisungsgebundenheit (§ 611 a BGB) als Arbeits- und nicht als Werkvertrag einzustufen ist, ist darauf hinzuweisen, dass die Abbedingung des § 615 BGB und damit des Betriebs- und Wirtschaftsrisikos etwa in einer Pandemiesituation ebenso der AGB-Kontrolle unterliegt. Zwar ist § 615 BGB ebenso wie § 616 BGB dispositiv und kann individualrechtlich im Regievertrag ausgeschlossen werden. Voraussetzung ist jedoch, dass die Vereinbarung eindeutig und klar ist und die entsprechende Klausel eine gerechte Risikoverteilung abbildet.

3. Erbringung der Leistung durch den Regisseur. Der Gastregisseur hat höchstpersönlich eine Inszenierung abzuliefern. Vom „Marktwert" des Gastregisseurs ist abhängig, ob ein Theater die aus seiner Sicht wünschenswerten Regelungen in Ziff. 2 des Formulars tatsächlich bei jedem Regisseur durchsetzen kann. Die zeitliche Lage der Proben ist jedoch auch von dem meistens dem Mitbestimmungsrecht des Personal- bzw. Betriebsrats unterliegenden Dienstplan abhängig, sodass im Einzelfall sein Mitspracherecht bei dem Probenprozess auch von den konkreten künstlerischen und organisatorischen Bedingungen eines Theaters abhängig ist.

4. Urheber- und Leistungsschutzrechte (sog. „Medienklausel"). Die Verwertungsrechte des in der Regel leistungsschutzberechtigten Gastregisseurs umfassen die ausschließlichen Rechte des ausübenden Künstlers (§ 73 UrhG), seine Regieleistung auf Bild- und Tonträger aufzunehmen einschließlich deren Vervielfältigung und Verbreitung. Auch steht ihm das ausschließliche Recht zu, seine Darbietung öffentlich zugänglich zu machen (§ 75 ff. UrhG). Zu berücksichtigen ist aber in diesem Zusammenhang, dass gemäß § 81 UrhG die Rechte auf Aufnahme, Vervielfältigung und Verbreitung sowie der öffentlichen Wiedergabe neben dem ausübenden Künstler auch dem Inhaber des Unternehmens zustehen. Um die Probleme der konkurrierenden Rechte von Theaterunternehmen und dem Gastregisseur zu regeln ist es daher ratsam einzelarbeitsvertraglich sicherzustellen, dass der Gastregisseur dem Theater zeitlich, räumlich und inhaltlich unbegrenzt das Senderecht und das Recht der öffentlichen Wiedergabe sowie insbesondere ausdrücklich auch das Recht der öffentlichen Zugänglichmachung überträgt (vgl. § 19a UrhG). Um auch Werbezwecke zu erfassen, benötigt dafür das Theaterunternehmen ferner auch das Recht, Aufführungen auf Bildleinwände zu übertragen sowie Mitschnitte oder DVDs herzustellen und zu vertreiben. Soweit eine teilweise oder ganze Nutzung der Inszenierung insbesondere auch in den social media geplant ist (zB Facebook, Instagram), empfiehlt es sich, in der Medienklausel (vgl. § 12 des Form.) noch klarzustellen, dass keinesfalls auch diese Nutzungen des Theaters im Rahmen seiner Zwecke gestattet ist. Ebenso ist ratsam, ggf. die Frage von Bearbeitungsrechten des Theaters (vgl. §§ 3, 23 UrhG) mit dem Gast zu klären.

Zu beachten ist hier, dass bei einer solchermaßen umfassenden Übertragung der Rechte (sogenanntes „Buy-out") Probleme jedoch dann auftreten können, wenn mit der vereinbarten

Gage (vgl. § 6 des Form.) auch alle in dieser Form übertragenen Rechte abgegolten sein sollen. Dies ist deshalb zweifelhaft, weil nach § 32 UrhG auch dem ausübenden Künstler (§ 73 UrhG) eine angemessene Vergütung zu zahlen ist. Dies gilt auch für den ausübenden Künstler des § 73 UrhG. Nach § 32a UrhG können weitere Beteiligungen des Urhebers hinzukommen. Zu empfehlen ist, eine klare Abgrenzung zwischen der Gage für die Regieleistung selbst und der Abgeltung der Leistungsschutzrechte vorzunehmen, um im „Streitfalle" die Angemessenheit der Vergütung im Sinne der §§ 32, 32a UrhG feststellen zu können. So kann nämlich die Angemessenheit der Vergütung für urheberrechtliche Ansprüche gerichtlich überprüft werden (sog. „AGB-Kontrolle", → Anm. 2). Ratsam ist daher, die Gage in diesen Fällen aufzuteilen und die angemessene Vergütung für die Nutzung der Urheber- oder Leistungsschutzrechte im Vertrag gesondert auszuweisen. Soweit Gastspiele geplant sind, ist vertragsrechtlich zu empfehlen, eine Klarstellung dahingehend vorzunehmen, dass mit der gezahlten Vergütung entsprechende Verwertungshandlungen abgegolten sind.

5. **Abnahme.** Das Formular setzt voraus, dass nur unter dem Gesichtspunkt der Unzumutbarkeit eine Abnahme durch das Theater unterbleiben kann. Im Übrigen geht die künstlerische Gestaltungs- und Interpretationsfreiheit des Regisseurs vor (vgl. LG Leipzig ZUM 2000, 331 (332 ff.)). Zur Vermeidung von Auseinandersetzungen mit dem Regisseur empfehlen sich möglichst konkrete vertragliche Vereinbarungen oder aber die Vorlage eines Inszenierungskonzepts durch den Gastregisseur, ansonsten ist der Gastregisseur in seiner Inszenierung „frei" (→ Anm. 1).

6. **Vergütung.** Häufig wird es nötig sein, für die Zeit der Inszenierungsarbeiten am Sitz des Theaters Beträge für Hotel, Verpflegung, Fahrt usw gesondert zu vereinbaren, falls man sich nicht auf einen Pauschalbetrag verständigt. Für den Fall von evtl. Wiederaufnahmen der Produktion kann man sich ferner dahingehend verständigen, dass diese auch in vergütungsrechtlicher Hinsicht einer gesonderten Vereinbarung bedürfen.

7. **Steuern.** Zur steuerlichen Behandlung der Künstlerverträge → Form. IX.53 Anm. 7. Hinsichtlich der Frage der Steuerbefreiung von Regisseuren ist zu beachten, dass nachdem der Bundesfinanzhof (BFH) zunächst entschieden hatte, dass Regisseure nicht die Umsatzsteuerbefreiung nach § 4 Nr. 20 UStG in Anspruch nehmen können, inzwischen der Gesetzgeber im Jahressteuergesetz 2013 (Art. 10 Nr. 3d zur Umsetzung der Amtshilferichtlinie sowie zur Änderung steuerrechtlicher Vorschriften) die Steuerfreiheit von Umsätzen von selbständig tätigen Bühnenregisseuren geregelt hat. Voraussetzung ist jedoch, dass die Regisseure an umsatzsteuerbefreiten Kultureinrichtungen, also insbesondere an öffentlich getragenen Theatern sowie anderen Theatern, die eine entsprechende Gleichstellungsbescheinigung besitzen, arbeiten. Des Weiteren muss die zuständige Landesbehörde bescheinigen, dass die künstlerischen Leistungen des Regisseurs dieser Einrichtung unmittelbar dienen. Zuständig sind dafür die Kulturministerien der einzelnen Bundesländer, die ihre Kompetenz auf eine untere Verwaltungsebene übertragen haben (zB Bezirksregierungen bzw. Regierungspräsidien). Dies bedeutet, dass Gast-Regisseure, die Steuerinländer sind, sich selbst um eine entsprechende Bescheinigung bemühen müssen. Soweit eine solche Bescheinigung vorliegt, können diese Regisseure ihr Honorar ohne Mehrwertsteuer verlangen. In diesen Fällen darf eine Mehrwertsteuer in einem Vertrag zwischen dem Theater und dem Regisseur bzw. in einer Rechnung, die der Regisseur dem Theater stellt, nicht ausgewiesen werden. Bei Regisseuren, die Steuerausländer sind, muss sich das Theater als Steuerschuldner darum kümmern, dass dem Regisseur eine entsprechende Bescheinigung für den betroffenen Regisseur vorliegt, damit das Theater als Steuerschuldner von der Abführung der Mehrwertsteuer an das Finanzamt absehen kann.

8. **Vertragsstrafe.** Zu beachten ist auch hier, dass die AGB-Kontrolle (→ Anm. 2) auch bei Vertragsstrafenregelungen gilt. Herzstück der AGB-Überprüfung ist die Angemessenheitskontrolle nach § 307 BGB. Die wichtigsten Regeln, die bei einer Überprüfung

angewendet werden, sind das Transparenzgebot (§ 7 Abs. 1 S. 2 BGB) und das Verbot unangemessener Benachteiligung (§ 307 Abs. 2 BGB). Verstößt eine Regelung im Gastvertrag gegen eine dieser Regelungen, ist sie unwirksam. Enthält die Regelung Ansprüche des Arbeitgebers, sind diese nicht durchsetzbar. Schließt die Regelung in bestimmten Situationen Ansprüche des Arbeitnehmers aus, kann sich der Arbeitgeber gegenüber dem Arbeitnehmer hierauf nicht berufen. Zur Vermeidung von Problemen empfiehlt es sich daher, die die Strafe auslösende Pflichtverletzung so klar zu bezeichnen, dass der Gastregisseur sich in seinem Verhalten darauf einstellen kann (BAG 18.12.2008 – 8 AZR 80/08, NZA-RR 2009, 519). Die vorgesehene Strafe muss angemessen sein; sie darf grundsätzlich die Vergütung, die für die Zeit bis zum rechtlich zulässigen Beendigungszeitpunkt angefallen wäre, nicht übersteigen (BAG 23.12.2010 – 8 AZR 897/08, NZA 211/89). Von der Rechtsprechung erlaubt ist, die Erbringung der Arbeitsleistung durch die Vertragsstrafe abzusichern, soweit in der Höhe der Vertragsstrafe keine unangemessene Benachteiligung im Sinne von § 307 Abs. 1 S. 1 BGB zu erblicken ist; die Höhe der Vertragsstrafe darf insbesondere nicht höher sein, als die Vergütung, die für die Zeit zwischen der vorzeitigen tatsächlichen Beendigung durch den Regisseur und dem Ablauf des Regievertrages zu zahlen gewesen wäre (vgl. BAG 17.3.2016 – 8 AZR 665/14; BAG 24.8.2017, NZA 2018, 100).

9. **Kosten.** Für die Mitwirkung des Rechtsanwalts am Zustandekommen des Vertrages entsteht die Geschäftsgebühr, eventuell fällt auch die Einigungsgebühr nach Nr. 1000 VV an. Die frühere Besprechungsgebühr nach § 118 BRAGO ist im RVG von 2004 fortgefallen. Gegenstandswert ist das Honorar des Regisseurs.

51. Arbeitsvertrag für Bühnendarsteller (Normalvertrag (NV) Bühne)

Arbeitsvertrag
Solomitglied

Zwischen[1, 2, 3, 4, 5, 6, 7, 8]

. . . . .

und

. . . . .

wird der folgende

Arbeitsvertrag

abgeschlossen:

§ 1

Frau/Herr . . . . . wird als Solomitglied mit der Tätigkeitsbezeichnung . . . . . (§ 1 Abs. 2 NV Bühne) für das/die . . . . . (Theater) in . . . . . eingestellt.

§ 2

Das Arbeitsverhältnis wird für die Spielzeit 20. . . . ./. . . . . – Spielzeiten 20 . . . . ./ . . . . . begründet.

Es beginnt am . . . . . und endet am . . . . .

Das Arbeitsverhältnis verlängert sich zu den gleichen Bedingungen um ein Jahr (Spielzeit), wenn nicht eine Nichtverlängerungsmitteilung entsprechend § 61 NV Bühne (Nichtverlängerungsmitteilung – Solo) ausgesprochen wurde.

§ 3

.....

Hier sind etwaige besondere Vereinbarungen, zB zur angemessenen Beschäftigung, zur Mitwirkungspflicht, über die Kunstgattung/das Kunstfach sowie Spielgelder aufzunehmen.

§ 4[5]

(1) Die Gage beträgt monatlich ..... EUR (in Worten: ..... Euro).

(2) Daneben erhält das Mitglied für die Mitwirkung in einer zweiten oder dritten am gleichen Tage stattfindenden Aufführung eine Vergütung von ..... vH des festen monatlichen Gehaltes.

§ 5

Der Arbeitgeber beteiligt sich/beteiligt sich nicht an der Vermittlungsgebühr.* Soweit sich der Arbeitgeber nach Satz 1 oder ohne eine entsprechende Vereinbarung nach Satz 1 in direkter Anwendung des § 60 NV Bühne (Namensnennung) an einer ggf. anfallenden Vermittlungsgebühr beteiligt, ist er berechtigt, die auf das Solo-Mitglied entfallende Hälfte der Vermittlungsgebühr von insgesamt ...... vom Hundert des gebührenpflichtigen Arbeitsentgelts einzubehalten und an die Bühnenvermittlung „„ abzuführen.

§ 6

Im Übrigen bestimmt sich das Arbeitsverhältnis nach dem Normalvertrag Bühne in der jeweils geltenden Fassung und den ihn ergänzenden oder an seine Stelle tretenden Tarifverträgen.

§ 7

.....

Hier sind etwaige besondere Vereinbarungen, etwa im Hinblick auf § 58 Abs. 5 NV Bühne (Ausschluss der Gagenanpassung) und § 40 Abs. 1 S. 3 NV Bühne (Ausschluss der Zuwendung), aufzunehmen.

§ 8

Für alle Rechtsstreitigkeiten iSd § 2 Arbeitsgerichtsgesetz zwischen den Arbeitsvertragsparteien sind unter Ausschluss der Arbeitsgerichtsbarkeit ausschließlich die zwischen den Tarifvertragsparteien NV Bühne vereinbarten Schiedsgerichte zuständig. Gehört das Solomitglied bei Vertragsabschluss und bei Klageerhebung keiner auf Arbeitnehmerseite beteiligten Tarifvertragspartei an, bestimmt der Kläger, welches Schiedsgericht zuständig sein soll.

....., den .....

.....

(Unterschrift des Arbeitgebers bzw. seines Vertreters)

.....

(Unterschrift des Solomitglieds, bürgerlicher Name)

.....

(Unterschrift des Solomitglieds, Künstlername)

Im Folgenden wird der NV Bühne vom 15.10.2002 mit seinem Allgemeinen Teil (AT) und mit dem 1. Abschnitt seines Besonderen Teil (Sonderregelungen (SR) Solo) in der gegenwärtigen Fassung vom 1.8.2019 abgedruckt. Die Sonderregelungen für Bühnentechniker sind in → Form. IX.54 wiedergegeben.

* Nicht Zutreffendes bitte streichen.

I. Allgemeiner Teil

1. Abschnitt Allgemeine Arbeitsbedingungen

§ 1 Geltungsbereich

(1) Dieser Tarifvertrag gilt für Solomitglieder und Bühnentechniker sowie Opernchor- und Tanzgruppenmitglieder (im Folgenden insgesamt als Mitglieder bezeichnet) an Bühnen innerhalb der Bundesrepublik Deutschland, die von einem Lande oder von einer Gemeinde oder von mehreren Gemeinden oder von einem Gemeindeverband oder mehreren Gemeindeverbänden ganz oder überwiegend rechtlich oder wirtschaftlich getragen werden. Er gilt für Solomitglieder an Privattheatern in dem in Absatz 7 näher bezeichneten Umfang.

(2) Solomitglieder sind Einzeldarsteller einschließlich Kabarettisten und Puppentheaterspielern, Dirigenten, Kapellmeister, Studienleiter, Repetitoren, Orchestergeschäftsführer, Direktoren des künstlerischen Betriebs (insbesondere Operndirektor, Schauspieldirektor, Ballettdirektor, Leiter des Kinder- und Jugendtheaters), Spielleiter (Regisseure), Chordirektoren, Choreografen, Tanz-/Ballettmeister sowie Trainingsleiter, Dramaturgen, Leiter des künstlerischen Betriebsbüros, Disponenten, Ausstattungsleiter, Bühnenbildner, Kostümbildner und Lightdesigner, Inspizienten, Theaterpädagogen, Schauspielmusiker, Referenten und Assistenten von Intendanten sowie des künstlerischen Betriebs, Souffleure, Theaterfotografen und Grafiker, Pressereferenten und Referenten der Öffentlichkeitsarbeit sowie Personen in ähnlicher Stellung.

(3) Bühnentechniker sind Technische Direktoren und technische Leiter, Vorstände der Malsäle, Leiter des Beleuchtungswesens, Leiter der Bühnenplastikerwerkstätten, Leiter des Kostümwesens, Leiter der Ausstattungswerkstätten, Chefmaskenbildner, Referenten und Assistenten der Technischen Direktoren und technischen Leiter, Tonmeister.
Oberinspektoren und Inspektoren, Theater- und Kostümmaler, Beleuchtungsmeister und Beleuchter, Bühnenplastiker (Kascheure), Maskenbildner, Requisitenmeister und Requisiteure, Gewandmeister, Bühnenmeister, Veranstaltungstechniker, Tontechniker und Personen in ähnlicher Stellung sind Bühnentechniker im Sinne dieses Tarifvertrags, wenn mit ihnen im Arbeitsvertrag vereinbart wird, dass sie überwiegend künstlerisch tätig sind.

(4) Opernchormitglieder sind auch Chormitglieder, die Operetten und Musicals singen.

(5) Für Solomitglieder, mit denen Gastspielverträge abgeschlossen werden, gilt dieser Tarifvertrag nicht. Jedoch finden auf diese Gastspielverträge §§ 1a, 53, 60 und 98 Anwendung. Gastspielverträge sind Verträge, die der Arbeitgeber zur Ergänzung seines ständigen Personals und zur Ausgestaltung seines Spielplans mit Solomitgliedern in der Weise abschließt, dass sie nicht als ständige Solomitglieder angestellt, sondern nur zur Mitwirkung für eine bestimmte Anzahl von Aufführungen, aber nicht für mehr als 72 während der Spielzeit, verpflichtet werden. Bei Serientheatern liegt ein Gastspielvertrag nur vor, wenn das dem Gast bewilligte Entgelt die festen Bezüge der meisten von dem Arbeitgeber fest angestellten Mitglieder weit übersteigt; in diesem Fall fällt die in Satz 3 festgesetzte ziffernmäßige Beschränkung der Aufführungen fort.
Im Übrigen gilt dieser Tarifvertrag nicht für Mitglieder, die von Fall zu Fall (Aushilfen) oder auf Stückdauer für einzelne Inszenierungen beschäftigt werden. Abweichend davon finden §§ 53, 60 und 98 Anwendung; für veranstaltungsbezogene Verträge mit Solo-Mitgliedern gilt auch § 1a.

(6) Mit Musikalischen Oberleitern, Direktoren des künstlerischen Betriebs, Oberspielleitern, Ausstattungsleitern, Technischen Direktoren und technischen Leitern einschließlich den Leitern des Beleuchtungswesens können von diesem Tarifvertrag abweichende Regelungen vereinbart werden.

(7) Der persönliche Geltungsbereich für Mitglieder an Privattheatern ergibt sich aus den Absätzen 2 und 5. Für diese Mitglieder gelten die in Anlage 1 genannten Vorschriften dieses Tarifvertrags.
Ein Privattheater liegt vor, wenn es von einer natürlichen Person oder von einem Zusammenschluss natürlicher Personen oder von einer juristischen Person privaten Rechts, an der keine juristische Person öffentlichen Rechts beteiligt ist, getragen wird. Unschädlich ist die Beteiligung einer juristischen Person öffentlichen Rechts an der Trägerschaft, wenn diese nicht überwiegt und wenn die Finanzierung nicht überwiegend aus öffentlichen Mitteln bestritten wird.

Protokollnotiz:
Die in diesem Tarifvertrag verwendeten Berufsbezeichnungen umfassen Arbeitnehmerinnen und Arbeitnehmer.

§ 1a Mindestgage für Gastspielverträge

(1) Für Solomitglieder, mit denen Gastspielverträge nach § 1 Abs. 5 Unterabs. 1 oder veranstaltungsbezogene Verträge nach § 1 Abs. 5 Unterabs. 2 abgeschlossen werden, beträgt die Mindestgage an Bühnen nach § 1 Abs. 1 pro Aufführung 200,– Euro. Abweichend davon kann dieser Betrag für kleinere Rollen, Partien oder Aufgaben um bis zu 25 vom Hundert unterschritten werden. Für die Mitwirkung an zwei an demselben Tag stattfindenden Aufführungen werden insgesamt 150 vom Hundert der Mindestgage nach den Sätzen 1 und 2 gezahlt; im Übrigen gilt § 58 Abs. 3 Buchst. a NV Bühne entsprechend.

(2) Je Probentag beträgt die Mindestgage 90,– Euro. Abweichend davon kann im Gastvertrag ein halber Probentag von maximal 4 Stunden Probenzeit vereinbart werden; dieser ist mit mindestens 60,– Euro zu vergüten.

(3) Im Gastvertrag kann vereinbart werden, dass die Gagen für die Mitwirkung an Aufführungen und Proben, die innerhalb eines Zeitraumes von 30 Tagen stattfinden, insgesamt nicht die Mindestgage nach § 58 Abs. 1 Unterabs. 1 Satz 2 überschreiten.

(4) Im Gastvertrag kann die Mindestgage je Probentag nach Absatz 2 bis zur Hälfte unterschritten werden, wenn die vereinbarten Gagen für die Aufführungen und Proben insgesamt die Summe der Mindestgagen nach den Absätzen 1 und 2 für diese Aufführungen und Proben erreichen.

(5) Für Sänger und Tänzer, mit denen veranstaltungsbezogene Verträge nach § 1 Abs. 5 Unterabs. 2 zur Mitwirkung in einem Opernchor bzw. in einer Tanzgruppe abgeschlossen werden, beträgt die Mindestgage an Bühnen nach § 1 Abs. 1 pro Aufführung das 1,5fache der Tagesgage (§ 75 Abs. 2 bzw. § 88 Abs. 2) ohne Einbeziehung jeglicher Zulagen des jeweiligen Opernchors bzw. der jeweiligen Tanzgruppe. Soweit den beteiligten Mitgliedern des Opernchors für die Aufführung eine Sondervergütung für das Singen in fremder Sprache zusteht oder zustehen würde, § 79 Abs. 2 Buchst. b und c, ist das 1,5fache dieser Sondervergütung zusätzlicher Teil der Mindestgage nach Satz 1. Für die Mitwirkung an zwei an demselben Tag stattfindenden Aufführungen werden insgesamt 150 vom Hundert der Mindestgage nach den Sätzen 1 und 2 gezahlt.
Absätze 2 und 3 finden Anwendung. Wird der Sänger oder Tänzer in dem in Absatz 3 genannten Zeitraum in zeitlich vergleichbarem Umfang wie die Mitglieder des jeweiligen Opernchores bzw. der jeweiligen Tanzgruppe eingesetzt, tritt an die Stelle

der in Absatz 3 genannten Mindestgage die Gage (§ 76 bzw. § 89) des jeweiligen Opernchors bzw. der jeweiligen Tanzgruppe.
Dieser Absatz gilt nicht für Abendeinspringer, die an nur bis zu fünf Aufführungen der gleichen Produktion und gegebenenfalls nur an einer Probe am Tag der ersten dieser Aufführungen mitwirken. Er gilt ebenfalls nicht für Mitglieder des Extrachores, sofern sie als solche eingesetzt werden.

(6) Die Absätze 1 bis 5 gelten nicht für Kleindarsteller, Statisten, Laien und Auszubildende bzw. Studierende in den entsprechenden Berufen sowie für Arbeitnehmer der jeweiligen Bühne.

§ 2 Begründung des Arbeitsvertrags

(1) Mit dem Mitglied ist ein Arbeitsvertrag nach dem Muster der Anlagen 2 bis 6 abzuschließen. Der Arbeitsvertrag bedarf zu seiner Wirksamkeit der Schriftform. Das gleiche gilt für Änderungen und Ergänzungen. § 101 Abs. 4 bleibt unberührt.

(2) Der Arbeitsvertrag ist mit Rücksicht auf die künstlerischen Belange der Bühne ein Zeitvertrag.

(3) In dem Arbeitsvertrag müssen angegeben sein:
  a) die Bühne(n), für die das Mitglied angestellt wird;
  b) die Zeit, für die der Arbeitsvertrag abgeschlossen wird, sowie die Kalendertage, an denen das Arbeitsverhältnis beginnt und endet;
  c) ob das Mitglied als Solomitglied, Bühnentechniker, Opernchormitglied oder Tanzgruppenmitglied beschäftigt wird.

(4) In dem Arbeitsvertrag muss ferner angegeben sein:
  a) für das Solomitglied die Tätigkeiten im Sinne von § 1 Abs. 2, zu denen das Mitglied verpflichtet ist; darüber hinaus soll bei darstellenden Solomitgliedern die Kunstgattung und – jedenfalls im Musiktheater – das Kunstfach festgelegt werden; dabei kann die Bezeichnung des Kunstfachs durch die Vereinbarung von Rollengebieten oder Partien näher gekennzeichnet oder ersetzt werden;
  b) für den Bühnentechniker die Tätigkeiten im Sinne von § 1 Abs. 3 sowie die vereinbarte durchschnittliche wöchentliche Arbeitszeit;
  c) für das Opernchormitglied das Kunstfach (die Stimmgruppe); Stimmgruppen sind
     der 1. Sopran, der 2. Sopran,
     der 1. Tenor, der 2. Tenor,
     der 1. Alt, der 2. Alt,
     der 1. Bass, der 2. Bass;
  d) für das Tanzgruppenmitglied, ob es auch zu Sololeistungen verpflichtet ist.

§ 3 Personalakten

(1) Das Mitglied hat das Recht auf Einsicht in seine vollständigen Personalakten. Es kann das Recht auch durch einen hierzu schriftlich Bevollmächtigten ausüben. Die Vollmacht ist zu den Personalakten zu nehmen. Der Arbeitgeber kann einen Bevollmächtigten zurückweisen, wenn es aus dienstlichen oder betrieblichen Gründen geboten ist.

(2) Das Recht der Akteneinsicht schließt das Recht ein, Abschriften bzw. Ablichtungen aus den Personalakten zu fertigen.

(3) Das Mitglied muss über Beschwerden und Behauptungen tatsächlicher Art, die für das Mitglied ungünstig sind oder ihm nachteilig werden können, vor deren Aufnahme in die Personalakte gehört werden. Seine Äußerung ist zu den Personalakten zu nehmen.

§ 4 Nebenbeschäftigung

Jede entgeltliche Nebenbeschäftigung – auch während des Urlaubs – muss dem Arbeitgeber, möglichst rechtzeitig vor Ausübung, schriftlich angezeigt werden. Der Arbeitgeber kann die Ausübung der Nebenbeschäftigung untersagen, wenn sie die Erfüllung der arbeitsvertraglichen Pflichten des Mitglieds oder sonstige berechtigte Interessen des Arbeitgebers beeinträchtigt.

2. Abschnitt Arbeitszeit

§ 5 Arbeitszeit

(1) Die Arbeitszeit ergibt sich aus der Dauer der Proben und der Aufführungen oder der Ausübung der arbeitsvertraglich vereinbarten Tätigkeit.
(2) Eine Diensteregelung kann durch Haustarifvertrag eingeführt werden.
(3) Für die Bühnentechniker ist die Vereinbarung von Teilzeitarbeit zulässig. Mit einem Mitglied des Opernchors kann Teilzeitarbeit nur innerhalb eines mindestens für eine Spielzeit abgeschlossenen Arbeitsvertrags vereinbart werden. Im Arbeitsvertrag ist der Umfang der Beschäftigung festzulegen.
(4) Die Arbeitszeit für die Bühnentechniker richtet sich nach den für sie geltenden Sonderregelungen.

Protokollnotiz zu Absatz 3:

Von der Gesamtzahl der im Haushaltsplan für den Opernchor ausgebrachten Planstellen dürfen nicht mehr als jeweils 15 v. H., auf die volle Zahl aufgerundet, mit Mitgliedern in Teilzeitarbeit besetzt werden. Sind für den Opernchor keine Planstellen im Haushaltsplan ausgewiesen, gilt Satz 1 entsprechend. Das Mitglied ist berechtigt, einen Antrag auf Teilzeitarbeit zu stellen, über den alsbald entschieden werden soll.

§ 6 Arbeitseinteilung

(1) Proben und Aufführungen sind durch Anschlag im Theater bekanntzugeben. Die wöchentliche Proben- und Aufführungseinteilung ist der Arbeitsplan; verbindlich ist der tägliche Proben- und Aufführungsplan.
(1a) Solomitglieder, Opernchorsänger und Tanzgruppenmitglieder, die an einer Premieren-Vorstellung, bei mehreren Premieren der gleichen Produktion an der ersten Premieren-Vorstellung, unmittelbar beteiligt waren, sind am ersten Werktag nach dieser Premieren-Vorstellung nur zu Teilnahme an Aufführungen sowie zu Tätigkeiten im unmittelbaren Zusammenhang mit diesen Aufführungen verpflichtet.
(2) Die Mitglieder sind verpflichtet, sich über den Arbeitsplan und den täglichen Proben- und Aufführungsplan durch Einsichtnahme zu unterrichten; der Arbeitgeber kann andere Formen der Unterrichtung festlegen. Nach 14.00 Uhr eintretende Änderungen für denselben Abend oder den nächsten Tag sind den Mitgliedern besonders mitzuteilen.
(3) Die Teilnahme der Mitglieder der jeweiligen Beschäftigtengruppe an höchstens zwei Gruppenversammlungen pro Spielzeit, die im Einvernehmen mit dem Arbeitgeber angeordnet werden, ist im Arbeitsplan entsprechend vorzusehen.
(4) Alle Mitglieder haben dafür Sorge zu tragen, dass sie, soweit in diesem Tarifvertrag keine abweichende Regelung getroffen ist, möglichst jederzeit zu erreichen sind. Auswärtige Aufenthaltsorte sind rechtzeitig dem Arbeitgeber bekanntzugeben. Die Mitglieder, die nicht dienstfrei haben, sind verpflichtet, bis drei Stunden vor Beginn der Aufführung erreichbar zu sein.
(5) Bei allen Aufführungen hat sich das Mitglied mindestens eine halbe Stunde vor Beginn des ununterbrochen durchlaufenden Spielabschnitts, in dem es aufzutreten hat, in seinem Ankleideraum einzufinden.

(6) Jedes Mitglied ist bei den Proben und Aufführungen für den richtigen und rechtzeitigen Auftritt selbst verantwortlich.

(7) Absatz 4 Satz 3 gilt für Solomitglieder mit auf Vorstellungen bezogener Tätigkeit, insbesondere für darstellende Solomitglieder mit der Maßgabe, dass die Erreichbarkeitspflicht auch besteht, wenn das Mitglied proben- und aufführungsfrei hat. Absätze 5 und 6 finden auf Solomitglieder und Bühnentechniker keine Anwendung, wenn deren Arbeitszeit von Proben und Aufführungen unabhängig ist oder durch gesonderten Dienstplan geregelt wird. Ein gesonderter Dienstplan tritt an die Stelle des in den Absätzen 1 bis 3 genannten Arbeitsplans.

(8) Anstelle der Gruppenversammlungen nach Absatz 3 ist den Solomitgliedern und den Bühnentechnikern Gelegenheit zu mindestens einer Ensembleversammlung je Spielzeit zu geben.

Protokollnotiz zu Absatz 4:

An freien Tagen und an halben freien Tagen (§§ 57, 66, 74 und 87) besteht für das Mitglied keine Erreichbarkeitspflicht.

§ 7 Mitwirkungspflicht

(1) Die Mitwirkungspflicht erstreckt sich im Rahmen der vertraglich übernommenen Tätigkeit (Kunstfach) auf alle Veranstaltungen (Aufführungen und Proben) der Bühne(n) in allen Kunstgattungen. Veranstaltungen sind auch auswärtige Gastspiele, Festspiele, Konzerte, Werbeveranstaltungen, bunte Programme, Matineen und sonstige Veranstaltungen, die vom Arbeitgeber oder einem seiner rechtlichen oder wirtschaftlichen Träger unter der Verantwortung des Arbeitgebers durchgeführt werden. Als Veranstaltungen gelten auch die Übertragung der Darbietungen durch Funk (Hörfunk und Fernsehen) sowie die Aufzeichnung auf Ton- und/oder Bildträger sowie Bildtonträger.

(2) Die Mitwirkungspflicht erstreckt sich ferner auf Veranstaltungen
   a) an Bühnen, die der Arbeitgeber erst nach Abschluss des Arbeitsvertrags in Betrieb nimmt,
   b) an Bühnen, mit denen der Arbeitgeber eine Vereinbarung über eine Zusammenarbeit getroffen hat oder nach Abschluss des Arbeitsvertrags trifft, sofern die Veranstaltungen unter seiner künstlerischen und wirtschaftlichen Mitverantwortung stattfinden.

(3) Die besonderen Mitwirkungspflichten richten sich nach den für die einzelnen Beschäftigtengruppen geltenden Sonderregelungen.

(4) Beim Einsatz des Mitglieds darf keine übermäßige Belastung eintreten.

Protokollnotizen zu Absatz 2:

1. In den Fällen des Absatzes 2 Buchst. b werden Aufwendungen entsprechend § 26 ersetzt.
2. Im Falle des organisatorischen und rechtlichen Zusammenschlusses von Bühnen an unterschiedlichen Sitzgemeinden, der nach dem 1. Juli 2015 stattfindet, erstreckt sich die Mitwirkungspflicht aller Mitglieder, die an den zusammengeschlossenen Bühnen zum Zeitpunkt des Eintritts des Zusammenschlusses beschäftigt sind, nach Absatz 2 nicht auf Bühnen an der/den jeweils anderen Sitzgemeinde/n. Das gleiche gilt bei einem organisatorischen Zusammenschluss von Bühnen desselben Arbeitgebers an unterschiedlichen Sitzgemeinden. Für Abstecher/Gastspiele einer der zusammengeschlossenen Bühnen an der/den jeweils anderen Sitzgemeinde/n gilt weiterhin Absatz 1; § 26 findet für den Ersatz von Aufwendungen Anwendung. Einem solchen Abstecher/Gastspiel gleichgestellt ist der Einsatz des Opernchors, Tanz- oder Ballettensembles, Schauspielensembles und/oder Opernensembles einer der zusammengeschlossenen Bühne/n an der/den jeweils anderen Sitzgemeinde/n.

§ 8 Rechteübertragung

(1) Bei Veranstaltungen für Funkzwecke (live oder aufgezeichnet) überträgt das Mitglied dem Arbeitgeber die für die Sendung und deren Wiedergabe – einschließlich der Wiederholungen – erforderlichen zeitlich, räumlich und inhaltlich unbegrenzten

Rechte und willigt in die Verwertung dieser Rechte ein, insbesondere auch in die Ausstrahlung durch ausländische Sender (z.B. Eurovision). Die Einwilligung umfasst auch die Verwertung für Online-Dienste. Bei Online-Angeboten mit Downloadmöglichkeit darf der Download nur unentgeltlich erfolgen, die Wiedergabedauer 15 Minuten nicht überschreiten und nicht mehr als ein Viertel des Werkes umfassen.

(2) Bei Veranstaltungen, die auf Ton- und/oder Bildträger sowie Bildtonträger zu theatereigenen Zwecken aufgenommen werden, hat das Mitglied die für diese Zwecke vorgenommene Vervielfältigung, Verbreitung sowie die – auch durch Dritte vorgenommene – Wiedergabe zu dulden. Es räumt dem Arbeitgeber die dafür erforderlichen zeitlich und räumlich unbegrenzten Rechte ein. Zu den theatereigenen Zwecken gehören auch die Werbezwecke des Arbeitgebers. Die Werbezwecke des Arbeitgebers umfassen auch die Abgabe von Ton- und/oder Bildträgern sowie Bildtonträgern, sofern sie unentgeltlich oder gegen eine Schutzgebühr erfolgt. Die Rechteeinräumung umfasst jedoch nicht die darüber hinausgehenden Nutzungen dieser Träger gegen Entgelt. Absatz 1 Sätze 2 und 3 finden entsprechend Anwendung.

(3) Bei Veranstaltungen, die durch Bildschirm und/oder Lautsprecher oder ähnliche technische Einrichtungen zeitgleich öffentlich wahrnehmbar gemacht werden, räumt das Mitglied dem Arbeitgeber die dafür erforderlichen Rechte ein.

(4) Unberührt von der Rechteübertragung nach den Absätzen 1 bis 3 bleiben die von den Verwertungsgesellschaften wahrgenommenen Ansprüche auf Vergütung, soweit diese sich aus den §§ 73 ff. UrhG ergeben.

(5) Ist mit dem Mitglied nichts Abweichendes vereinbart oder in diesem Tarifvertrag keine abweichende Regelung getroffen, stehen die Nutzungsrechte an Werken, die das Mitglied in Erfüllung seiner Verpflichtungen aus dem bestehenden Arbeitsverhältnis geschaffen hat, dem Arbeitgeber zu. Die Vergütung ist mit der vereinbarten Gage abgegolten.

§ 9 Proben

Die Dauer der Proben richtet sich nach den für die einzelnen Beschäftigtengruppen geltenden Sonderregelungen.

§ 10 Ruhezeiten

Die Ruhezeiten richten sich nach den für die einzelnen Beschäftigtengruppen geltenden Sonderregelungen.

§ 11 Freie Tage

Die Anzahl der freien Tage richtet sich nach den für die einzelnen Beschäftigtengruppen geltenden Sonderregelungen.

3. Abschnitt Bezüge

Unterabschnitt 1 Vergütung

§ 12 Vergütung

(1) Die Vergütung richtet sich nach den für die einzelnen Beschäftigtengruppen geltenden Sonderregelungen.

(2) Die Vergütung und die in Monatsbeträgen vereinbarten Sondervergütungen sind für den Kalendermonat zu berechnen und am Fünfzehnten eines jeden Monats (Zahltag) für den laufenden Monat auf ein von dem Mitglied eingerichtetes Girokonto im Inland zu zahlen. Diese Bezügeteile sind so rechtzeitig zu überweisen, dass das Mitglied am Zahltag über sie verfügen kann. Fällt der Zahltag auf einen Sonnabend

oder auf einen Wochenfeiertag, gilt der vorhergehende Werktag, fällt er auf einen Sonntag, gilt der zweite vorhergehende Werktag als Zahltag.
Der Zahltag nach Unterabsatz 1 kann auf den letzten oder einen anderen nach dem jeweiligen 15. liegenden Tag des laufenden Monats verschoben werden, sofern diese Verschiebung für alle dauerhaft beschäftigten Arbeitnehmer desselben Arbeitgebers vorgenommen wird. Die Umstellung des Zahltages kann nur im Monat Dezember eines Jahres beginnen.
Nicht in Monatsbeträgen vereinbarte Sondervergütungen sind mit der Vergütung des übernächsten Monats zu zahlen.
Die Kosten der Übermittlung der Bezüge mit Ausnahme der Kosten für die Gutschrift auf dem Konto des Empfängers trägt der Arbeitgeber, die Kontoeinrichtungs-, Kontoführungs- oder Buchungsgebühren trägt der Empfänger.

(3) Besteht der Anspruch auf Bezüge nicht für alle Tage des Kalendermonats, wird nur der Teil gezahlt, der auf den Anspruchszeitraum entfällt.

(4) Ändert sich im Laufe des Kalendermonats die Höhe der Vergütung und der in Monatsbeträgen vereinbarten Sondervergütungen, gilt Absatz 2 entsprechend.

(5) Dem Mitglied ist eine Abrechnung auszuhändigen, in der die Beträge, aus denen sich die Bezüge zusammensetzen, und die Abzüge getrennt aufzuführen sind. Ergeben sich gegenüber dem Vormonat keine Änderungen der Brutto- oder Nettobeträge, bedarf es keiner erneuten Abrechnung.

(6) Für die Zahlung der Urlaubsvergütung gilt Absatz 2; abweichend von § 11 Abs. 2 Bundesurlaubsgesetz ist die Urlaubsvergütung nicht vor Antritt des Urlaubs auszuzahlen.

(7) Von der Rückforderung zu viel gezahlter Bezüge kann aus Billigkeitsgründen ganz oder teilweise abgesehen werden.

§ 12a Anpassung der Gagen

(1) Werden die Arbeitsentgelte der unter den TVöD/VKA fallenden Beschäftigten rechtsverbindlich allgemein geändert, sind die Gagen der Mitglieder, deren Arbeitgeber den TVöD/VKA anwendet oder anzuwenden hat, diesen Veränderungen durch Tarifvertrag sinngemäß anzupassen.

(2) Werden die Arbeitsentgelte der unter den TV-L fallenden Beschäftigten rechtsverbindlich allgemein geändert, sind die Gagen der Mitglieder, deren Arbeitgeber den TV-L anwendet oder anzuwenden hat, diesen Veränderungen durch Tarifvertrag sinngemäß anzupassen.

(3) Wendet ein Arbeitgeber weder den TVöD/VKA noch den TV-L an und werden die Arbeitsentgelte der Beschäftigten der öffentlichen Verwaltung seines überwiegenden unmittelbaren oder mittelbaren wirtschaftlichen Trägers rechtsverbindlich allgemein geändert, sind die Gagen der Mitglieder diesen Veränderungen durch Tarifvertrag sinngemäß anzupassen.

(4) Findet in den Fällen der Absätze 1 bis 3 bei einem Arbeitgeber eine allgemeine Änderung der Arbeitsentgelte keine oder nicht in voller Höhe Anwendung, wird für die Mitglieder dieses Arbeitgebers zwischen den Tarifvertragsparteien eine gesonderte tarifliche Vereinbarung abgeschlossen.

Unterabschnitt 2 Zuwendung

§ 13 Anspruchsvoraussetzungen

(1) Das Mitglied erhält für jede Spielzeit, in der es bei derselben Bühne in einem Arbeitsverhältnis von mindestens neun Monaten gestanden hat, eine Zuwendung, wenn es nicht aus seinem Verschulden vorzeitig ausgeschieden ist. Erreicht das Mitglied in

einer Spielzeit nicht mindestens neun Beschäftigungsmonate, werden Monate aus der vorangegangenen Spielzeit, in denen das Mitglied in einem Arbeitsverhältnis bei derselben Bühne gestanden hat, hinzugerechnet, sofern es in der vorangegangenen Spielzeit keine Zuwendung erhalten hat.

(2) Die Anspruchsvoraussetzungen für die Zuwendung erfüllt auch das Mitglied, das die Zuwendung nur deshalb nicht erhalten würde, weil sein Arbeitsverhältnis wegen Einberufung zum Grundwehrdienst oder zum Zivildienst ruht oder geruht hat.

(3) Stirbt das Mitglied nach der Leistung der Vorauszahlung (§ 15 Abs. 2), aber vor der Fälligkeit der Zuwendung, ist die Vorauszahlung nicht zu erstatten. Entsprechendes gilt, wenn das Mitglied nach der Zahlung der Zuwendung stirbt.

§ 14 Höhe der Zuwendung

(1) Die Zuwendung beträgt – unbeschadet des Absatzes 2–72 vom Hundert der Urlaubsvergütung (§ 37), die dem Mitglied zugestanden hätte, wenn es während des letzten vollen Vertragsmonats der Spielzeit Erholungsurlaub gehabt hätte.
In den Fällen, in denen im Beschäftigungsmonat für die Zuwendung eine erziehungsgeldunschädliche Teilzeitbeschäftigung ausgeübt wird und das Kind am ersten Tag des Bemessungsmonats den zwölften Lebensmonat noch nicht vollendet hat, bemisst sich die Zuwendung abweichend von dem Beschäftigungsumfang im Bemessungsmonat nach dem Beschäftigungsumfang am Tage vor dem Beginn der Elternzeit.

(2) Hat das Mitglied nicht während der gesamten in die Spielzeit fallenden Vertragsdauer Bezüge erhalten, vermindert sich die Zuwendung um ein Zwölftel für jeden Kalendermonat, für den es keine Bezüge erhalten hat. Die Verminderung unterbleibt für die Kalendermonate, für die das Mitglied keine Bezüge erhalten hat wegen
   a) der Ableistung von Grundwehrdienst oder Zivildienst, wenn es vor dem Ende der Spielzeit entlassen worden ist und nach der Entlassung unverzüglich die Arbeit wieder aufgenommen hat,
   b) der Beschäftigungsverbote nach § 3 Abs. 2 und § 6 Abs. 1 des Mutterschutzgesetzes,
   c) der Inanspruchnahme der Elternzeit nach dem Bundeserziehungsgeldgesetz bis zur Vollendung des zwölften Lebensmonats des Kindes, wenn am Tage vor Antritt der Elternzeit Anspruch auf Bezüge oder auf Zuschuss zum Mutterschaftsgeld bestanden hat.
   Die Verminderung unterbleibt ferner für die Kalendermonate, in denen dem Mitglied nur wegen der Höhe der Barleistungen des Sozialversicherungsträgers Krankengeldzuschuss nicht gezahlt worden ist.

Protokollnotiz:
Eine Spielzeit umfasst in der Regel einen Zeitraum von zwölf Monaten.

§ 15 Zahlung der Zuwendung

(1) Die Zuwendung ist am letzten Gehaltszahlungstermin der Bühne vor dem Beginn der Theaterferien zu zahlen. Können die nach § 37 Abs. 1 Buchst. c und d zustehenden Anteile der Urlaubsvergütung bis zum Gehaltszahlungstermin nach Satz 1 nicht abschließend berechnet werden, sind sie am letzten Gehaltszahlungstermin der Bühne vor der Beendigung der Spielzeit zu zahlen.

(2) Auf die Zuwendung ist spätestens am 1. Dezember eine Vorauszahlung in Höhe von einem Drittel der Vergütung zu leisten, die dem Mitglied für den Monat November zusteht oder zustehen würde. Die Vorauszahlung ist auf volle Euro aufzurunden.

Unterabschnitt 3 Vermögenswirksame Leistungen

§ 16 Voraussetzungen und Höhe

(1) Das Mitglied erhält monatlich eine vermögenswirksame Leistung im Sinne des Vermögensbildungsgesetzes. Die vermögenswirksame Leistung beträgt monatlich 6,65 EUR. Das teilzeitbeschäftigte Opernchormitglied und der teilzeitbeschäftigte Bühnentechniker erhalten von dem Betrag nach Satz 2 den Teil, der dem Umfang der Beschäftigung (§ 5 Abs. 3) entspricht.
(2) Absatz 1 gilt nicht für ein Mitglied, das auf Teilspielzeitvertrag bis zu acht Monaten angestellt ist.
(3) Die vermögenswirksame Leistung wird nur für Kalendermonate gewährt, für die dem Mitglied Vergütung, Urlaubsvergütung oder Krankenbezüge zustehen. Für Zeiten, für die Krankengeldzuschuss zusteht, ist die vermögenswirksame Leistung Teil des Krankengeldzuschusses.
(4) Die vermögenswirksame Leistung nach diesem Tarifvertrag gehört nicht zum Diensteinkommen im Sinne des § 23a der Satzung der Versorgungsanstalt der deutschen Bühnen.

§ 17 Mitteilung der Anlageart

Das Mitglied teilt dem Arbeitgeber schriftlich die Art der für die vermögenswirksame Leistung gewählten Anlage mit und gibt hierbei, soweit dies nach der Art der Anlage erforderlich ist, das Unternehmen oder Institut mit der Nummer des Kontos an, auf das die Leistung eingezahlt werden soll.

§ 18 Entstehung und Fälligkeit des Anspruchs

(1) Der Anspruch auf die vermögenswirksame Leistung entsteht frühestens für den Kalendermonat, in dem das Mitglied dem Arbeitgeber die nach § 17 erforderlichen Angaben mitteilt, und für die beiden vorangegangenen Kalendermonate desselben Kalenderjahrs. Die Ansprüche werden erstmals am Letzten des zweiten auf die Mitteilung folgenden Kalendermonats fällig.
(2) Der Anspruch entsteht nicht für einen Kalendermonat, für den dem Mitglied von seinem oder einem anderen Arbeitgeber oder Dienstherrn eine vermögenswirksame Leistung aus diesem oder einem früher begründeten Arbeits- oder sonstigen Rechtsverhältnis erbracht wird. Dies gilt nicht, wenn der Anspruch mit einem gegen einen anderen Arbeitgeber bestehenden Anspruch auf eine vermögenswirksame Leistung von weniger als 6,65 EUR zusammentrifft.

§ 19 Änderung der vermögenswirksamen Anlage

(1) Das Mitglied kann während des Kalenderjahrs die Art der vermögenswirksamen Anlage und das Unternehmen oder Institut, bei dem sie erfolgen soll, nur mit Zustimmung des Arbeitgebers wechseln.
(2) Für die vermögenswirksame Leistung nach diesem Tarifvertrag und die vermögenswirksame Anlage von Teilen des Arbeitsentgelts nach § 11 Abs. 1 Vermögensbildungsgesetz soll das Mitglied möglichst dieselbe Anlageart und dasselbe Unternehmen oder Institut wählen.
(3) Die Änderung einer schon bestehenden Vereinbarung nach § 11 Abs. 1 Vermögensbildungsgesetz bedarf nicht der Zustimmung des Arbeitgebers, wenn das Mitglied diese Änderung aus Anlass der Gewährung der vermögenswirksamen Leistung nach diesem Tarifvertrag verlangt.
(4) In den Fällen der Absätze 1 und 3 gilt § 18 Abs. 1 Satz 2 entsprechend.

§ 20 Nachweis bei Anlagen nach § 2 Abs. 1 Nr. 5 Vermögensbildungsgesetz

Bei einer vermögenswirksamen Anlage nach § 2 Abs. 1 Nr. 5 Vermögensbildungsgesetz (Wohnungsbauprämie) hat das Mitglied seinem Arbeitgeber die zweckentsprechende Verwendung der vermögenswirksamen Leistungen auf Verlangen nachzuweisen; das Auslaufen der Entschuldung hat es unverzüglich anzuzeigen.

Unterabschnitt 4 Urlaubsgeld

§ 21 Anspruchsvoraussetzungen

(ersatzlos gestrichen)

§ 22 Höhe des Urlaubsgelds

(ersatzlos gestrichen)

§ 23 Anrechnung von Leistungen

(ersatzlos gestrichen)

§ 24 Auszahlung

(ersatzlos gestrichen)

4. Abschnitt Aufwendungsersatz

§ 25 Bühnenkleidung

(1) Der Arbeitgeber hat dem Mitglied die zur Aufführung eines Bühnenwerks erforderlichen Kleidungs-, Ausrüstungs- und Schmuckstücke sowie Perücken und Ballettschuhe zur Verfügung zu stellen. Ausgenommen und für den dienstlichen Gebrauch vorzuhalten sind Proben- und Trainingskleidung, ferner

- bei Männern: ein Straßenanzug
- bei Frauen: ein Straßenkleid
- für beide Geschlechter: das zu Anzug und Kleid jeweils gehörende Schuhwerk sowie die dazugehörende Kopf- und Handbekleidung.

(2) Die Instandsetzung (kleine Ausbesserungen, Reinigen und Aufbügeln) der für Zwecke des Bühnengebrauchs getragenen Kleidungsstücke des Mitglieds hat der Arbeitgeber auf seine Kosten zu besorgen.

§ 26 Ersatz von Aufwendungen bei auswärtiger Arbeitsleistung

Bei auswärtigen Arbeitsleistungen hat das Mitglied Anspruch auf einen angemessenen Ersatz seiner Aufwendungen durch die Erstattung der Fahrkosten und die Zahlung von Tage- und Übernachtungsgeldern nach den Reisekostenbestimmungen des Arbeitgebers.

5. Abschnitt Sozialbezüge

§ 27 Krankenbezüge

(1) Wird das Mitglied durch Arbeitsunfähigkeit infolge Krankheit an seiner Arbeitsleistung verhindert, ohne dass es ein Verschulden trifft, erhält es Krankenbezüge nach Maßgabe der Absätze 2 bis 7.
Als unverschuldete Arbeitsunfähigkeit im Sinne des Unterabsatzes 1 gilt auch die Arbeitsverhinderung infolge einer Maßnahme der medizinischen Vorsorge oder Rehabilitation, die ein Träger der gesetzlichen Renten-, Kranken- oder Unfallver-

sicherung, eine Verwaltungsbehörde der Kriegsopferversorgung oder ein sonstiger Sozialleistungsträger bewilligt hat und die in einer Einrichtung der medizinischen Vorsorge oder Rehabilitation durchgeführt wird. Bei Mitgliedern, die nicht Mitglied einer gesetzlichen Krankenkasse oder nicht in der gesetzlichen Rentenversicherung versichert sind, gilt Satz 1 dieses Unterabsatzes entsprechend, wenn eine Maßnahme der medizinischen Vorsorge oder Rehabilitation ärztlich verordnet worden ist und in einer Einrichtung der medizinischen Vorsorge oder Rehabilitation oder einer vergleichbaren Einrichtung durchgeführt wird.
Als unverschuldete Arbeitsunfähigkeit im Sinne des Unterabsatzes 1 gilt ferner eine Arbeitsverhinderung, die infolge einer nicht rechtswidrigen Sterilisation oder eines nicht rechtswidrigen oder nicht strafbaren Abbruchs der Schwangerschaft eintritt.

(2) Das Mitglied erhält bis zur Dauer von sechs Wochen Krankenbezüge in Höhe der Urlaubsvergütung, die ihm zustehen würde, wenn es Erholungsurlaub hätte.
Wird das Mitglied infolge derselben Krankheit (Absatz 1) erneut arbeitsunfähig, hat es wegen der erneuten Arbeitsunfähigkeit Anspruch auf Krankenbezüge nach Unterabsatz 1 für einen weiteren Zeitraum von sechs Wochen, wenn
a) es vor der erneuten Arbeitsunfähigkeit mindestens sechs Monate nicht infolge derselben Krankheit arbeitsunfähig war oder
b) seit dem Beginn der ersten Arbeitsunfähigkeit infolge derselben Krankheit eine Frist von zwölf Monaten abgelaufen ist.
Der Anspruch auf die Krankenbezüge nach den Unterabsätzen 1 und 2 wird nicht dadurch berührt, dass der Arbeitgeber das Arbeitsverhältnis aus Anlass der Arbeitsunfähigkeit kündigt. Das gleiche gilt, wenn das Mitglied das Arbeitsverhältnis aus einem vom Arbeitgeber zu vertretenden Grund kündigt, der das Mitglied zur Kündigung aus wichtigem Grund ohne Einhaltung einer Kündigungsfrist berechtigt.
Endet das Arbeitsverhältnis vor Ablauf der in den Unterabsätzen 1 oder 2 genannten Frist von sechs Wochen nach dem Beginn der Arbeitsunfähigkeit, ohne dass es einer Kündigung bedarf, oder infolge einer Kündigung aus anderen als den in Unterabsatz 3 bezeichneten Gründen, endet der Anspruch mit dem Ende des Arbeitsverhältnisses.

(3) Nach Ablauf des nach Absatz 2 maßgebenden Zeitraums erhält das Mitglied für den Zeitraum, für den ihm Krankengeld oder die entsprechenden Leistungen aus der gesetzlichen Renten- oder Unfallversicherung oder nach dem Bundesversorgungsgesetz gezahlt werden, als Krankenbezüge einen Krankengeldzuschuss bis zum Ende der 20. Woche der Arbeitsunfähigkeit. Dies gilt nicht,
a) wenn das Mitglied Rente wegen Erwerbsminderung (§ 43 SGB VI) oder wegen Alters aus der gesetzlichen Rentenversicherung erhält,
b) in den Fällen des Absatzes 1 Unterabs. 3,
c) für den Zeitraum, für den das Mitglied Anspruch auf Mutterschaftsgeld nach § 24i SGB V oder nach § 19 Abs. 2 MuSchG hat.

(4) Krankengeldzuschuss wird nicht über den Zeitpunkt hinaus gezahlt, von dem an das Mitglied Bezüge aufgrund eigener Versicherung aus der gesetzlichen Rentenversicherung (einschließlich eines rentenersetzenden Übergangsgelds im Sinne des § 20 SGB VI i. V. m. § 8 SGB IX), aus einer zusätzlichen Alters- und Hinterbliebenenversorgung oder aus einer sonstigen Versorgungseinrichtung erhält, zu der der Arbeitgeber oder ein anderer Arbeitgeber, der diesen Tarifvertrag oder einen Tarifvertrag wesentlich gleichen Inhalts angewendet hat, die Mittel ganz oder teilweise beigesteuert hat.
Überbezahlter Krankengeldzuschuss und sonstige überzahlte Bezüge gelten als Vorschüsse auf die zustehenden Bezüge im Sinne des Unterabsatzes 1. Die Ansprüche des

Mitglieds gehen insoweit auf den Arbeitgeber über; § 53 SGB I bleibt unberührt. Verzögert das Mitglied schuldhaft, dem Arbeitgeber die Zustellung des Rentenbescheids mitzuteilen, gelten die für die Zeit nach dem Tage der Zustellung des Rentenbescheids überzahlten Bezüge im Sinne des Satzes 1 dieses Unterabsatzes in vollem Umfang als Vorschuss; die Ansprüche gehen in diesem Falle in Höhe des für die Zeit nach dem Tage der Zustellung des Rentenbescheids überzahlten Bezüge auf den Arbeitgeber über.

Der Arbeitgeber kann von der Rückforderung des Teils des überzahlten Betrags, der nicht durch die für den Zeitraum der Überzahlung zustehenden Bezüge im Sinne des Unterabsatzes 1 ausgeglichen worden ist, absehen, es sei denn, das Mitglied hat dem Arbeitgeber die Zustellung des Rentenbescheids schuldhaft verspätet mitgeteilt.

(5) Der Krankengeldzuschuss wird in der Höhe des Unterschiedsbetrags zwischen den tatsächlichen Barleistungen des Sozialversicherungsträgers und der Nettovergütung gezahlt. Nettovergütung ist die Vergütung nach § 12, vermindert um die gesetzlichen Abzüge.

(6) Anspruch auf den Krankengeldzuschuss nach den Absätzen 3 bis 5 hat auch das Mitglied, das in der gesetzlichen Krankenversicherung versicherungsfrei oder von der Versicherungspflicht in der gesetzlichen Krankenversicherung befreit ist. Dabei sind für die Anwendung des Absatzes 5 die Leistungen zugrunde zu legen, die dem Mitglied als Pflichtversicherten in der gesetzlichen Krankenversicherung zustünden.

(7) Schließt sich an ein infolge Zeitablaufs beendetes Arbeitsverhältnis ein neues Arbeitsverhältnis zu demselben Arbeitgeber an, beginnen die Fristen für die Zahlung der Krankenbezüge wegen einer in der vorangegangenen Spielzeit durch Krankheit verursachten Arbeitsunfähigkeit nicht neu zu laufen.

Protokollnotiz zu Absatz 1:

Ein Verschulden im Sinne des Absatzes 1 liegt nur dann vor, wenn die Arbeitsunfähigkeit vorsätzlich oder grob fahrlässig herbeigeführt wurde.

§ 27a Übergangsvorschrift zu den Krankenbezügen

Für die

a) Mitglieder, die am 30. Juni 1994 in einem Arbeitsverhältnis gestanden haben, das am 1. Juli 1994 zu demselben Arbeitgeber fortbestanden hat, sowie

b) Mitglieder, die nicht krankenversicherungspflichtig sind und keinen Zuschuss nach § 257 SGB V erhalten, die am 30. Juni 1994 zu einem Arbeitgeber, der Mitglied im Deutschen Bühnenverein ist, in einem Arbeitsverhältnis auf der Grundlage eines Normalvertrags oder eines für Bühnentechniker geltenden Tarifvertrags (BTT/BTTL) gestanden haben und die mit einem anderen Unternehmen, das Mitglied im Deutschen Bühnenverein ist, einen Arbeitsvertrag als Mitglied abschließen, der zum 1. Juli 1994 oder später wirksam wird,

gilt anstelle des § 27 für die Dauer dieses Arbeitsverhältnisses folgendes:

(1) Wird das Mitglied durch Arbeitsunfähigkeit infolge Krankheit an seiner Arbeitsleistung verhindert, ohne dass es ein Verschulden trifft, erhält es Krankenbezüge nach Maßgabe der Absätze 2 bis 8.

Als unverschuldete Arbeitsunfähigkeit im Sinne des Unterabsatzes 1 gilt auch die Arbeitsverhinderung infolge einer Maßnahme der medizinischen Vorsorge oder Rehabilitation, die ein Träger der gesetzlichen Renten-, Kranken- oder Unfallversicherung, eine Verwaltungsbehörde der Kriegsopferversorgung oder ein sonstiger Sozialleistungsträger bewilligt hat und die in einer Einrichtung der medizinischen Vorsorge oder Rehabilitation durchgeführt wird. Bei Mitgliedern, die nicht Mitglied einer gesetzlichen Krankenkasse oder nicht in der gesetzlichen Rentenversicherung

versichert sind, gilt Satz 1 dieses Unterabsatzes entsprechend, wenn eine Maßnahme der medizinischen Vorsorge oder Rehabilitation ärztlich verordnet worden ist und in einer Einrichtung der medizinischen Vorsorge oder Rehabilitation oder einer vergleichbaren Einrichtung durchgeführt wird.
Als unverschuldete Arbeitsunfähigkeit im Sinne des Unterabsatzes 1 gilt ferner eine Arbeitsverhinderung, die infolge einer nicht rechtswidrigen Sterilisation oder eines nicht rechtswidrigen oder nicht strafbaren Abbruchs der Schwangerschaft eintritt.

(2) Krankenbezüge werden nicht gezahlt

a) über die Beendigung des Arbeitsverhältnisses hinaus,

b) über den Zeitpunkt hinaus, von dem an das Mitglied Bezüge aufgrund eigener Versicherung aus der gesetzlichen Rentenversicherung (einschließlich eines rentenersetzenden Übergangsgelds im Sinne des § 20 SGB VI i.V.m. § 8 SGB IX), aus einer zusätzlichen Alters- und Hinterbliebenenversorgung oder aus einer sonstigen Versorgungseinrichtung erhält, zu der der Arbeitgeber oder ein anderer Arbeitgeber, der diesen Tarifvertrag oder einen Tarifvertrag wesentlich gleichen Inhalts angewendet hat, die Mittel ganz oder teilweise beigesteuert hat. Überzahlte Krankenbezüge und sonstige überzahlte Bezüge gelten als Vorschüsse auf die zustehenden Bezüge im Sinne des Satzes 1 dieses Unterabsatzes. Die Ansprüche des Mitglieds gehen insoweit auf den Arbeitgeber über;
§ 53 SGB I bleibt unberührt. Der Arbeitgeber kann von der Rückforderung des Teils des überzahlten Betrags, der nicht durch die für den Zeitraum der Überzahlung zustehenden Bezüge im Sinne des Satzes 1 dieses Unterabsatzes ausgeglichen worden ist, absehen, es sei denn, das Mitglied hat dem Arbeitgeber die Zustellung des Rentenbescheids schuldhaft verspätet mitgeteilt.

Kündigt der Arbeitgeber das Arbeitsverhältnis aus Anlass der Arbeitsunfähigkeit und endet das Arbeitsverhältnis vor dem Ende der Bezugsfrist nach Unterabsatz 1 Satz 1, behält das Mitglied abweichend von Unterabsatz 1 Satz 1 Buchst. a den Anspruch auf Krankenbezüge bis zur Dauer von sechs Wochen. Das gleiche gilt, wenn das Mitglied das Arbeitsverhältnis aus einem von dem Arbeitgeber zu vertretenden Grunde kündigt, der das Mitglied zu einer außerordentlichen Kündigung berechtigt.

(3) Dem krankenversicherungspflichtigen Mitglied und dem nichtkrankenversicherungspflichtigen Mitglied, das einen Zuschuss nach § 257 SGB V erhält, werden als Krankenbezüge gezahlt

a) die Vergütung und die in Monatsbeträgen vereinbarten, nicht zum Ersatz von Aufwendungen dienenden Sondervergütungen bis zum Ende der sechsten Woche der Arbeitsunfähigkeit und

b) bei einer länger als sechs Wochen dauernden Arbeitsunfähigkeit nach Ablauf der sechsten Woche ein Krankengeldzuschuss bis zum Ende der 26. Woche der Arbeitsunfähigkeit.

Der Krankengeldzuschuss beträgt 100 v. H. des Nettoarbeitsentgelts, vermindert um die Barleistung des Sozialversicherungsträgers. Durch Gesetz vorgesehene Abzüge von der Leistung des Sozialversicherungsträgers werden bei der Berechnung des Zuschusses nicht berücksichtigt. Bei den bei einem privaten Krankenversicherungsunternehmen Versicherten werden die satzungsmäßigen Barleistungen der sonst zuständigen Krankenkasse berücksichtigt, gleichgültig, welche Barleistungen das private Krankenversicherungsunternehmen gewährt.
Nettoarbeitsentgelt sind die Vergütung und die in Monatsbeträgen vereinbarten, nicht zum Ersatz von Aufwendungen dienenden Sondervergütungen, vermindert um die gesetzlichen Abzüge (Steuern und Sozialversicherungsbeiträge und den Arbeitnehmeranteil zur Versorgungsanstalt der deutschen Bühnen).

(4) Dem nichtkrankenversicherungspflichtigen Mitglied, das keinen Zuschuss nach § 257 SGB V erhält, werden als Krankenbezüge gezahlt
  a) die Vergütung und die in Monatsbeträgen vereinbarten, nicht zum Ersatz von Aufwendungen dienenden Sondervergütungen bis zum Ende der sechsten Woche der Arbeitsunfähigkeit und
  b) bei einer länger als sechs Wochen dauernden Arbeitsunfähigkeit nach Ablauf der sechsten Woche die Hälfte der in Buchstabe a genannten Bezüge bis zum Ende der 26. Woche der Arbeitsunfähigkeit.

(5) Bei Arbeitsunfähigkeit im Sinne von Absatz 1 Unterabs. 3 werden die Krankenbezüge längstens bis zur Dauer von sechs Wochen gezahlt.

(6) Schließt sich an ein infolge Zeitablaufs beendetes Arbeitsverhältnis ein neues Arbeitsverhältnis zu demselben Arbeitgeber an, beginnen die Fristen für die Zahlung der Krankenbezüge wegen einer in der vorangegangenen Spielzeit durch Krankheit verursachten Arbeitsunfähigkeit nicht neu zu laufen.

(7) Hat das Mitglied nicht mindestens vier Wochen wieder gearbeitet und wird es aufgrund derselben Ursache erneut arbeitsunfähig, werden Krankenbezüge insgesamt nur für die nach Absatz 3 und 4 maßgebende Zeit gezahlt.

(8) Für Solomitglieder und Bühnentechniker findet
  a) Absatz 3 mit der Maßgabe Anwendung, dass der Krankengeldzuschuss bis zum Ende der 20. Woche der Arbeitsunfähigkeit gezahlt wird;
  b) Absatz 4 Buchst. b mit der Maßgabe Anwendung, dass die Hälfte der dort genannten Bezüge bis zum Ende der 20. Woche der Arbeitsunfähigkeit bezahlt wird;
  c) Absatz 2 Buchst. b mit der Maßgabe Anwendung, dass die Fortzahlung der in Absatz 4 Buchst. b genannten Bezüge bis zur 16. Woche der Arbeitsunfähigkeit, längstens jedoch für zwei Monate vom Beginn der Bezüge aus der gesetzlichen Rentenversicherung oder aus einer zusätzlichen Alters- und Hinterbliebenenversorgung an geleistet wird.

Protokollnotiz zu Absatz 1:

Ein Verschulden im Sinne des Absatzes 1 liegt nur dann vor, wenn die Arbeitsunfähigkeit vorsätzlich oder grob fahrlässig herbeigeführt wurde.

§ 28 Anzeige- und Nachweispflichten

(1) In den Fällen des § 27 Abs. 1 Unterabs. 1 und 3 bzw. des § 27a Abs. 1 Unterabs. 1 und 3 ist das Mitglied verpflichtet, dem Arbeitgeber die Arbeitsunfähigkeit und deren voraussichtliche Dauer unverzüglich mitzuteilen. Dauert die Arbeitsunfähigkeit länger als drei Kalendertage, hat das Mitglied eine ärztliche Bescheinigung über das Bestehen der Arbeitsunfähigkeit sowie deren voraussichtliche Dauer spätestens an dem darauffolgenden allgemeinen Arbeitstag der Dienststelle oder dem Betrieb vorzulegen. Der Arbeitgeber ist berechtigt, bei Krankmeldung die Vorlage der ärztlichen Bescheinigung früher zu verlangen. Dauert die Arbeitsunfähigkeit länger als in der Bescheinigung angegeben, ist das Mitglied verpflichtet, eine neue ärztliche Bescheinigung vorzulegen. Hält sich das Mitglied bei Beginn der Arbeitsunfähigkeit im Ausland auf, ist es darüber hinaus verpflichtet, dem Arbeitgeber die Arbeitsunfähigkeit, deren voraussichtliche Dauer und die Adresse am Aufenthaltsort in der schnellstmöglichen Art der Übermittlung mitzuteilen. Die durch die Mitteilung entstehenden Kosten hat der Arbeitgeber zu tragen. Darüber hinaus ist das Mitglied, wenn es Mitglied einer gesetzlichen Krankenkasse ist, verpflichtet, auch dieser die Arbeitsunfähigkeit und deren voraussichtliche Dauer unverzüglich anzuzeigen. Kehrt ein arbeitsunfähig erkranktes Mitglied in das Inland zurück, ist es verpflichtet, dem Arbeitgeber seine Rückkehr unverzüglich anzuzeigen.

Der Arbeitgeber ist berechtigt, die Fortzahlung der Bezüge zu verweigern, solange das Mitglied die von ihm nach Unterabsatz 1 vorzulegende ärztliche Bescheinigung nicht vorlegt oder den ihm nach Unterabsatz 2 obliegenden Verpflichtungen nicht nachkommt, es sei denn, dass das Mitglied die Verletzung dieser ihm obliegenden Verpflichtungen nicht zu vertreten hat.

(2) In den Fällen des § 27 Abs. 1 Unterabs. 2 bzw. des § 27a Abs. 1 Unterabs. 2 ist das Mitglied verpflichtet, dem Arbeitgeber den Zeitpunkt des Antritts der Maßnahme, die voraussichtliche Dauer und die Verlängerung der Maßnahme unverzüglich mitzuteilen und ihm
a) eine Bescheinigung über die Bewilligung der Maßnahme durch einen Sozialleistungsträger nach § 27 Abs. 1 Unterabs. 2 Satz 1 bzw. § 27a Abs. 1 Unterabs. 2 Satz 1 oder
b) eine ärztliche Bescheinigung über die Erforderlichkeit der Maßnahme im Sinne des § 27 Abs. 1 Unterabs. 2 Satz 2 bzw. des § 27a Abs. 1 Unterabs. 2 Satz 2

unverzüglich vorzulegen. Absatz 1 Unterabs. 3 gilt entsprechend.

Protokollnotiz zu Absatz 1 Unterabs. 1 Satz 3:

Für Solomitglieder kann die Vorlage der ärztlichen Bescheinigung für den ersten Krankheitstag angeordnet werden. Das gilt für alle Mitglieder vor Abstechern.

§ 29 Forderungsübergang bei Dritthaftung

(1) Kann das Mitglied aufgrund gesetzlicher Vorschriften von einem Dritten Schadensersatz wegen des Verdienstausfalls beanspruchen, der ihm durch die Arbeitsunfähigkeit entstanden ist, geht dieser Anspruch insoweit auf den Arbeitgeber über, als dieser dem Mitglied Krankenbezüge und sonstige Bezüge gezahlt und darauf entfallende, vom Arbeitgeber zu tragende Beiträge zur Bundesanstalt für Arbeit, Arbeitgeberanteile an Beiträgen zur Sozialversicherung und zur Pflegeversicherung sowie Umlagen (einschließlich der Pauschalsteuer) zu Einrichtungen der zusätzlichen Alters- und Hinterbliebenenversorgung abgeführt hat.

(2) Das Mitglied hat dem Arbeitgeber unverzüglich die zur Geltendmachung des Schadensersatzanspruchs erforderlichen Angaben zu machen.

(3) Der Forderungsübergang nach Absatz 1 kann nicht zum Nachteil des Mitglieds geltend gemacht werden.

(4) Der Arbeitgeber ist berechtigt, die Zahlung der Krankenbezüge und sonstiger Bezüge zu verweigern, wenn das Mitglied den Übergang eines Schadensersatzanspruchs gegen einen Dritten auf den Arbeitgeber verhindert, es sei denn, dass das Mitglied die Verletzung dieser ihm obliegenden Verpflichtungen nicht zu vertreten hat.

§ 30 Beihilfen, Unterstützungen

Die Gewährung von Beihilfen in Krankheits-, Geburts-, Pflege- und Todesfällen sowie von Unterstützungen richtet sich nach den für die einzelnen Beschäftigtengruppen geltenden Sonderregelungen.

§ 31 Jubiläumszuwendung

Die Jubiläumszuwendung richtet sich nach den für die einzelnen Beschäftigtengruppen geltenden Sonderregelungen.

§ 32 Sterbegeld

(1) Beim Tode des Mitglieds, dessen Arbeitsverhältnis zur Zeit seines Todes nicht aufgrund gesetzlicher Vorschriften oder vertraglicher Vereinbarung geruht hat, erhalten

a) der überlebende Ehegatte oder der überlebende eingetragene Lebenspartner,
b) die Abkömmlinge des Mitglieds
Sterbegeld.

(2) Sind Anspruchsberechtigte im Sinne des Absatzes 1 nicht vorhanden, ist Sterbegeld auf Antrag zu gewähren
a) Verwandten der aufsteigenden Linie, Geschwistern, Geschwisterkindern sowie Stiefkindern, wenn sie zur Zeit des Todes des Mitglieds mit diesem in häuslicher Gemeinschaft gelebt haben oder wenn das verstorbene Mitglied ganz oder überwiegend der Ernährer gewesen ist,
b) sonstige Personen, die die Kosten der letzten Krankheit oder der Bestattung getragen haben, bis zur Höhe ihrer Aufwendungen.

(3) Als Sterbegeld werden gezahlt
a) die Vergütung, die dem verstorbenen Mitglied für die restlichen Tage des Sterbemonats zugestanden hätte,
b) das Zweifache der Vergütung, die dem verstorbenen Mitglied im Sterbemonat zugestanden hätte, höchstens jedoch das Zweifache des Betrags, der der jeweiligen Beitragsbemessungsgrenze des § 23 Abs. 2 der Satzung der Versorgungsanstalt der deutschen Bühnen entspricht.

(4) Ist dem Mitglied zur Zeit seines Todes die Vergütung nicht oder nicht mehr in voller Höhe weitergezahlt worden oder hat das Mitglied zur Zeit seines Todes Mutterschaftsgeld nach § 13 MuSchG bezogen, erhalten die Hinterbliebenen als Sterbegeld
a) die Vergütung, die dem verstorbenen Mitglied im Sterbemonat für den Sterbetag und die restlichen Tage des Sterbemonats zugestanden hätte,
b) das Zweifache der Vergütung, die dem verstorbenen Mitglied im Sterbemonat zugestanden hätte, höchstens jedoch das Zweifache des Betrags, der der jeweiligen Beitragsbemessungsgrenze des § 23 der Satzung der Versorgungsanstalt der deutschen Bühnen entspricht.

(5) Das Sterbegeld wird in einer Summe gezahlt.

(6) Sind an das verstorbene Mitglied Bezüge oder Vorschüsse über den Sterbetag hinaus gezahlt worden, werden sie auf das Sterbegeld angerechnet.

(7) Die Zahlung an einen der Hinterbliebenen bringt den Anspruch der übrigen gegenüber dem Arbeitgeber zum Erlöschen. Sind Hinterbliebene nicht vorhanden, werden für den Sterbemonat über den Sterbetag hinaus gezahlte Bezüge nicht zurückgefordert.

(8) Das Sterbegeld verringert sich um den Betrag, den die Hinterbliebenen als Sterbegeld aus einer zusätzlichen Alters- und Hinterbliebenenversorgung oder aus einer Ruhegeldeinrichtung erhalten. Dies gilt nicht, wenn die zusätzliche Alters- und Hinterbliebenenversorgung oder die Ruhegeldeinrichtung einen Arbeitnehmerbeitrag vorsieht.

6. Abschnitt Freistellung von der Arbeit

Unterabschnitt 1 Erholungsurlaub

§ 33 Anspruchsvoraussetzungen

(1) Das Mitglied erhält in jedem Urlaubsjahr Erholungsurlaub unter Zahlung der Urlaubsvergütung. Urlaubsjahr ist das Kalenderjahr.

(2) Der Urlaubsanspruch kann erst nach Ablauf von sechs Monaten nach der Einstellung geltend gemacht werden, es sei denn, dass das Mitglied vorher ausscheidet.

(3) Ruht das Arbeitsverhältnis, so vermindert sich die Dauer des Erholungsurlaubs, soweit dieser den Urlaubsanspruch nach dem Bundesurlaubsgesetz einschließlich eines etwaigen Zusatzurlaubs überschreitet, für jeden vollen Kalendermonat um ein Zwölftel.

§ 34 Dauer des Urlaubs

(1) Der Urlaub beträgt in jedem Urlaubsjahr 45 Kalendertage.

(2) Beginnt oder endet das Arbeitsverhältnis im Laufe des Urlaubsjahrs, beträgt der Urlaubsanspruch ein Zwölftel für jeden vollen Monat des Bestehens des Arbeitsverhältnisses. Bruchteile von Urlaubstagen werden auf volle Tage, jedoch nur einmal im Urlaubsjahr, aufgerundet.

§ 35 Zeitpunkt und Übertragung des Urlaubs

(1) Der Urlaub soll grundsätzlich zusammenhängend in den Theaterferien gegeben und genommen werden. Er kann aus betrieblichen Gründen in zwei Teilen gegeben werden; in diesem Falle soll ein Urlaubsteil mindestens zwei Drittel des dem Mitglied zustehenden Urlaubs betragen und in den Theaterferien gegeben und genommen werden.
Der kleinere Urlaubsteil kann auch zu einer anderen Zeit gegeben und genommen werden. Der Zeitpunkt des Antritts dieses Urlaubsteils ist vom Arbeitgeber spätestens sechs Wochen vorher unter Berücksichtigung der Erfordernisse des Spielplans und möglichst unter Berücksichtigung der Wünsche des Mitglieds festzulegen.
14 Kalendertage des Urlaubs sollen zusammenhängend während der Schulferien des jeweiligen Bundeslandes gewährt werden.
Die zeitliche Festlegung des Urlaubs soll spätestens bis zum 31. Dezember der jeweiligen Spielzeit erfolgen.

(2) Der Teil des Urlaubs, der auf die Zeit vom Beginn der Spielzeit bis zum Ende des Kalenderjahrs entfällt, ist zusammen mit dem Teil des Urlaubs, der im folgenden Kalenderjahr auf die Zeit bis zum Ende der Spielzeit entfällt, in den Theaterferien des folgenden Kalenderjahrs zu geben und zu nehmen. Dies gilt nicht für den Teil des Urlaubs, der bereits zu Beginn der Vertragszeit gegeben und genommen worden ist.
Kann der Urlaub bis zum Ende der Theaterferien des folgenden Kalenderjahrs nicht genommen werden, ist er bis zum Ende dieses Kalenderjahrs anzutreten.
Läuft die Wartezeit (§ 33 Abs. 2) erst im Laufe des folgenden Kalenderjahrs ab, ist der Urlaub spätestens zu Beginn der Theaterferien anzutreten.
Urlaub, der nicht innerhalb der genannten Fristen angetreten ist, verfällt.

§ 36 Arbeitsunfähigkeit während des Urlaubs

(1) Erkrankt das Mitglied während des Urlaubs und zeigt es dies unverzüglich an, werden die durch ärztliches Zeugnis nachgewiesenen Krankheitstage, an denen das Mitglied arbeitsunfähig war, auf den Erholungsurlaub nicht angerechnet; § 28 Abs. 1 gilt entsprechend.
Endet das Arbeitsverhältnis nicht mit dem Ende der Theaterferien oder schließt sich an ein beendetes Arbeitsverhältnis ein neues Arbeitsverhältnis bei demselben Arbeitgeber an, hat sich das Mitglied nach dem Ende der Theaterferien oder nach dem planmäßigem Ablauf seines Urlaubs oder, wenn die Arbeitsunfähigkeit länger dauert, nach der Wiederherstellung der Arbeitsfähigkeit zur Arbeitsleistung zur Verfügung zu stellen.

(2) Den Zeitpunkt des Antritts des nach Absatz 1 nachzugewährenden Urlaubs bestimmt der Arbeitgeber unter Berücksichtigung der Erfordernisse des Spielplans und möglichst unter Berücksichtigung der Wünsche des Mitglieds. Der Urlaub kann, wenn er
a) nicht mehr als 35 Tage beträgt, einmal

b) mehr als 35 Tage beträgt, zweimal

geteilt werden. Dabei beträgt der eine Teil mindestens 21 Kalendertage, im Falle des Buchstaben a jedoch nur, wenn der nachzugewährende Urlaub mindestens diesen Zeitraum umfasst.

(3) Absatz 1 und Absatz 2 Satz 1 Buchst. a gelten entsprechend, wenn das Mitglied bei Beginn der Theaterferien wegen Krankheit arbeitsunfähig ist.

§ 37 Urlaubsvergütung

(1) Als Urlaubsvergütung erhält das Mitglied

a) die Vergütung,

b) die Sondervergütung, die in Monatsbeträgen festgelegt ist,

c) einen Anteil der sonstigen regelmäßig angefallenen Sondervergütungen,

d) einen Anteil der Spielgelder bzw. Übersinghonorare.

(2) Die nach Absatz 1 Buchst. c und d zu zahlenden Anteile betragen je zehn vom Hundert der Vergütungen, die in der in die Spielzeit fallenden Vertragsdauer angefallen sind.

Als regelmäßig angefallen gilt eine Sondervergütung nur dann, wenn sie für sich in der in die Spielzeit fallenden Vertragsdauer mindestens sechsmal angefallen ist.

Zu den Sondervergütungen nach Absatz 1 Buchst. c gehören nicht die Aufwandsentschädigungen (z. B. Schminkgelder, Frackgelder, Ballkleidgelder, Reisekosten und Diäten) ohne Rücksicht darauf, ob sie einzeln abgerechnet werden oder in Monatsbeträgen festgelegt sind.

Protokollnotizen:

1. Übernahmehonorare fallen, wenn sie nicht in Monatsbeträgen festgelegt sind, unter Absatz 1 Buchst. c.

2. Vergütungen für Doppelvorstellungen fallen unter Absatz 1 Buchst. c. Das gleiche gilt für Überstundenvergütungen nach § 67 Abs. 1 Unterabs. 4.

§ 38 Abgeltung des Urlaubsanspruchs

(1) Der Urlaubsanspruch ist abzugelten, wenn und soweit der Urlaub aus zwingenden betrieblichen Gründen nicht bis zum Ende der Vertragszeit oder bis zu einer früheren Beendigung des Arbeitsverhältnisses gegeben und genommen werden kann, es sei denn, dass sich an ein beendetes Arbeitsverhältnis ein neues Arbeitsverhältnis bei demselben Arbeitgeber anschließt.

Im Falle einer fristlosen Entlassung, die durch vorsätzlich schuldhaftes Verhalten des Mitglieds veranlasst worden ist, und im Falle des fristlosen Ausscheidens des Mitglieds, sofern das Arbeitsverhältnis vom Mitglied unberechtigterweise aufgelöst worden ist, wird nur der Urlaubsanspruch abgegolten, der dem Mitglied nach gesetzlichen Vorschriften bei Anwendung des § 34 Abs. 2 noch zustehen würde.

(2) Die Geldabfindung beträgt für jeden Urlaubstag ein Dreißigstel der Urlaubsvergütung.

Unterabschnitt 2 Sonstige Freistellung von der Arbeit

§ 39 Arbeitsbefreiung

(1) Als Fälle nach § 616 BGB, in denen das Mitglied unter Fortzahlung der Vergütung im nachstehend genannten Ausmaß von der Arbeit freigestellt wird, gelten nur die folgenden Anlässe:

a)	Niederkunft der Ehefrau	1 Arbeitstag
b)	Tod des Ehegatten, des eingetragenen Lebenspartners, eines Kindes oder Elternteils	2 Arbeitstage

c)	Umzug aus dienstlichem oder betriebsbedingtem Grund an einen anderen Ort	1 Arbeitstag
d)	25-, 40- und 50jähriges Arbeitsjubiläum	1 Arbeitstag
e)	schwere Erkrankung	
	aa) eines Angehörigen, soweit er in demselben Haushalt lebt,	1 Arbeitstag im Kalenderjahr,
	bb) eines Kindes, das das 12. Lebensjahr noch nicht vollendet hat, wenn im laufenden Kalenderjahr kein Anspruch nach § 45 SGB V besteht oder bestanden hat,	bis zu 4 Arbeitstage im Kalenderjahr,
	cc) einer Betreuungsperson, wenn das Mitglied deshalb die Betreuung seines Kindes, das das 8. Lebensjahr noch nicht vollendet hat oder wegen körperlicher, geistiger oder seelischer Behinderung dauernd pflegebedürftig ist, übernehmen muss,	bis zu 4 Arbeitstage im Kalenderjahr.
	Eine Freistellung erfolgt nur, soweit eine andere Person zur Pflege oder Betreuung nicht sofort zur Verfügung steht und der Arzt in den Fällen der Doppelbuchstaben aa und bb die Notwendigkeit der Anwesenheit des Mitglieds zur vorläufigen Pflege bescheinigt. Die Freistellung darf insgesamt fünf Arbeitstage im Kalenderjahr nicht überschreiten.	
f)	ärztliche Behandlung des Mitglieds, wenn diese während der Arbeitszeit erfolgen muss,	erforderliche nachgewiesene Abwesenheit einschließlich erforderlicher Wegezeiten.

Bei der Festlegung des Zeitpunkts der Arbeitsbefreiung sind die dienstlichen Belange der Bühne zu berücksichtigen.

(2) Bei Erfüllung allgemeiner staatsbürgerlicher Pflichten nach deutschem Recht, soweit die Arbeitsbefreiung gesetzlich vorgeschrieben ist und soweit die Pflichten nicht außerhalb der Arbeitszeit, gegebenenfalls nach ihrer Verlegung, wahrgenommen werden können, besteht der Anspruch auf Fortzahlung der Vergütung nur insoweit, als das Mitglied nicht Ansprüche auf Ersatz dieser Bezüge geltend machen kann. Die fortgezahlten Bezüge gelten in Höhe des Ersatzanspruchs als Vorschuss auf die Leistungen der Kostenträger. Das Mitglied hat den Ersatzanspruch geltend zu machen und die erhaltenen Beträge an den Arbeitgeber abzuführen.

(3) Dem Mitglied ist auf Verlangen Arbeitsbefreiung zur Erlangung einer neuen Anstellung unter Fortzahlung der Vergütung zu gewähren. Der Zeitpunkt und die Dauer der Arbeitsbefreiung sind so zu bestimmen, dass dem Arbeitgeber kein unverhältnismäßiger Nachteil entsteht.

(4) Das Mitglied hat aus dringenden persönlichen Gründen (z.B. Eheschließung und Umzug aus persönlichen Gründen, Kommunion oder Konfirmation des eigenen Kindes, Todesfall eines engen Angehörigen und ähnliche persönliche Anlässe) in jeder Spielzeit Anspruch auf Arbeitsbefreiung unter Fortzahlung der Vergütung von einem Tag oder zwei halben freien Tagen. Die Arbeitsbefreiung wird nicht gewährt, wenn dringende dienstliche oder betriebliche Gründe entgegenstehen.
Darüber hinaus kann der Arbeitgeber in sonstigen dringenden Fällen Arbeitsbefreiung unter Fortzahlung der Vergütung bis zu drei Tagen gewähren. In begründeten

Fällen kann bei Verzicht auf die Vergütung kurzfristige Arbeitsbefreiung gewährt werden, wenn die dienstlichen oder betrieblichen Verhältnisse es gestatten.

(5) Zur Teilnahme an Tagungen kann den gewählten Vertretern der Delegiertentagungen, der Orts- und Lokalverbände, der Landesverbände und des Hauptvorstands bzw. der Bundesdelegiertenversammlung auf Anfordern der vertragschließenden Gewerkschaft Arbeitsbefreiung bis zu acht Tagen im Jahr unter Fortzahlung der Vergütung erteilt werden, sofern nicht dringende dienstliche oder betriebliche Interessen entgegenstehen.

(6) Zur Teilnahme an Tarifverhandlungen mit dem Deutschen Bühnenverein und zur Teilnahme an den Sitzungen der Organe der Versorgungsanstalt der deutschen Bühnen kann auf Anfordern der vertragschließenden Gewerkschaft Arbeitsbefreiung unter Fortzahlung der Vergütung ohne zeitliche Begrenzung erteilt werden.

§ 40 Gastierurlaub, Aushilfen

(1) Dem Mitglied kann Gastierurlaub gewährt werden, wenn die dienstlichen oder betrieblichen Verhältnisse es zulassen. Ist nichts Abweichendes vereinbart, hat das Mitglied keinen Anspruch auf die Fortzahlung der Vergütung. Der Anspruch auf Zuwendung kann für den Fall eines Gastierurlaubs von mehr als 40 Tagen für die jeweilige Spielzeit ganz oder teilweise durch eine Vereinbarung mit dem Mitglied abbedungen werden; § 14 Abs. 2 bleibt unberührt.

(2) Für eine Aushilfstätigkeit an einer anderen Bühne, die dem Deutschen Bühnenverein angehört, kann eine Freistellung gewährt werden, wenn die dienstlichen oder betrieblichen Verhältnisse es zulassen. Die Freistellung erfolgt unter Fortzahlung der Vergütung.

§ 40a Urlaubsschein

Anträge auf Urlaub außerhalb der Theaterferien sind auf dem vorgeschriebenen Vordruck einzureichen. Darin muss zur Erreichbarkeit während des Urlaubs die Adresse und die Telefonnummer des Mitglieds enthalten sein. Der Urlaub gilt erst dann als bewilligt, wenn er von der Bühnenleitung auf dem vorgeschriebenen Urlaubsschein schriftlich bestätigt ist. Der Urlaubsantrag ist unverzüglich zu bescheiden. Ein etwaiger Widerruf des Urlaubs ist schriftlich vorzubehalten. Der Urlaub soll nur widerrufen werden, wenn besondere Gründe vorliegen.

7. Abschnitt Zusätzliche Alters- und Hinterbliebenenversorgung

§ 41 Zusatzversorgung

Das Mitglied ist bei der Versorgungsanstalt der deutschen Bühnen pflichtversichert, soweit die Satzung der Versorgungsanstalt der deutschen Bühnen eine solche Pflichtversicherung vorsieht.

§ 41a Übergangsvorschrift zur befreienden Lebensversicherung

(1) Dem bei der Versorgungsanstalt der deutschen Bühnen versicherten Mitglied, das nach § 231 Nr. 1 SGB VI (früher Artikel 2 § 1 AnVNG) von der Versicherungspflicht in der Rentenversicherung der Angestellten befreit ist und mit einem öffentlichen oder privaten Versicherungsunternehmen für sich und seine Hinterbliebenen einen Lebensversicherungsvertrag für den Fall des Todes und des Erlebens des 65. oder eines niedrigeren Lebensjahrs abgeschlossen hat und aufrecht erhält, gewährt der Arbeitgeber auf Antrag für die Zeit, für die dem Mitglied Vergütung oder Krankenbezüge zustehen, einen Zuschuss zur monatlichen Prämienzahlung in Höhe des Beitragsanteils, den der Arbeitgeber zur Rentenversicherung der Angestellten zu zahlen hätte.

Voraussetzung für die Gewährung des Zuschusses ist, dass das Mitglied für die Lebensversicherung jeweils mindestens einen Beitrag aufwendet, der als Pflichtbeitrag für das Mitglied zur Rentenversicherung der Angestellten zu zahlen wäre.

(2) Erhöht sich der Pflichtbeitrag, der für das Mitglied zur Rentenversicherung der Angestellten zu zahlen wäre, kann das Mitglied seiner Verpflichtung zur Erhöhung seiner Aufwendung (Absatz 1 Satz 2) dadurch nachkommen, dass das Mitglied mindestens einen Beitrag in Höhe des Unterschieds zwischen dem bisher und dem nunmehr für ihn maßgebenden Pflichtbeitrag
  a) für die Lebensversicherung oder
  b) für eine freiwillige Versicherung in der Rentenversicherung der Angestellten oder
  c) für die Versicherung bei der Versorgungsanstalt der deutschen Bühnen als freiwillige Zusatzbeiträge im Sinne des § 23b Abs. 2 der Anstaltssatzung

verwendet. Der Zuschuss des Arbeitgebers erhöht sich in diesen Fällen um die Hälfte des aufgewendeten Mehrbetrags, höchstens jedoch um die Hälfte des Unterschiedsbetrags nach Satz 1.

(3) Kommt das Mitglied der Verpflichtung nach Absatz 2 Satz 1 nicht nach, entfällt auch der Zuschuss nach Absatz 1.

(4) Die Absätze 1 bis 3 gelten nicht für Mitglieder, die aus dem Arbeitsverhältnis Anspruch auf eine Alters- und Hinterbliebenenversorgung nach beamtenrechtlichen Grundsätzen haben.

8. Abschnitt Beendigung des Arbeitsverhältnisses

§ 42 Nichtverlängerungsmitteilung

(1) Die Nichtverlängerungsmitteilungen richten sich nach den für die einzelnen Beschäftigtengruppen geltenden Sonderregelungen.

(2) Abweichend von Absatz 1 gilt an der jeweiligen Bühne folgende Regelung für bis zu jeweils zwei Funktionsträger (Ortsdelegierte und stellvertretende Ortsdelegierte bzw. Vorsitzende und stellvertretende Vorsitzende des Lokalverbandes) der vertragschließenden Gewerkschaften, die ordnungsgemäß gewählt und dem Arbeitgeber durch die Gewerkschaft in Textform angezeigt wurden, während deren jeweiliger Amtszeit und zum Ende der Spielzeit, in der die Amtszeit endet: Der Arbeitgeber kann diesen Mitgliedern eine Nichtverlängerungsmitteilung nach dem jeweiligen Absatz 2 der einschlägigen Vorschriften (§§ 61, 69, 83 bzw. 96) nur aussprechen, um das Arbeitsverhältnis unter anderen Vertragsbedingungen bei der (den) im Arbeitsvertrag angegebenen Bühne(n) fortzusetzen. Jedoch gilt diese Einschränkung nicht für die Mitglieder, für die die im jeweiligen Absatz 9 der zuvor genannten Vorschriften genannten Voraussetzungen vorliegen.

§ 43 Ordentliche Kündigung

(3) Das Recht der ordentlichen Kündigung kann im Arbeitsvertrag nur so vereinbart werden, dass zum Schluss eines Vertragsjahrs oder einer Spielzeit mit einer Frist von sechs Wochen gekündigt werden darf. Die Kündigung bedarf der Schriftform.

(4) Sollen Regelungen, deren Inhalt über diesen Tarifvertrag hinausgeht und Eingang in den Arbeitsvertrag gefunden hat, geändert werden, ist auf ein Einvernehmen mit dem jeweiligen Vorstand hinzuwirken. Wird zwischen dem Arbeitgeber und dem jeweiligen Vorstand eine einvernehmliche Regelung erzielt, ist diese für die jeweiligen Mitglieder verbindlich.
Wird eine einvernehmliche Regelung nicht erzielt oder widerspricht ein Mitglied der einvernehmlichen Regelung, ist eine betriebsbedingte Änderungskündigung mit der

Frist des Absatzes 1 zulässig, ohne dass es der arbeitsvertraglichen Vereinbarung des Rechts der ordentlichen Kündigung bedarf.

(3) Absatz 2 findet auf Solomitglieder und Bühnentechniker keine Anwendung. Sollen für diese Mitglieder Regelungen, deren Inhalt über diesen Tarifvertrag hinausgeht und Eingang in den Arbeitsvertrag gefunden hat, geändert werden, kann der Arbeitgeber stattdessen eine Nichtverlängerungsmitteilung aussprechen und dem Solomitglied oder dem Bühnentechniker die Fortsetzung des Arbeitsverhältnisses unter geänderten Bedingungen anbieten.

(4) Besteht ein Recht zur auflösenden Nichtverlängerungsmitteilung wegen §§ 61 Abs. 3, 69 Abs. 3, 83 Abs. 8 oder 96 Abs. 3 nicht und wird amts- oder betriebsärztlich festgestellt, dass eine dauerhafte Berufsunfähigkeit des Mitglieds besteht, hat der Arbeitgeber das Recht, den Arbeitsvertrag mit der Frist des Absatzes 1 ordentlich zu kündigen, ohne dass es der arbeitsvertraglichen Vereinbarung des Rechts der ordentlichen Kündigung bedarf.

Protokollnotizen zu Absatz 2:

1. Eine betriebsbedingte Änderungskündigung, die die Kürzung oder Streichung von in monatlichen Pauschalen gewährten Sondervergütungen oder außertariflichen Vergütungen zum Inhalt hat, kann nicht mit dem Abschluss dieses Tarifvertrags begründet werden.
2. Eine betriebsbedingte Änderungskündigung, die die Umwandlung eines Vollzeitarbeitsverhältnisses in ein Teilzeitarbeitsverhältnis zum Ziel hat, ist unzulässig.

§ 44 Außerordentliche Kündigung

(1) Der Arbeitgeber und das Mitglied sind berechtigt, das Arbeitsverhältnis aus einem wichtigen Grunde fristlos zu kündigen, wenn Tatsachen vorliegen, aufgrund derer dem Kündigenden unter Berücksichtigung aller Umstände des Einzelfalls und unter Abwägung der Interessen beider Vertragsparteien die Fortsetzung des Arbeitsverhältnisses bis zur vereinbarten Beendigung nicht mehr zugemutet werden kann. Die Kündigung bedarf der Schriftform.

(2) Die Kündigung kann nur innerhalb von zwei Wochen ausgesprochen werden. Die Frist beginnt mit dem Zeitpunkt, in dem der Kündigungsberechtigte von den für die Kündigung maßgebenden Tatsachen Kenntnis erlangt. Der Kündigende muss der anderen Vertragspartei auf Verlangen den Kündigungsgrund unverzüglich schriftlich mitteilen.

§ 45 Erwerbsminderung

(1) Wird durch den Bescheid eines Rentenversicherungsträgers festgestellt, dass das Mitglied voll erwerbsgemindert ist, endet das Arbeitsverhältnis mit Ablauf des Monats, in dem der Bescheid zugestellt wird, sofern das Mitglied eine außerhalb der gesetzlichen Rentenversicherung bestehende Versorgung durch den Arbeitgeber oder durch eine Versorgungseinrichtung erhält, zu der der Arbeitgeber Mittel beigesteuert hat. Das Mitglied hat den Arbeitgeber von der Zustellung des Rentenbescheids unverzüglich zu unterrichten. Beginnt die Rente wegen voller Erwerbsminderung erst nach der Zustellung des Rentenbescheids, endet das Arbeitsverhältnis mit dem Ablauf des dem Rentenbeginn vorangehenden Tages.

Verzögert das Mitglied schuldhaft den Rentenantrag oder bezieht es Altersrente nach § 236 oder § 236a bzw. § 36 oder § 37 SGB VI oder ist er nicht in der gesetzlichen Rentenversicherung versichert, tritt an die Stelle des Bescheids des Rentenversicherungsträgers das Gutachten eines Amtsarztes oder des betriebsärztlichen Dienstes. Das Arbeitsverhältnis endet in diesem Fall mit Ablauf des Monats, in dem dem Mitglied das Gutachten bekannt gegeben worden ist.

(2) Erhält das Mitglied keine außerhalb der gesetzlichen Rentenversicherung bestehende Versorgung durch den Arbeitgeber oder durch eine Versorgungseinrichtung, zu der

der Arbeitgeber Mittel beigesteuert hat, endet das Arbeitsverhältnis nach Ablauf einer Frist von drei Monaten zum Schluss eines Kalendervierteljahres. Die Frist beginnt mit der Zustellung des Rentenbescheids bzw. mit der Bekanntgabe des Gutachtens des Amtsarztes oder betriebsärztlichen Dienstes an das Mitglied. Das Mitglied hat den Arbeitgeber von der Zustellung des Rentenbescheids unverzüglich zu unterrichten. Beginnt die Rente wegen voller Erwerbsminderung erst nach der Zustellung des Rentenbescheids, beginnt die Frist mit Ablauf des dem Rentenbeginn vorangehenden Tages.

(3) Liegt bei dem Mitglied, das schwerbehindert im Sinne des SGB IX ist, in dem Zeitpunkt, in dem nach den Absätzen 1 und 2 das Arbeitsverhältnis wegen voller Erwerbsminderung endet, die nach § 92 SGB IX erforderliche Zustimmung des Integrationsamtes noch nicht vor, endet das Arbeitsverhältnis mit Ablauf des Tages der Zustellung des Zustimmungsbescheids des Integrationsamtes, es sei denn, das Arbeitsverhältnis endet zuvor durch eine wirksam ausgesprochene Nichtverlängerungsmitteilung.

(4) Das Arbeitsverhältnis endet nicht, wenn nach dem Bescheid des Rentenversicherungsträgers eine Rente auf Zeit gewährt wird. In diesem Fall ruht das Arbeitsverhältnis mit allen Rechten und Pflichten von dem Tage an, der auf den nach Absatz 1 maßgebenden Zeitpunkt folgt, bis zum Ablauf des Tages, bis zu dem die Rente auf Zeit bewilligt ist, längstens jedoch bis zum Ablauf des Tages, an dem das Arbeitsverhältnis endet.

(5) Absätze 1 bis 4 gelten entsprechend, wenn durch den Bescheid eines Rentenversicherungsträgers festgestellt wird, dass das Mitglied nur teilweise erwerbsgemindert ist, es sei denn, das Mitglied stellt den schriftlichen Antrag, in seinem bisherigen Beruf teilweise beschäftigt zu werden. In diesem Fall ist der Arbeitgeber verpflichtet, das Mitglied dem Antrag entsprechend zu beschäftigen, wenn eine dem Antrag entsprechende Beschäftigungsmöglichkeit besteht. Der Arbeitgeber ist berechtigt, die Vergütung unter Berücksichtigung von Art und Umfang der Beschäftigung angemessen zu kürzen. Besteht die Beschäftigungsmöglichkeit nicht, gelten Absätze 1 bis 4 mit der Maßgabe entsprechend, dass das Arbeitsverhältnis nicht vor der schriftlichen Ablehnung des Antrags durch den Arbeitgeber endet bzw. ruht.

§ 46 Übergangsgeld

(1) Das Mitglied, das am Tage der Beendigung des Arbeitsverhältnisses das einundzwanzigste Lebensjahr vollendet hat und in einem ununterbrochenen Arbeitsverhältnis von mindestens vier Jahren (Spielzeiten) bei demselben Arbeitgeber gestanden hat, erhält beim Ausscheiden ein Übergangsgeld, wenn für das Ausscheiden
   a) die Auflösung des Theaters,
   b) die Auflösung der Sparte des Theaters, der es angehört,
   c) die Zusammenlegung des Theaters mit einem oder mehreren anderen Theatern

   ursächlich ist.

(2) Das Übergangsgeld wird nicht gewährt, wenn
   a) das Mitglied das Ausscheiden verschuldet hat,
   b) das Mitglied gekündigt hat oder das Arbeitsverhältnis nicht verlängert,
   c) das Arbeitsverhältnis durch Auflösungsvertrag beendet ist,
   d) dem Mitglied aufgrund Satzung, Gesetzes, Tarifvertrags oder sonstiger Regelung im Falle des Ausscheidens vor Eintritt eines Versicherungsfalls im Sinne der gesetzlichen Rentenversicherung eine laufende Versorgungsleistung gewährt wird,
   e) das Mitglied aus eigener Erwerbstätigkeit eine Rente aus der gesetzlichen Rentenversicherung oder Leistungen aus einer Versicherung oder Versorgung erhält oder beanspruchen kann, zu der der Arbeitgeber oder ein anderer Arbeitgeber, der

diesen Tarifvertrag oder einen Tarifvertrag wesentlich gleichen Inhalts anwendet, Mittel ganz oder teilweise beisteuert oder beigesteuert hat.

(3) In den Fällen des Absatzes 2 Buchst. b und c wird Übergangsgeld jedoch gewährt, wenn

1. das Mitglied wegen
   a) eines mit Sicherheit erwarteten Personalabbaus,
   b) einer Körperbeschädigung, die es zur Fortsetzung der Arbeit unfähig macht,
   c) einer in Ausübung oder infolge seiner Arbeit erlittenen Gesundheitsschädigung, die seine Arbeitsfähigkeit für längere Zeit wesentlich herabsetzt,
2. das weibliche Mitglied außerdem wegen
   a) Schwangerschaft,
   b) Niederkunft in den letzten drei Monaten

gekündigt oder einen Auflösungsvertrag geschlossen hat.

(4) Das Übergangsgeld wird nach der dem Mitglied am Tag vor dem Ausscheiden zustehenden monatlichen Vergütung bemessen. Es beträgt bei einer ununterbrochenen Beschäftigung bei demselben Arbeitgeber von

4 Jahren (Spielzeiten)	3 monatliche Vergütungen,
6 Jahren (Spielzeiten)	4 monatliche Vergütungen,
9 Jahren (Spielzeiten)	5 monatliche Vergütungen,
12 Jahren (Spielzeiten)	6 monatliche Vergütungen.

Das Übergangsgeld wird in einer Summe ausgezahlt, wenn das Vorliegen der Voraussetzungen nachgewiesen ist.

(5) Erhält das Mitglied eine Abfindung aufgrund des Kündigungsschutzgesetzes oder eine Geldzahlung ohne Arbeitsleistung aufgrund eines Vergleichs, werden diese Leistungen auf das Übergangsgeld angerechnet. Liegen sowohl die Voraussetzungen für das Übergangsgeld als auch für die Abfindung wegen Beendigung des Arbeitsverhältnisses aus Anlass eines Intendantenwechsels vor, so erhält das Mitglied die für ihn günstigere Leistung, die Gewährung der anderen Leistung ist ausgeschlossen.

(6) Das Mitglied, das noch nicht ununterbrochen vier Jahre (Spielzeiten) an demselben Theater beschäftigt war und aus den in Absatz 1 genannten Gründen aus dem Arbeitsverhältnis ausscheidet, erhält einen Zuschuss zu den Umzugskosten. Der Zuschuss beträgt die Hälfte der nachgewiesenen Kosten für das Befördern des Umzugsguts, höchstens jedoch eine monatliche Vergütung. Hat das Mitglied den Kostennachweis erbracht, ist der Zuschuss in einer Summe zu zahlen.
Auf den Zuschuss sind Leistungen zu den Umzugskosten einer anderen Bühne oder aus öffentlichen Mitteln anzurechnen.

9. Abschnitt Hausordnung

§ 47 Ordnungsausschuss

(1) Für die einzelnen Beschäftigtengruppen wird ein Ordnungsausschuss gebildet. Er besteht aus drei Mitgliedern sowie gleich vielen Ersatzmitgliedern. Sie werden von den jeweiligen Gruppenmitgliedern gewählt. Der Ordnungsausschuss wählt einen Obmann. Für die Wahlen und die Amtszeit finden die §§ 48 und 49 sinngemäß Anwendung. Die Bildung eines gemeinsamen Ordnungsausschusses ist zulässig, soweit nicht eine Beschäftigtengruppe widerspricht.
Die Beratungen des Ordnungsausschusses sind vertraulich. Die Beschlüsse werden mit Stimmenmehrheit gefasst. Bei Stimmengleichheit entscheidet die Stimme des Obmanns.

Ist ein Mitglied des Ordnungsausschusses Partei, so ist an seiner Stelle ein Ersatzmitglied zuzuziehen.

(2) Verstöße gegen die arbeitsvertraglichen Verpflichtungen können vom Arbeitgeber gemeinsam mit dem Ordnungsausschuss durch Verwarnung oder Bußgeld geahndet werden. Bußgelder dürfen im einzelnen Fall den Betrag von vier Tagesgagen nicht übersteigen. Das Mitglied ist vorher zu hören.

(3) Alle den Betrieb berührenden Streitigkeiten, die unter den Mitgliedern entstehen, sind zunächst dem Ordnungsausschuss zur Schlichtung zu unterbreiten. Der Ordnungsausschuss kann dem Arbeitgeber ein Gutachten erstatten.
Bei dienstlichen Streitigkeiten zwischen einem Mitglied und einem Bühnenvorstand kann der Entscheidung der zuständigen Stelle ein Sühneversuch vor dem Arbeitgeber und dem Obmann des Ordnungsausschusses vorausgehen.

(4) Alle Bußgelder müssen für wohltätige oder gemeinnützige Einrichtungen verwendet werden, die den Mitgliedern zugutekommen.

10. Abschnitt Opernchor- und Tanzgruppenvorstände

§ 48 Wahl und Zusammensetzung des Opernchor- und des Tanzgruppenvorstands

(1) Die Mitglieder des Opernchors und der Tanzgruppe wählen in unmittelbarer, gleicher und geheimer Wahl einen Opernchorvorstand und einen Tanzgruppenvorstand (Vorstand).

(2) Wahlberechtigt sind alle Mitglieder.
Wählbar sind alle Mitglieder, die dem Opernchor bzw. der Tanzgruppe mehr als eine Spielzeit angehören.

(3) Der Vorstand besteht aus dem Obmann, dem stellvertretenden Obmann und einem weiteren Mitglied.

(4) Die Wahl erfolgt in der Regel zu Beginn der Spielzeit. Die von dem bisherigen Vorstand einzuberufende Versammlung wählt einen Wahlvorstand. Wahlvorschläge sind spätestens eine Woche vor der vom Wahlvorstand einzuberufenden Wahlversammlung schriftlich bei dem Wahlvorstand einzureichen. Der Wahlvorstand prüft die Wahlvorschläge und leitet die Wahl.

(5) Zur Wahl des Obmanns werden höchstens zwei Wahlgänge durchgeführt. Gewählt ist im ersten Wahlgang der Bewerber, der die absolute Mehrheit der von den anwesenden Mitgliedern abgegebenen Stimmen auf sich vereinigt. Wird ein zweiter Wahlgang erforderlich, findet er als Stichwahl zwischen den beiden Bewerbern statt, die im ersten Wahlgang die höchsten Stimmenzahlen erreicht haben. Gewählt ist der Bewerber, der die meisten Stimmen erhält.
Der stellvertretende Obmann und das weitere Mitglied werden nach den Grundsätzen der Mehrheitswahl (Personenwahl) gewählt. Gewählt sind die Bewerber in der Reihenfolge der jeweils höchsten auf sie entfallenden Anzahl der Stimmen.
Die Wahlversammlung kann bestimmen, dass auch zur Wahl des stellvertretenden Obmanns und der weiteren Mitglieder das in Unterabsatz 1 vorgesehene Wahlverfahren angewendet wird.

(6) Über den Wahlvorgang ist eine Niederschrift zu fertigen, die vom Wahlvorstand zu unterzeichnen ist. Dieser hat dem Arbeitgeber das Wahlergebnis mitzuteilen.

§ 49 Amtszeit des Vorstands

(1) Die Amtszeit des Vorstands erstreckt sich auf zwei Spielzeiten.

(2) Die Mitgliedschaft im Vorstand endet durch
  a) Ablauf der Amtszeit,
  b) Niederlegung des Amtes,

c) Ausscheiden aus dem Arbeitsverhältnis als Opernchormitglied bzw. als Tanzgruppenmitglied bei der betreffenden Bühne,

d) Abwahl.

(3) Scheidet ein Mitglied aus dem Vorstand aus, wird der Vorstand durch Nachwahl für die restliche Amtszeit ergänzt.

(4) Der Antrag auf Abwahl eines Mitglieds des Vorstands kann von zwei Dritteln der Opernchormitglieder bzw. der Tanzgruppenmitglieder bei dem Vorstand schriftlich gestellt werden. Liegt der Antrag vor, hat der Vorstand binnen zwei Wochen eine Versammlung abzuhalten, in der über den Abwahlantrag geheim abgestimmt wird. Die Abwahl ist wirksam erfolgt, wenn zwei Drittel der anwesenden Mitglieder dem Antrag zugestimmt haben.

§ 50 Geschäftsordnung des Vorstands

(1) Der Vorstand kann sich eine Geschäftsordnung geben.

(2) Der Vorstand hat bei der Anberaumung seiner Sitzungen auf die dienstlichen Erfordernisse Rücksicht zu nehmen.

(3) Die Sitzungen des Vorstands sind nicht öffentlich.

(4) Der Arbeitgeber nimmt nur an den Sitzungen teil, die auf sein Verlangen anberaumt sind oder zu denen er ausdrücklich eingeladen ist.

§ 51 Aufgaben und Befugnisse des Vorstands

(1) Der Vorstand wirkt mit bei der Auswahl von Bewerbern, für die Tanzgruppe jedoch nur, wenn die Bewerber durch ein Vortanzen vor Ort ermittelt werden. Er wirkt außerdem mit in allen sonstigen Fällen, in denen ihm durch Gesetz oder Tarifvertrag Aufgaben zugewiesen sind.

(2) Beim Probedirigieren von Bewerbern für die Stelle des Chordirektors oder seines Stellvertreters ermittelt der Opernchorvorstand die Auffassung des Opernchors und vertritt sie gegenüber dem Arbeitgeber.

(3) Der Vorstand kann beim Arbeitgeber Bedenken gegen die vorgesehene Spielplan- und Probeneinteilung geltend machen, die der Arbeitgeber in seine Erwägungen einbeziehen soll.

(4) Der Vorstand wirkt daran mit, dass Proben und Veranstaltungen reibungslos ablaufen.

(5) Beabsichtigt der Arbeitgeber, für den Opernchor Mitglieder in Teilzeitarbeit zu beschäftigen, wirkt der Opernchorvorstand an dieser Entscheidung mit.

Protokollnotiz zu Absatz 1 Satz 2:

Zu den Fällen, in denen dem Vorstand durch Gesetz oder Tarifvertrag Aufgaben zugewiesen sind, gehören insbesondere

1. die Geltendmachung von Leistungsschutzrechten (§ 80 UrhG),
2. die Änderung außertariflicher Regelungen (§ 43 Abs. 2),
3. die Änderung von Probenregelungen (§§ 72, 85),
4. die Verkürzung von Ruhezeiten (§§ 73, 86),
5. die Abweichung von den Regelungen über freie Tage (§§ 74, 87),
6. die Abgeltung eines Sondervergütungsanspruchs durch Freizeit (§ 79 Abs. 4 und § 92 Abs. 3),
7. das Nichtverlängerungsverfahren (§§ 83, 96).

Die in den Fällen 1. – 6. unter Mitwirkung des jeweiligen Vorstands erzielten Regelungen sind für die Mitglieder der jeweiligen Beschäftigtengruppe verbindlich.

§ 52 Schutz der Vorstandsmitglieder

(1) Den Mitgliedern des Vorstands dürfen wegen ihrer Tätigkeit im Vorstand keine Nachteile erwachsen.
(2) Der Vorstand wird zur Entlastung je Monat seiner Tätigkeit von der Teilnahme an drei Proben befreit. Der Vorstand entscheidet, welches Vorstandsmitglied die Befreiung in Anspruch nimmt. Die Probe ist für das jeweilige Vorstandsmitglied im Einvernehmen mit dem Arbeitgeber zu bestimmen.

11. Abschnitt Solo- und Bühnentechnikervorstände

§ 52a Wahl und Zusammensetzung des Solovorstands und des Bühnentechnikervorstands

(1) Die Solomitglieder und die Bühnentechniker wählen in unmittelbarer, gleicher und geheimer Wahl einen Solovorstand und einen Bühnentechnikervorstand (Vorstand).
Weist der Arbeitgeber getrennte künstlerische Sparten aus, wählen die Solomitglieder jeder Sparte jeweils einen Vorstand, es sei denn die Solomitglieder verschiedener Sparten entscheiden in jeder Sparte mehrheitlich, durch einen Vorstand vertreten zu werden.
Unterabsätze 1 und 2 gelten nicht für die Sparte Tanz, wenn ein Tanzgruppenvorstand gewählt wird und die Solotänzer mit Zustimmung der Tanzgruppe an der Wahl dieses Vorstands teilnehmen.
(2) Wahlberechtigt sind alle Solomitglieder für den Solovorstand und alle Bühnentechniker für den Bühnentechnikervorstand. Werden für die künstlerischen Sparten getrennte Solovorstände gewählt, sind nur die Solomitglieder der jeweiligen Sparte wahlberechtigt. Für die Zuordnung zu einer dieser Sparten ist der Arbeitsvertrag des Solomitglieds maßgebend. Im Zweifel entscheidet das Solomitglied einmalig vor der ersten Teilnahme an einer solchen Wahl.
Wählbar sind alle Solomitglieder bzw. Bühnentechniker, die dem Theater mehr als eine Spielzeit angehören. Findet Absatz 1 Unterabs. 2 Anwendung, sind nur die Mitglieder der jeweiligen Sparte wählbar.
(3) Ein Vorstand besteht aus dem Obmann und dem stellvertretenden Obmann. Sind mehr als 23 Mitglieder für die Wahl eines Vorstands wahlberechtigt, wird noch ein weiteres Mitglied gewählt.
(4) § 48 Abs. 4 bis 6 finden entsprechend Anwendung.

§ 52b Amtszeit und Geschäftsordnung des Vorstands

§§ 49 und 50 finden entsprechend Anwendung.

§ 52c Aufgaben und Befugnisse des Vorstands

(1) Der Vorstand wirkt mit in allen Fällen, in denen ihm durch Gesetz oder Tarifvertrag (insbesondere §§ 56, 65) Aufgaben zugewiesen sind.
(2) Der Vorstand kann beim Arbeitgeber Bedenken gegen die vorgesehene Spielplan- und Probeneinteilung geltend machen, die der Arbeitgeber in seine Erwägungen einbeziehen soll.
(3) Der Vorstand wirkt daran mit, dass Proben und Veranstaltungen reibungslos ablaufen.

§ 52d Schutz der Vorstandsmitglieder

(1) Den Mitgliedern des Vorstands dürfen wegen ihrer Tätigkeit im Vorstand keine Nachteile erwachsen.

(2) Dem Solovorstand bzw. den Solovorständen wird zur Entlastung je Monat der Tätigkeit ein halber freier Tag gewährt. Der Vorstand entscheidet, welches Vorstandsmitglied diesen halben freien Tag in Anspruch nimmt. Der halbe freie Tag ist für das jeweilige Vorstandsmitglied im Einvernehmen mit dem Arbeitgeber zu bestimmen.

12. Abschnitt Schiedsgerichtsbarkeit

§ 53 Bühnenschiedsgerichtsbarkeit

Für alle bürgerlichen Rechtsstreitigkeiten im Sinne des § 2 Arbeitsgerichtsgesetz zwischen den Arbeitsvertragsparteien sind unter Ausschluss der Arbeitsgerichtsbarkeit ausschließlich die von den vertragschließenden Parteien dieses Tarifvertrags nach Maßgabe der vereinbarten Bühnenschiedsgerichtsordnungen eingesetzten Schiedsgerichte zuständig.

II. Besonderer Teil

1. Abschnitt Sonderregelungen (SR) Solo

§ 54 Besondere Mitwirkungspflicht – Solo

(1) Das Mitglied ist im Rahmen der vertraglich übernommenen Tätigkeit verpflichtet, alle ihm zugewiesenen Aufgaben zu übernehmen.

(2) Der Arbeitgeber hat die Dienste des Solomitglieds abzunehmen; er hat das Solomitglied angemessen zu beschäftigen. Als angemessen ist die Beschäftigung anzusehen, die sowohl den Interessen des Solomitglieds als auch den Interessen des Arbeitgebers gleichermaßen gerecht wird.

(3) Dem Solomitglied dürfen keine seiner vertraglichen Vereinbarung fernliegenden Aufgaben ohne seine ausdrückliche Zustimmung übertragen werden.

(4) Zur Mitwirkung bei Proben für eine Aufführung ist das Solomitglied auch dann verpflichtet, wenn die Hauptprobe, die Generalprobe und die Premiere in die Zeit nach der Beendigung des Arbeitsverhältnisses fallen.

(5) Das darstellende Solomitglied hat auch Rollen und Partien von kleinerem Umfang zu übernehmen; Absatz 2 bleibt unberührt. Eine Verpflichtung zur Mitwirkung bei Pantomimen besteht nur, wenn sie im Arbeitsvertrag vereinbart ist.

(6) Das darstellende Solomitglied ist in der Kunstgattung und in dem Kunstfach – soweit jeweils arbeitsvertraglich vereinbart – zu beschäftigen. Die Bezeichnung eines bestimmten Kunstfachs der Kunstgattung Schauspiel kann im Arbeitsvertrag durch eine Umschreibung des Rollengebiets nach charakteristischen Merkmalen ersetzt werden. Sofern ein Rollengebiet vereinbart ist, hat das darstellende Solomitglied keinen Anspruch auf jede Rolle oder Partie seines Rollengebiets; in diesem Fall muss sich die Beschäftigung jedoch im Rahmen des Rollengebiets halten. Das darstellende Solomitglied hat einen Anspruch auf bestimmte Rollen oder Partien nur, wenn sie im Arbeitsvertrag ausdrücklich vereinbart sind.

(7) Eine Probe, bei der das darstellende Solomitglied mitwirkt, darf der Öffentlichkeit nur mit seiner Zustimmung zugänglich gemacht werden. Dies gilt nicht für öffentliche Generalproben.

(8) Ist das Solomitglied der Auffassung, zu der Erfüllung einer ihm zugewiesenen Aufgabe nicht verpflichtet zu sein, so kann es das Schiedsgericht mit dem Ziel anrufen, feststellen zu lassen, dass es zu der Erfüllung der Aufgabe nicht verpflichtet ist. Bis zur Entscheidung des Schiedsgerichts hat das Solomitglied die Aufgabe durchzuführen, vorbehaltlich aller Ansprüche, die ihm gegen den Arbeitgeber aus der unberechtigten Zuweisung einer Aufgabe gegebenenfalls erwachsen.

§ 55 Proben – Solo

(1) Die Dauer einer Probe und die Lage der Pause(n) ergeben sich aus den künstlerischen Belangen der Bühne. Dies gilt auch für Haupt- und Generalproben. § 56 bleibt unberührt.

(2) Das Solomitglied ist nicht verpflichtet, an einem Sonntag oder gesetzlich anerkannten Feiertag sowie nach Beschäftigung in einer Abendaufführung an einer Probe teilzunehmen, wenn nicht besondere Umstände, insbesondere eine Störung des Spielplans oder des Betriebs oder ein Gastspiel es notwendig machen, die Probe zu dieser Zeit abzuhalten.

(3) Für Solotänzer finden abweichend von Absatz 1 § 85 Abs. 1 (einschließlich der Protokollnotiz), 7, 8, 9 und 10 entsprechend Anwendung."

§ 56 Ruhezeiten – Solo

(1) Nach dem Ende der täglichen Arbeitszeit, insbesondere nach der Abendaufführung oder nach der Heimkehr von auswärtigen Gastspielen zur Nachtzeit ist dem Solomitglied eine elfstündige Ruhezeit (Nachtruhezeit) zu gewähren. Die Nachtruhezeit darf um zwei Stunden verkürzt werden, wenn die Art der Arbeit dies erfordert und die Kürzung der Ruhezeit innerhalb eines festzulegenden Ausgleichszeitraums ausgeglichen wird. Vor der Entscheidung über die Verkürzung ist der Solovorstand zu hören.
Bei Abstechern kann der Ruhezeit nach Unterabsatz 1 Satz 1 bei der Rückfahrt von einem auswärtigen Gastspiel die Hälfte der Rückfahrtzeit, jedoch nicht mehr als eine Stunde, zugerechnet werden; dabei sind 50 Kilometer der Rückfahrt mit einer Stunde Fahrzeit anzurechnen.

(2) Außer bei Haupt- und Generalproben sowie bei weiteren zeitlich unbegrenzten Proben nach
§ 9 i.V.m. § 72 Abs. 3 und 5 sowie § 85 Abs. 2 und 4 ist das Solomitglied nicht verpflichtet, in einer Probe während der letzten vier Stunden vor Beginn seiner Tätigkeit in einer Aufführung mitzuwirken, es sei denn, dass Spielplan- oder Betriebsstörungen oder Gastspiele am Theater eine Verkürzung der Ruhezeit notwendig machen. Bei Nachmittagsvorstellungen oder auswärtigen Gastspielen des Theaters kann die Ruhezeit auf drei Stunden verkürzt werden. Unter Beginn der Tätigkeit ist der Zeitpunkt zu verstehen, in dem das Solomitglied im Theater erscheinen muss.

(3) Zwischen zwei Proben und vor einer Probe, die nach einer Aufführung stattfindet, ist dem Solomitglied eine angemessene Ruhezeit einzuräumen.

(4) Für Solotänzer findet anstelle der Absätze 1 bis 3 § 86 entsprechend Anwendung.

§ 57 Freie Tage – Solo

(1) Das Solomitglied hat unbeschadet der an allen Tagen einer Spielzeit bestehenden Mitwirkungspflicht, ausgenommen an den Tagen der in die Spielzeit fallenden Theaterferien, Anspruch auf einen freien Tag wöchentlich und einen halben freien Tag je Woche.

(2) Die freien Tage sollen so gewährt werden, dass in der Regel nicht mehr als zwölf Tage zwischen zwei freien Tagen liegen. Kann in Ausnahmefällen ein freier Tag nicht gewährt werden, ist der Ausgleich innerhalb von sechs Wochen vorzunehmen. Ein Ausnahmefall im Sinne von Satz 2 liegt auch dann vor, wenn sich das Solomitglied auf Gastspielreise befindet.

(3) Die halben freien Tage sind während der Spielzeit zu gewähren. 26 halbe freie Tage sind innerhalb von 26 Wochen zu gewähren; für die übrigen halben freien Tage gilt dies im jeweiligen Zeitraum entsprechend. Wird ein halber freier Tag am Nachmittag

gewährt, beginnt er mit dem Ende des Vormittagsdienstes. Endet dieser nach 14 Uhr, kann an diesem Tag kein halber freier Tag gewährt werden.

(4) Am 1. Mai und am 24. Dezember können weder ein freier Tag noch ein halber freier Tag gewährt werden.

(5) Die freien Tage gelten die wegen einer Beschäftigung an einem Sonntag oder an einem auf einen Werktag fallenden gesetzlichen Feiertag zu gewährende Freizeit ab. In jeder Spielzeit sind acht Sonntage außerhalb der Theaterferien beschäftigungsfrei zu lassen.

§ 57a Freie Tage für Transition – Solo

(1) Für nachgewiesene berufliche Weiterbildungs- oder Umschulungsmaßnahmen bzw. nachgewiesene einschlägige Maßnahmen zur Existenzgründung (Transition) erhält der Solotänzer pro Beschäftigungsjahr, das er als Solotänzer oder Tanzgruppenmitglied bei einem dem Deutschen Bühnenverein angehörenden Arbeitgeber zurückgelegt hat, drei bezahlte freie Tage.

(2) Für die Gewährung der freien Tage nach Absatz 1 muss die beabsichtigte Teilnahme an der beruflichen Weiterbildungs- oder Umschulungsmaßnahme bzw. Maßnahme zur Existenzgründung durch Anmeldung konkret nachgewiesen werden; die Maßnahme muss geeignet sein, auf eine konkret beabsichtigte und dem Arbeitgeber mitgeteilte berufliche Tätigkeit oder Existenzgründung vorzubereiten. Bei der Gewährung der freien Tage sind dienstliche Belange zu berücksichtigen, vor allem die Sicherstellung des Spielbetriebs.
Soweit der Solotänzer bereits freie Tage nach Absatz 1 durch einen früheren Arbeitgeber erhalten hat, besteht kein Anspruch auf die erneute Gewährung dieser freien Tage durch den derzeitigen Arbeitgeber.
Eine Abgeltung in Geld von nicht gewährten freien Tagen ist ausgeschlossen.

§ 58 Vergütung – Solo

(1) Im Arbeitsvertrag ist eine Gage zu vereinbaren. Sie beträgt mindestens 2.000,– EUR monatlich. Mit der Gage sind die von dem Solomitglied nach diesem Tarifvertrag zu erbringenden Arbeitsleistungen abgegolten, soweit sich aus den Absätzen 2 und 3 nichts anderes ergibt.

(2) Neben der Gage können mit dem Solomitglied besondere Vergütungen wie Spielgelder oder Übersinghonorare vereinbart werden.

(3) Für die Mitwirkung
   a) in weiteren an demselben Tag stattfindenden Aufführungen,
   b) in zwei gleichzeitig stattfindenden Aufführungen, wenn mit der Doppelbeschäftigung eine Erschwernis verbunden ist,

   ist eine besondere angemessene Vergütung zu vereinbaren.
   Die Vergütung für die Mitwirkung in den in dem Unterabsatz 1 Buchst. a genannten Fällen ist im Arbeitsvertrag zu vereinbaren.

(4) (gestrichen)

(5) Im Arbeitsvertrag kann vereinbart werden, dass abweichend von § 12a
   a) (gestrichen)
   b) das Solomitglied nur insoweit an einer Gagenanpassung, die für die zwölf Monate nach einer arbeitsvertraglichen Gagenanpassung tarifvertraglich wirksam wird, teilnimmt, als die tarifvertragliche höher als die arbeitsvertragliche Gagenanpassung ausfällt,

c) das Solomitglied nicht an einer Gagenanpassung teilnimmt, die für die Spielzeit tarifvertraglich wirksam wird, in der ihm bezahlter Gastierurlaub von insgesamt mindestens 40 Tagen gewährt wird,

d) das Solomitglied an keiner Gagenanpassung teilnimmt, wenn seine Gage höher ist als der dreifache Betrag der Mindestgage.

Protokollnotiz zu Absatz 1:
Die Höhe der Mindestgage wird zum gegebenen Zeitpunkt überprüft.

§ 59 Rechteabgeltung – Solo

(1) Neben der Gage (§ 58 Abs. 1) erhält das Solomitglied zusätzlich für die Mitwirkung bei Veranstaltungen für Funkzwecke (live oder aufgezeichnet) einschließlich Übertragung der für die Sendung und deren Wiedergabe erforderlichen Rechte eine angemessene Sondervergütung. Die Sondervergütung kann durch Nebenabrede in Monatsbeträgen pauschaliert werden; die Nebenabrede ist mit einer Frist von drei Monaten zum Ende einer Spielzeit kündbar.

(2) Wiederholungsvergütungen, auch bei zeitversetzter Verbreitung über Kabel und/oder Satellit, sowie Vergütungen für die Verbreitung der Sendung außerhalb des vertraglich vereinbarten Sendegebiets und Beteiligungen am Erlös aus Verkäufen/Überlassungen der Sendung an ausländische Rundfunkunternehmen sind in angemessener Höhe zu zahlen.

(3) Nicht zu vergüten ist die Mitwirkung bei Reportagesendungen des Hörfunks und des Fernsehens. Dies gilt unabhängig von der Zeit, die zwischen der Aufzeichnung bzw. der Livewiedergabe und der Reportagesendung vergangen ist. Reportagesendungen liegen vor, wenn die Wiedergabezeit sechs Minuten nicht übersteigt und nicht mehr als ein Viertel des Werks wiedergegeben wird.

(4) Keine Vergütung wird gezahlt bei der Verwertung einer Aufnahme für den theatereigenen Gebrauch (einschließlich der Nutzung als kostenloses oder gegen Schutzgebühr abgegebenes Werbemittel, mit dem zugunsten des Arbeitgebers oder seines Rechtsträgers geworben wird).

(5) Die Rechteabgeltung kann abweichend von den Absätzen 1 und 2 arbeitsvertraglich vereinbart werden.

§ 59a Jubiläumszuwendung – Solo

(1) Das Solomitglied erhält als Jubiläumszuwendung nach einer ununterbrochenen Beschäftigungszeit bei demselben Arbeitgeber von mindestens zehn Jahren und nach einer Dienstzeit von

25 Jahren	350,00 Euro
40 Jahren	500,00 Euro.

Für Solotänzer ist abweichend von Unterabsatz 1 statt einer Dienstzeit von 25 Jahren eine solche von 15 Jahren und statt einer Dienstzeit von 40 Jahren eine solche von 25 Jahren maßgebend.

(2) Dienstzeit im Sinne von Absatz 1 sind alle Beschäftigungszeiten, die das Mitglied als Solomitglied bei Arbeitgebern, die dem Deutschen Bühnenverein angehören, zurückgelegt hat.

§ 60 Vermittlungsgebühr – Solo

(1) Die wegen des Vertragsabschlusses gegebenenfalls anfallende Vermittlungsgebühr tragen das Solomitglied und der Arbeitgeber je zur Hälfte. Die anteilige Kostentragung durch den Arbeitgeber erfolgt nur, wenn dieses entweder im Beschäftigungsvertrag ausdrücklich vereinbart ist oder wenn der Name des Künstlers dem Arbeit-

geber für den jeweiligen Beschäftigungsvertrag durch den Vermittler auf Anfrage des Arbeitgebers bekannt gemacht wurde.

(2) Absatz 1 gilt weder für die vertragliche Verlängerung eines Beschäftigungsverhältnisses noch für die Vertragsverlängerung durch das Nichtaussprechen einer Nichtverlängerungsmitteilung.

§ 61 Nichtverlängerungsmitteilung – Solo

(1) Das Arbeitsverhältnis endet mit dem im Arbeitsvertrag vereinbarten Zeitpunkt.

(2) Ein mindestens für ein Jahr (Spielzeit) abgeschlossener Arbeitsvertrag verlängert sich zu den gleichen Bedingungen um ein Jahr (Spielzeit), es sei denn, eine Vertragspartei teilt der anderen bis zum 31. Oktober der Spielzeit, mit deren Ablauf der Arbeitsvertrag endet, schriftlich mit, dass sie nicht beabsichtigt, den Arbeitsvertrag zu verlängern (Nichtverlängerungsmitteilung). Besteht das Arbeitsverhältnis am Ende einer Spielzeit ununterbrochen mehr als acht Jahre (Spielzeiten), muss die Nichtverlängerungsmitteilung der anderen Vertragspartei bis zum 31. Juli der jeweils vorangegangenen Spielzeit schriftlich zugegangen sein. Sätze 1 und 2 finden keine Anwendung, wenn die Befristung des Arbeitsverhältnisses auf einem sachlichen Grund nach § 14 Abs. 1 Satz 2 Nr. 3 (Vertretung) oder Nr. 8 (gerichtlicher Vergleich) TzBfG beruht.

(3) Besteht das Arbeitsverhältnis am Ende einer Spielzeit bei derselben Bühne ununterbrochen mehr als fünfzehn Jahre (Spielzeiten), kann der Arbeitgeber eine Nichtverlängerungsmitteilung nach Absatz 2 nur aussprechen, um das Arbeitsverhältnis unter anderen Vertragsbedingungen – auch außerhalb der im Arbeitsvertrag angegebenen Bühne(n) (ein Arbeitgeber in selbständiger Rechtsform auch bei seinem oder einem seiner rechtlichen oder wirtschaftlichen Träger) – fortzusetzen.
Besteht das Arbeitsverhältnis am Ende einer Spielzeit bei derselben Bühne ununterbrochen mehr als fünfzehn Jahre (Spielzeiten) und hat das Solomitglied in dem Zeitpunkt, in dem die Nichtverlängerungsmitteilung spätestens zugegangen sein muss (Absatz 2), das 55. Lebensjahr vollendet, kann der Arbeitgeber eine Nichtverlängerungsmitteilung nach Absatz 2 nur aussprechen, um das Arbeitsverhältnis unter anderen Vertragsbedingungen bei der (den) im Arbeitsvertrag angegebenen Bühne(n) fortzusetzen.
Besteht das Arbeitsverhältnis am Ende einer Spielzeit bei derselben Bühne ununterbrochen mehr als acht Jahre (Spielzeiten), können der Arbeitgeber und das Solomitglied vertraglich vereinbaren, dass bis zu vier Spielzeiten der nachfolgenden Spielzeiten auf die 15 Jahre nach den Unterabsätzen 1 und 2 nicht angerechnet werden.

4. (3a) Der Ausspruch einer Nichtverlängerungsmitteilung nach den Absätzen 2 und 3 ist gegenüber einer Frau während der Schwangerschaft unzulässig, wenn die Frau die Schwangerschaft dem Arbeitgeber vor dem Anhörungsgespräch nach Absatz 4 durch ärztliche Bescheinigung nachgewiesen hat. Zeigt sie die Schwangerschaft dem Arbeitgeber vor dem Anhörungsgespräch nach Absatz 4 zunächst nur an oder gibt sie diese erst im Anhörungsgespräch nach Absatz 4 bekannt, findet Satz 1 Anwendung, wenn sie den Nachweis nach Satz 1 unverzüglich erbringt.
Der Ausspruch einer Nichtverlängerungsmitteilung nach den Absätzen 2 und 3 ist gegenüber einer Frau auch unzulässig bis zum Ablauf von vier Monaten nach einer Fehlgeburt nach der zwölften Schwangerschaftswoche und bis zum Ablauf von vier Monaten nach der Entbindung, wenn dem Arbeitgeber die Fehlgeburt bzw. die Entbindung bekannt ist.
Soweit sich der Arbeitgeber im Anhörungsgespräch nach Absatz 4 vor der nach den Unterabsätzen 1 und 2 unzulässigen Nichtverlängerungsmitteilung auf einen bevorstehenden Intendantenwechsel berufen könnte, kann er sich in dem Anhörungsgespräch vor der Nichtverlängerungsmitteilung in der ersten Spielzeit nach Beendi-

gung der in den Unterabsätzen 1 und 2 genannten Fristen weiterhin auf diesen Intendantenwechsel berufen. In diesem Fall findet § 62 entsprechend Anwendung.

(4) Bevor der Arbeitgeber eine Nichtverlängerungsmitteilung ausspricht, hat er das Solomitglied zu hören. Das Solomitglied ist fünf Tage vor der Anhörung zur Anhörung schriftlich einzuladen. Die Einladung zur Anhörung gilt als ordnungsgemäß zugestellt, wenn der Arbeitgeber nachweist, dass die Absendung der Einladung fünf Tage vor der Anhörung an die dem Arbeitgeber bekannte Adresse erfolgt ist.
Auf schriftlichen Wunsch des Solomitglieds ist ein an der Bühne beschäftigter Arbeitnehmer und/oder ein Vertreter der satzungsmäßigen Organe der vertragschließenden Gewerkschaften berechtigt, an dem Anhörungsgespräch teilzunehmen und gehört zu werden.
Auf Seiten des Arbeitgebers dürfen auch Vertreter seines wirtschaftlichen Trägers teilnehmen.
Darüber hinausgehende gesetzliche und anderweitige rechtlich zwingende Beteiligungsrechte bleiben unberührt.

(5) Das Solomitglied und der von ihm nach Absatz 4 Benannte sind unter Berücksichtigung der durch die Theaterferien oder einen Gastierurlaub bedingten Abwesenheit des Solomitglieds spätestens zwei Wochen vor den in Absatz 2 genannten Zeitpunkten zu hören, es sei denn, das Solomitglied verzichtet schriftlich darauf, gehört zu werden; in diesem Fall findet Absatz 4 Satz 2 keine Anwendung. Unterlässt es der Arbeitgeber, das Solomitglied fristgerecht zu hören, ist die Nichtverlängerungsmitteilung unwirksam.

(6) Ist das Solomitglied durch Arbeitsunfähigkeit oder aus einem anderen Grunde verhindert, die Anhörung bis zu dem in Absatz 5 genannten Zeitpunkt wahrzunehmen, oder nimmt das Solomitglied die Anhörung nicht wahr, bedarf es seiner Anhörung zur Wirksamkeit der Nichtverlängerungsmitteilung nicht. Im Falle der Verhinderung ist der Arbeitgeber auf schriftlichen Wunsch des Solomitglieds jedoch verpflichtet, eine von ihm namentlich bezeichnete Person zu hören, die zu dem in Absatz 4 Unterabs. 2 genannten Personenkreis gehört; Satz 1 gilt entsprechend. Der schriftliche Wunsch muss dem Arbeitgeber spätestens zwei Wochen vor den in Absatz 2 genannten Zeitpunkten zugegangen sein. In diesem Fall muss die Anhörung spätestens drei Tage vor den in Absatz 2 genannten Zeitpunkten vorgenommen sein.

(7) Der auf Wunsch des Solomitglieds teilnehmende Arbeitnehmer und der Vertreter der satzungsmäßigen Organe der vertragschließenden Gewerkschaften haben über den Inhalt der Anhörung gegenüber Dritten Vertraulichkeit zu wahren.

(8) Klagen gegen Nichtverlängerungsmitteilungen sind innerhalb einer Ausschlussfrist von vier Monaten nach den in Absatz 2 genannten Terminen zur Nichtverlängerungsmitteilung zu erheben.

(9) Die Absätze 3 bis 6 gelten nicht, wenn das Solomitglied bei Beendigung des Arbeitsverhältnisses Anspruch auf Altersrente aus der gesetzlichen Rentenversicherung oder einer außerhalb der gesetzlichen Rentenversicherung bestehenden Versorgung durch den Arbeitgeber oder durch eine Versorgungseinrichtung hat, zu der der Arbeitgeber Mittel beigesteuert hat.
Die Absätze 3 bis 6 gelten ferner nicht, wenn die Nichtverlängerungsmitteilung zum Ende der Spielzeit ausgesprochen wird, in der das Solomitglied das gesetzlich festgelegte Alter zum Erreichen der Regelaltersrente oder ein höheres Alter vollendet hat.

Protokollnotiz zu den Absätzen 2 und 3:

Soweit bei Angaben von Zeiträumen die Bezeichnung „Jahr (Spielzeit)" oder die Bezeichnung „Jahre (Spielzeiten)" verwendet werden, ist es unerheblich, ob die Spielzeit bzw. die Anzahl der Spielzeiten in Kalendertagen kürzer oder länger als ein Jahr bzw. die entsprechende Anzahl von Jahren sind.

Protokollnotiz zu Absatz 3 Unterabs. 3:

Die Tarifvertragsparteien sind sich einig, dass auch Spielzeiten nach der 15. Spielzeit einbezogen werden können.

§ 62 Besondere Entschädigung bei Beendigung des Arbeitsverhältnisses aus Anlass eines Intendantenwechsels – Solo

(1) Das Solomitglied, das aus Anlass eines Intendantenwechsels infolge einer durch den Arbeitgeber ausgesprochenen Nichtverlängerungsmitteilung in der ersten Spielzeit nach dem Intendantenwechsel nicht mehr im Arbeitsverhältnis steht, erhält eine Abfindung nach Maßgabe des Unterabsatzes 2, sofern nicht die Voraussetzungen von § 46 Abs. 1 vorliegen. Voraussetzung für den Anspruch nach Satz 1 ist, dass das Solomitglied innerhalb von drei Monaten nach Beendigung des Arbeitsverhältnisses kein unter diesen Tarifvertrag fallendes Arbeitsverhältnis oder kein anderes volles Arbeitsverhältnis begründen konnte.
Die Abfindung beträgt bei einer ununterbrochenen Beschäftigung bei demselben Arbeitgeber von

4	Jahren (Spielzeiten)	3 monatliche Vergütungen,
6	Jahren (Spielzeiten)	4 monatliche Vergütungen,
9	Jahren (Spielzeiten)	5 monatliche Vergütungen,
12	Jahren (Spielzeiten)	6 monatliche Vergütungen.

Das Solomitglied hat das Vorliegen der Voraussetzungen des Unterabsatzes 1 Satz 2 in geeigneter Form nachzuweisen. Hat es diesen Nachweis erbracht, ist die Abfindung in einer Summe zu zahlen. Für den Nachweis, dass kein Arbeitsverhältnis nach Unterabsatz 1 Satz 2 abgeschlossen wurde, reicht in der Regel die Vorlage einer Bescheinigung der Agentur für Arbeit aus, aus der sich ergibt, dass das Mitglied in dem gesamten in Unterabsatz 1 Satz 2 genannten Zeitraum arbeitslos gemeldet war.

(2) Zieht das Solomitglied nach dem beendeten Arbeitsverhältnis an einen anderen Ort um, ist ihm auf Antrag ein Vorschuss auf die Abfindung in Höhe des Zuschusses zu den Umzugskosten nach Absatz 3 zu zahlen. Der Vorschuss ist zurückzuzahlen, wenn dem Solomitglied kein Anspruch auf die Abfindung zusteht, weil es innerhalb von drei Monaten nach Beendigung des Arbeitsverhältnisses ein unter diesen Tarifvertrag fallendes Arbeitsverhältnis oder ein anderes volles Arbeitsverhältnis begründen konnte.

(3) Das Solomitglied, das aus Anlass eines Intendantenwechsels infolge einer durch den Arbeitgeber ausgesprochenen Nichtverlängerungsmitteilung in der ersten Spielzeit nach dem Intendantenwechsel nicht mehr im Arbeitsverhältnis steht und noch nicht ununterbrochen vier Jahre (Spielzeiten) an derselben Bühne beschäftigt war, erhält einen Zuschuss zu den Umzugskosten. Der Zuschuss beträgt die Hälfte der nachgewiesenen Kosten für das Befördern des Umzugsguts, höchstens jedoch eine monatliche Vergütung. Hat das Solomitglied den Kostennachweis erbracht, ist der Zuschuss in einer Summe zu zahlen.
Auf den Zuschuss sind Leistungen zu den Umzugskosten einer anderen Bühne oder aus öffentlichen Mitteln anzurechnen.

(4) Absätze 1 bis 3 gelten nicht für Musikalische Oberleiter, Direktoren des künstlerischen Betriebes, leitende Regisseure der Oper (Oberspielleiter), leitende Regisseure des Schauspiels (Oberspielleiter), Ausstattungsleiter und Chefdramaturgen sowie Referenten des Intendanten.
Sie gelten nicht für das Solomitglied, wenn dieses bei Beendigung des Arbeitsverhältnisses Anspruch auf Altersrente aus der gesetzlichen Rentenversicherung oder einer außerhalb der gesetzlichen Rentenversicherung bestehenden Versorgung durch den Arbeitgeber oder durch eine Versorgungseinrichtung hat, zu der der Arbeitgeber Mittel beigesteuert hat.

Protokollnotiz Nr. 1:
Ist die Leitung einem Direktorium übertragen, gilt als Intendantenwechsel im Sinne der Absätze 1 und 3 der Wechsel des Operndirektors, Schauspieldirektors oder Ballett-/Tanzdirektors, dem die Vollmachten eines Intendanten übertragen sind.

Protokollnotiz Nr. 2:
Erhält aus Anlass des Wechsels des Ballett-/Tanzdirektors, dem nicht die Vollmachten eines Intendanten übertragen sind, mindestens ein Drittel der Tänzer (Solotänzer und Tanzgruppenmitglieder) eine Nichtverlängerungsmitteilung, finden die Absätze 1 bis 3 entsprechend Anwendung.

III. Übergangs- und Schlussvorschriften

§ 98 Ausschlussfristen

Ansprüche aus dem Arbeitsverhältnis verfallen, wenn sie nicht innerhalb einer Ausschlussfrist von sechs Monaten nach Fälligkeit vom Mitglied oder vom Arbeitgeber schriftlich geltend gemacht werden, soweit tarifvertraglich nichts anderes bestimmt ist. Für denselben Sachverhalt reicht die einmalige Geltendmachung des Anspruchs aus, um die Ausschlussfrist auch für später fällig werdende Leistungen unwirksam zu machen.

§ 99 Öffnungsklausel

Durch einen Tarifvertrag zwischen dem Deutschen Bühnenverein und den vertragschließenden Gewerkschaften kann von den Regelungen dieses Tarifvertrags für einzelne Bühnen abgewichen werden.

§ 100 Übergangsvorschrift für das Beitrittsgebiet

Für Opernchor- und Tanzgruppenmitglieder, deren Arbeitsverhältnisse in dem in Artikel 3 des Einigungsvertrages genannten Gebiet begründet sind, finden §§ 81 und 94 keine Anwendung.

§ 101 Inkrafttreten, Laufzeit

(1) Dieser Tarifvertrag tritt am 1. Januar 2003 in Kraft. Er kann mit einer Frist von sechs Monaten zum Ende eines Kalenderjahrs, frühestens zum 31. Dezember 2004 gekündigt werden.

(2) Abweichend von Absatz 1 können die § 5 Abs. 3, § 16 Abs. 1 Satz 3 einschließlich § 75 Abs. 3 nur mit Wirkung für die Opernchormitglieder mit einer Frist von sechs Monaten zum Ende eines Kalenderjahrs insgesamt schriftlich gekündigt werden. Die Kündigung ist erstmals möglich zum 31. Dezember 2004. Im Falle dieser Kündigung ist die Nachwirkung ausgeschlossen. Teilzeitarbeitsverhältnisse mit Opernchormitgliedern, die zum Zeitpunkt des Wirksamwerdens der Kündigung bereits auf Grundlage der in diesem Absatz genannten Vorschriften abgeschlossen worden sind, bleiben unter Fortgeltung dieser Vorschriften bestehen.

(3) Abweichend von Absatz 1 können
- § 12 Abs. 1 in Verbindung mit § 58, § 67, §§ 75 bis 79 und §§ 88 bis 92,
- §§ 13 bis 15,
- §§ 16 bis 20,

jeweils mit einer Frist von sieben Monaten zum Ende eines Kalenderjahrs schriftlich gekündigt werden.

(4) Dieser Tarifvertrag setzt aufgrund betrieblicher Übung, einzelvertraglicher Vereinbarung oder aufgrund von Haustarifverträgen für die Mitglieder bestehende Regelungen nicht außer Kraft. Gesetzliche, tarifvertragliche und arbeitsvertragliche Rechte zur Veränderung dieser Regelungen bleiben unberührt.

NV Bühne Anlage 1

Anlage 1 zum Normalvertrag (NV) Bühne

Die nachfolgend aufgeführten Vorschriften des Normalvertrags Bühne gelten für die in § 1 Abs. 7 NV Bühne genannten Mitglieder an Privattheatern:

§ 2	Abs. 1, 2, 3 Buchst. a und b sowie Abs. 4 Buchst. a (Begründung des Arbeitsvertrags)
§ 3	(Personalakten)
§ 4	(Nebenbeschäftigung)
§ 5	Abs. 1 (Arbeitszeit)
§ 6	Abs. 1, 2 und 4 bis 7 (Arbeitseinteilung)
§ 7	(Mitwirkungspflicht)
§ 8	(Rechteübertragung)
§ 9	(Proben)
§ 10	(Ruhezeiten)
§ 12	Abs. 1 bis 5 und 7 sowie Abs. 6, soweit eine Urlaubsvergütung gezahlt wird (Vergütung)
§ 25	(Bühnenkleidung)
§ 26	(Ersatz von Aufwendungen bei auswärtiger Arbeitsleistung)
§ 27	(Krankenbezüge)
§ 27 a	(Übergangsvorschrift zu den Krankenbezügen)
§ 28	(Anzeige- und Nachweispflichten)
§ 29	(Forderungsübergang bei Dritthaftung)
§ 40	Abs. 1 Satz 1 und 2 sowie Abs. 2 Satz 1 (Gastierurlaub, Aushilfen)
§ 41	(Zusatzversorgung)
§ 43	Abs. 1 (Ordentliche Kündigung)
§ 44	(Außerordentliche Kündigung)
§ 45	Abs. 1, 2, 4 und 5 (Erwerbsminderung)
§ 47	(Ordnungsausschuss)
§ 53	(Bühnenschiedsgerichtsbarkeit)
§ 54	(Besondere Mitwirkungspflicht – Solo)
§ 55	(Proben – Solo)
§ 56	(Ruhezeiten – Solo)
§ 57	Abs. 1 mit der Maßgabe, dass das Solomitglied nur Anspruch auf einen freien Tag wöchentlich hat, Absatz 2 sowie Absätze 4 und 5 jeweils mit der Maßgabe, dass sich der Absatz nur auf den freien Tag bezieht, (Freie Tage – Solo)
§ 58	Abs. 1 Unterabs. 1 Satz 1 und Unterabs. 2 (Vergütung – Solo)
§ 59	(Rechteabgeltung – Solo)
§ 60	(Vermittlungsgebühr – Solo)
§ 98	(Ausschlussfristen)
§ 99	(Öffnungsklausel)
§ 101	Abs. 1 und 3 1. Spiegelstrich sowie Abs. 4 (Inkrafttreten, Laufzeit)

Schrifttum: Bolwin/Sponer, Bühnentarifrecht (Band 1), *Riepenhausen,* Das Arbeitsrecht der Bühne, 1956 (Ergänzungsband 1965); *Kurz,* Praxishandbuch Theaterrecht, München 1999; Deutscher Bühnenverein (Hrsg.), Bühnen- und Musikrecht, Loseblattsamml., Stand Juli 2007; *Schulz,* Bühnenschiedsgerichtsbarkeit und befristeter Bühnenanstellungsvertrag, UFITA-Schriftenreihe, Bd. 148, 1998; *Opolony,* Schriftform bei befristeten Bühnenarbeitsverhältnissen, ZUM 2003, 358,

Anmerkungen

1. Sachverhalt. Die Kunst und ihre grundgesetzlich geschützte Bedeutung formt an vielen Stellen die Anwendung des Arbeitsrechts im Bereich der Bühnen, so auch bei dem Künstler-Arbeitsvertrag im Geltungsbereich des Normalvertrages Bühne (NV Bühne). Danach gebietet es die Kunstfreiheit des Bühnenunternehmens, ihm die Freiheit zu lassen, nicht nur über die Auswahl und Einstellung der Bühnenkünstler zu entscheiden, sondern auch über die Frage der Modalitäten des Arbeitsverhältnisses und in gewissem Umfange auch über seinen Inhalt und den Umfang des Weisungsrechts. Die beim Künstler-Arbeitsvertrag übliche Befristung der Arbeitsverhältnisse wird allgemein als zulässig angesehen (BAG AP BGB § 620 befristeter Arbeitsvertrag Nr. 34). Regelmäßig wird hierbei der Befristungsgrund des § 14 Abs. 1 S. 2 Nr. 4 Teilzeitbefristungsgesetz (TzBfG) angenommen (ErfK/Müller-Glöge TzBfG § 14 Rn. 66). Aus den tariflichen Bestimmungen des NV Bühne ergibt sich, dass die Tarifvertragsparteien vom Regelfall der Befristung des Arbeitsverhältnisses des Bühnenkünstlers ausgehen. § 2 Abs. 2 des NV Bühne sieht ausdrücklich vor, dass der Arbeitsvertrag mit Rücksicht auf die künstlerischen Belange der Bühnen ein „Zeitvertrag" ist. Dem entspricht auch die Regelung in § 42 NV Bühne, die auf die Nichtverlängerungsmitteilung als Beendigungsmöglichkeit für die einzelnen Berufsgruppen verweist, deren Voraussetzungen in den §§ 61, 69, 83 und 96 NV Bühne geregelt sind. Zu beachten ist jedoch, dass auf der Seite des Künstlers die Arbeitsleistung Einfluss auf die künstlerische Entfaltung und Erscheinung des Theaterbetriebes oder die Theaterdarbietungen und ihr Zustandekommen haben muss, um die in § 1 NV Bühne vorgesehene Befristung zu rechtfertigen. ZB muss der Künstler entweder direkt an der Aufführung eines Stückes mitwirken wie ein Einzeldarsteller, Kapellmeister oder Souffleur, oder er muss die Aufführung selbst mitgestalten durch Überwachung der konzeptionsgemäßen Umsetzung (vgl. BAG AP BGB § 611 Bühnenengagementsvertrag Nr. 49). In § 1 Abs. 1–4 NV Bühne haben die Tarifvertragsparteien den persönlichen Geltungsbereich des Tarifvertrages festgelegt. Erfasst werden im Einzelnen genannte künstlerische Mitarbeiter wie Chormitglieder und Personen in ähnlicher Stellung, Bühnentechniker, Opernchor- und Tanzgruppenmitglieder. Zu beachten ist, dass auch die Aufzählung in § 1 Abs. 2 NV Bühne für Solomitglieder nur Indizcharakter hat, es muss also in jedem Falle überprüft werden, ob der betreffende Arbeitnehmer tatsächlich auch durch seine Tätigkeit Einfluss auf die künstlerische Aufgabe des Theaters nehmen kann. Für technische Angestellte mit künstlerischer Tätigkeit gilt der Normalvertrag Bühne Allgemeiner Teil (AT) mit den Sonderregeln (SR) Bühnentechniker (→ Form. 56).

2. Wahl des Formulars. Das Bühnenarbeitsrecht wird maßgeblich durch den einschlägigen Tarifvertrag geprägt, nämlich den Normalvertrag Bühne (NV Bühne). Das Wort „Normalvertrag" ist heute außerhalb des Theaters nicht mehr gebräuchlich, meint aber einen „normalen" Tarifvertrag, der den Vorgaben des Tarifvertragsgesetzes genügt. Die Tarifvertragsparteien haben dennoch in ihrer alten Tradition an dem Begriff „Normalvertrag" festgehalten, weil bereits die erste diesbezügliche Regelung im Bühnenbereich diese Bezeichnung führte: der Normalvertrag Solo vom 1.5.1924. Der NV Bühne ist ein noch recht junger Tarifvertrag, der am 1.1.2003 in Kraft getreten ist. Zuvor herrschte eine häufig kritisierte Vielfalt von verschiedenen Tarifverträgen, die der Deutsche Bühnenverein mit den drei Künstlergewerkschaften durch eine umfangreiche Reform und Vereinheitlichung der Tarifverträge beseitigt hat. Vor dem Inkrafttreten des NV Bühne bestanden für die jeweiligen Künstlergruppen gesonderte Tarifverträge: So für die Solisten der Normalvertrag Solo, für die überwiegend künstlerisch tätigen Bühnentechniker der Bühnentechnikertarifvertrag (BTT), für die Chorsänger der Normalvertrag Chor und für die Gruppentänzer der Normalvertrag Tanz. Zu beachten ist, dass vor Begründung eines Arbeitsverhältnisses auf Grundlage dieses Formulars bei nicht eindeutigen Solo-Mitgliedern wie zB Schauspielern und Sängern, insbesondere bei „Personen in ähnlicher Stellung“ in jedem Fall genau geprüft werden muss, ob der betreffende Arbeitnehmer tatsächlich auch durch seine Tätigkeit Einfluss auf die künstlerische Aufgabe des Theaters nehmen kann, ob er also eigene Gestaltungsmöglichkeiten bei der Berufsausübung wahrnimmt. Zwar haben die Tarifvertragsparteien des NV Bühne im Bereich des Bühnenarbeitsrechts einen weiten Gestaltungsspielraum bei der Festlegung des Kreises der Beschäftigten, der künstlerische Tätigkeiten ausübt. Eindeutig mag dies bei Einzeldarstellern, oder beispielsweise auch bei Bühnenbildnern oder Kostümbildnern sein. Bei Referenten und Assistenten von Intendanten und ähnlichen Mitarbeitern im Bereich des künstlerischen Betriebs sowie der Pressereferenten und Referenten der Öffentlichkeitsarbeit, kann es im Streitfall jedoch darauf ankommen, ob die tatsächlichen „künstlerischen Freiräume“ dieser jeweiligen Arbeitnehmer auch tatsächlich einen gewissen Umfang hatten. Das vorliegende Formular ist daher nur rechtssicher auf solche Bühnenmitglieder anzuwenden, die durch ihre künstlerische Tätigkeit unmittelbar an der Erarbeitung und Umsetzung eines Werkes mitarbeiten (BAG Urt. v. 16.11.1995 – 6 AZR 229/95). Im Anwendungsbereich des NV Bühne, also für Solisten, Bühnentechniker, Chorsänger und Tänzer sind das befristete Arbeitsverhältnis und eine bloß befristete Fortsetzung des Arbeitsverhältnisses mit Rücksicht auf die künstlerischen Belange „die Regel“ (§ 2 Abs. 2 NV Bühne). Aufgrund neuester Entscheidung des Europäischen Gerichtshofs (EuGH) ist dahingehend das unbefristete Arbeitsverhältnis die Norm (EuGH, Urt. v. 25.10.2018 – C-331/17 – „Sciotto“ Rn. 30, 31). Der für die Kontrolle von Befristungen zuständige 7. Senat des BAG erlaubt an Bühnen Befristungen aufgrund der Eigenart der künstlerischen Tätigkeit (§ 14 Abs. 1 Satz 2 Nr. 4 TzBfG) unter Abwägung mit der Berufsfreiheit des Arbeitnehmers, wobei sich der Senat an die Abwägung der Tarifvertragsparteien bisher noch gebunden fühlt (BAG, Urt. v. 13.12.2017 – 7 AZR 369/16 – „Maskenbildnerin II“; Kuckuk, NZA 2019, 22; Schneider, EuZA 2019, 362). Zu den Personen in ähnlicher Stellung iSd § 1 Abs. 1 UAbs. 3 NV Bühne gehörten bereits unter Geltung des früheren NV Solo zB der Chefdisponent und der Leiter des Künstlerischen Betriebsbüros, die in § 1 Abs. 2 NV Bühne heute in der Aufzählung ausdrücklich genannt sind. Nicht zu diesem Personenkreis gehören nach der höchstrichterlichen Rechtsprechung ua Intendanzsekretäre und Konzertstimmer. Zu solchen Beschäftigten an Theatern mit der aufgrund von § 14 TzBfG gebotenen Nähe zur Produktion, wurden von der Rechtsprechung beispielsweise der Theatermaler (vgl. BOSchG Az.: BOSchG 23/97) sowie ferner der Theaterpädagoge (LAG Köln 17.6.1993 – 6 Sa 190/93) gerechnet. Die Wirksamkeit der Befristungspraxis an deutschen Bühnen ist wieder in der Diskussion, seitdem der EuGH in der Rechtssache der Balletttänzerin Martina Sciotto gegen ihren Arbeitgeber ein italienisches Gesetz, das abweichend vom italienischen Befristungsrecht unbeschränkt Befristungen für künstlerisch und technisch Beschäftigte zugelassen hat, kassiert hat. Aufgrund der Rechtsprechung zum institutionellen Rechtsmissbrauch (siehe auch Schneider in: HK-NV Bühne 3. Auflage, § 61 Rn. 14, 32) dürfte wohl mit Ausnahme von Arbeitsverträgen mit Solisten (Schauspieler, Solosänger, Tänzer, Kapellmeister u.a.) § 14 Abs. 1 Satz 2 Nr. 4 TzBfG insbesondere für Beschäftigte mit künstlerisch-technischer Ausrichtung keinen Freibrief für eine wirksame Befristung bieten, erst recht nicht, wenn die Beschäftigung mehr als 15 Jahre bestand.

Die nicht künstlerisch Beschäftigten an den Theatern unterliegen hingegen dem Tarifrecht des Öffentlichen Dienstes. Inzwischen gibt es im Tarifgefüge des Öffentlichen Dienstes keine „Tarifeinheit“ mehr, dh es gibt nunmehr einen Tarifvertrag für den Öffentlichen Dienst (TVöD), den der Bund und die Vereinigung der Kommunalen Arbeitgeberverbände (VKA) mit ver.di ausgehandelt haben sowie einen Tarifvertrag für den Öffentlichen Dienst der Länder (TV-L), der für die Beschäftigten der Bundesländer gilt.

3. **Vertragsgegenstand.** Der Bühnen-Arbeitsvertrag ist ein Zeitvertrag (§ 620 BGB), der automatisch an dem Tag ausläuft, der als Endtermin im Vertrag genannt worden ist. Die Befristung der Arbeitsverhältnisse der Bühnenkünstler wird allgemein als zulässig angesehen (→ Anm. 2 und 4). Aus den einschlägigen tariflichen Bestimmungen ergibt sich, dass die Tarifvertragsparteien vom Regelfall der Befristung des Arbeitsverhältnisses des Bühnenkünstlers ausgehen. Die Rechtsprechung des Bundesarbeitsgerichts hat schon lange vor dem Inkrafttreten des Teilzeitbefristungsgesetzes die Befristung von Arbeitsverhältnissen mit Bühnenkünstlern mit der Aufgabe des Intendanten gerechtfertigt, sein künstlerisches Konzept mit den ihm dafür als geeignet erscheinenden Künstlern zu verwirklichen sowie mit dem Abwechselungsbedürfnis des Publikums (s. hierzu auch sehr instruktiv Kurtz S. 260 ff.). Für Streitigkeiten, die in arbeitsrechtlichen Fragen beim Bühnenarbeitsvertrag entstehen, haben die Tarifvertragsparteien ausschließlich zuständige Schiedsgerichte eingerichtet. Die entsprechende Schiedsklausel findet sich in § 53 NV Bühne. § 101 Abs. 2 Arbeitsgerichtsgesetz (ArbGG) lässt ausdrücklich eine Schiedsklausel in einem Tarifvertrag für Bühnenkünstler zu. Zu beachten ist, dass diese nur für tarifgebundene Personen, also für Arbeitgeber, die dem Deutschen Bühnenverein angehören, und Arbeitnehmer, die entweder der GDBA oder der VDO angehören, gilt. Das ArbGG dehnt die Zuständigkeit der Schiedsgerichte aber auch auf Arbeitsvertragsparteien aus, deren Verhältnisse sich aus anderen Gründen nach dem Tarifvertrag regeln, wenn die Parteien dies ausdrücklich und schriftlich vereinbart haben (§ 101 Abs. 1 S. 3 ArbGG). Der Arbeitsvertrag muss auf den NV Bühne in zulässiger Weise Bezug nehmen und eine Schiedsklausel enthalten. Der Bühnenarbeitsvertrag ist schriftlich abzuschließen (§ 2 Abs. 1 NV Bühne).

Auf das besondere Schriftformerfordernis bei der Befristung eines Arbeitsvertrages ist nochmals besonders hinzuweisen (§ 14 Abs. 4 TzBfG). Dies insbesondere vor dem Hintergrund, dass der NV Bühne in § 2 Abs. 1 die Verwendung eines bestimmten Musters verlangt. Die Schriftform des § 14 Abs. 4 TzBfG wird somit nur dann eingehalten, wenn bei Vertragsabschluss das entsprechend normierte Formular verwendet wird. Wird dieses Erfordernis nicht gewahrt, ist die Befristung wohl unwirksam und es entsteht ein unbefristetes Arbeitsverhältnis (§ 16 TzBfG).

Der Normalvertrag gilt grundsätzlich wie jeder Tarifvertrag nur für Arbeitnehmer. Selbständig tätige Künstler, wie freischaffende Solisten, zB Sänger, werden daher vom NV Bühne nicht erfasst. Nach einem neueren Urteil des Bundesarbeitsgerichts (BAG Urt. v. 7.2.2007 – 5 AZR 270/06) sind Schauspieler und Sänger selbständig, wenn sie als Gäste nur begrenzt in dem Probenbetrieb für die späteren Aufführungen einbezogen werden und vor allem die Aufführungstermine im Gastvertrag abschließend vereinbart sind. Dies bedeutet, dass mit Ausnahme der Entgeltzahlungen keine Weisungsunterworfenheit des Gastes insbesondere hinsichtlich Zeit, Ort und Art der von ihm zu leistenden Tätigkeit vorliegen darf (vgl. zur Abgrenzung selbständig Tätiger von sogenannter „Scheinselbständigkeit" insbesondere gesetzliche neue Definition des Arbeitnehmerbegriffs in § 611a BGB, wonach es zentral auf Merkmal der Weisungsabhängigkeit ankommt; vgl. zur sozialversicherungsrechtlichen Abgrenzung ferner jüngst BSG Urt. v. 14.3.2018 – B 12 KR 17-16 R sogenannter Rosenheim-Cop-Fall).

Der NV Bühne gilt nicht für sogenannte „Gäste" (vgl. hierzu Gastvertrag Einzelveranstaltung). Hier regelt § 1 Abs. 5 UAbs. 1 NV Bühne ausdrücklich, dass für Solomitglieder, mit denen Gastspielverträge abgeschlossen werden, nur die Vorschriften der §§ 53 (Bühnenschiedsgerichtsbarkeit), 60 (Vermittlungsgebühr) und 98 (Ausschlussfristen) Anwendung finden (zum Gastvertrag Schauspieler/Sänger/Tänzer → Form. 54b). Durch den am 1.8.2019 in Kraft getretenen 11. Änderungs-Tarifvertrag zum NV Bühne ist neben der letzten Änderung des NV Bühne, die für Gastverträge von Solokünstlern in § 1a NV Bühne eine Mindestgage vorsieht (→ Anm. 6) für Sänger und Tänzer im neuen § 1 Abs. 5 NV Bühne eine Erweiterung vorgenommen worden.

Nach § 1 Abs. 7 gilt der NV Bühne für Privattheater nur einschränkend. Ein Privattheater liegt vor, wenn es von einer natürlichen Person oder von einem Zusammenschluss natürlicher Personen oder von einer juristischen Person privaten Rechts, an der keine Person öffentlichen Rechts beteiligt ist, getragen wird.

Für Privattheater sind nur die Vorschriften des NV Bühne relevant, die in der Anlage 1 zum NV Bühne aufgeführt sind. Neu sind dabei insbesondere die nachfolgenden Nummern:

Nr. 2 (§ 6 Abs. 4 NV Bühne
Nr. 4 (§ 27 NV Bühne)
Nr. 10 (§ 55 NV Bühne)
Nr. 11 (§ 56 NV Bühne) und
Nr. 12 (§ 57 NV Bühne).

Für Privattheater ist die Änderung des § 57 NV Bühne – freie Tage – solo (Nr. 12) von besonderer Relevanz. Um einerseits dem Arbeitszeitgesetz Genüge zu tun, andererseits die nur tarifvertraglich zulässige Verlängerung des Ausgleichzeitraums für die Gewährung der freien Tage auch für Privattheater zu erreichen, gilt der neue § 57 NV Bühne für Privattheater mit der Maßgabe, dass (nur) ein freier Tag wöchentlich zu gewähren ist. Die nachfolgenden Absätze des § 57 NV Bühne gelten daher auch nur insoweit, als es sich um den einen (ganzen) freien Tag handelt. Der darüberhinausgehende halbe freie Tag je Woche findet für Privattheater dagegen keine Anwendung.

Zu beachten ist, dass der Solo-Bereich keine Arbeitszeitregelung normiert und sich nach § 5 Abs. 1 NV Bühne die Arbeitszeit aus der Dauer der Proben und der Aufführungen oder der arbeitsvertraglich vereinbarten Arbeitszeit ergibt. Ein neu in § 6 NV Bühne – Arbeitseinteilung – eingefügter Absatz 1a legt fest, dass alle unmittelbar an einer Premierenvorstellung beteiligten Solo-Mitglieder, Opernchorsänger und Tanzgruppenmitglieder am ersten Werktag (= Montag – Samstag außer feiertags) nur zur Teilnahme an Aufführungen sowie den damit zusammenhängenden Tätigkeiten verpflichtet sind, also insbesondere nicht Proben müssen. Dieser probenfreie Werktag wird nur nach der ersten Premieren-Aufführung gewährt, also nicht nach einer sogenannten B-Premiere oder einer Übernahme-Premiere am anderen Standort des gleichen Arbeitgebers. Soweit an diesem Werkvertrag für das betroffene Mitglied keine Vorstellung stattfindet, kann auf diesen Tag selbstverständlich der freie (Werk-)Tag für dieses Mitglied gelegt werden. In einer Protokollnotiz zu § 6 NV Bühne wird klargestellt, dass für alle Mitglieder an ganzen und halben freien Tagen keine Erreichbarkeitspflicht iSv § 6 Abs. 4 NV Bühne besteht. Nach einem freien Tag bzw. nach einem halben freien Tag am Nachmittag muss das Bühnenmitglied allerdings spätestens am anderen Morgen seine üblichen Informationskanäle (Anrufbeantworter, Mobiltelefon, E-Mail) wieder in Betrieb nehmen und abhören. Entgegen der sogenannten „Diensteregelung“, die im Bereich des Chors (vgl. BT SR Chor) ausnahmsweise durch einen Haustarifvertrag eingeführt werden kann (vgl. ausdrücklich § 5 Abs. 2 NV Bühne), sieht der Solo-Bereich indes keine Teilzeitmöglichkeit vor. Insoweit stellt § 55 Abs. 1 NV Bühne auch noch einmal klar, dass sich die Dauer einer Probe und die Lage der Pausen aus den künstlerischen Belangen der Bühne ergibt und sich hier grundsätzlich – mit Ausnahme der gesetzlichen Arbeitszeitgrenzen des Arbeitszeitgesetzes – aus dem NV Bühne selbst keine Einschränkungen ergeben. Darauf hinzuweisen ist, dass tarifvertraglich die Möglichkeit der Vereinbarung von Teilzeitarbeit aus den angeführten Gründen nicht vorgesehen ist und daher nicht in Betracht kommt. Ob sich diese Position im Lichte der gesetzlichen Regelungen im TzBfG halten lässt, bleibt auch in Anbetracht der jüngst gesetzlichen Einführung einer Brückenteilzeit im neu eingefügten § 9a TzBfG einer höchstrichterlichen Klärung vorbehalten. Während für Bühnentechniker die Teilzeit tarifvertraglich ohne weitere Beschränkungen zugelassen ist (vgl. § 5 Abs. 3 S. 1 NV Bühne) und hier die gesetzlichen Regelungen uneingeschränkt zur Anwendung kommen, ist bei einem Solo-Mitglied bei Stellung eines Teilzeitantrages dennoch im Umgang mit diesem zu empfehlen, bei einem möglichen Antrag auf Teilzeit die Vorgaben der §§ 7–9a TzBfG genauso wie bei allen anderen Arbeitnehmern zu beachten.

Hingewiesen sei darauf, dass nach den neu eingefügten §§ 52a–d NV Bühne wie bereits zuvor bei Chor und Orchester nunmehr auch im Solo- und Bühnentechnikerbereich Vorstände zu wählen sind, die die Interessen ihrer Sparten gegenüber der Theaterleitung vertreten; sie treten insoweit an die Stelle der bisherigen Spartensprecher. Insbesondere sind sie vor einer Verkürzung der Ruhezeiten nach §§ 56, 65 NV Bühne anzuhören. Außerdem können sie Bedenken gegen die Spielzeitplanung vorbringen, die der Intendant zu berücksichtigen hat (vgl. zu künstlerischen Vorständen vertiefend *Benclowitz*, Künstlerische Vorstände und Tendenzschutz, 2018).

4. Vertragsdauer. Ist der Bühnenarbeitsvertrag mindestens für die Dauer eines Jahres (einer Spielzeit) entsprechend § 2 Nr. 2 NV Bühne AT abgeschlossen worden, bedarf dieser zur Beendigung einer Nichtverlängerungsmitteilung (§ 61 NV Bühne SR Solo). Erfolgt eine solche Mitteilung nicht, verlängert sich das Arbeitsverhältnis um ein weiteres Jahr (eine weitere Spielzeit). Die Nichtverlängerungsmitteilung kann einer Kündigung nicht gleichgestellt werden, da durch sie keine Rechtsgestaltung hinsichtlich des Arbeitsvertrages eintritt, sondern lediglich verhindert wird, dass eine Fortsetzung des Arbeitsverhältnisses über den Befristungszeitraum hinaus erfolgt. Besondere Kündigungsschutzvorschriften gelten für sie ebenso wenig wie die Beteiligungsrechte von Betriebs- bzw. Personalräten (BAG NZA 1991, 925). Nach dem Nichtverlängerungsrecht des NV Bühne kann eine Nichtverlängerungsmitteilung erst nach Anhörung des Künstlers ausgesprochen werden. Die Anhörung hat durch den Arbeitgeber zu erfolgen. Zu beachten ist, dass also diejenige Person tätig werden muss, die Arbeitgeberfunktion hat, die auch zum Ausspruch einer Nichtverlängerungsmitteilung berechtigt ist. Wer im Einzelnen diese Befugnisse hat, ergibt sich aus den gesetzlichen Grundlagen. Im Anhörungsgespräch sind dem Künstler die Gründe für die beabsichtigte Beendigung mitzuteilen. Hierbei bedarf die Nichtverlängerungsmitteilung nach § 61 NV Bühne, die zur Beendigung des Dienstverhältnisses führen soll, grundsätzlich keines sie rechtfertigenden Grundes. Sie kann auch aus betrieblichen oder finanziellen Gründen erfolgen (BAG NZA 1999, 442). Bei der Anhörung geht es nach der Rechtsprechung des BAG nicht um die Darlegung objektiver Gründe für die Nichtverlängerung des Arbeitsverhältnisses, sondern allein um die Offenlegung der subjektiven Motivation des jeweiligen Intendanten bzw. der über die Nichtverlängerung entscheidenden Person (BAG NZA 1999, 442). Die Nichtverlängerungsmitteilung darf nur nicht willkürlich erscheinen oder rechtswidrig sein. Bei der Anhörung iSv § 61 Abs. 4 NV Bühne ist darauf zu achten, dass dem Bühnenmitglied die aus der Sicht des Intendanten für die Nichtverlängerung maßgeblichen Gründe mitgeteilt werden, so dass pauschale Begründungen zu vermeiden sind. Die Nichtverlängerungsmitteilung selbst bedarf schließlich der Schriftform (§ 61 Abs. 2 NV Bühne SR Solo).

Besonderer Schutz vor einer Nichtverlängerung besteht nach § 61 Abs. 3a NV Bühne bei einer Schwangerschaft. Auf einen Intendantenwechsel als Nichtverlängerungsgrund darf sich der Intendant nach der Sonderregel des Unterabs. 3 jedoch auch in der ersten Spielzeit nach Ablauf der Schonfristen noch berufen.

Bei einer Betriebszugehörigkeit von mehr als 15 Jahren bzw. Spielzeiten ist aufgrund des in § 61 Abs. 3 NV Bühne normierten besonderen Bestandsschutzes langjährig beschäftigter Bühnenkünstler ferner zu beachten, dass bei diesen Solisten eine Nichtverlängerungsmitteilung nur noch zwecks Änderung der Arbeitsbedingungen (sogenannte Änderungsmitteilung) ausgesprochen werden kann, eine Beendigung daher nicht mehr möglich ist. Das bei einer Änderungsmitteilung dem Künstler in der Anhörung zu unterbreitende Änderungsangebot kann auch schlechtere Konditionen beinhalten als der frühere Arbeitsvertrag. Nach der Rechtsprechung der BAG ist als Maßstab für ihre Rechtfertigung die Regelung des § 315 Abs. 1 BGB heranzuziehen. Welche Veränderungen noch billigem Ermessen entsprechen, kann nur in dem jeweiligen Einzelfall bestimmt werden. Hinsichtlich der finanziellen Veränderung wird häufig die Auffassung vertreten, dass eine Kürzung der Gage um 30 % zulässig sein soll (*Bolwin/Sponer* § 51 NV Bühne Rn. 118). Zu beachten ist, dass die Nichtverlängerungsmitteilung zur Änderung der Arbeitsbedingungen bei den „tariflich unkündbaren" Künstlern den gleichen Prüfungsmaßstäben unterliegt, die für die Nichtverlängerungsmitteilung zur Beendigung des Beschäftigungsverhältnisses gelten. Sie kann nur unwirksam sein, wenn das im Nichtverlängerungsrecht des NV Bühne vorgesehene Verfahren nicht eingehalten worden ist oder aber wenn sie eine unzulässige Rechtsausübung darstellt.

In diesem Zusammenhang ist noch auf die tarifvertraglich vorgesehene Möglichkeit einer Nichtanrechnungsvereinbarung von Spielzeiten gem. § 61 Abs. 3 Unterabs. 3 NV Bühne hinzuweisen. Nach dieser Vorschrift können Arbeitgeber und Bühnenmitglied, soweit ein Arbeitsverhältnis am Ende einer Spielzeit bei derselben Bühne ununterbrochen mehr als 8 Jahre (Spielzeiten) besteht, vertraglich vereinbaren, dass bis zu 4 Spielzeiten der nachfolgenden Spielzeiten auf die 15 Jahre nach den Unterabsätzen 1 und 2 des § 61 Abs. 3 NV Bühne – Solo nicht angerechnet werden. Nach der Rechtsprechung stellt § 61 Abs. 3 Unterabs. 3 NV Bühne keine besonderen weiteren Anspruchsvoraussetzungen für deren Wirksamkeit auf (LAG Köln, 16.4.2018 – 2 Sa 854/17). Es müssen also zum Zeitpunkt des Abschlusses dieser „Nichtanrechnungsvereinbarung" beispielsweise keine Anhaltspunkte dafür vorliegen, es könnte jetzt oder später aus künstlerischen oder sonstigen Gründen (z.B. Intendantenwechsel) zum Ausspruch einer Nichtverlängerungsmitteilung kommen. Die Norm des § 61 Abs. 3 Unterabs. 3 NV Bühne will es beiden Vertragsparteien ermöglichen, den Eintritt des Bestandsschutzes des Beschäftigungsverhältnisses bei mehr als 15 Jahren hinauszuschieben. Auf die Motivation des Arbeitgebers, warum er eine derartige Abrede treffen will, kommt es nicht an. Im Lichte der skizzierten Zulässigkeit von Befristungen unter dem Aspekt eines institutionellen Rechtsmissbrauchs nach Unionsrecht dürften derzeit daher entsprechende Vereinbarungen im Solo-Bereich noch „gerichtsfest" sein.

Durch den 10. Änderungstarifvertrag zum NV Bühne eingefügt wurde in § 61 Abs. 2 Satz 3 NV Bühne, dass die Sätze 1 und 2 dieses Absatzes keine Anwendung finden, wenn die Befristung des Arbeitsverhältnisses auf einem sachlichen Grund nach § 14 Abs. 1 Satz 2 Nr. 3 (Vertretung) oder Nr. 8 (gerichtlicher Vergleich) TzBfG beruht. Gleichfalls eingefügt wurde der Abs. 3a, wonach der Ausspruch einer Nichtverlängerungsmitteilung nach den Abs. 2 und 3 gegenüber einer Frau während der Schwangerschaft grundsätzlich unzulässig ist (Sonderregelung bei bevorstehendem Intendantenwechsel). Mit dem 11. Änderungstarifvertrag zum NV Bühne ist in § 42 NV Bühne ein neuer Abs. 2 neu eingeführt worden, der nunmehr darüber hinaus auch noch einen Schutz vor beendenden Nichtverlängerungsmitteilungen für jeweils 2 Funktionsträger der beiden NV Bühne-Gewerkschaften an der Bühne vorsieht. Hiervon unberührt bleibt die Möglichkeit, während der gesamten Amtszeit dieser Funktionsträger eine Änderungsnichtverlängerungsmitteilung auszusprechen, um das Arbeitsverhältnis zu anderen Arbeitsbedingungen an derselben Bühne fortzusetzen.

Neu tarifvertraglich normiert ist im Rahmen von Nichtverlängerungsmitteilungen ferner, dass das NV Bühne-Mitglied nunmehr im Anhörungsgespräch einen am Theater Beschäftigten oder einen Vertreter satzungsgemäßer Organe der NV Bühne-Gewerkschaften als Vertrauensperson mitbringen darf und auf Arbeitgeberseite Beschäftigte des Theaters und Rechtsträgervertreter teilnehmen dürfen (§ 61 Abs. 4 NV Bühne). Außerdem wurde in § 61 Abs. 3 Unterabs. 2 eine Klarstellung zur Aussetzungsklausel im Nichtverlängerungsrecht dahingehend vorgenommen, dass die bis zu 4-jährige Aussetzungsvereinbarung auch für Jahre abgeschlossen werden darf, bei denen ohne diese Vereinbarung nach der 15. Spielzeit bereits der Schutz vor beendenden Nichtverlängerungsmitteilungen eingreifen würde. Im Lichte der „Sciotto"-Entscheidung des EuGH ist allerdings bei künstlerisch-technischen Berufen im Zweifel von dieser Anrechnungsmöglichkeit abzuraten, um bei über 15 Jahre bestehenden Arbeitsverhältnissen unionsrechtlich nicht Probleme zu bekommen. Bei Arbeitsverträgen mit Solisten (Schauspieler/Solosänger/Tänzer/Kapellmeister u.a.) ist derzeit indes nicht damit zu rechnen, dass das BAG entsprechende Nichtanrechnungsvereinbarungen unter dem Gesichtspunkt des institutionellen Rechtsmissbrauchs beanstandet.

Aufgrund § 43 Abs. 1 NV Bühne ist es den Arbeitsvertragsparteien auch möglich, im Bühnenarbeitsvertrag ein Kündigungsrecht zum Ende einer Spielzeit einzuräumen. Für das Theater ist ein solches Recht jedoch dann problematisch, wenn das Arbeitsverhältnis über ein halbes Jahr bestanden hat, da dann die Beschränkungen des Kündigungsschutzgesetzes gelten, es insbesondere auf die „soziale Rechtfertigung" der Kündigung ankommt. Eine Kündigung aus wichtigem Grund, also eine außerordentliche fristlose Kündigung kann nach den allgemeinen vertragsrechtlichen Grundsätzen weder im Tarifvertrag noch im Individualvertrag ausgeschlossen werden. Dementsprechend hat § 44 NV Bühne nur deklaratorische Bedeutung, dh außerordentliche Kündigungen sind schon aufgrund von § 626 BGB immer möglich, wenn ein wichtiger Grund vorliegt.

5. Medienklausel Zu beachten ist, dass § 8 Abs. 5 NV Bühne die Regelung enthält, dass die dem Künstler zustehenden Vergütungen mit der vereinbarten Vergütung abgegolten sind. Das bedeutet, dass grundsätzlich auch die durch den Arbeitsvertrag betroffenen Leistungsschutzrechte mit der Gage abgegolten sind. Damit sind insbesondere die Vergütungsansprüche aus der Zweitverwertung gemäß den §§ 78 f. UrhG von der Übertragung umfasst. Um ferner Konflikte mit dem Persönlichkeitsrecht insbesondere bei Werbemaßnahmen in *social media* zu vermeiden sollte aufgrund der DS-GVO aus Gründen des Datenschutzes einerseits und aufgrund des Rechts am eigenen Bild (vgl. §§ 22, 23 KUG) darauf geachtet werden, sicherheitshalber die Einwilligung des Künstlers explizit hinsichtlich der beabsichtigten Nutzungen einzuholen. Zwar besteht für das Theater wegen der tariflichen Regelung in § 8 NV Bühne (Rechteklausel) die Möglichkeit der öffentlichen Zugänglichmachung im Sinne von § 19a UrhG, jedoch ist es aufgrund der Vorgaben des KUG sowie der DS-GVO, wonach Fotos als personenbezogene Daten iSd Art. 4 Nr. 1 DS-GVO gelten, aus Gründen der Rechtssicherheit trotz des Ausnahmetatbestandes des § 23 Abs. 1 Nr. 2 KUG zu empfehlen, Veröffentlichungen von Fotos nicht ohne die Zustimmung des Künstlers vorzunehmen.

Ebenso ist zu beachten, dass die Protokoll-Notiz Ziffer 1 zu Absatz 1 Satz 2 des § 51 NV Bühne bei einer Gruppe von Schauspielern bzw. Solisten explizit normiert, dass die Geltendmachung von Leistungsschutzrechten ausdrücklich den in den §§ 48 ff. NV Bühne verankerten künstlerischen Vorständen und nicht den einzelnen Künstlern zugewiesen ist. Die vermögensrechtlichen Ansprüche der durch eine gemeinsame Darbietung entstandenen Künstlergemeinschaft unterliegen gemäß § 80 UrhG einer gesamthänderischen Bindung. Verwertungsrechte können aufgrund dieser durch die genannte Protokoll-Notiz in Bezug genommene urheberrechtliche Vorschrift des § 80 UrhG somit nur durch die Gesamthand geltend gemacht werden (BGH Urt. v. 25.11.2004 – 1 AZR 145/02). Zielsetzung des von den Tarifparteien in den §§ 48 ff. NV Bühne vorgenommen Verweises der Protokoll-Notiz in § 51 NV Bühne auf § 80 UrhG ist der Gedanke der Rechtssicherheit, wonach Rechtseinräumungen an Dritte insbesondere durch einen Vorstand erfolgen müssen (vgl. auch §§ 80 Abs. 2, 74 Abs. 2 S. 2 UrhG; siehe zu der Problematik der Vertretungsbefugnis bei Künstlergruppen ebenso GRUR 2005, 402 – Götterdämmerung). Da den einzelnen Künstlern somit eine Vertretungsbefugnis fehlt, sind sie im Hinblick auf die Geltendmachung entsprechender Vergütungsansprüche aus Leistungsschutzrechten auch nicht aktivlegitimiert.

6. **Vergütung.** Die Höhe der Vergütung für den einzelnen Solisten wird im jeweiligen Arbeitsvertrag festgelegt, muss also zuvor zwischen Intendant und Mitglied individuell ausgehandelt werden. Für Solisten legt der Tarifvertrag allerdings eine Mindestgagenhöhe fest, die inzwischen 2.000 EUR monatlich beträgt (§ 58 NV Bühne). § 58 Abs. 5 gibt den Arbeitsvertragsparteien jetzt die Möglichkeit ein Solomitglied jeweils für 12 Monate von tariflichen Gagenanpassungen auszunehmen. Die erste dieser Möglichkeiten (bisheriger Buchst. a in § 58 Abs. 5 NV Bühne), nämlich bei einem Neuengagement, wird für alle Arbeitsverträge, die ab dem 1.8.2019 abgeschlossen werden, nicht mehr möglich sein. Auch neu engagierte Solomitglieder nehmen somit immer ab dem 1. Tag des geltenden Arbeitsvertrages an Lohnerhöhungen teil. Bereits bekannte oder sicher zu erwartende Vergütungssteigerungen sollen damit bei der ersten Gagenverhandlung einkalkuliert werden. Verändert wurde ebenso die Möglichkeit, eine tarifliche Gagenanpassung nach einer arbeitsvertraglichen Vergütungserhöhung auszuschließen (Buchst. b in § 58 Abs. 5 NV Bühne). Dies ist insoweit für alle ab dem 1.8.2019 neu abgeschlossenen Vereinbarungen nicht mehr möglich, als die spätere tarifliche Gagenanpassung die arbeitsvertragliche Vergütungserhöhung übersteigt. Darüber hinaus erhalten die Solisten entsprechend den im öffentlichen Dienst vereinbarten Tariferhöhungen eine Anpassung ihrer Gagen entsprechend den Änderungen der Grundvergütung des öffentlichen Dienstes durch einen gesonderten Tarifvertrag (§ 58 Abs. 4 NV Bühne). Neben der Vergütung erhalten alle Solisten eine Zuwendung (13. Monatsgehalt). Darüber hinaus besteht für alle Solisten neben der normalen Rentenversicherung (BfA) eine ergänzende Pflichtversicherung bei der Versorgungsanstalt der Deutschen Bühnen (Bayerische Versorgungskammer) (zur urheberrechtlichen Behandlung → Form. IX.52 Anm. 4). Zu beachten ist, dass jetzt auch für Gastspielverträge eine tarifvertragliche Mindestgagenregelung besteht (§ 1a NV Bühne). Die Vorschrift gilt jedoch nicht für Abendeinspringer, die arbeitsrechtlich im Regelfall als selbständig anzusehen sind und bereits deshalb nicht unter den Tarifvertrag fallen. Auch für Extrachormitglieder, die gemeinsam als Extrachor auftreten, gilt die Mindestgagenregelung nicht. Im Übrigen ist darauf hinzuweisen, dass der gesamte § 1 NV Bühne zwingend nur auf Mitglieder der beiden NV Bühne-Gewerkschaften Anwendung findet.

7. **Beschäftigungsanspruch.** § 54 Abs. 2 NV Bühne regelt hierzu, dass der Arbeitgeber die Dienste des Solo-Mitgliedes abzunehmen und dieses angemessen zu beschäftigen hat. Der Anspruch auf Schadenersatz wegen nicht angemessener Beschäftigung beruht auf der Anspruchsgrundlage der §§ 275, 283 und 282 BGB. Diese Bestimmungen bleiben neben § 615 BGB anwendbar, der Schadenersatzanspruch kann also neben dem Anspruch aus Annahmeverzug geltend gemacht werden. Die entsprechende tarifliche Regelung in § 54 Abs. 2 NV Bühne trägt der besonderen Bedeutung der künstlerischen Entfaltung auch mit Blick auf ihre persönlichkeitsrechtliche Ausprägung Rechnung. Wird ein Bühnenkünstler nicht oder nicht angemessen beschäftigt, so kann ihm dadurch in seinem beruflichen Fortkommen ein Schaden erwachsen. Dieser lässt sich nach der Rechtsprechung typischerweise im Einzelfall nicht näher belegen, ist jedoch allgemein anerkannt. Dem Künstler wird nämlich die Möglichkeit genommen, seine Kunst öffentlich zu zeigen, sein Können zu beweisen. Er kann seine künstlerischen Fähigkeiten nicht weiterbilden und erweitern, dadurch können ungünstige Urteile in der Fachöffentlichkeit entstehen. Das gilt insbesondere dann, wenn die Tätigkeit des Künstlers für das Publikum sinnlich wahrnehmbar ist und die Leistung auch dem Künstler differenziert zugeordnet werden kann. Der Anspruch auf angemessene Beschäftigung kann daher auch von solchen Künstlern geltend gemacht werden, die nicht unmittelbar auf der Bühne auftreten, sondern deren künstlerische Leistung, wie bei einem Bühnenbildner, einem Light-Desig-

ner oder einem Kostümbildner wahrgenommen werden kann. Dem entspricht es auch, dass der Beschäftigungsanspruch dem Persönlichkeitsrecht zugeordnet wird. Der Anspruch auf angemessene Beschäftigung gem. § 54 Abs. 2 NV Bühne kann nicht nachgeholt werden und löst bei Nichterfüllung einen Anspruch auf Schadenersatz aus, über dessen Höhe das Gesetz keine konkreten Bestimmungen enthält. Bei dieser Festlegung spielen die Umstände, die zu einer Nichtbeschäftigung des Arbeitnehmers geführt haben, eine besondere Rolle. So lange keine objektiven (zB Theaterschließung) oder neutralen Gründe, die eine Verminderung des regelmäßigen Schadensersatzbetrages rechtfertigen können, vorliegen, legt die Rechtsprechung einen Schadensersatzbetrag von maximal 6 Monatsgehältern zugrunde.

8. Verweisung auf Normalvertrag. Der Normalvertrag gilt unmittelbar und zwingend nur dann, wenn beide Arbeitsvertragsparteien, also auch der Schauspieler oder Sänger tarifgebunden ist (§ 4 Abs. 1 TVG). Bei den sogenannten „nicht tarifgebundenen Arbeitnehmern“ ist aufgrund der Formvorschrift des § 14 Abs. 4 TzBfG bei Verweisung auf den Normalvertrag zwingend darauf zu achten, dass hierfür Schriftform gewahrt wird.

9. Steuern. Die Tätigkeit des Künstlers kann steuerlich in nichtselbstständiger Arbeit (§ 19 Abs. 1 Nr. 1 EStG) oder in den Alternativen selbstständige Arbeit (§ 18 Abs. 1 Nr. 1 EStG) oder gewerblich (§ 15 Abs. 1 Nr. 1 EStG) erbracht werden.

Für die Abgrenzung selbstständig oder nichtselbstständig ist das Gesamtbild der Verhältnisse maßgebend (*Schmidt* EStG § 19 Rn. 21 mwN). Indizien können sein: eigener Verantwortungsbereich, eigene Zeit- und Arbeitseinteilung, nicht die Arbeitskraft, sondern ein bestimmter Erfolg wird geschuldet, uä. Nach § 1 Abs. 2 LStDV liegt ein Dienstverhältnis vor, wenn der Angestellte dem Arbeitgeber seine Arbeitskraft schuldet. Dies ist dann der Fall, wenn die tätige Person in der Betätigung ihres geschäftlichen Willens unter der Leitung des Arbeitgebers steht oder im geschäftlichen Organismus des Arbeitgebers dessen Weisungen zu folgen verpflichtet ist (BFH BStBl. II 1979 S. 188; *Schmidt* EStG § 19 Rn. 22). Der steuerliche Arbeitnehmerbegriff weicht zT ab von dem des Arbeits- und Sozialversicherungsrechtes. Eine auch in der Praxis immer wieder relevante Frage ist, ob neben einem Arbeitsverhältnis zwischen denselben Vertragsparteien auch ein freies Dienstverhältnis („Honorartätigkeit“, „freie Mitarbeit“, „Freelancer“) vereinbart werden kann. Das BAG hatte am 27.6.2017 Gelegenheit, in zwei Entscheidungen (BAG, 27.6.2017 – 9 AZR 851/16 bzw. BAG, 27.6.2017 – 9 AZR 852/16) hierzu Stellung zu nehmen. Im Ergebnis hat es in beiden Fällen ein Nebeneinander von Arbeitsverhältnis und freiem Dienstverhältnis (§ 611 BGB) für möglich angesehen. Entscheidend ist jedoch eine strikte Trennung beider Vertragsverhältnisse in Vertrag und Praxis vorzunehmen. Dem freien Dienstnehmer müssen insbesondere Möglichkeiten zur selbständigen unternehmerischen Gestaltung seiner Tätigkeit verbleiben. In Zweifelsfällen besteht die Möglichkeit nach § 42e EStG, beim Betriebsstättenfinanzamt Auskunft einzuholen, ob und inwieweit im Einzelnen die Vorschriften über die Lohnsteuer anzuwenden sind.

Die Unterscheidung zwischen gewerblicher Tätigkeit und selbstständiger Arbeit erfolgt bei Leistungsverhältnissen der Art, wie sie den → Form. IX.51–57 zugrunde liegen, über das Kriterium künstlerische bzw. schriftstellerische Tätigkeit. Zur künstlerischen Tätigkeit siehe *Herrmann/Heuer/Raupach* EStG § 18 Anm. 101 ff. mwN; zur schriftstellerischen Tätigkeit siehe *Herrmann/Heuer/Raupach* EStG § 18 Anm. 111 ff. mwN; *Thoma,* Künstler oder Gewerbetreibender?, FR 1955, 17; *Wollny,* Kunst und Recht, DStR 1975, 577.

Bei Vertragsabschlüssen mit ausländischen Künstlern ist § 50a Abs. 4 Nr. 1–3 EStG zu beachten. Darüber hinaus finden bei ausländischen Künstlern, die Gastspielreisen im Inland ausüben, die Sondervorschriften des § 50 EStG Anwendung.

Umsatzsteuerbare Leistungen des Künstlers liegen bei Erbringung seiner Leistung im Rahmen eines Dienstverhältnisses (mangels Selbstständigkeit) nicht vor.

10. **Kosten.** Der Gegenstandswert für die anwaltliche Tätigkeit nach §§ 2, 13 RVG iVm VV 2400 (Geschäftsgebühr) richtet sich dann, wenn der Rechtsanwalt beim Zustandekommen des Vertrages mitwirkt, nach § 3 ZPO sowie §§ 16, 17 GKG analog (Jahresverdienst). Ansonsten gilt bei Streitigkeiten über Bestehen oder Nichtbestehen des Arbeitsverhältnisses, insbesondere auch bei Kündigung, § 12 Abs. 7 ArbGG (Vierteljahresverdienst). Bei anwaltlicher Vertretung vor den Bühnenschiedsgerichten fallen nach § 36 RVG die auch vor den Zivil- und Arbeitsgerichten üblichen Verfahrens- und Terminsgebühren an (§ 36 RVG verweist auf Teil 3, Abschnitt 1 u. 2 des Vergütungsverzeichnisses – VV – und damit auch auf VV 3100 ff.). Dabei entsteht im Schiedsverfahren die Terminsgebühr auch dann, wenn ohne mündliche Verhandlung entschieden wird (§ 36 RVG).

52. Gastvertrag (Befristeter Engagementsvertrag für Bühnendarsteller)

a) Gastvertrag Einzelveranstaltung[1, 2, 5, 7, 8]
Schauspieler/Sänger/Tänzer
(Abendvertrag)
Zwischen der/dem .....
vertreten durch.....

– nachfolgend Bühne genannt –

und
Herrn/Frau .....
Anschrift .....
Staatsangehörigkeit .....

– nachfolgend Gast genannt –

wird nachstehender Gastvertrag geschlossen:

§ 1[1, 2, 5] Vertragspflichten des Gastes

1. Der Gast verpflichtet sich, am ..... in der Inszenierung/Neuinszenierung/ Wiederaufnahme des Werkes ..... die Rolle/die Partie des/der ..... als Schauspieler/als Sänger/als Tänzer zu übernehmen.
2. Die Mitwirkungspflicht des Gastes erstreckt sich auch auf Aufzeichnungen auf Bild- und/oder Tonträger sowie Bildtonträger, auf die Übertragung der Darbietung durch Funk (insbesondere Hörfunk und Fernsehen), auf die öffentliche Zugänglichmachung und auf die Wahrnehmbarmachung durch Bildschirm, Lautsprecher oder ähnliche technische Einrichtungen außerhalb des Raums, in dem die Aufführung stattfindet.
3. Der Gast ist außerdem verpflichtet, sich über Beginn und Ort der Aufführung bei der Bühne zu unterrichten und eine halbe Stunde vor Beginn des Aktes, in dem er aufzutreten hat, in dem ihm zugewiesenen Ankleideraum einzufinden. Die von der Bühne festgelegte Applausordnung ist zu beachten.

§ 2[4, 7, 8] Vergütung

Hinweis: Hier muss nach Steuerinländern und Steuerausländern differenziert werden. Bei Steuerinländern ist noch einmal zu unterscheiden, ob der Gast vor Auszahlung der Vergütung eine separate Rechnung stellt oder ob der Vertrag die Rechnung ersetzt. Daraus ergeben sich die nachfolgenden Varianten:

– Regelung für Steuerinländer

3. Der Gast erhält von der Bühne für die vertraglich vereinbarten Leistungen ein von ihm zu versteuerndes Bruttohonorar in Höhe von EUR ..... Der Gast stellt über das Gesamthonorar eine Rechnung, die die nach § 14 Abs. 4 UStG erforderliche Angabe enthält. Eine gegebenenfalls bestehende Umsatzsteuerpflicht des Gastes geht nicht zu Lasten der Bühne.

4. Über das dem Gast gezahlte Honorar erhält das Wohnsitzfinanzamt eine entsprechende Kontrollmitteilung. Der Gast verpflichtet sich, der Bühne seinen Wohnsitz und das für ihn zuständige Wohnsitzfinanzamt anzugeben.

Als Nr. 1 kann alternativ vereinbart werden:

Der Gast erhält von der Bühne für die vertraglich vereinbarten Leistungen ein von ihm zu versteuerndes Bruttohonorar in Höhe von EUR ..... zuzüglich Umsatzsteuer mit einem Steuersatz von 7/19 Prozent in Höhe von EUR .....

Die Steuernummer/Umsatzsteuer-Identifikationsnummer des Gastes lautet: .....

– Regelung für Steuerausländer

3. Der Gast erhält von der Bühne für die vertraglich vereinbarten Leistungen ein Bruttohonorar in Höhe von EUR ..... Die auf dieses Honorar entfallende Umsatzsteuer wird von der Bühne direkt an das zuständige Finanzamt abgeführt.

4. Der Gast hat der Bühne bei Vertragsabschluss anzuzeigen, dass er nicht im Gebiet der Bundesrepublik Deutschland zur Einkommensteuer veranlagt wird. In diesem Fall hat die Bühne einen gesetzlich geregelten Steuerabzug vorzunehmen, es sei denn, die Einbehaltung und Abführung der Steuer kann aufgrund eines Doppelbesteuerungsabkommens entfallen. Der Steuerabzug darf nur unterbleiben, wenn der Gast eine Freistellungsbescheinigung der zuständigen Finanzbehörde vorlegt.

§ 3 Reisekosten

Entstandene Fahrt- und Übernachtungskosten sowie Spesen werden nicht erstattet.

Alternativ:

1. Gegen Nachweis werden wie folgt erstattet:

–

–

–

Ist kein Nachweis der Fahrtkosten möglich, erstattet die Bühne die Kosten, die bei Benutzung der Eisenbahn (1./2. Klasse) entstanden wären.

2. Alle weiteren Kosten sind durch das Honorar abgegolten.

§ 4[2, 4] Nichterfüllung

1. Kann die Bühne aufgrund von höherer Gewalt oder aus anderen Gründen, zB betriebliche Störungen, Streik, notwendige bauliche Maßnahmen, behördliche Anordnung, Theaterbrand, Stromausfall, Verbot durch den Autor oder Erkrankung im Ensemble, Niederlegung der Regie, eine angesetzte Probe/Aufführung nicht in der vorgesehenen Weise durchführen, verliert der Gast seinen Vergütungsanspruch.

2. Geht dem Gast die Absage erst am Tage der Vorstellung zu, behält er seinen Vergütungsanspruch. Sieht dieser Vertrag in § 3 die Erstattung von Reisekosten vor, werden bei Absage Reisekosten erstattet, soweit Aufwendungen entstanden sind.

§ 5[2, 6] Vertragsstrafe

1. Im Falle einer Vertragsverletzung durch den Gast, die zum Abbruch oder Ausfall der Vorstellung führt, ist vom Gast eine Vertragsstrafe zu zahlen. Sie entspricht der Höhe der vereinbarten Vergütung.

2. Der Anspruch auf Erfüllung oder auf Ersatz des über die Vertragsstrafe hinaus entstandenen Schadens ist auch im Falle der Geltendmachung der Vertragsstrafe nicht ausgeschlossen.

§ 6 Haftungsfreistellung

Die Bühne haftet nicht für Sachschäden, die dem Gast infolge leichter Fahrlässigkeit durch die Bühne bzw. ihre Mitarbeiter zugefügt werden.

§ 7[6] Urheber- und Leistungsschutzrechte

1. Der Gast räumt der Bühne das ausschließliche Recht ein, seine Rechte aus §§ 77, 78 UrhG inhaltlich, zeitlich und räumlich unbeschränkt zu nutzen. Darin ist insbesondere auch das Recht zur Aufnahme und Wiedergabe durch Bild- und/oder Tonträger sowie Bildtonträger, das Recht zu Übertragungen durch Funk (insbesondere Hörfunk und Fernsehen) und das Recht der öffentlichen Zugänglichmachung enthalten.
2. Die Vergütung für die nach Nr. 1 eingeräumten Rechte ist mit der nach § 2 gezahlten Vergütung abgegolten, es sei denn, es wird eine abweichende Vereinbarung abgeschlossen.
3. Keinesfalls gesondert zu vergüten ist die Nutzung von Bild- und/oder Tonträgern sowie Bildtonträgern für Reportagesendungen des Rundfunks. Reportagesendungen liegen vor, wenn die Wiedergabezeit sechs Minuten nicht überschreitet und nicht mehr als ein Viertel des Werkes wiedergegeben wird. Dies gilt unabhängig von der Zeit, die zwischen der Aufzeichnung bzw. der Livewiedergabe und der Reportagesendung vergangen ist.
4. Ebenfalls wird keine besondere Vergütung gezahlt, wenn Bild- und/oder Tonträger sowie Bildtonträger lediglich für theatereigene Zwecke verwendet werden. Zu diesen theatereigenen Zwecken gehören auch die Werbezwecke des Arbeitgebers. Auch die Wahrnehmbarmachung nach § 1 Nr. 2 ist mit der Vergütung nach § 2 abgegolten.
5. Für die in Ziff. 1–4 genannten Theaterzwecke räumt der Gast der Bühne ferner das Recht ein, die Aufführung oder Teile hiervon – ggf. live – auch in sonstigen dafür geeigneten Örtlichkeiten (zB public viewing, Übertragung auf Theatervorplatz etc) öffentlich wahrnehmbar zu machen und auszuwerten.

§ 8[6] Bild- und Biographiematerial

1. Der Gast hat der Bühne erforderlichenfalls für Werbe- und Informationszwecke ausreichend Bild- und Biographiematerial über seine Person zur Verfügung zu stellen.
2. Soweit im Rahmen des Vertragsverhältnisses Rechte am eigenen Bild, Fotografie- oder Lichtbildwerkrechte oder sonstige verwandte Rechte (Persönlichkeitsrechte) entstehen, überträgt der Gast derartige Rechte bzw. Auswertungs- und Nutzungsrechte an solchen Rechten im weitest möglichen Umfang ausschließlich, insbesondere für eine nicht beschränkte Anzahl von Auswertungen in allen Medien, zeitlich, inhaltlich und räumlich unbegrenzt, der nach dem Urheberrecht zulässig ist, bereits jetzt, jeweils zum Zeitpunkt ihrer Entstehung ausschließlich auf das Theater. Dies gilt insbesondere für das Recht zur öffentlichen Zugänglichmachung; diese Rechte enden nicht durch die Beendigung des Vertrages, unabhängig von dem Grund einer solchen Vertragsbeendigung. Die in § 2 festgelegte Vergütung umfasst auch das Entgelt für die in diesem Abschnitt übertragenen Nutzungsrechte.

§ 9 Verwendung des Werkes/der Leistung

Die Bühne ist nicht zur Abnahme der Leistung verpflichtet.

§ 10 Staatsangehörigkeit

1. Der Gast hat die . . . . . Staatsangehörigkeit.

2. Soweit der Gast eines Aufenthaltstitels in der Bundesrepublik Deutschland bedarf, kommt dieser Vertrag nur zustande, wenn der Gast den nach den gesetzlichen Bestimmungen erforderlichen Aufenthaltstitel vor Aufnahme seiner Tätigkeit vorlegt.

§ 11 Bühnenvermittlung

1. Der vorliegende Vertrag ist durch die Vermittlung von ..... zu Stande gekommen. Die Vergütung für diese Vermittlung in Höhe von EUR ..... zuzüglich Umsatzsteuer tragen die Bühne und der Gast je zur Hälfte/trägt der Gast alleine.

2. Der Gast erklärt sich damit einverstanden, dass die Bühne den vom Gast zu entrichtenden Teil der Vermittlungsgebühr und der Umsatzsteuer von dem Honoraranspruch des Gastes einbehält und an den Vermittler abführt.

§ 12[9] Ergänzende Bestimmungen

1. Dem Gast ist bekannt, dass die Bühne keine Beiträge zur Sozial- oder Krankenversicherung für ihn abführt. Das Künstlersozialversicherungsgesetz findet Anwendung.

2. Ansprüche aus diesem Vertrag entfallen, wenn sie nicht innerhalb einer Ausschlussfrist von sechs Monaten nach Fälligkeit von dem Gast oder der Bühne schriftlich geltend gemacht werden.

3. Über Rechtsstreitigkeiten zwischen der Bühne und dem Gast entscheiden unter Ausschluss der ordentlichen Gerichte die Schiedsgerichte nach Maßgabe der zwischen dem Bühnenverein einerseits und der Genossenschaft Deutscher Bühnen-Angehöriger sowie der Vereinigung deutscher Opernchöre und Bühnentänzer andererseits vereinbarten Bühnenschiedsgerichtsordnung.

4. Änderungen und Ergänzungen dieses Vertrages bedürfen zu ihrer Wirksamkeit der Schriftform.

5. Es gilt das Recht der Bundesrepublik Deutschland.

6. Für den Fall, dass der Gast keinen Wohnsitz/gewöhnlichen Aufenthaltsort innerhalb Deutschlands hat oder diesen nach Vertragsschluss aus dem deutschen Staatsgebiet verlegt oder der Wohnsitz/gewöhnliche Aufenthaltsort im Zeitpunkt der Klageerhebung nicht bekannt ist, wird der Gerichtsstand der Bühne als Gerichtsstand vereinbart.

7. Sind einzelne Vorschriften dieses Vertrages unwirksam, bleibt der Vertrag im Übrigen wirksam.

....., den .....

....

(Bühne) (Gast)

b) Gastvertrag Schauspieler/Sänger/Tänzer[1, 3]

Gastvertrag

Schauspieler/Sänger/Tänzer

Zwischen der/dem .....

vertreten durch .....

– nachfolgend Bühne genannt –

und

Herrn/Frau .....

Anschrift .....

Staatsangehörigkeit .....

– nachfolgend Gast genannt –

wird nachstehender Gastvertrag geschlossen:

§ 1[5] Mitwirkung

1. Der Gast verpflichtet sich, in der Zeit vom ..... bis ..... in der Inszenierung/ Neuinszenierung/Wiederaufnahme des Werkes ..... die Rolle/die Partie des/der ..... als Schauspieler/als Sänger/als Tänzer zu übernehmen.

2. Das Werk wird in der Zeit zwischen dem ..... und dem ..... voraussichtlich ..... mal aufgeführt.

3. Die Proben beginnen für den Gast voraussichtlich am ..... Der genaue Probenbeginn wird dem Gast spätestens ..... Woche(n) vor dem in Aussicht genommenen Termin bekannt gegeben.

4. Die Premiere ist für den ..... vorgesehen. Die Bühne kann den Premierentermin bis zu ..... Tage/Wochen verschieben. Verschiebt sich dadurch auch der Probenbeginn, informiert die Bühne den Gast so frühzeitig wie möglich.

5. Die Vorstellungstermine werden als Anlage zu diesem Vertrag schriftlich vereinbart. Im Falle der Verlegung von Vorstellungen gilt Nr. 6 entsprechend.

6. Weitere Vorstellungstermine können dem Gast jeweils ..... Wochen vor der Vorstellung schriftlich mitgeteilt werden. Ist der Gast mit einem vorgeschlagenen Termin nicht einverstanden, ist er verpflichtet, dies unverzüglich der Bühne schriftlich mitzuteilen.

§ 2[1, 5] Leistungspflichten des Gastes

1. Die Mitwirkungspflicht des Gastes erstreckt sich über § 1 Nr. 1 hinaus auch auf Aufführungen des in § 1 genannten Werks durch die Bühne an anderen Spielorten im In- und Ausland sowie auf die Mitwirkung bei der Übertragung der Darbietung durch Funk (insbesondere Hörfunk und Fernsehen), bei der öffentlichen Zugänglichmachung und bei der Aufzeichnung auf Ton- und/oder Bildträger sowie Bildtonträger.

Der Gast muss mitwirken, wenn die Aufführung durch Bildschirm, Lautsprecher oder ähnliche technische Einrichtungen außerhalb des Raumes, in dem sie stattfindet, wahrnehmbar gemacht wird.

2. Der Gast ist insbesondere verpflichtet,
a) sich über Beginn und Ort von Proben und Aufführungen bei der Bühne rechtzeitig zu unterrichten,
b) mit gelernter Rolle/Partie zu den Proben zu erscheinen,
c) an allen Proben teilzunehmen, die seine Anwesenheit erfordern, einschließlich Sonn-, Feiertags- und Umbesetzungsproben sowie Wiederaufnahmeproben,
d) allen Anordnungen der Bühne nachzukommen, insbesondere hinsichtlich Regie sowie Kostüm und Maske,
e) die von der Bühne festgelegte Applausordnung zu beachten,
f) sich bei allen Aufführungen mindestens eine halbe Stunde vor Beginn des Aktes, in dem er aufzutreten hat, in seinem Ankleideraum einzufinden.

3. Dem Gast ist bekannt, dass es sich um eine Freilichtveranstaltung handelt, die – bei entsprechender Entscheidung der Geschäftsführung – auch bei ungünstigen Wetterbedingungen durchzuführen sind.

§ 3[4, 6, 7] Vergütung

1. Der Gast erhält eine Vergütung in Höhe von
a) für die Probenzeit ..... EUR als Probenpauschale
b) für die Aufführungen/je Aufführung EUR .....

Dem Gast werden mindestens ..... Vorstellungen garantiert.

2. Erholungsurlaub kann während der Vertragszeit nicht gewährt werden. Von der vereinbarten Bruttovergütung dient $^1/_{13}$ der Abgeltung eines gegebenenfalls bestehenden Anspruchs auf Erholungsurlaub.

3. Alle aus diesem Vertrag sich ergebenden Zahlungen unterliegen den jeweils geltenden deutschen steuer- und sozialversicherungsrechtlichen Bestimmungen. Die Bühne darf die dazu erforderlichen Mitteilungen machen.

4. Bei Vorliegen der satzungsmäßigen Voraussetzungen ist die Bühne verpflichtet, den Gast bei der Versorgungsanstalt der deutschen Bühnen (Bayerische Versorgungskammer) anzumelden und die fälligen Beiträge abzuführen. Der Gast ist damit einverstanden, dass die Bühne den jeweiligen Beschäftigtenanteil von seinen Bezügen einbehält und abführt.

5. Der Gast verpflichtet sich, der Bühne seinen Wohnsitz und das für ihn zuständige Wohnsitzfinanzamt anzugeben.

Wird der Gast nicht im Gebiet der Bundesrepublik Deutschland zur Einkommensteuer (Steuerausländer) veranlagt, hat er dieses der Bühne bei Vertragsabschluss anzuzeigen. In diesem Fall hat die Bühne einen gesetzlich geregelten Steuerabzug vorzunehmen, es sei denn, die Einbehaltung und Abführung der Steuer kann aufgrund eines Doppelbesteuerungsabkommens entfallen. Der Steuerabzug darf nur unterbleiben, wenn der Gast eine Freistellungsbescheinigung der zuständigen Finanzbehörde vorlegt.

§ 4 Fälligkeit

1. Das Honorar incl. einer Kostenerstattung ist in zwei Teilbeträgen wie folgt fällig: a) Probenvergütung und Vorstellungshonorar am Tag der Premiere, in welcher der Gast mitwirkt b) alle weiteren Vorstellungshonorare zur letzten Vorstellung

2. Die Zahlung erfolgt auf ein vom Gast anzugebendes Girokonto.

§ 5 Reisekosten

Entstandene Fahrt- und Übernachtungskosten sowie Spesen werden nicht erstattet.

Alternativ:

1. Gegen Nachweis werden erstattet:

–

–

–

Ist kein Nachweis der Fahrtkosten möglich, erstattet die Bühne die Kosten, die bei Benutzung der Eisenbahn (1./2. Klasse) entstanden wären.

2. Alle weiteren Kosten sind durch das Honorar abgegolten.

§ 6[4] Nichterfüllung

1. Ist der Gast aus einem in seiner Person liegenden Grund verhindert, an einer Aufführung bzw. Probe teilzunehmen, entfällt die für diese Probe oder Aufführung vereinbarte Vergütung bzw. anteilig die Proben- oder Aufführungspauschale, soweit dem keine gesetzlichen Vorschriften entgegenstehen. Der Gast hat keinen Anspruch darauf, dass die Bühne einen Ersatztermin anbietet.

2. Der Gast verpflichtet sich, der Bühne jede Verhinderung, an Proben oder Aufführungen teilzunehmen, die voraussichtliche Dauer sowie eine etwaige Verlängerung dieser Verhinderung unverzüglich anzuzeigen. Auf Verlangen sind die Gründe der Verhindeshy; rung mitzuteilen.

3. Kann die Bühne aufgrund von höherer Gewalt oder aus anderen Gründen, zB betriebliche Störungen, Streik, notwendige bauliche Maßnahmen, behördliche Anordnung, Theaterbrand, Stromausfall, Verbot durch den Autor oder Erkrankung im Ensem-

ble, Niederlegung der Regie, eine angesetzte Probe/Aufführung nicht in der vorgesehenen Weise durchführen, ist die Bühne nicht zur Nachholung verpflichtet.
Der Gast verliert seinen für die Aufführung bestehenden Vergütungsanspruch, wenn ihm die Absage mindestens 8 Werktage vor der geplanten Aufführung zugegangen ist. Bei einer Absage, die weniger als 8 Werktage vor der geplanten Aufführung zugeht, wird die Hälfte der jeweiligen Vergütung fällig.

§ 7[7] Vertragsstrafe

1. Im Falle einer Vertragsverletzung durch den Gast, die zum Abbruch oder zum oder Ausfall einer Probe oder Aufführung führt, ist vom Gast eine Vertragsstrafe zu zahlen. Sie entspricht der Höhe einer durchschnittlichen Monatsvergütung, für deren Berechnung die Probenpauschale und alle Aufführungsvergütungen geteilt werden durch die Anzahl der Vertragsmonate.
2. Der Anspruch auf Ersatz des über die Vertragsstrafe hinaus entstandenen Schadens bleibt auch im Falle der Geltendmachung der Vertragsstrafe unberührt.

§ 8[6] Urheber- und Leistungsschutzrechte

1. Der Gast räumt der Bühne das ausschließliche Recht ein, seine Rechte aus §§ 77, 78 UrhG inhaltlich, zeitlich und räumlich unbeschränkt zu nutzen. Darin ist insbesondere auch das Recht zur Aufnahme und Wiedergabe durch Bild- und/oder Tonträger sowie Bildtonträger, das Recht zu Übertragungen durch Funk (insbesondere Hörfunk und Fernsehen) und das Recht der öffentlichen Zugänglichmachung enthalten.
2. Die Vergütung für die nach Nr. 1 eingeräumten Rechte ist mit der nach § 3 gezahlten Vergütung abgegolten, es sei denn, es wird eine abweichende Vereinbarung abgeschlossen.
3. Keinesfalls gesondert zu vergüten ist die Nutzung von Bild- und/oder Tonträgern sowie Bildtonträgern für Reportagesendungen des Rundfunks. Reportagesendungen liegen vor, wenn die Wiedergabezeit sechs Minuten nicht überschreitet und nicht mehr als ein Viertel des Werkes wiedergegeben wird. Dies gilt unabhängig von der Zeit, die zwischen der Aufzeichnung bzw. der Livewiedergabe und der Reportagesendung vergangen ist.
4. Ebenfalls wird keine besondere Vergütung gezahlt, wenn Bild- und/oder Tonträger sowie Bildtonträger lediglich für theatereigene Zwecke verwendet werden. Zu diesen theatereigenen Zwecken gehören auch die Werbezwecke des Arbeitgebers. Auch die Wahrnehmbarmachung nach § 2 Nr. 1 UAbs. 2 ist mit der Vergütung nach § 3 abgegolten.
5. Für die in Ziff. 1–4 genannten Theaterzwecke räumt der Gast der Bühne ferner das Recht ein, die Aufführung oder Teile hiervon – ggf. live – auch in sonstigen dafür geeigneten Örtlichkeiten (zB public viewing, Übertragung auf Theatervorplatz etc) öffentlich wahrnehmbar zu machen und auszuwerten.

§ 9[6] Bild- und Biographiematerial

1. Der Gast hat der Bühne erforderlichenfalls für Werbe- und Informationszwecke ausreichend Bild- und Biographiematerial über seine Person zur Verfügung zu stellen.
2. Soweit im Rahmen des Vertragsverhältnisses Rechte am eigenen Bild, Fotografie- oder Lichtbildwerkrechte oder sonstige verwandte Rechte (Persönlichkeitsrechte) entstehen, überträgt der Gast derartige Rechte bzw. Auswertungs- und Nutzungsrechte an solchen Rechten im weitest möglichen Umfang ausschließlich, insbesondere für eine nicht beschränkte Anzahl von Auswertungen in allen Medien, zeitlich, inhaltlich und räumlich unbegrenzt, der nach dem Urheberrecht zulässig ist, bereits jetzt, jeweils zum Zeitpunkt ihrer Entstehung ausschließlich auf das Theater. Dies gilt insbesondere für das Recht zur öffentlichen Zugänglichmachung; diese Rechte enden nicht durch die Beendigung des Vertrages, unabhängig von dem Grund einer solchen Vertragsbeendigung. Die in § 2

festgelegte Vergütung umfasst auch das Entgelt für die in diesem Abschnitt übertragenen Nutzungsrechte.

§ 10[1, 7] Anderweitige Beschäftigung während der Probenphase

Jede entgeltliche anderweitige Beschäftigung während der Probenphase muss der Bühne schriftlich angezeigt werden. Die Bühne kann die Ausübung der Nebenbeschäftigung untersagen, wenn sie die Erfüllung der Pflichten aus diesem Vertrag oder sonstige berechtigte Interessen der Bühne verletzt.

Insbesondere kommt eine Verletzung berechtigter Interessen in Betracht bei einer öffentlichen künstlerischen Tätigkeit am Vertragsort sowie bei einer Tätigkeit bei Rundfunk, Fernsehen, Film oder bei der Synchronisation.

§ 11 Übrige Mitwirkende

Der Gast hat keinen Anspruch darauf, dass eine bestimmte Besetzung im Hinblick auf die Darsteller, den Regisseur, den Bühnenbildner oder sonstige an der Aufführung in irgendeiner Form Beteiligte vorgenommen wird oder bestehen bleibt.

§ 12[5] Ausschluss des Beschäftigungsanspruchs

Der Gast hat aufgrund dieses Vertrags keinen Beschäftigungsanspruch, so dass er auch keinen Schadensersatzanspruch bei Nichterfüllung geltend machen kann.

§ 13 Staatsangehörigkeit

1. Der Gast hat die ..... Staatsangehörigkeit.

2. Soweit der Gast eines Aufenthaltstitels in der Bundesrepublik Deutschland bedarf, kommt der Vertrag nur zustande, wenn der Gast den nach den gesetzlichen Bestimmungen erforderlichen Aufenthaltstitel vor Aufnahme seiner Tätigkeit vorlegt.

§ 14 Bühnenvermittlung

1. Der vorliegende Vertrag ist durch die Vermittlung von ..... zu Stande gekommen. Die Vergütung für diese Vermittlung in Höhe von EUR ..... zuzüglich Umsatzsteuer tragen die Bühne und der Gast je zur Hälfte.

2. Der Gast erklärt sich damit einverstanden, dass die Bühne den vom Gast zu entrichtenden Teil der Vermittlungsgebühr und der Umsatzsteuer von dem Vergütungsanspruch des Gastes einbehält und an den Vermittler abführt.

Alternativ:
Dieser Vertrag wurde über keine Bühnenvermittlung geschlossen. Für die Eutiner Festspiele fallen keine Vermittlungsprovisionen an.

§ 15 Ergänzende Bestimmungen

1. Änderungen und Ergänzungen dieses Vertrages bedürfen zu ihrer Wirksamkeit der Schriftform.

2. Der Normalvertrag Bühne (NV Bühne) vom 15.10.2002 zwischen dem Deutschen Bühnenverein einerseits und der Genossenschaft Deutscher Bühnen-Angehöriger sowie der Vereinigung deutscher Opernchöre und Bühnentänzer andererseits findet in der jeweils geltenden Fassung nur in dem in § 1 Abs. 5 NV Bühne bestimmten Umfang Anwendung.

3. Nach dem durch Nr. 2 anwendbaren § 53 NV Bühne entscheiden über Rechtsstreitigkeiten zwischen der Bühne und dem Gast unter Ausschluss der ordentlichen Gerichte die Schiedsgerichte nach Maßgabe der vereinbarten Bühnenschiedsgerichtsordnung.

4. Es gilt das Recht der Bundesrepublik Deutschland.

5. Für den Fall, dass der Gast keinen Wohnsitz/gewöhnlichen Aufenthaltsort innerhalb der Bundesrepublik Deutschland hat oder er diesen nach Vertragsschluss aus dem deutschen Staatsgebiet verlegt oder der Wohnsitz/gewöhnlicher Aufenthaltsort im Zeitpunkt der Klageerhebung nicht bekannt ist, wird der Gerichtsstand der Bühne als Gerichtsstand vereinbart.

6. Die Nichtigkeit einzelner Vertragsvorschriften berührt nicht die Gültigkeit der sonstigen Vertragsvereinbarungen.

§ 16 Ausschlussfrist

Ansprüche aus dem Gastvertrag verfallen, wenn sie nicht innerhalb einer Ausschlussfrist von 6 Monaten nach Fälligkeit vom Gast oder von der Bühne geltend gemacht werden.

. . . . ., den . . . . .

. . . . .	". . . . ."
(Bühne)	(Gast)

Schrifttum: Bolwin/Sponer, Bühnentarifrecht (Band 1), *Fessmann,* Zeitvertrag mit Bühnenmitgliedern zulässig, Film und Recht 1982, 181 ff.; *Greiffenhagen,* Die Gastverträge im Bühnenrecht, UFITA 88 (1980), 1 ff.; *Kurz,* Praxishandbuch Theaterrecht, 1999, S. 384; *Rehbinder,* Zur Kompetenz der Bühnenschiedsgerichte und zur Abgrenzung der Vertragstypen im Bühnenarbeitsrecht, UFITA 41 (1964), 291 ff.; *ders.,* Zur rechtsgeschichtlichen Entwicklung des Bühnenengagements, UFITA 74 (1975), S. 87 ff.; *ders.,* Künstlerischer Spielraum – soziales Netz, UFITA 88 (1980), 89 ff.; *Riepenhausen,* Das Arbeitsrecht der Bühne, 2. Aufl., Berlin 1956, S. 67 f. mit Ergänzungsband, Berlin 1965, S. 19 f.; *Wandtke,* Rechte der Urheber und ausübenden Künstler im Arbeits- und Dienstverhältnis, 1993; *Wandtke/Fischer/Reich,* Theater und Recht, 1994, *Schwab/Walter,* Schiedsgerichtsbarkeit Kommentar 4. Auflage.

Anmerkungen

1. Sachverhalt. Gastverträge können nach vielfältigen Kriterien differenziert werden. Hierbei ist innerhalb der Systematik des BGB einerseits nach der Art der ausgeübten Tätigkeit und andererseits nach der Tarifbindung der vertragsbeteiligten Personen zu unterscheiden. Der Begriff „Gastvertrag" im tarifvertraglichen Kontext des Normalvertrages „Gastspielvertrag" (vgl. § 1 Abs. 5 UAbs. 1 NV Bühne) ist gesetzlich nicht geregelt. In der Theaterpraxis wird jedoch zunehmend der Begriff „Gastvertrag" und auch nicht mehr die Bezeichnung „Stückvertrag" verwendet, mit dem meist unausgesprochen ein Gastspielvertrag gemeint ist. Danach ist unter „Gastvertrag" bzw. „Gastspielvertrag" ein solcher Vertrag zu verstehen, den das Theater zur Ergänzung seines ständigen Personals und zur Ausgestaltung seines Spielplans mit Solomitgliedern in der Weise abschließt, dass sie nicht als ständige Solomitglieder angestellt sind (vgl. *Hosak* S. 26). Für Verträge, die auf Grundlage des NV Bühne (→ Form. 53) abgeschlossen werden, ist einschränkend zu beachten, dass solche „Gastspielverträge" dort nur für eine bestimmte Anzahl von Aufführungen (maximal 72 während der Spielzeit) möglich sind. Für die auf der Grundlage des NV Bühne geschlossenen „Gastverträge" gelten für Privattheater Sonderheiten. Danach liegt bei Privattheatern ein „Gastvertrag" nur vor, wenn das dem Gast bewilligte Entgelt die bewilligten Bezüge der meisten von dem Theater fest angestellten Mitgliedern weit übersteigt (§ 1 Abs. 5 UAbs. 1 NV Bühne SR Solo). Allerdings fällt dann im „Gegenzug" die ziffernmäßige Beschränkung der Aufführungen fort. Auf diese Weise sind

Privattheater in der Lage, beispielsweise auch Boulevardstücke über drei Monate hinaus „en-suite“ zu spielen.

Gastverträge spielen aufgrund zunehmender ökonomischer Zwänge der Theater im Alltag deutscher Bühnen eine immer größere Rolle. Die Frage nach der rechtlichen Behandlung von Gastverträgen ist vor diesem Hintergrund von immenser praktischer Bedeutung. Aus juristischer Sicht ist die zentrale Frage des Gastvertragsrechts die nach der Rechtsnatur der Gastverträge. Diskutiert wird ihre Einordnung als Werkvertrag, freier Dienstvertrag oder Arbeitsvertrag *(Hosak S. 19)*. Diese Frage ist nicht nur theoretischer Natur, sondern wegen der unterschiedlichen Rechtsfolgen, die sich an den jeweiligen Vertragstypus knüpfen, von großer praktischer Bedeutung (Urlaubsanspruch, Entgeltfortzahlung im Krankheitsfalle, Mutterschutz, Erfolgshaftung etc). Das BAG hat jedenfalls für das Rechtsgebiet Arbeitsrecht mit der Entscheidung vom 7.2.2007 *(5 AZR 270/96)* eine richtungsweisende Klarstellung zur Rechtsnatur des Gastvertrages vorgenommen. Bei der Definition zur Abgrenzung von Arbeitnehmern und selbständig Dienstverpflichteten legt das BAG den Schwerpunkt auf die Frage der Weisungsabhängigkeit in zeitlicher Hinsicht. Das BAG nimmt dabei eine Gesamtwürdigung des Proben- und Vorstellungszeitraums vor und erteilt der Annahme zweier getrennt zu beurteilender Vertragsverhältnisse oder der Annahme eines gemischten Vertrages eine Absage. Diese jüngere höchstrichterliche Rechtsprechung ist für die zukünftige Ausgestaltung von Gastverträgen von großer Bedeutung: Verfolgt ein Theater das Ziel, Gastverträge als freie Dienstverhältnisse abzuschließen, so ist bei der Vertragsgestaltung darauf zu achten, dass die Termine der Vorstellungen im Gastvertrag im Einzelnen vereinbart werden. Soweit möglich, sollten auch Probenzeiten im Vertrag festgelegt werden. Will ein Theater Gastverträge als Arbeitsverträge abschließen, so ist eine dahingehende Vertragsgestaltung wie im Formular problemlos möglich. Im Vertragstext sind dann die entsprechenden arbeitsvertraglichen Begriffe (Arbeitnehmer, Arbeitgeber etc) zu verwenden. Die Festlegung von Proben- und Aufführungsterminen erfolgt im Arbeitsverhältnis nicht im Vertrag, sondern durch Weisung. Die og Entscheidung des BAG dürfte wohl eher für weniger „Star“-Solisten (zB Sänger, Schauspieler) Geltung beanspruchen. Da bei „normalen“ in die betriebliche Organisation eines Theaters eingegliederten Sängern oder Schauspielern deren Weisungsgebundenheit insbesondere auch in zeitlicher Hinsicht und damit ihre persönliche Abhängigkeit im Vordergrund stehen dürfte, ist bei diesen Künstlern daher in der Regel zu empfehlen, diese vorzugsweise als Arbeitsverträge abzuschließen. Darauf zu achten ist, dass nach der Entscheidung des BAG vom 7.2.2007 zum Gastvertrag die Frage, ob Solomitglieder mit Gastverträgen Selbständige oder Arbeitnehmer sind, auch steuerrechtlich und insbesondere sozialversicherungsrechtlich erheblich ist. Insofern dürfte die BAG-Entscheidung allerdings mittelbare Auswirkungen haben. Denn der arbeitsrechtliche, der steuerrechtliche und der sozialversicherungsrechtliche Arbeitnehmerbegriff sind nicht deckungsgleich. Wenn auch sozialversicherungsrechtlich von einer Selbständigkeit der Solomitglieder mit Gastverträgen auszugehen wäre, würde dies eine Versicherungspflicht in der Künstlersozialkasse auslösen. Hinsichtlich der Abgrenzung selbständig Tätiger zur Scheinselbständigkeit → Form. IX.51 Anm. 3 ergänzend sowie weiter unten unter → Anm. 7 (Sozialversicherungsrecht) in diesem Form.

2. Wahl des Formulars. Beide Formulare, dh sowohl das Muster unter a) „Abendveranstaltung“, als auch das Gastvertragsmuster unter b) „Gastvertrag Schauspieler/Sänger/Tänzer“ sind zeitlich befristete Arbeitsverträge. Charakteristisch für das → Form. 54a (Abendveranstaltung) ist, dass hier nur für eine Vorstellung oder Probe eine zeitliche Befristung vereinbart wird, während bei dem Formular b) (Gastvertrag Schauspieler/Sänger/Tänzer) stückbezogen ein längerer Produktionszeitraum mit einer entsprechenden Vielzahl von Proben und Aufführungen/Konzerten vereinbart werden soll. Zu beachten ist, dass seit dem Inkrafttreten des Schuldrechtsmodernisierungsgesetzes am 1.1.2002 seit dem Jan. 2003 vom Theater als Arbeitgeber vorformulierte Vertragsklauseln einer AGB-Kontrolle unterzogen werden. Das gilt auch für die Vertragsklauseln in Gastverträgen. Hierbei kommt es nicht darauf an, ob der Gastvertrag als freier Dienstvertrag oder als Arbeitsvertrag abgeschlossen worden ist (→ Anm. 1). Herzstück der AGB-Überprüfung ist die Angemessenheitskontrolle nach § 307 BGB. Die wichtigsten Regeln, die bei einer Überprüfung angewendet werden, sind das Transparenzgebot aus § 307 Abs. 1 S. 2 BGB und das Verbot unangemessener Benachteiligung aus § 307 Abs. 2 BGB. Eine unangemessene Benachteiligung nach § 307 Abs. 2 BGB liegt vor, wenn entweder eine Vertragsbestimmung mit wesentlichen Grundgedanken der gesetzlichen Regelung, von der abgewichen wird, nicht zu vereinbaren ist (§ 307 Abs. 2 Nr. 1 BGB) oder wenn die „Kardinalpflichten", die sich aus der Natur des Vertrages ergeben, so eingeschränkt werden, dass die Erreichung des Vertragszweckes gefährdet ist (§ 307 Abs. 2 Nr. 2 BGB). Verstößt eine Regelung gegen das Transparenzgebot oder das Verbot unangemessener Benachteiligung, ist sie unwirksam. Enthält die Regelung Ansprüche des Arbeitgebers, sind diese nicht durchsetzbar. Schließt die Regelung in bestimmten Situationen Ansprüche des Arbeitnehmers aus, kann sich der Arbeitgeber gegenüber dem Arbeitnehmer hierauf nicht berufen. Beispiele sind die in dem Formular vorgesehenen Vertragsstrafenregelungen. So muss die Strafabrede die die Strafe auslösende Pflichtverletzung so klar kennzeichnen, dass der Gast sich in seinem Verhalten darauf einstellen kann. Die vorgesehene Strafe muss angemessen sein; sie darf grundsätzlich die Vergütung, die für die Zeit bis zum rechtlich zulässigen Beendigungszeitpunkt angefallen wäre, nicht übersteigen (BAG 23.9.2010 – 8 AZR 897/08, NZA 2011, 89). Auch sind Regelungen, die generell vorsehen, dass Urlaub nicht in natura gewährt wird, sondern abgegolten wird, unzulässig; denn sie lassen sich mit dem Grundgedanken des Urlaubsrechts nicht vereinbaren. Ebenso sind Regelungen unwirksam, die vorsehen, dass der Gast keinen Vergütungsanspruch hat, wenn eine Probe oder Aufführung wegen Problemen in der Sphäre des Theaters ausfällt, soweit der Gastvertrag als Arbeitsvertrag ausgestaltet ist (Erkrankungen im Ensemble, Verbot durch den Autor, Niederlegung der Regie etc). Bestimmungen, die dieses Entgeltrisikos derart verlagern, sind zu vermeiden, da sie gegen den Grundgedanken der Risikoverteilung zwischen den Vertragsparteien in § 615 BGB verstoßen.

Soweit ein Gastvertrag mit einem Gast arbeitsrechtlich als Arbeitnehmer einzustufen ist, ist auch hier zu beachten, dass § 615 BGB dispositiv ist und somit individualrechtlich in einem Gastvertrag ausgeschlossen werden kann. Voraussetzung hierfür ist jedoch, dass die Vereinbarung hinreichend transparent ist und eine angemessene Risikoverteilung darstellt (BAG 22.4.2009 – 5 AZR 310/08). In der Literatur wird angenommen, dass die Abbedingung nicht unbillig sein und der Arbeitgeber das Arbeitsentgeltrisiko nicht generell nicht auf den Arbeitnehmer verlagern darf (vgl. nur Preiß in: Erfurter Kommentar, 20. Aufl. 2020, Rn. 8). Sogenannte „Absageklauseln" (z.B. Ausschluss von Entgeltansprüchen bei Absagen etwa nur 10 Tage vorher oder gar früher) sind daher mit einem hohen Risiko verknüpft. Es bedarf hier stets einer Interessenabwägung im Sinne eines „Interessenausgleichs" zwischen Arbeitnehmer- und Arbeitgeberinteressen ohne „einseitige" Zuweisung des Arbeitsentgeltrisikos.

3. **Zeitliche Befristung.** Die Befristung der Arbeitsverhältnisse der Bühnenkünstler wird von der höchstrichterlichen Rechtsprechung als zulässig erachtet (vgl. schon BAG AP BGB § 620 befristeter Arbeitsvertrag Nr. 34). Zu berücksichtigen ist, dass die Befristung der Arbeitsverträge für Bühnenkünstler eine grundsätzlich andere Bedeutung hat als im übrigen Arbeitsrecht. Zur Begründung der Zulässigkeit der Befristung wird darauf verwiesen, dass künstlerische Entscheidungen nicht objektivierbar seien und damit künstlerisch tätigen Bühnenangehörigen kein effektiver Schutz durch das Kündigungsschutzgesetz gewährt werden könne (BAG AP BGB § 611 Bühnenengagementsvertrag Nr. 50). Letztlich wird auch auf das Abwechselungsbedürfnis der Bühne und des Publikums

verwiesen, was iSv § 14 Abs. 1 Nr. 4 TzBfG „die Eigenart der Arbeitsleistung" die Befristung der Arbeitsverträge aller Bühnenkünstler gerechtfertigt erscheint. Der Urlaubsanspruch des Gastes ist im Formular (b) in § 3 Ziff. 2 so gewählt, dass Erholungsurlaub während der Vertragsdauer nicht gewährt werden kann und der gesetzliche Urlaubsanspruch nach dem Bundesurlaubsgesetz (BUrlG) abgegolten wird. Zu empfehlen ist schon bei Vertragsschluss an eine mögliche Vertragsverlängerung zu denken und demzufolge ggf. eine Verlängerungsoption zu vereinbaren. Hierbei ist aufgrund der AGB-Problematik (→ Anm. 2) jedoch ausdrücklich schriftlich festzulegen, dass die zusätzlichen Proben- bzw. Vorstellungstermine zwischen den Vertragsparteien einvernehmlich abgestimmt werden müssen („Einvernehmlichkeitspassus"). Bei einem einseitigen Terminfestsetzungsrecht des Theaters besteht jedenfalls bei Ausgestaltung des Gastvertrages als freies Dienstverhältnis iSv § 611 BGB die Gefahr, dass dieses als Arbeitsverhältnis bewertet wird. Gleiches gilt für „Fortsetzungsklauseln" und sogenannten Dispositionsklauseln evtl. geplanter Austauschgastspiele an anderen Bühnen oder auch Tourneen, um eine inhaltliche Weisungsbindung mit entsprechenden sozialversicherungsrechtlichen Konsequenzen zu vermeiden. Zu empfehlen ist hier, sogenannte „Sperrtermine", also Termine zu vereinbaren, bei welchen sich die Vertragsparteien schon bei Vertragsschluss auf Termine verständigen, an denen der Gast nicht kann.

4. **Vergütung.** Die Parteien eines Stückvertrages können eine monatliche oder eine sich an den Vorstellungen orientierende Gage vereinbaren. Da Proben üblicherweise nicht gesondert honoriert werden, andererseits der Schauspieler nun einmal zunächst proben muss, ehe er auftritt, sieht die in § 4 angegebene Regelung vor, dass der Schauspieler eine monatliche Vergütung erhält, die sich allerdings nach der Anzahl der (garantierten) Vorstellungen richtet. Da der befristete Engagementsvertrag ein Arbeitsvertrag ist, kann im Hinblick auf § 616 BGB nicht rechtswirksam vereinbart werden, dass im Krankheitsfall und dadurch bestehender Verhinderung zum Auftreten in einer oder mehreren Vorstellungen die Gage entfällt oder gekürzt wird. Es gilt das Entgeltfortzahlungsgesetz. Die Erkrankung des Schauspielers in einer Produktion, die en suite gespielt wird und daher als einziges Stück des Theaters auf dem Programm steht, bringt das Theater regelmäßig in außerordentliche Schwierigkeiten. Dennoch kann das Risiko, dass der Schauspieler krankheitsbedingt nicht auftreten kann, der Bühne nicht abgenommen werden, solange ein Arbeitsvertrag und kein freies Dienstverhältnis vorliegt. Das Fortbestehen des Gagenanspruchs soll aber nur bei unverschuldeter Krankheit gelten. Wenn der Schauspieler durch unvernünftiges Verhalten im Hinblick auf seine Gesundheit mutwillig oder grob nachlässig die Erkrankung und damit sein Nichtauftreten verursacht, entfällt die Zahlungspflicht. Die Zugrundelegung einer Vorstellungsgage bei der Berechnung der monatlich zu zahlenden Vergütung ist branchenüblich und entspricht der Kalkulation des Theaters. Wenn für Vorstellungen auf Grund schuldhaften Verhaltens des Schauspielers eine Ersatzkraft engagiert werden muss, kann die für den Schauspieler nach außen erkennbare Gage pro Vorstellung bei Schadensersatzansprüchen Bedeutung gewinnen. Es ist ohne Einschränkungen möglich, von vornherein eine feste Monatsgage ohne Rücksicht auf die Anzahl der Vorstellungen zu vereinbaren. Soweit Gastverträge als freie Dienstverhältnisse abgeschlossen werden, ist zu beachten, dass § 616 BGB dispositiv ist, also im Gastvertrag abgedungen werden kann. Hier ist eine Formulierung möglich, dass nur für „wahrgenommene Vorstellungen" ein Honorar gezahlt wird. Eine entsprechende Vertragsklausel ist allerdings nach der neueren höchstrichterlichen Rechtsprechung *(BAG Entsch. v. 7.2.2007 – 5 AZR 270/06)* an den § 705 ff. zu messen, dh sie muss hinreichend klar sein und darf den Gast nicht unangemessen benachteiligen. Freie Mitarbeiter unterfallen auch nicht dem Bundesurlaubsgesetz, haben also keinen Urlaubsanspruch.

5. **Beschäftigungsanspruch.** (→ Form. 53 Anm. 6) Bei dem Gastvertrag ist der Ausschluss des Beschäftigungsanspruchs zulässig (vgl. *Greiffenhagen* UFITA 88 (1980), 1

(64 ff.) mwN; ähnlich für Gastverträge *Kurz,* Praxishandbuch Theaterrecht, S. 381/382), zumal auch nach § 1 Abs. 5 S. 2 NV Bühne auf Gastverträge lediglich die Vorschriften der §§ 53, 60 und 98 NV Bühne Anwendung finden und daher § 54 Abs. 2 NV Bühne tarifdispositiv ist. Bei Wegfall der Rolle des Schauspielers kommt eine Auflösung des Arbeitsverhältnisses in Betracht (LAG Köln ZUM 1999, 422).

6. **Medienklausel.** In der jüngeren Theaterpraxis werden die Leistungen der künstlerischen Mitarbeiter zunehmend auch in den neuen Medien, insbesondere im Internet genutzt. Werden somit durch die Gäste leistungsschutzrechtlich relevante persönliche, geistige Schöpfungen erbracht, gelten nämlich im UrhG die Regelungen der §§ 73 ff. UrhG. Die ausübenden Künstler, wie der gastweise beschäftigte Schauspieler oder Sänger bzw. der Balletttänzer fallen unter die Regelung des § 73 UrhG. Die Verwertungsrechte der Leistungsschutzberechtigten umfassen die ausschließlichen Rechte des ausübenden Künstlers, seine Darbietung auf Bild- oder Tonträger aufzunehmen einschliesslich deren Vervielfältigung und Verbreitung. Auch stehen ihm die ausschließlichen Rechte zu, seine Darbietung öffentlich zugänglich zu machen, § 75 ff. UrhG. Zu beachten ist, dass in der Theaterpraxis zunehmend Werbung auch über online-Portale sowie verschiedene soziale Netzwerke (zB Facebook) erfolgt, demzufolge auch Bilder/Fotos des Gastes verwendet werden. Um Konflikte mit dem Urheberecht zu vermeiden, ist daher die Einräumung des Rechts der öffentlichen Zugänglichmachung (§§ 19a, 75 f. UrhG) durch den Leistungsschutzberechtigten/Urheber zu empfehlen. Darauf hinzuweisen ist allerdings, dass nach § 81 UrhG die Rechte der Aufnahme, Vervielfältigung und Verbreitung sowie der öffentlichen Wiedergabe neben dem ausübenden Künstler auch dem Inhaber des Theaterunternehmens zustehen. Bei der Vertragsgestaltung ist daher darauf zu achten, dass sich das Theater die entsprechenden Auswertungs- und Nutzungsrechte im weitest möglichen Umfang übertragen lässt. Soweit eine umfassende Verwertung der Rechte beabsichtig ist, empfiehlt es sich, die Gage aufzuteilen und die angemessene Vergütung für der Nutzung der Leistungsschutzrechte gesondert auszuweisen.

7. **Sozialversicherungsrecht.** Das Bundessozialgericht hat mit Urteil vom 20.3.2013 (B 12 R 13/10 R) jüngst entschieden, dass auch dann, wenn nur einzelne Veranstaltungen (Proben und Aufführungen) innerhalb eines Monats zwischen den Vertragsparteien vereinbart werden, dies sozialversicherungsrechtlich als „durchgehendes" Beschäftigungsverhältnis jedenfalls dann angesehen wird, wenn die vertraglichen Vereinbarungen nicht erkennen lassen, dass der „Gast" in zeitlicher Hinsicht „frei" war. Zwar ist nach Auffassung des BSG eine Einzelfallprüfung vorzunehmen, jedenfalls ist darauf hinzuweisen, dass sich in dieser Frage Probleme ergeben können. Um hier die Annahme eines sozialversicherungsrechtlich „durchgehenden" Beschäftigungsverhältnisses zu vermeiden, empfiehlt es sich hier, auf Klauseln mit einer (jederzeitigen) Erreichbarkeitspflicht, Rufbereitschaft zu verzichten. Im Wesentlichen unproblematisch ist dabei der Probenzeitraum bis zur Premiere, in welchem von einem sozialversicherungsrechtlich abhängigen Beschäftigungsverhältnis im Sinne von § 7 SGB IV ausgegangen werden muss. In der Interpretation des BSG-Urteils vom 20.3.2013 hinsichtlich des Vorliegens eines sozialversicherungsrechtlich relevanten Beschäftigungsverhältnisses nach der Premiere bestehen indes unterschiedliche Bewertungen der Landessozialgerichte, soweit es hier auf die Frage einer Weisungsunterworfenheit der Gäste ankommt; während das LSG Sachsen-Anhalt mit Urteil vom 19.11.2015 (L 1 R 338/13) entsprechend der Entscheidungsgründe des BSG-Urteils vom 20.3.2013 zwecks Feststellung der tatsächlichen Handhabung des Vertragsverhältnisses („gelebte Praxis") nicht lediglich auf die vertraglichen Formulierungen im Gastvertrag (sogenannte „kritische Klauseln") abstellt und anhand einer Beweisaufnahme (Zeugenbeweis) die tatsächlichen Verhältnisses ergründet, nimmt das LSG Niedersachsen-Bremen allein aufgrund entsprechender möglicherweise vorliegender „kritischer Klauseln", die auf eine Weisungsabhängigkeit hindeuten könnten, an, dass

hier seitens des Theaters eine sogenannte „Rechtsmacht" im Sinne einer jederzeitigen Dispositions- und Verfügungsbefugnis über den Gast bestehe (vgl. LSG Niedersachsen-Bremen Urt. v. 16.11.2016 – L 2 R 579/16). Aus diesem Grunde ist in der Vertragsgestaltung bei der Vereinbarung von Terminen nach der Premiere (Proben, einzelne weitere Vorstellungen) zu beachten, dass in gesonderten Vereinbarungen ggf. genauestens dokumentiert wird, dass jede Terminvereinbarung (einschl. Verschiebung von Terminen) nur kraft konsensualer schriftlicher Vereinbarung mit dem Gast möglich ist. Ratsam ist hierbei, dem Gast mit einer angemessenen längeren Vorlaufzeit entsprechende Auswahltermine schriftlich mit der Bitte mitzuteilen, bekanntzugeben, welcher für ihn passend ist, dies ggf. unter Nennung von Sperrterminen (zB aufgrund anderweitiger Verpflichtungen an anderen Bühnen bzw. seiner Stammbühne). In Zweifelsfällen ist im Übrigen aufgrund der Problematik der Nachforderung von Sozialversicherungsbeiträgen aufgrund Betriebsprüfungen vor der Beschäftigung des „Gastes" zu empfehlen, nach § 7a Abs. 1 SGB IV ein sogenanntes Statusfeststellungsverfahren durchzuführen.

8. Vergütung. Auf die in § 1a NV Bühne neu für tarifgebundene Arbeitsvertragsparteien neu tarifvertraglich eingeführte Mindestgage für Gastspielverträge ist auch an dieser Stelle noch einmal besonders hinzuweisen (→ X. 51 Ziff. 6) ebenso darauf, dass für Privattheater iSd § 1 Abs. 7 NV Bühne § 1a NV Bühne nicht in der Anlage 1 zum NV Bühne aufgeführt ist, diese tarifvertragliche Mindestgagenregelung also für Privattheater nicht normativ zur Anwendung gelangt.

9. Steuerbefreiung. (Zur Frage der Steuerbefreiung von Regisseuren → Form. 52 Anm. 7). Hinsichtlich der Frage der Steuerbefreiung von Regisseuren ist zu beachten, dass der Bundesfinanzhof (BFH) inzwischen zur bisherigen Rechtslage entschieden hat, dass Regisseure nicht die Umsatzsteuerbefreiung nach § 4 Nr. 20 UStG in Anspruch nehmen können. → Form. IX.50 Anm. 7.

10. Gerichtliche Zuständigkeit, Schiedsklausel. Für Streitigkeiten zwischen Arbeitnehmer und Arbeitgeber ist gem. § 2 Abs. 1 Nr. 3 ArbGG das Arbeitsgericht zuständig. Als Arbeitnehmer iSd Arbeitsgerichtsgesetz gelten gem. § 5 Abs. 1 S. 2 ArbGG auch sonstige Personen, die wegen ihrer wirtschaftlichen Unselbständigkeit als arbeitnehmerähnliche Personen anzusehen sind. Wirtschaftliche Unselbständigkeit ist bei wirtschaftlicher Abhängigkeit gegeben. Diese wiederum liegt vor, wenn die Person auf die Verwertung ihrer Arbeitskraft und die Einkünfte aus dem Dienstvertrag als Existenzgrundlage angewiesen ist (*Germelmann ua* ArbGG § 5 Rn. 20). Die Dienstnehmer eines Gastvertrages erfüllen im Regelfall nicht die Voraussetzungen einer arbeitnehmerähnlichen Person, da ein Gastvertrag schon aufgrund seiner zeitlichen Begrenzung nicht die Existenzgrundlage des Künstlers darstellen kann (*Hosak* S. 98 ff.).

Für Streitigkeiten zwischen freien Mitarbeitern, die nicht arbeitnehmerähnlich sind, und ihren Dienstgebern ist der Rechtsweg zu den ordentlichen Gerichten gegeben. Gleiches gilt für Werkverträge. Dies betrifft neben freien Mitarbeitern dann auch die Werkunternehmer im Rahmen einer werkvertraglichen Bindung. Für den Bühnenbereich ist die Eingangszuständigkeit des Arbeitsgerichts durch die Tarifvertragsparteien abbedungen worden und stattdessen die Zuständigkeit des Bühnenschiedsgerichts für Streitigkeiten iSd § 2 ArbGG zwischen Theaterveranstaltern und Bühnenmitgliedern festgelegt worden (§ 102 Abs. 2 ArbGG iVm § 1 Abs. 1 BSchGO).

11. Kosten. Da Stückverträge regelmäßig nur über ein paar Monate gehen, richtet sich der Gegenstandswert für die anwaltliche Beratung und Vertretung gemäß §§ 2, 13 RVG iVm VV 2400 (Geschäftsgebühr) nach der Gage des Schauspielers, wenn das Zustandekommen oder der Bestand des Vertrages betroffen sind (§ 3 ZPO, §§ 16, 17 GKG analog).

53. Tournee-Vertrag für Bühnendarsteller

Tournee-Vertrag für Bühnendarsteller zwischen[1, 2, 6]

.....

im Folgenden „Tourneetheater"

und

.....

im Folgenden „Schauspieler".

§ 1 Vertragsgegenstand

Der Schauspieler übernimmt in der vom ..... bis ..... stattfindenden Tournee des Tourneetheaters durch die Bundesrepublik Deutschland sowie eventuell Österreich, Holland, Luxemburg und die deutschsprachige Schweiz in dem Bühnenstück

.....

von

.....

die Rolle des

.....

§ 2[1, 2] Vertragsdauer

1. Der Vertrag beginnt am ..... und endet am .....

2. Während dieser Zeit steht der Schauspieler dem Tourneetheater uneingeschränkt für Proben und Aufführungen zur Verfügung.

3. Probenbeginn ist für den ..... in ..... vorgesehen. Die Premiere soll am ..... in ..... stattfinden. Anzahl und Orte der Vorstellungen ergeben sich aus einer Liste, die der Schauspieler spätestens bei Tourneebeginn erhält. Diese Liste kann Abänderungen unterliegen. Die letzte Vorstellung ist für den ..... in ..... geplant.

§ 3[1, 2] Weisungsgebundenheit

1. Der Schauspieler unterliegt den Weisungen des Tourneetheaters, das auf der Tournee selbst durch den Tourneeleiter repräsentiert wird. Er unterliegt – vor allem in künstlerischer Hinsicht – den Weisungen des Regisseurs.

2. Der Schauspieler hat alles zu unterlassen, was den künstlerischen und wirtschaftlichen Erfolg der Aufführungen auf der Tournee beeinträchtigen könnte.

§ 4[2, 3, 7] Gage

1. Die Höhe der Vergütung des Schauspielers richtet sich nach der Anzahl der Vorstellungen. Pro Vorstellung wird eine Gage von EUR ..... brutto zugrunde gelegt. Dem Schauspieler werden ..... Vorstellungen garantiert.

2. Ein gesondertes Entgelt für Proben wird nicht gezahlt, da es in der Gage pro Vorstellung enthalten ist.

3. Die Zahlung der Vergütung erfolgt in gleichen monatlichen Beträgen. Dabei wird die voraussichtliche Gesamtgage errechnet und auf die einzelnen Monate der Dauer des Vertrages umgerechnet. Im Falle unverschuldeter Krankheit erlischt die Zahlungspflicht des Tourneetheaters nach sechswöchiger Erkrankung. Der Schauspieler ist verpflichtet, spätestens am 3. Tage seiner Erkrankung ein ärztliches Attest beizubringen, das Grund und voraussichtliche Dauer seiner Verhinderung angibt.

4. Gagenabrechnung und Zahlung erfolgen monatlich nachträglich bis zum 4. Werktag des Folgemonats.

5. Bis zur gesetzlichen Höchstgrenze übernimmt das Tourneetheater anteilig die Beiträge zur Sozialversicherung, zur Krankenversicherung und für die Bayerische Versorgungskammer.

§ 5[4] Spesen

1. Für die Dauer der Proben wird dem Schauspieler ein täglicher Spesensatz in Höhe von EUR ..... gezahlt.

2. Während der Tournee werden die Hotelzimmer vom Tourneetheater bestellt und bezahlt. Benötigt der Schauspieler an einem oder mehreren Spielorten kein Hotelzimmer, kann er dieses dem Tourneetheater bzw. dem Tourneeleiter mitteilen. Gelingt es dem Tourneetheater, unter diesen Umständen von einer Hotelbestellung zurückzutreten oder wird eine noch nicht erfolgte Bestellung nicht nötig, werden dem Schauspieler EUR ..... pro Übernachtung vergütet.

3. Die sonstigen Tagesspesen während der Tournee betragen EUR .....

§ 6 Reise und Fahrtkosten

1. Die Kosten für eine einmalige Anreise zu den Proben in ..... von ..... übernimmt in Höhe einer Eisenbahnfahrt 2. Klasse das Tourneetheater. Entsprechendes gilt für die Abreise vom letzten Spielort ..... nach .....

2. Die Fahrten zu und zwischen den Gastspielorten finden in einem Autobus auf Kosten des Tourneetheaters statt.

3. Die Fahrtzeit von einem Gastspielort zum anderen soll nicht mehr als ca. 4 Stunden betragen. Die Abfahrtszeiten werden so angesetzt, dass die Ankunft am Gastspielort ca. gegen 13.00 Uhr erfolgen kann. Ausnahmen sind möglich.

§ 7 Versicherung

1. Es besteht eine Unfallversicherung bei den Reisen mit den von der Tourneeleitung gestellten Fahrzeugen sowie für die Zeit während der Proben und Vorstellungen.

2. Eine gesonderte Krankenversicherung oder weitere Versicherungen müssen nötigenfalls von dem Schauspieler auf eigene Kosten abgeschlossen werden.

§ 8[5] Medienklausel

1. Das Tourneetheater ist im Hinblick auf die in diesem Vertrag oder aufgrund dieses Vertrages vereinbarten Leistungen des Schauspielers berechtigt, Vorstellungen und Proben (im Folgenden zusammenfassend als „die Veranstaltungen" bezeichnet), nach Maßgabe der nachfolgenden Absätze zu übertragen und auf Ton- und/oder Bildtonträgern zu verwerten.

2. Für Fernsehzwecke (drahtlos oder über Kabel) dürfen Ausschnitte aus den Vorstellungen und aus den Veranstaltungen für die aktuelle Berichterstattung, für Dokumentationen, Porträts und für sonstige Sendezwecke aufgezeichnet und zeitlich und räumlich nicht beschränkt und beliebig oft ausgestrahlt werden.

3. Für Hörfunkzwecke (drahtlos oder über Kabel) dürfen die Veranstaltungen auf Tonträger vollständig und ausschnittweise aufgezeichnet und zeitlich und räumlich nicht beschränkt und beliebig oft ausgestrahlt sowie live gesendet werden. Außerdem dürfen die Veranstaltungen ganz und in Ausschnitten und räumlich und zeitlich nicht beschränkt live und bis zu 10 Tagen zeitversetzt auf Leinwänden außerhalb des Theatergebäudes übertragen werden.

4. Die Veranstaltungen dürfen für Werbezwecke für das Tourneetheater und zur Information über die Veranstaltungen des Tourneetheaters auf Ton- und/oder Bildtonträger aufgezeichnet und bis zu einer Dauer von 6 Minuten pro Vorstellung zeitlich und räumlich nicht beschränkt beliebig oft genutzt werden; die Nutzung umfasst auch die Verwertung in Datenbänken, in Abruf –(Video/Audio on demand) und online-Dienste bzw. die öffentliche Zugänglichmachung der Veranstaltungen (Internet). Soweit erforderlich, steht der Schauspieler für die Aufnahme kurzer Ausschnitte aus der Aufführung für Hörfunk und Fernsehen unentgeltlich zur Verfügung. Das gleiche gilt für etwaige Interviews für Presse, Hörfunk und Fernsehen.

5. Die Veranstaltungen dürfen ferner für theatereigene Zwecke (Probenarbeit/Archivierung etc) auf Ton- und/oder Bildtonträger aufgezeichnet und zeitlich nicht beschränkt und beliebig häufig genutzt werden. Die Veranstaltungen dürfen ferner für zu spät kommende Besucher in den Foyers der Bühne bzw. des Theatergebäudes sowie für den sonstigen theatereigenen Gebrauch übertragen werden.

6. Die in den vorstehenden Absätzen genannten Verwertungen sind durch die in § 4 dieses Vertrages vereinbarte Gage abgegolten.

7. Jede Übertragung oder Aufzeichnung von Veranstaltungen auf Ton- und/oder Bildtonträgern zu anderen als in den vorstehenden Absätzen genannten Zwecken und deren Nutzung bedürfen der vorherigen Einwilligung des Schauspielers.

§ 9[5] Bildmaterial, Fotorechte

1. Der Gast hat der Bühne erforderlichenfalls für Werbe- und Informationszwecke ausreichend Bild- und Biographiematerial über seine Person zur Verfügung zu stellen.

2. Soweit im Rahmen des Vertragsverhältnisses Rechte am eigenen Bild, Fotografie- oder Lichtbildwerkrechte oder sonstige verwandte Rechte (Persönlichkeitsrechte) entstehen, überträgt der Gast derartige Rechte bzw. Auswertungs- und Nutzungsrechte an solchen Rechten im weitest möglichen Umfang ausschließlich, insbesondere für eine nicht beschränkte Anzahl von Auswertungen in allen Medien, zeitlich, inhaltlich und räumlich unbegrenzt, der nach dem Urheberrecht zulässig ist, bereits jetzt, jeweils zum Zeitpunkt ihrer Entstehung ausschließlich auf das Theater. Dies gilt insbesondere für das Recht zur öffentlichen Zugänglichmachung; diese Rechte enden nicht durch die Beendigung des Vertrages, unabhängig von dem Grund einer solchen Vertragsbeendigung. Die in § 2 festgelegte Vergütung umfasst auch das Entgelt für die in diesem Abschnitt übertragenen Nutzungsrechte.

§ 10[1, 2] Proben bei Umbesetzungen

Sollte es infolge von Umbesetzungen oder aus sonstigen Gründen notwendig werden, zusätzliche Proben – auch während der Tournee – abzuhalten, wirkt der Schauspieler daran ohne zusätzliches Entgelt mit.

§ 11[2] Gesundheitliche Verfassung des Schauspielers

1. Dem Schauspieler ist bekannt, dass die Teilnahme an einer Tournee besondere Strapazen mit sich bringt. Er erklärt hiermit ausdrücklich, dass er sich diesen Strapazen gesundheitlich in jeder Beziehung gewachsen fühlt.

2. Sofern vorstehende Erklärung vorsätzlich oder fahrlässig unzutreffend abgegeben wird und dem Tourneetheater – etwa durch Ausfall des Schauspielers auf der Tournee – dadurch ein Schaden entsteht, ist der Schauspieler zum Schadensersatz verpflichtet.

§ 12 Urlaub

Der Schauspieler ist verpflichtet, seinen Urlaub nach der letzten Vorstellung bis zum Vertragsende zu nehmen. Die Dauer des Urlaubs richtet sich nach dem Bundesurlaubsgesetz.

§ 13 Kündigung

1. Ein Recht zur ordentlichen Kündigung dieses Vertrages besteht nicht.

2. Das Recht beider Parteien, den Vertrag aus wichtigem Grund fristlos zu kündigen, bleibt davon unberührt. Für die Rechtswirksamkeit einer derartigen Kündigung gelten die üblichen nach deutschem Recht bestehenden Voraussetzungen.

§ 14 Übrige Mitwirkende

Der Schauspieler hat keinen Anspruch darauf, dass eine bestimmte Besetzung im Hinblick auf Darsteller oder alle sonstigen an den Aufführungen und der Tournee in irgendeiner Form Beteiligten erhalten bleibt.

§ 15[1, 2] Sonstige Umdisponierungen

1. Dem Schauspieler ist bekannt, dass Umdisponierungen nicht nur im Hinblick auf die Mitwirkenden, sondern auch in sonstiger Weise (zB Spielorte, Terminverlegungen, Änderungen in der Unterbringung und den Reisemöglichkeiten usw) nicht ausgeschlossen werden können.

2. Beide Vertragspartner werden sich und ihre vertraglichen Beziehungen diesen veränderten Umständen anpassen, um Durchführung und Erfolg der Tournee zu gewährleisten.

3. Eine Verlängerung des Vertrages über das vereinbarte Beendigungsdatum hinaus kann auf Grund von Umdisponierungen gleich welcher Art nicht verlangt werden.

§ 16[1, 2] Andere Rolle

1. Der Schauspieler ist verpflichtet, auf Wunsch des Tourneetheaters eine andere Rolle in dem Stück zu übernehmen, sofern dies für ihn nicht unzumutbar ist.

2. Durch die Übernahme einer anderen Rolle darf seine in diesem Vertrag vereinbarte Gage nicht gekürzt werden, wenn nicht etwas anderes ausdrücklich vereinbart wird. Bei Übernahme einer umfangmäßig größeren Rolle ist eine angemessene, höhere Gage zu vereinbaren. Angemessen ist im Zweifel die Gage, die der dafür vorgesehene Darsteller erhalten sollte oder erhalten hat.

§ 17 Ausschluss des Beschäftigungsanspruchs

1. Der Schauspieler hat keinen Anspruch auf Beschäftigung. Das Tourneetheater ist berechtigt, ohne Angabe von Gründen davon Abstand zu nehmen, die Dienste des Schauspielers anzunehmen.

2. Der Vergütungsanspruch des Schauspielers wird dadurch nicht berührt.

3. Weitergehende Ansprüche des Schauspielers daraus, dass er in der für ihn vorgesehenen Rolle nicht aufgetreten ist, sind – soweit rechtlich zulässig – ausgeschlossen.

§ 18 Nebentätigkeit

1. Jede andere Tätigkeit (Nebentätigkeit) bis zur Beendigung der letzten Vorstellung bedarf der ausdrücklichen schriftlichen Zustimmung des Tourneetheaters, es sei denn, dass es auf die Dienste des Schauspielers verzichtet hat. In diesem Fall muss sich der Schauspieler seine Vergütungen aus der Nebentätigkeit auf seinen Gagenanspruch anrechnen lassen.

2. Sofern bei der Tournee Zeiten anfallen, in denen keine Vorstellungen stattfinden und der Schauspieler auch aus sonstigen Gründen nicht benötigt wird, soll ihm die Möglichkeit zu einer Nebentätigkeit gegeben werden, sofern nicht berechtigte Belange des Tourneetheaters dem entgegenstehen.

3. Der Schauspieler stellt dem Tourneetheater für die Vertragsdauer seine volle Arbeits- und Schaffenskraft zur Verfügung.

§ 19 Verwirkung von Ansprüchen

Ansprüche aus diesem Vertrag müssen von beiden Parteien spätestens drei Monate nach Beendigung des Vertrages schriftlich gegenüber dem Vertragspartner geltend gemacht werden. Alle in dieser Form nicht erhobenen Ansprüche gelten nach Ablauf dieser Frist als verwirkt.

§ 20[5] Schiedsgerichtsklausel

Für alle Rechtsstreitigkeiten iSd § 2 ArbGG zwischen den Arbeitsvertragsparteien sind unter Ausschluss der Arbeitsgerichtsbarkeit ausschließlich die zwischen den Tarifvertragsparteien des NV Bühne vereinbarten Schiedsgerichte zuständig. Gehört das Solomitglied bei Vertragsschluss und bei Klageerhebung keiner auf Arbeitnehmerseite beteiligten Tarifvertragspartei an, bestimmt der Kläger, welches Schiedsgericht zuständig sein soll.

§ 21 Ausschlussfristen

Ansprüche aus dem Arbeitsverhältnis verfallen, wenn sie nicht innerhalb einer Ausschlussfrist von 6 Monaten nach Fälligkeit vom Schauspieler oder vom Tourneetheater schriftlich geltend gemacht werden, soweit vertraglich nichts anderes bestimmt ist.
Für denselben Sachverhalt reicht die einmalige Geltendmachung des Anspruches aus, um die Ausschlussfrist auch für später fällig werdende Leistungen unwirksam zu machen.

§ 22 Schlussbestimmungen

1. Der vorliegende Vertrag ist ein befristeter Arbeitsvertrag. Sofern die Parteien zwingenden tarifvertraglichen Regelungen unterliegen, gehen diese den Vereinbarungen in diesem Vertrag vor.
2. Soweit der Vertrag ausdrücklich oder sinngemäß keine besonderen Regelungen enthält, gilt das deutsche Recht des Arbeits- und Dienstvertrages.

Schrifttum: → Form. IX.54.

Anmerkungen

1. **Sachverhalt.** Vgl. zunächst die Anmerkungen zu → Form. IX.54. Der Tourneevertrag ist ebenfalls ein Unterfall des Gastvertrages, allerdings mit der Besonderheit, dass die Vorstellungen eines für die Tournee zusammengestellten Ensembles an ständig wechselnden Orten stattfinden und infolgedessen eine ständige Reisetätigkeit erforderlich ist. Das meist mehrmonatige Zusammenreisen, Zusammenwohnen und Zusammenspielen des Tournee-Ensembles schafft häufig Auseinandersetzungen zwischen den Tourneeteilnehmern untereinander sowie zwischen diesen und dem Tourneetheater. Auch der beste Vertrag kann daran meist nichts ändern. Die Praxis zeigt, dass nicht jeder Schauspieler „tourneegeeignet" ist. Soweit die von den Tourneetheatern verwandten Verträge teilweise als Werkverträge oder selbständige Dienstverträge gestaltet werden, so ist dies aufgrund einer aktuellen Entscheidung des Bundesarbeitsgerichts (BAG Urt. v. 7.2.2007 – 5 AZR 270/06) problematisch. In dieser Entscheidung hat das Bundesarbeitsgericht nämlich eine richtungsweisende Klarstellung zur Rechtsnatur des Gastvertrages vorgenommen und diesen als freien Dienstvertrag (§ 611 BGB) nur dann angesehen, wenn der Künstler in zeitlicher Hinsicht nicht der Weisungsabhängigkeit des Arbeitgebers unterliegt.

Eine Gestaltung des Tourneevertrages als freier Dienstvertrag oder Werkvertrag ist daher nur dann möglich, wenn die Zeit der Dienstleistung hinsichtlich der Aufführungen im Wesentlichen vertraglich festgelegt ist. Unschädlich ist nach dieser höchstrichterlichen Rechtsprechung, wenn die künstlerische Tätigkeit in künstlerischer Hinsicht der Weisungsgebundenheit des Tourneetheaters unterliegt. Da in der Tourneepraxis Umdisponierungen, mithin zeitliche Verschiebungen von Terminen „die Regel" sind, ist daher zu empfehlen, die Gastverträge als Arbeitsverträge abzuschließen. Die Festlegung von Proben- oder Aufführungsterminen erfolgt dann im Arbeitsverhältnis nicht im Vertrag sondern durch Weisung (§ 106 GewO). Anzumerken ist jedoch, dass trotz der Entscheidung des Bundesarbeitsgerichts (BAG Urt. v. 7.2.2007 – 5 AZR 270/06) weiterhin zukünftig eine Ausgestaltung der von den Tourneetheatern verwandten Verträgen als freie Dienstverträge sowie auch Werkverträge rechtssicher dann in Frage kommt, wenn bei der Vertragsgestaltung darauf geachtet wird, dass die Termine der Vorstellungen im Einzelnen vereinbart werden, einschließlich evtl. Terminsänderungen, was bei meistens von Bühnenagenten vertretenen berühmten Darstellern oder Sängern in der Praxis zweifellos der Fall sein wird.

2. **Wahl des Formulars.** Das Formular lehnt sich am Gastvertrag an, berücksichtigt jedoch die Besonderheiten des ständigen Ortswechsels. Aufgrund der AGB-Problematik bei Gastverträgen (→ Form. 54 Anm. 2) ist allerdings zu beachten, dass nur bei Gestaltung des Vertrages als freier Dienstvertrag oder Werkvertrag eine Zahlungspflicht nur für die tatsächlich gespielten Vorstellungen vereinbart werden kann (vgl. § 4 Abs. 1 des Form.). Da § 616 BGB dispositiv ist, kann also in diesen Fällen diese gesetzliche Vorschrift im Vertrag abbedungen und vereinbart werden, dass nur für „wahrgenommene Vorstellungen" ein Honorar gezahlt wird. Eine entsprechende Vertragsklausel ist allerdings an den §§ 305 ff. BGB zu messen, dh sie muss hinreichend klar sein und darf den Künstler nicht unangemessen benachteiligen. In seiner Entscheidung hat das BAG (BAG Urt. v. 7.2.2007 – 5 AZR 270/06) eine AGB-Kontrolle der Vertragsklausel anhand des AGBG vorgenommen, dessen Vorschriften weitgehend deckungsgleich mit den seit dem 1.1.2002 geltenden §§ 305 ff. BGB sind. Es ist zu dem Ergebnis gekommen, dass die Regelung in dem Vertrag nicht unüblich oder überraschend ist und den Künstler nicht unangemessen benachteiligt hat. Da die jetzt geltenden AGB-Kontrollvorschriften inhaltlich nichts Neues bringen, ist zu erwarten, dass eine Klausel wie die in diesem Formular auch zukünftig einer AGB-Kontrolle durch dieses Gericht standhalten wird.

Soweit das Formular in § 8 regelt, dass die in dieser Medienklausel genannten Verwertungen durch das vereinbarte Honorar abgegolten sind, so kann dies im Einzelfall bei einer umfassend geplanten Verwertung problematisch sein. Beabsichtigt der Tourneetheaterunternehmer daher, eine entsprechende ausschließliche und umfassende Rechteübertragung, empfiehlt es sich, auch hier die Gage aufzuteilen und die angemessene Vergütung für die Nutzung der Urheber- oder Leistungsrechte gesondert auszuweisen.

3. **Vergütung.** → Form. IX.54 Anm. 5. Die Garantie einer bestimmten Anzahl von Vorstellungen ist von Bedeutung, weil aus den unterschiedlichsten Gründen (zB unbefriedigender Vorverkauf an einzelnen Spielorten, witterungsbedingte Ausfälle) die Gefahr des Ausfalls von Vorstellungen größer ist als an einer örtlichen Bühne.

4. **Spesen und Fahrtkosten.** Hier sind genaue Regelungen nötig, zumal gerade die renommierteren Darsteller gelegentlich besonderen Wert darauf legen, nicht im allgemeinen Bus mitzureisen oder in einem anderen (besseren) Hotel zu wohnen als das übrige Ensemble. Da der wirtschaftliche Erfolg einer Tournee häufig von ein oder zwei zugkräftigen, am besten von Film und Fernsehen bekannten Schauspielern abhängt, können Konzessionen des Tourneetheaters nicht immer vermieden werden.

5. **Leistungs-, Urheber- sowie Fotorechte (Medienklausel).** → Form. IX.52 Anm. 6.

6. **Schiedsklausel.** → Form. IX.52 Anm. 9.

7. **Steuern.** → Form. IX.51 Anm. 8.

8. **Kosten.** → Form. IX.52 Anm. 11.

54. Arbeitsvertrag Bühnentechniker

Zwischen .....[1, 2, 7, 8]
vertreten durch .....
und
Frau/Herrn .....
wird der folgende

Arbeitsvertrag

abgeschlossen:

§ 1[2, 3]

Frau/Herr ..... wird als Bühnentechniker mit der Tätigkeitsbezeichnung ..... (§ 1 Abs. 3 NV Bühne) für das/die ..... (Theater) in ..... eingestellt.
Der Bühnentechniker ist überwiegend künstlerisch tätig.

§ 2[3, 4]

Das Arbeitsverhältnis wird für die Spielzeit 20..../..... – Spielzeiten 20..../..... bis 20..../..... begründet.
Es beginnt am ..... und endet am .....
Das Arbeitsverhältnis verlängert sich zu den gleichen Bedingungen um ein Jahr (Spielzeit), wenn nicht eine Nichtverlängerungsmitteilung entsprechend § 69 NV Bühne (Nichtverlängerungsmitteilung – Bühnentechniker) ausgesprochen wurde.
Die regelmäßige wöchentliche Arbeitszeit beträgt..... (in Worten: .....) Stunden (§ 64 Abs. 1 NV Bühne).

§ 3

.....
(Hier sind etwaige besondere Vereinbarungen aufzunehmen)

§ 4[5]

Die Gage beträgt monatlich ..... EUR (in Worten: ..... Euro).

§ 5

Der Arbeitgeber ist berechtigt, die auf den Bühnentechniker entfallende Hälfte der Vermittlungsgebühr von insgesamt ..... vom Hundert des gebührenpflichtigen Arbeitsentgelts einzubehalten und an die Bühnenvermittlung ..... abzuführen.

§ 6[6]

Im Übrigen bestimmt sich das Arbeitsverhältnis nach dem Normalvertrag Bühne in der jeweils geltenden Fassung und den ihn ergänzenden oder an seine tretenden Tarifverträgen.

§ 7

.....

(Hier sind etwaige besondere Vereinbarungen, etwa im Hinblick auf § 67 Abs. 4 NV Bühne (Ausschluss der Gagenanpassung) und § 40 Abs. 1 S. 3 NV Bühne (Ausschuss der Zuwendung)aufzunehmen.

§ 8

Für alle Rechtsstreitigkeiten iSd § 2 Arbeitsgerichtsgesetz zwischen den Arbeitsvertragsparteien sind unter Ausschluss der Arbeitsgerichtsbarkeit ausschließlich die zwischen den Tarifvertragsparteien des NV Bühne vereinbarten Schiedsgerichte zuständig. Gehört der Bühnentechniker bei Vertragsabschluss und bei Klageerhebung keiner auf Arbeitnehmerseite beteiligten Tarifvertragspartei an, bestimmt der Kläger, welches Schiedsgericht zuständig sein soll.

....., den .....

....

Unterschrift Arbeitgeber Unterschrift Bühnentechniker

Im Folgenden werden die SR Bühnentechniker zum NV Bühne in der gegenwärtigen Fassung vom 1.8.2019 abgedruckt. Der Allgemeine Teil (AT) des NV Bühne ist bei → Form. IX.53 wiedergegeben.

2. Abschnitt Sonderregelungen (SR) Bühnentechniker

§ 63 Besondere Mitwirkungspflicht – Bühnentechniker

Der Bühnentechniker ist im Rahmen der vertraglich übernommenen Tätigkeit verpflichtet, alle ihm zugewiesenen Aufgaben zu übernehmen.

§ 64 Arbeitszeit – Bühnentechniker

(1) Die regelmäßige wöchentliche Arbeitszeit beträgt ausschließlich der Pausen im Durchschnitt der gesamten Spielzeit 40 Stunden. Sie kann arbeitsvertraglich bis zu 6 Stunden wöchentlich verlängert werden; § 43 Abs. 3 findet entsprechend Anwendung.

(2) Die Arbeitszeit darf nur in Ausnahmefällen, wenn es der Betrieb erfordert, auf mehr als zwei Zeitabschnitte des Tages verteilt werden.

(3) Bei Dienstreisen gilt nur die Zeit der dienstlichen Inanspruchnahme am auswärtigen Geschäftsort als Arbeitszeit. Es wird jedoch für jeden Tag, einschließlich der Reisetage, mindestens die dienstplanmäßige bzw. betriebsübliche Arbeitszeit berücksichtigt.
Fahrten des Ensembles oder eines Teils des Ensembles zu regelmäßig bespielten Abstecherorten gelten nicht als Dienstreisen. Die bei solchen Fahrten anfallenden Fahrzeiten gelten zur Hälfte als Arbeitszeit; hierbei wird eine Entfernung von 50 Kilometer einer Stunde gleichgesetzt.

(4) Eine Überstunde liegt vor, wenn der Bühnentechniker die vertraglich vereinbarte regelmäßige wöchentliche Arbeitszeit (Absatz 1) in einer Woche überschreitet, ohne dass diese Überschreitung innerhalb der Spielzeit oder im unmittelbaren Anschluss an die der Spielzeit folgenden Theaterferien ausgeglichen wird.

(5) Abweichende Regelungen können im Rahmen des § 7 ArbZG durch Tarifvertrag oder Betriebsvereinbarung getroffen werden.

§ 65 Ruhezeiten – Bühnentechniker

(1) Nach dem Ende der täglichen Arbeitszeit oder nach der Heimkehr von auswärtigen Gastspielen zur Nachtzeit ist dem Bühnentechniker eine elfstündige Ruhezeit (Nachtruhezeit) zu gewähren. Die Nachtruhezeit darf um zwei Stunden verkürzt werden, wenn die Art der Arbeit dies erfordert und die Kürzung der Ruhezeit innerhalb eines festzulegenden Ausgleichszeitraums ausgeglichen wird. Vor der Entscheidung über die Verkürzung ist der Bühnentechnikervorstand zu hören.
Bei Abstechern kann der Ruhezeit nach Unterabsatz 1 Satz 1 bei der Rückfahrt von einem auswärtigen Gastspiel die Hälfte der Rückfahrtzeit, jedoch nicht mehr als eine Stunde, zugerechnet werden; dabei sind 50 Kilometer der Rückfahrt mit einer Stunde Fahrzeit anzurechnen.

(2) Außer bei Haupt- und Generalproben, bei weiteren zeitlich unbegrenzten Proben nach § 9 i. V. m. § 72 Abs. 3 und 5 sowie nach § 85 Abs. 2 und 4 sowie bei technischen Proben ist zwischen dem Ende des Vormittagsdienstes und dem Beginn des Abenddienstes eine zweistündige Ruhezeit zu gewähren, es sei denn, dass Spielplan- oder Betriebsstörungen oder Gastspiele am Theater eine Verkürzung dieser Ruhezeit notwendig machen.

§ 66 Freie Tage – Bühnentechniker

(1) Der Bühnentechniker hat unbeschadet der an allen Tagen einer Spielzeit bestehenden Mitwirkungspflicht, ausgenommen an den Tagen der in die Spielzeit fallenden Theaterferien, Anspruch auf einen freien Tag wöchentlich.
Wird auf Anordnung an einem Wochenfeiertag gearbeitet, so wird dafür ein freier Tag gewährt.

(2) Der Ausgleichszeitraum für die Gewährung der freien Tage ist die Spielzeit. Die freien Tage sollen unter Berücksichtigung der Bedürfnisse der Bühne möglichst gleichmäßig innerhalb der Spielzeit verteilt werden. Freie Tage können auch zusammenhängend (z. B. für bezahlten Gastierurlaub) gewährt werden.

(3) Die freien Tage nach Absatz 1 Unterabs. 1 gelten die wegen einer Beschäftigung an einem Sonntag zu gewährende Freizeit ab. In jeder Spielzeit sind acht Sonntage außerhalb der Theaterferien beschäftigungsfrei zu lassen.

(4) Der Bühnentechniker gibt dem Arbeitgeber vor Antritt des freien Tags bekannt, ob und wie er gegebenenfalls zu erreichen ist.

§ 67 Vergütung – Bühnentechniker

(1) Im Arbeitsvertrag ist eine Gage zu vereinbaren. Sie beträgt mindestens 2.000,– EUR monatlich. Wird die regelmäßige wöchentliche Arbeitszeit nach § 64 Abs. 1 Satz 2 arbeitsvertraglich verlängert, erhöht sich die Mindestgage nach Satz 2 für jede Stunde der Verlängerung um 50,– EUR.
Wird mit einem Bühnentechniker nach § 5 Abs. 3 eine Teilzeit vereinbart, kann die Mindestgage nach Unterabsatz 1 unterschritten werden, jedoch um nicht mehr, als sich aus dem Maß der vereinbarten durchschnittlichen wöchentlichen Arbeitszeit ergibt.
Mit der Gage sind die von dem Bühnentechniker nach diesem Tarifvertrag zu erbringenden Arbeitsleistungen abgegolten, soweit sich aus den Absätzen 2 und 3 nichts anderes ergibt.
Die Vergütung der Überstunde (§ 64 Abs. 4) beträgt 1/145 der Gage. Bei Teilzeitarbeitszeit (§ 5 Abs. 3) und bei Verlängerung der regelmäßigen wöchentlichen Arbeitszeit (§ 64 Abs. 1) ist Berechnungsgrundlage die auf eine wöchentlich regelmäßige Arbeitszeit von 40 Wochenstunden umgerechnete Gage.

(2) Neben der Gage können mit dem Bühnentechniker besondere Vergütungen vereinbart werden.
(3) (gestrichen)
(4) Im Arbeitsvertrag kann vereinbart werden, dass abweichend von § 12a
   a) (gestrichen)
   b) der Bühnentechniker nur insoweit an einer Gagenanpassung, die für die ersten zwölf Monate nach einer arbeitsvertraglichen Gagenanpassung tarifvertraglich wirksam wird, teilnimmt, als die tarifvertragliche höher als die arbeitsvertragliche Gagenanpassung ausfällt,
   c) der Bühnentechniker nicht an einer Gagenanpassung teilnimmt, die für die Spielzeit tarifvertraglich wirksam wird, in der ihm bezahlter Gastierurlaub von insgesamt mindestens 40 Tagen gewährt wird,
   d) der Bühnentechniker an keiner Gagenanpassung teilnimmt, wenn seine Gage höher ist als der dreifache Betrag der Mindestgage.

Protokollnotizen zu Absatz 1:

1. Die Höhe der Mindestgage wird zum gegebenen Zeitpunkt überprüft.
2. Beläuft sich zum Zeitpunkt des Inkrafttretens dieses Tarifvertrags die Gage eines Bühnentechnikers einschließlich der Theaterbetriebszulage nach § 6 BTT bzw. BTTL auf einen Betrag, der die in Absatz 1 Unterabs. 1 Satz 2 genannte Mindestgage unterschreitet, erhält er die in Absatz 1 Unterabs. 1 Satz 2 genannte Mindestgage unter Anrechnung der ihm bislang gewährten Theaterbetriebszulage. Beläuft sich zum Zeitpunkt des Inkrafttretens dieses Tarifvertrags die Gage eines Bühnentechnikers einschließlich der Theaterbetriebszulage nach § 6 BTT bzw. BTTL auf einen Betrag, der der in Absatz 1 Unterabs. 1 Satz 2 genannten Mindestgage entspricht oder diese Mindestgage übersteigt, bleibt die Gage unverändert. Für Verträge mit Gagenvereinbarungen nach den Sätzen 1 und 2 dieser Protokollnotiz gelten § 6 Abs. 1 Unterabs. 2 BTT vom 25. Mai 1961 in der Fassung vom 23. September 1996 bzw. § 6 Abs. 1 Unterabs. 2 BTTL vom 28. Juni 1968 in der Fassung vom 23. September 1996 einschließlich der Übergangsregelung für das Beitrittsgebiet weiter. Bei der Vereinbarung von Teilzeitarbeit gelten Sätze 1 bis 3 dieser Protokollnotiz entsprechend.

§ 68 Rechteabgeltung – Bühnentechniker

(1) Soweit ein Urheber- oder Leistungsschutzrecht besteht, erhält der Bühnentechniker neben der Gage (§ 67 Abs. 1) zusätzlich für die Mitwirkung bei Veranstaltungen für Funkzwecke (live oder aufgezeichnet) einschließlich Übertragung der für die Sendung und deren Wiedergabe erforderlichen Rechte eine angemessene Sondervergütung. Die Sondervergütung kann durch Nebenabrede in Monatsbeträgen pauschaliert werden; die Nebenabrede ist mit einer Frist von drei Monaten zum Ende einer Spielzeit kündbar.
(2) Im Fall von Absatz 1 sind Wiederholungsvergütungen, auch bei zeitversetzter Verbreitung über Kabel und/oder Satellit, sowie Vergütungen für die Verbreitung der Sendung außerhalb des vertraglich vereinbarten Sendegebiets und Beteiligungen am Erlös aus Verkäufen/Überlassungen der Sendung an ausländische Rundfunkunternehmen in angemessener Höhe zu zahlen.
(3) Nicht zu vergüten ist die Mitwirkung bei Reportagesendungen des Hörfunks und des Fernsehens. Dies gilt unabhängig von der Zeit, die zwischen der Aufzeichnung bzw. der Livewiedergabe und der Reportagesendung vergangen ist. Reportagesendungen liegen vor, wenn die Wiedergabezeit sechs Minuten nicht übersteigt und nicht mehr als ein Viertel des Werks wiedergegeben wird.
(4) Keine Vergütung wird gezahlt bei der Verwertung einer Aufnahme für den theatereigenen Gebrauch (einschließlich der Nutzung als kostenloses oder gegen Schutzgebühr abgegebenes Werbemittel, mit dem zugunsten des Arbeitgebers oder seines Rechtsträgers geworben wird).

§ 68a Jubiläumszuwendung – Bühnentechniker

(1) Der Bühnentechniker erhält als Jubiläumszuwendung nach einer ununterbrochenen Beschäftigungszeit bei demselben Arbeitgeber von mindestens zehn Jahren und nach einer Dienstzeit

25 Jahren	350,00 EUR,
40 Jahren	500,00 EUR.

(2) Dienstzeit im Sinne von Absatz 1 sind alle Beschäftigungszeiten, die das Mitglied als Bühnentechniker bei Arbeitgebern, die dem Deutschen Bühnenverein angehören, zurückgelegt hat.

§ 69 Nichtverlängerungsmitteilung – Bühnentechniker

(1) Das Arbeitsverhältnis endet mit dem im Arbeitsvertrag vereinbarten Zeitpunkt.

(2) Ein mindestens für ein Jahr (Spielzeit) abgeschlossener Arbeitsvertrag verlängert sich zu den gleichen Bedingungen um ein Jahr (Spielzeit), es sei denn, eine Vertragspartei teilt der anderen bis zum 31. Oktober der Spielzeit, mit deren Ablauf der Arbeitsvertrag endet, schriftlich mit, dass sie nicht beabsichtigt, den Arbeitsvertrag zu verlängern (Nichtverlängerungsmitteilung). Besteht das Arbeitsverhältnis am Ende einer Spielzeit ununterbrochen mehr als acht Jahre (Spielzeiten), muss die Nichtverlängerungsmitteilung der anderen Vertragspartei bis zum 31. Juli der jeweils vorangegangenen Spielzeit schriftlich zugegangen sein. Sätze 1 und 2 finden keine Anwendung, wenn die Befristung des Arbeitsverhältnisses auf einem sachlichen Grund nach § 14 Abs. 1 Satz 2 Nr. 3 (Vertretung) oder Nr. 8 (gerichtlicher Vergleich) TzBfG beruht.

(3) Besteht das Arbeitsverhältnis am Ende einer Spielzeit bei derselben Bühne ununterbrochen mehr als fünfzehn Jahre (Spielzeiten), kann der Arbeitgeber eine Nichtverlängerungsmitteilung nach Absatz 2 nur aussprechen, um das Arbeitsverhältnis unter anderen Vertragsbedingungen – auch außerhalb der im Arbeitsvertrag angegebenen Bühne(n) (ein Arbeitgeber in selbständiger Rechtsform auch bei seinem oder einem seiner rechtlichen oder wirtschaftlichen Träger) – fortzusetzen.
Besteht das Arbeitsverhältnis am Ende einer Spielzeit bei derselben Bühne ununterbrochen mehr als fünfzehn Jahre (Spielzeiten) und hat der Bühnentechniker in dem Zeitpunkt, in dem die Nichtverlängerungsmitteilung spätestens zugegangen sein muss (Absatz 2), das 55. Lebensjahr vollendet, kann der Arbeitgeber eine Nichtverlängerungsmitteilung nach Absatz 2 nur aussprechen, um das Arbeitsverhältnis unter anderen Vertragsbedingungen bei der (den) im Arbeitsvertrag angegebenen Bühne(n) fortzusetzen.
Besteht das Arbeitsverhältnis am Ende einer Spielzeit bei derselben Bühne ununterbrochen mehr als acht Jahre (Spielzeiten), können der Arbeitgeber und der Bühnentechniker vertraglich vereinbaren, dass bis zu vier Spielzeiten der nachfolgenden Spielzeiten auf die 15 Jahre nach Unterabsatz 1 und 2 nicht angerechnet werden.

(3a) Der Ausspruch einer Nichtverlängerungsmitteilung nach den Absätzen 2 und 3 ist gegenüber einer Frau unzulässig, wenn die Frau die Schwangerschaft dem Arbeitgeber vor dem Anhörungsgespräch nach Absatz 4 durch ärztliche Bescheinigung nachgewiesen hat. Zeigt sie die Schwangerschaft dem Arbeitgeber vor dem Anhörungsgespräch nach Absatz 4 zunächst nur an oder gibt sie diese erst im Anhörungsgespräch nach Absatz 4 bekannt, findet Satz 1 Anwendung, wenn sie den Nachweis nach Satz 1 unverzüglich erbringt. Der Ausspruch einer Nichtverlängerungsmitteilung nach den Absätzen 2 und 3 ist gegenüber einer Frau auch unzulässig bis zum Ablauf von vier Monaten nach einer Fehlgeburt nach der zwölften Schwanger-

schaftswoche und bis zum Ablauf von vier Monaten nach der Entbindung, wenn dem Arbeitgeber die Fehlgeburt bzw. die Entbindung bekannt ist.
Soweit sich der Arbeitgeber im Anhörungsgespräch nach Absatz 4 vor der nach den Unterabsätzen 1 und 2 unzulässigen Nichtverlängerungsmitteilung auf einen bevorstehenden Intendantenwechsel berufen könnte, kann er sich in dem Anhörungsgespräch vor der Nichtverlängerungsmitteilung in der ersten Spielzeit nach Beendigung der in den Unterabsätzen 1 und 2 genannten Fristen weiterhin auf diesen Intendantenwechsel berufen. In diesem Fall findet § 70 entsprechend Anwendung.

(4) Bevor der Arbeitgeber eine Nichtverlängerungsmitteilung ausspricht, hat er den Bühnentechniker zu hören. Der Bühnentechniker ist fünf Tage vor der Anhörung zur Anhörung schriftlich einzuladen. Die Einladung zur Anhörung gilt als ordnungsgemäß zugestellt, wenn der Arbeitgeber nachweist, dass die Absendung der Einladung fünf Tage vor der Anhörung an die dem Arbeitgeber bekannte Adresse erfolgt ist.
Auf schriftlichen Wunsch des Bühnentechnikers ist ein an der Bühne beschäftigter Arbeitnehmer und/oder ein Vertreter der satzungsmäßigen Organe der vertragschließenden Gewerkschaften berechtigt, an dem Anhörungsgespräch teilzunehmen und gehört zu werden.
Auf Seiten des Arbeitgebers dürfen auch Vertreter seines wirtschaftlichen Trägers teilnehmen.
Darüber hinausgehende gesetzliche und anderweitige rechtlich zwingende Beteiligungsrechte bleiben unberührt.

(5) Der Bühnentechniker und der von ihm nach Absatz 4 Benannte sind unter Berücksichtigung der durch die Theaterferien oder einen Gastierurlaub bedingten Abwesenheit des Bühnentechnikers spätestens zwei Wochen vor den in Absatz 2 genannten Zeitpunkten zu hören, es sei denn, der Bühnentechniker verzichtet schriftlich darauf, gehört zu werden; in diesem Fall findet Absatz 4 Satz 2 keine Anwendung. Unterlässt es der Arbeitgeber, den Bühnentechniker fristgerecht zu hören, ist die Nichtverlängerungsmitteilung unwirksam.

(6) Ist der Bühnentechniker durch Arbeitsunfähigkeit oder aus einem anderen Grunde verhindert, die Anhörung bis zu dem in Absatz 5 genannten Zeitpunkt wahrzunehmen, oder nimmt der Bühnentechniker die Anhörung nicht wahr, bedarf es seiner Anhörung zur Wirksamkeit der Nichtverlängerungsmitteilung nicht. Im Falle der Verhinderung ist der Arbeitgeber auf schriftlichen Wunsch des Bühnentechnikers jedoch verpflichtet, eine von ihm namentlich bezeichnete Person zu hören, die zu dem in Absatz 4 Unterabs. 2 genannten Personenkreis gehört; Satz 1 gilt entsprechend. Der schriftliche Wunsch muss dem Arbeitgeber spätestens zwei Wochen vor den in Absatz 2 genannten Zeitpunkten zugegangen sein. In diesem Fall muss die Anhörung spätestens drei Tage vor den in Absatz 2 genannten Zeitpunkten vorgenommen sein.

(7) Der auf Wunsch des Bühnentechnikers teilnehmende Arbeitnehmer und der Vertreter der satzungsmäßigen Organe der vertragschließenden Gewerkschaften haben über den Inhalt der Anhörung gegenüber Dritten Vertraulichkeit zu wahren.

(8) Klagen gegen Nichtverlängerungsmitteilungen sind innerhalb einer Ausschlussfrist von vier Monaten nach den in Absatz 2 genannten Terminen zur Nichtverlängerungsmitteilung zu erheben.

(9) Die Absätze 3 bis 6 gelten nicht, wenn der Bühnentechniker bei Beendigung des Arbeitsverhältnisses Anspruch auf Altersrente aus der gesetzlichen Rentenversicherung oder einer außerhalb der gesetzlichen Rentenversicherung bestehenden Versorgung durch den Arbeitgeber oder durch eine Versorgungseinrichtung hat, zu der der Arbeitgeber Mittel beigesteuert hat.

Die Absätze 3 bis 6 gelten ferner nicht, wenn die Nichtverlängerungsmitteilung zum Ende der Spielzeit ausgesprochen wird, in der der Bühnentechniker das gesetzlich festgelegte Alter zum Erreichen der Regelaltersrente oder ein höheres Alter vollendet hat.

Protokollnotiz zu den Absätzen 2 und 3:

Soweit bei Angaben von Zeiträumen die Bezeichnung „Jahr (Spielzeit)" oder die Bezeichnung „Jahre (Spielzeiten)" verwendet werden, ist es unerheblich, ob die Spielzeit bzw. die Anzahl der Spielzeiten in Kalendertagen kürzer oder länger als ein Jahr bzw. die entsprechende Anzahl von Jahren sind.

Protokollnotiz zu Absatz 3 Unterabs. 3:

Die Tarifvertragsparteien sind sich einig, dass auch Spielzeiten nach der 15. Spielzeit einbezogen werden können.

§ 70 Besondere Entschädigung bei Beendigung des Arbeitsverhältnisses aus Anlass eines Intendantenwechsels – Bühnentechniker

(1) Der Bühnentechniker, der aus Anlass eines Intendantenwechsels infolge einer durch den Arbeitgeber ausgesprochenen Nichtverlängerungsmitteilung in der ersten Spielzeit nach dem Intendantenwechsel nicht mehr im Arbeitsverhältnis steht, erhält eine Abfindung nach Maßgabe des Unterabsatzes 2, sofern nicht die Voraussetzungen von § 46 Abs. 1 vorliegen. Voraussetzung für den Anspruch nach Satz 1 ist, dass der Bühnentechniker innerhalb von drei Monaten nach Beendigung des Arbeitsverhältnisses kein unter diesen Tarifvertrag fallendes Arbeitsverhältnis oder kein anderes volles Arbeitsverhältnis begründen konnte.

Die Abfindung beträgt bei einer ununterbrochenen Beschäftigung bei demselben Arbeitgeber von

4	Jahren (Spielzeiten)	3 monatliche Vergütungen,
6	Jahren (Spielzeiten)	4 monatliche Vergütungen,
9	Jahren (Spielzeiten)	5 monatliche Vergütungen,
12	Jahren (Spielzeiten)	6 monatliche Vergütungen.

Der Bühnentechniker hat das Vorliegen der Voraussetzungen des Unterabsatzes 1 Satz 2 in geeigneter Form nachzuweisen. Hat er diesen Nachweis erbracht, ist die Abfindung in einer Summe zu zahlen. Für den Nachweis, dass kein Arbeitsverhältnis nach Unterabsatz 1 Satz 2 abgeschlossen wurde, reicht in der Regel die Vorlage einer Bescheinigung der Agentur für Arbeit aus, aus der sich ergibt, dass das Mitglied in dem gesamten in Unterabsatz 1 Satz 2 genannten Zeitraum arbeitslos gemeldet war.

(2) Zieht der Bühnentechniker nach dem beendeten Arbeitsverhältnis an einen anderen Ort um, ist ihm auf Antrag ein Vorschuss auf die Abfindung in Höhe des Zuschusses zu den Umzugskosten nach Absatz 3 zu zahlen. Der Vorschuss ist zurückzuzahlen, wenn dem Bühnentechniker kein Anspruch auf die Abfindung zusteht, weil er innerhalb von drei Monaten nach Beendigung des Arbeitsverhältnisses ein unter diesen Tarifvertrag fallendes Arbeitsverhältnis oder ein anderes volles Arbeitsverhältnis begründen konnte.

(3) Der Bühnentechniker, der aus Anlass eines Intendantenwechsels infolge einer durch den Arbeitgeber ausgesprochenen Nichtverlängerungsmitteilung in der ersten Spielzeit nach dem Intendantenwechsel nicht mehr im Arbeitsverhältnis steht und noch nicht ununterbrochen vier Jahre (Spielzeiten) an derselben Bühne beschäftigt war, erhält einen Zuschuss zu den Umzugskosten. Der Zuschuss beträgt die Hälfte der nachgewiesenen Kosten für das Befördern des Umzugsguts, höchstens jedoch eine monatliche Vergütung. Hat der Bühnentechniker den Kostennachweis erbracht, ist der Zuschuss in einer Summe zu zahlen. Auf den Zuschuss sind Leistungen zu den Umzugskosten einer anderen Bühne oder aus öffentlichen Mitteln anzurechnen.

(4) **Absätze 1 bis 3 gelten nicht für Technische Direktoren und technische Leiter. Sie gelten nicht für den Bühnentechniker, wenn dieser bei Beendigung des Arbeitsverhältnisses Anspruch auf Altersrente aus der gesetzlichen Rentenversicherung oder einer außerhalb der gesetzlichen Rentenversicherung bestehenden Versorgung durch den Arbeitgeber oder durch eine Versorgungseinrichtung hat, zu der der Arbeitgeber Mittel beigesteuert hat.**

Protokollnotiz:

Ist die Leitung einem Direktorium übertragen, gilt als Intendantenwechsel im Sinne der Absätze 1 und 3 der Wechsel des Operndirektors, Schauspieldirektors oder Ballettdirektors, dem die Vollmachten eines Intendanten übertragen sind.

Anmerkungen

1. Sachverhalt. Am Theater werden nicht nur Verträge mit der Künstlergruppe der Solisten (→ Form. IX.52, 53), sondern auch mit künstlerisch tätigen Bühnentechnikern abgeschlossen. Bei diesen künstlerisch an der Aufführung mitwirkenden Bühnentechnikern haben die Tarifvertragsparteien im Bereich des Bühnenarbeitsrechts insbesondere den Personenkreis (vgl. Aufzählung in § 1 Abs. 3 NV Bühne SR BTT) näher geregelt, der im Theater künstlerische Aufgaben zu erfüllen hat. Darauf hinzuweisen ist, dass wegen der Theaterpraxis in letzter Zeit häufig Probleme bei der Abgrenzung der künstlerisch tätigen Bühnentechniker zu den „normalen" Bühnentechnikern, die keine künstlerische Tätigkeit ausüben, entstanden sind und dies bundesweit zu einer Vielzahl juristischer Auseinandersetzungen geführt hat. Dabei ist zu berücksichtigen, dass die Tätigkeiten der künstlerisch tätigen Bühnentechniker sich in der Theaterpraxis in den letzten Jahrzehnten erheblich gewandelt haben. Arbeiteten sie früher ganz überwiegend rein technisch, arbeiten sie heute mehr und mehr künstlerisch oder in Bereichen, in denen Technik und Kunst nicht mehr getrennt werden können (zB Light-design). Selbst große Bühnen bespielen heute nicht mehr ausschließlich ihr großes Haus, sondern daneben oder sogar gleichmäßig auch ein oder mehrere kleine Häuser. Die Besetzungen sind dort kleiner und damit auch arbeitsteilig; Bühnentechniker nehmen dort nicht mehr rein technische Aufgaben nach Anweisung, sondern vielfältigere, fachübergreifende Aufgaben mit größeren künstlerischen Spielräumen (zB Veranstaltungstechniker) wahr, die ihnen einen wachsenden Anteil an der Gesamtgestaltung (zB auch an Aufgaben, die sonst dem Bühnenbildner übertragen sind) geben. Der persönliche Geltungsbereich im NV Bühne (vgl. § 1 Abs. 3 NV Bühne) hat diesen Wandel nachvollzogen, indem er die Bühnentechniker in den Kreis der Künstler einbezieht, der mit Rücksicht auf die künstlerischen Belange der Bühne künstlerisch mitgestaltend tätig sind.

2. Wahl des Formulars. Der vorstehende Mustervertrag betrifft nur die Vertragsgestaltung bei künstlerisch tätigen Mitarbeitern an Theatern, die unter den persönlichen Geltungsbereich des NV Bühne SR BTT fallen. Alle anderen Angestellten am Theater haben die üblichen Arbeitsverträge wie etwa die Büroangestellten in der Verwaltung und unterfallen dann dem Tarifrecht des öffentlichen Dienstes. Das Formular geht von der Tarifgebundenheit des Arbeitgebers aus, also von einer Bühne, deren Träger ein Bundesland oder eine Gemeinde bzw. ein Gemeindeverband ist (§ 1 Nr. 1 NV Bühne AT). In Fällen, in denen keine Tarifbindung besteht, kann der NV Bühne SR Bühnentechniker durch individuelle Vereinbarung übernommen werden. Aufgrund der zwingenden gesetzlichen Regelung in § 14 Abs. 1 Nr. 4 TzBfG ist jedoch in jedem Falle darauf zu achten, dass die Aufzählung in § 1 Abs. 3 NV Bühne SR Bühnentechniker nur Indizcharakter hat, also in jedem Fall vor Übernahme dieses Formulars überprüft werden muss, ob der betreffende Arbeitnehmer tatsächlich auch durch seine Tätigkeit Einfluss auf die künstlerische Aufgabe des Theaters nehmen kann. In einer jüngeren Entscheidung hat das BAG bei einer Maskenbildnerin mit Urteil vom 13.12.2017 (7 AZR 369/16) erneut klargestellt, dass die Vereinbarung einer überwiegend künstlerischen Tätigkeit im Arbeitsvertrag einer Maskenbildnerin geeignet ist, die Befristung des Arbeitsvertrages wegen der Eigenart der Arbeitsleistung nach § 14 Abs. 1 S. 2 Nr. 4 TzBfG zu rechtfertigen. Insbesondere bedeutsam ist an dieser Entscheidung, dass sich das BAG aus diesem Anlass mit der Frage der Europarechtswidrigkeit des Befristungs-Regimes des NV Bühne beschäftigt hat und diese auch bei einer längeren Befristungsdauer verneint hat. In einer weiteren aktuellen Entscheidung des EuGH zu Befristungen im Kulturbereich mit Urteil vom 25.10.2018 (C-3331/17) hat der Europäische Gerichtshof erneut entschieden, dass auch bei befristeten Arbeitsverträgen über einen Gesamtzeitraum von mehr als drei Jahren den Anforderungen des Unionsrechts dann genügt, wenn sachliche Gründe vorliegen, die die Verlängerung der jeweils befristeten Verträge rechtfertigen. Dies ist aufgrund der tariflichen Regelungen im NV Bühne aufgrund der verfassungsrechtlich gewährleisteten Normsetzungskompetenz der Tarifvertragsparteien wohl der Fall, da hier zum Schutze der Arbeitnehmer im nationalen Recht geeignete Maßnahmen normiert worden sind, die geeignet sind, im Bereich der befristeten Arbeitsverträge Missbrauch zu Lasten der Arbeitnehmer zu verhindern sowie Mindestschutzbestimmungen insbesondere auch im Lichte der gesetzlichen Regelung in § 14 Abs. 1 Nr. 4 TzBfG zu gewährleisten (→ siehe zu der unionsrechtlichen Dimension der Zulässigkeit von Befristungen im künstlerisch-technischen Bereich insbesondere auch IX. 51 Rn. 1, 2). Als unionsfest können daher trotz der spezifischen nationalen (deutschen) Regelungen im NV Bühne in Gestalt der Schutzbestimmungen bei langjährig beschäftigten Künstlern aufgrund § 14 Abs. 1 Satz 2 TzBfG („Eigenart der Arbeitsleistung") wohl nur Sachgrundbefristungen bei Solisten angesehen werden.

In Theatern, in welchen neben dem NV Bühne auch die Tarifverträge des öffentlichen Dienstes angewandt werden, ist unbedingt zu beachten, dass inzwischen die Dienstleistungsgewerkschaft ver.di mit den öffentlichen Arbeitgebern tarifvertraglich im Bereich des TVöD einen Abgrenzungskatalog vereinbart hat, um insbesondere bei den Arbeitnehmern, die eine technisch-künstlerische Tätigkeit ausüben, eine Abgrenzung zu den im NV Bühne SR Bühnentechniker tarifvertraglich normierten Personenkreis vorzunehmen (vgl. Änderungstarifvertrag Nr. 8 vom 26.2.2013 zum Tarifvertrag für den öffentlichen Dienst (TVöD) vom 13.9.2005).

Nach diesem neuen Abgrenzungskatalog des TVöD fällt das technische Leitungspersonal (zB Technischer Direktor, Leiter des Kostümwesens usw) nach wie vor uneingeschränkt unter den NV. Was nach dem TVöD unter technischem Leitungspersonal zu verstehen ist, ergibt sich aus der Protokollerklärung Nr. 1 zu Abs. 2n TVöD. Schließlich enthält die Protokollerklärung Nr. 2 zu Abs. 2n TVöD insbesondere die Berufe, die der TVöD eindeutig seinem Geltungsbereich zuordnet. Das bedeutet, dass die entsprechenden Arbeitsverträge bei Tarifgebundenheit des Theaters auf der Grundlage des TVöD abgeschlossen werden müssen. Ferner enthält der TVöD eine Tarifregelung (vgl. Protokollerklärung Nr. 3 zu Abs. 2n TVöD) in welcher festgelegt wird, welche Mitarbeiter „in der Regel" unter den TVöD und nicht unter den NV Bühne fallen. Schließlich stellt die Tarifregelung im neuen TVöD aber auch klar, welche Mitarbeiter „in der Regel" nicht unter den TVöD, sondern eindeutig unter den NV Bühne fallen. Hier kann also problemlos das Formular verwendet werden, es sei denn, es bestehen besondere Gründe, dass ausnahmsweise keine künstlerische Tätigkeit geleistet werden soll. Dann ist der TVöD zu vereinbaren. Unbedingt zu beachten ist, dass bei den in § 1 Abs. 3 NV Bühne AT genannten künstlerischen Bühnentechnikern einzelarbeitsvertraglich unbedingt im Arbeitsvertrag vereinbart werden muss, dass sie „überwiegend künstlerisch" tätig sind. Denn nur bei einer einzelarbeitsvertraglichen Vereinbarung einer überwiegend künstlerischen Tätigkeit im Arbeitsvertrag steht die höchstrichterliche Rechtsprechung auf dem Standpunkt, dass in der Abgrenzungsfrage zwischen NV Bühne und TVöD bei Bühnentechnikern der Geltungsbereich des NV Bühne eröffnet ist (BAG Beschl. v. 27.10.2010 – 7 ABR 96/09). Auf dieses Abgrenzungsproblem ist besonders auch deshalb zu achten, um mitbestimmungsrechtliche Probleme mit dem Betriebs- oder Personalrat bei der Einstellung eines Bühnentechnikers zu vermeiden, deren Mitbeurteilungsrecht sich allerdings lediglich darauf beschränkt, ob der betreffende Arbeitnehmer auch tatsächlich einer der Berufsgruppen des § 1 Abs. 3 UAbs. 2 NV Bühne angehört und mit diesem eine überwiegend künstlerische Tätigkeit vereinbart wurde.

3. **Vertragsgegenstand.** Wie beim Solo-Darsteller ist auch beim künstlerisch arbeitenden Techniker von einem arbeitsrechtlichen Zeitvertrag auszugehen. Dieser ist teilweise sehr an die Regelungen für Solisten angenähert, etwa bei der Vertragsbeendigung durch die Nichtverlängerungsmitteilung der Bühne. Der NV Bühne Sonderregelungen (SR) Bühnentechniker enthält aber auch Vorschriften, die auf die Besonderheiten der Tätigkeit des Technikers zugeschnitten. Zu beachten ist, dass für die Bühnentechniker im Tarifvertrag als einzige Beschäftigungsgruppe im künstlerischen Bereich vorgesehen ist, dass im Arbeitsvertrag eine konkrete durchschnittliche Stundenzahl als Arbeitszeit vereinbart wird (§ 65 NV Bühne SR Bühnentechniker). Die wöchentliche Arbeitszeit beträgt im Durchschnitt der gesamten Spielzeit für das gesamte Bundesgebiet 40 Stunden und orientiert sich damit weitgehend an der Arbeitszeit des öffentlichen Dienstes. Anders als im öffentlichen Dienst kann die Arbeitszeit aber einzelvertraglich auf bis zu 46 Stunden wöchentlich verlängert werden. Die Bühnentechniker haben nach § 66 NV Bühne Anspruch auf einen freien Tag wöchentlich sowie einen zusätzlichen Ausgleichstag für Arbeiten an einem Wochenfeiertag.

4. **Nichtverlängerungsmitteilung.** Hinsichtlich der Besonderheiten einer Nichtverlängerungsmitteilung Bühnentechniker kann auf die Ausführungen unter IX. 51 zum Solobereich (Rn. 1, 2) Bezug genommen werden.

5. **Vertragsdauer.** Es gilt Entsprechendes wie beim Schauspieler (→ Form. IX.51 Anm. 4).

6. **Vergütung.** Von Bedeutung sind insoweit die besonderen Regelungen in §§ 67, 68 NV Bühne SR Bühnentechniker, die zusätzliche Ansprüche des Arbeitnehmers festlegen.

7. **Verweisung auf den NV Bühne.** (→ Form. IX.51 Anm. 7).

8. **Steuern.** → Form. IX.51 Anm. 8.

9. **Kosten.** Es fallen bei anwaltlicher Beratung und/oder anwaltlicher Vertretung die Beratungsgebühr (§§ 2, 13 RVG iVm VV 2100) und/oder Geschäftsgebühr bei einer über die Beratung hinausgehenden Tätigkeit (VV 2400) an. Bei gerichtlicher Vertretung vor den Bühnenschiedsgerichten gilt § 36 RVG. Diese Vorschrift verweist auf die üblichen Gebühren im zivil- und arbeitsrechtlichen Verfahren. Die Terminsgebühr im Schiedsverfahren fällt auch ohne mündliche Verhandlung an (§ 36 RVG).

Kunstrecht

55. Musealer Leihvertrag

Leihvertrag zwischen[1, 2, 3]

. . . . .

nachfolgend „Verleiher" genannt

und

. . . . .

nachfolgend „Entleiher" genannt.

§ 1

Der Leihgeber überläßt dem Leihnehmer für die in . . . . . von bis stattfindende Ausstellung unentgeltlich nachstehende Leihgaben:
(Bezeichnung:)
Inventarnummer
Versicherungswert
Erhaltungszustand
Gesamtversicherungswert
Währung:
Die Leihgaben werden nur zu den vereinbarten Bedingungen und zum vorgesehenen Verwendungszweck überlassen und in einem dafür geeigneten Zustand übergeben. Ausnahmen müssen schriftlich vom Leihgeber genehmigt werden.

§ 2

Die Leihe beginnt am . . . . . und endet am . . . . .
Die Leihfrist ist unbedingt einzuhalten. Eine Terminverlängerung ist vor Ablauf des Vertrages schriftlich mit dem Leihgeber zu vereinbaren.

§ 3

Der Leihnehmer hat die Leihgabe vor Schaden und Verlust zu versichern. Er ist für jeden Schaden verantwortlich, der an einer Leihgabe während ihrer Abwesenheit vom ständigen Standort entsteht. Die Verantwortlichkeit umfaßt auch Schäden, die durch ein unabwendbares Ereignis verursacht wurden; in diesen Fällen ist die Befreiung von der Verpflichtung zum Schadenersatz ausgeschlossen.

§ 4

Der Leihnehmer gewährleistet den Versicherungsschutz der Leihgaben entsprechend seiner Haftung nach Ziff. 3 und in Höhe des in Ziff. 1 genannten Versicherungswertes oder er veranlaßt ein staatliches Garantieschreiben, aus dem ersichtlich ist, daß im Schadensfall der volle Schadenersatz geleistet wird. Die Versicherungspolice oder das staatliche Garantieschreiben müssen vor Abtransport der Leihgabe beim Leihgeber vorliegen.

§ 5

Der Leihnehmer verpflichtet sich, die Leihgaben so sorgfältig wie sseine eigenen Bestände zu behandeln und alle Maßnahmen zum Schutz gegen Verlust oder Beschädigung zu treffen. Die Klimabedingungen in Ausstellungs- und Depoträumen werden mit . . . . . % bis % relativer Luftfeuchte bei Celsius bis Celsius festgelegt. Die Leihgaben dürfen nicht in der Nähe von Heizkörpern oder ähnlichen Wärmequellen ausgestellt werden. Das Einwirken von Sonnenlicht und Zugluft ist zu vermeiden.

§ 6

Die Leihgaben dürfen nicht gereinigt, beschriftet, beklebt, beschnitten oder abgelöst werden. Der Leihnehmer verpflichtet sich, Zeichnungen und graphische Blätter nur gerahmt unter Glas, Zeichnungen und besonders markierte grafische Blätter nur bei künstlicher Beleuchtung auszustellen.Die Beleuchtungsstärke für die Leihgaben wird mit . . . . . Lux festgelegt.

§ 7

(1) Der Hin- und Rücktransport von Leihgaben ist mit geschlossenem und gepolstertem Kraftfahrzeug durchzuführen. Bei anderen Verkehrsmitteln muß die Leihgabe möglichst als personengebundenes Handgepäck, sonst als Passagiergut oder gegebenenfalls als Expreßgut befördert werden. Beim Lufttransport ist je nach Umfang die Unterbringung in der Kabine oder im Frachtraum zu wählen. Bei größeren Sendungen bzw. bei Teilstrecken, bei denen dies nicht möglich ist, ist der Einsatz von Chartermaschinen vorzusehen. Die dazu notwendigen Transport-Sondergenehmigungen müssen vom Leihnehmer beschafft werden und vor dem Transport beim Leihgeber vorliegen.

(2) Die Transporte der Leihgaben werden von Beauftragten des Leihnehmers begleitet und erfolgten auf Kosten des Leihnehmers. Die Verantwortlichkeit des Leihnehmers für den Transport wird dadurch nicht eingeschränkt.

(3) Der Transportschutz muss der Art der Leihgabe entsprechend gewährleistet werden. Der Zeitraum des Hin- und Rücktransportes von Leihgaben wird unter Berücksichtigung der konservatorisch günstigsten klimatischen Bedingungen gewählt. Polizei, Transportschutz von bis erfolgt durch . . . . . Transporttermin:

(4) Den Beauftragten des Leihgebers ist jederzeit die Möglichkeit der persönlichen Kontrolle der Leihgabe zu gewährleisten. Es ist zu sichern, daß sie bei allen Be- und Entladearbeiten Transporten und Palettierungen des Kunstgutes anwesend sind. Der Leihnehmer hat Weisungen des Leihgebers über den Transport und den Schutz des Transportes einzuhalten.

Er ist für die sachgemäße Verpackung nach Beendigung der Ausstellung verantwortlich.

(5) Die Verzollung hat durch Hausverzollung zu erfolgen, damit eine unsachgemäße Umlagerung des Leihgutes ausgeschlossen wird.

(6) Jeder an den Leihgaben eingetretene Schaden ist sofort dem Leihgeber zu melden. Über Restaurierungen aller Art entscheidet der Leihgeber.

§ 8

Die Leihgaben sind vom Leihnehmer und im Katalog als Besitz der/des . . . . . aufzuführen.Das Fotografieren und jede andere Art der Abbildung oder Vervielfältigung der Leihgaben bedarf der vorherigen schriftlichen Genehmigung des Leihgebers. Die Intensität und Einschaltdauer zusätzlicher Lichtquellen ist dann aus konservatorischen Gründen gering zu halten.

§ 9

Verletzt der Leihnehmer die von ihm in diesem Vertrag übernommenen Verpflichtungen und eine gütliche Einigung ist nicht zu erreichen, kann der Leihgeber von diesem Vertrag zurücktreten. Die beim Rücktritt vom Vertrag dem Leihgeber entstehenden Aufwendungen hat der Leihnehmer zu tragen.

§ 10

(1) Von dem Ausstellungskatalog des Leihnehmers erhält der Leihgeber kostenlos . . . . . Exemplare, ferner . . . . . Exemplare des Ausstellungsplakats, an anderen Publikationen über die Ausstellung jeweils . . . . . Exemplare bei Erscheinen der Auflage.

(2) Zur Ausstellungseröffnung werden . . . . . vom Leihgeber benannte Personen durch den Leihnehmer eingeladen. Der Leihnehmer übernimmt alle für die Betreuung dieser Personen erforderlichen Aufwendungen.

(3) Der Leihnehmer übernimmt sämtliche im Zusammenhang mit der Ausleihe entstehenden Kosten und Aufwendungen, insbesondere die gemäß den Ziffern 3, 4, 7, 12

und 14 des Leihvertrages, also auch die Reise- und Übernachtungskosten sowie Tagegelder der Beauftragten des Leihgebers gem. Ziff. 7 Abs. 2 und Ziff. 12 des Leihvertrages.

Auslagen des Leihgebers, zu deren Erstattung der Leihnehmer nach diesem Vertrag verpflichtet ist, sind innerhalb eines Monats nach Rechnungslegung fällig und auf das vom Leihgeber angegebene Konto einzuzahlen.

§ 11

In Fällen der Beschädigung oder des Verlustes einer Leihgabe, die den Leihnehmer zur Leistung von Schadenersatz (in Geld) verpflichtet, gilt beim Verlust oder bei Zerstörung als Schadenshöhe der Versicherungswert lt. Ziffer 1. Bei einer Beschädigung wird die Wertminderung für beide Teile verbindlich durch ..... festgestellt. Die Entschädigung ist entsprechend dem vereinbarten Versicherungswert zu leisten.

§ 12

1) Für den Abschluss sowie jede Änderung und Ergänzung dieses Vertrages vereinbaren die Parteien Schriftform. Mündliche Nebenabreden sind nicht getroffen worden.

2) Für das Vertragsverhältnis kommt deutsches Recht zur Anwendung; insbesondere gelten die Vorschriften des Bürgerlichen Gesetzbuches (BGB) über die Leihe.

3) Erfüllungsort sowie Gerichtsstand für alle Streitigkeiten aus diesem Vertrag ist .....

Schrifftum zum Leihvertrag: Kommentierungen zu §§ 598 ff. BGB, u.a. Häublein im Münchener Kommentar BGB; *Loschelder,* Die Dauerleihgabe – Ein in der Museumspraxis gängiger, rechtlich aber unscharfer und weitgehend ungeklärter Begriff; NJW 2010, 705; Schack/Schmidt, Rechtsfragen der internationalen Museumspraxis, 2006; Kirchmaier, in: Ebling/Schulze, Kunstrecht, Teil 4. *Glaus/Studer,* Kunstrecht: ein Ratgeber für Künstler, Sammler, Galeristen, Kuratoren, Architekten, Designer, Medienschaffende und Juristen, 2003; *Heymanns/Kühl, Isabel,* der internationale Leihverkehr der Museen, 2004; *Ebling/Bullinger,* Praxishandbuch Recht der Kunst, 2019; *Ebling/Schulze,* Kunstrecht (Zivilrecht, Steuerrecht, das neue Handbuch zu allen Rechtsfragen Im Bereich der Kunst und der Besteuerung von Künstlern), 2007; *Ebling/Schulze,* Kunstrecht, Zivilrecht, Steuerrecht, Stiftungsrecht, 2012; *Pfeffer/Rauter,* Handbuch Kunstrecht, 2020.

Schrifttum zum Kunstrecht: Ebling/Bullinger, Praxishandbuch Recht der Kunst, 2019; *Fischer/Reich,* Der Künstler und sein Recht, 3. Auflage, 2014; *Schack,* Kunst und Recht, 2009; *Maaßen,* Kunst oder Gewerbe, 2001; *Fechner,* Kultur- und Künstlerrecht: Vorschriftensammlung; die wichtigsten Vorschriften für Künstler, Denkmalbehörden, Museen und Eventagenturen, 2011, *Lynen,* Kunstrecht (in drei Bänden), 2013, *Odendahl/Weber,* Kulturgüterschutz, Kunstrecht, Kulturrecht, 2010; *Elmenhorst/Wiese,* Kulturgutschutzgesetz, KGSG, 2018; *Pfeffer/Rauter,* Handbuch Kunstrecht; 2014 (für Österreich); *Mosimann/Renold/Raschèr,* Kunst Kultur Recht, Schweizerisches und internationales Recht; 2009. *Lynen,* Kunstrecht, 2012; *Mosimann/Schönenberger,* Kunst & Recht 2013/Art & Law 2013: Referate zur gleichnamigen Veranstaltung der Juristischen Fakultät der Universität Basel vom 14. Juni 2013; *Brunotte,* Urheberrechtliche Bewertung der Streamingfilmportale, unter besonderer Berücksichtigung der Schrankenbestimmung zu ephemeren Vervielfältigungen und des digitalen Werkgenusses, 2014; *Lang/Kriesel,* Einheitlicher europäischer Werkbegriff und Herabsenkung der Anforderungen an die Gestaltungshöhe bei Werken der angewandten Kunst, 2014; *Kriesel,* Einheitlicher europaeischer Werkbegriff und Herabsenkung der Anforderungen an die Gestaltungshöhe bei Werken der angewandten Kunst, 2014; *Bergmann,* Der Verfall des Eigentums: Ersitzung und Verjährung der Vindikation am Beispiel von Raubkunst und Entarteter Kunst, 2015; *Kemle,* Eigentum – Kunstfreiheit – Kulturgüterschutz: Tagungsband des Siebten Heidelberger Kunstrechtstags am 31. Oktober und 1. November 2014 (Schriften zum Kunst- und Kulturrecht), 2015; *Uhlenhut,* Panoramafreiheit und Eigentumsrecht (Schriftenreihe zum Urheber- und Kunstrecht, Band 17), 2015; *Vlah*, Parodie, Pastiche und Karikatur – Urheberrechte und ihre Grenzen: Eine rechtsvergleichende Untersuchung des deutschen und spanischen Urheberrechts (Schriftenreihe zum Urheber- und Kunstrecht, Band 15), 2015; *Kemle,* Kunstrecht: Normen, Gesetze und Vorschriften, 2017; *Schmidt,* Kunstrecht und Kunstgeschichte, 2017; *Schack*, Kunst und Recht: Bildende Kunst, Architektur, Design und Fotografie im deutschen und internationalen Recht, 2017.

Schrifttum zum Urheberrecht: Merkel/Hentsch, Kommentar zum Urheberrecht, 4. Auflage, 2018; *Dreier/Schulze*, Urheberrechtsgesetz Kommentar, 6. Auflage, 2018; *Delp,* Der Verlagsvertrag, 8. Aufl. 2008; *Fromm/Nordemann,* Urheberrecht, 9. Aufl. 1998; *Rehbinder,* Urheberrecht, 5. Aufl. 2008; *Knaak,* Der Verlagsvertrag im Bereich der Belletristik, in Beier (Hrsg.) Urhebervertragsrecht (Festschr. *Schricker*), 1995, S. 263; *Leiss,* Verlagsgesetz, 1973; *Locher,* Das Recht der bildenden Kunst, 1970; *Schmid/Wirt/Seifert,* Urheberrechtsgesetz (Handkommentar), 2. Aufl. 2008; *Schneider/Loewenheim,* Urheberrecht, 5. Auflage, 2017; *Wandtke/Bullinger,* UrhG (Praxiskommentar), 3. Aufl. 2009; *v. Becker,* Rechtsprobleme bei Mehr-Autoren-Werkverbindungen, ZUM 2002, 581 ff.; *Möhring/Nicolini*, Urheberrecht, 4. Auflage, 2018; *Hoeren,* Handbuch Kunst und Recht (Schriftenreihe zum Urheber- und Kunstrecht), 2008; *Wandtke/Artur-Axel,* Praxiskommentar zum Urheberrecht, 2009; *Von Detten,* Kunstausstellung und das Urheberpersönlichkeitsrecht des bildenden Künstlers, 2010; *Von Graben*, Das urheberrechtliche Entstellungsverbot im Umgang mit Originalwerken der bildenden Kunst, 2013; *Uhlenhut,* Panoramafreiheit und Eigentumsrecht (Schriftenreihe zum Urheber- und Kunstrecht, Band 17), 2015; *Vlah*, Parodie, Pastiche und Karikatur – Urheberrechte und ihre Grenzen: Eine rechtsvergleichende Untersuchung des deutschen und spanischen Urheberrechts (Schriftenreihe zum Urheber- und Kunstrecht, Band 15), 2015; *Enders*, Beratung im Urheber- und Medienrecht, 2015; *Limper,* Formularbuch des Reichsanwalts Urheber- und Medienrecht, 2015; *Kunz,* Der urheberrechtlich Werkschutz im Vergleich zwischen Österreich und Deutschland, 2016; *Zurth*, Rechtsgeschäftliche und gesetzliche Nutzungsrechte im Urheberrecht, eine dogmatische Analyse der Rechtsnatur und der vertraglichen Gestaltungsmöglichkeiten, 2016; *Siebeck/Schack,* Urheber- und Urhebervertragsrecht, 2017. *Haberstumpf*, Handbuch des Urheberrechts, 2000; *Ahlberg/Götting*, BeckOK Urheberrecht, 2018; *Hertin/Wagner*, Urheberrecht, 3. Auflage, 2019; *Hillig,* Urheber- und Verlagsrecht, 18. Auflage, 2019; *Raue/Hegemann*, Münchener Anwaltshandbuch. Urheber- und Medienrecht, 2. Auflage, 2017; *Schulze*, Meine Rechte als Urheber, 6. Auflage, 2009.

Anmerkungen

In diesem Abschnitt folgen die wichtigsten Verträge im Bereich des Kunstrechts. Das Kunstrecht ist eine Querschnittsmaterie des Privatrechts, in welcher neben besonderen kunstrechtlichen Fragen folgende Themenfelder charakteristisch sind: Der internationale Kulturgutaustausch (ua zwischen Museen), der Kunsthandel und private Kunstsammlungen. In rechtlicher Hinsicht berührt das Kunstrecht insbesondere Fragestellungen des (internationalen) Sachenrechts, des Urheberrechts, des Kaufrechts, des Handelsrechts, des Steuerrechts und des Kartellrechts. Zudem sind den besonderen Anforderungen im Kulturgutschutz Rechnung zu tragen; in Deutschland geschieht dies durch das Kulturgutschutzgesetz.

Zwischen den Beteiligten geht es hier insbesondere um Fragen der Echtheit von Kunstgegenständen, der Haftung von Experten, der Zusammenarbeit eines Künstlers zu seiner Galerie, der Errichtung einer Kunststiftung sowie um Eigentumsfragen (etwa beim Verdacht von Beutekunst oder Raubkunst).

1. Sachverhalt. Die Leihe ist die wichtigste Grundlage für den nationalen und internationalen Kulturgutaustausch. Museen und öffentliche Sammlungen können damit ihrem Auftrag der Kunstvermittlung umfangreicher nachkommen und auch Werke aus Privatbesitz zeigen. Sammler können im Gegenstück den Wert herausgehobener Exponate ihrer Sammlung durch solche Leihgaben mitunter erheblich steigern.

2. Wesen der Leihe. Das Herzstück des Leihvertrags ist die genaue Bezeichnung des Leihgegenstandes und des Leihzweckes sowie der Leihdauer. Die Leihe ist die unentgeltliche Überlassung einer Sache zum Gebrauch auf Zeit. Werden Leihgebühren oder sogenannte *„handling fees"* verlangt, handelt es sich um eine entgeltliche Überlassung im Sinne der Miete nach §§ 535 ff. BGB. Die Dauer der Leihe ist von entscheidender Bedeutung. Bei einer Dauerleihgabe kann erst nach 30 Jahren die Leihe gekündigt werden. Die Dauerleihgabe muss im Leihrahmenverzeichnis und in der Inventarisierung vermerkt sein.

3. Kündigung. Die Möglichkeiten zur Kündigung des Leihverhältnisses ergeben sich aus § 605 BGB. Typische Fälle sind der Eigenbedarf nach Ziffer 1, die Verletzung des Leihvertrags respektive der vertragswidrige Gebrauch nach Ziffer 2 (vgl. *Ebling/Bullinger,* Praxishandbuch Recht der Kunst, 2019, S. 253, Rn. 452).

4. Wichtige Vertragsbestandteile. Im Leihverhältnis sollten grundsätzlich folgende Fragen geklärt werden:
- Erlaubnis des Entleihers zur weiteren Verleihung an einen weiteren Leihnehmer
- Befugnis des Leihgebers zur Entnahme einzelner Leihgegenstände, etwa zum Zwecke der Verwertung, ggf. auch die Verpflichtung des Leihgebers, in diesem Fall einen Ersatz zu stellen.

5. Steuern. Selbst eine Dauerleihgabe ist keine Schenkung, weswegen keine Schenkungssteuer anfällt. Aufgrund der möglichen steuerlichen Vorteile für den Leihgeber empfiehlt sich eine Leihdauer von mindestens 10 Jahren gem. § 13 ErbStG.

6. Versicherung. Wichtig ist, für den Schadensfall sich bei Abschluss des Leihvertrages über einen Versicherungswert zu verständigen. Zur Gefahrendeckung sind Staatsgarantien üblich. Die Bundesgarantie sieht eine Allgefahrendeckung ohne Risikoausschluss von Nagel zu Nagel vor (vgl. *Ebling/Bullinger,* Praxishandbuch Recht der Kunst, 2019, S. 214, Rn. 336). Im Übrigen empfiehlt sich auch im musealen Leihverkehr der Abschluss einer privaten Police. Der Staat ist kein Versicherungsunternehmen.

7. Freies Geleit. Nächstes → Form. 58.

8. Zoll. Bei einer nur vorübergehenden Verwendung von bis zu 24 Monaten ist nach Art. 546 des ZK-DVO keine Verzollung notwendig. Allerdings ist die vorübergehende Verwendung den Zollbehörden anzuzeigen. Zudem sind viele Kunst- und Sammlungsgegenstände zollfrei.

56. Rechtsverbindliche Rückgabezusage (freies Geleit)

Antrag auf Erteilung einer rechtsverbindlichen Rückgabezusage:[1, 2]
„Hiermit beantrage ich eine rechtsverbindliche Rückgabezusage für das Kulturgut (genaue Bezeichnung) für die Ausstellung in . . . . . (Bezeichnung des Ausstellungsorts) für die Zeit von . . . . . bis . . . . . Ich bitte, die Entscheidung vor Beginn des Lehrverhältnisses mitzuteilen."

Schrifftum: Pieroth, Hartmann; Rechtswegbeschränkung zur Sicherung des Leihverkehrs mit ausländischen Kulturgütern, NJW 2000, 2129; *El-Bitar*, Das Verhältnis zwischen „Freiem Geleit" und gemeinschaftsrechtlicher Rückgabeklage, EuZW 2005, 173; *Jayme*, in: Reichelt, L. Boltzmann Institutf. Europarecht, Vorlesungen und Vorträge 2001, Das Freie Geleit für Kunstwerke.

Anmerkungen

1. Das freie Geleit dient dem Schutz des Leihgebers vor Ansprüchen Dritter im internationalen Leihverkehr. Ist nicht auszuschließen, dass der zu verleihende Gegenstand Herausgabe- oder Rückgabeansprüchen ausgesetzt wird, sollte man das sog. „freie Geleit" beantragen. Das freie Geleit ist die rechtsverbindliche Rückgabezusage der Obersten Landesbehörde. Während des Leihverhältnisses sind gerichtliche Klagen auf Herausgabe, Restverfügung, Pfändungen und Beschlagnahmen unzulässig. Dem Rückgabeanspruch des Verleihers können keine Rechte entgegengehalten werden, die Dritte an dem Kulturgut geltend machen.

2. Nach § 20 KultgSchG ist die zustände Behörde ermächtigt, eine rechtsverbindliche Rückgabezusage auszusprechen. Die rechtsverbindliche Rückgabezusage bewirkt das freie Geleit des Kulturguts für die Dauer der Zusage. Die Rückgabezusage ist ein Verwaltungsakt, der weder zurückgenommen noch widerrufen werden kann. Die Zusage bewirkt, dass gerichtliche Klagen auf Herausgabe, Arrestverfügungen, Pfändungen und Beschlagnahmen bis zur Rückgabe an den Verleiher unzulässig sind. Zudem kann der Entleiher dem Rückgabeanspruch des Verleihers keine Rechter Dritter entgegenhalten. Üblicherweise handelt es sich hier um Eigentumsrechte, welche sonst im Wege einer Beschlagnahme geltend gemacht werden können.

57. Galerievertrag

Galerievertrag zwischen[1,2,8]

. . . . .

nachfolgend „Galerie" genannt

und

. . . . .

nachfolgend „Künstler" genannt.

Der Künstler und die Galerie beabsichtigen eine langfristige vertrauensvolle Zusammenarbeit. Die Galerie soll den Künstler hierbei (in –*Geltungsbereich des Vertrages*-) exklusiv

vertreten und wird hierfür umfangreiche Aufbauarbeiten nach eigenem Ermessen leisten und umfangreiche Investitionen tätigen, um den Künstler am Markt bekannt zu machen. Für diese langfristig angelegte exklusive Zusammenarbeit vereinbaren die Parteien nachfolgende weitere Modalitäten:

§ 1

Der Künstler überlässt seine Arbeiten der Galerie gemäß einer von beiden Vertragspartnern zu erstellenden und zu unterzeichnenden Liste als Kommissionsgut zum kommissionsweisen Verkauf. Die Übernahme weiterer Werke kann schriftlich durch eine veränderte oder zusätzliche Liste des Kommissionsbestandes vereinbart werden. Die Liste des Kommissionsbestandes soll folgende Angaben enthalten:

Titel des Kunstwerks, Entstehungsjahr, Abmessungen, Technik, ID-Nummer, Nummerierung (Blatt, Guss/Auflagenhöhe), Versicherungswert und Endverkaufspreis.

Die nicht verkauften Werke bleiben Eigentum des Künstlers und müssen nach Ende der Ausstellung an ihn zurückgegeben werden.

§ 2

Künstler und Galerie legen für jedes einzelne Werk einvernehmlich einen Endverkaufspreis fest, der sich im Zweifelsfall einschließlich der Umsatzsteuer versteht. Die Galerie darf von dem festgelegten Endverkaufspreis um mehr als 30 % nur mit Zustimmung des Künstlers abweichen. Die Galerie steht für die Bezahlung des Kaufpreises durch einen Käufer nicht ein.

§ 3

Auf Anforderung der Galerie bestätigt der Künstler schriftlich einzeln für jedes vertragsgegenständliche Werk: Name und Lebensdaten des Künstlers, Titel des Werkes, Maße, Signatur, Material, Technik, Entstehungszeit, Nummerierung (Blatt, Guss, Auflagenhöhe), Zahl der Auflagen, Drucker, Editor, Herausgeber, Gießer, Verbleib von Druckplatte, Modell, Gussform.

§ 4

Der Künstler liefert der Galerie Abbildungen der vertragsgegenständlichen Werke – frei von Rechten Dritter – zur Verwendung für werbliche Veröffentlichungen im Zusammenhang mit der Ausstellung.

§ 5

Die Galerie versichert die in ihrem Bestand befindlichen sowie die bei einer von ihr veranstalteten Ausstellung gezeigten Werke des Künstlers gegen Schäden und Diebstahl. Es wird ein Übergabeprotokoll erstellt, das von beiden Vertragspartnern zu unterzeichnen ist.

§ 6

Die Haftung der Galerie für Verlust und Beschädigung der in ihrer Verwahrung befindlichen Werke ist der Höhe nach begrenzt auf den Betrag des von der Kunstversicherung gezahlten Betrages.

§ 7

Außer der Versicherung übernimmt die Galerie auf ihre Kosten die Hängung und sonstige Präsentation der vertragsgegenständlichen Werke des Künstlers und die Ausrichtung der Vernissage. Die Galerie leistet im Übrigen eine umfangreiche Aufbauarbeit nach eigenem Ermessen, um den Künstler am Kunstmarkt bekannt zu machen.

§ 8

Für jeden Verkauf eines Werkes steht der Galerie eine Provision in Höhe von . . . . .% des in Rechnung gestellten Netto-Endverkaufspreises – Verkaufspreis ohne Umsatzsteuer – zu. Zusätzlich erhält die Galerie die auf die Provision entfallende gesetzliche Umsatzsteuer. Nachlässe gehen zu gleichen Teilen zu Lasten des Künstlers und der Galerie. Die Galerie hat neben der Provision Anspruch auf Ersatz ihrer angemessenen Aufwendungen, insbesondere für die Instandhaltung bzw. Instandsetzung der in ihrer Verwahrung befindlichen Werke.

§ 9

Solange die Galerie nicht in Zahlungsverzug geraten ist, ist sie berechtigt, die Forderungen aus dem Verkauf der vertragsgegenständlichen Werke selbst einzuziehen und entsprechende Kaufpreiszahlungen entgegenzunehmen. Sie ist in jedem Fall berechtigt, eigene Provisions- und Aufwendungsersatzforderungen von vereinnahmten Verkaufsentgelten einzubehalten. Sie ist dagegen nicht berechtigt, diese Forderungen an Dritte abzutreten oder gegen Forderungen Dritter aufzurechnen.

§ 10

Die Galerie kann vertragsgegenständliche Werke selbst kaufen. Der Kaufpreis entspricht in diesem Fall dem unter § 2 vereinbarten Endverkaufspreis abzüglich Provision.

§ 11

Die Abrechnung erfolgt innerhalb von vier Wochen nach Abholung sämtlicher Werke durch den Künstler. Bei der Abrechnung ist der der Galerie zustehende Provisionsbetrag in Abzug zu bringen. Der dem Künstler danach zustehende Abrechnungsbetrag wird innerhalb desselben Zeitraums auf ein von ihm angegebenes Konto überwiesen.

§ 12

Der Künstler verpflichtet sich, vor und während der Ausstellung sowie innerhalb eines Zeitraums von 12 Monaten nach Beendigung der Zusammenarbeit die vertragsgegenständlichen Werke nicht ohne Mitwirkung der Galerie oder zu einem anderen als dem in diesem Vertrag festgelegten Endverkaufspreis zu verkaufen. Bei einem Verkauf entgegen dieser Verpflichtung ist die Galerie gleichwohl provisionsberechtigt gem. § 8.

§ 13

Werden Arbeiten des Künstlers von Dritten ausgestellt oder gezeigt, hat die Galerie das Recht, neben dem Kunstwerk bei den Beschriftungen/Legenden, in den einschlägigen Veröffentlichungen sowie in Presseveröffentlichungen als Leihgeber der gezeigten Arbeiten erwähnt zu werden (Courtesy Right). Der Künstler hat in allen eigenen Verträgen Dritte entsprechend zu verpflichten und auch sonst alles in seiner Macht stehende zu tun, um das Courtesy Right der Galerie durchzusetzen.

§ 14

Künstler und Galerie vereinbaren über den Inhalt dieses Vertrages, insbesondere die hiernach geschuldeten Leistungen Dritten gegenüber – auch nach Beendigung dieses Vertrages – strengstes Stillschweigen zu bewahren, soweit eine Mitteilung nicht gesetzlich vorgeschrieben ist oder ausschließlich der eigenen Rechtsverfolgung dient.

§ 15

Sollte eine Bestimmung dieses Vertrages ganz oder teilweise unwirksam sein, so bleibt davon die Wirksamkeit des Vertrages im Übrigen unberührt. Die Parteien verpflichten

sich in diesem Fall, die unwirksame Klausel durch eine Regelung zu ersetzen, die ihr wirtschaftlich am nächsten kommt.

§ 16

Mündliche Abreden sind nicht getroffen. Änderung, Ergänzung oder Aufhebung dieses Vertrages bedürfen der Schriftform; dies gilt auch für einen Verzicht auf das Schriftformerfordernis selbst.

Schrifttum: Schack, Ausstellungsrecht und Ausstellungsvergütung, ZUM 2008, 817; *Locher,* Das Recht der bildenden Kunst, München 1970; *Ohly,* s. Schrifttum zu → Form. IX. 58; *Pedrazzini,* Das Ausstellungsrecht an Werken der bildenden Künste, Schweiz, Mitt. 1956/57, S. 72; *Stelzl,* Das Recht der Galerien, Diss. Bielefeld 1974; *Reich* in Fischer/Reich, Der Künstler und sein Recht, 2014; *Mues,* Der Ausstellungsvertrag, 2003; *Wertenbruch,* Gewährleistung beim Kauf von Kunst gegenständen nach neuem Schuldrecht, DS 2004, 356; *Tobler,* das Recht der Kommerziellen Galerien, 1987; *Glaus/Studer,* Kunstrecht, 2003; *Furer,* der Galerievertrag zwischen Galerist(in) und Künstler (in), 2008; *Moos,* Der Galerievertrag – Die Rechtsverhältnisse zwischen Galerie und Künstler, 2010; *Lorentz,* Kunst hat Recht(e): Praktischer Leitfaden zum Urheberrecht für bildende Künstler, Aussteller, Galeristen und Juristen, 2010; *Lume,* Die rechtliche Zulässigkeit von Rückkaufvereinbarungen beim Verkauf von Kunstwerken, 2017.

Anmerkungen

1. Sachverhalt. Der Galerievertrag ist die wichtigste Grundlage für die Zusammenarbeit zwischen dem Künstler und seiner Galerie. Für den Künstler ist es wesentlich, dass seine Werke am Markt bekannt und vermittelt werden. Dies erfolgt bei zeitgenössischen Künstlern noch immer im Regelfall über eine Galerie. Je nach Ausgestaltung des Vertragsverhältnisses wird im Regelfall ein Kommissionsverhältnis zwischen dem Künstler und der Galerie geschlossen. Denkbar ist aber gleichermaßen ein Kooperationsvertrag zwischen den Parteien. Ein solcher Kooperationsvertrag trägt dem Umstand Rechnung, dass der Galerist im Regelfall eine umfangreiche Aufbauarbeit für den Künstler leistet. Insoweit sind die gesetzlichen Regelungen einer Kommission oft nicht sachgerecht, da die Aufbauarbeit des Galeristen oft genau so umfangreich ist wie das künstlerische Schaffen.

2. Urheberrechtliche Regelungen. Nach § 26 des UrhG ist der Galerist verpflichtet, bei Weiterveräußerungen von Kunstwerken einen gesetzlich definierten Anteil des Veräußerungserlöses an den Urheber oder einen Rechtsnachfolger zu zahlen. Hat der Künstler seine Rechte nicht an eine Verwertungsgesellschaft wie etwa der VG Bild Kunst übertragen, sollte das Folgerecht geregelt sein (vgl. *Ebling/Bullinger*, Praxishandbuch Recht der Kunst, 2019, S. 127, Rn. 372).

3. Künstlersozialabgabe. Beide Parteien sind gehalten, an die Künstlersozialabgabe zu denken, welche bei Erstverkäufen und Weiterverkäufen fällig wird. Die Künstlersozialabgabe wird von den sog. Verwertern bezahlt. Galerien haben die Möglichkeit, einen Jahresbetrag an die Ausgleichsvereinigung Kunst, welche über die VG Bild Kunst erreicht werden kann, zu bezahlen (vgl. *Finke/Brachmann,* Künstlersozialversicherungsgesetz, 2019).

4. Haftungsfragen. Ein möglicherweise von niemandem zu vertretendes Ereignis in der Galerie wie Feuer, Wasser oder Diebstahl kann einen großen Teil des Werkes des Künstlers vernichten und diesem einen erheblichen Schaden zufügen (vgl. OLG Celle NJW 2001, 607). Es empfiehlt sich daher die Aufnahme einer Bestimmung, wonach die

Galerie, eventuell unter finanzieller Beteiligung des Künstlers, zum Abschluss einer umfassenden Versicherung verpflichtet ist.

5. **Provision.** Es gibt nur ungefähre Maßstäbe für die prozentuale Beteiligung des Galeristen an den Verkäufen. Sie liegt meist zwischen 10 % und 50 % und ist in ihrer Höhe nicht nur von dem Renommé der Galerie, sondern vor allem auch von ihren Unterstützungsleistungen für den Künstler und bei der Durchführung der Ausstellung (Werbemaßnahmen, Katalog, Zusage oder Vermittlung weiterer Ausstellungen) abhängig. Im Regelfall entstehen bei Galerien zum Aufbau eines Künstlers am Kunstmarkt hohe Aufwendungen, weswegen eine Provision unter 30 % für den Galeristen bei „Berufsanfängern" unwirtschaftlich sein dürfte.

6. **Urheberpersönlichkeitsrechte.** Die ideellen persönlichen Beziehungen des Künstlers zu seinem Werk bleiben auch dann bestehen, wenn es veräußert ist und der Erwerber oder später ein Dritter Eigentum etwa an dem Gemälde erworben hat. Vor allem ermöglicht das Vorgehen aus dem Urheberpersönlichkeitsrecht, gravierende Veränderungen und Entstellungen des Werkes zu verhindern (vgl. § 11 UrhG) (vgl. *Ebling/Bullinger,* Praxishandbuch Recht der Kunst, S. 61, 62, Rn. 90–111).

7. **Kommissionen.** Allgemein zum Kommissionsvertrag zwischen privatem Veräußerer und Kunsthändler → Form. IX.63. Charakteristisch für die Kommission ist die Tätigkeit des Kommissionärs im eigenen Namen für Rechnung des Künstlers (→ Form. IX.63 Anm. 1 u. 2).

8. **Besondere Abreden.** → Anm. 3. In Betracht kommen außerdem Vereinbarungen über die Erstellung eines Katalogs mit seinen sehr hohen Kosten (farbige Abbildungen!), Veranstaltung oder Vermittlung weiterer Ausstellungen, Vermittlung von Auftragsarbeiten oder Verbindungen zu einem Kunstverlag (→ Form. IX.58).

9. **Kosten.** Wird in den Fällen der Beratung des Auftraggebers oder in seiner außergerichtlichen Vertretung keine Honorarvereinbarung geschlossen, die nach dem Wegfall der BRAGO und dem Inkrafttreten des RVG (Rechtsanwaltsvergütungsgesetz) immer üblicher wird (§ 4 RVG), entsteht bei der erstmaligen Beratung oder bei bloßer Auskunft durch den Anwalt nur eine Beratungsgebühr von höchstens 190 EUR bzw. 260 EUR zzgl. Nebenkosten (VV – Vergütungsverzeichnis – 2101, 2102). Bei außergerichtlicher Vertretung des Mandanten gegenüber Dritten fällt die Geschäftsgebühr nach §§ 2, 13 RVG iVm VV 2400 an. Sie ist eine Rahmengebühr mit einem Gebührenfaktor zwischen 0,5 und 2,5 je nach Umfang, Schwierigkeit und Zeitdauer. Bei einfachen Aufforderungsschreiben an Dritte erhält der Anwalt nur eine geringe 0,3 Geschäftsgebühr, deren Höhe sich nach dem Gegenstandswert richtet (VV 2402). Bei Gutachten wird der Anwalt heutzutage praktisch immer eine Honorarvereinbarung treffen, da das VV ihm ansonsten nur eine „angemessene" Gebühr zuspricht, die den anwaltlichen Leistungen nicht immer gerecht wird. Von Wichtigkeit ist, dass anwaltliche Gebührenvereinbarungen zwingend schriftlich geschlossen werden müssen und sich nicht auf der Vollmacht befinden dürfen (§ 4 Abs. 1 RVG).

58. Satzung einer Kunststiftung

Präambel

In einer kurzen Präambel können die Stifter/die Stifterin den Anlass und Motive für die Errichtung der Stiftung beschreiben. Diese Formulierungen können für die spätere Auslegung des Stifterwillens eine wertvolle Hilfe darstellen. [1, 2, 6]

§ 1 Name, Rechtsform, Sitz und Geschäftsjahr

(1) Die Stiftung . . . . .
(Name der Stiftung)
mit Sitz in . . . . .
(Ortsangabe)
verfolgt ausschließlich und unmittelbar – gemeinnützige – mildtätige – kirchliche – Zwecke *(Unzutreffendes bitte streichen) im Sinne des Abschnitts „Steuerbegünstigte Zwecke" der Abgabenordnung.*

(2) Sie ist eine rechtsfähige (*zusätzlich in Rheinland-Pfalz:* öffentliche) Stiftung des bürgerlichen Rechts.

(3) Geschäftsjahr der Stiftung ist das Kalenderjahr.

§ 2 Stiftungszweck

(1) Zweck der Stiftung ist . . . . .
(zB die Förderung von Kunst und Kultur, Denkmalpflege, Wissenschaft und Forschung, Bildung und Erziehung,. . . . .)

(2) Der Stiftungszweck wird insbesondere verwirklicht durch . . . . .
(Hier sollte eine Konkretisierung des Zwecks vorgenommen werden.
Folgende Formulierungen kommen beispielsweise hierfür in Frage:
– Trägerschaft der. . . . . . (Museums, Vereins) in . . . . . .,
– Zuwendungen an die . . . . . . (Musuem, Künstlergruppe, Institution) in . . . . . .,
– Förderung von Vorhaben, die geeignet sind . . . . . .,
– Förderung von Maßnahmen, die . . . . . . zum Ziel haben,
– Durchführung von Vernissagen, Ausstellungen,
– Leihgaben zum Kulturgutaustausch,
– Vergabe von Forschungsaufträgen,
– Gewährung von Stipendien an Künstler etc.
Es sind die Vorschriften der Abgabenordnung zu beachten, falls eine Steuerbefreiung seitens des zuständigen Finanzamts angestrebt wird.)

(3) Zweck der Stiftung ist auch die Beschaffung von Mitteln gemäß § 58 Nr. 1 AO zur Förderung von (zB die Förderung von Kunst und Kultur, Wissenschaft und Forschung, Bildung und Erziehung.), für die Verwirklichung der steuerbegünstigten Zwecke einer anderen Körperschaft oder für die Verwirklichung steuerbegünstigter Zwecke durch eine Körperschaft des öffentlichen Rechts.

(4) Die Stiftung erfüllt ihre Aufgaben selbst oder durch eine Hilfsperson iSd § 57 Abs. 1 S. 2 AO, sofern sie nicht im Wege der Mittelbeschaffung gemäß § 58 Nr. 1 AO tätig wird. Die Stiftung kann zur Verwirklichung des Stiftungszwecks Zweckbetriebe unterhalten.

§ 3 Gemeinnützigkeit

(1) Die Stiftung ist selbstlos tätig. Sie verfolgt nicht in erster Linie eigenwirtschaftliche Zwecke. Die Mittel der Stiftung dürfen nur für die satzungsgemäßen Zwecke verwendet werden. Die Stifter und ihre Erben erhalten keine Zuwendungen aus Mitteln der Stiftung.

(2) Es darf keine Person durch Ausgaben, die dem Zweck der Stiftung fremd sind, oder durch unverhältnismäßig hohe Vergütungen begünstigt werden.

§ 4 Stiftungsvermögen

(1) Das Stiftungsvermögen ergibt sich aus dem Stiftungsgeschäft. (*und/oder* Die Stiftung ist ferner Testamentserbe.)

(2) Das Stiftungsvermögen ist (nach Abzug von Vermächtnissen und Erfüllung von Auflagen) in seinem Bestand dauernd und ungeschmälert zu erhalten und sicher und ertragreich anzulegen.

(3) Vermögensumschichtungen sind zulässig. Umschichtungsgewinne dürfen ganz oder teilweise zur Erfüllung des Stiftungszwecks verwendet werden.[5]

(4) Dem Stiftungsvermögen wachsen die Zuwendungen zu, die dazu bestimmt sind (Zustiftungen). Die Stiftung darf derartige Zustiftungen annehmen. Sie darf auch Zuwendungen ohne Zweckbestimmung aufgrund einer Verfügung von Todes wegen dem Vermögen zuführen.

§ 5 Verwendung der Vermögenserträge und Zuwendungen

(1) Die Stiftung erfüllt ihre Aufgaben aus den Erträgen des Stiftungsvermögens und aus Zuwendungen, die nicht ausdrücklich zur Stärkung des Stiftungsvermögens bestimmt sind. Davon ausgenommen sind die Rücklagenbildung oder Zuführungen zum Stiftungsvermögen gemäß § 62 Abs. 1 Nr. 3 AO.

(2) Die Stiftung kann ihre Mittel ganz oder teilweise einer Rücklage zuführen, soweit dies im Rahmen der steuerlichen Gemeinnützigkeit zulässig ist.

(3) Zur Werterhaltung können/sollen *(Unzutreffendes bitte streichen)* im Rahmen des steuerrechtlich Zulässigen Teile der jährlichen Erträge zur Substanzerhaltung und als Inflationsausgleich einer freien Rücklage zugeführt werden.

(4) Im Rahmen des steuerrechtlich Zulässigen kann die Stiftung Mittel einer anderen steuerbegünstigten Körperschaft oder einer juristischen Person des öffentlichen Rechts zur Vermögensausstattung zuwenden.

(5) Ein Rechtsanspruch Dritter auf Gewährung der jederzeit widerruflichen Förderleistungen aus der Stiftung besteht aufgrund dieser Satzung nicht.

§ 6 Organe der Stiftung

(1) Organe der Stiftung sind der Vorstand und das Kuratorium. *(Der Stifter kann auch andere Bezeichnungen wählen oder weitere Organe einrichten.)*

(2) Die Mitglieder der Stiftungsorgane sind ehrenamtlich tätig. Sie haben jedoch Anspruch auf Ersatz ihrer notwendigen Auslagen. (*oder anstelle der Ehrenamtlichkeit:* Sie haben Anspruch auf Ersatz der ihnen entstandenen Auslagen und Aufwendungen. Für den Zeitaufwand und Arbeitseinsatz der Mitglieder des Vorstandes kann das Kuratorium eine in ihrer Höhe angemessene Pauschale beschließen.)

(3) Ein Mitglied eines Organs kann nicht zugleich einem anderen Organ angehören.

§ 7 Vorstand

(1) Der Vorstand besteht aus . . . . . Mitgliedern

(2) Der erste Vorstand ist im Stiftungsgeschäft berufen. Er gehört dem Vorstand auf Lebenszeit an. Zu seinen Lebzeiten ist der Stifter Vorsitzender des Vorstandes und bestellt auch den stellvertretenden Vorsitzenden und die anderen Vorstandsmitglieder.

Der Stifter ist berechtigt, das Amt jederzeit niederzulegen.

(3) Nach dem Tod des Stifters bestellt das Kuratorium auf Vorschlag der verbleibenden Vorstandsmitglieder ein neues Vorstandsmitglied. Wiederbestellungen sind zulässig. Die Amtszeit der Vorstandsmitglieder beträgt vier Jahre. Der Vorstand wählt nach Ausscheiden des Stifters und der Ergänzung des Vorstandes als seiner Mitte einen Vorsitzenden und einen stellvertretenden Vorsitzenden.

(4) Dem Vorstand sollen Personen angehören, die besondere Fachkompetenz und Erfahrung in Hinblick auf die Aufgabenerfüllung der Stiftung aufweisen. Ein Mitglied soll in

Finanz- und Wirtschaftsfragen sachverständig sein. Mitglieder des Kuratoriums dürfen nicht zugleich dem Vorstand angehören.

(5) Das Amt eines Vorstandsmitgliedes endet nach Ablauf der Amtszeit (*oder* bei Vollendung des ..... Lebensjahres). Das Vorstandsmitglied bleibt in diesen Fällen solange im Amt, bis ein Nachfolger bestellt ist. Das Amt endet weiter durch Tod und durch Niederlegung, die jederzeit zulässig ist. In diesen Fällen bilden die verbleibenden Vorstandsmitglieder den Vorstand. Bis zum Amtsantritt des Nachfolgers führen sie die unaufschiebbaren Aufgaben der laufenden Stiftungsverwaltung allein weiter. Ein ausgeschiedenes Vorstandmitglied ist unverzüglich vom Kuratorium zu ersetzen. Vom Stifter bestellte Vorstandsmitglieder können von diesem, andere Vorstandsmitglieder können vom Kuratorium oder vom Vorstand jederzeit aus wichtigem Grunde abberufen werden. Ihnen ist zuvor Gelegenheit zur Stellungnahme zu geben. Das abberufene Mitglied kann die Berechtigung der Abberufung binnen einer Frist von einem Monat seit Kenntnis gerichtlich prüfen lassen. Im Falle eines Rechtsstreits ruhen die Rechte des abberufenen Mitglieds bis zur rechtskräftigen oder einstweiligen Entscheidung des Gerichts. Erst danach kann ein Rechtsnachfolger bestimmt werden.

§ 8 Aufgaben des Vorstandes

(1) Der Vorstand entscheidet in allen grundsätzlichen Angelegenheiten nach Maßgabe der Satzung in eigener Verantwortung und führt die laufenden Geschäfte der Stiftung. Er hat die Stellung eines gesetzlichen Vertreters und vertritt die Stiftung gerichtlich und außergerichtlich. Die Mitglieder des Stiftungsvorstandes sind einzelvertretungsberechtigt. Im Innenverhältnis vertritt der Vorsitzende des Stiftungsvorstandes die Stiftung allein, für den Fall der Verhinderung der stellvertretende Vorsitzende.

(2) Der Vorstand hat im Rahmen des Stiftungsgesetzes und dieser Stiftungssatzung den Willen des Stifters so wirksam wie möglich zu erfüllen. Seine Aufgaben sind insbesondere:
- die Verwaltung des Stiftungsvermögens,
- die Verwendung der Stiftungsmittel,
- die Aufstellung eines Haushaltsplanes, der Jahresrechnung und des Tätigkeitsberichtes.

(3) Zur Vorbereitung seiner Beschlüsse, der Erledigung seiner Aufgaben und insbesondere der Wahrnehmung der laufenden Geschäfte kann der Vorstand einen Geschäftsführer bestellen und Sachverständige hinzuziehen. In diesem Fall hat der Geschäftsführer die Stellung eines besonderen Vertreters iSd § 30 BGB.

§ 9 Beschlussfassung des Vorstandes

(1) Beschlüsse des Vorstandes werden in der Regel auf Sitzungen gefasst. Der Vorstand wird vom Vorsitzenden oder seinem Stellvertreter nach Bedarf, mindestens aber einmal jährlich unter Angabe der Tagesordnung und Einhaltung einer Frist von zwei Wochen zu einer Sitzung einberufen. Sitzungen sind ferner einzuberufen, wenn ...... Mitglieder des Vorstandes dies verlangen. Wenn kein Mitglied des Vorstandes widerspricht, können Beschlüsse auch im schriftlichen Verfahren gefasst werden.

(2) Ein Vorstandsmitglied kann sich in der Sitzung durch ein anderes Vorstandsmitglied vertreten lassen. Kein Vorstandsmitglied kann mehr als ein anderes Vorstandsmitglied vertreten.

(3) Der Vorstand ist beschlussfähig, wenn nach ordnungsgemäßer Ladung mindestens die Hälfte/zwei Drittel seiner Mitglieder *(Unzutreffendes bitte streichen)*, unter ihnen der Vorsitzende oder sein Stellvertreter, anwesend oder vertreten sind. Ladungsfehler gelten als geheilt, wenn alle Mitglieder anwesend sind und niemand widerspricht. An einer schriftlichen Abstimmung muss/müssen sich mindestens die Hälfte/zwei Drittel *(Unzutreffendes bitte streichen)* der Vorstandsmitglieder beteiligen.

(4) Der Vorstand trifft seine Entscheidungen mit einfacher Mehrheit der anwesenden oder sich an der schriftlichen Abstimmung beteiligenden Mitglieder, sofern die Satzung nichts Abweichendes bestimmt. Bei Stimmengleichheit gibt die Stimme des Vorsitzenden, ersatzweise seines Stellvertreters den Ausschlag.

(5) Über die Sitzungen sind Niederschriften zu fertigen und vom Sitzungsleiter und dem Protokollanten zu unterzeichnen. Sie sind allen Mitgliedern des Vorstandes und dem Vorsitzenden des Kuratoriums zur Kenntnis zu bringen.

(6) Weitere Regelungen über den Geschäftsgang des Vorstandes und diejenigen Rechtsgeschäfte, zu deren Durchführung der Vorstand der Zustimmung des Kuratoriums bedarf, kann eine vom Kuratorium zu erlassende Geschäftsordnung enthalten.

§ 10 Kuratorium

(1) Das Kuratorium besteht aus . . . . . . Mitgliedern. Die Mitglieder des ersten Kuratoriums werden vom Stifter berufen. *(Auch hier ist eine Minimal- und Maximalanforderung denkbar).*

(2) Scheidet ein Kuratoriumsmitglied aus, so wählt das Kuratorium auf Vorschlag des Vorstandes einen Nachfolger. Wiederwahlen sind zulässig. Die Amtszeit der Kuratoriumsmitglieder beträgt vier Jahre. Das Kuratorium wählt aus seiner Mitte einen Vorsitzenden und einen stellvertretenden Vorsitzenden.

(3) Dem Kuratorium sollen Personen angehören, die besondere Fachkompetenz und Erfahrung in Hinblick auf die Aufgabenerfüllung der Stiftung aufweisen. Ein Mitglied soll in Finanz- und Wirtschaftsfragen sachverständig sein.

(4) Das Amt eines Kuratoriumsmitgliedes endet nach Ablauf der Amtszeit oder bei Vollendung des . . . . . Lebensjahres. Das Kuratoriumsmitglied bleibt in diesen Fällen solange im Amt, bis ein Nachfolger bestellt ist. Das Amt endet weiter durch Tod und durch Niederlegung, die jederzeit zulässig ist. In diesen Fällen bilden die verbleibenden Kuratoriumsmitglieder das Kuratorium. Bis zum Amtsantritt des Nachfolgers führen sie die unaufschiebbaren Aufgaben allein weiter. Ein ausgeschiedenes Kuratoriumsmitglied ist unverzüglich vom Kuratorium durch Zuwahl zu ersetzen. Ein Kuratoriumsmitglied kann vom Kuratorium in einer gemeinsamen Sitzung mit dem Vorstand jederzeit aus wichtigem Grunde abberufen werden. Der Beschluss bedarf der Mehrheit der Mitglieder von Vorstand und Kuratorium.

Das betroffene Mitglied ist bei dieser Abstimmung von der Stimmabgabe ausgeschlossen. Ihm ist zuvor Gelegenheit zur Stellungnahme zu geben. Das abberufene Mitglied kann die Berechtigung der Abberufung binnen einer Frist von einem Monat seit Kenntnis gerichtlich prüfen lassen. Im Falle eines Rechtsstreits ruhen die Rechte des abberufenen Mitglieds bis zur rechtskräftigen oder einstweiligen Entscheidung des Gerichts. Erst danach kann ein Rechtsnachfolger bestimmt werden.

§ 11 Aufgaben und Beschlussfassung des Kuratoriums

(1) Das Kuratorium berät, unterstützt und überwacht den Vorstand im Rahmen des Stiftungsgesetzes und dieser Stiftungssatzung, um den Willen des Stifters so wirksam wie möglich zu erfüllen. Seine Aufgaben sind insbesondere:
- Empfehlungen für die Verwaltung des Stiftungsvermögens,
- Empfehlungen für die Verwendung der Stiftungsmittel,
- Genehmigung des Haushaltsplanes, der Jahresrechnung und des Tätigkeitsberichtes
- Entlastung des Vorstandes,
- Bestellung von Mitgliedern des Vorstandes.

(2) Zur Vorbereitung seiner Beschlüsse kann das Kuratorium Sachverständige hinzuziehen.

(3) Das Kuratorium soll mindestens einmal im Jahr zu einer ordentlichen Sitzung zusammenkommen. Eine außerordentliche Sitzung ist einzuberufen, wenn mindestens ..... Mitglieder oder der Vorstand dies verlangen. Die Mitglieder des Vorstandes, der Geschäftsführer und Sachverständige können an den Sitzungen des Kuratoriums beratend teilnehmen.

(4) Für die Beschlussfassung des Kuratoriums gilt § 9 entsprechend. *(Für eine gemeinsame Beschlussfassung von Vorstand und Kuratorium sind entsprechende Regelungen, insbesondere zur Ladung bei gemeinsamer Sitzun/Mehrheiten zu ergänzen; ein pauschaler Verweis auf § 9 reicht nicht).* Das Kuratorium kann sich eine Geschäftsordnunggeben.

§ 12 Satzungsänderung

(1) Die Organe der Stiftung können Änderungen der Satzung beschließen, wenn sie den Stiftungszweck nicht berühren und die ursprüngliche Gestaltung der Stiftung nicht wesentlich verändern oder die Erfüllung des Stiftungszwecks erleichtern.

(2) Beschlüsse über Änderungen der Satzung können nur auf gemeinsamen Sitzungen von Vorstand und Kuratorium gefasst werden. Der Änderungsbeschluss bedarf einer Mehrheit von zwei Dritteln der Mitglieder des Vorstandes und des Kuratoriums.

(3) Beschlüsse über Änderungen der Satzung bedürfen der Genehmigung der Stiftungsaufsichtsbehörde. Sie sind mit einer Stellungnahme der zuständigen Finanzbehörde anzuzeigen.

§ 13 Zweckerweiterung, Zweckänderung, Zusammenlegung, Auflösung

(1) Die Organe der Stiftung können der Stiftung einen weiteren Zweck geben, der dem ursprünglichen Zweck verwandt ist und dessen dauernde und nachhaltige Verwirklichung ohne Gefährdung des ursprünglichen Zwecks gewährleistet erscheint, wenn das Vermögen oder der Ertrag der Stiftung nur teilweise für die Verwirklichung des Stiftungszwecks benötigt wird.

(2) Die Organe der Stiftung können die Änderung des Stiftungszwecks, die Zusammenlegung mit einer anderen Stiftung oder die Auflösung der Stiftung beschließen, wenn der Stiftungszweck unmöglich wird oder sich die Verhältnisse derart ändern, dass die dauernde und nachhaltige Erfüllung des Stiftungszwecks nicht mehr sinnvoll erscheint (möglich ist). Die Beschlüsse dürfen die Steuerbegünstigung der Stiftung nicht beeinträchtigen.

(3) Beschlüsse über Zweckerweiterung, Zweckänderung, Zusammenlegung oder Auflösung können nur auf gemeinsamen Sitzungen von Vorstand und Kuratorium gefasst werden. Der Änderungsbeschluss bedarf einer Mehrheit von drei Vierteln (der Einstimmigkeit) der Mitglieder des Vorstandes und des Kuratoriums.

(4) Beschlüsse über Zweckerweiterung, Zweckänderung, Zusammenlegung oder Auflösung werden erst nach Genehmigung der Stiftungsaufsichtsbehörde wirksam. Sie sind mit einer Stellungnahme der zuständigen Finanzbehörde anzuzeigen.

§ 14 Vermögensanfall

Bei Auflösung oder Aufhebung der Stiftung oder bei Wegfall steuerbegünstigter Zwecke fällt das Vermögen der Stiftung

1. an .....*(Bezeichnung einer juristischen Person des öffentlichen Rechts oder einer anderen steuerbegünstigten Körperschaft)*, welche es unmittelbar und ausschließlich für gemeinnützige, mildtätige oder kirchliche Zwecke zu verwenden hat.
   oder
2. an eine juristische Person des öffentlichen Rechts oder an eine andere steuerbegünstigte Körperschaft zwecks Verwendung für (Angabe eines bestimmten gemeinnützigen,

mildtätigen oder kirchlichen Zwecks, zB Förderung von Wissenschaft und Forschung, Erziehung, Volks- und Berufsbildung, Unterstützung von Personen, die im Sinne von § 53 AO wegen ..... bedürftig sind, Unterhaltung des Gotteshauses in .....).

§ 15 Stiftungsaufsicht

(1) Die Stiftung unterliegt der staatlichen Aufsicht nach Maßgabe des jeweils im Lande ..... geltenden Stiftungsrechts.
(2) Stiftungsaufsichtsbehörde ist ..... in .....
(3) Die Stiftungsaufsichtsbehörde ist auf Wunsch jederzeit über die Angelegenheiten der Stiftung zu unterrichten. Mitteilungen über Änderungen in der Zusammensetzung der Stiftungsorgane sowie Haushaltsplan, Jahresrechnung und Tätigkeitsbericht sind unaufgefordert vorzulegen.

Schrifftum: Schiffer, Die Stiftung in der Beraterpraxis, 2013; *Ihle,* Stiftungen als Instrument der Unternehmens- und Vermögensnachfolge, RNotZ 2009, 557; *Reimann,* Die rechtsfähigen Stiftungen in der Kautelarpraxis, DNotZ 2012, 250; *Blumers,* Die Familienstiftung als Instrument der Nachfolgeregelung, DStR 2012, 1; Schriftenreihe der Kunststiftung NRW, 2013.

Anmerkungen

1. Sachverhalt. Die Gründe, eine Kunststiftung zu erreichten, sind vielfältig. Kunststiftungen werden errichtet, um die Sammlung in ihrem Bestand und in ihrem Sachzusammenhang über die Generationen zu erhalten. Dies gilt für das Werk eines Künstlers genauso wie für die private Kunstsammlung. Die Kunststiftung kann ein Museum betreiben, Ausstellungen und Leihgaben organisieren sowie den wissenschaftlichen Dialog über Kunst und zwischen Künstlern und Kunstliebhabern befördern. Weitere besondere Anreize für die Gründung einer Kunststiftung sind sicherlich auch die steuerneutrale Gestaltung der Sammlungsnachfolge und die Sicherung der Kunststammlung in ihrer Konzeption und Gesamtheit im Sinne des Kunstsammleres und Stifters über sein Ableben hinaus.

2. Formular. Das Formular gründet auf der Mustersatzung des Bundesverbandes Deutscher Stiftungen.

3. Stiftungsgeschäft. Das Stiftungsgeschäft ist die Willenserklärung des Stifters, eine Stiftung zu errichten (vgl. *Ebling/Bullinger,* Praxishandbuch Recht der Kunst, S. 535, Rn. 12, 13). Dies kann zu Lebzeiten oder von Todes wegen erfolgen. Das Stiftungsgeschäft steht neben der oben abgedruckten Stiftungssatzung. Im Regelfall empfiehlt sich eine Stiftung zu Lebzeiten, in welchen der Stifter noch seine Ideen, Gedanken und Vorstellungen einbringen kann.

4. Stiftungszweck. Herzstück der Satzung ist der Stiftungszweck, der möglichst genau beschrieben sein muss (vgl. *Ebling/Bullinger,* Praxishandbuch Recht der Kunst, S. 542, Rn. 57). Nur so sind alle Beteiligten im Stande, den Stiftungszweck umzusetzen. Zudem müssen die Stiftungszwecke den Anforderungen des Gemeinnützigkeitsrechts der Abgabenordnung genügen, um steuerlich anerkannt zu werden, vgl. § 60 AO. Hierbei empfiehlt es sich, Stiftungszwecke festzulegen, welche weitestgehend den Anforderungen der §§ 52–55 AO genügen, vgl. § 59 AO. Bei einer Kunststiftung können dabei folgende steuerlich begünstigte Zwecke des § 52 AO in Betracht gezogen werden: Nr. 1, 5, 6, 7, 22, 25.

5. Vermögensumschichtungen. Die Stiftung muss den Kapitalgrundstock nominell erhalten. Da eine Kunststiftung in der Regel Kunstgegenstände im Kapitalgrundstock hat, muss eine Kunststiftung zur Generierung in der Lage sein, Vermögen umzuschichten, dh Kunstgegenstände zu verkaufen. Im Gegenzug fließt der Erlös aus dem Verkauf dem Kapitalgrundstock zu. In der Regel werden die Aufsichtsbehörden dies genehmigen, wenn die Vermögensumschichtungen die Ausnahme bleiben.

6. **Alternative Rechtsformen.** Die selbständige „klassische" Stiftung empfiehlt sich nur bei einem größeren Kapitalgrundstock ab 50.000 EUR. Entscheidend ist, dass der Kapitalgrundstock der Stiftung in der Lage sein muss, bei mündelsicherer Vermögensverwaltung gewisse Erträge für die nachhaltige Erfüllung der Stiftungszwecke zu erwirtschaften. Bei kleineren Summen sollte zunächst eine treuhänderische Stiftung erwägt werden (vgl. *Ebling/Bullinger,* Praxishandbuch Recht der Kunst, S. 548, Rn. 86–90). Diese ist keine rechtlich selbständige Vermögensmasse, sondern wird durch einen Treuhänder verwaltet. Zudem unterliegt diese nicht der staatlichen Aufsicht und muss keine Jahresberichte vorlegen. Eine weitere Möglichkeit, kulturelles Engagement auf regionaler Ebene zu fördern, bildet die Bürgerstiftung. Diese ist strukturell eher mit einem Verein vergleichbar.

59. Kaufvertrag über ein Werk der bildenden Kunst (Gemälde)

Kaufvertrag zwischen[1, 4, 6]

. . . . .

nachfolgend „Käufer" genannt,

und

. . . . .

nachfolgend „Verkäufer" genannt.

§ 1 Kaufgegenstand

Der Verkäufer verkauft an den Käufer das in seinem Eigentum stehende Gemälde
Künstler, Bezeichnung des Werkes, Maße, Schaffenszeitpunkt, Material
Rahmung

§ 2 Provenienz

Der Verkäufer sichert nach seiner Kenntnis zu, dass der Kaufgegenstand seit seiner Entstehung nicht geraubt, gestohlen oder anderweit abhanden gekommen ist (etwa durch einen verfolgungsbedingten Entzug oder eine kriegsbedingte Verlagerung). Der Verkäufer sichert zu, dass der Kaufgegenstand frei von Rechten Dritter ist.

§ 3 Kaufpreis[2]

Der Kaufpreis beträgt . . . . . EUR einschl. gesetzlicher Mehrwertsteuer. Er wird mit Abschluss dieses Vertrages fällig. Nach Zahlungseingang auf das vom Verkäufer zu benennende Konto geht der Kaufgegenstand auf den Käufer über. Eine Versendung an den Käufer erfolgt auf seine Anweisung und seine Gefahr.

§ 3 Eigentums- und Besitzverschaffung

Beide Parteien sind sich darüber einig, dass mit vollständiger Bezahlung des Kaufpreises das Eigentum auf den Käufer übergeht (Besitzkonstitut).

§ 4 Gewährleistung[5]

(1) Der Verkäufer versichert, dass das Gemälde frei von Rechten Dritter ist und insbesondere in seinem unbeschränkten Eigentum steht. Dem Verkäufer ist nach bestem Wissen und Gewissen keine Provenienz bekannt, welche auf Rechte Dritter, etwa aus

einem verfolgungsbedingten Entzug, schließen lässt. Im Fall der berechtigten Inanspruchnahme durch Dritte stellt der Verkäufer den Käufer umfassend frei.

(2) Der Käufer hat das Gemälde besichtigt und auf seinen Erhaltungszustand überprüft. Das Gemälde wird in dem vom Käufer besichtigten Zustand erworben (wie gesehen). Der Verkäufer versichert, dass ihm verborgene Mängel nicht bekannt sind.

(3) In diesem Privatverkauf wird jede Haftung, außer in Fällen des Vorsatzes und grober Fahrlässigkeit, ausgeschlossen. Dies gilt nicht bei Verletzung von Leben, Körper und Gesundheit, für einen Mangel nach Übernahme einer Garantie für die Beschaffenheit des Kaufgegenstandes (wie nachstehend) und bei arglistig verschwiegenen Mängeln.

Abwandlung bei Garantie

(3) Der Verkäufer sichert zu, dass der Vertragsgegenstand ein authentisches Werk aus der Hand von ..... (Bezeichnung des Künstlers mit Lebensdaten) ist. Es ist unter der Ziffer ..... auf Seite ..... im Werksverzeichnis des Künstlers von ..... abgebildet. Es handelt sich vorliegend exakt um dasselbe Werk.

§ 5 Dokumentation

(1) Dem Kaufgegenstand ist ein Gutachten von ..... beigefügt. Die Dokumentation ist/ ist nicht Bestandteil dieser Vereinbarung.

§ 6 Folgerecht

(1) Da vorliegend ein Kunsthändler oder Versteigerer als Erwerber, Veräußerer oder Vermittler beteiligt ist, hat der Veräußerer dem Urheber einen Anteil des Veräußerungserlöses zu entrichten.

Abwandlung: Kauf vom Künstler

§ 6 Urheberrecht

(1) Der Verkäufer sichert zu, alleiniger Urheber des Kaufgegenstandes zu sein.

(2) Der Verkäufer räumt dem Käufer sämtliche Nutzungsrechte am Kaufgegenstand zeitlich und räumlich unbegrenzt und unbefristet ein.

Schrifftum: Anton, Vertrieb gefälschter Kunst, ZVertriebsR 2013, 294; *Gotthard,* Gewährleistung für die Echtheit beim Kunstkauf, 2013; *Mangold,* Verbraucherschutz und Kunstkauf im deutschen und europäischen Recht, 2009; *Glaus/Studer,* Kunstrecht: ein Ratgeber für Künstler, Sammler, Galeristen, Kuratoren, Architekten, Designer, Medienschaffende und Juristen, 2003; *Mahmoudi,* Rechtssicherheit im Kunstmarkt: Praxiswissen für Galeristen, Sammler und Konstitutionen, 2008; *Rascher,* Kulturrecht-Kunstmarkt, 2012; *Pfeffer/Rauter,* Handbuch Kunstrecht, 2020.

Anmerkungen

1. Sachverhalt. Der Kauf eines Werkes der bildenden Kunst kennt einige Besonderheiten. Entscheidende Faktoren sind die Echtheit des Werkes, welches in der Regel aus der Beschaffenheitsvereinbarung der Parteien und den Angaben des Verkäufers hervorgeht, die Provenienz und die Herkunft des Bildes. Typische Anlässe für den Verkauf eines Kunstwerks sind neben dem Wunsch nach Neuem und die Umschichtung der eigenen Sammlung die „drei Ds des Kunstmarktes“: Death, Divorce, „Debts“ – Tod, Scheidung, Schulden.

2. Bewertung. Kunst kennt keinen bestimmten Wert und damit auch keinen exakt mathematisch bestimmbaren Kaufpreis. Als Faustformel hat sich der Hammerpreis eines vergleichbaren Werkes auf einer Kunstauktion mit Risikozu- und Abschlägen bewährt.

Anlässe für die Bewertung (appraisal) durch Kunstsachverständige und Experten sind die Taxierung für eine Versicherung, die Schätzung (estimate) für eine Kunstauktion, die Bewertung einer vollständigen Kunstsammlung, etwa für die Sammlungsnachfolge und für Besteuerungszwecke. Je nach Bewertungsanlass wird der Wert des Gegenstands daher unterschiedlich hoch ausfallen.

3. **Preisfindung im Kunstkauf.** Bei einem privaten Kunstkauf ist der Kaufpreis in der Regel höher als auf einer Kunstauktion. Im Gegenzug sollte der Käufer darauf bestehen, dass die Beschaffenheit des Gegenstandes präzise vereinbart ist (für eine eventuelle Gewährleistung) und der Verkäufer dafür einsteht, wenn Dritte berechtigt Eigentumsansprüche auf den Gegenstand erheben (etwa bei Raubkunst). Dies rechtfertigt neben der Recherchearbeit des Galeristen einen höheren Kaufpreis (vgl. *Ebling/Bullinger,* Praxishandbuch Recht der Kunst, 2019, S. 156, Rn. 45). Bei einem Kauf auf einer Kunstauktion kann die Haftung des Versteigerers hingegen in gewissem Umfang formularmäßig eingeschränkt oder ausgeschlossen werden. Insoweit handelt es sich hier um einen für den Käufer dann unter Umständen hoch spekulativen Kauf „wie gesehen". Vor- und Nachteile sollten also in jedem Einzelfall klar gegeneinander abgewogen werden.

4. **Wahl des Formulars.** Das Formular geht von einem so genannten Privatverkauf eines Kunstwerks außerhalb einer Galerie oder einem Auktionshaus aus.

5. **Gewährleistung.** Die Gewährleistung beim Kauf eines Kunstgegenstandes bezieht sich in aller Regel auf die Echtheit des Kaufgegenstandes gemäß der von den Parteien vereinbarten Beschaffenheit und das klare Eigentum des Veräußerers frei von Rechten Dritter. Die Haftung für Rechtsmängel muss beim Verkäufer verbleiben, was aber dann auch eine Frage des Preises ist. Die „Unechtheit" des Gemäldes ist in der Regel ein Sachmangel (RGZ 135, 340). Wenn die Echtheit nicht ganz gesichert ist und auch nicht gesichert werden kann, empfiehlt es sich, die Gewährleistung dafür auszuschließen. Es sollten Angaben des Verkäufers, aus denen er die Echtheit herleitet, in den Vertrag aufgenommen werden, allerdings mit dem klarstellenden Zusatz, dass für die Echtheit keine Gewähr übernommen wird. Sofern Urkunden (Expertisen) über den Kaufgegenstand vorliegen, sollten diese bezeichnet und bei Übergabe des Werkes ebenfalls übergeben werden. Wegen des oft hohen Kaufpreises und den Risiken beim Erwerb von Kunstgegenständen ist die Einholung zumindest der Stellungnahme eines Sachverständigen ratsam. Die Haftung für den äußeren Erhaltungszustand des Gemäldes sollte, wie im vorstehenden Formular, immer ausgeschlossen werden, da dieser Zustand (bis auf verborgene Mängel) bei einer sorgfältigen Prüfung ohne weiteres festgestellt werden kann. Wenn die Haftung auch für verborgene Mängel ausgeschlossen werden soll, muss dies zusätzlich in den Vertrag aufgenommen werden. Mit dem Gesetz zur Modernisierung des Schuldrechts ist seit dem 1.1.2002 auch das Kaufrecht in seinen Rechtsfolgen jetzt gleich behandelt (§§ 437–441 BGB). Die gesetzliche Verjährungsfrist beträgt 3 Jahre (§ 195 BGB).

6. **Kosten.** Zu den bei der Einschaltung eines Anwalts im außergerichtlichen Bereich entstehenden Kosten → Form. IX.59 Anm. 8. Für die Kosten im Falle eines Rechtsstreites unter anwaltlicher Mitwirkung sind die Erläuterungen bei → Form. IX.60 Anm. 6 heranzuziehen. Gegenstands-/Streitwert bei Rücktritt und/oder Wandlung ist im Zweifel der Wiederbeschaffungswert/Kaufpreis des Kunstgegenstandes.

60. Kulturgutschutzgesetz: Ausfuhr

Ausfuhrgenehmigung nach § 24 Absatz 1 Nr. 2 des Kulturgutschutzgesetzes für die Ausfuhr in Mitgliedstaaten der Europäischen Union

1 Antragsteller (Name und Anschrift)

2 Ausfuhrgenehmigung Nr. (von der ausstellenden Behörde einzutragen)

Gültig bis

3 Empfänger (Anschrift und Bestimmungsland)

4

ENDGÜLTIG ☐

VORÜBERGEHEND ☐

WIEDEREINFUHRFRIST

5 Vertreter des Antragstellers (Name und Anschrift)

6 Ausstellende Behörde (Name und Anschrift)

7 Eigentümer des Kulturgutes (Name und Anschrift)

9 Bezeichnung des Kulturgutes bzw. der Kulturgüter
(Sollte der verfügbare Raum nicht ausreichen, so können für die Angaben in den Feldern 9-20 zusätzliche Blätter in dreifacher Ausfertigung verwendet werden.)

8 Kategorie des Kulturgutes gemäß Anhang I der VO (EG) Nr. 116/2009

10 KN Code

11 Anzahl/Menge

12 Wert in Euro

13 Zweck der Ausfuhr des Kulturgutes

14 Titel oder Thema des Kulturgutes

15 Abmessungen

16 Datierung

17 Sonstige Merkmale

18 Als Nämlichkeitsnachweis beigefügte Unterlagen/Besondere Angaben

☐ Fotografie (in Farbe)	☐ Bibliographie
☐ Verzeichnis	☐ Katalog
☐ Leihvertrag	☐ Wertnachweis

19 Urheber/Schöpfer, Epoche/Werkstatt und/oder Stilrichtung

20 Material und Verfahren

21 Antrag

Ich beantrage eine Ausfuhrgenehmigung für das vorstehende Kulturgut und versichere, dass die Angaben in diesem Antrag und den beigefügten Unterlagen richtig sind.

Ort und Datum

Unterschrift des Antragstellers

22

Ort und Datum

Unterschrift und Dienstsiegel der ausstellenden Behörde

23 Fotografie(n) des Kulturgutes

(Mindestformat 9 x 12 cm)

Durch Unterschrift und Dienstsiegel der ausstellenden Behörde zu bestätigen.

24 Zusätzliche Blätter

Dieses Dokument enthält............... zusätzliche Seiten.

Anmerkung: Freigebliebener Raum in Feld 9 oder auf angehefteten zusätzlichen Seiten ist von den zuständigen Behörden zu streichen.

HINWEIS: Diese Ausfuhrgenehmigung bescheinigt weder die Echtheit des Kulturgutes noch das Eigentum des Antragstellers.

Hinweis: Dieses Formular ist in zweifacher Ausfertigung (2 Blatt) zu erstellen und der zuständigen Genehmigungsbehörde einzureichen. Blatt 1 ist das Antragsformular und verbleibt bei der ausstellenden Behörde. Blatt 2 ist bei Ausfuhr des Kulturgutes mitzuführen.

Formular Das Formular zeigt die Ausfuhr nach § 24 Abs. 1 Nr. 2 KGSG in Mitgliedstaaten der Europäischen Union. Weitere denkbare Ausfuhrtatbestände sind:
§ 25 KGSG – Antrag auf Erteilung einer allgemeinen offenen Genehmigung
§ 22 KGSG – Antrag auf Genehmigung der vorübergehenden Ausfuhr von national wertvollem Kulturgut
§ 23 KGSG – Antrag auf dauerhafte Ausfuhr national wertvollen Kulturguts
§ 26 KGSG – Antrag auf Erteilung einer spezifischen offenen Genehmigung
§ 27 KGSG – Antrag auf Genehmigung der Ausfuhr von kirchlichem Kulturgut
Darüber hinaus gibt es Ausfuhranträge in Drittstaaten nach den Vorgaben der EU-Verordnung Nr. 116/2009.

Schrifttum zum Kulturgutschutzgesetz Elmenhorst/Wiese, Kulturgutschutzgesetz, Kurzkommentar 2018; Elmenhorst/Heimann, die Neuregelung des Kulturgutschutz Rechts, NJW 2016,3398; von Richthofen/Lange, Das Kulturgutschutzgesetz – neue Chancen für die Gestaltungberatung, NJOZ 2017,498; Strobl, Sorgfaltspflichten im Kulturgutschutzgesetz: Herausforderungen für die Praxis, NJOZ 2017, 810, Hartung, Das neue Kulturschutzgesetz: Handreichung für die Praxis (Axa Art), 2017; Decken, das Kulturschutzgesetz von 2016: mit besonderem Fokus auf dem Abwanderungsschutz für deutsches Kulturgut, 2017; Schiwy, Kulturschutzgesetz – Auf die Richter kommt es an, in: Festschrift für Wolfgang Büscher, S. 671-677, 2018; Olliger, Kunstversicherung und Kunsttransporte: Management und Dienstleistungen: Praxisleitfaden mit Tipps und Beispielen, 2017;; Berger, Das neue Kulturgutschutzgesetz : Handreichung für die Praxis/Herausgeber: Die Beauftragte der Bundesregierung für Kultur und Medien (BKM), 2017; Falckenberg, Gesetz zur Neuregelung des Kulturgutschutzrechts vom 31. Juli 2016 : Novellierung unter Vorbehalt, 2016; Jayme, Betrachtung zum neuen Kulturgutschutzgesetz in: Kunst und Recht – Überblick, Gegenwart und Zukunft: Tagungsband des Zehnten Heidelberger Kunstrechtstags am 21. und 22. Oktober 2016, 51, 2017.

Anmerkungen

1. Das Kulturgutschutzgesetz regelt und kontrolliert im Wesentlichen den Kulturguttransfer von und nach Deutschland. Grundsätzlich ist gemäß § 24 Abs. 1 KGSG zwischen der Ausfuhr von Kulturgütern in einen Staat außerhalb der EU (Drittstaaten gemäß § 24 Abs. 1 Nr. 1 KGSG) oder eine Ausfuhr innerhalb der EU (Mitgliedstaaten nach § 24 Abs. 1 Nr. 2 KGSG) zu unterscheiden.

2. Regelungsgehalt. Im neuen Kulturgutschutzgesetz wurden einige gesetzliche Regelungen zusammengeführt. Dazu gehören Neuerungen beim Abwanderungsschutz, bei der Ein- und Ausfuhr sowie der Rückgabe von Kulturgut und zum internationalen Leihverkehr. Besonders wichtig für die Praxis sind die Neuregelungen zur Ein- und Ausfuhr von Kulturgütern. Bei einer Ausfuhr von Kulturgütern innerhalb der Europäischen Union ist eine Ausfuhrgenehmigung notwendig, wenn bestimmte Alters- und Wertgrenzen überschritten werden. Bislang galt dies nur für Ausfuhren in Drittstaaten außerhalb der Europäischen Union wie die USA und die Schweiz. Bei den Alters- und Wertgrenzen im neuen KGSG orientierte man sich an den Zollvorschriften gegenüber Drittstaaten. Alters- und Wertgrenzen werden beim grenzüberschreitenden Verkehr im Rahmen der Verzollung angesetzt, um für die Genehmigung zur Ausfuhr relevante Kulturgüter von Alltagsgegenständen – kurz die Spreu vom Weizen – zu trennen. Hierbei wird zwischen verschiedenen Kategorien von Kulturgütern unterschieden.

3. Verzeichnis national wertvoller Kulturgüter. Seit 1955 gibt es das Verzeichnis national wertvoller Kulturgüter. Dieses kann unter www.kulturgutschutz-deutschland.de eingesehen werden, nach Bundesländern gegliedert. Das Gesetz führt nun den Begriff „nationales Kulturgut" ein. Die Definition des Begriffs soll „belastbar" sein. Das ist jedoch nicht der Fall. Vielmehr enthält § 7 KGSG eine Reihe von unbestimmten Rechtsbegriffen, die im Einzelfall zunächst mit Leben gefüllt und subsumiert werden müssen. So heißt es im Wortlaut (Hervorhebungen durch den Verfasser): Kulturgut ist von der obersten Landesbehörde in ein Verzeichnis national wertvollen Kulturgutes einzutragen, wenn es *besonders bedeutsam* für das kulturelle Erbe Deutschlands, der Länder oder einer seiner historischen Regionen und damit *identitätsstiftend* für die Kultur Deutschlands ist und seine Abwanderung einen *wesentlichen Verlust für den deutschen Kulturbesitz* bedeuten würde und deshalb sein Verbleib im Bundesgebiet im herausragenden kulturellen öffentlichen Interesse liegt.

4. Besonders bedeutsam und damit identitätsstiftend. Ein Kulturgut muss also zunächst einmal besonders bedeutsam und damit identitätsstiftend für die Kultur Deutschlands sein. Wie „besonders bedeutsam" und was als „identitätsstiftend" definiert wird, geht aus dem KGSG jedoch nicht hervor. So könnten diese Kriterien von den Experten äußerst subjektiv bewertet und unterschiedlich gewichtet werden.

Was besonders bedeutsam ist, bedarf einer profunden kunsthistorischen Bewertung durch Spezialisten. Hier kann ein Experte einer Versicherungsgesellschaft oder aber ein vereidigter Sachverständiger eine erste Auskunft geben. Die Antworten auf die entscheidenden Fragen des KGSG geben also nicht Juristen, sondern Kunsthistoriker und Kunstexperten.

Identitätsstiftend, so dass der Verbleib im Bundesgebiet im herausragenden kulturellen öffentlichen Interesse liegt, kann ein Kulturgut sicher nur dann sein, wenn es über längere Zeit (zB über 50 Jahre) im Inland war und es zumindest in Fachkreisen sehr bekannt ist. Daher werden lange in privaten Kunstsammlungen verborgene Kulturgüter wohl nicht identitätsstiftend sein können. Denn solche Kunstwerke wurden nicht der Öffentlichkeit gezeigt und haben somit auch keinen identitätsstiftenden, kunsthistorischen Diskurs ausgelöst.

Das Merkmal identitätsstiftend könnte also bereits eine Begrenzung auf lange ausgestellte und museale Kulturgüter bedeuten. Ob die Rechtsprechung dieser Einschätzung folgen wird, bleibt abzuwarten.

5. „Wesentlicher Verlust für den deutschen Kulturbesitz". Das weitere Kriterium des wesentlichen Verlustes für den deutschen Kulturbesitz stand bereits in der Vorgängerfassung. Mehr als der wesentliche Verlust für den deutschen Kulturbesitz war seinerzeit auch nicht erforderlich, um als national wertvoll zu gelten. Das Bundesverwaltungsgericht hat zum Begriff des national wertvollen Kulturgutes nach der Vorgängerfassung ausgeführt:

Die den Begriff des national wertvollen Kulturgutes prägenden Merkmale lassen sich abstrakt nicht abschließend bestimmen; sie sind vielmehr mit Blick auf die im Einzelfall für eine Eintragung anstehenden Objekte im Rahmen einer Gesamtschau zu ermitteln. Dabei fallen die künstlerische Eigenart, der (kunst-)historische Rang und der kulturelle Wert der Objekte ebenso ins Gewicht wie ihre Einzigartigkeit oder Seltenheit sowie ihre Bedeutung für die kulturelle Entwicklung in Deutschland (BVerwG Urt. v. 27.5.1993, NJW 1993, 3280).

Diese Rechtsprechung zeigt, wie schwer eine Gesamtschau jedes einzelnen Falles wird, die alle Kriterien berücksichtigt: Künstlerische Eigenart, kunsthistorischer Rang, kulturelle Werteobjekte, Einzigartigkeit oder Seltenheit sowie ihre Bedeutung für die kulturelle Entwicklung in Deutschland. Neu hinzugekommen sind in der „Definition" weitere unklare Gesetzesbestandteile wie damit identitätsstiftend und deshalb überragendes öffentliches Interesse. Ob das nur ein Redaktionsfehler ist oder ob hierdurch noch höhere Anforderungen an ein national wertvolles Kulturgut zu stellen sind, wird erst die Rechtsprechung zeigen.

6. Eintragungsverfahren nach §§ 14 ff. KGSG. Ein national wertvolles Kulturgut gilt nur dann als solches, wenn es in das Verzeichnis eingetragen ist.

National wertvolles Kulturgut also solches zu qualifizieren, ist eine schwere Aufgabe. Zuständig dafür ist der Sachverständigenausschuss, in dessen Bundesland das Kulturgut nach Einleitung des Eintragungsverfahrens belegen ist. Die Einleitung des Verfahrens erfolgt von Amts wegen oder auf Antrag des Eigentümers. Nach der alten Gesetzesfassung war übrigens der Belegenheitsort des Kunstwerks zum Zeitpunkt des Entstehens des Gesetzes maßgeblich (1955). Die Anforderungen für ein nationales (wertvolles) Kulturgut sind, wie bereits aufgezeigt, sehr hoch:

- Besonders bedeutsam für das kulturelle Erbe Deutschlands
- Identitätsstiftend
- Abwanderung ist ein wesentlicher Verlust für den deutschen Kulturbesitz
- Verbleib liegt im herausragenden kulturellen öffentlichen Interesse

Diese strengen Kriterien sind ein offener Widerspruch zu teilweise enorm niedrigen Alters- und Wertgrenzen, vor allem bei archäologischen Kulturgütern. Es ist in vielen Fällen kaum vorstellbar, dass zB archäologische Gegenstände mit einem Wert von 0 Euro diese Kriterien erfüllen können. Münzen wurden daher noch kurz vor Verabschiedung des Gesetzes zum Großteil ausgenommen.

7. Übersicht der Alters- und Wertgrenzen für die Ausfuhr von Kulturgut nach § 24 des Kulturgutschutzgesetzes

(KGSG) (Quelle: BKM, Stand 14. 8. 2017, abrufbar unter www.kulturgutschutz-deutschland.de)

Kategorien	Ausfuhr aus dem EU-Binnenmarkt (§ 24 Abs. 1 Nr. 1 KGSG und Verordnung (EG) Nr. 116/2009)		Ausfuhr aus Deutschland innerhalb der EU (§ 24 Abs. 1 Nr. 2 KGSG)	
	Alter (in Jahre)	Wert (in Euro)	Alter (in Jahre)	Wert (in Euro)
1. Archäologische Gegenstände[1] aus Grabungen und archäologischen Funden zu Lande oder unter Wasser, aus archäologische Stätten oder aus archäologischen Sammlungen	100	0	100	0
2. Bestandteile von Kunst- und Baudenkmälern oder religiösen Denkmälern, die aus deren Aufteilung stammen	100	0	100	0
3. Bilder und Gemälde (außer Nr. 4 und 5), die nicht dem Urheber gehören	50	150 000	75	300 000
4. Aquarelle/Gouachen/Pastelle, die nicht dem Urheber gehören	50	30 000	75	100 000
5. Mosaike (außer Nr. 1 und 2)/ Zeichnungen, die nicht dem Urheber gehören	50	15 000	75	50 000

[1] **Münzen** gelten gem. § 24 Absatz 2 Satz 2 KGSG bei der Ausfuhr in einen anderen EU-Mitgliedstaat **NICHT** als archäologische Gegenstände im Sinne der Kategorie Nr. 1, wenn es sie in großer Stückzahl gibt, sie für die Archäologie keinen relevanten Erkenntniswert haben und nicht von einem Mitgliedstaat der EU als individualisierbare Einzelobjekte unter Schutz gestellt sind. In diesem Falle ist keine Ausfuhrgenehmigung zu beantragen. Gleiches gilt nach Maßgabe des Urteils des Bundesfinanzhofes (BFH Urt. v. 11. 12. 2012, VII R 33, 34/11) für die Ausfuhr in Staaten außerhalb der EU. Eine Einordnung von Münzen als archäologische Gegenstände iSv Kategorie 1 des Anhangs I der Verordnung (EG) Nr. 116/2009 kommt nach BFH-Rechtsprechung nur dann in Betracht, wenn es sich bei den fraglichen Münzen NICHT um „Massenware" handelt.

Kategorien	Ausfuhr aus dem EU-Binnenmarkt (§ 24 Abs. 1 Nr. 1 KGSG und Verordnung (EG) Nr. 116/2009)		Ausfuhr aus Deutschland innerhalb der EU (§ 24 Abs. 1 Nr. 2 KGSG)	
	Alter (in Jahre)	Wert (in Euro)	Alter (in Jahre)	Wert (in Euro)
6. Original-Radierungen/-Stiche/-Serigraphien/-Lithographien und deren Matrizen/ Original-Plakate, die nicht dem Urheber gehören	50	15 000	75	50 000
7. Originalerzeugnisse der Bildhauerkunst und Kopien gleicher Herstellungsweise (außer Nr. 1), die nicht dem Urheber gehören	50	50 000	75	100 000
8. Photographien/Filme einschließlich Negative, die nicht dem Urheber gehören	50	15 000	75	50 000
9. Handschriften einschließlich Landkarten und Partituren/ Wiegendrucke, die nicht dem Urheber gehören	50	0	75	50 000
10. Bücher	100	50 000	100	100 000
11. Gedruckte Landkarten	200	15 000	200	30 000
12. Archive	50	0	50	50 000
13. a) Sammlungen[2] und Einzelexemplare aus zoologischen, botanischen, mineralogischen oder anatomischen Sammlungen	keine Altersgrenze	50 000	keine Altersgrenze	100 000
13. b) Sammlungen[2] von historischem, paläontologischem, ethnographischem oder numismatischem Wert				
14. Verkehrsmittel	75	50 000	150	100 000
15. a) Sonstige Antiquitäten[3], sofern sie nicht unter die Kategorien nach Nr. 1 bis 14 fallen	zwischen 50 und 100	50 000	100	100 000
15. b) Sonstige Antiquitäten[4], sofern sie nicht unter die Kategorien nach Nr. 1 bis 14 fallen	über 100	50 000	100	100 000

[2] Im Sinne des Urteils des Europäischen Gerichtshofs in der Rechtssache 252/84: „Sammlungsstücke im Sinne der Tarifnummer 9705 des GZT sind Gegenstände, die geeignet sind, in eine Sammlung aufgenommen zu werden, das heißt Gegenstände, die verhältnismäßig selten sind, normalerweise nicht ihrem ursprünglichen Verwendungszweck gemäß benutzt werden, Gegenstand eines Spezialhandels außerhalb des üblichen Handels mit ähnlichen Gebrauchsgegenständen sind und einen hohen Wert haben."

[3] 50 bis 100 Jahre alte Antiquitäten, die nicht Kategorie 1 bis 14 unterfallen (abschließend): Spielzeug, Spiele, Gegenstände aus Glas, Gold- und Silberschmiedearbeiten, Möbel und Einrichtungsgegenstände, optische, photographische und kinematographische Instrumente, Musikinstrumente, Uhrmacherwaren, Holzwaren, keramische Waren, Tapisserien, Teppiche, Tapeten, Waffen.

[4] Alle übrigen Antiquitäten, die älter sind als 100 Jahre und nicht einer der vorstehenden Kategorien unterfallen.

Alters- und Wertgrenzen sind nicht relevant für die Qualifikation als national wertvolles Kulturgut. Diese zählen nur dann, wenn das Kulturgut in ein anderes Land der Europäischen Union ausgeführt werden soll. Allerdings können in dem Fall, dass eine Einordnung als national wertvolles Kulturgut unklar sein sollte, diese Alters- und Wertgrenzen von Amts wegen dem Sachverständigenausschuss vorgestellt werden.

Eine Eintragung in die Liste national wertvollen Kulturguts erfolgt in der Regel nach dem Votum des Sachverständigenausschusses. Wird es abgelehnt, kann die oberste Landesbehörde dennoch das Kulturgut in die Liste eintragen und die Ausfuhr verweigern.

8. Vorgehen bei Ausfuhr. In der Praxis wird es bei der Ermittlung der Alters- und Wertgrenzen im Einzelfall mit Sicherheit oft zu erheblichen Abgrenzungs- und Bewertungsproblemen kommen. Es gilt in jedem Einzelfall das Kulturgut der zutreffenden Kategorie zuzuordnen, das Alter zu bestimmen und richtig zu bewerten. Kulturgüter, welche die Alters- und Wertgrenzen nicht erreichen, bedürfen keiner Ausfuhrgenehmigung. Gemälde müssen zum Zeitpunkt der Ausfuhr 75 Jahre alt sein, um genehmigungsbedürftig zu sein. Derzeit (2019) gilt als „Schaltjahr" zur Genehmigungsbedürftigkeit das Jahr 1944. Mit jedem weiteren Jahr nähert sich das Gesetz also der Kunst nach 1945.

9. Ausfuhrverbote. Die Ausfuhr von Kulturgut ist gemäß § 21 KGSG verboten, wenn

1. für das Kulturgut das Verfahren zur Eintragung in ein Verzeichnis national wertvollen Kulturgutes eingeleitet worden ist und die Entscheidung über die Eintragung noch nicht unanfechtbar geworden ist,
2. für das Kulturgut keine nach den §§ 22, 23, 24, 27 Abs. 1–3 erforderliche Genehmigung vorliegt oder nach den §§ 25, 26 oder § 27 Abs. 4 erteilt worden ist,
3. das Kulturgut nach § 32 Abs. 1 unrechtmäßig eingeführt worden ist,
4. das Kulturgut nach § 33 Abs. 1 sichergestellt ist oder
5. das Kulturgut nach § 81 Abs. 4 angehalten wird.

10. Ankaufsrecht nach § 23 Abs. 6 KGSG. Wird die Ausfuhrgenehmigung versagt, weil es sich um ein national wertvolles Kulturgut handelt, kann der Eigentümer nur beantragen, dass ein Ankauf durch die Landesbehörde binnen 12 Monaten geprüft wird. Eine Verpflichtung zum Ankauf zu einem fairen Marktpreis besteht nicht. Begründet wird dies vom Gesetzgeber damit, dass man den Kulturgutschutz nicht von der Kassenlage abhängig machen könne. Dies ist ein großer Unterschied zu Ländern wie *Großbritannien* oder *Frankreich*. Dort muss eine Ausfuhrgenehmigung erteilt werden, wenn die Länder das gelistete respektive national wertvolle Kulturgut nicht zu einem *fair market value* ankaufen. So ist die Ankaufsoption in Deutschland nur Kosmetik. Sie wird keine große praktische Bedeutung haben, weil sie keine echte Verpflichtung beinhaltet. Nur in Härtefällen ist ein billiger Ausgleich zu leisten, nämlich wenn der Eigentümer infolge wirtschaftlicher Notlage zum Verkauf gezwungen ist. Dieser „billige Ausgleich" ist natürlich keine Entschädigung zum Verkehrswert. Daher wird es nur in wenigen Fällen zu Ankäufen der öffentlichen Hand zu einem „begründeten inländischen Schätzwert" kommen.

11. Gesteigerte Sorgfaltspflichten. Wer Kulturgüter in Verkehr bringt, muss sorgfältig prüfen, ob sie zuvor abhandengekommen sind. Denkbar sind zum Beispiel Raubgrabungen, Raubkunst, Beutekunst oder Schmuggel. Diese Prüfungspflicht hat ausnahmslos jede Person! Erhöhte Sorgfaltspflichten hat der professionelle Kunsthandel. Dessen Vertreter sollten im Rahmen des gewerblichen Inverkehrbringens stets die Verlustdatenbanken konsultieren: Lost Art (www.lostart.de) oder das Art Loss Register (www.artloss.com). Diese Pflichten gelten nur im Rahmen der wirtschaftlichen Zumutbarkeit. Einen wichtigen Faktor bildet hier der Wert des Kulturguts. Als Schwellenwert wurde hier idR 1.000 Euro angesetzt. Das gilt jedoch nicht bei archäologischen Kulturgütern, wo gar kein Wert erforderlich ist. Die Zumutbarkeit der Sorgfaltspflichten ist nicht starr anzuwenden. In der Rechtsprechung gab es die Tendenz, je nach Marktmacht und Wert des Gegenstands die Sorgfaltspflichten unterschiedlich zu gewichten. Die Sorgfaltspflichten steigen also mit dem Wert des Gegenstandes und der professionellen Erfahrung des Protagonisten. So haben Laien nicht die gleichen Untersuchungspflichten wie ein Galerist oder ein Auktionshaus. Da das neue Gesetz ohnehin schon zwischen allgemeinen Sorgfaltspflichten und dem gewerblichen Inverkehrbringen unterscheidet, ist davon auszugehen, dass hier vergleichbare Maßstäbe gelten. Sie richten sich nach objektivem Alter und Wert des Kulturguts und subjektiver Erfahrung des „Inverkehrbringers".

12. Verlängerte Aufzeichnungs- und Aufbewahrungspflichten im Kunsthandel. Bislang gilt generell eine gewerbliche Frist von zehn Jahren. Diese wurden im KGSG für Kulturgüter auf 30 Jahre verlängert. Der Käufer eines Kulturgutes hat seit dem 8.8.2016 einen Anspruch auf Einsicht in die Geschäftsunterlagen, wenn er von Dritten in Anspruch genommen wurde. Dies gilt auch bei bloßem Raubkunstverdacht.

13. Sonderregeln für abhandengekommene Kulturgüter. Alle Rechtsgeschäfte sind verboten, wenn das Kulturgut zuvor einmal abhandengekommen ist – sei es durch Diebstahl, Raubgrabung oder unrechtmäßige Einfuhr. Nach Schätzungen sind allein in der NS-Zeit bis zu ein Drittel der Kulturgüter einmal abhandengekommen. Schon deshalb sind sehr viele Kulturgüter vom neuen Verbot erfasst. Es trifft auch alle Kulturgüter, die zwischenzeitlich durch Ersitzung und gutgläubigen Erwerb zu Eigentum wurden. Das ist ein offener Bruch mit den Regeln im bürgerlichen Recht. Hier gibt es Möglichkeiten der Ersitzung oder des gutgläubigen Erwerbs, die das Abhandenkommen ja gerade aufheben. Es bleibt abzuwarten, wie die Rechtspraxis mit dieser sehr weitreichenden Regelung umgeht und wie sie den aufgezeigten Konflikt mit dem bürgerlichen Recht löst. Grundsätzlich liegt das Kulturgutschutzgesetz in der Normenhierarchie unter dem BGB. Allerdings wird es als Verbotsgesetz und Sonderrecht für Kulturgüter im BGB Berücksichtigung finden.

14. Strafbarkeitsrisiken. Mit dem neuen Kulturgutschutzgesetz sind die Strafbarkeitsrisiken erheblich gestiegen. Waren Verstöße gegen das alte Kulturgutschutzgesetz lediglich Ordnungswidrigkeiten, drohen nun bis zu fünf Jahre Freiheitsstrafe im Falle des Inverkehrbringens (meist Verkaufs) abhandengekommener Kulturgüter, der Ausfuhr von Kulturgütern mit Ausfuhrverbot oder ohne erforderliche Ausfuhrgenehmigung nach dem Kulturgutschutzgesetz der Ausfuhr unrechtmäßig eingeführter Kulturgüter. Für den Kunsthandel wird die Strafbarkeit bis auf zehn Jahre verschärft, denn Kunsthandel ist Gewerbe. Diese Sanktionsnormen bergen ein hohes Missbrauchspotential. Eine Anwendung dieser Normen mit Augenmaß wäre wünschenswert. Tatsächlich wird zukünftig der Handel mit abhanden gekommenen Kulturgütern mit Diebstahl und Hehlerei gleichgestellt. Jedoch muss in jedem Fall der Vorsatz nachgewiesen werden, dh das Wissen (positive Kenntnis) des Täters, dass das Kulturgut etwa abhandengekommen ist oder illegal eingeführt wurde oder ohne Genehmigung unrechtmäßig ausgeführt wird.

15. Formulare zum KGSG. Weitere Formulare zum KGSG sind im Internet unter www.kulturgutschutzgesetz-deutschland.de für jedes Bundesland gesondert erhältlich.

61. Negativattest

Antrag auf Feststellung gemäß § 14 Abs. 7 KGSG

Hiermit beantrage ich nach § 14 Abs. 7 KGSG die verbindliche Feststellung, dass für das nachfolgend bezeichnete Kulturgut die Voraussetzungen für die Eintragung in ein Verzeichnis national wertvollen Kulturgutes (§ 7 Abs. 1 und 2 KGSG) nicht vorliegen.

1. Berechtigung

Eigentümerin des Kulturgutes ist (Name Anschrift Telefon E-Mail)

Alternativ Besitzerin des Kulturgutes ist

2. das Kulturgut

a) befindet sich zum Zeitpunkt der Antragstellung in Deutschland. Der Aufbewahrungsort ist identisch mit der Anschrift des Eigentümers nach 1A (alternativ des Besitzers nach 1B)

b) befindet sich zum Zeitpunkt der Antragstellung im Ausland. Eine Verbringung nach Deutschland ist zum ..... beabsichtigt. Das Kulturgut soll an folgendem Ort aufbewahrt werden .....

3. Das Kulturgut befand sich vor der Antragstellung

a) noch nie im Bundesgebiet

b) in folgenden Zeitrahmen bereits im Bundesgebiet: .....

4. Das Kulturgut übersteigt zum Zeitpunkt der Antragstellung die Alters- und Wertgrenzen gemäß § 24 Abs. 1 Nr. 1k GSG iVm der Verordnung EG Nr. 116/2009. Zum Nachweis füge ich bei .....

5. Das berechtigte Interesse iSd §§ 14 Abs. 7k GSG an der beantragten Feststellung besteht aus folgendem Grund: .....

II. Weitere Verwaltungsverfahren

die Feststellung nach § 14 Abs. 7k GSG für das Kulturgut wird hiermit erstmalig beantragt (alternativ ist bereits zuvor am ...... Bei ...... Beantragt worden)

III. Angaben zum Kulturgut

Objektbeschreibung/Motiv/Titel

Urheber/Werkstatt/Epoche

Lebender Urheber ja/nein

Datierung/Zeitraum

Anlage mit Fotografie des Kulturgutes in der Mindestgröße 9 × 12 cm

IV. Begründung

Die Voraussetzungen einer Eintragung des oben genannten Kulturgutes nach § 7 Abs. 1 und Abs. 2k GSG liegen nicht vor, weil ......

Anmerkungen

1. **Sachverhalt.** Übersteigt ein Kulturgut die Alters- und Wertgrenzen, kann eine Bescheinigung beantragt werden, nach der das Kulturgut nicht als national wertvoll in das Verzeichnis eingetragen wird. Solch einen Antrag auf ein Negativ-Attest kann der Eigentümer stellen, wenn er ein berechtigtes Interesse daran hat. Dies hat in aller Regel der Eigentümer eines Kulturgutes im Inland wie im Ausland, welches die Alters- und Wertgrenzen überstiegen hat und welches nunmehr in Deutschland verkauft werden soll. Der Erwerber braucht schließlich die Gewissheit, das auf dem deutschen Kunstmarkt erworbene Kulturgut erfolgreich ausführen zu können.

2. **Notwendigkeit des Negativattests.** Das Negativ-Attest wird von einem Auktionshaus, Galeristen oder einem anderen Verwerter für den Eigentümer beantragt, der das Kulturgut verkaufen möchte. Ein Eigentümer wird häufig aus Diskretionsgründen kein Interesse an einer Offenlegung haben. Die Antragsmöglichkeit besteht aber nur für den Eigentümer selbst.

3. **Berechtigtes Interesse.** Zudem bleibt unklar, welches Interesse die Behörden als berechtigt akzeptieren. Ein berechtigtes Interesse ist in der Regel die Verkaufsabsicht des

Eigentümers, wobei man nicht ausschließen kann, dass das Kulturgut nach dem Verkauf aus Deutschland ausgeführt werden muss.

Das Negativ-Attest können nach derzeitigem Gesetzeswortlaut Behörden nur für innerhalb Deutschlands belegende Kulturgüter erteilen. Für im Ausland belegende Kulturgüter ist eine deutsche Behörde schlicht nicht zuständig. Dies erschwert aber die Akquise des deutschen Kunstmarkts für Werke im Ausland.

4. Laisser passer nach § 24 Abs. 8 KGSG. Befindet sich ein Kulturgut nachweislich nur bis zu zwei Jahre im Bundesgebiet, ist keine Ausfuhrgenehmigung notwendig. Diese Regelung wurde als Zugeständnis an den deutschen Kunstmarkt noch kurz vor Verabschiedung des Gesetzes eingefügt. Sie bringt erhebliche praktische Erleichterungen mit sich. Diese Regelung gilt verständlicherweise jedoch nicht, wenn das Kulturgut zuvor unrechtmäßig eingeführt oder ohne Genehmigung ausgeführt wurde. Eine Aufnahme in das Verzeichnis nationaler Kulturgüter ist sowohl bei dem „Passierschein" Laisser passer möglich, als auch nach einem Negativattest.

62. Kulturgutschutzgesetz: Einfuhr von Kulturgütern

Kein Formular. Bei Einfuhr von Kulturgütern nach Deutschland muss die rechtmäßige Ausfuhr aus dem Herkunftsstaat belegt werden, § 30 KGSG. Wegen der großen praktischen Bedeutung der Einfuhr von Kulturgütern wird dieses Thema auch ohne Formular dargestellt.

Der Herkunftsnachweis geschieht in der Regel durch Vorlage einer Bescheinigung nach Art. 6a des UNESCO Übereinkommens oder der Vorlage der Ausfuhrgenehmigung des Herkunftsstaats. Für die Ausfuhr aus Deutschland gilt das → Form. 60.

1. Kulturgutverkehrsfreiheit. Kulturgut kann ein- oder ausgeführt sowie in Verkehr gebracht werden, soweit nicht das Kulturgutschutzgesetz oder andere Rechtsvorschriften, insbesondere unmittelbar geltende Rechtsakte der Europäischen Union, Verbote oder Beschränkungen vorsehen. Bei einer Einfuhr wird das Kulturgut nach Deutschland eingeführt, bei einer Ausfuhr aus Deutschland ausgeführt. Diese Unterscheidung klingt trivial, sie ist es aber nicht. Maßgeblich sind aus deutscher Sicht die Vorschriften zur Ausfuhr von Kulturgütern. Die Einfuhr wiederum entspricht den Regeln des Staates, von welchem das Kulturgut ausgeführt wird. Diese bestimmen, wie hoch die Hürden liegen.

2. Einfuhrverbot. Die Einfuhr von Kulturgut nach Deutschland ist nach § 28 KGSG verboten, wenn es im Mitgliedstaat der EU oder Vertragsstaat als nationales Kulturgut gilt und wenn es dann nicht rechtmäßig aus dem Staat in einem geordneten Verfahren ausgeführt wurde. Das muss derjenige nachweisen, der das Kulturgut nach Deutschland einführen will. Hierfür muss man sich ein sehr genaues Bild darüber machen, welche Regeln zur Ausfuhr im betroffenen Herkunftsland galten oder gelten. Weitergehende Informationen hierzu sind unter www.kulturgutschutz-deutschland.de im Abschnitt Staateninformationen erhältlich. Herkunftsnachweise sind vor allem bei archäologischen Kulturgütern wichtig. Damit möchte man illegalen Kulturguthandel aus Raubgrabungen unterbinden. Der geforderte Herkunftsnachweis bringt eine Reihe praktischer Probleme mit sich.

3. Herkunftsnachweise bei Einfuhr. Wer also archäologisches Kulturgut nach Deutschland einführen will, muss gemäß § 30 KGSG die Ausfuhrgenehmigung oder eine offizielle Bestätigung des Herkunftsstaates des Kulturgutes vorlegen. Darin muss bestätigt sein, dass das Kulturgut rechtmäßig aus dem Herkunftsstaat ausgeführt wurde. Dies ist jedoch in vielen Fällen nicht möglich, weil die betroffenen Herkunftsstaaten solche Bestätigungen oder Verfahren womöglich zu der Zeit, als das Kulturgut ausgeführt wurde, noch gar nicht kannten. Wurde zB um 1900 ein antikes Kulturgut aus Ägypten legal eingeführt, gab es seinerzeit hierfür keine schriftliche Bestätigung des Herkunftslandes. Das praktische Problem liegt darin, dass man heute gesetzliche Regelungen zum Kulturgüterschutz aus dem Ausland aus der Vergangenheit zum Zeitpunkt der Verbringung (zB 1900) kennen muss, die derzeit nicht einmal internationalen Spezialisten bekannt sind. Den geforderten Herkunftsnachweis wird man daher in vielen Fällen gar nicht erbringen können. Normalerweise gilt der Grundsatz, dass Unmögliches nicht gefordert werden darf. Wie Praxis und Rechtsprechung damit umgehen werden, bleibt abzuwarten.

4. **Prüfungs- und Sorgfaltspflichten.** Früher hat man nur geprüft, ob das Kulturgut auf der Liste steht. War das nicht der Fall, wurde die Genehmigung erteilt. Heute muss man bei jedem Kulturgut automatisch ein Genehmigungsverfahren einleiten, wenn sowohl die Alters- als auch Wertgrenzen des Kulturguts überschritten sind. Bei *archäologischen Kulturgütern* ist dies beispielsweise ausnahmslos der Fall, weil diese keinen Wert haben müssen. Die dauernde Ausfuhr ist nicht zu genehmigen, „wenn bei Abwägung der Umstände des Einzelfalls wesentliche Belange des deutschen Kulturgutbesitzes überwiegen". Welche Belange das konkret sind, verrät das Gesetz leider nicht. Im Regelfall werden die Belange des deutschen Kulturbesitzes immer dann überwiegen, wenn das Kulturgut im Verzeichnis national wertvollen Kulturguts bereits enthalten ist oder eingetragen werden soll.

63. Versteigerungsvertrag über Kunstgegenstände

Versteigerungsvertrag zwischen[1, 2, 8]

. . . . .

nachfolgend „Einlieferer" genannt

und

. . . . .

nachfolgend „Auktionator" genannt.

§ 1 Vertragsgegenstand[3]

Der Auktionator verpflichtet sich, die ihm von dem Einlieferer übergebenen, aus der Anlage
ersichtlichen und genau bezeichneten Kunstgegenstände in seiner Kunstauktion am . . . . . in . . . . . zu versteigern.

§ 2 Übergabe und Verwahrung

(1) Die Übergabe der aus der Anlage ersichtlichen Kunstgegenstände (Versteigerungsgut) durch den Einlieferer an den Auktionator erfolgt spätestens am . . . . . in seinen Geschäftsräumen in . . . . .

(2) Der Auktionator ist verpflichtet, das Versteigerungsgut in sorgfältige Verwahrung zu nehmen und für eine dem Wert der eingelieferten Kunstgegenstände angemessene Versicherung zumindest gegen Diebstahl, Feuer und Leitungswasser zu sorgen. Entstehen ihm dabei zusätzliche, über seine bestehenden Versicherungen hinausgehende Kosten, trägt diese der Einlieferer.

§ 3 Erklärungen des Einlieferers

(1) Der Einlieferer versichert, Eigentümer der übergebenen Kunstgegenstände und in seiner Verfügungsmacht über diese nicht beschränkt zu sein.

(2) Er erklärt, die Angaben aus der Anlage bei der näheren Beschreibung der eingelieferten Gegenstände nach bestem Wissen gemacht zu haben. Ihm ist bekannt, dass diese

Angaben in Ankündigungen zur Versteigerung, im Katalog und während der Versteigerung zur Kennzeichnung und Beschreibung des Versteigerungsgutes verwendet werden können.

§ 4 Schätzung und Mindestpreis[4]

(1) Alle für die Versteigerung vorgesehenen Kunstgegenstände werden von dem Auktionator oder von einem durch diesen Beauftragten geschätzt. Die Kosten dafür werden zwischen den Parteien geteilt, sofern ein Beauftragter die Schätzung vornimmt.
(2) Der in der Versteigerung zu erzielende Mindestpreis muss wenigstens 50 % des Schätzpreises erreichen, es sei denn, dass der Einlieferer schriftlich mit einem geringeren Mindestzuschlagspreis einverstanden ist.

§ 5 Reparaturen

Reparaturen oder sonstige wertverbessernde Maßnahmen an dem Versteigerungsgut, die der Auktionator für sinnvoll hält, sind nur mit Zustimmung des Einlieferers gestattet.

§ 6 Katalog

Zur Vorbereitung und Durchführung der Kunstauktion erstellt der Auktionator einen Katalog, in den auch die Gegenstände des Einlieferers aufgenommen werden sollen. Der Einlieferer zahlt dafür einen Betrag von . . . . . EUR an den Auktionator.

§ 7 Versteigerung

(1) Die Versteigerung findet zu den Versteigerungsbedingungen des Auktionators statt, von denen der Einlieferer durch seine Unterschrift unter diesen Vertrag bestätigt, Kenntnis genommen zu haben.
(2) Der Versteigerer hat den Mindestzuschlagspreis zu beachten. Wird dieser Preis nicht erreicht, kann er einen Zuschlag unter Vorbehalt[5] erteilen. In diesem Fall fordert er den Einlieferer zur Stellungnahme auf, ob der Vorbehalt entfallen soll. Dem Einlieferer ist bekannt, dass der Bieter, dem ein Gegenstand unter Vorbehalt zugeschlagen worden ist, drei Wochen an sein Gebot gebunden ist. Will er den Auktionator veranlassen, das Gebot des Bieters anzunehmen, hat er für eine so rechtzeitige Benachrichtigung des Auktionators zu sorgen, dass dieser den Bieter in geschäftsüblichen Formen und Fristen noch vor Ablauf der Frist unterrichten kann.
(3) Der Versteigerer ist verpflichtet, sich um einen möglichst hohen Versteigerungserlös zu bemühen. Er ist nicht verpflichtet, Zuschläge[5] zu erteilen, und zwar auch dann nicht, wenn der Mindestzuschlagspreis erreicht oder überschritten ist. Er ist zur Zurückziehung des Versteigerungsgutes und zum Abbruch der Auktion berechtigt.
(4) Der Einlieferer ist berechtigt, sein eigenes Versteigerungsgut zu ersteigern.[5]

§ 8 Provision und Spesen

(1) Die Provision des Auktionators beträgt

. . . . . %

vom Zuschlagspreis. Dies gilt auch für den Fall der Selbstersteigerung durch den Einlieferer.
(2) Der Provisionsanspruch ist bei Eingang der Zahlung durch den Ersteigerer fällig.
(3) Hinsichtlich der nicht zugeschlagenen Gegenstände besteht ein Anspruch des Auktionators auf

. . . . . %

vom Mindestzuschlagspreis (§ 4 Abs. 2).
(4) Daneben hat der Auktionator Anspruch auf Zahlung gesetzlicher Mehrwertsteuer.

§ 9 Abrechnungs- und Zahlungspflichten

(1) Der Auktionator ist verpflichtet, spätestens 1 Monat nach Beendigung der Versteigerung dem Einlieferer gegenüber abzurechnen.
(2) Gleichzeitig erfolgt die Auszahlung der dem Einlieferer zustehenden Beträge auf dessen Konto Nr. . . . . . bei der . . . . . Bank (BLZ . . . . .).
(3) Der Auktionator ist berechtigt, seine Provision und sonstigen Kosten entsprechend dieser Vereinbarung abzuziehen.
(4) Soweit die Ersteigerer noch keine Zahlung an den Auktionator geleistet haben und sich im Verzug befinden, werden die Parteien vereinbaren, wie eine Durchsetzung der Forderungen gegen diese Ersteigerer am sachdienlichsten stattfindet. Kommt keine Einigung zustande, kann der Einlieferer die Abtretung des Anspruches gegen den Ersteigerer beanspruchen. Soweit der Einlieferer anschließend die Forderungen gegen die säumigen Ersteigerer realisiert, ist er verpflichtet, den Anteil des Versteigerers an diesen auszukehren. Die Kosten einer sachgerechten Rechtsverfolgung einschließlich etwaiger Gerichts- und Anwaltskosten werden von dem Auktionator und dem Einlieferer anteilmäßig getragen.
(5) Der Auktionator haftet dem Einlieferer für alle Nachteile, die dadurch entstehen, dass er zugeschlagene Gegenstände vor vollständiger Bezahlung an den Ersteigerer oder einen Dritten aushändigt.

§ 10 Freistellungsanspruch und Folgerecht

(1) Der Einlieferer stellt den Auktionator von allen etwaigen Gewährleistungsansprüchen des Ersteigerers frei.
(2) Dies gilt nicht für Gewährleistungsansprüche, die der Auktionator zu vertreten hat, insbesondere durch Zusicherungen über die Angaben des Einlieferers hinaus oder durch Beschädigungen des Versteigerungsgutes, die dieser selbst oder durch seine Erfüllungsgehilfen schuldhaft verursacht hat.
(3) Etwaige Ansprüche aus dem Folgerecht des Urhebers (§ 26 UrhG) werden vom Einlieferer erfüllt, der den Auktionator im Innenverhältnis hiervon freistellt.

§ 11 Kündigung[6]

Dieser Vertrag ist nur aus wichtigem Grund kündbar. Bei ungerechtfertigter Kündigung des Vertrages und dem Zurückziehen des Versteigerungsgutes aus der Versteigerung zahlt der Einlieferer, wenn die Versteigerung der Gegenstände auf Grund seiner Erklärungen unterbleibt, einen Entschädigungsbetrag in Höhe von . . . . . EUR an den Auktionator.

§ 12 Vertragsende

Der Vertrag endet nach Durchführung der Auktion und Erfüllung aller sich aus ihm ergebenden Pflichten.

§ 13 Nicht zugeschlagene Gegenstände

(1) Wenn der Einlieferer nichts anderes erklärt, ist der Auktionator berechtigt, bis einen Monat nach Ende der Versteigerung die nicht zugeschlagenen Gegenstände freihändig zu verkaufen. Dabei muss jedoch wenigstens der Mindestzuschlagspreis (§ 4 Abs. 2) erzielt werden.
(2) Im Falle der zulässigen freihändigen Veräußerung steht dem Auktionator die gleiche Provision zu wie im Falle der Versteigerung des Kunstgegenstandes.

§ 14 Rückschaffung des Versteigerungsgutes

(1) Soweit der Auktionator nicht die Rechte aus § 13 wahrnimmt, fordert er nach Beendigung der Versteigerung den Einlieferer auf, die nicht zugeschlagenen Gegenstände auf eigene Kosten abzuholen.

(2) Das Gleiche gilt, wenn der Auktionator zunächst einen freihändigen Verkauf im Anschluss an die Versteigerung (§ 13) versucht hat, dann aber entweder der Fristablauf von einem Monat eingetreten ist oder er schon vorher von seinen Bemühungen Abstand genommen hat.

§ 15 Schlussbestimmungen

(1) Bei Unwirksamkeit einer oder mehrerer der vorstehenden Bestimmungen soll davon der Bestand des Vertrages nicht berührt werden. Für diesen Fall gilt als vereinbart, was die Parteien angesichts des sonstigen Inhalts des Vertrages vereinbart hätten, wenn sie die Unwirksamkeit der Regelung gekannt hätten.

(2) Mündliche Vereinbarungen sind nicht getroffen.

(3) Ergänzend gelten die Versteigerungsbedingungen des Auktionators (§ 7 Abs. 1), die Verordnung über gewerbsmäßige Versteigerungen in der zuletzt gültigen Fassung und die gesetzliche Regelung des Kommissionsgeschäftes (§§ 383 ff. HGB), auch wenn die Parteien keine Kaufleute sind. Darüber hinaus gilt das Recht der Bundesrepublik Deutschland.

Schrifttum: Braun, Die Freizeichnung des kommissarischen Kunstauktionators von der Haftung für Sachmängel, Wertpapiermitteilungen 1992, S. 893; *Katzenberger* Form. IX. 63; *Locher* →Form. IX. 57; *Mühsam,* Die Kunstauktion, 1923; *Wicher,* Der Versteigerer, 1961; 913; *Heyers,* Gewährleistung und Gewährleistungsausschluss im *Kunst* auktionshandel, GRUR 2012, 1206; *Braunschmidt,* Rechtsfolgen unzutreffender Katalogangaben bei *Kunst* auktionskäufen, NJW 2013, 734.; *Rohkämer,* der Versteigerungsvertrag, 1920; *Baumschmidt*, Die Versteigerungsbedingungen bei öffentlichen Kunstauktionen, 2012; *Großgerge*, Beschränkungen der Verkäuferhaftung für Sachmängel im Kunst- und Kunstauktionshandel, 2013; *Kreße,* die Auktion als Wettbewerbsverfahren, 2014.

Anmerkungen

1. Sachverhalt. Die Kunstversteigerung ist neben dem Kommissionsgeschäft (→ Form. IX.63) eine beliebte Form der Veräußerung und des Erwerbs von Kunstgegenständen. Der Vorteil liegt vor allem darin, dass der (meist ungenannte) Veräußerer auf einer einzigen, unter Mitwirkung der Presse allgemein bekanntgemachten Verkaufsveranstaltung die Möglichkeit hat, einen großen Interessen- und Käuferkreis anzusprechen. Voraussetzung für einen Verkaufserfolg ist oft die Qualität und Verbreitung eines Kataloges, damit das Publikum auf die Angebote vorbereitet ist. Dem Auktionator kommt bei der Veräußerung gerade von Kunst mit nicht immer kalkulierbaren Marktpreisen und ihren häufigen Schwankungen große Bedeutung zu. Die Voraussetzungen, die an einen Versteigerer überhaupt zu stellen sind, ergeben sich aus § 34b GewO. Für den Kunstauktionator sind darüber hinaus besonderer Sachverstand und Seriosität gefragt. Die wichtigsten Kunstauktionen finden deshalb bei Kunsthäusern statt, die auf einen entsprechenden Ruf verweisen können. In rechtlicher Hinsicht liegt ebenso wie beim Kommissionsgeschäft im Verhältnis zwischen dem meist privaten Veräußerer und dem Versteigerer ein Geschäftsbesorgungsvertrag (§§ 611, 675 BGB) vor. Neben den allgemeinen Vorschriften für das Versteigerungsgewerbe in § 34b GewO ist die in § 34b Abs. 8 GewO erwähnte Verordnung über gewerbsmäßige Versteigerungen (Versteigerungsvorschriften – VerstV) in der Neufassung vom 1.6.1976 (BGBl. I S. 1345) zu beachten. Diese ist zB in Anhang 16 des Kommentars von *Sieg-Leifermann* zur GewO (4. Aufl.) abgedruckt. In § 2 VerstV wird auf die Versteigerungsbedingungen Bezug genommen, die jeder Versteigerer individuell für sich festlegen kann, die er dann jedoch einzuhalten verpflichtet ist. Der notwendige Inhalt der Versteigerungsbedingungen (zB unter welchen Voraussetzungen der Zuschlag erteilt wird) ergibt sich aus § 2 VerstV. Wichtig ist auch die Beachtung des Folgerechts des Urhebers des versteigerten Werkes, wenn dieses urheberrechtlich noch geschützt ist. Die in § 26 UrhG (unabdingbar!) festgesetzten 5 % des Versteigerungserlöses sind nach § 10 Abs. 3 dieses Formulars im wirtschaftlichen Endergebnis vom Einlieferer zu tragen, auch wenn im Außenverhältnis der Auktionator dem Urheber haftet. Zu Problemen um das Folgerecht bei Versteigerungen im Ausland → Form. IX.63 Anm. 1 aE.

2. Wahl des Formulars. Das Formular lehnt sich an dasjenige zum Kommissionsvertrag an, zumal die Kunstversteigerung auch als eine Unterart des Kommissionsgeschäfts anzusehen ist. Ebenso wie beim Kommissionsvertrag haben wir zum Zwecke der besseren Übersicht und leichteren Verständlichkeit nicht die Fachbezeichnungen „Kommissionär" und „Kommittent" gewählt, sondern „Auktionator" und „Einlieferer". Der Unterschied zum Formular des Kommissionsvertrages liegt im Wesentlichen darin, dass der Auktionator in einer einzigen Verkaufsveranstaltung, der Versteigerung, versuchen muss, den eingelieferten Kunstgegenstand zuzuschlagen, während der Kunsthändler, der die Ware in Kommission hat, sie über einen längeren Zeitraum anbieten kann. Kennzeichnend für die Versteigerung und damit auch für den Versteigerungsvertrag ist nicht nur die Ungewissheit des Zuschlags, sondern auch die Ungewissheit über den schließlich erzielbaren Preis. Zu den Unterschieden zu vergleichbaren Vertragsformen bei der Veräußerung gerade von Kunst → Form. IX.63 Anm. 2. Der Versteigerungsvertrag (Versteigerungsauftrag) muss nach § 1 VerstV schriftlich abgeschlossen werden und muss folgende Angaben enthalten: Vollständiger Name und Anschrift des Auftraggebers (Einlieferers), genaue Bezeichnung des Versteigerungsgutes (§ 2 Abs. 1 Formular), Höhe des vom Einlieferer zu zahlenden Entgelts (§ 8 Formular), Beteiligung des Auftraggebers an den Kosten der Versteigerung, den Auslagen und für Schätzung/Begutachtung des Versteigerungsgutes (§ 4 Abs. 1, 6 Formular), Entgelt für den Auktionator für den Fall der Auftragsrücknahme (§ 11 Formular), Angaben über Dauer der Bindung an den Vertrag (§§ 1, 12 Formular) und die Mindestpreise (§ 4 Abs. 2 Formular) sowie die Versteigerungsbedingungen des Auktionators (→ Anm. 1 am Ende).

3. Vertragsgegenstand. Das Formular geht davon aus, dass nur eine Auktion stattfindet. Es kann auch die Einlieferung für mehrere Auktionen, vor allem an verschiedenen Orten, vereinbart werden.

4. Schätzung und Mindestpreis. Schätzpreis und Mindestpreis (Einliefererlimit) sind genau voneinander zu trennen. Die Versteigerungskataloge enthalten meist den Schätzpreis, so dass sich erst aus den Versteigerungsbedingungen der (niedrigere) Mindestpreis (Ausrufpreis) ergibt. Anders ist es im Ausland, wo häufig nur der Mindestpreis angegeben ist (*Locher* S. 220/221).

5. Zuschlag und Vorbehaltszuschlag. Der Kaufvertrag kommt regelmäßig mit dem Zuschlag zustande (§ 18 VerstV). Der Vorbehaltszuschlag nach § 19 Nr. 2 VerstV führt zu einem schwebend unwirksamen Kaufvertrag. Da bei Versteigerungen die Gefahr von Manipulationen erkennbar werden kann (Scheinbieten, Abhalten vom Mit- und Weiterbieten), besteht keine Verpflichtung des Auktionators, auf ein Gebot auch den Zuschlag zu erteilen. Das Mitbieten des Einlieferers ist gestattet (kritisch dazu *Locher* S. 233). Zur Untersagung, Aufhebung oder Unterbrechung der Versteigerung bei Verstößen gegen die Grundsätze einer ordnungsgemäßen Versteigerung ist unter bestimmten Voraussetzungen (§ 23 VerstV) auch die Behörde berechtigt.

6. Kündigung. Nach § 1 Nr. 5 VerstV kann eine Rücknahme des Versteigerungsgutes aus der Auktion vereinbart werden, dann aber nur gegen Zahlung einer Entschädigungssumme an den Versteigerer. Das Formular sieht keine ordentliche Kündigung vor. Wenn zu Unrecht gekündigt wird und der Auktionator von einer Versteigerung Abstand nimmt, ist die Zahlung eines bestimmten Betrages – gewissermaßen einer Vertragsstrafe – festgelegt.

7. Formerfordernis. Nach § 2 VerstV muss der Versteigerungsauftrag in schriftlicher Form erfolgen (vgl. *Ebling/Bullinger,* Praxishandbuch Recht der Kunst, 2019, S. 181 Rn. 212). Die Mindesterfordernisse des schriftlichen Auftrags bzw. des schriftlichen Versteigerungsvertrages sind in § 1 Nr. 1–7 VerstV festgelegt und in → Anm. 2 angegeben.

8. Kosten. Zu den gerichtlichen und außergerichtlichen Kosten bei der Einschaltung eines Rechtsanwalts → Form. IX.59 Anm. 8 und → Form. IX.60 Anm. 6.

64. Vertrag über die Rückgabe/Restitution von Kulturgütern (insbesondere von Raubkunst oder entarteter Kunst)

Restitutionsvereinbarung zwischen

. . . . .

nachfolgend „Anspruchsteller" genannt

und

. . . . .

nachfolgend „Institution" genannt.

Das Gemälde . . . . . wurde . . . . . von den Verfahren der Anspruchsteller NS-verfolgungsbedingt entzogen. Der Anspruchsteller hat seine alleinige Erbenstellung durch einen Erbschein nachgewiesen und hat an Eides statt erklärt, wegen des Restitutionsgegenstandes keine Wiedergutmachungsleistungen erhalten zu haben.

In Kenntnis der Umstände möchte die Institution allein aus moralischen Gründen unabhängig davon, ob und in welcher Weise sie im Einzelnen rechtlich dazu verpflichtet ist, eine gemeinsame faire und gerechte Lösung in Anlehnung an die Washingtoner Prinzipien mit dem Anspruchsteller vereinbaren. Die Washingtoner Prinzipien sagen, dass für jeden Fall eine gerechte und faire Lösung zu finden sei, die in jedem Einzelfall unterschiedlich ausfällt.

Die Parteien treffen vor diesem Hintergrund die nachfolgende Vereinbarung:

§ 1 Restitutionsgegenstand und Provenienz[1]

Gegenstand der Vereinbarung ist . . . . . (Künstler, Bezeichnung, Sujet, Maße, Material)

Das Werk . . . . . stammt von dem Künstler . . . . . Es wurde . . . . . zwischen 1933 und 1945 am . . . . . widerrechtlich entzogen . . . . . (knappe Schilderung des erwiesenen Sachverhalts)

§ 2 Restitutionsvereinbarung[2, 3]

(1) Die Institution verpflichtet sich, den Restitutionsgegenstand an den Anspruchsteller kostenlos zu übergeben und zu übereignen. Die Übereignung folgt einer moralischen Verpflichtung in Anerkennung des verfolgungsbedingten Entzugs ohne Anerkennung jedweder weiteren Rechtspflicht. Sie stellt keine Schenkung dar.

(2) Alternative zur Restitution: Entschädigung

Anstelle einer Restitution erhält der Anpruchsteller eine höchstpersönliche Entschädigung ohne Anerkennung einer Rechtspflicht in Höhe von EUR . . . . . Mit vollständiger

Zahlung der Entschädigung sind sämtliche Ansprüche des Anspruchstellers und seiner Rechtsnachfolger abgegolten.
(3) Alternative zur Restitution: Gemeinsamer Verkauf
Die Parteien erklären sich gegenseitig zu Miteigentümern des Restitutionsgegenstands analog § 1008 BGB. Die Parteien verkaufen daher den Restitutionsgegenstand gemeinsam binnen eines Jahrs nach Unterzeichnung dieser Vereinbarung. Vom Nettoerlös erhält der Anspruchsteller . . . . .%, die Institution . . . . .%.
(4) Variante nach/ohne Restitution: Rückkauf durch die Institution
Der Restitutionsgegenstand wird nach Übereignung zum Preis von EUR . . . . . an die Institution verkauft. Der beigefügte Kaufvertrag ist Bestandteil dieser Vereinbarung.
(5) Variante nach/ohne Restitution: Dauerleihgabe
Der Anspruchsteller schließt nach Übereignung des zweiten Restitutionsgegenstandes einen Dauerleihvertrag mit der Institution über mindestens . . . . . Jahre ab. Der beigefügte Dauerleihvertrag ist unkündbar/nur aus wichtigem Grund kündbar und Bestandteil dieser Restitutionsvereinbarung.

§ 3 Übergabe und Übereignung

Die Übereignung beider Werke und die Übergabe des Gemäldes nach § 2 (1) dieser Vereinbarung an den Anspruchsteller erfolgt an einem noch zu bestimmenden Termin an eine von dem Anspruchsteller hierzu bevollmächtigte Person gegen Quittung und Vorlage einer von allen Miterben unterzeichneten Vollmacht.

§ 4 Gefahrtragung

Die Institution übernimmt für die Zeit ab Unterzeichnung dieser Vereinbarung bis zur Übergabe an die Erbengemeinschaft gegenüber dieser die unbeschränkte Haftung für Verlust oder Beschädigung des Restitutionsgegenstandes. Ansprüche, die der Institution im Falle eines Verlustes oder einer Beschädigung der Werke bis zum Zeitpunkt der Übergabe erwachsen, werden ggf. an die Erbengemeinschaft abgetreten. Gefahren, Nutzen oder Lasten gehen mit dem Zeitpunkt der Übergabe auf den Anspruchsteller über.

§ 5 Abgeltung und Freistellung

Mit der Übergabe des Gemäldes und der Zahlung des Kaufpreises für die Zeichnung sind alle wechselseitigen Ansprüche, die sich aus dem verfolgungsbedingten Verlust dieser Werke ergeben, abgegolten und erledigt.
Die Institution wird vom Anspruchsteller von sämtlichen Ansprüchen Dritter, gleich aus welchem Rechtsgrund, im Hinblick auf den Restitutionsgegenstand freigestellt.

§ 6 Ausstellung bei Leihgabe

Die Zeichnung wird zukünftig von der Institution mit folgendem Zusatz beschriftet:
„Aus der Sammlung . . . . ., von den Erben erworben im Jahr . . . . ."
In Publikationen, in denen das Werk abgebildet wird, ist der Zusatz ebenfalls anzubringen.

§ 7 Kommunikation

Die Parteien vereinbaren, nach Abschluss und Durchführung dieser Vereinbarung eine Presseverlautbarung herauszugeben, deren Inhalt einvernehmlich abgestimmt wird.
Über Einzelheiten dieser Vereinbarungen wird Stillschweigen vereinbart.

Schrifttum: Anton, Kulturgüterschutz und Kunstrestitutionsrecht (in drei Bänden, 2010); *Hartung,* Kunstraub in Krieg und Verfolgung, 2005, *Der Beauftragte der Bundesregierung für Kultur und Medien,* Handreichung zur Umsetzung der „Erklärung der

Bundesregierung, der Länder und der kommunalen Spitzenverbände zur Auffindung und zur Rückgabe NS-verfolgungsbedingt entzogenen Kulturgutes, insbesondere aus jüdischem Besitz“, 2007.

Anmerkungen

1. Sachverhalt. Der NS-Kunstraub („Raubkunst“), entartete Kunst und Beutekunst betreffen klassische Fragen der Eigentumszuordnung und des Kulturgüterschutzes. In vielen Fällen ist eine genaue und lückenlose Klärung des Sachverhalts und eine befriedigende rechtliche Aufarbeitung der genauen Entzugs- und nachfolgenden Erwerbsumstände nicht mehr möglich. Zudem ist der Herausgabeanspruch im Regelfall verjährt und der Kunstgegenstand wurde möglicherweise gutgläubig erworben oder ersessen (§ 937 BGB). Ausgewogene Restitutionsvereinbarungen bieten vor diesem Hintergrund durch die Kautelarpraxis die Möglichkeit, auch in diesen Fällen unbeschadet der häufig unbefriedigenden Rechtslage gemeinsame, faire und gerechte Lösungen zwischen den Parteien der Erbengeneration zu finden.

2. Lösungsansätze. Die im Formular vorgestellten Lösungansätze erheben keinen Anspruch auf Vollständigkeit. Empfehlenswert und denkbar sind folgende gemeinsame faire und gerechte Lösungen, wie sie sich in der Praxis bewährt haben:

- die Rückgabe *(Restitution)* eines klar verfolgungsbedingt entzogenen Kulturguts, insbesondere im nachgewiesenen Zusammenhang mit der persönlichen NS-Verfolgung seines Eigentümers;
- die *Entschädigung* des Anspruchstellers (ex gratia) bei unklarer Beweislage in gerechter und angemessener Relation zum gegenwärtigen Wiederbeschaffungswert des Restitutionsgegenstands und dem bekannten Sachverhalt;
- *Gemeinsamer Verkauf* des Gegenstands unter gerechter und angemessener Aufteilung des Erlöses, etwa bei nachgewiesenem gutgläubigem Erwerb des gegenwärtigen Eigentümers/Besitzers;
- *Rückkauf* der inanspruchgenommenen Institution durch die Institution/den Inanspruchgenommenen
- *Dauerleihgabe* an die Institution/den Inanspruchgenommenen (ggf. entgeltlich).

Die Lösungsansätze können je nach den Gegebenheiten des Einzelfalls auch sinnvoll miteinander kombiniert werden, so etwa eine Dauerleihgabe nach einer Restitution.

3. Einzelheiten. Bereits die Washingtoner Prinzipien sagen richtig, dass jeder Einzelfall *„je nach den Gegebenheiten und Umständen des spezifischen Falls unterschiedlich ausfallen kann.“* Das vorliegende Formular kann daher naturgemäß nur erste Ansätze und Gedankenanstöße zur Problemlösung in dieser vielschichtigen Thematik geben. Jeder Einzelfall verdient eine sorgfältige Aufarbeitung – zunächst durch die Provenienzforschung- und eine individuelle Lösung, die ein Formular wie dieses nicht erschöpfend abbilden kann. Ergänzend sei zur Einführung in diese komplexe Thematik auf das genannte *Schrifttum* verwiesen. Der Weg zu einer solchen Vereinbarung sollte über eine Mediation oder ein andere geeignete außergerichtliche Verhandlung/Vereinbarung beschritten werden. Entscheidend bleibt stets, dass die Vereinbarung eine finale Befriedung mit umfangreichen Abgeltungen und Freistellungen für alle Parteien ermöglicht.

X. Werbe- und Wettbewerbsrecht

1. Werbeagenturvertrag

Werbeagenturvertrag[1, 2, 10] zwischen der
A GmbH
. . . . .

– im Folgenden kurz „A" genannt –
– einerseits –

und
der Werbeagentur
. . . . .

– im Folgenden kurz „Agentur" genannt –
– andererseits –

§ 1 Auftragsumfang[3]

(1) A beauftragt die Agentur mit der Beratung in allen Fragen des Marketings, der Produktausstattung, der Verkaufsförderung und der laufenden Werbung für die Produkte, die unter ihrer Marke X angeboten und vertrieben werden.
(2) Die Tätigkeiten umfassen auch die Planung, Entwicklung, Gestaltung und Durchführung der anfallenden Werbemaßnahmen sowie die Produktion von Werbe- und Verkaufsförderungsmaterialen.

§ 2 Leistungen der Agentur

(1) Die Beratungstätigkeit der Agentur umfasst insbesondere folgende Leistungen:
a) Mitarbeit an der Entwicklung der Marketingstrategie;
b) Mitwirkung bei der Erarbeitung der Umsatzziele;
c) Mitarbeit bei der Erstellung der hierfür erforderlichen Marketingbudgets sowie deren Aufschlüsselung für Werbung und Verkaufsförderung;
d) Auswertung aller quantitativen und qualitativen Konkurrenzbeobachtungen sowie von Marktstudien, Markt- und Verbraucheruntersuchungen;
e) Beratung zu Fragen der nationalen, regionalen oder lokalen Schwerpunktbildung;
f) Anregungen zu Verbesserungen oder Veränderungen der Produkte und deren Ausstattungen.
(2) Die Planungstätigkeit der Agentur umfasst insbesondere:
a) Entwicklung einer schriftlich niedergelegten Kommunikationsstrategie mit Festlegung der Werbeziele, einschließlich der Zielgruppen und der werblichen Positionierung;
b) Vorlage eines kreativen Konzeptes in Form eines sachlich umrissenen Werbethemas mit entsprechenden Erläuterungen;
c) Vorlage einer Konzeption für Streu- und Erscheinungstermine bezüglich aller Werbemaßnahmen sowie einer entsprechenden Kostenplanung;
d) Erarbeitung einer Verkaufsförderungskonzeption, die Maßnahmen in Bezug auf Außendienst, Handel und Verbraucher beinhaltet;

e) Vorlage von Konzepten für die Ausstattung der Produkte.

(3) Aufgrund der Konzeptionen, die A festlegt, übernimmt die Agentur die weitere Entwicklung der Werbemaßnahmen einschließlich:

a) Entwicklung von Layouts für die Ausstattung von Produkten;

b) Entwicklung von Layouts und Texten für alle Werbemaßnahmen, insbesondere Anzeigen, andere Druckerzeugnisse und die laufende Werbung;

c) Entwicklung von Drehbüchern bzw. Storyboards für Film- und Fernsehwerbung sowie von Texten für die Rundfunkwerbung sowie von Vorlagen für die Internetwerbung und die Werbung in den sozialen Medien;

d) Entwicklung von PR-Konzeptionen.

(4) Die Durchführung von Werbemaßnahmen erfolgt entsprechend der Streupläne und der Kostenplanungen, die A genehmigt hat, und umfasst:

a) Beschaffung und Kontrolle aller erforderlichen Produktionsunterlagen;

b) Auftragserteilung für die Produktion von Funk- und Fernsehspots, von Filmen und Fotoaufnahmen sowie Beaufsichtigung der entsprechenden Produktionen;

c) Beschaffung von Werbemitteln sowie deren Versand an Werbeträger;

d) Einkauf von Anzeigen- und Plakatraum sowie von Werbeflächen im Internet, Versand der Unterlagen, Überwachung der entsprechenden Werbemaßnahmen, Kontrolle der Abrechnungen und Rechnungslegung gegenüber A;

e) Einkauf von Zeiten für Rundfunkwerbung sowie von Spielterminen für Filme in Lichtspieltheatern, Versand der Spots und Filme, Überwachung der entsprechenden Werbemaßnahmen, Kontrolle der Abrechnungen und Rechnungslegung gegenüber A.

(5) Im Rahmen der Werbeforschung zur Beschaffung von Grundlagen für die Planung und Durchführung von Werbemaßnahmen erbringt die Agentur insbesondere folgende Leistungen:

a) Gruppendiskussionen und Werbemitteltests;

b) Beobachtung und Bemusterung von Wettbewerbern und deren Erzeugnisse;

c) Auswertung von Marktforschungsunterlagen, welche A zur Verfügung stellt;

d) Ausarbeitung von Befragungsunterlagen für Marktbeobachtungen und Marktanalysen, welche durch unabhängige Institute durchgeführt werden, einschließlich der Entwicklung der Aufgabenstellung, der Methodik, der Befragungsunterlagen, des Kreises der Befragten und der Unterstützung bei der Auswahl geeigneter Marktforschungsinstitute.

(6) Die Agentur wird darüber hinaus zur Mithilfe bei Vortragsveranstaltungen und Pressekonferenzen zur Verfügung stehen und bei der internationalen Koordinierung der Werbemaßnahmen mitwirken. Die Agentur übernimmt ferner die Verantwortung für die rechtliche Absicherung der unter ihrer Mitwirkung geplanten und durchgeführten Werbemaßnahmen.

§ 3 Vergütung[4]

(1) Die in § 2 Abs. 1–4 genannten Tätigkeiten der Agentur werden dadurch abgegolten, dass alle Mittlungsprovisionen, die die werbedurchführenden Unternehmen für die beauftragten Werbemaßnahmen zahlen, bei der Agentur verbleiben.

(2) Für die in § 2 Abs. 5 und Abs. 6 genannten Tätigkeiten zahlt A an die Agentur ein Honorar nach dem tatsächlich entstandenen Zeitaufwand. Für die Abrechnung wird ein Stundensatz in Höhe von ..... EUR zuzüglich der gesetzlichen Umsatzsteuer vereinbart. Die Agentur hat den bei ihr entstandenen Zeitaufwand für A nachvollziehbar zu dokumentieren.

(3) Für sonstige Tätigkeiten erhält die Agentur nur dann eine Vergütung, wenn dies zuvor mit A aufgrund einer schriftlichen Vereinbarung vereinbart ist.

(4) A erstattet der Agentur sämtliche Kosten für Aufträge, welche sie im Rahmen ihrer in § 2 genannten Tätigkeiten an Dritte vergibt. Vor der Erteilung der Aufträge muss A aufgrund eines schriftlichen Voranschlages eine entsprechende schriftliche Einwilligung erteilt haben.

(5) Kosten für Reisen vom und zum Sitz der Hauptverwaltung von A, die im Rahmen der Tätigkeiten der Agentur, wie sie in § 2 beschrieben sind, notwendig werden, trägt die Agentur selbst. Kosten für Reisen, die über die in § 2 genannten Tätigkeiten hinausgehen, werden von A erstattet; A muss für die Reisen und die dafür erforderlichen Kosten seine schriftliche Einwilligung erteilt haben.

(6) Die Kosten für die Streuung und Verbreitung der Werbemaßnahmen hat A im Voraus zu erstatten. Die Agentur wird die Rechnungen für die Werbemittelstreuung daher im Voraus erstellen. A hat die entsprechenden Rechnungen spätestens bis zum Ende des Monates zu zahlen, welcher dem Monat vorausgeht, in dem die Streuungen der Werbemaßnahmen erfolgen.

(7) Die in Abs. 2 genannten Tätigkeiten werden vierteljährlich abgerechnet und sind innerhalb von 14 Tagen nach Erhalt der Rechnungen durch A zu zahlen. Die in Abs. 3 genannten Tätigkeiten werden nach ihrem Abschluss in Rechnung gestellt und sind innerhalb von 14 Tagen zu zahlen. Dasselbe gilt für die Erstattung der Kosten gemäß Abs. 4 und Abs. 5, soweit Abs. 6 nicht eingreift.

§ 4 Übertragung von Rechten[5]

(1) Die Agentur überträgt an A alle Rechte zur Veröffentlichung, Vervielfältigung und Verwertung der unter diesem Vertrag von ihr erarbeiteten Leistungen einschließlich aller denkbaren Rechtspositionen an Ideen, Entwürfen und Gestaltungen. Diese Übertragung ist zeitlich, räumlich, nach Verwendungszweck und in jeder sonstigen Weise unbeschränkt. Sie schließt das Recht zur Änderung und zur Weiterübertragung an dritte Unternehmen ein. Die Übertragung gilt auch für unbekannte Nutzungsarten.

(2) Die Agentur wird die im Rahmen dieses Vertrages an A gewährten Leistungen, insbesondere sämtliche Ideen, Entwürfe und Gestaltungen, nicht in gleicher oder abgeänderter Form für andere Auftraggeber verwenden.

(3) Die Agentur steht dafür ein, dass sämtliche Gegenstände, welche sie für A im Rahmen dieses Vertrages erbringt, nicht mit Rechten Dritter belastet sind und A, auch soweit Leistungen Dritter betroffen sind, dieselbe Rechtsposition erhält, wie sie in Abs. 1 beschrieben ist. Sollte in besonderen Fällen die Agentur nicht in der Lage sein, dafür zu sorgen, dass alle entsprechenden Rechte auf A übertragen werden, hat sie A hiervon rechtzeitig vor Durchführung der in Rede stehenden Werbemaßnahme in Kenntnis zu setzen.

(4) Die in dieser Bestimmung geregelte Übertragung von Rechten ist durch die in § 3 vereinbarte Vergütung abgegolten.

§ 5 Haftung[6]

(1) Das Risiko, dass die nach diesem Vertrag durchgeführten Werbemaßnahmen rechtlich zulässig sind, insbesondere im Einklang mit den Bestimmungen des UWG und speziellen werberechtlichen Vorschriften stehen, trägt A. Die Agentur ist jedoch verpflichtet, A auf rechtliche Risiken hinzuweisen, sofern ihr diese bei der Vorbereitung der Werbemaßnahmen bekannt werden.

(2) In keinem Fall haftet die Agentur wegen der in der Werbung enthaltenen Sachaussagen über Produkte und Leistungen von A. Die Agentur haftet auch nicht dafür, dass die von ihr im Rahmen des Vertrages gelieferten Ideen, Anregungen, Vorschläge,

Konzeptionen, Entwürfe usw die Schutzvoraussetzungen für Rechte des geistigen Eigentums erfüllen.

(3) Die Agentur haftet für Schäden, die durch Mängel, Verzug oder Nichterfüllung von Verpflichtungen der Hersteller und Lieferanten von Werbemitteln oder im Rahmen von Lieferungen und Leistungen von Unterlieferanten oder sonstigen für die Agentur tätigen Personen entstehen.

§ 6 Wettbewerbsverbot[7]

Die Agentur verpflichtet sich, während der Dauer dieses Vertrages die werbliche Betreuung für Unternehmen bzw. Erzeugnisse, welche mit den X-Produkten von A im Wettbewerb stehen können, nur nach vorheriger schriftlicher Zustimmung durch A zu übernehmen. Mitbewerber und Wettbewerbserzeugnisse sind in der *Anlage „Wettbewerbsverbot"*, die diesem Vertrag beigefügt ist, genannt.

§ 7 Geheimhaltung[8]

Die Agentur verpflichtet sich, sämtliche Geschäftsvorgänge von A sowie der mit ihr verbundenen oder in Geschäftsbeziehung stehenden Firmen, die ihr im Rahmen der Tätigkeiten auf der Grundlage dieser Vereinbarung bekannt werden, geheim zu halten. Die Agentur steht dafür ein, dass eine entsprechende Geheimhaltungsverpflichtung mit ihren Mitarbeitern und mit den von ihr beauftragten Fremdfirmen vereinbart wird. Diese Geheimhaltungspflichten gelten auch nach Beendigung dieses Vertrages.

§ 8 Vertragsdauer[9]

(1) Dieser Vertrag tritt am ..... in Kraft und wird auf unbestimmte Zeit geschlossen. Er ist jeweils zum 1.10. und 1.4. eines Kalenderjahres kündbar, erstmalig jedoch zum 1.10 ...... Die Kündigung muss mit einer Frist von 6 Monaten schriftlich erfolgen.

(2) Das Recht zur fristlosen Kündigung aus wichtigem Grund bleibt unberührt. Ein wichtiger Grund zur fristlosten Kündigung liegt für A insbesondere vor bei einem Verstoß gegen die Verpflichtungen aus: .....

§ 9 Sonstige Bestimmungen

(1) Sollte eine Bestimmung dieses Vertrages unwirksam sein, so wird die Wirksamkeit der übrigen Bestimmungen hierdurch nicht berührt. Die Parteien werden in diesem Fall die ungültige Bestimmung durch eine wirksame Bestimmung ersetzen, welche dem wirtschaftlichen Zweck der ungültigen Bestimmung am nächsten kommt.

(2) Änderungen oder Ergänzungen dieses Vertrages bedürfen der Schriftform. Auch ein Verzicht auf die Schriftform ist formbedürftig.

(3) Gerichtsstand für alle Streitigkeiten aus diesem Vertrag ist .....

(4) Die Agentur fertigt von jeder Besprechung unverzüglich ein datiertes und fortlaufend nummeriertes Protokoll an und übersendet es an A. Dessen Inhalt gilt als verbindliche Arbeitsgrundlage für die Agentur, sofern A dem Inhalt des Protokolls nicht unverzüglich, spätestens aber innerhalb einer Woche nach Erhalt, widerspricht.

Schrifttum: Henning-Bodewig, Die wettbewerbsrechtliche Haftung von Werbeagenturen, GRUR 1981, 164; *Koch,* Verträge in einer Werbeagentur, 1995; *Kreifels/Breuer/Maidl,* Die Werbeagentur in Recht und Praxis, 2000; *Lambsdorff/Skora,* Handbuch des Werbeagenturrechts, 1975; *Nennen,* Vertragspflichten und Störerhaftung der Werbeagenturen, GRUR 2005, 214.

Anmerkungen

1. Sachverhalt. Das Formular regelt eine auf Dauer angelegte Zusammenarbeit zwischen einer Werbeagentur und einem werbetreibenden Unternehmen; die Werbeagentur soll im Sinne eines Full-Service umfassend für das werbetreibende Unternehmen tätig werden.

2. Rechtsnatur. Nach heute herrschender Auffassung ist der Werbeagenturvertrag ein Geschäftsbesorgungsvertrag, bei dem regelmäßig dienstvertragliche Elemente im Vordergrund stehen. Erschöpft sich der Vertragsgegenstand in der Erstellung einer Präsentation oder der Planung einer einzelnen Werbemaßnahme, so wird allerdings regelmäßig ein Werkvertrag anzunehmen sein (BGH GRUR 1970, 572 – Context; BGH GRUR 1974, 284 (285) – Bastelwettbewerb I; OLG Hamm GRUR 1988, 564; BGH GRUR 1994, 527 (528) – Werbeagent; *Nennen* GRUR 2005, 214 (215)). Die rechtliche Einordnung eines solchen Vertrages ist insbesondere für die Bestimmung der Leistungspflichten, der Gewährleistung und der Kündigungsmöglichkeiten von Bedeutung.

3. Aufgabenkreis der Werbeagentur. Das Vertragsmuster sieht vor, dass die Werbeagentur das werbetreibende Unternehmen umfassend bei der Werbung berät. Daher ist der Aufgabenbereich der Agentur in dem Muster sehr weit gefasst. Es ist ohne weiteres denkbar und auch üblich, dass das Unternehmen die Aufgaben auf mehrere Agenturen, die in bestimmten Bereichen spezialisiert sind, verteilt. Spezialisierte Agenturen werden insbesondere für den Bereich der Werbestreuung sowie für Sonderaufgaben wie Entwicklung, Verkaufsförderung uä eingesetzt. Wenn eine Verteilung der Aufgaben auf mehrere Agenturen erfolgen soll, muss dies entsprechend bei der Vergütungsregelung berücksichtigt werden.

4. Vergütungsregelung. Der hergebrachten Vorstellung entspricht es, wenn – wie in diesem Formular – die Vergütung der Agentur für die eigenen Leistungen im Rahmen des Full-Service durch die Mittlungsprovision abgedeckt wird, welche bei Aufträgen an werbedurchführende Unternehmen – insbesondere Anzeigenaufträgen – der Werbeagentur zufließen (hierzu eingehend *Lambsdorff/Skora* S. 110 ff., insbesondere S. 125 ff.). Die Mittlungsprovision beträgt in der Regel 15 %.

Daneben ist die Honorierung von Sonderleistungen, wie dies im Vertragsmuster vorgesehen ist, möglich und üblich. Eine eindeutige detaillierte Regelung der pauschal abgegoltenen bzw. zusätzlich zu vergütenden Leistungen ist ratsam (zu Auslegungsfragen vgl. BGH GRUR 1986, 834 – Werbeagenturvertrag; BGH GRUR 1986, 885 – METAXA mit Anm *Hertin*).

Die Werbeagenturen erbringen bei ihren Tätigkeiten regelmäßig urheberrechtlich geschützte Leistungen. Daher sind bei der Vergütung die Regelungen der §§ 32 ff. UrhG zu beachten. In § 32 Abs. 1 UrhG ist zwar festgehalten, dass der Urheber für die Einräumung von Nutzungsrechten und die Erlaubnis zur Werknutzung Anspruch auf die vertraglich vereinbarte Vergütung hat. Das spricht auf den ersten Blick dafür, dass es maßgeblich darauf ankommt, was vertraglich vereinbart ist. Das trifft jedoch so nicht zu. Vielmehr kann der Urheber gem. § 32 Abs. 1 S. 3 UrhG von seinem Vertragspartner die Einwilligung in die Änderung des Vertrages verlangen, wenn die vereinbarte Vergütung nicht angemessen ist. Die Kriterien, die für die Frage der Angemessenheit der Vergütung heranzuziehen sind, sind in § 32 Abs. 2 UrhG genannt. Danach ist eine nach einer gemeinsamen Vergütungsregel (§ 36 UrhG) ermittelte Vergütung in jedem Fall angemessen. Eine solche Vergütungsregel stellt beispielsweise für den hier in Rede stehenden Bereich der „AGD Vergütungstarifvertrag Design" (Stand 2015) dar. Aufgrund der genannten gesetzlichen Regelung ist es empfehlenswert, sich bei der Vereinbarung der Vergütung daran zu orientieren, was angemessen ist.

5. **Erwerb von Rechten.** In der älteren Rechtsprechung war anerkannt, dass die Pflicht der Werbeagentur, dem werbetreibenden Unternehmen die Rechte zur Verwertung der für ihn geschaffenen Werbematerialien zu verschaffen, auch dann besteht, wenn dies im Werbeagenturvertrag nicht ausdrücklich vereinbart war (vgl. BGH GRUR 1960, 609 (611) – Wägen und Wagen; BGH GRUR 1966, 691 (692) – Schlafsäcke). Gleichwohl ist es in jedem Fall sinnvoll, eine ausdrückliche Regelung in den Vertrag aufzunehmen, um Auslegungsfragen nach der Zweckübertragungslehre iSd § 31 UrhG gar nicht erst aufkommen zu lassen (zur Problematik insoweit vgl., Wandtke/Bullinger/*Grunnert,* Praxiskommentar Urheberrecht, 4. Auflage 2014, § 31 Rn. 39 ff.; *Wandtke* GRUR 1992, 139 (142 ff.)).

Gem. § 31a UrhG können, anders als früher, Nutzungsrechte auch für unbekannte Nutzungsarten eingeräumt werden. Ein solcher Vertrag bedarf der Schriftform. Der Urheber hat zwar das Recht, die Einräumung der Rechte für die unbekannten Nutzungsarten unter bestimmten Voraussetzungen zu widerrufen. Gleichwohl ist es in jedem Fall empfehlenswert, eine solche Regelung über die Übertragung der entsprechenden Nutzungsrechte in den Vertrag aufzunehmen, da der Urheber seinerseits aktiv werden muss, wenn er sich nach Bekanntwerden der neuen Nutzungsart dazu entscheiden möchte, eine anderweitige Verwertung seiner Rechte im Hinblick auf die neuen Nutzungsarten vorzunehmen.

In dem Vertragsmuster ist vorgesehen, dass die Agentur ihrem Kunden alle Nutzungsrechte zu verschaffen hat. Daher muss die Agentur dafür Sorge tragen, dass in den Verträgen mit ihren Mitarbeitern und ihren externen Dienstleistern vorgesehen ist, dass diese die ihr zustehenden Rechte auf die Agentur übertragen; in diesem Zusammenhang sollte vereinbart werden, dass alle Nutzungsrechte dergestalt übertragen werden, dass die Agentur diese Rechte unbeschränkt nutzen und auch Dritten weiter übertragen darf, ohne dass ein Rückrufrecht besteht (zum Umfang der Nutzungsrechtseinräumung BGH GRUR 1988, 300 – Fremdenverkehrsbroschüre).

6. **Haftung für rechtliche Zulässigkeit von Werbemaßnahmen.** Die Werbeagentur ist grundsätzlich verpflichtet, auf rechtliche Bedenken im Zusammenhang mit den von ihr vorgeschlagenen Werbemaßnahmen hinzuweisen (vgl. BGH GRUR 1974, 284 (286 f.) – Bastel-Wettbewerb I und II mit Anmerkung von *Harmsen; Nennen* GRUR 2005, 214 (216 f.)). Darüber hinaus kann sich aus der vertraglichen Vereinbarung sogar ergeben, dass die Agentur für die rechtliche Unbedenklichkeit der von ihr geschaffenen Werbemaßnahmen einzutreten hat. Das kann es erfordern, dass die Werbeagentur ihrerseits gehalten ist, eine entsprechende rechtliche Überprüfung entweder selbst durch entsprechend geschultes Personal vorzunehmen oder durch einen externen Rechtsanwalt vornehmen zu lassen. Wenn eine solche Verpflichtung vertraglich vereinbart werden soll, muss sich dies selbstverständlich auch in der Höhe der Vergütung niederschlagen. Da sich aus der Verbreitung unzulässiger Werbemaßnahmen in der Praxis oft nicht unerhebliche Risiken ergeben können, wird es regelmäßig im Interesse des werbetreibenden Unternehmens liegen, diesen Bereich allein oder mindestens zusätzlich durch die eigene Rechtsabteilung oder eingeschaltete anwaltliche Berater mit Spezialkenntnissen überprüfen zu lassen. Daher sieht das Vertragsmuster vor, dass die Agentur für die rechtliche Unbedenklichkeit keine Einstandspflicht trifft, sie nur auf rechtliche Bedenken hinweisen muss, wenn solche erkennbar sind.

Für den Fall, dass die Agentur grundsätzlich für die rechtliche Unbedenklichkeit der von ihr geschaffenen Werbemaßnahmen einzutreten hat, könnte in dem Vertrag gleichwohl ein Haftungsausschluss zugunsten der Agentur für den Fall vorgesehen werden, dass sie ihrem Vertragspartner zuvor die Werbung vorgelegt und dieser sie ausdrücklich genehmigt hat.

Von dem Innenverhältnis zwischen der Agentur und dem werbetreibenden Unternehmen ist das Außenverhältnis zu Dritten zu unterscheiden. Hier geht es um die Frage, wer von Dritten wegen einer rechtlich unzulässigen Werbemaßnahme in Anspruch genommen werden kann. Das werbetreibende Unternehmen kann nahezu in jeder Situation wegen einer unzulässigen Werbung auf Unterlassung in Anspruch genommen; es muss sich typischerweise auch das Verhalten seiner Werbeagentur gemäß § 8 Abs. 2 UWG wie eigenes Verhalten ohne Exkulpationsmöglichkeit zurechnen lassen (vgl. OLG Hamburg GRUR 1988, 300; zur Haftung des Werbenden, wenn er den Auftrag zu unzulässigen Werbemethoden erteilt, BGH GRUR 1989, 225 – Handzettel-Wurfsendung; zur Haftung des Werbenden, wenn Textvorschläge über eine Agentur an eine Redaktion geleitet werden und dort fast wörtlich übernommen werden, KG WRP 1990, 333; vgl. auch OLG München GRUR 1989, 623; LG Köln GRUR-RR 2009, 154). Daneben kommt auch eine eigenständige Störerhaftung der Werbeagentur in Betracht, die also ebenfalls von dem Mitbewerber des Unternehmens auf Unterlassung in Anspruch genommen werden kann (vgl. *Nennen* GRUR 2005, 214 (219); OLG Frankfurt a.M. GRUR-RR 2002, 77). Durch die vertragliche Absprache können die Vertragsparteien die Möglichkeit der Inanspruchnahme der Agentur durch Dritte selbstverständlich nicht ausschließen. Eine solche Regelung ist gleichwohl sinnvoll, da dadurch im Innenverhältnis zwischen den Vertragsparteien geklärt wird, wer für die Folgen einer Inanspruchnahme durch Dritte einzustehen hat.

Im Agenturvertrag ist im Regelfall – wie auch bei dem Muster – die Beratungspflicht als Hauptpflicht vereinbart. Daher ist die Agentur verpflichtet, das werbetreibende Unternehmen mit größtmöglicher Objektivität über Werbemaßnahmen und insbesondere bei der Anzeigenwerbung über das wirksamste Medium zu beraten (BGH GRUR 1970, 572 – Context). Die Werbeagentur haftet bereits bei fahrlässiger Außerachtlassung der anerkannten Werbegrundsätze (vgl. *Lambsdorff/Skora* S. 232). Im Vergleich zur Hinweispflicht auf rechtliche Risiken ist bei der werbefachlichen Beratung ein strenger Maßstab anzulegen, da es grundsätzlich im Verantwortungsbereich der Agentur liegt, für eine ordnungsgemäße Abwicklung des Auftrags zu sorgen. Es ist sachgerecht, die Haftung der Agentur auch auf das Handeln der Unternehmen zu erstrecken, die die Agentur bei der Abwicklung der Werbemaßnahmen einbezieht, da sie diese Unternehmen selbst auswählen kann und mit ihnen die entsprechenden Verträge schließt, so dass sie selbst für eine ordnungsgemäß Auswahl und Durchführung sorgen kann.

7. Wettbewerbsverbot. Zu den vertraglichen Nebenpflichten einer Werbeagentur gehört insbesondere, keine Aufträge von solchen Unternehmen anzunehmen, die mit dem Vertragspartner des Agenturvertrages in Konkurrenz stehen. Sowohl die Mitbewerber als auch die Wettbewerbserzeugnisse sollten in der vorgesehenen Anlage genau bezeichnet werden, um von vorncherein jede Diskussion zu vermeiden.

8. Geheimhaltung. Wie das Wettbewerbsverbot besteht auch ohne eine ausdrückliche Regelung im Agenturvertrag eine Verpflichtung der Agentur zur Geheimhaltung. Zur Vermeidung von Unklarheiten empfiehlt es sich, diese Pflicht ausdrücklich im Vertrag festzuhalten. Da der Auftraggeber oft daran interessiert ist, den Inhalt einer Anzeige bis zur Veröffentlichung geheim zu halten, spielt diese Pflicht im Anzeigenwesen eine ganz besondere Rolle. In der Praxis wird deshalb mittlerweile so verfahren, dass geheimhaltungsbedürftige Aufträge versiegelt eingereicht werden. Es ist sinnvoll, die Geheimhaltungspflichten über die Vertragsdauer hinaus zu erstrecken.

9. Vertragsdauer. Ein zur fristlosen Kündigung berechtigender Grund ist zB gegeben, wenn die Werbeagentur für die Vergabe von Druckaufträgen an Dritte Schmiergelder verlangt (OLG München BB 1995, 1560).

10. Kosten. Für die anwaltliche Mitwirkung an dem Werbeagenturvertrag erhält der Anwalt eine Geschäftsgebühr gem. § 2 Abs. 2, Anlage 1 VV Nr. 2300 RVG. Der Gegenstandswert bemisst sich nach dem Wert aller Bezüge, welche die Agentur während der gesamten Vertragszeit erhält (vgl. § 23 Abs. 3 RVG iVm § 99 Abs. 2 GNotKG), wobei jedoch höchstens der Wert anzusetzen ist, der sich aus den Bezügen der ersten fünf Jahre ergibt (§ 99 Abs. 2 GNotKG).

2. Vertrag mit Werbungsbeteiligten (Werbemodellvertrag)

Vereinbarung[1, 8] zwischen der A GmbH

. . . . .

– im Folgenden kurz „A“ genannt –
– einerseits –

und

Herrn/Frau

. . . . .

– im Folgenden kurz „Modell“ genannt –
– andererseits –

1. Das Modell steht A in der Zeit vom . . . . . bis . . . . . für Werbeaufnahmen zur Verfügung.

2. Das Modell erklärt sein Einverständnis dazu, dass die bei den in Ziff. 1 genannten Werbeaufnahmen erstellten Bilder oder Reproduktionen dieser Bilder in unveränderter oder geänderter Form durch A oder Dritte, die im Einverständnis von A handeln, zu werblichen oder redaktionellen Zwecken verbreitet oder veröffentlicht werden, und zwar ohne Beschränkung des sachlichen, räumlichen und zeitlichen Verwendungsbereiches.[2,3]

Das Modell erklärt sich ausdrücklich mit einer Retuschierung der Bilder oder Reproduktionen sowie mit deren Verwendung im Rahmen von Montagen jeder Art einverstanden.

3. Das Modell erhält für die nach diesem Vertrag zu erbringenden Leistungen einschließlich der Übertragung der in Ziffer 2. genannten Verwertungsrechte ein Honorar in Höhe von EUR . . . . .

Kosten, die für Reisen des Modells im Rahmen dieses Vertrages anfallen, trägt A.[4]

4. Das Modell erklärt, dass mit der vorstehenden Honorarzahlung alle ihm im Zusammenhang mit diesem Vertrag zustehenden Ansprüche gegenüber A abgegolten sind.

Das Modell erklärt, dass keine Ansprüche gegen Personen oder Unternehmen bestehen, die bei der Anfertigung, Verbreitung und Veröffentlichung der Bilder, die im Rahmen dieses Vertrages entstehen oder entstanden sind, im Auftrag oder mit Einverständnis von A handeln.

5. Das Modell versichert, dass es hinsichtlich der Rechte, die Gegenstand dieser Vereinbarung sind, keine vertraglichen Vereinbarungen mit einem Dritten getroffen hat.

Das Modell verpflichtet sich, bis ein Jahr nach Beendigung dieser Vereinbarung keine Vereinbarung über Verwertungsrechte, die seine Person betreffen, für Werbeaufnahmen, die sich auf einen Wettbewerber oder Wettbewerbserzeugnisse von A beziehen, abzuschließen.[5]

6. Die im Zusammenhang mit den Werbeaufnahmen entstandenen Bildträger werden Eigentum von A.
7. Dem Modell ist bekannt, dass die Verwendung von Aufnahmen seiner Person im Rahmen einer längerfristigen Kampagne vorgesehen ist. Das Modell wird daher keine wesentliche Veränderung seines Äußeren, insbesondere der Haarfarbe und der Haarlänge vornehmen, ohne die schriftliche Einwilligung von A einzuholen.
8. Das Modell verzichtet auf Namensnennung; es ist jedoch mit der Nennung seines Namens oder eines Pseudonyms in Verbindung mit seinen Bildern einverstanden.[6]
9. Für etwaige Streitigkeiten auf Grund dieser Vereinbarung wird ..... als Gerichtsstand vereinbart.[7]
Alle Streitigkeiten aus und im Zusammenhang mit diesem Vertrag unterliegen dem deutschen Recht.

Schrifttum: Fricke, KUG in: Wandtke/Bullinger, Praxiskommentar Urheberrecht, 4. Auflage 2014; *Fricke,* Personenbildnisse in der Werbung für Medienprodukte, GRUR 2003, 406; *Lambsdorff/Skora,* Handbuch des Werbeagenturrechts, 1975; *Wehrmann,* Verträge der Werbung, 1973.

Anmerkungen

1. Sachverhalt. Das Formular regelt eine Vereinbarung zwischen einem werbetreibenden Unternehmen und einem Fotomodell. Ähnliche Verträge werden in der Werbebranche zB auch mit Graphikern, Musikbeteiligten oder Präsentern abgeschlossen. Dafür sind dann entsprechende Abwandlungen, insbesondere bei der Beschreibung des Aufgabenkreises, vorzunehmen.

2. Rechteübertragung. Die Vereinbarung über die Einräumung der Rechte am Bild und deren Nutzung ist von besonderer Bedeutung. Das gilt insbesondere auch für den Fall, dass eine Werbeagentur einen solchen Vertrag abschließt. Denn die Agentur ist regelmäßig ihrerseits verpflichtet, dem werbetreibenden Unternehmen sämtliche Rechte zur Verwertung der für es geschaffenen Werbemaßnahmen zu übertragen (BGH GRUR 1966, 691 (692) – Schlafsäcke; → Form. XII.1 Anm. 5). Wenn die Werbeagentur nicht für eine Übertragung der entsprechenden Rechte sorgt, aber trotzdem die Verwertung der Werbeaufnahmen vornimmt, kann sie sowohl dem Modell als auch ihrem Kunden gegenüber schadensersatzpflichtig werden.

Da das Recht am Bild als besondere Ausprägung des Persönlichkeitsrechts zu verstehen ist, unterliegt es dessen allgemeinen Regeln. Das Recht am Bild ist nicht übertragbar. Eine Vereinbarung, durch die – wie in dem Vertragsmuster – einem Dritten der Gebrauch des eigenen Bildes gestattet wird, stellt sich lediglich als Verzicht auf Unterlassungsansprüche dar. Ein solcher Vertrag hat nur schuldrechtliche, keine dingliche Wirkung (LG Nürnberg-Fürth BB 1971, 284; zur Einwilligungsproblematik Wandtke/Bullinger/*Fricke*, Praxiskommentar Urheberrecht, 4. Auflage 2014, KUG § 22 Rn. 13 ff.).

Die zur Veröffentlichung eines Bildes erforderliche Einwilligung ist eine rechtsgeschäftliche Erklärung, die die Geschäftsfähigkeit des Modells voraussetzt (OLG München AfP 1983, 276). Bei Minderjährigen muss grundsätzlich auch die Einwilligung des gesetzlichen Vertreters vorliegen. Da auch persönlichkeitsbezogene Belange des Minderjährigen betroffen sein können, kann es Fälle geben, in denen eine nur vom gesetzlichen Vertreter gegen den Willen des Minderjährigen erteilte Einwilligung nicht ausreichend ist (vgl. BGH GRUR 2005, 179 (180) – Tochter von Caroline von Hannover). Das kommt in Betracht, wenn es um Nacktaufnahmen des Minderjährigen geht. Hinsichtlich der rein wirtschaftlichen Fragen steht jedoch dem Inhaber der elterlichen Gewalt auch in solchen

Fällen das uneingeschränkte Verfügungsrecht zu (BGH GRUR 1975, 561 (652) – Nacktaufnahmen). Jedenfalls ist es ratsam, die Vereinbarung sowohl von dem minderjährigen Modell selbst als auch von seinem gesetzlichen Vertreter unterzeichnen zu lassen.

Der zulässige Veröffentlichungsumfang bestimmt sich nach dem Zweck des Rechtsgeschäfts (vgl. dazu die urheberrechtlichen Erwägungen zur Zweckübertragungstheorie). Wenn das Fotomodell nicht auf einer Mitteilung besteht, in welcher Art und Weise die Veröffentlichung erfolgen soll, kann angenommen werden, dass die Veröffentlichungsbefugnis generell erteilt ist (OLG Hamburg AfP 1971, 140; vgl. dazu auch *Neumann-Duesberg* Anm. zu Schultze OLGZ 90, 7). Soll allerdings die Veröffentlichung in einer Weise erfolgen, die einen besonders schweren Eingriff in das Persönlichkeitsrecht darstellen könnte – zB die Darstellung als Prostituierte oder Verbrecher – ist es ratsam, dies ausdrücklich in die Vereinbarung aufzunehmen.

3. **Veröffentlichung.** Bei der Veröffentlichung ist, wie dies auch im KUG geschieht, zwischen dem Verbreiten und dem öffentlichen Zurschaustellen zu unterscheiden. Das Verbreiten stellt sich als Vervielfältigung der Bilder dar, die einer größeren Personenzahl zugänglich gemacht werden. Ein öffentliches Zurschaustellen ist gegeben, wenn das Bildnis für eine unbestimmte Personenzahl zugänglich gemacht wird. Da das werbetreibende Unternehmen in der Regel beide Handlungsmöglichkeiten haben möchte, sollte sich das Modell mit beiden ausdrücklich einverstanden erklären.

4. **Vergütung.** Um nicht zusätzlichen Schadensersatzansprüchen des Modells ausgesetzt zu sein, ist es unbedingt erforderlich, vorzusehen, dass mit der Vergütung auch die Übertragung der Verwertungsrechte abgegolten ist. Die Reisekostenregelung kann ggf. durch Spesenvereinbarungen ergänzt werden.

5. **Konkurrenzklausel.** Die Vereinbarung einer solchen Klausel ist in der Praxis wichtig. Zu beachten ist, dass das Modell bereits häufig durch Wettbewerbsverbote gegenüber der ausbildenden Mannequin-Schule beschränkt ist. Das sollte entsprechend vor Abschluss des Vertrages geklärt werden. Soweit derartige Wettbewerbsverbote zeitlich, örtlich und/oder gegenständlich beschränkt sind, bestehen gegen deren Wirksamkeit keine Bedenken (OLG Karlsruhe MDR 1975, 314).

6. **Name.** Die Aufnahme dieser Klausel empfiehlt sich, da Verletzungen des Namensrechts Ersatzansprüche auslösen können. So kann zB eine Persönlichkeitsverletzung vorliegen, wenn die Nennung eines Namens in dem Zusammenhang, in dem sie geschieht, für den Inhaber des Namensrechts beeinträchtigend ist (BGH GRUR 1965, 547 – Zonenbericht). Auch die Benennung mit einem verstümmelten oder falschen Namen kann als Verletzung des Persönlichkeitsrechts einzuordnen sein (OLG Frankfurt a.M. AfP 1965, 865 mit ablehnender Anm. *Ohnesorge*).

7. **Gerichtsstandvereinbarung.** Eine wirksame Gerichtsstandvereinbarung ist grundsätzlich nur möglich, wenn die Parteien Kaufleute sind. Da dies bei einem Modell in der Regel nicht der Fall sein wird, entfaltet die Regelung nur dann Wirkung, wenn der Vertrag mit einem ausländischen Modell geschlossen wird, das keinen allgemeinen Gerichtsstand im Inland hat (§ 38 Abs. 2 S. 1 ZPO).

8. **Kosten.** Die Anwaltsgebühren richten sich nach § 2 Abs. 2, Anlage 1 VV Nr. 2.300 RVG. Als Gegenstandswert wird in der Regel die Höhe der Vergütung anzusehen sein.

3. Beauftragung eines Meinungsforschungsinstituts

Vertrag zwischen[1,12]
dem werbetreibenden Unternehmen A (Firma)
und
dem Meinungsforschungsinstitut B (Institut)

§ 1

Firma beauftragt das Institut mit der Durchführung einer Befragung über die Bekanntheit der Farbkombination rot/gelb in bestimmter Aufteilung in Bezug auf Suppen/Fertiggerichte.[2]

§ 2

(1) Das Institut übernimmt keine Gewähr für bestimmte Ergebnisse der Befragung, insbesondere nicht für das Erreichen eines bestimmten Prozentsatzes von relevanten Antworten.[3]

(2) Das Institut übernimmt ferner keine Gewähr dafür, dass ein mit dem Befragungsergebnis befasstes Gericht die Methode der Fragestellung als für den Nachweis eines bestimmten Verkehrsverständnisses geeignet akzeptieren wird.

§ 3

(1) Als beteiligte Verkehrskreise,[4] aus denen die zu befragenden Personen auszuwählen sind, werden festgelegt: sämtliche Endverbraucher, also die Gesamtbevölkerung in Deutschland ab 16 Jahre.

Das Institut übernimmt keine Gewähr dafür, dass die befragten Verkehrskreise nach Auffassung der über die Umfrage entscheidenden Gerichte die maßgeblichen Verkehrskreise sind.

(2) Das Institut übernimmt die Gewähr dafür, dass der von ihm in dem Gutachten ausgewiesene Querschnitt der befragten Verkehrskreise repräsentativ ist. Es sind mindestens 2.000 Personen zu befragen.[5]

(3) Die Einzelheiten der Auswahl der Interviewten bleiben dem Institut überlassen, jedoch dürfen die Befragungen für das Gutachten bei einer Mehrthemenumfrage nicht in der zweiten Hälfte des Interviews stattfinden.[6]

(4) Falls das Institut die Ergebnisse bei der Darstellung gewichtet, ist die Art der Gewichtung zu erläutern.[7]

§ 4

Das Meinungsforschungsgutachten hat der Firma in vollständiger Form vorzuliegen bis zum . . . . . Wird dieser Termin um mehr als . . . . . Tage überschritten, ist das Institut der Firma zum Schadensersatz verpflichtet. Die Firma ist in diesem Fall zum Rücktritt vom Vertrag berechtigt; Schadensersatzansprüche bleiben vom Rücktritt unberührt.[8]

§ 5

(1) Das Institut ist nicht berechtigt, ohne Zustimmung der Firma das Gutachten oder Teile davon Dritten zur Kenntnis zu bringen oder über die laufende oder bereits durchgeführte Untersuchungen Dritten Mitteilung zu machen.[9]

(2) Die Firma ist berechtigt, das Gutachten Dritten zur Kenntnis zu geben, insbesondere es im Rahmen eines Rechtsstreites, der den Gegenstand der Befragung betrifft, einem Gericht vorzulegen. Veröffentlichungen ganz oder in Teilen, insbesondere für Werbezwecke, sind nur mit Einwilligung des Instituts zulässig.[10]

§ 6

Das Institut ist verpflichtet, die auf Datenträgern gespeicherten Daten über die Ergebnisse der Interviews mindestens ein Jahr lang aufzubewahren und auf Verlangen der Firma gegen angemessenes Entgelt gesondert auszuwerten.[11]

Schrifttum: Knaak, Demoskopische Umfragen in der Praxis des Wettbewerbs- und Warenzeichenrechts, 1986; *Noelle-Neumann/Schramm,* Höhe der Verkehrsgeltung, GRUR 1966, 70 ff.; *Pflüger,* Ermittlung der Verkehrsauffassung durch demoskopische Umfragen in: *Gloy/Loschelder/Danckwerts,* Handbuch des Wettbewerbsrechts, 5. Aufl. 2019, § 42; *Schricker,* Zum Begriff der „beteiligten Verkehrskreise" im Ausstattungsrecht, GRUR 1980, 462 ff.; *Teplitzky,* Zu Anforderungen an Meinungsforschungsgutachten, WRP 1990, 145 ff.; *Tilmann/Ohde,* Die Mindestirreführungsquote im Wettbewerbsrecht Teil I und II, GRUR, 1989, 229 ff., 301 ff.; *Kemper,* Beweisprobleme im Wettbewerbsrecht, Köln 1992; *Eichmann,* Gegenstand und Zukunft der Demoskopie, GRUR 1999, 939; *Pflüger,* Rechtsforschung in der Praxis: Der demoskopische Nachweis von Verkehrsgeltung und Verkehrsdurchsetzung, GRUR 2004, 652; *Niedermann,* Empirische Erkenntnisse zur Verkehrsanschauung, GRUR 2006, 367.

Anmerkungen

1. Sachverhalt. Häufig kommt es in Kennzeichen- oder Wettbewerbsprozessen darauf an, was die beteiligten Verkehrskreise meinen – sei es zur Bekanntheit einer Marke oder bestimmter werblicher Elemente, sei es über das Verständnis einer werblichen Aussage. Insbesondere im Rahmen von Rechtsstreitigkeiten, bei denen es um Ansprüche aus § 5 UWG oder §§ 14, 15 MarkenG geht, oder im Rahmen von Verfahren zur Eintragung einer von Hause aus nicht unterscheidungskräftigen Bezeichnung als Marke (§ 8 Abs. 3 MarkenG) spielt die Verkehrsauffassung bzw. die Verkehrsdurchsetzung eine streitentscheidende Rolle. In diesem Zusammenhang stellt sich die Frage, ob die Verkehrsauffassung normativ, im Streitfall also durch den Richter, oder empirisch zu ermitteln ist. In der deutschen Rechtsprechung waren immer beide Aspekte von Bedeutung, da die Verkehrsauffassung auch auf Tatsachen beruht. Daher ist in Deutschland anerkannt, dass die Verkehrsauffassung durch das Sachverständigengutachten eines anerkannten Meinungsforschungsinstituts ermittelt werden kann. Das gilt insbesondere dann, wenn das entscheidende Gericht selbst nicht in der Lage ist, von sich aus das Verkehrsverständnis zu beurteilen, weil es nicht zu den angesprochenen Verkehrskreisen gehört (zum Beispiel Werbeaussage für Fachleute) oder weil es zwar meint, zu den maßgeblichen Verkehrskreisen zu gehören, dabei aber einem Irrtum unterliegt (vgl. dazu sehr instruktiv BGH GRUR 1983, 32 – Stangenglas; BGH GRUR 1985, 140 – Größtes Teppichhaus der Welt). Der EuGH hat diese deutsche Praxis gebilligt. Er hat festgestellt, dass das Gemeinschaftsrecht es nicht verbietet, dass die nationalen Gerichte nach Maßgabe ihres nationalen Rechts die Verkehrsauffassung durch ein Sachverständigengutachten oder eine Verbraucherbefragung ermitteln (vgl. EuGH GRUR 1998, 795 (797) – Gut Springenheide).

In der gerichtlichen Praxis wird die Einholung von demoskopischen Gutachten gleichwohl künftig deutlich abnehmen. Der Grund dafür besteht in einem wesentlichen Wandel der Rechtsprechung des Bundesgerichtshofs. Früher war es anerkannt, dass es dem

Gericht nur gestattet war, über das Vorliegen einer Irreführungsgefahr aus eigener Sachkunde zu befinden, wenn es die Irreführung bejahen wollte, nicht jedoch wenn die Irreführung verneint werden sollte (so genannte Bärenfang-Doktrin, BGH GRUR 1963, 270 (272 f.) – Bärenfang; BGH GRUR 1985, 140 – Größtes Teppichhaus der Welt). Zur Begründung wurde darauf verwiesen, dass die Irreführung einer Aussage, die sich an die allgemeinen Verkehrskreise richtet, in jedem Fall gegeben ist, wenn schon ein Richter von der in Rede stehenden Angabe getäuscht wird, der Umkehrschluss aber nicht zutrifft. Daher war in den Fällen, in denen das Gericht nicht selbst eine Irreführung annehmen wollte, regelmäßig die Einholung eines demoskopischen Gutachtens erforderlich. Der Bundesgerichtshof hat diese Unterscheidung aufgegeben. Zur Begründung hat er darauf verwiesen, dass bei den Gerichten eine besondere Form der Sachkunde gegeben sei, um eine Irreführungsgefahr zu beurteilen. Daher seien die Gerichte befähigt, aufgrund eigener Sachkunde zu entscheiden, ob eine Angabe irreführend sei oder nicht, so dass sie auch die Irreführung einer Angabe ohne Einholung einer Verkehrsbefragung verneinen könnten (BGH GRUR 2002, 550 (552) – Elternbriefe; BGH GRUR 2003, 247 (248) – Thermal Bad; BGH GRUR 2004, 244 (245) – Marktführerschaft). Nur wenn Zweifel bestehen, ist danach eine Beweiserhebung durch ein demoskopisches Gutachten erforderlich. Das kann der Fall sein, wenn die streitgegenständliche Werbung besondere Fachkreise anspricht, zu denen das Gericht nicht gehört.

Ferner ist zu berücksichtigen, dass der Bundesgerichtshof zwar nach wie vor davon ausgeht, dass eine Irreführung nicht erst dann zu bejahen ist, wenn der gesamte angesprochene Verkehr irregeführt wird, vielmehr es genügt, wenn ein nicht unerheblicher Teil des angesprochenen Verkehrs zu Fehlvorstellungen verleitet wird. Der Bundesgerichtshof hat jedoch deutlich gemacht, dass unter Geltung des neuen Verbraucherleitbildes die alten Quoten, die in der Rechtsprechung anerkannt waren und bei ca. 10 %–15 % lagen, nicht mehr maßgeblich sind. Vielmehr müssen nunmehr je nach den Umständen des Einzelfalls zwischen einem Viertel und einem Drittel der angesprochenen Verkehrskreise zu einer Fehlvorstellung gelangen, um eine irreführende Angabe iSd § 5 UWG annehmen zu können (vgl. BGH GRUR 2004, 162 (163) – Mindestverzinsung; KBF/*Bornkamm/Feddersen*, UWG, 37. Auflage 2019, § 5 Rn. 1.99 ff.). Auch diese geänderten Grundsätze werden dazu führen, dass Gerichte seltener demoskopische Gutachten in Auftrag geben werden, da für die Bejahung einer irreführenden Angabe deutlich höhere Maßstäbe anzusetzen sind.

Die obigen Ausführungen zeigen, dass es dem Kläger nicht hilft, in einem Gerichtsverfahren, in dem es um irreführende Angaben geht, für das Bestehen eines bestimmten Verkehrsverständnisses Beweis durch Einholung eines demoskopischen Gutachtens anzubieten. Das Gericht braucht auf einen solchen Beweisantritt nicht einzugehen, kann vielmehr auch aus eigener Sachkunde entscheiden. Daher dürfte es sich in den Fällen, in denen es für den Kläger von großer Bedeutung ist, dass die streitgegenständliche Werbung untersagt wird, empfehlen, bereits zur Prozessvorbereitung ein demoskopisches Gutachten eines namhaften Meinungsforschungsinstituts einzuholen. Wenn ein solches Gutachten im Prozess vorgelegt wird, ist das Gericht daran zwar nicht gebunden. Es ist für das Gericht aber deutlich schwieriger, in einer solchen Situation seine eigene Sachkunde an die Stelle des Ergebnisses des Gutachtens zu setzen oder die gerichtliche Einholung eines demoskopischen Gutachtens abzulehnen.

Im Hinblick auf die anerkannte Aussagefähigkeit eines demoskopische Gutachtens ist natürlich auch außerhalb eines Rechtsstreits breiter Raum für die Beauftragung eines Meinungsforschungsinstituts durch ein Unternehmen, welches sich unternehmensintern ein zutreffendes Bild über die Marktverhältnisse verschaffen möchte.

2. Befragungsthema. Der in dem Vertragsmuster genannte Beispielsfall ist dem Rechtsstreit „Maggi“ (BGH GRUR 1968, 371) nachgebildet. Es gibt sehr unterschiedliche

Fragestellungen, die einem Meinungsforschungsinstitut vorgelegt werden können. Hingewiesen sei zum Beispiel auf eine Umfrage darüber, ob der Verkehr eine bestimmte Farbgestaltung einer Verpackung als Hinweis auf die Nationalität des Herkunftsgebietes dieser Ware versteht, was für die Prüfung der §§ 126 ff. MarkenG von Bedeutung sein kann (siehe dazu BGH GRUR 1981, 666 – Ungarische Salami; OLG Köln GRUR 1992, 533 – Napoleon; vgl. zum Schutz von geografischen Herkunftsangaben auch *Knaak,* Der Schutz geografischer Herkunftsangaben im neuen Markengesetz, GRUR 1995, 103 ff.; *Gorny,* Markenrecht und geografische Herkunftsangaben bei Lebensmitteln, GRUR 1996, 447 ff.).

Häufig wird auch die Verkehrsbekanntheit einer bestimmten Unternehmensbezeichnung gem. §§ 5, 15 MarkenG bzw. einer von Haus aus nicht unterscheidungskräftigen Marke gem. § 8 Abs. 3 MarkenG ermittelt (siehe dazu BGH GRUR 1970, 77 – Ovalumrandung; BGH GRUR 1992, 48 – frei öl). Auch für die Ansprüche aus einer „berühmten Marke" oder aus einer „bekannten Marke" bzw. einer „bekannten geschäftlichen Bezeichnung" im Sinne der §§ 14 Abs. 2 Nr. 3, 15 Abs. 3 MarkenG kommt man ohne ein Meinungsforschungsgutachten regelmäßig nicht aus (vgl. zB OLG Düsseldorf GRUR 1983, 389 – Rosenthal; *Boës/Deutsch,* Die „Bekanntheit" nach dem neuen Markenrecht und ihre Ermittlung durch Meinungsumfragen, GRUR 1996, 168 ff.). Zu den Prozentsätzen, die bei verschiedenen Konstellationen für den gewünschten Zweck notwendig sind, ist auf das Schrifttum zur „Bekanntheit" nach dem MarkenG zu verweisen (*Sack,* Sonderschutz bekannter Marken, GRUR 1995, 81 ff.; *Ingerl/Rohnke,* MarkenG, 3. Aufl. 2010, § 14 Rn. 1309 ff.).

Auch im Anwendungsbereich des ergänzenden wettbewerbsrechtlichen Leistungsschutzes gem. § 4 Nr. 3 UWG kann es auf die Ergebnisse eines demoskopischen Gutachtens ankommen. So ist nach der jüngeren Rechtsprechung des Bundesgerichtshofs Voraussetzung für eine Herkunftstäuschung, dass das nachgeahmte Produkt eine gewisse Bekanntheit bei einem nicht unerheblichen Teil der angesprochenen Verkehrskreise erlangt hat, da andernfalls die Gefahr einer Herkunftstäuschung nicht bestehen kann (vgl. BGH GRUR 2002, 275 (277) – Noppenbahnen; BGH GRUR 2002, 820 (822) – Bremszangen; BGH GRUR 2005, 600 (602) – Handtuchklemmen; BGH GRUR 2006, 79 – Jeans).

3. Ergebnis-Gewährleistung. Natürlich kann das eingeschaltete Meinungsforschungsinstitut gegenüber dem Auftraggeber im Rahmen des abgeschlossenen Vertrages nicht die Gewähr dafür übernehmen, dass bei der Befragung ein bestimmtes Ergebnis herauskommt. Denn die Befragung soll ja, wenn sie überhaupt einen Wert haben soll, objektiv das Verständnis der Befragten herausfinden. Dieser mangelnden Verantwortlichkeit des Instituts trägt § 2 Abs. 1 des Formulars Rechnung.

Das Institut kann aber auch nicht die Haftung dafür übernehmen, dass die Fragestellung, die den Interviewern mitgegeben wird und die demgemäß dem Gutachten zugrunde liegt, von einem Gericht als richtige Fragestellung akzeptiert wird. Dazu gibt es zu viele verschiedene Varianten von Fragestellungen – je nach Fallkonstellation – und zu viele höchstrichterlich bisher nicht entschiedene Zweifelsfragen; insbesondere ob eine Frage nur offen/ungestützt (ohne Antwortvorgaben) gestellt werden darf; ob eine vorherige Fragestellung den Interviewten bereits in eine bestimmte Antwortrichtung beeinflusst hat; ob die Antwortvorgaben – wenn sie überhaupt zulässig sind – alle denkbaren Antwortalternativen enthalten; ob die Frage den Interviewten zum Raten statt zur Preisgabe seines präsenten Wissens anhält; ob die vorgestellte Verpackung hinreichend oder zu sehr stilisiert ist etc (vgl. BGH GRUR 1987, 171 – Schlussverkaufswerbung; *Teplitzky* WRP 1990, 145 ff.; BGH GRUR 1987, 535 (538) – Wodka Woronoff; BGH GRUR 1989, 440 – Dresdner Stollen I zur Geeignetheit der Fragestellung; zur Notwendigkeit der Gewichtung der Ergebnisse durch das Meinungsforschungsinstitut sowie zu „offenen" Fragen

BGH GRUR 1990, 461 – Dresdner Stollen II; zur Überprüfung der Methodik der Umfragen sowie zu „offenen“ Fragen und zu fehlerhaften Fragen BGH GRUR 1992, 48 – frei öl; BGH GRUR 1992, 66 – Königl.-Bayerische Weisse; BGH GRUR 1992, 70 – 40 % weniger Fett; BGH GRUR 1993, 920 ff. – Emilio Adami II).

Wenn ein Meinungsforschungsgutachten in Auftrag gegeben wird, um dem Gericht eine bestimmte Verkehrsbekanntheit beispielsweise einer Ausstattung zu demonstrieren, möchte der Auftraggeber selbstverständlich ein möglichst hochprozentiges Ergebnis erreichen und nimmt dafür gelegentlich auch eine gewisse Beeinflussung der Interviewten zugunsten der erhofften Antworten in Kauf. Gerade in solchen Fällen, aber auch in den übrigen Fällen allseits gewünschter Objektivität, kann wegen der aufgezeigten mangelnden Beurteilung, ob die Gerichte wohl die Fragestellung akzeptieren werden, das Institut eine Haftung nicht übernehmen. Dem trägt § 2 Abs. 2 des Vertragsmusters Rechnung.

4. Auswahl der Befragten. Nahezu ebenso problematisch wie die Frage, ob das bei den einzelnen befragten Personen durchgeführte Interview richtig angelegt ist, um durch die Fragestellung eine aussagekräftige Antwort zu erhalten, ist die Frage, welche Personen als Befragte in Betracht kommen. Denn die „beteiligten Verkehrskreise“, auf deren Wissen bzw. Beurteilung es ankommt, können je nach dem Gegenstand der Befragung sehr unterschiedlich sein – Endverbraucher oder Händler; Allgemeinkonsumenten oder speziell angesprochene Fachleute; tatsächliche oder auch potentielle Konsumenten; alle Bevölkerungskreise oder nur die wohlhabenderen etc (siehe dazu *Schricker* GRUR 1980, 462 ff. mit umfangreichen Nachweisen; aus der Rechtsprechung, vgl. zB BGH GRUR 1982, 672 – Aufmachung von Qualitätsseifen; GRUR 1993, 488 (490) – Verschenktexte II).

Wegen der nicht sicher vorhersehbaren Beurteilung, ob die der Umfrage zugrunde gelegten beteiligten Verkehrskreise vom Gericht als die maßgeblichen Verkehrskreise angesehen werden, wird im Formular vorgeschlagen, dass das Institut auch hinsichtlich dieses Aspektes keine Gewährleistung übernimmt. Es kann durchaus empfehlenswert sein, die Umfrage so anzulegen, dass ein möglichst weiter Personenkreis befragt wird und im Rahmen der Auswertung die Antworten derjenigen Befragten, die zu den in Betracht kommenden engeren „beteiligten Verkehrskreisen“ gehören, gesondert berücksichtigt werden.

Der im Formular genannte Personenkreis (sämtliche Endverbraucher ab 16 Jahren) ist zum Beispiel der richtige, wenn es um das Verständnis einer Werbung für einen preiswerten Konsumartikel geht. Geht es dagegen zum Beispiel um die Ausstattung eines Elektro-Rasenmähers, wird man nur Besitzer von Gärten mit einer Rasenfläche von mehr als 100 m^2 befragen. Bei Artikeln des gehobenen Bedarfs kommt es nur auf Personen ab einem gewissen Einkommen an und bei der Werbung für zum Beispiel Anti-Baby-Pillen nur auf Personen weiblichen Geschlechts zwischen 16 und 45 Jahren.

5. Anzahl und Auswahl der Befragten. Das Meinungsforschungsinstitut als Sachverständiger für Befragungen muss dafür Sorge tragen, dass die Befragten nach solchen Kriterien ausgesucht werden, die es nicht ermöglichen, die Befragungsergebnisse deswegen anzuzweifeln, weil nicht innerhalb der „beteiligten Verkehrskreise“ repräsentativ gefragt worden ist. Im Wesentlichen gibt es zwei Auswahlmöglichkeiten, nämlich das Quotensystem und das Randomsystem. Beim ersten System legt das Institut fest, wie viele Männer und Frauen welchen Alters, welcher Berufsschicht, welchen Einkommens und welcher Berufsbildung befragt werden sollen und gibt diese Quotierung dem Interviewer vor, der dann die Interviewten entsprechend unter einer Mehrheit von in Betracht kommenden Personen aussucht. Beim zweiten System wird ohne Rücksicht darauf, eine wie qualifizierte Person man bei der einzelnen Frage erreicht, nach einer Zufallsmethode festgelegt, wer der nächste Interviewte ist (Beispiel: jede 5. Person an einer bestimmten Straßenkreuzung im Nachmittagsverkehr; jeder 4. Haushalt, von links unten gezählt, in einer großen Wohnsiedlung etc); die Repräsentanz der so Befragten ergibt sich nur aus der Summe der Interviewten. Natürlich können auch beide Systeme in unterschiedlicher Weise kombiniert werden.

Es gibt – soweit ersichtlich – keine präzise Anweisung aus der Rechtsprechung, wie viele Personen mindestens befragt werden müssen, damit das Ergebnis als hinreichend repräsentativ angesehen wird. Je nach Anforderung an die Genauigkeit und Höhe des Betrages, den man als Auftraggeber für das Gutachten maximal auszugeben bereit ist – von dem Zeitfaktor ganz abgesehen, der für ein einstweiliges Verfügungsverfahren und die dort gewünschte Glaubhaftmachung einer Verkehrsbekanntheit eine erhebliche Rolle spielen kann –, entscheidet man sich für mehr oder weniger Befragte. Als Faustregel kann man davon ausgehen, dass 2.000 Befragte des „richtigen" Verkehrskreises stets als repräsentativ angesehen werden, die untere Grenze für ein einstweiliges Verfügungsverfahren aber wohl etwa bei 100 liegen dürfte. Hinsichtlich der Fehlerspannen in Abhängigkeit von der Zahl der Befragten wird auf *Pflüger,* Handbuch des Wettbewerbsrechts, § 42 Rn. 26 ff., verwiesen.

6. Mehrthemen-Umfrage. Die Beschränkung hinsichtlich der zeitlichen Einordnung der Umfrage hat nur Bedeutung bei einer Mehrthemen-Befragung. Wird das Meinungsforschungsinstitut zu einer Befragung beauftragt, bei welcher die Interviewer bei den einzelnen Personen nur einen Gegenstand abfragen, tritt das typische Ermüdungsproblem bei dem Interviewten nicht auf. Wird aber – aus Preisgründen – die Fragestellung in eine Mehrthemenumfrage hineingegeben (wie sie von den großen Meinungsforschungsinstituten regelmäßig durchgeführt werden), bei der mehrere verschiedene Fragenkomplexe aus ganz verschiedenen Gebieten einem einzelnen Interviewten vorgelegt werden, so häufen sich, je weiter nach hinten die Fragestellung zeitlich innerhalb eines Interviews rückt, desto mehr die „weiß nicht"-Antworten, und desto weniger aussagefähig sind die Ergebnisse.

7. Gewichtung. Wenn sich nach der Befragung bei Auswertung der Ergebnisse zeigt, dass eine bestimmte Personengruppe unterrepräsentiert ist, kann das Institut die Ergebnisse unterschiedlich gewichten, zum Beispiel die Antworten der unterrepräsentierten Jugendlichen doppelt zählen oder ähnliches. Derartige Verfeinerungen der gefundenen Ergebnisse wird man dem Institut als Sachverständigen zubilligen, ggf. sind sie auch geradezu zu verlangen, um ein aussagefähiges Ergebnis zu erhalten. Soweit ersichtlich, gibt es dazu bisher keine gerichtlichen Entscheidungen. Jedenfalls wird man vom Institut verlangen können, dass es die Art der Gewichtung dem Auftraggeber in einer Erläuterung mitteilt. Ob noch weitere Erläuterungen gewünscht werden oder ob der Auftraggeber sich mit dem reinen Zahlenwerk begnügt und dieses nach eigenen Kriterien auswertet, hängt vom Ziel ab, welches mit dem Gutachten verfolgt wird.

8. Zeitliche Festlegung. Die straffe zeitliche Bindung, die in § 4 angeregt wird, ist nur erforderlich, wenn das Gutachten im Rahmen eines einstweiligen Verfügungsverfahrens verwendet werden soll; dann ist sie aber auch unerlässlich. Wenn zum Beispiel das Gericht auf einen Antrag auf Erlass einer einstweiligen Verfügung eine mündliche Verhandlung anberaumt und in drei Wochen zum Termin lädt, dann vom Antragsteller für die Glaubhaftmachung eines bestimmten Verkehrsverständnisses ein Gutachten in Auftrag gegeben wird, welches ein Institut – gegen Aufpreis für besondere Eile – für den Tag vor der mündlichen Verhandlung zusagt, so kann aus einer verspäteten Ablieferung des Gutachtens ein ganz erheblicher Schaden entstehen. Das gilt beispielsweise dann, wenn die einstweilige Verfügung mangels Glaubhaftmachung nicht erlassen wird, später aber sich der geltend gemachte Anspruch nach Vorliegen des Gutachtens sehr wohl als begründet erweist.

9. Geheimhaltung. Im Grunde genommen versteht es sich von selbst, dass das Institut verpflichtet ist, über die Umstände und Ergebnisse der Untersuchungen Verschwiegenheit zu bewahren. Es ist jedoch in jedem Fall empfehlenswert, die Geheimhaltungspflicht ausdrücklich in dem Auftrag zu regeln, da einige Meinungsforschungsinstitute aus Gründen eigener Akquisition gelegentlich gegen diese selbstverständliche Zurückhaltungspflicht verstoßen.

10. Veröffentlichung durch Auftraggeber. Der Auftraggeber erwirbt durch den Vertrag die Rechte an den Gutachtenergebnissen. Die in dem Gutachten ausgedruckten Prozent- und absoluten Zahlen sind nicht urheberrechtlich geschützt, so dass der Veröffentlichung keine urheberrechtlichen Ansprüche des Instituts entgegenstehen. Jedoch leiden Veröffentlichungen zu Werbezwecken durch den Auftraggeber häufig daran, dass die Zahlen verfälscht dargestellt werden. Das fällt dann auf das Institut zurück, welches die Untersuchung primär nicht zu Werbezwecken, sondern zur eigenen Meinungsbildung des Auftraggebers oder ggf. zur Vorlage beim Gericht durchgeführt hat. Der Sinn dieser Klausel besteht daher darin, dem Institut für die werbliche Verwendung oder sonstige Veröffentlichung des Gutachtens durch den Auftraggeber ein angemessenes Mitspracherecht einzuräumen.

11. Aufbewahrung. Der Auftrag des Instituts ist mit Übergabe der Umfrageergebnisse, ggf. mit einer dazugehörigen mitbestellten Erläuterung, erfüllt. Die Einzelinterviewergebnisse sind an sich nur notwendige Vorbereitungen des Gutachtens, die nicht mit zum Umfang der Vertragsleistung des Instituts gehören. Gelegentlich kommt es jedoch vor, dass wegen einer besonderen Fragestellung innerhalb der Marktbeobachtung durch das Unternehmen oder zum Beispiel durch das Gericht bei einem dort vorgelegten Meinungsforschungsgutachten eine weitere bisher nicht vorgenommene Auswertung nach neuen Kriterien – beispielsweise weil das Gericht die beteiligten Verkehrskreise anders beurteilt als der Auftraggeber und das Institut – erforderlich wird. Dann ist es hilfreich, wenn das Institut die Unterlagen noch zur Verfügung hat. Man kann alternativ auch vereinbaren, dass die Einzelunterlagen dem Auftraggeber ausgehändigt werden. Das wird aber nicht jedem Institut recht sein, weil die Einzelfragebogen bzw. die gespeicherten Datenträger Betriebs-Know-how enthalten können. Auch kann eine längere Frist angemessen sein – insbesondere wenn ein Prozess sich lange hinzieht. Das muss dann von Fall zu Fall gesondert geregelt werden.

12. Kosten. Die Kosten für ein Meinungsforschungsgutachten – je nach Zahl und Auswahl der Befragten, Art der Fragestellung, Durchführung in Einzelbefragung oder Mehrthemenumfrage und Zeitdauer etwa zwischen 2.000 EUR und 20.000 EUR – können als notwendige Kosten der Rechtsverfolgung erstattungsfähig sein. Wenn die Kosten für ein Gutachten im Rahmen des Kostenfestsetzungsverfahren geltend gemacht werden, hat das Gericht zu entscheiden, ob die Meinungsumfrage notwendig war. Wird sie im Rahmen eines einstweiligen Verfügungsverfahrens zur Glaubhaftmachung eines bestimmten Verkehrsverständnisses oder der Bekanntheit einer Ausstattung eingereicht, wird das Gericht die Erstattungsfähigkeit der Kosten regelmäßig annehmen, und zwar insbesondere dann, wenn es sich im Urteil mit den Ergebnissen der Umfrage näher auseinandergesetzt hat. Wird eine Umfrage im Rahmen eines Hauptverfahrens als Parteigutachten eingereicht, wird man die Erstattungsfähigkeit der Kosten mittlerweile ebenfalls bejahen müssen, da man nach der gewandelten Rechtsprechung nicht mehr davon ausgehen kann, dass das Gericht von sich aus im Wege eines gerichtlichen Beweisbeschlusses eine Meinungsumfrage in Auftrag geben wird, und die Ermittlung der zutreffenden Verkehrsauffassung zur Verfolgung berechtigter Ansprüche notwendig ist.

Die Gebühren des Anwalts für die Mitwirkung bei der Beauftragung des Instituts und der Ausarbeitung der Fragen an die Interviewten werden regelmäßig nicht gesondert in Rechnung gestellt werden, weil sie in der Geschäftsgebühr bzw. der Verfahrensgebühr gem. RVG für die Tätigkeit im Zusammenhang mit dem Fall, innerhalb dessen die Meinungsumfrage ein Teilaspekt ist, enthalten sind. Wird ein Anwalt nur für die Beauftragung des Meinungsforschungsinstituts eingeschaltet, verdient er eine Geschäftsgebühr nach RVG. Als Gegenstandswert ist dabei wohl von den Kosten des Gutachtens auszugehen, weil dieses der Beratungsgegenstand ist, nicht aber seine Bedeutung in einem möglicherweise deutlich teureren Rechtsstreit mit höherem Gegenstandswert.

4. Anzeigenauftrag

Werbeagentur A

An den

B-Verlag

Anzeigenleitung[1–3]

Sehr geehrte Damen und Herren,

wir[4] erteilen Ihnen folgenden Einschaltauftrag für Anzeigen in Ihrem monatlich erscheinenden Objekt „Neuer Kurier":

1. Kunde: Allgemeine Pelzunion GmbH, Mettlach
2. Produkt: Fellhandschuhe
3. Umfang: $6^1/_2$ Seiten S/W
Umfang: $6^1/_1$ Seiten 4c
4. Platzierung[5] – die Gültigkeit des Auftrages ist von der genauesten Einhaltung der nachstehenden Platzierungsvorschrift abhängig:
a) belegte Ausgaben
Nr.
$01^1/_2$ S S/W $2^1/_1$ S 4c
$03^1/_2$ S S/W $4^1/_1$ S 4c
$05^1/_2$ S S/W $6^1/_1$ S 4c
$07^1/_2$ S S/W $8^1/_1$ S 4c
$09^1/_2$ S S/W $10^1/_1$ S 4c
$11^1/_2$ S S/W $12^1/_1$ S 4c
b) Seiten
Die S/W-Anzeigen jeweils auf Seite 3, rechte Seitenhälfte, die 4c-Anzeigen jeweils auf der 4. Umschlagseite.
c) Umfeld
Bei den auf Seite 3 platzierten Anzeigen darf sich der redaktionelle Inhalt derselben und der folgenden Seite nicht mit Fragen des Tierschutzes befassen.
5. Konkurrenzausschluss
Keine weitere Werbung für Fellhandschuhe in den belegten Heften
6. Belegversand
2-fach an die Agentur, 2-fach direkt an den Kunden
7. Rechnungserteilung[6]

Direkt an uns 2-fach

Wir bitten um umgehende verbindliche Bestätigung dieses Auftrags.

Schrifttum: Kreifels/Breuer/Maidl, Die Werbeagentur in Recht und Praxis, 2000; *Lambsdorff/Skora,* Handbuch des Werbeagenturrechts, 1975; *Ricker/Weberling,* Handbuch des Presserechts, 6. Aufl. 2012; *Löffler,* Presserecht, 6. Aufl. 2015, BT Recht der Anzeige, S. 1209–1335; *Ricker,* Diskriminierungsverbot und Kontrahierungszwang im

Anzeigenwesen, AfP 1980, 6; *Wehrmann,* Verträge in der Werbung, 1973; *Wronka,* Werbeagenturen juristisch ausgeleuchtet, WRP 1976, 142.

Anmerkungen

1. Sachverhalt. Das Formular dient der Erteilung eines Anzeigenauftrages an einen Verlag. In dem Muster ist eine Werbeagentur als Auftraggeber vorgesehen; Aufträge kann jedoch ebenso das werbetreibende Unternehmen selbst im Direktgeschäft vergeben.

2. Form. Üblich ist der Vertragsabschluss durch ein Auftragsschreiben, das vom Verlag gegen bestätigt wird. Der Eingang der Bestätigung sollte überwacht werden. Funk- und Fernsehanstalten verlangen regelmäßig die Verwendung besonderer Auftragsformulare, die von ihnen erarbeitet sind.

3. Ergänzende Regelung durch Allgemeine Geschäftsbedingungen. Ein Anzeigenschaltvertrag ist seiner Natur nach ein Werkvertrag (vgl. *Lambsdorff/Skora* S. 97 f. mwN). Die gesetzliche Regelung wird jedoch weitgehend ergänzt durch Allgemeine Geschäftsbedingungen, die typischerweise in den Vertrag einbezogen werden. Dabei stehen im Vordergrund die vom ZAW (Zentralausschuss der Werbewirtschaft eV) herausgegebenen Allgemeinen Geschäftsbedingungen, die teilweise als Empfehlungen beim Bundeskartellamt angemeldet sind (vgl. die Allgemeinen Geschäftsbedingungen für die Plakatwerbung, 2003, die Allgemeinen Geschäftsbedingungen für die Werbung in Filmtheatern 2005 und die einheitlichen Grundsätze zur Gestaltung und Ausführung von Aufträgen im Bereich der Rundfunkwerbung). Daneben verwenden einzelne Verlage auch eigene zusätzliche Geschäftsbedingungen.

4. Vertragspartner des Anzeigeneinschaltvertrages. Unklarheiten können sich ergeben, wenn das werbetreibende Unternehmen mit dem Werbedurchführenden nicht selbst in Kontakt tritt, sondern sich einer Werbeagentur bzw. eines Werbemittlers bedient.

In der Regel erteilen die Werbeagenturen bzw. Werbemittler die Anzeigenaufträge im eigenen Namen und auf eigene Rechnung. Jedoch ist auch der Abschluss eines Anzeigeneinschaltvertrages in fremdem Namen und auf fremde Rechnung möglich. Die AGB der Verlage sehen den Abschluss der Anzeigenverträge mit den Werbeagenturen im eigenen Namen und auf deren eigene Rechnung nicht mehr ausdrücklich vor. Um von vornherein Missverständnisse auszuräumen, sollte klar angegeben werden, ob die Werbeagentur im eigenen Namen oder im Namen ihres Kunden den Anzeigenauftrag erteilt.

5. Platzierung. Von besonderer Bedeutung bei der Auftragserteilung sind die Platzierungsvorschriften. Von ihrer Einhaltung sollte die Gültigkeit des Auftrages abhängig gemacht werden. Denn in den Allgemeinen Geschäftsbedingungen der Verlage ist regelmäßig festgehalten, dass diese die Gewähr für die Einhaltung der Platzierungsvorgaben nur dann übernehmen, wenn die Gültigkeit des Auftrages von deren Einhaltung abhängig gemacht wird. Daher können auch nur unter dieser Voraussetzung bei einem Verstoß Minderungs- oder Schadensersatzansprüche geltend gemacht werden. Aber auch ohne die Einbeziehung von allgemeinen Geschäftsbedingungen sollte die Gültigkeit des Auftrages ausdrücklich von der Einhaltung der Gestaltungswünsche abhängig gemacht werden, wenn sie für den Auftraggeber von maßgeblicher Bedeutung sind. Denn die bloße Erwähnung von Gestaltungswünschen wird ohne besondere Kenntlichmachung und Konkretisierung nicht zu einer Bedingung des Anzeigeneinschaltvertrages und begründet bei Abweichungen auch keine dementsprechende Haftung des Verlages (LG München ArchPR IX, 1964, 62; OLG Bremen ArchPR XXI, 1976, 93; OLG Düsseldorf MDR 1972, 688).

Die in diesem Bereich gesondert zu vereinbarenden Konditionen betreffen vor allem:

a) das Erscheinen der Anzeige zu einem bestimmten Zeitpunkt, zB bei Ankündigung von Veranstaltungen oder im Rahmen einer umfangreichen Werbekampagne;
b) die besondere Platzierung von Anzeigen, zB in einer Stadtteilausgabe oder am Ende einer Textseite oder als einzige Anzeige auf einer Seite; weiterhin das Erscheinen der Anzeige in einem bestimmten Umfeld, zB ohne Konkurrenzwerbung auf mehreren Seiten vor oder nach der Anzeige oder als Textteilanzeige (zur Platzierung einer Anzeige im optischen Zusammenhang mit einem redaktionellen Beitrag BGH GRUR 1992, 463 – Anzeigenplatzierung; OLG Nürnberg GRUR 1995, 279 – Bauträgerwerbung);
c) die technisch gewünschte Form, zB besonderes Format oder besondere Druckschrift.

6. Abrechnung. Sofern eine Agentur eingeschaltet ist, erteilt diese üblicherweise die Anzeigenaufträge im eigenen Namen. Die Angabe des Kunden und Produktes ist gleichwohl schon deswegen geboten, weil die Verlage bei der Disposition nur mit Kenntnis dieser Angaben etwaige Konkurrenzausschlüsse beachten können. Die Weitergabe der Mittlerprovision für Agenturen an die werbetreibenden Unternehmen ist in den zusätzlichen Allgemeinen Geschäftsbedingungen der Verlage regelmäßig untersagt. Ob eine solche Regelung jedoch wirksam ist, dürfte zweifelhaft sein.

5. Titelschutzanzeige

Unter Hinweis auf § 5 Abs. 3 MarkenG nehmen wir für einen Mandanten Titelschutz für die nachfolgenden Titel von periodischen Druckschriften – in jeder Schreibweise – in Anspruch:[1–4]

. . . . .

. . . . .

. . . . .

Rechtsanwalt A

Schrifttum: Arras, Die wettbewerbsrechtliche Bedeutung von Titelschutzanzeigen, GRUR 1988, 356; *Bosten/Prinz,* Wettbewerbsrechtlicher Titelschutz durch Titelschutzanzeige, AfP 1991, 361; *Deutsch/Mittas,* Titelschutz, 1999; *Ingerl/Rohnke,* MarkenG, 3. Aufl. 2010, § 5 Rdn. 88 ff.; *Löffler,* Presserecht, 6. Aufl. 2015, BT Titelschutz, S. 1663–1751; *Ricker/Weberling,* Handbuch des Presserechts, 6. Aufl. 2012; *Ochs,* Die Titelschutzanzeige, WRP 1987, 651; *Ossing,* Der kennzeichnungsrechtliche Schutz der Bezeichnung einer Druckschrift und sonstiger Werke, GRUR 1992, 85 ff.; *Teplitzky,* Zu Fragen des Werktitelschutzes vor Erscheinen des Werkes, GRUR 1993, 645 ff.; *Deutsch,* Quo Vadis, BGH, beim Titelschutz?, GRUR 1994, 673 ff.; *Betten,* Titelschutz von Computerprogrammen, GRUR 1995, 5 ff.; *Jacobs,* Werktitelschutz für Computerspiele und Computerprogramme, GRUR 1996, 601 ff.

Anmerkungen

1. Sachverhalt. Das Formular dient der Sicherung des Titelschutzes gemäß § 5 Abs. 3 MarkenG für periodische Zeitschriften während der Vorbereitungszeit (vgl. dazu OLG Köln GRUR 1989, 690: Beginn der Vorbereitungen für die Druckschrift sind die redaktionellen Vorarbeiten, nicht die Gründung der BGB-Gesellschaft; OLG Frankfurt a. M. GRUR 1987, 563: Verbot der Vorratshaltung).

Das Formular ist sinngemäß auch verwendbar für andere Druckschriften, ebenso für Titel von Bühnenwerken (BGHZ 26, 52 (60)), Filmwerken oder Fernsehserien (BGHZ 68, 132 (137); BGH GRUR 1993, 692 – Guldenburg), von Spielen (BGH GRUR 1993, 767 ff. – Zappel-Fisch) und Computerprogrammen (BGHZ 94, 276 (286 ff.) – Inkasso-Programm). Neben der Titelschutzanzeige kommt auch die Anmeldung einer Marke als ergänzender Schutz in Betracht.

2. Veröffentlichung. Die Anzeige muss, damit sie Wirkungen entfaltet, in Publikationen veröffentlicht werden, die in den einschlägigen Verkehrskreisen üblicherweise zur Kenntnis genommen werden, zB in Organen der Verlegerverbände oder des Buchhandels, der Filmwirtschaft oder Branchendienste usw (vgl. dazu KG WRP 1992, 105 – Titelschutzanzeige).

3. Schutzumfang. Geschützt wird die „besondere" Bezeichnung von Druckschriften, Filmwerken, Tonwerken, Bühnenwerken oder sonstigen vergleichbaren Werken (§ 5 Abs. 3 MarkenG). Ein Titelschutz kommt nur in Betracht, wenn die in Rede stehende Bezeichnung Unterscheidungskraft besitzt (vgl. *Deutsch/Mittas* Rn. 78 ff.; *Ingerl/Rohnke* § 5 Rn. 91). Die Zahl der in einer Anzeige erfassten Titel muss begrenzt sein (vgl. OLG Hamburg AfP 1981, 351 (354)); Titelhamsterei soll unterbunden werden. Der vorbereitende Verlag braucht nicht genannt zu werden. Daher kann auch ein Rechtsanwalt für einen Mandanten, ohne diesen ausdrücklich zu nennen, einen Titelschutz in Anspruch nehmen. Das kann allerdings dazu führen, dass der Rechtsanwalt als Störer in Anspruch genommen wird, wenn durch die Titelschutzanzeige die Titelrechte eines Dritten verletzt werden; wenn der Rechtsanwalt auch nach Inanspruchnahme nicht bereit ist, den Namen seines Mandanten preiszugeben, ist er auch zur Erstattung der Abmahnkosten verpflichtet (vgl. OLG Hamburg GRUR 2000, 454).

Der Schutz, der durch die Titelanzeige begründet werden soll, ist nur durchzusetzen, wenn nachweislich schon im Zeitpunkt der Anzeige Vorbereitungen für das Erscheinen der Zeitschrift getroffen waren, diese bis zum tatsächlichen Erscheinen andauern und die Zeitschrift innerhalb angemessener Frist nach der Anzeige erscheint (OLG Frankfurt a.M. AfP 1986, 345 (346) vgl. dazu die Einzelheiten bei *Teplitzky* GRUR 1993, 645; BGH GRUR 1989, 760 – Titelschutzanzeige; KG WRP 1992, 105 – Titelschutzanzeige). Vorbereitungshandlungen können nicht nur gegenüber den zukünftigen Abnehmern in Erscheinung treten; auch der Abschluss von Verträgen, die zur Vorbereitung erforderlich sind, kann ausreichen (OLG Hamburg GRUR 1986, 555). Die Frist wird bei periodischen Druckschriften regelmäßig mit sechs Monaten zu veranschlagen sein (OLG Hamburg AfP 1981, 351 (355)).

4. Kosten. Anzeigenkosten gemäß jeweils gültigen Anzeigenpreislisten. Für die anwaltliche Beratung fällt eine Geschäftsgebühr nach dem RVG an. Als Gegenstandswert kommt, wie bei der Anmeldung einer Marke, ein Betrag in einer Größenordnung von 50.000,– EUR in Betracht.

6. Werbekonzeptionsvertrag

Werbekonzeptionsvertrag[1, 7, 8]
zwischen
dem Werbungschaffenden .....

(nachfolgend X)

und
dem werbetreibenden Unternehmen .....

(nachfolgend Y)

1. X hat eine Werbekonzeption entwickelt. Sie besteht aus

...... Werbeslogan;
bestimmtes Verteilungssystem von Werbehandzetteln;
besondere Anbringung von Mitgehartikeln an Werbeträgern;
.....

X bietet diese Werbekonzeption Y zur Nutzung im Rahmen seiner Werbung an. X versichert, dass nach seinem Wissensstand diese Konzeption bisher von keinem anderen Unternehmen verwendet wird.[2]

2. Y ist berechtigt, diese Werbekonzeption für das Produkt/die Produktgruppe ..... zu verwenden, und hat darüber binnen einer Frist von ..... Tagen nach Bekanntgabe und Erläuterung zu entscheiden.[3]

Wenn Y sich zum Einsatz dieser Werbekonzeption entscheidet, zahlt Y an X ein Honorar von .....% aus seinen auf diese Werbekonzeption bezogenen Werbeaufwendungen.

Wenn Y diese Werbekonzeption nicht verwenden will, verpflichtet sich Y gegenüber X, diese Konzeption Dritten gegenüber geheimzuhalten und die Konzeption oder wesentliche Werbeelemente daraus auch später nicht zu verwenden.[4]

Die Honorierungs-, Geheimhaltungs- und Unterlassungspflicht des Y gegenüber X entfällt, wenn Y binnen 14 Tagen nach Übergabe der Werbekonzeption nachweist, dass ihm diese bereits in ihren wesentlichen Elementen bekannt gewesen ist.[3]

3. X verpflichtet sich, die Konzeption, nachdem sich Y zu ihrem Einsatz entschieden haben sollte, keinem dritten Unternehmen anzubieten und auch keinem Dritten bei der Durchführung einer solchen Werbekonzeption behilflich zu sein.[5]

Diese Verpflichtung des X entfällt, wenn Y an der Weiterverwendung der Werbekonzeption nicht mehr interessiert ist oder von ihr so wenig Gebrauch macht, dass die Einnahmen des X aus dem Honorar an den diesbezüglichen Werbeaufwendungen des Y über ein Jahr hinweg halbjährlich EUR ..... unterschreiten.[6]

Schrifttum: Foerster, Der Schutz von Werbeslogans vor Nachahmung, 1989; *Erdmann,* Schutz von Werbeslogans, GRUR 1996, 550; *Schricker,* Der Urheberrechtsschutz von Werbeschöpfungen, Werbeideen, Werbekonzeptionen und Werbekampagnen, GRUR 1996, 815; *Wüterich/Breucker,* Wettbewerbsrechtlicher Schutz von Werbe- und Kommunikationskonzepten, GRUR 2004, 389.

Anmerkungen

1. Sachverhalt. Das Formular dient der Sicherung der Rechte des Schöpfers von Werbeideen bei der Präsentation seiner Werbekonzeption bei einem Unternehmen der werbetreibenden Wirtschaft. Im deutschen gewerblichen Rechtsschutz gibt es einen Schutz an Werbeideen/Werbekonzeptionen nur in sehr eingeschränktem Maße (vgl. *Traub* GRUR 1973, 186 ff.). In Betracht kommt neben dem Verkehrsgeltung verlangenden Markenschutz nach § 4 Ziff. 2 MarkenG (vgl. *Ingerl/Rohnke,* MarkenG, 3. Auflage 2010, § 8 Rn. 144) allenfalls ein Urheberrechtsschutz, der jedoch – selbst wenn er einmal wegen einer als hinreichend angesehenen eigenschöpferischen Note von der Rechtsprechung angenommen werden sollte – stets nur an der speziellen konkreten Ausgestaltung – zum Beispiel an einem Slogan – bestehen kann. Er gibt also insbesondere keine Unterlassungsansprüche gegen Slogans, die zwar ähnliche Assoziationen wecken, die aber einen anderen Wortlaut haben. Außerdem gewährt das Urheberrecht insbesondere keinen Schutz für ganze Werbestrategien, die zum Beispiel aus einem Slogan, der Idee seiner

Einbindung in eine zeichnerische Darstellung, die Hintergrundmusik, ferner der Medienplatzierung und sonstiger werblicher Darstellung bestehen (vgl. dazu Beispiele bei *Friedrich* MA 1951, 11; OLG Düsseldorf GRUR 1993, 128 – Drei Musketiere; siehe auch *Schricker* GRUR 1996, 815 (821 ff.)).

Aber auch der wettbewerbsrechtliche Schutz einer Werbeidee ist beschränkt (vgl. BGH WRP 1997, 306 – Wärme fürs Leben). Er setzt insbesondere eine Herkunftsvorstellung und damit eine gewisse Verkehrsgeltung der nachgeahmten Werbung voraus, so dass ein Schutz gerade in der Aufbauphase einer Werbekonzeption kaum in Anspruch genommen werden kann (vgl. dazu OLG Frankfurt a.M. GRUR 1987, 44 – WM-Slogan).

Im Verhältnis zwischen Wettbewerbern kann durch vertragliche Individualabreden an diesem nur gering ausgeprägten Schutz von Werbekonzeptionen kaum etwas geändert werden (zu früheren Bemühungen, eine „Ideenschutzrolle" mit eigenem Schiedsgerichtskodex für Werbungsbeteiligte zu schaffen, vgl. *Friedrich* MA 1951, 14 ff.). Wohl aber kann durch vertragliche Vereinbarung dem Schöpfer von Werbeideen geholfen werden, der seine Einfälle seinen potentiellen Vertragskontrahenten – Unternehmen der werbetreibenden Wirtschaft – andient und nur allzu oft erlebt, dass sein Gesprächspartner mangelndes Interesse vorgibt, den innovativen Werbeideenschöpfer wieder fortschickt und dann später gleichwohl die ihm offerierte Idee verwendet. Dem vorzubeugen, ist Anliegen dieses Formulars.

2. Neuheitsversprechen. Da das Formular nur den innovativen „Erfinder" von Werbekonzeptionen schützen soll, nicht aber den Schmarotzer an fremder Werbung, sollte ein Neuheitsversprechen von X schon verlangt werden können. Wenn man in die Erwägungen einbezieht, dass Werbeslogans von vor zum Beispiel 50 Jahren heute wie neu klingen mögen, mag man eine zeitliche – oder auch eine örtlich einschränkende – Komponente in die Versicherung einbeziehen, wonach nur solche Gestaltungen von der Versicherung erfasst sind, die den einschlägigen deutschen Verkehrskreisen bei zumutbarer Beachtung des Schaffens in ihrem Kulturkreis bekannt sind und also Gestaltungen aus den entlegensten Gebieten der Welt oder unvordenklicher Zeit nicht in die Beurteilung einzubeziehen sind.

3. Frist zur Entscheidung. Die Frist, binnen derer Y ein etwaiges vorheriges Bekanntsein nachweisen kann, um von den vertraglichen Verpflichtungen loszukommen, ist bewusst recht kurz gehalten. Das beruht darauf, dass durch intensives „Nachbohren" in der Vergangenheit und bei einer Vielzahl von Wettbewerbern oder Agenturen sicherlich ähnliche Konzeptionen entdeckt werden können. Gerade in der Werbung kommt es aber mehr darauf an, dass aktuell eine Werbekonzeption den Zeitgeist intuitiv richtig erfasst. Spricht die Konzeption den Werbetreibenden an und ist ihm nicht in relativ kurzer Zeit gegenwärtig, dass er derartige Ideen schon selbst hatte oder sie ihm von anderer Seite geläufig sind, verdient er mit einem solchem Argument der Vorbekanntheit gegenüber dem „Werbekonzeptionisten" keinen Schutz. Denn was der Werbetreibende selbst noch nicht kannte, wird auch im Zweifel dem angesprochenen Publikum nicht geläufig sein, sondern ihm vielmehr als einfallsreich erscheinen. Gerade dieses aber ist ein wesentliches Element der versprochenen Leistung des Schöpfers.

Die Frist dagegen, ob der Werbetreibende die ihm angebotene Konzeption im Rahmen seiner Werbung nutzen will, kann und sollte länger bemessen sein, da er sein Marketing darauf einzustellen hat.

4. Geheimhaltungsverpflichtung. Die Beschränkungen, denen das werbetreibende Unternehmen hinsichtlich der nicht eingesetzten Konzeption unterliegt, sind das „Herzstück" der Vereinbarung. Der Werbungschaffende erreicht so einen Schutz, den er regelmäßig allein auf gesetzlicher Grundlage wie oben dargelegt nicht erzielen kann. Nur durch diese vertragliche Regelung ist er in der Lage, seine Konzeption anderen

Unternehmen exklusiv anzubieten, wenn der zuerst angesprochene Werbetreibende sich nicht für die Konzeption entschieden hat. Kartellrechtliche Bedenken bestehen gegen diese Beschränkung des Vertragspartners nicht, da eine solche Absprache in der Regel keine spürbare Beeinträchtigung des Wettbewerbs zur Folge haben wird. Die Unterlassungsverpflichtungen des Y müssen allerdings entfallen, wenn die Werbekonzeption sich später im geschäftlichen Verkehr als „Allerweltswerbung" durchgesetzt hat, da ansonsten Y ohne rechtlichen Grund schlechter stehen würde als jeder andere Wettbewerber.

5. **Weitergabebeschränkung.** An dieser Stelle des Musters könnte ergänzend eine branchenmäßige oder eine örtliche Beschränkung einfügt werden – je nach der Marktbedeutung der Vertragsbeteiligten (zur Problematik gleicher Werbekampagnen in unterschiedlichen Branchen s. jedoch *Friedrich* MA 1951, 11).

6. **Wegfall der Weitergabebeschränkung.** Hat der Werbeschöpfer die Konzeption „weggegeben", zum Beispiel gegen die Zahlung eines Pauschalhonorars, entfällt natürlich die vorgeschlagene Regelung des zweiten Absatzes der Ziffer 3. Wird der „Werbekonzeptionist" aber prozentual an den Werbeaufwendungen beteiligt, wie im zweiten Absatz der Ziffer 2. vorgeschlagen, erscheint es gerechtfertigt, ihn später bei Wegfall oder erheblicher Minderung seiner Einnahmen wieder über die Konzeption verfügen zu lassen, allerdings ohne Exklusivität für einen neuen Vertragspartner, wenn der erste Vertragspartner die Werbeidee nach wie vor verwendet.

7. **Haftung für Durchführbarkeit der Werbeidee.** Je nachdem, ob der „Werbungskonzeptionist" für die rechtliche Durchführbarkeit der Konzeption einstehen will, kann noch eine ergänzende Formulierung angefügt werden. Im Formular ist sie nicht aufgenommen worden, weil die Frage der rechtlichen Durchführbarkeit der Konzeption (wettbewerbsrechtliche Beurteilung, Berücksichtigung fremder Schutzrechte, Prüfung von Persönlichkeitsrechten, Recht am eigenen Bild dargestellter Personen etc) besser von dem werbetreibenden Unternehmen selbst geklärt werden sollte.

8. **Kosten.** Der Gegenstandswert für die Abrechnung der Tätigkeit des Rechtsanwalts beim Entwurf eines solchen Werbekonzeptionsüberlassungsvertrages ergibt sich aus dem für die Überlassung vereinbarten Honorar, welches bei einer längerfristigen prozentualen Beteiligung zu schätzen ist. Für die Beratung fällt eine Geschäftsgebühr nach dem RVG an.

7. Exklusivzusage über Modemuster

Firma X[1, 5, 6] verpflichtet sich gegenüber Firma Y, die ihr zur Herstellung von Bekleidungsstücken überlassenen Unterlagen, insbesondere Skizzen, Schnitte, Schablonen, Herstellungsanleitungen, Muster, Entwürfe, ausschließlich für die Zwecke der Firma Y und nach deren Anweisung zu verwenden sowie die aus den übergebenen Unterlagen gewonnenen und ersichtlichen Kenntnisse nicht für die Produktion gleicher oder ähnlicher[3] Bekleidungsstücke zu verwerten,[2] die ohne Zustimmung von Y Dritten angeboten werden. Diese Verpflichtung besteht unabhängig davon, ob die übergebenen Gegenstände als Geschäftsgeheimnisse der Firma Y zu betrachten sind und ob es zum Abschluss eines Vertrages zwischen der Firma X und der Firma Y über die Herstellung von Bekleidungsstücken kommt.[4]

Schrifttum: Lampe, Der strafrechtliche Schutz des Know-how gegen Veruntreuung durch den Vertragspartner, BB 1977, 1477 ff.; *Pataky,* Schutz modischer Muster und Modelle, GRUR 1990, 968 ff.; *Weber,* Mode- und Designschutzrecht, 1992.

Anmerkungen

1. Sachverhalt. Es ist nicht nur in der Modebranche, sondern auch in anderen Gewerbezweigen, die über ein gewisses technisches und gestalterisches Know-how verfügen, üblich, Lohnaufträge zur Fertigung ganzer Produktreihen oder einzelner Serienteile an andere Unternehmen zu vergeben. Das Formular behandelt daher das Modemuster lediglich als Beispielsfall. Zum Schutz des Unternehmens, das die Lohnfertigung in Auftrag gibt, vor einer missbräuchlichen Handhabung der Unterlagen, die es an das Unternehmen übergibt, das als Lohnhersteller in Betracht kommt, dient einerseits das Geschäftsgeheimnisgesetz, das am 26.4.2019 in Kraft getreten ist und mit dem die Bestimmungen der vorher einschlägigen §§ 17–19 UWG aufgehoben worden sind, andererseits der Sonderrechtsschutz aus dem Design- bzw. Geschmacksmuster- oder Patent- bzw. Gebrauchsmusterrecht, ferner § 823 Abs. 1 BGB (Recht am eingerichteten und ausgeübten Gewerbebetrieb, Schutzumfang aber zweifelhaft) und in besonderen Fällen auch der ergänzende wettbewerbsrechtliche Leistungsschutz gem. §§ 3, 4 Nr. 3 UWG (s. zum Beispiel für Modeneuheiten: BGH GRUR 1973, 478 – Modeneuheit; BGH GRUR 1984, 453 – Hemdblusenkleid). Vereinzelt hat die Rechtsprechung Modeschöpfungen auch als Werke der angewandten Kunst beurteilt und ihnen damit urheberrechtlichen Schutz zuerkannt (BGHZ 16, 4 (6) – Mantelmodell; BGH GRUR 1984, 453 – Hemdblusenkleid; vgl. Wandtke/Bullinger/*Bullinger*, Praxiskommentar UrhR, 4. Auflage 2014, § 2 Rn. 101).

Die Möglichkeiten des Rechtsschutzes über diese Vorschriften sind jedoch eingeschränkt: Die in den übergebenen Unterlagen gedanklich festgehaltenen Gegenstände sind oft nicht sonderrechtlich geschützt; der Schutz aus § 823 Abs. 1 BGB scheitert gewöhnlich an der Betriebsbezogenheit des in der Weiterverbreitung der übergebenen Muster liegenden Eingriffs; an den „besonderen Umständen", die eine an sich rechtlich zulässige Nachahmung sonderrechtlich nicht geschützter Gegenstände unlauter im Sinne der §§ 3, 4 Nr. 3 UWG machen könnte, fehlt es zumeist (vgl. dazu BGH GRUR 1983, 377 – Brombeer-Muster); der Schutz nach dem Geschäftsgeheimnisgesetz greift dann nicht ein, wenn es sich bei den übergebenen Unterlagen nicht um ein Geschäftsgeheimnis handelt. Ein Geschäftsgeheimnis liegt gem. § 2 Abs. 1 Nr. 1 GeschGehG nur vor, wenn es um eine Information geht, die weder insgesamt noch in der genauen Anordnung und Zusammensetzung ihrer Bestandteile den Personen in den Kreisen, die üblicherweise mit dieser Art von Informationen umgehen, allgemein bekannt oder ohne Weiteres zugänglich ist. Gerade über die Frage, ob die Information, die in den übergebenen Unterlagen verkörpert ist, geheim ist, kann es zwischen den Parteien aber zu erheblichem Streit kommen.

Das Formular dient dazu, den Schutz des (potentiellen) Auftraggebers durch eine vertragliche Unterlassungsverpflichtung des Empfängers der Unterlagen zu verbessern.

2. Exklusivitätszusage. Im Gegensatz zu dem Vertragsmuster X.6 besteht keine Veranlassung, dem Auftragnehmer das Recht einzuräumen, sich durch den Nachweis der Vorbekanntheit bzw. Offenkundigkeit der übergebenen Unterlagen der Unterlassungsverpflichtung zu entziehen. Denn in der vorliegenden Situation weiß der Auftragnehmer vorher, für welche Modelle (Bekleidungsstücke, Maschinen, Anlagen, Geräte etc) er die Unterlagen erhält. Hält er alle Details dessen für offenkundig und akzeptiert er gleichwohl die Exklusivitätszusage, so hat er auf eigenes Risiko und offenbar in der Annahme gehandelt, die Geschäftsbeziehung zu dem (potentiellen) Auftraggeber sei ihm mehr wert, als ihn die Beschränkung seiner Vertriebsfreiheit stört. Das Formular bindet deswegen den Auftragnehmer auch hinsichtlich derjenigen Erkenntnisse, die dieser möglicherweise aus den Unterlagen nicht (subjektiv) entnommen haben mag (weil er nachweisen kann, dass er sie schon vorher hatte), die aber (objektiv) aus den Unterlagen entnehmbar sind.

3. **Ähnlichkeit.** Zur Abgrenzung dessen, was unter „ähnlichen" Stücken zu verstehen ist, wird verwiesen auf BGH GRUR 1958, 346 – Spitzenmuster. Ein Verstoß gegen die Unterlassungsverpflichtung ist danach nicht nur bei formgetreuen Nachbildungen anzunehmen. Vielmehr kommt ein Verstoß auch bei solchen Nachbildungen in Betracht, „die zwar Abweichungen von den Mustern des Auftraggebers aufweisen, gleichwohl aber deren charakteristische Formgebung in einer Weise übernehmen, dass sie nach der Verkehrsauffassung mit den Mustern des Auftraggebers verwechslungsfähig sind oder doch eine so starke Verwandtschaft mit diesen Mustern erkennen lassen, dass sie von den in Betracht kommenden Abnehmerkreisen als den Auftragsmustern gleichartig gewertet werden."

4. **Verhältnis zum Hauptvertrag.** Der letzte Satz des Formulars ist an sich entbehrlich; er dient der Klarstellung. Der erste Halbsatz orientiert sich dabei daran, dass das Eingreifen des Schutzes nach dem GeschGehG voraussetzt, dass die übergebenen Gegenstände geheim sind, was ja aber gerade im Sinne des vorgeschlagenen Formulars als unerheblich angesehen werden soll. Der zweite Halbsatz dient dazu, einem in der Praxis häufig gehörten Argument zu begegnen, die Exklusivitätszusage habe nur gelten sollen, wenn der Auftragnehmer auch tatsächlich für den Auftraggeber einen Fertigungsauftrag durchgeführt und dementsprechend auch eine Gegenleistung in Form eines Vertragsentgelts erhalten habe, nicht aber dann, wenn das Auftragsverhältnis im Versuchsstadium stecken geblieben und es dementsprechend nicht zu einer Fertigung im Auftragsverhältnis gekommen ist (zur Auslegung einer Klausel in Abhängigkeit davon, ob es zum Fertigungsauftrag tatsächlich gekommen ist, vgl. BGHZ 14, 4 ff.).

Will der Lohnauftragnehmer die Bindungswirkung gemäß Satz 1 nicht eingehen, falls er durch den Lohnfertigungsvertrag keine entsprechende Entlohnung erhalten hat, kann eine solche Abhängigkeit natürlich in den Vertrag aufgenommen werden. Rechtliche Probleme bestehen insoweit nicht. Allerdings muss dann darauf geachtet werden, dass der Sonderrechtsschutz des Auftraggebers bestehen bleibt, also der nicht zu seinen Gewinnvorstellungen gelangte Lohnauftragnehmer nicht nach Belieben mit den ihm zugänglich gewordenen Unterlagen verfahren kann.

5. **Kosten.** Für die Ausarbeitung eines solchen Exklusivitätsvertrages entsteht eine Geschäftsgebühr gemäß RVG. Der Gegenstandswert hängt ab vom Wert der übergebenen Unterlagen und dem nach dem Hauptvertrag in Betracht gezogenen Umsatz.

8. Abmahnung

Vorab per Telefax und E-Mail[1–3]

An die B GmbH

. . . . . Geschäftsleitung

Sehr geehrte Damen und Herren,

wir zeigen an, dass wir die rechtlichen Interessen der A GmbH . . . . . vertreten; ordnungsgemäße Bevollmächtigung wird anwaltlich versichert.[4] Wir haben uns in folgender Angelegenheit an Sie zu wenden:

Unsere Mandantin – eine Wettbewerberin Ihres Hauses[5] – ist vor kurzem darauf aufmerksam geworden, dass Sie[6] in Ihrer aktuellen[7] Werbung für das von Ihnen in den Verkehr gebrachte Produkt „B 110" unter Verweis auf eine Untersuchung der Stiftung Warentest aus dem Jahre 2018 mit der Aussage

„Testsieger“

werben;[8] eine Kopie der entsprechenden Werbung fügen wir in der Anlage bei.[9]

Diese Aussage ist sachlich unzutreffend: Denn tatsächlich ist in der von Ihnen zitierten Untersuchung nicht das Produkt „B 110“, sondern ein anderes Erzeugnis - nämlich das Produkt „B 100“ - untersucht worden, welches sich von dem Produkt „B 110“ in mehreren Punkten unterscheidet.

Hinzu kommt, dass auch das Produkt „B 100“ in der besagten Untersuchung gerade nicht als Testsieger abgeschnitten hat: Es ist zwar in Bezug auf die Untersuchungskategorie „Handhabung“ mit der Bestnote „gut“ beurteilt worden; in der Gesamtbewertung nimmt das Produkt „B 100“ indes mit der Bewertung „befriedigend“ nur den 5. Rang ein. Testsieger bei der in Ihrer Werbung zitierten Untersuchung wurde vielmehr das Produkt „A 1001“ aus dem Hause unserer Mandantin.[10]

Die hier in Rede stehende Werbung Ihres Hauses ist daher irreführend und somit gemäß §§ 3, 5, 8 UWG zu unterlassen.

Namens und in Vollmacht unserer Mandantin haben wir Sie deshalb aufzufordern, die hier in Rede stehende Werbung ab sofort zu unterlassen und diese auch zukünftig nicht zu wiederholen. Zur Beseitigung der bestehenden Wiederholungsgefahr haben wir Sie des Weiteren aufzufordern, eine vertragsstrafebewehrte Unterlassungsverpflichtungserklärung abzugeben. Dabei weisen wir darauf hin, dass nur durch die Abgabe einer mit einem ausreichenden Vertragsstrafeversprechen versehenen Unterlassungsverpflichtungserklärung die aus Ihrem oben aufgeführten Verhalten folgende Wiederholungsgefahr beseitigt und so ein gerichtliches Verfahren verhindert werden kann; die bloße Einstellung des beanstandeten Verhaltens ist ebenso wenig als ausreichend anzusehen wie ein nicht durch eine Vertragsstrafe gesichertes Versprechen, das beanstandete Verhalten einzustellen.[11]

Außerdem sind Sie nach § 12 Abs. 1 S. 2 UWG verpflichtet, die Kosten unserer Inanspruchnahme zu tragen.[12] Insofern werden Sie von unserer Mandantin mit separater Post eine entsprechende Rechnung erhalten.[13] Wir haben Sie jedoch schon jetzt aufzufordern, verbindlich zu erklären, dass diese Kosten von Ihnen übernommen werden.

Zur Abgabe der verlangten Erklärungen können Sie sich des in der Anlage beigefügten Musters bedienen.[14] Für den Eingang einer rechtsverbindlich unterzeichneten und unsere Mandantin klaglos stellenden Erklärung haben wir uns hier den

. . . . . (Frist) . . . . .[15]

notiert. Sollte innerhalb der genannten Frist der Eingang einer entsprechenden Erklärung nicht zu verzeichnen sein, würden wir unserer Mandantin empfehlen, gerichtliche Hilfe in Anspruch zu nehmen.[16]

Weitergehende Ansprüche bleiben einstweilen ausdrücklich vorbehalten.[17]

Mit freundlichen Grüßen

X & Partner

Rechtsanwälte

Anlage[14]

Schrifttum: Ahrens, Der Wettbewerbsprozess, 8. Aufl. 2017; *Berlit,* Wettbewerbsrecht, 10. Aufl. 2017; *Gloy/Loschelder/Danckwerts,* Handbuch des Wettbewerbsrechts, 5. Aufl. 2019; Großkommentar UWG, Gesetz gegen den unlauteren Wettbewerb, Bd. 2, 2. Aufl 2014; *Harte-Bavendamm/Henning-Bodewig,* UWG, Gesetz gegen den unlauteren Wettbewerb, 4. Aufl. 2016; *Köhler/Bornkamm/Feddersen,* Gesetz gegen den unlauteren Wettbewerb, UWG, 37. Aufl. 2019; *Melullis,* Handbuch des Wettbewerbsprozesses, 3. Aufl. 2000; Münchener Kommentar UWG, Kommentar zum Lauterkeitsrecht, 2. Aufl. 2014; *Ohly/Sosnitza,* UWG, Gesetz gegen den unlauteren Wettbewerb, 7. Aufl. 2017; *Steinmetz,*

Der „kleine“ Wettbewerbsprozess, 1993; *Teplitzky,* Wettbewerbsrechtliche Ansprüche und Verfahren, 11. Aufl. 2016, alle mit umfangreichen weiterführenden Hinweisen.

Anmerkungen

1. Sachverhalt. Das Formular geht davon aus, dass ein werbungtreibendes Unternehmen irreführend und somit unzulässig wirbt (§ 5 UWG). Der Wettbewerber will dies unterbinden und wählt zu diesem Zweck den Weg der Abmahnung (§ 12 Abs. 1 UWG), dh er unternimmt den Versuch, durch außergerichtliche Geltendmachung des Unterlassungsanspruchs zu einer Lösung in Form einer Unterlassungsverpflichtungserklärung zu gelangen. Das Formular behandelt diese wettbewerbsrechtliche Abmahnung zur Herbeiführung einer Unterlassungsverpflichtungserklärung des Gegners.

2. Grundsätzliches zur Abmahnung. Die Abmahnung ist ein in der Gerichtspraxis des gewerblichen Rechtsschutzes entwickeltes, seit 2004 auch im Gesetz (vgl. § 12 Abs. 1 S. 1 UWG) verankertes Rechtsinstitut, welches dazu dient, wettbewerbsrechtliche Streitigkeiten ohne Inanspruchnahme der Gerichte zu regeln (vgl. BGH GRUR 2002, 357 – Missbräuchliche Mehrfachabmahnung). Es dient zum einen den Interessen des Gläubigers, der – wenn denn der Schuldner die geforderte Erklärung abgibt – vergleichsweise schnell ein dem gerichtlichen Unterlassungstitel nachgebildetes Instrument an die Hand bekommt, mit dessen Hilfe er weitere Verstöße sanktionieren (und somit unterbinden) kann. Es dient zum anderen aber auch den Interessen des Schuldners, der durch die Abgabe einer ausreichenden strafbewehrten Unterlassungserklärung einer möglichen Unterlassungsklage des Gläubigers die Grundlage entziehen kann: Mit dem Zugang der Unterlassungserklärung beim Gläubiger entfällt die Wiederholungsgefahr und damit eine Anspruchsvoraussetzung des wettbewerbsrechtlichen Unterlassungsanspruchs; der Gläubiger ist klaglos gestellt.

Die Abmahnung ist weder Rechtspflicht des Verletzten noch Zulässigkeitsvoraussetzung für ein gerichtliches Verfahren (OLG Düsseldorf GRUR-RR 2007, 117; *Schulz* WRP 2007, 589), was auch durch den Gesetzeswortlaut des § 12 Abs. 1 UWG klargestellt wird *(„sollen . . . . . . abmahnen“).* Sie hat allerdings weitreichende Auswirkungen auf ein möglicherweise nachfolgendes gerichtliches Verfahren, namentlich im Bereich des Eilrechtsschutzes: Denn nach der Rechtsprechung des Bundesverfassungsgerichts (BVerfG GRUR 2018, 1288) soll nach dem Grundsatz der prozessualen Waffengleichheit eine stattgebende Entscheidung über den Verfügungsantrag regelmäßig nur dann in Betracht kommen, wenn die Gegenseite zuvor die Möglichkeit hatte, auf das mit dem Antrag geltend gemachte Vorbringen zu erwidern. Dies kann bereits vorprozessual dadurch geschehen, dass der Verletzer abgemahnt wird und ihm insofern die Möglichkeit zur Erwiderung gegenüber dem in der Abmahnung erhobenen Verletzungsvorwurf eingeräumt wird. Dies gilt jedenfalls in Rücksicht darauf, dass der Antragsgegner in Anschluss an eine vorangehende Abmahnung überdies auch die Möglichkeit hat, eine Schutzschrift zu hinterlegen. Denn seitdem der Gesetzgeber mit den Vorschriften der §§ 945a, 945b ZPO die Möglichkeit geschaffen hat, vorbeugende Verteidigungsschriften gegen erwartete Anträge auf Erlass einer einstweiligen Verfügung (Schutzschriften) zum Gegenstand des einstweiligen Verfügungsverfahrens zu machen (und hierfür ein zentrales, länderübergreifendes elektronisches Register eingeführt hat), ist gewährleistet, dass eine Schutzschrift dem letztlich entscheidenden Gericht zur Kenntnis gelangt (vgl. § 945a Abs. 2 S. 1 ZPO). Ist der Verletzer dagegen nicht oder in nicht in gehöriger Form abgemahnt worden, ist ihm im Regelfall vor Erlass einer einstweiligen Verfügung rechtliches Gehör zu gewähren; der Erlass einer einstweiligen Verfügung wird in diesen Fällen regelmäßig nicht mehr ohne vorherige Anhörung des Gegners (sei es durch die ihm eingeräumte

Möglichkeit zur Stellungnahme oder durch Anberaumung einer mündlichen Verhandlung) möglich sein.

Das Unterbleiben einer Abmahnung kann aber auch andere für den Gläubiger nachteilige Folgen haben: Wenn nämlich der nicht abgemahnte Schuldner im Falle der gerichtlichen Geltendmachung den Klageanspruch sofort anerkennt, wird er im Regelfall so behandelt, als habe er keine Veranlassung zur Klage bzw. zum Antrag auf Erlass einer einstweiligen Verfügung gegeben. Dies hat zur Folge, dass zu Gunsten des Klägers zwar ein Anerkenntnisurteil ergeht, dem Kläger aber gleichwohl die Kosten des Rechtsstreits auferlegt werden (§ 93 ZPO). Entsprechendes gilt, wenn der nicht abgemahnte Schuldner anstelle eines sofortigen Anerkenntnisses eine strafbewehrte Unterlassungserklärung (→ Form. X.11.) abgibt: Denn da mit der Abgabe der Unterlassungserklärung die Wiederholungsgefahr entfällt, ist der Gläubiger gezwungen, seine Klage zurückzunehmen oder die Hauptsache für erledigt zu erklären. Im Falle der Klagerücknahme hat der Gläubiger die Kosten nach § 269 Abs. 3 S. 2 ZPO zu tragen (ein Fall des § 269 Abs. 3 S. 3 ZPO liegt nicht vor, weil kein Anlass zur Klageerhebung bestand). Im Falle der Erledigungserklärung kann der Schuldner ebenfalls der Kostenlast entgehen, in dem er der Erledigung zustimmt: Denn im Rahmen der Kostenentscheidung nach § 91a ZPO ist der Rechtsgedanke des § 93 ZPO heranzuziehen, womit dem Gläubiger ebenfalls die Kosten des Verfahrens aufgebürdet werden (OLG Karlsruhe WRP 1990, 640).

Rechtsdogmatisch ist die Abmahnung eine Aufforderung zur Abgabe eines Vertragsangebotes des Wettbewerbsverletzers an den Wettbewerbsverletzten auf Abschluss eines Vertrages, in welchem sich der Verletzer zur Unterlassung eines bestimmten Verhaltens verpflichtet und für den Fall der Zuwiderhandlung eine Vertragsstrafe verspricht (→ Form. X.11.).

Überlegungen vor der Abmahnung. Im Regelfall wird dem Gläubiger wettbewerbsrechtlicher Ansprüche zu empfehlen sein, vor Einleitung eines gerichtlichen Verfahrens abzumahnen. Gibt der Schuldner die verlangte Erklärung ab, so hat der Gläubiger sein Ziel schnell und kostengünstig erreicht. Gibt der Schuldner dagegen keine Erklärung ab und erläutert er stattdessen in der Antwort auf die Abmahnung, weshalb er sich zu dem beanstandeten Verhalten berechtigt sieht, so erhält der Gläubiger hierdurch die Gelegenheit, seinen Rechtsstandpunkt einer nochmaligen Überprüfung zu unterziehen. Dies ist nicht zuletzt vor dem Hintergrund der für den Fall einer späteren Aufhebung der vollzogenen einstweiligen Verfügung bestehenden Schadensersatzpflicht (§ 945 ZPO) auch für den Gläubiger bedeutsam. Zudem erhält das Gericht, dem im Falle einer erfolglos gebliebenen Abmahnung zusammen mit dem Verfügungsantrag auch die Antwort des Schuldners auf die Abmahnung vorgelegt wird, einen Einblick in den vom Schuldner vertretenen Sach- und Rechtsstandpunkt. Inwieweit es nach der neueren Rechtsprechung des BVerfG (BVerfG GRUR 2018, 1288) noch sinnvoll sein kann, auf eine vor Einleitung eines gerichtlichen (Eil-) Verfahrens erfolgende Abmahnung zu verzichten, ist derzeit noch ungeklärt. Zu denken ist hier etwa an Sequestrations- und Besichtigungsverfahren, bei denen mit einer vorherigen Abmahnung das eigentliche prozessuale Ziel einer Sequestration bzw. Besichtigung nicht erreicht, sondern im Gegenteil vereitelt wird; hier dürfte nach wie vor davon auszugehen sein, dass es einer vorherigen Abmahnung auch weiterhin nicht bedarf und eine einstweilige Verfügung auch ohne vorherige Anhörung des Schuldners möglich ist. Aber auch bei der Geltendmachung von Unterlassungsansprüchen gibt es Sondersituationen, bei denen die Abmahnung kontraproduktiv wäre; dies gilt etwa dort, wo zu erwarten ist, dass der Schuldner eine ausgesprochene Abmahnung nicht zum Anlass nimmt, die Rechtsverletzung einzustellen, sondern im Gegenteil die ihm verbleibende Zeit bis zu einem Verbot dazu nutzt, noch einmal besonders intensiv unzulässig zu werben (bspw. dadurch, dass nunmehr die gesamten Bestände an (irreführende Aussagen enthaltenden) Werbebroschüren in den Markt gegeben werden oder aber Vorkehrungen dafür zu treffen, dass die Wettbewerbsverletzung de facto fortgesetzt werden kann (bspw. dadurch, dass der gesamte Bestand unzulässig ausgezeichneter Ware an ein anderes Unternehmen abgegeben wird, welches dann nach Abgabe der Unterlassungsverpflichtungserklärung durch den Abgemahnten in gleicher Weise wettbewerbswidrig handelt – allerdings unbestraft, bis der Abmahnende dieses merkt und entsprechend reagiert). In derartigen Konstellationen führte die Abmahnung nicht zu einer schnellen Beendigung, sondern ganz im Gegenteil zu einer Intensivierung bzw. Verlängerung wettbewerbswidrigen Verhaltens. Zur Gewährung effektiven Rechtsschutzes erscheint es in derartigen Sonderkonstellatio sachgerecht, eine einstweilige Verfügung auch ohne vorherige Abmahnung oder anderweitige Anhörung des Schuldners im Beschlusswege zu erlassen, zumal dem Schuldner rechtliches Gehör auch hier nicht etwa verweigert, sondern nur der Zeitpunkt seiner Gewährung verschoben wird: Der Schuldner hat im Rahmen des Widerspruchsverfahrens Gelegenheit, seinen Rechtsstandpunkt sowohl schriftsätzlich als auch im Rahmen der mündlichen Verhandlung darzulegen; in Bezug auf ihm durch die Vollziehung einer später möglicherweise wieder aufgehobenen einstweiligen Verfügung ist er durch § 945 ZPO geschützt.

3. Form und Zugang der Abmahnung. An die Form einer Abmahnung werden keine besonderen Anforderungen gestellt; üblich und empfehlenswert ist allerdings – schon um spätere Diskussionen über die Frage, ob und was eigentlich genau abgemahnt wurde – Schrift- oder Textform. Überdies ist dem Abmahnenden im Hinblick auf die Rechtsprechung des BGH (GRUR 2007, 629 – Zugang der Abmahnung) anzuraten, einen Versandweg zu wählen, der belegt, dass die Abmahnung abgesandt wurde und zugleich einen Zugang der Abmahnung beim Abgemahnten zumindest nahelegt. Dies wird in aller Regel ein Versand vorab per Telefax und E-Mail sein. Denn steht fest, dass die Abmahnung als Brief, als Telefax und als E-Mail abgesandt worden ist, erscheint das Bestreiten des Zugangs auf Seiten des Abgemahnten nach der Rechtsprechung des BGH (GRUR 2007, 629, Rn. 13) von vornherein in einem wenig glaubhaften Licht (§ 286 ZPO). Soll hier gleichwohl jedes Risiko ausgeschlossen werden, kann zusätzlich zum Versand per E-Mail und Telefax eine besondere, den Zugang des Schriftstücks belegende Versandart (bspw. ein Versand auch per Einschreiben/Rückschein) gewählt werden. Ein Versand der Abmahnung ausschließlich per Einschreiben/Rückschreiben ist demgegenüber schon aufgrund des damit regelmäßig verbundenen Zeitverlusts nicht zu empfehlen.

4. Nachweis der Vollmacht. In Rechtsprechung und Literatur war lange Zeit streitig, ob die Wirkungen der von einem Bevollmächtigten ausgesprochenen Abmahnung entfallen, wenn dieser keine Vollmachtsurkunde beigefügt ist und der Abgemahnte diese deshalb nach § 174 BGB unverzüglich zurückweist (bejahend etwa OLG Düsseldorf WRP 2001, 52; OLG Dresden NJW-WettbR 1999, 140; *Ahrens/Achilles* Kapitel 2 Rn. 15; *Piper/Ohly/Sosnitza* § 12 Rn. 11; *Ohrt* WRP 2002, 1035; verneinend demgegenüber OLG Frankfurt a. M. GRUR-RR 2010, 221; OLG Hamburg Magazindienst 2007, 564; *Teplitzky* Kapitel 41 Nr. 6a; *Teplitzky* WRP 2019 S. 1427 ff. WRP 2010, 1427; *Busch* GRUR 2006, 477; *Pfister* WRP 2002, 799). Richtigerweise wird man hier differenzieren müssen: Wo die Abmahnung als einseitige Erklärung formuliert ist, führt an der Anwendung von § 174 BGB kein Weg vorbei (vgl. BGH GRUR 2010, 1120 – Vollmachtsnachweis). Hier kann die Abmahnung wegen fehlender Übermittlung eines Vollmachtsnachweises zurückgewiesen werden. Diese Zurückweisung muss allerdings unverzüglich nach Zugang der Abmahnung erfolgen; eine Zurückweisung erst zu einem späteren Zeitpunkt, bspw. nach einer erbetenen Fristverlängerung, vermag die Rechtsfolgen einer Zurückweisung nach § 174 BGB nicht mehr herbeizuführen (OLG Düsseldorf GRUR-RR 2010, 87). Wird indes die Abmahnung nicht als einseitige Erklärung, sondern – wie im vorliegenden Formular vorgesehen – als Angebot zum Abschluss eines Unterlassungsvertrages ausgestaltet, so besteht keine Veranlassung für die Anwendung von § 174 BGB (BGH GRUR 2010, 1120 – Vollmachtsnachweis; OLG Hamburg GRUR-

RR 2008, 370); Köhler/Bornkamm-*Bornkamm* § 12 Rn. 1.27 ff.). Gleichwohl empfiehlt es sich in der Praxis schon zur Vermeidung allfälliger Kostenrisiken in einem nachfolgenden Prozess (§ 93 ZPO!), einem Schuldner, der die Abgabe einer Unterlassungserklärung ankündigt, indes zuvor um einen entsprechenden Vollmachtsnachweis bittet (§ 177 Abs. 2 BGB), den entsprechenden Nachweis auch zukommen zu lassen (so auch Köhler/Bornkamm-*Bornkamm* § 12 Rn. 1.28); dies gilt insbesondere dann, wenn ein berechtigtes Interesse des Schuldners an der Klärung dieser Frage erkennbar und aus den Gesamtumständen ersichtlich ist, dass es dem Schuldner nicht allein darum geht, durch die entsprechende Nachfrage Zeit zu schinden.

5. Aktivlegitimation. Nicht jeder kann wettbewerbsrechtliche Ansprüche geltend machen. Vielmehr sind abmahn- und klagebefugt lediglich **Mitbewerber, Verbände, Einrichtungen und Kammern** (§ 8 Abs. 3 Nr. 1–4 UWG). In der Praxis spielt die Abmahnbefugnis des Mitbewerbers (§ 8 Abs. 3 Nr. 1 UWG) die weitaus größte Rolle, die übrigen Klagebefugten (§ 8 Abs. 3 Nr. 2-4 UWG) sind für einen effektiven Lauterkeitsschutz aber auch bedeutsam. Die Ansprüche der Klagebefugten gemäß § 8 Abs. 3 Nr. 1–4 UWG bestehen jeweils aus eigenem Recht und jeweils selbständig nebeneinander. Unterlassungs- und Beseitigungsansprüche (§ 8 Abs. 1 UWG) können alle Klagebefugten gemäß § 8 Abs. 3 UWG geltend machen, UWG-Schadensersatzansprüche (§ 9 UWG) aber nur die anspruchsberechtigten Mitbewerber. Für den Gewinnabschöpfungsanspruch (§ 10 UWG) sind nur die Verbände, Einrichtungen und Kammern (§ 8 Abs. 3 Nr. 2–4 UWG) klagebefugt. Der einzelne Verbraucher ist (unverändert) nicht abmahn- und klagebefugt, obwohl das UWG neben dem Lauterkeitsschutz aller Marktteilnehmer auch dem Schutz der Verbraucher dient (§ 1 S. 1 UWG).

Mitbewerber. Jeder Mitbewerber ist abmahn- und klagebefugt für die Geltendmachung der Ansprüche aus § 8 Abs. 1 UWG auf Unterlassung und Beseitigung (§ 8 Abs. 3 Nr. 1 UWG). Außerdem ist er, soweit er als Betroffener einen Schaden erlitten hat, Gläubiger von Schadensersatzansprüchen nach Maßgabe des § 9 UWG. „Mitbewerber" im Sinne des UWG ist jeder Unternehmer, der mit einem oder mehreren Unternehmern als Anbieter oder Nachfrager von Waren oder Dienstleistungen in einem konkreten Wettbewerbsverhältnis steht (§ 2 Abs. 1 Nr. 3 UWG). **Unternehmer** im Sinne des UWG ist jede natürliche oder juristische Person, die geschäftliche Handlungen im Rahmen ihrer gewerblichen, handwerklichen oder beruflichen Tätigkeit vornimmt, sowie jeder, die im Namen oder Auftrag einer solchen Person handelt (§ 2 Abs. 1 Nr. 6 UWG). Diese Definition passt für die Bestimmung des Mitbewerbers nur im Hinblick auf den Inhaber des Unternehmens, nicht zB für dessen Angestellte (*Köhler* WRP 2009, 499 (502)). Die Art der Tätigkeit und nicht die Organisationsform ist für die Eigenschaft des Unternehmers als Mitbewerber entscheidend. Wer selbst an einem Unternehmen nur finanziell beteiligt ist und damit keine aktive Geschäftstätigkeit als Anbieter (oder Nachfrager) von Waren/Dienstleistungen ausübt, ist kein Unternehmer und demgemäß auch kein Mitbewerber; er ist folglich auch nicht abmahnbefugt. Die Bereiche der gewerblichen, handwerklichen oder beruflichen Tätigkeiten stellen jeweils auf ein planmäßiges, wirtschaftlich-selbständiges, am Wettbewerb teilnehmendes Tun ab, einbezogen sind auch die freien Berufe (Ärzte, Anwälte, Künstler). Für das Wettbewerbsverhältnis kommt es auf die Gewinnerzielungsabsicht nicht maßgeblich an (BGH GRUR 2012, 193 – Sportwetten im Internet II; GRUR 2012, 201 – Poker im Internet). Die Abmahn- bzw. Klagebefugnis gem. § 8 Abs. 3 Nr. 1 UWG setzt weiter voraus, dass der Mitbewerber als Unternehmer aktuell tätig ist. Konkrete Vorbereitungshandlungen zur Aufnahme des Geschäftsbetriebes können aber genügen, wenn der Markteintritt unmittelbar bevorsteht (BGH GRUR 1984, 823 – Charterfluggesellschaften; WRP 1993, 396 – Maschinenbeseitigung; KG GRUR 2007, 254). Die Abmahn- und Klagebefugnis endet mit der endgültigen Beendigung der Unternehmertätigkeit. Auch bei einem durch den Wettbewerbsverstoß räumlich nur beschränkt betroffenen Mitbewerber reicht dessen Unterlassungsanspruch grundsätzlich bundesweit; die Anspruchsberechtigung wird nicht nur zum Schutz seiner Individualinteressen, sondern auch im Interesse der anderen Marktteilnehmer und der Allgemeinheit zuerkannt (BGH GRUR 1999, 509 – Vorratslücken; GRUR 2000, 907 – Filialleiterfehler; GRUR 2001, 85 – Altunterwerfung IV). Der Unterlassungsanspruch ist aber regional beschränkt, wenn der nur regional tätige Kläger (Mitbewerber) einen Unterlassungsanspruch verfolgt, der nicht bundesweit als unlauter anzusehen ist (BGH GRUR 2008, 438 Rn. 28 – ODDSET). Gesellschafter und Geschäftsführer einer Handelsgesellschaft sind grundsätzlich nicht Unternehmer iSd § 2 Abs. 1 Nr. 6 UWG und daher keine Mitbewerber (§ 2 Abs. 1 Nr. 3 UWG). Ein **konkretes Wettbewerbsverhältnis** ist gegeben, wenn beide Seiten gleichartige Waren oder Dienstleistungen innerhalb desselben Endverbraucherkreises abzusetzen versuchen mit der Folge, dass das konkret beanstandete Wettbewerbsverhalten des einen den anderen beeinträchtigen, dh im Absatz behindern oder stören kann (BGH GRUR 2005, 520 – Optimale Interessenvertretung; GRUR 2007, 978 – Rechtsberatung durch Haftpflichtversicherer; GRUR 2009, 980 – E-Mail-Werbung II; GRUR 2011, 82 – Preiswerbung ohne Umsatzsteuer). Das konkrete Wettbewerbsverhältnis besteht typischerweise bei konkurrierenden Unternehmern derselben Branche und damit bei austauschbaren Angeboten; hierbei kann der UWG-Verstoß den Konkurrenten im Absatz ohne weiteres behindern oder stören. Eine tatsächliche direkte Auswirkung auf den Geschäftsbetrieb des Abmahnenden ist aber nicht erforderlich; es reicht aus, wenn das beanstandete Tun geeignet ist, ihn zu beeinträchtigen (BGH GRUR 1999, 1007 – Vitalkost; WRP 2000, 1258 – Filialleiterfehler; GRUR 2002, 75 – „SOOO . . . . . . BILLIG!"?). Dabei ist auf den augenblicklichen Marktzustand und auf die Verbrauchergewohnheiten, aber auch auf Entwicklungsmöglichkeiten abzustellen. Das konkrete Wettbewerbsverhältnis ist begrifflich weit zu fassen und hat keine besonders hohen Anforderungen (BGH GRUR 1999, 177 – Umgelenkte Auktionskunden). Es setzt keine Identität hinsichtlich der angebotenen Waren und Dienstleistungen (BGH GRUR 2012, 201 – Poker im Internet) und auch nicht notwendigerweise Branchengleichheit voraus (BGH GRUR 2004, 877 – Werbeblocker; GRUR 2006, 1042 – Kontaktanzeigen). Ein konkretes Verhältnis kann auch zwischen Gewerbetreibenden verschiedener Wirtschafts- oder Handelsstufen bestehen (BGH GRUR 1999, 1122 – EG-Neuwagen I; GRUR 2011, 82 – Preiswerbung ohne Umsatzsteuer). Das für die Abmahnbefugnis eines Mitbewerbers erforderliche konkrete Wettbewerbsverhältnis setzt auch nicht zwingend zwei direkt am Markt tätige Anbieter in derselben Branche voraus; es kann auch zwischen einem Gewerbetreibenden und einem Berufsverband (BGH GRUR 2012, 74 – Coaching-Newsletter) oder einem selbst nicht direkt am Markt tätigen Unternehmensverbund bestehen (BGH GRUR 2012, 1053 – Marktführer Sport). Bei der Förderung fremden Wettbewerbs kommt es auf das Wettbewerbsverhältnis zwischen dem geförderten und dem benachteiligten Unternehmen an (BGH GRUR 1997, 907 – Emil-Grünbär-Klub). Zu beachten ist, dass für den Mitbewerberbegriff auch auf den Schutzzweck der im Anspruch herangezogenen Verhaltensnorm abzustellen ist. Bezweckt die UWG-Vorschrift den Schutz vor allem der Verbraucher und sonstigen Marktteilnehmer, so ist jeder Mitbewerber abmahn- und klagebefugt (wenn die Unternehmereigenschaft und das konkrete Wettbewerbsverhältnis gegeben sind), so zB in den Fällen der Irreführung gemäß § 5 UWG. Bei Verstößen aus § 7 Abs. 2 Nr. 2–4 und Abs. 3 UWG sind Mitbewerber und Verbände ebenfalls abmahn- und klagebefugt (BGH GRUR 2013, 1170 – Telefonwerbung für DSL-Produkte). Für die Normalfälle der vergleichenden Werbung gilt entsprechendes; abmahn- und klagebefugt ist jeder (und nicht nur der im Vergleich erkennbar gemachte) Mitbewerber, da insofern auch das Interesse der Verbraucher und der Allgemeinheit an einem unverfälschten Wettbewerb berührt ist. Berührt eine UWG-Verhaltensnorm dagegen nur die individuellen Interessen eines bestimmten Mitbewerbers, aber nicht auch die Interessen Dritter wie insbesondere die der Verbraucher, so sind nur die betroffenen Mitbewerber nach § 8 Abs. 3 Nr. 1 UWG abmahn- und klagebefugt, andere Mitbewerber dagegen nicht (BGH GRUR

2005, 519 – Vitamin-Zell-Komplex). Dies ist etwa der Fall bei der Anschwärzung (§ 4 Nr. 8 UWG) oder bei der gezielten Behinderung von Mitbewerbern (§ 4 Nr. 10 UWG).

Wirtschafts- und Berufsverbände. Die in § 8 Abs. 3 Nr. 2 UWG aufgeführten rechtsfähigen Verbände zur Förderung gewerblicher oder selbständiger beruflicher Interessen sind abmahn- und klagebefugt für wettbewerbsrechtliche Unterlassungs- und Beseitigungsansprüche (§ 8 Abs. 1 UWG) und darüber hinaus auch für Ansprüche auf Gewinnabschöpfung (§ 10 UWG). Verbände nach § 8 Abs. 3 Nr. 2 UWG sind als Wirtschaftsverbände die Fachverbände, welche die Interessen ihrer Mitglieder umfassend wahrnehmen und dabei auch Wettbewerbsverstöße ihrer Mitglieder oder deren Mitbewerber verfolgen; entsprechendes gilt für Wettbewerbsvereine, die satzungsgemäß vorwiegend oder ausschließlich gegen Wettbewerbsverstöße vorgehen. Dazu gehören auch die Kammern der freien Berufe und die privatrechtlichen Berufsorganisationen. Die Zentrale zur Bekämpfung unlauteren Wettbewerbs eV, Frankfurt, hat aufgrund ihrer Mitgliederstruktur (zu ihren Mitgliedern zählen ua sämtliche Industrie- und Handelskammern, der Deutsche Handwerkskammertag und viele örtliche Handwerkskammern) eine umfassende Verbandsklagebefugnis für das gesamte Bundesgebiet. Öffentlich-rechtliche Berufskammern sind befugt, bei Wettbewerbsverstößen gegen Kammerangehörige oder deren Wettbewerber im Zivilrechtsweg vorzugehen und insofern auch wettbewerbsrechtliche Abmahnungen auszusprechen; gegenüber Kammerangehörigen gilt das für die Kammer freier Berufe grundsätzlich auch dann, wenn diese berechtigt sind, belastende Verwaltungsakte zur Beseitigung berufswidriger Zustände zu erlassen (BVerfG WRP 2005, 83 – Werbung von Steuerberatungsgesellschaften; BGH GRUR 2002, 717 – Vertretung der Anwalts-GmbH; OLG Karlsruhe GRUR-RR 2013, 17). Der abmahnende Verband ist für das Vorliegen seiner Aktivlegitimation darlegungs- und glaubhaftmachungs- bzw. beweispflichtig. Dafür, dass der satzungsgemäße Zweck vom Verband verfolgt wird, spricht allerdings eine tatsächliche Vermutung. Ist ein Verband jahrelang unbeanstandet als abmahn- bzw. klagebefugt angesehen worden, spricht eine tatsächliche Vermutung dafür, dass er die Voraussetzungen weiterhin erfüllt (stRspr seit BGH WRP 1986, 201 – Wettbewerbsverein I). Voraussetzungen für die Abmahn- und Klageberechtigung gemäß § 8 Abs. 3 Nr. 2 UWG sind, dass (1) die Aufgabe des Verbandes satzungsgemäß in der Förderung gewerblicher oder selbständiger beruflicher Interessen liegt, (2) der Satzungszweck durch eigene Aktivitäten wirklich verfolgt wird, (3) der Verband nach seiner personellen, sachlichen und finanziellen Ausstattung imstande ist, die satzungsgemäßen Aufgaben tatsächlich wahrzunehmen, (4) die Verbandsmitglieder als Unternehmer Waren oder Dienstleistungen gleicher oder verwandter Art (wie der angegriffene Verletzer) auf demselben Markt (bezogen auf den angegriffenen Wettbewerbsverstoß) vertreiben, (5) dem Verband eine erhebliche Zahl von solchen Unternehmern als Mitglieder angehören und (6) die Zuwiderhandlung die Interessen der Verbandsmitglieder berührt. Zu den Einzelheiten vgl. insofern *Köhler/Bornkamm* § 8 Rn. 3.30 ff.

Qualifizierte Verbraucherverbände. Die in § 8 Abs. 3 Nr. 3 UWG genannten qualifizierten Einrichtungen zum Schutz der Verbraucherinteressen sind abmahn- und klagebefugt für wettbewerbsrechtliche Unterlassungs- und Beseitigungsansprüche (§ 8 Abs. 1 UWG) und für Ansprüche auf Gewinnabschöpfung (§ 10 UWG). Das setzt voraus, dass die qualifizierten Einrichtungen nachweisen, dass sie in die Liste qualifizierter Einrichtungen nach § 4 UKlaG oder in dem Verzeichnis der EU-Kommission nach Artikel 4 der Richtlinie 98/97/EG eingetragen sind.

Der Verband muss satzungsgemäß die Interessen der Verbraucher allgemein durch Aufklärung und Beratung wahren. Im Übrigen gelten die bereits oben für die Wirtschafts- und Berufsverbände skizzierten Ausführungen zur Darlegungs- und Glaubhaftmachungs- bzw. Beweislast sowie die sonstigen Voraussetzungen entsprechend. Zu den Einzelheiten vgl. insofern *Köhler/Bornkamm* § 8 Rn. 3.52 ff.

Industrie-, Handels- und Handwerkskammern. Die in § 8 Abs. 3 Nr. 4 UWG genannten Industrie-, Handels- oder Handwerkskammern sind abmahn- und klagebefugt für wettbewerbsrechtliche Unterlassungs- und Beseitigungsansprüche (§ 8 Abs. 1 UWG) und für Ansprüche auf Gewinnabschöpfung (§ 10 UWG). Zur Industrie- und Handelskammer gehören natürliche Personen, Handelsgesellschaften, andere Personenmehrheiten und juristische Personen des privaten und öffentlichen Rechts, soweit sie im Bezirk der Industrie- und Handelskammer eine Betriebsstätte unterhalten und zur Gewerbesteuer veranlagt sind (§ 2 Abs. 1 IHKG). Andere Berufskammern sind als Verbände nach § 8 Abs. 3 Nr. 2 UWG abmahn- und klagebefugt.

6. Passivlegitimation. Richtiger Adressat einer wettbewerbsrechtlichen Abmahnung ist jeder, der durch sein Verhalten den objektiven Tatbestand einer Zuwiderhandlung iSd §§ 3, 7 UWG selbst, durch einen anderen oder gemeinschaftlich mit anderen adäquat kausal verwirklicht (BGH GRUR 2008, 530 – Nachlass bei der Selbstbeteiligung).Ob sich jemand als Täter, Mittäter, Anstifter oder Gehilfe in einer die zivilrechtliche Haftung begründenden Weise an einer deliktischen Handlung eines Dritten beteiligt hat, beurteilt sich im Wesentlichen nach den im Strafrecht entwickelten Rechtsgrundsätzen (BGH GRUR 2012, 304 – Basler Haar-Kosmetik): Täter ist danach derjenige, der die Zuwiderhandlung (§§ 3, 7 UWG) selbst oder in mittelbarer Täterschaft begeht. Mittäterschaft erfordert eine gemeinschaftliche Begehung, also ein bewusstes und gewolltes Zusammenwirken (BGH GRUR 2011, 152 – Kinderhochstühle im Internet; vgl. § 830 Abs. 1 S. 1 BGB). Die Gehilfenhaftung setzt neben einer objektiven Beihilfehandlung zumindest einen bedingten Vorsatz in Bezug auf die Haupttat voraus, der das Bewusstsein der Rechtswidrigkeit einschließen muss (BGH GRUR 2011, 152 – Kinderhochstühle im Internet; GRUR 2013, 301 Rn. 47 – Solarinitiative).

Täter als Verletzer einer wettbewerbsrechtlichen Verkehrspflicht. Auch derjenige, der in seinem Verantwortungsbereich eine Gefahrenquelle schafft oder andauern lässt, muss die ihm zumutbaren Maßnahmen und Vorkehrungen treffen, die zur Abwendung der daraus Dritten drohenden Gefahren notwendig sind. Wer gegen eine solche wettbewerbsrechtliche Verkehrspflicht verstößt, ist Täter einer unlauteren geschäftlichen Handlung und als solcher richtiger Adressat einer Abmahnung (BGH GRUR 2013, 301 – Solarinitiative). Ob und ggf. in welchem Umfang eine Prüfungspflicht besteht, richtet sich im Einzelfall nach einer Abwägung aller betroffenen Interessen und relevanten Umstände, wobei es insofern auch auf die Zumutbarkeit nach den konkreten Umständen des Einzelfalls ankommt. Für den Betreiber einer Internet-Auktionsplattform wird eine Prüfungspflicht häufig voraussetzen, dass zuvor ein konkreter Hinweis auf ein bestimmtes rechtsverletztendes Angebot eines bestimmten Anbieters erfolgt ist. Der Plattform-Betreiber ist (dann) zur unverzüglichen Sperrung des konkreten Angebots und zur zumutbaren Vorsorge verpflichtet, dass es möglichst nicht zu weiteren gleichartigen Rechtsverletzungen kommt; er kann auch zur Prüfung anderer Angebote desselben Versteigerers verpflichtet sein (BGH GRUR 2007, 890 – Jugendgefährdende Medien bei eBay). Da erst die Verletzung einer Prüfungspflicht eine Wettbewerbsverletzung bzw. die für den Unterlassungsanspruch erforderliche Wiederholungsgefahr begründet, bedeutet dies, dass der Schuldner in derartigen Fallkonstellationen der Schuldner auf eine entsprechende (Erst-) Abmahnung nicht notwendigerweise mit der Abgabe einer strafbewehrten Unterlassungsverpflichtungserklärung reagieren muss und überdies auch kein Anspruch auf Kostenerstattung besteht.

Haftung der Medien für Anzeigen Dritter. Besonderheiten gelten für den Bereich der Haftung der Medien für die von ihr verbreiteten Anzeigen, TV-Spots, Werbebanner etc. An sich ist das Inseratgeschäft mit Werbeanzeigen Dritter eine typische wettbewerbsfördernde Maßnahme zugunsten Dritter. Der Schutz der Pressefreiheit (Art. 5 Abs. 2 S. 1 GG) schließt aber auch das Anzeigengeschäft ein. Deswegen besteht eine Haftung der

Presse nur bei der Verletzung einer Prüfungspflicht (BVerfG WRP 2003, 633 – Benetton-Werbung II). Die Anforderungen an die von den Medien zu berücksichtigenden Prüfungspflichten sind dabei gering; Ein Verstoß gegen Prüfungspflichten liegt regelmäßig nur dort vor, wo das betreffende Medium positive Kenntnis von der Wettbewerbswidrigkeit der entsprechenden Werbung hatte oder aber ein grober, leicht erkennbarer Verstoß vorliegt (BGH GRUR 2001, 529 – Herz-Kreislauf-Studie; GRUR 2006, 429 – Schlank-Kapseln). Die bloße Vermutung, dass eine Anzeige irreführend sein könnte, reicht insofern nicht aus (BGH GRUR 2006, 429 – Schlank-Kapseln). Eine Abmahnung der Medien, die eine wettbewerbswidrige Werbung verbreitet haben, dürfte damit allenfalls in Ausnahmefällen in Betracht kommen.

Haftung der Organe eines Unternehmens. Der Geschäftsführer einer GmbH haftet neben der von ihm vertretenen Gesellschaft für einen Wettbewerbsverstoß, wenn er die Rechtsverletzung selbst begangen oder in Auftrag gegeben hat (BGH GRUR 1985, 1063 – Landesinnungsmeister). Nach der bisherigen Rechtsprechung haftete der Geschäftsführer darüber hinaus auch dann für Wettbewerbsverstöße der Gesellschaft, wenn er von ihnen Kenntnis hatte und es unterlassen hat, sie zu verhindern (vgl. etwa GRUR 2005, 1061 – Telefonische Gewinnauskunft). Diese Rechtsprechung, in der nicht daran angeknüpft wurde, dass der gesetzliche Vertreter der juristischen Person das wettbewerbswidrige Verhalten selbst veranlasst hat, hatte ihre ursprüngliche Grundlage in der Störerhaftung. Nach Aufgabe der Störerhaftung im Lauterkeitsrecht hat kann an der bisherigen Rechtsprechung in dieser Allgemeinheit nicht mehr festgehalten werden. Eine persönliche Haftung des Geschäftsführers für unlautere Wettbewerbshandlungen der von ihm vertretenen Gesellschaft besteht vielmehr nur, wenn er daran entweder durch positives Tun beteiligt war oder wenn er die Wettbewerbsverstöße aufgrund einer nach allgemeinen Grundsätzen des Deliktsrechts begründeten Garantenstellung hätte verhindern müssen (BGH GRUR 2014, 883 – Geschäftsführerhaftung).

Haftung für Mitarbeiter oder Beauftragte. Soweit Mitarbeiter oder Beauftragte Zuwiderhandlungen gegen § 3 UWG (einschließlich §§ 4–6 UWG) oder gegen § 7 UWG begehen, sind die Ansprüche auf Unterlassung und Beseitigung auch gegen den Unternehmensinhaber selbst gegeben (§ 8 Abs. 2 UWG). Er gilt als Verletzer, es gibt insoweit keine Entlastungsmöglichkeit für das fremde Verhalten. Die Zurechnung gemäß § 8 Abs. 2 UWG setzt nur einen inneren Zusammenhang zwischen dem Verhalten der Angestellten und dem Unternehmen voraus; daher werden dem Unternehmer auch ohne seine Veranlassung und ohne Wissen und Wollen begangene Verstöße seiner Angestellten zugerechnet (BGH GRUR 1995, 427 – Schwarze Liste). Ausgenommen sind lediglich solche Verstöße, die der Mitarbeiter in seinem privaten Bereich begeht; hier fehlt der innere Zusammenhang zwischen dem Mitarbeiterverhalten und dem Unternehmen (BGH GRUR 2007, 994 – Gefälligkeit).

7. Erstbegehungs- oder Wiederholungsgefahr. Das Formular geht davon aus, dass die Abmahnung erfolgt, nachdem das darin beanstandete Verhalten bereits mindestens einmal stattgefunden hat. Dieses einmalige Verhalten des Abgemahnten im Wettbewerb begründet nach ständiger Rechtsprechung die Vermutung des Bestehens von Wiederholungsgefahr; insofern ist vertiefter Vortrag hierzu in der Abmahnung nicht erforderlich. Die Wiederholungsgefahr beschränkt sich nicht auf die konkreten Verletzungshandlung, sondern erstreckt sich weitergehend auch auf die Begehung nicht identischer, wohl aber kerngleicher Handlungen (BGH GRUR 2010, 749 – Erinnerungswerbung im Internet) und begründet einen Unterlassungsanspruch nach § 8 Abs. 1 S. 1 UWG. Unterlassungsansprüche können aber auch schon dann in Betracht kommen, wenn eine wettbewerbswidrige Verhaltensweise erst bevorsteht. Der vorbeugende Unterlassungsanspruch besteht bei drohender Vornahme einer unzulässigen geschäftlichen Handlung (§ 8 Abs. 1 S. 2 UWG). Die insofern erforderliche Erstbegehungsgefahr setzt ernsthafte und greifbare tatsächliche Anhaltspunkte (und nicht nur die Möglichkeit) dafür voraus, dass sich der Schuldner in naher Zukunft entsprechend rechtswidrig verhalten werde (BGH GRUR 2011, 1038 – Stiftparfüm). Die Gefahr der Erstbegehung kann durch konkrete Vorbereitungen einer Verletzungshandlung entstehen, auch zB durch Drohungen, Warnungen, Absichtserklärungen und dahin gehende Werbeankündigungen (ohne dass diese ihrerseits ein Verstoß sind, sonst läge bereits Wiederholungsgefahr vor). Die Erstbegehungsgefahr muss sich dabei auf eine konkrete Verletzungshandlung beziehen; aufgrund der Umstände muss sich die drohende Verletzungshandlung so konkret abzeichnen, dass sich die Verwirklichung aller Tatbestandsmerkmale zuverlässig beurteilen lässt (BGH GRUR 2008, 912 – Metrosex; GRUR 2012, 728 – Einkauf Aktuell). Der Unterlassungsgläubiger hat das Vorliegen der Erstbegehungsgefahr darzulegen; für die materiellrechtliche Anspruchsvoraussetzung streitet keine Vermutung (BGH GRUR 2010, 455 – Stumme Verkäufer II). Wird die Abmahnung also auf einen Fall der Erstbegehungsgefahr gestützt, muss hierzu vorgetragen werden.

8. **Beschreibung der geschäftlichen Handlung.** Die Abmahnung muss die beanstandete geschäftliche Handlung klar und eindeutig bezeichnen, so dass der Verletzer weiß oder zumindest ermitteln kann, wogegen sich der Abmahnende überhaupt wendet. Dabei muss der Gläubiger diejenigen Tatsachen angeben, anhand derer der Verletzer den Vorwurf sowohl in tatsächlicher wie auch in rechtlicher Hinsicht nachvollziehen und prüfen kann. Der insofern verlangte Detailliertheitsgrad hängt dabei von den Umständen des Einzelfalls, insbesondere auch von dem im Einzelfall erhobenen Vorwurf ab: So ist beispielsweise bei einer bundesweit ausgestrahlten, irreführenden Fernsehwerbung nicht erforderlich, in der Abmahnung weitergehende Ausführungen zu Ausstrahlungstag, Sendezeit und ausstrahlendem Sender zu machen. Wird demgegenüber dem Abgemahnten vorgeworfen, unerlaubte Telefax- oder E-Mail-Werbung zu betreiben, so müssen in der Abmahnung weitergehende Angaben, insbesondere auch zur Person des Empfängers und gegebenenfalls auch zum Zeitpunkt der Werbung gemacht werden, weil ohne diese Angaben nicht nachgeprüft werden kann, ob zum Zeitpunkt der beanstandeten Werbung eine Einwilligung des Empfängers vorlag oder nicht (KG MD 1990, 833). Werden Bilder oder Grafiken abgemahnt, so müssen diese in der Abmahnung regelmäßig wiedergegeben werden; gleiches gilt wenn in Bezug auf eine bestimmte Aussage beanstandet wird, dass diese einen irreführenden Eindruck vermittele. Eine bloß verbale Beschreibung genügt in diesen Fällen nicht (OLG Hamburg ZUM-RD 2010, 466 f.). Die klare und eindeutige Benennung der beanstandeten Handlung hat vor dem Hintergrund der Rechtsprechung des BVerfG (GRUR 2018, 1288) insofern noch größere Bedeutung erhalten, als das BVerfG entschieden hat, dass dem verfassungsrechtlichen Grundsatz der prozessualen Waffengleichheit die Erwiderungsmöglichkeiten auf eine Abmahnung nur dann genügen, wenn die abgemahnte Handlung und die Begründung für die begehrte Unterlassung derselben mit dem bei Gericht geltend gemachten Unterlassungsbegehren identisch sind; denn nur dann ist sichergestellt, dass der Antragsgegner hinreichend Gelegenheit hatte, sich zu dem vor Gericht geltend gemachten Vorbringen des Antragstellers in gebotenem Umfang zu äußern (BVerfG GRUR 2018, 1288, Rn. 23).

9. Die **konkrete Verletzungshandlung** sollte der Abmahnung beigefügt werden. So können Missverständnisse um Gegenstand und Kontext der beanstandeten Wettbewerbshandlung von vornherein vermieden und Hoffnungen des Schuldners darauf, dass der Gläubiger den Verletzungsfall in einer gerichtlichen Auseinandersetzung nicht (mehr) präsentieren könne, zunichte gemacht werden. Im Übrigen gilt, dass die Angabe von weiteren Beweismitteln regelmäßig nicht erforderlich ist. Den Zweck der Abmahnung ist es lediglich, dem Verletzer den von ihm begangenen Rechtsverstoß sowie Wege zur Vermeidung eines gerichtlichen Verfahrens aufzuzeigen, nicht hingegen, ihm eine bessere Einschätzung des Prozessrisikos zu ermöglichen (OLG Hamm GRUR 1990, 716).

10. Wettbewerbsverstoß. Der Verletzer muss aus der Abmahnung erkennen können, was an seinem Wettbewerbsverhalten als Verstoß beanstandet wird, damit er die gebotenen Folgerungen ziehen kann. Dazu gehört, dass die rechtlichen Gesichtspunkte, unter denen das Verhalten beanstandet wird, zumindest in Grundzügen bezeichnet werden. Dabei braucht der Wettbewerbsverstoß nicht unbedingt richtig und umfassend beurteilt zu werden, und noch viel weniger ist es erforderlich, das beanstandete Verhalten gleichsam rechtsgutachterlich zu prüfen. Erforderlich, aber auch ausreichend ist, dass der Abgemahnte in die Lage versetzt wird, das als wettbewerbswidrig bezeichnete Verhalten unter den in Betracht kommenden rechtlichen Gesichtspunkten zu würdigen und daraus die nötigen Folgerungen zu ziehen. Dabei empfiehlt es sich aus der Perspektive des Abmahnenden, die beanstandungswürdigenden Aspekte möglichst umfassend anzusprechen und nicht nur auf einzelne, (vermeintlich) leicht zu begründende Aspekte zu fokussieren:

Zum einen ist auch hier der Grundsatz der prozessualen Waffengleichheit im Blick zu behalten; diesem genügen die Erwiderungsmöglichkeiten auf eine Abmahnung nach der Rechtsprechung des BVerfG nur dann, wenn nicht nur die abgemahnte Handlung, sondern auch die Begründung für die begehrte Unterlassung derselben mit dem bei Gericht geltend gemachten Unterlassungsbegehren identisch sind. „Testfrage" ist, ob der Antragsgegner im Verfügungsverfahren hinreichend Gelegenheit hatte, sich zu dem vor Gericht geltend gemachten Vorbringen des Antragstellers in gebotenem Umfang zu äußern: Wird der Antrag vor Gericht in anderer Weise oder mit ergänzendem Vortrag begründet als in der Abmahnung, so wird dem Antragsgegner in aller Regel rechtliches Gehör zu gewähren sein (BVerfG GRUR 2018, 1288 Rn. 23, 24) – „Unsauberkeiten" in der Abmahnung können damit weitreichende Auswirkungen auf den Verlauf eines sich anschließenden Verfügungsverfahrens haben und insbesondere zu erheblichen zeitlichen Verzögerungen führen.

Zum anderen kann eine im Vergleich zu den Ausführungen in der Abmahnung erweiterte oder verschobene Argumentation im gerichtlichen Verfahren auch Kostennachteile für den (Verfügungs-)Kläger nach sich ziehen: Wird nämlich der von der Abmahnung abweichende Antrag im gerichtlichen Verfahren sofort anerkannt, können dem (Verfügungs-) Kläger die Kosten des Verfahrens gem. § 93 ZPO auferlegt werden.

Rechtsprechungsnachweise braucht der Abmahnende mit der Abmahnung grundsätzlich nicht zu liefern. Liegt allerdings bereits eine einschlägige Entscheidung vor, so empfiehlt es sich, diese in der Abmahnung zu erwähnen bzw. diese sogar beizufügen, weil dadurch in aller Regel die Unterwerfungsbereitschaft steigt. Dabei ist allerdings stets darauf zu achten, dass Ausführungen zu gerichtlichen Entscheidungen nicht missverständlich und irreführend sein dürfen (OLG Hamburg GRUR-RR 2002, 145; OLG Köln WRP 2003, 123); erst recht dürfen für den Gläubiger nachteilige Entscheidungen nicht verschwiegen werden (OLG Düsseldorf NJOZ 2009, 748).

11. Unterlassungsverlangen. Die Abmahnung muss dem Schuldner einen Weg weisen, wie er sich zu verhalten hat, um einen Prozess zu vermeiden. Dies geschieht dadurch, dass der Abmahnende den Verletzer auffordert, sich zur Unterlassung zu verpflichten. Die bloße Aufforderung zu rechtstreuem Verhalten, zum Widerruf einer Werbebehauptung oder die Androhung gerichtlicher Schritte sind kein Unterlassungsverlangen.

Wenn es bereits zu einem Rechtsverstoß gekommen ist und somit Wiederholungsgefahr besteht (wovon im vorliegenden Formular ausgegangen wird), sollte der Gläubiger verlangen, dass der Verletzer eine strafbewehrte Unterlassungsverpflichtungserklärung abgibt, da nur diese die bestehende Wiederholungsgefahr wieder auszuräumen vermag. Da dieser Umstand auch im kaufmännischen Verkehr nicht durchweg als bekannt vorausgesetzt werden kann, empfiehlt sich ein Hinweis darauf, dass die bloße Einstellung des beanstandeten Verhaltens ebenso wenig als ausreichend anzusehen ist wie ein nicht durch eine Vertragsstrafe gesichertes Versprechen, das beanstandete Verhalten einzustellen oder aber künftig eine andere Werbeaussage zu verwenden.

Besteht dagegen lediglich Erstbegehungsgefahr, so ist der potentielle Verletzer nicht verpflichtet, eine *strafbewehrte* Unterlassungserklärung abzugeben, was bei der Formulierung eines Unterlassungsverlangen zu berücksichtigen ist (BGH GRUR 2011, 995 – Besonderer Mechanismus); hier kann eine ungesicherte Unterlassungserklärung (neben unter Umständen noch anderen als *actus contrarius* die Erstbegehungsgefahr wieder ausräumenden Handlungen) in Betracht kommen. Gleiches gilt in solchen Konstellationen, bei denen der Schulder erstmals auf ein bestimmtes, von ihm verbreitetes, rechtsverletztendes Angebot eines Dritten und das Bestehen von Prüfpflichten hingewiesen wird (→ Anm. 6): Hier ist der Schuldner nur zur unverzüglichen Sperrung des konkret benannten rechtsverletzenden Angebots und zur zumutbaren Prüfung und Vorsorge verpflichtet, dass es nicht zu weiteren gleichartigen Rechtsverletzungen kommt; eine strafbewehrte Unterlassungserklärung schuldet er jedoch (noch) nicht (dies ist vielmehr erst dann der Fall, wenn er Prüfpflichten bereits verletzt hat).

Die Wirksamkeit der Abmahnung wird nicht dadurch berührt, dass der Gläubiger mit der vorgeschlagenen Unterwerfungserklärung mehr fordert, als ihm zusteht (BGH GRUR 2012, 82 – Auftragsbestätigung). Denn die Abmahnung wird in ihrer rechtlichen Wirkung nicht dadurch beeinflusst, dass die geforderte Erklärung inhaltlich zu weit geht; es ist grundsätzlich Sache des Schuldners, aufgrund der Abmahnung die zur Beseitigung der vorliegenden Erstbegehungs- oder Wiederholungsgefahr erforderliche Erklärung abzugeben. Etwas anderes kann allerdings gelten, wenn der Abmahnende einen nicht geschäftlich tätigen Abgemahnten ausdrücklich davor warnt, eine erheblich zu weit gehende Unterwerfungserklärung einzuschränken; kommt es in einer solchen Konstellation nachfolgend zum Prozess, so hat der Abgemahnte nicht dadurch Veranlassung zur Klage gegeben (§ 93 ZPO), dass er keine Unterlassungserklärung abgegeben hat (OLG Köln MMR 2011, 613). Zu beachten ist allerdings, dass ein zu weit gefasstes Unterlassungsverlangen die Abmahnung zwar nicht unwirksam machen, für den Gläubiger aber gleichwohl mit Gefahren verbunden sein kann: Dies birgt nämlich das Risiko, vom Verletzer mit einer negativen Feststellungsklage überzogen zu werden; dies gilt entsprechend für zu unbestimmte oder zu allgemein gehaltene Unterlassungsaufforderungen.

Verlangt der Gläubiger mit der Abmahnung weniger als zu seiner Klaglosstellung eigentlich erforderlich ist, so macht auch dies die Abmahnung nicht unwirksam. Gibt der Schuldner auf eine solche Abmahnung hin - wie vom Gläubiger verlangt – eine objektiv nur unzureichende Erklärung ab (beispielsweise eine ungesicherte Unterlassungserklärung, eine Erklärung mit einem zu niedriges Strafversprechen oder eine den bestehenden Unterlassungsansprüchen lediglich teilweise Rechnung tragende Erklärung), so bleibt die Wiederholungsgefahr bestehen. Erhebt der Gläubiger sodann allerdings mit der Begründung einer nach wie vor bestehenden Erstbegehungs- oder Wiederholungsgefahr Klage oder beantragt er eine einstweilige Verfügung, so hat der Schuldner, wenn er sofort anerkennt, keinen Anlass zur Klage im Sinne von § 93 ZPO gegeben; die Kosten des Verfahrens sind dann dem Gläubiger aufzuerlegen.

Nicht selten kommt es in der Praxis zu Abweichungen zwischen dem in der Abmahnung formulierten Unterlassungsverlangen und dem im nachfolgenden gerichtlichen Verfahren gestellten Antrag. Eine solche Divergenz bedeutete bislang nicht automatisch, dass nicht ordnungsgemäß abgemahnt wurde. Denn nach bislang hM konnte der Gläubiger im gerichtlichen Verfahren bspw. ohne weiteres die Verletzungsform ausführlicher beschreiben, als es in der Abmahnung geschehen ist. damit korrespondiert, dass der BGH seinen früher sehr kleinteiligen Streitgegenstandsbegriff zwischenzeitlich aufgegeben hat und insofern einen großzügigeren Maßstab zugrunde legt (vgl. hierzu BGH WRP 2012, 472 – Biomineralwasser; vgl. auch BGH GRUR 2012, 184 – Branchenbuch Berg; GRUR 2011, 1151 – Original Kanchipur sowie GRUR 2011, 742 – Leistungspakete im

Preisvergleich). Ob daran allerdings nach der jüngeren Rechtsprechung des BVerfG festgehalten werden kann, erscheint zumindest fraglich. Richtigerweise wird man hier wohl differenzieren müssen: Für den Bereich des regulären Hauptsacheverfahrens werden die skizzierten Grundsätze auch weiterhin Geltung beanspruchen: Solange der Streitgegenstand derselbe bleibt, kann der Verletzer im nachfolgenden Verfahren nicht bereits bei jeder beliebigen Differenz zwischen der Formulierung des Unterlassungsbegehrens in der Abmahnung einerseits und der Antragsfassung im gerichtlichen Verfahren andererseits geltend machen, er sei nicht ordnungsgemäß abgemahnt worden. Dies wird nur dann anders sein, wenn die in der Abmahnung bezeichnete und als rechtswidrig angegriffene Verhaltensweise überhaupt nicht diejenigen Handlungselemente erfasst, hinsichtlich derer im nachfolgenden gerichtlichen Verfahren ein wettbewerbswidriges Verhalten geltend gemacht wird (vgl. hierzu schon BGH GRUR 2009, 112 – Freundschaftswerbung im Internet). Für den in der Praxis überaus relevanten Bereich des Eilverfahrens ergeben sich aber Änderungen: Hier müssen die abgemahnte Handlung sowie die Begründung für die begehrte Unterlassung mit dem bei Gericht geltend gemachten Unterlassungsbegehren im Eilverfahren identisch sein, da nur dann sichergestellt ist, dass der Antragsgegner hinreichend Gelegenheit hatte, sich zu dem vor Gericht geltend gemachten Vorbringen des Antragstellers in gebotenem Umfang zu äußern. Dementsprechend wird hier dem Antragsgegner Gehör zu gewähren sein, wenn er nicht in der gehörigen Form abgemahnt wurde oder der Antrag vor Gericht in anderer Weise oder mit ergänzendem Vortrag begründet wird als in der Abmahnung.

12. Erstattung von Anwaltskosten. § 12 UWG sieht vor, dass der Anspruchsberechtigte Ersatz der erforderlichen Aufwendungen verlangen kann, soweit die Abmahnung berechtigt ist. Der Anspruch aus § 12 UWG setzt kein schuldhaftes Handeln voraus; ebenso wenig ist es nach § 12 UWG nötig, dass die Abmahnung im – objektiv vorhandenen oder mutmaßlichen – Interesse des Abgemahnten liegt. Erforderlich ist aber eine „berechtigte" Abmahnung. Berechtigt kann eine Abmahnung nur sein, wenn der mit ihr verfolgte Anspruch tatsächlich begründet ist. Des Weiteren darf das Vorgehen nicht rechtsmissbräuchlich sein (§ 8 Abs. 4 UWG) und schließlich muss die Abmahnung auch erforderlich sein. Berechtigt ist eine Abmahnung (das Bestehen eines Wettbewerbsverstoßes unterstellt) auch dann, wenn der Verletzer zuvor schon von einem anderen Anspruchsberechtigten abgemahnt wurde, der Abgemahnte sich diesem gegenüber aber noch nicht unterworfen hat. Denn solange eine strafbewehrte Unterlassungserklärung noch nicht abgegeben wurde, besteht die Wiederholungsgefahr nach wie vor, da ja noch immer ein verfolgbarer Anspruch besteht. Berechtigt ist eine Abmahnung indes nicht, wenn und soweit der Abgemahnte bereits durch einen Dritten abgemahnt wurde und diesem gegenüber eine ausreichende strafbewehrte Unterlassungserklärung abgebeben hat. Denn in diesem Fall ist die Wiederholungsgefahr und damit zugleich der Anspruch aller übrigen Gläubiger entfallen, die somit nicht mehr berechtigt abmahnen können. Wenn der Abmahnende zum Zeitpunkt der Einschaltung seines Rechtsanwalts von der Drittunterwerfung allerdings keine Kenntnis hat, kann ein Erstattungsanspruch unter Umständen als Schadensersatzanspruch gem. § 9 UWG geltend gemacht werden (OLG München WRP 1988, 639).

Abmahnkosten, die erst entstehen, nachdem bereits eine einstweilige Verfügung („Schubladenverfügung") erwirkt wurde (was nach der neueren Rechtsprechung nur noch in seltenen Ausnahmefällen möglich sein dürfte, → Anm. 2), sind unter keinem denkbaren Gesichtspunkt erstattungsfähig: Eine solche „nachträgliche" Abmahnung ist objektiv nicht erforderlich, weil der eigentliche Zweck der Abmahnung, nämlich dem Verletzer Gelegenheit zu geben, ein gerichtliches Verfahren zu vermeiden, nicht mehr erreicht werden kann; insofern kommt eine Erstattung über § 9 UWG nicht in Betracht. Auch eine Kostenerstattung gemäß § 12 Abs. 1 UWG scheidet aus, weil dort eine

Abmahnung vor Einleitung eines gerichtlichen Verfahrens vorausgesetzt wird (BGH GRUR 2010, 257 – Schubladenverfügung), und schließlich kommt auch eine Kostenerstattung nach den Grundsätzen der Geschäftsführung ohne Auftrag nicht in Betracht, da die erst nach Erlass einer einstweiligen Verfügung ausgesprochene Abmahnung nicht im Interesse des Abgemahnten liegt (BGH GRUR 2010, 257 – Schubladenverfügung).

Liegt lediglich Erstbegehungsgefahr vor, ist § 12 UWG nicht anwendbar; in diesem Fall kann aber eine Kostenerstattung aus Geschäftsführung ohne Auftrag in Betracht kommen.

Der Anspruch auf Schadens- oder Aufwendungsersatz hängt nicht vom Erfolg der Abmahnung ab; er besteht also auch, wenn keine strafbewehrte Unterlassungserklärung abgegeben wird. Werden mit einer anwaltlichen Abmahnung verschiedene Handlungen beanstandet (die unterschiedliche Streitgegenstände darstellen), und ist die Abmahnung nur in Bezug auf einen Teil dieser Handlungen begründet, so besteht ein Erstattungsanspruch des abmahnenden Mitbewerbers nur für den berechtigten Teil der Abmahnung; der zu erstattende Teil der Kosten ist nach dem Verhältnis des Gegenstandswerts des berechtigten Teils der Abmahnung zum Gegenstandswert der gesamten Abmahnung zu bestimmen (BGH GRUR 2013, 939 – Telefonwerbung nach Unternehmenswechsel). Ist indes die Abmahnung eines Wettbewerbsverbands nur teilweise berechtigt, so hat dies keinen Einfluss auf die Erstattung der von ihm geltend gemachten Kostenpauschale; diese Pauschale fällt unabhängig vom Streitwert der beanstandeten Wettbewerbshandlung an und ist auch denn in voller Höhe zu zahlen, wenn die Abmahnung nur teilweise berechtigt ist (BGH GRUR 2009, 1064 – Geld-zurück-Garantie II).

Dem Kostenerstattungsanspruch kann der Einwand des Rechtsmissbrauchs (§ 8 Abs. 4 UWG) entgegenstehen, wenn der Gläubiger einen einheitlichen Sachverhalt in mehrere Abmahnungen aufspaltet und damit unnötige Mehrkosten verursacht. Der Gläubiger muss also die beanstandete Handlung hinsichtlich aller darin enthaltenen Verstöße überprüfen und alle erkannten Verstöße gleichzeitig abmahnen. Rechtsmissbräuchlich ist es allerdings nicht, wenn ein zunächst nicht erkannter und deshalb unberücksichtigt gebliebener rechtlicher oder tatsächlicher Gesichtspunkt anschließend mit einer weiteren Abmahnung neu geltend gemacht wird (OLG Hamburg GRUR 1989, 133). Ebensowenig ist es rechtsmissbräuchlich, wenn der Gläubiger gegen zwei Aussagen im selben Werbemittel in getrennten Verfahren vorgeht, weil für das erste Verfahren – anders als beim nachfolgenden Verfahren – keine weiteren Ermittlungen zum Sachverhalt erforderlich waren; ein solches Vorgehen ist ganz im Gegenteil sogar geboten, da der Antragsteller anderenfalls die für eine Verfolgung im Eilrechtswege erforderliche Dringlichkeit im ersten Verfahren verliert (OLG Hamburg MD 2009, 766). Ein Missbrauch liegt auch nicht vor, wenn inhaltlich ähnliche Werbeankündigungen getrennt angegriffen werden, die verschiedene Streitgegenstände darstellen (BGH GRUR 2010, 454 – Klassenlotterie).

13. Es entsprach jahrzehntelanger Praxis, dass die Kosten der anwaltlichen Abmahnung von den abmahnenden Anwältinnen und Anwälten für den Mandanten direkt bei der Gegenseite geltend gemacht wurden. Dies geschah üblicherweise durch eine sog. Kostenberechnung, bei der auf die Geltendmachung von Umsatzsteuer verzichtet wurde. Dem lag die Annahme zugrunde, dass es sich bei einer Zahlung, die an einen Unternehmer von dessen Wettbewerber als Aufwendungsersatz aufgrund einer wettbewerbsrechtlichen Abmahnung geleistet werden, umsatzsteuerlich als nicht steuerbare Schadensersatzzahlung zu qualifizieren sei. Daran kann nach der neueren Rechtsprechung des Bundesfinanzhofs allerdings nicht mehr festgehalten werden (vgl. BFH GRUR 2017, 826): Die Erstattung von Abmahnkosten ist umsatzsteuerlich als Entgelt im Rahmen eines umsatzsteuerbaren Leistungsaustauschs zwischen dem Unternehmer dem von ihm abgemahnten Wettbewerber zu qualifizieren – mit der Folge, dass diese Kosten mit einer regulären, alle förmlichen Voraussetzungen erfüllende Rechnung mit darin ausgewiesener Umsatzsteuer geltend gemacht werden müssen. Diese Rechtsprechung ist nicht auf wettbewerbsrechtliche Abmahnungen beschränkt, sondern gilt auch in anderen Bereichen (vgl. BFH NJW 2019, 1836 für den Fall urheberrechtlicher Abmahnungen); die Frage, ob ein Leistungsaustausch im umsatzsteuerrechtlichen Sinne vorliegt, ist nicht nach zivilrechtlichen, sondern ausschließlich nach den vom Unionsrecht geprägten umsatzsteuerrechtlichen Vorgaben zu beantworten (BFH NJW 2019, 1836).

14. Es ist nicht erforderlich, der Abmahnung eine vorformulierte Unterlassungserklärung beizufügen, denn es ist grundsätzlich Sache des Abgemahnten, die bestehende Wiederholungsgefahr durch Abgabe geeigneter Erklärungen auszuräumen. Überlässt der Abmahnende indes die Formulierung der Unterlassungserklärung dem Abgemahnten, so erhält er unter Umständen nicht die Erklärung, die er sich wünscht, und gerade bei wettbewerbsrechtlich weniger erfahrenen und juristisch nicht beratenen Schuldnern dürfte eine die Beseitigung der Wiederholungsgefahr ausräumende Erklärung kaum zu erwarten sein. Überdies eröffnet die als bloß einseitige Erklärung ausgestaltete Abmahnung den Anwendungsbereich von § 174 BGB (BGH GRUR 2010, 1120 – Vollmachtsnachweis, → Anm. 4). All dies kann zu unnötigen Verzögerungen führen. Es ist deshalb üblich und empfehlenswert, dass der Abmahnende eine von ihm erwartete strafbewehrte Unterlassungserklärung vorformuliert und diese dem Abgemahnten übermittelt.

15. Fristsetzung. Üblicherweise wird dem Verletzer in der Abmahnung eine Frist zur Abgabe der verlangten Unterlassungserklärung gesetzt, was in erster Linie im Interesse des Abmahnenden liegt, damit er weiß, wie lange er mit der Einleitung eines Verfahren warten muss. Die Erklärungsfrist sollte für beide Seiten klar (zumeist datumsmäßig) bestimmt oder zumindest zweifelsfrei bestimmbar sein. Sie muss angemessen sein, wobei die Frage, was als angemessen anzusehen ist, von den Umständen des Einzelfalls abhängt. Dabei muss die Frist jedenfalls so bemessen sein, dass der Abgemahnte überhaupt reagieren kann. Bei der Fristbemessung ist ferner die Komplexität der Sach- und Rechtslage zu berücksichtigen; so ist bspw. von Bedeutung, ob es sich um einen in tatsächlicher und rechtlicher Hinsicht schwierigen Sachverhalt oder eine für jedermann leicht zu erkennende Irreführung handelt. Üblich und im Regelfall auch angemessen ist eine Frist von etwa einer Woche, gerechnet ab dem Zugang der Abmahnung. Bei Verstößen, die sehr schnell unterbunden werden müssen (Beispiele: Werbung auf Messen und Kongressen; zeitlich begrenzte Sonderveranstaltungen; unmittelbar bevorstehende Lieferung rechtsverletzender Ware oder Werbematerialien an eine Fülle von Abnehmern mit der Folge, dass weitere Verstöße nicht mehr effektiv unterbunden werden können), kann indes auch eine deutlich kürzere, unter Umständen sogar nach Stunden bemessene Frist in Betracht kommen. In all diesen Fällen ist allerdings Voraussetzung, dass der Gläubiger selbst für eine unverzügliche Übermittlung der Abmahnung sorgt (OLG Frankfurt a.M. WRP 1996, 1194 f.); der Gläubiger, der mehrere Tage oder gar Wochen seit Kenntnis vom Verstoß hat verstreichen lassen, bis er sich zur Abmahnung entschlossen hat, kann vom Schuldner nicht eine Reaktion innerhalb weniger Stunden erwarten, selbst wenn die Sache inzwischen besonders eilbedürftig geworden ist. Hat der Gläubiger dem Schuldner eine zu kurze Frist gesetzt, so macht dies die Abmahnung nicht unwirksam. Vielmehr wird lediglich statt der unangemessen kurzen eine angemessene Frist in Lauf gesetzt BGH GRUR 2010, 355 – Antwortpflicht des Abgemahnten).

Eine nach Tagen bestimmte Frist ist nach §§ 188, 193 BGB zu berechnen; sie endet regelmäßig mit Ablauf des angegebenen Tages, also um 24.00 Uhr. Wenn in einem besonderen Eilfall eine besonders kurze Frist gesetzt wird, empfiehlt es sich daher, das Fristende durch die Angabe einer Uhrzeit präzise zu bestimmen. Zu beachten ist allerdings, dass mit einer ausdrücklich genannten Uhrzeit gläubigerseitig dokumentiert wird, dass es ihm *besonders eilig* ist und er selbst bei nur geringfügiger Fristüberschreitung noch am selben Tag gerichtliche Maßnahmen einleiten werde. Wenn der Gläubiger in einem solchen

Fall mit der Einleitung gerichtlicher Schritte länger zuwartet, kann dies unter Dringlichkeitsgesichtspunkten problematisch sein (OLG Hamburg WRP 2007, 811).

16. **Verfahrensandrohung.** Die Abmahnung muss dem Abgemahnten deutlich machen, welches Risiko er eingeht, wenn er sie nicht beachtet. Der Gläubiger muss dementsprechend zweifelsfrei erklären, dass er gerichtliche Hilfe in Anspruch nehmen wird, wenn und soweit er keine Unterlassungserklärung erhält; eine bloße **Berechtigungsanfrage** reicht insofern nicht aus (OLG Hamburg GRUR 2006, 616). Hat der Abgemahnte indes erklärt, er werde keine Unterlassungserklärung abgeben und rechnet er erkennbar damit, in einen Rechtsstreit verwickelt zu werden, so ist eine förmliche Verfahrensandrohung entbehrlich. Hat der Abmahnende in der Abmahnung darauf hingewiesen, er werde nach fruchtlosem Ablauf der Frist Klage erheben, so ist eine Festlegung auf ein bestimmtes Vorgehen mit diesem Hinweis nicht verbunden. Der Schuldner kann sich – wenn stattdessen eine einstweilige Verfügung bekannt beantragt wird – deshalb nicht darauf berufen, er habe mit einem Verfügungsverfahren nicht mehr rechnen müssen.

17. Im Falle eines Wettbewerbsverstoßes stehen dem Gläubiger neben dem Anspruch auf Unterlassung und Abmahnkostenerstattung auch noch weitere Ansprüche zu, so etwa Beseitigungs-, Auskunfts-, und Schadensersatzansprüche; die Verbände, Einrichtungen und Kammern gem. § 8 Abs. 3 Nr. 2–4 UWG können darüber hinaus Gewinnabschöpfungsansprüche geltend machen. In der wettbewerbsrechtlichen Praxis spielen sie eine eher untergeordnete Rolle. Sollen diese uU später noch geltend gemacht werden, so empfiehlt es sich, einen entsprechenden Vorbehalt mit aufzunehmen, um so einem später möglichen Einwand des Schuldners zu entgehen, er sei davon ausgegangen, dass mit der Abgabe der strafbewehrten Unterlassungserklärung und der Erstattung der Abmahnkosten die Angelegenheit endgültig erledigt und weitere Ansprüche nicht mehr geltend gemacht würden.

9. Abschlussschreiben

Vorab per Telefax und E-Mail[1–3]

An die A GmbH[4]

. . . . . Geschäftsleitung

Sehr geehrte Damen und Herren,

Ihnen ist vor zwei Wochen[5] eine einstweilige Verfügung des Landgerichts . . . . . (Az . . . . . .) zugestellt worden, mit welcher Ihnen auf unseren Antrag hin verboten worden ist, mit der Aussage

„Testsieger"

zu werben, wenn dies wie in der aus der Entscheidung ersichtlichen Form geschieht.

Die einstweilige Verfügung sichert die Ansprüche unserer Mandantin nur vorläufig. Insbesondere ist durch ihren Erlass das Rechtsschutzinteresse unserer Mandantin an der Erhebung einer Hauptsacheklage nicht beseitigt. Wir haben Sie deshalb aufzufordern, die einstweilige Verfügung des Landgerichts . . . . . vom . . . . . als endgültige, zwischen den Parteien materiell-rechtlich verbindliche und nach Bestandskraft und Wirkung einem rechtskräftigen Hauptsachetitel gleichstehende Regelung anzuerkennen und demgemäß auf alle Rechte des Vorgehens gegen den Titel sowie den zugrundeliegenden Anspruch zu verzichten, soweit auch ein Vorgehen gegen einen rechtskräftigen Hauptsachetitel ausgeschlossen wäre (dies umfasst insbesondere einen Verzicht auf die Rechtsbehelfe aus § 924 ZPO (Widerspruch), aus § 926 ZPO (Anordnung der Klagerhebung) sowie aus

§ 927 ZPO (Aufhebung der einstweiligen Verfügung wegen veränderter Umstände) mit Ausnahme künftiger Umstände, die auch einem rechtskräftigen Hauptsachetitel entgegengesetzt werden könnten[6]) oder aber eine dem Tenor der ergangenen einstweiligen Verfügung entsprechende Unterlassungsverpflichtungserklärung[7] mit dem Versprechen abzugeben, für jeden Fall der schuldhaften Zuwiderhandlung an unsere Mandantin eine von dieser nach billigem Ermessen festzusetzende und im Streitfall durch das Landgericht . . . . . zu überprüfende Vertragsstrafe zu zahlen.

Für den Eingang der geforderten Erklärungen[8] haben wir uns den

. . . . .

vorgemerkt. Die Übersendung vorab per Telefax wahrt die Frist. Sollten die geforderten Erklärungen bis zu diesem Zeitpunkt hier nicht oder nicht vollständig eingegangen sein, würden wir unserer Mandantin empfehlen, in dieser Sache Hauptsacheklage zu erheben.[9]

Außerdem sind sie nach ständiger Rechtsprechung verpflichtet, die Kosten für diese Aufforderung zur Übersendung eines Abschlussschreibens zu tragen;[10] insofern werden Sie von unserer Mandantin mit separater Post eine entsprechende Rechnung erhalten.

Weitergehende Ansprüche bleiben einstweilen ausdrücklich vorbehalten.[11]

Mit freundlichen Grüßen

Schrifttum: Ahrens, Die Abschlusserklärung, WRP 1997, 907; *Ahrens,* Zu Form und Inhalt einer Abschlusserklärung in einer Wettbewerbssache, EWiR 1990, 1247; *Borck,* Kunstfehler und kalkulierte Risiken beim Umgang mit Unterlassungsverfügungen, WRP 1979, 274 ff.; *Klaka,* Die einstweilige Verfügung in der Praxis, GRUR 1979, 593 ff.; *Krenz,* Die Geschäftsführung ohne Auftrag beim wettbewerbsrechtlichen Abschlussschreiben, GRUR 1995, 31; *Nill,* Sachliche Zuständigkeit bei Geltendmachung der Kosten von Abschlussschreiben, GRUR 2005, 741; *Spehl,* Abschlussschreiben und Abschlusserklärung im Wettbewerbsverfahrensrecht, 1988.

Anmerkungen

1. Sachverhalt. Das Formular geht davon aus, dass dem Empfänger des Abschlussschreibens durch eine einstweilige Verfügung verboten worden ist, mit dem Begriff „Testsieger" zu werben, wie dies in → Form. XII.9 beanstandet worden ist. Zugrunde gelegt wird ferner, dass die einstweilige Verfügung ohne mündliche Verhandlung ergangen ist und dass gegen die Beschlussverfügung noch kein Widerspruch eingelegt wurde. Das Formular geht außerdem davon aus, dass das Abschlussschreiben von dem Rechtsanwalt versandt wird, der auch als Verfahrensbevollmächtigter im einstweiligen Verfügungsverfahren für den Antragsteller tätig geworden ist. Die Partei kann das Abschlussschreiben aber auch durchaus selbst versenden, was dem Schulder eine Belastung mit weiteren Anwaltskosten des Gläubigers erspart, insbesondere → Anm. 10.

2. Allgemeines zum Abschlussschreiben. Das Abschlussschreiben (früher auch als Anschlussabmahnung bezeichnet) soll klären, ob nach einer vom Gläubiger erwirkten einstweiligen Verfügung ein wettbewerbsrechtliches Streitverhältnis außerhalb des ordentlichen Gerichtsweges endgültig durch eine Vereinbarung zwischen den Parteien erledigt werden kann oder ob insofern die Erhebung einer Hauptsacheklage erforderlich ist. Das Abschlussschreiben ist seinem materiellen Inhalt nach eine qualifizierte Form der Abmahnung, die aus kostenrechtlichen Gründen (§ 93 ZPO) vor Erhebung einer entsprechenden Hauptsacheklage geboten ist, nachdem eine einstweilige Verfügung gegen den Abgemahnten erwirkt wurde. Hat der Schuldner nach der ihm zugestellten einstweiligen Verfügung bereits eine vertragsstrafebewehrte Unterlassungsverpflichtungserklärung abgegeben oder aber die einstweilige Verfügung von sich aus als endgültige Regelung anerkannt, ist ein Abschlussschreiben nicht mehr geboten (OLG Stuttgart WRP 2007, 688). Gleiches gilt, wenn der Gläubiger ohne vorangegangenes Verfügungsverfahren sofort Hauptsacheklage eingereicht hat, denn hier ist das Verfahren, welches das Abschlussverfahren ja eigentlich zu vermeiden versucht, bereits anhängig; die endgültige Klärung der Rechtslage wird insofern durch den rechtskräftigen Ausgang des Hauptsacheverfahrens herbeigeführt.

3. Form und Zugang des Abschlussschreibens. An die Form eines Abschlussschreibens werden keine besonderen Anforderungen gestellt; üblich und empfehlenswert ist allerdings schon aus Gründen der besseren Beweisbarkeit Schrift- oder Textform. Überdies ist im Hinblick auf die Rechtsprechung des BGH (GRUR 2007, 629 – Zugang der Abmahnung) anzuraten, einen Versandweg zu wählen, der belegt, dass das Abschlussschreiben abgesandt wurde und zugleich einen Zugang beim Empfänger zumindest nahelegt. Zu den näheen Einzelheiten → Form. XII.9 Anm. 3.

4. Adressat. Das Abschlussschreiben richtet sich an den Antragsgegner des einstweiligen Verfügungsverfahrens. Hat sich bereits im einstweiligen Verfügungsverfahren für den Antragsgegner ein Anwalt gemeldet, sollte ihm entweder ein inhaltsgleiches Schreiben oder eine Kopie des an den Antragsgegner übermittelten Abschlussschreibens zugesandt werden. Eine Zustellung des Abschlussschreibens allein an diesen Anwalt genügt allerdings nicht, weil er möglicherweise nur für das einstweilige Verfügungsverfahren von seinem Mandanten beauftragt worden ist, so dass er zur Entgegennahme des Abschlussschreibens - welches der Sache eine erneute Abmahnung vor der Hauptsacheklage ist und demgemäß zum Hauptsacheklageverfahren zu rechnen ist (BGH WRP 2008, 805 – Abschlussschreiben eines Rechtsanwalts) - nicht legitimiert ist.

5. Wartefrist; Erklärungsfrist. In Rechtsprechung und Literatur ist weithin anerkannt, dass dem Antragsgegner eines Verfügungsverfahrens Gelegenheit gegeben werden muss, von sich aus – also ohne eine (kostenpflichtige) Aufforderung durch den gegnerischen Anwalt – eine Abschlusserklärung abzugeben („Wartefrist"). Welche Frist hierfür als angemessen anzusehen ist, war in Rechtsprechung und Literatur lange umstritten. Der BGH hat hierzu entschieden, dass es jedenfalls bei einer durch Urteil ergangenen oder nach Widerspruch bestätigten einstweiligen Verfügung im Regelfall geboten und ausreichend ist, wenn der Gläubiger eine Wartefrist von zwei Wochen einhält (BGH GRUR 2015, 822 Rn. 22 mwN). Ob diese Frist auch bei einer durch Beschluss erlassenen einstweiligen Verfügung abgegelten soll, hat der BGH offen gelassen; er hat allerdings angedeutet, dass der Gläubiger hier uU eine längere Wartefrist als zwei Wochen einzuhalten hat, da dem Schuldner in diesem Fall regelmäßig keine begründete gerichtliche Entscheidung als Beurteilungsgrundlage zur Verfügung stehe und überdies der Widerspruch nach §§ 935, 924 Abs. 1 ZPO unbefristet zulässig ist. Allerdings wird auch nach einer Beschlussverfügung die angemessene und erforderliche Wartefrist im Regelfall drei Wochen nicht überschreiten (BGH GRUR 2018, 825, Rn. 23). Von der Überlegungs- bzw. Wartefrist zu unterscheiden ist die dem einzuräumende Erklärungsfrist; diese muss mindestens zwei Wochen betragen, innerhalb derer der Schuldner prüfen kann, ob er die Abschlusserklärung abgeben will (BGH GRUR 2015, 822, Rn. 23).

6. Die Abschlusserklärung soll den Gläubiger so stellen, als hätte er statt eines vorläufigen einen endgültigen Titel. Dazu bedarf es eines Verzichts auf die möglichen Rechtsbehelfe gegen die einstweilige Verfügung (§§ 924, 926, 927 ZPO). Allerdings soll der Gläubiger auch nicht besser gestellt werden als er bei einem rechtskräftigen Hauptsachetitel stünde. Dies aber wäre bei einem uneingeschränkten Verzicht auf die Rechte aus § 927 ZPO der Fall. Die Abschlusserklärung braucht daher solche Einwendungen nicht auszuschließen, die der Schuldner mit der Vollstreckungsabwehrklage (§ 767 ZPO)

gegen einen rechtskräftigen Hauptsachetitel geltend machen könnte (BGH GRUR 2009, 1096 – Mescher weis); hieraus resultiert die hier vorgeschlagene Formulierung.

Unter den explizit erwähnten Rechtsbehelfen wird – entsprechend der zugrundegelegten Annahme, dass die einstweilige Verfügung ohne mündliche Verhandlung ergangen ist und dass gegen die Beschlussverfügung noch kein Widerspruch eingelegt wurde (→ Anm. 1) – ua auch der Widerspruch gemäß § 924 ZPO genannt. Dieser muss natürlich als denkbar angeführtes Rechtsmittel des Antragsgegners im Abschlussschreiben dann entfallen, wenn ein Widerspruch bereits eingelegt worden ist.

In der Praxis immer wieder anzutreffen ist das Verlangen, der Antragsgegner möge in der Abschlusserklärung auch auf die Erhebung einer negativen Feststellungsklage verzichten. Richtig ist daran, dass der Antragsgegner des einstweiligen Verfügungsverfahrens die Möglichkeit hat, seinerseits wegen des in der einstweiligen Verfügung vorläufig geregelten Streitverhältnisses das Klageverfahren zu beschreiten, indem er negative Feststellungsklage gegenüber dem aus der Abmahnung bzw. aus der einstweiligen Verfügung ersichtlichen Anspruch erhebt. Das Formular nennt diese Möglichkeit des Antragsgegners nicht, weil sie zum einen kein spezifischer Rechtsbehelf gegen eine erwirkte einstweilige Verfügung ist, sondern dem Abgemahnten gegen jede Art der Abmahnung oder sonstige Geltendmachung von Unterlassungsansprüchen offen steht und weil zum anderen bei der hier gewählten Formulierung (Anerkenntnis der einstweiligen Verfügung als endgültige, zwischen den Parteien materiell-rechtlich verbindliche und einem Hauptsachetitel gleichstehende Regelung) kein Bedürfnis für eine separate Erwähnung besteht, da für eine negative Feststellungsklage nach dem erfolgten Anerkenntnis das erforderliche Feststellungsinteresse entfallen sein dürfte.

7. **Angebot der Abgabe einer strafbewehrten Unterlassungserklärung.** In der Praxis häufig vernachlässigt ist der Umstand, dass der Schuldner anstelle einer Abschlusserklärung auch eine strafbewehrte Unterlassungserklärung abgeben kann (OLG Karlsruhe NJWE-WettbR 1998, 140; *Teplitzky* Kap. 43 Rn. 37). Gibt der Schuldner eine solche ab, so muss der Gläubiger – wenn denn die Unterlassungserklärung inhaltlich als ausreichend anzusehen ist – wegen des dadurch eingetretenen Wegfalls der Wiederholungsgefahr den Rechtsstreit für erledigt erklären; bleibt die abgegebene Unterlassungserklärung inhaltlich hinter dem rechtshängig gemachten Unterlassungsanspruch zurück, so muss der Rechtsstreit ggf. teilweise für erledigt erklärt werden (nämlich in Bezug auf den Teil des Rechtsstreits, der von der abgegebenen Unterlassungserklärung erfasst wird und hinsichtlich dessen folglich die Wiederholungsgefahr entfallen ist). Soll ein bereits erstrittener Unterlassungstitel weiterhin als Grundlage für Vollstreckungsmaßnahmen wegen Zuwiderhandlungen, die vor dem erledigenden Ereignis begangen worden sind, aufrechterhalten bleiben, so muss der Gläubiger seine Erledigungserklärung auf die Zeit nach dem erledigenden Ereignis beschränken (BGH GRUR 2004, 264 – Euro-Einführungsrabatt).

Die Abgabe einer strafbewehrten Unterlassungserklärung anstelle einer Abschlusserklärung kann für beide Parteien Vorteile bieten. Für den Gläubiger vorteilhaft ist der Umstand, dass er im Falle eines Verstoßes des Schuldners gegen die von diesem abgegebene Erklärung die Höhe der verwirkten Vertragsstrafe nach billigem Ermessen festsetzen kann und ihm diese Summe - anders als etwa ein gemäß § 890 ZPO gerichtlich festgesetztes Ordnungsgeld - unmittelbar zufließt. Für den Schuldner kann die Abgabe einer strafbewehrten Unterlassungserklärung dann von Interesse sein, wenn er der Auffassung ist, dass der tenorierte Unterlassungsanspruch unzutreffend (insbesondere zu weitreichend) formuliert ist. Er hat dann die Chance, eine Unterlassungserklärung abzugeben, die den Verletzungsfall seiner Meinung nach besser umschreibt; über eine Abschlusserklärung ist dies nicht möglich, da die Parteien den Inhalt eines gerichtlichen Tenors nicht abändern können. Der Schuldner trägt bei einer gegenüber dem tenorierten Verbot abweichenden Formulierung allerdings das Risiko, dass der Rechtsstreit mit einer solchen Erklärung möglicherweise nicht endgültig beendet wird (dann nämlich, wenn der Gläubiger die abgegebene Unterlassungserklärung nicht als ausreichend ansieht, um die bestehende Wiederholungsgefahr zu beseitigen und insofern den Rechtstreit nicht oder nur teilweise für erledigt erklärt).

8. Erklärungsfrist. Die im Abschlussschreiben zu setzende Frist zu Abgabe der geforderten Erklärungen muss angemessen sein; üblicherweise wird auch hier – analog zur Überlegungs- bzw. Wartefrist – eine Frist von zwei Wochen als angemessen angesehen (vgl. etwa OLG Hamburg WRP 2014, 483; OLG Hamm GRUR-RR 2010, 267; OLG Frankfurt a.M. GRUR-RR 2003, 274). Bittet der Schulder mit einer nachvollziehbaren Begründung um eine maßvolle Verlängerung dieser Frist, wird dieser Bitte allerdings im Regelfall zu entsprechen sein (OLG Jena NJOZ 2010, 1215): Denn Eilbedürftigkeitsrisiken sind mit einer Verlängerung dieser Frist nicht verbunden; zudem ist der Gläubiger bereits durch eine einstweilige Verfügung gesichert, so dass eine Verlängerung der Frist nicht mit einer Fortsetzung rechtsverletzender Handlungen verbunden ist.

9. Folge mangelnder Erklärung. Das Abschlussschreiben muss die Androhung enthalten, dass im Falle des Ausbleibens der geforderten Erklärung(en) mit einer Hauptsacheklage zu rechnen ist.

10. Kosten. Die Kosten des Abschlussschreibens sind keine Kosten des Verfügungsverfahrens, sondern Vorbereitungskosten des Hauptsacheverfahrens; sie sind folglich nicht mit den Kosten des einstweiligen Verfahrens abgegolten (BGH GRUR 2010, 1038 – Kosten für Abschlussschreiben; BGH WRP 2008, 805 – Abschlussschreiben eines Rechtsanwalts). Wenn das Abschlussschreiben erforderlich war, hat der Gläubiger einen materiell-rechtlichen Erstattungsanspruch (BGH WRP 2008, 805 – Abschlussschreiben eines Rechtsanwalts). Ein Anspruch auf Erstattung der Kosten eines Abschlussschreibens kann sich entweder aus einem Anspruch auf Schadensersatz nach § 9 UWG (Fezer-Büscher § 9 Rn. 154) ergeben oder nach den Grundsätzen der Geschäftsführung ohne Auftrag (§§ 677, 683, 670 BGB) gegeben sein (BGH GRUR 2012, 730 – Bauheizgerät; BGH GRUR 2010, 1038 – Kosten für Abschlussschreiben mwN); ob daneben auch ein Erstattungsanspruch in analoger Anwendung von § 12 Abs. 1 S. 2 UWG begründet werden kann, ist streitig (zum Meinungsstand vgl. *Köhler/Bornkamm-Köhler* § 12 Rn. 3.73 mwN). Der Meinungsstreit ist indes von geringer praktischer Relevanz, denn nach einhelliger Meinung kommt eine Kostenerstattung dann in Betracht – und zwar gleichgültig, auf welche Anspruchsgrundlage der Anspruch gestützt wird –, wenn das Abschlussschreiben erforderlich war (BGH GRUR 2010, 855 – Folienrollos). Hinsichtlich der Höhe der zu erstattenden Anwaltsgebühren ist von Nr. 2300 VV RVG auszugehen, der einen Gebührenrahmen von 0,5 bis 2,5 vorsieht (BGH GRUR 2010, 1038 – Kosten für Abschlussschreiben). Nach wohl überwiegender Auffassung ist hier allerdings lediglich eine 0,8fache Gebühr zugrundezulegen, da es sich beim Abschlussschreiben im Vergleich zur vorgerichtlichen Abmahnung jedenfalls insofern um eine einfachere Angelegenheit handelt, da die Klärung der streitigen Rechtsfragen – mögen sie im im Ausgangsrechtsstreit auch schwierig gewesen sein – durch die vorliegende gerichtliche Entscheidung bereits stattgefunden hat (OLG Hamburg WRP 2014, 483).

11. Auskunfts- und Schadensersatzansprüche. Im Falle eines Wettbewerbsverstoßes stehen dem Gläubiger neben dem Anspruch auf Unterlassung und Abmahnkostenerstattung auch noch weitere Ansprüche zu, so etwa Beseitigungs-, Auskunfts-, und Schadensersatzanspüche; die Verbände, Einrichtungen und Kammern gem. § 8 Abs. 3 Nr. 2–4 UWG können darüber hinaus Gewinnabschöpfungsansprüche geltend machen (→ Form. X.8 Anm. 16). In der wettbewerbsrechtlichen Praxis spielen diese Ansprüche allerdings eine eher untergeordnete Rolle und werden nicht selten überhaupt nicht geltend gemacht, da sich ein Schaden ohnehin nur in seltenen Fällen beziffern lässt. Wenn diese Ansprüche geltend gemacht werden sollen, kann dies grundsätzlich auch im Abschlussschreiben geschehen. Ob dieser Weg beschritten werden soll, sollte aber sorgfältig überlegt werden, da die Adressaten eines auch mit Auskunfts- und Schadensersatzforderungen angereicherten Abschlussschreibens aus Furcht vor vermeintlich unüberschaubaren wirtschaftlichen Konsequenzen nicht selten überhaupt keine Erklärung mehr abgeben. Damit führt dann aber das Abschlussschreiben zum Gegenteil dessen, was es eigentlich bewirken soll. In aller Regel dürfte es deshalb zielführender sein, das Abschlussschreiben nicht mit weitergehenden Forderungen zu überfrachten zunächst einmal den bestehenden Unterlassungsanspruch zu sichern. Im Übrigen → Form. X.8 Anm. 16.

10. Unterlassungsverpflichtungserklärung

Hiermit verpflichtet sich[1–3] die
A GmbH,[4]
. . . . .
. . . . .
gegenüber der
B GmbH,
. . . . .
. . . . .

1. **es bei Vermeidung einer für jeden Fall der schuldhaften[5] Zuwiderhandlung von der B GmbH[6] nach billigem Ermessen festzusetzenden und im Streitfall vom Landgericht . . . . . zu überprüfenden Vertragsstrafe[7] zu unterlassen, für das Produkt C mit der Aussage zu werben und/oder werben zu lassen:**
   „Testsieger“,
   wenn dies geschieht wie aus der Anlage zu dieser Verpflichtungserklärung ersichtlich;[8]
2. **der B GmbH allen Schaden zu ersetzen, der dieser aus oder im Zusammenhang mit den unter 1. genannten Handlungen entstanden ist und/oder noch entstehen wird, insbesondere die Kosten der Einschaltung der Rechtsanwälte G und Partner in Höhe einer 1,3-Geschäftsgebühr nach einem Gegenstandswert von 100.000,00 EUR gem. Nr. 2300 VV-RVG zzgl. einer Post- und Telekommunikationspauschale iHv 20,00 EUR gem. Nr. 7002 VV-RVG und zzgl. der Umsatzsteuer, mithin also insgesamt einen Betrag in Höhe von 2.348,94 EUR zu zahlen.[9]**

Gerichtsstand für alle Streitigkeiten aus oder im Zusammenhang mit dieser Vereinbarung ist . . . . .[7]

. . . . ., den

. . . . .

(A GmbH)

Anlage

Schrifttum: Ahrens, Der Wettbewerbsprozess, 8. Aufl. 2017; *Döring,* Die aufschiebend befristet abgegebene strafbewehrte Unterlassungserklärung nach einem Wettbewerbsverstoß, WRP 2007, 728; *Dornis/Förster,* Die Unterwerfung: Rechtsnatur und Rechtsnachfolge, GRUR 2006, 195; *Gloy/Loschelder/Danckwerts,* Handbuch des Wettbewerbsrechts, 5. Aufl. 2019; *Goldbeck,* Zur Ermittlung des sachlich zuständigen Gerichts bei der Vertragsstrafeklage, WRP 2006, 37; Großkommentar UWG, Gesetz gegen den unlauteren Wettbewerb, Bd. 2, 2. Aufl 2014; *Harte-Bavendamm/Henning-Bodewig,* UWG, Gesetz gegen den unlauteren Wettbewerb, 4. Aufl. 2016; *Heckelmann/Wettich,*

Zur Frage der Angemessenheit von Vertragsstrafe, WRP 2003, 184; *Köhler/Bornkamm/Feddersen,* Gesetz gegen den unlauteren Wettbewerb, UWG, 37. Aufl. 2019; *Teplitzky,* Wettbewerbsrechtliche Ansprüche und Verfahren, 11. Aufl. 2016.

Anmerkungen

1. Sachverhalt. Das Formular behandelt als Beispielsfall die mit einem Vertragsstrafeversprechen versehene Unterlassungserklärung eines Unternehmens, welches von einem Wettbewerber wegen einer (irreführenden) Werbung mit dem Begriff „Testsieger" in Anspruch genommen wird (Zur Abmahnung → Form. XII.9).

2. Grundsätzliches zur Unterlassungserklärung. Die Unterlassungserklärung hat den Zweck, die nach einem begangenen Wettbewerbsverstoß zunächst bestehende Wiederholungsgefahr wieder zu beseitigen bzw. ihre Vermutung zu widerlegen. Damit kann der Schuldner einen drohenden Prozess vermeiden, ein schwebender hat sich erledigt. Gleichzeitig erhält der Gläubiger durch die Übernahme des Vertragsstrafeversprechens die Möglichkeit, etwaige weitere Rechtsverletzungen des Schuldners zu sanktionieren. Um ihren Zweck zu erfüllen, muss die Unterlassungserklärung den ernsthaften Unterlassungswillen des Schuldners zum Ausdruck bringen. Dies setzt regelmäßig voraus, dass die Erklärung eindeutig und unwiderruflich abgegeben wird und mit einem Vertragsstrafenversprechen in angemessener Höhe versehen ist. In der älteren Rechtsprechung und Literatur wurde darüber hinaus postuliert, dass nur eine einschränkungs- und bedingungslose Unterlassungserklärung die Wiederholungsgefahr entfallen lasse. Werde die Erklärung nur eingeschränkt abgegeben oder sei sie an eine Bedingung geknüpft, so werde damit deutlich, dass es an einem ernstlichen Unterlassungswillen fehle (so etwa noch BGH GRUR 1993, 677 – Bedingte Unterwerfung). An dieser Auffassung wird allerdings in dieser Allgemeinheit zu Recht heute nicht mehr festgehalten (vgl. hierzu etwa *Teplitzky* Kap. 8 Rn. 8 ff.; *Bornkamm* in *Köhler/Bornkamm/Feddersen* § 12 Rn. 1.125). Ohne weiteres zulässig sind stets solche Einschränkungen, die lediglich den Umfang des bestehenden Unterlassungsanspruchs – räumlich, zeitlich oder inhaltlich – präzisieren; der Wegfall der Wiederholungsgefahr scheitert niemals daran, dass der Schuldner sich geweigert hat, seine Unterlassungserklärung auf ein Verhalten zu erstrecken, dass ihm nicht untersagt werden kann. Aus diesem Grund ist auch eine Formulierung, wonach die eingegangene Unterlassungsverpflichtung unter der auflösenden Bedingung einer Änderung der Gesetzeslage oder einer Änderung und/oder endgültigen Klärung der Rechtslage durch eine höchstrichterliche Entscheidung, durch welche die von der Unterlassungsverpflichtung erfassten Handlungen zweifelsfrei für rechtmäßig erklärt werden, nicht zu beanstanden; dadurch wird die Ernsthaftigkeit der Erklärung, wettbewerbswidrige Handlungen zu unterlassen, nicht in Frage gestellt. Aber auch solche Beschränkungen in der Unterlassungserklärung, die keine Entsprechung in der Reichweite des materiellen Rechts haben, führen nicht etwa automatisch dazu, dass von einer mangelnden Ernstlichkeit der Unterlassungserklärung bzw. des durch sie zum Ausdruck gebrachten Unterlassungswillens auszugehen ist. Der in der Praxis am häufigsten anzutreffende Fall ist der, dass der Gläubiger sich bei der von ihm abgegebenen Unterlassungserklärung streng an der konkreten Verletzungsform orientiert. Dabei ist zunächst zu berücksichtigen, dass eine auf die konkrete Verletzungsform bezogene Unterlassungserklärung die Wiederholungsgefahr regelmäßig auch für kerngleiche Verletzungshandlungen beseitigt (BGH GRUR 1998, 483 – Der M.-Markt packt aus; BGH GRUR 2010, 749 – Erinnernungswerbung im Internet); insofern ist diese Beschränkung der Unterlassungserklärung letztlich nur eine scheinbare. Dies gilt auch dann, wenn der Gläubiger in seiner Abmahnung eine abstrakte Unterlassungserklärung verlangt hat, der Schuldner sich aber in seiner Unterlassungserklärung auf die konkrete Verletzungsform beschränkt: Denn allein aus dem Umstand, dass der Schuldner eine hinter der Forderung des Gläubigers zurückbleibende, auf die konkrete Verletzungsform bezogene Erklärung abgibt (wofür es häufig gute Gründe geben wird), lässt sich noch nicht auf eine angeblich fehlende Ernsthaftigkeit des schuldnerischen Unterlasssungswillens schließen (vgl. BGH GRUR 2003, 899 – Olympiasiegerin). Wenn sich aus den Umständen des Einzelfalls ergeben sollte, dass die Unterlassungserklärung tatsächlich allein auf die konkrete Verletzungsform beschränkt und kerngleiche Verletzungsformen gerade nicht umfassen soll – was im Wege der Auslegung zu ermitteln ist (vgl. BGH GRUR 2010, 749 – Erinnerungswerbung im Internet) –, führt allerdings auch dies nicht ohne weiteres dazu, dass von einer fehlenden Ernsthaftigkeit des Unterlassungswillens auszugehen (und die Unterlassungserklärung somit als insgesamt nicht ausreichend anzusehen) ist. Vielmehr führt auch eine solche Erklärung zu einem Wegfall der Wiederholungsgefahr, allerdings nur hinsichtlich der konkreten Verletzungsform; im Hinblick auf darüber hinaus gehende, kerngleiche Verletzungshandlungen bleibt die Wiederholungsgefahr dagegen bestehen. Der Gläubiger kann etwaige Ansprüche hinsichtlich diesen „überschießenden" Teils nach wie vor gerichtlich geltend machen (Bornkamm in Köhler/Bornkamm UWG § 12 Rn. 1.102b).

3. Der Verletzer muss den Unterlassungsanspruch nicht anerkennen, dh er muss sich nicht der Rechtsauffassung des Gläubigers anschließen oder gar beugen. Der Verletzer kann vielmehr die Ansicht vertreten, dass die Beanstandung unbegründet sei und die Unterlassungserklärung nur abgegeben werde, weil man sich nicht streiten wolle. Demgemäß wird eine Unterlassungserklärung häufig *„ohne Präjudiz für die Sach- und Rechtslage"* abgegeben. Die Formulierung ist in der Regel so zu verstehen, dass sich der Verletzer unabhängig davon, ob ein gesetzlicher Anspruch besteht, zur Unterlassung verpflichten will, so dass die Erklärung ausreichend ist. Es darf aber kein Zweifel an der Ernsthaftigkeit der Erklärung und am Willen, sich rechtlich binden zu wollen, aufkommen (→ Anm. 2), was durch den Zusatz *„jedoch mit rechtsverbindlicher Wirkung"* verdeutlicht wird. Die Unterlassungserklärung muss aus sich selbst heraus verständlich, eindeutig und hinreichend bestimmt sein (OLG Celle MD 2014, 131). Dies ist insbesondere von Bedeutung, wenn die Unterlassungserklärung auf die konkrete Verletzungsform Bezug nimmt *(„wenn dies geschieht wie. . . . .");* in diesem Fall ist es empfehlenswert, der Unterlassungserklärung die in Bezug genommene Unterlage beizufügen, denn wird auf Unterlagen Bezug genommen, die nicht mit zurückgesandt werden, so ist unklar bzw. für den Gläubiger nicht oder nur schwer beweisbar, wozu genau sich der Verletzer verpflichten will (KG MD 1993, 751).

4. Zur Person des Erklärenden. In dem Formular wird davon ausgegangen, dass die Unterlassungserklärung lediglich von einem im Wettbewerb tätigen Unternehmen abgegeben wird. Wird die Unterlassungserklärung dagegen (auch) von anderen abgegeben (zum Beispiel von einem Geschäftsführer einer GmbH, zu den Voraussetzungen → Form. XII.9 Anm. 6), so muss das Formular dementsprechend modifiziert werden. Dabei ist allerdings zu beachten, dass bei vertragsstrafebewehrten Unterlassungserklärungen durch eine Gesellschaft und ihr Organ bei einem Verstoß, welcher der Gesellschaft nach § 31 BGB zuzurechnen ist, in der Regel nur eine Vertragsstrafe anfällt, für die Gesellschaft und Organ als Gesamtschuldner haften (BGH GRUR 2014, 797 – fishtailparkas).

5. Schuldhafte Zuwiderhandlung. In der Unterlassungserklärung sollte hinreichend deutlich zum Ausdruck kommen, dass der Schuldner eine Vertragsstrafe nur für den Fall einer schuldhaften Zuwiderhandlung verwirkt. Die Vorteile für den Schuldner liegen auf der Hand. Auch der Gläubiger sollte, wenn er dem Schuldner in der Abmahnung ein Muster der von ihm erwarteten Unterlassungserklärung beifügt, einen entsprechenden Passus mit aufnehmen. Denn schlägt der Abmahnende dem wegen eines Wettbewerbsverstoßes Abgemahnten in einer vorformulierten Unterlassungsverpflichtungserklärung für jeden Fall der Zuwiderhandlung das Versprechen einer Vertragsstrafe vor, die unabhängig von einem Verschulden verwirkt sein soll, kann dies ein Anhaltspunkt dafür sein, dass die Geltendmachung des Unterlassungsanspruchs missbräuchlich und nach § 8 Abs. 4 UWG unzulässig ist (vgl. BGH GRUR 2012, 730 – Bauheizgerät, zw.).

6. **Gläubigerin der Vertragsstrafe.** Gläubigerin der Vertragsstrafe sollte stets der den Wettbewerbsverstoß beanstandende Wettbewerber sein, der auch zur Festsetzung der Vertragsstrafe berechtigt sein sollte. Das Versprechen, eine Vertragsstrafe nicht an den Gläubiger des wettbewerbsrechtlichen Unterlassungsanspruchs, sondern einen unbeteiligten Dritten zu zahlen, ist zwar nicht per se unbeachtlich, kann aber im Einzelfall Zweifel an der Ernstlichkeit der Unterlassungserklärung begründen (BGH GRUR 1987, 748 – Getarnte Werbung II), und zwar auch dann, wenn dem Dritten eine höhere Vertragsstrafe versprochen wird als der Gläubiger verlangt hatte (OLG Brandenburg WRP 2000, 427).

7. Liegt – wie im Regelfall – Wiederholungsgefahr vor, so ist eine Unterlassungserklärung regelmäßig nur dann streiterledigend, wenn sie das Versprechen enthält, für den Fall einer Zuwiderhandlung eine angemessene Vertragsstrafe zu zahlen. Liegt dagegen lediglich Erstbegehungsgefahr vor (bspw. im Falle einer schlichten Berühmung des Verletzers), so genügt es, dass der Verletzer diese durch eine einfache Erklärung ausräumt (bspw. durch die Erklärung, dass er die Berühmung aufgibt); eines Vertragsstrafeversprechens bedarf es hier nicht (BGH GRUR 2001, 1174 – Berühmungsaufgabe, → Form. X.8 Anm. 11). Wann eine Vertragsstrafe ihrer Höhe nach als angemessen anzusehen ist, ist in der Praxis seit je her schwer zu bestimmen. Einigkeit besteht zwar darüber, dass dies stets eine Frage des Einzelfalls ist, bei deren Beantwortung Art und Größe des Unternehmens, Umsatz und möglicher Gewinn, Schwere und Ausmaß der Zuwiderhandlung, Gefährlichkeit für den Gläubiger, das Ausmaß des Verschuldens auf Seiten des Schuldners sowie sein Interesse an weiteren gleichartigen Begehungshandlungen mit einfließen soll (vgl. BGH GRUR 1994, 146 – Vertragsstrafebemessung). Indes hilft dies in der Praxis schon deshalb kaum weiter, weil wesentliche Faktoren für die Bestimmung der Verletzungsintensität – namentlich Qualität und Quantität der Verletzungshandlung(en) sowie das Ausmaß des Verschuldens auf Seiten des Verletzers – zum Zeitpunkt der Abgabe der Erklärung überhaupt noch nicht bekannt sind. Das vorliegende Formular folgt deshalb dem in der Praxis bewährten und von der Rechtsprechung anerkannten (BGH GRUR 2010, 355 – Testfundstelle) Modell der Vertragsstrafenfestsetzung nach dem sog. (neuen) Hamburger Brauch. Danach ist es dem Gläubiger nach § 315 Abs. 1 BGB überlassen, im Falle eines Verstoßes gegen die abgegebene Unterlassungserklärung nach billigem Ermessen einzelfallbezogen eine der Bedeutung des Rechtsverstoßes angemessene Vertragsstrafe festzulegen; diese kann im Streitfall vom Gericht auf ihre Angemessenheit überprüft werden (§ 315 Abs. 3 BGB). Dies ist letztlich für beide Parteien vorzugswürdig, da zum Zeitpunkt der Abgabe der Unterlassungserklärung regelmäßig noch nicht abzusehen ist, in welcher Form und in welcher Intensität eine Verletzung erfolgt. Zudem können mit einer Klausel nach Hamburger Brauch das Ausmaß des Verschuldens ebenso wie die Quantität der erfolgten Verstöße besser berücksichtigt werden als bei einer vorab fixierten Vertragsstrafe, die den Besonderheiten des später eintretenden Einzelfalls naturgemäß nicht Rechnung tragen kann. Vorsorglich hoch angesetzte, betragsmäßig fixierte Vertragsstraferegelungen vermögen dieses Problem nicht zu lösen; sie bergen vielmehr das Risiko, dass sie uU gem. § 307 Abs. 1 BGB als unwirksam angesehen werden (vgl. BGH NJW 2014, 2180 – Vertragsstrafenklausel). **Zuständiges Gericht.** Welches Landgericht als für die Überprüfung der Vertragsstrafenhöhe zuständiges Gericht angegeben wird, steht grundsätzlich im Ermessen des Abgemahnten. Das Formular geht hier vom Landgericht aus, was im Regelfall auch sachgerecht ist. Zwingend ist dies allerdings nicht; insbesondere ergibt sich eine Zuständigkeit

des Landgerichts nicht bereits aus § 13 Abs. 1 UWG, da der Vertragsstrafenanspruch – mag er auch aus einer wettbewerbsrechtlichen Auseinandersetzung entstanden sein – der Sache nach ein vertraglicher, nicht aber ein im UWG verankerter gesetzlicher Anspruch ist; es geht somit nicht um einen Anspruch „auf Grund dieses Gesetzes" im Sinne von § 13 Abs. 1 UWG (OLG Rostock GRUR 2014, 304; *Köhler* in *Bornkamm/Köhler/Feddersen* UWG § 13 Rn. 2 mwN; aA OLG Jena GRUR-RR 2011, 199). Auch wenn der Abmahnende in der Abmahnung ein bestimmtes Gericht für die Überprüfung der Vertragsstrafenhöhe vorschlägt oder aber im übersandten Muster einer Unterlassungserklärung ein bestimmtes Gericht benennt, ist der Abgemahnte für sein Vertragsstrafeversprechen daran nicht gebunden (OLG Stuttgart WRP 1986, 177). Es können allerdings erhebliche Zweifel an der Ernsthaftigkeit einer Unterlassungserklärung bestehen, wenn der Abgemahnte in der einen in Deutschland begangenen Wettbewerbsverstoß betreffenden Unterlassungserklärung die Vereinbarung eines Gerichtsstands in Deutschland verweigert (KG MD 2014, 673).

8. Unterlassungspflicht. Bei der Formulierung des in der Unterlassungserklärung enthaltenen „Unterlassungstenors" ist besondere Sorgfalt anzuwenden. Es muss zunächst genau präzisiert werden, was der Unterlassungsschuldner zukünftig unterlassen wird. Verbleiben hier Unklarheiten, so ist die Wiederholungsgefahr nicht ausgeräumt; der Gläubiger kann seine wettbewerbsrechtlichen Unterlassungsansprüche weiterhin gerichtlich durchsetzen. Des Weiteren ist die Reichweite der abzugebenden Erklärung sorgfältig zu prüfen. Dies ist zum einen hinsichtlich der Reichweite des bestehenden wettbewerbsrechtlichen Anspruchs, aber auch im Hinblick auf das in der Abmahnung formulierte Unterlassungsverlangen zu untersuchen: Dabei ist zunächst zu beachten, dass die Unterlassungserklärung nicht über das Unterlassungsverlangen hinausgehen muss. Das gilt etwa, wenn der Gläubiger nur einen von mehreren bestehenden Unterlassungsansprüchen verfolgt oder wenn er einen an sich weiter gehenden Anspruch nur in beschränktem Umfang geltend macht. Entsprechend verhält es sich, wenn der Gläubiger berechtigterweise eine Unterlassungserklärung in verallgemeinernder Form hätte verlangen können, sich aber gleichwohl nur auf die konkrete Verletzungsform beschränkt. Das alles geschieht häufig bewusst und aus gutem Grund, um zB kein unnötiges Risiko bei der Rechtsverfolgung einzugehen. Entspricht der Verletzer diesem Verlangen, ist der Gläubiger klaglos gestellt, da er ja nicht mehr verlangt hat. Objektiv ist allerdings die Wiederholungsgefahr noch nicht vollständig ausgeräumt. Dies kann gegenüber anderen Gläubigern Bedeutung erlangen, so dass es für den Schuldner nicht immer vorteilhaft sein muss, nur die von ihm verlangte, eng gefasste Unterlassungserklärung abzugeben. Hat der Gläubiger demgegenüber sein Unterlassungsverlangen in zulässiger Weise verallgemeinert, so kann eine ausdrücklich auf den konkreten Verletzungsfall beschränkte Unterlassungserklärung des Schuldners unzureichend sein. Umgekehrt ist es dem Schuldner nicht verwehrt, zur Beseitigung der Wiederholungsgefahr eine Unterlassungserklärung abzugeben, deren Inhalt über die vom Gläubiger vorformulierte Erklärung hinausgeht, wenn nur seine Erklärung den geltend gemachten Anspruch in vollem Umfang erfasst; eine solche weit gefasste Erklärung kann insbesondere dann im Interesse des Verletzers liegen und daher unbedenklich als ernst gemeint angesehen werden, wenn er sonst Gefahr läuft, wegen kerngleicher Verletzungshandlungen von einem anderen Gläubiger mit kostenverursachenden weiteren Abmahnungen überzogen zu werden (vgl. OLG Köln WRP 2011, 112). Bei allen Erklärungen ist aus der Perspektive des Schuldners des Weiteren sicherzustellen, dass nicht (ungewollt) eine Unterlassungspflicht abgegeben wird, die auch zulässige Verhaltensweisen erfasst. Gerade vor dem Hintergrund, dass in der Praxis wettbewerbsrechtlicher Abmahnungen – sei es aus Zeitnot, sei es aus Kalkül – nicht selten eine viel zu weit reichende, abstrakt-generelle Unterlassungserklärung verlangt wird, ist eine unkritische Übernahme der vom abmahnenden Gläubiger vorgeschlagenen

Erklärung nicht zu empfehlen. Umgekehrt ist aber auch darauf zu achten, dass die Unterlassungserklärung die bestehende Wiederholungsgefahr auch wirklich vollständig ausräumt und nicht (versehentlich) zu eng formuliert ist; dabei ist insbesondere darauf zu achten, dass der beanstandete Verletzungsfall zutreffend umschrieben und auch kerngleiche Verletzungshandlungen von der Erklärung umfasst werden. Am besten orientiert man sich dabei an der konkret abgemahnten Wettbewerbshandlung und bezieht diese in die Unterlassungserklärung konkret ein, zB durch die hier vorgeschlagene („wenn dies geschieht wie aus der Anlage zu dieser Verpflichtungserklärung ersichtlich") oder sinngleiche Formulierungen. Will sich der Schuldner in der Unterlassungserklärung auf die konkrete Verletzungsform beschränken, gleichwohl jedoch die Wiederholungsgefahr auch für kerngleiche Verletzungsformen beseitigen, sollte dies sicherheitshalber in seiner Erklärung auch zum Ausdruck kommen („Der guten Ordnung halber stellen wir klar, dass die abgegebene Unterlassungserklärung selbstverständlich auch kerngleiche Verletzungshandlungen mit umfasst.").

9. Kosten. Wird die Abmahnung durch einen den Gläubiger vertretenen Rechtsanwalt ausgesprochen, so hat der Gläubiger neben dem geltend gemachten Unterlassungsanspruch auch Anspruch auf Erstattung der insofern angefallenen Anwaltskosten, → Form. X.8 Anm. 12, 13. Auch der auf Schuldnerseite tätige Rechtsanwalt, der die Formulierung der Unterlassungserklärung und die damit zusammenhängende Korrespondenz mit der Gegenseite übernimmt, erhält eine Gebühr gemäß Nr. 2300 VV RVG, wobei hier in der Regel eine 1,3 Gebühr in Betracht kommen dürfte.

11. Verfahrensabwendende Vereinbarung

Hiermit vereinbaren die[1]
A GmbH,
. . . . .
. . . . .
und die
B GmbH,
. . . . .
. . . . .

Folgendes:

1. Die A GmbH verpflichtet sich gegenüber der B GmbH, es ab sofort bei Vermeidung einer für jeden Fall der schuldhaften Zuwiderhandlung von der B GmbH nach billigem Ermessen festzusetzenden und im Streitfall vom Landgericht . . . . . zu überprüfenden Vertragsstrafe zu unterlassen, für das Produkt C mit der Aussage zu werben und/oder werben zu lassen:

„Testsieger",

wenn dies geschieht

a) wie aus der Anlage 1 zu dieser Vereinbarung ersichtlichen Werbeanzeige und/oder

b) wie aus der Anlage 2 zu dieser Vereinbarung ersichtlichen Internetwerbung.[2]
Die Parteien stimmen dabei darin überein, dass die aus der Anlage 3 zu dieser Vereinbarung ersichtliche Werbung im Hauptkatalog der A GmbH nicht Gegenstand der Unterlassungsverpflichtung dieser Ziffer 1. ist.[3]

2. Die A GmbH verpflichtet sich gegenüber der B GmbH, es ab dem . . . . .[4] bei Vermeidung einer für jeden Fall der schuldhaften Zuwiderhandlung von der B GmbH nach billigem Ermessen festzusetzenden und im Streitfall vom Landgericht . . . . . . zu

überprüfenden Vertragsstrafe zu unterlassen, für das Produkt C mit der Aussage zu werben und/oder werben zu lassen:

„Testsieger“,

wenn dies geschieht wie aus der Anlage 3 zu dieser Vereinbarung ersichtlichen Werbung im Hauptkatalog der A GmbH.
Die Parteien stimmen dabei darin überein, dass die aus der Anlage 1 zu dieser Vereinbarung ersichtliche Werbeanzeige sowie die aus Anlage 2 zu dieser Vereinbarung ersichtliche Internetwerbung nicht Gegenstand der Unterlassungsverpflichtung dieser Ziffer 2. ist.[3]

3. Zwischen der A GmbH und der B GmbH besteht Einvernehmen darüber, dass die Regelung in Ziffer 2. als Aufgebrauchsfrist im Hinblick auf die bei der A GmbH bei Unterzeichnung dieser Vereinbarung noch vorhandenen Bestände des Hauptkatalogs (insgesamt . . . . . Stück) zu verstehen ist.[5] Dementsprechend wird die B GmbH gegen die Abgabe dieser bei der A GmbH vorhandenen Hauptkataloge mit der darin enthaltenen, aus Anlage 3 zu dieser Vereinbarung ersichtlichen Werbung durch die A GmbH und/oder durch Vertriebspartner der A GmbH bis zum Ablauf der in Ziffer 2. genannten Aufgebrauchsfrist weder selbst noch durch Dritte vorgehen.
Für den Fall, dass die bei der A GmbH bei Unterzeichnung dieser Vereinbarung noch vorhandenen Bestände des Hauptkatalogs bereits vor Ablauf der in Ziffer 2. genannten Frist aufgebraucht oder aus sonstigen Gründen nicht mehr vorhanden sind, wird die A GmbH der B GmbH dies mitteilen. Zu einem Nachdruck des Hauptkatalogs mit der darin enthaltenen, aus Anlage 3 zu dieser Vereinbarung ersichtlichen Werbung sowie einer Abgabe nachgedruckter Exemplare des Hauptkatalogs mit der darin enthaltenen, aus Anlage 3 zu dieser Vereinbarung ersichtlichen Werbung ist die A GmbH nicht berechtigt.[5]
4. Für die bis zum Abschluss dieser Vereinbarung betriebene Werbung gemäß Ziffer 1 sowie für die bis zum Abschluss der in Ziffer 2. geregelten Aufgebrauchsfrist betriebene Werbung gemäß Ziffer 2 zahlt die A GmbH an die B GmbH einen innerhalb von 10 Werktagen nach Unterzeichnung dieser Vereinbarung fälligen pauschalierten Schadensersatz in Höhe von EUR . . . . .[6] Außerdem erstattet die A GmbH der B GmbH innerhalb der in Satz genannten Frist auch die durch die Einschaltung der Rechtsanwälte X & Partner entstandenen Kosten nach Maßgabe der aus Anlage 3 ersichtlichen Kostenberechnung.[7]
5. Mit vollständiger Erfüllung der sich aus Ziffer 4 ergebenden Ansprüche verzichtet die B GmbH auf etwaige weitere Ansprüche – insbesondere auf Aufwendungs-, Wert- und Schadensersatzansprüche sowie Auskunftsansprüche – gegenüber der A GmbH aus oder im Zusammenhang mit den oben unter Ziffern 1 und 2 näher gekennzeichneten Handlungen.
6. Gerichtsstand für alle Streitigkeiten aus oder im Zusammenhang mit dieser Vereinbarung ist . . . . .

. . . . ., den	. . . . ., den
. . . . .	. . . . .
(A GmbH)	(B GmbH)

Schrifttum: → Form. XII.9 – → Form. XII.11, ergänzend: *Berlit,* Zur Frage der Einräumung einer Aufbrauchsfrist im Wettbewerbsrecht, Markenrecht und Urheberrecht, WRP 1998, 250; *Kisseler,* Die Aufbrauchsfrist im vorprozessualen Abmahnverfahren, WRP 1991, 691; *Köhler,* Der wettbewerbliche Unterlassungsvertrag – Rechtsnatur und

Grenzen der Wirksamkeit, FS für v. Gamm 1990, 57; *Pohlmann,* Zustandekommen wettbewerbsrechtlicher Unterlassungsverträge durch Verwarnung und Unterwerfungserklärung, BB 1995, 1249.

Anmerkungen

1. Sachverhalt. Es handelt sich bei dem Vertrag gemäß Formular um diejenige Vereinbarung, die als das Ergebnis der Abmahnung gemäß → Form. X.8 zwischen den Parteien zustande kommt und ein gerichtliches Verfahren vermeiden soll, allerdings hinsichtlich der vom Schuldner zu übernehmenden Unterlassungspflichten eine differenzierende, den Interessen beider Parteien Rechnung tragenden Lösung vorsieht. Der im Formular angeführte Beispielsfall unterstellt, dass die Schuldnerin wie aus → Form. X.8 ersichtlich irreführend geworben hat und diese irreführende Werbung in Printanzeigen, im Internet sowie in einem gedruckten Hauptkatalog der Schuldnerin zu finden ist. Die irreführende Anzeigen- und Internetwerbung soll schnell beendet werden; im Hinblick auf die bei der Schuldnerin noch vorhandenen gedruckten Kataloge gewährt die Gläubigerin eine Aufgebrauchsfrist.

2. Hinsichtlich der Einzelheiten der in der Vereinbarung enthaltenen Unterlassungserklärung sowie des Vertragsstrafeversprechens wird verwiesen auf die Anmerkungen zu → Form. X.8 Anm. 1.

3. Bei der Formulierung von verfahrensabwendenden Vereinbarungen mit differenzierenden Aufgebrauchsfristen ist sogfältig darauf zu achten, dass die jeweiligen Teilkomplexe und die insofern geltenden Regelungen randscharf voneinander abgegrenzt werden; hier müssen sowohl Überschneidungen (eine bestimmte Werbeform lässt sich sowohl unter die sofort zu beachtende Unterlassungspflicht als auch unter eine erst nach Ablauf einer Aufgebrauchsfrist Geltung beanspruchende Unterlassungspflicht subsumieren) als auch Lücken (eine bestimmte – unzulässige – Werbeform wird weder durch das sofort wirksame Verbot noch durch die nach Ablauf der Aufgebrauchsfrist greifende Unterlassungspflicht erfasst) vermieden werden, da anderenfalls der durch eine solche Vereinbarung verfolgte Zweck – die Vermeidung eines gerichtlichen Verfahrens – verfehlt wird.

4. Die Dauer der dem Schuldner gewährten Aufgebrauchsfrist ist Ergebnis der Verhandlungen der Parteien und letztlich auch eine Frage des Einzelfalles. Bei Anzeigen- und Internetwerbung wird in der Regel eine Aufgebrauchsfrist kaum erforderlich sein. Hier lässt sich eine wettbewerbswidrige Werbung des Schuldners regelmäßig schnell und ohne unzumutbare Härten abstellen; auch lassen sich in aller Regel entsprechende Werbemotive relativ schnell korrigieren. Anders sehen die Dinge bei bereits physisch vorhandenem Material – beispielsweise bereits gedruckten und aufgebundenen Katalogen oder vorproduziertem Packmaterial – aus; hier ist die schnelle Umsetzung eines Verbots für den Schuldner nicht oder nur unter Inkaufnahme ganz erheblicher Nachteile möglich. In einer solchen Konstellation ist die Gewährung einer angemessenen Aufgebrauchsfrist angebracht und letztlich auch im Interesse des Gläubigers, denn sollte ein Gericht eine vom Gläubiger beantragte einstweilige Verfügung erlassen, diese indes nach Zustellung derselben später wieder aufgehoben werden, wäre der durch die Vollziehung der einstweiligen Verfügung entstandene Schaden vom Gläubiger zu ersetzen (§ 945 ZPO).

5. Bei Vereinbarungen, die einer Partei eine Aufgebrauchsfrist gewähren, können Zweifel hinsichtlich der Frage entstehen, ob von dem Aufgebrauch nur die bisher schon (physisch) vorhandenen Produkte wie etwa Werbeunterlagen, Kataloge, Packmittel etc betroffen bzw. privilegiert sein sollen oder ob auch eine Neuproduktion und entsprechende Verwendung innerhalb der Aufgebrauchsfrist in Betracht kommt. Dementsprechend empfiehlt es sich, diese Frage klar zu regeln, wobei das vorliegende Formular davon ausgeht, dass sich die

Aufgebrauchsfrist nur auf bereits vorhandene Materialien erstreckt. Dies erscheint zumindest für den Regelfall auch sachgerecht, da ein schützenswertes Interesse des Schuldners, inhaltlich unzulässige Werbeunterlagen in Kenntnis der damit verbundenen Problematik erneut herzustellen und abzugeben, im Regelfall kaum gegeben sein dürfte. Etwas anderes mag dort gelten, wo dem Schuldner die inhaltliche Änderung entsprechender Materialien nicht oder nicht ohne weiteres möglich ist, was etwa dort der Fall sein kann, wo ihr Inhalt von einer zuvor zu erteilenden behördlichen Genehmigung oÄ abhängig ist (Bsp.: der Inhalt von Gebrauchs- und Fachinformationen bei Arzneimitteln).

6. **Schadensersatz.** Das Formular sieht vor, dass die Parteien den Schadensersatzanspruch mit einer Pauschalabgeltung erledigen, da auf diese Weise die langwierige und schwierige Problematik der Schadenshöhe am besten erledigt werden kann. Einigt man sich, wie im Formular vorgeschlagen, über einen Pauschalschadensersatzbetrag, dann ist dieser Schadensersatzbetrag mangels Leistungsaustausches umsatzsteuerfrei.

7. **Anwaltskostenerstattung.** Da die streitabwendende Wettbewerbsvereinbarung den Zweck hat, eine gerichtliche Auseinandersetzung zu vermeiden, empfiehlt es sich, auch die Frage der Anwaltskostenerstattung zu regeln. Wirkt ein Anwalt am Zustandekommen einer verfahrensabwendenden Vereinbarung mit, so hat er neben einer Geschäftsgebühr gem. Nr. 2300 VV RVG (→ Form. IX.11 Anm. 9) auch eine Einigungsgebühr gem. Nr. 1000 VV RVG verdient, da durch die verfahrensabwendende Vereinbarung der Streit oder die Ungewissheit über ein Rechtsverhältnis beseitigt wird. Im vorliegenden Beispielsfall dürfte der Gegenstandswert für die Einigungsgebühr über dem Gegenstandswert des Unterlassungsverlangen liegen, weil zum einen Gegenstand der Vereinbarung auch die Schadensersatzansprüche der Gläubigerin sind und zudem auch eine Aufgebrauchsfrist vereinbart wird. Um wie viel der Gegenstandswert der Vergleichsgebühr denjenigen des Unterlassungsverlangens übersteigt, hängt von der Länge der Aufgebrauchsfrist und der Menge des aufzugebrauchenden Materials sowie der Höhe des zu erstattenden Schadensersatzes ab.

12. Betriebliche Maßnahmen als Folge der Unterlassungsverpflichtungserklärung

1. Dienstanweisung an alle Mitarbeiter des Unternehmens.[1]

Mit Wirkung vom ..... haben wir uns verpflichtet, für unser Produkt C nicht mehr mit der Aussage zu werben und/oder werben zu lassen:

„Testsieger“,

wenn dies geschieht

a) wie aus der Anlage 1 zu dieser Dienstanweisung ersichtlichen Werbeanzeige und/oder

b) wie aus der Anlage 2 zu dieser Dienstanweisung ersichtlichen Internetwerbung.

Lediglich unser Hauptkatalog mit der darin enthaltenen Werbung gemäß Anlage 3 darf noch bis zum ..... abgegeben, jedoch nicht mehr nachgedruckt werden.

Es ist dringend geboten, dass jeder von Ihnen in seinem eigenen Verantwortungsbereich dafür Sorge trägt, dass ab sofort nicht mehr wie aus den Anlagen 1 und 2 ersichtlich geworben und ab dem ..... auch nicht mehr der Hauptkatalog mit der darin befindlichen Werbung gemäß Anlage 3 abgegeben wird. Im Falle einer Zuwiderhandlung drohen unserem Haus empfindliche Vertragsstrafen; eine Mißachtung dieser Dienstanweisung kann deshalb auch arbeitsrechtliche Konsequenzen für Sie haben. Wir werden durch Ihre jeweiligen Vorgesetzten überprüfen lassen, ob Sie die og Verpflichtungen einhalten.[2]

Sie werden unverzüglich Anweisung erhalten, was an die Stelle dieser Werbung tritt.
2. Aufforderung an die Werbemedien.
Wir haben uns einem Dritten gegenüber dazu verpflichtet, in Zukunft nicht mehr für unser Produkt C wie aus den Anlagen 1 und 2 zu diesem Schreiben ersichtlich zu werben. Damit ist auch diejenige Werbung erfasst, die von Ihnen zurzeit auf Grund unseres Auftrags vom . . . . . geschaltet wird. Anstelle dieser Werbeschaltung müssen wir folglich eine andere werbliche Gestaltung wählen. Dafür haben wir die entsprechende Umänderung vorbereitet und fügen sie Ihnen bei. Bitte sorgen Sie dafür, dass in zukünftigen Einschaltungen nur noch diese neue Anzeigenform verwendet wird, soweit das Medium noch nicht zum Druck abgeschlossen ist und bestätigen Sie uns dies durch Rücksendung dieses von Ihnen gegengezeichneten Schreibens.
Wir weisen ausdrücklich darauf hin, dass unserem Hause im Falle einer Zuwiderhandlung gegen die geschilderte Verpflichtung empfindliche Vertragsstrafen drohen. Diese Strafen müssten wir, sollten Sie diese Anweisung mißachten, Ihnen gegenüber als Schadensersatz geltend machen. Die strikte Einhaltung dieser Anweisung liegt somit auch in Ihrem Interesse.[3]
Anlage

Anmerkungen

1. Sachverhalt. Das Formular gibt anhand des bereits in den → Form. XII.9 – → Form. XII.12 zugrunde gelegten Beispielsfalles Hinweise dafür, wie eine eingegangene Unterlassungsverpflichtung des Unternehmens in die Tat umgesetzt werden kann und muss. Das vorliegende Formular geht dabei davon aus, dass eine verfahrensvermeidende Vereinbarung gemäß → Form. XII.12 abgeschlossen wurde und dementsprechend hinsichtlich der Art bzw. des Orts der streitgegenständlichen Werbung differenzierende Unterlassungspflichten gelten. Bei anderer Sachlage ist die Formulierung entsprechend anzupassen.

2. Sorgfaltsmaßstab. Allein die Anweisung an Dienstpersonal genügt nicht, um die Schuldhaftigkeit eines möglicherweise doch eintretenden Verstoßes gegen eine Unterlassungsverpflichtungserklärung auszuschließen. Vielmehr muss der Schuldner nachweisen können, dass er durch qualifiziertes (und von ihm selbst wiederum überwachtes) Personal überprüft hat, dass die Anweisung zur Kenntnis genommen und befolgt wird. An die Organisation innerhalb des Betriebes werden hier seit je her strenge Anforderungen gestellt (Vgl. OLG Naumburg OLGR Naumburg 2007, 65; OLG Hamburg WRP 1989, 63; OLG Köln WRP 1981, 546 f.).

3. Besonderheiten bei Werbung durch Medienunternehmen. Bei Anzeigenschaltungen in Werbemedien (Zeitungen, Zeitschriften, Rundfunk, Fernsehen, Internet) verlangt die Rechtsprechung, dass nach einer strafbewehrten Unterlassungsverpflichtungserklärung sofort Anweisung an die Medien gegeben wird, die bisherige von der Unterlassungserklärung betroffene Werbung nicht mehr zu schalten. Vorliegende Werbematerialien müssen sofort ausgetauscht werden; zur Not muss der gebuchte Werbeplatz bezahlt, aber darf nicht ausgenutzt werden (vgl. OLG Köln WRP 1980, 168; LG Hamburg WRP 1987, 62). Eine bloß telefonische Abbestellung von Anzeigen bei der Presse genügt nicht (OLG Köln WRP 1983, 305; OLG Düsseldorf GRUR 1985, 81; LG Gießen WRP 2001, 743; vgl. auch OLG Karlsruhe WRP 1993, 188).

XI. Sport-, Kultur- und Sendungssponsoring

1. Sponsoringvertrag

Präambel[1,2,5]

(Angaben zur Geschäftsgrundlage)

Der ..... eV (im Nachstehenden kurz der „Gesponserte" genannt) verfolgt satzungsgemäß den Zweck

a) der Förderung des Fußballsportes und unterhält mehrere Mannschaften unterschiedlicher Alters- und Leistungsstufen. Er feiert in diesem Jahr sein einhundertjähriges Bestehen und wird aus diesem Anlass in der Zeit vom ..... bis zum ..... in ..... ein Jubiläumsturnier (im Nachstehenden kurz das „Turnier" genannt) ausrichten. Die erste Mannschaft des ..... hat ihre Teilnahme an diesem Turnier bereits verbindlich zugesagt. Der Gesponserte sichert zu, dass er alleiniger Inhaber aller Rechte an dem Turnier ist.

Variante:

b) er Förderung der Oper/alten Musik/des Jazz und veranstaltet in der Zeit vom ..... bis ..... eine Aufführungs-/Konzertreihe/ein Opern-/Musikfestival in der ..... (Spielstätte) in ..... (Ort). Folgende Künstler/Ensembles haben ihre Teilnahme an der Konzertreihe/dem Festival bereits verbindlich zugesagt:

.....

Variante:

c) der Förderung des Umweltschutzes/Tierschutzes und führt in ..... (Ort, Gebiet) eine Kampagne für/gegen ..... (zB den Schutz des Wattenmeers/den Schutz bedrohter Tierarten) durch. Dabei sind Anzeigen in Printmedien, Druckschriften, TV-Spots, Kinospots etc vorgesehen und folgende Schaltungen bereits verbindlich gebucht:

.....

Variante:

d) der Förderung der Wissenschaft und betreibt das ..... Institut in ..... (Ort), welches ein Forschungsvorhaben zur ..... durchführt. Hierbei haben bereits folgende Wissenschaftler ihre Mitwirkung verbindlich zugesagt:

.....

Die ..... AG (im Nachstehenden kurz der „Sponsor" genannt) hat den Gesponserten seit Jahren regelmäßig durch Sach- und Geldzuwendungen gefördert und fühlt sich der Förderung des Sports/der Kunst/des Umwelt/Tierschutzes/der Wissenschaft seit jeher besonders verpflichtet. Dies vorausgeschickt, schließen der Sponsor und der Gesponserte (im Nachstehenden kurz die „Vertragsparteien" genannt) folgenden

Sponsoringvertrag[3,13]

§ 1 Leistung des Sponsors[4]

(1) Der Sponsor verpflichtet sich, dem Gesponserten bis spätestens ..... a) aus dem von ihm vertriebenen aktuellen Produktionsprogramm des Sportartikelherstellers b) aus seinem eigenen Angebot von Reisedienstleistungen c) Anzeigen in vom Sponsor verlegten Zeitungen und Zeitschriften d) aus seiner Herstellung folgende technische Geräte ..... einmalig die in Anlage ....., die wesentlicher Bestandteil dieses Vertrages ist, genannten

Produkte/Dienstleistungen/Geräte zur Verfügung zu stellen. Die Vertragsparteien sind sich einig, dass die dem Gesponserten zur Verfügung gestellten Produkte/Gegenstände/technischen Geräte mit deren Übergabe an den Gesponserten in dessen Eigentum übergehen Variante: leihweise dem Gesponsorten für die Dauer dieses Vertrages überlassen werden, im Eigentum des Sponsors verbleiben und diesem nach Beendigung des Vertrages unverzüglich zurückgegeben werden. Der Sponsor räumt dem Gesponserten außerdem das Recht ein, für seine Zwecke in größerer Menge und in einer Lieferung Produkte aus dem vom Sponsor vertriebenen, jeweils aktuellen Produkt/Produktions/Dienstleistungsprogramm des Herstellers ..... mit ..... % Abschlag auf den jeweiligen Ladenpreis des Sponsors zzgl. darauf anfallender Umsatzsteuer zu erwerben. Der Weiterverkauf der verbilligt erworbenen Produkte an außen stehende Dritte, insbesondere an Personen, die nicht Mitglieder des Gesponserten sind, ist dem Gesponserten untersagt.

(2) Der Sponsor ist berechtigt, alle dem Gesponserten nach Absatz 1 zu überlassenden Produkte/Dienstleistungen zuvor auf seine Kosten wie aus Anlage ....., die wesentlicher Bestandteil dieses Vertrages ist, ersichtlich, mit einem werblichen Hinweis auf den Sponsor zu versehen. Alle werblichen Hinweise müssen mit den dem Sponsor bekannten a) „Allgemeinverbindlichen Vorschriften über die Beschaffenheit und Ausgestaltung der Spielkleidung" (Sonderregelungen der Durchführungsbestimmungen zur DFB-Spielordnung) in deren jeweiliger Fassung b) bzw. c) bzw. d) mit der Satzung des Gesponserten Anlage ..... hierzu vereinbar und – soweit erforderlich – vorab genehmigt worden sein. Wird eine hiernach erteilte Genehmigung nicht mehr verlängert oder zurückgezogen, so erlöschen das Recht des Sponsors und die korrespondierende Verpflichtung des Gesponserten, die hiervon betroffenen Produkte mit einem werblichen Hinweis zu versehen.

(3) Der Sponsor verpflichtet sich, während der Laufzeit dieses Vertrages wiederkehrend alle ..... Monate an den Gesponserten einen Betrag in Höhe von jeweils Euro ..... zzgl. etwa darauf anfallender Umsatzsteuer zu zahlen. Die Zahlungen sind jeweils am ..... der Monate ....., ... und ..... fällig und sind dem bei der ..... (IBAN und BIC) für den Gesponserten geführten Konto Nr...... am jeweiligen Fälligkeitstermin gut zu bringen. Fällt ein Fälligkeitstermin nicht auf einen inländischen Bankarbeitstag, so hat die Gutschrift spätestens am darauf folgenden Bankarbeitstag zu erfolgen. Endet der Vertrag zwischen zwei Zahlungsterminen, ohne dass der Gesponserte die Beendigung zu vertreten hätte, so ist der Sponsor zur zeitanteiligen Zahlung verpflichtet. Der Gesponserte verpflichtet sich, ...% einer jeden der vorgenannten wiederkehrenden Zahlungen für die a) Nachwuchsförderung b) für Kinder- und Jugendprogramme c) für Jugendbildung d) für Ausbildung junger Wissenschaftler zu verwenden.

(4) a) Für jeden Fall des Klassenerhalts der ersten Mannschaft des Gesponserten in der ..... Liga in den kommenden Spieljahren verpflichtet sich der Sponsor jeweils einen weiteren einmaligen Betrag in Höhe von Euro. ..... zzgl. etwa darauf anfallender Umsatzsteuer zu zahlen. Die Zahlung ist ..... Tage nach dem schriftlichen Nachweis des Klassenerhalts im jeweils abgelaufenen Spieljahr durch den Gesponserten fällig und hat zugunsten des bei der ..... (IBAN und BIC .....) für den Gesponserten geführten Kontos Nr...... zu erfolgen.

(Entfällt bei b) c) d)

(5) Der Sponsor verpflichtet sich, an den Gesponserten für jeden einzelnen Hinweis auf den Sponsor im Bild- und/oder Textteil regionaler Printmedien und/oder regionaler elektronischer Medien jeweils einen Betrag in Höhe von Euro ..... zzgl. etwa darauf anfallender Umsatzsteuer zu zahlen. Als regionale Printmedien bzw. regionale elektronische Medien gelten alle in Anlage ....., die wesentlicher Bestandteil dieses Vertrages ist, genannten Medien. Für jeden einzelnen Hinweis auf den Sponsor im Bild- und/oder Textteil überregionaler Printmedien und/oder überregionaler elektronischer Medien verpflichtet sich dieser, an den Gesponserten jeweils einen Betrag in Höhe von Euro .....

zzgl. etwa darauf anfallender Umsatzsteuer zu zahlen. Als überregionale Medien gelten alle bundesweit verbreiteten Medien. Der Nachweis der Hinweise auf den Sponsor obliegt dem Gesponserten und ist in schriftlicher Form zu führen. Die jeweilige Zahlung ist ..... Tage nach dem Nachweis fällig und hat zugunsten des bei der ..... (IBAN und BIC .....) für den Gesponserten geführten Kontos Nr. ..... zu erfolgen.

(6) Der Sponsor verpflichtet sich, a) das geplante Turnier b) die geplante Opern/Konzertreihe c) die geplante Aufklärungskampagne d) das geplante Forschungsprojekt durch die einmalige Zahlung eines weiteren Betrages in Höhe von Euro ..... zzgl. etwa darauf anfallender Umsatzsteuer[12] zu unterstützen. Die Zahlung dieses Betrages ist vier Wochen vor Beginn a) des Turniers b) der Opern/Konzertreihe c) der Kampagne d) des Forschungsvorhabens, dh am ..... fällig und hat zugunsten des für den Gesponserten bei der ..... (IBAN und BIC .....) geführten Kontos Nr. ..... zu erfolgen. Der Gesponserte verpflichtet sich, diese einmalige Zahlung ausschließlich für turnier/Konzert/Kampagnen/Projektbedingte Aufwendungen zu verwenden.

(7) Kommt der Sponsor mit einer Zahlung für mehr als zwei Wochen in Verzug, so ist er ab diesem Zeitpunkt zur Zahlung von Verzugszinsen in Höhe von 9 % über dem Basiszinssatz pro Jahr auf den ab diesem Zeitpunkt jeweils geschuldeten und fälligen Betrag verpflichtet. Die Geltendmachung eines weitergehenden Schadens durch den Gesponserten wird hierdurch nicht ausgeschlossen.

(8) Der Sponsor verpflichtet sich, den Gesponserten laufend in a) sportlichen b) musikalischen c) Umweltschutz/Tierschutz d) Forschungsbelangen zu beraten.

§ 2 Gegenleistung des Gesponserten[4]

(1) Der Gesponserte steht dem Sponsor dafür ein, dass alle a) seine Mannschaften im Trainings- und Spielbetrieb b) alle Bühnen c) alle Anzeigen d) alle zum Projekt verwendeten und alle schriftlichen Unterlagen und Veröffentlichungen und bei allen (sonstigen) öffentlichen Auftritten, insbesondere anlässlich von Autogrammstunden, Interviews und (sonstigen) medienwirksamen Ereignissen im Rahmen des ihnen Zumutbaren und Möglichen stets nur die vom Sponsor nach § 1 Abs. 1 zur Verfügung gestellten, mit einem werblichen Hinweis des Sponsors versehenen Produkte verwenden und den Medien gegenüber nach Möglichkeit namentlich auf den Sponsor hinweisen.

(2) Der Gesponserte wird darauf hinwirken, dass einzelne Mitglieder a) der ersten Mannschaft oder die erste Mannschaft geschlossen b) mitwirkenden ausübenden Künstler c) und d) folgende in der Öffentlichkeit hervortretenden Personen ihre Zustimmung zur Nutzung ihres Namens, ihrer Initialen, ihrer Stimme, ihrer Unterschrift, von Fotografien, von Bildern, bildlichen Darstellungen oder Faksimiles erteilen und an zwei noch festzulegenden Terminen ganztägig für die Anfertigung der erforderlichen Ton- und Bildträger zur Verfügung stehen. Der Gesponserte wird zudem darauf hinwirken, dass die erste Mannschaft als Ganzes oder einzelne ihrer Mitglieder gegen Zahlung eines der Höhe nach noch festzulegenden Entgelts an sie durch den Sponsor an Empfängen, Werbe-, Verkaufsförderungs- und Öffentlichkeitsarbeitsmaßnahmen sowie an innerbetrieblichen Veranstaltungen des Sponsors teilnehmen. Nehmen nur einzelne Mitglieder der a) ersten Mannschaft b) des Orchesters/Chors/Ensembles c) des Vereins d) des Instituts an vor bezeichneten Veranstaltungen des Sponsors teil, so wird der Gesponserte darauf hinwirken, dass stets die Teilnahme der ....., ... oder des ..... gewährleistet ist.

(3) Der Gesponserte wird dem Sponsor während der Laufzeit des Vertrages spätestens a) zu Beginn eines jeden Spieljahres für jedes Heimspiel der ersten Mannschaft b) zu Beginn jeder Konzertsaison kostenlos jeweils 5 VIP-Karten überlassen. Außerdem wird er für den Sponsor und dessen Gäste a) bei allen Heimspielen der ersten Mannschaft vor dem Vereinshaus kostenlos 5 als solche gekennzeichnete VIP-Parkplätze bereithalten und dem Sponsor in der Vereinsgaststätte kostenlos einen Tisch zur Verfügung stellen, der

ausschließlich dem Sponsor und dessen Gästen zur Verfügung steht. Der Sponsor ist berechtigt, den Tisch auf seine Kosten in Abstimmung mit dem Gesponserten als Tisch des Sponsors kenntlich zu machen und seine Gäste auf seine Kosten zu bewirten.

(entfällt bei b), c) und d)

(4) Der Sponsor ist berechtigt, an allen Pressekonferenzen des Gesponserten teilzunehmen, eigene Erklärungen abzugeben und den Presseerklärungen des Gesponserten eine eigene Presseerklärung beizufügen. Der Gesponserte wird den Sponsor möglichst frühzeitig über Pressekonferenztermine unterrichten, um ihm die Teilnahme zu ermöglichen. Der Sponsor ist außerdem dazu berechtigt, auf seine Kosten a) im Presseraum sowie auf dem Mannschaftsbus b) im Foyer c) Anzeigen des Gesponsorten d) öffentlichen Verlautbarungen und Veröffentlichungen des Gesponserten in geeigneter, noch mit dem Gesponserten abzustimmender Weise auf die Förderung hinzuweisen.

(5) Der Gesponserte verpflichtet sich, auf Plakaten und Postern, in Inseraten sowie in allen sonstigen Vorankündigungen a) des Turniers, b) der Opern/Konzertreihe c) der Kampagne d) des Forschungsprojekts insbesondere in allen geplanten Werbespots im lokalen Hörfunk auf die Förderung durch den Sponsor hinzuweisen. Die Hinweise sind zuvor mit dem Sponsor abzustimmen. Außerdem wird der Gesponserte dem Sponsor die Vorder- und Rückseite der Eintrittskarten sowie eine Seite im Turnier/Opern/Konzertprogramm, der Kampagnenflugblätter/Einladungen zu Vorträgen/Präsentationen kostenlos als Werbefläche zur Verfügung stellen. Der Gesponserte verpflichtet sich überdies, a) bei jeder Durchsage und Ehrung anlässlich des Turniers b) jeder Konzertankündigung c) jeder öffentlichen Durchsage/Vortrages d) jedem Empfang/Kongress/Vortrag in noch festzulegender Weise auf die Förderung durch den Sponsor hinzuweisen und während der Dauer a) des Turniers in noch festzulegender Weise den Namen sowie das Logo des Sponsors auf der Anzeigentafel einzublenden b) in Werbeanzeigen und Plakaten sowie deutlich sichtbar am und im Veranstaltungsort der Opern/Konzertreihe, c) den Publikationen der Kampagne d) den Verlautbarungen, Publikationen und Medien des Forschungsprojektes ..... Der Sponsor ist ..... Monate a) vor Turnierbeginn, dh vom ..... an zeitlich unbeschränkt dazu berechtigt, sich im Rahmen seiner Marktkommunikation, insbesondere auf Plakaten und in Anzeigen wie in Anlage ....., die wesentlicher Bestandteil dieses Vertrages ist, graphisch dargestellt als „Hauptsponsor des ..... Jubiläumsturniers“, zu bezeichnen.

b) dto. vor Beginn der Konzertreihe bzw. dem Tag der Premiere

c) dto. vor Beginn der Kampagne

d) dto. vor Beginn des Forschungsprojekts

(6) Es ist dem Gesponserten untersagt, nach diesem Vertrag zulässige werbliche Hinweise des Sponsors jedweder Art, insbesondere die werblichen Hinweise des Sponsors auf den dem Gesponserten nach § 1 Abs. 1 überlassenen Produkten ganz oder teilweise zu verändern, insbesondere das Logo oder sonstige Kennzeichen des Sponsors zu entfernen, werbliche Hinweise ganz oder teilweise zu verdecken oder sonstige Kennzeichen Dritter anzubringen.

(7) Markenrechte, Urheberrechte an den Marken, Produkten und Designs des Sponsors bleiben dem Sponsor vorbehalten, deren Gestattung der Nutzung durch den Gesponsorten kann der Sponsor jederzeit ohne Angabe von Gründen widerrufen.

§ 3 Ausschließlichkeit[6]

(1) Der Sponsor ist Hauptsponsor *(oder ggf. Co-Sponsor etc)* Der Gesponserte ist berechtigt, Verträge mit weiteren Sponsoren abzuschließen, die Nebensponsoren im Range nach dem Hauptsponsor *(oder ggf. Co-Sponsoren)* sind. Die Nebensponsoren dürfen keine a) örtlichen oder regionalen Wettbewerber des Sponsors oder Versandhäuser, zu deren Sortiment auch Sportartikel gehören, b) c) d) ..... keine örtlichen oder

regionalen Wettbewerber des Sponsors sein. Der Umfang der kommunikativen Befugnisse der Nebensponsoren hat in jedem Falle hinter denen des Hauptsponsors zurückzubleiben und ist vor Abschluss des jeweiligen Vertrages mit dem Nebensponsor schriftlich mit dem Hauptsponsor abzustimmen. § 7 Abs. 3 bleibt hiervon unberührt.

(2) Der Gesponserte verpflichtet sich, sonstige werbliche Aktivitäten zugunsten Dritter zuvor schriftlich mit dem Sponsor abzustimmen. Der Sponsor wird diesen werblichen Aktivitäten des Gesponserten zustimmen, es sei denn, er würde hierdurch in schutzwürdigen Interessen beeinträchtigt.

(3) Außerdem verpflichtet sich der Gesponserte, während der Laufzeit dieses Vertrages in keiner anderen Art und Weise die Interessen von Wettbewerbern des Sponsors zu fördern, es sei denn, dass dies für ihn unvermeidbar ist.

§ 4 Wohlverhalten, Unterrichtung, Vertraulichkeit, Rechnungslegung[7]

(1) Die Vertragsparteien verpflichten sich einander zu gegenseitigem Respekt, Wohlverhalten und Loyalität. Der Gesponserte wird sich insbesondere nicht öffentlich negativ über den Sponsor und dessen Leistungen äußern. Der Sponsor ist gehalten, auf schutzwürdige Interessen des Gesponserten, insbesondere auf dessen Ruf und Ansehen sowie auf den Sinn und das Prestige des geförderten Turniers/Oper/Konzertreihe/Kampagne/Forschungsprojekts Rücksicht zu nehmen. Die genannten Verpflichtungen gelten auch nach Beendigung des Vertrages fort.

(2) Die Vertragsparteien werden sich gegenseitig umgehend über alle Umstände, die für die Durchführung dieses Vertrages von Bedeutung sein könnten, unterrichten. Maßnahmen mit Öffentlichkeitswirkung sind nach Möglichkeit zuvor mit der anderen Vertragspartei abzustimmen.

(3) Die Vertragsparteien verpflichten sich, den Inhalt dieses Vertrages, insbesondere die hiernach geschuldeten Leistungen Dritten gegenüber vertraulich zu behandeln. Die Offenlegung vertraglicher Vereinbarungen jedweder Art Dritten gegenüber ist nur mit vorheriger ausdrücklicher schriftlicher Einwilligung der anderen Vertragspartei, zur Wahrung schutzwürdiger Belange einer oder beider Vertragsparteien oder auf Grund zwingender gesetzlicher Bestimmungen zulässig. Diese Verpflichtung gilt auch nach Beendigung des Vertrages fort.

(4) Der Gesponserte wird die ihm vom Sponsor zur Verfügung gestellten Mittel ausschließlich für seine satzungsgemäßen Ziele sowie die in diesem Vertrag näher spezifizierten Zwecke verwenden, darüber eine von seinen übrigen Geschäften getrennte eigenständige Buchhaltung einrichten und dem Sponsor hierüber nach jeder a, b) Spielzeit c) Kampagne d) jährlich sowie nach Beendigung dieses Vertrages Rechnung legen. Der Sponsor hat ein Einsichtsrecht in die Bücher und Geschäftsunterlagen des Gesponserten, soweit diese die Verwendung der vom Sponsor zur Verfügung gestellten Mittel betreffen.

§ 5 Haftungsausschluss[8]

(1) Der Sponsor schließt dem Gesponserten gegenüber mit Ausnahme von Schäden aus der Verletzung des Lebens, des Körper oder der Gesundheit seine Haftung für jeden Schaden aus, der nicht auf einer grob fahrlässigen Vertragsverletzung des Sponsors oder auf einer vorsätzlichen oder grob fahrlässigen Vertragsverletzung eines gesetzlichen Vertreters oder Erfüllungsgehilfen des Sponsors beruht.

(2) Die Vertragsparteien sind sich einig, dass der Sponsor an der Organisation und Durchführung *(zB des Turniers, der Konzertreihe, der Ausstellung, der Bildungseinrichtung, der Sozial- oder Umweltkampagne)* nicht beteiligt ist, hierfür keine Verantwortung trägt und Dritten, insbesondere Teilnehmern, Besuchern und Lieferanten *des Gesponsorten und seiner Vertragspartner* mit Ausnahme von Schäden aus der Verletzung des Lebens, des Körper oder der Gesundheit außer im Falle vorsätzlicher Schadenszufügung

nicht haftet. Der Gesponserte verpflichtet sich, mit Dritten turnierbezogene Verträge nur abzuschließen, wenn diese einen entsprechenden Hinweis und Haftungsausschluss zugunsten des Sponsors enthalten. Dies gilt insbesondere für die Ausschreibung des Turniers, dessen Teilnahmebedingungen sowie die Verträge mit Besuchern und Lieferanten des Turniers. Der Gesponserte verpflichtet sich, den Sponsor von allen etwaigen Schadensersatzansprüchen Dritter aus oder im Zusammenhang mit dem Turnier freizustellen, es sei denn, diese beruhten auf vorsätzlichem Handeln des Sponsors.

(3) Der Gesponserte haftet über die Erbringung der von ihm geschuldeten Leistungen hinaus nicht für die Erreichung der vom Sponsor mit der Eingehung dieses Vertrages verfolgten weiterreichenden kommunikativen Ziele, es sei denn, dass er deren Erreichung durch die schuldhafte Verletzung wesentlicher vertraglicher Pflichten erschwert oder vereitelt hat.

§ 6 Sicherheitsleistung, Aufrechnung, Abtretung[9]

(1) Der Sponsor verpflichtet sich, als Sicherheit für die Erfüllung der ihm nach § 1 dieses Vertrages obliegenden Verpflichtungen bis spätestens . . . . . eine selbstschuldnerische Bürgschaft auf erstes Anfordern eines im Inland als Zoll- und Steuerbürgen unbeschränkt zugelassenen Kreditinstitutes beizubringen. *Die Bürgschaft kann durch Zahlung eines Betrages in Höhe von. . . . .EUR auf das Konto des Gesponsorten ersetzt werden, der als Sicherheit dient und mit. . . . .X % p. a. zu Gunsten des Sponsors zu verzinsen und bei Beendigung des Vertrages zurückzugewähren ist.*

(2) Die Aufrechung mit Forderungen jedweder Art durch eine der Vertragsparteien ist nur zulässig, wenn diese unbestritten oder rechtskräftig festgestellt sind.

(3) Die Forderungen und sonstigen Ansprüche aus diesem Vertrag sind nur mit vorheriger schriftlicher Einwilligung des Schuldners der Forderung oder des Anspruchs abtretbar.

§ 7 Inkrafttreten, Laufzeit, Optionsrechte

(1) *Dieser Vertrag tritt mit Wirkung zum (Datum) in Kraft.*

(2) *Der Vertrag wird unbeschadet der in § 8 vereinbarten Kündigungsrechte zunächst für eine Dauer von. . . . .Jahren geschlossen und verlängert sich automatisch um jeweils. . . . .Jahr(e), wenn nicht ein Vertragspartner mit einer Frist von. . . . . Monaten zum Ablauf der Laufzeit die Kündigung des Vertrages erklärt.*

(3) *Der Gesponserte räumt dem Sponsor ein Vorrecht auf weitere Sponsoring und Werbeverträge ein* und verpflichtet sich, vor Abschluss von Sponsoring- oder sonstigen Werbeverträgen mit Dritten zunächst dem Sponsor schriftlich den Abschluss eines Vertrages zu den denselben Konditionen, wie mit dem Dritten ausgehandelt, anzubieten. Nimmt der Sponsor das Angebot zum Abschluss eines solchen Vertrages nicht binnen einer Woche nach Zugang des Angebotes schriftlich an, so steht es dem Gesponserten frei, den betreffenden Vertrag mit dem Dritten abzuschließen. § 3 bleibt hiervon unberührt.

(4) Sollte der DFB künftig weitergehende Werbeformen zulassen, als dies derzeit der Fall ist, so hat der Sponsor das Recht, vom Gesponserten gegen ein zusätzliches angemessenes Entgelt, dessen Höhe einvernehmlich festzulegen ist, die Einräumung dieser weitergehenden Werbemöglichkeiten zu verlangen.

§ 8 Vorzeitige Vertragsbeendigung, Rückgewähr von Leistungen[10]

(1) Jede Vertragspartei ist erstmals ab dem (Datum, Mindestlaufzeit) berechtigt, den Vertrag spätestens am dritten Werktag eines jeden Kalendermonats unter Einhaltung einer Kündigungsfrist von . . . . . Monaten ordentlich zu kündigen. Im Falle der

ordentlichen Kündigung besteht keine Verpflichtung der Vertragsparteien zur Rückgewähr der von der anderen Vertragspartei erhaltenen Leistung(en).

(2) Jede Vertragspartei ist berechtigt, den Vertrag aus wichtigem Grunde fristlos zu kündigen. Ein zur fristlosen Kündigung berechtigender wichtiger Grund liegt insbesondere vor, wenn

a) die andere Vertragspartei schuldhaft gegen ihr obliegende wesentliche vertragliche Verpflichtungen, insbesondere gegen die in §§ 1, 2 und 4 niedergelegten Verpflichtungen verstoßen hat und den Verstoß trotz Abmahnung mit angemessener Fristsetzung nicht innerhalb der gesetzten Frist abstellt. Einer vorherigen Abmahnung bedarf es nicht, wenn die andere Vertragspartei die Leistung ernsthaft und endgültig verweigert oder besondere Umstände vorliegen, die unter Abwägung der Interessen beider Vertragsparteien die Kündigung aus wichtigem Grund rechtfertigen;

b) die andere Vertragspartei schuldhaft gegen gesetzliche Vorschriften, die für die Durchführung dieses Vertrages unmittelbar oder mittelbar von Bedeutung sind, gegen die guten Sitten oder gegen Vereinsregeln, Verbandsregeln, Spielregeln oder Wettkampfordnungen verstoßen hat. Hierbei sind sich die Vertragsparteien im Hinblick auf die mit diesem Vertrag verfolgten Ziele einig, dass bereits der qualifizierte Verdacht eines schuldhaften Verstoßes der genannten Art einen zur fristlosen Kündigung berechtigenden wichtigen Grund darstellt;

c) über das Vermögen einer Vertragspartei ein gerichtliches Insolvenzverfahren eröffnet wird oder wenn die Eröffnung eines gerichtlichen Insolvenzverfahrens unmittelbar bevorsteht, wobei der Eröffnung des Insolvenzverfahrens die Ablehnung der Insolvenzeröffnung mangels Masse gleichsteht.

(3) Dem Sponsor steht überdies ein Recht zur fristlosen Kündigung des Vertrages aus wichtigem Grunde zu, wenn

a) sich das Turnier/die Kulturveranstaltung/die Kampagne/das Forschungsprojekt wegen vom Gesponserten zu vertretender Umstände als undurchführbar erweist. Die Undurchführbarkeit des Turniers aufgrund unvorhersehbarer und/oder unabwendbarer Ereignisse, insbesondere aufgrund schlechter Witterung oder anderer Fälle höherer Gewalt berechtigt den Sponsor dagegen nicht zur fristlosen Kündigung aus wichtigem Grunde;

b) der Gesponserte die gesponserten Aktivitäten nicht weiter entfaltet, insbesondere wenn der Gesponserte erlischt, die Mitgliederversammlung die Auflösung des Gesponserten beschließt oder die Rechtsfähigkeit des Gesponserten entzogen wird,

c) die in diesem Vertrag vorgesehenen kommunikativen Gegenleistungen des Gesponserten oder auf diesen Vertrag abgestimmte sonstige kommunikative Aktivitäten des Sponsors durch richterliche oder schiedsgerichtliche Entscheidung ganz oder im wesentlichen untersagt werden, oder sich aufgrund gesetzlicher Regelungen oder Standesrechts als unzulässig herausstellen. In Abweichung von der in den nachstehenden Absätzen getroffenen Regelung steht dem Sponsor in diesem Falle jedoch kein Rückgewähranspruch gegen den Gesponserten zu. Die Vertragsparteien sind sich einig, dass eine Änderung der Werbestrategie des Sponsors und ein etwaiger Abstieg der ersten Mannschaft des Gesponserten in einem der kommenden Spieljahre keinen zur fristlosen Kündigung berechtigenden wichtigen Grund darstellen.

(4) Hat keine der Vertragsparteien die fristlose Kündigung zu vertreten, so besteht keine Verpflichtung zur Rückgewähr der von der anderen Vertragspartei empfangenen Leistung (en). Dasselbe gilt, wenn beide Vertragsparteien die fristlose Kündigung zu vertreten haben.

(5) Hat eine Vertragspartei die fristlose Kündigung zu vertreten, so ist sie zur Rückgewähr der von der anderen Vertragspartei empfangenen Leistung(en) verpflichtet, nicht jedoch zur Rückforderung der von ihr gewährten Leistung(en) berechtigt. Ist die Rückgewähr wegen der Beschaffenheit der erlangten Leistung(en) nicht möglich oder die

rückgewährpflichtige Vertragspartei aus einem anderen Grunde zur Rückgewähr außerstande, so hat sie den marktüblichen Wert der empfangenen Leistung(en) zu ersetzen. Der zur fristlosen Kündigung berechtigten Vertragspartei bleibt die Geltendmachung eines weiteren Schadens vorbehalten.

§ 9 Kein Gesellschaftsvertrag

Keine Vereinbarung in diesem Vertrag ist als Begründung einer Gesellschaft oder eines gesellschaftsähnlichen Verhältnisses auszulegen.

§ 10 Schriftform, Zugang von Erklärungen, Teilunwirksamkeit[11]

(1) Mündliche Nebenabreden wurden nicht getroffen. Alle Änderungen oder Ergänzungen dieses Vertrages bedürfen zu ihrer Wirksamkeit der Schriftform, wobei ein Briefwechsel genügt. Dies gilt auch für den Verzicht auf das Schriftformerfordernis oder Änderungen des Schriftformerfordernisses. Die Rechtswirksamkeit irgendwelcher mündlicher Vereinbarungen ist ausdrücklich ab bedungen.

(2) An die andere Vertragspartei gerichtete Erklärungen sind schriftlich abzugeben. Mitteilungen per Telefax oder E-Mail sind nur wirksam, falls die Bestätigung durch Brief unverzüglich nachfolgt.

(3) Die Vertragsparteien verpflichten sich, einander etwaige Anschriften Änderungen unverzüglich mitzuteilen. Schriftliche Mitteilungen gelten nach dem gewöhnlichen Postlauf als zugegangen, wenn sie an die letzte der absendenden Vertragspartei bekannt gewordene Anschrift ab gesandt worden sind. Dies gilt nicht, wenn es sich um eine Erklärung von besonderer Bedeutung, insbesondere um eine Abmahnung wegen Verletzung wesentlicher vertraglicher Pflichten oder um eine Kündigung handelt, oder wenn eine schriftliche Mitteilung an die absendende Vertragspartei als unzustellbar zurückgelangt und wenn die Unzustellbarkeit nicht von der anderen Vertragspartei zu vertreten ist, oder wenn die absendende Vertragspartei erkennt, dass die Erklärung aufgrund einer allgemeinen Störung des Postbetriebs nicht zugegangen ist.

(4) Sollten einzelne Bestimmungen dieses Vertrages ganz oder teilweise unwirksam oder undurchführbar sein, so berührt das die Wirksamkeit des Vertrages im Übrigen nicht. Die Vertragsparteien verpflichten sich für diesen Fall, die unwirksame oder undurchführbare Bestimmung durch eine wirksame oder durchführbare Regelung zu ersetzen, die dem wirtschaftlich gewollten Zweck der ganz oder teilweise unwirksamen oder undurchführbaren Regelung im Rahmen des Gesamtvertrages am nächsten kommt. Sollte der Vertragszweck mit einer wirksamen oder durchführbaren Regelung nicht erzielbar sein, so ist jede Vertragspartei zur fristlosen Kündigung aus wichtigem Grunde berechtigt. In diesem Falle ist keine Vertragspartei zur Rückgewähr der von der anderen Vertragspartei empfangenen Leistung(en) verpflichtet. Entsprechendes gilt für etwaige Lücken im Vertrag.

§ 11 Mediation, Schiedsvereinbarung

(siehe Band. . . . .Formular)

. . . . .

Ort, Datum, Unterschrift des Sponsors

. . . . .

Ort, Datum, Unterschrift des Gesponserten

Schrifttum: Schrifttum: Bruhn, Handbuch für integriertes Kommunikationsmanagement, 3. Auflage 2014; Manfred Bruhn: Sponsoring. systematische Planung und integrativer Einsatz. 5., vollst. überarb. und erw. Auflage. *Bruhn/Mehlinger,* Rechtliche Gestaltung des Sponsoring, Band 1, Allgemeiner Teil: Vertragsrecht – Steuerrecht –

Medienrecht – Wettbewerbsrecht, 2. Aufl. 1995; *Bruhn/Mehlinger,* Rechtliche Gestaltung des Sponsoring, Band 2, Spezieller Teil: Sport, Kultur-, Sozial-, Umwelt- und Programmsponsoring, 2. Aufl. 1999; *Dinkel/Seeberger,* Planung und Erfolgskontrolle im Sportsponsoring, 1. Auflage 2007; *Fischer/Reich,* Der Künstler und sein Recht, 3. Auflage 2014; *Fritzweiler/Pfister/Summerer,* Praxishandbuch Sportrecht, 3. Auflage 2014; *Hermanns/Bagusat,* Sponsoring Trends 2006, München 2006; *Hermanns/Marwitz,* Sponsoring Grundlagen, Wirkungen, Management, Markenführung, 3. Auflage 2008; *Kolvenbach,* Zivilrechtliche Ausgestaltung von Sponsorverträgen, AnwBl 1998, 289 ff.; *Liegl,* Beck'sche Online-Formulare Vertrag, Muster 17.1 und 17.2 48. Edition 2019; *Partikel,* Formularbuch für Sportverträge, 3. Auflage 2015; *Wegner,* Der Sportsponsoringvertrag, 2002; *Weiand,* Kultur- und Sportsponsoring im deutschen Recht unter besonderer Berücksichtigung urheber-, medien- und wettbewerbsrechtlicher Aspekte, 1993; *Weiand,* Rechtliche Aspekte des Sponsoring, NJW 1994, 227; *Weiand/Poser,* Der Sponsoringvertrag, 3. Aufl. 2005.

Anmerkungen

1. Sachverhalt. Sponsoring, traditionell in Großbritannien, Kanada und den USA verbreitet, gewinnt wirtschaftlich zunehmend auch in Deutschland und der gesamten EU an Bedeutung: Die Gesamtaufwendungen betragen in Deutschland im Jahr 2015 im Sportbereich geschätzte 4,5 Mrd. EUR, (weltweit ca. 40 Mrd. USD in 2015) im Kulturbereich 0,3 Mrd. EUR. Von sämtlichen Sponsoringaufwendungen entfielen in Deutschland 2016 auf das Sportsponsoring 40,1 %, Kunst-/Kultursponsoring 16,3 %, Soziosponsoring 13 %, Bildungs-/Wissenschaftssponsoring 16,7 %, Mediensponsoring 7,7 % und auf Ökosponsoring 6,1 % (*Bagusat* „Sponsoringtrends 2016" S. 18.) Der Anteil am gesamten Kommunikationsbudget hat 2016 18,3 % betragen *(Bagusat* aaO S. 48). Sportsponsoring weist für fast ein Drittel der befragten Unternehmen nach wie vor die stärkste Bedeutung auf, wobei auch dem Bildungs- und vor allem Soziosponsoring knapp ein Viertel der befragten Unternehmen eine hohe Bedeutung für die Zukunft prognostizieren (Bagusat a.a.O. S. 22) Neben der Werbung, der Öffentlichkeitsarbeit und der Mitarbeiter-Kommunikation ist Sponsoring eine eigenständige Form der Unternehmenskommunikation. In Deutschland aus der „Schleichwerbung" der 60er-Jahre hervorgegangen, über die Phase des Altruismus hin zur Professionalisierung mit Orientierung an der ökonomischen Effizienz, ist Sponsoring zunehmend fester Bestandteil der Marketing-Kommunikation geworden (*Hermanns/Marwitz* S. 39) Sponsoring erstrebt dabei im Gegensatz zur Werbung nicht die direkte Empfehlung der Marke bzw. des Produkts, sondern einen Imagetransfer vom Gesponsorten zum Sponsor und wird deshalb den „below-the-line-Instrumenten" zugerechnet (*Hermanns/Marwitz* S. 21). Diesen „erkauft" sich der Sponsor mit der Förderung des Gesponsorten. Aufgrund der Sach- und Geldzuwendungen des Sponsors ist Sponsoring für den Gesponsorten ein Beschaffungs- und Finanzierungsinstrument (*Hermanns/Marwitz* S. 48). Sponsoring ist somit klar von der Spende (der Zuwendung gemeinnütziger, politischer oder sonstiger Zweckbestimmung), der Schenkung (regelmäßig ohne Zweckbestimmung) und der Stiftung (Bildung von Sondervermögen, welches dem Stiftungszweck dient) abzugrenzen. Die Gesetzgebung hat die Entwicklung des Sponsoring bisher nicht begleitet, abgesehen von speziellen Regelungen in den Rundfunkstaatsverträgen und landesrechtlichen Bestimmungen zum Sponsoring an Schulen und Sportstätten. Nach Art. 5 Abs. 5 iVm Anhang I Nr. 11 der EU-Richtlinie über unlautere Geschäftspraktiken ist eine Geschäftspraxis unlauter, bei der redaktionelle Inhalte in Medien zu Zwecken der Verkaufsförderung eingesetzt werden und der Gewerbetreibende für diese Verkaufsförderung bezahlt hat, ohne dass dies aus dem Inhalt oder aus für den Verbraucher klar erkennbaren Bildern und Tönen eindeutig hervorgehen würde. Eine als Information getarnte Werbung ist untersagt. Wissenschaftler und Verbände befassen sich seit Jahren intensiv mit Inhalt, Wirkung, Zweck, Regelung und Ethik des Sponsoring und bieten dem Vertragsjuristen Anhaltspunkte für wesentliche Regelungsinhalte und der Rechtsprechung Hilfe beim Erkennen der „Verkehrssitten", §§ 133, 157 BGB.

2. **Zum Formular.** Das Formular dient dazu, die Definition der Topoi und deren sachgerechte kauterlarjuristische Umsetzung zu erleichtern, kann und will aber die Auseinandersetzung mit der im Einzelfall von den Vertragspartnern gewollten, vom Juristen zu erarbeitenden Regelung nicht ersetzen. Es bezieht Varianten für alle relevanten Sponsoring-Arten ein. Einen einheitlichen Mustervertrag gibt es derzeit in der Sponsoringpraxis nicht. Zwar ist in gewissen Bereichen – genannt seien etwa die als „Ausrüsterverträge" bezeichneten Sponsoringverträge großer Sportartikelhersteller – seit geraumer Zeit eine gewisse Vereinheitlichung festzustellen (*Bruhn/Mehlinger* (Band 2) S. 66; *Partikel* S. 282 ff.). Im Hinblick auf den Facettenreichtum und die Dynamik des Sponsoring wird es jedoch wohl auch künftig keinen standardisierten Sponsoringvertrag geben (*Weiand/Poser* S. 19). Sponsoringverträge müssen vielmehr regelmäßig den Umständen des Einzelfalles angepasst werden. Die dem Formular zugrunde liegende Vertragsstruktur ist grundsätzlich auf alle Sponsoringarten, dh Sport-, Kultur-, Öko-, Sozio- Bildungs- und Mediensponsoring übertragbar, da allen Sponsoringverträgen – ungeachtet ihrer Unterschiede im Einzelnen – eine im Wesentlichen einheitliche Grundstruktur eigen ist. Der Sponsor gewährt einer Person, eine Veranstaltung, eine Institution oder einem Projekt in den Bereichen Sport, Kultur, Soziales, Bildung oder Umwelt Geld, Sachmittel oder Dienstleistungen, über deren sachgerechte Verwendung der Gesponsorte selber entscheidet. Als Gegenleistung hierfür bedingt er sich vom Gesponserten Rechte und Ansprüche aus, die seine Marktkommunikation unterstützen. Sponsoring beruht somit vereinfacht ausgedrückt auf dem Prinzip Förderung gegen Öffentlichkeit. Dieses Austauschverhältnis ist allen Sponsoringverträgen gemein. Bedingt sich ein Förderer keine vertragliche Gegenleistung des Geförderten aus, so ist er kein Sponsor, sondern Mäzen. In diesem Falle ist das Formular nicht einschlägig.

Trotz der einheitlichen Grundstruktur der Sponsoringverträge bestehen je nach Sponsoringart erhebliche Unterschiede hinsichtlich der Art und des Umfangs der wechselseitig erbrachten Leistungen sowie der weiteren ergänzenden vertraglichen Vereinbarungen. Der Verwender des Formulars wird daher in jedem Einzelfall zu prüfen haben, ob die dem Formular immanente Struktur sowie die darin vorgesehenen Vereinbarungen dem ins Auge gefassten Sponsoringengagement und der Interessenlage der Parteien gerecht werden und inwieweit sie modifiziert bzw. ergänzt werden müssen. Die bewusst weitgehend abstrakt gehaltenen Anmerkungen beziehen sich – soweit nicht ausdrücklich anders vermerkt – auf die Sponsoringarten Sport-, Kultur-, Bildungs-, Öko- und Soziosponsoring, während das Besonderheiten aufweisende Sendungssponsoring im folgenden Formular gesondert erörtert wird.

3. **Rechtsnatur des Vertrages.** Der Vertragstypus Sponsoringvertrag liegt vor, wenn eine Vertragspartei, der Sponsor, sich dazu verpflichtet, einer anderen Partei, dem Gesponserten, zur Förderung ihrer Aktivitäten auf sportlichem, kulturellem, ökologischem, wissenschaftlichem bzw. bildendem oder sozialem Gebiet Geld, Sachmittel oder Dienstleistungen zur Verfügung zu stellen und der Gesponserte sich als Gegenleistung dazu verpflichtet, in vertraglich festgelegter Weise über die Entfaltung der gesponserten Aktivitäten die **kommunikativen Ziele des Sponsors zu unterstützen** (*Weiand* Kultur- und Sportsponsoring S. 95). Abgesehen von Verboten im Bereich der Schulen und bestimmten Sportstätten gibt es gegenwärtig in Deutschland keine eigenständige spezialgesetzliche Regelung des Sponsoringvertrages. Derzeit sind in § 8 des Staatsvertrages über den Rundfunk im vereinten Deutschland nur einige medienrechtliche Aspekte des als Sen-

dungssponsoring bezeichneten Sponserns von Hörfunk- und Fernsehsendungen spezialgesetzlich geregelt. **Der Sponsoringvertrag** als Ganzes oder einzelne vertragliche Vereinbarungen können im Einzelfall aufgrund ihrer konkreten vertraglichen Ausgestaltung zwar Ähnlichkeiten mit gesetzlich geregelten Vertragstypen, wie dem Pacht- oder dem Mietvertrag, bzw. mit zwar nicht spezialgesetzlich geregelten, jedoch verkehrstypischen Verträgen, wie etwa dem Lizenzvertrag aufweisen. Der Vertragstypus Sponsoringvertrag ist jedoch keinem dieser Verträge zuzuordnen. Er ist vielmehr als ein im Wirtschaftsleben entwickelter, im Rahmen der Vertragsfreiheit (§ 311 Abs. 1 BGB) zulässiger atypischer synallagmatischer Vertrag einzustufen, der sich zu einem verkehrstypischen Vertrag entwickelt hat (Vgl. Jedlitschka: Risikoverteilung beim Veranstaltungssponsoring – „The Games must go on."(GRUR 2014, 842); Palandt/*Grüneberg*, BGB, 73. Aufl. 2014, Vorb. § 311 Rn. 13; *Jauernig/Stadler*, BGB, 15. Aufl. 2014, § 311 Rn. 25; BeckOK BGB/ *Gehrlein/Sutschet*, Ed. 30 (Std.: 1.2.2014), § 311 Rn. 18, *Weiand* NJW 1994, 227 (230). Die Rechtsnatur der Kommunikationsleistung des Veranstalters hat für den Vertrag rechtlich prägenden Charakter, wonach sich beurteilt, welche Regelungen der im BGB geregelten Vertragstypen ggf. herangezogen werden können (Jedlitschka, aaO).

Wegen ihrer Bezogenheit auf den Einzelfall, aber auch wegen des vorstehend erörterten weitestgehenden Fehlens standardisierter Sponsoringverträge werden die vertraglichen Vereinbarungen zwischen den Vertragsparteien zumeist im Einzelnen ausgehandelt und sind daher dann keine Allgemeinen Geschäftsbedingungen iSd § 305 Abs. 1 BGB. Eine Inhaltskontrolle der Vertragsbedingungen nach den §§ 305 ff. BGB findet in diesen Fällen deshalb nicht statt. Die im Formular vorgesehenen vertraglichen Vereinbarungen sind jedoch ihrer Zweckbestimmung nach für eine Vielzahl von Verträgen vorformulierte Vertragsbedingungen und daher jedenfalls dann als Allgemeine Geschäftsbedingungen einzustufen, wenn sie nicht im Einzelnen ausgehandelt, sondern einer Vertragspartei von der anderen bei Abschluss des Vertrages gestellt werden. Außerdem wurde der Anwendungsbereich des AGBG bereits einige Jahre vor dessen Eingliederung in das BGB durch das SchuModG durch die Umsetzung der EG-Richtlinie über missbräuchliche Klauseln in Verbraucherverträgen erweitert (hierzu *Heinrichs,* Das Gesetz zur Änderung des AGB-Gesetzes, NJW 1996, 2190) und diese Erweiterung beibehalten. Die Klauseln des Formulars sind daher bis auf wenige Ausnahmen oder Zweifelsfälle, auf die in den zugehörigen Anmerkungen ausdrücklich eingegangen wird, vorsorglich in einer mit den §§ 305 ff. BGB vereinbaren Weise ausgestaltet.

4. Hauptleistungspflichten, Sonderregelungen, Verbote und Beschränkungen. Die Hauptleistungspflichten der Sponsoringverträge spiegeln die von den Vertragsparteien verfolgten Ziele wider. Aus der Sicht der meisten Gesponserten ist die Förderung durch den Sponsor eine sehr bedeutsame, oft sogar unverzichtbare Einnahmequelle zur Ermöglichung der geförderten Aktivitäten. Ziel des Gesponserten ist es daher, den Sponsor bindend zu verpflichten, die jeweiligen Aktivitäten in festgelegter Weise mit Geld, Sachmitteln, Dienstleistungen oder in sonstiger Weise zu fördern. Manche Gesponserte streben zudem eine Professionalisierung sowie die Erhöhung der Attraktivität der gesponserten Aktivitäten an. Aus der Sicht der Sponsoren dient das Sponsoring in erster Linie der Marktkommunikation, zB durch Imagetransfer. Die kommunikativen Ziele der Sponsoren unterscheiden sich von Sponsoringart zu Sponsoringart. Den Sportsponsoren ist in erster Linie an der Erhöhung ihres Bekanntheitsgrades und einem Imagetransfer von der geförderten Sportart auf ihre Produkte oder Dienstleistungen gelegen. Die Kultur-, Bildungs-, Sozio- und Ökosponsoren wollen dagegen vor allem kulturelle, bildungs-, soziale oder ökologische Kompetenz und Verantwortlichkeit demonstrieren. Sie streben daneben ebenfalls einen Imagetransfer vom geförderten Bereich auf ihre Produkte oder Dienstleistungen an. Beim Sponsoring medienwirksamer Ereignisse ist den Sponsoren häufig an der Nutzung des noch zu erörternden „Multiplikatoreffekts" der Massenmedien gelegen. Weitere häufig verfolgte Ziele sind die Motivation der eigenen Mitarbeiter, des Außendienstes, von Zulieferern oder von Händlern (näher zu den Zielen der Sponsoren *Weiand* NJW 1994, 227 (229)). An der Förderung der gesponserten Aktivitäten sind die Sponsoren schon deswegen interessiert, weil die angestrebten kommunikativen Ziele nur im Falle erfolgreicher Durchführung der gesponserten Aktivitäten erreicht werden können. Traditionell ist die Förderung jedoch nicht nur Mittel zum Zweck, sondern hat auch eine mehr oder weniger stark ausgeprägte ideelle Komponente, ohne dass die Sponsoren freilich auf die mit der Förderung einhergehenden, ihnen günstigen kommunikativen Wirkungen verzichten wollten. Die Förderabsicht – gleich aus welcher Motivation – war traditionell stets vorhanden und gibt dem Sponsoring sein typisches Gepräge. Zunehmend wirken sich indessen auf Seiten des Sponsors die Erkenntnisse der Wirkungsforschung aus (*Hermanns/Marwitz,* Kapitel 4, bes. S. 164 ff.). Diese erkennt sehr gute Wirkungsbedingungen aufgrund sehr hoher Kontaktqualität zu den Zielgruppen. Um diese zu für ökonomische Zwecke zu nutzen, bedarf es der der guten Wahrnehmbarkeit der Sponsoring Botschaft und der häufigen Repetition zur Erzielung einer optimalen Erinnerungswirkung. Der Imagetransfer erfordert exakter Planung, kontinuierliches, langfristiges Engagement. Die Integration in die Marketing-Kommunikation des Sponsors verstärkt die Wirkung. Konkrete Verhaltensänderungen (zB die Bereitschaft zur Zahlung eines höheren Preises) konnten nachgewiesen werden. Diese Erkenntnisse wirken sich auf den Inhalt des Sponsoringvertrages aus.

Die Leistungen des Sponsors sind im Kern meist Geld-, Sach- oder Dienstleistungen, auch wenn diese atypisch ausgestaltet sein können, wie etwa ein Rangrücktritt des Sponsors mit seinen Forderungen gegen den gesponserten Verein zur Beseitigung von dessen Überschuldung. Gelegentlich verpflichtet sich der Sponsor auch dazu, einen Dritten in eigenem Namen und für eigene Rechnung zur Erbringung von Dienstleistungen für den Gesponserten zu verpflichten (diese Gestaltung lag dem in NJW 1992, 2690 abgedruckten Urteil des Bundesgerichtshofes zugrunde) oder auf Zeit einen Arbeitnehmer mit dessen Zustimmung (§ 613 S. 2 BGB) zum Gesponserten abzustellen, sog. Secondment (bei einem Secondment kann das Arbeitnehmerüberlassungsgesetz zu beachten sein, hierzu *Weiand/Poser* S. 71 f.). Eine Typisierung der möglichen Gegenleistungen des Gesponserten ist im Hinblick auf deren Vielfalt dagegen kaum möglich. Den denkbaren mannigfaltigen Gegenleistungen des Gesponserten ist nur gemein, dass sie in irgendeiner Form der Marktkommunikation des Sponsors dienlich sind. Sie lassen sich allenfalls grob danach einteilen, ob der Gesponserte zur Erbringung der von ihm geschuldeten Gegenleistung eigene Aktivitäten zugunsten des Sponsors entfaltet, dem Sponsor ohne Entfaltung sonstiger eigener Aktivitäten zu dessen Gunsten bestimmte Rechtspositionen ausdrücklich zur Nutzung einräumt oder die Nutzung dieser Rechte durch den Sponsor lediglich duldet. Die Gegenleistungen des Gesponserten unterscheiden sich von Sponsoringart zu Sponsoringart. Während der Gesponserte beim Sportsponsoring neben der Überlassung von Nutzungsrechten sowie der Duldung von Eingriffen in seine Rechte meist auch zur Entfaltung selbstständiger kommunikativer Aktivitäten für den Sponsor verpflichtet ist, ist dies beim Öko- und Sozio-Sponsoring nicht der Fall. Hier entfaltet der Gesponserte meist keine eigenen Aktivitäten für den Sponsor, sondern räumt diesem ausdrücklich die Nutzung von Rechten ein und/oder duldet die Nutzung seiner Rechte durch den Sponsor lediglich. Letzteres gilt tendenziell auch für das Kunstsponsoring. Hier finden sich jedoch auch Gestaltungen, bei denen der Gesponserte in erheblichem Umfange zur Entfaltung eigener Aktivitäten zugunsten des Sponsors verpflichtet ist.

Die inhaltliche Ausgestaltung des Sponsoringvertrages steht den Parteien im Rahmen der Vertragsfreiheit grundsätzlich frei. Die Vertragsfreiheit einengende Sonderregelungen, Verbote und Beschränkungen können sich aus spezialgesetzlichen und allgemein geltenden gesetzlichen Regelungen ergeben. Außerdem können Einschränkungen zu beachten sein, die sich aus privatautonom gesetzten Regelwerken sowie aus Rechten Dritter ergeben. Das Sendungssponsoring ist die einzige Sponsoringart, die einerseits zwar spezialgesetzlich zugelassen ist, bei der andererseits jedoch spezielle gesetzliche Regelungen zu beachten sind. Hierauf wird im folgenden Formular gesondert einzugehen sein. Bei den übrigen Sponsoringarten, dh Sport-, Kunst-, Bildungs-, Öko- und Soziosponsoring, bestehen keine spezialgesetzlichen Sponsoringverbote bzw. -beschränkungen. Es sind jedoch die allgemein geltenden Werbeverbote und -beschränkungen, wie etwa für Tabakerzeugnisse nach § 22 des Lebensmittel- und Bedarfsgegenständegesetzes, sowie für Arzneimittel und Heilmittel nach dem Gesetz über die Werbung auf dem Gebiete des Heilwesens zu beachten. Das in den Artikeln 3 und 4 der Richtlinie 2003/33 zur Angleichung der Rechts- und Verwaltungsvorschriften der Mitgliedstaaten über Werbung und Sponsoring vorgesehene Verbot der Werbung für Tabakerzeugnisse in gedruckten Veröffentlichungen, in den Diensten der Informationsgesellschaft und in Rundfunkprogrammen konnte auf Grundlage des Art. 95 EG erlassen werden (EuGH C 380/03). Ein nationales Werbeverbot für alkoholische Getränke dient dem Schutz „der öffentlichen Gesundheit" und ist nach Art. 46 Abs. 1 EG wirksam (EuGH C-429/02). Fördert der Sponsor beim Wissenschaftssponsoring die Forschung an Hochschulen, so sind die gesetzlichen Regelungen der Drittmittelfinanzierung in § 25 des Hochschulrahmengesetzes sowie die einschlägigen Regelungen in den Hochschulgesetzen der Länder zu beachten (zum Hochschulsponsoring *Weiand,* Rechtliche und steuerliche Aspekte des Hochschulsponsoring, in: *Westebbe/Winter/Trost,* Hochschul-Sponsoring, Von der Theorie zur Praxis, 1997, S. 46 ff. und *Hey,* Hochschulsponsoring, WissR 2001, 1). Inwieweit die in den Schulgesetzen der Länder niedergelegten Werbeverbote dem Sponsoring im schulischen Bereich entgegenstehen, wurde in Vergangenheit kontrovers diskutiert (siehe *Bruhn/Mehlinger* (Band 2), S. 28 ff., S. 106 ff.). In einigen Bundesländern ist das Schulsponsoring zwischenzeitlich unter bestimmten Voraussetzungen zugelassen (siehe etwa § 31a Schulverwaltungsgesetz Nordrhein-Westfalen und *Schorlemmer,* Schule profitiert von Image-Werbung, Städte- und Gemeinderat 1–2/2001, 18). Einschränkungen können sich des Weiteren aus anderweit eingegangenen vertraglichen Verpflichtungen des Gesponserten – hier ist insbesondere an andere Werbe- oder Sponsoringverträge sowie an Arbeitsverträge zu denken – ergeben, die eine werbliche Betätigung für Dritte untersagen. Ein Verstoß gegen diese Verpflichtungen hat zwar nach deutschem Recht nicht die Unwirksamkeit des Sponsoringvertrages zur Folge. Der Gesponserte macht sich jedoch schadensersatzpflichtig, wenn er schuldhaft den ihm nach dem früher anderweit abgeschlossenen Vertrag obliegenden (arbeits)vertraglichen Verpflichtungen zuwiderhandelt. Im Bereich des Sportsponsoring können sich Verbote und Beschränkungen aus den von den Sportvereinen und -verbänden durch Satzungen, Spiel- und Sportregeln sowie Spiel- und Wettkampfordnungen gesetzten privatautonomen Regelwerken ergeben, die in Einklang mit entsprechenden internationalen Verbandsregeln unter anderem die Rechte und Pflichten der Mitglieder und die Sportausübung der Mitglieder regeln (zur Rechtsnatur und Verbindlichkeit sportlicher Regelwerke BGH NJW 1995, 583). In diesen Regelungen wird nicht selten die werbliche Betätigung von Einzelsportlern oder von Mannschaften zugunsten eines Vereins oder eines Verbandes eingeschränkt oder in sonstiger Weise beschränkt. So ist beispielsweise bei den meisten Sportarten bei Länderbegegnungen die Trikotwerbung verboten. Bei den Mannschaftssportarten hat sich eine Priorität zugunsten vertraglicher Bindungen des Verbands oder Vereins durchgesetzt (zu den sich bei den olympischen und bei manchen nichtolympischen Sportarten auf Grund von Amateurregelungen ergebenden Besonderheiten *Bruhn/Mehlinger* (Band 1), S. 49). Einschränkungen bestehen jedoch nicht nur zu Lasten von Einzelsportlern oder von Mannschaften. Auch die werblichen Aktivitäten eines Vereins selbst können zugunsten eines Verbands eingeschränkt sein. (Zur Frage, unter welchen Voraussetzungen ein Eishockeybundesligaverein dem Abschluss eines Generalsponsorenvertrages und der Übertragung von Werberechten auf den Deutschen Eishockey Bund (DEB) zustimmen muss, siehe die in SpuRt 1994, 258 abgedruckte Entscheidung des Schiedsgerichts für den Bereich des DEB.) Häufig sind in den Regelwerken zudem nicht nur werbliche Beschränkungen verankert, sondern auch diesen Beschränkungen entsprechende Verpflichtungen vorgesehen, für den durch das Regelwerk Begünstigten oder einen von diesem Benannten werblich tätig zu werden. Die genannten Regelungen beschränken die Möglichkeit der Sportler und teils auch der Vereine sich selbst zu vermarkten. Obgleich sie umstritten sind (zum Ganzen *Reichert,* Handbuch des Vereins- und Verbandsrechts, 12. Aufl. 2009, Rn. 5467 mit Verweis auf 9. Aufl. 2003 Rn. 2827 ff. mwN, *Nolte,* Grundrechtskollisionen im Sport, NZG 2001, 838 sowie *Hoffmann,* Sponsoring zwischen Verbandsrecht und Berufsfreiheit, SpuRt 1996, 73), sollte der potentielle Sportsponsor in Erfahrung bringen, welche vereins- und verbandsrechtlichen Einschränkungen zu beachten sind, zumal nichtvereinsgebundene Einzelsportler und Mannschaften sowie nichtverbandsgebundene Vereine nur sehr selten gesponsert werden. Soweit Zulässigkeit und Ausgestaltung der (Sponsoren-)Werbung verbands- oder vereinsrechtlich geregelt sind, empfiehlt sich eine vertragliche Regelung, der zufolge alle werblichen Maßnahmen des Sponsors mit den maßgeblichen, ihm bekannten Verbands- und Vereinsregelwerken vereinbar sein müssen und die etwaigen Genehmigungserfordernissen Rechnung trägt.

Das Sponsoring durch Kommunale Verbände kann durch deren satzungsgem. Aufgabenbereich ausgeschlossen sein, siehe für ein kommunales Wasserversorgungsunternehmen: OVG Bautzen Beschl. v. 13.12.2012 – 4 A 437/11, juris.

Einschränkungen können sich schließlich auch aus Rechten Dritter ergeben. Da Verträge zu Lasten Dritter unzulässig sind, kann der Gesponserte nur über die ihm zustehenden Rechte wirksam verfügen. Soll dem Sponsor die Nutzung von Rechten Dritter, etwa von Berufssportlern, die Arbeitnehmer des Gesponserten sind, oder von Vereinsmitgliedern eingeräumt werden, so haben die Parteien des Sponsoringvertrages zu prüfen, ob der Gesponserte aufgrund arbeitsvertraglicher oder satzungsmäßiger Bestimmungen über diese Rechte disponieren kann. Ist dies nicht der Fall, oder bestehen Zweifel an der Verfügungsbefugnis des Gesponserten, so muss bzw. sollte die Zustimmung des Dritten eingeholt werden. Dieser kann als Zeichen seines Einverständnisses den Sponsoringvertrag mit unterzeichnen, ihn betreffende, für sich selbst sprechende Vertragspassagen abzeichnen oder seine Zustimmung unter Bezugnahme auf den Vertrag gesondert erklären und so die ihn betreffenden Verfügungen gemäß § 185 BGB genehmigen. Auch vorrangige vertragliche Bindungen mit Dritten sind beachtlich: So erkannte das OLG Oldenburg die Umbenennung eines Stadions wegen eines fortdauernden früheren Rahmenvertrages als unzulässig (6 W 13/05, SpuRt 2006, 166 (167)). Im Formular verpflichtet sich der Gesponserte hinsichtlich einiger vertraglicher Verpflichtungen ausdrücklich dazu, für deren Erfüllung durch Mannschafts- oder Gruppenmitglieder ein zu stehen (§ 2 Abs. 1 „. . . . . . steht dem Sponsor dafür ein . . . . . .“), während er sich hinsichtlich anderer vertraglich vereinbarter Leistungen lediglich dazu verpflichtet, auf deren Erfüllung durch die Mannschafts- oder Gruppenmitglieder hinzuwirken (§ 2 Abs. 2 „. . . . . . wird darauf hinwirken . . . . . .“). Durch Differenzierungen des Grades der vom Gesponserten eingegangenen Verpflichtungen kann Zweifeln hinsichtlich dessen Befugnis, über Rechte Dritter zu disponieren, Rechnung getragen werden. Beim Veranstaltungs- und Ereignissponsoring werden die Parteien zu prüfen haben, ob der Gesponserte alleiniger Inhaber aller nutzbaren Rechte an der Veranstaltung ist oder ob Rechte Dritter – etwa des Eigentümers oder Pächters des Austragungsortes der Veranstaltung – bestehen, die mit dem geplanten Sponsoring kollidieren könnten, da der Dritte diese Rechte entweder selbst nutzen möchte oder sich bereits anderweitig vertraglich gebunden hat. Bei Darbietungen von urheberrechtlich geschützten Werken sind die Leistungsschutzrechte der ausübenden Künstler (§§ 74 ff. UrhG), des Veranstalters (§ 81 UrhG) und ggf. der Hersteller von Ton- oder Bildaufnahmen (§§ 85 bzw. 94 UrhG) sowie des Sendeunternehmens (§ 87 UrhG) zu beachten (siehe dazu *Fischer/Reich,* 2. Kapitel, § 3 Rn. 244 ff.).

Zum „Leistungsschutzrecht für Sportveranstalter de lege ferenda?" Heermann GRUR 2012, 791). Um den hieraus resultierenden Risiken vorzubeugen, empfiehlt sich beim Veranstaltungs- und Ereignissponsoring eine ausdrückliche Klärung ob und Klarstellung, dass der Gesponserte alleiniger Inhaber aller Rechte an der Veranstaltung ist bzw. darüber insoweit verfügen kann, als der Sponsoringvertrag dies erfordert. Gegebenenfalls ist auch hier die Zustimmung Dritter, zB des Veranstalters, ausübenden Künstlers oder Gruppenleiters einzuholen. Die Nutzung von Rechten Dritter ohne deren vorherige Zustimmung kann zur Durchsetzung von Verbots- und Vernichtungsansprüchen durch diese und zur Schadensersatzpflicht des Nutzers führen.

Das Sponsoring und dessen flankierende werbliche Maßnahmen müssen sich im Rahmen des geltenden Rechts, insbesondere des gewerblichen Rechtsschutzes, Urheber- und Wettbewerbsrechts halten. So dürfen vom Sponsor verwandte Prädikate nicht irreführend im Sinne der § 5 UWG sein (siehe die schon zum alten Recht, §§ 1, 3 UWG ergangene Rspr. zu den Prädikaten „vom DFB (Deutschen Fußball Bund) empfohlen" und – in Verbindung mit dem Emblem der deutschen Fußballnationalmannschaft – „Sponsor der deutschen Nationalmannschaft" OLG Hamburg WRP 1985, 649; zum Prädikat „. . . . . unterstützt das Bodenseeschutzprogramm der Deutschen Umwelthilfe e. V." OLG Köln WRP 1993, 346 ff.). Wirbt ein Sportartikelhersteller für einen Fussballschuh mit der Abbildung zahlreicher Fussballprofis, so erwartet der Verkehr, dass sämtliche der dort gezeigten Spieler auch die Schuhe der beworbenen Marke benutzen, Die angegriffene Werbung mit der Abbildung eines oder mehrerer der genannten Fußballspieler ist daher iSd § 5 UWG irreführend. OLG Hamburg Urt. v. 19.1.2015 – 5 U 203/11, BeckRS 2015, 5475, s. dazu *Holzhäuser/Karlin*: Werbung mit Fußballspielern bei konkurrierenden Sponsoringverträgen(GRUR-Prax 2015, 139)

Die das Öko-, Kultur- und Soziosponsoring begleitende Werbung mit dem ökologischen oder sozialen Engagement ist zulässig. Das frühere Verbot der gefühlsbetonten Werbung ist nach BVerfG NJW 2002, 1187 (1189) – Benetton – gefallen und muss nach neuem Recht und aktueller höchstrichterlicher Rechtsprechung nicht mehr die unter dem Aspekt der unzulässigen gefühlsbetonten Werbung bislang gezogenen engen Grenzen einhalten. Das Verbot der gefühlsbetonten Werbung gehört damit der Vergangenheit an. Nach BGH NJW 2006, 149 ist die Werbung mit der Unterstützung des Tierschutzes durch einen Brillenglashersteller zulässig und BGH NJW 2007, 919 „Regenwald I" und BGH NJW 2007, 922 „Regenwald II" – „Eine Kiste Bier für einen Quadratmeter Regenwald" – erklären die Verbindung von Unternehmenswerbung mit (Sozio-, Öko-, Kultur-)Sponsoring für fast unbeschränkt zulässig, soweit nicht der Verbraucher irregeführt (§ 4 Abs. 1 UWG) oder unsachlich beeinflusst wird (§ 5 UWG). Das neue Wettbewerbsrecht enthält kein allgemeines Transparenzgebot. Der BGH hat in den vorzitierten Entscheidungen den Vorinstanzen die Klärung lediglich der Frage aufgegeben, ob überhaupt Mittel den geförderten Zwecken zufließen. Die Verbraucher interessierten sich ohnehin nicht für Details, wenn nicht mit konkreten Angaben geworben wird. Die Verknüpfung des Tausches von „Sammelpunkten" aus dem Kauf von Frühstückszerealien gegen Sportartikel für die Schule ist als unsachliche, unlautere Ausnutzung von Gruppenzwang unzulässig, BGH GRUR 2008, 183 – Tony Taler –. Dagegen wurde die Verknüpfung einer „Schulfotoaktion" mit einem Sponsoring der Schule durch Verschaffung eines PCs als zulässig erkannt, BGH NJW-RR 2006, 691, kritisch *Busch* NJW 2006, 1100 (1103) („strafbare Korruption"). Die Verkaufsförderung durch „Social Sponsoring" auch im Arzneimittelbereich erkennt LG Ulm GRUR-RR 2007, 300 – „World in Balance" als zulässig. Die zum früheren Recht ergangene Rechsprechung, siehe dazu die Vorauflage, ist mit der Entscheidung des BVerfG und der Änderung des UWG und den neuen Entscheidungen des BGH überholt. Bei der Nutzung der periodischen Presse ist das nach den Landespressegesetzen (§ 10, Bayern, Berlin, Mecklenburg-Vorpommern, Sachsen und Sachsen-Anhalt § 9, Brandenburg § 11, Hessen § 8) geltende Gebot der Trennung von Werbung und redaktionellem Teil zu beachten. Die LPG (§ 4) regeln ferner den Informationsanspruch der Presse bei Sponsoring im Bereich öffentlicher Aufgaben. Siehe VG Berlin Beschl. v. 22.5.2012 – 27 K 6.09, juris: Auf das Informationsbedürfnis der Presse und der Bevölkerung hat es keinen Einfluss, ob sich die Exekutive zur Wahrnehmung öffentlicher Aufgaben im Einzelfall einer privatrechtlichen Organisationsform bedient. Der Umstand, dass ein Fest nicht aus Haushaltsmitteln des Landes, sondern aus Sponsorenmitteln finanziert worden ist, ändert nichts daran, dass die Finanzierung eine Aufgabe des Landes gewesen wäre.

Sind die Sponsoringbeträge bereits vor mehr als 3 Jahren geleistet, handelt es sich bei den Sponsoringverträgen allenfalls um generierte Geschäftsgeheimnisse.

Urheberrechtlicher Schutz ist, als absolutes, gegenüber jedem wirkendes Recht, zu beachten. Dazu gehören das Urheberpersönlichkeitsrecht, mit dem (Erst)veröffentlichungsrecht, Entstellungsverbot und Nennungsrecht, §§ 12, 13 und 14 UrhG und die den Urhebern und ausübenden Künstlern vorbehaltenen Bearbeitungs- (§ 23 UrhG) und Verwertungsrechte, §§ 31 ff. UrhG (siehe *Fischer/Reich,* 2. Kapitel). Relevant ist der urheberrechtliche Schutz zB bei Vervielfältigung, zB Abdruck geschützter Werke, regelmäßig zB bei Fotografien, Skulpturen, Texten, Logotypen, Bühnenbildern, Masken, Kostümen, Landkarten, Musikwerken und -einspielungen uvm. Modedesigns können Geschmacksmusterschutz haben, Marken und Geschäftsbezeichnungen sind regelmäßig nach dem Markengesetz. Keinen Markenschutz können beschreibende Bezeichnungen beanspruchen. Bei der „Ereignismarke" ist zu differenzieren: Diese ist nur eintragungsfähig, wenn sie unterscheidungskräftig ist. So verneinte der BGH für die Bezeichnung „Fußball WM 2006" die Unterscheidungskraft, da diese Bezeichnung von jedermann stets mit dem Ereignis als solchem, nicht aber einem bestimmten Unternehmen in Verbindung gebracht werde; für die Bezeichnung „WM 2006" müsse dagegen geprüft werden, ob der Verkehr diese Angabe von vornherein als nicht unterscheidungskräftige Beschreibung einer Weltmeisterschaft im Jahre 2006 versteht und dieses Verständnis bereits im Jahr 2003 bestanden hat (BGH I ZB 97/05, BeckRS 2006, 09470). Diese Zahlen- und Buchstabenkombination lege nicht notwendig für jede Ware und Dienstleistung einen Bezug zur Weltmeisterschaft 2006 nahe. Das OLG Hamburg GRUR-RR 2005, 229, hatte eine seitens der FIFA erwirkte einstweilige Verfügung auf Unterlassung der Eintragung dieser Bezeichnung für „Werbung, Geschäftsführung, Unterhaltung, sportliche und kulturelle Aktivitäten, Telekommunikation" aufgrund des Schutzanspruchs der FIFA aus § 5 Abs. 2 S. 2 MarkenG bestätigt. Entsprechend entschied das OLG Hamburg in GRUR-RR 2004, 362 zugunsten der FIFA als Inhaberin eingetragener Marken, ua für Gedenkmünzen, gegen den unlizenzierten Vertrieb solcher Münzen aufgrund § 14 Abs. 2 Nr. 2 MarkenG. Die Entscheidung „Gewinnfahrzeug („Ferrari mit Jägermeisteremblem" – BGH NJW-RR 2006, 329) verneint unter Hinweis auf den markenrechtlichen Erschöpfungsgrundsatz eine von den Vorinstanzen als unzulässig angesehene Ausnutzung der Wertschöpfung einer (Luxus-)Marke. Namen und Bildnisse natürlicher Personen, zB Sportler, Künstler, nach §§ 22 und 23 KUG geschützt. Lizenzen oder Einwilligungen der Rechteinhaber sind deshalb erforderlich, damit der Sponsor Marken, geschützte Werke, Bilder etc des Gesponsorten oder seiner Mannschafts- oder Gruppenmitglieder in seinen Imagekampagnen nutzen, zB Veröffentlichen, Vervielfältigen und Verbreiten darf. Das OLG München GRUR RR 2003, 292, untersagte deshalb die Nutzung des Namens und Bildnisses von Boris Becker für Zwecke der bloßen Eigenwerbung, in die der Berechtigte nicht eingewilligt hatte, das OLG Hamburg SpuRt 2004, 210 (und zuvor LG Hamburg SpuRt 2004, 26) verboten die Nutzung des Namens Oliver Kahns für ein Computerspiel ohne dessen Einwilligung, das Landgericht Oldenburg SpuRt 2004, 29 nahm im Fall Nicole Uphoff deren konkludente Einwilligung an. Umgekehrt bedarf deshalb auch die Verwendung von Marken etc des Sponsors durch den

Gesponsorten, zB als Banner, Sportkleidung, Slogan etc der Genehmigung durch den Rechteinhaber, die regelmäßig mit dem Sponsoringvertrag erteilt wird.

Ob vertraglichen Vereinbarungen, die eine werbliche Betätigung des Gesponserten für Dritte ausschließen, kartellrechtliche Bedenken entgegenstehen, wird noch zu erörtern sein. Im Einzelfall können sich schließlich auch aus berufs- oder standesrechtlichen Regelungen Sponsoringverbote oder -beschränkungen ergeben. Ein Sponsoring durch Rechtsanwälte ist jedoch nicht von vornherein übertrieben und unangemessen und daher grundsätzlich zulässig (BVerfG NJW 2000, 3195, hierzu *Huff* EwiR § 43b BRAO 4/2000, 571 und *Bardenz,* Anwaltliches Werberecht – Eine Übersicht möglicher Werbemittel, MDR 2001, 247). Dass der Sponsoringvertrag nicht gegen die guten Sitten verstoßen darf, bedarf keiner weiteren Erörterung.

Unabhängig von dem von Fall zu Fall unterschiedlichen Inhalt der Hauptleistungspflichten sollten diese möglichst genau vertraglich ausgestaltet werden, da sie den unverzichtbaren Mindestinhalt eines jeden Sponsoringvertrages bilden und spätere Meinungsverschiedenheiten über ihren Inhalt grundsätzlich geeignet sind, das Sponsoringengagement insgesamt zu gefährden. Außerdem ist der Gesponserte häufig auf die Förderung durch den Sponsor angewiesen und muss deren Art, Umfang und die sonstigen Modalitäten ihrer Erbringung zuverlässig vorausplanen können. Der Sponsor will dagegen nicht späteren, aus seiner Sicht ungerechtfertigten Nachforderungen ausgesetzt sein. Eine möglichst genaue, teils sehr ins Einzelne gehende Festlegung der Hauptleistungspflichten liegt aus den vorgenannten Gründen im wohlverstandenen Interesse beider Parteien. Um den Vertrag nicht mit Einzelheiten, insbesondere Aufzählungen und bildlichen Darstellungen zu überfrachten, sollte – wie im Formular vorgesehen – auf Anlagen verwiesen werden, die wesentlicher Bestandteil des Vertrages sind.

5. Agenturen, Multiplikatoreffekt der Massenmedien. In der Sponsoringpraxis schalten Sponsor und/oder Gesponserter nicht selten Sponsoringagenturen ein (hierzu auch *Wegner* S. 63 f.). Deren Leistungsspektrum reicht von der bloßen Vermittlung eines Sponsoringvertrages (Vermittlungsagenturen) über die konzeptionelle Beratung des Sponsors und/oder des Gesponserten (Beratungsagenturen) und/oder die Unterstützung bei der Durchführung eines Sponsoringengagements bis hin zur Entwicklung und Durchführung einer vollständigen Sponsoringkonzeption unter Einschluss begleitender kommunikativer Maßnahmen und einer Erfolgskontrolle (Full-Service-Agenturen). Bisweilen räumt ein Gesponserter einer Agentur gegen einen Festbetrag sowie in manchen Fällen einer zusätzlichen Erfolgsbeteiligung das Recht zur Vermarktung von Marken, Emblemen, bildlichen Darstellungen, von sonstigen Werbemöglichkeiten oder Übertragungsrechten ein. Die Agentur vermarktet diese Rechte mitunter im eigenen Namen durch Verträge mit Sponsoren. Der Agenturvertrag ist regelmäßig ein reiner Maklervertrag oder ein entgeltlicher Geschäftsbesorgungsvertrag. Wird eine Agentur eingeschaltet, so wird sie häufig weiterer Vertragspartner des Sponsoringvertrages, der damit zu einem Vertrag zwischen drei Beteiligten wird und meist auch die Vergütung der Agentur regelt. (Zu den Vor- und Nachteilen der Einschaltung einer Agentur *Weiand/Poser,* Der Sponsoringvertrag, S. 14 ff. mwN). Handelt eine Agentur in Vertretung einer Partei, so sollte sich die andere Partei vor Vertragsschluss zumindest die Vertretungsmacht der Agentur nachweisen lassen. Allerdings ist insbesondere beim Personensponsoring die (Mit)Unterzeichnung des Vertrages durch den Gesponserten schon deswegen vorzuziehen, weil dieser sich so der eingegangenen Verpflichtungen bewusst wird. Verwertet eine Agentur ihr vom Gesponserten eingeräumte Nutzungsrechte im eigenen Namen, so sollte sich der Sponsor durch Rückfrage beim Inhaber der Rechte oder in sonstiger geeigneter Weise die Einräumung der Nutzungsrechte bestätigen lassen.

Werden medienwirksame Ereignisse gesponsert, so möchte der Sponsor häufig den sogenannten Multiplikatoreffekt der Massenmedien nutzen. Durch die Berichterstattung über die gesponserten Aktivitäten vervielfältigen (multiplizieren) die Medien die Imagewerbung (zB Trikotwerbung) des Sponsors. Sie fungieren in diesem Falle als unfreiwillige Mittler der Imagewerbung des Sponsors. Wird dagegen eine Fernseh- und Hörfunksendung gesponsert, so profitieren die Rundfunkanstalten selbst von der Förderung durch den Sendungssponsor und es sind die im folgenden Formular erörterten Sonderregelungen im Staatsvertrag über den Rundfunk im vereinten Deutschland zu beachten.

Im Bereich des Glücksspiels sind die Regelungen des Glücksspielstaatsvertrags zu beachten: Die zulässige Werbung für öffentliches Glücksspiel regelt § 5 GlüStV in seinen Absätzen 1–3; in Absatz 3 ist bestimmt, dass Werbung für öffentliches Glücksspiel im Fernsehen (§§ 7 und 8 Rundfunkstaatsvertrag), im Internet sowie über Telekommunikationsanlagen verboten ist. Die in Bezug genommenen Normen des Rundfunkstaatsvertrags regeln Inhalte von Werbung und Teleshopping, Kennzeichnung (§ 7 Rundfunkstaatsvertrag) und Sponsoring (§ 8 Rundfunkstaatsvertrag). Wie auch aus den Legaldefinitionen für Werbung in § 2 Abs. 2 Nr. 7 Rundfunkstaatsvertrag und für Sponsoring in § 2 Abs. 2 Nr. 9 Rundfunkstaatsvertrag ersichtlich wird, unterscheidet der Rundfunkstaatsvertrag zwischen Werbung und Sponsoring. Indem § 5 Abs. 3 GlüStV jedoch für den Begriff der Werbung für öffentliches Glücksspiel im Fernsehen auf § 7 und § 8 Rundfunkstaatsvertrag Bezug nimmt, normiert er für seinen Anwendungsbereich einen Begriff der Werbung, der das Sponsoring im Sinne des Rundfunkstaatsvertrags gerade mit umfasst. Anders als der Rundfunkstaatsvertrag unterscheidet § 5 Abs. 3 GlüStV nicht zwischen Werbung in einem engeren Sinne und Sponsoring. Dies ist auch das erklärte Ziel des Gesetzgebers. Nach der Begründung zum Glücksspielstaatsvertrag (vgl. LT-Drs. 14/1930, 36) begründet § 5 Abs. 3 GlüStV „. . . . . . ein umfassendes Werbeverbot im Fernsehen (sei es als Spotwerbung oder Dauerwerbesendung im Sinne des § 7 RStV oder als Sponsoring im Sinn des § 8 RStV) . . . . . .“ § 9 Abs. 1 S. 3 Nr. 3 GlüStV geht von keinem abweichenden Begriff der Werbung aus. Dies zeigt auch § 5 Abs. 4 GlüStV, der im direkten Anschluss an § 5 Abs. 3 GlüStV regelt, dass Werbung für unerlaubte Glücksspiele verboten ist; diese verbotene Werbung kann nach § 9 Abs. 1 S. 3 Nr. 3 GlüStV untersagt werden (vgl. VGH Mannheim Beschl. v. 15.7.2009 – 6 S 1565/09, ZfWG 2009, 387), so das VG Karlsruhe Beschl. v. 3.2.2012 – 1 K 2280/11, juris.

6. **Ausschließlichkeit.** Exklusives Sponsoring ist ebenso üblich wie Co-Sponsoring durch mehrere Sponsoren. Die Erreichung der vom Sponsor erstrangig verfolgten kommunikativen Ziele kann gefährdet oder gar vereitelt werden, wenn er lediglich einer von vielen Sponsoren ist oder auch seine unmittelbaren Wettbewerber Sponsoren sind und seine Marktkommunikation entweder kaum wahrgenommen, verwässert oder gar als unglaubwürdig empfunden wird. Der Ausschließlichkeitsregelung kommt somit aus Sicht des Sponsors eine hohe Bedeutung zu. Der Sponsor kann alleiniger Exklusivsponsor, Hauptsponsor vor nachrangigen Nebensponsoren, Nebensponsor nach einem Hauptsponsor oder ein neben anderen Co-Sponsoren gleichberechtigter Co-Sponsor sein. In der Sponsoringpraxis findet sich insbesondere beim Sponsoring großer Veranstaltungen eine Vielzahl unterschiedlich bezeichneter Sponsoren, deren genaue Bezeichnung zumeist von der Höhe der von ihnen erbrachen Leistung und dem Umfang der ihnen hierfür vom Gesponserten eingeräumten, im Verhältnis der Sponsorengruppen zueinander abgestuften kommunikativen Befugnisse abhängt. Ist der Sponsor einer von mehreren Sponsoren, so sollte er in jedem Falle mit dem Gesponserten vereinbaren, dass keiner seiner Wettbewerber zu den Sponsoren zählt, so dass seine Branchenexklusivität gewährleistet ist, denn sonst käme der vom Sponsor gewünschte Imagetransfer seinen Konkurrenten zugute, wie beim Anhängen an das Image bestimmter Veranstaltungen beim sog. Ambush-Marketing. Außerdem sollten die kommunikativen Befugnisse von nachrangigen Sponsoren oder von Co-Sponsoren nicht weiter reichen, als die des Hauptsponsors bzw. Co-Sponsors, und der Gesponserte keine Verträge mit nachrangigen Sponsoren abschlie-

ßen dürfen, denen der Hauptsponsor nicht zuvor zugestimmt hat. Auch sonstige werbliche Aktivitäten des Gesponserten können den kommunikativen Auftritt des Sponsors verwässern oder in sonstiger Weise nachteilig beeinflussen. Der Gesponserte sollte daher verpflichtet werden, diese zuvor mit dem Sponsor abzustimmen. Um den Gesponserten nicht über Gebühr in seiner wirtschaftlichen Entfaltungsfreiheit zu beeinträchtigen (keine sittenwidrige „Knebelung"!, vgl. LG München II Urt. v. 2.5.2011 – 11 O 5821/10, juris für den Fall eines „Beratervertrages" mit einem Fußballprofi), sollte der Sponsor jedoch verpflichtet sein, diesen Aktivitäten zuzustimmen, soweit sie ihn nicht in schutzwürdigen Interessen beeinträchtigen. Schließlich sollte klargestellt werden, dass der Gesponserte die Interessen von Wettbewerbern des Sponsors auch nicht in sonstiger Weise fördern darf, es sei denn, dass dies – wie beispielsweise die Teilnahme an einer von einem Wettbewerber des Sponsors gesponserten bedeutenden Veranstaltung – für ihn unvermeidbar ist.Bei in Sponsoringverträgen vielfach verwendete Exklusivitäts- und Vorrechsklauseln, durch die Bezugspflichten der gesponserten Partei begründet werden, ist zwischen deren Verwendung in Allgemeinen Geschäftsbedingungen und in individualvertraglichen Vereinbarungen zu differenzieren. Die Bezugspflichten führen zwar zu einer Wettbewerbsbeschränkung. Außer in Fällen überlanger Vertragsdauer, übermäßigen Bindungsumfangs oder einer marktbeherrschenden Stellung einer der Vertragsparteien auf dem relevanten Produktmarkt können diese regelmäßig gerechtfertigt sein (Heermann, Bezugspflichten bei Sponsoringverträgen, LSK 2014, 060080

Sofern die genannten Vertragsklauseln vertrags- und kartellrechtlich wirksam sind, kann deren Einbeziehung in einen Sponsoringvertrag grundsätzlich weder als Bestechlichkeit noch als Bestechung im geschäftlichen Verkehr iSv § 299 Abs. 1 und 2 StGB eingestuft werden. Die im Formular vorgeschlagene Regelung untersagt dem Gesponserten grundsätzlich jede werbliche Betätigung für Dritte ohne Zustimmung des Sponsors. Wenn der Gesponserte ein Unternehmen im Sinne des GWB ist (zur Unternehmenseigenschaft im Sinne des GWB von Berufssportlern und Künstlern *Immenga/Mestmäcker,* Wettbewerbsrecht, GWB, Kommentar, Bd. 2, 6. Aufl. 2019, § 1 Rn. 59, 68 ff.), könnte die Regelung als eine Ausschließlichkeitsbindung iSd § 1 GWB anzusehen sein, grundsätzlich der Freistellung gem. § 2 GWB bedürftig ist. Die Ausschließlichkeitsbindung liegt jedoch in der Eigenart des Sponsoring. Beschränkungen der genannten Art sind ihm infolge seiner Rechtsnatur immanent und stellen keine erst durch Vereinbarung zustandegekommenen Beschränkungen dar (OLG Frankfurt a.M. NJW-RR 1986, 716 zur Unanwendbarkeit des § 16 Nr. 2 GWB aF auf die Verpflichtung eines bekannten Tennisspielers, ausschließlich Sportbekleidungsartikel eines bestimmten Herstellers zu tragen). Dieser in der Eigenart des Sponsoring liegenden Ausschließlichkeitsbindung wird daher entweder auf der Tatbestandsebene des § 1 GWB Rechnung getragen oder eine Prüfung des § 2 GWB ergibt, dass die Freistellungsvoraussetzungen erfüllt sind. Außerdem ist von Fall zu Fall zu prüfen, ob eine Ausschließlichkeitsbindung nicht die tatbestandlichen Voraussetzungen des § 20 GWB (Diskriminierungsverbot, Verbot unbilliger Behinderung) oder des § 21 GWB (Boykottverbot, Verbot sonstigen wettbewerbsbeschränkenden Verhaltens) erfüllt (zur Frage unter welchen Voraussetzungen eine Ausschließlichkeitsbindung gegen § 20 GWB verstoßen kann *Immenga/Mestmäcker,* Wettbewerbsrecht GWB, Kommentar, Bd. 2, 5. Aufl. 2012, § 20 Rn. 147, 198 ff. mwN). Seit der GWB-Novelle 2005 sind die Maßstäbe bestimmend, die vom EuGH und vom EuG für die Beurteilung von Ausschließlichkeitsbindungen nach Art. 82 EGV entwickelt wurden. In besonders gelagerten Fällen kann schließlich § 19 GWB (Missbrauch einer marktbeherrschenden Stellung), relevant werden. Ob Mietverträge über Veranstaltungsflächen im Eigentum der öffentlichen Hand mit der Verpflichtung des Mieters, die ausschließliche Bewirtung durch einen Dritten zu akzeptieren und zugleich auf eigene Bewirtungsaktivitäten zu verzichten Bestand haben können, ist zweifelhaft, wenn sich eine Körperschaft des öffentlichen Rechts bei der Vermietung von Veranstaltungsflächen in einer marktbeherrschenden Stellung befindet (OLG München (Kartellsenat) Urt. v. 14.3.2013 – U 1891/12 Kart, BeckRS 2013, 7113; Bernhard: Exklusivbewirtungsverpflichtungen bei der Vermietung öffentlicher Veranstaltungsflächen(KommJur 2013, 321).

Das Formular sieht kein nachvertragliches Wettbewerbsverbot zu Lasten des Gesponserten vor. Ob dies entbehrlich ist, hängt davon ab, ob Wettbewerber des Sponsors nicht den bisher von ihrem Wettbewerber geförderten Gesponserten weitersponsern würden, weil diese Förderung von beider Zielgruppe im Zweifel als unglaubwürdig empfunden würde und daher keinen werblichen Wert hätte. Diese Frage wird der Sponsor im konkreten Fall selber beurteilen. Wird ein nachvertragliches Wettbewerbsverbot zu Lasten des Gesponserten vereinbart sein, so ist im Einzelfall zu prüfen, ob neben einer angemessenen zeitlichen und örtlichen Beschränkung des Wettbewerbsverbots für dessen Dauer eine angemessene Vergütung des Gesponserten vorgesehen werden muss, da unentgeltliche Wettbewerbsverbote, auch wenn sie zeitlich, örtlich und gegenständlich beschränkt sind, unwirksam sein können.

7. **Generalklauselartige Vereinbarungen.** Auch wenn die wesentlichen Vereinbarungen eines Sponsoringvertrages, insbesondere die Hauptleistungspflichten so genau wie möglich gefasst sein sollten, lassen sich im Zeitpunkt des Vertragsschlusses doch nicht alle denkbaren künftigen vertragsrelevanten Ereignisse und Konstellationen vorhersehen und regeln. Es empfiehlt sich daher, in generalklauselartigen Vereinbarungen generelle Leitlinien für den Vertrag aufzustellen, die eher programmatischer Natur sind. Diese erfassen auch im Zeitpunkt des Vertragsschlusses nicht vorhersehbare künftige Lebenssachverhalte, sind ein wichtiger Maßstab für die Ausgestaltung etwaiger späterer vertraglicher Änderungen oder zusätzlicher Vereinbarungen und stellen im Falle von Meinungsverschiedenheiten über die getroffenen Vereinbarungen eine wesentliche Auslegungshilfe dar. Den in § 4 Abs. 1 und 2 vorgesehenen Verpflichtungen zum Wohlverhalten und zur sofortigen Unterrichtung über vertragsrelevante Ereignisse kommt im Wesentlichen deklaratorische Bedeutung zu, da diese Verpflichtungen regelmäßig sponsoringvertragsimmanente Nebenpflichten sind. Eindeutig konstitutive Wirkung kommt dagegen den Verpflichtungen zur Geheimhaltung und zur Rechnungslegung (§ 4 Abs. 3 und 4) zu. Es sollte vorsorglich klargestellt werden, dass die Verpflichtungen zu Wohlverhalten und Vertraulichkeit auch nach Beendigung des Vertrages fort gelten.

8. **Haftungsbeschränkungen.** Überlässt der Sponsor dem Gesponserten in Vollzug des Sponsoringvertrages Gegenstände, erbringt Dienstleistungen für ihn oder stellt Mitarbeiter zu ihm ab, so ist ihm ein legitimes Interesse an einem Haftungsausschluss nicht abzusprechen. Wird kein Haftungsausschluss vereinbart, so hat der Sponsor nach § 276 Abs. 1 S. 1 BGB bei seiner Leistungserbringung Vorsatz und Fahrlässigkeit zu vertreten, wenn eine strengere oder mildere Haftung weder bestimmt noch aus dem sonstigen Inhalt des Schuldverhältnisses, insbesondere aus der Übernahme einer Garantie odereines Beschaffungsrisikos zu entnehmen ist. Diese Haftung ist sehr weitgehend, da jede Außerachtlassung der im Verkehr erforderlichen Sorgfalt fahrlässig ist, § 276 Abs. 2 BGB. Individualvertraglich kann der Sponsor seine eigene Haftung zwar bis zur Grenze des Vorsatzes (§ 276 Abs. 3 BGB), für seine Erfüllungsgehilfen und gesetzlichen Vertreter – allerdings nicht für die gesetzlichen Vertreter juristischer Personen, da diese deren Organe sind (Palandt/*Heinrichs* § 278 Rn. 6, 42) – sogar gänzlich ausschließen, § 278 S. 2 BGB. Ein derartig weitgehender Haftungsausschluss findet sich jedoch nur im professionellen Bereich. Für den Regelfall erscheint es angemessen, die Haftung des Sponsors für einen Schaden auszuschließen, der auf einfacher Fahrlässigkeit des Sponsors, eines gesetzlichen Vertreters oder Erfüllungsgehilfen beruht, die Haftung für einen Schaden, der auf grober Fahrlässigkeit des Sponsors oder auf Vorsatz oder grober Fahrlässigkeit eines gesetzlichen Vertreters oder Erfüllungsgehilfen des Sponsors beruht, dagegen bestehen zu lassen. Die in § 5 Abs. 1 des Formulars vorgesehene Regelung sieht einen Haftungsausschluss dieser

Art vor und ist mit § 309 Nr. 7 BGB, dem früheren § 11 Nr. 7 AGBG vereinbar, da sie auch berücksichtigt, dass aufgrund einer Änderung durch das SchuMoG in Allgemeinen Geschäftsbedingungen nunmehr auch ein Ausschluss oder eine Begrenzung der Haftung für Schäden aus der Verletzung des Lebens, des Körpers oder der Gesundheit, die auf einer fahrlässigen Pflichtverletzung des Verwenders oder einer vorsätzlichen oder fahrlässigen Pflichtverletzung eines gesetzlichen Vertreters oder Erfüllungsgehilfen des Verwenders beruhen, unwirksam ist (Zur Frage, inwieweit im Übrigen auch hinsichtlich vertraglicher Kardinalpflichten, auf deren ordnungsgemäße Erfüllung die andere Vertragspartei vertraut, in AGB die Haftung für leichte Fahrlässigkeit ausgeschlossen werden kann (*Wolf/Ungeheuer,* Zum Recht der allgemeinen Geschäftsbedingungen, Teil 2, JZ 1995, 176 (186) mwN). Stellt der Sponsor dem Gesponserten einen Arbeitnehmer ab, so gelten Haftungsausschlüsse zugunsten des Sponsors im Zweifel auch zugunsten des von ihm abgestellten Arbeitnehmers. Haftungsausschlüsse zugunsten des abgestellten Arbeitnehmers sollten in geeigneten Fällen jedoch ausdrücklich vereinbart werden, um insoweit jeden Zweifel auszuschließen. Überlässt ein Sponsor dem Gesponserten Produkte, für die er nach Maßgabe des Produkthaftungsgesetzes haftet, so kann diese Haftung im Voraus weder in AGB noch individualvertraglich ausgeschlossen oder beschränkt werden, § 14 S. 1 ProdHaftG. Entgegenstehende Vereinbarungen sind nichtig, § 14 S. 2 ProdHaftG.

Wird eine Veranstaltung gesponsert und kommt ein Beteiligter, etwa ein Besucher oder Teilnehmer zu Schaden, so wird dieser möglicherweise geneigt sein, unter Hinweis auf eine vermeintliche vertragliche und/oder deliktische Haftung nicht (oder nicht ausschließlich) den möglicherweise finanzschwachen Gesponserten, sondern (auch) den Sponsor auf Schadensersatz in Anspruch zu nehmen. Der Sponsor hat daher ein legitimes Interesse an einem Ausschluss der Haftung gegenüber Dritten. Da der Sponsor zu diesen Dritten nicht in vertraglichen Beziehungen steht, scheidet eine vertragliche Haftung regelmäßig aus (zur – im konkreten Fall vom erkennenden Gericht verneinten – Frage, ob ein Sponsoringvertrag Schutzwirkungen zugunsten Dritter entfaltet LG München II ZfS 1988, 164). Es kommt jedoch eine Haftung nach deliktischen Grundsätzen in Betracht. Da der Sponsoringvertrag nur Rechte und Pflichten der jeweiligen Vertragsparteien erzeugt, ist es ausgeschlossen, vertraglich die Haftung gegenüber Dritten, die nicht Vertragspartei sind, auszuschließen. Will der Sponsor gegenüber am Vertrag nicht beteiligten Dritten seine Haftung ausschließen, so kann dies nur geschehen, indem der Gesponserte vertraglich verpflichtet wird, in seinen Verträgen mit an der Veranstaltung Beteiligten klarzustellen und zu vereinbaren, dass der Sponsor an der Organisation und Durchführung der Veranstaltung nicht beteiligt ist, hierfür keine Verantwortung trägt und – außer im Falle vorsätzlicher Schädigung – nicht haftet. Da der Sponsor kein gesetzlicher Vertreter oder Erfüllungsgehilfe des Gesponserten ist, ist ein Haftungsausschluss nur bis zur Grenze des Vorsatzes zulässig. Ist der Sponsor Mitveranstalter, so müssen Sponsor und Gesponserter gemeinsam ihre Haftung gegenüber Dritten im Rahmen des gesetzlich Zulässigen ausschließen. Soweit der Sponsor nach Maßgabe des Produkthaftungsgesetzes haftet, scheidet ein Haftungsausschluss aus, § 14 ProdHaftG. Häufig wird der Gesponserte vertraglich verpflichtet, Personen- und Sachschäden angemessen zu versichern und dem Sponsor das Bestehen eines angemessenen Versicherungsschutzes nachzuweisen. Die Leistung des Sponsors kann auch in der Zahlung der Versicherungsprämie bestehen. Manche Sponsoren lassen sich vorsorglich vom Gesponserten im Innenverhältnis für den Fall der Inanspruchnahme durch Dritte im Zusammenhang mit der gesponserten Veranstaltung freistellen. Eine solche Freistellungsverpflichtung des Gesponserten ist allerdings nur sinnvoll, wenn dieser ihr gegebenenfalls auch nachkommen kann.

Der Sponsor verfolgt mit dem Sponsoringvertrag die eingangs erörterten weiterreichenden kommunikativen Ziele. Ob diese erreicht werden können, hängt von einer Vielzahl von Unwägbarkeiten ab. Der Gesponserte sollte daher klarstellend seine Haftung für die Erreichung dieser weiterreichenden kommunikativen Ziele ausschließen, soweit er deren

Erreichung oder Erschwerung nicht durch die schuldhafte Verletzung wesentlicher vertraglicher Pflichten erschwert oder gar vereitelt hat. Da ein durch die schuldhafte Verletzung vertraglicher Pflichten durch den Gesponserten verursachter Schaden des Sponsors durchaus erheblich sein kann und oft nur schwerlich zu quantifizieren sein wird, beschränken manche professionelle Gesponserte ihre etwaige Haftung durch die Festlegung eines Erfüllungsinteresses des Sponsors an der Erfüllung des Vertrages. Die Festlegung eines Erfüllungsinteresses ist im Hinblick auf §§ 307, 309 Nr. 7 BGBgrundsätzlich nur individualvertraglich wirksam möglich.

9. **Sicherung effizienter und konfliktfreier Vertragsabwicklung.** Die in § 6 Abs. 1 des Formulars vorgesehene Verpflichtung des Sponsors zur Stellung einer Sicherheitsleistung empfiehlt sich vor allem dann, wenn der Gesponserte nach dem Vertrag erhebliche Vorleistungen zu erbringen hat. Ist dies nicht der Fall, so kann eine Verpflichtung des Sponsors zur Stellung einer Sicherheit auch in den Fällen angebracht sein, in denen der Gesponserte in besonders hohem Maße auf die Unterstützung durch den Sponsor angewiesen ist und die gesponserten Aktivitäten ohne die Leistung des Sponsors nicht durchgeführt werden können. In der Vergangenheit haben Insolvenzen von Sponsoren verschiedentlich erhebliche finanzielle Schwierigkeiten auf Seiten der Gesponserten zur Folge gehabt. Ist der Sponsor zur Sicherheitsleistung verpflichtet, so empfiehlt sich eine Vertragserfüllungsbürgschaft auf erstes Anfordern eines Kreditinstitutes. Im Falle der Inanspruchnahme darf das bürgende Kreditinstitut die Zahlung auf die Bürgschaft auf erstes Anfordern nur verweigern, wenn deren Inanspruchnahme ohne jede weitere Prüfung eindeutig rechtsmissbräuchlich ist (BGH WM 1988, 934; 1989, 1496). Außerdem braucht der Gesponserte die Inanspruchnahme der Bürgschaft nicht zu substantiieren (BGH WM 1994, 106). Der Gesponserte, der unter Umständen kurzfristig einen erheblichen Mittelbedarf hat, erhält so eine effiziente Sicherung und einen solventen Sicherungsgeber. Hat auf Grund der vertraglichen Vereinbarungen der Sponsor erhebliche Vorleistungen zu erbringen, so kann es sich empfehlen, dem Sponsor für den Fall der Nichtdurchführung der gesponserten Aktivitäten ausdrücklich einen vertraglichen Rückzahlungsanspruch gegen den Gesponserten einzuräumen und diesen insoweit zur Stellung einer Sicherheit zu verpflichten.

Entstehen nach Vertragsschluss und dem Austausch von (Teil-)Leistungen zwischen den Parteien Meinungsverschiedenheiten über den Wert der wechselseitig erbrachten Leistungen oder reut eine Partei der Vertragsschluss nachträglich, so besteht nicht selten die Neigung, die Erbringung weiterer vertraglich geschuldeter Leistungen unter Hinweis auf eine gleichzeitig erklärte Aufrechnung mit (angeblichen) Gegenforderungen, etwa aus behaupteter ungerechtfertigter Bereicherung der anderen Partei oder wegen behaupteter Schadensersatzansprüche gegen die andere Vertragspartei wegen schuldhafter Verletzung vertraglicher Pflichten zu verweigern. Zwar ist die Möglichkeit der Aufrechnung wegen des in § 387 BGB niedergelegten Erfordernisses der Gleichartigkeit der aufgerechneten Forderungen im Wesentlichen auf die Fälle beschränkt, in denen der geldleistungspflichtige Sponsor weitere Zahlungen unter Hinweis auf die Aufrechnung mit einem ihm angeblich gegen den Gesponserten zustehenden geldeswerten Schadensersatz- oder Bereicherungsanspruch verweigert. Dieser, die weitere Durchführung des Vertrages ernsthaft gefährdenden Situation beugt die Vereinbarung eines Aufrechnungsverbotes mit Forderungen, die bestritten oder nicht rechtskräftig festgestellt sind, vor. Das im Formular enthaltene Aufrechnungsverbot ist mit § 309 Nr. 3 BGB, dem früheren § 11 Nr. 3 AGBG, vereinbar. Dagegen erscheint der Ausschluss eines Zurückbehaltungsrechts entbehrlich, da anerkannt ist, dass ein vertragliches Aufrechnungsverbot ein Zurückbehaltungsrecht insoweit ausschließt, als seine Ausübung einer unzulässigen Aufrechnung gleichkäme (Palandt/*Heinrichs* § 273 Rn. 13 mwN).

Vertragsstrafevereinbarungen finden sich wegen deren mit dem Sponsoringvertrag schwerlich zu harmonisierenden Sanktionscharakters nur gelegentlich im professionellen

Bereich. Sie können im Hinblick auf § 309 Nr. 6 BGBnur individualvertraglich vereinbart werden, wenn sie auch den Zahlungsverzug, die Nichtabnahme der Leistung, eine verspätete Abnahme der Leistung oder die Lösung vom Vertrag durch die Partei umfassen, der die Klausel gestellt wird. Wird eine Vertragsstrafe vorgesehen, so sollte sie nur für den Fall der schuldhaften Nichterfüllung von Kardinalpflichten in gehöriger Weise vorgesehen werden und nicht unangemessen hoch sein. Außerdem sollte klargestellt werden, dass die Geltendmachung eines weiteren Schadens nicht ausgeschlossen ist. Zu Vertragsstrafenvereinbarungen im Falle von Verstößen gegen das Doping-Verbot siehe Nesemann: Vertragsstrafen in Sponsoringverträgen im Zusammenhang mit Doping (NJW 2007, 2083).

Der Sponsor verfolgt regelmäßig neben rein wirtschaftlichen auch ideelle Interessen. Ihm ist daher zumeist daran gelegen, dass seine Leistung dem Gesponserten und den geförderten Aktivitäten, nicht aber einem Dritten zugute kommt. Der Gesponserte geht den Vertrag insbesondere im kulturellen, sozialen oder ökologischen Bereich nicht selten auch im Hinblick auf die ihm genehme Person des Sponsors ein. Eine Abtretung von Forderungen oder Ansprüchen aus dem Sponsoringvertrag wäre mit diesen Zielen der Vertragsparteien nicht vereinbar. Auch wenn im Einzelfall die Abtretung von Forderungen und Ansprüchen möglicherweise schon wegen deren Zweckbindung oder Höchstpersönlichkeit auch ohne ausdrückliche Vereinbarung ausgeschlossen ist (§ 399 BGB), empfiehlt es sich doch, zur Meidung von Unklarheiten die Abtretbarkeit explizit auszuschließen oder von der vorherigen schriftlichen Zustimmung des Schuldners der abzutretenden Forderung oder des abzutretenden Anspruchs abhängig zu machen. Der Abtretungsausschluss nimmt der Forderung die Verkehrsfähigkeit. Eine gegen den Abtretungsausschluss verstoßende Forderungsabtretung ist daher unwirksam, § 399 BGB. Die Voraussetzungen, unter denen nach § 354a HGB eine Forderungsabtretung trotz eines bestehenden Abtretungsausschlusses wirksam ist, liegen beim Sponsoring häufig nicht vor.

Die Parteien sollten des Weiteren vertraglich regeln, wann der Vertrag in Kraft tritt. Es kann auf das Datum der zuletzt geleisteten Unterschrift abgestellt werden, aber auch ein bestimmtes Datum festgelegt werden, an dem der Vertrag in Kraft tritt, wenn er bis zu diesem Zeitpunkt von beiden Parteien unterzeichnet worden ist. Da dies möglicherweise im Zeitpunkt des vorgesehenen Inkrafttretens nicht der Fall ist, sollte vorsorglich vereinbart werden, dass der Vertrag andernfalls spätestens nach Unterzeichnung durch beide Vertragsparteien mit dem Datum der zuletzt geleisteten Unterschrift in Kraft tritt. Wird die Laufzeit des Vertrages befristet, so sollte klargestellt werden, dass er mit Fristablauf endet, ohne dass es einer Kündigung bedarf. Der Vertrag kann jedoch auch eine Befristung verbunden mit einer automatischen Verlängerung für den Fall der Nichtkündigung vor dem jeweiligen Beendigungszeitpunkt vorsehen. Wollen die Parteien sich länger vertraglich binden, so kann der Vertrag unbefristet abgeschlossen werden. In diesem Falle sollten nicht nur die Voraussetzungen und Rechtsfolgen einer fristlosen Kündigung aus wichtigem Grunde, sondern auch die einer ordentlichen Kündigung geregelt werden.

Dem Sponsor kann vertraglich das Recht eingeräumt werden, Sponsoring- oder sonstige Werbeverträge, die der Gesponserte zulässigerweise mit Dritten ausgehandelt hat, durch einseitige Erklärung an sich zu ziehen, nachdem der Gesponserte ihm deren Inhalt mitgeteilt hat. Befugnisse dieser Art werden in der Praxis als Optionsrechte bezeichnet. Da der Gesponserte meist nur einen Vertrag erfüllen kann, sollte er – um eine Schadensersatzpflicht dem Dritten gegenüber auszuschließen – den Vertrag mit dem Dritten nur abschließen, wenn er sich in diesem unter Hinweis auf das Optionsrecht des Sponsors ein Rücktrittsrecht für den Fall der Ausübung der Option vorbehalten hat oder die Ausübung der Option eine auflösende Vereinbarung des Vertrages mit dem Dritten ist. Bestehen beim Sportsponsoring auf Grund Vereins- oder Verbandsrechts Werbebeschränkungen und ist künftig mit deren Lockerung zu rechnen, so kann zugunsten des Sponsors ein Optionsrecht auf die (entgeltliche) Einräumung künftig zugelassener Werbemöglichkeiten vorgesehen werden.

10. Leistungsstörungen. Der Sponsoringvertrag ist ein gesetzlich nicht geregelter, verkehrstypischer (s.o. 3.) synallagmatischer Vertrag. Treten nach Vertragsschluss Leistungsstörungen auf, so ist wegen der fehlenden ausdrücklichen gesetzlichen Regelung häufig unklar, welche Rechtsfolgen eintreten. Für atypische Verträge gelten grundsätzlich die Regeln des allgemeinen Schuldrechts. Daneben ist das Recht ähnlicher, gesetzlich geregelter Vertragstypen anwendbar, soweit der atypische Vertrag in einzelnen Punkten Ähnlichkeiten mit gesetzlich geregelten Vertragstypen aufweist und sich aus der speziellen Interessenlage der Parteien keine Abweichungen ergeben (*Weiand* Kultur- und Sportsponsoring S. 95; BGH NJW 1992, 2690 zu einem atypischen Vertrag, den ein Sponsor, dessen Leistung darin bestand, für den gesponserten Amateuroberligaverein einen bestimmten Sportlehrer als Trainer zu verpflichten, mit diesem Sportlehrer abgeschlossen hatte). Weist der Sponsoringvertrag aufgrund seiner Ausgestaltung im konkreten Falle in seiner Gesamtheit oder hinsichtlich einzelner Leistungen, bei denen die Leistungsstörung aufgetreten ist, Ähnlichkeiten mit einem gesetzlich geregelten Vertragstyp auf, so ist das Recht dieses Vertrages anzuwenden, soweit sich nicht aus der speziellen Interessenlage des Sponsoringvertrages Abweichungen ergeben. Werden dem Sponsor vom Veranstalter im Sponsoringvertrag mehrere verschiedenartige Leistungen versprochen, so handelt es sich um einen so genannten gemischten Vertrag, der in der Regel lediglich verschiedene Leistungen in einen Vertragstext zusammensetzt. Kommt es also zu irgendeiner Art von Schlechtleistung im Rahmen eines Sponsoringvertrags mit mehreren Leistungen, so sind wie auch sonst bei gemischten Verträgen[12] grundsätzlich die Regelungen des entsprechenden Teils des besonderen Schuldrechts anzuwenden, der für die gestörte Leistungspflicht maßgeblich ist, soweit sich nicht aus der speziellen Interessenlage der Parteien Abweichungen ergeben, so nach Jedlitschka GRUR 2014, 842 die Vorschriften über die Minderung der Gegenleistung gem. §§ 581 Abs. 2, 536 Abs. 1 BGB, wenn die Werbebande kleiner oder an einer weniger attraktiven Stelle als vereinbart aufgebaut war. Bei Verschulden des Veranstalters (§ 276 BGB) hat der Sponsor Anspruch auf Schadens- oder Aufwendungsersatz, vgl. § 536a BGB, bei nicht oder kleiner oder unscharf oder an der falschen Stelle abgedrucktem Sponsorenhinweis in der Veranstaltungsbroschüre richten sich die Rechte des Sponsors nach § 634 BGB, bei qualitativ nicht in der vereinbarten Art und Weise erfolgender Medienkommunikation des Gesponsorten, so kommt wegen fehlender Minderungsmöglichkeit im Dienstvertragsrecht ein Anspruch auf Schadensersatz gem. § 280 Abs. 1 BGB in Betracht.

Besteht dagegen keine Ähnlichkeit des Sponsoringvertrages in seiner Gesamtheit oder einzelner Leistungen, bei denen die Leistungsstörung aufgetreten ist, mit einem der gesetzlich geregelten Vertragstypen, so ist diese Lücke nach den für die Behandlung atypischer Verträge entwickelten allgemeinen Grundsätzen unter Berücksichtigung der Verkehrssitte und von Treu und Glauben, § 242 BGB, auszufüllen (*Weiand* Kultur- und Sportsponsoring S. 95 mwN).

Die Vielfalt des Sponsoring bedingt mannigfaltige vertragliche Vereinbarungen. Dies kann im Falle von Leistungsstörungen zu erheblichen Unwägbarkeiten bei der Ermittlung des anwendbaren Rechts führen. Die Parteien sollten jedoch auch in dieser wichtigen Frage eine gewisse Berechenbarkeit ihrer vertraglichen Beziehungen und damit letztlich Rechtssicherheit anstreben und vertraglich zumindest verbindlich festlegen, unter welchen Voraussetzungen und mit welchen Rechtsfolgen eine vorzeitige Beendigung des Vertrages statthaft sein soll. Die Rechtsfolgen eines Zahlungsverzugs des Sponsors werden in § 1 Abs. 7 des Formulars geregelt. Andere Leistungsstörungen werden durch das in § 8 des Formulars vorgesehene Recht der sich vertragstreu verhaltenden Partei zur

Beendigung des Vertrages und eine auf den Grund der Beendigung abgestimmte Rechtsfolgenregelung sanktioniert. Ein Ausschluss der im Falle von Leistungsstörungen möglicherweise neben die vertraglichen Rechte tretenden gesetzlichen Rechte, insbesondere etwaiger Schadensersatzansprüche der sich vertragstreu verhaltenden Partei, dürfte nur individualvertraglich, nicht aber in Allgemeinen Geschäftsbedingungen zulässig sein. Oft ist freilich unklar, welche gesetzliche Rechtsfolge eine bei der Durchführung des Vertrages auftretende Leistungsstörung hat. Eine vertragliche Regelung räumt der zur vorzeitigen Lösung vom Vertrage berechtigten Partei unabhängig hiervon einen unentziehbaren Mindestbestand an Gestaltungsrechten ein, deren Rechtsfolgen sie zuverlässig abschätzen kann.

Ist der Sponsoringvertrag ein Dauerschuldverhältnis, so besteht auch ohne vertragliche Vereinbarung ein Recht zur fristlosen Kündigung aus wichtigem Grund, das zwar inhaltlich beschränkt, nicht aber, auch nicht im Wege der Individualvereinbarung, völlig abbedungen werden kann (Palandt/*Grüneberg* BGB § 314 Rn. 3). Konstitutive Wirkung kommt in diesem Falle daher nur der Vereinbarung eines Rechts zur ordentlichen Kündigung zu. Ist der Sponsoringvertrag auf einen einmaligen Leistungsaustausch angelegt, so wird eine Regelung der vorzeitigen Vertragsbeendigung meist schon aus tatsächlichen Gründen entbehrlich sein. Wird sie etwa wegen des zeitlichen Auseinanderfallens der wechselseitigen Leistungserbringung dennoch vereinbart, so kommt sowohl der Regelung der ordentlichen Kündigung als auch der der fristlosen Kündigung aus wichtigem Grunde konstitutive Wirkung zu. § 8 Abs. 1 des Formulars regelt die Voraussetzungen und Rechtsfolgen einer ordentlichen Kündigung. Ist der Gesponserte – wie in den dem zugrunde liegenden Sachverhalten wegen des Turniers bzw. der Konzertveranstaltung – für einen bestimmten Zeitraum im besonderen Maße auf die Förderung angewiesen, so sollte eine ordentliche Kündigung erst nach einer gewissen Vertragslaufzeit – hier nach Durchführung des Turniers – zulässig sein. Außerdem sollte eine angemessene Kündigungsfrist vorgesehen werden, damit die andere Partei sich auf die Beendigung des Vertrages einstellen kann. Auf die Berechnung der Kündigungsfrist ist § 193 BGB weder direkt noch analog anwendbar, Feiertage sind also nicht zu berücksichtigen BGH III ZR 172/04, BGH NJW 2005, 1354. Im Falle einer ordentlichen Kündigung erscheint es billig, keine der Parteien zur Rückgewähr empfangener Leistungen zu verpflichten.

In § 8 Abs. 2 werden beispielhaft, jedoch nicht abschließend, die Gründe aufgezählt, welche die vertragstreue Vertragspartei zur fristlosen Kündigung aus wichtigem Grunde berechtigen sollen. Da in § 8 Abs. 2b) des Formulars unter anderem auf Vereins- und Verbandsregeln sowie Spielregeln und Wettkampfordnungen Bezug genommen wird, ist ein Sportsponsor auch bei einem Dopingvergehen des Gesponserten zur fristlosen Kündigung berechtigt (hierzu auch *Kratz/Quantius,* Zur außerordentlichen Kündigung von Sportsponsoringverträgen in Dopingfällen, FS Fenn, 2000, 177 ff.). Da der Sponsor beim Sponsoring neben anderen Zielen auch einen Imagetransfer von der gesponserten Person auf seine Produkte oder Dienstleistungen anstrebt, ist der Sponsoringvertrag aus seiner Sicht schon dann gescheitert, wenn der qualifizierte Verdacht eines schuldhaften Verstoßes des Gesponserten gegen die in § 8 Abs. 2b) genannten Regelungen besteht. Da der Gesponserte das eigene Image oder das der gesponserten Aktivitäten vermarktet, liegt das ihm nachteilige Recht des Sponsors zur fristlosen Kündigung bereits im Falle eines bloßen qualifizierten Verdachtes eines schuldhaften Verstoßes letztlich in der Eigenart des Sponsoring. Manche Sportsponsoren schützen sich durch den Abschluss sogenannter „Death and Disgrace-Versicherungen" vor den nachteiligen wirtschaftlichen Folgen eines durch Regelverletzungen der genannten Art oder durch andere Gründe bedingten Imageverlustes des Gesponserten. Das für den Fall der schuldhaften Verletzung vertraglicher Pflichten grundsätzlich vorgesehene Erfordernis einer vorherigen Abmahnung der anderen Partei schränkt das Recht der zur sofortigen Kündigung aus wichtigem Grunde berechtigten Vertragspartei zur Lösung vom Vertrag zwar ein. Da nach dem neuen § 314 Abs. 2 BGB eine fristlose Kündigung aus wichtigem Grunde grundsätzlich nur nach erfolglosem Ablauf einer zur Abhilfe bestimmten Frist oder nach erfolgloser Abmahnung zulässig ist, müsste das grundsätzliche Erfordernis einer vorherigen Abmahnung unbeschadet § 309 Nr. 8a), früher § 11 Nr. 8a), 9 AGBG, nunmehr nicht nur individualvertraglich, sondern auch in Allgemeinen Geschäftsbedingungen wirksam vereinbart werden können. Der Katalog der zu einer fristlosen Kündigung berechtigenden Gründe kann je nach Sponsoringart erweitert oder eingeschränkt werden, um die für die jeweilige Sponsoringart typischen, zur fristlosen Kündigung berechtigenden Gründe beispielhaft aufzuzählen. So kann sich beispielsweise beim Ökosponsoring der Gesponserte ein Recht zur fristlosen Kündigung bei ihm nicht genehmen Veränderungen auf der Anteilseignerebene des Sponsors ausbedingen. Manche Sportsponsoren behalten sich für den Fall eines sportlichen Leistungsabfalls des Gesponserten zwar kein fristloses Kündigungsrecht, wohl aber das Recht vor, dem Gesponserten jeglichen Hinweis auf den Sponsor bis auf weiteres zu untersagen. Hat eine Partei oder haben beide Parteien die fristlose Kündigung zu vertreten, so scheint eine Regelung angemessen, der zufolge die einander gewährten Leistungen nicht rückgewährt werden. Hat dagegen nur eine Partei die fristlose Kündigung zu vertreten, so sollte sie die ihr gewährten Leistungen rückgewähren müssen, nicht aber zur Rückforderung der von ihr gewährten Leistungen berechtigt sein. Ist die Rückgewähr der erhaltenen Leistung(en) nicht möglich, so sollte eine Verpflichtung zum Ausgleich des marktüblichen Wertes vorgesehen werden. Individualvertraglich kann des Weiteren vereinbart werden, dass weitergehende Ansprüche, insbesondere Schadensersatzansprüche, ausgeschlossen sind. Das Formular stellt ausdrücklich klar, dass dies nicht der Fall ist. Für einen Ausschluss spricht, dass aufgrund der Beschränkung der zur Lösung vom Vertrag berechtigten Partei auf vertragliche Rückgewähransprüche die vertragsimmanenten Risiken für die Parteien überschaubar bleiben und sich wegen des Ausschlusses von Schadensersatzansprüchen eine oft nur unter erheblichen Schwierigkeiten mögliche Schadensberechnung erübrigt. Das OLG Frankfurt a. M. stellte klar, dass auch bei Sponsoringbeziehungen mit mäzenatischen Elementen der Sponsor nach Ende der Vertragsbeziehungen geleistete Vorschüsse oder Darlehen zurückzuverlangen, wenn diesen keine Werbeleistungen gegenüberstanden OLG Frankfurt a. M. SpuRt 2004, 64.

11. Form, Zugang von Erklärungen, Teilunwirksamkeit, Übergangsvorschriften Schuldrechtsmodernisierung. Der Abschluss eines Sponsoringvertrages ist grundsätzlich formfrei möglich, da das Bürgerliche Gesetzbuch vom Grundsatz der Formfreiheit von Verträgen ausgeht. Gesetzliche Formvorschriften sind nur ausnahmsweise zu beachten. Verpflichtet sich der Sponsor – etwa beim Sponsoring einer Stiftung – zur Übereignung eines Grundstücks an den Gesponserten, so bedarf diese Verpflichtung zu ihrer Wirksamkeit der notariellen Beurkundung, § 311b Abs. 1 S. 1 BGB. Verpflichtet sich der Gesponserte beim Kultursponsoring, dem Sponsor Nutzungsrechte an nicht näher oder nur der Gattung nach bestimmten noch zu schaffenden urheberrechtsfähigen künftigen Werken einzuräumen, so bedarf diese Verpflichtung zu ihrer Wirksamkeit nach § 40 Abs. 1 S. 1 UrhG der Schriftform. Auch wenn in aller Regel kein gesetzlicher Formzwang besteht, so empfiehlt sich doch stets die Vereinbarung eines Schriftformerfordernisses für den Vertrag sowie für dessen etwaige spätere Änderungen und Ergänzungen. Das gewillkürte Schriftformerfordernis bietet einen Schutz vor Übereilung, dient der Markierung von Geschäftsinhalt und Geschäftsabschluss und schafft klare Beweislagen. Wie das gewillkürte Schriftformerfordernis sind auch die den Zugang von Erklärungen betreffende Regelung sowie die salvatorische Klausel in § 9 des Formulars in der Kautelarpraxis unabhängig vom jeweiligen Vertragstyp üblich. Sie weisen keinen sponsoringspezifischen Gehalt auf, so dass insoweit auf die gängigen Darstellungen verwiesen sei. Hinsichtlich der Anwendbarkeit des durch das Gesetz zur Modernisierung des Schuldrechts geschaffenen neuen Rechts gilt folgendes: Auf einen vor dem 1.1.2002 abgeschlossenen Sponsoringvertrag, der kein Dauerschuldverhältnis ist, ist weiterhin das alte Recht anwendbar, Art. 229 § 5 S. 1 EGBGB. Für am oder nach dem 1.1.2002 abgeschlossenen Sponsoringverträge gilt das neue Recht, unabhängig davon ob diese Dauerschuldverhältnisse sind oder nicht. Vor dem 1.1.2002 abgeschlossenene Sponsoringverträge, die Dauerschuldverhältnisse sind, unterliegen für einen Übergangszeitraum bis zum 1.1.2003 dem alten Recht, danach dem neuen Recht, Art. 229 § 5 S. 2 EGBGB. Der Gesetzgeber wollte durch diese Übergangsbestimmung den Vertragsparteien bestehender Dauerschuldverhältnisse die Möglichkeit geben, diese zu überprüfen und gegebenenfalls den veränderten rechtlichen Gegebenheiten anzupassen. Die Parteien vor dem 1.1.2002 abgeschlossener Sponsoringverträge, die Dauerschuldverhältnisse sind, sollen diese daher innerhalb des Übergangszeitraums auf ihre Änderungsbedürftigkeit hin überprüfen und die erforderlichen Änderungen vereinbaren.

12. Steuern. Das Bundesministerium der Finanzen hat in Einvernehmen mit den obersten Finanzbehörden der Länder mit Schreiben vom 9.7.1997 (BStBl. I 1997 S. 726) zur ertragsteuerlichen Behandlung des Sponsoring Stellung genommen und eine bundeseinheitliche Verwaltungsanweisung zur ertragsteuerlichen Behandlung des Sponsoring erlassen. Dieses Schreiben wurde sodann nach einer insbesondere mit den Sponsoren und Kulturinstitutionen teilweise heftig geführten öffentlichen Diskussion über die steuerliche Behandlung der Sponsorleistungen bei steuerbegünstigten Empfängern durch ein Schreiben vom 18.2.1998 (BStBl. I 1998 S. 212) („BMF-Schreiben") ersetzt. Weitere Regelungen zum Thema Sponsoring hat die Finanzverwaltung ua mit dem BMF-Schreiben über die „Ertragsteuerliche Behandlung von Aufwendungen für VIP-Logen in Sportstätten" vom 22.8.2005 (BStBl. I 2005 S. 845 sowie mit dem aktuellen Anwendungserlass zur Abgabenordnung (AEAO zu § 64 Abs. 1) getroffen. Daneben sind die Verwaltungsanweisungen einzelner Oberfinanzdirektionen zu beachten. Eine erschöpfende Darstellung der steuerlichen Aspekte des Sponsoring würde den dieser Darstellung vorgegebenen Rahmen sprengen (Eingehender zu den steuerlichen Aspekten des Sponsoring *Weiand/Poser* S. 10 ff., S. 73 ff. und S. 106 ff. mwN (Hier ist auch das Schrifttum aus der Zeit vor der Veröffentlichung des BMF-Schreibens nachgewiesen;) von Bechtolsheim: Sponsoringeinnahmen gemeinnütziger Einrichtungen – Drei-StufenModell zur Steuer(un)schädlichkeit *Boochs,* Sponsoring in der Praxis: Steuerrecht, Zivilrecht, Musterfälle, 2000, S. 181 ff.; *Boochs,* Rechtliche Aspekte des Sponsoring, Stiftung & Sponsoring, 2/2001 Rote-Seiten-Beil.; *Heuer,* Der neue BMF-Erlass zur ertragsteuerlichen Behandlung des Sponsorings: Die steuerlichen Konsequenzen beim Sponsor und Gesponserten, DStR 1998, 18; *Krause,* Sponsoring und Ertragsteuerrecht, StuB 2000, 57; *Krone,* Ertragsteuerliche Behandlung des Sponsoring – Hinweise für die Praxis, DB 1999, 2030; *Schauhoff,* Große Aufregung um das Sponsoring, DB 1998, 494; *Schoor,* Sponsoring als Betriebsausgabe, VW 1999, 948; *Spiegel,* Wohin mit den Sponsoring-Einnahmen? – Anmerkung zum Beschluss des FG Mecklenburg-Vorpommern vom 30.5.1997 –, DStR 1997, 1800; *Thiel,* Sponsoring im Steuerrecht, DB 1998, 842; *Rückert,* Ertragsteuerliche Behandlung des Sponsoring, SpuRt 1998, 182; *Weiand,* Das Schreiben des Bundesministeriums der Finanzen vom 9.7.1997 zur ertragsteuerlichen Behandlung des Sponsoring, BB 1998, 344 und *Wochinger,* Die steuerliche Behandlung des Sponsorings beim Sponsor und beim Empfänger unter Berücksichtigung des Sponsoring-Erlasses, in: *Raupach* (Hrsg.), Steuerfragen im Sport, Sponsoring – Betriebsaufspaltung – Ausländische Sportler, 1998, S. 9). Mit Urteil BFH Urt. v. 16.12.2015 – IV R 24/13, BeckRS 2016, 94298 ist klargestellt, das der Erlass die Justiz nicht bindet. Denn zum einen handelt es sich um eine sog. norminterpretierende Verwaltungsanweisung, an die die Rechtsprechung schon dem Grunde nach nicht gebunden ist (vgl. BFH-Urteil in BFHE 238,132, BStBl. II 2012 S. 824, zu den BMF-Schreiben v. 22.8.2005 – IV B 2-S 2144-41/05, BStBl. I 2005 S. 845, und v. 11.7.2006 – IV B 2-S 2144-

53/06, BStBl. I 2006 S. 447, betreffend die steuerliche Behandlung von Aufwendungen für VIP-Logen). Zum anderen unterfällt die Veranstaltung der Golfturniere, anders als das FG meint, nicht dem Anwendungsbereich der Verwaltungsanweisung. Maßgeblicher Gegenstand des Sponsoringserlasses ist die Aufteilung von Aufwendungen, die von den Unternehmen zur Förderung von Personen, Gruppen und/oder Organisationen in sportlichen, kulturellen, kirchlichen, wissenschaftlichen, sozialen, ökologischen oder ähnlich bedeutsamen gesellschaftspolitischen Bereichen getätigt werden. Die steuerliche Abzugsfähigkeit dieser Aufwendungen richtet sich ausschließlich danach, durch welche Motivation des Steuerpflichtigen diese Aufwendungen veranlasst sind. Ist die Motivation in der Förderung der og gemeinnützigen Zwecke zu sehen oder jedenfalls überwiegend dadurch bedingt, sind die Aufwendungen im Rahmen des Spendenabzugs zu berücksichtigen. Ein Betriebsausgabenabzug kommt nur in Betracht, wenn und soweit durch die Aufwendungen auch wirtschaftliche Vorteile –regelmäßig Werbezwecke– für das Unternehmen angestrebt werden (vgl. BFH-Urt. v. 9.8.1989 – BFH IR 484 I R 4/84, BFHE 158, 510, BStBl. II 1990 S. 237). Dieses Spannungsfeld zwischen Spende einerseits und Betriebsausgabenabzug andererseits ist Gegenstand des sog. Sponsoringerlasses.

Dem Sponsor ist aus steuerlicher Sicht zumeist daran gelegen, seine Sponsoringaufwendungen steuermindernd gelten machen zu können. Die steuerliche Einordnung seiner Aufwendungen als – ertragsteuerlich betragsmäßig begrenzt – abzugsfähige Spende ist regelmäßig ausgeschlossen. Zwar werden häufig mildtätige, kirchliche, religiöse, wissenschaftliche oder als besonders förderungswürdig anerkannte gemeinnützige oder kulturelle Zwecke im Sinne von § 10b Abs. 1 EStG, § 9 Abs. 1 S. 1 Nr. 2 KStG gesponsert. Der Sponsor bedingt sich als Gegenleistung für seine Förderung jedoch stets eine Gegenleistung des Gesponserten, die Unterstützung bei seiner Marktkommunikation aus. Die kommunikative Gegenleistung des Gesponserten ist wesentliche Motivation und Voraussetzung der Förderung durch den Sponsor. Dagegen wird eine Spende stets um der Sache willen und ohne die Erwartung eines besonderen Vorteils für den Spender gegeben. Merkmal der Spende ist ihre Unentgeltlichkeit. Jede Art von Leistungsaustausch schließt das Vorliegen einer Spende, einer unentgeltlichen Zuwendung, grundsätzlich aus (zur Spendenunschädlichkeit eines bloßen Hinweises des Zuwendungsempfängers auf die Person des Zuwendenden *Stobbe,* Spende oder Sponsoring – Merkmale für die steuerliche Einordnung –, DStZ 1994, 583 (584); *Wochinger,* Die steuerliche Behandlung des Sponsorings beim Sponsor und beim Empfänger unter Berücksichtigung des Sponsoring-Erlasses, in: *Raupach* (Hrsg.), Steuerfragen im Sport, Sponsoring – Betriebsaufspaltung – Ausländische Sportler, 1998, S. 9, 17 und *Weiand/Poser* S. 12 mwN). Die steuerliche Einordnung der Aufwendungen als Spende kommt bei Vorliegen der sonstigen Voraussetzungen daher grundsätzlich nur im Falle der vom Sponsoring wesensverschiedenen mäzenatischen Förderung in Betracht (Eingehend hierzu auch unter Darstellung des dem BMF-Schreiben zugrundeliegenden, teils von Zivilrecht und Betriebswirtschaftslehre abweichenden Verständnisses von Sponsoring, Mäzenatentum und Spende *Weiand/Poser* S. 10 ff.).

Die Aufwendungen des Sponsors können jedoch steuerlich als Betriebsausgaben bzw. – beim Sponsoring seltener – Werbungskosten einzuordnen sein. Diese Einordnung kann für den Sponsor ohnehin günstiger sein, als die Einordnung als Spende, da Spenden nach § 10b Abs. 1, 1a, 2 EStG, § 9 Abs. 1 S. 1 Nr. 2 KStG nur innerhalb bestimmter Grenzen, Betriebsausgaben bzw. Werbungskosten dagegen voll abziehbar sind. Außerdem können auch Nutzungsüberlassungen oder die Erbringung von Dienstleistungen Betriebsausgaben bzw. Werbungskosten sein, während Zuwendungen dieser Art grundsätzlich nicht Gegenstand einer Spende sein können. Die Einordnung der Aufwendungen des Sponsors als Betriebsausgaben ist für Sponsor und Gesponserten außerdem vorteilhaft, da für sie der Werbe- und nicht lediglich der Spendenetat zur Verfügung steht, sich die Frage nach der Spendenkompetenz der Geschäftsführung bzw. des Vorstands des sponsernden Unternehmens (hierzu BGH AG 2002, 347 und *Laub,* Grenzen der Spendenkompetenz des

Vorstands, AG 2002, 308) grundsätzlich nicht stellt, auch natürliche Personen unmittelbar gefördert werden können und kein Spendenprocedere einzuhalten ist. Betriebsausgaben sind die Aufwendungen, die durch den Betrieb veranlasst sind, § 4 Abs. 4 EStG. Als betrieblich veranlasst sind alle Aufwendungen anzusehen, die in einem tatsächlichen oder wirtschaftlichen Zusammenhang mit dem Betrieb stehen. Die erforderliche betriebliche Veranlassung der Sponsoringaufwendungen ist gegeben, wenn objektiv ein Zusammenhang mit dem Betrieb besteht und die Sponsoringaufwendungen subjektiv zur Förderung des Betriebes gemacht werden. Sponsoring dient der Unternehmenskommunikation durch Imagewerbung. Hierbei werden je nach Sponsoringart unterschiedliche kommunikative Ziele verfolgt. Allen Sponsoringarten ist gemein, dass sich die Sponsoren einen Transfer des Images der gesponserten Aktivitäten auf ihr Unternehmen, ihre Dienstleistungen oder ihre Produkte erhoffen. In Einklang hiermit hebt das BMF-Schreiben unter Hinweis auf ein Urteil des Bundesfinanzhofes (BFH BStBl. II 1993 S. 441 (445)) hervor, dass Aufwendungen des Sponsors Betriebsausgaben sind, wenn „der Sponsor wirtschaftliche Vorteile, die insbesondere in der Sicherung oder Erhöhung seines unternehmerischen Ansehens liegen können, für sein Unternehmen erstrebt oder für Produkte seines Unternehmens werben will“. Im Folgenden wertet das BMF-Schreiben – wie das Wort „insbesondere“ zeigt lediglich beispielhaft und nicht abschließend – typische, der Imagewerbung des Sponsors dienende kommunikative Gegenleistungen des Gesponserten, nämlich sogenannte Sponsorenhinweise auf Plakaten, Veranstaltungshinweisen, in Ausstellungskatalogen, auf vom Gesponserten genutzten Fahrzeugen oder auf Produkten, als Anhaltspunkte für das Erstreben eines wirtschaftlichen Vorteils durch den Sponsor und damit letztlich als Indizien einer für die Einordnung als Betriebsausgaben erforderlichen betrieblichen Veranlassung der Aufwendungen des Sponsors. Zutreffend wird sodann darauf abgestellt, dass ein die Einordnung der Aufwendungen des Sponsors als Betriebsausgaben rechtfertigender, vom Sponsor angestrebter wirtschaftlicher Vorteil auch in der Berichterstattung über das Sponsoringengagement in den Medien liegen kann. Insbesondere bei medienwirksamen Veranstaltungen streben die Sponsoren häufig eine Nutzung des sogenannten Multiplikatoreffekts der Massenmedien an. Diese berichten über das gesponserte Ereignis und übertragen im Rahmen ihrer Berichterstattung, mithin im grundsätzlich frei von Werbung zu haltenden redaktionellen Teil, häufig unfreiwillig die werbliche Botschaft des Sponsors mit. Die Berichterstattung in den Medien kann vom Sponsor aber regelmäßig nur angestrebt werden, da Abreden mit den Medien über Sponsorenwerbung in deren redaktionellen Teil – mit Ausnahme der gesetzlich vorgeschriebenen Hinweise auf Sendungssponsoren beim Sendungssponsoring – zumeist gegen die einschlägigen spezialgesetzlichen medienrechtlichen Bestimmungen verstoßen und zugleich wettbewerbswidrig im Sinne des UWG sind. Faktisch gewährleistet ist die Berichterstattung in den Medien nur bei medienwirksamen Großereignissen. Für die Einordnung der Aufwendungen des Sponsors als Betriebsausgaben muss es daher genügen, wenn der Sponsor die Berichterstattung in den Medien belegbar angestrebt hat, während es nicht darauf ankommen kann, ob die Berichterstattung tatsächlich erfolgt. Nach dem BMF-Schreiben kann die Berichterstattung in den Medien insbesondere dann ein wirtschaftlicher Vorteil sein, den der Sponsor für sich anstrebt, wenn sie in die Öffentlichkeitsarbeit des Sponsors eingebunden wird. Im Gegensatz zur Berichterstattung in den Medien selbst kann der Sponsor – wenn sie denn erfolgt – deren Einbindung in seine Öffentlichkeitsarbeit gewährleisten. Wie die Formulierung „insbesondere“ zeigt, ist die Einbindung in die Öffentlichkeitsarbeit aber nicht Voraussetzung, sondern lediglich ein weiteres Indiz für die betriebliche Veranlassung. Dies gilt auch für die weiterhin genannte Teilnahme des Sponsors an Pressekonferenzen oder anderen öffentlichen Veranstaltungen des Gesponserten, bei denen der Sponsor eigene Erklärungen über sein Unternehmen oder seine Produkte abgeben kann.

Wie bereits erörtert, kann Sponsoring die klassischen Kommunikationsinstrumente nicht ersetzen. Es wird daher in der Praxis meist in den sogenannten Kommunikationsmix eingebunden, dh mit den klassischen Kommunikationsinstrumenten verbunden oder flankierend zu diesen eingesetzt. Das BMF-Schreiben trägt dem Rechnung, indem der Betriebsausgabenabzug auch dann für zulässig erklärt wird, wenn der Sponsor durch Verwendung des Namens, Emblem oder Logos des Empfängers oder in anderer Weise – hier ist beispielsweise an die Nutzung sogenannter Prädikate wie etwa „Exklusivsponsor des . . . . . .“ oder „Ausstatter des . . . . . .“ im Rahmen der klassischen Absatzwerbung oder von Verkaufsförderungsmaßnahmen des Sponsors zu denken – öffentlichkeitswirksam (zur Verwendung der Termini „werbewirksam“ und „öffentlichkeitswirksam“ im BMF-Schreiben *Rückert,* Ertragsteuerliche Behandlung des Sponsoring, SpuRt 1998, 182 (184)) auf seine Leistungen aufmerksam macht.

In Einklang mit den für den Betriebsausgabenabzug geltenden allgemeinen Grundsätzen wird im BMF-Schreiben sodann dargelegt, dass es für die Einordnung der Aufwendungen des Sponsors als Betriebsausgaben nicht darauf ankommt, ob diese notwendig, üblich oder zweckmäßig sind. Hängen die Aufwendungen ausschließlich mit dem Betrieb zusammen, so findet keine Angemessenheitsprüfung statt. Bedeutsam und der Natur des Sponsoring gerecht ist auch der Hinweis im BMF-Schreiben, dass die Einordnung der Aufwendungen des Sponsors als Betriebsausgaben davon unabhängig ist, ob die Geld- oder Sachleistungen des Sponsors und die erstrebten Werbeziele für sein Unternehmen gleichwertig sind. Zwar sind beim professionellen Sponsoring Leistung des Sponsors und Gegenleistung des Gesponserten häufig äquivalent. Dem Sponsoring liegt jedoch außerhalb des professionellen Sponsoring und nicht selten selbst in diesem Bereich auch ein Fördermotiv des Sponsors zugrunde, das zwar nicht überwiegt, dem Sponsoring jedoch sein typisches Gepräge gibt und nicht selten zu einer Ungleichwertigkeit von Leistung und Gegenleistung führt. Der Betriebsausgabenabzug ist nach dem BMF-Schreiben allerdings dann zu versagen, wenn Leistung des Sponsors und Gegenleistung des Gesponserten in einem krassen Missverhältnis stehen, § 4 Abs. 5 S. 1 Nr. 7 EStG. Die zuverlässige Ermittlung des Wertes der angestrebten kommunikativen Gegenleistung ist allerdings häufig mit nicht unerheblichen Schwierigkeiten behaftet. Sie ist jedoch die Prämisse für eine Prüfung, ob ein krasses Missverhältnis zwischen der Leistung des Sponsors und der Gegenleistung des Gesponserten besteht. Es wird daher abzuwarten sein, wie die Finanzverwaltung dieses begrenzende Kriterium handhaben wird (*Wochinger,* Die steuerliche Behandlung des Sponsorings beim Sponsor und beim Empfänger unter Berücksichtigung des Sponsoring-Erlasses, in: *Raupach* (Hrsg.), Steuerfragen im Sport, Sponsoring – Betriebsaufspaltung – Ausländische Sportler, 1998, S. 9, 16 nimmt ein krasses Missverhältnis an, wenn der Wert der Gegenleistung des Gesponserten 10 bis 20 % des Wertes der Leistung des Sponsors nicht übersteigt). Abschließend wird im BMF-Schreiben zutreffend darauf hingewiesen, dass Leistungen des Sponsors, die Betriebsausgaben sind, keine Geschenke iSd § 4 Abs. 5 S. 1 Nr. 1 EStG sind. Aufwendungen, welche die private Lebensführung des Sponsors berühren, dh Aufwendungen, welche die wirtschaftliche oder gesellschaftliche Stellung des Sponsors mit sich bringen, sind keine abzugsfähigen Betriebsausgaben. Dies gilt selbst dann, wenn sie mittelbar zur Förderung des Berufs oder der Tätigkeit des Steuerpflichtigen erfolgen. Die Unüblichkeit, fehlende Notwendigkeit oder Unzweckmäßigkeit von Aufwendungen kann ein Indiz für deren private Mitveranlassung sein. Ist die private Lebensführung berührt, so ist ausschlaggebend, ob der private Anteil von untergeordneter Bedeutung ist oder nicht. Macht der private Anteil mehr als 10 % aus, so scheidet eine Behandlung der Aufwendungen als Betriebsausgaben in voller Höhe aus. Eine Aufteilung der Aufwendungen des Sponsors in abzugsfähige Betriebsausgaben und nichtabzugsfähige Aufwendungen für die private Lebensführung ist nur im Falle der meist nicht möglichen leichten und einwandfreien Aufteilung zulässig. Entsprechendes gilt für den beim Sponsoring allerdings weniger bedeutsamen Werbungskostenabzug. Bei entsprechenden Zuwendungen einer Kapitalgesellschaft können nach dem BMF-Schreiben verdeckte Gewinnausschüttungen vorliegen, „wenn ein Gesellschafter durch die Zuwendungen begünstigt wird, z.B. eigene Aufwendungen als Mäzen erspart".

Die Finanzgerichte waren vor der Veröffentlichung des BMF-Schreibens mit Fragen des Sponsoring selten befasst (siehe *Weiand/Poser* S. 11 mwN). Sie werteten jedoch unter Anwendung der vorstehend geschilderten Grundsätze auf das Sponsoring nicht jede Gegenleistung des Gesponserten als Indiz für eine betriebliche Veranlassung der Aufwendungen des Sponsors und verneinten die steuerliche Einordnung der Aufwendung als abzugsfähige Betriebsausgaben oder Werbungskosten. Nach der Rechtsprechung des Bundesfinanzhofes (BFH BStBl. II 1990 S. 237 ff.) führen Aufwendungen für einen gemeinnützigen Zweck nicht schon dann zu (sonstigen) Betriebsausgaben, wenn mit den Aufwendungen die Öffentlichkeit auf die Person des Zuwendenden aufmerksam gemacht wird. So ordnete der Bundesfinanzhof die Zuwendung einer Sparkasse an ihre Gewährträgerin, eine Stadt, zur Ausgestaltung des Marktplatzes mit einer Plastik steuerlich nicht als Betriebsausgabe ein, obwohl die zuwendende Sparkasse auf der Plastik explizit als „Stifter" genannt und ihre Zuwendung in der örtlichen Presse erwähnt wurde. Nach Auffassung des Bundesfinanzhofes war den äußeren Umständen vielmehr eine Spendenmotivation der Sparkasse zu entnehmen, da die Plastik nicht nur den Kunden der Sparkasse, sondern der Allgemeinheit zugänglich war und auch nicht als Werbefläche der Sparkasse diente. Ausweislich der Urteilsgründe verkennt der Bundesfinanzhof den Unterschied zwischen klassischer Werbung und Sponsoring nicht (BFH BStBl. II 1990 S. 237 (238 f.)). Im Interesse der Rechtssicherheit und der Gleichbehandlung stellt er, soweit es auf die Motivation des Zuwendenden ankommt, jedoch explizit nur auf die äußerlich erkennbaren Umstände ab. Aufwendungen für einen gemeinnützigen Zweck führen hiernach nicht schon dann zu (sonstigen) Betriebsausgaben, wenn mit den Aufwendungen die Öffentlichkeit auf die Person des Zuwendenden aufmerksam gemacht wird. Auch ein Hinweis in der örtlichen Presse oder auf dem Gegenstand, dessen Anschaffung oder Herstellung die Zuwendung dient, ist nicht als ausreichend anzusehen. Die Zuwendung wurde daher teils als Spende, teils als verdeckte Gewinnausschüttung zugunsten des Gewährträgers der Sparkasse, der Stadt, eingestuft. Auch wenn der Bundesfinanzhof hervorhebt, dass die Verneinung des Betriebsausgabenabzuges wegen des Überwiegens der Spendenmotivation und nicht deswegen erfolgt sei, weil die Aufwendungen ihre Ursache im Verhältnis zum Gewährträger hätten, erscheint das Urteil doch durch die Besonderheiten des zu entscheidenden Falles geprägt. Das FG Bremen (EFG 1988, 107) ordnete Aufwendungen von Mitgliedern eines Architekten- und Ingenieurbüros für eine in deren Betriebsräumen veranstaltete Ausstellung als Förderung der Kunst und der ausstellenden Künstler und damit der privaten Lebensführung angehörend an, obgleich sich die Veranstalter durch die Ausstellung einen Werbeeffekt, die Anbahnung neuer Geschäftsverbindungen, die Pflege bereits bestehender Geschäftsbeziehungen sowie einen Imagetransfer erhofften. Ob die Aufwendungen in den beiden vorgenannten Fällen unter Anwendung der im BMF-Schreiben aufgestellten Grundsätze als Betriebsausgaben einzuordnen wären, ließe sich nur bei genauerer Kenntnis des jeweils entscheidungserheblichen Sachverhalts zuverlässig beurteilen. Auf den ersten Blick spricht jedoch einiges dafür (so auch *Thiel,* Sponsoring im Steuerrecht, DB 1998, 842 (844)). Der BFH hat in der Folgezeit in dem auch eingangs Rn. 3 des BMF-Schreibens angezogenen Urteil (BFH BStBl. 1993 S. 441 (445)) anklingen lassen, dass Wissenschafts- und Kultursponsoring betrieblichen Zwecken dienen könne und dies wie folgt begründet: „Die Sicherung und Erhöhung des Ansehens ist ein wirtschaftlicher Vorteil. Ein positives Ansehen bei den Mitarbeitern, den Geschäftspartnern und in der Öffentlichkeit erleichtert es dem Unternehmen, seine Ziele zu erreichen. Dass der wirtschaftliche Wert eines positiven Ansehens sehr hoch ist, zeigen z.B. die erheblichen Aufwendungen für das sog. Wissenschafts- und

Kultur-Sponsoring durch das Unternehmen ihr Ansehen erhöhen wollten, indem sie allgemein als förderungswürdig erachtete Tätigkeiten finanziell unterstützen." Das Hessische Finanzgericht (EFG 1999, 496) hat nach der Veröffentlichung des BMF-Schreibens in Einklang mit diesem und unter Anwendung der vorstehend dargelegten Grundsätze entschieden, dass Sponsoringaufwendungen – im konkreten Falle die Unterstützung eines an einer international bekannten Rallye teilnehmenden Rallye-Teams durch eine Versicherungsagentur – als Betriebsausgaben steuerlich abzugsfähig sind, wenn der Sponsor wirtschaftliche Vorteile, die insbesondere auch in der Sicherung oder Erhöhung seines unternehmerischen Ansehens liegen können, für sein Unternehmen erstrebt oder für Produkte seines Unternehmens wirbt. Maßgebendes Abgrenzungskriterium zwischen abzugsfähigen Betriebsausgaben und durch die Person des Gesellschafters veranlassten Aufwendungen sei die Motivation des Ausgebenden, zu deren Erforschung entscheidend auf die Motive abzustellen sei, die durch äußere Umstände erkennbar werden. Hierbei bedürfe es zur steuerlichen Anerkennung von Sponsoringaufwendungen keiner thematischen Verbindung zwischen der geförderten Veranstaltung und dem Unternehmensgegenstand. Es müsse nur gewährleistet sein, dass die unternehmerischen Kommunikationsziele zu erreichen sind und durch die Zuwendung eine Reflexwirkung auf das Ansehen des Unternehmens erwartet wird. Sponsoringaufwendungen seien steuerlich nicht abzugsfähig, wenn die Öffentlichkeit nicht auf das Produkt oder das Unternehmen, sondern auf die Person des Sponsors aufmerksam gemacht wird. Außerdem seien Sponsoringaufwendungen nur insoweit steuerlich abzugsfähig, als der Leistung des Sponsors eine angemessene Gegenleistung des Gesponserten gegenüberstehe. In Höhe des unangemessenen Teils der Sponsorgelder liege bei einer Kapitalgesellschaft regelmäßig eine verdeckte Gewinnausschüttung vor. Hierbei seien hohe Sponsoringaufwendungen im Verhältnis zum Ertrag des Unternehmens regelmäßig ein Indiz für eine durch die Person des Gesellschafters motivierte Veranlassung der Aufwendungen. Im Ergebnis wird abzuwarten sein, ob die im BMF-Schreiben aufgestellten Grundsätze vor den Finanzgerichten Bestand haben werden. Das FG Münster qualifizierte allerdings die Schenkung eines Kunstwerkes an den beherrschender Gesellschafter (die Stadt) eines Unternehmens ohne adäquate Gegenleistung (dort fehlte wohl jede Werbeleistung) als vGA und verneinte die betriebliche Veranlassung (9 K 3856/04 K, F) mit der Folge, dass eine Spende angenommen wurde.

Den im BMF-Schreiben aufgestellten Grundsätzen ist bei der Gestaltung des Sponsoringvertrages aus der steuerlichen Sicht des Sponsors Rechnung zu tragen. Damit die betriebliche Veranlassung der Zuwendung des Sponsors und damit ihre Einordnung als Betriebsausgabe gewährleistet ist, muss den vertraglichen Vereinbarungen eindeutig zu entnehmen sein, dass der Sponsor seine Zuwendung erbringt, um vom Gesponserten eine seinen kommunikativen Zwecken dienende Gegenleistung zu erhalten, und dass die Erbringung dieser Gegenleistung durch den Gesponserten Voraussetzung für die Förderung durch den Sponsor ist. Für eine betriebliche Veranlassung der Zuwendung spricht zudem eine aus dem Vertrag ersichtliche Einbeziehung des Sponsoringengagements in die sonstige Unternehmenskommunikation des Sponsors. Im Formular wird durch die Formulierungen der §§ 1 und 2 nicht nur der Austauschcharakter der Hauptleistungen zum Ausdruck gebracht. § 2 enthält auch Beispiele für diverse Verpflichtungen des Gesponserten zur Unterstützung der klassischen Werbung, der Öffentlichkeitsarbeit und der Verkaufsförderung des Sponsors, welche die Integration des Sponsoringengagements in die sonstige Unternehmenskommunikation und damit die betriebliche Veranlassung der Zuwendung des Sponsors belegen. Der Gesponserte sollte vertraglich stets zu möglichst konkret abgrenzbaren Gegenleistungen verpflichtet und in die übrige Kommunikation eingebunden werden. Außerdem sollte nachweislich eine Planung des Sponsoringengagements erfolgen und eine Erfolgskontrolle stattfinden. Gelegentlich wird dem Gesponserten auch aufgegeben, an einer Dokumentation des Sponsoringengagements mitzuwirken, die geeignet ist, die betriebliche Veranlassung der Aufwendungen des Sponsors zu dokumentieren. Um verlässlich auszuschließen, dass die als Betriebsausgaben eingestuften Zuwendungen nicht im Rahmen einer – unter Umständen erst Jahre später erfolgenden – Betriebsprüfung steuerlich abweichend eingeordnet werden, sollte der Sponsor bei bedeutenden Engagements die steuerliche Einordnung zuvor mit dem zuständigen Finanzamt verbindlich abstimmen (verbindliche Auskunft), jedenfalls aber einen Steuerkundigen zu Rate ziehen.

Sind die Leistung des Sponsors und die Gegenleistung des Gesponserten gleichwertig, so liegt keine freigebige Zuwendung des Sponsors im Sinne von § 7 Abs. 1 Nr. 1 ErbStG vor, und die Zuwendung ist nicht schenkungsteuerpflichtig (Erlass des Finanzministeriums Mecklenburg-Vorpommern vom 10.6.1993 – IV 330 – S 3806-5/92 – Schenkungsteuerliche Behandlung der Zuwendungen von Sponsoren und Mäzenen – Steuerbefreiungen für Zuwendungen an Körperschaften uä nach § 13 Abs. 1 Nr. 16b ErbStG, abgedr. in DB 1993, 1494 f.; Erlass des Finanzministeriums Baden-Württemberg vom 13.7.1993 – S 3806/10 – Zuwendungen von Sponsoren/Mäzenen und Zuwendungen an Körperschaften, abgedr. in BB 1993, 1510 und *Thiel,* Die Zuwendung von Sponsoren und Mäzenen aus schenkungssteuerlicher und ertragsteuerlicher Sicht, DB 1993, 2452). Zu den umsatzsteuerlichen Aspekten des Sponsoring siehe die Verfügung Umsatzsteuerliche Behandlung des Sponsoring der OFD Karlsruhe v. 29.2.2008 – S 7100 – und *Drescher,* 9. Sportbericht der Bundesregierung Umsatzsteuerliche Behandlung des Sponsoring, SpuRt 2001, 237, sowie OLG Hamm Urt. v. 28.1.2014 – 19 U 107/13 juris für grenzüberschreitende Rechtsbeziehungen. Einnahmen eines gemeinnützigen Vereins sind nicht einem wirtschaftlichen Geschäftsbetrieb zurechenbar, wenn sich der Verein nicht aktiv an den Werbemaßnahmen beteilig, FG Münster 7 K 4052/03. Dagegen erzielen werbende Sportler gewerbliche Einkünfte gemäß § 15 Abs. 2 EStG, FG Münster 2 K 4000/03 E. Keine steuerbare Leistung liegt vor, wenn keine Werbewirkung davon zu erwarten, dass die Sportler eines gemeinnützigen Vereins Trikots mit Werbeaufdrucken des Sponsors tragen, FG Köln 11 K 827/03.

Dem Gesponserten ist aus steuerlicher Sicht daran gelegen, die Zuwendungen des Sponsors möglichst ungeschmälert für die geförderten Zwecke einsetzen zu können. Er strebt daher eine Vertragsgestaltung an, die gewährleistet, dass die Zuwendungen des Sponsors keiner oder einer möglichst geringen Besteuerung unterworfen sind. Um die Leistung des Sponsors zu erhalten, unterstützt der Gesponserte als Gegenleistung dessen Marktkommunikation in vertraglich vereinbarter Weise. Diese Unterstützung kann aktiv erfolgen, indem der Gesponserte – der komplementären Funktion des Sponsoring entsprechend – in der klassischen Absatzwerbung des Sponsors als Werbeträger eingesetzt wird oder dessen Verkaufsförderungs- und Öffentlichkeitsarbeitsmaßnahmen unterstützt. Die kommunikative Unterstützung durch den Gesponserten kann sich jedoch auch auf die Erteilung der Einwilligung in kommunikative Maßnahmen des Sponsors, bei denen auf die Person des Gesponserten oder die gesponserten Aktivitäten abgestellt wird, beschränken. Schließlich kann die Unterstützung rein passiver Natur sein, wenn der Gesponserte in kommunikative Maßnahmen der vorgenannten Art nicht ausdrücklich einwilligt, sondern diese nur duldet. Die Leistungen des Sponsors führen zu Einnahmen des Gesponserten, welche je nach Ausgestaltung des Vertrages und der Art der kommunikativen Gegenleistung des Gesponserten Einkünfte aus Vermögensverwaltung (§ 14 S. 3 AO), aus selbstständiger bzw. nichtselbstständiger Arbeit oder aus Gewerbebetrieb sein können. Während die Einkunftsart selbstständige Arbeit (§ 18 EStG) in der Sponsoringpraxis selten und die Einkunftsart nichtselbstständige Arbeit (§ 19 EStG) so gut wie nie eine Rolle spielt, ist aus Sicht des Gesponserten entscheidend, ob seine Einkünfte als solche aus Vermögensverwaltung oder aus Gewerbebetrieb einzustufen sind.

Ist der Gesponserte eine natürliche Person oder eine (nicht steuerbegünstigte) Körperschaft, Personenvereinigung oder Vermögensmasse im Sinne von § 1 Abs. 1 KStG, so unterliegen Einkünfte aus Vermögensverwaltung lediglich der Einkommen- bzw. Körperschaftsteuer, während gewerbliche Einkünfte der Einkommen- bzw. Körperschaft-, der Gewerbe- und regelmäßig auch der Umsatzsteuer unterliegen. Die höhere Besteuerung der gewerblichen Einkünfte gilt es nach Möglichkeit zu meiden. Bei den steuerbegünstigten Körperschaften, Personenvereinigungen oder Vermögensmassen (steuerbegünstigte Körperschaften) sind die Leistungen des Sponsors nicht körperschaftsteuerpflichtig, wenn sie als Einkünfte im ideellen Bereich, aus Vermögensverwaltung oder aus Zweckbetrieb iSd § 65 AO einzuordnen sind. Sind die Einkünfte wegen einer selbstständigen Betätigung der gesponserten steuerbegünstigten Körperschaft dagegen Einkünfte aus wirtschaftlichem Geschäftsbetrieb, der kein Zweckbetrieb ist, so sind sie grundsätzlich körperschaftsteuer-, gewerbesteuer- und meist auch umsatzsteuerpflichtig. Der III. Teil des BMF-Schreibens regelt die ertragsteuerliche Behandlung der von steuerbegünstigten Gesponserten, nicht aber von sonstigen Gesponserten in Zusammenhang mit dem Sponsoring empfangenen Leistungen. Im BMF-Schreiben wird hinsichtlich der Abgrenzung der einzelnen Einkunftsarten auf die allgemeinen Grundsätze, insbesondere auf den Anwendungserlass zur Abgabenordnung zu § 67a, Tz. 1/9 verwiesen. In Parallelwertung zu den zitierten Bestimmungen wird hervorgehoben, dass kein steuerpflichtiger wirtschaftlicher Geschäftsbetrieb – sondern eine steuerfreie Vermögensverwaltung – vorliegt, wenn der steuerbegünstigte Gesponserte dem Sponsor nur die Nutzung seines Namens zu Werbezwecken in der Weise gestattet, dass der Sponsor selbst zu Werbezwecken oder zur Imagepflege auf seine Leistungen an die Körperschaft hinweist. Hierbei wird in Einklang mit dem Zivilrecht darauf abgestellt, dass der Gesponserte die Nutzung seines Namens nur gestatten kann, während eine Übertragung des Namensrechts auf den Sponsor ausscheidet, da das Namensrecht Teil des Allgemeinen Persönlichkeitsrechts des Gesponserten ist, welches nicht übertragen, sondern dessen Nutzung nur gestattet werden kann. Führt eine ausdrückliche Gestattung der Nutzung seines Namens durch den Sponsor zu Einkünften des Gesponserten aus Vermögensverwaltung so muss dies a maiore ad minus erst recht gelten, wenn der Gesponserte die Nutzung seines Namens nicht ausdrücklich gestattet hat, sondern diese lediglich duldet. Wirkt der Gesponserte dagegen über die bloße Duldung oder ausdrückliche Gestattung der Nutzung seines Namens hinausgehend an kommunikativen Maßnahmen zugunsten des Sponsors mit, so sollten seine Einnahmen nach der ursprünglichen Fassung des BMF-Schreibens Einnahmen eines wirtschaftlichen Geschäftsbetriebs sein. Das BMF-Schreiben wurde jedoch in der Folgezeit durch einen Passus ergänzt, demzufolge ein wirtschaftlicher Geschäftsbetrieb auch dann nicht vorliegt, wenn der Gesponserte „z. B. auf Plakaten, Veranstaltungshinweisen, in Ausstellungskatalogen oder in anderer Weise auf die Unterstützung durch den Sponsor lediglich hinweist. Dieser Hinweis kann unter Verwendung des Namens, Emblems oder Logos des Sponsors, jedoch ohne besondere Hervorhebung, erfolgen. Ein wirtschaftlicher Geschäftsbetrieb liegt dagegen vor, wenn die Körperschaft an Werbemaßnahmen mitwirkt." Diese Regelungen wurden im Anwendungserlass zur Abgabenordnung (AEAO zu § 64 Abs. 1, Ziffer 7 ff.) aufgegriffen und vertieft. Dem steuerbegünstigten Gesponserten ist daher aus steuerlicher Sicht ein eingeschränkter Spielraum für steuerunschädliche kommunikative Gegenleistungen eröffnet. Die im BMF-Schreiben aufgestellten Kriterien zur Abgrenzung der einzelnen Einkunftsarten dürften, da es sich um die Anwendung allgemeiner Grundsätze handelt, wohl auch auf nicht steuerbegünstigte Gesponserte übertragbar sein, soweit sie nicht für steuerbegünstigte Gesponserte spezifisch sind. Nach dem BMF-Schreiben kann der durch Mitwirkung an Werbemaßnahmen des Sponsors begründete wirtschaftliche Geschäftsbetrieb kein Zweckbetrieb (§§ 65–68 AO) sein (Zustimmend *Thiel,* Sponsoring im Steuerrecht, DB 1998, 842 (844) und schon vor Veröffentlichung des BMF-Schreibens *Heuer,* Kulturfinanzierung durch Sponsoring – steuerliche Konsequenzen beim Sponsor, DStR 1996, 1789; differenzierend *Ansorge,* Die steuerliche Behandlung des Sozio-Sponsoring im gemeinnützigen Verein, BB 1995,

2505 (2508 ff.)). Der Gesetzgeber hat den steuerbegünstigten Körperschaften weitere steuerliche Vergünstigungen eingeräumt. Übersteigen die Einnahmen einschließlich Umsatzsteuer aus dem wirtschaftlichen Geschäftsbetrieb, der kein Zweckbetrieb ist, insgesamt nicht 35.000 EUR im Jahr, so unterliegen sie nicht der Körperschaftsteuer und der Gewerbesteuer, § 64 Abs. 3 AO. Außerdem bleiben Gewinne bis zu 5.000 EUR körperschaftsteuerfrei, § 24 KStG. Unabhängig von diesen Vergünstigungen ist auch den steuerbegünstigten Gesponserten, schon um jeden Zweifel an seiner Gemeinnützigkeit auszuschließen, daran gelegen, Einkünfte möglichst im steuerfreien ideellen Bereich, aus Vermögensverwaltung oder aus einem Zweckbetrieb zu erzielen.

Der Vorsteuerabzug für die direkt und unmittelbar der Vorbereitung und Durchführung einer Studie dienenden und damit für den satzungsgemäßen-ideellen Bereich verwendeten Eingangsleistungen ist auch dann ausgeschlossen, wenn die Finanzierung der Studie beinahe ausschließlich durch einen dem unternehmerischen Bereich zuzuordnenden Sponsoringvertrag erfolgt (FG Berlin-Brandenburg Urt. v. 11.6.2012 – 2 K 2091/09, juris).

Für die Gestaltung des Sponsoringvertrages aus steuerlicher Sicht gilt im Ergebnis folgendes: Vor Veröffentlichung des BMF-Schreibens waren die steuerlichen Interessen von Sponsor und Gesponsertem eher gegenläufig. Da keine ausreichende Klarheit bestand, unter welchen Voraussetzungen die Einordnung der Aufwendungen des Sponsors als Betriebsausgaben gewährleistet war, war den Sponsoren aus steuerlicher Sicht daran gelegen, vom Gesponserten eine möglichst qualifizierte kommunikative Gegenleistung zu erhalten, um die betriebliche Veranlassung ihrer Aufwendungen zweifelsfrei belegen zu können. Die Gesponserten waren dagegen bestrebt, ein Minimum an kommunikativer Gegenleistung zu erbringen, damit ihre Einnahmen aus Sponsoring lediglich solche aus Vermögensverwaltung und nicht eines wirtschaftlichen Geschäftsbetriebs waren. Durch das BMF-Schreiben wird dieser Interessengegensatz nunmehr zwar nicht aufgehoben, jedoch entschärft. Verwendet der Sponsor in seiner Unternehmenskommunikation den Namen des Gesponserten auf Grund einer Duldung oder ausdrücklichen Gestattung des Gesponserten oder weist der Gesponserte ohne besondere Hervorhebung auf den Sponsor hin, so sind die Aufwendungen des Sponsors Betriebsausgaben, während der Gesponserte Einnahmen aus Vermögensverwaltung erzielt. Entfaltet der Gesponserte dagegen über die bloße Duldung oder Gestaltung oder den Hinweis ohne besondere Hervorhebung hinausgehende kommunikative Aktivitäten zugunsten des Sponsors, so ist zwar der Betriebsausgabenabzug des Sponsors gewährleistet, der Gesponserte erzielt jedoch regelmäßig steuerpflichtige Einnahmen eines wirtschaftlichen Geschäftsbetriebs. Außerdem stellt das BMF-Schreiben klar, dass die steuerliche Behandlung der Leistungen beim Empfänger grundsätzlich nicht davon abhängt, wie die entsprechenden Aufwendungen beim leistenden Unternehmen behandelt werden. Die Einordnung der Aufwendungen des Sponsors als Betriebsausgaben führt hiernach nicht zwingend zur Einordnung der Einkünfte des Gesponserten als Einnahmen aus wirtschaftlichem Geschäftsbetrieb.

Standardlösungen der geschilderten steuerlichen Problematik gibt es derzeit nicht. Die Vertragsparteien sollten sich der grundsätzlichen steuerlichen Problematik des Sponsoring bewusst sein und den Vertrag auch aus steuerlicher Sicht den jeweiligen Umständen des Einzelfalles anpassen. Die im Formular vorgesehenen Gegenleistungen des Gesponserten setzen meist dessen aktive Mitwirkung voraus und führen daher zu Einkünften aus Gewerbebetrieb. Zwar nützt die Zuwendung dem Empfänger auch dann, wenn sie einen wirtschaftlichen Geschäftsbetrieb begründet, weil auch nach den Steuerzahlungen ein erheblicher Restbetrag verbleibt, der für die geförderten Zwecke verwandt werden kann und bei steuerbegünstigten Gesponserten auch verwandt werden muss. Sponsor und Gesponserter sollten jedoch vor allem bei bedeutenderen Sponsoringengagements grundsätzlich die Hilfe Steuerkundiger in Anspruch nehmen, mindestens aber den Vertrag mit dem zuständigen Finanzamt verbindlich abstimmen (verbindliche Auskunft), um auszuschließen, dass Steuern nach zu entrichten sind, wenn die Zulässigkeit des Betriebsausgabenabzugs Jahre später bei einer Betriebsprüfung verneint wird oder die Einkünfte des Gesponserten als solche aus Gewerbebetrieb eingeordnet werden.

13. **Kosten.** Die Gebühren für die anwaltliche Mitwirkung an einem Sponsoringvertrag richten sich nach VV Nr. zu 2300 Anlage 2 zu § 2 Abs. 2 RVG. Der Gegenstandswert, §§ 2 Abs. 1, 22 ff. RVG, bemisst sich grundsätzlich nach der Höhe des Wertes der Leistungen des einen Vertragsteils und, wenn der Wert der Leistungen verschieden ist, nach der Höhe des Wertes der Leistungen desjenigen Vertragsteils, dessen Leistungen den höheren Wert haben, § 23 RVG, § 39 Abs. 2 KostO. Ist der Sponsoringvertrag im konkreten Falle lizenzvertragsähnlich, so bemisst sich der Gegenstandswert nach §§ 23 Abs. 1 RVG, §§ 35 ff. GNotKG

2. Sendungssponsoringvertrag

Präambel[1]

Die . . . . . Rundfunkanstalt (im Nachstehenden kurz der „Gesponserte" genannt) beabsichtigt, am . . . . . um . . . . . Uhr in ihrem Hauptprogramm die Fernsehsendung . . . . . auszustrahlen. Die . . . . . (im Nachstehenden kurz der „Sponsor"[2] genannt) fördert diese Fernsehsendung[3] (im Nachstehenden kurz die „gesponserte Sendung"[4] genannt) nach Maßgabe von § 8 des Rundfunkstaatsvertrages als alleiniger Sponsor. Dies vorausgeschickt, schließen Sponsor und Gesponserter (im Nachstehenden kurz die „Vertragsparteien" genannt) folgenden

Sendungssponsoringvertrag[12]

§ 1 Leistung des Sponsors[5]

(1) Der Sponsor verpflichtet sich, die gesponserte Sendung durch die einmalige Zahlung eines Betrages in Höhe von Euro . . . . . zzgl. etwa darauf anfallender Umsatzsteuer[11] an den Gesponserten zu fördern. Die Zahlung ist nach Rechnungsstellung durch den Gesponserten fällig und hat auf folgendes Konto zu erfolgen: Bank: . . . . ., IBAN: . . . . ., BIC . . . . .

(2) Kommt der Sponsor mit der Zahlung in Verzug, so hat er Verzugszinsen auf den geschuldeten fälligen Betrag in Höhe von . . . . . für das Jahr % über dem Basiszinssatz zu entrichten. Die Geltendmachung eines weiteren Schadens wird hierdurch nicht ausgeschlossen.

§ 2 Gegenleistung des Gesponserten[6]

(1) Der Gesponserte verpflichtet sich, zu Beginn oder am Ende der gesponserten Sendung durch die Ausstrahlung von Sponsorenhinweisen in vertretbarer Kürze und in angemessener Weise auf die Förderung durch den Sponsor hinzuweisen. Art und Umfang der Sponsorenhinweise, insbesondere deren Gestaltung, Text, Platzierung und Dauer bestimmen sich nach Anlage . . . . ., die wesentlicher Bestandteil dieses Vertrages ist.

(2) Der Sponsor hat die Sponsorenhinweise in eigener Verantwortung und auf eigene Kosten in ausstrahlungsfähiger Form herzustellen bzw. herstellen zu lassen. Die Sponsorenhinweise müssen mit geltendem Recht vereinbar sein. Sie müssen insbesondere den Anforderungen des § 8 des Staatsvertrages für Rundfunk und Telemedien genügen.

(3) Der Gesponserte ist zur Prüfung und Beanstandung der Sponsorenhinweise aus rechtlicher Sicht befugt. Der Sponsor verpflichtet sich, dem Gesponserten die Sponsoren-

hinweise bis spätestens ..... zur Prüfung einzureichen und etwaigen Beanstandungen des Gesponserten abzuhelfen. Werden die Hinweise nach diesem Datum eingereicht und/ oder hilft der Sponsor nach der Prüfung durch den Gesponserten etwaigen Beanstandungen der Sponsorenhinweise durch den Gesponserten nicht ab, so entfällt die Verpflichtung des Gesponserten zur Ausstrahlung der Sponsorenhinweise. Die Verpflichtung des Sponsors zur Erbringung der von ihm geschuldeten Leistung bleibt hiervon unberührt.

(4) Im Falle einer wiederholten Ausstrahlung der gesponserten Sendung besteht keine Verpflichtung des Gesponserten zur Ausstrahlung der Sponsorenhinweise zu Beginn und Ende der Wiederholungssendungen.

§ 3 Redaktionelle Unabhängigkeit, Freistellung, Haftungsausschluss[7]

(1) Eine Einflussnahme des Sponsors auf den Inhalt oder den Programmplatz der gesponserten Sendung ist ausgeschlossen.

(2) Der Sponsor steht dem Gesponserten verschuldensunabhängig dafür ein, dass die vom Sponsor bereitgestellten Sponsorenhinweise mit geltendem Recht, insbesondere mit § 8 des Staatsvertrages für Rundfunk und Telemedien vereinbar sind. Er verpflichtet sich, den Gesponserten verschuldensunabhängig von allen etwaigen Nachteilen freizustellen, die diesem aus oder im Zusammenhang mit den Sponsorenhinweisen erwachsen könnten. Dies gilt insbesondere für den Gesponserten im Falle einer Inanspruchnahme durch Dritte wegen eines behaupteten Verstoßes der Sponsorenhinweise gegen geltendes Medien- und/ oder Wettbewerbsrecht etwa erwachsende Kosten der Rechtsverteidigung. Die vorgenannten Verpflichtungen des Sponsors gelten auch dann uneingeschränkt, wenn der Gesponserte die Sponsorenhinweise vor deren Ausstrahlung geprüft und nicht beanstandet hat bzw. beanstandet hat und der Sponsor die Sponsorenhinweise nach der Prüfung durch den Gesponserten abgeändert hat, um den Beanstandungen des Gesponserten abzuhelfen. Der Sponsor kann sich in diesen Fällen insbesondere nicht auf ein mitwirkendes Verschulden des Gesponserten berufen.

(3) Der Gesponserte haftet über die Erbringung der von ihm geschuldeten Leistungen hinaus nicht für die Erreichung der vom Sponsor mit der Eingehung dieses Vertrages verfolgten weiterreichenden kommunikativen Ziele, es sei denn, dass er deren Erreichung durch die schuldhafte Verletzung wesentlicher vertraglicher Pflichten erschwert oder vereitelt hat. Das Interesse des Sponsors an der Erfüllung dieses Vertrages ist auf Euro ..... begrenzt.

§ 4 Wohlverhalten, Unterrichtung, Vertraulichkeit[8]

(1) Die Vertragsparteien verpflichten sich einander zu gegenseitigem Respekt, Wohlverhalten und Loyalität. Der Gesponserte wird sich insbesondere nicht öffentlich negativ über den Sponsor und dessen Leistungen äußern. Der Sponsor ist gehalten, auf schutzwürdige Interessen des Gesponserten, insbesondere auf dessen Ruf und Ansehen Rücksicht zu nehmen. Die genannten Verpflichtungen gelten auch nach Beendigung des Vertrages fort.

(2) Die Vertragsparteien werden sich gegenseitig umgehend über alle Umstände, die für die Durchführung dieses Vertrages von Bedeutung sein könnten, unterrichten.

(3) Die Vertragsparteien verpflichten sich, den Inhalt dieses Vertrages, insbesondere die hiernach geschuldeten Leistungen Dritten gegenüber vertraulich zu behandeln. Die Offenlegung vertraglicher Vereinbarungen jedweder Art Dritten gegenüber ist nur mit vorheriger ausdrücklicher schriftlicher Einwilligung der anderen Vertragspartei, zur Wahrung schutzwürdiger Belange einer oder beider Vertragsparteien oder aufgrund zwingender gesetzlicher Bestimmungen zulässig. Diese Verpflichtung gilt auch nach Beendigung des Vertrages fort.

§ 5 Rückgewähr von Leistungen[9]

(1) Kann die gesponserte Sendung aus programmlichen Gründen oder infolge technischer Störungen zur vorgesehenen Sendezeit ganz oder teilweise nicht ausgestrahlt werden, so ist der Gesponserte dem Sponsor im Verhältnis der hierdurch entfallenden Sponsorenhinweise zur Rückgewähr der von diesem gewährten Leistung verpflichtet, es sei denn, die Sendung könnte zu einer vergleichbaren Sendezeit nachgeholt werden.

(2) Fallen Sendeeinrichtungen aus, so ist der Gesponserte zur anteiligen Rückgewähr der Leistung des Sponsors verpflichtet, wenn die Sendung bedingt durch den Ausfall der Sendeeinrichtungen mehr als ..... % der im Zeitpunkt der Ausstrahlung der Sendung bei der Gebühreneinzugszentrale (GEZ) gemeldeten Fernsehempfänger nicht erreichen konnte.

(3) Weitergehende Ansprüche des Sponsors bestehen in den vorgenannten Fällen nicht.

§ 6 Schriftform, Zugang von Erklärungen, Teilunwirksamkeit, Gerichtsstand[10]

(1) Mündliche Nebenabreden wurden nicht getroffen. Alle Änderungen oder Ergänzungen dieses Vertrages bedürfen zu ihrer Wirksamkeit der Schriftform, wobei ein Briefwechsel genügt. Dies gilt auch für den Verzicht auf das Schriftformerfordernis oder Änderungen des Schriftformerfordernisses. Die Rechtswirksamkeit irgendwelcher mündlicher Vereinbarungen ist ausdrücklich ab bedungen.

(2) An die andere Vertragspartei gerichtete Erklärungen sind schriftlich abzugeben. Mitteilungen per Telefax oder Telex sind nur wirksam, falls die Bestätigung durch Brief unverzüglich nachfolgt.

(3) Die Vertragsparteien verpflichten sich, einander etwaige Anschriften Änderungen unverzüglich mitzuteilen. Schriftliche Mitteilungen gelten nach dem gewöhnlichen Postlauf als zugegangen, wenn sie an die letzte der absendenden Vertragspartei bekannt gewordene Anschrift ab gesandt worden sind. Dies gilt nicht, wenn es sich um eine Erklärung von besonderer Bedeutung, insbesondere um eine Abmahnung wegen Verletzung wesentlicher vertraglicher Pflichten oder um eine Kündigung handelt, oder wenn eine schriftliche Mitteilung an die absendende Vertragspartei als unzustellbar zurückgelangt und wenn die Unzustellbarkeit nicht von der anderen Vertragspartei zu vertreten ist, oder wenn die absendende Vertragspartei erkennt, dass die Erklärung aufgrund einer allgemeinen Störung des Postbetriebs nicht zugegangen ist.

(4) Sollten einzelne Bestimmungen dieses Vertrages ganz oder teilweise unwirksam oder undurchführbar sein, so berührt das die Wirksamkeit des Vertrages im Übrigen nicht. Die Vertragsparteien verpflichten sich für diesen Fall, die unwirksame oder undurchführbare Bestimmung durch eine wirksame oder durchführbare Regelung zu ersetzen, die dem wirtschaftlich gewollten Zweck der ganz oder teilweise unwirksamen oder undurchführbaren Regelung im Rahmen des Gesamtvertrages am nächsten kommt. Sollte der Vertragszweck mit einer wirksamen oder durchführbaren Regelung nicht erzielbar sein, so ist jede Vertragspartei zur fristlosen Kündigung aus wichtigem Grunde berechtigt. Entsprechendes gilt für etwaige Lücken im Vertrag.

(5) Gerichtsstand für alle sich aus oder im Zusammenhang mit diesem Vertrag ergebenden Streitigkeiten ist .....

.....

Ort, Datum, Unterschrift des Sponsors

.....

Ort, Datum, Unterschrift des Gesponserten

Schrifttum: Hahn/Vesting, Beck'scher Kommentar zum Rundfunkrecht, 4. Auflage 2018; *Hartstein/Ring/Kreile/Dörr/Stettner,* Rundfunkstaatsvertrag, Kommentar, Stand

79. Ergänzungslieferung., 2019; *Herrmann/Lausen,* Rundfunkrecht 2. Aufl. 2004; *Köhler,* Rechtsfragen des inländischen und grenzüberschreitenden Rundfunkwerberechts, 1992; *Schiwy/Schütz/Dörr,* Medienrecht,5. Aufl. 2010 *Weiand,* Kultur- und Sportsponsoring im deutschen Recht unter besonderer Berücksichtigung urheber-, medien- und wettbewerbsrechtlicher Aspekte, 1993; *Weiand/Poser,* Der Sponsoringvertrag, 3. Aufl. 2005.

Anmerkungen

1. Sachverhalt. Der Sponsor, ein Hersteller hochwertiger Konsumgüter, wirbt seit einiger Zeit mit klassischer Spotwerbung für seine neue, Markenschutz genießende Produktlinie. Er möchte die Spotwerbung um das Sendungssponsoring einer bekannten und beliebten, einmal jährlich zur besten Sendezeit ausgestrahlten Fernsehsendung ergänzen. Die Marketingabteilung des Sponsors nimmt an, dass die gesponserte Sendung bei dessen werblicher Zielgruppe auf besonderes Interesse stößt und das Image der gesponserten Sendung auf den Sponsor und dessen neue Produktlinie übertragen werden kann. Aufgrund der klassischen Spotwerbung sind der Sponsor und seine neue Produktlinie bei dessen Zielgruppe bereits so bekannt, dass der kurze Sponsorenhinweis am Anfang und am Ende der gesponserten Sendung einen ausreichenden werblichen Effekt entfaltet, obgleich er anders als klassische Werbespots kaum informiert. Der Sponsor möchte zunächst nur eine Sendung sponsern und das Sponsern anderer, ebenfalls geeignet erscheinender, jedoch mehrfach jährlich ausgestrahlter Sendungen von der Resonanz auf sein einmaliges Sponsoringengagement abhängig machen. Für die Rundfunkanstalt sind die Einnahmen aus Sendungssponsoring eine zusätzliche Einnahmequelle.

2. Sendungssponsoren. Das Sendungssponsoring ist die einzige spezialgesetzlich geregelte Sponsoringart. § 2 Abs. 2 Nr. 9 des Rundfunkstaatsvertrages (RStV) in Kraft getreten am 1.1.2013 definiert Sendungssponsoring als „jeder Beitrag einer natürlichen oder juristischen Person oder einer Personenvereinigung, die an Rundfunktätigkeiten oder an der Produktion audiovisueller Werke nicht beteiligt ist, zur direkten oder indirekten Finanzierung einer Sendung, um den Namen, die Marke, das Erscheinungsbild der Person oder Personenvereinigung, ihre Tätigkeit oder ihre Leistungen zu fördern". Nach der gesetzlichen Regelung scheidet daher schon begrifflich als Sendungssponsor aus, wer an Rundfunktätigkeiten, dh an Hörfunk oder Fernsehtätigkeiten oder an der Produktion audiovisueller Werke selbst beteiligt ist. Bei Sendungen, die ganz oder teilweise gesponsert werden, muss zu Beginn oder am Ende auf die Finanzierung durch den Sponsor in vertretbarer Kürze und in angemessener Weise deutlich hingewiesen werden; der Hinweis ist in diesem Rahmen auch durch Bewegtbild möglich. Neben oder anstelle des Namens des Sponsors kann auch dessen Firmenemblem oder eine Marke, ein anderes Symbol des Sponsors, ein Hinweis auf seine Produkte oder Dienstleistungen oder ein entsprechendes unterscheidungskräftiges Zeichen eingeblendet werden.

(2) Inhalt und Programmplatz einer gesponserten Sendung dürfen vom Sponsor nicht in der Weise beeinflusst werden, dass die redaktionelle Verantwortung und Unabhängigkeit des Rundfunkveranstalters beeinträchtigt werden.

(3) Gesponserte Sendungen dürfen nicht zum Verkauf, zum Kauf oder zur Miete oder Pacht von Erzeugnissen oder Dienstleistungen des Sponsors oder eines Dritten, vor allem durch entsprechende besondere Hinweise, anregen. (4) Sendungen dürfen nicht von Unternehmen gesponsert werden, deren Haupttätigkeit die Herstellung oder der Verkauf von Zigaretten und anderen Tabakerzeugnissen ist. (5) Beim Sponsoring von Sendungen durch Unternehmen, deren Tätigkeit die Herstellung oder den Verkauf von Arzneimitteln und medizinischen Behandlungen umfasst, darf für den Namen oder das Image des

Unternehmens gesponsert werden, nicht jedoch für bestimmte Arzneimittel oder medizinische Behandlungen, die nur auf ärztliche Verordnung erhältlich sind. (6) Nachrichtensendungen und Sendungen zur politischen Information dürfen nicht gesponsert werden. In Kindersendungen und Sendungen religiösen Inhalts ist das zeigen von Sponsorenlogos untersagt. (7) Die Abs. 1–6 gelten auch für Teleshoppingkanäle.

(8) § 7 Abs. 1, 3 und Abs. 8–10 gelten entsprechend.

§ 11g Jugendangebot: Sponsoring, flächendeckende lokale Berichterstattung, nicht auf das Jugendangebot bezogene presseähnliche Angebote, ein eigenständiges Hörfunkprogramm und die für das Jugendangebot in der Anlage zu diesem Staatsvertrag genannten Angebotsformen sind im Jugendangebot nicht zulässig. Der RICHTLINIE (EU) 2018/1808 DES EUROPÄISCHEN PARLAMENTS UND DES RATES vom 14.11.2018 zur Änderung der Richtlinie 2010/13/EU zur Koordinierung bestimmter Rechts- und Verwaltungsvorschriften der Mitgliedstaaten über die Bereitstellung audiovisueller Mediendienste (Richtlinie über audiovisuelle Mediendienste) im Hinblick auf sich verändernde Marktgegebenheiten müssen die Mitgliedsstaaten bis zum 19.9.2020 durch geeignete Vorschriften nachkommen. Diese sieht verschiedene vereinheitlichte Werbe-, Sponsoring- und Produktplatzierungsverbote und -einschränkungen für Zigaretten und andere Tabakerzeugnisse, alkoholische Getränke, verschreibungspflichtige Arzneimittel sowie in Bezug auf minderjährige Zuschauer vor.

§ 16 Abs. 6: Sponsoring findet nach 20.00 Uhr sowie an Sonntagen und im ganzen Bundesgebiet anerkannten Feiertagen im Fernsehen nicht statt; dies gilt nicht für das Sponsoring der Übertragung von Großereignissen nach § 4 Abs. 2.

§ 58 Für Sponsoring bei Fernsehtext gilt § 8 entsprechend

3. Sendungs-/Ereignissponsoring. § 8 RStV betrifft das Sponsern von Sendungen (Sendungssponsoring), nicht aber das Sponsern von Ereignissen, über die sodann im Rundfunk (Hörfunk oder Fernsehen) berichtet wird (Ereignissponsoring). Die Regelung des Sendungssponsoring ist auf das Ereignissponsoring nicht entsprechend anwendbar (BGHZ 117, 353 (358 f.) = NJW 1992, 2089 (2090 f.) – Agfa). Wird nicht die Sendung, sondern das der Sendung zugrundeliegende Ereignis gesponsert und über dieses sodann im Hörfunk oder Fernsehen berichtet, so ist ein Sponsorenhinweis mangels finanzieller Förderung einer Sendung rundfunkrechtlich unzulässig und zugleich wettbewerbswidrig, weil er gegen das – im Falle der Förderung der Sendung gesetzlich gelockerte – Gebot der Trennung von Werbung und redaktionellem Teil verstößt (BGHZ 117, 353 = NJW 1992, 2089 – Agfa; *Weiand* Anmerkung zum Urteil des Bundesgerichtshofes vom 19.3.1992, ZUM 1993, 81). Wird ein Ereignis gesponsert, so räumt der Veranstalter den Rundfunkanstalten gelegentlich die Senderechte zu einem günstigen Preis ein, weil er die Kosten der Veranstaltung wegen der vorab aus Ereignissponsorengeldern erzielten Einnahmen teilweise bereits abgedeckt hat und nicht mehr auf die Veräußerung der Senderechte zu ihrem vollen Wert angewiesen ist. Diese aufgrund des Ereignissponsorings eintretende faktische Verbilligung der Senderechte ist zwar eine mittelbare, gleichsam reflexartige Finanzierung der Sendung. Sie ist jedoch keine „indirekte" Finanzierung iSd § 2 Abs. 2 Nr. 9 RStV, da eine Finanzierung der Sendung im Sinne dieser Vorschrift immer eine unmittelbare sein muss. Auch in diesen Fällen ist ein Sponsorenhinweis mangels unmittelbarer Finanzierung der Sendung unzulässig (*Weiand* Anmerkung zum Urteil des Bundesgerichtshofes vom 19.3.1992, ZUM 1993, 81 f.; *Herrmann/Lausen* § 13 Rn. 40). Fördert der Sponsor sowohl das Ereignis als auch die Sendung – etwa durch den Erwerb der Senderechte vom Veranstalter des gesponserten Ereignisses und deren Überlassung an die Rundfunkanstalt oder durch eine Zahlung an die Rundfunkanstalt – unmittelbar, so liegt jedenfalls auch Sendungssponsoring vor, und der Hinweis auf den Sponsor ist nicht nur zulässig, sondern gesetzlich zwingend vorgeschrieben (*Weiand/Poser* S. 48, S. 102).

4. Sponserfähige Sendungen. Obgleich §§ 2 Abs. 2 Nr. 9, 8 RStV das Sendungssponsoring regeln, wird der Begriff „Sendung“ nicht gesetzlich definiert. Eine sponserfähige Sendung muss einen eigenständigen redaktionellen Gehalt haben, in Programmvorschauen zeitlich gesondert ausgewiesen werden, einen eigenständigen Programmtitel tragen und eine Mindestzeit dauern (*Hartstein/Ring/Kreile/Dörr/Stettner* § 8 Rn. 26, 28). Ansagen oder Werbespots dürfen daher im Gegensatz zu Wetterberichten, Verkehrshinweisen und Staumeldungen sowie kurzen Ratgebersendungen, die einen redaktionellen Eigenwert haben und eigenständige abgegrenzte Sendungen sind, nicht gesponsert werden. Nach § 8 Abs. 6 RStV dürfen Nachrichtensendungen und Sendungen zum politischen Zeitgeschehen generell nicht gesponsert werden. Ausweislich der Amtlichen Begründung des Staatsvertrages über den Rundfunk im vereinten Deutschland soll bei diesen für die Meinungsbildung wichtigen Sendungen von vornherein der Eindruck vermieden werden, die Unabhängigkeit und Objektivität könnte durch den Sponsor beeinträchtigt werden. Keine Sendungen zum politischen Zeitgeschehen im Sinne dieser Bestimmung sind Sendungen, bei denen der Unterhaltungscharakter im Vordergrund steht, auch wenn sie sich mit politischen Fragen befassen (*Hartstein/Ring/Kreile/Dörr/Stettner* § 8 Rn. 41).

5. Leistung des Sponsors. Beim Sendungssponsoring fördert der Sponsor die Sendung meist nicht mit Sachmitteln oder Dienstleistungen, sondern durch die Zahlung einer Geldsumme. Die gewährte Unterstützungsleistung muss der zur Ausstrahlung gelangenden Produktion zugute kommen. Eine Geldzahlung des Sponsors ist zweifelsohne ein Beitrag zur direkten Finanzierung einer Sendung im Sinne von § 2 Abs. 2 Nr. 9 RStV. Sie ist zumeist nach Rechnungsstellung durch die Rundfunkanstalt fällig. Der finanziellen Unterstützung gleichzustellen sind Kostenübernahmen im Rahmen der Produktion und geldwerte Sachzuwendungen, die der Sponsor gewährt, um seine Unternehmung oder Marke etc iSv § 2 Abs. 2 Nr. 7 zu „fördern“ (*Hahn/Vesting,* Beck'scher Kommentar zum Rundfunkrecht, § 8 Rn. 13). Werden Sachmittel oder Dienstleistungen zur Verfügung gestellt, so kann grundsätzlich ebenfalls Sendungssponsoring vorliegen, weil nach § 2 Abs. 2 Nr. 9 RStV auch (unmittelbare) Beiträge zur indirekten Finanzierung einer Sendung Sendungssponsoring sein können. Bei der in der Praxis als „Programmbeistellungen“ bezeichneten Überlassung von Sachmitteln oder Erbringung von Dienstleistungen durch Dritte fehlt es jedoch häufig schon an der nach § 2 Abs. 2 Nr. 9 RStV erforderlichen Förderabsicht. Die Überlassung von Sachmitteln oder Dienstleistungen ist jedoch dann eine (unmittelbare) indirekte Finanzierung der Sendung, wenn die Förderabsicht gegeben ist und die durch die Programmbeistellungen geförderte Sendung ohne die Sach- und/oder Dienstleistungen schlechterdings nicht möglich gewesen wäre (*Hartstein/Ring/Kreile/Dörr/Stettner* § 8 Rn. 23; *Weiand/Poser* S. 70). In diesem Falle ist die Sendungssponsoringregelung anwendbar. Die im Formular für den Fall des Zahlungsverzugs des Sponsors vorgesehene Verzugszinsregelung sollte §§ 497, 288 BGB entsprechen. Das Recht zum Nachweis eines geringeren Schadens sollte formularvertraglich nicht ausgeschlossen werden. Ggf. sollte darüber eine Individualvereinbarung getroffen werden. Zu formularvertraglich zulässigen Verzugszinsregelungen s. Palandt/*Grüneberg* § 309 Rn. 28.

6. Gegenleistung des Gesponserten, Sponsorenhinweis. Wird eine Sendung ganz oder teilweise gesponsert, so muss nach § 8 Abs. 1 S. 1 Hs. 1 RStV zu Beginn oder am Ende der gesponserten Sendung auf die Finanzierung durch den Sponsor in vertretbarer Kürze deutlich hingewiesen werden, wobei der Hinweis in diesem Rahmen auch durch Bewegtbild möglich ist. Neben oder anstelle des Namens des Sponsors kann auch dessen Firmenemblem oder eine Marke eingeblendet werden (§ 8 Abs. 1 S. 2 RStV. Zur Frage der Zulässigkeit eines Sponsorenhinweises innerhalb der gesponserten Sendung vgl. u.). Die spezialgesetzliche Sendungssponsoringregelung verpflichtet den Gesponserten nicht nur zur Erbringung einer Gegenleistung, sondern schreibt auch deren Art, einen Hinweis auf den Sendungssponsor zu Beginn oder am Ende der gesponserten Sendung gesetzlich zwingend vor. Dem obligatorischen Sponsorenhinweis kommt nach der Vorstellung des Gesetzgebers eine Doppelfunktion zu. Er räumt zum einen dem Sponsor die Möglichkeit der in § 2 Abs. 2 Nr. 9 RStV ausdrücklich erwähnten Imagewerbung am Anfang und am Ende der geförderten Sendung, mithin im ansonsten grundsätzlich von Werbung frei zu haltenden redaktionellen Teil des Programms ein, und ist daher die „Belohnung" für die Finanzierung durch den Sponsor. Der Sponsorenhinweis soll den Zuschauer zum anderen aber auch auf die teilweise oder völlige Fremdfinanzierung der Sendung durch den Sponsor hinweisen und damit eine Warnfunktion erfüllen, indem er auf mögliche fremde Interessen bei der Gestaltung der Sendung hinweist (*Weiand* Kultur- und Sportsponsoring S. 157, S. 174). Die für den öffentlich-rechtlichen Rundfunk maßgebliche 20.00-Uhr-Werbegrenze gilt auch für den Sponsorenhinweis, § 16 Abs. 6 RStV, außer für Sponsoring der Übertragung von Großereignissen nach § 4 Abs. 2 „Der Sponsorhinweis hat sich ..in den letzten 20 Jahren selbst zu einer eigenen Form der Werbung entwickelt, mit denen z.B. das für die öffentlich-rechtlichen Sender geltende Werbeverbot nach 20.00 Uhr aufgeweicht wird. Diese werbliche Nebenfunktion hat die Hauptfunktion des Sponsorhinweises in den Hintergrund treten lassen: den Zuschauer zu warnen und ihm selbst die Möglichkeit zu geben zu beurteilen, ob der Sponsor über Gebühr Einfluss auf den Inhalt der Sendung genommen hat." (Castendyk, Oliver: Die Neuregelung der Produktplatzierung im Fernsehen (ZUM 2010, 29).Wie der beim Sendungssponsoring gesetzlich vorgeschriebene und daher auch im redaktionellen Teil zulässige Sponsorenhinweis ausgestaltet werden darf, gehörte lange zu den umstrittensten Fragen des Sponsorings. Zwar haben ARD und ZDF für den Bereich des öffentlich-rechtlichen Rundfunks und die Landesmedienanstalten für den Bereich des privaten Rundfunks Richtlinien erlassen, die neben anderem auch die Ausgestaltung des Sponsorenhinweises regeln. Diesen Richtlinien kommt in dem hier interessierenden Bereich jedoch nur norminterpretierende Wirkung zu (BGHZ 117, 353 (361 f.) = NJW 1992, 2089 (2091) – Agfa; *Tschentscher/Klee,* Aktuelle Rechtsprobleme der Werbung im privaten Rundfunk, ZUM 1994, 146 (148 mwN). Sie können somit keine über die im Rundfunkstaatsvertrag selbst eingeräumten Befugnisse hinausgehenden Befugnisse schaffen. Maßgeblich ist allein die gesetzliche Regelung. Danach ist in vertretbarer Kürze auf die Finanzierung durch den Sponsor hinzuweisen, wobei neben oder anstelle des Namens des Sponsors auch dessen Firmenemblem oder Marke eingeblendet werden darf. Dass auch die Einblendung einer „Marke" des Sponsors zulässig ist, wurde im Rahmen der Novellierung des Rundfunkstaatsvertrages mit Wirkung vom 1.8.1994 an geregelt. Zuvor hatte die Rechtsprechung einen Hinweis auf Produkte des Sponsors als grundsätzlich unzulässig eingestuft (OLG Frankfurt a.M. NJW-RR 1994, 365 – Metternich). Dies wurde von weiten Teilen der Werbewirtschaft als Sponsoringhindernis angesehen. Nach § 3 MarkenG können als Marke alle Zeichen, insbesondere Wörter, einschließlich Personennamen, Abbildungen, Buchstaben, Zahlen, Hörzeichen, dreidimensionale Gestaltungen einschließlich der Form einer Ware oder ihrer Verpackung sowie sonstige Aufmachungen einschließlich Farben und Farbzusammenstellungen geschützt werden, die geeignet sind, Waren oder Dienstleistungen eines Unternehmens von denjenigen anderer Unternehmen zu unterscheiden. Der Markenschutz entsteht durch die Eintragung der Marke in das vom Patentamt geführte Register, durch die Benutzung des Zeichens im geschäftlichen Verkehr, soweit das Zeichen innerhalb beteiligter Verkehrskreise als Marke Verkehrsgeltung erworben hat, oder durch die im Sinne der Pariser Verbandsübereinkunft zum Schutze des gewerblichen Eigentums notorische Bekanntheit einer Marke (§ 4 MarkenG). Im Hinblick auf diese sehr weite Fassung des Begriffes „Marke" dürfen in Sponsorenhinweisen nunmehr unzweifelhaft auch Produkte oder Produktnamen des Sponsors abgebildet und genannt werden, soweit sie Marken sind.

Der zeitliche Umfang („in vertretbarer Kürze") ist am Erfordernis der Information über die Unterstützungsleistung und der Angemessenheit im Verhältnis zur gewährten Unterstützung zu messen (*Hahn/Vesting,* Beck'scher Kommentar zum Rundfunkrecht, 4. Aufl., § 8 Rn. 17).

So hat sich in der Praxis eine Länge von ca. fünf Sekunden als ein gewisser Standard herausgebildet (OLG Frankfurt a.M. ZUM 1995, 800 (802)). In Einzelfällen wird dieser Rahmen allerdings überschritten; genannt werden bis zu zehn Sekunden Länge (*Hahn/Vesting,* Beck'scher Kommentar zum Rundfunkrecht, 4. Aufl., § 8 Rn. 17; *Henning-Bodewig* ZUM 1997, 633 (639)). Der Zeitrahmen kann im Rahmen der Angemessenheit bei überdurchschnittlichen Unterstützungsleistungen ausgeschöpft werden. Die zeitliche Untergrenze wird durch die Wahrnehmbarkeit gebildet. Das Merkmal der angemessenen Weise betrifft das Verhältnis von Sponsoringvolumen und Hervorhebung im Hinweis. Dieser kann bei überdurchschnittlicher Unterstützungsleistung die vorgegebenen Gestaltungsmöglichkeiten ausschöpfen, während kleinere Unterstützungen nur einen Hinweis rechtfertigen, der in Text und Gestaltung entsprechend zurückgenommen ist, entweder vor oder nach der Sendung platziert wird und gegebenenfalls auf bildliche Darstellungen verzichtet (*Hahn/Vesting,* Beck'scher Kommentar zum Rundfunkrecht, 3. Aufl., § 8 Rn. 17). Zur Frage, ob der Sponsorenhinweis statisch oder bewegt sein darf, äußert sich die ursprüngliche Sponsoringregelung im Rundfunkstaatsvertrag nicht. Anlässlich einer Novellierung wurde klargestellt, dass der Hinweis auch als Bewegtbild erfolgen darf. Bei der weiteren Ausgestaltung des Hinweises und der inhaltlichen Ausgestaltung der Sendung gilt es außerdem zu beachten, dass gesponserte Sendungen nicht zum Verkauf, zum Kauf oder zur Miete oder Pacht von Erzeugnissen oder Dienstleistungen des Sponsors oder eines Dritten, vor allem durch entsprechende besondere Hinweise, anregen dürfen, § 8 Abs. 3 RStV. Durch diese Einschränkung stellt der Gesetzgeber in Einklang mit der Umschreibung der mit dem Sendungssponsoring verfolgten Ziele in § 2 Abs. 2 Nr. 9 RStV („um den Namen, die Marke, das Erscheinungsbild der Person oder Personenvereinigung, ihre Tätigkeit oder ihre Leistungen zu fördern") zutreffend klar, dass Sponsoring Imagewerbung, nicht aber klassische Absatzwerbung ist. Der Sponsorenhinweis darf sich daher nicht an die laufende Absatzwerbung des Sponsors anlehnen (*Köhler* S. 138 weist zutreffend darauf hin, dass über die bloße Kennzeichnung des Sponsors hinausgehende „wertende Zusätze" unzulässig sind).

Auch der Inhalt der gesponserten Sendung darf nicht zum Verkauf, zum Kauf oder zur Miete oder Pacht von Erzeugnissen oder Dienstleistungen des Sponsors oder eines Dritten, sei dies im Wege des Product Placement (zu dieser Spielart medialer Werbung *Bork,* Product Placement und Wettbewerbsrecht – Zu den Grenzen „medialer" Fernsehwerbung, GRUR 1988, 264; *Henning-Bodewig,* Product Placement und andere Arten der „absatzfördernden Kommunikation": Castendyk, Oliver: Die Neuregelung der Produktplatzierung im Fernsehen (ZUM 2010, 29). Die neuen Formen der Schleichwerbung?, BB Beil. 18/1986, 1; *Sack,* Zur wettbewerbsrechtlichen Problematik des Product Placement im Fernsehen, ZUM Sonderheft 1987, 103) oder in sonstiger Weise anregen (*Köhler* S. 135 weist zutreffend darauf hin, dass die gesponserte Sendung nicht wie ein „Quasiwerbespot" des Sponsors ausgestaltet werden darf). Zulässig ist nach dem Gesetzeswortlaut lediglich ein Hinweis auf den Sponsor, wobei neben oder anstelle des Namens des Sponsors auch dessen Firmenemblem oder eine Marke eingeblendet werden darf. Zulässig ist im Umkehrschluss zu § 8 Abs. 3 RStV daher die Platzierung von Produkten des Sponsors, wenn sie nicht ausdrücklich zum Kauf anregen (so *Castendyk,* aaO). Zur Konkurrenz zwischen Produktplatzierungen und Sponsoring siehe *Engels, Stefan/Semrau, Jana*: Aktuelle Fragen des Rundfunkwerberechts (ZUM 2014, 946 (950)). Bezeichnenderweise hat die Frage der zulässigen Ausgestaltung von Sponsorenhinweisen mehrfach die Untergerichte befasst. Hierbei ging es um die – nach der Novellierung des RStV generell zulässige – Nennung einer Marke des Sponsors (Einstweilige Verfügung des LG Frankfurt a.M. v. 14.4.1992 – 2/6 O 220/93 – Mitsubishi (unveröffentlicht); Urteil des OLG Frankfurt a.M. v. 5.10.1993, NJW-RR 1994, 365 *Metternich;* Beschluss des OLG Frankfurt a.M. v. 27.4.1995, ZUM 1995, 800 – Isostar bzw. OBI, Seat und Telekom), die Zulässigkeit der Anlehnung des Sponsorenhinweises an die laufende Absatzwerbung des Sponsors (Einstweilige Verfügung des LG Frankfurt a.M. v. 26.10.1992 – 2/6 AR 343/92 – Beck's (unveröffentlicht); Urteil des LG Frankfurt a.M. v. 16.12.1992 – 2/6 O 599/92 – Holsten (unveröffentlicht)), die zeitliche Dauer der Sponsorenhinweise und die – nach der Novellierung des Rundfunkstaatsvertrages nunmehr grundsätzlich zulässige – Ausgestaltung des Sponsorenhinweises durch Bewegtbild (Beschluss des OLG Frankfurt a.M. v. 27.4.1995, ZUM 1995, 800 – Isostar bzw. OBI, Seat und Telekom). Zu Sponsoringhinweisen in Spit-Screen Technik siehe Gerichtshof der Europäischen Union: Zulässigkeit der Split-Screen-Technik, Berechnung der maximal zulässigen Sendezeit für Fernsehwerbung pro Stunde – Sanoma Media Finland – Nelonen Media (GRUR Int. 2016, 385)

Häufig verpflichtet die Rundfunkanstalt den Sendungssponsor vertraglich dazu, in eigener Verantwortung und auf eigene Kosten den Anforderungen der §§ 2 Abs. 2 Nr. 9, 8 RStV genügende Sponsorenhinweise herzustellen bzw. herstellen zu lassen. Außerdem bedingt sie sich regelmäßig ein Prüfungs- und Beanstandungsrecht der bis zu einem bestimmten Zeitpunkt in ausstrahlungsfähiger Form einzureichenden Sponsorenhinweise aus und behält sich überdies das Recht vor, nicht fristgerecht eingereichte und/oder von ihr beanstandete, vom Sponsor jedoch nicht abgeänderte Sponsorenhinweise nicht auszustrahlen. Ob im Falle der wiederholten Ausstrahlung der gesponserten Sendung ohne eine entsprechende vertragliche Vereinbarung eine Verpflichtung zur wiederholten Ausstrahlung der Sponsorenhinweise besteht sollte vorsorglich eindeutig vertraglich geregelt werden.

Nach der früheren Fassung des Rundfunkstaatsvertrages durfte die gesponserte Sendung nicht zum Zwecke der Werbung für Produkte oder Dienstleistungen des Sponsors unterbrochen werden. Dies wurde von der Werbebranche als nachteilig empfunden, da der kurze Sponsorenhinweis – insbesondere bei wenig bekannten Sponsoren – anders als die Spotwerbung keinerlei oder nur sehr wenig Information übermittelt. Der Gesetzgeber, der den Rundfunkveranstaltern durch das Sponsoring eine neben die Einnahmen aus Werbung tretende weitere werbliche Einnahmequelle eröffnen wollte (*Hartstein/Ring/Kreile/Dörr/Stettner* § 8 Rn. 7 ff.; *Schiwy/Schütz/Dörr* S. 413; zum Umfang der Mehreinnahmen aus Sendungssponsoring *Herrmann* § 13 Rn. 39), hob dann im Rahmen einer Novellierung des Rundfunkstaatsvertrages das Verbot der Unterbrechung der gesponserten Sendung durch Werbung des Sponsors auf. Hiervon profitieren vor allem die privaten Rundfunkveranstalter, da diese – anders als die öffentlich-rechtlichen Rundfunkveranstalter – auch nach 20.00 Uhr in Werbeblöcken werben dürfen. Den Sendungssponsoren werden nicht selten Werbepakete angeboten, die neben den Sponsorenhinweisen auch Werbemöglichkeiten des Sponsors in den die gesponserte Sendung unterbrechenden Werbeblöcken vorsehen. Macht der Sponsor hiervon keinen Gebrauch, so besteht die Gefahr, dass seine Wettbewerber Werbespots in den Werbeblöcken schalten, welche die von ihm gesponserte Sendung unterbrechen. Wird eine gesponserte Sendung durch mehrere Werbeblöcke unterbrochen und wirbt in diesen Blöcken oder einem dieser Blöcke ein Wettbewerber des Sendungssponsors, so kann dies zur Verwässerung oder Nichtwahrnehmung des kommunikativen Auftritts des Sendungssponsors, zur Verwechslung mit dem Wettbewerber oder möglicherweise gar zur Verstimmung der Zielgruppe des Sponsors führen, die seinen kommunikativen Auftritt als beliebig empfindet. Die kommunikativen Ziele des Sponsors werden in jedem Falle nachteilig beeinflusst. Ein Sendungssponsor sollte darauf achten, ob die von ihm gesponserte Sendung durch Werbeblöcke unterbrochen wird und sich gegebenenfalls selbst Werberechte sichern oder Werbung durch Wettbewerber in diesen Werbeblöcken ausschließen. Die Rundfunkanstalten lassen sich freilich meist nicht dazu verpflichten, in der gesponserten Sendung keine Werbung von Wettbewerbern des Sponsors auszustrahlen, wenn dieser die Werbeblöcke nicht selbst belegt. Außerdem sollte der Sendungssponsor vertraglich regeln, ob er alleiniger Sponsor ist oder die Sendung auch von anderen Sponsoren gefördert wird. Im letztgenannten Falle sollte mindestens vereinbart werden, dass Wettbewerber des Sendungssponsors als Sponsoren derselben Sendung ausscheiden. In der Präambel des Formulars wird klargestellt, dass der Sendungssponsor alleiniger Sponsor ist.

Sponsert ein Ereignissponsor zwar unter erheblichem finanziellem Aufwand ein Ereignis, nicht aber die Übertragung dieses Ereignisses im Rundfunk, so kann ein nur die Übertragung sponsernder Wettbewerber unter Umständen von der Zielgruppe zu Unrecht als der Ereignissponsor angesehen werden. Der Ereignissponsor sollte darauf achten, wer etwaige Übertragungen des gesponserten Ereignisses im Rundfunk sponsert und dies nach Möglichkeit selbst tun, um das vorstehend geschilderte sogenannte „ambush-marketing" durch Wettbewerber, die nicht das kostspielige Ereignis, wohl aber dessen Übertragung sponsern, zu verhindern. Bei Großveranstaltungen werden die Ereignis- und Sendungssponsorrechte regelmäßig ohnehin nur als Paket abgegeben. Schließlich sollte der Ereignis- und Sendungssponsor aus den vorgenannten Erwägungen Werbung seiner Wettbewerber in den die gesponserte Sendung unterbrechenden Werbeblöcken nach Möglichkeit ausschließen.

Über die nach § 8 RStV obligatorischen und zulässigen Sponsorenhinweise hinausgehende Gegenleistungen des Gesponserten, wie etwa die werbliche Nennung des Sponsors in der Sendung (zur Frage der Zulässigkeit eines Sponsorenhinweises innerhalb der gesponserten Sendung vgl. u.), die versteckte Werbung für Produkte und Dienstleistungen des Sponsors in der gesponserten Sendung oder in anderen Sendungen verstoßen zumeist gegen das Gebot der Trennung von Werbung und redaktionellem Teil (*Weiand* Kultur- und Sportsponsoring S. 173 ff.; *Köhler* S. 135, S. 139). Maßnahmen dieser Art sind regelmäßig wettbewerbswidrig, es sei denn, die Werbung im redaktionellen Teil war ausnahmsweise redaktionell veranlasst (BGHZ 110, 278 (289 f.) = NJW 1990, 3199 (3202 f.) – Boro; BGHZ 117, 353 (361) = NJW 1992, 2089 (2091) – Agfa). Erhält der Gesponserte für die versteckte Werbung eine zusätzliche Vergütung, so ist die redaktionelle Veranlassung regelmäßig zu verneinen. Vereinbarungen der genannten Art finden sich – ebenso wie die unzulässige Beeinträchtigung der Verantwortlichkeit und der redaktionellen Unabhängigkeit des Rundfunkveranstalters, beispielsweise durch eine mit dem Sendungssponsor vereinbarte sponsorenkonforme Gestaltung des Inhaltes der gesponserten Sendung –, gelegentlich in der Praxis. Von ihnen ist wegen des stets einhergehenden Verstoßes gegen Medien- und Wettbewerbsrecht und der hieraus wegen eines Sitten- und Gesetzesverstoßes resultierenden Unwirksamkeit der Vereinbarungen (*Köhler* S. 204 ff.) abzuraten.

Nach einem Urteil des Europäischen Gerichtshofes (EuZW 1997, 173) steht die Sponsoringregelung in der damaligen EG-Fernsehrichtlinie über die dort vorgeschriebenen Sponsorenhinweise am Anfang und/oder Ende der gesponserten Sendung hinausgehenden weiteren Hinweisen auf den Sendungssponsor auch innerhalb der gesponserten Sendung nicht entgegen, soweit diese nicht zum Kauf oder zur Anmietung von Erzeugnissen oder zur Inanspruchnahme von Dienstleistungen des Sponsors oder eines Dritten, insbesondere durch spezifisch Verkaufs fördernde Hinweise auf diese Erzeugnisse oder Dienstleistungen, anregen. Wie der Europäische Gerichtshof in seinem Urteil ausdrücklich betont, bleibt es dem nationalen Gesetzgeber unbenommen, eine abschließende, strengere Regelung zu treffen. Nach einem Urteil des OVG Lüneburg (SpuRt 1998, 167), gegen das insoweit keine Revision zum BVerwG statthaft war (BVerwG ZUM-RD 1998, 287), soll die Regelung im RStV eine solche strengere Regelung sein. Diese Auffassung scheint im Hinblick auf Wortlaut, Entstehungsgeschichte und Zielsetzung des RStV zweifelhaft. Die herrschende Lehre (*Hartstein/Ring/Kreile/Dörr/Stettner* § 8 Rn. 30; *Fric-*

cius, Sponsoring, ZUM Sonderheft 1996, 1019 (1022); *Henning-Bodewig,* Neuere Entwicklungen im Sponsoring, ZUM 1997, 633) erachtet Sponsorenhinweise auch innerhalb der gesponserten Sendung unter bestimmten Voraussetzungen für zulässig. Nach Ziffer 12 Abs. 5 S. 2 der Gemeinsamen Richtlinien der Landesmedienanstalten für die Werbung, zur Durchführung der Trennung von Werbung und Programm und für das Sponsoring im Fernsehen in der Neufassung vom 10.2.2000, ist im privaten Fernsehen ein Hinweis auf den Sponsor innerhalb einer Sendung vor und nach jeder Werbeschaltung zulässig. Für den Hörfunk gilt nach Ziffer 10 Abs. 5 S. 2 der Gemeinsamen Richtlinien der Landesmedienanstalten für die Werbung, zur Durchführung der Trennung von Werbung und Programm und für das Sponsoring im Hörfunk in der Neufassung vom 10.2.2000 dasselbe. Dem Vernehmen nach haben sich auch die öffentlichrechtlichen Rundfunkveranstalter dieser Sichtweise in Einvernehmen mit der Rechtsaufsicht angeschlossen. Selbst wenn auch innerhalb der gesponserten Sendung Hinweise auf den Sendungssponsor zulässig sind, so sollten die hierdurch eröffneten weitergehenden Werbemöglichkeiten nicht überschätzt werden, da auch diese Hinweise nicht zum Kauf oder zur Miete oder Pacht von Erzeugnissen oder Dienstleistungen des Sponsors oder eines Dritten, vor allem durch entsprechende Hinweise, anregen dürfen. Art. 2 Abs. 2 UAbs. 1 der EG-Richtlinie 89/552 verwehrt es einem Mitgliedsstaat nicht, die Fernsehwerbung für im Inland vertriebene alkoholische Getränke zu verbieten, soweit es sich um indirekte Fernsehwerbung in der Form handelt, dass während der Übertragung von in anderen Mitgliedstaaten stattfindenden binationalen Sportveranstaltungen Werbetafeln auf dem Bildschirm zu sehen sind (vgl. Rn. 27, 29 und Tenor 1). Der EuGH hat die Klage Deutschlands gegen das in der Tabakwerberichtlinie 2003/33/EG enthaltene Verbot von Werbung für Tabakerzeugnisse in Zeitungen, Zeitschriften, Internet und Rundfunk abgewiesen (EuGH EuZW 2007, 46; anders noch – zur früheren Fassung – EuGH EuZW 2000, 694). Am 14.11.2018 wurde die Richtlinie (EU) 2018/1808 zur Änderung der Richtlinie 2010/13/EU zur Koordinierung bestimmter Rechts- und Verwaltungsvorschriften der Mitgliedstaaten über die Bereitstellung audiovisueller Mediendienste (Richtlinie über audiovisuelle Mediendienste – AVMD-RL)AVMD-RL auf den Weg gebracht, die bis zum 19.9.2020 in nationales Recht der Mitgliedstaaten umgesetzt werden muss. „Den in der Literatur bereits zur AVMD-RL geführten Streit zur unterschiedlichen Begrifflichkeit zwischen den Werbeformen Produktplatzierung und Sponsoring hinsichtlich des Verbots, zu Kauf, Miete bzw. Pacht aufzufordern (Art. EWG_RL_2010_13 Artikel 11 Abs. EWG_RL_2010_13 Artikel 11 Absatz 3 Satz 3 lit. b AVMD-RL für Produktplatzierung) bzw. anzuregen (Art. EWG_RL_2010_13 Artikel 10 Abs. EWG_RL_2010_13 Artikel 10 Absatz 1 lit. b AVMD-RL für Sponsoring), der auf der von den übrigen Sprachfassungen der AVMD-RL abweichenden deutschen Übersetzung beruhte, entschied der Europäische Gesetzgeber: Während die Europäische Kommission vom Europäischen Parlament unbeanstandet explizit abweichend vom bisherigen Wortlaut vorschlug, dass Sponsoring nicht zu Kauf, Miete bzw. Pacht auffordern dürfe, forderte der Rat das bisherige Verb »anregen« beizubehalten, das schließlich unverändert den Weg in die verabschiedete Fassung fand“ (so Jäger, Manuel: Die Novellierung der AVMD-RL – Anwendungsbereich und Werberegulierung – eine erneut vertane Chance? (ZUM 2019, 477 (487)).

7. **Redaktionelle Unabhängigkeit, Freistellung, Haftungsausschluss.** Inhalt und Programmplatz einer gesponserten Sendung dürfen nach § 8 Abs. 2 RStV vom Sponsor nicht in der Weise beeinflusst werden, dass die Verantwortung und redaktionelle Unabhängigkeit des Rundfunkveranstalters beeinträchtigt werden (Grundsatz der Programmautonomie). Die Präambel des Sendungssponsoringvertrages trägt dem Gebot der Wahrung der Verantwortlichkeit und redaktionellen Unabhängigkeit des Rundfunkveranstalters durch die Formulierung Rechnung, dass die Ausstrahlung der Sendung „beabsichtigt“ sei.

Durch diese Formulierung wird klargestellt, dass der Sponsoringvertrag keine unzulässige Festlegung der Redaktion auf einen bestimmten Sendetermin vorsieht. Außerdem wird nicht selten vertraglich explizit klargestellt, dass eine Einflussnahme des Sponsors auf Inhalt und Programmplatz der gesponserten Sendung ausgeschlossen ist. Unabhängig hiervon sollte sich der Sponsor in jedem Falle vor der endgültigen Entscheidung über ein Sendungssponsoringengagement unter strikter Wahrung der Verantwortung und redaktionellen Unabhängigkeit des Rundfunkveranstalters über den Inhalt der gesponserten Sendung unterrichten, um zum einen deren Eignung für seine imagewerblichen Zwecke abschätzen, und zum anderen negative kommunikative Wirkungen bei seiner Zielgruppe verlässlich ausschließen zu können.

Häufig lassen sich die Rundfunkanstalten vom Sponsor von allen etwaigen Nachteilen freistellen, die ihnen aus oder im Zusammenhang mit dem vom Sponsor in eigener Verantwortung und auf eigene Kosten hergestellten Sponsorenhinweisen entstehen könnten. Der Sponsor übernimmt in diesen Fällen zumeist eine verschuldensunabhängige Garantiehaftung für die Vereinbarkeit der Sponsorenhinweise mit geltendem Recht, insbesondere mit §§ 2 Abs. 2 Nr. 9, 8 RStV. Da Rechtsverteidigungskosten entstehen können, wenn der den Sponsorenhinweis ausstrahlende Rundfunkveranstalter von Dritten – regelmäßig von anderen Rundfunkveranstaltern oder von Verbraucherverbänden, selten von Wettbewerbern des Sponsors – wegen eines behaupteten Wettbewerbsverstoßes der Sponsorenhinweise auf Unterlassung und/oder Schadensersatz in Anspruch genommen wird, lassen sich die Rundfunkveranstalter häufig vom Sponsor explizit auch von den Kosten einer etwaigen Rechtsverteidigung freistellen. Hat sich der Rundfunkveranstalter ein Prüfungs- und Beanstandungsrecht ausbedungen, so empfiehlt sich die Klarstellung, dass die Freistellungsverpflichtung des Sponsors hiervon unabhängig ist, und der Sponsor insbesondere nicht den Einwand mitwirkenden Verschuldens erheben kann, wenn der angegriffene Sponsorenhinweis vom Gesponserten vorab geprüft und nicht beanstandet wurde bzw. beanstandet und vom Sponsor abgeändert wurde, um den Beanstandungen der Rundfunkanstalt Rechnung zu tragen. Diese dem Sponsor nachteilige Regelung dürfte allerdings nur bei individualvertraglicher, nicht aber bei formularvertraglicher Vereinbarung wirksam sein. Manche Rundfunkanstalten beschränken ihre etwaige Schadensersatzpflicht durch die Festlegung eines Interesses des Sponsors an der Erfüllung des Vertrages, welches meist dem Äquivalent des Wertes der Leistung des Sponsors entspricht. Vereinbarungen dieser Art sind im Hinblick auf §§ 307, 309 Nr. 7 BGB, nur individualvertraglich wirksam.

8. Generalklauselartige Vereinbarungen. Auch wenn die wesentlichen Vereinbarungen eines Sendungssponsoringvertrages, insbesondere die Hauptleistungspflichten so genau wie möglich gefasst sein sollten, lassen sich im Zeitpunkt des Vertragsschlusses doch nicht alle denkbaren künftigen vertragsrelevanten Ereignisse und Konstellationen vorhersehen und regeln. Es empfiehlt sich daher, in generalklauselartigen Vereinbarungen generelle Leitlinien für den Vertrag aufzustellen, die eher programmatischer Natur sind. Diese erfassen auch im Zeitpunkt des Vertragsschlusses nicht vorhersehbare künftige Lebenssachverhalte, sind ein wichtiger Maßstab für die Ausgestaltung etwaiger späterer vertraglicher Änderungen oder zusätzlicher Vereinbarungen und stellen im Falle von Meinungsverschiedenheiten über die getroffenen Vereinbarungen eine wesentliche Auslegungshilfe dar. Den in § 4 Abs. 1 und 2 vorgesehenen Verpflichtungen zu Wohlverhalten und zur sofortigen Unterrichtung über vertragsrelevante Ereignisse kommt im wesentlichen deklaratorische Bedeutung zu, da diese Verpflichtungen regelmäßig sponsoringvertragsimmanente Nebenpflichten sind. Eindeutig konstitutive Wirkung kommt dagegen der Verpflichtung zur Geheimhaltung zu (§ 4 Abs. 3). Es sollte vorsorglich klargestellt werden, dass die Verpflichtungen zu Wohlverhalten und Vertraulichkeit auch nach Beendigung des Vertrages fort gelten.

9. Rückgewähr von Leistungen. (→ Form. XI.1 Anm. 10) In den meisten Sendungssponsoringverträgen findet sich eine Regelung für den Fall der völligen oder teilweisen Undurchführbarkeit des Vertrages. Kann die gesponserte Sendung aus programmlichen Gründen oder infolge technischer Störungen ganz oder teilweise nicht zur vorgesehenen Sendezeit ausgestrahlt werden, so sollte grundsätzlich eine Verpflichtung des Gesponserten zur anteiligen Rückgewähr der vom Sponsor empfangenen Leistung bestehen, es sei denn, die Sendung könnte zu einer vergleichbaren Sendezeit nachgeholt werden. Der Umfang der Rückgewährpflicht bestimmt sich nach der Zahl der entfallenen Sponsorenhinweise. Wurden überhaupt keine Sponsorenhinweise ausgestrahlt, so ist die Sponsorleistung vollständig zurückzugewähren. Wurde aus technischen Gründen ein Sponsorenhinweis zu Beginn, nicht aber am Ende der gesponserten Sendung ausgestrahlt, so ist die vom Sponsor gewährte Leistung hälftig rückzugewähren. Entschließt sich eine Redaktion aus programmlichen Gründen dazu, die gesponserte Sendung nicht zum vorgesehenen Zeitpunkt auszustrahlen, und kann die gesponserte Sendung nicht zu einer vergleichbaren Sendezeit nachgeholt werden, so ist nach der vertraglichen Regelung die Leistung des Sponsors rückzugewähren. Diese Verpflichtung hat – jedenfalls bei den größeren Rundfunkanstalten – nicht schon deswegen eine unzulässige faktische Einschränkung der Verantwortung und redaktionellen Unabhängigkeit der Redaktion hinsichtlich des Programmplatzes der gesponserten Sendung zur Folge, weil die Redaktion deren Ausstrahlung entweder zum vertraglich vorgesehenen Zeitpunkt, in jedem Falle aber in einem späteren Zeitpunkt zu einer vergleichbaren Sendezeit gewährleisten will, um die Leistung des Sponsors nicht rückgewähren zu müssen.

Neben den Rechtsfolgen der völligen oder teilweisen Nichtausstrahlung der Sendung sind auch die Rechtsfolgen eines Ausfalls nur eines Teils der Sendeeinrichtungen zu regeln, der dazu führt, dass die Sponsorenhinweise nur von einem Teil der Empfänger der Sendung erreicht werden können. Auch in diesem Falle erscheint eine Verpflichtung des Gesponserten zur anteiligen Rückgewähr der vom Sponsor erhaltenen Leistung angemessen. Durch die Festlegung einer bestimmten Bezugsgröße, beispielsweise eines Prozentsatzes der bei der Gebühreneinzugszentrale gemeldeten Empfänger kann eine sichere Bemessungsgrundlage für die Höhe der vom Gesponserten zurück zugewährenden Leistung geschaffen werden. Weitergehende Ansprüche des Sponsors werden regelmäßig ausgeschlossen.

10. Form, Zugang von Erklärungen, Teilunwirksamkeit, Gerichtsstand, Übergangsvorschriften Schuldrechtsmodernisierung. Der Abschluss eines Sendungssponsoringvertrages ist formfrei möglich, da kein gesetzlicher Formzwang besteht. Die Vereinbarung eines Schriftformerfordernisses für den Vertrag sowie für dessen etwaige spätere Änderungen und Ergänzungen empfiehlt sich dennoch stets. Das gewillkürte Schriftformerfordernis bietet einen Schutz vor Übereilung, dient der Dokumentation von Geschäftsinhalt und Geschäftsabschluss und schafft klare Beweislagen. Wie das gewillkürte Schriftformerfordernis sind auch die den Zugang von Erklärungen betreffende Regelung sowie die salvatorische Klausel in § 6 des Formulars in der Kautelarpraxis unabhängig vom jeweiligen Vertragstyp üblich. Sie weisen keinen sponsoring-spezifischen Gehalt auf, so dass insoweit auf die gängigen Darstellungen verwiesen sei. Die Parteien des Sendungssponsoringvertrages sind meist entweder beide Vollkaufleute oder die eine Partei Vollkaufmann und die andere Partei eine juristische Person des öffentlichen Rechts. Sie können daher nach § 38 Abs. 1 ZPO bereits bei Vertragsschluss wirksam eine Gerichtsstandsvereinbarung treffen.

11. Steuern. Die **ertragssteuerliche Behandlung** des Sponsoring durch die Finanzbehörden orientiert sich am sog. Sponsoring-Erlass des BMF vom 18.2.1998 und dem Anwendungserlass zur AO Ziffer 7 zu § 64 AO. Sie dazu BFH Urt. v. 16.12.2015 – IV R 24/13, BeckRS 2016, 94298 und dessen Ausführungen → Form. XI.1 Anm. 12.

Aufseiten des Sponsors sind dessen Beiträge dann Betriebsausgaben gem. § 4 Abs. 4 EStG, wenn der Sponsor wirtschaftliche Vorteile für seine Unternehmen, insbes. für dessen Ansehen erstrebt oder für seine Produkte werben will. Beispiele dafür sind die Verwendung des Namens oder Logos des Empfängers durch den Sponsor. Dies gilt auch, wenn Leistung (Sponsoring-Beitrag) und Gegenleistung (Nennung) nicht gleichwertig sind, wobei allerdings kein „krasses" Missverhältnis gegeben sein darf, § 4 Abs. 5 Nr. 7 EStG. Die betriebliche Veranlassung iSd § 4 Abs. 4 EStG der Aufwendungen des Sendungssponsors lässt sich im Regelfall leicht belegen, so dass der Betriebsausgabenabzug der Aufwendungen des Sponsors gewährleistet ist. Die Einnahmen der Rundfunkanstalten und Sendeunternehmen aus Sendungssponsoring sind Einkünfte aus Gewerbebetrieb, die körperschaftsteuer-, gewerbesteuer- und umsatzsteuerpflichtig sind. Näher zu den steuerlichen Aspekten des Sponsoring → Form. XIII.1 Anm. 12.

12. Kosten. → Form. XI.1 Anm. 13.

XII. Datenschutz und Datennutzung

1. Datenschutz-Einwilligung für Werbezwecke in einer Unternehmensgruppe

Datenschutz-Einwilligung für Werbezwecke in der Unternehmensgruppe XYZ[1, 2, 3]

Unsere personalisierten Services für Sie:
Möchten Sie zukünftig von unserer Unternehmensgruppe Informationen und Newsletter erhalten, die wir auf Ihre Interessen ausgerichtet haben? Dann erteilen Sie uns bitte dazu nachfolgend Ihre Einwilligung! Weitere Informationen zum Umgang mit Ihren personenbezogenen Daten[4] finden Sie in unseren Datenschutz-Hinweisen „Datenschutz-Hinweise Werbung" [LINK].[5]

Datenschutz-Einwilligung zur personalisierten Ansprache:[6]

Ja, ich willige ein,[7] dass die X GmbH, die Y GmbH sowie auch die Z GmbH, jeweils geschäftsansässig in ...... (alle gemeinsam auch kurz: „Unternehmen"),[8] mir jeweils und unabhängig von den anderen beiden Unternehmen[9] an mich gerichtete und auf mich zugeschnittene personalisierte[10] werbliche Informationen[11] zusenden dürfen.

Dies darf geschehen per Post, während meiner Nutzung einer der Internetseiten der XYZ-Unternehmen, im Rahmen eines persönlichen Kontakts, etwa bei einem Kundengespräch, sowie ausdrücklich auch per E-Mail und Telefon.[12]

Die werblichen Informationen umfassen Angebote zu den Produkten und Services der Unternehmensgruppe (neue und gebrauchte KFZ sowie KFZ-Services, wie Reparatur sowie Haupt- und Abgasuntersuchung), aber auch Angebote zu KFZ-Zubehör-Produkten anderer Anbieter.[13]

Die Unternehmen dürfen diese Informationen jeweils auf Basis folgender Daten auswählen und mir zusenden:[14]

- Die von mir bei meiner jeweiligen Registrierung auf einer der Webseite der Unternehmen angegebenen Daten (Name, ..., etc)
- Daten, die ich bei meinen Besuchen auf einer der Webseiten der Unternehmen angegeben habe (wie zum Beispiel ......)
- Daten über mein Besuchs- und Nutzungsverhalten, wenn ich nach meiner Registrierung eine der Webseiten der Unternehmen besuche (Datum und Uhrzeit, aufgerufene Seiten und Angebote, ..., etc)
- Daten, die ich bei der beispielhaften Konfiguration eines Neufahrzeugs oder einer Finanzierungsanfrage gegenüber einem Unternehmen angegeben habe (Laufzeit einer Finanzierung, Finanzierungsbetrag, ..., etc)
- Daten aus meinen Verträgen, die ich mit einem der Unternehmen abgeschlossen habe (Inhalt, Beginn und Laufzeit, ..., etc)

Datenweitergabe: Zu den oben beschriebenen Zwecken dürfen die Unternehmen meine vorgenannten Daten jeweils sowohl untereinander austauschen als auch selbst verarbeiten.[15]

Widerrufshinweis:[16]

Diese Einwilligung kann ich jederzeit mit Wirkung für die Zukunft gegenüber einem oder mehreren der Unternehmen widerrufen. Durch einen Widerruf wird die Rechtmäßigkeit der bereits aufgrund der Einwilligung erfolgten Datenverarbeitungen nicht berührt. Sie

können Ihren Widerruf zum Beispiel per E-Mail an . . . . . . oder per Post an . . . . . . richten, wir leiten ihn an die jeweiligen Unternehmen weiter.[17]
[BUTTON] EINWILLIGUNG[18]

Schrifttum: Bayerisches Landesamt für Datenschutzaufsicht, Datenverwendung für persönliche Werbung, Stand April 2019; *Ehmann/Selmayr* (Hrsg.), Datenschutz-Grundverordnung, 2. Aufl. München 2018; *Kühling/Buchner* (Hrsg.), Datenschutz-Grundverordnung Bundesdatenschutzgesetz Kommentar, 2. Aufl. München 2018; Konferenz der unabhängigen Datenschutzbehörden des Bundes und der Länder (Datenschutzkonferenz), Kurzpapier Nr. 16: Gemeinsam für die Verarbeitung Verantwortliche, Art. 26 DS-GVO, Stand 19.3.2018; Konferenz der unabhängigen Datenschutzbehörden des Bundes und der Länder (Datenschutzkonferenz)„ Orientierungshilfe der Aufsichtsbehörden zur Verarbeitung von personenbezogenen Daten für Zwecke der Direktwerbung unter Geltung der Datenschutz-Grundverordnung (DS-GVO), Stand November 2018; Konferenz der unabhängigen Datenschutzbehörden des Bundes und der Länder (Datenschutzkonferenz), Orientierungshilfe der Aufsichtsbehörden für Anbieter von Telemedien, Stand März 2019; Konferenz der unabhängigen Datenschutzbehörden des Bundes und der Länder (Datenschutzkonferenz), Kurzpapier Nr. 20: Einwilligung nach der DS-GVO; Artikel-29-Datenschutzgruppe, Stellungnahme 06/2014 zum Begriff des berechtigten Interesses des für die Verarbeitung Verantwortlichen gemäß Art. 7 der Richtlinie 95/46/EG, WP 217, angenommen am 9.4.2014; Artikel-29-Datenschutzgruppe, Stellungnahme 1/2010 zu den Begriffen des „Verantwortlichen" und des , „Auftragsverarbeiters", WP 169, angenommen am 16.2.2010; Artikel-29-Datenschutzgruppe, Leitlinien in Bezug auf die Einwilligung gemäß Verordnung 2016/679, WP 259, zuletzt überarbeitet und angenommen 10.04.2018; *Köhler/Bornkamm/Feddersen* (Hrsg.), Gesetz gegen den unlauteren Wettbewerb, 36. Aufl. München 2018.

Anmerkungen

Sachverhalt. Es geht in dem dargestellten Beispiel um eine Unternehmensgruppe in Deutschland, die an Privatpersonen Neu- und Gebraucht-KFZ verkauft sowie Werkstatt- und Reparatur-Services rund um das KFZ anbietet. In dem Beispiel gibt es drei Unternehmen, die zur Unternehmensgruppe gehören, wobei eine der Gesellschaften für den Verkauf der KFZ zuständig ist, die anderen beiden Gesellschaften für die Werkstatt-Services. Insofern kann es sein, dass ein Kunde mit nur einer, zwei oder sogar allen drei Gesellschaften Kontakt hatte und/oder kommuniziert, deren Webseiten besucht, Verträge abschließt, etc. Die Besonderheit des Musters ist, dass die drei Gesellschaften nicht nur die von ihnen selbst erhobenen, sondern auch die bei den beiden anderen Gesellschaften anfallenden Daten für jeweils eigene Werbezwecke nutzen möchten, um bei den Werbe-Selektionen auf eine größere Datenbasis zugreifen und die Werbung noch personalisierter gestalten zu können.

1. Rechtliche Rahmenbedingungen. Seit dem 25.5.2018 gilt in den EU-Mitgliedsstaaten die Verordnung (EU) 2016/679 vom 27.4.2016 zum Schutz natürlicher Personen bei der Verarbeitung personenbezogener Daten, zum freien Datenverkehr und zur Aufhebung der Richtlinie 95/46/EG, die sog. EU-Datenschutz-Grundverordnung (kurz: DSGVO). Als EU-Verordnung gilt sie direkt und unmittelbar in allen Mitgliedsstaaten, siehe Art. 288 Abs. 2 AEUV. Nationalen Datenschutz-Vorschriften kommt damit im hier relevanten werblichen Bereich der Wirtschaft keine größere Bedeutung mehr zu, nationale Normen sind vielmehr nur noch in dem von der DSGVO gestatten Umfang zulässig, zumeist nur in Form von die DSGVO spezifizierenden Regelungen (sog. Spezifizierungs- oder Öffnungsklauseln). Der hier relevante Bereich der werblichen Nutzung von personenbezogenen Daten unterliegt allerdings keiner solchen Öffnung für das nationale Recht. Die Zulässigkeit der Nutzung richtet sich damit auf Datenschutz-Ebene alleine nach der DSGVO. Als EU-Verordnung muss die DSGVO autonom und rein europarechtlich nach dem EU-Primär- und Sekundärrecht verstanden und ausgelegt werden (siehe ausführlich: Ehmann/Selmayr in *Ehmann/Selmayr* DSGVO Einführung Rn. 91 ff.), ein Rückgriff auf nationale Auslegungsgrundsätze ist unzulässig. Rechtsgrundlage im EU-Primärrecht für die DSGVO sind Art. 16 AEUV und Art. 8 EU-GrCh.

Wettbewerbsrecht: Soweit ein Unternehmen personenbezogene Daten verwenden möchte, um einen Kunden werblich anzusprechen, kann neben der DSGVO auch noch das UWG, hier die Regelung des § 7 UWG gelten. Diese regelt, wann eine werbliche Ansprache über einen bestimmten Kanal eine unzumutbare und damit unzulässige Belästigung darstellt. Es geht dabei nicht um datenschutzrechtliche Aspekte, sondern um den „Belästigungseffekt" für die angesprochenen Kunden. § 7 UWG stellt in Deutschland die nationale Umsetzung einer der Vorgaben der EU-Richtlinie 2002/58/EG des Europäischen Parlaments und des Rates vom 12.7.2002 über die Verarbeitung personenbezogener Daten und den Schutz der Privatsphäre in der elektronischen Kommunikation dar (Datenschutzrichtlinie für elektronische Kommunikation, oft und im Folgenden „ePrivacy-Richtlinie" genannt). Diese Richtlinie hat vor allem telekommunikationsrechtliche Hintergründe, also den Schutz der *Privatsphäre* mit dem Hintergrund des Post- bzw. Fernmeldegeheimnisses im Blick. Sie ist primärrechtlich in Art. 7 GrCH lokalisiert, der die „Achtung des Privat- und Familienlebens" regelt, weniger in Art. 8 GrCH, der den Datenschutz regelt. Die DSGVO als Datenschutzregelung und § 7 UWG als wettbewerbsrechtliche Norm gelten nebeneinander (vgl. OLG München Urt. v. 7.2.2019 – 6 U 2404/18, ZD 2019, 408 Rn. 24).

In Anbetracht des Umstandes, dass es sich bei den wettbewerbsrechtlichen Vorgaben an eine zulässige werbliche Maßnahme auf der einen Seite und die Vorgaben der DSGVO hinsichtlich einer damit verbundenen Datenverarbeitung auf der anderen Seite um zwei verschiedene Aspekte handelt, sind diese zwar simultan, jedoch unabhängig voneinander auf den gleichen Sachverhalt anzuwenden. Dies hat praktische Auswirkungen, etwa in der Situation, dass eine werbliche Maßnahme nach dem Wettbewerbsrecht zwingend eine ausdrückliche (wettbewerbsrechtliche) Einwilligung des Betroffenen voraussetzt, die Verarbeitung der hierfür erforderlichen Daten datenschutzrechtlich aber ggf. über die Interessenabwägung nach Art. 6 Abs. 1 S. 1 lit. f DSGVO gerechtfertigt werden kann und damit keine datenschutzrechtliche Einwilligung nötig ist. Bezüglich der Handhabung dieses Widerspruchs gehen die Meinungen auseinander. Nach der überzeugenden Einschätzung der Datenschutz-Koferenz (kurz: „DSK", einem informellen Zusammenschluss der deutschen Aufsichtsbehörden für den Datenschutz) sind die Schutzvorschriften des UWG für die jeweilige Werbeform auch im datenschutzrechtlichen Kontext bei der Interessenabwägung nach Art. 6 Abs. 1 S. 1 lit. f DSGVO mit zu berücksichtigen (vgl. DSK, Orientierungshilfe Direktwerbung, Punkt 1.4., Seite 5).

Die ePrivacy-Richtline 2002/58/EG beinhaltet ferner in Art. 5 Abs. 3 eine Regelung dazu, wenn über elektronische Kommunikationsnetze – wie etwa das Internet – Informationen auf den das Endgerät eines Webseitenbesuchers geschrieben oder später ausgelesen werden. Darunter fallen beispielsweise Cookies, die gesetzt werden, um zu verfolgen, welche Seiten eines Internetauftritts ein Kunde in welcher Reihenfolge besucht hat (sog. Tracking). Artikel 5 Abs. 3 wurde später durch die EU-Richtlinie 2009/136/EG nochmals modifiziert (dies ist die sog. Cookie-Richtlinie). Im Rahmen dieser Anpassung wurde ein Einwilligungserfordernis samt zwei Ausnahmen konstituiert. Bei dieser Einwilligung handelt es sich um eine *telekommunikations*rechtliche Einwilligung, keine *datenschutz*rechtliche Einwilligung. Dies zeigt sich daran, dass Art. 5 Abs. 3 und das dortige Einwilligungserfordernis auch für nicht-personenbezogene Daten gilt. Auf diese Norm kommt es aber nur an, wenn es um das Auslesen oder Schreiben von Daten in einem Endgerät des Nutzes geht. Typischerweise werden die dazugehörigen „Cookie-Einwilligungen" meist beim ersten Besuch einer Webseite in Form eines sog. „Cookie-Banners", eines Popups, etc abgefragt. Für die hiesige Werbe-Einwilligung spielen die Vorgänge rund um das Setzen oder Auslesen von Cookies allerdings keine Rolle, lediglich die Folgenutzung. Die Folgenutzung ist aber nicht mehr vom Anwendungsbereich des Art. 5 Abs. 3 der EU-Richtlinie 2009/136/EG umfasst. Für sie gilt daher die DSGVO. Die Folgenutzung ist im Muster damit Teil der Einwilligung, das vorgelagerte Gewinnen der Daten über Cookies und das eigentliche Tracking dagegen nicht, vielmehr wird insofern vorausgesetzt, dass etwaige Tracking-Daten rechtmäßig erhoben wurden und vorliegen.

Die Regelungen der Richtlinie 2002/58/EG sowie der Richtlinie 2009/136/EG wollte die EU zeitgleich mit der DSGVO ändern und an diese anpassen. Dies ist aus politischen und zeitlichen Gründen bislang nicht gelungen, vielmehr läuft das Gesetzgebungsverfahren dazu noch. Geplant ist eine ePrivacy-Verordnung. Bislang liegt eine solche nur als Entwurf der Europäischen Kommission vor (KOM(2017)10, vgl. https://eur-lex.europa.eu/legal-content/DE/TXT/PDF/?uri=CELEX:52017PC0010, zuletzt aufgerufen am 24.10.2019).

In Deutschland existieren zudem im TMG in den §§ 11 ff. TMG noch weitere Regelungen zum Datenschutz bei Telemedien, ua in § 13 Abs. 2 und 3 TMG auch zu Einwilligungen. Da diese Regelungen im TMG allerdings keine europarechtlichen Hintergründe haben, werden die meisten der Datenschutz-Regelungen der §§ 11 ff. TMG von der DSGVO ersatzlos verdrängt und sind aufgrund deren Anwendungsvorrangs seit 25.5.2018 unanwendbar (vgl. DSK, Orientierungshilfe für Anbieter von Telemedien, Punkt II. 1, 2, Seite 2 ff.). Vieles ist in Deutschland dazu umstritten, zumindest betreffend der hier relevanten Einwilligungsregelungen der Absätze 2 und 3 des § 13 TMG dürfte die Nichtanwendbarkeit aber unstreitig sein (vgl. *Buchner/Raab* in Kühling/Buchner DSGVO Art. 7 Rn. 75, DSGVO Art. 95 Rn. 7.). Der deutsche Gesetzgeber hätte konsequenterweise die von der DSGVO verdrängten Regelungen im TMG aufheben müssen, was aus Zeitgründen noch nicht erfolgte. In der Praxis dürfte sich die Frage, ob § 13 Abs. 2 und 3 TMG von der DSGVO verdrängt werden oder nicht, kaum auswirken, da rechtlich im Ergebnis die Anforderungen quasi identisch sind.

Zuletzt ist noch auf das AGB-Recht zu verweisen, also die §§ 305 ff. BGB. Der BGH wendet das AGB-Recht auf datenschutzrechtliche Einwilligungen in ständiger Rechtsprechung an (siehe exemplarisch mit weiteren Nachweisen: BGH Urt. v. 1.10.2018 – III ZR 196/17, GRUR 2018, 545 ff., Rn. 12). Dies begründet der BGH mit der Schutzzweck der AGB-rechtlichen Regelungen. Für ihn ist für die Anwendbarkeit des AGB-Rechts entscheidend, dass der Verwender des Einwilligungsformulars bei der von Kunden abzugebenden Erklärung die rechtsgeschäftliche Gestaltungsfreiheit für sich ebenso in Anspruch nimmt wie bei der Vorformulierung eines Vertragstextes, und dass der Kunde nur darauf, ob er die Erklärung abgeben will, nicht aber auf ihren Inhalt Einfluss hat (vgl. BGH Urt. v. 25.10.2012 – I ZR 169/10, GRUR 2013, 531 ff., Rn. 19 sowie BGH Urt. v. 27.1.2000 – I ZR 241/97, MMR 2000, 607 (608)). Ob der Bereich der Inhaltskontrolle dann eröffnet ist, hängt davon ab, ob die Regelung nur eine rechtsdeklaratorische Erklärung ist oder die gesetzliche Regelung ergänzt und diese ausfüllt oder hinausgeht.

2. Rechtsnatur. Die Rechtsnatur einer Einwilligung ist umstritten (vgl. *Buchner/Kühling* in Kühling/Buchner Art. 7 Rn. 1a, sowie Heckmann/Paschke in Ehmann/Selmayr, Art. 7 Nr. 16). Da die DSGVO die Anforderungen an eine Einwilligung regelt, darf deren Rechtsnatur ausschließlich nach europarechtlichen Grundsätzen bestimmt werden, keinesfalls nach nationalem Recht. Für die Formulierung einer Werbe-Einwilligung spielt eine genaue rechtsdogmatische Einordnung aber zunächst keine große Rolle mehr: Denn die Anforderungen an eine Datenschutz-Einwilligung sind abschließend in der DSGVO bestimmt, zur Werbe-Einwilligung gibt es keine Spezifizierungs- oder Öffnungsklausel für die nationalen Gesetzgeber. Wichtig in der Praxis bei der Formulierung einer Einwilligung ist damit, sich an die Vorgaben der DSGVO zu halten, auf eine rechtsdogmatische Einordnung nach nationalem Recht kommt es nicht mehr an (und wäre zudem unzulässig).

3. Normen. Die DSGVO nennt die Einwilligung als eine der möglichen Rechtsgrundlagen für eine Datenverarbeitung in Art. 6 Abs. 1 S. 1 lit. a DSGVO und sieht in Art. 7 DSGVO verschiedene Vorgaben an Inhalt und Ausgestaltung zur Einwilligung vor. Art. 9 DSGVO enthält für den Fall weitere Anforderungen, dass eine Einwilligung auch den Umgang mit besonderen Arten von personenbezogenen Daten regeln soll, also etwa Gesundheitsdaten. Diese Regelung ist im hiesigen Beispiel damit nicht relevant.

Zusätzlich finden sich in den Erwägungsgründen 32, 33, 42 und 43 der DSGVO sehr nützliche und lesenswerte Ausführungen des Verordnungsgebers, die die zum Teil abstrakten Formulierungen in Art. 7 DSGVO deutlich konkretisieren. Im Gesetzgebungsverfahren der DSGVO fanden sich diese zum Teil noch in den Artikeln der DSGVO-Entwürfe, sind dann aber aus politischen Kompromissgründen in die Erwägungsgründe verschoben worden. Da die Erwägungsgründe aber bei der autonomen Auslegung der Normen der DSGVO eine wichtige Rolle spielen, sind sie in der Praxis zu beachten (*Selmayr/Ehmann* in Ehmann/Selmayr DSGVO Einführung Rn. 97).

4. Personenbezogene Daten. Da es vorliegend um Daten von Kunden oder Interessenten geht, also natürlichen Personen, liegen personenbezogene Daten im Sinne des Datenschutzrechts vor, siehe Art. 4 Nr. 1 DSGVO.

5. Einwilligung und Datenschutz-Hinweise. Beides unterscheidet sich grundlegend. In den Datenschutzhinweisen, oft auch Datenschutz-Erklärung oder im Englischen „privacy policy" oder „privacy notice" genannt, informiert der für die Datenverarbeitung Verantwortliche die betroffenen Personen über verschiedene Pflichtangaben. Diese sind in den Artikeln 12, 13 und 14 DSGVO definiert. Datenschutz-Hinweise sind eine Kommunikation *vom* Verantwortlichen *an* die betroffene Person. Irgendeine rechtliche Erklärung der betroffenen Person ist damit nicht verbunden. Eine Datenschutz-Einwilligung ist das Gegenteil: Sie stellt eine verbindliche Rechtserklärung der betroffenen Person dar, die *sie* gegenüber *dem Verantwortlichen* erteilt. Beides – Einwilligungserklärung und Datenschutzerklärung – müssen daher sprachlich und inhaltlich sehr genau voneinander unterschieden werden, sie bezwecken völlig Unterschiedliches und haben eine gänzlich verschiedene Rechtsnatur. In der Praxis verwendet man dafür am besten zwei getrennte Dokumente.

Wenn es um umfangreichere Einwilligungstexte geht, ist es formal denkbar, die Einwilligung nur kurz zu formulieren und für die ausführliche Darstellung der von der Einwilligung umfassten Datenverarbeitungen auf eine bestimmte Ziffer in den Datenschutz-Hinweisen zu verweisen. So kann die eigentliche Einwilligung sehr kurz gehalten werden, wie zum Beispiel in Form von „Ja, ich willige in die Verarbeitung meiner personenbezogenen Daten ein, wie im Detail in den Datenschutzhinweisen in Ziffer XY. beschrieben." Dieser Weg wurde vorliegend nicht gewählt, damit die Einwilligung auch außerhalb des Internets, etwa auf Flyern, Gewinnspiel-Bögen oder eigenen Formularen verwendet werden kann, bei denen es aus Platzgründen und Gründen der Praktikabilität nicht immer möglich ist, mit einer solchen Verweistechnik zu arbeiten und umfangreiche Datenschutz-Hinweise ebenfalls abzudrucken.

Unabhängig von dem hier dargestellten Muster-Einwilligungsformular ist es wichtig, die über die Einwilligung legitimierte Datenverarbeitung in die Datenschutzhinweise der Unternehmensgruppe aufzunehmen oder gesonderte Datenschutz-Hinweise dafür vorzusehen (siehe dazu das Muster „Datenschutz-Hinweise für werbliche Nutzung"). Entsprechend wird im Muster auf solche gesonderten Datenschutz-Hinweise hingewiesen. Verwendet man das Formular online, reicht ein Link auf die Datenschutz-Hinweise.

Möchte man das Einwilligungsmuster dagegen in Papierform verwenden, wäre zu ergänzen, an welcher Stelle der Betroffene die Datenschutz-Hinweise findet. Idealerweise ist dies dasselbe Dokument, etwa die Rückseite, um Diskussionen zu vermeiden, ob etwa nur die Angabe eines Internet-Links auf einem Papierdokument ausreicht oder unzumutbar ist (vgl. *Heckmann/Paschke* in Ehmann/Selmayr DSGVO Art. 12 Rn. 14).

6. Abgrenzung gesetzliche Erlaubnis – Einwilligung. Im Datenschutzrecht unterscheidet man zwischen zwei Erlaubnisformen: Zum einen der Einwilligung, die eine Erteilung durch den Betroffenen voraussetzt, zum anderen gesetzliche Datenverarbeitungserlaubnisse, die eine Einwilligung entbehrlich machen.

Art. 6 Abs. 1 DSGVO beinhaltet neben der Einwilligung die wichtigsten gesetzlichen Erlaubnistatbestände und sieht beides gleichrangig nebeneinander. Dies ließe grundsätzlich den Rückschluss zu, dass der Verantwortliche eine Datenverarbeitung gleichzeitig sowohl auf einen gesetzlichen Erlaubnistatbestand als auch auf eine von der betroffenen Person erteilte Einwilligung stützen kann. Dies ist nicht unumstritten. Zumindest die deutschen Datenschutzbehörden sind der Ansicht, dass diejenigen Datenverarbeitungen, die bereits per gesetzlicher Erlaubnis gestattet sind (etwa über eine Vertragserfüllung oder auf Basis einer rechtlichen Verpflichtung), nicht zusätzlich auch noch durch eine parallele Einwilligung erlaubt werden dürfen bzw. andersherum eine unwirksame Einwilligung nicht durch den Rückgriff auf einen gesetzlichen Erlaubnistatbestand „geheilt" werden kann (vgl. DSK, Kurzpapier Nr. 20: Einwilligung nach der DS-GVO, S. 3). Denn darüber würde eine Freiwilligkeit betreffend der Datenverarbeitung vorgespiegelt, die es in Wirklichkeit (da über die gesetzlichen Erlaubnisse gestattet) nicht gibt. Dies verstoße gegen Treu und Glauben (siehe dazu Art. 8 GrCH) und führe zur Unwirksamkeit der Einwilligung. Unabhängig von dieser Rechtsmeinung entstehen praktische Probleme, wenn man gesetzlich erlaubte Datenverarbeitungen zugleich auf eine (unnötige) Einwilligung stützt: Wenn in solchen Fällen die Einwilligung widerrufen wird, wird sich ein Verantwortlicher kaum als Rückfallposition auf die gesetzliche Erlaubnis stützen können. Denn wenn er sich schon entscheidet, mit einer Einwilligung zu arbeiten, obwohl rechtlich nicht nötig, muss er sich – nicht zuletzt wegen der Regelung in Art. 5 Abs. 1 lit. a DSGVO zur Fairness - auch daran festhalten lassen, wenn diese widerrufen wird und dann die darüber legitimierte Datenverarbeitung einstellen. Denn mit der Entscheidung, mit einer Einwilligung zu arbeiten, gibt er kund, dass der Kunde entscheiden können soll, was mit seinen Daten geschieht. Wenn die Daten zugleich aber zur Vertragserfüllung nötig wären und die Einwilligung sprachlich so gestaltet ist, dass sie sich auch auf den gesetzlich gestatteten Teil bezieht, liegen die praktischen Probleme bei einem Widerruf auf der Hand.

Für die Praxis ist daher der sicherste Weg, mit einer Einwilligung nur diejenigen Datenverarbeitungen zu erfassen und zu legitimieren, die nicht mehr per gesetzlicher Erlaubnis gestattet sind. Denn dann stellt sich vorgenannte Problematik nicht. Dies setzt eine entsprechende sorgfältige datenschutzrechtliche Prüfung im Vorfeld heraus, denn die Abgrenzung zwischen noch per gesetzlichem Erlaubnistatbestand gestatteter Datenverarbeitung und einer solcher, die darüber hinausgeht und daher einwilligungsbedürftig ist, ist oft nicht einfach.

Durch die DSGVO ist die Nutzung von personenbezogenen Daten zu Werbezwecken im Verhältnis zu den früheren Regelungen in Deutschland erleichtert worden. Denn nunmehr ist ein Rückgriff auf die Interessenabwägung des Art. 6 Abs. 1 S. 1 lit. f DSGVO zulässig, worüber eine Reihe von werblichen Datenverarbeitungen gestützt werden können (vgl. *Buchner/Petri* in Kühling/Buchner Art. 6 Rn. 175; Stellungnahme der Artikel-29-Datenschutzgruppe, WP 217, S. 31 ff.; BayLDA, Datenverwendung für persönliche Werbung, S. 2). Wo genau der Verantwortliche die Grenze sieht, hat er in den Datenschutzhinweisen zu beschreiben: Dort muss nach Art. 13 Abs. 1 lit. c DSGVO zwingend die datenschutzrechtliche Grundlage für die vorgenommenen Verarbeitungen genannt werden, im Falle der Interessenabwägung nach Art. 13 Abs. 1 lit. d DSGVO auch die berechtigten Interessen.

Im hiesigen Beispiel wird unterstellt, dass für die in dem Muster beschriebenen Datenverarbeitungen die Interessenabwägung zu keinem positiven Ergebnis führte (weil ua ein Datenpool und umfangreiche Auswertungen zur persönlichen Selektion und Ansprache erfolgen sollen) und damit dafür keine gesetzliche Datenverarbeitungserlaubnis besteht. Das Muster der Einwilligung setzt also dort an, wo die gesetzlichen Datenverarbeitungserlaubnisse enden.

7. **Ausdrückliche Handlung.** Erwägungsgrund 32 bestimmt, dass die Einwilligung durch eine „eindeutige bestätigende Handlung erfolgen" muss, mit der „freiwillig, für den konkreten Fall, in informierter Weise und unmissverständlich bekundet" wird, dass die betroffene Person mit der Verarbeitung der sie betreffenden personenbezogenen Daten einverstanden ist. Dies könne etwa in Form einer schriftlichen Erklärung, die auch elektronisch erfolgen kann, oder einer mündlichen Erklärung geschehen. Der Erwägungsgrund nennt weiter, dass dies durch Anklicken eines Kästchens beim Besuch einer Internetseite, durch die Auswahl technischer Einstellungen oder durch eine andere Erklärung oder Verhaltensweise geschehen könne, mit der die betroffene Person in dem jeweiligen Kontext eindeutig ihr Einverständnis mit der beabsichtigten Verarbeitung ihrer personenbezogenen Daten signalisiert. Der Verordnungsgeber betont dort ferner, dass Stillschweigen, bereits angekreuzte Kästchen oder Untätigkeit der betroffenen Person daher keine Einwilligung darstellen sollen. Damit macht der Verordnungsgeber sehr klar, dass er eine aktive Handlung fordert, mit der die Einwilligung erteilt wird.

Zudem muss der betroffenen Person klar sein, welche Datenverarbeitung die Einwilligung genau beinhaltet. Sie muss wissen, auf was sie sich einlässt. Zudem darf es keine Zweifel geben, dass die betroffene Person gerade eine Datenschutz-Einwilligung erteilen will und nicht mehr etwa nur den Erhalt von Datenschutz-Informationen bestätigt oder sich mit der Geltung von AGB einverstanden erklärt oÄ. Daher ist die Einwilligung im Beispiel explizit als Datenschutz-Einwilligung bezeichnet, aber auch der Einleitungssatz sprachlich als Erklärungshandlung formuliert. Die Abgabe setzt zudem im Online-Formular das Anklicken eines Buttons voraus, also einer – da rein auf die Einwilligung bezogen – eindeutigen Handlung nur mit diesem Inhalt.

Verwendet man das Muster als Papierdokument, könnte man am Ende mit einer Unterschrift arbeiten. Wenn mit dieser (bzw. dem Button bei einer Online-Verwendung) nur die Einwilligung erklärt wird, bedarf es allerdings keines zusätzlichen Ankreuz-Kästchens mehr, denn in der Unterschrift liegt bereits die eindeutige bestätigte Handlung, die sich nur auf die Abgabe der Einwilligung bezieht.

8. **Verantwortlicher.** Der sog. „Verantwortliche" ist in der DSGVO in Art. 4 Nr. 7 definiert. Eine Datenschutzeinwilligung legitimiert einen oder mehrere Verantwortliche zu genau denjenigen Datenverarbeitungen, die Inhalt der Einwilligung sind. Der bzw. die Verantwortlichen sollten in der Einwilligung explizit genannt sein, da es eine der zentralen Informationen und Inhalte einer Einwilligung ist, wem man als Betroffener die Verarbeitung seiner personenbezogenen Daten gestattet. Vorliegend geht es im Muster bei den drei Gesellschaften um drei verschiedene Verantwortliche, deren Datenverarbeitung über die Einwilligung jeweils legitimiert werden soll. Wenn dies sprachlich ausreichend transparent dargestellt ist, spricht nichts gegen eine solche „Kombi-Einwilligung", das Gesetz verbietet dies nicht. Zumindest die jeweilige Firma sollte der Klarheit und Transparenz wegen (Art. 12 Abs. 1 DSGVO) vollständig genannt sein (für die postalische Anschrift dürfte auch die Angabe nur in den (hier zu Beginn der Einwilligung explizit in Bezug genommenen) Datenschutzhinweisen ausreichen. Im Muster wurde die postalische Anschrift vorsorglich aufgenommen.

9. Mögliche gemeinsame Verantwortlichkeit: Mit der DSGVO kommt dem Institut der sog. „gemeinsamen Verantwortlichkeit" eine neue Bedeutung zu, siehe dazu Art. 26 DSGVO (im englischen „Joint Controller"). Eine solche gemeinsame datenschutzrechtliche Verantwortlichkeit liegt vor, wenn zwei oder mehrere Verantwortliche betreffend einer bestimmten Verarbeitung von personenbezogenen Daten *gemeinsam Zwecke und Mittel festlegen*. Wann dies vorliegt, ist rechtlich aktuell nicht einfach zu beurteilen, da vieles umstritten ist. Hilfestellung geben mittlerweile aber drei EuGH-Urteile aus der jüngsten Zeit (vgl. EuGH Urt. v. 5.6.2018 – C-210/16, ZD 2018, 357 ff., EuGH Urt. v. 29.7.2019 – C-40/17, MMR 2019, 579 ff. sowie EuGH Urt. v. 10.7.2018 – C-25/17, ZD 2018, 469 ff.). Liegt eine solche gemeinsame Verantwortlichkeit vor, knüpfen sich daran nach Art. 26 DSGVO verschieden Folgen, ua eine gemeinsame Haftung für bestimmte Ansprüche, aber auch die formale Pflicht, eine eigene „joint controller-Vereinbarung" abzuschließen und das Wesentliche davon den betroffenen Personen zur Verfügung zu stellen. Ob eine solche gemeinsame Verantwortlichkeit vorliegt, ist eine Einzelfallfrage und hängt vor allem auch davon ab, wie die tatsächlich Beziehung der Beteiligten untereinander ist (vgl. *Bertermann* in Ehmann/Selmayr DSGVO Art. 26 Rn. 10, *Hartung* in Kühling/Buchner DSGVO Art. 26 Rn. 15 mwN sowie Stellungnahme der Artikel-29-Datenschutzgruppe, WP 169, S. 21 ff.). Für die Formulierung der hiesigen Einwilligung spielt diese Einordnung keine Rolle, wichtig ist dort lediglich, dass klar gestellt ist, welche Verantwortlichen durch die Einwilligung wozu genau legitimiert werden.

Soweit keine gemeinsame Verantwortlichkeit vorliegt, ist dies konsequent in allen Datenschutz-Dokumenten, auch einer Einwilligung, durchgängig und konsistent darzustellen. Im hiesigen Beispiel wurde angenommen, dass keine gemeinsame Verantwortlichkeit besteht und daher eine Formulierung aufgenommen, nach der jedes der drei Unternehmen alleine für sich die Daten zu den in der Einwilligung genannten Zwecken verarbeitet, also diese nicht gemeinsam mit anderen festlegt.

10. Transparenz/Inhalt der Einwilligung/Zweckänderung. Nur eine informierte Einwilligung ist wirksam, also eine solche, in der für die betroffene Person klar und eindeutig erkennbar ist, wozu und worin sie genau einwilligt, siehe Art. 6 Abs. 1 lit. a DSGVO sowie den Erwägungsgrund 32. Der betroffenen Person muss bewusst sein, wem sie was genau an Datenverarbeitung erlaubt (vgl. DSK, Kurzpapier Nr. 20: Einwilligung nach der DS-GVO, S. 1 f.; Stellungnahme der Artikel-29-Datenschutzgruppe, WP 259, S. 13 ff.). Wenn es um die Nutzung von personenbezogenen Daten geht, die der Betroffene aus anderen Gründen einem Unternehmen gegeben hat (etwa zur Vertragserfüllung), um auf deren Basis für sie möglichst passende Werbe-Angebote zu finden, stellt dies eine Zweckänderung dar. Vorliegend deckt die Einwilligung gerade auch diese ansonsten erlaubnispflichtige Zweckänderung ab (siehe Art. 6 Abs. 4 DSGVO, für den Fall, dass keine Einwilligung vorliegt). Nach Art. 6 Abs. 1 S. 1 lit. a DSGVO ist es zudem zwingend, in einer Einwilligung bestimmte Zwecke beschreiben zu müssen, siehe dazu im Folgenden zu den Details.

11. Werbecharakter und Werbung als Gesamtzweck. Aus den in vorstehender Anmerkung genannten Gründen wird im Muster explizit von „werblichen" Informationen gesprochen, um den werblichen Zweck nicht zu verschleiern, sondern offen zu legen. Die Nutzung der personenbezogenen Daten zur Selektion für personalisierte Werbung und deren Zusendung ist der Kern der Einwilligung. Die Konzentration darauf und die Benennung zu Beginn des Textes hat einen weiteren Hintergrund: Satz 4 und Satz 5 des Erwägungsgrundes 32 lauten: „*Die Einwilligung sollte sich auf alle zu demselben Zweck oder denselben Zwecken vorgenommenen Verarbeitungsvorgänge beziehen. Wenn die Verarbeitung mehreren Zwecken dient, sollte für alle diese Verarbeitungszwecke eine Einwilligung gegeben werden.*" Dies kann man so verstehen, dass dann, wenn die Einwilligung zwei verschiedene Zwecke umfassen soll, zwei getrennte Einwilligungen nötig sein sollen (vgl. Stellungnahme der Artikel-29-Datenschutzgruppe, WP 259, S. 14). Aus Transparenzgesichtspunkten ist dies verständlich, auch aus dem Schutzgedanken für die betroffene Person: Denn so kann sie jeweils neu überlegen und entscheiden, ob sie den Eingriff in ihre Datenschutzrechte gestattet oder nicht. Insofern ist es in der Praxis sprachlich zu empfehlen, eine Werbe-Einwilligung so zu gestalten, dass sie sich nur auf einen Zweck, nämlich den der werblichen Nutzung als „Oberzweck" beschränkt. Alle umfassten Datenverarbeitungen dürfen dann nur eine Teilmenge sein, aber keinem weiteren Zweck dienen. Um einer gegenteiligen Auslegung von Anfang an entgegenzusteuern, wird hier zu Beginn also der Werbecharakter offen gelegt und als Gesamtzweck definiert.

12. Ansprachekanäle. Typischerweise möchte man den Kunden auf mehreren Werbekanälen ansprechen, also per E-Mail, Telefon, per Post, etc. Darin liegt einerseits eine Nutzung unterschiedlicher personenbezogener Daten (E-Mail-Adresse oder Postadresse, etc), andererseits ist bei der werblichen Ansprache der Anwendungsbereich des § 7 UWG betroffen. Diese Norm beinhaltet für die verschiedenen Kanäle unterschiedliche Vorgaben und fordert für bestimmte Fälle ebenfalls eine Einwilligung, die hier als „wettbewerbsrechtliche Einwilligung" bzw. „Kanal-Einwilligung" bezeichnet wird. Diese Einwilligung ist rechtlich von der Datenschutz-Einwilligung zu differenzieren: Die Datenschutz-Einwilligung gestattet den Umgang mit bestimmten personenbezogenen Daten, die Kanal-Einwilligung dagegen die Nutzung bestimmter, sich in ihrer Belästigungsintensität unterscheidender Werbekanäle. Die Einholung einer wettbewerbsrechtlichen Einwilligung dient im Unterschied zur datenschutzrechtlichen Einwilligung dazu, das Einverständnis des Beworbenen mit einem Eingriff in dessen (vom Datenschutz zu trennenden) Privatsphäre, die mit der Nutzung eines bestimmten Werbekanals (etwa dem Telefon) einhergeht, einzuholen (vgl. *Köhler* in Köhler/Bornkamm/Feddersen UWG § 7 Rn. 143)

Weder die DSGVO noch das UWG (bzw. die ePrivacy-Richtlinie 2002/58/EG) beinhalten ein Verbot dazu, solche Einwilligungen zu kombinieren. Dem Gesetz nach ist eine Kombination also nicht ausgeschlossen, ebenso, die verschiedenen Kanäle in nur eine Einwilligungserklärung aufzunehmen und nicht für jeden Werbekanal etwa eine eigene Einwilligung oder zumindest innerhalb einer Einwilligung mehrere anzukreuzende Auswahlfelder vorzusehen. Wichtig ist, die jeweiligen Transparenzanforderungen und anderen Voraussetzungen einzuhalten.

In Deutschland wurde allerdings ein BGH-Urteil aus dem Jahre 2008 (vgl. BGH Urt. v. 16.7.2008 – VIII ZR 348/06, GRUR 2018, 1010 Rn. 26 ff.) das sich ua mit dieser Thematik befasste, von der Praxis oft so verstanden, wie vorstehend beschrieben: Für die verschiedenen Ansprachekanäle sei nach BGH jeweils eine eigene Einwilligung bzw. innerhalb einer Einwilligung zumindest ein gesondertes Ankreuzfeld nötig. Dies führte in der Praxis oft zu komplizierten Formularen, verbunden mit dem praktischen Risiko, dass die Betroffenen bei solchen Formularen dann übersehen, die (richtigen) Kreuze zu setzen.

Mit Urteil vom 1.10.2018 (vgl. BGH Urt. v. 1.10.2018 – III ZR 196/17, GRUR 2018, 545 Rn. 25) stellte der BGH sodann aber – ausdrücklich unter Verweis auf das Urteil aus dem Jahre 2008 – klar, dass diese Anforderung von ihm nicht bestehe: „*Es widerspricht dem Erfordernis einer spezifischen Angabe nicht, dass die Einwilligungserklärung sich auf eine Werbung mittels verschiedener Kommunikationswege - Telefonanruf und elektronische Post - bezieht. Einer gesonderten Erklärung für jeden Werbekanal bedarf es nicht.*" Der BGH führt dies noch genauer aus: „*Es würde den Verbraucherschutz nicht stärken, wenn für jeden Werbekanal eine gesonderte Einwilligungserklärung abgegeben werden müsste. Dies wäre bei Anlegung des Maßstabs eines verständigen und redlichen Durchschnittsverbrauchers eine geradezu unverständliche Förmelei, mit der keinerlei Transparenzgewinn verbunden wäre. Zwar hätte eine getrennte Erklärung den Vorteil, dass der Verbraucher unmittelbar auch einzelnen Werbemaßnahmen zustimmen und andere ablehnen könnte, während bei einer zusammengefassten Klausel nur deren voll-*

ständige Ablehnung oder Annahme möglich ist. Dies mag dazu führen, dass Verbraucher eine Kontaktaufnahme eher insgesamt ablehnen, während sie bei getrennten Klauseln der Werbung über einzelne der zur Auswahl stehenden Kanäle zugestimmt hätten. Diese mögliche Wirkung beeinträchtigt jedoch nicht den auf den Verbraucher gerichteten Schutzzweck, sondern geht zulasten des Verwenders.“ Wichtig bleibt aber die Anforderung des BGH, dass eine Werbe-Einwilligung keine anderen Erklärungen enthalten dürfe, wie etwa vertragliche Erklärungen oder eine Mitteilung über einen Gewinn nach einen Gewinnspiel (dies wäre keine Werbung, sondern eine Folge des Gewinnspielvertrags). Vielmehr muss eine Werbe-Einwilligung gemäß § 7 UWG „gesondert“ erteilt werden, siehe BGH GRUR 2018, 545 Rn. 25 mwN. Für die Praxis ist damit eine erhebliche Erleichterung eingetreten. Denn nunmehr darf eine Werbe-Einwilligung auch verschiedene Werbekanäle umfassen. Dieser Weg wurde hier gewählt.

13. Detailgrad der Werbeinhalte. Eine Einwilligung muss in Kenntnis der Sachlage und für den konkreten Fall erteilt werden, Art. 6 Abs. 1 S. 1 lit. a DSGVO, Art. 7 DSGVO und § 7 UWG: Dies ist der Fall, wenn die betroffene Person weiß, dass ihre Erklärung ein entsprechendes Einverständnis darstellt und worauf sie sich bezieht (vgl. BGH Urt. v. 14.3.2017 – VI ZR 721/15, GRUR 2017, 748 Rn. 24, und BGH Urt. v. 25.10.2012 – I ZR 169/10, GRUR 2013, 531 Rn. 23). Eine Einwilligung wird insofern dann für den konkreten Fall erteilt, wenn klar wird, auf welche Produkte oder Dienstleistungen welchen Unternehmens sich die Werbung erstrecken soll.

Folge ist, dass in der Praxis genau beschrieben werden muss, welchen Inhalt die zukünftige Werbung haben wird und von wem diese stammt, ebenso, von wem der Kunde sie erhält. Allgemeine oder pauschale Formulierungen wie „für Sie interessante Angebote“ oder nur „werbliche Informationen“ sind damit nicht ausreichend, da damit gerade nichts über den Inhalt der Werbung gesagt wird. Deswegen wird im Muster genau definiert, auf welche Waren und Dienstleistungen sich die Werbung beziehen wird. Dabei muss stets ein Mittelweg zwischen Genauigkeit und Flexibilität für neue und weitere Werbung gewählt werden.

14. Erfasste Datenkategorien. Einem Unternehmen können zahlreiche Datenkategorien über eine betroffene Person vorliegen, gerade dann, wenn beide schon länger in einer Geschäftsbeziehung stehen. Damit die Einwilligung in Kenntnis der Sachlage und für den konkreten Fall erteilt wird, muss die betroffene Person also auch wissen, welche ihrer personenbezogenen Daten auf Basis der Einwilligung für die dort genannten Werbezwecke wie verwendet werden sollen. Daher findet sich in dem Muster ein eigener Absatz, der die verschiedenen Datenkategorien auflistet und kurz erläutert. Je mehr Datenkategorien hier aufgelistet werden, desto genauer und transparenter ist die Einwilligung, und um so eher kann sich aber zumindest bei Datenkategorien, die eher fernliegend sind, die Frage stellen, ob darin keine überraschende Klausel im Sinne von § 305c Abs. 1 BGB liegt. Im Ergebnis ist dies vor allem auch eine Frage der sprachlichen Darstellung und des Gesamtkontexts. Ein rechtlich nicht vorgebildeter, verständiger und redlicher Durchschnittskunde, auf den bei der Auslegung von Allgemeinen Geschäftsbedingungen abzustellen ist (vgl. BGH Urt. v. 5.10.2017 – III ZR 56/17, MMR 2018, 160 Rn. 16), muss verstehen, worauf sich die Einwilligung bezieht.

Wichtig ist daher, die einzelnen Datenkategorien abschließend festzulegen und zu definieren. Um die Verständlichkeit und damit die Transparenz zu erhöhen, bieten sich zudem Beispiele an. Einige sind im Muster genannt, für weitere Beispiele sind Platzhalter vorgesehen.

Die Auflistung der Datenkategorien im Muster ist eher umfangreich, da sie fast alle aus Kontakten oder „Berührungen“ zwischen Kunde und den drei Unternehmen anfallende Daten einbezieht. Zugleich ist genau dies fachlich erforderlich, will man eine möglichst individuelle Werbe-Ansprache erzielen: Denn dazu muss man den Kunden zwangsläufig möglichst genau kennen, also auf möglichst alle personenbezogenen Daten zurückgreifen. Eine solche individuelle Ansprache ist Kern dieser Einwilligung und daher möglichst konsequent dargestellt. Es spricht daher einiges dafür, dass diese Auflistung AGB-rechtlich und datenschutzrechtlich ausreichend transparent, verständlich und nicht überraschend ist – gerade bei der Frage einer überraschenden Klausel verbleibt aber ein Rest-Risiko.

15. Datenübermittlung innerhalb der Unternehmensgruppe. Eine Offenlegung von personenbezogenen Daten an andere Verantwortliche, etwa durch Übermittlung, Verbreitung oder eine andere Form der Bereitstellung, ist nach Art. 4 Nr. 2 DSGVO jeweils eine sog. „Verarbeitung". Gemäß Art. 6 Abs. 1 DSGVO wird dafür eine Erlaubnis benötigt, wofür vorliegend die Einwilligung vorgesehen ist.

Insofern stellt sich in der Praxis regelmäßig die Frage, wie genau man die Dritten, denen die Daten weitergegeben werden, bezeichnen muss. Denn eine namentliche Nennung schränkt die Flexibilität aus Verwendersicht stark ein. Daher wird oft versucht, die Dritten nicht namentlich zu nennen, sondern nur Kategorien von Dritten zu beschreiben, wie zum Beispiel „unsere Kooperationspartner" oÄ. Ob die Angabe von Kategorien ausreicht oder die Dritten namentlich genannt werden müssen, ist eine Einzelfallfrage. Soweit Dritte anderweitig genannt sind oder sich bestimmen lassen, weil definiert, ist dies anders zu bewerten als wenn die genannten Kategorien von Datenempfängern nur eine Pauschalformulierung ist.

Da eine Einwilligung nur dann zulässig ist, wenn sie vom Kunden in Kenntnis der genauen Sachlage und daher „informiert" erteilt wird, spricht einiges dafür, die Dritten namentlich zu nennen oder zumindest so genau zu beschreiben oder abzugrenzen, dass diese bestimmbar sind. Ansonsten dürfte ein erhebliches Risiko bestehen. Speziell zu dieser Frage urteilte das LG München I (vgl. LG München I Urt. v. 11.10.2018 – 12 O 19277/17, ZD 2019, 174 ff.). Es hatte darüber zu entscheiden, ob in einer Datenschutz-Einwilligung die Formulierung „*Ich willige ferner ein, dass . . . . . . meine personenbezogenen Daten den Kooperationspartnern zur Verfügung stellt, die [Angabe der jeweiligen Plattform] organisatorisch betreuen und vermarkten*", wirksam war. Dies lehnte das Gericht aus zwei Gründen ab: Einerseits konkretisiere diese Klausel weder, welche genauen personenbezogenen Daten des Nutzers weitergegeben werden, zudem verschweige sie, wem diese Daten überlassen werden sollen. Nach Ansicht des Gerichts stellte diese Formulierung den Versuch dar, dem Verantwortlichen eine pauschale Möglichkeit der Datenweitergabe an nicht näher benannte Vertragspartner zu verschaffen. Das LG München I ordnete dies als unangemessene Benachteiligung iSd § 307 Abs. 1 S. 1 BGB ein und kam zur Unwirksamkeit der Klausel. Das Gericht sah zudem einen Verstoß gegen das Transparenzgebot aus § 307 Abs. 1 S. 2 BGB. Denn der Verbraucher werde im Unklaren gelassen, welche Daten an wen weitergegeben werden, ebenso wenig werde der Zweck der Weitergabe genannt. Die Klausel eröffne dem dortigen Verantwortlichen bei kundenfeindlichster Auslegung vielmehr die Möglichkeit der Weitergabe sämtlicher persönlicher Daten an alle möglichen Geschäftspartner zu jedem denkbaren Zweck, was dem Verbraucher aus der Klausel aber nicht deutlich werde.

Aus diesen Gründen wurde vorliegend im Muster ein eigener kurzer Absatz aufgenommen, der speziell die Datenweitergabe betrifft. Da im Muster zuvor schon Zwecke, die Verantwortlichen und Datenkategorien beschrieben sind, kann in diesem Absatz weitgehend nach oben verwiesen werden. Im hiesigen Muster sind die Datenempfänger die beiden anderen Unternehmen der Unternehmensgruppe, wären also zudem ohnehin konkret benannt bzw. sind für den Kunden bestimmbar.

16. Widerrufshinweis. Die DSGVO bestimmt in Art. 7 Abs. 3 S. 1 DSGVO, dass die betroffene Person eine erteilte Einwilligung jederzeit widerrufen kann. Folge des Widerrufs ist, dass diese ab Eingang des Widerrufs keine Erlaubnis mehr darstellt, die darauf begründete Datenverarbeitung ab diesem Zeitpunkt also nicht mehr zulässig ist. Die bislang auf Basis einer widerrufenen Einwilligung erfolgte Datenverarbeitung bleibt dagegen rückwirkend rechtmäßig, was Art. 7 Abs. 3 S. 2 DSGVO explizit betont. Art. 7 Abs. 3 DSGVO schreibt vor, dass der Betroffene darüber vor Abgabe der Einwilligung in Kenntnis zu setzen ist. Damit muss der Verantwortliche also vor oder spätestens bei Erteilung der Einwilligung den Betroffenen entsprechend informiert haben. Eine solche Informationspflicht muss zudem in den korrespondierenden Datenschutz-Hinweisen enthalten sein, siehe Art. 13 Abs. 2 lit. c DSGVO sowie Art. 14 Abs. 2 lit. d DSGVO. Eine in der DSGVO neu zu findende Vorgabe ist, dass der Widerruf einer Einwilligung so einfach wie deren Erteilung sein muss. Zudem darf – da der Widerruf jederzeit möglich sein muss – keine bestimmte Form vorgegeben werden, vielmehr ist ein Widerruf in jeder Form zu beachten (vgl. *Heckmann/Pascke* in Ehmann/Selmayr DSGVO Art. 7 Rn. 91), unabhängig ob per Telefonat bei einem Anruf im Call-Center eines Unternehmens, per E-Mail, Fax oder Brief eingehend (eine ausreichende Identifizierung unterstellt). Daher wurde im Muster davon abgesehen, die Kunden auf bestimmte Kanäle zu verweisen. Um es den Kunden aber einerseits zu erleichtern, eine Adresse für einen Widerruf zu finden, sowie andererseits dadurch zumindest in Teilen zu steuern, auf welchem Kanal ein Widerruf typischerweise eingehen soll, ist als Beispiel eine bestimmte E-Mail-Adresse genannt. Die verwendete Formulierung im Muster beinhaltet nicht nur den Hinweis auf die Widerrufsmöglichkeit selbst, sondern auch den vom Gesetz geforderten Hinweis, dass die Rechtsmäßigkeit der bis zum Widerruf erfolgten Datenverarbeitung nicht berührt wird.

17. Mehrere Verantwortliche und Widerruf. Da vorliegend die Einwilligung drei Unternehmen legitimiert, sind bei einem kompletten Widerruf der Einwilligung alle drei Unternehmen gleichermaßen betroffen. Um es den Kunden einfach zu machen, wird im Muster nur eine E-Mail-Adresse als bevorzugte Kontaktmöglichkeit genannt, dafür aber betont, dass der Widerruf von dort jeweils weitergeleitet wird. Dieser Hinweis wird nicht vom Gesetz verlangt, ist aber schon aus praktischen Gründen wichtig. Bei einem eingehenden Widerruf wird in einer Konstellation, bei der wie hier mehrere Verantwortliche legitimiert sind, stets zu prüfen sein, ob es sich um einen umfassenden Einwilligungs-Widerruf handelt, der alle drei Unternehmen betrifft, oder etwa der Kunde den Widerruf speziell auf eines der Unternehmen beschränkt hat. Soweit eine „gemeinsame Verantwortlichkeit“ im Sinne von Art. 26 DSGVO vorläge (→ Anm. 9) müsste in der entsprechenden Vereinbarung zwischen den Verantwortlichen hierzu eine Regelung getroffen werden.

18. Erteilung der Einwilligung. → Anm. 7.

2. Datenschutz-Hinweise für werbliche Nutzung

Datenschutz-Hinweise zur werblichen Nutzung der X, Y und Z GmbH[1, 2, 3]

Mit Ihrer „Datenschutz-Einwilligung für Werbezwecke im Konzern“ haben Sie der X, Y und Z GmbH[4] gestattet, Ihre personenbezogenen Daten[5] jeweils werblich in bestimmter Weise nutzen zu dürfen (diese Einwilligung finden Sie auf der Vorderseite dieses Formulars abgedruckt oder können Sie hier [LINK] nachlesen). Die hiesigen Datenschutz-Hinweise enthalten Informationen darüber,[6] wie diese Unternehmen jeweils Ihre personenbezogenen Daten verarbeiten, soweit Ihre „Datenschutz-Einwilligung für Werbezwecke im Konzern“ vorliegt. Diese Datenschutz-Hinweise beschränken sich zugleich darauf, im Übrigen gelten die „allgemeinen Datenschutz-Hinweise“ sowie die „Datenschutz-Hinweise für Webseiten“ der Unternehmen.[7]

1. Datenschutzrechtlich Verantwortliche/Kontaktdaten des Datenschutzbeauftragten[8]

Verantwortliche für die Datenverarbeitung sind jeweils die X GmbH, X-Strasse, 80123 München, x@xyz-gruppe.de (im Folgenden kurz: „X"), die Y GmbH, Y-Strasse, 80234 München, y@xyz-gruppe.de (im Folgenden kurz: „Y") sowie die Z-GmbH, Z-Strasse, 80345 München, z@xyz-gruppe.de (im Folgenden kurz: („Z"). Alle drei Unternehmen werden im Folgenden gemeinsam auch als „Unternehmen" bezeichnet.

Die Unternehmen verarbeiten Ihre Daten auf Basis der von Ihnen erteilten Einwilligung jeweils selbstständig und zu eigenen Zwecken und sind damit jeweils eigenständige Verantwortliche, eine gemeinsame Verantwortlichkeit liegt nicht vor.[9]

Die Datenschutzbeauftragten der Unternehmen erreichen Sie jeweils unter vorgenannter Unternehmensadresse mit dem Zusatz „zu Händen des Datenschutzbeauftragten."[10]

2. Datenkategorien[11] und Zwecke[12]

Für die nachstehend beschriebenen werblichen Zwecke verarbeiten die Unternehmen jeweils folgende Ihrer personenbezogenen Daten:

- Die von Ihnen bei Ihrer jeweiligen Registrierung auf einer der Webseiten der Unternehmen angegebenen Daten (Name, ..., etc.)
- Daten, die Sie bei Ihren Besuchen auf einer der Webseiten der Unternehmen angegeben haben (wie zum Beispiel . . . . . .)
- Daten über Ihr Besuchs- und Nutzungsverhalten, wenn Sie nach Ihrer Registrierung eine der Unternehmens-Webseiten besuchen (Datum und Uhrzeit, aufgerufene Seiten und Angebote, ..., etc.)
- Daten, die Sie bei der beispielhaften Konfiguration eines Neufahrzeugs oder einer Finanzierung gegenüber einem Unternehmen angegeben haben (Laufzeit einer Finanzierung, Finanzierungsbetrag, ..., etc.)
- Daten aus Ihren Verträgen, die Sie mit einem der Unternehmen abgeschlossen haben (Inhalt, Beginn und Laufzeit, etc.)

Diese Daten verarbeiten die Unternehmen jeweils zu dem Zweck, um auf deren Basis auf Sie zugeschnittene und möglichst personalisierte werbliche Informationen erstellen und Ihnen zukommen zu lassen. Solche werblichen Informationen sind Angebote zu den Produkten und Services der Unternehmensgruppe (neue und gebrauchte KFZ sowie KFZ-Services, wie Reparatur sowie Haupt- und Abgasuntersuchung), aber auch Angebote zu KFZ-Zubehör-Produkten anderer Hersteller.

Die werbliche Ansprache[13] kann per Post, während Ihrer Nutzung einer der Internetseiten der Unternehmen, im Rahmen eines persönlichen Kontakts, etwa bei einem Kundengespräch, sowie per E-Mail oder Telefon erfolgen.

3. Datenempfänger und Datenquellen[14]

Intern erhalten im Rahmen der werblichen Nutzung jeweils nur die Marketing-Abteilungen des jeweiligen Unternehmens Ihre Daten.

Zu den vorstehend in Ziffer 2 beschriebenen Zwecken tauschen die Unternehmen Ihre Daten zudem jeweils untereinander aus, damit jedes der Unternehmen Zugriff auf alle Ihre Daten hat und Ihnen möglichst passende werbliche Informationen zusammenstellen und zukommen lassen kann. Eine Weitergabe Ihrer Daten an andere Dritte erfolgt dagegen nicht.

Die Unternehmen setzen jeweils technisch unterstützende Dienstleister im Rahmen einer Auftragsverarbeitung ein, wie etwa technische Betreiber eines Newsletter-Versandtools. Soweit erforderlich, verarbeiten im Rahmen ihrer Beauftragung auch diese Dienstleister Ihre Daten. Die Dienstleister werden sorgfältig ausgewählt und überwacht und es wird dafür Sorge getragen, dass nach dem jeweiligen Auftragsende Ihre Daten dort gelöscht werden.

Eine Weitergabe Ihrer Daten an Empfänger außerhalb der EU oder des Europäischen Wirtschaftsraums (EWR) erfolgt nicht.

4. Rechtsgrundlage[15]

Datenschutzrechtliche Rechtsgrundlage für die vorstehend beschriebene Verarbeitung Ihrer personenbezogenen Daten ist Ihre Einwilligung (Art. 6 Abs. 1 S. 1 lit. a, Art. 7 DSGVO).

Diese Einwilligung dient zugleich als Rechtsgrundlage, Sie über die verschiedenen Kommunikationskanäle, insbesondere per E-Mail und Telefon, kontaktieren zu dürfen (§ 7 Abs. 2 Nr. 2 und Nr. 3 UWG).

5. Speicherdauer[16]

Soweit im Rahmen der von Ihnen erteilten Einwilligung personenbezogene Daten gespeichert werden, erfolgt die Speicherung der Daten durch die Unternehmen jeweils für einen Zeitraum von bis zu 18 Monaten ab Datenerhebung. Ältere Daten werden im Anschluss automatisch gelöscht. Soweit Sie vor Ablauf der 18 Monate einen Widerruf Ihrer Einwilligung erklären, werden Ihre Daten unverzüglich nach Erhalt des Widerrufs gelöscht, soweit diese nicht zu anderen Zwecken noch benötigt werden, etwa bei einem bestehenden Servicevertrag mit einem der Unternehmen.

6. Keine Pflicht zur Bereitstellung[17]

Die Bereitstellung der in Ziffer 2 genannten Daten zu den in diesen Datenschutz-Hinweisen genannten Zwecken ist weder gesetzlich noch vertraglich vorgeschrieben noch in diesem Zusammenhang zu einem Vertragsschluss erforderlich.

7. Widerrufsrecht[18]

Ihre erteilte Einwilligung können Sie jederzeit mit Wirkung für die Zukunft gegenüber einem oder mehreren der Unternehmen widerrufen. Durch einen Widerruf wird die Rechtmäßigkeit der bereits aufgrund der Einwilligung erfolgten Datenverarbeitungen nicht berührt. Sie können Ihren Widerruf zum Beispiel per E-Mail an . . . . . . oder per Post an . . . . . . richten. Richtet sich Ihr Widerruf an mehrere Unternehmen, wird er an die jeweiligen Unternehmen weitergeleitet.

8. Weitere Betroffenenrechte[19]

Nach der Datenschutzgrundverordnung stehen Ihnen bei Vorliegen der jeweiligen gesetzlichen Voraussetzungen zudem gegen jedes der drei Unternehmen folgende Rechte zu:

- Sie haben das Recht, Auskunft über die jeweils zu Ihrer Person gespeicherten Daten zu erhalten (Art. 15 DSGVO).
- Sollten unrichtige personenbezogenen Daten verarbeitet werden, steht Ihnen ein Recht auf Berichtigung zu (Art. 16 DSGVO).
- Sie können die Löschung (Art. 17 DSGVO) oder Einschränkung der Verarbeitung (Art. 18 DSGVO) verlangen.
- Ihnen steht ein Recht auf Datenübertragbarkeit zu (Art. 20 DSGVO).
- Sie können die erteilte Einwilligung jederzeit mit Wirkung für die Zukunft widerrufen, ohne dass die Rechtmäßigkeit der aufgrund der Einwilligung bis zum Widerruf erfolgten Datenverarbeitung berührt wird.

Sie haben ferner ein Beschwerderecht bei einer Aufsichtsbehörde für den Datenschutz, etwa dem für die Unternehmen zuständigen Bayerischen Landesamt für Datenschutzaufsicht, Promenade 18, 91522 Ansbach. [19]

Stand: _____

X GmbH, Y GmbH, Z GmbH“

Schrifttum: Ehmann/Selmayr (Hrsg.), Datenschutzgrundverordnung, 2. Aufl. München 2018; *Kühling/Buchner* (Hrsg.), Datenschutz-Grundverordnung Bundesdatenschutzgesetz Kommentar, 2. Aufl. München 2018; *Gola* (Hrsg.) Datenschutz-Grundverordnung, 2. Aufl. München 2018; *Wolff/Brink* (Hrsg.) BeckOK Datenschutzrecht, 29. Edition, Konferenz der unabhängigen Datenschutzbehörden des Bundes und der Länder (Datenschutzkonferenz), Kurzpapier Nr. 16: Gemeinsam für die Verarbeitung Verantwortliche, Art. 26 DS-GVO, Stand 19.3.2018; Artikel-29-Gruppe, Leitlinien für Transparenz gemäß der Verordnung 2016/679, WP 260 rev.01, zuletzt überarbeitet und angenommen am 11.4.2018.

Sachverhalt:

Dieses Muster knüpft an das Muster „Datenschutz-Einwilligung für Werbezwecke in einer Unternehmensgruppe“ und das dortige Szenario an. Es ergänzt dieses um sog. Datenschutz-Hinweise (oft auch „Datenschutz-Erklärung“ genannt), also Informationen darüber, wie der datenschutzrechtlich Verantwortliche mit den personenbezogenen Daten der betroffenen Person umgeht. Insofern ist auf die Sachverhaltsdarstellung im Muster „Datenschutz-Einwilligung für Werbezwecke in einer Unternehmensgruppe“ zu verweisen, die die erfasste Situation beschreibt. In praktischer Hinsicht ist das hiesige Muster so aufgebaut, dass sich die Datenschutz-Hinweise auf der Rückseite des Einwilligungsformulars befinden, soweit dieses in einer Printfassung verwendet wird. Bei einer Online-Verwendung dagegen erfolgt die Verbindung zwischen der Einwilligung und den Datenschutz-Hinweisen durch Hyperlinks.

Anmerkungen

1. Rechtliche Rahmenbedingungen. Vorgaben dazu, worüber und wie ein datenschutzrechtlich Verantwortlicher datenschutzrechtlich zu informieren hat, enthält die Verordnung (EU) 2016/679 vom 27.4.2016 zum Schutz natürlicher Personen bei der Verarbeitung personenbezogener Daten, zum freien Datenverkehr und zur Aufhebung der Richtlinie 95/46/EG, die sog. EU-Datenschutz-Grundverordnung (kurz: DSGVO). Ausführlich → Anm. 1 im Muster „Datenschutz-Einwilligung für Werbezwecke in einer Unternehmensgruppe“.

Die Einwilligungserklärung, die mit den hiesigen Datenschutz-Hinweisen ergänzt wird (siehe das Muster „Datenschutz-Einwilligung für Werbezwecke in einer Unternehmensgruppe“), beinhaltet auch eine wettbewerbsrechtliche Einwilligung im Sinne von § 7 UWG für die werbliche Ansprache über verschiedene Kommunikationskanäle, nämlich E-Mail und Telefon. Da eine wettbewerbsrechtliche Einwilligung ebenfalls auf informierter Basis erteilt werden muss, dienen die hiesigen Datenschutz-Hinweise zugleich auch dem Zweck, aus wettbewerbsrechtlicher Sicht den Kunden zu informieren. Zu den weiteren wettbewerbsrechtlichen Hintergründen und dem Verhältnis der DSGVO zum UWG → Anm. 1 im Muster „Datenschutz-Einwilligung für Werbezwecke in einer Unternehmensgruppe“.

AGB-Recht: Das im Muster der Einwilligung dargestellte AGB-Recht spielt bei reinen Datenschutz-Hinweisen dagegen keine Rolle, da es sich um keine Erklärungshandlung im rechtlichen Sinne handelt, sondern lediglich um die Bekanntgabe von Informationen. Dies hat in der Praxis besondere Relevanz, denn immer wieder lässt sich beobachten, dass sich Unternehmen die Kenntnisnahme von Datenschutz-Hinweisen von den Betroffenen – etwa per Maus-Klick – bestätigen lassen. Diese Handhabung/Vorgehensweise kann unter Umständen den Anwendungsbereich für das AGB-Recht eröffnen: So sah es das Kammergericht Berlin: Nach dessen Auffassung ist für die Unterscheidung, ob es sich bei den Datenschutz-Hinweisen nur um unverbindliche Empfehlungen oder aber um allgemein verbindliche Vertragsbedingungen handelt, auf das Verständnis des „rechtlich nicht vorgebildeten Durchschnittskunden“ abzustellen. Im dortigen Fall stufte das KG die verwendete „Datenschutzvereinbarung“ als verbindliche Vertragsbedingung und damit einer AGB-rechtlichen Überprüfung als zugänglich ein (vgl. KG Urt. v. 27.12.2018 – 23 U 196/13, ZD 2019, 272; BeckRS 2018, 38941 Rn. 16). Durch die Vorgaben des Art. 12 DSGVO zur Transparenz sowie der Art. 13 und 14 DSGVO, über Datenschutz-Hinweise eine faire und transparente Verarbeitung zu gewährleisten, sind die Anforderungen des AGB-Rechts und der DSGVO allerdings in der Praxis weitestgehend gleichlaufend, was die Klarheit der Darstellung und des Verbots überraschender „Klauseln“ angeht. Dennoch sollte eine AGB-rechtliche Einordnung vermieden werden, um sich nicht zusätzlich angreifbar zu machen.

TMG: Nach der hier vertretenen Auffassung werden die einschlägigen Normen des TMG durch die DSGVO vollständig verdrängt und sind nicht anwendbar, siehe die ausführliche → Anm. 1 im Muster „Datenschutz-Einwilligung für Werbezwecke in einer Unternehmensgruppe“.

2. Rechtsnatur. Datenschutz-Hinweise beinhalten lediglich Informationen des datenschutzrechtlichen Verantwortlichen, wie dieser personenbezogene Daten der betroffenen Personen verarbeitet. Sie dienen der Erfüllung der Informationspflichten der Art. 12 ff. DSGVO, insbesondere der Darstellung der Pflichtinformationen nach Art. 13 und 14 DSGVO. Sie stellen keine Willenserklärung im zivilrechtlichen Sinne nach deutschem Rechtsverständnis dar, siehe zu weiteren Details vorstehende → Anm. 1 sowie die → Anm. 5 im Muster „Datenschutz-Einwilligung für Werbezwecke in einer Unternehmensgruppe“.

3. Normen. Eine faire und transparente Datenverarbeitung gehört zu den Grundsätzen im europäischen Datenschutzrecht, siehe explizit Art. 5 Abs. 1 lit. a DSGVO („Rechtmäßigkeit, Verarbeitung nach Treu und Glauben, Transparenz“) sowie im Hinblick auf die Festlegung und Beschreibung der Verarbeitungszwecke Art. 5 Abs. 1 lit. b DSGVO („Zweckbindung“). Art. 12 ff. DSGVO beinhalten Detailvorgaben dazu: Art. 12 DSGVO regelt die Grundsätze zum „ob“ und enthält Vorgaben zum „wie“, Art. 13 und 14 DSGVO definieren die Mindestangaben, über die ein Verantwortlicher die Betroffenen informieren muss. Art. 13 und 14 DSGVO legen zudem fest, wann die Informationen gegenüber den Betroffenen erteilt werden müssen.

4. Verantwortliche. Die Pflicht zur Informationserteilung trifft den sog. Verantwortlichen im Sinne von Art. 4 Nr. 7 DSGVO, → Anm. 8 im Muster „Datenschutz-Einwilligung für Werbezwecke in einer Unternehmensgruppe“. Im hiesigen Beispiel legitimiert der Kunde mit seiner Einwilligung drei Unternehmen einer Unternehmensgruppe, jeweils seine Daten zu den in der Einwilligung beschriebenen werblichen Zwecken verarbeiten zu dürfen. Das Beispiel ist dabei so gestaltet, dass die Daten zwar zwischen den Unternehmen verteilt werden, damit jedes der Unternehmen diese verarbeiten kann. Dies erfolgt aber explizit jeweils eigenständig und zu jeweils eigenen Zwecken, nicht in gemeinsamer Abstimmung oder Verantwortung im Sinne von Art. 26 DSGVO. Die genaue Abgrenzung ist trotz jüngster Rechtsprechung des EuGH (vgl. EuGH Urt. v. 5.6.2018 – C-210/1, ZD 2018, 357 ff.; EuGH Urt. v. 29.7.2019 – C-40/17, MMR 2019, 579 ff. sowie EuGH Urt. v. 10.7.2018 – C-25/17, ZD 2018, 469 ff.) noch schwierig und stets eine Einzelfallfrage. Für das hiesige Beispiel wird nicht von einer gemeinsamen Verantwortlichkeit ausgegangen, → Anm. 9 im Muster „Datenschutz-Einwilligung für Werbezwecke in einer Unternehmensgruppe“.

Folge ist, dass die drei Unternehmen jeweils als eigene Verantwortliche agieren und jeweils die Pflicht haben, die betroffene Person über ihre Datenverarbeitung zu informieren. Da die Bereitstellung von drei verschiedenen Datenschutz-Hinweisen gegenüber dem Kunden/Interessenten weder praktisch noch transparent ist, wurde hier der Weg gewählt, dass die drei Unternehmen die betroffene Person zusammen über das hiesige Dokument informieren. Dieser Weg ist auch deswegen vorzuziehen, da sich bis auf Name und

Anschrift der Unternehmen die Datenschutz-Hinweise nicht unterscheiden. Praktisch hat die Verwendung nur eines Dokuments zudem den Vorteil, nicht drei Dokumente pflegen und verwalten zu müssen. Voraussetzung ist allerdings, dass die drei Unternehmen faktisch identisch agieren – was hier aber schon durch die konkrete Formulierung der Einwilligung vorgegeben ist, die keinen Raum für Abweichungen bietet.

Im Falle einer (hier nicht anzunehmenden) gemeinsamen Verantwortlichkeit wären vorsorglich der/die informierende(n) Verantwortliche(n) zu benennen.

5. **Personenbezogene Daten.** Da es vorliegend um Daten von Kunden oder Interessenten geht, also natürlichen Personen, liegen personenbezogene Daten im Sinne des Datenschutzrechts vor, siehe Art. 4 Nr. 1 DSGVO.

6. **Zeitpunkt.** Die Informationen nach Art. 13 Abs. 1 DSGVO müssen zum Zeitpunkt der Datenerhebung erteilt werden. Es ist daher wichtig, den betroffenen Kunden die Datenschutz-Hinweise zeitlich vor der eigentlichen Datenerhebung und vor allem der späteren Datenverwendung zur Verfügung zu stellen. Im vorliegenden Fall sind die Datenschutz-Hinweise Teil der Einwilligung, entweder in Form eines Abdrucks auf der Rückseite des Einwilligungsformulars oder bei einem Online-Einsatz durch eine direkte Verlinkung. Dadurch wird gewährleistet, dass der Betroffene vor der Datenerhebung – die sich an die Erteilung einer Einwilligung anschließt – informiert wird.

Während Art. 13 DSGVO für diejenigen Verantwortlichen gilt, die bei der betroffenen Person personenbezogene Daten erheben, regelt Art. 14 DSGVO den Fall, dass ein Verantwortlicher die Daten nicht von dieser, sondern etwa von einem anderen Verantwortlichen erhalten hat. Da vorliegend die drei Unternehmen die Kundendaten untereinander verteilen, also an die jeweils anderen beiden Unternehmen übermitteln, kann insofern Art. 14 DSGVO einschlägig sein (wenn man nicht davon ausgeht, dass alle drei Unternehmen über das Muster jeweils schon selbst die Betroffenen informieren). Art. 14 Abs. 3 DSGVO regelt, bis zu welchem Zeitpunkt die betroffene Person informiert werden muss. Art. 14 Abs. 5 DSGVO enthält Ausnahmeregelungen, ua findet sich die Bestimmung, dass die betroffene Person dann nicht mehr informiert werden muss, wenn sie bereits über die Pflichtinformationen verfügt. Um vorsorglich den Fall zu vermeiden, dass etwa die Z GmbH, wenn sie von der X GmbH Kundendaten übermittelt erhält, den Kunden noch gesondert informieren muss, informieren die Datenschutz-Hinweise insgesamt über die Datenverarbeitung durch alle der drei Unternehmen der Unternehmensgruppe.

Sie enthalten damit für die Datenverarbeitungen aller drei Verantwortlichen die Pflichtinformationen, so dass die Betroffenen umfassend informiert sind.

7. **Verweis auf weitere Datenschutz-Hinweise.** Im hiesigen Szenario geht es darum, einen ohnehin schon vorhandenen Kunden noch speziell und umfassend werblich ansprechen zu dürfen. Insofern stehen die Unternehmen mit den Kunden bereits in Rechtsbeziehungen, etwa aufgrund bisheriger Kaufverträge oder einer Registrierung auf den Webseiten. Die hiesigen Datenschutz-Hinweise beinhalten dazu keine Angaben, beschränken sich vielmehr aus Gründen der Übersichtlichkeit bewusst auf Informationen zur Werbe-Einwilligung und der diesbezüglichen Datenverarbeitung, weswegen im Muster hier eine entsprechende Abgrenzung vorgenommen wird.

8. **Verantwortlicher und Datenschutzbeauftragter.** Die genaue Nennung des Namens und der Kontaktdaten des Verantwortlichen sowie zumindest der Kontaktdaten des Datenschutzbeauftragten ist nach Art. 13 Abs. 1 S. 1 lit. a und b bzw. Art. 14 Abs. 1 S. 1 lit. a und b DSGVO eine Pflichtangabe. Zu den Kontaktdaten gehört mindestens die postalische Anschrift, damit der Betroffene mit dem Verantwortlichen Kontakt aufnehmen kann, etwa bei Ausübung der Betroffenenrechte. Hierzu gehören in jedem Fall zumindest eine vollständige Bezeichnung (Name oder Firma) sowie eine zustellungsfähige Anschrift des Verantwortlichen. Weitere Angaben können nötig sein, damit der Verant-

wortliche ohne Medienbruch erreicht werden kann, etwa im Internet eine E-Mail-Adresse (vgl. *Bäcker* in Kühling/Buchner DSGVO Art. 13 Rn. 22). Weitere Angaben schaden nicht und können der Transparenz dienen.

9. **(Keine) Gemeinsame Verantwortlichkeit.** Die Information zu den Verantwortlichen wäre zudem die richtige Stelle, um auf eine gegebenenfalls bestehende gemeinsame Verantwortlichkeit hinzuweisen. Art. 13 und 14 DSGVO enthalten zwar keine explizite Pflicht, bei Bestehen einer gemeinsamen Verantwortlichkeit darüber in den Datenschutz-Hinweisen informieren zu müssen. Auch Art. 26 DSGVO, der die gemeinsame Verantwortlichkeit genauer regelt, enthält dazu keine Vorgabe. Es spricht aber einiges dafür, aus dem Grundsatz der Transparenz nach Art. 5 Abs. 1 lit. a DSGVO sowie den Vorgaben aus Art. 12 DSGVO zumindest indirekt die Pflicht abzuleiten, über das Bestehen einer gemeinsamen Verantwortlichkeit informieren zu müssen. Sollte die Beziehung zwischen den Unternehmen einer Unternehmensgruppe so sein, dass eine gemeinsame Verantwortlichkeit vorliegt (etwa bei Nutzung einer gemeinsamen Kundendatenbank oÄ), müsste man dies hier entsprechend formulieren und aus Gründen der Übersichtlichkeit noch eine eigene Ziffer zur gemeinsamen Verantwortlichkeit aufnehmen.

10. **Datenschutzbeauftragter.** Vorliegend wird die Meinung vertreten, dass der Name des betrieblichen Datenschutzbeauftragten nicht zu nennen ist (vgl. *Franck* in Gola, DS-GVO, DSGVO Art. 13 Rn. 11), da in den vorgenannten Normen explizit nur von den Kontaktdaten die Rede ist, nicht auch vom „Namen" wie bei lit. a zum Verantwortlichen. In praktischer Hinsicht ist dies auch sinnvoll, um die Datenschutz-Hinweise nicht jeweils ändern zu müssen, wenn sich die Person (oder der Name) des Datenschutzbeauftragten ändert. Zudem spielt es für die betroffene Person keine Rolle, wie der Datenschutzbeauftragte heißt, wichtig ist seine Funktion und wie er in dieser Funktion erreichbar ist (vgl. auch *Bäcker* in Kühling/Buchner Art. 13 Rn. 24). Oft finden sich aber in der Praxis dennoch Namensangaben, um auch zu diesem Thema möglichst transparent zu sein.

11. **Datenkategorien.** Art. 13 DSGVO enthält keine Pflicht, über die Datenkategorien zu informieren. Grund ist, dass Art. 13 DSGVO den Fall regelt, dass die Daten bei der betroffenen Person selbst erhoben werden, dieser also direkt erkennbar ist, welche ihrer personenbezogenen Daten erhoben werden. Dies trifft zwar dann zu, wenn die betroffene Person aktiv Daten von sich preisgibt, etwa bei Eingabe in ein Formular. Betreffend der bei einem Internetbesuch im Hintergrund anfallenden oder über eine Videoüberwachung erfassten Daten darf dies dagegen bezweifelt werden. Wiederum aus dem Grundsatz der Transparenz ist es daher zumindest geboten, unter Umständen sogar eine Pflicht, die betroffene Person auch über solche nicht ohne weiteres erkennbar erfassten Daten zu informieren. In der Regel wird die Darstellung der Datenkategorien schon aus Verständlichkeitsgründen des Textes insgesamt nötig sein. Vorliegend kommt hinzu, dass die Datenschutz-Hinweise auch für diejenigen beiden anderen Unternehmen der Gruppe gelten, die die Daten nicht bei der betroffenen Person erheben, sondern von einem der anderen Unternehmen zugesandt erhalten. Für diesen Fall gilt Art. 14 Abs. 1 lit. d DSGVO, der im Unterschied zu Art. 13 DSGVO vorschreibt, auch über die Datenkategorien informieren zu müssen. Insofern ist dem Wortlaut nach die Angabe von Datenkategorien aber auch ausreichend, der Verantwortliche muss den betroffenen Personen nicht im Einzelnen mitteilen, welche Daten er erhoben hat, aber immerhin allgemeine Angaben machen (vgl. dazu auch *Bäcker* in Kühling/Buchner DSGVO Art. 14 Rn. 17). Aufgrund Art. 14 DSGVO besteht im vorliegenden Fall also dennoch die Notwendigkeit, über die Datenkategorien zu informieren. Die gelisteten Datenkategorien entsprechen denjenigen aus dem Einwilligungsformular und sind an den entsprechenden Stellen noch zu ergänzen, siehe das Muster „Datenschutz-Einwilligung für Werbezwecke in einer Unternehmensgruppe".

12. Zwecke. Über die Zwecke dagegen muss zwingend sowohl nach Art. 13 Abs. 1 lit. c DSGVO als auch nach Art. 14 Abs. 1 lit. c DSGVO informiert werden. Dies gebietet übergeordnet schon der Grundsatz der Transparenz und Fairness, ebenso wie der Grundsatz der Zweckbindung, Art. 5 Abs. 1 lit. a und b DSGVO. Die Angabe der Zwecke beschreibt und legt zugleich fest, warum die Verantwortlichen die Daten wozu verarbeiten. Vorliegend ist dies die Auswertung der Daten zur werblichen Selektion und Vorbereitung möglichst personalisierter und auf den einzelnen Kunden zugeschnittener Werbung sowie die verschiedenen Arten der werblichen Ansprache. Die Formulierungen entsprechen denjenigen der Einwilligung, siehe das Muster „Datenschutz-Einwilligung für Werbezwecke in einer Unternehmensgruppe". Eine möglichst identische Formulierung bietet sich schon zur Vermeidung von sprachlichen Widersprüchen oder Abweichungen an. Dabei ist es durchaus möglich, in den Datenschutz-Hinweisen nochmals genauere und detaillierte Angaben zu tätigen, sofern sinnvoll. Da vorliegend aber schon in der Einwilligung auf eine möglichst präzise Formulierung geachtet wurde, um den hohen Anforderungen der Rechtsprechung zu genügen (→ Anm. 10 ff. zum Muster „Datenschutz-Einwilligung für Werbezwecke in einer Unternehmensgruppe") ergibt sich kein Bedarf, zusätzliche Erläuterungen aufzunehmen.

13. Werbliche Ansprachekanäle. Dieser Absatz dient nicht nur der datenschutzrechtlichen Information, sondern hat zugleich auch § 7 Abs. 2 Nr. 2 und 3 UWG als Hintergrund, also auch über den wettbewerbsrechtlichen Teil der Einwilligung zu informieren. → Anm. 12 des Musters „Datenschutz-Einwilligung für Werbezwecke in einer Unternehmensgruppe".

14. Empfänger(kategorien)/Datenquellen. Sowohl nach Art. 13 Abs. 1 lit. e als auch nach Art. 14 Abs. 1 lit. e DSGVO muss über die Empfänger oder zumindest Empfängerkategorien informiert werden. Der Begriff „Empfänger" ist in Art. 4 Nr. 9 DSGVO definiert. Umfasst sind nicht nur externe Stellen, sondern dem Wortlaut nach auch interne Stellen im eigenen Unternehmen, also beispielsweise bestimmte Fachabteilungen (aA etwa Schmidt-Wudy in BeckOK DSGVO Art. 14 Rn. 51, wie auch Knyrim in Ehmann/Selmayr DSGVO Art. 13 Rn. 43).

In der aktuellen Praxis in Deutschland finden sich nur in wenigen Datenschutz-Hinweisen Informationen über interne Empfänger, wenngleich dem Gesetzeswortlaut nach erforderlich. Der Nutzen für die Betroffenen dürfte allerdings meist eher gering sein, da für diese der Verantwortliche als solches wichtig ist, etwa bei der Geltendmachung von Betroffenenrechten. Die Kenntnis darüber, ob und welche internen Stellen innerhalb des Verantwortlichen die Daten verarbeiten, hat dagegen kaum Mehrwert, zumindest bei Kunden-Datenschutzhinweisen (bei Mitarbeiter-Datenschutz-Hinweisen kann dies dagegen anders sein, da es dort eine große Rolle spielt, ob Personaldaten von der Personalabteilung, dem Betriebsrat, Fachabteilungen, etc verarbeitet werden). Um aber den formalen Anforderungen der Art. 13 Abs. 1 bzw. Art. 14 Abs. 1 iVm Art. 4 Nr. 9 DSGVO zu entsprechen, findet sich im Beispiel ein kurzer Satz auch zu den internen Abteilungen.

Es folgen als weitere Empfänger die jeweils anderen beiden Unternehmen der Unternehmensgruppe. Diese wären auch dann „Empfänger" iSd DSGVO, wenn eine „gemeinsame Verantwortlichkeit" angenommen werden könnte (vgl. DSK, Kurzpapier Nr. 16: Gemeinsam für die Verarbeitung Verantwortliche, S. 1). Damit sind diese hier als Empfänger sogar konkret benannt, nicht nur als Empfängerkategorie. Zugleich handelt es sich aus Sicht derjenigen Unternehmen, die die Daten nicht selbst bei der betroffenen Person erhoben, sondern von einem der anderen Unternehmen erhalten haben, um eine Angabe der jeweiligen Datenquelle: Hintergrund ist Art. 14 Abs. 2 lit. f DSGVO, der die Pflicht beinhaltet, darüber zu informieren, aus welcher Quelle die personenbezogenen Daten stammen, gegebenenfalls sogar mit dem Hinweis, dass es sich um Daten aus öffentlich zugänglichen Quellen handelt.

Wie in der Praxis häufig, bedienen sich die Unternehmen zudem externer Dienstleister als Auftragsverarbeiter, wie etwa einer Versandagentur oder einem technischen Hosting-Dienstleister oÄ. Soweit diese personenbezogene Daten der Kunden erhalten, handelt es sich ebenfalls um Empfänger im Sinne von Art. 4 Nr. 9 DSGVO, so dass sich auch darauf ein entsprechender Hinweis findet.

Es besteht in der deutschen Literatur Streit, ob man die Empfänger konkret nennen muss oder die Angabe der Kategorie reicht und inwieweit man ein Wahlrecht hat. Der Gesetzeswortlaut lässt beide Varianten gleichrangig zu, auch aus dem Grundsatz der Transparenz und Fairness des Art. 5 Abs. 1 lit. a DSGVO ließe sich ableiten, konkrete Empfänger nennen zu müssen, zumindest soweit diese schon bekannt sind (vgl. *Bäcker* in Kühling/Buchner DSGVO Art. 13 Rn. 30). In der Praxis dagegen ist es noch weitgehend üblich, zumindest Auftragsverarbeiter nur als Kategorie zu nennen, auch aus dem praktischen Gesichtspunkt, bei einem Wechsel eines Dienstleisters oder dessen Umfirmierung nicht (gedruckte) Datenschutz-Hinweise vernichten und neu drucken zu müssen. Wirft man einen Blick auf die Datenschutz-Hinweise verschiedener deutscher Aufsichtsbehörden für den Datenschutz, sprechen diese dort auch oft nur von Empfängerkategorien. Der sicherste Weg wäre aber auch hier, nicht nur Kategorien zu nennen, sondern konkrete Empfänger (vorstehende Ausführungen beziehen sich auf die Informationspflichten nach Art. 13 bzw. Art. 14 DSGVO – im Rahmen einer Einwilligung, die eine Weitergabe an Dritte legitimieren soll, können strengere Anforderungen gelten, → Anm. 15 in dem Muster „Datenschutz-Einwilligung für Werbezwecke in einer Unternehmensgruppe“).

Abschließend wird in der Klausel noch erwähnt, dass im hiesigen Beispiel eine Übermittlung von Daten an Empfänger *außerhalb* der EU/des EWR nicht erfolgt. Eine solche Negativangabe ist nach Art. 13 und 14 DSGVO nicht nötig, vielmehr nur eine Angabe, falls eine solche Übermittlung in ein Drittland geplant ist (bzw. erfolgt). Die Aufnahme des Satzes hier sorgt aber für zusätzliche Transparenz und zeigt zudem, dass diese Informationspflicht nicht übersehen wurde.

15. Rechtsgrundlage. Die Angabe der Rechtsgrundlage für die Datenverarbeitung ist sowohl nach Art. 13 Abs. 1 lit. c als auch nach Art. 14 Abs. 1 lit. c DSGVO zwingend. Diese muss so genau genannt werden, dass der Betroffene die Anwendbarkeit auf den konkreten Fall nachvollziehen kann (vgl. *Bäcker* in Kühling/Buchner DSGVO Art. 13 Rn. 26).

Vorliegend ist Rechtsgrundlage eine datenschutzrechtliche Einwilligung, also Art. 6 Abs. 1 S. 1 lit. a DSGVO iVm Art. 7 DSGVO. Ergänzend wird an dieser Stelle auch noch auf die wettbewerbsrechtliche Komponente der Einwilligung hingewiesen, → Anm. 1 sowie in den → Anm. 1 und → Anm. 12 im Muster „Datenschutz-Einwilligung für Werbezwecke in einer Unternehmensgruppe“.

Auf die Angabe von Art. 28 DSGVO als Rechtsgrundlage für die Einschaltung der Auftragsverarbeiter wurde verzichtet, da nicht das Verhältnis Unternehmen-Kunden, sondern das Verhältnis Unternehmen-Dienstleister betreffend sowie streitig ist, ob Art. 28 DSGVO überhaupt eine eigenständige Rechtsgrundlage ist (für die Annahme einer Privilegierungswirkung: *Hartung* in Kühling/Buchner DSGVO Art. 28 Rn. 15 ff.). In der Praxis sieht man nur vereinzelt Hinweise auf Art. 28 DSGVO.

Die Nennung der Rechtsgrundlage im Muster erst nach den Empfängern erfolgt bewusst, da eine Weitergabe an Dritte ebenfalls eine „Verarbeitung“ im Sinne von Art. 4 Nr. 2 DSVO darstellt, die einer Erlaubnis bedarf und so im Muster sprachlich betreffend aller Datenverarbeitungen nach oben verwiesen werden kann.

16. Speicherdauer. Auch die Angabe der Speicherdauer ist eine Pflichtangabe sowohl nach Art. 13 Abs. 2 lit. a DSGVO als auch nach Art. 14 Abs. 2 lit. a DSGVO. Soweit es nicht möglich ist, die konkrete Dauer anzugeben, sind die Kriterien für die Festlegung der

Dauer anzugeben. In der Praxis findet man in Datenschutz-Hinweisen oft nur vage Angaben zur Speicherdauer, wie Hinweise auf gesetzliche Aufbewahrungspflichten und –fristen. Vorliegend jedoch kann und wird damit eine konkrete Speicherfrist genannt, nämlich beispielhaft 18 Monate ab jeweiliger Datenerhebung. Da sich die hiesigen Datenschutz-Hinweise insgesamt auf die werbliche Nutzung der Daten im Rahmen der Einwilligung beschränken (→ Anm. 1), gilt diese Speicherdauer lediglich für die insofern gespeicherten Daten, nicht dagegen für die Daten aus einer etwaigen zugleich bestehenden Vertragsbeziehung. Daher muss bei der Formulierung eine sorgfältige Abgrenzung vorgenommen werden.

Die Länge der Speicherdauer ist aber Ergebnis der materiell-rechtlichen Prüfung der Frage, wie lange man Daten auf Basis einer Datenschutz-Einwilligung speichern und verarbeiten darf. Dabei spielen auch die fachlichen Anforderungen an den Datenumfang und die Datenqualität sowie gesetzliche Vorgaben eine wichtige Rolle. Nach Auffassung der früheren Artikel-29-Gruppe ist es verpflichtend, die Betroffenen darüber zu informieren, dass die Speicherdauer im Einzelfall von (konkret zu benennenden) gesetzlichen Anforderungen/Richtlinien abhängig ist. Pauschale Angaben seien unzureichend. Die Betroffenen sollen über die Datenschutz-Hinweise in die Lage versetzt werden, aufgrund ihrer eigenen Situation zu beurteilen, wie lange die Aufbewahrungsdauer beim Verantwortlichen ist. Es empfiehlt sich, die verschiedenen Speicherfristen, jeweils nach Datenkategorien und/oder jeweiligen Verarbeitungszwecken detailliert aufzulisten (vgl. Leitlinien der Art.-29-Gruppe, WP 260, S. 38, die später von dem Europäischen Datenschutzausschuss als Nachfolger der Art. 29 Gruppe mit Mitteilung 01/2018 ausdrücklich anerkannt wurden.

17. Datenbereitstellung. Die hier zu findende Formulierung setzt die Vorgabe aus Art. 13 Abs. 2 lit. e DSGVO um. Auch hier ist darauf zu achten, dass sich die Datenschutz-Hinweise im hiesigen Beispiel nur auf die werbliche Nutzung der Daten im Rahmen der Einwilligung beziehen, dementsprechend auch nur dazu an dieser Stelle ausgeführt wird.

18. Widerrufsrecht und Betroffenenrechte. Die Information über die Betroffenenrechte, zu denen auch das Widerrufsrecht gehört, ist sowohl nach Art. 13 Abs. 2 lit. b als auch nach Art. 14 Abs. 2 lit. c DSGVO eine Pflicht. Vorliegend wurde der Widerrufshinweis aus Transparenzgründen zusätzlich noch in eine eigene Ziffer aufgenommen und dort etwas ausführlicher informiert. Dies dient vor allem dazu, einen präferierten Kontaktweg für den Widerruf angeben zu können, zu weiteren Details → Anm. 16 im Muster „Datenschutz-Einwilligung für Werbezwecke in einer Unternehmensgruppe".

Die übrigen Betroffenenrechte sind abschließend, aber jeweils nur kurz beschrieben, da Art. 13 und Art. 14 DSGVO ihrem Wortlaut nach keine weiteren Details fordern. Es ist auch fraglich, ob weitere Ausführungen zu den Betroffenenrechten der Transparenz dienen. Denn für die Betroffenen ist wichtig, zu sehen, welche Rechte ihnen zustehen und sich gegebenenfalls über die Angabe der einschlägigen Artikel der DSGVO näher informieren zu können. Umfangreiche Ausführungen zu dem komplizierten Regel-Ausnahme-Verhältnis der DSGVO zu den einzelnen Betroffenenrechten (und möglichen nationalen Ausnahmen, die über Art. 23 DSGVO denkbar sein können) dienen hingegen nicht der Transparenz. Zudem kann der Verantwortliche im Moment der Datenerhebung naturgemäß noch nicht absehen, ob und welche Rechte eine betroffene Person gegebenenfalls geltend macht, um ihm diese genauer zu erläutern (vgl. *Bäcker* in Kühling/Buchner DSGVO Art. 13 Rn. 37).

Wichtig ist, nur über solche Betroffenenrechte zu informieren, die dem Betroffenen in Bezug auf die von den Datenschutz-Hinweisen beschriebene Datenverarbeitung zustehen. Da die Datenübertragbarkeit nach Art. 20 DSGVO speziell auch für Daten gilt, die auf Basis einer Einwilligung erhoben wurden, ist damit das Recht auf Datenübertragbarkeit genannt, ebenso wie der Widerrufshinweis zur Einwilligung. Der Hinweis auf eine Widerspruchsmöglichkeit dagegen, die die Interessenabwägung nach Art. 6 Abs. 1 S. 1

lit. f DSGVO als Rechtsgrundlage voraussetzt, fehlt demgemäß, da vorliegend nicht einschlägig.

19. Beschwerderecht. Auch das Recht auf Beschwerde bei einer Datenschutzbehörde ist ein Betroffenenrecht. Da es sich aber nicht gegen den Verantwortlichen richtet, ist es sprachlich im Muster abgesetzt. In der Praxis finden sich an dieser Stelle oft Formulierungen, die davon sprechen, dass sich die betroffene Person bei der zuständigen Aufsichtsbehörde beschweren kann, was allerdings so nicht korrekt ist: Denn die betroffene Person kann sich bei *jeder* Aufsichtsbehörde für den Datenschutz beschweren, auch bei einer für sie unzuständigen Behörde (die die Beschwerde nach einer Zuständigkeitsprüfung dann gegebenenfalls an die zuständige Behörde weitergibt, siehe Art. 77 Abs. 1 DSGVO). Es darf damit aber weder die Pflicht zur Zuständigkeitsprüfung auf die betroffene Person übertragen werden noch darf ihr das Recht verwehrt werden, bei jeder Aufsichtsbehörde für den Datenschutz Beschwerde einzulegen. Dies käme einer Schmälerung der Rechte der betroffenen Person gleich. Zu letzterem Fall käme es, wenn man nur die für den Verantwortlichen zuständige Behörde angeben würde, um eine möglichst niedrigschwellige Beschwerdemöglichkeit zu schaffen (dies fordert *Bäcker* in Kühling/Buchner DSGVO Art. 13 Rn. 39). Dementsprechend sprechen Art. 13 und Art. 14 DSGVO jeweils auch allgemein nur von dem Bestehen eines Beschwerderechts *„bei einer Aufsichtsbehörde"*. Diese Formulierung wurde hier aufgegriffen, zugleich aber aus Transparenzgründen und als pragmatischer Weg zusätzlich noch die im Beispiel für die dortigen Unternehmen zuständige Aufsichtsbehörde genannt. Ein weitere Variante wäre, eine Liste aller deutschen Aufsichtsbehörden anzugeben, man könnte dann wie folgt formulieren: „(. . . . . .) Sie haben ferner ein Beschwerderecht bei einer Aufsichtsbehörde für den Datenschutz. Eine Liste der deutschen Aufsichtsbehörden für den Datenschutz und deren Kontaktadressen finden Sie unter: *https://www.bfdi.bund.de/DE/Infothek/Anschriften_Links/anschriften_links-node.html*."

3. Vereinbarung nach Art. 26 DSGVO zur gemeinsamen Verantwortlichkeit/„Joint Controller Vereinbarung"

Vereinbarung[1, 2, 3] zur Erfüllung der Pflichten nach Art. 26 DSGVO bei Vorliegen einer gemeinsamer Verantwortlichkeit[4, 5]

zwischen

. . . . . .

– im Folgenden auch „____" oder „Verantwortlicher A" genannt –

und

. . . . . .

– im Folgenden auch . . . . . . oder „Verantwortlicher B" genannt –

und

. . . . . .

– im Folgenden auch „____" oder „Verantwortlicher C" genannt –

alle gemeinsam auch „Parteien"[6] genannt –

Präambel:[7]

Die Parteien haben am . . . . . . einen Vertrag mit der Bezeichnung . . . . . . geschlossen (im Folgenden kurz: „Hauptvertrag"). Dieser Hauptvertrag regelt die Zusammenarbeit der Parteien, ua in Zusammenhang mit . . . .

Für verschiedene dabei erfolgende Verarbeitungen personenbezogener Daten sind die Parteien gemeinsame Verantwortliche im Sinne von Art. 26 DSGVO. Mit der hiesigen Vereinbarung kommen die Parteien der Pflicht zum Abschluss einer Vereinbarung nach Art. 26 Abs. 1 S. 2 DSGVO nach und treffen die dazugehörigen Regelungen.

Regelungen, die die datenschutzrechtliche Zulässigkeit der Datenverarbeitung als solche betreffen, sind dagegen nicht Inhalt der hiesigen Vereinbarung und bleiben dem Hauptvertrag oder anderen Vereinbarungen zum Datenschutz zwischen den Parteien vorbehalten.

Dies vorausgeschickt, vereinbaren die Parteien das Folgende:

1. Regelungsgegenstand[8]

1.1 Mit der vorliegenden Vereinbarung legen die Parteien für diejenigen Datenverarbeitungen, für die sie gemäß Art. 26 DSGVO gemeinsam Verantwortliche sind, in Form der hiesigen Vereinbarung gemäß Art. 26 Abs. 1 S. 2 DSGVO fest, wer von ihnen welche Verpflichtung gemäß der DSGVO erfüllt, insbesondere was die Wahrnehmung der Rechte der betroffenen Personen angeht, und wer welchen Informationspflichten gemäß den Art. 13 und 14 DSGVO nachkommt. Ergänzend dazu werden wechselseitig Rechte und Pflichten geregelt.

1.2 Diese Vereinbarung begründet selbst keine gemeinsame Verantwortlichkeit iSv Art. 26 DSGVO zwischen den Parteien, sondern setzt diese aufgrund anderweitiger Vereinbarungen oder Konstellationen zwischen den Parteien als gegeben voraus.

1.3 Die datenschutzrechtliche Zulässigkeit der dieser Vereinbarung unterfallenden Verarbeitungstätigkeiten, insbesondere einer zwischen den Parteien erfolgenden Übermittlung von personenbezogenen Daten, wird vorausgesetzt. Insofern gewährleistet jede Partei die Einhaltung der gesetzlichen Bestimmungen, insbesondere die Rechtmäßigkeit der durch sie auch im Rahmen der gemeinsamen Verantwortlichkeit durchgeführten Datenverarbeitungen.

Soweit zur datenschutzrechtlichen Zulässigkeit erforderlich, können die Parteien anderweitig Absprachen und Regelungen treffen, die neben der hiesigen Vereinbarung stehen. In diesem Fall entfaltet die hiesige Vereinbarung Vorrang, soweit es um die Erfüllung der sich aus Art. 26 DSGVO ergebenden Pflichten geht.

1.4 Die hiesige Vereinbarung regelt ausschließlich das Verhältnis der Parteien untereinander als gemeinsam Verantwortliche im Sinne der DSGVO. Über die Rechtsfolgen des Art. 26 DSGVO hinausgehende Verpflichtungen der Parteien gegenüber Dritten (insbesondere gegenüber den betroffenen Personen) werden durch diese Vereinbarung nicht begründet. Diese Vereinbarung ist von den Parteien weder als echter noch als unechter Vertrag zugunsten Dritter oder als Vertrag mit Schutzwirkung für Dritte gewollt und kann nicht als solcher ausgelegt werden.

1.5 Diese Vereinbarung begründet betreffend der Datenverarbeitung, bezüglich derer die Parteien gemeinsame Verantwortliche sind, keine gesellschaftsrechtliche Verbundenheit zwischen den Parteien, insbesondere nicht in der Form einer Gesellschaft bürgerlichen Rechts.

2. Festlegung der Zuständigkeiten/Verteilung der Verpflichtungen nach DSGVO

2.1 Die (i) unter diese Vereinbarung fallenden Verarbeitungstätigkeiten, bei denen die Parteien gemeinsam Verantwortliche sind, und (ii) die jeweilige Festlegung, wer von den Parteien dabei jeweils welche Verpflichtung gemäß der DSGVO erfüllt, ergeben sich aus Anlage 1 zu dieser Vereinbarung.[9]

Für nicht in Anlage 1 genannte Datenverarbeitungen ist jede Partei der hiesigen Vereinbarung eigenständiger Verantwortlicher iSd Art. 4 Nr. 7 DSGVO.[10]

2.2 Soweit sich Änderungen der in der Anlage 1 beschriebenen Datenverarbeitungen ergeben, haben die Parteien die Anlage 1 unverzüglich anzupassen und die geänderte Anlage als neue und die alte Anlage ersetzende Anlage zum hiesigen Vertrag zu nehmen. Aus Nachweisgründen sind die alten Anlagen mit einem entsprechenden klaren Änderungsvermerk („Änderung vom ......“) zu kennzeichnen und zusammen mit dieser Vereinbarung aufzubewahren.[11]

2.3 Ungeachtet der Regelungen dieser Vereinbarung kann eine betroffene Person gemäß Art. 26 Abs. 3 DSGVO ihre gegebenenfalls nach der DSGVO zustehenden Rechte bei und gegenüber jedem einzelnen der für die betroffene Verarbeitungstätigkeit gemeinsam Verantwortlichen geltend machen. Im Innenverhältnis zwischen den Parteien gelten die Regelungen der hiesigen Vereinbarung.

3. Zurverfügungstellung des Wesentlichen der Vereinbarung/Anlaufstelle[12]

3.1 Anlage 1 ist wesentlicher Bestandteil der hiesigen Vereinbarung. Die Parteien sind sich einig, dass Anlage 1 zugleich das „Wesentliche der Vereinbarung“ iSv Art. 26 Abs. 2 S. 2 DSGVO enthält.

3.2 Die für die Verpflichtung nach Art. 26 Abs. 2 S. 2 DSGVO, den betroffenen Personen das Wesentliche der vorliegenden Vereinbarung zur gemeinsamen Verantwortlichkeit zur Verfügung zu stellen, in Anlage 1 bestimmte Partei wird den betroffenen Personen die Anlage 1 bereitstellen. Dies geschieht, wie in Anlage 1 festgelegt.

3.3 Soweit eine betroffene Person nach Art. 26 Abs. 2 S. 2 DSGVO das Wesentliche der hiesigen Vereinbarung (nochmals) zur Verfügung gestellt wünscht, darf die angefragte Partei zunächst nur die Anlage 1 zur Verfügung stellen. Die Zurverfügungstellung weiterer oder anderer Informationen betreffend die gemeinsame Verantwortlichkeit im Sinne von Art. 26 DSGVO ist vorab mit den jeweils anderen Parteien abzustimmen.

3.4 Als Anlaufstelle für die betroffenen Personen iSv Art. 26 Abs. 1 S. 3 DSGVO wird die in Anlage 1 genannte Stelle nach außen angegeben.[13] Nimmt eine betroffene Person mit der Partei, die Anlaufstelle ist, Kontakt auf, richtet sich das weitere Vorgehen nach den Regelungen der hiesigen Vereinbarung, insbesondere den Ziffern 4–6.

4. Wechselseitige Unterstützungs-, Informations- und Abstimmungspflichten[14]

4.1 Grundsatz

Soweit eine der Parteien gemäß Anlage 1 eine Verpflichtung ganz oder teilweise übernommen hat, gewähren die jeweils anderen Parteien bei der Erfüllung der Pflicht angemessene Unterstützung (zB bei Durchführung einer Datenschutzfolgenabschätzung, Erfüllung eines Auskunftsanspruchs, Bereitstellung von Informationen für die Beschreibung der Verarbeitungstätigkeiten nach Art. 30 DSGVO, etc). Weitere Details dazu finden sich in den folgenden Regelungen.

4.2 Verlangen durch Betroffene, Dritte oder staatliche Stellen

4.2.1 Sollte sich

- eine betroffene Person oder ein Dritter betreffend der Geltendmachung von Betroffenenrechten oder anderen Ansprüchen (kurz dafür: „Anspruchsteller“) oder
- eine öffentliche und/oder staatliche Stelle, wie zum Beispiel eine Aufsichtsbehörde für den Datenschutz oder eine Ermittlungsbehörde (Polizei, Staatsanwaltschaft, etc) (kurz dafür: „Behörde“),

an eine der Parteien bezüglich solcher Verarbeitungstätigkeiten wenden, die ausschließlich oder teilweise die unter die hiesige Vereinbarung fallenden Verarbeitungstätigkeiten betreffen,

oder

- werden im Zusammenhang mit den unter diese Vereinbarung fallenden Verarbeitungstätigkeiten gegenüber einer Partei datenschutzrechtliche Ansprüche, wie insbesondere Schadensersatzansprüche iSv Art. 82 DSGVO, Geldbußen iSv

Art. 83 DSGVO und/oder andere Sanktionen iSv Art. 84 DSGVO angedroht oder geltend gemacht,
(für alle drei Varianten jeweils nur kurz: „Verlangen")
so informiert diese Partei die jeweils anderen Parteien über dieses Verlangen unverzüglich in Textform, leitet insbesondere das Verlangen weiter.

4.2.2 Die Bearbeitung und weitere Kommunikation übernimmt diejenige Partei, der nach Anlage 1 die Zuständigkeit dafür zugewiesen ist („bearbeitende Partei"). Die anderen Parteien („unterstützende Partei") unterstützen die bearbeitende Partei auf Aufforderung im erforderlichen und angemessenen Umfang. Die unterstützenden Parteien sind insbesondere verpflichtet, der bearbeitenden Partei die zur Bearbeitung des Verlangens notwendigen Informationen aus dem Bereich der unterstützenden Partei zur Verfügung zu stellen, der ihren Teil der Datenverarbeitung betrifft. Findet sich in Anlage 1 keine Zuständigkeitszuweisung, beginnt die Partei, die der Adressat eines Verlangens im Sinne von 4.2.1 dieser Vereinbarung ist, mit der Bearbeitung des Verlangens und übernimmt insoweit die Rolle der bearbeitenden Partei. Sie informiert unverzüglich die anderen Parteien.

4.2.3 Die bearbeitende Partei wird die unterstützende Partei über den Status der Bearbeitung und Kommunikation von sich aus informiert halten sowie bei der Außen-Kommunikation auf die gemeinsame Verantwortlichkeit mit den anderen Parteien dieser Vereinbarung hinweisen. Es gelten ergänzend folgende Sonderregelungen:

a. Inhaltliche Stellungnahmen sowie rechtlich verbindliche Erklärungen
Ohne vorherige Abstimmung mit den jeweils anderen Parteien wird eine Partei in den Fällen der Ziffer 4.2.1 keine inhaltlichen Stellungnahmen oder rechtlich verbindliche Erklärungen gegenüber Dritten oder Behörden abgeben, insbesondere kein Anerkenntnis oder eine vergleichbare Erklärung.

b. Löschverlangen
Betrifft ein Verlangen eine Löschung von Daten (etwa im Falle der Geltendmachung des Betroffenenrechts nach Art. 17 DSGVO), hat die bearbeitende Partei die anderen Parteien darüber gesondert zu informieren. Die jeweils anderen Parteien können binnen 2 Wochen der Löschung aus berechtigtem Grund widersprechen, etwa sofern sie gesetzliche Aufbewahrungspflichten treffen. Eine Löschung hat dann bis zur gemeinsamen Klärung des Vorgehens zu unterbleiben.

4.3 Verletzung des Schutzes personenbezogener Daten

4.3.1 Hat eine Verletzung des Schutzes personenbezogener Daten iSv Art. 4 Nr. 12 DSGVO auf Seiten einer Partei Auswirkungen auf die dieser Vereinbarung unterfallenden Daten oder besteht dazu ein begründeter Verdacht, hat diese Partei die anderen Parteien nach Bekanntwerden unverzüglich in Textform darüber zu informieren. Dazu hat sie – soweit schon möglich – insbesondere Informationen zu den in Art. 33 Abs. 3 DSGVO genannten Punkten mitzuliefern.

4.3.2 Die Parteien haben sich im Anschluss abzustimmen, ob ein meldepflichtiger Vorfall (Art. 33, 34 DSGVO) vorliegt. Im Zweifel entscheidet diejenige Partei, bei der die Verletzung aufgetreten ist/der begründete Verdacht auf Vorliegen einer meldepflichtigen Datenschutzverletzung besteht.

4.3.3 Die Bearbeitung und weitere Kommunikation übernimmt diejenige Partei, der nach Anlage 1 die Zuständigkeit dafür zugewiesen ist („bearbeitende Partei"). Die anderen Parteien („unterstützende Partei") unterstützt die bearbeitende Partei dabei auf Aufforderung im angemessenen Umfang.

4.3.4 Die bearbeitende Partei wird die unterstützenden Parteien über den Status der Bearbeitung von sich aus informiert halten sowie bei der Außen-Kommunikation auf die gemeinsame Verantwortlichkeit mit den anderen Parteien dieser Vereinbarung hinweisen.

4.4 Unregelmäßigkeiten bei der jeweiligen Datenverarbeitung
Soweit eine Partei bei der Prüfung solcher Verarbeitungstätigkeiten (inkl. Auftragsergebnisse), die der hiesigen Vereinbarung unterliegen, Fehler oder Unregelmäßigkeiten hinsichtlich datenschutzrechtlicher Bestimmungen feststellt, hat sie die anderen Parteien darüber unverzüglich und vollständig in Textform zu informieren.

5. Regelungen zur Gesamtschuld im Innenverhältnis[15]
Nach Art. 26 Abs. 3 DSGVO und Art. 82 Abs. 4 DSGVO kann im Falle von Schadensersatzansprüchen einer betroffenen Person jeder der gemeinsam Verantwortlichen für den gesamten Schaden haften, damit ein wirksamer Schadensersatz für die betroffene Person sichergestellt ist. Hat nach den vorstehenden Vorschriften eine der Parteien der betroffenen Person Schadensersatz für den erlittenen Schaden gezahlt, so ist diese Partei gemäß Art. 82 Abs. 5 DSGVO berechtigt, von der/den anderen Partei(en) dieser Vereinbarung den Teil des Schadensersatzes zurückzufordern, der ihrem jeweiligen Anteil an der Verantwortung für den Schaden entspricht.
Ergänzend gelten die Regelungen des BGB zur Gesamtschuld.
Ggf. zwischen den Parteien vereinbarte Haftungsbeschränkungen gelten nicht für die hiernach bestehenden Ansprüche auf Gesamtschuldnerausgleich.

6. Einsatz von Dritten oder Auftragsverarbeitern durch eine Partei[16]
Bedient sich eine Partei der Unterstützung von Dritten, die auf die dieser Vereinbarung unterfallenden Daten zugreifen können oder diese Daten erhalten (wie zum Beispiel im Falle einer Auftragsverarbeitung nach Art. 28 DSGVO), bleibt diese Partei gegenüber den anderen Parteien in vollem Umfang für die nach der hiesigen Vereinbarung obliegenden Pflichten verantwortlich und haftbar. Ob und in welchem Umfang solche Dritten eingesetzt werden dürfen, richtet sich nach den Regelungen des Hauptvertrags.

7. Inkrafttreten und Beendigung der Vereinbarung[17]

7.1 Diese Vereinbarung gilt ab Unterzeichnung durch die Parteien. Diese Vereinbarung endet automatisch, wenn der Hauptvertrag endet, ohne dass es einer Kündigung bedarf.

7.2 Diese Vereinbarung kann von den Parteien nur aus wichtigem Grund gekündigt werden, das Recht zur ordentlichen Kündigung ist ausgeschlossen.
Kündigungen bedürfen zu ihrer Wirksamkeit der Schriftform.

7.3 Die Regelungen der Ziffern 4 und 5 dieser Vereinbarung behalten auch nach der Kündigung bzw. der sonstigen Beendigung dieser Vereinbarung ihre Wirksamkeit.

7.4 Dokumentationen im Sinne von Art. 5 Abs. 2 DSGVO, die dieser Vereinbarung unterfallende Datenverarbeitungen betreffen und dem Nachweis von deren Rechtmäßigkeit und der Einhaltung der DSGVO oder anderen datenschutzrechtlichen Vorgaben dienen, bewahrt jede Partei über das Ende dieser Vereinbarung hinaus und zwar bis zu . . . . . . auf. Die jeweils anderen Parteien erhalten darauf Zugriff, soweit die Dokumentation eine Datenverarbeitung betrifft, für die nach Anlage 1 auch die jeweils andere Partei ein gemeinsamer Verantwortlicher ist.

8. Schlussbestimmungen[18]

8.1 Wird eine Partei aufgrund der hiesigen Vereinbarung gegenüber Dritten (etwa bei der Bearbeitung von Betroffenenanfragen) und/oder gegenüber anderen Parteien dieser Vereinbarung tätig, erfolgt dies jeweils unentgeltlich, es sei denn, im Hauptvertrag ist ausdrücklich etwas anderes geregelt.[19]

8.2 Alle Änderungen und Ergänzungen dieser Vereinbarung sowie der Anlagen haben schriftlich zu erfolgen. Dies gilt auch für eine Vereinbarung, die das hier vereinbarte Schriftformerfordernis ändert oder aufhebt.

8.3 Soweit in dieser Vereinbarung nichts Abweichendes geregelt ist, gelten die Bestimmungen des Hauptvertrags im Verhältnis zwischen den Parteien auch für diese Vereinbarung und im Übrigen unverändert fort.

8.4 Schriftform im Sinne dieser Vereinbarung meint die gesetzliche Schriftform iSv § 126 BGB oder die elektronische Form iSv § 126a BGB. Textform im Sinne dieser Vereinbarung meint die Textform nach § 126b BGB.

8.5 Sollten einzelne Bestimmungen dieser Vereinbarung ganz oder teilweise unwirksam oder undurchführbar sein oder werden, so berührt dies nicht die Gültigkeit der übrigen Bestimmungen dieser Vereinbarung. Dasselbe gilt, wenn diese Vereinbarung eine Lücke aufweist. In einem jeden solchen Fall sind die Parteien verpflichtet, anstelle der fehlenden, unwirksamen oder undurchführbaren Bestimmung eine gültige Bestimmung zu vereinbaren, die dem mit dieser Vereinbarung verfolgten wirtschaftlichen Zweck möglichst nahe kommt.

8.6 Auf diese Vereinbarung und ihre Durchführung finden die Regelungen der DSGVO, ergänzend ausschließlich deutsches Recht unter Ausschluss des UN-Kaufrechts Anwendung. Ausschließlicher Gerichtsstand ist . . . .

9. Anlagen

Anlage 1 Darstellung des Wesentlichen der Vereinbarung und Zuständigkeiten

Unterschriften

Verantwortlicher A

. . . . . .	. . . . . .	. . . . . .
Ort und Datum	Unterschrift	Position

Verantwortlicher B

. . . . . .	. . . . . .	. . . . . .
Ort und Datum	Unterschrift	Position

Verantwortlicher C

. . . . . .	. . . . . .	. . . . . .
Ort und Datum	Unterschrift	Position

ANLAGE 1: Vereinbarung zur gemeinsamen Verantwortlichkeit – das „Wesentliche der Vereinbarung“[20]

I. Welcher Verantwortliche ist für welche Pflichten zuständig (Art. 26 Abs. 1 DSGVO)?

Verarbeitungen: Um welche Verarbeitungen geht es?	Verarbeitung 1	Verarbeitung 2	Verarbeitung 3	Verarbeitung 4	Etc.
Kurzbeschreibung der Verarbeitung	*Betrieb einer Online-Bewerbungsplattform*	*Gemeinsame Auswahl von Bewerbern*			
Gemeinsam festgelegte Zwecke und Mittel der (Daten-) Verarbeitung	*Erfassung von Daten von Bewerbern und Speicherung in gemeinsamer Datenbank/Bewerberpool zur weiteren Bearbeitung*	*Die Daten von Bewerbern werden gemeinsam gesichtet und gemeinsam über die Bewerbung entschieden*			
Verantwortliche: Wer sind für diese Verarbeitungen jeweils die gemeinsamen Verantwortlichen?					
Verantwortlicher A *[Name und ladungsfähige Anschrift]*	X	X			
Verantwortlicher B *[Name und ladungsfähige Anschrift]*	n/a	X			
Verantwortlicher C *[Name und ladungsfähige Anschrift]*	X	X			

Pflichten: Für welche der folgenden Pflichten ist bei welcher Verarbeitung welcher Verantwortliche zuständig?					
Art. 13 Informationspflicht bei Erhebung personenbezogener Daten.	A und C	Nur C			
Art. 14 Informationspflicht, wenn Daten nicht bei der betroffenen Person erhoben wurden.	A	C			
Art. 15 Bearbeitung von Auskunftsverlangen	C	Jede Partei für die bei sich eingehenden Auskunftsverlangen			
Art. 16 Bearbeitung von Berichtigungsanfragen.	A	C			
Art. 17 o. 18 Bearbeitungen von Löschbegehren oder Beschränkung der Verarbeitung und Art. 19 Mitteilung der Löschpflicht.	A und C	A und C			
Art. 20 Abwicklung von Herausgabeverlangen (Datenportabilität).	(. . . . . .)	(. . . . . .)			
Art. 21 Bearbeitung von Widersprüchen.	(. . . . . .)	(. . . . . .)			

Art. 24 Abs. 1 iVm Art. 32 Festlegung der techn.-org. Maßnahmen nach Risikoabschätzung und ggf. Datenschutzfolgeabschätzung (Art. 35) und Konsultation einer Aufsichtsbehörde/Übermittlung der notwendigen Informationen (Art. 36 (3)).	(. . . . . .)	(. . . . . .)			
Art. 24 Abs. 1 Dokumentation der Auswahl der techn.-org. Maßnahmen (als Nachweis).	(. . . . . .)	(. . . . . .)			
Art. 24 Abs. 1 Überprüfung und Aktualisierung der Maßnahmen	(. . . . . .)	(. . . . . .)			
Art. 26 – Bereitstellung des Wesentlichen der Vereinbarung der gemeinsamen Verantwortlichen	(. . . . . .)	(. . . . . .)			
Art. 28 Einschaltung von Auftragsverarbeitern bzw. Unterauftragsverarbeitern und deren Überprüfung.	(. . . . . .)	(. . . . . .)			
Art. 30 Führung des Verzeichnisses der Verarbeitungstätigkeiten.	(. . . . . .)	(. . . . . .)			
Art. 33, 34 Prozess bei meldepflichtigen Datenpannen.	(. . . . . .)	(. . . . . .)			
Art. 37 Benennung eines Datenschutzbeauftragten.	(. . . . . .)	(. . . . . .)			

II. Gemeinsame Anlaufstelle nach Art. 26 Abs. 1 S. 3 DSGVO

. . . . . .

III. Die übrigen wesentlichen Regelungen

. . . . . .

IV. Art der Bereitstellung

Die hiesigen Informationen als das „Wesentliche" der Vereinbarung zwischen den Parteien wird den Betroffenen wie folgt zur Verfügung gestellt: . . . . . .

Schrifttum: Ehmann/Selmayr (Hrsg.), Datenschutzgrundverordnung, 2. Aufl. München 2018; *Kühling/Buchner* (Hrsg.), Datenschutz-Grundverordnung Bundesdatenschutzgesetz Kommentar, 2. Aufl. München 2018; *Gola* (Hrsg.) Datenschutzgrundverordnung, 2. Aufl. München 2018; *Taeger/Gabel* (Hrsg.), DSGVO-BDSG, 3. Aufl. Frankfurt am Main 2019; *Spindler/Schuster* (Hrsg.), Recht der elektronischen Medien, 4. Aufl. München 2019; Konferenz der unabhängigen Datenschutzbehörden des Bundes und der Länder (Datenschutzkonferenz), Kurzpapier Nr. 16: Gemeinsam für die Verarbeitung Verantwortliche, Art. 26 DS-GVO, Stand 19.3.2019; Artikel-29-Datenschutzgruppe, Stellungnahme 1/2010 zu den Begriffen des „Verantwortlichen" und des , „Auftragsverarbeiters", WP 169, angenommen am 16.2.2010; LfDI Baden-Württemberg, Vorlage für Joint Controller Verträge: abrufbar unter: https://www.baden-wuerttemberg.datenschutz.de/wp-content/uploads/2019/05/190521_Vertragsmuster-Art-26.docx), zuletzt abgerufen am 15.10.2019; Bundesverband Informationswirtschaft Telekommunikation und neue Medien e. V., Leitfaden zur Joint Controllership in der EU-Datenschutz-Grundverordnung, vom 15.5.2017, vgl. https://www.bitkom.org/sites/default/files/file/import/170515-Joint-Controllership-online.pdf,

Anmerkungen

Sachverhalt. Arbeiten mehrere datenschutzrechtlich Verantwortliche zusammen und legen gemeinsam Zwecke und Mittel einer Datenverarbeitung fest, werden sie nach der DSGVO als „gemeinsam Verantwortliche" (im Englischen: „Joint Controller") gesehen. Die DSGVO knüpft daran zwei wesentliche Rechtsfolgen: Einmal eine Art Gesamtschuld aller beteiligten Verantwortlichen betreffend der Rechte der betroffenen Personen, das andere Mal die formale Pflicht, dass die gemeinsam Verantwortlichen im Innenverhältnis zusätzlich zu ihren eigentlichen vertraglichen Absprachen ergänzend eine datenschutzrechtliche (Zusatz-) Vereinbarung treffen müssen, die die datenschutzrechtlichen Details der gemeinsamen Verantwortlichkeit regelt. Die Mindestinhalte sind in Art. 26 Abs. 1 und 2 DSGVO definiert. Das hiesige Muster stellt einen Textvorschlag für eine solche Vereinbarung dar, im Folgenden auch „Joint Controller Vereinbarung" genannt. Im Muster wird als vereinfachtes Beispiel der Fall eines Konzerns oder einer Unternehmensgruppe zugrunde gelegt, bei dem die beteiligten Unternehmen für ihre offenen Stellen gemeinsam eine Online-Bewerberplattform betreiben und eingehende Bewerbungen bearbeiten und geeignete Bewerber auswählen. Die zivilrechtlichen Details regelt ein zivilrechtlicher Vertrag, der typischerweise auch die kommerziellen Aspekte, Service Levels, die Haftung, etc beinhaltet (im hiesigen Muster als „Hauptvertrag" bezeichnet).

Das Muster der Joint Controller Vereinbarung (im Folgenden: JCV) beschränkt sich darauf, möglichst nur die formalen Vorgaben des Art. 26 DSGVO umzusetzen und knüpft daher an den Hauptvertrag an. Damit soll möglichst wenig in die zivilrechtlichen Vereinbarungen eingegriffen, sondern nur das nach Art. 26 DSGVO Nötige geregelt werden. Das Muster verfolgt zudem den Ansatz, die tatsächlichen Regelungen und Themen in die Anlage auszulagern. Damit kann sich die JCV selbst auf die datenschutzrechtliche Seite konzentrieren. Das Muster wurde als Konzernvereinbarung als Individualvereinbarung gestaltet, bei einer Verwendung als AGB wäre ergänzend das AGB-Recht zu beachten.

1. Rechtliche Rahmenbedingungen: Seit dem 25.5.2018 gilt in den Mitgliedsstaaten die Verordnung (EU) 2016/679 vom 27.4.2016 zum Schutz natürlicher Personen bei der Verarbeitung personenbezogener Daten, zum freien Datenverkehr und zur Aufhebung der Richtlinie 95/46/EG, die sog. EU-Datenschutz-Grundverordnung (kurz: DSGVO). Als EU-Verordnung gilt sie direkt und unmittelbar in den Mitgliedsstaaten, siehe Art. 288 Abs. 2 AEUV. Nationalen Datenschutz-Vorschriften kommt damit im hier relevanten Bereich der Wirtschaft keine größere Bedeutung mehr zu, sie sind vielmehr nur noch in dem von der DSGVO gestatten Umfang zulässig, zumeist nur in Form von die DSGVO spezifizierenden Regelungen (sog. Spezifizierungs- oder Öffnungsklauseln). Der hier relevante Bereich der gemeinsamen Verantwortlichkeit unterliegt allerdings keiner solchen Öffnung für das nationale Recht. Es kommt damit allein auf die Regelungen der DSGVO an. Einschlägig für die gemeinsame Verantwortlichkeit ist Art. 26 DSGVO. Als EU-Verordnung muss die DSGVO autonom und rein europarechtlich nach dem EU-Primär- und Sekundärrecht verstanden und ausgelegt werden (siehe ausführlich Selmayr/Ehmann in Ehmann/Selmayr DSGVO Einführung Rn. 91 ff.), ein Rückgriff auf nationale Auslegungsgrundsätze ist unzulässig. Rechtsgrundlage im EU-Primärrecht für die DSGVO sind Art. 16 AEUV und Art. 8 EU-GrCh.

2. Normen und Hintergründe: Hintergrund der Regelung des Art. 26 DSGVO ist der Gedanke, in Konstellationen, in denen mehr als ein Verantwortlicher personenbezogene Daten verarbeitet, für Klarheit dahingehend zu sorgen, ob jeder der beteiligten Verantwortlichen für sich und alleine für die Datenverarbeitung verantwortlich ist oder aber die Beteiligten die Datenverarbeitung gemeinsam verantworten. Ein Beispiel kann die Datenverarbeitung einer zentralen Personalabteilung in einem Konzern sein, ebenso wie eine gemeinsame Kundendatenbank mehrerer (Konzern-)Unternehmen, die diese gemeinsam befüllen, verantworten und nutzen. Ob von einer gemeinsamen Verantwortlichkeit auszugehen ist, hängt immer vom jeweiligen konkreten Einzelfall ab. Die Anwendungsfälle sind jedoch vielfältig (siehe dazu vertiefend: DSK, Kurzpapier Nr. 16, S. 4 f.). In diesen Fällen ist es für die betroffenen Personen oft nicht oder nur schwierig zu erkennen, wer eigentlich genau für die Datenverarbeitung der Verantwortliche im Sinne der DSGVO ist. Liegen insofern die Voraussetzungen des Art. 26 DGVO vor, sind daran im Wesentlichen zwei Rechtsfolgen geknüpft:

Zum einen kann eine betroffene Person ihre Betroffenenrechte nach der DSGVO bei und gegenüber jedem einzelnen der Verantwortlichen geltend machen, wie Art. 26 Abs. 3 DSGVO ausdrücklich bestimmt. Begehrt die betroffene Person also etwa Auskunft nach Art. 15 DSGVO, darf sie sich an irgendeinen der gemeinsamen Verantwortlichen wenden, selbst wenn es um personenbezogene Daten geht, die im Innenverhältnis nicht dieser Verantwortliche verarbeitet, sondern einer der anderen beteiligten Verantwortlichen. Die Verantwortlichen müssen dies dann untereinander im Innenverhältnis klären, dies ist nicht Sache der betroffenen Person.

Zum anderen müssen die beteiligten Verantwortlichen zwingend gemäß Art. 26 Abs. 1 DSGVO im Innenverhältnis eine Vereinbarung abschließen, die in transparenter Form festlegen muss, wer von ihnen welche Verpflichtung gemäß der DSGVO erfüllt, insbesondere was die Wahrnehmung der Rechte der betroffenen Person angeht, und wer welchen Informationspflichten gemäß den Artikeln 13 und 14 DSGVO nachkommt; eine Ausnahme existiert, sofern und soweit die jeweiligen Aufgaben der Verantwortlichen durch Rechtsvorschriften der EU oder der Mitgliedstaaten, denen die Verantwortlichen unterliegen, festgelegt sind. Es bedarf also einer „Vereinbarung zur gemeinsamen Verantwortlichkeit", in der Praxis in Anlehnung an den englischen Begriff auch oft „Joint Controller Vereinbarung" genannt.

Die Besonderheit daran ist, dass die beteiligten Verantwortlichen nach Art. 26 Abs. 2 DSGVO das Wesentliche dieser Vereinbarung den betroffenen Personen zur Verfügung stellen müssen, → Anm. 12. Zweck ist, die gemeinsame Verantwortlichkeit möglichst transparent zu machen.

Die gemeinsame Verantwortlichkeit ist auf EU-Ebene nicht neu, schon die Vorgängernorm zur DSGVO, die EU-Datenschutz-Richtlinie 95/46/EG, kannte diese in Art. 2 lit. b. Da der deutsche Gesetzgeber aber im BDSG-alt diese Definitionen nicht übernahm bzw. aufgriff, fehlte im früheren deutschen Datenschutzrecht die gemeinsame Verantwortlichkeit und war daher bis zur DSGVO in Deutschland weitgehend unbekannt und wird oft als eine der großen Neuerungen der DSGVO bezeichnet. Der Umstand, dass es auf EU-Ebene die gemeinsame Verantwortlichkeit aber schon seit über 20 Jahren gibt, sorgt auch dafür, dass sich zum Beispiel die frühere Art.-29-Datenschutzgruppe als Vorgängerin des heutigen Europäischen Datenschutzausschusses schon früh mit den Besonderheiten beschäftigte (vgl. Stellungnahme der Artikel-29-Datenschutzgruppe, WP 169, S. 21 ff. sowie 39 f.).

Erwägungsgrund 79 enthält noch einige Hintergründe zur gemeinsamen Verantwortlichkeit, die für die Auslegung der zum Teil nur unbestimmten Rechtsbegriffe wichtig sein können.

3. Form der Vereinbarung: Das hiesige Muster beinhaltet einen Textvorschlag für eine solche Joint Controller-Vereinbarung, ebenso einen Vorschlag, wie man in der Praxis das Wesentliche dieser Vereinbarung zur Verfügung stellen kann. Die DSGVO definiert in Art. 26 zwar gewisse Mindestinhalte einer Joint Controller Vereinbarung, enthält aber keine Vorgaben zu deren Form. Aus Beweisgründen sowie Gründen der Rechenschaftspflicht nach Art. 5 Abs. 2 DSGVO ist aber eine verkörperte Form dringend zu empfehlen, entweder eine schriftliche Form, genauso ist aber – da überhaupt kein Formerfordernis besteht – auch ein nur elektronisches Dokument denkbar, etwa mit eingescannten Unterschriften oder auch nur eine Form, die man in Deutschland als Textform bezeichnet (siehe dazu auch Lang in Taeger/Gabel DSGVO Art. 26 Rn. 41, Hartung in Kühling/Buchner DSGVO Art. 26 Rn. 20; Piltz in Gola DSGVO Art. 26 Rn. 13).

Da in der Vereinbarung durchaus wichtige Themen, auch zur Haftung geregelt werden, ist in der Praxis ein originalschriftliches Dokument oder zumindest ein unterzeichnetes, aber gescanntes Dokument ein sinnvoller Weg.

4. Gemeinsame Verantwortlichkeit: Wann eine gemeinsame Verantwortlichkeit iSd Art. 26 DSGVO vorliegt, ist eine Frage des materiellen Rechts und ist in der Praxis anhand verschiedener Kriterien zu prüfen (vgl. zu möglichen Kriterien und Anwendungsfällen vertiefend: Stellungnahme der Artikel-29-Datenschutzgruppe, WP 169, S. 10 ff., ebenso DSK, Kurzpapier Nr. 16, S. 4 f.). Im hiesigen Muster wird vorausgesetzt, dass eine solche vorliegt und von den Beteiligten festgestellt wurde. Die Abgrenzung einer Joint Controllership zu einer reinen Übermittlung von personenbezogenen Daten untereinander oder auch zu einer Auftragsverarbeitung nach Art. 28 DSGVO kann schwierig und mit hoher Rechtsunsicherheit behaftet sein. Zwar gab es in 2018 und 2019 drei wichtige Entscheidungen des EuGH zur gemeinsamen Verantwortlichkeit, aus denen sich eine Reihe von wichtigen Kriterien ergeben (siehe EuGH Urt. v. 5.6.2018 – C-210/16, ZD 2018, 357 ff., EuGH Urt. v. 29.7.2019 – C-40/17, MMR 2019, 579 ff. sowie EuGH Urt.

v. 10.7.2018 – C-25/17, ZD 2018, 469 ff. Dennoch sind noch viele Fragen offen und es empfiehlt sich, sorgfältig die Frage der gemeinsamen Verantwortlichkeit zu prüfen, bevor man eine solche bejaht oder ablehnt. Soweit dagegen eine gemeinsame Verantwortlichkeit gegeben ist, ist der Abschluss einer Joint Controller Vereinbarung zwingend.

Da in der Praxis oft verwechselt, ist der Hinweis wichtig, dass es nicht darum geht, ob eine gemeinsame Verarbeitung von Daten vorliegt. Dies spielt nach Art. 26 DSGVO keinerlei Rolle. Es kommt vielmehr alleine darauf an, ob die Beteiligten gemeinsam verantwortlich sind. Es dürfte häufig der Fall sein, dass bei mehreren gemeinsam Verantwortlichen nur einer die eigentliche Datenverarbeitung vornimmt und etwa die Datenbank-Server betreibt und Daten technisch verarbeitet, dies aber alle gemeinsam festgelegt haben. Dann sind alle Verantwortlichen gemeinsam verantwortlich, es liegt aber keine gemeinsame Verarbeitung vor. Im Muster wird daher konsequent darauf geachtet, nicht von einer gemeinsamen *Verarbeitung* zu sprechen, sondern von einer gemeinsamen *Verantwortlichkeit.*

Die DSGVO knüpft an das Vorliegen einer gemeinsamen Verantwortlichkeit keine Privilegierung, wenn es um die Frage der Rechtsgrundlage eines Datenaustausches der Beteiligten geht (vgl. Hartung in Kühling/Buchner DSGVO Art. 26 Rn. 27; aA Piltz in Gola DSGVO Art. 26 Rn. 8, der die Ansicht vertritt, dass ein Datenaustausch der gemeinsam Verantwortlichen untereinander nicht rechtfertigungsbedürftig, also privilegiert sei). Vielmehr bleibt es bei den Anforderungen des Art. 6 DSGVO, wonach für die Weitergabe oder gemeinsame Nutzung von personenbezogenen Daten eine Erlaubnis vorliegen muss. Damit ist mit einer Joint Controllership auch kein Konzernprivileg oÄ verbunden. Im Ergebnis geht es vielmehr darum, den betroffenen Personen über eine Art Gesamtschuld der Beteiligten die Geltendmachung der Betroffenenreche zu vereinfachen sowie (auch deswegen) im Innenverhältnis durch den zwingenden Abschluss einer Joint Controller Vereinbarung für klare Zuständigkeiten und Transparenz zu sorgen (vgl. Hartung in Kühling/Buchner DSGVO Art. 26 Rn. 27 sowie Bertermann in Ehmann/Selmayr DSGVO Art. 26 Rn. 9).

5. **Sanktionen:** Es ist zu unterscheiden: Ein Verstoß gegen die Pflichten aus Art. 26 DSGVO kann nach Art. 83 Abs. 4 lit. a DSGVO zu einer Geldbuße von bis zu 10.000.000 EUR oder im Fall eines Unternehmens von bis zu 2 % seines gesamten weltweit erzielten Jahresumsatzes des vorangegangenen Geschäftsjahrs führen, je nachdem, welcher der Beträge höher ist. Ein solcher Fall kann bei Fehlen einer Joint Controller Vereinbarung eintreten. Es geht dabei um Verstöße gegen die (eher) formalen Vorgaben des Art. 26 DSGVO.

Daneben kann es sein, dass die Beteiligten bei der Datenverarbeitung selbst gegen Vorgaben der DSGVO verstoßen, was eine weitere bußgeldbewehrte Sanktion zur Folge haben kann, zum Beispiel bei der Verarbeitung von personenbezogenen Daten durch die gemeinsam Verantwortlichen, ohne dass dafür eine Rechtsgrundlage besteht.

6. **Anzahl der Verantwortlichen:** Das Muster ist so aufgebaut, dass es auch für mehr als zwei gemeinsam Verantwortliche anwendbar ist, als Beispiel wird im Muster von drei gemeinsam Verantwortlichen ausgegangen. Weitere gemeinsame Verantwortliche wären an dieser Stelle als „Verantwortlicher D“, „Verantwortlicher E“, etc zu nennen.

7. **Präambel:** Die Präambel dient dazu, einem Leser einen schnellen Einstieg in den Regelungsgegenstand und die Regelungssituation zu geben, vor allem aber auch für den Anwender der JCV herauszustellen, worauf sich die Vereinbarung konzentriert. Sie beschreibt daher kurz den Gesamtkontext, also das Vorhandensein eines Hauptvertrages, der die Zusammenarbeit der Parteien untereinander regelt, an den die hiesige JCV anknüpft und sich auf die Umsetzung der formalen Vorgaben des Art. 26 DSGVO konzentriert.

8. Regelungsgegenstand: In dieser Ziffer wird klargestellt, was die JCV (nur) regelt, nämlich die Umsetzung der formalen Vorgaben des Art. 26 DSGVO, siehe dazu auch oben die Anmerkung zum Sachverhalt und Anmerkung Nr. 7 zur Präambel. Art. 26 DSGVO gibt insofern Mindestinhalte vor, überlässt den Parteien aber die konkrete Ausgestaltung (eine Checkliste hat etwa auch die BITKOM veröffentlicht, vgl. https://www.bitkom.org/sites/default/files/file/import/170515-Joint-Controllership-online.pdf, zuletzt abgerufen am 24.10.2019). Eine JCV knüpft aber an eine aus anderen Gründen bestehende gemeinsame Verantwortlichkeit an, der hiesige Formulierungsvorschlag betont daher in Ziffer 1.2, dass eine solche nicht erst durch Abschluss der JCV begründet wird. Damit soll vermieden werden, dass der Eindruck entsteht, dass erst durch die JCV eine ansonsten nicht oder nicht zweifelsfrei bestehende gemeinsame Verantwortlichkeit begründet wird oder man die JCV als Indiz dafür sehen kann. Hintergrund sind Erfahrungen aus der Praxis, in denen Vereinbarungen zu gemeinsamen Verantwortlichkeit so formuliert sind, dass erst durch diese Mittel und Zwecke gemeinsam festgelegt werden und dadurch eine gemeinsame Verantwortlichkeit entsteht. Nach dem hier vertretenen Modell soll dies dem Hauptvertrag vorbehalten sein, der alleine Art und Umfang der Zusammenarbeit regelt, auch des Gesamtkontexts und des in der Regel bestehenden Zusammenhangs zu einer Vergütung, Gewährleistung, Nutzungsrechten und Lizenzthemen, etc. Aus diesen Gründen wurden auch die Ziffern 1.4 und 1.5 geschaffen, um die Konzentration der JCV auf die reine Umsetzung von Art. 26 DSGVO nochmals zu betonen und den Parteiwillen hervorzuheben, dass darüber hinaus nichts geregelt oder konstituiert werden soll, im speziellen kein Vertrag zugunsten Dritter oder ein Vertrag mit Schutzwirkung Dritter gewollt ist. Ebenso wenig soll eine gesellschaftsrechtliche Verbindung begründet werden, im speziellen eine GbR (zur GbR-Thematik siehe etwa Hartung in Kühling/Buchner DSGVO Art. 26 Rn. 30). Dies ist im hiesigen Beispielstext aus deutschem Rechtsverständnis gedacht, ausgehend davon, dass zwei oder mehrere in Deutschland ansässige Unternehmen eine JCV abschließen und im Streitfalle ein deutsches Gericht zuständig ist. In einem solchen Fall sollen gerade diese Abgrenzungen in der Ziffer 1 helfen, den gemeinsamen Parteiwillen dahingehend zu verdeutlichen, was seitens der Parteien nicht gewollt war.

Dies gilt umso mehr, als dass aktuell unklar ist und noch keine wissenschaftliche Beschäftigung mit der Frage erfolgte, welche Rechtsnatur eine JCV hat, insbesondere aufgrund des Umstands, dass die DSGVO in Art. 26 europarechtliche Vorgaben für eine im Kern zivilrechtliche Vereinbarung macht. Insofern bestehen aktuell noch Unsicherheiten zur Rechtsnatur wie auch zur genauen Ausformulierung einer JCV, so dass zu hoffen ist, dass die Rechtsprechung baldmöglichst für mehr Klarheit sorgen wird. Jedenfalls bemerkenswert ist, dass der Verordnungsgeber in Art. 26 nur von einer „Vereinbarung" spricht, nicht wie in Art. 28 DSGVO von einem „Vertrag". Dies mag darauf zurückzuführen sein, dass zumindest die Mindestinhalte des Art. 26 DSGVO vor allem die tatsächliche Seite betreffen, weniger typische rechtliche Regelungen. Insgesamt wird man vermutlich davon ausgehen dürfen, dass Art. 26 DSGVO europarechtlich also Mindestinhalte vorgibt, diese dann aber von den Parteien in einer zivilrechtlichen Vereinbarung nach einem nationalen Recht umzusetzen sind. Dies spielt für die Frage des anwendbaren Rechts eine Rolle, siehe unten.

9. Festlegung der Zuständigkeiten nach DSGVO/Anlage 1: Kern der JCV ist nach Art. 26 Abs. 1 DSGVO die Festlegung im Innenverhältnis, wer der beteiligten Verantwortlichen welche Verpflichtung nach der DSGVO erfüllt, also beispielsweise wer sich um eingehende Auskunftsanfragen, Löschersuchen, dem Verlangen nach Datenübertragbarkeit kümmert, aber auch, wer die Informationen nach Art. 13 und 14 DSGVO an die betroffenen Personen gibt. Es geht also um eine Art „Pflichtenverteilung" und Regelung, welcher der Beteiligten wofür zuständig ist. Da es insofern eine Vielzahl von Pflichten in der DSGVO gibt, scheint es wenig sinnvoll, diese in den Text der JCV selbst aufzunehmen, um diese nicht zu überfrachten und zu unübersichtlich werden zu lassen. Die Praxis zeigt, dass sich an der Pflichtenverteilung durchaus Änderungen ergeben können. Aus diesen Gründen ist es nach hier vertretener Auffassung praktikabler, die von der DSGVO vorgegebenen Pflichten in einer Anlage aufzulisten und dort auch die Zuweisung zu den einzelnen Verantwortlichen vorzunehmen. Dies macht spätere Änderungen einfacher, da nicht im Vertragstext selbst Änderungen vorgenommen werden müssen, sondern lediglich in der Anlage (was rechtlich ebenso eine einvernehmliche Vereinbarungsänderung darstellt, erfahrungsgemäß aber einfacher umzusetzen ist als die Anpassung eines kompletten Vertragstextes). Wesentlicher Bestandteil der hiesigen JCV ist damit deren Anlage 1, in der diejenigen Datenverarbeitungen, bei denen eine gemeinsame Verantwortlichkeit besteht, aufgelistet sind und für jede einzelne davon dann – und zwar für jede in Frage kommende DSGVO-Pflicht – festgelegt ist, welcher der beteiligten Verantwortlichen sich worum kümmert. Zur Anlage und deren Details zudem → Anm. 20.

Zweck der hiesigen Anlage 1 ist zudem, dort das „Wesentliche der Vereinbarung“ iSd Art. 26 Abs. 2 S. 2 DSGVO zusammenzufassen, welches den betroffenen Personen zur Verfügung zu stellen ist, → Anm. 12.

Ziffer 2.3 betont sodann nochmals, dass die Regelungen der Parteien über die JCV nur das Innenverhältnis betreffen und die Rechte der betroffenen Personen keinesfalls verkürzen sollen.

Einen anderen Ansatz verfolgt der Landesbeauftrage für Datenschutz und Informationsfreiheit Baden-Württemberg, in der durch die baden-württembergische Behörde veröffentlichten Vorlage zur Formulierung einer JCV (vgl. Vorlage des LfDI Baden-Württemberg für Joint Controller Verträge: abrufbar unter: https://www.baden-wuerttemberg.datenschutz.de/wp-content/uploads/2019/05/190521_Vertragsmuster-Art-26.docx). In der vorbenannten Formulierungshilfe wird vorgeschlagen, die jeweiligen Pflichten der gemeinsam Verantwortlichen in die JCV zu integrieren. Aus den vorgenannten Gründen wird dieser Weg hier nicht gegangen.

10. Abgrenzung zu anderen Datenverarbeitungen: Es erfolgt noch ein Hinweis darauf, dass nach dem gemeinsamen Parteiverständnis für nicht in der Anlage 1 genannte Verarbeitungen keine gemeinsame Verantwortlichkeit bestehen soll. Dies erfolgt rein vorsorglich und eher indiziell, da es sich um eine materiell-rechtliche Fragestellung handelt sowie der EuGH bei deren Beurteilung weniger auf rechtliche Vereinbarungen als vielmehr auf die tatsächliche Seite der Beziehungen zwischen den Beteiligten abstellt, siehe EuGH Urt. v. 5.6.2018 – C-216/16, Rn. 42, EuGH Urt. v. 29.7.2019 – C-40/17, Rn. 85, 99 ff. sowie EuGH Urt. v. 21.1.2019 – C-25/17, Rn. 68.

11. Änderungsmanagement: In Ziffer 2.2 finden sich im Muster kurze Regelungen für Anpassungen der Anlage 1. Diese könnte man deutlich umfangreicher gestalten. Jedenfalls empfiehlt sich ein Abgleich mit Regelungen dazu im Hauptvertrag.

12. Das Wesentliche der Vereinbarung: Art. 26 Abs. 2 S. 2 DSGVO schreibt vor, dass „das Wesentliche der Vereinbarung“ den betroffenen Personen zur Verfügung gestellt werden muss. Damit sind zwei Fragen verbunden: Was ist das „Wesentliche der Vereinbarung“ und wie muss es bereitgestellt werden.

Zu dem „Wesentlichen“ der Vereinbarung wird man dem Wortlaut des Art. 26 DSGO nach die „Pflichtenverteilung“, eine Beschreibung der Tätigkeiten, für die eine gemeinsame Verantwortung besteht, zudem deren Zwecke und Mittel, sowie die Benennung der beteiligten Verantwortlichen selbst zählen, soweit vorhanden auch die Benennung einer gemeinsam festgelegten Anlaufstelle für die betroffenen Personen (siehe etwa auch Nink in Spindler/Schuster DSGVO Art. 26 Rn. 17). All diese Themen sind im vorliegenden Muster Inhalt der Anlage 1, in der ebenfalls eine gemeinsame Anlaufstelle iSd Art. 26 Abs. 1 S. 3 DSGVO festgelegt werden kann. Zweck ist, im Rahmen der Pflicht zur

Verfügbarmachung der Einfachheit halber nur die Anlage 1 bereitstellen zu müssen. Denn dann kann es zwischen den Beteiligten keinen Streit darüber geben, was genau das „Wesentliche" ist, ebenso wie die Form der Darstellung vereinheitlich ist und man vermeidet, dass die verschiedenen beteiligten Verantwortlichen jeweils eigene Fassungen verwenden und damit die Gefahr von Abweichungen oder gar Widersprüchen begründet werden kann. Ziffer 3 des Musters beschreibt diesen Mechanismus und definiert die Detailregelungen dazu.

Zugleich ist zur Frage, wann und wie die Anlage 1 als „Wesentliches der Vereinbarung" den betroffenen Personen zur Verfügung zu stellen ist, auf die Anlage 1 selbst verwiesen. Soweit dieser Umstand zum „Wesentlichen" gehört, müsste er nach dem hiesigen Modell ohnehin Teil der Anlage 1 sein, zum anderen handelt es sich eher um eines der praktischen und operativen Themen, die möglichst Teil der Anlagen sein sollen (einen weiteren Vorschlag hinsichtlich des „Wie" der Zurverfügungstellung der nach Art. 26 Abs. 2 S. 2 DSGVO erforderlichen Informationen unterbreitet ua die baden-württembergische Behörde, vgl. https://www.baden-wuerttemberg.datenschutz.de/wp-content/uploads/2019/05/190516_Informationen-Art-26-Betroffene.docx, zuletzt abgerufen am 24.10.2019).

Zum Zeitpunkt der Bereitstellung enthält die DSGVO keine Vorgaben, so dass davon auszugehen ist, dass eine Bereitstellung vor der Datenerhebung oder Verarbeitung nicht gefordert ist, denn ansonsten hätte der Verordnungsgeber vermutlich in Art. 26 DSGVO eine ähnliche Regelung wie in Art. 13 und Art. 14 DSGVO geschaffen. Ihm scheint es wichtiger zu sein, dass die betroffenen Personen überhaupt über das Wesentliche informiert werden. In der Praxis stellt sich die Frage, ob man das Wesentliche aktiv den betroffenen Personen zur Verfügung stellen muss oder etwa nur auf Anfrage, ebenso wie die Bereitstellung dann erfolgen soll. Der Wortlaut des Art. 26 Abs. 2 S. 2 spricht von „zur Verfügung stellen", eine Formulierung wie „auf Antrag" oÄ, findet sich nicht. Nimmt man noch den Grundsatz der Transparenz des Art. 5 Abs. 1 lit. a DSGVO hinzu, spricht also vieles dafür, dass eine Bereitstellung nur auf Nachfrage nicht ausreicht. Ließe man eine Bereitstellung nur auf Anfrage ausreichen und nähme damit eine passive Pflicht des Verantwortlichen an, würde dies nach hiesigem Verständnis dem Umstand widersprechen, dass eine betroffene Person oft noch nicht wissen wird, dass sie erst auf Antrag bestimmte Informationen erhält. Die herrschende Meinung in der Literatur geht dahin, dass das Wesentliche der JCV den betroffenen Personen im Ergebnis wie die Informationen nach Art. 13 und 14 DSGVO bereitgestellt werden muss, also durchaus aktiv, wobei ein Bereithalten des Wesentlichen zum Abruf, etwa auf einer Webseite, ausreichend sein soll (siehe Piltz in Gola DSGVO Art. 26 Rn. 21, Hartung in Kühling/Buchner Art. 26 Rn. 26 oder Nink in Spindler/Schuster DSGVO Art. 26 Rn. 16).

Wie auch immer sich die Parteien dazu entscheiden, die Art und Weise der Zurverfügungstellung der nach Art. 26 Abs. 2 S. 2 DSGVO geforderten Informationen wäre vorliegend in der Anlage 1 festzulegen, auch, welcher der Beteiligten dafür im Innenverhältnis zuständig ist. In der Praxis hat sich ein Vorhalten zum Abruf auf den Webseiten bewährt, ebenso die direkte Verlinkung dorthin aus den Datenschutz-Hinweisen, in denen dann an geeigneter Stelle auf das Vorliegen einer gemeinsamen Verantwortlichkeit hingewiesen wird. In Papierformularen würde man nach dieser Ansicht ebenfalls den Internetlink nennen, zur Erleichterung etwa mit einem QR-Code oÄ verbunden.

Der zumindest rechtlich sicherste Weg wäre, die gesamte JCV zum Abruf vorzuhalten, gegebenenfalls lediglich um einige wenige Regelungen gekürzt, die rein das Innenverhältnis betreffen und daher für die betroffene Person keine Rolle spielen, wie etwa zur Haftung. Da das hiesige Muster (auch deswegen) so aufgebaut ist, sich auf die Umsetzung der formalen Vorgaben des Art. 26 DSGVO zu konzentrieren und gerade nicht die kommerziellen Aspekte zu regeln, die vielmehr dem Hauptvertrag vorbehalten sind, dürfte die Vorlage der (etwas gekürzten) JCV in der Regel keine besonderen Probleme aufwerfen. Ob damit aber ein Mehrwert für die betroffene Person verbunden ist oder nicht bzw. sogar die Transparenz leidet, ist eine andere Frage. Vorliegend wird im Muster die Meinung vertreten, dass die Vorlage der Anlage 1 ausreicht.

13. Gemeinsame Anlaufstelle: Eine solche kann nach Art. 26 Abs. 1 S. 3 DSGVO festgelegt werden, sie gehört dann zum „Wesentlichen der Vereinbarung". Demgemäß sieht Anlage 1 vor, dort eine solche Anlaufstelle festzulegen.

14. Wechselseitige Unterstützungs-, Informations- und Abstimmungspflichten: Ziffer 4 enthält einen relativ ausführlichen Vorschlag, wie sich die beteiligten Verantwortlichen in welchen Fällen unterstützen, informieren und abstimmen müssen. Es handelt sich nicht um Pflichtinhalte nach Art. 26 DSGVO, zugleich kommt es in der Praxis gerade auf solche ganz praktischen Themen an. Zur Übersichtlichkeit wird in dem Muster nach Darstellung der Grundsätze (diese sind in Ziffer 4.1 enthalten) zwischen eingehenden Anfragen von betroffenen Personen oder staatlichen Stellen (Ziffer 4.2, dies können zum Beispiel Löschverlangen der Betroffenen sein, aber auch Auskunftsersuchen von Ermittlungsbehörden), dem Vorgehen bei einem Datenschutzverstoß (Ziffer 4.3) und dem Fall von bloßen Unregelmäßigkeiten bei einer Datenverarbeitung (Ziffer 4.4) unterschieden (eine solche Regelung wird in dem Muster des LfDI Baden-Württemberg, Vorlage für Joint Controller Verträge, empfohlen).

Hervorzuheben ist die Regelung in Ziffer 4.3.2 Satz 2: Zweck der Regelung ist, eine Partei zu definieren, die für den hier geregelten Fall final zuständig ist und entscheiden darf; der hier gewählte Weg kann für die anderen Parteien eine harte Folge darstellen, gerade dann, wenn das bearbeitende Unternehmen ein Unternehmen außerhalb der EU sein sollte. Die Aufnahme dieser Regelung ist daher sorgfältig abzuwägen.

15. Gesamtschuld-Regelungen zum Schadensersatz: Nach Art. 26 Abs. 3 DSGVO und Art. 82 Abs. 4 DSGVO kann im Falle von Schadensersatzansprüchen einer betroffenen Person jeder der gemeinsam Verantwortlichen für den gesamten Schaden haften, damit ein wirksamer Schadensersatz für die betroffene Person sichergestellt ist. Denn auch der Schadensersatzanspruch ist ein Recht iSd Art. 26 Abs. 3 DSGVO. Die DSGVO beinhaltet in Art. 82 Abs. 5 bereits eine gesetzliche Regelung zum Ausgleich bei Schadensersatz, die im Muster nicht weiter modifiziert wird. Das Muster beinhaltet aber ergänzend einen „Sprung ins deutsche Recht" zur in den §§ 421 ff. BGB geregelten Gesamtschuld, da diese Regelungen zumindest ergänzend als anwendbar erklärt werden. Zweck ist, darüber zu in Deutschland bekannten Regelungen zu kommen. An dieser Stelle könnte man Modifizierungen dazu aufnehmen, wenn gewollt und verhandelbar.

Nicht umfasst von Art. 26 Abs. 3 DSGVO sind dagegen Geldbußen iSd Art. 83 DSGVO. Dies ist ein wesentlicher Unterschied, der bislang in der Praxis oft übersehen wird. Denn damit resultiert aus einer gemeinsamen Verantwortlichkeit keine Gesamtschuld für Datenschutzverstöße und damit verbundenen Sanktionen in Form von Bußgeldern (vgl. auch Bertermann in Ehmann/Selmayr Art. 26 Rn. 16), sehr wohl aber für Schadensersatzansprüche der betroffenen Personen. Selbst wenn letztere europarechtlich zu verstehen sind und damit deutlich höher ausfallen können als es der deutschen Rechtstradition entspricht, wird man von gänzlich anderen Größenordnungen als den theoretisch möglichen Bußgeldhöhen des Art. 83 DSGVO sprechen, die bis zu 4 % des weltweiten Umsatzes oder bis zu 20 Mio. Euro reichen können. Es ist daher eine von den beteiligten Parteien zu klärende Frage, ob und wie sie zu etwaigen Bußgeldern, die eine Partei im Rahmen einer gemeinsamen Verantwortlichkeit treffen, vertragliche Regelungen (etwa in Form einer Quotelung der Haftung oÄ) aufnehmen möchten. Soweit dies gewünscht ist, könnte man in Ziffer 5 des Musters direkt im Anschluss an den ersten Absatz eine entsprechende Regelung ergänzen, etwa in Richtung von: *„Für eventuelle Geldbußen i.S.v. Art. 83 DSGVO und/oder andere Sanktionen i.S.v. Art. 84 DSGVO* *gilt diese Regelung entsprechend.*" Ob eine solche Regelung im Ernstfall zivilrechtlich wirksam ist oder etwa aufgrund des Strafcharakters eines Bußgeldes möglicherweise als sittenwidrig und damit nichtig einzustufen wäre, wäre eine gesondert zu klärende Frage, die außerhalb des Datenschutzes liegt und daher hier nicht vertieft wird.

Da das hiesige Muster an den kommerziellen Hauptvertrag zwischen den Parteien anknüpft und sich dort meist Haftungsregelungen im Verhältnis der Vertragsparteien untereinander finden, ist zudem eine Regelung in der JCV zur Geltung der Haftungsregelungen wichtig. Im Muster wurde der Weg gewählt, dass etwaige Regelungen im Hauptvertrag zu Haftungsbeschränkungen für den Ausgleich nach Art. 82 Abs. 5 DSGVO nicht greifen sollen. Dies wäre gegebenenfalls anzupassen.

Man könnte an dieser Stelle zahlreiche weitere Regelungen aufnehmen, wie etwa zur Frage, wie die Parteien im Falle der Insolvenz einer der beteiligten Verantwortlichen abgesichert sind. In der Regel dürfte dafür aber der Hauptvertrag der bessere Ort sein, da nicht nur Ansprüche aus Datenschutz abgesichert sein sollen, sondern auch etwaige andere Ansprüche der Parteien untereinander.

16. Einsatz von Dritten oder Auftragsverarbeitern: Ob die beteiligten Verantwortlichen für diejenigen Datenverarbeitungen, für die eine gemeinsame Verantwortlichkeit besteht, Dritte einschalten dürfen, wie etwa Auftragsverarbeiter, ist eine Frage des Hauptvertrages. Soweit der Einsatz Dritter/Auftragsverarbeiter nach dem Hauptvertrag erlaubt ist und ein Verantwortlicher sich Dritter oder Auftragsverarbeiter bedient, wird für das Innenverhältnis der beteiligten Verantwortlichen geregelt bzw. klargestellt, dass der jeweils einschaltende Verantwortliche für diese Dritten oder Auftragsverarbeiter verantwortlich ist, also etwa für deren Fehler selbst haftet.

17. Laufzeit: Da vorliegend die JCV an den Hauptvertrag anknüpft, richtet sich ihre Laufzeit nach diesem, beginnt und endet also mit diesem (wobei unterstellt wird, dass mit Ende des Hauptvertrages dann tatsächlich auch die Datenverarbeitungen enden). Durch die Anknüpfung an den Hauptvertrag ist eine eigene ordentliche Kündigung ausgeschlossen, eine Kündigung aus wichtigem Grund dagegen bleibt – wenn man das deutsche Rechtsverständnis anlegen möchte – stets zulässig, was vorsorglich im Hinblick auf die auch europarechtliche Komponente der JCV in dem Muster betont wird.

Da es in der Praxis sein kann, dass sich zeitlich auch noch nach Beendigung der Zusammenarbeit betroffene Personen oder staatliche Stellen an einen der (dann ehemaligen) gemeinsam Verantwortlichen wenden, etwa im Sinne einer polizeilichen Ermittlung oder die Betroffenen noch mit Schadensersatzansprüchen, sieht das Muster vor, dass die Regelungen der Ziffer 4 und 5 auch noch nach Ende der JCV fortgelten. Da die gesamte Ziffer 4 fort gilt, umfasst dies auch noch im Nachhinein festgestellte Unregelmäßigkeiten bei der Datenverarbeitung oder festgestellte Datenschutzverstöße.

Im Hinblick auf die Rechenschaftspflicht des Art. 5 Abs. 2 DSGVO sowie auch aus Gründen der eigenen Rechtsverteidigung und aufgrund des Umstands, dass nicht jeder der gemeinsam Verantwortlichen über alle Details der betroffenen Datenverarbeitungen stets über alle Dokumentationen und Nachweise verfügt (gerade dann nicht, wenn es sich um Verarbeitungen handelt, die technisch alleine einer der anderen Verantwortlichen durchführt), wird in Ziffer 7.4 eine nachwirkende Pflicht zur Aufbewahrung solcher Dokumentationen und eine gegenseitige Unterstützungspflicht und Zugriffsmöglichkeit konstituiert. Auch diese Regelung ist nicht zwingend, in der Regel aber nützlich (und basiert auf der Empfehlung im Muster des LfDI Baden-Württemberg, Vorlage für Joint Controller Verträge).

18. Schlussbestimmungen: Die Ziffer 8.2–8.3 enthalten übliche Schlussbestimmungen, die je nach Einzelfall anzupassen sind. Als Besonderheit wird vorliegend die „echte" Schriftform im Sinne von § 126 BGB als Form sowohl für die JCV als auch für

Änderungen daran vorgesehen. Dies ist dem Umstand geschuldet, dass mit einer JCV durchaus weitreichende Pflichten festgelegt werden. Der Schriftform soll daher eine Warnfunktion zukommen, gleichzeitig soll das Schriftformerfordernis die Vertragsparteien aber auch davor schützen, dass die JCV unbemerkt oder unbewusst geändert wird, etwa durch E-Mails. Auch dies ist aber Geschmacksfrage und kann frei angepasst werden, da die DSGVO keine bestimmte Form für eine JCV vorschreibt, → Anm. 3.

Zudem wird – wenngleich nur ergänzend, da die JCV gemäß ihrer Präambel bzw. Ziffer 1.3 vorgeht – in Ziffer 8.3 bestimmt, dass die Regelungen des Hauptvertrages ergänzend gelten sollen. Ob dies sinnvoll ist oder nicht, hängt vom Hauptvertrag ab und ist zu prüfen, gegebenenfalls ist diese Formulierung aus dem hiesigen Muster herauszunehmen oder anzupassen.

In Ziffer 8.6 wird vor dem Hintergrund der unklaren dogmatischen Einordnung einer JCV noch klargestellt, dass primär die DSGVO gilt, ergänzend dann aber deutsches Recht. Dementsprechend wir dann das (als Teil des deutschen Rechts anzusehende) UN-Kaufrecht abbedungen. Zudem wird ein Gerichtsstand gewählt.

19. Vergütung: Ziffer 8.1 definiert im Rahmen der Schlussbestimmungen zudem noch, dass die Tätigkeiten der beteiligten Verantwortlichen untereinander, etwa im Rahmen der zu gewährenden Unterstützung, ohne Vergütung zu erbringen sind, soweit nicht speziell im Hauptvertrag (da im Ergebnis eine kommerzielle und keine datenschutzrechtliche Regelung) etwas anderes bestimmt ist.

20. Anlage 1: Der Anlage 1 kommt eine sehr wichtige Rolle zu, da sie das „Wesentliche der Vereinbarung" im Sinne von Art. 26 Abs. 2 S. 2 DSGVO enthält, also die nach Art. 26 Abs. 2 S. 1 zwingend vorzunehmende Pflichtenverteilung beinhaltet. Wie in → Anm. 9 beschrieben, erfolgt dies tabellarisch, hier in Ziffer I: In der x-Achse werden die verschiedenen Datenverarbeitungen, bezüglich derer eine gemeinsame Verantwortlichkeit besteht, aufgelistet (verdeutlicht im Muster an zwei Beispielen), in den Zeilen 1 und 2 sodann diese jeweils kurz erläutert, insbesondere die Zwecke und Mittel, die gemeinsam festgelegt sind. In den Folgezeilen sind sodann die beteiligten Verantwortlichen beschrieben und zwar mit Name/Firma sowie ladungsfähiger Anschrift. Ebenso wird durch Ankreuzen festgelegt, welcher der Verantwortlichen bei welcher Datenverarbeitung als gemeinsam Verantwortlicher beteiligt ist. Bei nur zwei Verantwortlichen wird hier stets ein Kreuz zu setzen sein, bei mehreren Verantwortlichen dagegen kann dies durchaus unterschiedlich sein. Deshalb wurde bei der Gestaltung dieser Anlage/der Tabelle auf eine entsprechende Mehrdimensionalität Wert gelegt. Es folgt sodann eine Auflistung der verschiedenen Pflichten der DSGVO, bezüglich derer – pro Datenverarbeitung – diejenigen gemeinsamen Verantwortlichen zu nennen sind, die die jeweilige Pflicht treffen bzw. die diese übernommen haben. Dies sind mindestens zwei, können aber auch mehr oder alle Verantwortlichen sein, je nach materiell-rechtlicher Situation. Hervorzuheben ist die ebenfalls genannte Pflicht zur Bereitstellung des „Wesentlichen der Vereinbarung", → Anm. 12.

Man könnte in der Anlage 1 auch noch – wenngleich von der DSGVO nicht gefordert – die jeweilige Rechtsgrundlage nach Art. 6 DSGVO nennen, die einen oder mehrere gemeinsame Verantwortliche zur jeweiligen Datenverarbeitung berechtigt. Aus Transparenzgründen wäre dies positiv, denn in den ohnehin parallel erforderlichen Datenschutzhinweisen muss die Rechtsgrundlage ohnehin angegeben werden. Im hiesigen Muster wurde davon in abgesehen, da einzelfallabhängig.

In Ziffer II. der Anlage 1 kann – wenn vorhanden und gewollt – eine gemeinsame Anlaufstelle beschrieben werden. In Ziffer III. der Anlage 1 wäre Raum, um etwaige über Ziffer I. hinausgehende weitere als „wesentlich" angesehene Regelungen in den Vertragstext der JCV aufzunehmen. Ziffer IV. schließt die JCV mit der Festlegung auf die Art und Weise der Zurverfügungstellung des „Wesentlichen der Vereinbarung" ab.

4. Auftragsverarbeitungsvereinbarung (AVV) gem. Art. 28 Abs. 3 DSGVO

[1, 2]zwischen der Firma ..... (nachfolgend „Auftragsverarbeiter" genannt)
und der Firma ..... (nachfolgend „Auftraggeber" genannt)

Präambel

(1) Der Auftraggeber ist ein Unternehmen im Bereich ..... Unternehmenszweck des Auftraggebers ist es, ...
(2) Der Auftragsverarbeiter ist ein IT-Anbieter ..... Er bietet IT-Leistungen im Bereich ..... an und verarbeitet dabei Daten seiner Kunden.
(3) Auch der Auftraggeber möchte den Auftragsverarbeiter im Rahmen der von diesem angebotenen und mit Vertrag vom gleichen Datum (nachfolgend „Leistungsvereinbarung" genannt) vereinbarten Leistungen im Bereich ..... als Auftragsverarbeiter einschalten.
(4) Vor diesem Hintergrund schließen die Vertragsparteien den nachfolgenden Vertrag.

§ 1 Gegenstand der Auftragsverarbeitung[3, 4]

(1) Die Vertragsparteien vereinbaren eine Auftragsverarbeitung im Sinne von Art. 28 DSGVO, in deren Rahmen der Auftragsverarbeiter personenbezogene Daten entsprechend den Weisungen des Auftraggebers verarbeitet. Der Auftraggeber bleibt insofern „Herr der Daten". Der Auftragsverarbeiter erlangt durch die Erhebung, Verarbeitung und Nutzung der Daten keinerlei Rechte an diesen Daten.
(2) Der Gegenstand und die Dauer der Auftragsverarbeitung ergeben sich aus der Leistungsvereinbarung sowie dem vorliegenden Vertrag und seinen Anlagen. Der Gegenstand ergibt sich aus der Anlage „Gegenstand des Auftrags und Beschreibung der Leistungen" (Anlage 1), die Dauer aus der Leistungsvereinbarung. Die Art und der Zweck der vorgesehenen Verarbeitung von Daten, die Art der personenbezogenen Daten und die Kategorien der betroffenen Personen werden in der Anlage „Details der Datenverarbeitung" (Anlage 2) beschrieben. Der Auftragsverarbeiter verwendet die im Rahmen der Auftragsverarbeitung überlassenen personenbezogenen Daten weder für eigene noch für sonstige andere Zwecke. Änderungen des Gegenstandes der Verarbeitung, der Art und des Zwecks der Verarbeitung sowie der Daten und betroffenen Personen sind zwischen den Parteien abzustimmen und schriftlich festzuhalten.
(3) Die Vertragsparteien werden im Rahmen der bestehenden Gesetze und Verordnungen für den Schutz personenbezogener Daten sorgen. Der Auftragsverarbeiter verpflichtet sich gegenüber dem Auftraggeber, die einschlägigen datenschutzrechtlichen Bestimmungen, vor allem der Datenschutzgrundverordnung (DSGVO) und des Bundesdatenschutzgesetzes (BDSG), zu beachten. Unberührt dessen ist für die Beurteilung der Zulässigkeit der Verarbeitung gemäß Art. 6 Abs. 1 DSGVO grundsätzlich der Auftraggeber verantwortlich.
(4) Jede Verlagerung der Datenverarbeitung oder von Teilen derselben in ein Drittland außerhalb der Europäischen Union oder des Europäischen Wirtschaftsraums bedarf des Einverständnisses des Auftraggebers. Eine solche Verlagerung darf selbst dann nur erfolgen, wenn die speziellen Voraussetzungen der Art. 44 ff. DSGVO erfüllt sind.[5]

§ 2 Weisungsbefugnisse des Auftraggebers[6]

(1) Der Auftragsverarbeiter verpflichtet sich, personenbezogene Daten des Auftraggebers nur entsprechend den schriftlichen oder anderweitig im Sinne von Art 28 Abs. 3 S. 2 lit. a) DSGVO dokumentierten Weisungen des Auftraggebers zu verarbeiten. Das gilt insbesondere auch in Bezug auf die Übermittlung personenbezogener Daten in bzw. an ein Drittland oder eine internationale Organisation. Der Auftraggeber wird mündliche Weisungen unverzüglich schriftlich oder anderweitig dokumentiert nachreichen. Auch Verfahrensänderungen sind zwischen den Vertragsparteien abzustimmen und schriftlich oder anderweitig dokumentiert festzuhalten. Weisungen sind für ihre Geltungsdauer und darüber hinaus im Rahmen der gesetzlichen Fristen aufzubewahren.

(2) Der Auftragsverarbeiter wird dementsprechend sämtliche Daten, die er vom Auftraggeber erhält oder in dessen Auftrag erhebt und/oder ermittelt, nur zur Erfüllung von Pflichten aus dieser Vereinbarung und/oder auf Weisung des Auftraggebers verarbeiten und/oder nutzen. Der Auftragsverarbeiter wird insbesondere personenbezogene Daten aus dem Auftragsverhältnis auf Weisung des Auftraggebers berichtigen, löschen oder sperren, soweit berechtigte Interessen des Auftragsverarbeiters dem nicht entgegenstehen. Insbesondere wird der Auftragsverarbeiter ohne formgerechte Weisung weder Dritten noch den Betroffenen[7] Auskünfte über personenbezogene Daten aus dem Auftragsverhältnis erteilen.

(3) Eine Verarbeitung ohne Weisung ist dem Auftragsverarbeiter abweichend nur erlaubt, sofern er durch das Recht der EU oder eines Mitgliedstaats, dem der Auftragsverarbeiter unterliegt, zu der Verarbeitung verpflichtet ist; in einem solchen Fall teilt der Auftragsverarbeiter dem Auftraggeber diese rechtlichen Anforderungen vor der Verarbeitung mit, es sei denn, dass das betreffende Recht eine solche Mitteilung wegen eines wichtigen öffentlichen Interesses verbietet.

(4) Ist der Auftragsverarbeiter der Ansicht, dass eine Weisung des Auftraggebers gegen die DSGVO, das BDSG oder andere Vorschriften über den Datenschutz verstößt, hat er den Auftraggeber unverzüglich darauf hinzuweisen. Bestätigt der Auftraggeber die Weisung, hat der Auftragsverarbeiter die Weisung auszuführen.

(5) Die Weisungsberechtigten beim Auftraggeber und Weisungsempfänger beim Auftragsverarbeiter ergeben sich aus der Anlage „Ansprechpartner" (Anlage 3). Die Vertragsparteien werden die Anlage bei einem Wechsel der Ansprechpartner aktualisieren.

§ 3 Verpflichtung zur Vertraulichkeit[8]

(1) Der Auftragsverarbeiter verpflichtet sich vorbehaltlich abweichender Vereinbarungen und Weisungen des Auftraggebers, die ihm im Rahmen der Auftragsverarbeitung bekannt gewordenen personenbezogenen Daten des Auftraggebers vertraulich zu behandeln.

(2) Der Auftragsverarbeiter wird nur zuverlässige und fachkundige Mitarbeiter und Subunternehmer bei der Verarbeitung von Daten einsetzen. Er wird diese mit den für sie maßgebenden Bestimmungen des Datenschutzes vertraut machen. Der Auftragsverarbeiter wird seine Mitarbeiter und Subunternehmer vor Aufnahme der Tätigkeit in geeigneter Weise zur Vertraulichkeit verpflichten, es sei denn, dass diese ohnehin schon einer angemessenen gesetzlichen Verschwiegenheitspflicht unterliegen.

(3) Der Auftraggeber verpflichtet sich seinerseits, die im Rahmen der Vereinbarung erlangten Datensicherheitsmaßnahmen des Auftragsverarbeiters vertraulich zu behandeln.

(4) Unberührt dieses § 3 gelten im Übrigen ggf. die sonstigen zwischen den Vertragsparteien geschlossenen Geheimhaltungsverpflichtungen sowie die auf das Auftragsverhältnis anwendbaren gesetzlichen Geheimhaltungspflichten.

(5) Die Geheimhaltungspflichten dieses § 3 bleiben auch nach Beendigung der vorliegenden Vereinbarung bestehen.

§ 4 Technische und organisatorische Maßnahmen nach Art. 32 DSGVO[9]

(1) Der Auftragsverarbeiter wird alle gemäß Art. 32 DSGVO erforderlichen Maßnahmen, insbesondere auch die des Art. 32 Abs. 1 lit. a) d) DSGVO, ergreifen. Er wird diese dabei unter Berücksichtigung der Schutzziele der Norm, der eingesetzten IT-Systeme und der vertragsgemäßen Verarbeitungsprozesse gemäß dem Stand der Technik ausgestalten.

(2) Der Auftragsverarbeiter wird technische und organisatorische Maßnahmen insbesondere zur Sicherung der verarbeiteten personenbezogenen Daten gegen eine unbefugte Verarbeitung oder Nutzung, gegen deren Verlust, Verfälschung oder unberechtigte Offenbarung sowie zur Sicherstellung der Verfügbarkeit der Daten treffen. Der Auftragsverarbeiter wird mit Blick auf die vertragsgegenständliche Auftragsverarbeitung ein dem Risiko für die Rechte und Freiheiten der von der Verarbeitung betroffenen natürlichen Personen angemessenes Schutzniveau gewährleisten.

(3) Der Auftragsverarbeiter verpflichtet sich, die Sicherheitsbestimmungen und -empfehlungen des Bundesamtes für Sicherheit in der Informationstechnik (BSI), insbesondere die „Information Technology Security Evaluation Criteria" (ITSEC), zu beachten.

(4) Der Auftragsverarbeiter wird mindestens die technischen und organisatorischen Maßnahmen gemäß der Anlage „Technisch–organisatorische Maßnahmen" (Anlage 4) sowie des dort beschriebenen Datenschutzkonzepts treffen. Er verarbeitet die personenbezogenen Daten des Auftraggebers von eigenen oder fremden Datenbeständen strikt getrennt.

(5) Der Auftragsverarbeiter verpflichtet sich, mindestens jährlich sowie anlassbezogen die Wirksamkeit der technischen und organisatorischen Maßnahmen zu evaluieren und bei einem negativen Ergebnis der Untersuchung nachzubessern. Das Ergebnis der Evaluierung samt vollständigem Bericht ist dem Auftraggeber auf dessen Verlangen mitzuteilen. Der Auftragsverarbeiter benachrichtigt den Auftraggeber unverzüglich, soweit sich die getroffenen Maßnahmen als unzureichend erweisen.

(6) Entscheidungen zu technisch–organisatorischen Maßnahmen, die für die Sicherheit der Verarbeitung erheblich sind, sind zwischen den Vertragsparteien abzustimmen. Wesentliche Änderungen sind schriftlich zu dokumentieren und aufzubewahren.

(7) Die Verarbeitung von personenbezogenen Daten durch Mitarbeiter im bzw. vom Homeoffice aus ist nur gestattet, soweit der Auftraggeber sein Einverständnis hierzu erklärt hat und der Auftragsverarbeiter vorher den Zugang zu den Räumlichkeiten des Mitarbeiters zu Kontrollzwecken durch den Auftragsverarbeiter vertraglich sichergestellt hat. Die vorgesehenen Maßnahmen und die Sicherheit der Verarbeitung gemäß Art. 32 DSGVO sind auch für die Datenverarbeitung im bzw. vom Homeoffice aus zu gewährleisten.

§ 5 Unterauftragsverhältnisse mit Subunternehmern[10]

(1) Der Auftragsverarbeiter setzt die in der Anlage „Subunternehmer" (Anlage 5) aufgeführten Subunternehmern ein. Im Übrigen bedarf die Einschaltung weiterer Subunternehmer der schriftlichen Zustimmung des Auftraggebers. Der Auftragsverarbeiter teilt dem Auftraggeber dazu den Namen und die Adresse sowie eine Beschreibung der an den Subunternehmer übertragenen Verarbeitung mit. Die Beauftragung von Subunternehmern in Drittstaaten außerhalb der Europäischen Union und des Europäischen Wirtschaftsraums setzt die Einhaltung der Art. 44 ff. DSGVO voraus.

(2) Der Auftragsverarbeiter wird mit Wirkung zu Gunsten des Auftraggebers (§ 328 Abs. 1 BGB) Subunternehmer schriftlich auf die Einhaltung von dieser Auftragsverarbeitungsvereinbarung entsprechenden Regelungen verpflichten. Die Verpflichtung des Sub-

unternehmers hat vorzusehen, dass der Auftraggeber seine Kontroll- und Weisungsrechte auch gegenüber dem Subunternehmer ausüben kann. Er wird in dem Vertrag die Aufgaben des Subunternehmers deutlich von den Aufgaben des Auftragsverarbeiters und den Aufgaben weiterer Subunternehmer abgrenzen.

(3) Der Auftraggeber wird die in den Art. 28 Abs. 2 und 4 DSGVO genannten Bedingungen für die Inanspruchnahme der Dienste eines weiteren Auftragsverarbeiters einhalten. Er wird insbesondere dafür sorgen, dass der Subunternehmer geeignete technische und organisatorische Maßnahmen im Sinne von Art. 32 DSGVO trifft.

(4) Der Auftragsverarbeiter wird die Einhaltung der datenschutzrechtlichen Pflichten seiner Subunternehmer regelmäßig evaluieren. Die Evaluierung ist schriftlich oder elektronisch zu dokumentieren und dem Auftraggeber auf Verlangen zugänglich zu machen. Weiter ist der Auftraggeber berechtigt, im Bedarfsfall angemessene Überprüfungen und Inspektionen auch vor Ort bei Subunternehmern durchzuführen oder durch von ihm beauftragte Dritte durchführen zu lassen.

(5) Der Auftragsverarbeiter haftet dem Auftraggeber gegenüber für Datenschutzverstöße des Subunternehmers entsprechend Art. 28 Abs. 4 S. 2 DSGVO.

§ 6 Betroffenenrechte[11]

(1) Für die Einhaltung der Betroffenenrechte nach den Art. 12 bis 22 DSGVO ist allein der Auftraggeber verantwortlich. Der Auftragsverarbeiter verpflichtet sich insofern, alle den Auftraggeber betreffende Anfragen von Betroffenen mit Bezug zu deren Betroffenenrechten unverzüglich an den Auftraggeber weiterzuleiten.

(2) Der Auftragsverarbeiter wird weiter den Auftraggeber unter anderem durch in Ansehung der Art der Verarbeitung geeignete technische und organisatorische Maßnahmen angemessen dabei unterstützen, seiner Pflicht zur Beantwortung von Anträgen auf Wahrnehmung der in Kapitel III der DSGVO genannten Rechte der betroffenen Person gemäß Art. 12 bis 22 DSGVO nachzukommen. Der Auftragsverarbeiter wird die insoweit erforderlichen Informationen an die in der Anlage „Ansprechpartner" (Anlage 3) benannten Mitarbeiter des Auftraggebers senden.

§ 7 Unterstützung bei Maßnahmen zur Sicherheit der Verarbeitung und bei der Datenschutzfolgeabschätzung[12]

(1) Der Auftragsverarbeiter wird unter Berücksichtigung der Art der Verarbeitung und der ihm zur Verfügung stehenden Informationen den Auftraggeber bei der Einhaltung der in den Art. 32 bis 36 DSGVO genannten Pflichten angemessen unterstützen.

(2) Meldungen bzw. Benachrichtigungen nach Art. 33 oder 34 DSGVO wird der Auftragsverarbeiter für den Auftraggeber nur nach dessen Weisung gem. § 2 dieser Vereinbarung durchführen.

(3) Bei Datenschutz-Folgeabschätzungen nach Art. 35 oder 36 DSGVO hat der Auftragsverarbeiter im notwendigen Umfang mitzuwirken und den Auftraggeber soweit möglich, insbesondere durch die Bereitstellung der notwendigen Informationen, angemessen zu unterstützen.

§ 8 Mitteilungspflichten des Auftragsverarbeiters bei Datenschutzverstößen und bei Störungen der Verarbeitung[13]

(1) Der Auftragsverarbeiter wird den Auftraggeber unverzüglich durch schriftliche Mitteilungen über Verstöße des Auftragsverarbeiters, seiner Mitarbeiter oder seiner Subunternehmer gegen für die Vereinbarung relevante Datenschutzvorschriften oder gegen die insoweit bestehenden vertraglichen Festlegungen informieren. Gleiches gilt für Störungen der Verarbeitung, Sicherheitsverletzungen oder -mängel und/oder Beanstandungen und/oder Empfehlungen der Datenschutz-Aufsichtsbehörden.

(2) Der Auftragsverarbeiter wird den Auftraggeber insbesondere über Verstöße im Sinne von Art. 33 DSGVO umgehend durch schriftliche Mitteilung in Kenntnis setzen. Der Auftragsverarbeiter hat den Auftraggeber insoweit auch bei einem Verdacht auf Unregelmäßigkeiten bzw. eine Verletzung des Datenschutzes zu informieren. Das gilt insbesondere, soweit der Auftraggeber gemäß Art. 33 Abs. 1 DSGVO etwaige Verletzungen innerhalb von 72 Stunden nach Kenntnis von der Verletzung gegenüber den Aufsichtsbehörden melden muss. Der Auftragsverarbeiter wird in diesen Fällen den Auftraggeber mit allen dem Auftragsverarbeiter zur Verfügung stehenden Informationen unterstützen.
(3) Im Übrigen gilt § 2 Abs. (4).
(4) Mitteilungen haben zumindest auch an die in der Anlage „Ansprechpartner" (Anlage 3) genannten Personen zu erfolgen.

§ 9 Informationen zum Nachweis der Einhaltung der Plichten nach Art. 28 DSGVO sowie Überprüfungen[14]

(1) Der Auftraggeber ist jederzeit, insbesondere vor Beginn der Datenverarbeitung und sodann regelmäßig oder auch anlassbezogen, zur Überprüfung und Kontrolle der ordnungsgemäßen Datenverarbeitung und der Einhaltung der datenschutzrechtlichen Pflichten nach Maßgabe des Art. 28 DSGVO und der beim Auftragsverarbeiter getroffenen technischen und organisatorischen Maßnahmen berechtigt. Der Auftragsverarbeiter wird entsprechende Informationen bereitstellen sowie die entsprechenden Überprüfungen und Kontrollen – einschließlich Inspektionen –, die vom Auftraggeber oder einem anderen von diesem beauftragten Prüfer durchgeführt werden, ermöglichen und unterstützen sowie für diese erforderliche Mitwirkungsleistungen erbringen. Das gilt insbesondere auch für die Ermöglichung der festgelegten Auftragskontrolle.
a) Der Auftragsverarbeiter wird dem Auftraggeber hierfür ermöglichen, dass der Auftraggeber oder ein von diesem beauftragter Dritter während der Betriebszeiten die Geschäftsräume des Auftragsverarbeiters sowie die für die Datenverarbeitung genutzten betrieblichen Einrichtungen betritt und dort Prüfungen und Besichtigungen vornehmen kann, soweit dieses insbesondere in Hinblick auf sonstige Kunden des Auftragsverarbeiters in Einklang mit den einschlägigen Regelungen über den Datenschutz und die Datensicherheit steht.
b) Der Auftragsverarbeiter räumt dem betrieblichen Datenschutzbeauftragten des Auftraggebers das Recht ein, die ordnungsgemäße Anwendung der Datenverarbeitungsprogramme, mit deren Hilfe im Rahmen des Auftrags personenbezogene Daten verarbeitet werden, zu überprüfen. Zu diesem Zweck ist er über Vorhaben der automatisierten Verarbeitung personenbezogener Daten rechtzeitig zu unterrichten.
(2) Der Auftragsverarbeiter wird dem Auftraggeber alle erforderlichen Informationen zum Nachweis der Einhaltung der in Art. 28 DSGVO niedergelegten Pflichten zur Verfügung stellen.
(3) Der Auftragsverarbeiter wird dem Auftraggeber auf dessen Verlangen die Angaben zur Erstellung des Verarbeitungsverzeichnisses gemäß Art. 30 DSGVO zur Verfügung stellen.
(4) Der Auftragsverarbeiter wird den Auftraggeber unverzüglich über Kontrollen und Maßnahmen der Aufsichtsbehörde sowie, soweit ihm dieses erlaubt ist, auch über Ermittlungen gem. §§ 41 ff. BDSG beim Auftragsverarbeiter unterrichten. Der Auftragsverarbeiter wird Ermittlungen der Aufsichtsbehörden dulden. Der Auftragsverarbeiter wird den Auftraggeber über Beanstandungen und/oder Empfehlungen der Datenschutz-Aufsichtsbehörde unverzüglich durch schriftliche Mitteilung in Kenntnis setzen.

§ 10 Sonstige Pflichten der Vertragsparteien[15]

(1) Der Auftragsverarbeiter wird gem. Art. 37, 38 DSGVO während der gesamten Vertragslaufzeit einen Datenschutzbeauftragten bestellt haben und diesen mit den Tätigkeiten gemäß Art. 39 DSGVO betrauen sowie dem Auftraggeber dessen Kontaktdaten mitteilen.

(2) Vereinbarungen zu den technischen und organisatorischen Maßnahmen sowie Kontroll- und Prüfungsunterlagen (auch zu Subunternehmen) sind von beiden Vertragspartnern für die Geltungsdauer der Vereinbarung und anschließend im Rahmen der gesetzlichen Frist aufzubewahren.

§ 11 Laufzeit der Vereinbarung und Verpflichtungen des Auftragsverarbeiters nach Beendigung des Auftrags[16]

(1) Der Vertrag beginnt mit Unterschrift und endet mit der Leistungsvereinbarung.

(2) Davon unberührt steht dem Auftraggeber das Recht zur außerordentlichen Kündigung aus wichtigem Grund gem. § 314 BGB zu. Ein außerordentlicher Grund zur fristlosen Kündigung besteht insbesondere, wenn ein schwerwiegender Verstoß des Auftragsverarbeiters gegen gesetzliche und/oder vertragliche Datenschutzvorschriften vorliegt oder der Auftragsverarbeiter dem Auftraggeber vertragswidrig die Ausübung von dessen Prüf- und Kontrollrechten verweigert.

(3) Der Auftragsverarbeiter wird nach Wahl des Auftraggebers (und vorbehaltlich gesetzlicher Aufbewahrungs- und Archivierungspflichten nach dem Recht der EU oder eines ihrer Mitgliedstaaten) überlassene Datenträger zurückgeben bzw. Daten übermitteln und/oder personenbezoge Daten, die beim Auftragsverarbeiter und/oder seinen Subunternehmern gespeichert sind, nach Beendigung des Auftrags löschen.

§ 12 Haftung[17]

(1) Auf Art. 82 DSGVO wird verwiesen.

(2) Der Auftragsverarbeiter wird den Auftraggeber von allen Ansprüchen freihalten, die wegen einer Verletzung der vorgenannten Regelungen gegen diesen geltend gemacht werden. Soweit für die datenschutzkonforme Gestaltung der von dem Auftragsverarbeiter erbrachten Leistung weitere Arbeiten erforderlich sind und/oder Kosten entstehen, hat der Auftragsverarbeiter hierfür aufzukommen.

(3) Im Übrigen geltend die Regelungen der Leistungsvereinbarung.

§ 13 Schlussbestimmungen[18]

(1) Änderungen oder Ergänzungen dieses Vertrags bedürfen der Schriftform. Dies gilt auch für diese Schriftformklausel. Der Schriftform in diesem Sinne genügen auch Telefaxe, nicht aber einfache E-Mails.

(2) Bei Widersprüchen zwischen den Regelungen der vorliegenden Vereinbarung und der Leistungsvereinbarung haben die Regelungen dieser Vereinbarung grundsätzlich Vorrang gegenüber denen der Leistungsvereinbarung.

(3) Für alle Ansprüche aus oder im Zusammenhang mit dieser Vereinbarung gilt ausschließlich deutsches materielles Recht unter Ausschluss des UN-Kaufrechts (CISG).

(4) Die Vertragsparteien vereinbaren, bei allen Meinungsverschiedenheiten aus oder im Zusammenhang mit diesem Vertrag, Vertragserweiterungen oder -ergänzungen, die sie nicht untereinander bereinigen können, die Schlichtungsstelle der Deutschen Gesellschaft für Recht und Informatik e. V. anzurufen, um den Streit nach deren Schlichtungsordnung in der zum Zeitpunkt der Einleitung eines Schlichtungsverfahrens gültigen Fassung (zu finden auf der Homepage unter http://www.dgri.de/) ganz oder teilweise, vorläufig oder endgültig zu bereinigen. Die Verjährung für alle Ansprüche aus dem schlichtungsgegen-

ständlichen Lebenssachverhalt ist ab dem Schlichtungsantrag bis zum Ende des Schlichtungsverfahrens gehemmt. § 203 BGB gilt entsprechend. Hiervon unberührt bleiben die Vertragsparteien berechtigt, in Fällen besonderer Dringlichkeit für Maßnahmen des einstweiligen Rechtsschutzes staatliche Gerichte anzurufen.

(5) Als Gerichtsstand für Streitigkeiten aus diesem Vertrag und/oder im Zusammenhang mit diesem Vertrag ist . . . . . vereinbart.

(6) Sollten eine oder sollten mehrere Klauseln dieses Vertrags unwirksam sein oder werden, so berührt dies die Wirksamkeit des Vertrags im Übrigen nicht. Die Vertragsparteien verpflichten sich, in einem solchen Fall eine wirksame Klausel zu vereinbaren, die dem wirtschaftlichen Zweck des ursprünglich Gewollten möglichst nahekommt. Diese Regelung gilt entsprechend im Fall einer unbeabsichtigten Regelungslücke.

Folgende Anlagen werden Bestandteil dieses Vertrags:

Anlage 1:	Gegenstand des Auftrags und Beschreibung der Leistungen
Anlage 2:	Details der Datenverarbeitung
Anlage 3:	Ansprechpartner
Anlage 4:	Technisch–organisatorische Maßnahmen
Anlage 5:	Subunternehmer

(Ort, Datum, Unterschriften)

Anlagen

Anlage 1 „Gegenstand des Auftrags und Beschreibung der Leistungen“

. . . . .

Anlage 2 „Details der Datenverarbeitung“

Art und Zweck der Verarbeitung:	Art der personenbezogenen Daten:	Kategorien betroffener Personen:

Anlage 3: „Technisch–organisatorische Maßnahmen“

. . . . .

Anlage 4 „Ansprechpartner“

	Namen und Vorname	(soweit erforderlich) Kontaktdaten
weisungsberechtigte Personen beim Auftraggeber:		
Sonstige Ansprechpartner beim Auftraggeber:		
Ansprechpartner beim Auftragsverarbeiter sind:		

Anlage 5 „Subunternehmer“

Name/Firma	Adresse (einschließlich Land der Verarbeitung)	Auftragsinhalt/Art der datenverarbeitenden Tätigkeit

Schrifttum: Eckhardt, DSGVO: Anforderungen an die Auftragsverarbeitung als Instrument zur Einbindung Externer, CCZ 2017, 111; *Grützmacher,* Datenschutz und Outsourcing, ITRB 2007, 183; *Grützmacher/Freund*, „Auftragsverarbeitung“, in: Intveen/Gennen/Karger, Handbuch des Softwarerechts, Bonn 2018, S. 691; *Härting*, Auftragsverarbeitung nach der DSGVO, ITRB 2016, 137; *Hörl*, Der Servicedesk der Zukunft, ITRB 2018, 260; *Jotzo*, Der Schutz personenbezogener Daten in der Cloud, 2. Aufl. Baden-Baden 2020; *Kort,* Rechte und Pflichten des internen Datenschutzbeauftragten beim IT-Outsourcing mit einem Auftragsverarbeiter in einem „sicheren“ Drittstaat in Hinblick auf § 4d Abs. 5 und 6 BDSG, RDV 2011, 79; *Krohm/Müller-Peltzer,* (Fehlende) Privilegierung der Auftragsverarbeitung unter der Datenschutz-Grundverordnung?, RDV 2016, 307; *Kühling/Buchner*, DS-GVO BDSG, 2. Aufl. München 2018; *Müthlein,* ADV 5.0 – Neugestaltung der Auftragsdatenverarbeitung in Deutschland, RDV 2016, 74; *Paal/Pauly*, DSGVO, 2. Aufl. München 2018; *Potthoff*, Das neue Datenschutzrecht (DSGVO) und die Finanzbuchhaltung, StuB 2018, 397; *Räther,* Datenschutz und Outsourcing, DuD 2005, 461; *Redeker*, Geheimhaltungsverpflichtungen in Auftragsverarbeitungsvereinbarungen, ITRB 2018, 215; *Sander,* Technische und organisatorische Maßnahmen im Rahmen der Auftragsverarbeitung gemäß Art. 28 DSGVO, PinG 2017, 250; *Schmidt/Freund*, Perspektiven der Auftragsverarbeitung, ZD 2017, 14; *Schwartmann/Jaspers/Thüsing/Kugelmann,* DSGVO, 2. Aufl., Heidelberg 2020; *Seiter*, Auftragsverarbeitung nach der Datenschutz-Grundverordnung, DuD 2019, 127; *Sutschet,* Auftragsdatenverarbeitung und Funktionsübertragung, RDV 2004, 97.

Anmerkungen

1. Sachverhalt. Das Formular kann für verschiedenste Situation einer Auftragsverarbeitung im Sinne von Art. 28 DSGVO genutzt werden. Es geht dabei davon aus, dass es noch einen Hauptvertrag – hier „Leistungsvereinbarung“ genannt – gibt, mit dessen Hilfe die eigentlichen Leistungen der Datenverarbeitung beschrieben werden. In diesem ist im Detail zu regeln, welche Aufgaben vom Auftragsverarbeiter geschuldet sind und inwieweit der Auftraggeber den Auftragsverarbeiter unterstützen muss. Weiter wird unterstellt, dass die Datenverarbeitung innerhalb des EWR oder in einem Staat mit angemessenen Datenschutzniveau erfolgt.

2. Wahl des Vertragsmusters. Das Vertragsmuster ist eher auftraggeberfreundlich (zu den auftraggeber- und auftragnehmerfreundlichen Gestaltungsmöglichkeiten im Detail *Grützmacher/Freund*, in: Intveen/Gennen/Karger, Handbuch des Softwarerechts, S. 691, 698 ff.). Es geht insofern an diversen Stellen über die Anforderungen des Art. 28 DSGVO hinaus. Unberührt dieser inhaltlichen Ausrichtung ist anzumerken, dass die Behörden fordern, nicht lediglich eins-zu-eins den Wortlaut des Art. 28 Abs. 3 DSGVO zu vereinbaren (*European Data Protection Board* 'Opinion 14/2019 on the draft Standard Contractual Clause' vom 9.7.2019, S. 5 sowie 'Guidelines 07/2020 on the concepts of controller and processor in the GDPR' vom 2.10.2020, S. 4). Das Vertragsmuster orientiert sich dabei im Kern naturgemäß gleichwohl an Art. 28 Abs. 3 DSGVO und arbeitet diesen in der Reihenfolge der S. 1 – 3 bzw. der lit. a) – h) ab. Dies erleichtert es Dritten zu prüfen, dass die zwingenden Voraussetzungen der Norm für die Vertragsgestaltung abgearbeitet sind.

3. Vertragsgegenstand. Gerade umfangreiche Formen der Datenverarbeitung durch Dritte, die ohnehin nur für den Auftraggeber erfolgen sollen, sind oft nicht mehr nach Art. 6 Abs. 1 S. 1. lit. f) DSGVO zu rechtfertigen und würden insofern – praktisch letztlich nicht einholbare – Einwilligungen der Betroffenen erfordern. In dieser Situation ist eine Auftragsdatenverarbeitung iSv Art. 28 DSGVO oftmals die einzig gangbare Alternative, da sie nicht als Verarbeitung durch einen Dritten gilt (zu Fallkonstellationen *Grützmacher/Freund*, in: Intveen/Gennen/Karger, Handbuch des Softwarerechts, S. 691, 694 f., Rn 11 f.). Entscheidend ist, dass die Entscheidungsspielräume des Auftragsverarbeiters hinsichtlich der Datenverarbeitung überschaubar sind, dieser also weisungsgebunden arbeitet, wobei die DSGVO hier mehr zulässt als das BDSG aF (dazu *Grützmacher/Freund*, in: Intveen/Gennen/Karger, Handbuch des Softwarerechts, S. 691, 697 f. Rn 17; *Hartung* in Kühling/Buchner, DS-GVO BDSG, 2. Aufl., Art. 28 Rn 44). Abzugrenzen ist die Auftragsverarbeitung von der einst als „Funktionsübertragung" (kritisch zur Verwendung des Begriffs unter der DSGVO *Hartung* in Kühling/Buchner, DS-GVO BDSG, 2. Aufl., Art. 28 Rn 44; *Jotzo*, Der Schutz personenbezogener Daten in der Cloud, Rn 128) bezeichneten eigenverantwortlichen Verarbeitung durch einen Auftragnehmer sowie der gemeinsamen Verarbeitung nach Art 26 DSGVO, die allenfalls im Rahmen des Art. 6 Abs. 1 S. 1. lit. f) DSGVO zu rechtfertigen sind. Weiter muss die Verarbeitung zu Zwecken des Auftraggebers erfolgen und nicht etwa zu denen des Auftragsverarbeiters (siehe auch *Jotzo*, Der Schutz personenbezogener Daten in der Cloud, Rn 117, 130, 140). Weiter muss der Auftragsverarbeiter die Verarbeitung weisungsgebunden durchführen, also sozusagen als verlängerte Werkbank. Der Auftraggeber bleibt dabei „Herr der Daten".

Sodann ist es entscheidend, die Anforderungen des Art. 28 DSGVO zu erfüllen. Dazu ist nach Art. 28 Abs. 9 DSGVO zunächst erforderlich, dass die Auftragsdatenverarbeitung schriftlich oder elektronisch dokumentiert vereinbart wird, wobei nach h. M. (*Martini* in: Paal/Pauly, DSGVO, 2. Aufl., Art. 28 Rn 75; *Kremer* in: Schwartmann/Jaspers/Thüsing/Kugelmann, DSGVO, 2. Aufl., Art. 28 Rn 154 ff., 164 ff. mwN) weder – anders als noch zu Zeiten des BDSG a. F. – die gesetzliche Schriftform erforderlich wäre noch eine Verkörperung etwa in Form eines Ausdrucks; ein elektronisches Dokument (etwa PDF) reicht (*Martini* in: Paal/Pauly, DSGVO, 2. Aufl., Art. 28 Rn 75). Allerdings gilt das nicht ohne Weiteres für die Genehmigung von Subunternehmern nach Art. 28 Abs. 2 S. 1; für diese Genehmigung von Subunternehmern bedarf es dem Wortlaut nach der Schriftform (vgl. *Jotzo*, Der Schutz personenbezogener Daten in der Cloud, Rn 143), nicht bloße einer Dokumentation im elektronischen Format. Ob dieses wörtlich zu nehmen ist, kann man in Frage stellen (*Kremer* in: Schwartmann/Jaspers/Thüsing/Kugelmann, DSGVO, 2. Aufl., Art. 28 Rn 154 ff.). Für das vorliegende Muster kommt es hierauf nicht an, weil dieses aus Beweisgründen ohnehin eine Unterschrift vorsieht. Standardklauseln

4. Gegenstand des Auftrags und Beschreibung der Leistungen. Zunächst einmal müssen nach Art. 28 Abs. 1 S. 2 DSGVO Angaben zum Gegenstand und zur Dauer der Verarbeitung, zur Art und zum Zweck der Verarbeitung, zur Art der personenbezogenen Daten und zu den Kategorien der betroffenen Personen festgehalten werden. Nur der Verweis auf den Hauptvertrag – hier „Leistungsvereinbarung" genannt – wird dafür mitunter nicht reichen. Insofern ist vorliegend ergänzend vorgesehen, die in Bezug genommene Anlage „Gegenstand des Auftrags und Beschreibung der Leistungen" zu schaffen. Zwingend ist das allerdings nicht. Mitunter reicht auch der Verweis auf den

Hauptvertrag. Zu bedenken ist, dass die Beschreibung auch die Prüfung durch die Behörden ermöglichen soll (*Jotzo*, Der Schutz personenbezogener Daten in der Cloud, Rn 186).

Dieses Erfordernis, Angaben zum Gegenstand der Verarbeitung, zur Art und zum Zweck der Verarbeitung, zur Art der personenbezogenen Daten und zu den Kategorien der betroffenen Personen festzuhalten, korreliert bis zu einem gewissen Grad mit den Anforderungen an das Verzeichnis der Verarbeitungstätigkeiten nach Art. 30 DSGVO. Wichtig ist insbesondere die Festlegung des Zwecks, weil dieser regelmäßig die materielle Rechtmäßigkeit der Verarbeitung bestimmt. Schwierig zu bestimmen ist, zu welchem Grad abstrahiert werden darf; eine gewisse Kategorisierung/Typisierung ist jedenfalls zulässig (*Kremer* in: Schwartmann/Jaspers/Thüsing/Kugelmann, DSGVO, 2. Aufl., Art. 28 Rn 94 ff.).

5. Angemessener Datenschutz im Ausland (Art. 44 ff. DSGVO). Die Klausel betont eine Selbstverständlichkeit, nämlich dass eine Verlagerung der Verarbeitung (etwa in eine unselbständige Niederlassung des Auftragsverarbeiters) in ein Drittland außerhalb der EU oder des EWR auch bei Zustimmung des Auftraggebers nur zulässig ist, wenn dort ein angemessenes Datenschutzniveau besteht oder kompensierende Maßnahmen getroffen werden (vgl. auch *Hartung* in Kühling/Buchner, DS-GVO BDSG, 2. Aufl., Art. 28 Rn 69). Die Klausel ist insofern mehr mahnende Klarstellung als Regelung. Auf die Klausel könnte also auch verzichtet werden. In Betracht kommen dafür insbesondere ein Angemessenheitsbeschluss der Kommission für das Land der Verarbeitung, genehmigte Verhaltensregeln oder die EU-Standardklauseln (mit Blick auf Letztere für entsprechende Länder kritisch EuGH, NJW 2020, 2613, 2616 ff. – Schrems II)). Demgegenüber stellt der sog. Privacy Shield im transatlantischen Datenverkehr keine ausreichende Grundlage dar (vgl. EuGH, NJW 2020, 2613 – Schrems II).

6. Weisungsgebundenheit. Charakteristisch für die Auftragsverarbeitung ist, dass sie weisungsgebunden erfolgt (Art. 28 Abs. 3 S. 2 lit. a) sowie S. 3 DSGVO). Neben dem Kriterium der Verarbeitung zu Zwecken des Auftraggebers ist die Weisungsgebundenheit das für die Auftragsverarbeitung maßgebliche Kriterium (dazu *Jotzo*, Der Schutz personenbezogener Daten in der Cloud, Rn 130 f.; im Detail *Grützmacher,* ITRB 2007, 183 ff.). Weisungen unterliegen dabei keinem strikten Formerfordernis, sie müssen aber dokumentiert werden. Insofern reicht es nach h. M., wie in Abs. (1) vorgesehen, auch, wenn mündliche Weisungen anschließende unverzüglich und halbwegs manipulationssicher dokumentiert werden (*Martini* in: Paal/Pauly, DSGVO, 2. Aufl., Art. 28 Rn 39; vgl. *Hartung* in Kühling/Buchner, DS-GVO BDSG, 2. Aufl., Art. 28 Rn 69, 99). In der Praxis fehlt dann aber gleichwohl oft eine adäquate Aufstellung und Dokumentation der Weisungen.

Abs. (2) stellt vertraglich klar, dass der Auftragsverarbeiter nicht gegen die Weisungen verstoßen darf und strikt weisungsgebunden handeln soll.

Art. 28 Abs. 3 S. 2 lit. a) DSGVO erlaubt allerdings, wie in Abs. (3) vorgesehen, eine Verarbeitung ohne Weisung, sofern der Auftragsverarbeiter durch das Recht der EU oder eines Mitgliedstaats, dem dieser unterliegt, zu der Verarbeitung verpflichtet ist, und zwar – vorbehaltlich entgegenstehender wichtiger öffentlicher Interessen – unter der Voraussetzung einer entsprechenden Mitteilung der Verarbeitung. Nach Art. 28 Abs. 3 S. 3 DSGVO hat der Auftragsverarbeiter den Auftraggeber auf seiner Meinung nach (diese subjektive Ausrichtung kritisierend *Martini* in: Paal/Pauly, DSGVO, 2. Aufl., Art. 28 Rn 57) datenschutzwidrige Weisungen hinzuweisen. Bestätigt der Auftraggeber die Weisung, hat der Auftragsverarbeiter die Weisung wohl trotzdem auszuführen (str.; vgl. *Martini* in: Paal/Pauly, DSGVO, 2. Aufl., Art. 28 Rn 58; a. A. *Kremer* in: Schwartmann/Jaspers/Thüsing/Kugelmann, DSGVO, 2. Aufl., Art. 28 Rn 106).

Abs. (5) soll die Kommunikation erleichtern; die entsprechende Anlage hält dazu insbesondere weisungsbefugte Personen fest.

7. Keine Auskünfte an Betroffenen ohne Weisung. Weisungen des Auftraggebers sind derart strikt zu befolgen, dass selbst ein Auskunftsverlangen von Betroffenen nur weisungsgemäß zu befolgen ist. Der Auftraggeber bleibt Herr der Daten. Es muss diesem unterliegen zu entscheiden, in welchem Umfang er zur Auskunft bereit und ggf. eben als Verantwortlicher auch verpflichtet ist. Unberührt davon ist die in § 6 umgesetzte Pflicht nach Art. 28 Abs. 3 S. 2 lit. e) DSGVO.

8. Vertraulichkeit. Die Daten sind, wie in Abs. (1) noch einmal klargestellt, vertraulich zu behandeln. Erreicht wird das auch durch die in § 4 vereinbarten technischen und organisatorischen Maßnahmen. Gem. Art. 28 Abs. 3 S. 2 lit. b) DSGVO dürfen die Daten nur durch vertraglich oder gesetzlich zur Verschwiegenheit verpflichtete Mitarbeiter des Auftragsverarbeiters oder sonstige entsprechend Verpflichtete und mit der Verarbeitung betraute Personen (*Martini* in: Paal/Pauly DSGVO, 2. Aufl., Art. 28 Rn 43), namentlich Subunternehmer, verarbeitet werden. Diese Anforderung wird durch Abs. (2) gespiegelt.

Im Interesse des Auftragsverarbeiter und dessen sonstigen Kunden verpflichtet Abs. (3) den Auftraggeber Interna über Sicherheitsmaßnahmen des Auftraggebers geheim zu halten. Gesetzlich erforderlich ist diese Regelung nicht.

Schon aus sich heraus zu beachten sind, wie durch Abs. (4) nochmals aufgezeigt wird, gesetzliche Geheimhaltungspflichten (z. B. das Bankgeheimnis, Fernmeldegeheimnis, Sozialgeheimnis, Berufsgeheimnisse nach § 203 StGB etc.). Unberührt sollten auch sonstige vertragliche Pflichten bleiben; das stellt Abs. (5) vorsorglich klar.

9. Technische und organisatorische Maßnahmen (Art. 32 DSGVO). Die nach Art. 28 Abs. 3 S. 2 lit. c) DSGVO vorzusehenden technisch–organisatorischen Maßnahmen dienen insbesondere der Sicherung der Daten gegen unbefugte Verarbeitung oder Nutzung sowie gegen Verlust und Verfälschung. Abs. (1) und (2) stellen hierzu eine abstrakte Verpflichtung auf, die durch Verweis auf die besonderen Maßnahmen gemäß Art. 32 Abs. (1) DSGVO dessen inhaltliche Vorgaben aufnehmen. – Schwierigkeiten bereitet die Bestimmung bzw. Beurteilung des in Art. 32 Abs. (1) und (2) DSGVO abstrakt gehaltenen und in Abs. (2) des Musters aufgegriffenen „angemessenen Schutzniveaus". – Einer konkreten Vereinbarung der notwendigen Maßnahmen nach Art. 28 Abs. 3 S. 2 lit. c) DSGVO bedarf es nicht (*Kremer* in: Schwartmann/Jaspers/Thüsing/Kugelmann, DSGVO, 2. Aufl., Art. 28 Rn 110; *Müthlein* RDV 2016, 74, 81; *Jotzo*, Der Schutz personenbezogener Daten in der Cloud, Rn 188; a. A. *Sander* PinG 2017, 250, 254; vgl. auch (vgl. dazu auch *European Data Protection Board* 'Guidelines 07/2020 on the concepts of controller and processor in the GDPR' vom 2.10.2020, Rn 123).

Die Vereinbarung sieht das gleichwohl in Abs. (2) sowie vor allem in (3) und der zugehörigen Anlage vor. Dies hat aus Sicht des Auftraggebers den Vorteil, dass er das Niveau des Schutzes mit Blick auf die Prüfung, die nach Art. 28 Abs. 1 DSGVO vor Abschluss der Auftragsverarbeitungsvereinbarung für die sorgsam zu treffende Auswahlentscheidung erforderlich ist (*Kremer* in: Schwartmann/Jaspers/Thüsing/Kugelmann, DSGVO, 2. Aufl., Art. 28 Rn 81), besser prüfen und dokumentieren kann (*Jotzo*, Der Schutz personenbezogener Daten in der Cloud, Rn 130 hingegen spricht sich wegen des sich laufend ändernden Stands der Technik für eine Festlegung nur der Sicherheitskonzepte mit Schutzzielen aus). Auch hat der Auftraggeber vor Vertragsschluss oft noch die nötige Verhandlungsmacht, ausreichend sichere Maßnahmen zu fordern. Nach Abschluss der Vereinbarung hingegen treten an diese Stelle ggf. Diskussionen über die Frage, ob die technisch-organisatorischen Maßnahmen reichen. Für deren Einsatz macht es dabei aus Sicht des Auftraggebers Sinn, auf die Sicherheitsbestimmungen und -empfehlungen des Bundesamtes für Sicherheit in der Informationstechnik (BSI) zu verweisen. Sie dürften auch aus Sicht der Datenschutzbehörden ein geeigneter Maßstab für ausreichend sichere Maßnahmen sein. Zudem werden diese regelmäßig aktualisiert. International ist ein Verweis auf die „Information Technology Security Evaluation Criteria" (ITSEC) sinnvoll. Zudem sollten in der Anlage „Technisch-organisatorische Maßnahmen" (Anlage 3) die sog. technisch-organisatorischen Maßnahmen (TOMs) bzw. Sicherheitsmaßnahmen dokumentiert werden. Weiter besteht die Pflicht, ein umfassendes Datenschutzkonzept zu erstellen. Ein guter Orientierungspunkt für die Art der Maßnahmen ist neben den in Art 32 DSGVO konkret aufgezählten Vorkehrungen die Anlage zu § 9 BDSG a.F. Ggf. ist die Anlage „Technisch-organisatorische Maßnahmen" im Laufe der Vereinbarung zu aktualisieren. Hierzu bedarf es nach Abs. (6) ggf. der Abstimmung der Parteien (vgl. dazu auch European Data Protection Board 'Guidelines 07/2020 on the concepts of controller and processor in the GDPR' vom 2.10.2020, Rn 123).

Die in Abs. (9) vorgesehene Option des Heimarbeitsplatzes (Homeoffice) ist nicht unproblematisch; die Möglichkeit, vom Homeoffice aus zu arbeiten, wird von den Aufsichtsbehörden aber nicht per se verworfen (siehe dazu etwa BfDI, 'Telearbeit und Mobiles Arbeiten – Ein Datenschutz-Wegweiser', https://www.bfdi.bund.de/SharedDocs/Publikationen/Faltblaetter/Telearbeit.html'; BayLDA, 'Datenschutzrechtliche Regelungen bei Homeoffice Best-Practice-Prüfkriterien', https://www.lda.bayern.de/media/best_practise_homeoffice_baylda.pdf; abgerufen 5.9.2020). Sicherzustellen sind insbesondere die Kontrollrechte (vgl. BfDI, 'Telearbeit und Mobiles Arbeiten – Ein Datenschutz-Wegweiser', S. 15), was in Ansehung des besonderen (verfassungsrechtlichen) Schutzes der Wohnung nicht zweifelsfrei abzusichern ist.

10. Subunternehmer. Subunternehmer darf der Auftragsverarbeiter nach Abs. (1) nur einschalten, wenn der Auftraggeber zustimmt und der Subunternehmer Abs. 2 und 4 des Art. 28 DSGVO einhält (Art. 28 Abs. 3 S. 2 lit. d) DSGVO). So ist der Auftraggeber auf der sicheren Seite. In der Praxis wird es aber auftragnehmerseitig oftmals die Forderung geben, eine generelle Zustimmung mit Widerspruchsmöglichkeit zu vereinbaren (zu den Problemen rund um Art. 28 Abs. 2 S. 2 lit. d) DSGVO *Grützmacher/Freund*, in: Intveen/Gennen/Karger, Handbuch des Softwarerechts, S. 691, 705 Rn 48 ff.; *Jotzo*, Der Schutz personenbezogener Daten in der Cloud, Rn 189; dazu auch *European Data Protection Board* 'Guidelines 07/2020 on the concepts of controller and processor in the GDPR' vom 2.10.2020, Rn 151 ff.).

Entsprechend den Vorgaben des Art. 28 Abs. (2) und (4) DSGVO sind dem Subunternehmer gewisse Pflichten entsprechend der Auftragsverarbeitungsvereinbarung aufzuerlegen. Dazu gehört auch, dass die Weisungen des Auftraggebers zu beachten sind. Direkte Weisungsrechte ergeben sich nämlich weder aus Art. 28 noch aus Art. 29 DSGVO. Sie sind vielmehr vertraglich vorzusehen (*Martini* in: Paal/Pauly, DSGVO, 2. Aufl., Art. 29 Rn 39); auch bzw. insbesondere diesem Zweck dient die Verpflichtung des Auftragsverarbeiters in Abs. (2), entsprechende Regelungen in der Unterauftragsvereinbarung vorzusehen.

Der Tatsache, dass es letztlich der Auftragsverarbeiter ist, welcher die Subunternehmer auswählt und auch vertraglich bzw. rein faktisch kontrollieren muss, tragen die Abs. (3) – (5) Rechnung, wobei zu letzterer Regelung auf Art. 32 Abs. 1 lit. d) DSGVO verwiesen wird. Sinnvoll kann es über die vorgeschlagenen Regelungen hinaus sein, den Nachweis durch eine Zertifizierung zu regeln. Mitunter kann man sich auf einen konkreten Auditor oder ein entsprechendes Zertifikat nach Art. 42 DSGVO verständigen. Diese vollständigen Prüfunterlagen und Auditberichte sollen vom Auftraggeber eingesehen werden können. Auch soll der Auftraggeber die Subunternehmer prüfen können. Inwieweit das gesetzlich erforderlich ist, ist streitig (vgl. dazu auch *European Data Protection Board* 'Guidelines 07/2020 on the concepts of controller and processor in the GDPR' vom

2.10.2020, Rn 141); und in praktischer Hinsicht ist die Pflicht zugegebener Maßen oft nur schwer zu erfüllen.

11. Betroffenenrechte. Weiter fordert in Art. 28 Abs. 3 S. 2 lit. e) DSGVO die Unterstützung des Auftraggebers bei den Betroffenenrechten. Beim Auftragsverarbeiter als der insoweit nicht primär zuständigen Person aufschlagende Anfragen hat dieser, wie in Abs. (1) vorgesehen, zunächst dem Auftraggeber mitzuteilen.

Entsprechend der gesetzlichen Bestimmung hat der Auftragsverarbeiter gem. Abs. (2) mit Blick auf die Betroffenenrechte des Kapitels III DSGVO, also namentlich der Art. 12 bis 22 DSGVO zu unterstützen. Gerade mit Blick auf die Art. 12 und 13 DSGVO kann dieses – erst recht bei auf Auftragsverarbeiter und Auftraggeber verteilten Daten – zu komplexen internen Abläufen und Datenflüssen führen, auf die die Parteien sich bei der Verarbeitung von Massendaten rechtzeitig einstellen sollten. Um den Austausch der Informationen zu erleichtern, wird auch hier auf die in Anlage 4 festzulegenden Personen verwiesen.

12. Unterstützung bei Sicherheitsmaßnahmen und einer DFA. Weiter fordert Art. 28 Abs. 3 S. 2 lit. f) DSGVO die Unterstützung des Auftraggebers bei der Gewährleistung der Sicherheit der Verarbeitung (Art. 32 DSGVO), der Meldung von Verletzungen des Schutzes personenbezogener Daten an die Aufsichtsbehörde (Art. 33 DSGVO)sowie Benachrichtigung der Betroffenen und schließlich der Datenschutz-Folgenabschätzung (Art. 35 DSGVO).

13. Mitteilungen von Verstößen und Störungen. Die gem. Art. 28 Abs. 3 S. 2 lit. f) DSGVO geschuldeten Mitteilungen von Verstößen iSd Art. 33 DSGVO wird über die Regelung in § 7 hinaus noch einmal spezifischer geregelt. Betont wird, dass für den Auftraggeber im Rahmen von Art. 33 Abs. 1 DSGVO Fristen laufen. Mit Blick auf Art. 28 Abs. 3 S. 3 DSGVO wird in Abs. (3) auf die Regelung der Weisungsrechte in § 2 verwiesen.

14. Information zur Einhaltung der Plichten nach Art. 28 DSGVO sowie Überprüfungen. Der Auftragsverarbeiter muss dem Datenschutzbeauftragten des Auftraggebers bzw. diesem selbst die Kontrolle, Prüfung und Überwachung der ordnungsgemäßen, gesetzeskonformen Datenverarbeitung ermöglichen bzw. diese nachweisen (Art. 28 Abs. 3 S. 2 lit. h) DSGVO). Der Auftragsverarbeiter hat dem Auftraggeber, wie daher in Abs. (1) vorgesehen ist, die Kontrolle der Durchführung der Datenverarbeitung und -nutzung zu ermöglichen (*Jotzo*, Der Schutz personenbezogener Daten in der Cloud, Rn 181, 190) und ist seinerseits zur Kontrolle selbst gesetzlich verpflichtet. Datenschutzverstöße hat er zu melden. Nach Abs. (2) hat der Auftragsverarbeiter alle für die Datenschutz-Compliance mit Blick auf Art. 28 DSGVO notwendigen Informationen beizubringen. Teils wird sogar gefordert, die Unterstützungsleistungen weiter zu konkretisieren (so das *European Data Protection Board* 'Guidelines 07/2020 on the concepts of controller and processor in the GDPR' vom 2.10.2020, Rn 130 ff.).

Nicht explizit, möglicherweise aber gleichwohl schon gesetzlich weitgehend gefordert (vgl. dazu auch *European Data Protection Board* 'Guidelines 07/2020 on the concepts of controller and processor in the GDPR' vom 2.10.2020, Rn 140), ist die in Abs. (3) vorgesehene Pflicht des Auftragsverarbeiters, die Angaben für das Verzeichnis nach Art. 30 DSGVO zur Verfügung zu stellen.

Auch den Behörden ist ggf. eine Kontrolle bzw. Untersuchung zu ermöglichen. Diesem trägt schließlich Abs. (4) Rechnung. Damit der Auftraggeber seine Rechte gegenüber den Behörden wahren kann, ist er im Rahmen des Zulässigen zu informieren.

15. Sonstige Pflichten. Dass ein Auftragsverarbeiter, wie in Abs. (1) geregelt, einen Datenschutzbeauftragten haben muss, liegt regelmäßig auf der Hand und ergibt sich aus

Art. 37 DSGVO. Wo das ausnahmsweise nicht der Fall sein sollte, könnte geregelt werden, dass ein betrieblicher Datenschutzbeauftragter beim Auftragsverarbeiter nicht zu bestellen ist, wenn die gesetzliche Notwendigkeit für eine Bestellung nicht vorliegt.

Um in der Vergangenheit liegenden Vorwürfen zu entgegnen, ist es sinnvoll, bestimmte Unterlagen wie in Abs. (2) vorgesehen eine Zeit lang aufzubewahren.

16. Laufzeit. Die Laufzeit der Vereinbarung orientiert sich grundsätzlich nach dem Hauptvertrag (hier der „Leistungsvereinbarung"). Über diese Laufzeitregelung des Abs. (1) hinaus, kann die Vereinbarung nach Abs. (2) außerordentlich gekündigt werden.

Nach Beendigung der Auftragsverarbeitungsvereinbarung hat der Auftragsverarbeiter die personenbezogenen Daten grundsätzlich – und vorbehaltlich der gesetzlichen Ausnahmen – nach Wahl des Auftraggebers zu löschen oder herauszugeben (Art. 28 Abs. 3 S. 2 lit. g) DSGVO). Mitunter wird in Verträgen noch eine abgespeckte Auftragsverarbeitung in Form einer langfristigen Archivierung der Daten vereinbart.

17 Haftung. Die Vereinbarung verweist in Abs. (1) zunächst einmal auf die gesetzliche Regelung zur Haftung in Art. 82 DSGVO (dazu etwa *Kremer* in: Schwartmann/Jaspers/Thüsing/Kugelmann, DSGVO, 2. Aufl., Art. 28 Rn 167 ff.). Darüber hinaus ist einerseits in Abs. (2) – ohne Anspruch auf AGB-Konformität – noch eine Freistellung vorgesehen. Andererseits wird in Abs. (3) auf eine eventuelle Haftungsregelung und damit auch mögliche Haftungsbegrenzung in der Leistungsvereinbarung verwiesen. Dabei dürften zwar typische Beschränkungen zulässig sein, ein weitgehender Ausschluss der Haftung in Ansehung von Art. 28 Abs. 1 DSGVO aber nicht. Denn bei einem fast kompletten Haftungsausschluss verliert der Vertrag mitunter weitgehend seine „Wirksamkeit".

18. Schlussbestimmungen. Die Vereinbarung sollten im Zweifel eigenständige Schlussbestimmungen enthalten.

Die Genehmigung sollte aus Gründen der Dokumentation und angesichts ihrer weiterreichenden Folgen in gesetzlicher Schriftform erfolgen. Dies ist teilweise schon aus Gründen des Datenschutzrechts geboten (vgl. Art. 28 Abs. 2 DSGVO). Inwieweit man für Vertragsänderungen E-Mails entgegen § 127 Abs. 2 BGB für nicht ausreichend erklärt, ist eine Frage des einzelnen Vertrags.

Eine Schlichtungsklausel (ggf. sogar Schiedsklausel) mag vorliegend deshalb Sinn machen, weil es im Sinne keiner der Vertragsparteien sein kann, Streitigkeiten über Fragen des Datenschutzes in die Öffentlichkeit zu tragen.

5. Datenüberlassungsvertrag

zwischen

[. . . . . .]

– im Folgenden „Datengeber" –

und

[. . . . . .]

– im Folgenden „Nutzer" –

– beide im Folgenden „Vertragsparteien" –
zum Projekt [Projektname]

Präambel[1,2]

Der Datengeber ist ein in Deutschland ansässiges Unternehmen, das [Beschreibung des für das Projekt relevanten Geschäftsfeldes des Datengebers]. Der Nutzer ist [Beschreibung des für das Projekt relevanten Geschäftsfeldes des Nutzers]. Der Nutzer möchte [konkrete Beschreibung des Projektes (Inhalt, Ziel und Nutzungszweck].

Der Nutzer möchte dabei bestimmte, zwischen dem Datengeber und dem Nutzer gemäß Anlage 1 näher definierte Daten kommerziell nutzen.

Danach vereinbaren die Vertragsparteien Folgendes:

1. Vertragsgegenstand[3]

(1) Gegenstand dieses Vertrages ist die Bereitstellung und Übermittlung von Daten in Form von [. . . . . .]. Daten im Sinne dieses Vertrages sind dabei syntaktische Informationen, nämlich Zeichen (zum Beispiel Ziffern, Buchstaben oder andere Symbole) oder Zeichenmuster, die elektronisch, magnetisch oder auf andere Weise nicht sofort wahrnehmbar gespeichert oder in irgendeiner anderen Form übertragen oder dokumentiert sind (zum Beispiel Papier).

(2) Die konkrete Art der Daten und der technischen Datenübertragung werden in der Anlage 1[4] zu diesem Vertrag näher beschrieben.

2. Pflichten des Datengebers

(1) Der Datengeber verpflichtet sich zur einmaligen Überlassung der in Anlage 1 näher spezifizierten Daten an den Nutzer und ermöglicht dem Nutzer die entsprechend für die Zwecke der Vereinbarung festgelegten Nutzungen, indem er dem Nutzer den faktisch-technischen Zugriff auf die Daten ermöglicht sowie die etwaig erforderlichen Rechte zur Nutzung dieser Daten einräumt.[5]

(2) [Variante 1: nicht exklusive Berechtigung:] Der Datengeber wird dadurch in seinem Verfügungsrecht über die überlassenen Daten in keiner Weise beschränkt, er kann insbesondere anderen Nutzern Nutzungsrechte einräumen.[6]

[Variante 2: exklusive Berechtigung:] Der Datengeber verpflichtet sich, die Daten keinem Dritten zu überlassen und auch selbst diese nicht mehr zu nutzen. Der Nutzer erhält also eine exklusive Nutzungsberechtigung.

(3) Dem Datengeber obliegen keine Pflichten zur Qualitätssicherung, zur Aktuellhaltung und der Überarbeitung der zu überlassenden Daten sowie keine Pflicht zur Zurverfügungstellung von neuen, aktualisierten Daten.[7] Jede Vertragspartei stellt die in ihrer Sphäre erforderliche technische Infrastruktur zur Datenüberlassung zur Verfügung. Der Datengeber übernimmt keine Garantie für einen unterbrechungsfreien und fehlerfreien Betrieb seiner technischen Infrastruktur. Der Datengeber wird den Nutzer rechtzeitig informieren, wenn von ihm vorgenommene Maßnahmen voraussichtlich die Datenüberlassung beeinflussen können. Weiterhin bemüht sich der Datengeber, bei ihm aufgetretene technische Störungen im Hinblick auf die Datenüberlassung im Rahmen seiner rechtlichen und organisatorischen Möglichkeiten innerhalb seiner üblichen Arbeitszeiten möglichst zügig zu beheben.[8]

3. Rechte und Pflichten des Nutzers

(1) Der Datengeber räumt dem Nutzer das Recht ein, die in Anlage 1 zu diesem Vertrag beschriebenen Daten wie folgt zum Zweck der [. . . . . .] zu nutzen. Die Nutzung der Daten darf ausschließlich zu dem in diesem Vertrag vereinbarten Zweck erfolgen.

Der Datengeber räumt dem Nutzer das Recht zur kommerziellen Nutzung der Daten ein, insbesondere das nicht ausschließliche (einfache), zeitlich auf die Dauer des Vertrages beschränkte, widerrufliche Recht, die Daten deutschlandweit

- auf eigenen Datenträgern, eigenen Clouds oder in einem eigenen Computernetzwerk dauerhaft zu speichern;
- zu vervielfältigen, zu verbreiten, zu präsentieren, öffentlich zugänglich zu machen, zu verändern, zu bearbeiten;
- mit eigenen Daten und Daten Dritter zusammenführen und zu selbständigen neuen Datensätzen zu verbinden;
- in interne und externe Geschäftsprozesse, Produkte und Anwendungen in öffentlichen und nicht öffentlichen elektronischen Netzwerken einzubinden;
- zu Zwecken der [. . . . . .] sowie im Rahmen von allen weiteren Maßnahmen, Tests, Simulationen, Untersuchungen und/oder Analysen in Bezug [. . . . . .] zu nutzen.[9]

(2) Bei der Nutzung ist sicherzustellen, dass der Datengeber nach [ggf. Anlage hinzufügen] Maßgabe genannt wird sowie Veränderungen, Bearbeitungen, neue Gestaltungen oder sonstige Abwandlungen im Quellenvermerk mit dem Hinweis zu versehen werden, dass die Daten geändert wurden.[10]

(3) Der Nutzer ist nicht berechtigt, die vertragsgegenständlichen Daten Dritten zu überlassen. Er ist jedoch berechtigt, die ihm überlassenen Daten an verbundene Unternehmen gemäß Anlage 2 weiterzugeben, diese zu verarbeiten und auch mit eigenen Daten oder denen Dritter zu verknüpfen und Dritten dieses Ergebnis zu übermitteln. Voraussetzung für letzteres ist allerdings, dass seitens des Nutzers eine Verarbeitung der Daten vorgenommen wurde, die eine ausreichende Änderung der ursprünglich überlassenen Daten bedeutet (abgeleitete Daten). Dies ist insbesondere bei einer Datenfusion oder einer Konvertierung der Fall, nicht aber bei einer bloßen Datenbündelung, wenn hierdurch nicht eine neue Aggregations- oder Qualitätsstufe erreicht wird. Details dazu sind in Anlage 3 zu diesem Vertrag dargestellt. Die in Anlage 3 zu diesem Vertrag beschriebene Verarbeitung stellt eine ausreichende Änderung der überlassenen Daten dar.[11]

(4) Im Falle der Weitergabe der abgeleiteten Daten an Dritte zur Nutzung dieser Daten ist der Nutzer verpflichtet, den jeweiligen Dritten darüber zu informieren, dass [. . . . . .].[12]

(5) Der Nutzer ist verpflichtet, dem Datengeber quartalsweise über die Nutzung der überlassenen Daten gemäß Anlage 4 zu berichten. Sollte der Nutzer in den ihm überlassenen Daten des Datengebers Fehler oder unplausible Messungen feststellen, wird er den Datengeber zudem darauf gesondert hinweisen.[13]

4. Rechtspositionen an den Daten und abgeleiteten Daten[14]

(1) Soweit durch die Erhebung, Zusammenstellung, Speicherung und/oder Aufbereitung der Daten durch den Datengeber urheberrechtliche Rechtspositionen entstehen, stehen diese Rechte ausschließlich dem Datengeber zu. Dies gilt insbesondere, aber nicht ausschließlich, für etwaige Rechte als Datenbankhersteller nach dem Urheberrechtsgesetz.

(2) Soweit durch die Ausübung der Nutzungsrechte gemäß vorstehender Ziffer 3 auf Grundlage der Daten oder durch Nutzung oder Anwendung der Daten weitere Daten entstehen oder erzeugt oder erhoben werden (die „abgeleiteten Daten"), stehen alle Rechte und Rechtspositionen an den abgeleiteten Daten dem Nutzer zu.

(3) Der faktisch-technische Zugriff des Nutzers auf die Daten des Datengebers eröffnet dem Nutzer keine einem Eigentümer ähnliche oder vergleichbare Stellung und/oder ausschließliche Nutzungsrechte im Hinblick auf die Daten.

5. Vergütung[15]

(1) Die Regelungen zur Vergütung (Höhe, Zahlungsweise, Bankverbindung der Vertragsparteien) finden sich in der Anlage 5 zu diesem Vertrag.

(2) Ihre jeweils im Zusammenhang mit der Datenüberlassung entstehenden Kosten trägt jede Vertragspartei selbst.

6. Haftung[16]

(1) Der Datengeber stellt die Daten im Rahmen der Erfüllung der dem Datengeber nach diesem Vertrag obliegenden Verpflichtungen mit der erforderlichen Sorgfalt bereit.[17]

(2) Der Datengeber übernimmt keine Gewährleistung für die Vollständigkeit, Richtigkeit, Qualität und Aktualität der Daten. Eine Haftung des Datengebers, insbesondere wegen nicht vollständiger, fehlerhafter oder fehlerhaft übertragener oder unterbliebener Datenüberlassungen und daraus resultierenden Nutzungshandlungen aufgrund des technischen Zustandes, Störungen oder des Ausfalls der Messeinrichtungen oder der Datenübertragung, ist damit ausgeschlossen. Dies gilt ebenso für etwaige Fehler des Datengebers bei Datenaufbereitungs- und Datenbewertungsvorgängen.[18]

(3) Der Datengeber übernimmt keine Gewährleistung dafür, dass die Daten mit dem IT-System und den von dem Nutzer verwendeten Softwaresystemen kompatibel und interoperabel sind und von dem Nutzer in technischer Hinsicht uneingeschränkt verwendet werden können.[19]

(4) Der Datengeber übernimmt keine Gewährleistung dafür, dass die von dem Nutzer mit dem Erwerb der Berechtigung zur Nutzung der Daten beabsichtigten wirtschaftlichen, geschäftlichen und/oder technischen Ziele erreicht werden können.[20]

(5) Eine Haftung des Datengebers für Schäden des Nutzers – einschließlich mittelbarer Schäden, Folgeschäden, entgangenem Gewinn, Produktionsausfall oder ähnlichen Vermögensschäden - die aus oder im Zusammenhang mit der Nutzung der Daten durch den Nutzer entstehen, wird ausgeschlossen. Hiervon ausgenommen ist die Haftung für Schäden, die auf einer vorsätzlichen oder grob fahrlässigen Pflichtverletzung seitens des Datengebers beruhen sowie Schadensersatzansprüche aufgrund einer Verletzung des Lebens, des Körpers und der Gesundheit und alle Ansprüche nach dem Produkthaftungsgesetz.

(6) Sämtliche Regelungen zur Haftung beziehen sich auch auf Pflichtverletzungen der Organe, Vertreter, Verrichtungs- oder Erfüllungsgehilfen der Vertragsparteien.

7. Datensicherheit, Datenschutz[21]

(1) Die Vertragsparteien verpflichten sich, alle erforderlichen und üblichen Maßnahmen zur Gewährleistung der Datensicherheit zu treffen.

(2) Der Nutzer ist bei Ausübung der ihm nach vorstehender Ziffer 3 eingeräumten Nutzungsrechte an den Daten für die Einhaltung der einschlägigen datenschutzrechtlicher Bestimmungen verantwortlich. Dies gilt insbesondere dann, wenn Daten mit anderen Daten, beispielsweise mit Adressdaten oder sonstigen personenbezogenen Daten, verknüpft werden.

8. Geheimhaltung[22]

(1) Die Vertragsparteien verpflichten sich, über sämtliche aufgrund dieses Vertrages und seiner Durchführung bekanntgewordenen Informationen und Unterlagen der anderen Vertragspartei Geheimhaltung zu wahren und auf diese Informationen und Unterlagen angemessene Geheimhaltungsmaßnahmen anzuwenden. Dies gilt nicht für:
  a) Informationen und Unterlagen, die schon zum Zeitpunkt der Überlassung öffentlich bekannt oder öffentlich zugänglich waren oder es zu einem späteren Zeitpunkt werden, ohne dass dies auf einer Verletzung dieses Vertrages beruht;
  b) die unter diesem Vertrag überlassenen Daten selbst;
  c) Informationen und Unterlagen, von denen die empfangende Vertragspartei nachweislich vor ihrer Bekanntgabe durch die andere Vertragspartei Kenntnis hatte;

d) Informationen und Unterlagen, die von der empfangenden Vertragspartei selbständig und ohne Verstoß gegen diesen Vertrag entwickelt worden sind;
e) Informationen und Unterlagen, die der empfangenden Vertragspartei von einem Dritten ohne Vorbehalt der Vertraulichkeit und ohne Verstoß gegen eine Vertraulichkeitsvereinbarung zugänglich gemacht werden.

(2) Beide Vertragsparteien verpflichten sich, diese Geheimhaltungspflichten auch ihren Betriebsangehörigen aufzuerlegen, die Informationen und Unterlagen nach Abs. 1 erlangen können oder tatsächlich erlangt haben.
(3) Die Geheimhaltungspflicht besteht nach Vertragsende so lange fort, wie diese Informationen und Unterlagen geheim sind.

9. Vertragslaufzeit[23]

Dieser Vertrag tritt mit Unterschriften durch die Vertragsparteien in Kraft und ist erstellt mit der vollständigen Überlassung der vereinbarten Daten. Soweit der Regelungsgehalt einzelner Regelungen dieses Vertrages nach der Überlassung der vereinbarten Daten fortdauert (zB Ziffer 8. Geheimhaltung), wird diese Fortgeltung durch die vorstehende Regelung nicht beschränkt.

10. Schlussbestimmungen

(1) Änderungen und/oder Ergänzungen dieses Vertrages bedürfen zu ihrer Wirksamkeit der Schriftform. Das gilt auch für die Änderung dieser Schriftformklausel.
(2) Die in diesem Vertrag genannten Anlagen sind Bestandteile des Vertrages; Absatz 1 gilt entsprechend. Bei Lücken oder widersprüchlichen Regelungen zwischen diesem Vertrag und seinen Anlagen gehen die Regelungen in diesem Vertrag denen in den Anlagen vor.
(3) Allgemeine Geschäftsbedingungen der Vertragsparteien finden keine Anwendung.
(4) Eine Vertragspartei kann die Rechte und Pflichten, die sich aus diesem Vertrag ergeben nur mit schriftlicher Erlaubnis bzw. Zustimmung der anderen Vertragspartei auf Dritte übertragen. Dies gilt auch im Falle einer Rechtsnachfolge.
(5) Erfüllungsort ist [. . . . . .]. Gerichtsstand für die Streitigkeiten aus diesem Vertrag ist [. . . . . .].
Das Vertragsverhältnis unterliegt dem Recht der Bundesrepublik Deutschland unter Ausschluss des UN-Kaufrechts.
(6) Sollten einzelne Bestimmungen dieses Vertrages unwirksam sein, so bleibt der Vertrag im Übrigen gültig. Die Vertragsparteien werden sich bemühen, die unwirksamen oder unwirksam gewordenen Bestimmungen durch solche Bestimmungen ersetzen, die dem angestrebten Vertragszweck am nächsten kommen.

Unterschriften

Anlagen

Schrifttum: Broecker/Czychowski/Schaefer, Praxishandbuch Geistiges Eigentum im Internet, 2003; *Determann*, Gegen Eigentumsrechte an Daten, ZD 2018, 503; *Forgó/Helfrich/Schneider*, Betrieblicher Datenschutz, 3. Auflage 2019; *Hoeren*, Datenbesitz statt Dateneigentum, MMR 2019, 5; *Kilian/Heussen*, Computerrechts-Handbuch, 34. Auflage 2018; *Kiparski/Sassenberg*, Internet of Things – Aktuelle Entwicklungen und Branchenbesonderheiten bei ceonnected Cars, eHealth und Co., CR 2018, 596; *Kornmeier/Baranowski*, Das Eigentum an Daten – Zugang statt Zuordnung, BB 2019, 1219; *Metzger*, Digitale Mobilität – Verträge über Nutzerdaten, GRUR 2019, 129; *Müller*, Dateneigentum in der vierten industriellen Revolution?, DuD 2019, 159; *Peitz/Schweitzer*, Ein neuer europäischer Ordnungsrahmen für Datenmärkte?, NJW 2018, 275;

Redeker, Haftung für Datenlieferung und -pflege, in: Conrad/Grützmacher (Hrsg.), Recht der Daten und Datenbanken im Unternehmen, Zugleich Festgabe Jochen Schneider zum 70. Geburtstag, 2014, § 55; *Richter*, Zur Weiterverwendung von Informationen der öffentlichen Hand: BVerwG klärt erstmals grundsätzliche Anwendungsvoraussetzungen des IWG, NVwZ 2016, 1143; *Riechert*, Dateneigentum – ein unauflösbarer Konflikt?, DuD 2019, 353; *Riehm*, Rechte an Daten – Die Perspektive des Haftungsrechts, VersR 2019, 714; *Roßnagel*, Rechtsfragen eines Smart Data-Austauschs, Datengetriebene Kooperation in der Industrie, NJW 2017, 10; *Specht-Riemenschneider/Werry*, Datenrecht in der Digitalisierung, 2020; *Spindler*, Zukunft der Digitalisierung – Datenwirtschaft in der Unternehmenspraxis, DB 2018, 41; *Spindler*, Vertragsrecht der Internet-Provider, 2. Auflage 2004.

Anmerkungen

1. Daten werden gemeinhin als das Öl des 21. Jahrhunderts bezeichnet. Mit dem Internet of Things und der Industrie 4.0 erfährt die Menge der Daten einen extremen Zuwachs, so dass sich diese Daten zu einem wichtigen und wertvollen Wirtschaftsgut entwickelt haben und noch weiter entwickeln werden (vgl. etwa https://de.statista.com/statistik/daten/studie/257976/umfrage/umsatz-mit-big-data-loesungen-in-deutschland/; Determann ZD 2018, 503; zu aktuellen Entwicklungen im Bereich des Internet of Things der Industrie 4.0 vgl. etwa *Kiparski/Sassenberg* CR 2018, 596; *Müller* DuD 2019, 159; *Spindler* DB 2018, 41). Auf Daten basierende digitale Geschäftsmodelle sind auf dem Vormarsch. Sowohl auf europäischer, als auch auf nationaler Ebene spielt die Schaffung einer Datenwirtschaft daher eine zentrale Rolle. Die EU-Kommission geht das Thema der Datenwirtschaft aus Sicht des für die EU wichtigen Binnenmarktgedankens an und will ungerechtfertigte Beschränkungen des freien, grenzüberschreitenden Datenverkehrs beseitigen und die in verschiedenen Bereichen bestehende Rechtsunsicherheit beheben (vgl. dazu EU-Kommission, A Digital Single Market Strategy for Europe, vom 6.5.2015; COM (2015) 192 final sowie die fortgeschriebene Webseite der EU-Kommission unter https://ec.europa.eu/commission/priorities/digital-single-market_de; Mitteilung der Kommission an das Europäische Parlament, den Rat, den Europäischen Wirtschafts- und Sozialausschuss und den Ausschuss der Regionen, „Aufbau einer Europäischen Datenwirtschaft", v. 10.1.2017, SWD (2017) 2 final/COM (2017) 9 final, https://ec.europa.eu/newsroom/dae/document.cfm?doc_id=41205; Proposal for a regulation of the European Parliament and of the counsel on a framework for the free flow of non-personal data in the European Union, v. 13.9.2017 COM (2017) 495 final).

Dabei betrachtet die EU-Kommission das Thema bewusst deutlich weiter als nur im Hinblick auf personenbezogene Daten, für die die DSGVO gilt, sondern auch im Hinblick auf nicht-personenbezogene, maschinengenerierte Daten, den Zugang zu diesen und die Übermittlung. Europäische und nationale Institutionen arbeiten an der Entwicklung von neuen rechtlichen Rahmenbedingungen für eine solche funktionsfähige Datenwirtschaft, da die bislang vorhandenen Rechtsinstitute nicht als ausreichend erachtet werden und Pläne für die Einführung eines geistigen Eigentumsrechts an Daten nicht umgesetzt werden dürften (ausführlich dazu *Czychowski/Siesmayer* in Kilian/Heussen, Computerrechts-Handbuch, 20.5, Rn. 15 ff., 53 ff.; zur Diskussion um ein Dateneigentum vgl. etwa *Hoeren* MMR 2019, 5; *Kornmeier/Baranowski* BB 2019, 1219; *Müller* DuD 2019, 159; *Riechert* DuD 2019, 353). Mangels gesetzlicher Regelungen werden der Zugang und die Nutzung von Daten in den verschiedenen Märkten bislang durch privatautonom ausgehandelte Verträge gestaltet (siehe EU-Kommission, SWD (2017) 2 fin., Teil 3, 2.2; zur vertraglichen Ausgestaltung und Haftung siehe auch *Roßnagel* NJW 2017, 10 (12 ff.); *Metzger* GRUR 2019, 129 (130); ausführlich ebenfalls *Czychowski/Siesmayer* in Kilian/

Heussen, Computerrechts-Handbuch, 20.5, Rn. 47 ff.; zu den Grenzen vertraglicher Vereinbarungen *Kornmeier/Baranowski* BB 2019, 1219 (1221)).

Bei digitalen Geschäftsmodellen und dem Handel und der Nutzung von Daten sind unterschiedliche Vertragskonstellationen denkbar. Je nachdem, ob vertragliche Regelungen aus Sicht eines reinen Datengebers, eines Datennutzers, eines Mittlers oder auch einer neutralen treuhänderischen Institution, die die Daten verschiedener Datengeber sammelt, gestaltet werden sollen, ist eine entsprechend interessengerechte Ausgestaltung erforderlich (zu den unterschiedlichen Beteiligten vgl. auch *Czychowski/Siesmayer* in Kilian/Heussen, Computerrechts-Handbuch, 20.5, Rn. 12 ff.). Denkbar ist auch die Beteiligung öffentlicher Institutionen auf Seiten des Datengebers oder Datennutzers mit den sich daran anschließenden Fragen, etwa nach dem im Rahmen von IFG und IWG geregelten Zugang und der Weitergabe von Informationen, Vergütungsfragen und der Gestaltung eines diskriminierungsfreien Zugangs. Diese öffentlich-rechtlichen Fragen werden im vorliegenden Vertragsmuster jedoch nicht berücksichtigt (vgl. dazu etwa *Richter* NVwZ 2016, 1143).

2. Der vorliegende Datenüberlassungsvertrag behandelt die Konstellation einer einmaligen Überlassung von ausschließlich nicht-personenbezogenen Daten eines Datengebers an einen Datennutzer, der diese im Rahmen eines eigenen kommerziellen Geschäftsmodells nutzen möchte (vgl. zur Abgrenzung von personenbezogenen Daten etwa *Peitz/Schweitzer* NJW 2018, 275; *Roßnagel* NJW 2017, 10; *Czychowski/Siesmayer* in Kilian/Heussen, Computerrechts-Handbuch, 20.5, Rn. 7 ff.). Bei beiden Vertragsparteien handelt es sich um juristische Personen. Dabei wird zu Grunde gelegt, dass der Datengeber innerhalb eines Projektes Rohdaten zur Verfügung stellt, die im Rahmen des digitalen Geschäftsmodells des Nutzers durch diesen analysiert, ausgewertet und weiterverarbeitet werden, um schließlich eigenen Kunden des Datennutzers entsprechende Ergebnisse zur Verfügung zu stellen.

Das Muster ist grundsätzlich eher datengeberfreundlich ausgestaltet. Die Präambel dient dabei dem Zweck, die Vertragsparteien und das Projekt vorzustellen und die Zielrichtung des Vertrages festzulegen. Dies hat im Rahmen der Vertragsauslegung erhebliche Bedeutung. Aus Sicht des Datengebers bietet es sich insbesondere an, in der Präambel bereits den Nutzungszweck und damit das Einsatzgebiet für die Datennutzung genau zu beschreiben, um eine unbeschränkte Datennutzung durch den Datennutzer zu vermeiden und die eigene Verwertung der Rohdaten nicht zu torpedieren.

3. Die konkrete Art und der Umfang der zu überlassenden Daten sollten zum Zwecke der Rechtssicherheit genau und ausführlich beschrieben und definiert werden. Im Vertragsgegenstand kann dazu zum einen eine inhaltsbezogene Verschlagwortung der vertragsgegenständlichen Daten erfolgen, also ob es sich etwa um bestimmte anlagen- oder sensorspezifische Messdaten, Verkehrsdaten oder Umweltdaten handelt. Zudem enthält Ziffer 1 Absatz 1 jedoch auch eine abstrakte Definition dazu, was unter Daten im Sinne des Datenüberlassungsvertrages zu verstehen ist. Dabei wird die syntaktische Information, also die Zeichenebene zu Grunde gelegt. Dies erfolgt insbesondere, um eine Abgrenzung von der semantischen Informationsebene zu erreichen und das Rechtsobjekt des Vertrages ausreichend zu definieren (zur begrifflichen Abgrenzung und der Vermengung im Rahmen der Diskussion um ein Dateneigentum *Riehm* VersR 2019, 714 (715 f.)); dabei gilt es zu beachten, dass bislang jedenfalls de lege lata und de lege ferenda für Daten weder ein Eigentumsrecht noch ein Immaterialgüterrecht argumentiert wird (vgl. dazu *Czychowski/Siesmayer* in Kilian/Heussen, Computerrechts-Handbuch, 20.5, Rn. 9 ff.).

4. Anlage 1 zum Datenüberlassungsvertrag dient dazu, eine über die Schlagworte hinausgehende inhaltliche Beschreibung der zu überlassenden Daten und Datenkategorien sowie -formate aufzuführen, um weitestmögliche Klarheit über den Vertragsgegenstand für beide

Seite zu erreichen. Zudem empfiehlt es sich, eine genaue Beschreibung der technischen Datenübertragung und/oder Übergabemodalitäten aufzunehmen, insbesondere auch im Hinblick auf die später im Vertrag geregelte Bereitstellung und Verantwortlichkeit für die technische Infrastruktur zur Übermittlung der vertragsgegenständlichen Daten.

5. Die Pflichten des Datengebers umfassen im vorliegenden Muster sowohl die Ermöglichung des faktisch-technischen Zugriff auf die Daten durch den Datennutzer als auch die für ihn erforderlichen Nutzungsrechte, nicht jedoch die Bereitstellung der gesamten technischen Infrastruktur. Gegebenenfalls können hier auch die Verantwortlichkeiten im Hinblick auf Schnittstellen näher ausgestaltet werden. Bei kontinuierlich oder wiederkehrend entstehenden Daten ist auch die Ausgestaltung des Vertrages im Rahmen einer nicht nur einmaligen Datenüberlassung denkbar.

6. Diese Regelung in ihrer Variante 1 hat klarstellenden Charakter und ermöglicht es dem Datengeber, seine Daten in vielfältiger Weise zu nutzen und zu vermarkten, was insbesondere bei Rohdaten, die in unterschiedlichen Branchen und Kontexten genutzt werden können, in der Regel im Interesse des Datengebers liegen dürfte. In Variante 2 ist eine Formulierung für eine exklusive Nutzungsberechtigung vorgeschlagen.

7. Die Qualität und Aktualität der zu überlassenden Daten ist häufig Diskussionspunkt zwischen den Vertragsparteien. Um Unklarheiten im Laufe des Projektes zu vermeiden und den Datengeber abzusichern, sind ausdrückliche Regelungen zu empfehlen. Vor dem Hintergrund der hier vorgesehenen einmaligen Datenüberlassung wurde zudem eine Klarstellung aufgenommen, dass keine Aktualisierung der Daten durch den Datengeber geschuldet ist. Das mag natürlich anders zu regeln sein, so dass in einem solchen Fall an dieser Stelle Regelungen aufgenommen werden sollten.

8. Auch die Verantwortlichkeiten für die genutzte technische Infrastruktur sowie etwaige Behebungen von Störungen und ein etwaiger Support des Datennutzers durch den Datengeber sollten Gegenstand der vertraglichen Vereinbarungen sein. Dies ist insbesondere dann relevant, wenn es sich nicht nur um eine einmalige Datenüberlassung handelt, kann jedoch auch für einen solchen Fall greifen und interessengerecht sein. Der Vertrag geht zudem davon aus, dass beide Parteien über entsprechendes Fachwissen im Umgang mit den Daten verfügen. Gegebenenfalls kann ansonsten auch eine weitergehende Beratungs- und Aufklärungspflicht des Datengebers erwogen werden. An dieser Stelle stellen sich die Rechtsfragen, die sich bei allen vergleichbaren Sachverhalten des Zugangs zu Gegenständen oder Netzen stellen (vgl. nur *Spindler/Spindler*, Vertragsrecht der Internet-Provider, Teil IV, Rn. 70 ff. und *Czychowski* in Broecker/Czychowski/Schaefer, Praxishandbuch Geistiges Eigentum im Internet, § 13 Rn. 88 ff.).

9. Wesentliches Recht des Datennutzers unter dem Datenüberlassungsvertrag ist die Berechtigung zur Nutzung der vertragsgegenständlichen Daten. Die Ausgestaltung der Nutzungsklausel bedarf daher besonderer Sorgfalt. Das vorliegende Vertragsmuster enthält zunächst eine Zweckbeschränkung für die Nutzung der Daten, indem der Rahmen der Nutzung auf das Projekt bzw. das jeweilige Einsatzgebiet für die Daten festgelegt wird. Zudem ist vorliegend ein einfaches, auf die Dauer des Vertrages sowie auf Deutschland beschränktes Nutzungsrecht vorgesehen; → Anm. 6. Abweichende Vereinbarungen sind je nach Interessenlage der Vertragsparteien denkbar, insbesondere wenn der Datennutzer etwa dauerhaft mit den überlassenen Daten arbeiten möchte. Ähnlich wie bei urheberrechtlichen Nutzungsrechtsvereinbarungen werden sodann die jeweiligen Nutzungsarten konkret ausgeführt (vgl. für die hier genannten Nutzungen: Datenlizenz Deutschland – Namensnennung – Version 2.0 unter https://www.govdata.de/dl-de/by-2-0). Im vorliegenden Muster ist keine Geheimhaltung der Daten vorgesehen, sie können daher frei veröffentlicht werden. Eine Weitergabe der Daten an Dritte (als Rohdaten) ist

jedoch nicht vorgesehen. Darüber hinaus ist es unter dieser Vereinbarung für den Datennutzer möglich, die Daten zu bearbeiten sowie mit eigenen Daten und Daten Dritter zusammen zu führen, auszuwerten und kommerziell zu nutzen. Dies ist vor allem der Annahme geschuldet, dass es sich bei den Daten des Datengebers um Rohdaten handelt und eine restriktivere Vereinbarung zugunsten des Datengebers die Nutzung der Daten durch den Datennutzer im Rahmen seines digitalen Geschäftsmodells unterbinden würde. Auf die Möglichkeit, die Daten auch exklusiv zur Verfügung zu stellen, haben wir in der Variante 2 der Rechteklausel verwiesen, → Anm. 6.

10. Optional können die Parteien vorsehen, dass der Datengeber vom Nutzer zu nennen ist. Dies kann insbesondere dann für den Datengeber von Interesse sein, wenn es seinem eigenen digitalen Geschäftsmodell entspricht, seine Daten möglichst umfassend Dritten zur Nutzung anzubieten und er so entsprechende Werbemöglichkeiten erhält.

11. Das vorliegende Muster sieht zwar keine Überlassung der Rohdaten an Dritte durch den Nutzer vor, eine Ausnahme kann jedoch für explizit in Anlage 2 genannte verbundene Unternehmen eingeräumt werden. Vorgesehen ist zudem die Möglichkeit, dass die unter diesem Vertrag überlassenen Daten nach ihrer erlaubten Weiterverarbeitung unter bestimmten Voraussetzungen zu sog. abgeleiteten Daten werden können. Diesem liegt die Überlegung zu Grunde, dass es sich bei den unter diesem Vertrag überlassenen Daten um Rohdaten handelt, die erst nach einer entsprechenden Bearbeitung und Zusammenführung mit anderen Daten sowie einer Auswertung für den Nutzer im Rahmen seines digitalen Geschäftsmodells verwertbar sind. Für eine ausreichende Rechtssicherheit sollten sich die Vertragsparteien über die genauen Verarbeitungsprozesse, die zu abgeleiteten Daten führen, in Anlage 3 verständigen.

12. Für den Fall der Weitergabe dieser abgeleiteten Daten kann es im Interesse des Datengebers sein, dass der Nutzer seine Kunden über bestimmte Pflichten informiert, wie etwa die Pflicht zur Beibehaltung des Quellenhinweises, da die vertraglichen Vereinbarungen zwischen den Vertragsparteien naturgemäß nicht gegenüber Dritten Wirkung entfalten (vgl. dazu auch *Czychowski/Siesmayer* in Kilian/Heussen, Computerrechts-Handbuch, 20.5, Rn. 43 ff., 58 ff.; *Kornmeier/Baranowski* BB 2019, 1219 (1221)).

13. Darüber hinaus können unter Ziffer 3 dieses Vertrages weitere Pflichten des Nutzers vorgesehen werden. Im vorliegenden Fall sind sowohl eine Berichtspflicht über die Verwendung der Daten vorgesehen, die dem Datengeber eine bessere Kontrolle über die Verwertung der Daten ermöglicht, als auch die Pflicht des Nutzers, dem Datengeber Fehlerreports zur Verfügung zu stellen. Je nach Ausgangslage im konkreten Fall kann es sich für den Datengeber anbieten, an dieser Stelle noch detaillierte Regelungen im Hinblick auf Umfang und Form der Berichte aufzunehmen.

14. Ziffer 4 des Vertrages hat in erster Linie klarstellenden Charakter, dient jedoch auch der weiteren Absicherung des Datengebers sowie der Rechtssicherheit für beide Parteien vor dem Hintergrund der fehlenden gesetzlichen Regelungen über Daten an sich. So ist zum einen klargestellt, dass jegliche Rechte an den Daten selbst dem Datengeber zustehen, auch für den Fall, dass urheberrechtliche Rechtspositionen entstehen oder durch den faktisch-technischen Zugriff des Nutzers auf die Daten (vgl. dazu auch *Czychowski/Siesmayer* in Kilian/Heussen, Computerrechts-Handbuch, 20.5, Rn. 31 ff., 49; die Möglichkeit der vertraglichen Anerkennung einer Art Dateneigentum sehen auch *Kornmeier/Baranowski* BB 2019, 1219 (1221)). Zum anderen vereinbaren die Vertragsparteien, dass dem Nutzer die Rechte an den abgeleiteten Daten, die im Rahmen seines digitalen Geschäftsmodells entstehen, zustehen. Dies ist insbesondere dann interessengerecht, wenn der Datengeber tatsächlich ausschließlich Rohdaten zur Verfügung stellt, die der Nutzer anschließend selbst ohne weitere Beteiligung des Datengebers analysiert, auswertet und weiterverarbeitet. Je nach Sachverhalt und Art und Qualität der von dem Datengeber gelieferten Daten sowie einer etwaigen weiteren Kooperation in dem jeweiligen Projekt kann es jedoch für den Datengeber interessengerecht sein, ebenfalls Rechte an den abgeleiteten Daten zu erhalten.

15. Die Vergütung ist abhängig von der genauen Ausgestaltung des Projektes und kann sowohl als Pauschalvergütung als auch in Abhängigkeit von Nutzungsdauer, Nutzungsumfang oder angedachter Weiterverwertung vereinbart werden. Insbesondere, wenn es sich nicht um eine einmalige Datenüberlassung handelt, sollten genaue Zahlungsmodalitäten und Fälligkeiten geregelt werden, etwa korrespondieren mit der Berichtspflicht des Datennutzers. Interessengerecht erscheint es häufig auch, dass jede Vertragspartei die ihr entstehenden Kosten aus dem Projekt selbst trägt. Dies kann jedoch im Einzelfall auch anders sein, etwa wenn der Datengeber die Rohdaten speziell für den Datennutzer erschließt und ihm dann etwa ausschließliche Nutzungsrechte einräumt. Insbesondere bei komplexeren Vergütungsgestaltungen empfiehlt sich eine separate Anlage.

16. Vor dem Hintergrund bislang fehlender gesetzlicher Regelungen und rechtlicher Einordnung des Datenüberlassungsvertrages sollte die Haftung des Datengebers bei einer datengeberfreundlichen Ausrichtung des Vertrages weitmöglichst im Rahmen des Zulässigen beschränkt werden. Zu beachten sind dabei insbesondere die Grenzen zulässiger Haftungsbeschränkungen durch das AGB-Recht. Es wird ausdrücklich darauf hingewiesen, dass die in den Absätzen (2) bis (4) genannten Regelungen für ihre Wirksamkeit das Ergebnis einer Verhandlung zwischen den Parteien sein müssen.

Alternativ denkbar ist es, die Beschränkungen der Abs. 2–4 auf das AGB-rechtlich Zulässige zurückzunehmen. Dazu sogleich.

17. Die Lieferung von Daten durch den Datengeber dürfte für den Fall vorgefertigter Datenpakete als Kaufvertrag, für den Fall individuell zusammengestellter Daten als Werkvertrag einzuordnen sein (*Redeker* FS Schneider, § 55 Rn. 6). Zur Vermeidung von Gewährleistungsansprüchen müssen die Daten in einem für die vereinbarte Verwendung geeigneten Datenformat geliefert werden und grundsätzlich aktuell, vollständig und richtig sein (Ebd.). Regelungen in Allgemeinen Geschäftsbedingungen, die eine Gewährleistung für eben diese Parameter einschränken, dürften in der Regel unwirksam sein.

Alle übrigen Beschränkungen (zB Kompatibilität, Datenübertragungen) können im Rahmen der üblichen Beschränkungen im Rahmen des § 309 Nr. 7 und 8 BGB auch in AGB vereinbart werden.

18.19.20. Da die genannten Regelungen einen völligen Ausschluss der Gewährleistungsrechte vorsehen, müssen sie zu ihrer Wirksamkeit zwischen den Parteien im Einzelnen ausgehandelt worden sein, § 305 Abs. 1 S. 3 BGB. Nach der Rechtsprechung des BGH ist für die Annahme einer individuellen Vereinbarung jedoch erforderlich, dass der Verwender den Inhalt ernsthaft zur Disposition stellt und dem Vertragspartner Gestaltungsfreiheit in Form der realen Möglichkeit einräumt, auf den Inhalt der Klausel Einfluss zu nehmen (stRspr; vgl. nur BGH 19.5.2005 – III ZR 437/04, NJW 2005, 2543 (2544)). Ohne ein individuelles Aushandeln nach diesen Vorgaben erwiesen sich die genannten Klauseln vor dem Hintergrund des § 309 Nr. 8b aa BGB, dessen Gedanke über § 307 Abs. 1 und 2 BGB gemäß § 310 Abs. 1 S. 2 BGB auch auf Allgemeine Geschäftsbedingungen Anwendung findet, die gegenüber Unternehmern und juristischen Personen gestellt werden, als unwirksam.

Vgl. auch Anm. 17 aE.

21. Auch im Rahmen eines Datenüberlassungsvertrages sollten sich beide Vertragsparteien zu einer entsprechenden Datensicherheit verpflichten, da Datenbestände von Unternehmen einer zunehmenden Bedrohung, etwa durch Betriebsspionage, ausgesetzt sind.

Fehlende oder mangelhafte Datensicherheit stellt ein Haftungsrisiko dar, so dass etwa vorbeugende IT-Sicherheitsmaßnahmen ergriffen werden sollten (vgl. etwa Heidrich/Wegener in Forgó/Helfrich/Schneider, Betrieblicher Datenschutz, 3. Auflage 2019, Kapitel 4, Rn. 17 ff.). Weiterhin ist es erforderlich, den Datennutzer zu verpflichten, datenschutzrechtliche Vorgaben einzuhalten, wenn er die maschinengenerierten, nicht-personenbezogenen Daten des Datengebers mit personenbezogenen Daten verknüpft, so dass diese Datensätze insgesamt dann dem Datenschutzrecht unterfallen (siehe dazu Czychowski/Siesmayer in Kilian/Heussen, Computerrechts-Handbuch, 20.5, Rn. 7 ff.). Ggf. sind – je nach Sachverhalt – detailliertere Regelungen zum Datenschutzrecht aufzunehmen.

22. Die Geheimhaltungsklausel dient dem Schutz vertraulicher Informationen, die die Parteien unter dem Datenüberlassungsvertrag austauschen. Dabei sind die vertragsgegenständlichen Daten explizit ausgenommen, da im vorliegenden Vertrag zu Grunde gelegt wird, dass es sich bei den Rohdaten des Datengebers nicht um geheime Informationen handelt. Die Definition der vertraulichen Informationen kann je nach Sachverhalt angepasst werden, ebenso die Ausnahmetatbestände, um keine Vertragspartei vertraglich zum Rechtsbruch zu zwingen. Je nach Branche und Projekt besteht auch die Möglichkeit, für einen Verstoß gegen die Geheimhaltungsklausel eine verschuldensabhängige Vertragsstrafe vorzusehen.

23. Die Vertragslaufzeit ist vorliegend durch den tatsächlichen Abschluss der Datenüberlassung beschränkt. Dementsprechend bedarf es keiner Kündigungsmöglichkeiten. Sollten die Parteien eine dauerhafte oder mehrmalige Datenüberlassung vorsehen, können je nach Interessenlage eine zeitliche Begrenzung der Laufzeit des Überlassungsvertrages sowie ordentliche Kündigungsmöglichkeiten vorgesehen werden.

Sachverzeichnis

Die fett gesetzen Großbuchstaben, römischen und arabischen Zahlen beziehen sich auf die Systematik; die nachfolgenden mageren Zahlen kennzeichnen die betreffende Anmerkung.